Oliver Dörr (Hrsg.)

Staatshaftung in Europa

De Gruyter Handbuch

Oliver Dörr (Hrsg.)

Staatshaftung in Europa

Nationales und Unionsrecht

DE GRUYTER

Prof. Dr. *Oliver Dörr*, LL. M. (London). Inhaber des Lehrstuhls für Öffentliches Recht, Europarecht, Völkerrecht und Rechtsvergleichung, European Legal Studies Institute, Universität Osnabrück

ISBN 978-3-11-024600-1
e-ISBN 978-3-11-024601-8

Bibliografische Information der Deutschen Nationalbibliothek

Die Deutsche Nationalbibliothek verzeichnet diese Publikation in der Deutschen Nationalbibliografie; detaillierte bibliografische Daten sind im Internet über http://dnb.d-nb.de abrufbar.

Datenkonvertierung/Satz: jürgen ullrich typosatz, 86720 Nördlingen
Druck: Hubert & Co. GmbH & Co. KG, Göttingen
∞ Gedruckt auf säurefreiem Papier
Printed in Germany

www.degruyter.com

Vorwort

Die Frage nach der Verantwortlichkeit von Hoheitsträgern für die Folgen ihres Handelns stellt sich in jeder - staatlichen und zwischenstaatlichen - Rechtsordnung. Dass ein Hoheitsträger für Schäden einzustehen hat, die aus einem ihm zurechenbaren, rechtswidrigen Verhalten entstehen, folgt aus dem Prinzip der Rechtsstaatlichkeit und beansprucht daher in einer diesem Prinzip verpflichteten europäischen Rechtsgemeinschaft (Art. 6 Abs. 1 EUV) grundsätzlich umfassende Geltung.

Ob dem in der Europäischen Union wirklich so ist, lässt sich bisher aus mehreren Gründen nicht leicht feststellen. Die Union hat 28 Mitgliedstaaten mit – zum Teil mehreren – eigenständigen Rechtsordnungen und Haftungsregimen, die völlig verschiedenen Regelungstraditionen verhaftet sind. Das Haftungsregime der Union selbst ist in den EU-Verträgen nicht wirklich geregelt, sondern durch die Pauschalverweisung auf die nationalen Regelungstraditionen in Art. 340 Abs. 2 AEUV der Ausformung durch die europäische Rechtsprechung überlassen. Das Amtshaftungsrecht der EU ist somit nicht nur ausschließlich richterrechtlich geprägt, was im Übrigen auch für manche nationale Haftungssysteme gilt. Es stützt sich zudem auf kein eigenes rechtsdogmatisches Fundament, sondern ersetzt dieses durch die Anknüpfung an die – vertraglich vorausgesetzten, aber im Kern fiktiven – Gemeinsamkeiten der mitgliedstaatlichen Haftungsregeln. Dies gilt im Grundsatz auch für die Unrechtshaftung der EU-Mitgliedstaaten nach Unionsrecht, für welche der EuGH bekanntlich seit seiner Entscheidung *Francovich* (1991) ein richterrechtliches Fundament entwickelt hat: Neben manchen Einzelheiten der Anspruchsvoraussetzungen und Haftungsfolgen ist für den unionsrechtlichen Staatshaftungsanspruch auch nach über zwanzig Jahren noch weitgehend ungeklärt, wie er sich tatsächlich zu den Regelungstraditionen der Mitgliedstaaten verhält.

Beide Faktoren – die nicht offengelegte rechtsdogmatische Grundlage und das unklare Maß an Konvergenz der Haftungsregeln in Europa – machen die Rechtsmaterie unübersichtlich und einer strukturierenden Durchdringung nur schwer zugänglich. Diesem Zustand will der vorliegende Band abhelfen. Er ist die Frucht eines mehrjährigen Forschungsprojekts, das die Förderung der Fritz Thyssen Stiftung genossen hat. Diese Förderung hat es ermöglicht, einen Autorenkreis aus über zwanzig europäischen Staaten für dieses Projekt zu interessieren und über mehrere Jahre hinweg zu koordinieren. Dazu zählten auch zwei sehr lebendige und ertragreiche Workshops, zu denen sich ein großer Teil der Autoren 2010 und 2011 in Osnabrück traf. Die Koordinierung der schriftlichen Beiträge, die, so gut es ging, aufeinander abgestimmt und - zum Teil mehrfach - redaktionell bearbeitet wurden, lag in den Händen meiner Mitarbeiter *Stephanie Rupprecht* und *Jan Christian Urban*, die sich hierbei große Verdienste erworben haben.

Wie bei vielen rechtsvergleichenden Projekten, die auf der Anfertigung von Länderberichten aufbauen, blieben auch in diesem Projekt Enttäuschungen nicht aus. Von der ursprünglich gehegten Ambition, die Staatshaftungsregeln aus allen EU-Mitgliedstaaten, ergänzt um die Schweiz und die Türkei, zusammenstellen zu können, mussten wir uns im Laufe der Jahre leider verabschieden. Manche Absage kam hierbei rechtzeitig und konnte dennoch nicht durch die Einwerbung eines anderen Berichterstatters aufgefangen werden, andere Absagen kamen zu spät, wieder andere kamen nie – sie waren die größten, auch menschlichen Enttäuschungen.

Trotz der dadurch verbleibenden Lücken dürfen wir sagen, dass wir mit den wesentlichen Haftungsregeln aus 23 staatlichen Rechtsordnungen, dem Bericht zum Haftungsrecht der EU sowie der vergleichenden Bestandsaufnahme im Kern den staatshaftungsrechtlichen *status quo* in Europa abbilden können. Dieser steht damit nun als Ansatzpunkt für die Entwicklung von *best practices*, für Kodifizierungen oder für die Rechtsfortbildung auf der Basis wertender Rechtsvergleichung zur Verfügung.

Osnabrück, im September 2013

O.D.

Inhaltsverzeichnis

Autorenverzeichnis

Esmeralda Balode-Buraka, LL.M., Rechtsanwältin, bnt, Riga
Dr. Samo Bardutzky, wiss. Mitarbeiter, Universität Ljubljana
Axel Bormann, Rechtsanwalt und wiss. Referent, Institut für Ostrecht München
Dr. Thomas Bull, Professor, Universität Uppsala, Richter am Högsta Förvaltningsdomstolen
Dr. Filipa Urbano Calvão, Professora Auxiliar, Katholische Universität Portugal, Porto
Dr. Fulvio Cortese, Ricercatore, Universität Trento
Christian Deprez, Collaborateur de recherche, Universität Luxemburg
Dr. Oliver Dörr, LL.M. Universitätsprofessor, Universität Osnabrück
Dr. Pavlos-Michael Efstratiou, Ass. Professor, Nationale und Kapodistrian'sche Universität Athen
Dr. Ece Göztepe, Associate Professor, Bilkent Universität Ankara
Dr. Bernd J. Hartmann, LL.M., Universitätsprofessor, Universität Osnabrück
Frank Heemann, LL.M., Rechtsanwalt, bnt, Vilnius
Dr. Hana Jalčová, Rechtsanwältin, KPMG, Essen
Dr. Gabriele Kucsko-Stadlmayer, Universitätsprofessorin, Universität Wien
Dr. Herbert Küpper, Professor, Institut für Ostrecht München
Dr. Geo Magri, Wiss. Mitarbeiter, European Legal Studies Institute, Universität Osnabrück
Dr. Nikolaus Marsch, D.I.A.P. (ENA), Akademischer Rat, Albert-Ludwigs-Universität Freiburg
Dr. Tomasz Milej, Akademischer Rat, Institut für Ostrecht, Universität zu Köln
Dr. Oriol Mir, Professor, Universität Barcelona
Eoin Quill, LL.M., Lecturer in Law, Universität Limerick
Dr. Carmen Schmidt, Akademische Oberrätin, Institut für Ostrecht, Universität zu Köln
Dr. Caroline van Schoubroeck, LL.M., Professorin, Katholische Universität Löwen
Dr. Felix Uhlmann, LL.M., Professor, Universität Zürich
Dr. Vibe Ulfbeck, LL.M., Professorin, Universität Kopenhagen
Dr. Saša Zagorc, Assistant Professor, Universität Ljubljana

§ 1 Staatshaftung in Europa: Vergleichende Bestandsaufnahme

Oliver Dörr

Inhaltsübersicht

A. Grundlagen

Die Annahme, dass das Prinzip europäischer Rechtsstaatlichkeit die staatliche Haftung für rechtswidriges Handeln von Staatsorganen umfasst, ist auf der zwischenstaatlichen Ebene Europas seit längerem fest verankert. Bereits 1984 verabschiedete das Ministerkomitee des Europarates acht Prinzipen zur öffentlichen Haftung („public liability"), die es den Mitgliedstaaten zur Beachtung und Umsetzung empfahl.[1] Darin findet sich für die Haftungsbegründung sowohl die Unrechtshaftung für rechtswidriges staatliches Verhalten (Prinzip I) als auch die Aufopferungshaftung für rechtmäßiges, aber selektiv-schädliches Verhalten (Prinzip II).

Sehr viel bekannter wurde wenige Jahre später unter dem Namen *Francovich* die Rechtsprechungslinie des EuGH, die im Wege der Rechtsfortbildung einen unionsrechtlichen Staatshaftungsanspruch begründete und fortentwickelte.[2] Diese Rechtsprechung gründet inhaltlich vor

1 Recommendation No. R (84) 15 Relating to Public Liability v. 18.9.1984, abgedruckt im Anhang.
2 Dazu § 2 EU, sub B.; *Tietjen*, Das System des gemeinschaftsrechtlichen Staatshaftungsrechts, 2010, S. 29–117; *Dörr/Lenz*, Europäischer Verwaltungsrechtsschutz, 2006, Rn. 465–479.

allem auf dem Gedanken des *effet utile*[3] und der Parallele zur Unionshaftung gemäß Art. 340 Abs. 2 AEUV.[4] Rechtskonstruktiv aber soll sie einen allgemeinen Rechtsgrundsatz des Unionsrechts abbilden, der den Regelungstraditionen der Mitgliedstaaten gemeinsam ist: Diesen gemeinsamen Nenner der mitgliedstaatlichen Staatshaftungsregime bemüht der EuGH nicht nur für die Begründung des Haftungsanspruchs als solches,[5] sondern auch für die Erstreckung auf richterliches Handeln[6] und für die Haftungsbegrenzung bei Verletzung einer Schadensminderungspflicht durch den Geschädigten.[7] Dass diese Behauptung konvergenter Haftungssysteme in den Mitgliedstaaten nicht für alle Einzelheiten des Haftungsanspruchs der Rechtswirklichkeit entspricht, ist angesichts der Diversität der europäischen Rechtstraditionen wenig überraschend, steht aber der – nur – prinzipiengeleiteten Regelbildung durch den EuGH, wie sie nicht zuletzt in Art. 6 Abs. 3 EUV und Art. 340 Abs. 2 AEUV vorgesehen ist, nicht entgegen. Es ist Aufgabe des Gerichtshofs und ein wesentliches Element seines vertraglichen Rechtswahrungsmandats (Art. 19 Abs. 1 EUV), gemeinsame Prinzipien in den Rechtsordnungen der Mitgliedstaaten aufzuspüren und zur Grundlage richterrechtlicher Regelbildung zu machen.

Die in diesem Band versammelten Berichte, so verschieden die ihnen zugrundeliegenden Rechtsstrukturen und ihr Zugriff darauf sein mögen, belegen doch eines mit hinreichender Klarheit: Die Haftung des Staates für Schäden, die durch rechtswidriges Handeln seiner Organe verursacht wurden, ist in allen Mitgliedstaaten – und in benachbarten europäischen Staaten – klar verankert oder wenigstens im Grundsatz unbestritten, sie gehört zu den Rechtstraditionen der europäischen Staaten! In praktisch allen hier untersuchten Staaten ist die Staatshaftung verfassungsrechtlich – oder jedenfalls verfassungssystematisch – verknüpft mit dem Prinzip der Rechtsstaatlichkeit und dem Schutz individueller Freiheit. Bei allen Unterschieden im Detail ist also als Ausgangspunkt der folgenden Bestandsaufnahme festzuhalten: Die staatliche Unrechtshaftung ist ein fester Bestandteil europäischer Rechtsstaatlichkeit, sie gehört zum rechtsstaatlichen Erbe des Kontinents und seiner politischen Ordnungen.

Jenseits dieser Grundlage wird jedoch schnell klar, dass die Regelungen in den Staaten Europas über die Haftung für das Verhalten ihrer Organe ein überaus buntes Bild bieten. Zu unterschiedliche Verfassungstraditionen, systemische Bedingtheiten und historisch-soziale Entwicklungen prägen die staatlichen Rechtsordnungen, um aus ihrem Vergleich mehr als nur sehr allgemeine Prinzipien ableiten zu können. Immerhin finden sich unter den 23 hier vorgestellten Haftungsregimen Verwandtschaften und Ähnlichkeiten, die es erlauben, verschiedene Grundtypen von Haftungssystemen zu identifizieren, auch wenn die Kriterien für diese Systematisierung notwendigerweise eher formaler Natur sind: Die schlichte Anwendung der zivilrechtlichen Deliktshaftung auf den Staat, die veränderte Übernahme der allgemeinen Deliktsregeln oder die Kodifizierung der Staatshaftung in einem Spezialgesetz kennzeichnen drei solcher Typen, die schlicht an die formale Regelungsstruktur der Staatshaftung anknüpfen. Eine zusammenfassende Bestandsaufnahme des europäischen Rechts, die allen hier untersuchten nationalen Rechtsordnungen Rechnung tragen soll, orientiert sich auch an derartigen Äußerlichkeiten.

3 Vgl. EuGH C-6/90 und C-9/90, Slg. 1991, I-5357, Rn. 33–35 – *Francovich u.a.*; C-46/93, C-48/93, Slg. 1996, I-1029, Rn. 39 – *Brasserie du Pêcheur u.a.*

4 Vgl. EuGH C-46/93, C-48/93, Slg. 1996, I-1029, Rn. 29, 40–45, 53 – *Brasserie du Pêcheur u.a.*

5 Vgl. EuGH C-46/93, C-48/93, Slg. 1996, I-1029, Rn. 29 – *Brasserie du Pêcheur u.a.*

6 EuGH C-224/01, Slg. 2003, I-10239, Rn. 48 – *Köbler.*

7 Vgl. EuGH C-46/93, C-48/93, Slg. 1996, I-1029, Rn. 85 – *Brasserie du Pêcheur u.a.*; C-445/06, Slg. 2009, I-2119, Rn. 61 – *Dankse Slagterier*; C-429/09, Slg. 2010, I-12167, Rn. 76 – *Fuß.*

I. Verfassungsrechtliche Verankerung

Alle untersuchten staatlichen Verfassungen kennen das Rechtsstaatsprinzip und die Rechtsschutzgarantie als Verfassungsgrundsätze, die meisten als ausdrückliche Garantien im Text der Verfassung. Beide werden – getrennt oder in Kombination – in den staatlichen Verfassungsordnungen als theoretischer Hintergrund, teils sogar als verfassungsrechtliche Grundlage der staatlichen Unrechtshaftung angesehen. Gelegentlich wird die Staatshaftung im Verfassungstext auch in Verbindung mit dem verfassungsrechtlichen Schutz der individuellen Grundrechte gebracht (z.B. in den Verfassungen Polens, Portugals und Sloweniens),[8] während, soweit ersichtlich, keine Verfassungsordnung den aus staatlichem Unrecht resultierenden Wiedergutmachungsanspruch als integralen Bestandteil der allgemeinen Grundrechtsgewährleistungen anzusehen scheint.[9] Ein subjektiv-rechtliches Gepräge auf Verfassungsebene erhält die Staatshaftung lediglich in einigen Staaten durch eine spezielle verfassungsunmittelbare Anspruchsnorm – interessanterweise allesamt vormals sozialistische Staaten.[10] Im Übrigen ist die Entschädigung für Eingriffe in das Privateigentum regelmäßig als subjektives Recht bekannt, da sie typischerweise im Zusammenhang mit der verfassungsrechtlichen Eigentumsgarantie gewährleistet ist. Auf Unionsebene ist die übergreifende „Vergrundrechtlichung" der Unrechtshaftung heute in Art. 41 Abs. 3 der EU-Grundrechtecharta verankert,[11] wonach jede Person „einen Anspruch darauf" hat, dass die Union den durch ihre Amtsträger verursachten Schaden nach Maßgabe allgemeiner Rechtsgrundsätze ersetzt.

Mehr als die Hälfte der untersuchten Staaten hat die Staatshaftung ausdrücklich im Text ihrer Verfassung verankert, sei es als Prinzip oder institutionelle Garantie,[12] sei es sogar in Gestalt eines speziellen (also nicht aus den Grundrechten abgeleiteten) verfassungsunmittelbaren Anspruchs.[13] In manchen europäischen Staaten handelt es sich dabei um die Fortführung einer bereits nach dem 1. Weltkrieg begründeten verfassungsrechtlichen Tradition: So war die staatliche Unrechtshaftung bereits vorgesehen im österreichischen Bundesverfassungsgesetz von 1920, in der tschechoslowakischen Verfassung von 1920, in Art. 121 der polnischen Märzverfassung von 1921, in Art. 18 Abs. 3 der Verfassung des Königreichs der Serben, Kroaten und Slowenen (1921) und in den Verfassungen Litauens und Lettlands von 1922. Die deutsche Verfassungstradition besteht insoweit aus Art. 131 der Weimarer Reichsverfassung (1919), der vom Reichsgericht bekanntlich als unmittelbar anwendbare Anspruchsgrundlage behandelt wurde und als Vorbild für Art. 41 der republikanischen Verfassung in Spanien (1931) diente. Deutlich älteren Datums war manche europäische Regelung über die *persönliche* Haftung von Amtsträgern: Sie war etwa vorgesehen in den §§ 88, 89 II 10 des Allgemeinen Preußischen Landrechts

---

8 § 15 Polen, sub A.III.1.; § 16 Portugal, sub A.II.; § 21 Slowenien, sub A.III.1.

9 Das deutsche BVerfG lehnt eine solche „Vergrundrechtlichung" bis heute ausdrücklich ab (§ 5 Deutschland, sub A.II., Fn. 7). Die Entschädigung für die Verletzung verfassungsrechtlicher Rechte in Irland (§ 9 Irland, sub B.II.7.) scheint eher den Besonderheiten der Verankerung im *common law* als einem gezielten Grundrechtsschutz geschuldet zu sein.

10 Vgl. Art. 25 Verfassung Estland, Art. 92 Satz 3 Verfassung Lettland, Art. 77 Abs. 1 Verfassung Polen, Art. 46 Abs. 3 Verfassung Slowakei, Art. 26 Verfassung Slowenien, Art. 36 Abs. 3 Grundrechtecharta Tschechien.

11 *Stelkens*, Staatshaftungsreform im Mehrebenensystem, DÖV 2006, 770 (772 f.).

12 Art. 34 GG, Art. 118 Abs. 3 Verfassung Finnland, Art. 28 Verfassung Italien, Art. 30 Verfassung Litauen, Art. 23 Abs. 1 B-VG Österreich, Art. 22 Verfassung Portugal, Art. 52 Verfassung Rumänien, Art. 146 Bundesverfassung Schweiz, Art. 9 Abs. 3 und Art. 106 Abs. 2 Verfassung Spanien; Art. 19 Abs. 9, 40 Abs. 3 und 125 Abs. 7 Verfassung Türkei, Art. XXIV Abs. 2 Verfassung Ungarn 2012.

13 Angaben in Fn. 10.

(1794) sowie für Richter schon im Erste Litauischen Statut von 1529 und im italienisches Zivilprozessgesetz von 1865.[14]

Neben den eigenen verfassungsrechtlichen Regelungen und Traditionen beeinflussen in praktisch allen europäischen Staaten heute die Vorgaben des europäischen Unionsrechts (für die EU-Mitgliedstaaten) sowie der EMRK die Regeln der Staatshaftung. Soweit die innerstaatliche Einwirkung der europäischen Regeln der Verfassungsebene zugerechnet wird, zählen diese Regeln mithin ebenfalls zu den verfassungsrechtlichen Determinanten der Staatshaftung.

II. Regelungsstrukturen

Die Regelungsstrukturen der Staatshaftung sind in den europäischen Staaten regelmäßig von ihrem Verhältnis zur zivilrechtlichen Unrechtshaftung geprägt. Regelmäßig findet die Haftung des Staates für die durch seine Amtsträger verursachten Schäden im privaten Deliktsrecht ihre gedankliche Grundlage; ihr Entwicklungsstand, auch ihre Verortung im nationalen Rechtssystem bestimmen sich ganz maßgeblich durch den Grad ihrer Emanzipation von diesen privatrechtlichen Wurzeln. Wie angedeutet, finden sich anhand des äußeren Regelungszustands insoweit vier Grundmodelle, die trotz aller Überschneidungen und Unterschieden im Detail doch als solche erkennbar sind. Bei näherem Hinsehen ergibt sich freilich, dass in zentralen Fragen der Begrifflichkeit, der Auslegungsmethoden und Anwendungsprobleme die Unterschiede zwischen diesen Haftungsmodellen weniger tiefgehend sind, als die folgende Kategorisierung zunächst nahelegen mag.

1. Zivilrechtliche Deliktshaftung

Das rein zivilrechtliche Modell wendet die allgemeinen Regeln über die Unrechtshaftung unter Privaten schlicht entsprechend auf das Verhalten von Staatsorganen an, sodass die Staatshaftung nicht nur gesetzestechnisch, sondern auch im Rechtsweg und in der Rechtsanwendung den Traditionen des zivilrechtlichen Deliktsrechts folgt. Dies ist die Rechtslage in **Belgien** (Art. 1382-1386bis Burgerlijk Wetboek), **Italien** (Art. 2043 Codice civile) und den **Niederlanden** (Art. 6:162 Burgerlijk Wetboek).[15] Den *common-law*-Systemen im **Vereinigten Königreich** und in **Irland** ist die deliktsrechtliche Lösung ebenfalls immanent, auch hier gelten für ein Fehlverhalten des Staates grundsätzlich dieselben Haftungsregeln wie für juristische Personen des Privatrechts.[16]

2. Adaptierte Deliktshaftung: Amts- oder Arbeitgeberhaftung

Eine zweite Grundform knüpft an die zivilrechtlichen Wurzeln des Deliktsrechts an, entwickelt diese aber im Hinblick auf die Besonderheiten staatlichen Handelns fort und ergänzt sie ggf. um eigenständige Bestimmungen, die jedoch dem privatrechtlichen Kontext verhaftet bleiben und grundsätzlich nach dessen Auslegungs- und Zurechnungstraditionen angewendet werden. Man mag insoweit von einem Adaptationsmodell sprechen, das in einer ganzen Bandbreite von Ausformungen vorkommt. Nicht selten ist dieses Modell als Amtshaftung ausgestaltet, d.h. die Haftungsbegründung knüpft – ihrem zivilrechtlichen Ursprung entsprechend – an das persönliche

14 Zu den beiden letztgenannten § 12 Litauen sub A.II., und § 10 Italien, sub A.II.3.a).
15 *Breuer*, Staatshaftung, S. 424; *v. Bar*, Gemeineuropäisches Deliktsrecht, Bd. I, 1996, Rn. 553 mit Fn. 2.
16 § 9 Irland sub A.II. Für England und Wales vgl. z.B. *Bell*, in: Bell/Bradley, 17 (17–21); *Schütter*, Staatshaftung, S. 267–273; *Rogers*, Liability for Damage Caused by Others under English Law, in: Spier (ed.), Unification of Tort Law: Liability for Damage Caused by Others, 2003, 63, Ziff. 34.

Fehlverhalten eines Amtsträgers an und konstruiert von diesem aus die staatliche Unrechtshaftung als Haftungsübernahme. Der Prototyp dieser Ausgestaltung findet sich in **Deutschland** mit § 839 BGB und Art. 34 GG, ganz ähnlich ist die Rechtslage in **Österreich**, wo die verfassungsrechtliche Vorgabe durch ein eigenständiges Amtshaftungsgesetz, aber in enger Anlehnung an die zivilrechtliche Deliktshaftung geregelt ist, und in der **Türkei**. Auf einer ähnlichen Logik beruhen Haftungsregime, welche die staatliche Unrechtshaftung als eine Form der Arbeitgeberhaftung ansehen, die den Besonderheiten behördlichen Handelns angepasst wird. Dies ist etwa in **Dänemark**, **Slowenien** und noch immer in **Ungarn** der Fall.[17] Auch **Bulgarien** ist diesem aus der sozialistischen Zeit überkommenen Modell wohl noch verhaftet.[18] Die Anwendung der allgemeinen deliktsrechtlichen Regeln in **Italien** scheint sich ebenfalls vor allem auf die Dienstherrenhaftung nach Art. 2049 Codice civile zu beziehen.[19] In **Schweden** ist die Haftung für Handeln der öffentlichen Hand in einem eigenen Abschnitt des allgemeinen Schadensersatzgesetzes geregelt und dabei durchaus speziellen Voraussetzungen unterworfen. Da die Anpassung der zivilrechtlichen Regeln an die Erfordernisse rechtsstaatlich indizierter Haftung zum Teil einen erheblichen konstruktiven Aufwand erfordert, kommt in den Spielarten des Adaptationsmodells der nationalen Rechtsprechung regelmäßig eine gewichtige Rolle in der Ausgestaltung des innerstaatlichen Haftungsregimes zu: Diese sind häufig richterrechtlich begründet oder wenigstens ausgeformt.

3. Reines Richterrecht

Das dritte Grundmodell geht noch einen Schritt weiter und beruht unter weitgehendem Verzicht auf eine Anknüpfung in Gesetz oder Verfassung ausschließlich auf Richterrecht. Diese richterrechtliche Staatshaftung, die nur punktuell durch spezialgesetzliche Haftungsansprüche ergänzt wird, findet sich ausschließlich in **Frankreich**, dessen Rechtsprechung das öffentliche Haftungsregime jenseits der zivilrechtlichen Regeln als ein Baustein des Verwaltungsrechts entwickelt hat.[20]

4. Spezialgesetzliche Kodifikation

Das vierte Grundmodell löst sich äußerlich ebenfalls vollends von den Wurzeln im privaten Deliktsrecht und baut auf eine spezialgesetzliche Kodifikation, die stärker den rechtsstaatlichen Determinanten der staatlichen Unrechtshaftung verpflichtet ist und dementsprechend durch die Regelungs- und Rechtsanwendungslogik des Öffentlichen Rechts bestimmt wird. Die Nähe zum Verwaltungsrecht, zu den Bestimmungen über das staatliche Handeln gegenüber dem einzelnen prägt hier Inhalt und Kontext des Haftungsrechts. Die Staatshaftungsgesetze **Estlands** (2001, novelliert 2011) und **Lettlands** (2005) sehen ebenso wie die Verantwortlichkeitsgesetze in der **Schweiz** (für den Bund 1958), in **Tschechien** (1998) und in der **Slowakei** (2003) jeweils eine unmittelbare, verschuldensunabhängige Unrechtshaftung für hoheitliches Handeln vor. In **Italien** wird die überkommene deliktsrechtliche Staatshaftung ergänzt durch eine spezialgesetzliche Verschuldenshaftung für richterliches Fehlverhalten.[21] Ganz ähnlich scheint in **Rumänien**

---

17 Vgl. § 4 Dänemark sub B.I.1., § 21 Slowenien sub A.III.2.; § 25 Ungarn sub A. vor I. und A.II. In Ungarn sollte das nicht in Kraft getretene Zivilgesetzbuch von 2009 die modifizierte Arbeitgeberhaftung in einen besonderen Fall der deliktischen Verantwortlichkeit für das Verhalten Dritter umwandeln.
18 So noch *Küpper*, OER 2003, 495 (536).
19 § 10 Italien, sub B.I.
20 Vgl. § 7 Frankreich sub A.I. und IV.
21 Vgl. § 10 Italien, sub A.II.3.

die – verschuldensunabhängige – Haftung für Verwaltungshandeln, wenngleich eher kursorisch, im Gesetz über den Verwaltungsprozess geregelt zu sein, während die Haftung für richterliches Handeln im Richtergesetz angesprochen ist, das wiederum auf das allgemeine Deliktsrecht verweist.[22]

In **Luxemburg** nimmt ein spezielles Gesetz von 1988 die zuvor ergangene Rechtsprechung zur zivilrechtlichen Haftung des Staates auf, baut sie in Gestalt einer besonderen Verschuldenshaftung (*fonctionnement défectueux*) aus und fügt eine Grundlage für die verschuldensunabhängige Staatshaftung hinzu. Ganz ähnlich stellt sich die spezialgesetzliche Lage in **Portugal** dar, wo eine Kodifikation von 2007 die Rechtsprechungspraxis zur Vorgängerregelung in Gesetzesform gegossen hat und dabei der traditionellen Verschuldenshaftung das Konzept eines *funcionamento anormal do serviço*, eine Aufopferungs- und eine Gefährdungshaftung an die Seite stellt. Im Ergebnis ganz ähnlich stellt sich die Rechtslage in **Spanien** dar, wo die Staatshaftung im Zusammenhang mit dem Verwaltungsverfahren geregelt ist und dort in der Praxis wohl einem objektivierten Verschuldensbegriff (*funcionamiento anormal*) unterliegt.[23]

Eine spezialgesetzliche Regelung der Staatshaftung kann auch dann vorliegen, wenn die betreffenden Vorschriften im legislatorischen Zusammenhang mit dem zivilrechtlichen Deliktsrecht stehen. Dies gilt z.B. für **Griechenland**, wo die unmittelbare, verschuldensunabhängige Haftung für hoheitliches Unrecht zwar im Einführungsgesetz zum Zivilgesetzbuch niedergelegt ist, dennoch aber offensichtlich einen eigenständigen öffentlich-rechtlichen Charakter besitzt. **Polen** gab 2004 die deliktsrechtliche Amtshaftung zugunsten einer verschuldensunabhängigen Unrechtshaftung des Staates auf, die aber nach wie vor als Spezialbestimmung im Zivilgesetzbuch (Art. 417) geregelt ist. In **Litauen** verweisen die speziellen Gesetze über die öffentliche Verwaltung für deren Haftung auf das Zivilgesetzbuch, wo sich dann wiederum eine spezielle Haftungsnorm für hoheitliches Staatshandeln findet, die eine unmittelbare verschuldensunabhängige Haftung vorsieht und damit vom allgemeinen zivilrechtlichen Haftungsmodell abweicht.[24]

5. Ergänzende Haftungsformen

In praktisch allen Staaten gelten zudem spezialgesetzliche Regelungen, die staatliche Entschädigungen in bestimmten Fällen vorsehen (z.B. bei ungerechtfertigter Freiheitsentziehung, bei rechtswidrig verzögerten Gerichtsverfahren, bei Enteignungen, polizeilichen Eingriffen, Impfschäden oder für Opfer von Gewalttaten). Handelt ein staatlicher Rechtsträger als Subjekt des Privatrechts, so haftet er regelmäßig nach den allgemeinen zivilrechtlichen Vorschriften. Eine Ausnahme hierzu findet sich in **Spanien**, wo das Gesetz auch für privatrechtliches Staatshandeln die Regeln über die öffentlich-rechtliche Staatshaftung für anwendbar erklärt. Eine allgemeine Aufopferungshaftung, also die staatliche Einstandspflicht für rechtmäßiges Verhalten, das einzelne Private schädigt, findet sich nur in einigen der untersuchten Rechtsordnungen und darüber hinaus nur in Gestalt spezieller gesetzlicher Regelungen (→ B.IV).

22 § 17 Rumänien, sub A.III. Vgl. auch *Küpper*, OER 2003, 495 (537).
23 § 22 Spanien sub B.VI.
24 § 12 Litauen sub A.III. und IV.

B. Haftungsbegründung

I. Staatlicher Rechtsverstoß

Alle europäischen Staaten kennen die Haftung der staatlichen Gewalt für das von ihren Amtsträgern begangene Unrecht, also rechtswidriges Verhalten, das Privaten Schaden zugefügt hat. Die gesetzliche Verankerung und effektive Handhabung dieser Unrechtshaftung ist durch das der europäischen Rechtsgemeinschaft immanente Prinzip der Rechtsstaatlichkeit geboten (oben A. vor I.). Aufgrund dessen kann grundsätzlich jede Verletzung des innerstaatlichen bzw. des innerstaatlich geltenden Rechts durch amtliches Verhalten die Haftung der dafür verantwortlichen Staatsgewalt auslösen. In praktisch allen untersuchten Haftungssystemen ist die staatliche Haftung jedoch generell bzw. in bezug auf bestimmte Rechtsverstöße eingeschränkt, vor allem um das Haftungsrisiko der öffentlichen Hand zu begrenzen und so die Funktionsfähigkeit der staatlichen Instanzen zu schützen.

1. Schutzrichtung der verletzten Rechtsnorm

Eine erhebliche Einschränkung zu Lasten geschädigter Privater kann sich z.B. daraus ergeben, dass von vornherein nur bestimmte Rechtsverstöße überhaupt geeignet sind, die staatliche Haftung auszulösen. In etlichen nationalen Haftungsordnungen ist die staatliche Unrechtshaftung durch den Schutzzweck der verletzten Rechtsnorm determiniert und gleichzeitig beschränkt: Haftungsauslösend wirkt dann nur die Verletzung einer Rechtspflicht, die wenigstens auch gegenüber dem Geschädigten bestand bzw. seine Interessen schützen sollte. In **Deutschland** ergibt sich eine solche Einschränkung aus dem gesetzlichen Haftungstatbestand selbst, der die Verletzung einer drittschützenden Amtspflicht voraussetzt und dadurch sowohl den Kreis der möglichen Anspruchssteller als auch durch Verweis auf den Schutzzweck der Norm die ersatzfähigen Schäden beschränkt.[25] Ganz ähnlich ist die staatliche Haftung in **Griechenland** im Wortlaut des Gesetzes von vornherein auf die Verletzung individualschützender Normen beschränkt,[26] während in **Portugal** das Haftungsgesetz zwar eine Verletzung von Rechten (*direitos*) als Haftungsvoraussetzung nennt, eine Verletzung rechtlich geschützter Interessen (*interesses legalmente protegidos*) aber gleichberechtigt daneben stellt.[27] In **Rumänien** findet sich eine ganz ähnliche Ausweitung sogar in der Haftungsklausel der Verfassung, die damit von dem zuvor geltenden strikten Bezug auf subjektive Rechtsverletzungen abgeht.[28]

Auch in **Dänemark**, **Österreich** und **Schweden**, wo ein entsprechendes Merkmal in den gesetzlichen Haftungsnormen fehlt, wird die staatliche Haftung über den Schutzzweck der Norm bzw. den erforderlichen „Rechtswidrigkeitszusammenhang" entsprechend eingegrenzt.[29] In den *common-law*-Systemen **Irlands** und des **Vereinigten Königreichs** ist die Schutzzweckeinschränkung zum einen dem Klagegrund des *breach of statutory duty* immanent;[30] zum anderen übernimmt das flexible Konzept der *negligence* diese Funktion, wenn sie u.a. auf ein ausreichendes Näheverhältnis zwischen Staat und Geschädigtem sowie auf die Angemessenheit einer bestimm-

25 § 5 Deutschland, sub B.II.1.

26 Indem das Gesetz das Gegenteil, also die Verletzung einer nur das Allgemeininteresse schützenden Rechtsnorm, ausdrücklich als Haftungsausnahme festschreibt, vgl. § 8 Griechenland, sub B.I.5.

27 § 16 Portugal, sub A.III.1.a)bb).

28 Art. 52 Abs. 1, vgl. § 17 Rumänien, sub A.II. Dementsprechend spielt hier der Schutzzweck der verletzten Norm in der Praxis offenbar keine Rolle, vgl. § 17 Rumänien, sub B.II.

29 § 4 Dänemark, sub B.II.; § 14 Österreich, sub B.I.1.c); § 18 Schweden, sub B.III. und V.

30 Vgl. § 9 Irland, sub B.II.2. Für das Vereinigte Königreich *Schütter*, Staatshaftung, S. 272 f.

ten Sorgfaltspflicht abstellt.[31] Das **türkische** Staatshaftungsrecht scheint grundsätzlich die Verletzung eines subjektiven Rechts des Geschädigten zur Voraussetzung zu machen.[32]

Selbst in Haftungssystemen, die eine spezielle, vom privaten Deliktsrecht abgekoppelte Kodifizierung der öffentlich-rechtlichen Staatshaftung kennen, wie z.B. in **Estland**, findet sich diese schutzzweckbezogene Einschränkung.[33] In der **Schweiz** kommt als haftungsauslösendes Unrecht nur die Verletzung absolut geschützter Rechtsgüter des Geschädigten oder ein Verstoß gegen eine Rechtsnorm, die seinem Schutz dient, in Betracht.[34]

Demgegenüber scheinen in anderen Haftungsordnungen, die allerdings wohl eine Minderheit darstellen, Schutzrichtung und Schutzzweck der vom Staat verletzten Norm irrelevant zu sein und damit von vornherein nicht für eine Begrenzung der staatlichen Haftung zur Verfügung zu stehen.[35]

Der EuGH nimmt das Kriterium des individualschützenden Normzwecks in seiner Haftungsrechtsprechung auf und macht es zur Voraussetzung der Unions- wie der Staatshaftung nach Unionsrecht.[36]

2. Beschränkung auf schwere Rechtsfehler

Eine andere Form der generellen Haftungsbeschränkung findet sich in der richterrechtlichen Staatshaftungsordnung **Frankreichs:** Dort erfüllt diese Funktion – jedenfalls im Grundsatz – die Rechtsfigur der *faute lourde*, die eine öffentlich-rechtliche Haftung der staatlichen Gewalt in den erfassten Bereichen von vornherein auf schwerwiegende Rechtsverstöße beschränkt: Die besondere Erheblichkeit des Rechtsfehlers, seine Offensichtlichkeit, aber auch das Ausmaß des verursachten Schadens dienen insoweit als Kriterien.[37] Zwar scheint diese ursprünglich als Spezifikum der öffentlich-rechtlichen Staatshaftung entwickelte Haftungsvoraussetzung in der Praxis auf dem Rückzug zu sein, doch findet sie der Sache nach ihre Fortsetzung in der Rechtsprechung des EuGH, der die unionsrechtliche Staatshaftung bekanntlich generell an das Vorliegen einer „hinreichend qualifizierten" Rechtsverletzung knüpft.[38] Außerhalb der EU kennt das **schweizerische** Staatshaftungsrecht eine vergleichbare Einschränkung, wenn dort die Haftung der öffentlichen Hand in der Praxis auf die Verletzung „wesentlicher Amtspflichten" beschränkt wird.[39]

Im **schwedischen** Schadensersatzgesetz war bis 1990 eine ähnliche Regelung enthalten, die im Sinne einer Erheblichkeitsschwelle allgemeine Mindestanforderungen an das haftungsauslösende Verhalten stellte, dann aber als zu restriktiv abgeschafft wurde.[40] In **Polen** wurde im wissenschaftlichen Schrifttum diskutiert, ob das gesetzliche Haftungsmerkmal der „Unvereinbarkeit mit dem Recht" (*niezgodność z prawem*) allgemein im Sinne einer Beschränkung auf schwerwiegende Rechtsverstöße verstanden werden kann; die höchstrichterliche Rechtsprechung hat eine solche pauschale Einschränkung jedoch erst kürzlich entschieden abgelehnt.[41] In

---

31 Vgl. § 9 Irland, sub B.II.1. Für das Vereinigte Königreich *Schütter*, Staatshaftung, S. 269–271.
32 § 24 Türkei, sub B.II.1.b).
33 In Estland über die entsprechende Anwendung der zivilrechtlichen Haftungsregeln, vgl. § 6 Estland, sub B.II.
34 § 19 Schweiz, sub B.II.1.
35 Vgl. ausdrücklich in § 3 Belgien, sub B.III.; § 22 Spanien, sub B.III.; § 25 Ungarn, sub B.II.
36 S. § 2 EU, sub A.II.3. und B.II.3.; *Tietjen*, System (Fn. 2), S. 186–189; *Dörr/Lenz*, Verwaltungsrechtsschutz (Fn. 2), Rn. 469.
37 Dazu § 7 Frankreich, sub B.I.1.b).
38 S. § 2 EU, sub B.II.3.; *Tietjen*, System (Fn. 2), S. 191–197; *Dörr/Lenz*, Verwaltungsrechtsschutz (Fn. 2), Rn. 470 f.
39 § 19 Schweiz, sub B.II.2.
40 § 18 Schweden, sub A.II.1.
41 § 15 Polen, sub B.II.2.

Lettland scheint sich die Schwere des staatlichen Rechtsverstoßes nur auf die Haftungsfolgen, also die Art der Wiedergutmachung oder die Höhe des finanziellen Ausgleichs, auszuwirken.[42]

3. Haftung für Gesetzgebung („legislatives Unrecht")

Die staatliche Haftung für Rechtsverstöße in Gesetzesform ist in den untersuchten Rechtsordnungen zwar überwiegend möglich, regelmäßig aber an einschränkende Voraussetzungen geknüpft. Als rechtspolitischer Hintergrund dafür werden üblicherweise genannt, dass im Gesetz die *volonté générale*, der Volkswillen, zum Ausdruck komme, die Funktionsfähigkeit des parlamentarischen Gesetzgebers, aber auch der Schutz des Staates vor einer Überforderung durch eine Vielzahl von Anspruchsstellern. Rechtsdogmatisch kann es bei einem abstrakt-generellen Rechtsverstoß an der hinreichenden Unmittelbarkeit der Schadensverursachung fehlen und ein möglicher Haftungsanspruch daher nur auf der Ebene der Rechtsanwendung im Einzelfall in Betracht kommen.

Konstruktiv handhaben die staatlichen Haftungsregime diese Einschränkung sehr unterschiedlich: Einige Haftungsordnungen behandeln die Normsetzung als staatliche Handlungsform nach den allgemeinen Regeln und unterwerfen die Haftung auch in diesem Fall den Tatbestandsvoraussetzungen, die offensichtlich nicht auf den Gesetzgeber passen (wie z.B. Verschulden[43]). Andere Rechtsordnungen beschränken die Haftung für legislatives Unrecht – abweichend von den allgemeinen Haftungsregeln – auf besonders schwerwiegende Rechtsverstöße (z.B. wohl in **Slowenien**[44]) oder auf außergewöhnliche Schäden (wie z.B. in **Portugal**[45]). Das entsprechende Erfordernis im **estnischen** Staatshaftungsgesetz wurde kürzlich aufgegeben und die Haftung für legislatives Unrecht nun an die qualifizierten Voraussetzungen der EuGH-Rechtsprechung angepasst.[46] In **Rumänien** ist immerhin die Staatshaftung für verfassungswidrige Regierungsverordnungen anerkannt.[47] In **Polen** ist die Haftung für legislatives Unrecht und Unterlassen ausdrücklich im Gesetz geregelt, der erste Fall aber daran geknüpft, dass die Rechtswidrigkeit des Gesetzes zuvor in einem förmlichen Verfahren festgestellt wird (Präjudikat).[48]

Nur wenige Staaten beziehen die Gesetzgebung ohne jede Einschränkung in die haftungsrelevante Tätigkeit des Staates ein, wie z.B. wohl die **Schweiz** und **Spanien.**[49] Kategorisch abgelehnt wird eine Staatshaftung für legislative Rechtsverstöße bislang in **Italien**, **Luxemburg**, **Österreich**, **Tschechien** und **Ungarn,**[50] während etwa in **Frankreich**, **Griechenland**, **Schweden** und der **Türkei** diese traditionelle Ablehnung aufzuweichen scheint.[51] In **Lettland** und **Litauen** ist die Frage offensichtlich wissenschaftlich umstritten, in der Praxis aber bislang ohne Bedeutung.[52]

In EU-Mitgliedstaaten, deren Staatshaftungsrecht eine Haftung für Handeln oder Unterlassen des Gesetzgebers ablehnt oder erheblich einschränkt, stellt sich die Frage, welche Auswir-

42 § 11 Lettland, sub B.II.
43 Vgl. z.B. § 3 Belgien, sub B.IV.3. und B.VI.5.; § 5 Deutschland, sub B.I.2.; wohl auch § 4 Dänemark, sub B.I.3.
44 § 21 Slowenien, sub B.I.3.
45 § 16 Portugal, sub A.III.2.d). In Portugal erfährt die Haftung für die „politisch-legislative Tätigkeit" des Staates eine ausführliche gesetzliche Regelung in Art. 15 des Staatshaftungsgesetzes.
46 § 6 Estland, sub B.I.2.
47 § 17 Rumänien, sub B.I.2.
48 § 15 Polen, sub D.I.1.
49 § 19 Schweiz, sub B.I.3.; § 22 Spanien, sub B.I. und IV., jeweils a.E.
50 § 10 Italien, sub A.II.2.; § 13 Luxemburg, sub B.IV.2.a); § 14 Österreich, sub B.IV.; § 23 Tschechien, sub B.I.3.; § 25 Ungarn, sub B.I.1.a).
51 § 7 Frankreich, sub B.I.2.; § 8 Griechenland, sub B.II.1.; § 18 Schweden, sub B.II.3.; § 24 Türkei, sub B.I.2.
52 § 11 Lettland, sub B.I.2.; § 12 Litauen, sub B.I.3.

kungen der unionsrechtliche Staatshaftungsanspruch entfaltet, der auch Unionsrechtsverstöße der staatlichen Legislative erfasst.[53] Manche Rechtsordnungen lösen dieses Problem, indem sie den unionsrechtlichen Haftungsanspruch als selbständige Anspruchsgrundlage behandeln, welche die Legislativhaftung einschließt, und dadurch die Reichweite der „rein nationalen" Staatshaftung unberührt lassen (z.B. **Deutschland, Irland, Italien, Österreich**[54]). Andere Rechtsordnungen unterziehen ihre Haftungsregeln, die eine Legislativhaftung grundsätzlich vorsehen, einer unionsrechtskonformen Anwendung (so wohl in **Lettland** und **Polen**[55]). Wieder andere Mitgliedstaaten passen ihre Staatshaftungsregime insgesamt an die unionsrechtlichen Vorgaben an und übernehmen diese damit praktisch auch für die innerstaatlichen Haftungsfälle (z.B. **Estland**, **Spanien** und teilweise in **Portugal**[56]).

4. Haftung für Rechtsprechung („judikatives Unrecht")

Ähnlich wie für legislatives Verhalten ist auch die staatliche Haftung für das Handeln der Judikative in praktisch allen Staaten eingeschränkt: Richterliches Handeln ist in Bezug auf die staatliche Haftung privilegiert, sodass diese nur unter erschwerten Voraussetzungen eingreift. Der Schutz der richterlichen Unabhängigkeit, die nicht durch ein allzu großes Haftungsrisiko bedroht werden soll, sowie vor allem die Rechtskraft gerichtlicher Entscheidungen bilden hierfür den verfassungspolitischen Hintergrund: Endgültig entschiedene Rechtsstreitigkeiten sollen nicht über den Umweg des Haftungsanspruchs wieder aufgerollt und Rechtsfrieden und -sicherheit dadurch gefährdet werden. Auch die EuGH-Rechtsprechung zum unionsrechtlichen Staatshaftungsanspruch enthält eine solche Privilegierung, wenn sie die Verantwortlichkeit der EU-Mitgliedstaaten für richterliche Verstöße gegen Unionsrecht daran knüpft, dass diese „offenkundig" waren.[57]

Wiederum sind die Varianten in der Ausgestaltung dieser Privilegierung in den untersuchten Rechtsordnungen sehr vielfältig. Zunächst ergeben sich pauschale Einschränkungen aus der gesetzlichen Regelung: Die **Türkei** sieht die Staatshaftung für Rechtsprechung nur in abschließend genannten Konstellationen vor,[58] **Griechenland** ausschließlich in Fällen unrichtiger Strafurteile.[59] In **Österreich** haftet der Staat zwar für jedes richterliche Handeln, nicht aber für dasjenige der Höchstgerichte.[60] In **Irland** und dem **Vereinigten Königreich** scheint die staatliche Haftung für richterliches Fehlverhalten grundsätzlich ausgeschlossen zu sein.[61]

Weiter erhöht manche Staatshaftungsregelung schlicht die materiell-rechtliche Haftungsschwelle durch zusätzliche Tatbestandsvoraussetzungen bei richterlichem Handeln, wie z.B. die Strafbarkeit richterlichen Verhaltens[62] oder ein Verschuldenserfordernis, das in anderen Fällen

53 Zur Reichweite des Haftungsanspruchs insoweit § 2 EU, sub B.II.1.; *Tietjen*, System (Fn. 2), S. 161–175.

54 § 5 Deutschland, sub B.I.2.; § 9 Irland, sub B.II.8.; § 10 Italien, sub A.II.2.; § 14 Österreich, sub A.II.3.b)–c) und B.IV. a.E.

55 § 11 Lettland, sub B.I.2. und B.II. a.E.; § 15 Polen, sub B.II.3. a.E. und D.I.1.e).

56 § 6 Estland, sub B.I.2.; § 22 Spanien, sub A.III.4. In Portugal ist die Haftung für legislatives Handeln im Staatshaftungsgesetz nach dem Vorbild der EuGH-Rechtsprechung ausgestaltet, vgl. § 16 Portugal, sub A.III.2.c).

57 Vgl. EuGH C-224/01, Slg. 2003, I-10239, Rdn. 53–56 – *Köbler*; C-173/03, Slg. 2006, I-5177, Rdn. 32–36 – *Traghetti del Mediterraneo*. Näher z.B. *Tietjen*, System (Fn. 2), S. 196 f.

58 § 24 Türkei, sub A.III. und B.I.3.

59 § 8 Griechenland, sub B.II.2. Hinzu kommt die persönliche Haftung des Richters für Rechtsbeugung und Rechtsverweigerung, vgl. *Breuer*, Staatshaftung, S. 417 f.

60 § 14 Österreich, sub B.I.1.a) a.E. und C.I.2.

61 *Breuer*, Staatshaftung, S. 419 und 436–439. Für das Vereinigte Königreich zudem *Schütter*, Staatshaftung, S. 274–279; *Ohlenburg*, RabelsZ 67 (2003), 683 (690 f.).

62 Vgl. § 5 Deutschland, sub B.I.3.; § 6 Estland, sub B.I.3. Für nicht-strafrechtliche Gerichtsverfahren in Art. 96 Abs. 4 des rumänischen Richtergesetzes, vgl. § 17 Rumänien, sub B.I.3.

nicht gilt.[63] In **Estland** soll nach Kritik aus der Rechtsprechung die im Staatshaftungsgesetz auf strafbares richterliches Handeln beschränkte Haftung auf grob fahrlässige, erhebliche Verfahrensfehler eweitert werden,[64] in **Italien** knüpft ein spezielles Gesetz die staatliche Haftung an vorsätzliches oder grob fehlerhaftes Richterhandeln oder einen Fall der Rechtsverweigerung.[65]

Andere Rechtsordnungen behandeln richterliches Handeln nach den allgemeinen Haftungsregeln, erhöhen aber – ganz im Sinne der geschilderten EuGH-Rechtsprechung – im Rahmen der Rechtsanwendung die materiell-rechtlichen Anforderungen für den Haftungsfall, z.B. indem ein besonders gravierender Rechtsverstoß verlangt wird.[66] Das **portugiesische** Staatshaftungsrecht unterscheidet insoweit zwischen einem fehlerhaften gerichtlichen Verfahren und der richterlichen Fehlentscheidung: Erstere wird nach den allgemeinen Haftungsregeln behandelt, letztere führt nur zur Haftung bei offensichtlicher Rechtswidrigkeit oder einer grob fehlerhaften Tatsachenwürdigung.[67]

Auch verfahrensrechtliche Einschränkungen finden sich: In **Frankreich**, **Luxemburg** und der **Schweiz** kann richterliches Fehlverhalten zwar grundsätzlich die staatliche Haftung auslösen, allerdings dürfen auf diesem Wege rechtskräftige Entscheidungen nicht erneut überprüft werden (*autorité de la chose jugée*).[68] Entsprechend setzt in **Belgien, Finnland** und **Schweden** (für die obersten Gerichte) die Haftung für richterliches Handeln die vorherige Aufhebung der fehlerhaften Entscheidung voraus,[69] ebenso wie in **Portugal** die Haftung wegen gerichtlicher Fehlentscheidungen.[70] In **Polen** und **Spanien** muss die Rechtswidrigkeit zunächst förmlich festgestellt worden sein (Präjudikat).[71]

Nur gelegentlich wird richterliches Handeln im Gesetz ausdrücklich gleichberechtigt in die haftungsrelevante Staatstätigkeit einbezogen,[72] in **Lettland** leitet man dies offensichtlich unmittelbar aus der Verfassung ab.[73] Zum Teil ist die Haftung für judikatives Handeln – ob nun eingeschränkt oder nicht – sogar ausdrücklich in der Verfassung vorgegeben,[74] in **Italien**, **Polen**, **Portugal**, **Rumänien** und **Spanien** erfährt sie eine ausführliche und spezielle Regelung im Gesetz.

Auch hier stellt sich für Rechtsordnungen der EU-Mitgliedstaaten, die hinter den Anforderungen der EuGH-Rechtsprechung zum unionsrechtlichen Staatshaftungsanspruch zurückbleiben, das Problem, wie diesen Anforderungen im Rahmen der nationalen Haftungsordnung Rechnung getragen werden kann. Denn nach der EuGH-Rechtsprechung ist unter dem Vorbehalt der

---

63 Vgl. § 12 Litauen, sub B.VI.; § 22 Spanien, sub B.VI.
64 § 6 Estland, sub B.I.3.
65 Legge N. 117/1988, vgl. § 10 Italien, sub A.II.3.b); *Breuer*, Staatshaftung, S. 421 f.
66 Vgl. z.B. § 7 Frankreich, sub B.I.3.; näher dazu *Breuer*, Staatshaftung, S. 414–417; § 15 Polen, sub B.II.2.a); § 21 Slowenien, sub B.I.1. Für den speziellen Sorgfaltsmaßstab in **Belgien** vgl. § 3 Belgien, sub B.VI.4. und *Breuer*, Staatshaftung, S. 410–412. Für die restriktive Rechtsprechung in den **Niederlanden** vgl. *Breuer*, Staatshaftung, S. 424 f. In **Deutschland** verlangt der BGH für ein schuldhafte Amtspflichtverletzung des Richters außerhalb der gesetzlichen Privilegierung mittlerweile, dass ein „besonders grober Verstoß" vorliegt, also regelmäßig ein Fall von Vorsatz oder grober Fahrlässigkeit: vgl. BGH v. 3.7.2003 – III ZR 326/02, BGHZ 155, 306 (309 f.); *Schütter*, Staatshaftung, S. 258 f.
67 § 16 Portugal, sub A.III.3.
68 § 7 Frankreich, sub B.I.3.; § 13 Luxemburg, sub B.IV.2.a); § 19 Schweiz, sub B.I.3.
69 § 3 Belgien, sub B.IV.2. und B.VI.4.; für Finnland vgl. *Breuer*, Staatshaftung, S. 413 f.; für Schweden ebenda, S. 432.
70 § 16 Portugal, sub A.III.3.b).
71 § 15 Polen, sub D.I.3.; für Spanien vgl. *Breuer*, Staatshaftung, S. 433.
72 § 25 Ungarn, sub B.I.1.a); ebenso wohl in Dänemark, vgl. § 4 Dänemark, sub B.I.4., und *Breuer*, Staatshaftung, S. 412 f.
73 § 11 Lettland, sub B.I.3.
74 Für **Rumänien** in Art. 52 Abs. 3 der Verfassung, für **Spanien** in Art. 121 der Verfassung, für die **Slowakei** in Art. 46 Abs. 3 der Verfassung, für **Tschechien** in Art. 36 Abs. 3 der dortigen Grundrechtecharta.

„Offenkundigkeit" auch im Falle von judikativen Verstößen gegen EU-Recht die Staatshaftung geboten.[75] In **Österreich** remediert der Verfassungsgerichtshof die fehlende Haftung für höchstgerichtliches Handeln, indem er nach Maßgabe der Auffangklausel in Art. 137 B-VG seine eigene Zuständigkeit für derartige Fälle annimmt.[76]

Die meisten Staatshaftungsordnungen kennen zudem das Problem der unangemessen verzögerten Gerichtsverfahren, für welche die Rechtsprechung des EGMR aus Art. 6 Abs. 1 und Art. 13 EMRK das Gebot einer wirksamen innerstaatlichen Beschwerde bzw. eines effektiven Entschädigungsanspruchs ableitet.[77] Die untersuchten Rechtsordnungen kommen diesem Gebot in der Regel nach, indem sie die übermäßige Verfahrensverzögerung als Fall judikativen Unrechts im Rahmen der allgemeinen Haftungsregeln behandeln (wie z.B. in **Belgien**, **Dänemark**, **Frankreich**, **Irland**, **Österreich**, **Portugal**, **Schweden**, **Spanien** und **Ungarn**[78]) oder indem sie für diesen Zweck spezielle Entschädigungstatbestände geschaffen haben (wie z.B. in **Deutschland**, **Estland**, **Griechenland**, **Italien**, **Slowenien** und der **Türkei**[79]). **Polen** ging einen dritten Weg und schuf einen speziellen Rechtsbehelf für verzögerte Verfahren, der zu einer pauschalen Entschädigung „aus den Eigenmitteln des Gerichts" führen kann, gleichzeitig aber eine notwendige Vorstufe für die ordentliche Staatshaftungsklage bildet.[80] Praktisch keine europäische Rechtsordnung verweigert im Fall der unangemessenen Verfahrensverzögerung heute mehr grundsätzlich eine wirksame Abhilfe, wobei sich dies allerdings in einigen Fällen auf die Erkenntnis zu beschränken scheint, dass die EGMR-Rechtsprechung zu Art. 6 und 13 EMRK möglicherweise Änderungen im nationalen Haftungsrecht gebietet.[81]

5. Sonderregeln für andere Formen des Staatshandelns

In Deutschland, Schweden und Ungarn verpflichten die Datenschutzgesetze die öffentliche Hand unabhängig von einem Verschulden zum Schadensersatz für die rechtswidrige **Datenerhebung oder -verarbeitung**.[82] Das schwedische Schadensersatzgesetz knüpft die Haftung für Schäden, die aus einem fehlerhaften **Informationshandeln** des Staates (Auskünfte und Beratung) resultieren, an deutlich höhere Anforderungen als die sonstige Staatshaftung. Diese Anforderungen, die im Gesetz nur vage umschrieben sind, beziehen sich u.a. auf die Umstände der konkreten Auskunftserteilung und das schutzwürdige Vertrauen des Betroffenen.[83] Gelegentlich finden sich mittlerweile restriktive Sondervorschriften für die staatliche **Finanzmarktaufsicht**, für deren Handeln der Staat entweder überhaupt nicht haftet (Deutschland) bzw. dann nicht, wenn Schäden auf Pflichtverletzungen eines Beaufsichtigten zurückzuführen sind (Schweiz).[84] Das portugiesische Staatshaftungsgesetz verweist speziell für Rechtsverletzungen im Zusammenhang mit der **öffentlichen Auftragsvergabe** auf die Haftung nach Maßgabe des Unionsrechts.

---

75 Oben Fn. 57 und *Dörr/Lenz*, Verwaltungsrechtsschutz (Fn. 2), Rn. 472.

76 § 14 Österreich, sub A.II.3.c); *Potacs/Mayer*, Changes in Austrian State Liability Law under the Influence of European Law, EPL 19 (2013), 51 (57).

77 Grundlegend EGMR *Kudla/Polen*, Nr. 30210/96, ECHR 2000-XI, Rdn. 150 ff.

78 § 3 Belgien, sub B.IV.2. a.E.; § 4 Dänemark, sub B.I.4.; § 7 Frankreich, sub B.I.3. (allerdings unter Absenkung des Verschuldensmaßstabs, vgl. *Breuer*, Staatshaftung, S. 416 und 418); § 9 Irland, sub B.II.7.; § 14 Österreich, sub B.I.1.a); § 16 Portugal, sub A.III.3.a); § 18 Schweden, sub B.II.5.; § 22 Spanien, sub A.III.4. a.E.; § 25 Ungarn, sub A.III.

79 § 5 Deutschland, sub B.I.3.; § 6 Estland, sub B.I.3.; § 8 Griechenland, sub B.II.2.; § 21 Slowenien, sub A.III.2.; § 24 Türkei, sub B.II.2. Für Italien vgl. das Gesetz n. 89/2001 („legge Pinto"), dazu § 10 Italien, sub A.II.3.c) und z.B. *Breuer*, Staatshaftung, S. 555–558.

80 § 15 Polen, sub D.I.5.

81 Vgl. § 4 Dänemark, sub B.I.4. und C.III., jeweils a.E.; § 14 Österreich, sub A.II.1.b) a.E.

82 § 5 Deutschland, sub A.IV.2.; § 18 Schweden, sub A.IV.; § 25 Ungarn, sub A.IV.

83 § 18 Schweden, sub B.I.3.

84 § 5 Deutschland, sub B.II.1. a.E.; § 19 Schweiz, sub A.I.1. a.E.

Soweit die staatlichen Rechtsordnungen öffentlich-rechtliches **Handeln in vertraglicher Form** überhaupt kennen, scheinen sich daraus keine haftungsrechtlichen Besonderheiten zu ergeben. Es finden grundsätzlich die allgemeinen Regeln der zivilrechtlichen Vertragshaftung oder die der Staatshaftung Anwendung.[85] In **Deutschland**, **Portugal** und **Ungarn** verweisen die gesetzlichen Bestimmungen über öffentlich-rechtliche Verträge ausdrücklich auf das allgemeine Schuldrecht,[86] in **Estland** ist der Verwaltungsvertrag neuerdings ausdrücklich dem sonstigen Verwaltungshandeln gleichgestellt und sind Rechtsfehler mit Schadensfolge daher nach Staatshaftungsrecht zu behandeln.[87]

6. Verstöße gegen Europa- und Völkerrecht

In allen untersuchten Staaten können grundsätzlich auch Verstöße gegen innerstaatlich anwendbares Europa- und Völkerrecht die staatliche Haftung gegenüber Privaten begründen. Das ergibt sich für Verletzungen des europäischen Unionsrechts bereits aus dessen innerstaatlicher Wirkung in den EU-Mitgliedstaaten: Der vom EuGH entwickelte unionsrechtliche Staatshaftungsanspruch ist nach Maßgabe des nationalen Verfahrensrechts vor den nationalen Gerichten geltend zu machen. Ob diese Geltendmachung dann im materiell-rechtlichen Gewand des nationalen Haftungsrechts erfolgt oder sich auf eine eigenständige unionsrechtliche Anspruchsgrundlage bezieht, richtet sich nach der Rezeption der EuGH-Rechtsprechung in den nationalen Rechtsordnungen. Der Überblick zeigt, dass die EU-Mitgliedstaaten insoweit durchaus unterschiedliche Lösungen gewählt haben.[88] In manchen EU-Mitgliedstaaten scheint die Rezeption der unionsrechtlichen Staatshaftung bislang in der Praxis keine Rolle gespielt, also keine praktischen Anwendungsfälle hervorgebracht zu haben.[89] Ein ausdrücklicher Hinweis auf die Haftungsregeln des europäischen Unionsrechts findet sich im Staatshaftungsrecht der Mitgliedstaaten selten, wohl aber z.B. in **Portugal** für den Bereich der öffentlichen Auftragsvergabe.[90]

Ob auch Verstöße eines Staates gegen das Völkerrecht eine Haftung nach nationalem Staatshaftungsrecht begründen können, bestimmt sich vorrangig nach der innerstaatlichen Wirkung der völkerrechtlichen Pflichten eines jeden Staates in seiner staatlichen Rechtsordnung. Insoweit scheinen auch die hier untersuchten Staaten sehr unterschiedliche Antworten bereitzuhalten. Die meisten Staatshaftungsregime lassen allerdings einen nationalen Haftungsanspruch nach den allgemeinen Regeln zu, soweit gegen eine innerstaatlich unmittelbar anwendbare (*self-executing*) Völkerrechtsnorm verstoßen wurde.[91] Im Staatshaftungsgesetz **Portugals** ist der Verstoß gegen internationales Recht in Bezug auf legislatives Unrecht ausdrücklich als Haftungsgrundlage genannt. Zu diesen Normen, deren Verletzung eine innerstaatliche Staatshaftung auslösen kann, zählen regelmäßig auch die Individualrechte der EMRK. Entschädigungsur-

---

85 Vgl. z.B. § 4 Dänemark, sub A.IV.; § 10 Italien, sub A.II.1.b); § 12 Litauen, sub C.IV.; § 14 Österreich, sub A.II.2.e); § 18 Schweden, sub B.I.1.; § 20 Slowakei, sub B.I.4.; § 23 Tschechien, sub B.I.5.; § 25 Ungarn, sub A.IV.

86 § 5 Deutschland, sub A.V.1.; § 16 Portugal, sub A.III.1.b); § 25 Ungarn, sub A.IV.

87 § 6 Estland, sub B.I.1.

88 Vgl. § 2 EU, sub C.; *Hartmann*, Alignment of national government liability law in Europe after Francovich, ERA Forum vol. 12 (2011), 613 (615–618).

89 Vgl. § 4 Dänemark, sub B.II.; § 12 Litauen, sub B.I.3. a.E.; § 17 Rumänien, sub A.III. a.E.; § 20 Slowakei, sub B.II.; § 21 Slowenien, sub A.III.4.

90 § 16 Portugal, sub A.II.; streng genommen geht es dort allerdings um Haftungsansprüche nach Maßgabe der EU-Vergaberichtlinien, nicht des allgemeinen Staatshaftungsanspruchs. Zum Hintergrund der portugiesischen Regelung vgl. den Sachverhalt in EuG Rs. T-33/09, Slg. 2011, I-1429 – *Portugal/Kommission*.

91 Vgl. z.B. § 3 Belgien, sub B.II.; § 4 Dänemark, sub B.II.; § 5 Deutschland, sub B.II.2.; § 6 Estland, sub B.II.; § 7 Frankreich, sub B.II.; § 8 Griechenland, sub B.I.4.; § 11 Lettland, sub B.II.; § 12 Litauen, sub B.II.; § 14 Österreich, sub B.I.1.c); § 15 Polen, sub B.II.1.; § 16 Portugal, sub B.II.; § 19 Schweiz, sub B.II.1.; § 20 Slowakei, sub B.II.; § 22 Spanien, sub B.II.; § 23 Tschechien, sub B.II.; § 25 Ungarn, sub B.II.

teile des EGMR gemäß Art. 41 EMRK stehen neben dem nationalen Staatshaftungsrecht und entfalten eine völkerrechtliche Bindungswirkung unabhängig von diesem.

II. Kausalität

Der durch einen staatlichen Amtsträger begangene Rechtsverstoß führt in allen Rechtsordnungen nur dann zu einer Schadensersatzhaftung des Staates, wenn und soweit er ursächlich war für einen Schaden Privater. Dieser Kausalzusammenhang, den auch die EuGH-Rechtsprechung zur unionsrechtlichen Staatshaftung voraussetzt,[92] wird in den nationalen Haftungsordnungen durchweg gemäß oder in Anlehnung an das privatrechtliche Deliktsrecht bestimmt. Wie dort auch,[93] beruht die Zurechnung von Schadensverläufen zu einem bestimmten Verhalten regelmäßig zunächst auf dem Test der *conditio sine qua non* (sog. faktische Kausalität), der sodann durch verschiedene Methoden der sog. juristischen Kausalität modifiziert wird. Einige Rechtsordnungen scheinen für die Staatshaftung offensichtlich bei der *conditio sine qua non* stehenzubleiben, sodass dort alle Umstände, die in diesem Sinne kausal geworden sind, als gleichwertig gelten und die staatliche Haftung begründen können.[94]

Die meisten Haftungsregime wenden darüber hinaus das sog. Adäquanzprinzip an und prüfen, wie das Geschehen normalerweise bei rechtmäßigem Staatshandeln verlaufen wäre; völlig atypische Schadensverläufe werden damit ausgeschieden und begründen keine Haftung des Staates.[95] In **Irland** wird eine vergleichbare Eingrenzung durch verschiedene Konzepte wie Vorhersehbarkeit, Unmittelbarkeit und *remoteness of damage* vorgenommen.[96] Die Voraussetzung eines unmittelbaren Kausalzusammenhangs findet sich auch in anderen Staatshaftungsordnungen.[97] In **Lettland** gilt für die Staatshaftung ein von der privaten Deliktshaftung abweichender, engerer Kausalmaßstab, der ausdrücklich im Gesetz festgeschrieben ist: Gefordert wird auch hier ein „unmittelbarer Zusammenhang", der zudem durch Kriterien der Adäquanz konkretisiert ist.[98] Die „Unmittelbarkeit" wird schließlich als wertendes Zurechnungskriterium in der EuGH-Rechtsprechung zur Unions- und Staatshaftung zugrunde gelegt[99] – es dürfte sich um die ersten, noch schemenhaften Umrisse eines gemeinsamen europäischen Kausalitätskonzepts handeln.[100]

Im Übrigen stellt das Deliktsrecht der meisten europäischen Staaten, soweit es auf die staatliche Haftung anwendbar ist, weitere Zurechnungskriterien zur Verfügung, mit deren Hilfe entschieden werden kann, ob ein eingetretener Schaden einem staatlichen Verhalten, vor allem

92 § 2 EU, sub B.II.5.; *Dörr/Lenz*, Verwaltungsrechtsschutz (Fn. 2), Rn. 474.

93 Vgl. stellvertretend *v. Bar*, Gemeineuropäisches Deliktsrecht, Bd. II, 1999, Rn. 413–447; *van Dam*, European Tort Law, 2006, 1101-02.

94 § 3 Belgien, sub B.V.1.; wohl auch § 4 Dänemark, sub B.V. Für Belgien ebenso schon *Cousy/Vanderspikken*, Causation under Belgian Law, in: Spier (ed.), Unification of Tort Laws: Causation, 2000, 23, Ziff. 1–8.

95 § 5 Deutschland, sub B.III.; § 6 Estland, sub B.V.; § 7 Frankreich, sub B.V.; § 8 Griechenland, sub B.I.6.; § 10 Italien, sub B.II.3.; § 13 Luxemburg, sub B.III.; § 14 Österreich, sub B.I.1.b); § 15 Polen, sub B.V.; § 16 Portugal, sub B.V.; § 18 Schweden, sub B.V.; § 19 Schweiz, sub B.IV.; § 21 Slowenien, sub B.V.; § 22 Spanien, sub B.V.; § 23 Tschechien, sub B.III.; § 24 Türkei, sub B.III.; wohl auch § 25 Ungarn, sub B.V.

96 § 9 Irland, sub B.V.

97 Vgl. z.B. § 17 Rumänien, sub B.V.; § 20 Slowakei, sub B.III.

98 § 11 Lettland, sub B.V. und Art. 6 (1) des ZAL.

99 § 2 EU, sub A.II.5. und B.II.5.

100 Vgl. *Bitterich*, Elements of an autonomous concept of causation in European Community law concerning liability, ZVglRWiss 106 (2007), 12ff. Dazu auch schon *Spier/Haazen*, Comparative Conclusions on Causation, in: Spier (Fn. 94), 127ff.

einem staatlichen Rechtsverstoß, als haftungsbegründend zugerechnet werden kann.[101] Gelegentlich wird in bestimmten Konstellationen dem Geschädigten durch Vermutungsregeln oder gar eine Beweislastumkehr der Nachweis eines hinreichenden Kausalzusammenhangs gegenüber den allgemeinen Regeln erleichtert.[102]

III. Relevanz von Verschulden

Ob ein Geschädigter den Staat auch tatsächlich für einen rechtswidrig erlittenen Schaden in Anspruch nehmen kann, bestimmt sich rechtsdogmatisch vor allem anhand der haftungsrechtlichen Bedeutung des Verschuldens: Gehört ein Verschulden auf Seiten des Staates zu den unabdingbaren Voraussetzungen des Haftungstatbestands, so wirkt dies angesichts der Schwierigkeiten, ein solches subjektives Merkmal innerhalb des staatlichen Organisationsgefüges sicher festzustellen, als erhebliches Erschwernis zu Lasten des Geschädigten, für den staatlichen Verantwortungsträger als willkommener Filter zur Abwehr finanzieller Belastungen und zur Sicherung seiner Funktionsfähigkeit.

Sehr grob ergibt sich aus den vorliegenden Länderberichten, dass die haftungsrechtliche Relevanz des Verschuldens in den Staatshaftungsregimen der europäischen Staaten zunächst davon beeinflusst ist, wie sehr sie sich von den Tatbestandsvoraussetzungen des privaten Deliktsrechts emanzipiert haben. Danach finden sich Regime der deliktsrechtlichen Verschuldenshaftung, der verschuldensunabhängigen Staatshaftung (Kausalhaftung) und die *common-law*-Systeme als gemischte Haftungsregime, die auch im Rahmen der staatlichen Unrechtshaftung Elemente von beidem verbinden. Legislative, vor allem aber rechtspraktische Relativierungen in Regimen beider Grundkategorien weichen die Unterschiede zwischen Verschuldens- und Kausalhaftung allerdings zusehends auf.

1. Verschuldenshaftung

Haftungsordnungen, die ihre gesetzliche und inhaltliche Grundlage nach wie vor im Deliktsrecht (**Belgien**, **Dänemark**, **Italien**) bzw. im adaptierten Deliktsrecht (z.B. **Deutschland**, **Österreich**, **Schweden**, **Ungarn**) finden, knüpfen die staatliche Unrechtshaftung regelmäßig an eine Form des persönlichen Verschuldens des handelnden Amtsträgers. Gelegentlich ist die Verschuldenshaftung auch in einem speziellen Staatshaftungsgesetz verankert (**Portugal**); in der **Türkei** scheint sie von der Rechtsprechungspraxis in Anlehnung an das Zivilrecht eingeführt worden zu sein.[103] Grundsätzlich sind dann für die Haftungsbegründung Fahrlässigkeit oder Vorsatz nach Maßgabe der zivilrechtlichen Doktrin[104] erforderlich, für einzelne staatliche Handlungen finden sich Haftungsverschärfungen in Gestalt eines erhöhten Verschuldensmaßstabs.[105] In **Portugal** entscheidet sich anhand des Grades der Fahrlässigkeit, ob nur der staatliche Rechtsträger (*culpa leve*) oder Rechtsträger und handelnder Amtsträger als Gesamtschuldner (*culpa grave, dolo*) haften.[106] In

101 Näher *v. Bar*, Deliktsrecht (Fn. 93), Rn. 448–484; *Spier/Haazen* (Fn. 100), 134–141.
102 § 4 Dänemark, sub B.V.; § 14 Österreich, sub B.I.1.b).
103 § 24 Türkei, sub A.IV.3. und B.V.
104 Dazu z.B. *v. Bar*, Deliktsrecht (Fn. 93), Rn. 237–243.
105 Häufig für richterliches Handeln, vgl. z.B. § 5 Deutschland, sub B.IV.; § 10 Italien, sub A.II.3.b); § 22 Spanien, sub B.VI.
106 § 16 Portugal, sub B.VI.1.

Ungarn muss zum persönlichen Verschulden noch eine „Vorwerfbarkeit" hinzutreten, die auf die Schwere des Rechtsverstoßes zielt.[107]

Der Schwierigkeit, den auf ein persönliches Verhalten zugeschnittenen Verschuldensmaßstab auf Behörden und andere Einrichtungen staatlicher Organisation zu übertragen, wird in vielen Haftungsordnungen durch Relativierungen zugunsten der Geschädigten Rechnung getragen: So kann der Verstoß gegen eine gesetzliche Vorschrift das Verschulden indizieren[108] oder bestimmte staatliche Handlungen begründen eine Verschuldensvermutung, die in der Praxis einer Aufgabe des Verschuldenserfordernisses immerhin nahekommt.[109] Statt auf das persönliche Verschulden eines Amtsträgers kann es auf die objektiv gebotene Sorgfalt des Verwaltungshandelns oder auf Organisationsverschulden des Verwaltungsträgers ankommen.[110] Im Ergebnis ganz ähnlich changiert in **Frankreich** das Konzept der für eine Haftung notwendigen *faute* zwischen einem objektivierten Verschulden und – in den Fällen der *faute lourde* – einer echten Verschuldenshaftung.[111] Der Ansatz eines objektivierten Verschuldens liegt insbesondere dem Konzept des *fonctionnement défectueux* zugrunde, der die staatliche Haftung nicht an die persönliche Vorwerfbarkeit knüpft, sondern schlicht an die tatsächliche Abweichung von einem Ideal einwandfreien Verhaltens (**Luxemburg**, **Portugal**, wohl auch **Spanien**).[112]

2. Unrechtshaftung ohne Verschulden

Im Gegensatz zur deliktsrechtlichen Verschuldenshaftung verzichten spezialgesetzliche Kodifikationen der Staatshaftung überwiegend auf das Erfordernis einer subjektiven Vorwerfbarkeit und begründen eine verschuldensunabhängige Haftung für staatliches Unrecht (**Estland, Griechenland, Litauen, Polen, Rumänien, Schweiz, Slowakei, Tschechien**).[113] Im litauischen Zivilgesetzbuch (Art. 6.271) und im schweizerischen Verantwortlichkeitsgesetz (Art. 3 Abs. 1) ist ausdrücklich festgeschrieben, dass ein Verschulden der handelnden Amtsträger unerheblich ist, in **Polen** wird dies sogar in die einschlägige Verfassungsnorm hineingelesen.[114] In **Lettland** scheint das Haftungssystem ursprünglich auf einer Verschuldenshaftung zu beruhen, durch eine allgemeine Verschuldensvermutung, die an den staatlichen Normverstoß anknüpft, sich aber praktisch in ein Regime objektiver Staatshaftung verwandelt zu haben, zumal ein Verschuldenserfordernis in den gesetzlichen Anspruchsgrundlagen nicht enthalten ist.[115] In **Spanien** scheint die Rechtslage genau umgekehrt: Die gesetzliche Haftungsnorm für Verwaltungshandeln stellt Verschuldens- und verschuldensunabhängige Haftung gleichberechtigt nebeneinander, sieht letztere also im Prinzip vor; in der Rechtsprechungspraxis jedoch werden Haftungsansprüche tatsächlich nur zugesprochen, wenn eine Art staatlichen Verschuldens bzw. eine andere Qualifizierung

---

107 § 25 Ungarn, sub B.VI.

108 Vgl. § 3 Belgien, sub B.VI.1.a); § 10 Italien, sub B.II.2.

109 Vgl. § 4 Dänemark, sub B.I.2.a); § 16 Portugal, sub A.III.1.a)cc) und D.II.; § 21 Slowenien, sub B.VI. Als Beweislastregel in Österreich, vgl. § 14 Österreich, sub B.I.2.

110 Vgl. § 5 Deutschland, sub B.IV.; § 10 Italien, sub B.II.2.; § 18 Schweden, sub B.VI. In der österreichischen Rechtsprechung für „Sachverständige" (wie z.B. Rechtsanwälte und Notare), vgl. § 14 Österreich, sub B.I.1.d).

111 § 7 Frankreich, sub B.VI.

112 § 13 Luxemburg, sub B.I.2. und B.VI.1.; § 16 Portugal, sub B.VI.2. Im spanischen Verwaltungsverfahrensgesetz ist ordnungsgemäßes und fahrlässiges (*funcionamiento anormal*) Verwaltungshandeln gleichermaßen als haftungsbegründend aufgeführt, die Praxis scheint aber entgegen dieser Gesetzeslage von einer objektivierten Verschuldenshaftung auszugehen, vgl. § 22 Spanien, sub B.VI.

113 Vgl. § 6 Estland, sub B.VI.; § 8 Griechenland, sub B.I.7.; § 12 Litauen, sub B.VI.; § 17 Rumänien, sub B.I.1. a.E. und B.VI.; § 19 Schweiz, sub B.V.

114 § 15 Polen, sub B.VI.

115 Vgl. § 11 Lettland, sub B.VI.

des staatlichen Handelns vorliegt: Das – in Spanien offenbar sehr symbolmächtige – Konzept der objektiven Verwaltungshaftung wird damit praktisch weitgehend entwertet.[116]

Dem entspricht es, dass manche der objektiven Haftungsordnungen europäischer Staaten Differenzierungen kennen, welche das öffentliche Haftungsrisiko eingrenzen. So setzt in **Estland** der Ersatz entgangenen Gewinns und die Entschädigung für immaterielle Schäden ein Verschulden des handelnden Amtsträgers voraus, was wiederum nicht gilt, wenn es um eine ungerechtfertigte Freiheitsentziehung geht oder der EGMR einen Verstoß gegen die EMRK festgestellt hat.[117] Im Übrigen sieht das estnische Staatshaftungsgesetz eine allgemeine Exkulpationsmöglichkeit des öffentlichen Rechtsträgers vor (§ 13 Abs. 3), sodass die Unrechtshaftung hier praktisch einer Verschuldenshaftung mit allgemeiner Beweislastumkehr zu Lasten des Staates gleichkommt. Auch in der **Schweiz** besteht ein Anspruch auf Schmerzensgeld (Genugtuung) nur, wenn ein Verschulden des Beamten vorliegt.[118] In **Litauen** ist für die Haftung für richterliches Handeln abweichend vom System ein Verschulden erforderlich.

3. Gemischte Regime im common law

Den Einschränkungen und Relativierungen, die in bezug auf das Verschuldenserfordernis praktisch alle dargestellten Haftungssysteme kennen, entspricht es, einige Staatshaftungsordnungen insoweit als gemischte Regime einzuordnen, weil sie von vornherein gleichermaßen Verschuldens- und verschuldensunabhängige Haftung miteinander kombinieren. Darunter fallen vor allem die Systeme des *common law* in **Irland** und dem **Vereinigten Königreich**, deren Haftungsrecht Anspruchsgrundlagen mit unterschiedlichen Sorgfaltsmaßstäben (*negligence, nuisance, trespass*) kombiniert mit solchen ohne ein Verschuldenserfordernis.[119]

4. Zwischenergebnis

In der Summe ergibt sich mithin kein einheitliches Bild; unter den europäischen Staaten ist die Verschuldens- wie die verschuldensunabhängige Erfolgs- oder Kausalhaftung praktisch gleichermaßen weit verbreitet. Allerdings fällt auf, dass Staaten, die nach 1990 ein neues Staatshaftungsrecht verabschiedet haben, dabei überwiegend auf das traditionelle Verschuldenserfordernis verzichtet haben (Ausnahme: **Portugal**). Ein stattliches Alter kann die verschuldensunabhängige Kausalhaftung in **Griechenland** (EG zum Zivilgesetzbuch von 1941) und der **Schweiz** (Verantwortlichkeitsgesetz von 1958) aufweisen.

Weiter ist erkennbar, dass viele Staaten, die grundsätzlich einem dieser Modelle verhaftet sind, diese Zuordnung auf die eine oder andere Weise relativieren: Das deliktsrechtliche Verschuldenserfordernis wird durch objektivierte Sorgfaltsmaßstäbe, durch Indizierung und Vermutungen „entschärft", die verschuldensunabhängige Staatshaftung wird durch Abweichungen für bestimmte Handlungsbereiche oder Differenzierungen bei den Haftungsfolgen beschränkt. In den praktischen Auswirkungen nähern sich Verschuldens- und Kausalhaftung dadurch einander an.[120]

---

116 § 22 Spanien, sub B.VI.

117 § 6 Estland, sub B.VI.

118 Art. 6 VG, vgl. § 19 Schweiz, sub B.V.

119 Vgl. § 9 Irland, sub B.VI. Für das Vereinigte Königreich z.B. *Bell*, in: Bell/Bradley, 17 (22–33); *Fairgrieve*, State liability, S. 58–102; *Surma*, A Comparative Study of the English and German Judicial Approach to the Liability of Public Bodies in Negligence, in: Fairgrieve/Andenas/Bell, S. 354 (358–362).

120 Zur Objektivierung der Verschuldenshaftung in Deutschland statt aller *B. Hartmann*, Öffentliches Haftungsrecht, 2013, S. 174–178, 205–210.

Diesem durchaus ambivalenten Bild entspricht die EuGH-Rechtsprechung zur unionsrechtlichen Staatshaftung, die zwar formal kein persönliches Verschulden irgendwelcher Art zur Haftungsvoraussetzung erklärt, wohl aber eine „hinreichend qualifizierte" Rechtsverletzung, für deren Feststellung auch die Haltung des handelnden Amtsträgers zu berücksichtigen ist.[121]

IV. Haftung ohne Normverstoß (Aufopferungshaftung)

Auch wenn die durch das Rechtsstaatsprinzip gebotene Unrechtshaftung des Staates den Kern des Staatshaftungsrechts in Europa bildet, so erschöpft dieses sich doch nicht darin. Vielmehr kennen die meisten der untersuchten Rechtsordnungen Regeln über staatliche Haftung gegenüber Privaten, die nicht an ein rechtswidriges Verhalten staatlicher Amtsträger anknüpft. Dies entspricht der Europaratsempfehlung von 1984 (Text im Anhang), die als Prinzip II eine angemessene Entschädigung in Fällen eines Sonderopfers statuierte, das im Allgemeininteresse erbracht wird. Als dogmatischer Hintergrund tritt in solchen Fällen das Prinzip der Lastengleichheit der Bürger, das verfassungsrechtlich im Gleichbehandlungsgrundsatz wurzelt, an die Stelle der Wiedergutmachung von Unrecht und streitet für eine Entschädigung eines Privaten, der im Verhältnis zu anderen ungleich geschädigt oder betroffen ist. Jenseits dieses allgemeinen Prinzips finden sich in praktisch allen Rechtsordnungen spezielle gesetzliche Haftungstatbestände, die eine staatliche Entschädigung für bestimmte Eingriffe oder Schäden vorsehen, ohne dass ihnen Rechtsverstöße des Staates zugrunde liegen.

Ein allgemeiner Aufopferungsanspruch, der ungleiche Belastungen entschädigt, welche die sozialadäquaten Risiken übersteigen und nur einer begrenzten Personenzahl im Allgemeininteresse auferlegt werden (sog. Sonderopfer), ist dem Grunde nach anerkannt in **Belgien**, **Dänemark**, **Deutschland**, **Estland**, **Frankreich**, **Luxemburg**, **Portugal** und der **Türkei**,[122] grundsätzlich offenbar auch in **Slowenien.**[123] In der **Schweiz** sehen einige kantonale Regelungen eine Haftung in Anlehnung an die Sonderopferlehre vor.[124] Dabei erfasst in **Deutschland** der allgemeine Aufopferungsanspruch lediglich Eingriffe in Leben, Gesundheit und Freiheit, nicht aber in andere subjektive Rechte des Betroffenen.[125] Das **estnische** Staatshaftungsgesetz sieht nur für Verwaltungshandeln die gerechte Entschädigung von rechtmäßigen, aber „außergewöhnlichen" Grundrechtseingriffen vor. In **Frankreich** und der **Türkei** unterscheidet man die auf Sonderopferlagen gegründete Aufopferungshaftung von der allgemeinen Gefährdungshaftung, die an besondere, vom staatlichen Handeln ausgehende Risiken anknüpft;[126] in **Portugal** ist diese Unterscheidung sogar im Staatshaftungsgesetz kodifiziert.[127]

Auch andere Formen der Staatshaftung für rechtmäßiges Verhalten finden sich: In **Irland** wird in Anwendung der *Rylands v Fletcher-rule* die Verursachung bestimmter Schäden als solche als Normverstoß behandelt, was im Ergebnis ähnliche Wirkungen hat.[128] **Lettland** kennt einen gesetzlichen Ausgleichsanspruch für rechtmäßiges Verwaltungshandeln, ohne dass es auf eine

---

121 Vgl. EuGH C-46/93, C-48/93, Slg. 1996, I-1029, Rn. 56 – *Brasserie du Pêcheur u.a.*; C-424/97, Slg. 2000, I-5123, Rn. 43 – *Haim*; s. auch § 2 EU, sub B.II.6.

122 § 3 Belgien, sub A.II.3. und B.VII.; § 4 Dänemark, sub B.VII.; § 5 Deutschland, sub B.V.; § 6 Estland, sub B.VII.2.; § 7 Frankreich, sub B.VII.; § 13 Luxemburg, sub B.III. und B.V.; § 16 Portugal, sub B.VII.2.; § 24 Türkei, sub B.VI.2.

123 § 21 Slowenien, sub B.VII.

124 § 19 Schweiz, sub B.VII.2.

125 § 5 Deutschland, sub B.V.3.

126 § 7 Frankreich, sub B.VII.1.; § 24 Türkei, sub B.VI.2.a).

127 § 16 Portugal, sub B.VII.

128 § 9 Irland, sub. B.VI.2. und B.VII.

Sonderopferlage ankommt;[129] auch für die Billigkeitshaftung nach **polnischem** Staatshaftungsrecht[130] spielt dies wohl keine Rolle.

In den übrigen Staaten ist eine staatliche Haftung ohne Rechtsverstoß grundsätzlich nur für bestimmte Fälle in speziellen gesetzlichen Entschädigungsregelungen vorgesehen. Solche Regelungen finden sich regelmäßig für

- Enteignungen
- planerische Eingriffe in die Nutzung des Grundeigentums[131]
- Freiheitsentziehungen und strafrechtliche Verurteilungen, die sich im nachhinein als unbegründet oder falsch erweisen
- polizeiliche Eingriffe zur Gefahrenabwehr
- staatlich angeordnete oder empfohlene Impfungen.[132]

Über die Haftung für rechtmäßige Eingriffe des Staates hinaus sehen gelegentlich Spezialgesetze eine staatliche Ausgleichsleistung für Schäden vor, die durch Unglücksfälle oder Handlungen Dritter verursacht wurden (z.B. Ausschreitungen, Gewalttaten oder terroristische Anschläge).[133] In **Griechenland** wird die Entschädigung von Staatsbediensteten für im Dienst erlittene Zufallsschäden gelegentlich auch mit dem Prinzip der gleichmäßigen Lastentragung begründet.[134] Hier erfüllt die Staatshaftung dann endgültig eine sozialstaatliche Versorgungsfunktion, die über das rechtsstaatliche Gebot einer Unrechtshaftung für eigenes Verhalten weit hinausgeht.

Zusammenfassend ergibt sich, dass die staatliche Haftung für rechtmäßiges Verhalten in praktisch allen untersuchten Rechtsordnungen bekannt ist, wenngleich in etwa der Hälfte der Staaten lediglich auf spezialgesetzlicher Grundlage. Zehn europäische Staaten hingegen kennen die Aufopferungshaftung für Sonderopferlagen auch als allgemeines Rechtsprinzip jenseits konkreter gesetzlicher Ausformungen. Dabei scheint die Anerkennung dieses Konzepts weniger davon beeinflusst, ob das konkrete Staatshaftungsregime den Regeln der bürgerlichen Deliktshaftung folgt oder nicht, als vielmehr davon, ob die staatliche Unrechtshaftung grundsätzlich auf einer Verschuldenshaftung beruht oder als reine Erfolgs- bzw. Kausalhaftung ausgestaltet ist: Staaten mit einem Kausalhaftungssystem kennen regelmäßig kein allgemeines Konzept der Aufopferungshaftung (**Griechenland**, **Litauen**, **Rumänien**, **Schweiz**, **Slowakei**, **Tschechien**); die Ausnahme bildet hier **Estland**, während die Haftung ohne Rechtsverstoß in **Lettland** und **Polen** Sonderkonstellationen darstellen, denen tatbestandlich und nach ihrer *ratio legis* nicht wirklich der Aufopferungsgedanke zugrunde liegt. Demgegenüber kommt eine allgemeine Aufopferungshaftung für ungleiche Belastungen vor allem in den Staaten vor, die eine staatliche Unrechtshaftung grundsätzlich nur bei Verschulden zulassen: **Belgien**, **Dänemark**, **Deutschland**, **Frankreich**, **Italien**, **Luxemburg**, **Portugal**, **Slowenien**, **Türkei**; auch in **Schweden** scheint eine immerhin aufopferungsähnliche Haftungskonstellation bekannt zu sein. Die Ausnahmen bilden hier **Österreich** und **Ungarn**, die ein System der Verschuldenshaftung, aber dennoch keine allgemeine Aufopferungshaftung kennen.

Der in Bezug auf eine Aufopferungshaftung ambivalenten Bestandsaufnahme entspricht die EuGH-Rechtsprechung zur Unionshaftung, die nach eine Phase der Unentschieden-

129 § 11 Lettland, sub A.IV.2.
130 § 15 Polen, sub B.VII.1.
131 § 5 Deutschland, sub A.IV.2.; § 15 Polen, sub A.III.2.
132 § 5 Deutschland, sub A.IV.2.; § 7 Frankreich, sub B.VII.2.; § 14 Österreich, sub A.II.2.c); § 19 Schweiz, sub A.II.4.; § 25 Ungarn, sub B.I.2.; wohl auch § 21 Slowenien, sub B.VII.
133 § 3 Belgien, sub A.III.3.; § 4 Dänemark, sub A.III.; § 5 Deutschland, sub A.IV.2.; § 16 Portugal, sub B.VII., vor 1; § 21 Slowenien, sub A.III.2.; § 24 Türkei, sub A.IV.2. und B.VI.2.a).
134 § 8 Griechenland, sub. B.I.1.

heit[135] seit der Rechtsmittelentscheidung des Gerichtshofs im Fall *FIAMM* (2008) ausdrücklich davon ausgeht, dass eine staatliche Haftung ohne Normverstoß nicht zu den übereinstimmenden Regelungstraditionen der Mitgliedstaaten und damit nicht zu den allgemeinen Rechtsgrundsätzen des Unionsrechts gehört.[136]

C. Haftungsfolgen

Die hauptsächliche Rechtsfolge staatlicher Haftung ist typischerweise ein Ausgleichs- oder Ersatzanspruch des Betroffenen gegen die öffentliche Hand (I.). Die Erscheinungsformen dieser Ansprüche lassen sich darstellen in Bezug auf das Haftungssubjekt, also den Schuldner etwaiger Haftungsansprüche (II.), den Haftungs- oder Anspruchsinhalt (III.) und etwaige Haftungsbeschränkungen (IV.). Dabei ist zu unterscheiden zwischen den Rechtsfolgen der Unrechtshaftung des Staates und privaten Entschädigungsansprüchen, die anders als durch staatliche Rechtsverstöße begründet sind (z.B. Aufopferung).

I. Individueller Rechtsanspruch

Haftungsrelevantes staatliches Unrecht begründet einen Rechtsanspruch des Geschädigten auf Ausgleich des entstandenen Schadens. Dieser Anspruch kann grundsätzlich allen natürlichen oder juristischen Personen zustehen; allerdings bestimmt sich in denjenigen Haftungssystemen, in denen die staatliche Unrechtshaftung durch den Schutzzweck der verletzten Rechtsnorm determiniert ist (→ B.I.1), der Anspruchsinhaber nach dem persönlichen Schutzbereich dieser Norm. Gelegentlich können sogar öffentliche Verwaltungsträger die Unrechtshaftung geltend machen.[137]

Während Staatshaftungsansprüche in der Vergangenheit für Ausländer gelegentlich eingeschränkt oder sogar ausgeschlossen waren,[138] verzichten die europäischen Staaten heute auf eine solche Beschränkung.[139] EU-Mitgliedstaaten sind durch das Diskriminierungsverbot des Art. 18 AEUV unionsrechtlich daran gehindert, EU-Ausländern einen Staatshaftungsanspruch, der Inländern zustünde, zu verweigern.[140]

---

135 Die Unionsgerichte hatten eine solche Haftungsform mehrfach erörtert und dabei zuletzt grundsätzlich anerkannt, eine Entschädigung unter diesem Gesichtspunkt jedoch im Hinblick auf die Umstände des Einzelfalles im Ergebnis stets abgelehnt, vgl. z.B. EuGH C-237/98 P, Slg. 2000, I-4549, Rn. 17–19 – *Dorsch Consult*; EuG T-184/95, Slg. 1998, II-667, Rn. 59–89 – *Dorsch Consult*; T-196/99, Slg. 2001, II-3597, Rn. 171–180 – *Area Cova u.a.*; T-195/00, Slg. 2003, II-1677, Rn. 161 ff. – *Travelex*; T-64/01 und T-65/01, Slg. 2004, II-521, Rn. 150 ff. – *Afrikanische Frucht-Companie u.a.*; T-69/00, Slg. 2005, II-5393, Rn. 157 ff. – *FIAMM u.a. (GK)*; T-383/00, Slg. 2005, II-5459 Rn. 171 ff. – *Beamglow (GK)*. Voraussetzung für eine Unionshaftung entsprechend dem Aufopferungsprinzip sollte danach in jedem Fall sein, dass der Einzelne einen „außergewöhnlichen und besonderen" Schaden erlitten hat: Dazu sollte der Schaden eine besondere Gruppe von Wirtschaftsteilnehmern im Vergleich zu den anderen unverhältnismäßig belasten und die Grenzen der wirtschaftlichen Risiken, welche der betreffenden Tätigkeit normalerweise innewohnen, überschreiten müssen.

136 EuGH (GK) C-120/06 und C-121/06, Slg. 2008, I-6513, Rn. 175 f. – *FIAMM u.a.*; daran anschließend z.B. EuG T-429/05, Slg. 2010, II-491 Rn. 56 f. – *Artegodan*. S. auch § 2 EU, sub A.II.7.

137 § 4 Dänemark, sub C.II.; § 5 Deutschland, sub B.II.1.; § 11 Lettland, sub C.II.; § 25 Ungarn, sub C.II.

138 Für Deutschland *St. Kaiser*, Die Staatshaftung gegenüber Ausländern, 1996.

139 § 3 Belgien, sub C.II.; § 4 Dänemark, sub C.II.; § 6 Estland, sub C.II.; § 7 Frankreich, sub C.II.; § 8 Griechenland, sub C.IV.; § 9 Irland, sub C.II.; § 12 Litauen, sub C.II.; § 15 Polen, sub C.II.; § 16 Portugal, sub C.II.; § 17 Rumänien, sub C.II.; § 19 Schweiz, sub C.II.; § 20 Slowakei, sub C.II.; § 21 Slowenien, sub C.II.; § 22 Spanien, sub C.II.; § 23 Tschechien, sub C.III.; § 24 Türkei, sub C.II.; § 25 Ungarn, sub C.II. In Deutschland sind auf Länderebene noch letzte Reste der historischen Beschränkungsregelung in Geltung, vgl. § 5 Deutschland, sub C.II.; in Österreich enthält § 7 AHG noch eine entsprechende Regelung.

140 Für einen Anspruch auf Opferentschädigung schon EuGH 186/87, Slg. 1989, 195, Rn. 10–20 – *Cowan*.

II. Haftungssubjekt

Für die durch staatliche Rechtsverstöße verursachten Schäden haftet regelmäßig vor allem derjenige staatliche Rechtsträger, dem der jeweilige Verstoß zuzurechnen ist. In Haftungsregimen, die auf dem bürgerlichen Deliktsrecht aufbauen und daher an das Fehlverhalten einer natürlichen Person in amtlicher Eigenschaft anknüpfen, tritt der zuständige Rechtsträger in diesem Fall als Haftungsschuldner an die Stelle des fehlerhaft handelnden Amtsträgers oder neben diesen.[141] Haftungssysteme, die eine unmittelbare Staatshaftung ohne Umweg über das Deliktsrecht kennen, brauchen diesen Adressatenwechsel nicht und bestimmen den Haftungsschuldner schlicht durch die Zurechnung der fraglichen Tätigkeit zur hoheitlichen Aufgabenerfüllung des Staates.[142]

Die Bestimmung des haftenden Rechtsträgers erfolgt danach, wer dem Amtsträger die konkrete Aufgabe, bei deren Erfüllung der Rechtsfehler geschah, übertragen hat[143] bzw. zu wem der Amtsträger in einem Anstellungsverhältnis stand[144] bzw. in wessen Aufgabenbereich das haftungsrelevante Fehlverhalten fiel.[145]

Eine persönliche Haftung des Amtsträgers gegenüber dem Geschädigten ist zum Teil ausdrücklich vorgesehen, regelmäßig allerdings unter erschwerten Voraussetzungen und vorrangig in Haftungsregimen, die auf dem zivilrechtlichen Deliktsrecht aufbauen.[146] In einer knappen Mehrheit der Staaten aber wird die persönliche Amtsträgerhaftung vollständig ersetzt durch die Außenhaftung der öffentlichen Hand, der dann im Innenverhältnis der Regress gegen den Amtsträger offensteht.[147] Soweit Amtsträger persönlich haften, ist zum Schutz der Geschädigten gelegentlich eine subsidiäre[148] oder kumulative[149] Haftung des Staates vorgesehen. In **Litauen** ist der Regress gesetzlich auf grundsätzlich neun durchschnittliche Monatsgehälter des Amtsträgers begrenzt, in **Polen** bei Fahrlässigkeit auf drei, in **Italien** bei Richtern auf ein Drittel des Jahresgehalts, in **Ungarn** abhängig vom Status des Betroffenen und dem Ausmaß seines Verschuldens auf drei Gehälter bis zum vollen Ersatz.[150] Manche Rechtsordnungen kennen neben dem Innenregress ein eigenständiges Haftungsverhältnis zwischen dem Staat und seinen Amtsträgern, in **Österreich** als „Organhaftung", in **Italien** als *responsabilità amministrativa* gesetzlich geregelt.[151]

Schuldner von Entschädigungsansprüchen aus Aufopferung ist der Verwaltungsträger, in dessen Aufgabenbereich der entschädigungspflichtige Eingriff fällt.[152]

---

141 § 3 Belgien, sub C.I.; § 4 Dänemark, sub C.I.; § 5 Deutschland, sub C.I.; § 9 Irland, sub C.I.; § 10 Italien, sub C.I.1.; § 21 Slowenien, sub C.I.

142 Vgl. § 6 Estland, sub B.I.1.; § 8 Griechenland, sub B.I.1.–3.; § 11 Lettland, sub B.I., B.IV. und C.I.; § 19 Schweiz, sub B.I. und III.; § 20 Slowakei, sub B.IV.; § 23 Tschechien, sub B.I.1.

143 § 5 Deutschland, sub C.I.; § 6 Estland, sub B.IV. und C.I.

144 § 3 Belgien, sub C.I.; § 4 Dänemark, sub C.I.; § 8 Griechenland, sub C.I.; § 9 Irland, sub C.I.

145 § 24 Türkei, sub C.I.; wohl auch § 25 Ungarn, sub C.I.

146 § 3 Belgien, sub C.I.; § 4 Dänemark, sub C.I.; § 7 Frankreich, sub B.I.1.a)bb); § 8 Griechenland, sub C.II.; § 10 Italien, sub C.I.1.; § 16 Portugal, sub C.I.; § 17 Rumänien, sub C.I.; § 18 Schweden, sub C.I. a.E.; § 21 Slowenien, sub C.I.

147 § 5 Deutschland, sub C.I.; § 12 Litauen, sub C.I.; § 14 Österreich, sub B.I.2.; § 15 Polen, sub C.I.2.; § 19 Schweiz, sub C.I.2.; § 20 Slowakei, sub C.I.; § 22 Spanien, sub C.I.1.; § 23 Tschechien, sub C.II.; § 24 Türkei, sub C.I.; wohl auch § 9 Irland, sub C.I.; § 11 Lettland, sub C.I.; § 13 Luxemburg, sub C.I.

148 § 6 Estland, sub C.I.

149 § 7 Frankreich, sub B.I.1.a)cc); § 8 Griechenland, sub C.II.; § 10 Italien, sub C.I.1.

150 § 10 Italien, sub A.II.3.b); § 12 Litauen, sub C.I.; § 15 Polen, sub C.I.2. a.E.; § 25 Ungarn, sub C.I.

151 § 10 Italien, sub C.I.1.; § 14 Österreich, sub B.II.

152 § 5 Deutschland, sub C.I.1.

III. Haftungsinhalt

Der tatsächliche Inhalt des Haftungsanspruchs bei staatlichem Unrecht bestimmt sich typischerweise anhand der Konzepte von Schadensersatz und Entschädigung: Während ersterer im Sinne einer Wiedergutmachung die Lage herzustellen sucht, die ohne den Rechtsverstoß bestehen würde, gewährt eine Entschädigung dem Betroffenen schlicht einen angemessenen Ausgleich für die erlittene Schädigung, der sich am Ausmaß des zugefügten Schadens orientieren kann, aber regelmäßig nicht die hypothetische Situation des Geschädigten ohne diesen abbilden soll.[153] Die Europaratsempfehlung von 1984 (Text im Anhang) bildete diese Unterscheidung in Prinzip V als eine solche zwischen „full" und „equitable reparation" ab. In vielen europäischen Rechtsordnungen, wie auch in der Haftungsrechtsprechung des EuGH, wird die Unterscheidung allerdings nicht, jedenfalls nicht konsequent getroffen.[154]

Vor allem diejenigen Staatshaftungssysteme, die ihren deliktsrechtlichen Wurzeln nach wie vor verhaftet sind, sehen regelmäßig den Ausgleich als veritablen Schadensersatz vor, wobei hier zum Teil grundsätzlich das Prinzip der Naturalrestitution gelten soll,[155] während andere von vornherein ausschließlich Geldersatz als Ausgleich für staatliches Unrecht gewähren.[156] In **Polen** besitzt der Geschädigte ein Wahlrecht zwischen beiden Formen,[157] während in **Frankreich** das Gericht dem beklagten Rechtsträger die Wahl eröffnen und in **Spanien** der geschuldete Geldersatz im Einvernehmen der Beteiligten durch Naturalrestitution ersetzt werden kann.[158] Gelegentlich soll als Ausgleich immaterieller Schäden sogar die bloße Feststellung des Rechtsverstoßes, also eine Art offizieller Genugtuung, genügen können;[159] in **Lettland** kann eine schriftliche Entschuldigung der Behörde ausreichen, wenn es um reine Verfahrensfehler geht.[160]

Ein regelrechter Strafschadensersatz (*punitive damages*) ist, soweit ersichtlich, in der europäischen Staatshaftung nur in **England** und **Irland**[161] vorgesehen, auch wenn gelegentlich einzelne Ausgleichsleistungen anderer Haftungsregime durchaus Sanktionscharakter besitzen: So muss in **Ungarn** eine Verwaltungsbehörde, wenn sie die gesetzlich vorgesehene Bearbeitungsfrist erheblich überschreitet, die doppelte Verwaltungsgebühr zurückzahlen.[162] Ganz ähnlich schuldet in **Polen** im Fall eines überlangen Gerichtsverfahrens das verantwortliche Gericht eine festgelegte Geldsumme aus seinen ihm zugewiesenen Eigenmitteln.[163]

Grundsätzlich sehen alle Staatshaftungsregime den Ausgleich materieller wie immaterieller Schäden vor. Gelegentlich ist der finanzielle Ausgleich immaterieller Nachteile allerdings an

---

153 Zu dieser Unterscheidung z.B. *Ossenbühl/Cornils*, Staatshaftungsrecht, 6. Aufl. 2013, S. 320; *Dörr*, Entschädigung und Schadensersatz, in: Dörr/Grote/Marauhn, Konkordanzkommentar EMRK/GG, 2. Aufl. 2013, Kap. 33 Rn. 5. Zu Konvergenzen in der praktischen Rechtsanwendung *Hartmann*, Haftungsrecht (Fn. 120), S. 210–212.

154 Vgl. § 2 EU., sub B.III.3.

155 § 3 Belgien, sub C.III.2.; § 10 Italien, sub C.II.; § 11 Lettland, sub C.III.1.; § 12 Litauen, sub C.III.; § 13 Luxemburg, sub C.II.; § 16 Portugal, sub C.III.; § 17 Rumänien, sub C.III.; § 21 Slowenien, sub C.III.; § 25 Ungarn, sub C.III.

156 § 5 Deutschland, sub C.III.; § 6 Estland, sub C.III.1.; § 8 Griechenland, sub C.III.; § 14 Österreich, sub B.I.3.; § 24 Türkei, sub C.III.; wohl auch § 23 Tschechien, sub C.IV.

157 § 15 Polen, sub C.III.

158 § 7 Frankreich, sub C.III.; § 22 Spanien, sub C.III.

159 § 20 Slowakei, sub C.III.; § 23 Tschechien, sub C.IV.

160 § 11 Lettland, sub C.III.2. a.E.

161 § 9 Irland, sub C.III. Für das englische Recht grundlegend *Rookes v. Barnard* [1964] A.C. 1129, 1221 (H.L.); dazu nur *Fairgrieve*, State liability in tort, S. 189 f.; *v. Bar*, Deliktsrecht (Fn. 15), Rdn. 611–612; *van Dam*, Tort Law (Fn. 93), S. 303 f. und 311 f.

162 § 25 Ungarn, sub B.I.2.

163 § 15 Polen, sub D.I.5.

erhöhte Voraussetzungen geknüpft, wie z.B. an ein sonst nicht gefordertes Verschulden des Amtsträgers[164] oder an eine besonders erhebliche Verletzung bestimmter Rechte,[165] oder ist überhaupt nur für Eingriffe in bestimmte Rechtsgüter vorgesehen.[166] Oder der immaterielle Ausgleich wird nur subsidiär für den Fall gewährt, dass die Feststellung des Rechtsverstoßes keine hinreichende Wiedergutmachung bietet.[167] Der Ausgleich von Vermögensschäden umfasst regelmäßig auch den entgangenen Gewinn (*lucrum cessans*), was der EuGH für den unionsrechtlichen Staatshaftungsanspruch aus Gründen der Effektivität auch für geboten hält.[168] In **Österreich** ist dies nur im Fall besonders schwerer Sorgfaltsverstöße vorgesehen,[169] in Estland entfällt der Ausgleich entgangenen Gewinns, wenn den handelnden Amtsträger kein Verschulden traf.[170] In **Lettland** sind Obergrenzen für die verschiedenen Schadensformen gesetzlich festgelegt.[171]

Rechtmäßige staatliche Eingriffe bzw. Sonderopfer Privater für das Allgemeinwohl ziehen, soweit sie einen Haftungsanspruch begründen, regelmäßig einen Anspruch auf angemessene Entschädigung nach sich.

IV. Haftungsbeschränkungen

Über die Beschränkungen des Haftungsinhalts hinaus finden sich in den meisten europäischen Staaten pauschale Beschränkungs- und Ausschlusstatbestände, welche den Ausgleich staatlichen Unrechts insgesamt betreffen.

In praktisch allen Rechtsordnungen gilt der deliktsrechtliche Grundsatz, dass eine kausale Mitwirkung oder eine Mitverantwortung des Geschädigten im Zusammenhang mit der Entstehung des geltend gemachten Schadens bei der Bemessung des geschuldeten Ausgleichs zu berücksichtigen ist.[172] Dieser Grundsatz gilt regelmäßig auch im Rahmen der Staatshaftung,[173] und zwar auch in Haftungsregimen, die sich von den deliktsrechtlichen Wurzeln weitgehend gelöst haben.[174] Die eingangs erwähnte Empfehlung des Europarates[175] enthielt den Grundsatz ebenso, wie der EuGH einen allgemeinen, den Rechtsordnungen der Mitgliedstaaten gemeinsamen Grundsatz festgestellt hat, dass sich der Geschädigte in angemessener Form um die Verhinderung des Schadenseintritts und die Begrenzung des Schadensumfangs bemühen muss, wenn er nicht Gefahr laufen will, den Schaden selbst tragen zu müssen.[176]

---

164 § 6 Estland, sub B.VI.; § 19 Schweiz, sub C.III.
165 § 5 Deutschland, sub C.III.; § 18 Schweden, sub C.III.1.
166 § 6 Estland, sub C.III.2.; § 14 Österreich, sub B.I.3.; § 17 Rumänien, sub C.III.
167 § 20 Slowakei, sub C.III.; § 23 Tschechien, sub C.IV.
168 EuGH C-46 und C-48/93, Slg. 1996, I-1029, Rn. 87 – *Brasserie du Pêcheur*; C-397/98 und C-410/98, Slg. 2001, I-1727, Rn. 91 – *Metallgesellschaft u.a.*; C-470/03, Slg. 2007, I-2749, Rn. 95 – *A.G.M.-COS.MET.* S. auch § 2 EU, sub C.III.3.
169 § 14 Österreich, sub B.I.3.
170 § 6 Estland, sub B.VI.
171 § 11 Lettland, sub C.III.4.
172 Vgl. *v. Bar*, Deliktsrecht (Fn. 93), Rn. 517–539; *van Dam*, Tort Law (Fn. 93), S. 334–339.
173 Vgl. § 4 Dänemark, sub C.IV.; § 5 Deutschland, sub C.IV.; § 8 Griechenland, sub C.IV.; § 9 Irland, sub C.IV.2.a); § 10 Italien, sub B.II.3.; § 12 Litauen, sub C.IV.; § 17 Rumänien, sub C.IV.; § 18 Schweden, sub C.IV.1.; § 21 Slowenien, sub C.IV.; § 24 Türkei, sub C.IV.
174 § 6 Estland, sub C.IV.; § 7 Frankreich, sub C.IV.; § 11 Lettland, sub C.IV.; § 13 Luxemburg, sub C.III.2.; § 16 Portugal, sub B.VI.3.; § 19 Schweiz, sub C.IV.1.; § 22 Spanien, sub C.IV.3.
175 Fn. 1, s. im Anhang unter III.
176 EuGH C-46 und C-48/93, Slg. 1996, I-1029, Rdn. 85 – *Brasserie du Pêcheur*; C-445/06, Slg. 2009, I-2119, Rn. 61 – *Danske Slagterier*; C-429/09, Slg. 2010, I-12167, Rn. 76 – *Fuß*.

Eine besondere Variante dieses Prinzips betrifft das Verhältnis der Staatsunrechtshaftung zu den verfügbaren Rechtsbehelfen gegen staatliches Handeln (Primärrechtsschutz): Hat der Geschädigte es versäumt, das staatliche Handeln, aus dem der geltend gemachte Schaden entstanden ist, zuvor mit Mitteln des gerichtlichen Rechtsschutzes anzugreifen, so kann eine Haftung des Staates für diesen Schaden ausscheiden[177] oder gemindert werden.[178] In **Deutschland, Portugal** und wohl auch in **Schweden** wird der Haftungsausschluss an ein schuldhaftes Rechtsschutzversäumnis des Betroffenen geknüpft.[179] Eine ähnliche Funktion erfüllt das Erfordernis des Präjudikats in Rechtsordnungen, welche die vorherige Anfechtung oder Aufhebung des inkriminierten Staatshandelns generell zur Voraussetzung für die Geltendmachung der staatlichen Haftung machen.[180] In den meisten der untersuchten Rechtsordnungen hat mithin die Abwehr von Rechtsverstößen durch Primärrechtsschutz Vorrang vor der Gewährung von Sekundärrechtsschutz in Gestalt finanziellen Ausgleichs. Einen solchen Vorrang des Primärrechtsschutzes hält der EuGH grundsätzlich für vereinbar mit der Effektivität des unionsrechtlichen Staatshaftungsanspruchs.[181]

Dezidiert anders ist die Rechtslage allerdings in **Frankreich** und **Griechenland**, wo das Unterlassen von Primärrechtsschutz für die Geltendmachung der Staatshaftung grundsätzlich unschädlich ist;[182] gleiches gilt in der **Schweiz** für den Rechtsschutz gegen Realakte der Verwaltung.[183] Interessanterweise übernimmt der EuGH dieses selbständige Nebeneinander von Primär- und Sekundärrechtsschutz für die Unionshaftung: Die Zulässigkeit der Haftungsklage gegen die EU nach Art. 268, 340 Abs. 2 AEUV hängt nicht davon ab, ob der Geschädigte das Unionshandeln zuvor im Wege der Nichtigkeitsklage (Art. 263 AEUV) angegriffen hatte.[184]

Eine im europäischen Vergleich wohl singuläre Regelung enthält das **deutsche** Staatshaftungsrecht mit der Subsidiarität der Unrechtshaftung bei fahrlässigem Handeln: Kann der Geschädigte in diesem Fall „auf andere Weise" (z.B. durch Ansprüche gegen Dritte) Ausgleich erlangen und ist ihm dies im konkreten Fall zumutbar, so entfällt die Haftung des Staates.[185] In der Praxis fallen hierunter insbesondere bestimmte versicherungsrechtliche Ansprüche. Eine immerhin ähnliche Regelung enthält das **schwedische** Haftungsrecht, wonach bei Sachschäden der Ersatzanspruch gegen den Staat der bestehenden Versicherungslage angepasst werden kann.[186]

Einzelne Rechtsordnungen sehen darüber hinaus spezielle Haftungsausschlüsse für bestimmte Staatsorgane oder bestimmte Tätigkeiten des Staates vor.[187] Für EU-Mitgliedstaaten entsteht hierbei in jedem Einzelfall das Problem, dass ein pauschaler Haftungsausschluss, soweit er sich auf die Verletzung von europäischem Unionsrecht bezieht, schwerlich mit der EuGH-Rechtsprechung zur Staatshaftung zu vereinbaren ist.

---

177 § 4 Dänemark, sub C.IV.; § 6 Estland, sub C.IV.; § 10 Italien, sub B.II.3.; § 11 Lettland, sub C.IV.; § 25 Ungarn, sub C.IV.3.a).
178 § 15 Polen, sub C.IV.2.
179 § 5 Deutschland, sub C.IV.; § 16 Portugal, sub B.VI.3.; § 18 Schweden, sub C.IV.1.
180 § 19 Schweiz, sub C.IV.2.; § 20 Slowakei, sub D.I.1.; § 22 Spanien, sub C.IV.3.; § 23 Tschechien, sub D.I.1.a); s. auch schon oben B.I.4.
181 Vgl. EuGH C-46 und C-48/93, Slg. 1996, I-1029, Rdn. 84f. – *Brasserie du Pêcheur*; C-397 und C-410/98, Slg. 2001, I-1727, Rn. 102 – *Metallgesellschaft*; C-524/04, Slg. 2007, I-2107, Rdn. 124 – *Test Claimants in the Thin Cap Group Litigation*; C-445/06, Slg. 2009, I-2119, Rn. 61–69 – *Danske Slagterier*. S. auch § 2 EU-Recht, sub B.III.4.
182 § 7 Frankreich, sub C.IV.; § 8 Griechenland, sub D.I.
183 § 19 Schweiz, sub C.IV.2.
184 *Dörr/Lenz*, Verwaltungsrechtsschutz (Fn. 2), Rn. 220; § 2 EU-Recht, sub A.III.4.
185 § 5 Deutschland, sub C.IV.
186 § 18 Schweden, sub C.IV.2.
187 § 8 Griechenland, sub C.IV.; § 9 Irland, sub C.IV.1.; § 22 Spanien, sub C.IV.2.; § 25 Ungarn, sub C.IV.1.

D. Geltendmachung von Haftungsansprüchen

Liegen die Voraussetzungen der staatlichen Unrechtshaftung vor, so entsteht regelmäßig ein individueller Ausgleichsanspruch des Betroffenen (→ C.I) gegen den haftenden Rechtsträger des Staates (→ C.II). Dieser muss in einem rechtsstaatlichen System grundsätzlich vor Gerichten gegen die öffentliche Hand einklagbar und durchsetzbar sein. Die Anforderungen an und das Verfahren für diese Geltendmachung unterliegen den Maßstäben des jeweiligen nationalen Verfassungsrechts und, soweit es um Verstöße gegen Unionsrecht durch EU-Mitgliedstaaten geht, den Effektivitätsansprüchen des EU-Rechts. Auch die Ableitungen aus Art. 6 Abs. 1 EMRK sind zu beachten, denn Staatshaftungsansprüche sind *„civil rights"* im Sinne dieser Norm und eröffnen damit ihren Anwendungsbereich.[188]

I. Rechtsweg

Die Wege der gerichtlichen Geltendmachung von Staatshaftung sind in den europäischen Staaten so vielfältig, wie die Ausgestaltung der Staatshaftung selbst. Der Rechtsweg bestimmt sich regelmäßig nach dem Verhältnis zum allgemeinen Deliktsrecht: Ist der Staatshaftungsanspruch im Grunde deliktsrechtlicher Natur, so ist er grundsätzlich vor den Zivilgerichten geltend zu machen.[189] Handelt es sich um einen originär staatshaftungsrechtlichen Anspruch, so können statt dessen die Verwaltungsgerichte zuständig sein.[190] Zuweilen können sogar beide Gerichtszweige für Staatshaftungsfälle zuständig sein: So bestimmt sich in **Italien** die gerichtliche Zuständigkeit offensichtlich nach der Form des staatlichen Handelns, das als schadensverursachend angegriffen wird.[191] In anderen Ländern ist hingegen der Akteur ausschlaggebend: Der Rechtsweg ist abhängig davon, ob die Verwaltung oder die Justiz den Schaden verursacht hat,[192] während in der **Schweiz** auf Bundesebene maßgeblich ist, ob eine sog. Magistratsperson in einem politischen Amt gehandelt hat (dann Bundesgericht) oder ein sonstiger Amtsträger (dann Bundesverwaltungsgericht).[193] In **Slowenien** können die eigentlich zuständigen Zivilgerichte offenbar durch eine Art Adhäsionsverfahren vor den Verwaltungsgerichten verdrängt werden.[194] Fehlt eine funktionale Unterscheidung zwischen Zivil- und Verwaltungsgerichtsbarkeit, können mitunter auch alle Gerichte für Staatshaftungsansprüche in ihrem Tätigkeitsbereich angerufen werden.[195] In **Österreich** führt die Einwirkung des europäischen Unionsrechts zu einer Erweiterung des „Rechtswegspektrums" in Staatshaftungssachen, weil das nationale Haftungsrecht einzelne Anwendungsfälle des unionsrechtlichen Staatshaftungsanspruchs nicht abbilden kann.[196]

In etwa der Hälfte der Staaten ist der gerichtlichen Durchsetzung von Staatshaftungsansprüchen ein obligatorisches exekutives Vorverfahren vorgeschaltet: Die Ansprüche sind zunächst beim betroffenen Rechtsträger bzw. einer zuständigen Behörde geltend zu machen, be-

188 Vgl. nur EGMR No. 21987/93, ECHR 1996-VI, § 92 – *Aksoy/Türkei*; No. 21522/93, ECHR 1997-III, § 35 – *Georgiadis/Griechenland*; No. 20027/02, § 55 – *Herbst/Deutschland* (2007).
189 § 3 Belgien, sub D.I.; § 5 Deutschland, sub D.I.; § 13 Luxemburg, sub D.I.; § 14 Österreich, sub C.I.1.; § 15 Polen, sub D.I. vor 1.; § 25 Ungarn, sub D.I.; aber auch in § 20 Slowakei, sub D.II.; § 23 Tschechien, sub D.II.
190 § 6 Estland, sub D.I.; § 7 Frankreich, sub D.I.; § 8 Griechenland, sub D.I.; § 11 Lettland, sub D.I.; § 16 Portugal, sub D.I.; § 22 Spanien, sub D.I.1.
191 § 10 Italien, sub D.I.
192 § 12 Litauen, sub D.I.; § 17 Rumänien, sub D.I.; § 18 Schweden, sub D.I.2.; wohl auch § 24 Türkei, sub D.I.
193 § 19 Schweiz, sub D.I.1.
194 § 21 Slowenien, sub D.I.1.
195 § 4 Dänemark, sub D.I.; § 9 Irland, sub D.I.
196 § 14 Österreich, sub C.I.2. und 3.

vor sie vor Gericht erhoben werden können.[197] Die Geltendmachung justiziellen Unrechts ist so mitunter im ersten Zugriff beim Justizministerium konzentriert.[198] Die Europaratsempfehlung von 1984 (Text im Anhang) lässt in Prinzip IV ein solches Vorverfahren zu, sieht allerdings vor, dass der Zugang zur gerichtlichen Geltendmachung dadurch nicht in Frage gestellt werden soll.

Andere Staaten sehen als fakultative Möglichkeit die Streitbeilegung durch Schiedsverfahren oder die Anrufung eines Ombudsmannes vor: In **Schweden** ist insoweit die besondere Rolle des *Justitiekanslern* hervorzuheben, an den sich Private mit Schadensersatzforderungen gegen den Staat wenden können.[199]

II. Beweisfragen

Grundsätzlich hat der Geschädigte und Anspruchssteller im Staatshaftungsprozess nach den allgemeinen Regeln das Vorliegen der Anspruchsvoraussetzungen zu beweisen. Da es bei Fragen des Kausalzusammenhangs und des Verschuldens im Zusammenhang mit staatlichen Rechtsfehlern aber regelmäßig auf interne Abläufe innerhalb der staatlichen Organisation ankommt, wird dem Geschädigten insoweit nicht selten mit Vermutungsregeln oder Erleichterungen der Beweislast geholfen.[200] Vor den Verwaltungsgerichten kann zudem der Untersuchungs- und Amtsermittlungsgrundsatz helfen.[201] Nicht immer ist es im Übrigen erforderlich, dass der Geschädigte vor Gericht den exakten Schadensumfang beweist und eine konkrete Schadenssumme beziffert, sondern dies kann im Einzelfall auch dem Gericht überlassen sein.[202]

III. Durchsetzung

Ausgleichsansprüche für staatliches Unrecht unterliegen regelmäßig der gesetzlichen Verjährung. Auch hier bestimmt sich die gesetzliche Regelung typischerweise nach dem Verhältnis der Staatshaftung zum bürgerlichen Deliktsrecht: Handelt es sich im System der betreffenden Rechtsordnung der Sache nach um deliktsrechtliche Ansprüche, bestimmt sich die Verjährung nach den allgemeinen Regeln des Zivilrechts;[203] andernfalls gelten regelmäßig spezielle Vorschriften.[204] Die Verjährungsfristen variieren erheblich: In rund der Hälfte der Staaten gilt eine Frist von drei Jah-

---

197 § 6 Estland, sub D vor I.; § 7 Frankreich, sub D.I.; § 11 Lettland, sub D.I.2.; § 14 Österreich, sub C.I.1.; § 17 Rumänien, sub D.I. (für Verwaltungsakte); § 19 Schweiz, sub D.I.1.; § 20 Slowakei, sub D.I.; § 22 Spanien, sub D.I.1.–2.; § 23 Tschechien, sub D.I.; § 24 Türkei, sub D.I. a.E. (bei anderen als Verwaltungsakten); wohl auch § 25 Ungarn, sub D vor I.

198 § 6 Estland, sub D vor I.; § 22 Spanien, sub D.I.2.; § 23 Tschechien, sub D.I.

199 § 18 Schweden, sub D.I.1.

200 § 4 Dänemark, sub D.II.; § 5 Deutschland, sub D.II.; § 7 Frankreich, sub D.II.; § 9 Irland, sub D.II.; § 14 Österreich, sub C.II.; § 16 Portugal, sub D.II.; § 22 Spanien, sub D.II.; s. auch B.II. a.E. und B.III.1.

201 § 6 Estland, sub D.II.; § 8 Griechenland, sub D.II.; § 11 Lettland, sub D.II.1.; § 17 Rumänien, sub D.II.; § 19 Schweiz, sub D.II.; § 24 Türkei, sub D.II.

202 § 6 Estland, sub D.II.; § 15 Polen, sub D.II.; § 24 Türkei, sub D.II. a.E.

203 § 3 Belgien, sub D.III.; § 4 Dänemark, sub D.III.; § 5 Deutschland, sub D.III.; § 9 Irland, sub D.III.; § 12 Litauen, sub D.III.; § 15 Polen, sub D.III.; § 16 Portugal, sub D.III.; § 17 Rumänien, sub D.III.; § 18 Schweden, sub D.III.; § 21 Slowenien, sub D.III.; § 25 Ungarn, sub D.III.

204 § 6 Estland, sub D.III.; § 7 Frankreich, sub D.III.; § 11 Lettland, sub D.III.; § 19 Schweiz, sub D.III.; § 20 Slowakei, sub D.III.; § 22 Spanien, sub D.III.; § 23 Tschechien, sub D.IV.; aber auch § 14 Österreich, sub D.III.

ren ab Schadenseintritt bzw. Kenntnis des Geschädigten,[205] es finden sich aber auch vier,[206] fünf[207] und sechs[208] Jahre. In der **Schweiz** und in **Spanien** ist es nur ein Jahr, in **Schweden** sind es sogar zehn, in Luxemburg wohl gar dreißig Jahre.[209] Der EuGH hält eine Dreijahresfrist, die an die Kenntnis des Geschädigten anknüpft, in Bezug auf den unionsrechtlichen Staatshaftungsanspruch für hinreichend effektiv,[210] aber auch einjährige Ausschlussfristen hat er bereits akzeptiert.[211] Von der materiell-rechtlichen Verjährung zu trennen sind unter Umständen verfahrensrechtliche Ausschlussfristen für die Geltendmachung von Haftungsansprüchen vor allem in denjenigen Rechtsordnungen, in denen der Staatshaftungsklage ein obligatorisches behördliches Verfahren vorgeschaltet ist (→ D.I, bei Fn. 197); in der **Türkei** beträgt diese Frist bei Schäden durch Verwaltungshandeln z.B. ein Jahr.[212] Auch hier sind im Falle von Verstößen gegen EU-Recht die Gleichwertigkeits- und Effektivitätsanforderungen der EuGH-Rechtsprechung[213] zu beachten.

Rechtsstaatliche Vorgaben, seien sie verfassungs- oder europarechtlichen Ursprungs, gebieten schließlich die tatsächliche Durchsetzbarkeit eines vom Geschädigten erreichten gerichtlichen Haftungsausspruchs. Auch wenn in einem rechtsstaatlichen Verfassungssystem die Erwartung besteht, dass der Staat rechtskräftig festgelegte Ausgleichszahlungen *ex officio* vornimmt, sehen doch die meisten Staaten Bestimmungen für die Vollstreckung derartiger Forderungen gegen die öffentliche Hand vor, und zwar regelmäßig nach Maßgabe der allgemeinen Vollstreckungsregeln. In **Griechenland** ist diese Möglichkeit sogar ausdrücklich in der Verfassung garantiert,[214] während in **Luxemburg** offenbar keine Möglichkeit besteht, gegen die öffentliche Hand zu vollstrecken.[215]

Rechtsvergleichendes Schrifttum zum Staatshaftungsrecht

Bell, John/Bradley, Anthony W. (Hrsg.), Governmental Liability: A Comparative Study, 1991

Breuer, Marten, Staatshaftung für judikatives Unrecht, 2011, S. 407–441

Fairgrieve, Duncan, State liability in tort. A comparative law study, 2003

Fairgrieve, Duncan/Andenas, Mads/Bell, John, Tort liability of public authorities in comparative perspective, 2002

Gerven, Walter van, Bridging the Unbridgeable: Community and National Tort Laws After *Francovich* and *Brasserie*, ICLQ 45 (1996), 507

Granger, Marie-Pierre F., National applications of *Francovich* and the construction of a European administrative *jus commune*, ELR 32 (2007), 157

Huijsmans, Renée/van Maanen, Gerrit, Supervisors' Liability: The Dutch Fireworks Case. A comparative study between the Netherlands, the United Kingdom and Germany on state liability in case of failure of supervision, MJ 16 (2009), 383

---

205 § 5 Deutschland, sub D.III.; § 4 Dänemark, sub D.III.; § 6 Estland, sub D.III.; § 12 Litauen, sub D.III.; § 14 Österreich, sub D.III.; § 15 Polen, sub D.III.; § 16 Portugal, sub D.III.; § 17 Rumänien, sub D.III.; § 20 Slowakei, sub D.III.; § 21 Slowenien, sub D.III.; § 23 Tschechien, sub D.IV.

206 § 7 Frankreich, sub D.III.

207 § 3 Belgien, sub D.III.; § 8 Griechenland, sub D.II.; § 10 Italien, sub D.II.; § 11 Lettland, sub D.III.; § 24 Türkei, sub D.III.; § 25 Ungarn, sub D.III.

208 § 9 Irland, sub D.III. (mit kürzeren Fristen für Körper- und Ehrverletzungen).

209 § 13 Luxemburg, sub D.I. a.E.; § 19 Schweiz, sub D.III.; § 22 Spanien, sub D.III.; § 18 Schweden, sub D.III.

210 EuGH C-445/06, Slg. 2009, I-2119, Rn. 32 – *Danske Slagterier.* Ebenso für eine dreijährige Ausschlussfrist für einen Erstattungsanspruch gegen die öffentliche Hand, die mit der Zahlung beginnt, EuGH C-228/96, Slg. 1997, I-7141, Rn. 19 – *Aprile.*

211 EuGH C-261/95, Slg. 1997, I-4025, Rn. 28 f. – *Palmisani.*

212 § 24 Türkei, sub D.III.

213 Zu diesen § 2 EU-Recht, sub B.I.2.; *Dörr/Lenz*, Verwaltungsrechtsschutz (Fn. 2), Rn. 417–420 und 443.

214 § 8 Griechenland, sub D.III.

215 § 13 Luxemburg, sub D.III.

Jacquemet-Gauche, Anne, La responsabilité de la puissance publique en France et en Allemagne, 2013
Junge, Ulf, Staatshaftung in Argentinien, 2002
Küpper, Herbert, Deliktsrecht in Osteuropa – Herausforderungen und Antworten, OER 2003, 495
Mosler, Hermann (Hrsg.), Haftung des Staates für rechtswidriges Verhalten seiner Organe, Länderberichte und Rechtsvergleichung. Internationales Kolloquium veranstaltet vom Max-Planck-Institut für ausländisches öffentliches Recht und Völkerrecht, Heidelberg 1964, 1967
Ohlenburg, Anna, Die Haftung für Fehlverhalten von Richtern und Staatsanwälten im deutschen, englischen und französischen Recht, 2000
dies., Haftungsfragen bei richterlicher und staatsanwaltlicher Tätigkeit in Deutschland, England, Frankreich und Österreich, RabelsZ 67 (2003), 683
Van Raepenbusch, Sean, La convergence entre les régimes de responsabilité extracontractuelle de l'Union européenne et des États members, ERA Forum 12 (2012), 671
Römermann, Lars, Aufopferungshaftung in Europa, 2007
Scherr, Kathrin Maria, Comparative aspects of the application of the principle of State liability for judicial breaches, ERA Forum 12 (2012), 565
Schütter, Friedrich, Gemeinschaftsrechtliche Staatshaftung wegen judikativen Unrechts in Deutschland und im Vereinigten Königreich, 2012, S. 196–203
Zhang, Yong (Hrsg.), Comparative Studies on Governmental Liability in East and Southeast Asia, 1999

Abkürzungsverzeichnis

a.E.	am Ende
AEUV	Vertrag über die Arbeitsweise der Europäischen Union
BGB	Bürgerliches Gesetzbuch
BGH(Z)	(Entscheidungen des) Bundesgerichtshofs in Zivilsachen
BVerfG(E)	(Entscheidungen des) Bundesverfassungsgerichts
DÖV	Die Öffentliche Verwaltung (Zeitschrift)
ECHR	European Court of Human Rights (amtliche Entscheidungssammlung)
EGMR	Europäischer Gerichtshof für Menschenrechte
EMRK	Europäische Menschenrechtskonvention
EPL	European Public Law
EU	Europäische Union
EuG	Gericht der Europäischen Union
EuGH	Gerichtshof der Europäischen Union
EUV	Vertrag über die Europäische Union
GG	Grundgesetz
ICLQ	Internatiional and Comparative Law Quarterly
MJ	Maastricht Journal of European and Comparative Law
OER	Osteuropa-Recht (Zeitschrift)
RabelsZ	Rabels Zeitschrift für ausländisches und internationales Privatrecht
Slg.	Sammlung (amtliche Entscheidungssammlung des EuGH)
vgl.	vergleiche

Anhang

COUNCIL OF EUROPE
COMMITTEE OF MINISTERS

RECOMMENDATION No. R (84) 15
OF THE COMMITTEE OF MINISTERS TO MEMBER STATES
RELATING TO PUBLIC LIABILITY[216]
(Adopted by the Committee of Ministers on 18 September 1984 at the 375th meeting of the Ministers' Deputies)

The Committee of Ministers, under the terms of Article 15.b of the Statute of the Council of Europe,

Considering that the aim of the Council of Europe is to achieve a greater unity between its members;

Considering that public authorities intervene in an increasing number of fields, that their activities may affect the rights, liberties and interests of persons and may, sometimes, cause damage;

Considering that, since public authorities are serving the community, the latter should ensure reparation for such damage when it would be inappropriate for the persons concerned to bear it;

Recalling the general principles governing the protection of the individual in relation to the acts of administrative authorities as set out in Resolution (77) 31 and the principles concerning the exercise of discretionary powers by administrative authorities set out in Recommendation No. R (80) 2;

Considering that it is desirable to protect persons in the field of public liability,

Recommends the governments of member states:

a. to be guided in their law and practice by the principles annexed to this recommendation
b. to examine the advisability of setting up in their internal order, where necessary, appropriate machinery for preventing obligations of public authorities in the field of public liability from being unsatisfied through lack of funds.

Appendix to Recommendation No. R (84) 15
Scope and definitions
This recommendation applies to public liability, that is to say the obligation of public authorities to make good the damage caused by their acts, either by compensation or by any other appropriate means (hereinafter referred to as "reparation").

The term "public authority" means

a. any entity of public law of any kind or at any level (including state; region; province; municipality; independent public entity);
b. and any private person, when exercising prerogatives of official authority

The term "act" means any action or omission which is of such a nature as to affect directly the rights, liberties or interests of persons.

The acts covered by this recommendation are the following

a. normative acts in the exercise of regulatory authority
b. administrative acts which are not regulatory
c. physical acts.

Amongst the acts covered by paragraph 4 are included those acts carried out in the administration of justice which are not performed in the exercise of a judicial function.

The term "victim" means the injured person or any other person entitled to claim reparation.

216 When this recommendation was adopted, and in application of Article 10.2.c of the Rules of Procedure for the meetings of the Ministers' Deputies, the Representative of Sweden reserved the right of his Government to comply with it or not and the Representatives of Denmark and Norway reserved the right of their Governments to comply or not with Principle II thereof.

Principles

I

Reparation should be ensured for damage caused by an act due to a failure of a public authority to conduct itself in a way which can reasonably be expected from it in law in relation to the injured person. Such a failure is presumed in case of transgression of an established legal rule.

II

Even if the conditions stated in Principle I are not met, reparation should be ensured if it would be manifestly unjust to allow the injured person alone to bear the damage, having regard to the following circumstances: the act is in the general interest, only one person or a limited number of persons have suffered the damage and the act was exceptional or the damage was an exceptional result of the act.

The application of this principle may be limited to certain categories of acts only.

III

If the victim has, by his own fault or by his failure to use legal remedies, contributed to the damage, the reparation of the damage may be reduced accordingly or disallowed.

The same should apply if a person, for whom the victim is responsible under national law, has contributed to the damage.

IV

The right to bring an action against a public authority should not be subject to the obligation to act first against its agent.

If there is an administrative conciliation system prior to judicial proceedings, recourse to such system should not jeopardise access to judicial proceedings.

V

Reparation under Principle I should be made in full, it being understood that the determination of the heads of damage, of the nature and of the form of reparation falls within the competence of national law.

Reparation under Principle II may be made only in part, on the basis of equitable principles.

VI

Decisions granting reparation should be implemented as quickly as possible. This should be ensured by appropriate budgetary or other measures.

If, under domestic law, a system for a special implementation procedure is provided for, it should be easily accessible and expeditious.

VII

Rules concerning time limits relating to public liability actions and their starting points should not jeopardise the effective exercise of the right of action.

VIII

The nationality of the victim should not give rise to any discrimination in the field of public liability.

Final provisions

This recommendation should not be interpreted as:

a. limiting the possibility for a member state to apply the principles above to categories of acts other than those covered by the recommendation or to adopt provisions granting a wider measure of protection to victims;
b. affecting any special system of liability laid down by international treaties;
c. affecting special national systems of liability in the fields of postal and telecommunications services and of transportation as well as special systems of liability which are internal to the armed forces, provided that adequate reparation is granted to victims having regard to all the circumstances;
d. affecting special national systems of liability which apply equally to public authorities and private persons.

§ 2 Haftung in der Europäischen Union

Bernd J. Hartmann

Inhaltsübersicht

Bernd J. Hartmann

A. Haftung der Europäischen Union

Weil die Europäische Union kein Staat ist, sondern ein zwischen Bundesstaat und Staatenbund angesiedelter „Staatenverbund“ (Bundesverfassungsgericht[1]), kann von einer „Staats“-Haftung der Union nur in Anführungszeichen die Rede sein.[2] Dass die Unionshaftung in einem Handbuch zur Staatshaftung in Europa gleichwohl – in gebotener Kürze – Berücksichtigung findet, geschieht aus zwei Gründen: der eine praktisch, weil diese Haftung angesichts der weitreichenden Kompetenzen der Union namentlich in wirtschaftsrechtlichen Zusammenhängen große Bedeutung erlangen kann, der andere theoretisch, weil im Unionsrecht, wie noch zu zeigen sein wird, die Haftung der Union den Nähr- und Resonanzboden für die Haftung der Mitgliedstaaten liefert.[3]

I. Grundlagen

1. Rechtsstaatliche Determinanten der Unionsrechtsordnung

In der „Rechtsgemeinschaft“, welche die Europäische Union formt,[4] ist Rechts-„Staatlichkeit“ ein Wert, auf den sich die Union gründet (Art. 2 S. 1 EUV), ein Ziel, das die Union verfolgt (Art. 3 Abs. 1 i.V.m. Art. 2 S. 1 EUV), und ein Kennzeichen, das den „Raum der Freiheit, der Sicherheit und des Rechts“ ausmacht (Art. 3 Abs. 2 EUV). Die unionale Rechtsstaatlichkeit findet Ausdruck in materiellen Garantien, die ein mit „bemerkenswert starken Kompetenzen“[5] ausgestatteter Gerichtshof prozessual absichert (vgl. Art. 19 Abs. 1 EUV): Art. 6 EUV nennt die Charta der Grundrechte der Europäischen Union, welche die Union anerkennt, den Beitritt zur EMRK, den die Union vollzieht, und die Geltung der Grundrechte, wie sie sich auch aus den gemeinsamen Verfassungsüberlieferungen der Mitgliedstaaten ergeben.[6] Die unionale Rechtsstaatlichkeit findet außerdem – nicht zuletzt – Ausdruck in jener Haftung, welche die EU für eigenes Unrecht übernimmt.[7]

2. Grundsätzliche Voraussetzungen und Folgen einer Haftung

Zum Ersten haftet die Union im Völkerrecht nach dessen allgemeinen Grundsätzen.[8] Zum Zweiten haftet die Union vertraglich. Diese Haftung bestimmt sich gem. Art. 340 Abs. 1 AEUV nach dem (nationalen) Recht, das auf den betreffenden Vertrag anzuwenden ist. Zum dritten haftet

---

1 BVerfG, Urt. v. 12.10.1993 – 2 BvR 2134, 2159/92, BVerfGE 89, 155 (156, 184 ff., 188 ff.); Urt. v. 30.6.2009 – 2 BvE 2, 5/08, 2 BvR 1010, 1022, 1259/08, 182/09, BVerfGE 123, 267 (348, 350, 379); Beschl. v. 6.7.2010 – 2 BvR 2661/06, BVerfGE 126, 286 (305); Urt. v. 7.9.2011 – 2 BvR 987/10 u.a., Rn. 129.

2 So *Ruffert*, in: Calliess/Ruffert (Hrsg.), EUV/AEUV, 4. Aufl. 2011, Art. 340 AEUV Rn. 1.

3 Zur Parallelität der Ansprüche vgl. nur EuGH C-46/93 u.a., Slg. 1996, I-1029 Rn. 42 – *Brasserie du pêcheur*; C-352/98 P, Slg. 2000, I-5291, Rn. 41 – *Bergaderm* („nicht ohne besonderen Grund“).

4 Vgl. nur EuGH 294/83, Slg. 1986, 1357, Rn. 23 – *Les Verts/Parlament*; C-2/88 Imm., Slg. 1990, I-3365, Rn. 16 – *Zwartveld u.a.*; in der Sache ebenso bereits EuGH 6/64, Slg. 1964, 1251, 1269 – *Costa/E.N.E.L.*

5 *Oppermann/Classen/Nettesheim*, Europarecht, 4. Aufl. 2009, § 7 Rn. 17 (dort mit Hervorhebungen); zurückhaltender *dies.*, Europarecht, 5. Aufl. 2011, § 5 Rn. 18.

6 Zum Zusammenhang zwischen Grundrechten und Staatshaftung vgl. den grundlegenden Vorschlag von *Grzeszick*, Rechte und Ansprüche, S. 185 ff.; speziell zum Gemeinschaftsrecht siehe *dens.*, EuR 1998, 417 ff.

7 *Schweitzer/Hummer/Obwexer*, Europarecht, 2007, Rn. 886.

8 *Dörr*, in: Grabitz/Hilf/Nettesheim, Das Recht der Europäischen Union, Art. 47 EUV Rn. 65 ff. (2012); *Schweitzer/Hummer/Obwexer*, Europarecht (Fn. 7), Rn. 887, 970 ff.; vgl. *Berg*, in: Schwarze (Hrsg.), EU-Kommentar, 3. Aufl. 2012, Art. 340 AEUV Rn. 1 und *Terhechte* ebenda, Art. 47 EUV Rn. 10 ff.

die Union außervertraglich. Diese Haftung gem. Art. 340 Abs. 2 AEUV steht als bedeutsamster der genannten Ansprüche im Fokus dieser Darstellung.

Gem. Art. 340 Abs. 2 AEUV ersetzt die Union „den durch ihre Organe oder Bediensteten in Ausübung ihrer Amtstätigkeit verursachten Schaden nach den allgemeinen Rechtsgrundsätzen, die den Rechtsordnungen der Mitgliedstaaten gemeinsam sind". Die Rechtsfolge des Schadensersatzes steht nach der Rechtsprechung unter drei Voraussetzungen:

> *„[1.] dass die Rechtsnorm, gegen die verstoßen worden ist, bezweckt, dem Einzelnen Rechte zu verleihen, [2.] dass der Verstoß hinreichend qualifiziert ist und [3.] dass zwischen dem Verstoß gegen die dem Urheber des Rechtsakts obliegenden Verpflichtung und dem den geschädigten Personen entstandenen Schaden ein unmittelbarer Kausalzusammenhang besteht".*[9]

3. Rechtsquellen des Haftungsrechts im Überblick

Die Garantie außervertraglicher Unionshaftung aus Art. 340 Abs. 2 AEUV erfährt in Art. 41 Abs. 3 GRCh grundrechtliche und in Art. 268 AEUV prozessrechtliche Absicherung. Die Europäische Atomgemeinschaft haftet aufgrund des parallel gefassten Art. 188 Abs. 2 EAGV. Dabei stellt der Verweis auf die „allgemeinen Rechtsgrundsätz[e], die den Rechtsordnungen der Mitgliedstaaten gemeinsam sind" (Art. 340 Abs. 3 AEUV, Art. 41 Abs. 3 GRCh), den Gerichtshof vor eine methodisch anspruchsvolle Aufgabe. Es gilt, die Staatshaftungsregime sämtlicher Mitgliedstaaten durchzusehen, wobei nach einer Erweiterung auch die neuen Mitgliedstaaten nachzutragen sind. Auf der so gewonnenen Grundlage sind die gemeinsamen Haftungsprinzipien rechtsvergleichend zu ermitteln, wobei vorab festzustellen ist, welches Maß an Übereinstimmung das Merkmal der Gemeinsamkeit eigentlich verlangt.[10] Dieser Aufgabe ist der Gerichtshof weitgehend ausgewichen.[11] Stattdessen hat das Gericht die Vorschrift als Ermächtigung zur Rechtsfortbildung verstanden und den Haftungstatbestand eigenständig, d.h. richterrechtlich entwickelt.[12] Als Unterfall der Haftung begreift der Gerichtshof auch den Herausgabeanspruch (einer natürlichen oder juristischen Person) wegen ungerechtfertigter Bereicherung. Auch wenn es sich bei diesem Anspruch nicht um eine „Haftung im strengen Sinne" handele, gebiete der Grundsatz effektiven gerichtlichen Rechtsschutzes dessen Anerkennung.[13]

---

9 EuGH C-312/00 P, Slg. 2002, I-11355, Rn. 53 – *Kommission/Camar und Tico*; C-472/00 P, Slg. 2003, I-7541, Rn. 25 – *Kommission/Fresh Marine*; vgl. auch EuGH C-352/98 P, Slg. 2000, I-5291, Rn. 42 mit Rn. 41 – *Bergaderm*; C-440/07, Slg. 2009, I-6458, Rn. 160 – *Kommission/Schneider Electric*.

10 Vgl. GA *Roemer*, Schlussanträge 29/69, Slg. 1969, 419 (428) – *Stauder/Ulm*; *Pechstein*, EU-Prozessrecht, 4. Aufl. 2011, Rn. 674.

11 Immerhin bezieht sich EuGH C-224/01, Slg. 2003, I-10239, Rn. 48 – *Köbler* auf die rechtsvergleichenden Überlegungen des GA *Léger*, Schlussanträge C-224/01, Slg. 2003, I-10245, Rn. 77ff.

12 Vgl. nur *Dörr*, in: Sodan/Ziekow, Rn. 103; *Ruffert* (Fn. 2), Art. 340 AEUV Rn. 5 m.w.N.

13 EuGH C-47/07 P, Slg. 2008, I-9761, Rn. 49f. – *Masdar Ltd.*

II. Haftungsbegründung

1. Relevantes Verhalten
Erfasst ist jede Amtstätigkeit, also administratives Handeln[14] genauso wie legislatives[15] und judikatives,[16] rechtliches[17] genauso wie tatsächliches,[18] kompetenzgemäßes genauso wie kompetenzwidriges (*ultra vires*), aktives Tun[19] genauso wie (sofern eine Rechtspflicht zum Handeln besteht) Unterlassen.[20] Ausgeschlossen bleibt allein außerdienstliches Verhalten, muss der Schaden doch „in Ausübung" der „Amtstätigkeit" (Art. 340 Abs. 2 AEUV, Art. 41 Abs. 3 GRCh) verursacht worden sein.[21] Der als Unterfall der Haftung ausgeflaggte Herausgabeanspruch wegen ungerechtfertigter Bereicherung soll gar kein Verhalten voraussetzen: Es genüge, dass die Union ohne wirksame Rechtsgrundlage bereichert und eine natürliche oder juristische Person im Zusammenhang mit dieser Bereicherung entreichert sei.[22]

2. Relevante Normverstöße
Erfasst sind alle Verstöße gegen (höherrangige) Normen, also sowohl das primäre Unionsrecht (einschließlich der allgemeinen Rechtsgrundsätze und der Unionsgrundrechte) als auch das sekundäre Unionsrecht.[23] Eine Ausnahme gilt für Verstöße gegen Verträge im Sinn des Art. 340 Abs. 1 AEUV; diese sog. vertragliche Haftung richtet sich gem. der genannten Vorschrift nach jenem (mitgliedstaatlichen) Recht, das auf den betreffenden Vertrag anzuwenden ist (→ A.I.2., bei Fn. 8). Weil der Herausgabeanspruch wegen ungerechtfertigter Bereicherung gar kein Verhalten voraussetzen soll, ist insbesondere kein rechtswidriges Verhalten verlangt, sondern genügt die Rechtsgrundlosigkeit der Bereicherung.[24]

3. Schutzgutbezogenheit
Die Rechtsnorm, die verletzt wurde, muss individualschützend und die Rechtsverletzung selbst hinreichend qualifiziert sein. Die verletzte Norm ist individualschützend, wenn die Unionsnorm bezweckt, dem Einzelnen Rechte zu verleihen.[25] Das ist der Fall, wenn die Norm nicht nur dem Schutz der Interessen der Allgemeinheit, sondern zumindest auch dem Schutz der individuellen Interessen des Geschädigten zu dienen bestimmt ist (sog. Schutznorm[26]). Als Schutznormen an-

---

14 Beispielhaft EuGH C-282/05 P, Slg. 2007, I-2941, Rn. 48 f. – *Holcim (Deutschland) AG*; EuG T-178/98, Slg. 2000, II-3331, Rn. 57 ff. – *Fresh Marine/Kommission*.
15 EuGH 5/71, Slg. 1971, 975, Rn. 11 – *Zuckerfabrik Schöppenstedt/Rat*.
16 *Schweitzer/Hummer*, Europarecht, 5. Aufl. 1996, Rn. 598; *dies./Obwexer*, Europarecht (Fn. 7), Rn. 914.
17 EuGH C-282/05 P, Slg. 2007, I-2941, Rn. 47 – *Holcim (Deutschland) AG*.
18 Vgl. EuGH 9/69, Slg. 1969, 329, Rn. 11 – *Sayag/Leduc*.
19 EuGH C-370/89, Slg. 1992, I-6211, Rn. 14 – *SGEEM und Etroy/EIB*.
20 EuGH 24/79, Slg. 1980, 1743, Rn. 8 ff. – *Oberthür/Kommission*; C-370/89, Slg. 1992, I-6211, Rn. 14 ff. – *SGEEM und Etroy/EIB*; C-146/91, Slg. 1994, I-4199, Rn. 58 – *KYDEP/Rat und Kommission*.
21 EuGH 9/69, Slg. 1969, 329, Rn. 11 – *Sayag/Leduc*.
22 Vgl. EuGH C-47/07 P, Slg. 2008, I-9761, Rn. 49 – *Masdar Ltd*.
23 Vgl. EuG T-481/93 u.a., Slg. 1995, II-2941, Rn. 102 vs. 104 – *Exporteurs in Levende Varkens/Kommission*; *Ruffert* (Fn. 2), Art. 340 AEUV Rn. 17.
24 Soeben oben bei Fn. 22.
25 EuGH C-440/07, Slg. 2009, I-6458, Rn. 160 – *Kommission/Schneider Electric*; GA *Mengozzi*, Schlussanträge C-282/05 P, Slg. 2007, I-2941, Rn. 56 ff. – *Holcim (Deutschland) AG*.
26 Vgl. *Schweitzer/Hummer/Obwexer*, Europarecht (Fn. 7), Rn. 917.

erkannt sind etwa die Grundrechte[27] und Grundfreiheiten,[28] die Diskriminierungsverbote[29] sowie die allgemeinen Rechtsgrundsätze des Vertrauensschutzes[30] und der Verhältnismäßigkeit.[31] Dagegen hat der Gerichtshof Form- und Verfahrensvorschriften, etwa Begründungspflichten,[32] als ausschließlich die Allgemeinheit schützend begriffen.

Die Voraussetzung, dass die Verletzung der Schutznorm hinreichend qualifiziert sei,[33] stammt aus dem Urteil in Sachen *Zuckerfabrik Schöppenstedt*.[34] Dass eine Verletzung als solche nicht genügt, sondern ein qualifiziertes Maß erreichen muss, begründete der Gerichtshof mit dem Gedanken, dass die Union bei „schwieriger Entscheidungsfindung"[35] (genauer: bei einem „Rechtsetzungsakt", der „wirtschaftspolitische Entscheidungen einschließt"[36]) nicht durch mögliche Haftungsklagen behindert werden möge. Die Voraussetzung gilt nicht nur für legislatives,[37] sondern auch für administratives[38] und judikatives[39] Unrecht, nicht nur für wirtschaftspolitische Entscheidungen,[40] sondern ganz allgemein.[41] Der hinreichend qualifizierte Verstoß ist der „Kern der Tatbestandsvoraussetzungen" einer Haftung sowohl der Union als auch der Mitgliedstaaten.[42] Soweit es noch Unterschiede geben sollte,[43] sind diese seit *Brasserie du pêcheur und Factortame* aus dem Jahr 1996, jedenfalls aber seit *Bergaderm* aus dem Jahr 2000 aufzulösen (Kohärenzpostulat).[44] Dann bliebe nur noch die Frage, in welche Richtung.

---

27 *Dörr*, in: ders./Grote/Marauhn, Kap. 33 Rn. 124 m.w.N.
28 *Pechstein*, EU-Prozessrecht (Fn. 10), Rn. 718.
29 *Dörr*, in: ders./Grote/Marauhn, Kap. 33 Rn. 124 m.w.N.
30 EuGH C-104/89 u.a., Slg. 1992, I-3061, Rn. 15 – *Mulder u.a./Rat und Kommission*; EuG T-489/93, Slg. 1994, II-1201, Rn. 42 – *Unifruit Hellas/Kommission*; T-43/98, Slg. 2001, II-3519, Rn. 64 – *Emesa Sugar/Rat*.
31 EuG T-489/93, Slg. 1994, II-1201, Rn. 42 – *Unifruit Hellas/Kommission*; T-43/98, Slg. 2001, II-3519, Rn. 64 – *Emesa Sugar/Rat*.
32 EuGH 106/81, Slg. 1982, 2885, Rn. 14 – *Kind/EWG*; C-119/88, Slg. 1990, I-2189, Rn. 20 – *AERPO u.a./Kommission*.
33 EuGH C-440/07, Slg. 2009, I-6458, Rn. 160 – *Kommission/Schneider Electric*; GA *Mengozzi*, Schlussanträge C-282/05 P, Slg. 2007, I-2941, Rn. 56 ff. – *Holcim (Deutschland) AG*.
34 EuGH 5/71, Slg. 1971, 975, Rn. 11 – *Zuckerfabrik Schöppenstedt/Rat*; vgl. auch EuGH 74/74, Slg. 1975, 533, Rn. 16 – *CNTA*; 83/76 u.a., Slg. 1978, 1209, Rn. 4 – *HNL* und zur Entwicklung der Rechtsprechung *Herdegen*, Haftung der Europäischen Wirtschaftsgemeinschaft, S. 124 ff.; *ders.*, Zur Haftung für fehlerhafte Verordnungen im Recht der Europäischen Wirtschaftsgemeinschaft, NVwZ 1984, 344 ff.; *Pechstein*, EU-Prozessrecht (Fn. 10), Rn. 719 ff.
35 *Wurmnest*, Grundzüge, S. 23.
36 EuGH 5/71, Slg. 1971, 975, Leitsatz 3 und Rn. 11 – *Zuckerfabrik Schöppenstedt/Rat*; in der Sache ebenso EuGH 74/74, Slg. 1975, 533, Rn. 16 – *CNTA*; 83/76, Slg. 1978, 1209, Rn. 4 – *HNL*.
37 Beispielhaft EuGH 5/71, Slg. 1971, 975, Rn. 11 f. – *Zuckerfabrik Schöppenstedt/Rat*.
38 EuGH C-312/00 P, Slg. 2002, I-11355, Rn. 55 – *Kommission/Camar und Tico*; C-282/05 P, Slg. 2007, I-2941, Rn. 47 ff. – *Holcim (Deutschland) AG*; *Dörr*, in: Sodan/Ziekow, Rn. 105; vgl. aber *Ruffert* (Fn. 2), Art. 340 AEUV Rn. 12 mit Differenzierungen und Rn. 22 mit der Beobachtung, dass sich „das, was formal als Rechtsetzung gekennzeichnet wird, in der Sache – vor allem im Agrarbereich – als administratives Handeln" darstellt.
39 *Dörr*, in: Sodan/Ziekow, Rn. 105 („gesamten Bereich der amtlichen Unionstätigkeit").
40 Vgl. EuGH 5/71, Slg. 1971, 975, Rn. 11 – *Zuckerfabrik Schöppenstedt/Rat*.
41 *Dörr*, in: ders./Grote/Marauhn, Kap. 33 Rn. 122, 126, 128; *Schweitzer/Hummer/Obwexer*, Europarecht (Fn. 7), Rn. 919.
42 *V. Danwitz*, Europäisches Verwaltungsrecht, 2008, S. 600. Zu den Kriterien, nach denen sich die hinreichende Qualifikation bestimmt → B.II.3.
43 Vgl. *Pechstein*, EU-Prozessrecht (Fn. 10), Rn. 715 f.; *Ruffert* (Fn. 2), Art. 340 AEUV Rn. 18 und 20.
44 EuGH C-46/93 u.a., Slg. 1996, I-1029, Rn. 41 – *Brasserie du pêcheur*; C-352/98 P, Slg. 2000, I-5291, Rn. 41 – *Bergaderm* („nicht ohne besonderen Grund"); ebenso GA *Mischo*, Schlussanträge C-6/90 u.a., Slg. 1991, I-5357 Rn. 70 f. – *Francovich*; GA *Tesauro*, Schlussanträge C-46/93 u.a., Slg. 1996, I-1029, Rn. 66, 62 – *Brasserie du pêcheur*; GA *Léger*, Schlussanträge C-5/94, Slg. 1996, I-2553 Rn. 128 ff., 138 ff. – *Hedley Lomas*; *ders.*, Schlussanträge C-224/01, Slg. 2003, I-10243 Rn. 128 – *Köbler*; zustimmend *v. Bogdandy*, in: Grabitz/Hilf/Nettesheim (Fn. 8), Art. 288 EGV Rn. 129 (2008); *Böhm*, Voraussetzungen einer Staatshaftung bei Verstößen gegen primäres Gemeinschaftsrecht, JZ 1997, 53 (55); *Dörr/Lenz*, Europäischer Verwaltungsrechtsschutz, 2006, Rn. 231; *Streinz*, Anmerkungen zu dem EuGH-Urteil in der Rechtssache Brasserie du Pêcheur und Factortame, EuZW 1996, 201 (203); *Grzeszick*, CMLR 48 (2011), 907 (923); *Ruffert* (Fn. 2), Art. 340 AEUV Rn. 1 mit 25.

4. Zurechnung

Erfasst ist das Verhalten

- eines jeden Organs der Union,[45] also jeder Einrichtung, die entweder „im Namen und für Rechnung" der Union handelt oder die „durch den Vertrag errichte[t]" wurde und „zur Verwirklichung der Ziele der Gemeinschaft" beiträgt[46] (einschließlich der Gerichte[47]) genauso wie
- der Europäischen Zentralbank, eines Organs der Union mit eigener Rechtspersönlichkeit (Art. 13 Abs. 1 UAbs. 2 Spiegelstr. 6 EUV, Art. 282 Abs. 3 S. 1 AEUV), gegen die das Unionsrecht in Art. 340 Abs. 3 AEUV einen eigenen Haftungsanspruch gewährt, und
- eines jeden Bediensteten der Union, also jedes Unionsbeamten, jedes sonst bei der Union Beschäftigten und jeder Person, derer die EU sich zur Erfüllung ihrer Aufgaben bedient[48].[49]

5. Kausalität

Gem. Art. 340 Abs. 2 AEUV, Art. 41 Abs. 3 GRCh erfasst die Haftung den „verursachten" Schaden. Es muss also ein Kausalzusammenhang zwischen dem relevanten Verhalten und dem entstandenen Schaden bestehen. Der Gerichtshof verlangt in diesem Zusammenhang „unmittelbare" Kausalität.[50] Die Literatur deutet die Unmittelbarkeit im Sinn der Adäquanz.[51] Danach ist ein relevantes Verhalten kausal für den entstandenen Schaden, wenn es nach allgemeiner Lebenserfahrung typischerweise geeignet ist, einen Schaden wie den eingetretenen zu verursachen.[52]

6. Relevanz von Verschulden

Der Europäische Gerichtshof hat die Frage, ob die Haftung Verschulden voraussetzt, einst ausdrücklich offen gelassen.[53] Die Kriterien des qualifizierten Verstoßes (→ B.II.3.) zeigen aber, dass keine notwendige Voraussetzung der Haftung vorliegt. Für die Verschuldensunabhängigkeit der Unionshaftung spricht auch das Kohärenzpostulat.[54] Ein Verschulden des Amtsträgers oder des Unionsorgans stellt daher keine eigene Haftungsvoraussetzung dar.[55]

---

45 *Ruffert* (Fn. 2), Art. 340 AEUV Rn. 8.

46 EuGH C-370/89, Slg. 1992, I-6211, Rn. 15 bzw. 12 – *SGEEM und Etroy/EIB*; *Schweitzer/Hummer/Obwexer*, Europarecht (Fn. 7), Rn. 902.

47 *Ruffert* (Fn. 2), Art. 340 AEUV Rn. 23.

48 Vgl. EuGH 33/82, Slg. 1985, 2759, Rn. 33 ff., insbes. Rn. 35 – *Murri frères/Kommission.*

49 Ausführlich *Pechstein,* EU-Prozessrecht (Fn. 10), Rn. 708 f.

50 EuGH 64/76 u.a., Slg. 1979, 3091, Rn. 21 – *Dumortier frères*; C-312/00 P, Slg. 2002, I-11355, Rn. 53 – *Kommission/Camar und Tico*; C-472/00 P, Slg. 2003, I-7541, Rn. 25 – *Kommission/Fresh Marine.*

51 *Herdegen/Rensmann,* ZHR 161 (1997), 522 (552); *Pechstein,* EU-Prozessrecht (Fn. 10), Rn. 734.

52 *Schweitzer/Hummer/Obwexer,* Europarecht (Fn. 7), Rn. 929.

53 EuGH 267/82, Slg. 1986, 1907, Rn. 33 – *Développement SA und Clemessy/Kommission.*

54 Zum Kohärenzpostulat → A.II.3., bei Fn. 44, zur Verschuldensunabhängigkeit der Haftung der Mitgliedstaaten unten B.II.6.

55 *Dörr,* in: Sodan/Ziekow, Rn. 106; *Kluth,* in: Wolff/Bachof/Stober/Kluth, Verwaltungsrecht II, 7. Aufl. 2010, § 70 Rn. 20; vgl. auch *Schweitzer/Hummer/Obwexer,* Europarecht (Fn. 7), Rn. 901 (Verschulden „nicht unbedingt" Voraussetzung).

7. Haftung ohne Normverstoß
Der Europäische Gerichtshof lehnt die Haftung für rechtmäßiges Handeln ausdrücklich ab.[56] Zwischenzeitlich hatte die Rechtsprechung Andeutungen gemacht,[57] die sich als Anerkennung einer Rechtmäßigkeitshaftung verstehen ließen.[58]

III. Haftungsfolgen

1. Haftungssubjekte
Für den Schaden haften die Union und die Europäische Zentralbank unmittelbar, d.h. unabhängig von der persönlichen Haftung des Amtsträgers. Das bestimmen Art. 340 Abs. 2 bzw. 3 AEUV, Art. 41 Abs. 3 GRCh ausdrücklich. Der Rückgriff der Union gegen den Amtsträger richtet sich nach Art. 340 Abs. 4, Art. 336 AEUV i.V.m. dem Statut der Beamten der Europäischen Union.

2. Individualansprüche
Anspruchs- und klageberechtigt sind alle natürlichen und juristischen Personen, also auch Rechtssubjekte des öffentlichen Rechts wie etwa Länder und Gemeinden.[59] Ob die Mitgliedstaaten erfasst sind, ist umstritten.[60]

3. Haftungsinhalt
Der Anspruch ist auf Schadensersatz gerichtet, wie sich aus Art. 268 AEUV ergibt. Der Schaden ist dabei die „Differenz" zwischen der Vermögenssituation, die „bei normalem Lauf der Dinge", d.h. insbesondere bei rechtmäßiger Behandlung, eingetreten wäre und der tatsächlich eingetretenen Vermögenssituation.[61] Dieser Schaden ist voll zu ersetzen (Totalreparation). Erfasst sind insbesondere immaterielle Schäden[62] und entgangene Gewinne.[63] Die Höhe des Schadens bestimmt sich nach dem Unterschied zwischen der tatsächlichen Lage und dem Zustand, der ohne das schädigende Ereignis bestünde (sog. Differenzhypothese).[64] Der Ersatz wird „in aller Re-

---

56 EuGH C-120/06 P u.a., Slg. 2008, I-6513, Rn. 167 ff. – *FIAMM*; zustimmend *Ruffert* (Fn. 2), Art. 340 AEUV Rn. 25; krit. *Haack*, Luxemburg locuta, causa finita: Außervertragliche Haftung der EG für rechtmäßiges Verhalten adé?, EuR 2009, 667 (669 ff.) („nicht das letzte Wort").

57 Vgl. EuGH C-237/98 P, Slg. 2000, I-4549, Rn. 19 – *Dorsch Consult/Rat und Kommission* („Die außervertragliche Haftung der Gemeinschaft für ‚rechtmäßiges' Handeln ..."); C-282/05 P, Slg. 2007, I-2941, Rn. 47 – *Holcim (Deutschland) AG* („Die Entstehung der außervertraglichen Haftung der Gemeinschaft ist von der Erfüllung mehrerer Voraussetzungen abhängig, zu denen, wenn die Rechtswidrigkeit eines Rechtsakts in Frage steht, ..."); EuG T-184/95, Slg. 1998, II-667, Rn. 59 – *Dorsch Consult/Rat und Kommission* („Haftung der Gemeinschaft für rechtswidriges oder rechtmäßiges Handeln"); T-383/00, Slg. 2005, II-5459, Rn. 173 ff. – *Beamglow/Parlament u.a.*

58 Vgl. *Haack*, Grundsätzliche Anerkennung der außervertraglichen Haftung der EG für rechtmäßiges Verhalten nach Art. 288 Abs. 2 EG, EuR 2006, 696 (705) (EuG habe „ausdrücklich die außervertragliche Haftung für rechtmäßiges Organverhalten im Grundsatz anerkannt"); *Schweitzer/Hummer/Obwexer*, Europarecht (Fn. 7), Rn. 915, 922 ff.

59 Vgl. *Dörr*, in: Sodan/Ziekow, Rn. 100; *Pechstein*, EU-Prozessrecht (Fn. 10), Rn. 675, 685 f.; *Middeke*, in: Rengeling/Middeke/Gellermann (Hrsg.), Handbuch des Rechtsschutzes in der Europäischen Union, 2. Aufl. 2003, § 9 Rn. 9 m.w.N.

60 Dagegen *Pechstein*, EU-Prozessrecht (Fn. 10), Rn. 684, 687 f. m.w.N.

61 Vgl. EuGH C-104/89 u.a., Slg. 1992, I-3061, Rn. 26 – *Mulder u.a./Rat und Kommission*; C-243/05 P, Slg. 2006, I-10833, Rn. 26 ff. – *Agraz u.a./Kommission.*

62 EuGH 110/63, Slg. 1965, 860, 880 – *Willame/Kommission*; 10/72 u.a., Slg. 1973, 763, Rn. 23/25 – *Di Pillo/Kommission*; 180/87, Slg. 1988, 6141, Rn. 13 – *Hamill/Kommission*; C-308/87, Slg. 1994, I-341, Rn. 36 ff. – *Grifoni/EAG.*

63 EuGH C-104/89 u.a., Slg. 1992, I-3061, Rn. 26 – *Mulder u.a./Rat und Kommission*; C-308/87, Slg. 1994, I-341, Rn. 20 – *Grifoni/EAG.*

64 Vgl. EuGH 29/63 u.a., Slg. 1965, 1197, 1234 – *SA des Laminoirs/Hohe Behörde der EGKS* („einzig brauchbar[e] Methode"); 238/78, Slg. 1979, 2955, Rn. 13 – *Ireks-Arkady/Rat und Kommission*; 64/76 u.a., Slg. 1979, 3091, Rn. 14 –

gel"[65] in Geld geleistet (unter Einschluss von Zinsen[66]). Der Europäische Gerichtshof hat aber auch schon auf Naturalrestitution erkannt.[67]

4. Haftungsbegrenzung und -ausschluss

Den Anspruch begrenzt ein schadensrechtliches Bereicherungsverbot: Mehr als den Schaden kann der Geschädigte nicht verlangen.[68] Eine ungenau[69] „Mitverschulden" genannte Mitverantwortlichkeit des Geschädigten wirkt ebenfalls anspruchsmindernd.[70] Ein Mitverschulden liegt aber nicht schon dann vor, wenn der Geschädigte es unterlässt, die Rechtsverletzung der Union zunächst mit einer Nichtigkeits- (gem. Art. 263 AEUV) oder einer Untätigkeitsklage (gem. Art. 265 AEUV) anzugreifen.[71] Die Schadensersatzklage ist nach der Rechtsprechung erst dann unzulässig, wenn das Klagebegehren nicht auf Schadensersatz, sondern in Wahrheit auf die Aufhebung einer bestandskräftigen Entscheidung und die Beseitigung ihrer Folgen gerichtet wäre.[72] Ist auch mitgliedstaatlicherseits ein Rechtsweg eröffnet, dürfte der Bürger eine solche gegebene,[73] geeignete[74] und zumutbare[75] Rechtsschutzmöglichkeit prozessual vorrangig zu nutzen haben.[76] Die Unionsgerichtsbarkeit, die diese Voraussetzung bürgerfreundlich handhabt, würde in einem solchen Fall erst nach der Erschöpfung des innerstaatlichen Rechtswegs prüfen, ob ein Schaden verbleibt, den die Union zu ersetzen hat.[77]

Dumortier frères/Rat; C-104/89 u.a., Slg. 1992, I-3061, Rn. 26 – *Mulder u.a./Rat und Kommission*; *Dörr*, in: Sodan/Ziekow, Rn. 107; *Pechstein*, EU-Prozessrecht (Fn. 10), Rn. 733; *Ruffert* (Fn. 2), Art. 340 AEUV Rn. 26; *Schweitzer/Hummer/Obwexer*, Europarecht (Fn. 7), Rn. 926.

65 *Schweitzer/Hummer/Obwexer*, Europarecht (Fn. 7), Rn. 930; vgl. auch *Dörr*, in: ders./Grote/Marauhn, Kap. 33 Rn. 132 (grundsätzlich nur Ersatz in Geld).

66 EuGH 110/63, Slg. 1965, 860, 880 – *Willame/Kommission*; C-104/89 u.a., Slg. 1992, I-3061, Rn. 35 – *Mulder u.a./Rat und Kommission*; C-308/87, Slg. 1994, I-341, Rn. 43 – *Grifoni/EAG*; EuG T-134/01, Slg. 2002, II-3909, Rn. 78 – *Hans Fuchs/Kommission*.

67 EuGH 19/69 u.a., Slg. 1970, 325, Rn. 45/48 – *Richez-Parise u.a./Kommission*.

68 So der Sache nach EuGH 241/78 u.a., Slg. 1979, 3017, Rn. 15 – *DGV*; vgl. auch *Wurmnest*, Grundzüge, S. 95, und *Jansen*, Struktur, S. 163.

69 Zur Verschuldensunabhängigkeit des Anspruchs bereits → A.II.6.

70 EuGH 145/83, Slg. 1985, 3539, Rn. 53f. – *Adams/Kommission*; C-104/89 u.a., Slg. 1992, I-3061, Rn. 33 – *Mulder u.a./Rat und Kommission*; C-308/87, Slg. 1990, I-1203, Rn. 17 – *Grifoni/EAG*.

71 Vgl. EuGH 5/71, Slg. 1971, 975, Rn. 2f. – *Zuckerfabrik Schöppenstedt/Rat*; EuG T-20/94, Slg. 1997, II-595, Rn. 115, 128 – *Hartmann/Rat und Kommission*; T-178/98, Slg. 2000, II-3331, Rn. 49 – *Fresh Marine/Kommission*; *Ehlers*, in: ders./Schoch (Hrsg.), Rechtsschutz im Öffentlichen Recht, 2009, § 8 Rn. 65, § 10 Rn. 24; *Pechstein*, EU-Prozessrecht (Fn. 10), Rn. 696ff.

72 EuGH 25/62, Slg. 1963, 211, 239f. – *Plaumann/Kommission*; 175/84, Slg. 1986, 753, Rn. 33 – *Krohn/Kommission*; EuG T-93/95, Slg. 1998, II-195, Rn. 48 – *Laga/Kommission*; T-178/98, Slg. 2000, II-3331, Rn. 50 – *Fresh Marine/Kommission*; T-180/00, Slg. 2002, II-3985, Rn. 139ff. – *Astipesca/Kommission*; vgl. aber *Cremer*, in: Calliess/Ruffert (Fn. 2), Art. 268 AEUV Rn. 6.

73 Vgl. EuGH 197/80 u.a., Slg. 1981, 3211, Rn. 7ff. – *Ludwigshafener Walzmühle/Rat und Kommission*.

74 Vgl. EuGH 281/82, Slg. 1984, 1969, Rn. 11ff. – *Unifrex/Kommission und Rat*.

75 Vgl. EuGH 62/83, Slg. 1984, 2295, Rn. 15ff. – *Eximo/Kommission*.

76 *Pechstein*, EU-Prozessrecht (Fn. 10), Rn. 702 m.w.N. aus der Literatur.

77 EuGH 5/66 u.a., Slg. 1967, 332, 356 – *Kampffmeyer u.a./Kommission*.

IV. Geltendmachung von Haftungsansprüchen

1. Rechtsweg

Den Amtshaftungsanspruch gegen die Union macht der Bürger im Wege der Amtshaftungsklage[78] (auch: Schadensersatzklage)[79] gem. Art. 268 i.V.m. Art. 340 Abs. 2, 3 AEUV geltend. Erstinstanzlich zuständig ist für Klagen natürlicher und juristischer Personen gem. Art. 256 Abs. 1 AEUV das Gericht (EuG); nur für Klagen der Mitgliedstaaten ist gem. Art. 51 EuGH-Satzung ausschließlich der Gerichtshof (EuGH) zuständig.[80] Obwohl es die Union ist, die den Schadensersatz schuldet (→ A.III.1.), ist die Klage nach der Rechtsprechung gegen das verantwortliche Organ oder die verantwortliche Einrichtung zu richten.[81] Der Klageerhebung muss eine Aufforderung an die Union, den Schaden zu ersetzen, nicht vorangehen, wie sich im Umkehrschluss aus Art. 46 Abs. 1 S. 2 des Protokolls (Nr. 3) über die Satzung des Gerichtshofs der Europäischen Union (EuGH-Satzung) ergibt.[82]

2. Beweisfragen

Der Schaden muss bereits tatsächlich eingetreten,[83] zumindest aber unmittelbar bevorstehen und mit hinreichender Sicherheit vorhersehbar sein,[84] ohne dass deshalb seine genaue Höhe schon feststehen müsste.[85] Steht sie nicht fest, ist es zulässig, (unbeziffert) auf Feststellung der Haftung dem Grunde nach zu klagen.[86] Die Darlegungs- und Beweislast für die anspruchsbegründenden Umstände trifft den Kläger.[87] Dieser hat insbesondere die Rechtswidrigkeit des Unionshandelns,[88] den Schadenseintritt,[89] die Kausalität[90] und den Schadensumfang[91] darzulegen.

3. Verjährung

Der Amtshaftungsanspruch verjährt (materiell-rechtlich) gem. Art. 46 Abs. 1 S. 1 EuGH-Satzung innerhalb von fünf Jahren nach Eintritt des Ereignisses, das ihm zugrunde liegt.[92] Der EuGH

---

78 *Arndt/Fischer/Fetzer,* Europarecht, 10. Aufl. 2010, vor Rn. 290.

79 *Schweitzer/Hummer,* Europarecht (Fn. 16), Rn. 604; *dies./Obwexer,* Europarecht (Fn. 7), Rn. 933.

80 Vgl. aber oben bei Fn. 60.

81 Vgl. EuGH C-234/02 P, Slg. 2004, I-2803, Rn. 67 – *Bürgerbeauftragter/Lamberts*; vgl. *Dörr,* in: Sodan/Ziekow, Rn. 100; *Pechstein,* EU-Prozessrecht (Fn. 10), Rn. 689.

82 *Cremer* (Fn. 72), Art. 268 AEUV Rn. 4.

83 EuGH 67/75 u.a., Slg. 1976, 391, Rn. 22/23 – *Lesieur/Kommission*; 26/74, Slg. 1976, 677, Rn. 21/24 – *Roquette/Kommission*; 197/80 u.a., Slg. 1981, 3211, Rn. 50 – *Ludwigshafener Walzmühle/Rat und Kommission.*

84 EuGH 56/74 u.a., Slg. 1976, 711, Rn. 6 – *Kampffmeyer/Kommission und Rat*; 44/76, Slg. 1977, 393, Rn. 8 – *Eier-Kontor/Rat und Kommission*; 281/84, Slg. 1987, 49, Rn. 14 – *Zuckerfabrik Bedburg/Rat und Kommission.*

85 EuGH 59/83, Slg. 1984, 4057, Rn. 9 – *Biovilac/EWG*; 281/84, Slg. 1987, 49, Rn. 14 – *Zuckerfabrik Bedburg/Rat und Kommission*; C-243/05 P, Slg. 2006, I-10833, Rn. 26 ff. – *Agraz u.a./Kommission.*

86 EuGH 90/78, Slg. 1979, 1081, Rn. 7 f. – *Granaria/Rat und Kommission.*

87 *Pechstein,* EU-Prozessrecht (Fn. 10), Rn. 691, 736.

88 EuGH 26/74, Slg. 1976, 677, Rn. 21/24 – *Roquette/Kommission*; EuG T-184/95, Slg. 1998, II-667, Rn. 60 – *Dorsch Consult/Rat und Kommission*; T-94/98, 26.6.2008, Rn. 60 – *Alferink.*

89 EuGH 26/74, Slg. 1976, 677, Rn. 21/24 – *Roquette/Kommission*; C-362/95 P, Slg. 1997, I-4775, Rn. 31 – *Blackspur DIY u.a./Rat und Kommission*; C-243/05 P, Slg. 2006, I-10833, Rn. 27 – *Agraz u.a./Kommission.*

90 EuGH 197/80 u.a., Slg. 1981, 3211, Rn. 50 f. – *Ludwigshafener Walzmühle/Rat und Kommission.*

91 EuGH C-362/95 P, Slg. 1997, I-4775, Rn. 31 – *Blackspur DIY u.a./Rat und Kommission*; vgl. aber auch EuGH C-243/05 P, Slg. 2006, I-10833, Rn. 39 f. – *Agraz u.a./Kommission.*

92 Vgl. EuGH C 51/05 P, Slg. 2008, I-5341, Rn. 53 ff. – *Kommission/Cantina sociale di Dolianova u.a.*

weist Klagen, die verjährte Ansprüche geltend machen, freilich von Amts wegen als (prozessrechtlich) unzulässig ab.[93]

4. Vollstreckung

Entscheidet der Gerichtshof zunächst nur über den Haftungsgrund (→ A.IV.2.), ergeht ein (nicht vollstreckungsfähiges) Feststellungsurteil. Verurteilt der Gerichtshof die Union zum Schadensersatz, ist das Leistungsurteil gem. Art. 280, 299 AEUV durchzusetzen.

B. Unionsrechtliche Haftung der Mitgliedstaaten[94]

I. Grundlagen

1. Rechtsstaatliche Determinanten der Unionsrechtsordnung

Der rechtsstaatliche Gedanke des Rechtsschutzes bestimmt nicht nur das Unionsrecht (→ A.I.1.), sondern steht zugleich hinter sämtlichen Gründen, aus denen der Gerichtshof die Haftung der Mitgliedstaaten folgert. Das versteht sich für den ersten dieser Gründe, des Unionsrechts „volle Wirksamkeit".[95] Der zweite Grund, der Grundsatz der Unionstreue, begründet eine „allgemeine Kooperationspflicht"[96] zwischen der Union einerseits und den Mitgliedstaaten andererseits. Unionstreue meint, ins Konkrete gewendet, in diesem Zusammenhang die Pflicht der Mitgliedstaaten, das Unionsrecht zu wahren, und bei Verstößen dagegen effektiven Rechtsschutz zu gewähren,[97] und zielt so ebenfalls auf den Schutz des Rechts.[98] Der dritte Geltungsgrund ist der geschriebene Haftungsanspruch gegen die Union selbst: Der Schutz des Unionsrechts dürfe nicht unterschiedlich sein, je nachdem, ob ein Mitgliedstaat oder die Union es verletze.[99] Ist Rechtsschutz das Leitmotiv europäischer Staatshaftung,[100] zählt der unionale Haftungsanspruch gegen die Mitgliedstaaten seinerseits zu den rechtsstaatlichen Determinanten der Unionsrechtsordnung.

---

93 Vgl. EuGH C 51/05 P, Slg. 2008, I-5341, Rn. 73 – *Kommission/Cantina sociale di Dolianova u.a.*; *Pechstein*, EU-Prozessrecht (Fn. 10), Rn. 694.

94 Abschnitt B. vor allem enthält Passagen, die ich aus meiner Habilitationsschrift „Öffentliches Haftungsrecht. Ökonomisierung – Europäisierung – Dogmatisierung", 2013, übernommen habe.

95 EuGH C-6/90 u.a., Slg. 1991, I-5357, Rn. 32f. – *Francovich*; zustimmend etwa *Seltenreich*, Die Francovich-Rechtsprechung, S. 63; *Skouris*, 50 Jahre Römische Verträge – Rückblick und Ausblick aus der Perspektive der Europäischen Gerichtsbarkeit, in: Schulze/Walter (Hrsg.), 50 Jahre Römische Verträge, 2008, S. 17 (21); krit. beispielsweise *von Danwitz*, JZ 1994, 335 (339 f.); *Eilmansberger*, Rechtsfolgen und subjektives Recht im Gemeinschaftsrecht, 1997, S. 46 ff.; *Hidien*, Staatshaftung der EU-Mitgliedstaaten, S. 14; *Ossenbühl*, DVBl 1992, 993 (995). Zum Prinzip des *effet utile*, in dem dieser Grund seinerseits wurzelt, vgl. nur *Herdegen*, Europarecht, § 8 Rn. 47, 74; *Streinz*, Europarecht, Rn. 486.

96 *Haltern*, Europarecht, Rn. 843; vgl. auch *Jarass*, Die Kompetenzverteilung zwischen der Europäischen Gemeinschaft und den Mitgliedstaaten, AöR 121 (1996), 173 (195 f.) („Gemeinschaftsloyalität" und „Pflicht zur loyalen Zusammenarbeit"); *Marauhn*, Unionstreue, in: Schulze/Zuleeg/Kadelbach (Hrsg.), Europarecht, 2. Aufl. 2010, § 7 Rn. 13 ff.

97 Vgl. EuGH C-6/90 u.a., Slg. 1991, I-5357, Rn. 36 – *Francovich*; *von Danwitz*, DVBl 1997, 1 (5); *Marauhn*, Unionstreue (Fn. 96), § 7 Rn. 19 f.; *Streinz*, in: ders. (Hrsg.), EUV/AEUV, 2. Aufl. 2012, Art. 4 EUV, Rn. 32.

98 Vgl. auch *Böhm*, in: Schulze/Zuleeg/Kadelbach (Fn. 96), § 12 Rn. 85; *Jarass*, Grundfragen der innerstaatlichen Bedeutung des EG-Rechts, 1994, S. 7; *Kahl*, in: Calliess/Ruffert (Fn. 2), Art. 4 EUV, Rn. 35; *Marauhn*, Unionstreue (Fn. 96), § 7 Rn. 32; *Streinz*, Europarecht, Rn. 169.

99 Zum Kohärenzpostulat → A.II.3., bei Fn. 44.

100 Vgl. nur *Jarass*, Grundfragen (Fn. 98), S. 125; *Kadelbach*, Allgemeines Verwaltungsrecht unter europäischem Einfluß, 1999, S. 162, 397 f.

2. Grundsätzliche Voraussetzungen und Folgen einer Haftung

Der unionsrechtliche Haftungsanspruch gegen die Mitgliedstaaten (kürzer: der unionale Staatshaftungsanspruch) besteht nach der Rechtsprechung des Europäischen Gerichtshofs unter den drei bekannten (→ A.I.2., bei Fn. 9) Voraussetzungen, die „erforderlich und ausreichend" sind, um die Haftung zu begründen.[101] Mit den Worten des EuGH:

> *„[1.] Die unionsrechtliche Norm, gegen die verstoßen worden ist, bezweckt die Verleihung von Rechten an die Geschädigten, [2.] der Verstoß gegen diese Norm ist hinreichend qualifiziert, und [3.] zwischen diesem Verstoß und dem den Geschädigten entstandenen Schaden besteht ein unmittelbarer Kausalzusammenhang".*[102]

Das Unionsrecht garantiert damit die, wie es heißt, „Kernvoraussetzungen"[103] des Haftungsanspruchs; andere Autoren sprechen von einem „Mindesthaftungsstandard"[104] oder einem „Rumpftatbestand".[105]

Liegen die genannten Voraussetzungen vor, erhält der Geschädigte „angemessen[en]"[106] Schadensersatz.[107] Das Unionsrecht überlässt die nähere Ausgestaltung dem nationalen Recht.[108] Dieses unterliegt dabei seinerseits unionsrechtlichen Grenzen: Es darf die unionsrechtlich angeordnete Mitgliedstaatshaftung nicht unterlaufen. Das sichert die – allgemeine, d.h. auch außerhalb des Haftungsrechts geltende – „Doppelschranke"[109] aus Äquivalenz- und – wichtiger noch[110] – Effektivitätsprinzip. Das Äquivalenzprinzip verlangt, dass Fälle unionsrechtlicher Staatshaftung keine (für den Geschädigten) ungünstigere Rechtsfolge zeitigen als (nationale) Fälle ohne Unionsbezug (Grundsatz der Gleichwertigkeit; Verbot der Diskriminierung), und garantiert so ein gleiches Niveau. Das Effektivitätsprinzip gebietet, dass eine Entschädigung zu erlangen nicht praktisch unmöglich oder – noch einmal wichtiger – auch nur übermäßig erschwert werden darf (Verbot der Vereitelung), und garantiert so ein hinreichendes Niveau.[111]

---

101 EuGH C-46/93 u.a., Slg. 1996, I-1029 Rn. 66 – *Brasserie du pêcheur*; vgl. bereits EuGH C-6/90 u.a., Slg. 1991, I-5357 Rn. 41 – *Francovich*.

102 Zuletzt EuGH C-429/09, Slg. 2010, I-12167, Rn. 47 – *Fuß*; vgl. auch *Jarass/Beljin*, Casebook Grundlagen des EG-Rechts, 2003, S. 75f. (fünf Merkmale), *Rebhahn*, in: Koziol/Schulze, Rn. 9/10 (S. 182) (sieben), jeweils ohne Unterschied in der Sache.

103 *Haltern*, Europarecht, Rn. 834; vgl. *Hatje*, EuR 1997, 297 (304) („Haftungskern").

104 *Jarass/Beljin*, Casebook (Fn. 102), S. 76; in der Sache ebenso *Ehlers*, JZ 1996, 776 (777); *Rebhahn*, in: Koziol/Schulze, Rn. 9/8.

105 *Baldus*, in: ders./Grzeszick/Wienhues, Staatshaftungsrecht. Das Recht der öffentlichen Ersatzleistungen, 3. Aufl. 2009, Rn. 560; *Ossenbühl/Cornils*, Staatshaftungsrecht, S. 618.

106 EuGH C-46/93 u.a., Slg. 1996, I-1029, Rn. 82, 90 – *Brasserie du pêcheur*; C-94/95 u.a., Slg. 1997, I-4006, Rn. 48 – *Bonifaci u.a. und Berto u.a.*; C-373/95, Slg. 1997, I-4051, Rn. 36 – *Maso u.a.*

107 In der Literatur ist umstritten, ob unter diesen Voraussetzungen Naturalrestitution gewährt werden muss, so *Detterbeck*, AöR 125 (2000), 202 (247), oder eine Entschädigung in Geld ausreicht, so *Jarass*, Grundfragen (Fn. 98), S. 121f. Der Europäische Gerichtshof hat zu der Frage bisher lediglich entschieden, dass Schäden durch die Nichtumsetzung einer Richtlinie auch durch eine rückwirkende Umsetzung beseitigt werden können, vgl. EuGH C-94/95 u.a., Slg. 1997, I-4006, Rn. 51 – *Bonifaci u.a. und Berto u.a.*

108 EuGH C-6/90 u.a., Slg. 1991, I-5357, Rn. 42f. – *Francovich*; C-46/93 u.a., Slg. 1996, I-1029 Rn. 67, 83 – *Brasserie du pêcheur*; C-261/95, Slg. 1997, I-4025, Rn. 27 – *Palmisani*.

109 *Von Danwitz*, DVBl 1997, 1 (7).

110 *Jans/de Lange/Prechal/Widdershoven*, Europeanisation of Public Law, 2007, S. 43f.

111 EuGH C-46/93 u.a., Slg. 1996, I-1029, Rn. 90 – *Brasserie du pêcheur*; C-261/95, Slg. 1997, I-4025, Rn. 27 – *Palmisani*; C-446/04, Slg. 2006, I-11753, Rn. 203 – *Test Claimants in the FII Group Litigation*; C-524/04, Slg. 2007, I-2107, Rn. 123 – *Test Claimants in the Thin Cap Group Litigation*; C-429/09, Slg. 2010, I-12167, Rn. 62 – *Fuß*.

3. Rechtsquellen des Haftungsrechts im Überblick

Den unionsrechtlichen Haftungsanspruch gegen die Mitgliedstaaten hat der Europäische Gerichtshof in einer – und hier stimmt der Ausdruck wirklich – „grundlegenden“[112] Entscheidung, dem „berühmt gewordenen“[113] Urteil *Francovich/Italienische Republik*,[114] geschaffen und insbesondere in Sachen *Brasserie du pêcheur und Factortame*,[115] *Dillenkofer*,[116] *Köbler*[117] und *Traghetti del Mediterraneo*[118] fortgeführt.

Über das Gebot der „volle[n] Wirksamkeit der gemeinschaftsrechtlichen Bestimmungen“[119] als dem „alles beherrschenden Prinzip“,[120] der „wesentlichen“ Begründung[121] des unionsrechtlichen Staatshaftungsanspruchs, heißt es in Sachen *Francovich*:

> *„Nach ständiger Rechtsprechung müssen die nationalen Gerichte, die im Rahmen ihrer Zuständigkeit die Bestimmungen des Gemeinschaftsrechts anzuwenden haben, die volle Wirkung dieser Bestimmungen gewährleisten und die Rechte schützen, die das Gemeinschaftsrecht dem Einzelnen verleiht [...] Die volle Wirksamkeit der gemeinschaftsrechtlichen Bestimmungen wäre beeinträchtigt und der Schutz der durch sie begründeten Rechte gemindert, wenn der Einzelne nicht die Möglichkeit hätte, für den Fall eine Entschädigung zu erlangen, daß seine Rechte durch einen Verstoß gegen das Gemeinschaftsrecht verletzt werden, der einem Mitgliedstaat zuzurechnen ist.“*[122]

Der zweite Grund, der Grundsatz der Gemeinschaftstreue, ist heutzutage treffender Grundsatz der Unionstreue zu nennen, vgl. Art. 4 Abs. 3 EUV, und wurde bereits behandelt (→ B.I.1., bei Fn. 96ff.). Gleiches gilt für die Kohärenz von mitgliedstaatlicher und Unionshaftung der Mitgliedstaaten (a.a.O., bei Fn. 99f.). Den Geltungsgrund der Unionshaftung hat der Europäische Gerichtshof nicht schon in der Leitentscheidung *Francovich* anerkannt, sondern erst in der Folgeentscheidung *Brasserie du pêcheur und Factortame* als „neue dogmatische Grundlage“[123] ergänzt.[124]

---

112 *Hailbronner/Jochum*, Europarecht I, 2005, Rn. 759, 784; *Jochum*, in: Hailbronner/Wilms (Hrsg.), Recht der Europäischen Union, Loseblatt, Art. 288 EGV Rn. 3 (Stand: 11. EL, 2006); vgl. *Hummer/Vedder/Lorenzmeier*, Europarecht in Fällen, 5. Aufl. 2012, S. VII mit S. 218 („leading case“).

113 *Ossenbühl/Cornils*, Staatshaftungsrecht, S. 596; vgl. auch *Eilmansberger*, Rechtsfolgen (Fn. 95), S. 26 („eines der, wenn nicht das meistkommentierte EuGH-Urteil überhaupt“).

114 EuGH C-6/90 u.a., Slg. 1991, I-5357 – *Francovich*; vgl. nur *Granger*, E.L.Rev. 32 (2007), 157 („no small revolution“); *Streinz*, Vollzug des europäischen Rechts durch deutsche Staatsorgane, in: Isensee/Kirchhof (Hrsg.), Handbuch des Staatsrechts, Bd. X, 3. Aufl. 2012, § 218 Rn. 38; *Tomuschat*, Das Francovich-Urteil des EuGH, in: Due/Lutter/Schwarze (Hrsg.), FS U. Everling, Bd. II, 1995, S. 1585 („Meilenstein der Rechtsentwicklung“).

115 EuGH C-46/93 u.a., Slg. 1996, I-1029 – *Brasserie du pêcheur*; vgl. nur *Hermes*, Die Verwaltung 31 (1998), 371 (372ff.).

116 EuGH C-178/94 u.a., Slg. 1996, I-4845 – *Dillenkofer*; vgl. nur *Wurmnest*, in: *Magnus/Wurmnest*, Casebook Europäisches Haftungs- und Schadensrecht, 2002, S. 58.

117 EuGH C-224/01, Slg. 2003, I-10239 – *Köbler*; vgl. nur *Epiney*, Neuere Rechtsprechung des EuGH in den Bereichen institutionelles Recht, allgemeines Verwaltungsrecht, Grundfreiheiten, Umwelt- und Gleichstellungsrecht, NVwZ 2004, 1067 (1067f.); *Gundel*, EWS 2004, 8 (16); *Kluth*, DVBl 2004, 393; *Wegener*, EuR 2004, 84 (86, 91).

118 EuGH C-173/03, Slg. 2006, I-5177 – *Traghetti del Mediterraneo*; vgl. *Stettner*, in: Dauses (Hrsg.), Handbuch des EU-Wirtschaftsrechts, Loseblatt, A.IV., Rn. 76 (Stand: März 2009).

119 Nachweise oben Fn. 95.

120 *Ossenbühl/Cornils*, Staatshaftungsrecht, S. 601, vgl. auch S. 596, 600, 621; in der Sache ebenso *von Danwitz*, DVBl 1997, 1 (6); *Wurmnest*, in: Magnus/Wurmnest, Casebook (Fn. 116), S. 56.

121 *C. Dörr*, Neues zum unionsrechtlichen Staatshaftungsanspruch, WM 2010, 961 (961).

122 EuGH C-6/90 u.a., Slg. 1991, I-5357, Rn. 32f. – *Francovich*.

123 *Haltern*, Europarecht, Rn. 844; in der Sache ebenso *Martin-Ehlers*, Grundlagen einer gemeinschaftsrechtlich entwickelten Staatshaftung, EuR 1996, 376 (384).

124 EuGH C-46/93 u.a., Slg. 1996, I-1029, Rn. 41 – *Brasserie du pêcheur*.

Vor *Francovich* hatte es der Europäische Gerichtshof noch abgelehnt, die Haftung der Mitgliedstaaten richterrechtlich zu begründen,[125] doch ließ dieser Fall das Bedürfnis, den Anspruch einzuräumen, als unabwendbar erscheinen:[126] Italien verweigerte standhaft die Umsetzung einer Richtlinie, obwohl der Gerichtshof die Vertragsverletzung bereits festgestellt hatte.[127] Weil die Richtlinie nicht unmittelbar anzuwenden war[128] und weitere Möglichkeiten, das Unionsrecht durchzusetzen, fehlten,[129] schuf der Gerichtshof den Haftungsanspruch als „Anreiz" für die Mitgliedstaaten, das Gemeinschaftsrecht zu wahren,[130] und als Sanktionsinstrument, falls es doch zu Rechtsverletzungen kommt.[131] Dass der Gerichtshof einen Mitgliedstaat mittlerweile sehr wohl bereits im Ausgangsverfahren zur Zahlung eines Pauschalbetrags oder eines Zwangsgelds verurteilen kann (vgl. Art. 260 Abs. 2 UAbs. 2 AEUV),[132] lässt den unionsrechtlichen Staatshaftungsanspruch unberührt.[133] Dieser Haftungsanspruch ist mehr als ein „Lückenfüller".[134] Das zeigt der Kreis der Anspruchsberechtigten: Geschädigte Einzelne (seien es natürliche, seien es juristische Personen) vermögen nur den Haftungsanspruch durchzusetzen; Vertragsverletzungsverfahren einzuleiten und Sanktionszahlungen zu beantragen, ist gem. Art. 258 Abs. 2 AEUV der Kommission vorbehalten.[135]

Zum Haftungsrecht zählt auch der Anspruch auf Erstattung von Abgaben und Steuern.[136] Der Anspruch setzt voraus, dass ein Mitgliedstaat diese unter Verstoß gegen das Unionsrecht erhoben hat, und zeitigt die Folge, dass der Mitgliedstaat die rechtsgrundlos erlangte Zahlung –

---

125 EuGH 60/75, Slg. 1976, 45, Rn. 6 f. – *Russo/Aima.*

126 *Ossenbühl/Cornils,* Staatshaftungsrecht, S. 598.

127 EuGH 22/87, Slg. 1989, I-143, Rn. 1, 38 – *Kommission/Italien.*

128 EuGH C-6/90 u.a., Slg. 1991, I-5357, Rn. 26 – *Francovich.*

129 Vgl. Art. 171 EWG vs. Art. 228 Abs. 2 UAbs. 3 EGV und Art. 260 Abs. 2 UAbs. 2 AEUV sowie beispielhaft EuGH 22/87, Slg. 1989, I-143, Rn. 38 und nach Rn. 39 – *Kommission/Italien.*

130 GA *Mischo,* Schlussanträge C-6/90 u.a., Slg. 1991, I-5357, Rn. 92 – *Francovich* („Schließlich hat der hier vorgeschlagene Weg den großen Vorteil, einen *starken Anreiz* dafür zu bilden, daß die Mitgliedstaaten die Richtlinien innerhalb der vorgeschriebenen Frist umsetzen"; dort ohne Hervorhebung); zustimmend etwa *Haltern,* Europarecht, Rn. 856; *Pechstein,* EU-Prozessrecht (Fn. 10), Rn. 320.

131 Vgl. nur GA *Mischo,* Schlussanträge C-6/90 u.a., Slg. 1991, I-5357, Rn. 92 – *Francovich;* GA *Tesauro,* Schlussanträge C-46/93, Slg. 1996, I-1029, Rn. 12, 17, 26 – *Brasserie du pêcheur;* ebenso etwa *van den Bergh/Schäfer,* E.L.Rev. 23 (1998), 552 (567); *dies.,* JITE 156 (2000), 382 (394); *von Danwitz,* Verwaltungsrechtliches System und Europäische Integration, 1996, S. 314; *Dörr,* in: ders./Grote/Marauhn, Kap. 33, Rn. 137; *Masing,* Mobilisierung des Bürgers, S. 48 f., 225; *ders.,* Der Rechtsstatus des Einzelnen im Verwaltungsrecht, in: Hoffmann-Riem et al., Grundlagen des Verwaltungsrechts, Bd. I, 2. Aufl. 2012, § 7 Rn. 36, 68 f., 93, 112 ff.; *Morlok,* Allgemeine Elemente der Einstandspflichten für rechtswidriges Staatshandeln, in: Hoffmann-Riem et al. (Hrsg.), Grundlagen des Verwaltungsrechts, Bd. III, 2009, § 52 Rn. 20; *van Roosebeke,* State Liability, S. 157; *Wagner,* Prävention und Verhaltenssteuerung durch Privatrecht – Anmaßung oder legitime Aufgabe?, AcP 206 (2006), 352 (421); *Zuleeg,* Die Rolle der rechtsprechenden Gewalt in der europäischen Integration, JZ 1994, 1 (6); a.A. *Grzeszick,* EuR 1998, 417 (419); *Jansen,* Grundzüge eines europäischen Haftungsrechts, ZEuP 2004, 441 (442). Zum Kompensationsgedanken, den EuGH C-470/03, Slg. 2007, I-2749, Rn. 88 – *AGM-COS.MET,* sogar als einzigen Haftungszweck bezeichnet, siehe *Wurmnest,* Grundzüge, S. 95; ihm folgend *Jansen,* Konturen eines europäischen Schadensrechts, JZ 2005, 160 (162 f.); a.A. *Meltzer,* ICON 4 (2006), 39 (83).

132 Vgl. EuGH C-387/97, Slg. 2000, I-5047, Rn. 79 ff. – *Kommission/Griechenland;* C-278/01, Slg. 2003, I-14141, Rn. 40 ff. – *Kommission/Spanien; Koenig/Haratsch/Pechstein,* Europarecht, 8. Aufl. 2012, Rn. 502; *Streinz,* Europarecht, Rn. 627.

133 Vgl. nur *Böhm,* in: Schulze/Zuleeg/Kadelbach § 12 Rn. 140.

134 *Haltern,* Europarecht, Rn. 839 (mit dem Zitat); vgl. EuGH C-46/93 u.a., Slg. 1996, I-1029, Rn. 18 ff. – *Brasserie du pêcheur.*

135 Vgl. nur *Arndt/Fischer/Fetzer,* Europarecht (Fn. 78), Rn. 251, 254; *Koenig/Haratsch/Pechstein,* Europarecht (Fn. 132), Rn. 503 bzw. 504; *Streinz,* Europarecht, Rn. 395, 397, 622, 629.

136 Ständige Rechtsprechung seit EuGH 199/82, Slg. 1983, 3595, Rn. 12 – *San Giorgio;* zuletzt EuGH C-591/10, 19.7.2012, Rn. 24 ff. – *Littlewoods Retail u.a.;* vgl. auch § 5 Deutschland, sub A.V.1., bei Fn. 53.

daher der Name – zu „erstatten“ verpflichtet ist.[137] Der Rechtsgrund dieses Anspruchs wechselt: Der Europäische Gerichtshof entnimmt ihn jeweils der konkret verletzen Unionsrechtsnorm als „eine Folge und eine Ergänzung“[138] dieser Norm. Die Erstattung kann „nur im Rahmen der in den verschiedenen einschlägigen nationalen Rechtsvorschriften festgelegten materiellen und formellen Voraussetzungen betrieben werden“.[139] Die folgende Darstellung konzentriert sich daher auf den umfassenden unionsrechtlichen *Francovich*-Anspruch auf Schadensersatz.

II. Haftungsbegründung

1. Relevantes Verhalten

Der unionale Haftungsanspruch gegen den Mitgliedstaat erfasst die Staatsgewalt des Mitgliedstaats unabhängig davon, welche mitgliedstaatliche Stelle gehandelt hat,[140] sowohl in allen drei Gestalten[141] (als Legislative,[142] als Exekutive[143] und als Judikative[144]) als auch in beiden Handlungsformen (also Tun und Unterlassen[145]).

2. Relevante Normverstöße

Das Unionsrecht gewährt den Haftungsanspruch gegen die Mitgliedstaaten für die Verletzung von Unionsrecht, sei es primäres, sei es sekundäres.

3. Schutzgutbezogenheit

Die Rechtsnorm, gegen die verstoßen wurde, muss individualschützend und der Verstoß selbst hinreichend qualifiziert sein. Die Voraussetzung, dass die verletzte Unionsnorm individualschützend sei, ist erfüllt, wenn die Unionsnorm wenigstens auch den Schutz des Betroffenen bezweckt.[146] Das ist der Fall, wenn sie „darauf abzielt, einem hinreichend bestimmten Personenkreis ein Recht einzuräumen, dessen Inhalt sich anhand der verletzten Norm ermitteln lässt“.[147] So schütze das Begründungserfordernis für Verordnungen keine Individualinteressen[148] und

---

137 EuGH C-343/96, Slg. 1999, I-579, Rn. 23 – *Dilexport*; C-397/98 u.a., Slg. 2001, I-1760, Rn. 84 – *Metallgesellschaft u.a.*; C-446/04, Slg. 2006, I-11753, Rn. 202 – *Test Claimants in the FII Group Litigation*; C-310/09, Slg. 2011, I-8115, Rn. 71 – *Accor*.
138 EuGH 199/82, Slg. 1983, 3595, Rn. 12 – *San Giorgio*; C-446/04, Slg. 2006, I-11753, Rn. 202 – *Test Claimants in the FII Group Litigation*; C-94/10, 20.10.2011, Rn. 20 – *Danfoss*.
139 Vgl. nur EuGH 199/82, Slg. 1983, 3595, Rn. 12 – *San Giorgio*; in der Sache ebenso EuGH, C-94/10, 20.10.2011, Rn. 24 – *Danfoss*.
140 EuGH C-302/97, Slg. 1999, I-3099, Rn. 62 – *Konle*; C-424/97, Slg. 2000, I-5123, Rn. 27 – *Haim*; EuGH C-118/00, Slg. 2001, I-5063, Rn. 35 – *Larsy*.
141 EuGH C-224/01, Slg. 2003, I-10239, Rn. 32 – *Köbler*, vgl. auch EuGH C-46/93 u.a., Slg. 1996, I-1029, Rn. 32 – *Brasserie du pêcheur*; C-392/93, Slg. 1996, I-1631, Rn. 38 – *British Telecommunications*; C-118/00, Slg. 2001, I-5063, Rn. 35 – *Larsy*; *Skouris*, in: Schulze/Walter (Fn. 95), S. 21.
142 EuGH C-6/90 u.a., Slg. 1991, I-5357, Rn. 44 mit Rn. 4 – *Francovich*; C-46/93 u.a., Slg. 1996, I-1029, Rn. 7 f., 37 ff., insbes. 50 f. – *Brasserie du pêcheur*.
143 EuGH C-5/94, Slg. 1996, I-2553, Rn. 6 f., 24 f. – *Hedley Lomas*; C-470/03, Slg. 2007, I-2749, Rn. 75 ff. – *AGM-COS.MET* (Äußerung eines Beamten).
144 EuGH C-224/01, Slg. 2003, I-10239, Rn. 32 ff. – *Köbler*; C-173/03, Slg. 2006, I-5177, Rn. 24 ff. – *Traghetti del Mediterraneo*; *Wegener*, EuR 2002, 785 (787 ff.).
145 *Dörr*, in: Sodan/Ziekow, Rn. 262; *ders.*, in: ders./Grote/Marauhn, Kap. 33, Rn. 140.
146 *Dörr*, in: Sodan/Ziekow, Rn. 263.
147 GA *Trstenjak*, Schlussanträge C-445/06, Slg. 2009, I-2119, Rn. 57 – *Danske Slagterier*; vgl. EuGH C-6/90 u.a., Slg. 1991, I-5357, Rn. 40 – *Francovich*; C-178/94 u.a., Slg. 1996, I-4845, Rn. 33 – *Dillenkofer*.
148 Vgl. EuGH 106/81, Slg. 1982, 2885, Rn. 14 – *Kind/EWG*; C-119/88, Slg. 1990, I-2189, Rn. 20 – *AERPO u.a./Kommission*.

dienten Kompetenzbestimmungen allein der Wahrung des institutionellen Gleichgewichts.[149] Die Voraussetzung der Schutzgutbezogenheit verlangt die Prüfung im bekannten Dreischritt[150]: Für das verletzte Recht ist jeweils festzustellen, ob es Einzelnen ein – im beschriebenen Sinn – subjektives Recht verleiht, ob der Geschädigte zu diesen Einzelnen, dem geschützten Personenkreis, gehört[151] und ob das Recht gerade die in Rede stehende Tätigkeit schützt.

Ob die Voraussetzung, dass der Verstoß gegen die Norm „hinreichend qualifiziert"[152] („*suffisamment caractérisée*", ein „*sufficiently serious breach*")[153] sei, erfüllt ist, hängt nach der Rechtsprechung von einer „Gesamtschau"[154] ab, die „alle Gesichtspunkte des Einzelfalls"[155] zu berücksichtigen habe, „insbesondere"[156] das Maß an Klarheit und Genauigkeit der verletzten Vorschrift, den Umfang des Ermessens- bzw. Gestaltungsspielraums, den die Vorschrift einräumt, allfälliges Verschulden (einschließlich der Entschuldbarkeit eines Rechtsirrtums und der Frage, ob die Union zur Rechtswidrigkeit beitrug)[157] sowie der Offenkundigkeit und Erheblichkeit des Verstoßes.[158] Die genannten Kriterien werden auch insgesamt unter dem Oberbegriff der Offenkundigkeit und Erheblichkeit zusammengefasst.[159] Ein Verstoß gegen das Unionsrecht ist jedenfalls dann in diesem Sinn qualifiziert, wenn die fragliche Entscheidung die einschlägige Rechtsprechung des Gerichtshofs verkennt.[160] In einem Fall, in dem der Mitgliedstaat nicht vor normativen Entscheidungen steht und bestenfalls über einen sehr eingeschränkten Ermessensspielraum

---

149 Vgl. EuGH C-282/90, Slg. 1992, I-1937, Rn. 20 – *Vreugdenhil.*

150 Vgl. *Maurer*, Allgemeines Verwaltungsrecht, § 26 Rn. 19; *Ossenbühl/Cornils*, Staatshaftungsrecht, S. 60; *Wienhues*, in: Baldus/Grzeszick/Wienhues (Fn. 105), Rn. 132.

151 BGH, Urt. v. 4.6.2009 – III ZR 144/05, Rn. 20, EuZW 2009, 865 (868).

152 Zur Entbehrlichkeit des Bestandteils „hinreichend" *Hartmann*, Öffentliches Haftungsrecht, S. 259 f.

153 GA *Tesauro*, Schlussanträge C-46/93 u.a., Slg. 1996, I-1029, Rn. 72 – *Brasserie du pêcheur*; vgl. *Jans/de Lange/Prechal/Widdershoven*, Europeanisation (Fn. 110), S. 331 („*key condition*").

154 *GA Jacobs*, Schlussanträge C-150/99, Slg. 2001, I-493, Rn. 58 – *Stockholm Lindöpark*; zustimmend *von Bogdandy* (Fn. 44), Art. 288 EGV Rn. 141 („Gesamtbetrachtung"); *Böhm*, in: Schulze/Zuleeg/Kadelbach, § 12 Rn. 126.

155 EuGH C-224/01, Slg. 2003, I-10239, Rn. 54 – *Köbler*; C-173/03, Slg. 2006, I-5177, Rn. 32 – *Traghetti del Mediterraneo*; BGH, Urt. v. 22.1.2009 – III ZR 233/07, Rn. 22, NJW 2009, 2534 (2536); in der Sache ebenso EuGH C-424/97, Slg. 2000, I-5123 Rn. 42 – *Haim*; C-118/00, Slg. 2001, I-5063, Rn. 39 – *Larsy*; C-470/04, Slg. 2006, I-7409, Rn. 65 – *Inspecteur van de Belastingdienst Oost*; C-524/04, Slg. 2007, I-2157, Rn. 119 – *Test Claimants in the Thin Cap Group Litigation.*

156 EuGH C-278/05, Slg. 2007, I-1081, Rn. 70 – *Robins u.a.*; BGH, Urt. v. 22.1.2009 – III ZR 233/07, Rn. 22, NJW 2009, 2534 (2536); in der Sache ebenso EuGH C-46/93 u.a., Slg. 1996, I-1029, Rn. 56 – *Brasserie du pêcheur*; C-224/01, Slg. 2003, I-10239, Rn. 55 – *Köbler* („u.a.").

157 EuGH C-118/00, Slg. 2001, I-5063, Rn. 39 – *Larsy*; C-224/01, Slg. 2003, I-10239, Rn. 55 – *Köbler*; C-278/05, Slg. 2007, I-1053, Rn. 77 – *Robins u.a.*; BGH, Urt. v. 22.1.2009 – III ZR 233/07, Rn. 22, NJW 2009, 2534 (2536).

158 EuGH C-46/93 u.a., Slg. 1996, I-1029, Rn. 56 – *Brasserie du pêcheur*; C-5/94, Slg. 1996, I-2553, Rn. 28 – *Hedley Lomas*; C-178/94 u.a., Slg. 1996, I-4845, Rn. 25 – *Dillenkofer*; C-283/94 u.a., Slg. 1996, I-5063, Rn. 50 – *Denkavit*; C-118/00, Slg. 2001, I-5063, Rn. 39 – *Larsy*; C-224/01, Slg. 2003, I-10239, Rn. 55 – *Köbler*; C-429/09, Slg. 2010, I-12167, Rn. 51 – *Fuß*; krit. gegenüber diesem Katalog *Ossenbühl/Cornils*, Staatshaftungsrecht, S. 608 („Vielzahl heterogener Entscheidungskriterien").

159 Vgl. EuGH C-46/93 u.a., Slg. 1996, I-1029, Rn. 55 – *Brasserie du pêcheur*; C-118/00, Slg. 2001, I-5063, Rn. 38 – *Larsy*; C-312/00 P, Slg. 2002, I-11355, Rn. 54 – *Kommission/Camar und Tico*; C-472/00 P, Slg. 2003, I-7541, Rn. 26 – *Kommission/Fresh Marine*; C-282/05 P, Slg. 2007, I-2941, Rn. 47 – *Holcim (Deutschland) AG* (die letzten drei jeweils mit dem Zusatz „entscheidende[s] Kriterium"); BGH, Urt. v. 24.10.1996 – III ZR 127/91, NJW 1997, 123 (125); *Böhm*, in: Schulze/Zuleeg/Kadelbach, § 12 Rn. 124 f.; *Hailbronner/Jochum*, Europarecht I (Fn. 112), Rn. 795, 798 (S. 252); *Jarass/Beljin*, Casebook (Fn. 102), S. 298; *Zuleeg/Kadelbach*, Individuelle Rechte und Pflichten, in: Schulze/Zuleeg/Kadelbach (Fn. 96), § 8 Rn. 65.

160 EuGH C-46/93 u.a., Slg. 1996, I-1029, Rn. 57 – *Brasserie du pêcheur* (mit dem Einschränkung „gefestigte[r]" einschlägiger Rechtsprechung); C-224/01, Slg. 2003, I-10239, Rn. 56 – *Köbler* (ohne diese Einschränkung); vgl. in anderem Zusammenhang bereits *Davis*, Administrative Officers' Tort Liability, Mich. L.R. 55 (1956), 201 (216) (kein Grund, „*[to] be immune from liability for a clear violation of a clear rule*").

verfügt, kann bereits die einfache Verletzung des Unionsrechts den Verstoß qualifizieren.[161] So liegen die Dinge etwa bei unterlassener[162] oder verspäteter[163] Umsetzung einer Richtlinie. Die Rechtsprechung zeigt, dass das Ermessen, das vor Haftungsfolgen geschützt wird, nicht im Sinne des hiesigen Fachbegriffs zu verstehen ist, sondern die Spielräume des Rechtsanwenders unabhängig davon meint, ob diese auf der Tatbestands- oder der Rechtsfolgenseite bestehen.

4. Zurechnung

Der Mitgliedstaat haftet für den Unionsrechtsverstoß unabhängig davon, auf welcher Stufe im eigenen Staatsaufbau die öffentliche Gewalt gegen das Unionsrecht verstoßen hat. Der Mitgliedstaat muss so auch für die Verstöße nachgeordneter und autonomer Gebietskörperschaften wie den Ländern oder den Gemeinden einstehen. Nur wenn die öffentliche Gewalt Unionsrecht anwendet, das seinerseits mit höherrangigem Unionsrecht unvereinbar ist, ist dem Mitgliedstaat dieser Unionsrechtsverstoß (gegen das höherrangige Unionsrecht) nicht zuzurechnen.[164]

5. Kausalität

Die Rechtsprechung verlangt, dass der Rechtsverstoß für den Schaden unmittelbar kausal gewesen ist.[165] Kausalität liegt vor, wenn der Schaden ohne den Rechtsverstoß entfiele.[166] In welcher Weise die Voraussetzung der Unmittelbarkeit die geforderte Kausalität verschärft, ist umstritten.[167] Nach einer Ansicht ist die Unmittelbarkeit in Anlehnung an das korrespondierende Regelungselement der Unionshaftung gem. Art. 340 Abs. 2 AEUV, Art. 41 Abs. 3 GRCh (→ A.II.5., bei Fn. 50) zu bestimmen.[168] Nach anderer Ansicht kommt es unabhängig von der Unionshaftung auf Adäquanz,[169] also auf objektive Vorhersehbarkeit des Schadenseintritts,[170] an. Nach wieder anderer Ansicht entscheidet der Schutzzweck der Norm.[171] Die drei theoretisch zu unterscheidenden Ansätze treten auch kombiniert auf.[172]

---

161 EuGH C-5/94, Slg. 1996, I-2553, Rn. 28 – *Hedley Lomas*; C-312/00 P, Slg. 2002, I-11355, Rn. 54 – *Kommission/Camar und Tico*; GA *Bot*, Schlussanträge C-452/06, Slg. 2008, I-7681, Rn. 119 – *Synthon*.

162 EuGH C-6/90 u.a., Slg. 1991, I-5357, Rn. 46 – *Francovich*; C-178/94 u.a., Slg. 1996, I-4845, Rn. 26 – *Dillenkofer*.

163 EuGH C-140/97, Slg. 1999, I-3499, Rn. 51 – *Rechberger*.

164 *Dörr*, in: ders./Grote/Marauhn, Kap. 33 Rn. 141 m.w.N.

165 EuGH C-46/93 u.a., Slg. 1996, I-1029, Rn. 51, 65 – *Brasserie du pêcheur*; C-5/94, Slg. 1996, I-2553, Rn. 30 – *Hedley Lomas*; C-283/94 u.a., Slg. 1996, I-5063, Rn. 48 – *Denkavit*; C-524/04, Slg. 2007, I-2107, Rn. 122 – *Test Claimants in the Thin Cap Group Litigation*; C-446/04, Slg. 2006, I-11753, Rn. 218 – *Test Claimants in the FII Group Litigation*.

166 Vgl. EuGH C-358/90, Slg. 1992, I-2457, Rn. 47 – *Compagnia italiana alcool*; GA *van Gerven*, Schlussanträge 363/88, Slg. 1992, I-359, Rn. 34 – *Finsider*; *Detterbeck*, in: ders./Windthorst/Sproll, Staatshaftungsrecht, 2000, § 5 Rn. 37; *Schoißwohl*, Staatshaftung wegen Gemeinschaftsrechtsverletzung, S. 452.

167 Zur Voraussetzung der Unmittelbarkeit vgl. EuGH C-46/93 u.a., Slg. 1996, I-1029, Rn. 51, 65 – *Brasserie du pêcheur*; C-524/04, Slg. 2007, I-2107, Rn. 122 – *Test Claimants in the Thin Cap Group Litigation*; C-446/04, Rn. 218 – *Test Claimants in the FII Group Litigation*; GA *van Gerven*, Schlussanträge 363/88, Slg. 1992, I-359, Rn. 34 – *Finsider*.

168 *Jochum*, in: Hailbronner/Wilms (Fn. 112), Art. 288 EGV Rn. 43 („weitgehend").

169 GA *Dutheillet de Lamothe*, Schlussanträge 4/69, Slg. 1971, 341 (347 f.) – *Lütticke* („etwas ander[e]" Bezeichnung „der ‚adäquaten Verursachung'"); *Arndt/Fischer/Fetzer*, Europarecht (Fn. 78), Rn. 387; *Detterbeck*, in: ders./Windthorst/Sproll, (Fn. 166), § 5 Rn. 37, § 6 Rn. 46; *Herdegen/Rensmann*, ZHR 161 (1997), 522 (552); *Jarass*, Grundfragen (Fn. 98), S. 120; vgl. BGH, Urt. v. 24.10.1996 – III ZR 127/91, NJW 1997, 123 (125) („vergleichbar").

170 *Detterbeck*, in: ders./Windthorst/Sproll (Fn. 166), § 5 Rn. 37; *Gromitsaris*, Europarechtliche Aspekte der Staatshaftung, SächsVBl 2001, 157 (160).

171 Siehe *Arndt/Fischer/Fetzer*, Europarecht (Fn. 78), Rn. 387; *Brocke*, Europäisierung, S. 149; krit. *Itzel*, Neuere Entwicklungen im Amts- und Staatshaftungsrecht – Rechtsprechungsüberblick 2009, MDR 2010, 426 (426) („‚Kristallkugel des Haftungsrechts'").

172 Vgl. *Ossenbühl/Cornils*, Staatshaftungsrecht, S. 609 f.

In der Tat erscheint das Kriterium der Unmittelbarkeit als solches (allgemein und also auch hier) als Verlegenheitsbegriff:[173] Ein weiteres Glied, das dazwischen tritt, lässt sich in jeder Kausalkette finden. Dementsprechend lässt sich auch jeder Schaden mit Blick auf jede Handlung als nur mittelbar kausal bezeichnen. Ist das richtig, vermag das Kriterium der Unmittelbarkeit die Glieder einer Kausalkette nicht in relevante und irrelevante zu unterteilen.

Das Kriterium der Unmittelbarkeit scheitert, weil die Unterteilung eine wertende Zurechnung verlangt.[174] Diese Zurechnung dürfte am besten aufgrund des Schutzzwecks der Norm vorzunehmen sein. Der Schutz der Norm ist überhaupt erst der Geltungsgrund der Staatshaftung (→ B.I.), und so ist der Schutz der Norm auch dessen Grenze: Mehr, als er gehabt hätte, wäre die verletzte Norm rechtmäßig angewandt worden, soll der Geschädigte nicht verlangen können.[175] Der Schutzzweck der Norm erklärt damit zugleich, warum das Haftungsrecht nur subjektive Rechte schützt, obwohl der Geltungsanspruch des Rechts das objektive Recht insgesamt erfasst, also auch insoweit, wie es keine subjektiv-rechtliche Ausprägung erfahren hat: Dass ein Rechtssatz, der nicht subjektiv-rechtlich bewehrt ist, eingehalten werde, vermag der Bürger eben auch primärrechtlich nicht und daher gar nicht durchzusetzen.

6. Relevanz von Verschulden

Der unionale Haftungsanspruch ist verschuldensunabhängig:[176] Verschulden ist nur ein Kriterium unter mehreren, die den qualifizierten Verstoß ausmachen können.[177] Wenn es an Verschulden fehlt, vermögen die übrigen Kriterien den Verstoß zu qualifizieren. Daher ist Verschulden keine notwendige Tatbestandsvoraussetzung.[178]

7. Haftung ohne Normverstoß

Für rechtmäßiges Handeln haften die Mitgliedstaaten nicht.[179]

---

173 *Ossenbühl/Cornils*, Staatshaftungsrecht, S. 368.

174 *Detterbeck*, in: ders./Windthorst/Sproll (Fn. 166), § 6 Rn. 46; *Ossenbühl/Cornils*, Staatshaftungsrecht, S. 609; *Grzeszick*, in: Baldus/Grzeszick/Wienhues (Fn. 105), Rn. 300.

175 *Ossenbühl/Cornils*, Staatshaftungsrecht, S. 624; in der Sache ebenso *Ehlers*, Die Europäisierung des Verwaltungsprozeßrechts, 1999, S. 57; *Grzeszick*, EuR 1998, 417 (428 f., 430); *Jarass/Beljin*, Casebook (Fn. 102), S. 79. Zur Überlegenheit der Normzweckerwägungen gegenüber der Adäquanztheorie siehe nur *Jansen*, [Diskussionsbeitrag] in: Lorenz (Hrsg.), Karlsruher Forum 2007, 131 (132).

176 Vgl. EuGH C-46/93 u.a., Slg. 1996, I-1029, Rn. 75 ff., 80 – *Brasserie du pêcheur*; C-429/09, Slg. 2010, I-12167, Rn. 65 ff., insbes. 68 – *Fuß*; GA *Tesauro*, Schlussanträge C-46/93 u.a., Slg. 1996, I-1029, Rn. 88 – *Brasserie du pêcheur*; *Höfling*, Vom überkommenen Staatshaftungsrecht zum Recht der staatlichen Einstandspflichten, in: Hoffmann-Riem et al., Grundlagen (Fn. 131), Bd. III, 2009, § 51 Rn. 58 Fn. 245; *Morlok*, Retrospektive Kompensation der Folgen rechtswidrigen Hoheitshandelns, ebenda, § 54 Rn. 8; *Nettesheim*, Ersatzansprüche nach „Heininger"? Die Aufarbeitung mitgliedstaatlicher Vertragsverstöße im EU-Privatrecht, WM 2006, 457 (461); *Rebhahn*, in: Koziol/Schulze, Rn. 9/7, vgl. aber auch Rn. 9/100; *Zuleeg/Kadelbach*, Individuelle Rechte (Fn. 159), § 8 Rn. 65; anderer Ansicht, soweit ersichtlich, nur *Detterbeck*, VerwArch 85 (1994), 159 (189, 200 f.); *Gilsdorf/Oliver*, in: von der Groeben/Thiesing/Ehlermann, Kommentar zum EWG-Vertrag, 4. Aufl. 1991, Art. 215 Rn. 44 (Verschuldensunabhängigkeit „fraglich"); vgl. auch *Wurmnest*, Grundzüge, S. 157 („objektiviert[e] Verschuldenshaftung").

177 Zur Gesamtschau → B.II.3., bei Fn. 154.

178 Dazu genauer *Hartmann*, Öffentliches Haftungsrecht, S. 239 f.

179 Siehe zur Haftung der Union → A.II.7., bei Fn. 56, und zur Kohärenz → B.I.1., bei Fn. 99 f.

III. Haftungsfolgen

1. Haftungssubjekte

Welche staatliche Stelle Haftungsschuldner sei, überlässt das Unionsrecht den Mitgliedstaaten zu entscheiden.[180] Es ist zulässig, dass eine dezentrale öffentlich-rechtliche Körperschaft den Schaden zu ersetzen hat.[181]

2. Individualansprüche

Anspruchs- und klageberechtigt sind alle natürlichen und juristischen Personen.

3. Haftungsinhalt

Liegen die Voraussetzungen vor, erhält der Geschädigte „angemessen[en]"[182] Schadensersatz,[183] den der Europäische Gerichtshof – im Einklang mit französischem Vorbild und englischen Usancen – auch „Entschädigung" nennt. Das war die Wortwahl bei der Einführung des Haftungsanspruchs.[184] Die französische Rechtssprache übersetzt nicht nur Entschädigung, sondern auch Schadensersatz mit „dédommagement", und nicht nur Schadensersatz, sondern auch Entschädigung mit „réparation". Beide, Schadensersatz wie Entschädigung, heißen außerdem übereinstimmend jeweils noch „*dommages-intérêts*", „*indemnité*" und „*indemnisation*".[185] Die englische Rechtssprache unterscheidet ebenso wenig zwischen Entschädigung und Schadensersatz, sondern nennt beide „*compensation*".[186] Die theoretischen Unterscheidungen, die das deutsche Staatshaftungsrecht zwischen Schadensersatz, Entschädigung und Folgenbeseitigung vornimmt, hat das Unionsrecht also nicht übernommen. So setzt insbesondere der Gerichtshof Entschädigung und Schaden gleich,[187] wenn dessen Urteil in Sachen *Köbler* auf Französisch, der internen Arbeitssprache des Gerichts, übereinstimmend von *réparation* handelt.[188] Schließlich hat auch die Union, wenn sie haftet, den „Schaden" zu „ersetz[en]". So bestimmen es Art. 340 Abs. 2, 3 AEUV, Art. 41 Abs. 3 GRCh ausdrücklich.

---

180 Vgl. *Gundel*, DVBl 2001, 95 (97).

181 EuGH C-302/97, Slg. 1999, I-3099, Rn. 64 – *Konle*; C-424/97, Slg. 2000, I-5123, Rn. 25ff., 29ff. – *Haim*; C-429/09, Slg. 2010, I-12167, Rn. 61 – *Fuß*.

182 EuGH C-46/93 u.a., Slg. 1996, I-1029, Rn. 82, 90 – *Brasserie du pêcheur*; C-94/95 u.a., Slg. 1997, I-4006, Rn. 48 – *Bonifaci u.a. und Berto u.a.*; C-373/95, Slg. 1997, I-4051, Rn. 36 – *Maso u.a.*; C-429/09, Slg. 2010, I-12167, Rn. 92, 98 – *Fuß*.

183 „Ersatz des [...] Schadens" oder „[...] der Schäden" etwa in EuGH C-6/90 u.a., Slg. 1991, I-5357, Rn. 37 – *Francovich*; C-46/93 u.a., Slg. 1996, I-1029, Rn. 17, 35, 36 – *Brasserie du pêcheur*; C-224/01, Slg. 2003, I-10239 Rn. 36, 39 – *Köbler*; GA *Tesauro*, Schlussanträge C-46/93 u.a., Slg. 1996, I-1029, Rn. 109 – *Brasserie du pêcheur*.

184 Siehe das aus EuGH C-6/90 u.a., Slg. 1991, I-5357, Rn. 33 – *Francovich* wörtlich übernommene Zitat → B.I.3., bei Fn. 122; ebenso etwa EuGH C-46/93 u.a., Slg. 1996, I-1029, Rn. 20, 83 – *Brasserie du pêcheur*; C-224/01, Slg. 2003, I-10239 Rn. 33, 57 – *Köbler*.

185 Vgl. *Doucet/Fleck*, Wörterbuch der Rechts- und Wirtschaftssprache, Teil II: Deutsch-Französisch, 6. Aufl., 2002, Stichwörter „Entschädigung" (S. 214) und „Schadensersatz" (S. 670).

186 Vgl. *Lundmark*, Talking Law Dictionary, 2005, Stichwort „Entschädigung" (S. 352) und Stichwort „Schadensersatz" (S. 479); *Romain*, Wörterbuch der Rechts- und Wirtschaftssprache, Teil II: Deutsch–Englisch, 3. Aufl. 1994, Stichwort „Entschädigung" (S. 255f.) und Stichwort „Schadensersatz" (S. 679).

187 EuGH C-104/89 u.a., Slg. 1992, I-3061, Rn. 34 – *Mulder u.a./Rat und Kommission*; vgl. *Detterbeck*, in: ders./Windthorst/Sproll (Fn. 166), § 6 Rn. 71.

188 EuGH C-224/01, Slg. 2003, I-10239 Rn. 36 vs. 33 – *Köbler* („*réparation du préjudice*" vs. „*réparation*"); die englische Fassung differenziert dagegen zwischen *reparation* und *redress*, vgl. a.a.O. („*redress*" bzw. „*reparation*").

Die nähere Ausgestaltung des Haftungsinhalts überlässt das Unions- weitgehend dem nationalen Recht.[189] Namentlich Art und Umfang der Entschädigung dürfen die Mitgliedstaaten selbst bestimmen.[190] Wenn der Schädiger die Haftung, der er unterliegt, dem Umfang nach (nicht im konkreten Fall, aber doch abstrakt) selbst bestimmen darf, erlangen die Grenzen der Ausgestaltungsbefugnis besondere Bedeutung, hier also die beschriebene Doppelschranke aus Äquivalenz- und Effektivitätsprinzip (→ B.I.2.). Weil das Äquivalenzprinzip auf das nationale Recht verweist, wirkt es sich je nach Mitgliedstaat unterschiedlich aus: Namentlich müssen Mitgliedstaaten, die innerstaatlich ohnehin einen geringen Haftungsumfang vorgesehen haben, auch Unionsrechtsverletzung insoweit nur mit einer äquivalenten – und das heißt dann eben: geringen – Haftung bewehren. Mitgliedstaaten dagegen, die innerstaatlich eine weite Haftung anerkennen und – um nur ein Beispiel zu nennen – Strafschadensersatz gewähren, müssen auch Unionsrechtsverletzung ebenso – und das heißt dann eben: einschließlich Strafschadensersatzes – bewehren. Ein schadensrechtliches Bereicherungsverbot (→ A.III.4.) begrenzt den Haftungsanspruch gegen die Mitgliedstaaten also keinesfalls kraft Unionsrechts.

Macht das Äquivalenzprinzip den Umfang der Staatshaftung jeweils vom nationalen Staatshaftungsrecht abhängig, erweist sich das Effektivitätsprinzip insgesamt als die wirkmächtigere Haftungsgrenze. In dessen Vorgabe, dass der geschuldete Ersatz ein angemessenes Niveau erreiche, liegt die unionsweite „Mindestgarantie"[191] mitgliedstaatlicher Haftung. Danach hat der Mitgliedstaat den „entstandenen Schaden entsprechen[d]"[192] zu ersetzen, einschließlich entgangenen Gewinns[193] und wohl auch einschließlich allfälliger „Folgeschäden".[194] Dementsprechend geht es auch beim unionalen Staatshaftungsanspruch darum, dass die Mitgliedstaaten „verursachtes Unrecht wieder gut [...] machen",[195] also um die „inhaltliche *Wiederherstellung* des durch den Verstoß gegen die Vorschrift beeinträchtigten Rechts."[196] Der Geschädigte erhält, was ihm „zugestanden hätt[e], [...] wäre" dem Staat die Rechtsverletzung nicht unterlaufen.[197] Ist das richtig, gilt auch nach Unionsrecht der Grundsatz der Totalreparation (→ A.III.3.).[198] Das Effektivitätsprinzip verbietet es also, dass der Mitgliedstaat den Ersatz auf den Vertrauensschaden begrenzt,[199] aber es lässt zu, dass der Mitgliedstaat beispielsweise Strafschadensersatz aus-

---

189 EuGH C-6/90 u.a., Slg. 1991, I-5357, Rn. 42f. – *Francovich*; C-46/93 u.a., Slg. 1996, I-1029 Rn. 67, 83 – *Brasserie du pêcheur*; C-261/95, Slg. 1997, I-4025, Rn. 27 – *Palmisani*; C-446/04, Slg. 2006, I-11753, Rn. 203 – *Test Claimants in the FII Group Litigation*; C-524/04, Slg. 2007, I-2107, Rn. 123 – *Test Claimants in the Thin Cap Group Litigation.*

190 EuGH C-46/93 u.a., Slg. 1996, I-1029, Rn. 83 – *Brasserie du pêcheur*; C-429/09, Slg. 2010, I-12167, Rn. 92f., 98 – *Fuß.*

191 *Ossenbühl/Cornils*, Staatshaftungsrecht, S. 66.

192 GA *Tesauro*, Schlussanträge C-46/93 u.a., Slg. 1996, I-1029, Rn. 109 – *Brasserie du pêcheur*; vgl. auch EuGH C-46/93 u.a., Slg. 1996, I-1029, Rn. 82 – *Brasserie du pêcheur* („dem erlittenen Schaden angemessen").

193 EuGH C-46/93 u.a., Slg. 1996, I-1029, Rn. 87 – *Brasserie du pêcheur*; GA *Tesauro*, Schlussanträge C-46/93 u.a., Slg. 1996, I-1029, Rn. 111 – *Brasserie du pêcheur.*

194 EuGH C-446/04, Slg. 2006, I-11753, Rn. 205, 207f. –*Test Claimants in the FII Group Litigation*; C-524/04, Slg. 2007, I-2107, Rn. 123 – *Test Claimants in the Thin Cap Group Litigation*; vgl. EuGH C-6/90 u.a., Slg. 1991, I-5357, Rn. 36 – *Francovich.*

195 Vgl. GA *Mischo*, Schlussanträge C-6/90 u.a., Slg. 1991, I-5357, Rn. 41 – *Francovich.*

196 GA *Tesauro*, Schlussanträge C-46/93 u.a., Slg. 1996, I-1029, Rn. 34 – *Brasserie du pêcheur* (dort ohne Hervorhebung).

197 EuGH C-94/95 u.a., Slg. 1997, I-4006, Rn. 51 – *Bonifaci u.a. und Berto u.a.*; C-373/95, Slg. 1997, I-4051, Rn. 39 – *Maso.*

198 *Wurmnest*, Grundzüge, S. 233; vgl. GA *Tesauro*, Schlussanträge C-46/93 u.a., Slg. 1996, I-1029, Rn. 34 – *Brasserie du pêcheur.*

199 Vgl. EuGH C-271/91, Slg. 1993, I-4367, Rn. 26, 30, 34 – *Marshall* (im Arbeitsrecht).

schließt.[200] Dem Effektivitätsprinzip genügt, wer Schadensersatz *in natura* (Naturalrestitution) gewährt.[201] Ob der Ersatz in Geld an die Stelle treten darf, ist umstritten.[202]

4. Haftungsbegrenzung und -ausschluss

Haftungsbegrenzungen bis hin zu -ausschlüssen können sich aus der auch hier ungenau „Mitverschulden" genannten Mitverantwortung des Geschädigten ergeben. Das Unionsrecht überlässt dem nationalen Recht auch die Entscheidung, wie sich eine Mitverantwortung auswirkt.[203] Dem Unionsrecht entspricht es dabei durchaus und dem Effektivitätsprinzip widerspricht es also nicht, dass sich der Geschädigte in angemessener Form darum bemühen muss, den Schaden zu begrenzen (Grundsatz der Schadensbegrenzungsobliegenheit),[204] und so insbesondere von den zur Verfügung stehenden Rechtsschutzmöglichkeiten Gebrauch zu machen hat.[205] Der Vorrang des Primärrechtsschutzes[206] gilt, soweit dem Geschädigten die Beschreitung des Primärrechtswegs – wie regelmäßig – zugemutet werden konnte[207] und die Rechtsmittelversäumung für den Schaden (hypothetisch) kausal gewesen ist.[208]

IV. Geltendmachung von Haftungsansprüchen

Die Mitgliedstaaten bestimmen, auf welchem Rechtsweg unionale Haftungsansprüche gegen die Mitgliedstaaten geltend gemacht werden können,[209] wie Beweisfragen zu beantworten sind,[210]

---

200 EuGH C-46/93 u.a., Slg. 1996, I-1029, Rn. 87 – *Brasserie du pêcheur* i.V.m. GA *Tesauro*, Schlussanträge C-46/93 u.a., Slg. 1996, I-1029, Rn. 6 – *Brasserie du pêcheur*.

201 EuGH C-429/09, Slg. 2010, I-12167, Rn. 94 ff. – *Fuß*; *Detterbeck*, in: ders./Windthorst/Sproll (Fn. 166), § 6 Rn. 72; *Ossenbühl/Cornils*, Staatshaftungsrecht, S. 624; vgl. auch EuGH C-94/95 u.a., Slg. 1997, I-4006, Rn. 51 – *Bonifaci u.a. und Berto u.a.*

202 Dagegen *Detterbeck*, AöR 125 (2000), 202 (247), dafür *Jarass*, Grundfragen (Fn. 98), S. 121 f.; vgl. auch GA *Tesauro*, Schlussanträge C-46/93 u.a., Slg. 1996, I-1029, Rn. 109 – *Brasserie du pêcheur* („Wiederherstellung der Vermögenssituation des Geschädigten").

203 EuGH C-46/93 u.a., Slg. 1996, I-1029, Rn. 83 ff. – *Brasserie du pêcheur*.

204 EuGH C-46/93 u.a., Slg. 1996, I-1029, Rn. 84 f. – *Brasserie du pêcheur*; C-178/94 u.a., Slg. 1996, I-4845, Rn. 72 – *Dillenkofer*; C-429/09, Slg. 2010, I-12167, Rn. 76 – *Fuß*.

205 EuGH C-46/93 u.a., Slg. 1996, I-1029, Rn. 84 – *Brasserie du pêcheur*; C-524/04, Slg. 2007, I-2107, Rn. 124 – *Test Claimants in the Thin Cap Group Litigation*; C-201/05, Slg. 2008, I-2882, Rn. 5 – *Test Claimants in the CFC and Dividend Group Litigation*; C-445/06, Slg. 2009, I-2119, Rn. 64, 69 – *Danske Slagterier*; C-429/09, Slg. 2010, I-12167, Rn. 75 – *Fuß*; GA *Trstenjak*, Schlussanträge C-445/06, Slg. 2009, I-2119, Rn. 124 f. – *Danske Slagterier*; a.A. *Rebhahn*, in: Koziol/Schulze, Rn. 9/8.

206 EuGH C-46/93 u.a., Slg. 1996, I-1029 Rn. 84 – *Brasserie du pêcheur*; C-445/06, Slg. 2009, I-2119, Rn. 64, 69 – *Danske Slagterier*; GA *Tesauro*, Schlussanträge C-46/93 u.a., Slg. 1996, I-1029, Rn. 97 – *Brasserie du pêcheur* (dort als Frage der Kausalität); GA *Trstenjak*, Schlussanträge C-445/06, Slg. 2009, I-2119, Rn. 124 f., 127 – *Danske Slagterier*; BGH, Urt. v. 9.10.2003 – III ZR 342/02, BGHZ 156, 294 (298); BGH, Beschl. v. 12.10.2006 – III ZR 144/05, Rn. 49, NVwZ 2007, 362 (368); BGH, Urt.v. 4.6.2009 – III ZR 144/05, Rn. 23, EuZW 2009, 865 (868); *Beljin*, Staatshaftung im Europarecht, 2000, S. 66; *Detterbeck*, Allgemeines Verwaltungsrecht, Rn. 1315; a.A. *Bertelmann*, Europäisierung, S. 172.

207 EuGH C-445/06, Slg. 2009, I-2119, Rn. 64, 69 – *Danske Slagterier*; C-429/09, Slg. 2010, I-12167, Rn. 77 – *Fuß*; GA *Trstenjak*, Schlussanträge C-445/06, Slg. 2009, I-2119, Rn. 127 – *Danske Slagterier*; BGH, Urt. v. 5.11.1992 – III ZR 91/91, NJW 1993 (1648).

208 BGH, Urt. v. 16.1.1986 – III ZR 77/84, NJW 1986, 1924 (1924 f.); Urt. v. 20.2.2003 – III ZR 224/01, NJW 2003, 1308 (1312 f.); *Maurer*, Allgemeines Verwaltungsrecht, § 26 Rn. 32; krit. *Wißmann*, NJW 2003, 3455 (3457).

209 EuGH C-6/90 u.a., Slg. 1991, I-5357, Rn. 42 – *Francovich*.

210 *Hatje*, EuR 1997, 297 (304).

welche Verjährung gilt[211] und inwiefern das Urteil gegen den Mitgliedstaat vollstreckt werden kann.[212] Dem Effektivitätsprinzip entspricht insbesondere die Verjährung binnen eines Jahres.[213]

C. Zur Rezeption des Unionshaftungsrechts in den Mitgliedstaaten[214]

I. Grundlagen

1. Obligatorische und fakultative Rezeption

In Europa hat die unionsrechtlich angeordnete Haftung der Union selbst (→ A.) und mehr noch die unionsrechtlich angeordnete Haftung der Mitgliedstaaten (→ B.) auch das innerstaatliche Haftungsrecht beeinflusst. Dabei lassen sich zwei Arten der Rezeption unionalen Rechts unterscheiden: die obligatorische und die fakultative. Obligatorische Rezeption unionalen Rechts meint dabei jene Übernahme unionalen Rechts, zu der das Unionsrecht die Mitgliedstaaten verpflichtet. Fakultative Rezeption unionalen Rechts meint demgegenüber jene Übernahme unionalen Rechts, zu der das Unionsrecht die Mitgliedstaaten nicht verpflichtet. Die fakultative heißt daher auch „freiwillig[e] Rezeption“[215] („*voluntary adoption*“[216]).[217] Etwas anders nuanciert ist der Begriff der Übersprungswirkung („*spill over effect*“).[218] Von freiwilliger Rezeption ist die Rede, wenn das eine Recht die Einflüsse des anderen bewusst und gewollt aufnimmt. Der Begriff der Übersprungswirkung ist gebräuchlich, wenn das andere Recht auf das eine einwirkt, ohne dass die Einwirkung erkannt oder befürwortet würde.

Von einer Übernahme lässt sich in diesem Zusammenhang nicht schon dann sprechen, wenn Regelungen oder einzelne Elemente davon im nationalen und unionalen Recht übereinstimmen. Denn Korrelation und Kausalität sind nicht dasselbe. So gibt es Übereinstimmungen nationalen und unionalen Rechts, die unabhängig von einer Übernahme zustande kamen. Zwei Beispiele genügen: Zum einen findet die Voraussetzung der Kausalität im Sinn der *sine qua non*-Formel seit jeher allerorten Verwendung, zum anderen hatte namentlich Spanien die Haftung

---

211 GA *Mischo*, Schlussanträge C-6/90 u.a., Slg. 1991, I-5357 (5398 Rn. 78) – *Francovich*; GA *Trstenjak*, Schlussanträge C-445/06, Slg. 2009, I-2119, Rn. 88 – *Danske Slagterier*; *Guckelberger*, Verjährung von Staatshaftungsansprüchen wegen Unionsrechtsverstößen, EuR 2011, 75 (76, 79); *Kischel*, Gemeinschaftsrechtliche Staatshaftung zwischen Europarecht und nationaler Rechtsordnung, EuR 2005, 441 (450); *Pestalozza*, Roß und Reiter: Art. 34 GG und die gemeinschaftliche Staatshaftung, in: Brink/Wolff (Hrsg.), FS H. H. von Arnim, 2004, S. 283 (291).

212 *Hatje*, EuR 1997, 297 (304).

213 EuGH C-261/95, Slg. 1997, I-4025, Rn. 28f. – *Palmisani*.

214 Abschnitt C. gründet auf einem Vortrag, den ich am 1.12.2011 auf Einladung der Europäischen Rechtsakademie (ERA) in Trier gehalten habe und dessen englische Fassung unter dem Titel „Alignment of national government liability law in Europe after Francovich“, in: ERA Forum 12 (2012), 613–623, erschienen ist.

215 *Kahl*, Über einige Pfade und Tendenzen in Verwaltungsrecht und Verwaltungsrechtswissenschaft – ein Zwischenbericht, Die Verwaltung 42 (2009), 463 (466); *Schwarze*, Die Europäisierung des nationalen Verwaltungsrechts, in: ders. (Hrsg.), Das Verwaltungsrecht unter europäischem Einfluß. Zur Konvergenz der mitgliedstaatlichen Verwaltungsrechtsordnungen in der Europäischen Union, 1996, S. 789 (822ff., 825f.); *Wahl*, Verfassungsstaat, Europäisierung, Internationalisierung, 2003, S. 423; vgl. die Beispiele bei *Granger*, E.L.Rev. 32 (2007), 157 (188ff.).

216 *Jans/de Lange/Prechal/Widdershoven*, Europeanisation (Fn. 110), S. 8, 124, 369.

217 Näher *Hartmann*, Öffentliches Haftungsrecht, S. 319ff.

218 Vgl. nur *Aalto*, Public Liability, S. 20; *Herdegen*, Europarecht, § 1 Rn. 14; *Schoch*, Die europäische Perspektive des Verwaltungsverfahrens- und Verwaltungsprozeßrechts, in: Schmidt-Aßmann/Hoffmann-Riem (Hrsg.), Strukturen des Europäischen Verwaltungsrechts, 1999, S. 279 (306); *Sommermann*, Veränderungen des nationalen Verwaltungsrechts unter europäischem Einfluss – Analyse aus deutscher Sicht, in: Schwarze (Hrsg.), Bestand und Perspektiven des Europäischen Verwaltungsrechts, 2008, S. 181 (195f.).

für Judikativunrecht schon lange vor den Entscheidungen *Francovich*[219] und *Köbler*[220] eingeführt.[221] Obwohl insoweit also unionales und nationales Recht übereinstimmen, kann von einer Rezeption unionalen Rechts keine Rede sein.

Weil die Definitionen obligatorischer und fakultativer Rezeption danach abgrenzen, ob das Unionsrecht die Mitgliedstaaten zur Übernahme verpflichtet, ist es auch das Unionsrecht, das die Grenze zwischen den beiden Rezeptionsformen zieht. Folgerichtig ist im nationalen Recht die obligatorische Rezeption unionalen Rechts häufiger als die fakultative.

Ohnehin beeinflusst nicht nur das unionale das nationale Recht, sondern auch umgekehrt das nationale das unionale. Das gilt allgemein für die Europäisierung des Rechts, und es gilt besonders für das öffentliche Haftungsrecht, verweisen Art. 340 Abs. 2 AEUV, Art. 41 Abs. 3 GRCh doch ausdrücklich auf die „allgemeinen Rechtsgrundsätz[e]", die „den Rechtsordnungen der Mitgliedstaaten gemeinsam sind" (→ A.I.2.). Auch in der umgekehrten Richtung lassen sich dementsprechend obligatorische und fakultative Rezeptionen unterscheiden. Obligatorische Rezeption nationalen Rechts meint dann jene Übernahme nationalen Rechts, zu der das Unionsrecht die Union verpflichtet. Dieser Fall ist selten, aber denkbar, jedenfalls wenn man die nationalen Rechte zusammen nimmt. Ein Paradebeispiel dafür bietet die bereits benannten Art. 340 Abs. 2 AEUV, Art. 41 Abs. 3 GRCh. Fakultative Rezeption nationalen Rechts meint demgegenüber jene Übernahme nationalen Rechts, zu der das Unionsrecht die Mitgliedstaaten nicht verpflichtet. Wieder ist es also das Unionsrecht, das über die Verpflichtung zur Übernahme entscheidet und daher die obligatorische von der fakultativen Rezeption abgrenzt.

Nachdem der Einfluss des nationalen Haftungsrechts auf die Haftung der Union bereits behandelt worden ist (→ A.I.2.), bleibt dieser Abschnitt dem Einfluss des unionalen Haftungsrechts auf die Staatshaftung nach den nationalen Rechtsordnungen vorbehalten. Das Unionsrecht konturiert den Haftungsanspruch gegen die Mitgliedstaaten nicht vollständig selbst, sondern normiert nur dessen „Kernvoraussetzungen"[222] und überlässt es den Mitgliedstaaten, die verbleibenden Regelungen zu treffen (z.B. über die Verjährung oder den Rechtsweg, → B.IV.). Soweit das Unionsrecht den Mitgliedstaaten Regelungselemente zur nationalen Regelung überlässt, fehlt es an unionsrechtlichen Vorgaben, die ein Mitgliedstaat im eigentlichen Sinn rezipieren könnte. Die Übernahme fremden Rechts bleibt freilich auch insoweit denkbar. Sie erfolgt beispielsweise, falls ein Mitgliedstaat aus einem anderen Mitgliedstaat dessen Regelung übernimmt. In diesem Fall handelt es sich auch dann nicht um die Rezeption unionalen Rechts, wenn der Europäische Gerichtshof die von dem anderen Mitgliedstaat getroffene Regelung als im Einklang mit Effektivitäts- und Äquivalenzprinzip stehend gebilligt hat. Die drei denkbaren Rezeptionswege sind damit vollständig beschrieben: 1.) aus Unions- ins nationale Recht, 2.) aus nationalem ins Unionsrecht und 3.) aus einem nationalen in ein anderes nationale Recht (letzteres entweder auf direktem Weg, also bilateral, oder „im Dreieck", d.h. über die „Bande" des Unionsrechts).

2. Methode der Untersuchung

Wie haben die Staaten Europas das unionale Haftungsrecht aufgenommen? Um diese Frage zu beantworten, habe ich die in diesem Buch versammelten Länderberichte daraufhin durchgesehen, ob für das nationale das unionale Haftungsrecht in Bezug genommen wird; ein Studium der

---

219 EuGH C-6/90 u.a., Slg. 1991, I-5357 – *Francovich*.
220 EuGH C-224/01, Slg. 2003, I-10239 ff. – *Köbler*.
221 Vgl. nur Art. 292 ff. des *Ley orgánica 6/1985 del Poder Judicial* vom 1.7.1985 (Organgesetz Nr. 6/1985 über die Gerichtsgewalt), siehe § 22 Spanien, sub A.III.4.
222 Nachweis oben in Fn. 103.

Primärquellen war mir nur ausnahmsweise möglich. Als Rechtsetzer berücksichtige ich sowohl die Parlamente als auch die Gerichte, und die Inbezugnahme erfasst nicht nur zustimmende, sondern auch ablehnende Stellungnahmen.[223] Die Ergebnisse der Querschnittsanalyse ordnet dieser Beitrag nicht geographisch, sondern thematisch.

II. Zu Rezeptionen im Staatshaftungsrecht als Rechtsgebiet

Theoretisch sind zwei Weisen denkbar, in denen ein nationales Haftungsrecht den *Francovich*-Anspruch verarbeiten kann: die monistische und die dualistische Lösung. Die monistische Lösung sieht ein einheitliches Haftungsregime vor: Es sind ein und dieselben Regeln, die Verletzungen sowohl unionalen wie nationalen Rechts erfassen. Die dualistische Lösung unterscheidet dagegen zwei Haftungsregime, das eine allein für die Verletzung unionalen, das andere allein für die Verletzung nationalen Rechts.

Ob ein Staat die monistische oder die dualistische Lösung wählt, beeinflusst die fakultative wie die obligatorische Rezeption. Gibt es nur ein Regime, werden Konvergenzen wahrscheinlicher: Dass dieselben Regeln (ein und desselben Regimes) unterschiedliche Ergebnisse zeitigen, drängt stärker auf Rechtfertigung, als wenn die unterschiedlichen Ergebnisse auf unterschiedlichen Regeln beruhen. Das veranschaulicht das Beispiel Spaniens. Als das Königreich die Haftung für Legislativunrecht einführte, sah es diese Haftung nicht nur für Verstöße gegen das Unionsrecht (obligatorische Rezeption), sondern auch für Verstöße gegen spanisches Recht (fakultative Rezeption) vor. Zur Rechtfertigung, warum auch rein innerstaatliche Fälle erfasst würden, verwies das oberste spanische Gericht u.a. ausdrücklich auf die europäische Rechtsprechung.[224]

So wie die monistische Lösung freiwillige Rezeptionen begünstigt,[225] steigert die dualistische Lösung die Wahrscheinlichkeit, dass sich eine Rechtsordnung auf die obligatorischen Rezeptionen beschränkt. Während die dualistische Lösung die nationalen Besonderheiten bewahrt und den Subsidiaritätsgedanken über Art. 5 Abs. 3 EUV hinaus achtet, erhöht die monistische Lösung den Grad der rechtlichen Harmonisierung in Europa, verwirklicht die „immer engere Union der Völker Europas" (Art. 1 UAbs. 2 EUV) weiter und stärkt so die europäische Integration über den *acquis communautaire* hinaus. Die monistische Lösung lässt sich daher insoweit als die „europafreundlichere" der beiden Lösungen bezeichnen.

Die europäischen Staaten folgen mehrheitlich der Monistik: Namentlich Belgien, Estland, Lettland, Polen, Spanien, Ungarn und wohl auch Luxemburg erfassen Verstöße gegen das Unionsrecht nach den allgemeinen Regeln.[226] Auch die Slowakische Republik dürfte hierher zählen. Sie erfasst mit dem (allgemeinen) „Gesetz über die Verantwortlichkeit für den durch die Ausübung der öffentlichen Gewalt verursachten Schaden" ausdrücklich auch den Fall der fehlerhaften Umsetzung einer Richtlinie.[227] Die dualistische Lösung liegt demgegenüber – nach der Zahl

223 So hat der Kassationshof Belgiens im Jahr 2000 entschieden, bei der unionalen Haftung des Mitgliedstaats keinen hinreichend qualifizierten Verstoß zu verlangen, sondern – dem belgischen Deliktsrechts entsprechend – die weniger strenge Voraussetzung des *fout/faute* genügen zu lassen, siehe § 3 Belgien, sub A.III.4.

224 § 22 Spanien, sub A.III.4.

225 Vgl. *Granger*, E.L.Rev. 32 (2007), 157 (160 f.); *Herdegen/Rensmann*, ZHR 161 (1997), 522 (555) („Dominoeffekt").

226 § 3 Belgien, sub A.III.4.; § 6 Estland, sub B.II.; § 11 Lettland, sub A.III.4.; § 15 Polen, sub A.II.2.; § 22 Spanien, sub A.III.4.; § 25 Ungarn, sub A.II. (nach der Lehre; die Gerichte hatten noch keine Gelegenheit, die Rechtsfrage zu entscheiden); § 13 Luxemburg, sub B.I. In Slowenien ist die „aktuelle Rechtsprechung" zu dieser Frage bislang nicht „aussagekräfti[g]", so § 21 Slowenien, sub B.II.

227 § 20 Slowakei, sub B.II. (dort freilich auch der Hinweis, dass sich nach der Lehre die einzelnen Voraussetzungen der Haftung nicht aus diesem Gesetz, sondern aus der Rechtsprechung des EuGH ergäben).

der Mitgliedstaaten gerechnet – mit 6 : 8 im Rückstand.[228] Zunächst ist Portugal zu nennen. Dort bestehen jedenfalls für Administrativunrecht zwei verschiedene Amtshaftungssysteme.[229] Irland sieht in der Haftung nach den *Francovich*-Grundsätzen ein eigenes Delikt,[230] und auch in Schweden steht die Haftung nach diesen Grundsätzen wohl neben der Haftung nach nationalem Recht.[231] Weiter zählen Rumänien und Italien zur Gruppe nationaler Dualisten. In Italien gewähren die Gerichte Schadensersatz für Verstöße gegen das Unionsrecht unmittelbar nach den *Francovich*-Grundsätzen,[232] und auch in Rumänien können Klagen augenscheinlich „unmittelbar auf europarechtliche Vorschriften" gestützt werden.[233] In Deutschland folgt insbesondere die Rechtsprechung der sog. Trennungsthese,[234] wonach der unionsrechtliche Haftungsanspruch als Anspruch eigener Art selbständig neben den überkommenen Ansprüchen nationalen Haftungsrechts steht.[235] Dass die dualistische Lösung vorzugswürdig sei, wird dabei ausdrücklich mit dem Argument begründet, dass diese Lösung dem nationalen Recht dessen Spielräume besser erhalte. Eine Mindermeinung in Deutschland tritt demgegenüber für die monistische Lösung ein: Nach dem sog. Vorgabenmodell gibt es nur einen Anspruch, den des nationalen Rechts, und diesen einen Anspruch modifiziert, soweit es um Unionsrechtsverletzungen geht, das europäische Recht nur.[236]

Praktisch existieren nicht nur monistische und dualistische Konzepte, sondern gibt es auch noch einen dritten Weg, der sich als monistisch-dualistische Lösung bezeichnen lässt. Ihn beschreiten etwa Frankreich und Österreich. In Frankreich gibt es für unionswidriges Administrativunrecht Schadensersatz nach den allgemeinen Regeln. Die (dogmatisch schwierigen) Fälle von unionswidrigem Legislativ- und Judikativunrecht behandelt Frankreich dagegen nach speziellen Haftungstatbeständen, die das Richterrecht eigens für diese Fälle geschaffen hat.[237] Österreich erfasst nur unionswidriges Administrativunrecht sowie Judikativunrecht, das nicht durch ein Erkenntnis eines Höchstgerichts verursacht wurde, über die allgemeinen Regeln.[238] Im Fall von unionsrechtswidrigem Legislativunrecht sowie Judikativunrecht, das durch ein Er-

---

228 Gewichtet man die Mitgliedstaaten dagegen nach der Zahl der Stimmen im Rat gem. Art. 3 Abs. 3 des Protokolls (Nr. 36) über Übergangsbestimmungen, ergibt sich eine knappe Mehrheit von 101:97 für die Dualistik (dualistisch Deutschland 29, Italien 29, Irland 7, Portugal 12, Rumänien 14, Schweden 10 – monistisch Belgien 12, Estland 4, Lettland 4, Luxemburg 4, Polen 27, Slowakei 7, Spanien 27, Ungarn 12).

229 § 16 Portugal, sub A.II., vgl. auch B.II.

230 § 9 Irland, sub B.II.8., vgl. auch bei C.IV.1.

231 § 18 Schweden, sub B.II.4., vgl. auch bei C.I.

232 § 10 Italien, sub A.II.2.–4. (jedenfalls für Legislativ- und Judikativunrecht).

233 Vgl. § 17 Rumänien, sub A.III. a.E.

234 Begriff der dualistischen bzw. der Trennungslösung bei *Brenner/Huber*, Europarecht und Europäisierung im Jahr 1997, DVBl 1999, 764 (773); *Gundel*, DVBl 2001, 95 (101); *Ossenbühl/Cornils*, Staatshaftungsrecht, S. 628 f.

235 BGH, Urt. v. 24.10.1996 – III ZR 127/91, BGHZ 134, 30 (36); Urt. v. 14.12.2000 – III ZR 151/99, BGHZ 146, 153 (159); Urt. v. 9.10.2003 – III ZR 342/02, NJW 2004, 1241 (1243); Urt. v. 20.1.2005 – III ZR 48/01, NJW 2005, 742 (742 f. vs. 743 ff.); *Classen*, Anmerkung zum Urteil des BGH vom 14.12.2000, JZ 2001, 458 (459); *Hatje*, EuR 1997, 297 (303 f.); *Kischel* (Fn. 211) EuR 2005, 441 (461); *Stelkens*, DÖV 2006, 770 (777); a.A. *Maurer*, Allgemeines Verwaltungsrecht, § 31 Rn. 9; vgl. auch § 5 Deutschland, sub A.IV.5., bei Fn. 49.

236 *Dörr*, Der europäisierte Rechtsschutzauftrag deutscher Gerichte, 2003, S. 217 (aus „Gründen der [...] Kohärenz des in Deutschland geltenden Haftungssystems [...] integrieren"); *Nettesheim*, DÖV 1992, 999 (1000); *Papier*, Staatshaftung, in: Isensee/Kirchhof (Hrsg.), Handbuch des Staatsrechts, Bd. VIII, 3. Aufl. 2010, § 180 Rn. 92 ff., 96; *Schoch*, Die Europäisierung des Allgemeinen Verwaltungsrechts und der Verwaltungsrechtswissenschaft, in: Die Wissenschaft vom Verwaltungsrecht, Die Verwaltung, Beiheft 2, 1999, 135 (142); *Streinz*, VVDStRL 61 (2002), 300 (349 f.); diff. *Herdegen/Rensmann*, ZHR 161 (1997), 522 (551); *Kluth*, in: Wolff/Bachof/Stober/Kluth, Verwaltungsrecht II (Fn. 55), § 70 Rn. 5.

237 § 7 Frankreich, sub A.IV.4.; zu Italien vgl. nur § 10 Italien, sub A.II.2. und 3.

238 Vgl. § 14 Österreich, sub A.II.3.b).

kenntnis eines Höchstgerichts verursacht wurde, greift dagegen der unionsrechtliche Staatshaftungsanspruch unmittelbar.[239]

Außerhalb der drei Kategorien monistischer, dualistischer und monistisch-dualistischer Lösungen liegt der Fall, dass sich der Rechtsetzer zwischen den drei Lösungen (noch) nicht hat entscheiden müssen. Beispiele liefern nicht nur die Schweiz[240] und die Türkei[241] – keine Mitgliedstaaten der Europäischen Union –, sondern auch Dänemark sowie die jungen Mitgliedstaaten Litauen und Tschechien.[242] Dänische Gerichte, die im Königreich das Haftungsrecht wesentlich setzen, konnten namentlich die Frage nach der Legislativhaftung bislang offen lassen: Noch hat Dänemark das Unionsrecht bislang immer rechtzeitig und fehlerfrei umgesetzt[243] – jedenfalls gab es noch keinen Kläger, der das Gegenteil geltend gemacht hat. Das Staatshaftungsrecht Litauens hat seit dem Beitritt im Jahr 2004 keine (wesentlichen) Änderungen erfahren, auch nicht in Bezug auf die Legislativhaftung.[244] In Tschechien sieht das allgemeine „Gesetz über die Verantwortlichkeit für den bei der Ausführung der öffentlichen Gewalt durch eine Entscheidung oder ein unrichtiges Vorgehen verursachten Schaden" die Haftung für Unionsrechtswidrigkeiten nach der Lehre „nicht ausdrücklich" vor, und doch besteht diese Haftung wohl „aufgrund der Rechtsprechung des EuGH".[245] *Francovich* bleibt auch in Ländern, welche die Frage nach monistischer oder dualistischer Lösung bislang offen ließen, nicht bedeutungslos: Jedenfalls der Wissenschaft dient der Unionsanspruch als Referenzpunkt.[246]

Dass eine nationale Rechtsordnung die Monistik so weit treibt, dass sie ihr gesamtes Staatshaftungsrecht nach europäischem Vorbild ausrichtet, erscheint als wenig wahrscheinlich. Zu sehr sind die Mitgliedstaaten auf nationale Autonomie bedacht, und zu stark wirken die Kräfte der Pfadabhängigkeit. Einen solchen Fall gibt es gleichwohl: Estland. Als die Republik ihr Staatshaftungsgesetz verabschiedete, erfasste es mit dessen Regelungen „auch den Erlass unionsrechtswidriger Normen", „die mangelhafte oder verspätete Umsetzung von Unionsrecht" sowie „Verwaltungsakte, die gegen Unionsrecht verstoßen". Nach der Regierungsbegründung sucht das estnische Recht damit insbesondere den Urteilen des Europäischen Gerichtshofs zur unionsrechtlichen Staatshaftung Rechnung zu tragen.[247] Das ursprünglich für das Jahr 2012 geplante neue Staatshaftungsgesetz verfolgt ausdrücklich auch das Ziel, die zwischenzeitlich ergangene europäische Rechtsprechung umzusetzen.[248] Die estnische Rechtslage ist zugleich deshalb bemerkenswert, weil Estland im Zeitpunkt der erstmaligen Verabschiedung des estnischen Staatshaftungsgesetzes noch kein Mitglied der Europäischen Union gewesen war, sich also (im Vorgriff auf die kommende Verpflichtung) freiwillig am europäischen Recht orientierte. Der Befund bestätigt die Intuition, dass sich junge Mitgliedstaaten, zumal wenn sie eine Rechtsordnung nach Umbrüchen neu gestalten, supra- und internationalen Einflüssen gegenüber aufgeschlossener zeigen (können) als das traditionsreichen Mitgliedstaaten zu gelingen vermag.

---

239 § 14 Österreich, sub A.II.3.b) und C.I.2. und 3.

240 So spielt das Unionsrecht für das Staatshaftungsrecht der Schweiz praktisch keine Rolle, siehe § 19 Schweiz, sub A.II.5.c); vgl. auch *Häfelin/Müller/Uhlmann*, Allgemeines Verwaltungsrecht, 6. Aufl. 2010, Rn. 2290 f. (unter der Überschrift „Exkurs").

241 So spielt das Unionsrecht für das Staatshaftungsrecht der Türkei praktisch keine Rolle, siehe § 24 Türkei, sub A.III.

242 Litauen und Tschechien sind zum 1.5.2004 beigetreten, Dänemark ist bereits seit dem 1.1.1973 Mitglied.

243 So jedenfalls § 4 Dänemark, sub B.I.3. und B.II.

244 § 12 Litauen, sub A.III. und B.I.3.

245 § 23 Tschechien, sub B.II.

246 Vgl. nur § 19 Schweiz, sub B.I.3., wo die Frage nach einer Haftung für Legislativunrecht auf der Folie der unionalen Rechtsprechung erörtert wird.

247 § 6 Estland, sub A.III.

248 Ebenda.

III. Zu Rezeptionen einzelner Regelungselemente

1. Zum Verhältnis der Regelungselemente verschiedener Regelungsebenen

Weil Unions- und nationales Recht auf verschiedenen Ebenen Regelungen treffen, stellt sich die Frage, wie sich die Voraussetzungen nationalen zu denen unionalen Haftungsrechts verhalten. Generell sind drei Verhältnisse denkbar;[249] sie entsprechen den deontischen Modalitäten.[250] Das Unionsrecht kann dem nationalen Recht ein Tatbestandsmerkmal als Voraussetzung 1.) gebieten, 2.) verbieten oder 3.) freistellen (Letzteres, indem sie weder ein Ge- noch ein Verbot vorsieht). Die ersten beiden Varianten beschreiben Fälle obligatorischer Rezeption; die letztgenannte Variante führt entweder zu freiwilliger oder zu Nichtrezeption.

Soweit das Unionsrecht das nationale Recht determiniert, liegen die Folgerungen auf der Hand: Gebotene Tatbestandsmerkmale sind zu übernehmen, verbotene Tatbestandsmerkmale sind auszusondern, und über freigestellte Tatbestandsmerkmale ist zu entscheiden. Soweit das Unionsrecht das nationale Recht nicht determiniert, die nationale Rechtsordnung das Unionsrecht also, wenn überhaupt, freiwillig rezipiert, wachsen die Spielräume. Das nationale Recht kann gebotene Tatbestandsmerkmale übernehmen (aber muss das nicht tun), und es kann verbotene Tatbestandsmerkmale ausschließen (aber es muss auch das nicht tun). Nur mit Blick auf die freigestellten Tatbestandsmerkmale ist die Situation dieselbe: Auch eine freiwillig übernehmende Rechtsordnung muss, wenn sie einen Anspruch formt, die Tatbestandsvoraussetzungen abschließend bestimmen, d.h. sie hat zu jedem freigestellten Tatbestandsmerkmal zu entscheiden, ob dieses im eigenen Anspruch Voraussetzung sein soll.

Für jede der deontischen Modalitäten gibt es wiederum drei Verhältnisse, in denen ein unionales Merkmal zur nationalen Rechtsordnung jeweils stehen kann. Das sind die Verhältnisse der Gleichläufigkeit (einschließlich Konkretisierung), der Gegenläufigkeit und der Beziehungslosigkeit. Die Konstellation der Gleichläufigkeit meint den Fall, dass ein unionales Regelungselement im nationalen Recht bereits gleichbedeutend vorgesehen ist bzw. gleichbedeutend übernommen wird. Als Fall partieller Gleichläufigkeit lässt sich dabei die Konstellation erfassen, dass die eine Rechtsordnung eine abstrakte Vorgabe macht, welche die andere Rechtsordnung konkretisiert. Im Gegensatz zur Gleichläufigkeit steht der Fall, dass ein unionales Regelungselement im nationalen Recht konfligierend vorgesehen ist. Das ist die Konstellation der Gegenläufigkeit. Schließlich gibt es Regelungselemente, die ohne eine Beziehung zueinander existieren. Die drei Konstellationen der Gleich- und Gegenläufigkeit sowie der Beziehungslosigkeit erfassen nicht nur das Verhältnis von Unions- und nationalem Recht, an dessen Beispiel die Begriffe hier erläutert wurden, sondern gelten generell für das Verhältnis von Rechtsordnungen.

2. Beispiele obligatorischer Rezeptionen

Die Mitgliedstaaten sind verpflichtet, den *Francovich*-Anspruch in seinen drei Kernvoraussetzungen zu rezipieren (→ B.I.2., bei Fn. 101). In welcher Weise die Mitgliedstaaten diese Verpflichtung erfüllt haben, ließe sich für jede nationale Rechtsordnung erheben. Eine solche Erhebung soll an dieser Stelle nicht bloß aus Platzmangel unterbleiben, sondern auch, weil mir die Fälle obligatorischer Rezeption – über die vorgetragenen Überlegungen zu Monistik und Dualistik hinaus – nicht weiter von Interesse zu sein scheinen: Soweit die Rezeption erfolgt ist, gelten die bekannten Voraussetzungen aus der Francovich-Rechtsprechung kraft nationalen Rechts, und

249 Dies und das Folgende bei *Hartmann*, Öffentliches Haftungsrecht, S. 343f.

250 Vgl. zu den deontischen Grundmodalitäten des Gebots, des Verbotes und der Erlaubnis (Indifferenz) nur *Alexy*, Theorie der Grundrechte, 5. Aufl. 2006, S. 43f.; *Joerden*, Logik im Recht, 2. Aufl. 2010, S. 206.

soweit sie unterblieb, gelten dieselben Voraussetzungen kraft unmittelbar wirkendem Unionsrecht.

Weil die Voraussetzungen mitgliedstaatlichen Rechts, das den Unionsanspruch umsetzt, nicht ungünstiger ausgestaltet sein dürfen als die innerstaatlichen Schadensersatzansprüche selbst (Äquivalenzprinzip) und weil das nationale Recht die Erlangung des Schadensersatzes nicht unmöglich machen oder unnötig erschweren darf (Effektivitätsprinzip) (zu beidem → B.I.2.), ergeben sich obligatorische Rezeptionen im nationalen Staatshaftungsrecht auch dann, wenn das nationale Recht eines dieser Prinzipien verletzt: Ist das der Fall, bleibt nationales Recht insoweit unanwendbar.

3. Beispiele fakultativer Rezeptionen

Hinzu kommen Anpassungen über das Obligate hinaus. Die freiwillige Rezeption unionsrechtlicher Elemente im nationalen Haftungsrecht erweist sich für den Mitgliedstaat nicht selten als vorteilhaft. Zum einen erleichtert die damit verbundene Vereinheitlichung es den Rechtsanwendern, Bürgern wie Gerichten, die Rechtslage zu erkennen. So hat etwa das deutsche Recht den Schmerzensgeldanspruch aus seiner Bindung an die verschuldensabhängige Haftung nach § 847 a.F. des Bürgerlichen Gesetzbuches (BGB) befreit und als Teil des Allgemeinen Schuldrechts gem. § 253 Abs. 2 BGB n.F. auf Fälle der Gefährdungshaftung erstreckt. Das geschah ausdrücklich, um die hiesige Rechtslage an das Recht der europäischen Nachbarn anzupassen.[251]

Die speziell im Staatshaftungsrecht zu beobachtenden freiwilligen Rezeptionen des Unionsrechts in den Bereichen der Legislativhaftung und des Ersatzes des „*pure economic loss*" begründen nach Literaturstimmen eine Tendenz „*towards convergence*".[252] So gilt das Unionsrecht etwa in Griechenland als Grund für die dortige „deutliche Wende" letzter Jahre hin zur Anerkennung der Legislativhaftung.[253] So begründete der Verfassungsgerichtshof in Polen die Verschuldensunabhängigkeit der Staatshaftung im Jahr 2001 auch mit paralleler Rechtsprechung des Europäischen Gerichtshofs.[254] So heißt es aus Österreich, dass die Kriterien der Administrativhaftung „weitgehend" mit jenen des österreichischen Rechts übereinstimmten: Namentlich „die Voraussetzung der ‚hinreichenden Qualifikation' des Verstoßes" entspreche der „des Verschuldens".[255] So entschied in Deutschland erst jüngst das Bundesverfassungsgericht, dass eine *ultra-vires*-Kontrolle ausbrechender Rechtsakte nur in Betracht komme, wenn der Kompetenzverstoß europäischer Organe „hinreichend qualifiziert" sei.[256] Als das Gericht in diesem Zusammenhang ausdrücklich auf das unionale Haftungsrecht verwiesen hat, nutzte es das unionale sogleich als Inspirationsquelle für das nationale Staatshaftungsrecht, und sei es über das hierzulande bereits bestehende Staatshaftungssystem hinaus.[257]

---

251 Gesetzentwurf der Bundesregierung, Entwurf eines Zweiten Gesetzes zur Änderung schadensersatzrechtlicher Vorschriften vom 7.12.2001, BT-Drs. 14/7752, 6, 15 mit Verweis auf *von Bar,* Gemeineuropäisches Deliktsrecht, Bd. II, 1999, Rn. 366; weitere Beispiele bei *Schulze,* Die Europäisierung des Privatrechts – Stand und Perspektiven, in: Präsidium des Deutschen Richterbundes (Hrsg.), Justiz und Recht im Wandel der Zeit. Festgabe 100 Jahre Deutscher Richterbund, 2009, S. 223 (229f.) (Verbraucherwiderruf; Kartellrecht) und bei *dems./Schulte-Nölke,* Schuldrechtsreform und Gemeinschaftsrecht, in: dies. (Hrsg.), Die Schuldrechtsreform vor dem Hintergrund des Gemeinschaftsrechts, 2001, S. 3 (6) (Überweisungsrichtlinie).

252 *Van Gerven,* ICLQ 45 (1996), 507 (542).

253 § 8 Griechenland, sub B.II.1. („nicht zuletzt").

254 § 15 Polen, sub A.II.2.; vgl. auch B.II.2.b) a.E.

255 § 14 Österreich, sub A.II.3.b) m.w.N.

256 BVerfG, Beschl. v. 6.7.2010 – 2 BvR 2661/06, Leitsatz 1 a) und Rn. 61 – *Honeywell,* NJW 2010, 3422.

257 Vgl. BVerfG, Beschl. v. 6.7.2010 – 2 BvR 2661/06, Rn. 61, 85 – *Honeywell,* NJW 2010, 3422 (offen lassend, ob der Anspruch „bereits im bestehenden Staatshaftungssystem angelegt" sei).

Vielleicht bräuchten wir bei punktuellen Importen dieser Art nicht stehen zu bleiben. Das verworrene Haftungsrecht Deutschlands hat, so meine ich andernorts zeigen zu können, in der Dogmatik unionaler Staatshaftung einen Fluchtpunkt. Dabei sind die Übereinstimmungen in Geltungsgründen, Haftungszwecken und zentralen Bereichsdogmatiken so stark, dass ich vorschlagen möchte, das deutsche Staatshaftungsrecht am unionalen Vorbild auszurichten.[258]

Bibliographie

Aalto, Pekka, Public Liability in EU Law. Brasserie, Bergaderm and Beyond, Oxford u.a., 2011

Bergh, Roger van den/Schäfer, Hans-Bernd, State Liability for Infringement of the E.C. Treaty: Economic Arguments in Support of a Rule of "Obvious Negligence", E.L.Rev. 23 (1998), S. 552–567

dies., Member States Liability for Infringement of the Free Movement of Goods in the EC: An Economic Analysis, JITE 156 (2000), S. 382–403

Bertelmann, Heiko, Die Europäisierung des Staatshaftungsrechts, Frankfurt am Main, 2005

Böhm, Monika, Haftung, in: Schulze/Zuleeg/Kadelbach (Hrsg.), Europarecht, 2. Aufl., Baden-Baden 2010, § 12 (S. 472–507)

Brocke, Holger, Die Europäisierung des Staatshaftungsrechts, Berlin 2002

Danwitz, Thomas von, Zur Entwicklung der gemeinschaftsrechtlichen Staatshaftung, JZ 1994, S. 335–342

ders., Die gemeinschaftsrechtliche Staatshaftung der Mitgliedstaaten – Entwicklung, Stand und Perspektiven der Europäischen Haftung aus Richterhand, DVBl 1997, S. 1–10

Detterbeck, Stefan, Staatshaftung für die Mißachtung von EG-Recht, VerwArch 85 (1994), S. 159–207

ders., Haftung der Europäischen Gemeinschaft und gemeinschaftsrechtlicher Staatshaftungsanspruch, AöR 125 (2000), S. 202–256

ders., Allgemeines Verwaltungsrecht, 10. Aufl., München 2012

Dörr, Oliver, Entschädigung und Schadensersatz, in: ders./Grote/Marauhn (Hrsg.), EMRK/GG. Konkordanzkommentar zum europäischen und deutschen Grundrechtsschutz, Tübingen, 2. Aufl. 2013, Kap. 33

ders., Europäischer Verwaltungsrechtsschutz, in: Sodan/Ziekow (Hrsg.), Verwaltungsgerichtsordnung. Großkommentar, 3. Aufl., Baden-Baden 2010, S. 33–111

Ehlers, Dirk, Die Weiterentwicklung des Staatshaftungsrechts durch das europäische Gemeinschaftsrecht, JZ 1996, S. 776–783

Gerven, Walter van, Bridging the Unbridgeable: Community and National Tort Laws after *Francovich* and *Brasserie*, ICLQ 45 (1996), S. 507–544

Granger, Marie-Pierre F., National applications of *Francovich* and the construction of a European administrative *jus commune*, E.L.Rev. 32 (2007), S. 157–192

Gromitsaris, Athanasios, Rechtsgrund und Haftungsauslösung im Staatshaftungsrecht. Eine Untersuchung auf europarechtlicher und rechtsvergleichender Grundlage, Berlin 2006

Grzeszick, Bernd, Subjektive Gemeinschaftsrechte als Grundlage des europäischen Staatshaftungsrechts, EuR 1998, S. 417–434

ders., Rechte und Ansprüche. Eine Rekonstruktion des Staatshaftungsrechts aus den subjektiven öffentlichen Rechten, Tübingen 2002

ders., Case C-440/07 P, *Schneider Electric SA v. Commission,* Judgment of the European Court of Justice (Grand Chamber) of 16 July 2009, [2009] ECR I-6413, CMLR 48 (2011), S. 907–923

Gundel, Jörg, Die Bestimmung des richtigen Anspruchsgegners der Staatshaftung für Verstöße gegen Gemeinschaftsrecht – Zugleich zum Verhältnis zwischen gemeinschaftsrechtlichen Haftungsanforderungen und nationalem Staatshaftungsrecht, DVBl 2001, S. 95–102

ders., Gemeinschaftsrechtliche Haftungsvorgaben für judikatives Unrecht – Konsequenzen für die Rechtskraft und das deutsche „Richterprivileg" (§ 839 Abs. 2 BGB). Zugleich Anmerkung zu EuGH, 30.9.2003 – Rs. C-224/01, Gerhard Köbler/Republik Österreich, EWS 2004, 19, EWS 2004, S. 8–16

Haltern, Ulrich, Europarecht. Dogmatik im Kontext, 2. Aufl., Tübingen 2007

258 Vgl. dazu *Hartmann*, Öffentliches Haftungsrecht, S. 6, 247 ff., 383 ff.

Hartmann, Bernd J., Öffentliches Haftungsrecht. Ökonomisierung – Europäisierung – Dogmatisierung, Tübingen 2013
ders., Alignment of national government liability law in Europe after Francovich, ERA Forum 12 (2012), S. 613–623
Hatje, Armin, Die Haftung der Mitgliedstaaten bei Verstößen des Gesetzgebers gegen europäisches Gemeinschaftsrecht, EuR 1997, S. 297–310
Herdegen, Matthias, Die Haftung der Europäischen Wirtschaftsgemeinschaft für fehlerhafte Rechtsetzungsakte, Berlin 1983
ders., Europarecht, 14. Aufl., München 2011
ders./Rensmann, Thilo, Die neuen Konturen der gemeinschaftsrechtlichen Staatshaftung, ZHR 161 (1997), S. 522–555
Hermes, Georg, Der Grundsatz der Staatshaftung für Gemeinschaftsrechtsverletzungen, Die Verwaltung 31 (1998), S. 371–400
Hidien, Jürgen W., Die gemeinschaftsrechtliche Staatshaftung der EU-Mitgliedstaaten, Baden-Baden 1999
Jansen, Nils, Die Struktur des Haftungsrechts. Geschichte, Theorie und Dogmatik außervertraglicher Ansprüche auf Schadensersatz, Tübingen 2003
Jarass, Hans D., Haftung für die Verletzung von EU-Recht durch nationale Organe und Amtsträger, NJW 1994, S. 881–886
Kluth, Winfried, Die Haftung der Mitgliedstaaten für gemeinschaftsrechtswidrige höchstrichterliche Entscheidungen – Schlussstein im System der gemeinschaftsrechtlichen Staatshaftung, DVBl 2004, S. 393–403
Masing, Johannes, Die Mobilisierung des Bürgers für die Durchsetzung des Rechts. Europäische Impulse für eine Revision der Lehre vom subjektiv-öffentlichen Recht, Berlin 1997
Maurer, Hartmut, Allgemeines Verwaltungsrecht, 18. Aufl., München 2011
Meltzer, Daniel J., Member state liability in Europe and the United States, ICON 4 (2006), S. 39–83
Nettesheim, Martin, Gemeinschaftsrechtliche Vorgaben für das deutsche Staatshaftungsrecht, DÖV 1992, S. 999–1005
Ossenbühl, Fritz, Der gemeinschaftsrechtliche Staatshaftungsanspruch, DVBl 1992, S. 993–998
ders./Cornils, Matthias, Staatshaftungsrecht, 6. Aufl., München 2013
Rebhahn, Robert, Non-contractual Liability in Damages of Member States for Breach of Community Law, in: Koziol/Schulze (Hrsg.), Tort Law of the European Community, Wien 2008, S. 179–211
Roosebeke, Bert van, State Liability for Breaches of European Law. An economic analysis, Wiesbaden 2007
Schoißwohl, Birgit, Staatshaftung wegen Gemeinschaftsrechtsverletzung: Anspruchsgrundlage und materielle Voraussetzungen, Wien 2002
Seltenreich, Stephan, Die Francovich-Rechtsprechung des EuGH und ihre Auswirkungen auf das deutsche Staatshaftungsrecht, Konstanz 1997
Stelkens, Ulrich, Staatshaftungsreform im Mehrebenensystem, DÖV 2006, S. 770–779
Streinz, Rudolf, Staatshaftung für Verletzungen primären Gemeinschaftsrechts durch die Bundesrepublik Deutschland, EuZW 1993, S. 599–605
ders., Primär- und Sekundärrechtsschutz im Öffentlichen Recht, in: VVDStRL 61 (2002), S. 300–361
ders., Europarecht, 9. Aufl., Heidelberg 2012
Wegener, Bernhard W., Staatshaftung für die Verletzung von Gemeinschaftsrecht durch nationale Gerichte?, EuR 2002, S. 785–800
ders., (Fehl-)Urteilsverantwortung und Richterspruchprivileg in der Haftung der Mitgliedstaaten für die Verletzung von Gemeinschaftsrecht, EuR 2004, S. 84–91
Wissmann, Hinnerk, Amtshaftung als Superrevision der Verwaltungsgerichtsbarkeit, NJW, S.3455–3457
Wurmnest, Wolfgang, Grundzüge eines europäischen Haftungsrechts, Tübingen 2003

Abkürzungsverzeichnis

a.A.	andere Ansicht
a.F.	alte Fassung
AcP	Archiv für civilistische Praxis (Zeitschrift)
AEUV	Vertrag über die Arbeitsweise der Europäischen Union
AöR	Archiv des öffentlichen Rechts
Art.	Artikel
Beschl.	Beschluss

BGB	Bürgerliches Gesetzbuch
BGH	Bundesgerichtshof
BT-Drs.	Bundestagsdrucksache
BVerfG	Bundesverfassungsgericht
CMLR	Common Market Law Review (Zeitschrift)
DÖV	Die Öffentliche Verwaltung (Zeitschrift)
DVBl	Deutsches Verwaltungsblatt (Zeitschrift)
EC	European Community
EG	Europäische Gemeinschaft
EGV	Vertrag zur Gründung der Europäischen Gemeinschaft
EL	Ergänzungslieferung
E.L.Rev.	European Law Review (Zeitschrift)
ERA	Europäische Rechtsakademie
EuG	Gericht (der Europäischen Union)
EuGH	Gerichtshof (der Europäischen Union)
EuR	Europarecht (Zeitschrift)
EUV	Vertrag über die Europäische Union
EuZW	Europäische Zeitschrift für Wirtschaftsrecht
EWG	Europäische Wirtschaftsgemeinschaft
EWS	Europäisches Wirtschafts- und Steuerrecht (Zeitschrift)
FS	Festschrift
GA	Generalanwältin/Generalanwalt
GRCh	Charta der Grundrechte der Europäischen Union
ICLQ	International and Comparative Law Quarterly (Zeitschrift)
ICON	International Journal of Constitutional Law (Zeitschrift)
JITE	Journal of Institutional and Theoretical Economics (Zeitschrift)
JZ	Juristenzeitung (Zeitschrift)
MDR	Monatsschrift für Deutsches Recht (Zeitschrift)
Mich.L.R.	Michigan Law Review (Zeitschrift)
NJW	Neue Juristische Wochenschrift (Zeitschrift)
NVwZ	Neue Zeitschrift für Verwaltungsrecht
SächsVBl	Sächsische Verwaltungsblätter (Zeitschrift)
Urt.	Urteil
VerwArch	Verwaltungsarchiv (Zeitschrift)
VVDStRL	Veröffentlichungen der Vereinigung der Deutschen Staatsrechtslehrer
WM	Wertpapier-Mitteilungen. Zeitschrift für Wirtschafts- und Bankrecht
ZEuP	Zeitschrift für Europäisches Privatrecht
ZHR	Zeitschrift für das gesamte Handels- und Wirtschaftsrecht

§ 3 Belgien

Caroline Van Schoubroeck

Inhaltsübersicht

A. Grundlagen

I. Rechtsstaatliche Determinanten der Verfassungsordnung

Belgien hat eine Verfassung im formellen Sinne: einen feierlichen, schriftlichen Text, der eine Aufzählung der Verfassungsrechte, der Regelungen zur Staatsform, zu den staatlichen Einrichtungen und deren Zuständigkeiten sowie den entsprechenden Verfahren enthält.[1]

Der gegenwärtige Text der belgischen *Grondwet/Constitution* (Verfassung, abgekürzt: G.w.) findet sich in dem koordinierten Gesetz vom 17.2.1994.[2] Die in der Verfassung niedergelegten Hauptmerkmale des belgischen Rechtssystems sind die konstitutionelle Erbmonarchie (in der die Person des Königs unantastbar ist; verantwortlich sind seine Minister), die repräsentative und parlamentarische Demokratie, der Grundsatz der nationalen Souveränität (Art. 33 G.w.) sowie der Grundsatz der Gewaltenteilung.[3] Die belgische Verfassung wendet das Gewaltenteilungsprinzip ebenso auf föderaler wie auf der Ebene der Regionen, Gemeinschaften, Provinzen und Gemeinden an (in Bezug auf die Judikative gibt es keine Ebenen). Zivilrechtliche und strafrechtliche Konflikte unterstehen ausschließlich der ordentlichen Gerichtsbarkeit. Für Auseinandersetzungen bezüglich der bürgerlichen Rechte sind ausschließlich die ordentlichen Gerichte (Art. 144 G.w.) zuständig; für Auseinandersetzungen bezüglich politischer Rechte sind es die ordentlichen Gerichte vorbehaltlich gesetzlich festgelegter Ausnahmen (Art. 145 G.w.). Der Grundsatz der Gewaltenteilung gilt als „relativ": Die Befugnisse jeder einzelnen Gewalt sind nicht auf ihre Kernfunktion beschränkt, sondern schließen eine Beteiligung an der Ausübung der anderen staatlichen Aufgaben ein, und die Eigenständigkeit jeder Gewalt steht einer engen Zusammenarbeit der unterschiedlichen Gewalten nicht entgegen.[4] Ein weiteres Merkmal ist der dezentralisierte Föderalstaat.[5] Art. 1 G.w. lautet: „Belgien ist ein föderaler Staat, der sich aus drei Gemeinschaften und Regionen zusammensetzt". Regionen und Gemeinschaften verfügen beide über ihre eigenen, gewählten Versammlungen und Regierungen. Ihnen wurden alleinige Kompetenzen zugesprochen. Es gibt keine Normenhierarchie zwischen einem parlamentarischen *wet/loi* (Gesetz) des Föderalstaats, einem *decreet/décret* (Erlass) und einer *ordonnantie/ordonance* (Verordnung) der Regionen und Gemeinschaften. Zuständigkeitsstreitigkeiten regelt der *Grondwettelijk Hof/Cour constitutionnelle* (Verfassungsgerichtshof).

---

1 Die belgische Verfassung im materiellen Sinne findet sich nicht *in toto* in dem Text mit der Überschrift Grondwet/Constitution (Verfassung), und auch nicht bei jedem Artikel der kodifizierten Verfassung handelt es sich um eine fundamentale und allgemeingültige Regel, die sich mit den staatlichen Institutionen und Gewalten oder den Rechten des Einzelnen befasst. Die materielle Verfassung enthält viele Regelungen, die nicht alle von der verfassungsgebenden Versammlung erlassen wurden. Die materielle Verfassung setzt sich zusammen aus den meisten Vorschriften der formellen Verfassung, Gesetzen des vorkonstitutionellen Gesetzgebers, föderalen Gesetzen, die mit doppelter Mehrheit erlassen wurden, anderen föderalen Gesetzen, gewohnheitsrechtlichen und ungeschriebenen Regeln sowie Gesetzen der Flämischen Region, der Wallonischen Region oder der Französischen Gemeinschaft mit einer Zweidrittelmehrheit, vgl. *G. Craenen*, The Belgian Constitution, in: G. Craenen (Hrsg.), The Institutions of Federal Belgium. An introduction to Belgian Public Law, 2001, S. 41 (43–53).

2 B.S. v. 17.2.1994, vgl. http://www.ejustice.just.fgov.be. Für die gegenwärtige Fassung in geänderter in niederländischer, französischer und deutscher Sprache vgl. http://www.senate.be/doc/const_nl.html, zuletzt abgerufen am 25.4.2013.

3 Vgl. *G. Craenen*, Belgium, general background and legal characteristics, in: G. Craenen (Fn. 1), S. 11 (18–28); *J. Van de Lanotte et al.*, België voor beginners, 2010, S. 20–26.

4 *Meersschaut*, Als de rook om ons hoofd (nog niet helemaal) is verdwenen-scheiding der machten in de storm van de Fortis-zaak, in: Alen/Sottiaux (Hrsg.), Leuvense Staatsrechtelijke standpunten, 2010, S.105 (110).

5 Zum föderalen Parlament Belgiens vgl. http://www.senaat.be/deutsch/index.html, zuletzt abgerufen am 25.4.2013.

II. Grundsätzliche Voraussetzungen einer Staatshaftung (einschließlich historischer Entwicklung)

1. Allgemeines Deliktsrecht

Die Hauptquelle der Staatshaftung ist das *gemeenrecht/droit commun* (allgemeines Deliktsrecht), worunter die allgemeinen Regeln zur zivilrechtlichen, außervertraglichen Haftung im *Burgerlijk Wetboek/Code civil* (Bürgerliches Gesetzbuch, abgekürzt: BW) zu verstehen sind, wie sie von der Rechtsprechung und insbesondere dem obersten Gericht, dem *Hof van Cassatie/Cour de Cassation* (Kassationshof, abgekürzt: Cass.), ausgelegt werden.

Unter dem Einfluss der französischen Rechtslehre (Belgien und Frankreich teilen nach wie vor diesselben Regelungen zur zivilrechtlichen außervertraglichen Haftung im BW) war es im belgischen Recht bis 1920 allgemeine Auffassung, dass das Prinzip der Gewaltenteilung zur Folge habe, dass der Staat für *fout/faute* (fehlerhaftes Verhalten) der exekutiven, legislativen oder judikativen Gewalt, das einen Schaden Dritter verursacht nicht hafte, sofern es sich dabei um *acta iure imperii/actes d'autorité* (Hoheitsakte) handele. Einzig in Fällen von *acta iure gestionis/actes de gestion* (nicht hoheitsrechtlichen Akten), in denen der Staat als Privatperson handelt, kam eine Haftung des Staates nach dem Deliktsrecht in Frage.[6]

Angeregt von der belgischen Rechtslehre änderte der Kassationshof seine Rechtsprechung in der Leitentscheidung im sogenannten *Flandria*-Fall von 1920. Das Gericht erkannte damals eine Haftung des Staates für Handlungen der Exekutive auf der Grundlage des allgemeinen Deliktsrechts an.[7] Diese Entscheidung stellte den ersten Schritt in einer stetigen Verfeinerung dieser Rechtsprechung dar, die sich im Laufe der Zeit zur allgemein anerkannten Rechtsauffassung entwickelte, wonach der Staat gemäß den Grundsätzen des allgemeinen Deliktsrechts für die Handlungen und Unterlassungen der Exekutive (1920), der Judikative (sog. *Anca*–Entscheidung im Jahr 1991)[8] und seit kurzem auch der Legislative (sog. *Sekten*-Entscheidung aus dem Jahr 2006)[9] haftet.

Nach dem gegenwärtigen belgischen Recht handelt es sich bei dieser außervertraglichen Haftung der Behörden um eine privatrechtliche Angelegenheit, die sich allein am Deliktsrecht orientiert. Der Staat und sämtliche Behörden unterliegen ebenso wie Privatpersonen und private Körperschaften den allgemeinen Regelungen der zivilrechtlichen Haftung nach Art. 1382–1386 BW und sind verpflichtet, alle Schäden zu ersetzen, die durch ein fehlerhaftes Verhalten (einschließlich eines Verstoßes gegen die allgemeine Sorgfaltspflicht) verursacht wurden und subjektive Rechte (Bürgerrechte und politische Rechte) und berechtigte Interessen einer Person verletzen.

Die Begründung stützt sich auf folgende Hauptargumente:

- Art. 144 und Art. 145 G.w. sehen vor, dass alle Streitigkeiten über bürgerliche (und politische) Rechte ausschließlich in die Zuständigkeit der ordentlichen Gerichte fallen, unabhängig von den beteiligten Parteien oder der rechtsverletzenden Handlung.
- Nicht nur die Bürger, sondern auch der Staat ist an Rechtsnormen – einschließlich der Vorschriften zum Ersatz von Schäden infolge eines fehlerhaften Handelns, welches subjektive

6 Vgl. *P. Gérard*, Politieke theologie en de scheiding der machten. Flandria in het licht van de ideeëngeschiedenis, in: Alen/Sottiaux (Fn. 4), S. 75 (88–102); *Van Gerven/Covemaeker*, Verbintenissenrecht, 2006, S. 483.

7 Vgl. Cass., Urteil v. 5.11.1920, Pas. 1920, I, S. 193.

8 Cass., Urteil v. 19.12.1991 (Erster Ancafall), Arr. Cass. 1991-92, S. 364, Pas. 1992, I, S. 316; Cass., Urteil v. 8.12.1994, Arr. Cass. 1994, 1074 (Zweiter Ancafall).

9 Cass., Urteil v. 1.6.2006, *Universele Kerk van het Koninkrijk Gods* (Universalkirche vom Reich Gottes, sog. Sektenfall), Pas. 2006, 5–6, S. 1274, vgl. http://www.cass.be., zuletzt abgerufen am 25.4.2013.

Rechte und berechtigte Interessen verletzt – gebunden. Die Verfassung stellt weder auf die Rechtspersönlichkeit der betroffenen Parteien noch auf die Rechtsnatur des schädigenden Verhaltens, sondern einzig auf die Natur des umstrittenen Rechts ab.
- Der Staat und juristische Personen des öffentlichen Rechts können gemäß der Verschuldenshaftung der Art. 1382–1383 BW haftbar gemacht werden. Als juristische Personen handeln sie nur durch Organe, d.h. natürliche Personen, die, wenn auch sehr begrenzt, hoheitliche Aufgaben ausführen oder ermächtigt sind, den Staat rechtlich zu vertreten und zu verpflichten. Ein schädigendes Verhalten eines Organs geht nach der sogenannten Organtheorie grundsätzlich mit einer persönlichen Haftung des Staates gemäß der Art. 1382–1383 BW einher, sofern dieses Organ sich innerhalb der rechtlichen Grenzen des ihm übertragenen öffentlichen Amtes bewegte oder sofern eine vernünftige und sorgfaltsbewusste Person zu Recht davon ausgehen durfte, dass das Organ im Rahmen seiner formalen Funktion gehandelt und die Grenzen seiner Befugnisse nicht überschritten hat.
- Der Grundsatz der Gewaltenteilung hat keine strenge Gewaltentrennung, sondern eine Zusammenarbeit zur Folge, mittels derer zwischen den verschiedenen staatlichen Gewalten ein Gleichgewicht hergestellt werden soll (→ A.I.).

Die Anwendung des allgemeinen Deliktsrechts auf den Staat ist gegenwärtig von immer größerer Bedeutung. Einer der Hauptgründe dafür ist die Tendenz der aktuellen Rechtsprechung, verschiedene Aspekte guter Regierungsführung wie Rechtssicherheit, Vertrauensschutz, Transparenz und Sorgfalt inhaltlich genauer zu bestimmen. Die Verletzung einer dieser Grundsätze wird als allgemeines deliktsrechtliches Verschulden im Sinne des Art. 1382 BW angesehen.[10]

Derzeitiges Hauptmerkmal der Staatshaftung nach belgischem Recht ist, dass der Kassationshof die drei Gewalten gleich behandelt und dass die zwangsläufige Entwicklung in diesem Bereich des Schadensersatzrechts mehr und mehr zu einer Angleichung des öffentlichen Rechts an das Privatrecht führt.[11]

2. Gesetzesvorschriften

Die Haftung öffentlicher Behörden kann auch in besonderen Gesetzesvorschriften geregelt sein, was eine umfassende Anwendung des Deliktsrechts ausschließt oder einschränkt.[12]

3. Haftung für rechtmäßiges Verhalten

Eine verschuldensunabhängige Staatshaftung ist anerkannt im Falle der sog. *burenhinder/ trouble de voisinage* (Störung des Gleichheitsgrundsatzes angesichts von Belastungen durch die öffentliche Hand). Nach dem allgemeinen Gleichheitsgrundsatz, der aus dem Rechtsgedanken des Art. 16 G.w. abgeleitet wird, ist eine unverhältnismäßige Beeinträchtigung von Rechtsgütern durch den Staat auszugleichen. Der Kassationshof wendet diesen Grundsatz bislang in Eigentumsstreitigkeiten an (→ B.VII). Wie bereits ausgeführt, fällt die Überprüfung von Streitigkeiten in Bezug auf subjektive Rechte und berechtigte Interessen in den ausschließlichen Zuständigkeitsbereich der Gerichte. Dieser Grundsatz hat eine Ausnahme: Wenn keine andere Möglichkeit

---

10 *M. Debaene/P. Debaene*, Overheidsaansprakelijkheid, in: E. Dirix/A. Van Oevelen (Hrsg.) Bijzondere overeenkomsten. Artikelsgewijze commentaar met overzicht van rechtspraak en rechtsleer. Verbintenissenrecht, January 2005, S. 1 (15).

11 *W. Verrijdt*, in: Alen/Sottiaux, S. 305 (338).

12 *Vandenberghe*, Recente ontwikkelingen bij de foutaansprakelijkheid, in: Cousy/Vandenberghe (Hrsg.), Aansprakelijkheidsrecht en verzekeringsrecht, Themis 2007–08 Vormingsonderdeel 48, 2008, S. 72.

zum Schadensersatz besteht, kann der *Raad van State/Conseil d'Etat* (Staatsrat) unter bestimmten, strengen Voraussetzungen im Urteil über den Ersatz sogenannter außergewöhnlicher, vermögensrechtlicher oder immaterieller Schäden entscheiden, die durch ein rechtmäßiges Verhalten der Verwaltung verursacht wurden (→ B.VII.).[13]

III. Rechtsquellen des Staatshaftungsrechts im Überblick

1. Verfassung

Gemäß den bereits erwähnten Art. 144 und 145 G.w. liegt die ausschließliche Zuständigkeit bei Streitigkeiten bezüglich bürgerlicher (und politischer) Rechte, d.h. subjektiver Rechte und berechtigter Interessen, bei den ordentlichen Gerichten. In der Verfassung findet sich ein persönlicher Haftungsausschluss von Personen, die als Organe des Staates tätig sind (z.B. Art. 58, 59, 88, 106 G.w.).

2. Vorschriften des allgemeinen Deliktsrechts in der Auslegung der Rechtsprechung

Das allgemeine Deliktsrecht ist relativ offen und umfassend; es beruht insbesondere auf der Rechtsprechung des Kassationshofs, welcher sich ausschließlich mit Rechtsfragen und nicht mit der Tatsachenfeststellung befasst.

Die maßgeblichen Regelungen des belgischen Deliktsrechts sind in Art. 1382–1386 BW enthalten. Grundlegend sind Art. 1382 und 1383 BW, die den allgemeinen Grundsatz der Haftung für eigenes Verhalten (persönliche Haftung) enthalten. Der Rechtsprechung zufolge setzt eine Haftung das Vorliegen von drei Bedingungen voraus: (i) schuldhaftes Handeln, (ii) Schaden und (iii) Kausalität. Diejenigen, die einem anderen durch aktives Tun oder Unterlassen oder infolge pflichtwidrigen Verhaltens einen Schaden zufügen, müssen diesen Schaden ersetzen, sofern sie schuldhaft gehandelt haben.

Die folgenden Art. 1384–1386 BW sehen im Hinblick auf bestimmte Eigenschaften von Personen Sonderregeln bezüglich einer vermuteten oder sogar verschuldensunabhängigen (strengen) Haftung für fremdes Verschulden vor. Dabei lassen sich zwei Hauptkategorien unterscheiden: Die Haftung für Handlungen anderer Personen und die Haftung für Gegenstände (einschließlich Tiere). Im belgischen Recht gibt es jedoch keinen allgemeinen Grundsatz einer Haftung für Handlungen Dritter.

3. Gesetze

Bei den folgenden Rechtsvorschriften handelt es sich um bedeutende Sondergesetze. Der *Decreet van 10 Vendémiaire Jaar IV/Décret du 10 Vendémiaire Année IV* (Erlass vom 22.10.1795) i.V.m. Art. 26 Abs. 2 G.w.[14] begründet eine Verpflichtung der Gemeinden, Schäden zu ersetzen, die durch Vergehen gegenüber Personen oder Sachen im Zuge von Ausschreitungen verursacht wurden, sofern die Gemeinden nicht nachweisen können, dass sie alle denkbaren Sicherheitsmaßnahmen zur Vermeidung solcher Zwischenfälle getroffen haben.

---

13 Vgl. Art. 11 Gecoördineerde wetten op de Raad van State/*Lois coordonnées sur le Conseil d'Etat* (Koordinierte Gesetze über den Staatsrat) vom 12.1.1973, B.S. v. 21.3.1973.

14 Art. 26 G.w. lautet: „Die Belgier haben das Recht, sich friedlich und ohne Waffen zu versammeln vorbehaltlich der Gesetze, die die Ausübung dieses Rechts regeln können, ohne es von einer vorherigen Genehmigung abhängig zu machen. Diese Bestimmung ist nicht auf Versammlungen unter freiem Himmel anzuwenden, welche vollständig den polizeirechtlichen Bestimmungen unterliegen".

Das *Wet betreffende de aansprakelijkheid van en voor personeelsleden in dienst van openbare rechtspersonen/Loi relative à la responsabilité des et pour les membres du personnel au service des personnes publiques* (Gesetz über die Haftung von und für Personalmitglieder(n) im Dienste von öffentlich-rechtlichen Personen) vom 10.2.2003[15] enthält einen Haftungsausschluss zu Gunsten gesetzlich ernannter Bediensteter öffentlicher Körperschaften, d.h. zugunsten von Beamten, denen gegenüber öffentlich-rechtliche Körperschaften weisungs- und überwachungsbefugt sind, sofern diese im Rahmen der Ausübung ihrer Pflichten einen Schaden verursachen. Zudem wird mit diesem Gesetz ein neues Haftungssystem eingeführt (→ C.I.).

4. Einfluss des EU-Rechts

Der belgische Staat wurde mehrfach wegen des Erlasses unionsrechtsverletzender Gesetze (z.B. wegen Verstoßes gegen Vorschriften des EU-Vertrags zur Nichtdiskriminierung), wegen der nicht rechtzeitigen Umsetzung von EU-Richtlinien oder wegen des verspäteten Inkrafttretens eines Durchführungsgesetzes nach Ablauf der in der Richtlinie vorgesehenen Frist verurteilt. In manchen Gerichtsentscheidungen wurde auf einen „hinreichend qualifizierten Unionsrechtsverstoß" abgestellt.[16] Andere Gerichte entschieden anhand des Merkmals *fout/faute* des belgischen Deliktsrechts, welche keinen „hinreichend qualifizierten Verstoß" voraussetzt und als opferfreundlicher anzusehen ist. Im Jahr 2000 bestätigte der Kassationshof letztere Ansicht und wandte das doppelte Verschuldensprinzip des belgischen Deliktsrechts an (→ B.VI.). Diese Auslegung entspricht der Rechtsprechungslinie des EuGH, derzufolge es nationalen Gerichten freisteht, ungeachtet der vom ihm aufgestellten Haftungsvoraussetzungen einen Mitgliedsstaat auf Grundlage nationaler, weniger strenger Regelungen für eine EU-Rechtsverletzung haftbar zu machen.[17]

IV. Bereiche staatlicher Haftung

Eine Haftung des Staates tritt in allen Bereichen auf. Es gibt umfangreiche Rechtsprechung zur Haftung der Exekutive in den Bereichen der öffentlichen Verträge, der Stadtplanung und Baugenehmigungen, des Umweltschutzes, der Enteignung sowie der Steuerverwaltung.[18]

Zahlreiche Konflikte entstehen zudem in Bezug auf die eigene Haftung des Staates und dessen Haftung für fremdes Verschulden, z.B. als Betreiber einer mangelhaften öffentlichen Straße (Art. 1384 Abs. 1 BW). Im letzgenannten Bereich treffen die Gemeinden zahlreiche besondere Pflichten.[19]

---

15 B.S. v. 27.2.2003.

16 Das Unionsrecht erkennt einen Entschädigungsanspruch unter drei Voraussetzungen an: Die verletzte Norm muss die Übertragung von Rechten an Einzelne bezwecken, der Verstoß muss hinreichend qualifiziert sein und es muss ein unmittelbarer Kausalzusammenhang zwischen der Verletzung einer dem Staat obliegenden Verpflichtung und dem von den Geschädigten erlittenen Schaden bestehen. Entscheidend für das Vorliegen eines hinreichend qualifizierten Verstoßes gegen Unionsrecht ist, dass der betreffende Mitgliedsstaat die Grenzen seiner Befugnisse offenkundig und erheblich missachtet hat, vgl. EuGH, Rs. C-46/93 und C-48/93, Slg 1996, I-1029, sub 51 und 55.

17 Cass., Urteil v. 14.1.2000, Arr. Cass. 2000, S. 104; vgl. http://www.cass.be, zuletzt abgerufen am 25.4.2013; *Van Oevelen et al.*, Staatsaansprakelijkheid, TPR 2008, 77 (109–115); *Van Ommeslaghe/Verbist*, TBP 2009, 3 (14).

18 Vgl. z.B. *Dubuisson et al.*, La responsabilité civile, S. 567–582.

19 So sieht z.B. Art. 135 § 2 *Nieuwe Gemeentewet/Nouvelle loi communale* (Neues Gemeindegesetz) v. 24.6.1988 vor, dass Gemeinden verpflichtet sind, notwendige Maßnahmen für Gesundheit, Sicherheit und Ordnung einschließlich der Reinigung und der sicheren Nutzung öffentlicher Straßen und Plätze oder öffentlicher Gebäude zu ergreifen. Ein Verstoß gegen diese Rechtspflicht wird als Verschulden i.S.v. Art. 1382 BW angeseheh, vgl. *Jocqué*, Het hof van Cassatie verkent nieuwe wegen: de aansprakelijkheid van de gemeente voor haar wegennet volgens het arrest van

B. Haftungsbegründung

I. Relevantes Verhalten

Es gibt in Belgien keine Vorschrift, die eine Haftung für „öffentliche Verträge" regelt.[20] Für Rechtsstreitigkeiten bezüglich subjektiver (bürgerlicher und polititscher) Rechte und berechtigter Interessen (Art. 144 und 145 G.w.) sind ausschließlich die ordentlichen Gerichte zuständig. Folglich unterstehen all diese Rechte dem Schutz durch die Judikative. Nach der Auslegung des Kassationshofs sind weder die Rechtspersönlichkeit der beteiligten Parteien noch die Art des schädigenden Verhaltens für die Sicherstellung dieses Schutzes von Bedeutung.

II. Relevante Normverstöße

Seit der Entscheidung des Kassationshofs aus dem Jahr 1971 ist es ein allgemein anerkannter Grundsatz, dass alle Gerichte ermächtigt sind, die Übereinstimmung nationaler Vorschriften mit internationalen und supranationalen *self-executing* Normen zu überprüfen. Im Konfliktfall sind letztere maßgebend und das Gericht darf die nationale Vorschrift nicht anwenden.[21] Die Übereinstimmung einer nationalen Vorschrift mit einer internationalen oder supranationalen Rechtsnorm, die eines Vollzugsakts bedarf, kann vom Verfassungsgerichtshof beispielsweise vor dem Hintergrund des verfassungsrechtlichen Gleichbehandlungsgrundsatzes (Art. 10 und 11 G.w.) überprüft werden. Der überwiegenden Ansicht in der Lehre zufolge begründet der Vollzug oder das Aufrechterhalten einer nationalen Vorschrift, die gegen eine internationale oder supranationale *self-executing* Norm verstößt, das Recht, eine Haftungsklage gegen den Staat einzureichen.[22]

Die gerichtliche Befugnis, die Übereinstimmung einer nationalen Rechtsnorm oder eines staatlichen Verhaltens mit den Vorschriften der Europäischen Menschenrechtskonvention zu überprüfen, wurde vom Kassationshof in seiner Entscheidung vom 28.9.2006 bestätigt. Eine vorherige Entscheidung des Europäischen Gerichtshofs für Menschenrechte ist nicht erforderlich. Im vorliegenden Fall haftete der Gesetzgeber wegen des Fehlens einer gesetzlichen oder behördlichen Anordnung, mittels derer ein Kläger innerhalb einer angemessenen Zeit eine gerichtliche Entscheidung erwirken kann.[23]

Belgische Gerichte erkennen die Rechtsprechung des EuGH, derzufolge der Staat für Unionsrechtsverletzungen haftbar gemacht werden kann, grundsätzlich an (→ A.III.4.).

Nach belgischem Recht ist ausschließlich der Verfassungsgerichtshof dafür zuständig, die Übereinstimmung einer Rechtsnorm mit bestimmten, einzeln aufgeführten Verfassungsvorschriften zu überprüfen (darunter die Vorschriften zu den Belgiern und ihren Rechten und insbesondere die Vorschriften zur Gleichbehandlung, vgl. Art. 142 G.w. sowie Art. 1 *Bijzondere wet*

---

17 april 2008, in: I. Boone et al. (Hrsg.), Liber amicorum Hubert Bocken, 2009, S. 117–130; *Dubuisson et al.*, La responsabilité civile, S. 651–698.

20 *Wauters*, Zin of onzin van een leer van het administratief contract in België?, in: D'Hooghe, Deketelaere, Draye (Hrsg.), Liber amicorum Marc Boes, 2011, S. 589–606.

21 Cass., Urt. v. 27.5.1971, Arr. Cass. 1971, S. 959; Pas. 1971, I, S. 886 (sog. *Franco Suisse Le Ski*-Fall).

22 *Van Ommeslaghe/Verbist*, TBP 2009, 3 (7).

23 Cass., Urt. v. 28.11.2006, Pas. 2006, S. 1870, http://www.cass.be, zuletzt abgerufen am 25.4.2013, vgl. *Alen*, De overheidsaansprakelijkheid voor fouten van de wetgever wegens schending van de Grondwet, in: Liber amicorum Michel Melchior, Louvain-la-Neuve 2010, S. 851 (854–855): Diese Norm ordnet einen bestimmten Erfolg an, überlässt dem Gesetzgeber jedoch die Wahl des Mittels zu dessen Erzielung.

op het Grondwettelijk Hof/Loi spéciale sur la Cour constitutionnelle (Verfassungsgerichtshofsgesetz) vom 6.1.1989. Die allgemeine Tendenz in Lehre und Rechtsprechung[24] geht dahin, die Aufhebung eines Gesetzes oder die Erklärung der Verfassungswidrigkeit einer Norm im Rahmen einer Vorabentscheidung durch den Verfassungsgerichtshof als Beweis eines schuldhaften Handelns des Gesetzgebers *erga omnes* anzusehen, sofern nicht ein Rechtfertigungsgrund einschlägig ist.[25]

Es stellt sich die Frage, ob diese Ansicht aufrechterhalten werden kann. Der Kassationshof entschied kürzlich in einem Fall, in dem der Verfassungsgerichtshof im Rahmen einer Vorabentscheidung den Verstoß eines Gesetzes gegen den verfasssungsrechtlichen Gleichbehandlungssatz festgestellt hatte, dass sich aus dieser Entscheidung ein schuldhaftes Handeln des Gesetzgebers nicht unmittelbar ergebe. Es sei vielmehr Sache des Richters, der bezüglich der Frage der außervertraglichen Haftung des Staates angerufen wurde, zu entscheiden, ob der Staat wegen fehlerhafter Gesetzgebung hafte oder nicht.[26] Diese Entscheidung scheint die teilweise vertretene Ansicht zu unterstützen, zwischen zwei Fallgestaltungen zu unterscheiden. So solle im Falle einer besonderen, verfassungsrechtlich auferlegten Verpflichtung, einen bestimmten Erfolg zu erzielen, eine Entscheidung des Verfassungsgerichtshofs, in der die Nichteinhaltung dieser Vorschrift festgestellt werde, automatisch auf einen Fehler des Gesetzgebers schließen lassen. Ordne die Verfassungsvorschrift hingegen kein besonderes Ergebnis, sondern lediglich eine Verpflichtung zum Tätigwerden an, so stelle die Nichtigkeit der Vorschrift oder die Feststellung der Verfassungswidrigkeit der Vorschrift im Rahmen einer Vorabentscheidung nicht automatisch einen Fehler dar. In diesem Fall deckten sich Gesetzwidrigkeit und Rechtswidrigkeit nicht und das Gericht sei nach wie vor befugt festzustellen, ob der Gesetzgeber fehlerhaft gehandelt habe.[27] Hauptstreitpunkt innerhalb der Literatur ist, welche Verfassungsbestimmungen eine Verpflichtung zur Erzielung eines bestimmten Erfolges beinhalten. Dies gilt z.B. für die Vorschriften zum Gleichbehandlungsgrundsatz.

Andererseits ist allgemein anerkannt, dass das Gericht keinen Schadensersatz aufgrund der Verfassungswidrigkeit einer Rechtsnorm zusprechen kann, solange der Verfassungsgerichtshof die Norm nicht für nichtig oder verfassungswidrig erklärt hat.[28] Ein Gericht kann dem Verfassungsgerichtshof stets eine Vorfrage zur Verfassungsmäßigkeit einer Rechtsnorm vorlegen. Unklar bleibt indes, ob die Gerichte den Gesetzgeber wegen des Erlasses einer gegen eine Verfassungsbestimmung verstoßenden Rechtsnorm sanktionieren können, welche ihrerseits nicht der

---

24 *Van Ommeslaghe/Verbist*, TBP 2009, 3 (8, 16–17); *Vuye*, TBBR 2002, 526 (537); *Vande Lanotte/Goedertier*, Handboek Belgisch publiekrecht, 2010, S. 1368, Nr. 1970; *De Kezel*, R.W. 2009–10, 130 (146–147); *B. Dubuisson et al.*, La responsabilité civile, S. 646.

25 Manche Stimmen in der Literatur bezweifeln indes ob es ratsam sei, in diesem Fall jedem Einzelnen das Recht zu geben, den Staat gerichtlich auf Schadensersatz in Anspruch zu nehmen. Sie verweisen auf die Befugnis des Verfassungsgerichtshofs, die rückwirkende Geltung einer Nichtigkeitsentscheidung zu beschränken oder dem Gesetzgeber eine Zeitspanne zur Korrektur aufzugeben, sowie auf die Rechtsprechung des Kassationshofs, derzufolge das Gericht die Wirkung einer Entscheidung des Verfassungsgerichtshofs zeitlich auf die Vorabentscheidung über die Verfassungswidrigkeit einer Norm beschränken kann; vgl. *Van Ommeslaghe/Verbist*, TBP 2009, 3 (19–21).

26 Cass., Urt. v. 10.9.2010, F.9.0042, http://www.cass.be, zuletzt abgerufen am 25.4.2013; *De Kezel*, Anm., Juristenkrant 2010, S. 3, sowie *Vandenbranden*, Heeft wetgever onrechtmatig gehandeld wanneer wet in strijd met hogere norm?, RABG 2010, 1263 (1266) argumentieren, dass diese Rechtsprechung auf Entscheidungen im Rahmen von Vorabverfahren und Nichtigkeitserklärungen anwendbar sei.

27 *Verrijdt*, in: Alen/Sottiaux, S. 305 (333–335); Alen, Liber amicorum Melchior (Fn. 23), S. 851 (858–859); *Vandenberghe*, TPR 2010, 1749 (2095–2096).

28 Cass., Urt. v. 21.12.2007, Pas. 2007, S. 2491, http://www.cass.be, zuletzt abgerufen am 25.4.2013.

Überwachung durch den Verfassungsgerichtshof untersteht, oder bezüglich der eine Gesetzeslücke besteht.[29]

III. Schutzgutbezogenheit

Entscheidend ist die Verletzung einer Rechtsnorm, selbst wenn diese nicht den Schutz des tatsächlich Geschädigten bezweckt, d.h., wenn der Zweck der verletzten Rechtsvorschrift nicht in der Vermeidung der besonderen Schadensart liegt. Das belgische Recht kennt weder eine „Schutznormtheorie“ noch eine andere Theorie relativer Unrechtmäßigkeit. Es wird davon ausgegangen, dass eine Gesetzesvorschrift jede Person schützt, die aufgrund einer Verletzung dieser Vorschrift einen Schaden erleidet.[30]

Eine Haftung nach dem allgemeinen Deliktsrecht wird ausgelöst, sobald ein fehlerhaftes und schadensauslösendes Verhalten festgestellt wird, unabhängig davon, wie bedeutend das Verschulden ist. Verschuldensabstufungen spielen bei der Feststellung eines fehlerhaften Verhaltens keine eigenständige Rolle. Ebensowenig hängen die Voraussetzungen einer Haftung von der Art des Schadens ab. Nach belgischem Recht ist ein Schaden entsprechend seinem Auftreten *in concreto* zu ersetzen, d.h. es besteht ein Recht auf *restitutio ad integrum.* Folglich sind Vermögens- und immaterielle Schäden unterschiedslos und vollständig zu ersetzen.

IV. Zurechnung

1. Haftung des Staates für die Exekutive

Der Staat haftet auf Grundlage von Art. 1382 und Art. 1383 BW für das Handeln oder Unterlen jeder Verwaltungseinheit, die subjektive Rechte oder berechtigte Interessen[31] einschließlich politischer Rechte verletzt.[32] Dies wurde erstmals im sog. *Flandria*-Fall entschieden. Das Unternehmen Flandria verlangte von der Stadt Brügge Schadensersatz wegen des Schadens an seinen Pflanzen, der durch einen umstürzenden morschen Baum an einer öffentlichen Straße verursacht wurde. Flandria argumentierte, dass die Stadt es versäumt habe, den Baum rechtzeitig zu fällen. Das Gericht stellte fest, dass jeder Bürger einen Schadensersatzanspruch geltend machen könne, unabhängig davon, ob die Verletzung seiner Rechte von einer Privatperson oder der Exekutive verursacht wurde und dass ausschließlich die Gerichte befugt seien, über eine Entschädigung für die Verletzung bürgerlicher Rechte durch die Exekutive zu entscheiden.[33] Zunächst war die Zuständigkeit der Gerichte auf die bloße Überprüfung der Umsetzung einer Verwaltungsentscheidung beschränkt. In späteren Entscheidungen entwickelte der Kassationshof seinen Ansatz

---

29 Vgl. zu diesen Fragen bezüglich des Verfassungsgerichtshofs ausführlich *Verrijdt*, in: Alen/Sottiaux, S. 305 (336–337; 358–364); *Van Ommeslaghe/Verbist*, TBP 2009, 3 (21–24); *Alen*, in: Pintens et al., Vigilantibus Ius Scriptum, S. 1 (8–12); *Dubuisson et al.*, La responsabilité civile, S. 639–641; *G. Maes*, Algemene zorgvuldigheidsnorm en ansprakelijkheid voor de wetgevende macht, NjW 2004, 398 (402–404). Der Verfassungsgerichtshof kann feststellen, dass eine Gesetzeslücke mit dem verfassungsrechtlichen Gleichbehandlungsgrundsatz nicht im Einklang steht, „*weil oder insoweit als*“ die Vorschrift bestimmte Personengruppen nicht schützt oder unter bestimmten rechtlichen Umständen nicht anwendbar ist.

30 Cass., Urt.v. 28.4.1972, Arr. Cass. 1972, S. 815, Pas. 1972, I, S. 797; *Vandenberghe et al.*, TPR 1980, 1146 (1152–1154).

31 Cass., Urt.v. 13.5.1982, Arr. Cass. 1981–82, S. 1134; Pas. 1982, I, S. 1056.

32 Cass.,Urt.v. 16.12.1965, Pas. 1966, I, S. 513.

33 Cass., Urt. v. 5.11.1920, Pas. 1920, I, S. 193.

weiter.[34] Die Rechtsprechung anerkennt inzwischen eine umfassendere gerichtliche Befugnis und gestattet dem Richter nicht nur, Handlungen auf ihre Vereinbarkeit mit der Verwaltungsentscheidung, sondern auch die Verwaltungsentscheidung selbst auf ihren Inhalt hin zu überprüfen. Das Gericht kann feststellen, ob ein Akt, eine einzelne Anweisung, Entscheidung oder Verordnung der Exekutive eine (nationale oder internationale) Rechtsnorm verletzt oder den allgemeinen Sorgfaltsgrundsatz missachtet (→ B.VI.3.).

2. Haftung des Staates für die Judikative

Da Richter als Organe des Staates gelten, haftet der Staat nach dem allgemeinen Deliktsrecht (Art. 1382 und 1383 BW) unmittelbar für richterliches Handeln, sofern der Richter im Rahmen der ihm übertragenen richterlichen Befugnisse gehandelt hat oder eine vernünftige und umsichtige Person davon ausgehen durfte.[35] Der Kassationshof bestätigte diesen Ansatz, für den sich zuvor die Lehre ausgesprochen hatte,[36] zum ersten Mal in der sog. Ersten *Anca*-Entscheidung vom 19.12.1991. Das Gericht argumentierte, dass das Gewaltenteilungsprinzip ebenso wie der Grundsatz der gerichtlichen sowie richterlichen Unabhängigkeit dadurch sichergestellt werde, dass die persönliche Haftung eines Richters gegenüber Haftungsansprüchen Dritter oder des Staates – außer im Falle einer strafrechtlichen Verurteilung eines Richters oder bei Vorliegen rechtlicher Gründe für einen Erstattungsanspruch gegen den Richter gemäß dem *Gerechtelijk Wetboek/Code judiciaire* (Gerichtsgesetzbuch, abgekürzt: Ger.W.) – grundsätzlich ausgeschlossen sei. Ferner werde auch der *res judicata* Grundsatz nicht berührt, da eine Schadensersatzklage gegen den Staat nur unter der Bedingung zulässig sei, dass die gerichtliche Entscheidung durch ein letztinstanzliches Urteil geändert, zurückgenommen oder aufgehoben worden sei.[37] Der Kassationshof bestätigte diesen Grundsatz u.a. im Hinblick auf Entscheidungen von Finanzbeamten sowie der Staatsanwälte im Rahmen der ihnen jeweils übertragenen judikativen Funktion.[38]

Das Gericht kann zudem überprüfen, ob ein richterliches Handeln oder Unterlassen gegen eine Rechtsnorm verstößt oder den allgemeinen Sorgfaltsgrundsatz missachtet (→ B.VI.4.). Eine Haftung wegen verzögerter Gerichtsverfahren ist ebenfalls anerkannt.[39]

3. Haftung des Staates für die Legislative

Über viele Jahre lehnte die überwiegende Ansicht jede Haftung des Staates für fehlerhaftes gesetzgeberisches Handeln ab.[40] Die Hauptargumente lauteten wie folgt: Die legislative Tätigkeit sei Ausdruck unumschränkter Macht des Staates und könne nicht durch die Judikative überprüft

34 Vgl. *Vande Lanotte/Goedertier*, Handboek (Fn. 24), S. 1355–1358; *Alen/Muylle*, Compendium van het Belgisch Staatsrecht. Syllabusuitgave, 2008, S. 343–345, Nr. 624–625.

35 Vgl. *Vansweevelt/B. Weyts*, Handboek buitencontractueel aansprakelijkheidsrecht, 2009, S. 218–232; *Vande Lanotte/Goedertier*, Handboek (Fn. 24), S. 1361–1363, Nr. 1963–1967.

36 *Van Oevelen*, De overheidsaansprakelijkheid voor het optreden van de rechterlijke macht, 1987, S. 768.

37 Cass., Urt. v. 19.12.1991, Arr. Cass. 1991–92, S. 364; Pas. 1992, I, S. 316; bestätigt im sog. Zweiten Anca-Fall vom 8.12.1994, Arr. Cass. 1994, S. 1074; Pas. 1994, I, S. 1063; Cass., Urt. v. 21.4.2006, Pas. 2006, S. 916, http://www.cass.be, zuletzt abgerufen am 25.4.2013 (schuldhaftes Handeln eines rechter-commissaris/juge-commissaire [Insolvenzrichters] in Bezug auf seine Kontrollpflicht im Rahmen des Insolvenzverfahrens); *Vandenberghe*, Recente ontwikkelingen bij de foutaansprakelijkheid, Themis 2007–2008, S. 45 (73–75).

38 Cass., Urt. v. 26.6.1998, Arr. Cass. 1998, S. 762, http://www.cass.be, zuletzt abgerufen am 25.4.2013.

39 Cass. Urt. v. 28.9.2006, Pas. 2006, S. 1870; Rechtbank van eerste aanleg te Brussel (Gericht des ersten Rechtszugs Brüssel), Urt. v. 14.12.2012, Jurisprudence de Liège, Mons et Bruxelles, 2013, Nr. 5, S. 366.

40 Cass., Urt. v. 27.6.1845, Pas. 1845, I, S. 392; *Vuye*, TBBR 2002, 526 (528–533); *Vuye*, in: Vandenberghe, Overheidsaansprakelijkheid, S. 123 (125, 178–188).

oder hinterfragt werden; dagegen sprächen auch der Gewaltenteilungsgrundsatz sowie die fehlende Kompetenz der gewöhnlichen Gerichte, die Verfassungsmäßigkeit eines Gesetzes zu überprüfen. Ein Gesetz könne überdies aufgrund seiner allgemeinen und abstrakten Natur keinen Schaden verursachen. Außerdem seien die Regelungen des allgemeinen Deliktsrechts im BW enthalten und es stehe dem Gesetzgeber frei, von diesen Regelungen durch Erlass anderer, formaler Vorschriften abzuweichen.

Diese Ansicht wandelte sich hauptsächlich infolge der folgenden grundlegenden rechtlichen Entwicklungen:[41] Die Rechtsprechung des Kassationshofs, derzufolge alle Gerichte befugt sind, die Vereinbarkeit nationaler Vorschriften mit internationalen und supranationalen *(self-executing)* Normen zu überprüfen und im Konfliktfall verpflichtet sind, zugunsten Letzterer zu entscheiden; die Entwicklung der Kassationshof-Rechtsprechung hin zu einer Haftung des Staates für die Exekutive und Judikative, wodurch das Argument, die Gewaltenteilung verbiete es Gerichten, fehlerhaftes Handeln des Gesetzgebers zu überprüfen und zu sanktionieren, in Frage gestellt wird; die Gründung und (später erweiterte) Zuständigkeit des Verfassungsgerichtshofs für die Prüfung der Vereinbarkeit eines Gesetzes mit bestimmten Verfassungsvorschriften (Vorabentscheidungsverfahren und Nichtigkeitserklärung) sowie die sog. *Francovich*-Rechtsprechung des EuGH (insbesondere der Fall *Brasserie du Pêcheur* vom 5.3.1996), nach der ein Mitgliedsstaat wegen der Verletzung von unionsrechtlich begründeten Pflichten (auch durch den Gesetzgeber) haftbar gemacht werden kann.

Während ein zunehmender Teil der Lehre bereits zuvor von einer Haftung des Staates für gesetzgeberisches Handeln ausging,[42] bestätigte der Kassationshof dies zum ersten Mal in seinem Urteil vom 1.6.2006 (sog. *Sekten*-Entscheidung). Er führte aus, dass weder die Gewaltenteilung noch die Unabhängigkeit der legislativen Gewalt (einschließlich der Parlamentsabgeordneten) oder die Verfassung (insbesondere Art. 33, 36 und 42 G.w.)[43] den Staat von der Pflicht entbindeten, Schäden aufgrund von Fehlern des Parlaments gegenüber Dritten zu ersetzen.[44] Rechtsgrundlage dieser Haftung war Art. 1382 BW.

In dem zugrundeliegenden Fall verlangte eine private Organisation Schadensersatz mit der Begründung, sie sei zu Unrecht auf einer Liste eines parlamentarischen Kommissionsberichts über das Bestehen und die Arbeitsweise von Sekten aufgeführt worden. Das Gericht wies die Klage jedoch ab und führte aus, dass gegenüber Parlamentsabgeordneten im Rahmen ihrer Pflichten – und zwar selbst in ihrer Eigenschaft als Mitglieder einer parlamentarischen Kommission – ein Haftungsausschluss nach Art. 58 G.w. gelten müsse. Die Redefreiheit von Parlamentsabgeordneten im Rahmen ihrer parlamentarischen Tätigkeit könne nicht – auch nicht indirekt – durch eine Gerichtsentscheidung zu einer inhaltlich unrichtigen Rede eingeschränkt werden.[45]

---

41 Vgl. *Verrijdt*, in: Alen/Sottiaux, S. 307 (308–314); *Vansweevelt/Weyts*, Handboek (Fn. 35), S. 233–247; *Vande Lanotte/Goedertier*, Handboek (Fn. 24), S. 114–118, Nr. 195–204, S. 1363–1369, Nr. 1968–1971; Cass., Urt. v. 27.5. 1971, Arr. Cass. 1971, S. 959; Pas. 1971, I, S. 886; *Van Oevelen*, R.W. 2006–07, 213 (223); *Vuye*, TBBR 2002, 526 (533–540).

42 Vgl. *E. Maes*, Het Hof van Cassatie over de fout van overheidsorganen: streng, strenger, strengst ..., TBP 2007, 547 (550).

43 Art. 33 G.w. lautet: „Alle Gewalten gehen von der Nation aus. Sie werden in der durch die Verfassung bestimmten Weise ausgeübt."
Art. 36 G.w. lautet: „Die föderale gesetzgebende Gewalt wird vom König, von der Abgeordnetenkammer und vom Senat gemeinsam ausgeübt."
Art. 42 G.w. lautet: „Die Mitglieder der beiden Kammern vertreten die Nation und nicht allein diejenigen, von denen sie gewählt worden sind."

44 Cass., Urt.v. 1.6.2006 (Sektenfall), Pas. 2006, 5–6, S. 1274, http://www.cass.be, zuletzt abgerufen am 25.4.2013.

45 Art. 58 G.w. führt im Hinblick auf Abgeordnete des Föderalparlaments aus: „Kein Mitglied einer der beiden Kammern darf in Bezug auf eine im Rahmen seiner Amtsausübung erfolgte Meinungsäußerung oder Stimmabgabe

In der Rechtslehre werden die Folgen dieser Entscheidung kritisiert, sei doch die Auslegung von Art. 58 G.w. und dem Grundsatz der Redefreiheit von Parlamentsabgeordneten durch das Gericht zu weit. Zuzustimmen sei vielmehr der aufgehobenen Entscheidung des *Hof van beroep/ Cour d'appel* (Appellationshofs), wonach die Immunität von Parlamentsabgeordneten aufgrund ihrer verfassungsrechtlichen Redefreiheit eine Haftung des Staates für Schäden Dritter aufgrund einer inhaltlich unrichtigen Äußerung im Rahmen einer Abgeordnetenrede nicht ausschließe.[46]

Die Rechtsprechung des Kassationshofs wurde jedoch in der Leitentscheidung vom 28.9. 2006 bestätigt.[47] Es ging um eine Frau, die 1986 Opfer eines medizinischen Fehlers geworden war und noch im Oktober 2000 keinen Termin zur Verhandlung ihres Falles vor Gericht hatte. Der Staat haftete für das Fehlen gesezlicher oder behördlicher Maßnahmen, die es einem Kläger gemäß Art. 6 EMRK ermöglichen, innerhalb einer angemessenen Frist eine Gerichtsentscheidung zu erwirken. Das Gericht bezog sich dabei auf Art. 144 G.w. und die gerichtliche Pflicht die Rechte der Bürger zu schützen, auf die Haftung des Staates für Schäden von Privatpersonen und die Verletzung persönlicher Rechte nach dem allgemeinen Deliktsrecht sowie auf die Lehre von der eigenen Haftung für Handlungen und Unterlassungen durch Organe. Es wiederholte dabei seine früheren Argumente und führte aus, dass der dem Gleichgewicht innerhalb der verschiedenen Gewalten dienende Grundsatz der Gewaltenteilung nicht dazu führen könne, dass der Staat von der Verpflichtung ausgenommen wird, Schäden, die im Rahmen der Ausübung seiner Legislativfunktion durch fehlerhaftes Handeln des Gesetzgebers oder seiner Organe verursacht wurden, zu ersetzen. Weder der Grundsatz der Gewaltenteilung noch Art. 33, 36 und 42 G.w. beschränkten die gerichtliche Befugnis, dem Staat den Ersatz des von ihm verursachten Schadens aufzugeben. Mit der Überprüfung der Rechtmäßigkeit legislativen Handelns werde das Gericht im Rahmen seiner rechtlichen Pflicht, die Bürgerrechte zu schützen, tätig und mische sich nicht in die legislativen Pflichten oder das politische Gesetzgebungsverfahren ein. In beiden Fällen ging der Kassationshof vom doppelten Verschuldenskonzept des allgemeinen Deliktsrechts aus (→ B.VI.5.).

V. Kausalität

1. Theorie der gleichwertigen Ursachen

Im allgemeinen belgischen Deliktsrecht beruht die Kausalität auf der Theorie der *Equivalentie leer/théorie de l'équivalence de causes* (Theorie der gleichwertigen Ursachen).[48]

---

verfolgt oder Gegenstand einer Ermittlung sein", vgl. Art. 120 G.w.: „Für alle Mitglieder der Gemeinschafts- und Regionalparlamente gelten die in Art. 58 und 59 beschriebenen Immunitäten" sowie Art. 72 *Brusselwe/Loi de Bruxelles* (Gesetz der Region Brüssel).

46 Brussels 28.6.2005, TBBR 2005, 556; *Van Oevelen*, Anm. zu Cass., Urt. v. 1.6.2006, R.W. 2006–07, 213 (225–227); *Alen*, in: Pintens et al., Vigilantibus Ius Scriptum, S. 1 (4); *Vansweevelt/Weyts*, Handboek (Fn. 35), S. 250; *Muylle*, Luidt artikel 1382 B.W. de doodsklok over artikel 58 G.W.?, Anm zu Brussel 28.6.2005, C.D.P.K. 2005, 666–675; *M. Uyttendaele*, Réflexions à froid sur un Petit coup d'Etat jurisprudentiel, Anm. zu Brussels 28.6.2005, J.L.M.B. 2005, 598; *Vande Lanotte/Goedertier*, Handboek (Fn. 24), S. 769–770, Nr. 1132–1133.

47 Cass., Urt. v. 28.9.2006, Pas. 2006, S. 1870; *Van Oevelen*, R.W. 2006–07, 1124–1128; *Alen*, in: Pintens et al., Vigilantibus Ius Scriptum, S. 5–10.

48 Vgl. dazu ausführlich *Cousy/Vanderspikken*, Causation under Belgian Law, in: Spier (Hrsg.), Unification of Tort Law: Causation, 2000, S. 23–37.

a) Grundlagen

Um als Ursache in Frage zu kommen, muss ein Ereignis nur eine einzige Voraussetzung erfüllen, nämlich *conditio sine qua non* für den eingetretenen Schaden sein. Um dies festzustellen, rekonstruiert der Richter den Ablauf der Ereignisse unter Formulierung einer hypothetischen, seriösen Alternative zu den tatsächlichen Ereignissen. Es geht dabei um die Frage, ob der Schaden ohne das Hinzutreten des rechtswidrigen Verhaltens nicht oder nicht in der vorliegenden Art und Weise eingetreten wäre. Jeder Fehler oder haftungsbegründende Umstand, der sich anhand der einstufigen Untersuchung der tatsächlichen Umstände als *conditio sine qua non* für den Schadenseintritt erweist, führt zu der Verpflichtung, den ganzen Schaden zu ersetzen, unabhängig von der Schwere des Verschuldens. Innerhalb aller kausalen Ereignisse wird nicht danach unterschieden, ob diese adäquate, unmittelbare oder gewöhnliche Ursachen sind. Alle Ursachen werden als gleichwertig angesehen. Folglich besteht nach belgischem Recht kein Unterschied zwischen tatsächlicher und rechtlicher Kausalität.

Die radikale und weite Fassung der Theorie der gleichwertigen Ursachen ist sehr opferfreundlich, so kann beispielsweise auch ein Geschädigter, der nach einem Verkehrsunfall durch eine Bluttransfusion mit HIV infiziert wurde, vom Unfallverursacher Schadensersatz verlangen.

Unter bestimmten Umständen kann der Geschädigte die Kausalität zwischen dem schuldhaften Verhalten und dem tatsächlich aufgetretenen Schaden nicht mittels des „csqn"-Tests beweisen. Mangels Herstellung eines Kausalzusammenhangs kann der Geschädigte ohne einschlägige Haftungsgrundlage für den tatsächlich aufgetretenen Schaden keinen Ersatz verlangen; so kann eine Geschädigte beispielsweise nicht beweisen, dass ihr Ehemann ihr keine schweren Gesichtsverbrennungen zugefügt hätte, wenn die Polizei auf ihre Beschwerde hin tätig geworden wäre. Tatsächlich hätte der Angreifer sie auch dann verletzen können, wenn die Polizei tätig geworden wäre. In solchen Fällen einer unsicheren Kausalität zwischen dem fehlerhaften Handeln und dem tatsächlich eingetretenen Schaden geht der Kassationshof von der sog. *leerstuk van verlies van een kans/théorie de la perte d'une chance* (Theorie der verlorenen Chance) aus. Ihrzufolge haftet der Schädiger und muss wegen des Verlusts einer realen Chance Schadensersatz leisten, wenn durch Anwendung des „csqn"-Tests zwischen dem Verschulden der Polizei auf der einen Seite und dem Schaden in Form einer entgangenen realen Chance, nicht im Gesicht verletzt zu werden, auf der anderen Seite eine Kausalität nachgewiesen werden kann.[49]

Diese Theorie anerkennt die Grundsätze der Gleichwertigkeitslehre, sucht jedoch nach einem Kausalzusammenhang zwischen dem fehlerhaften Handeln und – anstelle des tatsächlichen Schadens – einer anderen Art von Schaden, nämlich der entgangenen Chance, nicht verletzt zu werden. So kann z.B. eine nicht rechtzeitige Entscheidung im Hinblick auf eine Anfrage nach einer Bewirtschaftungserlaubnis als fehlerhaftes Handeln seitens der Behörde angesehen werden. Selbst wenn die Entscheidung rechtzeitig ergangen wäre, hätte die Behörde den Antrag allerdings zurückweisen können. Der „csqn"-Test kann keine kausale Verbindung herstellen zwischen dem fehlerhaften Handeln in Form der nicht rechtzeitig ergangenen Entscheidung und dem Schaden infolge der fehlenden Möglichkeit, die Bewirtschaftung zu beginnen. Ein Kausalzusammenhang besteht jedoch zwischen dem fehlerhaften Handeln und der entgangenen Chance, die Genehmigung zu erhalten.[50]

---

49 Cass., Urt. v. 5.6.2008, Pas. 2008, S. 1425, http://www.cass.be, zuletzt abgerufen am 25.4.2013.

50 Cass., Urt. v. 17.12.2009, Pas. 2009, S. 3056; Urt. v. 15.3.2010, NjW 2010, 660 mit Anm. *Boone*, http://www.cass.be, zuletzt abgerufen am 25.4.2013; *S. Lust*, De aansprakelijkheid van de overheid voor het niet in acht nemen van een beslissingstermijn, Anm. zu Cass., Urt.v. 8.11.2002, RABG 2003, 851 (861 f.).

b) Mehrere Schädiger[51]

Da alle Umstände, die als *conditio sine qua non* für den Schadenseintritt gelten können, als gleichwertig angesehen werden, kann ein Geschädigter mehrere Schädiger verklagen. Nach belgischem Recht gehen von mehreren Schädigern grundsätzlich zusammenwirkende Fehlverhalten aus, die denselben Schaden verursachen und eine „Haftung *in solidum*" (ähnlich den „*concurrent tortfeasors*" im englischen Recht) auslösen. Eine gesamtschuldnerische Haftung (ähnlich den „*joint tortfeasors*" im englischen Recht) entsteht aufgrund einer besonderen gesetzlichen Vorschrift oder wenn der Richter zu dem Ergebnis kommt, dass ein gemeinschaftliches Fehlverhalten der Schädiger vorliegt, d.h., wenn sie wissentlich und willentlich zusammenarbeiteten, um einen Schaden herbeizuführen. In beiden Fällen haftet jeder Schädiger voll gegenüber dem Geschädigten, der von jedem den vollen Schadensersatz verlangen kann. Hat einer der Schädiger die geschuldete Summe vollständig beglichen, so sind alle anderen Schädiger gegenüber dem Geschädigten von der Leistung befreit. Der Schädiger, der dem Geschädigten Schadensersatz geleistet hat, hat gegen die anderen Schädiger einen Erstattungsanspruch bezüglich des Teils, der seinen eigenen Anteil übersteigt. Bei der gesamtschuldnerischen Haftung sind die Haftungsbeiträge der jeweiligen Parteien prinzipiell gleich. Nach der aktuellen Rechtsprechung des Kassationshofs müssen sich die Schuldner einer gesamtschuldnerischen Haftung grundsätzlich an den Folgen des einzelnen Verschuldensbeitrags im Hinblick auf den Schadenseintritt in gleichem Maße beteiligen.[52]

In Fällen deliktischer Mithaftung trägt grundsätzlich nur ein Mitschuldner am Ende den gesamten Schaden. Derjenige, der aufgrund einer widerlegbaren oder unwiderlegbaren Vermutung haftet, ist im Prinzip berechtigt, volle Erstattung von dem Mitschuldner zu verlangen, der verschuldensabhängig haftet (es sei denn, letzterer kann sich auf eine gesetzliche Haftungsbeschränkung berufen). Dies folgt aus dem Grundsatz, dass die Haftungsvermutungen in Art. 1384–1386 BW ausschließlich dem Schutz des Geschädigten und nicht dem der gesamtschuldnerischen Mitschuldner dienen. Dem liegt die Vorstellung zugrunde, dass diese Haftungsregelungen dem Geschädigten zusätzliche Sicherheit bieten.[53]

c) Mitverschulden des Geschädigten[54]

Für das Mitverschulden eines Geschädigten gelten dieselben Kriterien wie für das Verschulden eines Dritten. Ein Geschädigter, dessen eigenes Verschulden zum Schadenseintritt beigetragen hat, kann unabhängig von der Schwere seiner Schuld in dem Umfang, in dem sein eigenes Verhalten zur Entstehung des Schadens beigetragen hat, keinen Schadensersatz verlangen. Folglich hat der Schädiger ein mit dem eingetretenen Schaden in einem Kausalzusammenhang stehen-

51 Ausführlich dazu *Cousy/Droshout*, Multiple tortfeasors under Belgian Law, in: Rogers (Hrsg.), Unification of Tort Law: Multiple Tortfeasors, 2004, S. 29–52.

52 Cass., Urt. v. 2.10.2009, Pas. 2009, S. 2110, http://www.cass.be, zuletzt abgerufen am 25.4.2013.

53 Eine Ausnahme dieser Regel besteht in dem Fall, in dem ein Geschädigter einen gesamtschuldnerischen Haftungsanspruch gegenüber allen Schädigern hat und er den vollen Schadensersatz von dem Mitschuldner einfordert, der für sein eigenes Verschulden persönlich haftet. In Anbetracht der Tatsache, dass der vom zahlenden Schuldner geltend gemachte Erstattungsanspruch gegen seinen Mitschuldner, dessen Haftung vermutet wird, rechtlich auf einem Forderungsübergang beruht, macht dieser genau genommen Rechte des Geschädigten geltend. In diesem Fall wird die Haftung grundsätzlich aufgeteilt. Haftet eine Person, die für fremdes Verschulden haftete, zudem auch für eigenes Verschulden gemäß Art. 1382–1383 BW, so hat diese einen Teil des Schadensersatzes zu leisten.

54 Ausführlich dazu *Cousy/Droshout*, Contributory Negligence under Belgian Law, in: Magnus/Martín-Casals (Hrsg.), Unification of Tort Law: Contributory negligence, 2004, S. 25–46.

des Mitverschulden des Geschädigten zu beweisen.[55] Bei verschuldensunabhängiger Haftung wird ein Mitverschulden der Geschädigten ebenfalls berücksichtigt (es sei denn, besondere Haftungsregelungen sehen eine Ausnahme vor, wie z.B. die automatische Ersatzregelung zugunsten der Opfer von Verkehrsunfällen). Fest etabliert, aber heftig kritisiert ist die Rechtsprechung des Kassationshofs, derzufolge Schadensersatzansprüche von Personen, die aufgrund ihrer Beziehung (familiäres oder berufliches Verhältnis) zu dem unmittelbar Geschädigten einen sog. *schade door weerkaatsing, reflexieschade/dommage par répercussion* (Schaden infolge der Auswirkung oder Rückwirkung) erleiden, wegen und entsprechend dem Mitverschulden des Geschädigten, zu dem diese in Beziehung standen, verringert werden können.

2. Ausnahmen der Gleichwertigkeitstheorie

Die Rechtsprechung des Kassationshofs sieht ausdrücklich Ausnahmen von der Gleichwertigkeitstheorie vor.[56] So haftet der Halter eines Tieres grundsätzlich für fremdes Verschulden, wenn das Tier einen Schaden verursacht, selbst wenn dessen Verhalten durch äußere Faktoren (z.B. das Verhalten einer Person oder des Geschädigten selbst) verursacht wurde. Der Halter kann dieser Verschuldensvermutung nicht entgehen. Die schweren Folgen dieser Regelungen werden bei besonderen Umständen gemildert. Wurde das Verhalten des Tieres durch den Geschädigten oder einen Dritten unrechtmäßig herbeigeführt und vorausgesetzt, das Tier reagierte auf außergewöhnliche oder nicht vorhersehbare Weise, so kann der Richter entscheiden, dass jede Kausalverbindung zwichen dem Verhalten des Tieres und dem Schaden als unterbrochen anzusehen ist.

Ebenso reichen der gefährliche Charakter einer Tätigkeit oder die Annahme eines Risikos für sich nicht aus, um daraus ein Mitverschulden abzuleiten. Erweist sich die Annahme eines Risikos jedoch als fehlerhaft, so ist gemäß den allgemeinen Grundsätzen verschuldensabhängiger Haftung das Kausalverhältnis zwischen dem Mitverschulden des Geschädigten und dem Schaden zu überprüfen. Der Kassationshof bestätigte die Ansicht, dass ein Mitverschulden des Geschädigten die Schadensersatzsumme nur dann verringern soll, wenn das Risiko ursächlich für den Unfall war: Dies betraf z.B. den Fall, dass jemand verletzt wurde als er sich von jemandem hat fahren lassen, von dem er wusste, dass dieser betrunken war. Obgleich dies als schuldhaftes Verhalten angesehen wird, wurde die Entscheidung, dass zwischen dem Mitverschulden des Geschädigten und der von ihm erlittenen Verletzung kein Kausalzusammenhang bestand, als rechtmäßig angesehen, war doch die Trunkenheit des Fahrers nicht für die Verletztung ursächlich. Ein Mitverschulden wurde folglich nicht angenommen.

Zudem gilt die Regel, dass Geschädigte, auf deren Seite ein Mitverschulden vorliegt, einen Teil ihres Schadens selbst tragen, nicht in Fällen von arglistigem oder vorsätzlichem Verhalten des Schädigers. Der Grundsatz *fraus omnia corrumpit* verbietet es einer arglistig oder vorsätzlich handelnden Partei, ein Mitverschulden des Geschädigten geltend zu machen, sodass letzterer einen Teil seines Schadens selbst tragen muss.[57]

---

55 Da die Bedingungen gemeinschaftlichen Verschuldens dem allgemeinen verschuldenabhängigen Haftungsrecht entsprechen, ist ein Verschuldenselement festzustellen. Daher sind Kinder, die noch nicht im einsichtsfähigen Alter sind, sowie Geisteskranke oder Personen, die aufgrund einer plötzlichen Erkrankung nicht mehr ihren freien Willen ausüben können (z.B. infolge von Epilepsie oder eines Herzversagens) nicht im deliktsrechtlichen Sinne schuldfähig, sodass ein Mitverschulden nicht in Betracht kommt.

56 *Cousy/Droshout*, Contributory Negligence (Fn. 54), S. 25 (32 f.).

57 Cass., Urt. v. 6.11.2007, Pas. 2007, S. 1942: Das Konzept der vorsätzlichen Fehlverhaltens besagt, dass das vorsätzliche Element auf die Schadensverursachung, nicht jedoch auf den tatsächlich eingetretenen Schaden gerichtet ist; *Boone*, Recente ontwikkelingen inzake causaliteit, in: Vlaamse Conferentie der Balie van Gent (Hrsg.), Aanspra-

Ferner entschied der Kassationshof im Hinblick auf Verkehrsunfälle, dass kein Kausalverhältnis vorliege zwischen dem Verschulden einer ersten Person und dem Schaden, der durch einen zweiten Fahrer verursacht wurde, wenn durch die erste Person ein erkennbar kleines und vorhersehbares Hindernis schuldhaft verursacht wurde und die zweite Person aufgrund ihres fahrlässigen Verhaltens nicht in der Lage war, dem Hindernis auszuweichen.[58]

VI. Relevanz von Verschulden

1. Das klassische Verschuldenskonzept im allgemeinen Deliktsrecht[59]

Art. 1382 und 1383 BW enthalten den Grundsatz der verschuldensabhängigen Haftung für vorsätzliche und fahrlässige Handlungen. In der Praxis hat die Unterscheidung zwischen vorsätzlichen Handlungen und Fahrlässigkeit ihre Bedeutung verloren. Beide Vorschriften stehen für eine sehr umfangreiche Auslegung des Verschuldensmerkmals, die für alle Haftungsbereiche anwendbar ist.

Nach dem allgemeinen Deliktsrecht ist das Verschulden eine Voraussetzung für eine persönliche Haftung. Die belgische Gesetzgebung enthält keine Definition des Verschuldensbegriffs. Der langjährigen Rechtsprechung und Lehre zufolge setzt sich der Verschuldensbegriff der Art. 1382 und 1383 BW aus zwei Elementen zusammen, rechtswidrigem Verhalten und Schuld.

a) Rechtswidriges Verhalten

Es wird zwischen zwei Arten rechtswidrigen Verhaltens im weiteren Sinne unterschieden.

Zunächst wird die Verletzung einer besonderen gesetzlichen Norm *per se* als Verschulden angesehen. Unter gesetzlicher Norm werden alle geschriebenen nationalen, internationalen oder supranationalen *(self-executing)* Vorschriften, Gesetze, sekundäre Rechtsvorschriften, Verwaltungsanordnungen und deontologische Regeln verstanden. Die Verletzung einer besonderen gesetzlichen Vorschrift stellt ein Verschulden dar; eine zusätzliche Fahrlässigkeitsprüfung ist nicht erforderlich. Voraussetzung ist jedoch, dass die Rechtsnorm eine besondere Verpflichtung beinhaltet, z.B. die Einhaltung einer Höchstgeschwindigkeit von 30 km/h. Enthält sie eine weit gefasste Verpflichtung wie z.B. die Verpflichtung, sichere Straßen bereitzustellen, so hat der Richter die Norm unter den gegebenen Umständen auszulegen. Dies setzt eine zusätzliche Bewertung auf Grundlage der allgemeinen Sorgfaltspflicht voraus.

Die Einhaltung aller maßgeblichen Rechtsnormen wird außerdem nicht immer automatisch als ausreichend für eine Haftungsvermeidung angesehen. Zudem kann auch die allgemeine Pflicht sorgfältigen Verhaltens geltend gemacht werden. So wird z.B. das Fahren mit einer (an sich erlaubten) Geschwindigkeit von 30 km/h auf einer überfüllten Straße als Verschulden ange-

---

kelijkheidsrecht, 2004, S. 53 (54–56); *S. Guilliams*, De verdeling van de schadelast bij samenloop van een opzettelijke en een onopzettelijke fout, R.W. 2010–11, 474–485.

58 *Boone*, Recente ontwikkelingen inzake causaliteit, in: Vlaamse Conferentie der Balie van Gent (Hrsg.), Aansprakelijkheidsrecht, 2004, S. 53 (57–59).

59 Ausführlich dazu *Cousy/Droshout*, Fault under Belgian Law, in: P. Widmer (Hrsg.), Unification of Tort Law: Fault, European Centre of Tort and Insurance Law, 2005, S. 27–51; *Cousy*, Wrongfulness in Belgian Tort Law, in: H. Koziol (Hrsg.), Unification of Tort Law: Wrongfulness, 1998, S. 31–38; *Dubuisson et al.*, La responsabilité civile, S. 21–90; *Vandenberghe et al.*, TPR 1995, 1115–1534; *Vandenberghe et al.*, TPR 2000, 1551–1955; *R.O. Dalcq*, Examen de jurisprudence. La responsabilité délictuelle et quasi-délictuelle, RCJB 1995, 525–638; 663–777.

sehen. Ebenso folgt aus der Tatsache, dass eine Tätigkeit mit einer erforderlichen Genehmigung oder Erlaubnis vorgenommen wird, noch keine Haftungsimmunität.

Eine zweite Art rechtswidrigen Verhaltens liegt vor bei dem Verstoß gegen eine ungeschriebene, bereits zuvor existierende Pflicht: die allgemeine Sorgfaltspflicht, deren Inhalt sich am sog. *bonus pater familias* Standard bemisst. Das Verhalten des mutmaßlichen Schädigers ist mit dem Verhalten einer normal besonnenen und vernünftigen Person (*bonus pater familias* oder guter Familienvater) zu vergleichen, der sich in derselben Situation wie der Schädiger befindet. Die Bewertung erfolgt anhand der objektiven Umstände, die zum Verschuldenszeitpunkt vorlagen. Dieser Test erfordert nicht nur einen Hinweis darauf, was *de facto* üblich ist, sondern setzt vielmehr eine normative Bewertung *in abstracto* voraus. Die Vorhersehbarkeit des Schadens muss bei der Anwendung des *bonus pater familias* Tests berücksichtigt werden. Die Vorhersehbarkeit des Schadens führt indes nicht automatisch zu einer Haftung. Von einem Verschulden ist nur auszugehen, wenn der Schaden überhaupt vermeidbar war und der mutmaßliche Schädiger es versäumt hat, geeignete Maßnahmen zur Schadensverhinderung zu ergreifen. Bezüglich der Vermeidbarkeit des Schadens ist zu bedenken, dass der fiktive *bonus pater familias* in keiner Weise *Superman* ist und er „nicht über die Tapferkeit des Achilles, die Weisheit des Odysseus oder die Stärke des Herkules verfügt".[60]

Um den Sorgfaltsgrad des *bonus pater familias* zu bestimmten, sind nur die sog. externen Umstände der Situation zu berücksichtigen, d.h. Zeit, Ort, klimatische Bedingungen, sozialer Status, Berufstätigkeit. Interne Faktoren wie Charaktermerkmale und Eigenschaften einer Person wie Alter, Geschlecht, Temperament sind nicht zu beachten. Die Trennlinie zwischen externen/objektiven/abstrakten und internen/subjektiven/konkreten Faktoren bleibt jedoch heikel. Im Falle eines jungen Leiters einer Gruppe von etwa 20 Kindern im Alter zwischen fünf und neun lehnte das Gericht eine Haftung des Jugendleiters ab und begründete dies mit seinem vergleichsweise geringen Alter sowie der Tatsache, dass er ehrenamtlich tätig war.[61]

b) Schuldfähigkeit

Das zweite kumulative Element zur Verschuldensbegründung ist die Schuldfähigkeit. Das bedeutet, dass Handlungen oder Unterlassungen einem Schädiger nur dann vorzuwerfen sind, wenn es ihm nicht an der Fähigkeit zur deliktsrechtlichen Haftung mangelt, d.h., wenn sein freier Wille nicht beeinträchtigt wurde. Der Rechtsprechung zufolge zählen zu den Schuldunfähigen auch Kinder, die das Alter der Einsichtsfähigkeit (dies beträgt üblicherweise je nach den Umständen des Einzelfalles zwischen sieben und elf Jahre) noch nicht erreicht haben, sowie Personen, die an einer psychischen Erkrankung leiden oder unfreiwillig die Kontrolle über ihr Tun verlieren (z.B. aufgrund einer plötzlichen und bislang nicht bekannten Erkrankung wie einem Herzinfarkt).

Der Staat (und seine Organe) werden grundsätzlich als schuldfähig angesehen, es sei denn, ein Rechtfertigungsgrund ist einschlägig.

Sobald ein schuldhaftes Handeln festgestellt wird, welches den Schaden verursacht hat, wird eine Haftung ausgelöst, unabhängig davon, wie erheblich die Unzulänglichkeit war. Verschuldensabstufungen spielen bei der Bewertung keine eigenständige Rolle und auch die Haftungsbedingungen hängen nicht von der Natur des Schadens ab.

60 *Vandenberghe et al.*, TPR 2000, 1551 (1607).

61 Vgl. Cass., Urt. v. 5.6.2003, Arr. Cass. 2003, S. 1337, Pas. 2003, S. 1125; *Vandenberghe et al.*, Recente ontwikkelingen bij de foutaansprakelijkheid, in: Cousy/Vandenberghe (Hrsg.), Aansprakelijkheidsrecht en verzekeringsrecht, Themis 2004–05, Vormingsonderdeel 30, 2005, 55; *Cousy/Droshout*, Fault under Belgian Law (Fn. 59), S. 27 (40).

c) Rechtfertigungsgründe

Üblicherweise wird davon ausgegangen, dass bei Vorliegen von Rechtfertigungsgründen, die dem mutmaßlichen Schädiger nicht zuzuschreiben sind, wie z.B. behördliche Anweisungen, *overmacht/force majeure* (höhere Gewalt), Unvermeidbarkeit oder Notwehr, die Fähigkeit zur deliktsrechtlichen Haftung entfällt. Manche Stimmen in der Literatur gehen davon aus, dass das Vorliegen von Rechtfertigungsgründen ein Verschulden als solches ausschließt.[62]

2. Verschuldensunabhängige Haftung des allgemeinen Deliktsrechts

Die folgenden Art. 1384–1386 BW ergänzen die vorstehend genannten Grundvoraussetzungen einer außervertraglichen, verschuldensabhängigen Haftung und sehen in einer begrenzten Anzahl von Fällen eine Haftung für fremdes Verschulden aufgrund einer Verschuldensvermutung vor.[63]

Dem Staat können Haftungsvermutungen auferlegt werden, die als verschuldensunabhängige Haftungsregelungen konzipiert sind und auch durch Entkräftung der Verschuldensvermutung nicht umgangen werden können.[64] Der Geschädigte hat lediglich die Eigenschaft des Haftenden als eine für fremdes Verschulden haftende Partei sowie die Tatsache zu beweisen, dass die Partei, für die der andere verantwortlich ist, oder der Gegenstand oder das Tier, welche dem anderen gehören oder die er in seiner Obhut hat, den Schaden verursacht haben.

Der Staat haftet in seiner Eigenschaft als Dienstherr für das (fremde) Verschulden seiner Bediensteten und Angestellten (Art. 1384 Abs. 3 BW). Ein Anstellungs- oder Über-Unterordnungsverhältnis zwischen Dienstherrn und Angestelltem kann auf einem Arbeitsvertrag beruhen, ein solcher ist aber keine Voraussetzung. Das Verhältnis ist anhand der Tatsachen zu beurteilen und hängt von den Umständen des Einzelfalles ab. Grundsätzlich herrscht Einigkeit dahingehend, dass ein solches Verhältnis besteht, sobald der Dienstherr die Möglichkeit hat, das Weisungs- und Kontrollrecht gegenüber dem Bediensteten auszuüben, unabhängig davon, ob er dies erfolgreich getan hat, und der Bedienstete auf Weisung des Dienstherrn tätig ist. Der Dienstherr haftet, wenn seitens des Angestellten ein eigenes Verschulden (oder zumindest ein rechtswidriges Verhalten) oder eine Haftung für fremdes Verschulden oder eine verschuldenunabhängige Haftung vorliegt und dieser während und im Zusammenhang mit der Ausübung seiner Tätigkeit handelte. Von einigen engen Ausnahmen abgesehen, haftet der Dienstherr für den Fall, dass der Angestellte seine Stellung missbraucht und einen Dritten täuscht. Der Staat haftet zudem für Produkte, die in seiner Obhut stehen, wenn diese einen Schaden verursachen (Art. 1384 Abs. 1 BW);[65] dasselbe gilt für Schäden durch Tiere, die unter der Obhut des Staates stehen (Art. 1385 BW). Es haftet derjenige, der das Produkt bzw. Tier zum Zeitpunkt der Schadensverursachung in

---

62 *Claeys*, Fout, overmacht en rechtvaardigingsgronden. Zoveel hoofden, in: Tilleman/Claeys (Hrsg.), Buitencontractuele aansprakelijkheid, 2004, S. 1 (5–12); *Cousy/Droshout*, Fault under Belgian Law (Fn. 59), S. 27 (44).

63 Die widerlegbaren Haftungsvermutungen sind im Hinblick auf die Staatshaftung nicht relevant. Eine Haftungsvermutung besteht bezüglich jedes Elternteils für von seinem minderjährigen Kind verursachte Schäden, ohne dass ein persönliches Verschulden des Elternteils nachgewiesen zu werden braucht, es sei denn er/sie kann beweisen, dass er/sie seiner Aufsichtspflicht in ausreichendem Maß nachgekommen ist und das Kind ordnungsgemäß erzogen hat (kumulative Bedingungen). Gleiches gilt bezüglich eines Lehrers oder Handwerkers für Schäden seiner Schüler/Lehrlinge, die unter seiner/ihrer Aufsicht entstanden sind, es sei denn er/sie kann beweisen, dass eine ausreichende Aufsicht vorlag und die schädigende Handlung nicht verhindert werden konnte (Art. 1384 BW).

64 Ausführlich dazu *Cousy/Droshout*, Liability for damage caused by others under Belgian Law, in: Spier (Hrsg.), Unification of tort law: liability for damage caused by others, 2003, S. 37–54.

65 Dies schließt eine Haftung nach dem Wet betreffende de aansprakelijkheid voor producten met gebreken/Loi relative à la responsabilité du fait des produits défectueux (Gesetz zur Haftung für fehlerhafte Produkte) vom 25.2.1991 zur Umsetzung der Europäischen Richtlinie 85/374/EWG nicht aus, vgl. http://www.ejustice.just.fgov.be, zuletzt abgerufen am 25.4.2013.

seiner Obhut hatte, selbst wenn der Fehler oder das Verhalten des Tieres durch externe Faktoren beeinflusst wurde. Schließlich haftet der Staat in seiner Eigenschaft als Eigentümer eines Gebäudes, welches aufgrund mangelnder Wartung oder fehlerhafter Konstruktion einstürzt (Art. 1386 BW).

3. Verschulden im Hinblick auf die Haftung der Exekutive

Die Grundvoraussetzungen des allgemeinen Deliktsrechts sind anwendbar. Die Exekutive handelt schuldhaft, wenn sie gegen eine besondere gesetzliche Vorschrift [eine nationale, internationale oder supranationale (*self-executing*) Norm] verstößt, die ein bestimmtes Tun der Exekutive vorschreibt oder untersagt, es sei denn, aufgrund eines Entschuldigungsgrundes entfällt die deliktsrechtliche Schuldfähigkeit.[66] Bei der Feststellung eines unvermeidbaren Irrtums neigt die Rechtsprechung dazu, im Hinblick auf die Tätigkeit der Exekutive strengere Maßstäbe anzulegen als bei Handlungen von Privatpersonen. Die Anwendung dieses Entschuldigungsgrundes scheint auf Fälle beschränkt zu sein, in denen im Hinblick auf die Auslegung einer von der Exekutive anzuwendenden Vorschrift der Gesetzgeber eine Auslegungsregel erlässt, eine Rechtsprechungsänderung erfolgt oder eine umfangreiche Kontroverse in Schrifttum und Rechtsprechung besteht.[67]

Die Feststellung der Rechtmäßigkeit von exekutiven Verordnungen oder individuellen Erlassen fällt unabhängig von der Befugnis des Staatsrats, diese Entscheidungen aufzuheben, in den Zuständigkeitsbereich der ordentlichen Gerichte.[68] Die Aufhebung eines Erlasses oder einer Verordnung durch den Staatsrat aufgrund ihrer Rechtswidrigkeit oder aufgrund von Machtmissbrauch begründet ein Verschulden *erga omnes*, es sei denn, ein Entschuldigungsgrund ist einschlägig. Die herrschende Meinung im Schrifttum verweist darauf, dass die Gerichte bei einem Schadensersatzbegehren an diese Aufhebungsentscheidung gebunden sind und zu dem Ergebnis kommen müssen, dass durch die Anwendung des aufgehobenen Erlasses oder der Verordnung ein Fehlverhalten seitens der Verwaltung vorliegt.[69]

Die überwiegende Ansicht in Lehre und Rechtsprechung geht von dem Grundsatz aus, dass Gesetzwidrigkeit und Rechtswidrigkeit zusammenfallen, d.h., dass die Verletzung einer ein bestimmtes Verhalten ge- oder verbietenden Rechtsnorm *per se* rechtswidrig ist und ein Verschulden der Exekutive darstellt.[70] Manche Autoren stufen diesbezüglich noch weiter ab und gehen davon aus, dass eine Aufhebungsentscheidung durch den Staatsrat nicht automatisch ein Verschulden impliziert, wenn die verletzte Rechtsnorm keine besondere Verpflichtung zum Errei-

---

66 Z.B. Cass., Urt. v. 13.5.1982, Arr. Cass. 1981–82, S. 1134, Pas. 1982, I, S. 1056; *Debaene/Debaene*, Overheidsaansprakelijkheid (Fn. 10), S. 1 (90 f.); *Vansweevelt/Weyts*, Handboek (Fn. 35), S. 202–203; *Vandenberghe et al.*, TPR 2000, 1551 (1647).

67 *Dubuisson et al.*, La responsabilité civile, S. 559–561; *Jocqué*, Bewustzijn en subjectieve verwijtbaarheid, in Aansprakelijkheid, aansprakelijkheidsverzekering en andere schadevergoedingssystemen, XXXIII Postuniversitaire Cyclus Willy Delva 2006–07, 2007, S. 1 (55 f.).

68 Art. 159 G.w. sieht vor, dass Gerichte allgemeine, provinzielle oder lokale Erlasse und Verordnungen nur dann anwenden, wenn sie gesetzmäßig sind. Vgl. *J. Theunis*, De exceptie van onwettigheid: onderzoek naar de rol en de grenzen van artikel 159 van de Grondwet in de Belgische rechtsstaat, Ph.D. KULeuven, 2011.

69 Cass., Urt. v. 21.12.2001, Pas. 2001, S. 2204; Cass., Urt. v. 26.6.2008, Pas. 2008, S. 1688; TBBR 2002, 526 (536); *Sebreghts*, Aansprakelijkheid: een kwestie van onzorgvuldigheid. Enkele capita selecta, in: Anthonis/Carlens (Hrsg.), Aansprakelijkheid van gemeenten en OCMW's, Bruges, Vanden Broele, 2007, S. 45 (50).

70 *Vuye*, TBBR 2002, 526 (527).

chen eines bestimmten Ergebnisses enthält, und das Gericht in diesem Fall befugt ist, das Verschulden eigenständig zu bewerten.[71]

Was den Grundsatz angeht, dass die Verletzung einer besonderen Rechtsvorschrift für sich genommen bereits ein Verschulden begründet, ohne einer gesonderten Fahrlässigkeitsprüfung zu bedürfen, so bleiben nach der Entscheidung des Kassationshofs vom 25.10.2004 einige Zweifel im Hinblick auf das Verschulden der Exekutive. Im vorliegenden Fall ging das RSZ (Landesamt für Soziale Sicherheit) zu Unrecht davon aus, dass es sich bei einer Person nicht um einen Angestellten, sondern um einen Selbständigen handele und ihr daher bestimmte Ansprüche der Sozialgesetzgebung nicht zustünden. Das Gericht lehnte ein Verschulden seitens des RSZ aufgrund fehlenden Beweises, dass sich eine normal besonnene und vernünftige Person in derselben Situation anders verhalten hätte, ab. Die Kernfrage in der Kontroverse über die Auslegung dieser Entscheidung ist, ob aus der verletzten Rechtsnorm eine eindeutige Verpflichtung der Sozialversicherungskörperschaft abzuleiten ist oder nicht.[72]

Der Staat haftet auch dann, wenn ein Verhalten, eine individuelle Anordnung oder Verordnung den allgemeinen Sorgfaltsgrundsatz im Sinne der Art. 1382 und 1383 BW verletzt. Dies ist u.a. der Fall, wenn der Staat Bürgern fehlerhafte Informationen erteilt,[73] einem Bürger eine Information nicht innerhalb eines angemessenen Zeitraums erteilt[74] oder einen Könglichen Erlass nicht rechtzeitig umsetzt, unabhängig davon, ob eine Frist vorgeschrieben war.[75]

Darüber hinaus sind die Gerichte nach allgemeiner Auffassung verpflichtet, bei der Beurteilung der Zweckmäßigkeit exekutiver Tätigkeit eine gewisse Zurückhaltung zu üben und den Freiraum der Exekutive bezüglich der Entwicklung eines eigenen politischen Kurses nicht zu beschränken. Die Gerichte müssen die besonderen Pflichten und Positionen der Behörden berücksichtigen, insbesondere die Tatsache, dass diese im Interesse des Gemeinwohls handeln müssen und ihnen diesbezüglich eine gewissen Freiheit zusteht, ihren eigenen politischen Kurs zu entwickeln.[76]

Der Kassationshof spricht sich für eine vollständige Rechtmäßigkeitsprüfung aus. Die Voraussetzungen einer Haftung des Staates für die Exekutive sind weniger eng als nach der *Francovich*-Rechtsprechung des EuGH. Demzufolge kann ein Geschädigter sich im Falle einer Unionsrechtsverletzung durch die Exekutive auf das opferfreundlichere belgische Deliktsrecht stützen (→ A.III.4.).

4. Verschulden im Hinblick auf die Haftung der Judikative

Ein richterliches Verschulden liegt vor, wenn der Richter entweder eine Rechtsnorm verletzt [eine Gesetzesvorschrift, Verwaltungsverordnung, nationale, internationale oder supranationale (*self-executing*) Rechtsnorm], die ihm – außer im Falle eines nachgewiesenen Rechtfertigungsgrunds – ein bestimmtes Verhalten vorgibt oder untersagt (z.B. im Hinblick auf die Orga-

---

71 *Alen*, Liber amicorum Melchior (Fn. 23), S. 851 (859); *Verrijdt*, in: Alen/Sottiaux, S. 305 (319); zu Entscheidungen des Verfassungsgerichtshofs → B.II.

72 Cass., Urt. v. 25.10.2004, Arr. Cass. 2004, S. 1688; Pas. 2004, S. 667; http://www.cass.be, zuletzt abgerufen am 25.4.2013; *Verrijdt*, in: Alen/Sottiaux, S. 305 (318–319); *Claeys*, Het foutbegrip bij overheidsaansprakelijkheid: zijn wetschending en fout nog één?, in: Aansprakelijkheid, aansprakelijkheidsverzekering en andere schadevergoedingssystemen, XXXIII Postuniversitaire Cyclus Willy Delva 2006–07, Mechelen 2007, S. 194 (217); *Dubuisson et al.*, La responsabilité civile, S. 555–557; 638; *Vandenberghe*, TPR 2010, 2014–2016.

73 Cass., Urt. v. 4.1.1973, Arr. Cass. 1973, S. 452; Pas. 1973, I, S. 434.

74 Cass., Urt. v. 20.6.1997, Arr. Cass. 1997, S. 677; Pas. 1997, I, S. 713.

75 Cass., Urt. v. 23.4.1971, Arr. Cass. 1971, S. 786; Pas. 1971, I, S. 752.

76 Cass., Urt. v. 4.3.2004, Arr. Cass. 2004, S. 392; Urt. v. 27.10.2006, Pas. 2006, I, S. 2170; *Mast et al.*, Overzicht van het Belgisch administratief recht, 2006, S. 744.

nisation und Funktionsweise, die Gleichheit des gerichtlichen Verfahrens oder des rechtlichen Beweises) oder die allgemeine Sorgfaltspflicht verletzt und sein Verhalten nicht dem einer normal besonnenen und vernünftigen Person (*bonus pater familias*) in derselben Situation entspricht.

Im Vergleich zur Staatshaftung für die Legislative und Exekutive muss zur Feststellung eines richterlichen Verschuldens allerdings eine weitere Voraussetzung erfüllt sein. Dieses Hauptmerkmal der Haftung für richterliches Unrecht entspringt den allgemeinen Grundsätzen des Deliktsrechts.[77] Zur Wahrung der Rechtssicherheit ist ein Haftungsanspruch gegen den Staat wegen einer fehlerhaften richterlichen Entscheidung nur unter der Voraussetzung zulässig, dass die betreffende Entscheidung durch ein letztinstanzliches Gericht aufgrund der Verletzung einer Rechtsnorm geändert, zurückgenommen oder aufgehoben wurde. Der Kläger kann jedes zur Verfügung stehende Rechtsmittel ausschöpfen, es sei denn, ein Rechtsmittel kann nicht eingelegt werden, weil die gerichtliche Entscheidung bereits zurückgenommen wurde oder der Kläger kein Interesse daran hat, ein gerichtliches Verfahren zur Rücknahme oder Aufhebung der rechtswidrigen Entscheidung zu verfolgen.[78]

Die Rechtsprechung des Kassationshofs hinterläßt einige Zweifel in Bezug auf den Inhalt des richterlichen Verschuldens im Vergleich zu dem klassischen Verschuldensbegriff des allgemeinen Rechts. In den zwei *Anca*-Entscheidungen wurde festgestellt, dass das richterliche Verschulden in einem Verhalten besteht, das gegen eine Rechtsnorm, die dem Richter eine bestimmte Handlung vorschreibt oder untersagt, oder gegen die allgemeine Sorgfaltspflicht verstößt. Der Kassationshof entschied in seinem Urteil vom 26.6.1998, dass die rechtswidrige Auslegung oder Anwendung einer Rechtsvorschrift in einem bestimmten Rechtsstreit durch einen Richter nur dann eine Haftung des Staates auslöst, wenn das Verhalten des Richters nicht dem einer normal besonnenen und vernünftigen Person unter denselben Umständen entspreche.[79] Teile der Literatur sehen in dieser Entscheidung eine Abweichung von dem Grundsatz, dass die Verletzung einer besonderen Gesetzesvorschrift, die dem Richter ein bestimmtes Verhalten vorgibt, schon für sich genommen ein Verschulden begründet und es keiner gesonderten Fahrlässigkeitsprüfung mehr bedarf. Dementsprechend ausgelegt scheint die Entscheidung der sog. *unificatie theorie/théorie d'unification* (Einheitstheorie) eine Absage zu erteilen. Andere gehen davon aus, dass dieser Ansatz des Gerichts 1998 nicht von der Einheitstheorie und dem doppelten Verschuldensprinzip des allgemeinen Deliktsrechts abweicht, weil in diesem besonderen Fall nicht der Richter der Adressat der Rechtsnorm sei, auf die er seine Entscheidung stützt. Dem Richter obliege es lediglich, eine Rechtsnorm auszulegen, die sich an eine der Parteien des Verfahrens richte.[80] Der Kassationshof wiederholte in zwei Entscheidungen die Grundsätze des

---

77 *Vandenberghe*, Recente ontwikkelingen bij de foutaansprakelijkheid, Themis 2007–2008, S. 45 (73).

78 Vgl. Cass., Urt. v. 5.6.2008, Pas. 2008, S. 1411, http://www.cass.be, (zuletzt abgerufen am 25.4.2013) in dem Fall, in dem eine Person wegen Korruptionsverdachts zwei Tage festgenommen wurde. Nach Ablauf der zwei Tage entschied das Gericht, dass die Person zu entlassen war, und zwar nicht weil der richterliche Haftbefehl rechtswidrig war, sondern weil die Voraussetzungen der Untersuchungshaft nicht länger gegeben waren. Später wurde die Anklage zurückgenommen. Da das Gericht entschied, dass die Person nicht länger in Untersuchungshaft gehalten werden konnte, hatte sie kein prozessuales Interesse mehr daran, sich gegen die Entscheidung des Gerichts zu wenden, derzufolge der ursprüngliche Haftbefehl rechtmäßig war. Ungeachtet der Tatsache, dass die Entscheidung selbst nicht durch ein letztinstanzliches Gericht aufgrund der Verletzung einer Rechtsnorm geändert, zurückgenommen oder aufgehoben wurde, haftete der Staat; vgl. Cass., Urt. v. 5.6.2008 (*Vulex*), Pas. 2008, S. 1418.

79 Cass., Urt. v. 26.6.1998, Arr. Cass. 1998, S. 762, http://www.cass.be, zuletzt abgerufen am 25.4.2013.

80 *Verrijdt*, in: Alen/Sottiaux, S. 305 (321–322); *Vansweevelt/Weyts*, Handboek (Fn. 35), S. 229–230; *Vandenberghe*, Recente ontwikkelingen (Fn. 77), S. 45, (73); *Alen*, in: Pintens et al., Vigilantibus Ius Scriptum, S. 2 (5); *B. Dubuisson et al.*, La responsabilité civile, S. 612–613.

doppelten Verschuldensprinzips und der Einheitstheorie sowie seine Argumentation aus den früheren *Anca*-Entscheidungen.[81]

5. Verschulden im Hinblick auf die Haftung der Legislative

Der Begriff des legislativen Verschuldens unterscheidet sich nach allgemeiner Ansicht nicht von der klassischen Auslegung; diesbezüglich gelten ebenfalls das doppelte Verschuldensprinzip des allgemeinen Deliktsrechts sowie die Einheitstheorie (→ B.II.) bzgl. Entscheidungen des Verfassungsgerichtshofs.[82]

Dem Kassationshof zufolge sind die ordentlichen Gerichte dafür zuständig, ein fehlerhaftes Verhalten oder Unterlassen durch den Gesetzgeber zu überprüfen. Das Gericht kann feststellen, ob der Gesetzgeber in geeigneter und angemessener Weise und unter Beachtung höherrangiger Rechtspflichten gehandelt hat, auch wenn dieses höherrangige Recht dem Gesetzgeber bezüglich der Einhaltung der Gesetze Ermessen einräumt.[83] Manche Autoren kritisieren diese Entscheidung und führen an, dass eine Beurteilung anhand des allgemeinen Sorgfaltsgrundsatzes in vielen Fällen auf eine Grundsatzdiskussion bezüglich der gesetzgeberischen Handlung oder Unterlassung hinauslaufe, was ihrer Meinung nach mit der Beurteilungsfreiheit des Gesetzgebers unvereinbar sei, zumal das Gericht diesbezüglich nicht über einen zutreffenden Beurteilungsmaßstab verfüge.[84]

VII. Haftung ohne Normverstoß

Eine verschuldensunabhängige Haftung des Staates ist anerkannt im Falle einer Störung des Gleichheitsgrundsatzes angesichts öffentlicher Lasten. In einer wichtigen Entscheidung vom 24.6.2010 stellte der Kassationshof fest, dass der Staat nach dem allgemeinen Grundsatz der Gleichheit der Bürger angesichts von Belastungen durch die öffentliche Hand, der u.a. aus Art. 16 G.w. abgeleitet wird, nicht ohne Entschädigung manchen Bürgern größere Belastungen auferlegen kann, als ein Einzelner zum Wohle der Allgemeinheit zu tragen verpflichtet ist. Als ungleiche Belastungen gelten Risiken, die über die gewöhnlichen Gefahren im sozialen oder geschäftlichen Bereich hinausgehen und nur einer begrenzten Zahl von Bürgern oder Einrichtungen auferlegt werden. Der Kassationshof entschied zudem, dass der Richter in allen Fällen, in denen der Gesetzgeber sich selbst diesbezüglich nicht äußert, über die Anwendung dieses Grundsatzes entscheiden kann.[85] Dies bedeutet, dass, auch wenn der Gesetzgeber keine gesetzliche Entschädigung für einen Schaden infolge einer rechtmäßigen Handlung des Staates (z.B. Schäden Selbständiger durch Bauarbeiten auf öffentlichem Grund, Schäden aufgrund von Enteignungen oder bestimmten Maßnahmen im Rahmen einer Epidemie) angeordnet hat oder wenn der Richter

---

81 Cass., Urt. v. 21.4.2006, Pas. 2006, S. 916; Urt. v. 5.6.2008, Pas. 2008, S. 1418; *Verrijdt*, in: Alen/Sottiaux, S. 305 (322); *Alen*, Liber amicorum Melchior (Fn. 23), S. 851 (855); *Van Oevelen*, R.W. 2008–09, 801 (801 f.); *Vandenberghe*, TPR 2010, 1749 (2065–2080).

82 *Verrijdt*, in: Alen/Sottiaux, S. 305 (323–327); *Alen*, Liber amicorum Melchior (Fn. 23), S. 851 (858); *Vansweevelt/Weyts*, Handboek (Fn. 35), S. 256–257.

83 Cass., Urt. v. 24.9.2010, Pas. 2010, S. 2375, Ausführungen des Generalanwalts *Vandewal, C.* sowie Cass., Urt. v. 28.9.2006, Pas. 2006, S. 1870, http://www.cass.be, zuletzt abgerufen am 25.4.2013.

84 Vgl. Verweis in *Van Ommeslaghe/Verbist*, TBP 2009, 3 (15); dagegen *Verrijdt*, in: Alen/Sottiaux, S. 305 (327) mit dem Argument, dass dies nicht zuträfe, wenn das doppelte Verschuldensprinzip richtig anwendet würde.

85 Cass., Urt. v. 24.6.2010, R.W. 2010–11, mit Schlussantrag GA Vandewal und Anm. *Lierman*, S. 1217.

einen diesem Grundsatz entsprechenden, unausgesprochenen gesetzgeberischen Willen nicht zu erkennen vermag, er dennoch ausgehend von dem allgemeinen Grundsatz eine Entschädigung zusprechen kann.

Der Kassationshof wendete dies hauptsächlich im Zusammenhang mit dem Schutz des Eigentums i.S.v. Art. 544 BW an. Aufgrund dieser Vorschrift, derzufolge das Eigentum einer Sache das Recht darstellt, diese auf jede erdenkliche Weise zu gebrauchen, solange es nicht im Widerspruch zu Gesetzen und Vorschriften steht, ist eine außergewöhnliche, unangemessene Belastung des Einzelnen durch die öffentliche Hand zu entschädigen.[86] In der Entscheidung vom 24.6.2010 wurde dieser Grundsatz in einem Fall angewendet, in dem bei der Durchsuchung eines Hauses aufgrund eines rechtmäßigen Durchsuchungsbeschlusses im Zusammenhang mit einer polizeilichen Ermittlung wegen Drogenhandels die Türen sämtlicher Wohungen beschädigt wurden und der Eigentümer des Hauses nicht zum Kreis der Verdächtigen gehörte. Dem Hauptmerkmal dieses allgemeinen Gerechtigkeitsgrundsatzes zufolge kann die ungleiche Belastung privaten Eigentums (Schäden an allen Türen) infolge der rechtmäßigen Handlung nicht allein dem Eigentümer des Hauses auferlegt werden, sondern ist gleichmäßig innerhalb der Gemeinschaft aufzuteilen. Manche Autoren sprechen sich dafür aus, diesen Grundsatz auch auf die Verletzung persönlicher Grundrechte anzuwenden.[87]

Wenn keine andere Entschädigungsmöglichkeit besteht, kann, wie bereits ausgeführt, der Staatsrat unter besonderen, strengen Voraussetzungen durch Urteil über die Entschädigung eines außergewöhnlichen, vermögensrechtlichen oder immateriellen Schadens, der durch das rechtmäßige Verhaltens eines Verwaltungsorgans verursacht wurde, entscheiden. Das Gericht berücksichtigt dabei das allgemeine Interesse sowie die Auswirkung auf den Haushalt der betroffenen Verwaltungsbehörde ebenso wie die Interessen des Einzelnen.[88] Der Schaden muss außergewöhnlich sein, d.h. ungewöhnlich, unmittelbar, sicher und nur eine oder wenige Personen betreffend. Der Anspruch ist nur unter der Voraussetzung zulässig, dass die Verwaltungsbehörde ein Entschädigungsverlangen zuvor abgelehnt oder innerhalb eines Zeitraums von 60 Tagen nicht darauf reagiert hat.

C. Haftungsfolgen

I. Haftungssubjekte

Unter besonderen Umständen ist vorgesehen, dass das Verschulden eines Schädigers außer acht gelassen werden kann, d.h. eine persönliche Haftung ausscheidet, wenn der Geschädigte sich an eine Person wenden kann, die für das fremde Verschulden des tatsächlichen Schädigers haftet. Im Hinblick auf die Haftung des Staates kann dieser in seiner Eigenschaft als Dienstherr seiner Bediensteten und Angestellten für deren Verschulden haften (Art. 1384 BW). Der Dienstherr und der Angestellte haften gesamtschuldnerisch, es sei denn, der Angestellte kann sich als Arbeitnehmer auf die Immunität nach Art. 18 *Wet betreffende de arbeidsovereenkomsten/Loi relative*

---

86 Vgl. z.B. Cass., Urt. v. 6.4.1960, Pas. 1960, I, S. 915; Urt.v. 5.3.1981, Arr. Cass. 1980–1981, S. 748 (Straßenbauarbeiten für einen Metrotunnel); Urt. v. 23.5.1991, Arr. Cass. 1990–91, S. 943; *Mast et al.*, Overzicht van het Belgisch administratief recht (Fn. 76), S. 857–858; *Vande Lanotte/Goedertier*, Handboek (Fn. 24), S. 1370, Nr. 1973; *Lierman*, R.W. 2010–11, 1223–1227.

87 *Lierman*, R.W. 2010–11, 1223 (1224 f.).

88 Art. 11 *Gecoördineerde wetten op de Raad van State/Lois coordonnées sur le Conseil d'Etat* (Koordinierte Gesetze über den Staatsrat) v. 12.1.1973, B.S. v. 21.3.1973. Vgl. *Mast et al.*, Overzicht van het Belgisch administratief recht (Fn. 76), S. 1075–1086.

aux contrats de travail (Gesetz über die Arbeitsverträge) vom 3.7.1978 berufen. Diese Vorschrift sieht vor, dass Arbeitnehmer von einer zivilrechtlichen Haftung gegenüber einem Geschädigten (und Regressansprüchen des Arbeitgebers) befreit sind, solange kein arglistiges oder grob fahrlässiges Verhalten vorliegt oder bei gewohnheitsmäßigem und wiederholtem einfach fahrlässigem Verhalten.

Zudem haften der Staat und öffentliche Körperschaften mit Rechtspersönlichkeit gemäß der verschuldensabhängigen Haftung der Art. 1382–1383 BW. Als Rechtspersonen handeln sie nur durch ihre Organe, d.h. natürliche Personen, die, wenn auch nur sehr eingeschränkt, hoheitlich handeln oder die Befugnis haben, den Staat zu verpflichten. Ein schädigendes Verhalten eines Organs führt nach der sog. Organtheorie grundsätzlich zu einer unmittelbaren Haftung des Staates nach Art. 1382–1383 BW, sofern das Organ die rechtlichen Befugnisse des ihm verliehenen öffentlichen Amtes nicht überschritten hat oder sofern eine vernünftige und sorgsame Person zu Recht davon ausgehen durfte, dass dieses Organ im Rahmen seiner Befugnisse tätig geworden ist und die Grenzen seines Aufgabengebiets nicht überschritten hat. Unabhängig von der unmittelbaren Haftung des Staates bleiben auch die natürlichen Personen selbst haftbar.[89]

Das Gesetz über die Haftung von und für Personalmitglieder(n) im Dienste von öffentlichrechtlichen Personen[90] schränkt diesen klassischen Ansatz ein und begrenzt die Anwendung der Organtheorie auf die tatsächlichen Organe, d.h. unabhängigen Vertreter dieser öffentlichen Körperschaften wie politische Mandatsträger, Vertreter der Judikative oder Vorstandsmitglieder öffentlicher Unternehmen. Für Mitarbeiter öffentlicher Körperschaften (öffentliche Angestellte), denen gegenüber die öffentlichen Körperschaften weisungs- und überwachungsbefugt sind und die im Rahmen der Ausübung ihrer Aufgaben einen Schaden verursachen, wurde ein neues Haftungssystem eingeführt. Sie sind von einer persönlichen deliktsrechtlichen Haftung gegenüber dem Geschädigten (und von Regressansprüchen der öffentlichen Körperschaft) befreit, solange sie nicht arglistig oder grob fahrlässig oder gewohnheitsmäßig und wiederholt einfach fahrlässig handeln. Die öffentliche Körperschaft haftet demgegenüber für sämtliche Handlungen dieser öffentlichen Angestellten ebenso wie ein Arbeitgeber.[91]

Für Bürgermeister, Stadträte und Mitglieder der Exekutive auf Provinzebene, die nicht in den Anwendungsbereich des genannten Gesetzes aus dem Jahr 2003 fallen, enthält ein besonderes Gesetz eine vergleichbare Immunitätsregelung. Je nach Art der Dienstausübung, in deren Zusammenhang der Schaden entstanden ist, haften der Bundesstaat, die Flämische oder Französische Gemeinschaft, die betreffende Gemeinde oder die jeweilige Provinz in ihrer Eigenschaft als Dienstherr für das Handeln eines Bediensteten auf die gleiche Weise wie ein Arbeitgeber für ein Verschulden seines Arbeitnehmers haftet.

---

89 Cass., Urt. v. 27.10.1982, Pas. 1983, I, S. 278.
90 Vgl. Fn. 15.
91 *Wet betreffende de aansprakelijkheid van en voor personeelsleden in dienst van openbare rechtspersonen/Loi relative à la responsabilité des et pour les membres du personnel au service des personnes publiques* (Gesetz über die Haftung von und für Personalmitglieder(n) im Dienste von öffentlich-rechtilchen Personen), B.S. v. 27.2.203. Vgl. *Droshout*, „Belgium", in: H. Koziol/B. Steininger (Hrsg.), Tort Law and Insurance Law Yearbook. European Tort Law 2003, 2004, S. 59 (59–61); *Bocken*, De aansprakelijkheid van en voor het overheidspersoneel. Een nieuwe wettelijke regeling, NJW 2003, 330–335; *Covemaeker*, TBBR 2003, 476–486; *Van Oevelen*, De nieuwe wettelijkeregeling betreffende de aansprakelijkheid van en voor personeelsleden in dienst van openbare rechtspersonen, R.W. 2003/04, 161–179; *Dubuisson*, La loi du 10 février 2003 relative à la responsabilité civile des personnes publiques et de leurs agents, J.T. 2003, 507–512. Für bestimmte Gruppen wie Polizisten und Lotsen gelten Sondergesetze mit vergleichbaren Regelungen.

Gemeinden und Provinzen sind zudem verpflichtet, sowohl eine Versicherung zur Abdeckung der Haftung für eine persönliche Pflichtverletzung des Bürgermeisters im Rahmen seiner Amtsausübung als auch eine Rechtsschutzversicherung abzuschließen.[92]

Personen, die ehrenamtlich für private oder öffentliche gemeinnützige Einrichtungen tätig werden, können ebenfalls Immunität geltend machen, solange sie nicht arglistig oder grob fahrlässig oder gewohnheitsmäßig und wiederholt einfach fahrlässig handeln. Für Schäden, die durch ehrenamtliche Mitarbeiter verursacht wurden, haften immer die Einrichtungen, für die diese tätig wurden.[93]

Wie bereits ausgeführt (→ B.IV.3.), sieht die Verfassung eine Immunität der Abgeordneten der verschiedenen Parlamente vor. Nach Art. 58 G.w. gilt bei Debatten Redefreiheit. Die Haftungsbefreiung gilt auch nach Ende der Sitzungsperiode oder wenn die betroffene Person nicht länger Parlamentsabgeordneter ist. Art. 59 G.w. definiert und beschreibt die Grundsätze der parlamentarischen Immunität ausführlich. Danach sind Parlamentsabgeordnete vor strafrechtlicher Verfolgung anderer Taten als einer in Ausübung ihres Amtes erfolgten Meinungsäußerung oder Stimmabgabe geschützt. Diese Immunität gilt nur während der Sitzungsperiode, nicht jedoch in dem Zeitraum zwischen deren Ende und Beginn. Die Immunität des Königs ergibt sich aus den Vorschriften „Die Person des Königs ist unverletzlich, seine Minister sind verantwortlich" (Art. 88 G.w.) und „Kein Akt des Königs kann wirksam werden, wenn er nicht von einem Minister gegengezeichnet ist, der dadurch die Verantwortung dafür übernimmt" (Art. 106 G.w.). Die Immunität der Minister folgt aus den Vorschriften

> *„Die Minister sind der Abgeordnetenkammer gegenüber verantwortlich. Ein Minister darf nicht anläßlich einer in der Ausübung seines Amtes erfolgten Meinungsäußerung verfolgt oder Gegenstand irgendeiner Ermittlung werden" (Art. 101 G.w.)*

und

> *„Ein Mitglied einer Gemeinschafts- oder Regionalregierung darf nicht anläßlich einer in Ausübung seines Amtes erfolgten Meinungsäußerung oder Stimmabgabe verfolgt oder Gegenstand irgendeiner Ermittlung werden" (Art. 124 G.w.).*

---

92 *Wet betreffende de burgerrechtelijke aansprakelijkheid van burgemeesters, schepenen en leden van de bestendige deputatie/Loi relative à la responsabilité civile et pénale des bourgmestres, échevins et membres de la députation permanente* (Gesetz zur zivilrechtlichen Haftung von Bürgermeistern, Stadträten und Mitgliedern der Provinzexekutive) v. 4.5.1999, B.S. v. 28.7.1999. Für die Flämische Gemeinschaft enthalten Art. 70 und Art. 72 *Provinciedecreet* (Provinzdekret) v. 9.12.2005, B.S. v. 29.12.2005 sowie Art. 72 und 74 *Gemeentedecreet* (Gemeindedekret) v. 15.7.2005, B.S. v. 31.8.2005 vergleichbare Regelungen. Für die Französische Gemeinschaft gelten Art. 1241 Abs. 1–3 und 2224 Abs. 1–3 *Code de la démocratie locale et de la décentralisation* (Gesetz zur lokalen Demokratie und Dezentralisierung), http://www.ejustice.just.fgov.be, zuletzt abgerufen am 25.4.2013, vgl. *Vanheusden/De Coster*, Recente ontwikkelingen inzake strafrechtelijke verantwoordelijkheid en de burgerrechtelijke aansprakelijkheid van burgemeesters, schepenen en leden van de deputatie, in: D'Hooghe, Deketelaere, Draye (Hrsg.), Liber amicorum Marc Boes, 2011, S. 535–559; *Boes*, Aansprakelijkheid van burgemeesters, schepenen en leden van de bestendige deputaties. Bedenkingen bij de wet van 4 mei 1999, het Gemeentedecreet van 15 juli 2005 en het Provinciedecreet van 9 december 2005, in: Pintens et al. (Hrsg.), Feestbundel voor Hugo Vandenberghe, 2007, S. 61–70.

93 Art. 3–8bis *Wet betreffende de rechten van de vrijwilligers/Loi relative aux droits des volontaires* (Gesetz zu den Rechten Ehrenamtlicher) v. 3.7.2005, http://www.ejustice.just.fgov.be, zuletzt abgerufen am 25.4.2013, vgl. *Jocqué*, Rechten van vrijwilligers. Wet van 3 juli 2005, NjW 2006, 726 (727–735).

Ungewissheit besteht bezüglich der Frage, ob die Verfassungsvorschrift zur strafrechtlichen Verantwortung von Ministern (Art. 103 bzw. Art.125 G.w.) auch für deren zivilrechtliche Haftung gilt.[94]

Richter gelten als staatliche Organe, genießen aber dennoch Immunität. In Fällen von Betrug oder Täuschung im Rahmen einer Ermittlung oder einer gerichtlichen Entscheidung, Verweigerung von Recht und Missachtung ausdrücklicher gesetzlicher Bestimmungen sind jedoch auch Klagen gegen Richter zulässig, vgl. Art. 1140–1147 Ger.W. In diesen eingeschränkten Fällen kann der ausschließlich zuständige Kassationshof die Entscheidung entweder aufheben und die Sache zur Verhandlung an ein anderes Gericht verweisen oder den Richter persönlich dazu verurteilen, Schadensersatz zu zahlen.

Keine Immunität besteht bezüglich der Vorstandsmitglieder öffentlicher Unternehmen. Als Organe unterliegen sie unabhängig von der unmittelbaren Haftung der öffentlichen Körperschaft der Haftung gegenüber Dritten (und Regressansprüchen des Staates).[95]

II. Individualansprüche

Jede natürliche oder juristische Person, deren Rechte oder berechtigte Interessen in Rede stehen, kann unabhängig von ihrer Nationalität den Staat verklagen.

III. Haftungsinhalt

Im Falle einer Haftung des Staates gelten die allgemeinen Regeln zum Schaden und Schadensersatz.[96]

1. Schaden

Der Schaden wird beschrieben als der Unterschied zwischen der tatsächlichen Lage des Geschädigten und der hypothethischen Lage, in der dieser sich befände, wenn er nicht geschädigt worden wäre.

Um ersetzt werden zu können, muss der Schaden drei Voraussetzungen erfüllen: Er muss erstens sicher sein (der Schaden muss so wahrscheinlich sein, dass ein Richter nicht ernsthaft vom Gegenteil ausgehen kann, selbst wenn es theroetisch möglich ist, dass der erwartete Schaden nie eintreten wird), zweitens muss der Geschädigte persönlich betroffen sein (dies gilt für Primärgeschädigte sowie Personen, die selbst nicht unmittelbar betroffen sind, aber aufgrund ihrer Beziehung zum Primärgeschädigten (familiäre oder freundschaftliche Beziehung, Beschäftigung- oder Liebesverhältnis) ebenfalls einen Schaden erleiden) und drittens sollte der Schaden sich aus der Verletzung eines berechtigten Interesses (nicht zwangsläufig eines Rechtes) ergeben.

---

94 Vgl. *Vandenberghe*, Overheidsaansprakelijkheid, aansprakelijkheid van de uitvoerende macht, in: Vandenberghe, Overheidsaansprakelijkheid, S. 1 (101).

95 Cass., Urt. v. 17.6.1982, Pas. 1982, I, S. 1221.

96 Vgl. ausführlich zu Schaden und Schadensersatz *Cousy/Vanderspikken*, Damages under Belgian Law, in: Magnus (Hrsg.), Unification of Tort Law: Damages, 2001, S. 27–51; *Cousy/Droshout*, Belgium. Non-pecuniary loss under Belgian Law, in: W. Horton Rogers (Hrsg.), Damages for Non-Pecuniary Loss in a Comparative Perspective, 2001, S. 28–53; *De Callatay/Estienne*, La responsabilité civile. Chronique de Jurisprudence 1996–27. Le dommage, Les Dossiers du Journal des Tribunaux 75, 209.

Der Schaden kann physischer oder finanzieller Natur sein, in einer wirtschaftlichen Schädigung oder Beeinträchtigung bestehen oder rein moralischer Natur sein (der Ersatz eines nicht vermögensrechtlichen Schadens dient der Linderung von Schmerzen, Trauer oder jedes anderen immateriellen Schadens wie z.B. ein moralischer Schaden im engeren Sinne, physische Schmerzen, psychische Schäden, Schäden aufgrund von Sexualstraftaten, entgangene Lust und Freude). *Lucrum cessans* (entgangener Gewinn) und *damnum emergens* (positiver Schaden) werden ersetzt.

2. Schadensersatz

Maßgeblich für die Schadensbewertung und -bemessung ist der Zeitpunkt des Urteils. Dabei erfolgt auch eine Schätzung künftiger Schäden durch den Richter. Nach belgischem Recht ist der Schaden *in concreto* zu ersetzen, d.h. es besteht ein Recht zur *restitutio ad integrum*, nicht jedoch zu mehr (*in concreto* und vollständig).

Folglich sind materielle und immaterielle Schäden unterschiedslos und in voller Höhe zu ersetzen. Strafzahlungen sind nach belgischem Recht nicht gestattet.

Wenn möglich sollte der Verlust *in natura* wiederhergestellt werden. Andernfalls ist eine Entschädigung zu zahlen. Kann der Schaden nicht angemessen festgesetzt werden, so ist dieser *ex aequo et bono* zu ersetzen, d.h. der Billigkeit entsprechend, aber auch in diesem Fall gilt das Prinzip der Erstattung *in concreto*.

Weder der allgemeine Grundsatz der Vollstreckungsimmunität des Staates und öffentlicher Körperschaften (→ D.IV.) noch der Gewaltenteilungsgrundsatz hindern den Richter daran, dem Staat eine Verpflichtung wie den Ersatz *in natura* oder bei Nichterfüllung ein tägliches Zwangsgeld aufzuerlegen.[97]

Außerdem entschied der Kassationshof, dass der allgemeine Grundsatz der Kontinuität des öffentlichen Dienstes nicht ausschließt, dass ein Richter einer privaten Körperschaft das Recht zuerkennt, sich z.B. als Gläubiger des Staates auf dessen Kosten ein zerstörtes Gebäude wiederaufbauen zu lassen, solange dadurch die Kontinuität des öffentlichen Dienstes nicht behindert oder blockiert wird.[98]

Das gegenwärtige belgische Schadensersatzrecht gründet zu einem beträchtlichen Teil auf Richterrecht. Es gibt weder gesetzlich vorgesehene Summen noch durch den Gesetzgeber festgelegte Tarife. Der erkennende Richter setzt die Höhe des Schadensersatzes selbst fest. Die Bemessung gilt als Tatfrage. Der Kassationshof überprüft lediglich Rechtmäßigkeit und Beweggrund der Schadensersatzbemessung durch den erkennenen Richter.

Ausgehend von der Rechtsprechung der unterschiedlichen Gerichte erstellte eine Gruppe von Richtern, Experten und Versicherern 1995 zum ersten Mal eine *indicatieve tabel/table indicative* genannte Zusammenstellung von Richtlinien und Tabellen und überarbeitet diese seitdem regelmäßig. Diese Tabelle enthält einen Überblick über Schadensarten sowie Aufstellungen über die Summen, die als angemessener Schadensersatz angesehen wurden. Sie besitzt keine Gesetzeskraft und basiert auf einer Gesamtschau der Rechtsprechung aus ganz Belgien. Es steht den Richtern frei, darauf zurückzugreifen. Die dort vorgeschlagenen Summen können zur Bewertung jeder Art von Schaden herangezogen werden mit Ausnahme eines sich ausschließlich aus einer vertraglichen Haftung ergebenden Schadens.

---

97 Cass., Urt. v. 26.6.1980, Pas. 1980, I, S. 1342; *Verrijdt*, in: Alen/Sottiaux, S. 305 (317); *Dirix/Broeckx*, Beslag, APR, 2001, S. 130.

98 Cass., Urt. v. 24.4.1998, Arr. Cass. 1998, S. 462; *Dirix/Broeckx*, Beslag (Fn. 97), S. 130.

Ein immaterieller Schaden wird häufig durch einen Geldbetrag *ex aequo et bono* ersetzt. Verschuldensunabhängige Haftungsregelungen entschädigen ebenfalls immaterielle Schäden, es sei denn, ein Ausschluss solcher Schäden ist ausdrücklich vorgesehen.

Obergrenzen oder Schwellen finden im belgischen Recht nur selten Anwendung. Beispiele hierfür finden sich in dem *Wet betreffende de preventie van brand en ontploffing/Loi relative à la prévention des incendies et des explosions ainsi qu'à l'assurance obligatoire de la responsabilité civile dans ces mêmes circonstances* (Gesetz zum Brand- und Explosionsschutz) vom 30.7.1979 zur verschuldensunabhängigen Betreiberhaftung und einer Haftpflichtversicherung bezüglich Schäden infolge von Feuer und Explosionen in öffentlichen Gebäuden oder in dem *Wet betreffende de wettelijke aansprakelijkheid op het gebied van de kernenergie/Loi sur la responsabilité civile dans le domaine de l'énergie nucléaire* (Gesetz zur zivilrechtlichen Haftung auf dem Gebiet der Kernenergie) vom 22.7.1985 zur Haftung eines Kernkraftwerkbetreibers.

Zahlungen an den Geschädigten aufgrund einer eindeutigen Rechtsgrundlage unabhängig von der schädigenden Handlung und der Schadensersatzpflicht der fahrlässigen Partei sind auf die Entschädigungshöhe nicht anrechenbar, es sei denn, es gibt eine rechtliche Ausnahme von diesem Grundsatz der Zuwendungssummierung oder die Parteien weichen vertraglich davon ab. So kann beispielsweise die Auszahlung aus einem Lebensversicherungsvertrag mit einer Schadensersatzleistung verrechnet werden, nicht jedoch die Leistung eines Versicherers aufgrund einer Fahrzeugversicherung. Zielt die Zuwendung darauf ab, den vom Schädiger verursachten Schaden zu ersetzen, so ist eine Summierung grundsätzlich nicht zulässig.

IV. Haftungsbegrenzung und Haftungsausschluss

Die Rechtsprechung ist im Allgemeinen restriktiv im Hinblick auf Klauseln, die eine Haftungsentlastung oder Haftungsbefreiung öffentlicher Körperschaften vorsehen. Ein Haftungsausschluss bezüglich Tätigkeiten im Rahmen der öffentlichen Ordnung, wie z.B. die ausschließliche Zuständigkeit zur Genehmigungserteilung, ist immer unwirksam.[99]

D. Geltendmachung von Haftungsansprüchen

I. Rechtsweg

Alle ordentlichen Gerichte sind befugt, über Schadensersatzklagen zu entscheiden. Ein behördliches Vorverfahren ist nicht erforderlich. Die Vorschriften des Ger.W. finden Anwendung.

Die Tatsache, dass einem Geschädigten im Falle eines Verstoßes gegen die EMRK nach belgischem Deliktsrecht Schadensersatz zugesprochen wurde, schließt nicht aus, dass er sich mit einem Entschädigungsverlangen nach Art. 41 EMRK an den EGMR wenden kann. Unklar bleibt indes, ob der Geschädigte noch nach dem belgischen Deliktsrecht Schadensersatz verlangen kann, wenn ihm zuvor bereits eine Entschädigung durch den EGMR zugesprochen wurde.[100]

Mit Ausnahme bestimmter gesetzlicher Regelungen (Klagen wegen Handelspraktiken, Verbraucherkrediten, Diskriminierung im Rahmen privater Verträge), die es Verbraucherorganisationen ermöglichen, Klagen im Namen ihrer Mitglieder zu erheben, sind Gruppenklagen oder Sammelklagen vor den Gerichten nicht zugelassen.

---

99 Vgl. *Vandenberghe* (Fn. 94) in: Vandenberghe, Overheidsaansprakelijkheid, S. 1 (104–106).
100 *Van Ommeslaghe/Verbist*, TBP 2009, 3 (8).

Das Ger.W. bestimmt, gegen wen eine Klage zu richten ist (z.B. gegen den Staat, Provinzen, Gemeinden, öffentliche Körperschaften, vgl. Art. 42, 705 Ger.W.). Eine Klage auf Haftung der Legislative ist gegenüber dem Staat, vertreten durch den zuständigen Minister, zu richten und nicht gegen die Abgeordnetenkammern.

Zu dem Verfahren vor dem Verfassungsgerichtshof vgl. die vorangegangenen Ausführungen (→ B.II. und B.IV.3.).

II. Beweisfragen

Der Geschädigte muss beweisen, dass die Haftungsvoraussetzungen vorliegen (Art. 870 Ger.W.). Er hat dabei nach den allgemeinen Regelungen verschuldensabhängiger Haftung gemäß Art. 1382 und 1383 BW Verschulden, Schaden und Kausalität nachzuweisen. Ohne Schadensnachweis scheidet eine Haftung aus.

III. Verjährung

Grundsätzlich gelten die allgemeinen Verjährungsvorschriften für Privatpersonen ebenso wie für den Staat, öffentliche Körperschaften und Gemeinden (Art. 2227 BW).

Die allgemeine Verjährungsregel findet sich in Art. 2262bis BW. Dieser Vorschrift zufolge beträgt die Verjährungsfrist aller Ansprüche auf Schadensersatz aus außervertraglicher Haftung fünf Jahre von dem Tag an, der auf den Tag folgt, an dem der Geschädigte Kenntnis vom Schaden (oder der Schadensverschlimmerung) und der Identität des mutmaßlichen Schädigers hat. Diese Ansprüche verjähren nach Ablauf von 20 Jahren, beginnend mit dem Tag, der auf den Tag folgt, an dem das schadensauslösende Ereignis stattgefunden hat.[101] Kann die schadensauslösende Handlung auch strafrechtlich verfolgt werden, so kann der zivilrechtliche Schadensersatzanspruch nicht früher verjähren als die strafrechtliche Handlung.[102]

Bis zum Inkrafttreten des Gesetzes vom 22.5.2003 im Jahr 2009[103] galten jedoch besondere Verjährungsvorschriften für die meisten Klagen gegen den Föderalstaat, die Gemeinschaften und die Regionen, die eine kürzere Verjährungsfrist als das allgemeine Recht vorsahen.[104] Nach

---

101 Art. 2262bis BW lautet: „§ 1. Alle persönlichen Rechtshandlungen verjähren in zehn Jahren. Ungeachtet des ersten Absatzes verjähren alle Ansprüche auf Schadensersatz aus außervertraglicher Haftung nach Ablauf von fünf Jahren, beginnend mit dem Tag, der auf den Tag folgt, an dem der Geschädigte Kenntnis vom Schaden (oder der Schadensverschlimmerung) und der Identität des mutmaßlichen Schädigers hat. Die im zweiten Absatz genannten Ansprüche verjähren in jedem Fall nach Ablauf von 20 Jahren, beginnend mit dem Tag, der auf den Tag folgt, an dem das schadensauslösende Ereignis stattgefunden hat“.

102 Art. 26 Wet *houdende de Voorafgaande titel van het wetboek van strafvordering*/Loi contenant le titre préliminaire du code de procedure pénale (Gesetz zum vorläufigen Titel des Strafprozessgesetzes) vom 17.4.1878 in der 1998 geänderten Form lautet: „Die Verjährung eines zivilrechtlichen Schadensersatzanspruchs aufgrund einer Straftat richtet sich nach den Vorschriften des Bürgerlichen Gesetzbuchs oder nach auf den Schadensersatzanspruch anwendbaren Sondervorschriften. Sie kann jedoch nicht vor der strafrechtlichen Verjährung eintreten.“, http://www.ejustice.just.fgov.be, zuletzt abgerufen am 25.4.2013; *Fagnart*, La victime face à la prescription, in: Delvaux (Hrsg.), La victime, ses droits, ses juges, 2009, S. 211 (221–226).

103 Wet *houdende organisatie van de begroting en van de comptabiliteit van de federale Staat*/Loi portant organisation du budget et de la comptabilité de l'Etat fédéral (Gesetz über die Organisation des Haushalts und des Rechnungswesens des Föderalstaates) vom 22.5.2003, B.S. v. 3.7.2003, http://www.ejustice.just.fgov.be, zuletzt abgerufen am 25.4.2013; in Kraft seit dem 1.1.2009, vgl. Art. 134 dieses Gesetzes.

104 Vgl. insbes. Art. 100–101 *Gecoördineerde wetten op de Rijkscomptabiliteit*/Lois coordonnées sur la comptabilité de l'Etat (Koordinierte Gesetze zum nationalen Haushalt und Rechnungswesen) vom 17.7.1991, B.S. v. 21.8.

mehreren Entscheidungen des Verfassungsgerichtshofs, denenzufolge Teile dieser Regelung gegen den verfassungsrechtlichen Antidiskriminierungssatz verstießen, wurden diese Vorschriften aufgehoben und die allgemeinen Verjährungsregeln geändert.

Die allgemeinen Verjährungsregeln sind gegenwärtig auch auf sämtliche außervertraglichen Haftungsansprüche gegen den Staat, die Gemeinschaften und Regionen anzuwenden.[105] Die einzige verbliebene Ausnahme zu den allgemeinen Verjährungsregeln betrifft Klagen gegen die Provinzen.[106] Sowohl eine gerichtliche Ladung als auch die Einlegung eines Rechtsmittels beim Staatsrat zur Aufhebung einer Verwaltungsentscheidung unterbrechen die Verjährung (Art. 2244 BW).[107]

IV. Vollstreckung

Bis 1995 wurde allgemein davon ausgegangen, dass Vollstreckungsimmunität bestehe und eine Pfändung von Gütern des Staates und öffentlicher Körperschaften ausgeschlossen sei. Dem lag der Gedanke zugrunde, dass eine Pfändung mit dem Grundsatz der Kontinuität des öffentlichen Dienstes nicht vereinbar sei. Wachsende Kritik an dem absoluten Vollstreckungsverbot durch Lehre und Rechtsprechung führten zu einer Änderung der Regelung. Mit dem Gesetz vom 30.6. 1994 erfolgte die Einführung von Art. 1412bis in das Gerichtsgesetzbuch.[108] Ausgehend von dieser Vorschrift und ihrer Auslegung durch die Rechtsprechung bleibt der Grundsatz des Vollstreckungsverbots von Gütern des Staates, der Gemeinschaften, Regionen, Provinzen, Gemeinden und öffentlichen Körperschaften insgesamt bestehen. Allerdings wird dieses Verbot durch drei restriktiv auszulegende Ausnahmen beträchtlich ausgehöhlt. Ein Pfändungsbeschluss und ein Vollstreckungsbeschluss bezüglich staatlicher Vermögensgegenstände (wie öffentlichem Eigentum, gepfändetem Vermögen aus staatlichen Forderungen, Steuereinnahmen) sind zulässig, wenn diese erstens von der öffentlichen Körperschaft als pfändbar ausgewiesen werden, zweitens offensichtlich nicht der Amtsausübung der öffentlichen Körperschaft oder der Kontinuität

---

1991, http://www.ejustice.just.fgov.be, zuletzt abgerufen am 25.4.2013; vgl. *J. Baeck*, Verjaring en overheidsaansprakelijkheid, in: Claeys (Hrsg.), Verjaring in het privaatrecht, 2005, S. 129 (130–172).

105 Art. 113 des Gesetzes vom 22.5.2003; Art. 15 Wet *tot vaststelling van de algemene bepalingen die gelden voor de begrotingen, de controle op de subsidies en voor de boekhouding van de gemeenschappen en de gewesten, alsook voor de organisatie van de controle door het Rekenhof*/Loi fixant les dispositions générales applicables aux budgets, au contrôle des subventions et à la comptabilité des communautés et des régions, ainsi qu'à l'organisation du contrôle de la Cour des comptes (Gesetz zu den allgemeinen Regeln betreffend den Haushalt, die Überwachung von Zuschüssen und das Rechungswesen der Gemeinschaften und Regionen sowie die Organisation der Prüfung durch den Rechnungshof) vom 16.5.2003, B.S. v. 25.6.2003, http://www.ejustice.just.fgov.be, zuletzt abgerufen am 25.4. 2013; vgl. *J. Baeck*, Verjaring en overheidsaansprakelijkheid (Fn. 104), S. 129 (173–178); *Vrijders*, RABG 2009, 623 (626–628).

106 Art. 1 und 2 *Wet betreffende de verjaring van schuldvorderingen ten laste of ten voordele van de Staat en de provinciën*/Loi relative à la prescription des créances à charge ou au profit de l'Etat et des provinces (Gesetz zur Verjährung von Ansprüchen zu Lasten oder zu Gunsten des Staates und der Provinzen) vom 6.2.1970, B.S. v. 28.2.1979, http://www.ejustice.just.fgov.be, zuletzt abgerufen am 25.4.2013 (in Kraft seit dem 1.1.2007); *J. Baeck*, Verjaring en overheidsaansprakelijkheid (Fn. 104), S. 129 (178–179); *Vandenberghe* (Fn. 94) in: Vandenberghe, Overheidsaansprakelijkheid, S. 1 (114 f.); *Vandenberghe*, TPR 2010, 1749 (2061–2064).

107 In Fällen, in denen eine solche Unterbrechung im Hinblick auf Klagen gegen die Provinzen gesetzlich nicht vorgesehen ist, liegt ein Verstoß gegen den verfassungsrechtlichen Grundsatz der Antidiskriminierung vor, vgl. Verfassungsgerichtshof, Urt. v. 15.3.2011, Az. 38/2011, http://www.const-court.be, zuletzt abgerufen am 25.4. 2013.

108 Gesetz vom 30.6.1994, B.S. v. 21.7.1994.

des öffentlichen Dienstes dienen[109] und drittens durch die öffentliche Körperschaft mit gleichwertigen Gegenständen ersetzt werden können.[110]

Bibliographie

Alen, André, De overheidsaansprakelijkheid voor fouten van de wetgever. Over de cassatiearresten van 1 juni 2006 en 28 september 2006 (Die Haftung des Staates für Fehler des Gesetzgebers. Über die Urteile des Kassationshofs vom 1.6.2006 und 28.9.2006) in: Pintens et al. (Hrsg.), Vigilantibus Ius Scriptum. Feestbundel voor Hugo Vandenberghe (Vigilantibus Ius Scriptum. Festschrift fur Hugo Vandenberghe), Brügge 2007, S. 1–14

Anthonis, Milo/Carlens, Ivo (Hrsg.), Aansprakelijkheid van gemeenten en OCMW's (Haftung der Gemeinden und sozialen Wohlfahrtszentren), Brügge 2007

De Callatay, Daniel/Estienne, Nicolas, La responsabilité civile. Chronique de Jurisprudence 1996–27. Volume 2: Le dommage (Die deliktsrechtliche Haftung. Rechtsprechung 1996–2007. Bd. 2: Der Schaden), Les Dossiers du Journal des Tribunaux 75, Brüssel 2009

Dubuisson, Bernard et al., La responsabilité civile. Chronique de Jurisprudence 1996–27. Volume 1: Le fait générateur et le lien causal (Die deliktsrechtliche Haftung. Rechtsprechung 1996–2007. Bd. 1: Verschulden und Kausalität), Les Dossiers du Journal des Tribunaux 74, Brüssel 2009

De Kezel, Evelien, Het risico op aansprakelijkheid van de overheid voor fouten van de wetgever' (Das Haftungsrisiko des Staates für Fehler des Gesetzgebers), R.W. 2009/10, S. 130–148

Lierman, Steven, Gelijkheid van de burgers voor de openbare lasten: wel fundamenteel, (nog) niet absoluut (Gleichheit der Bürger angesichts öffentlicher Lasten: Fundamental aber (noch) nicht absolut), Anm. zu Cass. 24 June 2010, R.W. 2010/11, S. 1223–1227

Vandenberghe, Helene et al., Overzicht van rechtspraak. Aansprakelijkheid uit onrechtmatige daad (1964–1978) (Rechtsprechungsübersicht. Haftung wegen unerlaubter Handlung), TPR 1980, S. 1146–1475

dies., Overzicht van rechtspraak. Aansprakelijkheid uit onrechtmatige daad (1994–1999) (Rechtsprechungsübersicht. Haftung wegen unerlaubter Handlung), TPR 2000, S. 1551–1955

Vandenberghe, Helene (Hrsg.), Overheidsaansprakelijkheid (Staatshaftung), Brügge 2005

dies., Overzicht van rechtspraak. Aansprakelijkheid uit onrechtmatige daad, (2000–2008) (Rechtsprechungsübersicht. Haftung wegen unerlaubter Handlung), TPR 2010, S. 2013–2097

Van Oevelen, Alois et al., Staatsaansprakelijkheid wegens schending van het Europees gemeenschapsrecht in België en Nederland (Staatshaftung wegen Verletzung des Europäischen Gemeinschaftsrechts in Belgien und den Niederlanden), TPR 2008, S. 77–160

Van Oevelen, Aloïs, De aansprakelijkheid van de Staat voor fouten van het Parlement: wel in de uitoefening van de wetgevende activiteit, maar niet voor de werkzaamheden van een parlementaire onderzoekscommissie (Die Haftung des Staates für Fehler des Parlaments: Für die Ausübung legislativer Tätigkeit, nicht aber für die Tätigkeit einer parlamentarischen Untersuchungskommission), Anm. zu Cass. v. 1.6.2006, R.W. 2006–07, S. 213–227

Van Ommeslaghe, Pierre/Verbist, Johan, Overheidsaansprakelijkheid voor het optreden van de wetgevende macht (Haftung des Staates für die Legislative), TBP 2009, S. 3–24

Vuye, Hendrik, Aansprakelijkheid van de Belgische Staat voor het doen en laten van de wetgever (Die Haftung des belgischen Staates für Handlungen und Unterlassungen des Gesetzgebers), TBBR. 2002, S. 526–540

ders., Overheidsaansprakelijkheid wegens doen en laten van de wetgever. Van Europees naar Belgisch recht: een (te) grote stap?' (Staatshaftung für Handlungen und Unterlassungen durch den Gesetzgeber. Vom europäischen zum belgischen Recht: ein (zu) großer Schritt?) in: Vandenberghe (Hrsg.), Overheidsaansprakelijkheid, Brügge 2005, S. 123–204

Verrijdt, Willem, De plicht tot uitvoering van arresten van het Grondwettelijk Hof door de wetgever (Die Pflicht zum Vollzug von Urteilen des Verfassungsgerichtshofs durch den Gesetzgeber), in: Alen/Sottiaux (Hrsg.), Leuvense Staatsrechtelijke standpunten, Brügge 2010, S. 305–369

---

109 Art. 1412bis § 2 Abs. 2 Ger.W. lautet: „*Güter, die diesen Rechtspersonen offensichtlich nicht für die Erfüllung ihrer Aufgaben oder für die Kontinuität des öffentlichen Dienstes von Nutzen sind*".

110 Dazu ausführlich *Dirix/Broeckx*, Beslag (Fn. 97), S. 121–130.

Caroline Van Schoubroeck

Abkürzungsverzeichnis

Anm.	Anmerkung
Arr. Cass.	Arresten van het Hof van Cassatie (Entscheidungssammlung des Kassationshofs)
B.S.	Belgisch Staatsblad (Moniteur belge) (Belgisches Amtsblatt)
BW	Burgerlijk Wetboek (Code civil) (Bürgerliches Gesetzbuch)
Cass.	Hof van Cassatie (Cour de cassation) (Kassationshof)
Csqn	conditio sine qua non
Ger. W.	Gerechtelijk Wetboek (Code judiciaire) (Gerichtsgesetzbuch)
G.w.	Grondwet (Constitution) (Verfassung)
J.L.M.B.	Revue de Jurisprudence de Liège, Mons et Bruxelles
J.T.	Journal des tribunaux (Zeitschrift)
NjW	Nieuw Juridisch Weekblad (Zeitschrift)
Pas.	Pasicrisie (Entscheidungssammlung des Kassationshofs)
RABG	Rechtspraak Antwerpen, Brussel, Gent (Zeitschrift)
RCJB	Revue critique de la jurisprudence belge (Zeitschrift)
RSZ	Rijksdienst voor Sociale Zekerheid (Landesamt für Soziale Sicherheit)
R.W.	Rechtskundig Weekblad (Zeitschrift)
TBBR	Tijdschrift voor Belgisch Burgerlijk Recht (Zeitschrift)
TBP	Tijdschrift voor Bestuurswetenschappen en Publiekrecht (Zeitschrift)
TPR	Tijdschrift voor Privaatrecht (Zeitschrift)

Wesentliche Vorschriften

Grondwet / Constitution
Verfassung[111]

Art. 16
Niemand kan van zijn eigendom worden ontzet dan ten algemenen nutte, in de gevallen en op de wijze bij de wet bepaald en tegen billijke en voorafgaande schadeloosstelling.

Art. 16
Nul ne peut être privé de sa propriété que pour cause d'utilité publique, dans les cas et de la manière établis par la loi, et moyennant une juste et préalable indemnité.

Art. 16
Niemandem darf sein Eigentum entzogen werden, es sei denn zum Nutzen der Allgemeinheit, in den Fällen und in der Weise, die das Gesetz bestimmt, und gegen gerechte und vorherige Entschädigung.

Art. 103
Ministers worden voor misdrijven die zij in de uitoefening van hun ambt mochten hebben gepleegd, uitsluitend berecht door het hof van beroep. Hetzelfde geldt voor misdrijven die ministers buiten de uitoefening van hun ambt mochten hebben gepleegd en waarvoor zij worden berecht tijdens hun ambtstermijn.

[...]

Art. 103
Les ministres sont jugés exclusivement par la cour d'appel pour les infractions qu'ils auraient commises dans l'exercice de leurs fonctions. Il en est de même des infractions qui auraient été commises par les ministres en dehors de l'exercice de leurs fonctions et pour lesquelles ils sont jugés pendant l'exercice de leurs fonctions.

[...]

Art. 103
Über Minister wird für Straftaten, die sie in der Ausübung ihres Amtes begangen haben sollten, ausschließlich durch den Appellationshof gerichtet. Dies gilt auch für Straftaten, die Minister außerhalb der Ausübung ihres Amtes begangen haben sollten und für die während der Zeit der Ausübung ihres Amtes über sie gerichtet wird.

[...]

111 Übersetzung vom Service central de traduction allemande (SCTA)/Zentrale Dienststelle für deutsche Übersetzungen (ZDDÜ), http://www.scta.be, zuletzt abgerufen am 25.4.2013.

De wet bepaalt in welke gevallen en volgens welke regels de benadeelde partijen een burgerlijke rechtsvordering kunnen instellen.

Art. 125
De leden van een Gemeenschaps- of Gewestregering worden voor misdrijven die zij in de uitoefening van hun ambt mochten hebben gepleegd, uitsluitend berecht door het hof van beroep. Hetzelfde geldt voor misdrijven die de leden van een Gemeenschaps- of Gewestregering buiten de uitoefening van hun ambt mochten hebben gepleegd en waarvoor zij worden berecht tijdens hun ambtstermijn.

[...]

De wet bepaalt in welke gevallen en volgens welke regels de benadeelde partijen een burgerlijke rechtsvordering kunnen instellen.

La loi détermine dans quels cas et selon quelles règles les parties lésées peuvent intenter une action civile.

Art. 125
Les membres d'un Gouvernement de communauté ou de région sont jugés exclusivement par la cour d'appel pour les infractions qu'ils auraient commises dans l'exercice de leurs fonctions. Il en est de même des infractions qui auraient été commises par les membres d'un Gouvernement de communauté ou de région en dehors de l'exercice de leurs fonctions et pour lesquelles ils sont jugés pendant l'exercice de leurs fonctions.

[...]

La loi détermine dans quels cas et selon quelles règles les parties lésées peuvent intenter une action civile.

Das Gesetz bestimmt, in welchen Fällen und nach welchen Regeln die geschädigten Parteien eine Zivilklage erheben können.

Art. 125
Über Mitglieder einer Gemeinschafts- oder Regionalregierung wird für Straftaten, die sie in der Ausübung ihres Amtes begangen haben sollten, ausschließlich durch den Appellationshof gerichtet. Dies gilt auch für Straftaten, die Mitglieder einer Gemeinschafts- oder Regionalregierung außerhalb der Ausübung ihres Amtes begangen haben sollten und für die während der Zeit der Ausübung ihres Amtes über sie gerichtet wird.

[...]

Das Gesetz bestimmt, in welchen Fällen und nach welchen Regeln die geschädigten Parteien eine Zivilklage erheben können.

Burgerlijk Wetboek / Code civil
Bürgerliches Gesetzbuch[112]

Art. 544
Eigendom is het recht om op de meest volstrekte wijze van een zaak het genot te hebben en daarover te beschikken, mits men er geen gebruik van maakt dat strijdig is met de wetten of met de verordeningen.

Art. 544
La propriété est le droit de jouir et disposer des choses de la manière la plus absolue, pourvu qu'on n'en fasse pas un usage prohibé par les lois ou par les règlements.

Art. 544
Eigentum ist das Recht, eine Sache auf die unbeschränkteste Weise zu nutzen und darüber zu verfügen, vorausgesetzt, dass man davon keinen durch die Gesetze oder Verordnungen untersagten Gebrauch macht.

Art. 1382
Elke daad van de mens, waardoor aan een ander schade wordt veroorzaakt, verplicht degene door wiens schuld de schade is ontstaan, deze te vergoeden.

Art. 1382
Tout fait quelconque de l'homme, qui cause à autrui un dommage, oblige celui par la faute duquel il est arrivé, à le réparer.

Art. 1382
Jegliche Handlung eines Menschen, durch die einem anderen ein Schaden zugefügt wird, verpflichtet denjenigen, durch dessen Verschulden der Schaden entstanden ist, diesen zu ersetzen.

Art. 1383
Ieder is aansprakelijk niet alleen voor de schade welke hij door zijn daad, maar ook voor die welke hij

Art. 1383
Chacun est responsable du dommage qu'il a causé non seulement par son fait, mais encore par

Art. 1383
Ein jeder ist nicht nur für den Schaden verantwortlich, den er durch seine Handlung verursacht hat, son-

112 Übersetzung vom Service central de traduction allemande (SCTA)/Zentrale Dienststelle für deutsche Übersetzungen (ZDDÜ), http://www.scta.be, zuletzt abgerufen am 25.4.2013.

door zijn nalatigheid of door zijn onvoorzichtigheid heeft veroorzaakt.

sa négligence ou par son imprudence.

dern auch für den Schaden, den er durch seine Nachlässigkeit oder Unvorsichtigkeit verursacht hat.

Art. 1384
Men is aansprakelijk niet alleen voor de schade welke men veroorzaakt door zijn eigen daad maar ook voor die welke veroorzaakt wordt door de daad van personen voor wie men moet instaan, of van zaken die men onder zijn bewaring heeft.

De vader en de moeder zijn aansprakelijk voor de schade veroorzaakt door hun minderjarige kinderen.

De meesters en zij die anderen aanstellen, voor de schade door hun dienstboden en aangestelden veroorzaakt in de bediening waartoe zij hen gebezigd hebben.

De onderwijzers en de ambachtslieden, voor de schade door hun leerlingen en leerjongens veroorzaakt gedurende de tijd dat deze onder hun toezicht staan.

De hierboven geregelde aansprakelijkheid houdt op, indien de ouders, onderwijzers en ambachtslieden bewijzen dat zij de daad welke tot die aansprakelijkheid aanleiding geeft, niet hebben kunnen beletten.

Art. 1384
On est responsable non seulement du dommage que l'on cause par son propre fait, mais encore de celui qui est causé par le fait des personnes dont on doit répondre, ou des choses que l'on a sous sa garde. Le père et la mère sont responsables du dommage causé par leurs enfants mineurs.

Les maîtres et les commettants, du dommage causé par leurs domestiques et préposés dans les fonctions auxquelles ils les ont employés.

Les instituteurs et les artisans, du dommage cause par leurs élèves et apprentis pendant le temps qu'ils sont sous leur surveillance.

La responsabilité ci-dessus a lieu, à moins que les père et mère, instituteurs et artisans, ne prouvent qu'ils n'ont pu empêcher le fait qui donne lieu à cette responsabilité.

Art. 1384
Man ist nicht nur für den Schaden verantwortlich, den man durch sein eigenes Handeln verursacht, sondern auch für denjenigen, der durch die Handlung von Personen verursacht wird, für die man einstehen muss, oder durch Sachen, die man unter seiner Obhut hat.

Vater und Mutter sind verantwortlich für den Schaden, den ihre minderjährigen Kinder verursachen.

Hausherren und Auftraggeber für den Schaden, den ihre Hausangestellten und Auftragnehmer in den ihnen anvertrauten Aufgaben verursachen.

Lehrer und Handwerker für den Schaden, den ihre Schüler und Lehrlinge in der Zeit, in der sie unter ihrer Aufsicht stehen, verursachen.

Die oben genannte Verantwortlichkeit hört auf, wenn die Eltern, Lehrer und Handwerker beweisen, dass sie die Handlung, die zu dieser Verantwortlichkeit Anlass gibt, nicht haben verhindern können.

Art. 1386
De eigenaar van een gebouw is aansprakelijk voor de schade door de instorting ervan veroorzaakt, wanneer deze te wijten is aan verzuim van onderhoud of aan een gebrek in de bouw.

Art. 1386
Le propriétaire d'un bâtiment est responsable du dommage causé par sa ruine, lorsqu'elle est arrivée par une suite du défaut d'entretien ou par le vice de sa construction.

Art. 1386
Der Eigentümer eines Gebäudes ist für den Schaden verantwortlich, der durch dessen Einsturz verursacht wird, wenn dieser auf mangelnden Unterhalt oder auf Baumängel zurückzuführen ist.

Wet betreffende de arbeidsovereenkomsten / Loi relative aux contrats de travail
Gesetz über die Arbeitsverträge[113]

Art. 18
Ingeval de werknemer bij de uitvoering van zijn overeenkomst de werk-

Art. 18
En cas de dommages causés par le travailleur à l'employeur ou à des

Art. 18
Wenn der Arbeitnehmer bei der Erfüllung seines Vertrags dem Arbeit-

113 Übersetzung vom Service central de traduction allemande (SCTA)/Zentrale Dienststelle für deutsche Übersetzungen (ZDDÜ), http://www.scta.be, zuletzt abgerufen am 25.4.2013.

gever of derden schade berokkent, is hij enkel aansprakelijk voor zijn bedrog en zijn zware schuld.

Voor lichte schuld is hij enkel aansprakelijk als die bij hem eerder gewoonlijk dan toevallig voorkomt.

Op straffe van nietigheid mag niet worden afgeweken van de bij het eerste en het tweede lid vastgestelde aansprakelijkheid, tenzij, en alleen wat de aansprakelijkheid tegenover de werkgever betreft, bij een door de Koning algemeen verbindend verklaarde collectieve <arbeidsovereenkomst>.

De werkgever kan de vergoedingen en de schadeloosstellingen die hem krachtens dit artikel verschuldigd zijn en die na de feiten met de werknemer zijn overeengekomen of door de rechter vastgesteld, op het loon inhouden in de voorwaarden als bepaald bij artikel 23 van de wet van 12 april 1965 betreffende de bescherming van het loon der werknemers.

tiers dans l'exécution de son contrat, le travailleur ne répond que de son dol et de sa faute lourde.

Il ne répond de sa faute légère que si celle-ci présente dans son chef un caractère habituel plutôt qu'accidentel.

A peine de nullité, il ne peut être dérogé à la responsabilité fixée aux alinéas 1er et 2 que par une convention collective de travail rendue obligatoire par le Roi, et ce uniquement en ce qui concerne la responsabilité à l'égard de l'employeur.

L'employeur peut, dans les conditions prévues par l'article 23 de la loi du 12 avril 1965 concernant la protection de la rémunération des travailleurs, imputer sur la rémunération les indemnités et dommages-intérêts qui lui sont dus en vertu du présent article et qui ont été, après les faits, convenus avec le travailleur ou fixés par le juge.

geber oder Dritten Schaden zufügt, haftet er lediglich für seine arglistige Täuschung und für seinen schwerwiegenden Fehler.

Für seinen leichten Fehler haftet er nur, wenn es sich um einen eher gewohnheitsmäßigen als zufälligen Fehler handelt.

Zur Vermeidung der Nichtigkeit darf von der in den Absätzen 1 und 2 festgelegten Haftung nur durch ein vom König für allgemein verbindlich erklärtes kollektives Arbeitsabkommen abgewichen werden, und zwar nur, was die Haftung dem Arbeitgeber gegenüber betrifft.

Unter den in Artikel 23 des Gesetzes vom 12. April 1965 über den Schutz der Entlohnung der Arbeitnehmer vorgesehenen Bedingungen kann der Arbeitgeber die Entschädigungen und Schadenersatzleistungen, die ihm aufgrund des vorliegenden Artikels zustehen und die nach den Vorfällen mit dem Arbeitnehmer vereinbart oder vom Richter festgelegt wurden, auf die Entlohnung anrechnen.

Wet betreffend de aansprakelijkheid van en voor personeelsleden in dienst van openbare rechtspersonen / Loi relative à la responsabilité des et pour les membres du personnel au service des personnes publiques
Gesetz über die Haftung von und für Personalmitglieder(n) im Dienste von öffentlich-rechtlichen Personen[114]

Art. 2
In geval personeelsleden in dienst van openbare rechtspersonen, wier toestand statutair geregeld is, bij de uitoefening van hun dienst schade berokkenen aan de openbare rechtspersoon of aan derden, zijn zij enkel aansprakelijk voor hun bedrog en hun zware schuld. Voor lichte schuld zijn zij enkel aansprakelijk als die bij hen eerder gewoonlijk dan toevallig voorkomt.

Art. 2
Les membres du personnel au service d'une personne publique, dont la situation est réglée statutairement, en cas de dommage causé par eux dans l'exercice de leurs fonctions à la personne publique ou à des tiers ne répondent que de leur dol et de leur faute lourde. Ils ne répondent de leur faute légère que si celle-ci présente dans leur chef un caractère habituel plutôt qu'accidentel.

Art. 2
Personalmitglieder, die in statutarischem Rahmen bei einer öffentlich-rechtlichen Person beschäftigt sind und bei der Ausübung ihres Amtes der öffentlich-rechtlichen Person oder Dritten einen Schaden zufügen, haften nur für arglistige Täuschung oder schwerwiegende Pflichtverletzungen. Sie haften nur dann für leichte Fehler, wenn es sich eher um Fehler mit Gewohnheitscharakter als um zufällige Fehler ihrerseits handelt.

114 Übersetzung vom Service central de traduction allemande (SCTA)/Zentrale Dienststelle für deutsche Übersetzungen (ZDDÜ), http://www.scta.be, zuletzt abgerufen am 25.4.2013.

Art. 3
Openbare rechtspersonen zijn aansprakelijk voor de schade die hun personeelsleden aan derden berokkenen bij de uitoefening van hun dienst, op de wijze waarop aanstellers aansprakelijk zijn voor de schade aangericht door hun aangestelden, en dit ook wanneer de toestand van deze personeelsleden statutair is geregeld of zij gehandeld hebben in de uitoefening van de openbare macht.

Art. 3
Les personnes publiques sont responsables du dommage causé à des tiers par les membres de leur personnel dans l'exercice de leurs fonctions, de la même manière que les commettants sont responsables du dommage causé par leurs préposés, et ce aussi bien lorsque la situation de ces membres du personnel est réglée statutairement que lorsqu'ils agissent dans l'exercice de la puissance publique.

Art. 3
Öffentlich-rechtliche Personen sind für den Schaden, den ihre Personalmitglieder bei der Ausübung ihres Amtes Dritten zufügen, genauso haftbar wie Auftraggeber für den Schaden, den ihre Angestellten verursachen, sowohl wenn die Personalmitglieder sich in einem statutarischen Stand befinden als auch wenn sie in Ausübung der öffentlichen Macht handeln.

Gecoördineerde wetten op de Raad van State / Lois coordonnées sur le Conseil d'Etat
Koordinierte Gesetze über den Staatsrat[115]

Art. 11
Als geen ander rechtscollege bevoegd is, doet de afdeling bestuursrechtspraak naar billijkheid en met inachtneming van alle omstandigheden van openbaar en particulier belang, bij wege van arrest uitspraak over de eisen tot herstelvergoeding voor buitengewone, morele of materiële schade, veroorzaakt door een administratieve overheid.

De eis tot herstelvergoeding is niet-ontvankelijk dan nadat de administratieve overheid een verzoekschrift om vergoeding geheel of gedeeltelijk heeft afgewezen of gedurende zestig dagen verzuimd heeft daarop te beschikken.

Art. 11
Dans le cas où il n'existe pas d'autre juridiction compétente, la section du contentieux administratif se prononce en équité par voie d'arrêt, en tenant compte de toutes les circonstances d'intérêt public et privé, sur les demandes d'indemnité relatives à la réparation d'un dommage exceptionnel, moral ou matériel, causé par une autorité administrative.

La demande d'indemnité ne sera recevable qu'après que l'autorité administrative aura rejeté totalement ou partiellement une requête en indemnité, ou négligé pendant soixante jours de statuer à son égard.

Art. 11
Ist kein anderes Rechtsprechungsorgan zuständig, befindet die Verwaltungsstreitsachenabteilung nach Billigkeit und unter Berücksichtigung aller Umstände öffentlichen und privaten Interesses im Wege von Entscheiden über Klagen auf Ersetzung der aussergewöhnlichen, von einer Verwaltungsbehörde verursachten moralischen oder materiellen Schäden.

Schadenersatzklagen sind erst dann zulässig, wenn die betreffende Verwaltungsbehörde einen Antrag auf Schadenersatz ganz oder teilweise abgewiesen hat beziehungsweise es versäumt hat, binnen sechzig Tagen darüber zu befinden.

Gerechtelijk Wetboek / Code judiciaire
Gerichtsgesetzbuch[116]

Art. 1412bis
§ 1. De goederen die toebehoren aan de Staat, de Gewesten, de Gemeenschappen, de provincies, de gemeenten, de instellingen van openbaar nut en, in het algemeen, aan

Art. 1412bis
§ 1. Les biens appartenant à l'Etat, aux Régions, aux Communautés, aux provinces, aux communes, aux organismes d'intérêt public et généralement à toutes personnes mora-

Art. 1412bis
§ 1 Vermögensgegenstände, die dem Staat, den Regionen, Gemeinschaften, Provinzen, Gemeinden, öffentlichen Einrichtungen oder allgemein allen Körperschaften des öf-

115 Übersetzung vom Service central de traduction allemande (SCTA)/Zentrale Dienststelle für deutsche Übersetzungen (ZDDÜ), http://www.scta.be, zuletzt abgerufen am 25.4.2013.
116 Übersetzung vom Service central de traduction allemande (SCTA)/Zentrale Dienststelle für deutsche Übersetzungen (ZDDÜ), http://www.scta.be, zuletzt abgerufen am 25.4.2013.

alle publiekrechtelijke rechtspersonen, zijn niet vatbaar voor beslag.

§ 2. Onverminderd het bepaalde in artikel 8, tweede lid, van de wet van 21 maart 1991 betreffende de hervorming van sommige economische overheidsbedrijven, zijn echter wel vatbaar voor beslag:

1° de goederen ten aanzien waarvan de in § 1 bedoelde publiekrechtelijke rechtspersonen verklaard hebben dat ze in beslag genomen kunnen worden. [...]

2° bij gebreke van een dergelijke verklaring of wanneer de tegeldemaking van de erin opgenomen goederen niet volstaat tot voldoening van de schuldeiser, de goederen die voor deze rechtspersonen kennelijk niet nuttig zijn voor de uitoefening van hun taak of voor de continuïteit van de openbare dienst. [...]

les de droit public sont insaisissables.

§ 2. Toutefois, sans préjudice de l'article 8, alinéa 2, de la loi du 21 mars 1991 portant réforme de certaines entreprises publiques économiques, peuvent faire l'objet d'une saisie:

1° les biens dont les personnes morales de droit public visées au § 1er ont déclarés qu'ils pouvaient être saisis. [...]

2° à défaut d'une telle déclaration ou lorsque la réalisation des biens qui y figurent ne suffit pas à désintéresser le créancier, les biens qui ne sont manifestement pas utiles à ces personnes morales pour l'exercice de leur mission ou pour la continuité du service public. [...]

fentlichen Rechts gehören, können nicht gepfändet werden.

§ 2 Ungeachtet von Art. 8 Abs. 2 des Gesetzes vom 21.März 1991 zur Änderung bestimmter öffentlicher Wirtschaftsunternehmen sind pfändbar:

1° Vermögensgegenstände, die vom Staat für pfändbar erklärt wurden. [...]

2° In Ermangelung einer solchen Erklärung oder wenn diese Vermögensgegenstände nicht zum Ersatz des Schaden des Klägers ausreichen, alle Vermögensgegenstände, die für die Amtsausübung der öffentlichen Körperschaft oder die Kontinuität des öffentlichen Dienstes offensichtlich nicht von Nutzen sind. [...]

§ 4 Dänemark

Vibe Ulfbeck

Inhaltsübersicht

A. Grundlagen

I. Rechtsstaatliche Determinanten der Verfassungsordnung

Das *Danmarks Riges Grundlov* (Dänische Verfassung, abgekürzt: GRL)[1] geht zurück auf das Jahr 1849, als die absolute Monarchie abgeschafft und die Demokratie eingeführt wurde. Seitdem wurde die Verfassung mehrfach geändert. Die letzte Novellierung fand 1953 statt. Die Verfassung gründet auf dem allgemeinen Grundsatz der Gewaltenteilung zwischen dem Gesetzgeber, der Exekutive und der Judikative, vgl. § 3 GRL. Gemäß § 63 GRL ist die Judikative ermächtigt, Entscheidungen der Exekutive zu überprüfen, wobei diese Kontrollkompetenz sich nicht auf Bereiche erstreckt, die im Ermessen der Exekutive stehen. Die Verfassung enthält zudem einen Grundrechtskatalog (§§ 71–85 GRL). Dieser Katalog wird ergänzt durch die Europäische Menschenrechtskonvention (EMRK), der Dänemark beigetreten ist. Die EMRK wurde durch Inkorporation Teil des dänischen Rechts.[2] In Staatshaftungsfällen wird meist nicht auf die Verfassung zurückgegriffen.

1 Gesetz Nr. 169 vom 6.6.1953.
2 Gesetz Nr. 750 vom 19.10.1998 mit späteren Ergänzungen.

II. Grundsätzliche Voraussetzungen einer Staatshaftung

Ursprünglich ging das dänische Recht von dem traditionellen Ansatz *„the king can do no wrong“* aus. Historisch entstammt dieser Grundsatz einer Zeit, in der die absolute Monarchie Regierungsform des Landes war (1660–1849). In diesem System war Kritik am König undenkbar, und da es keine Trennung zwischen König und Staat gab, konnte es folglich auch keine Haftung des Staates geben. Im Jahr 1849, mit Einführung der dänischen Verfassung, in der die Gewaltenteilung als grundlegendes Prinzip verankert wurde, entfiel die Grundvoraussetzung für diese Regelung. Obgleich es keinen allgemeinen Rechtssatz gab, nach dem der Staat explizit haftbar gemacht werden konnte, deutet das Schrifttum darauf hin, dass die Rechtsprechung ungefähr vom Jahr 1900 an eine solche Haftung entwickelte.[3] Schließlich wurde eine Haftung des Staates und anderer öffentlicher Einrichtungen in Form einer Haftung für fremdes Verschulden wie in 3-19-2 *Danske Lov* (Buch 3, Kapitel 19, Abschnitt 2 Dänisches Gesetz, abgekürzt: DL)[4] kodifiziert, anerkannt. Zu Beginn des 20. Jahrhunderts wurde dieses Prinzip in einigen Fällen gegenüber Gemeinden und anderen öffentlichen Körperschaften angewandt.[5] Was jedoch den Staat angeht, so wurde bezweifelt, ob dieser privatrechtlich entwickelte Grundsatz auch dann anwendbar sei, wenn es sich bei dem Arbeitgeber um den Staat handelt. Eine eindeutige Bestätigung erfolgte erst 1943 in der Entscheidung *Højesteret* (Oberster Gerichtshof, abgekürzt: H) U 1943.1072 H, in der festgestellt wurde, dass eine Haftung des Staates mit den grundlegenden Rechtsprinzipien einschließlich DL 3-19-2 im Einklang steht.

Heute wird ohne Zweifel davon ausgegangen, dass eine Haftung des Staates und anderer öffentlicher Körperschaften für Handlungen und Unterlassungen möglich ist. Zahlreiche Fälle verdeutlichen dies. Zudem scheint die Zahl der Staatshaftungsfälle in den letzten zehn bis 15 Jahren erheblich zugenommen zu haben.

III. Rechtsquellen des Staatshaftungsrechts im Überblick

Von wenigen Ausnahmen abgesehen, hat die Staatshaftung im dänischen Recht keine Gesetzesgrundlage. In den 1960er Jahren fanden Gesetzesvorarbeiten zur Staatshaftung statt, eine Gesetzgebung auf diesem Gebiet erfolgte indes nicht. Staatshaftungsrecht ist daher in erster Linie nach dänischem Recht ergangenes Richterrecht.[6] Ausnahmen hiervon sind die Verfassungsvorschriften zur Enteignung sowie einige Gesetze, die eine Haftung des Staates[7] oder unter bestimmten Voraussetzungen einen Entschädigungsanspruch begründen.[8]

Neben den Rechtsvorschriften zu den genannten besonderen Staatshaftungsbereichen können auch Gesetze mit einem größeren Anwendungsbereich von Bedeutung sein. So enthält das *Forvaltningsloven* (Verwaltungsverfahrensgesetz, abgekürzt: FVL)[9] Regelungen zum formellen Verfahren, die von Verwaltungsbehörden bei der Entscheidung von Fällen eingehalten werden müssen. Ebenso finden sich im *Retsplejeloven* (Zivilprozessgesetz, abgekürzt: RPL)[10] Verfahrens-

3 *Værum Westmark*, Offentligretligt erstatningsansvar, S. 35.
4 Gesetz vom 15.4.1683.
5 *Værum Westmark*, Offentligretligt erstatningsansvar, S. 40 ff.
6 Die rechtliche Grundlage der Rechtsfortbildung bildeten die gewöhnlichen Schadensersatzregelungen (→ A.IV.).
7 Vgl. §§ 34 und 35 Tinglysningsloven (Grundbuchgesetz, abgekürzt: TL), Gesetz Nr. 158 vom 3.9.2006 sowie Kapitel 93 a Retsplejeloven (Zivilprozessordnung), Gesetz Nr. 1053 vom 29.10. 2010 (→ B.I.4. und B.VII.).
8 Z.B. Stormflodsloven (Hochwasserschutzgesetz) Gesetz Nr. 349 vom 5.5.2000 und Offerloven (Opferschutzgesetz, abgekürzt: VOL), Gesetz Nr. 688 vom 28.6.204.
9 Gesetz Nr. 1365 vom 7.12.27.
10 Gesetz Nr. 1053 vom 29.10.2010.

vorschriften, die gerichtlich eingehalten werden müssen, und das *Erstatningsansvarsloven* (Haftungsgesetz, abgekürzt: EAL)[11] enthält Regelungen zur Schadensersatzbestimmung in Körperverletzungsfällen sowie einige Vorschriften zu den Voraussetzungen einer Schadensersatzgewährung aufgrund immaterieller Schäden in besonderen Fällen.

In den vergangenen zwanzig oder dreißig Jahren wurde das dänische Recht selbstverständlich auch durch EU-Recht und Völkerrecht beeinflusst. In Bezug auf die Staatshaftung erwiesen sich insbesondere die Rechtsprechung des Europäischen Gerichtshofs zur Staatshaftung wegen Unionsrechtsverletzungen sowie die Rechtsprechung des EGMR zu verzögerten Gerichtsverfahren als bedeutende Rechtsquellen (→ B.I.3. und 4.).

IV. Bereiche staatlicher Haftung

Ein besonderes Haftungskonzept, das speziell die Staatshaftung betrifft, existiert nicht. Aus diesem Grund ist im Zusammenhang mit Staatshaftung das gewöhnliche Schadensersatzrecht einschlägig. Allerdings werden die Grundsätze des Schadensersatzrechts bei ihrer Anwendung als Grundlage der Staatshaftung in gewissem Umfang modifiziert, wie nachstehend näher ausgeführt wird. Dies trifft wohl besonders zu auf Handlungen, die nicht auf dem Zivilrecht, sondern auf öffentlichem Recht basieren. So haftet beispielsweise eine Behörde nach denselben Vorschriften wie ein privates Unternehmen, wenn ein Angestellter bei Ausübung seiner Tätigkeit mit seinem Auto einen Schaden verursacht. Im Gegensatz dazu werden, wie später aufgezeigt wird, die gewöhnlichen Schadensersatzregelungen in gewissem Umfang abgeändert, wenn es um Handlungen geht, die auf öffentlichem Recht gründen.

Im Zusammenhang mit Staatshaftung kann zudem auch die vertragliche Haftung von Bedeutung sein. Auch wenn die Begriffe „privatrechtliche Verträge" und „öffentlich-rechtliche Verträge" im dänischen Schrifttum selten gebraucht werden, sind beide Vertragsarten bekannt. Das dänische Recht erkennt „privatrechtliche Verträge" an. Eine Behörde kann daher zum Beispiel Bauverträge, Beförderungsverträge und Lieferverträge etc. abschließen. Im Hinblick auf diese Vertragsart ist davon auszugehen, dass die gewöhnlichen privatrechtlichen Vorschriften mehr oder weniger unverändert angewendet werden,[12] wenngleich selbstverständlich nach Maßgabe der Vergaberechtsbestimmungen.[13] In einem gewissen Umfang kennt das dänische Recht auch „öffentlich-rechtliche" Verträge, bei denen eine Behörde mit einer Privatperson einen Vertrag über einen Gegenstand abschließt, der andernfalls im Wege einer Verwaltungsentscheidung beschlossen worden wäre. Unklar ist der Umfang, in dem diese Vertragsart anerkannt wird. Die Annahme, dass diese Vertragsart einer besonderen Rechtsgrundlage bedürfe, scheint keine Stütze zu haben.[14] In der rechtswissenschaftlichen Literatur wird davon ausgegangen, dass jedes Rechtsgebiet gesondert zu betrachten sei.[15] So wird beispielsweise angenommen, dass die Pflicht der Polizei, Recht und Ordnung aufrechtzuerhalten, nur im Wege verwaltungsrechtlicher Entscheidungen wie Verbote und ohne den Einsatz eines Vertrags als Hilfsmittel erfüllt werden kann.[16] Im Gegensatz dazu kann im Bereich der Enteignung auf Verträge zurückgegriffen

11 Gesetz Nr. 885 vom 20.9.2005.
12 *Andersen/Madsen*, Aftaler og mellemmænd, S. 275.
13 Siehe *Treumer*, in: Droit Comparé des Contracts Publics, S. 543 ff.
14 *Garde et al*, Forvaltningsret, S. 102.
15 *Garde et al*, Forvaltningsret, S. 102.
16 *Garde et al*, Forvaltningsret, S. 102.

werden.[17] Besondere Regelungen zu „öffentlich-rechtlichen Verträgen" wurden nicht entwickelt. Im rechtswissenschaftlichen Schrifttum wird jedoch davon ausgegangen, dass das gewöhnliche Vertragsrecht bei öffentlich-rechtlichen Verträgen möglicherweise abgeändert werden müsse, um öffentlich-rechtliche Prinzipien wie den Grundsatz der Gleichheit und Verhältnismäßigkeit bei der Vertragsauslegung zu berücksichtigen.[18] Außerdem wird die Ansicht vertreten, dass die rechtlichen Möglichkeiten, einen Vertrag zu beenden oder den Vertragsinhalt zu ändern, bei einem öffentlich-rechtlichen Vertrag erweitert werden müssten, da sich mit der Änderung öffentlich-rechtlicher Vorschriften auch die Umstände ändern, unter denen der Vertrag abgeschlossen wurde.[19] Das dänische Recht kennt keine strenge Unterscheidung zwischen „privatrechtlichen Verträgen" und „öffentlich-rechtlichen Verträgen". Das Ausmaß, in dem bei Verträgen zwischen Behörden und Privatparteien öffentlich-rechtliche Vorschriften das private Vertragsrecht beeinflussen, scheint vielmehr abgestuft zu sein.[20]

Eine Staathaftung ist grundsätzlich möglich für Akte der Exekutive, der Legislative und der Judikative.[21]

B. Haftungsbegründung

I. Relevantes Verhalten

1. Grundlagen

Grundsätzlich handelt es sich bei der Staatshaftung noch immer um eine Haftung für fremdes Verschulden. Somit beruht die Haftung einer Behörde prinzipiell auf dem Grundsatz, nach dem ein Arbeitgeber für fremde fahrlässige Handlungen und Unterlassungen eines Angestellten nach 3-19-2 DL haftet. Dies bedeutet zunächst einmal, dass die fahrlässige Handlung oder Unterlassung durch einen Angestellten begangen worden sein muss. Zweitens muss der Angestellte bei der Schadensverursachung im Rahmen seiner Anstellung aufgetreten sein. Verursacht ein Angestellter beispielsweise einen Schaden auf dem Weg zur Arbeit, haftet der Arbeitgeber nicht. Drittens besteht grundsätzlich keine Haftung für Übermaßhandlungen (*ultra vires*). Der Grundsatz der Haftung für fremdes Verschulden ist jedoch nur der theoretische Ausgangspunkt. In der Praxis ist seit langem anerkannt, dass es für die Begründung einer Behördenhaftung nicht erforderlich ist, das Verschulden einer individuellen Person nachzuweisen. Die Behörde haftet auch in Fällen anonymer Fahrlässigkeit, d.h. in Situationen, in denen Fahrlässigkeit seitens der Behörde eindeutig feststeht, es jedoch nicht möglich ist, die Identität desjenigen zu ermitteln, der konkret fahrlässig gehandelt hat, und damit die Haftung eines individuellen Angestellten festzustellen. Der Grundsatz der Haftung für fremdes Verschulden wurde weiter ausgehöhlt durch den Umstand, dass die Behörde auch für sogenannte „kumulative Fehler" haftet. Hierbei ist es zur Begründung einer Behördenhaftung ausreichend, wenn eine Reihe geringfügiger Fehler verschiedener Angestellter zusammengenommen zu einem Verlust aufseiten eines Dritten führen, selbst wenn jeder Fehler für sich genommen nicht ausreichen würde, um eine Haftung des Angestell-

17 *Garde et al*, Forvaltningsret, S. 102.
18 *Andersen/Madsen*, Aftaler og mellemmaend, S. 275.
19 *Andersen/Madsen*, Aftaler og mellemmaend, S. 275; *Garde et al*, Forvaltningsret, S. 103.
20 *Andersen/Madsen*, Aftaler og mellemmaend, S. 276. Es ist festzustellen, dass die dänischen Verfahrensvorschriften eine Unterscheidung zwischen „privatrechtlichen Fällen" und „öffentlich-rechtlichen Fällen" nicht voraussetzen, da die Gerichte im Allgemeinen nicht spezialisiert sind, sondern sich mit allen Arten von Fällen befassen. Dies ermöglicht eine weniger konzeptionelle, dafür aber pragmatischere Herangehensweise.
21 Siehe allgemein *Ulfbeck*, Erstatningsretlige grænseområder, S. 247 ff.; *Garde et al*, Forvaltningsret, S. 11.

ten zu begründen. Folglich kann konstatiert werden, dass Staatshaftung tatsächlich keine Haftung für fremdes Verschulden, sondern vielmehr eine Art öffentlicher „Unternehmenshaftung" darstellt.

Ein interessantes Merkmal dieser öffentlichen Unternehmenshaftung ist der Umstand, dass das Verschuldenserfordernis in verschiedenen Situationen eine unterschiedliche Rolle spielt. In bestimmten Fällen ist die Haftung einigermaßen verschuldensunabhängig, was bedeutet, dass die Frage, ob der Behörde ein Schuldvorwurf zu machen ist, als kaum relevant angesehen wird, solange das Auftreten eines Fehlers eindeutig feststeht. In diesen Fällen nähert sich die Haftung sehr einer echten verschuldensunabhängigen Haftung. Bisweilen ist jedoch die Geltendmachung besonderer Entschuldigungsgründe möglich. So wird – wie im Folgenden erläutert wird – manchmal als Entschuldigung anerkannt, dass die Behörde einer „vertretbaren Fehleinschätzung der Rechtslage" unterlag. Auch ein Ressourcenmangel wird in gewissem Umfang als zulässige Entschuldigung angesehen.[22]

2. Handlungen der Exekutive

a) Entscheidungen

Bezüglich Handlungen der Exekutive zeigen zahlreiche Fälle, dass eine Haftung des Staates möglich ist. Der Grad der Verschuldensabhängigkeit variiert jedoch je nach Art der Handlung. Was die Haftung für nichtige Verwaltungsbeschlüsse angeht, so können Verfahrensfehler ebenso wie die materielle Unrichtigkeit der Entscheidung eine Haftung auslösen. Ein Beispiel für eine Haftung aufgrund von Verfahrensfehlern findet sich im Fall *Vestre Landsret* (Westliches Landgericht, abgekürzt: V) U 2007.1749 V, in dem das Gericht entschied, dass im vorliegenden Fall die Bemühungen zur Sachverhaltsermittlung unzureichend waren, weswegen von einer Haftung ausgegangen wurde. Ist eine Entscheidung aufgrund ihres Inhalts nichtig, scheint eine Vermutung dahingehend zu bestehen, dass das Fahrlässigkeitserfordernis zivilrechtlicher Haftung (Deliktsrecht) erfüllt ist. Demzufolge ist die Haftung in diesen Fällen oft nahezu vollständig verschuldensunabhängig.[23] Bisweilen wird die Entscheidung, eine Haftung aufzuerlegen, darauf gestützt, dass eine durch eine Behörde erlassene unrichtige Entscheidung auf Seiten des Individuums/Bürgers bestimmte berechtigte Erwartungen hervorgerufen hat. Folglich liegt der Schwerpunkt nicht auf einem möglichen Verschulden der Behörde. Diese Begründung findet sich in zahlreichen Fällen. Klassisches Beispiel ist wahrscheinlich die Entscheidung U 1983.1000 H, in der eine Gemeinde unrechtmäßig eine Genehmigung zur Errichtung einer Tankstelle erteilt hatte und der Eigentümer des Grundstücks im Vertrauen auf die Genehmigung Kosten aufwendete und Investitionen tätigte. Die Gemeinde haftete, und zwar hauptsächlich im Hinblick auf dieses Vertrauen.[24] Die Haftung für fehlerhafte Entscheidungen ist jedoch nicht immer so verschuldensunabhängig. Die Behörde kann sich mitunter exkulpieren aufgrund mangelnder Rechtsklarheit zum Zeitpunkt der fehlerhaften Entscheidung, vgl. z.B. U 2002.1566 H, oder bei Vorliegen einer unbestimmten und ungenauen Rechtsnorm, die von der Behörde im Sinne der getroffenen Entscheidung ausgelegt werden durfte, auch wenn diese Entscheidung später durch ein Rechtsmittelverfahren verworfen wird, vgl. z.B. U 2003.1331 H.[25]

---

22 Zur allgemeinen Frage, ob die Staatshaftung im dänischen Recht als verschuldensunabhängig bezeichnet werden kann, vgl. *Ulfbeck*, Erstatningsretlige grænseområder, S. 250–252.

23 *Garde et al*, Forvaltningsret, S. 572.

24 Vgl. auch U 1999.286 V und U 1991.907/2 H.

25 Vgl. dazu die Entscheidung U 1999.1261 V, in der ungeachtet der Tatsache, dass die Gemeinde die Rechtslage missverstanden hatte, von einer Haftung ausgegangen wurde.

Die Haftung hängt auch dann mehr vom Verschulden ab, wenn es eine um verzögerte Sachbearbeitung bzw. um ein verzögertes Verfahren geht. Tatsächlich scheinen die Gerichte einer Haftungsanordnung in diesen Fällen zurückhaltend gegenüberzustehen. Als jüngste Beispiele seien *Østre Landsret* (Östliches Landgericht, abgekürzt: Ø) U 2001.956 Ø sowie U 2000.1124 H erwähnt. Einer der Gründe für die anscheinend milde Haftung in diesen Fällen ist der Umstand, dass ein Ressourcenmangel als zulässiger Entschuldigungsgrund der Exekutive anerkannt wird (→ B.I.2.b.). In diesem Zusammenhang sollte auch die Entscheidung U 2005.523 H erwähnt werden. In diesem Fall musste eine Person 13 Jahre auf eine Entscheidung warten und entwickelte infolgedessen eine psychische Erkrankung. Dennoch wurde eine Haftung abgelehnt. Begründet wurde dies damit, dass die Entwicklung einer psychischen Erkrankung unvorhersehbar sei.[26]

b) Dienstleistungen

Lokale öffentliche Körperschaften sind oft mit der Aufgabe betraut, gegenüber den Gesellschaftsmitgliedern öffentliche Dienstleistungen zu erbringen. Öffentliche Einrichtungen wie Krankenhäuser, Schulen, Kinderbetreuungsstätten etc. sind in Dänemark daher örtlichen Gemeinden oder übergeordneten Regionen angegliedert. Mehrere Fälle betrafen die Haftung der Gemeinden für die Qualität ihrer Dienstleistungen. Der Präzedenzfall in diesem Bereich ist U 1985.368 H. In diesem Fall starb eine Frau nach einer Operation in einem Krankenhaus. Grund hierfür war eine unzureichende Überwachung durch das Krankenhaus. Es wurde zweifelsfrei festgestellt, dass der Unfall hätte vermieden werden können, wenn die Überwachung intensiver gewesen wäre. Es handelte sich jedoch um ein vergleichsweise kleines Krankenhaus in einer mittelgroßen Stadt, welches nicht über die notwendigen Ressourcen verfügte, um einen solchen Überwachungsgrad sicherzustellen. Das Gericht entlastete das Krankenhaus (die Gemeinde), da dem Krankenhaus unter Berücksichtigung der vorhandenen wirtschaftlichen Ressourcen kein Vorwurf zu machen sei. Die Entscheidung wurde dahingehend ausgelegt, dass die Gerichte sich in die wirtschaftliche und politische Prioritätensetzung einer Körperschaft des öffentlichen Rechts nicht einmischen.

In der Folgezeit schlossen sich mehrere gerichtliche Entscheidungen dieser Begründung an, vgl. z.B. U 2000.1196/2 H sowie aktueller U 2008.2813 H.[27] In der Rechtslehre[28] wurde die Ansicht vertreten, die Rechtsprechung sei mit der Einschränkung zu verstehen, dass das Argument der Nichteinmischung der Gerichte in die wirtschaftliche und politische Prioritätensetzung nur insoweit Anwendung finde, als die öffentliche Körperschaft die Dienstleistungen mit dem erforderlichen Mindeststandard ausführt. Unklar ist, wie der Mindeststandard hinsichtlich verschiedener Arten von Dienstleistungen festzulegen ist. Die entsprechende Gesetzgebung mit ihrer Verwendung ungenauer und unbestimmter Begriffe stellt diesbezüglich häufig keine Orientierungshilfe dar. Als Beispiel sei die Entscheidung U 1980.970 Ø erwähnt, in der es um die Ganztagesbetreuung von Kindern ging. Das maßgebliche Gesetz überließ es der Gemeinde, für eine „ausreichende Zahl an Betreuungsplätzen“ zu sorgen. Als eine Mutter, die für ihr Kind keinen Platz bekommen hatte, auf Schadensersatz klagte, entschied das Gericht, dass die Gemeinde die Vorgaben (den Mindeststandard) erfüllt hatte, auch wenn die konkrete Klägerin für sechs Monate keinen Platz bekommen hatte. Eine interessante Frage ist, ob Klagen mehr Aussicht auf

---

26 Vgl. zur Haftung für immateriellen Schaden (Schmerzensgeld) gemäß der EGMR-Rechtsprechung die nachstehenden Ausführungen (→ B.I.4.).

27 Das Argument knapper Ressourcen wurde nicht nur in Fällen vorgebracht, in denen es um Dienstleistungen der öffentlichen Hand ging, sondern auch bei überlanger Entscheidungsdauer eines Falles, siehe U 2001.956 Ø und FED 2003.1348 H.

28 *Pontoppidan*, Kommentarer til højesteretsdomme afsagt i tiden December 1984–april 1985, U 1985B.248.

Erfolg haben, wenn Kläger ihre Ansprüche auf Gesetze stützen, die von einem „auf Rechten beruhenden Ansatz" ausgehen. Gewährt der Staat dem Einzelnen ein Recht auf Sozialleistungen, so ist davon auszugehen, dass es mitunter leichter ist, Fälle zu bestimmen, in denen eine öffentliche Körperschaft nicht ihren Mindestverpflichtungen entsprochen hat, da letztere eindeutiger festgeschrieben sind. Die Frage der Mindeststandardbestimmung war in jüngerer Zeit von Bedeutung in der Entscheidung U 2010.1394 H, in der ein Kind und seine Eltern eine Schule mit der Begründung verklagten, die Schule sei ihren Pflichten in Bezug auf legasthenische Kinder nicht nachgekommen. Die Schule wurde jedoch entlastet, da sie nach Auffassung des Gerichts den Mindeststandards entsprochen hatte.

3. Handlungen der Legislative

Legislative Handlungen und Unterlassungen können ebenfalls eine Haftung auslösen. In der Vergangenheit fanden sich dafür nur vereinzelte Beispiele im dänischen Recht. In dem der Entscheidung U 1960.322 H zugrundeliegenden Fall hatte das Justizministerium eine Durchführungsverordnung erlassen. Der Kläger war der Ansicht, dass das Ministerium nicht zum Erlass dieser Verordnung ermächtigt gewesen sei. Das Gericht entlastete jedoch das Ministerium mit der Begründung, dass die streitentscheidende Vorschrift aufgrund ihrer weiten Formulierung dahingehend auszulegen sei, dass das Ministerium zum Erlass der Verordnung ermächtigt war. Im Gegensatz dazu haftete in der Entscheidung U 1967.15 H ein Ministeriumsressort für die Genehmigung eines städtischen Bebauungsplans, der einer Rechtsgrundlage entbehrte. Die Haftung für legislative Handlungen gilt im Allgemeinen als sehr mild.[29] Die Frage einer Haftung in solchen Fällen hat im Hinblick auf das EU-Recht an Bedeutung zugenommen. Bislang sind jedoch keine Fälle verzögerter oder fehlerhafter Umsetzung von Unionsrecht in dänisches Recht aufgetreten. Folglich bleibt abzuwarten, wie die Entscheidung *Brasserie du Pecheur SA* (EuGH Rs. C-46/93 und C-48/93) sowie das Erfordernis einer „hinreichend qualifizierten" Unionsrechtsverletzung in dänischem Recht umgesetzt werden (→ B.II.).

4. Richterliches Handeln

Was fehlerhafte Entscheidungen betrifft, gilt grundsätzlich die Einlegung von Rechtsmitteln als maßgebliche Korrekturmaßnahme. Aus diesem Grund gibt es nur sehr wenige Entscheidungen bezüglich einer Haftung in solchen Fällen. Einen aktuellen Fall behandelt die Entscheidung U 2000.74 H. Im streitgegenständlichen Fall hatte ein Richter mit dem Erlass eines Urteils in Abwesenheit des Beklagten eindeutig sorgfaltswidrig gehandelt. Dennoch entlastete der Oberste Gerichtshof den Richter, da der Kläger keinen Versuch unternommen hatte, das Verfahren wieder aufnehmen zu lassen. Dieser Fall zeigt deutlich, dass die Haftung für fehlerhafte Entscheidungen sehr mild ist.[30] Der Schaden beläuft sich häufig lediglich auf die Rechtsmittelkosten.[31] In der Regel haftet der Staat und nicht der Richter persönlich für Schäden, die durch sorgfaltswidrige Handlungen oder Unterlassungen des Richters verursacht wurden. Der Staat wird damit als

---

29 *Garde*, Forvaltningsret, S. 572; *Skovgaard*, Offentlige Myndigheders Erstatningsansvar, S. 265.

30 Andere Fälle sind U 1964.109 H sowie U 1961.656 Ø und U 1971.931 Ø. Vgl. auch *Gomard/Kistrup*, Civilprocessen, S. 173.

31 Bis vor kurzem gestattete eine besondere Vorschrift im RPL dem Rechtsmittelgericht, die aufgrund der fehlerhaften Entscheidung entstandenen Rechtsmittelkosten dem Richter des Instanzgerichts aufzuerlegen, vgl. U 1965. 901V und U 1934.810 Ø, die eine Anwendung dieser Vorschriften als Rechtsgrundlage eines Schadensersatzanspruchs ablehnten. Die Vorschrift wurde durch das Gesetz Nr. 554 vom 24.6.2005 als eine Rechtsnorm von geringer praktischer Bedeutung aufgehoben, vgl. *Gomard/Kistrup*, Civilprocessen, S. 172.

für fremdes Verschulden haftend angesehen, wobei die Haftung des Richters üblicherweise nach § 23 Abs. 2 EAL oder einer Analogie dieser Vorschrift ausgeschlossen ist. Gemäß § 23 Abs. 2 EAL ist die Haftung des Arbeitnehmers vollständig oder teilweise auf einen Umfang zu beschränken, der angemessen erscheint. Die Anwendung dieser Vorschrift führt grundsätzlich zu dem Ergebnis, dass die Haftung des Richters nicht aufrechterhalten wird.[32] Bestimmte Sondervorschriften begründen eine verschuldensunabhängige Staatshaftung für Rechtshandlungen des *Tinglysningsretten* (Grundbuchgerichts).[33] In diesen Fällen haftet der Staat „unmittelbar" (d.h. nicht nur für fremdes Verschulden).[34]

Was verzögerte Gerichtsverfahren angeht, so betrafen einige diesbezügliche Fälle auch eine mögliche richterliche Haftung. Beispiele für eine Haftung aufgrund überlanger Entscheidungsfindung sind U 1953.567 V und U 1995.224 Ø (bezüglich einer Grundbucheintragung). In beiden Fällen wurde eine Haftung des Richters verneint.[35] Damit zeichnet sich im dänischen Recht ein allgemeines Bild ab, wonach bislang nur wenige Fälle zur Haftung aufgrund verzögerter Verfahren aufgetreten sind und es nicht einfach ist, mit einem entsprechenden Anspruch Erfolg zu haben. Einige jüngere Fälle des EGMR zu überlangen Verfahren vor dänischen Gerichten könnten diesbezüglich eine Kampfansage gegenüber dem dänischen Rechtssystem darstellen. Der EGMR entschied dementsprechend in den Fällen *Christensen/Denmark*[36] und *Valentin/Denmark*,[37] in denen die Fallbearbeitung einschließlich Gerichtsverfahren elf bzw. mehr als 17 Jahre gedauert hatte, dass das Recht auf ein faires und rechtsstaatliches Verfahren nach Art. 6 EMRK verletzt wurde. Im Hinblick auf Art. 13 EMRK und das Erfordernis einer wirksamen Beschwerde haftete der dänische Staat dementsprechend. Diese Haftungsform ist jedoch nicht unproblematisch im Hinblick auf das dänische Recht, wonach es grundsätzlich nicht möglich ist, Schadensersatz für einen immateriellen Schaden zu erhalten, es sei denn, das Gesetz sieht dies ausdrücklich so vor. Die jüngsten Entscheidungen des EGMR werfen die Frage auf, ob dies geändert werden muss.[38]

II. Relevante Normverstöße

Ein wichtiges Gesetzeswerk im Zusammenhang mit der Staatshaftung ist das FVL. Darin werden die Grundregeln aufgestellt, an die sich die Verwaltung beim Erlass von Entscheidungen halten muss. So enthält das Gesetz beispielsweise Vorschriften zu Parteianhörung und Handlungsfähigkeit sowie Anforderungen an die Entscheidungsbegründung etc. Ohne Zweifel stellt das Außerachtlassen dieser Vorschriften durch öffentliche Körperschaften eine erhebliche Rechtsverletzung dar. Häufig scheitert ein Schadensersatzanspruch jedoch daran, dass der Kläger nicht beweisen kann, dass die Verletzung einen Schaden verursacht hat. Beispiel hierfür ist der Fall U 2005.320 H, in dem eine lokale Behörde die Pflicht zur Anhörung der beteiligten Parteien nicht beachtet hatte. Das Gericht kam jedoch zu dem Ergebnis, dass kein Grund zu der Annahme be-

32 Bis vor kurzem sah eine besondere Vorschrift in § 1022a RPL die Subsidiarität der Haftung des Staates gegenüber der richterlichen Haftung vor. Diese Vorschrift wurde durch das Gesetz Nr. 554 vom 24.6.2005 aufgehoben, vgl. dazu weitere *Gomard/Kistrup*, Civilprocessen, S. 174, Fn. 42.

33 §§ 34 und 35 TL.

34 *Gomard/Kistrup*, Civilprocessen, S. 174, Fn. 42.

35 Vgl. auch U 1972.846 Ø.

36 Beschwerde-Nr. 247/07, Entscheidung vom 22.1.2009.

37 Beschwerde-Nr. 26461/06, Entscheidung vom 26.3.2009.

38 Zur Auslegung von Artikel 13 EMRK im Hinblick auf dänisches Recht vgl. *Lorenzen et al.*, Den Europæiske Menneskerettighedskonvention, S. 520 ff.

stehe, dass die von der Behörde getroffene Entscheidung anders ausgefallen wäre, wenn sie den Vorschriften des FVL gefolgt wäre. Folglich wurde die Behörde entlastet.

Öffentliche Körperschaften führen außerdem in mehreren besonderen Bereichen Gesetze aus. Beispiele hierfür sind Rechtsnormen zum Schutz der Umwelt im *Miljøbeskyttelsesloven* (Umweltschutzgesetz, abgekürzt: MBL)[39], Rechtsnormen zur Bauplanung im *Planloven* (Planungsgesetz, abgekürzt: PL)[40] sowie etliche andere Vorschriften.

Kennzeichnend für alle diese Regelungen ist, dass es sich dabei um öffentlich-rechtliche Gesetze handelt. Die Missachtung dieser Regelungen ist nicht immer zur Begründung einer Haftung aus unerlaubter Handlung ausreichend. So verdeutlicht eine Reihe von Entscheidungen, dass ein Rechtsverstoß nicht zwangsläufig eine Haftung auslöst. Haftungsvoraussetzung ist, dass das Gesetz den Schutz privater Interessen bezweckt (sofern es sich beim Kläger um eine natürliche Person handelt). In einigen Fällen erwies sich diese Voraussetzung als entscheidend und führte zu einer Entlastung der öffentlichen Körperschaft.

Aktuelles Beispiel ist die Entscheidung U 2010.2142 H. Dieser Fall betraf die Errichtung eines Supermarktes. Die lokale Behörde hatte den Bau genehmigt. Später stellte sich jedoch heraus, dass die Genehmigung rechtswidrig war und gegen Vorschriften des PL verstieß. Die Inhaber kleinerer Geschäfte in der Umgebung verklagten die Behörde und verlangten Schadensersatz wegen entgangenen Gewinns infolge der Supermarkterrichtung. Das Gericht stellte fest, dass die Behörde sorgfaltswidrig gehandelt und dadurch einen Schaden auf Seiten der Geschäftsinhaber verursacht hatte. Allerdings war das Gericht weiter der Auffassung, dass das PL nicht den Schutz von Privatparteien bezweckt. Folglich wurde eine Haftung der Behörde abgelehnt. Ein ähnliches Beispiel ist U 2005.3326 H.

In anderen Fällen hielten die Gerichte es hingegen für notwendig, Ausnahmen von diesem Grundsatz zu machen. In Fällen, in denen eine öffentliche Körperschaft grob fahrlässig gehandelt oder offensichtliche Fehler gemacht hatte, gingen die Gerichte von einer Haftung aus, obgleich die Rechtsnorm, gegen die verstoßen wurde, nicht in erster Linie dem Schutz privater Parteien zu dienen bestimmt ist, vgl. z.B. U 2003.1331 H und U 2002.864 V.

Besonders relevant ist die Frage der geschützten Interessen im Zusammenhang mit der Ausübung öffentlicher Kontrolle und Überwachung. Kennzeichnend für dieses Rechtsgebiet ist, dass die Aufgaben, die von einer Kontroll- und Überwachungskörperschaft ausgeführt werden, durch gesetzliche Vorschriften bestimmt werden. Die Kontroll- und Überwachungskörperschaft ist häufig ermächtigt, Verbote und Vollstreckungsanordnungen zu erlassen. Meistens ist klar, dass die Vorschriften im Ansatz allgemeinen gesellschaftlichen Interessen dienen. So ist die Gewährleistung zufriedenstellender Arbeitsbedingungen für die Gesellschaft im Allgemeinen Hauptziel der Regelungen im *Arbejdsmiljøbeskyttelsesloven* (Arbeitsschutzgesetz, abgekürzt: AMBL),[41] das die *Arbejdsmiljøtilsynet* (Arbeitsschutzbehörde) ermächtigt, Verbote und Vollstreckungsanordnungen zu erlassen.

Hat die öffentliche Kontroll- und Überwachungskörperschaft ihre Pflichten auf die eine oder andere Weise nicht sorgfältig ausgeführt, stellt sich die Frage, ob eine private Partei, die einen Schaden erlitten hat, einen Anspruch auf Schadensersatz hat. Da der Zweck von Kontroll- und Überwachungskörperschaften in erster Linie der Schutz öffentlicher Interessen ist, ist fraglich, ob dies auch private Interessen umfasst.

Präzedenzfall in dieser Hinsicht ist U 1976/2 Ø. In dem zugrundeliegenden Fall bestand ein Auto eine TÜV-Prüfung durch die öffentliche Fahrzeugprüfstelle. Der Käufer des Autos verließ

---

39 Gesetz Nr. 879 vom 26.6.2010.
40 Gesetz Nr. 937 vom 24.9.2009.
41 Gesetz Nr. 1072 vom 7.9.2010.

sich auf dieses Ergebnis, allerdings stellte sich später heraus, dass das Auto gravierende Mängel aufwies, die seinen Wert erheblich minderten. Obwohl klar war, dass die öffentlich-rechtlichen Vorschriften zum Erfordernis einer regelmäßigen Fahrzeugüberprüfung nicht zum Schutz privater Käufer erlassen wurden, haftete die öffentliche Fahrzeugüberwachungsstelle dennoch. Nach Auffassung des Gerichts war von einer Haftung auszugehen, weil der Fehler der öffentlichen Fahrzeugüberwachungsstelle gravierend war und weil davon auszugehen ist, dass regelmäßige Fahrzeugüberwachungen auf Seiten der Käufer grundsätzlich berechtigte Erwartungen hinsichtlich Zustand und Qualität der verkauften Autos wecken. Die Entscheidung U 2003.559 H betraf einen ähnlichen Fall.

Damit ist grundsätzlich festzustellen, dass eine Haftung für Kontroll- und Überwachungskörperschaften auf besondere Fälle beschränkt ist, in denen die Tätigkeit der Behörde auf eine Art und Weise organisiert und durchgeführt wurde, die berechtigte Erwartungen bei einer natürlichen Person weckt. Außerdem muss der Kontroll- und Überwachungskörperschaft ein erheblicher Fehler unterlaufen sein.

Was das EU-Recht betrifft, so sind, wie bereits ausgeführt, bislang keine Fälle zur Frage einer Haftung des dänischen Staates für Unionsrechtsverletzungen aufgetreten. Unklar ist, ob dänische Gerichte eine Haftung von denselben Voraussetzungen abhängig machen werden wie der EuGH, d.h. von einer Haftung gemäß den in den Fällen *Francovich* (EuGH Rs. C-6/90) und *Brasserie du Pecheur SA* (EuGH Rs. C-46/93 und C-48/93) aufgestellten Grundsätzen ausgehen. Ungeklärt ist insbesondere, ob ein dänisches Gericht bei der Frage, ob eine Richtlinie individualrechtsschützend ist (Schutzweck der Norm), dieselben Kriterien wie der EuGH anwenden würde.[42] Bisher haben dänische Gerichte bezüglich dieser Frage in anderen Zusammenhängen eine restriktivere Haltung vertreten als der EuGH, der das Kriterium der unmittelbaren Wirkung auch bei der Frage der Haftung anwendet. Es ist anzunehmen, dass eine Unionsrechtsverletzung unter diesen Einschränkungen auch einen relevanten Rechtsverstoß darstellt.

Hinsichtlich des Völkerrechts muss zwischen Völkergewohnheitsrecht und Völkerrechtsverträgen unterschieden werden. Völkergewohnheitsrecht wird von dänischen Gerichten unmittelbar angewendet und wird als eine dem dänischen Recht gleichrangige Rechtsquelle angesehen.[43] Was internationale Verträge angeht, so ist die Rechtslage weniger klar. Wurde der Vertrag durch Inkorporation Teil des dänischen Rechts, so kann das Inkorporationsgesetz prinzipiell Grundlage eines Schadensersatzanspruchs sein, sofern das Gesetz dem Einzelnen Rechte verleiht (oder dem Staat Pflichten überträgt, die Individualrechte widerspiegeln). Bisweilen enthält das nationale dänische Schadensersatzrecht jedoch Einschränkungen, die das Schadensersatzrecht zu einem weniger effektiven Mittel zur Durchsetzung internationaler Verpflichtungen machen. So kann beispielsweise nach dänischem Schadensersatzrecht eine Entschädigung für immaterielle Schäden nur in einem gewissen Umfang geltend gemacht werden. Dies kann zu Schwierigkeiten im Hinblick auf die Europäische Menschenrechtskonvention führen (→ C.III.). Was völkerrechtliche Verträge anbelangt, die nicht durch Inkorporation Teil des dänischen Rechts geworden sind, so begründet ein solcher Vertrag zunächst nur Rechte und Pflichten des Staates. Der Vertrag ist nicht unmittelbar anwendbar, d.h. Einzelne können sich nicht hierauf berufen. Dies wurde in der recht aktuellen Entscheidung U 2006.770 H bestätigt. In dem Fall ging es um die Frage, ob eine dänische Gesetzesvorschrift zur Arbeitslosenunterstützung im Einklang steht mit den ILO-Übereinkommen Nr. 29 und 122, wonach die Staaten verpflichtet sind, Zwangsarbeit in all ihren Formen zu beseitigen. Nach der dänischen Regelung war die Ar-

42 Ausführlich dazu *Fenger*, Forvaltning og Fællesskab, S. 938 ff.

43 *O. Spiermann*, Lovgivnings tilsidesættelse og det retlige grundlag herfor: grundlov – menneskerettigheder – traktat, U2006B.187, S. 193.

beitslosenunterstützung verbunden mit der Verpflichtung zur Annahme einer geeigneten Beschäftigung. Das Gericht entschied, dass nationale Gesetze nicht aufgrund eines nicht inkorporierten internationalen Vertrags missachtet werden könnten. Es beschränkte seine Entscheidung jedoch ausdrücklich auf die Nichtanwendung nationaler Gesetze. Es ist daher davon auszugehen, dass ein nicht inkorporierter internationaler Vertrag bei der Auslegung nationaler Bestimmungen als Rechtsquelle in Betracht kommen kann. Es ist wohl auch nicht auszuschließen, dass ein solcher Vertrag Grundlage eines Schadensersatzanspruchs sein kann, sofern die Auferlegung einer Haftung nicht im Ergebnis mit der Nichtanwendung nationaler Regelungen gleichzusetzen ist.[44]

III. Schutzgutbezogenheit

Das dänische Recht enthält keine Bestimmungen, die den Schluss nahelegen, dass der Schutz bestimmter Interessen in Fällen öffentlicher Haftung größeren Stellenwert hat als der anderer Interessen. Die Haftungsvorschriften sind daher stets dieselben, unabhängig davon, ob der Schaden in einer Körperverletzung, einer Sachbeschädigung oder einem Vermögensschaden besteht. Dennoch neigen Gerichte bei Vorliegen einer Körperverletzung sehr wahrscheinlich eher dazu, von einer ausreichenden Haftungsbegründung auszugehen, als wenn der Fall „nur" einen wirtschaftlichen Schaden umfasst. Die Empathie in Körperverletzungsfällen zeigt sich auch in den Ausgleichsregelungen, denen zufolge der Staat in bestimmten Fällen fremdverursachter Körperverletzungen eine Entschädigung zahlt. Ein Beispiel hierfür ist das VOL.

IV. Zurechnung

Der Staat haftet für Handlungen der öffentlichen Angestellten. Dazu zählen unter anderem Mitarbeiter der Exekutive, d.h. der Ministerien, und anderer staatlicher Organe.

Was die Justiz betrifft, sah § 1022a RPL bis vor kurzem lediglich eine subsidiäre Haftung des Staates vor. Zunächst einmal musste der Richter persönlich in Anspruch genommen werden und nur für den Fall, dass Vollstreckungsversuche bezüglich des Urteils vergeblich waren, haftete der Staat. § 1022a RPL wurde 2005 außer Kraft gesetzt, da die Vorschrift nicht den Grundsätzen der Arbeitgeberhaftung gemäß dänischem Schadensersatzrecht zu entsprechen schien. Heutzutage haftet der Staat daher grundsätzlich für Handlungen und Unterlassungen von Richtern und anderen Justizangestellten.[45]

Zudem haftet der Staat für fehlerhafte Rechtsakte wie beispielsweise eine unzureichende Umsetzung von Unionsrecht oder völkerrechtlichen Verpflichtungen.

Im Gegensatz dazu haftet der Staat jedoch nicht für das Handeln lokaler öffentlicher Körperschaften wie Gemeinden.

---

44 *O. Spiermann*, Lovgivnings tilsidesættelse (Fn. 43), S. 193.
45 *Gomard/Kistrup*, Civilprocessen, S. 174.

V. Kausalität

Grundsätzlich gelten auch bei der Staatshaftung die gewöhnlichen Kausalitätsregeln. Dies bedeutet, dass der Anspruchsteller prinzipiell beweisen muss, dass der Schaden durch eine fehlerhafte Handlung oder Unterlassung einer öffentlichen Körperschaft verursacht wurde.

In manchen Fällen ergeben sich jedoch besondere Probleme in Bezug auf die Kausalität. Betrifft der Fall zum Beispiel eine Verwaltungsentscheidung, die nach öffentlich-rechtlichen Regelungen unwirksam ist, weil der dabei auftretende Behördenfehler nach allgemeiner Auffassung als schwerwiegend anzusehen ist, so kann daraus nicht automatisch geschlossen werden, dass auch das Kausalitätserfordernis in Bezug auf einen Schadensersatzanspruch erfüllt ist. Ist eine Entscheidung beispielsweise unwirksam, weil öffentlich-rechtliche Vorschriften zur Anhörung missachtet wurden, bedeutet dies nicht zwangsläufig, dass eine andere Entscheidung ergangen wäre, wenn der Fehler nicht aufgetreten wäre. Mit anderen Worten steht in Fällen wie diesem nicht eindeutig fest, dass der Behördenfehler tatsächlich den Schaden des Anspruchstellers im Sinne eines „wenn-dann" Testes (*conditio sine qua non*) verursacht hat. Der Anspruchsteller hat zunächst zu beweisen, dass das Kausalitätserfordernis erfüllt ist, allerdings gehen die Gerichte bisweilen in diesen Fällen von einer Beweislastumkehr aus, sodass es Sache der Behörde ist, zu beweisen, dass der Schaden nicht durch ihren Fehler verursacht wurde. Beispiel hierfür ist die Entscheidung U 2005.320 H bezüglich einer nicht erfolgten Parteianhörung.

Das gleiche Problem stellt sich, wenn die Verwaltungsentscheidung unwirksam ist, weil sie sich auf eine Rechtsnorm stützt, die für die Entscheidung keine ausreichende Rechtsgrundlage darstellt. In solchen Fällen kann die Exekutive vorbringen, dass der Fehler keinen Schaden verursacht hat, weil als Rechtsgrundlage für die Entscheidung eine andere Rechtsnorm herangezogen werden könnte.

Zuletzt sollte erwähnt werden, dass in Fällen grober Fahrlässigkeit seitens der öffentlichen Körperschaft die Tendenz dahin geht, eine mildere Kausalitätsprüfung vorzunehmen oder die Beweislast zu verschieben.

VI. Relevanz von Verschulden

Wie aus den obigen Ausführungen ersichtlich, ist das Verschulden grundsätzlich eine Haftungsvoraussetzung. In einigen Fällen ist dies eindeutig. Darunter fallen beispielsweise Fälle knapper Ressourcen wie in den Entscheidungen U 1985.368 H, U 2000.1196/2 H, U 2008.2813 H und U 2010.1394 H (→ B.I.2.b.). Entsprechend den Ausführungen unter B.I.2.a. gilt dies zudem in Fällen „vertretbarer Fehler" seitens der öffentlichen Körperschaft, vgl. U 2002.1566 H und U 2003. 1331 H. In anderen Fallkonstellationen ist die Haftung jedoch sehr erfolgsbezogen und lässt wenig Raum für ein tatsächliches Verschuldenserfordernis. Dies betrifft beispielsweise Entscheidungen, die materiell rechtlich unwirksam sind, vgl. U 1983.1000 H (→ B.I.2.a.).

VII. Haftung ohne Normverstoß

Zunächst einmal gibt es grundsätzlich keine Staatshaftung ohne Normverstoß. Allerdings sieht das Gesetz in besonderen Situationen auch ohne Normverstoß eine Entschädigung vor. Entsprechende Regelungen betreffen im Allgemeinen Fälle von Enteignungen sowie Straftaten.

Was Enteignungen angeht, so kann der Eigentümer einer enteigneten Sache vom Staat gemäß § 73 GRL Entschädigung verlangen. Im Gegensatz dazu stand Eigentümern, deren Eigentum nicht enteignet wurde, bis 1998 kein Anspruch auf Entschädigung zu. Dies galt selbst dann, wenn das Eigentum aufgrund seiner räumlichen Nähe zu einem Enteignungsprojekt (Bauprojekt) zum Beispiel infolge des Verkehrslärms oder auf andere Art und Weise negativ beeinflusst wurde. Die betroffenen Eigentümer konnten nur unter besonderen Umständen vom Staat eine Entschädigung verlangen.[46] Dies änderte sich jedoch im Zuge der Entscheidungen U 1999.453 H und U 1999.360 H. In diesen Fällen sprach das Gericht den Eigentümern nicht enteigneter Grundstücke eine Entschädigung auf Grundlage eines „Gleichheitsprinzips" zu. Ausgangspunkt war die Ansicht, dass alle Grundstückseigentümer in der näheren Umgebung eines Enteignungsprojekts unabhängig davon, ob ihr Eigentum enteignet wurde oder nicht, für eine Lärmbelästigung entschädigt werden sollten, die das normale Maß an Lärmbelästigung, das einem Eigentümer im Hinblick auf die allgemeine Verkehrsentwicklung in der Gegend sowie in der Gesellschaft zugemutet werden kann, hinausgeht. In diesen Fällen wurde mithin das Merkmal der „besonderen Umstände" außer Acht gelassen und ein allgemeines Entschädigungsrecht von Grundstückseigentümern, deren Eigentum an ein Enteignungsprojekt angrenzt, eingeführt, auch wenn seitens der Behörden kein Normverstoß stattgefunden hat.[47]

Bezüglich strafbarer Handlungen sieht die Gesetzgebung in bestimmten Fällen auch ohne Normverstoß durch die Behörden eine Entschädigung vor. Wurde eine Person im Zusammenhang mit einer Straftat verhaftet oder rechtmäßig in Gewahrsam gehalten und wird später freigesprochen oder es kommt nicht zur Anklageerhebung, dann kann der Betroffene gemäß §§ 1018a ff. RPL Entschädigung verlangen. Außerhalb des Anwendungsbereichs dieser Vorschriften sind die gewöhnlichen Regelungen des Deliktsrechts anzuwenden. Dies wurde in einer Entscheidung aus jüngster Zeit, U 2008.1098 H, deutlich. Im zugrundeliegenden Fall hatte die dänische Wettbewerbsbehörde C eine gerichtliche Anordnung erwirkt, wonach sie berechtigt war, die Geschäftsräume des Telekommunikationsunternehmens T zu durchsuchen. C führte die Durchsuchung aus, kam jedoch zu dem Ergebnis, dass kein Anlass zur Einleitung eines strafrechtlichen Verfahrens bestand. T verlangte Schadensersatz, was vom Gericht jedoch abgelehnt wurde, da die Vorschriften in §§ 1018a ff. RPL nicht anwendbar seien und C die wesentlichen Verfahrensvorschriften befolgt und daher nicht fahrlässig gehandelt habe. Weiter führte das Gericht aus, dass die Entscheidung, die Durchsuchung vorzunehmen, auf Regelungen beruhte, die der dänischen Wettbewerbsbehörde einen weiten Ermessensspielraum einräumen und kein Grund erkennbar sei, nach dem die Entscheidung der Behörde aufzuheben war.[48]

Auch in anderen Fällen von behördlichem Ermessen haben die Gerichte Körperschaften des öffentlichen Rechts von einer Haftung freigesprochen. Beispielsweise hatte eine Gemeinde in dem der Entscheidung U 1995.539 Ø zugrunde liegenden Fall die wirtschaftliche Unterstützung des Anspruchstellers herabgesenkt, da sie der Auffassung war, dass die Kosten für die Unterkunft überhöht waren. Die Entscheidung stand im Ermessen der Gemeinde. Der Kläger focht die Entscheidung an, welche daraufhin von einer höheren Instanz dahingehend abgeändert wurde, dass dem Kläger ein Anspruch auf volle wirtschaftliche Unterstützung zustand. In der Zwischenzeit war der Kläger gezwungen, das Haus zu verkaufen und hatte dabei einen Verlust erlitten. Aus diesem Grund verklagte der Kläger die Gemeinde auf Schadensersatz. Das Gericht lehnte

46 Dies geht zurück auf die Entscheidung U 1988.547 H.

47 Vgl. auch U 2006.805 H zu einem anderen Aspekt eines Enteignungsfalles. Dort unternahm eine Gemeinde zunächst Schritte zu einer Enteignung, entschied jedoch später, keine Enteignung vorzunehmen. Ein privates Bauunternehmen, das die Arbeiten in Erwartung der Enteignung unterbrochen hatte, erlitt Verluste und verlangte Schadensersatz. Das Gericht entschied, dass für eine Haftung keine Grundlage bestand, da die Gemeinde nicht gegen das Recht verstoßen, sondern vielmehr die vorgesehenen Verfahrensvorschriften ordnungsgemäß befolgt habe.

48 In Bezug auf Straftaten ist festzustellen, dass der Staat die Opfer gemäß VOL beim Auftreten einer Körperverletzung oder eines Sachschadens entschädigt – bei Sachschäden jedoch nur in einem gewissen Umfang. Diese Regelungen sind kein Beispiel für Staatshaftung, sondern vielmehr für ein Entschädigungssystem.

einen Schadensersatzanspruch jedoch mit der Begründung ab, dass keine Grundlage für eine Beurteilung der gemeindlichen Ermessensentscheidung bestehe.

C. Haftungsfolgen

I. Haftungssubjekte

Als Ausgangspunkt unterliegen sämtliche Organe, die hoheitliche Aufgaben ausführen, demselben Grundsatz einer verschuldensabhängigen Haftung (in Form einer Haftung für fremdes Verschulden). Wie bereits ausgeführt, variiert die Strenge der Haftung jedoch, sodass beispielsweise die Haftung der Judikative und der Richter für fehlerhafte Entscheidungen wesentlich milder ist als die Haftung der Exekutive für eine vergleichbare Art von Fehler (→ B.I. und B.IV.).

Grundsätzlich haften der Arbeitgeber (die öffentliche Körperschaft) und der Arbeitnehmer im Falle einer Amtshaftung aufgrund von Fahrlässigkeit auf Seiten des Arbeitnehmers gesamtschuldnerisch. Gem. § 19 Abs. 3 EAL wird von der Haftung des Arbeitnehmers in dem Umfang abgesehen, in dem der Arbeitgeber durch eine Haftungsversicherung abgesichert ist. Da öffentliche Körperschaften oft als eigenversichert gelten, wird von dieser Regel häufig Gebrauch gemacht. Dies gilt auch dann, wenn die öffentliche Körperschaft tatsächlich eine Versicherung abgeschlossen hat. In diesen Fällen haftet der Arbeitnehmer nicht. Eine Ausnahme zu dieser Regel besteht bei grober Fahrlässigkeit des Arbeitnehmers. Handelte der Arbeitnehmer grob fahrlässig, so bleibt seine persönliche Haftung damit bestehen, auch wenn der Arbeitgeber eine Haftungsversicherung abgeschlossen hat. Selbst wenn die öffentliche Körperschaft nicht durch eine Haftungsversicherung abgesichert ist oder die Haftung des Arbeitnehmers aufgrund grober Fahrlässigkeit aufrechterhalten wird, wird die Arbeitnehmerhaftung häufig aufgrund von § 23 Abs. 2 EAL eingeschränkt, demzufolge der Arbeitnehmer nur in dem Umfang haftet, der als angemessen angesehen wird. Ebenso hindert § 23 Abs. 1 EAL den Arbeitgeber häufig daran, eine Regressklage gegen den Arbeitnehmer anzustrengen, ist dies doch nur in einem begrenzten Umfang zulässig.

II. Individualansprüche

Wenn eine Haftung durch die öffentliche Hand vorliegt, so bedeutet dies, dass jeder, der durch die Handlung einer öffentlichen Körperschaft verletzt wurde, Schadensersatz verlangen kann. Folglich können nicht nur andere öffentliche Körperschaften, die einen Schaden erlitten haben, klagen, sondern auch Einzelpersonen einschließlich ausländischer Personen.

III. Haftungsinhalt

Sobald das Vorliegen eines Haftungstatbestands festgestellt wurde, besteht die typische Sanktion darin, dass die öffentliche Körperschaft zur Schadensersatzzahlung verpflichtet wird.[49]

49 Einige besondere Vorschriften sehen als Alternative oder Ergänzung zum Schadensersatz eine *restitutio in integrum* vor, so z.B. § 24 Abs. 1 TL. Auch § 1018a RPL zum Schadensersatz im Zusammenhang mit Untersuchungshaft steht einer Haftzeitverkürzung um die Dauer der Untersuchungshaft nicht entgegen.

Was die Schadensbemessung angeht, sind die gewöhnlichen deliktsrechtlichen Vorschriften anzuwenden. Dies bedeutet, dass die geleisteten Schadensersatzzahlungen den Verlust kompensieren müssen. In Fällen von Körperverletzungen und Sachbeschädigungen gibt dies nur selten Anlass zu Problemen, die spezifisch für das Staatshaftungsrecht sind. Hinsichtlich von Körperverletzungen sind die Regeln zur Bemessung des Schadensersatzes in Kapitel 1 EAL normiert. Es ist möglich, Schadensersatz wegen Einkommensverlust (Kapitel 1 § 2 EAL) und wegen Verlust der Erwerbsfähigkeit (Kapitel 1 § 5 EAL) geltend zu machen. „Andere Schäden" wie medizinische Ausgaben sind nach Kapitel 1 § 1 EAL zu erstatten. Zusätzlich ist es möglich, in Körperverletzungsfällen für immaterielle Schäden Entschädigungsansprüche geltend zu machen, und zwar als Schmerzensgeld nach Kapitel 1 § 3 EAL sowie gemäß Kapitel 1 § 4 EAL, welcher eine Kompensation der Nachteile im täglichen Leben infolge einer dauerhaften gesundheitlichen Schädigung umfasst. Bei Sachbeschädigungen gilt der gegenwärtige Marktwert des Gegenstands als Ausgangspunkt der Schadensbemessung. Nach dänischem Recht kann auch ein reiner Vermögensschaden nach Maßgabe der gewöhnlichen Deliktsregelungen ersetzt werden. Zudem ist es grundsätzlich möglich, Schadensersatz für entgangenen Gewinn geltend zu machen, sofern ein entsprechender Schaden vorhersehbar ist. Im Bereich des öffentlichen Vergaberechts finden sich beispielsweise Fälle, in denen eine Entschädigung aufgrund entgangenen Gewinnes zugesprochen wurde.[50]

Dagegen ist charakteristisches Merkmal des dänischen Rechts, dass es grundsätzlich nicht möglich ist, Schadensersatz für einen immateriellen Schaden zu verlangen, es sei denn, es besteht eine entsprechende gesetzliche Grundlage. Regelungen zum immateriellen Schaden sind häufig in Bezug auf Staatshaftungsfälle von Bedeutung. So führt ein verzögertes Verwaltungs- oder Gerichtsverfahren nicht zwangsläufig zu einem wirtschaftlichen Schaden. Dennoch kann vorgebracht werden, dass dem Kläger angesichts der sich aus der langen Wartezeit ergebenden Umstände und Unannehmlichkeiten ausnahmsweise eine finanzielle Entschädigung zugesprochen werden sollte, grundsätzlich ist in solchen Fällen eine Entschädigung jedoch ausgeschlossen. Es steht zu erwarten, dass die Rechtsprechung des EGMR diesbezüglich zu einer Änderung des dänischen Rechts führen wird. In einigen Fällen sind Gerichte bereits von diesem Grundsatz abgewichen.

IV. Haftungsbegrenzung und Haftungsausschluss

Kein Regierungszweig ist von der Haftung ausgenommen.[51] Ebenso wenig werden bestimmte Handlungen von der Haftung ausgeschlossen.

Mitverschulden kann Grund für eine verringerte Haftung sein. So sind beispielsweise vor Klageerhebung administrative Rechtsmittel auszuschöpfen. Wurde ein entsprechendes Verfahren außer Acht gelassen, kann das Gericht zu dem Ergebnis kommen, dass der Schaden des Klägers vollständig oder teilweise ihm selbst zuzuschreiben ist. Mitverschulden kann auch in anderen Fallkonstellationen auftreten, so z.B. in der Entscheidung U 2007.2821 H, in der es um eine Seekarte mit falschen Angaben hinsichtlich des Meeresbodens ging. Eine Bootsbesatzung verließ sich auf die Informationen, woraufhin das Boot auf Grund lief. Der Kläger war der Ansicht, dass die nationale Vermessungs- und Grundbuchbehörde, die die Karte herausgegeben hatte, nach den Regelungen des Produkthaftungsrechts haftbar sei. Das Gericht ging auf diese Frage

50 Vgl. U 2007.2106 H.
51 Einige Individuen – wie Parlamentsmitglieder – können für ihre Handlungen nicht persönlich haftbar gemacht werden.

nicht ein, sprach die Behörde jedoch von einer Haftung frei mit der Begründung, dass der Kläger den Zwischenfall mitverschuldet habe, indem er eine Route gewählt hatte, die von der behördlichen Empfehlung abwich.

D. Geltendmachung von Haftungsansprüchen

I. Rechtsweg

Nach dänischem Recht sind die Gerichte grundsätzlich nicht spezialisiert. Dies bedeutet, dass alle Gerichte in Staatshaftungsfällen zuständig sind. Bevor ein Fall zur Staatshaftung vor Gericht gebracht werden kann, müssen die administrativen Rechtsmittel ausgeschöpft worden sein. Kann eine Entscheidung der Exekutive also durch einen exekutiven Berufungskörper überprüft werden, so muss diese Möglichkeit wahrgenommen werden, bevor die Sache gerichtlich geltend gemacht werden kann. Für die gerichtliche Überprüfung unterschiedlicher Entscheidungen der Exekutive gelten unterschiedliche Verfahrensfristen.

II. Beweisfragen

Grundsätzlich ist es Sache des Klägers, zu beweisen, dass sämtliche Haftungsvoraussetzungen erfüllt sind. Dies bedeutet, dass der Kläger prinzipiell auch Fahrlässigkeit seitens der Behörde beweisen muss. Wie jedoch bereits ausgeführt wurde, gilt eine Fahrlässigkeitsvermutung zu Lasten der Behörde in Fällen, in denen gesetzliche Vorschriften missachtet wurden. Dementsprechend liegt unter diesen Umständen häufig eine Beweislastumkehr vor mit der Folge, dass die Behörde beweisen muss, dass trotz der Missachtung gesetzlicher Regelungen keine Fahrlässigkeit vorlag. Neben Fahrlässigkeit ist zudem auch das Vorhandensein eines Schadens zu beweisen. Wie vorstehend erläutert, ist unter Schaden ein materieller Schaden zu verstehen. Kann der Kläger keinen Vermögensschaden nachweisen, so ist eine Entschädigung grundsätzlich ausgeschlossen. Schließlich ist auch die Kausalität – mit einigen Modifikationen – vom Kläger zu beweisen (→ B.V.).

III. Verjährung

Klagen aufgrund von Staatshaftung werden grundsätzlich als Klagen aus unerlaubter Handlung angesehen. Dabei beträgt die Verjährungsfrist drei Jahre von dem Zeitpunkt an, in dem der Schaden aufgetreten ist. Diese Vorschrift ist auch anwendbar, wenn es um eine Staatshaftungsklage geht, vgl. z.B. U 2005.850 Ø und U 2008.2158 H.

IV. Vollstreckung

Haftungsentscheidungen zu Lasten öffentlicher Körperschaften sind grundsätzlich nach denselben Vorschriften zu vollstrecken wie alle anderen Urteile auch. Die entsprechenden Regelungen finden sich in §§ 478ff. RPL. Danach kann ein Urteil vom *fogedretten* (Vollstreckungsgericht) vollzogen werden. In der Praxis nimmt der Vollstreckungsrichter das Eigentum des Schuldners zu Gunsten des Gläubigers an sich. Der Verkaufserlös wird zur Schuldenbegleichung verwendet. Bisher gibt es keine Rechtsprechung zur Anwendbarkeit dieser Regelungen in Bezug auf Staatshaftungsfälle.

Bibliographie

Andersen, Lennart Lynge/Madsen, Palle Bo, Aftaler og mellemmænd (Verträge und Vermittler), 5. Aufl., Kopenhagen 2006
Fenger, Niels, Forvaltning og Fællesskab (Verwaltung und Gemeinde), Kopenhagen 2004
Garde, Jens et all, Forvaltningsret, Almindelige emner (Verwaltungsrecht, Allgemeine Themen), 5. Aufl., Kopenhagen 2009
Gomard, Bernhard/Kistrup, Michael, Civilprocessen (Der Zivilprozess), 6. Aufl., Kopenhagen 2007
Lorenzen, Peer et all, Den Europæiske Menneskerettighedskonvention, (Die Europäische Menschenrechtskonvention) Bd. II, 2. Aufl., Kopenhagen 2003
Skovgaard, Henning, Offentlige myndigheders erstatningsansvar (Die behördliche Haftung), Kopenhagen 1983.
Treumer, Steen, Danemark/Denmark, in: Droit Comparé des Contrats Publics, Comparative Law on Public Contracts (Dänemark, in: Vergleichendes Recht zu öffentlichen Verträgen), Brüssel 2010.
Ulfbeck, Vibe, Erstatningsretlige grænseområder (Grenzbereiche des Deliktsrechts), 2. Aufl., Kopenhagen 2010
Værum Westmark, Marlene, Offentligretligt erstatningsansvar for skadevoldende retsakter (Amtshaftung für schadensverursachende Verwaltungsentscheidungen), Kopenhagen 2010

Abkürzungen

AMBL	Arbejdmiljøloven, Lov nr. 1072 af 7. september, 2010 (Arbeitsschutzgesetz, Gesetz Nr. 1072 vom 7.9.2010)
DL	Danske lov, Lov af 15. april, 1683 (Das dänische Gesetz, Gesetz vom 15.4.1683)
EAL	Erstatningsansvarslov, Lovbekendtgørelse nr. 885 af 20. september, 2005 (Haftungsgesetz, Gesetz Nr. 885 vom 20.9.2005)
EGMR	Europäischer Gerichtshof für Menschenrechte
EMRK	Europäische Menschenrechtskonvention
EuGH	Europäischer Gerichtshof
FED	Forsikrings- og Erstatningsretlig domssamling (Urteilssammlung zum Versicherungs- und Schadensersatzrecht)
FVL	Forvaltningsloven, Lov nr. 1365 af 7. december, 2007 (Verwaltungsverfahrensgesetz, Gesetz Nr. 1365 vom 7.12.2007).
GRL	Danmarks Riges Grundlov, Lov nr. 169 af 6. juni, 1953 (Dänische Verfassung, Gesetz Nr. 169 vom 6.6.1953)
H	Højesteret (Oberster Gerichtshof)
MBL	Miljøbeskyttelsesloven, Lov nr. 879 af 26, juni 2010 (Umweltschutzgesetz, Gesetz Nr. 879 vom 26.6.2010)
PL	Planloven, Lov nr. 937 af 24. september, 2009 (Planungsgesetz, Gesetz Nr. 937 vom 24.9.2009)
RPL	Retsplejeloven, Lov nr. 1053 af 29. Oktober, 2010 (Zivilprozessgesetz, Gesetz Nr. 1053 vom 29.10.2010)
TL	Tinglysningsloven, Lov nr. 158 af 3. September, 2006 (Grundbuchgesetz, Gesetz Nr. 158 vom 3.9.2006)
U	Ugeskrift for Retsvæsen (Zeitschrift für Rechtswesen, wöchentliche Rechtsprechungsübersicht)
V	Vestre Landsret (Westliches Landgericht)
VOL	Offerloven, Lov nr. 688 af 28 juni, 2004 (Opferschutzgesetz, Gesetz Nr. 688 vom 28.6.2004)
Ø	Østre Landsret (Östliches Landgericht)

Wesentliche Vorschriften

Danmarks Riges Grundlov
Grundgesetz des Reiches Dänemark[52]

§ 3
Den lovgivende magt er hos kongen og folketinget i forening. Den udøvende magt er hos kongen. Den dømmende magt er hos domstolene.

§ 3
Die gesetzgebende Gewalt liegt beim König und dem Folketing gemeinsam. Die vollziehende Gewalt liegt beim König. Die rechtsprechende Gewalt liegt bei den Gerichten.

§ 73
1. Ejendomsretten er ukrænkelig. Ingen kan tilpligtes at afstå sin ejendom, uden hvor almenvellet kræver det. Det kan kun ske ifølge lov og mod fuldstændig erstatning.
2. Når et lovforslag vedrørende ekspropriation af ejendom er vedtaget, kan en trediedel af folketingets medlemmer indenfor en frist på tre søgnedage fra forslagets endelige vedtagelse kræve, at det først indstilles til kongelig stadfæstelse, når nyvalg til folketinget har fundet sted, og forslaget pány er vedtaget af det derefter sammentrædende folketing.
3. Ethvert spørgsmål om ekspropriationsaktens lovlighed og erstatningens størrelse kan indbringes for domstolene. Prøvelsen af erstatningens størrelse kan ved lov henlægges til domstole oprettet i dette øjemed.

§ 73
1. Das Eigentumsrecht ist unantastbar. Niemand kann zur Hergabe seines Eigentums gezwungen werden, es sei denn, das Gemeinwohl erfordert dies. Dies kann nur aufgrund eines Gesetzes und gegen vollständige Entschädigung geschehen.
2. Wurde eine Gesetzesvorlage über Grundstücksenteignung angenommen, so kann ein Drittel der Mitglieder des Parlaments innerhalb einer Frist von 3 Werktagen nach der endgültigen Verabschiedung der Vorlage verlangen, dass diese dem König zur Bestätigung erst unterbreitet wird, nachdem neue Parlamentswahlen stattgefunden haben und die Vorlage von dem dann zusammentretenden Parlament erneut verabschiedet ist.
3. Jede Frage zur Rechtmäßigkeit des Enteignungsverfahrens sowie zur Höhe der Entschädigung betrifft, kann bei den Gerichten anhängig gemacht werden. Die Überprüfung der Entschädigungshöhe kann durch Gesetz zu diesem Zweck errichteten Gerichten übertragen werden.

Danske Lov
Dänisches Gesetz[53]

DL 3-19-2
End giver Husbond sin Tiener, eller anden, Fuldmagt paa sine Vegne at forrette noget, da bør Husbonden selv at svare til hvad derudj forseis af den, som hand Fuldmagt givet haver, og af hannem igjen søge Opretning.

DL 3-19-2
Gibt ein Dienstherr seinem Diener oder einem anderen Vollmacht, in seinem Namen etwas zu verrichten, so haftet der Dienstherr selbst für Verfehlungen desjenigen, dem er Vollmacht erteilt hatte, und kann von diesem Ersatz fordern.

52 Übersetzung der Verfasserin und des Herausgebers.
53 Übersetzung des Verfassers und des Herausgebers.

Tinglysningsloven
Das Grundbuchgesetz[54]

§ 34
(1) Skulle det vise sig, at et dokument er blevet fejlagtig gengivet i tingbogen eller akten eller ved forsømmelse ikke blevet indført i tingbogen, eller det er indført med en fejlagtig anmeldelsesdato, har den forurettede krav på rettelse af tingbogen eller akten og erstatning for det tab, han har lidt ved nævnte fejl eller forsømmelse. Har nogen, inden rettelse er sket, ved aftale erhvervet ret over ejendommen i tillid til tingbogen eller akten, bliver det efter et skøn over det enkelte tilfældes samtlige omstændigheder ved dom at afgøre, om den forurettede eller den godtroende erhverver skal tilkendes selve retten eller skal nøjes med erstatning. Sagen anlægges efter reglen i § 30, sidste pkt. Ved dette skøn vil retten navnlig have at tage hensyn til, om den forurettede allerede i nogen tid har udøvet den pågældende ret, indrettet sine forhold derpå el. lign., om han, navnlig ved servitutter, har udøvet sin påtaleret mod handlinger i strid med hans ret eller ej, endvidere til rettens art (f.eks. brugsret eller panteret) og til, om en rettelse af tingbogen ville medføre en betydelig forstyrrelse af senere tinglyste retsforhold, navnlig panteretsforhold og lign.

(2) For tab ved andre fejl i tingbogen eller ved dommerens tinglysningspåtegning gives der erstatning. Dog gives der ikke erstatning for fejl i angivelse af arealets størrelse, af ejendommens adresse, eller af ejendomsskyldsvurdering eller købesummer.

§ 34
(1) Sollte es sich herausstellen, dass ein Dokument fehlerhaft im Grundbuch bzw. in der Akte widergegen oder durch Fahrlässigkeit nicht oder mit unzutreffendem Anmeldungsdatum ins Grundbuch eingetragen ist, so hat der Geschädigte einen Anspruch auf Berichtigung des Grundbuchs bzw. der Akte und auf Entschädigung wegen des ihm durch den genannten Fehler bzw. Fahrlässigkeit zugefügten Verlustes. Hat jemand vor Durchführung der Berichtigung im Vertrauen zum Grundbuch bzw. zur Akte das Recht am Grundstück durch Vertrag erworben, so ist nach richterlichem Ermessen der gesamten Umstände des Einzelfalls durch Urteil zu entscheiden, ob dem Geschädigten oder dem gutgläubigen Erwerber das Eigentum oder nur eine Entschädigung zuzuerkennen ist. Die Klage ist laut den entsprechenden Vorschriften von § 30, letztem Punkt, zu erheben. Bei diesem Ermessen hat das Gericht zu berücksichtigen, ob der Geschädigte schon seit einiger Zeit das betreffende Recht ausgeübt, sich entsprechend eingestellt oder dgl. hat, ob er, besonders bei Dienstbarkeiten, sein Klagerecht gegen Handlungen ausgeübt hat, die gegen sein Recht verstoßen, ferner ist die Art des Rechts (z.B. Nießbrauch oder Hypothek) sowie die Frage zu berücksichtigen, ob eine Berichtigung des Grundbuchs eine erhebliche Störung nachträglich eingetragener Rechtsverhältnisse, besonders Hypotheken und dgl., zur Folge haben würde.

(2) Wegen Verluste durch andere Fehler im Grundbuch oder durch richterlichen Eintragungsvermerk wird eine Entschädigung geleistet. Jedoch wird keine Entschädigung wegen Fehler in Bezug auf die Größe der Fläche, die Adresse oder Wertfeststellung des Grundstücks oder in Bezug auf Kaufsummen geleistet.

§ 35
(1) Uden for de her anførte tilfælde skal der endvidere tilkendes erstatning for andre tab, som skyldes fejl af tinglysningsvæsenets tjenestemænd.

(2) Bestemmelserne i §§ 34 og 35 gør ingen forandring i de gældende regler om tjenestemænds ansvar for begåede fejl.

§ 35
(1) Zusätzlich zu den vorliegend genannten Fällen ist eine Entschädigung wegen Verluste zuzuerkennen, die auf Fehler durch die Beamten des Grundbuchwesens zurückzuführen sind.

(2) Die Vorschriften der §§ 34 und 35 stellen keine Änderung der geltenden Bestimmungen zur Haftung von Beamten wegen begangener Fehler dar.

54 Übersetzung von *Dorthe Jonsson*, Magnusson, Kopenhagen.

Retsplejeloven
Das Prozessgesetz[55]

§ 1018a
(1) Den, der har været anholdt eller varetægtsfængslet som led i en strafferetlig forfølgning, har krav på erstatning for den derved tilføjede skade, såfremt påtale opgives eller tiltalte frifindes, uden at dette er begrundet i, at han findes utilregnelig. Erstatning ydes for økonomisk skade samt for lidelse, tort, ulempe og forstyrrelse eller ødelæggelse af stilling og forhold.

(2) Selv om betingelserne for at yde erstatning efter stk. 1 ikke er opfyldt, kan erstatning ydes, såfremt den under sagen anvendte frihedsberøvelse ikke står i rimeligt forhold til strafforfølgningens udfald eller det af andre særlige grunde findes rimeligt.

(3) Erstatning kan nedsættes eller nægtes, såfremt den sigtede selv har givet anledning til foranstaltningerne.

§ 1018a
(1) Wer als Teil einer strafrechtlichen Verfolgung verhaftet worden oder in Untersuchungshaft gewesen ist, hat Anspruch auf Entschädigung wegen des dadurch zugefügten Schadens, sofern das Verfahren eingestellt wird oder der Angeklagte freigesprochen wird, ohne dass dies darauf zurückzuführen ist, dass er als unzurechnungsfähig zu erachten ist. Die Entschädigung wird wegen finanziellen Schadens sowie wegen Leiden, Kränkung, Nachteil und Störung oder Zerstörung seiner Stellung und Lage geleistet.

(2) Selbst wenn die Bedingungen für die Leistung von Entschädigung nach Abs. 1 nicht erfüllt sind, kann eine Entschädigung geleistet werden, sofern die während des Verfahrens angewandte Freiheitsentziehung im Verhältnis zum Ergebnis der Strafverfolgung oder aus anderen besonderen Gründen nicht als angemessen zu erachten ist.

(3) Die Entschädigung kann ermäßigt oder verweigert werden, sofern der Beschuldigte die Maßnahmen selbst veranlasst hat.

§ 1018b
Efter samme regler som angivet i § 1018a kan erstatning tillægges en sigtet, der som led i en strafferetlig forfølgning har været udsat for andre straffeprocessuelle indgreb.

§ 1018b
Laut denselben Vorschriften wie in § 1018a kann einem Beschuldigten, der als Teil einer strafrechtlichen Verfolgung anderen strafprozessualen Beeinträchtigungen ausgesetzt gewesen ist, eine Entschädigung erteilt werden.

§ 1018c
Har der over for en person, der ikke har været sigtet, været iværksat indgreb som led i en strafferetlig forfølgning, kan erstatning ydes, hvis det findes rimeligt.

§ 1018c
Sind Beeinträchtigungen als Teil einer strafrechtlichen Verfolgung einer Person, die nicht beschuldigt worden ist, eingeleitet worden, so kann eine Entschädigung erteilt werden, falls eine Entschädigung als angemessen zu erachten ist.

§ 1018d
(1) Der tilkommer den, der har udstået fængselsstraf eller været undergivet anden strafferetlig retsfølge, erstatning efter reglerne i § 1018a, såfremt anke eller genoptagelse medfører bortfald af retsfølgen. I tilfælde af formildelse ydes der erstatning, såfremt den retsfølge, der er fuldbyrdet, er mere indgribende end den, der idømmes efter anke eller genoptagelse.

§ 1018d
(1) Wem eine Gefängnisstrafe oder sonstige strafrechtliche Rechtsverfolgung erlitten hat, steht eine Entschädigung laut den Vorschriften von § 1018a zu, sofern ein Rechtsmittel oder Wiederaufnahme des Verfahrens den Wegfall der Rechtsverfolgung zur Folge hat. Im Falle von Ermäßigung der Strafe ist eine Entschädigung zu leisten, sofern die vollzogene Rechtsfolge erheblicher als die Rechtsfolge ist, die nach Einlegung von Rechtsmitteln oder Wiederaufnahme des Verfahrens verhängt wird.

55 Übersetzung von *Dorthe Jonsson*, Magnusson, Kopenhagen.

(2) Erstatning kan nægtes eller nedsættes, hvis den dømte ved sit forhold under sagen har givet anledning til domfældelsen.

(2) Die Entschädigung kann verweigert oder ermäßigt werden, wenn der Verurteilte durch sein Verhalten während des Verfahrens die Verurteilung veranlasst hat.

§ 5 Deutschland

Oliver Dörr

Inhaltsübersicht

A. Grundlagen

I. Einleitung

Im deutschen Rechtsstaat gehört die Haftung der öffentlichen Gewalt für rechtswidriges Handeln sowie für nicht gerechtfertigte Eingriffe in die Rechte seiner Bürger seit jeher zum gesicherten Bestand. Seine Wurzeln reichen bis ins Preußen des späten 18. Jahrhunderts zurück. Trotz dieses Umstandes gehört das Recht der Staatshaftung heute zu einer der am wenigsten zugänglichen Materien der deutschen Rechtsordnung, da bis zum heutigen Tage keine lückenlose systematische Kodifikation stattgefunden hat. Uneinheitlich ist bereits die Terminologie, welche dieses Rechtsgebiet beschreibt. So wird es neben der schlichten Bezeichnung als *„Staatshaf-*

tungsrecht“[1] auch als *„das Recht der staatlichen Ersatzleistungen*“[2] oder *„das System der öffentlich-rechtlichen Ersatzleistungen*“[3] benannt. Gerade die Bezeichnung als System ist jedoch zweifelhaft, fehlt es dem Rechtsgebiet doch an innerer Kohärenz und systematischer Klarheit. Vielmehr ist es durch eine reiche Kasuistik und – durch diese vermittelt – durch gewohnheits- und richterrechtliche Verfestigungen geprägt. Aus diesen erwachsen eine Vielzahl von Schadensersatz-, Ausgleichs- und Wiederherstellungsansprüchen, die dem von staatlichen Rechtsverletzungen oder Eingriffen betroffenen Bürger Abhilfe bringen sollen. Nicht einmal einen einheitlichen Tatbestand für rechtswidriges Staatshandeln kennt das deutsche Recht. Der Einfluss des europäischen Unionsrechts wirkte ebensowenig systembildend, sondern hat im Gegenteil die Einzelfallbezogenheit des Staatshaftungsrechts in Deutschland eher noch verstärkt.

II. Rechtsstaatliche Determinanten der Verfassungsordnung

Auch wenn die Haftung des Staates nicht umfassend kodifiziert ist, so ist sie doch rechtsstaatlich geboten. Das allgemeine Rechtsstaatsprinzip enthält nämlich nicht nur ein Verbot rechtswidrigen staatlichen Handelns, sondern auch das Gebot, dass der Staat die rechtswidrigen Folgen seines Verhaltens soweit wie möglich beseitigt.[4] Das ergibt sich zudem aus der Bindung aller drei Staatsgewalten an Gesetz und Recht, wie sie in Art. 20 Abs. 3 des Grundgesetzes (GG) normiert ist. Der Staat ist also durch das geltende Recht verpflichtet und hat dessen Bindungswirkung zu umfassend beachten. Diese Beachtung bedingt eine objektiv-rechtliche Pflicht zur Beseitigung von Rechtsverstößen und zur Wiedergutmachung staatlich verursachten Unrechts.[5] Die Unrechtshaftung ist, wie *Walter Jellinek* schrieb, die „*ultima ratio* des Rechtsstaates“.[6]

Zum geltenden Recht, das jeder Träger staatlicher Gewalt zu beachten hat, gehören gemäß Art. 1 Abs. 3 GG insbesondere die Grundrechte, welche den Bürgern Abwehrrechte gegen hoheitliches Handeln gewährleisten. Aus diesen leitet sich primär ein Abwehr- und Unterlassungsanspruch gegen staatliche Eingriffe in die Rechte des Einzelnen ab. Ob sich aus den Grundrechten selbst im Falle ihrer Verletzung ein individueller Haftungsanspruch ergibt, ist in der verfassungsrechtlichen Literatur umstritten.[7] Ein unionsrechtlicher Impuls für eine derartige „Vergrundrechtlichung“ der Staatsunrechtshaftung ergibt sich mittlerweile aus Art. 41 Abs. 3 der EU-

---

1 *Grzeszick*, Staatshaftungsrecht, in: Erichsen/Ehlers, §§ 43 ff.; *Baldus/Grzeszick/Wienhues*, Staatshaftungsrecht. Ähnlich *Papier*, in: HStR VIII, § 180. Siehe auch Art. 74 Abs. 1 Nr. 25 GG: *„die Staatshaftung“* und § 31e S. 1 Luftverkehrsgesetz: „Im Falle der Staatshaftung“.

2 *Forsthoff*, Lehrbuch des Verwaltungsrechts, 10. Aufl. 1973, S. 316 ff.; *Maurer*, Allgemeines Verwaltungsrecht, § 25, Rn. 1.

3 *Kluth*, in: Wolff/Bachof/Stober/Kluth, §§ 66 ff.

4 *Unterreitmeier*, Der Grundsatz der Rechtmäßigkeitsrestitution, JZ 2009, 1102; *Morlok*, in: Hoffmann-Riem/Schmidt-Aßmann/Voßkuhle, § 52 Rn. 22.

5 Vgl. *Sachs*, in: Sachs (Hrsg.), GG, 6. Aufl. 2011, Art. 20 Rn. 111. Demgegenüber hält das BVerfG in ständiger Rechtsprechung eine umfassende unmittelbare Staatsunrechtshaftung für „von Verfassungs wegen nicht gefordert“, vgl. z.B. BVerfG, Urt. v. 19.10.1982 – 2 BvF 1/81, BVerfGE 61, 149, LS 2; Beschl. v. 27.12.2005 – 1 BvR 1359/05, NJW 2006, 1580 Rn. 7.

6 *Jellinek*, Verwaltungsrecht, 3. Aufl. 1931, S. 321.

7 Dafür z.B. *Schoch*, Effektuierung des Sekundärrechtsschutzes – Zur Überwindung des Entwicklungsrückstands des deutschen Staatshaftungsrechts, Die Verwaltung 34 (2001), 261 (274 f.); *Röder*, Die Haftungsfunktion der Grundrechte, 2002, S. 199 ff.; *Stelkens*, Staatshaftungsreform im Mehrebenensystem, DÖV 2006, 770 (773). Für eine „mittelbare Grundrechtsberechtigung“ *Höfling*, in: Hoffmann-Riem et al., § 51 Rn. 87. Dagegen z.B. BVerfG, Beschl. v. 20.11.1997 – 1 BvR 2068/93, NVwZ 1998, 271 (272); BVerfG, Beschl. v. 27.12.2005 – 1 BvR 1359/05, NJW 2006, 1580 (1581); *Bonk*, in: Sachs (Fn. 5), Art. 34 Rn. 43; *Breuer*, Staatshaftung, S. 127–143.

Grundrechtecharta (GRC).[8] Gegen rechtswidrige Staatsakte, die in die Rechte des Einzelnen eingreifen, garantiert Art. 19 Abs. 4 GG effektiven Rechtsschutz zu einem unabhängigen Gericht. Im Klageweg kann neben der Abwehr des Eingriffs zusätzlich die Beseitigung der Verletzung, die Folgenbeseitigung sowie ein Schadensersatz- oder Entschädigungsanspruch geltend gemacht werden.

Daneben verbürgt Art. 34 GG Ersatz für den durch ein rechtswidriges Verhalten der Staatsorgane verursachten Schaden (sog. Amtshaftung). Diese Vorschrift kann allerdings nicht losgelöst von ihrem zivilrechtlichen Pendant, § 839 Abs. 1 des Bürgerlichen Gesetzbuches (BGB), gelesen werden, durch den sie ihre haftungsrechtliche Substanz erhält. Beide Vorschriften zusammen begründen die rechtsstaatlich gebotene Unrechtshaftung des Staates und geben ihr eine normative Gestalt.

III. Historischer Abriss

In der historischen Entwicklung ist zwischen drei Haftungsmodellen zu unterscheiden: der Amtsträgerhaftung, bei der allein dieser für das von ihm begangene Unrecht persönlich haftet, und der Staatshaftung, bei der allein der Staat haftet. Schließlich ist eine Kombination beider Modelle denkbar, nämlich dass entweder der Staat und der Amtsträger kumulativ nebeneinander haften oder dass die persönliche Haftung des Beamten zwar bestehen bleibt, aber auf den Staat übertragen wird.[9] In der deutschen Rechtsentwicklung hat sich das letztgenannte Modell durchgesetzt.

Der Weg dahin war geprägt von der – nicht immer konsistenten – Debatte um die Stellung des einzelnen Amtsträgers, der faktisch für den Staat handelt. Lange Zeit herrschte in der Rechtswissenschaft Streit darüber, ob die Pflichtverletzungen des Amtsträgers dem Staat zugerechnet werden sollten oder nicht. Noch im 19. Jahrhundert überwog die auf die Mandatstheorie des römischen Rechts zurückgehende Auffassung, dass der Staat selbst „unrechtsunfähig" sei und daher für rechtswidriges staatliches Handeln nicht haftbar sein könne. Haftungssubjekt könne nur der handelnde Amtsträger (Beamte) sein, da dem Beamtenverhältnis eine privatrechtliche Mandatierung zugrunde liege und das staatliche Unrecht daher als *contra mandatum* nur dem Amtsträger persönlich zuzurechnen sei („*si excessit, privatus est*"). Dieser müsse genauso haften wie ein Privater, der die Rechte anderer verletze. Erst Ende des 19. Jahrhunderts änderte sich diese Sicht auf das Beamtenverhältnis, das nun als öffentlich-rechtlich eingestuft wurde mit der Folge, dass – auch oder allein – der Staat, für den der Amtsträger als Organ gehandelt hat, aus diesen Handlungen direkt verpflichtet sein konnte.[10]

Am 1.1.1900 erhielt mit Inkrafttreten des Bürgerlichen Gesetzbuches die Unrechtshaftung in § 839 Abs. 1 BGB erstmals eine positiv-rechtliche Kodifizierung. Die Vorschrift gilt bis heute fort und sieht vor, dass ein Beamter, der seine Amtspflichten schuldhaft verletzt und dadurch jemanden schädigt, diesem Schadensersatz zu leisten hat. Sie normiert demnach eine persönliche Haftung des Beamten. Die Regelung der Fälle, in denen der Staat unmittelbar haften soll, wurde den Bundesländern überlassen. Durchgesetzt hat sich schließlich das Modell der sogenannten Amtshaftung, der eine persönliche Haftung des Amtsträgers zugrunde liegt, welche jedoch *ex lege* auf den Staat übergeleitet wird. Es handelt sich dabei also um eine generelle (befreiende)

---

8 *Stelkens* (Fn. 7), DÖV 2006, 770 (772 f.).
9 Vgl. *Ossenbühl/Cornils*, Staatshaftungsrecht, S. 8.
10 Zur dogmengeschichtlichen Entwicklung *Höfling*, in: Hoffmann-Riem et al., § 51 Rn. 12–21. Instruktiv auch *Unterreitmeier*, Die Bereinigung der Rechtswegzuweisungen im Staatshaftungsrecht, BayVBl 2009, 289 (289–292).

Schuldübernahme.[11] Dieses Prinzip fand später Eingang in die Weimarer Reichsverfassung von 1919 (Art. 131 WRV) und ist in Gestalt des Art. 34 GG nahezu unverändert Bestandteil der heute geltenden deutschen Verfassung.

Im Jahre 1981 unternahm der deutsche Gesetzgeber mit dem Staatshaftungsgesetz (StHG) den Versuch einer umfassenden und einheitlichen Kodifikation. Diese sah in § 1 – in Abkehr vom bis dahin geltenden Recht – eine unmittelbare, primäre und ausschließliche Haftung des Staates für das rechtswidrige Verhalten seiner Organe vor. Für Eingriffe in Grundrechte statuierte § 2 Abs. 2 StHG sogar eine verschuldensunabhängige Haftung. Gleiches galt für Rechtsverletzungen durch das Versagen technischer Einrichtungen, § 2 Abs. 1 Satz 2 StHG. Überdies sollte den Staat eine Beweislastumkehr treffen, d.h. er hätte das Nichtverschulden seiner Amtsträger zu beweisen gehabt.[12] Das Bundesverfassungsgericht (BVerfG) erklärte das Gesetz jedoch bereits ein Jahr später wegen der fehlenden Gesetzgebungskompetenz des Bundes für nichtig.[13] Zwar wurde durch eine Verfassungsänderung im Jahre 1994 mit Art. 74 Nr. 25 GG ein Kompetenztitel des Bundes zur Regelung der Staatshaftung geschaffen, von dem der Gesetzgeber aber bis zum heutigen Tage keinen Gebrauch gemacht hat. Eine umfassende Kodifizierung der staatlichen Unrechtshaftung in Deutschland fehlt daher bis heute.

Neben der Amtshaftung, die an rechtswidrige Eingriffe des Hoheitsträgers anknüpft, entwickelte sich in Deutschland eine Haftung für rechtmäßige Eingriffe in individuelle Rechte. Sie kommt immer dann zum Tragen, wenn ein Privater gezwungen ist, Eingriffe in seine Rechte aus Gründen des Allgemeinwohls hinzunehmen, wenn ihm also ein legitimes Sonderopfer zugunsten der Allgemeinheit auferlegt wird. Der Gedanke einer solchen „Aufopferungs"entschädigung geht in der deutschen Rechtsentwicklung zurück auf eine Regelung in der Einleitung zum Allgemeinen Landrecht für die Preußischen Staaten (§§ 74, 75 Einl. ALR) von 1794[14] und findet sich noch heute in der Entschädigungsgarantie des Art. 14 Abs. 3 GG sowie in der daran anknüpfenden Rechtsprechung der deutschen Zivilgerichte. Auch die Entschädigung für Eingriffe in Nichtvermögensrechte sowie für verschiedene Eingriffe in das Eigentum geht darauf zurück.

IV. Rechtsquellen des Staatshaftungsrechts

Die Rechtsquellen des deutschen Staatshaftungsrechts könnten vielfältiger nicht sein. Sie finden sich im Verfassungsrecht, im einfachen Gesetzesrecht, im Gewohnheits- und Richterrecht sowie im innerstaatlich anwendbaren EU-Recht.

1. Verfassungsrecht

Das Rechtsstaatsprinzip gebietet die Haftung des Staates für rechtswidrige Eingriffe in subjektive Rechte des Einzelnen (→ oben II.). Daran knüpft Art. 34 Satz 1 GG an, der auf dem einfachgesetzlichen Haftungstatbestand in § 839 Abs. 1 BGB aufbaut und von Verfassungs wegen eine generelle Haftungsüberleitung auf den staatlichen Verwaltungsträger anordnet. Beide Normen bilden zusammen den Grundtatbestand der staatlichen Unrechtshaftung (Amtshaftung), setzen

---

11 Vgl. *v. Danwitz*, in: v. Mangoldt/Klein/Starck (Hrsg.), GG, 6. Aufl. 2010, Art. 34 Rn. 33; *Papier*, in: HStR VIII, § 180 Rn. 10.

12 *Maurer*, Allgemeines Verwaltungsrecht, § 25 Rn. 8.

13 BVerfG, Urt. v. 19.10.1982 – 2 BvF 1/81, BVerfGE 61, 149.

14 § 75 Einl. ALR lautete: „Dagegen ist der Staat denjenigen, welche seine besonderen Rechte und Vortheile dem Wohle des gemeinen Wesens aufzuopfern genötigt wird, zu entschädigen gehalten".

also einen rechtswidrigen hoheitlichen Eingriff voraus. Als Verfassungsnorm enthält Art. 34 GG eine institutionelle Garantie der Staatshaftung für rechtswidriges Handeln.[15]

Demgegenüber beruht die sog. Aufopferungshaftung ihrem Konzept nach auf einem rechtmäßigen Eingriff des Staates, der den einzelnen zu einem diskriminierenden Sonderopfer für das allgemeine Wohl zwingt. Das Aufopferungskonzept findet sich zwar nicht ausdrücklich im Text des Grundgesetzes, lässt sich aber aus dem allgemeinen Gleichbehandlungsgrundsatz des Art. 3 Abs. 1 GG herleiten. Wer die Beeinträchtigung eigener Rechte aus Gründen des Allgemeinwohls hinnehmen muss, erbringt für die Allgemeinheit ein Sonderopfer und wird demnach nicht gleich behandelt.[16]

Ein spezifischer Anwendungsfall des Aufopferungsgedankens findet sich bezogen auf den Eigentumsschutz in Art. 14 Abs. 3 GG, der das Eigentum Privater im Falle von Enteignungen schützt. Danach ist eine Enteignung zum Wohle der Allgemeinheit – unter bestimmten Voraussetzungen – zwar zulässig, bedarf aber einer gesetzlich festgelegten Entschädigung (sog. Junktimklausel). Der einzelne muss den hoheitlichen Zugriff auf sein Eigentumsrecht zwar hinnehmen, erhält aber als Äquivalent den Wert des entzogenen Eigentums ersetzt. Die Verfassungsnorm wandelt sich im Falle der Enteignung also von einer Garantie des Eigentumsbestands in eine reine Wertgarantie.[17] An diese ausdrückliche Regelung in Art. 14 Abs. 3 GG knüpft die deutsche Rechtsprechung an, wenn sie weitere richterrechtliche Entschädigungsansprüche entwickelt (→ unten 4.).

Als objektives Verfassungsrechtsgut ist „die Staatshaftung" schließlich als Kompetenztitel in Art. 74 Abs. 1 Nr. 25 GG verankert. Durch diese zusammenfassende Bezeichnung rezipiert die Verfassung die verschlungene Entwicklung und den heterogenen Zustand des gesamten Rechtsgebiets und macht dieses insgesamt zum möglichen Gegenstand der Bundesgesetzgebung. Die Ermächtigung zur gesetzlichen Neufassung umfasst alle anerkannten staatlichen Ausgleichs- und Ersatzleistungen und ist nicht auf deren überkommene Gestalt beschränkt: Zum Beispiel wäre der Gesetzgeber nicht gehindert, eine originäre, verschuldensunabhängige Unrechtshaftung des Staates vorzusehen.[18]

2. Spezialgesetzliche Haftungstatbestände

Die staatliche Unrechtshaftung ist abgesehen vom allgemeinen Amtshaftungstatbestand in § 839 BGB für manche Sachbereiche in speziellen gesetzlichen Regelungen verankert. So verpflichtet z.B. § 8 Bundesdatenschutzgesetz (BDSG) öffentliche Stellen unabhängig von einem Verschulden zum Schadensersatz für die „unzulässige oder unrichtige" Erhebung, Verarbeitung oder Nutzung personenbezogener Daten. Für Fälle rechtswidrig verzögerter Gerichtsverfahren hat der deutsche Gesetzgeber Ende 2011 in das Gerichtsverfassungsgesetz einen speziellen Entschädigungsanspruch für Betroffene eingefügt (§ 198 GVG).[19] Dieser Anspruch wurde in der Begründung des Gesetzentwurfs als „staatshaftungsrechtlicher Anspruch sui generis" bezeichnet,[20] weil er Elemente verschiedener Haftungsansprüche des geltenden deutschen Rechts miteinan-

15 *Papier*, in: HStR VIII, § 180 Rn. 16.
16 *Ossenbühl/Cornils*, Staatshaftungsrecht, S. 130.
17 *Maurer*, Allgemeines Verwaltungsrecht, § 27 Rn. 39.
18 *Degenhart*, in: Sachs (Fn. 5), Art. 74 Rn. 106f.; *Oeter*, in: v. Mangoldt/Klein/Starck (Fn. 11), Art. 74 Rn. 168; *Papier*, in: HStR VIII, § 180 Rn. 18. Zu den Reformbemühungen der 1970er und 1980er Jahre z.B. *Ossenbühl/Cornils*, Staatshaftungsrecht, S. 736–753.
19 Vgl. das Gesetz über den Rechtsschutz bei überlangen Gerichtsverfahren und strafrechtlichen Ermittlungsverfahren v. 24.11.2011, BGBl 2011 I, S. 2302; dazu z.B. *Ossenbühl/Cornils*, Staatshaftungsrecht, S. 460–467 und → unten B.I.3.
20 BT-Drs. 17/3802, S. 19.

der vereint. Zu den speziellen Haftungstatbeständen zählt im deutschen Recht auch der Anspruch aus Art. 5 Abs. 5 der Europäischen Menschenrechtskonvention (EMRK), der Schadensersatz im Falle rechtswidriger Freiheitsentziehung gewährt und in der deutschen Rechtsordnung als einfach-gesetzliche Anspruchsgrundlage wirkt und angewendet wird.[21]

Darüber hinaus kennt das deutsche Recht aufbauend auf dem Konzept der Aufopferungshaftung etliche spezialgesetzliche Haftungstatbestände, die dem Einzelnen Entschädigungsansprüche für rechtmäßige Eingriffe des Staates zubilligen. Eine entsprechende Regelung findet sich z.B. für polizeiliches Handeln in allen Polizeigesetzen des Bundes und der Länder, die allerdings regelmäßig auch das rechtswidrige Polizeihandeln umfassen, also Aufopferungs- und Unrechtshaftung in einer Norm zusammenfassen.[22] Weitere Spezialtatbestände der Aufopferungshaftung enthalten z.B. § 60 Infektionsschutzgesetz, wonach Ersatz für Schäden aus einer gesetzlich vorgeschrieben Impfung verlangt werden kann, § 66 Tierseuchengesetz für Verluste aufgrund tierseuchenrechtlicher Maßnahmen sowie etliche Entschädigungsregelungen im Planungs- und Umweltschutzrecht.[23] Auch das Gesetz über die Entschädigung für Strafverfolgungsmaßnahmen (StrEG) gehört hierher: Es sieht eine Entschädigung vor, wenn eine strafgerichtliche Verurteilung aufgehoben wird oder wenn jemand durch Ermittlungsmaßnahmen einen Schaden erlitten und sich der Tatverdacht letztlich nicht erhärtet hat.[24]

Schließlich finden sich vereinzelte Entschädigungstatbestände, die weder an einen staatlichen Eingriff noch ein rechtswidriges Verhalten des Staates anknüpfen.[25] Nach dem „Gesetz über die durch innere Unruhen entstandenen Schäden"[26], das 1920 als Reichsgesetz ergangen war und heute vereinzelt noch als Landesrecht fortgilt, können sog. Tumultschäden einzelner entschädigt werden, wenn sie die wirtschaftliche Existenz des Betroffenen gefährden. Nach dem Bundesgesetz über die Entschädigung für Opfer von Gewalttaten[27] erhalten Verbrechensopfer wegen der erlittenen Gesundheitsschäden und ihrer wirtschaftlichen Folgen eine staatliche Versorgung. In diesen Fällen geht es nicht so sehr um rechtsstaatlichen Eingriffsausgleich, als vielmehr um die sozialstaatlich radizierte Schutz- und Fürsorgepflicht des Staates, die sich in einer Solidarhaftung der staatlichen Gemeinschaft äußert.

Handelt die öffentliche Hand nicht hoheitlich, sondern nach Maßgabe und mit den Mitteln des Privatrechts, so bestimmt sich ihre Haftung für verursachte Schäden nach den Vorschriften des BGB. Einschlägig sind in diesem Fall je nach Handlungsform des Staates entweder das Schuldrecht oder das Recht der unerlaubten Handlungen bei außervertraglichen Rechtsverletzungen (→ A.V.1. und 2.).

---

21 Vgl. z.B. BGH, Urt. v. 10.1.1966 – III ZR 70/64, BGHZ 45, 46 (49–52); Urt. v. 29.4.1993 – III ZR 3/92, BGHZ 122, 268 (269 f.); *Dörr*, in: Dörr/Grote/Marauhn (Hrsg.), Konkordanzkommentar EMRK/GG, 2. Aufl. 2013, Kap. 13 Rn. 103–106a.

22 Vgl. z.B. § 51 Bundespolizeigesetz, § 80 Abs. 1 Niedersächsisches Gesetz über die öffentliche Sicherheit und Ordnung, § 39 Ordnungsbehördengesetz Nordrhein-Westfalen. Danach kann derjenige, der von den Verwaltungsbehörden oder der Polizei rechtmäßig oder rechtswidrig in Anspruch genommen wurde und dadurch einen Schaden erlitten hat, diesen grundsätzlich ersetzt verlangen. Weitere Nachweise bei *Kluth*, in: Wolff/Bachof/Stober/Kluth, § 73 Rn. 8–30.

23 Nachweise z.B. bei *Kluth*, in: Wolff/Bachof/Stober/Kluth, § 73 Rn. 1–7.

24 Für weitere Einzelheiten z.B. *Galke*, Die Entschädigung nach dem StrEG – ein Fall verschuldensunabhängiger Staatshaftung, DVBl 1990, 145 ff.

25 Zum folgenden *Ossenbühl/Cornils*, Staatshaftungsrecht, S. 467–470.

26 RGBl 1920 I, S. 941, geändert durch Art. I der VO v. 29.3.1924 (RGBl. I, S. 381). Dazu z.B. *Kimmel*, Staatshaftung für Tumultschäden, 2003, S. 96–124.

27 BGBl 1976 I, S. 1181, neu gefasst in BGBl 1985 I, S. 1.

3. Das Staatshaftungsgesetz der DDR

Als spezialgesetzliche Verankerung der Staatshaftung ist schließlich das Staatshaftungsgesetz der Deutschen Demokratischen Republik (StHG-DDR) zu erwähnen, welches in deren Staatsgebiet 1969 in Kraft getreten war und eine verschuldensunabhängige und unmittelbare Haftung des Staates vorsah.[28] Der Haftungstatbestand in § 1 StHG-DDR lautete wie folgt:

> *„Für Schäden, die einem Bürger oder seinem persönlichen Eigentum durch Mitarbeiter oder Beauftragte staatlicher Organe oder staatlicher Einrichtungen in Ausübung staatlicher Tätigkeit rechtswidrig zugefügt werden, haftet das jeweilige staatliche Organ oder die staatliche Einrichtung."*

Im Zuge der Vereinigung beider deutscher Staaten 1990 wurde die Regelung in einer veränderten Fassung in das Landesrecht der neuen Bundesländer übergeleitet.[29] Dabei wurde der Anwendungsbereich der Haftungsregelung auf das Vermögen und alle Rechte des einzelnen, auf juristische Personen als geschützte Rechtsträger sowie auf Ausländer ausgeweitet.[30] Der haftende Verwaltungsträger schuldet demnach grundsätzlich vollen Schadensersatz für alle Schäden durch rechtswidrige Eingriffe in subjektive Rechte Privater. Um eine ausufernde Haftung des Staates zu vermeiden, modifizierten die neuen Bundesländer den Tatbestand oder schafften ihn ganz ab. In veränderter Form gilt § 1 StHG-DDR heute nur noch in drei Bundesländern,[31] wo er angesichts unterschiedlicher Regelungsgegenstände neben den allgemeinen Amtshaftungsanspruch tritt.[32] Die Bedeutung des StHG-DDR ist in der Praxis zwar nicht sehr groß, ihm wird aber Modellcharakter für ein modernes, rechtsstaatliches Staatshaftungsrecht beigemessen.[33]

4. Richterrecht

Einige Bereiche des deutschen Staatshaftungsrechts sind anknüpfend an die Grundentscheidungen des Grundgesetzes richterrechtlich geprägt und ausgestaltet worden. Das betrifft insbesondere die sog. Aufopferungshaftung, bei der demjenigen, der ein Sonderopfer aus Gründen des Gemeinwohls zu tragen hat, eine Entschädigung gewährt wird (→ oben 1.). Diesen Sonderopfergedanken, welcher der Enteignungsentschädigung nach Art. 14 Abs. 3 GG zugrunde liegt, erweiterte die zivilgerichtliche Rechtsprechung bereits seit Beginn der 1950er Jahre auf Fälle einer rechtswidrigen Beeinträchtigung des Eigentums (sog. enteignungsgleicher Eingriff)[34] sowie auf Fälle, in denen der Eingriff in das Eigentum bloß eine ungewollte Nebenfolge des ansonsten rechtmäßigen Hoheitshandelns darstellt (sog. enteignender Eingriff).[35] Normativ stützten sich beide Rechtsprechungslinien auf eine Analogie zu Art. 14 Abs. 3 GG. Nachdem das BVerfG diese Analogiebildung 1981 als verfassungswidrig verworfen hatte,[36] änderten die Zivilgerichte nicht

---

28 Näher z.B. *Ossenbühl/Cornils*, Staatshaftungsrecht, S. 557–591; *Grzeszick*, in: Erichsen/Ehlers, § 46 Rn. 27–34; *Kluth*, in: Wolff/Bachof/Stober/Kluth, § 73 Rn. 31–54; *Janke*, Die Staatshaftung in der SBZ und in der DDR, NJ 1993, 444 (449 ff.).

29 Vgl. Anlage II, Kapitel III, Sachgebiet B, Abschnitt III zum Einigungsvertrag v. 31.8.1990 (BGBl 1990 II, S. 889, 1168)

30 *Kluth*, in: Wolff/Bachof/Stober, § 73 Rn. 32. Zum Tatbestand auch BGH, Urt. v. 19.1.2006 – III ZR 82/05, BGHZ 166, 22 (24).

31 Dies sind Mecklenburg-Vorpommern, Brandenburg und Thüringen, vgl. *Papier*, in: HStR VIII, § 180 Rn. 4.

32 *Papier*, in: HStR VIII, § 180 Rn. 4.

33 *Grzeszick*, in: Erichsen/Ehlers, § 46 Rn. 34; *Höfling*, in: Hoffmann-Riem et al., § 51 Rn. 115.

34 Grundlegend BGH, Beschl. v. 10.6.1952 – GSZ 2/52, BGHZ 6, 270 (290 ff.); Dazu näher → unten B.II.3.

35 Grundlegend BGH, Urt. v. 30.4.1964 – III ZR 125/63, MDR 1964, 656 (657). Dazu näher → unten B.V.2.

36 BVerfG, Beschl. v. 15.7.1981 – 1 BvL 77/78, BVerfGE 58, 300 (336 f.).

ihre Rechtsprechung, sondern lediglich deren normative Anknüpfung: Entschädigungsansprüche bei enteignungsgleichem und enteignendem Eingriff stützen die Gerichte heute auf den allgemeinen Aufopferungsgedanken (§§ 74, 75 Einl. ALR) in seiner richterrechtlichen Ausprägung.[37] Mittlerweile sind beide Haftungsinstitute im Grundsatz gewohnheitsrechtlich anerkannt.[38] Sie stellen unterverfassungsrechtliche Haftungsansprüche aufgrund richterlicher Rechtsfortbildung dar, welche die haftungsrechtlichen Lücken der *lex lata* schließen.[39]

Die richterrechtliche Ausgestaltung des Aufopferungsgedankens greift in Deutschland nicht nur bei Beeinträchtigungen des verfassungsrechtlich geschützten Eigentums, sondern vor allem auch bei Eingriffen in immaterielle Rechtsgüter. Unter ausdrücklicher Aufgabe der Rechtsprechung des Reichsgerichts leitete der Bundesgerichtshof dies bereits 1953 aus den §§ 74, 75 Einl. ALR ab, die jedes Sonderopfer erfassten, „das der einzelne an irgendwelchen Rechtsgütern zum Wohle der Allgemeinheit zu erbringen genötigt wird".[40] Dieser allgemeine Aufopferungsanspruch, den die zivilgerichtliche Rechtsprechung aus den historischen Bestimmungen ableitet, gilt heute in der deutschen Rechtsordnung kraft Gewohnheitsrechts,[41] nach wohl überwiegender Ansicht sogar im Rang von Verfassungsrecht.[42]

5. Die Einwirkung des europäischen Unionsrechts

Das Recht der Europäischen Union verpflichtet nach der ständigen Rechtsprechung des EuGH die Mitgliedsstaaten zum Ersatz derjenigen Schäden, die sie durch die Verletzung des Unionsrechts einem Privaten zugefügt haben.[43] Der daraus resultierende Staatshaftungsanspruch findet nach Ansicht des Gerichtshofs seine Grundlage unmittelbar im Unionsrecht,[44] sodass es sich wohl um einen ungeschriebenen unionsrechtlichen Anspruch handelt, der in den Rechtsordnungen der EU-Mitgliedstaaten unmittelbare Wirkung entfaltet. Die unionsrechtliche Staatshaftung greift ein, wenn (1) ein staatliches Organ eine Norm des EU-Rechts verletzt, welche individuelle Rechte begründen soll, also individualschützend ist, (2) der Normverstoß „hinreichend qualifiziert" ist und (3) zwischen dem Normverstoß und dem eingetretenen Schaden ein unmittelbarer Kausalzusammenhang besteht.[45]

Für die Haftungsfolgen, also Umfang und Inhalt des Staatshaftungsanspruchs, verweist der EuGH auf das mitgliedstaatliche Recht, begrenzt diese Haftungsfolgenautonomie aber durch seine bekannten Anforderungen von Gleichwertigkeit und Effektivität: Inhalt, Umfang und Geltendmachung des unionsrechtlichen Anspruchs dürfen im nationalen Recht nicht ungünstiger ausgestaltet sein als für vergleichbare innerstaatliche Ersatzansprüche, und das nationale Recht

37 Vgl. z.B. BGH, Urt. v. 26.1.1984 – III ZR 216/82, BGHZ 90, 17 (30 f.); Urt. v. 29.3.1984 – III ZR 11/83, BGHZ 91, 20 (27 f.); Urt. v. 9.10.1986 – III ZR 2/85, BGHZ 99, 24 (29); Urt. v. 20.2.1992 – III ZR 188/90, BGHZ 117, 240 (252 f.).

38 *Papier*, in: HStR VIII, § 180 Rn. 62 und 72; *Detterbeck*, Allgemeines Verwaltungsrecht, 11. Aufl. 2013, Rn. 1135 und 1163; OLG Brandenburg, Urt. v. 10.2.1998 – 2 U 193/96, NVwZ-RR 2000, 78.

39 *Papier*, in: HStR VIII, § 180 Rn. 72.

40 BGH, Urt. v. 19.2.1953 – III ZR 208/51, BGHZ 9, 83 (88).

41 *Papier*, in: HStR VIII, § 180 Rn. 73; *Detterbeck* (Fn. 38), Rn. 1185.

42 *Maurer*, Allgemeines Verwaltungsrecht, § 28 Rn. 1; *Ossenbühl/Cornils*, Staatshaftungsrecht, S. 130 f.

43 Grundlegend EuGH C-6 und C-9/90, Slg. 1991, I-5357 – *Francovich u.a.*; EuGH C-46 und C-48/93, Slg. 1996 I-1029 – *Brasserie du Pêcheur*.

44 Vgl. EuGH C-6 und C-9/90, Slg. 1991, I-5357, Rn. 41 – *Francovich u.a.*; C-46 und C-48/93, Slg. 1996, I-1029, Rn. 67 – *Brasserie du Pêcheur*; C-424/97, Slg. 2000, I-5123, Rn. 33 – *Haim*; C-224/01, Slg. 2003, I-10239, Rn. 58 – *Köbler*; C-524/04, Slg. 2007, I-2157, Rn. 123 – *Test Claimants in the Thin Cap Group Litigation*; C-118/08, Slg. 2010, I-635, Rn. 31 – *Transportes Urbanos*.

45 Statt aller *Papier*, in: HStR VIII, § 180 Rn. 87–90; *Dörr/Lenz*, Europäischer Verwaltungsrechtsschutz, 2006, Rn. 467–474; *v. Danwitz*, in: Mangoldt/Klein/Starck (Fn. 11), Art. 34 Rn. 142. Siehe auch § 2 EU-Recht, sub B.II.

darf die Erlangung der unionsrechtlich vorgeschriebenen Entschädigung nicht praktisch unmöglich machen oder übermäßig erschweren.[46] Der im nationalen Recht gewährleistete Anspruchsumfang muß dem erlittenen Schaden angemessen sein; insbesondere muß der Ersatz entgangenen Gewinns grundsätzlich möglich sein.[47] Haftungsbegrenzungen im nationalen Recht, die auf den unionsrechtlichen Anspruch angewendet werden, sind an diesen Vorgaben zu messen.

Für die Integration dieser Rechtsprechung in die deutsche Rechtsordnung war zunächst die Rechtsnatur des Haftungsanspruchs und sein konstruktives Verhältnis zu den Regeln der deutschen Unrechtshaftung umstritten.[48] Die Literatur ist gespalten zwischen der Annahme eines eigenständigen Anspruchs aus EU-Recht und dem Verständnis der EuGH-Rechtsprechung als unionsrechtliche Mindestvorgaben, die in die Haftungstatbestände des nationalen Rechts zu integrieren sind. Die Rechtsprechungspraxis der deutschen Gerichte folgt mittlerweile einhellig dem erstgenannten „Trennungsmodell" und behandelt die unionsrechtlichen Vorgaben als eigenständigen ungeschriebenen Anspruch, auf den sie allerdings die für den Amtshaftungsanspruch geltenden Grundsätze über die Haftungsfolgen entsprechend anwendet.[49] In Einzelfällen kann sich dann die Frage stellen, ob gesetzliche Haftungsbeschränkungen im Bereich der Amtshaftung mit den Vorgaben des Unionsrechts vereinbar sind. Diese Rechtsprechung hat zur Folge (manche sehen das als ihre eigentliche Intention), daß die traditionellen Regeln der deutschen Amtshaftung – jedenfalls in Bezug auf die Haftungsbegründung – gegenüber dem Einfluß europäischen Rechts abgeschottet werden.[50]

V. Grundformen staatlicher Haftung

Die Haftung des Staates kann auf verschiedenen Formen staatlichen Handelns beruhen und dementsprechend eine unterschiedliche rechtliche Gestalt annehmen. Grundlegend ist die Unterscheidung zwischen schädigendem Verhalten des Staates im Rahmen eines Schuldverhältnisses (1.) und außervertraglicher, also deliktischer Schädigung (2.). Beide Kategorien können zudem danach differenziert werden, ob der Vertrag bzw. das außervertragliche Handeln dem öffentlichen Recht oder dem Privatrecht zuzuordnen ist. Gemeinsam ist ihnen, daß die staatliche Haftung durch die Verletzung einer Rechtspflicht des Staates ausgelöst wird. Davon zu unterscheiden sind die Aufopferungshaftung, die an den rechtmäßigen Eingriff anknüpft, der aus Gründen des Allgemeinwohls zu dulden ist (3.), sowie die Gefährdungshaftung, welche schlicht die Realisierung eines vom Gesetz identifizierten und einem Rechtsträger zugewiesenen Risikos sanktioniert und die auch den Staat treffen kann (4.). Schließlich trifft den rechtsstaatlich ge-

46 StRspr, z.B. EuGH C-46 und C-48/93, Slg. 1996, I-1029, Rn. 83 – *Brasserie du Pêcheur*; C-127/95, Slg. 1998, I-1531, Rn. 111 – *Norbrook Laboratories*; C-424/97, Slg. 2000, I-5123, Rn. 33 – *Haim*; C-224/01, Slg. 2003, I-10239, Rn. 58 – *Köbler*; C-445/06, Slg. 2009, I-2119, Rn. 31 – *Danske Slagterier*; C-429/09, Slg. 2010, I-12167 Rn. 62 – *Fuß*; C-420/11, Urt. v. 14.3.2013, Rn. 39 – *Leth*.

47 Vgl. EuGH C-46 und C-48/93, Slg. 1996, I-1029, Rn. 87 – *Brasserie du Pêcheur*; C-397 und C-410/98, Slg. 2001, I-1727, Rn. 91 – *Metallgesellschaft*; C-470/03, Slg. 2007, I-2749, Rn. 94 f. – *A.G.M.-COS.MET*.

48 Nachweise z.B. bei *Ossenbühl/Cornils*, Staatshaftungsrecht, S. 627–629; *Dörr/Lenz* (Fn. 45), Rn. 466.

49 Vgl. z.B. BGH, Urt. v. 24.10.1996 – III ZR 127/91, BGHZ 134, 30 (33 und 36); Urt. v. 14.12.2000 – III ZR 151/99, BGHZ 146, 153 (158 f.); Urt. v. 9.10.2003 – III ZR 342/02, BGHZ 156, 294 (297 f.); Urt. v. 2.12.2004 – III ZR 358/03, BGHZ 161, 224 (236); Urt. v. 11.9.2008 – III ZR 212/07, BGHZ 178, 51 (54 f.); Urt. v. 4.6.2009 – III ZR 144/05, BGHZ 181, 199, Rn. 13 und 22 ff.; Urt. v. 18.10.2012 – III ZR 196/11, Rn. 8; BVerwG, Urt. v. 9.6.2009 – 1 C 7/08, NVwZ 2009, 1431, Rn. 15–16; Urt. v. 26.7.2012 – 2 C 70/11, NVwZ 2012, 1472, Rn. 8 und 24.

50 Kritisch insoweit z.B. *Schoch*, Europäisierung des Staatshaftungsrechts, in: FS Maurer, 2001, S. 759 (773); *ders.*, Staatshaftung wegen Verstoßes gegen Europäisches Gemeinschaftsrecht, Jura 2002, 837 (840 f.).

bundenen Staat jenseits von Ersatz, Entschädigung und Ausgleich nach einem rechtswidrigen Verhalten die Pflicht zur Wiederherstellung des rechtmäßigen *status quo ante* (5.).

1. Handeln im Rahmen eines Schuldverhältnisses

Schließt die öffentliche Hand einen Vertrag mit einem anderen Rechtssubjekt, so haftet sie dem Vertragspartner nicht nur auf Erfüllung des Vertrages, sondern auch für rechtswidriges und schädigendes Verhalten im Zusammenhang mit diesem Rechtsverhältnis. Eine solche Vertragsbeziehung, aus der sich Haftungsansprüche gegen den Staat ergeben können, ist häufig dem öffentlichen Recht zuzuordnen. Für vertragliche oder vertragsähnliche Beziehungen zwischen einem Hoheitsträger und einem Privaten, die dem öffentlichen Recht zuzurechnen sind, sowie für entsprechende Beziehungen zwischen mehreren Hoheitsträgern hat sich die Sammelbezeichnung des öffentlich-rechtlichen Schuldverhältnisses eingebürgert. In Betracht kommen hierfür z.B. die Verwahrung, öffentlich-rechtliche Benutzungsverhältnisse im Rahmen der Leistungsverwaltung oder Verwaltungsverträge nach §§ 54ff. VwVfG. Anspruchsgrundlage für einen Schadensersatz bei Pflichtverletzungen aus diesen Schuldverhältnissen ist der schuldrechtliche Schadensersatzanspruch gem. § 280 Abs. 1 BGB in analoger Anwendung. Dies ist für den öffentlich-rechtlichen Vertrag durch § 62 Satz 2 VwVfG, der auf die einschlägigen BGB-Vorschriften verweist, ausdrücklich geregelt. Zur Durchsetzung von Ansprüchen aus dem Vertrag muss der Gläubiger – sei es der staatliche Hoheitsträger oder eine private Vertragspartei – vor den Verwaltungsgerichten eine öffentlich-rechtliche Leistungsklage erheben.[51]

Im Rahmen eines öffentlich-rechtlichen Schuldverhältnisses sind darüber hinaus weitere Ersatzansprüche in Analogie zum Privatrecht denkbar. Anerkannt ist vor allem der öffentlich-rechtliche Erstattungsanspruch, der sich auf die Rückgewähr rechtsgrundlos erlangter Leistungen richtet, wie z.B. ungerechtfertigt erhobener Gebühren oder Abgaben. Er ergibt sich unmittelbar aus dem Grundsatz der Gesetzmäßigkeit der Verwaltung und gilt als allgemeiner Grundsatz des Verwaltungsrechts.[52] Teilweise hat er eine spezialgesetzliche Regelung erfahren. Der Anspruch richtet sich – wegen der übereinstimmenden Struktur und Zielrichtung – nach den bereicherungsrechtlichen Normen des Zivilrechts (§§ 812ff. BGB). Auch das europäische Unionsrecht kennt eine entsprechende Rechtsfigur, welche der EuGH in ständiger Rechtsprechung unmittelbar als „Folge und Ergänzung" der verletzten Unionsrechtsnorm ableitet.[53]

Die öffentliche Gewalt kann unter Geltung des Grundgesetzes auch privatrechtliche Verträge schließen. Das ist etwa im Rahmen der staatlichen Beschaffung der Fall, wenn die öffentliche Verwaltung Aufträge zum Kauf von Waren, Bauleistungen oder Dienstleistungen vergibt und als Ergebnis des Vergabeverfahrens privatrechtliche Kauf-, Dienst- oder Werkverträge abschließt.[54] Auch beim Abschluß von Mietverträgen oder der Beschäftigung von Arbeitnehmern kann der

51 *Maurer*, Allgemeines Verwaltungsrecht, § 14 Rn. 55.

52 BVerwG, Urt. v. 9.6.1975 – VI C 163.73, BVerwGE 48, 279 (286); VGH Mannheim, Urt. v. 15.9.2011 – 2 S 654/11, NVwZ-RR 2012, 81; *Maurer*, Allgemeines Verwaltungsrecht, § 29 Rn. 21.

53 Grundlegend EuGH 199/82, Slg. 1983, 3595, Rn. 12 – *San Giorgio*; aus jüngerer Zeit z.B. EuGH C-343/96, Slg. 1999, I-579, Rn. 23 – *Dilexport*; C-397 und C-410/98, Slg. 2001, I-1727, Rn. 84 – *Metallgesellschaft u.a.*; C-446/04, Slg. 2006, I-11753, Rn. 202 – *Test Claimants in the FII Group Litigation*; C-310/09, Slg. 2011, I-8115, Rn. 71 – *Accor*; C-94/10, Slg. 2011, I-9963 Rn. 20 – *Danfoss*; C-565/11 v. 18.4.2013, Rn. 20 – *Irimie*.

54 Die EU-rechtlich überformten Regeln dazu finden sich in den §§ 97ff. GWB, außerhalb der unionsrechtlichen Harmonisierung in Landesgesetzen und sog. Verdingungsordnungen; näher dazu z.B. *Pache*, Der Staat als Kunde – System und Defizite des neuen deutschen Vergaberechts, DVBl 2001, 1781ff.; *Dörr*, Vergaberecht in Deutschland – Das Recht der öffentlichen Auftragsvergabe im Stufenbau der Rechtsordnung, in: Dreher/Motzke (Hrsg.), Beck'scher Vergaberechtskommentar, 2. Aufl. 2013, abrufbar unter beck-online.beck.de.

Staat als Privatrechtssubjekt handeln. Vorbehaltlich der umfassenden Bindung an die Grundrechte (Art. 1 Abs. 3 GG) unterliegen die Träger staatlicher Gewalt in diesen Fällen den allgemeinen Bestimmungen des Privatrechts, also auch dessen Haftungsregeln. Dabei gelten für die Organhaftung die §§ 280 Abs. 1, 241 Abs. 2, 31, 89 BGB und für die Gehilfenhaftung die §§ 280 Abs. 1, 241 Abs. 2, 278 BGB. Auch die vorvertragliche Haftung für Rechtsverletzungen bei der Anbahnung eines Vertrages (sog. *culpa in contrahendo*) kann die öffentliche Hand treffen, z.B. aufgrund eines fehlerhaften Vergabeverfahrens oder wegen der Verletzung besonderer Aufklärungspflichten.

2. Deliktisches Handeln

Rechtswidriges Handeln des Staates, das einen Privaten schädigt und nicht im Rahmen eines Schuldverhältnisses erfolgt, ist nach der Systematik der deutschen Rechtsordnung dem Deliktsrecht zuzuordnen und wird im Kern nach den entsprechenden Normen des Zivilrechts „verarbeitet". Geschieht die rechtswidrige Schädigung im Rahmen der amtlichen Tätigkeit eines Verwaltungsträgers, also auf der Grundlage öffentlichen Rechts, so greifen die Regeln über die Amtshaftung nach § 839 Abs. 1 BGB ein, die eine Haftungsüberleitung auf den Staat (Art. 34 GG) einschließen (→ unten B.I.1.). Handelt der Staat hingegen privatrechtlich (außerhalb eines Vertragsverhältnisses), so kommt eine Haftung nach dem allgemeinen Recht der unerlaubten Handlungen (§§ 823ff. BGB) in Betracht, wobei § 839 Abs. 1 BGB hier grundsätzlich von einer Eigenhaftung des handelnden Amtsträgers ausgeht. Da die verfassungsrechtliche Haftungsüberleitung bei privatrechtlichem Handeln nicht greift, haftet der Staat nur nach Maßgabe der allgemeinen privatrechtlichen Zurechnungsnormen (§ 831 BGB). Greifen Haftungsüberleitung oder Zurechnung ein, so haftet der Staat auf Schadensersatz, wenn seine Amtswalter schuldhaft Leben oder Gesundheit, Freiheit, Eigentum oder ein sonstiges Recht eines anderen widerrechtlich verletzen.

3. Aufopferungshaftung

Der Staat haftet weiterhin für rechtmäßige Eingriffe in die Rechte Privater, welche diese aus Gründen des Allgemeinwohls hinnehmen müssen, wenn sie dadurch im Verhältnis zu anderen ungleichmäßig belastet werden (→ oben IV.1.). Die Duldung des Eingriffs sieht die Rechtsordnung als Sonderopfer des Einzelnen für das allgemeine Wohl und „vergilt" sie mit einer Entschädigung. Dieser Aufopferungsgedanke findet sich als allgemeines Prinzip an verschiedenen Stellen der deutschen Rechtsordnung: Er prägt die Dogmatik der Eigentumseingriffe (→ oben IV.1. und 4., → B.V.1. und 2.), ist in spezialgesetzlichen Haftungstatbeständen konkretisiert (→ oben IV.2.) und bildet die Grundlage des gewohnheitsrechtlichen allgemeinen Aufopferungsanspruchs (→ oben IV.4. und B.V.3.).

4. Gefährdungshaftung

Die Gefährdungshaftung knüpft an typische Gefahrensituationen an und begründet für denjenigen, der die Gefahrensituation geschaffen hat, eine verschuldensunabhängige Haftung hinsichtlich der sich daraus ergebenden Schäden.[55] Spezialgesetzlich vorgesehen ist eine solche Haftung z.B. für die Halter von Kraftfahrzeugen (§ 7 Straßenverkehrsgesetz) und Luftfahrzeugen (§ 33 Luftverkehrsgesetz), die Betreiber bestimmter gefährlicher Anlagen (§§ 1, 2 Haftpflichtgesetz,

55 *Maurer*, Allgemeines Verwaltungsrecht, § 29 Rn. 15.

§ 25 Atomgesetz, § 32 Gentechnikgesetz), für das Einleiten schädlicher Stoffe in Gewässer (§ 22 Wasserhaushaltsgesetz), allgemein für die Umwelteinwirkungen von Anlagen (§ 1 Umwelthaftungsgesetz) sowie im Bereich des Verbraucherschutzes (§ 1 Produkthaftungsgesetz, § 84 Arzneimittelgesetz). Erfüllt der Staat bzw. ein Verwaltungsträger einen dieser Tatbestände, so trifft die dort vorgesehene Haftung auch ihn. Auf die Frage, ob der Staat in solchen Fällen öffentlichrechtlich oder privatrechtlich handelt, kommt es dann nicht an.[56]

5. Folgenbeseitigung

Schließlich gehören zur Staatshaftung in Deutschland auch verschiedene Ansprüche, die sich für Private als Folge staatlichen Handelns gegen den Staat ergeben können, ohne dass immer eine Pflicht zur finanziellen Entschädigung ausgelöst werden muss. Der bekannteste dieser Ansprüche ist der allgemeine Folgenbeseitigungsanspruch, der auf die Wiederherstellung des *status quo ante* vor einem rechtswidrigen Eingriff des Staates gerichtet ist und dessen Grundlage heute überwiegend in dem jeweils betroffenen Grundrecht gesehen wird.[57] Er kann die Folgen eines rechtswidrigen Verwaltungsaktes oder sonstigen hoheitlichen Verwaltungshandelns betreffen und greift nur durch, wenn die Wiederherstellung tatsächlich möglich, rechtlich zulässig und für die Verwaltung mit einem zumutbaren Aufwand verbunden ist. Der Anspruch ist damit ein Institut der unmittelbaren, verschuldensunabhängigen Unrechtshaftung des Staates.[58] Einen besonderen Anwendungsfall der Folgenbeseitigung bildet der öffentlich-rechtliche Erstattungsanspruch (→ oben 1.), der als eigenständiges Rechtsinstitut für die Beseitigung einer ungerechtfertigten Vermögensverschiebung anerkannt ist.

B. Haftungsbegründung

Die Darstellung konzentriert sich im folgenden auf die formale Unrechtshaftung des Staates, die in Deutschland traditionell als eine im Privatrecht wurzelnde Amtshaftung ausgestaltet ist (→ A.III.). Als Fälle der Entschädigungshaftung ohne Normverstoß werden rechtmäßige Eingriffe in das Eigentum sowie der allgemeine Aufopferungsanspruch einbezogen (→ B.V.).

I. Haftungsrelevantes Verhalten des Staates

Voraussetzung für eine auf rechtswidrigem Handeln beruhende Amtshaftung des Staates ist, dass seine Organe „in Ausübung eines ihnen anvertrauten Amtes" gehandelt haben (vgl. Art. 34 Satz 1 GG). Entsprechend knüpft der eigentliche Haftungstatbestand in § 839 Abs. 1 BGB an die Verletzung einer „Amtspflicht" an. Für ein solches Handeln in amtlicher Eigenschaft kommt grundsätzlich jede staatliche Gewalt und jede denkbare Handlungsform in Betracht. Für bestimmte Handlungsbereiche des Staates, wie z.B. die Gesetzgebung und die richterliche Spruchtätigkeit, wird allerdings traditionell die Haftung für rechtswidriges Handeln von vornherein nur in engen Grenzen zugelassen.

56 *Maurer*, Allgemeines Verwaltungsrecht, § 29 Rn. 15.
57 Ausführlich *Maurer*, Allgemeines Verwaltungsrecht, § 30.
58 *Papier*, in: HStR VIII, § 180 Rn. 79.

1. Verhalten im „öffentlichen Amt"

Das haftungsauslösende „öffentliche Amt" ist funktionell zu verstehen und bezieht sich generell auf den hoheitlichen Tätigkeitsbereich: Es kommt also nicht auf die Rechtsstellung der konkret handelnden Person oder ihre organisatorische Einbindung an, sondern allein auf die Wahrnehmung hoheitlicher Aufgaben in den Formen des öffentlichen Rechts: Die Amtshaftung gemäß § 839 BGB i.V.m. Art. 34 GG kommt von vornherein nur in Betracht, wenn das schadensbegründende Verhalten des Staates dem öffentlichen Recht zuzuordnen ist.[59] Dies kann auch das Handeln einzelner Privater erfassen, soweit ihnen die Erfüllung hoheitlicher Aufgaben übertragen ist.[60]

Neben aktivem Handeln kann ein Unterlassen des Amtsträgers haftungsrelevant sein, wenn dem Geschädigten gegenüber eine Handlungspflicht bestand. Das kann z.B. eine Pflicht des Staates zum Eingreifen sein, wenn eine erhebliche Gefahr für wesentliche Rechtsgüter des Bürgers besteht, oder auch eine sog. Verkehrssicherungspflicht, welche die öffentliche Hand dazu verpflichtet, allgemein zugängliche Wege, Plätze und Räume in einem verkehrssicheren Zustand zu halten.

Das schädigende Verhalten erfolgt nur dann „in Ausübung" des öffentlichen Amtes, wenn es einen äußeren und inneren Funktionszusammenhang mit der Amtsausübung aufweist[61] und nicht nur bei Gelegenheit der Dienstausübung erfolgt. Der notwendige Zusammenhang zwischen Verhalten und Schädigung ist bei hoheitlichem Verhalten des Amtsträgers regelmäßig gegeben, auch wenn er dabei seine konkreten Zuständigkeiten überschreitet. Die haftungsrechtliche Zurechnung zum Staat endet erst, wenn das fragliche Verhalten dem Aufgabengebiet des Amtsträgers völlig wesensfremd ist oder vollkommen außerhalb des Kompetenzbereichs des betreffenden Verwaltungsträgers liegt, z.B. wenn der Amtsträger aus persönlichen Gründen handelt.[62]

2. Haftung für Normsetzung („legislatives Unrecht")

Die Haftung des Staates für Rechtssetzungsakte wird in der deutschen Rechtsordnung traditionell sehr restriktiv gesehen. In den Strukturen der überkommenen Amtshaftung wird bezweifelt, ob Abgeordnete in ihrer Funktion als Gesetzgeber überhaupt externe Amtspflichten haben,[63] vor allem aber verneint die Rechtsprechung in der Regel die Drittbezogenheit etwaiger Amtspflichten mit dem Argument, dass Gesetze abstrakt-generelle Regeln darstellten, die keinen bestimmten Adressaten kennen: Der Gesetzgeber nehme ausschließlich Aufgaben gegenüber der Allgemeinheit, nicht jedoch gegenüber bestimmten Personen oder Personengruppen wahr,[64] sodass eine Haftung für „legislatives Unrecht" grundsätzlich ausscheide.

Diese Auffassung ist bereits im Ansatz verfehlt, denn nach den Strukturen der Amtshaftung (§ 839 BGB) kommt es für eine drittschützende Amtspflicht nicht auf die Schutzrichtung des

---

59 *Maurer*, Allgemeines Verwaltungsrecht, § 26 Rn. 12; *Papier*, in: HStR VIII, § 180 Rn. 25; *Grzeszick*, in: Erichsen/Ehlers, § 43 Rn. 6.

60 Dies betrifft insbes. die sog. Beliehenen und Verwaltungshelfer, die aufgrund dieser Übertragung zur mittelbaren Staatsverwaltung gehören, vgl. *Maurer*, Allgemeines Verwaltungsrecht, § 23 Rn. 56–59; *Papier*, in: HStR VIII, § 180 Rn. 23; BVerwG, Urt. v. 26.8.2010 – 3 C 35/09, NVwZ 2011, 368 Rn. 21 mwN.

61 Z.B. BGH, Urt. v. 16.6.1977 – III ZR 179/75, BGHZ 69, 128 (132f.); *Papier*, in: Maunz/Dürig, GG, Art. 34 Rn. 154 (2009); *Wurm*, in: Staudinger, BGB, § 839 Rn. 93.

62 *Grzeszick*, in: Erichsen/Ehlers, § 43 Rn. 8.

63 Nachweise bei *Ossenbühl/Cornils*, Staatshaftungsrecht, S. 15.

64 Z.B. BGH, Urt. v. 29.3.1971 – III ZR 110/68, BGHZ 56, 40 (46); Urt. v. 24.6.1982 – III ZR 169/80, BGHZ 84, 292 (300); Urt. v. 22.5.1984 – III ZR 18/83, BGHZ 91, 243 (249f.); Urt. v. 7.7.1988 – III ZR 198/87, NJW 1989, 101; Urt. v. 11.1.2007 – III ZR 302/05, BGHZ 170, 260, Rn. 21.

staatlichen Verhaltens (hier: die erlassene Rechtsnorm), sondern der durch dieses Verhalten (möglicherweise) verletzten Rechtspflichten (hier: die beim Normerlass zu beachtenden höherrangigen Rechtsvorschriften) an. Die Legislative ist in jedem Fall an die Grundrechte, die zweifellos das Individuum schützen, gebunden, der Verordnungs- und Satzungsgeber darüber hinaus an einfachgesetzliche Vorschriften, die unter Umständen individualschützenden Charakter haben können. Daher kommt eine Amtshaftung für Handeln (oder Unterlassen) des Gesetzgebers grundsätzlich sehr wohl in Betracht[65] und wird von der Rechtsprechung im Übrigen heute auch für Bebauungspläne, die als kommunale Satzungen ergehen, anerkannt.[66] Eine Untätigkeit des Gesetzgebers kann die staatliche Haftung dann auslösen, wenn die Verfassung dem Gesetzgeber eine konkrete Pflicht zum Erlass eines bestimmten Gesetzes auferlegt[67] und er diese Pflicht „evident verletzt" hat.[68]

Da die Amtshaftung gemäß § 839 Abs. 1 BGB allerdings vom Verschulden des handelnden Amtsträgers abhängt, wird eine Haftung für den Erlass formeller Gesetze in der Regel ausscheiden, zumal die nachträgliche Feststellung der Verfassungswidrigkeit hierfür nicht genügt. Nur ausnahmsweise dürfte mangelnde Sorgfalt im Normgebungsverfahren, vor allem beim Erlass von Rechtsverordnungen und Satzungen, haftungsbegründend wirken.[69]

In Bezug auf die Haftung für legislatives Handelns ergeben sich für das deutsche Recht wichtige Impulse aus der EuGH-Rechtsprechung zum unionsrechtlichen Staatshaftungsanspruch: Diese unterscheidet nicht nach der staatlichen Gewalt, welcher der haftungsauslösende Verstoß gegen EU-Recht zur Last fällt, sondern unterwirft jegliches mitgliedstaatliche Verhalten den gleichen Haftungsvoraussetzungen.[70] Der staatliche Gesetzgeber kann die Haftung seines Mitgliedstaates z.B. auslösen durch die Nichtumsetzung[71] bzw. die fehlerhafte[72] Umsetzung einer EU-Richtlinie. Ein Verschulden im technischen Sinne ist dafür nicht erforderlich, lediglich ein „hinreichend qualifizierter" Verstoß gegen Unionsrecht. Ein solcher liegt auch vor, wenn der nationale Gesetzgeber überhaupt keine Maßnahmen zur Umsetzung einer EU-Richtlinie getroffen hat, also im Falle legislativen Unterlassens.[73] Dass diese erweiterte Haftungsverantwortung für Handeln des Gesetzgebers auch die Rechtsprechung zum rein innerstaatlichen Amtshaftungsanspruch beeinflussen wird, ist angesichts der auf Abschottung der deutschen Haftungsregeln bedachten Praxis (→ A.IV.5.) nicht zu erwarten.

---

65 Aus der Literatur z.B. *Maurer*, Allgemeines Verwaltungsrecht, § 26 Rn. 51; *Papier*, in: HStR VIII, § 180 Rn. 42. Dagegen z.B. *Ossenbühl/Cornils*, Staatshaftungsrecht, S. 16.

66 BGH, Urt. v. 26.1.1989 – III ZR 194/87, BGHZ 106, 323 (325, 331 f.); Urt. v. 8.10.1992 – III ZR 220/90, BGHZ 119, 365 (367 f.).

67 *Papier*, in: HStR VIII, § 180 Rn. 42. Eine Pflicht zum Erlass von Rechtsakten kann sich insbes. aus den grundrechtlichen Schutzpflichten des Staates ergeben, vgl. BVerfG, Urt. v. 28.5.1993 – 2 BvF 2/90, BVerfGE 88, 203 (254); zu den Voraussetzungen eines solchen *„qualifizierten Unterlassens"* BGH, Urt. v. 10.12.1987 – III ZR 220/86, BGHZ 102, 350 (365 f.) m.w.N.

68 BVerfG, Beschl. v. 14.1.1981 – 1 BvR 612/72, BVerfGE 56, 54 (81 f.); Urt. v. 26.1.1988 – 1 BvR 1561/82, BVerfGE 77, 381 (405); Beschl. v. 30.11.1988 – 1 BvR 1301/84, BVerfGE 79, 174 (202); Urt. v. 28.1.1992 – 1 BvR 1025/82, 1 BvL 16/83 und 10/91, BVerfGE 85, 191 (212); Urt. v. 10.1.1995 – 1 BvF 1/90, 1 BvR 342, 348/90, BVerfGE 92, 26 (46). Verneint z.B. in BGH, Urt. v. 10.12.1987 – III ZR 220/86, BGHZ 102, 350 (353 ff.); OLG Köln, Urt. v. 16.9.1985 – 7 U 133/84, NJW 1986, 589 (591); OLG München, Urt. v. 5.6.1986 – 1 U 1510/86, JZ 1987, 88.

69 *Maurer*, Allgemeines Verwaltungsrecht, § 26 Rn. 51.

70 Zu diesen oben bei Fn. 45 und § 2 EU-Recht, sub B.II.1.

71 Z.B. EuGH C-6 und C-9/90, Slg. 1991, I-5357, Rn. 44–46 – *Francovich u.a.*; C-178/94 u.a., Slg. 1996, I-4845 Rn. 26–29 – *Dillenkofer u.a.*; BGH, Urt. v. 4.6.2009 – III ZR 144/05, BGHZ 181, 199, Rn. 16.

72 Z.B. EuGH C-283, C-291, C-292/94, Slg. 1996, I-506, Rn. 53 – *Denkavit International u.a.*; C-392/93, Slg. 1996, I-1631, Rn. 40 – *British Telecommunications*; EuGH C-278/05, Slg. 2007, I-1053, Rn. 69 ff. – *Robins u.a.*

73 Vgl. die Nachweise in Fn. 71; außerdem KG, Urteil v. 6.2.2009 – 9 U 10/08, NVwZ 2009, 1445 (1446); BVerwG, Urt. v. 26.7.2012 – 2 C 70/11, NVwZ 2012, 1472, Rn. 13.

3. Haftung für Rechtsprechung

Auch eine Amtshaftung für Rechtsfehler in der Rechtsprechungstätigkeit von Richtern ist in der deutschen Rechtsordnung nur unter strengen Voraussetzungen vorgesehen. Es gilt insoweit die Sondervorschrift des § 839 Abs. 2 BGB, wonach ein Richter (und damit der von ihm repräsentierte Rechtsträger) nur haftet, wenn die Amtspflichtverletzung zugleich eine Straftat darstellt (sog. Richterspruchprivileg). Denkbar sind insoweit eine Rechtsbeugung nach § 339 Strafgesetzbuch (StGB) oder die Richterbestechlichkeit nach § 332 Abs. 2 StGB. Diese Privilegierung erfasst alle gerichtlichen Entscheidungen, die in Rechtskraft erwachsen,[74] und dient vor allem dazu, die Institution der Rechtskraft zu schützen: Gegenstände, über die rechtskräftig entschieden wurde, sollen nicht erneut zur gerichtlichen Überprüfung gestellt werden.[75] Dagegen steht der Schutz der richterlichen Unabhängigkeit, auch wenn er durch die Vorschrift tatsächlich befördert wird, nicht im Mittelpunkt der Haftungsbeschränkung. Da die Unabhängigkeit des Richters aber ebenfalls zu den verfassungsrechtlich geschützten Rechtsgütern gehört (vgl. ausdrücklich Art. 97 Abs. 1 GG), kann sie bei der Anwendung des Haftungstatbestands (z.B. beim Verschulden) berücksichtigt werden.

Auch in Bezug auf die Haftung für richterliches Handeln unterliegen die überkommenen deutschen Amtshaftungsregeln dem vom EU-Recht ausgehenden Anpassungsdruck. Die Rechtsprechung des EuGH nimmt eine Haftung der EU-Mitgliedstaaten für Unionsrechtsverstöße ihrer Gerichte unter deutlich geringeren Voraussetzungen an: Im Wesentlichen soll es genügen, wenn der inhaltliche Verstoß „offenkundig" war, wobei die Berücksichtigung der EuGH-Rechtsprechung sowie die Einhaltung der Vorlagepflicht an den Gerichtshof eine wesentliche Rolle spielen.[76] Soweit der Anspruch aus EU-Recht eingreift, kann das deutsche Richterspruchprivileg nur noch mit diesen Modifikationen Anwendung finden.

Die Frage einer staatlichen Haftung für das Verhalten der Judikative stellt sich insbesondere bei einer überlangen Verfahrensdauer in Gerichtsverfahren oder strafrechtlichen Ermittlungsverfahren. In der deutschen Verfassung kann in solchen Fällen das Recht auf effektiven Rechtsschutz (Art. 19 Abs. 4 GG) oder das Rechtsstaatsprinzip (Art. 20 Abs. 3 GG) verletzt sein.[77] Aus diesen Verfassungsnormen selbst ergeben sich jedoch keine Entschädigungsansprüche. Zwar kann grundsätzlich auch eine unangemessene Verfahrensverzögerung die Amtshaftung nach § 839 Abs. 1 auslösen,[78] zumal das Richterspruchprivileg gemäß § 839 Abs. 2 Satz 2 BGB auf solche Fälle keine Anwendung findet. Allerdings beschränkt die deutsche Haftungsrechtsprechung jenseits dieser Norm die Nachprüfung richterlichen Handelns: Da bei der Ermittlung haftungsbegründender Verzögerungen der Verfassungsgrundsatz der richterlichen Unabhängigkeit zu berücksichtigen sei, könne die Prozessführung durch den Richter nicht auf ihre Richtigkeit, sondern nur auf ihre Vertretbarkeit überprüft werden.[79] Auch trägt der Kläger grundsätzlich die Beweislast dafür, dass das richterliche Verhalten „nicht mehr verständlich" und damit amts-

---

74 BGH, Urt. v. 3.7.2003 – III ZR 326/02, BGHZ 155, 306 (308); ausdehnend BGH, Urt. v. 4.11.2010 – III ZR 32/10, BGHZ 187, 286, Rn. 13.

75 *Papier*, in: HStR VIII, § 180 Rn. 51; *Maurer*, Allgemeines Verwaltungsrecht, § 26 Rn. 50. Zu den grundlegenden Parametern einer Staatshaftung für judikatives Unrecht *Breuer*, Staatshaftung, S. 169–203.

76 EuGH C-224/01, Slg. 2003, I-10239, Rn. 53–56 – *Köbler*; C-173/03, Slg. 2006, I-5177, Rn. 32–36 – *Traghetti del Mediterraneo*. Näher *Breuer*, Staatshaftung, S. 452–464.

77 Vgl. z.B. BVerfG, Beschl. v. 20.4.1982 – 2 BvL 26/81, BVerfGE 60, 253 (269); Beschl. v. 2.3.1993 – 1 BvR 249/92, NJW 1993, 1635; Beschl. v. 16.5.1995 – 1 BvR 1087/91, BVerfGE 93, 1 (13); Urt. v. 24.8.2010 – 1 BvR 331/10, EuGRZ 2010, 678 Rn. 10; *Schmidt-Aßmann*, in: Maunz/Dürig, GG, Art. 19 Abs. 4 Rn. 262 (2003).

78 Die verfassungsrechtliche Pflicht zur Abwicklung von Gerichtsverfahren in angemessener Zeit ist eine drittbezogene Amtspflicht gegenüber den Verfahrensparteien: BGH, Urt. v. 4.11.2010 – III ZR 32/10, BGHZ 187, 286 Rn. 10 f.; OLG Dresden, Urt. v. 24.6.2009 – 6 U 24/09, NVwZ 2010, 471.

79 BGH, Urt. v. 3.7.2003 – III ZR 326/02, BGHZ 155, 306 (309 f.); Urt. v. 4.11.2010 – III ZR 32/10, BGHZ 187, 286, Rn. 14.

pflichtwidrig war.[80] Zudem kann wegen der Verschuldensabhängigkeit der deutschen Amtshaftung diese nur bei schuldhaften Verzögerungen durchgreifen, was in der Praxis nur selten darzulegen sein wird.[81] Vor allem aus diesem Grund hielt der Europäische Gerichtshof für Menschenrechte einen wirksamen Rechtsbehelf gegen überlange Verfahren im deutschen Recht bis 2011 nicht für gegeben.[82]

Denn die überlange Verfahrensdauer im Gerichtsverfahren verstößt nicht nur gegen die deutsche Verfassung, sondern auch gegen das Recht auf ein faires Verfahren aus Art. 6 Abs. 1 EMRK. Daher gebietet Art. 13 EMRK den Konventionsstaaten, eine wirksame Beschwerdemöglichkeit für diese Fälle in ihren Rechtsordnungen vorzusehen,[83] was entweder in Form von Primärrechtsschutz (z.B. durch eine Beschleunigungsbeschwerde) oder eines wirksamen Haftungsanspruchs geschehen kann. In diesem Zusammenhang stellte der EGMR mehrfach fest, dass die deutsche Rechtsordnung weder das eine noch das andere zur Verfügung stellt.[84]

Die vom Gerichtshof mehrfach angemahnte[85] Rechtsänderung nahm der deutsche Gesetzgeber durch ein Änderungsgesetz von 2011[86] vor, das einen Anspruch der von einer unangemessenen Dauer eines Gerichtsverfahrens betroffenen Verfahrensbeteiligten auf eine angemessene Entschädigung in § 198 Gerichtsverfassungsgesetz (GVG) eingeführt hat. Stellt das zuständige Gericht anhand der Umstände des Einzelfalls eine unangemessene Verfahrensdauer fest, so spricht es eine Entschädigung für (vermutete) immaterielle Schäden zu, die im Regelfall € 1200 für jedes Jahr der Verzögerung betragen soll, ohne daß es auf ein Verschulden des Gerichts oder seines Rechtsträgers ankommt. Voraussetzung für die Entschädigung ist allerdings, daß der Betroffene zunächst eine Verzögerungsrüge beim säumigen Gericht erhoben hat sowie dass eine Wiedergutmachung durch die bloße Feststellung der Verfahrensverzögerung im konkreten Fall nicht ausreichend ist. Der EGMR hat den neu eingeführten Entschädigungsanspruch mittlerweile als grundsätzlich wirksamen Rechtsbehelf für Fälle verzögerter Gerichtsverfahren anerkannt.[87]

II. Relevante Normverstöße

Die für eine staatliche Unrechtshaftung in Deutschland relevanten Normverstöße bestimmen sich nach der anwendbaren Haftungsgrundlage. Im Vordergrund steht erneut die Amtshaftung aus § 839 Abs. 1 BGB i.V.m. Art. 34 GG (1.). Besonderheiten ergeben sich bei Verstößen gegen Normen des EU-Rechts und des Völkerrechts (2.) sowie bei rechtswidrigen Eingriffen in das Eigentumsrecht (3.).

---

80 BGH, Urt. v. 4.11.2010 – III ZR 32/10, BGHZ 187, 286, Rn. 15.
81 Für einen solchen Ausnahmefall aber z.B. OLG Dresden, Urt. v. 24.6.2009 – 6 U 24/09, NVwZ 2010, 471.
82 Vgl. bei Fn. 84.
83 Grundlegend EGMR *Kudła/Polen*, Nr. 30210/96, ECHR 2000-XI, NJW 2001, 2694, Rn. 150 ff. Zu dieser Rechtsprechung z.B. *Gundel*, Neue Anforderungen des EGMR an die Ausgestaltung des nationalen Rechtsschutzsystems: Die Schaffung effektiver Rechtsbehelfe gegen überlange Verfahrensdauer, DVBl 2004, 17; *Britz/Pfeifer*, Rechtsbehelfe gegen unangemessene Verfahrensdauer im Verwaltungsprozess, DÖV 2004, 245.
84 Vgl. z.B. EGMR *Sürmeli/Deutschland*, Nr. 75529/01, ECHR 2006-VII = NJW 2006, 2389, Rn. 103–116; *Herbst/Deutschland*, Nr. 20027/02, NVwZ 2008, 289, Rn. 66–68; *Rumpf/Deutschland*, Nr. 46344/06, NJW 2010, 3355, Rn. 51.
85 Vgl. z.B. EGMR *Rumpf/Deutschland*, Nr. 46344/06, NJW 2010, 3355, Rn. 73.
86 Gesetz über den Rechtsschutz bei überlangen Gerichtsverfahren und strafrechtlichen Ermittlungsverfahren v. 24.11.2011, BGBl 2011 I, S. 232. Dazu z.B. *Althammer/Schäuble*, Effektiver Rechtsschutz bei überlanger Verfahrensdauer – Das neue Gesetz aus zivilrechtlicher Perspektive, NJW 2012, 1; *Guckelberger*, Der neue staatshaftungsrechtliche Entschädigungsanspruch bei überlangen Gerichtsverfahren, DÖV 2012, 289; *Schenke*, Rechtsschutz bei überlanger Dauer verwaltungsgerichtlicher Verfahren, NVwZ 2012, 257.
87 EGMR *Taron/Deutschland*, Nr. 53126/07, NJW 2013, 47, Rn. 39–40.

1. Drittschützende Amtspflicht

Wegen seines überkommenen Charakters als Amtshaftung knüpft der wichtigste deutsche Unrechtshaftungstatbestand die staatliche Haftung an die Verletzung von „Amtspflichten", also eigentlich an Verhaltenspflichten, die dem Amtsträger gegenüber dem Staat bzw. seinem jeweiligen Dienstherrn (also im dienstlichen Innenverhältnis) obliegen. Diese durch die normative Verankerung bedingte Konstruktion wird heute in der Regel dadurch überbrückt, dass zu den Amtspflichten auch die Rechtspflichten des Staates gegenüber Dritten (z.B. Bürgern und Unternehmen) gezählt werden und als allgemeinste dieser Pflichten auch die verfassungsrechtlich vorgegebene Gesetzmäßigkeit der Verwaltung (Art. 20 Abs. 3 GG) Anwendung findet: Rechtswidriges Staatshandeln stellt also immer eine Amtspflichtverletzung dar.[88] Die für eine Haftungsbegründung in Betracht kommenden „Amtspflichten" sind nicht gesetzlich kodifiziert, sondern im Laufe der Zeit durch die Rechtsprechung ausgeformt und präzisiert worden.

Während sich spezielle Amtspflichten aus Einzelvorschriften ergeben können, sind allgemeine Amtspflichten solche Verhaltenspflichten, welche die Träger staatlicher Gewalt bei jedem Handeln und gegenüber jedermann treffen. Dazu gehören neben der Pflicht zu rechtmäßigem Handeln z.B. die Pflicht, keine unerlaubten Handlungen im Sinne des Deliktsrechts zu begehen, oder auch die Einhaltung der allgemeinen Verkehrssicherungspflichten. Letztere verpflichten denjenigen, der eine Gefahrenquelle geschaffen hat oder unterhält, dafür zu sorgen, dass von dieser keine Gefahren für andere ausgehen. Für die öffentliche Hand bedeutet dies, dass allgemein zugängliche Wege, Plätze, Räume usw. in einem verkehrssicheren Zustand zu halten sind und bei einem schuldhaften Versäumnis die Amtshaftung ausgelöst wird.[89] Für Behörden bestehen die Amtspflichten zu sorgfältiger Sachverhaltsermittlung (§ 24 VwVfG), zur richtigen, unmissverständlichen und vollständigen Auskunftserteilung (§ 25 VwVfG), zu schneller Sachentscheidung und zu konsequentem Verhalten.[90] Behörden haben die Amtspflicht, Anträge mit der gebotenen Beschleunigung zu bearbeiten und, sobald ihre Prüfung abgeschlossen ist, unverzüglich zu bescheiden.[91] Darüber hinaus müssen die Amtswalter die absolut geschützten Rechte der Bürger beachten, sachliche und unvoreingenommene Entscheidungen treffen und die höchstrichterliche Rechtsprechung beachten. Ein Verwaltungsermessen ist stets ermessensfehlerfrei auszuüben.[92] Den Richter trifft aus dem Gebot effektiven Rechtsschutzes die Amtspflicht, Klageverfahren mit der gebotenen Beschleunigung zu betreiben und seine Aktenbearbeitung dementsprechend zu organisieren.[93] Für jeden Amtsträger besteht die Pflicht, die Grenzen seiner Zuständigkeit einzuhalten.[94] Bei Mängeln in den Arbeitsabläufen einer Behörde oder eines Gerichts kommt eine Amtspflichtverletzung unter dem Gesichtspunkt eines Organisationsmangels in Betracht.[95]

Der Amtshaftungsanspruch nach § 839 Abs. 1 BGB besteht nur, soweit die verletzte Amtspflicht überhaupt „einem Dritten gegenüber" besteht, also drittschützend ist und wenn sie gerade auch dem Geschädigten gegenüber besteht, dieser also in den Kreis der „Dritten" einbezogen ist. Diese Frage beantwortet sich im Einzelfall danach, ob die verletzte Amtspflicht jedenfalls

88 Statt aller *Papier*, in: HStR VIII, § 180 Rn. 34.
89 *Maurer*, Allgemeines Verwaltungsrecht, § 26 Rn. 23.
90 Überblick z.B. bei *Ossenbühl/Cornils*, Staatshaftungsrecht, S. 45–53; *Kluth*, in: Wolff/Bachof/Stober/Kluth, § 67 Rn. 54–64.
91 BGH, Urt. v. 11.1.2007 – III ZR 302/05, BGHZ 170, 260, Rn. 17.
92 Z.B. BGH, Urt. v. 16.11.2000 – III ZR 1/00, NJW 2001, 1067 (1068).
93 Nachweise oben in Fn. 78. Zur spezialgesetzlichen Haftung für verzögerte Gerichtsverfahren schon → A.IV.2.
94 BGH, Urt. v. 4.6.1981 – III ZR 31/80, BGHZ 81, 21 (27); Urt. v. 20.2.1992 – III ZR 188/90, BGHZ 117, 240 (244 f.).
95 Vgl. z.B. BGH, Urt. v. 11.1.2007 – III ZR 302/05, BGHZ 170, 260, Rn. 19–23.

auch den Zweck hat, das Interesse dieses Geschädigten zu schützen.[96] Dieser Schutzzweck ist sowohl durch Auslegung der rechtlichen Bestimmungen, die für die fragliche Amtspflicht maßgeblich sind, als auch anhand der „Natur des Amtsgeschäfts" zu bestimmen.[97] Die notwendige Drittbezogenheit ist jedenfalls dann gegeben, wenn der Amtspflichtverstoß zugleich subjektiv-öffentliche Rechte des Geschädigten verletzt. „Dritter" im Sinne des Amtshaftungstatbestands kann auch eine juristische Person des öffentlichen Rechts, also ein anderer Verwaltungsträger, sein, wenn sie durch das Amtsgeschäft wie ein Staatsbürger im Verhältnis zur handelnden Behörde betroffen ist.[98]

Auch in sachlicher Hinsicht begrenzt das Erfordernis des Drittschutzes Inhalt und Umfang der Schutzwirkung einer Amtspflicht: Nur diejenigen Schäden des Dritten sind ersatzfähig, die durch den normativ gewollten Schutzzweck der konkreten Amtspflicht verhindert werden sollen.[99]

Durch ausdrückliche Regelung im Gesetz, dass eine bestimmte staatliche Tätigkeit ausschließlich im öffentlichen Interesse erfolge, also gerade kein Drittschutz bestehe, zeichnet sich der Staat von bestimmten Haftungsrisiken frei, wie z.B. im Bereich der Banken- und Versicherungsaufsicht.[100]

2. Verstöße gegen Europa- und Völkerrecht

Im Hinblick auf die internationale Offenheit der deutschen Rechts- und Verfassungsordnung[101] und die daraus resultierende innerstaatliche Wirkung zwischenstaatlicher Rechtsnormen liegt es auf der Hand, dass auch der Verstoß gegen internationale Normen grundsätzlich die staatliche Unrechtshaftung in Deutschland auslösen kann. Wegen des sehr unterschiedlich entwickelten Einwirkungsgrads beider Rechtsmaterien geht das deutsche Haftungsrecht insoweit für Verstöße gegen EU-Recht und gegen (das sonstige) Völkerrecht verschiedene Wege.

Für Verstöße der deutschen Staatsgewalt gegen europäisches Unionsrecht wird die Amtshaftung nach § 839 BGB i.V.m. Art. 34 GG praktisch überlagert durch den ungeschriebenen Staatshaftungsanspruch aus EU-Recht selbst, den die deutsche Rechtsprechungspraxis als eigenständige Anspruchsgrundlage behandelt (→ A.IV.5.). Die EuGH-Rechtsprechung zur Haftung der EU-Mitgliedstaaten wird somit als selbständige, unmittelbar wirksame Haftungsbegründung in die deutsche Rechtsordnung inkorporiert. Dabei hält sich die deutsche Rechtsprechung *grosso modo* an die vom EuGH für die Anspruchsbegründung entwickelten Vorgaben[102] und prüft sie als kumulative Voraussetzungen des ungeschriebenen unionsrechtlichen Haftungstatbestands.[103]

---

96 StRspr, z.B. BGH, Urt. v. 26.1.1989 – III ZR 194/87, BGHZ 106, 323 (331); Urt. v. 9.10.1997 – III ZR 4/97, BGHZ 137, 11 (15); Urt. v. 18.2.1999 – III ZR 272/96, BGHZ 140, 380 (382); Urt. v. 20.1.2005 – III ZR 48/01, BGHZ 162, 49 (55); Urt. v. 15.10.2009 – III ZR 8/09, NVwZ 2010, 467, Rn. 14.

97 BGH, Urt. v. 15.10.2009 – III ZR 8/09, NVwZ 2010, 467, Rn. 14. So können z.B. bei der (fehlerhaften) Genehmigung einer Industrieanlage nicht nur deren Nachbarn, sondern auch der Eigentümer des Betriebsgrundstücks selbst vom Schutzzweck der Norm umfasst sein (ebenda, Rn. 15 ff.).

98 BGH, Urt. v. 12.12.2002 – III ZR 201/01, BGHZ 153, 198 (201); Urt. v. 15.10.2009 – III ZR 8/09, NVwZ 2010, 467, Rn. 14.

99 *Papier*, in: HStR VIII, § 180 Rn. 41. Aus der Rechtsprechung z.B. BGH, Urt. v. 23.9.1993 – III ZR 139/92, NJW 1994, 130; Urt. v. 10.3.1994 – III ZR 9/93, BGHZ 125, 258 (268 f.) m.w.N.

100 § 4 Abs. 4 Gesetz über die Bundesanstalt für Finanzdienstleistungsaufsicht (BGBl 2002 I S. 1310), zuvor § 6 Abs. 4 Kreditwesengesetz; § 81 Abs. 1 S. 3 Versicherungsaufsichtsgesetz. Zur Vereinbarkeit der Haftungsbeschränkung mit Unionsrecht s. EuGH C-222/02, Slg. 2004, I-9425 – *Paul u.a.*; kritisch zur Verfassungsmäßigkeit z.B. *Papier*, in: Maunz/Dürig, GG, Art. 34 Rn. 190 (2009).

101 Dazu z.B. *Hillgruber*, in: HStR II, 3. Aufl. 2004, § 32 Rn. 75 ff. und 113 ff.

102 Zu diesen oben bei Fn. 45 sowie § 2 EU-Recht, sub B.II.

103 Nachweise aus der deutschen Rechtsprechungspraxis oben in Fn. 49.

Liegen die Voraussetzungen der unionsrechtlichen Staatshaftung vor, so bestimmen sich die Haftungsfolgen, also Umfang und Inhalt des Ersatzanspruchs, grundsätzlich nach dem Recht der Mitgliedstaaten.[104] Diesen Gestaltungsspielraum begrenzt der EuGH allerdings durch die bekannte doppelte Kautele von Gleichwertigkeit und Effektivität:[105] Die Haftungsfolgen dürfen im nationalen Recht für den unionsrechtlich determinierten Anspruch nicht ungünstiger sein als für rein innerstaatliche Ersatzansprüche, und sie dürfen es nicht praktisch unmöglich machen oder übermäßig erschweren, die unionsrechtlich vorgeschriebene Entschädigung zu erlangen.[106] Um diesen Anforderungen zu genügen, ziehen die deutschen Gerichte die Regeln des Amtshaftungsanspruchs zu Haftungsbeschränkung, Verjährung und Anspruchsinhalt analog heran und legen die relevanten deutschen Vorschriften nach Maßgabe der EuGH-Rechtsprechung unionsrechtskonform aus (näher → C. und D.)

Die haftungsrechtliche Sanktionierung des allgemeinen Völkerrechts ist demgegenüber in der deutschen Rechtsordnung deutlich weniger entwickelt. Zwar ließe die deutsche Verfassung grundsätzlich eine solche Sanktionierung zu, denn auch das Völkerrecht kennt allgemeine Regeln der Unrechtshaftung in Gestalt der Staatenverantwortlichkeit,[107] und gemäß Art. 25 GG sind diese allgemeinen Regeln des Völkerrechts Bestandteil des deutschen Rechts und können hier Rechte und Pflichten Privater begründen. Dennoch hat diese Verknüpfung, soweit ersichtlich, in der deutschen Staatshaftungspraxis bislang keine Rolle gespielt.

Statt dessen gehen – die bislang allerdings recht spärliche – Praxis und Lehre den Weg über den Amtshaftungstatbestand (§ 839 BGB i.V.m. Art. 34 GG) und subsumieren Verstöße gegen das Völkerrecht unter die allgemeine Amtspflicht zu rechtmäßigem Handeln (→ oben 1.): Ist eine Verhaltenspflicht aus einem völkerrechtlichen Vertrag oder aus Völkergewohnheitsrecht, um deren Verletzung es geht, für die Bundesrepublik Deutschland völkerrechtlich verbindlich und in der deutschen Rechtsordnung unmittelbar wirksam, so zählt ihre Einhaltung zu den Amtspflichten aller deutschen Staatsorgane. Soweit darüber hinaus die Voraussetzung des Drittschutzes (→ oben 1.) erfüllt ist, kann auch die Verletzung dieser völkerrechtlichen Pflichten einen Haftungsanspruch nach § 839 BGB begründen.[108] Das liegt auf der Hand für Verstöße gegen die EMRK oder andere Menschenrechtsverträge, die offensichtlich dem Schutz des einzelnen dienen. Auch Verhaltenspflichten aus dem humanitären Kriegsvölkerrecht kommen hierfür in Betracht.[109] Neben der Anwendung der Amtshaftung auf Völkerrechtsverstöße steht die Anwen-

---

104 StRspr, z.B. EuGH C-6/90 und C-9/90, Slg. 1991, I-5357, Rn. 42f. – *Francovich u.a.*; C-261/95, Slg. 1997, I-4025, Rn. 27 – *Palmisani*; C-445/06, Slg. 2009, I-2119, Rn. 31– *Danske Slagterier*.

105 Zu ihr allgemein *Dörr/Lenz* (Fn. 45), Rn. 417–420.

106 StRspr, Nachweise oben in Fn. 46.

107 Dazu vor allem die von der *International Law Commission* verabschiedeten *Draft Articles on Responsibility of States* (2001), enthalten im Anhang zur Resolution 56/83 der UN-Generalversammlung (12.12.2001), die ganz überwiegend als eine Wiedergabe universell geltenden Völkergewohnheitsrechts angesehen werden.

108 OLG Köln, Urt. v. 28.7.2005 – 7 U 8/04, NJW 2005, 2860 (2861–2863); *Dörr*, Staats- und völkerrechtliche Aspekte des Irak-Krieges 2003, HuV-I 2003, 181 (187); *Schmahl*, Amtshaftung für Kriegsschäden, ZaöRV 66 (2006), 699 (710–712); *Dutta*, Amtshaftung wegen Völkerrechtsverstößen bei bewaffneten Auslandseinsätzen deutscher Streitkräfte, AöR 133 (2008), 191 (208–220); *Meinert/Strauß*, Amtshaftung der Bundeswehr für Rechtsverletzungen im Rahmen von UN-Friedensmissionen, Jura 2011, 321 (327). Offen gelassen in BGH, Urt. v. 2.11.2006 – III ZR 190/05, BGHZ 169, 348, Rn. 20; BVerfG, Beschl. v. 15.2.2006 – 2 BvR 1476/03, NJW 2006, 2542, Rn. 24; Beschl. v. 13.8.2013 – 2 BvR 2660/06, Rn. 52.

109 So z.B. OLG Köln Urt. v. 28.7.2005 – 7 U 8/04, NJW 2005, 2860 (2861–2863); *Schmahl* (Fn. 108), 713f.; *Dutta* (Fn. 108), 222f.; im einzelnen *Huhn*, Amtshaftung im bewaffneten Auslandseinsatz, 2010, insbes. S. 123–165. Ausgenommen sollen insoweit allerdings Handlungen deutscher Staatsorgane bis zum Ende des 2. Weltkriegs sein, vgl. BGH, Urt. v. 26.6.2003 – III ZR 245/98, BGHZ 155, 279 (295). Für eine Überlagerung des nationalen Staatshaftungsrechts durch die Regeln des humanitären Völkerrechts hingegen z.B. *Raap*, Staatshaftungsansprüche im Auslandseinsatz der Bundeswehr?, NVwZ 2013, 552 (554).

dung völkerrechtlicher Anspruchsnormen durch die deutschen Gerichte, wie z.B. des Entschädigungsanspruchs wegen unrechtmäßiger Freiheitsentziehung gemäß Art. 5 Abs. 5 EMRK.[110]

3. Enteignungs- und aufopferungsgleicher Eingriff

Die Unrechtshaftung des Staates kann auch aufgrund staatlicher Eingriffe in das verfassungsrechtlich geschützte Eigentum Privater ausgelöst werden. Während die in der Verfassung selbst vorgesehenen Eigentumsbeschränkungen (z.B. die Enteignung) als rechtmäßige Eingriffe einen Entschädigungsanspruch als Anwendungsfall des Aufopferungsprinzips begründen (→ A.IV.1. und 4.), unterfällt die richterrechtlich begründete Entschädigung für rechtswidrige Eigentumseingriffe (sog. enteignungsgleicher Eingriff), da sie an einen staatlichen Normverstoß anknüpft, der Unrechtshaftung.

Der Bundesgerichtshof entwickelte diesen ungeschriebenen Entschädigungsanspruch zunächst im Wege eines Erst-Recht-Schlusses *a minore ad maius* von der Enteignungsentschädigung: Wenn schon rechtmäßige Eingriffe in das Eigentum entschädigt würden, dann müsse dies erst Recht für rechtswidrige Eingriffe gelten.[111] Dadurch schloss die Rechtsprechung eine Lücke im Haftungssystem, die sich zwischen der Entschädigung für rechtmäßige Enteignungen und dem Schadensersatz für rechtswidriges, schuldhaftes Handeln des Staates (Amtshaftung) aufgetan hatte. Nach dem bekannten Nassauskiesungsbeschluss des BVerfG von 1981,[112] der feststellte, dass es für eine solche Entschädigung an einer Grundlage in der Verfassung fehle, änderte der Bundesgerichtshof (BGH) die Herleitung des Anspruchs, hielt aber in der Sache an ihm fest: Die Entschädigung wegen enteignungsgleichen Eingriffs beruht nunmehr auf dem „allgemeinen Aufopferungsgedanken in seiner richterrechtlichen Ausprägung"[113] und ist im Übrigen mittlerweile gewohnheitsrechtlich anerkannt.[114]

Ein Entschädigungsanspruch aus enteignungsgleichem Eingriff setzt voraus, dass rechtswidrig durch eine hoheitliche Maßnahme unmittelbar in eine von Art. 14 GG (Eigentumsrecht) geschützte Rechtsposition eingegriffen wird und dem Berechtigten dadurch ein besonderes, anderen nicht zugemutetes Opfer für die Allgemeinheit auferlegt wird.[115] Der Anspruch erfasst jede rechtswidrige Beeinträchtigung des verfassungsrechtlich geschützten Privateigentums, die keine Enteignung ist. Dabei muss die hoheitliche Maßnahme unmittelbar die Beeinträchtigung des Eigentums bewirken, was sich in der Rechtsprechungspraxis als flexibles Zurechnungskriterium erweist, welches die Eigenart des hoheitlichen Handelns, typische Schadensverläufe und den Schutzzweck der verletzten Norm in einer wertenden Betrachtung zusammenführt.[116] Aus der Unrechtmäßigkeit des Eingriffs ergibt sich nach der Rechtsprechung die Auferlegung eines sog. Sonderopfers. Liegen die Voraussetzungen vor, so ergibt sich ein Anspruch des Betroffenen auf

---

110 Zu diesem oben bei Fn. 21.

111 Vgl. z.B. BGH, Beschl. v. 10.6.1952 – GSZ 2/52, BGHZ 6, 270 (290f.); Urt. v. 16.10.1952 – III ZR 180/50, BGHZ 7, 296 (297); Beschl. v. 12.4.1954 – GSZ 1/54, BGHZ 13, 88. Zur Entwicklung der Rechtsprechung z.B. *Ossenbühl/Cornils*, Staatshaftungsrecht, S. 259–273.

112 BVerfG, Beschl. v. 15.7.1981 – 1 BvL 77/78, BVerfGE 58, 300.

113 Grundlegend BGH, Urt. v. 26.1.1984 – III ZR 216/82, BGHZ 90, 17 (30f.).

114 Nachweise oben in Fn. 38.

115 StRspr, z.B. BGH, Urt. v. 20.2.1992 – III ZR 188/90, BGHZ 117, 240 (252); Urt. v. 10.3.1994 – III ZR 9/93, BGHZ 125, 258 (264); Urt. v. 12.7.2001 – III ZR 282/00, NVwZ 2002, 124 (125); Urt. v. 11.1.2007– III ZR 302/05, BGHZ 170, 260, Rn. 33.

116 Vgl. *Ossenbühl/Cornils*, Staatshaftungsrecht, S. 299–305 und 311–314; *Maurer*, Allgemeines Verwaltungsrecht, § 27 Rn. 93. Aus der Praxis z.B. BGH, Urt. v. 28.6.1984 – III ZR 35/83, BGHZ 92, 34 (41f.); Urt. v. 9.4.1987 – III ZR 3/86, BGHZ 100, 335 (337f.); Urt. v. 10.12.1987 – III ZR 220/86, BGHZ 102, 350 (358); Urt. v. 9.11.1995 – III ZR 226/94, BGHZ 131, 163 (166f.); Urt. v. 21.1.1999 – III ZR 168/97, BGHZ 140, 285 (297).

eine angemessene Entschädigung für die Beeinträchtigung seines Eigentums. Der Anspruch kann gemindert werden oder sogar vollständig entfallen, wenn der Betroffene es unterlassen hat, den rechtswidrigen Grundrechtseingriff gerichtlich abzuwehren, und dadurch zur Entstehung des Schadens beigetragen hat.[117]

Die Erweiterung der Aufopferungshaftung von rechtmäßigen auf rechtswidrige Grundrechtseingriffe des Staates ist in der Praxis nicht auf Beeinträchtigungen des Eigentums beschränkt geblieben, sondern hat sich auch im Anwendungsbereich des allgemeinen Aufopferungsanspruchs fortgesetzt. Dieser gewährt eine Entschädigung für Eingriffe in immaterielle Rechtsgüter Privater, die diesen ein Sonderopfer für die Allgemeinheit auferlegen (→ A.IV.4., → B.V.3.), und zwar in der Praxis unabhängig davon, ob der Eingriff als solcher rechtmäßig oder rechtswidrig war.[118] Die hierin immanente Erweiterung, die eine solche Entschädigung „erst recht" im Falle rechtswidriger Eingriffe anerkennt,[119] macht den sog. „aufopferungsgleichen Eingriff" zu einem ungeschriebenen Bestandteil der staatlichen Unrechtshaftung. Diese Zusammenführung von Aufopferungs- und Unrechtshaftung zeigt sich auch in spezialgesetzlichen Anspruchstatbeständen, welche die Haftung des Staates für rechtmäßige und rechtswidrige Maßnahmen parallel vorsehen.[120]

Unter dem Strich ergibt sich somit aus der richterrechtlichen Ausgestaltung des Aufopferungsprinzips eine Haftung des Staates für rechtswidrige Eingriffe in bestimmte Grundrechte, die in Teilen der Literatur dementsprechend unter dem Begriff der „Grundrechtshaftung" zusammengefasst wird.[121] Ausgehend von Art. 14 GG erfasst sie Eingriffe in das Privateigentum und im Rahmen des Aufopferungsanspruchs Eingriffe in die Rechtsgüter des Art. 2 Abs. 2 GG, also Leben, Gesundheit und persönliche Freiheit (→ B.V.3.). Für andere Grundrechtseingriffe hat sich diese staatliche Unrechtshaftung bislang allerdings noch nicht durchgesetzt.

III. Kausalzusammenhang

Die Unrechtshaftung im Rahmen der Amtshaftung setzt voraus, dass die Amtspflichtverletzung ursächlich für den eingetretenen Schaden war. Für den notwendigen Kausalzusammenhang gilt, wie im übrigen Schadensersatzrecht auch, das Adäquanzprinzip, d.h. es ist zu prüfen, wie das Geschehen bei pflichtgemäßem Handeln des Amtsträgers verlaufen wäre und wie sich die Vermögenslage des Geschädigten in diesem Falle darstellte.[122] Im Ergebnis werden damit völlig untypische Schadensfolgen aus der Haftung herausgenommen.[123] Der adäquate Kausalzusammenhang kann auch fehlen, wenn der Geschädigte oder ein Dritter in ungewöhnlicher und unsachgemäßer Weise in den Geschehensablauf eingegriffen und eine weitere Ursache gesetzt hat,

117 *Maurer*, Allgemeines Verwaltungsrecht, § 27 Rn. 99; aus der Rechtsprechung z.B. BGH, Urt. v. 26.1.1984 – III ZR 216/82, BGHZ 90, 17 (31ff.); Urt. v. 28.6.1984 – III ZR 35/83, BGHZ 92, 34 (50); Urt. v. 21.12.1989 – III ZR 132/88, BGHZ 110, 12 (14ff.); Urt. v. 21.1.1999 – III ZR 168/97, BGHZ 140, 285 (297).

118 Vgl. z.B. *Ossenbühl/Cornils*, Staatshaftungsrecht, S. 135f.; *Maurer*, Allgemeines Verwaltungsrecht, § 28 Rn. 4.

119 Erstmals schon das Reichsgericht im Urteil v. 11.4.1933 – III 187/32, RGZ 140, 276 (283ff.); sodann RG, Urt. v. 16.11.1937 – VII 200/36, RGZ 156, 305 (311); BGH, Beschl. v. 12.4.1954 – GSZ 1/54, BGHZ 13, 88 (92). In der Rechtswidrigkeit der hoheitlichen Maßnahme manifestiert sich das Sonderopfer, welches die Aufopferungslage des Geschädigten begründet, vgl. BGH, Urt. v. 19.2.1962 – III ZR 23/60, BGHZ 36, 379 (391f.); Urt. v. 31.1.1966 – III ZR 118/64, BGHZ 45, 58 (77).

120 Nachweise oben in Fn. 22.

121 *Grzeszick*, in: Erichsen/Ehlers, § 45.

122 Vgl. z.B. BGH, Urt. v. 24.10.1985 – IX ZR 91/84, BGHZ 96, 157 (171); Urt. v. 29.10.1987 – IX ZR 181/86, NJW 1988, 1143 (1144); Urt. v. 9.10.1997 – III ZR 4/97, BGHZ 137, 11 (19f.); Urt. v. 7.12.2000 – III ZR 84/00, BGHZ 146, 122 (134f.).

123 BGH, Urt. v. 27.1.1981 – VI ZR 204/79, NJW 1981, 983; *Vinke*, in: Soergel/Spickhoff (Hrsg.), BGB, 13. Aufl. 2005, § 839 Rn. 175ff. m.w.N.; *Papier*, in: Münchener Kommentar zum BGB, 5. Aufl. 2009, § 839 Rn. 276.

die den Schaden erst endgültig herbeigeführt hat.[124] Bei Verfahrensfehlern kommt es darauf an, ob die betreffenden Maßnahmen auch ohne diese hätten getroffen werden müssen,[125] bei fehlerhafter Ermessensausübung ist zu prüfen, ob der Amtswalter bei pflichtgemäßer Handhabung des Ermessens (hypothetisch) anders entschieden hätte.[126]

Die unionsrechtliche Staatshaftung setzt unter dem Gesichtspunkt der Zurechnung voraus, dass die Rechtswidrigkeit eines Vollzugsaktes überhaupt den mitgliedstaatlichen Organen angelastet werden kann. Dies ist z.B. nicht der Fall, wenn die handelnde Behörde zum Vollzug der EU-Norm verpflichtet war und die Rechtswidrigkeit des Vollzugsaktes allein auf der Rechtswidrigkeit der vollzogenen Vorschrift des EU-Rechts beruht.[127] Sodann setzt der EuGH einen unmittelbaren Kausalzusammenhang zwischen dem staatlichen Unionsrechtsverstoß und dem entstandenen Schaden voraus,[128] den er allerdings nicht näher umschreibt und dessen konkrete Feststellung er daher dem nationalen Richter überlässt. Der BGH nutzt diesen Spielraum, indem er in Parallele zum deutschen Haftungsanspruch auf eine wertende, am Adäquanzgedanken orientierte Zurechnung der Haftungsfolgen abstellt.[129]

Für Ansprüche auf der Grundlage des Aufopferungsgewohnheitsrechts (enteignungs- und aufopferungsgleicher Eingriff) erfüllt das Zurechnungskriterium der „Unmittelbarkeit“[130] die Funktion der kausalen Verknüpfung.

IV. Zur Bedeutung von Verschulden

Die Bedeutung, die dem Verschulden des staatlichen Amtsträgers für die Begründung eines Haftungsanspruchs zukommt, bestimmt sich nach der anwendbaren Anspruchsgrundlage.

Die Amtshaftung nach § 839 Abs. 1 BGB i.V.m. Art. 34 GG ist Verschuldenshaftung, denn der Haftungsanspruch setzt voraus, daß der Amtsträger vorsätzlich oder fahrlässig gehandelt hat, also wenigstens die „im Verkehr erforderliche Sorgfalt außer Acht“ (§ 276 Abs. 2 BGB) gelassen hat. Dieser Maßstab wird in der Praxis regelmäßig objektiviert und entindividualisiert, indem auf die gebotene Sorgfalt des Behördenhandelns oder sogar auf ein Organisationsverschulden des Verwaltungsträgers abgestellt wird.[131] Ein Verschulden der Exekutive durch unrichtige Rechtsanwendung wird in der Rechtsprechung allerdings regelmäßig verneint, wenn ein mit mehreren Richtern besetztes Gericht (Kollegialgericht) das Behördenhandeln als objektiv rechtmäßig beurteilt hat.[132] Aus dem Grad des im Einzelfall festgestellten Verschuldens können sich

124 Z.B. BGH, Urt. v. 14.3.1985 – IX ZR 26/84, NJW 1986, 1329 (1331); Urt. v. 7.1.1988 – IX ZR 7/87, NJW 1988, 1262 (1263); Urt. v. 4.7.1994 – II ZR 126/93, NJW 1995, 126 (127); Urt. v. 9.10.1997 – III ZR 4/97, BGHZ 137, 11 (19).

125 BGH, Urt. v. 12.12.1974 – III ZR 76/70, BGHZ 63, 319 (325); Urt. v. 3.2.2000 – III ZR 296/98, BGHZ 143, 362 (365).

126 Vgl. BGH, Urt. v. 7.12.2000 – III ZR 84/00, BGHZ 146, 122 (128 ff.); *Papier*, in: HStR VIII, § 180 Rn. 44; *Grzeszick*, in: Erichsen/Ehlers, § 44 Rn. 31.

127 BGH, Urt. v. 27.1.1994 – III ZR 42/92, BGHZ 125, 27 (37f.); *Papier*, in: HStR VIII, § 180 Rn. 37. Im Rahmen der Unionshaftung ebenso EuGH C-104/89 und C-37/90, Slg. 1992, I-3061, Rn. 9 – *Mulder u.a./Rat u. Kommission.*

128 Z.B. EuGH C-46 und C-48/93, Slg. 1996, I-1029, Rn. 65 – *Brasserie du Pêcheur*; C-392/93, Slg. 1996, I-1631, Rn. 39 – *British Telecommunications*; C-5/94, Slg. 1996, I-2553, Rn. 25 – *Hedley Lomas*; C-178/94 u.a., Slg. 1996, I-4845, Rn. 21 – *Dillenkofer u.a.*

129 Vgl. BGH, Urt. v. 24.10.1996 – III ZR 127/91, BGHZ 134, 30 (39 f.).

130 Oben bei Fn. 116.

131 *Ossenbühl/Cornils*, Staatshaftungsrecht, S. 78–80; *Maurer*, Allgemeines Verwaltungsrecht, § 26 Rn. 24; *Papier*, in: HStR VIII, § 180 Rn. 46; *B. Hartmann*, Öffentliches Haftungsrecht, 2013, S. 174–178, 205–210.

132 Z.B. BGH, Urt. v. 6.2.1986 – III ZR 109/84, BGHZ 97, 97 (107); Urt. v. 20.2.1992 – III ZR 188/90, BGHZ 117, 240 (250); Urt. v. 16.1.1997 – III ZR 117/95, BGHZ 134, 268 (275); Urt. v. 28.11.2002 – III ZR 122/02, NVwZ-RR 2003, 166; BVerwG, Beschl. v. 3.5.2004 – 6 B 17/04, BeckRS 2004, 22903; BGH, Urt. v. 9.6.2009 – 1 C 7/08, NVwZ 2009, 1431,

für den konkreten Amtshaftungsanspruch weitergehende Konsequenzen ergeben: Handelte der Amtsträger nur fahrlässig, so tritt seine Haftung (und damit auch die des Staates) gemäß § 839 Abs. 1 Satz 2 BGB nur subsidiär ein, der Geschädigte kann auf andere Ersatzmöglichkeiten verwiesen werden (sog. Verweisungsprivileg). Auch das Richterspruchprivileg in § 839 Abs. 2 Satz 1 BGB (→ B.I.3.) knüpft in der Sache am Verschuldensgrad an, denn die Amtshaftung für Rechtsprechung setzt danach praktisch ein vorsätzliches Fehlverhalten des Richters voraus.

Geht es hingegen um einen Verstoß gegen EU-Recht und finden daher die Vorgaben für die unionsrechtliche Staathaftung aus der Rechtsprechung des EuGH Anwendung, so ist die Bedeutung des Verschuldens erheblich reduziert: Ein Verschulden von Amtsträger oder Behörde kann nur als Kriterium für die Ermittlung eines „hinreichend qualifizierten" Rechtsverstoßes eine Rolle spielen, nicht aber als zusätzliche Haftungsvoraussetzung.[133] Auch das Richterspruchprivileg kann auf diese Fälle nicht unverändert angewendet werden, da die Haftung für richterliches Handeln nach der EuGH-Rechtsprechung lediglich die Offenkundigkeit des Rechtsverstoßes voraussetzt.[134]

Neben der verschuldensabhängigen Amtshaftung kennt das deutsche Staatshaftungsrecht eine Reihe von Haftungstatbeständen, die nicht an ein schuldhaftes Verhalten anknüpfen. Das gilt vor allem für die aus dem Aufopferungsprinzip abgeleiteten Anspruchsgrundlagen, die zum Teil noch nicht einmal einen Rechtsverstoß der Staatsgewalt erfordern (→ B.V.), aber auch soweit sie zum Bereich der staatlichen Unrechtshaftung zählen (→ B.II.3.), nicht auf Verschulden abstellen. Dasselbe gilt naturgemäß für die speziellen Tatbestände der Gefährdungshaftung (→ A.V.4.).

V. Haftung ohne Normverstoß

Das deutsche Staatshaftungsrecht kennt eine Reihe von Entschädigungsansprüchen Privater, die durch rechtmäßiges Handeln der staatlichen Gewalt ausgelöst werden. Sie gehen auf den Aufopferungsgedanken zurück, der zur deutschen Rechtstradition gehört (→ oben A.III.) und mit der Enteignungsentschädigung in Art. 14 Abs. 3 GG einen Ausdruck im geltenden Verfassungsrecht gefunden hat (→ A.IV.1.). Anknüpfend an diese beiden Elemente, wurde der Grundsatz vor allem durch die Rechtsprechungspraxis zu konkreten Haftungstatbeständen ausgeformt, die mittlerweile als gewohnheitsrechtliche Ansprüche der öffentlich-rechtlichen Opferentschädigung anerkannt sind (→ A.IV.4.).

1. Enteignung (Art. 14 Abs. 3 GG)

Die Enteignung ist in Art. 14 Abs. 3 GG zugelassen als Eingriff in das verfassungsrechtlich gewährleistete Privateigentum. Der Gegenstand des Eingriffs, das Eigentum, umfasst zum einen alle vermögenswerten Rechte des Privatrechts, die dem einzelnen von der Rechtsordnung als privatnützig ausschließlich zugeordnet sind, zum anderen solche des öffentlichen Rechts, die nicht nur auf staatlicher Gewährung, sondern auf eigener Leistung (Arbeit oder Kapitaleinsatz) beruhen und für den einzelnen eine Rechtsstellung wie privatrechtliches Eigentum begründen.[135]

Rn. 18. Zur Einschränkung dieser Faustregel in der Rechtsprechungspraxis *Ossenbühl/Cornils*, Staatshaftungsrecht, S. 77 f.

133 EuGH C-46 und C-48/93, Slg. 1996, I-1029, Rn. 79 f. – *Brasserie du Pêcheur*; C-424/97, Slg. 2000, I-5123, Rn. 39 – *Haim*.

134 Oben bei Fn. 76.

135 Statt aller *Axer*, in: Epping/Hillgruber (Hrsg.), GG, 2. Aufl. 2013, Art. 14 Rn. 43 und 56; BVerfG, Beschl. v. 18.2.1998 – 1 BvR 1318, 1484/86, BVerfGE 97, 271 (283 f.); Beschl. v. 11.5.2005 – 1 BvR 368/97 u.a., BVerfGE 112, 368 (396).

Eine Enteignung ist nach heute einhelliger Auffassung die vollständige oder teilweise Entziehung vermögenswerter Rechtspositionen durch eine gezielte hoheitliche Maßnahme zur Erfüllung bestimmter öffentlicher Aufgaben.[136] Durch diese Finalität unterscheidet sie sich von der sog. Inhalts- und Schrankenbestimmung, welche lediglich die Grenzen des Eigentumsrechts mit Wirkung für die Zukunft abstrakt festgelegt (vgl. Art. 14 Abs. 1 Satz 2 GG) und damit Ausdruck der verfassungsrechtlich verankerten Sozialpflichtigkeit des Eigentums ist. Die Enteignung ist verfassungsgemäß, wenn sie zum Wohle der Allgemeinheit erfolgt, verhältnismäßig ist und eine Entschädigung für den Rechtsverlust in der gesetzlichen Grundlage der Enteignung selbst geregelt ist (Art. 14 Abs. 3 Satz 1 und 2 GG). Es handelt sich um einen Staatshaftungstatbestand, weil die Enteignung von Verfassungs wegen die Zahlung einer Entschädigung nach sich zieht, deren Höhe „unter gerechter Abwägung der Interessen der Allgemeinheit und der Beteiligten zu bestimmen" ist (Art. 14 Abs. 3 Satz 3 GG). Anspruchsgrundlage für die Entschädigung ist nicht die Verfassungsnorm selbst, sondern das Enteignungsgesetz.

2. Der enteignende Eingriff

Neben dem enteignungsgleichen Eingriff (→ B.II.3.) hat die Rechtsprechung des BGH das System der deutschen Staatshaftung noch um eine weitere Anspruchsgrundlage ergänzt, die sie zunächst aus Art. 14 Abs. 3 GG ableitete, mittlerweile aber ebenfalls auf die richterrechtliche Ausprägung des allgemeinen Aufopferungsgedankens stützt: Der sog. enteignende Eingriff betrifft Beeinträchtigungen des Eigentums Privater durch – meist atypische und unvorhergesehene – Nebenfolgen rechtmäßigen Verwaltungshandelns, welche der Eigentümer aus rechtlichen oder tatsächlichen Gründen hinnehmen muss, die aber die Schwelle des enteignungsrechtlich Zumutbaren überschreiten und daher zu entschädigen sind.[137] Typischerweise handelte es sich um die übermäßige Beeinträchtigung von Anliegergrundstücken durch Straßenbauarbeiten, durch hoheitlich veranlasste Überschwemmungen oder durch Immissionen staatlich betriebener Einrichtungen. Die Beeinträchtigung muß unmittelbar auf das hoheitliche Verhalten zurückgehen[138] und für den betroffenen Eigentümer eine besondere Belastung im Sinne eines Sonderopfers darstellen.

Mittlerweile geht ein Teil der Literatur davon aus, daß die Rechtsfigur des enteignenden Eingriffs in der von der Rechtsprechung entwickelten „ausgleichspflichtigen Inhalts- und Schrankenbestimmung" weitgehend aufgegangen ist: In beiden Fällen handelt es sich um Nebenfolgen von gesetzlichen Inhaltsbeschränkungen des Eigentums, die ausnahmsweise zu unzumutbaren Belastungen führen und daher ausgleichs- bzw. entschädigungspflichtig sind.[139]

3. Der allgemeine Aufopferungsanspruch

Für Aufopferungslagen außerhalb des Eigentumsrechts entwickelte die Rechtsprechung schon früh einen allgemeinen ungeschriebenen Haftungstatbestand, der heute ebenfalls als gewohnheitsrechtlich verfestigt anerkannt ist.[140] Der einfache Gesetzgeber hat diesen allgemeinen Auf-

---

136 Z.B. BVerfG, Beschl. v. 9.1.1991 – 1 BvR 929/89, BVerfGE 83, 201 (212); Beschl. v. 2.3.1999 – 1 BvL 7/91, BVerfGE 100, 226 (240); BVerwG, Urt. v. 14.12.1990 – 7 C 5.90, BVerwGE 87, 241 (243).

137 Aus jüngerer Zeit z.B. BGH, Urt. v. 8.11.1990 – III ZR 251/89, BGHZ 112, 392 (399); Urt. v. 16.3.1995 – III ZR 166/93, BGHZ 129, 124 (125 f.); Urt. v. 10.12.1998 – III ZR 233/97, BGHZ 140, 200 (202 ff.); Urt. v. 21.1.1999 – III ZR 168/97, BGHZ 140, 285 (298); Urt. v. 11.3.2004 – III ZR 274/03, BGHZ 158, 263 (267).

138 Zu diesem Unmittelbarkeitskriterium schon oben bei Fn. 116.

139 Vgl. *Maurer*, Allgemeines Verwaltungsrecht, § 27 Rn. 108 f.; *Grzeszick*, in: Erichsen/Ehlers, § 45 Rn. 99.

140 Nachweise oben in Fn. 40 bis 42.

opferungsanspruch durch die Rechtswegzuweisung in § 40 Abs. 2 Satz 1 VwGO („vermögensrechtliche Ansprüche aus Aufopferung für das gemeine Wohl") ausdrücklich anerkannt.

Entschädigungspflichtig ist in diesem Zusammenhang ein hoheitlicher Eingriff in nicht vermögenswerte Rechte, der zum Wohle der Allgemeinheit geschieht und für den Betroffenen ein Sonderopfer in Gestalt eines Vermögensschadens darstellt.[141] Der staatliche Eingriff muss das private Recht unmittelbar beeinträchtigen. Als geschützte Rechtsgüter erkennt die Rechtsprechung lediglich die in Art. 2 Abs. 2 GG genannten Rechte an, also das Leben, die Gesundheit und die persönliche Freiheit.[142] In der Literatur wird eine Erweiterung der Entschädigungspflicht auf Eingriffe in andere Grundrechte (z.B. das allgemeine Persönlichkeitsrecht oder die Berufs- und Gewerbefreiheit) befürwortet, die Praxis hat sie allerdings bislang nicht vollzogen Das BVerfG hält eine Ausdehnung des allgemeinen Aufopferungsanspruchs über seinen traditionellen Anwendungsbereich hinaus nicht für verfassungsrechtlich geboten.[143]

Die Schwelle der Entschädigungspflichtigkeit wird erst erreicht, wenn dem Betroffenen durch die staatliche Maßnahme ein ungleiches Sonderopfer abverlangt wird, wenn er also eine anderen nicht zugemutete, besondere Belastung hinnehmen muss.[144] Nicht entschädigt werden hingegen Schäden, in denen sich nur das allgemeine Lebensrisiko verwirklicht hat, oder wenn sich der Betroffene freiwillig in eine Gefahrensituation begeben bzw. diese selbst verschuldet hat.

Der allgemeine Aufopferungsanspruch tritt als subsidiär hinter spezialgesetzliche Ausformungen der Aufopferungshaftung[145] zurück.

C. Haftungsfolgen

I. Haftungsschuldner

Die in § 839 BGB, Art. 34 GG als Amtshaftung konstruierte Unrechtshaftung bewirkt eine restlose Verlagerung der Schadensersatzhaftung auf den Staat, den Amtsträger trifft im Ergebnis keine persönliche Haftung im Außenverhältnis gegenüber dem Geschädigten.[146] Dem haftenden Hoheitsträger steht im Innenverhältnis gegenüber dem Amtsträger der Rückgriff (Regress) zu, der in Art. 34 Satz 2 GG für Fälle von Vorsatz und grober Fahrlässigkeit ausdrücklich vorbehalten ist. Die Einzelheiten des Regresses sind für die einzelnen Amtsträger nach Maßgabe ihres öffentlichen-rechtlichen Status´ geregelt.[147]

Für die Frage, wen die staatliche Unrechtshaftung im Außenverhältnis trifft, kommt es darauf an, welchem Verwaltungsträger das Handeln des Amtsträgers zuzurechnen ist. Nach Art. 34 Satz 1 GG haftet immer derjenige Verwaltungsträger, in dessen „Dienst" der Amtswalter steht. Dies wird üblicherweise danach bestimmt, wer dem Amtsträger die Aufgaben, bei deren Wahrnehmung er die Amtspflichtverletzung begangen hat, „übertragen" hat, wer ihm das fragliche öffentliche Amt „anvertraut" hat. In der Regel ist dies der Verwaltungsträger, der den Amtsträger

141 *Maurer*, Allgemeines Verwaltungsrecht, § 28 Rn. 8.

142 Aus jüngerer Zeit z.B. OLG Frankfurt/Main, Beschl. v. 4.5.2009 – 1 W 10/09, BeckRS 2009, 13811 (Entschädigung für im Ergebnis ungerechtfertigte Auslieferungshaft).

143 BVerfG, Beschl. v. 20.11.1997 – 1 BvR 2068/93, NVwZ 1998, 271 (272).

144 *Maurer*, Allgemeines Verwaltungsrecht, § 28 Rn. 13; *Ossenbühl/Cornils*, Staatshaftungsrecht, S. 141–146.

145 Zu diesen → A.IV.2.

146 So ausdrücklich z.B. BGH v. 22.3.2001 – III ZR 394/99, NVwZ 2002, 375; v. 22.6.2006 – III ZR 270/05, NVwZ 2007, 487 Rn. 6; BVerwG v. 26.8.2010 – 3 C 35/09, NVwZ 2011, 368 Rn. 12.

147 Nachweise bei *Ossenbühl/Cornils*, Staatshaftungsrecht, S. 119 f.

angestellt und ihm die Möglichkeit zur Amtsausführung gegeben hat.[148] Für das Handeln von Beliehenen, also Privatpersonen, die zur Erfüllung hoheitlicher Aufgaben ermächtigt wurden, haftet derjenige Verwaltungsträger, der die Befugnisse übertragen hat.[149] Im zivilrechtlichen Bereich haftet die Anstellungskörperschaft gemäß § 832 BGB für die Schäden, die ihre Arbeitnehmer Dritten rechtswidrig zugefügt haben.

Zur Zahlung einer Entschädigung wegen eines Eigentumseingriffs ist derjenige Verwaltungsträger verpflichtet, der durch den Eingriff begünstigt wird bzw. dessen Aufgaben mit dem Eingriff wahrgenommen werden.[150] Dasselbe gilt für Entschädigungsansprüche aus Aufopferungsgewohnheitsrecht.

II. Individualansprüche

Die natürliche oder juristische Person, deren Rechte durch die staatliche Maßnahme verletzt wurden, erwirbt, wenn die Voraussetzungen der Amtshaftung vorliegen, einen individuellen Schadensersatzanspruch gegen den verantwortlichen Verwaltungsträger, den sie durch eine entsprechende Klage vor den Zivilgerichten geltend machen kann. Aufgrund der gesetzlichen Konstruktion der Amtshaftung bestimmt sich der Anspruchsinhaber nach dem persönlichen Schutzbereich der verletzten Amtspflicht.[151]

Früher war der Haftungsanspruch für Ausländer durch die Regelung in § 7 Abs. 1 des Gesetzes über die Haftung des Reichs für seine Beamten (RBHG) eingeschränkt, und zwar nach Maßgabe der im Verhältnis zum ausländischen Staat verbürgten Gegenseitigkeit.[152] Diese Norm erfuhr jedoch 1993 eine Neuregelung dahingehend, dass die Bundesregierung ermächtigt wurde, die Haftung durch Rechtsverordnung nur für solche Ausländer einzuschränken, die keinen Wohnsitz oder ständigen Aufenthalt im Bundesgebiet haben und die keine Unionsbürger sind. Davon hat die Bundesregierung jedoch keinen Gebrauch gemacht, sodass auf Bundesebene keine Haftungsbeschränkung gegenüber Ausländern besteht.[153] Im Ergebnis sind also heute Ausländer haftungsrechtlich im gleichen Umfang geschützt wie deutsche Staatsangehörige.

III. Haftungsinhalt

Die Amtshaftung führt gemäß § 839 Abs. 1 BGB zum Schadensersatz und, da sie als eine deliktische Haftung im Rahmen des Zivilrechts ausgestaltet ist, bestimmt sich dessen Umfang nach den entsprechenden Vorschriften des BGB. Es finden daher grundsätzlich die §§ 249 ff. BGB Anwendung – mit der Besonderheit allerdings, dass anstelle einer Naturalrestitution von vornherein nur Scha-

---

148 BGH, Urt. v. 12.2.1970 – III ZR 231/68, BGHZ 53, 217 (218f.); Urt. v. 12.1.1987 – III ZR 17/85, BGHZ 99, 326 (330); Urt. v. 21.10.1999 – III ZR 130/98, BGHZ 143, 18 (26); Urt. v. 14.3.2002 – III ZR 302/00, BGHZ 150, 172 (179); Urt. v. 2.2. 2006 – III ZR 131/05, NVwZ 2006, 966.

149 BGH, Urt. v. 25.3.1993 – III ZR 34/92, BGHZ 122, 85 (87ff.); Urt. v. 15.2.2001 – III ZR 120/00, BGHZ 146, 385 (386 f.); Urt. v. 22.3.2001 – III ZR 394/99, BGHZ 147, 169 (171, 173 ff.); Urt. v. 14.11.2002 – III ZR 131/01, BGHZ 152, 380 (381 ff.).

150 *Maurer*, Allgemeines Verwaltungsrecht, § 27 Rn. 72; *Ossenbühl/Cornils*, Staatshaftungsrecht, S. 317–319.

151 Siehe oben bei Fn. 96.

152 Vgl. umfassend *Kaiser*, Die Staatshaftung gegenüber Ausländern, 1996.

153 Allerdings bestehen in den Bundesländern Bremen, Sachsen-Anhalt und Schleswig-Holstein noch vereinzelte Haftungsbeschränkungen gegenüber Ausländern, vgl. *Ossenbühl/Cornils*, Staatshaftungsrecht, S. 100.

densersatz in Geld in Betracht kommt:[154] Die Amtshaftung beruht nach ihrer gesetzlichen Konstruktion auf der persönlichen Haftung des Amtsträgers und kann daher nur das umfassen, was auch von diesem verlangt werden könnte; der Amtsträger als Privatmann kann aber keine hoheitlichen Amtshandlungen o.ä. vornehmen.[155] Die Amtshaftung erbringt auch Ersatz für reine Vermögensschäden, einschließlich eines entgangenen Gewinns (§ 252 BGB), für immaterielle Schäden in Form von Schmerzensgeld (§ 253 Abs. 2 BGB). Bei rechtswidrigen Eingriffen in das allgemeine Persönlichkeitsrecht oder die Menschenwürde wird eine Geldentschädigung allerdings nur gewährt, wenn das private Recht in schwerwiegender Weise verletzt worden ist.[156] Ob dies der Fall ist, bestimmt sich unter Berücksichtigung aller Umstände des Einzelfalls nach Bedeutung und Tragweite des Eingriffs, Anlass und Beweggrund der handelnden Personen und dem Grad des Verschuldens.[157]

Greift nach einem staatlichen Rechtsverstoß die unionsrechtliche Staatshaftung ein (→ A.IV.5.), so bestimmen sich die Haftungsfolgen zwar grundsätzlich nach dem nationalen Schadensersatzrecht, unterliegen dabei jedoch den Kautelen von Gleichwertigkeit und Effektivität.[158] Da hierbei eine förmliche Naturalrestitution, also z.B. die Aufhebung oder Abänderung des inkriminierten Hoheitsakts, nicht unionsrechtlich geboten ist,[159] sollte das deutsche Schadensersatzrecht bislang den Anforderungen des EuGH genügen. Im Fall der unzureichenden Umsetzung der EU-Arbeitszeitrichtlinien hat die deutsche Rechtsprechung kürzlich als Haftungsinhalt einen Schadensersatz in Form von Freizeitausgleich entwickelt, der sich allerdings unter bestimmten Umständen in einen finanziellen Ausgleich umwandeln kann.[160]

Der allgemeine Aufopferungsanspruch (→ B.V.3.) ist auf eine angemessene Entschädigung gerichtet, also gerade nicht auf vollen Ersatz des entstandenen Schadens. Erfasst wird von der Entschädigung nur der Vermögensschaden, der durch den Eingriff in die Nichtvermögensrechte entstanden ist; Schmerzensgeld wird nicht gewährt.[161]

Die Entschädigung für eine Enteignung gemäß Art. 14 Abs. 3 GG ist durch die Verfassungsnorm selbst determiniert: Das Ausmaß der Entschädigung, welches das Enteignungsgesetz selbst festzusetzen hat, ist nach Satz 3 der Bestimmung „unter gerechter Abwägung der Interessen der Allgemeinheit und der Beteiligten zu bestimmen." Durch die Entschädigung soll der Betroffene in die Lage versetzt werden, eine Sache gleicher Art und Güte zu beschaffen und damit seinen Verlust auszugleichen.[162] Dies führt in der Regel zum Ersatz des vollen Marktwertes. Über den Wert des Substanzverlustes hinaus billigt der BGH den Betroffenen eine Entschädigung für die unmittelbaren Folgeschäden der Enteignung zu.[163] Nach denselben Grundsätzen bestimmt sich der Haftungsinhalt beim enteignungsgleichen und enteignenden Eingriff.

---

154 BGH, Beschl. v. 19.12.1960 – GSZ 1/60, BGHZ 34, 99 (104 ff.); Urt. v. 25.9.1980 – III ZR 74/78, BGHZ 78, 274 (276); Urt. v. 25.2.1993 – III ZR 9/92, BGHZ 121, 367 (373 f.); Urt. v. 22.5.2003 – III ZR 32/02, NVwZ 2003, 1285; *Grzeszick*, in: Erichsen/Ehlers, VerwR, § 44 Rn. 42.

155 *Ossenbühl/Cornils*, Staatshaftungsrecht, S. 111; *Maurer*, Allgemeines Verwaltungsrecht, § 26 Rn. 44.

156 BGH, Urt. v. 4.11.2004 – III ZR 361/03, BGHZ 161, 33 (37); BVerfG, Beschl. v. 27.12.2005 – 1 BvR 1359/05, NJW 2006, 1580, Rn. 18. Für das allgemeine Deliktsrecht z.B. BGH, Urt. v. 15.11.1994– VI ZR 56/94, BGHZ 128, 1 (12); Urt. v. 30.1.1996 – VI ZR 386/94, BGHZ 132, 13 (27); BVerfG, Beschl. v. 8.3.2000 – 1 BvR 1127/96, NJW 2000, 2187 f.

157 BGH, Urt. v. 15.11.1994 – VI ZR 56/94, BGHZ 128, 1 (12); Urt. v. 30.1.1996 – VI ZR 386/94, BGHZ 132, 13 (27); Urt. v. 4.11.2004 – III ZR 361/03, BGHZ 161, 33 (37). Für das folterartige Verhör eines der Kindesentführung verdächtigen Straftäters vgl. LG Frankfurt/Main, Urt. v. 4.8.2011 – 2-04 O 521/05, BeckRS 2011, 21493.

158 Oben bei Fn. 46.

159 Vgl. EuGH C-224/01, Slg. 2003, I-10239, Rn. 39 – *Köbler*.

160 BVerwG, Urt. v. 26.7.2012 – 2 C 70/11, NVwZ 2012, 1472, Rn. 19 und 28–32.

161 *Maurer*, Allgemeines Verwaltungsrecht, § 28 Rn. 15.

162 BGH, Urt. v. 8.11.1962 – III ZR 86/61, BGHZ 39, 198 (199 f.); Urt. v. 10.12.1998 – III ZR 233/97, BGHZ 140, 200 (204 f.).

163 Vgl. z.B. BGH, Urt. v. 8.2.1971 – III ZR 65/70, BGHZ 55, 294 (296 ff.); Urt. v. 10.6.1985 – III ZR 3/84, BGHZ 95, 28 (30 f.); *Ossenbühl/Cornils*, Staatshaftungsrecht, S. 254 f.; *Maurer*, Allgemeines Verwaltungsrecht, § 27 Rn. 70.

IV. Haftungsbeschränkungen

Die staatliche Haftung für begangenes Unrecht (Amtshaftung), wie auch für Privaten zugemutete Grundrechtseingriffe unterliegt kraft Gesetzes bestimmten Beschränkungen, die bis hin zum vollständigen Haftungsausschluss gehen können.

Von der Subsidiarität der Amtshaftung, die bei fahrlässiger Schädigung den Verweis auf andere Ersatzmöglichkeiten erlaubt (§ 839 Abs. 1 Satz 2 BGB), war bereits die Rede (→ B.IV.). Sie führt für den Fall, daß der Geschädigte „auf andere Weise" Ersatz erlangen kann (z.B. durch Ansprüche gegen einen Dritten) und dies in angemessener Zeit realisierbar und ihm zumutbar ist,[164] zum Ausschluss der Staatshaftung. Da die Regelung ursprünglich den persönlich haftenden Amtsträger entlasten sollte, gilt sie heute in Zeiten der gesetzlichen Haftungsüberleitung auf den Staat (Art. 34 Satz 1 GG) als überholt und wird von der Rechtsprechung zunehmend restriktiv gehandhabt.[165] Auch das Richterspruchprivileg (§ 839 Abs. 2 BGB), das die staatliche Haftung für Rechtsprechung auf strafbares Handeln beschränkt, wurde bereits dargestellt (→ B.I.3.).

Darüber hinaus hat der allgemeine Rechtsgrundsatz, dass ein Mitverschulden des Geschädigten bei der Bemessung des Schadensersatzes zu berücksichtigen ist (§ 254 BGB), für die Amtshaftung in § 839 Abs. 3 BGB eine spezielle Ausprägung gefunden: Danach entfällt die staatliche Haftung, wenn der Verletzte es schuldhaft versäumt hat, den Schaden durch Einlegung eines Rechtsmittels abzuwenden. Die Versäumung des Rechtsmittels, für das insbesondere die Rechtsbehelfe vor den Verwaltungsgerichten in Betracht kommen, muß kausal für die Entstehung des Schadens geworden sein: Mit Hilfe des Rechtsmittels hätte dieser abzuwenden sein müssen. Aus dem allgemeinen Gedanken der Mitverursachung folgt im deutschen Staatshaftungsrecht also die Regel, dass die Abwehr von Rechtsverletzungen durch Primärrechtsschutz Vorrang hat vor der Inanspruchnahme von Sekundärrechtsschutz in Gestalt finanziellen Ausgleichs. Eine solche Pflicht zur Schadensvermeidung oder -minderung durch den Gebrauch der zumutbaren Rechtsbehelfe ist grundsätzlich auch mit den Regeln der unionsrechtlichen Staatshaftung vereinbar.[166]

Dieser Vorrang des Primärrechtsschutzes schränkt auch die staatliche Haftung bei Eigentums- und anderen Grundrechtseingriffen ein. Der Betroffene muss das ihm Mögliche und Zumutbare tun, um durch gerichtliche Rechtsbehelfe den Schaden abzuwenden oder zu mindern; versäumt er dies schuldhaft, so kann entsprechend § 254 BGB der Entschädigungsanspruch ganz oder teilweise entfallen.[167]

D. Geltendmachung von Haftungsansprüchen

Haftungsansprüche kann nur geltend machen, wer fähig ist, in einem Gerichtsverfahren Kläger oder Beklagter zu sein. Parteifähig ist nach § 50 ZPO i.V.m. § 1 BGB jede natürlich und juristische Person, also auch Gesellschaften und Vereine. Auch Minderjährige sind damit parteifähig, ihnen

---

164 BGH, Urt. v. 5.11.1992 – III ZR 91/91, BGHZ 120, 124 (126); Urt. v. 17.12.1992 – III ZR 114/91, BGHZ 121, 65 (71f.); Urt. v. 15.5.1997 – III ZR 204/96, NJW 1998, 142 (145).

165 Vgl. *Ossenbühl/Cornils*, Staatshaftungsrecht, S. 81–90; *Maurer*, Allgemeines Verwaltungsrecht, § 26 Rn. 31. Für die Unanwendbarkeit der Klausel auf die Staatshaftung sogar *Papier*, in: HStR VIII, § 180 Rn. 50.

166 Vgl. EuGH C-46 und C-48/93, Slg. 1996, I-1029, Rn. 84f. – *Brasserie du Pêcheur*; C-397 und C-410/98, Slg. 2001, I-1727, Rn. 102 – *Metallgesellschaft*; C-524/04, Slg. 2007, I-2107, Rn. 124 – *Test Claimants in the Thin Cap Group Litigation*. Aus der deutschen Rechtsprechung z.B. BGH, Urt. v. 4.6.2009 – III ZR 144/05, BGHZ 181, 199, Rn. 23.

167 Nachweise oben in Fn. 117.

fehlt es aber an der Prozessfähigkeit, also an der Fähigkeit, innerhalb eines Gerichtsverfahrens Prozesshandlungen selbst vorzunehmen. Prozessfähig ist erst, wer das 18. Lebensjahr vollendet hat (§ 51 ZPO i.V.m. § 2 BGB).

I. Rechtsweg

Das Rechtsstaatsprinzip der Verfassung garantiert nicht nur die Gesetzesbindung der Staatsgewalt, sondern auch dass staatliche Rechtsverletzungen, wenn sie denn vorkommen, beseitigt oder ausgeglichen werden. Zu diesem Zweck garantiert Art. 19 Abs. 4 GG jedem privaten Grundrechtsträger einen effektiven Rechtsschutz gegen die hoheitliche Gewalt und damit auch den Zugang zu den staatlichen Gerichten, um Beseitigungs- und Haftungsansprüche gegen den Staat vor diesen zu erstreiten. Das Rechtsschutzgrundrecht gewährleistet damit auch von Verfassungs wegen eine effektive gerichtliche Geltendmachung von Staatshaftungsansprüchen.[168]

Für die Geltendmachung von Amtshaftungsansprüchen ist gemäß § 40 Abs. 2 Satz 1 VwGO der ordentliche Rechtsweg eröffnet, was in Art. 34 Abs. 3 GG zudem mit Verfassungskraft festgeschrieben ist. Unter die gesetzliche Bestimmung („Schadensersatzansprüche aus der Verletzung öffentlich-rechtlicher Pflichten") fällt auch der unionsrechtliche Staatshaftungsanspruch. Zuständig sind die Amtshaftungskammern der Landgerichte, unabhängig vom Streitwert (§ 71 Abs. 2 Nr. 2 GVG). Nach herrschender Auffassung überprüfen die Zivilgerichte in diesem Zusammenhang auch die Rechtmäßigkeit des hoheitlichen Handelns, obwohl es sich im Grunde genommen um eine Frage des öffentlichen Rechts handelt.[169] Gebunden sind die Zivilgerichte jedoch an eine rechtskräftige Überprüfung des Verwaltungshandelns durch ein verwaltungsgerichtliches Urteil.[170]

Auch die Entscheidung über die übrigen Staatshaftungsansprüche sind im Wesentlichen den ordentlichen Gerichten zugewiesen: Für die Enteignungsentschädigung ergibt sich dies direkt aus Art. 14 Abs. 3 Satz 4 GG, für sämtliche Aufopferungsansprüche und Ansprüche, die auf demselben Grundsatz beruhen, aus § 40 Abs. 2 Satz 1 VwGO („vermögensrechtliche Ansprüche aus Aufopferung für das gemeine Wohl").

II. Beweisfragen

Grundsätzlich gilt bei der gerichtlichen Geltendmachung vor den Zivilgerichten, dass derjenige, der einen Anspruch geltend macht, die tatsächlichen Voraussetzungen der rechtsbegründenden und rechtserhaltenden Tatbestandsmerkmale zu beweisen hat.[171] Diese Regeln gelten grundsätzlich auch für Staatshaftungsansprüche. Im Rahmen der Amtshaftung (§ 839 BGB i.V.m. Art. 34 GG) muss der Geschädigte folgendes darlegen und zur Überzeugung des Gerichts beweisen:

---

168 Ebenso z.B. *Schoch* (Fn. 7), Die Verwaltung 34 (2001), 261 (275); *Axer*, Primär- und Sekundärrechtsschutz im Öffentlichen Recht, DVBl 2001, 1322 (1328 f.); *Huber*, in: v. Mangoldt/Klein/Starck (Fn. 11), Art. 19 IV Rn. 425; *Bonk*, in: Sachs, GG (Fn. 5), Art. 34 Rn. 4 f.

169 *Maurer*, Allgemeines Verwaltungsrecht, § 27 Rn. 99. Aus der Rechtsprechung z.B. BGH, Urt. v. 15.11.1990 – III ZR 302/89, BGHZ 113, 17 (18 f.); Urt. v. 13.10.1994 – III ZR 24/94, NJW 1995, 394.

170 BGH, Urt. v. 30.4.1953 – III ZR 268/51, BGHZ 9, 329 (330 ff.); Urt. v. 17.5.1956 – III ZR 280/54, BGHZ 20, 379 (380 f.); Urt. v. 15.11.1990 – III ZR 302/89, BGHZ 113, 17 (20); *Grzeszick*, in: Epping/Hillgruber (Fn. 135), Art. 34 Rn. 35.

171 BGH, Urt. v. 20.3.1986 – IX ZR 42/85, NJW 1986, 2426 (2427) m.w.N. Umfassend zur Beweislastverteilung im Amtshaftungsprozess *Stein/Itzel/Schwall*, Praxishandbuch, Rn. 254 ff.

- die hoheitliche Tätigkeit
- die Verletzung einer drittgerichteten Amtspflicht
- das Verschulden als haftungskonstituierendes Merkmal
- den Schaden einschließlich des haftungsbegründenden Kausalzusammenhangs.

Geht es allerdings um eine Amtspflichtverletzung unter dem Gesichtspunkt behördlicher Organisationsmängel, so muß der Verwaltungsträger den Entlastungsbeweis führen, da dem Geschädigten die internen Abläufe im Behördenbetrieb in der Regel nicht bekannt sein können.[172] Generell kann sich aus verfassungsrechtlichen Gründen eine sog. sekundäre Darlegungslast des beklagten Verwaltungsträgers ergeben, wenn der Geschädigte außerhalb des schädigenden Geschehensablaufs steht und keine nähere Kenntnis der relevanten Tatsachen besitzt, während der beklagte Verwaltungsträger diese hat und ihm nähere Angaben zumutbar sind.[173] Hinsichtlich der Höhe des Schadens, also der sog. haftungsausfüllenden Kausalität, genügt zudem die Glaubhaftmachung einer deutlich überwiegenden Wahrscheinlichkeit, sofern sie auf gesicherten Grundlagen beruht.[174] Auch für die Geltendmachung von entgangenem Gewinn genügt die Wahrscheinlichkeit „nach dem gewöhnlichen Lauf der Dinge" (§ 252 Satz 2 BGB).

III. Verjährung

Die Verjährung des Amtshaftungsanspruchs bestimmt sich mittlerweile nach den Allgemeinen Verjährungsregelungen des Zivilrechts (§§ 194 ff. BGB). Danach beträgt die regelmäßige Verjährungsfrist, der auch Amtshaftungsansprüche sowie der unionsrechtliche Staatshaftungsanspruch unterliegen,[175] drei Jahre (§ 195 BGB). Die Frist beginnt mit dem Schluss des Jahres, in dem der Anspruch entstanden ist und der Geschädigte von den anspruchsbegründenden Umständen sowie der Person des Schuldners Kenntnis erlangt hat bzw. hätte erlangen müssen (§ 199 Abs. 1 BGB). Als kenntnisunabhängige Höchstfristen greifen für Schadensersatzansprüche die differenzierten Fristen aus § 199 Abs. 2 und 3 BGB (zehn bzw. dreißig Jahre).

Der Anspruch auf Enteignungsentschädigung verjährt nach h.M. ebenfalls in der regelmäßigen Verjährungsfrist von drei Jahren (§ 195 BGB).[176] Dasselbe gilt für den Anspruch aus enteignungsgleichem Eingriff[177] und für den allgemeinen Aufopferungsanspruch. Ohne Rücksicht auf die Kenntnis oder fahrlässige Unkenntnis des Geschädigten verjähren alle diese Ansprüche in zehn Jahren von ihrer Entstehung an (absolute Verjährungsfrist gemäß § 199 Abs. 4 BGB).

---

172 BGH, Urt. v. 11.1.2007 – III ZR 302/05, BGHZ 170, 260, Rn. 22.

173 BVerfG, Beschl. v. 13.8.2013 – 2 BvR 2660/06, Rn. 64.

174 BGH, Urt. v. 5.11.1992 – IX ZR 12/92, NJW 1993, 734.

175 So z.B. BGH, Beschl. v. 12.10.2006 – III ZR 144/05, NVwZ 2007, 362, Rn. 19; Urt. v. 4.6.2009 – III ZR 144/05, BGHZ 181, 199, Rn. 40; BVerwG, Urt. v. 26.7.2012 – 2 C 70/11, NVwZ 2012, 1472, Rn. 35–36; kritisch gegen die Anwendung auf öffentlich-rechtliche Ansprüche aber z.B. *Heselhaus*, Die Verjährung im Staatshaftungsrecht nach der Schuldrechtsreform, DVBl 2004, 411 (414–417). Der EuGH hat die Dreijahresfrist des deutschen Rechts für den unionsrechtlichen Staatshaftungsanspruch als hinreichend effektiv anerkannt, vgl. EuGH C-445/06, Slg. 2009, I-2119, Rn. 32 – *Danske Slagterier*; dazu auch z.B. *Armbrüster/Kämmerer*, Verjährung von Staatshaftungsansprüchen wegen fehlerhafter Richtlinienumsetzung, NJW 2009, 3601.

176 *Maurer*, Allgemeines Verwaltungsrecht, § 27 Rn. 72a. Zum Ganzen z.B. *Kellner*, Auswirkungen der Schuldrechtsreform auf die Verjährung im Staatshaftungsrecht, NVwZ 2002, 395.

177 BGH, Beschl. v. 12.10.2006 – III ZR 144/05, NVwZ 2007, 362, Rn. 19; Urt. v. 11.1.2007 – III ZR 302/05, BGHZ 170, 260, Rn. 37; Urt. v. 4.6.2009 – III ZR 144/05, BGHZ 181, 199, Rn. 40.

IV. Vollstreckung

Die verfassungsrechtlich verankerte Rechtsbindung aller staatlichen Gewalt (Art. 20 Abs. 3 GG) impliziert, daß der Staat gegen ihn ergangene Gerichtsurteile befolgt. Das gilt auch für Leistungsurteile, also Gerichtsentscheidungen, die einen (Geld-)Leistungsanspruch Privater gegen einen Verwaltungsträger rechtskräftig feststellen. Von Verfassungs wegen besteht also die Vermutung, dass der haftende staatliche Rechtsträger gerichtlich zugesprochene Staatshaftungsansprüche anstandslos befriedigt.

Dennoch ist die Vollstreckung von Geldforderungen gegen die öffentliche Hand in § 170 VwGO geregelt. Danach muß der Haftungsgläubiger einen Vollstreckungsantrag beim Prozessgericht erster Instanz, hier also dem zuständigen Landgericht, stellen, das als Vollstreckungsgericht fungiert. Das Vollstreckungsgericht fordert den Schuldner, also den haftenden Rechtsträger, zur Abwendung der Vollstreckung auf und leitet ggf. die erforderlichen Vollstreckungsmaßnahmen ein. Unzulässig ist gem. § 170 Abs. 3 VwGO die Vollstreckung in Sachen, die für die Erfüllung öffentlicher Aufgaben unentbehrlich sind oder deren Veräußerung ein öffentliches Interesse entgegensteht.

Bibliographie

v. Arnauld, Andreas, Enteignender und enteignungsgleicher Eingriff heute, VerwArch 93 (2002), S. 394–417

Baldus, Manfred/Grzeszick, Bernd/Wienhues, Sigrid, Staatshaftungsrecht. Das Recht der öffentlichen Ersatzleistungen, 3. Aufl., Heidelberg 2009

Bonk, Heinz Joachim, Betrachtungen zum Staatshaftungsrecht in Deutschland, in: M. Breuer u.a. (Hrsg.), Der Staat im Recht. Festschrift für Eckart Klein, 2013, S. 17–36

Breuer, Marten, Staatshaftung für judikatives Unrecht, Tübingen 2011

Grzeszick, Bernd, Staatshaftungsrecht, in: Erichsen/Ehlers (Hrsg.), Allgemeines Verwaltungsrecht, 14. Aufl., Berlin u.a. 2010, §§ 43–48

Höfling, Wolfram, Vom überkommenen Staatshaftungsrecht zum Recht der staatlichen Einstandspflichten, in: Hoffmann-Riem/Schmidt-Aßmann/Voßkuhle (Hrsg.), Grundlagen des Verwaltungsrechts, Bd. III, 2. Aufl., München 2013, § 51

Kischel, Uwe, Entschädigungsansprüche für Eigentumsbeeinträchtigungen – Zur Systematik im Staatshaftungsrecht, VerwArch 97 (2006), S. 450–481

Kluth, Winfried, Grundlagen der öffentlich-rechtlichen Ersatzleistungen, in: Wolff/Bachof/Stober/Kluth, Verwaltungsrecht II, 7. Aufl., München 2010, §§ 66–73

Maurer, Hartmut, Allgemeines Verwaltungsrecht, 18. Aufl., München 2011, §§ 25–31

Morlok, Martin, Allgemeine Elemente der Einstandspflichten für rechtswidriges Staatshandeln, in: Hoffmann-Riem/Schmidt-Aßmann/Voßkuhle (Hrsg.), Grundlagen des Verwaltungsrechts, Bd. III, 2. Aufl., München 2013, § 52

ders., Retrospektive Kompensation der Folgen rechtswidrigen Hoheitshandelns, in: Hoffmann-Riem/Schmidt-Aßmann/Voßkuhle (Hrsg.), Grundlagen des Verwaltungsrechts, Bd. III, 2. Aufl., München 2013, § 54

Ossenbühl, Fritz/Cornils, Matthias, Staatshaftungsrecht, 6. Aufl., München 2013

Osterloh, Lerke, Retrospektive und prospektive Kompensation der Folgen rechtmäßigen Hoheitshandelns, in: Hoffmann-Riem/Schmidt-Aßmann/Voßkuhle (Hrsg.), Grundlagen des Verwaltungsrechts, Bd. III, 2. Aufl., München 2013, § 55

Papier, Hans-Jürgen, Staatshaftung, in: Isensee/Kirchhof (Hrsg.), Handbuch des Staatsrechts, Bd. VIII, 3. Aufl., Heidelberg u.a. 2010, § 180

Sauer, Heiko, Staatshaftungsrecht. Eine Systematisierung für die Fallbearbeitung, JuS 2012, S. 695 und 800

Stein, Christoph/Itzel, Peter/Schwall, Karin, Praxishandbuch des Amts- und Staatshaftungsrechts, 2. Aufl., Heidelberg u.a. 2012

Verschiedene Kommentierungen zu Art. 14 und 34 GG sowie zu § 839 BGB

Abkürzungsverzeichnis

AT	Allgemeiner Teil
BauGB	Baugesetzbuch
BayVBl	Bayerische Verwaltungsblätter (Zeitschrift)
BeckRS	Rechtsprechungssammlung des Verlags C.H. Beck (online)
BDSG	Bundesdatenschutzgesetz
BGB	Bürgerliches Gesetzbuch
BGBL	Bundesgesetzblatt
BGH(Z)	(Entscheidungen des) Bundesgerichtshofs in Zivilsachen
BT-Drs.	Drucksachen des Deutschen Bundestages
BVerfG(E)	(Entscheidungen des) Bundesverfassungsgerichts
BVerwG(E)	(Entscheidungen des) Bundesverwaltungsgerichts
DDR	Deutsche Demokratische Republik
DÖV	Die Öffentliche Verwaltung (Zeitschrift)
DVBl	Deutsches Verwaltungsblatt (Zeitschrift)
Einl. ALR	Einleitung zum Preußischen Allgemeinen Landrecht
EuZW	Europäische Zeitschrift für Wirtschaftsrecht
GG	Grundgesetz
GSZ	Großer Senat für Zivilsachen
GVG	Gerichtsverfassungsgesetz
HStR	Handbuch des Staatsrechts, hrsg. v. J. Isensee/P.Kirchhof, 3. Aufl. 2004–2012
HuV-I	Humanitäres Völkerrecht – Informationsschriften (Zeitschrift)
i.e.S.	im engeren Sinne
i.w.S.	im weiteren Sinne
JuS	Juristische Schulung (Zeitschrift)
JZ	Juristenzeitung (Zeitschrift)
KG	Kammergericht
MDR	Monatsschrift für Deutsches Recht
mwN	mit weiteren Nachweisen
NJ	Neue Justiz
NJW	Neue Juristische Wochenschrift (Zeitschrift)
NJW-RR	NJW-Rechtsprechungs-Report
NStrG	Niedersächsisches Straßengesetz
NVwZ	Neue Zeitschrift für Verwaltungsrecht
OLG	Oberlandesgericht
Rn	Randnummer
RG	Reichsgericht
RG(Z)	(Entscheidungen des) Reichsgerichts
RL	Richtlinie
SBZ	Sowjetische Besatzungszone
StHG	Staatshaftungsgesetz
StHG-DDR	Staatshaftunggesetz der Deutschen Demokratischen Republik
StRspr	Ständige Rechtsprechung
VwGO	Verwaltungsgerichtsordnung
VwVfG	Verwaltungsverfahrensgesetz
ZaöRV	Zeitschrift für ausländisches öffentliches Recht und Völkerrecht
ZPO	Zivilprozessordnung

Wesentliche Vorschriften

Grundgesetz für die Bundesrepublik Deutschland

Art. 14

(1) Das Eigentum und das Erbrecht werden gewährleistet. Inhalt und Schranken werden durch die Gesetze bestimmt.

(2) Eigentum verpflichtet. Sein Gebrauch soll zugleich dem Wohle der Allgemeinheit dienen.

(3) Eine Enteignung ist nur zum Wohle der Allgemeinheit zulässig. Sie darf nur durch Gesetz oder auf Grund eines Gesetzes erfolgen, das Art und Ausmaß der Entschädigung regelt. Die Entschädigung ist unter gerechter Abwägung der Interessen der Allgemeinheit und der Beteiligten zu bestimmen. Wegen der Höhe der Entschädigung steht im Streitfalle der Rechtsweg vor den ordentlichen Gerichten offen.

Art. 34

Verletzt jemand in Ausübung eines ihm anvertrauten öffentlichen Amtes die ihm einem Dritten gegenüber obliegende Amtspflicht, so trifft die Verantwortlichkeit grundsätzlich den Staat oder die Körperschaft, in deren Dienst er steht. Bei Vorsatz oder grober Fahrlässigkeit bleibt der Rückgriff vorbehalten. Für den Anspruch auf Schadensersatz und für den Rückgriff darf der ordentliche Rechtsweg nicht ausgeschlossen werden.

Bürgerliches Gesetzbuch

§ 249 Art und Umfang des Schadensersatzes

(1) Wer zum Schadensersatz verpflichtet ist, hat den Zustand herzustellen, der bestehen würde, wenn der zum Ersatz verpflichtende Umstand nicht eingetreten wäre.

(2) Ist wegen Verletzung einer Person oder wegen Beschädigung einer Sache Schadensersatz zu leisten, so kann der Gläubiger statt der Herstellung den dazu erforderlichen Geldbetrag verlangen. Bei der Beschädigung einer Sache schließt der nach Satz 1 erforderliche Geldbetrag die Umsatzsteuer nur mit ein, wenn und soweit sie tatsächlich angefallen ist.

§ 252 Entgangener Gewinn

Der zu ersetzende Schaden umfasst auch den entgangenen Gewinn. Als entgangen gilt der Gewinn, welcher nach dem gewöhnlichen Lauf der Dinge oder nach den besonderen Umständen, insbesondere nach den getroffenen Anstalten und Vorkehrungen, mit Wahrscheinlichkeit erwartet werden konnte.

§ 253 Immaterieller Schaden

(1) Wegen eines Schadens, der nicht Vermögensschaden ist, kann Entschädigung in Geld nur in den durch das Gesetz bestimmten Fällen gefordert werden.

(2) Ist wegen einer Verletzung des Körpers, der Gesundheit, der Freiheit oder der sexuellen Selbstbestimmung Schadensersatz zu leisten, kann auch wegen des Schadens, der nicht Vermögensschaden ist, eine billige Entschädigung in Geld gefordert werden.

§ 839 Haftung bei Amtspflichtsverletzung

(1) Verletzt ein Beamter vorsätzlich oder fahrlässig die ihm einem Dritten gegenüber obliegende Amtspflicht, so hat er dem Dritten den daraus entstehenden Schaden zu ersetzen. Fällt dem Beamten nur Fahrlässigkeit zur Last, so kann er nur dann in Anspruch genommen werden, wenn der Verletzte nicht auf andere Weise Ersatz zu erlangen vermag.

(2) Verletzt ein Beamter bei dem Urteil in einer Rechtssache seine Amtspflicht, so ist er für den daraus entstehenden Schaden nur dann verantwortlich, wenn die Pflichtverletzung in einer Straftat besteht. Auf eine pflichtwidrige Verweigerung oder Verzögerung der Ausübung des Amts findet diese Vorschrift keine Anwendung.

(3) Die Ersatzpflicht tritt nicht ein, wenn der Verletzte vorsätzlich oder fahrlässig unterlassen hat, den Schaden durch Gebrauch eines Rechtsmittels abzuwenden.

Gesetz über die Regelung der Staatshaftung in der Deutschen Demokratischen Republik
(in der Fassung vom 31.8.1990)

§ 1 Haftung der öffentlichen Gewalt
(1) Für Schäden, die einer natürlichen oder einer juristischen Person hinsichtlich ihres Vermögens oder ihrer Rechte durch Mitarbeiter oder Beauftrate staatlicher oder kommunaler Organe in Ausübung staatlicher Tätigkeit rechtswidrig zugefügt werden, haftet das jeweilige staatliche oder kommunale Organ.

(2) Ein Schadensersatzanspruch des Geschädigten gegen den Mitarbeiter oder Beauftragten des staatlichen Organs oder der staatlichen Einrichtung ist ausgeschlossen.

(3) Die Schadensersatzpflicht, staatlicher Organe und staatlicher Einrichtungen als Teilnehmer am Zivilrechtsverkehr bestimmt sich nach den Vorschriften des Zivilrechts.

(4) Für den Ersatz von Schäden, die einer natürlichen oder einer juristischen Person hinsichtlich ihres Vermögens oder ihrer Rechte durch eine gerichtliche Entscheidung rechtswidrig zugefügt werden, gelten die dafür bestehenden Gesetze oder anderen Rechtsvorschriften.

Gerichtsverfassungsgesetz

§ 198
(1) Wer infolge unangemessener Dauer eines Gerichtsverfahrens als Verfahrensbeteiligter einen Nachteil erleidet, wird angemessen entschädigt. Die Angemessenheit der Verfahrensdauer richtet sich nach den Umständen des Einzelfalles, insbesondere nach der Schwierigkeit und Bedeutung des Verfahrens und nach dem Verhalten der Verfahrensbeteiligten und Dritter.

(2) Ein Nachteil, der nicht Vermögensnachteil ist, wird vermutet, wenn ein Gerichtsverfahren unangemessen lange gedauert hat. Hierfür kann Entschädigung nur beansprucht werden, soweit nicht nach den Umständen des Einzelfalles Wiedergutmachung auf andere Weise gemäß Absatz 4 ausreichend ist. Die Entschädigung gemäß Satz 2 beträgt 1.200 Euro für jedes Jahr der Verzögerung. Ist der Betrag gemäß Satz 3 nach den Umständen des Einzelfalles unbillig, kann das Gericht einen höheren oder niedrigeren Betrag festsetzen.

(3) Entschädigung erhält ein Verfahrensbeteiligter nur, wenn er bei dem mit der Sache befassten Gericht die Dauer des Verfahrens gerügt hat (Verzögerungsrüge). Die Verzögerungsrüge kann erst erhoben werden, wenn Anlass zur Besorgnis besteht, dass das Verfahren nicht in einer angemessenen Zeit abgeschlossen wird; eine Wiederholung der Verzögerungsrüge ist frühestens nach sechs Monaten möglich, außer wenn ausnahmsweise eine kürzere Frist geboten ist. [...]

(4) Wiedergutmachung auf andere Weise ist insbesondere möglich durch die Feststellung des Entschädigungsgerichts, dass die Verfahrensdauer unangemessen war. Die Feststellung setzt keinen Antrag voraus. Sie kann in schwerwiegenden Fällen neben der Entschädigung ausgesprochen werden; ebenso kann sie ausgesprochen werden, wenn eine oder mehrere Voraussetzungen des Absatzes 3 nicht erfüllt sind.

(5) Eine Klage zur Durchsetzung eines Anspruchs nach Absatz 1 kann frühestens sechs Monate nach Erhebung der Verzögerungsrüge erhoben werden. Die Klage muss spätestens sechs Monate nach Eintritt der Rechtskraft der Entscheidung, die das Verfahren beendet, oder einer anderen Erledigung des Verfahrens erhoben werden. Bis zur rechtskräftigen Entscheidung über die Klage ist der Anspruch nicht übertragbar.

(6) Im Sinne dieser Vorschrift ist
1. ein Gerichtsverfahren jedes Verfahren von der Einleitung bis zum rechtskräftigen Abschluss einschließlich eines Verfahrens auf Gewährung vorläufigen Rechtsschutzes und zur Bewilligung von Prozess- oder Verfahrenskostenhilfe; ausgenommen ist das Insolvenzverfahren nach dessen Eröffnung; im eröffneten Insolvenzverfahren gilt die Herbeiführung einer Entscheidung als Gerichtsverfahren;
2. ein Verfahrensbeteiligter jede Partei und jeder Beteiligte eines Gerichtsverfahrens mit Ausnahme der Verfassungsorgane, der Träger öffentlicher Verwaltung und sonstiger öffentlicher Stellen, soweit diese nicht in Wahrnehmung eines Selbstverwaltungsrechts an einem Verfahren beteiligt sind.

§ 200
Für Nachteile, die auf Grund von Verzögerungen bei Gerichten eines Landes eingetreten sind, haftet das Land. Für Nachteile, die auf Grund von Verzögerungen bei Gerichten des Bundes eingetreten sind, haftet der Bund. Für Staatsanwaltschaften und Finanzbehörden in Fällen des § 386 Absatz 2 der Abgabenordnung gelten die Sätze 1 und 2 entsprechend.

§ 201

(1) Zuständig für die Klage auf Entschädigung gegen ein Land ist das Oberlandesgericht, in dessen Bezirk das streitgegenständliche Verfahren durchgeführt wurde. Zuständig für die Klage auf Entschädigung gegen den Bund ist der Bundesgerichtshof. Diese Zuständigkeiten sind ausschließliche.

(2) Die Vorschriften der Zivilprozessordnung über das Verfahren vor den Landgerichten im ersten Rechtszug sind entsprechend anzuwenden. Eine Entscheidung durch den Einzelrichter ist ausgeschlossen. Gegen die Entscheidung des Oberlandesgerichts findet die Revision nach Maßgabe des § 543 der Zivilprozessordnung statt; § 544 der Zivilprozessordnung ist entsprechend anzuwenden.

(3) Das Entschädigungsgericht kann das Verfahren aussetzen, wenn das Gerichtsverfahren, von dessen Dauer ein Anspruch nach § 198 abhängt, noch andauert. In Strafverfahren, einschließlich des Verfahrens auf Vorbereitung der öffentlichen Klage, hat das Entschädigungsgericht das Verfahren auszusetzen, solange das Strafverfahren noch nicht abgeschlossen ist.

(4) Besteht ein Entschädigungsanspruch nicht oder nicht in der geltend gemachten Höhe, wird aber eine unangemessene Verfahrensdauer festgestellt, entscheidet das Gericht über die Kosten nach billigem Ermessen.

§ 6 Estland

Carmen Schmidt

Inhaltsübersicht

A. Grundlagen

Das estnische Staatshaftungsrecht hat im Jahr 2001 eine grundlegende Änderung erfahren. Nachdem Staatshaftungsansprüche vor dem Zweiten Weltkrieg nicht geregelt waren, war die Haftung für rechtswidriges Verhalten von Bediensteten im öffentlichen Bereich während Estlands Zugehörigkeit zur Sowjetunion Teil des allgemeinen Deliktsrechts, dessen Bestimmungen[1] zunächst noch weiter galten. In einzelne Fachgesetze wurden allerdings bereits vor der Generalrevision Ansprüche auf Entschädigungsleistungen im Fall rechtswidriger sowie, unter bestimmten Voraussetzungen, auch im Fall den Bürger belastender Folgen rechtmäßigen Verhaltens von Behörden und Bediensteten aufgenommen.[2] Im Zuge der Novellierung wurde das Staatshaf-

1 Grundsätzlich hafteten laut § 450 des *Eesti NSV Tsiviilkoodeks* (Zivilgesetzbuch der Estnischen SSR, abgekürzt: TsK) vom 12.6.1964 (ENSV ÜT 1964, Nr. 25, Pos. 115) staatliche Behörden für Schäden, die den Bürgern durch unrichtige dienstliche Handlungen von deren Amtspersonen zugefügt worden sind, nach den allgemeinen Regeln der §§ 448, 449 TsK. Handlungen von den Bediensteten der Ermittlungs-, Voruntersuchungs-, staatsanwaltschaftlichen und gerichtlichen Organe wurden aber hiervon ausgenommen, indem insofern auf die spezialgesetzlich geregelten Fälle und Verfahren verwiesen wurde (§ 451 TsK). Vor 1940 existierte keine spezielle Regelung.

2 So z.B. der Wiedereinstellungsanspruch nach dem Gesetz über den öffentlichen Dienst im Fall der rechtswidrigen Entlassung, der Anspruch auf Wiederherstellung der ursprünglichen Lage im Fall der Aufhebung eines rechtswidrigen Steuerbescheids oder der Entschädigungsanspruch bei formal rechtmäßiger, aber übermäßig belastender Grundrechtsbeschränkung laut Immobilienenteignungsgesetz.

tungsrecht dann aus der deliktischen Haftung des Zivilrechts ausgegliedert und in einem umfassenden Spezialgesetz geregelt, das die Staatshaftung nun dem öffentlichen Recht zuordnet.[3]

Vorbehaltlich abweichender Sonderbestimmungen werden auch weiterhin Bestimmungen des allgemeinen Deliktrechts subsidiär auf den öffentlich-rechtlichen Entschädigungsanspruch angewandt, sofern dies nicht im Widerspruch zur Natur der öffentlich-rechtlichen Beziehungen der Parteien steht.[4] Sonderregeln gelten für Freiberufler, die Hoheitsaufgaben wahrnehmen, sowie im Fall eines rechtswidrigen Freiheitsentzugs.

I. Rechtsstaatliche Determinanten der Verfassungsordnung

Estland ist eine parlamentarische Demokratie, in der dem Schutz der Grundrechte und Freiheiten des Individuums in der am 28.6.1992 in einem Referendum angenommenen *Eesti Vabariigi Põhiseadus* (Verfassung der Republik Estland, abgekürzt: Verfassung/PS) ein vorderer Platz eingeräumt ist. Über die Beachtung der Grundrechte durch die staatlichen und kommunalen Behörden wachen Verwaltungsgerichte. Anders als in den meisten osteuropäischen Staaten wurde ein Verfassungsgericht nicht geschaffen. Beim höchsten Gericht, dem *Riigikohus* (Staatsgerichtshof, abgekürzt: StGH) besteht allerdings – neben dem Zivil-, Straf- und Verwaltungskollegium – ein aus den Richtern der drei Fachkollegien gebildetes neunköpfiges Kollegium für Verfassungsfragen. An das Verfassungskollegium können sich Verfassungsorgane und Gerichte, nicht dagegen einzelne Bürger wenden, um einen Verstoß gegen Grundrechte zu rügen.

Wie auch in anderen Staaten ohne eigenständige Verfassungsgerichtsbarkeit können die allgemeinen und die Verwaltungsgerichte Normen und andere Hoheitsakte auf ihre Verfassungsmäßigkeit prüfen und ggf. verwerfen;[5] letzteres ist ebenfalls in der Verfassung abgesichert (Art. 15 PS). Haben die Richter der drei Fachkollegien des Staatsgerichtshofs Zweifel an der Verfassungsmäßigkeit eines Gesetzes oder eines völkerrechtlichen Vertrags, ist die Sache zur Entscheidung an das Plenum aller 19 Richter des Staatsgerichtshofs zu verweisen; dasselbe gilt, wenn die Rechtsfrage für die einheitliche Rechtsanwendung als bedeutsam angesehen wird oder von einer früheren Entscheidung des Plenums abgewichen werden soll.[6]

Zusätzlich zum gerichtlichen Rechtsschutz wurde nach skandinavischem Vorbild das Amt eines Ombudsmanns eingeführt. Der *Õiguskantsler* (Rechtskanzler) wird jeweils für sieben Jahre

---

3 Das Schrifttum zum Staatshaftungsrecht ist begrenzt und vorwiegend Estnisch: Siehe Bibliographie.

4 § 7 Abs. 4 *Riigivastutuse Seadus* (Staatshaftungsgesetz, abgekürzt: RVastS); ausdrücklich gilt Zivilrecht im Fall der Beeinträchtigung von Leben und Gesundheit hinsichtlich der Ansprüche Dritter sowie bzgl. der Entschädigung immaterieller Schäden, § 10 Abs. 1 RVastS; siehe hierzu insbes. 2.1.1.2. (Schadensersatz), 2.1.1.3. (Ungerechtfertigte Bereicherung) und 2.1.2.1. (Anwendung allgemeiner Grundsätze) des auf der Internetseite des StGH (www.nc.ee, zuletzt abgerufen am 26.1.2012) veröffentlichten Berichts von *Vutt* vom 12.6.2006, Eraõiguse normide rakendamine Riigikohtu halduskolleegiumi praktikas (Die Anwendung von Privatrechtsnormen in der Praxis des Verwaltungskollegiums des StGH).

5 Eine Vorlage beim *Põhiseaduslikkuse järelevalve kolleegium* (Verfassungsaufsichtskollegium des StGH, abgekürzt: VerfKoll) wird wegen Art. 152 PS, wonach das Gericht eine verfassungswidrige Norm nicht anwenden darf, erst nach der Entscheidung des Fachgerichts für zulässig erachtet, siehe VerfKoll des StGH, Urteil Az. 3-4-1-4-00 vom 10.2.2000.

6 Das Plenum ist bei Anwesenheit von mindestens 11 Richtern beschlussfähig und entscheidet mit einfacher Mehrheit; beim Stimmenpatt entscheidet die Stimme des Vorsitzenden, §§ 25, 30 Abs. 4 *Kohtute Seadus* (Gerichtsgesetz) vom 19.6.2002 (RT I 2002 Nr. 64, Pos. 390) in der Fassung vom 12.12.2012 (RT I 29.12.2012, 1); § 3 Abs. 3 *Põhiseaduslikkuse Järelevalve Kohtumenetluse Seadus* (Gesetz über das verfassungsgerichtliche Aufsichtsverfahren) vom 13.3. 2002 (RT I 2002, Nr. 29, Pos. 174), in der Fassung vom 17.10.2012 (RT I 1.11.2012,1). Urteile des Staatsgerichtshofs sind im Internet auf der Internetseite des Staatsgerichtshofs (http://www.nc.ee), Urteile der übrigen Gerichte in der Urteilsdatenbank (http://www.kohus.ee/kohtulahendite/index.aspx, zuletzt abgerufen am 10.42012) veröffentlicht.

auf Vorschlag des Staatspräsidenten vom *Riigikogu* (Parlament) gewählt. Ihm obliegt von Amts wegen – neben den ordentlichen und den Verwaltungsgerichten – die Überwachung der Verfassungs- und Gesetzmäßigkeit sämtlicher Hoheitsakte. Er kann auf Antrag von Privatpersonen tätig werden, wenn diese die Verletzung eigener Rechte rügen, und diese insbesondere dadurch, dass er den Betroffenen Öffentlichkeit verschafft, kraft der Autorität seines Amtes unterstützen.

II. Grundsätzliche Voraussetzungen einer Staatshaftung

In Estland ist der Wiedergutmachung verletzter Rechte des Bürgers seit Wiedererlangung der Unabhängigkeit ein hoher Stellenwert eingeräumt. Der Staat hat dabei nicht nur die Verantwortlichkeit für das Verhalten der eigenen Bediensteten, sondern auch für rechtswidrige Handlungen während der Zugehörigkeit Estlands zur Sowjetunion übernommen.

Rechtswidrig enteignete Vermögenswerte, d.h. Grundstücke mit ihren wesentlichen Bestandteilen, Inventar, Schiffe, Aktien und Anteilsscheine wurden grundsätzlich zurückgegeben oder entschädigt. Als rechtswidrig galt die Entziehung von Vermögenswerten in der Zeit vom 16.6.1940 bis zum 1.6.1981, wenn sie auf einer nachträglich für rechtswidrig erklärten Rechtsvorschrift oder einem rechtswidrigen Einzelakt beruhte und gegen den Willen des Eigentümers erfolgt war oder vom Eigentümer infolge drohender schwerwiegender Nachteile – Todesstrafe, Freiheitsentzug, Verbannung, Ausweisung, Deportation – geduldet wurde. Bei einem Verlust in der Zeit 1940–1954 infolge von Flucht oder Rückkehrverbot wurde die Gefahr drohender Nachteile vermutet. Anspruchsberechtigt waren natürliche Personen und deren Erben, die bei Inkrafttreten des maßgeblichen Gesetzes (20.6.1991) ihren ständigen Wohnsitz in Estland hatten oder am 16.6.1940 die estnische Staatsangehörigkeit besaßen.[7] Der Berechtigte, der seinen Anspruch bis zum 17.1.1992 geltend machen musste,[8] hatte grundsätzlich die Wahl zwischen Rückgewähr und Entschädigung. In vielen Fällen – insbesondere, wenn der Rückgewähr die Interessen anderer Privatpersonen entgegen standen – kam nur die Entschädigung in Betracht. Deren Zahlung erfolgte nicht in Geld, sondern durch so genannte Privatisierungswertpapiere, die zum Erwerb von Aktien und Anteilen bei der Privatisierung von Unternehmen durch die Privatisierungsagentur, von Anteilen des Entschädigungsfonds sowie von Wohnungen oder im Rahmen der Bodenreform zum Erwerb von Grundstücken eingesetzt werden konnten.

In Anbetracht der schlimmen Vergangenheit wurden im internationalen Vergleich weitgehende Garantien in die 1992 in einer Volksabstimmung angenommene neue Verfassung der Republik Estland aufgenommen. Verbrieft sind nicht nur die traditionelle Eigentumsgarantie und der Anspruch auf eine gerechte und sofortige Entschädigung, wenn ein Vermögenswert enteignet wird (Art. 32 PS); dem Einzelnen wird in der Verfassung darüber hinaus für den Fall der rechtswidrigen Schadensverursachung – unabhängig davon, wer der Schädiger ist – ein

7 Nicht anspruchsberechtigt waren danach grundsätzlich juristische Personen, wobei Ausnahmen für Religionsgemeinschaften, nichtwirtschaftliche Vereine und Kommunen bestanden, sowie die ins Deutsche Reich umgesiedelten Volksdeutschen. Hinsichtlich letzterer verwies eine später vom StGH als Verstoß gegen den Grundsatz der Rechtsklarheit für verfassungswidrig erklärte Bestimmung (VerfKoll des StGH, Urteil Az. 3-4-1-14006 vom 31.1.2007) auf ein bilaterales Abkommen. Um keine politische Entscheidung zu treffen, wurde die beanstandete Bestimmung (§ 7 Abs. 3 *Eesti Vabariigi Omandireformi Aluste Seadus* [Gesetz der Republik Estland über die Grundlagen der Eigentumsreform, abgekürzt: ORAS]) jedoch nicht vom Gericht, sondern erst 2006 vom Gesetzgeber aufgehoben; siehe *Land*, Eigentumsreform der Estnischen Republik und Restitutionsansprüche der Deutschbalten, in: Oksaar/von Redecker (Hrsg.), Deutsch-Estnische Rechtsvergleichung und Europa, Frankfurt a.M. 2004, S. 69–88.

8 Bei Fristversäumnis konnte bis zum 31.3.1993 ein Wiedereinsetzungsantrag gestellt werden, RVO vom 11.6.1992 (RT I 1992 Nr. 27, Pos. 353).

Anspruch auf Entschädigung des immateriellen und des materiellen Schadens zugesprochen (Art. 25 PS).

III. Rechtsquellen des Staatshaftungsrechts

Beeinflusst wurde das neue Staatshaftungsgesetz vom kontinentaleuropäischen und US-amerikanischen Recht, wobei aber ausdrücklich von der Übernahme des Verschuldensprinzips abgesehen wurde.[9] Obwohl Estland im Zeitpunkt der Verabschiedung des Staatshaftungsgesetzes noch nicht Mitgliedstaat der EU war, erfassen seine Regelungen auch den Erlass unionsrechtswidriger Normen, die mangelhafte oder verspätete Umsetzung von Unionsrecht und Verwaltungsakte, die gegen Unionsrecht verstoßen.[10] Gegenwärtig ist eine Novellierung geplant; ein neues Staatshaftungsgesetz sollte ursprünglich am 1.1.2012 in Kraft treten; über den endgültigen Wortlaut konnte aber bisher keine Einigkeit erzielt werden. Ziel der Neuregelung ist es, die vorhandenen Bestimmungen zu präzisieren und zu systematisieren. Es sollen lückenhafte und von Gerichten als zumindest problematisch, wenn nicht sogar verfassungswidrig angesehene Bestimmungen ersetzt, sowie den in der Zwischenzeit ergangenen Entscheidungen des EGMR in Straßburg und des EuGH in Luxemburg Rechnung getragen werden. Die geplanten Änderungen sind zwar recht umfangreich, die grundlegende Konstruktion des Staatshaftungsrechts wird jedoch nicht angetastet.[11]

Die umfassendste Regelung enthält gegenwärtig das *Riigivastutuse Seadus* (Staatshaftungsgesetz, abgekürzt: RVastS) vom 2.5.2001.[12] Ergänzend gelten die Regeln des Zivilrechts und insbesondere des *Võlaõigusseadus* (Schuldrechtsgesetz, abgekürzt: VÕS) vom 26.9.2001,[13] und zwar primär das 7. und das 53. Kapitel, welche die Definition des Schadens bzw. die deliktische Haftung zum Gegenstand haben.[14]

Nicht dem Anwendungsbereich des Staatshaftungsgesetzes unterfallen Notare, Gerichtsvollzieher und beeidete Übersetzer, für die im *Notariaadiseadus* (Notariatsgesetz, abgekürzt: NotS) vom 6.12.2000,[15] im *Kohtutäituri Seadus* (Gerichtsvollziehergesetz, abgekürzt: KTS) vom 9.12.2009[16] und im *Vandetõlgi Seadus* (Gesetz über den beeideten Übersetzer, abgekürzt: VTS) vom 17.1.2001[17] spezielle Regelungen bestehen.

---

9 So der Erläuterungsbrief der Regierung zur Gesetzesvorlage vom 14.6.2000, wonach insbes. Grundsätze des britischen, deutschen, französischen, österreichischen, schwedischen und schweizerischen Rechts Berücksichtigung fanden (Ziff. 3).

10 Rechnung wurde laut Regierungsbegründung insbes. folgenden Urteilen des EuGH getragen: C-6/90 und C-9/90, Slg. 1991, I-5375; C-46/93 und C-48/93, Slg. 1996, I-1029; C-392/93, Slg. 1996, I-1631; C-178/94, C-179/94, C-188/94, C-189/94, C-190/94, Slg. 1996, I-4845.

11 Siehe die von der Regierung am 7.4.2011 eingebrachte Gesetzesvorlage 7 SE; sie ersetzt die gleichlautende Gesetzesvorlage 818 SE, die mit dem Ende der Legislaturperiode gegenstandslos geworden war. Beide Vorlagen sind auf der Internetseite des Parlaments (http://www.riigikogu.ee, zuletzt abgerufen am 26.1.2012) unter der Rubrik *Riigikogu töö* (Arbeit der Staatsversammlung), *Eelnõud* (Entwürfe) veröffentlicht.

12 RT I 2001, Nr. 47, Pos. 260; die Regelungen sind am 1.1.2002 in Kraft getreten; letzte Änderung 23.12.2010 (RT I 31.12.2010, 3).

13 RT I 2001, Nr. 81, Pos. 487; in der Fassung vom 16.6.2011 (RT I 8.7.2011, 6).

14 § 7 Abs. 4 RVastS; siehe *Vutt*, Kahju hüvitamist reguleerivate normide kohaldamine haldusasjades. Riigikohtu halduskolleegiumi praktika põhjal (Die Anwendung der Normen die die Entschädigung eines Schadens regeln in der Praxis des Verwaltungskollegiums des Staatsgerichtshofs), Stand 10.10.2007. Bzgl. des Nichtvermögensschadens wird ausdrücklich auf das Privatrecht verwiesen (§ 10 Abs. 1 RVastS).

15 RT I 2000, Nr. 104, Pos. 684; letzte Änderung 16.12.2010 (RT I 30.12.2010, 2).

16 RT I 2009, Nr. 68, Pos. 463 (in Kraft 1.1.2010), in der Fassung vom 20.12.2012 (RT I31.12.2012, 5), womit das KTS vom 17.1.2001, (RT I 2001, Nr. 16, Pos. 69) ersetzt wurde.

17 RT I 2001, Nr. 16, Pos. 70; letzte Änderung 13.6.2012 (RT I6.7.2012, 1).

Im Fall eines unbegründeten Freiheitsentzugs gilt noch das *Riigi Poolt Isikule Alusetult Vabaduse Võtmisega Tekitatud Kahju Hüvitamise Seadus* (Gesetz über die Entschädigung eines Schadens, der einer Person vom Staat durch den grundlosen Entzug der Freiheit zugefügt wurde, abgekürzt: Haftentschädigungsgesetz, AVVKHS) vom 11.6.1997,[18] das aber in das Staatshaftungsgesetz integriert werden soll.[19] Wichtigste Rechtsgrundlage für die Privatisierung ist das *Eesti Vabariigi Omandireformi Aluste Seadus* (Gesetz der Republik Estland über die Grundlagen der Eigentumsreform; abgekürzt: ORAS) vom 13.6.1991.[20] Die Entschädigung im Fall der rechtmäßigen Beeinträchtigung des Eigentums regelt das *Kinnisasja Sundvõõrandamise Seadus* (Immobilienenteignungsgesetz, abgekürzt: KASVS) vom 22.2.1995.[21]

Die wichtigsten Verfahrensregelungen beinhalten das *Haldusmenetluse Seadus* (Verwaltungsverfahrensgesetz, abgekürzt: HMS) vom 6.6.2001[22] und das *Halduskohtumenetluse Seadustik* (Verwaltungsgerichtsverfahrensgesetzbuch, abgekürzt: HKMS) vom 27.1.2011.[23] Ergänzend gelten im Verwaltungsprozess die Vorschriften des *Tsiviilkohtumenetluse Seadustik* (Zivilprozessgesetzbuch; abgekürzt: TsMS) vom 20.4.2005.[24] Die Gerichtsverfassung ist Gegenstand des *Kohtute Seadus* (Gerichtsgesetz, abgekürzt: KS) vom 19.6.2002.[25]

IV. Bereiche staatlicher Haftung

Der Staat, die Kommunen und andere juristische Personen des öffentlichen Rechts haften laut Staatshaftungsgesetz grundsätzlich verschuldensunabhängig für rechtswidriges Verhalten ihrer Bediensteten im hoheitlichen Bereich sowie für Personen, denen hoheitliche Aufgaben übertragen wurden. Eine Ausnahme besteht, in Anknüpfung an die Handhabung vor dem Zweiten Weltkrieg, für Notare[26] sowie für Gerichtsvollzieher und beeidete Übersetzer; hier kann der Anspruch gegen den Staat erst geltend gemacht werden, wenn erstere erfolglos in Anspruch genommen wurden.

Die Haftung ist unmittelbar, primär und ausschließlich. Diese zunächst sehr großzügige und weitgehende Haftung wird jedoch sogleich durch bedeutsame Ausnahmen wieder eingeschränkt. Verschulden ist stets erforderlich, wenn ein immaterieller Schaden oder entgangener Gewinn ersetzt verlangt wird oder der handelnde Amtsträger in Regress genommen werden soll. Auch wird bei Bejahung der Haftungsvoraussetzungen nicht stets voller Schadensersatz geschuldet. Primär beim Ersatz immaterieller Schäden, aber auch beim materiellen Schaden, sind Billigkeitserwägungen des Richters zugelassen, die gegebenenfalls zu einer Minderung oder sogar zum Wegfall der dem Grunde nach bejahten Ersatzpflicht führen können.[27] Die Gerichte

---

18 RT I 1997, Nr. 48, Pos. 775; letzte Änderung am 19.5.2004 (RT I 2004, Nr. 46, Pos. 329).

19 §§ 18–24 der Gesetzesvorlage 7 SE II-1 (Fn. 11).

20 RT I 1991, Nr. 21, Pos. 257; letzte Änderung 27.2.2013 (RT I, 15.3.2013, 26).

21 RT I 1995, Nr. 30, Pos. 380; letzte Änderung am 23.1.2013 (RT I 14.2.2013, 2).

22 RT I 2001, Nr. 58, Pos. 354; letzte Änderung 27.1.2011 (RT I, 23.2.2011, 3).

23 Das neue Verwaltungsgerichtsverfahrensgesetzbuch vom 27.1.2011 (RT I 14.3.2011, 2) ist am 1.1.2012 in Kraft getreten (letzte Änderung 10.10.2012, RT I, 25.10.2012, 1); es hat das gleichnamige Gesetz vom 25.2.1999 (RT I, 1999 Nr. 31, Pos. 425) abgelöst.

24 RT I 2005, Nr. 26, Pos. 197, in der Fassung vom 13.3.2013 (RT I, 22.3.2013, 9).

25 RT I 2002, Nr. 64, Pos. 390; letzte Änderung 12.12.2012 (RT I, 29.12.2012, 1).

26 Siehe *Andresen*, Juridica International 2006, 146–157.

27 Hieran soll sich auch künftig nichts ändern, denn auch nach dem Entwurf des neuen Staatshaftungsgesetzes sind im Rahmen der Festsetzung der Höhe der Entschädigung Umstände zu berücksichtigen, die vollen Schadensersatz als unangemessen erscheinen lassen (§ 14 Ziff. 5 der Gesetzesvorlage 7 SE II-1, Fn. 11).

erweisen sich vor allem hinsichtlich der Entschädigung immaterieller Schäden zurückhaltend; insgesamt sind die zugesprochenen Ersatz- und Entschädigungsleistungen eher bescheiden.

B. Haftungsbegründung

Haftungsbegründend können nach dem Staatshaftungsgesetz nicht nur das Delikt, sondern unter bestimmten Voraussetzungen auch die Schadensverursachung durch ein rechtmäßiges Verhalten sein.

Als Staatshaftungsansprüche werden dabei ausdrücklich neben dem allgemeinen Anspruch auf Entschädigung eines entstandenen Schadens (§ 7 Abs. 1 RVastS) die Primäransprüche (§ 2 Abs. 1 RVastS) wie

- der Anspruch auf Aufhebung eines Verwaltungsakts (§ 3 RVastS),
- der Anspruch auf Einstellung einer Handlung[28] (§ 4 RVastS),
- der Anspruch auf Unterlassen eines Verwaltungsakts oder einer Handlung (§ 5 RVastS) und
- der Anspruch auf Erlass eines Verwaltungsakts oder Vornahme einer Handlung (§ 6 RVastS) angesehen.

Anstelle des Entschädigungsanspruchs wird der Folgenbeseitigungsanspruch (§ 11 RVastS)[29] eingeräumt. Die Beseitigung der rechtswidrigen Folgen des Verwaltungshandelns kann der Geschädigte nicht verlangen, wenn die Kosten der Folgenbeseitigung die Entschädigung in Geld erheblich übersteigen. Umgekehrt kann sich auch die Behörde – unabhängig vom Willen des Geschädigten – für die Folgenbeseitigung entscheiden, wenn die Geldentschädigung erheblich ungünstiger wäre. Letzteres gilt allein dann nicht, wenn der Geschädigte einen gewichtigen Grund zur Geltendmachung der Entschädigung in Geld vorweisen kann.

Spezielle Anspruchsgrundlagen sieht das Staatshaftungsgesetz vor

- für den Fall der Schadensverursachung durch eine Norm (§ 14 RVastS),
- bei Ausübung von Rechtsprechung (§ 15 RVastS) und
- im Fall der Schadensverursachung durch einen rechtmäßigen Verwaltungsakt oder eine rechtmäßige Handlung (§ 16 RVastS).

Zur Beseitigung rechtsgrundloser Vermögensverschiebungen enthält das Staatshaftungsgesetz einen öffentlich-rechtlichen Bereicherungsanspruch (§ 22 RVastS).

Zurückzugewähren sind ohne Rechtsgrund erlangte Sachen sowie Geldbeträge einschließlich Zinsen von 6 Prozent und gezogene Vorteile. Ist die Herausgabe unmöglich, ist Wertersatz zu leisten. Ergänzend gilt das Bereicherungsrecht des Sachenrechtsgesetzes (§§ 1027ff. VÕS).

Spezialgesetzlich sind geregelt

- der Entschädigungsanspruch im Fall grundlosen (*alusetu*) Freiheitsentzugs (§ 1 AVVKHS) und
- die Enteignungsentschädigung (§§ 15ff. KASVS).

---

28 Estnisch: *toiming*; hierunter ist gemäß § 106 HMS jedes Verhalten eines Verwaltungsorgans zu verstehen, dass keinen Verwaltungsakt darstellt und nicht in einem zivilrechtlichen Verhältnis erfolgt; ähnlich lautet § 4 Abs. 2 HKMS bzw. § 6 Abs. 2 des neuen HKMS (Fn. 844): jedes *„öffentlich-rechtliche Handeln, Unterlassen oder Verzug“*.

29 Im geplanten neuen Staatshaftungsgesetz (Fn. 11) wird der Folgenbeseitigungsanspruch als eigenständiger Anspruch neben den übrigen Primäransprüchen behandelt (§ 2 Abs. 1 Ziff. 5), seine Geltendmachung soll die Geltendmachung eines Schadens nicht mehr ausschließen (Regierungsbegründung zu § 7 der Gesetzesvorlage 7 SE II-1, Fn. 832).

I. Relevantes Verhalten

Voraussetzung für die Entschädigung eines Schadens ist grundsätzlich, dass der Schaden durch rechtswidriges Handeln oder Unterlassen eines Hoheitsträgers (*avaliku võimu kandja*) in öffentlich-rechtlichen Beziehungen entstanden ist und dass der Schaden weder zu vermeiden ist noch mittels der im Staatshaftungsgesetz geregelten Instrumente abgewehrt oder wiedergutgemacht werden kann. Ein dem Bürger durch rechtmäßiges Verhalten zugefügter Schaden wird nur ausnahmsweise entschädigt.

1. Ausübung von Hoheitsbefugnissen

Entscheidend ist damit zunächst, ob das schadensbegründende Verhalten mit der Ausübung hoheitlicher Befugnisse verbunden oder dem Privatrecht zuzuordnen ist. Privatrechtlich hat ein Hoheitsträger nach dem Staatshaftungsgesetz gehandelt, wenn gegenüber dem Betroffenen bestehende vertragliche Pflichten im Beförderungs- oder Gesundheitswesen[30] oder Sicherungspflichten des Hoheitsträgers in seiner Funktion als Immobilieneigentümer[31] verletzt wurden (§ 1 III Nr. 1, 2 RVastS). Da die Verwaltung nicht nur privatrechtlich, sondern auch öffentlich-rechtlich handeln kann, ist bei Verträgen grundsätzlich im Einzelfall zu prüfen, ob der Vertrag dem öffentlichen oder dem privaten Recht zuzuordnen ist. Da der *haldusleping* (Verwaltungsvertrag) – nach der Legaldefinition des § 95 HMS ein Vertrag, der Verwaltungsbeziehungen regelt[32] – nur rudimentär im Verwaltungsverfahrensgesetz normiert ist (§§ 95–105 HMS), gelten subsidiär allgemeines Verwaltungsverfahrensrecht und Zivilrecht. Mangels Spezialregelung werden insbesondere die Erfüllung und die Leistungsstörungen durch das Schuldrechtsgesetz geregelt. Im neuen Staatshaftungsgesetz werden dem Verwaltungsakt der Verwaltungsvertrag und der Einzelakt ohne Außenwirkung gleichgesetzt,[33] womit klar gestellt wird, dass im Fall der Schadensverursachung das Staatshaftungsgesetz anzuwenden ist.

Hat ein Beamter oder ein anderer öffentlicher Bediensteter einen Schaden im Verkehr oder bei der Verwendung gefährlicher Gegenstände oder Stoffe verursacht (§ 1 III Nr. 3, 4 RVastS), ist entscheidend, ob dieser dabei von hoheitlichen Befugnissen Gebrauch gemacht hat.[34] Nur in diesem Fall ist Staatshaftungsrecht und nicht Deliktsrecht anwendbar.

---

30 Verstirbt ein in eine psychiatrische Klinik eingewiesener Patient während der Behandlung, seien etwaige Entschädigungsansprüche trotz der – öffentlich-rechtlichen – zwangsweisen Einweisung in die Klinik nach Zivilrecht zu beurteilen, da das Erbringen von Gesundheitsdiensten nicht öffentlich-rechtlicher Natur sei, sondern ein Schuldrechtsverhältnis darstelle und im Schuldrechtsgesetz geregelt sei, *Halduskolleegium* (Verwaltungskollegium, abgekürzt: VwKoll) des StGH, Urteil Az. 3-3-1-16-09 vom 17.4.209.

31 Als privatrechtlich wurden so die Sicherungs- und Unterhaltungspflichten der Gemeinden als Wegeeigentümer gemäß § 6 Abs. 1 und 3 Ziff. 2 *Kohaliku* omavalisuse *korralduse seadus* (Gesetz über die Organisation der örtlichen Selbstverwaltung) und die Pflicht zur unverzüglichen Beseitigung der Folgen von Unglücksfällen gemäß § 3 Abs. 2 *Veeseadus* (Wassergesetz) qualifiziert, womit in Schadensfällen die Verschuldenshaftung des Deliksrechts zur Anwendung kommt, VG und Bezirksgericht Tartu laut *Tsiviilkolleegium* (Zivilkollegium, abgekürzt: ZKoll) des StGH, Urteil Az. 3-2-1-24009 vom 22.4.209.

32 Unterschieden werden Verwaltungsverträge, die einen Einzelfall regeln und Verwaltungsverträge, die eine unbestimmte Zahl von Fällen zum Gegenstand haben; letztere bedürfen einer gesetzlichen Ermächtigung (§ 97 HMS).

33 § 2 Abs. 3 der Gesetzesvorlage 7 SE II-1 (Fn. 11).

34 So ist ein durch ein verunglücktes Polizeifahrzeug verursachter Schaden nach Auffassung der Mehrheit der Richter des StGH nach Zivilrecht zu beurteilen; etwas anderes soll dann gelten, wenn der Fahrer gemäß §§ 71 Abs. 2, 15 *Liiklusseadus* (Verkehrsgesetz) unter Verwendung von Blaulicht und ggf. auch Martinshorn von Befugnissen Gebrauch gemacht hat, die dem gewöhnlichen Verkehrsteilnehmer nicht zustehen. Hat der Kläger die Einschaltung von Blaulicht/Martinshorn im Zeitpunkt des Verkehrsunfalls nicht vorgetragen, gelte bei Ereignissen im Straßenverkehr eine Vermutung für nichthoheitliches Handeln und damit für die Zuständigkeit der Zivilgerichte. Von den drei dissentierenden Richtern wird diese Auffassung allerdings als zu eng zurückgewiesen; lediglich dann, wenn

Wird die schadensverursachende Handlung dem Privatrecht zugeordnet, haftet der Handelnde nach den allgemeinen Regeln des Deliktsrechts. Gemäß § 1043 VÕS besteht im Fall der rechtswidrigen Schadensverursachung ein verschuldensabhängiger Schadensersatzanspruch. Das Vorliegen von Verschulden wird grundsätzlich vermutet (§ 1050 VÕS). Dasselbe gilt für die Rechtswidrigkeit der Schadensverursachung, wenn bestimmte Rechtsgüter – wie das Leben, die Gesundheit, ein persönliches Recht, das Eigentum, ein vergleichbares Recht oder der Besitz – betroffen sind, oder wenn der Schaden durch einen vorsätzlichen Verstoß gegen die guten Sitten verursacht wurde. In diesen Fällen ist die Rechtswidrigkeit ausgeschlossen, wenn der Schädiger nachweist, dass die Schadensverursachung gesetzlich, durch Einwilligung des Geschädigten, durch Notwehr bzw. Nothilfe oder durch Selbsthilfe gerechtfertigt ist (§ 1046 VÕS). Eine verschuldensunabhängige Gefährdungshaftung gilt für gefährliche Anlagen und Tätigkeiten (§ 1056 VÕS), die Besitzer von Motorfahrzeugen (§ 1057 VÕS), die Eigentümer gefährlicher Gebäude und Sachen (§ 1058 VÕS), die Grundstückseigentümer hinsichtlich der von einem auf dem Grundstück errichteten Gebäude ausgehenden Schäden (§ 1059 VÕS) und Tierhalter (§ 1060 VÕS).

2. Legislatives Handeln

Als Haftungsgegenstand wird legislatives Handeln grundsätzlich einbezogen, denn das schadensbegründende Ereignis kann ausdrücklich auch im Erlass oder Nichterlass einer Norm bestehen (§ 14 Abs. 1 RVastS). Eine Entschädigungspflicht besteht nach geltendem Recht, wenn hierdurch ein „wesentliches Recht" verletzt wird, die verletzte Norm unmittelbar anwendbar ist und der Geschädigte infolgedessen zu einer Gruppe von Personen gehört, die in besonderer Weise beeinträchtigt worden ist (§ 14 Abs. 1 RVastS). Das Erfordernis der besonderen Beeinträchtigung im Vergleich zu anderen Personen soll künftig entfallen; unter Berücksichtigung der Rechtsprechung des EuGH soll die Entschädigung danach an nur drei Voraussetzungen geknüpft werden: (1) Verletzung einer wesentlichen (*sufficiently serious*) Pflicht, (2) unmittelbare Begründung von Rechten des Betroffenen als Zweck der verletzten Norm, (3) Kausalzusammenhang zwischen Pflichtverletzung und entstandenem Schaden.[35] Eine Haftung nach dem Staatshaftungsgesetz für vor Inkrafttreten der Verfassung am 28.6.1992 ergangene Normen wird aber ausgeschlossen (§ 31 Abs. 4 RVastS).

Da durch den Haftungsanspruch aufgrund einer rechtswidrigen Norm der Haftungsanspruch aufgrund eines Verwaltungsaktes, der auf der Grundlage der rechtswidrigen Norm erlassen wurde, ausdrücklich nicht verdrängt wird, kann in einem derartigen Fall sowohl ein Anspruch gegen den Normgeber als auch gegen die Anstellungskörperschaft des handelnden Bediensteten bestehen.

Eine Konkretisierung des § 14 Abs. 1 RVastS durch die Rechtsprechung ist bisher, soweit ersichtlich, unterblieben; in der Praxis wurden Klagen nur in wenigen Fällen auf diese Bestimmung gestützt.[36] In einem dieser Verfahren wurde die Ungleichbehandlung der Klägerin durch eine vom Staatsgerichtshof für verfassungswidrig erklärte Norm des Steuerrechts, wonach lediglich aus öffentlichen Mitteln subventionierten Konzertveranstaltern ein begünstigter Mehrwertsteuersatz zugutekam, vom Bezirksgericht Tallinn zwar als eine wesentliche Rechtsverlet-

jeder Zusammenhang zur Polizeiarbeit fehle und das Fahrzeug als bloßes Transportmittel benutzt werde, sei die öffentlich-rechtliche Natur zu verneinen, Plenum des StGH, Urteil Az. 3-4-1-10 vom 15.6.2010.

35 § 16 Abs. 2 der Gesetzesvorlage 7 SE II-1 (Fn. 832); Ausführungen der Regierung zu § 16, S. 12 (Fn. 11).

36 Laut *Kanger*, Analyse der Gerichtspraxis, S. 27, in vier Verfahren vor dem VG Tallinn.

zung angesehen, die Sache aber zur Ermittlung des Schadens an die Eingangsinstanz zurückverwiesen.[37]

3. Richterliches Handeln

Für Richter gilt grundsätzlich das Richterspruchprivileg, das sich nach dem Wortlaut nicht nur auf den durch ein Urteil verursachten Schaden, sondern auf jeden im Verlauf eines Gerichtsverfahrens zugefügten Schaden erstreckt (§ 15 Abs. 1 RVastS). Darüber hinaus soll der Haftungsausschluss laut Absatz 2 dieser Vorschrift auch im Fall der gesetzlich geregelten außergerichtlichen Streitbeilegung sowie im außergerichtlichen Ordnungswidrigkeitenverfahren, nicht aber im behördlichen Widerspruchsverfahren (Abs. 3) gelten. Der Staatshaftungsanspruch besteht bei richterlichem Handeln nur dann, wenn das schadensbegründende Verhalten zugleich eine Straftat darstellt.

Auch ohne Vorliegen einer Straftat erhält der Betroffene dennoch eine Entschädigung, wenn ihm aufgrund richterlicher Entscheidung oder einer Entscheidung im vorgerichtlichen Ermittlungsverfahren die Freiheit entzogen wurde. Voraussetzung des allerdings der Höhe nach beschränkten Anspruchs auf eine Geldentschädigung[38] ist, dass das Ermittlungs- oder Strafverfahren eingestellt oder der Betroffene freigesprochen wurde (§ 1 AVVKHS). Eine weitere Ausnahme wurde 2006 für den Fall zugelassen, dass der Europäische Gerichtshof für Menschenrechte einen Verfahrensverstoß festgestellt hat. Der estnische Staat haftet in diesem Fall gemäß § 15 Abs. 3^1 RVastS[39] unter der Voraussetzung, dass dieser Verstoß zu einer unrichtigen Entscheidung geführt hat und der Betroffene über kein anderes Mittel zur Wiederherstellung seiner verletzten Rechte verfügt.

Zunehmend wird der Ausschluss der Staatshaftung bei belastenden Maßnahmen in Ordnungswidrigkeitenverfahren, vorgerichtlichen Ermittlungs- und gerichtlichen Strafverfahren unter Berücksichtigung des Art. 25 der Verfassung als verfassungsrechtlich bedenklich angesehen. Als erstes hat das Verwaltungsgericht Tallinn einen Staatshaftungsanspruch über den Wortlaut der Sonderregelungen hinaus dem Grunde nach angenommen. Die Verfassungswidrigkeit des § 15 RVastS hat es dagegen verneint, da eine verfassungskonforme Auslegung möglich sei. In Analogie zu Art. 5 Abs. 3^1 RVastS und unter Berücksichtigung der Rechtsprechung des EGMR zu Art. 5 EMRK wurde ein Staatshaftungsanspruch dann angenommen, wenn der Entzug der Freiheit zwar auf der Entscheidung eines Richters beruht, diese aber an einem erheblichen Fehler litt, daher aufgehoben wurde und eine Entschädigungsleistung in speziellen Rechtsvorschriften nicht vorgesehen ist. Diese Voraussetzungen sah das Gericht im verhandelten Fall als gegeben an. Hier war der Betroffene nach Einstellung des Ermittlungsverfahrens wegen Schuldunfähigkeit – erneut – in eine psychiatrische Klinik eingewiesen worden, womit die Einweisung in die Psychiatrie nicht mehr auf die Begehung einer rechtswidrigen Tat gestützt werden konnte, was die Einweisung hätte rechtfertigen können. Da ein Verfahren nach dem Psychiatriegesetz nicht

---

37 Bezirksgericht (BezG) Tallinn, Urteil Az. 3-07-2630 vom 18.4.2008; laut *Kanger*, Analyse der Gerichtspraxis, S. 28. In einem anderen Verfahren vor dem VG Tallinn forderte ein Mieter einer Genossenschaftswohnung erfolglos eine Entschädigung, nachdem die Privatisierung seiner Wohnung wegen des Reprivatisierungsanspruchs des Genossenschaftsmitglieds gescheitert war, weil ihm der Gesetzgeber die Möglichkeit des Erwerbs der Wohnung entzogen habe. Das VG entschied, dass ein Rechtsverstoß nicht vorliege, da weder die Verfassung noch Völkerrecht einen Privatisierungsanspruch einräumten. Sowohl die Reprivatisierung als auch die Privatisierung seien Teil der Eigentumsreform und Ausdruck des politischen Willens des Gesetzgebers, sodass der Gesetzgeber frei entscheiden könne. Allein die mangelnde Begünstigung begründe noch nicht eine besondere Beeinträchtigung des Klägers, Urteil Az. 3-05-1006 vom 16.5.2006.

38 Zum Umfang der Entschädigung siehe C.III.1.

39 In der Fassung des Gesetzes vom 11.10.2006 (RT I 2006, Nr. 48, Pos. 360).

eingeleitet worden sei und mithin auch keine Rechtsgrundlage für die Einweisung darstellen könne, leide die Einweisungsverfügung des Richters an einem erheblichen Mangel. Der Freiheitsentzug gegen den Willen des Betroffenen stelle aber einen ernsten Verstoß gegen ein Menschenrecht dar, der gemäß § 15 Abs. 3^1 RVastS analog zu entschädigen sei.[40]

Die Richter des Verwaltungskollegiums des Staatsgerichtshofs sind inzwischen weitergegangen und erachten die Ausgestaltung der Haftung für rechtswidrige Handlungen im vorgerichtlichen Ermittlungsverfahren und gerichtlichen Strafverfahren als unzureichend und als mit der estnischen Verfassung nicht vereinbar. Da Strafverfahren keine Verwaltungsverfahren seien, sowie Entscheidungen der Ermittlungsbeamten, Staatsanwälte und Richter nicht als Verwaltungsakte oder sonstige Handlungen im Sinne des § 16 RVastS qualifiziert werden könnten, für Richter zudem gemäß § 15 RVastG eine Haftung nur bei Nachweis einer Straftat vorgesehen sei, scheide das Staatshaftungsgesetz bei rechtswidrigen Entscheidungen und Handlungen in diesen Verfahren grundsätzlich als Anspruchsgrundlage aus, während die Verfassung (Art. 25 PS) eine Entschädigung rechtswidrig zugefügter materieller und immaterieller Schäden ohne jede Einschränkung garantiere. Des Weiteren bestehe insofern eine Regelungslücke, als im Verfahren vor den Verwaltungsgerichten, die mangels anderweitiger Spezialverweisung für alle öffentlichrechtlichen Streitigkeiten zuständig sind, die Rechtswidrigkeit von Entscheidungen und Handlungen in einem Strafverfahren oder die unangemessene Dauer eines Strafverfahrens festgestellt werden könne. Dabei bleibt nach den Ausführungen des Gerichts unklar, ob die Verfassungswidrigkeit in der fehlenden Spezialzuweisung derartiger Entschädigungsklagen in die Zuständigkeit der Verwaltungsgerichte gesehen wird oder aber in dem Umstand, dass Verwaltungsgerichte über die Rechtmäßigkeit von Handlungen und Entscheidungen in Strafverfahren entscheiden können – eine Rechtsfolge, die von den Richtern offensichtlich als nicht zweckmäßig angesehen wird. Mit dieser Begründung wurden zwei Verfahren, in denen die Kläger nach der Einstellung des Ermittlungsverfahrens eine Entschädigung für entgangene Gehaltszahlungen begehrten, weil sie wegen des Verdachts der Bestechlichkeit bzw. des Amtsmissbrauchs von ihren Ämtern suspendiert worden waren, vom Verwaltungskollegium des Staatsgerichtshofs zur Entscheidung an das Plenum aller Richter des Staatsgerichtshofs verwiesen.[41]

Das Plenum des Staatsgerichtshofs hat diese Entscheidungen im Ergebnis bestätigt, eine auch nur analoge Anwendung des Staatshaftungsgesetzes aber abgelehnt. Entscheidungen im vorgerichtlichen Strafverfahren seien weder Verwaltungsakte noch Verwaltungshandlungen im Sinne des § 7 oder des § 16 RVastS.[42] Stattdessen bejahte das Plenum bei Fehlen einer einfachgesetzlichen Anspruchsgrundlage für den Fall, dass die Ermittlungshandlung rechtswidrig war, einen Anspruch unmittelbar aus § 25 PS, da die Verfassung die Entschädigung rechtswidrig zugefügter Schäden ausnahmslos verlange. War die Ermittlungshandlung rechtmäßig, wird ein Anspruch wegen Verstoßes gegen die Eigentumsgarantie bejaht, sofern die Beeinträchtigung – wie im vorliegenden Fall insbesondere wegen der langen Dauer der Suspendierung (4 Jahre) – außergewöhnlich intensiv gewesen sei. Das gesetzgeberische Unterlassen der Regelung von Schadensersatzansprüchen in derartigen Fällen verletzt nach Auffassung des Plenums des Staatsge-

40 *Kanger*, Analyse der Gerichtspraxis, S. 30, 31 unter Hinweis auf das BezG Tallinn, Urteil Az. 3-06-1321 vom 20.6.2006. Ein Anspruch laut AVVKHS wurde vom Gericht verneint, da hiernach nur der im Rahmen eines Strafverfahrens angeordnete ungerechtfertigte Freiheitsentzug zu entschädigen sei.

41 VwKoll des StGH, Urteil Az. 3-3-1-15-10 vom 18.6.2010; VwKoll des StGH, Urteil Az. 3-3-1-35-10 vom 18.6.2010; auch die Klage auf Entschädigung nach elfjähriger Ermittlung wegen eines Tötungsdelikts, während dessen der Beschuldigte zwar nach kurzer Untersuchungshaft wieder auf freien Fuß entlassen worden war, aber anschließend durch das Verbot, seinen Wohnort zu verlassen, in seiner Freizügigkeit beschränkt war, wurde wegen Zweifeln an der Verfassungsmäßigkeit der entscheidungsrelevanten Bestimmungen an das Plenum des StGH verwiesen, Urteil Az. 3-3-1-85-09 vom 21.6.2010.

42 Plenum des StGH, Urteil Az. 3-3-1-15-10 vom 30.8.2011; Plenum des StGH, Urteil Az. 3-3-1-35-10 vom 31.8.2011.

richtshofs darüber hinaus das Grundrecht auf ein effektives Gerichtsverfahren (tõhusale kohtumenetluse) aus §§ 14, 15 PS.

In einem weiteren Verfahren wurde das Staatshaftungsgesetz inzwischen vom Plenum des Staatsgerichtshofs insoweit für verfassungswidrig befunden, als keine Entschädigung von Nichtvermögensschäden infolge unangemessen langer Ermittlungsverfahren vorgesehen ist.[43] Im entschiedenen Fall war das Ermittlungsverfahren gegen den Kläger wegen eines Tötungsdelikts nach mehr als zehn Jahren wegen Verjährung eingestellt und dem Kläger eine Entschädigung für die erlittene Untersuchungshaft gezahlt, eine Entschädigung wegen der bis zur Verfahrenseinstellung bestehenden Freiheitsbeschränkung (Verbot, den Wohnort zu verlassen) aber verweigert worden. Nach Auffassung des Gerichts, das dem Kläger einen Anspruch auf eine Billigkeitsentschädigung in Höhe von € 1.250,– unmittelbar aus der Verfassung zusprach, verstößt die Verweigerung der Entschädigung von Nichtvermögensschäden nicht nur gegen Art. 25 PS, sondern auch gegen die Grundrechte aus Art. 14 (Recht auf Schutz von Grundrechten und -freiheiten), Art. 15 (Recht auf gerichtlichen Rechtsschutz) sowie darüber hinaus gegen Art. 11 PS, da eine Beschränkung von Grundrechten hiernach nur zulässig ist, wenn sie in einer demokratischen Gesellschaft erforderlich und verhältnismäßig ist, die generelle Verweigerung einer Entschädigung in derartigen Fällen und – so auch vorliegend – aber unverhältnismäßig sei. Grundsätzlich hält der Staatsgerichtshof damit an seiner auch schon in früheren Entscheidungen zum Ausdruck gekommenen Linie fest, wonach mangels einfachgesetzlicher Regelung der Rechtsfolgen übermäßiger Verfahrensdauer Ansprüche unmittelbar auf die Verfassung gestützt werden können. So hat das Verwaltungskollegium des Staatsgerichtshofs im Fall eines nicht in angemessenem Zeitraum beschiedenen Privatisierungsanspruchs einen Anspruch aus den Grundrechten der Art. 25 und 13 PS bejaht;[44] in einem anderen Verfahren wurde die Herleitung eines Entschädigungsanspruchs mangels ausdrücklicher Normierung aus den allgemeinen Rechtsgrundsätzen für möglich erachtet.[45]

Auch der Anspruch auf eine angemessene Entschädigung des Gewinns des – später freigesprochenen – Klägers, der diesem infolge der erlittenen Untertersuchungshaft entgangen ist, wird vom Plenum des Staatsgerichtshofs unmittelbar aus der Verfassung, und zwar aus der Eigentumsgarantie des Art. 32 PS in Verbindung mit dem Gleichheitssatz (Art. 12 PS) hergeleitet. Ob die Beschränkung der Entschädigung des entgangenen Gewinns § 5 Abs. 4 AVVKHS verfassungswidrig ist, ließ das Gericht dabei in dieser Entscheidung – noch – offen, da die Sache zwecks Ermittlung des entgangenen Gewinns zurückverwiesen wurde. Stehe die Schadenshöhe nicht fest, sei auch die Entscheidungsrelevanz der Norm nicht nachgewiesen, sodass im konkreten Normenkontrollverfahren nicht über ihre Verfassungsmäßigkeit entschieden werden könne.[46]

Vor diesem Hintergrund überrascht es nicht, dass gerade die Haftung für rechtswidriges Verhalten in gerichtlichen und vorgerichtlichen Verfahren Gegenstand der geplanten Novelle des Staatshaftungsgesetzes ist. In der gegenwärtig vom Parlament behandelten Gesetzesvorlage wird die Haftung des Staates erheblich erweitert. Festgehalten werden soll aber daran, dass nicht – voller – Schadensersatz, sondern eine Entschädigung in gerechtem Umfang (*õiglases ulatuses*) zu leisten ist. Generell sind hiernach im Fall der Verursachung von Schäden im Rahmen von Straf- und Ordnungswidrigkeitenverfahren bei der Berechnung der Höhe der Entschädigung die Grundsätze des Guten Glaubens (*hea usu*) und der Angemessenheit (*mõistlikkus*) zu

43 Plenum des StGH, Urteil Az. 3-3-1-85-09 vom 22.3.2011.
44 VwKoll des StGH, Urteil Az. 3-3-1-27-02 vom 6.6.2002, Rn. 14.
45 VwKoll des StGH, Urteil Az. 3-3-1-10-01 vom 17.4.2001, Rn. 4.
46 Plenum des StGH, Urteil Az. 3-3-1-69-09 vom 31.3.2011.

berücksichtigen.[47] Eine Entschädigung ist danach künftig nicht nur bei Strafbarkeit des Richters, sondern auch dann möglich, wenn ein Gericht durch grobe Fahrlässigkeit (*raske hooletus*) gegen eine Verfahrensnorm verstoßen hat, dieser Verstoß als erheblich angesehen wird und die Rechtswidrigkeit im Rechtsmittelverfahren festgestellt wurde. Dasselbe gilt, wenn das Recht auf eine gerichtliche Entscheidung in angemessener Zeit verletzt wurde, sofern vorbeugender Rechtsschutz nicht anzuwenden oder ohne Wirkung war (§ 17).[48]

Wesentliche Änderungen sollen ferner die bisher im Haftentschädigungsgesetz (AVVKHS) enthaltenen Regelungen erfahren, die künftig Gegenstand des Staatshaftungsgesetzes werden. Grundsätzlich entschädigungspflichtig ist danach über die rechtswidrige Unterbringung in der Psychiatrie hinaus jede rechtswidrige Unterbringung in einer geschlossenen Einrichtung unabhängig vom Willen des Betroffenen (§ 18). Erheblich erweitert wurde schließlich die Haftung für Zwangsmaßnahmen in gerichtlichen und vorgerichtlichen Verfahren.[49] Laut Regierungsbegründung soll über die Entschädigung das Gericht entscheiden, das auch über die Rechtswidrigkeit des hoheitlichen Handelns entschieden hat;[50] ausdrücklich vorgesehen ist dies in der Gesetzesvorlage aber nur für den Fall der rechtswidrigen Zwangsunterbringung.

II. Relevante Normverstöße

Mit Ausnahme des Anspruchs aus § 16 RVastS setzt der Staatshaftungsanspruch Rechtswidrigkeit des haftungsbegründenden Verhaltens voraus. Nach den subsidiär geltenden Regeln des Deliktsrechts (§ 7 Abs. 4 RVastS) tritt die Haftung ein, wenn gegen eine gesetzliche Pflicht oder die guten Sitten verstoßen wurde (§ 1045 VÕS). Gesetzliche Pflichten können sich auch aus innerstaatlich verbindlichem Völkervertragsrecht ergeben, das gemäß Art. 123 der Verfassung im Kollisionsfall innerstaatlichen Rechtsvorschriften vorgeht. Auch ohne ausdrücklichen Hinweis, insbesondere auf die in Estland wirksamen Regelungen der EMRK, wird zur Auslegung des innerstaatlichen Rechts nicht selten auf die Rechtsprechung des Europäischen Gerichtshofs für Menschenrechte[51] oder auch auf völkerrechtliche Dokumente[52] zurückgegriffen. Für Verstöße gegen Unionsrecht gelten grundsätzlich die allgemeinen Regeln.[53] Verstößt ein innerstaatliches Gesetz oder eine sonstige Norm gegen Unionsrecht, kann eine Entschädigung gemäß § 14 RVastS verlangt werden. Wird durch einen unionsrechtswidrigen Verwaltungsakt ein Schaden verursacht, haften der Staat oder die Kommunen aufgrund der allgemeinen Anspruchsgrundlage des § 7 RVastS.[54]

---

47 § 17 Abs. 1, § 19 Abs. 1 der Gesetzesvorlage 7 SE II-1 (Fn. 11).

48 Gesetzesvorlage 7 SE II-1 (Fn. 11). Mit dieser Regelung wird der Rechtsprechung des EGMR Rechnung getragen, der zuletzt in Sachen *Saarekallas OÜ/Estonia*, Nr. 11548/04, 8.2.2008, § 66; *Missenjov/Estonia*, Nr. 43276/06, 29.1. 2009, § 51 die Normierung der Entschädigungspflicht angemahnt hat.

49 Siehe zu den Haftungsgründen B.II., zum Umfang der Haftung C.III.1. (materielle Schäden) und C.III.2. (immaterielle Schäden).

50 Regierungsbegründung zu § 18 (Fn. 11); S. 16.

51 So das VwKoll des StGH zur Frage, ob Haftbedingungen als erniedrigend zu qualifizieren sind, VwKoll des StGH, Urteil Az. 3-3-1-41-10 vom 17.6.2010, Rn. 22, 23; VwKoll des StGH, Urteil Az. 3-3-1-93-09 vom 15.3.2010, Rn. 11; zum „*grundlosen*" Freiheitsentzug Urteil Az. 3-3-1-69-09 vom 23.3.2010, Rn. 23.

52 So das VwKoll des StGH, das das „*Haftreglement*" des Ministerkomitees des Europarats heranzieht, Urteil Az. 3-3-1-14-10 vom 21.4.2010, Rn. 8.

53 *Pilving*, in: Truuväli u.a., Art. 25 Rn. 3.2.1.

54 Siehe den Erläuterungsbrief der Regierung zur Gesetzesvorlage vom 14.6.2000; für den Fall der unterlassenen Umsetzung von Gemeinschaftsrecht ist hiernach im Fall des Beitritts eine Regelung zu ergänzen oder aber das „*Präzedenzrecht des EuGH*" unmittelbar anzuwenden (Ziff. 3). Eine ausdrückliche Regelung existiert bisher nicht; vor den Gerichten haben diese Fragen allerdings bisher keine Rolle gespielt.

Gemäß § 127 Abs. 2 und §§ 1045 Abs. 1 Ziff. 7, Abs. 3 VÕS löst indes nicht jeder Verstoß gegen eine Rechtsnorm die Haftung des Staates aus.[55] Ist die Vermeidung des eingetretenen Schadens nicht Zweck der verletzten Norm, ist die Verursachung des Schadens gemäß § 1045 Abs. 3 VÕS nicht rechtswidrig. Mit dem Schutzzweck der Norm haben sich die Gerichte anlässlich einer rechtswidrig verweigerten Bauerlaubnis befasst und festgestellt, dass die verletzten Baurechtsvorschriften u.a. auch den Zweck verfolgten, den Bauherrn vor den Folgen der rechtswidrig verweigerten Bauerlaubnis und der nicht rechtzeitigen Inbetriebnahme seines Bauvorhabens zu schützen, sodass ein hierdurch bedingter entgangener Gewinn zu entschädigen sei.[56]

Von den Gerichten wird der Verstoß gegen Rechtsnormen in Staatshaftungsverfahren regelmäßig nicht geprüft, da die Rechtswidrigkeit bei Verletzung eines Rechtsguts oder festgestellter Rechtswidrigkeit des Verwaltungsakts[57] oder sonstigen Verwaltungshandelns – sei es gerichtlich oder durch die Behörde – vermutet wird. Nach § 1045 Abs. 2 VÕS ist die Verursachung eines Schadens nicht rechtswidrig, wenn dies gesetzlich gerechtfertigt ist oder der Geschädigte eingewilligt hat. Das Einverständnis des Geschädigten ist aber dann unschädlich, wenn es rechts- oder sittenwidrig ist. Weitere Gründe, die laut Deliktsrecht die Rechtswidrigkeit ausschließen, sind Notwehr und Nothilfe sowie ein Selbsthilferecht des Schädigers.

III. Schutzgutbezogenheit

Der allgemeine Staatshaftungsanspruch des § 7 Abs. 1 RVastS knüpft im Gegensatz zum deliktischen Anspruch aus § 1045 Abs. 1 VÕS, der das Leben, den Körper, die Gesundheit, die Freiheit, die persönlichen Rechte, das Eigentum und vergleichbare Rechte sowie den Besitz sowie die Wirtschafts- und Berufsfreiheit als geschützte Rechtsgüter bezeichnet, nicht an die Verletzung eines bestimmten Schutzguts an. Etwas anderes gilt, wenn die Entschädigung eines immateriellen Schadens begehrt wird. Der Katalog der Rechtsgüter, bei deren Beeinträchtigung auch immaterielle Schäden entschädigt werden, ist im Vergleich zur Regelung des § 1045 Abs. 1 VÕS enger.[58] Eine (Geld-)Entschädigung kann laut § 9 Abs. 1 RVastS im Fall der Würdeverletzung, der Beeinträchtigung der Gesundheit, des Entzugs der Freiheit oder der Beeinträchtigung der Unversehrtheit des Heims oder des Familienlebens, der Geheimhaltung des Wortes, der Ehre oder des guten Namens, nicht aber bei Verletzung von Vermögensrechten verlangt werden. Ist das Opfer verstorben, kommen auch die Hinterbliebenen als Anspruchsinhaber in Betracht; der Umfang der Entschädigung richtet sich nach den allgemeinen Bestimmungen des Zivilrechts (§ 10 Abs. 1 RVastS).

55 Ausdrücklich zur Anwendung dieser Regelungen auch auf den Staatshaftungsanspruch: VwKoll des StGH, Urteil Az. 3-3-1-2-10 vom 11.3.2010, Rn. 21.

56 VwKoll des StGH, Urteil Az. 3-3-1-13-06 vom 4.4.2006; VwKoll des StGH, Urteil Az. 3-3-1-2-10 vom 11.3.2010 zum Anspruch auf rückwirkende Neufestsetzung einer Rente.

57 Ein Verwaltungsakt ist gemäß § 54 HMS nur rechtmäßig, wenn er vom zuständigen Verwaltungsorgan aufgrund im Erlasszeitpunkt wirksamen Rechts erlassen wurde, verhältnismäßig und ermessensfehlerfrei ist sowie den Formanforderungen entspricht.

58 *Vutt*, Kahju hüvitamist reguleerivate normide kohaldamine haldusasjades. Riigikohtu halduskollegiumi praktika põhjal (Die Anwendung der Normen, die Schadensersatz regeln, in Verwaltungssachen aufgrund der Praxis des Verwaltungskollegiums des Staatsgerichtshofs), Analyse vom 10.12.2007, S. 3; veröffentlicht auf der Internetseite des Gerichts (www.nc.ee, zuletzt abgerufen am 16.4.2012).

IV. Zurechnung

Ersatzverpflichtet ist gemäß § 12 Abs. 1 RVastS der Hoheitsträger, durch dessen Tätigkeit der Schaden verursacht wurde. Diesem werden grundsätzlich nicht nur die Handlungen der nach dem *Avaliku Teenistuse Seadus* (Gesetz über den öffentlichen Dienst, abgekürzt: ATS)[59] in eine Planstelle berufenen oder gewählten Beamten (*ametnik*), sondern – mit Ausnahme von Notaren, Gerichtsvollziehern und beeideten Übersetzern – die Handlungen aller Personen, denen Hoheitsbefugnisse übertragen wurden und die damit zu den Amtspersonen (*ametiisik*) im Sinne des Staatshaftungsrechts zählen, zugerechnet, sofern das Verhalten nicht dem Privatrecht zugeordnet wird.[60] Ob es sich um ein Dienstverhältnis handelt oder ob die Hoheitsbefugnisse durch Vertrag, Weisung oder auf sonstige Weise übertragen wurden, ist ausdrücklich unbeachtlich (§ 12 Abs. 2 RVastS); es haftet – je nachdem, wer die Hoheitsrechte übertragen hat – der Staat, die Kommune oder die sonstige Person des öffentlichen Rechts.

V. Kausalität

Wie der deliktische Schadensersatzanspruch, setzt auch der Staatshaftungsanspruch voraus, dass der geltend gemachte Schaden kausal durch das schadensverursachende Verhalten verursacht wurde. Die Gerichte gehen von der *conditio sine qua non-Formel* aus und untersuchen im Fall der Pflichtverletzung, ob der Schaden bei rechtmäßigem positiven Tun oder ohne rechtswidriges Unterlassen ebenfalls entstanden wäre.[61] Im Umkehrschluss zu § 127 VÕS ist zur Bejahung des Kausalzusammenhangs (*põhjuslik seos*) weiter erforderlich, dass der Schaden adäquat, nicht unvorhersehbar oder zu entfernt sowie vom Schutzzweck der Norm gedeckt ist.[62] Das Verwaltungskollegium des Staatsgerichtshofs stellt darauf ab, ob der Schaden unmittelbar eingetreten ist und unvermeidbar war. Verneint wurde der Kausalzusammenhang zwischen einem rechtswidrigen Verwaltungsakt und den im behördlichen Anfechtungsverfahren entstandenen Rechtsverfolgungskosten, die gesetzlich nicht geregelt sind. Da der Geschädigte zwischen der behördlichen und der gerichtlichen Geltendmachung seines Schadensersatzanspruchs wählen könne, seien die Kosten eines Rechtsbeistands im behördlichen Widerspruchsverfahren vermeidbar gewesen und mithin die Kausalität zu verneinen.[63]

Im Fall einer rechtswidrigen Ermessensentscheidung wird der Kausalzusammenhang verneint, wenn der Schaden auch bei ermessensfehlerfreier Verwaltungsentscheidung eingetreten wäre. Ist die Verweigerung einer Bauerlaubnis oder die Suspendierung einer Gewerbeerlaubnis rechtswidrig, ist der infolgedessen erlittene Vermögensschaden, durch den rechtswidrigen Verwaltungsakt adäquat kausal verursacht worden, solange die Behörde nicht nachweist, dass der

59 Siehe § 7 ATS vom 13.6.2012, RT I 6.7.2012, 1, in Kraft 1.4.2013.

60 Zur Abgrenzung siehe B.I.1.

61 *Pilving*, in: Truuväli u.a., Art. 25 Rn. 2.1.4.; *Kanger*, Analyse der Gerichtspraxis, Rn. 4.2.2. Künftig soll der Nachweis, dass der Schaden auch bei pflichtgemäßem Verhalten eingetreten wäre, nicht mehr zum automatischen Ausschluss des Anspruchs führen, sondern – ggf. mindernd – bei der Feststellung des Schadensumfangs Berücksichtigung finden, um den Vorgaben des Art. 25 PS zu genügen, Gesetzesvorlage 7 SE II-1 (Fn. 11), Regierungsbegründung zu § 14, S. 11.

62 *Pilving*, Juridica 2002, 702 (704).

63 Zudem widerspreche die Erstattung derartiger Kosten dem Sinn des Widerspruchsverfahrens, das gerade dazu bestimmt sei, einfach, schnell und kostengünstig Abhilfe zu schaffen, VwKoll des StGH, Urteil Az. 3-3-1-93-04 vom 16.3.2005, Rn. 12–14.

Schaden auch bei ermessensfehlerfreier Entscheidung eingetreten wäre.[64] Eine Ermessensreduzierung auf Null ist ausdrücklich nicht erforderlich. Auch wird die Kausalität nicht dadurch unterbrochen, dass für die Inbetriebnahme des Bauvorhabens nach der Errichtung noch ein weiterer Verwaltungsakt erforderlich ist.[65]

VI. Relevanz von Verschulden

Der allgemeine Staatshaftungsanspruch besteht grundsätzlich unabhängig vom Verschulden der handelnden Amtsperson. Für den Ersatz des entgangenen Gewinns gilt dies indes nicht; dieser setzt, wie auch die Entschädigung für erlittene immaterielle Schäden, Verschulden des handelnden Amtsträgers voraus (§ 9 Abs. 1, § 13 Abs. 2 RVastS). Eine Ausnahme von der Ausnahme gilt im Fall grundlosen Freiheitsentzugs; hier haftet der Staat wiederum grundsätzlich unabhängig vom Verschulden des handelnden Amtsträgers. Verschuldensunabhängig ist die Haftung des Staates seit November 2006, wenn der EGMR einen Verstoß eines Hoheitsträgers gegen die Europäische Menschenrechtskonvention oder eines ihrer Zusatzprotokolle festgestellt hat.[66] Künftig soll diese Regel generell im Fall einer Beeinträchtigung des Rechts auf Leben, der Folter oder einer erniedrigenden Behandlung oder Strafe gelten, womit eine Verurteilung in Straßburg nicht mehr notwendig ist.

Des Weiteren können Notare, Gerichtsvollzieher und beeidete Übersetzer allein für eine schuldhafte Amtspflichtverletzung haftbar gemacht werden. Diese Personen sind außerhalb der Verwaltung stehende Hoheitsträger; sie üben ihr Amt im eigenen Namen aus und sind weisungsunabhängig. Notare und Gerichtsvollzieher sind verpflichtet, eine Amtshaftpflichtversicherung mit einer Deckungssumme von EEK 1 Mio. (Estnische Kronen) pro Versicherungsfall und EEK 3 Mio. pro Versicherungsjahr abzuschließen;[67] für andere Hoheitsträger besteht hingegen keine Verpflichtung, Staatshaftungsansprüche durch eine Versicherung abzudecken.

Verschulden setzt schließlich auch der Regressanspruch des Staates oder der Kommune gegen den handelnden Amtsträger voraus, der durch sein Verhalten die Haftung des Staates ausgelöst hat (§ 19 Abs. 3 RVastS).

Schuldformen sind einfache Fahrlässigkeit, grobe Fahrlässigkeit und Vorsatz. Fahrlässig handelt, wer die im Verkehr erforderliche Sorgfalt außer Acht lässt (§ 104 VÕS). Die Haftung für rechtswidrig und vorsätzlich verursachte Schäden kann weder ausgeschlossen noch beschränkt werden; derartige Vereinbarungen sind nichtig (§ 1051 VÕS).

VII. Haftung ohne Normverstoß

Eine Entschädigung für rechtmäßige Eingriffe stellt die (1.) Enteignungsentschädigung dar, die nicht nur das Eigentum, sondern auch andere geschützte Vermögenswerte des Bürgers umfasst. Darüber hinaus ist eine (2.) Entschädigung für sonstige Eingriffe in Grundrechte und Grundfreiheiten vorgesehen, die mit dem deutschen Aufopferungsanspruch vergleichbar ist. Bei schwer-

64 So das ZivilKollegium (ZKoll) des StGH zum früheren deliktischen Schadensersatzanspruch, Urteil Az. 3-3-1-77-04 vom 10.3.2005, wonach zwar nicht die mangelnde Begründung, aber die wegen des Verstoßes gegen den Verhältnismäßigkeitsgrundsatz ermessensfehlerhafte Suspendierung der Gewerbeerlaubnis und das Gewerbeverbot als kausal für den hierdurch bedingten entgangenen Gewinn angesehen wurden.

65 VwKoll des StGH, Urteil Az. 3-3-1-13-06 vom 4.4.2006.

66 § 9 Abs. 3 RVastS in der Fassung vom 11.10.2006 (RT I 2006, Nr. 48, Pos. 360); in Kraft 18.11.2006.

67 §§ 14, 15 NotS; §§ 9, 10 KTS.

wiegenden Beeinträchtigungen immaterieller Rechtsgüter wird betroffenen Privatpersonen ein Anspruch auf eine angemessene Entschädigung eingeräumt.

1. Die Enteignung

Enteignung (*sundvõõrandamine*) ist die Veräußerung einer unbeweglichen Sache ohne Zustimmung des Eigentümers im Allgemeininteresse gegen eine gerechte und sofortige Entschädigung (§ 2 Abs. 1 KASVS). Dem Entzug des Eigentums wird der Entzug der anderen beschränkten Sachenrechte – Dienstbarkeiten, Reallast, Baurecht, Vorkaufsrecht – gleichgesetzt, der ebenfalls gemäß Immobilienenteignungsgesetz zu entschädigen ist. Wird infolge der Enteignung einer Immobilie ein Pacht- oder Mietvertrag beendet, kann auch der hierdurch betroffene Pächter oder Mieter einen Entschädigungsanspruch geltend machen.

Die zulässigen Enteignungszwecke sind in einem umfangreichen, nicht abschließenden Katalog aufgelistet. Kann dieser Zweck auch auf andere Weise erreicht werden, ist die Enteignung nicht gestattet. Als milderes Mittel ist die Zwangsverwaltung (*sundvaldus*) durch Belastung einer Immobilie mit einem beschränkten Sachenrecht vorgesehen, wofür die Enteignungsbestimmungen analog gelten. Kann eine Immobilie infolge öffentlich-rechtlicher Beschränkungen nicht mehr bestimmungsgemäß genutzt werden, kann der Eigentümer die Enteignung verlangen. Spezielle Regelungen, die ebenfalls den Erwerb der Immobilie durch die öffentliche Hand vorsehen, wenn die bisherige Nutzung nicht mehr möglich oder erheblich beschränkt wird, enthält das *Looduskaitseseadus* (Naturschutzgesetz);[68] das *Planeerimisseadus* (Planungsgesetz)[69] verweist hingegen inzwischen auf das Zwangsenteignungsgesetz.

Vor Einleitung des Enteignungsverfahrens ist dem Eigentümer stets ein Kaufangebot zu machen, bei dem der gebotene Kaufpreis – wie auch die spätere Enteignungsentschädigung – zumindest dem gewöhnlichen Wert der Immobilie zu entsprechen hat. Die Enteignung kann nur zugunsten einer staatlichen oder kommunalen Behörde erfolgen. Zur Erfüllung des Enteignungszwecks kann die Immobilie anschließend aber weiter auf einen Dritten übertragen werden. In diesem Fall besteht das ansonsten im Veräußerungsfall bestehende Vorkaufsrecht des Enteigneten nicht. Über die Enteignung entscheidet vorbehaltlich einer abweichenden gesetzlichen Regelung die Regierung. Darüber kann ein Vermerk im Grundbuch eingetragen werden, der ein Verfügungsverbot auslöst. Besondere Regeln gelten für die Enteignung zum Bau öffentlicher Straßen. Nach der Entscheidung über die Enteignung wird der Wert der Immobilie in einem speziellen Verfahren nach dem *Maa Hindamise Seadus* (Bodenbewertungsgesetz) festgelegt und die Entschädigungssumme bestimmt. Die Entschädigungssumme hat gemäß § 17 KASVS alle Schäden abzudecken, die der Betroffene infolge der Enteignung zu tragen hat und umfasst nicht nur den Wert der Immobilie im Zeitpunkt des Enteignungsbeschlusses, sondern darüber hinaus grundsätzlich Zubehör und Früchte.

Die Enteignungsentschädigung soll möglichst einvernehmlich bestimmt werden. Scheitert dieses Einigungsverfahren, entscheidet die zuständige staatliche oder kommunale Behörde durch Beschluss. Mit der Eintragung im Grundbuch, die den Nachweis der Zahlung der Entschädigungssumme entweder durch Leistung an den Enteigneten oder Hinterlegung beim Gerichtsvollzieher voraussetzt, geht das Eigentum auf den Erwerber über.

Für sonstige Eigentumsbeschränkungen gilt mangels spezialgesetzlicher Ermächtigungsgrundlage die allgemeine Regelung des § 16 RVastS.[70]

---

68 Vom 21.4.2004 (RT T 2004, Nr. 38, Pos. 258) i.d.F. vom 23.1.2013 (RT I, 14.2.2013, 2), § 20.

69 Vom 13.11.2002 (RT I 2002, Nr. 99, Pos. 579) i.d.F. vom 23.1.2013 (RT I14.2.2013, 2), §§ 30, 31.

70 Einen ausdrücklichen Verweis auf das Staatshaftungsgesetz hinsichtlich der Entschädigung für durch die vorgesehenen Beschränkungen verursachte Schäden enthält § 8 Abs. 1[1] *Riigikaitseliste sundkoormiste Seadus* (Gesetz

2. Die Beeinträchtigung sonstiger Rechtsgüter

Nach der allgemeinen Regelung des Art. 16 RVastS ist ein durch einen rechtmäßigen Verwaltungsakt oder sonstiges rechtmäßiges Verwaltungshandeln verursachter Schaden zu entschädigen, wenn hierdurch Grundrechte oder Grundfreiheiten beeinträchtigt werden und diese Beeinträchtigung außergewöhnlich (*erakordselt*) ist. Mangels Konkretisierung und gerichtlicher Grundsatzentscheidung ist es jedem Richter im Einzelfall überlassen zu entscheiden, ob er einen Schaden als außergewöhnlich ansieht oder nicht. Steht der Grundrechtseingriff fest und bewertet der Richter die Beeinträchtigung als außergewöhnlich, steht die gewährte Geldentschädigung in seinem Ermessen. Er entscheidet nach Billigkeit, denn die vom Betroffenen infolge des Grundrechtseingriffs erlittenen Nachteile sind nicht unbedingt voll, sondern „*in gerechtem Umfang*" (*õiglases ulatuses*) zu entschädigen. Zu berücksichtigen bei der Festsetzung der Höhe der Entschädigung sind neben sonstigen Umständen ein etwaiger Nutzen der Allgemeinheit aus der Beeinträchtigung sowie die Schwere und die Vorhersehbarkeit der Beinträchtigung.[71]

Eine spezielle Regelung, die die Haftung des Staatshaftungsgesetzes ausschließt,[72] enthält das Haftentschädigungsgesetz für den Fall eines grundlosen Freiheitsentzugs. Einen Haftentschädigungsanspruch hat hiernach, wer

- aufgrund gerichtlicher Anordnung inhaftiert war, sofern das Verfahren eingestellt oder der Betreffende freigesprochen wurde,
- wegen einer Straftat inhaftiert und wegen Wegfall des Tatverdachts wieder entlassen wurde,
- aufgrund gerichtlicher Anordnung ohne Grund wegen einer im Strafgesetzbuch geregelten rechtswidrigen Tat in die Psychiatrie eingewiesen wurde, sofern die gerichtliche Anordnung aufgehoben wurde,
- inhaftiert war, sofern der anordnende Beschluss aufgehoben wurde, oder
- wem durch Beschluss einer zum Freiheitsentzug berechtigten Amtsperson ohne Grund oder ohne Disziplinar-, Ordnungswidrigkeiten- oder Strafverfahren, sofern dieses Verfahren obligatorisch war, die Freiheit entzogen wurde (§ 1 Abs. 1–7 AVVKHS).

Nach den geplanten Änderungen ist künftig unerheblich, ob die Haft vom Richter, Staatsanwalt oder einer Behörde im Strafprozess, im vorgerichtlichen Ermittlungs- oder einem Ordnungswidrigkeitenverfahren angeordnet wurde; die rechtswidrige Anordnung oder Aufrechterhaltung der Haft kann in allen Fällen grundsätzlich die Entschädigungspflicht auslösen (§§ 20, 21). Entschädigungspflichtig sind des Weiteren nicht mehr allein Freiheitsentzug und Haft, sondern alle Haupt- und Nebenstrafen sowie sonstige Maßnahmen der Einwirkung, wobei das Verbot, den Wohnort zu verlassen, die Suspendierung vom Dienst und die Beschlagnahme von Gegenstän-

---

über die Staatsschutz-Zwangslasten) vom 22.2.1995 (RT I 1995, Nr. 25, Pos. 352) i.d.F. vom 13.6.2012 (RT I 10.7.2012, 2). Spezielle Entschädigungsregelungen sind beispielsweise für Nutzungsbeschränkungen in § 38 Abs. 1 Teeseadus (Wegegesetz), § 23 *Metsaseadus* (Waldgesetz), für durch geschützte Tiere verursachte Schäden in § 61 Abs. 1 *Looduskaitseseadus* (Naturschutzgesetz) vorgesehen.

71 Plenum des StGH, Urteil Az. 3-3-1-15-10 vom 30.8.2011 (Anm. 66). Das Verwaltungsgericht Tallinn hatte dem Kläger im vorliegenden Verfahren, der nach Einstellung des strafrechtlichen Ermittlungsverfahrens eine Entschädigung wegen des infolge Suspendierung während der Ermittlungen entgangenen Lohns begehrte, 40.000 EEK der begehrten knapp 80.000 EEK zugesprochen – eine Entschädigung, die auch vom StGH für angemessen erachtet wurde, ebenda (Anm. 11, 66).

72 VwKoll des StGH, Urteil Az. 3-3-1-55-12 vom 25.3.2013. Allerdings gilt dies nach einer früheren Entscheidung nur, soweit hiernach ein Entschädigungsanspruch besteht. So ist ein gemäß AVVKHS nicht zu berücksichtigender entgangener Gewinn, bei Vorliegend der Voraussetzungen des § 16 I RVastS nach Maßgabe des Staatshaftungsgesetzes zu entschädigen, Plenum des StGH. Urtei Az. 3-3-1-69-09 vom 31.3.2011.

den ausdrücklich genannt werden (§ 21 Abs. 2). Laut Regierungsbegründung soll der Staat stets haften, wenn sich in einem späteren Stadium des Verfahrens oder in einem anderen Verfahren wie beispielsweise im Wiederaufnahmeverfahren herausstellt, dass die zunächst rechtmäßige Zwangsmaßnahme nicht gerechtfertigt (*õigustamatu*) war.[73] Nach Geltendmachung des Entschädigungsanspruchs gegenüber dem Finanzminister geht der Anspruch im Todesfall auf den Erben über (§ 7 Abs. 1 AVVKHS).

C. Haftungsfolgen

Die Haftungsfolgen sind teilweise im Staatshaftungsrecht, zum überwiegenden Teil aber im Zivilrecht und vor allem im Schuldrechtsgesetz geregelt.

I. Haftungssubjekte

Ersatzverpflichtet ist der Anstellungs- oder beauftragende Rechtsträger (§ 12 Abs. 1 RVastS). Sind mehrere Hoheitsträger ersatzverpflichtet, haften diese gesamtschuldnerisch gegenüber dem Geschädigten, der damit auch jeden einzelnen Schädiger in Anspruch nehmen kann (§ 12 Abs. 4 RVastS).[74] Der zahlende Gesamtschuldner kann im Innenverhältnis einen Ausgleich verlangen (§ 19 Abs. 1 RVastS). Nach den allgemeinen Regeln des Zivilrechts sind bei der Bestimmung der Haftungsanteile der Ersatzpflichtigen jeweils die Schwere des Verstoßes, der Grad der Rechtswidrigkeit des Verhaltens und der Grad des jeweils zu tragenden Schadensrisikos zugrundezulegen.

Von den Gerichten wird überwiegend die Anstellungs- oder beauftragende Behörde als richtiger Klagegegner angesehen; einzelne Gerichte haben aber auch die Passivlegitimation des Finanzministeriums in Vertretung des Staats bejaht. Ist Gegenstand des Entschädigungsanspruchs gerichtliches Handeln oder Unterlassen, ist das Justizministerium passivlegitimiert (§17 Abs. 1 RVastS). In der Praxis der Gerichte wird die Frage der Passivlegitimation großzügig gehandhabt. So ist es nach einer Entscheidung des Verwaltungskollegiums des Staatsgerichtshofs ausreichend, wenn der Geschädigte seine Klage, geht es um das Verhalten von Staatsbediensteten, gegen den Staat oder, ist das Verhalten der Amtsträger kommunaler Behörden Verfahrensgegenstand, gegen die Kommune richtet. Die Ermittlung der entschädigungspflichtigen staatlichen oder kommunalen Behörde sei dann Aufgabe des entscheidenden Gerichts.[75]

Notare, Gerichtsvollzieher und beeidete Übersetzer haften persönlich für schuldhaft in Ausübung ihrer Amtsgeschäfte verursachte Schäden. Um die Geschädigten bei mangelnder Leistungsfähigkeit der Amtsträger nicht schutzlos zu lassen, war zunächst nur eine obligatorische Haftpflichtversicherung[76] vorgesehen. Nach Kritik im Schrifttum[77] und Zweifeln an der Verein-

---

73 Regierungsbegründung zu § 20, S. 19 (Fn. 11).

74 So bejahte das Verwaltungsgericht Tallinn im Fall der rechtswidrigen Entlassung aus dem Dienst sowohl einen Staatshaftungsanspruch gegen die zentrale Kriminalpolizeibehörde, deren Ermittler die Entlassung angeordnet hatte, als auch gegen die zentrale Staatsanwaltschaft, da die Anordnung von einem Staatsanwalt abgesegnet worden sei, Urteil Az. 3-03-64 (alt 3-318/2004) vom 15.11.2004 laut *Kanger*, Analyse der Gerichtspraxis, 3.1., S. 12.

75 ZKoll des StGH, Urteil Az. 3-3-1-91-06 vom 1.11.2006; siehe *Kanger*, Analyse der Gerichtspraxis, S. 10.

76 § 15 NotS, § 10 KTS; die Versicherungspflicht wurde für beeidete Übersetzer unter Berücksichtigung ihrer wirtschaftlichen Verhältnisse als unangemessen angesehen und daher 2006 wieder abgeschafft. Gemäß § 521 VÕS kann der Geschädigte wahlweise den Versicherungsnehmer oder den Versicherer in Anspruch nehmen.

77 Siehe *Andresen*, Juridica 2006, 601–611.

barkeit des Ausschlusses der Staatshaftung mit der Gewähr des Art. 25 der Verfassung, wurde 2008 mit Wirkung zum 1.1.2009 für den Fall, dass der Schadensersatzanspruch gegen einen Notar, Gerichtsvollzieher oder Übersetzer oder andere Ersatzverpflichtete nicht durchgesetzt werden kann, die subsidiäre Haftung des Staates eingeführt.[78]

II. Individualansprüche

Staatshaftungsansprüche können von allen rechtsfähigen[79] natürlichen sowie – beschränkt auf Vermögensschäden – auch von juristischen Personen,[80] die einen Schaden erlitten haben, geltend gemacht werden. Dagegen können immaterielle Schäden nach dem Wortlaut des § 9 RVastS allein von natürlichen Personen geltend gemacht werden. Im rechtswissenschaftlichen Schrifttum wird der Ausschluss juristischer Personen im Hinblick auf § 25 der Verfassung teilweise für generell bedenklich erachtet; teils wird juristischen Personen zumindest im Fall rechtswidriger hoheitlicher Äußerungen der Folgenbeseitigungsanspruch gemäß § 11 Abs. 1 RVastG oder der Widerrufs- und Berichtigungsanspruch gemäß § 1047 Abs. 1 VÕS zugebilligt.[81] Im geplanten neuen Staatshaftungsgesetz ist eine Beschränkung auf natürliche Personen nicht mehr vorgesehen; die Rede ist allein von Personen.[82]

Beschränkungen für Ausländer bestehen nicht und wären mit der Verfassung schwerlich zu vereinbaren. Denn das Recht auf Ersatz des von beliebiger Seite rechtswidrig zugefügten immateriellen oder materiellen Schadens stellt kein Bürger-, sondern ein Menschenrecht dar (Art. 25 PS). Nach dem qualifizierten, für alle Grundrechte geltenden Vorbehalt des Art. 11 der Verfassung, darf dieses Grundrecht nur eingeschränkt werden, wenn die Beschränkung in einer demokratischen Gesellschaft notwendig ist und das Grundrecht in seinem Wesen nicht verändert wird.

Ist der Geschädigte infolge des haftungsauslösenden Verhaltens getötet oder verletzt worden, können Dritte nach den Regeln des Deliktsrechts einen Schadensersatzanspruch geltend machen (§ 10 RVastS).

III. Haftungsinhalt

Zu entschädigen sind materielle sowie, bei Verletzung der in § 9 Abs. 1 RVastS aufgelisteten Rechtsgüter, auch immaterielle Schäden. Maßgeblich für die Höhe des Schadens ist der Zeitpunkt der erstinstanzlichen Entscheidung. Erst während des Rechtsmittelverfahrens eingetretene Umstände, die eine abweichende Schadensberechnung rechtfertigen würden, sind unbeachtlich.[83]

---

78 Siehe § 14 Abs. 4 NotS, § 9 Abs. 4 KTS, § 10 Abs. 2 VTS.

79 Nicht von einem nicht rechtsfähigen Unternehmen, BezG Tallin, Urteil Az. 3-04-77 (alt 2-3/355/05) vom 31.10.2005, laut *Kanger*, Analyse der Gerichtspraxis, 3.1., S. 10.

80 *Kanger*, Analyse der Gerichtspraxis, S. 20, 21, die auf den Widerspruch zu Art. 25 der Verfassung hinweist.

81 Siehe *Kanger*, Analyse der Gerichtspraxis, S. 20, die darauf hinweist, dass juristischen Personen nicht nur in diesem Fall, sondern auch bei Verletzung anderer Rechtsgüter – z.B. Verletzung der Geheimheit des Wortes – ebenso geschädigt werden können wie natürliche Personen.

82 § 10 Abs. 1 der Vorlage 7 SE II-1, siehe hierzu die Regierungsbegründung (Fn. 11), S. 9–10.

83 VwKoll des StGH, Urteil Az. 3-3-1-23-10 vom 22.4.2010. Der Wert des Grundstücks war nach Behauptung der verklagten Stadtverwaltung Tallinn, die in erster Instanz wegen der rechtswidrig verweigerten Reprivatisierung eines Grundstücks zu einer Entschädigung des Klägers in Höhe des Marktpreises, d.h. des lokalen durchschnittlichen Kaufpreises, verurteilt worden war, während des Rechtsmittelverfahrens um die Hälfte gesunken.

1. Materielle Schäden

Vermögensschäden sind in Geld zu ersetzen (§ 8 Abs. 1 RVastS). Durch die Geldleistung ist grundsätzlich die Vermögenslage zu schaffen, in der sich der Geschädigte befunden hätte, wären seine Rechte nicht beeinträchtigt geworden.

Der *unmittelbare Vermögensschaden* umfasst gemäß § 128 Abs. 3 VÕS vor allem die Wertminderung, die durch den untergegangenen oder beschädigten Vermögenswert oder die Schädigung von Vermögenswerten eingetreten ist. Dies gilt auch dann, wenn dies erst in der Zukunft geschieht sowie für die im Zusammenhang mit der Schadensverursachung entstandenen oder künftig entstehenden angemessenen Aufwendungen u.a. zur Feststellung des Schadens und zur Geltendmachung des Schadensersatzanspruchs.[84] Zu Lasten des Geschädigten werden infolge des schädigenden Ereignisses erlangte Ersatzleistungen[85] und erzielte Vorteile, wozu auch ersparte Aufwendungen gehören, angerechnet, sofern dieser Abzug nicht im Widerspruch zum Zweck des Schadensersatzes steht (§ 127 Abs. 5 VÕS).

Als entgangener Gewinn[86] sind die Vorteile definiert, die der Geschädigte nach den Umständen und vor allem infolge seiner Vorbereitungen wahrscheinlich gezogen hätte, wenn das schadensverursachende Ereignis nicht eingetreten wäre, wobei der entgangene Gewinn auch im Verlust der Fähigkeit zur Gewinnerzielung bestehen kann (§ 128 Abs. 4 VÕS).[87] Ist der Umfang des Schadens im konkreten Fall nicht festzustellen, entscheidet das Gericht nach billigem Ermessen.[88]

Eine Regelung besteht im Fall ungerechtfertigter Haft. Danach ist allein der unmittelbare Vermögensschaden in voller Höhe zu ersetzen (§ 5 Abs. 4 AVVKHS). Die Entschädigung wegen des infolge der Haft entgangenen Gewinns sowie für immaterielle Schäden ist dagegen auf das Siebenfache des Tagessatzes, der ausgehend vom monatlichen Mindestlohn berechnet wird, für jeden Tag der Dauer des Freiheitsentzugs beschränkt. Dabei ist mangels konkretisierender Regelung des Gesetzgebers davon auszugehen, dass jeweils die Hälfte des hiernach errechneten Betrags auf die Entschädigung des entgangenen Gewinns und die Entschädigung des Nichtvermögensschadens entfällt. Stellt die hiernach zu leistende Entschädigung aber keinen angemessenen Ausgleich für die vom Betroffenen tatsächlich nicht erzielten Einkünfte dar, ist die Regelung des § 5 Abs. 4 AVVKHS insofern verfassungswidrig und der Entschädigungsanspruch unmittelbar auf die Verfassung zu stützen.[89] Die Regierung hat schon auf die Hinweise des Staatsgerichtshofs vor Abschluss des Verfahrens reagiert. In der geplanten Neuregelung wird nun an die durchschnittlichen legalen Einkünfte im Kalenderjahr vor der Schadensverursachung angeknüpft.[90] Auf eine Begrenzung der Höhe der Entschädigung bei hohen Einkünften soll aber auch künftig nicht verzichtet werden, denn maximal wird ein Betrag in Höhe des

---

84 Zum Ersatz des entgangenen Gewinns nach rechtswidriger Suspendierung einer Gewerbeerlaubnis: VwKoll des StGH, Urteil Az. 3-3-1-32-02 vom 17.6.202.

85 So ist die bei Ausschluss der Reprivatisierung einer Immobilie gezahlte gesetzlich vorgesehenen Entschädigung auch auf den Staatshaftungsanspruch anrechenbar, VwKoll des StGH, Urteil Az. 3-3-1-23-10 vom 22.4.2010 (Fn. 83).

86 Zum Nachweis von Verschulden bei der Geltendmachung des entgangenen Gewinns siehe B. VI.

87 Siehe hierzu ZKoll des StGH vom 19.10.1999 (Az. 3-2-1-90-99) und vom 12.4.2000 (Az. 3-2-1-14-00) zum früheren Recht (deliktische Haftung).

88 Plenum des StGH, Urteil Az. 3-3-1-13-06 vom 4.4.2006, Rn. 18, 19.

89 Plenum des StGH, Urteil Az. 3-3-1-69-09 vom 31.3.2011, in dem aber noch nicht endgültig entschieden wurde, da mangels Feststellung der Höhe des entgangenen Gewinns zurückgewiesen wurde.

90 Der für jeden Tag der Rechtsbeeinträchtigung zu zahlende Tagessatz wird ermittelt, indem dieses Jahreseinkommen durch 360 dividiert und zur Verzinsung mit dem Koeffizienten 1,06 multipliziert wird (§ 23 der Gesetzesvorlage 7 SE II-1, Fn. 11).

Vierfachen des durchschnittlichen Jahreslohns als Grundlage für die Berechnung des Tagessatzes zugelassen.[91] Zusätzlich zu dieser Leistung, die künftig ausdrücklich allein den entgangenen Gewinn abdeckt, ist – zumindest im Fall der Haft – eine pauschale Abgeltung immaterieller Schäden vorgesehen. Hier ist aber nicht der durchschnittliche Jahreslohn, sondern der erheblich niedrigere Mindestlohn als Berechnungsgrundlage des Tagessatzes heranzuziehen.[92]

Besondere Bestimmungen gelten ferner im Fall von Körperverletzung und Gesundheitsbeeinträchtigung. Hier sind die Heilungskosten, ein erhöhter Bedarf und, sofern der Geschädigte nicht hierdurch bedingt einen Anspruch auf eine Arbeitsunfähigkeitsrente erwirbt, der infolge der Arbeitsunfähigkeit entgangene Gewinn auszugleichen (§ 8 Abs. 2 RVastS). Bei dauerhafter Gesundheitsbeeinträchtigung sind quartalsweise periodische Geldleistungen vorgesehen. An diese Modaltäten sind die Gerichte aber nicht gebunden; unter Berücksichtigung des Schadens im konkreten Verfahren können abweichend einmalige Leistungen und andere Zahlungszeiträume festgesetzt werden (§ 8 Abs. 4 RVastS).

Im Todesfall sind nach dem Sachenrechtsgesetz durch den Tod bedingte Kosten wie insbesondere Beerdigungskosten, vorausgegangene Heilungskosten und Verdienstausfälle zu ersetzen. Unterhaltsberechtigte, zu denen auch das im Todeszeitpunkt ungeborene Kind gehört, haben einen Anspruch auf eine angemessene Geldentschädigung in Höhe des Unterhalts, den der Verstorbene dem Berechtigten voraussichtlich gezahlt hätte. Ohne rechtliche Pflicht vom Verstorbenen unterhaltene Personen haben bei gemeinsamem Haushalt und Bedürftigkeit einen Anspruch auf eine angemessene Entschädigung, wenn der Verstorbene voraussichtlich auch künftig gezahlt hätte (§ 129 VÕS).

Im Fall des Untergangs einer Sache sind die angemessenen Aufwendungen für den Erwerb einer gleichwertigen Sache zu erstatten; ggf. erfolgt ein angemessener Abzug vom Neuwert. Ist dies nicht möglich, ist der Sachwert zu ersetzen. Wurde die Sache beschädigt, besteht ein Anspruch auf Ersatz der Reparaturkosten und auf Ausgleich der Wertminderung. Ist dies in Anbetracht des Werts der Sache unangemessen, erfolgt ebenfalls ein Wertersatz (§ 132 VÕS). Besondere Regeln gelten für Umweltschäden (§ 133 VÕS).

2. Immaterielle Schäden

Immaterielle Schäden, worunter gemäß § 128 Abs. 5 VÕS vor allem physische und psychische Schmerzen sowie Leiden des Geschädigten fallen, werden nach dem Staatshaftungsgesetz nur im Fall der Beeinträchtigung eines der aufgelisteten Rechtsgüter entschädigt. Geschützte Rechtsgüter sind die Würde, die Gesundheit, die Bewegungsfreiheit, die Unverletzlichkeit des Heims und des Privatlebens, die Geheimheit des Wortes sowie die Ehre und der gute Namen. Im Gegensatz zum Deliktsrecht, das ausnahmsweise auch bei Beschädigung oder Untergang einer Sache einen Anspruch auf einen angemessenen Geldbetrag als Entschädigung des immateriellen Schadens vorsieht,[93] sind dann, wenn der haftungsbegründende Tatbestand des § 7 RVastS erfüllt ist, nach dem Wortlaut – nur – der unmittelbare Schaden und der entgangene Gewinn zu ersetzen (§ 7 Abs. 3 RVastS). Zwar gilt Deliktsrecht subsidiär (§ 7 Abs. 4 RVastS), insofern dürften aber § 7 Abs. 3 und § 9 RVastS die speziellere Regelung beinhalten.

91 § 23 Abs. 4 der Gesetzesvorlage 7 SE II-1 (Fn. 11).
92 § 24 der Gesetzesvorlage 7 SE II-1 (Fn. 11).
93 Voraussetzung ist, dass der Geschädigte über das Interesse des bloßen Gebrauchs ein besonderes Interesse an der Sache hat, und zwar primär aus persönlichen Gründen (§ 134 Abs. 4 VÕS).

Ist die Berechnung des Schadens nicht wie im Fall rechtswidriger Haft (siehe III.1.) spezialgesetzlich geregelt, wird die Höhe der Entschädigung vom Gericht nach Billigkeit festgelegt, denn ein immaterieller Schaden ist gemäß § 9 Abs. 3 RVastS angemessen im Verhältnis zur Schwere der Rechtsverletzung und unter Berücksichtigung von Form und Schwere des Verschuldens zu entschädigen; eine Entschädigung in voller Höhe ist damit nicht erforderlich.

In der Praxis verhalten sich die Gerichte auch bei Bejahung eines Schadens eher zurückhaltend. Sind die nachteiligen Folgen des rechtswidrigen Verwaltungshandelns „wenig intensiv" werden eine Geldentschädigung als unangemessen und die gerichtliche Feststellung der Rechtswidrigkeit des Verwaltungshandels als eine ausreichende Entschädigung angesehen. Als unangemessen wurde so eine Geldentschädigung im Fall der rechtswidrigen Durchsuchung eines Anwalts in einer Haftanstalt,[94] im Fall unrichtiger Äußerungen des Bildungsministers über eine Schule[95] oder im Fall eines rechtswidrigen Versammlungsverbots[96] erachtet, obwohl der Entschädigungsanspruch wegen der erniedrigenden Behandlungsweise und/oder der Verletzung der Ehre bejaht wurde.

Dagegen wurde beispielsweise die rechtswidrige Unterbringung eines Häftlings im „*Karzer*", und damit an einem Ort mit erschwerten Haftbedingungen, als ein wesentlicher Grundrechtseingriff qualifiziert und für 35 Tage, die ohne Rechtsgrundlage dort verbracht wurden, eine Entschädigung von EEK 3.000[97] als angemessen angesehen.[98]

IV. Haftungsbegrenzung und -ausschluss

Da nicht nur im Fall der Entschädigung immaterieller Schäden Billigkeitserwägungen zugelassen sind, kann das Gericht stets – wie auch beim deliktischen Schadensanspruch[99] – in Anbetracht der konkreten Umstände des Falles von einem vollen Ersatz absehen. Bei der Berechnung der Entschädigungssumme sind gemäß § 13 Abs. 1 RVastS unabhängig von der Anspruchsgrundlage stets die Unvorhersehbarkeit, objektive Hindernisse der Schadensabwehr, die Schwere des Rechtsverstoßes, die Mitwirkung des Geschädigten an der Entstehung des Schadens sowie sonstige Umstände zu berücksichtigen, infolge derer ein Ersatz in voller Höhe ungerecht wäre. Im Fall der Entschädigung wegen eines rechtmäßigen belastenden Verwaltungshandelns sollen nicht nur die Schwere des Eingriffs, sondern auch die Vorteile, die der Hoheitsträger oder die Allgemeinheit infolge des Eingriffs erzielt haben, in die Abwägung einbezogen werden.

Ausgeschlossen wird der Entschädigungsanspruch durch § 7 RVastS, wenn der Schaden nicht hätte verhindert werden können oder der Geschädigte es versäumt hat, den Schaden durch Geltendmachung der in den §§ 3, 4, 6 RVastS vorgesehenen Primäransprüche abzuwehren oder wiedergutzumachen.[100] Unschädlich ist die mangelnde Geltendmachung, wenn der Schaden

94 VwKoll des StGH, Urteil Az. 3-3-1-30-05 vom 10.6.2005.
95 VwKoll des StGH, Urteil Az. 3-3-1-44-06 vom 5.10.2006.
96 VwKoll des StGH, Urteil Az. 3-3-1-80-09 vom 11.12.2009.
97 Etwa € 192,– im Urteilszeitpunkt.
98 VwKoll, Urteil Az. 3-3-1-14-06 vom 28.3.2006; ebenso VwKoll, Urteil Az. 3-3-1-2-06 vom 22.3.2006.
99 Auch der Zivilrichter kann Abzüge vornehmen, wenn voller Schadensersatz für den Verpflichteten äußerst ungerecht oder vernünftigerweise unannehmbar wäre. Der Umfang des Ersatzes ist hiernach unter Berücksichtigung sämtlicher Umstände, insbes. des Charakters der Haftung, der gegenseitigen Beziehungen der Parteien und ihrer Wirtschaftslage einschließlich der Existenz einer Versicherung, festzulegen (§ 140 Abs. 1 VÕS).
100 *Andresen*, Juridica 2006, Nr. 3, S. 159 ff.

auch in diesem Fall – beispielsweise bei Anfechtung und Aufhebung des rechtswidrigen Verwaltungsakts – nicht entfallen wäre[101] oder der Geschädigte einen gewichtigen Grund vorweisen kann, der die Nichtgeltendmachung der Primäransprüche rechtfertigt.[102]

Ausgeschlossen oder gemindert wird die Entschädigungsleistung, wenn der Geschädigte an der Entstehung des Schadens mitgewirkt hat. Dies gilt nach dem Staatshaftungsgesetz für den Anspruch aus § 16 RVastS auf Entschädigung wegen eines belastenden rechtmäßigen Verwaltungshandelns dann, wenn der Geschädigte die Beeinträchtigung seines Grundrechts selbst verursacht hat, der Grundrechtseingriff in seinem Interesse geschehen ist, eine besondere Behandlung (*eriline kohtlemine*) des Geschädigten gesetzlich vorgesehen ist, der Geschädigte auf andere Weise Ersatz erlangen kann oder die Entschädigung spezialgesetzlich geregelt ist (§ 16 Abs. 2 RVastS). Das Haftentschädigungsgesetz schließt im Fall unbegründeter Haft den Entschädigungsanspruch aus, wenn der Anspruchsinhaber durch Selbstbezichtigung oder in sonstiger Weise vorsätzlich oder grob fahrlässig zu seiner Inhaftierung beigetragen hat, er sich dem Verfahren entzogen hat oder die Verfahrenseinstellung nicht wegen Wegfall des Tatverdachts erfolgt ist, sondern lediglich aus bestimmten Gründen von der Strafverfolgung abgesehen wurde.[103]

Nach der auch im Staatshaftungsrecht geltenden allgemeinen Regel des Schuldrechtsgesetzes (§ 139 VÕS) ist mitwirkendes Verschulden – im Fall von Tod, Gesundheitsbeeinträchtigung oder Körperverletzung allerdings nur bei Vorsatz oder grober Fahrlässigkeit[104] – stets zu berücksichtigen. Wurde der Schaden durch einen Umstand verursacht, der vom Geschädigten herrührt, oder ist der Schaden Folge einer Gefahr, für die der Geschädigte haftet, ist die Entschädigung entsprechend herabzusetzen.

D. Geltendmachung von Haftungsansprüchen

Zur Geltendmachung seines Entschädigungsanspruchs kann sich der Geschädigte grundsätzlich nach seiner Wahl an die haftende Behörde wenden, die dann innerhalb von zwei Monaten ab Antragseingang über die begehrte Entschädigung zu entscheiden hat, oder an das Gericht (§ 17 Abs. 1 RVastS). Für gerichtliche Fehler sieht das Staatshaftungsgesetz eine Ausnahme vor. Der Anspruch ist gegenüber dem Justizminister geltend zu machen, der hierüber ebenfalls innerhalb von zwei Monaten ab Zugang zu befinden hat. Auch das *Vangistusseadus* (Haftgesetz) schreibt ein Vorverfahren obligatorisch vor. Nach § 1[1] Abs. 8 Haftgesetz müssen alle Ansprüche, die Verwaltungsakte und Schäden aufgrund eines Gefängnisaufenthalts betreffen, zunächst gegenüber dem Justizminister geltend gemacht werden. Die Haftentschädigung ist innerhalb einer Frist von sechs Monaten beim Finanzminister zu beantragen; erst nach Ablehnung oder im Fall der Untätigkeit kann Klage vor Gericht eingereicht werden (§ 4 AVVKHS).[105]

---

101 VwKoll des StGH, Urteil Az. 3-3-1-11-02 vom 19.3.2002, Rn. 16.

102 VwKoll, Urteil Az. 3-3-1-8-04 vom 11.3.2004, Rn. 12; so auch die Neuregelung (Fn. 11).

103 Einstellung gemäß § 201 Abs. 2 (Minderjährigkeit) oder §§ 202–205 (z.B. mangelndes öffentliches Interesse, geringe Schuld, Unzweckmäßigkeit der Strafe etc.) *Kriminaalmenetluse Seadustik* (Strafverfahrensgesetzbuch, abgekürzt: KMS).

104 Ist der Schaden durch eine Versicherung abgedeckt, gilt die Beschränkung des § 139 Abs. 3 VÕS nicht.

105 Mangelnde Rechts- und Sprachkenntnisse rechtfertigen keine Wiedereinsetzung bei Fristverletzung, VwKoll des StGH, Urteil Az. 3-3-1-71-09 vom 16.12.2009.

I. Rechtsweg

Staatshaftungsklagen fallen in die Zuständigkeit der beiden *halduskohus* (Verwaltungsgerichte)[106] und sind, sofern ein Vorverfahren durchgeführt wurde, innerhalb der allgemeinen Klagefrist von 30 Tagen ab Bekanntmachung der Entscheidung oder Untätigkeit der haftenden Behörde innerhalb der gesetzlich festgelegten Frist zu erheben (§ 18 RVastS, § 9 Abs. 1 HKMS). Wurde kein Vorverfahren durchgeführt und war dies auch nicht obligatorisch, gilt für die Klage eine Verjährungsfrist von drei bzw. zehn Jahren (siehe D.III.). Wird Schadensersatz von einem Notar, Gerichtsvollzieher oder beeideten Übersetzer wegen einer rechtswidrigen und schuldhaften Amtshandlung begehrt, muss sich der Betroffene dagegen an ein allgemeines Gericht – das *maakohus* (Landgericht) – wenden.[107] Örtlich zuständig ist das Verwaltungsgericht am Sitz des verklagten Hoheitsträgers, dessen Verhalten Gegenstand der Klage ist; bei den allgemeinen Gerichten hat der Kläger die Wahl zwischen dem für die Behörde oder dem für seinen Wohnsitz zuständigen Gericht.[108] Die Klage beim Verwaltungsgericht kann auch über das Landgericht eingereicht werden (§ 9^1 HKMS).

Wer aus wirtschaftlichen Gründen die Prozesskosten nicht tragen kann, kann auf Antrag von Gerichtskosten und Kaution ganz oder teilweise freigestellt werden und auch darüber hinaus Prozesskostenhilfe erhalten. Insofern gelten vor dem Verwaltungsgericht die Regeln des Zivilprozesses. Erfolg hat der Antrag auf Prozesskostenhilfe nur, wenn der Kläger leistungsunfähig ist und die (Haupt-)Klage voraussichtlich erfolgreich sein wird.[109] Vorläufiger Rechtsschutz wird auf Antrag gewährt, wenn anderenfalls die Vollstreckung des Urteils erschwert oder unmöglich wäre.[110]

In den höheren Instanzen – beim *ringkonnakohus* (Bezirksgericht) Tallinn oder Tartu sowie beim *riigikohus* (Staatsgerichtshof) – sind Verwaltungs- und Zivilgerichtsbarkeit wieder in einem Gericht vereint; es entscheiden spezielle Spruchkörper für Verwaltungs- bzw. Zivilsachen. Die *appellatsioon* (Berufung) beim Bezirksgericht und die *kassatsioon* (Revision) wegen eines Verstoßes gegen materielles Recht oder eines erheblichen Verfahrensverstoßes sind ebenfalls grundsätzlich innerhalb von 30 Tagen ab Bekanntmachung oder Zustellung des Urteils einzulegen. Die Bekanntmachung der Entscheidung erfolgt durch Verkündung am Ende der Verhandlung oder – grundsätzlich innerhalb von 20, ausnahmsweise innerhalb von 40 Tagen nach der Verhandlung – durch Bekanntmachung seitens der Kanzlei des Gerichts. Ist in den Entscheidungsgründen des Verwaltungs- oder Landgerichts oder des Bezirksgerichts jedoch festgestellt worden, dass eine entscheidungsrelevante Norm wegen Unvereinbarkeit mit der Verfassung nicht angewandt wurde, läuft die Frist erst ab Entscheidung des Verfassungsaufsichtskollegiums des Staatsgerichtshofs über die Vereinbarkeit der Norm mit der Verfassung.[111]

---

106 Die Verwaltungsgerichte Tallinn und Tartu, die jeweils über zwei Dienststellen verfügen (Tallinn und Pärnu bzw. Tartu und Jõhvi).

107 Die vier Landgerichte Harju, Viru, Tartu und Pärnu haben jeweils 3–6 Dienststellen. Zwar hat der Staatsgerichtshof in seiner Entscheidung Az. 3-2-4-1-05 vom 20.4.2005 die Zuständigkeit der Verwaltungsgerichte für Haftungsklagen gegen Notare angenommen, da diese ein öffentliches Amt wahrnehmen und mithin mit diesem Amt im Zusammenhang stehende Schadensersatzklagen in die Zuständigkeit der Verwaltungsgerichte fielen. Weniger als zwei Monate später wurden diese Klagen jedoch vom Gesetzgeber – wieder – in die Zuständigkeit der Zivilgerichte verwiesen, § 14 Abs. 1 NotS i.d.F. vom 15.6.2005 (RT I 2005, Nr. 39, Pos. 308).

108 § 8 HKMS; § 79 TsMS (zur Abkürzung vgl. Fn. 24); Personen in Gefängnis- oder Polizeihaft müssen bei dem für die Haftanstalt zuständigen Verwaltungsgericht klagen.

109 §§ 91, 94 HKMS, §§ 180 ff. TsMS.

110 § 12^1 Abs. 2 HKMS.

111 § 31 HKMS, § 632 Abs. 2 TsMS.

II. Beweisfragen

Im Verwaltungsprozess hat der Kläger grundsätzlich wie vor dem Zivilgericht (§ 91 Abs. 1 TsMS) die Tatsachen zu beweisen, auf die er sein Begehren stützt (§ 15 Abs. 3 RVastS). Im Hinblick auf die Beweiserhebung sowie die zulässigen Beweismittel gelten die Bestimmungen des Zivilprozessgesetzbuchs.

Beim Staatshaftungsanspruch aus § 7 Abs. 1 RVastS sind vom Kläger die Entstehung eines Schadens in einem öffentlich-rechtlichen Verhältnis und der Kausalzusammenhang zwischen dem Schaden und dem schadensbegründenden Verhalten nachzuweisen.[112] Die Rechtswidrigkeit des schadensverursachenden Verhaltens des handelnden Amtsträgers sowie das Vorliegen von Verschulden, sofern der Kläger eine Entschädigung für einen immateriellen Schaden oder entgangenen Gewinn begehrt, werden vermutet. Der Schädiger wird entlastet, wenn der Schaden auch bei rechtmäßigem Verhalten eingetreten wäre. Letzteres gilt auch im Fall von Ermessensentscheidungen. Ist ein Schaden durch einen ermessensfehlerhaften Verwaltungsakt verursacht worden, hat die Behörde nachzuweisen, dass der Schaden auch bei ermessensfehlerfreiem Verwaltungsakt eingetreten wäre.[113] Beim Verschulden setzt die Entlastung den Nachweis voraus, dass die erforderliche Sorgfalt beachtet wurde (§ 16 RVastS).

Kann der Kläger einen Beweis nicht erbringen, ist die Sache für ihn jedoch noch nicht unbedingt aussichtslos. In einem derartigen Fall hat er laut § 15 Abs. 3 HKMS mitzuteilen, warum dies nicht geschehen kann und wo Beweismittel zu finden sind. Der Verwaltungsrichter ist dann anders als der Zivilrichter verpflichtet, zur Vorlage von Beweismitteln aufzufordern und ggf. selbst zu ermitteln (§ 16 Abs. 2 HKMS). Nach der Rechtsprechung des Verwaltungskollegiums des Staatsgerichtshofs verpflichtet der im Verwaltungsprozess geltende Untersuchungsgrundsatz den Richter, alle Umstände von Bedeutung aufzuklären und notfalls auch Beweismittel von Amts wegen zu suchen.[114] Je schwächer eine Partei sei, umso aktiver müsse der Richter sein. Allerdings werde der Beweispflichtige hierdurch nicht von seiner Pflicht entbunden, die wesentlichen Umstände vorzutragen und die maßgeblichen Beweise vorzulegen.[115]

Hat der sich in Haft befindliche Kläger nur begrenzt die Möglichkeit, Beweismittel zu sammeln, hat das Gericht die – auf Entschädigung wegen menschenunwürdiger Haftbedingungen verklagte – Polizeibehörde zur Vorlage von Beweisen aufzufordern; geschieht dies nicht, leidet das Verfahren an einem wesentlichen Verfahrensfehler.[116] Ist es mit vertretbaren Anstrengungen nicht möglich, Beweis über eine im konkreten Verfahren maßgebliche Tatsache zu erheben, so kann das Gericht auch aus sonstigen Umständen auf die Glaubwürdigkeit des Klägers und die Richtigkeit seiner Aussage schließen.[117]

---

112 Siehe *Kanger*, Analyse der Gerichtspraxis, 4.2., S. 13.

113 VwKoll des StGH, Urteil Az. 3-3-1-77-04 vom 10.3.2005, Rn. 16–18; VwKoll des StGH, Urteil Az. 3-3-1-14-10 vom 21.4.2010, Rn. 10.

114 Ausdrücklich geregelt ist die Geltung des Untersuchungsgrundsatzes im Verwaltungsverfahrensgesetz (§ 6 HMS).

115 VwKoll des StGH, Urteil Az. 3-3-1-49-01 vom 30.10.2001. Allein die Behauptung, durch die Verhinderung der Zustellung eines Briefes an den Europäischen Gerichtshof für Menschenrechte im Gefängnis habe der Kläger physische und psychische Schäden erlitten, ist als Schadensnachweis nicht ausreichend; der Antrag auf Prozesskostenhilfe für eine Entschädigungsklage, da der Kläger die Entschuldigung der Gefängnisleitung für unzureichend erachtete, wurde in drei Instanzen wegen offensichtlich mangelnder Erfolgsaussichten zurückgewiesen, VwKoll des StGH, *Kohtumäärus* (Beschluss) Az. 3-3-1-8-10 vom 12.5.2010.

116 VwKoll des StGH, Urteil Az. 3-3-1-14-10 vom 21.4.2010, Rn. 10.

117 So können laut VwKoll des StGH, Urteil Az. 3-3-1-93-09 vom 15.3.2010 Berichte internationaler Organisationen über die betreffende Einrichtung die Glaubhaftigkeit und Richtigkeit der Aussage des Klägers hinsichtlich der Verhältnisse in einer Haftanstalt belegen, wenn dieser eine Entschädigung wegen menschenunwürdiger Haftbedin-

Gemäß § 127 Abs. 6 VÕS ist dann, wenn zwar ein Schaden, nicht aber dessen Höhe festgestellt werden kann, die Festlegung der Entschädigung in das Ermessen des Gerichts gestellt. Dies gilt beispielsweise nach einer Entscheidung des Verwaltungskollegiums des Staatsgerichtshofs auch für den Unternehmensgewinn, dessen Bewertung regelmäßig kompliziert sei, da alle Umstände, die im wirklichen Leben den Gewinn eines Unternehmens beeinflussten, nachträglich äußerst schwierig oder überhaupt nicht festzustellen seien.[118] Hinsichtlich der Feststellung des Umfangs immaterieller Schäden wird teils eine objektive Bewertung des Schadens für möglich erachtet. Von der Gegenansicht wird diese Auffassung zurückgewiesen, da psychische Leiden objektiv nicht messbar seien. Daher sei stets dann, wenn Rechtsvorschriften im Fall der Verletzung rechtlicher Interessen die Entschädigung immaterieller Schäden anordneten, die Entstehung des Schadens zu vermuten.[119] Dieser Auffassung hat sich der Staatsgerichtshof für den Fall übermäßiger Verfahrensdauer angeschlossen; in derartigen Fällen sei der Eintritt eines Nichtvermögensschadens in aller Regel zu vermuten, sodass es keines Nachweises bedürfe.[120]

III. Verjährung

Der Staatshaftungsanspruch ist innerhalb von drei Jahren ab dem Tag, an dem der Geschädigte Kenntnis vom Schaden und vom Schädiger erlangt hat oder hätte erlangen müssen, geltend zu machen. Ohne Kenntnis von Schaden und Schädiger tritt nach Ablauf von zehn Jahren ab Schadensereignis die Verjährung ein (§ 17 Abs. 3 RVastS).[121]

IV. Vollstreckung

Das Urteil des Verwaltungsgerichts, das einem öffentlich-rechtlichen Entschädigungsanspruch stattgibt, ist mit Eintritt der Rechtskraft und damit mit Ablauf der Rechtsmittelfrist vollstreckbar; es ist eine Vollstreckungsurkunde im Sinne des Vollstreckungsverfahrensgesetzbuchs.[122] Zur Vollstreckung ist das Urteil mit Rechtskraftvermerk dem Gerichtsvollzieher am Sitz des Schuldners vorzulegen.[123] Geldforderungen gegen den Staat oder eine Kommune sind zunächst in Geldmittel zu vollstrecken; ist die Vollstreckung in Geld in einem angemessenen Zeitraum nicht gelungen, kann grundsätzlich auch in Sachwerte vollstreckt werden.[124] Im Interesse der Allgemeinheit werden dann aber Sachwerte weitgehend wiederum von der Vollstreckung aus-

---

gungen begehrt, er den Nachweis für die von ihm behaupteten Haftbedingungen nicht erbringen kann und eine weitere Aufklärung seitens des Gerichts unmöglich oder unangemessen ist.

118 VwKoll des StGH, Urteil Az. 3-3-1-13-06 vom 4.4.2006, Rn. 18 hinsichtlich einer Klage auf Entschädigung des infolge der Verweigerung einer Bauerlaubnis entgangenen Gewinns.

119 *Kanger*, Analyse der Gerichtspraxis, S. 24, unter Hinweis auf *Varul et al.*, Kommentar zum Sachenrechtsgesetz, Tallinn 2006, sowie die Entscheidungen des Verwaltungsgerichts Tallinn Az. 3-06-2496 vom 15.6.2007 und des Bezirksgerichts Tallinn Az. 3-06-1680 vom 31.3.2008.

120 Plenum des StGH, Urteil Az. 3-3-1-85-09 vom 22.3.2011.

121 Wird ein durch die rechtswidrige Ablehnung eines Reprivatisierungsantrags (von 1991) entstandener Schaden geltend gemacht, läuft die Frist erst ab der Zustellung des ablehnenden Bescheids (2004). Daher sei die 2004 erhobene Klage gegen die Stadtverwaltung Tallinn nicht verfristet, während der Anspruch gegen den Staat, dem lediglich die Veräußerung der betroffenen Immobilie (1994) vorgeworfen werden könne und dem erst 2005 der Streit verkündet worden war, verjährt sei, VwKoll des StGH, Urteil Az. 3-3-1-39-09 vom 25.6.2009.

122 § 2 Abs. 1 Ziff. 2 *Täitemenetluse Seadustik* (Vollstreckungsverfahrensgesetzbuch, abgekürzt: TMS) vom 20.4. 2005 (RT I 2005, Nr. 27, Pos. 198) in der Fassung vom 20.12.2012 (RT I, 31.12.2012, 5).

123 §§ 4, 12 Abs. 1 TMS.

124 § 52 Abs. 3 TMS.

genommen. Dies gilt zunächst für Museumsgebäude und deren Sammlungen sowie für öffentliche Archive. Des Weiteren scheiden beschränkt verkehrsfähige Sachen sowie alle Gegenstände, deren Beschlagnahme rechtswidrig oder sittenwidrig wäre, als Vollstreckungsgegenstand aus. Ein Vollstreckungsverbot gilt schließlich nach der Generalklausel dann, wenn der Staat bzw. die Kommune die Sache zur Erfüllung ihrer Aufgaben benötigt oder deren Veräußerung den öffentlichen Interessen zuwiderlaufen würde.[125]

Bibliographie

Andresen, Ene, Õigusvastastaste tagajärgede kõrvaladamine ja kahju hüvitamine riigivastutusõiguses (Die Beseitigung rechtswidriger Folgen und der Schadensersatz im Staatshaftungsrecht), Juridica 2006, S. 159–168

ders., State Liability without the Liability of State. Constitutional Problems related to Individual Professional Liability of Estonian Notaries, Bailiffs and Sworn Translaters, Juridica International 2006, S. 146–157

ders., Riigivastutus ilma riigi vastutuseta: notari, kohtutäituri ja vandetõlgi isiklik ametivastutus Euroopa õiguse ja riigiõiguse vaatepunktist (Staatshaftung ohne Haftung des Staates: Die persönliche Amtshaftung des Notars, des Gerichtsvollziehers und des beeideten Übersetzers vom Gesichtspunkt des Europarechts und des Staatsrechts), Juridica 2006, S. 601–611

Kanger, Liina, Kahju hüvitamise nõue riigivastutuse seaduse alusel (Der Schadensersatzanspruch aufgrund des Staatshaftungsgesetzes), Riigikogu Toimetised 2008, S. 18

dies., Kahju hüvitamise nõue riigivastutuse seaduse alusel. Kohtupraktika analüüs (Der Schadensersatzanspruch aufgrund des Staatshaftungsgesetzes. Analyse der Gerichtspraxis), Tartu 2008

Laaring, Mait, Riigivastutuse seaduse muutmisvajaduse analüüs (Analyse des Änderungsbedarfs des Staatshaftungsgesetzes), Tallinn 2009

Land, Kristi, Eigentumsreform der Estnischen Republik und Restitutionsansprüche der Deutschbalten, in: Oksaar/von Redecker (Hrsg.), Deutsch-Estnische Rechtsvergleichung und Europa, Frankfurt a.M. 2004, S. 69–88

Pilving, Ivo, Põhiseadusvastase määruse alusel tasutud maksuinteressi tagasinõudmine (Die Rückforderung von Steuerzinsen, die aufgrund verfassungswidriger Vorschrift entrichtet wurden, Juridica 2002, S. 702–708 (104)

ders., Kommentierung des Art. 25 PS, in: Eerik-Juhan Truuväli u.a. (Red.), Eesti Vabariigi Põhiseadus, Kommenteeritud Väljaanne (Grundgesetz der Republik Estland, Kommentierte Ausgabe), 2. Aufl., Tallinn 2008

Vutt, Margit, Eraõiguse normide rakendamine Riigikohtu halduskollegiumi praktikas (Die Anwendung der Normen des Privatrechts in der Praxis des Verwaltungskollegiums des Staatsgerichtshofs), Stand 12.6.2006 (www.riigikohus.ee, zuletzt abgerufen am 10.4.2012)

Abkürzungen

ATS	Avaliku teenistuse seadus (Gesetz über den öffentlichen Dienst)
AVVKHS	Riigi Poolt Isikule Alusetult Vabaduse Võtmisega Tekitatud Kahju Hüvitamise Seadus (Gesetz über die Entschädigung eines Schadens, der einer Person vom Staat durch ungerechtfertigten Freiheitsentzug zuge-fügt wurde)
BezG	Ringkonnakohus (Bezirksgericht)
EEK	Eesti kroon (Estnische Krone)
EGMR	Europäischer Gerichtshof für Menschenrechte
EMRK	Europäische Menschenrechtskonvention
HMS	Haldusmenetluse Seadus (Verwaltungsverfahrensgesetz)
HKMS	Halduskohtumenetluse Seadustik (Verwaltungsgerichtsverfahrensgesetzbuch)
KASVS	Kinnisasja Sundvõõrandamise Seadus (Immobilienenteignungsgesetz)
KMS	Kriminaalmenetluse Seadustik (Strafverfahrensgesetzbuch)

125 § 66 Abs. 1 Ziff. 10–12, Abs. 4 TMS.

KS	Kohtute Seadus (Gerichtsgesetz)
KTS	Kohtutäituri Seadus (Gerichtsvollziehergesetz)
NotS	Notariaadiseadus (Notariatsgesetz)
ORAS	Eesti Vabariigi Omandireformi Aluste Seadus (Gesetz der Republik Estland über die Grundlagen der Eigentumsreform)
PS	Eesti Vabariigi Põhiseadus (Grundgesetz der Republik Estland)
RT	Riigi Teataja (Staatsanzeiger)
RVastS	Riigivastutuse Seadus (Staatshaftungsgesetz)
RVO	Rechtsverordnung
StGH	Riigikohus (Staatsgerichtshof)
TMS	Täitemenetluse Seadustik (Vollstreckungsverfahrensgesetzbuch)
TsK	Eesti NSV Tsiviilkoodeks (Zivilgesetzbuchs der Estnischen SSR)
TsMS	Tsiviilkohtumenetluse Seadustik (Zivilprozessgesetzbuch)
VerfKoll	Põhiseaduslikkuse järelevalve kolleegium (Verfassungsaufsichtskollegium) des StGH
VÕS	Võlaõigusseadus (Schuldrechtsgesetz)
VTS	Vandetõlgi Seadus (Gesetz über den beeideten Übersetzer)
VwKoll	Halduskolleegium (Verwaltungskollegium) des StGH
ZKoll	Tsiviilkolleegium (Zivilkollegium) des StGH

Wesentliche Vorschriften

Eesti Vabariigi Põhiseadus
Grundgesetz der Republik Estland (vom 28.6.1992)[126] *(Auszug)*

§ 14.
Õiguste ja vabaduste tagamine on seadusandliku, täidesaatva ja kohtuvõimu ning kohalike omavalitsuste kohustus.

§ 14.
Die Gewährleistung der Rechte und Freiheiten ist Pflicht der gesetzgebenden, der vollziehenden und der gerichtlichen Gewalt sowie der lokalen Selbstverwaltungen.

§ 15.
Igaühel on õigus pöörduda oma õiguste ja vabaduste rikkumise korral kohtusse. Igaüks võib oma kohtuasja läbivaatamisel nõuda mis tahes asjassepuutuva seaduse, muu õigusakti või toimingu põhiseadusevastaseks tunnistamist.

Kohus järgib põhiseadust ja tunnistab põhiseadusevastaseks mis tahes seaduse, muu õigusakti või toimingu, mis rikub põhiseaduses sätestatud õigusi ja vabadusi või on muul viisil põhiseadusega vastuolus.

§ 15
Jeder hat das Recht, sich im Falle der Verletzung seiner Rechte und Freiheiten an ein Gericht zu wenden. Jeder kann bei Prüfung seiner Gerichtssache verlangen, ein jedes Gesetz, einen sonstigen Rechtsakt oder ein Geschäft, das die Sache betrifft, für verfassungswidrig zu erkennen.

Das Gericht beachtet das Grundgesetz und erkennt ein jedes Gesetz, einen sonstigen Rechtsakt oder ein Geschäft, das die im Grundgesetz geregelten Rechte und Freiheiten verletzt oder sich in sonstiger Wiese im Widerspruch zur Verfassung befindet, für verfassungswidrig.

§ 25.
Igaühel on õigus talle ükskõik kelle poolt õigusvastaselt tekitatud moraalse ja materiaalse kahju hüvitamisele.

§ 25.
Jeder hat ein Recht auf Entschädigung des immateriellen und des materiellen Schadens, der ihm von wem auch immer rechtswidrig zugefügt worden ist.

126 Übersetzung der Verfasserin.

§ 32.
Igaühe omand on puutumatu ja võrdselt kaitstud. Omandit võib omaniku nõusolekuta võõrandada ainult seaduses sätestatud juhtudel ja korras üldistes huvides õiglase ja kohese hüvituse eest. Igaühel, kelle vara on tema nõusolekuta võõrandatud, on õigus pöörduda kohtusse ning vaidlustada vara võõrandamine, hüvitus või selle suurus.

Igaühel on õigus enda omandit vabalt vallata, kasutada ja käsutada. Kitsendused sätestab seadus. Omandit ei tohi kasutada üldiste huvide vastaselt.

Seadus võib üldistes huvides sätestada vara liigid, mida tohivad Eestis omandada ainult Eesti kodanikud, mõnda liiki juriidilised isikud, kohalikud omavalitsused või Eesti riik.

Pärimisõigus on tagatud.

§ 32.
Das Eigentum eines jeden ist unantastbar und gleich geschützt. Eigentum kann ohne Zustimmung des Eigentümers nur in den gesetzlich geregelten Fällen und Verfahren im allgemeinen Interesse gegen eine gerechte und prompte Entschädigung veräußert werden. Jeder, dessen Vermögen ohne seine Zustimmung veräußert wurde, hat das Recht, sich an ein Gericht zu wenden sowie die Veräußerung des Vermögens, die Entschädigung oder deren Höhe anzufechten.

Jeder hat das Recht, sein Eigentum frei zu besitzen, zu nutzen und darüber zu verfügen. Beschränkungen regelt das Gesetz. Eigentum darf nicht im Widerspruch zum allgemeinen Interesse genutzt werden.

Das Gesetz kann im allgemeinen Interesse die Arten von Vermögen regeln, die nur estnische Staatsangehörige, bestimmte Arten juristischer Personen. Lokale Selbstverwaltungen oder der estnische Staat erwerben dürfen.

Das Erbrecht ist gewährleistet.

Riigivastutuse Seadus
Staatshaftungsgesetz (vom 2.5.2001 i. d. F. vom 1.7.2011)[127]

§ 7. Vastutuse alused
(1) Isik, kelle õigusi on avaliku võimu kandja õigusvastase tegevusega avalik-õiguslikus suhtes rikkunud (edaspidi *kannatanu*), võib nõuda talle tekitatud kahju hüvitamist, kui kahju ei olnud võimalik vältida ega ole võimalik kõrvaldada käesoleva seaduse §-des 3, 4 ja 6 sätestatud viisil õiguste kaitsmise või taastamisega.

(2) Tegevusetusega tekitatud kahju hüvitamist võib nõuda üksnes juhul, kui haldusakt jäi õigeaegselt andmata või toiming õigeaegselt sooritamata ja sellega rikuti isiku õigusi.

(2^1) Lisaks käesoleva paragrahvi lõigetes 1 ja 2 sätestatule võib isik nõuda avaliku võimu kandja tegevuse või tegevusetusega tekitatud kahju hüvitamist juhul, kui Euroopa Inimõiguste Kohus on rahuldanud tema individuaalkaebuse Euroopa inimõiguste ja põhivabaduste kaitse konventsiooni või selle protokolli rikkumise tõttu asjaomase avaliku võimu kandja poolt, isiku õigusi rikuti oluliselt ning isikul puuduvad muud võimalused oma õiguste taastamiseks. Kahju hüvitamist

§ 7 Grundlagen der Haftung
(1) Eine Person, deren Rechte von einem Träger öffentlicher Gewalt infolge einer rechtswidrigen Handlung in öffentlich-rechtlichen Beziehungen verletzt wurden (fortan: Geschädigter), kann die Entschädigung des ihm zugefügten Schadens verlangen, wenn der Schaden weder zu verhindern noch mit den in §§ 3, 4 und 6 des vorliegenden Gesetzes geregelten Instrumenten zum Schutz oder zur Wiedergutmachung der Rechte zu beheben war.

(2) Die Entschädigung eines durch Unterlassen zugefügten Schadens kann nur dann verlangt werden, wenn ein Verwaltungsakt nicht rechtzeitig ergangen oder eine Handlung nicht rechtzeitig vorgenommen wurde und hierdurch Rechte der Person verletzt wurden.

(2^1) Über das in Absatz 1 und 2 dieses Paragrafen Geregelte hinaus kann eine Person die Entschädigung eines Schadens, der durch Handeln oder Unterlassen eines Trägers öffentlicher Gewalt zugefügt wurde, fordern, wenn der Europäische Menschenrechtsgerichtshof einer Individualbeschwerde wegen der Verletzung der Europäischen Konvention zum Schutze der Menschenrechte und Grundfreiheiten oder ihres Protokolls durch den zuständigen Träger öffentlicher Gewalt statt-

127 Übersetzung der Verfasserin.

võib nõuda ka isik, kes on sarnases asjas ja samal õiguslikul alusel esitanud Euroopa Inimõiguste Kohtule individuaalkaebuse või kellel on sarnases asjas ja samal õiguslikul alusel sellise kaebuse esitamise õigus Euroopa inimõiguste ja põhivabaduste kaitse konventsiooni artikli 35 lõikes 1 sätestatud tähtaega arvestades.

gegeben hat, die Rechte des Betreffenden erheblich verletzt wurden und es dem Betreffenden an anderen Möglichkeiten zur Wiederherstellung seiner Rechte mangelt. Die Entschädigung des Schadens kann auch verlangen, wer in einer vergleichbaren Sache aufgrund derselben Rechtsgrundlage eine Individualbeschwerde vor dem Europäischen Menschenrechtsgerichtshof eingereicht hat oder wem in einer vergleichbaren Sache aufgrund derselben Rechtsgrundlage eine derartige Beschwerdebefugnis unter Berücksichtigung der Frist des Art. 35 Abs. 1 der Europäischen Konvention zum Schutz der Menschenrechte und Grundfreiheiten gebührt.

(3) Käesoleva paragrahvi lõigete 1–2^1 alusel hüvitatakse otsene varaline kahju ja saamata jäänud tulu.

(3) Im Fall der Absätze 1–2^1 werden der unmittelbare Vermögensschaden und der entgangene Gewinn entschädigt.

(4) Kui seadusega pole sätestatud teisiti ja see pole vastuolus avalikõiguslike suhete olemusega, kohaldatakse avaliku võimu teostamisel tekitatud kahju hüvitamisel lisaks käesolevale seadusele ka eraõiguse kahju hüvitamise sätteid.

(4) Sofern gesetzlich nichts anderes angeordnet ist und dies auch nicht im Widerspruch zum Wesen der öffentlich-rechtlichen Beziehungen steht, gelten für die Entschädigung eines in Ausübung öffentlicher Gewalt zugefügten Schadens ergänzend zum vorliegenden Gesetz die Schadensersatzregelungen des Privatrechts.

§ 8. Varalise kahju hüvitamine

(1) Varaline kahju hüvitatakse rahas. Hüvitisega tuleb luua varaline olukord, milles kannatanu oleks siis, kui tema õigusi ei oleks rikutud.

(2) Kehavigastuse tekitamisel või tervise kahjustamisel võib kannatanu nõuda sellega tekitatud kulutuste hüvitamist. Sealhulgas võib kannatanu nõuda järgmiste kulutuste hüvitamist:

1) vajalikud ravikulud;
2) vajaduste suurenemisest tingitud kulud;
3) töövõimetuse tõttu saamata jäänud tulu, sealhulgas sissetulekute vähenemisest või edasiste majanduslike võimaluste halvenemisest tingitud kahju.

(3) Hüvitist töövõimetuse tõttu saamata jäänud tulu eest ei saa nõuda osas, milles kannatanul on õigus kahju tekitamisest tulenevalt saada töövõimetuspensioni.

(4) Püsiva terviserikke tekitamisel tuleb kahju hüvitada perioodiliste rahaliste maksetena iga kolme kuu eest ette. Kahju iseloomu arvestades võib hüvitise määramisel või väljamõistmisel seda ajavahemikku muuta või näha ette ühekordse makse.

§ 8 Entschädigung eines Vermögensschadens

(1) Ein Vermögensschaden wird in Geld entschädigt. Durch die Entschädigung ist die Vermögenslage zu schaffen, in der sich der Geschädigte befinden würde, wenn seine Rechte nicht verletzt worden wären.

(2) Im Fall der Körperverletzung oder Gesundheitsbeeinträchtigung kann der Geschädigte die Entschädigung der hierdurch verursachten Aufwendungen ersetzt verlangen. Darunter kann der Geschädigte die Entschädigung folgender Aufwendungen fordern:

1) der notwendigen Heilungskosten,
2) der durch einen erhöhten Bedarf bedingten Kosten,
3) des infolge von Arbeitsunfähigkeit entgangenen Gewinns einschließlich des Schadens, der durch eine Minderung der Einkünfte oder eine Verschlechterung der künftigen wirtschaftlichen Möglichkeiten bedingt ist.

(3) Eine Entschädigung des infolge Arbeitsunfähigkeit entgangenen Gewinns kann insoweit nicht verlangt werden, als der Geschädigte infolge der Schadensverursachung einen Anspruch auf eine Arbeitsunfähigkeitsrente hat.

(4) Im Fall einer dauerhaften Gesundheitsbeeinträchtigung ist der Schaden durch periodische Geldleistungen jeweils für drei Monate im Voraus zu entschädigen. Unter Berücksichtigung der Natur des Schadens kann bei der Festsetzung oder Entscheidung über die Entschädigung der Zeitraum geändert oder eine einmalige Leistung vorgesehen werden.

§ 9. Mittevaralise kahju hüvitamine

(1) Füüsiline isik võib nõuda mittevaralise kahju rahalist hüvitamist süüliselt väärikuse alandamise, tervise kahjustamise, vabaduse võtmise, kodu või eraelu puutumatuse või sõnumi saladuse rikkumise, au või hea nime teotamise korral.

(2) Mittevaraline kahju hüvitatakse proportsionaalselt õiguserikkumise raskusega ning arvestades süü vormi ja raskust.

(3) Kahju tekitamise süülisust ei arvestata, kui mittevaralise kahju hüvitamist taotletakse Euroopa Inimõiguste Kohtu otsuse alusel, millega on tuvastatud avaliku võimu kandja poolt Euroopa inimõiguste ja põhivabaduste kaitse konventsiooni või selle protokolli rikkumine.

§ 9 Entschädigung eines Nichtvermögensschadens

(1) Eine natürliche Person kann eine Geldentschädigung für einen Nichtvermögensschaden im Fall der schuldhaften Herabsetzung der Würde, der Beeinträchtigung der Gesundheit, der Freiheitsentziehung, der Verletzung der Unantastbarkeit des Heims oder des Privatlebens oder der Geheimheit des Wortes, der Verletzung der Ehre oder des guten Namens verlangen.

(2) Ein Nichtvermögensschaden wird proportional zur Schwere der Rechtsverletzung sowie unter Berücksichtigung von Form und Schwere des Verschuldens entschädigt.

(3) Ein Verschulden bei der Schadensverursachung ist nicht zu berücksichtigen, wenn die Entschädigung des Nichtvermögensschadens aufgrund einer Entscheidung des Europäischen Menschenrechtsgerichtshofs beantragt wird, durch die ein Verstoß gegen die Europäische Konvention zum Schutz der Menschenrechte und Grundfreiheiten durch einen Träger öffentlicher Gewalt festgestellt wurde.

§ 12. Kahju hüvitamiseks kohustatud isik

(1) Kahju kannatanud isikule on kahju hüvitama kohustatud avaliku võimu kandja, kelle tegevusega kahju tekitati. Tegevusetusega tekitatud kahju on kohustatud hüvitama avaliku võimu kandja, kes jättis õigeaegselt haldusakti andmata või toimingu sooritamata.

(2) Avaliku võimu kandja poolt tekitatud kahjuks loetakse igasugune selle avaliku võimu kandja ülesandeid täitnud füüsilise isiku poolt vahetult põhjustatud kahju, sõltumata sellest, kas ülesandeid täideti teenistussuhte, lepingu, üksikkorralduse või muul alusel. Käesolevas lõikes nimetatud füüsiline isik kannatanu ees ei vastuta, kui seadus ei sätesta teisiti.

(3) Füüsilisest või eraõiguslikust juriidilisest isikust avaliku võimu kandja poolt tekitatud kahju eest vastutab riik, kohaliku omavalitsuse üksus või muu avalik-õiguslik juriidiline isik, kes andis füüsilisele või eraõiguslikule juriidilisele isikule volitused avalike ülesannete täitmiseks, kui seadus ei sätesta teisiti.

(4) Kui kahju on kohustatud hüvitama mitu avaliku võimu kandjat, vastutavad nad kannatanu ees solidaarselt. Avaliku võimu kandja osa ei saa solidaarvastutuse korras nõuda isikult, kes vastutab kannatanu ees eraõigusest tulenevalt.

§ 12 Zur Entschädigung des Schadens verpflichtete Person

(1) Zur Entschädigung des Schadens, der dem Geschädigten zugefügt wurde, ist der Träger öffentlicher Gewalt verpflichtet, durch dessen Tätigkeit der Schaden zugefügt wurde. Zur Entschädigung des durch Unterlassen zugefügten Schadens ist der Träger öffentlicher Gewalt verpflichtet, der den Verwaltungsakt nicht rechtzeitig erlassen oder die Handlung nicht vorgenommen hat.

(2) Als durch den Träger öffentlicher Gewalt verursachter Schaden ist jeder Schaden anzusehen, der von einer natürlichen Person, die Aufgaben dieses Trägers öffentlicher Gewalt erfüllt hat, unmittelbar verursacht wurde, und zwar unabhängig davon, ob die Aufgaben aufgrund eines Dienstverhältnisses, eines Vertrags, einer Einzelweisung oder aus einem sonstigen Grund wahrgenommen wurden. Die in diesem Absatz genannte natürliche Person haftet nicht gegenüber dem Geschädigten, sofern gesetzlich nicht etwas anderes angeordnet ist.

(3) Für den Schaden, der von einer natürlichen Person oder einer juristischen Person des Privatrechts als Träger öffentlicher Gewalt zugefügt wurde, haftet der Staat, die örtliche Selbstverwaltungseinheit oder die sonstige juristische Person des öffentlichen Rechts, der/die die natürliche oder privatrechtliche juristische Person mit der Erfüllung öffentlicher Aufgaben betraut hat, sofern gesetzlich nicht etwas anderes bestimmt ist.

(4) Sind mehrere Träger öffentlicher Gewalt zur Entschädigung des Schadens verpflichtet, haften diese gegenüber dem Geschädigten solidarisch. Der Anteil des Trägers öffentlicher Gewalt kann im Fall der solidarischen Haftung nicht von der Person verlangt werden,

die gegenüber dem Geschädigten gemäß Privatrecht haftet.

(5) Kui tagajärgede kõrvaldamiseks vajaliku haldusakti andmine või toimingu sooritamine ei ole käesoleva paragrahvi lõikes 1 nimetatud avaliku võimu kandja pädevuses, on tagajärgede kõrvaldamiseks vajaliku haldusakti või toimingu kohustatud andma või sooritama pädev avaliku võimu kandja.

(5) Fällt der zur Folgenbeseitigung erforderliche Erlass eines Verwaltungsakts oder die Vornahme der Handlung nicht in die Zuständigkeit des in Absatz 1 dieses Paragrafen genannten Trägers öffentlicher Gewalt, ist der zuständige Träger öffentlicher Gewalt verpflichtet, den zur Folgenbeseitigung erforderlichen Verwaltungsakt zu erlassen oder die Handlung vorzunehmen.

§ 13. Vastutuse piiramine

(1) Hüvitise suuruse määramisel arvestatakse:

1) kahju tekkimise ettenägematust;
2) objektiivseid takistusi kahju ärahoidmisel;
3) õiguste rikkumise raskust;
4) eraõiguses sätestatud piiranguid seoses kannatanu osaga kahju tekitamisel;
5) muid asjaolusid, millest tulenevalt kahju hüvitamine täies ulatuses oleks ebaõiglane.

§ 13 Haftungsbeschränkung

(1) Bei der Bestimmung der Höhe der Entschädigung sind zu berücksichtigen:

1) die Vorhersehbarkeit der Schadensentstehung,
2) objektive Hindernisse der Schadensabwehr,
3) die Schwere der Rechtsverletzung,
4) die im Privatrecht vorgesehenen Beschränkungen hinsichtlich der Mitwirkung des Geschädigten an der Schadensentstehung,
5) sonstige Umstände, die eine Entschädigung des Schadens in vollem Umfang ungerecht erscheinen lassen.

(2) Saamata jäänud tulu ei hüvitata, kui kahju hüvitamiseks kohustatud isik tõendab, et ta ei olnud kahju tekitamises süüdi.

(2) Entgangener Gewinn wird nicht entschädigt, wenn die zur Entschädigung des Schadens verpflichtete Person nachweist, dass sie kein Verschulden an der Schadensverursachung trifft.

(3) Avaliku võimu kandja vabaneb vastutusest avalike ülesannete täitmisel tekitatud kahju eest, kui kahju tekitamist ei olnud võimalik vältida ka avalike ülesannete täitmisel vajalikku hoolsust täielikult järgides.

(3) Ein Träger öffentlicher Gewalt wird von der Haftung für einen in Ausübung öffentlicher Aufgaben zugefügten Schaden frei, wenn die Entstehung des Schadens auch bei vollständiger Beachtung der erforderlichen Sorgfalt bei Ausübung der öffentlichen Aufgaben nicht hätte vermieden werden können.

(4) Tagajärgede kõrvaldamist nõudev kannatanu on kohustatud kandma tagajärgede kõrvaldamise kulud ulatuses, mis vastab tema osale tagajärgede tekitamisel. Kui tagajärjed jäävad kõrvaldamata seetõttu, et kannatanul ei ole võimalik oma osale vastavaid kulusid kanda, võib ta nõuda rahalist hüvitist avaliku võimu kandja osale vastavas ulatuses.

(4) Der Geschädigte, der Folgenbeseitigung verlangt, ist verpflichtet, die Kosten der Folgenbewältigung insoweit zu tragen, wie dies seinem Anteil an der Entstehung der Folgen entspricht. Werden die Folgen nicht beseitigt, weil der Geschädigte nicht die seinem Anteil entsprechenden Kosten tragen kann, kann dieser eine Geldentschädigung in Höhe des auf den Träger öffentlicher Gewalt fallenden Anteils verlangen.

§ 14. Õigustloova aktiga tekitatud kahju

(1) Isik võib nõuda õigustloova aktiga või selle andmata jätmisega tekitatud kahju hüvitamist üksnes juhul, kui kahju põhjustati avaliku võimu kandja kohustuste olulise rikkumisega, rikutud kohustuse aluseks olev norm on otsekohaldatav ning isik kuulub õigustloova akti või selle andmata jätmise tõttu eriliselt kannatanud isikute rühma.

§ 14 Durch einen rechtsschöpfenden Akt zugefügter Schaden

(1) Eine Person kann den Schaden, der durch einen rechtsschöpfenden Akt oder dessen Unterlassen zugefügt wurde, nur entschädigt verlangen, wenn der Schaden vom Träger öffentlicher Gewalt infolge eines erheblichen Pflichtenverstoßes verursacht wurde, die Norm, die Grundlage der verletzten Pflicht ist, unmittelbar anwendbar ist und die Person zu einer Personengruppe gehört, die durch den rechtsschöpfenden Akt oder sein Unterlassen in besonderer Weise geschädigt wurde.

(2) Käesoleva paragrahvi lõige 1 ei välista vastutust õigustloova akti alusel antud haldusakti või sooritatud toiminguga tekitatud kahju eest.

(2) Absatz 1 dieses Paragrafen befreit nicht von der Haftung für den Schaden, der durch den Verwaltungsakt oder die Handlung, die aufgrund dieser Norm erlassen bzw. vorgenommen wurde, entstanden ist.

§ 15. Õigusemõistmisel tekitatud kahju

(1) Isik võib nõuda kohtumenetluse käigus, sealhulgas kohtulahendiga tekitatud kahju hüvitamist üksnes juhul, kui kohtunik on kohtumenetluse käigus toime pannud kuriteo.

(2) Käesoleva paragrahvi lõiget 1 kohaldatakse ka kahju suhtes, mis on tekkinud:

1) vaidluse lahendamisel seadusega vaidluste kohtuväliseks lahendamiseks loodud organi poolt;
2) väärteo kohtuvälise menetlemise käigus.

(3) Käesoleva paragrahvi lõiget 1 ei kohaldata haldusorgani poolt vaidemenetluse käigus tekitatud kahju suhtes.

(3[1]) Lisaks käesoleva paragrahvi lõikes 1 sätestatule võib isik nõuda käesoleva paragrahvi lõigetes 1 ja 2 ettenähtud menetluste käigus, sealhulgas asjas tehtud lahendiga tekitatud kahju hüvitamist juhul, kui Euroopa Inimõiguste Kohus on rahuldanud tema individuaalkaebuse Euroopa inimõiguste ja põhivabaduste kaitse konventsiooni või selle protokolli rikkumise tõttu asjaomases menetluses, kui rikkumine viis asja ebaõige lahendamiseni ja isikul puuduvad muud võimalused oma õiguste taastamiseks.

(4) Käesoleva paragrahvi lõiked 1 ja 2 ei välista avaliku võimu kandja vastutust, kui kohtunik või vaidluse või väärteoasja kohtuväline lahendaja on kahju tekitanud õigusemõistmise, vaidluse või väärteoasja lahendamisega mitteseotud tegevusega.

§ 15 Durch Rechtsprechung zugefügter Schaden

(1) Eine Person kann die Entschädigung eines Schadens, der im Verlauf eines Gerichtsverfahrens, darunter durch Gerichtsurteil, zugefügt wurde, nur verlangen, wenn der Richter im Verlauf des Gerichtsverfahrens eine Straftat begangen hat.

(2) Absatz 1 dieses Paragrafen gilt auch für Schäden, die zugefügt wurden:

1) bei Beilegung eines Streits durch ein Organ, das durch Gesetz zur außergerichtlichen Beilegung von Streitigkeiten geschaffen wurde,
2) im Verlauf des Ordnungswidrigkeitenverfahrens.

(3) Absatz 1 gilt nicht für einen Schaden, der von einem Verwaltungsorgan im Beschwerdeverfahren zugefügt wurde.

(3[1]) Über das in Absatz 1 dieses Paragrafen Geregelte hinaus kann eine Person die Entschädigung eines Schadens, einschließlich des durch Urteil in der Sache zugefügten Schadens, dann verlangen, wenn der Europäische Menschenrechtsgerichtshof einer Individualbeschwerde wegen der Verletzung der Europäischen Konvention zum Schutze der Menschenrechte und Grundfreiheiten oder ihres Protokolls in dem betreffenden Verfahren stattgegeben hat, wenn der Verstoß zur unrichtigen Entscheidung in der Sache geführt hat und es dem Betreffenden an anderen Möglichkeiten zur Wiederherstellung seiner Rechte mangelt.

(4) Absatz 1 und 2 dieses Paragrafen schließen nicht die Haftung des Trägers öffentlicher Gewalt aus, wenn der Richter oder derjenige, der außergerichtlich über einen Streit oder eine Ordnungswidrigkeit entscheidet, den Schaden durch eine Tätigkeit zugefügt hat, die mit der Rechtsprechung, der Streitschlichtung oder Entscheidung über die Ordnungswidrigkeit in keinem Zusammenhang steht.

§ 16. Õiguspärase haldusakti või toiminguga tekitatud kahju

(1) Isik võib nõuda õiguspärase, kuid tema põhiõigusi või -vabadusi erakordselt piirava haldusakti või halduse toiminguga tekitatud varalise kahju hüvitamist õiglases ulatuses.

(2) Kui seadus ei sätesta teisiti, ei saa käesoleva paragrahvi lõikes 1 nimetatud hüvitist nõuda ulatuses, milles:

1) põhiõiguste või -vabaduste piiramise põhjustas isik ise või see toimus tema huvides;

§ 16 Durch rechtmäßigen Verwaltungsakt oder rechtmäßige Handlung zugefügter Schaden

(1) Eine Person kann die Entschädigung eines Vermögensschadens, der durch einen Verwaltungsakt oder eine Verwaltungshandlung zugefügt wurde, die deren Grundrechte und -freiheiten außergewöhnlich beschränkt, in gerechtem Umfang verlangen.

(2) Ist gesetzlich nicht etwas anderes bestimmt, kann die in Absatz 1 dieses Paragrafen bezeichnete Entschädigung insoweit nicht verlangt werden, wie:

1) die Person selbst die Beschränkung der Grundrechte und -freiheiten verursacht oder dies in ihrem Interesse erfolgt ist,

2) isikute eriline kohtlemine on ette nähtud seadusega;
3) isikul on hüvitist võimalik saada mujalt, sealhulgas kindlustuselt;
4) hüvitise maksmise küsimus on reguleeritud muude seadustega.

(3) Hüvitise määramisel arvestatakse kasu, mida põhiõiguste või -vabaduste piiramine avaliku võimu kandjale või avalikele huvidele kaasa tõi, piiramise raskust, kahju tekkimise ettenägematust ja muid olulisi asjaolusid.

§ 17 Taotluse või kaebuse esitamine

(1) Kahju hüvitamiseks võib esitada taotluse kahju tekitanud haldusorganile või kaebuse halduskohtule. Taotlus kohtu poolt tekitatud kahju hüvitamiseks esitatakse Justiitsministeeriumile.

(2) Kahju tekitamisel käesoleva § 12 lõikes 3 sätestatud juhul esitatakse taotlus haldusorganile, kes kahju tekitanud füüsilisele või eraõiguslikule juriidilisele isikule andis volitused avalike ülesannete täitmiseks. Kui voilitused tulenevad vahetult seadusest, esitatakse taotlus füüsilise või eraõigusliku juriidilise isiku üle riiklikku järelevalvet teostavale haldusorganile.

(3) Taotlus või kaebus tuleb esitada kolme aasta jooksul, arvates päevast, millal kannatanu kahjust ja selle põhjustanud isikust teada sai või pidi teada saama, sõltumata teada saamisest aga 10 aasta jooksul kahju tekitamisest või selle põhjustanud sündmusest arvates.

§ 19. Regressi alused

(1) Käesolevast peatükist tulenevalt kahju hüvitanud avaliku võimu kandja võib esitada regressinõude käesoleva seaduse § 12 lõigetes 2 ja 3 nimetatud isiku vastu, kelle õigusvastase tegevuse tulemusena kahju tekkis, või avaliku võimu kandja vastu, kelle eest solidaarvastutuse alusel kahju hüvitati.

(2) Hüvitist vähendatakse, kui regressinõude täielik rahuldamine oleks ebaõiglane, arvestades avaliku võimu kandja poolt antud korraldusi ja juhiseid ning käesoleva seaduse § 13 lõikes 1 nimetatud asjaolusid.

(3) Käesoleva seaduse § 12 lõikes 2 nimetatud isik vastutab avaliku võimu kandja ees üksnes süüliselt kahju põhjustamisel.

2) die Sonderbehandlung der Personen gesetzlich vorgesehen ist,
3) der Betroffene eine anderweitige Entschädigung, u.a. von einer Versicherung, erhalten kann,
4) die Frage der Entschädigungsleistung durch andere Gesetze geregelt ist.

(3) Bei Festsetzung der Entschädigung sind der Vorteil, den die Beschränkung der Grundrechte und -freiheiten für den Träger der öffentlichen Gewalt oder die öffentlichen Interessen mit sich gebracht hat, die Schwere der Beschränkung, die Vorhersehbarkeit der Schadensentstehung und sonstige Umstände zu berücksichtigen.

§ 17 Einreichung von Antrag oder Beschwerde

(1) Zur Entschädigung des Schadens kann ein Antrag bei dem Verwaltungsorgan, das den Schaden zugefügt hat, oder eine Beschwerde beim Verwaltungsgericht eingereicht werden. Der Antrag auf Entschädigung des Schadens, der von einem Gericht zugefügt wurde, wird beim Justizministerium gestellt.

(2) Im Falle der Schadensverursachung gemäß § 12 Absatz 3 wird der Antrag bei dem Verwaltungsorgan gestellt, das die natürliche oder privatrechtliche juristische Person, die den Schaden zugefügt hat, mit der Erfüllung öffentlicher Aufgaben betraut hat. Folgen die Kompetenzen unmittelbar aus dem Gesetz, wird der Antrag bei dem Verwaltungsorgan gestellt, das die staatliche Aufsicht über die natürliche oder privatrechtliche juristische Person ausübt.

(3) Der Antrag oder die Beschwerde ist innerhalb von drei Jahren einzureichen, ab dem Tag, an dem der Geschädigte Kenntnis vom Schaden und vom Schädiger erlangt hat oder hätte erlangen müssen, unabhängig von der Kenntniserlangung aber innerhalb von 10 Jahren ab Schadenszufügung oder dem schadensverursachenden Ereignis.

§ 19 Grundlagen des Regresses

(1) Der Hoheitsträger, der nach Maßgabe dieses Kapitels einen Schaden entschädigt hat, kann einen Regressanspruch gegenüber der in § 12 Abs. 2 und 3 des vorliegenden Gesetzes bezeichneten Person, infolge deren rechtswidrigen Handelns der Schaden entstanden ist, oder gegenüber dem Hoheitsträger, für den aufgrund einer Gesamtschuld der Schaden entschädigt wurde, geltend machen.

(2) Die Entschädigung wird herabgesetzt, wenn die Befriedigung des Regressanspruchs in voller Höhe unter Berücksichtigung der Anordnungen und Vorschriften oder der in § 13 Abs. 1 des vorliegenden Gesetzes genannten Umstände ungerecht wäre.

(3) Die in § 12 Abs. 2 des vorliegenden Gesetzes bezeichnete Person haftet gegenüber dem Hoheirsträger nur im Fall der schuldhaften Schadensverursachung.

§ 21. Regressi erijuhud

(1) Ametnik vastutab avaliku võimu kandja ees avaliku teenistuse seaduses sätestatud alustel ja korras.

(2) Isik, kes tekitas kahju tema ja avaliku võimu kandja vahelise eraõigussuhte alusel tegutsedes, vastutab avaliku võimu kandja ees üksnes eraõiguses sätestatud alustel.

(3) Eesti Haigekassal on tagasinõudeõigus avaliku võimu kandja poolt kindlustatud isikule tervise kahjustamise või kehavigastusega tekitatud kahju puhul Eesti Haigekassa poolt tasutud ravikindlustushüvitise ulatuses. Nõue esitatakse käesoleva seaduse §-des 17 ja 18 sätestatud korras.

§ 21 Sonderfälle des Regresses

(1) Ein Beamter haftet gegenüber dem Hoheitsträger aus den Gründen und in dem Verfahren, die im Gesetz über den öffentlichen Dienst festgelegt sind.

(2) Wer aufgrund eines Privatrechtsverhältnisses zwischen ihm und einem Hoheitsträger handelnd einen Schaden verursacht hat, haftet gegenüber dem Hoheitsträger allein auf der Grundlage des Privatrechts.

(3) Die Estnische Krankenkasse hat im Fall eines Schadens infolge der Gesundheitsbeeinträchtigung oder Körperverletzung, die dem Versicherten von einem Hoheitsträger zugefügt wurde, in Höhe der von der Estnischen Krankenkasse gezahlten Krankenversicherungsleistung.

Avaliku teenistuse seadus

Gesetz über den öffentlichen Dienst (vom 13.6.2012)[128]

§ 80. Vastutus

(1) Kui ametnik on teenistuskohustuse süülise rikkumisega tekitanud ametiasutusele varalist kahju, on ta kohustatud selle kahju hüvitama käesoleva paragrahvi lõigetes 3–5 nimetatud ulatuses.

(2) Kui kahju on tekitanud mitu ametnikku ühiselt, vastutab iga ametnik oma süüle vastavas ulatuses.

(3) Kui ametnik on teenistuskohustust rikkunud tahtlikult, vastutab ta tekkinud kahju eest täies ulatuses.

(4) Kui ametnik on teenistuskohustust rikkunud hooletuse või raske hooletuse tõttu, vastutab ta tekkinud kahju eest ulatuses, mille määramisel arvestatakse:

1) ametniku teenistusülesandeid;
2) süü vormi;
3) talle antud juhiseid;
4) töötingimusi:
5) põhipalka;
6) töö iseloomust tulenevat riski;
7) teenistussuhte kestust ametiasutuses;
8) ametniku eelnevat teenistusalast käitumist;
9) ametiasutuse võimalusi kahjusid vältida;
10) ametniku teadmisi ja oskusi.

(5) Kui kahju pole tekitatud tahtlikult, ei tohi nõutav hüvitis ületada ametniku kuuekordset põhipalka.

§ 80 Haftung

(1) Hat ein Beamter infolge schuldhafter Verletzung einer Dienstpflicht einer Dienststelle einen Vermögensschaden zugefügt, ist er verpflichtet, diesen Schaden gemäß Abs. 3–5 dieses Paragrafen zu entschädigen.

(2) Wurde der Schaden von mehreren Beamten gemeinsam zugefügt, haftet jeder Beamte in dem Umfang, der seinem Verschulden entspricht.

(3) Hat der Beamte die Dienstpflicht vorsätzlich verletzt, haftet er für den entstandenen Schaden in vollem Umfang.

(4) Hat der Beamte die Dienstpflicht fahrlässig oder grob fahrlässig verletzt, haftet er für den entstandenen Schaden in einem Umfang, bei dessen Festsetzung zu berücksichtigen sind:

1) die Dienstaufgaben des Beamten;
2) die Form des Verschuldens;
3) die ihm erteilten Direktiven;
4) die Arbeitsbedingungen;
5) das Grundgehalt;
6) das aus der Natur der Tätigkeit folgende Risiko;
7) die Dauer des Dienstverhältnisses in der Dienststelle;
8) das vorausgegangene dienstliche Verhalten des Beamten;
9) die Möglichkeiten der Dienststelle, den Schaden zu verhindern;
10) die Kenntnisse und Erfahrungen des Beamten.

(5) Wurde der Schaden nicht vorsätzlich verursacht, darf die geforderte Entschädigung das Sechsfache des Grundgehalts nicht übersteigen.

128 Übersetzung der Verfasserin.

Kinnisasja sundvõõrandamise seadus
Immobilienenteignungsgesetz (vom 22.2.1995 i.d.F. v. 1.3.2013)[129]

§ 2. Sundvõõrandamise mõiste
(1) Kinnisasjade sundvõõrandamine on kinnisasja võõrandamine omaniku nõusolekuta üldistes huvides õiglase ja kohese hüvitamise eest.

(2) Kinnisasja sundvõõrandamise otsustab Vabariigi Valitsus. Seaduses sätestatud juhtudel võivad sundvõõrandamise otsustada teised riigiasutused või kohalik omavalitsusüksus.

(3) Sundvõõrandamist ei välista seaduse sätted, mis keelavad või kitsendavad kinnisasja võõrandamist või jagamist, samuti kinnistusraamatusse kantud kolmandate isikute õigused.

§ 2 Begriff der Enteignung
(1) Enteignung von Immobilien ist die Veräußerung einer Immobilie ohne Zustimmung des Eigentümers im allgemeinen Interesse gegen eine gerechte und prompte Entschädigung.

(2) Über die Enteignung einer Immobilie entscheidet die Regierung. In den gesetzlich geregelten Fällen können andere staatliche Behörden oder eine lokale Selbstverwaltungseinheit über die Enteignung entscheiden.

(3) Durch die Enteignung werden keine Gesetzesbestimmungen ausgeschlossen, die die Enteignung oder Teilung einer Immobilie oder von im Grundbuch eingetragenen Rechten Dritter verbieten oder beschränken.

§ 3. Sundvõõrandamise lubatavus
(1) Kinnisasja võib üldistes huvides sundvõõrandada järgmistel eesmärkidel:
1) politsei-, tolli-, kinnipidamisasutuste-, päästeasutuse ehitiste rajamiseks või laiendamiseks;
2) energia tootmiseks, samuti energiaga varustamiseks vajalike ehitiste rajamiseks või laiendamiseks;
3) avalike sadamate ja lennuväljade ning neid teenindavate ehitiste rajamiseks või laiendamiseks;

[...]
16) muudel seaduses sätestatud juhtudel.

(2) Kinnisasja omanik võib taotleda talle kuuluva kinnisasja võõrandamist riigi või kohaliku omavalitsuse poolt õiglase ja kohese tasu eest, kui kehtestatud avalik-õiguslikud kitsendused ei võimalda kinnisasja kasutamist vastavalt senisele sihtotstarbele.

(3) Kui eesmärk, milleks sundvõõrandamist taotletakse, on saavutatav ilma teise isiku omandis oleva kinnisasja omandamiseta, ei ole sundvõõrandamine lubatud.

§ 3. Zulässigkeit der Enteignung
(1) Eine Immobilie kann im allgemeinen Interesse für folgende Zwecke enteignet werden:
1) zur Errichtung oder Erweiterung der Gebäude von Polizei, Zoll, Haftanstalten und Rettungsdiensten;
2) zur Erzeugung von Energie sowie zur Errichtung und Erweiterung von zur Energieversorgung notwendigen Bauten;
3) zur Errichtung oder Erweiterung öffentlicher Häfen und Flughäfen sowie der diesen dienenden Gebäude;

[...]
16) in sonstigen gesetzlich vorgesehenen Fällen.

(2) Der Eigentümer der Immobilie kann die Veräußerung der ihm gehörenden Immobilie an den Staat oder an die lokale Selbstverwaltung gegen ein gerechtes und promptes Entgelt verlangen, wenn die festgelegten öffentlich-rechtlichen Beschränkungen eine Nutzung der Immobilie entsprechend der bisherigen Nutzung nicht gestatten.

(3) Kann der Zweck, zu dem die Enteignung beantragt wird, ohne Aneignung einer im Eigentum einer anderen Person befindlichen Immobilie erreicht werden, ist die Enteignung nicht gestattet.

§ 15. Sundvõõranditasu mõiste
(1) Sundvõõrandisaaja peab kinnisasja sundvõõrandamise korral maksma sundvõõrandiandjale sundvõõranditasu.

(2) Sundvõõranditasu makstakse rahas, kui pooled ei lepi kokku teisiti.

§ 15 Begriff des Enteignungsentgelts
(1) Der Enteignungsbegünstigte hat im Fall der Enteignung dem Enteigneten das Enteignungsentgelt zu zahlen.

(2) Das Enteignungsentgelt ist in Geld zu zahlen, wenn die Parteien nicht etwas anderes vereinbart haben.

129 Übersetzung der Verfasserin.

(3) Sundvõõrandisaaja peab maksma hüvitist isikutele, kelle õigusi sundvõõrandamine kahjustab.

(3) Der Enteignungsbegünstigte hat die Entschädigung demjenigen zu zahlen, dessen Rechte durch die Enteignung beeinträchtigt werden.

§ 16. Sundvõõrandatava kinnisasja ja piiratud asjaõiguse väärtuse arvestamine

(1) Sundvõõranditasu ja hüvitise kindlaksmääramisel lähtutakse erakorralisel hindamisel väljaselgitatud sundvõõrandamisele määratud kinnisasja või piiratud asjaõiguse maksumusest sundvõõrandamise otsuse vastuvõtmise hetke seisuga. Kinnisasja sundvõõranditasu ei või olla madalam kinnisasja ja hoonestusõiguse harilikust väärtusest sundvõõrandamise otsuse vastuvõtmise hetke seisuga.

(2) Ebaseaduslikke ehitisi ei hinnata.

(3) Sundvõõranditasu kindlaksmääramisel ei arvestata sundvõõrandatava kinnisasja või piiratud asjaõiguse väärtuse muutumist sundvõõrandmise otsuse vastuvõtmise ja erakorralise hindamise vahelisel ajal ega selle võimalikku muutumist tulevikus.

(4) Erakorraline hindamine viiakse läbi sundvõõrandamisotsuse jõustumisel. Erakorralisel hindamisel lähtutakse maa hindamise seaduse § 8 lõike 2 alusel kehtestatud korrast.

§ 16 Berechnung des Werts der enteigneten Immobilie und des beschränkten Sachenrechts

(1) Bei Festsetzung des Enteignungsentgelts und der Entschädigung ist von dem in einer außerordentlichen Bewertung festgestellten Wert der zur Enteignung bestimmten Immobilie oder des beschränkten Sachenrechts im Zeitpunkt der Fassung des Enteignungsbeschlusses auszugehen. Das Enteignungsentgelt der Immobilie darf den gewöhnlichen Wert der Immobilie und des (Erb-)Baurechts im Zeitpunkt der Fassung des Enteignungsbeschlusses nicht unterschreiten.

(2) Gesetzwidrige Bauten werden nicht bewertet.

(3) Bei der Festsetzung des Enteignungsentgelts werden eine Wertänderung der enteigneten Immobilie oder des enteigneten beschränkten Sachenrechts im Zeitraum ab Fassung des Enteignungsbeschlusses bis zur außerordentlichen Bewertung und eine etwaige Änderung in der Zukunft nicht berücksichtigt.

(4) Die außerordentliche Bewertung erfolgt mit Bestandskraft des Enteignungsbeschlusses. Im Fall der außerordentlichen Bewertung ist von dem in § 8 Abs. 2 Bodenbewertungsgesetz geregelten Verfahren auszugehen.

§ 17. Sundvõõranditasu suurus

(1) Sundvõõranditasu peab katma kahjud, mida sundvõõrandiandja peab sundvõõrandamise tõttu kandma, kusjuures kinnisasja sundvõõranditasu peab katma nii kinnisasja kui ka koos sellega sundvõõrandatavate päraldiste ja viljade väärtuse, kui seadusest tulene teisiti.

(2) Pärast sundvõõrandamise otsuse jõustumist kinnisasjale püstitatud ehitisi, kinnisasjal tehtud uuendusi, istutusi ja külve ei hüvitata, välja arvatud, kui sundvõõrandisaaja saab sellest kasu.

(3) Kinnisasja sundvõõrandatavaid olulisi osi, päraldisi ja vilju, ka käesoleva paragrahvi 2. lõikes nimetatud olulisi osi võib sundvõõrandiandja kinnisasjalt eemaldada ainult sundvõõrandisaaja loal.

§ 17 Höhe des Enteignungsentgelts

(1) Das Enteignungsentgelt muss die Schäden abdecken, die der Enteignete infolge der Enteignung zu tragen hat, wobei das Enteignungsentgelt der Immobilie sowohl den Wert der Immobilie als auch hiermit verbundenes Zubehör und Früchte umfassen muss, sofern sich aus dem Gesetz nicht etwas anderes ergibt.

(2) Nach Bestandskraft des Enteignungsbeschlusses auf der Immobilie errichtete Bauten, auf der Immobilie vorgenommene Neuerungen sowie Anpflanzungen und Saaten werden nicht entschädigt, es sei denn, der Enteignungsbegünstigte zieht hieraus einen Nutzen.

(3) Wesentliche Bestandteile, Zubehör und Früchte der Immobilie und auch die in Absatz 2 dieses Paragrafen genannten wesentlichen Bestandteile darf der Enteignete nur mit Erlaubnis des Enteignungsbegünstigten entfernen.

§ 7 Frankreich

Nikolaus Marsch

Inhaltsübersicht

A. Grundlagen

I. Historische Einführung

Wie das französische Verwaltungsrecht in seiner Gesamtheit wurde insbesondere auch das französische Staatshaftungsrecht vom *Conseil d'Etat* (Staatsrat)[1] im Wege richterlicher Rechtsschöpfung entwickelt.[2] Ausgangspunkt dieser Entwicklungen war die grundlegende Entscheidung *Blanco*[3] des für Rechtswegstreitigkeiten zuständigen *Tribunal des Conflits* (Konfliktsgericht)[4] aus dem Jahr 1873. Gegenstand dieses Rechtsstreits war die von Arbeitern einer staatlichen Tabakfabrik verursachte Verletzung eines Kindes, für die dessen Vater eine Entschädigung vor einem Zivilgericht eingeklagt hatte. Der Präfekt als Repräsentant des Staates[5] und damit als Beklagter im Zivilprozess rief das *Tribunal des Conflits* an, da er die Zivilgerichtsbarkeit in Fällen der Staatshaftung für unzuständig hielt. Der eigentliche Kern des Rechtsstreits betraf aber nicht die Zuständigkeit, sondern die grundlegende Frage, ob der Staat nach den allgemeinen (zivilrechtlichen) Regeln für die von staatlichen Organen verursachten Schäden zu haften habe. Denn bis zu diesem Zeitpunkt hatte der *Conseil d'Etat* die Anwendung der deliktischen Generalklausel des *Code Civil* (Zivilgesetzbuch) auf staatliches Handeln abgelehnt und eine Entschädigung nur in den wenigen, spezialgesetzlich normierten Fällen zugesprochen.[6]

Das *Tribunal des Conflits* hatte daher drei für das Staatshaftungsrecht wesentliche Fragen zu beantworten, weshalb sich auch die *Blanco*-Entscheidung auf drei Kernaussagen reduzieren lässt: 1. Der Staat ist nicht von jeglicher Haftung freigestellt, sondern er kann zur Entschädigung verpflichtet sein. 2. Diese staatliche Haftung bestimmt sich nicht nach den zivilrechtlichen Regeln, sondern folgt „speziellen Regeln, die je nach den Bedingungen des staatlichen Organs und der Notwendigkeit variieren, die Prärogativen des Staates mit den privaten Rechten zum Ausgleich zu bringen." 3. Zuständig für Haftungsklagen gegen den Staat sind die Verwaltungsgerichte, also lange Zeit vor allem der *Conseil d'Etat*.

Indem das *Tribunal des Conflits* die staatliche Haftung „speziellen Regeln" unterwarf, ohne diese im Detail zu konkretisieren, überließ es dem *Conseil d'Etat* die Aufgabe, diese Regeln anhand von konkreten Fällen zu entwickeln. Dieser Rechtsschöpfungsauftrag betraf jedoch nicht nur das Staatshaftungsrecht, sondern ging weit darüber hinaus, da ein geschriebenes Verwaltungsrecht zu diesem Zeitpunkt nur in Ansätzen existierte. Aus diesem Grund bestimmte der *Conseil d'Etat* vielfach in Haftungsprozessen die rechtlichen Bindungen der Verwaltung.[7] Er schuf so nicht nur das Staatshaftungs-, sondern auch wesentliche Teile des allgemeinen und besonderen Verwaltungsrechts, weshalb das französische Verwaltungsrecht ganz allgemein als „*Werk des Conseil d'Etat*" angesehen wird.[8]

---

1 Der Conseil d'Etat ist oberstes Verwaltungsgericht und berät die Regierung gleichzeitig in Rechtsfragen.

2 Zur historischen Entwicklung des französischen Staatshaftungsrechts siehe *Drago*, Responsabilité (Principes généraux de la), in: de Béchillon, Répertoire, Rn. 1ff.; *Guettier*, La responsabilité administrative, S. 12ff.

3 T.C., 8.2.1873, Blanco, GAJA Nr. 1.

4 Das Tribunal des Conflits entscheidet über Zuständigkeitsfragen zwischen der ordentlichen Gerichtsbarkeit und der Verwaltungsgerichtsbarkeit.

5 Der Präfekt steht an der Spitze der staatlichen Verwaltung auf der Ebene des Departements und ist insoweit dem Regierungspräsidenten in einigen deutschen Flächenländern vergleichbar; siehe hierzu *Marsch*, Frankreich, in: J.-P. Schneider (Hrsg.), Verwaltungsrecht in Europa, Bd. 2, 2009, S. 33 (81f.).

6 Siehe den historischen Abriss bei *Herrmann*, Das französische Staatshaftungsrecht, S. 30ff.

7 Vgl. *Herrmann*, Das französische Staatshaftungsrecht, S. 125.

8 Siehe als ein Beispiel den Titel des Aufsatzes von *Fromont*, Der französische Staatsrat und sein Werk, DVBl. 1978, 89ff.

Diese richterrechtliche Prägung hat das französische Staatshaftungsrecht bis heute nicht verloren.[9] Da es nur in geringem Maße normativ determiniert ist und der *Conseil d'Etat* es weitgehend vermieden hat, sich durch abstrakte Definitionen zu binden,[10] konnte sich das Staatshaftungsrecht zudem relativ frei und dynamisch entwickeln.[11] Kehrseite dessen ist ein hohes Maß an Kasuistik und eine nur schwache dogmatische Durchdringung. Verstärkt wird dies noch durch die Neigung des *Conseil d'Etat*, explizit oder implizit Billigkeitserwägungen bei der Lösung staatshaftungsrechtlicher Fälle heranzuziehen.

Schließlich ist die relativ hohe empirische Bedeutung des Staatshaftungsrechts in Frankreich hervorzuheben, die sich auf zwei wesentliche Gründe zurückführen lässt: Zum einen hat der französische Primärrechtsschutz bis 2001 unter der Schwäche der verwaltungsgerichtlichen Eilverfahren gelitten,[12] was zu einer Verlagerung von Verfahren in den Sekundärrechtsschutz geführt hat.[13] Zum anderen kennt das französische Recht keinen grundsätzlichen Vorrang des Primärrechtsschutzes (siehe hierzu C.IV.). Inwieweit zukünftig die normative Stärkung des Primärrechtsschutzes durch die Reform der verwaltungsgerichtlichen Eilverfahren auch zu einer empirischen Stärkung des Primärrechtsschutzes führen wird, ist noch nicht abzusehen.

II. Rechtsstaatliche Determinanten der Verfassungsordnung

Die 1958 durch ein Referendum verabschiedete Verfassung nennt in ihrem ersten Artikel die Strukturprinzipien der V. Republik. Hiernach ist Frankreich eine „unteilbare, laizistische, demokratische und soziale Republik". Der Begriff des *Etat de droit* (Rechtsstaat) findet sich dagegen nicht in der französischen Verfassung. Wenngleich er bereits 1920 von *Carré de Malberg* aus der deutschen Rechtswissenschaft rezipiert worden war, erfuhr er in Frankreich erst in den 1970er Jahren eine weitere Verbreitung.[14]

Zentrales Prinzip des französischen Verwaltungsrechts ist das ungeschriebene *principe de légalité*,[15] das dem deutschen Grundsatz des Gesetzesvorrangs entspricht.[16] Individuelle Verwaltungsentscheidungen und Rechtsverordnungen müssen mit dem gesamten höherrangigen Recht vereinbar sein und können von klageinteressierten Bürgern oder Verbänden im Wege des *recours pour excès de pouvoir* angegriffen werden.[17] Allerdings kontrollierten die Verwaltungsgerichte ursprünglich die Verfassungs- und Völkerrechtskonformität von Verwaltungshandeln nur in jenen Fällen, in denen die Verwaltungsentscheidung nicht auf einem Parlamentsgesetz be-

---

9 Vgl. *Dubois*, Responsabilité pour faute, in: de Béchillon, Répertoire, Rn. 13 ff. Hieran haben auch die staatshaftungsrechtlichen Spezialgesetze nichts geändert, die vom französischen Gesetzgeber im Laufe des 20. Jahrhunderts erlassen worden sind, siehe sogleich (→ A.III.).

10 Siehe *Guettier*, La responsabilité administrative, S. 17.

11 Siehe *Herrmann*, Das französische Staatshaftungsrecht, S. 431.

12 Hierzu ausführlich *Marsch*, Subjektivierung der gerichtlichen Verwaltungskontrolle in Frankreich, 2011, S. 225 ff.

13 Siehe *von Danwitz*, Verwaltungsrechtliches System und europäische Integration, 1996, S. 82.

14 Siehe *Dupuis/Guédon/Chrétien*, Droit administratif, S. 95 f.; *Favoreu et al.*, Droit constitutionnel, 10. Aufl. 2007, Rn. 30 f., 116; *Hamon/Troper*, Droit constitutionnel, 31. Aufl. 2009, Rn. 75.

15 Hierzu *Waline*, Droit administratif, Rn. 285 ff.

16 Dagegen ist der deutsche Begriff des Gesetzesvorbehalts ohne Pendant in der französischen Verwaltungsrechtswissenschaft, siehe hierzu *Marsch*, Frankreich (Fn. 5), S. 33 (73).

17 Der *recours pour excès de pouvoir* stellt die zentrale Klageart des französischen Verwaltungsprozessrechts dar und hat eine Annullierung der angegriffenen Verwaltungsentscheidung zum Ziel; zum französischen Verwaltungsprozessrecht siehe *Koch*, Verwaltungsrechtsschutz in Frankreich, 1998; *Marsch*, Frankreich (Fn. 5), S. 33 (147 ff.).

ruhte.[18] Erst seit der Entscheidung *Nicolo* des *Conseil d'Etat* aus dem Jahr 1989 werden auch die formell-gesetzlichen Rechtsgrundlagen auf ihre Vereinbarkeit mit dem Völker- und Unionsrecht[19] überprüft und im Falle der Unvereinbarkeit unangewendet gelassen.[20] Schließlich hat die Einführung einer konkreten Normenkontrolle im Jahr 2010 dazu geführt, dass nunmehr auch die Verfassungsmäßigkeit von Parlamentsgesetzen im verwaltungsgerichtlichen Verfahren geprüft und ein verfassungswidriges Gesetz auch noch nach dessen Verkündung vom *Conseil constitutionnel* (Verfassungsrat) für nichtig erklärt werden kann.[21]

Schließlich enthält die französische Verfassung keine explizite, dem Art. 19 Abs. 4 GG entsprechende Rechtsschutzgarantie. Erst in den 1990er Jahren hat der *Conseil constitutionnel* in zwei Entscheidungen den Art. 16 der von der Verfassungspräambel in Bezug genommenen *Déclaration des Droits de l'Homme et du Citoyen de 1789* (Erklärung der Menschen- und Bürgerrechte von 1789)[22] aktiviert.[23] Dieser schützt nach der neuen Rechtsprechung vor substantiellen Eingriffen in das Recht (klage)interessierter Personen, einen effektiven Rechtsbehelf bei einem Gericht einlegen zu können.[24]

III. Grundsätzliche Voraussetzungen einer Staatshaftung

Zentralbegriff des französischen Staatshaftungsrechts ist die *faute*, welche stark vereinfacht als fehlerhaftes Handeln umschrieben werden kann. Sie scheidet die beiden Staatshaftungstatbestände bzw. Tatbestandsgruppen voneinander: Die Unrechtshaftung für *faute* (*responsabilité pour faute*, 1.) und die Gefährdungs- und Aufopferungskonstellationen umfassende Haftung ohne *faute* (*responsabilité sans faute*, 2.).

1. Die Unrechtshaftung für *faute*

Führt ein fehlerhaftes Handeln der Verwaltung adäquat kausal zu einem Schaden, so haftet der Rechtsträger für diese *faute de service* und kann vor den Verwaltungsgerichten auf Schadensersatz in Anspruch genommen werden (→ B.I.1.a.aa., B.II., B.V.). Die originäre Staatshaftung entfällt jedoch, wenn der Schaden durch eine *faute personnelle* des handelnden Amtsträgers verursacht wurde, wenn die *faute* also von der Verwaltungstätigkeit ablösbar (*détachable*) ist (→ B.I.1.a.bb.). Die Eigenhaftung des Amtsträgers für eine *faute personnelle*, die vor den Zivilgerichten geltend zu machen ist, schließt somit dem Grundsatz nach die Staatshaftung aus. Durchbrochen wird dieser Grundsatz allerdings, sofern die *faute personnelle* trotz Ablösbarkeit

---

18 Die sogenannte *théorie de la loi écran* (Theorie des Vorhanggesetzes); hierzu und zum folgenden *Marsch*, Subjektivierung (Fn. 12), S. 76 f., 99 ff.; *Neidhardt*, Nationale Rechtsinstitute als Bausteine europäischen Verwaltungsrechts, 2008, S. 109ff.

19 Nach Art. 55 der Verfassung stehen ordnungsgemäß ratifizierte völkerrechtliche Verträge in der Normenhierarchie über den Parlamentsgesetzen.

20 C.E., Ass., 20.10.1989, Nr. 108243, GAJA Nr. 95; zu dieser Entscheidung *Lerche*, Ein Sieg für Europa?, ZaöRV 50 (1990), 599 ff.

21 Art. 61-1 der Verfassung, eingefügt durch das Gesetz Nr. 2008-724 vom 23.7.2008, J.O. v. 24.7.2008 in Verbindung mit den Art. 23-1 ff. des Organgesetzes über den *Conseil constitutionnel* (Nr. 58-1067 v. 7.11.1958 i.d.F. v. 10.12. 2009, J.O. v. 11.12.2009); hierzu *Bon*, La Question prioritaire de constitutionnalité après la loi organique de 10 décembre 2009, RFDA 2009, S. 1107 ff.

22 Die in Bezug genommenen Texte sind seit einer grundlegenden Entscheidung des Verfassungsrates Teil des positiven Verfassungsrechts, C.C., 16.7.1971, 71-44 DC, Rec. 29; ausführlich hierzu *Mels*, Bundesverfassungsgericht und Conseil constitutionnel, 2003, S. 279 ff. (285 ff.).

23 C.C., 23.7.1999, 99-416 DC, Rec. 100, angedeutet bereits in C.C., 9.4.1996, 96-373 DC, Rec. 43.

24 Hierzu *Vandermeeren*, Permanence et actualité du droit au juge, AJDA 2005, 1102 ff.

in einer Beziehung zur Verwaltungstätigkeit steht (→ B.I.1.a.cc.). In diesem Fall kann der Geschädigte alternativ den Amtsträger (vor den Zivilgerichten) oder die Körperschaft, für die jener handelte (vor den Verwaltungsgerichten), in Anspruch nehmen.

2. Gefährdungs- und Aufopferungshaftung ohne *faute*

Während die Unrechtshaftung für *faute de service* zumindest terminologisch eine Weiterentwicklung der deliktischen Generalklausel des Zivilrechts darstellt, die ebenfalls den Begriff der *faute* verwendet,[25] ist die als *responsabilité sans faute* bezeichnete Haftung eine Schöpfung des *Conseil d'Etat*. Dieser urteilte 1895 in der grundlegenden Entscheidung *Cames*, dass Arbeiter einer vom Militär betriebenen Werkstätte Anspruch auf Entschädigung von im Dienst erlittenen Schäden haben, selbst wenn dem Arbeitgeber keine *faute* zur Last gelegt werden kann.[26] In der Folge wurden richterrechtlich eine Reihe weiterer Haftungstatbestände entwickelt, welche die staatliche Haftung nicht vom Vorliegen einer *faute* abhängig machen.[27] Diese heute zum Teil spezialgesetzlich normierten Tatbestände haben gemein, dass staatliches Handeln oder Unterlassen adäquat kausal einen Schaden verursacht hat.[28] Je nach Haftungstatbestand muss darüber hinaus grundsätzlich entweder das staatliche Handeln oder der Schaden eine besondere Qualität aufweisen.

Eine Gefährdungshaftung stellt die Rechtsprechung des *Conseil d'Etat* zur Haftung für Schäden durch gefährliche Dinge, Situationen und Methoden dar. Haftungsvoraussetzung ist hier, dass sich ein vom staatlichen Handeln ausgehendes besonderes Risiko im Schaden realisiert hat. Einen Sonderfall stellt in diesem Zusammenhang die Haftung für Unfallschäden durch öffentliche Sachen oder Baumaßnahmen dar: Hier kommt es darauf an, ob der Geschädigte Benutzer oder Dritter ist, da nur Dritten Ansprüche aus Gefährdungshaftung erwachsen, wohingegen öffentliche Körperschaften gegenüber Benutzern öffentlicher Sachen nur für fehlerhaftes Handeln oder Unterlassen haften, das in dieser Konstellation allerdings vermutet wird.

Neben der Haftung für besondere Risiken umfasst die *responsabilité sans faute* eine richterrechtlich entwickelte Aufopferungshaftung für unvermeidbare Nebenfolgen öffentlicher Bauarbeiten und Sachen, für rechtmäßige Verwaltungsentscheidungen und schließlich für legislatives Handeln. Voraussetzung der Aufopferungshaftung ist in allen Fällen, dass der Schaden „speziell und anormal" ist (s. hierzu B.VII.2.).

IV. Rechtsquellen des Staatshaftungsrechts im Überblick

1. Richterrechtliche Prägung – Punktuelle Interventionen des Gesetzgebers

Das französische Staatshaftungsrecht hat seine (bereits einleitend dargestellte) richterrechtliche Prägung auch im Laufe des 20. Jahrhunderts nicht verloren, da der Gesetzgeber zwar in zunehmendem Maße, letztlich aber immer nur punktuell tätig geworden ist.[29] Eine Systematik der ge-

---

25 Vgl. *Truchet*, Droit administratif, S. 381.
26 C.E., 21.6.1895, *Cames*, GAJA Nr. 6.
27 Ausführlich hierzu und zum Folgenden → B.VII.
28 Vgl. *Gaudemet*, Droit administratif, S. 166; *Hennette-Vauchez*, Responsabilité sans faute, in: de Béchillon, Répertoire, Rn. 28 f.; *Vincent*, Responsabilité sans faute, in: Auby, Fasc. 824 Rn. 118 ff.
29 Vgl. *Guettier*, La responsabilité administrative, S. 16 ff.; *Herrmann*, Das französische Staatshaftungsrecht, S. 103; *Truchet*, Droit administratif, S. 378.

setzgeberischen Interventionen lässt sich dabei kaum ausmachen.[30] So bezweckt beispielsweise das Gesetz vom 5.7.1985 eine Vereinheitlichung des Rechtswegs, indem es den Zivilgerichten alle Streitigkeiten über die durch Verkehrsunfälle verursachten Schäden zuweist, unabhängig vom dienstlichen oder außerdienstlichen Charakter der Fahrt.[31] Einen anderen Weg ist der Gesetzgeber im Bereich der Krankenhaus- und Arzthaftung gegangen: Hier wurden die unterschiedlichen Rechtswege für privatrechtlich und öffentlich-rechtlich organisierte Krankenhäuser beibehalten, während die Rechtsprechung des *Conseil d'Etat* und der *Cour de Cassation*[32] durch den Gesetzgeber zu einem einheitlichen Haftungsregime zusammengefasst worden ist.[33] Bemerkenswert ist schließlich, dass der französische Gesetzgeber zunehmend Entschädigungsregime und -fonds schafft, die weder an fehlerhaftes oder risikobehaftetes Verhalten des Staates, noch an ein vom Geschädigten zu tragendes Sonderopfer anknüpfen. Neben der bereits seit dem Ende des 18. Jahrhunderts bestehenden Entschädigung für Tumultschäden,[34] sind unter anderem zu nennen:[35]

- die Entschädigung von Opfern terroristischer Anschläge auf französischem Territorium sowie die auf französische Opfer beschränkte Entschädigung von durch terroristische Anschläge im Ausland erlittenen Schäden [Art. L. 126-1 *Code des assurances*, (Versicherungsgesetz, abgekürzt: C. assur)];
- die Entschädigung für Schäden, die durch gegen die körperliche Integrität gerichtete Straftaten entstanden sind [Art. L. 706-3 *Code de procédure pénale* (Strafprozessordnung, abgekürzt: CPP)] und die Entschädigung von mittellosen Opfern von Vermögensstraftaten (Art. L. 706-14 CPP);
- die Entschädigung von durch Bluttransfusionen mit HIV infizierten Personen (Art. L. 3122-1 CSP), den Asbestgeschädigten (Art. 53 des Gesetzes Nr. 2000-1257 vom 23.12.2000) und jüngst den Opfern der Nuklearwaffentests (Gesetz Nr. 2010-2 vom 5.1.2010)[36];
- für durch Naturkatastrophen entstandene Schäden sehen Art. L. 125-1ff C. assur. eine Einstandspflicht der privaten Versicherer vor, für die ein im Wege der Rechtsverordnung festgelegter und somit vom konkreten Risiko entkoppelter Beitrag zu erheben ist; die Versicherer können sich jedoch rückversichern und erhalten hierfür eine staatliche Garantie (L. 431-9 C. assur.).

2. Geringer Konstitutionalisierungsgrad

Im Gegensatz zum deutschen kann das französische Verwaltungsrecht bis heute nicht als konkretisiertes Verfassungsrecht[37] bezeichnet werden, da die Konstitutionalisierung der Rechtsordnung in Frankreich ein noch in der Entwicklung befindliches Phänomen ist.[38] Dies gilt auch für das französische Staatshaftungsrecht, das nur in geringem Maße durch das Verfassungsrecht

---

30 *Herrmann*, Das französische Staatshaftungsrecht, S. 103.

31 Das ursprüngliche Gesetz stammte vom 31.12.1957 und ist aufgegangen im Gesetz Nr. 85-677 vom 5.7.1985.

32 Kassationsgerichtshof; Oberstes französisches Zivil- und Strafgericht.

33 Vgl. Art. L. 1142-1ff. *Code de la santé publique*, (Gesetzbuch über die öffentliche Gesundheit, abgekürzt: CSP); vgl. hierzu auch *Herrmann*, Das französische Staatshaftungsrecht, S. 106ff.; *Truchet*, Droit administratif, S. 402.

34 Heute geregelt in Art. L. 2216-3 *Code général des collectivités territoriales* (Allgemeines Gesetzbuch der Gebietskörperschaften, abgekürzt: CGCT); hierzu *Gaudemet*, Droit administratif, S. 183; *Herrmann*, Das französische Staatshaftungsrecht, S. 236f.

35 Ausführlich zum Folgenden *Herrmann*, Das französische Staatshaftungsrecht, S. 235ff.; *Pontier*, L'indemnisation hors responsabilité, AJDA 2010, 19ff.

36 Zu Letzterem *Pontier*, L'indemnisation des victimes d'essais nucléaires français, AJDA 2010, 676ff.

37 Der Begriff stammt von *Werner*, Verwaltungsrecht als konkretisiertes Verfassungsrecht, DVBl. 1959, 527ff.

38 Hierzu *Marsch*, Subjektivierung (Fn. 12), S. 99ff.

bedingt oder geprägt ist.[39] So hat sich nur eine Minderheit der Autoren in der über Jahrzehnte geführten Debatte um die normativen und überpositiven Grundlagen der Unrechtshaftung auf das Verfassungsrecht bezogen.[40] Überdies ist diese Debatte eine rein akademische geblieben und hat keinen Widerhall in der Rechtsprechung des *Conseil d'Etat* gefunden. Auch die Einführung der konkreten Normenkontrolle wird für das Staatshaftungsrecht voraussichtlich nicht mit einem Konstitutionalisierungsschub verbunden sein, da zukünftig zwar die wenigen formellgesetzlichen Grundlagen des Staatshaftungsrechts vom *Conseil constitutionnel* kontrolliert werden können, nicht aber die bedeutsameren richterrechtlichen Grundlagen.

Explizit verfassungsrechtlich verankert sind allein die Eigentumsgarantie und der Grundsatz der Lastengleichheit, welche sich beide in der mit Verfassungsrang ausgestatteten Erklärung der Menschen- und Bürgerrechte von 1789 finden. Deren Art. 17 schützt das Eigentum als unverletzliches Recht und lässt nur notwendige Enteignungen gegen Zahlung einer Entschädigung zu.[41] Art. 13 verpflichtet den Gesetzgeber nach der Rechtsprechung des *Conseil constitutionnel*, im Gesetz eine Entschädigung vorzusehen, wenn bestimmten Personen(gruppen) besondere Lasten auferlegt werden.[42] Schließlich hat der *Conseil constitutionnel* die deliktische Generalklausel des Art. 1382 *Code Civil* konstitutionalisiert und entschieden, dass es grundsätzlich verfassungsrechtlich geboten ist, jedem Geschädigten eine zivilrechtliche Schadensersatzklage gegen den Schädiger zu eröffnen.[43] Welche konkreten Folgen diese Entscheidung hat, ist jedoch unklar geblieben.

3. Relative Autonomie des öffentlich-rechtlichen Staatshaftungsrechts

Infolge der *Blanco*-Entscheidung und deren Absage an eine zivilrechtliche Haftung des Staates hat sich das Staatshaftungsrecht als öffentliches Sonderrecht herausgebildet. Der aus der deliktischen Generalklausel stammende Begriff der *faute* wurde vom *Conseil d'Etat* zur *faute de service* weiterentwickelt. Zugleich schuf der *Conseil d'Etat* die Haftung ohne *faute* und die durch eine besondere Intensität gekennzeichnete *faute lourde* (→ B.I.1.b.). Während letztere bis heute eine originär verwaltungsrechtliche Rechtsfigur geblieben ist,[44] hat sich eine Gefährdungshaftung in ähnlicher Weise im Zivilrecht entwickelt. Auch in anderen Bereichen haben sich *Conseil d'Etat* und *Cour de cassation* in ihrer Rechtsprechung aufeinander bezogen und aneinander orientiert.[45] Hierzu hat unter anderem der von der öffentlichen Meinung ausgeübte Konvergenzdruck beigetragen, da es in der Tat nur schwer einleuchtet, dass sich die Haftung von Krankenhäusern und Ärzten danach unterscheiden soll, ob die Einrichtung von einer Person des öffentlichen oder des Privatrechts getragen wird. Es kann daher nur von einer relativen Autonomie des öffentlich-rechtlichen Staatshaftungsrechts gesprochen werden.

39 Vgl. *Herrmann*, Das französische Staatshaftungsrecht, S. 433.
40 Vgl. die ausführlichen Darstellungen bei *Drago*, Responsabilité (Fn. 2), Rn. 29ff.; *Guettier*, La responsabilité administrative, S. 32ff.
41 Siehe die Entscheidung C.C., 16.1.1982, 81-132 DC, Rec. 18, Cons. 13ff., welche den Verfassungsrang der Eigentumsgarantie ausdrücklich anerkennt.
42 C.C., 8.1.1991, 90-283 DC, Rec. 11; 13.12.1985, 85-198 DC, Rec. 78.
43 C.C., 9.11.1999, 99-419 DC, Rec. 116, Cons. 70.
44 Vgl. *Guettier*, La responsabilité administrative, S. 142.
45 Hierzu *Herrmann*, Das französische Staatshaftungsrecht, S. 58ff.

4. Einfluss des Völker- und Unionsrechts

Im Gegensatz zum deutschen Amtshaftungsrecht kann das flexible französische Staatshaftungsrecht unions- und völkerrechtliche Einflüsse relativ leicht verarbeiten. Dies trifft insbesondere auf die Haftung für Verwaltungshandeln zu, da hier die Verarbeitung eines Völker- oder Unionsrechtsverstoßes als *faute* unproblematisch möglich ist (→ B.II.). Dagegen hat der *Conseil d'Etat* im Rahmen der Haftung für legislatives und judikatives Handeln jeweils richterrechtlich spezielle Haftungstatbestände zur Umsetzung der EuGH-Rechtsprechung schaffen müssen (→ B.I.2. und 3.), ohne dass in diesem Zusammenhang die Existenz einer direkt anwendbaren unionsrechtlichen Anspruchsgrundlage diskutiert worden ist. Auch die EGMR-Rechtsprechung zu überlangen Gerichtsverfahren hat den *Conseil d'Etat* zu einer Rechtsprechungsänderung gezwungen, ohne systemirritierende Wirkung zu entfalten.

V. Bereiche staatlicher Haftung

Im Zentrum der Staatshaftung stehen die bereits skizzierte Unrechtshaftung für *faute* (→ II.1.) sowie die vor allem Gefährdungs- und Aufopferungskonstellationen umfassende Haftung ohne *faute* (→ II.2.), die im Abschnitt zur Haftungsbegründung (B.) ausführlich dargestellt werden. Als weitere (Sonder-)Bereiche staatlicher Haftung sind insbesondere die im Folgenden darzustellende Enteignung (1.), die vertragliche Haftung (2.) sowie der Vollzugsfolgenbeseitigungsanspruch (3.) von Bedeutung.

1. Enteignung

Es werden in Frankreich im Wesentlichen zwei Formen der Enteignung unterschieden: Die Administrativenteignung von Grundstücken und Immobilien auf der Grundlage des *Code de l'expropriation pour cause d'utilité publique* (Gesetzbuch für gemeinwohlförderliche Enteignungen, abgekürzt: Code expr.) sowie die als *nationalisation* bezeichnete Verstaatlichung von Unternehmen, die in Form der Legalenteignung erfolgt.

Verstaatlichungen werden vom *Conseil constitutionnel* auf ihre Vereinbarkeit mit dem Eigentumsgrundrecht des Art. 17 der Erklärung der Menschen- und Bürgerrechte von 1789 kontrolliert.[46] Allerdings überprüft der *Conseil constitutionnel* die Notwendigkeit von Verstaatlichung anhand der Gesetzesmaterialien nur daraufhin, ob dem Gesetzgeber ein offensichtlicher Beurteilungsfehler unterlaufen ist.[47] Des Weiteren kontrolliert er, ob die im Gesetz vorzusehende Entschädigung angemessen ist.[48]

Administrativenteignungen von Grundstücken und Immobilien erfolgen in einem zweistufigen Verfahren, das sich in eine administrative und eine zivilgerichtliche Phase gliedert.[49] Zunächst ist ein besonderes Untersuchungsverfahren (*enquête publique*) durchzuführen, welches

46 Vgl. hierzu und zum Folgenden die beiden Entscheidungen des *Conseil constitutionnel* zu den umfangreichen Verstaatlichungen von Industrie- und Finanzunternehmen zu Beginn der Präsidentschaft *Mitterands*, C.C., 16.1.1982, 81-132 DC und 11.2.1982, 82-139 DC, Rec. 18 (= GDCC Nr. 28).

47 C.C., 16.1.1982, 81-132 DC, Cons. 20.

48 Während das erste Verstaatlichungsgesetz vor allem wegen der fehlenden Angemessenheit der Entschädigung für verfassungswidrig erklärt wurde, siehe C.C., 16.1.1982, 81-132 DC, Cons. 47 ff., hat der *Conseil constitutionnel* ein kurze Zeit später verabschiedetes, modifiziertes Gesetz als verfassungskonform angesehen, siehe C.C., 11.2.1982, 82-139 DC.

49 Ausführlich hierzu *Guettier*, Droit administratif des biens, 2008, Rn. 502 ff.

vor allem eine angemessene Öffentlichkeitsbeteiligung zum Ziel hat[50] und an dessen Ende die Feststellung der Gemeinwohlförderlichkeit durch den zuständigen Minister oder Präfekten (*déclaration d'utilité publique*) steht.[51] Bei dieser Feststellung handelt es sich um einen Verwaltungsakt, der vor den Verwaltungsgerichten im Wege des *recours pour excès de pouvoir* angegriffen und dessen Vollziehbarkeit in dringlichen Fällen suspendiert werden kann, sofern ernstliche Zweifel an der Rechtmäßigkeit bestehen. Die verwaltungsrichterliche Kontrolldichte ist in diesen Fällen vergleichsweise hoch, da die Gerichte nach der Theorie der Kosten-Nutzen-Bilanz eine Abwägung der betroffenen öffentlichen und privaten Interessen vornehmen.[52]

Nach der Feststellung der Gemeinwohlförderlichkeit beantragt der Präfekt den Vollzug der Enteignung beim zuständigen Enteignungsrichter, bei dem es sich um einen durch den Präsidenten der *Cour d'appel* (Berufungsgericht) benannten Richter am *Tribunal de grande instance* (Zivilgericht erster Instanz) handelt. Dieser überträgt durch einen ersten Beschluss das Eigentum auf die begünstigte Körperschaft (Art. L. 12-1 Code expr.), um sodann in einem zweiten Beschluss die Enteignungsentschädigung festzulegen (Art. L. 13-1 Code expr.).

2. Vertragliche Haftung

Die Parteien eines verwaltungsrechtlichen Vertrags können sich gegenseitig grundsätzlich nur auf der Grundlage der vertraglichen Haftungsregeln in Anspruch nehmen; die Regeln der deliktischen Haftung sind zwischen Vertragsparteien unanwendbar.[53] Allerdings unterscheiden sich die deliktischen und die verwaltungsvertraglichen Haftungsregeln nur im Detail.[54] So lassen sich auch innerhalb der vertraglichen Haftung eine Unrechtshaftung für *faute* und eine von einem Normverstoß unabhängige Haftung ohne *faute* unterscheiden.

Anspruchsvoraussetzung der Unrechtshaftung ist wie bei der deliktischen Haftung eine *faute* der öffentlichen Körperschaft, die adäquat kausal zu einem Schaden beim Vertragspartner geführt hat.[55] Auch die allgemeinen Haftungsausschlusstatbestände (wie beispielsweise die höhere Gewalt, → C.IV.) finden Anwendung. Im Gegensatz zur deliktischen Haftung sind die Pflichten der Vertragsparteien jedoch im Voraus, nämlich im Vertrag selbst, definiert;[56] die Verletzung einer vertraglichen Pflicht stellt grundsätzlich zugleich eine *faute* dar.[57]

Eine Haftung ohne Normverstoß stellt dagegen die besondere verwaltungsvertragliche Haftung für einen *fait du prince* dar.[58] Anders als im auf die Handlungsformen bezogenen deutschen Verwaltungsrecht steht im französischen Verwaltungsrecht die Finalität des Verwaltungshan-

---

50 Vor bedeutsamen städtebaulichen Maßnahmen und großen Infrastrukturprojekten sind darüber hinaus spezielle Verfahren der Öffentlichkeitsbeteiligung durchzuführen (*concertation* oder *débat public*), hierzu *Guettier*, Droit administratif (Rn. 49), Rn. 507, 517 ff.; zu den verschiedenen Verfahrensformen siehe *Marsch*, Frankreich (Fn. 5), S. 33 (118 ff.).

51 Siehe Art. L. 11-1 ff. Code expr. keine Liste der zu enteignenden Grundstücke enthält, werden diese durch einen zweiten Verwaltungsakt des Präfekten bestimmt (Art. L. 11-8).

52 Siehe hierzu und allgemein zur Kontrolldichte *Schlette*, Die verwaltungsgerichtliche Kontrolle von Ermessensakten in Frankreich, 1991, insb. S. 300 ff.; *Marsch*, Frankreich (Fn. 5), S. 33 (194 ff., 200 f.).

53 Siehe *Brisson*, Responsabilité en matière contractuelle et quasi-contractuelle, in: Auby, Fasc. 854 Rn. 8 ff.; *Guettier*, Droit des contrats administratifs, 2. Aufl., 2008, Rn. 686 ff.; *Paillet/Breen*, Faute de service – Notion, in: Auby, Fasc. 818 Rn. 2.

54 Vgl. *Guettier*, Contrats administratifs (Fn. 53), Rn. 687 ff.

55 Hierzu und zum Folgenden *Brisson* (Fn. 53), in: Auby, Rn. 61 ff.; *Guettier*, Contrats administratifs (Fn. 53), Rn. 700 ff.

56 Siehe *Richer*, Contrats administratifs, 5. Aufl., 2006 Rn. 416 f.

57 Siehe *Brisson*, in: Auby (Fn. 53), Rn. 61 ff.; *Guettier*, La responsabilité administrative, S. 141 mit Fn. 110.

58 Hierzu und zum Folgenden *Richer*, Contrats administratifs (Fn. 56), Rn. 441 ff.

delns im Zentrum.[59] Da der Zweck von verwaltungsrechtlichen Verträgen die Förderung des Gemeinwohls ist, kann die französische Verwaltung diese Verträge einseitig modifizieren oder gar kündigen, sofern dies im Interesse des Gemeinwohls erforderlich ist.[60] Allerdings hat der Vertragspartner in diesen Fällen einer rechtmäßigen Vertragsänderung oder Kündigung einen Anspruch auf Entschädigung. Diese Haftung für einen *fait du prince* kann auch Anwendung finden, wenn die vertragschließende öffentliche Körperschaft die Vertragsdurchführung durch eine hoheitliche Maßnahme erschwert. Allgemeine Voraussetzung dieser im Detail umstrittenen Aufopferungshaftung ist nach Ansicht der Rechtsprechung, dass die schadensstiftende Maßnahme rechtmäßig ist und vom Vertragspartner selbst getroffen worden ist.[61]

3. Vollzugsfolgenbeseitigungsanspruch

Die Aufhebung einer belastenden Verwaltungsentscheidung lässt eine Pflicht der Verwaltung entstehen, die Folgen der Vollziehung zu beseitigen.[62] Anders als in Deutschland ist die französische Verwaltung allerdings (unter Zugrundelegung eines hypothetischen Kausalverlaufs) zur Herstellung jenes Zustandes verpflichtet, der sich ohne Dazwischentreten der rechtswidrigen Verwaltungsentscheidung entwickelt hätte.[63] Da die Verwaltungsgerichte jedoch lange Zeit nicht befugt waren, Anordnungen an die Verwaltung zu richten, konnte die Pflicht zu Vollzugsfolgenbeseitigung nicht gerichtlich durchgesetzt werden. Dies erklärt, warum die französische Literatur keinen Vollzugsfolgenbeseitigungsanspruch als subjektiv-rechtliches Pendant zu der die Verwaltung treffenden Vollzugsfolgenbeseitigungspflicht entwickelt hat. Seit einer Reform des Verwaltungsprozessrechts im Jahr 1995 kann der Anfechtungskläger nunmehr beim Gericht der Hauptsache beantragen, die Verwaltung zur Vollzugsfolgenbeseitigung zu verpflichten [(Art. L. 911-1 *Code de justice administrative* (Verwaltungsgerichtsordnung, abgekürzt: CJA)].

B. Haftungsbegründung

I. Relevantes Verhalten

1. Verwaltungshandeln

Der folgende Abschnitt behandelt allein die Unrechtshaftung für fehlerhaftes Verwaltungshandeln, während die Gefährdungs- und Aufopferungskonstellationen ohne *faute* unter B. VII. beschrieben werden. Zentral für die Unrechtshaftung ist die Unterscheidung zwischen der eine originäre Staatshaftung auslösenden *faute de service* und der *faute personnelle*, welche die persönliche Haftung des Amtsträgers zu Folge hat. Schon an dieser Stelle ist darauf hinzuweisen, dass es sich bei der *faute de service* nicht notwendigerweise um ein Organisationsverschulden

---

59 Vgl. *Schmidt-Aßmann/Dagron*, Deutsches und französisches Verwaltungsrecht im Vergleich ihrer Ordnungsideen, ZaöRV 67 (2007), 395 (399).

60 Vgl. hierzu *Guettier*, Contrats administratifs (Fn. 53), Rn. 542 ff.

61 Vgl. *Guettier*, Contrats administratifs (Fn. 53), Rn. 716 ff.

62 Hierzu und zum Folgenden *Marsch*, Subjektivierung (Fn. 12), S. 134 f., 187 f.

63 In Deutschland ist der Vollzugsfolgenbeseitigungsanspruch dagegen nicht auf die Herstellung eines hypothetischen Zustandes, sondern auf die bloße Wiederherstellung des *status quo ante* gerichtet, siehe *Enders*, Abwehr und Beseitigung rechtswidriger hoheitlicher Beeinträchtigungen, in: Hoffmann-Riem et al. (Hrsg.), Grundlagen des Verwaltungsrechts – Bd. III, 2009, Rn. 39.

handelt, sondern auch das fehlerhafte Handeln eines konkret identifizierbaren Amtswalters eine *faute de service* darstellen kann.[64]

a) Originäre Staatshaftung, Amtsträgerhaftung und kumulative Haftung

aa) Originäre Staatshaftung bei faute de service

Die *faute*, der Zentralbegriff des französischen Staatshaftungsrechts, ist weder vom *Conseil d'Etat* noch vom Gesetzgeber definiert worden. Sie wird von *Guettier* als „flüchtig und vielgestaltig" beschrieben, wodurch den Verwaltungsgerichten ein weiter Entscheidungsspielraum eröffnet werde.[65] Die in der Literatur vorherrschenden Umschreibungen charakterisieren die *faute* als ein *dysfonctionnement*, also ein mangelhaftes Funktionieren des jeweiligen Verwaltungsorgans, oder aber als einen Pflichtverstoß, wobei die Pflicht der Verwaltung zwar schon zum Zeitpunkt des Verstoßes bestehen muss, vielfach aber erst im Staatshaftungsprozess konkretisiert wird.[66] Nach *Delaunay* liegt eine *faute* bei rechtswidrigem Handeln der Verwaltung und bei Verstößen gegen den (allerdings ungeschriebenen) Grundsatz guter Verwaltung vor.[67] Letztlich wird jedoch jede abstrahierende Beschreibung des Begriffs durch die Einzelfallbezogenheit einer Rechtsprechung relativiert, die teilweise pauschal auf die Umstände des konkreten Einzelfalls Bezug nimmt, um dadurch ihre Entscheidung zu begründen,[68] und vielfach ihre Entscheidungsparameter nicht offenlegt.[69] Zudem verwendet der *Conseil d'Etat* in seinen Urteilsbegründungen vielfach die Formulierung, dass das Verwaltungshandeln eine „*faute* darstellt, die so geartet ist, dass sie eine Haftung des Staates auslöst" (*une faute de nature à engager la reponsabilité*).[70] Dies erlaubt es ihm ebenfalls, Einzelfallumstände in die Beurteilung einfließen zu lassen, ob eine (vorliegende) *faute* tatsächlich die staatliche Haftung auslösen soll.[71] Ist jedoch das Erreichen eines bestimmten Ergebnisses gesetzlich vorgeschrieben, kann sich die Verwaltung weder unter Verweis auf Einzelfallumstände noch auf fehlende finanzielle Mittel exkulpieren.[72] Angesichts des starken Einzelfallbezugs des Begriffs der *faute* beschränken sich die französischen Autoren darauf, statt einer Definition eine Typologie möglicher *fautes* zu entwickeln.[73] So unterscheiden *Paillet/Breen* als mögliches haftungsauslösendes Verwaltungshandeln zwischen rechtswidrigen Ver-

---

64 Vgl. *Auby/Moreau*, Responsabilité – Définitions. Principes. Orientation, in: Auby, Fasc. 801 Rn. 66; *Lombard/Dumont*, Droit administratif, Rn. 98.

65 *Guettier*, La responsabilité administrative, S. 17.

66 Vgl. hierzu *Delaunay*, La faute de l'administration, Rn. 234ff., 248; *Dubois*, Responsabilité pour faute (Fn. 9), Rn. 62ff.; *Herrmann*, Das französische Staatshaftungsrecht, S. 130ff.; *Paillet/Breen* (Fn. 53), in: Auby, Rn. 46ff., 74ff., 93.

67 Siehe *Delaunay*, La faute de l'administration, Rn. 169ff.

68 Siehe *Herrmann*, Das französische Staatshaftungsrecht, S. 183f.

69 Siehe *Truchet*, Droit administratif, S. 381, der davon ausgeht, dass Natur und Bedeutung des Schadens sowie das Verhalten des Geschädigten und sein Wissen um die Gefahr wichtige ungenannte Entscheidungsparameter des *Conseil d'Etat* sind.

70 Unklar ist, ob es sich hierbei um eine weitere Umschreibung des Begriffs der *faute*, so z.B. *Long et al.*, GAJA Nr. 15 (C.E., 10.2.1905, Tomaso Greco), Rn. 4, oder um eine Zwischenkategorie zwischen der einfachen *faute* und der *faute lourde* (→ B.I.1.b.) handelt, so wohl *Truchet*, Droit administratif, S. 385, 387; zum Ganzen *Delaunay*, La faute de l'administration, Rn. 272.

71 Siehe *Delaunay*, La faute de l'administration, Rn. 275.

72 Der *Conseil d'Etat* hat daher beispielsweise Entschädigungen zugesprochen für Unterrichtsausfall in bedeutendem Umfange, der durch fehlende Lehrerstellen bedingt war (C.E., 27.1.1988, Nr. 64076, *Giraud*, AJDA 1988, 352 mit Anm. *Moreau* = RFDA 1988, 321 mit Anm. *Durand-Prinborgne*) oder für die Verletzung der gesetzlichen Pflicht, jedem behinderten Kind eine adäquate Schulausbildung zu ermöglichen (C.E., 8.4.2009, Nr. 311434, *M. et Mme. L.*, AJDA 2009, 1261 mit Schlussanträgen *Keller*).

73 Vgl. die Typologien bei *Dubois* (Fn. 9), in: de Béchillon, Répertoire, Rn. 54ff., 66ff.; *Paillet/Breen*, Faute de service (Fn. 53), Rn. 115ff.

waltungsentscheidungen, Untätigkeit der Verwaltung, schädigendem Realhandeln, Organisationsverschulden sowie fehlerhaften Auskünften und Zusagen.[74]

bb) Amtsträgerhaftung bei faute personnelle

Stellt die Schadensursache eine *faute personnelle* des Amtsträgers dar, so haftet dieser nach den Regeln des Zivilrechts und kann vom Geschädigten vor dem zuständigen Zivilgericht in Anspruch genommen werden. Da die ordentlichen Gerichte aus historischen Gründen lange Zeit nicht befugt waren, die Rechtmäßigkeit von Verwaltungshandeln zu prüfen, wurde die *faute personnelle* als eine vom *service public*[75] „loslösbare" *faute* definiert.[76] Nach der berühmt gewordenen Umschreibung *Laferrières* charakterisiert die *faute personnelle*, dass nicht der Beamte, sondern „der Mensch mit seinen Schwächen und Leidenschaften sowie seinem Leichtsinn" gehandelt hat.[77] Weniger poetisch, dafür etwas konkreter stellen die Autoren heute zum einen auf die besondere Schwere der Pflichtverletzung, zum anderen auf die Intentionen und Ziele des Amtsträgers ab.[78] So stellt die vorsätzlich begangene Pflichtverletzung in der Regel eine *faute personnelle* dar.[79] Gleiches gilt, wenn der Amtsträger sich bei seinem (unter Umständen strafbaren) Handeln von Schikane- oder Rachegelüsten hat leiten lassen[80] oder versucht hat, sich persönlich zu bereichern.[81]

cc) Kumulative Haftung von Staat und Amtsträger

Um dem Geschädigten einen solventen Schuldner zu verschaffen, hat der *Conseil d'Etat* in bestimmten Konstellationen schon früh eine kumulative Haftung von Staat und Amtsträger in Fällen von *faute personnelle* begründet.[82] Haben kumulativ sowohl eine *faute de service* als auch eine *faute personnelle* zur Schadensentstehung beigetragen, so haften der handelnde Amtsträger und der Rechtsträger jeweils in voller Höhe des Schadens.[83] Ein Grundsatzurteil hierzu aus der jüngeren Vergangenheit betraf die kumulative Haftung des Nazi-Kollaborateurs *Papon* und des französischen Staates für Deportationen französischer Juden nach Auschwitz.[84] Darüber hinaus

---

74 Siehe *Paillet/Breen* (Fn. 53), in: Auby, Rn. 122ff. Zu letzterem siehe ausführlich *Deguergue*, Promesses, renseignements, retards, in: de Béchillon, Répertoire, Rn. 7ff., 31ff.

75 Beim Begriff des *service public* handelt es sich um einen der zentralen und zugleich umstrittensten Begriffe des französischen Verwaltungsrechts; er bezeichnet zugleich die Verwaltung als Organisation und ihre Organe sowie den Zweck des Verwaltungshandelns, siehe hierzu *Marsch* (Fn. 5), S. 33 (96f.); *Pielow*, Grundstrukturen öffentlicher Versorgung, 2001, S. 115ff.

76 Grundlegend T.C., 30.7.1873, *Pelletier*, GAJA Nr. 2; siehe auch *Lombard/Dumont*, Droit administratif, Rn. 93.

77 Schlussanträge zu T.C., 5.5.1887, *Laumonnier-Carriol*, Rec. 437.

78 Siehe *Moreau/Muscat*, Responsabilité des agents et responsabilité de l'administration, in: Auby, Fasc. 806 Rn. 35; vgl. auch *Gaudemet*, Droit administratif, S. 156f.

79 Siehe *Dubois* (Fn. 9), in: de Béchillon, Répertoire, Rn. 88.

80 Vgl. C.E., 25.2.1922, *Immarigeon*, Rec. 185.

81 Vgl. C.E., 21.4.1937, *Mlle Quesnel*, Rec. 413.

82 *Gaudemet*, Droit administratif, S. 154.

83 Grundlegend C.E., 3.2.1911, *Anguet*, GAJA Nr. 23. Die Entscheidung C.E., 26.7.1918, *Epoux Lemonnier*, GAJA Nr. 33, in der der *Conseil d'Etat* dieselbe *faute* zugleich als *faute de service* und als *faute personnelle* angesehen und auf diese Weise eine kumulative Haftung von Staat und Amtsträger begründet hat, scheint historisch überholt zu sein, so *Truchet*, Droit administratif, S. 389; anders aber *Moreau/Muscat* (Fn. 78), in: Auby, Rn. 15ff., 32.

84 C.E., Ass., *Papon*, Nr. 238689, 12.4.2002, GAJA Nr. 113. Zur Aufarbeitung des von französischen Behörden während der Besatzungszeit begangenen Unrechts im Rahmen von Staatshaftungsprozessen siehe *Wiegandt/Naumann*, Vichy vor dem französischen Staatsrat – Staatshaftungsrecht als Mittel der Vergangenheitsbewältigung?, EuGRZ 2010, 156ff.

ist der Staat auch dann zum Ersatz des gesamten Schadens verpflichtet, wenn ihm zwar keine *faute de service* zur Last gelegt werden kann, die *faute personnelle* aber nicht ohne jegliche Verbindung zum *service public* ist (*faute personnelle non dépourvue de tout lien avec le service*). Grundlegend war insoweit die Entscheidung *Mimeur* des *Conseil d'Etat*, in der er der Eigentümerin einer Grundstücksmauer einen Schadensersatzanspruch gegen den Staat zugesprochen hat; diese war durch die Nachlässigkeit des Fahrers eines Militärfahrzeugs zerstört worden, da jener die vorgeschriebene Route verlassen hatte, um seine Familie zu besuchen.[85]

Diese sich nur bei subtiler Betrachtung unterscheidenden Abgrenzungskriterien einer vom *service public* loslösbaren *faute personnelle*, die zugleich nicht ohne jegliche Verbindung zum *service public* ist, entspringen letztlich den unterschiedlichen Zielen der Rechtsprechung: Im Innenverhältnis zwischen Staat und Amtsträger haftet grundsätzlich nur letzterer für eine *faute personnelle*, während der Bürger im Außenverhältnis möglichst einen solventen Schuldner und damit einen Anspruch gegen den Staat bekommen soll. Der wegen einer *faute personnelle* in Anspruch genommene Hoheitsträger besitzt daher einen Regressanspruch in voller Höhe gegen den Amtsträger, den er im Wege des Verwaltungsakts durchsetzen kann.[86] Tatsächlich nimmt der Staat jedoch nur in den seltenen Fällen Regress bei seinen Amtsträgern, in denen er eine disziplinarische Maßnahme für erforderlich hält.[87] Liegen dem Schadensersatzanspruch kumulativ eine *faute personnelle* und eine *faute de service* zugrunde, so kann der in Anspruch genommene Amtsträger vom Staat die Freistellung in Höhe des staatlichen Verursachungsbeitrages fordern und dies nötigenfalls im Wege der Leistungsklage durchsetzen.[88]

b) Intensität des Verstoßes (*faute lourde*)

Im Gegensatz zur zivilrechtlichen Haftung, die grundsätzlich durch jede *faute* ausgelöst werden kann, haftet die Verwaltung in einigen Bereichen nur dann, wenn ihr Handeln als in besonderem Maße fehlerhaft zu qualifizieren ist. Kriterien dieser *faute lourde* (schwerwiegende *faute*) sind vor allem die besondere Schwere und Offensichtlichkeit der *faute* sowie die Verletzung einer zentralen Pflicht der Verwaltung.[89] Diese Haftungserleichterung stellte ursprünglich eine der wichtigsten Ausprägungen des vom Privatrecht autonomen öffentlich-rechtlichen Staatshaftungsrechts dar.[90] Gerechtfertigt wurde sie traditionell vor allem mit den besonderen Schwierigkeiten, die bestimmte Bereiche des Verwaltungshandelns prägen und die sie daher von der allgemeinen Verwaltungstätigkeit unterscheiden.[91]

---

85 C.E., 18.11.1949, *Dlle* Mimeur, Rec. 492.

86 Siehe *Moniolle*, Actions en garantie, in: de Béchillon, Répertoire, Rn. 31; *Truchet*, Droit administratif, S. 391. Zu unterscheiden ist auf der einen Seite die *action subrogatoire*, die eine rechtsgeschäftliche Forderungsabtretung des im ersten Prozess geltend gemachten Anspruchs an den Beklagten dieses Prozesses darstellt, mit der Folge, dass Einwendungen gegen den ursprünglichen Anspruch erhalten bleiben, und auf der anderen Seite die *action récursoire*, die einen unabhängigen Ausgleichsanspruch darstellt, der daher auch auf eine *faute personnelle* gestützt werden kann, wenn der ursprüngliche Anspruch aus einer Haftung ohne *faute* folgte, siehe hierzu *Guettier*, La responsabilité administrative, S. 103f.; *Moniolle* (Fn. 86), in: de Béchillon, Répertoire, Rn. 101ff., 104ff.

87 So *Guettier*, La responsabilité administrative, S. 105f.; *Lombard/Dumont*, Droit administratif, Rn. 917; siehe auch *Moniolle* (Fn. 86), in: de Béchillon, Répertoire, Rn. 28.

88 Hierzu C.E., Ass., Nr. 238689, *Papon*, 12.4.2002, GAJA Nr. 113; *Truchet*, Droit administratif, S. 389ff.

89 Siehe *Paillet/Breen*, Faute de service – Preuve et qualification, in: Auby, Fasc. 820 Rn. 99. In Einzelfällen ziehen die Gerichte auch – an sich systemwidrig – die Schwere des Schadens als Kriterium heran, siehe hierzu die Nachweise bei *Paillet/Breen*, Rn. 108ff.

90 Siehe *Guettier*, La responsabilité administrative, S. 142.

91 Vgl. *Paillet/Breen* (Fn. 89), in: Auby, Rn. 53ff.

Der Anwendungsbereich der *faute lourde* ist jedoch vom *Conseil d'Etat* in den vergangenen Jahrzehnten schrittweise eingeschränkt worden, sodass sie heute nur noch in einigen wenigen Bereichen, wie beispielsweise bei der Aufsichtstätigkeit des Staates, eine Rolle spielt. So haftet der französische Staat für *fautes*, welche die Präfekten im Rahmen ihrer Rechtsaufsicht über die Gebietskörperschaften begehen, nur in jenen Fällen, in denen die Fehlerhaftigkeit als *faute lourde* zu qualifizieren ist.[92] Auch für *fautes* in der Aufsicht über bestimmte privatwirtschaftliche Tätigkeiten haftet der Staat nur bei Vorliegen einer *faute lourde*.[93] Die Literatur versucht diese Rechtsprechung damit zu erklären, dass die Haftung der Gebietskörperschaft bzw. des Unternehmens nicht durch eine staatliche Haftung ersetzt werden solle,[94] den Regulierungsbehörden ein besonderer Sachverstand zukomme, der eine geringere gerichtliche Kontrollintensität rechtfertige[95] und ganz grundsätzlich den Aufsichtsbehörden ein gerichtlich nicht überprüfbarer Ermessensspielraum verbleiben müsse.[96] Dagegen wird die hergebrachte Begründung, es handele sich bei der Aufsichtstätigkeit um eine mit besonderen Schwierigkeiten verbundene Verwaltungstätigkeit, zunehmend abgelehnt.[97] Dies gilt in gleicher Weise für den Bereich der Gefahrenabwehr, in dem ursprünglich zwischen rechtsförmigem Handeln (*faute simple*) und Realhandeln (*faute lourde*) unterschieden,[98] später der Anwendungsbereich der *faute lourde* aber ebenfalls nach und nach eingeschränkt wurde.[99] Gänzlich aufgegeben wurde das Erfordernis einer *faute lourde* unter anderem im Rahmen der Krankenhaushaftung[100] und bei der Haftung für durch Rettungsdienste verursachte Schäden.[101] Angesichts der schnellen und noch unvollendeten Rechtsprechungsentwicklung ist heute für viele Bereiche unklar, ob eine *faute lourde* Voraussetzung der Staatshaftung ist.[102]

c) Ermessenshandeln

Der weite und flexible Begriff der *faute* ermöglicht es nicht nur unproblematisch, auch Ermessenshandeln als haftungsbegründend zu qualifizieren. Vielmehr stellen sogar Ermessensentscheidungen, die keiner Kontrolle im Wege des Primärrechtschutzes unterliegen, taugliche An-

---

92 C.E., Ass., 29.3.1946, *Caisse départementale d'assurances sociales de Meurthe-et-Moselle*, Rec. 100 (Haftung für Schäden Dritter); C.E., 27.3.1948, *Commune de Champigny-sur-Marne*, Rec. 493 (Haftung für Schäden der Gebietskörperschaft); C.E., 6.10.2000, Nr. 205959, *Ministre de l'Intérieur/Commune de Saint-Florent et autres*, AJDA 2001, S. 201 mit Anm. *Cliquennois* (= RFDA 2001, 152 mit Anm. *Bon*; JCP 2001, 826 mit Anm. *Rouault*). Ausführlich zur Staatshaftung wegen fehlerhafter Aufsichtstätigkeit *Gaudemet*, La responsabilité de l'administration du fait de ses activités de contrôle, in: Liber amicorum Jean Waline, 2002, S. 202 ff.

93 So beispielsweise bei Fehlern in der Bankenaufsicht (C.E., Ass., 30.11.2001, Nr. 219562, *Ministre de l'Economie, des Finances et de l'Industrie/Kéchichian et autres*, RFDA 2002, 742 ff. mit Schlussanträgen *Seban*). Dagegen kann im Bereich der Wirtschaftsaufsicht über ausländische Unternehmen, die in Frankreich tätig werden, bereits eine *faute simple* die Staatshaftung auslösen (C.E., 13.11.2002, Nr. 232366, *Min. transports/Soc. Hélitransport*, AJDA 2003, 1122 mit Anm. *Deffigier*).

94 So *Guettier*, La responsabilité administrative, S. 112; *Paillet/Breen* (Fn. 89), in: Auby, Rn. 66; *Truchet*, Droit administratif, S. 385.

95 So *Guettier*, La responsabilité administrative, S. 112.

96 So *Gaudemet*, Droit administratif, S. 169.

97 S. z.B. *Delaunay*, La faute de l'administration, Rn. 283 ff.; *Gaudemet*, Droit administratif, S. 169.

98 Hierzu C.E., 10.2.1905, *Tomaso Greco*, GAJA Nr. 15.

99 *Paillet/Breen* (Fn. 89), in: Auby, Rn. 81 ff.; *Truchet*, Droit administratif, S. 386; ausführlich hierzu auch *Eveillard*, RFDA 2006, 733 ff.

100 Siehe die grundlegende Entscheidung C.E., Ass., 10.4.1992, Nr. 79027, *Epoux V.*, GAJA Nr. 98.

101 Vgl. *Truchet*, Droit administratif, S. 384 f.

102 *Truchet*, Droit administratif, S. 385. Auch für den wichtigen Bereich des Steuerrechts hat der *Conseil d'Etat* nunmehr das Erfordernis der *faute lourde* aufgegeben, C.E., Sect., 21.3.2011, Nr. 306225, *M. Christian Krupa*, RFDA 2011, 340 mit Schlussanträgen *Legras*.

knüpfungspunkte für eine Haftungsklage dar. So kann beispielsweise die Entscheidung des Präfekten, von einer Beanstandung im Rahmen der Rechtsaufsicht abzusehen, nicht im Wege des *recours pour excès de pouvoir* angefochten werden;[103] stellt sie jedoch eine *faute lourde* dar, kann im Fall eines Schadens Ersatz vom Staat verlangt werden.[104]

d) Haftung für rechtswidrige untergesetzliche Normen (Normatives Unrecht)

Der französische Begriff des *acte administratif* umfasst nicht nur einzelfallregelnde Verwaltungsakte, sondern auch Verordnungen. So wie beide Klagegenstand im *recours pour excès de pouvoir* sein können, so stellen sie auch beide im Falle ihrer Rechtswidrigkeit eine haftungsauslösende *faute* dar. Da jedoch regelmäßig nicht die Verordnung selbst, sondern vielmehr die auf der Grundlage der Verordnung ergangene konkret-individuelle Verwaltungsentscheidung den Schaden verursacht, stützen sich auch die Haftungsklagen nur in Ausnahmefällen direkt auf das von der Verordnung ausgehende normative Unrecht.

2. Legislatives Handeln

Eine Entschädigung für durch legislatives Handeln entstandene Nachteile wurde vom *Conseil d'Etat* bis in die jüngere Vergangenheit nur in Aufopferungskonstellationen gewährt.[105] Grundlegend ist insoweit die Entscheidung *La Fleurette* aus dem Jahr 1938, durch die erstmals eine solche Entschädigung zugesprochen wurde.[106] Sie betraf ein Gesetz, welches die Herstellung und den Vertrieb sahneähnlicher Produkte untersagte. Das auf die Herstellung eines solchen Produkts spezialisierte Unternehmen *La Fleurette* hatte mit seiner Entschädigungsklage Erfolg, da 1. die verbotene Tätigkeit weder schädigend noch gefährlich war,[107] 2. der Gesetzgeber eine mögliche Entschädigung nicht bewusst ausgeschlossen hatte[108] und 3. der Nachteil für *La Fleurette* besonders schwerwiegend und die Zahl der betroffenen Unternehmen sehr klein war.[109] Liegen diese drei Voraussetzungen vor, so nimmt der *Conseil d'Etat* eine Verletzung des Grundsatzes der Lastengleichheit (*rupture de l'égalité devant les charges publiques*) an, der zu entschädigen ist. Allerdings kommt diese Aufopferungshaftung nur äußerst selten zum Tragen,[110] vor allem

---

103 C.E., Sect., 25.1.1991, Nr. 80969, *Brasseur*, RFDA 1991, 587 mit Schlussanträgen *Stirn* und Anm. *Douence*.

104 C.E., 6.10.2000, Nr. 205959, *Ministre de l'Intérieur/Commune de Saint-Florent et autres*, AJDA 2001, 201 mit Anm. *Cliquennois* (= RFDA 2001, 152 mit Anm. *Bon*; JCP 2001, 826 mit Anm. *Rouault*).

105 Ausführlich (allerdings zum Teil nicht mehr der aktuellen Rechtslage entsprechend) zur Staatshaftung für legislatives Handeln *Broyelle*, La responsabilité de l'État.

106 C.E., Ass., 14.1.1938, Société anonyme des produits laitiers „La Fleurette", GAJA Nr. 52.

107 In der Entscheidung C.E., Sect., Nr. 215957, 30.7.2003, *ADARC*, RFDA 2004, 144 mit Schlussanträgen *F. Lamy* und Anm. *Bon* (S. 151), unterscheidet der *Conseil d'Etat* daher zwischen den vom Gesetzgeber gewollten direkten Folgen des Gesetzes (hier: Schutz der Kormorane als bedrohte Tierart) und den damit verbundenen, nicht gewollten und daher entschädigungsfähigen Sekundärfolgen (hier: schwere durch die Kormorane verursachte Schäden bei einigen wenigen Fischzüchtern in der Region), siehe *Hennette-Vauchez* (Fn. 28), in: de Béchillon, Répertoire, Rn. 63.

108 Sofern sich der Gesetzgeber nicht ausdrücklich zur Frage einer möglichen Entschädigung geäußert hat, haben die Gerichte ursprünglich eine Prüfung anhand der Gesetzgebungsmaterialien vorgenommen; seit der Entscheidung C.E., 2.11.2005, Nr. 266564, *Coopérative Agricole Ax'ion*, RFDA 2006, S. 349 mit Schlussanträgen *Guyomar*, muss der Gesetzgeber einer Entschädigung explizit ausschließen, will er die Verurteilung zur Zahlung einer Aufopferungsentschädigung verhindern, siehe *Hennette-Vauchez* (Fn. 28), in: de Béchillon, Répertoire, Rn. 55, 64.

109 Das Unternehmen war als einziges vom Verbot betroffen und musste seinen Geschäftsbetrieb einstellen, siehe *Long et al.*, GAJA Nr. 52 Rn. 2.

110 Bis 2003 wurde vom *Conseil d'Etat* nur in insgesamt vier Fällen den Klägern eine Aufopferungsentschädigung zugesprochen; neben der bereits zitierten Leitentscheidung *La Fleurette* (Fn. 106) und der Entscheidung *ADARC* (Fn. 107) handelte es sich um die Entscheidungen C.E., 21.1.1944, *Caucheteux et Desmonts*, Rec. 22 und Sect., 25.1. 1963, *Bovero*, Rec. 53.

weil das die Nachteile bedingende allgemeine Gesetz regelmäßig nicht nur einen kleinen Personenkreis betrifft.[111]

Aus prinzipiellen Erwägungen ausgeschlossen war zudem bis 2007 eine Haftung für legislatives Unrecht. Da das parlamentarische Gesetz als Ausdruck der *volonté générale* (Gemeinwille des Volkes) angesehen wurde, konnte es nur vor Inkrafttreten und allein durch den *Conseil constitutionnel* auf seine Verfassungskonformität überprüft werden. Obwohl die Verwaltungsgerichte seit der Entscheidung *Nicolo* aus dem Jahr 1989 unions- und völkerrechtswidrige Gesetze unangewendet lassen müssen, hat der *Conseil d'Etat* im Bereich des Sekundärrechtsschutzes zunächst versucht, die Haftung für legislatives Unrecht als eine Haftung für fautives Verwaltungshandeln zu konstruieren:[112] In der Entscheidung *SA Rothmans International France et SA Philip Moris* aus dem Jahr 1992 stützte er sich nämlich darauf, dass die Verwaltung das gemeinschaftsrechtswidrige Gesetz nicht habe anwenden dürfen.[113] Erst als im Jahr 2007 die Haftung für eine *self-executing*-Norm Gegenstand einer Klage war, akzeptierte der *Conseil d'Etat* in der Entscheidung *Gardedieu* die Verletzung von Völker- oder Unionsrecht als zweiten Haftungstatbestand bei legislativem Handeln.[114] Doch obwohl er die Haftung allein von der Verletzung einer Norm des Völker- oder Unionsrechts abhängig macht, dem Geschädigten also kein Sonderopfer abverlangt worden sein muss, vermeidet der *Conseil d'Etat* den Begriff der *faute* und die damit verbundene Rüge des Gesetzgebers.[115] Dennoch handelt es sich zweifelsohne um eine Unrechtshaftung. Die Einführung einer verfassungsgerichtlichen konkreten Normenkontrolle hat schließlich die Erweiterung dieses Haftungstatbestandes um die Fälle verfassungswidriger Gesetze wahrscheinlich werden lassen.

3. Judikatives Handeln

Die staatliche Haftung für judikatives Handeln wurde erstmals 1952 durch das *Tribunal des Conflits* anerkannt. Die Grundsatzentscheidung *Préfet de la Guyane* betraf allerdings zunächst nur die fehlerhafte Organisation der Gerichte beider Gerichtsbarkeiten, welche einen vor den Verwaltungsgerichten geltend zu machenden Schadensersatzanspruch entstehen lassen kann. Dagegen gelten für das fehlerhafte Funktionieren der Justiz, also die rechtsprechende Tätigkeit im engeren Sinne, je nach Gerichtsbarkeit unterschiedliche, aber sich ähnelnde Haftungsregime.[116] Für die Verwaltungsgerichtsbarkeit hat der *Conseil d'Etat* in der Grundsatzentscheidung *Darmont* geurteilt, dass deren Rechtsprechungstätigkeit nur dann eine staatliche Haftung auszulösen vermag, wenn der Schaden auf eine *faute lourde* des Gerichts zurückzuführen ist und nicht durch den Tenor eines rechtskräftigen Urteils verursacht worden ist.[117] Diese Rechtsprechung hat im Zuge der Europäisierung zwei bedeutende Modifikationen erfahren: Zum einen wurde auf Druck des EGMR bei Fällen überlanger Verfahrensdauer auf das Erfordernis einer *faute lourde*

---

111 Vgl. *Guettier*, La responsabilité administrative, S. 123; *Hennette-Vauchez* (Fn. 28), in: de Béchillon, Répertoire, Rn. 57.

112 Vgl. die Einschätzungen von *Gaudemet*, Droit administratif, S. 177; *Guettier*, La responsabilité administrative, S. 29, Fn. 55.

113 C.E., Ass., 28.2.1992, Nr. 87753, *SA Rothmans International France et SA Philip Moris Fr.*, AJDA 1992, 210 mit Schlussanträgen *Laroque* (= RFDA 1992, 425 mit Anm. *Dubouis*).

114 C.E., Ass., 8.2.2007, Nr. 279522, *Gardedieu*, RFDA 2007, 525 mit Anm. *Pouyaud*.

115 Siehe *Truchet*, Droit administratif, S. 414.

116 Die Unterscheidung zwischen fehlerhafter Organisation und fehlerhaftem Funktionieren ist im Detail unklar und wird daher von der Lehre kritisch beurteilt, siehe *Lombard/Dumont*, Droit administratif, Rn. 996; *Long et al.*, GAJA Nr. 70, Rn. 1ff.; *Truchet*, Droit administratif, S. 43.

117 C.E., 29.12.1978, Nr. 96004, *Darmont*, AJDA 1979, Nr. 11, 45 mit Anm. *Lombard*.

verzichtet;[118] für die Entschädigungsklage, die bereits vor Abschluss des überlangen Verfahrens erhoben werden kann,[119] ist nunmehr nach Art. R. 311-1 Nr. 5 CJA der *Conseil d'Etat* in erster und letzter Instanz zuständig. Zum anderen kann infolge der *Köbler*-Entscheidung des EuGH[120] ein Entschädigungsanspruch auch bei entgegenstehender Rechtskraft des fehlerhaften Urteils entstehen, sofern dieses in offensichtlicher Weise eine direkt anwendbare Norm des Unionsrechts verletzt.[121] Diese Regeln gelten in ähnlicher Weise für fehlerhaftes Funktionieren der Zivilgerichte, wobei die Haftung der ordentlichen Justiz nicht auf richterrechtlichen Grundlagen beruht, sondern explizit in Art. L. 141-1 *Code de l'organisation judiciaire* (Gerichtsverfassungsgesetz) geregelt ist.

II. Relevante Normverstöße

Entsprechend der Systementscheidung für eine objektive Rechtskontrolle stellt auch im Staatshaftungsrecht grundsätzlich jeder Rechtsverstoß, also auch ein Zuständigkeitsmangel oder ein Verfahrens- oder Formfehler, eine *faute* dar.[122] Allerdings muss zwischen *faute* und Schaden ein Ursachenzusammenhang dergestalt bestehen, dass sich der Schaden als Folge gerade des der *faute* zugrundeliegenden Rechtsverstoßes darstellt.[123] Bei formellen Rechtsfehlern fehlt dieser Pflichtwidrigkeitszusammenhang in der Regel, weshalb sie zwar eine *faute* darstellen, ohne jedoch einen Schadensersatzanspruch zu begründen.[124]

Für Verletzungen von Völker- oder Unionsrecht durch Verwaltungshandeln gilt ebenfalls der Grundsatz, wonach jeder Rechtsfehler eine *faute* darstellt. Rechtsverletzungen dieser Art können daher vom französischen Staatshaftungsrecht seit jeher relativ leicht verarbeitet werden. Allein für jene Fälle, in denen der Rechtsverstoß vom Gesetzgeber ausgeht, musste der *Conseil d'Etat* einen gesonderten Haftungstatbestand schaffen (→ B.I.2.).

III. Schutzgutbezogenheit

Die französische Lehre kategorisiert in ihren Darstellungen der Haftung für *faute* die unterschiedlichen Fallkonstellationen häufig anhand des jeweils verletzten Schutzgutes, ohne dass diese Kategorisierung mit Unterschieden in den Haftungsregeln einhergeht. Voraussetzung sowohl der Unrechts- als auch der Gefährdungs- und der Aufopferungshaftung ist, dass ein legitimes, also ein nicht rechtswidriges oder amoralisches Interesse verletzt wurde;[125] die Verletzung eines bestimmten Rechtsgutes oder Rechts ist nicht erforderlich. Schutzgutbezogen sind allein die richterrechtlich entwickelten Figuren der *emprise irrégulière* sowie der *voie de fait*, die einen

---

118 Grundlegend insoweit die Entscheidung C.E., Ass., 28.6.2002, Nr. 239575, *Garde des Sceaux/Magiera*, RFDA 2002, S. 756 mit Schlussanträgen *F. Lamy* (= AJDA 2003, 85 mit Anm. *Andriantsimbazovina*).
119 C.E., 25.1.2006, Nr. 284013, *SARL Potchou et autres*, RFDA 2006, 299 mit Schlussanträgen *Struillou* (= AJDA 2006, 589 mit Anm. *Landais/Lenica*).
120 EuGH C-224/01, Slg. 2003, I-10239 – *Köbler*.
121 C.E., 18.6.2008, Nr. 295831, *Gestas*, RFDA 2008, 755 mit Schlussanträgen *de Salins* und Anm. *Pouyaud*, 1178.
122 Siehe *Delaunay*, La faute de l'administration, Rn. 189 ff., 223 f.; *Dubois* (Fn. 9), in: de Béchillon, Répertoire, Rn. 68; *Gaudemet*, Droit administratif, S. 167; *Guettier*, La responsabilité administrative, S. 141; *Truchet*, Droit administratif, S. 382.
123 *Delaunay*, La faute de l'administration, Rn. 21.
124 *Herrmann*, Das französische Staatshaftungsrecht, S. 152.
125 Vgl. *Truchet*, Droit administratif, S. 397.

rechtswidrigen Eingriff in das Eigentum oder ein Freiheitsgrundrecht voraussetzen.[126] Beide haben jedoch stark an Bedeutung verloren und spielen daher heute in der Praxis eine nur untergeordnete Rolle.[127]

IV. Zurechnung

Für Schäden, die durch hoheitliches Handeln verursacht worden sind, haftet der Rechtsträger des handelnden Organs nach den Regeln der öffentlich-rechtlichen Staatshaftung.[128] Im Übrigen findet das öffentlich-rechtliche Haftungsregime grundsätzlich Anwendung auf das Handeln der Beamten und Angestellten aller Körperschaften und Anstalten des öffentlichen Rechts,[129] sofern der Schaden nicht durch eine *faute personnelle* verursacht worden ist, die in keinerlei Beziehung zur Verwaltungstätigkeit steht (→ B.I.1.a.bb. und → cc.).

Handelt ein Verwaltungsorgan im Wege der Amtshilfe oder der Organleihe für einen anderen Rechtsträger, so haftet allein der Rechtsträger, dessen Aufgabe erfüllt wird.[130] Ersetzt jedoch der Präfekt im Wege der Rechtsaufsicht die Verwaltungsentscheidung einer Gebietskörperschaft, haftet nur jene gegenüber dem geschädigten Bürger.[131] Ist schließlich eine Person des Privatrechts mit der Ausführung eines *service public* betraut, haftet zunächst nur diese für entstandene Schäden;[132] im Falle von deren Insolvenz haftet subsidiär die übertragende Körperschaft des öffentlichen Rechts.[133]

V. Kausalität

Der Kausalzusammenhang (*lien de causalité*) zwischen der *faute* bzw. dem staatlichen Handeln[134] und dem Schaden ist naturgemäß auch in Frankreich Voraussetzung eines Staatshaftungsanspruchs. Die Verwaltungsgerichte scheinen dabei eher einer Adäquanztheorie als einer reinen Äquivalenztheorie zuzuneigen. Als schadensauslösend wird daher regelmäßig nur ein Tun, Dulden oder Unterlassen angesehen, dass einen überwiegenden Anteil an der Schadensentstehung hatte[135] bzw. die Schadensentstehung muss Folge eines gewöhnlichen Kausalverlaufes sein.[136] Ausdrücklich festgelegt hat sich der *Conseil d'Etat* in dieser Frage jedoch nicht, um flexibel auf Besonderheiten des Einzelfalles reagieren zu können. Nach Ansicht der französi-

---

126 Hierzu *Dupuis/Guédon/Chrétien*, Droit administratif, S. 683 ff.; *Moreau*, Voie de fait, in: de Béchillon (Hrsg.), Répertoire de contentieux administratif.

127 Siehe zur *emprise irréguliere Herrmann*, Das französische Staatshaftungsrecht, S. 92; zur *voie de fait Marsch*, Subjektivierung (Fn. 12), S. 115, 281 f., 285 ff., 289.

128 Hierzu und zum Folgenden ausführlich *Chapus*, Droit administratif, Rn. 705 ff., 765 ff.; siehe auch *Gaudemet*, Droit administratif, S. 181.

129 Eine wichtige Ausnahme gilt für die sogenannten *services publics industriels et commerciaux*, die zwar als Personen des öffentlichen Rechts organisiert sind, deren Handeln jedoch dem Zivilrecht unterfällt, da es dem Handeln privater Unternehmen vergleichbar ist, s. hierzu die unter dem Namen *Bac d'Eloka* bekannt gewordene Leitentscheidung T.C., 22.1.1921, *Société commerciale de l'Ouest Africain*, GAJA Nr. 38.

130 *Guettier*, La responsabilité administrative, S. 11.

131 *Guettier*, La responsabilité administrative, S. 101 f.

132 C.E., Sect., Nr. 02199, 21.3.1980, *Vanderiele*, Rec. 161.

133 C.E., Sect., Nr. 06145, 13.11.1970, *Ville de Royan*, RDP 1971, 741 mit Schlussanträgen *Braibant*.

134 Im Rahmen der Gefährdungs- und Aufopferungshaftung muss ein nicht-fautives staatliches Tun oder Unterlassen adäquat kausal den Schaden ausgelöst haben.

135 So *Truchet*, Droit administratif, S. 392.

136 So *Chapus*, Droit administratif, Rn. 1413; *Lombard/Dumont*, Droit administratif, Rn. 927.

schen Autoren beinhaltet die Beurteilung des Kausalzusammenhangs in komplexen Fällen daher immer auch ein gewisses Maß an richterlicher Subjektivität.[137]

VI. Relevanz von Verschulden

Die staatliche Unrechtshaftung für *faute de service* kann nicht als eine reine Verschuldenshaftung qualifiziert werden, da die Vorwerfbarkeit der *faute* nicht explizit und in allen Fällen Voraussetzung der Haftung ist. Zugleich stellt allerdings nicht jedes Abweichen von einem abstrakt definierten Standard eine *faute* dar, sondern die Gerichte nehmen teilweise im Rahmen einer Gesamtbetrachtung eine konkrete Beurteilung des Einzelfalles vor, die nach Einschätzung von *Herrmann* im Einzelfall einer Prüfung der Vorwerfbarkeit ähneln kann.[138] *Fromont* sieht in der *faute* daher eine Synthese der deutschen Begriffe der Rechtswidrigkeit und des Verschuldens[139] und bezeichnet die Haftung für *faute* als eine Haftung für objektiviertes Verschulden.[140] Soweit allerdings das Vorliegen einer *faute lourde* (→ B.I.1.b.) Voraussetzung der Haftung ist, nähert sich die Unrechtshaftung einer reinen Verschuldenshaftung an, da die in diesen Fällen erforderliche Schwere und Offensichtlichkeit der *faute* einen Verschuldensvorwurf implizieren.

Verschuldensunabhängig ist der Anspruch auf Vollzugsfolgenbeseitigung (→ A.IV.3.), da dieser bereits durch die Annullierung der angegriffenen Verwaltungsentscheidung im Primärrechtsschutzverfahren entsteht.

VII. Haftung ohne Normverstoß

Zentrale Haftungstatbestände ohne Normverstoß sind die unter dem Begriff der „Haftung ohne *faute*" zusammengefassten Tatbestände der Gefährdungs- und der Aufopferungshaftung (→ bereits A.II.2.). Dagegen liegt der Unrechtshaftung für *faute* zwar nicht notwendigerweise ein Verstoß gegen eine Norm des geschriebenen Rechts zugrunde; als konstitutive Voraussetzung für eine *faute* muss aber zumindest eine Verletzung richterrechtlicher Regeln (z.B. des ungeschriebenen Grundsatzes der guten Verwaltung) vorliegen, weshalb die Haftung für *faute* nicht (und auch nicht in Teilen) als Haftung ohne Normverstoß zu qualifizieren ist.

Die Haftungstatbestände ohne *faute* ermöglichen es den Verwaltungsgerichten, den Kläger zu entschädigen, ohne der Verwaltung einen Unrechtsvorwurf machen zu müssen; vielmehr kann diese ihr (potentiell) schadensauslösendes Verhalten unter der Bedingung fortführen, dass sie die Geschädigten entschädigt.[141] Umstritten sind seit jeher die Grundlagen dieser richterrechtlichen Rechtsschöpfung, da immer wieder der Versuch unternommen wurde, sämtliche Haftungstatbestände und Facetten der Haftung ohne *faute* auf eine gemeinsame Grundnorm oder ein grundlegendes Prinzip zurückzuführen.[142] Letztlich scheitern diese Versuche aber daran, dass der weite Oberbegriff der „Haftung ohne *faute*" zwei sich im Kern unterscheidende Haf-

---

137 Siehe *Chapus*, Droit administratif, Rn. 1413; *Guettier*, La responsabilité administrative, S. 127; *Truchet*, Droit administratif, S. 392.

138 *Herrmann*, Das französische Staatshaftungsrecht, S. 180 ff., insb. S. 182.

139 *Fromont*, Droit administratif des États européens, 2006, S. 335.

140 *Fromont*, Staatshaftungsrecht in Frankreich, DÖV 1982, 925 (928).

141 Siehe *Guettier*, La responsabilité administrative, S. 114 f.; vgl. auch *Herrmann*, Das französische Staatshaftungsrecht, S. 116 f.; *Truchet*, Droit administratif, S. 408.

142 Hierzu und zum Folgenden ausführlich *Hennette-Vauchez* (Fn. 28), in: de Béchillon, Répertoire, Rn. 8 ff.; vgl. auch *Herrmann*, Das französische Staatshaftungsrecht, S. 211.

tungstatbestände umfasst, die sich jeweils auf eine eigenständige Grundlage zurückführen lassen.[143] So liegt der Gefährdungshaftung das Prinzip zugrunde, dass der Staat für mögliche Schäden aufkommen muss, wenn er eine Gefahrenquelle geschaffen bzw. vom geschaffenen Risiko profitiert hat. Die Aufopferungshaftung folgt dagegen aus dem Grundsatz der Lastengleichheit, dessen Verletzung zu entschädigen ist. Diese unterschiedlichen Grundlagen der Haftungstatbestände spiegeln sich auch in den jeweiligen Haftungsvoraussetzungen wider. Denn ohne Vorliegen einer *faute* haftet der Staat grundsätzlich nur dann, wenn entweder vom staatlichen Handeln ein besonderes Risiko ausgeht (Gefährdungshaftung) oder aber der Schaden als Sonderopfer des Geschädigten zu qualifizieren ist (Aufopferungshaftung). Als eine verklammernde Grundlage der beiden Haftungstatbestände kann allein der Gedanke der Billigkeit bzw. der Einzelfallgerechtigkeit bemüht werden.[144]

1. Gefährdungshaftung

Empirisch bedeutsam ist zunächst die Gefährdungshaftung für Unfallschäden,[145] die durch öffentliche Bauwerke (insbesondere Straßen) oder Bauarbeiten verursacht wurden.[146] Sie kommt jedoch nur Dritten, nicht aber den Benutzern der öffentlichen Bauwerke zu Gute. Letztere können eine Entschädigung nur auf der Grundlage der Haftung für *faute* erlangen, die in diesen Fällen jedoch vermutet wird (→ D.II.). Nur in den seltenen Fällen, in denen es sich bei dem Bauwerk um eine in besonderem Maße gefährliche öffentliche Sache handelt, kommen auch Benutzer in den Genuss der Gefährdungshaftung.[147]

Darüber hinaus umfasst die Gefährdungshaftung nach der Systematisierung der französischen Lehre die Haftung für gefährliche Dinge, Methoden und Situationen.[148] Während der *Conseil d'Etat* in seiner Leitentscheidung zur Gefährdungshaftung noch die Tatsache als bestimmend ansah, dass der Geschädigte in unmittelbarer Nachbarschaft des explodierten Munitionslagers wohnte,[149] hat er in seiner späteren Rechtsprechung auf das Kriterium der Nachbarschaft verzichtet und es durch das Erfordernis eines „besonderen Risikos für Dritte" ersetzt.[150] Ein solches Risiko können nach Ansicht des *Conseil d'Etat* beispielsweise liberale Erziehungsmethoden in staatlichen Heimen für straffällige Kinder und Jugendliche darstellen.[151] Diese Rechtsprechung ist später auf Versuchsausgänge psychisch kranker Personen und die Freigänge von Strafgefan-

---

143 *Truchet*, Droit administratif, S. 409.

144 So z.B. von *Truchet*, Droit administratif, S. 409; vgl. auch *Herrmann*, Das französische Staatshaftungsrecht, S. 432.

145 Die Unfallschäden sind von den als unvermeidliche Nebenfolgen staatlicher Bauarbeiten zu umschreibenden *dommages permanents* zu unterscheiden, für die nur im Falle eines Sonderopfers gehaftet wird (→ B.VII.2.).

146 Ausführlich hierzu und zum Folgenden *Hennette-Vauchez* (Fn. 28), in: de Béchillon, Répertoire, Rn. 104 ff.; *Vincent* (Fn. 28), in: Auby, Fasc. 824, Rn. 67 ff.

147 In der Leitentscheidung C.E., Ass., Nr. 82406, 6.7.1973, *Dalleau*, Rec. 482, hat der *Conseil d'Etat* eine Straße auf der Insel Réunion als besonders gefährlich qualifiziert, die sich am Fuße einer Steilküste befindet und auf der es wegen Erdrutschen regelmäßig zu Unfällen kam. Wenige Jahre später hat er dieselbe Straße wegen zwischenzeitlich durchgeführter Schutzmaßnahmen als nicht in besonderem Maße gefährlich angesehen, C.E., 3.11.1982, Nr. 19673, *Min. des Transports/Payet*, Rec. 367.

148 Vgl. u.a. *Hennette-Vauchez* (Fn. 28), in: de Béchillon, Répertoire, Rn. 130; *Vincent* (Fn. 28), in: Auby, Fasc. 824, Rn. 4 ff.; hierzu auch *Römermann*, Aufopferungshaftung in Europa, 2007, S. 84 ff.

149 C.E., 28.3.1919, *Régnault-Desroziers*, Rec. 329.

150 Siehe *Hennette-Vauchez* (Fn. 28), in: de Béchillon, Répertoire, Rn. 131 ff.

151 Grundlegend C.E., Sect., 3.2.1956, *Thouzellier*, Rec. 49; präzisierend zu den Haftungsvoraussetzungen nunmehr C.E., 17.12.2010, Nr. 334797, Garde des Sceaux/Fonds de garantie des victimes d'actes de terrorisme et d'autres infractions, AJDA 2011, S. 1696 mit Anm. *Pollet-Panoussis*.

genen ausgedehnt worden.[152] An die Stelle der Nachbarschaft als Kriterium der Unmittelbarkeit tritt in diesen Fällen das Erfordernis einer zeitlichen Nähe, bei dessen Fehlen die Kausalität zwischen staatlichem Handeln und Schadensverursachung entfällt.[153] Als Fälle einer Haftung für gefährliche Situationen werden beispielsweise die im Mutterleib erlittenen Schädigungen eines Kindes genannt, dessen als Kindergärtnerin beschäftigte Mutter sich mit den Röteln infiziert hatte,[154] sowie die Eigentumsschäden des französischen Generalkonsuls in Seoul, dessen Verbleib auf seinem Posten während des Koreakrieges angeordnet worden war, obwohl nordkoreanische Truppen im Begriff waren, die Stadt zu besetzen.[155]

2. Aufopferungshaftung

Grundlage der Aufopferungshaftung ist der Grundsatz der Lastengleichheit, der nach der Rechtsprechung des *Conseil d'Etat* einen allgemeinen Rechtsgrundsatz des Verwaltungsrechts darstellt.[156] Unter der Voraussetzung dass ein Schaden „anormal und speziell" ist, sich also durch eine besondere Schwere und einen kleinen Kreis von Betroffenen auszeichnet, kann der Geschädigte eine Entschädigung für rechtmäßiges Verwaltungshandeln oder legislatives Handeln erlangen (zu Letzterem → B.I.2.).[157] Die Aufopferungshaftung ist im Wesentlichen richterrechtlich geprägt; spezialgesetzlich geregelt sind unter anderem die Haftung für Schäden durch obligatorische Impfungen (Art. L. 3111-9 CSP) sowie die Entschädigung für zu Unrecht erlittene Untersuchungshaft (Art. L. 149 CPP).

Leitentscheidung zur Haftung für rechtmäßige Verwaltungsentscheidungen[158] ist das *Couitéas*-Urteil aus dem Jahr 1923:[159] Der *Conseil d'Etat* beurteilte die Weigerung der Verwaltung als rechtmäßig, ein Räumungsurteil durchzusetzen, das der Haftungskläger in einem vorangegangene Zivilprozess gegen Besetzer seines Anwesens in der damaligen Kolonie Tunesien erstritten hatte. Unter Verweis auf drohende Unruhen und die Massivität des erforderlichen militärischen Vorgehens durfte die Verwaltung es ablehnen, ein rechtkräftiges Zivilurteil zu vollstrecken, sofern sie den Vollstreckungsgläubiger entschädigt. Heute ist die Entschädigungspflicht in Art. 16 des Gesetzes Nr. 91–650 vom 9.7.1991 positivrechtlich normiert und betrifft insbesondere die im Einzelfall aus sozialen Gründen unterbleibende Räumung von Mietwohnungen.[160] Zudem wurde die *Couitéas*-Rechtsprechung auch auf durch Blockadehandlungen verursachte Schäden ausgedehnt, wenn die Verwaltung es aus Rücksicht auf eine angespannte soziale Lage unterlassen hatte, die Blockaden zu beenden.[161] Als weiteres Beispiel ist schließlich die rechtmäßige Ermessensentscheidung des Präfekten zu nennen, keine Abrissverfügung an den Eigentümer eines baurechtswidrig errichteten Hauses zu richten.[162]

Eine weitere Fallgruppe der Aufopferungshaftung sind Verwaltungsentscheidungen, die zu einem Verlust von Lagevorteilen führen. Vielzitiert ist die Entscheidung des *Conseil d'Etat*, ei-

---

152 C.E., 13.7.1967, Nr. 65735, *Département Moselle*, Rec. 341; C.E., 2.12.1981, Nr. 25861, *Garde des Sceaux/Theys*, Rec. 456.
153 Vgl. *Römermann*, Aufopferungshaftung (Fn. 148), S. 108 f.
154 C.E., Ass., 6.11.1968, Nr. 72636, *Dlle Saulze*, Rec. 550.
155 C.E., Sect., 19.10.1962, *Perruche*, AJDA 1962, 668 mit Anm. *Gentot/Fourré*.
156 C.E., Ass., 7.2.1958, *Syndicat des propriétaires de forêts de chênes-liège d'Algérie*, Rec. 74; zur Normkategorie der allgemeinen Rechtsgrundsätze siehe *Marsch*, Frankreich (Fn. 5), S. 33 (59 f.).
157 Siehe *Hennette-Vauchez* (Fn. 28), in: de Béchillon, Répertoire, Rn. 43 ff., 45.
158 Ausführlich hierzu *Vincent* (Fn. 28), in: Auby, Fasc. 824, Rn. 89 ff.
159 C.E., 30.11.1923, *Couitéas*, GAJA Nr. 41.
160 Siehe in diesem Zusammenhang auch die Entscheidung des C.C., 29.7.1998, 98-403 DC, Rec. 276.
161 C.E., 6.11.1985, Nr. 48630, Min. Transports/Cie Tourraine Air Transport et Soc. Condor-Flugdienst, Rec. 312.
162 C.E., Ass., 20.3.1974, Nr. 90547, *Navarra*, Rec. 200 (vgl. auch die Anm. von *Franc/Boyon* AJDA 1974, 303).

nem Apotheker eine Entschädigung zuzusprechen, der seine Apotheke wegen fehlender Kundschaft schließen musste; Auslöser des Kundenrückgangs und Anknüpfungspunkt für die Aufopferungshaftung war die Entscheidung der öffentlichen Wohnungsbaugesellschaft wegen sozialer Unruhen zehn in der Nachbarschaft der Apotheke liegende Hochhäuser zu entmieten.[163] Führen Verwaltungsentscheidungen mit generellem oder normativem Charakter zu Geschäftseinbußen, wie beispielsweise die Umwidmung einer Straße oder die Neuregelung der Verkehrsführung, so kann dies im Einzelfall einen Entschädigungsanspruch auslösen.[164] Der Aufopferungshaftung für legislatives Handeln vergleichbar scheitern Entschädigungsansprüche in diesen Fällen jedoch häufig an der (zu) großen Zahl betroffener Personen.[165] *Herrmann* geht zudem davon aus, dass sich die Rechtsprechung zum Verlust von Lagevorteilen auf die Frage zurückführen lässt, ob die Veränderungen für die Betroffenen vorsehbar waren.[166]

Des Weiteren können unvermeidliche Nebenfolgen rechtmäßiger Baumaßnahmen und von öffentlichen Sachen ausgehende Immissionen Anwendungsfälle der Aufopferungshaftung sein.[167] Die hierzu ergangene Rechtsprechung betrifft beispielsweise die durch Baumaßnahmen bedingte Erschwerung des Zugangs zu einem Geschäft[168] oder den von einer Autobahn ausgehenden Lärm.[169]

Schließlich hat der *Conseil d'Etat* in einer erst kürzlich ergangenen Entscheidung einer behinderten Rechtsanwältin ein Schmerzensgeld zuerkannt, da die überwiegende Anzahl der Gerichte in ihrem Bezirk über keine Zugangsmöglichkeiten für Rollstuhlfahrer verfügte und sie aus diesem Grund regelmäßig von Justizangestellten die Treppen hinaufgetragen werden musste.[170] Dieser moralische Schaden wurde vom *Conseil d'Etat* als anormal und speziell qualifiziert, weshalb er der Klägerin auf der Grundlage des Lastengleichheitsgrundsatzes ein Schmerzensgeld von € 20.000 zusprach.

3. Billigkeitsentschädigung für Gelegenheitshelfer

Einen Sonderfall außerhalb der Dichotomie von Gefährdungs- und Aufopferungshaftung stellt die Entschädigung von Gelegenheitshelfern dar, die bei ihrer Unterstützungstätigkeit für die Verwaltung einen Schaden erlitten haben.[171] Während die festangestellte Mitarbeiter betreffende Entscheidung *Cames* (→ A.II.2.) mit der Einführung eines öffentlichen Dienstrechts an Bedeutung verloren hat,[172] gilt der ihr zugrundeliegende Gedanke in der Rechtsprechung zu den Gelegenheitshelfern der Verwaltung fort. Sie werden unter der Voraussetzung entschädigt, dass ihre Unterstützung angeordnet bzw. gewünscht oder sie (in dringlichen Fällen) zumindest hilfreich

---

163 C.E., Sect., 31.3.1995, Nr. 137573, *M. Lavaud*, AJDA 1995, 422 mit Anm. *Touvet/Stahl* (384); siehe des Weiteren C.E., Sect., 2.6.1972, Nr. 79597, *Les Vedettes blanches*, Rec. 414.

164 C.E., Sect., 22.2.1963, *Commune de Gavarnie*, Rec. 113; C.E., 13.5.1987, Nr. 50876, *Aldebert*, JCP 1988, II.20960 mit Anm. *Pacteau*; C.E., 16.10.1992, Nr. 95152, *SA Garages de Garches*, Nr. 95152.

165 *Lombard/Dumont*, Droit administratif, Rn. 987 f.

166 *Herrmann*, Das französische Staatshaftungsrecht, S. 269 f.

167 Hierzu ausführlich *Hennette-Vauchez* (Fn. 28), in: de Béchillon, Répertoire, Rn. 93 ff.

168 C.E., 8.11.1957, Société algérienne des automobiles Renault, Rec. 597.

169 C.E., 5.11.1982, Nr. 25192, Société des autoroutes du Sud de la France.

170 C.E., Ass., 22.10.2010, Nr. 301572, *Mme Bleitrach*, RFDA 2011, 141 mit Schlussanträgen *Roger-Lacan*.

171 Grundlegend C.E., Ass., 22.11.1946, *Commune de Saint-Priest-la-Plaine*, GAJA Nr. 59; ausführlich hierzu *Vincent* (Fn. 28), in: Auby, Fasc. 824, Rn. 50 ff. *Walter*, Neuere Entwicklungen im französischen Staatshaftungsrecht – verschuldensunabhängige Haftung öffentlicher Krankenhäuser, ZaöRV 53 (1993), 882 (886 f.), sieht diese Fallgruppe als Unterfall der Risikohaftung an.

172 Diese Rechtsprechung kommt heute nur noch subsidiär zur Anwendung, siehe *Lombard/Dumont*, Droit administratif, Rn. 970 f.; *Truchet*, Droit administratif, S. 418.

gewesen ist.[173] Da weder der Schaden eine besondere Qualität aufweisen,[174] noch es sich um eine in besonderem Maße gefährliche Unterstützungstätigkeit gehandelt haben muss, handelt es sich weder um eine Aufopferungs- noch um eine Gefährdungshaftung. Grundlage dieser Rechtsprechung dürften vielmehr Billigkeitserwägungen sein.

C. Haftungsfolgen

I. Haftungssubjekte

Haftungssubjekt ist in der Regel der Rechtsträger des jeweils handelnden Verwaltungsorgans oder – soweit die schädigende Handlung eine faute personnelle darstellt – der handelnde Amtsträger selbst (zu Letzterem → B.I.1.a.bb.). Dabei gelten grundsätzlich dieselben Haftungsregeln für einen Großteil der Hoheitsträger. Ein wichtiges haftungsrechtliches Spezialregime stellt der *Code de la santé publique* (CSP) für Krankenhäuser dar.[175] Dagegen knüpft das besondere Erfordernis der *faute lourde* weniger am Haftungssubjekt, denn an der Art des haftungsauslösenden Handelns an (→ B.I.1.b.).

II. Individualansprüche

Anspruchsinhaber ist grundsätzlich der Geschädigte, mit anderen Worten der persönlich Betroffene, und zwar unabhängig von seiner Staatsangehörigkeit.[176] Da mit der *faute* ein objektiver Begriff im Zentrum des französischen Staatshaftungsrechts steht, ist Zulässigkeitsvoraussetzung der Schadensersatzklage diese persönliche Betroffenheit des Klägers,[177] nicht die mögliche Verletzung eines subjektiven Rechts. Darüber hinaus können unter bestimmten Voraussetzungen auch Vereinigungen einen „moralischen Schadensersatz“ erlangen, wenn das von ihnen kollektiv verteidigte Interesse durch eine *faute* beeinträchtigte wurde.[178]

III. Haftungsinhalt

Im Rahmen der Haftung für *faute* sowie der Gefährdungs- und Aufopferungshaftung ohne *faute* verurteilen die Gerichte den haftendenden Hoheitsträger in der Regel zur Zahlung einer Entschädigung. Nur in Einzelfällen sprechen sie im Haftungsprozess eine alternative Verurteilung zu Schadensersatz in Geld oder Naturalrestitution aus und überlassen es dem Beklagten, nach seiner Wahl den Schaden in natura zu beseitigen oder zu entschädigen.[179] Auch im Rahmen der verwaltungsvertraglichen Haftung kann der Hoheitsträger nur zur Zahlung einer Entschädigung, nicht aber zur Erfüllung seiner vertraglichen Pflichten verurteilt werden. Dagegen ist der

---

173 Siehe *Gaudemet*, Droit administratif, S. 174 f.; *Hennette-Vauchez* (Fn. 28), in: de Béchillon, Répertoire, Rn. 126; *Truchet*, Droit administratif, S. 419.

174 *Hennette-Vauchez* (Fn. 28), in: de Béchillon, Répertoire, Rn. 117.

175 Hierzu ausführlich *Markus*, Responsabilité des établissements publics de santé – Fondements, in: Auby, Fasc. 906-10.

176 Siehe als Beispiel für die Klage eines ausländischen Staatsbürgers C.A.A. Marseille, 21.12.2012, Nr. 11MA03529.

177 Siehe *Guettier*, La responsabilité administrative, S. 153.

178 Hierzu *L. Boré*, RFDA 1996, 549 ff.

179 Siehe *Auby/Moreau* (Fn. 64), in: Auby, Rn. 51; *Guettier*, La responsabilité administrative, S. 131 f.

Vollzugsfolgenbeseitigungsanspruch, der als Annexantrag zur Annullierungsklage oder auch nach einer bereits erfolgten Annullierung beantragt werden kann, auf die Herstellung des hypothetischen Zustands gerichtet, wie er ohne den Erlass der rechtswidrigen Verwaltungsentscheidung bestünde.[180] Voraussetzung dieses regelmäßig schwer zu konkretisierenden Anspruchs ist, dass sich die notwendigen Beseitigungshandlungen direkt aus der Annullierung ergeben und zugleich rechtlich sowie tatsächlich möglich sind.[181]

Gehaftet wird für Schäden, die nach allgemeiner französischer Terminologie direkt und gewiss sind, wobei ersteres die haftungsausfüllende Kausalität zwischen Interessenverletzung und Schaden umschreibt,[182] letzteres die bloß eventuell eintretenden Schäden ausschließt.[183] Entgangener Gewinn kann einen ersatzfähigen Schaden darstellen, sofern nachweisbar ist, dass dem Geschädigten eine reelle Chance auf einen (zum Zeitpunkt des schadensstiftenden Ereignisses) zukünftigen Vorteil genommen worden ist.[184] Seit langem anerkannt ist darüber hinaus auch, dass bei Ehrverletzungen oder dem Verlust naher Angehöriger ein Schmerzensgeld eingeklagt werden kann.[185] Schließlich ist als erwähnenswerter Sonderfall die unter dem Schlagwort „wrongful birth“ bekannt gewordene Konstellation zu nennen, die in Frankreich zu einer heftigen politischen und gesellschaftlichen Debatte geführt hat. Haben Fehler bei der pränatalen Diagnostik dazu geführt, dass eine werdende Mutter sich nicht für einen Abbruch der Schwangerschaft entschieden hat, und ist das Kind entgegen der ärztlichen Auskunft schwer behindert, so hatte nach der ursprünglichen Rechtsprechung des *Conseil d'Etat* zwar nicht das Kind selbst, wohl aber dessen Eltern einen Schaden, der durch ein Schmerzensgeld und eine lebenslange Rente für die besonderen Belastungen entschädigt wurde.[186] Auslöser der Debatte war allerdings die Entscheidung *Perruche* des *Cour de Cassation*, in der dieser dem behinderten Kind selbst einen Schadensersatz für seine Geburt zusprach.[187] Diesen Entscheidungen trat schließlich der Gesetzgeber entgegen, indem er in Art. L. 114-5 CSP bestimmte, dass niemand die eigene Geburt als Schaden geltend machen kann. Eltern können nunmehr den Betreuungsmehraufwand nicht mehr im Wege der Haftung für *faute* geltend machen, da dessen Entschädigung, so der Gesetzestext, Sache der nationalen Solidarität ist.[188]

IV. Haftungsbegrenzung und -ausschluss

In der französischen Literatur werden vier Fallkonstellationen unterschieden, bei deren Vorliegen die Staatshaftung beschränkt oder ganz ausgeschlossen ist.[189] Zunächst können sowohl ein mitverursachendes Verhalten (*faute*) des Geschädigten[190] als auch die mitursächliche *faute* eines

---

180 Hierzu und zum Folgenden *Marsch*, Subjektivierung (Fn. 12), S. 134 f., 187 f.

181 Wichtiger Anwendungsbereich ist das Beamtenrecht, speziell die auf hypothetischer Grundlage zu rekonstruierende Laufbahn eines zu Unrecht gekündigten oder bei einer Beförderung übergangenen Beamten; siehe hierzu die Leitentscheidung C.E., 26.12.1925, *Rodière*, GAJA Nr. 42.

182 Sehr klar *Guettier*, La responsabilité administrative, S. 156, Fn. 151.

183 Zum Ganzen ausführlich *Séners*, Préjudice réparable, in: de Béchillon, Répertoire, Rn. 193 ff.

184 *Séners* (Fn. 183), in: de Béchillon, Répertoire, Rn. 244.

185 Grundlegend die Entscheidung C.E., Ass., 24.11.1961, *Letisserand*, GAJA, Nr. 81.

186 C.E., Sect., 14.2.1997, Nr. 133238, *CHR de Nice/Epoux Quarez*, AJDA 1997, 430 mit Anm. *Chauvaux/Girardot*.

187 Cass., Ass. plén., 17.11.2000, Nr. 99-13701, *Perruche*, D. 2001, S. 332 mit Schlussanträgen *Sainte Rose*.

188 Siehe hierzu und zur diesbezüglichen EGMR-Entscheidung *Hennette-Vauchez*, AJDA 2006, 1272 ff.

189 Ausführlich zum Folgenden *Fornacciari/Chauvaux*, Exonérations ou atténuations de responsabilité, in: de Béchillon, Répertoire.

190 Die Prüfung, ob eine *faute* des Geschädigten vorliegt, ähnelt den Kriterien, nach denen eine *faute* der Verwaltung festgestellt wird, da auch hier zu prüfen ist, ob das Verhalten des Geschädigten dem eines sorgfältigen Bür-

Dritten zu einer Beschränkung oder einem Ausschluss der staatlichen Haftung führen. Hat eine *faute* des Geschädigten zur Schadensentstehung beigetragen, so wird der Staatshaftungsanspruch anteilsmäßig oder vollständig gekürzt, und zwar unabhängig davon, ob dieser Anspruch auf einer Haftung für *faute* oder einer Gefährdungshaftung beruht.[191] Allerdings kommt es faktisch nur in Ausnahmefällen zu einer Anspruchskürzung, da die Gerichte nur sehr selten eine *faute* des Geschädigten feststellen.[192] Im Gegensatz hierzu greift die Haftungsbegrenzung wegen einer mitverursachenden *faute* einer dritten Person[193] nur in den Fällen der Haftung für *faute*.[194] Sie führte nach hergebrachter aber umstrittener Rechtsprechung ebenfalls zu einer Anspruchskürzung. Denn anders als die Zivilgerichte verurteilen die Verwaltungsgerichte den Dritten und die haftende Verwaltung nicht als Gesamtschuldner, sondern nur nach ihren jeweiligen Verursachungsanteilen.[195] Gegen diese für den Geschädigten unbefriedigende Rechtsprechung hat sich nunmehr das *Tribunal des Conflits* gewendet und in einer Entscheidung aus dem Jahr 2000 eine nach Verwaltungsrecht haftende öffentliche Körperschaft und ein privat-rechtlich organisiertes Krankenhaus als Gesamtschuldner verurteilt.[196]

In Gänze ausgeschlossen ist ein Anspruch aus Staatshaftung darüber hinaus in Fällen höherer Gewalt (*force majeure*) und bei sogenannten Zufallsschäden (*cas fortuit*),[197] die allerdings beide rechtstatsächlich nur eine untergeordnete Rolle spielen.[198] Während die Begriffe von der französischen Zivilrechtslehre und der *Cour de Cassation* synonym verwendet werden, unterscheidet die Verwaltungsrechtslehre zwischen der von außen einwirkenden höheren Gewalt und dem *cas fortuit*, bei dem es sich um eine unbekannte Schadensursache in der Sphäre der Verwaltung handelt.[199] Als höhere Gewalt, die als unvorhersehbares und unabwendbares Ereignis definiert wird,[200] kommen daher vor allem Naturkatastrophen in Betracht.[201] Dagegen handelt es sich beim *cas fortuit* vor allem um Fälle, in denen die genaue Ursache eines technischen Versagens nicht geklärt, die Verwaltung aber nachweisen kann, das ihr keine *faute* anzulasten ist.[202] Aus diesem Grund führt der *cas fortuit* nur zu einem Ausschluss einer Haftung für *faute*, wohin-

---

gers, Eigentümers etc. entspricht, siehe *Delaunay*, La faute de l'administration, Rn. 478; *Fornacciari/Chauvaux* (Fn. 189), in: de Béchillon, Répertoire, Rn. 129 ff.

191 Siehe *Lombard/Dumont*, Droit administratif, Rn. 937.

192 Siehe *Truchet*, Droit administratif, S. 393.

193 *Truchet*, Droit administratif, S. 393. Als Dritte gelten in dieser Hinsicht nur jene Personen, deren Handeln weder dem Geschädigten noch der haftenden Körperschaft zuzurechnen ist, *Fornacciari/Chauvaux* (Fn. 189), in: de Béchillon, Répertoire, Rn. 55 f., 118 ff.

194 Keine Anwendung findet dieser Haftungsbegrenzungstatbestand dagegen im Bereich der Gefährdungs- und Aufopferungshaftung („*sans faute*"), siehe *Hennette-Vauchez* (Fn. 28), in: de Béchillon, Répertoire, Rn. 22.

195 Siehe *Fornacciari/Chauvaux* (Fn. 189), in: de Béchillon, Répertoire, Rn. 59 ff., 63 ff.; *Lombard/Dumont*, Droit administratif, Rn. 939.

196 T.C., 14.2.2000, *M. Ratinet*, RFDA 2000, 1232 mit Anm. *Pouyaud*.

197 Siehe *Fornacciari/Chauvaux* (Fn. 189), in: de Béchillon, Répertoire, Rn. 29, 47.

198 Siehe *Dubois* (Fn. 959), in: de Béchillon, Répertoire, Rn. 129; *Fornacciari/Chauvaux* (Fn. 189), in: de Béchillon, Répertoire, Rn. 12: *Guettier*, La responsabilité administrative, S. 128.

199 Die Voraussetzungen eines *cas fortuit* sind im Detail umstritten: Während einige Autoren als maßgebliches Unterscheidungskriterium ansehen, dass die Schadensursache in der Sphäre der Verwaltung begründet liegt, so z.B. *Dubois* (Fn. 9), in: de Béchillon, Répertoire, Rn. 129, stellen andere vor allem darauf ab, dass die genaue Schadensursache nicht identifizierbar ist, so beispielsweise *Delaunay*, La faute de l'administration, Rn. 980; vgl. zum Ganzen *Fornacciari/Chauvaux* (Fn. 189), in: de Béchillon, Répertoire, Rn. 38 ff.

200 Siehe *Dubois* (Fn. 9), in: de Béchillon, Répertoire, Rn. 129; *Lombard/Dumont*, Droit administratif, Rn. 942.

201 Die Gerichte stellen dabei immer auch auf die regionalen Gegebenheiten ab, weshalb beispielsweise ein Zyklon in Neukaledonien nicht als höhere Gewalt angesehen worden ist, da in dieser Region mit derlei Wetterphänomenen zu rechnen, der Zyklon mithin nicht unvorhersehbar war, siehe C.E., 25.3.1988, Nr. 56809, *Territoire de la Nouvelle-Calédonie*; weitere Rechtsprechungsnachweise bei *Fornacciari/Chauvaux* (Fn. 189), in: de Béchillon, Répertoire, Rn. 19.

202 So *Dubois* (Fn. 9), in: de Béchillon, Répertoire, Rn. 133.

gegen er im Bereich der Gefährdungshaftung nicht zur Anwendung kommt.[203] Dies unterscheidet den *cas fortuit* von der höheren Gewalt, die den Kausalzusammenhang zwischen der Verwaltungstätigkeit und dem Schadenseintritt entfallen lässt und daher auch in Fällen der Gefährdungshaftung anwendbar ist.[204]

Keinen Haftungsausschluss hat dagegen ein Unterlassen des Geschädigten zur Folge, im Wege des Primärrechtsschutzes gegen das (potentiell) schadensstiftende Verwaltungshandeln vorzugehen. Ein prinzipieller Vorrang des Primär- vor dem Sekundärrechtsschutz besteht somit nicht. Lässt der Adressat einer individuellen Verwaltungsentscheidung oder ein Drittbetroffener eine ihn belastende, rechtswidrige Verwaltungsentscheidung bestandskräftig werden, so führt dies nicht zur Unzulässigkeit oder Unbegründetheit einer auf die Rechtswidrigkeit eben jener Verwaltungsentscheidung gestützten Schadensersatzklage.[205] Etwas anderes gilt nur, sofern die bestandskräftige Verwaltungsentscheidung einen rein pekuniären Inhalt hat, also eine Geldzahlungspflicht statuiert oder die Zahlung eines Geldbetrages ablehnt; in diesem Fall kann die Bestandskraft der Verwaltungsentscheidung nicht durch eine Staatshaftungsklage umgangen werden.

D. Geltendmachung von Haftungsansprüchen

I. Rechtsweg

Staatshaftungsklagen sind vor den Verwaltungsgerichten zu erheben, unabhängig davon, ob sie auf eine Haftung für oder ohne *faute de service* gestützt sind. Haftet jedoch allein der handelnde Amtsträger wegen einer *faute personnelle*, so ist dieser vor den Zivilgerichten in Anspruch zu nehmen. Auch für die Enteignungsentschädigung sind die Zivilgerichte zuständig. Dagegen ist der Vollzugsfolgenbeseitigungsanspruch als Annexantrag zur Annullierungsklage oder im Wege einer unabhängigen Leistungsklage vor den Verwaltungsgerichten geltend zu machen.

Bevor jedoch in zulässiger Weise eine Schadensersatzklage vor den Verwaltungsgerichten erhoben werden kann, muss der Geschädigte vor Ablauf der vierjährigen Verjährungsfrist (→ D.III.) einen abgelehnten Antrag auf Schadensersatz bei der zuständigen Behörde gestellt haben, da nur eine Verwaltungsentscheidung Gegenstand einer verwaltungsgerichtlichen Klage sein kann.[206] Als Vorteile dieser historisch bedingten[207] *règle de la décision préalable* (Regel der vorherigen Verwaltungsentscheidung) werden heute die Prozessvermeidung durch vorprozessuale Streitschlichtung sowie die vorprozessuale Eingrenzung des Streitgegenstandes genannt.[208] Lehnt die Verwaltung den Antrag auf Schadensersatz ab, so beginnt mit Zustellung des mit einer Rechtsbehelfsbelehrung versehenen Bescheids die allgemeine Klagefrist von zwei Monaten zu laufen (Art. R. 421-1 und 5 CJA).[209] Bleibt die Verwaltung dagegen untätig, so gilt der Antrag nach Ablauf einer zweimonatigen Bescheidungsfrist als abgelehnt (Art. 21 des Gesetzes Nr. 2000-321

203 Siehe *Fornacciari/Chauvaux* (Fn. 189), in: de Béchillon, Répertoire, Rn. 36, 47; umstritten ist, ob ein *cas fortuit* auch in jenen Bereichen die Haftung entfallen lässt, in denen eine *faute* der Verwaltung von den Gerichten vermutet wird (zu diesem *prima-facie*-Beweis sogleich unter → D.II.), vgl. *dies.*, Rn. 48 f.

204 Siehe *Guettier*, La responsabilité administrative, S. 128 mit Fn. 80.

205 Siehe hierzu und zum Folgenden *Delaunay*, La faute de l'administration, Rn. 221; *Gohin*, Exception d'illégalité, in: de Béchillon, Répertoire, Rn. 55; *Herrmann*, Das französische Staatshaftungsrecht, S. 126 ff.

206 Der Antrag kann auch mündlich, muss jedoch auf Französisch gestellt werden, siehe *Boustany*, Demande préalable, in: de Béchillon, Répertoire, Rn. 28 f.

207 Hierzu *Boustany* (Rn. 206), in: de Béchillon, Répertoire, Rn. 6 ff.

208 So z.B. *Boustany* (Rn. 206), in: de Béchillon, Répertoire, Rn. 13.

209 Hierzu und zum Folgenden *Boustany* (Rn. 206), Rn. 107 ff.

vom 12.4.2000). Diese als implizite Entscheidung bezeichnete Ablehnung eines Antrags auf Schadensersatz kann ohne Einhaltung einer Klagefrist vor dem Verwaltungsgericht angegriffen werden.[210] Allerdings besitzt die Verwaltung die Möglichkeit, den Antrag auch noch nach Ablauf der Bescheidungsfrist abzulehnen; mit dieser Ersetzung der impliziten durch eine explizite Verwaltungsentscheidung beginnt dann die Klagefrist zu laufen.[211]

Obwohl also eine (gegebenenfalls fingierte) Verwaltungsentscheidung Gegenstand der Schadensersatzklage ist, geht die richterliche Entscheidungsmacht über die bloße Annullierung der Ablehnung oder die Verpflichtung zur Neubescheidung hinaus. Im Gegensatz zum *recours pour excès de pouvoir* handelt es sich um ein mit der deutschen Leistungsklage vergleichbares Verfahren *de pleine juridiction* („vollständiger Rechtsschutz"), in dem die Gerichte die Verwaltung zur Zahlung eines Schadensersatzes verpflichten. Darüber hinaus kann der Geschädigte bereits vor Klageerhebung[212] einen Antrag auf Erlass einer einstweiligen Leistungsanordnung im Wege des aus dem Zivilrecht stammenden *référé-provision* (einstweilige Verfügung) stellen (Art. R. 541-1ff. CJA). Sofern die Forderung dem Grunde nach nicht ernstlich bestreitbar ist,[213] verpflichtet ein Einzelrichter die Verwaltung in einem beschleunigten Verfahren zur Zahlung einer Vorauszahlung, ohne dass eine besondere Dringlichkeit Anordnungsvoraussetzung ist.

II. Beweisfragen

Da grundsätzlich jede Partei die ihr günstigen Tatsachen darzulegen und zu beweisen hat, trägt im Wesentlichen der Kläger die Darlegungs- und Beweislast im Staatshaftungsprozess.[214] Dies betrifft in der Regel das Vorliegen einer *faute de service* und eines Schadens sowie den zwischen beiden bestehenden Kausalzusammenhang. Haftungsbegrenzungen oder -ausschlüsse (→ C.IV.) müssen dagegen von der beklagten Körperschaft dargelegt und bewiesen werden.[215]

Von diesen Grundsätzen weicht die Rechtsprechung jedoch in Einzelfällen ab, die allesamt unter dem unscharfen Oberbegriff der *présomption de faute* (Vermutung fehlerhaften Handelns) zusammengefasst werden.[216] Als wichtigste Fallgruppe einer vermuteten *faute*, also einer Beweislastumkehr zugunsten des Geschädigten, sind Schadensersatzklagen von Benutzern öffentlicher Sachen, insbesondere Straßen, zu nennen. Der Kläger muss in diesen Fällen nur die Existenz eines auf den Zustand der Straße zurückführbaren Schadens darlegen und beweisen, wohingegen die Verwaltung die Beweislast dafür trägt, dass sie die Straße ordnungsgemäß un-

---

210 Art. R. 421-3 CJA statuiert für Staatshaftungsklagen eine Ausnahme von der Regel des Art. R. 421-2, wonach auch implizite Entscheidungen nur innerhalb der Klagefrist von zwei Monaten angegriffen werden können.

211 Siehe *Boustany* (Rn. 206), in: de Béchillon, Répertoire, Rn. 118f.

212 Umstritten ist dagegen, ob zuvor ein Zahlungsantrag bei der Verwaltung gestellt worden sein muss, vgl. *Boustany* (Rn. 206), in: de Béchillon, Répertoire, Rn. 62ff.

213 Diese Anordnungsvoraussetzung hat zur Folge, dass der *référé-provision* vor allem und besonders erfolgreich von Geschädigten beantragt wird, deren Ansprüche sich aus einer Gefährdungshaftung ergeben, siehe *Huglo*, La pratique des référés administratifs devant le tribunal administratif, la Cour administrative d'appel et le Conseil d'Etat, Paris 1993, Rn. 166.

214 Siehe statt aller *Lombard/Dumont*, Droit administratif, Rn. 953; *Paillet/Breen* (Fn. 89), in: Auby, Rn. 2ff.

215 Siehe *Fornacciari/Chauvaux* (Fn. 189), in: de Béchillon, Répertoire, Rn. 6.

216 Siehe hierzu ausführlich *de Gastines*, Les présomptions en droit administratif, 1991, S. 61ff.; *Llorens-Fraysse*, La présomption de faute dans le contentieux administratif de la responsabilité, 1985; *Moreau*, La présomption de faute en droit administratif de la responsabilité, in: Liber amicorum Jean Waline, 2002, S. 685ff.; *Paillet/Breen* (Fn. 89), in: Auby, Rn. 25, 29ff.

terhalten hat.[217] Weniger klar definiert ist das von *Truchet* beschriebene Vorgehen der Gerichte, im Einzelfall die Kausalität zu unterstellen, wenn *faute* und Schaden sicher feststehen.[218] Nach deutscher Terminologie dürfte es sich hierbei um einen Anscheinsbeweis handeln. Darüber hinaus verpflichten die Gerichte die Verwaltung im Einzelfall, den Vortrag des Klägers zu widerlegen,[219] sodass die Verwaltung in diesen Fällen eine sekundäre Darlegungslast trifft.

III. Verjährung

Für staatshaftungsrechtliche Ansprüche gelten die allgemeinen Regeln des Gesetzes über die Verjährung von Ansprüchen gegen den Staat, die Gebietsköperschaften und die Anstalten des öffentlichen Rechts.[220] Hiernach verjähren diese Ansprüche vorbehaltlich spezialgesetzlicher Regelungen[221] mit Ablauf des vierten auf den Zeitpunkt der Anspruchsentstehung folgenden Kalenderjahres (Art. 1); ein an die zuständige Behörde gerichteter Leistungsantrag des Geschädigten unterbricht die Verjährungsfrist (Art. 2). Wie in Deutschland handelt es sich bei der Verjährung um eine Einrede, die vom Gericht nicht von Amts wegen geprüft wird, sondern von der beklagten Körperschaft im Prozess erhoben werden muss (Art. 7).

IV. Vollstreckung

Nach Art. L. 911-9 CJA, der auf Art. 1 des Gesetzes Nr. 80-539 vom 16.7.1980 Bezug nimmt, ist die Zahlung der geschuldeten Summe innerhalb von zwei Monaten ab Rechtskraft anzuweisen. Nach Ablauf dieser Frist gilt das rechtskräftige Urteil selbst als Anweisung und dem Beklagten ist auf Vorlage des Urteils der geschuldete Betrag auszuzahlen. Ein Beamter, der eine der genannten Pflichten verletzt, kann von der *Cour de discipline budgétaire et financière* (Haushalts- und Finanzdisziplinargericht) zu einer Geldbuße von bis zu einem Bruttojahresgehalt verurteilt werden (Art. L. 313-2 *Code des juridictions financières* [Finanzgerichtsordnung]). Darüber hinausgehende Zwangsmittel sind nicht vorgesehen und wohl auch nicht erforderlich.

Fazit und Ausblick

Zwei gegenläufige Entwicklungen haben das französische Staatshaftungsrecht der vergangenen Jahrzehnte geprägt: So ist zunächst die staatliche Haftung für Schäden von Rechtsprechung und Gesetzgebung ausgeweitet worden, indem unter anderem der Anwendungsbereich der *faute lourde* beschränkt und die Tatbestände der Haftung ohne *faute* erweitert wurden.[222] Zudem treten neben die Haftung im engeren Sinne zunehmend spezialgesetzliche Entschädigungsregime,

217 *Guettier*, La responsabilité administrative, S. 148; *Paillet/Breen* (Fn. 89), in: Auby, Rn. 35; *Truchet*, Droit administratif, S. 392. Es wird die mangelhafte Unterhaltung vermutet, vgl. u.a. *Gaudemet*, Droit administratif, S. 171; *Lombard/Dumont*, Droit administratif, Rn. 954; *Paillet/Breen* (Fn. 89), in: Auby, Rn. 35.
218 *Truchet*, Droit administratif, S. 392.
219 *Guettier*, La responsabilité administrative, S. 147 f.
220 Gesetz Nr. 68-1250 vom 31.12.1968, J.O. vom 3.1.1969, S. 76. Zur Anwendung auf staatshaftungsrechtliche Ansprüche *Guettier*, La responsabilité administrative (Fn. 2), S. 98 ff.; *Truchet*, Droit administratif, S. 73, 397.
221 Eine praktisch bedeutsame Spezialregelung enthält Art. L. 1142-28 *Code de la santé publique* (Gesetzbuch des öffentlichen Gesundheitswesens) der für Haftungsansprüche gegen Krankenhäuser eine Verjährungsfrist von zehn Jahren bestimmt.
222 Vgl. nur *Gaudemet*, Droit administratif, S. 153; *Lombard/Dumont*, Droit administratif, Rn. 967.

die nicht an ein Handeln des Staates anknüpfen, sondern bestimmten Geschädigtengruppen aus Billigkeitsgründen (teilweise aber auch aus politischen Erwägungen) einen Entschädigungsanspruch einräumen.[223] Insbesondere die steigende Anzahl staatlicher Entschädigungsfonds stellt ein in der französischen Literatur vieldiskutiertes Phänomen dar, das auf drei zentrale Ursachen zurückgeführt wird. Zum einen kommt hier die etatistische Grundtendenz französischer Politik zum Ausdruck, die *Truchet* im Bezug auf die neuartigen Entschädigungsregime auf den Punkt bringt, dass der Staat, welcher den Schadenseintritt nicht verhindern konnte, zumindest dessen Beseitigung organisiert.[224] Zum Zweiten hat der politische Skandal um mit dem HI-Virus verseuchte Blutkonserven in den 1990er Jahren das Vertrauen der Bevölkerung in die politische Klasse schwer erschüttert; dieser Vertrauenskrise versucht die französische Politik zunehmend durch die Schaffung von Entschädigungsfonds zu begegnen.[225] Schließlich sieht der *Conseil d'Etat* in der beschriebenen Entwicklung ein Charakteristikum der modernen französischen Gesellschaft. Sein Jahresbericht 2005, den er mit „Haftung und Risikosozialisierung" überschreibt, beginnt daher mit den Worten:

> *„Unsere Gesellschaft lehnt das Schicksalhafte ab. Sie ist gekennzeichnet durch ein zunehmendes Bedürfnis nach Sicherheit. Dieses Bedürfnis bringt die Überzeugung mit sich, dass jedes Risiko abgedeckt, dass der Ersatz jeden Schadens schnell und umfassend sein muss und dass die Gesellschaft zu diesem Zweck nicht nur für solche Schäden aufkommen muss, die sie selbst verursacht hat, sondern auch für jene, die sie nicht hat verhindern oder deren Eintreten sie nicht hat vorhersehen können."*[226]

Zugleich ist eine, vor allem von *Guettier* beschriebene, Tendenz in Gesellschaft und Rechtsprechung auszumachen, die Sanktionsfunktion des Staatshaftungsrechts stärker zu betonen.[227] Nachdem die Ausweitung der Haftung ohne *faute* und die Schaffung von Entschädigungsfonds nicht nur die Position der Geschädigten verbessert, sondern zugleich auch die Entschädigung von einer möglichen Vorwerfbarkeit des staatlichen Handelns gelöst haben, ist vor allem seit dem Blutkonserven-Skandal das gesellschaftliche Bedürfnis nach einer richterlichen Stigmatisierung fehlerhaften staatlichen Handelns gestiegen. Die Aufklärung und Feststellung von (persönlicher) Verantwortung wird so zu einer Nebenfunktion von Staatshaftungsprozessen. Dies könnte wiederum eine gewisse Rückbesinnung auf die Haftung für *faute* zur Folge haben.[228]

Bibliographie

Auby, Jean-Bernard (Hrsg.), Juris-Classeur Administratif, Bd. 10, Paris (Loseblattsammlung zum Verwaltungsrecht, Stand: Juli 2010)

Broyelle, Camille, La responsabilité de l'Etat du fait des lois, Paris 2003 (Dissertation zur Haftung für gesetzliches Handeln)

Chapus, René, Droit administratif général – Tome 1, 15. Aufl., Paris 2001 (Lehrbuch zum allgemeinen Verwaltungsrecht)

Darcy, Gilles, La responsabilité de l'administration, Paris 1996 (Lehrbuch zum Staatshaftungsrecht)

---

223 In Anlehnung an die *responsabilité sans faute* sprechen einige Autoren von einer *responsabilité sans fait* (Haftung ohne Tathandlung), vgl. nur *Truchet*, Droit administratif, S. 424; aktuell hierzu *Pontier*, AJDA 2010, 19 ff.

224 *Truchet*, Droit administratif, S. 422.

225 Vgl. *Truchet*, Droit administratif, S. 425.

226 *Conseil d'Etat*, Responsabilité et socialisation du risque – Rapport public 2005, 2005, S. 205 (Übersetzung des Verfassers).

227 Siehe hierzu und zum Folgenden *Guettier*, La responsabilité administrative, S. 138 ff., 167 ff.

228 Siehe *Guettier*, La responsabilité administrative, S. 167 ff., 181.

Delaunay, Benoît, La faute de l'administration, Paris 2007 (Dissertation zum Begriff der *faute*)
Dupuis, Georges/Guédon, Marie-José/Chrétien, Patrice, Droit administratif, 11. Aufl., Paris 2009 (Lehrbuch zum allgemeinen Verwaltungsrecht)
De Béchillon, Denys (Hrsg.), Répertoire de la responsabilité de la puissance publique, Paris (Loseblattsammlung zum Staatshaftungsrecht, Stand: März 2010)
Frier, Pierre-Laurent/Petit, Jacques, Précis de droit administratif, 5. Aufl., Paris 2008 (Lehrbuch zum allgemeinen Verwaltungsrecht)
Gaudemet, Yves, Droit administratif, 19. Aufl., Paris 2010 (Lehrbuch zum allgemeinen Verwaltungsrecht)
Guettier, Christophe, La responsabilité administrative, Paris 1998 (Lehrbuch zum Staatshaftungsrecht)
Herrmann, Christoph, Das französische Staatshaftungsrecht zwischen Tradition und Moderne – Eine Untersuchung zum französischen Staatshaftungsrecht unter besonderer Berücksichtigung seiner Entwicklungsfaktoren, Baden-Baden 2010
Jacquemet-Gauche, Anne, La responsabilité de la puissance publique en France et en Allemagne, Paris 2013 (Rechtsvergleichende Dissertation zum französischen und deutschen Staatshaftungsrecht)
Karam-Boustany, Lara, L'action en responsabilité extra-contractuelle devant le juge administratif, Paris 2007 (Dissertation zur verwaltungsgerichtlichen Durchsetzung von staatshaftungsrechtlichen Ansprüchen)
Lombard, Martine/Dumont, Gilles, Droit administratif, 8. Aufl., Paris 2009 (Lehrbuch zum allgemeinen Verwaltungsrecht)
Moreau, Jacques, La responsabilité administrative, 2. Aufl., Paris 1996 (Lehrbuch zum Staatshaftungsrecht)
Paillet, Michel, La responsabilité administrative, Paris 1996 (Lehrbuch zum Staatshaftungsrecht)
Rougevin-Baville, Michel, La responsabilité administrative, Paris 1992 (Lehrbuch zum Staatshaftungsrecht)
Truchet, Didier, Droit administratif, 3. Aufl., Paris 2010 (Lehrbuch zum allgemeinen Verwaltungsrecht)
Waline, Jean, Droit administratif, 23. Aufl., Paris 2010 (Lehrbuch zum allgemeinen Verwaltungsrecht)

Abkürzungsverzeichnis

AJDA	Actualité Juridique – Droit Administratif (Zeitschrift)
Ass.	Assemblée du Contentieux (Spruchkörper des Conseil d'Etat)
C.A.A.	Cour administrative d'appel (Oberverwaltungsgericht)
C. assur.	Code des assurances (Versicherungsgesetzbuch)
Cass.	Cour de Cassation
C.C.	Conseil constitutionnel
C.E.	Conseil d'Etat
CGCT	Code général des collectivités territoriales (Allgemeines Gesetzbuch der Gebietskörperschaften)
CJA	Code de justice administrative (Verwaltungsgerichtsordnung)
Cons.	Considérant (Abschnitt der gerichtlichen Entscheidungsbegründung)
CPP	Code de procédure pénale (Strafprozessordnung)
CSP	Code de la santé publique (Gesetzbuch über die öffentliche Gesundheit)
D.	Décret (bezeichnet in Gesetzbüchern den Verordnungsteil)
Fasc.	Fascicule (Heft der Loseblattsammlung Juris-Classeur Administratif)
GAJA	*Long et al.*, Les Grands Arrêts de la Jurisprudence Administrative 16. Aufl., Paris 2007
GDCC	*Favoreu et al.*, Les Grandes Décisions du Conseil constitutionnel, 13. Aufl., Paris 2005
JCP	Juris-Classeur Périodique (= La semaine juridique) (Zeitschrift)
J.O.	Journal Officiel (Gesetz- und Verkündungsblatt)
L.	Loi (Bezeichnet in Gesetzbüchern den als Parlamentsgesetz ergangenen Teil)
RD.	Recueil Dalloz (Zeitschrift)
RDP	Revue du Droit Public et de la Science Politique en France et à l'Etranger (Zeitschrift)
Rec.	Recueil des décisions du Conseil constitutionnel bzw. Recueil Lebon (Amtliche Sammlungen des C.C. bzw. des C.E.)
RFDA	Revue Française de Droit Administratif (Zeitschrift)
Sect.	Section du Contentieux (Spruchkörper des Conseil d'Etat)
T.C.	Tribunal des Conflits

Nikolaus Marsch

Wesentliche Vorschriften

Déclaration des Droits de l'Homme et du Citoyen de 1789
Erklärung der Menschen- und Bürgerrechte von 1789[229]

Art. 13
Pour l'entretien de la force publique, et pour les dépenses d'administration, une contribution commune est indispensable: elle doit être également répartie entre tous les citoyens, en raison de leurs facultés.

Art. 13
Für die Unterhaltung der öffentlichen Gewalt und für die Ausgaben der Verwaltung ist eine allgemeine Abgabe unerlässlich; sie muss gleichmäßig auf alle Bürger, nach Maßgabe ihrer Möglichkeiten, verteilt werden.

Art. 17
La propriété étant un droit inviolable et sacré, nul ne peut en être privé, si ce n'est lorsque la nécessité publique, légalement constatée, l'exige évidemment, et sous la condition d'une juste et préalable indemnité.

Art. 17
Da das Eigentum ein unverletzliches und heiliges Recht ist, kann es niemandem genommen werden, es sei denn, dass die gesetzlich festgestellte öffentliche Notwendigkeit dies eindeutig erfordert und unter der Bedingung einer gerechten und im Vorhinein festgelegten Entschädigung.

Code de justice administrative
Verwaltungsgerichtsordnung[230]

Article R 311-1
Le Conseil d'Etat est compétent pour connaître en premier et dernier ressort:

[...]

5° Des actions en responsabilité dirigées contre l'Etat pour durée excessive de la procédure devant la juridiction administrative;

Artikel R 311-1
Der Conseil d'Etat ist in erster und letzter Instanz zuständig für:

[...]

5° gegen den Staat gerichtete Schadensersatzklagen wegen überlanger Verfahrensdauer eines verwaltungsgerichtlichen Verfahrens;

Code de l'organisation judiciaire
Gerichtsverfassungsgesetz[231]

Article L 141-1
L'Etat est tenu de réparer le dommage causé par le fonctionnement défectueux du service de la justice.

Sauf dispositions particulières, cette responsabilité n'est engagée que par une faute lourde ou par un déni de justice.

Artikel L 141-1
Der Staat haftet für Schäden, die durch Mängel in der gerichtlichen Tätigkeit entstanden sind.

Unbeschadet weiterreichender Spezialregelungen ist die Haftung auf Fälle von schweren Fehlern oder Rechtsverweigerung beschränkt.

229 Die Erklärung der Menschen- und Bürgerrechte wird von der Präambel der Verfassung von 1958 in Bezug genommen und gilt daher als bindendes Verfassungsrecht (s. C.C., 16.7.1971, 71-44 DC, Rec. 29); Übersetzung des Verfassers.
230 Übersetzung des Verfassers.
231 Übersetzung des Verfassers.

Code de la santé publique
Gesetzbuch über die öffentliche Gesundheit[232]

Article L1142-1
I. – Hors le cas où leur responsabilité est encourue en raison d'un défaut d'un produit de santé, les professionnels de santé mentionnés à la quatrième partie du présent code, ainsi que tout établissement, service ou organisme dans lesquels sont réalisés des actes individuels de prévention, de diagnostic ou de soins ne sont responsables des conséquences dommageables d'actes de prévention, de diagnostic ou de soins qu'en cas de faute.

Les établissements, services et organismes susmentionnés sont responsables des dommages résultant d'infections nosocomiales, sauf s'ils rapportent la preuve d'une cause étrangère.

[...]

Artikel L1142-1
I. Unbeschadet der Haftung für fehlerhafte Gesundheitsprodukte haften die Angehörigen der im vierten Teil dieses Gesetzbuchs genannten Heilberufe sowie alle Einrichtungen, in denen individuelle Präventionsmaßnahmen, diagnostische Maßnahmen oder Heilbehandlungen vorgenommen werden, nur in Fällen einer *faute* für die Folgen ihrer Präventionsmaßnahmen, diagnostische Maßnahmen oder Heilbehandlungen.

Die oben genannten Einrichtungen haften für die durch noskomiale Infektionen verursachten Schäden, sofern sie nicht eine externe Ursache beweisen können.

[...]

232 Übersetzung des Verfassers.

§ 8 Griechenland

Pavlos-Michael Efstratiou

Inhaltsübersicht

A. Grundlagen

I. Begriffliche Klarstellungen

Die Staatshaftung für hoheitliches Unrecht wird in Griechenland herkömmlich mit dem Begriff „Zivilhaftung des Staates" (*αστική ευθύνη του Κράτους*) umschrieben. Damit ist keinesfalls die zivilrechtliche Haftung, sondern, terminologisch etwas ungenau, die Haftung auf Schadensersatz gemeint, die sich von der straf- und disziplinarrechtlichen Haftung unterscheidet. Üblich sind auch die Begriffe „außervertragliche" oder „deliktische Haftung des Staates" (*εξωσυμβατική* bzw. *αδικοπρακτική ευθύνη του Κράτους*), die oft in Abgrenzung zur Vertragshaftung (*συμβατική ευθύνη*) als Synonyme neben der Zivilhaftung verwendet werden.[1] Die Haftung des Staates für

1 Dazu und zum Folgenden *Tsatsos*, in: Mosler, S. 187; *Dagtoglou*, Verfassung und Verwaltung, in: Grothusen (Hrsg.), Südosteuropa-Handbuch, Bd. III Griechenland, 1980, S. 13 (46); *ders. (Δαγτόγλου)*, Γενικό διοικητικό δίκαιο (Allgemeines Verwaltungsrecht), 6. Aufl. 2012 (überarbeitet von *Efstratiou/Papageorgiou*), Rn. 1399 (1407); *ders.*, Constitutional and Administrative Law, in: Kerameus/Kozyris (Hrsg.), Introduction to Greek Law, 3. Aufl. 2008 (überarbeitet von *Tsevas*), S. 23 (52); Κιουπτσίδης *(Kiouptsidis)*, Κρατική ευθύνη από παράλειψη (Staatshaftung aus Unterlassung), S. 11; *Παυλόπουλος (Pavlopoulos)*, Η αστική ευθύνη του Δημοσίου κατά τους κανόνες του δημόσιου δικαίου (Die Zivilhaftung des Staates nach den Regeln des öffentlichen Rechts), in: Γέροντας κ.ά., (Gerontas et al.), S. 311; *Σπηλιωτόπουλος (Spiliotopoulos)*, Εγχειρίδιο διοικητικού δικαίου (Lehrbuch des Verwaltungsrechts), 13. Aufl. 2010, Rn. 211.

Schadensersatz ist nach griechischem Recht unmittelbar, primär und objektiv. Sie besteht grundsätzlich nur bei einem rechtswidrigen Schaden, den die Staatsorgane bei ihrem einseitig-hoheitlichen Verwaltungshandeln verursachen. Fragen der Zivilhaftung können aber auch bei zweiseitig-einvernehmlichem Handeln auf dem Gebiet des öffentlichen Rechts entstehen, wenn der Staat im Rahmen verwaltungsrechtlicher Verträge einseitig-hoheitlich tätig wird. Dagegen haftet der Staat bei privatrechtlichem Handeln seiner Organe nach den allgemeinen Regeln, die für die Haftung der juristischen Personen des Privatrechts gelten; aus der Zivilhaftung scheidet insofern die Haftung des Staates im Bereich privatrechtlicher Verhältnisse sowie in Bezug auf sein privates Vermögen aus.[2] Nicht zur Zivilhaftung gehören ferner Tatbestände staatlicher Ersatzleistungen für nicht rechtswidriges Verhalten seiner Organe, insbesondere aufgrund von Enteignungs- oder Leistungsgesetzen.[3] Rechtmäßiges Handeln begründet prinzipiell keine Zivilhaftung des Staates; eine Entschädigungspflicht besteht hier nur in den gesetzlich speziell vorgesehenen Fällen.[4] Besonderheiten weist außerdem die Staatshaftung für legislatives oder judikatives Unrecht auf, die zunehmend auch durch europarechtliche Vorgaben bestimmt wird.

II. Geschichtliche Entwicklung und heutige Systematik

Das griechische Recht enthielt bis zum Inkrafttreten des Gesetzes 2250/1940 *Αστικός Κώδικας* (Astikos Kodikas [griechisches Zivilgesetzbuch], abgekürzt: ZGB) und des Gesetzes 2783/1941 *Εισαγωγικός Νόμος του Αστικού Κώδικα* (Einführungsgesetz zum Zivilgesetzbuch, abgekürzt: EGZGB) am 23.2.1946[5] keine allgemeine gesetzliche Regelung der Pflicht des Staates zum Schadensersatz. Es war daher der Rechtsprechung überlassen, ein eigenständiges und adäquates Staatshaftungssystem auf der Grundlage des bis dahin geltenden römisch-byzantinischen Rechts zu entwickeln. Dieses Recht hatte in der *Hexabiblos von Armenopoulos*[6] seinen Nieder-

---

2 So ausdrücklich Art. 104 *Εισαγωγικός* Νόμος *του Αστικού Κώδικα* (Einführungsgesetz zum Zivilgesetzbuch, abgekürzt: EGZGB); dazu näher → A.II.

3 Dieser allgemeine Rechtsgrundsatz kommt auch in Art. 914 Αστικός Κώδικας (Astikos Kodikas [Zivilgesetzbuch], abgekürzt: ZGB) zum Ausdruck: „Wer rechtswidrig und schuldhaft einem anderen Schaden zufügt, ist dem anderen zum Ersatz des daraus entstehenden Schadens verpflichtet". Mit Ausnahme von Art. 69 des nach dem Vorbild des Art. 131 der Weimarer Reichsverfassung (WRV) ausgerichteten, aber nur kurz in Kraft gewesenem und rückwirkend aufgehobenem Εισαγωγικού Νόμου του Ελληνικού Αστικού Κώδικα (Einführungsgesetz zum Griechischen Zivilgesetzbuch) von 1946 (vgl. nachstehend Fn. 5), hat die deutsche Aufopferungs- bzw. Sonderopfertheorie im griechischen Recht nicht Fuß fassen können.

4 Diese Fälle sind hauptsächlich Art. 17 Abs. 2 (Enteignung), Art. 18 Abs. 3 (Requisitionen), Art. 18 Abs. 5 (Entziehung des freien Gebrauchs und Nießbrauchs des Eigentums), Art. 24 Abs. 6 (Eigentumsbeschränkungen zum Schutz der Denkmäler und historischer Stätten und Gegenstände) und Art. 106 Abs. 3–5 Verf. (Verstaatlichung von Unternehmen) sowie Art. 285 und 286 ZGB (Notstand); vgl. *Αθανασοπούλου (Athanassopoulou)*, Η αστική ευθύνη του Κράτους από σύννομες πράξεις ή παραλείψεις των οργάνων του (Die Zivilhaftung des Staates aus rechtmäßigen Handlungen oder Unterlassungen seiner Organe), EEN 2005, 451.

5 Die Geltung des ZGB und des EGZGB wurde durch die Verordnung vom 13.5.1941 der von deutschen und italienischen Besatzungstruppen eingesetzten Regierung ausgesetzt. Nach dem Krieg wurden zunächst zwei weitere Gesetze, nämlich das Gesetz 777/1945 *Ελληνικός Αστικός Κώδικας* (Griechisches Zivilgesetzbuch) und das Gesetz 900/1946 *Εισαγωγικός Νόμος του Ελληνικού Αστικού Κώδικα* (Einführungsgesetz zum Griechischen Zivilgesetzbuch) verabschiedet, die zum 23.2.1946, wenn auch nur vorübergehend, in Kraft traten. Durch die Verordnung vom 7.5.1946 wurden jedoch das ursprüngliche ZGB (G. 2250/1940) und das EGZGB (G. 2783/1941) wieder eingeführt, und zwar – um die kurze Geltung der neueren Gesetze 777/1945 und 900/1946 *ex tunc* zu beseitigen – rückwirkend zum 23.2.1946. Diese Gesetze gelten bis heute; vgl. *Plagianakos*, Die Entstehung des griechischen Zivilgesetzbuches, Hamburger Rechtsstudien 51 (1963), S. 26; *Tsatsos*, in: Mosler, S. 189 f.

6 Dabei handelt es sich um eine private, in griechischer Sprache gefasste und aus sechs Büchern bestehende Gesetzessammlung des bis 1945 geltenden römisch-byzantinischen Rechts, die der namhafte griechische Richter *Αρμενόπουλος (Armenopoulos)* in Thessaloniki bearbeitet hatte.

schlag gefunden und wurde vom Wittelsbacher *Prinz Otto von Bayern*, dem ersten König des wieder unabhängigen Griechenlands,[7] *in globo* rezipiert. Dies geschah durch die Verordnung vom 23.2.1835, die in ihrem ersten Absatz lautete:

> *„Die bürgerlichen Gesetze der byzantinischen Kaiser, die in der Hexabiblos des Armenopoulos enthalten sind, sollen so lange gelten, bis das bürgerliche Gesetzbuch, dessen Abfassung wir bereits angeordnet haben, publiziert wird“.*

Auf dieses allgemeine Delikts- und Schadensrecht gestützt wies die Rechtsprechung während fast eines Jahrhunderts (1835–1946) große Differenzen vor allem bei den vorsätzlichen Handlungen der Beamten auf, bis sie endlich die Zivilhaftung des Staates anerkannte.[8] Nicht gradlinig verlief auch die Entwicklung von der zivilrechtlichen zur öffentlich-rechtlichen Begründung der Staatshaftung. Dazu gehörten u.a. die Überwindung des Dogmas *„si excessit, privatus est“*, das die Haftung dem vorsätzlich rechtswidrig handelnden Beamten zurechnete, die Erschöpfung der zivilrechtlichen Entschädigungs- und Restitutionstatbestände, einschließlich der Tatbestände des Geschäftsführungsverhältnisses, der Rückerstattung der ungerechtfertigten Bereicherung usw., und nicht zuletzt die Durchsetzung der staatsrechtlichen Auffassung des *Άρειος Πάγος* (Areopag [Oberster Gerichtshof], abgekürzt: AP) von der „Notwendigkeit der Staatshaftung als Mittel zur Aufrechterhaltung des Vertrauens des Bürgers zum Staat“.[9] Die Staatshaftung wurde schließlich positivrechtlich in Art. 104–106 EGZGB geregelt, die im Grunde die von der Rechtsprechung entwickelten Grundsätze übernehmen und ansonsten dem deutschen Vorbild folgen – wenn auch mit beachtlichen Abweichungen, vor allem bezüglich der verschuldensunabhängigen (objektiven) Begründung der Haftung im Bereich der hoheitlichen Betätigung des Staates.

Art. 104–106 EGZGB unterscheiden insbesondere zwischen der Ausübung öffentlicher Gewalt einerseits und privatrechtlicher Verhältnisse und Privatvermögen des Staates oder anderer juristischer Personen des öffentlichen Rechts andererseits.

Für den letzteren Fall bestimmt Art. 104 EGZGB, dass der Staat gemäß den Bestimmungen des Zivilgesetzbuches über die juristischen Personen für Handlungen oder Unterlassungen, die die Staatsorgane im Bereich privatrechtlicher Verhältnisse oder in Bezug auf das private Vermögen des Staates begehen, haftet. Diese Bestimmungen sind hauptsächlich Art. 71 und 68 ZGB, wenn es sich um verfassungs- bzw. satzungsmäßig berufene Vertreter,[10] oder

---

7 Griechenland stand für fast vier Jahrhunderte (1453–1821) unter der Herrschaft des ehemaligen Osmanischen Reiches und wurde erst im Zuge der griechischen Revolution von 1821 von der türkischen Unterdrückung befreit. Der neugriechische Staat wurde durch das Londoner Protokoll von 1830 als unabhängige Monarchie errichtet. 1832 einigten sich die drei Großmächte (Großbritannien, Frankreich und Russland) in London auf Prinz Otto, den zweiten Sohn des bayerischen Königs Ludwig I., als König Griechenlands. Während seiner Minderjährigkeit wurde auch eine dreigliedrige Regentschaft aus Bayern eingesetzt, zu der der Münchener Professor *Georg Ludwig von Maurer* gehörte; vgl. *ders.*, Das griechische Volk in öffentlicher, kirchlicher und privatrechtlicher Beziehung vor und nach dem Freiheitskampfe bis zum 31. Juli 1834, 3 Bde, 1835, und zum Ganzen *Dagtoglou*, Verfassung und Verwaltung (Fn. 1), S. 14f.

8 Vgl. *Tsatsos*, in: Mosler, S. 191f.; *Παυλόπουλος (Pavlopoulos)*, Η αστική ευθύνη του Δημοσίου (Die Zivilhaftung des Staates), Bd. I, S. 51f.; *Dagtoglou*, Allgemeines Verwaltungsrecht (Fn. 1), Rn. 1402f.

9 AP 11/1858. Der *Areopag* entspricht dem deutschen Bundesgerichtshof und steht als Revisionsgericht an der Spitze der griechischen Zivil- und Strafgerichtsbarkeit.

10 Art. 71 ZGB lautet: „Die juristische Person haftet für Handlungen und Unterlassungen der Organe, die sie im Rahmen der ihnen übertragenen Pflichten vertreten, sofern die Handlung oder Unterlassung eine Verpflichtung zum Schadensersatz begründet. Außerdem haftet die schuldhaft handelnde Person als Gesamtschuldner“.
Art. 68 Abs. 1 ZGB lautet: „Der Umfang der Befugnisse desjenigen, dem die Verwaltung obliegt, bestimmt sich aus dem Gründungsakt – mit Wirkung auch gegenüber Dritten. Durch Gründungsakt oder Satzung können bestimmte Aufgaben einem besonderen Vertreter übertragen werden; im Zweifel erstrecken sich die Befugnisse des besonderen Vertreters auf alle Rechtsgeschäfte, die die ihm zugewiesene Aufgabe gewöhnlich mit sich bringt“.

Art. 334 und 922 ZGB, wenn es sich um Angestellte und Erfüllungs- bzw. Verrichtungsgehilfen handelt.[11]

Die Zivilhaftung des Staates bei der Ausübung öffentlicher Gewalt regelt Art. 105 EGZGB, wonach der Staat schadensersatzpflichtig ist für rechtswidrige Handlungen oder Unterlassungen der Staatsorgane bei der Ausübung der ihnen übertragenen öffentlichen Gewalt, außer wenn die Handlung oder Unterlassung unter Verletzung einer das Allgemeininteresse schützenden Vorschrift geschehen ist. Nach dieser Vorschrift haftet als Gesamtschuldner mit dem Staat auch die schuldhaft handelnde Person.

Art. 106 EGZGB sieht schließlich die Anwendung der oben genannten Bestimmungen auch auf die sonstigen juristischen Personen des öffentlichen Rechts wie Städte und Gemeinden vor. Das griechische Staatshaftungssystem baut also auf drei Grundprinzipien auf:

a) auf der Unterscheidung zwischen öffentlicher Gewalt und privatrechtlicher Betätigung, die im Bereich der öffentlichen Verwaltung die Unterscheidung zwischen Hoheits- und Fiskalverwaltung bedeutet,
b) auf der gemeinsamen Begründung der Staatshaftung in beiden Bereichen staatlicher Betätigung nach der sog. „Organtheorie“ (*Otto von Gierke*), und
c) auf der öffentlich-rechtlichen und nicht zivilrechtlichen Ausgestaltung der Staatshaftung bei der Ausübung öffentlicher Gewalt.[12]

III. Verfassungsrechtliche Gewährleistung

Die Haftung des Staates für rechtswidriges Verhalten seiner Organe wird verfassungsrechtlich gewährleistet, obwohl sie in der geltenden *Σύνταγμα της Ελλάδος* (Verfassung Griechenlands, abgekürzt: Verf.) von 1975, zuletzt durch Beschluss vom 27. Mai 2008 des VIII. Verfassungsändernden Parlaments der Hellenen (geringfügig) geändert,[13] nicht ausdrücklich normiert ist. Die Staatshaftung gilt als Ausdruck des umfassenden Rechtsstaatsprinzips (*αρχή του κράτους δικαίου*), das auch in Griechenland seit mehr als einem Jahrhundert einhellig anerkannt ist und nunmehr ausdrücklich in der Verfassung *ex abundanti cautela* proklamiert wird.[14] So bestimmt Art. 25 Abs. 1 S. 1 Verf. i.d.F. nach der Revision von 2001, dass „die Rechte des Menschen als Individuum und als Mitglied der Gesellschaft und das Prinzip des sozialen Rechtsstaates vom Staat gewährleistet werden“. Aus dem Rechtsstaatsprinzip ergibt sich u.a. der fundamentale verfassungsrechtliche Grundsatz der Gesetzmäßigkeit der Verwaltung (*αρχή της νομιμότητας της διοικήσεως*), der in mehreren Bestimmungen der Verfassung (Art. 20 Abs. 1, Art. 26, Art. 43, Art. 49, Art. 50, Art. 87 Abs. 2, Art. 93 Abs. 4, Art. 95 Abs. 1 lit. a und Art. 100 Abs. 1 lit. e) zum

11 Art. 334 Abs. 1 ZGB lautet: „Der Schuldner haftet für das Verschulden von Personen, derer er sich zur Bewirkung einer Leistung bedient, in gleichem Umfange wie für eigenes Verschulden“.
Art. 922 ZGB lautet: „Der Dienstherr oder derjenige, der einem anderen eine Dienstleistung aufgetragen hat, haftet für den Schaden, den der Diener oder der Verrichtungsgehilfe bei der Ausführung seiner Dienste einem Dritten widerrechtlich zufügt“.

12 Wie hier *Dagtoglou*, Allgemeines Verwaltungsrecht (Fn. 1), Rn. 147.

13 RBl. A Nr. 120 vom 27.6.2008; vgl. die deutsche Übersetzung von *Chryssogonos/Hansmann*, Verfassung Griechenland (1975/2001), JöR n.F. 2002, 436 im Textanhang, sowie die amtliche deutsche Übersetzung des Verfassers im Auftrag des Griechischen Parlaments in: Hellenisches Parlament (Hrsg.), Die Verfassung Griechenlands – Beschluss vom 27. Mai 2008 des VIII. Verfassungsändernden Parlaments, 2008, abrufbar im Internet auch in englischer und französischer Sprache unter: http://www.hellenicparliament.gr/en/(zuletzt abgerufen am 1.4.2013).

14 Vgl. *Dagtoglou*, Verfassung und Verwaltung (Fn. 1), S. 44; *ders.*, Constitutional and Administrative Law (Fn. 1), S. 48 f.; *Σπυρόπουλος* (Spyropoulos), Εισαγωγή στο συνταγματικό δίκαιο (Einführung in das Verfassungsrecht), 2006, S. 49 f.

Ausdruck kommt und nicht nur die Rechtmäßigkeit des Verwaltungshandelns, sondern auch die Rechtsfolgen des rechtswidrigen Verhaltens der Verwaltungsorgane determiniert. Darüber hinaus gewährleistet der neue Art. 20 Abs. 1 Verf., dass „jeder das Recht auf Rechtsschutz durch die Gerichte hat und vor ihnen seine Rechte oder Interessen nach Maßgabe der Gesetze geltend machen kann“.[15] Dieses fundamentale Verfahrensgrundrecht auf effektiven gerichtlichen Rechtsschutz und gerichtliches Gehör beschränkt sich gegenüber der öffentlichen Verwaltung nicht auf die Feststellung der Rechtswidrigkeit, sondern beinhaltet prinzipiell auch die Verpflichtung zum Schadensersatz.[16] Außerdem beruft sich ein Teil des Schrifttums, wohl unter französischem Einfluss, auch auf den Gleichheitssatz vor den öffentlichen Lasten (*αρχή της ισότητας ενώπιον των δημόσιων βαρών*) als ein weiteres verfassungsrechtliches Fundament der Staatshaftung.[17] In Griechenland hat sich gleichwohl weder die deutsche Aufopferungs- bzw. Sonderopfertheorie noch die weite Auslegung durchgesetzt, welche die französische Rechtsprechung und Lehre dem Grundsatz der Gleichheit vor den öffentlichen Lasten (*egalité devant les charges publiques*) beimisst, der ausdrücklich auch von der griechischen Verfassung (Art. 4 Abs. 5) garantiert wird. Die verfassungsrechtliche Gewährleistung der Staatshaftung hat jedenfalls zur Folge, dass gesetzliche Regelungen, die die Haftung des Staates für rechtswidriges schädigendes Verwaltungshandeln in materiell-rechtlicher wie prozessrechtlicher Hinsicht ganz oder teilweise ausschließen oder wesentlich einschränken oder übermäßig erschweren, mit der Verfassung unvereinbar sind.[18]

B. Haftungsbegründung

I. Haftung für rechtswidriges Verwaltungshandeln

Staatshaftung entsteht gemäß Art. 105 und Art. 106 EGZGB aus einer Handlung oder Unterlassung der hoheitlichen Verwaltung, die von einem Organ des Staates oder einer anderen juristischen Person des öffentlichen Rechts bei der Ausübung der ihm übertragenen öffentlichen Gewalt begangen wurde, rechtswidrig ist, keine das Allgemeininteresse schützende Vorschrift verletzt und einen Schaden verursacht hat. Die materiell-rechtlichen Voraussetzungen der Zivilhaftung (Haftung auf Schadensersatz) für rechtswidrige schädigende Handlungen oder Unterlassungen der Verwaltungsorgane sind im Einzelnen die folgenden:

---

15 Nach dem Vorbild der Art. 19 Abs. 4 und Art. 103 Abs. 1 des deutschen Grundgesetzes (GG); vgl. dazu *Efstratiou*, Landesbericht Griechenland, in: Starck (Hrsg.), Grundgesetz und deutsche Verfassungsrechtsprechung im Spiegel ausländischer Verfassungsentwicklung, 1990, S. 119 (160); *ders.*, Die gerichtliche Kontrolle administrativer Entscheidungen im griechischen Bau-, Umwelt- und Wirtschaftsverwaltungsrecht, in: Schwarze/Schmidt-Aßmann (Hrsg.), Das Ausmaß der gerichtlichen Kontrolle im Wirtschaftsverwaltungs- und Umweltrecht, 1992, S. 111 (117); *Σκουρής (Skouris)*, Διοικητικό δικονομικό δίκαιο (Verwaltungsprozessrecht), Bd. I, 2. Aufl., 1996, S. 47; *Klamaris/Efstratiou*, Access to Justice as a Fundamental Right, RHDI 1998, 291 (298); *Efstratiou/Sakellariou*, Greece, in: Spiliotopoulos (Hrsg.), Towards a Unified Judicial Protection of Citizens in Europe ?, 2000, S. 341 (369); *Δαγτόγλου (Dagtoglou)*, Διοικητικό δικονομικό δίκαιο (Verwaltungsprozessrecht), 5. Aufl. 2011 (überarbeitet von *Lazaratos/Papageorgiou*), Rn. 62f.

16 So richtig *Dagtoglou*, Allgemeines Verwaltungsrecht (Fn. 1), Rn. 1400.

17 Z.B. *Θεοχαρόπουλος (Theocharopoulos)*, Η αρχή της ισότητας στα δημόσια βάρη και η αστική ευθύνη του Κράτους (Der Grundsatz der Gleichheit vor den öffentlichen Lasten und die Zivilhaftung des Staates); *Pavlopoulos*, in: Gerontas et al., S. 312f.; *Spiliotopoulos*, Verwaltungsrecht (Fn. 1), Rn. 213.

18 Vgl. etwa SE 980/202.

1. Handlung oder Unterlassung hoheitlicher Verwaltung

Aus dem Zusammenspiel zwischen Art. 104 und 105 EGZGB ergibt sich erstens, dass es sich um eine Handlung oder Unterlassung der hoheitlichen Verwaltung handeln muss. Unter Hoheitsverwaltung (*κυριαρχική διοίκηση*) sind alle typischen Erscheinungsformen der öffentlichen Verwaltung in Abgrenzung zu ihrer privatrechtlichen Tätigkeit zu verstehen, wie etwa die ordnende, leistende, lenkende, vermittelnde, verteilende, gestaltende oder planende Verwaltung. Ausgenommen ist nur die fiskalische Verwaltung (*συναλλακτική διοίκηση*) einschließlich der Verwaltung des staatlichen Privatvermögens.[19]

Handelt es sich um eine Handlung oder Unterlassung der Hoheitsverwaltung, so kommt es auf die Rechtsform des Verwaltungshandelns nicht an. In Betracht kommen qualifizierte administrative Handlungsformen und insbesondere vollstreckbare, positive oder negative Verwaltungsakte im technischen Sinne, d.h. nach der griechischen Handlungsformenlehre sowohl individuelle Verwaltungsakte zur Regelung von Einzelfällen (*ατομικές διοικητικές πράξεις*) einschließlich Allgemeinverfügungen (*γενικές ατομικές πράξεις* bzw. *ατομικές πράξεις γενικού περιεχομένου*) als auch normative administrative Akte (Rechtsverordnungen oder Satzungen), die an eine unbestimmte Zahl von Personen adressiert sind und Rechtssätze enthalten (*κανονιστικές διοικητικές πράξεις*).[20] Es können auch schlichte verwaltungsrechtliche Willens- oder Wissenserklärungen (z.B. beratende Stellungnahmen, Auskünfte, Informationen, Zusagen, Belehrungen usw.), innerdienstliche Maßnahmen, Einzelweisungen, allgemeine Verwaltungsvorschriften und andere inneradministrative Normen (z.B. Erlasse, Richtlinien, Geschäftsordnungen, technische Anweisungen usw.) sowie Realakte sein.[21] Selbst vor dem Abschluss oder bei der Durchführung verwaltungsrechtlicher Verträge (*διοικητικές συμβάσεις*) können nach griechischem Recht einseitig-hoheitliche Handlungen oder Unterlassungen ergehen, die nicht auf dem Vertrag selbst, sondern direkt auf dem Gesetz beruhen und damit die außervertragliche Haftung oder Zivilhaftung des Staates auslösen.[22]

Staatshaftung kann insbesondere aus dem Unterlassen einer gesetzlich gebotenen Handlung entstehen, wie z.B. der Unterlassung des rechtzeitigen Erlasses einer Ministerialentscheidung zum Verbot der Einfuhr von Rindfleisch aus dem Vereinigten Königreich mit der Folge, dass große Mengen von bereits eingeführtem Rindfleisch vernichtet werden mussten,[23] der Unterlassung einer Auflistung aller zu enteignenden Gegenstände in den Katastertabellen[24] oder der Unterlassung einer Unterrichtung der Grundstückseigentümer über die Einleitung des Enteignungsverfahrens, bevor Gebäude auf ihrem Grundstück abgerissen wurden.[25]

---

19 Vgl. AED 53/1995 und 6/1996; SE 3308/1996, 1381/1998 und 3626/2001, ständige Rspr.

20 Im griechischen Verwaltungsrecht wird traditionell der Begriff des „*vollstreckbaren Verwaltungsaktes*" (*εκτελεστή διοικητική πράξη*) nach dem Vorbild der französischen *décision exécutoire* verwendet, um die normativen und individuellen Verwaltungsakte zu definieren. Der Begriff des Verwaltungsaktes im technischen Sinne ist aber *ex definitione* mit dem Begriff des „*vollstreckbaren Verwaltungsaktes*" identisch, denn der griechische Begriff des Verwaltungsaktes beschränkt sich ausschließlich auf einseitig-hoheitliche Regelungen und erstreckt sich nicht wie im französischen Recht auch auf verwaltungsrechtliche Verträge; vgl. näher *Efstratiou*, Grundzüge des Verwaltungsrechts in gemeineuropäischer Perspektive: Griechenland, in: v. Bogdandy/Cassese/Huber (Hrsg.), Handbuch Ius Publicum Europaeum (IPE), Bd. V, 2013, § 76 Rn. 50.

21 AED 5/1995; AP 439/1962, 492/1967, 1262/1976, 595/1978, 1583/1979, 1258/1985, 143/1992 und 215/1996; SE 3045/1992, 3308/1993, 4013/1996, 842, 983 und 1381/1998, 2774/1999, 980/2002, 2146/2004, 1095/2005, 2521 und 3036/2008. Dagegen begründet ein einfaches Schriftstück, das bloße Gedanken und Ansichten der Behörde enthält, keine Staatshaftung; vgl. AP 535/1971, NoB 1971, 1414 f.

22 Dazu → D.I., bei Fn. 178.

23 VG Athen 3093/1998.

24 AP 801/1976 und 1136/1980; SE 3193/2002; VBG Thessaloniki 561/1998; VG Thessaloniki 5041/1996.

25 SE 2287/2009.

Was Realakte anbelangt, umfasst die Zivilhaftung des Staates die Gesamtheit der rechtswidrigen Realhandlungen (z.B. die Inbesitznahme des enteigneten Grundstücks vor der Zahlung der gerichtlich festgesetzten Entschädigung unter Verletzung von Art. 17 Abs. 4 Verf., die Tötung oder Verletzung von Personen oder Beschädigung von Privatgegenständen bei Verkehrsunfällen durch staatliche Fahrzeuge, der rechtswidrige Waffengebrauch und die Tötung eines Bürgers durch einen Polizisten)[26] wie auch das rechtswidrige Unterlassen von Realhandlungen (z.B. die unterlassene Instandhaltung und Instandsetzung von Straßenschäden und Schäden an Bürgersteigen, Sicherheitsabgrenzungen, Verkehrsampeln und Verkehrsschildern,[27] die Unterlassung notwendiger Schutzmaßnahmen während einer Demonstration oder eines Fußballspiels zur Abwendung von Körperverletzungen und Sachbeschädigungen,[28] die unterlassene Überwachung und Instandhaltung kommunaler Grünflächen mit der Folge des Umfallens eines Baumes und der Beschädigung eines Privatfahrzeuges,[29] die Unterlassung notwendiger Ordnungsmaßnahmen während eines Strafprozesses mit der Folge der Tötung mehrerer Strafverteidiger durch den Vater des Angeklagten,[30] die Unterlassung erforderlicher Maßnahmen zur Vorbeugung eines Brandes von Seiten eines öffentlichen Krankenhauses mit der Folge, dass ein neugeborenes Kind verbrannte,[31] die Unterlassung gebotener Sicherheitsmaßnahmen bei der Verlegung eines besonders gefährlichen Häftlings mit der Folge der Tötung zweier Polizeibeamter,[32] die unterlassene Durchführung einer Inaugenscheinnahme durch die Baubehörden[33] usw.). Im Fall eines Wehrpflichtigen, der während seines Wachdienstes von einer bewaffneten Verbrecherbande getötet wurde, hat die Rechtsprechung unter Berufung auf den Gleichheitssatz vor den öffentlichen Lasten (Art. 4 Abs. 5 Verf.) die Staatshaftung auch unabhängig von einer hoheitlichen Handlung oder Unterlassung angenommen. Nach dem einschlägigen Urteil[34]

> *„[...] ist die Staatshaftung unter Umständen auch auf Schäden anwendbar, die aus zufälligen Ereignissen Personen zugefügt werden, die im Dienst des Staates stehen, soweit die Ausführung des öffentlichen Dienstes zur Folge hat, dass diese Personen erhöhten Gefahren für ihr Leben oder ihre körperliche Unversehrtheit ausgesetzt sind; denn es ist nicht mit dem Grundsatz der Gleichheit aller Bürger vor den öffentlichen Lasten vereinbar, wenn die Gefahren aus zufälligen schädigenden Ereignissen nur denjenigen Personen aufgebürdet werden, die gefährliche staatliche Aktivitäten ausüben, und besonders den Personen, die ihren Wehrdienst leisten“.*

Auf der anderen Seite können nach der Rechtsprechung nur der Staat, kommunale Selbstverwaltungskörperschaften oder andere juristische Personen des öffentlichen Rechts hoheitlich handeln. Öffentliche Unternehmen und sonstige privatrechtlich organisierte Einrichtungen des öffentlichen Sektors können nach dem herrschenden formellen oder organisatorischen Kriterium (*τυπικό* bzw. *οργανωτικό κριτήριο*) keine individuellen oder normativen Verwaltungsakte erlassen und keine verwaltungsrechtlichen Verträge abschließen; ihre Akte und Verträge sind stets privatrechtlicher Natur.[35] Dieses Kriterium findet auf den ersten Blick im Wortlaut der Art. 105 und Art. 106 EGZGB eine Stütze, die von Handlungen oder Unterlassungen der Staatsorgane

26 AED 6/1996; AP 329 und 346/1981 und 447/1984; SE 2320/2003 und 3036/2008; VG Piräus 1139/2000.
27 SE 2216/1997 und 2937/2009; VBG Athen 4872/1998; VG Thessaloniki 3199/1989 und 198/1996.
28 AP 106/1969; VBG Athen 4542/1998; VBG Piräus 758/2002.
29 VG Athen 552/1997.
30 VBG Athen 2795/2001.
31 SE 1222/2002.
32 VBG Athen 560/2009; VG Athen 13586/2003.
33 SE 2692/2009 und 1702/2010.
34 VG Athen 4943/1997.
35 Vgl. z.B. AED 10/1987, HellDni 1988, 82f.; SE 175 und 327/1930, 2643/1967, 1094–1995/1987, 3204/1998 und 3860/2002, ständige Rspr.

bzw. der Organe der Städte, der Gemeinden oder der anderen juristischen Personen des öffentlichen Rechts sprechen. Als Träger öffentlicher Gewalt kannten die Väter des Zivilgesetzbuches nur den Staat, die Kommunalkörperschaften[36] und die anderen juristischen Personen des öffentlichen Rechts. Bis auf die Konzessions- bzw. Beleihungsverträge war ihnen die Ausübung von öffentlicher Gewalt durch juristische Personen des Privatrechts unbekannt. Erst seit den 1960er Jahren hat sich die Praxis verbreitet, öffentliche Verwaltungseinheiten (z.B. Rundfunk, Luft- und Eisenbahntransport, Bank-, Post- und Fernmeldewesen), die Teile der unmittelbaren Staatsverwaltung oder juristische Personen des öffentlichen Rechts waren, in die Rechtsform von privatrechtlich organisierten, aber staatlich kontrollierten öffentlichen Unternehmen (gewöhnlich in die Form einer Aktiengesellschaft mit dem Staat als Allein- oder Hauptaktionär) zu überführen oder auch neue selbständige Träger der Regierungspolitik von Beginn an als öffentliche Unternehmen in privatrechtlicher Form zu organisieren.

Das formelle oder organisatorische Kriterium ist daher sehr unbefriedigend und entspricht nicht der europäischen und internationalen Rechtsentwicklung.[37] Richtig, wenn auch schwieriger anzuwenden, ist demgegenüber das materielle oder funktionale Kriterium (*ουσιαστικό* bzw. *λειτουργικό κριτήριο*), das nicht an die Organisationsform des handelnden Verwaltungsorgans, sondern maßgeblich an die Ausübung von öffentlicher Gewalt anknüpft. Die griechische Rechtsprechung hält jedoch an dem formellen oder organisatorischen Kriterium fest und bedient sich der Konstruktion der sog. „juristischen Person gemischter oder zweifacher Natur" (*μεικτό* bzw. *διφυές νομικό πρόσωπο*), wenn juristische Personen des Privatrechts gesetzlich eingeräumte hoheitliche Regelungsbefugnisse ausüben. Dabei handelt es sich um öffentliche Unternehmen und sonstige Einrichtungen des öffentlichen Sektors, die im Prinzip dem Privatrecht unterstehen, aber ausnahmsweise bei der konkreten Ausübung solcher hoheitlichen Befugnisse (z.B. Enteignung, Auferlegung von Geldbußen oder anderer Verwaltungssanktionen) als Verwaltungsorgane von juristischen Personen des öffentlichen Rechts tätig werden. Insofern üben sie dann öffentliche Gewalt aus, können dementsprechend hoheitlich handeln und dadurch eine Staatshaftung auslösen.[38]

2. „Organ" des Staates oder einer anderen juristischen Person des öffentlichen Rechts

Die schädigende hoheitliche Handlung oder Unterlassung muss von einem Organ des Staates (Art. 105 EGZGB) oder einer anderen juristischen Person des öffentlichen Rechts (Art. 106 EGZGB) ausgehen. Organ im rechtlichen Sinne ist jede organisatorische Einheit, die mit eigenen Zuständigkeiten ausgestattet ist. Vom Organ selbst ist dessen persönlicher Träger zu unterscheiden, der immer eine natürliche Person (oder, bei Kollegialorganen, mehrere natürliche Personen) und daher von Natur aus in der Lage ist, die Zuständigkeiten des Organs auszuüben. In der Praxis wird diese terminologische Unterscheidung freilich nicht gemacht, sodass der Begriff „Organ" üblicherweise im Sinne des „Trägers des Organs" verwendet wird.[39]

---

36 Dabei spricht Art. 106 EGZGB von Städten und Gemeinden, die damals die einzigen kommunalen Selbstverwaltungskörperschaften gewesen sind. Inzwischen gibt es seit 1994 zwei Stufen kommunaler Selbstverwaltung, die nunmehr nach der jüngsten Regional- und Gebietsreform (G. 3852/2010) die Städte (*δήμοι*) und die Regionen (*περιφέρειες*) sind, während die Gemeinden (*κοινότητες*) abgeschafft wurden; siehe dazu ausführlich *Efstratiou*, in: v. Bogdandy/Cassese/Huber (Fn. 20), Rn. 19 f.

37 So *Dagtoglou*, Allgemeines Verwaltungsrecht (Fn. 1), Rn. 508 f., 759 f. und 1414 f.; *Efstratiou*, in: v. Bogdandy/Cassese/Huber (Fn. 20), Rn. 51.

38 Vgl. SE 191/1931, 559/1959, 864/1970, 1665/1973, 1017/1979, 2139/1982, 4204/1984, 3761/1986, 2080/1987, 2378/1988, 22/1995, 4558/1997, 3414/2000, 2938/2001, 1017 und 3860/2002, 993/2003 und 1038/2004, ständige Rspr.

39 Vgl. *Dagtoglou*, Allgemeines Verwaltungsrecht (Fn. 1), Rn. 1410 f.; *Pavlopoulos*, in: Gerontas et al., S. 317 f.; *Spiliotopoulos*, Verwaltungsrecht (Fn. 1), Rn. 227.

Organ ist nicht nur der Staatsbeamte (sowie der Kommunalbeamte oder der Beamte einer juristischen Person des öffentlichen Rechts), sondern jede Person, der die Ausübung von öffentlicher Gewalt übertragen wurde, selbst wenn sie keine beamtenrechtliche Eigenschaft hat, wie z.B. der Staatspräsident, der Ministerpräsident und die Minister, die Generalsekretäre der dekonzentrierten Verwaltungen, die Regionalvorsteher, die Bürgermeister oder die privatrechtlichen Angestellten des Staates, der öffentlichen Unternehmen und der sonstigen privatrechtlich organisierten Einrichtungen des öffentlichen Sektors einschließlich der erwähnten juristischen Personen gemischter oder zweifacher Natur sowie der unabhängigen Behörden (*ανεξάρτητες αρχές*).[40]

Für die Eigenschaft als Organ im Sinne von Art. 105 EGZGB kommt es nur auf die Art der Zuständigkeiten und nicht auf die Form der Übertragung an. Während als Organe im Bereich der fiskalischen Verwaltung nach der koordinierten Anwendung von Art. 71 und 68 ZGB (auf die sich Art. 104 EGZGB bezieht) die verfassungs- bzw. satzungsmäßig berufenen Vertreter gemeint sind, d.h. die Personen, denen der Gründungsakt oder die Satzung der juristischen Person Aufgaben übertragen haben, ist im Bereich der hoheitlichen Verwaltung aus der Sicht der Staatshaftung die Form der Aufgabenübertragung rechtlich irrelevant. Selbst die rein provisorische oder auch nur *ad hoc* Übertragung öffentlicher Gewalt sowie jede Beteiligung von Privatpersonen an deren Ausübung reichen aus.[41] Auch die Fragen der Vergütung oder der Weisungsgebundenheit spielen dabei keine Rolle.

Die Übertragung von öffentlicher Gewalt beschränkt sich nicht auf die Ernennung bzw. Einstellung, die Wahl oder eine andere Art der Bestellung. Sie setzt auch nicht unbedingt ein typisches öffentlich-rechtliches Dienstverhältnis zwischen dem Staat und dem Organ voraus: Personen, denen öffentliche Gewalt übertragen worden ist, sind Organe im Sinne von Art. 105 EGZGB, auch wenn sie mit dem Staat durch einen privatrechtlichen Vertrag verbunden sind. Die Übertragung braucht nicht auf einem Verwaltungsakt oder einem Vertrag zu beruhen; es genügt, dass sie *de facto* existiert.[42] Es handelt sich also nicht um einen rechtlichen, sondern um einen tatsächlichen Vorgang, der folglich nicht von Formen oder Typen abhängt. Die Übertragung besteht aus Sicht der Staatshaftung selbst dann, wenn sie rechtswidrig ist, soweit für das Gegenteil der Rechtsschein („*φαινόμενο δικαίου*") spricht, d.h. soweit eine zwar rechtswidrige, aber dem Schein nach existente Ernennung oder Amtsausübung (*ευλογοφανής διορισμός* bzw. *κατοχή αξιώματος*) vorliegt.[43]

Darüber hinaus braucht die Handlung oder Unterlassung nicht unmittelbar von einem Staatsorgan begangen zu sein; es genügt, dass sie in der fehlerhaften Funktion von technischen Einrichtungen besteht, wie z.B. im Fall der Verkehrsampeln oder Computer, die Funktionen von Verwaltungsorganen ersetzen, für die der Staat haftet. Dagegen sind Personen, denen keine Ausübung von öffentlicher Gewalt übertragen worden ist (z.B. Hilfspersonal, Arbeiter, Techniker usw.), keine Organe im Sinne von Art. 105 EGZGB. Der Staat haftet für ihre rechtswidrigen schädigenden Handlungen oder Unterlassungen nach den zivilrechtlichen Vorschriften über die Erfüllungs- bzw. Verrichtungsgehilfen gemäß Art. 334 und 922 ZGB, die im Gegensatz zu Art. 105

---

40 Dazu *Efstratiou*, in: v. Bogdandy/Cassese/Huber (Fn. 20), Rn. 15.

41 Wie *Tsatsos*, in: Mosler, S. 194 f., richtig bemerkt, wurde der ursprünglich für Art. 105 EGZGB vorgesehene Terminus „*Beamter*" in der endgültigen Fassung bewusst durch den umfassenderen Begriff „*Organ*" ersetzt, der in der Tat im Gegensatz zur Enge desselben Begriffs in Art. 104 EGZGB bei hoheitlicher Staatstätigkeit in einem weiteren Sinne zu verstehen ist.

42 ZG Athen 848/1976, ToS 1976, 515.

43 *Dagtoglou*, Allgemeines Verwaltungsrecht (Fn. 1), Rn. 1411; vgl. auch Art. 20 Abs. 3 des Gesetzes 3528/2007 *Κώδικας Κατάστασης Δημοσίων Πολιτικών Διοικητικών Υπαλλήλων και Υπαλλήλων Ν.Π.Δ.Δ.* (Beamtengesetz, abgekürzt: Υπαλληλικός Κώδικας) und Art. 27 Abs. 3 des Gesetzes 3584/2007 *Κώδικας Κατάστασης Δημοτικών και Κοινοτικών Υπαλλήλων* (Kommunalbeamtengesetz).

EGZGB Verschulden voraussetzen. Der Staat haftet auch nicht für das Handeln von Personen, denen *de facto* gar keine öffentliche Gewalt übertragen wurde, sowie wenn die Betrauung auf einem Nichtakt (*ανυπόστατη πράξη*) beruht, es sei denn, dass der Geschädigte dies weder kannte noch kennen musste.[44]

3. Ausübung öffentlicher Gewalt

Die Zivilhaftung des Staates setzt außerdem voraus, dass die Handlung oder Unterlassung des Organs bei der Ausübung der ihm übertragenen öffentlichen Gewalt begangen wurde. Zwischen der Handlung oder Unterlassung einerseits und der Ausübung öffentlicher Gewalt andererseits muss also nicht bloß eine örtliche oder zeitliche Beziehung, sondern ein sachlicher Zusammenhang (*αντικειμενική συνάφεια*) bestehen. Die Rechtswidrigkeit muss bei der Ausübung und nicht nur aus Anlass der Ausübung öffentlicher Gewalt begangen sein. So übt z.B. der Beamte, der während seiner Dienstzeit verleumderische Privatschreiben verfasst, keine öffentliche Gewalt aus, im Gegensatz etwa zum Steuerbeamten, der öffentlich die Glaubwürdigkeit eines Steuerzahlers in Frage stellt. Umgekehrt schließt allein der Umstand, dass sich der Beamte im Urlaub befindet, nicht von vornherein aus, dass er in Ausübung der ihm übertragenen öffentlichen Gewalt gehandelt hat (z.B. rechtswidrige Ausübung von Polizeigewalt eines Polizisten während seines Urlaubs).[45] Auch die außerdienstliche Benutzung von Mitteln, die dem Organ durch seine Dienststelle zur Verfügung gestellt werden (z.B. Uniform, Fahrzeug oder Waffe), hebt nicht notwendigerweise den sachlichen Zusammenhang auf, wenn es eindeutig ist, dass der Zugang des Organs zu diesen Mitteln auf seine dienstrechtliche Eigenschaft zurückzuführen ist. Es ist also nicht erforderlich, dass sich die Verwaltungsorgane „innerhalb des Kreises ihrer dienstlichen Befugnisse" bewegen.[46] Der sachliche Zusammenhang kann selbst dann bestehen, wenn das Organ seine Befugnisse überschritten oder gegen die Befehle oder Weisungen seines Vorgesetzten gehandelt hat.

Mit dem Erfordernis dieses unmittelbaren inneren Sachzusammenhangs folgt Art. 105 EGZGB dem Vorbild von Art. 34 des deutschen Grundgesetzes („in Ausübung eines ihm anvertrauten öffentlichen Amtes") und übernimmt nicht die grundsätzliche französische Unterscheidung zwischen *faute de service* und *faute personnelle*, welche die Staatshaftung prinzipiell nur auf erstere gründet.[47] Ebenso wie die deutsche hat auch die griechische Regelung ihre Grundlage direkt im Gesetz, während die französische Lösung aus der allmählichen Fortentwicklung der reichhaltigen Kasuistik von Seiten der Rechtsprechung und Lehre resultiert. Nicht zuletzt deshalb geht die Auslegung von Art. 105 EGZGB auf der Grundlage der Unterscheidung zwischen *faute de service* und *faute personnelle*, wie sie von einem Teil der griechischen Literatur und Rechtsprechung vorgenommen wird, von einem dogmatisch unrichtigen Ausgangspunkt aus; sie beschäftigt sich mit Problemen, die nach der griechischen Regelung nicht existieren, und übersieht die systematische Struktur dieser Regelung.[48]

---

44 So *Pavlopoulos*, in: Gerontas et al., S. 318f.
45 Vgl. *Dagtoglou*, Allgemeines Verwaltungsrecht (Fn. 1), Rn. 1416f.; *Pavlopoulos*, in: Gerontas et al., S. 322f.
46 So einige frühere gerichtliche Entscheidungen und ein Teil des Schrifttums; vgl. z.B. ZG Athen 848/1976, ToS 1975, 515 (516f.).
47 Siehe dazu § 7 Frankreich, sub A.III. und B.I.1.a).
48 Wie hier *Dagtoglou*, Allgemeines Verwaltungsrecht (Fn. 1), Rn. 1419.

4. Objektive Rechtswidrigkeit

Staatshaftung entsteht nur aus einer rechtswidrigen Handlung oder Unterlassung. Das französische Recht stützt die Staatshaftung auf den Begriff der *faute de service*, während die deutsche Regelung auf dem Begriff der Amtspflichtverletzung aufbaut. Der griechische Gesetzgeber hat sich dagegen für die objektive Rechtswidrigkeit einer schädigenden Handlung oder Unterlassung als Grundlage der Staatshaftung entschieden.[49]

Rechtswidrigkeit ist der Verstoß gegen das gesetzte, zwingende Recht. Das gesetzte Verwaltungsrecht ist in den verschiedenen Rechtsquellen wie der Verfassung, den parlamentarischen Gesetzen, den gesetzgeberischen Akten des Staatspräsidenten, den Rechtsverordnungen und Satzungen sowie den allgemeinen Grundsätzen des Verwaltungsrechts enthalten. Auch der Verstoß gegen sonstiges zwingendes Recht, vor allem die Verletzung des Strafrechts, kann die Zivilhaftung des Staates begründen. Dabei kommt es auf die Unklarheit oder Zweideutigkeit der verletzten Rechtsvorschrift nicht an; wie noch zu sehen sein wird, hängt die Staatshaftung nicht vom Verschulden (Vorsatz oder Fahrlässigkeit) des handelnden Organs ab.[50] Rechtswidrig ist auch die Anwendung eines verfassungswidrigen Gesetzes oder einer rechtswidrigen Rechtsverordnung. Da die griechischen Gerichte gemäß Art. 93 Abs. 4 Verf. „verpflichtet sind, ein Gesetz nicht anzuwenden, dessen Inhalt gegen die Verfassung verstößt", sind sie gezwungen, eine Handlung oder Unterlassung der Verwaltung, die auf einem verfassungswidrigen Gesetz beruht, als rechtswidrig anzusehen. Eine Gesetzesbestimmung, die der *Ανώτατο Ειδικό Δικαστήριο* (Oberster Sondergerichtshof, abgekürzt: AED) für verfassungswidrig erklärt, ist gemäß Art. 100 Abs. 4 S. 2 Verf. „ungültig von der Verkündung der entsprechenden Entscheidung oder von dem Zeitpunkt an, den die Entscheidung festsetzt". Eine auf einer solchen Gesetzesbestimmung (oder einer sich darauf stützenden Rechtsverordnung) beruhende Handlung oder Unterlassung der Verwaltung ist daher rechtswidrig.[51] Rechtswidrig ist auch der Verstoß gegen das europäische Unionsrecht[52] sowie gegen die allgemein anerkannten Regeln des Völkerrechts und die gesetzlich ratifizierten völkerrechtlichen Verträge, die gemäß Art. 28 Abs. 1 S. 1 Verf. „Bestandteil des innerstaatlichen griechischen Rechts sind und jeder entgegenstehenden Gesetzesbestimmung vorgehen".

Rechtswidrigkeit liegt nur vor, wenn eine Rechtsnorm verletzt wird. Die bloße Verletzung einer allgemeinen Verwaltungsvorschrift oder innerdienstlichen Einzelweisung reicht nicht aus, um die Zivilhaftung des Staates zu begründen, wenn sie nicht zugleich einen objektiven Gesetzesverstoß darstellt. Auf der anderen Seite hebt der Umstand, dass das Organ auf Anordnung seines Vorgesetzten gehandelt hat, die Rechtswidrigkeit einer Handlung und mithin die Staatshaftung nicht auf, selbst wenn das Organ rechtlich verpflichtet war, der Anordnung seines Vorgesetzten Folge zu leisten.[53] Die rechtswidrige Handlung muss, wie bereits ausgeführt, kein Verwaltungsakt im technischen Sinne, sondern kann auch eine schlichte Realhandlung sein.[54] Im letzteren Fall kann die Rechtswidrigkeit in der Missachtung der Regeln von Wissenschaft und Technik oder der allgemeinen Lebenserfahrung bestehen.[55] Bei Verhandlungen zum Abschluss

---

49 Vgl. *Dagtoglou*, Allgemeines Verwaltungsrecht (Fn. 1), Rn. 1420 f.; *Pavlopoulos*, in: Gerontas et al., S. 323 f.; *Spiliotopoulos*, Verwaltungsrecht (Fn. 1), Rn. 222; *Μπαλτάκος (Baltakos)*, Αστική ευθύνη του Δημοσίου (Zivilhaftung des Staates), S. 22 f.

50 AP 449/1972, NoB 1972, 1183 f., 853/1978, NoB 1978, 747 f., und 566/1995, EEN 1996, 464 f.; dazu → B.I.7. bei Fn. 86.

51 Vgl. SE 1141/1999.

52 EUGH C-6 und C-9/90, Slg. 1991, I-5357, Rn. 37 f. – *Francovich u.a.*; näher → B.II.1., bei Fn. 99.

53 D.h. unbeschadet der Gehorsamspflicht (καθήκον *υπακοής*) der öffentlich-rechtlichen Beamten nach den einschlägigen Beamtengesetzen; vgl. Art. 25 Abs. 2 S. 3 G. 3528/2007 und Art. 32 Abs. 2 S. 3 G. 3584/2007.

54 SE 3045/1992, DiDik 1993, 382 f.; siehe auch die vorstehenden Ausführungen → B. I. 1., bei Fn. 20–21.

55 Vgl. SE 347 und 4776/1997, 2727/2003, 2146/2004, 521 und 2579/2006, 1471/2008, 160, 727, 2008, 2287, 2671, 2692 und 3085/2009, 1702/2010 und 285/2011; VG Thessaloniki 2707/1999.

eines verwaltungsrechtlichen Vertrages kann eine Handlung außerdem dann rechts-widrig sein, wenn sie gegen den Grundsatz von Treu und Glauben oder die Verkehrssitte verstößt.[56]

Im Übrigen ist die Rechtswidrigkeit nicht nur positiv als Handlung, sondern auch negativ als Unterlassung einer gesetzlich gebotenen Handlung (*παράλειψη οφειλόμενης νόμιμης ενέργειας*) zu verstehen. Ist aber der Erlass eines Verwaltungsaktes aus formellen Gründen (z.B. wegen fehlender, unzureichender oder fehlerhafter Begründung) als rechtswidrig unterlassen anzusehen, wird von der Rechtsprechung zur Begründung der Staatshaftung darüber hinaus gelegentlich verlangt, dass sich der Geschädigte auch auf das Vorliegen der materiellen, tatsächlichen und rechtlichen Voraussetzungen für den Erlass des Verwaltungsaktes berufen und diese gegebenenfalls beweisen kann; anders könnte die Verwaltung womöglich den Erlass des Verwaltungsaktes erneut unterlassen, wenn auch diesmal ohne den formellen Mangel (d.h. mit hinreichender und rechtmäßiger Begründung).[57] Diese Rechtsprechung ist allerdings nicht einheitlich,[58] während die Ungleichbehandlung von formeller und materieller Rechtswidrigkeit auch von Seiten der Rechtslehre auf berechtigte Kritik stößt.[59]

Maßgeblicher Zeitpunkt zur Beurteilung der Rechtswidrigkeit ist der Zeitpunkt, zu dem die betreffende Handlung stattgefunden hat oder hätte stattfinden müssen;[60] eine nachträgliche Rechtsänderung, die nunmehr solche Handlungen oder Unterlassungen zulässt, ist unbeachtlich.

5. Verletzung einer nicht das Allgemeininteresse schützenden Vorschrift

Ein Handeln oder Unterlassen begründet eine Haftung des Staates nur, wenn dadurch eine Rechtsvorschrift verletzt wird, die nicht dem Schutz des Allgemeininteresses dient. Art. 105 EGZGB formuliert diese negative Voraussetzung als Ausnahme von der Entstehung der Staatshaftung aus rechtswidrigem Handeln: „es sei denn, dass die Handlung oder Unterlassung unter Verletzung einer das Allgemeininteresse schützenden Vorschrift geschehen ist".[61] Diese Bestimmung beschränkt die Staatshaftung auf ähnliche Weise wie die prozessrechtliche Einschränkung der Klagebefugnis durch das Erfordernis eines rechtlichen Interesses (*έννομο συμφέρον*).[62] Wie die sog. Popularklage (*actio popularis*) gegebenenfalls zu einer Flut von Klagen vor den Gerichten führen würde, so könnte (nach der Befürchtung des Gesetzgebers) auch die Anerkennung der Staatshaftung für jedwede rechtswidrige schädigende Handlung zu einer Fülle von Schadensersatzansprüchen gegen den Staat und einer übermäßigen Belastung des staatlichen

56 Gemäß Art. 197 ZGB (Haftung aus den Vertragsverhandlungen).

57 AP 887/1987, 39/1988, HellDni 1989, 1153 f., und 939/1990; VBG Piräus 1381/1996; VBG Ioannina 179/1996; VG Athen 10798/1999; VG Thessaloniki 2260/1997.

58 *Contra* SE 2884-2886 und 3422–3424/1999, 3328 und 3400/2001 und 897/2007.

59 Vgl. *Pavlopoulos*, in: Gerontas et al., S. 325 f.; *Spiliotopoulos* Verwaltungsrecht (Fn. 1), Rn. 222.

60 Maßgebend ist also nicht der Zeitpunkt, zu dem der Verwaltungsakt unanfechtbar wurde, wie AP 1003/1976, ToS 1977, 655 f., irrtümlich annimmt.

61 Für den engen Zusammenhang dieser Ausnahme mit § 839 BGB und Art. 131 WRV bzw. Art. 34 GG verweist *Tsatsos*, in: Mosler, S. 201, auf Art. 49 des Entwurfes des Allgemeinen Teils des Zivilgesetzbuches, der lautete: *„Der Staat haftet für diejenigen Handlungen seiner Beamten, die sie während der Ausübung der ihnen anvertrauten öffentlichen Gewalt begehen und durch die sie eine Norm verletzen, die nicht zugunsten des allgemeinen Interesses, sondern zugunsten einer bestimmten Person erlassen ist"*, sowie auf Art. 67 des Einführungsgesetzes zum Griechischen Zivilgesetzbuch von 1946 (siehe oben Fn. 3 und 5): *„Der Staat ist zum Schadensersatz verpflichtet, wenn eine Person, in Ausübung des ihr übertragenen öffentlichen Dienstes, die ihr einem Dritten gegenüber obliegende Amtspflicht verletzt"*.

62 Vgl. Art. 47 Abs. 1 der Präsidialverordnung 18/1989 *Κωδικοποίηση διατάξεων νόμων για το Συμβούλιο της Επικρατείας* (Staatsratsgesetz, abgekürzt: SEG) und Art. 64 Abs. 1 S. 1 des Gesetzes 2717/1999 *Κώδικας Διοικητικής Δικονομίας* (Verwaltungsprozessordnung, abgekürzt: VwPO).

Haushalts führen. Es ist in der Tat ein Wesensmerkmal der meisten verwaltungsgerichtlichen Rechtsschutzsysteme, dass gerichtlicher Rechtsschutz nur demjenigen gewährt wird, der eine besondere Rechtsbeziehung (rechtliches Interesse) zum Prozessgegenstand begründen kann, die ihn aus der Allgemeinheit heraushebt. Die Beschränkung der Staatshaftung in Art. 105 EGZGB erfolgt in Bezug auf den Schutzzweck der verletzten Rechtsnorm („Normzweck- bzw. Schutznormlehre"). Die Staatshaftung beschränkt sich damit auf Verletzungen von Rechtsnormen, die den Schutz des beeinträchtigten individuellen Interesses des Klägers und nicht nur des öffentlichen Interesses bezwecken.[63]

Die Formulierung von Art. 105 EGZGB ist allerdings so allgemein (jede Vorschrift dient dem Grunde nach dem Allgemeininteresse), dass sie, wenn sie wörtlich angewandt würde, die Staatshaftung aufheben könnte. Dieses Ergebnis kann aber nicht der Zweck der genannten Ausnahme sein. Sie wird deshalb von der Rechtsprechung und Lehre dahingehend restriktiv interpretiert, dass sie nur dann eingreift, wenn die verletzte Rechtsvorschrift unmittelbar und ausschließlich[64] oder jedenfalls hauptsächlich bzw. prinzipiell[65] dem öffentlichen Interesse oder dem Interesse des Staates oder eines Dritten zu dienen bestimmt ist. Selbst wenn die Rechtsvorschrift nur dem öffentlichen Interesse dient, handelt es sich nicht um eine das Allgemeininteresse schützende Vorschrift im Sinne von Art. 105 EGZGB, wenn sie zugleich konkrete Rechte für einen bestimmten Kreis von Personen begründet oder zumindest auch den Schutz des Geschädigten bezweckt. Das gilt z.B. für Vorschriften betreffend den Eigentumsschutz, die Enteignung, die Bauleitplanung, die Bebauung von Grundstücken und Gebäuden, die Gewährung von Krediten und Subventionen, die Festlegung von Höchstkaufpreisen für Produkte, die Verkehrsregeln, die Instandhaltung von Straßen, die Dienststellung und die Bezüge der Beamten, den Umweltschutz, den Schutz der Viehzucht vor Krankheiten, die Abwehr von Gefahren bei Militärübungen usw.[66]

Nur in wenigen Ausnahmefällen hat die Rechtsprechung einer Norm den Charakter einer allgemeinschützenden Vorschrift zugesprochen. Das war z.B. der Fall beim rechtswidrigen Erlass eines Zollzertifikats, bei der Wiedereinsetzung von gewählten Kommunalorganen nach gerichtlicher Aufhebung ihrer Wahl oder bei Verletzung von Pflichten der zuständigen Beamten, des Militärs und der Polizei im Falle eines Waldbrandes gemäß dem Gesetz 998/1979 *Δασικός Κώδικας* (Waldgesetz).[67] Die Vorschriften des Gesetzes 2362/1995 *Κώδικας Δημοσίου Λογιστικού* (Haushaltsordnungsgesetz, abgekürzt: HOG) dienen in der Regel nicht nur dem Staat, sondern auch dem Schutz der integren Staatsbeamten.[68] Auch die disziplinarrechtlichen Vorschriften, die die Rechtsprechung immer noch in die Ausnahme von Art. 105 EGZGB einzuordnen pflegt, dienen nach den heutigen Rechtsauffassungen nicht ausschließlich dem Allgemeininteresse, sondern auch dem Schutz der legitimen Interessen der Beamten.[69] Das gilt *mutatis mutandis* auch für die polizeirechtlichen Vorschriften über den Waffengebrauch, für die Fahrpläne von Fähren oder für die Beaufsichtigung von Schlachthöfen.[70]

---

63 Wie hier *Dagtoglou*, Allgemeines Verwaltungsrecht (Fn. 1), Rn. 1427 f.; vgl. auch *Γεωργούτσου (Georgoutsou)*, DiDik 2008, 13.

64 Vgl. z.B. AP 163/1974, NoB 1974, 1050 f., und 37/1975, NoB 1975, 17 f.; ZBG Athen 4866/1975, ToS 1976, 506 f., und 5747/1975, ToS 1976, 509 f.

65 Z.B. AP 52/1960; SE 2938/2001, DiDik 2003, 1328 f.

66 Vgl. etwa SE 1920/1993, 347 und 2763/1999, 28/2000, 900, 2692, 2919, 2938 und 3624–3625/2001, 307 und 2741/2007 und 648 und 1677/2008.

67 AP 757/1995; SE 1920/1993; VG Piräus 811/2001.

68 Vgl. *Dagtoglou*, Allgemeines Verwaltungsrecht (Fn. 1), Rn. 1429.

69 AP 437/1956, NoB 1956, 72 f.; *contra* ZBG Athen 1025/1955, EEN 1955, 570 f., und 1129/1955, EEN 1955, 1138 f.

70 Vgl. aus der älteren Rechtsprechung AP 718/1961, NoB 1961, 284 f., 196/1962, NoB 1962, 112 f., 422/1962, NoB 1962, 18 f., und 447/1962, NoB 1962, 24 f.

Allgemeininteresse im Sinne von Art. 105 EGZGB ist jedenfalls das Interesse der Allgemeinheit und kein anders geartetes Interesse des Staates, wie ein Teil des Schrifttums *corrigendi causa* behauptet hat, um auf diese Weise die Ausnahme von Art. 105 EGZGB sinnvoll zu beschränken.[71] Der Rechtsstaat und der demokratische Staat dulden kein staatliches Interesse, das vom Interesse der Allgemeinheit abweicht. Aus diesem Grunde sind Allgemeininteresse und öffentliches Interesse kongruente Begriffe.[72]

6. Kausaler Schaden

Schadensersatz setzt selbstverständlich einen Schaden voraus. Eine Staatshaftung für Schadensersatz entsteht nur, wenn die rechtswidrige Handlung oder Unterlassung dem Kläger Schaden zugefügt hat, d.h. eine belastende Veränderung eines ihm zugeordneten Rechtsgutes. So reicht z.B. die Nichterfüllung eines fälligen Anspruchs allein nicht aus, um die Vermögenssituation zu verändern, weil der Anspruch noch bestehen bleibt. Der Staat haftet für jeden rechtswidrigen Schaden, der entweder durch die Handlung seiner Organe oder durch eine unterlassene Handlung verursacht wurde, zu deren Vornahme diese nach dem Gesetz verpflichtet waren.

Der Staat haftet für den positiven und den negativen Schaden (entgangenen Gewinn)[73] sowie sowohl für den vermögensrechtlichen als auch für den nichtvermögensrechtlichen Schaden (immateriellen Schaden, Schmerzensgeld); im letzteren Fall aber nur, soweit das Gesetz ausdrücklich Schadensersatz vorsieht.[74] Im Fall einer Haftung aus den Vertragsverhandlungen ist allerdings nicht das positive Interesse oder Erfüllungsinteresse, sondern grundsätzlich nur das negative Interesse oder Vertrauensinteresse zu ersetzen, das wiederum sowohl den positiven Schaden als auch den entgangenen Gewinn einschließt.[75]

Zwischen der rechtswidrigen Handlung und dem Schaden muss ein kausaler Zusammenhang (*αιτιώδης σύνδεσμος* bzw. *συνάφεια*) bestehen.[76] Dieser ist durch einen Vergleich zwischen der Situation des Klägers nach der Vornahme der rechtswidrigen Handlung und derjenigen, die ohne ihre Vornahme bestehen würde, festzustellen. Ein Kausalzusammenhang liegt ebenfalls vor, wenn der Schaden durch die Rücknahme eines begünstigenden Verwaltungsaktes aufgrund seiner Rechtswidrigkeit entstanden ist, für die der Adressat nicht verantwortlich war. Die Kausalität muss adäquat (*causa adequata*) sein.[77] Der Schaden muss unmittelbar, also bereits vorhan-

71 So aber *Tsatsos*, in: Mosler, S. 202f.; *ders.*, Η κατά το άρθρον 105 ΕισΝΑΚ έννοια της χάριν του γενικού συμφέροντος κειμένης διατάξεως (Der Begriff der zum Schutz des allgemeinen Interesses erlassenen Norm nach Art. 105 EGZGB), S. 15f.

72 Richtig *Dagtoglou*, Allgemeines Verwaltungsrecht (Fn. 1), Rn. 1429.

73 So ausdrücklich Art. 298 ZGB; vgl. auch SE 3230/1998, 2431 und 3303/2001, 2727/2003, 1915/2007, 1488/2008 und 580/209.

74 Nach Art. 299 ZGB ist ein finanzieller Ausgleich für nichtvermögensrechtliche Schäden in den Fällen zu leisten, in denen es das Gesetz ausdrücklich bestimmt. Solche Fälle sind in Art. 59, 932 und 1453 ZGB vorgesehen; vgl. *Καράκωστας (Karakostas)*, Χρηματική ικανοποίηση λόγω ηθικής βλάβης στην περίπτωση αστικής ευθύνης του Δημοσίου (Finanzieller Ausgleich wegen immateriellen Schadens im Fall von Zivilhaftung des Staates), EfimAD 2008, 379; *Αργυρός (Argyros)*, TPDD 2008, 538, und aus der Rechtsprechung SE 3308/1996, 347/1997, 4913/1998, 2692/2001, 356, 1696 und 2320/2003, 1915/2007 und 3312/2009.

75 Gemäß Art. 198 ZGB; vgl. *Spiliotopoulos*, Verwaltungsrecht (Fn. 1), Rn. 231, und aus der Rechtsprechung AP 309/1996, HellDni 1997, S. 83f.; VBG Athen 1684/1990.

76 Dazu *Dagtoglou*, Allgemeines Verwaltungsrecht (Fn. 1), Rn. 1432f., und aus der Rechtsprechung AP 638/1992; SE 4776/1997, 3027/1998, 2763/1999, 1893–1894, 2744 und 3400/2000, 1794/2001, 356 und 980/2002, 897/2007, 748, 1512 und 2986/2009 und 285/2011.

77 Vgl. Art. 298 S. 2 ZGB.

den, und persönlich sein, d.h. er darf nicht große Gruppen von Personen gleichermaßen betreffen. Diese Voraussetzungen liegen normalerweise bei Schäden, die durch Rechtsverordnungen und andere normative Akte der Verwaltung verursacht werden, nicht vor.[78]

Besonders bei entgangenem Gewinn und rechtswidrigen Unterlassungen ist die Feststellung des adäquaten Kausalzusammenhangs nicht immer einfach, da man nicht mit Gewissheit sagen kann, wie sich die Dinge entwickelt hätten und ob der Schaden eingetreten wäre bzw. ob der Geschädigte den Gewinn erzielt hätte, wenn die Staatsorgane rechtmäßig gehandelt oder die gesetzlich gebotene Handlung nicht rechtswidrig unterlassen hätten.[79] In diesen Fällen liegt nach der Rechtsprechung der erforderliche adäquate Kausalzusammenhang vor, wenn der Gewinn nach dem gewöhnlichen Laufe der Dinge und den besonderen Umständen mit Wahrscheinlichkeit zu erwarten wäre bzw. wenn die rechtswidrige Handlung oder Unterlassung nach den Regeln der allgemeinen Erfahrung und Logik objektiv betrachtet imstande war, nach dem gewöhnlichen Laufe der Dinge unter den gegebenen Umständen des konkreten Falles und ohne den Eintritt eines außerordentlichen und ungewöhnlichen Ereignisses den Schaden herbeizuführen.[80]

Der Kausalzusammenhang kann gleichwohl unterbrochen werden, wenn der belastende Verwaltungsakt zurückgenommen und durch einen neuen, rechtmäßigen Verwaltungsakt ersetzt wurde;[81] der Staat haftet aber weiterhin für den Schaden, den der zurückgenommene Verwaltungsakt bis zu seiner Rücknahme verursacht hat.[82] Ein unvorhergesehenes nachträgliches natürliches Ereignis, das den Schaden vergrößert hat, begründet keine Haftung des Staates für den gesamten Schaden und kann u.U. sogar seine Haftung ganz ausschließen.[83] Wenn nach der schädigenden Handlung oder Unterlassung ein weiteres Tun oder Unterlassen, das nicht derselben juristischen Person zuzurechnen ist, den Schaden vergrößert hat, stellt sich die Frage der Haftung mehrerer Personen (Gesamtschuld).[84] Der Kausalzusammenhang wird dagegen nicht unterbrochen, wenn nach der schädigenden Handlung eine weitere erfolgt ist, welche derselben juristischen Person zuzurechnen ist und die gleichen Folgen hat oder welche zwar nicht derselben juristischen Person zugerechnet wird, aber die erste Handlung zur Voraussetzung hat.[85]

7. Kein Verschulden oder vorherige Erlaubnis

Gemäß Art. 105 EGZGB ist das Verschulden des handelnden Organs keine Voraussetzung für die Zivilhaftung des Staates (jedoch, wie noch zu sehen sein wird, für den Rückgriff des Staates gegen den Beamten). Die Staatshaftung ist somit nach geltendem Recht verschuldensunabhängig bzw. objektiv.[86] Der griechische Gesetzgeber ist in diesem Punkt bemerkenswerterweise sowohl von der bisherigen Rechtsprechung und Gesetzgebung vor der Einführung des geltenden Zivil-

78 SE 1038 und 2796/2006; näher → B.II.1., bei Fn. 95.
79 Dazu *Pavlopoulos*, in: Gerontas et al., S. 328 f.
80 Vgl. SE 289/1995, 4776/1997, 3027/1998, 5, 6, 2692 und 3919/2001, 1479/2006, 1364/2008 und 2692/2009.
81 Z.B. SE 2886/1999.
82 SE 2763, 2884 und 2886/1999, 3400/2000 und 897/2007.
83 Vgl. etwa SE 1893/2000.
84 Art. 480 f. ZGB; siehe dazu nachstehend → C.II.
85 AP 913/1988, HellDni 1989, 1331 f.
86 Einhellige Meinung; vgl. *Pavlopoulos (Παυλόπουλος)*, Η αστική ευθύνη του Δημοσίου (Die Zivilhaftung des Staates), Bd. II, S. 401 f.; *ders.*, in: Gerontas et al., S. 324; *Dagtoglou*, Allgemeines Verwaltungsrecht (Fn. 1), Rn. 1434; *Spiliotopoulos*, Verwaltungsrecht (Fn. 1), Rn. 226, und aus der Rechtsprechung bereits AP 466/1969, NoB 1969, 50 f.

gesetzbuches[87] als auch von seinem ansonsten deutschen Vorbild, vom angelsächsischen Rechtskreis (*common law*) sowie zum Teil (in Bezug auf die Staatshaftung bei *faute personnelle*) vom französischen Recht abgewichen.[88] Die Staatshaftung für Handlungen oder Unterlassungen, die sich auf privatrechtliche Verhältnisse oder auf das Privatvermögen des Staates beziehen (Art. 104 EGZGB), setzt aber nach den allgemeinen Regeln des zivilen Schadensrechts ein Verschulden des Organs (Schuldhaftung bzw. subjektive Haftung) voraus. Das gilt gemäß Art. 198 ZGB ausnahmsweise auch für die Staatshaftung bei Verhandlungen zum Abschluss eines verwaltungsrechtlichen Vertrages, welche Vorsatz oder Fahrlässigkeit des handelnden Organs voraussetzt (*culpa in contrahendo*).[89]

Wie alle vorausgegangenen Verfassungen seit 1864 (sowie nach der Aufhebung der anderslautenden Bestimmungen der alten Zivilprozessordnung von 1834[90]) wiederholt Art. 104 Abs. 3 der geltenden Verfassung von 1975, dass

> „die Einleitung eines Gerichtsverfahrens gegen Staatsbeamte sowie Beamte der kommunalen Selbstverwaltungskörperschaften oder der sonstigen juristischen Personen des öffentlichen Rechts keiner vorherigen Erlaubnis bedarf".

Dies gilt freilich nur noch in den Ausnahmefällen, in denen der Beamte persönlich gegenüber dem Geschädigten haftet.[91] Außerdem bestimmt Art. 99 Abs. 3 Verf., dass „es zur Erhebung der Anklage wegen Rechtsbeugung keiner Erlaubnis bedarf". Diese heute eher deklaratorischen Verfassungsbestimmungen stellen ausdrücklich klar, dass die Haftung von Verwaltungsbeamten und Richtern von staatlichen Sondererlaubnissen unabhängig ist und der Bürger ohne weiteres gegen sie gerichtlich vorgehen kann.

II. Haftung für legislatives oder judikatives Unrecht

1. Haftung für rechtswidrige legislative Akte

Obwohl die Art. 104 und 105 EGZGB den Begriff „Staatsorgane" und nicht „Verwaltungsorgane" verwenden und als Haftungssubjekt eigentlich den Staat meinen, weil nur er (und nicht die

---

87 Anders noch Art. 67 des Einführungsgesetzes zum Griechischen Zivilgesetzbuch von 1946 (Fn. 61).

88 Wie hier *Dagtoglou*, Allgemeines Verwaltungsrecht (Fn. 1), Rn. 1434.

89 Auf diesen Artikel (Art. 198 ZGB) verweisen ausdrücklich Art. 5 Abs. 1 G. 2522/1997 und Art. 9 Abs. 1 G. 3886/2010 im Hinblick auf die Nachprüfungsverfahren bezüglich der Vergabe öffentlicher Bau-, Liefer- und Dienstleistungsaufträge, die in den Anwendungsbereich der Richtlinien 89/665/EWG (ABl. 1989 Nr. L 395/33) und 2007/66/EG (ABl. 2007 Nr. L 335/31) fallen; dazu nachstehend → D.I., bei Fn. 179.

90 Art. 2 Κώδικας Πολιτικής Δικονομίας (Zivilprozessordnung, abgekürzt: ZPO) enthielt ursprünglich folgende Bestimmung: „Eine Klage gegen den Fiskus ist erst dann zulässig, wenn sich der Kläger wegen Abstellung seiner Beschwerde an die zunächst höhere Administrativstelle gewendet und entweder eine abschlägige oder, binnen sechs Wochen vom Tage der Eingabe an, gar keine Entschließung erhalten hat". Diese Bestimmung, die eine Art Widerspruch bzw. rechtsmittelähnliche Beschwerde (ενδικοφανής προσφυγή) als besondere Zulässigkeitsvoraussetzung der Schadensersatzklage einführte, wurde durch das Gesetz ΓΨΜΗ΄/1911 (Gesetz über die Aufhebung und Änderung mancher Vorschriften der Zivilprozessordnung) aufgehoben und erst später durch abweichende Spezialvorschriften wieder eingeführt, aber nur bezüglich der Klagen, mit denen dingliche Rechte (außer Besitz) oder Ansprüche, die sich aus der Durchführung von öffentlichen Arbeiten herleiten, gegen den Staat geltend gemacht wurden; dazu *Tsatsos*, in: Mosler, S. 215. Die erste nach der Gründung des neugriechischen Staates eingeführte, auf Georg Ludwig von Maurer zurückzuführende Zivilprozessordnung wurde durch das Gesetz vom 2./14.4.1834 verabschiedet und galt bis zum 16.9.1968, als die neue Zivilprozessordnung durch das Notgesetz 44/1967 in Kraft getreten ist, wie sie durch die Verordnungen 657/1971 und 503/1985 sanktioniert bzw. konsolidiert wurde und durch zahlreiche spätere Gesetze bis heute ergänzt und geändert wurde.

91 Dazu näher → C.II., bei Fn. 129.

Verwaltung) Rechtspersönlichkeit besitzt, geht die herrschende Meinung in der griechischen Rechtsprechung und Lehre traditionell davon aus, dass der Staat für Akte des Gesetzgebers nicht haftet. Diese ablehnende Haltung geht auf ein prägnantes Diktum des Zivilprozessrechtlers *Vassileios Oikonomides* zurück, der vor über hundert Jahren die These formuliert hat, dass „der Schadensersatz Unrecht voraussetzt, aber der Gesetzgeber kein Unrecht begeht, wenn er Gesetze erlässt“, es sei denn, dass er verfassungsrechtlich garantierte private Rechte verletzt.[92] Vor allem die Gerichte haben die Grundrechte jedoch seit jeher restriktiv ausgelegt. Mit Ausnahme des (unbeweglichen) Privateigentums haben somit die Rechtsprechung und ein Teil des Schrifttums bis vor kurzem die Staatshaftung für Schäden ausgeschlossen, die der Gesetzgeber durch die Verletzung anderer verfassungsrechtlich garantierter Individualrechte verursacht hat. Die Gründe für diesen Ausschluss waren einerseits die Angst vor einer übermäßigen Belastung der Staatskasse und andererseits das Festhalten an der überkommenen Auffassung von der Selbstherrlichkeit des Gesetzgebers.[93]

Gleichwohl dürfen sich die Richter nach der geltenden Verfassung nicht nur „in keinem Fall Bestimmungen fügen, die in Auflösung der Verfassung erlassen wurden“, sondern auch „ein Gesetz, dessen Inhalt gegen die Verfassung verstößt, nicht anwenden“ (Art. 87 Abs. 2 S. 2 und Art. 93 Abs. 4 Verf.). Die Verfassung kennt also nicht nur den Begriff des verfassungswidrigen Gesetzes, sondern verpflichtet auch die Gerichte, solche Gesetze nicht anzuwenden. Außerdem fällt in die Zuständigkeit des Obersten Sondergerichtshofs auch „die Entscheidung von Streitigkeiten über die materielle Verfassungswidrigkeit oder den Sinn von Bestimmungen eines formellen Gesetzes, wenn darüber widersprechende Entscheidungen des Staatsrates, des Areopags oder des Rechnungshofes ergangen sind“.

Ferner „ist eine für verfassungswidrig erklärte Gesetzesbestimmung unwirksam mit Verkündung der entsprechenden Entscheidung oder von dem Zeitpunkt an, den die Entscheidung festsetzt“ (Art. 100 Abs. 1 lit. e und Abs. 4 S. 2 Verf.). Das bedeutet, dass die Verfassung auch die gerichtliche Aufhebung eines verfassungswidrigen Gesetzes kennt. Im Übrigen ist es nicht richtig, dass die Verfassungswidrigkeit eines Gesetzes immer eine Verletzung einer (allein) das Allgemeininteresse schützenden Vorschrift darstellt und eine Staatshaftung daher nicht begründen kann. Dass Verfassungsbestimmungen auch dem Schutz von Privatinteressen dienen können, belegt eindeutig der verfassungsrechtliche Schutz der Grundrechte.[94]

Ein verfassungswidriges Gesetz kann ohne Zweifel einen Schaden verursachen. Freilich ist dieser in den meisten Fällen (wie auch bei Rechtsverordnungen) weder unmittelbar noch individuell. Es gibt aber Fälle von individuell formulierten Gesetzen, die Einzelne schädigen, indem sie direkt verfassungsrechtlich garantierte subjektive öffentliche Rechte verletzen. Wenn es sich bei dem verletzten Recht um das Eigentum handelt, finden die entsprechenden Bestimmungen der Verfassung und die Gesetzesvorschriften über die Enteignung Anwendung. Wenn jedoch andere verfassungsrechtlich garantierte Rechte (z.B. das Recht auf Gleichheit) verletzt werden, ist die Anwendung von Art. 105 EGZGB zu bejahen.[95] Die Indemnität der Abgeordneten (Art. 61 Verf.) schließt lediglich den Rückgriff gegen diese, nicht aber die Zivilhaftung des Staates aus.

---

92 Vgl. *Οικονομίδης (Oikonomides)*, Εγχειρίδιον Πολιτικής Δικονομίας (Lehrbuch des Zivilprozessrechts), 3. Aufl., Athen 1890, § 65, S. 203 f., und aus der Rechtsprechung AP 115/1935, Themis 1935, 333 f., 37/1957, EEN 1957, 483 f., und 665/1975, ToS 1976, 495 f.

93 Vgl. *Dagtoglou*, Allgemeines Verwaltungsrecht (Fn. 1), Rn. 1469 f.; *Σπαχής (Spachis)*, DiDik 2008, 566.

94 So zutreffend *Dagtoglou*, Allgemeines Verwaltungsrecht (Fn. 1), Rn. 1472.

95 Dazu näher *Dagtoglou*, Allgemeines Verwaltungsrecht (Fn. 1), Rn. 1473; *ders.*, Ersatzpflicht des Staates bei legislativem Unrecht, Recht und Staat 1961, 58; *ders. (Δαγτόγλου)*, Η ευθύνη του Κράτους δια ζημίας εξ αδίκου νομοθετικής πράξεως (Ersatzpflicht des Staates bei legislativem Unrecht), S. 28 f. und 58 f.

Diese Ausführungen gelten *mutatis mutandis* auch für Rechtsverordnungen und andere administrative Rechtssätze. Der *Areopag* lehnt jedoch das Bestehen einer solchen Staatshaftung mit dem Hinweis ab, dass Art. 105 EGZGB die Haftung des Staates für Handlungen oder Unterlassungen seiner Organe „bei der Ausübung der ihnen übertragenen Verwaltungsbefugnisse" begründe, obwohl dieser Artikel eigentlich von „der Ausübung der ihnen übertragenen öffentlichen Gewalt" spricht. Der *Areopag* wiederholt auch dem Sinn nach das Diktum von *Oikonomides* ohne nähere Begründung: „Der Staat begeht kein Unrecht, wenn er durch irgendeines seiner Organe Gesetze erlässt oder Gesetze zu erlassen unterlässt".[96]

In den letzten Jahren zeichnet sich aber auch in der griechischen Rechtsprechung nicht zuletzt unter dem Einfluss des Unionsrechts eine deutliche Wende ab. So mehren sich die Fälle, in denen die Rechtsprechung die Zivilhaftung des Staates auch für verfassungswidrige Gesetze oder Rechtsverordnungen akzeptiert, vorausgesetzt, dass diese unmittelbar anwendbar sind, d.h. wenn der Schaden direkt aus ihrer Anwendung und nicht erst aus nachfolgenden Verwaltungsakten, die zu ihrer Ausführung erlassen werden, hervorgeht. Denn sonst wird der kausale Zusammenhang zwischen dem legislativen Akt und dem Schaden unterbrochen, und die Staatshaftung richtet sich gegen die administrativen Ausführungsakte, die den Schaden erst verursachen.[97]

Gesetze oder Rechtsverordnungen können außerdem nicht nur rechtswidrig sein, wenn sie verfassungswidrig sind, sondern auch wenn sie gegen höherrangiges Völker- oder Unionsrecht verstoßen.[98] Insbesondere im Fall der Unterlassung des nationalen Gesetzgebers, eine unionsrechtliche Richtlinie im innerstaatlichen Recht rechtzeitig oder überhaupt umzusetzen, hat der betreffende Mitgliedstaat nach der Rechtsprechung des EuGH unter bestimmten Voraussetzungen den Schaden zu ersetzen, der aus der Verletzung des Unionsrechts entstanden ist.[99] Im Fall der Verletzung der EMRK kann darüber hinaus der EGMR gemäß Art. 41 EMRK der verletzten Partei gegebenenfalls eine „gerechte Entschädigung" zubilligen, wenn die innerstaatlichen Gesetze nur eine unvollkommene Wiedergutmachung des Schadens gestatten.[100]

2. Haftung für rechtswidrige judikative Akte

Im Bereich der rechtsprechenden Gewalt[101] gibt es zwei Fälle, für die der Gesetzgeber aufgrund ausdrücklicher Verfassungsbestimmungen Rechtsfolgen für rechtswidrige judikative Akte vorsieht: die Rechtsbeugung und die ungerechte oder gesetzeswidrige Verurteilung, Untersuchungshaft oder sonstige Freiheitsberaubung.[102] Die detaillierte Regelung dieser beiden Fälle judikativen Unrechts darf allerdings nicht *a contrario* zur Schlussfolgerung führen, dass sie die

96 AP 665/1975, ToS 1976, 495f.

97 Vgl. *Pavlopoulos*, in: Gerontas et al., S. 317f.; *Μαθιουδάκης (Mathioudakis)*, DiDik 1998, 314; *Βροντάκης (Vrontakis)*, TPDD 2008, 513, und aus der Rechtsprechung SE 3587/1997, 1141/1999, 5, 6, 900, 2692 und 3624–3625/2001, 1686/2002, 1038/2006, 3093/2009 und 168–169/2010; AP 13/1992 und 711/1995.

98 Z.B. SE 2005/2001, 1038/2006, 909/2007 und 168/2010.

99 Vgl. vor allem EuGH C-213/89, Slg. 1990, I-2433, Rn. 21 – *Factortame*; C-6 und C-9/90, Slg. 1991, I-5357, Rn. 37 – *Francovich u.a.*; C-46 und C-48/93, Slg. 1996, I-1029, Rn. 32f. – *Brasserie du Pêcheur und Factortame III*; EuGH C-178–179 und C-188–190/94, Slg. 1996, I-4845, Rn. 22 – *Dillenkofer u.a.*; C-352/98 P, Slg. 2000, I-5291, Rn. 40 – *Bergaderm*; C-224/01, Slg. 2003, I-10239, Rn. 31 – *Köbler*; C-173/03, Slg. 2006, I-5177, Rn. 46 – *Traghetti del Mediterraneo*.

100 Vgl. *Αλιβιζάτος (Alivizatos)*, DEE 1998, 1169.

101 Handlungen von Gerichten oder richterlichen Amtsträgern, die nicht judikativer Natur sind, sondern sich auf die Verwaltung der Justiz beziehen oder materiell Verwaltungsakte darstellen, können ohne weiteres die Staatshaftung begründen; so z.B. Akte von Mitgliedern des Rechnungshofes, AED 15/1979, EEN 1980, 1046f.; vgl. auch SE 872/1988; VBG Athen 2795/201.

102 Gemäß Art. 7 Abs. 4 und Art. 99 Verf., Art. 73 EGZPO, Art. 6f. G. 693/1977, Art. 533–545 griech. StPO und Art. 26 G. 2915/201.

Staatshaftung für andere rechtswidrige judikative Handlungen ausschließt. Man kann vielmehr mit guten Gründen davon ausgehen, dass der Gesetzgeber zwei praktisch bedeutsame Fälle herausgegriffen und ausführlich geregelt hat, ohne damit die allgemeine Geltung von Art. 105 EGZGB im Bereich der Gerichtsbarkeit überhaupt in Frage zu stellen.[103] Jedenfalls können die Argumente der richterlichen Unabhängigkeit und der Rechtskraft, die früher gegen die Staatshaftung für judikatives Unrecht vorgetragen wurden, heute nicht mehr als stichhaltig angesehen werden. Die griechischen Gerichte berufen sich jedoch immer noch auf solche Argumente und lehnen nach wie vor die Zivilhaftung des Staates für rechtswidrige gerichtliche Handlungen oder Unterlassungen nicht zuletzt unter Verweis auf die verfassungsrechtlich vorgesehenen Fälle der Rechtsbeugung und der ungerechten Verurteilung oder Untersuchungshaft ab.[104] Eine weitere Ausnahme besteht nach der Rechtsprechung des EuGH, wenn gerichtliches Handeln oder Unterlassen Unionsrecht verletzt und damit die außervertragliche Haftung des jeweiligen Mitgliedstaates begründet.[105]

Für verzögerte Gerichtsverfahren hat der Gesetzgeber neuerdings spezielle Regelungen ins nationale Rechtssystem eingeführt, nachdem der EGMR mehrfach festgestellt hat, dass keine wirksamen Rechtsbehelfe gegen überlange verwaltungsgerichtliche Verfahren im Sinne von Art. 6 Abs. 1 und 13 EMRK zur Verfügung stehen, und von Griechenland verlangt hat, binnen eines Jahres geeignete innerstaatliche Maßnahmen allgemeiner Art zu ergreifen.[106] So sehen nun Art. 53–60 des Gesetzes 4055/2012 *Δίκαιη δίκη και εύλογη διάρκεια αυτής* (Gesetz über das gerechte Gerichtsverfahren und seine angemessene Dauer) vor, dass der Betroffene einen Anspruch auf gerechte Entschädigung hat und darüber hinaus die Beschleunigung des Verfahrens beantragen kann.

Der Antrag auf gerechte Entschädigung *(αίτηση για δίκαιη ικανοποίηση)* richtet sich gegen den Staat und ist pro Instanzenzug von jeder betroffenen Prozesspartei innerhalb einer Frist von sechs (6) Monaten beim Verwaltungsgericht einzureichen, das die verzögerte Gerichtsentscheidung getroffen hat (Art. 53–55). Das Gericht prüft die Begründetheit des Antrags nach Maßgabe der Kriterien, die der EGMR entwickelt hat, und insbesondere nach dem Verhalten der Verfahrensbeteiligten, der Schwierigkeit des Falls, der Haltung der zuständigen staatlichen Stellen und der Relevanz des Falles für den Betroffenen. Stellt das Gericht anhand der Umstände des Einzelfalls eine Verletzung des Rechts auf angemessene Verfahrensdauer fest, so entscheidet es, inwieweit ein finanzieller Ausgleich für (vermutete) immaterielle Schäden zu gewähren ist oder ob die bloße Feststellung der Verfahrensverzögerung im konkreten Fall schon ausreicht. Schließlich setzt es die genaue Höhe der Entschädigung fest, je nach der Länge der Verzögerung und der Möglichkeit des Betroffenen, gegebenenfalls aus anderen Haftungstatbeständen der geltenden Rechtsordnung Schadensersatz zu erlangen, einschließlich der zuzusprechenden Gerichtskosten und der Geldsummen, die der EGMR in ähnlichen Fällen der verletzten Partei gemäß Art. 41 EMRK zuzubilligen pflegt (Art. 57). Der Antrag ist innerhalb von fünf Monaten zu ent-

---

103 So die herrschende Meinung in der griechischen Literatur; vgl. *Dagtoglou*, Allgemeines Verwaltungsrecht (Fn. 1), Rn. 1487; *Pavlopoulos*, in: Gerontas et al., S. 321 f.; *Παπαγιαννόπουλος (Papagiannopoulos)*, DiDik 2002, 849; *Λαϊνιώτη (Lainioti)*, DiDik 2006, 561.

104 Vgl. AP 256/1996, DiDik 1996, 962 f.; SE 2744/2000; VBG Athen 2659/1997, DiDik 1997, 1206 f.; VG Thessaloniki 1458/2000, DiDik 2000, 1011 f.; VG Ioannina 131/2006; VG Larissa 41/2008, TPDD 2008, 439 f.; VG Mytilini 47/208.

105 EuGH C-224/01, Slg. 2003, I-10239, Rn. 48 – *Köbler*; EuGH C-173/03, Slg. 2006, I-5177, Rn. 32 – *Traghetti del Mediterraneo*; *Σκουρής (Skouris)*, in: Festgabe Staatsrat, S. 1341; *Μεταξάς (Metaxas)*, EDDD 2004, 422.

106 Grundlegend EGMR *Athanasiou/Griechenland*, Nr. 50973/08, 21.12.2010; vgl. bereits den Zwischenbericht des Ministerkomitees CM/ResDH(2007)74 betreffend die Überlänge des Verfahrens vor den griechischen Verwaltungsgerichten und die Abwesenheit effektiver Rechtsbehelfe. Griechenland ist schon mehrmals für unangemessene Dauer von Gerichtsverfahren verurteilt, und zahlreiche diesbezügliche Beschwerden gegen Griechenland sind derzeit vor dem EGMR anhängig; dazu *Κτιστάκις (Ktistakis)*, in: Festgabe Staatsrat, S. 1293.

scheiden. Diese Entscheidung muss innerhalb von weiteren zwei Monaten ergehen. Sie unterliegt keinem Rechtsmittel und wird innerhalb von sechs Monaten nach ihrer Zustellung vollzogen. Zwangsvollstreckung gegen den Fiskus ist erst nach Ablauf dieser Frist zulässig (Art. 56 und 58).[107]

Der Antrag auf Beschleunigung bzw. Bevorzugung *(αίτηση επιτάχυνσης-προτίμησης)* ist ebenfalls ein eigenständiger spezieller Rechtsbehelf, der keine Voraussetzung für den Antrag auf gerechte Entschädigung ist. Er kann von jeder Prozesspartei beim Verwaltungsgericht eingereicht werden, bei dem die Sache für über 24 Monate anhängig ist. Der zuständige Richter prüft den Antrag und bestimmt einen baldigen Termin zur Entscheidung der anhängigen Sache, unter Berücksichtigung vor allem der vorgehenden Verzögerungen in vorausgegangenen Instanzen oder Verfahrensabschnitten sowie der Bedürfnisse und der Belastung des Gerichts. Der Antrag auf Beschleunigung des Verfahrens ist allerdings nur für Rechtsbehelfe oder Rechtsmittel zulässig, die am oder nach dem 16. September 2012 eingelegt wurden. Der baldige Termin ist dann grundsätzlich innerhalb von sechs Monaten zu bestimmen. Außerdem darf für eine Übergangsfrist von fünf Jahren, die wiederum ab dem 16. September 2012 beginnen, die Bestimmung der Termine von eingelegten Rechtsbehelfen oder Rechtsmitteln binnen 24 Monate nach ihrer Einlegung ein Drittel der gesamten zu entscheidenden Fälle jedes Verhandlungstermins nicht überschreiten. Dabei sind die oben dargelegten Kriterien sowie der dringende Charakter der Fälle zu berücksichtigen (Art. 59–60). Es bleibt noch abzuwarten, inwieweit der EGMR die neuen Rechtsbehelfe als wirksam und grundsätzlich vereinbar mit Art. 6 Abs. 1 und 13 EMRK anerkennen wird.[108]

C. Haftungsfolgen

I. Haftungssubjekt

Zum Schadensersatz verpflichtet ist die juristische Person, der das Organ angehört, d.h. der Staat, die Stadt, die Region[109] oder eine andere juristische Person des öffentlichen Rechts. Wird ein rechtswidriger Verwaltungsakt einer juristischen Person des öffentlichen Rechts durch eine staatliche Aufsichtsbehörde genehmigt, so haften nach richtiger Meinung – im Gegensatz zur älteren Rechtsprechung des *Areopags*[110] – der Staat und die juristische Person als Gesamtschuldner und nicht etwa nur die juristische Person, die den rechtswidrigen Verwaltungsakt erlassen hat.[111] Wenn das Organ einer juristischen Person des Privatrechts angehört, der die Ausübung öffentlicher Gewalt übertragen worden ist, dann haften nach entsprechender Anwen-

107 Vgl. SE 4467/2012, TPDD 2012, 1088 f., mit Anmerkung *Ξυλάκη (Csylaki)*, EfimDD 2012, 756 f., und Bemerkungen *Φραγκάκης (Fraggakis)*, TPDD 2012, 1093 f.; SE 1/2013, TPDD 2013, 67 f., mit Bemerkungen *Μίχα (Micha)*, TPDD 2013, 72 f.

108 Schon heute kann man bemängeln, dass sich das Gesetz 4055/2012 trotz seiner Überschrift allein auf verwaltungsgerichtliche Verfahren bezieht und zivil- und strafrechtliche Prozesse nicht mit erfasst, obwohl der EGMR bereits die Überlänge auch solcher Gerichtsverfahren gerügt hat; vgl. EGMR *Michelioudakis/Griechenland*, Nr. 54447/10, 3.4.2012 (Strafverfahren), und *Glykantzi/Griechenland*, Nr. 40150/09, 30.10.2012 (Zivilverfahren).

109 Wie bereits ausgeführt (Fn. 36), sind nunmehr die Regionen (*περιφέρειες*) nach der jüngsten Regional- und Gebietsreform (G. 3852/2010) zu Kommunalkörperschaften zweiter Stufe umgewandelt. Dagegen besitzen die sog. *„dekonzentrierten Verwaltungen"* (*αποκεντρωμένες διοικήσεις*), die seit dem 1. Januar 2011 die bisherigen Regionen als regionale Staatsorgane abgelöst haben, keine Rechtspersönlichkeit und sind als *„einheitliche dekonzentrierte Verwaltungseinheiten des Staates"* zu betrachten.

110 AP 684/1964, NoB 1964, 395 f.

111 So aber *Spiliotopoulos*, Verwaltungsrecht (Fn. 1), Rn. 228.

dung von Art. 106 EGZGB der Staat oder die juristische Person des öffentlichen Rechts, welche die öffentliche Gewalt übertragen hat.[112]

Nach Art. 106 EGZGB haftet die juristische Person für Handlungen oder Unterlassungen der in ihrem Dienst stehenden Organe. Aus der Formulierung dieser Bestimmung ergibt sich nicht mit Sicherheit, ob die formelle oder funktionelle Verbindung des Organs mit der juristischen Person gemeint ist. Praktische Bedeutung erlangt die Frage besonders im Rahmen der kommunalen Selbstverwaltung, deren Organe außer den örtlichen auch staatliche Angelegenheiten (sog. Auftragsangelegenheiten) wahrnehmen. Im letzteren Fall fragt sich, ob die Stadt oder Region, mit der der Beamte formell verbunden ist, oder der Staat, mit dem er funktionell verbunden ist, haftet. Richtig ist die erste Ansicht, auf der die sog. Anstellungstheorie beruht. Dies gilt nicht nur, weil sie vom deutschen Recht, das auch sonst Vorbild der griechischen Regelung ist, übernommen wurde,[113] sondern vor allem, weil die gegenteilige Funktionstheorie in der Praxis sehr viel schwieriger anzuwenden ist, zumal die Eigenschaft einer Angelegenheit als „örtlich" oder „staatlich" (z.B. Tourismus) nicht immer eindeutig zu erkennen ist. Diese Auslegungsschwierigkeit besteht jedoch nicht im Fall der *ex definitione* provisorischen Abordnung des Beamten einer juristischen Person an eine andere juristische Person, sodass in diesem Fall die Funktionstheorie vorzuziehen ist.[114]

II. Persönliche Beamtenhaftung

Art. 105 S. 2 EGZGB bestimmt: „Mit dem Staat haftet als Gesamtschuldner auch die schuldhaft handelnde Person; die besonderen Vorschriften über die Haftung der Minister bleiben unberührt". Nach dieser Bestimmung ist die Zivilhaftung des Staates zwar unmittelbar und primär, aber nicht ausschließlich: Parallel mit ihm haftet auch das verantwortliche Organ (Gesamtschuld, Art. 480f. ZGB). Die Haftung des Staates ist dennoch umfassender als die des Organs.[115] Während die Staatshaftung unabhängig vom Verschulden ist (objektive Haftung), setzt die Haftung des Organs ein Verschulden voraus (subjektive Haftung). Aus der Formulierung des Gesetzes („Mit dem Staat") ergibt sich, dass eine weitere Voraussetzung der Organhaftung nach Art. 105 S. 2 EGZGB die Staatshaftung nach dem ersten Satz desselben Artikels ist. Vorausgesetzt, dass das schädigende Handeln oder Unterlassen bei der Ausübung öffentlicher Gewalt stattgefunden hat, haftet das Organ mit dem Staat, nicht ohne ihn. Wenn der Staat z.B. nicht haftet, weil die rechtswidrige schädigende Handlung oder Unterlassung unter Verletzung einer das Allgemeininteresse schützenden Vorschrift geschehen ist, dann haftet auch das Organ nicht. Dasselbe gilt bei einem Ausschluss oder einer Begrenzung der Staatshaftung, außer ein Spezialgesetz bestimmt etwas anderes. Die Haftung des Organs ist also weder umfassender als die Haftung des Staates noch ihr gegenüber subsidiär.

Dagegen bedeutet die in der Verfassung vorgesehene Ersatzpflicht des rechtswidrig handelnden Organs (z.B. bei verfassungswidrigem Gewahrsam des Festgenommenen, der Verletzung der Unverletzlichkeit der Wohnung oder der Verpflichtung der Verwaltung, sich Gerichtsentscheidungen zu fügen)[116] keinen Ausschluss der Zivilhaftung des Staates. Diese Pflicht

---

112 Vgl. *Dagtoglou*, Allgemeines Verwaltungsrecht (Fn. 1), Rn. 1437.

113 Art. 34 S. 1 GG bestimmt ausdrücklich, dass „die Verantwortlichkeit grundsätzlich den Staat oder die Körperschaft trifft, in deren Dienst er steht".

114 Wie hier *Dagtoglou*, Allgemeines Verwaltungsrecht (Fn. 1), Rn. 1438.

115 Dazu *Dagtoglou*, Allgemeines Verwaltungsrecht (Fn. 1), Rn. 1450.

116 Gemäß Art. 6 Abs. 3 S. 2, Art. 9 Abs. 2 und Art. 95 Abs. 5 S. 2 Verf. i.V.m. Art. 50 Abs. 4 SEG, Art. 198 VwPO und Art. 2 G. 3068/2002, wie er zuletzt durch Art. 56 G. 3900/2010 geändert und ergänzt wurde.

besteht immer parallel zur Staatshaftung gemäß Art. 105 EGZGB. Ansonsten wäre der Rechtsschutz des Geschädigten geringer als in den Fällen, in denen die Verfassung nicht ausdrücklich die Haftung des verantwortlichen Organs vorsieht – ein Ergebnis, das nicht dem Willen des Verfassungsgebers entspricht.[117] Wenn aber die Verfassung oder ein gesetzlich ratifizierter völkerrechtlicher Vertrag (wie z.B. Art. 5 Abs. 5 EMRK) ausdrücklich die Ersatzpflicht des schuldhaft handelnden Organs gegenüber dem Geschädigten statuiert und auf diese Weise die persönliche Haftung der Staatsorgane für die Einhaltung der Verfassung oder des Vertrages hervorhebt, ist es dem einfachen Gesetzgeber verwehrt, diese Haftung aufzuheben oder sie zur Haftung nur gegenüber dem Staat umzuändern.[118]

Die Organhaftung besteht nach Art. 105 S. 2 EGZGB sowohl gegenüber dem Geschädigten als auch gegenüber dem Staat, wenn dieser den Schadensersatz bereits geleistet hat und Rückgriff nimmt. Der Rückgriff bzw. Regress (*αναγωγή*) wird jedoch nicht gemäß Art. 487 ZGB (Haftung zu gleichen Teilen)[119] geregelt, denn „aus dem Verhältnis [ergibt sich hier] ein anderes": Erstens ist nur der Rückgriff des Staates gegen das schuldhaft handelnde Organ und nicht umgekehrt möglich, und zweitens richtet sich dieser Rückgriff nach dem konkreten Verhältnis des Organs zum Staat und den besonderen Umständen der Rechtswidrigkeit.[120]

Die Bestimmung von Art. 105 S. 2 EGZGB über die kumulative Haftung des verantwortlichen Organs wurde allerdings nach der Einführung des Zivilgesetzbuches nur noch als Ausnahme beibehalten. Nachträgliche Gesetze, insbesondere die Beamtengesetze, haben die Haftung der Staatsbeamten und der Beamten der juristischen Personen des öffentlichen Rechts gegenüber dem Geschädigten aufgehoben[121] und diese gegenüber dem Staat oder anderen juristischen Personen (bzw. den Rückgriff des Staates oder der anderen juristischen Person gegen den Beamten) auf die Fälle des Vorsatzes und der groben Fahrlässigkeit sowie den positiven Schaden beschränkt.[122] So reicht bloß leichte Fährlässigkeit oder ein negativer Schaden (entgangener Gewinn) nicht aus, um die Haftung des Beamten zu begründen. Selbst wenn die Haftungsvoraussetzungen vorliegen, kann der Richter unter Berücksichtigung der besonderen Umstände den Rückgriff auf einen Teil des Schadens beschränken.[123] Das Gesetz hat außerdem die Vorschriften über die Haftung der Zivilbeamten auch auf die Militär-, sowie auf die Polizei- und Hafenpolizeibeamten erstreckt.[124] Die Haftung des schuldhaft handelnden Organs gegenüber dem Geschädigten bleibt freilich unberührt, wo die Verfassung selbst diese ausdrücklich vorsieht.[125]

---

117 So zutreffend *Dagtoglou*, Allgemeines Verwaltungsrecht (Fn. 1), Rn. 1451.

118 Vgl. näher *Dagtoglou*, Verwaltungsprozessrecht (Fn. 15), Rn. 213.

119 Art. 487 ZGB lautet: „Die Gesamtschuldner sind im Verhältnis zueinander zu gleichen Teilen verpflichtet, soweit sich nicht aus dem Verhältnis ein anderes ergibt".

120 So *Dagtoglou*, Allgemeines Verwaltungsrecht (Fn. 1), Rn. 1454.

121 D.h., eine direkte Schadensersatzklage gegen den verantwortlichen Beamten ist unzulässig; vgl. ZBG Larissa 47/2002.

122 Art. 38 G. 3528/2007 und Art. 44 G. 3584/2007 (Fn. 43); vgl. bereits Art. 57 G. 1811/1951, Art. 85–86 PV. 611/1977, Art. 100 Abs. 2 G. 1188/1981, Art. 2 Abs. 2 PV. 410/1988 und Art. 112 PV. 30/1996. Art. 38 Abs. 1 G. 3528/2007 enthält jedenfalls keine ausdrückliche Beschränkung auf den positiven Schaden.

123 Art. 38 Abs. 2 G. 3528/2007 und Art. 44 Abs. 2 G. 3584/2007. Wenn die Handlungen oder Unterlassungen des Organs nicht dem Staat oder einer anderen juristischen Person des öffentlichen Rechts zugerechnet werden können, so haftet das Organ persönlich nach den einschlägigen zivilrechtlichen Vorschriften; die entsprechenden Schadensersatzansprüche des Geschädigten stellen dann privatrechtliche Streitigkeiten dar, die vor den Zivilgerichten ausgetragen werden; vgl. SE 2673/2009.

124 Art. 1 GV. 2998/1954.

125 Art. 6 Abs. 3 S. 2, Art. 9 Abs. 2 und Art. 95 Abs. 5 S. 2 Verf. (Fn. 116); vgl. auch Art. 38 Abs. 6 G. 3528/2007 und Art. 44 Abs. 6 G. 3584/27. Der Gesetzesvorbehalt von Art. 6 Abs. 3 S. 2 Verf. hat lediglich verfahrensrechtliche Bedeutung und berührt nicht die Haftung des Zivil- oder Militärbeamten, der mit dem Gewahrsam des Festgenommenen betraut ist, wie es sich eindeutig aus der *ratio constitutionis* ergibt.

Im Übrigen aber gilt die kumulative Haftung (Gesamtschuld) von Art. 105 S. 2 EGZGB nur ausnahmsweise für die öffentlichen Amtsträger (*δημόσιοι λειτουργοί*), auf die das Beamtengesetz keine Anwendung findet (z.B. die Hochschulprofessoren oder die richterlichen Amtsträger),[126] für die rechnungspflichtigen Beamten (*δημόσιοι υπόλογοι*)[127] sowie für die nicht öffentlich-rechtlichen Beamten.[128] In diesen Ausnahmefällen bedarf die Klageerhebung durch den Geschädigten keiner vorherigen Erlaubnis.[129]

Der Rückgriff gegen Staatsbeamte sowie Beamte von juristischen Personen des öffentlichen Rechts fällt in die Zuständigkeit des *Ελεγκτικού Συνεδρίου* (Rechnungshof, abgekürzt: ES)[130] und unterliegt einer kurzen Verjährungsfrist von fünf Jahren – anstatt der grundsätzlich zwanzigjährigen generellen Verjährung gemäß Art. 249 ZGB – ab der Zurkenntnisnahme des Schadens und seines Grundes bzw. der Leistung des Schadensersatzes durch den Staat oder die betreffende juristische Person.[131]

Für den Staatspräsidenten und die Minister (einschließlich des Ministerpräsidenten und der Vizeminister) sieht die Verfassung (Art. 49 und Art. 86) ein besonders ausgestaltetes Haftungsregime vor, das gemäß Art. 105 S. 2 EGZGB unberührt bleibt. So hat sich der Präsident der Republik nach Art. 49 Abs. 1 S. 1 Verf. auf keinen Fall für Handlungen zu verantworten, die er während der Ausübung seines Amtes begangen hat, außer für Hochverrat und für vorsätzliche Verletzung der Verfassung. Diese Straftaten stellen zugleich zivilrechtliche Delikte dar, für die der Staatspräsident schadensersatzpflichtig ist. In diesem Sinne bestimmt Art. 15 des Gesetzes 265/1976 *Περί της ευθύνης του Προέδρου της Δημοκρατίας* (Gesetz über die Verantwortung des Präsidenten der Republik), dass „Schadensersatzansprüche gegen den Präsidenten der Republik wegen Hochverrats und vorsätzlicher Verletzung der Verfassung vor den Zivilgerichten geltend gemacht werden".

Der Staatspräsident haftet auch vollständig für Handlungen, die nicht die Ausübung seines Amtes betreffen. Für solche Handlungen bestimmt Art. 49 Abs. 1 S. 2 Verf. nur, dass die (Straf-) Verfolgung bis zur Beendigung seiner Amtszeit aufgeschoben wird. Für die Zivilhaftung enthält

---

126 Art. 2 Abs. 2 G. 3528/27. Gleichwohl wendet die Rechtsprechung der Zivilgerichte auf Hochschulprofessoren und Beamte des Außenministeriums mangels spezieller Vorschriften über ihre persönliche Haftung das Beamtengesetz entsprechend an; vgl. AP 798/1992, NoB 1992, 921 f.; ZBG Thessaloniki 457/2011.

127 Art. 38 Abs. 5 G. 3528/2007 und Art. 44 Abs. 5 G. 3584/2007. Das sind all diejenigen Personen, die (auch ohne Beamteneigenschaft) in irgendeiner Weise mit der Verwaltung von Geld, Wertpapieren, Sachen und Vermögen überhaupt betraut sind, die dem Staat oder einer anderen juristischen Person des öffentlichen Rechts angehören. Diese Personen sind am Ende jedes Wirtschaftsjahres sowie nach Beendigung ihrer Tätigkeit zur Rechnungslegung vor dem Rechnungshof verpflichtet. Dieser prüft in seiner administrativen Zuständigkeit die Berichte, wobei seine Entscheidungen der gerichtlichen Kontrolle vor demselben Rechnungshof in seiner rechtsprechenden Funktion und Zusammensetzung unterliegen. Schulden gegenüber dem Staat aus solchen Tätigkeiten verjähren zwanzig Jahre nach Beendigung des Wirtschaftsjahres, innerhalb dessen sie von der öffentlichen Kasse festgestellt wurden; vgl. Art. 98 Abs. 1 lit. c und f Verf., Art. 32 Abs. 1 und 44 Abs. 2 lit. d GV. 496/1974, Art. 15 Abs. 12 und 39 PV. 774/1980, Art. 149 f. PV. 1225/1981 und Art. 54 Abs. 1 und 86 Abs. 3 lit. f HOG.

128 Das gilt z.B. für privatrechtlich beschäftigte Vertragsangestellte des öffentlichen Sektors, die entweder zur Besetzung von Planstellen von besonderem wissenschaftlichen sowie von technischem oder Hilfspersonal oder zur Deckung von zeitweiligen oder unvorhergesehenen und dringenden Bedürfnissen eingestellt werden (Art. 103 Abs. 2 S. 2 und Abs. 3 S. 1 Verf.). Fahrer von staatlichen Fahrzeugen haften aber nicht persönlich und gegenüber dem Staat nur, wenn sie den Verkehrsunfall schuldhaft nicht gemeldet haben oder ihn vorsätzlich oder unter Alkohol- bzw. Rauschgifteinfluss verursacht haben; vgl. Art. 1 Abs. 1 G. 976/1979.

129 Art. 104 Abs. 3 Verf.; dazu → B.I.7. Die Streitigkeiten zwischen dem Geschädigten und dem persönlich haftenden Organ stellen ebenfalls privatrechtliche Streitigkeiten dar, für die die Zivilgerichte zuständig sind; vgl. *Spiliotopoulos*, Verwaltungsrecht (Fn. 1), Rn. 236, und aus der Rechtsprechung AED 53/1995.

130 Vgl. Art. 98 Abs. 1 lit. g Verf., Art. 39 Abs. 2 GV. 496/1974, Art. 15 Abs. 11 und Art. 46 PV. 774/1980, Art. 38 Abs. 2 G. 3528/2007 und Art. 44 Abs. 2 G. 3584/2007.

131 Art. 38 Abs. 4 G. 3528/2007 und Art. 44 Abs. 4 G. 3584/2007.

die Verfassung keine entsprechende Regelung. Es gelten daher keine besonderen Voraussetzungen.[132] Vollständig haften auch die Mitglieder der Regierung (der Ministerpräsident und die Minister) und die Vizeminister[133] für ihre schädigenden rechtswidrigen Handlungen oder Unterlassungen. Art. 15 Abs. 5 S. 2 des einschlägigen Gesetzes 3126/2003 *Ποινική ευθύνη των Υπουργών* (Gesetz über die strafrechtliche Verantwortung der Minister, abgekürzt: Ministerverantwortungsgesetz) bestimmt nun, dass „die Klage auf Schadensersatz oder einen angemessenen finanziellen Ausgleich wegen immateriellen Schadens nach den geltenden Vorschriften ausgeübt und beurteilt wird".

Da die Minister und Vizeminister keine beamtenrechtliche Eigenschaft haben und insofern nicht in den Anwendungsbereich des Art. 38 des Gesetzes 3528/2007 *Υπαλληλικός Κώδικας* (Beamtengesetz, abgekürzt: Kod. Dim. Ypal.) fallen, gilt also Art. 105 S. 2 EGZGB über die kumulative Haftung (Gesamtschuld) des Staates und des verantwortlichen Ministers.[134] Die Staatshaftung richtet sich auch hier nach den Voraussetzungen des Art. 105 EGZGB.[135] Die Ministerhaftung setzt keine vorherige Verurteilung, sondern nur Verschulden voraus,[136] besteht aber (im Gegensatz zur Beamtenhaftung) unmittelbar gegenüber dem Geschädigten. Ebenso wie nach Art. 105 EGZGB hindert auch hier die Verletzung einer (allein) das Allgemeininteresse schützenden Vorschrift die Entstehung der Haftung des Ministers. Die Klage auf Schadensersatz wird nicht vor dem Sondergericht für Ministeranklagen (das nach wie vor für die besondere strafrechtliche Verantwortung der Minister zuständig ist), sondern vor den Zivilgerichten erhoben und bedarf keiner vorherigen Erlaubnis (Art. 86 und Art. 104 Abs. 3 Verf). Für den Rückgriff des Staates gegen Minister gelten *mutatis mutandis* die Ausführungen über die öffentlichen Amtsträger (*δημόσιοι λειτουργοί*), auf die das Beamtengesetz keine Anwendung findet, sowie über die nicht öffentlich-rechtlichen Beamten.

Besonders geregelt wird auch die Haftung der gewählten Organe der kommunalen Selbstverwaltung (des Bürgermeisters, des Regionalvorstehers, der stellvertretenden Regionalvorsteher, des Vorsitzenden und der Mitglieder des Stadt- oder Regionalrates sowie der Räte der Lokal- oder Stadtgemeinden und der Mitglieder der Kommunalausschüsse) gegenüber der Stadt oder der Region. Diese Haftung beschränkt sich (entsprechend der Beamtenhaftung) nur auf den positiven Schaden, der vorsätzlich oder grob fahrlässig (nicht bloß leicht fahrlässig) verursacht wurde.[137] Nach Art. 1344 ZGB haften schließlich die Hypothekenbewahrer (*υποθηκοφύλακες* bzw.

---

132 Vgl. *Spyropoulos*, Einführung in das Verfassungsrecht (Fn. 14), S. 354.

133 Nach der Verfassung (Art. 81 Abs. 1) bildet die Regierung den Ministerrat (Υπουργικό Συμβούλιο), der aus dem Ministerpräsidenten bzw. Premierminister (Πρωθυπουργός) und den Ministern (Υπουργοί) besteht. Die Vizeminister (Υφυπουργοί) können Mitglieder der Regierung sein, sind es aber nach dem geltenden Gesetz (G. 1558/1985 i.d.F. der PV. 63/2005) nicht; dazu *Efstratiou*, Grundzüge: Griechenland (Fn. 20), Rn. 10.

134 Vgl. *Spiliotopoulos* Verwaltungsrecht (Fn. 1), Rn. 236; *Spyropoulos*, Einführung in das Verfassungsrecht (Fn. 14), S. 321 f.; *Pavlopoulos*, in: Gerontas et al., S. 334; *Καλογήρου (Kalogirou)*, Η ποινική και η αστική ευθύνη των μελών της κυβέρνησης και η αστική ευθύνη του Δημοσίου στην Ελλάδα (Die strafrechtliche und die zivilrechtliche Haftung der Mitglieder der Regierung und die Zivilhaftung des Staates in Griechenland), S. 63 f.

135 Das Gesetz erwähnt zwar nicht ausdrücklich, dass die rechtswidrige Handlung oder Unterlassung bei der Ausübung der dem Minister übertragenen öffentlichen Gewalt begangen sein muss, dies dürfte aber dem Willen des Gesetzgebers entsprechen; vgl. *Dagtoglou*, Allgemeines Verwaltungsrecht (Fn. 1), Rn. 1457.

136 Dagegen setzte die Zivilhaftung des Ministers auf Schadensersatz nach den bisherigen Vorschriften des G. ΦΠΣΤ΄/1877 und GV. 802/1971 (Ministerverantwortungsgesetze) voraus, dass er bereits strafrechtlich verurteilt war.

137 Vgl. Art. 102 Abs. 4 S. 3 Verf., Art. 183 PV. 410/1995, Art. 36 Abs. 3 G. 2800/2000, Art. 141 G. 3463/2006 und Art. 232 G. 3852/2010. Die betreffenden Vorschriften sehen ein besonderes Verfahren vor einem dreigliedrigen Kontrollausschuss für die Zurechnung des Schadens zu Lasten der gewählten Organe der kommunalen Selbstverwaltungskörperschaften vor und bestimmen nunmehr ausdrücklich, dass diese Organe nur gegenüber der Kommunalkörperschaft und nicht persönlich gegenüber dem Geschädigten haften. Denn aus dem Schweigen des Art. 183 PV. 410/1995 hatte die Rechtsprechung einstweilen die persönliche Zivilhaftung der gewählten Kommunalorgane auf Schadensersatz Dritter angenommen; vgl. z.B. AP 1311/1994 und dazu *Pavlopoulos*, in: Gerontas et al., S. 334.

φύλακες υποθηκών, conservateurs des hypothèques) „auf Schadensersatz gegenüber den Geschädigten für jede Handlung oder Unterlassung betreffend die Erfüllung der Verpflichtungen, die ihnen auferlegt werden". Ihre Haftung ist unabhängig von derjenigen des Staates und besteht unmittelbar gegenüber dem Geschädigten.[138]

III. Umfang und Art des Schadensersatzes

Der Umfang des Schadensersatzes hängt vom Umfang des Schadens ab. Der zu leistende Ersatz muss zum Zeitpunkt der Gerichtsentscheidung vollständig und nicht bloß angemessen sein.[139] Im Falle immateriellen Schadens oder Schmerzengeldes kann das Gericht jedoch nach seiner Einschätzung einen angemessenen finanziellen Ausgleich zubilligen.[140] Dies ist nicht als eine (ungerechtfertigte) Einschränkung der Ersatzpflicht des immateriellen Schadens oder Schmerzengeldes zu verstehen, denn anders gesagt bedeutet es nämlich nicht, dass der nichtvermögensrechtliche Schaden vom Gesetzgeber geringer als der Vermögensschaden eingeschätzt wird, sondern dass er sich nicht mit der Genauigkeit eines vermögensrechtlichen Schadens ermitteln lässt.[141] Dabei ist trotzdem der Grundsatz der Verhältnismäßigkeit (*αρχή της αναλογικότητας*) zu berücksichtigen.[142]

Der Schadensersatz ist regelmäßig in Geld zu gewähren.[143] Er ist abschließend, wenn die schädigende Handlung oder Unterlassung in der Vergangenheit vollendet wurde (z.B. rechtswidriger Waffengebrauch und Verletzung eines Passanten von einem Polizisten). Wenn aber der rechtswidrige Zustand zum Zeitpunkt des Gerichtsverfahrens noch andauert (z.B. der rechtswidrige belastende Verwaltungsakt nicht zurückgenommen oder der rechtswidrige schädigende Realakt nicht beseitigt oder die rechtswidrig unterlassene Handlung nicht vorgenommen wurde), ist der finanzielle Schadensersatz nicht abschließend, weil er, solange die Quelle des Schadens fortbesteht, nur noch (höchstens) den bis zur Gerichtsentscheidung entstandenen Schaden ersetzt. In vielen Fällen ist also die Beseitigung der Quelle des Schadens nur durch die gerichtliche Aufhebung der rechtswidrigen Handlung oder Unterlassung möglich. Diese Aufhebung fällt häufig in die Zuständigkeit des *Συμβουλίου της Επικρατείας* (Staatsrat, abgekürzt: SE) und teilweise in die des *διοικητικού εφετείου* (Verwaltungsberufungsgericht, abgekürzt: VBG) oder des *διοικητικού πρωτοδικείου* (Verwaltungsgericht erster Instanz, abgekürzt: VG), während für die Staatshaftungsklage grundsätzlich die Verwaltungsgerichte erster Instanz zuständig sind. Zum vollständigen Schadensersatz bedarf es daher nicht selten der Einlegung von zwei Rechtsbehelfen.[144]

---

138 Zur Haftungsbegrenzung nach Art. 1345 ZGB bzw. Art. 13 GV. 4201/1961 unten → C.IV., bei Fn. 149.
139 Wie z.B. im Falle des Notstandes gemäß Art. 286 ZGB; vgl. SE 3308/1996, 2803/2000, 1257 und 2796/2006, 1229/2008, 1832/2009 und 866/2011; VBG Ioannina 172/2003; VG Ioannina 8/2001.
140 Art. 59 und Art. 932 ZGB (Fn. 74); vgl. VBG Athen 2795/2001; VG Piräus 1139/1990.
141 So richtig *Dagtoglou*, Allgemeines Verwaltungsrecht (Fn. 1), Rn. 1435.
142 Vgl. SE 727/2009.
143 Art. 297 S. 1 ZGB. Nach Art. 297 S. 2 ZGB kann das Gericht unter Berücksichtigung der besonderen Umstände statt des finanziellen Ausgleichs die Herstellung des vorherigen Zustandes anordnen, soweit die Naturalrestitution dem Interesse des Gläubigers nicht zuwiderläuft. Klage kann aber gemäß Art. 71 Abs. 1 VwPO nur derjenige erheben, der gegen den Staat oder eine andere juristische Person des öffentlichen Rechts einen finanziellen Anspruch aus einem öffentlich-rechtlichen Rechtsverhältnis hat. Nicht zuletzt aus diesem Grund ist die Anwendung von Art. 297 S. 2 ZGB nicht möglich; so *Spiliotopoulos*, Verwaltungsrecht (Fn. 1), Rn. 230.
144 Auch aus diesem Grund ist hier die Anwendung von Art. 297 S. 2 ZGB nicht möglich; vgl. *Dagtoglou*, Allgemeines Verwaltungsrecht (Fn. 1), Rn. 1436; näher → D.I., bei Fn. 181.

IV. Haftungsausschluss oder -begrenzung

Die Gründe für den Ausschluss oder die Begrenzung der Haftung können entweder generell oder speziell sein, je nach dem ob sie sich aus dem allgemeinen Schadensrecht ergeben oder speziell die Staatshaftung oder besondere Fälle letzerer betreffen. Art. 105 EGZGB enthält jedenfalls keine Bestimmung, die entsprechend Art. 334 S. 2 ZGB den Ausschluss oder die Begrenzung der Haftung bei Verschulden des Erfüllungsgehilfen im Voraus zulässt. Der praktisch wichtigere generelle Grund für den Haftungsausschluss oder die Haftungsbegrenzung ist das Mitverschulden des Geschädigten gemäß Art. 300 ZGB, das seinen Haftungsanspruch auch dann verhindern oder einschränken kann, wenn der Geschädigte schuldhaft versäumt, den Schaden abzuwenden oder zu mindern.[145]

Dagegen hebt der Ausschluss der persönlichen Haftung des Organs wegen fehlenden Verschuldens die Zivilhaftung des Staates nicht auf, denn diese ist, wie bereits erläutert, verschuldensunabhängig bzw. objektiv.[146] Deshalb spielt die Unterlassung des Geschädigten nach Art. 300 ZGB, den Schuldner auf die Gefahr eines ungewöhnlich hohen Schadens aufmerksam zu machen, die der Schuldner weder kannte noch kennen musste, grundsätzlich keine große Rolle, soweit der erforderliche kausale Zusammenhang vorliegt.[147] Das Mitverschulden des Geschädigten als Haftungsausschluss- bzw. -begrenzungsgrund ist besonders beim Unterlassen von vorbeugenden Maßnahmen sowie bei Verkehrsunfällen mit staatlichen Fahrzeugen anzutreffen.[148]

Die speziellen Gründe für den Ausschluss oder die Begrenzung der Haftung sind zahlreich und bedeutsam. Sie beziehen sich entweder auf das Organ als solches, auf die Art der Tätigkeit oder auf beides. Zur ersten Kategorie gehören heute nur die unbesoldeten Hypothekenbewahrer (*άμισθοι υποθηκοφύλακες*) nach Art. 1345 ZGB, nachdem Art. 13 GV. 4201/1961 die Staatshaftung für Handlungen oder Unterlassungen der besoldeten Hypothekenbewahrer und Beamten der besoldeten Hypothekenämter[149] nach den Regeln des Art. 105 EGZGB eingeführt hat. Insoweit hat er den in Art. 1345 ZGB vorgesehenen Ausschluss der Haftung des Staates für jede Handlung oder Unterlassung der Hypothekenbewahrer bei der Ausübung ihrer Befugnisse teilweise aufgehoben. Dagegen ist der ehemalige (vor dem ZGB eingeführte) Ausschluss der Staatshaftung für rechtswidrige Handlungen oder Unterlassungen der Zivilstandesbeamten (*ληξίαρχοι*)[150] durch Art. 105 EGZGB bereits aufgehoben.

---

145 Es handelt sich genau genommen nicht um „Mitverschulden", da die Staatshaftung kein Verschulden voraussetzt; dazu auch → D.I., bei Fn. 181.

146 Siehe → B.I.7. Gleichermaßen hebt der Umstand, dass die realen Voraussetzungen für die Anwendung eines Gesetzes nicht vorhanden sind, die Haftung des Staates nicht auf; vgl. SE 2893/2008, NoB 2008, 2511 f., und 1215/2010.

147 Vgl. z.B. AP 316/1983, NoB 1983, 1571 f.; VBG Tripolis 201/2003, DiDik 2005, 1296 f. Wenn freilich der Geschädigte aus dem schädigenden Ereignis Nutzen zieht, der in kausalem Zusammenhang zum schädigenden Ereignis steht, dann ist nur der tatsächliche Schaden zu ersetzen, der nach dem Abziehen des Nutzens übrig bleibt. Ein solcher Kausalzusammenhang liegt aber nicht vor, wenn Schaden und Nutzen auf unterschiedlichen Gründen beruhen; vgl. SE 2803/2000, HellDni 2002, 1106 f.

148 Vgl. etwa SE 1974/2009; VBG Thessaloniki 86/1996.

149 Die Hypothekenämter (*υποθηκοφυλακεία*) sind selbständige öffentliche Dienststellen, die nach griechischem Recht die Hypothekenbücher bzw. -register führen. Sie werden entweder von öffentlichen Amtsträgern bzw. Notaren (sog. unbesoldeten Hypothekenbewahrern) oder von Beamten des Justizministeriums (sog. besoldeten Hypothekenbewahrern) geleitet; entsprechend unterscheidet man zwischen unbesoldeten und besoldeten Hypothekenämtern (*άμισθα* bzw. *έμμισθα υποθηκοφυλακεία*). Durch die Einführung von Grundbüchern, deren Einrichtung gemäß Art. 24 Abs. 2 S. 3 Verf. i.d.F. nach der Revision von 2001 Pflicht des Staates ist, werden die Hypothekenämter allmählich zu Grundbuchämtern (*κτηματολογικά γραφεία*) umstrukturiert.

150 Art. 5 Abs. 5 G. 2430/1920 und Art. 5 Abs. 3 G. 5097/1931, das durch Art. 50 Abs. 1 lit. a G. 344/1976 aufgehoben wurde.

Zur zweiten Kategorie gehört der Schaden, der im Rahmen des Post- und Fernmeldewesens[151] bzw. durch die Anwendung völkerrechtlicher Verträge, Entscheidungen internationaler Organisationen oder der internationalen Schiedsgerichtsbarkeit[152] bzw. durch einen rechtswidrigen Verwaltungsakt, der nicht innerhalb einer angemessenen Zeit zurückgenommen wird, entsteht.[153] Die Verfassungsmäßigkeit eines solchen pauschalen Ausschlusses der Staatshaftung ist indes sehr fraglich.[154] Zur dritten Kategorie gehörte der Haftungsausschluss des Staates, der Zentralbank Griechenlands, des ehemaligen Währungsausschusses und seiner Mitglieder, die für die Entscheidungen des Währungsausschusses (*Νομισματική Επιτροπή*) nicht persönlich hafteten.[155] Dieser Haftungsausschlussgrund dürfte aber *de facto* nach der Abschaffung des Währungsausschusses und dem Beitritt Griechenlands zur Europäischen Wirtschafts- und Währungsunion (1.1.2001) aufgehoben sein.

Im Hinblick auf rechtswidrige schädigende Verwaltungsakte, die sich auf die Ausübung von politischer Gewalt beziehen, wurde verschiedentlich die Meinung vertreten, dass der Staat für solche sog. Regierungsakte (*κυβερνητικές πράξεις*) nicht hafte.[156] Die herrschende gemäßigte Meinung unterscheidet hingegen zwischen der noch gesetzlich vorgesehenen gerichtlichen Unangreifbarkeit dieser Akte[157] und ihrer eventuellen Rechtswidrigkeit und schließt im letzteren Fall die Zivilhaftung des Staates nicht aus. Nach der allgemeinen Gewährleistung des Rechts auf gerichtlichen Rechtsschutz durch Art. 20 Abs. 1 der geltenden Verfassung von 1975 ist die gerichtliche Unangreifbarkeit von Akten, die Rechte oder Interessen des Einzelnen verletzen können, schwer zu rechtfertigen; noch schwieriger ist es, den Ausschluss der Staatshaftung für rechtswidrige schädigende Regierungsakte zu vertreten.[158]

Im Übrigen unterscheidet das griechische Recht, wie es ebenfalls in den meisten anderen Ländern der Fall ist, richtigerweise nicht zwischen In- und Ausländern und schließt die Staatshaftung nicht wegen fehlender Gegenseitigkeit,[159] die ohnehin nicht vom Willen des geschädigten Ausländers abhängt,[160] aus.

---

151 Art. 55 G. 4581/1930, Art. 2 der Verordnung vom 21./30.9.1935, Art. 10 und Art. 11 der Verordnung vom 4.9./15.10.1935, Art. 4 G. 4727/1936, Art. 9 der Verordnung vom 4./8.7.1936, Art. 11 der Verordnung vom 1.9.1949, Art. 7 S. 6 Notgesetz 301/1968 und Art. 24 S. 3 GV. 165/1973.

152 Art. 2 Notgesetz 102/1936. Etwaige Bestimmungen völkerrechtlicher Verträge, welche die Staatshaftung begrenzen (z.B. der Warschauer Vertrag von 1929 über die Flugverkehrsunfälle), schließen die Zivilhaftung des Staates nach griechischem Recht nicht aus; vgl. SE 1464/2009.

153 Ist der rechtswidrige individuelle Verwaltungsakt begünstigend, so ist seine Rücknahme aufgrund des Vertrauensschutzgrundsatzes (*αρχή της προστατευόμενης* εμπιστοσύνης) nur innerhalb einer angemessenen Zeit zulässig, es sei denn, dass die Rechtswidrigkeit auf das vorsätzliche Verhalten des Betroffenen zurückgeht oder die Rücknahme im öffentlichen Interesse geboten ist. Art. 1 des Notgesetzes 261/1968 sieht aber vor, dass die angemessene Zeit *„nicht kürzer als fünf Jahre ist"* und dass die Rücknahme *„ohne jegliche Folge"* für den Staat erfolgt.

154 Vgl. *Λαζαράτος (Lazaratos)*, TPDD 2008, 532; *Dagtoglou*, Allgemeines Verwaltungsrecht (Fn. 1), Rn. 721f.; *Efstratiou*, in: v. Bogdandy/Cassese/Huber (Fn. 20), Rn. 55.

155 Art. 1 Abs. 3 GV. 659/1948. Die Verfassungsmäßigkeit des Haftungsausschlusses bejaht ohne nähere Begründung ZG Athen 18615/1980, ToS 1981, 716f. Nach SE 2938/2001, DiDik 2003, 1328f., haftet die Zentralbank Griechenlands für die Handlungen und Unterlassungen ihres Vorsitzenden, die dieser nunmehr bei der Ausübung der Zuständigkeiten des abgeschafften Währungsausschusses begeht.

156 Z.B. *Βεγλερής (Vegleris)*, Ο δικαστικός έλεγχος της διοικήσεως (Die gerichtliche Kontrolle der Verwaltung), Bd. I, Athen 1946, S. 229f.

157 Art. 45 Abs. 5 SEG. Zur Verfassungswidrigkeit dieser Bestimmung vgl. *Dagtoglou*, Verwaltungsprozessrecht (Fn. 15), Rn. 123f.

158 Vgl. *Tsatsos*, in: Mosler, S. 210f.; *Dagtoglou*, Allgemeines Verwaltungsrecht (Fn. 1), Rn. 1444; *Pavlopoulos*, in: Gerontas et al., S. 312f.; *Spiliotopoulos*, Verwaltungsrecht (Fn. 1), Rn. 217, und aus der Rechtsprechung bereits ZBG Athen 2448/1969, Arm 1970, 236f.

159 Siehe aber die Ausnahme von Art. 543 griech. StPO.

160 Die Bedingung der Gegenseitigkeit gemäß Art. 28 Abs. 1 S. 2 Verf. spielt in der Praxis kaum eine Rolle und ist jedenfalls mit dem europäischen Unionsrecht unvereinbar.

Im Falle einer gewaltsamen Auflösung der Verfassung (z.B. durch Militärputsch) stellt sich die Frage, ob die schädigenden Handlungen, welche die Auflösung verursacht haben, nach der Wiederherstellung der verfassungsmäßigen Ordnung eine Staatshaftung begründen. Die gewaltsame Auflösung der Verfassung stellt ohne Zweifel eine rechtswidrige Handlung dar.[161] Das gilt auch für die unmittelbar mit der Auflösung zusammenhängenden Akte, wenn auch nicht für alle nachfolgenden staatlichen Handlungen. Während aber die letzteren die Staatshaftung gemäß Art. 105 EGZGB begründen können, stellt sich die Frage, ob sich diese auch für die Schäden begründen lässt, welche durch die Auflösungsakte selbst verursacht wurden. Nach dem Zusammenbruch der Diktatur in Griechenland am 23.7.1974 haben verschiedene Verfassungsakte zur Wiederherstellung der verfassungsmäßigen Ordnung die rückwirkende Zurückerstattung der Bezüge von rechtswidrig Entlassenen durch das diktatorische Regime vom 21.4.1967 ausgeschlossen.[162] Solche Bezüge, die keine Schadensersatzansprüche wegen Staatshaftung darstellen,[163] können auch nicht unter dem Mantel der Schadensersatzklage gemäß Art. 105 EGZGB zurückerstattet werden. Dies belegt aber, dass der Staat sehr wohl für die Schäden haftet, welche die Auflösung der Verfassung verursacht hat, wenn keine ausdrücklichen Ausnahmen bestehen. Gegen die schuldhaft handelnden Organe hat der Staat jedoch das Recht auf Regress.[164]

Haftungsausschluss oder -begrenzung sind denkbar, wenn die Haftungsvoraussetzungen vorliegen, aber die Pflicht zum Schadensersatz ganz oder teilweise aus Gründen behindert wird, die unabhängig von diesen Voraussetzungen sind. Dagegen ist die Handlung in den Fällen der Notwehr oder des Notstandes (Art. 284 und Art. 285 ZGB) nicht rechtswidrig, sodass sich die Frage der Staatshaftung wegen Fehlens einer wesentlichen Voraussetzung gar nicht stellt.[165] Eine Haftung entsteht somit überhaupt nicht.[166] Auch im Fall von Kriegsschäden handelt es sich weder um höhere Gewalt noch um einen Haftungsausschlussgrund,[167] sondern um einen Fall der Nichtentstehung einer Staatshaftung, weil die schädigenden Handlungen in einer Notlage begangen wurden. Der in Art. 286 ZGB vorgesehene angemessene Ausgleich steht systematisch in keinerlei Zusammenhang mit dem Ersatz des rechtswidrig verursachten Schadens.[168]

D. Geltendmachung von Haftungsansprüchen

I. Rechtsweg, zuständige Gerichte

Streitigkeiten wegen Staatshaftung stellen materielle Verwaltungsstreitigkeiten (*ουσιαστικές διοικητικές διαφορές* bzw. *διοικητικές διαφορές ουσίας*) dar, für die bis zum Jahr 1977 bzw. 1983 die Zivilgerichte (*πολιτικά δικαστήρια*) nach dem angloamerikanischen System der einheitlichen

161 Art. 87 Abs. 2 S. 2 Verf. bestimmt ausdrücklich, dass „*sich die Richter in keinem Fall Bestimmungen fügen dürfen, die in Auflösung der Verfassung erlassen wurden*"; siehe auch → B.II.1.

162 Vgl. etwa Art. 1 Abs. 2 und 3, Art. 6 und Art. 11 Abs. 2 des Verfassungsaktes vom 3.9.1974 „*Über die Wiederherstellung der Rechtmäßigkeit in den Hochschulen*"; Art. 8 des Verfassungsaktes vom 4.9.1974 „*Über die Wiederherstellung der* Ordnung *und Funktionsfähigkeit in der Justiz*".

163 Vgl. SE 937/1997 und 872/1998.

164 So richtig *Dagtoglou*, Allgemeines Verwaltungsrecht (Fn. 1), Rn. 1446 f.

165 Vgl. SE 2635/1996, 3584/1997, 2774/1999 und 2741/2007; aus der älteren Rechtsprechung macht aber AP 803/1959, EEN 1959, 634 f., diese Unterscheidung nicht und zählt die Notwehr zu den Gründen für den Ausschluss der Staatshaftung.

166 Vgl. *Dagtoglou*, Allgemeines Verwaltungsrecht (Fn. 1), Rn. 1449; *Spiliotopoulos*, Verwaltungsrecht (Fn. 1), Rn. 225.

167 So aber AP 516/1957; richtig dagegen SE 2774/1999 und 2741/2007.

168 Wie hier *Dagtoglou* Allgemeines Verwaltungsrecht (Fn. 1), Rn. 1449. In solchen Fällen werden freilich in der Regel spezielle Vorschriften erlassen, die die Schadenersatzansprüche der Geschädigten *ad hoc* regeln.

Gerichtsbarkeit zuständig waren. Der Grund lag darin, dass staatshaftungsrechtliche Fragen noch nicht durch Gesetz den allgemeinen Verwaltungsgerichten zugewiesen waren, wie es die geltende griechische Verfassung von 1975 eigentlich vorschrieb.[169] So bestimmte Art. 94 Abs. 1 Verf. in seiner ursprünglichen Fassung, dass „für materielle Verwaltungsstreitigkeiten die bestehenden allgemeinen Verwaltungsgerichte zuständig sind" und dass „Streitigkeiten solcher Art, die diesen Gerichten noch nicht zugewiesen sind, ihnen innerhalb von fünf Jahren nach Inkrafttreten dieser Verfassung zuzuweisen sind", obwohl diese Frist (auch mehrmals) durch Gesetz verlängert werden konnte. In der ehemaligen Interpretationserklärung zu diesem Artikel wurde zugleich klargestellt, dass „allgemeine Verwaltungsgerichte nur die durch die Gesetzesverordnung 3845/1958 eingerichteten allgemeinen Finanzgerichte sind". Nach der inzwischen aufgehobenen Übergangsbestimmung von Art. 94 Abs. 2 Verf. war ebenfalls vorgesehen, dass

> *„[...] bis zur pauschalen oder gruppenweisen Zuweisung auch der übrigen materiellen Verwaltungsstreitigkeiten an die allgemeinen Verwaltungsgerichte die Zivilgerichte zuständig bleiben; hiervon sind die Streitigkeiten ausgenommen, die den aufgrund besonderer Gesetze errichteten und den Anforderungen des Artikels 93 Absätze 2 bis 4 Verf. genügenden Sonderverwaltungsgerichten zugewiesen sind".*

Dem Verfassungsauftrag ist der Gesetzgeber zunächst durch das Gesetz 702/1977 nachgekommen, das bestimmte materielle (vor allem sozialversicherungsrechtliche) Verwaltungsstreitigkeiten, einschließlich der einschlägigen Schadensersatzklagen gegen den Staat oder andere juristische Personen des öffentlichen Rechts den Verwaltungsgerichten erster Instanz zugewiesen hat.[170] Die Reform vollendete das Gesetz 1406/1983, das alle materiellen Verwaltungsstreitigkeiten den allgemeinen (sog. ordentlichen) Verwaltungsgerichten zugewiesen und alle Sonderverwaltungsgerichte sowie die konkurrierende Zuständigkeit der Zivilgerichte für solche Streitigkeiten aufgehoben hat.[171] Im exemplarischen Katalog der zugewiesenen materiellen Verwaltungsstreitigkeiten werden ausdrücklich auch die Streitigkeiten wegen Staatshaftung gemäß den Artikeln 105 und 106 EGZGB aufgezählt.[172] Nach der Rechtsprechung des Staatsrates fallen in die Zuständigkeit der allgemeinen Verwaltungsgerichte nicht nur staatshaftungsrechtliche Streitigkeiten, die sich aus dem rechtswidrigen Erlass bzw. der Unterlassung eines Verwaltungsaktes ergeben, sondern auch solche, die aus Realhandlungen der Verwaltungsorgane resultieren, wenn

> *„[...] diese Realhandlungen mit der Funktion und Organisation der betreffenden Behörden zusammenhängen und nicht, wenn sie sich auf die fiskalische Verwaltung des Staates usw. oder auf das persönliche Verschulden eines Organs beziehen, das außerhalb des Kreises seiner dienstlichen Befugnisse gehandelt hat".*[173]

---

169 Zum System des verwaltungsgerichtlichen Rechtsschutzes in Griechenland und zur grundlegenden Bedeutung der grundsätzlichen Zweiteilung der verwaltungsrechtlichen Streitigkeiten in Aufhebungsstreitigkeiten und materielle Streitigkeiten, die im Ansatz der französischen Unterscheidung zwischen *contentieux de l'annulation* und *de la pleine juridiction* entspricht und die Grundlage für die Verteilung der Verwaltungsgerichtsbarkeit zwischen dem Staatsrat einerseits und den allgemeinen Verwaltungsgerichten andererseits sowie für den Umfang der Rechtskontrolle ist, die vom jeweils zuständigen Verwaltungsgericht ausgeübt wird, vgl. *Efstratiou*, Gerichtliche Kontrolle administrativer Entscheidungen (Fn. 15), S. 116 f.; *ders.*, in: v. Bogdandy/Cassese/Huber (Fn. 20), Rn. 71 f.; *Efstratiou/Sakellariou*, in: Spiliotopoulos (Fn. 15), S. 357 f.; *Dagtoglou*, Allgemeines Verwaltungsrecht (Fn. 1), Rn. 1462 f.

170 Art. 7 Abs. 5 i.V.m. Abs. 1 G. 702/1977.

171 Art. 1 S. 4 griech. ZPO bestimmt immer noch, dass *„die Zivilgerichte für die Verwaltungsstreitigkeiten zuständig sind, die nicht den Verwaltungsgerichten zugewiesen sind"*. Diese Bestimmung dürfte jedoch unter der Geltung des Gesetzes 1406/1983 als überflüssig und gegenstandslos anzusehen sein; so auch *Dagtoglou*, Verwaltungsprozessrecht (Fn. 15), Rn. 209 und 448. Denn die Zuweisung der materiellen Verwaltungsstreitigkeiten an die allgemeinen Verwaltungsgerichte vollzog sich stufenweise und wurde erst im Juni 1985 abgeschlossen; vgl. Art. 9 Abs. 1 G. 1406/1983.

172 Art. 1 Abs. 2 lit. h G. 1406/1983.

173 SE 3045/1992, DiDik 1993, 382 f., 1147/2005, DiDik 2007, 239 f., und 285/2011; vgl. auch AED 5/1995 (Fn. 21) und aus der Literatur *Pyrovetsis*, DiDik 1996, 824; *Mathioudakis*, Zivilhaftung, 11 f.

Für alle Fragen der Zivilhaftung des Staates gemäß Art. 105 und Art. 106 EGZGB sind also die allgemeinen Verwaltungsgerichte (*τακτικά διοικητικά δικαστήρια*) zuständig.[174] Obwohl die Staatshaftung auf der Grundlage von Vorschriften einer zivilrechtlichen Kodifikation begründet wird, ist sie rein öffentlich-rechtlicher Natur, weil sie die Ausübung öffentlicher Gewalt im weiteren Sinne betrifft, wie diese von der Rechtsprechung und Lehre verstanden wird. Für Haftungsfragen aus Handlungen oder Unterlassungen des Staates oder einer anderen juristischen Person des öffentlichen Rechts, die nicht mit der Ausübung öffentlicher Gewalt zusammenhängen (z.B. Handlungen der fiskalischen Verwaltung einschließlich der Verwaltung des Privatvermögens des Staates), bleiben nach wie vor die Zivilgerichte zuständig.[175]

Die Klagen auf Schadensersatz wegen Staatshaftung fallen in die Zuständigkeit der Verwaltungsgerichte erster Instanz (*διοικητικά πρωτοδικεία*), deren Entscheidungen der Berufung (*έφεση*) durch die Verwaltungsberufungsgerichte (*διοικητικά εφετεία*) unterliegen.[176] Gegen rechtskräftige Entscheidungen der allgemeinen Verwaltungsgerichte kann Revision (*αναίρεση*) vor dem Staatsrat (*Συμβούλιο της Επικρατείας*) nach Maßgabe der Gesetze eingelegt werden.[177] Die Staatshaftungsklagen auf Schadensersatz im Rahmen verwaltungsrechtlicher Verträge (Art. 105 und Art. 106 EGZGB) oder die Haftung aus den Vertragsverhandlungen (Art. 197 und Art. 198 ZGB) fallen jedoch in die Zuständigkeit der Verwaltungsberufungsgerichte, die für alle materiellen Verwaltungsstreitigkeiten in erster und letzter Instanz zuständig sind, die sich aus verwaltungsrechtlichen Verträgen ergeben.[178] Dabei handelt es sich um Streitigkeiten aus verwaltungsrechtlichen Verträgen, die entweder vor ihrem Abschluss oder bei ihrer Durchführung entstehen, aber nicht aus dem Vertrag selbst resultieren, sondern direkt auf dem Gesetz beruhen. Diese Streitigkeiten werden gemäß der französischen *théorie des actes détachables* vom Vertragsverhältnis abgetrennt und stellen eigenständige Aufhebungsstreitigkeiten (*ακυρωτικές διαφορές*) dar, die der Aufhebungskontrolle des Staatsrates oder der zuständigen Verwaltungsberufungsgerichte unterliegen.[179] Wenn aus solchen Streitigkeiten ein rechtswidriger Schaden entsteht, weil z.B. der Verwaltungsvertrag nicht abgeschlossen oder annulliert wurde bzw. trotz einstweiliger gerichtlicher Anordnung abgeschlossen wurde, löst dies die außervertragliche Haftung oder Zivilhaftung des Staates aus. Es handelt sich dann um materielle Verwaltungsstreitigkeiten, für die die Verwaltungsberufungsgerichte ausschließlich zuständig sind.[180]

---

174 Eine einzige Ausnahme besteht für alle privat- und verwaltungsrechtlichen Schadensersatzansprüche aus Verkehrsunfällen mit staatlichen Fahrzeugen, die neuerdings durch Art. 48 Abs. 1 G. 3900/2010 den Zivilgerichten zugewiesen worden sind. Dabei hat der Gesetzgeber von der Ermächtigung des Art. 94 Abs. 3 Verf. i.d.F. nach der Revision von 2001 Gebrauch gemacht, dass *„in besonderen Fällen und um der einheitlichen Anwendung derselben Gesetzgebung willen durch Gesetz die Entscheidung über Gruppen von privatrechtlichen Streitigkeiten den Verwaltungsgerichten oder über Gruppen von materiellen Verwaltungsstreitigkeiten den Zivilgerichten zugewiesen werden kann*".

175 Vgl. *Dagtoglou*, Allgemeines Verwaltungsrecht (Fn. 1), Rn. 1464; *Spiliotopoulos*, Verwaltungsrecht (Fn. 1), Rn. 215; *Tsambassi*, TPDD 2008, 523.

176 Art. 6, Art. 7, Art. 71 und Art. 92 VwPO.

177 Art. 95 Abs. 1 lit. b Verf. und Art. 53 SEG.

178 Vgl. Art. 1 Abs. 2 lit. i, Art. 3 Abs. 1 und Art. 7 Abs. 2 G. 1406/1983, Art. 6 Abs. 2 S. 1 und Art. 7 Abs. 1 VwPO sowie Art. 77 G. 3669/2008, und aus der Rechtsprechung VBG Athen 3024/1990, DiDik 1990, 1131 f., mit Anmerkung *Pavlopoulos*, DiDik 1990, 1009.

179 Vgl. Art. 5 Abs. 1 G. 2522/1997 und Art. 9 Abs. 1 G. 3886/2010 im Hinblick auf die Nachprüfungsverfahren bezüglich der Vergabe öffentlicher Bau-, Liefer- und Dienstleistungsaufträge, die in den Anwendungsbereich der Richtlinien 89/665/EWG (ABl. 1989 Nr. L 395/33) und 2007/66/EG (ABl. 2007 Nr. L 335/31) fallen; siehe auch oben → B.I.7. (Fn. 89).

180 Art. 3 G. 3886/2010 und Art. 47 Abs. 4 G. 3900/2010, die auf der Grundlage der Ermächtigung von Art. 94 Abs. 3 Verf. (Fn. 174) beruhen.

Die Zuweisung der Schadensersatzklage wegen Staatshaftung an die allgemeinen Verwaltungsgerichte hat jedenfalls keine einheitliche Entscheidung im Hinblick auf den entsprechenden Aufhebungsantrag mit sich gebracht, denn über erstere wird vom Verwaltungsgericht erster Instanz und über letzteren vom Staatsrat oder vom Verwaltungsberufungsgericht bzw. vom Verwaltungsgericht erster Instanz entschieden.[181]

Insbesondere stellt die vorherige gerichtliche Aufhebung der rechtswidrigen Handlung oder Unterlassung keine Voraussetzung für die Staatshaftung dar. Schadensersatzklage (*αγωγή αποζημιώσεως*) und Aufhebungsantrag (*αίτηση ακυρώσεως*) sind zwei selbständige Rechtsbehelfe, die nach Belieben des Geschädigten unabhängig voneinander eingelegt werden können. Insofern gilt im griechischen Recht nicht der Vorrang des Primärrechtsschutzes, sondern vielmehr wohl der Grundsatz „dulde und liquidiere". Im Rahmen des Staatshaftungsprozesses wird dann auch die Rechtmäßigkeit der schädigenden Handlung oder Unterlassung inzident überprüft, selbst wenn das für die Staatshaftungsklage zuständige Gericht die rechtswidrige Handlung oder Unterlassung nicht aufheben kann oder gegen sie kein Aufhebungsantrag erhoben bzw. sie noch nicht aufgehoben wurde.[182] Es bedarf daher nach wie vor der kostspieligen und zeitraubenden Einlegung von zwei Rechtsbehelfen vor zwei verschiedenen Gerichten. Angesichts der verfassungsrechtlichen Gewährleistung des Aufhebungsantrags vor dem Staatsrat (Art. 95 Abs. 1 lit. a i.V.m. Abs. 3 Verf.) einerseits und der Zuweisung der materiellen Verwaltungsstreitigkeiten an die allgemeinen Verwaltungsgerichte (Art. 94 Abs. 1 und 3 i.V.m. Art. 95 Abs. 1 lit. c Verf.) andererseits kann diese Zweigleisigkeit nicht durch den einfachen Gesetzgeber geändert werden.

Handelt es sich dagegen um eine materielle Verwaltungsstreitigkeit, so sind grundsätzlich die Verwaltungsgerichte erster Instanz auch für den einschlägigen Rechtsbehelf der Beschwerde (*προσφυγή*) zuständig, der sich direkt gegen die rechtswidrige schädigende Handlung oder Unterlassung richtet; diese können dann über beide Rechtsbehelfe – die Beschwerde und die Schadensersatzklage wegen Staatshaftung – zusammen entscheiden.[183]

II. Beweislast, Verjährung

Für die Beweislast (*βάρος αποδείξεως*) im Staatshaftungsprozess gilt der allgemeine prozessrechtliche Grundsatz, dass der Kläger die zur Begründung seiner Klage erforderlichen Tatsachen beweisen muss.[184] Von den Voraussetzungen der Staatshaftung stellt nur die Behauptung des Schadens, und zwar dessen genauer Umfang und dessen kausaler Zusammenhang mit der

---

181 Vgl. Art. 95 Abs. 1 lit. a und Abs. 3 Verf., Art. 1 Abs. 1 und 2 G. 702/1977 und Art. 15 G. 3068/2002, wie sie durch Art. 29 Abs. 1 G. 2721/1999, Art. 1 Abs. 1 G. 2944/2001, Art. 49 Abs. 1–4 G. 3659/2008, Art. 47 Abs. 1 und Art. 49 G. 3900/2010 sowie Art. 67 G. 4055/2012 ganz oder teilweise ersetzt und ergänzt wurden; siehe auch → C.III. (Fn. 144).

182 Art. 9 Abs. 3 G. 1649/1986, Art. 19 Abs. 1 G. 1868/1991, Art. 78 und Art. 80 Abs. 2 VwPO, und aus der Rechtsprechung SE 3431/1982, NoB 1983, 294, 1599/1985, 212/1991, DiDik 1991, 795, und 3212/1995. Das gilt jedoch ausnahmsweise nicht für Verträge im Rahmen öffentlicher Bau-, Liefer- und Dienstleistungsaufträge gemäß Art. 7 Abs. 3, Art. 8 Abs. 3–4 und Art. 9 Abs. 1–2 G. 3886/2010 (Fn. 180); siehe auch die vorstehenden Ausführungen zu Art. 300 ZGB (Mitverschulden des Geschädigten) → C.IV., bei Fn. 145.

183 Art. 68 Abs. 2, Art. 73 Abs. 2, Art. 79 Abs. 2–4, 80 Abs. 1–2, Art. 124 und Art. 125 VwPO; dazu *Dagtoglou*, Allgemeines Verwaltungsrecht (Fn. 1), Rn. 1464b; *ders.* Verwaltungsprozessrecht (Fn. 15), Rn. 649 f.; *Efstratiou*, in: v. Bogdandy/Cassese/Huber (Fn. 20), Rn. 78.

184 Art. 106 und Art. 337 ZPO; vgl. auch Art. 145 VwPO und aus der Rechtsprechung SE 1732/2005, EDDD 2008, 434 f., und 2168/2007, EDDD 2011, 181 f.

Rechtswidrigkeit, eine Tatsachenbehauptung dar, die der Kläger beweisen muss. Das gilt besonders für den entgangenen Gewinn, der nach dem gewöhnlichen Laufe der Dinge zu erwarten wäre. Die anderen Haftungsvoraussetzungen sind kein Gegenstand eines Beweises, sondern von rechtlicher Beurteilung[185] und werden vom Gericht nach dem Untersuchungs- bzw. Amtsermittlungsgrundsatz von Amts wegen untersucht – mit Ausnahme der Rechtsmängel der schädigenden Verwaltungshandlung, auf die sich der Kläger selbst berufen muss (z.B. Sachverhalts- oder Tatsachenirrtum).[186] Speziell im Falle immateriellen Schadens von juristischen Personen bedarf es keines näheren Beweises, wenn die schädigende Handlung oder Unterlassung negative Auswirkungen auf den guten Ruf und die Glaubwürdigkeit der juristischen Person hat.

Der staatshaftungsrechtliche Schadensersatzanspruch unterliegt in der Regel einer fünfjährigen Verjährung (*παραγραφή*),[187] wobei Spezialgesetze eine kürzere oder längere Verjährungsfrist vorsehen können.

III. Zwangsvollstreckung

Im krassen Gegensatz zum Privileg der Verwaltungsvollstreckung zugunsten des Staates und anderer Träger öffentlicher Gewalt untersagen manche älteren Vorschriften die Zwangsvollstreckung gegen den griechischen Staat zur Zahlung von Geldforderungen oder Gerichtskosten[188] sowie die Zwangsvollstreckung gegen den Staat und die kommunalen Selbstverwaltungskörperschaften aus vorläufig vollstreckbaren Gerichtsurteilen (Art. 909 ZPO). Diese Verbote sind mit der verfassungsrechtlichen Gewährleistung des Rechts auf gerichtlichen Rechtsschutz (Art. 20 Abs. 1 Verf.) unvereinbar und theoretisch wie praktisch ungerechtfertigt.[189] Das gilt insbesondere dann, wenn sie von der Rechtsprechung auf verschiedene öffentliche Unternehmen (z.B. öffentliches Elektrizitätswerk, Hafenorganisation von Piräus, Organisation von Eisenbahnen Griechenlands usw.) ausgedehnt werden.[190] Zu Recht hat daraufhin der EGMR diese Verbote für nicht vereinbar mit der EMRK erklärt.[191]

---

185 Fälschlicherweise ordnet daher ZG Athen 848/1976, ToS 1976, 515 f., den Beweis über die Betätigung der Staatsorgane innerhalb des Kreises ihrer dienstlichen Befugnis und unter Verletzung ihrer Amtspflicht an.

186 Dazu *Efstratiou*, in: v. Bogdandy/Cassese/Huber (Fn. 20), Rn. 87 f.

187 Vgl. Art. 48 Abs. 1 GV. 496/1974 und Art. 90 Abs. 1 HOG; siehe auch bereits Art. 69 G. ΣΙΒ΄/1852. Gemäß Art. 94 S. 3 HOG wird die Verjährung vom Gericht ebenfalls *ex officio* berücksichtigt. Für juristische Personen des öffentlichen Rechts, auf die die einschlägige Gesetzesverordnung 496/1974 keine Anwendung findet, beginnt die fünfjährige Verjährungsfrist ab der Kenntnisnahme des Schadens nach Art. 937 ZGB; vgl. SE 1245/2001, HellDni 2003, 1116 f., 3383/2004 und 535/2009.

188 So bestimmt Art. 8 S. 1 G. 2097/1952, dass „die Zwangsvollstreckung aus Gerichtsurteilen (der Zivil- oder Strafgerichte, des Staatsrates oder des Rechnungshofes), die den Fiskus zur Zahlung von Geldschulden oder Gerichtskosten verurteilen, und überhaupt aus allen anderen Vollstreckungstiteln, die derartige Schulden anerkennen, unzulässig ist".

189 Dazu ausführlich *Δαγτόγλου (Dagtoglou)*, Η αναγκαστική εκτέλεσις κατά του Κράτους, των δήμων και κοινοτήτων και των λοιπών νομικών προσώπων δημοσίου δικαίου (Die Zwangsvollstreckung gegen den Fiskus, die Gemeinden und die sonstigen juristischen Personen des öffentlichen Rechts), EDDD 1957, 375, und EDDD 1958, 59; vgl. auch in deutscher Sprache *dens.*, VerwArch 1959, 165; *ders.*, RHDI 1959, 173; *Θ. Τσάτσος (Th. Tsatsos)*, Η αναγκαστική εκτέλεσις κατά του Δημοσίου, των δήμων και κοινοτήτων (Die Zwangsvollstreckung gegen den Fiskus, die Städte und die Gemeinden), in: Μελέται διοικητικού δικαίου (Verwaltungsrechtliche Aufsätze), S. 215; a.A. wohl *Tsatsos*, in: Mosler, S. 217 f.

190 Vgl. *Dagtoglou*, Allgemeines Verwaltungsrecht (Fn. 1), Rn. 801a.; *Pavlopoulos*, in: Gerontas et al., S. 334 f.

191 EGMR *Hornsby/Griechenland*, Nr. 18357/91, 19.3.1997 (Verstoß gegen Art. 6 Abs. 1 EMRK).

Nicht von ungefähr wurde deshalb die Möglichkeit der Zwangsvollstreckung gegen das Privatvermögen des griechischen Staates oder der juristischen Personen, die nach den einschlägigen Gesetzen entsprechende verfahrensrechtliche Privilegien genießen, erst durch Art. 6 Abs. 2 des Gesetzes 2522/1997 vorgesehen, das die Richtlinie 89/665/EWG über den vorläufigen Rechtsschutz vor der Vergabe öffentlicher Liefer- und Bauaufträge (ABl. 1989 Nr. L 395/33) ins griechische Recht transformiert hat.[192] Diese Möglichkeit wird nunmehr allgemein durch den neuen Art. 94 Abs. 4 S. 3 Verf. i.d.F. nach der Revision von 2001 gewährleistet, der ausdrücklich bestimmt, dass

„[...] die Gerichtsentscheidungen auch gegen den Staat, die kommunalen Selbstverwaltungskörperschaften und die juristischen Personen des öffentlichen Rechts nach Maßgabe der Gesetze zwangsvollstreckt werden."

So sieht auch Art. 4 des Gesetzes 3068/2002 *Συμμόρφωση της Διοίκησης στις δικαστικές αποφάσεις, προαγωγή των δικαστών των τακτικών διοικητικών δικαστηρίων στο βαθμό του συμβούλου Επικρατείας και άλλες διατάξεις* (Gesetz über die Bindung der Verwaltung an Gerichtsentscheidungen, die Beförderung der Richter der allgemeinen Verwaltungsgerichte zu Mitgliedern des Staatsrates und andere Vorschriften) vor, dass

„[...] die Zwangsvollstreckung wegen Geldforderungen gegen den Staat, die kommunalen Selbstverwaltungskörperschaften und die sonstigen juristischen Personen des öffentlichen Rechts durch Pfändung ihres Privatvermögens erfolgt. Die Pfändung von Forderungen, die aus einem öffentlich-rechtlichen Verhältnis resultieren, sowie von Geld- oder Sachforderungen, die unmittelbar einem besonderen im öffentlichen Interesse liegenden Zweck dienen, ist ausgeschlossen."

Bibliographie

Alivizatos, Nikolaos (Αλιβιζάτος,, Νικόλαος), Η δίκαιη ικανοποίηση κατά το άρθρο 50 της ΕΣΔΑ (Die gerechte Entschädigung nach dem Artikel 50 der EMRK), DEE 1998, S. 1169–1180

Argyros, Antonis (Αργυρός, Αντώνης), Η αξίωση χρηματικής ικανοποιήσεως λόγω ηθικής βλάβης στη νομολογία των διοικητικών δικαστηρίων (Der Anspruch auf finanziellen Ausgleich wegen immateriellen Schadens in der Rechtsprechung der Verwaltungsgerichte), TPDD 2008, S. 538–554

Athanassopoulou, Charikleia (Αθανασοπούλου, Χαρίκλεια), Η αστική ευθύνη του Κράτους από σύννομες πράξεις ή παραλείψεις των οργάνων του (Die Zivilhaftung des Staates aus rechtmäßigen Handlungen oder Unterlassungen seiner Organe), EEN 2005, S. 451–461

Baltakos, Panagiotis (Μπαλτάκος, Παναγιώτης), Αστική ευθύνη του Δημοσίου. Η προϋπόθεση του παρανόμου (Zivilhaftung des Staates. Die Voraussetzung der Rechtswidrigkeit), Athen 1985

Csylaki, Panagiota (Ξυλάκη, Παναγιώτα), Anmerkung zu SE 4467/2012 [Gerechte Entschädigung der Prozessparteien wegen übermäßiger Dauer des Gerichtsverfahrens], EfimDD 2012, S. 756–760

Dagtoglou, Prodromos (Δαγτόγλου, Πρόδρομος), Η ευθύνη του Κράτους δια ζημίας εξ αδίκου νομοθετικής πράξεως (Ersatzpflicht des Staates bei legislativem Unrecht), Athen 1962; auch in deutscher Sprache in: Recht und Staat 1961, S. 58

Fraggakis, Nikos (Φραγκάκης, Νίκος), Bemerkungen zu SE 4467/2012 [Gerechte Entschädigung wegen übermäßiger Dauer eines Verwaltungsprozesses], TPDD 2012, S. 1093–1097

Georgoutsou, Eleni (Γεωργούτσου, Ελένη), Η νομολογιακή προσέγγιση του δημόσιου συμφέροντος στο πλαίσιο της αστικής ευθύνης του Κράτους (Die Annäherung des öffentlichen Interesses von Seiten der Rechtsprechung im Rahmen der Zivilhaftung des Staates), DiDik 2008, S. 13–25

192 Siehe dazu oben Fn. 89 und 179. Inzwischen gilt das neue Gesetz 3886/2010, das die bisherigen Gesetze 2522/1997 und 2854/2000 ersetzt hat.

Kalogirou, Nikolaos (Καλογήρου, Νικόλαος), Η ποινική και η αστική ευθύνη των μελών της κυβέρνησης και η αστική ευθύνη του Δημοσίου στην Ελλάδα (Die strafrechtliche und die zivilrechtliche Haftung der Mitglieder der Regierung und die Zivilhaftung des Staates in Griechenland), Athen-Komotini 1993

Karakostas, Ioannis (Καράκωστας, Ιωάννης), Χρηματική ικανοποίηση λόγω ηθικής βλάβης στην περίπτωση αστικής ευθύνης του Δημοσίου (Finanzieller Ausgleich wegen immateriellen Schadens im Fall der Zivilhaftung des Staates), EfimAD 2008, S. 379–385

Kiouptsidis, Theodoros (Κιουπτσίδης, Θεόδωρος), Κρατική ευθύνη από παράλειψη (Staatshaftung aus Unterlassung), Thessaloniki 1989

Ktistakis, Giannis (Κτιστάκις, Γιάννης), Το δικαίωμα σε ταχεία διοικητική δίκη κατά την Ευρωπαϊκή Σύμβαση Δικαιωμάτων του Ανθρώπου (Das Recht auf einen raschen Verwaltungsprozess nach der Europäischen Menschenrechtskonvention), in: Τόμος Τιμητικός του Συμβουλίου της Επικρατείας – 75 χρόνια (Festgabe zum 75-jährigen Bestehen des Staatsrates), Athen-Thessaloniki 2004, S. 1293–1303

Lainioti, Aggeliki (Λαϊνιώτη, Αγγελική), Η αστική ευθύνη του Κράτους από πράξεις ή παραλείψεις των οργάνων της δικαστικής εξουσίας (Die Zivilhaftung des Staates aus Handlungen oder Unterlassungen der Organe der rechtsprechenden Gewalt), DiDik 2006, S. 561–571

Lazaratos, Panos (Λαζαράτος, Πάνος), Αστική ευθύνη του Κράτους από ανάκληση διοικητικών πράξεων (Zivilhaftung des Staates aus Aufhebung von Verwaltungsakten), TPDD 2008, S. 532–537

Mathioudakis, Iakovos (Μαθιουδάκης, Ιάκωβος), Η κοινοτικού δικαίου αξίωση αστικής ευθύνης του Δημοσίου (Der gemeinschaftsrechtliche Anspruch auf Zivilhaftung des Staates), DiDik 1998, S. 314–329

ders., Η αστική ευθύνη του Κράτους από υλικές πράξεις των οργάνων του κατά τα άρθρα 105–6 ΕισΝΑΚ (Die Zivilhaftung des Staates aus Realhandlungen seiner Organe gemäß den Artikeln 105–6 EGZGB), Athen-Komotini 2006

Metaxas, Antonis (Μεταξάς, Αντώνης), Ευθύνη κράτους-μέλους λόγω παραβάσεων του κοινοτικού δικαίου καταλογιζομένων σε ανώτατα εθνικά δικαστήρια (Haftung eines Mitgliedstaates wegen Verletzungen des Gemeinschaftsrechts, die obersten nationalen Gerichten zugerechnet werden), EDDD 2004, S. 422–443

Papagiannopoulos, Georgios (Παπαγιαννόπουλος, Γεώργιος), Θεμελίωση αποζημιωτικής κατά του Δημοσίου αγωγής σε παράνομη και ζημιογόνα συμπεριφορά οργάνου που ανήκει στη δικαστική λειτουργία (Begründung von Schadensersatzklage gegen den Staat bei rechtswidrigem und schädigendem Verhalten eines Organs, das der rechtsprechenden Funktion gehört), DiDik 2002, S. 849–859

Papaevaggelou, Thomas et al. (Παπαευαγγέλου, Θωμάς κ.ά.), Αστική ευθύνη του Δημοσίου. Νομολογία του Συμβουλίου της Επικρατείας, του Αρείου Πάγου, του Δικαστηρίου των Ευρωπαϊκών Κοινοτήτων και του Ευρωπαϊκού Δικαστηρίου των Δικαιωμάτων του Ανθρώπου (Zivilhaftung des Staates. Rechtsprechung des Staatsrates, des Areopags, des Gerichtshofs der Europäischen Gemeinschaften und des Europäischen Gerichtshofs für Menschenrechte), 2. Aufl., Athen-Komotini 2007

Pavlopoulos, Prokopis (Παυλόπουλος, Προκόπης), Η αστική ευθύνη του Δημοσίου (Die Zivilhaftung des Staates), 2 Bde., Athen-Komotini 1986/1989

ders., Ζητήματα αστικής ευθύνης από διοικητικές συμβάσεις (Fragen der Zivilhaftung aus verwaltungsrechtlichen Verträgen), DiDik 1990, S. 1009–1021 (Urteilsanmerkung)

ders., Η αστική ευθύνη του Δημοσίου κατά τους κανόνες του δημόσιου δικαίου (Die Zivilhaftung des Staates nach den Regeln des öffentlichen Rechts), in: Gerontas et al. (Γέροντας κ.ά.), Διοικητικό δίκαιο (Verwaltungsrecht), 2. Aufl., Athen-Thessaloniki 2010, S. 311–336

Pyrovetsis, Michael (Πυροβέτσης, Μιχαήλ), Η εξωσυμβατική διοικητική ευθύνη της Διοίκησης για τις παράνομες υλικές ενέργειες των οργάνων της κατά τα άρθρα 105 και 106 του Εισ. Νόμου του Αστ. Κώδικα (Die außervertragliche verwaltungsrechtliche Haftung der Verwaltung für die rechtswidrigen Realhandlungen ihrer Organe nach den Artikeln 105 und 106 des Einführungsgesetzes des Zivilgesetzbuchs), DiDik 1996, S. 824–833

Skouris, Wassilios (Σκουρής, Βασίλειος), Ποιες συνέπειες επιφέρει η παράβαση της υποχρέωσης εφαρμογής του κοινοτικού δικαίου από τα εθνικά ανώτατα δικαστήρια; (Welche Folgen hat die Verletzung der Pflicht zur Anwendung des Gemeinschaftsrechts von den nationalen obersten Gerichten?), in: Τόμος Τιμητικός του Συμβουλίου της Επικρατείας – 75 χρόνια (Festgabe zum 75-jährigen Bestehen des Staatsrates), Athen-Thessaloniki 2004, S. 1341–1354; abgedruckt auch in: EEED 2004, S. 251–266

Spachis, Odysseas (Σπαχής, Οδυσσέας), Η αστική ευθύνη του Δημοσίου από πράξεις ή παραλείψεις των νομοθετικών οργάνων του Κράτους (Die Zivilhaftung des Staates aus Handlungen oder Unterlassungen der legislativen Organe des Staates), DiDik 2008, S. 566–575

Stassinopoulos, Michail (Στασινόπουλος, Μιχαήλ), Αστική ευθύνη του Κράτους, των δημοσίων υπαλλήλων και των νομικών προσώπων δημοσίου δικαίου (Zivilhaftung des Staates, der Beamten und der juristischen Personen des öffentlichen Rechts), Athen 1950

Pavlos-Michael Efstratiou

Theocharopoulos, Loukas (Θεοχαρόπουλος, Λουκάς), Η αρχή της ισότητας στα δημόσια βάρη και η αστική ευθύνη του Κράτους (Der Grundsatz der Gleichheit vor den öffentlichen Lasten und die Zivilhaftung des Staates), Thessaloniki 1988

Tsambassi, Athanassia (Τσαμπάση, Αθανασία), Το δίκαιο της αστικής ευθύνης του Δημοσίου ενώπιον των διοικητικών δικαστηρίων (Das Recht der Zivilhaftung des Staates vor den Verwaltungsgerichten), TPDD 2008, S. 523–531

Tsatsos, Dimitris (Τσάτσος, Δημήτρης), Η κατά το άρθρον 105 ΕισΝΑΚ έννοια της χάριν του γενικού συμφέροντος κειμένης διατάξεως (Der Begriff der zum Schutz des allgemeinen Interesses erlassenen Norm nach Art. 105 EGZGB), Athen 1960

ders., Griechenland, in: Mosler (Hrsg.), Haftung des Staates für rechtswidriges Verhalten seiner Organe: Länderberichte und Rechtsvergleichung, 1967, S. 187–227

Vrontakis, Michail (Βροντάκης, Μιχαήλ), Η αστική ευθύνη του Δημοσίου από την άσκηση ή παράλειψη ασκήσεως νομοθετικής ή κανονιστικής αρμοδιότητας (Die Zivilhaftung des Staates aus der Ausübung oder der unterlassenen Ausübung gesetzlicher oder administrativer Rechtsetzungsbefugnis), TPDD 2008, S. 513–522

Abkürzungen

AED	Ανώτατο Ειδικό Δικαστήριο (Oberster Sondergerichtshof)
AK	Αστικός Κώδικας (Zivilgesetzbuch)
AP	Άρειος Πάγος (Areopag – Oberster Gerichtshof für Zivil- und Strafsachen)
Arm	Αρμενόπουλος (Armenopoulos [Zeitschrift])
BG	Υπαλληλικός Κώδικας (Beamtengesetz)
BGB	Bürgerliches Gesetzbuch
DEE	Δίκαιο Επιχειρήσεων & Εταιριών (Zeitschrift für Unternehmens- und Gesellschaftsrecht)
DiDik	Διοικητική Δίκη (Zeitschrift für Verwaltungsprozess)
EDDD	Επιθεώρηση Δημοσίου και Διοικητικού Δικαίου (Zeitschrift für Öffentliches und Verwaltungsrecht)
EEED	Ελληνική Επιθεώρηση Ευρωπαϊκού Δικαίου (Griechische Zeitschrift für Europarecht)
EEN	Εφημερίς Ελλήνων Νομικών (Zeitung Griechischer Juristen)
EfimAD	Εφημερίδα Αστικού Δικαίου (Zeitung für Zivilrecht)
EfimDD	Εφημερίδα Διοικητικού Δικαίου (Zeitung für Verwaltungsrecht)
EGZGB	Εισαγωγικός Νόμος του Αστικού Κώδικα (Einführungsgesetz zum Zivilgesetzbuch)
EGZPO	Εισαγωγικός Νόμος του Κώδικα Πολιτικής Δικονομίας (Einführungsgesetz zur Zivilprozessordnung)
EisNAK	Εισαγωγικός Νόμος του Αστικού Κώδικα (Einführungsgesetz zum Zivilgesetzbuch)
EisNKPolD	Εισαγωγικός Νόμος του Κώδικα Πολιτικής Δικονομίας (Einführungsgesetz zur Zivilprozessordnung)
EMRK	Europäische Menschenrechtskonvention
ES	Ελεγκτικό Συνέδριο (Rechnungshof)
G.	Νόμος (Gesetz)
GG	Grundgesetz
GV.	Νομοθετικό Διάταγμα (Gesetzesverordnung)
HellDni	Ελληνική Δικαιοσύνη (Hellenische Justiz [Zeitschrift])
HOG	Κώδικας Δημοσίου Λογιστικού (Haushaltsordnungsgesetz)
IPE	Handbuch Ius Publicum Europaeum (v. Bogdandy/Cassese/Huber [Hrsg.])
JöR n.F.	Jahrbuch des öffentlichen Rechts der Gegenwart, neue Folge (Deutsche juristische Fachzeitschrift)
KBG	Kommunalbeamtengesetz
KDD	Κώδικας Διοικητικής Δικονομίας (Verwaltungsprozessordnung)
K Dim Logistikou	Κώδικας Δημοσίου Λογιστικού (Haushaltsordnungsgesetz)
Kod. Dim. Ypal.	Υπαλληλικός Κώδικας (Beamtengesetz)
KPD	Κώδικας Ποινικής Δικονομίας (Strafprozessordnung)
KPolD	Κώδικας Πολιτικής Δικονομίας (Zivilprozessordnung)
MVG	Ministerverantwortungsgesetz

N.	Νόμος (Gesetz)
ND.	Νομοθετικό Διάταγμα (Gesetzesverordnung)
NoB	Νομικό Βήμα (Juristisches Forum [Zeitschrift])
OSG	Ανώτατο Ειδικό Δικαστήριο (Oberster Sondergerichtshof)
PD	Προεδρικό Διάταγμα (Präsidialverordnung)
PV.	Προεδρικό Διάταγμα (Präsidialverordnung)
RBl. A	Εφημερίς της Κυβερνήσεως, Τεύχος Α΄ (Regierungsblatt, Heft A)
RHDI	Revue Hellénique de Droit International
SE	Συμβούλιο της Επικρατείας (Staatsrat)
SEG	Κωδικοποίηση διατάξεων νόμων για το Συμβούλιο της Επικρατείας (Staatsratsgesetz)
StPO	Κώδικας Ποινικής Δικονομίας (Strafprozessordnung)
Themis	Θέμις (Griechische juristische Fachzeitschrift)
ToS	Το Σύνταγμα (Die Verfassung [Zeitschrift])
TPDD	Θεωρία & Πράξη Διοικητικού Δικαίου (Zeitschrift für Theorie und Praxis des Verwaltungsrechts)
VBG	Διοικητικό Εφετείο (Verwaltungsberufungsgericht)
Verf.	Σύνταγμα της Ελλάδος (Verfassung Griechenlands)
VerwArch	Verwaltungsarchiv (Deutsche juristische Fachzeitschrift)
VG	Διοικητικό Πρωτοδικείο (Verwaltungsgericht erster Instanz)
VwPO	Κώδικας Διοικητικής Δικονομίας (Verwaltungsprozessordnung)
WaldG	Δασικός Κώδικας (Waldgesetz)
WRV	Weimarer Reichsverfassung
YK	Υπαλληλικός Κώδικας (Beamtengesetz)
ZBG	Εφετείο (Zivilberufungsgericht)
ZG	Πρωτοδικείο (Zivilgericht erster Instanz)
ZGB	Αστικός Κώδικας (Zivilgesetzbuch)
ZPO	Κώδικας Πολιτικής Δικονομίας (Zivilprozessordnung)

Anmerkung:
Gesetze und Präsidialverordnungen werden im Heft A des Regierungsblattes veröffentlicht. Sie werden durch die Abkürzung G. bzw. PV., eine Nummer (früher, alphabetische Buchstaben) und das Jahr ihres Erlasses zitiert. Entsprechend werden auch ältere Gesetzestexte (Notgesetze, Gesetzesverordnungen usw.) zitiert.

Gerichtsurteile werden nicht mehr in offiziellen Sammlungen, sondern ggf. nur noch in Fachzeitschriften herausgegeben. Sie werden durch den Namen des Gerichts, eine Nummer und das Jahr ihres Ergehens zitiert. Auf diese Weise werden auch die Entscheidungen des Obersten Sondergerichtshofs zitiert, obwohl sie ausnahmsweise im Regierungsblatt veröffentlicht werden.

Wesentliche Vorschriften

Σύνταγμα της Ελλάδος της 11.6.1975, όπως αναθεωρήθηκε στις 27.6.2008
Verfassung Griechenlands vom 11.6.1975, zuletzt geändert am 27.6.2008[193]

Άρθρο 4
[...]
(5) Οι Έλληνες πολίτες συνεισφέρουν χωρίς διακρίσεις στα δημόσια βάρη, ανάλογα με τις δυνάμεις τους.

Artikel 4
[...]
(5) Die griechischen Staatsbürger tragen ohne Unterschied entsprechend ihren Kräften die öffentlichen Lasten.

Άρθρο 6
[...]
(3) Όταν περάσει άπρακτη καθεμία από τις δύο αυτές προθεσμίες, κάθε δεσμοφύλακας ή άλλος, είτε πολιτικός υπάλληλος είτε στρατιωτικός, στον οποίο έχει ανατεθεί η κράτηση εκείνου που έχει συλληφθεί, οφείλει να τον απολύσει αμέσως. Οι παραβάτες τιμωρούνται για παράνομη κατακράτηση και υποχρεούνται να επανορθώσουν κάθε ζημία που έγινε στον παθόντα και να τον ικανοποιήσουν για ηθική βλάβη με χρηματικό ποσό, όπως νόμος ορίζει.

Artikel 6
[...]
(3) Ist die jeweilige Frist ergebnislos verstrichen, so muss jeder Gefängniswärter oder jeder andere, der mit dem Gewahrsam des Festgenommenen betraut ist, sei er Zivilbeamter oder Militärperson, den Festgenommenen sofort freilassen. Wer hiergegen verstößt, wird wegen gesetzeswidriger Freiheitsberaubung bestraft und ist zum Ersatz des dem Betroffenen zugefügten Schadens und wegen des immateriellen Schadens zur Entschädigung in Geld nach Maßgabe der Gesetze verpflichtet.

Άρθρο 7
[...]
(4) Νόμος ορίζει με ποιους όρους το Κράτος παρέχει, ύστερα από δικαστική απόφαση, αποζημίωση σε όσους καταδικάστηκαν, προφυλακίστηκαν ή με άλλο τρόπο στερήθηκαν άδικα ή παράνομα την προσωπική τους ελευθερία.

Artikel 7
[...]
(4) Durch Gesetz werden die Bedingungen festgelegt, nach denen der Staat aufgrund einer richterlichen Entscheidung den zu Unrecht oder gesetzeswidrig Verurteilten, in Haft Gehaltenen oder sonst wie ihrer Freiheit Beraubten Entschädigung zu leisten hat.

Άρθρο 9
[...]
(2) Οι παραβάτες της προηγούμενης διάταξης τιμωρούνται για παραβίαση του οικιακού ασύλου και για κατάχρηση εξουσίας και υποχρεούνται σε πλήρη αποζημίωση του παθόντος, όπως νόμος ορίζει.

Artikel 9
[...]
(2) Wer die vorangegangene Vorschrift verletzt, wird wegen Hausfriedensbruchs und Amtsmissbrauchs bestraft und ist zur vollen Entschädigung des Betroffenen nach Maßgabe der Gesetze verpflichtet.

Άρθρο 20
(1) Καθένας έχει δικαίωμα στην παροχή έννομης προστασίας από τα δικαστήρια και μπορεί να αναπτύξει σ' αυτά τις απόψεις του για τα δικαιώματα ή συμφέροντά του, όπως νόμος ορίζει.

Artikel 20
(1) Jeder hat das Recht auf Rechtsschutz durch die Gerichte und kann vor ihnen seine Rechte oder Interessen nach Maßgabe der Gesetze geltend machen.

Άρθρο 25
(1) Τα δικαιώματα του ανθρώπου ως ατόμου και ως μέλους του κοινωνικού συνόλου και η αρχή του κοινωνικού κράτους δικαίου τελούν υπό την εγγύηση του Κράτους. [...]

Artikel 25
(1) Die Rechte des Menschen als Individuum und als Mitglied der Gesellschaft und das Prinzip des sozialen Rechtsstaates werden vom Staat gewährleistet. [...]

193 Übersetzung des Verfassers.

Άρθρο 49
(1) Ο Πρόεδρος της Δημοκρατίας δεν ευθύνεται οπωσδήποτε για πράξεις που έχει ενεργήσει κατά την άσκηση των καθηκόντων του, παρά μόνο για έσχατη προδοσία ή παραβίαση, με πρόθεση, του Συντάγματος. Για πράξεις που δεν σχετίζονται με την άσκηση των καθηκόντων του η δίωξη αναστέλλεται εωσότου λήξει η προεδρική θητεία.

Artikel 49
(1) Der Präsident der Republik hat sich auf keinen Fall für Handlungen zu verantworten, die er während der Ausübung seines Amtes vorgenommen hat, außer für Hochverrat und für vorsätzliche Verletzung der Verfassung. Für Handlungen, die nicht die Ausübung seines Amtes betreffen, wird die Verfolgung bis zur Beendigung seiner Amtszeit aufgeschoben.

Άρθρο 94
(1) Στο Συμβούλιο της Επικρατείας και τα τακτικά διοικητικά δικαστήρια υπάγονται οι διοικητικές διαφορές, όπως νόμος ορίζει, με την επιφύλαξη των αρμοδιοτήτων του Ελεγκτικού Συνεδρίου.

(2) Στα πολιτικά δικαστήρια υπάγονται οι ιδιωτικές διαφορές, καθώς και οι υποθέσεις εκούσιας δικαιοδοσίας, όπως νόμος ορίζει.

(3) Σε ειδικές περιπτώσεις και προκειμένου να επιτυγχάνεται η ενιαία εφαρμογή της αυτής νομοθεσίας μπορεί να ανατεθεί με νόμο η εκδίκαση κατηγοριών ιδιωτικών διαφορών στα διοικητικά δικαστήρια ή κατηγοριών διοικητικών διαφορών ουσίας στα πολιτικά δικαστήρια.

(4) Στα πολιτικά ή διοικητικά δικαστήρια μπορεί να ανατεθεί και κάθε άλλη αρμοδιότητα διοικητικής φύσης. Στις αρμοδιότητες αυτές περιλαμβάνεται και η λήψη μέτρων για τη συμμόρφωση της διοίκησης με τις δικαστικές αποφάσεις. Οι δικαστικές αποφάσεις εκτελούνται αναγκαστικά και κατά του Δημοσίου, των οργανισμών τοπικής αυτοδιοίκησης και των νομικών προσώπων δημοσίου δικαίου, όπως νόμος ορίζει.

Artikel 94
(1) Vorbehaltlich der Zuständigkeiten des Rechnungshofes sind der Staatsrat und die ordentlichen Verwaltungsgerichte für Verwaltungsstreitigkeiten zuständig; das Nähere regelt ein Gesetz.

(2) Die Zivilgerichte sind für privatrechtliche Streitigkeiten sowie für Angelegenheiten der freiwilligen Gerichtsbarkeit zuständig; das Nähere regelt ein Gesetz.

(3) In besonderen Fällen und um der einheitlichen Anwendung derselben Gesetzgebung willen kann durch Gesetz die Entscheidung über Gruppen von privatrechtlichen Streitigkeiten den Verwaltungsgerichten oder über Gruppen von materiellen Verwaltungsstreitigkeiten den Zivilgerichten zugewiesen werden.

(4) Den Zivil- oder Verwaltungsgerichten kann durch Gesetz auch jede andere Verwaltungszuständigkeit zugewiesen werden. Zu diesen Zuständigkeiten gehört auch die Ergreifung von Maßnahmen zur Fügung der Verwaltung an Gerichtsentscheidungen. Die Gerichtsentscheidungen werden auch gegen den Staat, die kommunalen Selbstverwaltungskörperschaften und die juristischen Personen des öffentlichen Rechts zwangsvollstreckt; das Nähere regelt ein Gesetz.

Άρθρο 95
(1) Στην αρμοδιότητα του Συμβουλίου της Επικρατείας ανήκουν ιδίως:

α) Η μετά από αίτηση ακύρωση των εκτελεστών πράξεων των διοικητικών αρχών για υπέρβαση εξουσίας ή παράβαση νόμου.

β) Η μετά από αίτηση αναίρεση τελεσίδικων αποφάσεων των τακτικών διοικητικών δικαστηρίων, όπως νόμος ορίζει.

γ) Η εκδίκαση των διοικητικών διαφορών ουσίας που υποβάλλονται σ' αυτό σύμφωνα με το Σύνταγμα και τους νόμους.

[...]

(3) Κατηγορίες υποθέσεων της ακυρωτικής αρμοδιότητας του Συμβουλίου της Επικρατείας μπορεί να υπάγονται με νόμο, ανάλογα με τη φύση ή τη σπουδαιότητά τους, στα τακτικά διοικητικά δικαστήρια. Το Συμβούλιο της Επικρατείας δικάζει σε δεύτερο βαθμό, όπως νόμος ορίζει.

[...]

Artikel 95
(1) Der Staatsrat ist insbesondere zuständig:

a) Für die Aufhebungsanträge gegen vollstreckbare Akte der Verwaltungsbehörden wegen Befugnisüberschreitung oder Gesetzesverletzung.

b) Für die Revisionsanträge gegen ansonsten rechtskräftige Entscheidungen der ordentlichen Verwaltungsgerichte; das Nähere regelt ein Gesetz.

c) Für die Entscheidung über die materiellen Verwaltungsstreitigkeiten, die ihm nach der Verfassung und den Gesetzen zugewiesen werden.

[...]

(3) Durch Gesetz können Gruppen von Angelegenheiten aus der Aufhebungszuständigkeit des Staatsrates, entsprechend ihrer Natur oder Wichtigkeit, den ordentlichen Verwaltungsgerichten zugewiesen werden. Der Staatsrat entscheidet in zweiter Instanz nach Maßgabe der Gesetze.

[...]

(5) Η διοίκηση έχει υποχρέωση να συμμορφώνεται προς τις δικαστικές αποφάσεις. Η παράβαση της υποχρέωσης αυτής γεννά ευθύνη για κάθε αρμόδιο όργανο, όπως νόμος ορίζει. Νόμος ορίζει τα αναγκαία μέτρα για τη διασφάλιση της συμμόρφωσης της διοίκησης.

(5) Die Verwaltung hat sich den Gerichtsentscheidungen zu fügen. Bei Verletzung dieser Vorschrift haftet jedes zuständige Organ; das Nähere regelt ein Gesetz. Ein Gesetz bestimmt die notwendigen Maßnahmen zur Sicherstellung der Fügung der Verwaltung.

Άρθρο 98

(1) Στην αρμοδιότητα του Ελεγκτικού Συνεδρίου ανήκουν ιδίως:

[...]

ζ) Η εκδίκαση υποθέσεων που αναφέρονται στην ευθύνη των πολιτικών ή στρατιωτικών δημόσιων υπαλλήλων, καθώς και των υπαλλήλων των οργανισμών τοπικής αυτοδιοίκησης και των άλλων νομικών προσώπων δημοσίου δικαίου για κάθε ζημία που από δόλο ή αμέλεια προκλήθηκε στο Κράτος, τους οργανισμούς τοπικής αυτοδιοίκησης ή σε άλλα νομικά πρόσωπα δημοσίου δικαίου.

Artikel 98

(1) In die Zuständigkeit des Rechnungshofes fällt insbesondere:

[...]

g) Die Entscheidung über die Haftung von Zivil- oder Militärbeamten, sowie von Beamten der kommunalen Selbstverwaltungskörperschaften und der sonstigen juristischen Personen des öffentlichen Rechts für jeden vorsätzlich oder fahrlässig dem Staat, den kommunalen Selbstverwaltungskörperschaften oder den sonstigen juristischen Personen des öffentlichen Rechts verursachten Schaden.

Άρθρο 99

(1) Αγωγές κακοδικίας κατά δικαστικών λειτουργών δικάζονται, όπως νόμος ορίζει, από ειδικό δικαστήριο που συγκροτείται από τον Πρόεδρο του Συμβουλίου της Επικρατείας, ως Πρόεδρό του, και από ένα σύμβουλο της Επικρατείας, έναν αρεοπαγίτη, ένα σύμβουλο του Ελεγκτικού Συνεδρίου, δύο τακτικούς καθηγητές νομικών μαθημάτων των νομικών σχολών των πανεπιστημίων της Χώρας και δύο δικηγόρους, μέλη του Ανώτατου Πειθαρχικού Συμβουλίου των δικηγόρων, ως μέλη, που ορίζονται με κλήρωση.

(2) Από τα μέλη του ειδικού δικαστηρίου εξαιρείται κάθε φορά εκείνο που ανήκει στο σώμα ή τον κλάδο της δικαιοσύνης που για ενέργεια ή παράλειψη λειτουργών του καλείται να αποφανθεί το δικαστήριο. Εφόσον πρόκειται για αγωγή κακοδικίας κατά μέλους του Συμβουλίου της Επικρατείας ή λειτουργών των τακτικών διοικητικών δικαστηρίων, στο ειδικό αυτό δικαστήριο προεδρεύει ο Πρόεδρος του Αρείου Πάγου

(3) Δεν απαιτείται άδεια για να εγερθεί αγωγή κακοδικίας.

Artikel 99

(1) Über Anklagen wegen Rechtsbeugung gegen richterliche Amtsträger entscheidet ein Sondergericht, das aus dem Präsidenten des Staatsrates als seinem Präsidenten sowie aus je einem Mitglied des Staatsrates, des Areopags, des Rechnungshofes, zwei ordentlichen Professoren der Rechte an juristischen Fakultäten der Universitäten des Landes und zwei Rechtsanwälten aus der Mitte der Mitglieder des Obersten Disziplinarrates für Rechtsanwälte besteht, die jeweils durch Los bestimmt werden.

(2) Von den Mitgliedern des Sondergerichts ist jeweils dasjenige ausgeschlossen, das der Körperschaft oder dem Zweig der Gerichtsbarkeit angehört, über deren Hand-lungen oder Unterlassungen das Gericht entschei-den soll. Richtet sich die Anklage wegen Rechtsbeugung gegen ein Mitglied des Staatsrates oder gegen Richter oder gegen Staatsanwälte der allgemeinen Verwaltungsgerichtsbarkeit, führt der Präsident des Areopags den Vorsitz.

(3) Zur Erhebung der Anklage wegen Rechtsbeugung bedarf es keiner Erlaubnis.

Άρθρο 104

[...]

(3) Δεν απαιτείται προηγούμενη άδεια για να εισαχθούν σε δίκη δημόσιοι υπάλληλοι, καθώς και υπάλληλοι οργανισμών τοπικής αυτοδιοίκησης ή άλλων νομικών προσώπων δημοσίου δικαίου.

Artikel 104

[...]

(3) Die Einleitung eines Gerichtsverfahrens gegen Staatsbeamte sowie Beamte der kommunalen Selbstverwaltungskörperschaften oder der sonstigen juristischen Personen des öffentlichen Rechts bedarf keiner vorherigen Erlaubnis.

Εισαγωγικός Νόμος του Αστικού Κώδικα (Ν. 2783/1941)
Einführungsgesetz zum Zivilgesetzbuch (G. 2783/1941)[194]

Άρθρο 104
Για πράξεις ή παραλείψεις των οργάνων του δημοσίου, που ανάγονται σε έννομες σχέσεις ιδιωτικού δικαίου ή σχετικές με την ιδιωτική του περιουσία, το δημόσιο ευθύνεται κατά τις διατάξεις του Αστικού Κώδικα για τα νομικά πρόσωπα.

Artikel 104
Für Handlungen oder Unterlassungen, die die Staatsorgane im Bereich privatrechtlicher Verhältnisse oder in Bezug auf das private Vermögen des Staates begehen, haftet der Staat gemäß den Bestimmungen des Zivilgesetzbuches über die juristischen Personen.

Άρθρο 105
Για παράνομες πράξεις ή παραλείψεις των οργάνων του δημοσίου κατά την άσκηση της δημόσιας εξουσίας που τους έχει ανατεθεί, το δημόσιο ευθύνεται σε αποζημίωση, εκτός αν η πράξη ή η παράλειψη έγινε κατά παράβαση διάταξης που έχει τεθεί για χάρη του γενικού συμφέροντος. Μαζί με το δημόσιο ευθύνεται εις ολόκληρον και το υπαίτιο πρόσωπο, με την επιφύλαξη των ειδικών διατάξεων για την ευθύνη των υπουργών.

Artikel 105
Für rechtswidrige Handlungen oder Unterlassungen der Staatsorgane bei der Ausübung der ihnen übertragenen öffentlichen Gewalt ist der Staat schadensersatzpflichtig, es sei denn, dass die Handlung oder Unterlassung unter Verletzung einer das Allgemeininteresse schützenden Vorschrift geschehen ist. Mit dem Staat haftet als Gesamtschuldner auch die schuldhaft handelnde Person; die besonderen Vorschriften über die Haftung der Minister bleiben unberührt.

Άρθρο 106
Οι διατάξεις των δύο προηγούμενων άρθρων εφαρμόζονται και για την ευθύνη των δήμων, των κοινοτήτων ή των άλλων νομικών προσώπων δημοσίου δικαίου από πράξεις ή παραλείψεις των οργάνων που βρίσκονται στην υπηρεσία τους.

Artikel 106
Die Bestimmungen der beiden vorausgegangenen Artikel gelten auch für die Haftung der Städte, der Gemeinden oder der anderen juristischen Personen des öffentlichen Rechts für Handlungen oder Unterlassungen der in ihrem Dienst stehenden Organe.

Νομοθετικό Διάταγμα 2998/1954
Gesetzesverordnung 2998/1954[195]

Άρθρο 1
Οι διατάξεις του Υπαλληλικού Κώδικα για την αστική ευθύνη των δημόσιων διοικητικών υπαλλήλων επεκτείνονται στους στρατιωτικούς εν γένει των ενόπλων δυνάμεων, καθώς και στους ανήκοντες στα σώματα ασφαλείας και το λιμενικό σώμα.

Artikel 1
Die Bestimmungen des Beamtengesetzes über die Zivilhaltung der Verwaltungsbeamten des Staates werden auf die Militärbeamten allgemein, sowie auf die Polizei- und Hafenpolizeibeamten erstreckt.

Νόμος 1406/1983
Gesetz 1406/1983[196]

Άρθρο 1
(1) Υπάγονται στη δικαιοδοσία των τακτικών διοικητικών δικαστηρίων όλες οι διοικητικές διαφορές ουσίας που δεν έχουν μέχρι σήμερα υπαχθεί σε αυτή.

Artikel 1
(1) Die allgemeinen Verwaltungsgerichte sind für alle materiellen Verwaltungsstreitigkeiten zuständig, die ihnen bis zu diesem Tage noch nicht zugewiesen worden sind.

194 Übersetzung des Verfassers.
195 Übersetzung des Verfassers.
196 Übersetzung des Verfassers.

(2) Στις διαφορές αυτές περιλαμβάνονται ιδίως αυτές που αναφύονται κατά την εφαρμογή της νομοθεσίας που αφορά: [...]

η) την ευθύνη του Δημοσίου, των Οργανισμών Τοπικής Αυτοδιοίκησης και των νομικών προσώπων δημοσίου δικαίου προς αποζημίωση σύμφωνα με τα άρθρα 105 και 106 του Εισαγωγικού Νόμου του Αστικού Κώδικα,

[...]

ι) τις διοικητικές συμβάσεις,

[...]

(2) Zu diesen Streitigkeiten gehören insbesondere diejenigen, die sich aus der Anwendung der Gesetzgebung ergeben, die: [...]

h) die Haftung des Staates, der kommunalen Selbstverwaltungskörperschaften und der juristischen Personen des öffentlichen Rechts für Schadensersatz gemäß den Artikeln 105 und 106 des Einführungsgesetzes zum Zivilgesetzbuch,

[...]

i) die verwaltungsrechtlichen Verträge,

[...]

betrifft.

Υπαλληλικός Κώδικας (Ν. 3528/2007)
Beamtengesetz (G. 3528/2007)[197]

Άρθρο 38

(1) Ο υπάλληλος ευθύνεται έναντι του Δημοσίου για κάθε ζημιά την οποία προξένησε σε αυτό από δόλο ή βαρεία αμέλεια κατά την εκτέλεση των καθηκόντων του. Ο υπάλληλος ευθύνεται επίσης για την αποζημίωση την οποία κατέβαλε το Δημόσιο σε τρίτους για παράνομες πράξεις ή παραλείψεις του κατά την εκτέλεση των καθηκόντων του, εφόσον οφείλονται σε δόλο ή βαρεία αμέλεια. Ο υπάλληλος δεν ευθύνεται έναντι των τρίτων για τις ανωτέρω πράξεις ή παραλείψεις του.

(2) Σε περίπτωση δόλου του υπαλλήλου, αυτός παραπέμπεται υποχρεωτικώς στο Ελεγκτικό Συνέδριο. Σε περίπτωση βαρείας αμέλειας, αν ο υπάλληλος παραπεμφθεί, το Ελεγκτικό Συνέδριο, εκτιμώντας τις ειδικές περιστάσεις, μπορεί να καταλογίσει σε αυτόν μέρος μόνο της ζημιάς που επήλθε στο Δημόσιο ή της αποζημίωσης που το τελευταίο υποχρεώθηκε να καταβάλει.

(3) Αν περισσότεροι υπάλληλοι προξένησαν από κοινού ζημιά στο Δημόσιο, ευθύνονται εις ολόκληρον κατά τις διατάξεις του Αστικού Δικαίου.

(4) Η αξίωση του Δημοσίου κατά υπαλλήλων του για αποζημίωση στις περιπτώσεις της παρ. 1 παραγράφεται σε πέντε (5) έτη. Στην περίπτωση του πρώτου εδαφίου της παρ. 1, η πενταετία αρχίζει αφότου το αρμόδιο όργανο για την υποβολή της αίτησης καταλογισμού έλαβε γνώση της ζημιάς και του λόγου αυτής, και στην περίπτωση του δεύτερου εδαφίου, αφότου το Δημόσιο κατέβαλε την αποζημίωση.

(5) Η αστική ευθύνη των δημόσιων υπολόγων και των διατακτών διέπεται από τις ειδικές γι' αυτούς διατάξεις.

Artikel 38

(1) Der Beamte haftet gegenüber dem Staat für jeden Schaden, den er diesem vorsätzlich oder grob fahrlässig bei der Ausübung seiner Befugnisse verursacht hat. Der Beamte haftet auch für den Schadensersatz, den der Staat an Dritte für seine rechtswidrigen Handlungen oder Unterlassungen bei der Ausübung seiner Befugnisse geleistet hat, soweit sie auf Vorsatz oder grober Fahrlässigkeit beruhen. Der Beamte haftet nicht gegenüber den Dritten für seine oben genannten Handlungen oder Unterlassungen.

(2) Im Falle eines Vorsatzes des Beamten ist obligatorisch Rückgriff gegen ihn vor dem Rechnungshof zu nehmen. Im Falle grober Fahrlässigkeit, wenn Rückgriff gegen den Beamten genommen wird, kann der Rechnungshof, unter Berücksichtigung der besonderen Umstände, ihm nur einen Teil des Schadens, der dem Staat entstanden ist, oder des Schadensersatzes, den der letztere zu leisten verpflichtet wurde, zurechnen.

(3) Wenn mehrere Beamte gemeinsam dem Staat einen Schaden verursacht haben, so haften sie als Gesamtschuldner nach den Vorschriften des Zivilrechts.

(4) Der Anspruch des Staates gegen seine Beamten auf Schadensersatz in den Fällen des Abs. 1 verjährt in fünf (5) Jahren. Im Fall des ersten Satzes des Abs. 1 beginnt die Fünfjahresfrist, sobald das zuständige Organ vom Antrag auf Zurechnung des Schadens und seinem Grund Kenntnis genommen hat, und im Fall des zweiten Satzes, sobald der Staat den Schadensersatz geleistet hat.

(5) Die Zivilhaftung der rechnungspflichtigen und der zahlungsbevollmächtigten Beamten unterliegt den speziell für sie geltenden Vorschriften.

197 Übersetzung des Verfassers.

(6) Ειδικές διατάξεις για την προσωπική αστική ευθύνη των δημοσίων υπαλλήλων έναντι των τρίτων διατηρούνται σε ισχύ.

(6) Spezielle Vorschriften über die persönliche Zivilhaftung der Staatsbeamten gegenüber den Dritten bleiben unberührt.

Δίκαιη δίκη και εύλογη διάρκεια αυτής (Ν. 4055/2012)
Gerechtes Gerichtsverfahren und seine angemessene Dauer (G. 4055/2012)[198]

Άρθρο 53

(1) Οποιοσδήποτε από τους διαδίκους, εκτός από το Δημόσιο και τα δημόσια νομικά πρόσωπα τα οποία συνιστούν κυβερνητικούς οργανισμούς κατά την έννοια του άρθρου 34 της Ευρωπαϊκής Σύμβασης Δικαιωμάτων του Ανθρώπου, που έλαβαν μέρος σε διοικητική δίκη μπορεί να ζητήσει με αίτηση δίκαιη ικανοποίηση προβάλλοντας ότι η διαδικασία για την εκδίκαση της υπόθεσης καθυστέρησε αδικαιολόγητα και συγκεκριμένα ότι διήρκεσε πέραν του ευλόγου χρόνου που απαιτείται για τη διάγνωση των πραγματικών και νομικών ζητημάτων που ανέκυψαν στη δίκη.

(2) Η αίτηση στρέφεται κατά του Ελληνικού Δημοσίου νομίμως εκπροσωπούμενου από τον Υπουργό Οικονομικών.

Artikel 53

(1) Jede Prozesspartei, außer dem Staat und den öffentlichen juristischen Personen, welche Regierungsorganisationen im Sinne von Artikel 34 der Europäischen Menschenrechtskonvention darstellen, die an einem Verwaltungsprozess teilgenommen haben, kann eine gerechte Entschädigung mit der Behauptung beantragen, dass sich das Sachentscheidungsverfahren unbegründet verzögert hat, und zwar dass es über die angemessene Zeit hinaus angedauert hat, die zur Entscheidung der tatsächlichen und rechtlichen Fragen, die im Prozess aufgetreten sind, notwendig ist.

(2) Der Antrag richtet sich gegen die Hellenische Republik, die durch den Finanzminister vertreten wird.

Άρθρο 54

(1) Η αρμοδιότητα προς εκδίκαση της αίτησης για δίκαιη ικανοποίηση, όταν αφορά καθυστέρηση εκδίκασης υπόθεσης ενώπιον:

α) του Συμβουλίου της Επικρατείας, ανατίθεται σε Σύμβουλο ή Πάρεδρο,
β) των διοικητικών εφετείων, ανατίθεται σε Πρόεδρο Εφετών του δικαστηρίου που εξέδωσε την απόφαση,
γ) των διοικητικών πρωτοδικείων, ανατίθεται σε Πρόεδρο Πρωτοδικών του δικαστηρίου που εξέδωσε την απόφαση.

(2) Στην αρχή κάθε δικαστικού έτους, οι Πρόεδροι των δικαστικών σχηματισμών του Συμβουλίου της Επικρατείας ορίζουν τις δικασίμους των αιτήσεων για δίκαιη ικανοποίηση, καθώς και τους συμβούλους και παρέδρους που μετέχουν σε κάθε δικάσιμο. Την ίδια υποχρέωση έχει ο πρόεδρος της τριμελούς διεύθυνσης ή ο δικαστής που διευθύνει το διοικητικό εφετείο ή πρωτοδικείο.

Artikel 54

(1) Die Zuständigkeit zur Entscheidung des Antrags auf gerechte Entschädigung wird

a) bei Verzögerung eines Gerichtsverfahrens vor dem Staatsrat einem seiner Mitglieder übertragen,
b) bei Verzögerung eines Gerichtsverfahrens vor den Verwaltungsberufungsgerichten einem der Präsidenten des Berufungsgerichts, das die Entscheidung getroffen hat, übertragen.
c) bei Verzögerung eines Gerichtsverfahrens vor den Verwaltungsgerichten erster Instanz einem der Präsidenten des Verwaltungsgerichts, das die Entscheidung getroffen hat, übertragen.

(2) Zu Beginn jedes Gerichtsjahres bestimmen die Präsidenten der gerichtlichen Abteilungen des Staatsrates die Verhandlungstermine der Anträge auf gerechte Entschädigung sowie die Mitglieder des Gerichts, die an jedem Verhandlungstermin teilnehmen. Dieselbe Pflicht kommt dem Präsidenten der dreigliedrigen Leitung oder dem Richter, der das Verwaltungsberufungsgericht oder das Verwaltungsgericht erster Instanz leitet, zu.

Artikel 55

(1) Η αίτηση ασκείται ανά βαθμό δικαιοδοσίας και εντός προθεσμίας έξι (6) μηνών από τη δημοσίευση της ορι-

Artikel 55

(1) Der Antrag ist pro Instanzenzug und innerhalb einer Frist von sechs Monaten nach der Veröffentlichung der

198 Übersetzung des Verfassers.

στικής απόφασης του δικαστηρίου, η οποία εκδόθηκε μετά από δίκη για την οποία ο αιτών παραπονείται ότι υπήρξε υπέρβαση της εύλογης διάρκειας αυτής. Ο αιτών δεν μπορεί να ζητήσει δίκαιη ικανοποίηση για υπέρβαση εύλογης διάρκειας της δίκης, η οποία έλαβε χώρα σε προηγούμενο βαθμό δικαιοδοσίας, με αφορμή την κατάθεση αίτησης για καθυστέρηση δίκης από ανώτερο δικαστήριο.

(2) Η αίτηση, συνοδευόμενη από τα στοιχεία της παραγράφου 3 του άρθρου 56, κατατίθεται στη γραμματεία του δικαστηρίου που εξέδωσε την απόφαση και περιέχει το όνομα και τη διεύθυνση κατοικίας εκείνου που την ασκεί, χρονολογία, υπογραφή, καθώς και την ηλεκτρονική διεύθυνση ή τον αριθμό τηλεφώνου ή του τηλεομοιοτύπου (φαξ) του αιτούντος ή του πληρεξουσίου δικηγόρου του. Η αίτηση κοινοποιείται με επιμέλεια του αιτούντος, με κάθε πρόσφορο μέσο στο Νομικό Συμβούλιο του Κράτους. Αν έχει ασκηθεί ένδικο μέσο κατά της ως άνω απόφασης και η δικογραφία έχει διαβιβαστεί σε άλλο δικαστήριο, το τελευταίο διαβιβάζει αντίγραφα των διαδικαστικών εγγράφων στο δικαστήριο ενώπιον του οποίου εκκρεμεί η αίτηση.

(3) Η αίτηση υπογράφεται από δικηγόρο, για τη νομιμοποίηση του οποίου εφαρμόζονται αναλόγως οι διατάξεις του π.δ. 18/1989 και του Κώδικα Διοικητικής Δικονομίας.

(4) Για την άσκηση της αίτησης καταβάλλεται παράβολο, το οποίο ορίζεται σε διακόσια (200) ευρώ υπέρ του Δημοσίου. Το ύψος του ποσού αναπροσαρμόζεται με κοινή υπουργική απόφαση των Υπουργών Δικαιοσύνης, Διαφάνειας και Ανθρωπίνων Δικαιωμάτων και Οικονομικών. Η αίτηση απορρίπτεται ως απαράδεκτη εάν δεν καταβληθεί παράβολο μέχρι τη λήξη της προθεσμίας της παραγράφου 1 του επόμενου άρθρου.

endgültigen Entscheidung des Gerichts einzureichen, die den Prozess abgeschlossen hat, und über dessen unangemessene Dauer sich der Antragssteller beschwert. Bei Einlegung eines Antrags wegen Prozessverzögerung von einem höheren Gericht kann der Antragsteller keine gerechte Entschädigung für eine im vorausgegangenen Instanzenzug stattgefundene Verzögerung der angemessenen Dauer des Prozesses beantragen.

(2) Der Antrag, begleitet durch die Angaben des Absatzes 3 des Artikels 56, ist bei dem Sekretariat des Gerichts, das die Entscheidung getroffen hat, einzulegen, und enthält den Namen und die Hausanschrift des Antragstellers, Datum, Unterschrift sowie die Mailadresse oder die Telefon- bzw. Telefaxnummer des Antragstellers oder seines bevollmächtigten Rechtsanwalts. Der Antrag ist vom Antragsteller auf jede geeignete Weise der Rechtskanzlei des Staates bekannt zu geben. Ist gegen die oben genannte Entscheidung ein Rechtsmittel erhoben worden und sind die Prozessdokumente einem anderen Gericht weitergeleitet worden, so leitet letzteres Kopien der Prozessdokumente jenem Gericht weiter, bei dem der Antrag anhängig ist.

(3) Der Antrag ist von einem Rechtsanwalt zu unterzeichnen, für dessen Prozessvertretungsbefugnis die Vorschriften der P.V. 18/1989 und der Verwaltungsprozessordnung entsprechend angewandt werden.

(4) Für die Einlegung des Antrags ist eine Gebühr in Höhe von zwei hundert (200) Euro zugunsten des Staates zu entrichten. Die Höhe der Summe wird durch einen gemeinsamen Ministerialerlass der Minister für Justiz, Transparenz und Menschenrechte und Finanzen jeweils angepasst. Der Antrag wird als unzulässig zurückgewiesen, wenn die Gebühr nicht bis zum Ende der Frist des Absatzes 1 des nachfolgenden Artikels entrichtet wird.

Artikel 56

(1) Όταν η αίτηση κατατίθεται ενώπιον του Συμβουλίου της Επικρατείας, ο πρόεδρος του σχηματισμού τμήματος, που εξέδωσε την απόφαση επί της δίκης, για την οποία ζητείται δίκαιη ικανοποίηση λόγω υπέρβασης της εύλογης διάρκειας αυτής, ορίζει, με πράξη του, σύμβουλο ή πάρεδρο για την εκδίκασή της. Με την πράξη αυτή, η οποία κοινοποιείται στον υπογράφοντα την αίτηση δικηγόρο και τον Υπουργό Οικονομικών, ορίζεται η ημέρα συζήτησης της αίτησης σε δημόσια συνεδρίαση, η οποία δεν μπορεί να απέχει πέραν των πέντε (5) μηνών από την κατάθεση της αίτησης. Η διοίκηση υποχρεούται να διαβιβάσει την έκθεση με τις απόψεις της και τα σχετικά στοιχεία τουλάχιστον δεκαπέντε (15) ημέρες πριν από τη συζήτηση της αίτησης. Η αίτηση εκδικάζεται ακόμα και σε περίπτωση μη διαβίβασης της έκθεσης των απόψεων και των στοιχείων από τη διοίκηση.

(2) Όταν η αίτηση κατατίθεται ενώπιον διοικητικού εφετείου ή διοικητικού πρωτοδικείου, ο πρόεδρος της

Artikel 56

(1) Wenn der Antrag beim Staatsrat eingereicht wird, wird der zuständige Richter von dem Präsidenten der Gerichtsabteilung bestimmt, die durch ihre Sachentscheidung das mutmaßlich unangemessen verzögerte Gerichtsverfahren abgeschlossen hat. Durch diesen Akt, welcher dem den Antrag unterzeichnenden Rechtsanwalt und dem Finanzminister bekannt gegeben wird, wird der Termin zur Verhandlung des Antrags in öffentlicher Sitzung festgelegt; dieser kann nicht später als fünf Monate nach der Einreichung des Antrags festgelegt werden. Die Behörde ist verpflichtet, ihre Rechtsauffassung und die den Fall betreffenden Unterlagen spätestens fünfzehn Tage vor der Verhandlung des Antrags dem zuständigen Gericht zu übersenden. Über den Antrag wird selbst im Falle der Nichtübersendung der Rechtsauffassung und der Unterlagen entschieden.

(2) Wenn der Antrag beim Verwaltungsberufungsgericht oder beim Verwaltungsgericht erster Instanz

τριμελούς διεύθυνσης του δικαστηρίου ή ο δικαστής που διευθύνει το δικαστήριο που εξέδωσε την απόφαση επί της δίκης για την οποία ζητείται δίκαιη ικανοποίηση λόγω υπέρβασης της διάρκειας αυτής, ορίζει με πράξη του, Πρόεδρο Εφετών ή αντίστοιχα Πρόεδρο Πρωτοδικών για την εκδίκασή της. Κατά τα λοιπά εφαρμόζεται η προηγούμενη παράγραφος.

(3) Ο αιτών μνημονεύει στην αίτησή του το δικαστήριο ενώπιον του οποίου προβάλλει ότι υπήρξε αδικαιολόγητη καθυστέρηση, αναφέρει τις αναβολές που τυχόν δόθηκαν με πρωτοβουλία των διαδίκων ή του δικαστηρίου, περιγράφει συνοπτικά τα ανακύψαντα νομικά ή πραγματικά ζητήματα και λαμβάνει θέση επί της πολυπλοκότητας αυτών.

(4) Το Ελληνικό Δημόσιο απαντά επί των προβαλλόμενων λόγων περί υπερβάσεως της εύλογης διάρκειας της δίκης προσκομίζοντας όλα τα απαραίτητα στοιχεία σχετικά με τη δικονομική συμπεριφορά του αιτούντος κατά την εξέλιξη της δίκης, την πολυπλοκότητα της υπόθεσης και οποιοδήποτε άλλο στοιχείο κρίνει αναγκαίο για τη διάγνωση της υπόθεσης.

(5) Η απόφαση δημοσιεύεται εντός δύο (2) μηνών από τη συζήτηση της αίτησης και κατά αυτής δεν ασκείται ένδικο μέσο.

eingereicht wird, bestellt der Präsident der dreigliedrigen Leitung oder der leitende Richter des Gerichts, das durch seine Sachentscheidung das mutmaßlich unangemessen verzögerte Gerichtsverfahren abgeschlossen hat, einen Berufungspräsidenten oder entsprechend einen Präsidenten erster Instanz zu dessen Entscheidung. Ansonsten findet der vorige Absatz Anwendung.

(3) Der Antragsteller erwähnt in seinem Antrag das Gericht, für welches er die unangemessene Verzögerung behauptet, nennt die Vertagungen, die sich eventuell auf Antrag der Prozessparteien oder von Amts wegen ergeben haben, beschreibt zusammenfassend die aufgetretenen rechtlichen oder tatsächlichen Fragen und nimmt bezüglich ihrer Komplexität Stellung.

(4) Die Hellenische Republik antwortet auf die vorgetragenen Gründe für die Verzögerung der angemessenen Dauer des Prozesses und unterbreitet alle notwendigen Unterlagen betreffend das Prozessverhalten des Antragstellers während des Prozesses, die Komplexität der Sache und alle anderen Unterlagen, die er für unerlässlich zur Entscheidung der Sache hält.

(5) Die Entscheidung wird innerhalb von zwei (2) Monaten nach der Verhandlung des Antrags veröffentlicht und ist nicht mit Rechtsmitteln angreifbar.

Artikel 57

(1) Το δικαστήριο αποφαίνεται για το αν συντρέχει υπέρβαση της εύλογης διάρκειας της δίκης συνεκτιμώντας, ιδίως, τα εξής: α) τη συμπεριφορά των διαδίκων κατά την εξέλιξη της δίκης για την οποία παραπονείται ότι η διάρκειά της υπερέβη την εύλογη διάρκεια, β) την πολυπλοκότητα των τιθέμενων νομικών ζητημάτων, γ) τη στάση των αρμόδιων κρατικών αρχών και δ) το διακύβευμα της υπόθεσης για τον αιτούντα.

(2) Όταν διαπιστώνεται ότι συντρέχει υπέρβαση της εύλογης διάρκειας της δίκης και επομένως υπάρχει παραβίαση του δικαιώματος σε ταχεία απονομή της δικαιοσύνης, το δικαστήριο αποφαίνεται για το αν πρέπει να καταβληθεί χρηματικό ποσό για τη δίκαιη ικανοποίηση και σε καταφατική περίπτωση ορίζει το ύψος αυτής, λαμβάνοντας υπόψη ιδίως την περίοδο που υπερέβη τον εύλογο χρόνο για την εκδίκαση της υπόθεσης κατά συνεκτίμηση των κριτηρίων της προηγούμενης παραγράφου, καθώς και την ικανοποίηση του αιτούντος από άλλα μέτρα που προβλέπονται στην κείμενη νομοθεσία για την αποκατάσταση της βλάβης του, μεταξύ των οποίων και την επιδίκαση υπέρ αυτού αυξημένης δικαστικής δαπάνης κατά τα οριζόμενα στις οικείες διατάξεις.

(3) Αν γίνει αποδεκτή η αίτηση, επιβάλλονται στο Δημόσιο τα έξοδα του αιτούντος για τη σύνταξη της αίτησης και την παράσταση του πληρεξουσίου δικηγόρου, τα οποία δεν μπορεί να υπερβαίνουν το εκάστοτε οριζόμενο ποσό για την άσκηση και συζήτηση της παρέμβασης ενώπιον του Συμβουλίου της Επικρατείας. Σε

Artikel 57

(1) Das Gericht stellt unter Berücksichtigung insbesondere folgender Kriterien fest, inwieweit eine Verzögerung der angemessenen Dauer des Prozesses anzunehmen ist: a) des Verhaltens der Prozessparteien während des übermäßig verzögerten Prozesses, b) der Komplexität der zu entscheidenden Rechtsfragen, c) der Haltung der zuständigen staatlichen Behörden und d) der Betroffenheit des Antragstellers im Einzelfall.

(2) Wenn festgestellt wird, dass eine Verzögerung der angemessenen Dauer des Prozesses und folglich eine Verletzung des Rechts auf rasche Justizgewährung anzunehmen ist, entscheidet das Gericht, inwieweit eine Geldsumme als gerechte Entschädigung zu entrichten ist und bejahendenfalls bestimmt es ihre Höhe unter Berücksichtigung insbesondere des Zeitraums, der nach Maßgabe der Kriterien des vorigen Absatzes die angemessene Dauer des Gerichtsverfahrens überschritten hat, sowie der Entschädigung des Antragstellers aus anderen Maßnahmen, die von der geltenden Rechtsordnung zur Wiedergutmachung seines Schadens vorgesehen werden, darunter auch der Zurechnung höherer Gerichtskosten nach den einschlägigen Vorschriften.

(3) Wenn dem Antrag stattgegeben wird, werden dem Staat die Kosten des Antragstellers zur Einreichung des Antrags und zur Vertretung durch einen bevollmächtigten Rechtsanwalt zugerechnet, die den jeweils geltenden Geldbetrag zur Einlegung und Verhandlung der Intervention vor dem Staatsrat nicht überschreiten

περίπτωση απόρριψης της αίτησης, μπορεί να επιβάλλεται δαπάνη υπέρ του Δημοσίου, κατ' εκτίμηση των περιστάσεων, ανερχόμενη έως και το πενταπλάσιο του ύψους του παραβόλου, εάν δε απορριφθεί ως προφανώς απαράδεκτη ή αβάσιμη, το ποσό της δαπάνης μπορεί να ανέλθει έως και το δεκαπλάσιο του ύψους του παραβόλου.

dürfen. Wenn der Antrag zurückgewiesen wird, können zugunsten des Staates unter Berücksichtigung der Umstände Gerichtskosten zugesprochen werden, die bis zu fünf (5) Mal der Höhe der Gebühr erreichen können, und wenn er als offensichtlich unzulässig oder unbegründet zurückgewiesen wird, bis zu zehn (10) Mal der Höhe der Gebühr erreichen können.

Artikel 58

(1) Η απόφαση με την οποία επιδικάζεται το χρηματικό ποσό της δίκαιης ικανοποίησης εκτελείται κατά τις οικείες, περί εντάλματος πληρωμής, διατάξεις εντός έξι (6) μηνών από την κοινοποίηση της απόφασης στον Υπουργό Οικονομικών. Η είσπραξη του ποσού αυτού μπορεί να επιτευχθεί και με αναγκαστική εκτέλεση κατά του Δημοσίου η οποία γίνεται με κατάσχεση της ιδιωτικής περιουσίας αυτού. Αναγκαστική εκτέλεση σε βάρος του Δημοσίου επιτρέπεται μετά την παρέλευση των έξι (6) μηνών από την επίδοση της απόφασης στον Υπουργό Οικονομικών.

(2) Για την κάλυψη της δαπάνης προς δίκαιη ικανοποίηση των διαδίκων, λόγω υπέρβασης της εύλογης διάρκειας της δίκης, εγγράφεται κατ' έτος ειδική πίστωση στον Κρατικό Προϋπολογισμό, σε περίπτωση δε που δεν έχει εγγραφεί σχετική πίστωση στον προϋπολογισμό ή η εγγεγραμμένη είναι ανεπαρκής ή έχει εξαντληθεί, τηρείται η, κατά τις οικείες διατάξεις, διαδικασία εγγραφής ή μεταφοράς πίστωσης.

Artikel 58

(1) Die Entscheidung, durch die die Geldsumme der gerechten Entschädigung zugesprochen wird, wird gemäß den geltenden Zahlungsanordnungsvorschriften innerhalb von sechs Monaten nach ihrer Zustellung an den Finanzminister vollzogen. Diese Summe kann auch gegen den Staat durch Pfändung seines Privatvermögens zwangsvollstreckt werden. Zwangsvollstreckung zulasten des Staates ist erst nach Ablauf der sechs Monate nach der Zustellung der Entscheidung an den Finanzminister zulässig.

(2) Zur Deckung der Kosten der gerechten Entschädigung der Prozessparteien wegen Verzögerung der angemessenen Dauer des Prozesses wird jedes Jahr im staatlichen Haushalt eine spezielle Summe eingeschrieben und, falls keine solche im Haushalt eingeschrieben worden ist oder diejenige, die eingeschrieben ist, nicht ausreichend ist oder erschöpft worden ist, ist das nach den einschlägigen Vorschriften geltende Verfahren zur Einschreibung oder Übertragung von Ausgaben einzuhalten.

Artikel 59

Στο π.δ. 18/1989 προστίθεται άρθρο 33Α με τίτλο «Αίτηση επιτάχυνσης» ως εξής:

„(1) Με αίτηση οποιουδήποτε από τους διαδίκους προς το δικαστήριο, μπορεί να ζητηθεί η επιτάχυνση της εκδίκασης της υπόθεσης, εάν η υπόθεση δεν έχει συζητηθεί για διάστημα μεγαλύτερο των είκοσι τεσσάρων (24) μηνών από την κατάθεση του εισαγωγικού δικογράφου.

(2) Ο πρόεδρος του οικείου τμήματος ή ο αναπληρωτής του εξετάζει την αίτηση και ορίζει συντομότερη δικάσιμο, εκτιμώντας κυρίως τις προηγούμενες καθυστερήσεις στην εκδίκαση της υπόθεσης σε προηγούμενους βαθμούς ή στάδια της διαδικασίας, καθώς και τις ανάγκες και το φόρτο του δικαστηρίου.

(3) Η αίτηση επιτάχυνσης μπορεί να ζητηθεί για ένδικα βοηθήματα ή μέσα τα οποία ασκούνται μετά τη 16η Σεπτεμβρίου 2012, η δε συντομότερη δικάσιμος ορίζεται υποχρεωτικά εντός εξαμήνου, εκτός αν ο διάδικος που αιτείται την επιτάχυνση συνέβαλε στην παράταση της εκκρεμοδικίας. Αναβολή της συζήτησης επιτρέπεται μόνο μία φορά για σπουδαίο λόγο σε δικάσιμο, η οποία δεν μπορεί να απέχει πάνω από ένα τρίμηνο από την ορισθείσα με την πράξη επί της αίτησης επιτάχυνσης.

Artikel 59

Der P.V. 18/1989 wird Artikel 33A mit dem Titel „Antrag auf Beschleunigung" hinzugefügt, der lautet:

„(1) Durch Antrag jeder Prozesspartei an das Gericht kann die Beschleunigung der Sachentscheidung beantragt werden, wenn die Sache für über vierundzwanzig (24) Monate seit der Einlegung des einleitenden Rechtsbehelfs nicht verhandelt worden ist.

(2) Der Präsident der zuständigen Abteilung oder sein Stellvertreter prüft den Antrag und bestimmt einen baldigen Verhandlungstermin unter Berücksichtigung vor allem der auftretenden Verzögerungen bei der Entscheidung der Sache in vorausgegangenen Instanzen oder Verfahrensabschnitten sowie der Bedürfnisse und der Belastung des Gerichts.

(3) Der Antrag auf Beschleunigung kann für Rechtsbehelfe oder Rechtsmittel eingereicht werden, die nach dem 16. September 2012 eingelegt wurden, während der baldige Termin obligatorisch innerhalb von sechs (6) Monaten bestimmt wird, es sei denn, die Prozesspartei, die die Beschleunigung beantragt, hat zur Verlängerung der Rechtsanhängigkeit beigetragen. Eine Vertagung der Verhandlung ist nur einmal aus wichtigem Grund zu einem Termin zulässig, der nicht später als drei Monate nach dem durch Antrag festge-

legten Verhandlungstermin auf Beschleunigung stattfinden darf.

(4) Για μια πενταετία, η οποία αρχίζει από τη 16η Σεπτεμβρίου 2012, ο προσδιορισμός των εισαγομένων ενδίκων βοηθημάτων και μέσων εντός είκοσι τεσσάρων (24) μηνών από την κατάθεσή τους, δεν μπορεί να υπερβαίνει το 1/3 των υποθέσεων κάθε δικασίμου. Τα κριτήρια που λαμβάνονται υπόψη για την εξέταση των αιτήσεων είναι τα οριζόμενα στην παράγραφο 2, καθώς και ο επείγων χαρακτήρας των υποθέσεων.»

(4) Für eine Zeitspanne von fünf Jahren, die am 16. September 2012 beginnt, darf die Bestimmung der Termine von eingelegten Rechtsbehelfen und Rechtsmitteln binnen vierundzwanzig (24) Monaten nach ihrer Einlegung nicht mehr als ein Drittel (1/3) der gesamten zu entscheidenden Fälle jedes Verhandlungstermins ausmachen. Die Kriterien, die bei der Prüfung der Anträge berücksichtigt werden, sind diejenigen von Absatz 2 sowie der dringende Charakter der Fälle."

Artikel 60

Μετά το άρθρο 127 του Κώδικα Διοικητικής Δικονομίας προστίθεται άρθρο 127Α με τίτλο «αίτηση επιτάχυνσης – προτίμησης»:

«(1) Με αίτηση οποιουδήποτε από τους διαδίκους προς το δικαστήριο, μπορεί να ζητηθεί η επιτάχυνση της εκδίκασης της υπόθεσης, εάν η υπόθεση δεν έχει συζητηθεί για διάστημα μεγαλύτερο των είκοσι τεσσάρων (24) μηνών από την κατάθεση του εισαγωγικού δικογράφου.

(2) Ο πρόεδρος του συμβουλίου διεύθυνσης ή ο δικαστής που διευθύνει το δικαστήριο ή ο οριζόμενος από αυτούς δικαστής, εξετάζει την αίτηση και ορίζει συντομότερη δικάσιμο, εκτιμώντας κυρίως τις προηγούμενες καθυστερήσεις στην εκδίκαση της υπόθεσης σε προηγούμενους βαθμούς ή στάδια της διαδικασίας, καθώς και τις ανάγκες και το φόρτο του δικαστηρίου.

(3) Η αίτηση επιτάχυνσης μπορεί να ζητηθεί για ένδικα βοηθήματα ή μέσα τα οποία ασκούνται μετά τη 16η Σεπτεμβρίου 2012, η δε συντομότερη δικάσιμος ορίζεται υποχρεωτικά εντός εξαμήνου, εκτός αν ο διάδικος που αιτείται την επιτάχυνση συνέβαλε στην παράταση της εκκρεμοδικίας. Αναβολή της συζήτησης επιτρέπεται μόνο μία φορά για σπουδαίο λόγο σε δικάσιμο, η οποία δεν μπορεί να απέχει πάνω από ένα τρίμηνο από την ορισθείσα με την πράξη επί της αίτησης επιτάχυνσης.

(4) Για μια πενταετία, η οποία αρχίζει από τη 16η Σεπτεμβρίου 2012, ο προσδιορισμός των εισαγομένων ενδίκων βοηθημάτων και μέσων εντός είκοσι τεσσάρων (24) μηνών από την κατάθεσή τους, δεν μπορεί να υπερβαίνει το 1/3 των υποθέσεων κάθε δικασίμου. Τα κριτήρια που λαμβάνονται υπόψη για την εξέταση των αιτήσεων είναι τα οριζόμενα στην παράγραφο 2, καθώς και ο επείγων χαρακτήρας των υποθέσεων.»

Artikel 60

Nach Artikel 127 der Verwaltungsprozessordnung wird Artikel 127A mit dem Titel „Antrag auf Beschleunigung – Bevorzugung" hinzugefügt:

„(1) Durch Antrag jeder Prozesspartei an das Gericht kann die Beschleunigung der Sachentscheidung beantragt werden, wenn die Sache für über vierundzwanzig (24) Monate seit der Einlegung des einleitenden Rechtsbehelfs nicht verhandelt worden ist.

(2) Der Präsident der leitenden Rats oder der Richter, der das Gericht leitet, oder der von ihnen bestellte Richter prüft den Antrag und bestimmt einen baldigen Verhandlungstermin unter Berücksichtigung vor allem der vorgehenden Verzögerungen bei der Entscheidung der Sache in vorausgegangenen Instanzen oder Verfahrensabschnitten sowie der Bedürfnisse und der Belastung des Gerichts.

(3) Der Antrag auf Beschleunigung kann für Rechtsbehelfe oder Rechtsmittel eingereicht werden, die nach dem 16. September 2012 ausgeübt wurden, während der baldige Termin obligatorisch innerhalb von sechs Monaten bestimmt wird, es sei denn, die Prozesspartei, die die Beschleunigung beantragt, hat zur Verlängerung der Rechtsanhängigkeit beigetragen. Eine Vertagung der Verhandlung ist nur einmal aus wichtigem Grund zu einem Termin zulässig, der nicht später als drei Monate nach dem durch Antrag festgelegten Verhandlungstermin auf Beschleunigung stattfinden darf.

(4) Für eine Zeitspanne von fünf Jahren, die am 16. September 2012 beginnt, darf die Bestimmung der Termine von eingelegten Rechtsbehelfen und Rechtsmitteln binnen vierundzwanzig (24) Monaten nach ihrer Einlegung nicht mehr als ein Drittel (1/3) der gesamten zu entscheidenden Fälle jedes Verhandlungstermins ausmachen. Die Kriterien, die bei der Prüfung der Anträge berücksichtigt werden, sind diejenigen von Absatz 2 sowie der dringende Charakter der Fälle."

§ 9 Irland

Eoin Quill

Inhaltsübersicht

A. Grundlagen

I. Rechtsstaatliche Determinanten der Verfassungsordnung

Das irische Rechtssystem beruht auf der geschriebenen Verfassung von 1937, der *Bunreacht Na hÉireann* (Verfassung Irlands, im Folgenden Verfassung), die durch eine Volksabstimmung erlassen wurde. Ihr ging die Verfassung des *Saorstát Éireann* (Irischen Freistaates) von 1922 voraus, die vom *Dáil Éireann* (damaliges irisches Parlament, heutzutage trägt das Unterhaus des irischen Parlaments, das aus gewählten Abgeordneten besteht, diesen Namen) erlassen wurde. Sowohl Art. 73 der Verfassung von 1922 als auch später Art. 50 der Verfassung von 1937 sahen eine Fortgeltung der bestehenden Gesetze unter der Voraussetzung vor, dass diese den jeweiligen Verfassungen nicht widersprachen.[1] Daher galt das *common law*, einschließlich des *law of torts* (Deliktsrecht), in der Fassung vor der irischen Unabhängigkeit weiter, es sei denn, es wurde durch Gesetz geändert oder für verfassungswidrig erklärt.

Gemäß Art. 15 Abs. 2 Verfassung besitzt die *Oireachtas* (nationales Zweikammerparlament) zwar die ausschließliche Gesetzgebungskompetenz, diese kann aber delegiert werden. So besitzen z.B. Kommunalbehörden (d.h. die Behörden der Regional- und Kommunalregierung) die Befugnis zum Erlass von Verordnungen. Darüber hinaus sind Regierungsminister regelmäßig zur Umsetzung von Verordnungen mittels Rechtsverordnung (delegierte Gesetzgebung) ermächtigt. Nach Art. 29 Abs. 4 Nr. 10 Verfassung hat das EU-Recht Vorrang vor dem nationalen Recht.[2] Es ergibt sich somit folgende Normenhierarchie: EU-Recht, irische Verfassungsbestimmungen, einfache Gesetze und *common law*. Das Haftungsrecht besteht praktisch überwiegend aus *common law*. Daneben finden nur vereinzelt wichtige gesetzliche Vorschriften und gelegentlich auch das Verfassungs- bzw. das EU-Recht Anwendung.[3]

II. Grundsätzliche Voraussetzungen einer Staatshaftung

1. Der Staat als Schädiger

In den Rechtsordnungen des *common law* wird im Allgemeinen zwischen dem Staat als Schädiger einerseits und Körperschaften des öffentlichen Rechts wie z.B. Kommunalregierungen und staatlichen Unternehmen als Schädiger andererseits unterschieden. Im Hinblick auf ersteren besteht eine Vermutung von Staatsimmunität, die sich aus der königlichen Prärogative der souveränen Immunität ableiten lässt. Demnach wird das Recht auf Klageerhebung nur unter bestimmten Umständen gesetzlich eingeräumt. Die Beweislast für das Vorliegen der gesetzlichen Tatbestandsvoraussetzungen liegt beim Kläger. Irland machte sich diesen Ansatz jedoch nicht zu eigen.

Der *Supreme Court* (Oberster Gerichtshof, abgekürzt: IESC) lehnte in der Entscheidung *Byrne v Ireland*[4] das Prinzip der Staatsimmunität bei privatrechtlichen Klagen ab. In dem zugrundeliegenden Fall erlitt die Klägerin infolge eines Sturzes auf einem öffentlichen Bürgersteig eine Verletzung. Der Sturz wurde angeblich durch eine Absenkung im Bürgersteig verursacht, welche beim Auffüllen eines Grabens nach der Erledigung von unterirdischen Arbeiten im Rahmen von Telekommunikationsarbeiten fahrlässig herbeigeführt wurde. Bei den Arbeitern handelte es sich um Beamte des Ministeriums für Post und Telegraphen.[5] Der Staat berief sich auf seine Immuni-

1 Ausführlich zur Auslegung dieser Vorschriften in der Rechtsprechung *G.W. Hogan/G.F. Whyte*, Kelly, The Irish Constitution, 4. Aufl. 2003, S. 2143 ff. Die Verfassung ist auf der Homepage des Ministeriums des *Taoiseach* (Premierministers) einzusehen, vgl. http://www.taoiseach.gov.ie/attached_files/html%20files/Constitution%20of%20Ireland%20%28Eng%29Nov204.htm (zuletzt abgerufen am 29.4.2013).

2 Diese Bestimmung lautet: „Keine Bestimmung dieser Verfassung setzt Gesetze, Handlungen oder Maßnahmen des Staates außer Kraft, deren Notwendigkeit sich aus Verpflichtungen im Zuge der Mitgliedschaft in der Europäischen Union oder den Gemeinschaften ergibt, oder hindert den Eintritt der staatlichen Rechtskraft von Gesetzen, Handlungen oder Maßnahmen der Europäischen Union oder der Gemeinschaften oder ihren Institutionen oder Organen, die nach den Gründungsverträgen der Gemeinschaften dazu ermächtigt sind".

3 Vgl. *R. Byrne et al.*, Byrne and McCutcheon on the Irish Legal System, 5. Aufl., 2009, S. 5 ff.

4 IESC, *Byrne v Ireland* [1972] IR 241. Vgl. auch IESC, *Webb v Ireland* [1988] IR 353, bei dem der Supreme Court sich gegen die Annahme wandte, dass die königliche Prärogative des Schatzfunds auf den irischen Staat übergangen sei, sowie IESC, *Emerald Meats Ltd v The Minister for Agriculture and Others (No2)* [1997] 1 IR 1, wonach weder dem Staat noch den öffentlichen Behörden eine besondere Stellung im Recht der unerlaubten Handlungen zukommt.

5 Heutzutage wird der Postdienst von einem halbstaatlichen Unternehmen und nicht direkt von einem Ministerium geleistet. Der Telekommunikationsdienst wurde auch privatisiert, nachdem er einige Jahre von einem halbstaatlichen Unternehmen geleistet wurde.

tät mit der Begründung, dass ihm gemäß Art. 49 und 50 Verfassung die königliche Prärogative der souveränen Immunität gegenüber Klagen übertragen worden sei.[6] Das IESC verwarf diese Argumentation jedoch mit einer Mehrheit der Richter von 4:1 mit der Begründung, dass sich die Staatsgewalt nach Art. 6 Verfassung aus dem Volke ableitet. Anders als in England wird in Irland der Staat daher nicht durch die Krone verkörpert. Weiter führten sie aus, dass das Prinzip der souveränen Immunität in Bezug auf innerstaatliche Angelegenheiten kein wesentliches Element der Staatlichkeit sei. Durch eine strikte Anwendung des Rechtsstaatsprinzips kam die Mehrheit der Richter zu dem Ergebnis, dass der Staat von der Verfassung, die ihm viele Pflichten gegenüber dem Volk auferlegt, als juristische Person ausgestaltet sei, welche – wie jede andere juristische Person – vor den Gerichten für jegliches Fehlverhalten verantwortlich ist, das zur Verletzung von Rechten eines Einzelnen führt. Infolgedessen ist der Staat in Irland für Fehlverhalten nach den gleichen Grundsätzen, die für andere juristische Personen gelten, haftbar. Er muss demnach den Grundsätzen des Zivilrechts – einschließlich einer begrenzten Anzahl bestimmter, auf der öffentlichen Ordnung basierenden Anforderungen – entsprechen, um einer Auferlegung von Pflichten zu entgehen. Diese Grundsätze der Staatshaftung wurden schon in verschiedenen Bereichen angewandt (→ B.).

2. Andere Körperschaften des öffentlichen Rechts und Beamte als Schädiger

Die Körperschaften des öffentlichen Rechts und Beamte sind nach dem Deliktsrecht zwar grundsätzlich auf derselben Grundlage haftbar wie Privatpersonen, es gelten jedoch gewisse Sonderregelungen. Das *common law* unterscheidet grundsätzlich zwischen Fehlverhalten bei der Erfüllung zwingender gesetzlicher Verpflichtungen und einem Fehlverhalten im Rahmen der Ausübung von Ermessensbefugnissen oder -funktionen. Bei ersterem kann eine Klage auf eine Verletzung einer gesetzlichen Verpflichtung gestützt werden, während bei letzterem eine Sorgfaltspflicht im Rahmen der unerlaubten Handlung der *negligence* (eigenständige deliktsrechtliche Anspruchsgrundlage des *common laws* aufgrund einer Sorgfaltspflichtverletzung) einschlägig sein kann. Im Bereich der Ermessensbefugnisse und -funktionen öffentlichrechtlicher Körperschaften entwickelte sich ein umfangreiches Richterrecht (→B.II.1.a.) Bezüglich des Fehlverhaltens örtlicher Behörden unterscheidet das *common law* zwischen *misfeasance* (Nachlässigkeit) und *nonfeasance* (Nichterfüllung einer Verpflichtung). Bei *misfeasance* geht es um eine Sorgfaltspflichtverletzung durch eine Handlung der Behörde, die zu einer zivilrechtlichen Haftung führen kann. Bei *nonfeasance* bleibt die Behörde hingegen untätig (selbst wenn eine Pflicht zum Tätigwerden bestand), wobei keine Haftung ausgelöst wird.[7] Im Hinblick auf Beamte gilt zudem die besondere unerlaubte Handlung *misfeasance in public office* (pflichtwidriges Handeln in Ausübung eines öffentlichen Amtes).

---

6 Art. 49 Abs. 1 der Verfassung lautet wie folgt: „Alle Befugnisse, Aufgaben, Rechte und Prärogative, die unmittelbar vor dem elften Tag des Dezembers 1936 im Freistaat Irland oder in Angelegenheiten des Staates gemäß der damals geltenden Verfassung oder auf sonstige Weise durch die mit der Exekutivgewalt des Freistaats Irland betraute Behörde ausgeübt wurden, werden hiermit als dem Volk zustehend erklärt".

7 Vgl. IEHC, *The State (Sheehan) v The Government of Ireland* [1987] IR 550 mit Anm. bei *Hogan*, Judicial Review of an Executive Decision, DULJ (1987) 9, 91; IEHC, *Convery v Dublin County Council* [1996] 3 IR 156; IEHC, *Flynn v Waterford* [2004] IEHC 335. Für eine hervorragende Analyse der Geschichte der Immunität des *nonfeasance* vgl. IECC, *Collier v Enniscorthy UDC*, v. 29.10.2003 (Richter *McMahon*, nicht veröffentlicht) mit Anm. *E. Hall*, Personal Injury Judgment: *Imelda Collierv Enniscorthy Urban District Council*, Gazette (2004) 98 (9), 46. Vgl. dazu auch *Craven*, QRTL (2007) 2 (1), 20 sowie zum Vergleich High Court of Australia (Oberstes Gericht Australiens), *Brodie v Singleton Shire Council* (2001) 206 CLR 512. Eingehend zu dieser *common law* Unterscheidung *A. Beever*, Law of Negligence, Kapitel 6.

III. Rechtsquellen des Staatshaftungsrechts im Überblick

Als Rechtssystem des *common law* knüpft das irische Recht die Haftung an eine Reihe einzelner Anspruchsgrundlagen und nimmt keine genaue Abgrenzung von öffentlichem Recht und Zivilecht vor. Hauptrechtsquelle ist das Richterrecht, ergänzt durch einige wichtige gesetzliche Änderungen. So wurden durch einige Gesetze neue und eigenständige Verpflichtungen geschaffen (*Housing Act* 1966 [Gesetz über die Bereitstellung von Wohnräumen]) und manche Gesetze formen bereits bestehende Anspruchsgrundlagen um (z.B. *Occupiers'Liability Act* 1995 [Gesetz über die Grundstückshaftung] und *Defamation Act* 2009 [Gesetz über Ehrverletzungen]), während wieder andere Gesetze die allgemeinen Haftungsprinzipien modifizieren und auf eine Vielzahl von Klageansprüchen anwendbar sind (z.B. *Civil Liability Act* 1961 [Gesetz über die zivilrechtliche Haftung], *Statute of Limitations* 1957, as amended [Gesetz über die Verjährungsfristen, geänderte Form]). In Fällen, in denen das *common law* sich beim Schutz und der Verteidigung von Verfassungsrechten als wirkungslos erweist, findet ein eigenständiger Anspruch aufgrund der Verletzung eines verfassungsrechtlich gewährten Rechtes Anwendung, was in einer begrenzten Anzahl von Fällen zur Entschädigung des Opfers auch eine quasideliktische Haftung umfassen kann.[8] In wenigen Einzelfällen wird in Irland auch der *Francovich*-Grundsatz als Grundlage staatlicher Haftung herangezogen.[9] Die im Bereich der Staatshaftung maßgeblichen Anspruchsgrundlagen werden unter B.II. behandelt.

IV. Bereiche staatlicher Haftung

In Irland wird die Haftung des Staates und der öffentlich rechtlichen Körperschaften maßgeblich vom Deliktsrecht bestimmt. Vereinzelt kann sich eine Haftung öffentlicher Behörden jedoch auch aus anderen Bereichen des *common law* ergeben. So kann z.B. im Vertragsrecht eine Haftung für Schäden infolge einer Vertragsverletzung eintreten. Im Bereicherungsrecht bestehen Ansprüche gegen eine öffentliche Behörde auf Rückerstattung rechtsgrundlos gezahlter Steuern oder anderer Gebühren für öffentliche Dienste.[10] Verfassungsrechte sind – wie oben schon erwähnt – nur unter begrenzten Umständen direkt durchsetzbar (→ B.II.7.). Eine Entschädigung kann auch im Rahmen von Grundstücksenteignungen gewährt werden und in einigen Fällen ist eine Entschädigung für die Nutzung eines Grundstücks durch öffentliche Behörden wie beispielsweise öffentliche Versorgungsbetriebe ausdrücklich gesetzlich vorgesehen. Zudem gibt es einige besondere Entschädigungsmaßnahmen z.B. im Zusammenhang mit einem Justizirrtum,[11] infizierten Blutprodukten[12] und Kindesmisshandlung in staatlichen Heimen.[13]

---

8 Die grundlegende Entscheidung ist IESC, *Meskell v Córas Iompair Éireann* [1973] IR 121. Bei diesem Fall ging es um eine Entschädigung aufgrund der Verletzung des Rechts auf das Ausscheiden aus einer Vereinigung (als nicht explizit angeführte Folge aus dem ausdrücklichen Recht auf Vereinigungsfreiheit) im Zusammenhang mit einer Angelegenheit bezüglich der Arbeitnehmer-Arbeitgeber-Beziehungen und der Mitgliedschaft in einer Gewerkschaft.

9 EuGH C-6/90 und C-9/90, Slg. 1991 I-5357 – *Francovich*; [1993] 2 CMLR 66.

10 Ein Beispiel der letzten Jahre hierfür ist der Fall, in dem öffentliche Pflegeheime den Patienten ohne rechtliche Befugnis Leistungen in Rechnung stellten.

11 Vgl. § 9 *Criminal Procedure Act* 1993 (Strafprozessgesetz).

12 Vgl. *Hepatitis C Compensation Tribunal Act* 1997 (Gesetz über die Entschädigung der Opfer der Hepatitis-C-Infektionen), abgeändert durch den *Hepatitis C Compensation Tribunal (Amendment) Act* 2002 (Änderungsgesetz über die Entschädigung der Opfer der Hepatitis-C-Infektionen).

13 Vgl. *Residential Institutions Redress Act* 2002 (Gesetz über die Entschädigung der Opfer von Misshandlungen in öffentlichen Wohnheimen).

B. Haftungsbegründung

I. Relevantes Verhalten

Die Art des schädigenden Verhaltens ist im Allgemeinen für die Haftung nach dem *common law* nicht entscheidend, vielmehr wird die Haftung durch die gesetzlich normierten Anspruchsgrundlagen geprägt.

Bei einigen Erscheinungsformen öffentlichen Verhaltens kann aufgrund einer Regelung des *common law*, einer Gesetzesvorschrift oder einer Verfassungsbestimmung Immunität vorliegen. Diese wird bei der Analyse der verschiedenen Anspruchsgrundlagen im Abschnitt B.II. sowie bei der Berücksichtigung der Haftungsbegrenzung im Abschnitt C.IV. behandelt. Es bleibt festzustellen, dass eine Schadensverursachung durch ein *ultra vires* Handeln einer Körperschaft des öffentlichen Rechts allein nicht ausreicht, um eine Haftung diese Körperschaft nach dem Deliktsrecht zu begründen,[14] hinzutreten müssen noch die wesentlichen Tatbestandsmerkmale einer der einschlägigen Anspruchsgrundlagen. Die wesentlichen Anspruchsgrundlagen werden im Folgenden zusammengefasst.

II. Relevante Normverstöße (Torts)

1. Negligence (Sorgfaltspflichtverletzung)

Die unerlaubte Handlung der *negligence* (→ A.II.2.) wird im irischen Recht aus der Entscheidung des *House of Lords* (Oberstes Gericht Großbritanniens) in dem schottischen Fall *Donoghue v Stevenson*[15] abgeleitet. Die moderne Form geht von einem dreistufigen Prüfungsschema zur Begründung einer Sorgfaltspflicht aus. Erstens ist ein ausreichendes Näheverhältnis zwischen den beiden Parteien erforderlich; zweitens muss der vom Kläger erlittene Schaden aus Sicht des Beklagten vernünftigerweise vorhersehbar gewesen sein und drittens muss die Auferlegung einer Pflicht im jeweiligen Einzelfall gerecht, billig und angemessen sein.[16] Liegt eine Pflicht vor, ist zudem festzustellen, dass der Beklagte diese unter den gegebenen Umständen durch das Außerachtlassen der angemessenen Sorgfalt verletzt und infolgedessen einen rechtlich anerkannten Schaden des Klägers unmittelbar verursacht hat, bevor von einer Haftung ausgegangen werden kann.

a) Ermessensbefugnisse und -funktionen

Die allgemeinen Grundsätze der Begründung einer Sorgfaltspflicht wurden mittels einer Reihe von Entscheidungen an die besonderen Umstände im Rahmen der Ausübung gesetzlicher Ermessensbefugnisse und -funktionen durch Körperschaften des öffentlichen Rechts angepasst. Die maßgebende Entscheidung des IESC hierfür ist *Siney v Dublin Corporation*.[17] Der Kläger erlitt

---

14 IEHC, *Pine Valley Developments Ltd. v Minister for the Environment* [1987] IR 23; IESC, *Glencar Explorations plc and Andaman Resources plc v Mayo County Council (No. 2)* [2001] IESC 64; [2002] 1 IR 84.

15 UKHL, *Donoghue v Stevenson* [1932] AC 562.

16 IESC, *Glencar Explorations plc and Andaman Resources plc v Mayo County Council (No. 2)* [2001] IESC 64; [2002] 1 IR 84 mit Anm. bei *R. Byrne/W. Binchy*, Annual Review of Irish Law 2001, 554 ff. mit Anm. bei *E. Quill*, Ireland, in: H. Koziol/B.C. Steininger (Hrsg.), European Tort Law 2001, 2002, S. 294 ff. Für eine allgemeine Betrachtung der unerlaubten Handlung der *negligence* in Irland vgl. *B.M.E. McMahon/W. Binchy*, The Law of Torts, 3. Aufl., 2000, Kapitel 5 ff.; *Quill*, Torts in Ireland, Kapitel 1 f.; *J. Healy*, Principles of Irish Torts, 2006, Kapitel 3.

17 IESC, *Siney v Dublin Corporation* [1980] IR 400.

eine Gesundheitsverletzung aufgrund von Feuchtigkeit infolge mangelhafter Belüftung einer Wohnung, welche ihm von der beklagten Gemeindebehörde nach dem *Housing Act* 1966 im Rahmen ihrer Ermessenbefugnisse zur Verfügung gestellt wurde. Der IESC benannte zwei wesentliche Kriterien bezüglich der Frage, ob eine Klage im Zusammenhang mit der Ausübung einer Ermessensbefugnis erhoben werden kann. Erstens müssen die Rechtsnatur der gesetzlichen Tätigkeit und die Umstände des Einzelfalles einen ausreichenden Nähegrad zwischen den Parteien aufweisen und zweitens muss der Kläger der öffentlichen Behörde berechtigterweise vertraut haben. Die Ermessensbefugnis im vorliegenden Fall hatte schützenden Charakter, der Kläger gehörte einem Personenkreis an, zu dessen Gunsten die Ermessensfunktion ausgeübt wurde, und die Gefahr war beträchtlich. Folglich eignete sich die Tätigkeit zur Auferlegung einer Pflicht und der Beklagte haftete aufgrund einer Verletzung dieser Pflicht.

Costello J führte diesen Grundsatz in der Entscheidung *Ward v McMaster and Louth County Council*[18] näher aus:

„a) *Bei der Entscheidung, ob eine örtliche Behörde bei der Ausübung gesetzlicher Funktionen der Sorgfaltspflicht im Sinne des common law entspricht, muss das Gericht zunächst feststellen, ob zwischen den Parteien ein solches Näheverhältnis bestand, dass die Behörde vernünftigerweise davon ausgehen musste, dass eine Sorgfaltspflichtverletzung ihrerseits einen Schaden verursachen könnte. Jedoch müssen alle Umstände des Falles berücksichtigt werden einschließlich der Befugnis, aufgrund derer die Behörde handelt. Von besonderer Bedeutung in diesem Zusammenhang sind der Zweck, zu dem die gesetzlichen Befugnisse erteilt wurden, und ob der Kläger zu dem Personenkreis gehört, zu dessen Hilfestellung das Gesetz bestimmt war, oder nicht.*

b) *Es ist in allen Fällen wichtig, dass das Gericht bei der Entscheidungsfindung hinsichtlich des Vorliegens und Umfangs einer mutmaßlichen Pflicht berücksichtigt, ob die Annahme einer entsprechenden Sorgfaltspflicht nach dem common law unter Berücksichtigung aller Umstände gerecht und zumutbar ist.*“

Bei der Bereitstellung angemessenen Wohnraums handelt es sich um eine fortdauernde Pflicht mit der Folge, dass die Behörde auf sich ändernde Gefahrmitteilungen bezüglich der von ihr bereitgestellten Unterkunft reagieren muss.[19] Auch eine behördliche Finanzierung des Erwerbs oder der Renovierung von Wohnraum kann eine Sorgfaltspflicht begründen.[20] Es gab bislang keinen Fall bezüglich einer behördlichen Pflicht im Zusammenhang mit einer Gebäudeüberprüfung.[21] Auch die Aufgaben der Straßenbehörde nach dem *Local Government Act* 1925 (Gesetz über die Regionalregierung) wurde als geeignet angesehen, gegenüber den Straßennutzern eine

---

18 IEHC, *Ward v McMaster and Louth County Council* [1985] IR 29, 49f. Diese Aussage wird durch die Bestätigung der Entscheidung vom IESC implizit bekräftigt, vgl. IESC, [1988] IR 337. Sie steht auch im Einklang mit der späteren Entscheidung IESC, *Glencar Explorations plc and Andaman Resources plc v Mayo County Council (No. 2)* [2001] IESC 64; [2002] 1 IR 84.

19 IESC, *Burke v Dublin Corporation* [1991] 1 IR 341. In diesem Fall ging es um eine Heizungsanlage; die ursprüngliche Installierung erfolgte zwar ordnungsgemäß, aber das Unterlassen des Anlagenausbaus, nachdem sich herausstellte, dass diese eine Gesundheitsgefährdung darstellt, war eine Sorgfaltspflichtverletzung. Die Entscheidung deutet überdies an, dass diese Pflicht weiterbesteht, wenn ein Mieter die Immobilie von einer örtlichen Behörde kauft.

20 Eine Hypothek, die auf Grundlage einer mangelhaften Untersuchung der Immobilie von einer örtlichen Behörde bereitgestellt wurde, begründete in *Ward v McMaster and Louth County Council* (Fn. 18) eine Haftung; die Pflicht, die ursprünglich nur bezüglich gefährlicher Mängel bestand, wurde nunmehr auf Vermögensschäden infolge von Sachmängeln erweitert. Im Fall IEHC, *Howard v Dublin Corporation* (Entscheidung vom 31.7.1996, nicht veröffentlicht) mit Anm. *R. Byrne/W. Binchy*, Annual Review of Irish Law 1996, 574ff. ging es um die Finanzierung einer Heizungsanlage; eine Haftung wurde nicht angenommen; eine Pflicht jedoch grundsätzlich anerkannt.

21 Eine Aufgabe, die nach den Building *Control Acts* 1990 und 2007 (Bauaufsichtsgesetzen) und damit verbundenen Vorschriften besteht.

Pflicht zu begründen.[22] Andere öffentliche Aufgaben, die eine zivilrechtliche Pflicht begründen können, sind die Gefängnisverwaltung,[23] die Polizei[24] und die Prüfung des individuellen Förderbedarfs eines Kindes.[25] Unter bestimmten Umständen kann auch eine fahrlässige Falschauskunft durch einen Staatsbediensteten einen einklagbaren Anspruch des Geschädigten auslösen.[26] Die Aufgaben der Bauaufsicht wurden jedoch nicht als ausreichend angesehen, eine Sorgfaltspflicht im Rahmen der *negligence* auszulösen.[27] *Rent Tribunals* (Gerichte zur Kontrolle von Mietverhältnissen),[28] Finanzaufsichtsbehörden[29] und Anwaltskammern als Disziplinarbehörden[30] wird im Hinblick auf ihre Aufgaben ebenfalls keine zivilrechtliche Pflicht auferlegt. Ebenso wurde im Hinblick auf die unzureichende Umsetzung sicherheitsrechtlicher Bestimmungen im Bereich der Seefahrt eine entsprechende ministerielle Pflicht zur Vermeidung wirtschaftlicher Nachteile eines Unternehmens abgelehnt.[31]

b) Arbeitgeberhaftung

Der Staat und andere Körperschaften des öffentlichen Rechts haben als Arbeitgeber die Pflicht, für die Sicherheit ihrer Arbeitnehmer Sorge zu tragen. Einige Aspekte der Tätigkeit im öffentlichen Dienst erfordern eine Anpassung der üblichen Grundsätze hinsichtlich der Pflicht und des Sorgfaltsgrads. Der Militärdienst, die Polizei- und Feuerwehrarbeit können zwangsläufige Risiken umfassen, die in anderen Beschäftigungsbereichen nicht akzeptabel wären; dennoch liegen diese nicht völlig außerhalb der Reichweite des Deliktsrechts. Die maßgebende Entscheidung im

---

22 IEHC, *McEneaney v Monaghan County Council* (Entscheidung vom 26.7.2001, nicht veröffentlicht); IEHC, *Rowe v Bus Éireann and Wicklow County Council* (Entscheidung vom 3.3.1994, nicht veröffentlicht); IEHC, *Carey v Mould & Donegal County Council* [2004] IEHC 66. Siehe auch die Nachweise hierzu bei Fn. 7.

23 IEHC, *Muldoon v Ireland* [1988] ILRM 367; IEHC, *Creighton v Ireland* [2010] IESC 50, dazu auch *R. Byrne/W. Binchy*, Annual Review of Irish Law 2010 (2011), 606f.; IESC, [2010] IESC 5; *W. Binchy*,Prison Authorities, Attacks on Prisoners and the Duty of Care, QRTL (2009) 3(4), 28.

24 IESC, *McKevitt v Ireland* [1987] ILRM 541 (Versäumnis bei der Durchsuchung und Überwachung eines Inhaftierten in einer Polizeiwache, was dazu führte, dass dieser seine Zelle in Brand setzte und sich dadurch verletzte); IEHC, *Hanahoe v Hussey* [1998] 3 IR 69; und *Gray v Ireland* [2007] IEHC 52; IEHC, [2007] 2 IR 654 (beide zu Verletzung der Privatsphäre durch Weitergabe von Informationen durch Polizeibeamte). Zu Sorgfaltspflichten der Polizei vgl. auch *Mansoor v Minister for Justice, Equality and Law Reform & Ors* [2010] IEHC 389 mit Anm. *R. Byrne/W. Binchy*, Annual Review of Irish Law 2010 (2011), 602ff.; *Bennett v Egan & Ors* [2011] IEHC 377. Sowohl in *L v Ireland* ([2010] IEHC 430; [2011] 1 IR 374, dazu auch *Quill*, in: Koziol/Steininger (Fn. 16), S. 14ff. und *R. Byrne/W. Binchy*, Annual Review of Irish Law 2010 [2011], 600f.) als auch in *LM v Commissioner of An Garda Síochána & Others* ([2011] IEHC 14; [2012] 1 ILRM 132) wurde festgestellt, dass im Rahmen der *negligence* in Bezug auf die Untersuchung und Verfolgung von Straftaten keine Sorgfaltspflicht der Polizei gegenüber den Opfern von Straftaten besteht. Die englische Rechtslage ist ähnlich, vgl. *Hill v Chief Constable of West Yorkshire* ([1989] AC 53) und *Brooks v Commissioner of Police of the Metropolis* ([2005] 1 WLR 1495). Vorsätzlicher Missbrauch einer öffentlichen Position kann jedoch eine Haftung auslösen (→ B.II.6.).

25 IEHC, O'C v Minister for Education & Science & Ors [2007] IEHC 170.

26 IEHC, *Bates v Minister for Agriculture, Fisheries and Food* [2011] IEHC 429, dazu auch *Quill*, in: Koziol/Steininger (Fn. 16), S. 24ff.

27 IEHC, *Sunderland v Louth County Council* [1987] IR 372; IESC, [1990] ILRM 658; IESC, *Glencar Explorations plc v Mayo (No. 2)* [2001] IESC 64; [2002] 1 IR 84.

28 IESC, *Beatty v The Rent Tribunal and McNally* [2005] IESC 221;[2006] 1 ILRM 164 mit Anm. bei *D. Ryan*, After *Beatty v The Rent Tribunal*, QRTL (2005/6) 1(1), S.12; *R. Byrne/W. Binchy*, Annual Review of Irish Law 2005/2006, 666f.; *Quill*, in: Koziol/Steininger (Fn. 16), S. 358ff.

29 IEHC, *McMahon v Ireland* [1988] ILRM 610.

30 IESC, *Kennedy v Law Society of Ireland* [2005] IESC 23; [2005] 3 IR 228.

31 *Atlantic Marine Supplies Ltd & Anor v Minister v Transport & Ors* [2010] IEHC 104, vgl. dazu R Byrne/W. Binchy, Annual Review of Irish Law 2010 (2011), 604ff.

Bereich der Staatshaftung gegenüber Soldaten ist *Ryan v Ireland*.[32] Der Kläger wurde während seines Dienstes beim UN-Einsatz im Libanon verletzt; die Verletzung war die Folge eines Mörsergranatenangriffs, der eine ungeschützte Truppenunterkunft traf, in der sich der Kläger aufhielt und in deren Nähe sich eine Maschinengewehrstellung befand, welche am selben Tag von der christlichen Milizarmee unter Feuer genommen wurde. Eine Haftung des Staates wurde unter den vorliegenden Umständen angenommen, da der Kläger sich zu diesem Zeitpunkt nicht in einem aktiven Militäreinsatz befunden hatte, in welchem eine zivilrechtliche Haftung grundsätzlich nicht einschlägig ist. Polizisten werden für dienstbezogene Verletzungen nach einem besonderen gesetzlichen Schema entschädigt, das von denselben Bemessungsregeln wie das Deliktsrecht ausgeht.[33] In der grundlegenden Entscheidung in bezug auf Feuerwehrmänner, *Heeney v Dublin Corporation*,[34] haftete eine örtliche Behörde für Verletzungen, die durch einen Mangel an geeigneter Ausrüstung, Ausbildung und technischen Anlagen verursacht wurden. Das Unterlassen, rechtzeitig Atemgeräte einzusetzen, stellte ebenso einen Sorgfaltspflichtverstoß dar wie das Unterlassen, denjenigen, die keine geeignete Ausrüstung hatten, genaue Anweisungen zu geben und medizinische Untersuchungen einzuführen, was vom *Labour Court* (Arbeitsgericht) im Zuge eines früheren Arbeitskampfs empfohlen worden war. Ansprüche aufgrund arbeitsbezogener Verletzungen können sich im *common law* sowohl aus dem Vertrags- als auch aus dem Deliktsrecht ergeben, was keinen Unterschied hinsichtlich des Pflichteninhalts macht. In der Praxis werden diese Ansprüche jedoch überwiegend deliktsrechtlich geltend gemacht. Weitere Pflichten können sich für Behörden als Arbeitgeber aus dem Gesetz ergeben (→B.II.2.).

c) Psychische Erkrankungen infolge von *negligence*

Psychische Erkrankungen werden anders behandelt als physische Verletzungen und bei der Feststellung einer Sorgfaltspflicht wird von einem restriktiveren Ansatz ausgegangen. Arbeitgeber haben nur dann eine Pflicht im Hinblick auf die psychische Gesundheit ihrer Arbeitnehmer, wenn sie Kenntnis von der besonderen Anfälligkeit des einzelnen Arbeitnehmers hatten oder hätten haben können.[35] Auch wenn ein Risiko bekannt ist, entsteht daraus keine Pflicht, wenn eine psychische Erkrankung infolge einer irrationalen Furcht vor physischen Verletzungen entsteht.[36] Die Verschlimmerung einer Erkrankung infolge des Unterlassens, Maßnahmen zugunsten eines Arbeitnehmers mit Symptomen einer psychischen Erkrankung zu ergreifen, stellt eine Pflichtverletzung dar, selbst wenn kein Sorgfaltspflichtverstoß des Arbeitgebers hinsichtlich der

32 IESC, [1989] IR 177; siehe auch IEHC *Gardiner v Minister for Defence* (Entscheidung vom 13.3.1998, nicht veröffentlicht); IEHC, *Greene v Minister for Defence* (Entscheidung vom 3.6.1998, nicht veröffentlicht); IEHC, *Whitely v Minister for Defence* [1997] 2 ILRM 416: in allen Fällen ging es um von Soldaten erlittene Hörverluste. Diese zählten zu den tausenden von Fällen, die aufgrund des mangelhaften Gehörschutzes bei militärischen Übungen entstanden. Bemerkenswerterweise reagierte der Staat damit, dass er den Umfang der Entschädigung gesetzlich begrenzte, anstatt die grundlegenden Haftungsregeln zu ändern, vgl. *Civil Liability (Assessment of Hearing Injury) Act* (Gesetz über die zivilrechtliche Haftung im Rahmen der Bewertung von Hörschäden) von 1998. Siehe auch die in Fn. 37 genannten Entscheidungen.

33 Vgl. *Garda Síochána (Compensation) Acts* 1941 und 1945 (Gesetze über die Entschädigung von Polizisten).

34 IEHC, Entscheidung vom 16.5.1991, nicht veröffentlicht) mit Anm. bei *R. Byrne/W. Binchy*, Annual Review of Irish Law 2001, 398 f.

35 IESC, *Quigley v Complex Tooling and Moulding* [2008] IESC 44; IESC, *Berber v Dunnes Stores Ltd* [2006] IESC 10.

36 IESC, *Fletcher v Commissioners of Public Works* [2003] IESC 8; IESC, [2003] 1 IR 465 mit Anm. *Handford*, Fear of Disease and Psychiatric Injury in Ireland, Tort L Rev (2003) 11, 61; *R. Byrne/W. Binchy*, Annual Review of Irish Law 2003, 526 ff.; *Quill*, in: Koziol/Steininger (Fn. 16), S. 247 ff. Der Fall war einer von mehreren, in denen Arbeiter, die Asbest aus den Parlamentsgebäuden ohne die dafür notwendige Schutzausrüstung entfernten, die Entwicklung tödlicher Lungenerkrankungen befürchteten.

ursprünglichen Krankheitsursache vorliegt.[37] Außerhalb des Beschäftigungsverhältnisses gelten für Beklagte aus dem öffentlichen Bereich dieselben allgemeinen Prinzipien bezüglich sorgfaltswidrig verursachter psychischer Erkrankungen wie für Privatpersonen.[38]

2. Verstoß gegen eine gesetzliche Verpflichtung

Gesetze können auf verschiedene Art durchsetzbare Pflichten begründen.[39] Der Gesetzgeber kann einen neuen Haftungstatbestand schaffen oder einen bereits bestehenden Haftungsbereich im Wege der Gesetzgebung völlig umgestalten, auch wenn diese Befugnis nur selten ausgeübt wird. Zwei wichtige Beispiele hierfür stellen der *Occupiers' Liability Act* 1995 und der *Defamation Act* 2009 dar. Ersterer schaffte viele Regelungen des *common law* über die Haftung von Grundstücksbesitzern für Gefahren infolge des Grundstückszustands ab und begründet auch einen neuen, gesetzlichen Haftungstatbestand. Durch den *Defamation Act* wurden zwar die unerlaubten Handlungen *libel* (Verleumdung) und *slander* (Ehrverletzung) des *common law* nicht ausdrücklich abgeschafft, aber die einschlägigen materiell- und prozessrechtlichen Regelungen erfahren so grundlegende Änderungen, dass sich daraus eigentlich ein neuer Haftungstatbestand ergibt.

Die Reichweite anderer Gesetze ist nicht so umfassend, dass sich daraus ein vollständiger Haftungstatbestand mit allen wesentlichen Bestandteilen ergibt. Vielmehr begründen sie Rechte und Pflichten im Rahmen einer verwaltungsrechtlichen Maßnahme oder eines bestehenden Regelungsumfeldes. In diesem Zusammenhang kann sich die Frage stellen, ob das Versäumnis, einer Pflicht zu entsprechen, eine zivilrechtliche Haftung gegenüber dem Geschädigten zur Folge haben kann. Die Antwort auf diese Frage ist erheblich leichter, wenn diesbezüglich eine ausdrückliche gesetzliche Vorschrift besteht.[40] Leider ist das nicht immer der Fall und es gibt viele gesetzliche Verpflichtungen, die sich ausschweigen bezüglich der Frage, ob einer Person, die durch einen Pflichtverstoß nachteilig betroffen wurde, ein deliktsrechtlicher Anspruch zusteht. Im *common law* wurden Grundsätze zur Bestimmung der gerichtlichen Geltendmachung solcher Pflichtverletzungen entwickelt. Grundlegende Voraussetzung ist, dass das Gesetz Schutzcharakter hat und zwar zugunsten eines bestimmten Personenkreises, dem der Kläger angehört, und nicht zugunsten der breiten Öffentlichkeit.[41] Ferner ist erforderlich, dass der Kläger zum ge-

---

37 IEHC, *McHugh v Minister for Defence* [2001] IR 424; siehe auch die Entscheidung IEHC, *Knowles v Ireland* [2002] IEHC 39, in der der Anspruch des Klägers abgelehnt wurde, da seine Vorgesetzten keine Kenntnis von Umständen hatten, aufgrund derer sie mit der Hilfsbedürftigkeit des Klägers hätten rechnen müssen; siehe auch IEHC, *Clarke v The* Minister *for Defence & Ors* [2008] IEHC 105; IEHC, *Murtagh v The Minister for Defence & Ors* [2008] IEHC 292. Alle diese Entscheidungen betrafen den Militärdienst

38 IESC, *Devlin v The National Maternity Hospital* [2007] IESC 50; *R. Byrne/W. Binchy*, Annual Review of Irish Law 2007, 539 f.; *Quill*, in: Koziol/Steininger (Fn. 16), S. 359 ff.; unter Anwendung der allgemeinen Grundsätze, die in IESC, *Kelly v Hennessy* [1995] 3 IR 253 entwickelt wurden.

39 Siehe grundsätzlich *McMahon/Binchy*, Law of Torts (Fn. 16), Kapitel 21; *Quill*, Torts in Ireland, Kapitel 3; *Healy*, Irish Torts (Fn. 16), Kapitel 8.

40 Beispiele ausdrücklicher gesetzlicher Bestimmungen einer zivilrechtlichen Haftung bilden unter anderem § 7 *Data Protection Act* 1988 (Datenschutzgesetz) mit der Pflicht des Datenschutzbeauftragten und des Datenverarbeiters gegenüber den Betroffenen und § 45 Abs. 3 *Freedom of Information Act* 1997 (Gesetz zur Informationsfreiheit). Beispiele für Normen, in denen eine zivilrechtliche Haftung ausdrücklich ausgeschlossen wird, sind § 13 Abs. 2 *Postal and Telecommunications Act* 1983 (Gesetz über die Post- und Telekommunikationsdienste) bezüglich des nationalen Postunternehmens und § 20 *Building Control Act* 1990 (Bauaufsichtsgesetz) bezüglich örtlicher Behörden, die als Bauinspektoren tätig sind.

41 Siehe z.B. IEHC, *Moyne v Londonderry Port & Harbour Commissioners* [1986] IR 299. Die Pflicht, Hafenanlage und Anleger eines konkreten Hafens instand zu halten, bestand hier gegenüber denjenigen, die in der Nähe des Hafens wohnen und arbeiten, und weniger gegenüber der allgemeinen Öffentlichkeit und eine Schadensersatzklage konnte von Angehörigen dieses Personenkreises, die einen Schaden aufgrund der Pflichtverletzung erlitten, geltend ge-

schützten Personenkreis zählt und einen besonderen Schaden erleidet, der über den des betroffenen Personenkreises hinausgeht.[42] Subsidiäre Bedeutung kommt auch dem allgemeinen gesetzlichen Kontext und der Wirksamkeit anderer Rechtsmittel zu. So gelten Arbeitsschutzgesetze traditionell als deliktsrechtlich durchsetzbar. Nach dem *Safety, Health and Welfare at Work Act* 2005 (Gesetz über Sicherheit, Gesundheit und Wohlbefinden am Arbeitsplatz) und den in diesem Zusammenhang erlassenen Bestimmungen treffen Arbeitgeber umfangreiche Verpflichtungen, was auch für den Staat sowie Körperschaften des öffentlichen Rechts gilt.[43]

3. *Trespass* (Beeinträchtigung)

Bei den sogenannten *trespass torts* (Beeinträchtigungsdelikten) handelt es sich um *battery* (Körperverletzung), *assault* (Nötigung), *false imprisonment* (Freiheitsberaubung), *tresspass to land* (Besitzstörung an unbeweglichen Sachen) und *trespass to goods* (Besitzstörung an beweglichen Sachen). Bei *battery* liegt unmittelbarer Körperkontakt vor; *assault* ist die Besorgnis einer unmittelbaren *battery*; *false imprisonment* bedeutet den Entzug persönlicher Freiheit durch Einsperren; *trespass to land* und *goods* stellen einen unmittelbaren Eingriff in Gegenstände dar, die sich im Besitz eines anderen befinden. Die Erfüllung dieser Tatbestände ohne Ermächtigung ist rechtswidrig und es ist Sache des Beklagten, das Vorhandensein einer entsprechenden Befugnis zu beweisen. *Trespasses* sind unmittelbar einklagbar, d.h. ohne den Nachweis einer daraus folgenden Verletzung oder eines Schadens; die bloße Rechtsverletzung an sich reicht aus.[44] Diese Delikte sind im Bereich des Gesetzesvollzugs von besonderer Bedeutung, da Beamte wie Polizisten, Zollbeamte, Gesundheitskontrolleure und andere im Zuge ihrer Arbeit häufig mit anderen Personen und deren Eigentum in Berührung kommen. Eine Haftung tritt ein, wenn der Beamte seine Befugnisse überschreitet.[45] Wendet beispielweise ein Polizist bei der Festnahme einer Person unverhältnismäßigen Zwang an, so steht dem Tatverdächtigen ein Anspruch aus *battery* zu.[46] Eine Haftanstalt, die einen verurteilten Straftäter an einem anderen Ort oder auf eine andere Weise in Gewahrsam hält als vom verurteilenden Gericht vorgesehen, haftet wegen Freiheitsberaubung.[47] Es besteht ein komplexer Gesetzeskorpus (verfassungsrechtliche Regelungen, einfachgesetzliche Regelungen sowie Rechtsprechung) zu Zutritt, Durchsuchung und Beschlagnahme, bei deren Missachtung sich Behörden einer Haftung aus *trespass* aussetzen.[48] Im Hinblick auf

---

macht werden. Die Pflicht folgte aus § 33 *Harbours, Docks, and Piers Clauses Act* 1847 (Gesetz über die Bestimmungen für Hafen, Hafenanlagen und Anleger) in Verbindung mit einigen Bestimmungen der *Londonderry Port and Harbour Acts* 1854, 1874 und 1882 (Gesetze über den Hafen Londonderrys). Demgegenüber wurde der Verstoß gegen eine gesetzliche Verpflichtung abgelehnt in *Atlantic Marine Supplies Ltd & Anor v Minister for Transport & Ors* (Fn. 31), vgl. *R. Byrne/W. Binchy*, Annual Review of Irish Law 2010 (2011), 609 f.

42 CA, *M'Daid v Milford Rural District Council* [1919] 2 IR 1.

43 Die umfassendsten Bestimmungen sind die *Safety, Health and Welfare at Work (General Application) Regulations* 2007 (Bestimmungen zu Sicherheit, Gesundheit und Wohlbefinden am Arbeitsplatz [Allgemeine Anwendung]), SI 299/27. Allg. *G. Shannon*, Health and Safety Law and Practice, 2. Aufl., 27.

44 *McMahon/Binchy*, Law of Torts (Fn. 16), Kapitel 22, 23 & 28; *Quill*, Torts in Ireland, Kapital 4; *Healy*, Irish Torts (Fn. 16), Kapitel 6, Kapitel 10 Abschnitt II sowie Kapitel 12 Abschnitt V.

45 Vgl. IESC, *Walshe & Bedford v Fennessy* [2005] IESC 51 (*false imprisonment* aufgrund unrechtmäßiger Verhaftung); Island Ferries Teoranta (Limited) v The Minister for Communications, Marine and Nutural Resources & Ors [2012] IEHC 256.

46 IEHC, *Dowman v Ireland* [1986] ILRM 111.

47 IESC, *Gildea v Hipwell* [1942] IR 489. Deliktsrecht findet in der Praxis im Zusammenhang mit Klagen von Strafgefangenen kaum Anwendung; *habeas-corpus*-Verfahren nach Art. 40 Abs. 4 Verfassung kommen häufiger vor, siehe *Hogan/Whyte* (Fn. 1), S. 1677 ff. Aktuelle Beispiele bilden IEHC, *Carroll v Governor of Mountjoy Prison* [2005] IEHC 2 und IEHC, *Gibbons v Governor of Wheatfield Prison* [2008] IEHC 26.

48 IESC, *DPP v McMahon* [1987] ILRM 87. Die Vielschichtigkeit dieses Bereichs wird im Fall IEHC, *Osbourne v Minister for Justice* [2006] IEHC 117 veranschaulicht, in dem der Versuch des Klägers, eine Haftung zu begründen, letztlich

Gesundheitsangelegenheiten besteht eine ähnlich umfangreiche Rechtssammlung, die vielfältige Beeinträchtigungen von Personen und Eigentum zulassen, wobei ein Verstoß gegen das ordnungsgemäße Verfahren ebenfalls zu einer Haftung führen kann.[49]

4. *Nuisance* (Verletzung grundstücksbezogener Rechte)

Public nuisance (Verletzung öffentlicher Rechte) einschließlich einer Beeinträchtigung eines öffentlichen Rechts (wie beispielsweise dem Wegerecht auf einem öffentlichen Weg oder einer Straße) ist nur dann gerichtlich verfolgbar, wenn der Kläger einen besonderen Schaden erlitten hat, und wird selten Gegenstand eines Prozesses. *Private nuisance* (Verletzung privater Rechte) regelt die Beeinträchtigung von grundstücksbezogenen Rechten Privater; in diesem Bereich unterscheidet sich das irische vom englischen Recht insbesondere dadurch, dass Ansprüche von Personen geltend gemacht werden können, die ein Grundstück besitzen, ohne jedoch selbst Eigentümer zu sein.[50] Ein Anspruch gemäß der in der Entscheidung *Rylands v Fletcher* aufgestellten Grundsätze stellt eine besondere Form der *private nuisance* dar und wird nur selten eingeklagt.[51] Gelegentlich werden Klagen gegen örtliche Behörden auf diese Delikte und zwar insbesondere auf *private nuisance* gestützt, wenn durch Tätigkeiten in ihrem Zuständigkeitsbereich eine Störung benachbarter Grundstückseigentümer oder -besitzer hervorgerufen wird. So stellt beispielsweise die Nutzungsbeeinträchtigung eines Grundstücks infolge einer Anhäufung von Müll eine gerichtlich verfolgbare unerlaubte Handlung dar, für die eine örtliche Behörde haften kann.[52] Ebenso können materielle Schäden infolge eines Lecks im Abwassersystem eine Haftung auslösen.[53] Natürlich verfügen die Behörden mitunter auch über eine gesetzliche Erlaubnis zur Vornahme einer störenden Tätigkeit und sind so bisweilen vor einer Haftung geschützt.[54]

---

scheiterte; vgl. auch IEHC, *Devoy v Ireland & the AG* [2004] IEHC 44. Für eine eingehende Betrachtung der polizeilichen Befugnisse siehe *D. Walsh*, Criminal Procedure, 2002.

49 Siehe z.B. die *Infectious Diseases Regulations* 1981 (Bestimmungen zu ansteckenden Krankheiten), SI 390/1981 sowie die *Infectious Diseases (Amendment) Regulations* 2004 (Änderungsbestimmungen zu ansteckende Krankheiten), SI 856/2004. Bezüglich der Erkrankung von Tieren gestattet der *Diseases of Animals Act* 1966 (Gesetz über Krankheiten bei Tieren) in geänderter Fassung die Keulung (gegen Entschädigung); berücksichtigt im Fall IEHC, *Rafferty v Minister for Agriculture and Food* [2008] IEHC 344. Der *Safety, Health and Welfare at Work Act* 2005 (Gesetz über Sicherheit, Gesundheit und Wohlergehen am Arbeitsplatz) regelt die Sicherheit am Arbeitsplatz und gestattet ebenfalls eine Reihe von Eingriffen, die andernfalls einen Haftungsanspruch begründen würden.

50 IEHC, *Hanrahan v Merck Sharp & Dohme* [1988] ILRM 629; IEHC, *Royal Dublin Society v Yates* (Entscheidung vom 31.7.1997, nicht veröffentlicht); IEHC, *Molumby v Kearns* [1999] IEHC 86. Keiner der Beklagten in diesen Fällen war eine Behörde, aber der Grundsatz gilt allgemein und somit auch auf diese anwendbar.

51 Für eine eingehende Betrachtung der genannten Anspruchsgrundlagen siehe *McMahon/Binchy*, Law of Torts (Fn. 16), Kapitel 24 f.; *Quill*, Torts in Ireland, Kapitel 5 f.; *Healy*, Irish Torts (Fn. 16), Kapitel 10.

52 IEHC, *Vitalograph (Ireland) Ltd v Ennis UDC & Clare County Council* (Entscheidung vom 23.4.1997, nicht veröffentlicht); IEHC, *Harrington* Confectioners *Ltd. v Cork City* Council [2005] IEHC 227. Selbst die Urteile zu unbegründeten Klagen gehen grundsätzlich davon aus, dass Behörden haftbar gemacht werden können, vgl. z.B. IEHC, *McGrane v Louth County Council* (Entscheidung vom 9.12.1993, nicht veröffentlicht).

53 IEHC, *Dempsey v Waterford Corporation* [2008] IEHC 55, die Klage wurde abgewiesen, jedoch nur mangels hinreichender Vorhersehbarkeit des Schadens für den Beklagten.

54 IEHC, *Smith v Wexford County Council* (1953) 87 ILTR 98 sowie *Superquinn Ltd v Bray Urban District Council and Others* [1998] 3 IR 542. Falls die Behörde die Grenzen ihrer Befugnisse überschreitet (z.B. durch die Ausführung einer Handlung in sorgfaltswidriger Weise), wird ihr eine Haftung auferlegt, IEHC, *Kelly v Dublin County Council* (Entscheidung vom 21.2.1986, nicht veröffentlicht).

5. *Defamation* (Ehrverletzung)

Durch *defamation* (Ehrverletzung) wird der Ruf eines Menschen vor unerwünschter Herabsetzung geschützt; es handelt sich dabei um einen komplexen und vergleichsweise technischen Bereich des Deliktsrechts.[55] Viele Bereiche öffentlicher Tätigkeit sind durch Verfassungsbestimmungen, Gesetzesvorschriften und das *common law* vor einer Haftung geschützt. Nichtsdestotrotz können manche Träger öffentlicher Belange wegen *defamation* haftbar gemacht werden. Der nationale Rundfunksender *Raidió Teilifís Éireann* (Radio und Fernsehen Irlands, abgekürzt: *RTÉ*) untersteht denselben Haftungsprinzipien wie privaten Mediengesellschaften und genießt keinen besonderen Schutz.[56] Die *Revenue Commissioners* (nationale Finanzverwaltung) kann wegen *defamation* haften[57] und ebenso der *An Bord Pleanála* (Aufsichtsbehörde für Planungsverfahren).[58]

6. *Misfeasance in a public office* (Pflichtwidriges Handeln in Ausübung eines öffentlichen Amtes)

In einer Vielzahl von Fällen werden Beamte von einer Haftung aus *negligence* befreit, wenn sie ihre Ermessensbefugnisse in gutem Glauben ausgeübt haben. Eine Ausübung *mala fides* hat dagegen immer eine Haftung zur Folge. Dies wird selten gerichtlich geltend gemacht und Klagen sind im Allgemeinen erfolglos.[59]

---

55 *N. Cox*, Defamation Law; *McMahon/Binchy*, Law of Torts (Fn. 16), Kapitel 34; *Quill*, Torts in Ireland, Kapitel 8; *Healy*, Irish Torts (Fn. 16), Kapitel 11. Das Recht wurde durch den *Defamation Act* 2009 (Gesetz über die Ehrverletzung) umfangreichen Änderungen unterzogen.

56 Vgl. z.B. IESC, *Cooper-Flynn v RTÉ, Bird and Howard* [2004] IESC 27; [2004] 2 IR 72, *Quill*, in: Koziol/Steininger (Fn. 16), S. 367–369 ff.; *R. Byrne/W. Binchy*, Annual Review of Irish Law 2004, 517 ff. Der Sender wandte sich zwar erfolgreich gegen die Klage, dies gelang jedoch nur durch den Nachweis, dass die aufgestellten Behauptungen im Kern zutrafen, andernfalls wäre eine Haftung die Folge gewesen. Im Fall IEHC, *Byrne v RTÉ* [2006] IEHC 71; [2006] 2 ILRM 375 hatte der Beklagte vor dem Verfahren erfolglos die Offenlegung der rechtserheblichen Tatsachen beantragt. Die Entscheidung wandte das grundsätzlich einschlägige Recht zur Offenlegung rechtserheblicher Tatsachen in Fällen von Ehrverletzungen an.

57 IEHC, *Kennedy v Hearne* [1988] ILRM 531; der Kläger, ein *solicitor* (Rechtsberater), wurde von *Revenue Commissioners* (Finanzbeamten) diffamiert, als das Steuernachzahlungsverfahren gegen ihn fortgesetzt wurde, nachdem er eine fällige Nachzahlungssumme bereits bezahlt hatte. Die Beklagtenseite versuchte zu beweisen, dass ein schlechtes Ansehen des Klägers hinsichtlich der Organisation seiner finanziellen Angelegenheiten nichtsdestotrotz begründet sei. Der *Supreme Court* entschied, dass dem Kläger *aggravated damages* (erhöhter Schadensersatz) in Höhe von IR £10.000 zusätzlich zu den IR £500 *general damages* (allgemeiner Schadensersatz) zustünden, die vom IEHC zugesprochen worden waren (welcher seinerseits nur einen erhöhten Schadensersatz in Höhe von IR £2.000 vorgesehen hatte).

58 IEHC, *Tolan v An Bord Pleanála* [2008] IEHC 275 mit Anm. *N. Cox*, Defamation and Breach of Privacy Law, QRTL (2008) 3(2), 18. Die Behörde bewahrte in einem öffentlich zugänglichem Ordner den Brief eines Dritten auf, in dem unbegründete Anschuldigungen gegen den Kläger gemacht wurden, die nicht im Zusammenhang mit den Planungsbelangen standen; der Dritte erkannte an, dass es sich um eine Personenverwechslung handelte und nahm die Anschuldigungen zurück, die Beklagte bewahrte den Brief jedoch nach wie vor in dem Ordner mit dem Vermerk „Zurückgezogen“ auf. Dem Kläger wurde *general damages* (allgemeiner Schadensersatz) in Höhe von EUR 75.000 zugesprochen und eine Verfügung erlassen, die die Entfernung des Briefes aus dem betreffenden Ordner anordnete. *Aggravated damages* (schwerer Schadensersatz) wurde nicht gewährt.

59 Eine Haftung wurde jedoch angenommen in *PDP v Board of Management of the Patrician Secondary School and the Health Service Executive* [2012] IEHC 591 (Fehlerhafte Leitung einer Untersuchung zur Aufklärung eines mutmaßlichen Kindesmissbrauchs, die zur Entlassung eines Lehrers führte).

Das Bestehen dieser Anspruchsgrundlage sowie ihr Umfang sind jedoch relativ klar.[60] In *McDonnell v Ireland*[61] führte *Keane* J aus, dass

> *„eine unerlaubte Handlung nur dann vorliegt, wenn die jeweilige Handlung entweder bösgläubig oder in tatsächlicher Kenntnis der fehlenden diesbezüglichen Zuständigkeit und mit dem Wissen um den dadurch dem Kläger entstehenden Schaden vorgenommen wird“.*

Mala fides kann entweder aus böswilliger Absicht einschließlich der Verfolgung eines unsachgemäßen Zwecks oder aus vorsätzlicher Ausübung einer nicht vorliegenden Befugnis bestehen. „Vorsätzlich“ schließt dabei auch grob fahrlässige Gleichgültigkeit ein.[62]

7. Verletzung von Verfassungsrechten

Die Fälle zeigen, dass die Gerichte die bestehenden deliktsrechtlichen Anspruchsgrundlagen grundsätzlich als ausreichenden Schutz der Verfassungsrechte ansehen, es sei denn, es besteht ein erheblicher und ungerechtfertigter Mangel beim Schutz eines bestimmten Rechts. Ist eine bestehende Anspruchsgrundlage einschlägig, so gehen die Gerichte dem Beklagten gegenüber nicht noch zusätzlich von einer entsprechenden Verfassungspflicht aus.[63] In *Hanrahan v Merck Sharp & Dohme (Ireland) Ltd* behaupteten die Kläger einer Klage aus *private nuisance* (Verletzung privater Rechte), dass das bestehende Recht in diesem Bereich ihre persönlichen Rechte nicht ausreichend schütze.[64] Sie behaupteten insbesondere, dass die Voraussetzung, das Bestehen eines Kausalzusammenhangs zu beweisen, zu schwer zu erfüllen sei und dass das *common law* ihre Rechte auf körperliche Unversehrtheit sowie ihre Rechte als Eigentümer an Grundstü-

---

60 Vgl. *McMahon/Binchy*, Law of Torts (Fn. 16), S. 547 ff.; *Healy*, Irish Torts (Fn. 16), S. 301 f. Die maßgebliche Entscheidung in diesem Zusammenhang ist IEHC, *Pine Valley Developments Ltd. v Minister for the Environment* [1987] IR 23; außerdem IEHC, *McMahon v Ireland* [1988] ILRM 610 (bezüglich des *Registrar of Friendly Societies* (Register für Gegenseitigkeitsvereine)); IEHC, *CW Shipping Co. Ltd v Limerick Harbour Commissioners* [1989] ILRM 416; IEHC, *O'Donnell v Dún Laoghaire Corporation* [1991] 1 ILRM 301 (bezüglich der Aufgaben als Sanitätsbehörde); IESC, *An Blascaod Mór Teo v Commissioners for Public Works (No. 4)* [2000] IESC 130; [2000] 3 IR 565 (Erlass eines Gesetzes über die Enteignung von Grundstücken auf der Insel Blasket); IESC, *Kennedy v Law Society of Ireland* [2005] IESC 23; [2005] 3 IR 228; IESC, *Beatty v The Rent Tribunal* [2005] IESC 66; [2006] 1 ILRM 164 mit Anm. *D. Ryan*, After *Beatty v The Rent Tribunal*, QRTL (2005/6) 1(1), 12; *PDP v Board of Management of the Patrician Secondary School and the Health Service Executive* [2012] IEHC 591 (Untersuchung eines Falles von Kindesmissbrauch); *Omega Leisure Ltd v Superintendent Charles Barry & Ors* [2012] IEHC 23.

61 IEHC, *McDonnell v Ireland* [1998] 1 IR 134, 156.

62 UKHL, *Three Rivers District Council v Bank of England* [2001] UKHL 16; [2003] 2 AC 1; dieser Grundsatz wurde in Irland in der Entscheidung IESC, *Kennedy v* Law *Society of Ireland* [2005] IESC 23; IEHC, [2005] 3 IR 228 bestätigt.

63 Vgl. *McMahon/Binchy*, Law of Torts (Fn. 16), Kapitel 1 Abschnitt III; *Quill*, Torts in Ireland, Kapitel 9; *Healy*, Irish Torts (Fn. 16), Kapitel 6 sowie Kapitel 1 Abschnitte III f.; *Hogan/Whyte* (Fn. 1), S. 1304 ff.

64 IESC, [1988] ILRM 629; vgl. auch IEHC, *W v Ireland* [1997] 2 IR 142, bei der *Costello* P sich weigerte, dem *Attorney General* (Generalstaatsanwalt) im Hinblick auf die Wahrnehmung öffentlicher Aufgaben nach den *Extradition Acts* 1965–87 (Auslieferungsgesetzen) eine zivilrechtliche Sorgfaltspflicht gegenüber den Opfern eines Verbrechens aufzuerlegen. Er führte weiter aus, dass eine solche Pflicht im Hinblick auf die Strafverfolgung allgemein weder gegenüber dem *Attorney General* noch gegenüber dem *Director of Public Prosecutions* (Leitender Oberstaatsanwalt) gelte. Andernfalls könnte dies zu einem Interessenkonflikt zwischen einer solchen Pflicht und der ordnungsgemäßen Ausübung der öffentlichen Aufgaben eines Staatsanwalts führen. Die Tatsache, dass die auf das *common law* gestützte Klage erfolglos war, bedeute nicht, dass die Verfassungsrechte des Klägers nicht geschützt werden, weil die Entscheidungsgründe eine angemessene Abwägung der widerstreitender Interessen darstellten. Andere Entscheidungen zu unerlaubten Handlungen im Lichte von Verfassungsrechten sind unter anderem IESC, *CK v JK* [2004] 1 IR 224 (zu *defamation* [Ehrverletzung] und *deceit* [Betrug]) sowie IESC, *de Rossa v Independent Newspapers plc* [1999] IESC 63; [1999] 4 IR 6 und IESC, *O'Brien v Mirror Group Newspapers Ltd* [2000] IESC 70; [2001] 1 IR 1 (zu *defamation*).

cken und Vieh nicht schütze. Das IESC wies den Vorwurf der Verfassungswidrigkeit zurück, jedoch hatten die Kläger mit ihrem auf das *common law* gestützten Anspruch teilweise Erfolg.

Wenn zum Schutz eines Verfassungsrechts im *common law* keine Anspruchsgrundlage besteht, so kann ein Anspruch aufgrund einer Verfassungsverletzung in Frage kommen.[65] Eine solche Anspruchsgrundlage wurde im Hinblick auf verschiedene Rechte gegenüber dem Staat und Körperschaften des öffentlichen Rechts angenommen. So haftete der Staat für eine Verletzung der Privatsphäre durch die Polizei,[66] *RTÉ* entging gerade noch einer Haftung für eine Verletzung der Privatsphäre durch Verwendung heimlich gefilmten Materials aufgrund des öffentlichen Interesses an der dadurch offenbarten, völlig unzureichenden Pflege in Pflegeheimen, wobei der Sender angewiesen wurde, sich weder um weiteres, heimlich erlangtes Filmmaterial zu bemühen nochsolches zu verwenden.[67] Dem Staat wurde überdies eine Haftung auferlegt für eine Verletzung des Rechts auf Zugang zu den Gerichten aufgrund von Rechtsschutzverzögerungen,[68] für einen Eingriff in das Kommunikationsrecht Strafgefangener durch Justizvollzugsbeamte[69] sowie für den Ausschluss eines Bürgers als Wahlkandidat aufgrund seines Unvermögens, die vom Wahlgesetz geforderte finanzielle Kaution zu leisten.[70] Das Recht auf Bildung erwies sich als problematischer. Während in früheren Entscheidungen von einer Haftung ausgegangen wurde, werden in jüngeren Entscheidungen verfassungsrechtliche Klagen beschränkt.[71] Das Recht auf Bildung wird im Zuge der Umsetzung des *Education Act* 1998 (Bildungsgesetz) in Zukunft wohl im Rahmen der Verletzung einer gesetzlichen Verpflichtung behandelt werden.[72] Was

---

65 Genau genommen geht es bei einer solchen Klage zwar nicht um einen Anspruch aus unerlaubter Handlung, jedoch werden hier bezüglich der Haftung für fremdes Verschulden und Verjährungsfristen deliktsrechtliche Grundsätze angewandt; vgl. IEHC, *Kearney v Minister for Justice* [1986] IR 116; IEHC, *Hayes v Ireland* [1987] ILRM 651; IEHC, *Murphy v Ireland* [1996] 3 IR 307; IESC, *McDonnell v Ireland* [1998] 1 IR 134.

66 IEHC, *Kennedy and Arnold v Ireland* [1987] IR 587 (Abhören von Telefongesprächen); IEHC, *Hanahoe v Hussey* [1998] 3 IR 69; IEHC, *Gray v Ireland* [2007] 2 IR 654 mit Anm. bei *Quill*, in: Koziol/Steininger (Fn. 16), S. 362 ff. (in beiden Fällen wurden Informationen über die Kläger an die Presse weitergeleitet). In IESC, *Kane v Governor of Mountjoy Prison* [1988] IR 757 entschied der IESC, dass eine strenge polizeiliche Überwachung im öffentlichen Interesse begründet sein müsse, sonst käme eine Haftung wegen eines Eingriffs in die Privatsphäre in Frage.

67 IEHC, *Cogley & Aherne v RTE* [2005] 4 IR 79; das Filmmaterial wurde durch einen Dritten hergestellt und an *RTÉ* weitergegeben.

68 IEHC, *O'Donoghue v Legal Aid Board* [2004] IEHC 413.

69 IEHC, *Kearney v Minister for Justice* [1986] IR 116. In *Mulligan v Governor of Portlaoise Prison* [2010] IEHC 269 (m. Anm. *Quill*, in: Koziol/Steininger (Fn. 16), S. 23 ff. und *R. Byrne*/*W. Binchy*, Annual Review of Irish Law 2010 [2011], 624) wurde eine Haftung des Staates wegen eines Verstoßes gegen Art. 40 Abs. 3 S. 1. der Verfassung bzw. Art. 3, 8 EMRK infolge unzureichender sanitärer Einrichtungen in einer Strafanstalt zwar mangels hinreichend erheblicher Mängel abgelehnt, die Entscheidung legt jedoch bei schwerwiegenden Unzulänglichkeiten eine Haftung des Staates nahe.

70 IEHC, *Redmond v Minister for the Environment* [2004] IEHC, [2006] 3 IR 1 mit Anm. bei *Quill*, in: Koziol/Steininger (Fn. 16), S. 376. In der Entscheidung IEHC, *Graham v Ireland* (Entscheidung vom 1.5.1996, nicht veröffentlicht) wurde anerkannt, dass die Verletzung des aktiven Stimmrechts einklagbar sein kann; von einer Haftung wurde hier jedoch abgesehen, da der Eingriff unbeabsichtigt und nicht fahrlässig oder vorsätzlich geschehen sei.

71 Entscheidungen, die von einer Haftung ausgehen, sind unter anderem IEHC, *Crowley v Ireland* [1980] IR 102; IEHC, *Hayes v Ireland* [1987] ILRM 651; und IEHC, *O'Donoghue v Minister for Education* [1996] 2 IR 20. Entscheidungen gegen eine Haftung sind unter anderem IESC, *D & Others v Minister for Education & Others* [2001] IESC 101 und IESC, *Sinnott v Minister for Education* [2001] IESC 63; [2001] 2 IR 545 mit Anm. bei *Quill*, Torts in Ireland, S. 297 f.; *F.W. Ryan*, Disability and the Right to Education: Defining the Constitutional 'Child', DULJ (2002) 24, 96; *C. O'Mahony*, Education, Remedies and the Seperation of Powers, DULJ (2002) 24 , 57; S. *Quinlivan*/*M. Keyes*, An Analysis of *Sinnott*, Judicial Studies Institute Journal [2002] 2 (2), 163. Vgl. allgemein *C. O'Mahony*, Educational Rights in Irish Law, 26.

72 Das Gesetz trat erst in Kraft, nachdem der dem Fall *Sinnott* zugrundeliegende Sachverhalt sich ereignet hatte; in der Entscheidung regte der IESC an, dass in Zukunft eine Klage aus einer gesetzlichen Pflicht und keine verfassungsrechtliche Klage zutreffender sei. Eine Klage aus *negligence* ist ebenfalls möglich, vgl. IEHC, *O'C v Minister for Education & Science & Ors* [2007] IEHC 170.

die Haftung für legislatives Unrecht[73] angeht, so ist eine solche einfacher zu begründen, wenn der Tatbestand eines konkreten Delikts *(Tort)* verwirklicht wurde.[74] Ist dies nicht der Fall, so liegt es im Ermessen des Richters, eine angemessene Form des Rechtsschutzes zu finden.[75] Am erfolgversprechendsten scheint in diesen Fällen die Geltedmachung der Verletzung von Verfassungsrechten.[76]

8. Verstöße gegen EU-Recht

Der *Francovich*-Grundsatz wurde in Irland angewandt und dabei als eigenständiges Delikt und nicht als Verletzung einer gesetzlichen Pflicht angesehen; eine Verletzung verfassungsrechtlicher Pflichten ist zwar ähnlich, aber dennoch davon zu unterscheiden.[77] Eine Haftung des Staates wurde unter anderem angenommen aufgrund der fehlenden Umsetzung der Richtlinie über die Gleichbehandlung von Männern und Frauen im Bereich der sozialen Sicherheit[78] sowie aufgrund einer Pflichtverletzung nach einer Verordnung über GATT-Fleischimportkontigente[79]. Der Staat haftete bislang in Form einer örtlichen Behörde[80] und dem Verband der Kraftfahrzeugversicherer Irlands[81] nach dem *Francovich*-Grundsatz. Diese Entscheidungen geben indes wenig bis gar keine Anhaltspunkte für die Auslegung des Merkmals einer hinreichenden Rechtsverletzung oder im Hinblick auf das Ermessen bezüglich angemessener Rechtsbehelfe. In *Tate v Minister for Social Welfare* wurde die Richtlinie 79/7/EWG nicht fristgemäß umgesetzt und die vorläufigen Bestimmungen hielten die Ungleichheit zwischen männlichen und weiblichen Sozialleistungsempfängern aufrecht. Der Verstoß war offensichtlich, sodass das Gericht sich nicht mit der Frage befasste, was unter einem hinreichend qualifizierten Rechtsverstoß zu verstehen ist. Da dem Kläger infolge der Pflichtverletzung eine finanzielle Leistung vorenthalten wurde, war eine finanzielle Entschädigung offensichtlich die zweckmäßige Rechtsfolge.

Theoretisch hätten die Sozialleistungen auch dadurch angeglichen werden können, dass man den männlichen Empfängern die zusätzlichen Beträge vorenthalten hätte, aber eine rückwirkende Abschaffung des höheren Betrages verbunden mit einer Rückzahlungsaufforderung wäre keine praktikable Lösung gewesen. Der Verstoß im Fall *Emerald Meats Ltd v The Minister for Agriculture and Others (No2)* bezog sich auf die Verordnung 4024/89/EWG der Kommission und hing hauptsächlich von der Tatsachenfrage ab, ob die Klägerin in den Jahren 1987 bis 1989 Importeur von GATT-Fleisch war, was entscheidend für die Feststellung war, ob ihr eine Kontin-

---

73 Zum Haftungsinhalt → C.III. a.E. sowie Fn. 123.

74 So z.B. wirtschaftliche Beeinträchtigung (*trespass to goods*, → B.II.3.) in *Island Ferries Teoranta (LTD) v The Minister for Communications, Marine and Natural Resources & Ors* [2012] IEHC 256.

75 *Redmond v Minister for Environment* [2004] IEHC, [2006]3 IR 1; *Graham v. Ireland*, IEC, Entscheidung vom 1.5. 1996 (nicht veröffentlicht).

76 Vgl. Kearney v Minister for Justice [1986] IR 116.

77 IEHC, *Tate v Minister for Social Welfare* [1995] 1 IR 418; vgl. *McMahon/Binchy*, Law of Torts (Fn. 16), Kapitel 1 Abschnitt IV; *Quill*, Torts in Ireland, Kapitel 9; *Healy*, Irish Torts (Fn. 16), S. 291 f. Die Entscheidung des EuGH im Fall EuGH C-46/93 und C-48/93, Slg. 1996 I-1029 – *Brasserie du Pecheur SA* wurde vom IEHC in der Entscheidung *An Blascaod Mor Teoranta v. The Commissioners of Public Works in Ireland* (No 4) [2000 3] IR 565 im Wege einer Analogie herangezogen, war indes für den dort entschiedenen Fall nicht unmittelbar relevant. Die EuGH-Entscheidung im Fall EuGH C-224/01, Slg. I-10239 – *Köbler* fand in Irland bislang noch keine Anwendung. In *Mulligan v Governor of Portlaoise Prison* [2010] IEHC 269 (vgl. Fn. 69) ging es um eine Haftung des Staates u.a. wegen eines Verstoßes gegen Art. 3 und 8 EMRK. Andere völkerrechtliche Verpflichtungen sind nur insoweit einklagbar, als sie in nationales Recht umgesetzt worden sind.

78 IEHC, *Tate v Minister for Social Welfare*, IR [1995] 1, 418.

79 IESC, *Emerald Meats Ltd v The Minister for Agriculture and Others (No 2)* [1997] 1 IR 1.

80 IEHC, *Coppinger v Waterford County Council* (Entscheidung vom 22.3.1996, nicht veröffentlicht).

81 IEHC, *Farrell v Whitty & Ors* [2008] IEHC 124.

gentberechtigung für das Jahr 1990 zustand. Nachdem dies zu Gunsten der Klägerin festgestellt worden war, lag ein Verstoß eindeutig vor, sodass sich die Frage nach dem erforderlichen Schweregrad nicht stellte. Obwohl dem Staat bezüglich der Umsetzung der Richtlinie ein Ermessensspielraum zustand, wendete er seine eigenen Bestimmungen hinsichtlich der Berechtigungskriterien auf den vorliegenden Sachverhalt falsch an. Weil ein erheblicher finanzieller Schaden bereits eingetreten war, stellte eine finanzielle Entschädigung vorliegend ebenfalls die zweckmäßige Rechtsfolge dar.

Im Fall *Coppinger v Waterford County Council* ging es um das Unterlassen, für Streudienste benutzte Kippfahrzeuge mit einem Unterfahrschutz auszurüsten, um dadurch zu vermeiden, dass PKW im Falle eines Unfalls unter das Heck des Streufahrzeugs geraten. Durch dieses Versäumnis wurden Vorschriften der Richtlinie 70/156/EWG, geändert durch die Richtlinien 70/221/EWG und 79/490/EWG, nicht befolgt. Die Frage nach einem hinreichend qualifizierten Rechtsverstoß stellte sich hier nicht, da sich die Argumentation der beklagten Stadtverwaltung auf die unmittelbare Wirksamkeit der Vorschriften, ihre Anwendung auf das Fahrzeug der Beklagten und die Frage, ob diese als Erscheinungsform des Staates anzusehen sei, stützte. Da es um einen Personenschaden ging, wurde die Zweckmäßigkeit einer finanziellen Entschädigung nicht in Frage gestellt. Ebenso ging es im Fall *Farrell v Whitty & Ors* um einen Personenschaden, sodass sich auch hier die Frage nach der angemessenen Art der Rechtsfolge nicht stellte. Hier ging es um einen Verstoß gegen die Richtlinien 72/166/EWG, 84/5/EWG und 90/232/EWG über die Kraftfahrzeughaftpflichtversicherung. Der EuGH hatte bereits in früheren Verfahren der Parteien entschieden, dass die fragliche Vorschrift unmittelbar wirksam sei.[82] Weil der Staat den vorliegenden Sachverhalt (ein Insasse befand sich in einem Teil des Fahrzeuges, der keine Sitzplätze für Passagiere hatte) von einem Schadensersatzanspruch in einer Weise ausgeschlossen hatte, die gegen die Richtlinie verstieß, wurde die Schwere des Verstoßes nicht in Frage gestellt. Das Hauptargument des Beklagten bestand darin, dass der Verband der Kraftfahrzeugversicherer Irlands keine Erscheinungsform des Staates sei, womit er indes keinen Erfolg hatte.

III. Schutzgutbezogenheit

Wie bereits erwähnt (→ A.III. und B.I.), wendet das irische Recht im Bereich der Staatshaftung eigenständige Anspruchsgrundlagen an. Das jeweilige Schutzgut kann im Einzelfall für die einschlägige Anspruchsgrundlage von Bedeutung, jedoch nicht alleine ausschlaggebend sein. Tritt z.B. eine psychische Erkrankung auf, sind die in Abschnitt B.II.1.c. erwähnten Grundsätze anzuwenden und die Einschlägigkeit der jeweilige Rechtsnorm hängt von anderen Faktoren ab wie z.B. der Frage, ob die Erkrankung am Arbeitsplatz oder unter dem Einfluss eines katastrophalen Ereignisses entstand. Wenn es um einen Vermögensschaden geht, so entscheiden nähere Umstände wie *negligence*, *private nuisance* und *trespass* über die Einschlägigkeit verschiedener unerlaubter Handlungen. Daneben sind weitere Faktoren für die Bestimmung der einschlägigen Anspruchsgrundlage von Bedeutung wie beispielsweise die Frage, ob es sich um eine unmittelbare oder eine mittelbare Verletzung handelt (eine unmittelbare Verletzung ist Voraussetzung für das Vorliegen von *trespass*) oder in welcher Funktion der Anspruchsgegner gehandelt hat (dies ist für das Vorliegen einer Sorgfaltspflicht i.S.v. *negligence* entscheidend). Der vorangegangene Überblick über die wesentlichen Anspruchsgrundlagen im Zusammenhang mit öffentlichen Tätigkeiten (→ B.II.) hebt die Rechtsgüter hervor, zu deren Schutz die jeweiligen Delikte bestimmt sind.

82 EuGH C-356/05, Slg. 2007 I-3067 – *Farrell/Whitty, Minister for Environment.*

IV. Zurechnung

Es ist schwierig, eine vollständige Liste derjenigen Personen aufzustellen, für die der Staat haftet. Ausgehend von der bisherigen Rechtsprechung haftete der Staat bislang für das Parlament,[83] für Regierungsminister,[84] für Beamte eines Regierungsministeriums oder einer staatlichen Körperschaft[85] sowie für die Polizei,[86] die Armee[87] und die Strafvollzugsbehörden.[88] Jede Körperschaft des öffentlichen Rechts wie z.B. eine örtliche Behörde, ein halbstaatliches Unternehmen oder eine Ordnungsbehörde, ist für ihre Handlungen selbst verantwortlich. Der Staat haftet dafür in der Regel nicht, jedoch ist es möglich, dass er letzten Endes die Haftungskosten trägt, indem die fragliche Körperschaft durch ihn finanziert wird.

V. Kausalzusammenhang

Im irischen Recht wird zwischen tatsächlicher und rechtlicher Kausalität unterschieden.[89] Ausgangspunkt zur Ermittlung tatsächlicher Kausalität ist grundsätzlich der so genannte „*but-for test*" (wenn-nicht-Test), der in anderen Rechtsordnungen oft als *conditio sine qua non*-Formel bezeichnet wird.[90] Dieser kann bei Vorliegen mehrerer möglicher Ursachen zum „*material element and substantial factor*" (wesentlichen Element und maßgeblichen Faktor-) Test umgewandelt werden.[91] Durch die Untersuchung der tatsächlichen Umstände wird festgestellt, ob ein Zusammenhang von Ursache und Wirkung zwischen der Pflichtverletzung des Beklagten und dem beim Kläger entstandenen Schaden bzw. der vermeintlich gegen ihn begangenen Rechtsverletzung besteht. Der rechtliche Zusammenhang weist den verschiedenen tatsächlichen Ursachen

---

83 IEHC, *Redmond v Minister for the Environment & Ors* [2004] IEHC 24; [2006] 3 IR 1 mit Anm. bei *Quill*, in: Koziol/Steininger (Fn. 16), S. 376; Haftung wegen der verfassungswidrigen Voraussetzung einer Kautionszahlung für Wahlkandidaten gemäß § 47 *Electoral Act* 1992 (Wahlgesetz), der die Wahl zum irischen Parlament (*Dáil Éireann*) regelt, sowie § 13 *European Parliament Election Act* 1997 (Gesetz über die Wahl zum Europäischen Parlament).

84 IEHC, *Kennedy and Arnold v Ireland* [1987] IR 587 (der Justizminister versäumte die Anwendung festgelegter Richtlinien zur Genehmigung einer Telefonüberwachung).

85 IESC, *Byrne v Ireland* [1972] IR 241 (Beamte); IEHC, *O'Donoghue v Legal Aid Board* [2004] IEHC 413 (öffentliche Körperschaft). In Fällen wie IESC, *Emerald Meats Ltd v The Minister for Agriculture and Others (No 2)* [1997] 1 IR 1 erfolgt das Fehlverhalten in der Regel durch Beamte des jeweiligen Ministeriums und nicht durch den Minister selbst.

86 Einschlägige Fälle sind unter anderem IESC, *McKevitt v Ireland* [1987] ILRM 541 (Pflicht gegenüber einem Häftling in Polizeigewahrsam; der betrunkene Häftling hatte seine Zelle angezündet; es wurde festgestellt, dass die Polizei ihn nicht ordnungsgemäß durchsucht hatte und er nicht unter ausreichende Beobachtung gestellt worden war); IEHC, *Hanahoe v Hussey* [1998] 3 IR 69 und IEHC, *Gray v Ireland* [2007] 2 IR 654 (Haftung wegen Eingriffs in die Privatsphäre).

87 Grundlegende Entscheidung in diesem Bereich ist IESC, *Ryan v Ireland* [1989] IR177, in der festgestellt wurde, dass im Zuge militärischer Tätigkeiten außerhalb des Gefechts eine Haftung bestehen kann. Siehe hierzu Fn. 32 und 37.

88 Eine Sorgfaltspflicht der Strafvollzugsbehörde bezüglich der Überwachung von Häftlingen wurde in der Entscheidung IEHC, *Muldoon v Ireland* [1988] ILRM 367 grundsätzlich anerkannt, jedoch wurde im vorliegenden Fall eine Pflichtverletzung verneint. Die bislang einzige erfolgreiche Klage war IEHC, *Creighton v Ireland* [2009] IEHC 257. Ausführlich zu den Entscheidungen in diesem Bereich *W. Binchy*, Prison Authorities, Attacks on Prisoners and the Duty of Care, QRTL (2009) 3(4), 28. Eine Haftung für einen Eingriff in die Privatsphäre und das Kommunikationsrecht von Häftlingen wurde in IEHC, *Kearney v Minister for Justice* [1986] IR 116 anerkannt.

89 *McMahon/Binchy*, Law of Torts (Fn. 16), Kapitel 2; *Quill*, Torts in Ireland, Kapitel 11; *Healy*, Irish Torts (Fn. 16), Kapitel 4; siehe auch die Betrachtung der irischen Entscheidungen bei *Winiger et al.* (Hrsg.), Digest of European Tort Law: Volume I.

90 IESC, *Kenny v O'Rourke* [1972] IR 339.

91 IEHC, *Superquinn Ltd v Bray Urban District Council and Others* [1998] 3 IR 542, 563 f., bei *J. Laffoy*; weitere Nachweise im (nicht veröffentlichten) Urteil (IEHC vom 18.2.1998, S. 81 f.) werden in diesem Bericht nicht berücksichtigt.

eine rechtliche Verantwortlichkeit zu, wobei die Regeln vergleichsweise ungenau sind und auf die jeweiligen Umstände des Einzelfalls intuitiv eingegangen wird.[92] Eng damit verbunden ist das Konzept der *remoteness of damage* (Nichtzurechenbarkeit eines Schadens), durch das bei einer „Folgenkette" einer haftungsauslösenden unerlaubten Handlung eine Haftungsgrenze bestimmt werden soll. Unterschiedliche Zurechenbarkeitsregeln gelten für unterschiedliche Anspruchsgrundlagen. *Negligence* und *private nuisance* setzen im Regelfall voraus, dass die Art des Schadens vernünftigerweise vorhergesehen werden kann.[93] Bei *trespass* gilt hingegen der Grundsatz der unmittelbaren Folgen. Für viele Delikte ist keine entsprechende Rechtsprechung vorhanden, grundsätzlich hängt die Bestimmung der jeweiligen Kausalitätsregel jedoch davon ab, ob Vorhersehbarkeit oder Unmittelbarkeit Teil der Tatbestandsvoraussetzungen einer unerlaubten Handlung sind. Der Grundsatz der *remoteness* sollte der jeweiligen Regel zur Bestimmung einer unerlaubten Handlung folgen.

VI. Relevanz von Verschulden

Die verschiedenen Anspruchsgrundlagen setzen unterschiedliche Verantwortlichkeitsgrade voraus. Aus einigen folgt eine verschuldensunabhängige Haftung, die meisten sind indes verschuldensabhängig und einige stellen eine Mischform aus verschuldensabhängiger und verschuldensunabhängiger Haftung dar.

1. *Negligence* – Sorgfaltsmaßstab

Der allgemeine Sorgfaltsmaßstab bei *negligence* besteht in der Anwendung von *reasonable care* (angemessener Sorgfalt) durch den Verpflichteten. Ein Verhalten, das diesem Maßstab nicht entspricht, stellt eine Pflichtverletzung dar mit der Folge, dass die Haftung im Bereich der *negligence* entgegen der Vorstellung, die der Begriff „*negligence*" (wörtlich: Fahrlässigkeit) erwecken kann, nicht auf unvorsichtiges oder fahrlässiges Verhalten beschränkt ist, sondern auch eine rücksichtslose oder vorsätzliche Schadenszufügung einschließt. Der Sorgfaltsmaßstab ist objektiver Natur, sodass Beklagte in der Regel einer Haftung nicht mit dem Verweis auf persönliche Unfähigkeit, dem zu erwartenden Sorgfaltsgrad zu entsprechen, entgehen. Aus diesem Grund gelten für einen frisch ausgebildeten Beschäftigten und für einen erfahrenen Beschäftigten im selben Tätigkeitsbereich dieselben Anforderungen. Relevant für die Feststellung von Angemessenheit sind Umstände wie der Risikoumfang (der sich aus der Wahrscheinlichkeit und der Schwere eines eventuellen Schadens ergibt), der Präventionssaufwand und der soziale Nutzen des Handelns des Beklagten. Dieser dritte Faktor, der soziale Nutzen, ist bei Beklagten aus dem öffentlichen Bereich besonders relevant. Polizisten und Rettungsdienstfahrern wird daher eine größere Freiheit als anderen Teilnehmern im Straßenverkehr zugebilligt, aber auch diese Frei-

92 Ausführlich zu den verschiedenen Aspekten des rechtlichen Zusammenhangs *Quill*, Ir Jur (2002) 37, 91; *J. Healy*, Issues of Causation in Recent Medical Negligence Litigation, Bar Rev (2003) 8, 188; *O. McIntyre*, Liability for Asbestos-Related Illness: Redefining the Rules on 'Toxic Torts', Judicial Studies Institute Journal [2004] 4(1), 196; *L. Heffernan*, Judicial Studies Institute Journal [2006] 6, 140; *Ryan/Ryan*, ILT (2006) 24 , 91 (Teil I) & 107 (Teil II); *U. Connolly*, *Corr v IBC* – Civil Liability and Employee Suicide, QRTL (2007) 2 (3), 16 und *Ryan/Ryan*, in: Craven/Binchy.

93 IESC, *O'Mahony v Ford* [1962] IR 146. Dieser Ansatz ist derselbe wie im englischen Rechts und wird von der Entscheidung des *Judicial Committee of the Privy Council* (Rechtsausschuss des Kronrats) im Fall *Overseas Tankship (UK) Ltd v Morts Dock & Engineering Co. (The Wagon Mound No. 1)* [1961] AC 388 abgeleitet.

heit hat ihre Grenzen.[94] Bei bestimmten vertraglichen Verpflichtungen wie z.B. der eines Arbeitgebers gegenüber seinen Arbeitnehmern wird die Ausübung angemessener Sorgfalt vorausgesetzt. In anderen Bereichen ist es eine Frage der Vertragsauslegung, ob die Ausübung angemessener Sorgfalt zur Erfüllung der vertraglichen Verpflichtungen ausreicht.

2. Verschuldensunabhängige Haftung

Bei der sog. *Rylands v Fletcher*-Regel handelt es sich theoretisch um eine verschuldensunabhängige Haftung, ein Verschulden des Beklagten braucht daher nicht nachgewiesen zu werden. Allein die Tatsache des Entweichens einer vom Beklagten beschafften, gefährlichen Sache, wodurch ein von dieser Regel umfasster Schaden verursacht wird, reicht zur Haftungsbegründung aus. Die Strenge der Haftung wird aber teilweise durch die Tatsache ausgeglichen, dass ein schädlicher Gegenstand nur dann unter diese Regel fällt, wenn die Art des Entweichens und der Schadensverursachung vernünftigerweise vorhersehbar sind.[95] Die Härte der Haftung wird zudem dadurch abgemildert, dass Einwände in Form von *vis major* (höherer Gewalt), Einmischung eines Dritten sowie der Einwilligung in die Anschaffung schädlicher Gegenstände erhoben werden können. Falls einer dieser Einwände einschlägig ist, haftet der Beklagte nur für den Schaden, der durch fahrlässiges Entweichenlassen der gefährlichen Sache entstanden ist.

Gesetzliche Regelungen können eine verschuldensunabhängige Haftung vorsehen. Dies ist immer eine Frage der Auslegung des jeweiligen Gesetzes – eine Verpflichtung, die zwingend, ohne Ausnahmen, Ausschluss- oder Rechtfertigungsgründe für den Fall ihrer Missachtung formuliert ist, wird der verschuldensunabhängigen Haftung zugeordnet.[96] Die Konzepte der Haftung für fremdes Verschulden und der unübertragbaren Pflichten stellen insofern Spielarten der verschuldensunabhängigen Haftung dar, als auf Seiten der Rechtspersönlichkeit, die für das Verhalten des tatsächlichen Schädigers haftet, möglicherweise kein schuldhaftes Verhalten festzustellen ist. Die zugrundeliegende Anspruchsgrundlage kann ein Verschulden voraussetzen, welches bereits in Form des Verschuldens seitens des tatsächlichen Schädigers vorliegt, ohne dass ein weiteres Verschulden seitens des haftenden Rechtssubjekts erforderlich ist. Weil vertragliche Verpflichtungen im Allgemeinen freiwillig übernommen werden, sind sie oft dahingehend auszulegen, dass eine strikte Einhaltung vorausgesetzt wird, es sei denn, der Vertrag enthält befreiende Bestimmungen. Selbst die Verletzung solch strikter Verpflichtungen kann im Einzelfall gerechtfertigt werden, z.B. durch die Anwendung des Prinzips der *force majeure*.[97]

---

94 IESC, *Hayes v The Minister for Finance* [2007] IESC 8; [2007] 1 ILRM 442 mit Anm. bei *Quill*, in: Koziol/Steininger (Fn. 16), S. 358f.; vgl. auch IEHC, *Strick v Tracey* (Entscheidung vom 10.6.1993, nicht veröffentlicht).

95 IEHC, *Superquinn Ltd v Bray UDC* [1998] 3 IR 542.

96 Ein altes Beispiel ist die Entscheidung IESC, *Doherty v Bowater Irish Wallboard Mills Ltd* [1968] IR 277. § 34 Abs. 1 lit. (a) *Factories Act* 1955 (Fabrikengesetz) sah unter anderem vor, dass eine bestimmte Ausrüstung „*[. . .] nicht benutzt werden soll, es sei denn, sie ist von guter Konstruktion, von robusten Materialien, ausreichender Stärke und frei von augenscheinlichen Mängeln*". Der IESC entschied, dass der Beklagte trotz fehlenden Verschuldens haftet, sofern sich die Ausrüstung als mangelhaft erweist, da der zwingende Charakter der Bestimmung in keiner Weise durch irgendeine andere Bestimmung des vorliegenden Gesetzes bedingt wurde. Dieses Gesetz wurde durch den *Safety, Health and Welfare at Work Act* 2005 (Gesetz über Sicherheit, Gesundheit und Wohlbefinden am Arbeitsplatz) aufgehoben, wobei einige, aber nicht alle Verpflichtungen nach diesem Gesetz verschuldensunabhängig sind. Verordnung 6 *Safety, Health and Welfare at Work (General Application) Regulations* 2007 (Verordnungen zu Sicherheit, Gesundheit und Wohlbefinden am Arbeitsplatz [Allgemeine Anwendung]) sieht vor, dass Arbeitgeber „*sicherstellen sollen, dass [...] ausreichend frische Luft bei umschlossenen Arbeitsplätzen vorhanden ist*".

97 Obgleich die Begriffe *vis major* (unüberwindbare Kraft) und *force majeure* (unüberwindbarer Zwang) synonym zu sein scheinen, wird doch in den Rechtsordnungen des *common law* üblicherweise der erstere im Deliktsrecht und der letztere im Bereich des Vertragsrechts verwendet. Da es indes nur wenig Rechtsprechung hierzu gibt, ist nicht klar, ob beiden Begriffen dieselbe Bedeutung zukommt.

3. Gemischte Verschuldensmaßstäbe

Private nuisance, *defamation*, *trespass* sowie zahlreiche gesetzliche Pflichten gehen im Hinblick auf die Haftung des Beklagten von gemischten Verschuldensmaßstäben aus. *Private nuisance* basiert auf einem unzumutbaren Eingriff in Rechte des Klägers; die Frage der Zumutbarkeit bemisst sich hierbei an der Stellung des Klägers nach Vornahme des Eingriffs und wird nicht ausgehend von einer *ex ante* Betrachtung der vom Beklagten getroffenen Schutzmaßnahmen beurteilt (letzteres bestimmt jedoch den Maßstab der angemessenen Sorgfalt in Fällen von *negligence*). Infolgedessen kann es vorkommen, dass ein Verhalten des Beklagten ausgehend vom Maßstab für *negligence* als angemessen, ein sich daraus ergebender Eingriff jedoch im Rahmen von *nuisance* als unzumutbar angesehen wird.

Die Haftung in Fällen von *defamation* ist nach dem *common law* verschuldensunabhängig, wird aber in manchen Fällen durch gesetzlich vorgesehene Einwendungen abgemildert. So kann ein „Wiedergutmachungsangebot" als Einwand von einem Beklagten geltend gemacht werden, der keine Kenntnis von Umständen hatte, denen zufolge eine Aussage sich auf den konkreten Kläger bezieht oder einer scheinbar harmlosen Aussage im Hinblick auf den Kläger eine ehrenrührige Bedeutung beikommt. Kann der Kläger jedoch einen Mangel an angemessener Sorgfalt seitens des Beklagten nachweisen, so tritt ein Wiedergutmachungsangebot dahinter zurück.[98] Der Einwand einer „arglosen Veröffentlichung" steht etwa Druckereien, Verlagshäusern und Einzelhändlern zu, vorausgesetzt, sie gingen bei der Verbreitung der Veröffentlichung mit angemessener Sorgfalt vor.[99] Der Einwand einer fairen und angemessenen Veröffentlichung kann auch bei einer in guter Absicht geführten Diskussion über Angelegenheiten von öffentlicher Bedeutung geltend gemacht werden.[100]

Trespass wird grundsätzlich als vorsätzliche *tort* (unerlaubte Handlung) angesehen, allerdings soll sich das Vorsatzerfordernis nach traditioneller Ansicht nur auf die unmittelbare Auswirkung der Beklagtenhandlung und nicht auch auf die rechtswidrigen oder schädigenden Folgen für den Kläger beziehen. Nimmt jemand fremdes Eigentum in Besitz oder beschädigt er dieses in dem Glauben, es sei sein Eigentum, so wird dadurch ebenfalls eine Haftung ausgelöst.[101]

Gesetze sehen hinsichtlich einer Pflicht oft vor, dass diese mit „*reasonably practicable*" (vernünftigerweise anzuwendender) Sorgfalt auszuüben sei, oder verwenden Formulierungen wie „*appropriate*" (angemessen), „*sufficient*" (ausreichend), „*suitable*" (geeignet) oder „*necessary*" (notwendig) zur Bestimmung der zu ergreifenden Maßnahmen. „Vernünftigerweise anzuwenden" und die anderen genannten Begriffe zur Pflichtenbeschreibung sind aber nicht synonym mit „*reasonable care*" (angemessene Sorgfalt) zu verwenden, sondern setzen einen höheres Maß an Schutzmaßnahmen seitens des Beklagten voraus, als die Grundsätze der *negligence* vorschreiben.[102]

---

98 § 22f. *Defamation Act* 2009.
99 § 27 *Defamation Act* 2009.
100 § 29 *Defamation Act* 2009.
101 Vgl. *R. Stevens*, Torts and Rights, 2007, S. 100ff.
102 Fälle hierzu betreffen in erster Linie den Bereich der Sicherheit am Arbeitsplatz, vgl. IESC, *Daly v Avanmore Creameries Ltd.* [1984] IR 131; *Gallagher v Mogul of Ireland Ltd.* [1975] IR 205; *Boyle v Marathon Petroleum (Ireland) Ltd.* [1999] 2 IR 460. § 2 Abs. 6 *Safety, Health and Welfare at Work Act* 2005 (Gesetz über Sicherheit, Gesundheit und Wohlbefinden am Arbeitsplatz) enthält inzwischen eine gesetzliche Definition der *reasonably practicability* für Arbeitgeber und Selbständige; diesem Standard wird dann entsprochen, wenn weitere Sicherheitsmaßnahmen in einem grobem Missverhältnis zur Gefahr stehen. Vgl. *Shannon* (Fn. 43) S. 13f. Zur Definition dieser Bestimmung im Hinblick auf Gesetzesvorschriften zu Sicherheitsgurten siehe IEHC, *McNeilis v Armstrong* [2006] IEHC 269 mit Anm. bei *R. Byrne/W. Binchy*, Annual Review of Irish Law 2006, 567ff.

VII. Haftung ohne Normverstoß

Verschuldensunabhängige Haftung aufgrund einer unerlaubten Handlung wird nicht als Haftung ohne Normverstoß angesehen, sondern stellt vielmehr einen Normverstoß ohne Verschulden dar. Liegt eine Haftung für fremdes Verschulden vor, so haftet der Beklagte für die unerlaubten Handlungen eines anderen, wobei ein Normverstoß durch denjenigen vorliegt, für den der Beklagte (mit)haftet.[103] Bei der verschuldensunabhängigen Haftung gemäß der *Rylands v Fletcher*-Regel bzw. gemäß gesetzlich vorgesehener Pflichten (→ B.VI.2.) wird die Verursachung der einschlägigen Schäden als Normverstoß angesehen. Ebenso gibt es Fälle, in denen der Anspruchsteller eine Pflichtverletzung des Schädigers nicht nachzuweisen braucht (→ D.II.).[104] Eine dem deutschen Recht vergleichbare „Aufopferungshaftung" ist dem irischen Recht indes fremd.

C. Haftungsfolgen

I. Haftungssubjekt

Die Handlungen bestimmter Personen wie Regierungsministern oder leitenden Beamten werden als Handlungen des Staates selbst angesehen und führen zur unmittelbaren Haftung des Staates, ohne dass eine persönliche Haftung des Amtsträgers entsteht.[105] Ebenso werden Handlungen hochrangiger Leiter öffentlich-rechtlicher Körperschaften der Körperschaft selbst zugerechnet und begründen eine unmittelbare Haftung der Körperschaft ohne Anerkennung einer individuellen Haftung der für die Körperschaft handelnden Einzelperson. Niedrigere Beamte haften grundsätzlich zwar persönlich für ihre Pflichtverletzungen, in der Praxis wird jedoch gewöhnlich die öffentliche Körperschaft, bei der der Beamte tätig ist, für fremdes Verschulden haftbar gemacht.[106] Theoretisch sind zwar sowohl der Beamte als auch der Arbeitgeber gemeinsam Schädiger,[107] aber in der Praxis wird der Einzelne nicht zum Schadensersatz herangezogen. Diese Regelung wurde in die amtliche Verwaltungspraxis in Bezug auf Schäden von Patienten der öffentlichen Gesundheitsdienste übernommen.[108] Für Schäden, die durch andere Angestellte des öffentlichen Dienstes verursacht wurden, besteht jedoch keine entsprechende amtliche Pra-

---

103 Vgl. die Entscheidung IESC, *O'Keeffe v Hickey & Ireland* [2008] IESC 72; [2009] 1 ILRM 490, welche nachfolgend in Abschnitt C.I. ausführlicher behandelt wird.

104 So steht nach den *Garda Síochána (Compensation) Acts* 1941 und 1945 (Fn. 33) Polizeibeamten, die im Dienst verletzt werden, unabhängig vom Vorliegen einer unerlaubten Handlung seitens des Staates ein Entschädigungsanspruch gegen den Staat zu.

105 Die Unterscheidung zwischen der Anwendung der unmittelbaren Haftung des Staates einerseits und der Haftung des Staates für fremdes Verschulden andererseits wird in den Entscheidungen nicht immer klar.

106 Allgemein zum Grundsatz der Haftung für fremdes Verschulden in Irland *McMahon/Binchy*, Law of Torts (Fn. 16), Kapitel 43; *Quill*, Trots in Ireland, Kapitel 4; *Healy*, Irish Torts (Fn. 16), Kapitel 2 Abschnitt IV. Die Unterscheidung zwischen den Fällen, in denen in Bezug auf den Staat bzw. eine öffentliche Körperschaft von einer unmittelbaren Haftung ausgegangen wird, und denen, die stattdessen eine Haftung für fremdes Verschulden annehmen, wird nicht näher ausgeführt.

107 Vgl. § 11 Abs. 2 lit. a *Civil Liability Act* 1961 (Gesetz über die zivilrechtliche Haftung). § 12 Abs. 1 sieht eine gesamtschuldnerische Haftung mehrerer Schädiger vor; Kapitel II dieses Gesetzes regelt die Beiträge, die den Schädigern zuzurechnen sind.

108 Zu Einzelheiten dieser Regelung, die zwar 2002 eingeführt, aber erst 2004 auf Fachärzte erweitert wurde vgl. http://www.stateclaims.ie/ClinicalIndemnityScheme/introduction.html (zuletzt abgerufen am 29.4.2013). Die *State Claims Agency* (Behörde für Ansprüche gegen den Staat) ist eine Verwaltungsbehörde, die im Rahmen ihrer Befugnisse gemäß dem *National Treasury Management Agency (Amendment) Act* 2000 (Änderungsgesetz über die Nationale Behörde zur Verwaltung der Staatskasse) für Rechtsstreitigkeiten zuständig ist, an denen der Staat beteiligt ist.

xis. Zur Bestimmung, ob eine Haftung für fremdes Verschulden vorliegt, werden stets dieselben Grundsätze herangezogen, unabhängig davon, ob es sich bei dem Beklagten um den Staat selbst, eine Behörde, ein Privatunternehmen oder eine natürliche Person handelt.

Voraussetzung einer Haftung für fremdes Verschulden ist zunächst das Bestehen eines hinreichenden Beschäftigungsverhältnisses zwischen dem tatsächlichen Schädiger und dem Beklagten als Arbeitnehmer und Arbeitgeber. Wichtig hierbei ist, dass nach der Rechtsprechung ein solches Verhältnis nicht zwischen Lehrern und Staat besteht, obwohl die Schulbildung in Irland größtenteils aus öffentlichen Mitteln finanziert wird.[109] Im Gegensatz dazu wurde eine Haftung für fremdes Verschulden in Bezug auf unerlaubte Handlungen durch den Angestellten eines Waisenhauses gegenüber einem der dort wohnenden Kinder angenommen.[110] Das Vorliegen eines hinreichenden Verhältnisses ist im Einzelfall zu ermitteln; wesentliche Merkmale sind der Grad der Kontrolle des Beklagten gegenüber dem Arbeitnehmer sowie die Frage, in welchem Maß dieser zur persönlichen Dienstausübung verpflichtet ist (d.h., ob er oder sie die Erfüllung einer Aufgabe zu einem erheblichen Teil einem Dritten übertragen kann).[111]

Bei Vorliegen eines hinreichenden Beschäftigungsverhältnisses ist zudem nachzuweisen, dass das schädigende Verhalten des Arbeitnehmers im Zusammenhang mit der Ausübung seiner dienstlichen Tätigkeiten erfolgte. Nach dem allgemein von der Rechtsprechung anerkannten Grundsatz haftet ein Arbeitgeber für eine unerlaubte Handlung des Arbeitnehmers, „wenn dabei entweder (1) eine unerlaubte Handlung vorliegt, die vom Dienstherrn autorisiert wurde, oder (2) eine vom Dienstherrn autorisierte Handlung auf unerlaubte und unautorisierte Weise ausgeführt wurde".[112] Die genaue Abgrenzung zwischen Handlungen im Rahmen des Beschäftigungsverhältnisses und solchen, die außerhalb des Beschäftigungsverhältnisses (und daher nicht im Bereich einer Haftung für fremdes Verschulden) stattfinden, lässt sich nicht eindeutig vornehmen. In der Entscheidung *O'Keeffe v Hickey & Ireland* sprachen sich drei von fünf Richtern des IESC im *obiter dictum* bezüglich der Frage, ob die Handlung eines Arbeitnehmers in die zweite der oben genannten Kategorien fällt, für einen weiten Ansatz bei der Prüfung des Nähegrades aus.[113] Es wurde grundsätzlich davon ausgegangen, dass ein Arbeitgeber für den sexuellen Missbrauch eines Schülers durch einen Lehrer während eines außerhalb der Schulzeit stattfindenden Musikunterrichts haftbar gemacht werden könne. Im Gegensatz dazu entschied der IESC im Fall

---

109 IESC, *O'Keeffe v Hickey & Ireland* [2008] IESC 72; [2009] 1 ILRM 490 mit Anm. bei *R. Byrne/W. Binchy*, Annual Review of Irish Law 2008, 625ff.; *Quill*, in: Koziol/Steininger (Fn. 16), S. 364ff.; *D. Ryan*, DULJ (2009) 16(1), 457; *C. Feeney*, The Supreme Court and Vicarious Liability – Implications for Employers, IELJ (2009) 6, 43; *C. Feeney*, Vicarious Liability?, Bar Rev (2009) 14, 81.

110 IEHC, *Connellan v Saint Joseph's Kilkenny & Ors* [2006] IEHC 119; siehe auch Fn. 13 bezüglich des besonderen Entschädigungsprogramms, das für ähnliche Ansprüche aufgestellt wurde.

111 Vgl. die gegensätzlichen Entscheidungen IEHC, *Phelan v Coillte Teo* [1993] 1 IR 20 und IEHC, *McGowan v Wicklow County Council and O'Toole* (Entscheidung vom 27.5.1993, nicht veröffentlicht). In *Phelan* wurde der Angestellte als Arbeitnehmer angesehen und eine Haftung für fremdes Verschulden angenommen, wohingegen in *McGowan* der Angestellte als selbständiger Unternehmer angesehen und keine Haftung angenommen wurde; beide Angestellte waren zwar in ähnlicher Weise im Rahmen der Zusammenarbeit mit dem Aufsichtspersonal der jeweiligen Beklagten tätig, aber der Angestellte in *Phelan* führte 99% seiner Arbeit bei der beklagten Forstbetriebsgesellschaft selbst aus.

112 *R.F.V. Heuston/R.A. Buckley*, Salmond & Heuston on the Law of Torts, 1996, S. 443; der Grundsatz ist wesentlich älter – die 6. Aufl. von *Salmond* wurde in der Entscheidung CA, *Poland v John Parr & Sons* [1927] 1 KB 236 auf S. 240 zitiert; irische Gerichte verweisen sowohl auf *Salmond* als auch auf *Poland*, vgl. IEHC, *Reilly v Ryan* [1991] ILRM 449, 451. Der IESC bestätigte diesen Grundsatz in der Entscheidung *O'Keeffe v Hickey* [2008] IESC 72; [2009] 1 ILRM 490 und verwies auf *Salmond*, Law of Torts, 1907, S. 83.

113 IESC, *O'Keeffe v Hickey & Ireland* [2008] IESC 72; [2009] 1 ILRM 490, beruhend auf der Entscheidung des *Supreme Court of Canada* (Oberster Gerichtshof Kanadas) *Bazley v Curry* [1999] 2 SCR 534 und der Entscheidung des UKHL, *Lister v Hesley Hall Ltd.* [2001] UKHL 22; [2002] 1 AC 215; für eine Untersuchung dieses Urteils und anderer Fälle aus jüngerer Zeit vor der Entscheidung des IESC vgl. *D. Ryan*, Connections Without Consensus, DULJ (2008) 15(1), 41.

Reilly v Devereux & Ireland[114], dass die sexuelle Misshandlung eines Soldaten durch seinen Vorgesetzten nicht in diese Kategorie fiel.

Das Konzept der Unübertragbarkeit findet auch im öffentlichen Bereich Anwendung. Unübertragbare Verpflichtungen sind solche, bei denen der Verpflichtete die Ausführung einer Aufgabe zwar an einen unabhängigen Dritten delegieren, nicht jedoch die Haftung dafür von sich abwenden kann. Die rechtliche Folge ist eine Form der Haftung für ein (fremdes) Verschulden des Dritten, allerdings weicht die Haftungsgrundlage konzeptionell von der Grundlage einer Haftung für fremdes Verschulden ab.[115]

II. Individualansprüche

Wie aus den angeführten Entscheidungen ersichtlich, sind Individualansprüche zulässig. Die fehlende (irische) Staatsangehörigkeit schließt einen Anspruch in der Regel nicht aus. Manche Rechte (etwa das aktive und passive Wahlrecht) sind allerdings auf irische Staatsangehörige beschränkt; ein Anspruch anderer Personen ist mangels eines beeinträchtigten Schutzguts ausgeschlossen.

III. Haftungsinhalt

Hauptzweck des Schadensersatzes bei unerlaubten Handlungen sind *compensation* (Entschädigung) einerseits und *vindication* (öffentliche Rehabilitation) andererseits; beiden liegt das Prinzip der *restitutio in integrum* zugrunde.[116] Wie in anderen Rechtsordnungen des *common law* wird in Irland zwischen *special damages* (besonderem Schadensersatz), *general damages* (allgemeinem Schadensersatz) und *aggravated damages* (verschärftem Schadensersatz) unterschieden. *Special damages* werden für spezifische Vermögensschäden wie Kosten einer medizinischen Behandlung, gemindertem Einkommen, Sachschäden oder entgangenem Gewinn gewährt. *General damages* werden normalerweise für immaterielle Schäden wie das Erleiden von Schmerzen oder einen Annehmlichkeitsverlust zugesprochen. Darüber hinaus kann darauf auch bei Vermögensschäden zurückgegriffen werden, die nicht im Einzelnen angeführt werden können (z.B. wenn das entgangene, künftige Einkommen eines minderjährigen Klägers zwar nicht genau beziffert werden kann, die Berufschancen des Klägers jedoch infolge der Verletzung vermindert werden oder eine diffamierende Äußerung sich auf das künftige Einkommen möglicherweise nachteilig auswirken kann). Im europäischen Vergleich können *general damages* in Irland sehr hoch ausfallen. Die Obergrenze für schwere, dauerhafte Invalidität liegt bei € 450.000,[117] die höchste Schadensersatzsumme wegen einer Ehrverletzung, die vom IESC bestätigt wurde, betrug € 381.000.[118] Der Schadensersatz bei einer psychischen Erkrankung fällt geringer aus als bei einer Körperverletzung oder einer Ehrverletzung, ist aber im internationalen Vergleich dennoch

114 IESC, Reilly v Devereux & Ireland [2009] IESC 22.

115 Vgl. *Stevens*, Non-Delegable Duties and Vicarious Liability, und *J. Murphy*, Juridical Foundations of Common Law Non-Delegable Duties, beide in: J. W. Neyers et al. (Hrsg.), Emerging Issues in Tort Law.

116 Vgl. *McMahon/Binchy*, Law of Torts (Fn. 16), Kapitel 44; *Quill*, Torts in Ireland, Kapitel 15; *Healy*, Irish Torts (Fn. 16), Kapitel 13; *Quill*, QRTL (2007) 2 (2), 1.

117 IEHC, *Yun v Motor Insurers' Bureau of Ireland (MIBI) & Tao* [2009] IEHC 318.

118 IESC, *de Rossa v Independent Newspapers plc* [1999] IESC 63; [1999] 4 IR 6; die Schadensersatzsumme betrug (vor Einführung des Euro) IR £300.000.

recht hoch.[119] Ansprüche aus Eingriffen in die Privatsphäre können ebenfalls zu außerordentlich hohen Schadensersatzsummen führen, vor allem dann, wenn auch das Ansehen des Betroffenen negativ beeinträchtigt wird.[120]

Aggravated damages werden aufgrund einer Beleidigung des Klägers zugesprochen, die etwa wegen der Art, in der sie geäußert wurde, oder wegen des nachfolgenden Verhaltens des Schädigers über die eigentliche Rechtsverletzung hinausgeht (indem z.B. der Kläger bei der Äußerung absichtlich herabgesetzt oder bewußt ein tatsächlich nicht vorliegender Rechtfertigungsgrund eingewandt wird). Diese *aggravated damages* haben Ausgleichs- und Ersatzfunktion; sie werden aber nur ausnahmsweise gewährt, wenn der Schaden, der durch eine entsprechende unerlaubte Handlung typischerweise verursacht wird, durch ein schockierendes Verhalten des Beklagten zusätzlich erhöht wird. In Ausnahmefällen können auch *exemplary* bzw. *punitive damages* (Musterschadensersatz bzw. Schadensersatz mit Strafcharakter) über die vollständige Entschädigungsleistung hinaus gewährt werden, welche angesichts außergewöhnlich negativer Umstände im Zusammenhang mit der Vornahme einer unerlaubten Handlung die Funktion eines öffentlichen Tadels zukommt. Der Hauptzweck eines solchen Schadensersatzes sind Strafe und Abschreckung, allerdings spielt auch der Rehabilitationsgedanke eine Rolle. Ein Schadensersatzanspruch gegen den Staat kann auch *aggravated damages* und *exemplary damages* enthalten, selbst wenn der Staat nur für fremdes Verschulden haftet. Dies war kürzlich der Fall, als dem Staat ein Schadensersatzanspruch in Höhe von € 4.623.871 auferlegt wurde, weil die Polizei Beweise gefälscht hatte, um eine unberechtigte Verurteilung des Klägers herbeizuführen.[121] Davon stellten € 1.000.000 *exemplary damages* dar; von den € 2.250.000 Mio. *general damages* entfiel ein unbezifferbarer Teil auf *aggravated damages*.

Mit *nominal damages* (symbolischer Schadensersatz) und *contemptuous damages* (nahezu wertloser Schadensersatz) wird in Fällen, in denen eine unerlaubte Handlung begangen wurde, aber kein messbarer Schaden vorliegt, eine symbolische Geldsumme gewährt; der Unterschied dieser beiden Schadensersatzarten liegt in der Kostenerstattung: Einem Kläger, dem *nominal damages* gewährt werden, wird ein berechtigter Anspruch zugestanden und seine Kosten werden erstattet.[122] Werden einem Kläger hingegen *contemptuous damages* zugesprochen, so muss er seine Kosten selbst tragen, da das Gericht der Ansicht ist, dass der Kläger wegen einer belanglosen Angelegenheit die Zeit des Gerichts verschwendet hat (z.B. wenn der Ruf des Klägers schon vor der Ehrverletzung in der Öffentlichkeit so schlecht war, dass ihm eine nennenswerte Entschädigung oder Mitleid nicht zustehen).

Liegt eine Rechtsverletzung infolge eines legislativen Aktes vor, so ist es Sache des Gerichts zu entscheiden, ob eine angemessene Wiedergutmachung in Form eines Schadensersatzanspruchs besteht oder ob hierfür auch andere Maßnahmen, wie z.B. die Nichtigkeitserklärung des Gesetzes, ausreichen.[123]

---

119 In IEHC, *McHugh v Minister for Defence* [2001] IR 424, wurden IR £15.000 als *general damages* (allgemeiner Schadensersatz) zugesprochen, wovon IR £10.000 auf die Entschädigung wegen des Verlustes von Berufschancen entfielen.

120 IEHC, *Hanahoe v Hussey* [1998] 3 IR 69, IR £100.000 (ca. € 127.000). Der Betrag ist geringer, wenn der Ruf nicht beeinträchtigt wurde; in der Entscheidung IEHC, *Gray v Ireland* [2007] 2 IR 654 wurden einem der Kläger, der sieben Jahre an posttraumatischer Belastungsstörung litt und umziehen musste, € 50.000 zugesprochen.

121 IESC, *Shortt v Commissioner of An Garda Síochána, Ireland & The AG* [2007] IESC 9 mit Anm. *R. Byrne/W. Binchy*, Annual Review of Irish Law 2007, 569ff.; *Quill*, in: Koziol/Steininger (Fn. 16), S. 354ff.; *W. Binchy*, Damages Awards After *Shortt v An Garda Síochána*: New Questions, QRTL (2007) 2 (3), 20. Siehe auch IESC, *McIntyre v Lewis & Dolan* [1991] 1 IR 121.

122 In IEHC, *Redmond v Minister for the Environment* [2004] IEHC 24, [2006] 3 IR 1, wurden € 130 zugesprochen.

123 Schadensersatz wurde zugesprochen in *Redmond v Minister for the Environment* [2004] IEHC, [2006] 3 IR 1 (in Bezug auf § 47 Electoral Act 1992 und § 13 European Parliament Election Act 1997) und abgelehnt in *An Blascaod*

IV. Haftungsbegrenzung und Haftungsausschluss

1. Immunität

Es gibt im irischen Recht zahlreiche *ad hoc*-Immunitäten. Handlungen des Staates im Sinne von Tätigkeiten, die von der Exekutive im Rahmen ihrer internationalen Beziehungen mit anderen Staaten ausgeübt werden, sind vor einer Haftung ausgenommen.[124] Art. 13 Abs. 8 Nr. 1 Verfassung sieht zugunsten des Präsidenten eine umfassende Haftungsimmunität im Zusammenhang mit der Ausübung oder der versuchten Ausübung jeglicher amtlicher Funktionen oder Befugnisse vor. Mitglieder der *Oireachtas* (Parlament) genießen gemäß Art. 15 Abs. 13 Verfassung Immunität gegenüber Gerichtsverfahren im Zusammenhang mit ihren Äußerungen in den beiden Kammern der *Oireachtas*. Zudem können gesetzliche Bestimmungen besondere Behörden bzw. besondere Funktionen einer Behörde von einer Haftung ausnehmen.[125] Richter haften im Rahmen ihrer amtlichen Tätigkeit nicht, was auf dem *common law* und weniger auf Gesetzesrecht beruht.[126]

Ebenso kann der Staat für Handlungen einer Verwaltungsbehörde haften, auch wenn die Verwaltungskörperschaft selbst von einer Haftung ausgenommen ist. Ein gesetzlicher Haftungsausschluss oder eine Haftungsbefreiung nach dem *common law* kann als persönlicher Schutz des Einzelnen verstanden werden, was jedoch nichts an der rechtswidrigen Natur des zugrundeliegenden Verhaltens ändert.[127]

In der Entscheidung *Kemmy v Ireland*[128] wurde dieser Ansatz jedoch bezüglich des Fehlverhaltens von Richtern abgelehnt. *McMahon J* führte aus, dass nach den dem Richterprivileg zugrundeliegenden Grundsätzen eine unmittelbare Haftung des Staates für richterliches Fehlverhalten in gleicher Weise ausgeschlossen sei; diese Grundsätze seien „die Förderung der richterlichen Unabhängigkeit, die Anforderungen im Hinblick auf die Rechtskraft von Gerichtsentscheidungen, das Vorhandensein von Rechtsbehelfen sowie das öffentliche Interesse".[129]

Mór Teo v Commissioners of Public Works (No. 4) [2000] 3 IR 565 (in Bezug auf den An Blascaod Mór National Historic Park Act, 1989, der vom IESC in *An Blascaod Mór Teo v Commissioners of Public Works* (No. 3) [2000] 1 IR 6 für verfassungswidrig erklärt wurde). Offen blieb die Frage nach Schadensersatz in *Blehein v Minister for Health and Children & Ors* [2010] IEHC 329 (in Bezug auf § 260 Mental Treatment Act 1945). Eine Haftung des Staates wurde auch angenommen in *K v Crowley & Ors* [2005] IEHC 375 (in Bezug auf § 4 Domestic Violence Act 1996; der Versuch des Staates, Rechtsmittel einzulegen, scheiterte aus prozessualen Gründen [2010] IESC).

124 IESC, *Zarine v Owners of SS Ramava* [1942] IR 148; *McMahon/Binchy*, Law of Torts (Fn. 16), S. 1030; *Healy*, Irish Torts (Fn. 16), S. 290 f.

125 Vgl. z.B. § 17 *Defamation Act* 2009 (absolute Immunität); § 18 sowie Erster Anhang desselben Gesetzes (begrenzte Immunität); § 29 *Water Services Act* 2007 (Wasserdienstleistungsgesetz); § 55 L *Health Act* 2004 (Gesundheitsgesetz), eingefügt durch § 3 *Health Act* 27.

126 IEHC, *Flynn v Connellan* [2003] IEHC 620; IEHC, *Deighan v Ireland* [1995] 2 IR 56; IEHC, *Macauley & Co. v Wyse-Power* (1943) 77 ILTR 61; ChD, *Tughan v Craig* [1918] 1 IR 245; Ex, *Kennedy v Hilliard* (1859) 10 Ir CLR 195; Ex, Ch, *Ward v Freeman* (1852) 2 Ir CLR 460. Für Richter von Instanzgerichten, die außerhalb ihrer Zuständigkeit handeln, gilt der Schutz dieser Haftungsimmunität nicht; ebenso ist ein außergewöhnlich schweres Fehlverhalten wie z.B. die Annahme von Bestechungen nicht geschützt.

127 Vgl. z.B. *England and Wales Court of Appeal* (Berufungsgericht Englands und Wales), *Welton v North Cornwall District Council* [1997] 1 WLR 570, das Gericht verurteilte dort eine örtliche Behörde zum Ersatz von Schäden, die durch einen von ihr beschäftigten Umweltbeauftragten verursacht wurden, obwohl der Beauftragte selbst gemäß § 44 *Food Safety Act* 1990 (Gesetzes über Lebensmittelsicherheit) von einer Haftung ausgenommen war; ebenso entschied der Supreme Court of Canada, *AG of British Columbia v Insurance Corporation of British Columbia* 2008 SCC 3, [2008] 1 SCR 21, dass eine Haftung des Staates für die unerlaubte Handlung eines Polizisten nach dem Grundsatz der Haftung für fremdes Verschulden in Frage kommen könne, obwohl der individuelle Polizist im konkreten Fall im Hinblick auf eine Schadensersatzzahlung von einer persönlichen Haftung gesetzlich befreit war.

128 IEHC, *Kemmy v Ireland* [2009] IEHC 178; IEHC [2009] 4 IR 74; vgl. auch *T. Harding*, Judicial Immunity (2009) 14 Bar Rev 79.

129 Vgl. Fn. 128 sub. 74.

McMahon J stellte außerdem fest, dass das Verhältnis zwischen Staat und Judikative keine ausreichende Ähnlichkeit mit dem Verhältnis zwischen Arbeitgeber und Arbeitnehmer aufweise, bei dem eine Haftung für fremdes Verschulden anerkannt ist, da im ersteren Verhältnis aufgrund der verfassungsrechtlichen Unabhängigkeit der Judikative die notwendige Weisungsbefugnis des Staates fehle.[130] Aus diesem Grund ist in Fällen, in denen das Verhalten eines Richters außerhalb der Grenzen des Richterprivilegs liegt, eine Haftung des Staates ausgeschlossen. In Bezug auf Staatsanwälte wird eine Sorgfaltspflicht im Rahmen der *negligence* (→ B.II.1.) abgelehnt,[131] was eine Haftung aufgrund eines anderen Delikts (z.B. *misfeasance in public office* → B.II.6.) jedoch nicht ausschließt.

Diese Haftungsprivilegien stellen nicht zwangsläufig ein Ende der Staatshaftung dar, da unbeschadet einer im nationalen Recht vorgesehenen Haftungsimmunität des Einzelnen oder der für die Rechtsverletzung des Klägers verantwortlichen Körperschaft eine Haftung nach *Francovich* oder der EMRK[132] gegeben sein kann. Dem EuGH zufolge haftet ein Mitgliedstaat für eine offenkundige Verletzung des geltenden Unionsrechts durch ein letztinstanzliches nationales Gericht.[133] Die Immunität nach nationalem Recht hindere einen Geschädigten zwar, einen Anspruch gegenüber einem individuellen Richter gerichtlich geltend zu machen, dies führe aber nicht zu einem Haftungsausschluss zugunsten des Staates für Handlungen des Gerichts, welches seinerseits den Staat verkörpert. Außerdem hat das Unionsrecht Vorrang vor dem nationalen Recht, was sowohl in der Rechtsprechung des EuGH als auch in der irischen Verfassung[134] anerkannt wird, sodass eine Haftungsimmunität nach nationalem Recht nicht genutzt werden kann, um einer gemeinschaftsrechtlichen Verpflichtung zu entgehen. In der *Kemmy*-Entscheidung ging *McMahon J* von der Möglichkeit einer unmittelbaren Staatshaftung für einen richterlichen Verstoß gegen EU-Recht aus, welcher jedoch in dem konkreten Fall nicht gegeben war.[135]

Nationales Recht, das gegen Verpflichtungen im Rahmen der EMRK verstößt, kann ebenfalls eine Staatshaftung auslösen, die mit individuellen Haftungsbefreiungen nicht vereinbar ist.[136] § 3 Abs. 2 *European Convention on Human Rights Act* 2003 (Gesetz zur Europäischen Menschenrechtskonvention) sieht eine Entschädigung von Personen vor, die infolge des Versäumnisses eines Staatsorgans, seinen Pflichten in einer dem Staat aufgrund seiner Konventionsverpflichtungen obliegenden Weise nachzukommen, eine Verletzung, ein Verlust oder ein Schaden erleiden. Diese Vorschrift sieht ausdrücklich vor, dass sie einschlägig ist, wenn ansonsten kein anderes Rechtsmittel zum Schadensausgleich anwendbar ist, und ist damit eindeutig konzipiert,

---

130 Vgl. Fn. 128 sub 55.

131 *W v Ireland* [1997] 2 IR 142.

132 So stellte der EGMR einen Verstoß Irlands gegen Art. 6 EMRK infolge überlanger Verfahrensdauer fest, vgl. EGMR *MacFarlane/Ireland (GK)*, Nr. 31333/06, 10.9.2010; dazu *R. Byrne/W. Binchy*, Annual Review of Irish Law 2010 (2011), 641 ff.

133 EuGH C-224/01, Slg. 2003 I-10239 – *Köbler*; C-173/03, Slg. 2006 I-5177, – *Traghetti del Mediterraneo SpA*; *M. Breuer*, State Liability for Judicial Wrongs and Community Law: The Case of *Gerhard Köbler v Austria*, EL Rev (2004) 29, 243; *P.J. Wattel*, *Köbler*, *CILFIT* and *Welthgrove*,We Can't Go On Meeting Like This, CML Rev. (2004) 41, 177; *C.D. Classen*, *Gerhard Köbler v RepublicÖsterreich*, CML Rev (2004) 41, 813; *H. Scott/N.W. Barber*, State Liability Under *Francovich* for Decisions of National Courts, LQR (2004) 120, 403; *R.W. Davis*, Liability in damages for a breach of Community law: some reflections on the question of who to sue and the concept of 'the State', EL Rev (2006) 31, 69; *G. Anagnostaras*, Erroneous Judgments and the Prospect of Damages: The Scope of the Principle of Governmental Liability for Judicial Breaches, EL Rev (2006) 31, 735; *B. Beutler*, State Liability for Breaches of Community Law By National Courts: Is the Requirement of a Manifest Infringement of the Applicable Law an Insurmountable Obstacle?, CML Rev (2009) 46, 733.

134 Die entsprechende Bestimmung im nationalen Recht ist Art. 29 Abs. 4 Nr. 10 Verfassung (→ A.I.).

135 IEHC, *Kemmy v Ireland* [2009] IEHC 178; [2009] 4 IR 74, [20].

136 Vgl. *Breuer* (Fn. 133), EL Rev (2004) 29, 251 f. bezüglich einer eventuellen Haftung des Staates für einen Verstoß gegen die EMRK in Gerichtsentscheidungen.

um in Fällen, in denen nach nationalem Recht ein Rechtsmittel aus unerlaubter Handlung ausgeschlossen ist, Anwendung zu finden.

Die Haftungsbefreiung von Anwälten, die diese vor einer Haftung aus *negligence* im Zusammenhang mit ihrer Arbeit im Rahmen von Gerichtsverfahren schützt, wurde auf den *Attorney General* (Generalstaatsanwalt) angewandt und gilt wahrscheinlich auch für den *Director of Public Prosecutions* (Leitenden Oberstaatsanwalt).[137] Streng genommen handelt es sich hierbei nicht um eine Haftungsbefreiung im eigentlichen Sinne, sondern vielmehr um den Grundsatz, schon das Entstehen einer Sorgfaltspflicht auszuschließen.[138] Diese Art von Haftungsbefreiung setzt indes voraus, dass das entsprechende Verhalten nicht rechtswidrig im Sinne des Deliktsrechts ist.[139]

2. Rechtfertigungsgründe[140]

a) Mitverschulden

Im *common law* war das Mitverschulden ein absoluter, haftungsausschließender Rechtfertigungsgrund; nach § 34 *Civil Liability Act* 1961 stellt dies einen relativen Rechtfertigungsgrund dar, was eine Haftungsaufteilung zwischen dem Kläger und dem Beklagten gemäß ihren jeweiligen Mitverschuldensanteilen am Schaden ermöglicht.[141]

b) Einverständnis

Der Rechtfertigungsgrund der *volenti non fit injuria* (freiwillige Risikoübernahme) im Rahmen des *common law* wurde durch § 34 Abs. 1 lit. b *Civil Liability Act* abgeschafft. Das Gesetz sieht eine entsprechende Vertragsbestimmung oder einen Rechtsverzicht vor der schädigenden Handlung als gesetzlichen Rechtfertigungsgrund an. Diese Rechtfertigung ist im Umfang begrenzter als der alte Rechtfertigungsgrund nach dem *common law* und kommt in der Praxis nur selten zur Anwendung. Alle Umstände, die unter die im *common* law vorgesehene Rechtfertigung gefallen wären, sich aber jenseits der Grenzen von § 34 Abs. 1 lit. b *Civil Liability Act* befinden, werden inzwischen als Mitverschulden behandelt, mit der Folge einer Haftungsaufteilung anstelle einer absoluten, haftungsausschließenden Rechtfertigung. Für Handlungen, bei denen ein Einverständnis relevant war, aber nicht unter den *volenti non fit injuria* Grundsatz gefallen wäre, bleiben die Regelungen des *common law* von dem Inkrafttreten des § 34 unberührt. Zu solchen Handlungen zählen *trespass* (Beeinträchtigung), *defamation* (Ehrverletzung) und die *Rylands v Fletcher*-Regel. Das Einverständnis als Rechtfertigung gegenüber einer Klage wegen *defamation* wurde in § 25 *Defamation Act* 2009 kodifiziert.

---

137 IEHC, *W v Ireland* [1997] 2 IR 142.

138 Die Konzipierung dieser „*immunity*" (Haftungsbefreiung) im *common law* wurde vom EGMR in seiner Entscheidung *Z/UK*, Nr. 29392/95, 10.5.2001, [2001] 2 FLR 612 anerkannt; (2002) 34 EHRR 3, womit die gegenteilige Auffassung des Gerichts in der früheren Entscheidung *Osman/UK*, Nr. 23452/94, 28.10.1998, [1999] 1 FLR 193; (2000) 29 EHRR 245 aufgegeben wurde.

139 Dies bedeutet nicht, dass das Verhalten in jedem Zusammenhang rechtmäßig sein muss. In *PDP v Board of Management of the Patrician Secondary School and the Health Service* [2012] IEHC 591 wurde unter Berufung auf *L v Ireland* und *LM v Commissioner of An Garda Síochána & Ors* (Fn. 24) eine Sorgfaltspflicht von Sozialarbeitern gegenüber einem Beschuldigten im Rahmen der Untersuchung eines mutmaßlichen Falles von Kindesmissbrauch abgelehnt.

140 *McMahon/Binchy*, Law of Torts (Fn. 16), Kapitel 20; *Quill*, Torts in Ireland, Kapitel 12; *Healy*, Irish Torts (Fn. 16), Kapitel 2 Abschnitt V.

141 IESC, *Carroll v Clare County Council* [1975] IR 211.

c) Rechtswidrigkeit

Die Rechtfertigung *ex turpi causa non oritur actio* (aus einer unehrenhaften Ursache erwächst kein Anspruch) ist in Irland nach wie vor gültig, wird jedoch in der Praxis kaum noch herangezogen.[142] Nach § 4 Abs. 3 *Occupiers' Liability Act* 1995 steht es im Ermessen der Gerichte, Klagen von Klägern, die ihrerseits eine Straftat begangen oder versucht haben, abzuweisen.

d) Gesetzliche Ermächtigung

Verschiedene gesetzliche Bestimmungen gestatten die Vornahme von Handlungen, die andernfalls unerlaubt wären.[143] Wie bei der bereits genannten Anwaltsimmunität werden diese Bestimmungen rechtlich so verstanden, dass sie die Rechtswidrigkeit des Verhaltens ausschließen; in der Praxis werden sie jedoch auf dieselbe Weise wie Rechtfertigungsgründe vorgebracht und ihre Anwendbarkeit wird ebenfalls entsprechend dargelegt.

D. Geltendmachung von Haftungsansprüchen

I. Rechtsweg

Grundsätzlich sind Ansprüche gegen den Staat auf dieselbe Weise geltend zu machen wie Ansprüche gegen private Personen oder Unternehmen. Ein behördliches Vorverfahren ist nicht vorgesehen.

Die irischen Gerichte sind geregelt in den Art. 34–38 der irischen Verfassung von 1937. Das in der Verfassung von 1922 festgelegte Gerichtssystem wurde praktisch weiter fortgeführt, wobei dessen gesetzliche Grundlage bis zum Jahr 1961 nicht geändert wurde, als der *Courts (Establishment and Constitution) Act* (Gesetz über die Gerichte – Gründung und Verfassung) und der *Courts (Supplemental Provisions) Act* (Gesetz über die Gerichte [Ergänzende Bestimmungen]) erlassen wurden.[144] Das Zivilgerichtssystem umfasst vier Ebenen: *District Court* (Regionalgericht), *Circuit Court* (Bezirksgericht, abgekürzt: IECC), *High Court* (Obergericht, abgekürzt: IEHC) und *Supreme Court*. *District Courts* sind lokale Gerichte von ausschließlich niederer Gerichtsbarkeit. Die Zivilgerichtsbarkeit des *District Court* ist auf Klagen in Höhe von maximal IR£ 5.000 (€ 6.348,69) beschränkt. Diese Obergrenze gilt jedoch nur bei Klagen, die beim *District Court* eingereicht wer-

142 Seitdem diesem Einwand mit § 56 *Civil Liability Act* 1961 (Gesetzes über die zivilrechtliche Haftung) entgegengetreten wird, wurde dies in nur zwei Fällen erfolgreich geltend gemacht: IEHC, *O'Connor v McDonnell* (Entscheidung vom 30.6.1970, nicht veröffentlicht) mit Anm. *O'Reilly, Ex Turpi Causa Non Oritur Actio*, Ir Jur (ns) (1972), 98 und IEHC, *Anderson v Cooke & Others* [2005] 2 IR 607 mit Anm. *Ryan*, QRTL (2005) 1(1), 16; wobei in keinem der Fälle eine Behörde beteiligt war. Siehe auch *Cooke*, Malicious Injury and *Turpis Causa*, Ir Jur (ns) (1967), 103.

143 § 38 *Health Act* 1947 (Gesundheitsgesetz) gestattet z.B. die Einweisung und Isolierung von Personen, die nach Auffassung eines obersten Amtsarztes als wahrscheinliche Quelle einer ansteckenden Krankheit anzusehen sind. Bestimmungen dieses Gesetzes sehen zudem eine obligatorische Untersuchung und Überprüfung von Menschen in Bezug auf bestimmte ansteckende Krankheiten vor. Der *Mental Health Act* 2001 (Gesetz über die psychische Gesundheit) gestattet unter bestimmten, engen Voraussetzungen die Zwangseinweisung von Personen.

144 Die Anfechtung einer Richterernennung wegen einer fehlenden Ermächtigung blieb in der Entscheidung IESC, *The State (Killian) v The Minister for Justice* [1954] IR 201 (IESC) ohne Erfolg. Im Zuge dieser Entscheidung erschien es jedoch angebracht, neue Gerichte im Sinne von Art. 34 Verfassung zu gründen, anstatt an den vorübergehenden Bestimmungen in Art. 58 festzuhalten, die eine Fortgeltung des traditionellen Gerichtssystems vorsahen. Im Laufe der Zeit ergingen zahlreiche ergänzende Bestimmungen; Informationen zum gegenwärtigen Gerichtssystem und seiner Entwicklung finden sich auf der Internetseite der Gerichte, http://www.courts.ie, zuletzt abgerufen am 29.4.2013.

den, und hat keine Auswirkung auf die Zuständigkeit des Gerichts in Bezug auf die Urteilsvollstreckung (→ D.IV.) *Circuit Courts* sind Bezirksgerichte. Während früher zivilrechtliche Jurys auf dieser Ebene tätig waren, wurde deren Einsatz in zivilrechtlichen Fällen mit § 6 *Courts Act* 1971 (Gerichtsgesetz) abgeschafft. Der *Circuit Court* ist zuständig für Klagen bis zu einer maximalen Höhe von IR£ 30.000 (€ 38.092,14) bzw. € 50.000 bei Klagen wegen einer Ehrverletzung.[145] Er ist unbegrenzt zuständig, falls sämtliche Parteien seiner Zuständigkeit zustimmen. Der *High Court* ist zum einen Berufungsgericht bezüglich Entscheidungen der niederen Instanzgerichte und verfügt darüber hinaus auch über eine originäre Zuständigkeit. Der Einsatz von Jurys am *High Court* wurden für die meisten Klagen wegen Körperverletzung durch § 1 *Courts Act* 1988 (Gerichtsgesetz) abgeschafft; Ansprüche wegen vorsätzlicher Beeinträchtigung von Persönlichkeitsrechten wurden von dieser Bestimmung jedoch ausgenommen, was zur Folge hat, dass in solchen Fällen die Möglichkeit eines Juryverfahrens bestehen bleibt, was aber in der Praxis nur äußerst selten vorkommt. *Defamation* (Ehrverletzung) stellt die einzige Klageart dar, bei der Juryverfahren vor dem High Court häufig vorkommen. Der *High Court* hat eine umfassende originäre Zuständigkeit in allen Angelegenheiten. Der *Supreme Court* ist ausschließlich als Berufungsinstanz tätig und entscheidet in Kammern mit drei, fünf und sieben Richtern. Drei Richter entscheiden in Routineangelegenheiten; fünf, wenn es um die Verfassungsmäßigkeit eines Gesetzes oder eine wichtige Rechtsfrage geht. Die aus sieben Richtern bestehende Kammer entscheidet nur bei Sachen von außergewöhnlicher Bedeutung.[146]

Die Anwaltschaft unterteilt sich in zwei Zweige, *solicitors* und *barristers*. *Solicitors* sind zwar berechtigt, vor Gericht aufzutreten, nehmen dieses Recht aber außerhalb des *District Court* kaum wahr. *Barrister* treten primär als Prozessbevollmächtigte vor den anderen Gerichten auf und handeln dabei meist auf Anweisungen des *solicitors*.[147]

Das *Personal Injuries Assessment Board* (Ausschuss zur Festsetzung von Schadensersatz bei Personenschäden) ist ein gesetzlich vorgesehenes Gremium, das gegründet wurde zur schnellen Schadensbemessung in den meisten Körperverletzungsfällen, in denen die Haftung unstreitig ist. Ansprüche auf Gesundheitsleistungen sind hiervon jedoch ausgenommen.[148]

Zuständig für Ansprüche gegen den Staat aufgrund von Personen- oder Sachschäden ist die *State Claims Agency* (Behörde für Klagen gegen den Staat, abgekürzt: SCA), eine Unterabteilung der *National Treasury Management Agency* (Nationale Behörde zur Verwaltung der Staatskasse).[149] Das *Clinical Indemnity Scheme* (Programm zur Entschädigung klinischer Schäden) regelt Ansprüche aus dem medizinischen Bereich (→ C.I.); dies stellt keine formale Rechtsänderung, sondern ein administratives Verfahren dar, mittels dessen der Staat die Verantwortung für *clinical negligence* (Sorgfaltspflichtverletzung im medizinischen Bereich) durch Angestellte der Gesundheitsämter übernimmt.[150] Ansprüche, die nicht in den Zuständigkeitsbereich der SCA fallen,

---

145 Vgl. § 41 *Defamation Act* 2009; für Klagen im Zusammenhang mit unbeweglichen Sachen ist der IECC zuständig, wenn der Einheitswert des Grundstücks die Summe von € 252,95 nicht übersteigt.

146 Zur Zuständigkeit und einschlägigem Verfahren vgl. *Byrne et al.*, Irish Legal System (Fn. 3) Kapitel 4 (Verwaltung der Gerichte); Kapitel 5 (Zuständigkeit); Kapitel 6 (Zivilprozess) und Kapitel 7 (Berufungszuständigkeit).

147 Für eine ausführliche Erklärung der Berufe vgl. *Byrne et al*, Irish Legal System. (Fn. 3) Kapitel 3.

148 Einzelheiten zur Arbeitsweise des Ausschusses unter http://www.injuriesboard.ie/eng/, zuletzt abgerufen am 29.4.2013. Ausführlich dazu *P. Quigley/W. Binchy*, The Personal Injuries Assessment Board Act 2003: Implications for the Legal Practice (First Law, 2004).

149 Vgl. §§ 8, 9 *National Treasury Management Agency (Amendment) Act* 2000 (Änderungsgesetz zur Nationale Behörde zur Verwaltung der Staatskasse). Vgl. zum SCA http://www.stateclaims.ie/home.html, zuletzt abgerufen am 29.4.2013.

150 Es war allgemein üblich, Krankenhäuser und Ärzte separat zu versichern, was zu Auseinandersetzungen darüber führte, wer dem verletzten Patienten eine Entschädigung zu zahlen hatte, vgl. IEHC, *O'Gorman v Jermyn & Ors* [2006] IEHC 398 mit Anm. *Quill*, in: Koziol/Steininger (Fn. 16), S. 293 ff. Genau genommen erfolgte die Absicherung der Ärzte nicht durch eine Versicherung, sondern durch eine Mitgliedschaft in einem Versicherungsverein auf

bearbeitet die *Justice and Common Law Division* (Abteilung für Justiz und Common Law) des *Chief State Solicitor's Office* (Amt des obersten Rechtsberaters des Staats).[151] Genaue Statistiken über Staatshaftungsklagen sind den der Öffentlichkeit zur Verfügung stehenden Informationen kaum zu entnehmen. Das *Clinical Indemnity Scheme* stellt aber einige interessante Statistiken zur Verfügung. Im Jahr 2009 wurden der SCA 8.251 Vorfälle im Zusammenhang mit Medikamenten, 5.559 Vorfälle im Rahmen einer medizinischen Behandlung und 5.654 Vorfälle bezüglich von Unterlagen/ Dokumentation gemeldet, aber im selben Jahr nur 510 Klagen erhoben. Die Statistiken vergangener Jahre lassen ähnliche Tendenzen erkennen.

II. Beweisfragen

Grundsätzlich muss die Partei, die etwas behauptet, dies auch beweisen. Somit trägt normalerweise der Kläger die Beweislast für das Vorliegen der Anspruchsvoraussetzungen, während der Beklagte seinerseits erhobene Rechtfertigungsgründe nachzuweisen hat. Die wichtigste Ausnahme hiervon ist die Regel *res ipsa loquitur*, die Teil eines weitergehenden beweisrechtlichen Grundsatzes ist, der eine Beweislastumkehr in Fällen vorsieht, in denen die Anwendung des allgemeinen Grundsatzes ungerecht wäre, da einige Beweisaspekte in erster Linie im Kenntnisbereich der anderen Partei liegen.[152]

Gesetzlich vorgeschriebene Haftungstatbestände wie die Haftung für Infizierungen mit Hepatitis C und Misshandlungen in öffentlichen Wohneinrichtungen setzen keinen Nachweis eines Normverstoßes voraus. § 4 Abs. 1 *Hepatitis C Compensation Act* 1997 (Gesetz zur Entschädigung bei Hepatitis-C-Infektionen) bestimmt die Anspruchsberechtigungsvoraussetzungen, ohne das Erfordernis eines Pflichtverletzungsnachweises anzuführen. Vorausgesetzt wird lediglich, dass der Antragssteller eine besondere Ursache der Infektion beweist, bezüglich derer er den Anspruch geltend macht.[153] Nach § 7 *Residential Institutions Redress Act* 2002 (Gesetz über die Entschädigung der Opfer von Misshandlungen in öffentlichen Wohnungseinrichtungen) müssen Antragssteller kein Fehlverhalten ihnen gegenüber beweisen; erforderlich ist lediglich der Nachweis, dass die Verletzung in einem Zeitraum auftrat, in dem sie in einem öffentlichen Wohnheim wohnten und dass die Verletzung mit Misshandlungen übereinstimmt, die während dieses Zeitraums erfolgt sein sollen. Hier wird ein Rechtsverstoß vermutet, ohne dass der Antragssteller das Vorliegen eines Verstoßes nachzuweisen hat.[154] Das Gesetz schließt zudem aus, dass Ansprüche in diesem Zusammenhang durch die Geltendmachung von Verjährungsfristen ausgeschlossen werden.

Gegenseitigkeit, was eine im Ermessen stehende Entschädigungsleistung zur Folge hatte, vgl. IESC, *Barry v Medical Defence Union* [2005] IESC 41.

151 Vgl. http://www.attorneygeneral.ie/csso/english/clld.htm, zuletzt abgerufen am 29.4.2013).

152 *McMahon/Binchy*, Law of Torts (Fn. 16), Kapitel 9; *Quill*, Torts in Ireland, Kapitel 12; *Healy*, Irish Torts (Fn. 16), Kapitel 3 Abschnitt VI. Die maßgeblichen Entscheidungen sind IESC, *Hanrahan v Merck Sharp & Dohme* [1988] ILRM 629 und IESC, *Rothwell v MIBI* [2003] IESC 16; [2003] 1 IR 268 mit Anm. *Quill*, in: Koziol/Steininger (Fn. 16), S. 253 ff.

153 Die Infektionsursachen, die geltend gemacht werden können, sind die Nutzung von menschlichem Immunoglobulin Anti-D innerhalb des Staates oder der Erhalt einer Bluttransfusion oder eines Blutprodukts innerhalb des Staates. Der Kreis der Anspruchsberechtigten wurde durch § 4 *Hepatitis C Compensation Tribunal (Amendment) Act* 2002 ausgeweitet, sodass nun diejenigen eingeschlossen sind, die aufgrund derselben Ursachen an HIV leiden, sowie ein weiterer Kreis dazugehöriger Personen. Der Nachweis einer Pflichtverletzung ist jedoch nach wie vor nicht erforderlich. Ausführlich zum Gesetz von 2002 *Quill*, in Koziol/Steininger (Fn. 16), S. 263.

154 Die gesetzlichen Bestimmungen werden kurz umrissen bei *Quill*, in: Koziol/Steininger (Fn. 16), S. 264.

III. Verjährungsfristen

Die Regelverjährung für Ansprüche aus Körperverletzungen beträgt zwei Jahre von der Anspruchsentstehung an mit einer Verlängerung für Minderjährige und psychisch Erkrankte sowie im Hinblick auf die Erkennbarkeit eines wesentlichen Tatbestandsmerkmals.[155] Ansprüche aufgrund einer *defamation* (Ehrverletzung) verjähren nach einem Jahr, wobei es im Ermessen des Gerichts steht, die Frist auf zwei Jahre zu verlängern.[156] In allen anderen Fällen beträgt die Frist sechs Jahre.[157] Richtern steht es zudem frei, Klagen, die den Beklagten unangemessen belasten, abzuweisen, selbst wenn sie innerhalb der vorgenannten Fristen erhoben werden. Dies kann entweder auf eine verzögerte Klageerhebung in erster Instanz oder auf eine verzögerte Verfolgung eines laufenden Rechtsverfahrens gestützt werden.

IV. Vollstreckung

Urteile gegen den Staat und öffentliche Behörden sind grundsätzlich auf dieselbe Weise zu vollstrecken wie sonstige Urteile.[158] Ein Urteil eines zuständigen Gerichts ist als eine Forderung vollstreckbar, wobei der *District Court* dafür zuständig ist, neben seinen eigenen Urteilen auch solche des *Circuit Court* und des *High Court* zu vollstrecken.[159] Die Urteile höherer Gerichte können diese selbst vollstrecken.[160] Sämtliche Beschlüsse höherer Gerichte zur Zahlung einer Geldsumme sind automatisch rechtskräftig und erfordern zur Einleitung der Urteilsvollstreckung keine weiteren Schritte seitens des Gläubigers.[161]

Bibliographie

Beever, Allan, Rediscovering the Law of Negligence (Wiederentdeckung der Sorgfaltspflichtverletzung), Oxford 2007

Cox, Neville, Recent Developments in Defamation and Breach of Privacy Law (Aktuelle Entwicklungen im Recht der Ehrverletzung und der Verletzung der Privatsphäre) (2008) 3(2) QRTL, S. 18

Craven, Ciarán, Misfeasance and Nonfeasance: Not Yet Extinct! (Misfeasance und Nonfeasance: Noch nicht ausgestorben!) (2007) 2(1) QRTL, S. 20

Feeney, Conor, O'Keeffe v Hickey – An Expansion of Vicarious Liability? (*O'Keeffe v Hickey* – Eine Erweiterung der Haftung für fremdes Verschulden?) (2009) 14 Bar Rev, S. 81

155 Allgemein dazu *M. Canny*, Limitation of Actions, 2010; *McMahon/Binchy*, Law of Torts (Fn. 16), Kapitel 46; *Quill*, Torts in Ireland, Kapitel 12; *Healy*, Irish Torts (Fn. 16), Kapitel 2 Abschnitt I. Die Fristverlängerung aufgrund einer erschwerten Erkennbarkeit eines Tatbestandsmerkmals wurde durch den *Statute of Limitations (Amendment) Act* 1991 (Änderungsgesetz zu den Verjährungsfristen) und die zweijährige Frist durch § 7 *Civil Liability and Courts Act* 2004 (Gesetz über die zivilrechtliche Haftung und die Gerichte) eingeführt. Ursprünglich betrug die Frist gem. § 11 Abs. 2 lit. b *Statute of Limitations* 1957 (Gesetz über die Verjährungsfristen) drei Jahre.

156 Vgl. § 38 *Defamation Act* 2009.

157 Vgl. § 11 Abs. 2 lit. a *Statute of Limitations* 1957.

158 *Byrne et al.*, Irish Legal System (Fn. 3) S. 380 ff.

159 Vgl. *Enforcement of Court Orders Act* 1926 (Gesetz über die Vollstreckung von Gerichtsbeschlüssen) in geänderter Fassung sowie Anordnung 53 *District Court Rules* (Geschäftsordnung der Bezirksgerichte) (SI 93/1997 in geänderte Fassung); vgl. allgemein *K. Dowling/B. Savage*, Civil Procedure in the District Court, 2009, Kapitel 14, Abschnitt J. Die Geschäftsordnungen der Gerichte sind auf ihren jeweiligen Homepages (http://www.courts.ie, zuletzt abgerufen am 29.4.2013) einzusehen.

160 Vgl. Regelungen 36–39 zu Anordnung 42 *Rules of The Superior Courts* (Geschäftsordnung der höheren Gerichte), SI 15/1986 in geänderter Fassung.

161 Regelung 1 zu Anordnung 42 RSC.

Quill, Eoin, Successive Causes and the Measurement of Damages (Sukzessive Ursachen und Schadensbemessung) (2002) 37 Ir Jur, S. 91
ders., General Damages and Relative Values in Irish Tort Law (Allgemeiner Schadensersatz und relative Werte im irischen Recht der unerlaubten Handlung) (2007) 2(2) QRTL, S. 1
ders., Torts in Ireland (Unerlaubte Handlungen in Irland), 3. Aufl., Dublin 2009
Quinlivan, Shivaun/Keyes, Mary, Official Indifference and Persistent Procrastination: An Analysis of *Sinnott* (Offizielle Gleichgültigkeit und dauerhafte Prokrastination: Eine Analyse von *Sinnott*) [2002] 2(2) Judicial Studies Institute Journal, S.163
Ryan, Des, The Position in Tort of Public Authorities After *Beatty v The Rent Tribunal* (Die Stellung der Behörden bei unerlaubten Handlungen nach *Beatty v The Rent Tribunal*) (2005/6) 1(1) QRTL, S. 12
ders., Connections Without Consensus: Recent Approaches to Vicarious Liability in the Irish Supreme Court (Verbindungen ohne Konsens: Aktuelle Ansätze des Irish Supreme Court zur Haftung für fremdes Verschulden) (2009) 16(1) DULJ, S. 457
Ryan, Ray, Ex Turpi Causa: Negligence and Dangerous Drivers (Ex Turpi Causa: sorgfaltspflichtverstoß und gefährliche Fahrer) (2005/6) 1(1) QRTL, S. 16
ders./Ryan, Des, 'A Lost Cause?' Causation in Negligence Cases: Recent Irish Developments („Eine aussichtslose Sache?" Kausalität in Sorgfaltspflichtsfällen: Aktuelle irische Entwicklungen) (2006) 24 ILT, S. 91 (Part I) & S. 107 (Part II)
dies., 'Recent Judicial Approaches to "Loss of Chance" in Medical Negligence Cases' (Aktuelle richterliche Ansätze zum „Chancenverlust" in Fällen medizinischer Sorgfaltspflichtverletzungen) in: C. Craven/W. Binchy (Hrsg.), Medical Negligence Litigation: Emerging Issues (Haftung aufgrund medizinischer Sorgfaltspflichtverletzung: Neue Fragen), Dublin 2008
Stevens, Robert, 'Non-Delegable Duties and Vicarious Liability' (Nicht übertragbare Pflichten und Haftung für fremdes Verschulden) in: J.W. Neyers/E. Chamberlain/ S.G.A. Pitel, Emerging Issues in Tort Law ((Neue Fragen zum Recht der unerlaubten Handlung), Portland, Oregon, 2007
Winiger, Bénédict et al. (Hrsg.), Digest of European Tort Law: Volume I: Essential Cases on Natural Causation (Übersicht zum Europäischen Tort Law: Bd. I: Wichtige Fälle zur natürlichen Kausalität), Wien 2007

Abkürzungen

AC	Law Reports, Appeal Cases
AG	Attorney General
Bar Rev	Bar Review (Zeitschrift)
CA	Court of Appeal (Revisionsinstanz)
ChD	Chancery Division of the High Court
CML Rev	Common Market Law Review
DULJ	Dublin University Law Journal
ECR	European Court Reports
EHRR	Essex Human Rights Review
EL Rev	European Law Review
EMRK	Europäische Menschenrechtskonvention
EuGH	Europäischer Gerichtshof
Ex	Court of Exchequer (früheres Steuergericht)
Ex Ch	Court of Exchequer Chamber
FLR	Family Law Reports
Gazette	Gazette of the Law Society of Ireland
IECC	Irish Circuit Court (irisches Bezirksgericht)
IEHC	Irish High Court (irisches Obergericht)
IELJ	Irish Employment Law Journal
IESC	Irish Supreme Court
ILRM	Irish Law Reports Monthly
ILT	Irish Law Times
ILTR	Irish Law Times Reports

Ir CLR	Irish Common Law Reports
Ir Jur (ns)	Irish Jurist (New Series)
IR	Irish Reports
KB	Law Reports, King's Bench
LQR	Law Quarterly Review
Ltd	Limited
Ors	Others (andere)
QRTL	Quarterly Review of Tort Law
RSC	Rules of the Superior Courts (Geschäftsordnungen der höheren Gerichte)
RTÉ	Radió Telefís Éireann (Radio und Fernsehen Irlands)
SCA	State Claims Agency (Behörde für Klagen gegen den Staat)
SCC	Supreme Court of Canada
SCR	Supreme Court Reports (Canada)
SI	Statutory Instrument
Teo	Teoranta (irische Bezeichnung für Limited)
Tort L Rev	Tort Law Review
UDC	Urban District Council (kommunale Verwaltungseinheit)
UK	United Kingdom (Vereinigtes Königreich)
UKHL	United Kingdom House of Lords
WLR	Weekly Law Reports

Wesentliche Vorschriften

Occupiers' Liability Act, 1995
Gesetz über die Grundstückshaftung, 1995[162]

Replacement of common law rules.
2.—(1) Subject to section 8, the duties, liabilities and rights provided for by this Act shall have effect in place of the duties, liabilities and rights which heretofore attached by the common law to occupiers of premises as such in respect of dangers existing on their premises to entrants thereon.

Ersetzung von common law Regeln.
2.—(1) Gemäß Paragraf 8 ersetzen die Pflichten, Haftungstatbestände und Rechte dieses Gesetzes die Pflichten, Haftungstatbestände und Rechte, die bislang nach Maßgabe des common law für Grundstücksnutzer in Bezug auf sich auf diesem Grundstück befindende Gefahren für diejenigen, die das Grundstück betreten, galten.

Duty owed to visitors.
3.—(1) An occupier of premises owes a duty of care („the common duty of care") towards a visitor thereto except in so far as the occupier extends, restricts, modifies or excludes that duty in accordance with section 5.

Pflicht gegenüber Besuchern.
3.—(1) Der Nutzer eines Grundstücks hat gegenüber einem Besucher eine Sorgfaltspflicht („allgemeine Sorgfaltspflicht"), soweit diese Pflicht vom Nutzer nicht nach Maßgabe von Paragraf 5 erweitert, eingeschränkt, geändert oder ausgeschlossen wurde.

Duty owed to recreational users or trespassers.

4.—(1) In respect of a danger existing on premises, an occupier owes towards a recreational user of the premises or a trespasser thereon („the person") a duty—

Pflicht gegenüber Freizeitnutzern oder Eindringlingen.
4.—(1) In Bezug auf sich auf einem Grundstück befindende Gefahren obliegt dem Nutzer gegenüber demjenigen, der das Grundstück zu Freizeitzwecken aufsucht, oder einem unbefugten Eindringling („der Person") eine Pflicht –

162 Übersetzung des Herausgebers.

(a) not to injure the person or damage the property of the person intentionally, and
(b) not to act with reckless disregard for the person or the property of the person,

except in so far as the occupier extends the duty in accordance with section 5.

(a) die Person oder das Eigentum dieser Person nicht vorsätzlich zu verletzen und
(b) nicht unter fahrlässiger Missachtung gegenüber der Person oder dem Eigentum der Person zu handeln,

soweit der Nutzer die Pflicht nicht nach Maßgabe von Paragraf 5 erweitert.

Liability of occupiers for negligence of independent contractors.
7.—An occupier of premises shall not be liable to an entrant for injury or damage caused to the entrant or property of the entrant by reason of a danger existing on the premises due to the negligence of an independent contractor employed by the occupier if the occupier has taken all reasonable care in the circumstances (including such steps as the occupier ought reasonably to have taken to satisfy himself or herself that the independent contractor was competent to do the work concerned) unless the occupier has or ought to have had knowledge of the fact that the work was not properly done.

Haftung des Grundstücksnutzers für die Fahrlässigkeit unabhängiger Auftragnehmer.
7.— Ein Grundstücksnutzer haftet gegenüber demjenigen, der das Grundstück betritt, nicht für eine Verletzung dieser Person oder für einen Schaden an dem Eigentum dieser Person aufgrund einer sich infolge der Fahrlässigkeit eines vom Nutzer bestellten unabhängigen Auftragsnehmers auf dem Grundstück befindenden Gefahr, sofern der Nutzer die nach den Umständen erforderliche angemessene Sorgfalt (einschließlich solcher Maßnahmen, die der Nutzer vernünftigerweise hätte ergreifen müssen, um sich davon zu überzeugen, dass der unabhängige Auftragnehmer befähigt war, die betreffende Arbeit auszuführen) beachtet hat, es sei denn, der Nutzer wusste oder hätte wissen können, dass die Arbeit nicht ordnungsgemäß ausgeführt wurde.

Defamation Act 2009
Gesetz über Ehrverletzungen 2009[163]

Damages.
31.— (1) The parties in a defamation action may make submissions to the court in relation to the matter of damages.

(2) In a defamation action brought in the High Court, the judge shall give directions to the jury in relation to the matter of damages.

(3) In making an award of general damages in a defamation action, regard shall be had to all of the circumstances of the case.

(7) The court in a defamation action may make an award of damages (in this section referred to as "special damages") to the plaintiff in respect of financial loss suffered by him or her as a result of the injury to his or her reputation caused by the publication of the defamatory statement in respect of which the action was brought.

Schadensersatz.
31.— (1) Die Parteien in einem Ehrverletzungsverfahren können Anträge in Bezug auf die Frage des Schadensersatzes beim Gericht einreichen.

(2) In einem Ehrverletzungsverfahren vor dem High Court erteilt der Richter in Bezug auf die Frage des Schadensersatzes Weisungen gegenüber der Jury.

(3) Bei der Anerkennung von allgemeinem Schadensersatz in einem Ehrverletzungsverfahren sind alle Umstände des Einzelfalles zu berücksichtigen.

(7) Das Gericht kann in einem Ehrverletzungsverfahren dem Kläger Schadensersatz (in diesem Abschnitt als „besonderer Schadensersatz" bezeichnet) zusprechen in Bezug auf einen von ihm oder ihr erlittenen Vermögensschaden infolge der Verletzung seines oder ihres Rufes aufgrund der Veröffentlichung der ehrverletzenden Äußerung, deretwegen die Klage eingereicht wurde.

163 Übersetzung des Herausgebers.

Aggravated and punitive damages.

32. – (1) Where, in a defamation action –
(a) the court finds the defendant liable to pay damages to the plaintiff in respect of a defamatory statement, and
(b) the defendant conducted his or her defence in a manner that aggravated the injury caused to the plaintiff's reputation by the defamatory statement,

the court may, in addition to any general, special or punitive damages payable by the defendant to the plaintiff, order the defendant to pay to the plaintiff damages (in this section referred to as "aggravated damages") of such amount as it considers appropriate to compensate the plaintiff for the aggravation of the said injury.

(2) Where, in a defamation action, the court finds the defendant liable to pay damages to the plaintiff in respect of a defamatory statement and it is proved that the defendant–

(a) intended to publish the defamatory statement concerned to a person other than the plaintiff,
(b) knew that the defamatory statement would be understood by the said person to refer to the plaintiff, and
(c) knew that the statement was untrue or in publishing it was reckless as to whether it was true or untrue,

the court may, in addition to any general, special or aggravated damages payable by the defendant to the plaintiff, order the defendant to pay to the plaintiff damages (in this section referred to as "punitive damages") of such amount as it considers appropriate.

Verschärfter Schadensersatz und Schadensersatz mit Strafcharakter.

32. – (1) Wenn in einem Ehrverletzungsverfahren –
(a) das Gericht den Beklagten dazu verurteilt, an den Kläger wegen einer ehrverletzenden Äußerung Schadensersatz zu zahlen, und
(b) der Beklagte sich vor Gericht auf eine Weise eingelassen hat, die den Schaden am Ruf des Klägers infolge der ehrverletzenden Äußerung noch verstärkt hat,

so kann das Gericht den Beklagten dazu verurteilen, zusätzlich zu einem vom Beklagten an den Kläger zu zahlenden allgemeinen oder besonderen Schadensersatz oder Schadensersatz mit Strafcharakter an den Kläger Schadensersatz (in diesem Abschnitt als „verschärfter Schadensersatz" bezeichnet) in einer Höhe zu zahlen, die es für angemessen hält, um den Kläger für die Verschlimmerung der genannten Verletzung zu entschädigen.

(2) Kommt das Gericht in einem Ehrverletzungsverfahren zu dem Ergebnis, dass der Beklagten wegen einer ehrverletzenden Äußerung gegenüber dem Kläger zur Zahlung von Schadensersatz verpflichtet ist, und ist erwiesen, dass der Beklagte
(a) beabsichtigte, die betreffende ehrverletzende Äußerung gegenüber einer anderen Person als dem Kläger zu veröffentlichen,
(b) wusste, dass die ehrverletzende Äußerung von der genannten Person auf den Kläger bezogen würde, und
(c) wusste, dass die Äußerung unrichtig oder ihre Veröffentlichung in Bezug auf ihren Wahrheitsgehalt leichtsinnig war,

so kann das Gericht den Beklagten verurteilen, zusätzlich zu jedem vom Beklagten an den Kläger zu zahlenden allgemeinen, besonderen oder verschärften Schadensersatz auch Schadensersatz (in diesem Abschnitt als „Schadensersatz mit Strafcharakter" bezeichnet) in einer Höhe zu leisten, die das Gericht für angemessen hält.

Civil Liability Act, 1961
Gesetz über die zivilrechtliche Haftung, 1961[164]

Extent of liability.
12.–(1) Subject to the provisions of sections 14, 38 and 46, concurrent wrongdoers are each liable for the whole of the damage in respect of which they are concurrent wrongdoers.

Haftungsumfang.
12.–(1) Mehrere Schädiger haften nach den Vorschriften der Paragrafen 14, 38 und 46 jeweils für den gesamten Schaden, bezüglich dessen sie zusammenwirkende Schädiger sind.

164 Übersetzung des Herausgebers.

(2) Where the acts of two or more persons who are not concurrent wrongdoers cause independent items of damage of the same kind to a third person or to one of their number, the court may apportion liability between such persons in such manner as may be justified by the probabilities of the case, or where the plaintiff is at fault may similarly reduce his damages; and if the proper proportions cannot be determined the damages may be apportioned or divided equally.

(2) Verursachen die Handlungen von zwei oder mehr Personen, die nicht zusammenwirkende Schädiger sind, eigenständige Schäden derselben Art gegenüber einer dritten Person oder einer Person aus ihrer Mitte, kann das Gericht die Haftung zwischen diesen Personen so aufteilen, wie die Wahrscheinlichkeiten des Falles es rechtfertigen, oder bei einem Verschulden des Klägers gleichzeitig seinen Schadensersatz verringern; und wenn ein angemessenes Verhältnis nicht bestimmt werden kann, kann die Entschädigung zu gleichen Teilen zugewiesen oder aufgeteilt werden.

(3) Subsection (2) of this section shall apply to two or more persons whose acts taken together constitute a nuisance, even though the act of any one of them taken alone would not constitute a nuisance, not being unreasonable in degree.

(3) Absatz 2 dieser Vorschrift ist auf zwei oder mehr Personen anwendbar, deren Handlungen zusammen eine Störung ergeben, auch wenn die Handlung jeder einzelnen Person für sich genommen mangels Erreichen der Unzumutbarkeitsschwelle keine Störung darstellen würde.

Contribution in respect of damages.

21.—(1) Subject to the provisions of this Part, a concurrent wrongdoer (for this purpose called the claimant) may recover contribution from any other wrongdoer who is, or would if sued at the time of the wrong have been, liable in respect of the same damage (for this purpose called the contributor), so, however, that no person shall be entitled to recover contribution under this Part from any person entitled to be indemnified by him in respect of the liability in respect of which the contribution is sought.

Beteiligung in Bezug auf den Schadensersatz.

21.—(1) Gemäß den Vorschriften dieses Abschnitts kann einer der zusammenwirkenden Schädiger (zu diesem Zweck als Anspruchsteller bezeichnet) einen Anteil von jedem anderen Schädiger verlangen, der hinsichtlich desselben Schadens haftet oder haften würde, wenn er zum Zeitpunkt der Schädigung verklagt worden wäre (zu diesem Zweck als Beitragender bezeichnet), jedoch auf eine Weise, dass niemand berechtigt ist, nach diesem Abschnitt die Erstattung eines Anteil von einer Person zu verlangen, der ein Freistellungsanspruch ihm gegenüber bezüglich der Haftung zusteht, für die ein Anteil verlangt wird.

(2) In any proceedings for contribution under this Part, the amount of the contribution recoverable from any contributor shall be such as may be found by the court to be just and equitable having regard to the degree of that contributor's fault, and the court shall have power to exempt any person from liability to make contribution or to direct that the contribution to be recovered from any contributor shall amount to a complete indemnity.

(2) In Anteilserstattungsverfahren nach diesem Abschnitt soll die Höhe des von jedem Beitragenden zu erstattenden Anteils so sein, wie es das Gericht im Hinblick auf den Verschuldensgrad des jeweiligen Beitragenden für gerecht und angemessen hält, und das Gericht hat die Befugnis, eine Person von einer Beitragspflicht zu befreien oder festzusetzen, dass der von einem Beitragenden zu erstattende Beitrag zu einer vollständigen Freistellung führt.

Apportionment of liability in case of contributory negligence.

34.—(1) Where, in any action brought by one person in respect of a wrong committed by any other person, it is proved that the damage suffered by the plaintiff was caused partly by the negligence or want of care of the plaintiff or of one for whose acts he is responsible (in this Part called contributory negligence) and partly by the wrong of the defendant, the damages recoverable in respect of the said wrong shall be reduced by such amount as the court thinks just and equitable having regard to the degrees of fault of the plaintiff and defendant: provided that—

Haftungsverteilung bei Mitverschulden.

34.—(1) Sofern bei einer Klage einer Person in Bezug auf ein ihr von einer anderen Person zugefügtes Unrecht nachgewiesen wird, dass der dem Kläger zugefügte Schaden teilweise durch die Fahrlässigkeit oder mangelnde Sorgfalt des Klägers oder einer Person, für deren Handeln er verantwortlich ist (in diesem Abschnitt als Mitverschulden bezeichnet) und teilweise durch Unrecht seitens des Schädigers verursacht wurde, so verringert sich der zu erstattende Schadensersatz hinsichtlich des genannten Unrechts um eine vom Gericht im Hinblick auf den Verschuldensgrad von Kläger und

(a) if, having regard to all the circumstances of the case, it is not possible to establish different degrees of fault, the liability shall be apportioned equally;
(b) this subsection shall not operate to defeat any defence arising under a contract or the defence that the plaintiff before the act complained of agreed to waive his legal rights in respect of it, whether or not for value; but, subject as aforesaid, the provisions of this subsection shall apply notwithstanding that the defendant might, apart from this subsection, have the defence of voluntary assumption of risk;
(c) where any contract or enactment providing for the limitation of liability is applicable to the claim, the amount of damages awarded to the plaintiff by virtue of this subsection shall not exceed the maximum limit so applicable.

(2) For the purpose of subsection (1) of this section—
(a) damage suffered by the plaintiff may include damages paid by the plaintiff to a third person who has suffered damage owing to the concurrent wrongs of the plaintiff and the defendant, and the period of limitation for claiming such damages shall be the same as is provided by section 31 for actions for contribution;
(b) a negligent or careless failure to mitigate damage shall be deemed to be contributory negligence in respect of the amount by which such damage exceeds the damage that would otherwise have occurred;
(c) the plaintiff's failure to exercise reasonable care for his own protection shall not amount to contributory negligence in respect of damage unless that damage results from the particular risk to which his conduct has exposed him, and the plaintiff's breach of statutory duty shall not amount to contributory negligence unless the damage of which he complains is damage that the statute was designed to prevent;
(d) the plaintiff's failure to exercise reasonable care in the protection of his own property shall, except to the extent that the defendant has been unjustly enriched, be deemed to be contributory negligence in an action for conversion of the property;

Beklagten für gerecht und angemessen erachtete Summe: Vorausgesetzt, dass –
(a) es in Anbetracht aller Umstände des Falles nicht möglich ist, unterschiedliche Verschuldensgrade festzustellen, wird die Haftung gleichmäßig aufgeteilt;
(b) von diesem Absatz nicht Gebrauch gemacht wird, um eine sich aus einem Vertrag ergebende Einrede oder die Einrede, dass der Kläger vor dem beanstandeten Akt auf die ihm zustehenden Rechte gegen oder ohne Entgelt verzichtete, zunichte zu machen; allerdings gelten gemäß den vorstehenden Ausführungen die Vorschriften dieses Absatzes ungeachtet der Tatsache, dass der Beklagte sich mit Ausnahme von diesem Absatz auf den Einwand freiwilliger Risikoübernahme berufen kann;
(c) die dem Kläger kraft dieses Absatzes zugesprochene Schadensersatzsumme für den Fall, dass ein haftungsbeschränkender Vertrag oder eine Verfügung bezüglich des Anspruchs Anwendung findet, nicht die danach zulässige Obergrenze übersteigt.

(2) Im Sinne von Absatz (1) dieses Paragrafen—
(a) kann der vom Kläger erlittene Schaden auch Ersatzzahlungen umfassen, die vom Kläger an einen Dritten gezahlt wurden, dem infolge der zusammenwirkenden unrechtmäßigen Handlungen des Klägers und des Beklagten ein Schaden entstanden ist, und die Verjährungsfrist für einen solchen Schadensersatzanspruch entspricht der Frist für Klagen auf Beteiligung nach Paragraf 31;
(b) gilt ein fahrlässiges oder leichtfertiges Versäumnis, den Schaden zu mindern, als Mitverschulden in Bezug auf die Differenz, um die der Schaden den Schaden übersteigt, der andernfalls eingetreten wäre;
(c) gilt das Versäumnis des Klägers, angemessene Sorgfalt hinsichtlich seines eigenen Schutzes anzuwenden, in Bezug auf den Schaden nicht als Mitverschulden, es sei denn, der Schaden ergibt sich aus einem besonderen Risiko, das sich aus seinem Verhalten ergibt, und die Verletzung einer gesetzlich vorgeschriebenen Pflicht durch den Kläger trägt nicht zum Mitverschulden bei, es sei denn, der von ihm geltend gemachte Schaden ist ein solcher, den das Gesetz zu verhindern bestimmt war;
(d) ist das Versäumnis des Klägers, angemessene Sorgfalt hinsichtlich des Schutzes seines eigenen Eigentums anzuwenden, in einem Verfahren wegen der Anmaßung von Vermögensgegenständen als Mitverschulden anzusehen, es sei denn, auf Seiten des Beklagten liegt eine unberechtigte Bereicherung vor;

(e) damage may be held to be caused by the wrong of the defendant notwithstanding any rule of law by which the scope of the defendant's duty is limited to cases where the plaintiff has not been guilty of contributory negligence: but this paragraph shall not render the defendant liable for any damage in respect of which he or a person for whose acts he is responsible has not been careless in fact;

(f) where an action is brought for negligence in respect of a thing that has caused damage, the fact that there was a reasonable possibility or probability of examination after the thing had left the hands of the defendant shall not, by itself, exclude the defendant's duty, but may be taken as evidence that he was not in the circumstances negligent in parting with the thing in its dangerous state.

(e) kann ein Schaden als durch das Unrecht des Beklagten verursacht gelten, ungeachtet gesetzlicher Vorschriften, die den Umfang der Pflicht des Beklagten auf Fälle beschränken, in denen kein Mitverschulden auf Seiten des Klägers vorliegt: Nach diesem Paragraf soll jedoch keine Haftung des Beklagten für solche Schäden ausgelöst werden, bezüglich derer er oder eine Person, für deren Handeln er verantwortlich ist, sich tatsächlich nicht fahrlässig verhalten hat;

(f) schließt in einem Verfahren wegen Fahrlässigkeit in Bezug auf einen Gegenstand, der einen Schaden verursacht hat, die Tatsache, dass eine angemessene Möglichkeit oder Wahrscheinlichkeit zur Überprüfung bestand, nachdem der Gegenstand den Einflussbereich des Beklagten verlassen hat, für sich eine Pflicht des Beklagten nicht aus, ist jedoch als Anzeichen dafür zu sehen, dass er sich nach den gegebenen Umständen nicht fahrlässig verhalten hat, indem er den Gegenstand in seinem gefährlichen Zustand aus seinem Einflussbereich entlassen hat.

§ 10 Italien

Fulvio Cortese/Geo Magri

Inhaltsübersicht

A. Einführung

I. Historische Entwicklung und verfassungsrechtliche Grundlagen

Seit jeher ging die italienische Rechtsordnung nicht von einem formellen Haftungsausschluss zugunsten der Verwaltungsbehörden aus.[1] Vielmehr wurde bereits in frühen Schriften versucht, eine besondere Grundlage für diese spezifische Haftungsform zu ermitteln. Bis heute konnte sich die Ansicht, der zufolge die behördliche Haftung und die Haftung von Privatpersonen auf unterschiedliche Rechtsgrundlagen zu stützen seien, nicht durchsetzen.[2]

Dessen ungeachtet äußerte sich seit Ende des 19. Jahrhunderts die Rechtsprechung allerdings stets dahingehend, einen völligen Gleichlauf der privaten und der öffentlich-rechtlichen Haftung einzuschränken. Jedoch gingen auch die Gerichte davon aus, dass die Grundsätze der privatrechtlichen Rechtsverhältnisse prinzipiell auf die öffentliche Verwaltung übertragbar seien.

Diese ursprüngliche, restriktive Auffassung basierte insbesondere auf der Unterscheidung zwischen einer hoheitlichen Verwaltungshandlung (*iure imperii*) und einer Verwaltungshandlung nach zivilrechtlichen Vorschriften (*iure gestionis*).

Ausgehend von dieser Unterscheidung entschied die *Corte di Cassazione* (Kassationsgerichtshof, abgekürzt: Cass.) in einem berühmten Urteil vom 9.7.1897[3], dass die öffentliche Verwaltung für Schäden, die sie den Bürgern zufügt, nur bei *iure gestionis* Tätigkeiten hafte und dies auch nur dann, wenn keine hoheitsrechtlichen Befugnisse betroffen seien (d.h. weder ein vorheriger bzw. nachträglicher Erlass von Hoheitsakten noch eine Handlung vorliegt, die ihrerseits auf einen Regierungsakt zurückzuführen ist). Diese These, die von den angesehensten Lehrmeinungen jener Zeit heftig kritisiert wurde,[4] wurde bald darauf überarbeitet und behielt dann mit einigen Änderungen für lange Zeit ihre Gültigkeit.

Insbesondere die Unterscheidung zwischen der Verwaltungstätigkeit *iure imperi* und *iure gestionis* wurde später von der Rechtsprechung revidiert und eine Verwaltungshaftung nach zivilrechtlichen Grundsätzen auch bei einer *iure imperii* Tätigkeit für zulässig erklärt.[5] Eine entsprechende Haftungsausdehnung kam jedoch nur in den Fällen in Frage, in denen das Gericht die Verletzung eines *diritto soggettivo* (subjektiven Rechts) durch die Verwaltung feststellte.[6]

---

1 Für eine allgemeine und zusammenfassende Einführung in die Thematik vgl. *Comporti*, in: Cassese, Dizionario, S. 5125, *Torchia*, La responsabilità, in: Cassese (Hrsg.), Trattato di diritto amministrativo II, 2003, S. 1649. Für eine weitergehende Vertiefung siehe *Caringella/Protto*, La responsabilità civile; *Allena/Cimini/Crismani et al.*, La responsabilità della pubblica amministrazione in Italia, in: Fracchia (Hrsg.), Materiali per una comparazione in tema di responsabilità civile e amministrativa, 2011, S. 127; *Cafagno/Fazio*, La responsabilità della pubblica amministrazione da provvedimento (*report* 2011): Ius-Publicum Network Review, abrufbar unter http://www.ius-publicum.com/repository/uploads/28_09_2011_9_40_CAFAGNO_FAZIO_IT.pdf (zuletzt abgerufen am 20.6.2013); *Chirulli*, Responsabilità da comportamento (*report* 2011): Ius-Publicum Network Review, abrufbar unter http://www.ius-publicum.com/repository/uploads/13_07_2011_9_35_Chirulli_IT.pdf (zuletzt abgerufen am 20.6.2013).

2 *Corso*, Manuale di diritto amministrativo, 2008, S. 436, auch für eine kurze Zusammenfassung der (wenig verbreiteten) Gegenansichten.

3 Foro it. 1898, XXIII, I, 80.

4 Siehe insbes. den kritischen Kommentar von *Ranelletti*, Foro it. 1898, XXIII, I, 80. In diesem Sinne und als Bestätigung der völligen Überholung dieser Ansicht siehe auch *Cammeo*, Commentario alle leggi sulla giustizia amministrativa, 1911, S. 810.

5 *Corso*, Manuale (Fn. 2), S. 428.

6 Für eine Darstellung dieser Entwicklungen siehe *Mazzarolli*, Ragioni e peculiarità del sistema italiano di giustizia amministrativa, in: Mazzarolli et al. (Hrsg.), Diritto amministrativo, II, 2001, S. 1804 (1819).

Dabei ist anzumerken, dass im Zuge der Entwicklung des italienischen Rechtsschutzsystems die Fälle, in denen eine Privatperson Träger eines subjektiven Rechts gegenüber der öffentlichen Verwaltung ist und die Möglichkeit hat, dieses Recht vor einem Zivilgericht gem. Art. 2 *Legge sul contenzioso ammninistrativo* (Gesetz über das Verwaltungsstreitverfahren) Anhang E[7] geltend zu machen, sehr begrenzt waren.

Die Rechtsprechung – und für lange Zeit auch die Lehre – gingen davon aus, dass in allen Fällen, in denen die Verwaltung hoheitlich handelt, kein subjektives Recht, sondern vielmehr ein *interesse legittimo* (legitimes Interesse) der Privatperson betroffen sei, welches als „Abwehrinteresse" oder „Leistungsinteresse" bezeichnet werden kann, je nachdem, ob die Privatperson Ansprüche wegen der Verletzung eines *status negativus* oder einen Leistungsanspruch gegenüber der Verwaltung geltend macht.[8]

Dem Verwaltungsakt selbst wurde die Wirkung zugeschrieben, entweder ein bestehendes subjektives Recht abzuschwächen (beispielsweise durch einen Enteignungsbeschluss ein bislang bestehendes Eigentumsrecht zu einem legitimen „Abwehrinteresse" zurückzustufen) oder über das Bestehen eines substantiellen, nicht effektiv als Recht qualifizierbaren Interesses zu bestimmen (so stellt beispielsweise das Interesse desjenigen, der eine Genehmigung beantragt, ein legitimes „Leistungsinteresse" dar).

Vor dem Jahr 1889, als der Vierte Senat des *Consiglio di Stato* (Staatsrat, abgekürzt: Cons. Stato)[9] eingerichtet und damit die Verwaltungsgerichtsbarkeit begründet wurde, genoss das legitime Interesse keinen gerichtlichen Schutz. Ab diesem Jahr wurde es möglich, das legitime Interesse vor der neuen Sondergerichtsbarkeit geltend zu machen, jedoch nur im Wege einer Anfechtung des belastenden Verwaltungsaktes innerhalb einer Frist von 60 Tagen.

Erst nach Beseitigung der Ursache der Rechtsverletzung bzw. nach Aufhebung des belastenden Verwaltungsaktes konnte der Bürger das Zivilgericht anrufen, um Schadensersatz zu erhalten. Dieser Sekundärrechtsschutz wurde jedoch wiederum nur dann gewährt, wenn das Gericht das Vorliegen eines ursprünglichen subjektiven Rechts (d.h. eines durch die aufgehobene Entscheidung rechtswidrig abgeschwächten subjektiven Rechts)[10] feststellen konnte. Dazu kam es freilich nicht, wenn es sich um einen Ermessensverwaltungsakt handelte,[11] mit der Folge, dass bei Ermessensausübung der Verwaltung dadurch verursachte Schäden in Bezug auf legitime Interessen als nicht ersetzbar galten.[12]

Diese Rechtsauffassung überlebte auch das Inkrafttreten der *Costituzione della Repubblica Italiana* (Verfassung der italienischen Republik, abgekürzt: Cost.) am 1. Januar 1948,[13] welche

7 L. 2248 vom 20.3.1865. Diese noch heute geltende Vorschrift sieht vor, dass alle Streitverfahren, *„die zivile und politische Rechte betreffen"*, der ordentlichen Gerichtsbarkeit zu übertragen sind, auch wenn *„die öffentliche Verwaltung davon berührt wird"*.

8 Für eine noch heute aktuelle Definition von legitimem Interesse siehe *Falcon*, Lezioni di diritto amministrativo, 2009, S. 77.

9 Dem durch L. 5992/1889 eingeführten Vierten Senat des Staatsrates wurde die Befugnis übertragen, sämtliche Rechtstreitigkeiten mit Ausnahme solcher, die subjektive Rechte betreffen, zu schlichten. Der Rechtsprechungscharakter dieser Entscheidungen wurde erst später mit der Verabschiedung der *Regolamento per la procedura dinanzi alle sezioni giurisdizionali del Consiglio di Stato* (Verfahrensordnung vor dem Staatsrat) 642/1907 formell anerkannt.

10 Für eine sorgfältige und sehr genaue Analyse dieser Begriffe siehe insbes. *Caranta*, La responsabilità extracontrattuale, S. 5.

11 So lautet ausdrücklich ein Urteil der *Sezioni Unite della Corte di Cassazione* (Kassationsgerichtshof, Vereinte Senate, abgekürzt: SS. UU.) vom 6.5.1929, Giur. it. 1929, I, 1 (760).

12 Für eine umfassende Darstellung der diesbezüglichen Diskussion siehe den Bericht einer bekannten Fachtagung zu diesem Thema: Atti del Convegno Nazionale sull'ammissibilità del risarcimento del danno patrimoniale derivante da lesione di interessi legittimi, Milano 1965.

13 *Comporti*, in: Cassese, Dizionario, S. 5126.

diesbezüglich keine ausdrückliche Regelung enthält und die Unterscheidung zwischen subjektiven Rechten und legitimen Interessen aufrechterhält.

So wird einerseits in der Verfassung bekräftigt, dass sich der Rechtsschutz sowohl auf subjektive Rechte als auch auf legitime Interessen erstreckt (Art. 24 Abs. 1 Cost.), was allgemein als Bestätigung der bisher geltenden Unterscheidung und damit auch der Rechtmäßigkeit einer Differenzierung zwischen dem Schadensersatz aus subjektiven Rechten und dem Schadensersatz aus legitimen Interessen angesehen wurde.

Andererseits betrifft die einzige Verfassungsbestimmung, die auf eine Staatshaftung im weitesten Sinne hinweist, explizit nur die Haftung der Beamten und Angestellten des Staates (Art. 28 Cost.) und wird dabei stets als Haftung gemäß den zivilrechtlichen Regelungen verstanden und als solche auch auf den Staat ausgedehnt, wobei jedoch nur die Verletzung von *diritti* (Rechten) erwähnt wird. Damit schien auch der Wortlaut, obgleich sehr allgemein gehalten, die traditionelle Vorstellung zu bestätigen.

Eine Wende erfolgte im Jahr 1999. Mit dem bekannten und bedeutenden Urteil 500/1999[14] rückten die Vereinigten Senate des *Corte di Cassazione* von ihrer bisherigen Auslegung ab und gingen zum ersten Mal davon aus, dass die Bestimmung über die zivilrechtliche außervertragliche Haftung, die grundsätzlich in Art. 2043 *codice civile* (Zivilgesetzbuch, abgekürzt: c.c.) geregelt ist, auf den Ersatz eines „rechtswidrigen Schadens" ausgedehnt werden könne, worunter alle von der öffentlichen Verwaltung verletzten rechtsrelevanten Interessen zu verstehen seien, unabhängig davon, ob die Verwaltung hoheitlich gehandelt hat oder nicht.[15] Nach dieser Interpretationslinie hat die rechtliche Bezeichnung der zu ersetzenden Rechtsposition keine maßgebliche Bedeutung. Sie kann mit der Trägerschaft eines subjektiven Rechts oder eines legitimen Interesses verbunden werden; wichtig ist jedoch, dass diese Rechtsposition von der Rechtsordnung als relevant eingestuft wird.

Diese Entwicklung hat zu sehr komplexen und differenzierten Auslegungen von Lehre und Rechtsprechung geführt.

Wie unten näher ausgeführt (→ B.II.), wird die außervertragliche Haftung der öffentlichen Verwaltung für durch Verwaltungsakte zugefügte Schäden heutzutage tatsächlich anders betrachtet als die allgemeine zivilrechtliche Haftung. Seit dem Jahr 2000 ist das zuständige Gericht nach Art. 7 *Disposizioni in materia di giustizia amministrativa* (Bestimmungen über die Verwaltungsjustiz)[16] außerdem nicht mehr das Zivilgericht, sondern das Verwaltungsgericht (d.h. der *Tribunale amministrativo regionale* [Regionales Verwaltungsgericht, abgekürzt: TAR] und der *Consiglio di Stato* → D.I.2.).

---

14 Es handelt sich um einen der am häufigsten analysierten und kommentierten Urteilssprüche in der Geschichte des italienischen öffentlichen Rechts: SS UU, 22.7.1999, Foro it. 1999, I, 2487. Unter den zahlreichen Kommentaren siehe: *Caranta/Fracchia/Romano/Scoditti*, Foro it. 1999, I, 3201; *Di Majo*, Corriere giur. 1999, 1376; *Orsi Battaglini/Marzuoli*, Dir. pubbl. 1999, 487; *Torchia*, Giorn. dir. amm. 1999, 832; *Berti*, Dir. pubbl. 2000, 1; *Busnelli*, Riv. dir. civ. 2000, 335; *Gambaro*, Riv. dir. civ. 2000, 355; *Scoca*, Dir. pubbl. 2000, 13.

15 Diese gerichtliche Auslegung ist weniger auf eine spezifische Auseinandersetzung mit Fragen der Ersatzfähigkeit legitimer Interessen zurückzuführen, sondern eher vor dem Hintergrund einer neuen „allgemeinen" Auslegung des Art. 2043 c.c zu sehen, welcher nunmehr als „Primärrecht" und nicht mehr als „Sekundärrecht" (d.h. als Strafvorschrift gegen Verletzungen, die von der Rechtsordnung ohnehin als Rechte anerkannt werden) angesehen wird. Für eine ausführliche Darstellung dieser Thematik vgl. die obengenannten Verfasser (Fn. 14). Diese Rechtsprechungslinie war schon seit längerer Zeit von der Lehre angeregt worden, vgl. *Rodotà*, Il problema della responsabilità civile.

16 L. 205 vom 21.7.2000.

Nach der letzten Reform des Verwaltungsprozesses (Art. 30 *decreto legislativo* [Gesetzesvertretenden Verordnung, abgekürzt: d.lgs.] 104 v. 2.7.2010)[17] wurde der Schadensersatzanspruch einer besonderen Regelung unterzogen (→ C.II.).

Im Übrigen hat sich auch die Verfassungsauslegung geändert. So wird heutzutage aufgrund der Entscheidungen des *Corte di Cassazione* allgemein davon ausgegangen, dass laut Art. 24 Cost. (aber auch nach Art. 103 Abs. 1[18] sowie Art. 113 Abs. 1 Cost.[19]) den subjektiven Rechten derselbe umfassende Stellenwert im Rechtsschutz zukommt wie den legitimen Interessen, sodass (trotz einiger Unterschiede) grundsätzlich ein Schadensersatzanspruch anzuerkennen ist (vgl. *Corte costituzionale* [Verfassungsgerichtshof, abgekürzt: Corte cost.] 204/2004).[20]

Keine Schwierigkeiten bereitet hingegen die Anwendung der allgemeinen zivilrechtlichen Regelungen auf Schuldverhältnisse der öffentlichen Verwaltung, die prinzipiell den Grundsätzen des c.c. unterliegen, vgl. Art. 1218ff. c.c. über die Vertragsverletzung und Art. 1337ff. c.c. zur vorvertraglichen Haftung, wobei einige Ausnahmen sich aus der besonderen gesetzlichen Regelung über das öffentliche Auftragswesen ergeben, vgl. *Codice dei contratti pubblici di lavori, servizi, forniture* (Gesetz der öffentlichen Verträge über Arbeiten, Leistungen, Lieferungen – Vergabegesetz, abgekürzt: cod. contratti)[21].

Zuletzt unterliegen Schäden, die Bürger aufgrund einer rechtmäßigen Handlung der öffentlichen Verwaltung erleiden, seit jeher einer besonderen Regelung. In solchen Fällen gilt Art. 42 Abs. 3 Cost. über Enteignungen aus Gründen des Allgemeinwohls: „Das Privateigentum kann in den vom Gesetz vorgesehenen Fällen und gegen Entschädigung aus Gründen des Allgemeinwohls enteignet werden". Der *Corte costituzionale* hat darauf hingewiesen, dass die Entschädigung nicht einen Ersatz des erlittenen Schadens, jedoch zumindest eine dem enteigneten Wert entsprechende effektive Wiedergutmachung darstellen soll (vgl. auch *decreto del Presidente della Repubblica* (Präsidentenerlass, abgekürzt: d.p.r.) 327/2001 mit einer detaillierten Regelung des Enteignungsverfahrens und des Verfahrens zur Berechnung der Entschädigung für enteignete Privatpersonen).

II. Haftungsbereiche und Rechtsquellen

Die Staatshaftung wird in erster Linie aus Art. 2043ff. c.c. und Art. 28 Cost. sowie einigen weiteren, ergänzenden Vorschriften abgeleitet. Da gesetzliche Rechtsquellen jedoch insgesamt nur spärlich vorhanden sind, stellt diese Haftungsform im Wesentlichen ein Ergebnis der Auslegung von Lehre und Rechtsprechung dar, wobei auch Unionsrecht und Rechtsprechung des EuGH die Entwicklung der Staatshaftung beeinflusst haben (vgl. die bedeutende Entscheidung Cass. 599/1999, 22.7.1999).

---

17 Dabei handelt es sich um eine sehr wichtige Neuerung, durch die ein *Codice del Processo amministrativo* (Verwaltungsprozessgesetz, abgekürzt: CPA) eingeführt wurde.

18 *„Der Staatsrat und die anderen Organe der Verwaltungsgerichtsbarkeit haben Rechtsprechungsgewalt zum Schutz der legitimen Interessen und in besonderen, gesetzlich festgelegten Fällen, auch der subjektiven Rechte gegenüber der öffentlichen Verwaltung."*

19 *„Gegen die Akte der öffentlichen Verwaltung ist der Rechtsweg zum Schutz der Rechte und der legitimen Interessen vor den Organen der ordentlichen Gerichtsbarkeit und der Verwaltungsgerichtsbarkeit immer zulässig."*

20 Corte Cost. 204/2004, 6.7.2004, Foro it 2004, I, 2594. Auch dieses Urteil gehört zu den meist analysierten und kommentierten. Vgl. dazu u.a. *Carbone/Consolo/Di Majo*, Il "waltzer delle giurisdizioni" rigira e ritorna a fine ottocento, Corriere giur. 2004, 1125; *Cerulli Irelli*, Giurisdizione esclusiva e azione risarcitoria nella sentenza della Corte Costituzionale n. 204 del 6 luglio 2004 (Osservazioni a primissima lettura), Dir. proc. amm. 2004, 799.

21 D. lgs. 163 vom 12.4.2006.

Im Folgenden soll auf die unterschiedlichen Haftungsbereiche und ihre jeweiligen Rechtsquellen näher eingegangen werden.

1. Haftung für administrative Tätigkeit

a) Außervertragliches, rechtswidriges Handeln

Im Allgemeinen findet der Grundsatz des Art. 2043 c.c. Anwendung, der lautet: „Jedwede vorsätzliche oder fahrlässige Tat, die einem anderen einen rechtswidrigen Schaden zufügt, verpflichtet denjenigen, der sie begangen hat, den Schaden zu ersetzen".

Wie nachstehend unter → B. ausgeführt bzw. wie schon vorweggenommen, besteht in diesem Zusammenhang eine besondere Rechtsprechungslinie (vornehmlich der Verwaltungsgerichte, denen seit dem Jahr 2000 die entsprechende Zuständigkeit übertragen wurde) für Schäden, die sich aus einem rechtswidrigen Verwaltungsakt ergeben.

Weitere Sonderregelungen gelten für besondere Haftungsbereiche wie im Falle von Schäden infolge von Verwaltungsverzug oder aufgrund einer Verletzung des Vertrauensgrundsatzes (→ B.III.1. und 2.).

Was Schäden aus Realakten betrifft, ist der Fall besonders erwähnenswert, in dem die Verwaltung sich rechtswidrig ein privates Grundstück aneignet, um ein öffentliches Bauwerk zu errichten. In dieser Situation gilt ausnahmsweise, dass das Eigentum des Grundstücks dem Eigentum am Bauwerk folgt (sog. umgekehrter Zuwachs oder Besetzung mit Eigentumszuwachs).

In solchen Fällen war ursprünglich nur ein privatrechtlicher Schadensersatzanspruch nach dem genannten Grundsatz gemäß Art. 2043 c.c. vorgesehen. Dies hat sich seit Erlass einer entsprechenden öffentlich-rechtlichen Bestimmung (Art. 43 Abs. 1 d.p.r. 327/2001) geändert, die lautet:

> *„In Anbetracht der widersprüchlichen Interessen kann die Behörde, die eine Liegenschaft zu gemeinnützigen Zwecken benutzt, welche ohne einen gültigen und wirksamen Enteignungsbeschluss bzw. einer Erklärung über die Gemeinnützigkeit Veränderungen unterzogen wird, verfügen, dass diese Liegenschaft ihrem unveräußerbaren Vermögen zugeschrieben wird und dass dem Inhaber ein entsprechender Schadensersatz ausgezahlt wird".*[22]

b) Vertragliche und vorvertragliche Haftung

Im Allgemeinen finden die Vorschriften des c.c. über Schuldverhältnisse und Verträge (Art. 1218 ff. c.c., Art. 1337 ff. c.c.) auch auf die öffentliche Verwaltung Anwendung.

Wie schon ausgeführt, bestehen aber zum Teil auch wesentliche Ausnahmen. Diese betreffen zum einen die Begründung des Vertragsverhältnisses und zum anderen die Beendigung desselben.

Einerseits unterliegt die Art und Weise, in der die öffentliche Verwaltung Vertragsverhältnisse begründet und eine Auswahl der Vertragspartner trifft, einer besonderen Regelung. Dadurch sollen sowohl die Einhaltung der Verfassungsgrundsätze von Unparteilichkeit und guter Verwaltungsführung (Art. 97 Cost.) als auch ein umfassender Schutz des Wettbewerbs und der

22 So ist insbes. vorgesehen, dass die Verwaltung zu diesem Zweck einen spezifischen Aneignungsakt erlassen kann, in dem die Gründe genau angeführt werden, aus denen das Gut für Zwecke des Allgemeinwohls verwendet werden muss; dieser Akt bewirkt die Eigentumsübertragung (Art. 43 Abs. 2 d.p.r. 327/2001). Der Schadensersatz wird dann grundsätzlich anhand des Marktwerts der Liegenschaft bemessen (zuzüglich Zinsen ab dem Tag der Besetzung der Liegenschaft durch die Verwaltung). Der Schadensersatz kann auch vom Verwaltungsgericht angeordnet werden, falls die Privatperson den Aneignungsakt anfechtet, in diesem Fall kann die Verwaltung selbst das Gericht ersuchen, anstelle der Rückgabe der Liegenschaft die Schadensersatzzahlung anzuordnen (die wie oben ausgeführt berechnet wird, vgl. Art. 43 Abs. 3 d.p.r. 327/2001).

Gleichbehandlung aller Anbieter (insbesondere im Hinblick auf die unionsrechtlichen Prinzipien) gewährleistet werden.

Beispiele dafür sind das schon erwähnte cod. contratti, welches die Einhaltung detaillierter und restriktiver Verfahrensregeln vorschreibt, ohne deren Beachtung der Vertragswillen als nicht rechtmäßig zustande gekommen gilt, sowie das *Legge sulla contabilità pubblica* (Buchführungsgesetz),[23] wonach der Übernahme eines Schuldverhältnisses eine mit dem einschlägigen öffentlichen Haushalt kohärente Mittelbindung zeitlich vorausgehen muss, welche es ermöglicht, angesichts einer entsprechenden Leistung die genaue Höhe des auszuzahlenden Betrags, die Identität des Gläubigers, den Auszahlungsgrund und die sich daraus ergebende Verbindlichkeit zu bestimmen und den vorhandenen Finanzmitteln gegenüberzustellen.

Ohne eine entsprechende Mittelbindung ist es unmöglich, Auszahlungen vorzunehmen, denn bei Verpflichtungen, die ohne diese übernommen werden, wird nach Art. 191 Abs. 4 *Testo unico delle leggi sull'ordinamento degli enti locali* (Einheitstext der Gebietskörperschaften, abgekürzt: t.u. enti locali)[24]

> *„das einschlägige Schuldverhältnis bezüglich der Gegenleistung zwischen dem privaten Lieferanten und dem Bediensteten, Beamten oder Angestellten begründet, der die Lieferung genehmigt hat“.*

Darüber hinaus bewirkt eine Verletzung der Bestimmungen über die Auswahl des Vertragspartners die Rechtswidrigkeit der Zuschlagserteilung, sodass die Auftragsvergabe vom Verwaltungsgericht aufgehoben werden kann. In diesem Zusammenhang kann das Gericht gegebenenfalls auch aufgrund der im Zuge der jüngsten Umsetzung der Richtlinie 2007/66/EG eingeführten Neuerungen einen Vertrag für unwirksam erklären, wenn dieser nach einem gesetzwidrigen Verfahren abgeschlossen wurde (Art. 245-bis cod. contratti, eingeführt durch d. lgs. 53/2010).[25]

Andererseits behält sich die Verwaltung in Bezug auf das Bestehen des Vertragsverhältnisses häufig umfassende Befugnisse vor, die es ihr erlauben, das Vertragsverhältnis aus Gründen des Allgemeinwohls einseitig zu kündigen (vorbehaltlich einer entsprechenden Verpflichtung, dem privaten Auftragnehmer eine Entschädigung für den daraus entstandenen Schaden zu leisten, vgl. Art. 134 cod. contratti[26]) oder aus besonderen Gründen das Vertragsverhältnis durch eine Kündigung zu beenden (Art. 135 ff. cod. contratti[27]).

---

23 *Regio decreto* (Königlicher Erlass) 2440/1923 für die Staatsverwaltung und für die Gebietskörperschaften. Vgl. dazu auch *Testo unico delle leggi sull'ordinamento degli enti locali* (Einheitstext der Gebietskörperschaften), d. lgs. 267 vom 18.8.2000, dort insbes. Art. 183 ff.

24 D. lgs. 267 vom 18.8.2000.

25 Vgl. *Attuazione della direttiva 2007/66/CE che modifica le direttive 89/665/CEE e 92/13/CEE per quanto riguarda il miglioramento dell'efficacia delle procedure di ricorso in materia d'aggiudicazione degli appalti* (Umsetzung der Richtlinie 2007/66/EG unter Änderung der Richtlinien 89/665/CEE und 92/13/CEE zur Verbesserung der Effektivität des Rechtschutzes bei der Vergabe öffentlicher Aufträge). Absatz 1 und Absatz 2 dieser Vorschrift enthalten komplexe und ausführliche Regelungen, die dem Verwaltungsgericht (vielleicht zu Unrecht) gestatten, einen Vertrag aus verschiedenen Gründen für nichtig zu erklären und dem Gericht dabei einen weiten Ermessensspielraum einräumen.

26 Absatz 1 dieser Vorschrift besagt: „*Der Auftraggeber hat das Recht, den Vertrag jederzeit nach vorherigem Ausgleich der erfolgten Leistungen, des Wertes von den auf der Baustelle vorhandenen Gebrauchsmaterialien sowie des Zehntelanteils des Betrages für die nicht ausgeführten Leistungen zu kündigen*“. Anzumerken ist, dass eine ähnliche Vorschrift auch beim einseitigen Rücktritt von einem öffentlich-rechtlichen Vertrag zwischen Verwaltung und Privatperson besteht, vgl. Art. 11 *Nuove norme in materia di procedimento amministrativo e di diritto di accesso ai documenti amministrativi* (Neue Bestimmungen über das Verwaltungsverfahren und über das Zugangsrecht zu Verwaltungsakten – Verwaltungsverfahrensgesetz), L. 241 vom 7.8.1990, wobei den Ausgleichsberechtigten die Beweislast für den Ausgleichsumfang trifft.

27 Diese Vorschriften betreffen die Vertragskündigung aufgrund der nachträglichen Feststellung von Straftaten oder groben Vertragsverletzungen, Unregelmäßigkeiten oder Verzug.

c) Haftung aufgrund ungerechtfertigter Bereicherung

Es handelt sich um ein subsidiäres und residuales Rechtsinstitut, das nur dann zur Anwendung kommt, wenn die obengenannten Haftungsformen (oder die Amtshaftungsregelung gegenüber den Beamten, welche die schädigenden Handlungen konkret vorgenommen haben → C.I.1.) nicht einschlägig sind. In diesen Fällen kann auf Art. 2041 c.c. zurückgegriffen werden („Derjenige, der sich zu Lasten anderer ungerechtfertigt bereichert, ist verpflichtet, diese im Rahmen seiner Bereicherung um den entsprechenden Vermögensverlust zu entschädigen").

Das häufigste Beispiel dieser Haftungsform betrifft den Fall einer unwirksamen Übernahme einer Verpflichtung seitens der Verwaltung (beispielsweise ohne eine formelle und schriftliche Beauftragung eines Freiberuflers oder im Falle eines noch nicht genehmigten oder nichtigen Vertrags). Die Verwaltung hat eine von einer Privatperson erbrachte Leistung tatsächlich erhalten und ist dieser gegenüber zu einem entsprechenden Vermögensausgleich verpflichtet, der sich jedoch an der Nützlichkeit der Leistungserbringung orientiert.[28]

So verlangt die ständige Rechtsprechung des *Corte di Cassazione* als Voraussetzung für die richterliche Annahme eines entsprechenden Antrags der Privatperson, dass die Verwaltung die Nützlichkeit der Leistung ausdrücklich oder auch konkludent anerkannt hat.[29] Damit unterscheidet sich dieser Tatbestand von der im c.c. enthaltenen Regelung der privatrechtlichen Beziehungen, bei denen eine solche Klausel nicht vorgesehen ist.[30]

d) Haftung ohne Normverstoß

Bei der Haftung ohne Normverstoß sind die Zivilgerichte zuständig, die sich die Interpretationslinie der europäischen Rechtsprechung zu Eigen gemacht haben und dementsprechend – anders als im italienischen Recht sonst vorgesehen – das Vorliegen einer unerlaubten Handlung nicht als Voraussetzung eines Haftungsanspruchs ansehen (→ B.I.).

Vor diesen Hintergrund sind die schon angeführten Vorschriften über Enteignungen mit der sich daraus ergebenden Entschädigungspflicht (Art. 42 Abs. 3 Cost.; d.p.r. 327/2001) zu stellen. Die Entschädigungspflicht unterliegt hier nicht der Anwendung der allgemeinen Grundsätze über die außervertragliche Haftung und erfordert nicht, dass das Gericht (in diesem Fall das Zivilgericht) das subjektive Element der Fahrlässigkeit oder des Vorsatzes bei der Verwaltung prüft. Zudem ist darauf hinzuweisen, dass der *Corte costituzionale* in zwei bedeutenden Urteilen zur Enteignung (348 und 349 vom 24.10.2007)[31] den Grundsatz ausgesprochen hat, dass sich der italienische Gesetzgeber bezüglich der Entschädigungsleistung an der Rechtsprechung des EGMR orientieren muss (besonders im Hinblick auf die zwei Urteile *Scordino/Italien* vom 29.7.2004[32] und vom 29.3.2006[33]), wonach der Entschädigungswert vom Marktwert der enteigneten Liegenschaft grundsätzlich nicht abweichen darf.[34]

---

28 Man muss in diesem Fall betonen, dass es sich dabei nicht um einen echten Schadensersatz handelt, sondern vielmehr um eine Art Entschädigung, die sich ausgehend vom Wert der Bereicherung seitens der Verwaltung einerseits und dem Wert des der Privatperson zugefügten Schadens andererseits am jeweils niedrigeren Betrag orientiert.

29 *Corso*, Manuale (Fn. 2), S. 458.

30 So *Casetta*, Manuale di diritto amministrativo, 2007, S. 604.

31 Foro it. 2008, I, 39.

32 Foro amm. CDS 2004, 2423.

33 Europa e dir. priv. 2007, 2 (541).

34 Im hier erwähnten Urteil wird diese Schlussfolgerung gezogen, weil der nationale Gesetzgeber nach neuer Auslegung von Art. 117 Abs. 1 Cost. stets im Einklang mit den sich aus völkerrechtlichen Verpflichtungen ergebenden Einschränkungen handeln muss, da diese Verpflichtungen aufgrund ihrer Erwähnung im Verfassungstext als Verfassungsmäßigkeitsparameter betrachtet werden können. Nunmehr legt Art. 37 Abs. 1 d.p.r. 327/2001 fest, dass die Enteignungsentschädigung für einen Baugrund im gleichen Maße wie der Marktwert der Liegenschaft zu berechnen

Die Enteignungsvorschriften dienen außerdem als Bezugsregelung für die Lösung aller Fälle, in denen das Recht einer Privatperson durch eine rechtmäßige Handlung der Verwaltung im Allgemeinen verletzt bzw. eingeschränkt wird (beispielsweise durch einen Akt, der eine Dienstbarkeit begründet, oder durch einen Raumordnungsakt, der ein Bauverbot erneuert, oder auch durch einen Akt, der eine Konzession vorzeitig widerruft).[35]

2. Haftung für legislative Tätigkeit

Staatshaftung kommt in Italien grundsätzlich nur bei Verwaltungsakten und nicht bei Gesetzgebungsakten zum Tragen mit einer einzigen, aber wichtigen Ausnahme der Haftung des Gesetzgebers bei Verletzung von Unionsrecht gemäß der im Fall *Francovich*[36] seitens des EuGH verkündeten allseits bekannten Grundsätze. Diese werden von der italienischen Rechtsprechung in allen Fällen zur Anwendung gebracht, in denen eine Staatshaftung wegen Verletzung des Europarechts in Frage kommt (und daher auch in jenen Fällen, in denen die Verletzung von einer Verwaltungs- oder Justizbehörde verübt wurde).[37]

3. Haftung für richterliche Tätigkeit

Eine Haftung für richterliche Tätigkeit ist anerkannt in Fällen, in denen gegen Unionsrecht verstoßen wird. Die Haftung richtet sich auch hier nach den in der *Francovich*-Entscheidung aufgestellten Grundsätzen. Darüber hinaus bestehen besondere nationale Regelungen zur Richterhaftung. Die zivilrechtliche Haftung der Richter nach dem *Risarcimento dei danni cagionati nell' esercizio delle funzioni giudiziarie e responsabilità civile dei magistrati* (Gesetz zum Ersatz von Schäden infolge der Ausübung richterlicher Tätigkeit und richterliche Haftung)[38] unterscheidet sich von der sonstigen Haftung. Für diese Klage ist das Zivilgericht zuständig; das Verfahren ist gegen den Ministerpräsidenten anzustrengen, allerdings gemäß Art. 4 Abs. 2 nur

> *„wenn die ordentlichen Rechtsmittel oder die anderen Rechtsbehelfe gegen einstweilige oder summarische Anordnungen erschöpft worden sind, jedenfalls wenn die Änderung oder der Widerruf der gerichtlichen Verfügung nicht möglich ist oder falls diese Rechtsbehelfe nach Abschluss des Rechtszugs, in dem der Sachverhalt eingetreten ist, nicht vorgesehen sind“.*

Ab Vornahme der richterlichen Tätigkeit läuft eine zweijährige Verjährungsfrist.

---

ist und dass sie nur dann *„um 25 Prozent reduziert werden kann“*, wenn *„die Enteignung für die Verwirklichung von Maßnahmen im Zusammenhang mit ökonomisch-sozialen Reformen erfolgt“*.

35 Auch hier aufgrund der vom Corte cost. festgesetzten Grundsätze (Urteile 55/1968, 22.5.1968, und 179/1999, 20.5.1999), welche später auch vom Gesetzgeber übernommen wurden (Art. 39 d.p.r. 327/2001; Art. 21-quinquies *Nuove norme in materia di procedimento amministrativo e di diritto di accesso ai documenti amministrativi* (Verwaltungsverfahrensgesetz). Diesbezüglich siehe *Corso*, Manuale (Fn. 2), S. 454.

36 EuGH, C-6/90 und C-9/90, Slg. 1991, 5357 ff. – *Francovich*.

37 Vgl. Urteil SS. UU. 9147/2009, 17.4.2009, Foro amm. CDS 2009, 2274, wo judiziert wurde, dass ein Schadensersatzanspruch besteht, wenn die unionsrechtlichen Vorschriften dem Einzelnen Rechte übertragen, der Verstoß schwer wiegt und offensichtlich ist und ein unmittelbarer Kausalzusammenhang zwischen der Rechtsverletzung und dem Schaden besteht. Außerdem dürfe der Schadensersatzanspruch nicht von Vorsatz oder Fahrlässigkeit abhängig gemacht werden, müsse im Verhältnis zu dem erlittenen Schaden stehen und dürfe nicht Elemente wie den Gewinnausfall ausschließen.

38 L. 117 vom 18.4.1988.

a) Entwicklung

Eine Haftung für richterliche Tätigkeit war schon in dem ehemaligen *Codice di procedura civile* von 1865 (Art. 753 ff.) sowie im *Codice di procedura civile* von 1940 (Art. 55, 56, 57) geregelt. Gemäß Art. 753 c.p.c. von 1865 waren die Richter und Staatsanwälte haftbar[39]:

1) bei Vorsatz, betrügerischer Haftung und Amtsmissbrauch
2) bei der Unterlassung oder Verweigerung des Entscheidungsausspruchs
3) in allen anderen Fällen, die vom Gesetz vorgesehen waren.[40]

Weder dieser Haftungstatbestand, noch derjenige des 1940 in Kraft getretenen c.p.c. (Art. 55), entfaltete Wirkung in der Rechtspraxis, da die Verfahren sehr kompliziert waren und der Kläger bei einer Klageabweisung zu einer Geldstrafe verurteilt werden konnte (Art. 792 c.p.c. von 1865) bzw. der Richter jederzeit sein rechtswidriges Verhalten unterbrechen konnte, um die Klage zu blockieren (c.p.c. von 1940).

Die Ausgestaltung der Richterhaftung blieb auch nach Inkrafttreten der Verfassung unverändert, obwohl Art. 28 Cost. ausdrücklich vorsieht, dass die Beamten und Angestellten des Staates für rechtsverletzende Handlungen unmittelbar verantwortlich sind. Die bis dahin bestehenden Regeln über die Haftung für judikatives Unrecht in Art. 55, 56 und 74 c.p.c. wurden schließlich nach einem Referendum im Jahre 1980 gestrichen.

b) Das Gesetz Nr. 117 vom 13. April 1988

In der Folge dieses Referendums wurde das Gesetz Nr. 117 vom 13. April 1988 zur Regelung der Haftung des Richters und dem Schadensersatz wegen judikativen Unrechts verabschiedet. Es handelt sich um eine spezialgesetzliche Regelung im Verhältnis zur Beamtenhaftung nach Art. 2043 c.c., wonach die Verantwortlichkeit der Richter streng begrenzt ist.[41] Dies wird damit begründet, dass die Unabhängigkeit der Richterschaft gewahrt werden muss.

Das neue Gesetz sieht eine Direkthaftung des Staates vor, deshalb muss der Kläger gegen den Ministerpräsidenten klagen. Anschließend hat der Staat ein nur begrenztes Rückgriffsrecht (*diritto di rivalsa*) gegen den handelnden Richter. Eine Klage direkt gegen den Richter ist nach Art. 13 nur möglich, wenn er sich strafbar gemacht hat. Das Gesetz Nr. 117 gilt gemäß Art. 1 für die Mitglieder aller Gerichtszweige sowie alle Personen, die an der Ausübung von Rechtsprechungsaufgaben beteiligt sind. Das Recht auf Schadensersatz setzt gemäß Art. 2.1 grobe Fahrlässigkeit, Vorsatz oder eine Rechtsverweigerung des Richters voraus. Als Vorsatz gilt jede absichtliche Gesetzesübertretung.[42] Die Fälle von grober Fahrlässigkeit (*colpa grave*) sind gesetzlich in Art. 2.3 geregelt. Demnach ist von grober Fahrlässigkeit beispielsweise bei einem schwerwiegenden Gesetzesverstoß aufgrund unentschuldbarer Fahrlässigkeit auszugehen. Unter einer Rechtsverweigerung (*diniego di giustizia*) hingegen versteht man nach Art. 3.1 Satz 1 die Nichtvornahme von Handlungen, für die der Richter zuständig ist.

Es gibt keine Haftung im Falle einer falschen Gesetzes- oder Beweisauslegung (vgl. Art. 2.2). Dieser Schuldausschließungsgrund ist problematisch, da nicht ohne Weiteres zwischen einer falschen Gesetzesauslegung und einer grob fahrlässigen Gesetzesübertretung unterschieden werden kann. Darüber hinaus dürfte diese Regelung nicht mit Unionsrecht vereinbar sein, da

39 Vgl. *Tira*, La responsabilità civile dei magistrati: evoluzioni normative e prospettive di riforma, Rivista AIC (Associazione italiana dei costituzionalisti), Nr. 4/2011, 1, abrufbar unter http://www.rivistaaic.it/sites/default/files/rivista/articoli/allegati/Tira_0.pdf (zuletzt abgerufen am 20.6.2013).

40 Es war tatsächlich kein anderer Fall vom Gesetz vorgesehen, vgl. *Tira* (Fn. 39), S. 1.

41 Vgl. *Fassone*, Il giudice tra indipendenza e responsabilità, Riv. it. dir. e proc. penale, 1980, 6 ff.

42 Vgl. *Pintus*, Responsabilità del giudice, in: Enc. Dir., Volume XXXIX, 1988, S. 1477.

der EuGH auch die falsche Rechtsanwendung bzw. -auslegung, die das Wesen der Rechtsprechungstätigkeit ausmacht, als haftungsbegründenden Tatbestand ansieht (→ A.II.4.a.).[43]

Für die Anwendbarkeit des Schuldausschließungsgrundes ist zu prüfen, ob die Bedeutung des Gesetzeswortlauts mit der konkreten Interpretation des Richters vereinbar ist.[44] Im Falle einer positiven Antwort, ist die Haftung des Richters ausgeschlossen.[45] Die Klagefrist beträgt zwei Jahre. Jedoch kann nur gegen eine Maßnahme, die nicht mehr anfechtbar ist, Klage erhoben werden. Ist die Haftungsklage zulässig, wird zugleich ein Disziplinarverfahren gegen den Richter vor dem Obersten Rat für das Gerichtswesen (*Consiglio Superiore della Magistratura*) eingeleitet.

Die nachfolgenden Artikel des Gesetzes regeln die Bedingungen und Modalitäten einer Schadensersatzklage nach Art. 2 oder 3 des Gesetzes sowie derjenigen Klagen, die im Nachhinein wegen des falschen Verhaltens eines Richters erhoben werden können, der in Ausübung seiner Aufgaben vorsätzlich oder grob fehlerhaft gehandelt hat, wenn ihm nicht gar eine Rechtsverweigerung vorzuwerfen ist. Die Regressklage des Staates gegen den Richter kann nur innerhalb eines Jahres erhoben werden. Hat der Richter vorsätzlich gehandelt, existiert keine zeitliche Begrenzung. In allen anderen Fällen ist der Rückgriff des Staates beschränkt und der Richter nur verpflichtet, mit einem Drittel seines Jahresgehalts zu haften (Art. 8.3).

Von vielen Interpreten wird das Gesetz von 1988 für nicht ausreichend erachtet, um eine Haftung des Richters zu begründen, da dessen Haftung auch heutzutage noch immer grundsätzlich *in nuce* bleibt.[46] Der Gesetzgeber ist in der Pflicht, trotz der Schwierigkeiten eine neue Regelung zu schaffen. Nach 1988 gab es zwar viele Versuche eines neuen Gesetzes, (der letze Entwurf wurde Anfang Mai 2013 präsentiert), aber das Problem blieb immer dasselbe: einen guten Ausgleich zu schaffen zwischen der Verantwortlichkeit und der Unparteilichkeit des Richters.

c) Das Legge Pinto

Das *Legge Pinto* (Pinto-Gesetz, Gesetz Nr. 89/2001) hat nichts mit der Entschädigung eines Schadens durch fehlerhafte Gerichtsurteile zu tun, sondern sieht eine Entschädigung vor, wenn die „angemessene Dauer" (*ragionevole durata*) eines Gerichtsverfahrens überschritten worden ist. Das Pinto-Gesetz enthält Verfahrensvorschriften für Schadensersatzklagen gegen den Staat. Es wurde im Jahre 2012 mit dem sog. *Decreto Sviluppo* (Entwicklungsdekret) geändert.[47] Es ist jedoch nicht ausgeschlossen, dass die vorgenommenen Änderungen (z.B. im Hinblick auf die Höhe des Schadensersatzes) nicht mit der EMRK in Einklang stehen. Insofern ist es vorstellbar, dass das Pinto-Gesetz vom EGMR überprüft werden wird. Das Gesetz resultiert aus der Vielzahl von Verurteilungen Italiens durch den Europäischen Gerichtshof für Menschenrechte (EGMR). Art. 6 Abs. 1 der Konvention sieht zwar vor, dass jeder ein Recht auf ein faires Verfahren hat, das öffentlich und in angemessener Frist abgeschlossen ist. In Italien dauerten die Gerichtsprozesse jedoch häufig übermäßig lange, sodass diese Norm regelmäßig verletzt wurde. Das Pinto-Gesetz ist der Versuch des italienischen Rechts, sich an die Vorgaben der EMRK und des EGMR anzupassen.

---

43 Vgl. EuGH C-173/03, Slg. 2006, I-5177, Rn. 33–41 – *Traghetti del Mediterraneo*.
44 Vgl. *Pintus* (Fn. 42), S. 1478.
45 Ebenda.
46 Vgl. *Flick*, La responsabilità civile dei magistrati. Le proposte di modifica tra disinformazione e realtà, federalismi 2012, abrufbar unter http://www.federalismi.it/ApplOpenFilePDF.cfm?artid=20118&dpath=document&dfile=22052012134445.pdf&content (zuletzt abgerufen am 20.6.2013).
47 Vgl. Art. 55 Decreto Legge vom 22. Juni 2012, Nr. 83 (s.g. „Decreto Sviluppo") in GU 26. Juni 2012, Nr. 147, ersetzt mit Änderungen im Gesetz vom 7. August 2012, Nr. 134 in GU Nr. 187 vom 11. August 2012.

Die Anwendung des Pinto-Gesetzes war nicht problemlos; auch wurden durch das Gesetz nicht alle haftungsrechtlichen Probleme beseitigt, wie die Rechtsprechung des EGMR veranschaulicht. In diesem Zusammenhang hat die Rechtssache *Gaglione u.a./Italia*[48] aus dem Jahre 2010 große Bekanntheit erlangt. Darin wurde Italien erneut aufgrund einer Verletzung von Art. 6 Abs. 1 EMRK verurteilt, da der Staat es für bis zu 49 Monate unterlassen hatte, die gegen ihn ergangenen Entschädigungsurteile nach dem Pinto-Gesetz zu befolgen.

Nach Art. 2.2-bis des Pinto-Gesetzes (nach der Änderung von 2012) ist die Angemessenheit der Prozessdauer abhängig von der entscheidenden Instanz. So muss das Verfahren in der ersten Instanz beispielsweise in drei, in der zweiten Instanz in zwei Jahren abgeschlossen sein.

Werden diese Zeiträume nicht überschritten, ist der Schadenersatzforderung nicht stattzugeben. Umgekehrt führt jedoch die Überschreitung dieser Fristen nicht automatisch zu einer Haftung. Vielmehr sind in jedem Einzelfall zusätzlich die Komplexität des Falles, der Streitgegenstand sowie das Verhalten der Parteien und des Richters in die Bewertung der Verfahrensdauer einzubeziehen (Art. 2.2). Insofern kann Art. 2.2 Pinto-Gesetz die Haftung trotz Überschreitung der in Art. 2.2-bis genannten Zeiträume einschränken.

In Art. 2.2-quinquies Pinto-Gesetz wurde eine Reihe von Konstellationen aufgelistet, in denen kein Schadensersatz verlangt werden kann. Er ist z.B. ausgeschlossen, wenn das Urteil vollständig dem Schlichtungsvorschlag entspricht oder wenn der Antrag des Klägers angenommen wurde, jedoch in geringerem Ausmaß als im Schlichtungsvorschlag angeführt. Schließlich existiert noch eine Vermutung des Auschlusses vom Schadensersatz, die von den Gerichten anerkannt ist.[49] Bei einer Kassation hat der Kläger kein Recht auf Schadensersatz, wenn er nicht an dem Prozess teilgenommen hat. Durch die Gesetzesreform wurde die Möglichkeit eingeführt, den „Berufskläger“ zu sanktionieren, wenn die Berufung nach Ansicht des entscheidenden Richters unzulässig oder offensichtlich unbegründet ist. In diesem Fall muss der Kläger einen Betrag von nicht weniger als 1.000 Euro und nicht mehr als 10.000 Euro an die *Cassa delle Ammende* (Kasse für Geldbußen) zahlen (siehe Art. 5-quater).

4. Haftung für Verstöße gegen Unions- und Völkerrecht

a) Fehlerhafte Anwendung von Unionsrecht

Die Haftung des Staates für die fehlerhafte Anwendung des Unionsrechts spielt heutzutage in der italienischen Lehre eine wichtige Rolle.[50] Nach der Rechtsprechung des EuGH ist der Staat in diesen Fällen verpflichtet, die Bürger zu entschädigen.[51] Durch diese Rechtsprechung wird die Staatshaftung in Italien erweitert, da nach den Vorschriften des Gesetzes Nr. 117 vom 13. April 1988 eigentlich keine judikative Haftung bei unrichtiger Sachverhalts- und Beweiswürdigung

---

48 EGMR *Gaglione e.a./Italie*, Nr. 45867/07, 21.12.2010, Rn. 38, abrufbar unter http://hudoc.echr.coe.int.

49 C. Cass. 21. Februar 2013, Nr. 4474, abrufbar unter http://www.cortedicassazione.it/Documenti/4474_02_13.pdf (zuletzt abgerufen am 20.6.2013).

50 Vgl. *Buonauro*, Responsabilità da atto lecito danno, 2012, S. 107 ff.; *Toniatti/Magrassi* (Hrsg.), Magistratura, giurisdizione ed equilibri istituzionali, 2011, S. 504 ff., *Ferraro*, La responsabilità risarcitoria degli Stati membri per violazione del diritto comunitario, 2008, S. 87 ff.; *Scoditti*, Violazione del diritto comunitario derivante da provvedimento giurisdizionale: illecito dello Stato e non del giudice, Foro it., 2006, IV, 419; *Tommaso*, La responsabilità civile dei magistrati come strumento di nomofilachia? Una strada pericolosa, Il Foro it., 2006, 9, I, 423, *Palmieri*, Corti di ultima istanza, diritto comunitario e responsabilità dello Stato: luci ed ombre di una tendenza irreversibile, Il Foro it., 2006, IV, 420.

51 Vgl. EuGH C-224/01, Slg. 2003, I-10239 – *Köbler*; EuGH C-173/03, Slg. 2006, I-5177, Rn. 33–41 – *Traghetti del mediterraneo*.

auslöst wird. Diese erweiternde Tendenz wurde vom EuGH in der Entscheidung *Kommission/ Italien*[52] bestätigt. Der Gerichtshof stellte fest, dass das Unionsrecht nationalen Rechtsvorschriften entgegen steht, die eine Haftung des Mitgliedstaats für Schäden ausschließt, die dem Einzelnen durch einen dem letztinstanzlichen Gericht zuzurechnenden Verstoß gegen das Unionsrecht als Folge der Auslegung von Rechtsvorschriften oder der Sachverhalts- und Beweiswürdigung entstanden sind. Auch steht das Unionsrecht nationalen Rechtsvorschriften entgegen, die die richterliche Haftung auf Vorsatz und grob fahrlässiges Verhalten begrenzen, sofern dies dazu führt, dass der Mitgliedstaat auch bei offenkundigen Verstößen gegen das anwendbare Recht im Sinne der Rechtssache *Köbler* nicht haftbar ist[53].

Demnach ist das Gesetz Nr. 117 mit Unionsrecht unvereinbar, sodass es im Falle der fehlerhaften Anwendung des Unionsrechts unangewendet bleiben muss. Für einen Teil der Rechtslehrlehre hingegen regelt das Gesetz 117 nur die Haftung des Richters, der italienisches Recht anwendet. Bei der falschen Anwendung des EU-Rechts sei der Staat als Inhaber der Justizgewalt verpflichtet. Auf diese Konstellationen finde das Gesetz 117 jedoch keine Anwendung.[54]

b) Nichtumsetzung einer EU-Richtlinie

Von besonderem Interesse ist das Recht auf Entschädigung wegen nicht erfolgter oder verspäteter Umsetzung einer EU-Richtlinie. Nach der Entscheidung des EuGH in der Rechtssache *Francovich* ist der Staat auch verpflichtet, den Bürger bei einer fehlerhaften Umsetzung zu entschädigen.

In Italien dauerte die Umsetzung von Unionsrecht in nationales Recht traditionell sehr lange. Um dieses Problem zu lösen, wurde am 9.3.1989 das Gesetz Nr. 86 (s.g. *legge La Pergola*) verabschiedet, das den Staat verpflichtet, jährlich ein sog. *legge comunitaria* zu erlassen.[55] Durch dieses Gesetz wird die Umsetzung aller europäischen Richtlinien an die Regierung delegiert, welche alle europäischen Richtlinien in nationales Recht umsetzt. Das *legge comunitaria* wurde mit dem Gesetz Nr. 11 vom 4.2.2005 (sog. *legge Buttiglione*) neu geregelt. Das Ziel des *legge Buttiglione* war es, den Umsetzungsprozess zu beschleunigen und zu vereinfachen. Auch das *legge Buttiglione* wurde jedoch durch das Gesetz Nr. 234 vom 24.12.2012 ersetzt. Dieses neue Gesetz stärkt die Rolle des Parlaments im Rahmen der Umsetzung und verpflichtet die Regierung, die Deputiertenkammer und den Senat[56] besser über EU-Akte zu informieren.

Das Problem der Umsetzung von EU-Rechtsakten existiert auch auf regionaler Ebene. Nach Art. 117 (3) Cost. haben die Regionen die konkurrierende Gesetzgebung auf dem Gebiet der internationalen Beziehungen. Setzt eine Region Unionsrecht nicht oder fehlerhaft um, ist der Staat haftbar. Deshalb sieht die Cost. in Art. 117 (5) in diesen Fällen eine Ersetzungsbefugnis des Staates vor.

Es gibt kein nationales Gesetz, das für die Nichterfüllung von Unionsrecht eine Entschädigung zuerkennt. Dennoch hat der Kassationsgerichtshof ein Entschädigungsrecht anerkannt, wenn:

a) die EU-Norm nicht *self-executing* ist,
b) die Norm unmittelbare Rechte für Private begründet,

52 EuGH C-379/10, 24.11.2011 – *Kommission/Italien*.
53 Offenkundiger Verstoß i.S.d. EuGH C-224/01, Slg. 2003, I-10239, Rn. 53–56 – *Köbler*.
54 Vgl. *Castronovo*, La commedia degli errori nella responsabilità dello Stato italiano per violazione del diritto europeo ad opera del potere giudiziario, Eur. Dir. priv., 2012, 945 ff.
55 Vgl. *Salvadori*, Rapporti tra diritto comunitario ed ordinamento giuridico italiano, in: F. Preite (Hrsg.), Atti Notarili, diritto comunitario e internazionale, Volume III, Turin, 2011, S. 5 ff.
56 Anm.: Die Volksvertretung besteht in Italien aus zwei Kammern, dem Senat und der Deputiertenkammer.

c) die Nichterfüllung durch den Staat offensichtlich und schwerwiegend ist und
d) ein Kausalzusammenhang zwischen dem Verhalten des Staates und dem Schaden besteht.[57]

Wenn alle Voraussetzungen vorliegen, ist der Staat zur Entschädigung verpflichtet.[58] Es ist sehr wichtig herauszustellen, dass die Staatshaftung in diesen Fällen vertraglich begründet ist. Früher wurde diskutiert, ob sie vertraglich (Art. 1218 c.c.) oder außervertraglich (Art. 2043 c.c.) ist, wobei die Gerichte Art. 2043 CC für die maßgebliche Norm hielten.[59] Nach heutiger Ansicht des Kassationsgerichtshofs beruht die Staatshaftung in diesen Fällen auf der Nichterfüllung einer gesetzlichen Verpflichtung des Staates und nicht auf einer unerlaubten Handlung (*fatto illecito*). Deshalb ist die Anwendung des Art. 2043 c.c. seiner Ansicht nach ausgeschlossen.[60] Dies gilt für alle Verstöße gegen Unionsrecht, die als Verletzung einer vertraglichen Pflicht i.S.d. Art. 1218 c.c. angesehen werden.[61] Die Folgen dieser Neuorientierung des Kassationsgerichtshofs sind überaus bedeutend, da der Kläger nicht mehr das Verschulden des Staates beweisen muss und sich die Verjährungsfrist auf zehn Jahre – im Gegensatz zur fünfjährigen Frist nach Art. 2043 c.c. – verlängert.

c) Nichterfüllung internationaler Rechtspflichten

Die Erfüllung internationaler Rechtspflichten folgt aus Art. 117 (1) Cost.[62] Wenn Rechte Privater durch internationales Recht gewährt werden, ist der Staat verpflichtet, diese zu respektieren und die Bürger im Falle einer Verletzung nach den Grundsätzen des nationalen Rechts zu entschädigen. Dies gilt beispielsweise bei einem Verstoß gegen Art. 6 Abs. 1 EMRK, der ein Recht auf eine angemessene Verfahrensdauer normiert. Aber auch alle anderen völkerrechtlichen Verträge, die individuelle Rechte für die Bürger gewähren, sind im Rahmen von Art. 2043 c.c. zu beachten. Da internationale Verträge in Italien durch ein nationales Gesetz ratifiziert werden, ist ein Verstoß gegen völkerrechtliche Normen zugleich eine Verletzung des Ratifizierungsgesetzes. Nur bei internationalen Verbrechen sind ausschließlich die völkerrechtlichen Regeln anzuwenden.[63]

---

57 Vgl. z.B. Cassazione civile, SS.UU., 17. April 2009 Nr. 9147.

58 Vgl. *Nebbia*, Regolamenti, direttive, decisioni, raccomandazioni e pareri, in: Preite (Fn. 55), S. 163.

59 Vgl. ex multis C. Cass. Sez. Lav. 7. Juli 1998, Nr. 6613.

60 Vgl. C. Cass. S.U., 19. April 2009, Nr. 9147 und *Salvadori*, in: Preite (Fn. 55), S. 4 ff. insb. Fn. 11 und *Riccio*, Responsabilità dello Stato per omessa o tardiva o anomala attuazione di *direttive* comunitarie, in: La responsabilità civile, 2010, S. 349 ff.

61 *Casetta*, Manuale di diritto amministrative, 2011, S. 639; *Di Majo*, Contratto e torto nelle violazioni comunitarie ad opera dello Stato, Foro it. 2010 I, 168 und *Calzolaio*, La violazione del diritto comunitario non è antigiuridica: l'illecito dello Stato al vaglio delle sezioni unite, Contratto impresa 2010, 71; *Castronovo/Mazzamuto*, Manuale di diritto privato europeo, Volume II, 2007, S. 215 sprechen von einer neue „europäischen Haftung", die in den europäischen Verträgen gründet.

62 Zu Art. 117 (1) Cost. vgl. *Ivaldi/Schiano Pepe*, L'adattamento, in: Preite (Hrsg.), Atti Notarili, diritto comunitario e internazionale, Volume I, Turin, 2011, S. 205. Über den Einfluss der EMRK auf die italienische Rechtsordnung vgl. *Salvadori*, L'applicazione della Convenzione europea e l'integrazione dei processi interpretativi, in: ders. – Gambini (Hrsg.), La Convenzione europea sui diritti dell'uomo: processo penale e garanzie, 2009, S. 17 ff.

63 Vgl. *Focarelli*, Diritto internazionale, Volume I, II, sistema di Stati e i valori comuni dell'umanità, 2012, S. 795 ff.

B. Tatbestände und Grundelemente der Verwaltungshaftung

I. Haftung aus unerlaubter Handlung

Wie bereits ausgeführt, wird die außervertragliche zivilrechtliche Haftung der Verwaltung grundsätzlich von der allgemeinen Klausel des Art. 2043 c.c. (Prinzip des *neminem laedere*) geregelt: Immer dann, wenn die Verwaltung Schäden durch zumindest fahrlässige, rechtsrelevante Interessen schädigende Akte bzw. Handlungen verursacht, ist sie zum Schadensersatz verpflichtet.

Diese Haftungsform setzt grundsätzlich das Vorhandensein dreier Tatbestandsmerkmale voraus: a) des Schadens, der als Verletzung einer für die Rechtsordnung relevanten Rechtssituation betrachtet wird (d.h. der Schaden muss „ungerecht" sein); b) des Kausalzusammenhangs zwischen der Verwaltungshandlung und dem Schaden; c) des subjektiven Elements (Fahrlässigkeit oder Vorsatz der Verwaltung).

Hinsichtlich der Ermittlung des Schadensersatzes finden grundsätzlich die gleichen Kriterien Anwendung, die auch für privatrechtliche Beziehungen gelten,[64] wobei jedoch Besonderheiten gelten, wenn die schädigende Handlung oder Unterlassung durch die Verwaltung erfolgte.

Da die Verwaltung durch ihre Bediensteten handelt, ergibt sich die Anwendbarkeit des Art. 2043 c.c. in diesen Fällen aus Art. 2049 c.c.

Das bedeutet, dass zunächst ermittelt werden muss, ob die schädigende Handlung bzw. Unterlassung – die immer durch einen Menschen, also einen Bediensteten der Verwaltung, erfolgt – tatsächlich auf die öffentliche Verwaltung als Organisation zurückgeführt werden kann (d.h. dieser zuzuschreiben ist). Dabei wird in der Rechtslehre davon ausgegangen, dass dies der Fall ist, wenn der Zusammenhang zwischen schädigendem Verhalten und institutioneller Tätigkeit der Verwaltung eindeutig erkennbar ist (sog. *occasionalità necessaria*).[65]

Das typische Beispiel von Haftung aus unerlaubter Handlung ist der Schaden, den ein Polizeiwagen bei einem Autounfall infolge der Fahrlässigkeit des Polizisten verursacht, oder auch ein Sach- und Personenschaden durch herabfallende Äste, die von Arbeitern der Stadtverwaltung abgeschnitten worden sind.

Die Verwaltung unterliegt grundsätzlich sämtlichen Vorschriften des c.c. und da ihr ein sehr breites Aufgabenspektrum zukommt und sie zahlreiche Güter besitzt, sind neben der Generalklausel des Art. 2043 c.c. auch die nachfolgenden Vorschriften relevant, die spezielle Regelungen für besondere Fallkonstellationen vorsehen, woraus sich z.T. wiederum Sonderkriterien ergeben,[66] vgl. Art. 2047 c.c. (zur Schadenszufügung durch eine unzurechnungsfähige Person und die Haftung desjenigen, dem die Aufsicht über den Unfähigen obliegt, so beispielsweise die Haftung der Gesundheitsbehörde für von Geisteskranken verursachte Schäden); Art. 2048 c.c. (zur Schadenszufügung durch eine unzurechnungsfähige Person und die Haftung des Erziehers oder Lehrers, so beispielsweise die Haftung der Schulverwaltung für von Schülern verursachte Schäden); Art. 2050 c.c. (zur Haftung für Schäden, die infolge der Ausübung gefährlicher Tätigkeiten

---

64 Bezüglich des ursächlichen Zusammenhangs wird gewöhnlich auf die allgemein bekannte Theorie des adäquaten Kausalzusammenhanges verwiesen, vgl. *Comporti*, in: Cassese, Dizionario, S. 5132. Zur Vertiefung siehe *Giovagnoli*, Il rapporto di causalità, in: Caringella/Protto, S. 225.

65 *Falcon*, Lezioni (Fn. 8), S. 238. Dieser Zusammenhang besteht natürlich nicht, sofern eine natürliche Person zwar für die öffentliche Verwaltung tätig wird, den Schaden jedoch ausschließlich aus persönlichen Gründen zufügt.

66 Vgl. *Corso*, Manuale (Fn. 2), S. 434. Dort wird festgestellt, dass sich die öffentliche Behörde keiner der vom c.c. vorgesehenen Haftungsformen entziehen kann. Für eine zusammenfassende Analyse siehe *Comporti*, in: Cassese, Dizionario, S. 5133.

verursacht wurden, so beispielsweise ein Schaden durch Arbeiten auf einer öffentlichen Straße durch die zuständige Verwaltungsbehörde); Art. 2051 c.c. (zu Schäden, die durch Sache, die in Verwahrung genommen wurden, verursacht werden, so beispielsweise ein Autounfall infolge von Mängeln in der Instandhaltung des Straßennetzes oder durch Einsturz eines öffentlichen Gebäudes); Art. 2052 c.c. (zu Schäden, die durch Tiere wie z.B. Wild verursacht werden, welche laut Gesetz unveräußerbares Staatseigentum darstellen).

In diesen Fällen ist die Feststellung eines subjektiven Elements nahezu vollkommen unerheblich, da das Gesetz entweder eine entsprechende Umkehr der Beweislast vorsieht (Art. 2047, 2048 und 2050 c.c.: Der Schädiger muss beweisen, dass er entweder den Schaden nicht vermeiden konnte oder dass er alle verfügbaren Maßnahmen zu dessen Vermeidung getroffen hat) oder eine Form der verschuldensunabhängigen Haftung anordnet (Art. 2051 und 2052 c.c.: Der Schädiger muss in diesem Fall das Zufallsereignis beweisen).

II. Besonderheiten bei der Haftung aufgrund rechtswidrigen Verwaltungshandelns

1. Geschützte Interessen

Falls die schädigende Handlung in einem Verwaltungshandeln besteht, haftet die Verwaltung nach Art. 2043 c.c. nur, wenn dieses rechtswidrig ist. Nach ständiger und konsolidierter Lehrmeinung ist der Zustand, den die außervertragliche unerlaubte Handlung hervorruft, grundsätzlich nur dann rechtsrelevant, wenn Rechtswidrigkeit vorliegt. Unerheblich ist die Tatsache, ob die Rechtswidrigkeit sich aus einer Gesetzes- bzw. Verfassungsverletzung oder aus einem Verstoß gegen das unmittelbar anwendbare EU-Recht ergibt.

Dies vorweggenommen, wird seit dem wichtigen und schon erwähnten Urteil Cass. 500/1999 auch seitens der Verwaltungsgerichte zwischen den folgenden zwei Tatbeständen unterschieden:

a) Schaden aufgrund eines rechtswidrigen, ein Abwehrinteresse schädigenden Verwaltungshandelns

Dazu zählen u.a. ein Schaden infolge einer rechtswidrigen Enteignung sowie ein Schaden infolge einer rechtswidrigen Rücknahme oder eines rechtswidrigen Widerrufs einer Bewilligung oder einer sonstigen begünstigenden Maßnahme. Darunter fällt auch allgemein der Schaden aus einem Verwaltungshandeln mit Doppelwirkung, das einen Dritten begünstigt, so z.B. bei rechtswidrig bewilligten widerrechtlichen Bauwerken.

In solchen Fällen wird zumeist davon ausgegangen, dass die Verletzung eines rechtrelevanten Interesses per se und deswegen immer automatisch ein „ungerechter Schaden" vorliegt.[67] „Der Schaden kann abstrakt immer festgestellt werden, weil die rechtswidrige Ausübung der Hoheitsgewalt auf eine bestehende Vorteilssphäre einwirkt, deren Erhaltung gefährdet wird".[68]

67 Für eine zumindest teilweise Ausnahme vgl. Cons. Stato 3169/2001, Giur. it. 2001, 2386. Diesbezüglich siehe *Cirillo*, Il danno, S. 224.

68 *Corso*, Manuale (Fn. 2), S. 447. Zu bemerken ist, dass manche Juristen schon lange vor dem bereits erwähnten Urteil 500/1999 betont hatten, wie dieser Ansatz zu einem umfassenden Schutz dieser Art von Interessen führen könnte; siehe vor allem *Follieri*, Risarcimento, S. 202. Ebenfalls kritisch gegenüber einer Betonung der Unterscheidung zwischen legitimen „Abwehrinteressen" und sonstigen Interessen in Bezug auf Schadensersatz *Cortese*, La questione della pregiudizialità amministrativa, S. 342, *Comporti*, in: Cassese, Dizionario, S. 5128.

Daraus ergibt sich eine bedeutende Rechtsfolge: Da der Schaden im rechtswidrigen Entzug eines bestehenden Vorteils besteht, entspricht die schlichte Aufhebung der belastenden Verwaltungsmaßnahme am ehesten dem Interesse der geschädigten Privatperson, sodass der Ausgleich des Geschädigten in der Aufhebung der angefochtenen widerrechtlichen Verwaltungsmaßnahme besteht.[69] Ein darüber hinausgehender Schadensersatz kommt daher nur unter besonderen Umständen in Betracht, da er mit dem Ausgleich der hypothetischen Nachteile verbunden ist, die der Privatperson aus dem vorläufigen Vorteilentzug erwachsen sind und die vor Gericht genau bewiesen werden müssen.

b) Schaden aufgrund eines rechtswidrigen, ein Leistungsinteresse der Privatperson schädigenden Verwaltungshandelns

Dazu gehört beispielsweise ein Schaden aus rechtswidriger Verweigerung einer Bewilligung oder einer sonstigen begünstigenden Maßnahme oder auch ein Schaden aus dem rechtswidrigen Ausschluss von einem Vergabeverfahren.

Im Gegensatz zur zuvor genannten, ein Abwehrinteresse schädigenden Verwaltungsmaßnahme verweisen Lehre und Rechtsprechung hier zumeist auf die Theorie eines „Anspruchs" auf eine Leistung. Laut dieser Theorie ist ein Schaden nur dann als „ungerecht" und daher als ersetzbar zu betrachten, wenn das Gericht im Urteil feststellen kann, dass bei einem rechtmäßigen Verwaltungshandeln dem Interesse des Bürgers im Einzelfall entsprochen worden wäre (d.h. ihm die angestrebte Leistung in jedem Fall zuerkannt worden wäre).[70]

Diese Theorie schließt freilich einen Schadensersatz in den meisten Fällen aus, insbesondere in den Situationen, in denen das Gericht im Einzelfall das Vorhandensein einer Ermessensbefugnis der Verwaltung feststellt,[71] ist es doch bei Ermessensentscheidungen nicht ohne Weiteres ersichtlich, ob dem Interesse des Bürgers im Einzelfall tatsächlich entsprochen worden wäre (Cons. Stato 1945/2003[72]).

Dementsprechend sind viele Rechtsgelehrte der Ansicht, dass das Gericht bei Vorliegen einer Ermessensbefugnis nur unter zwei Voraussetzungen die „Ungerechtigkeit" des Schadens für den Bürger, der einen bestimmten Vorteil anstrebt, feststellen könne. Entweder wenn die Verwaltung sich bei Anerkennung der begehrte Begünstigung im Verzug befand (Anerkennung aufgrund eines Urteils, das die Aufhebung einer rechtswidrigen Ablehnung zur Folge hat) oder wenn die begehrte Begünstigung im Rahmen der Urteilsvollstreckung zur Aufhebung der belastenden Verwaltungsmaßnahme anerkannt wurde (also infolge einer gesetzlich vorgesehenen Vollstreckung in Form eines „Säumnisverfahrens", vgl. Cons. Stato 10/2004).[73]

Im Falle des Schadensersatzes hinsichtlich eines Leistungsinteresses hängt die wesentliche Ungerechtigkeit eines Verwaltungshandelns im Grunde nicht von jeglicher Rechtswidrigkeit ab, sondern von der Verletzung von Regeln, die dem Adressaten einer Verwaltungsmaßnahme einen bestimmten Vorteil gewähren; in diesem Zusammenhang kann das Ausmaß des Schadens nicht anhand einer einzelnen hoheitlichen Handlung bewertet werden, sondern ist vielmehr in

69 *Corso*, Manuale (Fn. 2), S. 447. Das ist der Fall des rechtswidrigen Widerrufs einer Baubewilligung: Die Aufhebung des Widerrufs bedeutet für den Inhaber eine grundsätzliche Wiederherstellung seiner vorherigen Vorteilssituation.

70 Für eine aussagekräftige Darstellung dieser Theorie siehe *Falcon*, Il giudice amministrativo, Dir. proc. amm. 2001, 287.

71 *Corso*, Manuale (Fn. 2), S. 447.

72 Riv. giur. edilizia 2003, I, 1009, 547.

73 Foro amm. CDS 2004, 2778. Siehe auch *Barbieri*, Il risarcimento che si addice alla lesione degli interessi legittimi, Dir. proc. amm. 2002, 651; *Villata*, Corte di Cassazione, Consiglio di Stato e cd. pregiudiziale amministrativa, Dir. proc. amm. 2009, 897.

einen Gesamtzusammenhang zu stellen, der nicht zuletzt auch die rechtmäßige Ausübung der Hoheitsgewalt berücksichtigen sollte.[74] Es liegt also auf der Hand, dass insbesondere bei gebundenen Verwaltungsentscheidungen Schadensersatz in voller Höhe gewährt werden kann; in diesen Fällen kann das Gericht dem Geschädigten sogar einen Anspruch auf Vornahme einer bestimmten Verwaltungsmaßnahme zuerkennen.[75]

Diese Ansicht, die bezüglich der Annahme eines Schadens bei Vorliegen einer Ermessensbefugnis der Behörde unter Umständen zu sehr restriktiven Ergebnissen führen kann, wird aber durch die in der Rechtsprechung sehr verbreitete Theorie der Haftung aus „Chancenverlust" gemildert.[76]

Stellt die Rechtsprechung danach fest, dass die konkrete Wahrscheinlichkeit für die Interessenbefriedigung eines Bürgers beträchtlich (mindestens über 50 %) war, neigt sie in vielen Fällen dazu, das Vorhandensein eines ersetzbaren Schadens anzuerkennen.[77]

Die diesbezüglich im Einzelnen vertretenen Auffassungen sind jedoch sehr umstritten; in manchen Urteilen wird der konkret verlorenen „Chance" zu Entschädigungszwecken eine autonome Bedeutung zugeschrieben,[78] in anderen wird diese Haftungsform hingegen nicht anerkannt, falls schon durch die Aufhebung der belastenden Verwaltungsmaßnahme sichergestellt wird, dass das – vorläufig beeinträchtigte – Interesse des privaten Geschädigten wiederhergestellt wird (so z.B. im Fall eines von einer Ausschreibung widerrechtlich ausgeschlossenen Unternehmens, sofern die Ausschreibung als für von Anfang an nichtig erklärt wird und das Verfahren von der Verwaltung neu aufgelegt werden muss[79]).

Diese vielfach als unbefriedigend empfundenen Ansichten veranlassten Teile von Rechtsprechung und Lehre, weitere Theorien insbesondere zur Rechtsnatur der Haftung aufzustellen.[80] So soll das bloße Abstellen auf die außervertraglichen Haftungsparadigmen weder ausreichend noch angemessen sein, da es doch einerseits nicht für Tatbestände geeignet sei, die auf die Begründung einer Rechtsbeziehung zwischen Privatperson und öffentlicher Verwaltung abzielen (wie beispielsweise bei öffentlichen Ausschreibungen) und andererseits dem Umstand nicht gerecht werde, dass das Verwaltungshandeln nur der Schlussakt eines Verfahrens ist, bei dem Bürger und Verwaltung zueinander in Kontakt treten (die Verfahrensregelung sieht z.B. die Einhaltung von formalen Verpflichtungen seitens der Verwaltung vor, die unabhängig vom Inhalt der zu treffenden Entscheidung zu beachten sind).[81]

Im Einzelnen wurden zum einen die Theorie der vorvertraglichen Haftung[82] und zum anderen die Theorie der Haftung aus vertragsähnlichen Ansprüchen[83] vorgeschlagen.

---

74 *Falcon*, Lezioni (Fn. 8), S. 242.

75 Siehe *Falcon*, Il giudice amministrativo, Dir. proc. amm. 2001, 287; *Vaiano*, Pretesa di provvedimento.

76 Zu diesem Begriff siehe *Vettori*, Il danno risarcibile, 2004, S. 121.

77 Cons. Stato 686/2002, Foro amm. CDS 2002, 453; Cons. Stato 1114/2007, Riv. giur. edilizia 2007, 697; Cons. Stato 1514/2007, Riv. giur. edilizia 2007, 1432.

78 Cons. Stato 5323/2006, Foro amm. CDS 2006, 2585.

79 Vgl. TAR Liguria 2974/2009, Foro amm. TAR 2009, 2782.

80 Diesbezüglich siehe die interessante kritische Zusammenfassung von *Chieppa*, Viaggio di andata e ritorno dalle fattispecie di responsabilità della pubblica amministrazione alla natura della responsabilità per i danni arrecati nell'esercizio dell'attività amministrativa, Dir. proc. amm 2003, 683.

81 Diesbezüglich siehe *Protto*, Il rapporto amministrativo, 2008.

82 *Garofoli/Racca/De Palma*, Responsabilità della pubblica amministrazione e risarcimento del danno innanzi al giudice amministrativo, 2003. Es handelt sich um eine Theorie, die auf der bekannten These von *Giannini* basiert, vgl. dazu den Vortrag in: Atti del Convegno Nazionale sull'ammissibilità del risarcimento (Fn. 12), S. 518. Aus der Rechtsprechung TRGA Trento 492/2002, Foro amm. TAR 2003, 439.

83 *Passoni*, Responsabilità „per contatto" e risarcimento per lesioni di interessi legittimi, Urbanistica appalti 2001, S. 1211; *Protto*, Responsabilità della p.a. per lesione di interessi legittimi: alla ricerca del bene perduto, Urbanistica appalti 2000, 993; *Cirillo*, Il danno, S. 224; *Cossu*, Risarcimento del danno in forma specifica e responsabilità da

Die wichtigste Schlussfolgerung aus diesen Theorien ist, dass die Schädigung eines Leistungsinteresses grundsätzlich immer ersetzbar ist, auch in den Fällen, in denen ein Anspruch des Bürgers oder eine Chance nicht festgestellt werden können. In der Höhe ist der Schaden jedoch auf das Ausmaß der konkreten Vermögensbeeinträchtigung beschränkt, welche die Privatperson dadurch erlitten hat, dass sie eine „Beziehung" zur Verwaltung gepflegt hat, die sich dann aufgrund von Rechtsverstößen seitens der Verwaltung als unbefriedigend erwiesen hat.

Daneben gibt es auch Auffassungen, welche die neuartigen Ansichten der zuletzt angeführten Ansichten mit der traditionellen Sichtweise verbinden und davon ausgehen, dass eigentlich zwei unterschiedliche Formen des Sekundärrechtsschutzes bestünden. Die eine stütze sich darauf, einen Anspruch auf den von der geschädigten Privatperson angestrebten Vorteil im konkreten Einzelfall zu bestimmen, die andere betreffe das Ausmaß der negativen Auswirkungen des rechtswidrigen Verfahrens auf das Vermögen des Bürgers.[84]

Zudem wurden weitere Theorien erarbeitet, die angesichts der sehr widersprüchlichen und nicht immer klaren Ergebnisse infolge der Anwendung der Bestimmungen des c.c. mit einer überzeugenden, aber nur von einer Minderheit vertretenen Argumentation davon ausgehen, dass ein rechtswidriges Verwaltungshandeln nur eine öffentlich-rechtliche Haftung zur Folge habe. Diese Haftung entstehe unmittelbar aus den verwaltungsgerichtlichen Bestimmungen, die dem Verwaltungsgericht eine entsprechende Rechtsprechungsgewalt übertragen.[85]

Festzustellen ist, dass die herrschende Meinung nach wie vor davon ausgeht, dass diese Tatbestände formell auf Art. 2043 c.c. zurückzuführen seien, auch wenn sie, wie bereits ausgeführt, auf besondere Weise ausgelegt werden,[86] und dass diese Auslegung grundsätzlich „vielseitig" sei, da sie „immerhin systematischere Analysen eher vermeidet, um bei Haftungstatbeständen Einzelfalllösungen zu bevorzugen".[87]

2. Subjektives Tatbestandsmerkmal

Im Hinblick auf das subjektive Tatbestandsmerkmal stellte der *Corte di Cassazione* in seiner Urteil aus dem Jahr 1999 fest, dass die „Fahrlässigkeit" bzw. der „Vorsatz" der Verwaltung in dem zugrundeliegenden Fall (Schaden aus rechtswidrigem Verwaltungsakt) nicht mit dem psychischen Zustand des in ihrem Namen handelnden öffentlichen Angestellten gleichzusetzen sei und es auch nicht ausreiche, die schlichte Rechtswidrigkeit des belastenden Verwaltungshandelns festzustellen; unter „Fahrlässigkeit" der Verwaltung sei vielmehr einen Umstand zu verstehen, der der Verwaltung in ihrer Eigenschaft als Organisation zuzuschreiben ist, genauer gesagt handele es sich dabei um den

---

"contatto amministrativo", Giorn. dir. amm. 2002, 41; *Elefante*, La responsabilità della pubblica amministrazione da attività provvedimentale, 2002, S. 120. Es handelt sich um eine angesehene Lehrmeinung, die schon vor dem erwähnten Urteil 500/1999 vorgeschlagen wurde, vgl. *Castronovo*, Responsabilità civile per la pubblica amministrazione, Jus 1998, 647. Aus der Rechtsprechung TAR Puglia 1761/2001, Urbanistica appalti 2001, 1226 (erstes Urteil); Cons. Stato 4239/200, Urbanistica appalti 2001, 1211; Cons. Stato 3796/2002, Giust. civ. 2003, I, 543; Cass. 157/2003, Foro it. 2003, I,78; TAR Puglia 6040/2006, Resp. civ. e prev. 2007, 972.

84 *Bacosi*, Interesse legittimo.

85 *Garofalo*, La responsabilità dell'amministrazione, Dir. amm. 2005, 1.

86 Vgl. Cons. Stato 5012/2004, Foro amm. CDS 2004, 2098; Cons. Stato 5500/2004, Riv. Corte Conti 2004, 4, 210; Cons. Stato 3981/2006, Foro amm. CDS 2006, 1919; Cons. Stato 1114/2007, Riv. giur. edilizia 2007, 697; Cons. Stato 1514/2007, Riv. giur. edilizia 2007, 1432.

87 *Comporti*, in: Cassese, Dizionario, S. 5131, der zutreffend feststellt, dass sich das Gericht zum wahren „Herrn des Tatbestandes" aufschwingt.

„Fall, in dem der Erlass und die Vollstreckung des rechtswidrigen Verwaltungshandelns (das das Interesse des Geschädigten beeinträchtigt) entgegen den Regeln der Unparteilichkeit, der Redlichkeit und der guten Verwaltungsführung, welche die Ausübung des Verwaltungsamtes prägen müssen, erfolgten“.[88]

Diese Auslegung führt zu einem erheblichen Maß an Rechtsunsicherheit, da es zum einen für den Geschädigten aufgrund der internen Verwaltungsorganisation, die mit einem Informationsdefizit Außenstehender verbunden ist, typischerweise schwer ist, dieses Tatbestandsmerkmal zu beweisen, und zum anderen eine Verletzung der Regeln von Unparteilichkeit und redlichem Verhalten üblicherweise automatisch zur Rechtswidrigkeit des Verwaltungshandelns führt (eine solche Verletzung impliziert damit per se die Rechtswidrigkeit).

Demzufolge gehen die Verwaltungsgerichte heutzutage von einer anderen objektiven Theorie aus.[89] Ist ein belastendes Verwaltungshandeln rechtswidrig, so muss die Fahrlässigkeit der Verwaltung betrachtet werden, als bestünde sie *in re ipsa* (was im Grunde genommen eine Fahrlässigkeitsvermutung darstellt).[90] Nichtsdestotrotz kann die Verwaltung beweisen, dass sich aus ihrem Verschulden keine konkrete Rechtswidrigkeit ergibt, und auf das Vorhandensein von spezifischen und sachlichen Rechtfertigungsgründen verweisen (beispielsweise entschuldbare Irrtümer aufgrund einer unklaren Rechtslage oder eine nicht eindeutige Rechtsprechung, eine umstrittene und komplexe Tatsachenfeststellung oder die Einführung von schwer auszulegenden Reformen oder Gesetzen etc.[91] Ein Verschulden ist damit grundsätzlich erforderlich, es sei denn, es handelt sich um eine Gefährdungshaftung, bei der eine Annäherung an eine verschuldensunabhängige Haftung festzustellen ist, vgl. z.B. Art. 2050, 2051 c.c. (→ B.I.).

3. Kausalität

Die außervertragliche Haftung nach Art. 2043 c.c. setzt neben dem Vorliegen eines subjektiven Tatbestands einen Kausalzusammenhang zwischen der Handlung (oder dem Unterlassen) und dem Schaden voraus. Als kausal gilt jede Handlung der Verwaltung, die eine notwendige Bedingung für den Eintritt des Erfolgs darstellt (*conditio sine qua non*-Formel bzw. Äquivalenztheorie). Zusätzlich wird der Adäquanzgedanke herangezogen, wonach ein Verhalten nur ursächlich ist, wenn der eingetretene Erfolg nicht außerhalb der allgemeinen Lebenserfahrung liegt.[92]

Nur in Einzelfällen existiert eine gesetzliche Vermutung für das Verschulden des Schädigers bei der Haftung der Eltern, des Vormunds, des Erziehers und Ausbilders (Art. 2048 c.c.), bei Schäden infolge der Ausübung gefährlicher Tätigkeiten (Art. 2050 c.c.), bei Schäden durch Tiere (Art. 2052 c.c.), bei Schäden durch den Einsturz eines Gebäudes (Art. 2053 c.c.) sowie bei dem Betrieb von Fahrzeugen (Art. 2054 c.c.).

---

88 SS UU, 22.7.1999, Foro it. 1999, I, 2487. Zur Fahrlässigkeit der Verwaltung vgl. allgemein *Cimini*, La colpa.
89 *Corso*, Manuale (Fn. 2), S. 447.
90 Dabei wird dem Geschädigten die Möglichkeit zugestanden, „Fahrlässigkeitsindizien nach dem Schema der widerlegbaren Vermutungen vorzulegen. Dazu gehören z. B. die Schwere der Verletzung, der gebundene Charakter des Verwaltungshandelns, die Eindeutigkeit der einschlägigen Vorschrift sowie eine eigene Teilnahme am Verfahren“, vgl. *Comporti*, in: Cassese, Dizionario, S. 5131.
91 *Falcon*, Lezioni (Fn. 8), S. 244. Aus der Rechtsprechung Cons. Stato 1261/2004, Dir. & Formazione 2004, 692; Cons. Stato 4461/2005, Giur. it. 2006, 420; Cons. Stato 3981/2006, Foro amm. CDS 2006, 1919; Cons. Stato 1114/2007, Riv. giur. edilizia 2007, 697; Cons. Stato 1113/2008, Foro amm. CDS 2008, 853. Der Staatsrat hat diese Auslegung jüngst bestätigt und weiterentwickelt. (Cons. Stato 5837/2011); insbes. wurde klargestellt, dass sie nicht mit Unionsrecht und der Rechtsprechung des EuGH kollidiert (Cons. Stato 482/2012). Kritisch *Fracchia*, L'elemento soggettivo nella responsabilità dell'amministrazione, Dir. pubbl. 2008, 445; *Valaguzza*, Percorsi verso una "responsabilità oggettiva" della p.a., Dir. proc. amm. 2009, 50.
92 Vgl. *Poletti*, in: Lipari/Rescigno (Hrsg.), Diritto Civile Libro IV, Volume III, La responsibilità e il danno, 2009.

4. Ersetzbarer Schaden

Üblicherweise wird davon ausgegangen, dass der ersetzbare Schaden im c.c. definiert wird. Hinsichtlich eines Vermögensschadens sieht Art. 1223 c.c., auf den Art. 2056 c.c. verweist, vor, dass der Schadensersatz sowohl den erlittenen Verlust als auch den Gewinnausfall umfasst. Falls die genaue Schadenshöhe nicht ermittelt werden kann, wird sie *„vom Gericht nach billigem Ermessen festgelegt“* (Art. 1226 c.c.). Der zu ersetzende Schaden umfasst normalerweise auch Zinsen und eine Anpassung an die Inflationsrate (vgl. TAR Lazio 13925/2006[93]). Im Folgenden werden einige Beispiele aufgeführt.

Bei einer rechtswidrigen Enteignung kann der erlittene Schaden mit dem Wert der enteigneten Liegenschaft oder (im Falle eines Unternehmens) mit dem Gewinnausfall aufgrund der Einstellung einer auf dem Grundstück ausgeübten gewerblichen Tätigkeit gleichgesetzt werden. Letzteres gilt auch bei einem Schaden infolge eines rechtswidrigen Widerrufs einer Genehmigung.

Die Anwendung dieser Grundsätze ist im Bereich der öffentlichen Ausschreibungen oft schwierig und komplex (vgl. Cons. Stato 1377/2007[94]). Insbesondere dort, wo die Anwendung der Theorie des Chancenverlustes grundsätzlich zu einer Anerkennung der Verwaltungshaftung geführt hat, schwankt bei der Bemessung der Schadenshöhe die Rechtsprechung noch zwischen zwei zuweilen weit voneinander entfernten Polen. Die Höhe des Schadensersatzes kann von zehn Prozent des Ausschreibungsbetrages nach Abzug des angebotenen Abschlags bis hin zur vollen Höhe des entgangenen Gewinns eines an der Ausschreibung teilnehmenden Unternehmers betragen, der bei der Bewertung marktfremder Angebote nicht berücksichtigt wurde. Beim ersten Fall handelt es sich um eine sehr verbreitete sinngemäße Anwendung des Grundsatzes des Art. 345 Anhang F *Legge sulle opere pubbliche*[95] (Gesetz über öffentliche Bauten) zur Bestimmung des Schadens, der dem Auftragsnehmer bei einseitiger Vertragskündigung zu erstatten ist, während der zweite Fall beispielsweise im Urteil des TAR Lombardia 568/2002[96] zu finden ist.

Bisweilen wendet ein Gericht auch besondere Bewertungskriterien an, so wurde beispielsweise die von der Verwaltung angeordnete Rücknahme eines zuvor erlassenen rechtswidrigen und belastenden Verwaltungsaktes einerseits als Bestätigung der Fahrlässigkeit der Verwaltung selbst bewertet und andererseits als Argument zur Reduzierung der Höhe des der Privatperson zu ersetzenden Schadens angesehen.[97]

Was den nicht vermögensrechtlichen Schaden anbelangt, hat die Rechtsprechung die Möglichkeit anerkannt, dass auch besondere Schäden wie der aufgrund einer rechtswidrigen Ablehnung erlittene Schaden[98] nach billigem Ermessen ersetzbar sind. Dies umfasst auch den Imageschaden, also z.B. den Schaden in Bezug auf das berufliche Ansehen. Die Rechtsprechung sieht diesbezüglich allerdings besondere und hohe Beweisanforderungen vor.[99]

Vor diesem Hintergrund ist jedoch zu berücksichtigen, dass sich in der Verwaltungsrechtsprechung

---

93 Foro amm. TAR 2006, 3892.
94 Riv. giur. edilizia 2007, 1617.
95 L. 2248 vom 20.3.1865.
96 Foro amm. TAR 2002, 380.
97 Cons. Stato 4401/2007, Foro amm. CDS 2008, 43.
98 Cons. Stato 105/2006, abrufbar unter: http://www.giustizia-amministrativa.it (zuletzt abgerufen am 20.6.2013); TAR Veneto 3516/2006, Foro amm. TAR 2006, 3156; TAR Piemonte 2623/2007, Resp. civ. e prev. 2007, 1953.
99 TAR Campania 2209/2007, Foro amm. TAR 2007, 1052; TAR Calabria 9/2007, Foro amm. TAR 2007, 273.

„pauschale und standardisierte Kriterien hinsichtlich der Schadensbewertung insbesondere im Rahmen des öffentlichen Auftragswesens durchgesetzt haben, die nicht auf einer genauen Kenntnis des Inhalts der Untersuchungsakten beruhen“.[100]

Grundsätzlich gilt die Beweisführungslast des Geschädigten immer dann als erfüllt, wenn das Vorliegen eines Schadens bewiesen werden kann und zudem Kriterien für eine einvernehmliche Bemessung desselben durch einen vom Gericht von Amts wegen beizuordnenden Gutachter[101] oder aufgrund der gewöhnlichen Lebenserfahrung[102] angegeben werden.

Diese Rechtsprechungspraxis bei der Anerkennung von Schadensersatzansprüchen entspricht der schon früher von den Verwaltungsgerichten in den Sachbereichen ihrer ausschließlichen Zuständigkeit (die sowohl subjektive Rechte als auch legitime Interessen z.B. in den Bereichen Raumordnung, Bauwesen und öffentliche Dienstleistungen umfasst) angewandten Vorgehensweise. Zur Schadensbemessung konnte das Verwaltungsgericht in diesen Fällen Art. 35 Abs. 2 d. lgs. 80/1998[103] anwenden, wonach es

„die Kriterien festlegen kann, nach denen die öffentliche Verwaltung oder das beliehene Unternehmen dem Anspruchsberechtigten die Zahlung eines Betrages binnen einer angemessenen Frist anbieten muss. Kommen die Parteien nicht zu einem Einverständnis (...), kann die Höhe des auszuzahlenden Betrages gerichtlich angeordnet werden“.

Diese Vorgehensweise gilt heute für alle Schadensersatzfälle und damit auch außerhalb der obengenannten Sachbereiche aufgrund von Art. 34 CPA, der lautet:

„Im Falle einer Verurteilung zu einer Geldleistung kann das Gericht, sofern seitens der Parteien kein Widerspruch erhoben wurde, die Kriterien festlegen, nach denen der Schuldner dem Gläubiger die Zahlung eines Betrages binnen einer angemessenen Frist anbieten muss. Kommen die Parteien zu keinem Einverständnis oder erfüllen sie die aus der erzielten Abmachung entstehenden Verpflichtungen nicht [...], so kann die Festlegung des auszuzahlenden Betrages bzw. die Erfüllung der missachteten Verpflichtungen verlangt werden“.

III. Weitere Sonderfälle der Verwaltungshaftung

Nachfolgend soll auf zwei Sonderfälle der Verwaltungshaftung eingegangen werden. Wenngleich diese ebenfalls verschuldensabhängig sind, neigt die Rechtsprechung doch dazu, von einer Verschuldensvermutung auszugehen.

1. Verzugsschaden

Ein Sonderfall der Verwaltungshaftung besteht im Verzugsschaden.[104] Dabei handelt es sich um Fallgestaltungen, in denen die Verwaltung einen von ihr begehrten Verwaltungsakt nicht innerhalb der gesetzlich vorgesehenen Frist erlässt, sondern untätig bleibt, vgl. Art. 2 *Nuove norme in*

---

100 *Comporti*, in: Cassese, Dizionario, S. 5132.

101 Cons. Stato 4460/2003, Studium Juris 2003, 1529. Siehe heute Art. 63 und Art. 67 CPA.

102 Cons. Stato 5012/2004, Foro amm. CDS 2004, 2098.

103 Tatsächlich hatte sich ohnehin die Ansicht verbreitet, derzufolge dieses Rechtsinstitut in Fällen angewandt werden kann, in denen das Verwaltungsgericht über keine ausschließliche Zuständigkeit verfügt, vgl. *Falcon*, Lezioni (Fn. 8), S. 245.

104 *Corso*, Manuale (Fn. 2), S. 449.

materia di procedimento amministrativo e di diritto di accesso ai documenti amministrativi (Verwaltungsverfahrensgesetz, abgekürzt: l. proc.); hinzu kommen die Fälle, in denen die Verwaltung den von ihr begehrten Verwaltungsakt zwar vornimmt (beispielsweise eine Bewilligung ausstellt), allerdings erst nach Ablauf der gesetzlich vorgesehenen Frist.

Bisher hat sich die herrschende Verwaltungsrechtsprechung dafür ausgesprochen, in diesem Fall die bereits angeführte Regelung über den Schaden aufgrund eines ein Leistungsinteresse schädigenden Verwaltungsaktes anzuwenden. Anders gesagt liegt im Verzug an sich noch kein Schaden; der aufgrund der Untätigkeit der Verwaltung geschädigte Bürger muss vielmehr glaubhaft beweisen, dass er einen Anspruch auf den begehrten Verwaltungsakt gehabt hätte.[105]

Diese Lösung birgt die gleichen Probleme hinsichtlich der Schadensfeststellungsgrenzen wie bei Ermessenshandlungen. Auch für diesen Tatbestand gibt es richterliche Entscheidungen, denen zufolge ähnlich wie bei der Anwendung der Theorie des Chancenverlustes das Interesse des Bürgers daran, dass ein bestimmter Verwaltungsakt in einer bestimmten Zeit ergeht, für relevant erachtet wird (so z.B. im Fall eines öffentlich Bediensteten, der von seiner Dienststelle Schadensersatz für den Verzug verlangt, in dem sich diese bezüglich seines Antrags zum Eintritt in den Ruhestand in einem bestimmten Jahrgang befand[106]).

Im Jahr 2009 wurde der Verzugsschaden in Art. 2-bis l. proc. kodifiziert[107] (vgl. auch Art. 30 Abs. 4 CPA). Der Wortlaut der Vorschrift scheint jedoch weitere Tatbestände außer den bereits genannten auszuschließen; das Gesetz sieht in der Tat einfach vor, dass die Verwaltung für den „Ersatz des ungerechten Schadens“ haftet, „der infolge einer vorsätzlichen oder fahrlässigen Missachtung der Verfahrensabschlussfrist verursacht wurde“[108].

2. Verletzung des Vertrauensgrundsatzes

Ein weiterer Fall der Verwaltungshaftung betrifft im weitesten Sinne Verletzungen des von einem Verwaltungsakt zulässigerweise erweckten, schutzwürdigen Vertrauens des Bürgers.[109]

Diese Haftungsform – die als Haftung aus „unkorrektem Verhalten“[110] definiert werden kann und in der Rechtsprechung häufig als ein Fall „vorvertraglicher“ Haftung eingestuft wird – wird vom Gericht in speziellen Fällen wie z. B. beim Widerruf der Zuschlagserteilung im Rahmen einer Ausschreibung festgestellt, wenn der Widerruf mit Finanzschwierigkeiten hinsichtlich der Verwirklichung des betroffenen Werkes begründet wird, oder auch bei einer nachträglichen Stadtplanungsänderung gegenüber der ursprünglich zur Verwirklichung spezifischer Projekte auf einem bestimmten Grundstück vorgesehenen Vorhaben.[111]

---

105 Ad. Plen. 7/2005, Foro amm. CDS 2005, 2519.

106 Vgl. Cons. Stato 105/2006 (Fn. 98); TAR Abruzzo 2/2010, Foro amm. TAR 2010, 2006.

107 Eingeführt durch *Disposizioni per lo sviluppo economico, la semplificazione, la competitività nonché in materia di processo civile* (Bestimmungen über die wirtschaftliche Entwicklung, die Vereinfachung, die Wettbewerbsfähigkeit und im Bereich der Zivilprozessordnung), L. 69 vom 18.6.2009.

108 TAR Sicilia 582/2010, Foro amm. TAR 2010, 294.

109 Zum Vertrauensgrundsatz vgl. den bedeutsamen Beitrag von *Merusi*, Buona fede e affidamento nel diritto pubblico, 2001.

110 *Comporti*, in: Cassese, Dizionario, S. 5132; *Falcon*, Dir. proc. amm 2009, 241.

111 Cons. Stato 1457/2003, Foro amm. CDS 2003, 918; TAR Lombardia 4503/2003, Dir. proc. amm. 2004, 527; TAR Veneto 479/2004 abrufbar unter: http://www.giustizia-amministrativa.it (zuletzt abgerufen am 20.6.2013); Cons. Stato 920/2005, Foro amm. CDS 2005, 738; Ad. Plen. 6/2005, Foro amm. CDS 2005, 2515; TAR Lazio 6911/2006, Foro amm. TAR 2006, 2545; Cons. Stato 5174/2007, Foro amm. CDS 2007, 2773; Cons. Stato 2680/2008, Foro amm. CDS 2008, 1715; dagegen Cons. Stato 6389/2002, Dir. proc. amm. 2003, 1240.

Dabei handelt es sich um einen besonderen Haftungstatbestand, der auch dann vorliegt, wenn der Verwaltungsakt, der das schutzwürdige Vertrauen des Bürgers beeinträchtigt hat, als rechtmäßig anzusehen ist.

Als „ungerecht" gelten die Fälle, in denen die Verwaltung durch ihr allgemeines Verhalten unredlich oder nicht in gutem Glauben gehandelt hat, indem sie leicht beeinflussbare Privatpersonen ermutigt, Ausgaben zu tätigen bzw. vermögensrelevante Handlungen zu vollziehen, die sich nachträglich als fruchtlos erweisen.

C. Rechsfolgen der Haftung

I. Verantwortliche Personen

1. Haftung der Verwaltung und Haftung des Beamten

Obwohl Art. 28 Cost. wie bereits ausgeführt eine unmittelbare Haftung des öffentlichen Angestellten vorsieht,[112] nimmt das Gesetz eine bedeutende Einschränkung vor: Der Beamte haftet nur, wenn er vorsätzlich oder grob fahrlässig gehandelt hat, vgl. Art. 23 d.p.r. 5/1957.[113] Dies hat zur Folge, dass geschädigte Personen grundsätzlich einen Schadensersatzanspruch gemäß dem bereits erwähnten Grundsatz von Art. 2049 c.c. (→ B.I.) vor Gericht direkt gegenüber der zuständigen Behörde geltend machen. Die Regressmöglichkeit der Verwaltung gegenüber der tatsächlich handelnden Amtsperson (Art. 22 d.p.r. 3/1957) bleibt davon unberührt.

Die gleiche Beschränkung der Haftung auf Vorsatz und grobe Fahrlässigkeit gilt auch für die *responsabilità amministrativa* (Verwaltungshaftung)[114] des öffentlichen Angestellten oder desjenigen, der im Dienste der Verwaltung handelt,[115] gegenüber der Verwaltung für den (unmittelbaren oder mittelbaren)[116] Schaden, der der Verwaltung aus seiner rechtswidrigen Handlung entstanden ist.[117] Die Regelung dieser besonderen Haftungsform entspricht der des Art. 2043 c.c., wenngleich ihre Rechtsquelle (L. 20 v. 20.1.1994[118]), das zuständige Gericht (*Corte dei conti*

---

112 *Casetta*, L'illecito degli enti pubblici; *Merusi*, La responsabilità dei pubblici dipendenti secondo la Costituzione: l'art. 28 rivisitato, Riv. trim. dir. pubbl. 1986, 41.

113 Dieser Grundsatz wird in Art. 61 L. 312/1980 näher erläutert.

114 *Corso*, Manuale (Fn. 2), S. 459; *Falcon*, Lezioni (Fn. 8), S. 247.

115 Es kann sich dabei um einen Beamten oder einen Bevollmächtigten der Verwaltung handeln, dazu zählen ferner all diejenigen, die ein Verwaltungsamt (auch nur vorläufig oder ehrenamtlich) bekleiden oder Aufgaben im Namen der Verwaltung ausführen (z.B. der Bauleiter von öffentlichen Arbeiten, die im Wege einer Ausschreibung vergeben wurden, oder der niedergelassene Arzt, der beim Nationalen Gesundheitsamt zugelassen ist). In der neueren Rechtsprechung ist eine Tendenz feststellbar, Vorstände von Aktiengesellschaften mit staatlicher Mehrheitsbeteiligung dieser Haftungsform zu unterziehen.

116 Unmittelbar ist ein Schaden, der direkt aus einem schädigenden Verhalten des Beamten herrührt (beispielsweise der Schaden an einem Verkehrsmittel der Verwaltung durch einen Unfall, der infolge von Nachlässigkeit seitens eines Fahrers oder Polizisten eingetreten ist); mittelbar ist im Gegensatz dazu ein Schaden, welcher der Verwaltung daraus entsteht, dass sie dazu verurteilt wird, einer Privatperson einen aufgrund eines fahrlässigen Verhaltens eines Angestellten zugefügten Schaden zu ersetzen (beispielsweise die Entschädigungspflicht gegenüber einem Unternehmen, das durch die Ausschreibungskommission irrtümlich von einem Vergabeverfahren ausgeschlossen wurde).

117 Jede Schadensart kann ersetzt werden, seien es Vermögensschäden oder immaterielle Schäden (auch der Imageschaden für die Verwaltung). Zur Bestimmung der Schadenshöhe muss das Gericht indes auch den „Nutzen für die Verwaltung oder die verwaltete Gemeinschaft" berücksichtigen, „der ihr infolge des Verhaltens der Bediensteten oder der öffentlichen Angestellten entstandenen ist, für welche sie haftbar gemacht wurde" (vgl. Art. 1 Abs. 1-bis Disposizioni in materia di giurisdizione e controllo della Corte dei conti (Bestimmungen über die Gerichtsbarkeit und die Kontrolltätigkeit des Rechnungshofs – Rechnungshofgesetz), L. 20 vom 20.1.1994.

118 *Disposizioni in materia di giurisdizione e controllo della Corte dei conti* (Rechnungshofgesetz).

[Rechnungshof], abgekürzt: Corte conti) und das entsprechende Verfahren (Einleitung von Amts wegen durch die Staatsanwaltschaft des *Corte conti* und Geltung von Sonderregeln, von denen die meisten aus dem Zivilprozessrecht stammen und einige aus dem Verwaltungsprozessrecht übernommen werden)[119] abweichen.

Wenn das Verhalten zweier oder mehr Personen zur schädigenden Handlung beigetragen hat, ist der *Corte conti* zur genauen Feststellung der jeweiligen individuellen Haftung verpflichtet, es sei denn, alle Personen haben vorsätzlich gehandelt oder sich infolge ihres Verhaltens ungerechtfertigt bereichert. In diesen Fällen liegt eine gesamtschuldnerische Haftung vor und jede Person kann daher verpflichtet werden, den ganzen Schaden zu erstatten (Art. 1 Abs. 1-quater und Abs. 1-quinquies L. 20 v. 20.1.1994).[120]

An dieser Stelle sei daran erinnert, dass die Verwaltung bei Vorliegen einer unerlaubten Handlung (→ B.I.) immer (auch wenn die Identität des Angestellten unbekannt ist, vgl. z.B. *Tribunale di Milano* (Mailänder Gericht) Urteil vom 19.3.1990[121]) haftet. Davon ausgenommen ist der Fall, in dem der Angestellte einzig zu privaten und egoistischen Zwecken gehandelt hat, die keinen Gemeinwohlbezug aufweisen. In letzterer Fallgestaltung entfällt die „organschaftliche Übereinstimmung" zwischen dem Angestellten und der Verwaltung (Cass. 7631/1986[122]).

Die Verwaltung und der Beamte haften gesamtschuldnerisch, sodass jeder der Beteiligten vom Geschädigten zur Erfüllung in voller Höhe in Anspruch genommen werden kann; Erfüllung durch einen der Beteiligten indes befreiende Wirkung für den anderen hat (Art. 1292 c.c.). Zur Richterhaftung →A.II.3.

2. Zivilrechtliche Haftung und Risikoversicherung

Ebenso wie Privatpersonen kann sich auch die öffentliche Verwaltung gegen das Risiko ihrer zivilrechtlichen Haftung gemäß den allgemeinen Regeln des Zivilrechts und einiger Sondervorschriften[123] versichern und auch die Kosten der Haftpflichtversicherung ihrer Angestellten über-

---

119 Ein besonderer Aspekt der Vorschrift des Art. 1-bis L. 20 vom 20.1.1994 besteht darin, dass dem *Corte conti* nach Feststellung des Vorhandenseins eines Schadens und der entsprechenden Haftung eine Reduzierungsbefugnis hinsichtlich der Höhe des Schadensersatzes zusteht, die er nach freiem Ermessen und in Abweichung von den üblichen Grundsätzen des c.c. ausüben kann. Normalerweise wendet der *Corte conti* diese Befugnis immer dann an, wenn das Risiko besteht, dass die effektive Vornahme wesentlicher und anspruchsvoller Tätigkeiten oder Leistungen (bei denen die Besorgnis einer Verurteilung zu einem sehr hohen Schadensersatz den öffentlichen Angestellten von der zügigen Vornahme und schnellen Ausführung seiner Aufgaben abhalten würde, klassische Beispiele hierfür sind die Leistungen von Ärzten oder Feuerwehreinsätze) durch die Gefahr einer Verurteilung zum Schadensersatz in voller Höhe beeinträchtigt werden kann. Dabei ist darauf hinzuweisen, dass es dem Beamten, der vom *Corte conti* in erster Instanz verurteilt wurde, vor dem Hintergrund der Reduzierungsbefugnis freisteht, „den zuständigen Berufungssenat bei seiner Urteilsanfechtung zu ersuchen, den Schadensersatz auf mindestens zehn Prozent und höchstens 20 Prozent des im Urteil festgestellten Schadens festzusetzen" (Art. 1 Abs. 231 *legge finanziaria per l'anno 2006* (Haushaltsrahmengesetz für das Jahr 2006), L. 266 vom 23.12.2005.

120 Wenn der Schaden durch einen Kollegialakt verursacht wurde, haften umgekehrt nur diejenigen, die dafür gestimmt haben, während diejenigen, die sich der Stimme enthalten oder dagegen gestimmt haben, von jeglicher Haftung befreit sind (Art. 1 Abs. 1-ter L. 20 vom 20.1.1994). Außerdem besteht eine weitere Sonderregel für den Fall, dass die den Schaden verursachenden Handlungen „in die eigene Zuständigkeit der technischen und administrativen Ämter fallen". Demnach „erstreckt sich die Haftung nicht auf die politischen Organe, die nach Treu und Glauben zugestimmt haben oder die Vollstreckung genehmigt und ermöglicht haben" (Art. 1 Abs. 1-ter L. 20 vom 20.1.1994).

121 Nuova giur. civ. commentata 1990, I, 555.

122 Giust. civ. Mass. 1986, fasc. 12.

123 Vgl. z.B. Art. 86 Abs. 5 t. u. enti locali, wonach sich Gemeinden, Provinzen, Berggemeinschaften, Gemeindeverbände und sämtliche Verbunde von Gebietskörperschaften gegen Risiken versichern können, die typischerweise mit der Tätigkeit ihrer Bediensteten verbunden sind. Vgl. auch Art. 23 *Aspettative, permessi e indennità degli amministratori locali* (Gesetz über Wartestand, Freistellungen und Zulagen des Personals der lokalen Gebietskörperschaften), L. 816 vom 25.12.1985.

nehmen. Die Verwaltung kann jedoch weder eine Versicherung zur Deckung persönlicher Haftungsansprüche Dritter gegenüber öffentlichen Angestellten noch eine Versicherung zur Deckung eigener eventueller Regressansprüche gegenüber ihren Angestellten abschließen, da ein solcher Versicherungsschutz unzumutbar wäre.[124]

Allerdings können sich öffentliche Angestellte ihrerseits sowohl im Hinblick auf ihre zivilrechtliche (unmittelbare) Haftpflicht gegenüber Dritten als auch im Hinblick auf eine (administrative) Regresshaftung gegenüber der Verwaltung privat absichern.[125] Die Verwaltung kann eine Versicherung zugunsten ihrer Angestellten abschließen, wenn die Versicherungsprämie von den Versicherten selbst und damit nicht von der öffentlichen Hand getragen wird.[126]

II. Haftungsinhalt

Das Gericht hat prinzipiell die Grundsätze des c.c. anzuwenden, wobei hinsichtlich der Haftungsfolgen die Grundregelung des Art. 2058 c.c. (Wiederherstellung des früheren Zustandes) von besonderer Bedeutung ist.

Soweit dies grundsätzlich möglich ist, kann das Gericht die Verwaltung dazu verurteilen, den Zustand wieder herzustellen, der vor der unerlaubten Handlung bestand. Ein typisches Beispiel hierfür ist der Schaden aus einer rechtswidrigen Enteignung – in diesem Fall verurteilt das Gericht die Verwaltung dazu, alles zu entfernen, was während der Enteignung auf dem Grundstück des Geschädigten errichtet wurde. Ein weiterer Fall betrifft den Schaden, den der Einsturz eines im Eigentum der Gemeinde stehenden Baums an einem Fahrzeug verursacht. Das Gericht kann die Gemeinde dazu verurteilen, die notwendigen Reparaturkosten zu übernehmen.

Die Wiederherstellung des früheren Zustandes erweist sich jedoch als problematisch, wenn der Schaden durch einen belastenden Verwaltungsakt verursacht wurde, der Leistungsinteressen betrifft. In diesem Fall könnte die Wiederherstellung des früheren Zustandes in einer Verpflichtung der Verwaltung bestehen, einen bestimmten Verwaltungsakt zu erlassen (beispielsweise den Verwaltungsakt, dessen Ablehnung für rechtswidrig und materiell schädigend erklärt wurde).

Obwohl dieser Auffassung teilweise zuzustimmen ist (insbesondere, wenn der Verwaltung bei ihrer Tätigkeit kein Ermessen zusteht oder wenn durch die Aufhebung des Verwaltungsakts tatsächlich der frühere Zustand wieder herstellt wird), wird sie von der herrschenden Meinung aus zwei Gründen abgelehnt.[127] Zum einen stelle dies eine unzulässige Ersatzvornahme durch das Gericht dar und zum anderen würde dies zu einem Ergebnis führen, das nicht für den Schadensersatz, sondern für die Vollstreckung eines aufhebenden Urteils typisch ist, vgl. Cons. Stato 3338/2003[128]; 5562/2007[129].

---

124 Dabei handelt sich um eine konstante Rechtsprechung des *Corte conti*, vgl. die Entscheidung 119/1987, Foro amm. 1987, 2913. In der Tat ist im Einzelfall auch der Inhalt der Tarifverträge zu beachten, die von den unterschiedlichen Kategorien von öffentlichen Angestellten abgeschlossen werden.

125 Corte conti 25/1994, Riv. Corte Conti 1995, I, 200. Hinsichtlich der Zulässigkeit einer Versicherung zur Abdeckung der Verwaltungshaftung wird auf eine ablehnende Mindermeinung verwiesen, vgl. *Cacciavillani*, Note minime sulla liceità della polizza assicurativa dei funzionari per il danno erariale, Foro amm. 1998, 2615.

126 Für eine Analyse der weitverbreiteten Praxis siehe *Marcon*, L'assicurazione, in: Caringella/Protto, S. 1885.

127 *Travi*, Processo amministrativo e azioni di risarcimento del danno: il risarcimento in forma specifica, Dir. proc. amm. 2003, 994. Diesbezüglich siehe allgemein *Rodolfo Masera*, Il risarcimento.

128 Resp. civ. e prev. 2002, 1086.

129 Foro amm. CDS 2007, 2870.

Außerdem muss das Gericht laut Art. 30 Abs. 3 CPA bei der Schadensberechnung „sämtliche Tatsachen sowie das allgemeine Verhalten der Parteien" berücksichtigen und in jedem Fall „den Ersatz von Schäden ausschließen, die der Geschädigte bei der Anwendung der üblichen Sorgfalt und mittels der vorgesehenen Schutzmittel hätte vermeiden können" (→ B.II.3.). Diese Gesetzesreform ist erst vor kurzem in Kraft getreten und lässt daher eine gefestigte Rechtsprechungslinie und eine konsequente und herrschende Lehrmeinung zurzeit noch vermissen.[130]

Die Entschädigung im Falle unangemessen langer Verfahrensdauer ist in Art. 2-bis.1 Pinto-Gesetz geregelt. Dort ist die Höhe der Geldleistung festgelegt, die der Richter zu leisten hat. In keinem Fall kann der Schadensersatz höher sein als der ursprüngliche Streitwert bzw. der vom Richter festgelegte Wert des Verfahrens.

III. Haftungsbeschränkungen

Unabhängig von den vorstehenden Ausführungen (→ C.II.) soll an dieser Stelle außerdem hervorgehoben werden, dass im Rahmen des obengenannten CPA erstmals vorgesehen ist (Art. 30 Abs. 3), dass das Gericht verpflichtet ist, bei der Haftungsfeststellung und der Bemessung der Schadenshöhe „sämtliche Tatsachen sowie das allgemeine Verhalten der Parteien" zu berücksichtigen und „jedenfalls" den Ersatz „von Schäden aus[zu]schließen, die der Geschädigte bei Anwendung der üblichen Sorgfalt sowie unter Beachtung der vorgesehenen Schutzmaßnahmen hätte vermeiden können". Auch im Hinblick auf Schäden aufgrund eines rechtswidrigen Verwaltungsaktes ist somit ein potenzielles Mitverschulden des Geschädigten zu berücksichtigen, wenn dieser z.B. den belastenden Verwaltungsakt nicht rechtzeitig angefochten hat. Hierbei handelt es sich anscheinend um einen Sonderfall des Grundsatzes aus Art. 1227 c.c., der folgendermaßen lautet:

> *„1. Hat zur Schadensverursachung ein schuldhaftes Verhalten des Gläubigers beigetragen, so wird der Ersatz entsprechend der Schwere des Verschuldens und dem Umfang der daraus entstandenen Folgen verringert. 2. Kein Ersatz wird für Schäden geschuldet, die der Gläubiger bei Anwendung der gewöhnlichen Sorgfalt hätte vermeiden können".*[131]

---

130 Für einen ersten systematischen Kommentar der gesamten Neuregelung des Verwaltungsprozesses vgl. *Caranta* (Hrsg.), Il nuovo processo amministrativo. Ein erstes wichtiges Urteil dazu ist Ad. Plen. 3/2011, 23.3.2011, abrufbar unter http://www.giustizia-amministrativa.it, (zuletzt abgerufen am 20.6.2013); Siehe *Cortese*, L'Adunanza Plenaria e il risarcimento degli interessi legittimi, Giorn. dir. amm. 2011, 962; *Scoca*, Risarcimento del danno e comportamento del danneggiato da provvedimento amministrativo, Corriere giur. 2011, 988. Vor kurzem ist die Vereinbarkeit von Art. 30.3 mit der Verfassung in Frage gestellt worden: TAR Sicila, Palermo, 1628/2011. Siehe *D'Angelo*, Dubbi di costituzionalità sulla nuova tutela risarcitoria degli interessi legittimi ex c.p.a., Corr. merito 2011, 1227. Außerdem ist das Urteil 3/2011 aus anderen Gründen sehr bedeutend: Der Staatsrat erklärte, dass es nach italienischem Recht nunmehr möglich sei, die öffentliche Verwaltung mittels Rechtsbehelf zum Erlass einer bestimmte Maßnahme zu verurteilen, siehe *Caringella*, Il sistema delle tutele dell'interesse legittimo alla luce del codice e del decreto correttivo, Urbanistica appalti 2012, 14.

131 Es ist darauf hinzuweisen, dass die unmittelbare Anwendung dieser Vorschrift auch schon vor der Reform von 2010 vorgesehen war, vgl. *Consolo*, Il processo amministrativo fra snellezza e civilizzazione, Corriere giur. 2000, 1265; *Gasperini*, Il sindacato della Cassazione sulla giurisdizione tra rito e merito, 2002, S. 186. Siehe aber auch Cons. Stato 3066/2009 (Foro amm. CDS 2009, 1281) und 5183/2008 (Foro amm. CDS 2008, 2797).

D. Geltendmachung von Haftungsansprüchen

Das nachfolgend näher erläuterte Rechtsschutzsystem zur Feststellung der Verwaltungshaftung steht auch ausländischen Bürgern offen. Grundsätzlich ist ein Vorverfahren vor der Verwaltungsbehörde vorgesehen.

I. Rechtsweg

1. Haftung aus unerlaubter Handlung

In den Fällen, in denen die Verwaltung allein durch Vornahme oder Unterlassung einer Handlung einen Schaden verursacht, ohne dabei Verwaltungsakte zu erlassen oder Hoheitsrechte auszuüben, ist für eine Haftungsklage das Zivilgericht zuständig.

2. Haftung wegen rechtswidrigen Verwaltungshandelns

Zuständig für Haftungsklagen aufgrund eines rechtswidrigen Verwaltungsaktes ist gemäß Art. 7 *Disposizioni in materia di giustizia amministrativa* (Bestimmungen über die Verwaltungsjustiz)[132] und Art. 7 CPA das Verwaltungsgericht. Zudem regelt Art. 30 Abs. 2 CPA die Fälle, in denen vor den Verwaltungsgerichten gegen die Verwaltung geklagt werden kann, nämlich bei rechtswidrigem Verwaltungshandeln sowie der unterlassenen Vornahme eines gebotenen Verwaltungshandelns.

3. Haftung wegen überlanger Verfahrensdauer

Die Klage auf Schadenersatz wegen überlanger Prozessdauer muss innerhalb einer Frist von sechs Monaten nach Erlass des rechtskräftigen Urteils, das den Prozess definitiv abschließt, erhoben werden. Es ist nunmehr nicht mehr möglich, im laufenden Prozess bereits zu klagen. Sollte ein Verfahren beispielsweise 30 Jahre dauern, muss der Betroffene bis zu dessen Abschluss warten und darf erst dann Schadenersatzforderungen geltend machen.

Die Klage auf Schadenersatz wird nach Art. 3.1 und 3.2 Pinto-Gesetz mittels Berufung an den Präsidenten des *Corte d'Appello* (Berufungsgericht) gegen den Minister der Justiz erhoben. Ein Einzelrichter (nach der Reform entscheidet kein Kollegialgericht mehr) entscheidet durch begründeten Beschluss innerhalb einer Frist von 30 Tagen vom Zeitpunkt des Einreichens der Beschwerde (vor dem Kollegialgericht waren es noch vier Monate).

Wenn der Beschwerde stattgegeben wird, verfügt der Einzelrichter die sofortige Zahlung des Schadenersatzes, ohne dem Staat die, früher übliche, Durchführungsfrist von vier Monaten für die Umsetzung der Entscheidung einzuräumen. Wird die Beschwerde abgelehnt, kann sie nicht erneut eingereicht werden; es ist jedoch möglich, innerhalb einer Frist von 30 Tagen gegen die Ablehnung Widerspruch einzulegen. Zuständig ist dann das Berufungsgericht, welchem der Einzelrichter, der die Beschwerde abgelehnt hat, angehört. Das Gericht entscheidet durch einen vor dem Kassationsgericht anfechtbaren Beschluss (die Frist beträgt vier Monate ab Einreichung des Widerspruchs).

132 L. 205 v. 21.7.2000.

II. Klagearten und Fristen

Die Schadensersatzklage ist binnen einer fünfjährigen Verjährungsfrist ab Eintritt des schädigenden Ereignisses einzureichen.

Eine lange Zeit dogmatisch umstrittene Frage betraf das Verhältnis zwischen der Aufhebung des rechtswidrigen Verwaltungsaktes und dem Ersatz des daraus erwachsenden Schadens.[133] Nach herrschender Meinung der Verwaltungsrechtsprechung war für einen Schadensersatzanspruch die vorherige Aufhebung des belastenden Verwaltungsaktes oder, im Falle eines Verzugsschadens, die Feststellung der rechtswidrigen Untätigkeit einer Verwaltungsbehörde notwendig (sog. Theorie der Vorfragekompetenz der Verwaltungsgerichte[134]). Der *Corte di Cassazione* vertrat auch vor dem Hintergrund der Entscheidung 500/1999[135] eine entgegengesetzte Ansicht und ging davon aus, dass eine andere Auslegung zu einer unzulässigen Rechtsverweigerung führen würde, welche ihrerseits wiederum erfolgreich angefochten werden könne. Die Antwort auf diese Frage findet sich heute – zumindest dem ersten Anschein nach – in Art. 30 CPA, der in Abs. 1 bestimmt, dass „die Verurteilungsklage zusammen mit einer anderen Klage oder [...] auch unabhängig davon erhoben werden" kann. In der Rechtspraxis ist somit eine Klage auf Schadensersatz möglich, ohne zugleich die Nichtigkeit des Verwaltungshandelns geltend zu machen. Insofern ist ein Vorverfahren entbehrlich.

III. Beweisfragen

1. Zivilgericht

Der Privatperson stehen sämtliche von der italienischen Zivilprozessordnung vorgesehenen Beweismittel zu (Urkundenbeweis; Zeugenbeweis; formelle Vernehmung; Eidesleistung). Das Gericht kann ein Sachverständigengutachten von Amts wegen einholen, um den Verlauf der Ereignisse besser nachvollziehen und eine genauere Bemessung des hypothetischen Schadens vornehmen zu können.

2. Verwaltungsgericht

Was das Ermittlungsverfahren betrifft, sind die der Privatperson zustehenden Beweismittel zunächst jene, die von den das verwaltungsgerichtliche Verfahren regelnden Gesetzen vorgesehen werden, also Urkunden, *chiarimenti/informazioni* (behördliche Klarstellungen/Informationen auf Anfrage des Gerichts), *verificazioni* (behördliche Tatsachenbewertung auf Anordnung des Gerichts) sowie Zeugnisse. Seit dem Jahr 2000 verfügt das Gericht jedoch auch über die Befugnis, Sachverständigengutachten von Amts wegen anzuordnen, was bisher vor allem bei Schäden, die im Rahmen von öffentlichen Ausschreibungen entstanden sind, Anwendung gefunden hat.

---

133 Zu dieser Frage siehe *Cortese*, La questione della pregiudizialità amministrativa, S. 342.
134 Vgl. Ad. Plen. 4/2003, Foro amm. CDS 2003, 877; Ad. Plen. 12/2007, Riv. giur. edilizia 2007, 1359.
135 SS.UU. 13659 und 13660/2006, Dir. proc. amm. 2006, 1007; SS.UU. 35/2008, Resp. civ. e prev. 2008, 1360.

IV. Vollstreckung

Bezüglich der Urteilsvollstreckung zu Lasten der Verwaltung gilt der allgemeine Grundsatz des Art. 2740 c.c., wonach der Schuldner für die Erfüllung seiner Verbindlichkeiten mit all seinen gegenwärtigen und künftigen Gütern vorbehaltlich besonderer, gesetzlich vorgesehener Beschränkungen haftet.[136]

In Bezug auf die öffentliche Verwaltung sind solche Einschränkungen nicht unbeachtlich. Viele der Güter, die im Eigentum der Verwaltung stehen, sind laut Gesetz unveräußerlich, da es sich um öffentliche Güter oder um unveräußerbares Vermögen handelt, das für eine bestimmte öffentliche Aufgabe bestimmt ist. Falls die Verwaltung dem Urteilsspruch nicht unmittelbar Folge leistet, kann der Geschädigte zur Befriedigung seiner Forderung nur auf das finanzielle Vermögen der Verwaltung zugreifen.

Außerdem muss der Geschädigte ein spezifisches Verfahren befolgen.[137]

Danach kann die Urteilsvollstreckung nicht vor Ablauf einer 120-tägigen Frist ab Zustellung des Urteils an die Verwaltung betrieben werden. Diese Sonderregelung wurde vom EuGH als mit dem Unionsrecht vereinbar erklärt.[138]

Für die Vollstreckung von Urteilen gegen die Verwaltung auf Zahlung von Geldbeträgen ist üblicherweise das Zivilgericht zuständi[139]. Für Privatpersonen ist jedoch als alternatives Rechtsmittel das *giudizio di ottemperanza* (Säumnisverfahren) vor dem Verwaltungsgericht nicht ausgeschlossen. Dabei handelt es sich um ein besonderes Verfahren zur Vollstreckung rechtskräftiger Urteile gegenüber der Verwaltung, bei dem anstelle der Verwaltungsbehörde das Gericht die unmittelbare Bezahlung anordnen kann, vgl. Art. 112 CPA.

Bibliographie

Atti del Convegno Nazionale sull'ammissibilità del risarcimento del danno patrimoniale derivante da lesione di interessi legittimi (Schriften der Nationalen Tagung zur Zulässigkeit des Ersatzes von Vermögensschäden infolge der Verletzung berechtigter Interessen) Milano 1965

Bacosi, Giulio, Dall'interesse legittimo al diritto condizionato (Vom berechtigten Interesse zum bedingten Recht) Torino 2003

Caranta, Roberto, La responsabilità extracontrattuale della pubblica amministrazione. Sistemi e tecniche (Außervertragliche Haftung der öffentlichen Verwaltung. System und Technik) Milano 1993

ders. (Hrsg.), Il nuovo processo amministrativo (Der neue Verwaltungsprozess) Bologna 2010

Caringella, Francesco/Protto, Mariano (Hrsg.), La responsabilità civile della Pubblica Amministrazione (Die zivilrechtliche Haftung der öffentlichen Verwaltung) Bologna 2005

Casetta, Elio, L'illecito degli enti pubblici (Unerlaubte Handlungen öffentlicher Körperschaften) Milano 1953

Cimini, Salvatore, La colpa nella responsabilità civile delle amministrazioni pubbliche (Das Verschulden in der zivilrechtlichen Haftung der öffentlichen Verwaltung) Torino 2008

Cirillo, Gianpiero Paolo, Il danno da illegittimità dell'azione amministrativa e il giudizio risarcitorio. Profili sostanziali e processuali (Schadensersatz für rechtswidriges Handeln der Verwaltung und der Schadensersatzprozess. Materielle und prozessuale Aspekte) Padova 2003

136 *Corso*, Manuale (Fn. 2), S. 458.

137 Vgl. Art. 14 d. lgs. 669 vom 31.12.1996, umgesetzt in *Conversione in legge, con modificazioni, del decreto-legge 31 dicembre 1996, n. 669, recante disposizioni urgenti in materia tributaria, finanziaria e contabile a completamento della manovra di finanza pubblica per l'anno 1997* (Dringende Maßnahmen in Steuer-, Finanz- und Wirtschaftsfragen für das Jahr 1997) L. 30 vom 28.2.1997.

138 EuGH Rs C-265/07, 2008 I-7085, Rn. 24 – *Caffaro*.

139 Cass. 7578/2006, Foro amm. CDS 2006, 1750.

Comporti, Gian Domenico, Responsabilità della pubblica amministrazione (Die Haftung der öffentlichen Verwaltung) in: Cassese (Hrsg.), Dizionario di diritto pubblico (Lehrbuch des Öffentlichen Rechts) V, Milano 2006

Cortese, Fulvio, La questione della pregiudizialità amministrativa. Il risarcimento del danno da provvedimento illegittimo tra diritto sostanziale e diritto processuale (Zur Frage von Beeinträchtigungen durch die Verwaltung. Schadensersatz für rechtswidrige Verwaltungsakte zwischen materiellem Recht und Prozessrecht) Padova 2007

Falcon, Giandomenico, Il giudice amministrativo tra giurisdizione di legittimità e giurisdizione di spettanza (Das Verwaltungsgericht zwischen Legitimität und Umfang der Gerichtsbarkeit), Diritto processuale amministrativo (Verwaltungsprozessrecht) 2001, S. 287–329

Follieri, Enrico, Risarcimento dei danni per lesione di interessi legittimi (Schadensersatz für die Verletzung berechtigter Interessen) Chieti 1984

Garofalo, Luigi, La responsabilità dell'amministrazione: per l'autonomia degli schemi ricostruttivi (Die Haftung der öffentlichen Verwaltung: Zur Eigenständigkeit der Kompensationsmodelle), Diritto amministrativo (Verwaltungsrecht) 2005, S. 1–86

Malferrari, Luigi, State Liability for Violation of EC Law in Italy: The reaction of the Corte di Cassazione to *Francovich* and Future Prospects in Light of its Decision of July 22, 1999, No 500 (Die Haftung des Staates für Gemeinschaftsrechtsverletzungen in Italien: Die Reaktion des Corte di Cassazione auf *Francovich* und die künftige Entwicklung im Lichte der Entscheidung Nr. 500 vom 22. Juli 1999) in Moreira de Sousa/Heusel (Hrsg.), Enforcing Community Law from Francovich to Köbler: Twelve Years of the State Liability Principle, Köln 2004, S. 117–143

Rodolfo, Masera Simone, Il risarcimento in forma specifica nel giudizio amministrativo (Spezifische Kompensation im Verwaltungsprozess) Padova 2006

Rodotà, Stefano, Il problema della responsabilità civile (Das Problem der zivilrechtlichen Haftung) Milano 1963

Travi, Aldo, La reintegrazione in forma specifica nel processo amministrativo fra azione di adempimento e azione risarcitoria (Die besondere Form der Wiederherstellung im Verwaltungsprozess zwischen Erfüllung und Schadensersatz), Diritto processuale amministrativo (Verwaltungsprozessrecht) 2003, S. 208–235

Vaiano, Diego, Pretesa di provvedimento e processo amministrativo (Der Anspruch in Verwaltungsakt und Verwaltungsprozess) Milano 2002

Abkürzungen

Ad. Plen.	Adunanza Plenaria del Consiglio di Stato (Staatsrat, Großer Senat)
Cass.	Corte di Cassazione (Kassationsgerichtshof)
c.c.	Codice civile (Zivilgesetzbuch)
cod. Contratti	Codice dei contratti pubblici di lavori, servizi, forniture, decreto legislativo 12 aprile 2006, n. 163 (Vergabegesetz)
Cons. Stato	Consiglio di Stato (Staatsrat)
CPA	Codice del processo amministrativo, decreto legislativo 2 luglio 2010, n. 104 (Verwaltungsprozessgesetz)
c.p.c.	Codice di procedura civile (Zivilprozessordnung)
Corriere giur.	Corriere giuridico (Zeitschrift)
Corr. merito	Il Corriere del Merito
Corte cost.	Corte costituzionale (Verfassungsgerichtshof)
Corte conti	Corte dei conti (Rechnungshof, Verfassungsorgan mit Rechtsprechungsfunktion im Bereich der Verwaltungshaftung)
Dir. & Formazione	Diritto & Formazione (Zeitschrift)
Dir. proc. amm.	Diritto processuale amministrativo (Zeitschrift)
Dir. pubbl.	Diritto pubblico (Zeitschrift)
d. lgs.	Decreto legislativo (Gesetzesvertretende Verordnung)
d.p.r.	decreto del Presidente della Repubblica (Präsidentenerlass)
Europa e dir. priv.	Europa e diritto private (Zeitschrift)
fasc.	Fascicolo (Ausgabe)
Foro amm. CDS	Foro amministrativo – Consiglio di Stato (Zeitschrift)
Foro amm. TAR	Foro amministrativo – Tribunali amministrativi regionali (Zeitschrift)

Foro it.	Il Foro italiano (Zeitschrift)
Giorn. dir. amm.	Giornale di diritto amministrativo (Zeitschrift)
Giur. it.	Giurisprudenza italiana (Zeitschrift)
Giust. civ.	Giustizia civile (Zeitschrift)
Giust. civ. Mass.	Massimario della giustizia civile (Zeitschrift)
Jus	Juristische Schulung (Zeitschrift)
L.	Legge (Gesetz)
l. abol. cont.	Legge sul contenzioso amministrativo, legge 20 marzo 1865, n. 2248, all. E (Gesetz über das Verwaltungsstreitverfahren)
l. proc.	Nuove norme in materia di procedimento amministrativo e di diritto di accesso ai documenti amministrativi, legge 7 agosto 1990, n. 241 (Verwaltungsverfahrensgesetz)
Nuova giur. civ. commentata	La nuova giurisprudenza civile commentata (Zeitschrift)
Resp. civ. e prev.	Responsabilità civile e previdenza (Zeitschrift)
Riv. dir. civ.	Rivista di diritto civile
Riv. Corte Conti	Rivista della Corte dei conti
Riv. giur. edilizia	Rivista giuridica dell'edilizia
SS. UU.	Sezioni Unite della Corte di Cassazione (Kassationsgerichtshof, Vereinte Senate)
Studium Juris	Studium Juris (Zeitschrift)
TAR	Tribunale amministrativo regionale (Regionales Verwaltungsgericht)
TRGA	Tribunale Regionale di Giustizia Amministrativa (Regionales Verwaltungsgericht der Provinzen Trento und Bolzen
t.u. enti locali.	Testo unico delle leggi sull'ordinamento degli enti locali, decreto legislativo 18 agosto 2000, n. 267 (Einheitstext der Gebietskörperschaften)
Urbanistica appalti	Urbanistica e appalti (Zeitschrift)

Wesentliche Vorschriften

Costituzione
Verfassung[140]

Art. 24
1. Tutti possono agire in giudizio per la tutela dei propri diritti e interessi legittimi.

Art. 24
(1) Jedermann darf zum Schutz der eigenen Rechte und der rechtmäßigen Interessen vor einem Gericht Klage erheben.

Art. 28
I funzionari e i dipendenti dello Stato e degli enti pubblici sono direttamente responsabili, secondo le leggi penali, civili e amministrative, degli atti compiuti in violazione di diritti. In tali casi la responsabilità civile si estende allo Stato e agli enti pubblici.

Art. 28
Die Beamten und Angestellten des Staates und der öffentlichen Körperschaften sind gemäß den Straf-, Zivil- und Verwaltungsgesetzen unmittelbar für rechtsverletzende Handlungen verantwortlich. In diesen Fällen erstreckt sich die zivilrechtliche Haftung auf den Staat und die öffentlichen Körperschaften.

Art. 42
[...]

(3) La proprietà privata può essere, nei casi preveduti dalla legge, e salvo indennizzo, espropriata per motivi d'interesse generale.

Art. 42
[...]

(3) Das Privateigentum kann in den durch Gesetz vorgesehenen Fällen und gegen Entschädigung aus Gründen des Allgemeinwohles enteignet werden.

140 Offizielle Übersetzung der Region Trentino Alto Adige.

Art. 117
(1) La potestà legislativa è esercitata dallo Stato e dalle Regioni nel rispetto della Costituzione, nonché dei vincoli derivanti dall'ordinamento comunitario e dagli obblighi internazionali.

[...]

Art. 117
(1) Staat und Regionen üben unter Wahrung der Verfassung sowie der aus der gemeinschaftlichen Rechtsordnung und aus den internationalen Verpflichtungen erwachsenden Einschränkungen die Gesetzgebungsbefugnis aus.

[...]

Codice civile
Zivilgesetzbuch[141]

Art. 1218
Il debitore che non esegue esattamente la prestazione dovuta è tenuto al risarcimento del danno, se non prova che l'inadempimento o il ritardo è stato determinato da impossibilità della prestazione derivante da causa a lui non imputabile.

Art. 1218
Der Schuldner, der die geschuldete Leistung nicht gehörig erbringt, ist zum Schadenersatz verpflichtet, wenn er nicht beweist, dass die Nichterfüllung oder die Verspätung durch Unmöglichkeit der Leistung verursacht worden ist, die auf einen von ihm nicht zu vertretenden Grund zurückgeht.

Art. 2043
Qualunque fatto doloso o colposo che cagiona ad altri un danno ingiusto, obbliga colui che ha commesso il fatto a risarcire il danno.

Art. 2043
Jedwede vorsätzliche oder fahrlässige Tat, die einem anderen einen rechtswidrigen Schaden zufügt, verpflichtet denjenigen, der sie begangen hat, den Schaden zu ersetzen

Art. 2049
I padroni e i committenti sono responsabili per i danni arrecati dal fatto illecito dei loro domestici e commessi nell'esercizio delle incombenze a cui sono adibiti.

Art. 2049
Dienstherren und Geschäftsherren haften für die Schäden, die durch eine unerlaubte Handlung ihrer Hausbediensteten und Angestellten bei der Ausführung der ihnen übertragenen Aufgaben entstanden sind.

Art. 2050
Chiunque cagiona danno ad altri nello svolgimento di una attività pericolosa, per sua natura o per la natura dei mezzi adoperati, è tenuto al risarcimento, se non prova di avere adottato tutte le misure idonee a evitare il danno.

Art. 2050
Wer in der Ausübung einer als solcher oder wegen der eingesetzten Mittel gefährlichen Tätigkeit anderen Schaden zufügt, ist zum Schadenersatz verpflichtet, wenn er nicht nachweist, alle zur Vermeidung des Schadens geeigneten Maßnahmen getroffen zu haben.

Art. 2058
Il danneggiato può chiedere la reintegrazione in forma specifica, qualora sia in tutto o in parte possibile.

Tuttavia il giudice può disporre che il risarcimento avvenga solo per equivalente, se la reintegrazione in forma specifica risulta eccessivamente onerosa per il debitore.

Art. 2058
Der Geschädigte kann die Wiederherstellung der früheren Zustandes verlangen, sofern dies zur Gänze oder teilweise möglich ist. Das Gericht kann jedoch verfügen, dass der Schadensersatz nur durch Leistung des Gegenwerts zu erfolgen hat, wenn sich die Wiederherstellung des früheren Zustandes als für den Schuldner übermäßig belastend erweist.

---

141 Offizielle Übersetzung im Auftrag der Südtiroler Landesregierung durch *Bauer/Eccher/König/Kreuzer/Zanon*, abrufbar unter www.provinz.bz.it/anwaltschaft/themen/zivilgesetzbuch.asp (zuletzt abgerufen am 25.9.2013).

Codice del processo amministrativo
Verwaltungsprozessordnung[142]

Art. 30
1. L'azione di condanna può essere proposta contestualmente ad altra azione o [...] anche in via autonoma.

2. Può essere chiesta la condanna al risarcimento del danno ingiusto derivante dall'illegittimo esercizio dell'attività amministrativa o dal mancato esercizio di quella obbligatoria. [...] Sussistendo i presupposti previsti dall'articolo 2058 del codice civile, può essere chiesto il risarcimento del danno in forma specifica.

3. La domanda di risarcimento per lesione di interessi legittimi è proposta entro il termine di decadenza di centoventi giorni decorrente dal giorno in cui il fatto si è verificato ovvero dalla conoscenza del provvedimento se il danno deriva direttamente da questo. Nel determinare il risarcimento il giudice valuta tutte le circostanze di fatto e il comportamento complessivo delle parti e, comunque, esclude il risarcimento dei danni che si sarebbero potuti evitare usando l'ordinaria diligenza, anche attraverso l'esperimento degli strumenti di tutela previsti.

4. Per il risarcimento dell'eventuale danno che il ricorrente comprovi di aver subito in conseguenza dell'inosservanza dolosa o colposa del termine di conclusione del procedimento, il termine di cui al comma 3 non decorre fintanto che perdura l'inadempimento. Il termine di cui al comma 3 inizia comunque a decorrere dopo un anno dalla scadenza del termine per provvedere.

5. Nel caso in cui sia stata proposta azione di annullamento la domanda risarcitoria può essere formulata nel corso del giudizio o, comunque, sino a centoventi giorni dal passaggio in giudicato della relativa sentenza.

[...]

Art. 30
1. Die Verurteilungsklage kann zusammen mit einer anderen Klage oder [...] auch unabhängig davon erhoben werden.

2. Es kann die Verurteilung zum Ersatz des rechtswidrigen Schadens, der durch die rechtswidrige Ausübung der Verwaltungstätigkeit oder durch die unterlassene Ausübung einer gebotenen Verwaltungstätigkeit verursacht worden ist, begehrt werden. [...] Sofern die in Artikel 2058 des Zivilgesetzbuchs vorgesehenen Voraussetzungen gegeben sind, kann Schadenersatz in besonderer Form begehrt werden.

3. Der Antrag auf Zuerkennung von Schadenersatz wegen Verletzung von rechtlichen Interessen ist innerhalb der Ausschlussfrist von hundertzwanzig Tagen ab dem Tag, an dem sich das Ereignis zugetragen hat, oder ab der Kenntnis der Verwaltungsmaßnahme zu erheben, wenn der Schaden unmittelbar von dieser herrührt. Bei der Festsetzung des zu ersetzenden Schadens würdigt das Gericht alle Tatumstände und das gesamte Verhalten der Parteien und schließt auf jeden Fall den Ersatz für Schäden aus, die bei Anwendung der gewöhnlichen Sorgfalt, auch durch den Einsatz der vorgesehenen Schutzinstrumente, vermieden werden hätten können.

4. Für den Ersatz des allfälligen Schadens, den der Rekurssteller nachweislich infolge der vorsätzlichen oder fahrlässigen Nichtbeachtung der Frist für den Abschluss des Verfahrens erlitten hat, läuft die in Absatz 3 vorgesehene Frist nicht, solange die Nichterfüllung andauert. Auf jeden Fall beginnt die in Absatz 3 vorgesehene Frist ein Jahr nach dem Ablauf der für die Setzung der Maßnahme vorgesehenen Frist zu laufen.

5. Falls eine Aufhebungsklage erhoben worden ist, kann der Antrag auf Zuerkennung von Schadenersatz im Laufe des Verfahrens oder auf jeden Fall bis hundertzwanzig Tage ab dem Eintritt der Rechtskraft des diesbezüglichen Urteils geltend gemacht werden.

[...]

142 Offizielle Übersetzung von *Bauer/Demattio/König/Kreuzer/Zanon* im Auftrag der Südtiroler Landesregierung, abrufbar unter http://www.provinz.bz.it/anwaltschaft/download/VwPO_akt_GvD160_2012.pdf (zuletzt abgerufen am 20.6.2013). Die deutsche Übersetzung ist Eigentum der Autonomen Provinz Bozen, der alle Rechte daran vorbehalten sind.

Legge 13.4.1988 n°117, Risarcimento dei danni cagionati nell'esercizio delle funzioni giudiziarie e responsabilità civile dei magistrati

Gesetz Nr. 177 vom 13.4.1988, Entschädigung für Schäden, die bei der Ausübung richterlicher Aufgaben verursacht wurden und die zivilrechtliche Haftung der Richter[143]

Art. 1.1
Le disposizioni della presente legge si applicano a tutti gli appartenenti alle magistrature ordinaria, amministrativa, contabile, militare e speciali, che esercitano l'attività giudiziaria, indipendentemente dalla natura delle funzioni nonché agli estranei che partecipano all'esercizio della funzione giudiziaria.

Art. 1.1
Die Bestimmungen dieses Gesetzes gelten für alle Mitglieder der ordentlichen Gerichtsbarkeit, der Verwaltungsgerichtsbarkeit, der Finanzgerichtsbarkeit, der Militärgerichtsbarkeit und der Sondergerichte, die eine Rechtsprechungstätigkeit ausüben, unabhängig von der Art der Aufgaben, sowie für die übrigen Personen, die an der Ausübung der Rechtsprechungsaufgaben beteiligt sind

Art. 2.1
Chi ha subito un danno ingiusto per effetto di un comportamento, di un atto o di un provvedimento giudiziario posto in essere dal magistrato con dolo o colpa grave nell'esercizio delle sue funzioni ovvero per diniego di giustizia può agire contro lo Stato per ottenere il risarcimento dei danni patrimoniali e anche di quelli non patrimoniali che derivino da privazione della libertà personale.

Art. 2.1
Jeder, der aufgrund eines Verhaltens, einer Maßnahme oder einer Verfügung, das bzw. die ein Richter vorsätzlich oder grob fehlerhaft in Ausübung seiner Aufgaben gezeigt bzw. erlassen hat, oder aufgrund einer Rechtsverweigerung einen rechtswidrigen Schaden erlitten hat, kann wegen Ersatzes des erlittenen Vermögensschadens sowie der Nichtvermögensschäden, die sich aus dem Verlust der persönlichen Freiheit ergeben, gegen den Staat vorgehen.

Art. 2.2
Nell'esercizio delle funzioni giudiziarie non può dar luogo a responsabilità l'attività di interpretazione di norme di diritto né quella di valutazione del fatto e delle prove.

Art. 2.2
Die Auslegung der Rechtsvorschriften und die Sachverhalts-und Beweiswürdigung im Rahmen der Ausübung der Rechtsprechungsaufgaben können keine Haftung auslösen.

Art. 2.3
Costituiscono colpa grave:
a) la grave violazione di legge determinata da negligenza inescusabile;
b) l'affermazione, determinata da negligenza inescusabile, di un fatto la cui esistenza è incontrastabilmente esclusa dagli atti del procedimento;
c) la negazione, determinata da negligenza inescusabile, di un fatto la cui esistenza risulta incontrastabilmente dagli atti del procedimento;
d) l'emissione di provvedimento concernente la libertà della persona fuori dei casi consentiti dalla legge oppure senza motivazione.

Art. 2.3
Grobe Fahrlässigkeit liegt vor bei:
a) einem schwerwiegenden Gesetzesverstoß aufgrund unentschuldbarer Fahrlässigkeit;
b) der Bejahung eines nach den Verfahrensakten unbestreitbar ausgeschlossenen Umstands aufgrund unentschuldbarer Fahrlässigkeit;
c) der Verneinung eines aus den Verfahrensakten unbestreitbar hervorgehenden Umstands aufgrund unentschuldbarer Fahrlässigkeit;
d) dem Erlass von Verfügungen über die Freiheit der Person außerhalb der gesetzlich vorgesehenen Fälle oder ohne Begründung.

Art. 3.1 (1)
Costituisce diniego di giustizia il rifiuto, l'omissione o il ritardo del magistrato nel compimento di atti del suo ufficio quando, trascorso il termine di legge per il compimento dell'atto la parte ha presentato istanza per

Art. 3.1 Satz 1
Eine Rechtsverweigerung liegt vor, wenn ein Richter verweigert, unterlässt oder verzögert, die Handlungen vorzunehmen, für die er zuständig ist, wenn eine Partei nach Ablauf der gesetzlichen Frist für die Vornahme

143 Übersetzung der Verfasser.

ottenere il provvedimento e sono decorsi inutilmente, senza giustificato motivo, trenta giorni dalla data di deposito in cancelleria.

einer bestimmten Handlung einen Antrag auf deren Vornahme gestellt hat und innerhalb von dreißig Tagen nach Eingang dieses Antrags bei der Geschäftsstelle ohne triftigen Grund keine Handlung vorgenommen wurde.

Legge 24.3.2001 n° 89, Legge Pinto: durata ragionevole del processo ed equa riparazione
Gesetz Nr. 89 vom 24.3.2001, Pinto-Gesetz: angemessene Prozessdauer und gerechte Wiedergutmachung[144]

Art. 2.2
Nell'accertare la violazione il giudice valuta la complessità del caso, l'oggetto del procedimento, il comportamento delle parti e del giudice durante il procedimento, nonché quello di ogni altro soggetto chiamato a concorrervi o a contribuire alla sua definizione.

Art. 2.2
Bei der Beurteilung der Verletzung bewertet der Richter die Komplexität des Falles, den Streitgegenstand, das Verhalten der Parteien und des Richters im Laufe des Verfahrens sowie das Verhalten aller anderen Personen, die bei der Verletzung mitgewirkt haben.

Art. 2.2-bis
Si considera rispettato il termine ragionevole di cui al comma 1 se il processo non eccede la durata di tre anni in primo grado, di due anni in secondo grado, di un anno nel giudizio di legittimità. Ai fini del computo della durata il processo si considera iniziato con il deposito del ricorso introduttivo del giudizio ovvero con la notificazione dell'atto di citazione. Si considera rispettato il termine ragionevole se il procedimento di esecuzione forzata si e'concluso in tre anni, e se la procedura concorsuale si e' conclusa in sei anni. Il processo penale si considera iniziato con l'assunzione della qualità di imputato, di parte civile o di responsabile civile, ovvero quando l'indagato ha avuto legale conoscenza della chiusura delle indagini preliminari.

Art. 2.2-bis
Die Dauer eines Gerichtsverfahrens ist als angemessen im Sinne von Abs. 1 zu betrachten wenn: die Entscheidung der ersten Instanz einen Zeitraum von 3 Jahren nicht überschreitet; diejenige der Berufungsinstanz 2 Jahre nicht überschreitet; diejenige des Kassationsgerichts 1 Jahr nicht überschreitet. Der Zeitraum beginnt mit der Einreichung der Klageschrift oder mit der Zustellung der Vorladung. Im Falle einer Zwangsvollstreckung ist die Dauer angemessen, wenn sie 3 Jahre nicht überschreitet und bei einem Konkursverfahren dürfen 6 Jahre nicht überschritten werden. Ein Strafprozess beginnt mit der Qualifizierung als Angeklagter, Zivilkläger oder zivilrechtlich Haftpflichtiger, oder wenn der Angeklagte Kenntnis vom Abschluss des Ermittlungsverfahrens hat.

Art. 2.2-quinquies
Non è riconosciuto alcun indennizzo:
a) in favore della parte soccombente condannata a norma dell'articolo 96 del codice di procedura civile;
b) nel caso di cui all'articolo 91, primo comma, secondo periodo, del codice di procedura civile;
c) nel caso di cui all'articolo 13, primo comma, primo periodo, del decreto legislativo 4 marzo 2010, n. 28;
d) nel caso di estinzione del reato per intervenuta prescrizione connessa a condotte dilatorie della parte;
e) quando l'imputato non ha depositato istanza di accelerazione del processo penale nei trenta giorni successivi al superamento dei termini cui all'articolo 2-bis;

Art. 2.2-quinquies
Ein Anspruch auf Entschädigung ist ausgeschlossen:
a) für die unterliegende Partei, die laut Art. 96 der Zivilprozessordnung aufgrund mutwilliger Klage verurteilt wurde;
b) wenn ein Fall im Sinne des Art. 91 Abs. 1 S. 2 der Zivilprozessordnung vorliegt;
c) wenn ein Fall des Art. 13 Abs. 1 S. 1 des Dekrets vom 4. März 2010, Nr. 28, vorliegt;
d) falls das Delikt aufgrund von Verzögerungsmaßnahmen der Partei verjährt ist;
e) wenn der Angeklagte nicht innerhalb von 30 Tagen nach Überschreitung der angemessenen Frist einen Antrag auf Beschleunigung des Verfahrens nach Art. 2-bis dieses Gesetzes gestellt hat;

144 Übersetzung der Verfasser.

f) in ogni altro caso di abuso dei poteri processuali che abbia determinato una ingiustificata dilazione dei tempi del procedimento.

Art. 2-bis.1
Il giudice liquida a titolo di equa riparazione una somma di denaro, non inferiore a 500 euro e non superiore a 1.500 euro, per ciascun anno, o frazione di anno superiore a sei mesi, che eccede il termine ragionevole di durata del processo.

Art. 3.1
La domanda di equa riparazione si propone con ricorso al presidente della corte d'appello del distretto in cui ha sede il giudice competente ai sensi dell'articolo 11 del codice di procedura penale a giudicare nei procedimenti riguardanti i magistrati nel cui distretto è concluso o estinto relativamente ai gradi di merito il procedimento nel cui ambito la violazione si assume verificata. Si applica l'articolo 125 del codice di procedura civile.

Art. 3.2
Il ricorso è proposto nei confronti del Ministro della giustizia quando si tratta di procedimenti del giudice ordinario, del Ministro della difesa quando si tratta di procedimenti del giudice militare. Negli altri casi è proposto nei confronti del Ministro dell'economia e delle finanze.

Art. 3.4
Il presidente della corte d'appello, o un magistrato della corte a tal fine designato, provvede sulla domanda di equa riparazione con decreto motivato da emettere entro trenta giorni dal deposito del ricorso.

Art. 3.5
Se accoglie il ricorso, il giudice ingiunge all'amministrazione contro cui e' stata proposta la domanda di pagare senza dilazione la somma liquidata a titolo di equa riparazione, autorizzando in mancanza la provvisoria esecuzione. Nel decreto il giudice liquida le spese del procedimento e ne ingiunge il pagamento.

f) in allen anderen Fällen von Machtmissbrauch, die zu einer ungerechtfertigen Verlängerung des Verfahrens führen.

Art. 2-bis.1
Der Richter leistet als Schadensersatz eine Geldsumme von nicht weniger als 500 Euro und nicht mehr als 1.500 Euro für jedes Jahr oder für jeden Teil eines Jahres, der die angemessene Prozessdauer um sechs Monate übersteigt.

Art. 3.1
Der Antrag auf eine angemessene Entschädigung wird mit Beschwerde an den Präsidenten des Berufungsgerichts des Bezirks angenommen, in dem das Gericht gem. Art. 11 der Strafprozessordnung zuständig ist über die Verfahren der Magistrate zu entscheiden, in deren Bezirk die Verfahren beendet oder eingestellt wurden und in denen eine Verzögerung festgestellt wurde. Art. 125 der Zivilprozessordnung findet Anwendung.

Art. 3.2
Die Beschwerde richtet sich im Falle von ordentlichen Gerichtsverfahren an den Minister für Justiz, im Falle von Militärprozessen an den Minister für Verteidigung. In allen anderen Fällen ist die Beschwerde an den Minister für Finanzen zu richten.

Art. 3.4
Der Präsident des Berufungsgerichts oder der für diesen Zweck bestimmte Richter entscheidet innerhalb von 30 Tagen ab Einlegung der Beschwerde mit begründetem Beschluss über den Antrag auf gerechte Entschädigung.

Art. 3.5
Wenn die Beschwerde angenommen wird, verurteilt das Gericht die Verwaltung, der gegenüber der Anspruch besteht, zur unverzüglichen Zahlung der gerechten Entschädigungssumme und erklärt diese bei Nichterbringung der Leistung für vorläufig vollstreckbar. In dem Beschluss entscheidet das Gericht auch über die Kosten des Verfahrens und verfügt deren Bezahlung.

§ 11 Lettland

Esmeralda Balode-Buraka

Inhaltsübersicht

A. Grundlagen

I. Rechtsstaatliche Determinanten der Verfassungsordnung

Am 18.11.1918 wurde vom Lettischen Volksrat erstmals die Unabhängigkeit der Repubik Lettland ausgerufen. Die Republik Lettland wurde nach und nach von anderen Staaten *de jure* anerkannt, darunter 1920 auch von Russland. Im Mai 1920 trat eine frei gewählte verfassungsgebende Versammlung zusammen und erließ am 15.2.1922 die *Satversme* (Verfassung der Republik Lettland).

Von diesem Zeitpunkt an bis 1940, als die sowjetischen Streitkräfte das Land besetzten, wurden bedeutende Gesetze erlassen, einschließlich des *Civillikums 1938* (Zivilgesetzbuch von 1938, abgekürzt: CL). Zwischen 1940 und 1990 wurden in Lettland hingegen die sowjetische Rechtsordnung und sowjetische Gesetze angewendet. Die *Satversme* wurde 1990 wieder in Kraft gesetzt und stellt mit einigen (bis heute acht) Zusätzen die noch heute gültige lettische Verfassung dar. Zu den wichtigsten Zusätzen der Verfassung zählen die Gründung des *Satversmes tiesa* (Verfassungsgericht, abgekürzt: ST) im Jahr 1996 sowie die Aufnahme des Achten Kapitels über die Grundrechte im Jahr 1998. Die meisten anderen Gesetze wurden in den 1990er Jahren neu entworfen, das CL von 1938 wurde hingegen ergänzt und wieder in Kraft gesetzt.

Seit Beginn des Prozesses zur Wiedererlangung der Unabhängigkeit unterliegt das gesamte Rechtssystem zudem einem bedeutenden Wandel von einem exzessiven Normativismus zur Anerkennung allgemeiner Rechtsgrundsätze, der Rechtsprechung, der Rechtslehre und anderer Quellen von Rechten und Verpflichtungen. Gesetze und Rechtsgrundsätze sind die wichtigsten Rechtsquellen. Diese müssen jedoch im Lichte anderer Quellen, insbesondere der Rechtsprechung und Lehre, ausgelegt werden.

In der Normenhierarchie spielen internationale Verträge und die Gesetzgebung der Europäischen Union eine bedeutende Rolle. Formal stehen alle internationalen Verpflichtungen der nationalen Verfassung nach und gehen nationalen Gesetzen und Nebengesetzen vor. Somit haben im Falle einer Abweichung zwischen verschiedenen Rechtssystemen rechtsverbindliche internationale Verpflichtungen Vorrang vor nationalen Gesetzen.[1]

II. Grundsätzliche Voraussetzungen einer Staatshaftung

1. Romanisch-Germanisches Rechtssystem

Das lettische Rechtssystem gehört traditionell zur romanisch-germanischen oder zivilen Rechtsfamilie. Anschauliches Beispiel entsprechender Verbindungen ist das CL von 1938, welches auf seinem Vorläufer, *Prof. Bunges* Sammlung lokaler Gesetze *„Provinzialrecht der Ostseegouvernements“* (1864) beruhte und von ähnlichen Kodifikationen wie dem deutschen Bürgerlichen Gesetzbuch beeinflusst wurde. Verstärkt wurde die Rückkehr zu denselben Rechtstraditionen zudem durch das vergleichsweise neue *Komerclikums* (Handelsgesetz), das im Jahr 2000 eingeführt wurde. Außerdem wurden die grundlegenden, im CL verankerten Regelungen um moderne Handelsrechtsprinzipien ergänzt.

Überdies folgt das *Administratīvā procesa likums* (Verwaltungsverfahrensgesetz, abgekürzt: APL), das 2001 verabschiedet wurde und seit 1.2.2004 in Kraft ist, der gefestigten Tradition und spiegelt den Kern des in Deutschland angewendeten Verwaltungsverfahrens wieder. Tatsächlich richtet es sich in den meisten Grundsätzen nach der deutschen Verwaltungsgerichtsordnung.[2] Die Staatshaftungsregelungen in Lettland wurden jedoch durch die Einführung des eigenständigen *Valsts pārvaldes iestāžu nodarīto zaudējumu atlīdzināšanas likums* (Gesetz zum Ersatz von Schäden durch öffentliche Einrichtungen, abgekürzt: ZAL) im Jahr 2005 detailliert geregelt und weichen daher von den entsprechenden deutschen Vorschriften ab. Das APL enthält noch immer grundlegende Regelungen zur Verknüpfung von Staatshaftungsansprüchen mit dem Verwaltungsverfahren und den haftenden Körperschaften, aber maßgebende Details wie die Voraussetzungen zur Begründung von Staatshaftung sowie Umfang und Verfahren im Umgang mit solchen Ansprüchen finden sich im speziellen ZAL. Zudem führt letzteres ein vorgerichtliches Verwaltungsverfahren zur Geltendmachung eines Schadensersatzanspruchs ein. Ingesamt mar-

1 Wie in vielen anderen Mitgliedsstaaten der EU ist der tatsächliche Rang des Unionsrechts (über oder unter der Verfassung) noch immer Gegenstand umfangreicher Diskussionen im Schrifttum. Im Rahmen dieses Berichts wird der klassische Ansatz vertreten, wonach das Unionsrecht der nationalen Verfassung nicht vorgeht oder zumindest mit dieser übereinstimmen muss.

2 Vgl. *Vaivods*, Administratīvā procesa tiesā būtība, in: Briede, S. 23, zu Verweisen auf das deutsche Verwaltungsrecht siehe dort Fn. 42.

kiert das APL im Hinblick auf Staatshaftungsregelungen ein neues Zeitalter seit seiner Einführung 2004, wenngleich es in Einzelheiten (seit dem 1.7.2005) durch das ZAL verfeinert wurde.

2. Verhältnis von Verwaltungsrecht und Zivilrecht

Staatshaftungsregelungen wurden bis zum Inkrafttreten des APL nicht von den allgemeinen zivilrechtlichen Schadensregelungen getrennt. Insbesondere die Haftungsbegründung erfolgte gemäß Art. 1782 CL, welcher (noch immer) Folgendes vorsieht:

> *„Eine Person, die bei der Auswahl von Bediensteten oder anderen Angestellten nicht die erforderliche Sorgfalt walten lässt und sich nicht zuvor ihrer Fähigkeiten sowie ihrer Geeignetheit zur Ausführung der Pflichten, die ihnen auferlegt werden können, vergewissert, haftet für von diesen verursachte Schäden, die Dritten dadurch entstehen."*

Es bleibt jedoch festzustellen, dass der Wortlaut der Vorschrift Zweifel darüber hervorruft, ob seine Kernaussage eine Haftung für unsachgemäße Einstellung oder eine Haftung einer juristischen Person für von ihren Angestellten verursachte Schäden ist. Aufgrund des unklaren Wortlauts und des dazu nicht vorhandenen Schrifttums in diesem Bereich als Folge der Anwendungsunterbrechung während der Sowjetzeit war selbst die Rechtsprechung des *Augstākā tiesa* (Oberstes Gerichts, abgekürzt: AT) bis zur Anwendung des APL uneinheitlich. Obwohl das Gericht erklärte, dass Art. 1782 CL die Haftung einer öffentlichen Körperschaft im Falle einer unrechtmäßigen Handlung durch einen ihrer Bediensteten einbezieht, ging es dennoch in einem anderen, ähnlich gelagerten Fall davon aus, dass ein Verschulden und eine daraus folgenden Haftung einer öffentlichen Körperschaft nicht vorliegen, wenn die unrechtmäßige Handlung oder Entscheidung durch ihre Vertreter vorgenommen wurde.[3] Das APL enthält eine ausführlichere Definition und damit verbundene Regelungen zur Staatshaftung und vermeidet somit Unklarheiten infolge des ungenauen und veralteten Wortlauts der maßgebenden Rechtsgrundlage.

Die zivilrechtlichen Vorschriften können gelegentlich noch in Verwaltungsfällen anwendbar sein, wenn es auf einem bestimmten Gebiet keine besonderen verwaltungsrechtlichen Vorschriften (in APL und ZAL) gibt. Ein Verweis auf diesen Grundsatz findet sich vor allem in Art. 97 APL, der lautet: „Bezüglich der Voraussetzungen eines Vermögensschadens und eines persönlichen Schadens sowie der Schadensersatzhöhe sind die zivilrechtlichen Grundsätze anzuwenden, sofern das Gesetz nichts anders vorsieht."

Seit seinem Inkrafttreten (am 1.7.2005) listet das ZAL jedoch die Voraussetzungen eines Vermögensschadens und eines persönlichen Schadens ebenso auf wie die Schadensersatzhöhe. Zudem haben sich die Verwaltungsgerichte trotz ihrer erst wenige Jahre zurückliegenden Einsetzung (→ A.II.3.) bereits ausgiebig bemüht, mittels ihrer Rechtsprechung die Lücken in den verwaltungsrechtlichen Vorschriften mit Inhalt zu füllen. Folglich sind vor Anwendung des Zivilrechts erst das Verwaltungsrecht und die Rechtsprechung der Verwaltungsgerichte in dem jeweiligen Bereich genauer zu betrachten.

3. Verwaltungsgerichte

Unzweifelhaft gelangt das Recht erst durch seine Auslegung durch die Gerichte zu voller Blüte. Wie nachfolgend ausgeführt, hat die Bedeutung der Gerichte in Lettland infolge der Rückkehr vom sowjetischen Rechtssystem zu den romanisch-germanischen Rechtswurzeln erheblich zu-

3 *Gredzena*, Valsts atbildība un tās veidi, S. 20–24.

genommen. Aus diesem Grund ist die Schaffung des vollständig neuen Verwaltungsgerichtszweigs im Jahr 2005, der sich nun mit der Überprüfung von Verwaltungsrechtssachen befassen, von besonderer Relevanz.

Das Verwaltungsrechtssystem umfasst ähnlich wie das Zivilrechtssystem in Lettland drei Gerichtsebenen: Das *Administratīvā rajona tiesa* (Bezirksverwaltungsgericht, abgekürzt: ART) als Gericht erster Instanz, das *Administratīvā apgabaltiesa* (Regionalverwaltungsgericht, abgekürzt: AA) als zweite (Berufungs-)Instanz sowie den *Senāta Administratīvo lietu departaments* (Senat für Verwaltungsfälle des AT) als dritte (Kassations-)Instanz. Die Bedeutung dieser Gerichte für den neuen separaten Verwaltungsrechtszweig kann nicht hoch genug eingeschätzt werden und ist nachstehend näher ausgeführt. Das derzeitige Verständnis der Staatshaftungsregelungen wurde maßgeblich von diesen Verwaltungsgerichten geprägt.

III. Rechtsquellen des Staatshaftungsrechts im Überblick

1. Verfassung

Die Verfassung enthält die wichtigste Rechtsgrundlage der Staatshaftung. So stellt insbesondere Art. 92 S. 3 der Verfassung fest: „Jedermann, dessen Rechte ohne Rechtsgrundlage verletzt wurden, hat Anspruch auf angemessene Entschädigung."

Dieser Artikel stellt eine verfassungsrechtliche Garantie privater sowie öffentlicher Haftung dar, allerdings macht die Vorschrift mit ihrer knappen Formulierung, die den gesamten Verfassungstext bestimmt, keine näheren Angaben zur verantwortlichen Person oder Körperschaft. Stattdessen werden der Charakter einer anspruchsbegründenden Verletzung sowie die Angemessenheit weiterer zu ergreifender Maßnahmen hervorgehoben (wobei die Begriffe „unbegründet" und „Entschädigung" in einem weiten Sinne zu verstehen sind). Es ist zudem festzustellen, dass der Wortlaut von Art. 92 seit Einführung der Verfassung im Jahr 1922 unverändert geblieben ist. Er gibt dennoch das gegenwärtige Verständnis der anzuwendenden Staatshaftungsregelungen wieder, das in jüngeren Gesetzestexten näher ausgeführt wird.

In einem seiner frühen Fälle im Jahr 2001 führte das ST aus, dass Art. 92 Verfassung ebenso direkt anwendbar sei wie jedes andere verfassungsrechtlich verankerte Grundrecht.[4] Eine betroffene Person kann sich damit direkt auf diese Garantie berufen. Das Gericht stellte anschließend fest, dass es zur Umsetzung einer Rechtsnorm keiner dazugehörigen besonderen Gesetzesvorschrift bedarf. So kann ein Anspruch auch dann, wenn in einem bestimmten Bereich kein Gesetzesrecht besteht, durch die Anwendung von Art. 92 Verfassung bestehen.

2. Gesetzesrecht

Wie vorstehend ausgeführt (→ A.II.), unterschied sich die öffentliche Haftung für Verwaltungshandeln bis zum 1.2.2004 hinsichtlich ihrer Rechtsgrundlage nicht von der privaten Haftung. Mit anderen Worten: Die Staatshaftung beruht auf den allgemeinen deliktsrechtlichen Regelungen. Das Fehlen besonderer Regelungen zur Staatshaftung stand der Anerkennung des Staatshaftungsprinzips und dessen Geltendmachung vor Gericht indes nicht im Weg.[5] Die speziellen Vorschriften zur Staatshaftung finden sich heute sowohl im APL, als auch im ZAL. Art. 92[6] des APL – das in Bezug auf das ZAL allgemeine Bestimmungen enthält – sieht vor, dass jedermann berech-

4 Vgl. ST, Entscheidung Nr. 2001-07-0103, 5.12.2001.
5 Vgl. als Beispiel früher Rechtsprechung in Bezug auf die Staatshaftung RA, Entscheidung CA-711/2, 2.12.1996, in: V.G. pret Latvijas valsti, Cilvēktiesību Žurnāls 1997, Nr. 5, S. 87.
6 Der Artikel hat zufälligerweise dieselbe Nummer wie die Verfassungsvorschrift zum Schadensersatz.

tigt ist, für den finanziellen oder persönlichen Schaden einschließlich des immateriellen Schadens, der ihm oder ihr aufgrund eines Verwaltungsakts oder eines schlichten Verwaltungshandelns einer Behörde entstanden ist, angemessenen Schadensersatz zu verlangen.

Diesem Artikel folgt innerhalb des APL ein Kapitel über den Schadensersatz. Allerdings entsprechen einige Vorschriften Regelungen des ZAL. Daneben weist letzteres auch einige materielle Unterschiede auf. So sieht das APL sowohl bei rechtmäßigem als auch bei rechtswidrigem Verwaltungshandeln einen Schadensersatzanspruch vor. Das ZAL bestimmt hingegen, dass es ausschließlich auf rechtswidriges Handeln anzuwenden ist. Der Begriff des Mitverschuldens weist bei diesen beiden Gesetzen ebenfalls leichte Unterschiede auf. Außerdem setzt das APL keine genaue Angabe darüber voraus, welche Handlungen den immateriellen Schaden verursacht haben. Das ZAL bezeichnet dies hingegen als zwingende Voraussetzung.

Nach dem allgemeinen Rechtsgrundsatz gilt im Konfliktfall zweier Normen das besondere Recht (*lex specialis derogat legi generali*). Folglich ist angesichts widersprüchlicher Lösungen primär das ZAL anzuwenden, allerdings umfasst sein Anwendungsbereich wie darin angegeben nur rechtswidriges Handeln. In weiteren Staatshaftungsbereichen sind andere besondere Vorschriften oder die allgemeinen Regelungen des APL oder sogar direkt Art. 92 der Verfassung anzuwenden (zu den Bereichen staatlicher Haftung → A.IV.).

3. Rechtsprechung

Verfassung, APL, ZAL und andere besondere Gesetze stellen die legislative Grundlage staatlicher Haftung dar. Die Auslegung durch Gerichte (hauptsächlich durch Verwaltungsgerichte, aber teilweise auch durch die Zivilgerichte und das ST) wirft Licht auf Begriffe, die rechtlich nicht eindeutig oder gar nicht geklärt sind.

Die Rechtsprechung der Verwaltungsgerichte zur Zuerkennung von Schadensersatz war zwischen den Jahren 2006 und 2008 im Hinblick auf die Klärung des anzuwendenden Verwaltungsrechts besonders fruchtbar. APL und ZAL waren zu diesem Zeitpunkt erst seit kurzer Zeit in Kraft und die Kläger versuchten, sich auf die neuen Regelungen zu berufen. Gegenwärtige Tendenzen der Rechtsprechung zeigen, dass die Verwaltungsgerichte ihre früheren Aussagen über die *ratio* des Gesetzes wiederholen, aber auch begonnen haben, allgemeine Grundsätze zu entwickeln.[7]

4. Einfluss des EU-Rechts

Es ist kein Zufall, dass nahezu alle zuvor genannten Gesetze mit Ausnahme der Verfassung zwischen 1998 und 2005 eingeführt wurden. Dies war eine Phase der Vorbereitung für die Mitgliedschaft in der Europäischen Union (der förmliche Beitritt der EU fand am 1.5.2004 statt) und der Rechtsstaat wurde durch umfassende und weitreichende institutionelle und gesetzliche Reformen gestärkt.

Die lettischen Staatshaftungsregeln leiten sich sowohl aus dem nationalen Recht als auch aus dem EU-Recht ab, weil das Verhältnis von nationalem und internationalem Recht von einem monistischen Ansatz geprägt ist. Da das EU-Recht jedoch die nationale Verfahrensautonomie wahrt, füllen im Hinblick auf die öffentliche (staatliche) Haftung die maßgeblichen lettischen Regeln den Bereich der sogenannten Verfahrensautonomie aus. Insbesondere die Verfassung von 1922 und der damit verbundene nationale gesetzliche Rahmen enthalten ein ausführliches und nahezu unabhängiges Staatshaftungssystem.

7 Vgl. z.B. AT, Entscheidungen SKA-155/2011, 6.5.2011 paras. 8–10; SKA-104/2010, 16.2.2010, paras. 10–19.

In dem vorliegenden theoretischen Zusammenhang dient das unionsrechtliche Staatshaftungsprinzip als primäre Rechtsgrundlage, es sei denn, es handelt sich um eine rein nationale Angelegenheit. Nichtsdestotrotz sind auch im letzteren Fall die Grundsätze des EU-Rechts besonders bezüglich der Angemessenheit und Wirksamkeit der Haftungsmaßnahmen anwendbar.

IV. Bereiche staatlicher Haftung

1. Rechtswidriges Verwaltungshandeln (Delikt)

Wie bereits ausgeführt, sieht das ZAL, das die rechtlichen Vorschriften für einen Großteil der Staatshaftungsansprüche enthält, ausdrücklich vor, dass es nur auf rechtswidrige Verwaltungsakte oder Realhandlungen anwendbar ist. Für diesen Bereich galten vor Inkrafttreten des ZAL die deliktsrechtlichen Regelungen[8] des CL. Mithin ist dieses ausführliche Sondergesetz nicht auf rechtmäßiges öffentliches Handeln anwendbar.

Allerdings kann aus dem beschränkten Anwendungsbereich des ZAL nicht geschlossen werden, dass durch rechtmäßiges Handeln verursachte Schäden nicht erstattungsfähig wären. Wie vorstehend erläutert wurde, enthält die Verfassung einen allgemeinen Ausgleichsanspruch bei „*nepamatots tiesību aizskārums*" (unbegründete Rechtsverletzung), der ebenso wie alle in der Verfassung enthaltenen Grundrechte unmittelbar anwendbar ist. Der Wortlaut von Art. 92 der Verfassung ist nahezu ein Jahrhundert alt, sodass über den rein grammatikalischen Wortlaut hinaus auch der historische Interpretationsansatz zu berücksichtigen ist. Die Bedeutung des dort verwendeten Ausdrucks „unbegründete Rechtsverletzung" geht über die Begriffe „rechtswidrig" oder „ohne Rechtfertigung" hinaus. Der zugrundeliegende Zweck besteht in dem Schaffen einer wichtigen Garantie für den Fall, dass das Recht einer Privatperson verletzt oder beschränkt wurde. Nichtsdestotrotz ist aus anderen, damit verbundenen und jüngeren Gesetzen auf den Inhalt dieses Rechts zu schließen.

2. Rechtmäßiges Verwaltungshandeln – Enteigung und Quasienteignung

Wie bereits erwähnt, beschränkt das APL die Staatshaftung nicht auf rechtswidrige Handlungen. Der Begriff „rechtswidrig" taucht im ersten Satz des Art. 92 APL nicht auf, sodass anzunehmen ist, dass das APL sowohl auf rechtmäßig als auch auf rechtswidrig verursachte Schäden anwendbar ist.

Allerdings entsteht nach dem APL ein Schadensersatzanspruch in Bezug auf eine rechtmäßige Entscheidung nur unter besonderen Umständen. Eine Rechtsgrundlage für einen Schadensersatzanspruch ist insbesondere dann gegeben, wenn ein rechtmäßiger und begünstigender Verwaltungsakt wegen einer Veränderung der tatsächlichen oder rechtlichen Umstände widerrufen wird. Ein Widerruf ist nur möglich innerhalb einer Frist von drei Monaten ab dem Zeitpunkt, in dem eine Behörde Kenntnis von einer solchen Änderung erlangt hat, jedoch nicht später als ein Jahr von dem Tag an, an dem der Akt wirksam geworden ist. Nach Ablauf dieser Fristen ist ein Widerruf nur möglich, wenn ein wirksamer Verwaltungsakt wichtige Interessen des Gemeinwohls beeinträchtigt (Art. 85 Abs. 2 Nr. 3, 4 und Abs. 3 APL). Eine erzwungene Eigentumsübertragung zum Wohle der Gemeinschaft (Enteignung) ist eine weitere, besonders gekennzeichnete Art von öffentlicher Handlung, die gesetzlich geregelt ist und einen Entschädigungsanspruch auslöst. Der Schutz des Eigentums wird von Art. 105 der Verfassung gewährleis-

8 Da die Regeln zur Staatshaftung dem Zivilrecht entnommen wurden, wird im Folgenden anstelle des Ausdrucks „Delikt" der Begriff „rechtswidrige Handlung" verwendet.

tet, wonach Eigentumsrechte nur aufgrund eines Gesetzes eingeschränkt werden dürfen und eine erzwungene Eigentumsübertragung für öffentliche Zwecke nur in Ausnahmefällen aufgrund eines individuellen Gesetzes und gegen eine angemessene Entschädigung zulässig ist.

Das ST hat hervorgehoben, dass das Recht auf Eigentum auch das Recht umfasst, dieses so zu verwenden, um den größtmöglichen wirtschaftlichen Nutzen daraus zu ziehen, obgleich von diesem Recht nicht gegen die öffentlichen Interessen Gebrauch gemacht werden kann.[9]

In Lettland sind zwei Arten rechtmäßiger Eigentumsrechtsbeschränkungen zu unterscheiden, die sich beide aus der genannten Verfassungsvorschrift ergeben: Enteignung und Quasienteignung.

Im Hinblick auf erstere, die mit der Erlangung einer privaten unbeweglichen Sache (Land und/oder Gebäude) im öffentlichen Interesse einhergeht, ist das *Sabiedrības vajadzībām nepieciešamā nekustamā īpašuma atsavināšanas likums* (Gesetz zur Enteignung unbeweglichen Eigentums im öffentlichen Interesse) anwendbar. Das Gesetz trat am 1.1.2011 in Kraft und ersetzt das vorherige, seit 1992 auf diesem Gebiet geltende Gesetz. Es enthält allgemeine Enteignungsgrundsätze einschließlich des Rechts auf eine angemessene Entschädigung und setzt in jedem Fall, in dem eine Enteignung notwendig erscheint, ein besonderes Gesetz voraus.[10]

Außerdem kann ein Eigentumsrecht teilweise beschränkt werden, d.h. das Eigentum wird nicht übertragen, bestimmte Tätigkeiten werden jedoch untersagt. Diese Fälle zählen ebenso wie Enteignungen zu den rechtmäßigen Ausnahmen im Sinne von Art. 105 der Verfassung und sind aufgrund ihrer vergleichbaren Folgen als Quasienteignungen einzustufen. So müssen diese insbesondere auf ein Gesetz (oder eine Verordnung) zurückgehen und erfordern gleichfalls eine angemessene Entschädigung.

Der aktuellen Rechtsprechung des AT zufolge hängt das Entschädigungsrecht in diesen Fällen vom Vorhandensein eines besonderen Gesetzes und den darin enthaltenen Voraussetzungen ab.[11] Das *Par zemes īpašnieku tiesībām uz kompensāciju par saimnieciskās darbības ierobežojumiem īpaši aizsargājamās dabas teritorijās un mikroliegumos* (Gesetz zu den Entschädigungsrechten von Grundbesitzern für Einschränkungen wirtschaftlicher Aktivitäten in Naturschutzgebieten und Mikroschutzzonen) sieht in erster Linie ein Entschädigungsrecht für die Einschränkung wirtschaftlicher Aktivitäten von Grundbesitzern vor, deren Grundeigentum teilweise oder vollständig Teil einer Mikroschutzzone oder eines Naturschutzgebietes ist. Entgegen seinem Titel („Entschädigung für Einschränkungen wirtschaftlicher Aktivitäten im Allgemeinen") sieht das Gesetz Entschädigungen nur für Beschränkungen der Waldbewirtschaftung vor. In Bezug auf entsprechendes unbebautes Land besteht zudem ein Anspruch, den Staat zum Rückkauf des Landes aufzufordern. Betrifft eine Beschränkung also beispielsweise landwirtschaftliche Tätigkeiten oder die Elektrizitätserzeugung (Windenenergieanlage, Wasserkraftwerk etc.), so besteht kein Entschädigungsanspruch, sondern nur ein Anspruch, den Staat zum Rückkauf des Landes aufzufordern.

3. Verwaltungsvereinbarungen

Zunächst einmal stellt das Konzept einer Verwaltungsvereinbarung ein Novum im lettischen Rechtssystem dar. Allgemeine Regeln zu Verwaltungsvereinbarungen wurden erst 2002 durch

9 ST, Entscheidung Nr. 2009-09-03, 19.11.2009.

10 Während der letzten Jahre fand eine Enteignung im Zusammenhang mit dem Bau mehrerer wichtiger öffentlicher Infrastrukturprojekte statt wie z.B. der *Dienvidu tilts* (Südbrücke) über die *Daugava* in Riga oder dem neuen Gebäude der Nationalbibliothek (Lichtpalast).

11 AT, Entscheidung SKA-35/2010, 9.7.2010.

das *Valsts pārvaldes iekārtas likums* (Gesetz zum Aufbau der staatlichen Verwaltung, abgekürzt: VPIL) eingeführt.

Demnach fällt die Durchsetzung einer Vereinbarung ausdrücklich in den Bereich des Verwaltungsverfahrens. Außerdem enthält das APL seit dem 1.1.2009 einen Verweis auf die Verwaltungsvereinbarung. So sieht Art. 3 Abs. 3 APL vor, dass Verwaltungsvereinbarungen grundsätzlich denselben Regelungen des APL unterfallen, die auf einen Verwaltungsakt anwendbar sind, es sei denn, diese Vorschriften widersprechen dem Wesen einer Verwaltungsvereinbarung oder andere Gesetze sehen ausdrücklich etwas anderes vor. Bei der Befolgung dieser Regeln besteht kein Zweifel daran, dass ein Schadensersatzanspruch aufgrund einer Verwaltungsvereinbarung dem Verwaltungsverfahren unterliegt und wenn nötig von den Verwaltungsgerichten zugesprochen werden muss.

Nichtsdestotrotz sind die materiellen Verwaltungsgesetze (ZAL und APL) in Bezug auf Schäden infolge von Verwaltungsvereinbarungen nicht anwendbar. Insbesondere Art. 86 Abs. 2 VPIL sieht ausdrücklich vor, dass bezüglich der Frage nach einem Entschädigungsanspruch für Schäden infolge einer Verwaltungsvereinbarung und seiner Höhe das CL Anwendung findet (sofern die Parteien in der jeweiligen Vereinbarung nichts anderes bestimmt haben). Damit ist zur Bestimmung der Haftungsvoraussetzungen, der Haftungshöhe etc. anstelle des Verwaltungsrechts das Zivilrecht heranzuziehen.

4. Strafverfahren

Einerseits haftet der Staat und entschädigt das Opfer oder dessen Erben für immaterielle Schäden, physisches Leid oder finanziellen Verlust infolge einer vorsätzlichen Straftat, sofern die Straftat den Tod einer Person oder schwere oder mittlere Körperverletzungen zur Folge hatte, gegen die sexuelle Unversehrtheit des Opfers gerichtet war oder bei Infizierung des Opfers mit HIV, Hepatitis B oder C. Das Verfahren zur Erlangung von Schadensersatz und dessen jeweilige Höhe enthält das *Par valsts kompensāciju cietušajiem* (Opferentschädigungsgesetz).

Zweitens finden sich die Vorschriften zur Geltendmachung eines Staatshaftungsanspruchs wegen unbegründeter Maßnahmen im Rahmen des Strafverfolgungsverfahrens in einem besonderen Gesetz, dem *Par izziņas iestādes, prokuratūras vai tiesas nelikumīgas vai nepamatotas rīcības rezultātā nodarīto zaudējumu atlīdzināšanu* (Gesetz über den Ersatz von durch eine Ermittlungsbehörde, Staatsanwaltschaft oder ein Gericht verursachte Schäden), das seit dem 1.9.1998 in Kraft ist. Dieses Gesetz setzt Art. 5 Abs. 5 EMRK sowie Art. 3 EMRK Protokoll Nr. 7 um. Es wurde eingeführt, als das CL noch allgemeine Regeln zur Staatshaftung enthielt, und ist nach wie vor anwendbar, wenn eine Person in einem Strafverfahren freigesprochen oder das Ermittlungsverfahren eingestellt wird oder bei unbegründeter Verwaltungshaft. Das Gesetz ermächtigt das *Latvijas Republikas Tieslietu ministrija* (Justizministerium der Republik Lettland, abgekürzt: TM) sowie die *Ģenerālprokuratūra* (Generalstaatsanwaltschaft), sich mit entsprechenden Anträgen zu befassen und über den Schadensersatz zu entscheiden. Deren Entscheidungen sind nach demselben Verfahren vor den Verwaltungsgerichten zu überprüfen, welches nach dem APL für jeden anderen Verwaltungsakt oder jede Realhandlung vorgesehen ist.

B. Haftungsbegründung

I. Relevantes Verhalten

1. Administratives Handeln

Nach Art. 92 der Verfassung ist kein Bereich staatlicher Gewalt von der Staatshaftung auszunehmen. So umfasst das Staatshaftungskonzept in Lettland die Haftung für Verwaltungshandeln, legislative Maßnahmen und richterliches Handeln.

Hauptanwendungsgebiet der Staatshaftungsregeln ist ein rechtmäßiges oder rechtswidriges, schadensauslösendes Verwaltungshandeln (→ A.IV.1.–3.). Die Verwaltungsverfahrensvorschriften (APL und ZAL) gehen zudem hinsichtlich einer Körperschaft des öffentlichen Rechts sowohl bei einem Handeln im Bereich ihrer öffentlichen Befugnisse (*intra vires*) als auch bei einem Handeln *ultra vires* von einer Haftung aus.

2. Gesetzgebungsakt

Abgesehen von einer Haftung des Staates für Verwaltungshandeln ist eine Haftung für legislative Akte weder im ZAL vorgesehen noch wurde sie im Rahmen eines besonderen Gesetzes eingeführt. Dennoch kann von einer Haftung für legislatives Handeln ausgegangen werden, da sich eine solche unmittelbar aus Art. 92 der Verfassung ergibt. Nichtsdestotrotz ist der Fall, dass ein Individuum Schadensersatz für einen legislativen Akt verlangt, offenkundig außergewöhnlich, weil in den meisten Fällen der Nachweis der unmittelbaren Wirkung eines legislativen Aktes auf die Lage eines Einzelnen sowie eines Kausalzusammenhangs zwischen dem Legislativakt und den eingetretenen schädlichen Folgen problematisch ist.

Die Grundlage für einen Rechtsbehelf in Bezug auf Schäden infolge legislativen Handelns kann z.B. in der Aufhebung nationaler Gesetzesvorschriften durch den ST oder der Erklärung der Unanwendbarkeit solcher Vorschriften durch den EuGH bestehen. Außerdem kann die fehlende Umsetzung einer EU-Richtlinie durch den Gesetzgeber (vgl. *Francovich*[12]), d.h. gesetzgeberische Untätigkeit, dieselbe Wirkung haben.

Das Fehlen allgemeiner Verfahrensvorschriften in Bezug auf eine Haftung für legislatives Handeln kann indes zu Zweifeln darüber führen, wie der Einzelne seinen Anspruch konkret geltend zu machen hat.

So sind die Verwaltungsgerichte gemäß der ausdrücklich festgelegten Streitgegenstandsliste des APL[13] nicht für Schadensersatzklagen im Zusammenhang mit Legislativakten zuständig, es sei denn, eine in einem früheren Verwaltungsrechtsstreit angewendete Norm wurde für ungültig oder unanwendbar erklärt.[14] Hinzu kommt, dass das ST nach Art. 16 und 31 *Satversmes tiesas likums* (Verfassungsgerichtsgesetz) nicht befugt ist, Schadensersatz zuzusprechen.

Daraus folgt zunächst, dass sich ein Kläger erneut an ein Verwaltungs- oder Zivilgericht wenden kann, wenn es in der Sache bereits einen früheren Rechtsstreit gab und zwischenzeitlich die Unwirksamkeit oder Unanwendbarkeit einer Rechtsnorm festgestellt wurde, sodass er sich nun auf das spätere Urteil als neue Tatsache berufen kann.

Zweitens kann ein Kläger, wenn es zwar keinen vorhergehenden Rechtsstreit gab, eine spätere, eine Rechtsnorm für ungültig oder unanwendbar erklärende Entscheidung jedoch einen Schadensersatzanspruch aufgrund eines Legislativakts zuspricht, einen Schadensersatz vor ei-

12 EuGH C-6/90 und C-9/90, Slg. 1991, I-05357 – *Francovich u.a.*
13 Siehe Art. 184 APL zur Zuständigkeit.
14 Art. 353 APL zu neuen Tatsachen.

nem Zivilgericht geltend machen, da der Anwendungsbereich des APL die Zuständigkeit eines Verwaltungsgerichts betrifft.[15] Drittens ist ein Rechtsstreit vor einem Zivilgericht auch ohne ein vorheriges Verfahren vor einem Zivil- oder Verwaltungsgericht oder eine einschlägige Entscheidung eines anderen Gerichts möglich, wenngleich diese Lösung wie bereits erwähnt bisher noch nicht von der Rechtsprechung bestätigt worden ist.

3. Richterliches Handeln

Die Haftung des Staates für richterliches Handeln ist ebenfalls nicht in einem mit der Verfassung in Zusammenhang stehenden Gesetz vorgesehen. Mithin scheint erneut Art. 92 der Verfassung als einzige Rechtsgrundlage in Frage zu kommen. Dieser Ansatz wird durch die aktuelle Rechtsprechung des AT, Entscheidung SKC-233/2010 vom 24.11.2010,[16] bestätigt, in der diesbezüglich auf die vom ST im Jahr 2001 festgestellte unmittelbare Wirkung von Art. 92 der Verfassung[17] verwiesen wird. Die Entscheidung SKC-233/2010 nennt Strafverfahrensverstöße als einen möglichen Bereich persönlicher Verletzung durch die Judikative. Einen weiteren Hauptanwendungsfall für eine Haftung aufgrund gerichtlicher Entscheidungen stellt die Haftung nach *Köbler*[18] im Zusammenhang mit der fehlerhaften Anwendung von Unionsrecht dar.

Ungeachtet des Haftungsbereichs oder der Haftungsgrundlage einer Verletzung durch die Judikative werden zumindest zwei prozessuale Fragen noch immer kontrovers diskutiert, und zwar, welches Gericht – Verwaltungsgericht oder Zivilgericht – für solche Klagen zuständig und wer passivlegitimiert ist. Was die Frage der gerichtlichen Zuständigkeit anbelangt, ähnelt die Begründung derjenigen zur geteilten Zuständigkeit bei Klagen gegen legislative Akte. Da der Anwendungsbereich des APL diese Art von Überprüfung nicht vorsieht, sind Klagen gegen die Judikative bei einem Zivilgericht einzureichen. Dennoch ist zu beachten, dass aus Gründen der Effektivität noch immer Diskussionsbedarf im Hinblick auf die erste Instanz bei solchen Klagen besteht. So ist insbesondere zweifelhaft, ob ein Bezirksgericht, welches gewöhnlicherweise das Gericht erster Instanz ist, sich leicht damit tun würde, einen Fehler zu bewerten, der einem letztinstanzlichen Gericht und womöglich noch auf Grundlage eines anderen Urteils eines internationalen oder supranationalen Gerichts unterlaufen ist.

Zudem äußerten sich die Gerichte mehrfach, jedoch bislang nur jeweils auf den Einzelfall bezogen, zur Frage der Passivlegitimation in Fällen judikativer Haftung. Speziell in der Entscheidung SKC-233/2010 bestätigt das Gericht, dass es sich beim Beklagten um ein Organ der Exekutive und nicht der Judikative handeln müsse. Ein Kläger hatte sich gegen das *Latvijas Republikas Finanšu ministrija* (Finanzministerium der Republik Lettland, abgekürzt: FM) als Beklagten gewandt, da es den Staatshaushalt verwaltet. Das Gericht bestätigte diese Sicht und fügte hinzu, dass das FM, wenn es davon ausgeht, dass ein anderes Ministerium näher mit der Sache befasst ist, das TM, welches sich mit der Arbeit der Gerichte befasst, um eine Stellungnahme ersuchen kann, da das VPIL eine entsprechende Möglichkeit zur Anfrage bezüglich des Zuständigkeitsbereichs einer anderen Institution vorsieht. Im Gegensatz dazu hatte ein Kläger in einem anderen Fall[19] die Klage gegen „die Republik Lettland" gerichtet, was vom Gericht nicht grundsätzlich ausgeschlossen wurde.[20]

---

15 Diese Annahme wurde durch AT, Entscheidung SKA-16/2012, 8.5.2012, Rn. 11 bestätigt. Das Gericht meinte, dass Schadensersatzanspüche wegen judikativer Akte vor die allgemeinen Zivilgerichte gebracht werden müssen.
16 Siehe dort para. 17.
17 ST, Entscheidung Nr. 2001-07-0103, 5.12.2001.
18 EuGH C-224/01, Slg. 2003 I-10239 – *Köbler*.
19 AT, Entscheidung SKA-782/2011, 22.7.2011.
20 Aus einem anderen rechtlichen Grund wurde auf die Klage materiell-rechtlich nicht eingegangen.

Schließlich kann gemäß Art. 92 der Verfassung Rechtmittel bei überlanger Verfahrensdauer vor nationalen Gerichten eingelegt werden. Diese Schlussfolgerung beruht auf der unmittelbaren Anwendbarkeit dieser Vorschrift. Dennoch gibt es im nationalen Recht keine Mechanismen, um einen Schaden in solchen Fällen zu ersetzen. Die Weiterentwicklung der Rechtsordnung in dieser Frage ist eine der nächsten Aufgaben des Gesetzgebers.

Im Hinblick auf die Einlegung von Rechtsmitteln sieht das Strafrecht einige Lösungen vor. Insbesondere kodifiziert Art. 14 der lettischen Strafprozessordnung[21] das Recht, Strafverfahren in angemessener Zeit abzuschließen und greift dafür die maßgeblichen Kriterien auf, die der Europäische Gerichtshof für Menschenrechte für die Auslegung von Art. 6 EMRK entwickelt hat. Zur Wahrung dieses Rechts sieht die Strafprozessordnung vor, eine Strafe zu reduzieren oder in entsprechenden Situationen sogar ganz von ihr abzusehen. Trotzdem existiert kein rechtlicher Mechanismus für eine Entschädigung in diesen Fällen, wenn die Reduzierung oder das Absehen von einer Strafe unangemessen oder sogar unmöglich ist, zum Beispiel, wenn ein Verfahren nicht zu einer Bestrafung geführt hat. Daneben gibt es sowohl im Zivil- als auch Verwaltungsrecht keine prozessualen Regeln zu Rechtsbehelfen bei überlangen Gerichtsverfahren.

Der Mangel an Verfahrensvorschriften gefährdet nicht die unmittelbare Anwendbarkeit des Art. 92 der Verfassung, hindert jedoch einerseits potentielle Kläger daran, geeignete Rechtsmittel einzulegen und andererseits die Gerichte daran, solche anzuwenden. So ist es in der Praxis zur Erlangung effektiven Rechtsschutzes üblich, Beschwerde vor dem EGMR zu erheben, nachdem der nationale Rechtsweg erschöpft ist. Die Umsetzung der entsprechenden Empfehlung des Ministerkommittees des Europarates[22] wurde vor kurzem in einer lokalen juristischen Debatte hervorgehoben.[23]

II. Relevante Normverstöße

Die Schwere einer Rechtsverletzung ist für die Haftungsbegründung grundsätzlich irrelevant. Allerdings ist die Schwere des Verstoßes eines der entscheidenden Elemente bei der Bestimmung der Art der Wiedergutmachung oder der Höhe des Schadensersatzes (insbesondere bei Personenschäden). So muss eine angemessene Entschädigung proportional zur Beeinträchtigung sein.[24] So führte das Gericht beispielsweise aus, dass die Ablehnung eines Privatisierungsanspruchs[25] bezüglich eines Appartements nach einem mehrjährigen Verfahren weniger schwer wiegt als eine Ablehnung innerhalb einer kürzeren Frist.[26] Folglich unterscheiden sich die Arten von Schadensersatz bzw. die Höhe einer möglichen Entschädigung je nachdem, wie erheblich die Rechte einer Person verletzt wurden.

---

21 Wortlaut des Artikels seit seinem Inkrafttreten am 1.7.2009.

22 *Recommendation CM/Rec(2010)3 of the Committee of Ministers to member states on effective remedies for excessive length of proceedings*, abrufbar unter https://wcd.coe.int/(zuletzt abgerufen am 15.7.2013).

23 Von *Reine*, Diskussion: Meklējot risinājums tiesu sistēmas pilnveidošanai; Jurista Vārds, 12 March 2013, S. 23.

24 AT, Entscheidung SKA-104/2010, 16.2.2010.

25 Da es während der Sowjetzeit in den mittel- und osteuropäischen Ländern kein Recht auf Eigentum gab, setzte in diesen Staaten ab Mitte der neunziger Jahre des vergangenen Jahrhunderts nach und nach ein Privatisierungsprozess ein. Privatpersonen erhielten unter anderem das Recht, unter bestimmten Bedingungen und unter Beachtung eines bestimmten Verfahrens das Eigentum an der Wohnung oder dem Haus zu erwerben, in dem sie lebten. Die betroffene Gemeinde hatte jedoch in jedem Fall eine individuelle Entscheidung bezüglich des Eigentums zu treffen und bei einem Teil des Immobilienvermögens wurde eine Privatisierung aufgrund öffentlicher Interessen abgelehnt. Den Ablehnungen folgte eine Flut von Gerichtsprozessen.

26 AT, Entscheidung SKA-104/2010, 16.2.2010.

Allerdings impliziert das bloße Vorhandensein einer erheblichen Rechtsverletzung nicht *per se* die Schwere der Beeinträchtigung. So stellen beispielsweise Verstöße gegen Verfahrensvorschriften wie eine erhebliche Verzögerung bei einer Antwort auf eine Anfrage oder der rechtswidrige Nichterlass eines Verwaltungsaktes über einen langen Zeitraum hinweg keine erheblichen Rechtsverletzungen dar. Die in solchen Fällen zugesprochenen Entschädigungsmittel fallen aller Wahrscheinlichkeit nach gering aus.

Ferner wird, wie bereits ausgeführt (→ A.IV.2.), eine Beeinträchtigung aufgrund des öffentlichen Interesses beispielsweise im Fall einer Quasienteignung nur nach Maßgabe des Sondergesetzes entschädigt. Dementsprechend sieht das Gesetz bei einer Beschränkung von Eigentumsrechten aus Gründen des Naturschutzes eine Entschädigung bestimmter Eingriffe nur dann vor, wenn sie erheblich sind.

Für Verletzungen des EU- oder Völkerrechts gelten dieselben Maßstäbe und Grundsätze. Darüber hinaus folgt Lettland dem Ruf des EuGH in den verbundenen Rechtssachen C-46/93 und 48/93 (*Brasserie du Pêcheur*)[27] nach angemessener Entschädigung bei einem hinreichend qualifizierten Unionsrechtsverstoß. Kurz gesagt führt jede Verletzung gesetzlich geschützter Rechte des Einzelnen, einschließlich der Rechte aus EU- und Völkerrecht, zu einer Haftungspflicht des Staates, wobei erhebliche Verstöße durch eine angemessene finanzielle Entschädigung zu ersetzen sind.

III. Schutzgutbezogenheit

Dem Senat des AT zufolge steht der Schadensersatzanspruch in direktem Zusammenhang mit dem Hauptanspruch.[28] Anders ausgedrückt muss das jeweilige Recht oder Interesse einer Person verletzt sein.

Das ZAL unterscheidet zwei Arten von Schäden: Vermögensschäden und persönliche Schäden, die auch immaterielle Schäden einschließen (→ C.III.2.). Bei Vermögensschäden hat die Art des jeweils verletzten Interesses keine Auswirkungen auf die Höhe des Schadensersatzes. Das verletzte Interesse ist indessen von Bedeutung bei der Bemessung einer Entschädigung für immaterielle Schäden. Das ZAL bestimmt die maximale Entschädigungshöhe für immaterielle Schäden anhand mehrerer Schadensdeterminanten: die Relevanz der Beeinträchtigung und das betroffene Interesse (→ C.III.4. zur Enschädigungshöhe). So betont das AT beispielsweise in der Entscheidung SKA-104/2010, in der es zu seiner früheren Rechtsprechung zur Bewertung und Entschädigung immaterieller Schäden zurückkehrt, dass das Recht auf behördliche Bescheidung eines Antrags weniger relevant ist als das Sorgerecht für ein Kind.[29] Dementsprechend unterscheidet sich in diesen beiden Fällen die Höhe der Entschädigung. Im Übrigen muss die Bedeutung der Rechtsverletzung im Vergleich zu anderen Rechten höher sein, wenn ein durch die Verfassung oder internationales Recht geschütztes Grundrecht verletzt wird.

IV. Zurechnung

Die Republik Lettland haftet als juristische Person für den Verlust oder Schaden, der durch eine direkte Verwaltungsbehörde (*tiešās pārvaldes iestāde*) oder deren Bedienstete oder durch eine

27 EuGH C-46/93 und C-48/93, Slg. 1996, I-1029 ff. – *Brasserie du Pêcheur*.
28 AT, Entscheidung SKA-412/2009, 28.5.2009.
29 AT, Entscheidung SKA-104/2010, 16.2.2010.

abgeleitete juristische Person des öffentlichen Rechts (*atvasināta publisko tiesību juridiskā persona*) verursacht wurde (Art. 94 Abs. 1 Nr. 1 und 2 APL). Die Exekutivbehörden können in Lettland in zwei Gruppen aufgeteilt werden. Die eine umfasst die sogenannten „direkten Verwaltungsbehörden", d.h. alle Institutionen, die unmittelbar unter Regierungsaufsicht stehen (Ministerien und unter deren Aufsicht stehende Behörden, Sekretariate und Einrichtungen, die direkt dem Premierminister unterstehen). Diese Institutionen leisten Dienste und erfüllen unmittelbare Verwaltungsaufgaben. Die andere Gruppe bilden Einrichtungen und Körperschaften der Gemeinden[30] sowie einige andere Institutionen (staatliche Schulen, Forschungseinrichtungen etc.) als „abgeleitete Verwaltung". Diese verfügen über eigenständige Kompetenzen und zumeist auch über einen eigenen Haushalt.

In Fällen, in denen eine Einrichtung oder Behörde bestimmte Aufgaben auf eine privatrechtliche Körperschaft überträgt, bleibt sie als Geschäftsherr für eventuelle Verluste oder Schäden haftbar, selbst wenn die ermächtigte Körperschaft den Rahmen der ihr eingeräumten Ermächtigung überschritten (und damit *ultra vires* gehandelt) hat. Diese Ansicht stützt sich auf das VPIL. An der Gesetzesentstehung beteiligte Rechtswissenschaftler[31] gehen davon aus, dass die Institution, die hoheitliche Macht auf eine andere Körperschaft übertragen hat, für deren Handeln und insbesondere in Bezug auf Schäden Dritter verantwortlich bleibt, sodass ein Schadensersatzanspruch gegenüber der übergeordneten Behörde als Geschäftsherrn besteht. Dies wird von Art. 94 Abs. 3 APL bestätigt. Diese Vorschrift sieht vor, dass ein Schadensersatzanspruch gegenüber der Einrichtung geltend zu machen ist, die die Hoheitsgewalt auf eine private Partei übertragen hat.

Dasselbe Prinzip der Haftung des Geschäftsherrn gilt dann, wenn eine Stelle der abgeleiteten Verwaltung bestimmte Aufgaben im Auftrag der direkten Verwaltung ausführt. Das *Pašvaldību likums* (Gemeindegesetz) unterscheidet ausdrücklich zwischen den originären und den übertragenen Aufgaben der Gemeinden. Dementsprechend haften die Gemeinden für Schäden im Rahmen ihrer originären Aufgaben und die direkte Verwaltung für Schäden im Rahmen der übertragenen Aufgaben. Damit ist zumindest in Bezug auf Gemeinden und ihre Körperschaften als Hauptträger der abgeleiteten Verwaltung das jeweilige Haftungssubjekt (die Gemeinde selbst oder eine direkte Verwaltungsstelle) leicht zu bestimmen.

V. Kausalität

In Lettland ist es erforderlich, einen Kausalzusammenhang nachzuweisen zwischen dem Schaden und Entscheidungen oder Maßnahmen der Behörde, gegen die sich der Schadensersatzanspruch richtet (mit Ausnahme von immateriellen Schadensfällen). Das ZAL folgt grundsätzlich der objektiven Haftungstheorie und verlangt die Feststellung einer unmittelbaren Kausalverbindung, d.h., zwischen einem Handeln oder Unterlassen und dem sich aus den unmittelbaren Konsequenzen ergebenden Schaden muss ein objektiver Zusammenhang bestehen. Ein solcher Zusammenhang, der Hauptvoraussetzung für eine unvermeidbare Konsequenz ist, liegt nach Art. 6 Abs. 1 ZAL vor, wenn ein Handeln oder Unterlassen die tatsächliche Möglichkeit von Konsequenzen birgt. Aus dem Erfordernis der Unmittelbarkeit des Kausalzusammenhangs folgt, dass im Falle von Staatshaftung nur die unmittelbaren Schäden erstattet werden.

Im Gegensatz dazu sind im Zivilrecht sowohl unmittelbare als auch mittelbare Schäden zu ersetzen. Dies stellt einen der wenigen Unterschiede zwischen der zivilrechtlichen und der öf-

30 Das Staatsgebiet ist derzeit in 118 Gemeinden aufgeteilt.
31 *Levits*, Valsts pārvaldes iekārtas likuma koncepcija, abrufbar unter http://politika.lv/article/valsts-parvaldes-iekartas-likuma-koncepcijaLatvijas Vēstnesis, zuletzt abgerufen am 29.4.2013.

fentlichen Haftung dar. Beiden Haftungsgebieten ist gemein, dass zufällig eingetretene Schäden einschließlich solchen, die durch zufällige Umstände oder *force majeure* verursacht wurden, nicht erstattungsfähig sind.

Angesichts der großen Ähnlichkeit zivilrechtlicher und öffentlich-rechtlicher Haftungsregeln besteht überdies bei beiden dasselbe Problem bezüglich der Feststellung eines Kausalzusammenhangs bei rechtswidrigem Handeln in Form eines Unterlassens. In diesen Fällen kann eine Kausalität nur hypothetisch festgestellt werden, da eine Konsequenz nach den Gesetzen der Logik die Folge eines Ereignisses und nicht eines unveränderten Geschehens ist.[32] Trifft einen Beamten oder eine Behörde indes eine Pflicht, die nicht erfüllt wurde, und die Folgen mit Sicherheit nicht eingetreten wären, wenn der Verpflichtung entsprochen worden wäre, so kann von einem Kausalverhältnis zwischen diesen beiden ausgegangen werden. Zudem wird in Art. 6 Abs. 2 ZAL der Hauptgrundsatz wiederholt, wonach ein Kausalzusammenhang nicht festgestellt werden kann, wenn dieselben (vorhersehbaren) Folgen auch bei ordnungsgemäßer Diensterfüllung einer Behörde eingetreten wären. Abgesehen davon wird nach Art. 11 Abs. 3 ZAL von der Kausalität eines immateriellen Schadens ausgegangen, sobald die Rechtsverletzung einer Person festgestellt wurde. Nichtsdestotrotz ist die Kausalitätsprüfung auch in Bezug auf immaterielle Schäden nach wie vor von Bedeutung für die Frage, ob die Beeinträchtigung einer Person auf eine andere Ursache zurückzuführen ist oder nur indirekt in Verbindung mit einer Rechtsverletzung steht.

VI. Relevanz von Verschulden

Wie bereits unter → A.IV.1. ausgeführt, ging die Haftung für rechtswidriges Handeln auf das Deliktsrechtskonzept des lettischen Zivilrechts zurück. Das Verschulden war hierbei ein wesentliches Element. Es besteht jedoch keine Verpflichtung mehr, das Verschulden (*dolus*) einer öffentlichen Körperschaft zu beweisen, da die Konzeption des rechtswidrigen Verhaltens auf einer Verschuldensvermutung basiert. Damit gilt in Lettland die objektive Haftungstheorie.[33] Ebenso ist es in Bezug auf strafverfahrensrechtliche Verstöße (→ A.IV.4.) nicht erforderlich, das Verschulden zu beweisen; sofern ein Verstoß vorliegt, gilt eine Verschuldensvermutung.

Abgesehen davon ist bei rechtmäßigem Verwaltungshandeln wie einer Enteignung oder einer Quasienteignung ein Verschulden sogar entbehrlich (→ A.IV.2.). Dieser Ansatz folgt dem Zweiten Grundsatz der Empfehlung Nr. (84) 15E des Ministerkomitees des Europarates an die Mitgliedsstaaten über die Haftung der öffentlichen Hand sowie seiner Entsprechung im nationalen Recht, derzufolge eine verschuldensunabhängige Haftung des Staates möglich ist, wenn die Handlung im öffentlichen Interesse erfolgte, nur eine oder wenige Personen betroffen sind und die Handlung oder der verursachte Schaden außergewöhnlich sind.

Der Verschuldensgrad der Behörde kann Einfluss auf Höhe oder Umfang der Entschädigung haben. Art. 13 ZAL sieht vor, dass bezüglich der Entschädigungshöhe die tatsächliche und rechtliche Begründung sowie der innere Beweggrund einer Behörde zu berücksichtigen sind. Damit sind sowohl objektive Umstände als auch die subjektive Einstellung von Bedeutung. Außerdem ist dem Mitverschulden eines Geschädigten bei der Festsetzung der Entschädigungshöhe Rech-

---

32 *Paine*, Vācijas vispārīgās administratīvās tiesības, S. 342, para 413; vgl. auch *Torgāns*, Saistību tiesības I daļa, S. 212.

33 *Ziemele*, Tiesību aizskāruma kompensācijas princips Eiropas Cilvēktiesību konvencijā un Latvijā, Mitteilung des AT, Nr.1/2010, S. 36–40, abrufbar unter http://www.at.gov.lv/files/docs/2011/at_biletens2010_01_web.pdf, zuletzt abgerufen am 29.4.2013.

nung zu tragen (→ C.IV. zum Mitverschulden als einer der Gründe für eine Haftungsbegrenzung oder einen Haftungsausschluss).

VII. Haftung ohne Normverstoß

Das ZAL gibt als sein Hauptziel die Sicherstellung des Entschädigungsrechts in Fällen eines Rechtsverstoßes an. Nichtsdestotrotz wird wie bereits ausgeführt (→ A.IV. und B.VI.) in besonderen, in Sondergesetzen geregelten Fällen wie der Enteignung oder der Quasienteignung auch ohne Normverstoß eine Haftung des Staates ausgelöst.

C. Haftungsfolgen

I. Haftungssubjekte

Die Frage nach der haftenden Person oder Körperschaft ist im ZAL geregelt. Dieses sieht in Art. 4 ZAL vor[34], dass für die verursachten Schäden eine öffentliche Körperschaft oder Behörde haftet und nicht der Bedienstete. Das Prinzip einer Haftungsübernahme erläutert auch *Levits*, demzufolge das Handeln eines öffentlich Bediensteten als Verhalten des öffentlichen Organs anzusehen ist. Folglich entspricht das Handeln eines Bediensteten nach außen dem Handeln der Behörde unter Einbeziehung aller rechtlichen Auswirkungen einschließlich der Haftung.[35] Er geht nicht auf das Erfordernis der Verschuldensfeststellung auf Seiten des Bediensteten ein; auch der AT schließt sich diesem Ansatz an. So hebt der Senat insbesondere in der Entscheidung SKC-226 vom 24.11.2010 hervor, der Umstand, dass die betreffenden Bediensteten in einem mit der Handlung verbundenen Strafverfahren verurteilt worden seien, sei unbeachtlich. Die deliktsrechtliche Haftung ergab sich in diesem Fall daraus, dass mehrere Personen mit einem Drehleiterfahrzeug der Feuerwehr während der Feierlichkeiten in der Stadt Talsi in die Höhe gehoben wurden, um das Stadtpanorama zu betrachten, wobei sich der Korb löste und dadurch den Tod mehrerer Personen verursachte. Der Senat ist der Ansicht, dass der Staat unabhängig vom Verschulden der Bediensteten für deren unerlaubte Handlungen haftet. Abgesehen davon hätten das Verschulden und eine damit verbundene strafrechtliche Haftung eines Bediensteten nur Einfluss auf den späteren Erstattungsanspruch des Staates gegenüber seinem Bediensteten, nicht jedoch auf die Haftung des Staates gegenüber Dritten.[36]

II. Individualansprüche

Ein Anspruch auf Staatshaftung ist grundsätzlich von einem Privatrechtssubjekt, also einer natürlichen Person oder einer juristischen Person des Privatrechts, geltend zu machen. Dabei können nach Art. 26 und Art. 32 APL mehrere Personen aus Gründen der Prozessökonomie ihre individuellen Klagen in einem einzigen Verfahren geltend machen (*Procesuālā līdzdalība iestādē* – prozessuale Verfahrensbeteiligung). Insbesondere bei ähnlicher Interessenlage können mehrere Betroffene ihre Klagen gemeinsam einreichen und einen gemeinsamen Vertreter mit der Wahr-

34 Vgl. auch Kapitel V dieses Gesetzes.
35 *Levits*, Valsts un valsts pārvaldes juridiskā struktūra, abrufbar unter http://public.law.lv/ptilevicvalsts.html zuletzt abgerufen am 26.4.2013.
36 AT, Entscheidung SKC-226/2010, 24.11.2010.

nehmung ihrer rechtlichen Interessen beauftragen. Allerdings behält jeder Beteiligte an dem gemeinsamen Verfahren einen unabhängigen Prozessstatus. Damit ergeht jede weitere Entscheidung gegenüber einem Betroffenen individuell und nur in Bezug auf die jeweilige Person und nicht auf die zur effizienteren Prozessführung zusammengeschlossene Gruppe. Folglich kann sich eine Person in jedem Verfahrensabschnitt von der Gruppe trennen.

Das APL geht in Art. 27 Abs. 2 und Art. 28 Abs. 2 außerdem davon aus, dass eine öffentliche Körperschaft sich ausnahmsweise in derselben Lage befinden kann, wie eine von einem Verwaltungshandeln oder einem Verwaltungsakt betroffene Privatperson. Aus diesem Grund kann ein Staatshaftungsanspruch zumindest theoretisch auch von einer juristischen Person des öffentlichen Rechts geltend gemacht werden.

Jede der oben genannten Personen hat *locus standi* in einem Staatshaftungsfall, sofern sie sich gemäß den Regelungen des APL gegen einen Verwaltungsakt oder einen Realakt wenden kann. Im Einzelnen sind nach Art. 5 ZAL klagebefugt:

1) Der Adressat eines Verwaltungsaktes oder eine Person, deren Rechte durch eine Handlung verletzt werden;
2) Ein Dritter (eine Person, deren Rechte verletzt werden könnte), unabhängig davon, ob er/sie aufgefordert wurde, sich einem Verfahren anzuschließen;
3) Eine Person, die infolge einer behördlichen Handlung einen Angehörigen verloren hat.

Schließlich gelten keine Beschränkungen oder abweichenden Regelungen in Bezug auf ausländische Staatsangehörige als Kläger vor lettischen Gerichten. Klagen dürfen nicht aufgrund der Nationalität der Kläger unterschiedlich behandelt werden. Allerdings steht es im Ermessen der jeweiligen Behörde je nach den Sprachkenntnissen ihrer Bediensteten die Verwendung der lettischen Sprache in Wort und Schrift vorauszusetzen. Damit kann sich die Klageerhebung durch einen Ausländer in der Praxis als komplizierter erweisen.

III. Haftungsinhalt

1. Restitution

Das Recht und die damit verbundene Rechtsprechung in Lettland verstehen unter Restitution, den früheren Zustand so weit wie möglich wiederherzustellen (*restitutio in integrum*). Eine finanzielle Erstattung oder eine andere Entschädigung wird als separate Maßnahme angesehen, die der Restitution *per se* nicht innewohnt. Der Restitutionsbegriff ist damit hier in einem engeren Sinne zu verstehen. Demgegenüber sieht die zivilrechtliche Lehre alle Entschädigungsmaßnahmen zum Ausgleich der geschädigten Partei als Restitution an.

Art. 94 Abs. 4 APL zufolge stellt die Restitution das vorrangige Haftungsinstrument dar. In anderen Worten ist damit zunächst einmal die Restitution zu bestimmen. Eine Entschädigung wird zugesprochen, wenn eine Restitution nicht möglich, nicht mehr sinnvoll[37] oder unangemessen ist. Zudem können Restitution und Entschädigung im Bedarfsfall auch kombiniert werden.

37 Das Nützlichkeitskriterium wurde von der Rechtsprechung eingefügt, vgl. AT, Entscheidung SKA-295/2007, 21.8.2007.

2. Schadensarten

Ein Schadensersatzanspruch kann sich auf zwei Arten von Schäden beziehen: Vermögensschäden und persönliche Schäden einschließlich immaterieller Schäden (Art. 1 Abs. 1 ZAL und Art. 92 APL).

Ein Vermögensschaden wird in Art. 7 ZAL als jeder Schaden definiert, dem ein materieller Gegenwert gegenübersteht. Dazu zählt nicht nur der Verlust von Eigentum, sondern auch entgangener Gewinn.[38] Wichtig ist jedoch, dass ein Kläger einen entgangenen Gewinn beweisen muss, indem er darlegt, dass er einen Gewinn unter normalen Umständen erzielt hätte, wenn von Anfang an eine korrekte Entscheidung in der Sache ergangen wäre. Stellt sich der Nachweis eines entgangenen Gewinns als unmöglich heraus, kann stattdessen das berechtigte Interesse geltend gemacht werden. Daneben werden auch notwendige Ausgaben zur Erlangung einer Entschädigung oder zur Verringerung und zum Ausschluss künftiger Schäden als Vermögensschaden angesehen. Außerdem sind die Kosten für einen Rechtsbeistand während des Hauptverfahrens in beschränkter Höhe erstattungsfähig.

Zuletzt ist ausdrücklich gesetzlich geregelt, dass Zeit und Aufwand, die für die Lösung des Problems aufgebracht wurden, keinen Vermögensschaden darstellen,[39] sodass diese nicht erstattungsfähig sind. Dennoch zählen nach der Rechtsprechung die im unmittelbaren Zusammenhang mit dem Entschädigungsverfahren stehenden Ausgaben zu den sich direkt aus dem rechtswidrigen Handeln ergebenden und damit erstattungsfähigen Vermögensschäden.[40]

In Bezug auf einen persönlichen Schaden war ursprünglich zwischen Schäden zu Lasten einer natürlichen und einer juristischen Person unterschieden worden, jedoch wurde diese Unterscheidung vor Kurzem aufgegeben. Eine natürliche Person kann eine Beeinträchtigung von Leben, physischer Integrität, Gesundheit, Freiheit, Ehre und Würde, eine Verletzung eines persönlichen, familiären oder Unternehmensgeheimnisses, Urheberrechts oder jedes anderen persönlichen Rechts oder Interesses sowie die Verletzung immaterieller Schäden geltend machen. Im Gegensatz dazu konnten juristische Personen keine immateriellen Schäden geltend machen bis das Verfassungsgericht am 6.6.2012 erklärte, dass diese Unterscheidung mit Art. 92 der Verfassung unvereinbar sei.[41]

Es gibt noch immer nur vereinzelt Rechtsprechung im Bereich des Ersatzes für persönliche Schäden. In einem der wenigen erfolgreichen Fälle verlangte der Kläger finanzielle Entschädigung für die Behandlung eines Magengeschwürs,[42] welches Folge des rechtswidrigen behördlichen Handelns war. Der Senat des AT sah dies als persönlichen Schaden an, auch wenn zu seiner Behebung finanzielle Mittel aufgebracht werden mussten. Der Senat führte insbesondere aus, dass das Bestehen einer solchen Beeinträchtigung auch nur in der Vergangenheit ausreicht, um einen persönlichen Schaden anzunehmen, vorausgesetzt es besteht ein Kausalzusammenhang zwischen dem Ereignis und dem Schaden.[43] Die Ausgaben für die medizinische Behandlung zählen damit als persönlicher und nicht als Vermögensschaden.

---

38 Vom entgangenen Gewinn sind alle einschlägigen Steuern abzuziehen.

39 Hat eine Person sich z.B. selbst vertreten, so besteht kein Anspruch auf Erstattung der üblichen Rechtsanwaltsgebühren, denn ein entsprechender Schaden ist nicht entstanden, da die Person eigene Anstrengungen unternommen hat. Dieser Ansatz unterscheidet sich von dem des EGMR, vgl. AT, Entscheidung SKA-466/2008, 2.7.2008.

40 *Administratīvā apgabaltiesa* (Regionalverwaltungsgericht), Entscheidung AA 978-06/1, 17.3.2006.

41 ST, Entscheidung Nr. 2011-21-01, 6.6.2012. In dem konkreten Fall wurde einer Gesellschaft unrechtmäßigerweise verboten, eine Kundgebung zu organisieren. Das Verfassungsgericht unterstrich, dass das Versammlungsrecht verfassungsrechtlich geschützt werde und der Staat die Pflicht habe, dieses Recht zur effektiven Anwendung zu verhelfen.

42 AT, Entscheidung SKA-92/2009, 23.4.2009.

43 AT, Entscheidung SKA-104/2010, 16.2.2010.

Was Klagen wegen immaterieller Schäden betrifft, ist die Lage anders. Inzwischen werden in der Mehrzahl der Schadensersatzklagen neben Vermögensschäden zugleich auch immaterielle Schäden geltend gemacht.[44] Es ist jedoch möglich, Ansprüche auf Ersatz eines Vermögensschadens und eines immateriellen Schadens unabhängig voneinander einzuklagen. Entsprechende zeitlich versetzte Klagen sind überdies theoretisch auch möglich, wenn eine der Schadensarten bereits im Zusammenhang mit der gerichtlichen Überprüfung der Hauptsache (Rechtmäßigkeit der Maßnahme) geltend gemacht wird und die andere erst nach einer für den Kläger günstigen Entscheidung im Hauptsacheverfahren.

Bezüglich der Entschädigungsarten für immaterielle Schäden stellt die Rechtsprechung fest, dass ein bedeutender immaterieller Schaden anstelle einer bloßen schriftlichen Entschuldigung eine finanzielle Entschädigung erfordert.[45] Nichtsdestotrotz kann eine schriftliche Entschuldigung die einzige Entschädigung für einen leichten immateriellen Schaden[46] darstellen, beispielsweise, wenn ausschließlich Verfahrensrechte verletzt wurden.[47]

3. Schadensfestsetzung

Im Allgemeinen erfolgt die Schadensfestsetzung (sowohl im Hinblick auf Vermögens- als auch persönlicher und immaterieller Schäden) den zivilrechtlichen Grundsätzen (Kapitel 8 zum Schadensersatz im CL), sofern das Verwaltungsrecht (z.B. ZAL, APL oder das *Par nodokļiem un nodevām* [Gesetz über Steuern und Abgaben]) nichts anders vorsehen. Das ZAL gibt jedoch vergleichsweise ausführliche Anweisungen zur Festsetzung und Zuerkennung aller Arten der Schadensbegleichung. Darüber hinaus wird die Auslegung des ZAL durch die Verwaltungsrechtsprechung ständig weiterentwickelt, insbesondere durch den Senat des AT. Damit bleibt zur Anwendung zivilrechtlicher Grundsätze immer weniger Raum.

Die Festsetzung eines Vermögensschadens und der darauffolgende Urteilsspruch zur Höhe der Entschädigung hängen von verschiedenen Faktoren ab, von denen der Nachweis des Schadens und die besonderen Umstände des Falles zu den wichtigsten zählen. Es kann vorkommen, dass das Gericht sich einmal auf die tatsächliche Summe eingereichter Rechnungen[48] und in einem anderen Fall auf einen Durchschnittswert (z.B. die durchschnittlichen Kraftstoffkosten eines bestimmten Fahrzeugtyps für eine Strecke von 100 km) stützt.

Um das Vorhandensein und den Grad eines persönlichen (einschließlich immateriellen) Schadens zu bestimmen, geht Art. 14 Abs. 1 ZAL von folgenden Kriterien aus:
- die Bedeutung der verletzten Interessen;
- die Schwere des jeweiligen Verstoßes (einschließlich seiner Dauer);
- die tatsächlichen und rechtlichen Gründe für das Handeln einer öffentlichen Körperschaft;
- das Mitverschulden und die Handlungen seitens der betroffenen Person;
- andere, im jeweiligen Einzelfall bedeutsame Umstände.

---

44 Dem sowjetischen Rechtssystem war das Konzept einer Entschädigung für immaterielle Schäden fremd. Aus diesem Grunde war ab den neunziger Jahren des vergangenen Jahrhunderts erst eine gewisse Zeitspanne zur Entwicklung von Rechtstheorie und Rechtsprechung auf diesem Gebiet nötig. Wenngleich die Rechtsprechung nunmehr Orientierungshilfe bei der Bemessung angemessener Entschädigungsmittel leistet, gibt es noch immer keine den deutschen Schmerzensgeldtabellen vergleichbare Leitlinien. Wahrscheinlich davon ausgehend hat das AT allerdings in der Entscheidung SKA-104/2010, 16.2.2010 eine Art Vorläufer einer Schmerzensgeldtabelle eingeführt, deren Entwicklung in Anbetracht der steigenden Zahl entsprechender Entscheidungen zukünftig sicherlich notwendig sein wird.

45 ART, Entscheidung A42650908, 23.3.2010.

46 AT, Entscheidung SKA-95/2013, 1.2.1013.

47 AT, Entscheidung SKA-223/2010, 9.7.2010.

48 AT, Entscheidung SKA-506/2007, 7.11.2007.

Das letztgenannte Kriterium umfasst eine Abwägung der Dauer der Rechtsverletzung, der tatsächlichen Folgen und ihrer Auswirkungen, des irreversiblen Charakters der Folgen etc. Entscheidungen in vergleichbaren Fällen sind überdies wichtig im Hinblick auf den Grundsatz der Rechtssicherheit. Bezeichnenderweise listet der Senat des AT in einer seiner jüngeren Entscheidungen (SKA-104/2010[49]) frühere Urteile zur Haftung bei immateriellen Schäden als Grundlage einer vergleichenden Analyse hinsichtlich der Schwere der Verletzung und der zugesprochenen Entschädigungen auf. Das Gericht strebt somit durch Zuerkennung ähnlicher Entschädigungen in vergleichbaren Fällen die Wahrung der Rechtsgleichheit an.

4. Schadensersatzhöhe

Der Kläger ist verpflichtet, den eingeklagten Ersatz eines Vermögensschadens genau zu beziffern. Darüber hinaus schreibt das geltende Recht maximale Schadensersatzobergrenzen vor. Art. 13 Abs. 3 ZAL sieht in Bezug auf Vermögensschäden vor, dass 100 Prozent des Schadens zu erstatten ist, wenn die ermittelte Summe 100.000 Lats[50] nicht übersteigt und zwischen 50 und 100 Prozent zu erstatten sind, wenn die ermittelte Summe zwischen 100.001–1.000.000 Lats liegt. Schließlich kann die angemessene Entschädigung weniger als 50 Prozent des Vermögensschadens betragen, wenn die ermittelte Summe 1.000.000 Lats übersteigt.

Das Prinzip der gesetzlich festgelegten Obergrenzen für den Ersatz materieller Schäden wird von Teilen des Schrifttums[51] als Widerspruch zu dem nicht nur aus dem lettischen Recht, sondern auch aus dem EU-Recht sowie dem Völkerrecht stammenden Grundsatz der angemessenen Schadensersatzleistung kritisiert.[52] Aufgrund der erst kürzlich erfolgten Einführung des ZAL ist die Zahl rechtshängiger Klagen gegen öffentliche Körperschaften noch vergleichsweise gering. Daher wurden die Vorschriften zu den Schadensersatzobergrenzen bislang auch noch nicht in Frage gestellt. Es könnte allerdings auch argumentiert werden, dass Vorschriften wie diese aufgrund des Grundsatzes der nationalen Verfahrensautonomie nicht in den Zuständigkeitsbereich des Unions- und Völkerrechts fallen.

Das ZAL schreibt eine maximale Höhe für Entschädigungen wegen persönlicher Schäden vor, wobei sich die Obergrenzen bei persönlichen (Art. 14 Abs. 2 ZAL) und immateriellen Schäden (Art. 14 Abs. 3 ZAL) unterscheiden. So darf der Schadensersatz bei einem allgemeinen persönlichen Schaden LVL 5.000 (ca. 7.142 Euro), bei einem schweren persönlichen Schaden LVL 7.000 (ca. 10.000 Euro) und bei einer Beeinträchtigung des Lebens oder einem besonders schweren gesundheitlichen Schaden LVL 20.000,– nicht übersteigen. Parallel dazu betragen die Entschädigungssummen bei immateriellen Schäden vom selben Schweregrad LVL 3.000 (ca. 4.285 Euro), LVL 5.000 und LVL 20.000. Wie eine aktuelle Übersicht des AT zur Verwaltungsrechtsprechung bezüglich der Entschädigung immaterieller Schäden[53] zeigt, überstieg die maximal zugesprochene Entschädigungssumme bei einem immateriellen Schaden bis Ende 2011 den Bereich von LVL 3.000 nicht.

49 AT, Entscheidung SKA-104/2010, 16.2.2010.
50 Ca. € 142.290.
51 Vgl. z.B. *Eksta*, Valsts atbildības tiesiskais regulējums Latvijā un tā atbilstība Eiropas standartiem, S. 4.
52 Empfehlung Nr. (84) 15E des Ministerkomitees des Europarates an die Mitgliedsstaaten über die Haftung der öffentlichen Hand, siehe im Anhang von § 1 Vergleichender Gesamtbericht.
53 Morālā kaitējuma atlīdzināšana administratīvajās lietās. Tiesu prakses apkopojums. Latvijas Republikas Augstākā tiesa, 2011; einzusehen unter http://www.at.gov.lv/lv/info/summary/2011/(zuletzt abgerufen am 29.4. 2013).

IV. Haftungsbegrenzung und Haftungsausschluss

Eine Haftung des Staates kann aus folgenden Gründen beschränkt oder ausgeschlossen sein:
- das Mitverschulden einer Person wird festgestellt;
- eine Person kooperiert nicht mit einer Behörde;
- die Verjährungsfrist zur Klageeinreichung ist abgelaufen (zu Verjährungsfristen → D.III.).

Das Mitverschulden des Geschädigten wird im Dritten Grundsatz der Empfehlung Nr. (84) 15E des Ministerkomitees des Europarates an die Mitgliedsstaaten über die Haftung der öffentlichen Hand als möglicher Grund einer Haftungsbegrenzung oder eines Haftungsausschlusses angegeben und seine Entsprechung im nationalen Recht (Art. 96 APL, Art. 10 ZAL) stimmt insofern mit der Empfehlung überein. Die Haftung kann zunächst beschränkt sein, wenn der Geschädigte nicht alle ihm zur Verfügung stehenden Kenntnisse und Fähigkeiten zur Schadensbegrenzung oder Schadensverhinderung eingesetzt hat. Diese Pflicht umfasst nicht nur praktische Maßnahmen (z.B. die Aufforderung, ein bestimmtes Verhalten unverzüglich einzustellen[54]), sondern auch die Bestimmung und den Einsatz geeigneter Rechtsmittel. Eine Haftung des Staates kann darüber hinaus auch ausgeschlossen sein, wenn der Geschädigte durch eine vorsätzliche Handlung zum Schaden beigetragen hat. Die Mitwirkungspflicht beinhaltet auch die Verpflichtung, der Behörde, an die sich der Anspruchsteller wendet, alle verfügbaren Informationen zum Schaden und seiner Höhe zukommen zu lassen. Wird dies unterlassen, so ist eine spätere Berufung auf diese Informationen nicht zulässig.

Schließlich ist zu beachten, dass das Mitverschulden nur berücksichtigt wird, wenn das Gericht einen materiellen Vermögensschaden bewertet. Davon abgesehen berücksichtigt das Gericht das Mitverschulden nicht isoliert von den anderen Umständen, wenn es über immaterielle Schäden urteilt, da die Existenz des immateriellen Schadens von den gesamten Einbußen abhängt, die eine Person erleidet.[55]

D. Geltendmachung von Haftungsansprüchen

I. Rechtsweg

1. Anwendbares Recht

Im Hinblick auf das Verfahrensrecht ist in Lettland seit Inkrafttreten des APL am 1.2.2004 zur Geltendmachung von Schäden das Verwaltungsverfahren anzuwenden. Demzufolge ist ein Anspruch vor der jeweiligen Behörde oder dem Verwaltungsgericht gemäß der verwaltungsrechtlichen Regeln und Grundsätze einzureichen.

Materiell-rechtlich ist ein Gesetz anzuwenden, welches zu dem Zeitpunkt in Kraft war, in dem der Schaden eingetreten ist. Dies gilt im Übrigen nicht nur für die allgemeine Rechtsgrundlage eines Anspruchs, sondern auch in Bezug auf für die Bestimmung der Schadensersatzhöhe wichtige subjektive Details, wie die Schwere der Verletzung und die Bedeutung der verletzten Rechte. Anschauliches Beispiel für das Verständnis dieses Grundsatzes ist eine Entscheidung des *Administratīvā rajona tiesa* (Bezirksverwaltungsgericht) aus dem Jahre 2008, in der festgestellt wurde, dass sich die Schwere der jeweiligen Verletzung und entsprechend die Schadensersatzhöhe am Wert eines Grundstücks im Jahr 2003 bemisst, der erheblich geringer war als der

54 AT, Entscheidung SKA-103/2008, 3.4.2008.
55 AT, Entscheidung SKA-410/2012, 15.5.2012.

tatsächliche Wert desselben Grundstücks im Jahr 2008, als die gerichtliche Entscheidung erging.[56]

2. Vorverfahren und Zugang zu den Gerichten

Schadensersatz kann alternativ in zwei unterschiedlichen Verfahrensstadien geltend gemacht werden. Allerdings setzt jede der Alternativen ein außergerichtliches Vorverfahren voraus, es sei denn, die Anfechtung des Verwaltungs- oder Realhandelns, das den Schaden verursacht hat, ist nach Art. 93 Abs. 4 APL von einem solchen Vorferfahren befreit. Grundsätzlich ist aber zunächst eine Verwaltungsbehörde anzurufen, und erst im Anschluss daran kann – sofern nötig – eine behördliche Entscheidung von einem erstinstanzlichen Verwaltungsgericht überprüft werden.

Zunächst kann ein Schadensersatzanspruch gemäß Art. 93 Abs. 1 APL gleichzeitig mit dem Widerspruch gegen einen Verwaltungsakt oder einen Realakt, der die zu erwartenden Auswirkungen zur Folge hat, geltend gemacht werden. Mit anderen Worten kann eine Person, die ihr Recht auf Überprüfung eines Verwaltungs- oder Realaktes oder eines entsprechenden Unterlassens geltend macht, mit dem Widerspruch auch gleichzeitig Schadensersatz verlangen. Ein verbundener Widerspruch ist nach Art. 76 Abs. 2 APL bei der Aufsichtsbehörde oder – wenn von dem jeweils einschlägigen Gesetz vorgesehen – bei einer besonderen Körperschaft oder einem Beamten einzureichen.[57] Daneben sieht das APL in Ausnahmesituationen auch vor, dass gegen eine anfechtbare Entscheidung, die von einer unmittelbar der Regierung unterstehenden Behörde oder von der Regierung selbst erlassen wurde, direkt bei Gericht Klage eingereicht werden kann (Art. 93 Abs. 2 APL).[58] Zudem enthält das ZAL in Art. 19–21 genaue Verfahrensregeln, wenn Schäden von einer Gemeinde oder davon abgeleiteten juristischen Person des öffentlichen Rechts (staatliche Schulen, Freihafenverwaltungen etc.) oder einer Anstalt des öffentlichen Rechts verursacht wurden.

Wenn einem Widerspruchsführer bei der Bestimmung der zuständigen Behörde ein Fehler unterlaufen ist und er sich an eine falsche Einrichtung oder irgendeinen Träger des öffentlichen Rechts gewendet hat, so ist letzterer verpflichtet, den korrekten Widerspruchsgegner zu bestimmen, den Widerspruch durch eine entsprechende Benachrichtigung des Widerspruchführers an den richtigen Adressaten weiterzuleiten und den Widerspruchsführer darüber zu informieren (Art. 95 Abs. 1 APL).[59] Können die betroffenen öffentlichen Stellen sich nicht über die Frage der Zuständigkeit einigen, so kann der Widerspruchsführer sich nach derselben Vorschrift an das Gericht wenden, welches die zuständige Stelle bestimmt.

Prozesse vor den Verwaltungsgerichten können durch drei Instanzen geführt werden. Der Kläger kann die Klage in jeder Instanz zurücknehmen. Schließlich ist zu erwähnen, dass die Verwaltungsgerichtsgebühren im Vergleich zu Zivilgerichtgebühren vergleichsweise gering sind.

Hat eine Person ihren Schadensersatzanspruch nicht zusammen mit dem Hauptsacheanspruch geltend gemacht, so muss die endgültige Entscheidung über den Hauptanspruch abgewartet werden. Bei der „endgültigen Entscheidung“ handelt es sich um die in Rechtskraft erwachsende Entscheidung der zuständigen Behörde oder des Gerichts, gegen die es kein

56 ART, Entscheidung A42272805, 31.1.2008.
57 Wird beispielsweise Widerspruch gegen eine Handlung der *Valsts ieņēmumu dienests* (Steuerbehörde) eingelegt, so ist der Widerspruch bei derselben Stelle einzureichen und an den Generaldirektor zu richten.
58 Solche Situationen sind rein hypothetisch, können jedoch auftreten wie z.B. die Entscheidung der Regierung über eine Verleihung der Staatsangehörigkeit ehrenhalber.
59 Der Übergang der Verpflichtung zur Auswahl des richtigen Beklagten vom Einzelnen auf die Behörde ist einer der wichtigsten Unterschiede zwischen dem Staatshaftungskonzept des öffentlichen Rechts und des Zivilrechts.

Rechtsmittel mehr gibt oder bei der die Rechtsmittelfrist abgelaufen ist. Nach Art. 16 ZAL muss ein Antrag auf Schadensersatz einige bestimmte Angaben enthalten: einen Adressaten oder eine Institution, gegen die der Anspruch gerichtet ist, nähere Angaben zum Anspruchsteller, einen Anspruch und Tatsachen, die diesen stützen, sowie eine Bankverbindung, an die die zugesprochene Schadenssumme zu überweisen ist. Außerdem ist die Gesamtsumme des geltend gemachten Schadensersatzes anzugeben. Insbesondere in Bezug auf immaterielle Schäden verlangt das APL anders als das ZAL keine genaue Angabe der begehrten Schadenssumme, allerdings ist letzteres hier als besonderes Recht einschlägig.

3. Verfahrensfristen

Art. 79 Abs. 1 APL zufolge kann gegen einen Verwaltungsakt innerhalb eines Monats ab Inkrafttreten Widerspruch eingelegt werden. Dieselbe Frist gilt für einen Widerspruchsführer, der mit dem Widerspruch zugleich Schadensersatz geltend machen will. Daraufhin muss die zuständige Behörde innerhalb eines Monats eine Entscheidung in der Sache treffen (Art. 18 ZAL).[60] Die Entscheidung dieser Behörde kann dann innerhalb eines Monats ab Zugang beim Adressaten vor einem erstinstanzlichen Verwaltungsgericht angefochten werden. Im vorgerichtlichen Verfahren versäumen es die Behörden häufig einen ordnungsgemäßen Bescheid zu erlassen. In diesem Fall ist eine Person nach Art. 188 Abs. 5 APL gehalten, sich innerhalb eines Jahres ab dem Zeitpunkt, in dem ein unbeantworteter Antrag bei einer Verwaltungsbehörde eingereicht wurde, an ein Gericht zu wenden.[61] Das ZAL schreibt in Art. 17a vor, dass ein Schadensersatzanspruch innerhalb eines Jahres von dem Tag an zu stellen ist, an dem der Geschädigte Kenntnis vom Schaden hatte oder hätte haben können. Wird ein Schadensersatz rechtzeitig zusammen mit dem Hauptantrag zur Aufhebung eines Verwaltungsaktes geltend gemacht, so sorgt die Frist von einem Monat automatisch dafür, die Einjahresfrist bezüglich der Schäden einzuhalten. Werden jedoch die Schäden erst nach der rechtskräftigen Entscheidung bezüglich des Hauptanspruchs geltend gemacht, so ist die Einhaltung der Einjahresfrist zu beachten. Nach dem AT[62] wird davon ausgegangen, dass eine Person an dem Tag Kenntnis vom Schaden erlangt, an dem die endgültige Entscheidung (z.B. das Urteil des letztinstanzlichen Gerichts, gegen das es keine Rechtsmittel gibt) verkündet wird. Die gerichtliche Entscheidung enthält darüber hinaus den Hinweis, dass es sich bei der Frist von einem Jahr um eine Präklusionsfrist handelt. Im Einzelnen heißt dies, dass diese Frist weder von einer Verwaltungsbehörde noch vom Gericht verlängert oder aufgeschoben werden kann. Schließlich ist anzumerken, dass andere Regeln gelten, wenn der Schadensersatzanspruch auf eine Entscheidung des EGMR oder des EuGH gestützt wird. In diesem Fall ist ein Antrag innerhalb von sechs Monaten von dem Tag an, an dem der Betroffene Kenntnis von der Entscheidung erlangt hat, bei der zuständigen Behörde einzureichen (Art. 353 Nr. 6 APL).

60 Kann eine Behörde aus begründetem Anlass eine Entscheidung nicht innerhalb eines Monats treffen, ist sie gehalten, den Antragssteller über die Verlängerung dieser Frist zu informieren. Die Verlängerung darf vier Monate nicht überschreiten.
61 AA, Entscheidung A8124109, 25.5.2010.
62 AT, Entscheidung SKA-599/2009, 18.8.2009, para. 16.

II. Beweisfragen

1. Beweislastverteilung

Der Verhandlungsgrundsatz ist in Staatshaftungsfällen nicht anzuwenden, weil diese den Verwaltungsprozessregeln unterliegen. Stattdessen gilt der objektive Untersuchungsgrundsatz. Demzufolge liegt die Beweislast in erster Linie bei der öffentlichen Körperschaft. Eine Behörde hat nach Art. 150 Abs. 1 APL insbesondere die Tatsachen zu beweisen, auf die sie ihre Einlassungen stützt. Dem Gericht kommt sowohl bei der Beweissammlung als auch bei der Beweiswürdigung eine aktive Rolle zu. Nach Art. 150 Abs. 4 APL muss das Gericht bei unzureichendem Parteivortrag selbst bezüglich der Beweisermittlung die Initiative ergreifen. Zudem kann das Gericht selbst Ermittlungen anstellen oder dem Beklagten (öffentliche Körperschaft) aufgeben, weitere Beweismittel vorzubringen, um zu einer gesicherten Erkenntnis zu gelangen. Es ist dem Gericht jedoch nicht erlaubt, anstelle der öffentlichen Körperschaft zu handeln und neue Argumente vorzubringen, die ein für den Einzelnen negativeres Ergebnis zur Folge haben.

2. Beweisbeibringung

Nach Art. 11 ZAL gelten im Hinblick auf den Beweis im Rahmen der Staatshaftung die allgemeinen Regeln des Verwaltungsverfahrens, da das ZAL auf diesem Gebiet nur wenige besondere Vorschriften enthält. Ferner sind nur Vermögensschäden und persönliche Schäden beweisbar. Aus dem Grundsatz des Art. 11 Abs. 3 ZAL folgt, dass eine immaterielle Verletzung als bewiesen gilt, wenn die Rechtsverletzung einer Person bewiesen ist (→ B.V.). Es ist darauf hinzuweisen, dass sämtliche Unterlagen einschließlich der Beweismittel bei Gericht in lettischer Sprache eingereicht werden müssen.[63] Ein Kläger ist gehalten, sich im Rahmen seiner Möglichkeiten an der Beweissicherung zu beteiligen (Art. 150 Abs. 3 APL). Die Rechtsprechung führt diesbezüglich aus, dass der Kläger zunächst verpflichtet ist, die ihm zur Verfügung stehenden Beweismittel zugänglich zu machen.[64] Dies gilt auch, wenn ein Kläger wichtige Beweise ohne erhebliche Anstrengungen erlangen kann und die Anstrengungen für ihn geringer sind, als sie es für die Behörde oder das Gericht wären. Von einem Kläger kann jedoch nicht verlangt werden zu beweisen, dass er etwas nicht getan hat (*negativae non probantus*), z.B. dass er eine Exportvereinbarung nicht abgeschlossen hat. Allerdings ist es der besonderen Natur von Schadensfällen eigen, dass bestimmte Beweise nur vom Kläger erbracht werden können. Während ein Vermögensschaden häufig durch Unterlagen nachgewiesen werden kann, die auch öffentlichen Einrichtungen zur Verfügung stehen (Summe gezahlter Steuern, Angebote im Rahmen eines Vergabeverfahrens etc.), so unterliegt insbesondere ein persönlicher Schaden in erster Linie Beweisen, die nur der Privatperson zur Verfügung stehen.

III. Verjährung

Das ZAL schreibt in Art. 17b vor, dass ein Schadensersatzanspruch nicht später als fünf Jahre von dem Tag an geltend gemacht werden kann, an dem die jeweilige Behördenhandlung erfolgte. Diese Verjährungsfrist gilt für sämtliche Schäden und hängt insbesondere nicht von der jeweiligen Schadensart ab. Im Gegensatz dazu unterliegt ein Schadensersatzverlangen, das auf

---

63 Handelt es sich beim Kläger um einen Ausländer oder ein ausländisches Unternehmen, so können für die Übersetzung der Beweismittel (Verträge oder andere öffentliche oder private Urkunden) erhebliche Kosten entstehen.
64 *Markovs*, Jurista Vārds 2006, 3 (4).

einer Entscheidung des EGMR oder des EuGH gründet, keiner Verjährungsfrist. Ist die Verjährungsfrist für die Geltendmachung von Schadensersatz im Rahmen eines Verwaltungsverfahrens abgelaufen, so kann es sinnvoll sein zu prüfen, ob unter den gegebenen Umständen die Erhebung einer zivilrechtlichen Schadensersatzklage gegen einen bestimmten Bediensteten möglich ist. Die Verjährungsfrist für einen zivilrechtlichen Schadensersatzanspruch (unter anderem im Rahmen des Deliktsrechts) läuft zehn Jahre.

IV. Vollstreckung

Wie bereits beschrieben (→ C.III.) kennt das APL verschiedene Haftungsfolgen: Restitution, finanzielle Entschädigung oder Entschuldigungen. Wenn das Urteil eine finanzielle Entschädigung fordert, ist es nach dem spezielleren ZAL zu vollstrecken.[65] Im Hinblick auf andere Rechtsfolgen sowie für den Fall, dass die staatlichen Einrichtungen die Entschädigungsleistung ablehnen, sind die allgemeinen Vollstreckungsregeln des Verwaltungsrechts anwendbar.[66]

Das dem ZAL zugrundeliegende Entschädigungssystem sieht vor, dass eine Schadensersatzleistung in erster Linie aus dem Haushalt der Einrichtung zu begleichen ist, die den Schaden verursacht hat: aus dem allgemeinen Staatshaushalt (Art. 24 ZAL), dem Haushalt einer Gemeinde (Art. 25 ZAL), einer anderen abgeleiteten Person des öffentlichen Rechts (Art. 26 ZAL) oder einer Behörde (Art. 27 ZAL). Der Haushaltsgrundsatz findet sich auch in Art. 94 Abs. 1 Nr. 4 APL. Dementsprechend ist davon auszugehen, dass die Haftung für Schäden mit dem Haushalt verbunden ist, aus dem die schadensverursachende Handlung finanziert wurde. Der Kläger ist jedoch nicht verpflichtet, die jeweilige öffentliche Einrichtung zur Vollstreckung des Urteils selbst zu ermitteln; diese ist jedoch über die klägerische Bankverbindung zu informieren, wenn diese Daten nicht in der Klage bekannt gegeben wurden. Die betroffene Behörde oder der mit dem Rechtsstreit betraute Beamte hat das Urteil grundsätzlich binnen einer Frist von einem Monat ab Rechtskraft des Urteils an die Stelle weiterzuleiten, die für die Überweisung an den Kläger zuständig ist (Absätze 2 der Art. 24–27 ZAL). Diese Stelle ist ihrerseits verpflichtet, die Zahlung innerhalb eines weiteren Monats ab Erhalt des Urteils vorzunehmen (Absätze 5 der Art. 24–27 ZAL). Ausnahmsweise kann eine Zahlung in Raten erfolgen. Eine entsprechende behördliche Entscheidung muss begründet sein und ist nicht anfechtbar. Die letzte Rate darf nicht nach Ablauf eines Jahres erfolgen (Absätze 6 der Art. 24–27 ZAL). Verzögert die Behörde die Zahlung,[67] so kann die Höhe des gesetzlichen Zinssatzes (derzeit 6% jährlich) entsprechend angepasst werden (Art. 29 ZAL).

Bibliographie

Aperāne, Kristīne, Administratīvā procesa uzsākšana no jauna iestādē (Beginn eines Verwaltungsverfahrens vor einer Behörde), in: Levits et al. (Hrsg.), Administratīvais process: likums, prakse, komentāri (Verwaltungsverfahren: Gesetz, Praxis, Kommentare), 1. Aufl., Riga 2005

Briede, Jautrīte, (Hrsg.), Administratīvais process tiesā (Gerichtliches Verwaltungsverfahren), 1. Aufl., Riga 2008

Eksta, Marija, Valsts atbildības tiesiskais regulējums Latvijā un tā atbilstība Eiropas standartiem (Das System der Staatshaftung in Lettland und seine Übereinstimmung mit europäischen Standards), Likums un Tiesības, April 2007

65 Siehe im Teil IV des ZAL.
66 Siehe Teil 9 des APL.
67 Die entsprechenden Fristen finden sich in Art. 29 Abs. 2 und 3 ZAL.

Gredzena, Ilze, Valsts atbildība un tās veidi. Zaudējumu atlīdzība administratīvajā procesā (Staatshaftung und ihre Formen. Schadensersatz im Verwaltungsverfahren), Riga 2004

Levits, Egils, Valsts pārvaldes iekārtas likuma koncepcija (Konzeptpapier zum Gesetz zum Aufbau der Staatsverwaltung), Latvijas Vēstnesis, 6. Juni 2002

ders., Valsts un valsts pārvaldes juridiskā struktūra (Rechtlicher Aufbau des Staates und seiner Verwaltung), Jaunā Pārvalde, 2002

Markovs, Māris, Objektīvās izmeklēšanas princips (Das Prinzip objektiver Untersuchungen), Jurista Vārds, 10 January 2006

Paine [Peine], Franz-Joseph, Vācijas vispārīgās administratīvās tiesības (Allgemeines Verwaltungsrecht), 4. Aufl., Riga 2002

Torgāns, Kalvis, Mantiskā atbildība privātajās un publiskajās tiesībās (Sachhaftung im Privatrecht und im öffentlichen Recht), Jurista Vārds, 15. November 2011

ders., Saistību tiesības, I. daļa (Schuldrecht, Bd. I), 1. Aufl., Riga 2006

Višķere, Ieva, Publisko tiesību līgumi un to kontrole administratīvā procesa kārtībā (Verwaltungsrechtliche Vereinbarungen und ihre Überprüfung im Verwaltungsverfahren), Jurista Vārds, 3. Februar 2009

Ziemele, Ineta, Tiesību aizskāruma kompensācijas princips Eiropas Cilvēktiesību konvencijā un Latvijā (Der Grundsatz der Entschädigung für Rechtsverstöße in der Europäischen Menschenrechtskonvention und in Lettland), Mitteilung des AT, Nr.1/2010, S. 36–40, abrufbar unter http://www.at.gov.lv/files/docs/2011/at_biletens2010_01_web.pdf, zuletzt abgerufen am 29.4.2013.

Abkürzungen

AA	Administratīvā apgabaltiesa (Regionalverwaltungsgericht)
APL	Administratīvā procesa likums (Verwaltungsverfahrensgesetz)
ART	Administratīvā rajona tiesa (Bezirksverwaltungsgericht)
AT	Augstākā tiesa (Oberstes Gericht)
CL	Civillikums (Zivilgesetzbuch)
FM	Latvijas Republikas Finanšu ministrija (Finanzministerium der Republik Lettland
LVL	Lettischer Lats
RA	Rīgas apgabaltiesa (Landgericht Riga)
ST	Satversmes tiesa (Verfassungsgericht)
TM	Latvijas Republikas Tieslietu ministrija (Justizministerium der Republik Lettland)
VPIL	Valsts pārvaldes iekārtas likums (Gesetz zum Aufbau der staatlichen Verwaltung)
ZAL	Valsts pārvaldes iestāžu nodarīto zaudējumu atlīdzināšanas likums (Gesetz zum Ersatz von Schäden durch öffentliche Einrichtungen)

Wesentliche Vorschriften

Satversme
Verfassung[68]

92. pants
Ikviens var aizstāvēt savas tiesības un likumiskās intereses taisnīgā tiesā. Ikviens uzskatāms par nevainīgu, iekams viņa vaina nav atzīta saskaņā ar likumu. Nepamatota tiesību aizskāruma gadījumā ikvienam ir tiesības uz atbilstīgu atlīdzinājumu. Ikvienam ir tiesības uz advokāta palīdzību.

Art. 92
Jeder hat das Recht, seine Rechte und berechtigten Interessen vor einem fairen Gericht zu verteidigen. Jeder gilt solange als unschuldig, bis seine Schuld rechtlich erwiesen ist. Jeder, dessen Rechte ohne Rechtsgrundlage verletzt wurden, hat Anspruch auf angemessene Entschädigung. Jeder hat das Recht auf einen Rechtsbeistand.

68 Übersetzung des Herausgebers.

15. pants
Ikvienam ir tiesības uz īpašumu. Īpašumu nedrīkst izmantot pretēji sabiedrības interesēm. Īpašuma tiesības var ierobežot vienīgi saskaņā ar likumu. Īpašuma piespiedu atsavināšana sabiedrības vajadzībām pieļaujama tikai izņēmuma gadījumos uz atsevišķa likuma pamata pret taisnīgu atlīdzību.

Art. 105
Jeder Mensch hat das Recht auf Eigentum. Das Eigentum soll nicht entgegen öffentlichen Interessen benutzt werden. Die Eigentumsrechte dürfen nur in gesetzlich vorgesehenen Fällen eingeschränkt werden. Eine Zwangsenteignung für einen öffentlichen Zweck ist nur in Ausnahmefällen, aufgrund eines gesonderten Gesetzes und gegen eine angemessene Entschädigung zulässig.

Civillikums
Zivilgesetzbuch[69]

1782. pants
Ja kāds nepiegriež vajadzīgo uzmanību izvēloties kalpotājus un citus darbiniekus un nepārliecinās papriekš par viņu spējām un nodeību izpildīt viņiem uzliekamos pienākumus, tad viņš atbild par zaudējumiem, ko viņi ar to nodarījuši trešai personai.

Art. 1782
Eine Person, die bei der Auswahl von Bediensteten oder sonstigen Angestellten nicht die erforderliche Sorgfalt walten lässt und sich nicht zuvor ihrer Fähigkeiten sowie ihrer Geeignetheit zur Ausführung der Pflichten, die ihnen auferlegt werden können, vergewissert, haftet für von diesen verursachte Schäden, die Dritten dadurch entstehen.

Administratīvā procesa likums
Verwaltungsverfahrensgesetz[70]

92. pants 'Tiesības uz atlīdzinājumu'
Ikviens ir tiesīgs prasīt atbilstīgu atlīdzinājumu par mantiskajiem zaudējumiem vai personisko kaitējumu, arī morālo kaitējumu, kas viņam nodarīts ar administratīvo aktu vai iestādes faktisko rīcību. Tiesības administratīvā procesa kārtībā prasīt atlīdzinājumu attiecināmas arī uz gadījumiem, kad zaudējumi vai kaitējums nodarīts ar iestādes vai izpildiestādes (izņemot gadījumu, kad izpildiestāde ir tiesu izpildītājs) nepamatotu rīcību administratīvā procesa izpildes stadijā.

Art. 92 „Anspruch auf Ersatz"
Jede Person hat Anspruch auf Ersatz sowohl des materiellen und persönlichen als auch des immateriellen Schadens, der durch einen Verwaltungsakt oder durch schlichtes Verwaltungshandeln entstanden ist. Das Anspruchsrecht auf Schadensersatz im Rahmen eines Verwaltungsverfahrens besteht auch in Fällen, wenn der Schaden durch eine rechtswidrige Handlung einer Behörde oder einer Vollzugsbehörde verursacht wurde, es sei denn, die Handlung wurde von einem Gerichtsvollzieher vorgenommen.

93. pants 'Apstrīdēšanas un pārsūdzēšanas kārtība lietās par atlīdzinājumu'
(1) Iesniedzot iesniegumu par administratīvā akta vai faktiskās rīcības apstrīdēšanu, vienlaicīgi var prasīt atlīdzinājumu.

(2) Ja administratīvo aktu vai faktisko rīcību var pārsūdzēt tiesā bez apstrīdēšanas vai ja zaudējumus vai kaitējumu nodarījusi augstāka iestāde apstrīdēšanas procesā, pieteikumā par administratīvā akta vai faktis-

Art. 93 „Anfechtungs- und Berufungsverfahren bei Schadensersatzansprüchen"
(1) Gleichzeitig mit der Anfechtung eines Verwaltungsaktes oder eines schlichten Verwaltungshandelns kann ein Anspruch auf Schadensersatz geltend gemacht werden.

(2) Wenn gegen einen Verwaltungsakt oder ein schlichtes Verwaltungshandeln direkt ein Berufungsverfahren vor dem Gericht eingeleitet werden kann, ohne das es einer vorherigen Anfechtung bedarf, oder

69 Übersetzung des Herausgebers.
70 Übersetzung des Herausgebers; Übersetzung von Art. 92 nach EuGH Rs. C-23/12, 17.1.2013, Rn. 9 – *Mohamad Zakaria.*

kās rīcības pārsūdzēšanu vienlaicīgi var prasīt arī atlīdzinājumu.

wenn der Schaden durch eine oberste Behörde verursacht wurde, kann gleichzeitig mit der Erhebung der Berufungsklage gegen einen Verwaltungsakt oder ein schlichtes Verwaltungshandeln ein Anspruch auf Schadensersatz geltend gemacht werden.

(3) Ja atlīdzinājums nav prasīts vienlaicīgi ar administratīvā akta vai faktiskās rīcības apstrīdēšanu vai pārsūdzēšanu, iesniegumu par atlīdzinājumu var iesniegt iestādei, kas nodarījusi zaudējumus vai kaitējumu. Atlīdzinājumu iestādei var prasīt, ja ir pabeigta attiecīgās administratīvās lietas izskatīšana pēc būtības (ir stājies spēkā augstākas iestādes lēmums, un tas nav pārsūdzēts, ir stājies spēkā tiesas spriedums vai arī tiesvedība lietā ir izbeigta, pamatojoties uz šā likuma 282.panta 7.punktu). Uz iesniegumu par atlīdzinājuma izskatīšanu attiecināmi šā likuma noteikumi par administratīvo aktu.

(3) Wenn der Schadensersatzanspruch nicht gleichzeitig mit der Anfechtung des oder der Berufung gegen den Verwaltungsakt oder das schlichte Verwaltungshandeln geltend gemacht wurde, kann ein Antrag auf Schadensersatz bei der den Schaden verursachenden Behörde eingereicht werden. Der Schadensersatz kann beantragt werden, wenn das entsprechende Verwaltungsverfahren in der Hauptsache abgeschlossen worden ist (d.h. wenn der Beschluss der obersten Behörde ergangen und dagegen keine Berufung eingelegt worden ist, ein Gerichtsentscheidung rechtskräftig geworden oder das Gerichtsverfahren gemäß Art. 282 Abs. 7 dieses Gesetzes aufgehoben worden ist). Bezüglich des Antrags auf Schadenersatz sind die Vorschriften dieses Gesetzes bezüglich eines Verwaltungsaktes anwendbar.

(4) Prasījumu atlīdzināt zaudējumu vai kaitējumu, kas nodarīts ar tādu administratīvo aktu vai faktisko rīcību, kurai likumā noteikta īpaša pārsūdzēšanas kārtība, izskata tādā pašā kārtībā, kāda noteikta attiecīgā administratīvā akta vai faktiskās rīcības izskatīšanai tiesā.

(4) Auf den Antrag auf Ersatz des Schadens, das durch einen Verwaltungsakt oder schlichtes Verwaltungshandeln verursacht wurde, für welche gesetzlich ein besonderes Berufungsverfahren vorgeschrieben ist, sind die Verfahrensvorschriften anwendbar, die für die Berufung gegen den entsprechenden Verwaltungsakt oder gegen das schlichte Verwaltungshandeln gelten.

(5) Atlīdzinājumu par zaudējumiem vai kaitējumu, kas nodarīts administratīvā procesa izpildes stadijā, var prasīt vienlaikus ar sūdzības par iestādes vai izpildiestādes rīcību (358.panta piektā un sestā daļa, 376.panta trešā daļa) iesniegšanu vai atsevišķi pēc tam, kad tiesa attiecīgo sūdzību izskatījusi.

(5) Antrag auf Ersatz des Schadens, der während des Vollstreckungsverfahrens verursacht wurde, kann entweder gleichzeitig mit der Einreichung der Beschwerde über das Vorgehen der Behörde oder der Vollzugsbehörde (Art. 358 Abs. 5 und 6; Art. 376 Abs. 3) gestellt werden oder separat, nachdem das Gericht über die entsprechende Beschwerde entschieden hat.

94. pants 'Atlīdzināšanas pienākums'

(1) Atlīdzinājumu prasa no:

1) Latvijas Republikas, ja mantisko zaudējumu vai personisko kaitējumu nodarījusi tiešās pārvaldes iestāde;
2) pašvaldības vai citas atvasinātas publisko tiesību juridiskās personas, ja mantisko zaudējumu vai personisko kaitējumu nodarījusi pastarpinātās pārvaldes iestāde, pildot funkcijas, kas ietilpst attiecīgās publisko tiesību juridiskās personas autonomajā kompetencē;
3) Latvijas Republikas, ja mantisko zaudējumu vai personisko kaitējumu nodarījusi pastarpinātās pārvaldes iestāde, pildot Latvijas Republikas funkcijas vai uzdevumus;
4) cita publisko tiesību subjekta, ja tam piemīt procesuālā tiesībspēja un ir patstāvīgs budžets (22.panta otrā daļa), kas neietilpst nevienas šīs

Art. 94 „Schadensersatzpflicht"

(1) Schadensersatz ist geltend zu machen von:

1) der Republik Lettland, wenn ein Sach- oder Personenschaden von einer unmittelbaren Verwaltungseinrichtung verursacht wurden;
2) einer Gemeinde oder einer anderen abgeleiteten juristischen Person des öffentlichen Rechts, wenn ein Sach- oder Personenschaden von einer unmittelbaren Verwaltungsbehörde bei der Erfüllung von Aufgaben im Rahmen der autonomen Kompetenz der jeweiligen juristischen Person des öffentlichen Rechts verursacht wurde;
3) die Republik Lettland, wenn ein Sach- oder Personenschaden von einer mittelbaren Verwaltungsbehörde bei der Erfüllung von Funktionen oder Aufgaben der Republik Lettland verursacht wurde;
4) sonstige öffentliche Körperschaften, sofern sie prozessfähig sind und über einen eigenen, unabhängigen Haushalt verfügen (Art. 22 Absatz 2), der

panta daļas 1. vai 2.punktā minētās publisko tiesību juridiskās personas budžetā, un publisko tiesību subjekts ir nodarījis zaudējumus vai personisko kaitējumu jomā, kurā tas darbojas sava budžeta ietvaros.

nicht Teil eines Haushalts einer der in Absatz 1 Satz 1 oder 3 dieses Artikels genannten juristischen Personen des öffentlichen Rechts ist, und sofern die öffentliche Körperschaft einen Sach- oder Personenschaden in einem Bereich verursacht hat, in dem sie innerhalb ihres eigenen Haushalts handelt.

(2) Ja iestādi finansē no dažādiem budžetiem un nav iespējams nodalīt, kuras publisko tiesību juridiskās personas uzdevumus tā pilda, atlīdzinājumu prasa no tās publisko tiesību juridiskās personas budžeta, no kura iestāde saņem lielāko finansējumu. Ja divu vai vairāku publisko tiesību subjektu finansējums ir vienāds, atlīdzinājumu prasa no viena publisko tiesību subjekta pēc iesniedzēja vai pieteicēja izvēles. Ja viens no budžetiem ir valsts pamatbudžets, atlīdzinājumu prasa no Latvijas Republikas.

(2) Wird eine öffentliche Stelle aus unterschiedlichen Haushalten finanziert und ist es nicht möglich zu bestimmen, die Aufgaben welcher juristischen Person des öffentlichen Rechts sie erfüllt, so ist der Schadensersatzanspruch gegenüber dem Haushalt einer juristischen Person des öffentlichen Rechts geltend zu machen, aus dem die Einrichtung die meiste Finanzierung erhält. Ist die Finanzierungshöhe von zwei oder mehr öffentlich-rechtlichen Körperschaften gleich hoch, so steht dem Kläger oder Antragsteller die Wahl der öffentlich-rechtlichen Körperschaft zu. Handelt es sich bei einem der Haushalte um den allgemeinen Staatshaushalt, ist der Schadensersatzanspruch gegenüber der Republik Lettland geltend zu machen.

(3) Ja iestāde ir privātpersona, atlīdzinājumu prasa no tās šā panta pirmajā daļā minētās publisko tiesību juridiskās personas, kuras orgāns vai iestāde privātpersonu apveltījusi ar valsts varu.

(3) Handelt es sich bei einer Einrichtung um eine Privatperson, ist der Schadensersatz gegenüber der in Absatz 1 dieses Artikels genannten juristischen Person des öffentlichen Rechts geltend zu machen, der das Organ oder die Behörde untersteht, welche die Privatperson mit öffentlicher Macht ausgestattet hat.

(4) Atlīdzināšanas pienākumu attiecīgais publisko tiesību subjekts var izpildīt, atjaunojot stāvokli, kāds pastāvēja pirms zaudējuma vai kaitējuma nodarīšanas, vai, ja tas nav vai nav pilnībā iespējams vai nav adekvāti, samaksājot atbilstīgu atlīdzinājumu naudā.

(4) Die Schadensersatzpflicht kann durch die jeweilige öffentliche Körperschaft durch Wiederherstellung der vor der Schadensverursachung bestehenden Lage erfolgen oder, sofern dies teilweise oder vollständig unmöglich oder unangebracht ist, durch Zahlung einer angemessenen finanziellen Entschädigung.

96. pants 'Iesniedzēja pienākums samazināt zaudējumus un sadarboties'

Iesniedzējam ir pienākums savu zināšanu un praktisko iespēju robežās darīt visu iespējamo, lai samazinātu savus zaudējumus vai kaitējumu, kā arī darīt iestādei zināmus apstākļus, kurus tai nepieciešams zināt, lai konstatētu attiecīgā publisko tiesību subjekta atbildības pamatu un nodarīto zaudējumu vai kaitējuma apmēru. Ja iesniedzējs šo pienākumu nepamatoti nepilda, vēlāk, apstrīdot iestādes lēmumu augstākā iestādē vai pārsūdzot to tiesā, viņš uz attiecīgajiem apstākļiem nevar atsaukties.

Art. 96 „Die Verpflichtung des Antragstellers

Der Antragsteller ist verpflichtet, seinen Kenntnissen und praktischen Möglichkeiten entsprechend alle Schritte vorzunehmen, die für die Minderung des Schadens erforderlich sind sowie der Behörde solche Umstände mitzuteilen, die für sie bei der Feststellung der Haftungsgrundlage der entsprechenden öffentlichen Behörde und der Schadenshöhe von Bedeutung sind. Sollte der Antragsteller dieser Verpflichtung nicht nachkommen, kann er sich auf diese Umstände – im Falle einer Anfechtung oder Klageerhebung – nicht mehr berufen.

Valsts pārvaldes iestāžu nodarīto zaudējumu likums
Gesetz zum Ersatz von Schäden durch öffentliche Einrichtungen[71]

4. pants 'Darbība un bezdarbība'
(1) Iestāde zaudējumu var nodarīt ar darbību, izdodot prettiesisku administratīvo aktu vai veicot prettiesisku faktisko rīcību, vai arī ar bezdarbību, ja iestādei bija pienākums rīkoties, bet tā prettiesiski nav rīkojusies.

(2) Turpmāk šajā likumā ar jēdzieniem "darbība" un "rīcība" tiek saprasta arī bezdarbība gadījumos, kad iestādei ir pienākums rīkoties.

Art. 4 „Tätigkeit oder Untätigkeit"
(1) Eine Behörde kann einen Schaden durch eine Maßnahme, durch Erlass eines rechtswidrigen Verwaltungsaktes oder durch Vornahme einer rechtswidrigen Handlung oder Untätigkeit verursachen, wenn die Behörde eine Pflicht zum Handeln traf, sie aber nicht tätig geworden ist.

(2) In diesem Gesetz umfassen die Begriffe „Tätigkeit" und „Handlung" nachfolgend auch Untätigkeit, sofern die Behörde eine Pflicht zum Handeln trifft.

5. pants 'Cietušais'
(1) Tiesības uz zaudējuma atlīdzinājumu ir cietušajam, proti, privātpersonai, kas ir prettiesiska administratīvā akta adresāts vai trešā persona Administratīvā procesa likuma izpratnē, kā arī privātpersonai, pret kuru ir tieši vērsta vai kuru tieši skar iestādes prettiesiska faktiskā rīcība.

(2) Iestādes prettiesiskas rīcības rezultātā bojā gājušas fiziskās personas tuvinieks arī var būt cietušais.

Art. 5 „Geschädigte"
(1) Der Anspruch auf Schadensersatz steht dem Geschädigten, d.h. der Privatperson, an die der rechtswidrige Verwaltungsakt adressiert ist oder einem Dritter im Sinne des Verwaltungsverfahrensgesetzes, als auch der Privatperson, gegen die das rechtswidrige schlichte Verwaltungshandeln der Behörde gerichtet oder die von dieser Handlung betroffen ist, zu.

(2) Auch bei einem Verwandten einer wegen der rechtswidrigen Handlung der Behörde ums Leben gekommenen Person kann es sich um den Geschädigten handeln.

6. pants 'Cēloņsakarība'
(1) Tiesības uz zaudējuma atlīdzinājumu rodas, ja starp iestādes prettiesisko rīcību un cietušajam nodarīto zaudējumu pastāv tieša cēloņsakarība — objektīva saikne starp iestādes rīcību un tās radītajām laika ziņā sekojošām zaudējumu nodarošām sekām, proti, minētā rīcība rada un nosaka šo seku iestāšanās reālu iespēju un ir galvenais faktors, kas nenovēršami radījis šīs sekas.

(2) Cēloņsakarība nepastāv gadījumā, kad tāds pats zaudējums būtu radies arī tad, ja iestāde būtu rīkojusies tiesiski.

Art. 6 „Kausalität"
(1) Ein Schadensersatzanspruch besteht, wenn ein unmittelbarer Kausalzusammenhang zwischen der rechtswidrigen Handlung der Behörde und dem dadurch verursachten Schaden der betroffenen Person besteht – ein objektiver Zusammenhang zwischen der Handlung der Behörde und den sich daraus ergebenden, schadensverursachenden Konsequenzen, und zwar wenn die erwähnte Handlung die tatsächliche Möglichkeit sich daraus ergebender Konsequenzen birgt und gleichzeitig der Hauptfaktor ist, der unweigerlich zu den Konsequenzen geführt hat.

(2) Ein Kausalzusammenhang besteht nicht, wenn der Schaden auch bei rechtmäßigem Handeln der Behörde aufgetreten wäre.

7. pants 'Mantiskais zaudējums'
(1) Mantiskais zaudējums šā likuma izpratnē ir katrs mantiski novērtējams pametums, kas cietušajam radies ar iestādes prettiesiska administratīvā akta vai prettiesiskas faktiskās rīcības dēļ.

Art. 7 „Materielle Schäden"
(1) Unter einem Vermögensschaden im Sinne dieses Gesetzes ist jeder materiell bestimmbare Schaden zu verstehen, der einer Person durch einen rechtswidrigen Verwaltungsakt einer Behörde oder einen rechtswidrigen Realakt entstanden ist.

71 Übersetzung des Herausgebers.

(2) Aprēķinot mantisko zaudējumu, ņem vērā arī neiegūto peļņu, ja cietušais spēj pierādīt, ka notikumu parastās attīstības gaitā peļņa tiktu gūta.

(2) Bei der Bestimmung eines Vermögensschadens ist der entgangene Gewinn zu berücksichtigen, wenn der Geschädigte nachweisen kann, dass der Gewinn bei normalem Geschehensablauf tatsächlich erzielt worden wäre.

(3) Mantiskais zaudējums ir arī zaudējums, kas saistīts ar administratīvā akta atcelšanu, iestādes faktiskās rīcības novēršanu vai tās seku likvidēšanu, zaudējuma samazināšanu vai likvidēšanu. Mantiskais zaudējums aptver arī izmaksas, kas saistītas ar juridisko palīdzību. Šīs izmaksas atlīdzina Ministru kabineta noteiktajā kārtībā, nepārsniedzot Ministru kabineta noteikumos paredzēto apmēru.

(3) Der Vermögensschaden umfasst auch den Schaden, der durch die Aufhebung eines Verwaltungsakts, die Verhinderung einer behördlichen Handlung oder die Beseitigung ihrer Folgen, die Schadensverringerung oder Schadensbeseitigung verursacht wurde. Der Vermögensschaden umfasst auch Rechtsberatungskosten. Diese Kosten werden gemäß der vom Ministerkabinett erlassenen Regelungen erstattet, sofern sie nicht den in der Verordung des Ministerkabinetts vorgesehenen Betrag übersteigen.

(4) Par mantisko zaudējumu neuzskata laiku un pūles, ko privātpersona veltījusi konkrētās lietas risināšanai.

(4) Die Zeit und die Unannehmlichkeiten, denen sich die Privatperson zur Klärung der jeweiligen Angelegenheit aussetzen musste, werden vom Vermögensschaden nicht erfasst.

8. pants 'Personiskais kaitējums'

(1) Personiskais kaitējums šā likuma izpratnē ir kaitējums, kas ar iestādes prettiesisku administratīvo aktu vai prettiesisku faktisko rīcību nodarīts fiziskās personas dzīvībai, fiziskajai integritātei, veselībai, brīvībai, godam un cieņai, personiskam un ģimenes noslēpumam vai komercnoslēpumam, autortiesībām vai citām nemantiskajām tiesībām vai ar likumu aizsargātajām interesēm.

Art. 8 „Persönliche Schäden"

(1) Unter einem persönlichen Schaden im Sinne dieses Gesetzes ist eine Verletzung im Hinblick auf das Leben des Betroffenen, dessen physische Integrität, Gesundheit, Freiheit, Ehre und Würde, persönliche oder Familiengeheimnisse oder Unternehmensgeheimnisse, Urheberrechte oder andere immaterielle Rechte oder rechtlich geschützte Interessen durch einen rechtswidrigen behördlichen Verwaltungsakt oder einen rechtswidrigen Realakt zu verstehen.

(2) Juridiskajai personai un individuālajam komersantam ir tiesības uz atlīdzinājumu par personisko kaitējumu, kas nodarīts to darījumu reputācijai, komercnoslēpumam, autortiesībām vai arī citām nemantiskajām tiesībām vai ar likumu aizsargātajām interesēm.

(2) Eine juristische Person und ein selbstständiger Unternehmer haben das Recht auf Ersatz des persönlichen Schadens, der durch Verletzung des Rufs der Rechtsgeschäfte, des Geschäftsgeheimnisses, des Urheberrechts oder der sonstigen immateriellen Rechten oder durch Gesetz geschützten Interessen verursacht wurde.

10.pants 'Līdzatbildība'

(1) Cietušais nav tiesīgs pilnīgi vai daļēji saņemt zaudējuma atlīdzinājumu, ja viņš nav, izmantojot savas zināšanas, spējas un praktiskās iespējas, darījis visu iespējamo, lai zaudējumu novērstu vai samazinātu.

Art. 10 „Mithaftung"

(1) Der Geschädigte ist nicht berechtigt, die Entschädigung in vollem Umfang oder nur teilweise zu fordern, wenn er nicht – unter Berücksichtigung seiner eigenen Kenntnisse, Fähigkeiten und faktischen Möglichkeiten – alles unternommen hat, um den Schaden zu verhindern oder zu mindern.

(2) Cietušais nav tiesīgs saņemt zaudējuma atlīdzinājumu, ja ar apzinātu rīcību ir veicinājis viņam nodarītā zaudējuma rašanos vai tā apmēra palielināšanos.

(2) Der Geschädigte ist nicht berechtigt, den Schadensersatz zu fordern, wenn er zur Entstehung des Schadens oder dessen Höhe bewusst beigetragen hat.

11. pants 'Pierādīšanas līdzekļi'

(1) Mantiskā zaudējuma atlīdzinājuma tiesiskais pamats un apmērs tiek pierādīts ar Administratīvā procesa likumā noteiktajiem pierādīšanas līdzekļiem.

(2) Personiskā kaitējuma atlīdzinājuma tiesiskais pamats tiek pierādīts ar Administratīvā procesa likumā

Art. 11 „Beweismittel"

(1) Die rechtliche Grundlage und die Höhe des Schadenersatzanspruchs werden mit den im Verwaltungsverfahrensgesetz festgelegten Beweismitteln nachgewiesen.

(2) Ein Anspruch auf Ersatz eines materiellen Schadens wird mit den im Verwaltungsverfahrensgesetz

noteiktajiem pierādīšanas līdzekļiem. Privātpersonai ir pienākums norādīt personiskā kaitējuma atlīdzinājuma apmēru un to pamatot.

(3) Morālā kaitējuma atlīdzinājuma tiesiskais pamats uzskatāms par pierādītu, ja ir pierādīts fiziskās personas tiesību vai ar likumu aizsargāto interešu aizskārums. Privātpersonai ir pienākums norādīt morālā kaitējuma atlīdzinājuma apmēru.

13. pants 'Mantiskā zaudējuma atlīdzinājuma noteikšana'

(1) Nosakot atbilstīgu zaudējuma atlīdzinājuma apmēru, ņem vērā iestādes rīcības tiesisko un faktisko pamatojumu un motīvus, kā arī cietušā rīcību.

(2) Nosakot zaudējuma atlīdzinājuma apmēru, papildus var ņemt vērā arī citus konkrētajā gadījumā būtiskus apstākļus, ja tos ir iespējams objektīvi pierādīt.

(3) Mantiskais zaudējums no summas, kas aprēķināta saskaņā ar šā likuma 12.pantu, parasti tiek atlīdzināts šādā apmērā:

1) ja aprēķinātā summa nepārsniedz 100.000 latus, — 100 procentu apmērā no šīs summas;
2) ja aprēķinātā summa ir no 100.001 lata līdz 1.000.000 latiem, — 50 līdz 100 procentu apmērā no šīs summas;
3) ja aprēķinātā summa pārsniedz 1.000.000 latus, atbilstīgs atlīdzinājums var būt zemāks par 50 procentiem no šīs summas.

(4) Iestāde pēc sava ieskata var cietušajam nodarīto mantisko zaudējumu atlīdzināt tādā veidā, ka nevis izmaksā zaudējuma atlīdzinājumu, bet atjauno faktisko stāvokli, kādā atradās cietušā manta pirms zaudējuma nodarīšanas.

14. pants 'Personiskā un morālā kaitējuma atlīdzinājuma noteikšana'

(1) Personisko un morālo kaitējumu nosaka atbilstoši aizskarto tiesību un ar likumu aizsargāto interešu nozīmīgumam un konkrētā aizskāruma smagumam, ņemot vērā iestādes rīcības tiesisko un faktisko pamatojumu un motīvus, cietušā rīcību un līdzatbildību, kā arī citus konkrētajā gadījumā būtiskus apstākļus.

(2) Personiskā kaitējuma atlīdzinājumu nosaka apmērā līdz 5.000 latiem. Ja nodarīts smags personiskais kaitējums, atlīdzinājumu var noteikt apmērā līdz 7.000 latiem, bet, ja nodarīts kaitējums dzīvībai vai sevišķi smags kaitējums veselībai, maksimālais atlīdzinājuma apmērs var būt līdz 20.000 latiem.

festgelegten Beweismitteln nachgewiesen. Die Privatperson ist verpflichtet, die Höhe des persönlichen Schadens anzugeben und diese zu begründen.

(3) Ein Anspruch auf Ersatz eines immateriellen Schadens gilt dem Grunde nach als bewiesen, wenn der Verstoß gegen die Rechte oder gesetzlich geschützten Interessen der Privatperson nachgewiesen ist. Die Privatperson ist verpflichtet, die Höhe des zu ersetzenden immateriellen Schadens anzugeben.

Art. 13 „Bestimmung der Höhe des materiellen Schadenersatzes“

(1) Bei der Bestimmung der angemessenen Schadensersatzhöhe sind die rechtlichen und tatsächlichen Gründe und Motive ebenso zu berücksichtigen wie die Handlungen des Geschädigten.

(2) Bei der Bestimmung der Schadensersatzhöhe können zudem auch andere relevante Umstände berücksichtigt werden, sofern sie objektiv bewiesen werden können.

(3) Ein gemäß Art. 12 dieses Gesetzes bestimmter Vermögensschaden ist grundsätzlich in folgender Höhe zu erstatten:

1) wenn die ermittelte Summe 100.000 Lats nicht übersteigt – 100 Prozent dieser Summe;
2) wenn die ermittelte Summe zwischen 100.001 und 1000000 Lats beträgt – zwischen 50 und 100 Prozent dieser Summe;
3) wenn die ermittelte Summe 1.000.000 Lats übersteigt, kann die angemessene Entschädigung weniger als 50 Prozent dieser Summe betragen.

(4) Die Behörde kann nach ihrem Ermessen einen Vermögensschaden ersetzen, indem sie keine Entschädigung zahlt, sondern die tatsächliche Lage wiederherstellt, in der sich das Eigentum des Geschädigten vor der Schadenzufügung befand.

Art. 14 „Bestimmung der Höhe des materiellen und immateriellen Schadenersatzes“

(1) Der materielle und immaterielle Schaden wird anhand der Bedeutung der verletzten Rechte und der gesetzlich geschützten Interessen, sowie der Schwere der entsprechenden Verletzung, und unter Berücksichtigung der rechtlichen und faktischen Gründe und Motive der Behördentätigkeit, des Verhaltens und des Mitverschuldens des Geschädigten, sowie anderer Aspekte des Einzelfalls festgestellt.

(2) Für materielle Schäden kann ein Schadensersatz bis zu einer Höhe von 5000 Lats zugesprochen werden. Im Falle eines erheblichen materiellen Schadens kann der Schadensersatz bis zu 7000 Lats und im Falle der Tötung oder schwerwiegenden Beschädigung der Gesundheit eines Menschen bis zu 20.000 Lats betragen.

(3) Morālā kaitējuma atlīdzinājumu nosaka apmērā līdz 3.000 latiem. Ja nodarīts smags morālais kaitējums, atlīdzinājumu var noteikt apmērā līdz 5.000 latiem, bet, ja nodarīts kaitējums dzīvībai vai sevišķi smags kaitējums veselībai, maksimālais atlīdzinājuma apmērs var būt līdz 20.000 latiem.

(4) Ja iestāde vai tiesa, izvērtējot konkrētā gadījuma apstākļus, konstatē, ka privātpersonas tiesību vai ar likumu aizsargāto interešu aizskārums nav smags, personiskā kaitējuma, tai skaitā morālā kaitējuma, patstāvīgs vai papildu atlīdzinājums var būt iestādes rakstveida vai publiska atvainošanās.

(3) Für immaterielle Schäden kann ein Schadensersatz bis zu einer Höhe von 3.000 Lats zugesprochen werden. Im Falle eines erheblichen immateriellen Schadens kann der Schadensersatz bis zu 5.000 Lats und im Falle der Tötung oder schwerwiegenden Beschädigung der Gesundheit eines Menschen bis zu 20.000 Lats betragen.

(4) Wenn die Behörde oder das Gericht bei Auswertung des entsprechenden Falles feststellt, dass der Verstoß gegen die Rechte oder die gesetzlich geschützten Interessen der Privatperson nicht schwerwiegend ist, kann der völlige oder zusätzliche Ersatz des materiellen und immateriellen Schadens in Form einer schriftlichen oder öffentlichen Entschuldigung der Behörde erfolgen.

16. pants 'Iesniegums par zaudējuma atlīdzinājumu'

(1) Iesniegumā par zaudējuma atlīdzinājumu norāda:

1) tās iestādes nosaukumu, kurai iesniegts iesniegums;
2) iesniedzēja vārdu, uzvārdu, personas kodu un dzīvesvietu, bet juridiskajai personai — nosaukumu, reģistrācijas numuru un juridisko adresi;
3) prasījumu;
4) faktus, kas, pēc iesniedzēja domām, pamato tiesības uz zaudējuma atlīdzinājumu;
5) bankas kontu, uz kuru zaudējuma atlīdzinājums pārskaitāms.

(2) Iesniegumā var norādīt arī pierādījumus, kas apliecina zaudējuma nodarīšanas faktu un zaudējuma apmēru, un iesniegumam pievieno attiecīgo dokumentu kopijas, uzrādot šo dokumentu oriģinālus vai noteiktā kārtībā apliecinātus norakstus. Ja iesniegums nosūtīts pa pastu, tam pievieno noteiktā kārtībā apliecinātus dokumentu norakstus vai kopijas.

(3) Iesniegumā var norādīt lietas juridisko pamatojumu un citas ziņas, kas var būt svarīgas lietas izskatīšanā.

(4) Prasījumā norāda prasītā zaudējuma atlīdzinājuma kopējo summu. Ja tiek prasīts atlīdzinājums par vairākiem zaudējuma veidiem, iesniegumā var norādīt par katru zaudējuma veidu prasītā zaudējuma atlīdzinājuma summu.

Art. 16 „Antrag auf Schadensersatz"

(1) In dem Antrag auf Schadensersatz muss Folgendes angegeben werden:

1) Bezeichnung der Behörde, an die der Antrag gerichtet wird;
2) Vorname, Name, Personenkennzeichen und die Adresse des Antragstellers; im Falle einer juristischen Person – deren Name, Eintragungsnummer und der Sitz;
3) Forderung;
4) Tatsachen, die nach der Meinung des Antragstellers das Recht auf den Schadensersatz begründen;
5) Bank-Kontonummer, auf die der Schadensersatz zu überweisen ist.

(2) Im Antrag können auch Beweise vorgetragen werden, welche die Entstehung und Höhe des Schadens belegen; dem Antrag werden die Kopien, deren Echtheit durch die Vorlage der Originaldokumente nachzuweisen ist, oder beglaubigte Abschriften der entsprechenden Unterlagen beigefügt. Wenn der Antrag auf dem Postweg gestellt wird, müssen diesem die erforderlichen beglaubigten Abschriften oder Kopien der Unterlagen beigefügt werden.

(3) Im Antrag kann die rechtliche Begründung des Falles sowie sonstige für die Bearbeitung des Falles notwendigen Informationen angegeben werden.

(4) Im Antrag muss die Gesamthöhe des verlangten Schadensersatzes angegeben werden. Wenn die Schadensersatzforderung mehrere Schadensarten betrifft, kann im Antrag die Schadensersatzhöhe bezüglich jeder Schadensart angegeben werden.

17. pants 'Iesnieguma iesniegšanas termiņš'

(1) Privātpersona iesniedz iesniegumu par zaudējuma atlīdzinājumu gada laikā no dienas, kad tā uzzināja vai tai vajadzēja uzzināt par zaudējumu, bet ne vēlāk kā piecu gadu laikā no iestādes prettiesiskā administratīvā

Art. 17 „Fristen der Antragstellung"

(1) Eine Privatperson stellt den Antrag auf den Schadensersatz innerhalb eines Jahres ab dem Tag, wenn sie über den Schadensfall Kenntnis erlangt hat oder hätte erlangen müssen, jedoch nicht später als fünf Jahre

akta spēkā stāšanās vai prettiesiskas faktiskās rīcības veikšanas dienas.

(2) Ja privātpersona nokavējusi šā panta pirmajā daļā minētos termiņus, iestāde, tiesa vai tiesnesis tos var atjaunot pēc šīs privātpersonas motivēta lūguma, ja nokavēšanas iemeslu atzīst par attaisnojamu.

nach dem Inkrafttreten des rechtswidrigen Verwaltungsaktes oder der Ausübung der rechtswidrigen Verwaltungshandlung.

(2) Wenn die Person die im Abs. 1 dieses Artikels festgelegten Fristen versäumt hat, kann die Behörde, das Gericht oder der Richter sie wiederherstellen, wenn die entsprechende Person dies beantragt hat und die für die Säumnis im Antrag angegebenen Gründe als gerechtfertigt anerkannt werden.

§ 12 Litauen

Frank Heemann

Inhaltsübersicht

A. Grundlagen

I. Rechtsstaatliche Determinanten der Verfassungsordnung

Seit der Unabhängigkeitserklärung vom 11. März 1990 ist Litauen eine demokratische, parlamentarische Republik. Die Staatsgewalt ist in drei Zweige aufgeteilt – Legislative, Exekutive (Verwaltung) und die Gerichte. Diese Gewalten wurden mit Zustimmung der *Lietuvos Respublikos Konstitucija* (Verfassung der Republik Litauen, abgekürzt: Verfassung)[1] am 25. Oktober 1992 gegründet. Staatsoberhaupt ist der Präsident, die Exekutivgewalt wird von der Regierung unter Führung des Ministerpräsidenten ausgeübt. Mit der Legislativgewalt auf Staatsebene sind sowohl die Regierung als auch der *Seimas* (litauisches Einkammerparlament) ausgestattet. Die Judikativgewalt steht den vom Staatspräsidenten ernannten Richtern zu und ist von der Exekutiv- und der Legislativgewalt unabhängig. Die Judikative setzt sich zusammen aus den ordentlichen Gerichten und den Verwaltungsgerichten. Im Einzelnen sind dies das *Lietuvos Respublikos Konstitucinis Teismas* (Verfassungsgericht der Republik Litauen), die ordentlichen Gerichte in Zivil- und Strafsachen *Lietuvos Aukščiausiasis Teismas* (Oberstes Gericht Litauens), *Lietuvos apeliacinis teismas* (Berufungsgericht Litauens), *apygardų ir apylinkių teismai* (Bezirks- und Kreisgerichte) sowie die Spezialgerichte – *administraciniai teismai* (Verwaltungsgerichte) – für Verwaltungsrechtsstrei-

1 Žin., 1992, Nr. 33-1014.

tigkeiten. Das Verfassungsgericht und die Verwaltungsgerichte überprüfen Hoheitsakte. Amts- und Bürokratiemissbrauch durch staatliche Amtsträger werden zudem vom *Seimo kontrolierius* (Parlamentarischer Ombudsmann) überwacht. Die Verfassung stellt auch den Schutz der Menschenrechte und Freiheiten (Art. 18 Verfassung) und der Gleichheit vor dem Gesetz, vor Gerichten und anderen staatlichen Einrichtungen (Art. 29 Abs. 1 Verfassung) sicher und gewährleistet das Recht, sich an ein Gericht zu wenden (Art. 30 Verfassung), sowie die Unabhängigkeit der Richter und Gerichte bei der Ausübung der Rechtspflege (Art. 109 Abs. 2 Verfassung).

II. Grundsätzliche Voraussetzungen einer Staatshaftung und ihre historische Entwicklung

Die Verfassung sichert grundlegende Rechte: Das Recht, den Rechtsweg zu beschreiten, sich gegen behördliche Entscheidungen zu wenden und für entstandene Schäden einen Ausgleich zu verlangen. Einzelheiten des Verfahrens zur Durchsetzung dieser Rechte sind hingegen im Zivilrecht geregelt.

Gegenwärtig enthält das *Lietuvos Respublikos civilinis kodeksas* (Zivilgesetzbuch der Republik Litauen, abgekürzt: CK) die grundsätzlichen Staatshaftungsvoraussetzungen (→ B.).

Zunächst einmal besteht eine Haftung des Staates für rechtswidrige Handlungen von staatlichen oder kommunalen Beamten. Das CK sieht vor, dass ein Schaden, der durch rechtswidrige Handlungen eines staatlichen oder kommunalen Beamten verursacht wurde, aus dem staatlichen oder kommunalen Haushalt zu ersetzen ist, und zwar unabhängig vom Verschulden des individuellen Beamten. Eine zivilrechtliche Haftung des Staates besteht dann, wenn Beamte nicht auf die gesetzlich vorgeschriebene Weise handeln (Art. 6.271 CK).

Zweitens haftet der Staat für rechtswidrige Handlungen von Ermittlungsbeamten, Staatsanwälten, Richtern und Gerichten (Art. 6.272 CK).

Aus historischer Sicht wurde eine Haftung des Staates als solche nicht immer anerkannt oder hatte aus verschiedenen Gründen nur wenig praktische Relevanz: So bestimmte zum Beispiel *I Lietuvos Statutas* (Erstes Litauisches Statut von 1529) eine persönliche richterliche Haftung für richterlich verursachte Schäden und Ausgaben.[2] Eine persönliche Haftung der Beamten für Schäden infolge der Ausübung ihrer Pflichten enthielt auch das Allgemeine Landrecht für die Preußischen Staaten von 1794, das vom 1.9.1794 an in Teilen Litauens galt.[3]

Spätere Verfassungen beschränkten die Tätigkeit der Gerichte auf den Bereich des Zivil- und Strafrechts und sahen keine Kontrolle der staatlichen Institutionen und Beamten vor. Die litauische Verfassung von 1922[4] begründete das Recht, sich an ein Gericht zu wenden und den Ersatz von Schäden zu verlangen, die von Amtsträgern im Rahmen ihrer Tätigkeitsausübung verursacht wurden. Es wurde jedoch kein Gesetz als Grundlage eines Schadensersatzes erlassen. Auch wenn der Verfassung zufolge „*das Gericht über die Rechtmäßigkeit von Verordnungen entscheidet*“[5], fand in dem Zeitraum, in dem die Verfassung in Kraft war, noch keine Gründung eines Verwaltungsgerichts statt.[6]

Später, nach 1938, wurde in Gerichtsentscheidungen auch eine Haftung des Staates für die von ihm beschäftigten Angestellten anerkannt. Ein eigenes Gesetz sah sogar eine Haftung des Staates für die Handlungen von Notaren und Grundbuchbeamten vor. Anders als in der gegenwärtigen Rechtslage war ausdrücklich festgelegt, dass eine Klage gegenüber allen Beteiligten zu

---

2 *Selelionytė-Drukteinienė*, Valstybės deliktinės atsakomybės, S. 31.
3 *Selelionytė-Drukteinienė*, Valstybės deliktinės atsakomybės, S. 32.
4 Art. 18 Verfassung von 1922, Vyriausybės žinios (Staatsanzeiger), 1922, Nr. 100-799.
5 *Selelionytė-Drukteinienė*, Valstybės deliktinės atsakomybės, Art. 68 Verfassung.
6 *Andriulis et al.*, Istorija, S. 344.

erheben war, d.h. gegenüber dem Staat und dem Amtsträger sowie Privatpersonen, die mit dem Schaden in Verbindung stehen. Allerdings erfolgten Schadensersatzzahlungen in erster Linie durch Privatpersonen und – wenn diese dazu nicht in der Lage waren – durch Amtsträger und erst zuletzt durch den Staat.[7]

Dem früheren Zivilgesetzbuch der Republik Litauen[8] (abgekürzt: Zivilgesetzbuch von 1964) zufolge, das bis zur Einführung des neuen Zivilgesetzbuchs im Jahr 2001 Gültigkeit hatte, wurde der Schaden einer Person infolge rechtswidriger Handlungen durch öffentliche Einrichtungen und Amtsträger im Bereich der öffentlichen Verwaltung gemäß den gesetzlichen Bestimmungen erstattet (Art. 485 Zivilgesetzbuch von 1964). Dies bedeutete, dass ein Schaden aus dem Vermögen der Einrichtung, für die der Amtsträger tätig war, oder persönlich durch den Amtsträger, der die rechtswidrige Handlung vorgenommen hatte, zu erstatten war. Obwohl der Staat selbst in Schadensersatzstreitigkeiten nicht passiv legitimiert war, erfolgte die Schadensersatzleistung aus staatlichem Vermögen.[9]

Während der Sowjetzeit war die Anwendbarkeit der Staatshaftung aus verschiedenen Gründen (z.B. wegen nicht eindeutiger Gesetzesdefinitionen oder eines begrenzten Anwendungsbereichs) in der Praxis sehr eingeschränkt. Das sowjetische Zivilrecht schützte grundsätzlich die immateriellen Interessen einer Person nicht. Zudem gab es im Unterschied zu den gewöhnlichen Schadensersatzregelungen kein günstiges Verfahren für eine Person, der aufgrund von Handlungen durch Amtsträger ein Schaden entstanden war. Die Regel der Staatsimmunität hatte im sowjetischen Recht unbestrittene Gültigkeit – die Voraussetzungen einer staatlichen Haftung gegenüber denen, die einen Schaden erlitten hatten, wurden erst zu Beginn der 1990er Jahre geändert.[10]

Generell kamen Fragen einer Staatshaftung erst mit der Unabhängigkeit Litauens im Jahr 1990 auf.[11] 1994 wurde das Zivilgesetzbuch dahingehend geändert, dass nunmehr auch Organisationen ein Schadensersatzanspruch zusteht und auch ein nichtvermögensrechtlicher Schaden erstattet werden kann. Spätere Ergänzungen (1997) betrafen Schäden, die durch Gemeinden verursacht wurden, die Definition der Handlung wurde um die Unterlassung ergänzt und in Bezug auf Schadensersatz für gemindertes Einkommen wurde eine Obergrenze eingeführt.[12]

III. Rechtsquellen des Staatshaftungsrechts im Überblick

Die Verfassung als Hauptrechtsquelle sieht vor, dass eine Person, deren verfassungsrechtlich geschützte Rechte oder Freiheiten verletzt wurden, das Recht hat, sich zur Überprüfung an ein Gericht zu wenden. Der Ersatz materieller und immaterieller Schäden einer Person ist gesetzlich begründet (Art. 30 Verfassung). Obgleich Art. 30 Verfassung nur die Möglichkeit nennt, sich zum Schutz von verletzten Verfassungsrechten und Verfassungsfreiheiten an das Gericht zu wenden, gehen manche Stimmen im Schrifttum davon aus, dass dieser Grundsatz weiter auszulegen und nicht nur auf diese zu beschränken sei.[13] Außerdem sieht die Verfassung vor, dass die Bürger ein

7 *Vaišvila*, Teisinės valstybės, S. 243–244.
8 *LR civilinis kodeksas* (Zivilgesetzbuch der Republik Litauen), Žin. 1964, Nr. 19-138; außer Kraft seit 1.7.2001.
9 *Šeškauskis*, Ar valstybė privalo atlyginti asmens patirtą žalą, jeigu tinkamai įgyvendinus priimto įstatymo nuostatas žalos būtų išvengta, in: International Journal of Baltic Law 2007, S. 102 (106).
10 *Selelionytė-Drukteinienė*, Valstybės deliktinės atsakomybės, S. 58 ff.
11 *Selelionytė-Drukteinienė*, Valstybės deliktinės atsakomybės, S. 58.
12 *Selelionytė-Drukteinienė*, Valstybės deliktinės atsakomybės, S. 60 ff.
13 *Laužikas et al.*, Civilinio proceso, S. 137.

Recht haben, die Arbeit der staatlichen Einrichtungen und Amtsträger zu kritisieren und deren Entscheidungen anzufechten (Art. 33 Verfassung).

Grundlegende zivilrechtliche Haftungsregelungen finden sich ebenso wie Sondervorschriften im Zusammenhang mit Staatshaftung in anderen Gesetzen. Das Zivilgesetzbuch enthält zivilrechtliche Haftungsregelungen, die sowohl auf Behörden als auch auf andere Personen anwendbar sind.[14] Für Auseinandersetzungen, die Behörden betreffen, gilt ein Sondergesetz, das *Lietuvos Respublikos administracinių bylų teisenos įstatymas*[15] (Verwaltungsverfahrensgesetz der Republik Litauen, abgekürzt: ABTI). Die Haftung behördlicher Amtsträger wird ebenfalls in Sondergesetzen geregelt, dem *Lietuvos Respublikos viešojo administravimo įstatymas*[16] (Verwaltungsgesetz der Republik Litauen, abgekürzt: VAI) und dem *Lietuvos Respublikos valstybės tarnybos įstatymas*[17] (Gesetz über den öffentlichen Dienst, abgekürzt: VTI). Dem VTI zufolge ist ein Schaden, der durch rechtswidrige Handlungen staatlicher und gemeindlicher Einrichtungen verursacht wurde, gemäß den Vorschriften des Zivilgesetzbuchs zu ersetzen.[18] Das VAI bestimmt zudem, dass sich die Erstattung vermögensrechtlicher und nicht vermögensrechtlicher Schäden, die durch Handlungen von Verwaltungsträgern verursacht wurden, nach den im Zivilgesetzbuch und anderen Gesetzen enthaltenen Verfahrensregelungen richtet.[19] Außerdem gibt es ein besonderes Gesetz zur außergerichtlichen Schadenserstattung, das *Lietuvos Respublikos žalos, atsiradusios dėl valdžios institucijų neteisėtų veiksmų, atlyginimo ir atstovavimo valstybei, įstatymas*[20] (Gesetz zum Ersatz von Schäden durch rechtswidrige Handlungen der Behörden und zur staatlichen Vertretung der Republik Litauen, abgekürzt: ZAI).

Gerichtliche Entscheidungen wurden als Rechtsquelle *de facto* angesehen, sind jedoch seit dem 28.3.2006 auch eine Rechtsquelle *de jure*.[21] Die Rechtsprechung wird in Litauen als sekundäre Rechtsquelle angesehen, vgl. Art. 23, 31, 33 *Lietuvos Respublikos teismų įstatymas*[22] (Gerichtsgesetz der Republik Litauen). In einigen Fällen wurden neue Regelungen, die in gerichtlichen Entscheidungen aufgestellt wurden, auch durch Ergänzung bestehender oder Einführung neuer Gesetze zu Gesetzesrecht,[23] allerdings gibt es im Bereich der Staatshaftung dafür bislang noch keine Beispiele.

Seit Litauen am 1.5.2004 Mitglied der Europäischen Union wurde, zählen unter anderem auch die Unionsgesetzgebung sowie die Entscheidungen des Europäischen Gerichtshofs zu den Rechtsquellen. Es ist jedoch festzustellen, dass sich bislang unter dem Einfluss des Unionsrechts keine Änderungen auf dem Gebiet des Staatshaftungsrechts ergeben haben. Bisher sind keine wesentlichen Gesetzes- oder Rechtsprechungsänderungen zu verzeichnen. In den meisten Fällen zeigt sich der Einfluss des Unionsrechts lediglich in Form von Verweisen auf das EU-Recht im Rahmen gerichtlicher Entscheidungen.

14 Žin., 2000, Nr. 74-2262.
15 Žin., 2000, Nr. 85-2566.
16 Žin., 2006, Nr. 77-2975.
17 Žin., 2002, Nr. 45-178.
18 Art. 33 VTI, Žin., 1999, Nr. 66-2130.
19 Art. 42 VAI, Žin., 1999, Nr. 60-1945.
20 Žin., 2002, Nr. 56-2228.
21 *Lietuvos Respublikos Konstitucinis Teismas* (Verfassungsgericht der Republik Litauen, abgekürzt: KT), Urteil v. 28.3.2006, Žin., 2006, Nr. 36-1292, zitiert nach *Mikelėnas*, in: Mizaras, S. 45 (60).
22 Žin., 1994, Nr. 46-851.
23 *Mikelėnas*, in: Mizaras, S. 60 ff.

IV. Bereiche staatlicher Haftung

Die meisten Fälle von Amtshaftung beziehen sich auf Staatshaftung aufgrund unerlaubter Handlungen, bei denen, wie nachstehend näher ausgeführt wird, die Haftung des Staates mit der Rechtswidrigkeit von Akten (Handlungen oder Unterlassungen) staatlicher Beamter verbunden ist.

Zunächst einmal sieht das Gesetz einen Ersatz von Schäden im Bereich der Verwaltung vor, d.h. für Schäden infolge rechtswidriger Tätigkeiten eines Amtsträgers oder einer gemeindlichen Einrichtung. Daneben existiert ein separates Verfahren für den Ersatz von Schäden durch Richter oder Justizbeamte im Rahmen zivil- oder strafrechtlicher Gerichtsverfahren, d.h. im Bereich der Tätigkeit rechtsschützender Institutionen in verwaltungs-, straf- oder zivilrechtlichen Verfahren.

Tritt der Staat in privatrechtlichen Beziehungen als Privatsubjekt auf, bemisst sich die Haftung für dabei verursachte Schäden anhand der allgemeinen Grundsätze zum Schadensersatz im Deliktsrecht. Um eine staatliche Haftung auszulösen, muss die Haftung sich auf Handlungen beziehen, die im Rahmen der Ausübung öffentlicher Verwaltungsaufgaben stattfinden, es muss sich demnach um Hoheitsakte handeln. Bezüglich aller anderen Handlungen entsteht eine Haftung nur gemäß den gewöhnlichen zivilrechtlichen Regelungen,[24] also wenn der Staat als Partei einer privatrechtlichen Beziehung auftritt und z.B. durch staatliche Unternehmen wirtschaftliche Tätigkeiten ausübt.[25] Entscheidend ist die Art der Rechtsbeziehung. Im Rahmen einer zivilrechtlichen Rechtsbeziehung stehen dem Staat auf der Ebene seiner Einrichtungen und Organisationen nicht mehr Rechte und Pflichten zu, als jeder anderen Partei einer solchen Rechtsbeziehung auch. Dasselbe gilt im Hinblick auf die Frage einer zivilrechtlichen Haftung.[26]

Das Gesetz ermöglicht überdies auch den Ersatz von Schäden aufgrund rechtmäßiger Handlungen. Dem Zivilgesetzbuch zufolge ist ein Schaden infolge einer rechtmäßigen Handlung zu erstatten, allerdings nur in den gesetzlich vorgesehenen Fällen (Art. 6.246 Abs. 3 CK). Ein Teil des Schrifttums ist jedoch der Meinung, dass es keine besondere Norm gebe, die den Ersatz eines Schadens infolge einer rechtmäßigen Handlung staatlicher Einrichtungen ermögliche, sofern bestimmte, gesetzlich vorgesehene Voraussetzungen vorlägen.[27]

Der Verfassung zufolge ist ein Schadensersatz auch möglich, wenn Eigentum im öffentlichen Interesse übernommen wird, z.B. bei Enteignungen im Interesse der Allgemeinheit (vgl. Art. 23 Abs. 3 Verfassung, Art. 4.100 CK sowie entsprechende Vorschriften des *Lietuvos Respublikos žemės įstatymas* [Landgesetz]).

Ist eine Person verpflichtet, aufgrund ihrer Verantwortung für Handlungen einer anderen Person einen Schaden zu ersetzen, so ist zudem eine mittelbare zivilrechtliche Haftung gesetzlich vorgesehen.[28] Dies ist beispielsweise meist der Fall, wenn Arbeitgeber Schäden ersetzen müssen, die durch ihre Arbeitnehmer im Rahmen von deren Beschäftigung schuldhaft verursacht wurden.

Daneben gibt es auch Fälle, in denen eine Schadensersatzpflicht einen Träger der öffentlichen Verwaltung trifft, obgleich der Schaden nicht durch Handlungen dieses Verwaltungsrechtsträgers verursacht wurde. Dies gilt z.B. für Fälle, in denen der Schadensersatz im Zusam-

---

24 *Selelionytė-Drukteinienė*, Valstybės deliktinės, Valstybės deliktinės atsakomybės, S. 100.
25 *Mikelėnas*, Lietuvos Respublikos, S. 378.
26 *Šedbaras*, Administracinė atsakomybė, S. 67.
27 *Selelionytė-Drukteinienė*, Valstybės deliktinės, S. 176.
28 Art. 6.246 Abs. 2 CK.

menhang mit Arbeitsunfällen oder Berufskrankheiten steht und die Pflicht zu entsprechenden Zahlungen auf den Staat übergeht.[29]

In Litauen gibt es keine Konzeption, die der im deutschen Recht vorhandenen Vorstellung eines „öffentlich-rechtlichen Vertrages" entspricht.[30] Der Begriff eines öffentlichen Vertrages im litauischen Zivilgesetzbuch unterscheidet sich insofern, als dadurch privatrechtliche Beziehungen geregelt werden, so ist z.B.

> *„ein öffentlicher Vertrag ein Vertrag einer juristischen Person (Unternehmer), die gegenüber einer unbestimmten Anzahl von Personen Dienste erbringt oder Waren verkauft".*[31]

Der Staat kann jedoch als gleichwertige Partei in zivilrechtliche Vertragsverhältnisse eintreten. Ist der Staat Teil einer zivilrechtlichen Rechtsbeziehung, so stehen auch ihm auf der Ebene seiner Einrichtungen oder Organisationen nicht mehr Rechte und Pflichten zu als jeder anderen Partei eines zivilrechtlichen Rechtsverhältnisses. Dasselbe gilt im Hinblick auf Fragen einer zivilrechtlichen Haftung.[32]

B. Haftungsbegründung

I. Relevantes Verhalten

Relevantes Verhalten, das eine zivilrechtliche Haftung auslöst, besteht in rechtswidrigen Handlungen staatlicher Einrichtungen im Bereich der öffentlichen Verwaltung. Der Begriff der „*Handlung*" ist gesetzlich klar definiert:

> *„Handlung bezeichnet jede Handlung (aktiv oder passiv) einer Einrichtung der öffentlichen Verwaltung oder ihrer Bediensteten, die unmittelbar auf die Rechte, Freiheiten und Interessen von Personen einwirkt (Rechtsakte oder individuelle Rechtshandlungen durch staatliche Einrichtungen und kommunale Behörden, Verwaltungsakte, Realhandlungen etc. mit Ausnahme gerichtlicher Urteile, Entscheidungen und Beschlüsse)."*[33]

Diese besondere Rechtsnorm ist in Fällen anwendbar, in denen ein Schaden durch eine öffentliche Behörde, also eine staatliche oder kommunale Einrichtung im Bereich der öffentlichen Verwaltung, verursacht wurde. Das Gesetz weist ausdrücklich darauf hin, dass die Beklagte in Schadensersatzfällen die staatliche oder kommunale Einrichtung ist.[34] Deren zivilrechtliche Haftung steht nicht im Zusammenhang mit dem Verschulden eines konkreten staatlichen oder kommunalen Beamten. In Fällen, in denen keine öffentlichen Verwaltungsaufgaben wahrgenommen werden, ergibt sich eine zivilrechtliche Haftung nach den allgemeinen Grundsätzen. Ohne Ausübung von Pflichten der öffentlichen Verwaltung gibt es keine Staatshaftung,[35] eine Haftung des Staates ist immer mit der Rechtswidrigkeit von Akten verbunden, d.h. Akte versto-

29 *Paužaitė-Kulvinskienė*, Administracinė justicija, S. 121.
30 *Kuncevičius*, Sutartis kaip viešojo administravimo subjektų teisinės veiklos Lietuvoje forma: probleminiai aspektai, in: Socialinių mokslų studijos 2010, 151 (155), abrufbar unter: https://www.mruni.eu/lt/mokslo_darbai/sms/archyvas/dwn.php?id=241953) (zuletzt abgerufen am 18.4.2013).
31 Art. 6.161 CK.
32 *Šedbaras*, Administracinė atsakomybė, S. 67.
33 Art. 6.271 Abs. 3 CK.
34 Art. 6.271 Abs. 1 CK.
35 *Mikelėnas*, Lietuvos Respublikos, S. 377–378.

ßen gegen das Gesetz in seiner weitesten Auslegung, in das jeder Rechtsakt, der Befugnisse, Funktionen, Rechte und Pflichten von Bediensteten staatlicher oder kommunaler Einrichtungen regelt, eingebettet ist. Die Rechtswidrigkeit eines Aktes ist gemäß dem gesetzlich vorgeschriebenen Verfahren festzustellen. Gewöhnlich geschieht dies durch die verwaltungsgerichtliche Überprüfung von Handlungen staatlicher oder kommunaler Beamter gemäß dem im Verwaltungsverfahrensgesetz (ABTI) vorgesehenen Verfahren. Die Rechtswidrigkeit kann jedoch auch in einem anderen Verfahren, beispielsweise vor dem parlamentarischen Ombudsmann, festgestellt werden.[36]

1. Nichtamtliches Handeln

Der Ersatz von Schäden durch Handlungen, bei deren Vornahme die Beamten nicht im Rahmen ihrer staatlichen Aufgaben tätig waren, erfolgt gemäß den deliktsrechtlichen Schadensersatzregelungen. Erfolgt ein Verhalten außerhalb des Zuständigkeitsbereichs der öffentlichen Verwaltung, so scheidet eine Staatshaftung aus; der Beamte haftet jedoch persönlich, wenn die Voraussetzungen einer zivilrechtlichen Haftung gegeben sind.

2. Rechtswidriges Handeln

Der Staat haftet, wenn Handlungen seiner Beamten rechtswidrig sind, d.h. wenn sie gegen Gesetze, Regelungen oder andere Verordnungen in Bezug auf die Tätigkeit des jeweiligen Amtes oder der Einrichtung verstoßen.

Das VTI sieht vor, dass selbst Schäden infolge vorsätzlicher rechtswidriger Handlungen vom Staat zu ersetzen sind. Anschließend kann der Staat jedoch den individuellen Beamten hinsichtlich der Schadensersatzleistung in Regress nehmen (Art. 31 und 33 VTI).

In Fällen von Amtsmissbrauch, wozu *inter alia* die Überschreitung von Befugnissen durch Handlungen oder Unterlassungen aus eigennützigen Interessen zählt, erfolgen Disziplinarstrafen (Art. 2 Abs.13 und Art. 29 VTI).

Die Nichtvornahme oder unzureichende Ausübung von Arbeitsaufgaben kann ebenso wie eine Kompetenzüberschreitung oder ein Missbrauch des Amtes erhebliche verwaltungsrechtliche oder strafrechtliche Konsequenzen für den oder die verantwortlichen Amtsträger mit sich bringen.

3. Legislatives Handeln

In Bezug auf eine Staatshaftung für legislative Akte ist die Rechtslage nicht eindeutig. Manche Autoren – wie z.B. die Verfasser des CK-Kommentars – verweisen darauf, dass die entsprechende Vorschrift (Art. 6.271 CK) nur hinsichtlich einer deliktsrechtlichen Haftung im Bereich der „öffentlichen Verwaltung" anzuwenden sei. Und da man unter öffentlicher Verwaltung Exekutivakte zum Vollzug legislativer Akte verstehe, solle dies legislative Funktionen gerade nicht umfassen.[37]

Andere Stimmen im Schriftum gehen davon aus, dass die zivilrechtliche Haftung des Staates sämtliche staatlichen Einrichtungen (einschließlich des Parlaments) sowie alle staatlichen

36 *Mikelėnas*, Lietuvos Respublikos, S. 379.
37 *Šeškauskis*, International Journal of Baltic Law 2007, 102 (114).

Tätigkeitsbereiche umfasst und damit ebenso für die Anwendung der Gesetze wie für deren Erlass (legislative Tätigkeit) gilt.[38]

Die litauische Rechtsprechung hat sich bislang mit der Pflicht des Staates zur Entschädigung für rechtswidrige legislative Akte noch nicht befasst; zum Ersatz von Schäden infolge verfassungswidriger Akte werden anstelle der deliktischen Haftung des Staates andere Vorschriften herangezogen.[39] Es gab eine Reihe von Fällen, in denen Polizeibeamte nicht ausgezahlte Teile ihrer Gehälter als ungerechtfertigte Bereicherung des Staates und der entsprechenden staatlichen Einrichtungen einklagten. Gehaltsberechnungen erfolgten aufgrund einer Regierungsanordnung, die später vom Verfasungsgericht für verfassungswidrig erklärt wurde. In einigen dieser Fälle entschied das Gericht, dass nicht die zivilrechtlichen Haftungsregeln (deliktische Haftung und ungerechtfertigte Bereicherung) sondern ausschließlich die speziellen Vorschriften zur Regelung der Beamtengehälter heranzuziehen seien.[40]

Es gibt jedoch auch widersprechende Entscheidungen, in denen das Recht dahingehend ausgelegt wird, dass Fälle im Zusammenhang mit Legislativakten zuzulassen sind, da dies ebenfalls Handlungen seien, die vom öffentlichen Recht geregelt würden und damit in den Anwendungsbereich der entsprechenden Vorschriften des CK (Art. 6.271 CK) fielen.[41]

Bislang hatte die Rechtsprechung des EuGH im Bereich der Staatshaftung für legislative Tätigkeit keinen unmittelbaren Einfluss auf die Rechtsprechung der litauischen Gerichte oder die jeweilige Legislative.

4. Ermessenshandeln

Da die Rechte und Pflichten der exekutiven Einrichtungen in beträchtlichem Umfang durch Gesetze und Verordnungen geregelt werden, ist deren Tätigkeit nur selten mit der Ausübung von Ermessensbefugnissen verbunden. Wie auch andere Teile der Literatur zutreffend feststellen, müssen sich Gerichte demzufolge nur selten mit komplexen Aspekten wie der Frage, ob eine getroffene Entscheidung die bestmögliche ist und ob der allgemeinen Sorgfaltspflicht Genüge getan wurde, befassen. Diesbezüglich besteht ein Mangel an Rechtsprechung und die Gerichte sind auch nicht gewillt, die Handlungen von Amtsträgern, denen Ermessensbefugnisse zustehen, zu untersuchen.[42] Es gibt Beispiele dafür, dass Gerichte bisweilen eine Bewertung von Ermessensbefugnissen vermeiden, indem schlicht die Behauptung aufstellt wird, dass etwas im Ermessen beispielsweise des Steuerverwalters (Amtsträger der staatlichen Steuerinspektion) stünde.[43]

Auf der anderen Seite ist das Recht zur Überprüfung von Ermessensakten gesetzlich beschränkt.[44] Das Gesetz schreibt vor, dass bestimmte Aspekte im Hinblick auf den Gewaltenteilungsgrundsatz nicht bewertet werden dürfen, es besteht jedoch kein grundsätzliches Verbot, Ermessensakte zu überprüfen.[45] Das Oberste Verwaltungsgericht bestätigte überdies, dass das Recht zur Ermessensausübung nicht absolut und die staatliche oder kommunale Einrichtung in jedem Fall verpflichtet sei, den gesetzlichen Vorgaben zu entsprechen.[46]

---

38 *Vaišvila*, Teisės teorija, S. 481–482.

39 *Selelionytė-Drukteinienė*, Valstybės deliktinės atsakomybės, S. 191.

40 Vgl. *Lietuvos vyriausiasis administracinis teismas* (Oberstes Verwaltungsgericht Litauens, abgekürzt: LVAT), Urteil Nr. A11-365/2006 vom 2.5.2006 sowie Urteil Nr. A11-368/2006 vom 2.5.2006.

41 *Vilniaus apygardos teismas* (Bezirksgericht Vilnius), Urteil Nr. 2S-1289-345/2010 vom 21.12.2010.

42 *Selelionytė-Drukteinienė*, Valstybės deliktinės atsakomybės, S. 110.

43 LVAT, Urteil Nr. A143-1172/2010 vom 5.10.2010.

44 Art. 3 Abs. 2 ABTI.

45 *Selelionytė-Drukteinienė*, Valstybės deliktinės atsakomybės, S. 154.

46 LVAT, Urteil Nr. A14-470/2007 vom 5.5.2007, zitiert nach *Selelionytė-Drukteinienė*, Valstybės deliktinės atsakomybės, S. 154.

5. Justizielles Handeln

Die Haftung für Schäden infolge rechtswidriger Handlungen durch Untersuchungsbeamte, Staatsanwälte, Richter und Gerichte ist ebenfalls gesondert gesetzlich geregelt.

Die Pflicht des Staates, Schäden zu ersetzen, die durch justizielle Institutionen im Rahmen strafrechtlicher Verfahren verursacht wurden, wird ebenfalls aus dem CK sowie einem speziellen Gesetz zum Ersatz von Schäden durch rechtswidrige Akte staatlicher Institutionen abgeleitet.[47] Ausgangspunkt bei einem Schaden durch Justizeinrichtungen oder -beamte ist Art. 6.272 CK. Dieser Vorschrift zufolge entsteht eine zivilrechtliche Haftung, wenn ein Schaden durch Verfahrenshandlungen, Beschlüsse und andere Verfahrensunterlagen entsteht; d.h., für rechtswidrige Verfahrensmaßnahmen beispielsweise durch einen Staatsanwalt kann Schadensersatz verlangt werden.

Das Schrifttum weist zudem darauf hin, dass das Verfassungsgericht in bestimmten Fällen aufgrund eines erheblichen Fehlers die Interessen einer Person verletzten und dadurch ganz oder zumindest teilweise einen Schaden verursachen kann, der der Verfassung zufolge zu ersetzen ist, was für den Betroffenen im Hinblick auf eine Haftung des Staates eine ausreichende Klagegrundlage darstelle.[48]

6. Untätigkeit

Die Vorschriften zu rechtswidrigem Handeln von Amtsträgern gelten auch in Fällen von Untätigkeit. Zur Feststellung von Untätigkeit prüft das Gericht anhand der im Hinblick auf die Tätigkeit einer bestimmten Behörde geltenden Gesetze und Verordnungen, ob die Verfahren und Fristen ordnungsgemäß eingehalten und alle notwendigen Handlungen gemäß den gesetzlichen Bestimmungen vorgenommen wurden.[49] In solchen Fällen kann sich eine zivilrechtliche Haftung beispielsweise aufgrund einer unrechtmäßigen Untätigkeit oder Verzögerung ergeben.[50]

II. Relevante Normverstöße

Um eine Staatshaftung auszulösen, muss die Rechtswidrigkeit des Handelns eines Amtsträgers oder einer staatlichen Einrichtung festgestellt werden. Dies ist gesetzlich vorgeschrieben: Art. 6.246 CK bestimmt, was rechtswidrige Handlungen sind. Demzufolge ergibt sich eine zivilrechtliche Haftung aus der Nichtvornahme einer gesetzlich vorgesehenen Pflicht oder der Vornahme gesetzlich untersagter Handlungen oder einem Verstoß gegen die allgemeine Sorgfaltspflicht.

Es gibt keine gesonderten Vorschriften, die zwischen verschiedenen Arten von Rechtsverstößen unterscheiden. Die Rechtsprechung zeigt (→ D.), dass jeder Verstoß gegen Gesetze und Verordnungen, die die Tätigkeit einer bestimmten staatlichen Einrichtung regeln, sowie Verletzungen der allgemeinen Sorgfaltspflicht Grundlage einer Staatshaftung sein können.

---

47 *Lietuvos Respublikos žalos, atsiradusios dėl valdžios institucijų neteisėtų veiksmų, atlyginimo ir atstovavimo valstybei įstatymas* (Gesetz zum Ersatz von Schäden durch rechtswidrige Handlungen der Behörden und zur staatlichen Vertretung der Republik Litauen), Žin., 2002, Nr. 56-2228.

48 *Šileikis*, Justitia 2010, 2 (12).

49 Vgl. z.B. *Klaipėdos apygardos administracinis teismas* (Verwaltungsbezirksgericht Klaipeda), Urteil Nr. I-137-162/2009 vom 29.1.2009 sowie LVAT, Urteil Nr. A-556-512/2010 vom 15.3.2010.

50 *Šiaulių apygardos administracinis teismas* (Verwaltungsbezirksgericht Šiauliai), Urteil Nr. I-50-84/2010 vom 22.4.2010.

Art. 6.271 CK ist eine besondere Vorschrift zum Ersatz von Schäden durch rechtswidriges Handeln staatlicher Einrichtungen. Die Feststellung der Rechtswidrigkeit eines Aktes geht einher mit einer Bewertung der Handlung oder des Unterlassens im Lichte der Vorschriften, die die Tätigkeiten und Befugnisse bestimmter Einrichtungen regeln,[51] oder einem Verstoß gegen diese Vorschriften.[52]

Ein Handeln kann rechtswidrig sein, wenn Amtsträger ihnen obliegende Aufgaben nicht oder mit unvertretbarer Nachlässigkeit oder Oberflächlichkeit erfüllen.[53] Zur Feststellung von Rechtswidrigkeit ist entscheidend, ob Amtsträger im Rahmen ihrer Befugnisse handeln, deren Grenzen nicht überschreiten und auch anderen rechtlichen Anforderungen entsprechen.[54]

Das *Lietuvos Aukščiausiasis Teismas* (Oberstes Gericht Litauens, abgekürzt: LAT) äußerte sich überdies mehrfach dahingehend, dass die Gerichte in Fällen, in denen eine Person die Rechtswidrigkeit des Handelns eines Amtsträgers geltend macht, welche sich nicht aus besonderen Gesetzen zur Haftung dieser Amtsträger ergibt, die vorliegenden Umstände in Bezug auf eventuelle Verstöße anhand allgemeiner Rechtsgrundsätze, der Verfassung sowie internationaler Verträge zu bewerten hätten. Sollte das nationale Recht für bestimmte Verstöße keine spezielle Haftung des Staates vorsehen, so wird von einer Staatshaftung aufgrund internationaler Verträge als Teil des nationalen Rechtssystems ausgegangen.[55] Daraus ergibt sich, dass der Staat auch für Verstöße seiner Beamten gegen Unions- und Völkerrecht haftet.

Zunächst einmal ist festzustellen, dass der litauischen Verfassung (Art. 135) zufolge die allgemein anerkannten Grundsätze und Normen des Völkerrechts zu beachten sind. Außerdem bestimmt das CK ausdrücklich, dass internationale Verträge auf zivilrechtliche Beziehungen unmittelbar anzuwenden sind, es sei denn, der Vertrag selbst sieht zu seiner Umsetzung zwingend einen besonderen nationalen Rechtsakt vor. Zudem sind im Falle der Abweichung internationaler Verträge von den Regelungen des CK und anderer Gesetze die Vorschriften der internationalen Verträge anzuwenden (Art. 1.13 CK). Darüber hinaus sind die Rechtsnormen der Europäischen Union seit dem Jahr 2004 Teil des litauischen Rechtssytems und haben im Falle einer Normenkollision Vorrang vor litauischem Recht.[56] Mithin sind internationale Verträge Teil des nationalen Rechts und sind unmittelbar anzuwenden, sofern sie nicht selbst zu ihrer Umsetzung die Einführung bestimmter interner Rechtsnormen vorsehen.

Es gibt nicht viel Rechtsprechung zu Verstößen gegen Unions- und Völkerrecht. Die bislang in diesem Kontext veröffentlichten Entscheidungen stützen die litauischen Gerichte auf nationales Recht. Unions- und Völkerrecht wird gelegentlich unterstützend erwähnt. Solche Fälle, die sich allein auf die Verletzung von Unionsrechten stützen, wurden bislang auf Unionsebene verhandelt. Einer der häufigsten Verstöße ist dabei der Verstoß gegen Art. 6 EMRK[57] im Hinblick auf

---

51 LVAT, Urteil Nr. A143-1172/2010 vom 5.10.2010.

52 LVAT, Urteil Nr. A662-869/2010 vom 5.11.2010.

53 *Šiaulių apygardos administracinis teismas* (Verwaltungsbezirksgericht Šiauliai), Urteil Nr. I-50-84/2010 vom 22.4.2010.

54 *Panevėžio apygardos teismas* (Verwaltungsbezirksgericht Panevėžys), Urteil Nr. 2A-509-544/2010 vom 1.9.2010.

55 Vgl. z.B. LAT, Urteil Nr. 3K-3-428/2009 vom 15.10.2009 sowie KT, Urteil v. 19.8.2006, Žin., 2006, Nr. 90-3529, sub 5, demzufolge „in Fällen, in denen ein Ersatz für Schäden, die durch rechtswidrige Handlungen staatlicher Amtsträger verursacht wurden, gesetzlich nicht vorgesehen ist, Gerichte im Rahmen ihrer Befugnisse ermächtigt sind, durch unmittelbare Anwendung der Verfassung, allgemeiner Rechtsgrundsätze, inter alia dem Grundsatz der Zumutbarkeit und anderer, Schadensersatz zuzusprechen [...]".

56 *Lietuvos Respublikos Konstitucinis aktas dėl Lietuvos Respublikos narystės Europos Sąjungoje* (Verfassungsgesetz der Republik Litauen zur Mitgliedschaft der Republik Litauen in der Europäischen Union) Nr. IX-2343, Žin., 2004, Nr. 111-4123.

57 *Europos žmogaus teisių ir pagrindinių laisvių apsaugos konvencija* (Europäische Konvention zum Schutz der Menschenrechte und Grundfreiheiten), Žin. 1995. Nr. 40-987.

verzögerte Strafgerichtsverfahren,[58] in denen der EGMR einen Verstoß gegen den in Art. 6 EMRK festgelegten Grundsatz sieht, ein Verfahren so zügig wie möglich zu bearbeiten: Jedem steht das Recht auf eine faire und öffentliche Verhandlung innerhalb einer angemessenen Zeit zu.

III. Schutzgutbezogenheit

Grundsätzlich gelten stets diesselben Regeln, unabhängig davon, welches Interesse geschützt wird und was für eine Art von Schaden auftritt. Besondere Vorschriften gelten z.B. für den Ersatz nicht vermögensrechtlicher Schäden (→ C.III.).

Wird beispielsweise die Gesundheit einer Person beeinträchtigt, so sind alle Schäden einschließlich immaterieller Schäden zu ersetzen (Art. 6.283 CK); ein immaterieller Schaden ist zudem im Falle des Todes einer Person zu ersetzen (Art. 6.284 CK). Die Regelungen unterscheiden sich zwar im Hinblick auf die Höhe und Art des Schadens, nicht jedoch in Bezug auf die Voraussetzungen zur Begründung einer zivilrechtlichen Haftung.

IV. Zurechenbarkeit

Der Staat haftet für Handlungen aller behördlichen Einrichtungen. Eine behördliche Einrichtung ist gesetzlich definiert als jede Körperschaft des öffentlichen Rechts, d.h. staatliche oder kommunale Einrichtungen, Beamte, öffentliche Bedienstete oder jeder andere Arbeitnehmer dieser Einrichtungen ebenso wie eine Privatperson, die Aufgaben einer öffentlichen Behörde ausführt (Art. 6.271 Abs. 2 CK). Dem Staat werden somit die Handlungen sämtlicher Körperschaften, Einrichtungen oder Personen zugerechnet, die behördliche Aufgaben wahrnehmen.

Der Staat haftet nicht für Handlungen von Rechtsanwälten, Gerichtsvollziehern oder Notaren. Diese werden nicht als Träger der öffentlichen Verwaltung angesehen; ihre rechtliche Stellung und ihre Haftung werden durch Sondergesetze geregelt.

V. Kausalität

Das CK legt einen Kausalitätsgrundsatz fest, der für jede zivilrechtliche Haftung gilt, unabhängig davon, ob es sich um eine öffentliche oder eine andere Einrichtung handelt.

Die Regel findet sich in Art. 6.247 CK, demzufolge nur der Schaden zu ersetzen ist, der

> *„mit Tätigkeiten (Vornahme oder Nichtvornahme von Handlungen), die eine zivilrechtliche Haftung des Schuldners auslösen, auf eine Art und Weise verbunden ist, dass der Schaden im Hinblick auf seine Natur und die zivilrechtliche Haftung dem Schuldner als Folge seiner Tätigkeit (Vornahme oder Nichtvornahme von Handlungen) zugerechnet werden kann“,*

d.h. das Gesetz sieht vor, dass nur der Schaden zu ersetzen ist, der Folge einer rechtswidrigen Handlung oder Unterlassung ist.

Die geschädigte Partei muss einen Kausalzusammenhang zwischen Schaden und rechtswidriger Handlung oder Unterlassung beweisen. Der Beweis eines Kausalzusammenhangs erfolgt gemäß den nachstehenden Ausführungen (→ D.). Zur Feststellung eines Kausalzusammenhangs

---

58 Vgl. u.a. EGMR *Šleževičius/Litauen*, Nr. 55479/2000, 13.11.2001; EGMR *Meilus/Litauen*, Nr. 53161/99, 6.11.2003; EGMR *Girdauskas/Litauen*, Nr. 70661/01, 11.12.2003.

reicht es aus darzulegen, dass eine Handlung hinreichender Grund für die Entstehung eines Schadens ist, selbst wenn sie nicht die einzige Schadensursache darstellt.[59] Das in Art. 6.247 CK bestimmte Kausalitätserfordernis wird von den Gerichten flexibel gehandhabt mit dem Ziel, in jedem einzelnen Fall die rechtsmäßigen Interessen des Klägers und des Beklagten sowie alle sonstigen relevanten Umstände zu berücksichtigen. Es handelt sich bei diesem Kausalitätsmaßstab weder um eine reine Anwendung der Äquivalenztheorie noch der Adäquanztheorie, sondern vielmehr den in der litauischen Kommentarlitertur und Praxis herrschenden „flexiblen" Kausalitätsmaßstab.[60]

VI. Relevanz von Verschulden

Eine zivilrechtliche Haftung erfordert grundsätzlich das Vorliegen aller vier Voraussetzungen, also rechtswidrige Handlung, Kausalzusammenhang, Verschulden und Schaden. Das Gesetz sieht jedoch darüber hinaus bestimmte Fälle vor, in denen zur Begründung einer zivilrechtlichen Haftung kein Verschulden erforderlich ist.[61]

In Fällen von Amtshaftung entsteht eine Haftung des Staates verschuldensunabhängig; nur eine rechtswidrige Handlung, ein Schaden und ein Kausalzusammenhang müssen vorliegen und vor Gericht bewiesen werden. Ein Verschulden des Amtsträgers ist zur Begründung einer Staatshaftung nicht erforderlich. Eine Ausnahme von diesem Grundsatz stellen Handlungen eines Richters bzw. eines Gerichts dar. Handelt ein Richter oder Gericht im Rahmen eines zivilrechtlichen Verfahrens rechtswidrig, so ersetzt der Staat einen Schaden nur dann vollständig, wenn dieser schuldhaft von dem Richter oder dem Gericht verursacht wurde (Art. 6.272 Abs. 2 CK).

Aus Sicht der geschädigten Partei ist es unerheblich, ob Handlungen von Amtsträgern der öffentlichen Verwaltung vorsätzlich oder fahrlässig erfolgten. Der Grund dafür, dass Amtsträger einer öffentlichen Einrichtung nicht auf die vorgeschriebene Weise handelten, ist ebenfalls irrelevant.[62] Dies ist nur nach einer Schadensersatzleistung gegenüber einer geschädigten Partei im Zusammenhang mit dem Regressanspruch des Staates gegenüber dem konkreten Amtsträger von Bedeutung (→ C.).

In Fällen, in denen es auf ein Verschulden ankommt, ist dessen Voraussetzung gesetzlich festgelegt – es besteht in dem Versäumnis, mit der unter den jeweiligen Umständen gebotenen Sorgfalt und Vorsicht aufzutreten. Da diese Definition recht weit und der Auslegung zugänglich ist, entwickelte die Rechtsprechung verschiedene Fallgruppen (→ D.).

VII. Haftung ohne Normverstoß

Das Gesetz bestimmt ausdrücklich, dass ein Schaden infolge einer rechtmäßigen Handlung nur dann ersetzt werden muss, wenn dies gesetzlich vorgesehen ist (Art. 6.246 Abs. 3 CK). In der Praxis gibt es mit Ausnahme von Bestimmungen im Zusammenhang mit der Enteignung von Eigentum keine Vorschriften, die eine solche Art von Staatshaftung ausdrücklich vorsehen. Auch andere Stimmen im Schriftum stellten bereits einen Mangel an besonderen Vorschriften

---

59 *Panevėžio apygardos teismas* (Bezirksgericht Panevėžys), Urteil Nr. 2A-471-278/2010 vom 15.10.2010.
60 Mikelėnas, Lietuvos Respublikos, S. 338 („lankstaus priežastinio ryšio doktrina").
61 Vgl. z.B. Art. 6.270, 6.271, 6.256 CK.
62 LVAT, Urteil Nr. A143-1079/2010 vom 19.10.2010.

fest, denenzufolge auch Schäden infolge rechtmäßiger Handlungen staatlicher Amtsträger zu ersetzen sind.[63]

Es ist zudem festzustellen, dass das Gesetz bestimmte Gründe für die Nichtanwendung einer zivilrechtlichen Haftung oder eine Haftungsbefreiung vorsieht, wie z.B. Notstand. Letzterer wird gesetzlich angenommen bei schadensverursachenden Handlungen, mittels derer jemand eine Gefahr für sich selbst, eine andere Person, gesellschaftliche oder staatliche Interessen abwenden und damit das Auftreten eines größeren Schadens vermeiden will, wobei der tatsächlich entstandene Schaden unter den gegebenen Umständen die einzige Möglichkeit darstellt, einen noch größeren Schaden zu verhindern (Art. 6.253 Abs. 6 CK.). Es gibt jedoch keine Fälle in der Rechtsprechung, in denen entsprechende Handlungen des Staates als gerechtfertigt angesehen würden.

Entscheidend in solchen Fällen ist, ob erstens eine unmittelbare Gefahr für eine Person oder deren Eigentum bestand, ob es zweitens nicht möglich war, diese Gefahr zu vermeiden und die einzige Möglichkeit in der Schadenszufügung bestand und drittens, ob der entstandene Schaden geringer oder gleichwertig gegenüber dem Schaden ist, der entstanden wäre, wenn die jeweilige Handlung nicht vorgenommen worden wäre. Das Gericht ist nicht nur befugt, das Vorliegen eines Notstandes zu überprüfen, sondern auch, einen vollständigen oder teilweisen Ersatz des Schadens durch die Person anzuordnen, in deren Interesse die Handlung erfolgte.[64]

Das Polizeigesetz sieht neben allgemeinen Bestimmungen auch explizit vor, dass Polizeibeamten das Recht zusteht, sämtliche Transportmittel im Eigentum natürlicher oder juristischer Personen kostenlos zu benutzen; ein Schaden dieser natürlichen oder juristischen Personen wird gemäß den Weisungen des Innenministeriums erstattet. Außerdem können Polizeibeamte bei Vorliegen eines Notstands die Kommunikationsmittel natürlicher oder juristischer Personen kostenlos nutzen, wobei die Polizei auf Verlangen des Eigentümers dessen Schaden gemäß den Weisungen des Innenministeriums zu ersetzen hat.[65]

C. Haftungsfolgen

I. Haftungssubjekte

Das Gesetz benennt in Art. 6.271 CK als Haftungssubjekt des Schadensersatzes ausdrücklich den Staat Litauen. Amtshaftung bedeutet Haftung des Staates oder der Kommune für die Tätigkeit staatlicher oder kommunaler Einrichtungen, unabhängig vom Verschulden eines konkreten Amtsträgers. Dieser Grundsatz ist in allen Fällen anzuwenden. Der Staat und nicht die Einrichtung oder der jeweilige Amtsträger haftet und ist gerichtlich in Anspruch zu nehmen. Der Staat muss Schäden infolge rechtswidriger Handlungen seiner Amtsträger verschuldensunabhängig aus dem Staatshaushalt begleichen; dasselbe gilt für Handlungen von Ermittlungsbeamten, der Staatsanwaltschaft und den Gerichten; ein Verschuldenerfordernis besteht nur bezüglich der Handlungen eines Richters oder eines anderen Gerichtsbediensteten im Rahmen eines Zivilverfahrens (Art. 6.271 und 6.272 CK).

Grundsätzlich ist die Staatshaftung verschuldensunabhängig, was bedeutet, dass eine geschädigte Partei weder nachzuweisen braucht, welcher konkrete Amtsträger die ihm übertrage-

---

63 *Selelionytė-Drukteinienė*, Valstybės deliktinės atsakomybės, S. 176.
64 *Mikelėnas*, Lietuvos Respublikos, S. 353.
65 Art. 18 Abs. 1 S. 5, 6 *LR policijos veiklos įstatymas* (Polizeigesetz der Republik Litauen), Žin. 2000, Nr. VIII-2048.

nen Aufgaben nicht ordnungsgemäß erfüllt hat, noch, dass der Schaden die Folge einer Handlung dieses Amtsträgers ist.[66]

Im Hinblick auf den Schadensersatzanspruch haftet der jeweilige Amtsträger nicht persönlich. Aber nach Ersatz des Schadens steht dem Staat bezüglich der geleisteten Zahlung ein Regressanspruch gegenüber dem Amtsträger zu. Der zu erstattende Betrag wird gesetzlich beschränkt auf maximal neun durchschnittliche Monatsgehälter des Amtsträgers, es sei denn, bestimmte Gesetze sehen etwas anderes vor (Art. 6.280 CK; Art. 5 ZAI) So ordnet beispielsweise Art. 33 Abs. 2 VTI an, dass der staatlichen oder kommunalen Einrichtung ein Regressanspruch bezüglich der gesamten Entschädigungsleistung zusteht, wenn der Schaden durch eine vorsätzliche Handlung des Amtsträgers verursacht wurde. Die Möglichkeit eines Regressanspruchs gegen den jeweiligen Amtsträger besteht ebenfalls bei vorsätzlichen Handlungen von Ermittlungsbeamten, der Staatsanwaltschaft, Justizbeamten oder einem Richter (Art. 6.272 Abs. 4 CK).

II. Individualansprüche

Das Recht, den Rechtsweg zu beschreiten, wird jedermann verfassungsrechtlich zugestanden (Art. 30 Verfassung). Das ABTI schreibt zudem vor, dass jeder Betroffene das Recht hat, im Falle einer Verletzung eines rechtlich geschützten Rechts oder Interesses ein Gericht anzurufen (Art. 5 Abs. 1 ABTI).

Da das Gesetz keine Ausnahmen vorsieht, liegt der Schluss nahe, dass jedermann einschließlich Ausländern das Recht zusteht, sich bei Verletzung seiner Rechte an das Gericht zu wenden und um Schutz seiner Rechte oder rechtlich geschützten Interessen zu ersuchen. Manchen Stimmen in der Literatur zufolge ist besonders hervorzuheben, dass das Recht einer Person, einen Antrag oder ein Rechtsmittel einzulegen, im ABTI nicht beschränkt wird, sodass sich ausländische Staatsbürger in gleicher Weise wie litauische Staatsbürger an litauische Verwaltungsstellen wenden können, selbst wenn sie nicht ihren Wohnsitz in Litauen haben.[67]

III. Haftungsinhalt

Der Ersatz von Vermögensschäden und immateriellen Schäden einer Person ist gesetzlich festgeschrieben (Art. 30 Abs. 2 Verfassung). Das Verfassungsgericht machte zudem deutlich, dass es sich bei der Notwendigkeit, Vermögensschäden und immaterielle Schäden zu ersetzen, um einen Verfassungsgrundsatz handele.[68]

Üblicherweise werden als Schaden angesehen: 1) Verlust oder Beschädigung von Eigentum, 2) angefallene Kosten (direkter Verlust) oder 3) entgangener Gewinn infolge von rechtswidrigen Handlungen (Art. 6.249 Abs. 1 CK).

Neben direktem Verlust und entgangenem Gewinn umfasst der Schadensersatz auch die angemessenen Kosten zur 1) Verhinderung oder Verringerung des Schadens, 2) zur Haftungs- und Schadensbewertung oder 3) im Zusammenhang mit einer außergerichtlichen Schadensersatzerlangung (Art. 6.249 Abs. 4 CK).

In der Literatur wird darüber hinaus festgestellt, dass ein ersetzbarer Vermögensschaden als schädigende Beeinträchtigung jedes gesetzlich anerkannten und geschützen Rechtsguts anzu-

66 *Selelionytė-Drukteinienė*, Valstybės deliktinės atsakomybės, S. 86–87.
67 *Andriuškevičius*, Administracinė teisė, S. 146.
68 KT, Urteile v. 20.1.1997, Žin., 1997, Nr. 7-130, und v. 13.12.2004, Žin., 2004, Nr. 181-6708.

sehen ist. Eine solche Beeinträchtigung kann sowohl in der Schädigung der körperlichen Unversehrtheit einer Person, dem Verlust des Lebens, der Verletzung von Rechten und Interessen einer Person und der Eigentumsbeschädigung oder -zerstörung wie auch im Wertverlust von Eigentum liegen.[69] Letzterer ist allerdings weder gesetzlich näher bestimmt noch spiegelt er sich in der aktuellen Rechtsprechung zur Staatshaftung wieder.

Das Gericht kann bei der Gewährung von Schadensersatz unter Berücksichtigung der Umstände des Einzelfalles die verantwortliche Person verpflichten, den Schaden entweder der Art nach zu ersetzen oder vollständig auszugleichen (Art. 6.281 Abs. 1 CK). Ist der Schaden nicht der Art nach zu ersetzen, so ist ein finanzieller Ausgleich vorzunehmen.

Neben einem Vermögensschaden kann das Gericht auch den Ersatz eines immateriellen Schadens anordnen. Der Ersatz von immateriellen Schäden ist nur in den Fällen möglich, in denen dies gesetzlich vorgesehen ist (Art. 6.250 CK), so beispielsweise stets bei Verbrechen, Körperverletzungen und dem Tod einer Person. Es gibt jedoch Beispiele in der Rechtsprechung, in denen die Regelung, derzufolge ein immaterieller Schaden nur in gesetzlich vorgesehenen Fällen ersetzt wird, durch eine direkte Anwendung der Verfassung oder der EMRK umgangen wird, sofern die Verletzung von dort festgelegten Rechten oder Interessen einer Person bewiesen wird.[70]

Auch wenn die Kriterien gesetzlich angeordnet sind (Art. 6.250 CK), ist diese Aufzählung nicht erschöpfend. Die Rechtsprechung zeigt, dass das Gericht unter Berücksichtigung der individuellen Umstände im konkreten Einzelfall auf andere Kriterien für den Ersatz eines immateriellen Schadens abstellen kann.[71] Das bedeutet, dass im Hinblick auf die Eigenheit des geschützten Rechtsgutes in bestimmten Fällen besondere Vorschriften zusätzliche, andere Kriterien enthalten können oder das Gericht außerdem ergänzend besondere Umstände in Betracht ziehen kann.[72]

Da der Beweis eines vermögensrechtlichen Schadens für gewöhnlich leichter ist als der eines immateriellen Schadens, kann an dieser Stelle auf eine Reihe von Fällen aus der Rechtsprechung verwiesen werden. So führte das Verwaltungsbezirksgericht Vilnius beispielsweise aus, dass einfache Behauptungen des Klägers bezüglich eines immateriellen Schadens nicht ausreichten; entsprechende Behauptungen müssten auf einem direkten oder indirekten, subjektiven oder objektiven Beweis beruhen.[73]

Die Höhe eines immateriellen Schadens wird in jedem Fall vom Gericht festgelegt und muss *inter alia* den Anforderungen der Fairness, Gerechtigkeit und Angemessenheit genügen (Art. 6.250 Abs. 2 S. 3 CK). Bei der Bemessung und Zusprechung der Schadenshöhe folgt das Gericht der Rechtsprechung des Obersten Gerichts in ähnlichen Fällen sowie der Spruchpraxis des Europäischen Gerichtshofs.[74]

Bezüglich eines immateriellen Schadens aufgrund staatlichen Handelns erklärte das Oberste Verwaltungsgericht zudem im Hinblick auf die Notwendigkeit des Schadensersatzes als Verfassungsgrundsatz, dass sich aus der Verfassung nicht ergebe, dass das Gesetz Ausnahmen vorsehen kann, denenzufolge ein materieller und/oder immaterieller Schaden einer Person nicht zu ersetzen ist; ein immaterieller Schaden aufgrund einer rechtswidrigen Handlung staatlicher

69 *Mizaras*, in: ders., S. 535 (563).
70 *Cirtautienė*, Neturtinės žalos, S. 54.
71 LAT, Urteil Nr. 3K-7-255/2005 vom 18.4.2005 sowie Urteil Nr. 3K-3-450/2006 vom 6.9.2006; zitiert nach *Cirtautienė*, Neturtinės žalos, S. 54.
72 *Cirtautienė*, Neturtinės žalos, S. 189.
73 *Vilniaus apygardos administracinis teismas* (Verwaltungsbezirksgericht Vilnius), Urteil Nr. I-1502-764/2009 vom 22.5.2009.
74 LAT, Urteil Nr. 3K-3-428/2009 vom 15.10.2009.

Amtsträger könne daher ersetzt werden, selbst wenn eine Rechtsgrundlage für den Ersatz dieses Schadens gesetzlich nicht explizit vorgesehen sei.[75]

Das CK setzt auch keine Begrenzungen bezüglich eines Schadensersatzes fest. Zudem ist anzuführen, dass das *Lietuvos Respublikos draudimo įstatymas* (Versicherungsgesetz der Republik Litauen) die Behörden nicht ermächtigt, sich gegen eine Haftung für Schäden zu versichern.[76] Bislang sind auch keine entsprechenden Verfahren für staatliche Behörden bekannt oder vorhanden. Dies zeigt sich auch in der Rechtsprechung. Wenn es um die Haftung des Staates für Schäden geht, die von seinen Amtsträgern verursacht wurden, bestätigt die Rechtsprechung des Obersten Gerichts und des Verfassungsgerichts die Haltung der Gerichte, nach der der Gesetzgeber verfassungsrechtlich nicht ermächtigt ist, bezüglich der Schadenshöhe einen Höchst- oder Mindestbetrag festzusetzen, der für das Gericht bindend ist und es nicht gestattet, im Einzelfall einen angemessenen Schadensersatz zuzusprechen.[77]

IV. Haftungsbegrenzung und Haftungsausschluss

Das Gesetz sieht keine Begrenzungen vor, sodass alle staatlichen Behörden für das Handeln ihrer Amtsträger haftbar gemacht werden können.

Ebenfalls ist es nach gegenwärtiger Rechtspraxis nicht erforderlich, dass der Geschädigte zunächst die schädigende Handlung angreifen muß, bevor er Ersatz des durch diese Handlung verursachten Schadens fordern kann (→ D.I.).

Wie in allen anderen zivilrechtlichen Haftungsfällen sieht das Gesetz auch bezüglich der Haftung staatlicher Behörden vor, dass ein Schadensersatz je nach dem Verschuldensgrad der geschädigten Person auch begrenzt oder eine Schadensersatzklage sogar abgewiesen werden kann. Ein Schadensersatz kann begrenzt oder eine Schadensersatzklage abgewiesen werden, wenn grobe Fahrlässigkeit des Geschädigten entweder zur Schadensverursachung beigetragen oder den Schaden vergrößert hat. Ein Schadensersatz kann je nach dem Verschuldensgrad des Geschädigten oder des Schadensverursachers verringert werden, sofern diese schuldhaft gehandelt haben (Art. 6.282 Abs. 1 CK).

Gleichzeitig enthält das Gesetz bestimmte Einschränkungen für Fälle, in denen ein Schadensersatz nicht begrenzt oder ausgeschlossen werden kann, selbst wenn der Geschädigte schuldhaft gehandelt hat.

Dies zeigt sich auch in der Rechtsprechung. So hob das Oberste Verwaltungsgericht in einer Entscheidung unter Bezugnahme auf die Empfehlung Nr. (84) 15[78] sowie das CK[79] hervor, dass das Gericht nicht nur feststellen müsse, dass das Handeln des Geschädigten zur Schadensverursachung beigetragen hat, sondern auch ausführen müsse, welche konkreten Handlungen des Geschädigten zur Schadensverursachung beigetragen haben könnten und auf welche Weise diese zum Schaden beigetragen oder diesen vergrößert haben und schließlich noch bewerten

75 LVAT, Urteil Nr. A-442-330-08 vom 17.4.2008.

76 *Lietuvos Respublikos draudimo įstatymas* (Versicherungsgesetz der Republik Litauen), Žin., 2003, Nr. 94-4246.

77 *Cirtautienė*, Neturtinės žalos, S. 181.

78 Empfehlung des Ministerkomitees des Europarats Nr. R (84) 15 über die Haftung der öffentlichen Hand, worin der dritte Grundsatz vorsieht, dass der Ersatz eines Schadens in Fällen, in denen das Opfer durch eigenes Verschulden oder das Versäumnis, Rechtsmittel einzulegen, zu einem Schaden beigetragen hat, entsprechend verringert oder ganz ausgeschlossen werden kann; Text im Anhang zu § 1 Vergleichende Bestandsaufnahme.

79 Art. 6.253 Abs. 5 und Art. 6.282 Abs. 1 CK.

müsse, ob diese Handlungen Grundlage für eine Schadensersatzbegrenzung oder einen Schadensersatzausschluss zugunsten des Staates sind.[80]

Das Einreichen einer Klage gegen die betreffende Behörde hindert den Geschädigten nicht, zusätzlich auch Klage gegen einen Dritten zu erheben, wenn ein solcher beteiligt ist. In einem solchen Fall gelten die Regeln der gemeinschaftlichen (gesamtschuldnerischen) Haftung (Art. 6.279 CK). Die Haftung eines Dritten tritt ein, wenn alle Voraussetzungen einer zivilrechtlichen Haftung vorliegen, nämlich rechtswidrige Handlung, Verschulden, Schaden und Kausalzusammenhang.[81] Das Oberste Verwaltungsgericht geht davon aus, dass

> *„der Staat nicht verpflichtet ist, einen Schaden zu ersetzen, der durch Dritte verursacht wurde, selbst wenn ein solcher Schaden erwiesenermaßen tatsächlich verursacht wurde".*[82]

D. Geltendmachung von Haftungsansprüchen

I. Rechtsweg

Für die Bestimmung des Rechtsweges sind sowohl die Parteien des Rechtsstreits maßgeblich als auch das Begehren des Antragstellers/Klägers.

Das Gesetz schreibt vor, dass für Schadensersatzklagen aufgrund rechtswidriger Handlungen von Mitarbeitern der öffentlichen Verwaltung die Verwaltungsgerichte zuständig sind (Art. 15 Abs. 1 Nr. 3 ABTI). Die Verwaltungsgerichte befassen sich auch mit Fällen, in denen es um die Rechtmäßigkeit von Anordnungen und Handlungen der öffentlichen Verwaltung oder ihre Weigerung, Handlungen im Rahmen ihres Zuständigkeitsbereichs vorzunehmen, geht (Art. 15 Abs. 1 Nr. 1 ABTI).

Nur für Fälle im Zusammenhang mit dem Handeln von Richtern, Staatsanwälten, Ermittlungsbeamten und Gerichtsvollziehern sind die ordentlichen Gerichte zuständig (Art. 16 Abs. 2 ABTI). Die Zuständigkeit ordentlicher Gerichte wurde vom Obersten Verwaltungsgericht in einer Reihe von Schadensersatzfällen bestätigt.[83]

Handlungen des Parlaments, des Staatspräsidenten und bestimmter anderer hoher Institutionen fallen nicht in den Zuständigkeitsbereich der Verwaltungsgerichte.[84] Geht es jedoch nur um den Ersatz verursachter Schäden, so schreibt das Gesetz keine Zuständigkeitsbeschränkung der Verwaltungsgerichte im Hinblick auf Fälle im Zusammenhang mit Handlungen des Parlaments als Legislative vor, sofern infolge dieser Handlungen Rechte und Freiheiten des Einzelnen verletzt wurden.[85]

Das Gericht leitet auf schriftlichen Antrag der betroffenen Person oder deren Bevollmächtigten oder auf Antrag einer bestimmten staatlichen Einrichtung oder deren Bediensteten wegen Verletzung von fremden Rechten ein verwaltungsgerichtliches Verfahren ein (Art. 5 Abs. 3 Nr. 2 ABTI).

---

80 LVAT, Urteil Nr. A442-978/2009 vom 17.9.2009.

81 Vgl. z.B. *Klaipėdos apygardos administracinis teismas* (Verwaltungsbezirksgericht Klaipėda), Urteil Nr. I-137-162/2009 vom 29.1.2009.

82 Vgl. z.B. LVAT, Urteil Nr. A11-1033/2004 vom 21.12.2004, zitiert nach: *Selelionytė-Drukteinienė*, Valstybės deliktinės atsakomybės, S. 159.

83 Vgl. z.B. LVAT, Urteil Nr. AS63-409/2009 vom 19.6.209.

84 Art. 16 Abs. 2 ABTI.

85 *Vilniaus apygardos teismas* (Bezirksgericht Vilnius), Urteil Nr. 2S-1289-345/2010 vom 21.12.2010.

Das Gesetz schreibt zudem vor, dass das Handeln oder Unterlassen der Verwaltung vor eine für das Überprüfen von Verwaltungshandeln zuständige Einrichtung gebracht werden kann und in bestimmten, gesetzlich vorgesehenen Fällen muss,[86] bevor eine Klage erhoben werden darf (Art. 25 Abs. 1 ABTI). Hierbei handelt es sich um Kommissionen auf Gemeindeebene oder staatlicher Ebene. Solche Kommissionen entscheiden in der Regel über die Rechtmäßigkeit von Handeln oder Unterlassen der Verwaltung, nicht jedoch über Schadensersatzansprüche. Über diese entscheiden die Gerichte.

Für gewöhnlich wird die Rechtswidrigkeit von Entscheidungen im gerichtlichen Verfahren vorgebracht. Die Wirksamkeit einer Handlung kann jedoch auch gemäß den entsprechenden Gesetzen durch die *administracinių ginčų komisija* (Kommission für Verwaltungsstreitigkeiten) oder den parlamentarischen Ombudsmann überprüft werden. Dieses Vorverfahren ermöglicht es, die Rechtswidrigkeit von Handlungen der Amtsträger festzustellen, und kann daher als Grundlage einer Schadensersatzklage dienen.

Besondere gesetzliche Verfahrensregelungen gibt es nicht, vielmehr sind die allgemeinen Vorschriften zum Zivilprozess anzuwenden (außer in Fällen, in denen das Verfassungsgericht angerufen wird). Auch wenn die Fälle vor Verwaltungsgerichten verhandelt werden, finden sich die Grundlagen für den Schadensersatzanspruch sowie die Schadensdefinition im Zivilgesetzbuch (Art. 6.269 CK). Die Klage ist vor dem Gericht zu erheben, in dessen Bezirk sich der Sitz der Behörde befindet.[87]

Die Rechtswidrigkeit von Handlungen wird in jedem Verfahren überprüft, unabhängig davon, ob die Handlung angefochten wurde oder nicht. Das Gesetz fordert nicht, dass als Voraussetzung eines Schadensersatzanspruchs rechtswidrige Akte zuvor auf die gesetzlich vorgesehene Weise angefochten oder für unwirksam erklärt wurden. Das Gericht bewertet die Faktenlage unabhängig davon, dass das Verwaltungshandeln nicht zuvor separat angefochten wurde.[88]

Ein gesondertes, vereinfachtes Verfahren ist im Zusammenhang mit Schadensersatz aufgrund von Handlungen eines Ermitlungsbeamten, Staatsanwaltes oder Gerichts vorgesehen, d.h., es besteht die Möglichkeit, in einem außergerichtlichen Verfahren einen Schadensersatzanspruch geltend zu machen. Zuständig für dieses Verfahren ist das Justizministerium der Republik Litauen. Den Antrag auf Schadensersatz hat der Betroffene an das Ministerium zu stellen (Art. 3 Abs. 4 ZAI). Innerhalb von 3 Monaten nach Erhalt aller erforderlichen Unterlagen trifft dieses eine Entscheidung und unterbreitet dem Betroffen einen Vorschlag für eine einvernehmliche Lösung. Lehnt er ab, kann er die Sache in Form einer Schadensersatzklage vor dem Gericht geltend machen (Art. 3 Abs. 6 ZAI).

Es gibt keine besonderen Vorschriften im Hinblick auf die Untätigkeit von Beamten. Wie gerichtliche Entscheidungen zeigen, überprüfen die Gerichte die Pflichten des jeweiligen Amtsträgers oder der Behörde,[89] um festzustellen, ob diese sich an die maßgeblichen Gesetzesvorschriften gehalten haben oder nicht.

---

86 So müssen zum Beispiel Steuerbescheide zunächst vor die Kommission für Steuerstreitigkeiten gebracht werden, bevor der Weg vor die Verwaltungsgerichte eröffnet ist (Art. 145 *Lietuvos Respublikos mokesčių administravimo įstatymas* (Steuerverwaltungsgesetz der Republik Litauen)).

87 Vgl. *Lietuvos Respublikos Vyriausybės nutarimas „Dėl atstovavimo valstybei bylose dėl žalos atlyginimo"* (Regierungsanordnung zur Vertretung des Staates in Schadensersatzfällen) vom 26.7.2001, derzufolge in Schadensersatzfällen, bei denen der Staat gesetzlich zum Schadensersatz verpflichtet ist, die Behörde berechtigt ist, den Staat zu vertreten, deren Bedienstete den Schaden verursacht haben.

88 Vgl. z.B. LVAT, Urteile Nr. A4-1030/2006 vom 16.6.2006, Nr. A10-332/2007 vom 13.9.2007, Nr. A146-2259/2010 vom 3.1.2011.

89 *Šiaulių apygardos administracinis teismas* (Verwaltungsbezirksgericht Šiauliai), Urteil Nr. I-50-84/2010 vom 22.4.2010.

Besteht eine eindeutige gesetzliche Verpflichtung zum Handeln, so bereitet die Begründung einer Haftung des Staates für gewöhnlich keine Probleme. Die Haftung bemisst sich dabei anhand derselben Kriterien wie in Fällen rechtswidrigen Handelns.[90]

II. Beweisfragen

Gemäß dem *Lietuvos Respublikos civilinio proceso kodeksas*[91] (Zivilverfahrensgesetzbuch der Republik Litauen, abgekürzt: CPK) müssen Kläger das Vorliegen der Umstände beweisen, auf die sie ihre Klage stützen, also alle drei in Abschnitt B. genannten Voraussetzungen, die für eine zivilrechtliche Haftung vorliegen müssen (Art. 178 CPK).

In der Praxis herrscht noch viel Verwirrung, so gibt es Fälle, in denen das Oberste Verwaltungsgericht diese Vorschriften entgegen ihrem Wortlaut ausgelegt hat: Das Gericht war der Ansicht, dass der Kläger zur Feststellung einer Haftung des Staates verpflichtet sei nachzuweisen, welcher konkrete Bedienstete seine Aufgaben nicht erfüllt hat und dass dabei tatsächlich ein Verschulden des Bediensteten vorlag.[92] Die Rechtsprechung des Obersten Gerichts bestätigt jedoch den gesetzlich eindeutig feststehenden Rechtsgrundsatz, wonach die Haftung des Staates (außer bei der Haftung eines Gerichts oder Richters) kein Verschulden voraussetzt.[93]

Grundsätzlich überprüft das Gericht zur Feststellung von Rechtswidrigkeit erstens, ob eine Rechtsverletzung vorliegt, und zweitens, ob eine Ermächtigung überschritten wurde oder sich eine Handlung im Widerspruch zu den Zielen und Aufgaben der Einrichtung befindet.[94]

Bei Gerichtsurteilen wird vorausgesetzt, dass das Urteil angefochten und aufgehoben wurde. Allerdings folgt aus der bloßen Tatsache, dass ein Urteil aufgehoben wurde, noch nicht, dass ein Schaden ersetzt wird, vielmehr werden Beweismittel vom Richter aufgrund seiner eigenen Überzeugung gewürdigt (Art. 185 CPK).

An dieser Stelle erfolgen einige Beispiele aus der Rechtsprechung dafür, was als rechtswidriger Akt angesehen wird. Der Freispruch des Angeklagten, die Zurückweisung der Klage/Beendigung des Verfahrens oder der Umstand, dass ein Verschulden nicht festgestellt wurde, bedeuten nicht, dass prozessuale Zwangsmittel ohne Rechtsgrund angewendet wurden, sofern diese gemäß den gesetzlich vorgesehenen Verfahren eingesetzt wurden und der Kläger zum Zeitpunkt ihrer Anwendung zulässigerweise im Verdacht stand, ein Verbrechen begangen zu haben.[95] Zudem wird festgestellt, dass die Gerichte bei der Geltendmachung der möglichen Rechtswidrigkeit von Beamtenhandlungen, die nicht in Sondergesetzen geregelt sind, diese Handlungen im Lichte der allgemeinen Rechtsgrundsätze, der Verfassung und internationaler Verträge überprüfen.[96] Aus dem Freispruch an sich folgt nicht zwangsläufig, dass das gesamte Verfahren rechtswidrig war; dazu müssen Verletzungen des Strafverfahrensrechts vorliegen.[97] Damit ergibt sich aus dem Wortlaut des Gesetzes sowie dem Obersten Verwaltungsgericht zufolge, dass eine Haftung des Staates für Handlungen des Staatsanwalts und dadurch verursachte

---

90 *Selelionytė-Drukteinienė*, Valstybės deliktinės atsakomybės, S. 153.
91 Žin., 2002, Nr. 36-1340.
92 Vgl. z.B. LVAT, Urteil Nr. A16-665/2007 vom 29.6.2007; Urteil Nr. A4-180/2007 vom 23.2.2007; *Selelionytė-Drukteinienė*, Justitia 2008, 3 (19–20).
93 *Selelionytė-Drukteinienė*, Justitia 2008, 13 (20).
94 Vgl. Art. 3 Abs. 2 ABTI.
95 So z.B. LAT, Urteil Nr. 3K-3-428/2009 vom 15.10.2009.
96 So z.B. LAT, Urteil Nr. 3K-3-428/2009 vom 15.10.2009.
97 Z.B. LVAT, Urteil Nr. 2A-562/2009 vom 22.9.2009.

Schäden den Beweis voraussetzt, dass der Staatsanwalt gegen das *Lietuvos Respublikos baudžiamojo proceso kodeksas* (Strafverfahrensgesetz der Republik Litauen) verstoßen hat.

Nach Ansicht einiger Stimmen in der Literatur ist der Nachweis bzw. die Überprüfung, ob ein behördlicher Akt den öffentlich-rechtlichen Rechtmäßigkeitsanforderungen bzw. -standards entspricht, aufgrund von Art. 6.271 CK eine wesentliche Voraussetzung für den Ersatz von Schäden.[98]

Die Rechtswidrigkeit einer Handlung kann entweder in einem gesonderten oder im selben Gerichtsverfahren festgestellt werden, in dem es auch um die Frage des Schadensersatzes geht, sofern die Fristen zur Anfechtung der Handlung eingehalten werden und die weiteren Klagevoraussetzungen vorliegen. Die Rechtswidrigkeit einer Handlung, die nicht im Rahmen eines Gerichtsverfahrens vorgetragen wurde (sondern z.B. vor dem Parlamentarischen Ombudsmann) wird von den Gerichten jedoch nicht als ausreichend angesehen.[99]

Besteht aufgrund der Rechtsnatur des Aktes keine Möglichkeit, diesen mittels eines Verwaltungsverfahrens anzufechten (z.B. bei einer verzögerten Antwort oder wenn die Einrichtung selbst die Ausgangslage durch Abwandlung einer vorherigen Entscheidung verändert), so wird die Rechtswidrigkeit als Grundlage eines Schadensersatzanspruchs von dem Gericht überprüft, das sich mit der Frage des Schadensersatzes befasst.[100]

Die Höhe eines vermögensrechtlichen und immateriellen Schadensersatzanspruchs ist gesetzlich nicht begrenzt. Grundsätzlich ergibt sich die Schadenshöhe aus dem gesetzlich vorgesehenen Tatsachenbeweis (Art. 57 ABTI). Ist die Schadenshöhe nicht eindeutig festzustellbar, wird sie gerichtlich festgelegt, d.h., dem Gericht kommt diesbezüglich eine aktive Rolle zu. Es sollte zudem erwähnt werden, dass bezüglich der Frage, ob eine Haftung für Schäden infolge von Handlungen staatlicher Einrichtungen vorliegt, eine Vermutung dahingehend besteht, dass ein behördlicher Akt rechtmäßig ist.

III. Fristen

1. Verfahrensfristen

Sofern gesetzlich nichts anderes vorgesehen ist, ist eine Beschwerde (Antrag) beim Verwaltungsgericht innerhalb eines Monats einzureichen, nachdem der angefochtene Akt veröffentlicht wurde oder der einzelne Akt oder die Benachrichtigung von der Vornahme (oder Nichtvornahme) einer Handlung der betroffenen Partei zugestellt wurde oder innerhalb von zwei Monaten von dem Tag, an dem eine (gesetzlich oder durch einen anderen Rechtsakt gesetzte) Frist, einer bestimmten Aufforderung nachzukommen, abläuft (Art. 33 Abs. 1 ABTI).

Verzögert ein Verwaltungskörper die Beschlussfassung in einer bestimmten Angelegenheit und bescheidet einen Antrag nicht fristgerecht, so kann eine solche Untätigkeit (Verzögerung) dieser Einrichtung innerhalb von zwei Monaten ab Ablauf der (gesetzlichen oder durch einen anderen Rechtsakt gesetzten) Frist zur Vornahme der jeweiligen Handlung gerichtlich geltend gemacht werden (Art. 33 Abs. 2 ABTI).

Die Erhebung von Klagen zur Überprüfung der Rechtmäßigkeit von Verwaltungsakten durch das Verwaltungsgericht ist nicht fristgebunden.

98 *Selelionytė-Drukteinienė*, Justitia 2008, 13 (21).
99 *Selelionytė-Drukteinienė*, Justitia 2008, 13 (22).
100 *Selelionytė-Drukteinienė*, Justitia 2008, 13 (22).

2. Verjährung

Für alle Schadensersatzfälle gilt eine allgemeine Verjährungsfrist von drei Jahren. Besondere Verjährungsregelungen für das Handeln oder Unterlassen staatlicher Einrichtungen gibt es nicht (Art. 1.125 Abs. 2 S. 8 CK). Die nach Jahren bemessene Frist beginnt einen Tag, nachdem das Recht auf Schadensersatz enstanden ist, in der Regel nach dem Tag, vom dem an der Geschädigte von der Verletzung seiner Rechte wusste oder wissen musste (Art. 1.127 CK). Die Verjährungsfrist endet um Mitternacht des entsprechenden Tages und Monats nach Ablauf der Verjährungsfrist (Art. 1.119 Abs. 1 CK). Mithin gibt es keine Jahresendverjährung.

IV. Vollstreckung

Sämtliche gerichtlichen Entscheidungen gegen den Staat können vollstreckt werden, da das gegenwärtige System keine Staatsimmunität vorsieht.[101]

Schadensersatz zusprechende Gerichtsurteile werden gemäß dem im CPK vorgesehenen Verfahren vollstreckt: Die Vollstreckungsunterlagen werden dem Kläger ausgehändigt, sobald das Urteil rechtskräftig wird (Art. 97 Abs. 3 ABTI). Das Vollstreckungsverfahren läuft wie folgt ab: Sobald das Gerichtsurteil, das einen Schadensersatzanspruch anerkennt, rechtskräftig wird, werden zur Vollstreckung Abschriften an die Verwaltungskörperschaft, deren Handlungen oder Unterlassungen streitgegenständlich waren, und an den Kläger geschickt (vgl. Art. 97 Abs. 1 ABTI). Wird ein Urteil nicht innerhalb von 15 Tagen oder innerhalb einer anderen, vom Gericht festgesetzten Frist vollzogen, so ist der Kläger berechtigt, einen Antrag beim Verwaltungsgericht zu stellen, welches daraufhin einen Vollstreckungsbefehl für den Gerichtsvollzieher erläßt. Der Gerichtsvollzieher führt den Vollstreckungsbefehl gemäß dem im CPK vorgesehenen, allgemeinen Vollstreckungsverfahren aus (Art. 97 Abs. 2 ABTI).

Im Staatsbudget sind jedes Jahr bestimmte Geldsummen (Subventionen) zum Schadenersatz gemäß Art. 6.271 und Art. 6.272 CK vorgesehen. Deswegen ist der Schaden zunächst aus den hierfür bestimmten Beträgen zu decken. Bislang gibt es noch keine Praxis für Fälle, in denen die in dem Staatsbudget allokierten Beträge nicht ausreichen.

Bibliographie

Andriulis, Vytautas et al., Lietuvos teisės istorija: vadovėlis (Geschichte des litauischen Rechts: Lehrbuch), Vilnius 2002

Andriuškevičius, Arvydas, Administracinė teisė: bendrieji teorijos klausimai, valdymo aktų institutas, ginčo santykių jurisprudenciniai aspektai (Verwaltungsrecht: allgemeine theoretischen Fragen, Institut eines Verwaltungsakts, Jurisprudenzaspekte von Streitverhältnissen), Vilnius 2008

Cirtautienė, Solveiga, Neturtinės žalos atlyginimas kaip civilinių teisių gynimo būdas: monografija (Der Ersatz nicht vermögensrechtlicher Schäden als Mittel zur Verteidigung bürgerlicher Rechte: Monographie), Vilnius 2008

Laužikas, Egidijus, et al., Civilinio proceso teisė, I tomas (Zivilprozessrecht, I. Bd.) Vilnius 2003

Mikelėnas, Valentinas, Civilinės teisės šaltiniai (Rechtsquellen des Zivilrechts), in: V. Mizaras (Hrsg.), Civilinė teisė. Bendroji dalis (Zivilrecht. Allgemeiner Teil), Vilnius 2009

ders., Lietuvos Respublikos civilinio kodekso komentaras. Šeštoji knyga. Prievolių teisė (Kommentar zum Zivilgesetzbuch der Republik Litauen. Sechstes Buch. Schuldrecht), Vilnius 2003

Mizaras, Vytautas, Civilinių teisių įgyvendinimas ir gynimas (Durchsetzung und Verteidigung bürgerlicher Rechte), in: V. Mizaras (Hrsg.), Civilinė teisė. Bendroji dalis (Zivilrecht. Allgemeiner Teil), Vilnius 2009

101 *Selelionytė-Drukteinienė*, Valstybės deliktinės atsakomybės, S. 62.

Paužaitė-Kulvinskienė, Jurgita, Administracinė justicija: teorija ir praktika (Verwaltungsgerechtigkeit: Theorie und Praxis), Vilnius 2005

Selelionytė-Drukteinienė, Simona, Valstybės deliktinės atsakomybės raidos tendencijos (Tendenzen einer Entwicklung einer deliktsrechtlichen Haftung des Staates), Vilnius 2008

dies., Valstybės veiksmų neteisėtumas kaip pagrindas atlyginti žalą (Die Rechtswidrigkeit staatlicher Handlungen als Voraussetzung eines Schadensersatzes), Justitia 2008 m. Nr. 2 (68)

Šedbaras, Stasys, Administracinė atsakomybė (Haftung der Verwaltung), Vilnius 1995

Šileikis, Egidijus, Konstitucinis Teismas ir valstybės atsakomybė už Europos Sąjungos teisės pažeidimą (Das Verfassungsgericht und die Haftung des Staates für eine Unionsrechtsverletzung), Justitia 2010 m. Nr. 1 (73)

Šeškauskis, Mindaugas, Ar valstybė privalo atlyginti asmens patirtą žalą, jeigu tinkamai įgyvendinus priimto įstatymo nuostatas žalos būtų išvengta (Zur Frage, ob der Staat für den Schaden einer Person infolge einer fehlerhaften Gesetzesumsetzung haftet), International Journal of Baltic Law (Internationale Zeitschrift für baltisches Recht), Bd. 3, Nr. 2, Juni 2007

Vaišvila, Alfonsas, Teisinės valstybės koncepcija Lietuvoje (Das Konzept des Rechtsstaates in Litauen), Vilnius 2000

ders., Teisės teorija (Rechtstheorie), 2. Aufl., Vilnius 2004

Abkürzungen

ABTI	*Lietuvos Respublikos administracinių bylų teisenos įstatymas* (Verwaltungsverfahrensgesetz der Republik Litauen)
CK	*Lietuvos Respublikos civilinis kodeksas* (Zivilgesetzbuch der Republik Litauen)
CPK	*Lietuvos Respublikos civilinio proceso kodeksas* (Zivilverfahrensgesetzbuch der Republik Litauen)
LAT	*Lietuvos Aukščiausiasis Teismas* (Oberste Gericht Litauens)
LR	*Lietuvos Respublika* (Republik Litauen)
LVAT	*Lietuvos vyriausiasis administracinis teismas* (Oberstes Verwaltungsgericht Litauens)
KT	*Lietuvos Respublikos Konstitucinis Teismas* (Verfassungsgericht der Republik Litauen)
VAI	*Lietuvos Respublikos viešojo administravimo įstatymas* (Verwaltungsgesetz der Republik Litauen)
VTI	*Lietuvos Respublikos viešojo administravimo įstatymas* (Gesetz über den öffentlichen Dienst der Republik Litauen)
ZAI	*Lietuvos Respublikos žalos, atsiradusios dėl valdžios institucijų neteisėtų veiksmų, atlyginimo ir atstovavimo valstybei įstatymas* (Gesetz zum Ersatz von Schäden durch rechtswidrige Handlungen der Behörden und zur staatlichen Vertretung der Republik Litauen)
Žin	*Valstybės žinios* (Gesetzblatt)

Wesentliche Vorschriften

Lietuvos Respublikos Konstitucija

Verfassung der Republik Litauen[102]

30 straipsnis

Asmuo, kurio konstitucinės teisės ar laisvės pažeidžiamos, turi teisę kreiptis į teismą.

Asmeniui padarytos materialinės ir moralinės žalos atlyginimą nustato įstatymas.

Artikel 30

Eine Person, deren verfassungsrechtliche Rechte oder Freiheiten verletzt werden, hat das Recht, sich an ein Gericht zu wenden.

Der Ersatz materieller und immaterieller Schäden einer Person wird gesetzlich geregelt.

102 Übersetzung des Herausgebers.

33 straipsnis
Piliečiai turi teisę dalyvauti valdant savo šalį tiek tiesiogiai, tiek per demokratiškai išrinktus atstovus, taip pat teisę lygiomis sąlygomis stoti į Lietuvos Respublikos valstybinę tarnybą.

Piliečiams laiduojama teisė kritikuoti valstybės įstaigų ar pareigūnų darbą, apskųsti jų sprendimus. Draudžiama persekioti už kritiką.

Piliečiams laiduojama peticijos teisė, kurios įgyvendinimo tvarką nustato įstatymas.

Artikel 33
Die Bürger haben das Recht, sich an der Regierungsarbeit ihres Landes sowohl direkt als auch durch ihre demokratisch gewählten Vertreter zu beteiligen sowie zu gleichen Bedingungen in den Staatsdienst der Republik Litauen einzutreten.

Die Bürgern haben das Recht, die Arbeit der staatlichen Institutionen oder ihrer Bediensteten zu kritisieren und sich gegen deren Entscheidungen zu wenden. Eine Verfolgung aufgrund von Kritik ist untersagt.

Den Bürgern steht ein Petitionsrecht zu; das Verfahren zur Ausübung dieses Rechtes wird gesetzlich geregelt.

Lietuvos Respublikos civilinis kodeksas
Zivilgesetzbuch der Republik Litauen[103]

6.246 straipsnis. Neteisėti veiksmai
1. Civilinė atsakomybė atsiranda neįvykdžius įstatymuose ar sutartyje nustatytos pareigos (neteisėtas neveikimas) arba atlikus veiksmus, kuriuos įstatymai ar sutartis draudžia atlikti (neteisėtas veikimas), arba pažeidus bendro pobūdžio pareigą elgtis atidžiai ir rūpestingai.

2. Įstatymai gali nustatyti, kad žalą privalo atlyginti asmuo, kuris tos žalos nepadarė, bet yra atsakingas už žalą padariusio asmens veiksmus (netiesioginė civilinė atsakomybė).

3. Teisėtais veiksmais padaryta žala turi būti atlyginama tik įstatymų nustatytais atvejais.

Artikel 6.246. Unrechtmäßige Handlungen
1. Zivilrechtliche Haftung soll aus der Nichtbefolgung einer Pflicht entstehen, die durch Gesetz oder Vertrag begründet wurde (unrechtsmäßiges Unterlassen einer Handlung) oder durch die Vornahme von Handlungen, die gesetzlich oder vertraglich verboten sind (unrechtmäßige Handlung) oder durch die Verletzung des allgemeinen Grundsatzes, sich sorgfältig zu verhalten.

2. Durch Gesetz kann die Haftung einer Person begründet werden, die den Schaden nicht selbst verursacht hat, aber für die Handlungen einer anderen Person verantwortlich ist, die den Schaden zugefügt hat (mittelbare/indirekte Zivilhaftung).

3. Schaden, der durch unrechtmäßiges Verhalten verursacht wurde, muss nur in den gesetzlich geregelten Fällen ausgeglichen werden.

6.250 straipsnis. Neturtinė žala
1. Neturtinė žala yra asmens fizinis skausmas, dvasiniai išgyvenimai, nepatogumai, dvasinis sukrėtimas, emocinė depresija, pažeminimas, reputacijos pablogėjimas, bendravimo galimybių sumažėjimas ir kita, teismo įvertinti pinigais.

2. Neturtinė žala atlyginama tik įstatymų nustatytais atvejais. Neturtinė žala atlyginama visais atvejais, kai ji padaryta dėl nusikaltimo, asmens sveikatai ar dėl asmens gyvybės atėmimo bei kitais įstatymų nustatytais atvejais. Teismas, nustatydamas neturtinės žalos dydį, atsižvelgia į jos pasekmes, šią žalą padariusio asmens kaltę, jo turtinę padėtį, padarytos turtinės žalos dydį bei kitas turinčias reikšmės bylai aplinky-

Artikel 6.250. Immaterielle Schäden
1. Als immaterieller Schaden gelten das Leiden einer Person, emotionale Erlebnisse, Unannehmlichkeiten, mentale Schocks, die emotionale Depression, Demütigungen, Beschädigungen der Reputation, die Verringerung von sozialen Kontankten, usw., die von einem Gericht in Geld ausgedrückt werden.

2. Immaterielle Schäden werden nur in den gesetzlich geregelten Fällen ausgeglichen. Imaterielle Schäden sollen in allen Fällen ausgeglichen werden, in denen Sie aus Straftaten, Gesundheitsschäden oder einer Tötung resultieren und in allen anderen gesetzlich geregelten Fällen. Für die Höhe der immateriellen Schäden berücksichtigt das Gericht die Folgen eines Schadens, den Verschuldensgrad des Schädigers, seinen

103 Übersetzung des Herausgebers.

bes, taip pat į sąžiningumo, teisingumo ir protingumo kriterijus.

finanziellen Status, die Schwere des erlittenen Vermögensschadens und alle anderen wichtigen Umstände, wie das Prinzip des Guten Glaubens, Gerechtigkeit und die Angemessenheit.

6.256 straipsnis. Sutartinės atsakomybės atsiradimo pagrindas

1. Kiekvienas asmuo privalo tinkamai ir laiku vykdyti savo sutartines prievoles.

2. Asmuo, neįvykdęs ar netinkamai įvykdęs savo sutartinę prievolę, privalo atlyginti kitai sutarties šaliai šios patirtus nuostolius, sumokėti netesybas (baudą, delspinigius).

3. Jeigu sutarties vykdymas vienai iš šalių tuo pačiu yra ir profesinė veikla, ši šalis privalo vykdyti sutartį ir pagal tai profesinei veiklai taikomus reikalavimus.

4. Kai sutartinės prievolės neįvykdo ar netinkamai ją įvykdo įmonė (verslininkas), tai ji atsako visais atvejais, jei neįrodo, kad prievolės neįvykdė ar netinkamai ją įvykdė dėl nenugalimos jėgos, jeigu įstatymai ar sutartis nenumato ko kita.

Artikel 6.256. Gründe für eine vertragliche Haftung

1. Jeder hat seine vertraglichen Pflichten in geeigneter Weise und ohne Verzögerung zu erfüllen.

2. Wenn jemand seine vertraglichen Pflichten nicht oder schlecht erfüllt, ist sie haftbar für die Schäden, die der anderen Vertragspartei entstanden sind und/oder muss eine Strafe zahlen (Geldbuße, Zinsen).

3. Betrifft die Vertragserfüllung die beruflichen Pflichten einer Vertragspartei, muss diese ihre vertraglichen Pflichten in Übereinstimmung der Anforderungen an ihren Beruf erfüllen.

4. Wenn ein Unternehmen (Kaufmann) seine vertraglichen Pflichten nicht oder schlecht erfüllt, ist es/er in allen Fällen haftbar, außer es/er beweist, dass die Nicht-oder Schlechterfüllung durch höhere Gewalt verursacht wurde, es sei denn, gesetzlich oder vertraglich ist Abweichendes geregelt.

6.269 straipsnis. Dėl būtinosios ginties ar savigynos padaryta žala

1. Asmuo, padaręs žalos teisėtai gindamasis ar gindamas kitą asmenį, neatsako už užpuolikui padarytą žalą.

2. Nukentėjęs asmuo šio straipsnio 1 dalyje nurodytu atveju gali reikalauti žalos atlyginimo iš asmens, nuo kurio neteisėtų veiksmų buvo ginamasi.

Artikel 6.269. Durch Notwehr oder Selbsthilfe verursachte Schäden

1. Eine Person, die im Rahmen rechtmäßiger Notwehr oder Nothilfe einen Schaden verursacht, ist für den Schaden, den der Angreifer erlitten hat, nicht verantwortlich.

2. In den in Abs. 1 genannten Fällen kann der oder die Geschädigte von demjenigen, gegen dessen Handlungen rechtmäßige Notwehr geübt wurde, z.B. vom Angreifer, den Ausgleich der erlittenen Schäden verlangen.

6.270 straipsnis. Atsakomybė už didesnio pavojaus šaltinių padarytą žalą

1. Asmuo, kurio veikla susijusi su didesniu pavojumi aplinkiniams (transporto priemonių, mechanizmų, elektros ir atominės energijos, sprogstamųjų ir nuodingų medžiagų naudojimas, statybos ir t. t.), privalo atlyginti didesnio pavojaus šaltinio padarytą žalą, jeigu neįrodo, kad žala atsirado dėl nenugalimos jėgos arba nukentėjusio asmens tyčios ar didelio neatsargumo.

2. Atsakovas pagal šį straipsnį yra didesnio pavojaus šaltinio valdytojas, t. y. asmuo, valdantis šį šaltinį nuosavybės, patikėjimo teise ar kitokiu teisėtu pagrindu (panaudos, nuomos ar kitokios sutarties pagrindu, pagal įgaliojimą ir t. t.).

Artikel 6.270. Haftung als Folge der Ausübung gefährlicher Tätigkeiten

1. Eine Person, deren Tätigkeiten potentielle Gefahren für ihre Umgebung aufweisen (Betrieb von Kraftfahrzeugen, Maschinen, elektrischer oder atomarer Energie, Benutzung von explosiven oder giftigen Materialien, Bautätigkeiten etc.) ist zur für den Ausgleich von Schäden verantwortlich, der aus dem Betrieb von potentiell gefährlichen Objekten resultiert, die eine besondere Gefahr für andere Personen darstellen, wenn er nicht beweisen kann, dass der Schaden durch höhere Gewalt verursacht wurde oder der Geschädigte den Schaden selbst vorsätzlich oder grob fahrlässig herbeigeführt hat.

2. Ein Beklagter in den oben genannten Fällen wird Besitzer eines potentiell gefährlichen Objekts als Eigentümer, Treuhänder oder aus jedem anderen legitimen Grund (durch Leihe, Pacht oder jeden anderen Vertrag, durch Vollmacht, etc.).

3. Didesnio pavojaus šaltinio valdytojas už padarytą žalą neatsako, jeigu įrodo, kad galimybę valdyti didesnio pavojaus šaltinį jis prarado dėl kitų asmenų neteisėtų veiksmų. Šiuo atveju už padarytą žalą atsako asmuo ar asmenys, neteisėtai užvaldę didesnio pavojaus šaltinį. Jeigu dėl valdymo netekimo yra ir valdytojo kaltės, tai šis ir didesnio pavojaus šaltinį neteisėtai užvaldęs asmuo atsako solidariai. Atlyginęs žalą valdytojas įgyja regreso teisę reikalauti sumokėtų sumų iš neteisėtai didesnio pavojaus šaltinį užvaldžiusio asmens.

4. Jeigu žala trečiajam asmeniui padaryta dėl kelių didesnio pavojaus šaltinių sąveikos, tai šių didesnio pavojaus šaltinių valdytojai atsako solidariai.

5. Didesnio pavojaus šaltinių valdytojams dėl šių šaltinių sąveikos padaryta žala atlyginama bendrais pagrindais.

6.271 straipsnis. Atsakomybė už žalą, atsiradusią dėl valdžios institucijų neteisėtų veiksmų

1. Žalą, atsiradusią dėl valstybės valdžios institucijų neteisėtų aktų, privalo atlyginti valstybė iš valstybės biudžeto nepaisydama konkretaus valstybės tarnautojo ar kito valstybės valdžios institucijos darbuotojo kaltės. Žalą, atsiradusią dėl savivaldybės valdžios institucijų neteisėtų aktų, privalo atlyginti savivaldybė iš savivaldybės biudžeto nepaisydama savo darbuotojų kaltės.

2. Šiame straipsnyje terminas „valdžios institucija" reiškia bet kokį viešosios teisės subjektą (valstybės ar savivaldybės instituciją, pareigūną, valstybės tarnautoją ar kitokį šių institucijų darbuotoją ir t. t.), taip pat privatų asmenį, atliekantį valdžios funkcijas.

3. Šiame straipsnyje vartojamas terminas „aktas" reiškia bet kokį valdžios institucijos ar jos darbuotojų veiksmą (veikimą, neveikimą), kuris tiesiogiai daro įtakos asmenų teisėms, laisvėms ir interesams (valstybės ar savivaldybės institucijų priimami teisės ar individualūs aktai, administraciniai aktai, fiziniai aktai ir t. t., išskyrus teismo nuosprendžius, sprendimus ir nutartis).

4. Valstybės ar savivaldybės civilinė atsakomybė pagal šį straipsnį atsiranda, jeigu valdžios institucijų darbuotojai neveikė taip, kaip pagal įstatymus šios institucijos ar jų darbuotojai privalėjo veikti.

3. Der Besitzer eines potentiell gefährlichen Objekts haftet nicht für den Schadensersatz, der von dem Objekt verursacht wurde, wenn er beweist, dass er die Herrschaftsgewalt darüber aufgrund einer unerlaubten Handlung einer anderen Person verloren hat. In diesem Fall haftet derjenige, der ein potentiell gefährliches Objekt aufgrund einer unerlaubten Handlung in Betrieb hat. Resultiert der Verlust der Sachherrschaft über ein potentiell gefährliches Objekt aus dem Verschulden des Besitzers, sind dieser und der unrechtmäßige Besitzer gemeinsam für den Schaden haftbar. Hat er den Schaden ausgeglichen, hat der Besitzer einen Anspruch auf Rückforderung des Geldes gegen denjenigen, der das potentiell gefährliche Objekt unrechtmäßig besitzt.

4. Für den Fall, dass einer dritten Person ein Schaden durch das Zusammenwirken mehrerer potentiell gefährlicher Objekte zugefügt wird, sind alle Besitzer gemeinsam für den Schaden haftbar.

5. Der Schaden, den die Besitzer von potentiell gefährlichen Objekten gemeinsam verursachen, wird in Übereinstimmung mit den allgemeinen Gesetzen ersetzt.

Artikel 6.271. Haftung für Schäden aufgrund rechtswidriger Handlungen von Behörden

(1) Schäden, die durch rechtswidrige Akte einer staatlichen Behörde verursacht wurden, sind vom Staat aus dem Staatshaushalt zu ersetzen, unabhängig vom Verschulden eines individuellen Bediensteten oder anderer Arbeitnehmer der öffentlichen Hand. Schäden, die durch rechtswidrige Akte einer kommunalen Behörde verursacht wurden, müssen von der Kommune aus ihrem eigenen Haushalt ersetzt werden, unabhängig vom Verschulden ihres Arbeitnehmers.

(2) „Behörde" im Sinne dieser Bestimmung bezeichnet jede Körperschaft des öffentlichen Rechts (staatliche oder kommunale Einrichtung, Beamter, öffentlicher Angestellter oder jeder andere Bedienstete dieser Einrichtungen etc.), sowie eine Privatperson, die öffentliche Aufgaben ausführt.

(3) „Akte" im Sinne dieser Bestimmung bezeichnet jede Handlung (aktiv oder passiv) einer Einrichtung der öffentlichen Verwaltung oder ihrer Bediensteten, die unmittelbar auf die Rechte, Freiheiten und Interessen von Personen einwirkt (Rechtsakte oder individuelle Rechtshandlungen durch staatliche Einrichtungen und kommunale Behörden, Verwaltungsakte, Realhandlungen etc. mit Ausnahme von gerichtlichen Urteilen, Entscheidungen und Beschlüssen).

(4) Eine zivilrechtliche Haftung des Staates oder einer Kommune gemäß dieser Bestimmung entsteht, wenn die Bediensteten einer Behörde nicht auf die für diese Einrichtung und ihre Bediensteten gesetzlich vorgeschriebene Weise handeln.

6.272 straipsnis. Atsakomybė už žalą, atsiradusią dėl ikiteisminio tyrimo pareigūnų, prokuroro, teisėjo ir teismo neteisėtų veiksmų

1. Žalą, atsiradusią dėl neteisėto nuteisimo, neteisėto suėmimo kardomosios priemonės taikymo tvarka, neteisėto sulaikymo, neteisėto procesinės prievartos priemonių pritaikymo, neteisėto administracinės nuobaudos – arešto – paskyrimo, atlygina valstybė visiškai, nepaisant ikiteisminio tyrimo pareigūnų, prokuratūros pareigūnų ir teismo kaltės.

2. Žalą, atsiradusią dėl neteisėtų teisėjo ar teismo veiksmų nagrinėjant civilinę bylą, atlygina valstybė visiškai, jeigu žala atsirado dėl teisėjo ar kito teismo pareigūno kaltės.

3. Be turtinės žalos, atlyginama ir neturtinė žala.

4. Jeigu žala atsirado dėl ikiteisminio tyrimo pareigūnų, prokuratūros ar teismo pareigūnų ar teisėjų tyčinių veiksmų, tai valstybė, atlyginusi žalą, įgyja atgręžtinio reikalavimo teisę iš atitinkamų pareigūnų įstatymų nustatyta tvarka išieškoti įstatymų nustatyto dydžio sumas.

Artikel 6.272. Haftung für Schäden aufgrund rechtswidriger Handlungen von Ermittlungsbeamten, Staatsanwälten, Richtern und Gericht

(1) Schäden aufgrund einer rechtswidrigen Verurteilung oder einer rechtswidrigen Verhaftung als Mittel zur Unterdrückung oder eines rechtswidrigen Freiheitsentzugs oder der Anwendung rechtswidriger Zwangsmaßnahmen oder der rechtswidrigen Verhängung einer Verwaltungsstrafe – Festnahme – sind vom Staat vollständig zu ersetzen, unabhängig vom Verschulden der Ermittlungsbeamten, der Staatsanwaltschaft oder des Gerichts.

(2) Der Staat haftet für den vollständigen Ersatz von Schäden aufgrund rechtswidriger Handlungen eines Richters oder eines mit einer Zivilsache befassten Gerichts, sofern der Schaden durch das Verschulden des Richters selbst oder jedes anderen Gerichtsbediensteten verursacht wurde.

(3) Neben dem Vermögensschaden können auch immaterielle Schäden geltend gemacht werden.

(4) Wurde der Schaden durch vorsätzliches Handeln auf Seiten der Ermittlungsbeamten, der Staatsanwaltschaft, der Gerichtsbedienstete oder der Richter verursacht, so steht dem Staat nach dem Ersatz des Schadens ein Erstattungsanspruch gegen den betreffenden Bediensteten gemäß dem gesetzlich vorgesehenen Verfahren und in der gesetzlich vorgeschriebenen Höhe zu.

6.280 straipsnis. Regreso teisė į žalos padariusį asmenį

1. Atlyginęs kito asmens padarytą žalą asmuo turi į padariusį žalą asmenį regreso (atgręžtinio reikalavimo) teisę tokio dydžio, kiek sumokėjo žalos atlyginimo, jeigu įstatymai nenustato kitokio dydžio.

2. Atlyginęs kelių asmenų bendrai padarytą žalą asmuo turi teisę iš kiekvieno reikalauti jų išmokėto žalos atlyginimo dalies, proporcingos jų kaltei. Kai neįmanoma nustatyti kiekvieno iš žalą padariusių asmenų kaltės dydžio, laikoma, kad jie žalą turi atlyginti lygiomis dalimis.

3. Tėvai, globėjas ar rūpintojas, taip pat šio kodekso 6.275, 6.276 ir 6.278 straipsniuose nurodytos institucijos, atlyginę nepilnamečio ar pripažinto neveiksniu fizinio asmens padarytą žalą, neturi regreso teisės į šiuos fizinius asmenis.

Artikel 6.280. Das Rückgriffsrecht gegen die Person, die einen Schaden verursacht

1. Eine Person, die den von einem anderen verursachten Schaden ersetzt, hat ein Rückgriffsrecht (das Recht der Widerklage) gegen denjenigen, der den Schaden verursacht hat, in der Höhe des gezahlten Betragen wenn durch das Gesetz keine andere Höhe festgelegt ist.

2. Derjenige, der den Schaden ausgeglichen hat, der von mehreren Personen verursacht wurde, hat gegen diese entsprechend ihres Verschuldensgrades ein Rückgriffsrecht. Wenn es nicht möglich ist, den Verschuldensgrad zu bestimmen, wird jeder Person der gleiche Schadensverursachungsbeitrag zugerechnet.

3. Die Eltern, der Vormund oder der Kurator sowie die in den Artikeln 6.275, 6.276 und 6.278 dieses Gesetzes genannten Einrichtungen haben kein Rückgriffsrecht gegen einen Minderjährigen oder eine Person, die unmündig ist, wenn sie die von ihnen verursachten Schäden ersetzt haben.

6.281 straipsnis. Žalos atlyginimo būdas ir dydis

1. Priteisdamas žalos atlyginimą, teismas, atsižvelgdamas į bylos aplinkybes, įpareigoja atsakingą už žalą asmenį atlyginti ją natūra (pateikti tos pat rūšies ir kokybės daiktą, pataisyti sužalotą daiktą ir pan.) arba visiškai atlyginti padarytus nuostolius.

Artikel 6.281. Die Art und Höhe der Entschädigung

1. Unter Berücksichtigung der Umstände des Falles verpflichtet das Gericht die Person, die den Schaden verursacht hat, zur Entschädigung durch Sachleistung (durch Lieferung eines gleichwertigen Gegenstandes, durch Reparatur der beschädigten Sache, etc.) oder zum vollständigen Ersatz.

2. Jeigu teismo sprendimas atlyginti žalą natūra neįvykdomas per protingą laiką, tai kreditorius turi teisę reikalauti atlyginti žalą pinigais.

2. Wenn das Urteil zur Entschädigung durch Sachleistung nicht in angemessener Zeit vollstreckt wird, hat der Gläubiger einen Anspruch auf Ausgleich in Geld.

6.282 straipsnis. Atsižvelgimas į nukentėjusio asmens kaltę ir padariusio žalą asmens turtinę padėtį

1. Kai paties nukentėjusio asmens didelis neatsargumas padėjo žalai atsirasti arba jai padidėti, tai atsižvelgiant į nukentėjusio asmens kaltės dydį (o kai yra žalos padariusio asmens kaltės, – ir į jo kaltės dydį) žalos atlyginimas, jeigu įstatymai nenustato ko kita, gali būti sumažintas arba reikalavimas atlyginti žalą gali būti atmestas.

2. Į nukentėjusio asmens kaltę neatsižvelgiama išieškant dėl maitintojo gyvybės atėmimo atsiradusią žalą ir atlyginant laidojimo išlaidas.

3. Teismas gali sumažinti atlygintinos žalos dydį, atsižvelgdamas į žalą padariusio asmens sunkią turtinę padėtį, išskyrus atvejus, kai žala padaryta tyčia.

Artikel 6.282. Beurteilung des Schadens unter Berücksichtigung des Verschuldensgrades des Geschädigten und der Besitzverhältnisse des Schädigers

1. Wenn der Geschädigte infolge grober Fahrlässigkeit zur Entstehung des Schadens beigetragen hat, kann der Umfang der Entschädigung entsprechend des Verschuldensgrades (und entsprechend des Verschuldensgrades des Schädigers, falls ihn Verschulden trifft) gemindert oder der Anspruch abgewiesen werden, wenn gesetzlich nichts anderes bestimmt ist.

2. Das Verschulden des Geschädigten wird nicht berücksichtigt bei dem Ausgleich der Schäden, die durch den Tod des Unterhaltsverpflichteten oder die Kosten der Bestattung entstanden sind.

3. Das Gericht kann die Höhe der Entschädigung unter Berücksichtigung der schwierigen Besitzlage des Schädigers mindern, außer der Schaden wurde vorsätzlich herbeigeführt.

Lietuvos Respublikos valstybės tarnybos įstatymas
Gesetz über den öffentlichen Dienst der Republik Litauen[104]

33 straipsnis. Valstybės ir savivaldybių institucijų ir įstaigų regreso (atgręžtinio reikalavimo) teisė į žalą padariusį valstybės tarnautoją

1. Žala, atsiradusi dėl valstybės ir savivaldybės institucijos ir įstaigos neteisėtų veiksmų, atlyginama Civilinio kodekso nustatyta tvarka.

2. Valstybės tarnautojo padarytą žalą atlyginusi valstybės ar savivaldybės institucija ar įstaiga turi regreso teisę reikalauti iš žalą padariusio valstybės tarnautojo tokio dydžio žalos atlyginimo, kiek ji sumokėjo, bet ne daugiau kaip 9 vidutinių valstybės tarnautojo darbo užmokesčių. Jeigu valstybės tarnautojas žalą padarė tyčia, valstybės ar savivaldybės institucija ar įstaiga į padariusį žalą valstybės tarnautoją turi tokio dydžio regreso teisę, kiek ji sumokėjo žalos atlyginimo. Žalos atlyginimas išieškomas iš valstybės tarnautojo darbo užmokesčio ir negali viršyti 20 procentų valstybės tarnautojui priklausančio per mėnesį mokėti darbo užmokesčio.

3. Kolegialios valstybės ar savivaldybės institucijos vadovas ir nariai privalo solidariai atlyginti valstybės ir savivaldybės institucijai ir įstaigai žalą, padarytą dėl kolegialios institucijos sprendimų, priimtų pažeidžiant

Artikel 33. Erstattungsanspruch staatlicher und kommunaler Einrichtungen und Vertretungen gegenüber einem schadenverursachenden Bediensteten der öffentlichen Hand

1. Alle Schäden aufgrund rechtswidriger Handlungen einer staatlichen oder kommunalen Einrichtung oder Behörde sind gemäß dem im Zivilgesetzbuch vorgesehenen Verfahren zu ersetzen.

2. Einer staatlichen oder kommunalen Einrichtung, die einen durch einen Beamten verursachten Schaden ersetzt hat, steht gegenüber dem betreffenden Beamten ein Entschädigungsrecht im Hinblick auf den von ihr geleisteten Betrag zu, das jedoch nicht 9 durchschnittliche Montsgehälter des Beamten übersteigt. Die Schadensersatzleistung erfolgt aus der Gehaltszahlung des Beamten und darf 20 Prozent des monatlichen Gehalts des Beamten nicht übersteigen.

3. Der Leiter und die Mitglieder einer kollegialen staatlichen oder kommunalen Einrichtung sind verpflichtet, einer staatlichen oder kommunalen Einrichtung oder Behörde gesamtschuldnerisch den Schaden zu

104 Übersetzung des Herausgebers.

Lietuvos Respublikos įstatymus ir kitus teisės aktus. Nuo pareigos atlyginti žalą atleidžiami tie asmenys, kurie balsavo prieš tokį sprendimą arba nedalyvavo posėdyje jį priimant ir per 7 dienas po to, kai sužinojo ar turėjo sužinoti apie tokį sprendimą, įteikė institucijos vadovui rašytinį pareiškimą. Kolegialios valstybės ar savivaldybės institucijos vadovo ir nario atsistatydinimas ar atšaukimas iš pareigų neatleidžia jų nuo padarytos dėl jų kaltės žalos atlyginimo. Ginčus dėl žalos atlyginimo sprendžia teismas.

ersetzen, der durch Entscheidungen dieses Kollegialorgans entstanden ist, welche ihrerseits die Gesetze und andere Rechtsakte der Republik Litauen verletzen. Diejenigen Personen, die gegen eine solche Entscheidung gestimmt haben oder bei der Verhandlung, in der diese Entscheidung getroffen wurde, abwesend waren und innerhalb von 7 Tagen ab dem Zeitpunkt, zu dem sie Kenntnis von dieser Entscheidung hatten oder hätten haben können, dem Leiter der Einrichtung eine schriftliche Erklärung zukommen lassen, sind von der Verpflichtung zur Schadensersatzleistung befreit. Der Rücktritt oder die Amtsabberufung des Leiters oder Mitglieds einer kollegialen staatlichen oder kommunalen Einrichtung entbindet diesen nicht von der Verpflichtung, den Schaden zu ersetzen, der durch sein Verschulden verursacht wurde. Streitigkeiten bezüglich der Schadensersatzleistung werden durch ein Gericht geklärt.

Lietuvos Respublikos administracinių bylų teisenos įstatymas
Gesetz der Republik Litauen über das Verwaltungsverfahren[105]

5 straipsnis. Teisė kreiptis gynybos į teismą
1. Kiekvienas suinteresuotas subjektas turi teisę įstatymų nustatyta tvarka kreiptis į teismą, kad būtų apginta pažeista ar ginčijama jo teisė arba įstatymų saugomas interesas.
[...]
2) pagal įstatymų nustatytų institucijų, įstaigų ar jų tarnautojų kreipimąsi dėl kitų asmenų teisių gynimo;

[...]

Artikel 5. Rechtsweggarantie
1. Jede interessierte Person ist berechtigt, sich für den Schutz ihrer verletzten oder streitigen Rechte oder gesetzlich geschützter Interessen in der gesetzlich vorgeschriebenen Weise an das Gericht zu wenden.
[...]
2) bei Anträgen zum Schutz der Rechte anderer Personen, die von den durch Gesetz benannten Organen oder Einrichtungen oder ihren Angestellten eingereicht werden;

[...]

15 straipsnis. Bylos, priskirtos administracinių teismų kompetencijai
1. Administraciniai teismai sprendžia bylas dėl:

1) valstybinio administravimo subjektų priimtų teisės aktų ir veiksmų teisėtumo, taip pat šių subjektų atsisakymo atlikti jų kompetencijai priskirtus veiksmus teisėtumo ir pagrįstumo ar vilkinimo atlikti tokius veiksmus;

[...]
3) žalos, atsiradusios dėl viešojo administravimo subjektų neteisėtų veiksmų, atlyginimo (Civilinio kodekso 6.271 straipsnis);

[...]

Artikel 15. Der Zuständigkeit der Verwaltungsgerichte zugewiesene Fälle
1. Verwaltungsgerichte entscheiden Fälle, die sich beziehen auf:
1) der Rechtmäßigkeit von Rechtsakten und Handlungen, die von den Einrichtungen der öffentlichen Verwaltung erlassen bzw. vorgenommen werden, sowie die Rechtmäßigkeit und Gültigkeit der Ablehnung dieser Einrichtungen, Handlungen, die in ihre Zuständigkeit fallen, vorzunehmen oder über Verzögerung solcher Handlungen;
[...]
3) der Entschädigung für Schäden, die durch unrechtmäßige Handlungen der Einrichtungen der öffentlichen Verwaltung zugefügt werden (Art. 6.271 Zivilgesetzbuch);
[...]

105 Übersetzung des Herausgebers nach einer englischen Fassung von *Aurimas Banys* (Magnusson, Vilnius).

16 straipsnis. Bylos, nepriskirtos administracinių teismų kompetencijai

[...]

2. Administracinių teismų kompetencijai nepriskiriama tirti Respublikos Prezidento, Seimo, Seimo narių, Ministro Pirmininko, Vyriausybės (kaip kolegialios institucijos), Konstitucinio Teismo, Lietuvos Aukščiausiojo Teismo ir Lietuvos apeliacinio teismo teisėjų veiklos, kitų teismų teisėjų, taip pat prokurorų, ikiteisminio tyrimo pareigūnų ir antstolių procesinių veiksmų, susijusių su teisingumo vykdymu ar bylos tyrimu, taip pat su sprendimų vykdymu, ir Seimo kontrolieriaus sprendimų (rekomendacijų).

[...]

Artikel 16. Fälle, die nicht der Zuständigkeit der Verwaltungsgerichte zugeordnet sind

[...]

2. Die Untersuchung von Handlungen des Präsidenten der Republik, des Parlaments, der Mitglieder des Parlaments, des Ministerpräsidenten, der Regierung (als Kollegialorgan), der Richter des Verfassungsgerichts, des Obersten Gerichtshofs von Litauen und des Berufungsgerichts von Litauen, von Verfahrenshandlungen der Richter anderer Gerichte, von Staatsanwälten, Ermittlern und Gerichtsbediensteten im Zusammenhang mit der Gerichtsverwaltung oder der Untersuchung eines Falles sowie der Vollstreckung einer Entscheidung und Entscheidungen (Empfehlungen) des Ombudsmanns des Parlaments fallen nicht in die Zuständigkeit der Verwaltungsgerichte.

[...]

25 straipsnis. Išankstinis ginčų nagrinėjimas ne teismo tvarka

1. Prieš kreipiantis į administracinį teismą, viešojo administravimo subjektų priimti individualūs teisės aktai ar veiksmai (neveikimas) gali būti, o įstatymų nustatytais atvejais – turi būti ginčijami kreipiantis į išankstinio ginčų nagrinėjimo ne teismo tvarka instituciją.

[...]

Artikel 25. Außergerichtliche Voruntersuchung von Streitigkeiten

1. Individuelle Rechtsakte von gesetzlich vorgesehenen Einrichtungen der öffentlichen Verwaltung sowie ihre Handlungen/Unterlassungen können bzw. in den gesetzlich geregelten Fällen müssen vor Anrufung des Verwaltungsgerichts durch einen Antrag auf außergerichtliche Voruntersuchung angefochten werden.

[...]

97 straipsnis. Sprendimo vykdymas

1. Įsiteisėjus teismo sprendimui, kuriuo skundas (prašymas) patenkinamas, jo nuorašas nusiunčiamas vykdyti administravimo subjektui, kurio veiksmai ar neveikimas buvo apskųsti, taip pat pareiškėjui.

2. Jeigu per penkiolika dienų ar teismo nustatytą terminą sprendimas neįvykdomas, pareiškėjo prašymu atitinkamas administracinis teismas išduoda jam vykdomąjį raštą kartu nurodydamas jį vykdyti antstoliui pagal atsakovo buveinės vietą Civilinio proceso kodekso nustatyta tvarka.

3. Neįvykdyti teismo sprendimai dėl žalos atlyginimo, taip pat teismo priteistų sumų ir nesumokėtų baudų išieškojimo vykdomi Civilinio proceso kodekso nustatyta tvarka. Minėtais atvejais vykdomieji dokumentai pareiškėjui išduodami teismo sprendimui įsiteisėjus.

Artikel 97. Vollstreckung der Entscheidung

1. Sobald eine stattgebende Entscheidung des Gerichts rechtskräftig ist, wird die Abschrift der Entscheidung zum Zweck der Vollstreckung der Verwaltungseinrichtung, deren Handlung oder Unterlassung Gegenstand des Verfahrens war, und dem Kläger zugestellt.

2. Wir die Entscheidung nicht innerhalb von 15 Tagen oder der Frist, die das Gericht festgelegt hat, durchgeführt, so erteilt das zuständige Verwaltungsgericht dem Kläger auf seinen Antrag einen Vollstreckungstitel und beauftragt zugleich den Gerichtsvollzieher des Bezirksgerichts, in dessen Bezirk der Beklagte seinen Sitz hat, den Vollstreckungstitel nach Maßgabe der Zivilprozessordnung zu vollstrecken.

3. Nicht vollstreckte Gerichtsentscheidungen, die eine Entschädigung für Schäden anordnen, sowie die gerichtlich angeordnete Eintreibung von Geldbeträgen und unbezahlten Geldbußen werden nach dem in der Zivilprozessordnung festgelegten Verfahren vollstreckt. In den genannten Fällen wird dem Kläger ein Vollstreckungstitel erteilt, nachdem die Gerichtsentscheidung rechtskräftig geworden ist.

§ 13 Luxemburg

Christian Deprez

Inhaltsübersicht

A. Grundlagen

I. Rechtsquellen und grundsätzliche Voraussetzungen der Staatshaftung

Das Institut der Staatshaftung wurde in der luxemburgischen Rechtsprechung sehr früh anerkannt. Davon umfasst ist sowohl die Haftung aufgrund aktiven Verschuldens[1] als auch aufgrund von Fahrlässigkeit.[2]

Bis zum Jahr 1981 hatte die Rechtsprechung diese Haftung jedoch auf solche rechtsgeschäftlichen Handlungen beschränkt, bei denen der Staat in der gleichen Art und Weise wie ein Privater tätig wird.[3] Auf Hoheitsakte wurde sie nicht angewendet, da das Gewaltenteilungsprinzip eine gerichtliche Kontrolle der exekutiven Staatsgewalt verbot.[4]

Die deliktsrechtliche Haftung aufgrund einer persönlichen Handlung,[5] die sich im luxemburgischen Recht aus Art. 1382 *Code Civil* (Zivilgesetzbuch, abgekürzt: CC) ableitet,[6] wurde – ebenso wie die in Art. 1384 CC kodifizierte Haftung des Staates „für Handlungen von solchen Personen oder für Sachen, die unter seiner Aufsicht bzw. seiner Verfügungsgewalt stehen" – ursprünglich von der Rechtsprechung entwickelt.

---

1 Lux., Urteil vom 13.5.1874, Pas. 1, 1; vgl. auch *Eyschen*, Staatsrecht, S. 141.
2 Lux., Urteil 31/88 vom 27.1.1988.
3 CSJ, Urteile vom 14.2.1884, Pas. 2, S. 243 und vom 6.7.1900, Pas. 5, 51.
4 *Ravarani*, Responsabilité civile, S. 13.
5 Die vertragliche Haftung richtet sich immer nach vertragsrechtlichen Grundsätzen, auch wenn eine der Parteien als Vertreter der öffentlichen Gewalt handelt.
6 Lux., Urteil vom 17.10.1962, Pas. 19, 92.

Zur Umsetzung einer solchen Haftung passten die Gerichte die klassischen, in Art. 1382, 1383 und 1384 Abs. 3 CC kodifizierten Haftungsvoraussetzungen Verschulden, Kausalzusammenhang und Schaden[7] an die Besonderheiten der Staatshaftung an. Neben dieser Verschuldenshaftung wurde in der Rechtsprechung auch eine eigenständige verschuldensunabhängige Haftung anerkannt. Damit konnten die Gerichte Ersatz für den Schaden gewähren, der im Rahmen des *service public*[8] verursacht wurde. Dies galt jedoch nur im Falle eines „außergewöhnlichen und besonderen“[9] Schadens.

Das allgemeine, von der Rechtsprechung zugunsten des Klägers entwickelte Staatshaftungsrecht wurde durch das *Loi du 1er septembre 1988 relative à la responsabilité civile de l'Etat et des collectivités publiques* (Gesetz vom 1. September 1988 über die zivilrechtliche Haftung des Staates und der Körperschaften des öffentlichen Rechts, abgekürzt: LRC)[10] bestätigt, vereinfacht und angepasst. Es beruht auf den allgemeinen Prinzipien der Staatshaftung und der Verschuldenshaftung, wurde aber auf ein neues und allgemeineres Konzept des „*fonctionnement défectueux*“ (Fehlverhaltens) des Staates oder sonstiger juristischer Personen des öffentlichen Rechts ausgeweitet. Dem Kläger bleibt somit nach wie vor die Möglichkeit, seine Argumentation auf die klassischen Rechtgrundsätze des Art. 1382 CC zu stützen.

Das neue, mit dem LRC eingeführte Haftungssystem setzt das allgemeine Haftungssystem des Art. 1382 CC um, auf den Kläger ihre Ansprüche immer stützen können, vereinfacht die Begründung einer Staatshaftung und präzisiert ihre Rechtsfolgen.

Daneben führt das LRC jedoch auch zwei neue, eigenständige aber auch beschränkende Vorschriften ein, die eine verschuldensunabhängige Haftung des Staates vorsehen und vom luxemburgischen Schrifttum als europarechtskonform angesehen werden.

Abgesehen von den Besonderheiten aufgrund sondergesetzlicher Regelung (→ A.II.) können die Parteien sich nach wie vor auf das von der Rechtsprechung entwickelte und durch das LRC vervollständigte Haftungssystem stützen, welches seinerseits das allgemeine Staatshaftungsverfahren vereinfacht, auf den Grundsätzen der allgemeinen zivilrechtlichen Haftung mit geringfügigen Änderungen beruht und gleichzeitig auch zwei besondere Arten verschuldensunabhängiger Haftung einführt, von denen die erste in allen Bereichen, die zweite jedoch nur unter besonderen Umständen anwendbar ist.

Während das LRC in Bezug auf die Feststellung eines schädigenden Verhaltens sowie die Charakteristika des Schadens recht progressiv ist, bleibt es hinsichtlich des Kausalzusammenhangs zwischen Handlung und Schaden restriktiv.

Insgesamt vereinfacht das derzeitig gesetzliche Haftungsregime die Begründung einer Staatshaftung, indem sowohl das schädigende Verhalten als auch seine Auswirkungen in Bezug auf den Schaden weit ausgelegt werden (→ B.I.).

II. Bereiche staatlicher Haftung

In Luxemburg kann die Staatshaftung in allen Bereichen eintreten, in denen auch nach den allgemeinen zivilrechtlichen Grundsätzen eine Haftung gegeben sein kann.

---

7 Vgl. Art. 1382 oder Art. 1384 Abs. 1, Art. 1383 CC.

8 Der Begriff der *service public* ist eine Besonderheit der frankophonen Rechtssysteme und ist im Sinne einer öffentlichen Tätigkeit zur Befriedigung eines Bedürfnisses von allgemeinem Interesse zu verstehen.

9 Vgl. CA, Urteil vom 19.12.1985, Pas. 27, 220.

10 Amtsblatt A 51 vom 26.9.1988, inzwischen abgeändert durch *Loi du 13 juin 1994 relative au régime des peines* (Gesetz vom 13. Juni 1994 über das Strafregime) [Amtsblatt A 59 vom 7.7.1994].

Dies ist indes u.a. nicht der Fall in Bezug auf die legislative Funktion des Staates und nur eingeschränkt in Bezug auf gerichtliche Entscheidungen (→ B.IV.2.a.).

Gleichwohl gibt es einige Sonderbereiche, die mit bestimmten Personengruppen (z.B. Gefangenen, Personen mit geistigen Krankheiten, Schülern usw.) oder Gegenständen (Straßen usw.) in Verbindung stehen, welche unter der Aufsicht bzw. Verfügungsgewalt des Staates stehen und Haftungsauslöser sein können. Damit ergeben sich aus dem weiten Feld staatlicher Tätigkeit sowie dem großen potentiellen Ausmaß möglicher Schäden für den Staat auch breitere Haftungsrisiken als für den Einzelnen, beispielsweise im Bereich der Städteplanung.[11]

Zudem existieren besondere Haftungsbereiche des Staates, die von dem allgemeinen Haftungsregime abweichen, weil sie in Sondergesetzen geregelt sind. Vor allem in Bereichen, in denen der Staat besondere Risiken trägt,[12] kann die Haftung ungünstiger oder auch günstiger für mögliche Geschädigte ausfallen.[13]

B. Haftungsbegründung

I. Relevantes Verhalten

Auslöser einer öffentlichen Haftung können schädigendes Verhalten aufgrund schuldhafter Handlungen (oder Unterlassungen) eines Vertreters der öffentlichen Gewalt, Handlungen von Personen, die unter der Aufsicht eines Vertreters der öffentlichen Gewalt, oder Gegenstände, die unter der Verfügungsgewalt eines solchen stehen, sein.[14] Sofern internationale Verträge wie der EUV, AEUV und die EMRK unmittelbare Geltung im luxemburgischen Recht haben und durch Rechtsakt genehmigt wurden, kann auch ein Verstoß gegen sie eine Staatshaftung auslösen. So wurde Luxemburg wiederholt vom EGMR wegen Verstoßes gegen Art. 6 Abs. 1 EMRK aufgrund überlanger Gerichtsverfahren verurteilt.

Ein schädigendes Verhalten kann mit oder ohne Verschulden eine Haftung des Staates auslösen. Im Rahmen einer Haftung ohne Verschulden sind logischerweise keine weiteren Feststellungen bezüglich des schadensauslösenden Verhaltens nötig, da alle Tatbestände und Entscheidungen eine Haftung des Staates begründen können. Ausgeschlossen sind nur diejenigen, die schon aufgrund ihrer besonderen Natur von einer Haftung ausgenommen sind (z.B. *res judicata* usw. → B.IV.2.a.).

Im Gegensatz dazu sind bei der verschuldensabhängige Haftung in Bezug auf die Bestimmung eines schädigenden Verhaltens oder Umstandes weitere Feststellungen notwendig.

1. Frühere Rechtslage

Wie eingangs ausgeführt ging die zivilrechtliche Rechtsprechung ursprünglich – und zwar bereits Anfang der achtziger Jahre des vergangenen Jahrhunderts – von folgender Prämisse aus:

> „... *auch wenn Zivilrichter keine Zuständigkeit haben, die Zweckmäßigkeit von Entscheidungen der administrativen Behörden zu beurteilen, können sie doch, ohne in andere verfassungsrechtliche Gewalten einzugreifen, die*

---

11 CA, Urteil 96/2005 XI vom 25.3.2005 bzgl. einer Baugenehmigung.

12 *Loi du 10 août 1992 relative à l'entreprise des Postes et Télécommunications* (Gesetz vom 10. August 1992 über den Post- und Telekommunikationsbetrieb), abgeändert durch das Gesetz vom 18. Dezember 2009.

13 *Loi du 4 juillet 2000 relative à la responsabilité de l'Etat en matière de vaccinations* (Gesetz vom 4. Juli 2000 über die Haftung des Staates in Bezug auf Impfungen).

14 CSJ, Urteil vom 26.5.1975, Pas. 23, 167.

Haftung des Staates oder anderer öffentlicher Behörden wegen eines Verschuldens seiner in Ausübung ihrer unterschiedlichen Aufgaben handelnden Vertreter beurteilen, ohne eine vorherige Unterscheidung zwischen einer Entscheidung einer Behörde und der Verwaltung oder zwischen gebundenem Ermessen und freiem Verwaltungsermessen getroffen zu haben; die öffentlichen Gewalten, die der Staatsverwaltung von Gesetzes wegen im öffentlichen Allgemeininteresse gewährt werden, sind von einer allgemeinen Sorgfaltspflicht, die allen auferlegt wird, nicht befreit.“[15]

Diese am belgischen Recht orientierte Lösung gab die früher vorgenommene Unterscheidung zwischen Handlungen der Staatsgewalt, die keine Haftung auslösen konnten, und Handlungen der Verwaltung,[16] die eine Haftung begründen konnten, auf.

Die Entscheidung zeigt, dass grundsätzlich alle administrativen Entscheidungen eine Haftung des Staates auszulösen vermögen, wenn der Handelnde nicht die Sorgfaltspflicht einer umsichtigen Person angewendet hat. Ebenso kann die Feststellung eines solchen Sorgfaltsmangels in Bezug auf die Zweckmäßigkeit einer exekutiven Verordnung, d.h. in Bezug auf „alles, anhand dessen der Wert des Inhalts einer Norm auf einer politischen Ebene geprüft wird, nämlich Geeignetheit, Notwendigkeit ...“[17] nicht zu einer Haftung führen, da die Gerichte es immer ablehnten, den Wert einer exekutiven Norm zu bestimmen, was als ein Eingriff in den Bereich der Exekutive anzusehen gewesen wäre, auch wenn die herrschende Meinung im Schrifttum sich stets für eine Überprüfung zumindest in Bezug auf offensichtliche Fehler ausgesprochen hat.[18]

Allerdings blieb schon die Feststellung eines Verschuldens seitens des Staates oder seiner Vertreter für den Kläger ein schwieriges Unterfangen, weil die Rechtswidrigkeit einer Verwaltungsentscheidung *per se* ebensowenig als ein mit dem Schaden in Verbindung stehendes Verschulden[19] angesehen wurde wie ein Fehler bei der Gesetzesauslegung oder eine Überschreitung der amtlichen Befugnisse, wäre es doch „kaum vernünftig anzunehmen, dass eine umsichtige und sorgfältige Verwaltung das Gesetz stets in der richtigen Art und Weise auslegt“[20].

Der Nachweis eines Verschuldens seitens des Staates am Maßstab eines umsichtigen und sorgfältigen Verhaltens war für den Geschädigten früher äußerst schwer zu führen. Im Lichte der Rechtsprechung wurde damals davon ausgegangen, dass

„*die Entscheidungen nicht einheitlich waren und überdies von der belgischen und französischen Rechtsprechung abwichen, […], so dass eine formelle Regelung zur Beseitigung des Mangels an Rechtssicherheit notwendig war*“[21].

2. Heutige Rechtslage

Der allgemeinen Tendenz der Mitgliedsstaaten des Europarats zu einer verschuldensunabhängigen Haftung folgend ist der luxemburgische Gesetzgeber aktiv geworden. Das LRC geht über die Rechtsprechung hinaus und bemisst gleichzeitig das Verschulden weder am Grad eines Gesetzesverstoßes noch an der Feststellung einer Sorgfaltswidrigkeit, sondern führt stattdessen den Begriff des *dysfonctionnement* (Fehlverhaltens) des Bediensteten (gemessen an Rechtsnatur und Bestandskraft der öffentlichen Handlung) als ein Verschuldenselement ein, das eine Haftung begründen kann (bei leichtem oder grobem Verschulden).

---

15 Lux., Urteil vom 25.2.1981, Pas. 25, 234.
16 Siehe *Arendt*, Pas. 14 (1948), 25.
17 Vgl. *Ravarani*, Responsabilité civile, S. 146.
18 Siehe auch Fn. 30.
19 Siehe Lux., Urteil vom 26.6.1963, Pas. 19, 191.
20 CSJ, Urteil vom 24.3.1976, Pas. 23, 360.
21 Vgl. Gesetzesmaterialien, Kommentare der Rechtskommission 2665/7, S. 9.

Die Rechtsprechung definiert *dysfonctionnement* als jegliche „Abweichung von den allgemeinen Handlungsnormen, die im öffentlichen Dienst gelten sollten“ [22]. Manche Autoren hatten sich, schon bevor das Gesetz in Kraft trat, dahingehend geäußert, dass „der Bezugspunkt hierbei nicht das konkrete Verhalten mit seinen eventuellen Mängeln, sondern das zur Erfüllung der jeweiligen Aufgabe ideale Verhalten ist.“[23]

Interessanterweise unterscheidet sich dieses Regime von den in anderen Ländern angewendeten Instituten und stellt – wenngleich es von diesen angeregt wurde – einen Kompromiss dar in Form eines verschuldensabhängigen Ansatzes (ausgehend von einem Verwaltungshandeln, das – gemessen am hypothetisch perfekten Handeln – als außergewöhnlich einzuordnen ist), der durch eine Beweisregelung abgemildert wird, bei der ein objektives Kriterium eingesetzt wird (ein anonymes Dienstverschulden, das weder besonders ist noch einem bestimmten Bediensteten zugeschrieben werden kann) bei gleichzeitiger Möglichkeit, von diesem Grundsatz ausnahmsweise abzuweichen, wenn die Gerechtigkeit dies gebietet (allgemeine oder besondere verschuldensunabhängige Haftung).

Beim Studium der Gesetzesmaterialien[24] scheint es, dass die luxemburgische Lösung von der französischen Lösung abweicht, welche die Schaffung eines besonderen Risikos und den Verstoß gegen das Gebot der Gleichheit vor dem Gesetz (was eine Bestätigung des Gedankens der sozialen Solidarität darstellt) berücksichtigt. Der luxemburgische Ansatz unterscheidet sich auch vom deutschen, demzufolge auch eine durch den Staat verursachte Verletzung einer Vorschrift des öffentlichen Rechts als Haftungsgrundlage anerkannt wird.

Außerdem ist festzustellen, dass sich der Begriff des *dysfonctionnement* sowohl von dem in Großbritannien vertretenen Ansatz unterscheidet, der neben der Fahrlässigkeit auch „willkürliches oder unverhältnismäßiges“ Handeln des Staates berücksichtigt, als auch von der Lösung aus den Niederlanden, wo zwar die Grundsätze der Sorgfalt und der guten Verwaltung beibehalten werden, jedoch nicht so weit gegangen wurde, einen solch weitreichender Begriff wie *dysfonctionnement* zu entwickeln.

Schließlich unterscheidet sich das luxemburgische Haftungregime auch vom spanischen, da es kein allgemeines Prinzip der objektiven Haftung kennt.[25]

II. Schutzgutbezogenheit

Was das allgemeine Prinzip zur Festellung einer schädigenden Handlung betrifft, hat die Natur der geschützten Interessen keinen Einfluss: Jeder Schaden kann eine zivilrechtliche Haftung des Staates auslösen, obwohl die Verletzung eines als fundamental angesehenen Interesses eine höhere Entschädigung zur Folge haben kann.

III. Kausalzusammenhang

Bezüglich der allgemeinen Voraussetzungen gelten die klassischen Grundsätze zivilrechtlicher Haftung für eigene Handlungen und für die Gegenstände oder Personen, die unter der Verfügungsgewalt bzw. Aufsicht einer Person stehen.

22 CA, Urteil vom 18.12.2002, Pas. 32, 321.
23 *Schockweiler*, Pas. 27 (1989), 1 (11).
24 Gesetzesentwurf Nr. 2665, Begründung, S. 2–4.
25 Gesetzesentwurf Nr. 2665, Begründung, S. 2–4.

Handelt es sich aber um die Haftung des Staates für die Handlungen der unter seiner Aufsicht stehenden Personen, sehen die Art. 3 und Art. 5 LRC zwar einen breiteren Haftungsumfang als in der allgemeinen zivilrechtlichen Haftung vor. Der Kausalzusammenhang bleibt aber nach wie vor ausdrücklich Voraussetzung einer eventuellen Haftung:

> *„Es ist nicht ausreichend, dass der Richter das Vorhandensein eines Verschuldens oder einer fehlerhaften Aufgabenerfüllung seitens des Staates sowie einen vom Betroffenen erlittenen Schaden feststellt, sondern es ist auch zu beweisen, dass der Schaden mit dem schadensauslösenden Ereignis durch einen Kausalzusammenhang verbunden ist."*[26]

Maßstab der Kausalität ist der Gedanke der Adäquanz. Demnach ist Voraussetzung für die Haftung, dass ein Schaden gemäß den gewöhnlichen Umständen und nach allgemeiner Lebenserfahrung logische Folge der hoheitlichen Handlung sein kann.

Kann ein Schaden in Bezug auf die Umstände als „außergewöhnlich und besonders" angesehen werden oder wurde der Geschädigte darum gebeten und/oder wirkte er „ohne persönliches Interesse, dringend und notwendigerweise an einer öffentlichen Aufgabe" mit, so ist stets ein Kausalzusammenhang mit einer Handlung oder Maßnahme des Staates nachzuweisen, selbst wenn zur gesetzlichen Begründung einer öffentlichen Haftung kein Verschulden erforderlich ist oder eine fehlerhafte Maßnahme *per se* ausreicht.

Im Bereich der verschuldensunabhängigen Staatshaftung ist festzustellen, dass der Geschädigte nach der früheren (vor 1988 ergangenen) Rechtsprechung in Fällen, in denen er – wenn auch nur gelegentlich – an einer öffentlichen Aufgabe mitgewirkt hatte, beweisen musste, dass der von ihm erlittene Schaden „besonders und außergewöhnlich"[27] war.

Das LRC behält der französischen Rechtsprechung folgend[28] den Gedanken der nationalen Solidarität bei, indem es die Pflicht auferlegt, den Schaden desjenigen, der ohne persönliches Interesse, dringend und notwendigerweise an einer öffentlichen Aufgabe mitgewirkt hat, zu ersetzen, und zwar unabhängig von der Intensität des Schadens.

Auch wenn kein „besonderer und außergewöhnlicher" Schaden bewiesen zu werden braucht, scheint diese Lösung auch im Hinblick auf die parlamentarischen Gesetzesmaterialien doch, was die allgemeine verschuldensunabhängigen Haftung angeht, unter Berücksichtigung des Verstoßes gegen den Gleichheitssatz, der dem französischen *rupture d'égalité devant les charges publiques* ähnelt, durchaus angemessen zu sein. Im Rahmen dieser Voraussetzung räumt das Gesetz dem Gericht Ermessen ein bezüglich der Frage, ob und in welchem Umfang der Staat zum Ausgleich des Schadens verpflichtet sein soll, um den Geschädigten nicht auf einem ungerechten Schaden sitzen zu lassen.

IV. Relevanz von Verschulden

1. Verschuldensabhängige Haftung

Das Verschulden kann sich auch aus verschiedenen verwaltungsrechtlichen[29] und exekutiven Entscheidungen sowie aus Ermessensentscheidungen ergeben. Auch vor Geltung des derzeiti-

26 Cass., Urteil 17/06 vom 23.3.2006.
27 Siehe z.B. CA, Urteil vom 19.12.1985, Pas. 27, 220.
28 Vgl. Gesetzesmaterialien, Kommentare der Rechtskommission 2665/7, S. 6 sowie Cass. (frz.), Urteil vom 23.11. 1956, Bulletin des arrêts Cour de Cassation Chambre civile 2 N. 626, 47.
29 Gesetzesmaterialien (Fn. 28), S. 4.

gen, durch das LRC begründeten Haftungssystems äußerten sich die Gerichte schon seit Anfang der achtziger Jahre des vergangenen Jahrhunderts wie folgt:

> *„... wenn Zivilrichter keine Zuständigkeit haben, die Zweckmäßigkeit von Entscheidungen der administrativen Behörden*[30] *zu beurteilen, so können sie doch, ohne in andere verfassungsrechtliche Gewalten einzugreifen, die Haftung des Staates oder anderer öffentlicher Behörden wegen eines Verschuldens seiner in Ausübung ihrer unterschiedlichen Aufgaben handelnden Vertreter beurteilen, ohne eine vorherige Unterscheidung zwischen einer Entscheidung einer Behörde und der Verwaltung oder zwischen gebundenem Ermessen und freiem Verwaltungsermessen getroffen zu haben; die öffentlichen Gewalten, die der Verwaltung von Gesetzes wegen im öffentlichen Allgemeininteresse gewährt werden, sind von der allgemeinen Sorgfaltspflicht, die allen auferlegt wird, nicht befreit.“*[31]

Sowohl vor der Kodifizierung als auch im nun geltenden Recht gilt die Verschuldensfeststellung als Grundvoraussetzung, und zwar ohne die im öffentlichen Recht geltende Unterscheidung (bzgl. Ausnahmen → B.IV.2.).

Während die Rechtsprechung das Verschulden jedoch bereits in Bezug auf die „allgemeine Sorgfaltspflicht, die allen auferlegt wird“ feststellt, verweist das neue Gesetz diesbezüglich zudem auf das weitere Kriterium eines *dysfonctionnement* (Fehlverhaltens) des öffentlichen Dienstes.

2. Ausnahmen

Das LRC enthält jedoch einige Ausnahmen von dem Verschuldensgrundsatz, indem entweder die Haftung für bestimmte Bereiche ausgeschlossen oder aber der Haftungsumfang erweitert wird, selbst wenn kein Verschulden vorliegt.

a) Haftungsausschluss

Grundsätzlich haftet der Staat auch für judikatives Unrecht. Jedoch sieht Art. 1 LRC entsprechend dem *res judicata* Prinzip[32] vor, dass rechtskräftige Entscheidungen keine Haftung begründen, da es sonst zu einem Verstoß gegen das Prinzip der Rechtskraft von Gerichtsentscheidungen kommen kann und die Autorität der Gerichte in Frage gestellt werden könnte.

Den Verfassern des Gesetzesentwurfs zufolge ist es aber möglich, eine Amtshaftungsklage wegen gerichtlicher Maßnahmen zu erheben, wenn die Klage keinen Verstoß gegen das *res judicata* Prinzip darstellt (z.B. im Falle des Verlustes einer Akte oder der Beschlagnahme von Vermögensgegenständen einer Person, die nichts mit der Strafverfolgung zu tun hat).[33] Dieser Ansicht nach bleibt die Frage offen, ob *actes de gouvernement* (Regierungshandlungen – eine besondere Kategorie der Handlungen nach luxemburgischem Recht) ausnahmsweise eine Haftung auslösen können.[34]

---

30 Einige Autoren sind der Meinung, dass die Gerichte doch die Zuständigkeit zur Kontrolle offenbarer Ermessensfehler haben sollten, auch wenn sie über die Zweckmäßigkeit einer verwaltungsrechtlichen Verordnung entscheiden müssen. Vgl. *Ravarani*, La responsabilité civile, S. 147.

31 Vgl. Lux., Urteil vom 25.2.1981, Pas. 25, 234. Siehe auch CSJ, Urteil vom 1.12.1970 (nicht veröffentlicht).

32 Nach dem eine Rechtssache nicht wieder aufgegriffen werden darf, sobald in der Hauptsache über sie entschieden wurde.

33 Vgl. Fn. 28.

34 Vgl. Fn. 28.

Außerdem kann der Staat im Zusammenhang mit seiner legislativen Funktion nicht zivilrechtlich haftbar gemacht werden, denn

> *„… die Gesetzgebung kann weder unmittelbar oder mittelbar von einem Gericht kritisiert […] noch für einen Schadensersatz in Geld wegen eines allgemeinen, für alle geltenden Gesetzes haftbar gemacht werden“*[35].

In der Tat verweigern die ordentlichen Gerichte jede Art von verfassungsrechtlicher Kontrolle eines Gesetzes sowie jede gerichtliche Überprüfung der Einhaltung des Grundsatzes der Gleichheit vor dem Gesetz.

Auch wenn die Möglichkeit der Haftung in Bezug auf den Erlass einer exekutiven Verordnung nicht ausdrücklich aus dem Haftungsumfang ausgeschlossen zu sein scheint,[36] könnte sie es praktisch doch sein, da die Rechtsprechung es regelmäßig ablehnt, den „Wert“ einer exekutiven Verordnung zu beurteilen, weil dies als Eingreifen der richterlichen Gewalt in die Exekutive und damit als Widerspruch zum Gewaltenteilungsprinzip angesehen werden könnte. Zudem lehnte die Rechtsprechung nach Ende des Zweiten Weltkriegs jegliche Haftung des Staates für zivile Schäden aufgrund von Kriegshandlungen ab.[37]

b) Verschuldensunabhängige Haftungserweiterung

Mit dem LRC wurde die Rechtsprechungspraxis gesetzlich bestätigt. Dabei wurde der Grundsatz der Staatshaftung auf Konstellationen ausgedehnt, in denen verschuldensunabhängig ein Schaden entsteht. Gleiches gilt, wenn der Geschädigte darum gebeten wurde und/oder ohne persönliches Interesse, dringend und notwendigerweise an einer öffentlichen Aufgabe mitgewirkt hat (Art. 2 LRC).

V. Haftung ohne Normverstoß

Das luxemburgische Recht sieht darüber hinaus eine allgemeine und verschuldensunabhängige Haftung des Staates vor, wenn den Geschädigten ein „besonderer und außergewöhnlicher“ bzw. „spezieller und außergewöhnlicher“ Schaden trifft (Art. 1 Abs. 2 LRC).[38] Haftungsauslösendes Ereignis ist in diesen Fällen nicht die Verletzung einer Rechtsvorschrift, sondern der Ausgleich eines ungewöhnlichen Schadens, den der Geschädigte zum Wohle der Allgemeinheit tragen muss. Die Kompensation beruht auf dem Billigkeitsgedanken, dass öffentliche Lasten von allen gleich getragen werden müssen.

Nach der Rechtsprechung ist ein Schaden „speziell“, wenn er eine einzelne Person oder eine individualisierbare Personengruppe besonders belastet. Er ist „außergewöhnlich“, wenn er seiner Natur und Höhe nach dem Betroffenen ein Opfer auferlegt, das über die Belastungen hinausgeht, die jeder Bürger in einer Gesellschaft zu tragen verpflichtet ist und es ungerecht erscheint, ihn bei dem Geschädigten zu belassen.[39]

---

35 CA, Urteil vom 1.4.1987, Pas. 27, 68.
36 Im Gegensatz zur Gültigkeit einer exekutiven Verordnung (→ B.I.1.).
37 Vgl. CSJ, Urteil vom 24.7.1952, Pas.15, 295.
38 Lux., Urteil 56266 du rôle vom 18.2.2002.
39 CA, Urteil 25326 du rôle vom 13.3.2002.

C. Haftungsfolgen

Wie bereits ausgeführt wurde, stehen die zivilrechtlichen Haftungsregelungen des LRC zwischen Innovation und Tradition. Bezüglich der Haftungsfolgen werden die klassischen staatshaftungsrechtlichen Regelungen angewendet, wobei jedoch einige Fragen offen bleiben.

I. Haftungssubjekte

Art. 1 LRC ist im weitesten Sinne auf die Haftung des Staates sowie der anderen juristischen Personen des öffentlichen Rechts gerichtet. Umfasst wird neben den staatlichen und kommunalen Behörden

> *„ebenfalls jegliche öffentliche Körperschaft, deren Zweck es ist, öffentliche Aufgaben auszuführen, sowie alle Körperschaften, denen die Eigenschaften einer öffentlichen Körperschaft oder einer juristische Person des öffentlichen Rechts ausdrücklich gesetzlich zugeschrieben werden.“*[40]

Der Staat haftet daher für alle öffentlichen Körperschaften sowie für Körperschaften, die eine öffentliche Aufgabe ausführen, gleichgültig ob es sich dabei um eine juristische Person handelt oder nicht. Ebenso haftet der Staat „in vollem Umfang für das Verschulden seiner Bediensteten in Ausübung ihrer Aufgaben.“[41] Da das luxemburgische Recht in großem Maße vom belgischen Recht inspiriert ist, handelt es sich bei der Staatshaftung maßgeblich um eine Organhaftung. Handelt ein Amtsträger als „Organ“ ist der Staat verantwortlich; handelt er jedoch als „Bediensteter“, kommt eine persönliche Haftung in Betracht. Die Gerichte beurteilen das Handeln der Amtsträger jedoch stets als Organhandeln, sodass keine Fälle nachzuweisen sind, in denen diese persönlich haftbar gemacht wurden.

Neben dem Staat, der überwiegend für die Handlungen der Organe, Bediensteten und Personen haftet, die eine öffentliche Aufgabe ausführen, sind auch kommunale Behörden für schädigende Handlungen im Rahmen ihrer Zuständigkeit (Schulen, Straßenbau usw.) haftbar.

Der Mechanismus der zivilrechtlichen Haftung ist für Kommunalbehörden derselbe, die verfahrensrechtlichen Regeln unterscheiden sich jedoch je nachdem, ob eine Kommune oder der Staat haftet. Der Staat muss in der Person des Premierministers an dessen Sitz, eine Kommune in Person des Bürgermeisters am Sitz des Bürgermeisteramts verklagt werden, wobei der Kommunalrat für das Verfahren zuständig ist.[42]

Bei der Klage gegen eine öffentliche Körperschaft bestimmt sich das im Einzelfall anzuwendende Verfahren danach, ob die Körperschaft unter staatlicher oder kommunaler Aufsicht steht. Falls die haftende Körperschaft keine juristische Person ist, gilt der Staat automatisch als Beklagter.

---

40 CA, Urteil vom 18.12.2002, Pas. 32, 321.
41 CA, Urteil vom 30.10.1986, Pas. 27, 266.
42 Vgl. Art. 163–165 *Nouveau Code de Procédure civile* (Neues Zivilprozessgesetz) sowie Abschnitte des *Loi communale* (Kommunalgesetzes).

II. Haftungsinhalt: Schadensersatz

Der Schadensersatz richtet sich nach den allgemeinen zivilrechtlichen Grundsätzen. Wenn folglich die Entschädigung grundsätzlich *in natura* geleistet werden soll, dies aber faktisch oder rechtlich unmöglich ist, kommt es zu einer gleichwertigen Entschädigung.

Alle Schäden sind zu ersetzen, sei es ein tatsächlich erlittener Verlust (*damnum emergens*) oder ein entgangener Gewinn (*lucrum cessans*). In der Rechtsprechung wurde der Staat bespielsweise für einen Marktverlust oder den entgangenen Gewinn[43] haftbar gemacht, allerdings nur insoweit, als die Chance auf den Gewinn für den Geschädigten tatsächlich bestand.[44]

III. Haftungsbegrenzung oder -ausschluss

Wie bereits erwähnt lösen bestimmte Handlungen oder Entscheidungen keine Haftung der öffentlichen Hand aus, weil sie von der Staatshaftung ausgenommen sind (Akte der Gesetzgebung, *res judicata* usw.) oder weil die Rechtssache nicht der gerichtlichen Kontrolle untersteht (z.B. Wert oder die Zweckmäßigkeit einer exekutiven Verordnung).

Abgesehen hiervon gibt es auch Fälle, in denen eine Haftung des Staates (Haftung für eigene Handlungen oder für Personen oder Gegenstände, die unter seiner Aufsicht bzw. Verfügungsgewalt stehen) teilweise oder ganz ausgeschlossen ist.

Davon erfasst werden Umstände, in denen eine externe Ursache oder ein schuldhaftes Verhalten, das dem Staat nicht zugeschrieben werden kann, mit dem staatlichen Handeln zusammengewirkt und zum Schadenseintritt beigetragen hat. In diesem Zusammenhang ist zwischen zwei Situationen zu unterscheiden.

1. Verschulden durch einen Dritten oder durch einen Bediensteten

Das Verschulden eines Dritten oder eines Vertreters führt nie zur Begrenzung oder zum Ausschluss der öffentlichen Haftung, dem Staat kann jedoch ein gerichtlicher oder verwaltungsrechtlicher Regressanspruch gegen diese zustehen.

2. Mitverschulden des Geschädigten und *force majeure*

Bei einem Mitverschulden des Geschädigten kann die Haftung des Staates hingegen vollständig oder zumindest teilweise ausgeschlossen sein.[45] Dieser Ausschluss entspricht der traditionellen Haftungsregelung in Luxemburg.

Bezüglich *force majeure* (höherer Gewalt) hat das LRC allerdings einige Fragen offen gelassen, wird sie doch sonderbarer Weise in Art. 2 LRC nicht als Ausschlussgrund einer Haftung des Staates für Handlungen von Personen, die unter seiner Aufsicht stehen, erwähnt.

Man kann aber mit gutem Grund davon ausgehen, dass der Grundsatz, wonach *force majeure* einen allgemeinen Ausschlussgrund für die zivilrechtliche Haftung mit den Elementen Verschulden, Schaden und Kausalzusammenhang darstellt, für alle Bereiche der Verschuldenshaftung und damit auch in Bezug auf das LRC gilt, welches sich seinerseits auf die zivilrechtliche Haftung stützt.

---

43 CA, Urteil 27674 du rôle vom 21.4.2004 (nicht veröffentlicht).
44 CA, Urteil 26712 du rôle vom 5.11.2003 (nicht veröffentlicht).
45 Lux., Urteil 31/88 vom 27.1.1988.

Die Antwort auf diese Frage könnte jedoch anders ausfallen im Zusammenhang mit einer verschuldensunabhängigen Haftung, welche sich auf Aspekte wie Billigkeit, kollektive Solidarität und den Grundsatz der Gleichheit angesichts öffentlicher Lasten stützt und risikobezogen ist.

D. Geltendmachung von Haftungsansprüchen

I. Rechtsweg

Ursprünglich hatten die Gerichte in Staatshaftungsfällen und bei der Verurteilung juristischer Personen des öffentlichen Rechts keine Zuständigkeit.[46] Dies wurde aber im Laufe der Zeit als notwendig anerkannt und wird heute auch nicht mehr in Frage gestellt.

Für die prozessuale Durchsetzung von Staatshaftungsansprüchen ist Art. 84 *Constitution du Grand-Duché de Luxembourg* (Verfassung des Großherzogtums Luxemburg) von Bedeutung, wonach die ausschließliche Zuständigkeit für „jegliche Klage im Rahmen des Privatrechts"[47] im Allgemeinen bei den ordentlichen Gerichten (im Gegensatz zu den Verwaltungsgerichten) liegt. Die Rechtsprechung stellt klar, dass sich die Unterscheidung zwischen ordentlicher und verwaltungsrechtlicher Zuständigkeit nach „dem Recht richtet, das der Klage zugrunde liegt"[48] mit der Folge, dass die ordentlichen Gerichte auch für die Staatshaftung zuständig sind.

Das anzuwendende Verfahren hängt dabei von der Natur der öffentlichen Körperschaft ab, bezüglich derer eine Haftung in Betracht kommt (Gemeinde, Staat usw.), und richtet sich entweder nach dem Zivilprozessgesetz oder nach Sondergesetzen, wobei hier sowohl Gesetze als auch Verordnungen als Rechtsquellen in Betracht kommen.[49]

Im Allgemeinen ist kein außergerichtliches Vorverfahren nötig, um eine staatshaftungsrechtliche Klage zu erheben. Die verfahrensrechtlichen Fristen entsprechen denen des geltenden Zivilrechts; insbesondere muss der Kläger die Voraussetzung der Aktivlegitimation erfüllen. Nach Art. 2227 *Code de procedure civile* (Zivilprozessordnung) gilt für die Staatshaftung die allgemeine Verjährungsfrist. Sie beträgt 30 Jahre, wobei spezialgesetzliche Abweichungen möglich sind (Verkürzung auf fünf oder drei Jahre bzw. ein Jahr).

II. Beweislast

Die Beweislast obliegt grundsätzlich demjenigen, der aufgrund einer schädigenden Handlung des Staates im Rahmen einer verschuldensabhängigen oder verschuldensunabhängigen Haftung Klage erhebt (z.B. der Beweis eines *dysfonctionnement* oder eines „besonderen und außergewöhnlichen" Schadens).

Jedoch ist die Beweislast für den Betroffenen insofern erleichtert, als er im Rahmen der *fonctionnement défectueux* nicht darlegen muss, welcher Amtsträger für die schädigende Handlung verantwortlich ist. Gleiches gilt notwendigerweise für die Tatbestände, die ein Verschulden gar nicht erst voraussetzen.

---

46 CSJ, Urteil vom 14.6.1907, Pas. 7, 545.

47 Vgl. Art. 84 Verfassung.

48 Vgl. die Rechtsprechungsanmerkungen zu Art. 84 Verfassung, insbes. Trib. adm., Urteil 10829 vom 23.11.1998, Pas. Admin. 1/1999, 50.

49 Vgl. Art. 163–165 *Nouveau Code de Procédure civile* (Neues Zivilprozessgesetz) sowie Abschnitte des *Loi communale* (Kommunalgesetzes).

III. Vollstreckung

In Luxemburg gibt es weder ein spezifisches Organ noch eine Einrichtung, gegenüber dem bzw. gegenüber der der Staat haftet. Eine Vollstreckungsklage gegen den Staat ist nicht möglich. Folglich gibt es im nationalen Recht kein Rechtsmittel, das ein Zwangsgeld oder eine Zwangsvollstreckung gegen den Staat vorsieht.

Das Rechtsstaatsprinzip schreibt indes vor, dass der Staat an seine eigenen Vorschriften gebunden ist und somit jeglichen Schaden eines Geschädigten ersetzen muss, sobald die Voraussetzungen für eine Haftung erfüllt sind.

Bibliographie

Arendt, Ernest, La responsabilité de la puissance publique en droit luxembourgeois (Die Haftung der öffentlichen Hand im luxemburgischen Recht), Pasicrisie luxembourgeoise, Bd. 14/1936–49 (1948), S. 1–26

Eyschen, Paul, Das Staatsrecht des Grossherzogtums Luxemburg, Freiburg i. Br. 1890

Nothar, Roger/Spielmann, Dean, L'aménagement des agglomérations et la responsabilité des pouvoirs publics, Annales du droit luxembourgeois, volume 1/1991 (Städtische Entwicklung und die Haftung der öffentlichen Hand, Annalen des luxemburgischen Rechts, Bd. 1/1991), Bruxelles 1992, S.155–195

Ravarani, Georges, Le fait générateur de la responsabilité civile des pouvoirs publics en droit luxembourgeois (Der maßgebliche Tatbestand zivilrechtlicher Haftung der öffentlichen Hand im luxemburgischen Recht), 2012 (noch nicht veröffentlicht)

ders., La responsabilité civile des personnes privées et publiques (Zivilrechtliche Haftung privater und öffentlicher Personen), 2. Aufl., Luxembourg 2006

Schockweiler, Fernand, La responsabilité extra-contractuelle de l'autorité publique et la loi du 1er septembre 1988 relative à la responsabilité de l'Etat et des collectivités publiques (Deliktische Haftung der öffentlichen Hand und das Gesetz vom 1. September 1988 über die zivilrechtliche Haftung des Staates und der Körperschaften des öffentlichen Rechts), Pasicrisie luxembourgeoise, tome 27 (Bd. 27), Luxembourg 1989, S. 1–29

Abkürzungen

CA.	Cour d'appel de Luxembourg (Berufungsgericht Luxemburg)
Cass.	Cour de cassation du Luxembourg (Luxemburgischer Kassationshof)
C.S.J.	Cour Supérieure de Justice du Luxembourg (Luxemburgischer Oberster Gerichtshof)
CC	Code Civil (Zivilgesetzbuch)
LRC	Loi du 1er septembre 1988 relative à la responsabilité civile de l'Etat et des collectivités publiques (Gesetz vom 1. September 1988 über die zivilrechtliche Haftung des Staates und der Körperschaften des öffentlichen Rechts)
Lux.	Tribunal d'arrondissement de Luxembourg (Bezirksgericht Luxemburg)
Pas.	Pasicrisie luxembourgeoise – recueil de jurisprudence (Zeitschrift)
Pas. Admin.	Pasicrisie administrative (Zeitschrift)
Trib. adm.	Tribunal administratif du Luxembourg (Verwaltungsgericht Luxemburg)

Wesentliche Vorschriften

Code Civil
Zivilgesetzbuch[50]

Art. 1382
Tout fait quelconque de l'homme, qui cause à autrui un dommage, oblige celui par la faute duquel il est arrivé, à le réparer.

Art. 1382
Jegliche Handlung eines Menschen, durch die einem anderen ein Schaden zugefügt wird, verpflichtet denjenigen, durch dessen Verschulden der Schaden entstanden ist, diesen zu ersetzen.

Art. 1383
Chacun est responsable du dommage qu'il a causé non seulement par son fait, mais encore par sa négligence ou par son imprudence.

Art. 1383
Ein jeder ist nicht nur für den Schaden verantwortlich, den er durch seine Handlung verursacht hat, sondern auch für den Schaden, den er durch seine Nachlässigkeit oder Unvorsichtigkeit verursacht hat.

Art. 1384
On est responsable non seulement du dommage que l'on cause par son propre fait, mais encore de celui qui est causé par le fait des personnes dont on doit répondre, ou des choses que l'on a sous sa garde.

(L. 6 février 1975) Le père et la mère, en tant qu'ils exercent le droit de garde, sont solidairement responsables du dommage causé par leurs enfants mineurs habitant avec eux.

Les maîtres et les commettants, du dommage causé par leurs domestiques et préposés dans les fonctions auxquelles ils les ont employés;

(L. 1er septembre 1988) Les artisans, du dommage causé par leurs apprentis, pendant le temps qu'ils sont sous leur surveillance.

La responsabilité ci-dessus a lieu, à moins que les père et mère et les artisans ne prouvent qu'ils n'ont pu empêcher le fait qui donne lieu à cette responsabilité.

Art. 1384
Man ist nicht nur für den Schaden verantwortlich, den man durch sein eigenes Handeln verursacht, sondern auch für denjenigen, der durch die Handlung von Personen verursacht wird, für die man einstehen muss, oder durch Sachen, die man unter seiner Obhut hat.

(Gesetz vom 6. Feburar 1975) Vater und Mutter haften, soweit sie gemeinsam das Sorgerecht ausüben, gesamtschuldnerisch für den Schaden, der von ihren minderjährigen Kindern, die bei ihnen leben, verursacht wird.

Hausherren und Auftraggeber für den Schaden, den ihre Hausangestellten und Auftragnehmer in den ihnen anvertrauten Aufgaben verursachen;

(Gesetz vom 1. September 1988) Handwerker für den Schaden, den ihre Lehrlinge in der Zeit, in der sie unter ihrer Aufsicht stehen, verursachen.

Die oben genannte Verantwortlichkeit hört auf, wenn Vater, Mutter oder Handwerker beweisen, dass sie die Handlung, die zu dieser Verantwortlichkeit Anlass gibt, nicht haben verhindern können.

Loi de 1er septembre 1988 relative à la responsabilité civile de l'État et des collectivités publiques
Gesetz vom 1. September 1988 über die zivilrechtliche Haftung des Staates und der öffentlich-rechtlichen Körperschaften[51]

Art. 1er.
L'État et les autres personnes morales de droit public répondent, chacun dans le cadre de ses missions de service public, de tout dommage causé par le fonction-

Art. 1
Unter Vorbehalt der Rechtskraft haften der Staat und die anderen juristischen Personen des öffentlichen Rechts, jeder im Rahmen seiner/ihrer Trägerschaften

50 Übersetzung des *Service central de traduction allemande* (SCTA)/Zentrale Dienststelle für deutsche Übersetzungen (ZDDÜ), http://www.scta.be (zuletzt abgerufen am 16.4.2013) und des Herausgebers.
51 Übersetzung des Herausgebers.

nement défectueux de leurs services, tant administratifs que judiciaires, sous réserve de l'autorité de la chose jugée.

Toutefois, lorsqu'il serait inéquitable, eu égard à la nature et à la finalité de l'acte générateur du dommage, de laisser le préjudice subi à charge de l'administré, indemnisation est due même en l'absence de preuve d'un fonctionnement défectueux du service, à condition que le dommage soit spécial et exceptionnel et qu'il ne soit pas imputable à une faute de la victime.

(im öffentlichen Dienst), für alle Schäden, die durch die fehlerhafte Ausübung ihrer verwaltungsrechtlichen oder juristischen Ämter verursacht werden.

Wenn es angesichts der Natur und des Zwecks der schädigenden Tat unbillig wäre, den erlitten Schaden beim Bürger zu seinen Lasten zu belassen, ist ein Schadensersatz gleichwohl sogar ohne Beweis einer fehlerhaften Ausübung des Amtes fällig, vorausgesetzt, dass der Schaden besonders und außerordentlich ist und nicht durch einen Fehler des Geschädigten verursacht worden ist.

Art. 2.

L'État et les autres personnes morales de droit public sont tenus, chacun dans le cadre de ses missions de service public, de réparer le dommage résultant du fait qu'une personne, agissant soit spontanément, soit à la suite d'une sollicitation ou d'une réquisition, a collaboré, d'une manière désintéressée, à un service public, à condition qu'en cas de collaboration spontanée, celle-ci ait été commandée par une urgente nécessité.

L'État et les autres personnes morales de droit public ne peuvent pas s'exonérer en établissant que le dommage est dû au fait d'un tiers, sans préjudice du droit d'exercer un recours contre ce tiers.

Art. 2

Der Staat und die anderen juristischen Personen des öffentlichen Rechts sind verpflichtet, jeder im Rahmen seiner/ihrer Trägerschaften (im öffentlichen Dienst), für den Schaden zu haften, der aus der Tatsache resultiert, dass eine Person, die entweder spontan oder aufgrund einer Aufforderung oder behördlichen Anordnung gehandelt hat, in uneigennütziger Art im öffentlichen Dienst mitgewirkt hat, vorausgesetzt, dass diese im Fall der spontanen Mitwirkung durch eine Notsituation hervorgerufen wurde.

Der Staat und die anderen juristischen Personen des öffentlichen Rechts können sich nicht entlasten, indem sie glaubhaft machen, dass der Schaden auf einen Dritten zurückzuführen ist, ungeachtet des Rechtes gegen diesen Dritten Rechtsmittel einzulegen.

Art. 3.

L'État répond du dommage causé, après une évasion ou une permission de sortir, par les majeurs détenus dans un établissement pénitentiaire, par les mineurs placés dans une maison de rééducation publique ou privée ou chez un particulier et par les malades internés dans un hôpital psychiatrique, à condition qu'il existe un lien de causalité entre l'évasion ou la sortie autorisée et le dommage et que le dommage ne soit pas dû à une faute de la victime ou à un cas de force majeure.

L'État ne peut pas s'exonérer en établissant que le dommage est dû au fait d'un tiers, sans préjudice du droit d'exercer un recours contre ce tiers.

Art. 3

Der Staat haftet für den Schaden, der nach einer Flucht oder einer Ausgeherlaubnis von Volljährigen, die in einer Strafvollzugsanstalt inhaftiert sind, von Minderjährigen, die in einer öffentlichen oder privaten Besserungsanstalt oder bei einer Privatperson untergebracht sind oder von Kranken, die in ein psychiatrisches Krankenhaus eingewiesen sind, verursacht wurde.

Der Staat kann sich nicht entlasten, indem er glaubhaft macht, dass der Schaden auf einen Dritten zurückzuführen ist, ungeachtet des Rechtes gegen diesen Dritten Rechtsmittel einzulegen.

Art. 4.

L'État répond du dommage causé par les personnes condamnées qui exécutent un travail d'intérêt général, à condition que le dommage ne soit pas dû à une faute de la victime ou à un cas de force majeure.

L'État ne peut pas s'exonérer en établissant que le dommage est dû au fait d'un tiers, sans préjudice du droit d'exercer un recours contre ce tiers.

Art. 4

Der Staat haftet für den Schaden, der durch verurteilte Personen, die eine Arbeit des öffentlichen Interesses ausführen, verursacht wurde, vorausgesetzt, dass der Schaden nicht auf einen Fehler des Geschädigten oder einen Fall höherer Gewalt zurückzuführen ist.

Der Staat kann sich nicht entlasten, indem er glaubhaft macht, dass der Schaden auf einen Dritten zurückzuführen ist, ungeachtet des Rechtes gegen diesen Dritten Rechtsmittel einzulegen.

Art. 5.
L'établissement d'enseignement répond du dommage causé par les élèves pendant le temps qu'ils sont sous la surveillance des enseignants, à l'intérieur ou à l'extérieur de l'établissement.

Toutefois, s'il s'agit d'un dommage corporel ou d'un dommage lié à un dommage corporel indemnisables en vertu du livre II du Code des assurances sociales, les dispositions de ce Code sont applicables pour la réparation de ces dommages.

L'établissement d'enseignement ne peut pas s'exonérer en établissant que le dommage est dû au fait de l'enseignant ou d'un tiers, sans préjudice de son droit d'exercer un recours contre ces derniers.

Dans le cas d'un établissement d'enseignement public, cette responsabilité incombe, selon le cas, à l'État ou aux communes.

Art. 5
Bildungseinrichtungen haften für den Schaden, der durch die Schüler während der Zeit verursacht wird, während derer sie – innerhalb oder außerhalb der Einrichtung – unter der Aufsicht der Lehrkräfte stehen.

Wenn es sich um einen körperlichen Schaden oder um einen Schaden, der einen entschädigungspflichtigen körperlichen Schaden nach dem II. Buch des (lux.) Sozialversicherungsgesetzbuchs darstellt, handelt, sind die Vorschriften dieses Gesetzbuches für den Schadensersatz von solchen Schäden anwendbar.

Die Bildungseinrichtung kann sich nicht entlasten, indem sie glaubhaft macht, dass der Schaden auf eine Lehrkraft oder einen Dritten zurückzuführen ist, ungeachtet des Rechtes gegen diese Dritten Rechtsmittel einzulegen.

Im Fall einer öffentlichen Bildungsanstalt obliegt diese Haftung – je nach Fall – dem Staat oder den Gemeinden.

Art. 6.
Les deux derniers alinéas de l'article 1384 du Code civil sont modifiés comme suit:

Les artisans, du dommage causé par leurs apprentis, pendant le temps qu'ils sont sous leur surveillance.

La responsabilité ci-dessus a lieu, à moins que les père et mère et les artisans ne prouvent qu'ils n'ont pu empêcher le fait qui donne lieu à cette responsabilité.

Art. 6
Die beiden letzten Absätze von Art. 1384 des Code civil werden wie folgt modifiziert:

Die Handwerker sind verantwortlich für Schäden ihrer Lehrlinge, die während der Zeit verursacht werden, während derer die Lehrlinge unter ihrer Aufsicht sind.

Die oben genannte Haftung tritt ein, es sei denn, dass die Eltern bzw. Handwerker beweisen, dass sie den Umstand, der zu dieser Haftung führt, nicht verhindern konnten.

Loi portant indemnisation en cas de détention préventive inopérante (1981)
Gesetz zur Entschädigung bei ungerechtfertigter Untersuchungshaft[52]

Art. 1er.
Un droit à réparation est ouvert à toute personne qui a été privée de sa liberté dans des conditions incompatibles avec les dispositions de l'article 5 de la Convention de sauvegarde des droits de l'homme et des libertés fondamentales du 4 novembre 1950, approuvée par la loi du 29 août 1953.

Art. 1
Jede Person, die ihrer Freiheit unter Bedingungen beraubt worden ist, die mit den Bestimmungen des Art. 5 der Europäischen Konvention zum Schutz der Menschenrechte und Grundfreiheiten vom 4. November 1950, genehmigt durch das Gesetz vom 29. August 1953, unvereinbar sind, erhält ein Recht auf Entschädigung.

Art. 2.
Un droit réparation est ouvert dans les limites de la présente loi à toute personne qui a été détenue préventivement pendant plus de trois jours sans que cette détention ou son maintien ait été provoqué par sa propre faute

Art. 2
Jede Person, die länger als drei Tage in Untersuchungshaft verbracht hat und diese Haft oder ihre Fortdauer nicht selbst verschuldet hat, hat ein Recht auf Entschädigung im Rahmen dieses Gesetzes

52 Übersetzung des Verfassers und des Herausgebers.

a) si elle a bénéficié d'une ordonnance ou d'un arrêt de non-lieu;
b) si elle a été acquittée par une décision judiciaire définitive ou si elle a été mise hors cause indirectement par une décision judiciaire définitive;

c) si elle a été arrêtée ou maintenue en détention après l'extinction de l'action publique par prescription.

a) wenn das Gericht entscheidet, das Verfahren gegen sie aufzuheben;
b) wenn sie durch eine endgültige gerichtliche Entscheidung freigesprochen wurde oder wenn sie durch eine solche Entscheidung indirekt entlastet wurde;
c) wenn sie nach Ablauf der strafprozessualen Frist festgenommen oder festgehalten wurde.

§ 14 Österreich

Gabriele Kucsko-Stadlmayer

Inhaltsübersicht

A. Grundlagen

I. Das Prinzip der Rechtsstaatlichkeit

Die österreichische Bundesverfassung ist von der Idee der Rechtsstaatlichkeit getragen. Nach einhelliger Lehre und Rechtsprechung gilt ein rechtsstaatliches Grundprinzip, das alle Staatsfunktionen bindet und auf der höchsten Stufe der Rechtsordnung steht. Sein Kern ist der „Primat des Gesetzes“: das Legalitätsprinzip des Art. 18 Bundes-Verfassungsgesetz (abgekürzt: B-VG), das durch eine Bindung des Gesetzgebers selbst an die Normen der Verfassung ergänzt wird. Wirksam werden diese Garantien durch ein umfassendes System des individuellen Rechtsschutzes: Jeder kann die Übereinstimmung der an ihn gerichteten Rechtsakte mit den jeweils übergeordneten Normen bei unabhängigen Gerichten einfordern und damit seine Rechte auch durchsetzen. Das rechtsstaatliche Grundprinzip wird also von drei Ideen geformt: jenen des „Gesetzesstaats", des „Verfassungsstaats" und des „Rechtsschutzstaats".[1]

Als primäres Mittel des Rechtsschutzes sieht die österreichische Bundesverfassung die Anfechtbarkeit sämtlicher staatlicher Hoheitsakte vor Gerichten vor. Auf diese Weise kann der Einzelne verlangen, dass ein Staatsakt, der ihn beschwert, durch ein unabhängiges Organ überprüft und im Fall der Rechtswidrigkeit aus dem Rechtsbestand entfernt wird (Art.129 ff. B-VG).

Mit einer Beseitigung des rechtswidrigen Aktes können die Folgen der Rechtsverletzung aber oft nicht gutgemacht werden. Ein wesentliches Element des Rechtsschutzes ist daher die zivilrechtliche Haftung für Schäden, die aus rechtswidrigem Verhalten staatlicher Funktionäre entstehen.[2] Schon die Stammfassung des B-VG aus 1920 hatte erstmals ein umfassendes System der Haftung für rechtswidriges Verhalten von Staatsorganen normiert.[3] Die Ausführungsgesetze dazu wurden erst mehrere Jahrzehnte später erlassen, gelten aber noch immer fast unverändert. Die entsprechenden Rechtsinstitute werden darin als „Amtshaftung" und „Organhaftung" bezeichnet. Diese österreichischen Rechtsgrundlagen beruhen auf einer klaren Systematik, die mit vielen modernen Entwicklungen, insbes. auch mit der Staatshaftungsjudikatur des EuGH, gut kompatibel ist. Nur in wenigen Aspekten enthält das Institut der Staatshaftung nach europäischem Unionsrecht Besonderheiten, die über das österreichische Amts- und Organhaftungsrecht hinausgehen.

Zum Thema „Staatshaftung" in einem weiteren Sinn zählen auch eine Reihe von Sonderhaftungsregeln für bestimmte Problemkonstellationen, die Abweichungen vom klassischen Haftungssystem erfordern; darüber hinaus auch die Haftung für zivilrechtliches („vertragliches") Handeln. Über das österreichische Staatshaftungsrecht in diesem weiten Sinn geben die folgenden Ausführungen einen systematischen Überblick.

II. Normative Verankerung der Staatshaftung

1. Verfassungsrechtliche Grundlagen

a) Art 23 B-VG

Die österreichische Bundesverfassung legt das System der Staatshaftung in seinen Grundstrukturen fest. Art. 23 B-VG regelt die zivilrechtliche Haftung für jegliche Art von Rechtsverletzung, die bei Vollziehung der Gesetze geschieht.[4] Der Verweis auf das Zivilrecht bedeutet nicht nur ein Anknüpfen an dessen Haftungskategorien, sondern auch, dass die Zuständigkeit zur Entscheidung den Zivilgerichten zusteht. Der Staat unterwirft sich damit in erheblichem Ausmaß der Kontrolle seines Handelns durch die ordentlichen Gerichte.[5]

Art. 23 Abs. 1 B-VG regelt das Grundkonzept der so genannten „Amtshaftung": Danach haften der Bund, die Länder und die sonstigen juristischen Personen des öffentlichen Rechts für jene Schäden, den die als ihre Organe handelnden Personen in Vollziehung der Gesetze durch

---

1 *Walter/Mayer/Kucsko-Stadlmayer*, Österreichisches Bundesverfassungsrecht, Rn. 165; *Öhlinger/Eberhard*, Verfassungsrecht, 9. Aufl. 2012, Rn. 74; vgl. auch *Adamovich/Funk/Holzinger/Frank*, Österreichisches Staatsrecht I^2, 2011, Rn. 14.013; *Berka*, Verfassungsrecht, 4. Aufl. 2012, Rn. 178 f, 182.

2 *Ringhofer*, Die österreichische Bundesverfassung, 1977, 96; näher *Kucsko-Stadlmayer*, in: Korinek/Holoubek, Rn. 4.

3 *Kucsko-Stadlmayer*, in: Korinek/Holoubek, Rn. 1ff.

4 Vgl. näher zu dieser Bestimmung den Kommentar von *Kucsko-Stadlmayer*, in: Korinek/Holoubek.

5 Dies ist innerhalb des österreichischen Rechtsschutzsystems insofern eine Besonderheit, als ansonsten die rechtliche Verwaltungskontrolle eigens dafür eingerichteten Organen zusteht: den Unabhängigen Verwaltungssenaten in den Ländern (Art. 129a und 129b B-VG), dem Asylgerichtshof (Art. 129c B-VG), dem Verwaltungsgerichtshof (Art. 130–136 B-VG) und dem Verfassungsgerichtshof (Art. 137–148 B-VG).

rechtswidriges Verhalten wem immer schuldhaft zugefügt haben. Der schuldige Amtsträger haftet dem geschädigten Dritten also nicht selbst, vielmehr übernimmt die Haftung jener Rechtsträger, dem das rechtswidrige Verhalten funktionell zugerechnet wird. Der Schaden kann im Regressweg vom Schädiger zurückgefordert werden, wenn diesem Vorsatz oder grobe Fahrlässigkeit zur Last fällt (Art. 23 Abs. 2 B-VG). Bei bloß leichter Fahrlässigkeit steht kein Regress zu; dies ist als bewusstes Privileg für den Organwalter zu sehen, der bei der Erfüllung hoheitlicher Aufgaben einem hohen Haftungsrisiko ausgesetzt ist und in wirtschaftlicher Abhängigkeit handelt (→ B.I.2.). Die Amtshaftung setzt voraus, dass ein rechtswidriges Organhandeln zu einem Schaden bei einem Dritten geführt hat. Für Schäden, die dem Rechtsträger direkt zugefügt werden, sieht Art 23. Abs. 3 B-VG parallel dazu eine so genannte „Organhaftung" vor: Für solche „Direktschäden" haften die Organe, die sie verursacht haben, dem jeweiligen Rechtsträger unmittelbar. Der Unterschied zur Amtshaftung ist, dass es dabei nur um das Innenverhältnis zwischen dem Staat und seinen Funktionären geht und kein geschädigter Dritter im Spiel ist. Ansonsten sind die Voraussetzungen der Organhaftung die gleichen wie bei der Amtshaftung.

Art. 23 Abs. 4 B-VG ermächtigt den einfachen Bundesgesetzgeber zum Erlass von Ausführungsbestimmungen. Er ist einerseits als Kompetenznorm zu verstehen, andererseits aber auch als Bindung des einfachen Gesetzgebers an die in Art. 23 Abs. 1 bis 3 B-VG vorgegebenen Determinanten. Dieser kann das verfassungsrechtliche Konzept nur ausführen und darf es dabei nicht verändern.[6] Gewisse Haftungserweiterungen scheint der Verfassungsgerichtshof (abgekürzt: VfGH) aber zu tolerieren: So können entsprechend der historischen Absicht des Verfassungsgesetzgebers, den aus rechtswidrigem Gesetzesvollzug herrührenden Schaden umfassend auszugleichen, Beweislast und Prozessrisiko in „größtmöglichem Ausmaß" auf die öffentliche Hand übertragen werden.[7] Verfassungsunmittelbare Haftungsansprüche bestehen nach herrschender Auffassung aber nicht.[8] Die geltende Fassung von Art. 23 B-VG wurde im Wesentlichen durch ein spezifisch dafür erlassenes Bundesverfassungsgesetz (abgekürzt: BVG) vom 18.12.1948 herbeigeführt.[9] Dieses hat die bis dahin bestehenden Haftungsbeschränkungen beseitigt und die Voraussetzungen der Haftpflicht klarer umrissen.[10] Noch am selben Tag wurde das erste Ausführungsgesetz, das heute noch geltende Amtshaftungsgesetz, im Nationalrat beschlossen.[11]

b) Die Europäische Menschenrechtskonvention (EMRK)

Eine Änderung des verfassungsrechtlichen Staatshaftungsregimes wurde durch den Beitritt zur Europäischen Menschenrechtskonvention herbeigeführt. Diese gilt in Österreich im Rang eines Verfassungsgesetzes.[12] Art. 5 Abs. 5 EMRK sieht für jede rechtswidrige Freiheitsentziehung (Festnahme oder Haft), die das Grundrecht auf persönliche Freiheit verletzt, einen verschuldensunabhängigen Haftungsanspruch vor.[13] Dieser gewährleistet auch den Ersatz des immateriellen Schadens.[14] Der Einwand, dass der Schaden auch bei rechtmäßigem Alternativverhalten einge-

6 VfSlg 8202/1977, 12.838/1991, 13.476/1993.
7 VfSlg 13.476/1993.
8 *Kucsko-Stadlmayer*, in: Korinek/Holoubek, Rn. 6.
9 BGBl 1949/19. Vgl. dazu BlgNR 5. GP RV 550, 756; AB 514, 594, 714, 776.
10 Näher *Kucsko-Stadlmayer*, in: Korinek/Holoubek, Rn. 2.
11 BGBl 1949/20.
12 Art. II Z 7 B-VGNov 1964, BGBl 1964/59; dazu VfSlg 4706/1964, 5100/1965.
13 Gleichlautend Art. 7 PersFrBVG (Bundesverfassungsgesetz über den Schutz der persönlichen Freiheit, BGBl Nr. 684/1988)
14 *Kucsko-Stadlmayer*, in: Korinek/Holoubek, Rn. 54; *Kopetzki*, Art. 5 EMRK, in: Korinek/Holoubek, Rn. 14 zu Art. 7 PersFrG; *Grabenwarter/Pabel*, Europäische Menschenrechtskonvention, 5. Aufl. 2012, S. 214 f.

treten wäre, scheidet in einem solchen Verfahren aus.[15] Nach den Regeln *„lex posterior derogat legi priori“* und *„lex specialis derogat legi generali“* geht Art. 5 Abs. 5 EMRK dem Art. 23 B-VG vor und gewährt – anders als dieser – einen verfassungsunmittelbaren Anspruch. Darüber hinaus kann auch bei jeder anderen Art von Konventionsverletzung der Europäische Gerichtshof für Menschenrechte eine „gerechte Entschädigung“ zubilligen, wenn die nationalen Vorschriften nur eine unvollkommene Wiedergutmachung vorsehen (Art. 41 EMRK).[16] Auch dabei kommt es nicht auf das Verschulden irgendeines Organs an. Außerdem kann den Staaten auf diesem Weg eine Haftpflicht auch für Schäden auferlegt werden, die aus grundrechtswidrigen Gesetzen („legislativem Unrecht“) entstehen und nach österreichischem Amtshaftungsrecht nicht ersatzfähig sind.[17] Ein solcher Ersatz muss freilich vom Europäischen Gerichtshof für Menschenrechte (abgekürzt: EGMR) individuell zuerkannt werden.

Eine besondere Regelung für Verletzungen der Pflicht zur „angemessenen Verfahrensdauer“ (Art. 6 EMRK) besteht in Österreich nicht. Rechtswidrige Unterlassungen sind nach geltendem Amtshaftungsrecht grundsätzlich ersatzfähig. Probleme ergeben sich allerdings daraus, dass das Amtshaftungsgesetz (abgekürzt: AHG) – anders als die Rspr. des EGMR zu Art. 6 i.V.m. Art. 13 EMRK – Verschulden als Haftungsvoraussetzung normiert und keinen Ersatz immateriellen Schadens gewährt. Man kann die Amtshaftungsklage daher nicht uneingeschränkt als „effektives“ (kompensatorisches) Rechtsmittel im Sinn der EGMR-Judikatur betrachten.[18]

c) Das Europäische Unionsrecht

Auch das Europäische Unionsrecht hat das verfassungsrechtliche Konzept der Staatshaftung in wesentlichen Punkten verändert. Anders als Art. 23 B-VG normiert dieses nach der Rspr. des EuGH eine Haftpflicht auch für Schäden, die aus Rechtsverstößen im Rahmen der Gesetzgebung und solchen, die durch höchstgerichtliche Erkenntnisse (Entscheidungen) entstehen (→ A.II.3.b)). Dies hat einen Bruch mit der österreichischen Amtshaftungstradition bedeutet.

2. Einfachgesetzliche Rechtsquellen

a) Das Amtshaftungsgesetz

Im Bereich der Amtshaftung (→ B.I.1.) wurde das AHG in Ausführung zu Art. 23 Abs. 1 und 2 B-VG[19] erlassen. Es normiert sowohl die materiellen Voraussetzungen des Haftungsanspruchs (§§ 1–7 AHG) als auch die Zuständigkeit der ordentlichen Gerichte und das von diesen durchzuführende Verfahren (§§ 8–14 AHG). Gesetzestechnisch knüpft das AHG im Wesentlichen an das Zivilrecht des Allgemeines Bürgerliches Gesetzbuch[20] (abgekürzt: ABGB) und das Zivilprozessrecht der Zivilprozessordnung (abgekürzt: ZPO)[21] an. Es enthält jedoch einige Sonderbestimmungen, die es mit den verfassungsrechtlichen Vorgaben in Einklang bringen und die Stellung des Klägers im Haftungsprozess besonders sichern.

---

15 SZ 54/108; OGH 23.6.1995, 1 Ob 26/95; 21.6.2000, 1 Ob 88/00y.
16 *Okresek*, Art. 41 EMRK, in: Korinek/Holoubek; *Grabenwarter/Pabel*, EMRK (Fn. 14), S. 95 ff.; *Peukert*, Art. 41, in: Frowein/Peukert, Europäische Menschenrechtskonvention, 3. Aufl. 2009; *Karl*, Art. 41 EMRK, in: Kneihs/Lienbacher (Hrsg.), Bundesverfassungsrecht. Kommentar; *Stelzer*, Die „gerechte Entschädigung“ nach Art. 41 EMRK, in: BMJ (Hrsg.), S. 65 ff.
17 Vgl. *Peukert*, EMRK (Fn. 16), Rn. 23; *Stelzer*, in: BMJ (Fn. 16), S. 93.
18 *Kreutzer*, Säumnis. Rechtsschutz gegen überlange Verfahren, 2010, S. 260 ff.
19 BGBl 1949/20 idF. BGBl 1952/60, 1956/218, 1959/38, 1974/422, 1982/204, 1984/537, 1985/104, 1988/233, 1989/343, 1993/91, I 1999/194, I 2013/33, I 2013/122.
20 Allgemeines Bürgerliches Gesetzbuch, JGS 1811/946 idF. BGBl I 2013/15.
21 Zivilprozessordnung, RGBl 1895/113 i.d.F. BGBl I 2013/26.

Das AHG ist aus heutigem Blickwinkel ein besonders knapp gehaltenes Gesetz und hat sich in der Praxis bewährt. Mehr als 60 Jahre nach seiner Erlassung gilt es noch heute. Seine Konzeption wird in der Lehre allgemein gelobt.[22] Da es ausreichend Raum zur Berücksichtigung der Staatshaftungsjudikatur des EuGH lässt, erschien auch unter diesem Titel bisher keine Gesetzesänderung notwendig (→ II.3.). Die zahlreichen Entscheidungen des Obersten Gerichtshofs, die in Sachen Amtshaftung laufend ergehen, sind immer wieder Gegenstand von Diskussionen, teilweise auch heftiger Kritik. Einer der wichtigsten Gründe dafür ist, dass die schwierige Zurechnungsproblematik, die die Herstellung eines Zusammenhangs zwischen einem schädigenden Verhalten und einer staatlichen Aufgabe verlangt, von den Zivilgerichten eher nach Billigkeitserwägungen als nach den staatsrechtlich vorgegebenen Strukturen und Kategorien gelöst wird. Dies hat in der Praxis der letzten Jahre zu einer erheblichen Ausdehnung der Amtshaftung im Verhältnis zum verfassungsrechtlichen Konzept und zu einer Verlagerung des Haftungsrisikos auf die Allgemeinheit geführt.[23]

b) Das Organhaftungsgesetz

Im Bereich der Organhaftung, also der Haftung staatlicher Funktionäre für die dem Staat verursachten „Direktschäden" (→ A.II.1.), ist als Ausführungsgesetz zu Art. 23 Abs. 3 B-VG das Organhaftpflichtgesetz (abgekürzt: OrgHG)[24] ergangen. Obwohl die Organhaftung der Amtshaftung strukturell ähnlich ist und oft als deren „Annex" oder „Derivat" betrachtet wird, ist die Erlassung dieses Gesetzes erst rund 20 Jahre nach dem AHG gelungen.[25]

Regelungstechnisch knüpft das OrgHG stark an die korrespondierenden Bestimmungen im AHG an. Die Parallelen betreffen die Systematik und Terminologie, aber auch die Haftungskriterien, -art, -umfang und -ausschluss sowie die verfahrensrechtliche Durchsetzung. Kleine Abweichungen ergeben sich aus der zwischen der Erlassung der beiden Gesetze verstrichenen Zeit und dem Wunsch, eine Harmonisierung mit dem inzwischen erlassenen Dienstnehmerhaftpflichtgesetz (abgekürzt: DHG)[26] herzustellen. Insgesamt ergibt sich aus dem AHG und dem OrgHG eine lückenlose Haftungsordnung für jene Schäden, die bei der hoheitlichen Aufgabenbesorgung durch Staatsorgane entstehen. In beiden Bereichen geht es aber um zivilrechtliche Schadenersatzansprüche,[27] in denen die Kategorien des allgemeinen Schadenersatzrechts maßgeblich sind. Von der Zivilrechtslehre werden das AHG und das OrgHG daher traditionell als Nebengesetze zum ABGB behandelt.[28] Allerdings ist zu bedenken, dass die Beziehung zwischen dem öffentlichen Rechtsträger und seinen Organen staatsrechtlich vorgeprägt ist und dies bei der Auslegung der zivilrechtlichen Regelungen zu berücksichtigen ist.

---

22 *Schragel*, Amtshaftungsgesetz, S. 1, spricht von *„glücklicher Konzeption"* und – angesichts des Verweises auf ABGB und ZPO – „weiser *Zurückhaltung*". An wichtiger Literatur sind neben dem relativ aktuellen Praxiskommentar von *Schragel* auch *Rebhahn*, Staatshaftung; BMJ (Hrsg.); *Holoubek/Lang*, Organhaftung und Staatshaftung; *Aicher*, Die Haftung für staatliche Fehlleistungen, und *Ziehensack*, Amtshaftungsgesetz, zu nennen.

23 Kritisch etwa *Schragel*, Amtshaftungsgesetz, S. 3; *Kucsko-Stadlmayer*, Besprechung der Entscheidung des OGH v 27.3.2001, 1 Ob 25/01k (Amtshaftung für „Kesselprüfstellen"), ÖZW 2002, 59; *Raschauer*, Bankaufsicht, Amtshaftung und Beihilfenverbot, ÖJZ 2005, 1; *Rebhahn*, Staatshaftung, S. 225.

24 BGBl 1967/181 idF. BGBl 1974/422, 1984/537, 1985/104, I 2013/33.

25 Zur Entstehungsgeschichte vgl. *Kucsko-Stadlmayer*, Die Organhaftung, in: Holoubek/Lang, Organhaftung und Staatshaftung, S. 375.

26 DHG BGBl 1965/80. Dieses Gesetz regelt die Haftung von Dienstnehmern, die nicht als Organe der von Art. 23 B-VG erfassten Rechtsträger tätig wurden, gegenüber ihren Dienstgebern und gegenüber Dritten.

27 Vgl. insbes. VfSlg 5519/1967; vgl. auch VfSlg 3062/1956.

28 Vgl. etwa die Standardwerke von *Koziol*, Haftpflichtrecht, S. 383 f.; *Mader*, in: Schwimann, Vor § 1 AHG Rn. 2.

c) Sondergesetzliche Haftungstatbestände

In einfachen Gesetzen außerhalb des AHG und des OrgHG gibt es zahlreiche Sonderhaftungsregelungen, denen ein von der Verschuldenshaftung abweichendes Konzept zugrunde liegt. Meist sehen sie eine Erfolgs- oder Gefährdungshaftung vor. Zum Teil geht es dabei um die Abgeltung für Rechtseingriffe, zum Teil um Ausgleichszahlungen für bestimmte „Opfer", die für die Allgemeinheit erbracht wurden, oder um bloße Regelungen des Kostenersatzes.[29] Der Haftung liegt also nicht immer ein rechtswidriges Handeln zugrunde. Zu nennen sind etwa:[30]

- *Polizeibefugnis-Entschädigungsgesetz*:[31] Haftung des Bundes für Schäden, die durch Ausübung von Zwangsbefugnissen durch Polizeiorgane mit Waffengebrauch entstehen, sofern sie nicht durch rechtswidriges Verhalten vom Geschädigten ausgelöst wurden;
- *Strafrechtliches Entschädigungsgesetz*:[32] Haftung des Bundes für Schäden, die durch Freiheitsentzug zum Zweck der Strafrechtspflege oder eine strafgerichtliche Verurteilung entstanden sind, wenn dies rechtswidrig war oder eine zunächst rechtmäßige Maßnahme sich nachträglich als ungerechtfertigt herausstellt. Damit wird auch der verfassungsrechtlichen Anordnung in Art. 5 Abs. 5 EMRK und Art. 7 Bundesverfassungsgesetz über den Schutz der persönlichen Freiheit Genüge getan;[33]
- *Impfschadengesetz*:[34] Haftung des Bundes für Schäden, die durch verpflichtende oder staatlich empfohlene Schutzimpfungen verursacht wurden;
- *Heeresversorgungsgesetz*:[35] Haftung des Bundes für Gesundheitsschäden von Soldatinnen und Soldaten, die durch deren Dienstausübung verursacht wurden;
- *§ 43 Militärbefugnisgesetz*:[36] Haftung des Bundes für Schäden, die durch militärische Zwangsmaßnahmen entstanden sind, sofern diese nicht durch rechtswidriges Verhalten vom Geschädigten ausgelöst wurden;
- *§ 148 Strafprozessordnung*:[37] Haftung des Bundes für vermögensrechtliche Nachteile, die durch akustische oder optische Überwachungsmethoden oder einen Datenabgleich der Kriminalpolizei entstanden sind, sofern der Geschädigte die Anordnung nicht vorsätzlich herbeigeführt hat;
- *§ 92 Sicherheitspolizeigesetz*:[38] Haftung des Bundes für Schäden, die durch bestimmte sicherheitspolizeiliche Maßnahmen bei unbeteiligten Dritten entstehen.

Einfachgesetzliche Sonderhaftungsregeln verfolgen mitunter auch einen ganz anderen Zweck: die Amtshaftung des Bundes in jenen Konstellationen klarzustellen, in denen nicht eigene Organe, sondern Organe eines ausgegliederten öffentlichen Rechtsträgers hoheitlich tätig waren (vgl. z.B. § 35 Bundesstatistikgesetz, § 18 IEF-Service-GmbH-Gesetz, § 14 Bundesrechenzentrum GmbH-Gesetz, § 49 Universitätsgesetz, § 10 Austro Control Gesetz). (Parallel dazu wird oft die Organhaftung solcher Funktionäre für jene Schäden normiert, die sie durch rechtswidriges Ver-

29 Näher *Raschauer*, Verwaltungsrecht, Rn. 1353 ff.
30 Näher *Aicher*, Das System der Haftung für staatliches Fehlverhalten, in: ders., S. 8 ff.
31 BGBl 1988/735 idF. BGBl 2012/50; dazu *Schauer*, Zivilrechtliche Probleme des Polizeibefugnis-Entschädigungsgesetzes, JBl 1989, 763.
32 BGBl I 2004/125 idF. BGBl I 2010/111.
33 Vgl. auch § 52a VStG und § 188 FinStG, die eine parallele Haftung für rechtswidrige verwaltungsstrafbehördliche Freiheitsstrafen vorsehen.
34 BGBl 1973/371 idF. BGBl I 2012/96.
35 BGBl 1964/27 idF. BGBl I 2012/96.
36 BGBl I 2000/86 idF. BGBl I 2012/50.
37 BGBl I 1975/631 idF. BGBl I 2013/27.
38 BGBl 1991/566 idF. BGBl I 2012/53.

halten dem Bund direkt zugefügt haben.) Im Wesentlichen entspricht dies dem Ordnungssystem der Amtshaftung, wonach Gebietskörperschaften für all jene Organe haften, die für sie im funktionellen Sinn tätig waren. Nach der österreichischen Bundesverfassung werden hoheitliche Tätigkeiten ausgegliederter Rechtsträger nämlich immer einer Gebietskörperschaft (Bund oder Land) zugerechnet.[39] Dies ist unabhängig davon, ob ein direkter Weisungszusammenhang zu Bundes- oder Landesorganen besteht. Bemerkenswerterweise interpretiert der Oberste Gerichtshof (abgekürzt: OGH) den Begriff der Hoheitsverwaltung allerdings in st.Rspr. so weit, dass damit Amtshaftung auch für relativ formlose Tätigkeiten eintritt, die selbst keinen hoheitlichen Charakter haben und nur in sehr indirektem Zusammenhang mit der Hoheitsverwaltung stehen.[40] Davon sind ohnedies oft weite Teile der Tätigkeit ausgegliederter Rechtsträger erfasst.

Einen allgemeinen „Aufopferungsanspruch" außerhalb dieser Sondertatbestände gibt es in Österreich nicht. Der Gedanke der Unzumutbarkeit von „Sonderopfern" spielt hier nur insofern eine Rolle, als nach Auffassung des VfGH Enteignungen gleichheitswidrig sind, wenn sie auch anderen Personen als dem Enteigneten zugute kommen und diesen vergleichsweise zu sehr belasten.[41]

d) Entschädigung für Enteignungen

Im vorliegenden Zusammenhang sind auch jene gesetzlichen Regelungen zu erwähnen, die Entschädigungen für staatliche Enteignungen vorsehen, die im öffentlichen Interesse erfolgt sind. Ähnlich gelagert sind Entschädigungen für öffentliche Zwangsrechte, die der Staat sich an privatem Eigentum sichert. Auch hier handelt es sich freilich nicht um echte Schadenersatzleistungen für rechtswidriges und schuldhaftes Handeln, sondern um Ausgleichszahlungen, denen gesetzliche Ermächtigungen zugrunde liegen.

So verpflichtet § 17 Eisenbahn-Enteignungsentschädigungsgesetz (EisBEG)[42] die Verwaltungsbehörde, die eine Enteignung für Zwecke des Eisenbahnbaus verfügt, auch zur gleichzeitigen Festsetzung einer Entschädigung. Über deren Höhe kann eine gerichtliche Entscheidung begehrt werden (§ 18 EisbEG). Dieses Regelungsmodell wurde von vielen anderen Rechtsvorschriften übernommen. In diesen wird zum Teil sogar auf §§ 17f. EisbEG verwiesen (z.B. § 18b Eisenbahngesetz, § 7 Abs. 5, § 20 Bundesstraßengesetz, § 118 Wasserrechtsgesetz, § 149 Abs. 6 und § 159 Abs. 5 Mineralrohstoffgesetz, § 50 Abs. 3 Militärbefugnisgesetz, § 12 Abs. 3 Munitionslagergesetz).

e) Haftung für vertragliches Handeln

Staatliche Rechtsträger handeln freilich nicht immer mit *„Imperium"*, also mit Hilfe des Einsatzes hoheitlicher Mittel. Sie werden als gewöhnliche Parteien in Verwaltungsverfahren tätig und beteiligen sich am Privatrechtsverkehr, wo sie Verträge abschließen. Diese nicht hoheitliche Verwaltung wird in Österreich als „Privatwirtschaftsverwaltung" bezeichnet.[43] Bei der Abgrenzung kommt es auf die verwendete Handlungsform an: Stand diese auch jedem Privaten zur Verfügung (z.B. Vertrag), so liegt Privatwirtschaftsverwaltung vor. Dies gilt selbst dann, wenn die Aufgabe für eine juristische Person des öffentlichen Rechts besorgt wird und man sie als gemeinnützig definiert.

---

39 Näher *Kucsko-Stadlmayer*, Grenzen der Ausgliederung, 2003, S. 72ff.
40 Dazu *Schragel*, Amtshaftungsgesetz, Rn. 72ff., 124ff.
41 VfSlg 6884/1972, 7234/1973, 13.006/1992, 16.316/2001, 16.636/2002.
42 BGBl 1954/71 idF. BGBl I 2010/111.
43 Zur Abgrenzung vgl. *Raschauer*, Verwaltungsrecht, S. 247ff.

Bei Besorgung von Privatwirtschaftsverwaltung liegt keine „Vollziehung der Gesetze" vor, für die das verfassungsrechtliche System der Amtshaftung greift. Sie fällt daher ohne jede Einschränkung unter das Haftungsregime des Zivilrechts. Innerhalb dieses Rechtsbereichs sind insbes. jene Bestimmungen heranzuziehen, die die Haftung privater Personen für die von ihnen herangezogenen „Gehilfen" betreffen (§§ 1313a–1316 ABGB). Dabei wird zwischen Vertragshaftung (für Verletzung einer vertraglichen Pflicht) und Deliktshaftung (für Verletzung eines absolut geschützten Rechtsguts oder eines so genannten „Schutzgesetzes") unterschieden. In rechtspolitischer Hinsicht wird die Differenzierung der Haftungsregelungen zwischen den Bereichen Hoheits- und Privatwirtschaftsverwaltung oft kritisiert.[44] Die Unterschiede betreffen etwa den Organbegriff, der im verfassungsrechtlich vorgegebenen System der Amts- und Organhaftung weiter gezogen wird als jener des „Gehilfen" im zivilrechtlichen Schadenersatzrecht.[45]

Haftungsregeln für den Abschluss öffentlich-rechtlicher Verträge gibt es in Österreich nicht. Solche Verträge sind aber verfassungsrechtlich nur ausnahmsweise dann zulässig, wenn eine konkrete gesetzliche Ermächtigung dazu besteht und der Rechtsschutz gesichert ist.[46] In jedem Fall ist ein solcher Vertrag der Hoheitsverwaltung zuzuordnen, für die das System der Amtshaftung greift.[47]

3. Einwirkung des europäischen Unionsrechts

a) Die Rechtsprechung des EuGH

Durch den Beitritt Österreichs zur EU im Jahr 1995 wurde das österreichische Staatshaftungsrecht maßgeblich verändert. Aus dem „Wesen der mit dem Vertrag geschaffenen Rechtsordnung" abgeleiteten Grundsätze hat der EuGH unmittelbare Entschädigungsansprüche bei Verletzungen des Gemeinschaftsrechts durch staatliche Organe abgeleitet. Damit wurde eine umfassende Haftpflicht der Mitgliedstaaten für rechtswidriges Organhandeln angenommen, die keiner Transformation bedarf. Sie ist vor den innerstaatlichen Gerichten unmittelbar durchsetzbar.[48]

b) Auswirkung auf die österreichische Rechtslage

Die meisten Schäden, die nach dieser Rechtsprechung ersatzpflichtig sind, konnten von Anfang an im Rahmen des herkömmlichen österreichischen Amtshaftungsrechts durchgesetzt werden.[49] Dessen Terminologie lässt den Gerichten nämlich ausreichend Raum, die Staatshaftungsjudikatur des EuGH im Einzelfall zu berücksichtigen. So ist etwa der Begriff „Rechtswidrigkeit" in Art. 23 B-VG ohne Zweifel so auszulegen, dass er auch Verstöße der Vollzugsorgane gegen unmittelbar anwendbares Unionsrecht erfasst. Überdies stimmen die Haftungskriterien des EuGH weitgehend mit jenen des österreichischen Rechts überein: So entspricht etwa die Voraussetzung der „hinreichenden Qualifikation" des Verstoßes jenem des Verschuldens.[50] Fehler der Gerichte und Verwaltungsbehörden bei der Beachtung des Anwendungsvorrangs können daher ohne weiteres nach AHG geltend gemacht werden.

---

44 Vgl. *Eccher*, Amtshaftung und Privatwirtschaftsverwaltung, JBl 1983, 464 ff.; *Öhlinger*, Der Anwendungsbereich des Amtshaftungsgesetzes, in: Aicher, S. 121; *Schragel*, Verbesserter Zugang zur Amtshaftung?, ÖJZ 1988, 577.

45 Näher *Aicher*, in: ders., S. 5; *Eccher* (Fn. 44), JBl 1983, 464.

46 Näher insb. VfSlg 9886/1983, 17.101/2004; *Eberhard*, Der verwaltungsrechtliche Vertrag, Wien 25.

47 So auch *Schragel*, Amtshaftungsgesetz, Rn. 75.

48 Vgl. dazu *Kucsko-Stadlmayer*, in: Mayer/Stöger, Art. 340 AEUV, Rn. 50 ff.

49 So grundlegend OGH 6.10.2000, 1 Ob 12/00x. Ausführlich *Kucsko-Stadlmayer*, Voraussetzungen der Staatshaftung, sowie *Dossi*, Die gemeinschaftsrechtliche Staatshaftung am Beispiel Österreichs, ÖJK (Hrsg.), S. 7 ff. und S. 25 ff.

50 Näher *Kucsko-Stadlmayer*, in: ÖJK (Fn. 49), S. 7; zu Differenzierungen *Koziol*, Der Rechtsweg bei Staatshaftungsansprüchen, ZfV 2001, 759.

In zwei Punkten bleiben die nationalen Gesetze allerdings hinter dem europäischen Staatshaftungsrecht zurück: Zum einen wird nach österreichischem Amtshaftungsrecht nur für Rechtsverletzungen bei der Vollziehung (→ B.I.1.) gehaftet und nicht für legislatives Unrecht.[51] Eine solche Haftung ist sowohl Art. 23 B-VG als auch dem AHG und OrgHG fremd. Schäden, die durch die nicht fristgerechte oder unzureichende Umsetzung von Richtlinien sowie sonstigem nicht unmittelbar anwendbarem Unionsrecht entstehen, sind nach diesen Gesetzen daher prinzipiell nicht ersatzfähig. Hier entspricht die österreichische Gesetzeslage der Staatshaftungsjudikatur des EuGH nicht. Die entsprechenden Schäden müssen direkt beim Verfassungsgerichtshof eingeklagt werden, der die Ersatzpflicht direkt auf das Unionsrecht stützt (→ C.I.3.).

Zum anderen sind nach der europäischen Rechtsprechung auch Schäden zu ersetzen, die durch rechtswidrige Entscheidungen von Höchstgerichten entstehen.[52] Dies betrifft vor allem Fälle, in denen die Höchstgerichte eine Vorlage an den EuGH in rechtswidriger Weise unterlassen haben. Derartige Haftungsansprüche sind nach dem österreichischen Recht ausdrücklich ausgeschlossen: Aus Erkenntnissen des Verfassungsgerichtshofes, des Obersten Gerichtshofes und des Verwaltungsgerichtshofes (also den Urteilen der drei österreichischen Höchstgerichte) „kann ein Ersatzanspruch nicht abgeleitet werden“ (§ 2 Abs. 3 AHG; bis 31.12.2013 vgl. auch § 25 Asylgerichtshofgesetz).

c) Zuständigkeit des Verfassungsgerichtshofs

Für diese beiden Kategorien von Haftungsansprüchen ist daher nach österreichischem Recht keine Amtshaftungsklage möglich. Dennoch wurde aus diesem Anlass die innerstaatliche Verfassungs- und Gesetzeslage nicht geändert. In den Fällen, in denen ein Staatshaftungsanspruch aus einer Verletzung des Unionsrechts unmittelbar durch den Gesetzgeber oder durch Erkenntnis eines Höchstgerichts abgeleitet wird, nimmt der Verfassungsgerichtshof seine Zuständigkeit nach Art. 137 B-VG an.[53] Dieser räumt ihm eine Subsidiärkompetenz zur Entscheidung über alle vermögensrechtlichen Ansprüche ein, die weder im ordentlichen Rechtsweg auszutragen, noch durch Bescheid einer Verwaltungsbehörde zu erledigen sind. Dem dagegen angeführten Argument, der VfGH werde dabei auch als „Richter in eigener Sache“ tätig, ist entgegenzuhalten, dass das B-VG dem VfGH im Rahmen der Kompetenzgerichtsbarkeit eine solche Rolle als Grenzorgan ausdrücklich zuweist (Art. 138 Abs. 1 Z. 2 B-VG). In Fällen der Haftung für legislatives Unrecht beschränkt der VfGH seine Zuständigkeit konsequent auf Fälle, in denen die behauptete Schadenszufügung unmittelbar durch den Gesetzgeber verursacht wurde („reines legislatives Unrecht“). Er grenzt sie damit von jenen Konstellationen ab, in denen ein Vollzugsakt einen Anwendungsvorrang verletzt hat. Diese lösen eine klassische Amtshaftung aus.[54]

In jenen Fällen, in denen Kläger Rechtsverstöße durch Höchstgerichte behauptet hatten, hat der VfGH bisher noch nie stattgebende Entscheidungen getroffen. Da der EuGH solche Haftungsansprüche auf „qualifizierte Verstöße“ beschränkt, in denen unter Berücksichtigung der Klarheit und Präzision der verletzten Vorschrift „offenkundig“ gegen Unionsrecht (insbes. auch Entscheidungen des EuGH) verstoßen wurde, verneint er Ansprüche aus Erkenntnissen, die auf

---

51 Zur diesbezüglichen Haftpflicht nach Unionsrecht vgl. EuGH C-46/93 und C-48/93, Slg. 1996, I-1029 – *Brasserie du Pêcheur u.a.*

52 EuGH C-224/01, Slg. 2003, I-10239 – *Köbler u.a*; C-379/10, noch nicht in amtlicher Sammlung – *Kommission/ Italien.*

53 VfSlg 16.107/2001, 17.002/2003, 17.019/2003, 17.019/2003, 17.019/2003, 17.576/2005, 18.243/2007, 18.889/2009, 18.950/2009, 19.294/2011.

54 VfSlg 17.214/2004.

einer vertretbaren Gesetzesauslegung beruhen.[55] Bei der Vorlagepflicht an den EuGH komme es darauf an, ob die Überlegungen zum *„acte claire"* vertretbar sind.[56] Für die Auslegung unionsrechtlicher Akte kommt den Schlussanträgen des Generalanwalts nicht das gleiche Gewicht wie einem Urteil des EuGH zu.[57]

B. Grundstrukturen der wichtigsten Haftungsinstitute

I. Amtshaftung: Haftung für Justiz und Hoheitsverwaltung

Nach dem Konzept der Amtshaftung nach Art. 23 Abs. 1 B-VG haftet der Staat (Bund, Länder, Gemeinden und andere juristische Personen des öffentlichen Rechts) für jedes Verhalten, das als „Vollziehung der Gesetze" qualifiziert wird (vgl. auch § 1 Abs. 1 AHG). Nach st.Rspr. gehören zu diesem Bereich die Gerichtsbarkeit und die gesamte Hoheitsverwaltung. Den Bereich „Hoheitsverwaltung" fasst der OGH in st.Rspr. sehr weit. Er versteht darunter nicht nur die Erlassung von Hoheitsakten (insbes. Bescheiden, Verordnungen, Akten der Befehls- und Zwangsgewalt) selbst, sondern auch alle jene faktischen Verrichtungen, die nur „im Dienst der Erreichung hoheitlicher Zielsetzung" stehen. In der Lehre werden sie häufig als „Realakte" oder „schlichte Hoheitsverwaltung" bezeichnet.[58] Dazu gehören nach der Rspr. etwa auch das Halten eines Polizeihundes,[59] Dienstfahrten behördlicher Organe mit dem Pkw,[60] der Küchendienst eines Präsenzdieners,[61] die Verursachung eines Jagdunfalls durch einen Diplomaten bei einer offiziellen Jagdgesellschaft,[62] staatliche Informationen über Gefahren durch Sekten,[63] Skiabfahrten im Rahmen einer Skisportveranstaltung der Bundesgendarmerie,[64] Maßnahmen der freiwilligen Feuerwehr bei einer an einer Schule durchgeführten Brandschutzübung,[65] die Verwendung einer Dienstwaffe durch einen Präsenzdiener,[66] Maßnahmen von Ärzten gegenüber zwangsweise eingewiesenen Patienten,[67] die Aufstellung eines Verkehrszeichens,[68] die Erstattung eines Gutachtens über Weinproben durch die landwirtschaftlich-chemische Bundesanstalt,[69] die Ausbildung von Soldaten,[70] die Einsatzfahrt eines Gendarmerieboots,[71] behördliche Auskünfte,[72] die Benen-

---

55 VfSlg 17.095/2003, 17.214/2004, 17.877/2006, 17.898/2006, 17.938/2006, 18.409/2008, 18.448/2008, 18.557/2008, 18.866/2009, 18.971/2009, 19.428/2011, 19.470/2011, 19.471/2011; VfGH 18.6.2012, A 13/11.
56 VfSlg 17.330/2004, 18.971/2009.
57 VfSlg 18.448/2008.
58 Näher dazu *Holoubek*, Haftung für schlichtes Verwaltungshandeln, insbes. staatliche Warnungen und Empfehlungen, in: Holoubek/Lang, Organhaftung und Staatshaftung, S. 247; *Schragel*, Amtshaftungsgesetz, Rn. 87 ff.
59 OGH SZ 41/2, EvBl 1990/27.
60 OGH SZ 37/158, 43/78, 43/167, 48/17.
61 OGH EvBl 1979/53. „Präsenzdiener" sind Personen, die (aufgrund der in Österreich bestehenden allgemeinen Wehrpflicht) ihren Wehrdienst leisten (vgl. § 1 Abs. 3 WehrG).
62 OGH 17.2.1982, 1 Ob 49/81, JBl 1983, S. 260; SZ 60/156.
63 OGH 19.1.1999, 1 Ob 306/98a.
64 OGH SZ 55/82.
65 OGH SZ 60/236.
66 OGH SZ 60/264. Zum Begriff „Präsenzdiener" siehe oben Fn. 61.
67 OGH SZ 61/8.
68 OGH SZ 62/144.
69 OGH SZ 63/166.
70 OGH 20.11.1991, 1 Ob 28/91, JBl 1992, 532.
71 OGH EvBl 1993/10.
72 OGH 1.7.2004, 1 Ob 173/03b, JBl 2004, 793.

nung einer Verkehrsfläche,[73] die Tätigkeit von Kesselprüfstellen,[74] die Tätigkeit von privaten Bankprüfern, die in keiner Rechtsbeziehung zum Bund stehen,[75] die Erteilung einer Auskunft durch den zuständigen Sachbearbeiter des Arbeitsmarktservice über das Bestehen eines Anspruchs auf Arbeitslosengeld,[76] das Einschalten eines Rollenbremsprüfstandes in einer Werkstatt zum Zweck der Überprüfung der Bremskraft eines LKW durch ein Organ, das die Verkehrs- und Betriebssicherheit eines LKW gem. § 57a KraftfahrG zu überprüfen hat[77] oder Äußerungen eines Universitätsrektors in einer Pressemitteilung im Zusammenhang mit der Ausübung seiner Diensthoheit.[78] Auch die Begehung strafrechtlicher Delikte bei Besorgung dienstlicher Aufgaben wird dazu gezählt: so etwa Misshandlungen durch Polizeibeamte anlässlich einer Meldezettelkontrolle[79] oder Diebstähle von Sachen aus einem Zolllager durch Zollwachebeamte.[80] Im Ergebnis kann also auch ein Handeln „ultra vires“ eine Haftung begründen.

Nur wenn eine Tätigkeit keinerlei Zusammenhang mit einer hoheitlichen Aufgabe aufweist, wird sie als „Privatwirtschaftsverwaltung“ betrachtet, für die im Rahmen der Amtshaftung nicht gehaftet wird. Die Abgrenzung erfolgt in der Praxis allerdings sehr einzelfallbezogen.[81] Der OGH zählte dazu etwa den Betrieb eines Kindergartens durch eine Gemeinde,[82] die Aufstellung eines Telefonleitungsmastes,[83] die Tätigkeit der „burgenländischen Tierkörperverwertung“,[84] Maßnahmen von Ärzten gegenüber freiwillig in Behandlung befindlichen Patienten,[85] die Errichtung einer Wasserversorgungsanlage,[86] die Errichtung und Instandhaltung von Straßen,[87] die berufliche Weiterbildung eines Zeitsoldaten aufgrund eines Befehls,[88] der Betrieb eines Hubschraubers zu Zwecken der Flugrettung,[89] die Vervielfältigung von Musikkassetten durch Organe des Bundesheers[90] oder die Pflege von Kranken in einer öffentlichen Krankenanstalt (ohne Bezug zu Lehre und Forschung einer Universitätsklinik)[91] sowie ein Fernsehinterview einer Landeshauptfrau bezüglich einer Buchprüfung der Osterfestspiele.[92] Bei all diesen Tätigkeiten wird nach den Grundsätzen des Privatrechts gehaftet (→ B.II.2.).

Aus Art. 23 Abs. 1 B-VG und § 1 Abs. 1 AHG ist weiters zweifelsfrei abzuleiten, dass für Tätigkeiten der Gesetzgebung (→ IV.) (auch für gesetzgeberisches Unterlassen) nicht gehaftet wird. Dies betrifft die Tätigkeiten der Gesetzgebungsorgane (Nationalrat, Bundesrat und Landtage sowie deren Teilorgane) auch insoweit, als sie nicht zum Erzeugungsprozess für Gesetze zu zäh-

---

73 OGH 27.3.2001, 1 Ob 71/01z.
74 OGH 27.3.2001, ÖZW 2002, S. 59 mit kritischer Anm. von *Kucsko-Stadlmayer*.
75 OGH 25.3.2003, 1 Ob 188/02, EvBl 2003/129; bekräftigend SZ 2006/15. Ablehnend *Rebhahn*, Amtshaftung für „Bankprüfer“ – Wohltat oder Irrweg?, ÖBA 2004, 267; *Raschauer* (Fn. 23), ÖJZ 2005, 1.
76 OGH 31.3.2009, 1 Ob 154/08s.
77 OGH 17.10.2003, 1 Ob 70/03f.
78 OGH 4.4.2006, 1 Ob 18/06p.
79 OGH SZ 54/80.
80 OGH EvBl 1982/39.
81 Kritisch *Öhlinger*, in: Aicher, S. 129, 136; *Mayer*, Bundes-Verfassungsrecht, 4. Aufl. 2007, S. 177; *Zechner*, Keine klagbare Besitzstörung durch Hoheitsakt, JBl 1996, 48.
82 OGH SZ 53/12.
83 OGH SZ 53/70.
84 OGH SZ 58/143.
85 OGH SZ 61/8.
86 OGH SZ 62/40.
87 OGH 27.9.2005, 1 Ob 177/04t.
88 OGH 28.6.1988, 1 Ob 18/88, JBl 1989, S. 112.
89 OGH 30.10.1991. 1 Ob 31/91.
90 OGH 20.11.1991, 1 Ob 28/91, JBl 1992, S. 523.
91 OGH 3.4.2008, 1 Ob 186/07w.
92 OGH 23.2.2011, 1 Ob 208/10k.

len sind: so z.B. ihre Mitwirkung an der Vollziehung des Bundes (Art. 50ff. B-VG)[93] und die parlamentarischen Hilfsdienste. Dies ist inkonsequent, weil der Begriff „Vollziehung der Gesetze" im Amtshaftungsrecht funktionell zu verstehen ist und diese Tätigkeiten daher eigentlich umfasst. Problematisch ist es umgekehrt auch, wenn die Ausarbeitung einer Regierungsvorlage als Gesetzesinitiative zum Bereich „Vollziehung der Gesetze" gezählt wird.[94] Das Gleiche gilt für rechtswidriges Verhalten bei Ausfertigung und Kundmachung von Gesetzesbeschlüssen.[95] Es ist jedoch denkbar, dass sich Amtshaftungsansprüche aus dem Unterlassen der Gerichte ergeben, verfassungswidrige Gesetze beim VfGH anzufechten.[96]

Strittig ist die Einordnung der Tätigkeiten von Rechnungshof und Volksanwaltschaft, die als Hilfsorgane des Nationalrats bei der parlamentarischen Kontrolle der Vollziehung gelten und deren Tätigkeit von der h.L. und Rspr. materiell der Gesetzgebung zugerechnet wird. Die Auffassung des OGH, die gesamte Tätigkeit der Volksanwaltschaft einschließlich der Information im Rahmen von Pressekonferenzen und vergleichbaren Veranstaltungen wie Fernsehsendungen sei amtshaftungsrechtlich der Hoheitsverwaltung zuzuordnen,[97] ist jedenfalls verfehlt.[98] Nur die so genannten „angelagerten Verwaltungsfunktionen" dieser Organe, die Ausübung der Diensthoheit und Besorgung ihrer Personalverwaltung ist als Verwaltung im verfassungsrechtlichen Sinn zu werten.[99]

1. Voraussetzungen

Als Voraussetzungen der Amtshaftung normieren Art. 23 Abs. 1 B-VG und § 1 Abs. 1 AHG: Verhalten eines Organs, Kausalität, Rechtswidrigkeit, Verschulden. Da es sich um zivilrechtliche Ansprüche handelt, wird dann auf die Bestimmungen des bürgerlichen Rechts verwiesen. Allerdings normiert das AHG auch eine Reihe von Besonderheiten im Verhältnis zum allgemeinen Schadenersatzrecht.

a) Verhalten eines Organs

Das „Verhalten" des Organs, das die Haftung auslöst, kann in einem Tun oder Unterlassen bestehen (vgl. auch § 1294 ABGB). Das Unterlassen kann sich als bloße Verfahrensverzögerung oder als Nichthandeln in einer Gefahrensituation darstellen; es muss nur der Gerichtsbarkeit oder Hoheitsverwaltung zuzurechnen sein. Es geht also nicht nur um die Säumnis bei der Erlas-

---

93 *Kucsko-Stadlmayer*, in: Korinek/Holoubek, Rn. 22; *Schragel*, Amtshaftungsgesetz, Rn. 57.

94 So OGH 30.6.1998, 1 Ob 116/97h. Der OGH änderte daraufhin auf Grund großer Kritik in der Lehre seine Rspr., vgl. OGH 12.8.2004, 1 Ob 231/03g, JBl 2005, 184. Wenn eine RV allerdings in Folge nie im Nationalrat als Gesetz beschlossen wurde, kann die vorbereitende Tätigkeit nach Ansicht des OGH dennoch nicht der Gesetzgebung zugerechnet werden und erfolgt daher „in Vollziehung der Gesetze": OGH 29.1.2008, 1 Ob 228/07x.; die Zurechnung vorbereitender legistischer Tätigkeit zur Vollziehung zu Recht kritisierend insbes. *Schragel*, Amtshaftungsgesetz, Rn. 56; *Rebhahn*, Staatshaftung, S. 45f.

95 *Kucsko-Stadlmayer*, in: Korinek/Holoubek, Rn. 22.

96 OGH SZ 64/128; Schragel, Amtshaftungsgesetz, Rn. 55.

97 OGH 16.4.2004, 1 Ob 38/04a.

98 Kritisch *Kucsko-Stadlmayer*, Art. 148a B-VG, in: Korinek/Holoubek, Rn. 8; *Thienel*, in: Kneihs/Lienbacher (Hrsg.), Bundesverfassungsrecht.Kommentar, Rn. 3 zu Art. 148a B-VG. Im Sinn der Auffassung des OGH dagegen Öhlinger, in: Aicher, S. 141; *Schragel*, Amtshaftungsgesetz, Rn. 57 und *Klecatsky/Pickl*, Die Volksanwaltschaft, Wien 1989, S. 35. *Adamovich/Funk/Holzinger/Frank*, Österreichisches Staatsrecht II², 2013, treten für eine Schadenshaftung *„per analogiam"* ein (Rn. 27.083).

99 Näher *Funk*, Die Volksanwaltschaft als Institution des österreichischen Staatsrechts, ZfV 1978, 2ff.

sung von Urteilen, Bescheiden und Verordnungen sondern auch um jene Tätigkeiten, die nach der Rspr. in einem gewissen Zusammenhang zur Besorgung hoheitlicher Aufgaben stehen: etwa die nicht fristgerechte Weiterleitung einer Markenanmeldung an das Internationale Markenbüro in Genf,[100] das unterlassene Absperren eines Hauptwasserhahns bei der Versiegelung eines Hauses,[101] das unzureichende Lehrveranstaltungsangebot einer Universität[102] oder die Verzögerung von Lärmschutzmaßnahmen für eine Diskothek, die beim benachbarten Hotel einen massiven Verdienstentgang bewirkt hat.[103] Die Veröffentlichung des Jahresabschlusses eines Unternehmens, das im Alleineigentum der Republik steht, im „Amtsblatt zur Wiener Zeitung" ist ebenso hoheitliches Handeln eines Organs.[104] Auch ein unterlassenes polizeiliches Einschreiten bei drohender häuslicher Gewalt kann Amtshaftungsansprüche begründen.[105] Ebenso können Verzögerungen wegen Arbeitsüberlastung von Beamten zur Amtshaftung führen, wenn etwa Organisationsmissstände wie ungenügende Ressourcen- und Personalausstattung dafür verantwortlich sind.[106] Dies ist praktisch bedeutsam, weil in solchen Fällen das zur Verfahrensführung zuständige Organ kein Schuldvorwurf trifft.

Rechtswidrig ist eine Unterlassung freilich nur, wenn eine entsprechende Handlungspflicht bestand.[107] Typisch dafür sind die Entscheidungspflichten nach § 73 Allgemeines Verwaltungsverfahrensgesetz oder § 311 Bundesabgabenordnung[108] und die Pflicht zur Einhaltung einer angemessenen Verfahrensdauer nach Art. 6 Abs. 1 EMRK. Es steht also außer Zweifel, dass auch die unangemessene Verzögerung eines Gerichtsverfahrens eine Haftung auslösen kann.[109] Dass ein Höchstgericht für die Verzögerung mitverantwortlich ist, ändert nichts am Amtshaftungsanspruch.[110] Auch aus dem materiellen Recht können sich Pflichten zum Tätigwerden ergeben; so vor allem aus dem Sicherheitspolizeirecht, das Einsätze bei allgemeinen Gefahren für Rechtsgüter vorsieht,[111] und den Regelungen betreffend der Staatsaufsicht über Banken, Gewerbebetriebe oder umweltgefährliche Anlagen.[112] Bei der Beurteilung, ob und wann im Einzelfall gehandelt

100 OGH 25.7.2000, 1 Ob 95/00b.

101 OGH 26.2.2002, 1 Ob 310/01x.

102 Vgl. OGH 14.8.2007, 1 Ob 142/07z. Die Klage wurde vom OGH allerdings zu Recht wegen mangelnder Passivlegitimation der Universität abgewiesen (siehe § 49 UG). Dazu *Standeker/Streit/Pressinger*, Schadenersatzanspruch Studierender gegen die Universität wegen unzureichenden Lehrveranstaltungsangebots?, zfhr 2008, 21. In diesem Sinne auch OGH 23.3.2012, 1 Ob 12/12i.

103 OGH, 17.10.2006, 1 Ob 159/06y. Vgl. weiters OGH JBl 1992, 649 (Grenzkontrolle eines Kfz), JBl 1991, 172 (unterlassene Verhaftung), EvBl 1991/73 (Weinaufsicht).

104 OGH 31.3.2011, 1 Ob 15/11d.

105 OGH 27.2.2001, 1 Ob 282/00b.

106 OGH 10.7.1991, 1 Ob 13/91; 24.6.1992, 1 Ob 15/92, JBl 1993, 399.

107 Näher *Tomasovsky/Urtz*, Haftung bei Säumnis von Gerichten und Verwaltungsbehörden, in: Holoubek/Lang, Organhaftung und Staatshaftung, S. 259 ff.; *Kucsko-Stadlmayer*, in: Holoubek/Lang, Rechtsschutz, S. 356 ff.

108 OGH 3.6.1981, 1 Ob 39/80, SZ 54/86; 24.5.1989, 1 Ob 5/89; 24.6.1992, 1 Ob 15/92, JBl 1993, 399.

109 Rechtswidrigkeit und Rechtswidrigkeitszusammenhang für die aus Art. 6 EMRK subjektiv Berechtigten sind – jedenfalls dann, wenn die Unangemessenheit der Verfahrensdauer feststeht – eindeutig. Der Sorgfaltsmaßstab, den der EGMR bei Beurteilung der „Angemessenheit" anwendet, ist überdies ziemlich ähnlich jenem, der für das Verschulden im Sinn des AHG relevant ist.

110 Näher *Kucsko-Stadlmayer*, in: Holoubek/Lang, Rechtsschutz, S. 364. Die Amtshaftungsklage wird idR vor einer Beschwerde an den EGMR erhoben werden müssen: Art. 35 EMRK verlangt nämlich die Erschöpfung aller innerstaatlichen Rechtswege als Voraussetzung der Zulässigkeit einer Beschwerde. Zu ergreifen sind jedenfalls alle „effektiven" Rechtsbehelfe, wozu nach Auffassung des EGMR bei Säumnis bekanntlich nicht nur beschleunigende, sondern auch kompensatorische Instrumente wie Haftungsklagen gehören.

111 OGH JBl 1991, 172; 27.2.2001, 1 Ob 282/00b.

112 OGH 14.12.1979, 1 Ob 36/79, SZ 52/186; 14.10.1981, 1 Ob 42/81, SZ 54/143; 4.3.1987, 1 Ob 47/86, SZ 60/33; JBl 1992, 253; 22.6.1993, 1 Ob 22/92, JBl 1993, 788; 17.10.2006, 1 Ob 159/06y; SZ 2006/15; 28.1.2009, 1 Ob 187/08v; 28.1.2009, 1 Ob 232/08m. Verneint wurde freilich die Haftung gegenüber den überprüften Bankunternehmen selbst: OGH

werden muss, hat die Behörde zwar meistens einen gewissen Spielraum. Sie muss aber für ihr Verhalten triftige Gründe haben und im Rahmen des Vertretbaren handeln.[113] In der Frage der Dringlichkeit des Handelns muss sie vielfach Interessenabwägungen treffen und Gefährdungslagen beurteilen.[114] Eine große Rolle spielt hier die beim Verschulden umgekehrte Beweislast (→ C.II.).

Das fragliche Tun oder Unterlassen muss von einem „Organ" eines staatlichen Rechtsträgers[115] gesetzt worden sein (Art. 23 Abs. 1 B-VG, § 1 Abs. 1 AHG). Mit diesem Begriff wird ein Zurechnungskriterium verwendet, das auf einen funktionellen Zusammenhang zwischen der schädigenden Person und dem Staat abstellt („Funktionstheorie").[116] Eine organisationsrechtliche Organstellung ist nicht erforderlich, insbes. bedarf es keines Dienstverhältnisses zwischen dem Schädiger und dem Rechtsträger. Gehaftet wird daher nicht nur für Richter, Beamte und Vertragsbedienstete, Voll- und Teilzeitbeschäftigte und oberste Staatsorgane wie Bundespräsident und Bundesminister, sondern etwa auch für die Ausübung hoheitlicher Funktionen durch nichtstaatliche Rechtsträger und Privatpersonen, die mit Hoheitsgewalt betraut wurden (Beleihung und Indienstnahme).[117] Dies ist unabhängig davon, ob dabei eine Weisungsbefugnis staatlicher Organe aufrechterhalten bleibt.[118] Ein funktioneller Zusammenhang besteht auch dann noch, wenn das Organ seine Kompetenz überschreitet.[119] Allerdings muss die fragliche Tätigkeit noch als Organfunktion zu qualifizieren sein, also mit der Besorgung von Staatsfunktionen in einem gewissen Zusammenhang stehen. Rein privates Verhalten, das nur „gelegentlich" der Amtsführung gesetzt wird, kann keine Haftung begründen (z.B. sexuelle Belästigung am Arbeitsplatz).[120] Die Abgrenzung ist allerdings schwierig, weil auch Strafdelikte bei Amtsausübung eine Haftung begründen, wenn ein innerer Zusammenhang mit der Aufgabenerfüllung vorliegt (z.B. Amtsmissbrauch).[121] Die Praxis ist sehr einzelfallbezogen. Handelt ein organisatorisch einem Rechtsträger zugeordnetes Organ funktionell für einen anderen Rechtsträger („mittelbare Verwaltung"), so ist letzterer haftbar.[122] Dies betrifft insbes. den Bund in der mittelbaren Bundesverwaltung sowie Bund oder Land bei Tätigkeiten von Selbstverwaltungskörpern im übertragenen Wirkungsbereich.[123] Allerdings haftet der sog. „Organisationsrechtsträger" in solchen Fällen

---

4.4.2006, 1 Ob 251/05a. Näher zu dieser Judikatur *Bauer*, Einschränkung der Amtshaftung für die FMA, in: Lienbacher/Wielinger (Hrsg.), Jahrbuch Öffentliches Recht 2009, S. 226.

113 Vgl. auch die Ausführungen zum Verschulden → 1.d).

114 OGH 3.10.1990, 1 Ob 44/89, SZ 63/166.

115 Dies sind gem. § 1 Abs. 1 AHG Bund, Länder, Gemeinden, sonstige Körperschaften des öffentlichen Rechts (insbes. auch Selbstverwaltungskörper) und die Träger der Sozialversicherung. Dies ist angesichts von Art. 23 Abs 1 B-VG, der alle juristischen Personen des öffentlichen Rechts erwähnt, eine gewisse Einschränkung.

116 Dies ergibt sich eindeutig aus der Entstehungsgeschichte von Art. 23 B-VG: *Öhlinger*, in: Aicher, S. 144; *Kucsko-Stadlmayer*, in: Korinek/Holoubek, Rn. 14; *Potacs*, Die passive Klagslegitimation bei Haftungsansprüchen gegen Verwaltungsorgane und ausgegliederte Rechtsträger, in: Holoubek/Lang, Organhaftung und Staatshaftung, S. 186 ff. OGH SZ 26/51, 66/130, 69/133.

117 OGH EvBl 1990/27; SZ 51/126, 54/19; 25.6.2002, 1 Ob 129/02f; 25.3.2003, 1 Ob 188/02g; vgl. aber auch OGH 23.11.1999, 1 Ob 103/99z wonach das Verhalten eines HNO-Arztes, der nur in beratender Funktion und ohne Stimmrecht für die Stellungskommission des Bundesheeres tätig wird, nicht zur Amtshaftung führen kann.

118 *Potacs*, in: Holoubek/Lang, Organhaftung und Staatshaftung, S. 188 f. Vgl. etwa OGH 25.3.2003, 1 Ob 188/02g.

119 OGH SZ 54/80, 54/109; 27.9.2005, 1 Ob 165/05d; 25.6.2002, 1Ob 129/02f. Vgl. auch *Raschauer*, Verwaltungsrecht, Rn. 1333; *Schragel*, Amtshaftungsgesetz, Rn. 27 und 125.

120 Zur Haftung von Erfüllungsgehilfen vgl. OGH SZ 32/153, 51/55 und 108, 55/82.

121 Vgl. etwa OGH SZ 33/86 (Misshandlung eines Schülers durch einen Lehrer), EvBl 1982/39 (Diebstahl von Sachen aus einem zu bewachenden Zolllager durch einen Zollwachebeamten).

122 VfSlg 13.476/1993; OGH SZ 26/51, 43/78, 69/133; 13.12.2002, 1 Ob 8/02m.

123 *Kucsko-Stadlmayer*, in: Korinek/Holoubek, Rn. 15.

solidarisch mit dem funktionell zuständigen Rechtsträger, und er kann, wenn er aufgrund dessen Zahlungen geleistet hat, Regress üben (§ 1 Abs. 3 AHG).[124]

Besonderes gilt für die Aufgabenbesorgung der Höchstgerichte. Das AHG schließt Ansprüche aus deren Erkenntnissen völlig aus (§ 2 Abs. 3 AHG). Die Regelung verfolgt den Zweck, Entscheidungen von richterlichen Grenzorganen nicht nochmals einer gerichtlichen Kontrolle zu unterwerfen.[125] Für die Säumnis dieser Gerichte wird hingegen sehr wohl gehaftet;[126] ebenso nach der Rspr. des EuGH für Verstöße gegen Unionsrecht (→ C.I.2.).

b) Kausalität

Indem der Schaden „durch" das Verhalten eines Organs zugefügt worden sein muss, wird das Element der Verursachung (Kausalität) verlangt. Da hier die Amtshaftung keine Besonderheiten aufweist, werden bei der Interpretation dieses Kriteriums die in der zivilrechtlichen Lehre und Rspr. entwickelten Grundsätze herangezogen.[127] Die Haftung entfällt, wenn der Schaden auch bei pflichtgemäßem Tun eingetreten wäre; sie tritt nur ein, wenn pflichtgemäßes Handeln ihn verhindert hätte.[128] Dabei spielt insbes. die Adäquanztheorie eine Rolle. Nach ihr endet die Kausalkette dort, wo nach dem natürlichen und gewöhnlichen Lauf der Dinge mit einer bestimmten Folge nicht mehr gerechnet werden musste und eine ganz außergewöhnliche Verkettung von Umständen zum Schaden geführt hat.[129] Nicht aufgehoben wird die Amtshaftung bei kumulativer (konkurrierender) Kausalität,[130] ebenso bei alternativer Kausalität, d.h. wenn nicht festgestellt werden kann, welches von mehreren potentiell schadensträchtigen Ereignissen ursächlich war.[131]

Die Beweislast für die Kausalität trifft, wie im allgemeinen Schadenersatzrecht, grundsätzlich den Kläger. Wird die Verletzung einer „Schutznorm" behauptet, die die Verhinderung eines bestimmten Schadens geradezu bezweckte, so genügt es jedoch, wenn neben dem Schaden selbst der Rechtsverstoß nachgewiesen wird. Ein strikter Kausalitätsnachweis wird nicht verlangt, weil die Norm die Schadensverhinderung geradezu bezweckt; die Kausalität der Normverletzung wird nach Art eines „*Prima-facie*-Beweises" vermutet.[132] Besondere Probleme bereitet der Kausalitätsnachweis bei rechtswidrigen Unterlassungen.[133] Auch hier bedarf es laut OGH dann, wenn Rechtsverstoß und Rechtswidrigkeitszusammenhang feststehen, keines strikten Kausalitätsnachweises. Der Geschädigte muss die Kausalität nur als wahrscheinlich dartun, und der Beklagte ist gezwungen, sie zu widerlegen oder ernstlich zweifelhaft zu machen.[134] Es tritt also eine Beweislastumkehr ein.[135]

---

124 Diese Regelung ist nicht verfassungswidrig: VfSlg 13.476/1987.

125 *Schragel*, Amtshaftungsgesetz, Rn. 195.

126 Näher *Kucsko-Stadlmayer*, in: Holoubek/Lang, Rechtsschutz, S. 364.

127 Vgl. *Bollenberger*, Kausalität als Voraussetzung des Haftungsanspruchs, in: Holoubek/Lang, Organhaftung und Staatshaftung, S. 29; *Rebhahn*, Staatshaftung, S. 543 ff.

128 OGH 3.10.1990, 1 Ob 44/89, SZ 63/166; 22.6.1993, 1 Ob 22/92, JBl 1993, S. 788; 29.5.1995, 1 Ob 15/95; 23.3.1999, EvBl 1999/146. *Schragel*, Amtshaftungsgesetz, Rn. 176.

129 OGH SZ 54/108, 68/191; *Schragel*, Amtshaftungsgesetz, Rn. 175; *Rebhahn*, Staatshaftung, S. 561 ff.

130 OGH EvBl 1959/244; *Rebhahn*, Staatshaftung, S. 598; *Schragel*, Amtshaftungsgesetz, Rn. 175.

131 OGH SZ 54/63; *Schragel*, Amtshaftungsgesetz, Rn. 175.

132 OGH JBl 1996, 35; 28.3.2000, 1 Ob 9/00f.

133 Näher *Rebhahn*, Staatshaftung, S. 643 ff.

134 OGH 14.10.1981, 1 Ob 42/81, SZ 54/143; 4.3.1987, 1 Ob 47/86, SZ 60/33; 22.6.1993, 1 Ob 22/92, JBl 1993, 788; *Rebhahn*, Entscheidungsbesprechung, JBl 1993, 320; 27.2.2001, 1 Ob 282/00b; 28.1.2003, 1 Ob 14/03w.

135 Vgl. z.B. OGH 23.3.1999, 1 Ob 40/99k, EvBl 1999/146 (rechtswidrige Unterlassung der Anhörung eines Banksachverständigen durch einen Pflegschaftsrichter bei der Anlegung von Mündelgeld; der Bund konnte beweisen, dass damals auch ein Sachverständiger den Aktienkauf befürwortet hätte). Vgl auch OGH 23.2.2011, 1 Ob 210/10d.

c) Rechtswidrigkeit

Ansprüche aus der Amtshaftung setzen voraus, dass das schadensverursachende Organverhalten rechtswidrig war (Art. 23 Abs. 1 B-VG, § 1 Abs. 1 AHG). Der Verstoß kann in jeder Normwidrigkeit liegen, etwa auch in einer Grundrechtsverletzung,[136] in einem Verstoß gegen unmittelbar anwendbares Völkerrecht oder in einer Missachtung des Anwendungsvorrangs von europäischem Unionsrecht.[137] Nicht erforderlich ist nach h.L. und st.Rsp. die Verletzung eines subjektiven öffentlichen Rechts des Geschädigten.[138] Entsprechend der herrschenden Auffassung im allgemeinen Schadenersatzrecht nimmt man aber auch bei der Amtshaftung nur die Ersatzfähigkeit solcher Schäden an, deren Verhinderung die verletzte Norm bezweckte („Schutzzweck der Norm" oder „Rechtswidrigkeitszusammenhang").[139] Dies wird damit begründet, dass eine umfassende Haftung für verursachte Drittschäden eine Uferlosigkeit der Amtshaftung zur Folge hätte. Dies macht es erforderlich, im Einzelfall zu beurteilen, welche Interessen für die Erlassung der verletzten Norm maßgeblich waren. Hat diese neben dem Schutz der Allgemeinheit den Schutz bestimmter dritter Personen zumindest „mitbezweckt", so übt sie eine Reflexwirkung aus und tritt eine Haftung ein.[140] Im Ergebnis ist dies regelmäßig dann der Fall, wenn dem Geschädigten in der konkreten Vollzugsmaterie eine subjektivrechtliche Position zusteht.

Keine Haftung besteht, wenn das Organ innerhalb rechtlicher Handlungsspielräume, also im Rahmen von Ermessen und unbestimmten Gesetzesbegriffen tätig war. Rechtswidrig sind allerdings auch in solchen Fällen Ermessensmissbrauch (wenn nicht mehr im Sinne des Gesetzes gehandelt wurde) und Ermessensüberschreitung (wenn der Ermessensrahmen überschritten wurde; vgl. Art. 130 Abs. 2 B-VG). Nicht gehaftet wird nach der Rspr. auch für Entscheidungen, die auf einer vertretbaren Rechtsansicht beruhen: In solchen Fällen liegt nämlich kein Verschulden vor. Bei der Verletzung von europäischem Unionsrecht kann sich die Unvertretbarkeit der Rechtsansicht auch aus der Nichtbeachtung einer st.Rspr. des EuGH ergeben.[141] Die „Unvertretbarkeit" einer Rechtsauffassung wird angenommen, wenn die Entscheidung von einer klaren Gesetzeslage oder einer ständigen Rechtsprechung abweicht.[142] Weisungskonformes Verhalten befreit den Rechtsträger nicht von seiner Haftung, wenn eine Weisung schuldhaft rechtswidrig erteilt wurde; dies gilt auch dann, wenn die Schadenszufügung nicht unmittelbar durch die Weisung, sondern erst durch das weisungskonforme Verhalten des angewiesenen Organs verursacht wurde.[143] Für die Haftung des Rechtsträgers ist es daher nicht maßgeblich, ob ein rechtswidriges Verhalten aus eigenem Antrieb eines Organs oder in Befolgung einer Weisung gesetzt wurde. Relevant wird diese Frage jedoch, wenn zu prüfen ist, von welchem Organwalter der Rechtsträger, der Ersatz geleistet hat, Rückersatz begehren kann. Ein solcher Regress setzt grobes Verschulden voraus (→ 2.). Ein solches kann bei Befolgung einer Weisung nur angenommen werden, wenn diese eigentlich abzulehnen gewesen wäre: also nicht bei jeder Rechtswidrigkeit,

---

136 Vgl. *Berger*, Die zivilrechtlichen Folgen von Grundrechtsverletzungen in Österreich, EuGRZ 1983, 233.

137 OGH 6.10.2000, 1 Ob 12/00x; 20.4.2010, 1 Ob 14/10f.

138 *Kucsko-Stadlmayer*, in: Korinek/Holoubek, Rn. 35.

139 Näher *Stelzer*/*Maschke*, Rechtswidrigkeit und Rechtswidrigkeitszusammenhang als Voraussetzung des Haftungsanspruches, in: Holoubek/Lang, Organhaftung und Staatshaftung, S. 25; *Schragel*, Amtshaftungsgesetz, Rn. 130 ff.

140 Vgl. insbes. OGH SZ 68/191.

141 OGH 6.10.2000, 1 Ob 12/00x.

142 OGH SZ 63/106, 68/191; AnwBl 1994, 902; 6.10.2000, 1 Ob 12/00x; 31.3.2009, 1 Ob 44/09s. Abweichungen sind jedoch nicht unvertretbar, wenn das Organ etwa meint, Argumente anführen zu können, die stärker seien als jene des Höchstgerichts und diese Argumente nicht absurd sind: OGH 16.12.2004, 1 Ob 199/04b. Vgl. ähnlich auch OGH 5.6.2007, 1 Ob 10/07 p.

143 VfSlg 12.286/1990; *Öhlinger*, in: Aicher, S. 146 f.; *Apathy*, Die Haftung des Beamten aus zivilrechtlicher Sicht, ZfV 1986, 135, vgl. auch → 2.

sondern nur bei Unzuständigkeit des weisungsgebenden Organs oder bei Strafgesetzwidrigkeit der Weisungsbefolgung (Art. 20 Abs. 1 B-VG).

Im Amtshaftungsverfahren problematisch ist die Frage, wer zur Beurteilung der Rechtswidrigkeit des schadensauslösenden Verhaltens befugt ist. Ist über die Rechtswidrigkeit eines Hoheitsaktes (insbes. Bescheides[143a]) schon durch den Verwaltungs- oder Verfassungsgerichtshof entschieden worden, so ist dies für die Amtshaftungsgerichte bindend.[144] Liegt noch keine solche Entscheidung vor und steht die Rechtswidrigkeit eines Bescheides[144a] in Frage, so muss das Amtshaftungsgericht bei Bedenken eine Feststellung darüber beim Verwaltungsgerichtshof (abgekürzt: VwGH) beantragen (§ 11 AHG). Über die Frage der behaupteten Rechtswidrigkeit einer Verordnung hat es einen Antrag auf Verordnungsprüfung beim VfGH zu stellen (Art. 89 B-VG). Ansonsten muss das Amtshaftungsgericht die Frage der Rechtswidrigkeit von hoheitlichem Organverhalten selbst beurteilen.

d) Verschulden

Die Amtshaftung ist an ein „Verschulden" des Organs geknüpft (Art. 23 Abs. 1 B-VG, § 1 Abs. 1 AHG). Dabei werden – dem zivilrechtlichen Begriffsverständnis folgend – die beiden Schuldformen Vorsatz und Fahrlässigkeit unterschieden (§ 1294 ABGB).[145] Es wird sowohl für grobe als auch für leichte Fahrlässigkeit gehaftet (§§ 1324, 1297 ABGB).[146] Der Grad des Verschuldens hat für die Höhe des Schadenersatzes Bedeutung. Ebenso spielt er eine Rolle für die Frage, ob der Rechtsträger, der dem Geschädigten Ersatz geleistet hat, beim Schädiger Rückersatz verlangen kann (Art. 23 Abs. 2 B-VG, § 3 AHG) (→ 2.). Da im ABGB für „Sachverständige" (z.B. Rechtsanwälte, Notare, sonstige Fachleute) ein erhöhter Sorgfaltsmaßstab normiert ist, der ausschließlich an objektive Kriterien geknüpft ist (§ 1299 ABGB), legt die Rspr. auch bei der Amtshaftung entsprechend strenge Maßstäbe an: Die Verletzung der objektiv gebotenen Sorgfalt genüge für die Haftung, nicht nötig sei ein Verschulden im subjektiven Sinn.[147] Die Lehre legt dies z.T. sogar dahin aus, dass objektives Fehlverhalten ausreiche und nicht einmal eine Geisteskrankheit das Organ entschuldigen könne.[148] Diese Auffassung, die keinen Sorgfaltsverstoß mehr verlangt, führt allerdings zu einer völligen Loslösung vom Prinzip der Verschuldenshaftung. Diese ist in Art. 23 B-VG aber vorgeschrieben. Aus verfassungsrechtlichen Gründen kann dieser Auslegung daher nicht gefolgt werden.

Keine Haftung besteht für rechtlich vertretbares Handeln. Das Abweichen von einer klaren Gesetzeslage, einer ständigen höchstgerichtlichen Rechtsprechung, einem *„acte claire"* des europäischen Unionsrechts oder die Missachtung einer offensichtlichen Gefahrenlage sind jedenfalls unvertretbar.[149]

Aus den Grundsätzen des zivilrechtlichen Schadenersatzrechts folgt, dass ein Mitverschulden des Geschädigten relevant ist (§ 1304 ABGB).[150] Dieses kann bis zum Ausschluss der Haftung führen.[151] Man spricht auch von einer „Rettungspflicht" oder „Schadensminderungspflicht".[152]

143a Ab 1.1.2014 auch eines Erkenntnisses bzw. Beschlusses eines Verwaltungsgerichtes (Art. 11 Abs. 1 AHG).
144 OGH SZ 54/18.
144a Wie in Fn. 143a.
145 *Schauer*, Verschulden als Haftungsvoraussetzung, in: Holoubek/Lang, Organhaftung und Staatshaftung, S. 45 ff.
146 OGH SZ 63/106, 65/125, 68/191 u.v.a.m.
147 *Schauer*, in: Holoubek/Lang, Organhaftung und Staatshaftung, S. 54.
148 *Koziol*, Haftpflichtrecht, S. 380 f.
149 OGH 25.8.1993, 1 Ob 9/93; 27.1.1998, 1 Ob 241/97s; 27.2.2001, 1 Ob 282/00b. Vgl. auch → A.II.3.
150 Vgl. insbes. OGH 18.9.1991, 1 Ob 33/91.
151 Näher *Schragel*, Amtshaftungsgesetz, Rn. 165.
152 Näher *Schragel*, Amtshaftungsgesetz, Rn. 180 ff.

Einen spezifischen Aspekt[153] regelt § 2 Abs. 2 AHG: Danach besteht kein Ersatzanspruch, wenn der Geschädigte den Schaden durch Rechtsmittel oder durch VwGH-Beschwerde[153a] hätte abwenden können.[154] Der Rechtsmittelbegriff wird weit verstanden. Darunter sind alle Rechtsbehelfe zu verstehen, die sich unmittelbar gegen das schädigende Verhalten und auf dessen Beseitigung richten.[155] Beispiele sind – neben den so genannten ordentlichen Rechtsmitteln – Wiederaufnahmeantrag,[156] Wiedereinsetzungsantrag,[157] Devolutionsantrag,[158] Säumnisbeschwerde,[159] Fristsetzungsantrag[160] und andere prozessuale Rechtsbehelfe mit Erledigungsanspruch; so etwa der Widerspruch gegen das Verhandlungsprotokoll in einem Zivilprozess[161] oder die Möglichkeit, in einen Verteilungsentwurf nach der Konkursordnung Einsicht zu nehmen und dagegen sogenannte „Erinnerungen" zu erheben.[162] Nicht dazu zählen dagegen jegliche Urgenz[163] oder Maßnahmen zur Ingangsetzung selbständiger Verfahren wie Klagen gegen einen mithaftenden Dritten.[164] Geprüft wird nicht, ob das Rechtsmittel im Einzelfall den Schaden verhindert hätte, sondern die bloß abstrakte Möglichkeit dazu.[165] Nur wenn das Rechtsmittel unzumutbar (im Sinn von offensichtlich aussichtslos oder zur Schadensabwehr ungeeignet) ist, muss der Geschädigte es nicht erheben.[166] In Säumnisfällen wird auch das zu lange Warten mit Rechtsmitteln als Verletzung der Rettungspflicht gewertet.[167]

2. Haftung des Rechtsträgers und persönliche Haftung des Organs

Die Besonderheit der Amtshaftung liegt darin, dass gegenüber dem Geschädigten zunächst nicht das schädigende Organ, sondern der zuständige staatliche Rechtsträger haftet. Für alle haftpflichtigen Rechtsträger (Bund, Land, Gemeinde oder sonstige juristische Person des öffentlichen Rechts) gelten dieselben Haftungsregeln.

Da gegenüber dem geschädigten Dritten der Rechtsträger haftet, muss der Kläger im Amtshaftungsverfahren das schädigende Organ nicht einmal nennen; es genügt der Beweis eines Schadens, der nur durch die Rechtsverletzung eines Organs des beklagten Rechtsträgers ent-

---

153 So OGH 28.11.2006, 1 Ob 210/06y.
153a Ab 1.1.2014 durch Rechtsmittel oder Beschwerde beim Verwaltungsgericht und Revision beim VwGH.
154 Dazu *Schwarzenegger*, Die Subsidiarität des Haftungsanspruchs: Die Ausschöpfung des Rechtswegs als Voraussetzung der Geltendmachung von Haftungsansprüchen und das Verhältnis von Haftungs- und Erstattungsansprüchen, in: Holoubek/Lang, Organhaftung und Staatshaftung, S. 355.
155 Vgl. im Einzelnen *Schragel*, Amtshaftungsgesetz, Rn. 183 ff.
156 OGH 11.1.1961, 1 Ob 418/60.
157 OGH 18.10.1968, 1 Ob 202/68.
158 OGH 3.6.1981, 1 Ob 39/80, SZ 54/86; 25.8.1993, 1 Ob 9/93; 22.10.1999, 1 Ob 80/99t; 28.4.1998, 1 Ob 107/97k; 22.10.1999, 1 Ob 80/99t; 1 Ob 287/03t.
159 OGH 3.6.1981, 1 Ob 39/80, SZ 54/86; 18.9.1991, 1 Ob 33/91; 25.8.1993, 1 Ob 9/93; 22.10.1999, 1 Ob 80/99t; 28.4.1998, 1 Ob 107/97k; 22.10.1999, 1 Ob 80/99t. Die Säumnisbeschwerde muss nicht gleich nach Verstreichen der sechsmonatigen Entscheidungspflicht erhoben worden sein: OGH 10.7.1991, 1 Ob 13/91.
160 In diese Richtung, wenn auch nicht ausdrücklich, OGH 23.11.1999, 1 Ob 191/99s. Vgl. auch *Schragel*, Amtshaftungsgesetz, Rn. 185.
161 OGH 17.5.2004, 1 Ob 181/03d.
162 OGH 14.8.2007, 1 Ob 113/07k.
163 OGH 26.2.2002, 1 Ob 310/01x; vgl. allerdings OGH 7.3.2006, 1 Ob 151/05w, wo die Untätigkeit der Partei und das Nichturgieren einer Verwalterbestellung im Exekutionsverfahren als Mitverschulden gewertet wurde.
164 OGH 29.8.1979, 1 Ob 26/79, SZ 52/119; 14.12.1979, 1 Ob 36/79, SZ 52/186; 30.1.1996, 1 Ob 6/95; *Pirker/Kleewein*, Amtshaftung wegen unterbliebener Gefahrenabwehr, ÖJZ 1995, 521 (530).
165 OGH 18.9.1991, 1 Ob 33/91; 22.6.1993, 1 Ob 22/92, JBl 1993, 788; OGH 28.3.2000, 1 Ob 54/00y; 28.11.2006, 1 Ob 210/06y; 20.4.2010, 1 Ob 129/09s.
166 OGH 18.9.1991, 1 Ob 33/91; 30.1.1996, 1 Ob 6/95; 14.10.1997, 1 Ob 244/97g; 27.1.1998, 1 Ob 241/97s; 23.3.1999, 1 Ob 373/98d; 22.10.1999, 1 Ob 80/99t; 28.11.2006, 1 Ob 210/06y.
167 OGH 25.8.1993, 1 Ob 9/93.

standen sein konnte (§ 2 Abs. 1 AHG). Stehen Schaden und Rechtswidrigkeit fest, so muss daher der beklagte Rechtsträger mangelndes Verschulden seiner Organe beweisen (§ 1298 ABGB).[168]

Damit ist aber nur die direkte Haftung des Schädigers gegenüber dem Geschädigten ausgeschlossen (vgl. § 9 Abs. 5 AHG). Hat der Rechtsträger einen Ersatz geleistet, so hat er einen Regressanspruch gegenüber dem schuldigen Organ, allerdings nur, wenn diesem Vorsatz oder grobe Fahrlässigkeit zur Last fällt (Art. 23 Abs. 2 B-VG). Dies wird als Voraussetzung eines nicht nur objektiv, sondern auch subjektiv schweren Verschuldens verstanden.[169] Dabei ist etwa auch das Mitverschulden von Vorgesetzten relevant.[170] Für Fälle grober Fahrlässigkeit ist vorgesehen, dass das Gericht aus Gründen der Billigkeit den Rückersatz mäßigen kann (§ 3 Abs. 2 AHG). Diese Begünstigungen sollen dem „Interesse einer schlagkräftigen Verwaltung" dienen; andernfalls könne unter dem Druck der drohenden Haftung die Handlungsbereitschaft und das Engagement der Organe beeinträchtigt sein.[171] §§ 3–5 AHG treffen ausführende Bestimmungen. So ist etwa vorgesehen, dass von mehreren Mitgliedern einer Kollegialbehörde nur jene haften, die für eine schadensverursachende Entscheidung gestimmt haben (§ 3 Abs. 3 AHG); kein Regressanspruch besteht gegenüber einem Organ, das das schädigende Verhalten auf eine trotz Rechtswidrigkeit zu befolgende Weisung gestützt hat (§ 4 AHG) (→ 1.c.). Eine Weisung, die von einem offenbar unzuständigen Organ erteilt wurde oder deren Befolgung strafgesetzwidrig ist, darf freilich nicht befolgt werden.[172]

Das Organ kann dem Rückersatz alle Einwendungen entgegensetzen, die der Rechtsträger nicht ausgeführt hat, und sich dadurch vom Rückersatz befreien (§ 5 AHG). Die Verjährung des Regressanspruchs tritt bereits sechs Monate nach Rechtskraft eines verurteilenden Erkenntnisses bzw. der Anerkennung des Anspruchs im Amtshaftungsverfahren ein (§ 6 Abs. 2 AHG). Dies gilt ungeachtet dessen, dass der Rückersatzanspruch erst dann entsteht, wenn der Rechtsträger den Schaden ersetzt hat (§ 3 Abs. 1 AHG).

3. Haftungsfolge: Schadensersatz

Amtshaftung setzt voraus, dass ein Schaden entstanden ist. Darunter ist jeder Schaden an der „Person" und am „Vermögen" zu verstehen (§ 1 Abs. 1 AHG).[173] Vermögensschäden sind Schäden an geldwerten Gütern, also nur solche Schäden, die in Geld messbar sind. Dabei kann es sich um „positive Schäden" (Zerstörung eines schon vorhandenen Gutes) oder um „entgangenen Gewinn" (Vernichtung von Erwerbschancen) handeln. Die Vereitelung schon relativ sicherer Erwerbschancen wird als positiver Schaden betrachtet.[174] Immaterielle oder ideelle Schäden sind nach AHG grundsätzlich nicht ersatzfähig, es sei denn, sie können in Vermögensschäden umgedeutet werden,[175] sie seien Folgen einer Freiheitsentziehung[176] oder Folgen einer Körperverlet-

---

168 OGH 14.10.1981, 1 Ob 42/81, SZ 54/143; 4.3.1987, 1 Ob 47/86, SZ 60/33; 22.6.1993, 1 Ob 22/92, JBl 1993, 788; 23.11.1999, 1 Ob 191/99s; 27.2.2001, 1 Ob 282/00b; 26.2.2002, 1 Ob 310/01x; 26.2.2002, 1 Ob 310/01x; 30.9.2008, 1 Ob 225/07f. Vgl. auch *Schragel*, Amtshaftungsgesetz, Rn. 149.

169 OGH ZVR 1982, 365; RZ 1980/3; *Kucsko-Stadlmayer*, in: Korinek/Holoubek, Rn. 41.

170 Näher *Schragel*, Amtshaftungsgesetz, Rn. 24.

171 So die Erläuterungen 594 BlgNR, 5. GP, 2.

172 Art. 20 Abs. 1 B-VG.

173 Dies umfasst auch Schäden an der persönlichen Freiheit und der Ehre: näher *Schragel*, Amtshaftungsgesetz, Rn. 169.

174 *Koziol/Welser*, Bürgerliches Recht II, 13. Aufl. 2007, 34.

175 Z.B. Heilungskosten durch Psychotherapie wegen posttraumatischer Belastungsstörungen; vgl. *Bydlinski*, Die „Umrechnung" immaterieller Schäden in Geld, in: Koziol (Hrsg.), Liber Amicorum Pierre Widmer, 2003, S. 27; vgl. auch *Koziol/Welser*, Bürgerliches Recht (Fn. 174), S. 305 f.

176 Dort besteht ein verschuldensunabhängiger Ersatzanspruch auch für immaterielle Schäden (§ 1329 ABGB, Art. 7 PersFrBVG, Art. 5 Abs. 5 EMRK); vgl. oben → B.I.2.

zung (§ 1325 ABGB). Diese muss sich nicht in äußerlich sichtbaren Verletzungen manifestieren, vielmehr genügen auch massive Einwirkungen in die psychische Sphäre (z.B. Herbeiführung eines Schocks).[177] Die Höhe des Schadens ist durch eine Differenzrechnung zwischen dem tatsächlichen und dem hypothetischen Vermögensstand ohne das schädigende Ereignis zu ermitteln.[178] Bereicherungsansprüche, die nicht auf Ersatz eines „Schadens" gerichtet sind, können im Rahmen der Amtshaftung nicht geltend gemacht werden.[179]

Ein Schaden kann im Rahmen der Amtshaftung nur in Geld ersetzt werden (§ 1 Abs. 1 AHG). Folgenbeseitigungsansprüche, Unterlassungsansprüche, Ansprüche auf Widerruf rechtswidriger Akte oder andere Formen der Naturalrestitution sind ausgeschlossen.[180] Feststellungsansprüche können nur dann geltend gemacht werden, wenn sie auf Feststellung eines künftigen, noch nicht bezifferbaren Schadens gerichtet sind.[181] In der rechtspolitischen Diskussion wird die Beschränkung der Amtshaftung auf Geldersatz damit begründet, dass Gerichte nicht zur Anordnung einer Berichtigung oder zur Aufhebung von Verwaltungsakten zuständig gemacht werden sollten.[182] Allerdings spielt der Naturalersatz auch im allgemeinen Schadenersatzrecht praktisch kaum eine Rolle.[183]

Der Umfang des Geldersatzes richtet sich nach den allgemeinen zivilrechtlichen Vorschriften. Danach richtet er sich im Wesentlichen nach dem Verschuldensgrad (§§ 1293, 1324, 1331f. ABGB). Entgangener Gewinn ist nur zu ersetzen, wenn das Organverhalten nach seinem objektiven Erscheinungsbild auf einen besonders schwerwiegenden Sorgfaltsverstoß zurückzuführen ist. Der Gegenbeweis durch den Rechtsträger, dass grobes Organverschulden auszuschließen ist, bleibt jedoch zulässig.[184]

Versicherungen gegen das Haftungsrisiko sind nicht vorgeschrieben. In der Praxis ist es jedoch bei den Gemeinden üblich, entsprechende Haftpflichtversicherungen abzuschließen.

II. Organhaftung

Unter Organhaftung versteht man die Haftung der staatlichen Organe für so genannte „Direktschäden", die sie einem staatlichen Rechtsträger im Rahmen der hoheitlichen Vollziehung unmittelbar zugefügt haben (Art. 23 Abs. 3 B-VG) (→ B.I.1.). Anders als bei der Amtshaftung ist hier kein geschädigter Dritter im Spiel.[185] Dies unterscheidet die Organhaftung vom Regress, der an eine Ersatzleistung im Rahmen der Amtshaftung geknüpft ist (B.I.2.). Die Organhaftung ist daher auch getrennt von der Amtshaftung, im OrgHG geregelt (→ B.I.1.a)). Ebenso wie bei dieser handelt es sich aber um eine zivilrechtliche Haftung,[186] über die im Streitfall die ordentlichen Gerich-

177 OGH 27.2.2001, 1 Ob 282/00b.
178 *Schragel*, Amtshaftungsgesetz, Rn. 167.
179 OGH SZ 64/85 (Anspruch aus der Bereicherung durch Eingriff in das Urheberrecht); dazu *Huber*, Der Schaden und seine Bemessung, in: Holoubek/Lang, Organhaftung und Staatshaftung, S. 72.
180 OGH 14.7.1992, 1 Ob 2/92; 10.4.2008, 6 Ob 23/08p. Näher *Huber*, in: Holoubek/Lang, Organhaftung und Staatshaftung, S. 69.
181 OGH 26.6.2001, 1 Ob 154/01f.
182 *Schragel*, Amtshaftungsgesetz, Rn. 70; *Kucsko-Stadlmayer* in: Korinek/Holoubek, Rn. 37.
183 *Huber*, in: Holoubek/Lang, Organhaftung und Staatshaftung, S. 71f.
184 *Schragel*, Amtshaftungsgesetz, Rn. 68; *Koziol/Welser*, Bürgerliches Recht (Fn. 174), S. 304; *Huber*, in: Holoubek/Lang, Organhaftung und Staatshaftung, S. 83ff. OGH SZ 68/189, 65/94.
185 Zur Abgrenzung vgl. etwa auch OGH SZ 70/14.
186 VfSlg 5519/1967; vgl. auch VfSlg 3062/1956.

te entscheiden. Vielfach wird das Organhaftungsrecht daher als „*Annex*" oder „*Derivat*" zum Amtshaftungsrecht betrachtet.

1. Voraussetzungen

Die Voraussetzungen von Organhaftung und Amtshaftung sind grundsätzlich die gleichen.[187] Der Schaden muss durch das schuldhafte rechtswidrige Verhalten eines Organs (Handeln oder Unterlassen) im Rahmen der hoheitlichen Vollziehung verursacht worden sein (§ 1 Abs. 1 OrgHG).[188] Der für die Amtshaftung geprägte funktionelle Organbegriff ist auch hier maßgeblich; eine organisatorische Zugehörigkeit zum Rechtsträger ist nicht nötig. Dieselben Rechtsträger, die für ihre Organe im Rahmen der Amtshaftung gegenüber Dritten haften, sind umgekehrt im Rahmen der Organhaftung ihnen gegenüber anspruchsberechtigt. Die Bestimmungen des OrgHG sind weitgehend an das AHG angelehnt. Sie bezwecken überdies eine Harmonisierung mit dem Haftungssystem des DHG[189], das die Haftung privater Dienstnehmer gegenüber ihren Dienstgebern regelt.

Obwohl nach dem Wortlaut der Verfassungsbestimmung für die Organhaftung kein Verschuldenserfordernis besteht (Art. 23 Abs. 3 B-VG), wird ein solches einfachgesetzlich normiert (§ 1 Abs. 1 OrgHG). Dies wird auf gleichheitsrechtliche Erwägungen gestützt.[190] Keine Haftung tritt aber ein, wenn dem Organ nur eine „entschuldbare Fehlleistung" vorwerfbar ist (§ 2 Abs. 2 OrgHG: „*culpa levissima*"). Damit ist die Organhaftung strenger als der Regressanspruch im Rahmen der Amtshaftung, der schon bei leichter Fahrlässigkeit ausgeschlossen ist (§ 3 Abs. 1 AHG). Im Übrigen entsprechen die Haftungsvoraussetzungen den zivilrechtlichen Vorschriften (§ 1 Abs. 1 OrgHG).

2. Haftungsart und -umfang

Der im Weg der Organhaftung entstandene Schaden muss ein Vermögensschaden sein.[191] Verletzungen am Körper oder an der persönlichen Freiheit sind bei juristischen Personen des öffentlichen Rechts nicht denkbar. Verletzungen der Ehre (vgl. § 1325 ABGB) sind dagegen möglich, aber nur ersatzfähig, wenn sie als Vermögensschäden in Erscheinung treten (Kreditschädigung, § 1330 ABGB).

Auch bei der Organhaftung ist der Schadenersatz nur in Geld zu leisten (§ 1 Abs. 1 OrgHG). Eine Naturalrestitution ist nicht vorgesehen.

Der Umfang der Haftung ist nach den Regelungen des bürgerlichen Rechts zu bestimmen und demgemäß von der Schuldform abhängig. Bei Vorsatz ist der gesamte Schaden einschließlich des entgangenen Gewinns zu ersetzen. Im Fall bloßer Fahrlässigkeit kann das Gericht aus Gründen der Billigkeit den Ersatz mäßigen, bei einem minderen Grad des Versehens (leichte Fahrlässigkeit) kann er ganz erlassen werden (§ 3 Abs. 1 OrgHG). Bei entschuldbarer Fehlleistung („*culpa levissima*") wird überhaupt nicht gehaftet. Welche Umstände für die Schadensbemessung maßgebend sind, ist darüber hinaus dem DHG zu entnehmen (§ 3 Abs. 2 OrgHG i.V.m. § 2 Abs. 2 DHG).

187 Näher *Kucsko-Stadlmayer*, in: Holoubek/Lang, Organhaftung und Staatshaftung, S. 373.
188 *Kucsko-Stadlmayer*, in: Holoubek/Lang, Organhaftung und Staatshaftung, S. 376 ff.
189 Dienstnehmerhaftpflichtgesetz (DHG), BGBl 1965/80 idF. BGBl 1983/169.
190 *Kucsko-Stadlmayer*, in: Holoubek/Lang, Organhaftung und Staatshaftung, S. 380.
191 *Kucsko-Stadlmayer*, in: Holoubek/Lang, Organhaftung und Staatshaftung, S. 379.

3. Ausschluss der Haftung

Ein Haftungsausschluss tritt bei der Organhaftung – ähnlich wie bei der Amtshaftung – bei Schadensverursachung durch Erkenntnisse von Höchstgerichten ein (VfGH, VwGH, OGH). Eine Schadensverursachung durch die Säumnis eines solchen Gerichts ist jedoch ersatzfähig. Nach der Rspr. des EuGH ist die Haftung auch dann nicht ausgeschlossen, wenn ein Höchstgericht eine Norm des europäischen Unionsrechts verletzt hat (→ A.II.3.b.).

Entsprechend der zivilrechtlichen „Rettungspflicht" ist die Organhaftung auch dann ausgeschlossen, wenn der Rechtsträger den Schaden durch Rechtsmittel oder durch eine Beschwerde an den VfGH oder an den VwGH[191a] oder durch sonst eine gesetzlich begründete Maßnahme hätte abwenden können (§ 2 Abs. 1 OrgHG). Solche „gesetzlichen Maßnahmen" stehen dem hoheitlich handelnden Rechtsträger in weitem Umfang zur Verfügung; zu denken ist vor allem an sämtliche Befugnisse im Bereich der Dienst- und Fachaufsicht. Wenn diese nicht oder unzureichend ausgeübt werden, führt dies häufig zum Haftungsausschluss.[192]

Auch wenn das schädigende Organ aufgrund einer zu befolgenden Weisung gehandelt hat, haftet es gegenüber dem Rechtsträger nicht (§ 2 Abs. 2 OrgHG) (→ B.I.1.c.). Haftbar sein kann dann aber allenfalls ein schuldhaft handelnder Weisungsgeber.

III. Gefährdungshaftung

Die Amtshaftung des Staates gegenüber Dritten ist nach dem verfassungsrechtlichen Konzept an verschuldete Rechtsverstöße von Organen geknüpft (Art. 23 Abs. 1 B-VG). Eine allgemeine Gefährdungshaftung für „gefährliche Staatstätigkeit" besteht in Österreich nicht.[193] Dies steht nach h.L. allerdings Sonderregelungen nicht entgegen, die eine von Rechtswidrigkeit und Verschulden losgelöste Haftung staatlicher Rechtsträger im Sinn einer Erfolgs- oder Gefährdungshaftung vorsehen. Solche Regelungen wurden zum Teil durch einfaches Gesetz außerhalb des AHG getroffen: so etwa für Schäden, die durch sicherheits- und kriminalpolizeiliche Tätigkeiten oder staatlich verpflichtende Impfungen entstehen (→ A.II.2.c.).

Zum Teil überträgt die Rspr. auch Gefährdungshaftungsregelungen des Zivilrechts auf Tätigkeiten in der staatlichen Hoheitsverwaltung. Sie eröffnet damit den Rechtsweg gegen staatliche Rechtsträger weit über das AHG hinaus.[194] So wird etwa angenommen, die Regelungen des Eisenbahn- und Kraftfahrzeughaftpflichtgesetz (abgekürzt: EKHG)[195] seien für den Staat als Fahrzeughalter unabhängig davon anwendbar, ob parallel dazu Ansprüche aus rechtswidriger Hoheitsverwaltung nach AHG bestehen.[196] Allerdings normiert das EKHG Haftungshöchstbeträge; soweit der Schaden darüber hinausgeht, kann dieser nur im Weg einer Amtshaftungsklage geltend gemacht werden.[197] Ähnliches wird für Haftungen des Staates als Gebäudebesitzer und -erhalter (§ 1319 ABGB),[198] als Nutzer technischer Einrichtungen und automationsunterstützter Datenverarbeitung (§§ 89e, 91b Abs. 8 Gerichtsorganisationsgesetz, § 15 Abs. 6 OGH-Gesetz) sowie als Halter von Luftfahrzeugen (§ 146 Luftfahrtgesetz) angenommen.[199]

191a Ab 1.1.2014 durch Rechtsmittel oder Beschwerde beim Verwaltungsgericht und Revision beim VwGH.

192 Vgl. die Beispiele bei *Kucsko-Stadlmayer*, in: Holoubek/Lang, Organhaftung und Staatshaftung, S. 382f.

193 Dazu *Walter*, Österreichisches Bundesverfassungsrecht, 1972, S. 825 mwN.

194 *Schragel*, Amtshaftungsgesetz, Rn. 11, 14 und 252.

195 Eisenbahn- und Kraftfahrzeughaftpflichtgesetz, BGBl 1959/48 idF. BGBl I 2011/138.

196 Näher *Schragel*, Amtshaftungsgesetz, Rn. 252; OGH SZ 65/112, 66/17, 68/220, 69/188; OGH 12.10. 2004, 1 Ob 42/04i.

197 OGH SZ 50/45.

198 OGH 25.6.2002, 1 Ob 129/02f.

199 *Schragel*, Amtshaftungsgesetz, Rn. 11.

IV. Haftung für Gesetzgebung

Eine Haftung für Schäden, die durch fehlerhafte und rechtswidrig unterlassene Gesetzgebung entstehen, umfasst das österreichische Amtshaftungsrecht nicht. Vom Begriff „Vollziehung der Gesetze" in Art. 23 Abs. 1 B-VG und § 1 Abs. 1 AHG ist die legislative Tätigkeit eindeutig nicht umfasst (→ B.I.).

Unbestritten ist es jedoch heute, dass legislatives Unrecht (Handeln und Unterlassen) Ansprüche aus dem Titel der unionsrechtlichen Staatshaftung auslösen kann. Der EuGH judiziert dies in ständiger Rechtsprechung zu Art. 340 AEUV insbes. für die fehlende, nicht fristgerechte oder mangelhafte nationale Umsetzung von Richtlinien.[200] Die Voraussetzungen der Haftung sind die gleichen wie für jene bei administrativem und judikativem Unrecht.[201] Dennoch wurden die Regelungen des B-VG und des AHG bis heute nicht unter diesem Blickwinkel revidiert. Viele jener Schäden, die gemeinhin als „legislatives Unrecht" bezeichnet werden, sind ohnedies der Vollziehung zurechenbar: so insbes. jene, die durch die Missachtung des Anwendungsvorrangs einer mittlerweile unmittelbar anwendbaren Richtlinie im Rahmen der gerichtlichen oder verwaltungsbehördlichen Tätigkeit entstehen. Anderes gilt für das sogenannte „reine legislative Unrecht", das keinem anderen Organ als dem Gesetzgeber zugerechnet werden kann. Hier wird die Haftung unmittelbar auf das Unionsrecht und die sich fortentwickelnde Rspr. des EuGH gestützt. Die Geltendmachung solcher Ansprüche kann nicht vor den Amtshaftungsgerichten, sondern muss vor dem VfGH erfolgen (→ C.I.3.).

C. Geltendmachung von Haftungsansprüchen

Die Durchsetzung der Ansprüche aus der Amts- und Organhaftung erfolgt vor den ordentlichen Gerichten. Zuständigkeiten und Verfahren sind im AHG und im OrgHG geregelt.[202] Haftungsansprüche, die nur aus dem Titel der europäischen Staatshaftung resultieren (also bei Verstößen gegen Unionsrecht durch Höchstgerichte oder Gesetzgebung), müssen dagegen beim VfGH geltend gemacht werden.

I. Rechtsweg

1. Rechtsverstöße der Vollziehung

Die Durchsetzung von Ansprüchen wegen Rechtsverstößen der Vollziehung, also solcher nach AHG und OrgHG, hat durch zivilrechtliche Klage gegen den Rechtsträger zu erfolgen. Vor Erhebung der Klage muss der Ersatzpflichtige zur Anerkennung des Anspruchs binnen drei Monaten aufgefordert werden (§ 8 AHG, § 7 OrgHG).

Die Zuständigkeit zur Entscheidung über Amtshaftungsansprüche obliegt den Landesgerichten (§ 9 Abs. 1 AHG). Auf das Verfahren bei Klagen von Rechtsträgern gegen schuldtragende Organe, also im „Innenverhältnis" (Regress und Organhaftung), ist das Arbeits- und Sozialgerichtsgesetz (abgekürzt: ASGG)[203] anzuwenden (§ 9 Abs. 3 AHG, § 8 Abs. 1 OrgHG). Danach sind die ordentlichen Gerichte zur Entscheidung berufen. Nur in Wien ist ein Sondergericht, das Ar-

---

200 EuGH C-46/93 und C-48/93, Slg. 1996, I-1029 – *Brasserie du Pêcheur*.
201 EuGH C-5/94, Slg. 1996, I-2553, Rn. 25 – *Hedley Lomas*.
202 §§ 8 ff. AHG, §§ 7 ff. OrgHG.
203 BGBl 1985/104 idF. BGBl I 2012/35.

beits- und Sozialgericht Wien[204] zuständig (§ 2 ASGG). Örtlich zuständig ist jenes Gericht, in dessen Sprengel (räumlichem Zuständigkeitsbereich) die Rechtsverletzung begangen wurde. Für verschiedene Fälle ist eine Unterbrechung des Verfahrens vorgesehen: Wenn über die Rechtswidrigkeit eines Bescheides[204a] vom VfGH oder VwGH noch nicht entschieden wurde, hat das Amts- bzw Organhaftungsgericht die Entscheidung des VwGH zu beantragen (§ 11 AHG, § 9 OrgHG). Wenn das Ergebnis eines eingeleiteten Disziplinarverfahrens für die Entscheidung eines Rechtsstreits voraussichtlich von Einfluss ist, kann das Verfahren bis zur Beendigung des Disziplinarverfahrens unterbrochen werden (§ 12 Abs. 1 AHG, § 10 Abs. 1 OrgHG). Ähnliches gilt, wenn eine Rechtsverletzung bereits Gegenstand einer staatsrechtlichen Anklage beim Verfassungsgerichthof[205] ist (§ 12 Abs. 2 AHG, § 10 Abs. 2 OrgHG). Andere Sonderbestimmungen betreffen die Wahrung des Amtsgeheimnisses und der öffentlichen Verhandlung im Amts- und Organhaftungsverfahren (§ 13 AHG, § 11 OrgHG).

2. Rechtsverstöße aus Erkenntnissen von Höchstgerichten

Nicht in derselben Weise können Haftungsansprüche aus höchstgerichtlichen Erkenntnissen geltend gemacht werden: Anders als für die übrige Gerichtsbarkeit schließen § 2 Abs. 3 AHG und § 2 Abs. 3 OrgHG Ersatzansprüche aus den Erkenntnissen der Höchstgerichte (OGH, VwGH und VfGH) nämlich generell aus (→ B.I.1.a.).

Hat ein höchstgerichtliches Erkenntnis einen Schaden verursacht, so kann dieser nur dann geltend gemacht werden, wenn dafür ein Haftungsanspruch unmittelbar aufgrund des Unionsrechts besteht. Der in AHG und OrgHG vorgesehene Rechtsweg scheidet für diese freilich aus. Der VfGH hat daher angenommen, in solchen Fällen handle es sich nicht um privatrechtliche Ansprüche und nimmt seine eigene Subsidiärkompetenz gemäß Art. 137 B-VG an (→ A.II.3.c.). Diese Auffassung ist in der Lehre auf Kritik gestoßen, aber jedenfalls dogmatisch vertretbar.[206] Ansprüche aus höchstgerichtlichen Normverstößen gegen Unionsrecht[207] müssen daher unmittelbar vor dem VfGH eingeklagt werden. In der Praxis sind vor allem Fälle betroffen, in denen behauptet wird, eines der Höchstgerichte habe in einer unklaren Auslegungsfrage eine Entscheidung getroffen ohne seine Vorlagepflicht an den EuGH zu erfüllen (Art. 267 AEUV).[208] Ein „qualifizierter Normverstoß", wie ihn ein Staatshaftungsanspruch voraussetzt, wurde bislang jedoch noch nie angenommen.

3. Rechtsverstöße im Rahmen der Gesetzgebung

Ähnliches gilt für die Haftung aus legislativem Unrecht. Schäden, die aus dem Verhalten von Organen der Gesetzgebung entstehen, sind nach österreichischem Amts- und Organhaftungsrecht nicht ersatzfähig (§ 1 Abs. 1 AHG, § 1 Abs. 2 OrgHG). Ein solcher Ersatz ist sogar verfassungsrechtlich ausgeschlossen (Art. 23 B-VG).[209]

---

204 Dies ist ein Gericht mit Zuständigkeit zur Klärung von Arbeitgeber-/Arbeitnehmerkonflikten.

204a Ab 1.1.2014 auch eines Erkenntnisses bzw. Beschlusses eines Verwltungsgerichtes.

205 Gemäß Art. 142 f B-VG kann beim Verfassungsgerichtshof Anklage gegen oberste Organe (insbes. Bundespräsident, Mitglieder der Bundesregierung, österreichische Vertreter im Rat, Mitglieder der Landesregierungen) wegen schuldhafter Rechtsverletzung erhoben werden. Eine solche Anklage kann auch strafgesetzliche Delikte umfassen.

206 Vgl. die genaue Darstellung der literarischen Diskussion bei *Kucsko-Stadlmayer*, in: Mayer/Stöger, Art. 340 AEUV Rn. 99, 104.

207 Vgl. VfSlg 17.095/2003.

208 VfSlg 17.019/2003, 17.095/2003, 17.214/2004, 17.330/2004, 17.865/2006, 17.877/2006, 17.898/2006, 17.938/2006, 18.409/2008, 18.448/2008, 18.557/2008, 18.971/2009, 18.866/2009; VfGH 19.6.2006, A 20/05.

209 Vgl. die Ausführungen zum Begriff „Vollziehung der Gesetze" → C.I. und IV.

Umgekehrt besteht jedoch eine Pflicht zum Ersatz solcher Schäden, wenn diese aus einer Verletzung von Unionsrecht entstehen. Für das so genannte „reine“ legislative Unrecht, das nicht als Verletzung eines Anwendungsvorrangs durch die hoheitliche Vollziehung gedeutet werden kann, steht jedoch kein Rechtsweg nach AHG oder OrgHG zur Verfügung. Der VfGH hat auch solche Ansprüche als nicht zivilrechtliche Ansprüche gedeutet, für die nur die Subsidiärkompetenz nach Art. 137 B-VG anwendbar ist.[210]

In der Praxis kommen derartige Klagen allerdings selten vor: In den meisten Fällen bewirkt die unterlassene oder fehlerhafte Umsetzung von Richtlinien deren unmittelbare Anwendbarkeit, sodass ihre Missachtung durch Gerichte und Verwaltungsbehörden einen Vollzugsfehler bedeutet.[211] So wurde etwa die gemeinschaftsrechtswidrige Nichtaufhebung einer österreichischen Norm nicht unmittelbar dem Gesetzgeber zugerechnet, weil sie von den Gerichten gar nicht angewendet hätte werden dürfen.[212]

II. Beweislast

Wie in jedem anderen Zivilverfahren trifft auch im Amtshaftungsverfahren die Beweislast grundsätzlich den Kläger. Es sind jedoch gewisse Beweiserleichterungen vorgesehen, die der besonderen Anspruchsart Rechnung tragen:

Zum einen muss der Kläger im Rahmen einer Amtshaftungsklage noch kein bestimmtes Organ nennen; es genügt der Beweis, dass der Schaden nur durch die Rechtsverletzung eines Organs des beklagten Rechtsträgers entstanden sein konnte (§ 2 Abs. 1 AHG). Stehen Schaden und Rechtswidrigkeit fest, so muss daher der Rechtsträger den Gegenbeweis mangelnden Verschuldens sämtlicher verantwortlicher Organe erbringen (vgl. auch § 1298 ABGB).[213] Da die Organe grundsätzlich zu rechtmäßigem Handeln verpflichtet sind, für sie ein hoher Sorgfaltsmaßstab gilt (→ B.I.1.d.) und auch Organisationsmängel relevante Rechtsverstöße begründen, ist der Gegenbeweis in der Praxis fast unmöglich.[214]

Die Kausalität des rechtswidrigen Verhaltens für den Schaden muss grundsätzlich der Kläger nachweisen.[215] Besteht die Schadensursache in einer rechtswidrigen Unterlassung, so ist dieser Nachweis (dass pflichtgemäßes Handeln den Schaden verhindert hätte) für den Kläger aber meist schwer zu führen.[216] Nach der Rspr. genügt es daher in solchen Fällen – also wenn Rechtsverstoß und Rechtswidrigkeitszusammenhang feststehen – dass der Geschädigte die Kausalität als wahrscheinlich dartut. Der Beklagte ist dann gezwungen, sie zu widerlegen oder ernstlich zweifelhaft zu machen.[217] Den Rechtsträger trifft in solchen Fällen also nicht nur die Beweislast für fehlendes Verschulden, sondern auch für mangelnde Kausalität.

---

210 Vgl. zu dieser Judikatur näher *Kucsko-Stadlmayer*, in: Mayer/Stöger (Hrsg.), Art. 340 AEUV Rn. 99 ff.

211 VfSlg 16.107/2001 – *Brennermaut*; 17.002/2003 – *ORF-Monopol*; VfSlg 17.095/2003 – *OffenlegungsRL*; 17.576/2005 – *GeldwäscheRL*; 18.243/2007 – *Hausbrieffachanlagen*; VfSlg 18.889/2009 – *AnlegerentschädigungsRL*; VfSlg 18.950/2009 – *ermäßigte Eintrittspreise für* Frauen *bei Fußballspielen*.

212 VfSlg 17.214/2004.

213 OGH 14.10.1981, 1 Ob 42/81, SZ 54/143; 4.3.1987, 1 Ob 47/86, SZ 60/33; 22.6.1993, 1 Ob 22/92, JBl 1993, S. 788; 23.11.1999, 1 Ob 191/99s; 27.2.2001, 1 Ob 282/00b; 26.2.2002, 1 Ob 310/01x; 26.2.2002, 1 Ob 310/01x; 30.9.2008, 1 Ob 225/07f. Vgl auch *Schragel*, Amtshaftungsgesetz, Rn. 149.

214 *Schragel*, Amtshaftungsgesetz, Rn. 79.

215 OGH SZ 66/97; vgl. z.B. zur Behauptung drohender Gesundheitsschäden durch Überschreitung der Feinstaubgrenzwerte: OGH 6.7.2009, 1 Ob 68/09w.

216 Näher *Rebhahn*, Staatshaftung, S. 643 ff.

217 OGH 14.10.1981, 1 Ob 42/81, SZ 54/143; 4.3.1987, 1 Ob 47/86, SZ 60/33; 22.6.1993, 1 Ob 22/92, JBl 1993, 788. *Rebhahn*, Entscheidungsbesprechung, JBl 1993, 320; 27.2.2001, 1 Ob 282/00b; 28.1.2003, 1 Ob 14/03w; SZ 69/188. *Schragel*, Amtshaftungsgesetz, Rn. 176.

Eine ähnliche Beweislastumkehr besteht dann, wenn die Rechtswidrigkeit des Organverhaltens in der Verletzung eines Schutzgesetzes besteht. Weist der Kläger eine solche Verletzung durch ein Organ des beklagten Rechtsträgers und einen Schaden nach, so bedarf es keines strikten Nachweises des Kausalzusammenhangs. Da die Norm die Entstehung eines Schadens ja geradezu verhindern soll, wird die Kausalität des Normverstoßes nach Art eines „*Prima facie* Beweises" vermutet.[218]

III. Verjährung

Über die Verjährung von Amts- und Organhaftungsansprüchen treffen § 6 AHG und § 5 OrgHG besondere Regelungen. Die Frist beträgt drei Jahre nach Ablauf des Tages, an dem der Schaden dem Geschädigten bekannt wurde. Anders als im allgemeinen Schadenersatzrecht muss die Person des Schädigers dabei noch nicht bekannt sein. Keinesfalls tritt die Verjährung vor einem Jahr nach Rechtskraft einer rechtsverletzenden Entscheidung oder Verfügung ein.[219] Ist dem Geschädigten der Schaden nicht bekannt geworden oder ist der Schaden aus einer gerichtlich strafbaren Handlung, die nur vorsätzlich begangen werden kann und mit mehr als einjähriger Freiheitsstrafe bedroht ist, entstanden, so verjährt der Ersatzanspruch erst zehn Jahre nach der Entstehung des Schadens. Rückersatzansprüche des Rechtsträgers gegen sein Organ verjähren sechs Monate nach Ablauf des Tages, an dem der Rechtsträger den Ersatzanspruch dem Geschädigten gegenüber anerkannt hat oder rechtskräftig zum Ersatz verurteilt wurde. Im Übrigen finden – wenn sich aus den Bestimmungen des AHG nichts anderes ergibt – die Bestimmungen des allgemeinen Zivilrechts über die Verjährung Anwendung (§§ 1451 ff. ABGB). Auf Staatshaftungsansprüche, die ausschließlich auf europäischem Unionsrecht beruhen, sind die Verjährungsbestimmungen des AHG nicht direkt anwendbar. Da die Verjährung allerdings unionsrechtlich nicht geregelt ist, hat der VfGH auch hier die vergleichbaren Regelungen des AHG angewendet. Danach beträgt die Verjährungsfrist auch für solche Ansprüche grundsätzlich drei Jahre.[220] Im Fall von Normverstößen durch den Gesetzgeber beginnt sie etwa, sobald dem Kläger bekannt ist, dass das Unterlassen des Gesetzgebers Vermögensnachteile für ihn bringen kann und er Klage mit Aussicht auf Erfolg gegen jene Gebietskörperschaft erheben kann, deren Gesetzgeber säumig ist.[221]

IV. Vollstreckung

Für die Vollstreckung von Amts- und Organhaftungsansprüchen enthalten die Gesetze keine besonderen Regelungen. Sie hat daher nach den Vorschriften des zivilrechtlichen Exekutionsrechts zu erfolgen. Danach sind die Zivilgerichte als Exekutionsgerichte zuständig (§§ 18 und 19 Exekutionsordnung [abgekürzt: EO]).[222] Auch Staatshaftungsansprüche, die unmittelbar vor dem VfGH geltend gemacht werden müssen, sind von den ordentlichen Gerichten zu vollstrecken (Art. 137 i.V.m. Art. 146 B-VG). Exekutionstitel ist in diesem Fall das jeweilige Erkenntnis des VfGH.

Besondere Regelungen gelten für die Vollstreckung gegen Gemeinden und als öffentlich und gemeinnützig erklärte Anstalten: Gegen sie darf eine Exekution zur Hereinbringung von Geldforderungen nur auf solche Vermögensbestandteile geführt werden, die ohne Beeinträchti-

218 OGH JBl 1996, 35.
219 OGH 23.3.1999, 1 Ob 173/98.
220 VfSlg 17.576/2005, 18.889/2009.
221 VfSlg 17.576/2005, 18.889/2009.
222 Exekutionsordnung (EO), RGBl 1896/79 idF. BGBl I 2013/33.

gung der von diesen Rechtsträgern zu wahrenden öffentlichen Interessen zur Befriedigung des Gläubigers verwendet werden können (§ 15 EO).[223] Die zuständige Bezirksverwaltungsbehörde (bzw. in Städten mit eigenem Statut der Landeshauptmann) hat darüber eine Erklärung in Form eines Feststellungsbescheides abzugeben.[224] Nach dem Wortlaut der Bestimmung ist sie auf den Bund und die Länder nicht anzuwenden. Der OGH hat dies zunächst bejaht, ist von dieser Rspr. jedoch später ausdrücklich wieder abgegangen.[225]

Bibliographie

Aicher, Josef (Hrsg.), Die Haftung für staatliche Fehlleistungen im Wirtschaftsleben, Wien 1988

Bundesministerium für Justiz (Hrsg.), Haftung für staatliches Handeln, Wien 2003

Holoubek, Michael/Lang, Michael (Hrsg.), Organhaftung und Staatshaftung in Steuersachen, Wien 2002

Koziol, Helmut, Österreichisches Haftpflichtrecht, Bd. II, 2. Aufl., Wien 1984

Kucsko-Stadlmayer, Gabriele, in: Korinek/Holoubek (Hrsg.), Bundesverfassungsrecht. Kommentar, Art. 23 B-VG

dies., in: Mayer/Stöger (Hrsg.), Kommentar zu EUV und AEUV, Art. 340 AEUV

dies., Säumnisschutz und Amtshaftung, in: Holoubek/Lang (Hrsg.), Rechtsschutz gegen staatliche Untätigkeit, Wien 2011, S. 353

Österreichische Juristenkommission (Hrsg.), Staatshaftung, Wien 2004

Paar, Martin, Grundzüge des Amtshaftungsrechts, Wien 2010

Raschauer, Bernhard, Allgemeines Verwaltungsrecht, 3. Aufl., Wien 2009

Rebhahn, Robert, Staatshaftung wegen mangelnder Gefahrenabwehr, Wien 1997

Schragel, Walter, Kommentar zum Amtshaftungsgesetz (AHG), Wien 2003

Schwimann, Michael, Praxiskommentar zum ABGB, Bd. 7, 3. Aufl., Wien 2005

Walter, Robert/Mayer, Heinz/Kucsko-Stadlmayer, Gabriele, Grundriss des österreichischen Bundesverfassungsrechts, 10. Aufl., Wien 2007

Ziehensack, Helmut, Amtshaftungsgesetz – Praxiskommentar, Wien 2011

Abkürzungen

AB	Ausschussbericht
ABGB	Allgemeines Bürgerliches Gesetzbuch
AEUV	Vertrag über die Arbeitsweise der Europäischen Union
AHG	Amtshaftungsgesetz
ASGG	Arbeits- und Sozialgerichtsgesetz
BGBl	Bundesgesetzblatt für die Republik Österreich
BlgNR	Beilagen zu den Stenographischen Protokollen des Nationalrats
BVG	Bundesverfassungsgesetz (Anm. Bundesverfassungsgesetze außerhalb des B-VG)
B-VG	Bundes-Verfassungsgesetz (Anm. Stammurkunde des österr. Bundesverfassungsrechts)
DHG	Dienstnehmerhaftpflichtgesetz
EGMR	Europäischer Gerichtshof für Menschenrechte

---

223 Vgl. dazu näher *Jakusch*, in: Angst (Hrsg.), Kommentar zur Exekutionsordnung, 2. Aufl., 2008, S. 166 ff.

224 Das Verfahren ist in der Verordnung RGBl 1897/153 betreffend die Exekution gegen Gemeinden und gegen als öffentlich und gemeinnützig erklärte Anstalten geregelt. Die Wirksamkeit dieser Verordnung war allerdings durch das Erste Bundesrechtsbereinigungsgesetz (BGBl I 1999/191) mit 31.12.2009 beschränkt. Vgl. *Angst/Jakusch/Pimmer*, Exekutionsordnung, 15. Aufl., 2009, S. 73.

225 EvBl 1993/82, S. 346. Anders ist die Rechtslage für die vom Bund oder einem Land geführten öffentlichen und gemeinnützigen Anstalten; vgl. auch *Jakusch*, in: Angst (Fn. 223), S. 167.

EisbEG	Eisenbahn-Enteignungsentschädigungsgesetz
EKHG	Eisenbahn- und Kraftfahrzeughaftpflichtgesetz
EMRK	Europäische Menschenrechtskonvention
EO	Exekutionsordnung
EuGH	Europäischer Gerichtshof
EvBl	Evidenzblatt der Rechtsmittelentscheidungen in ÖJZ
GP	Gesetzgebungsperiode
h.L.	herrschende Lehre
JBl	Juristische Blätter
JGS	Justizgesetzsammlung, Gesetze und Verordnungen im Justizfach
Ob	Oberster Gerichtshof in Zivilsachen
OGH	Oberster Gerichtshof
OrgHG	Organhaftpflichtgesetz
ÖBA	Österreichisches Bankarchiv
ÖJK	Österreichische Juristenkommission
ÖJZ	Österreichische Juristen-Zeitung
ÖZW	Österreichische Zeitschrift für Wirtschaftsrecht
PersFrBVG	Bundesverfassungsgesetz über den Schutz der persönlichen Freiheit
RGBl	Reichsgesetzblatt
Rspr.	Rechtsprechung
RV	Regierungsvorlage
RZ	Österreichische Richterzeitung
st.Rspr.	ständige Rechtsprechung
SZ	Entscheidungen des österr Obersten Gerichtshofes in Zivil- (und Justizverwaltungs-)sachen
UG	Universitätsgesetz
VfGH	Verfassungsgerichtshof
VfSlg	Sammlung der Erkenntnisse und wichtigsten Beschlüsse des Verfassungsgerichtshofes
VwGH	Verwaltungsgerichtshof
WehrG	Wehrgesetz
zfhr	Zeitschrift für Hochschulrecht, Hochschulmanagement und Hochschulpolitik
ZfV	Zeitschrift für Verwaltung
ZPO	Zivilprozessordnung
ZVR	Zeitschrift für Verkehrsrecht

Wesentliche Vorschriften

Bundes-Verfassungsgesetz (B-VG)

Artikel 23.
(1) Der Bund, die Länder, die Gemeinden und die sonstigen Körperschaften und Anstalten des öffentlichen Rechts haften für den Schaden, den die als ihre Organe handelnden Personen in Vollziehung der Gesetze durch ein rechtswidriges Verhalten wem immer schuldhaft zugefügt haben.

(2) Personen, die als Organe eines im Abs. 1 bezeichneten Rechtsträgers handeln, sind ihm, soweit ihnen Vorsatz oder grobe Fahrlässigkeit zur Last fällt, für den Schaden haftbar, für den der Rechtsträger dem Geschädigten Ersatz geleistet hat.

(3) Personen, die als Organe eines im Abs. 1 bezeichneten Rechtsträgers handeln, haften für den Schaden, den sie in Vollziehung der Gesetze dem Rechtsträger durch ein rechtswidriges Verhalten unmittelbar zugefügt haben.

(4) Die näheren Bestimmungen zu den Abs. 1 bis 3 werden durch Bundesgesetz getroffen.

(5) Ein Bundesgesetz kann auch bestimmen, inwieweit auf dem Gebiet des Post- und Fernmeldewesens von den in den Abs. 1 bis 3 festgelegten Grundsätzen abweichende Sonderbestimmungen gelten.

Art. 137.
Der Verfassungsgerichtshof erkennt über vermögensrechtliche Ansprüche gegen den Bund, die Länder, die Gemeinden und die Gemeindeverbände, die weder im ordentlichen Rechtsweg auszutragen noch durch Bescheid einer Verwaltungsbehörde zu erledigen sind.

Amtshaftungsgesetz (AHG)[225a]

§ 1.
(1) Der Bund, die Länder, die Gemeinden, sonstige Körperschaften des öffentlichen Rechts und die Träger der Sozialversicherung – im folgenden Rechtsträger genannt – haften nach den Bestimmungen des bürgerlichen Rechts für den Schaden am Vermögen oder an der Person, den die als ihre Organe handelnden Personen in Vollziehung der Gesetze durch ein rechtswidriges Verhalten wem immer schuldhaft zugefügt haben; dem Geschädigten haftet das Organ nicht. Der Schaden ist nur in Geld zu ersetzen.

(2) Organe im Sinne dieses Bundesgesetzes sind alle physischen Personen, wenn sie in Vollziehung der Gesetze (Gerichtsbarkeit oder Verwaltung) handeln, gleichviel, ob sie dauernd oder vorübergehend oder für den einzelnen Fall bestellt sind, ob sie gewählte, ernannte oder sonstwie bestellte Organe sind und ob ihr Verhältnis zum Rechtsträger nach öffentlichem oder privatem Recht zu beurteilen ist.

(3) Mit dem im Abs. 1 genannten Rechtsträger haftet zur ungeteilten Hand auch derjenige, als dessen Organ die handelnde Person gewählt, ernannt oder sonstwie bestellt worden ist. Hat dieser Rechtsträger auf Grund dieser Haftung Zahlungen geleistet, so hat er an den im Abs. 1 genannten Rechtsträger einen Anspruch auf Rückersatz.

§ 2.
(1) Bei Geltendmachung des Ersatzanspruches muß ein bestimmtes Organ nicht genannt werden; es genügt der Beweis, daß der Schaden nur durch die Rechtsverletzung eines Organes des beklagten Rechtsträgers entstanden sein konnte.

Bis 31.12.2013: (2) Der Ersatzanspruch besteht nicht, wenn der Geschädigte den Schaden durch Rechtsmittel oder durch Beschwerde an den Verwaltungsgerichtshof hätte abwenden können.

(2) Der Ersatzanspruch besteht nicht, wenn der Geschädigte den Schaden durch Rechtsmittel oder durch Beschwerde beim Verwaltungsgericht und Revision beim Verwaltungsgerichtshof hätte abwenden können.

(3) Aus einem Erkenntnis des Verfassungsgerichtshofes, des Obersten Gerichtshofes und des Verwaltungsgerichtshofes kann ein Ersatzanspruch nicht abgeleitet werden.

§ 3.
(1) Hat der Rechtsträger dem Geschädigten auf Grund dieses Bundesgesetzes den Schaden ersetzt, so kann er von den Personen, die als seine Organe gehandelt und die Rechtsverletzung vorsätzlich oder grobfahrlässig verübt oder verursacht haben, Rückersatz begehren.

(2) Hat das Organ die Rechtsverletzung grobfahrlässig verübt oder verursacht, so kann das Gericht aus Gründen der Billigkeit den Rückersatz mäßigen. Dabei hat das Gericht insbesondere auf die in § 2 Abs. 2 des Dienstnehmerhaftpflichtgesetzes, BGBl. Nr. 80/1965, angeführten Umstände sinngemäß Bedacht zu nehmen.

(3) Für die von einem Kollegialorgan beschlossenen Entscheidungen und Verfügungen haften nur die Stimmführer, die für sie gestimmt haben. Beruht jedoch die Entscheidung oder Verfügung auf einer unvollständigen oder unrichtigen Darstellung des Sachverhaltes durch den Berichterstatter, so haften auch die Stimmführer, die dafür gestimmt haben, nicht, es sei denn, daß sie die pflichtmäßige Sorgfalt grobfahrlässig außer acht gelassen haben.

§ 4.
Von einem Organ kann kein Rückersatz wegen einer Handlung begehrt werden, die auf Weisung (Auftrag, Befehl) eines Vorgesetzten erfolgt ist, es sei denn, das Organ hätte die Weisung eines offenbar unzuständigen Vorgesetzten befolgt oder in Befolgung der Weisung gegen strafgesetzliche Vorschriften verstoßen.

225a BGBl 1949/20 idF BGBl I 2013/122. Die Fassungen von § 2 Abs. 2 sowie § 11 Abs. 1 und 2 gelten ab dem 1.1.2014 (BGBl I 2013/33).

§ 5.
Das Organ kann dem Anspruch auf Rückersatz alle Einwendungen entgegensetzen, die der Rechtsträger nicht ausgeführt hat, und sich dadurch von dem Rückersatz in dem Maße befreien, als diese Einwendungen, wenn von ihnen gehörig Gebrauch gemacht worden wäre, eine andere Entscheidung über das Schadenersatzbegehren veranlaßt haben würden.

§ 6.
(1) Ersatzansprüche nach § 1 Abs. 1 verjähren in drei Jahren nach Ablauf des Tages, an dem der Schaden dem Geschädigten bekanntgeworden ist, keinesfalls aber vor einem Jahr nach Rechtskraft einer rechtsverletzenden Entscheidung oder Verfügung. Ist dem Geschädigten der Schaden nicht bekanntgeworden oder ist der Schaden aus einer gerichtlich strafbaren Handlung, die nur vorsätzlich begangen werden kann und mit mehr als einjähriger Freiheitsstrafe bedroht ist, entstanden, so verjährt der Ersatzanspruch erst nach zehn Jahren nach der Entstehung des Schadens. Die Verjährung wird durch die Aufforderung gemäß § 8 für die dort bestimmte Frist oder, wenn die Aufforderung innerhalb dieser Frist beantwortet wird, bis zur Zustellung dieser Antwort an den Geschädigten gehemmt.

(2) Rückersatzansprüche nach § 1 Abs. 3 und § 3 verjähren in sechs Monaten nach Ablauf des Tages, an dem der Rechtsträger den Ersatzanspruch dem Geschädigten gegenüber anerkannt hat oder rechtskräftig zum Ersatz verurteilt worden ist.

§ 7.
Wenn österreichische Staatsangehörige in einem fremden Staat Ersatzansprüche im Sinne dieses Bundesgesetzes überhaupt nicht oder nicht unter den gleichen Bedingungen geltend machen können wie Angehörige des betreffenden Staates, und wenn ihren Interessen auch nicht in anderer Weise durch den betreffenden Staat Rechnung getragen wird, kann die Bundesregierung durch Verordnung festlegen, daß den Angehörigen des betreffenden Staates Ansprüche auf Grund dieses Bundesgesetzes nicht zustehen.

§ 8.
(1) Der Geschädigte soll den Rechtsträger, gegen den er den Ersatzanspruch geltend machen will, zunächst schriftlich auffordern, ihm binnen einer Frist von drei Monaten eine Erklärung zukommen zu lassen, ob er den Ersatzanspruch anerkennt oder den Ersatz ganz oder zum Teil ablehnt. Das im § 9 genannte Gericht kann dem Ersatzwerber für dieses Aufforderungsverfahren nach den Bestimmungen der ZPO über die Verfahrenshilfe einen Rechtsanwalt beigeben.

(2) Hat der Geschädigte den Rechtsträger zur Anerkennung eines Anspruches nicht oder nicht hinreichend deutlich aufgefordert oder die Klage vor Ablauf der Frist von drei Monaten erhoben oder den Anspruch erst im Laufe des Rechtsstreites geltend gemacht, so steht dem Rechtsträger, soweit er den Ersatzanspruch anerkennt oder erfüllt, für die Dauer von drei Monaten ab Geltendmachung, längstens jedoch bis zum Schluß der mündlichen Streitverhandlung, Kostenersatz nach § 45 ZPO zu.

§ 9.
(1) Zur Entscheidung über die Klage des Geschädigten gegen den Rechtsträger auf Ersatz ist in erster Instanz das mit der Ausübung der Gerichtsbarkeit in bürgerlichen Rechtssachen betraute Landesgericht, in dessen Sprengel die Rechtsverletzung begangen wurde, ausschließlich zuständig.

(3) Vorbehaltlich des Abs. 4 ist auf Klagen des Rechtsträgers gegen das schuldtragende Organ auf Rückersatz das Arbeits- und Sozialgerichtsgesetz anzuwenden.

(4) Wird der Ersatzanspruch aus einer Verfügung des Präsidenten eines Gerichtshofes erster Instanz oder eines Oberlandesgerichts oder aus einem kollegialen Beschluß eines dieser Gerichtshöfe abgeleitet, die nach den Bestimmungen dieses Bundesgesetzes unmittelbar oder im Instanzenzuge zuständig wären, so ist ein anderes Gericht gleicher Gattung zur Verhandlung und Entscheidung der Rechtssache vom übergeordneten Gericht zu bestimmen.

(5) Der Geschädigte kann den Ersatz des Schadens, den ihm ein Organ eines im § 1 dieses Bundesgesetzes genannten Rechtsträgers in Vollziehung des Gesetzes zugefügt hat, gegen das Organ im ordentlichen Rechtsweg nicht geltend machen.

§ 11.
Bis 31.12.2013: (1) Ist die Entscheidung des Rechtsstreites von der Frage der Rechtswidrigkeit des Bescheides einer Verwaltungsbehörde abhängig, über die noch keine Erkenntnis des Verwaltungsgerichtshofes oder des Verfassungsgerichtshofes vorliegt, und hält das Gericht den Bescheid für rechtswidrig, so hat es, sofern die Klage nicht gemäß § 2

abzuweisen ist, das Verfahren zu unterbrechen und beim Verwaltungsgerichtshof gemäß Art. 131 Abs. 2 des Bundes-Verfassungsgesetzes – B-VG, BGBl. Nr. 1/1930, die Feststellung der Rechtswidrigkeit des Bescheides zu beantragen. Nach Einlangen des Erkenntnisses des Verwaltungsgerichtshofes hat das Gericht das Verfahren fortzusetzen und den Rechtsstreit unter Bindung an die Rechtsanschauung des Verwaltungsgerichtshofes zu entscheiden.

(1) Ist die Entscheidung des Rechtsstreites von der Frage der Rechtswidrigkeit des Bescheides einer Verwaltungsbehörde oder des Erkenntnisses oder Beschlusses eines Verwaltungsgerichtes abhängig, über die noch keine Erkenntnis des Verwaltungsgerichtshofes oder des Verfassungsgerichtshofes vorliegt, und hält das Gericht den Bescheid bzw. das Erkenntnis oder den Beschluss für rechtswidrigt, so hat es, sofern die Klage nicht gemäß § 2 abzuweisen ist, das Verfahren zu unterbrechen und beim Verwaltungsgerichtshof gemäß Art. 133 Abs. 2 des Bundes-Verfassungsgesetzes – B-VG, BGBl Nr. 1/1930, die Feststellung der Rechtswidrigkeit des Bescheides bzw. des Erkenntnisses oder des Beschlusses zu beantragen. Nach Einlangen des Erkenntnisses des Verwaltungsgerichtshofes hat das Gericht das Verfahren fortzusetzen und den Rechtsstreit unter Bindung an die Rechtsanschauung des Verwaltungsgerichtshofes zu entscheiden.

Bis 31.12.2013: (2) Abs. 1 ist nicht anzuwenden, wenn der Bescheid in einer Angelegenheit erlassen wurde, die gemäß Art. 133 B-VG von der Zuständigkeit des Verwaltungsgerichtshofes ausgeschlossen ist.

(2) Abs. 1 ist nicht anzuwenden, wenn es sich um eine Rechtssache handelt, die gemäß Art. 133 Abs. 5 B-VG zur Zuständigkeit des Verfassungsgerichtshofes gehört.

(3) Die Verpflichtungen der Gerichte gemäß Art. 89 Abs. 2 und 3 und Art. 139 Abs. 6 B-VG bleiben unberührt.

§ 12.

(1) Wenn das Ergebnis eines eingeleiteten Disziplinarverfahrens für die Entscheidung des Rechtsstreites voraussichtlich von Einfluß ist, kann das Gericht selbst vor der für die mündliche Verhandlung bestimmten Tagsatzung auf Antrag oder von Amts wegen das Verfahren über die Klage bis zur Beendigung des Disziplinarverfahrens unterbrechen.

(2) Wenn die Klage auf Ersatz des Schadens gegen den Bund oder ein Land wegen einer Rechtsverletzung erhoben wird, die bereits Gegenstand einer Anklage gemäß den Art. 142 und 143 B-VG beim Verfassungsgerichtshof ist, kann das Gericht sein Verfahren über die Schadenersatzklage bis zur Fällung des Erkenntnisses des Verfassungsgerichtshofes unterbrechen. Das Gericht ist an das Erkenntnis des Verfassungsgerichtshofes ebenso wie an ein sonstiges rechtskräftiges gerichtliches Straferkenntnis über das Verschulden eines Organes gebunden.

§ 13.

(1) Im Verfahren nach diesem Bundesgesetz sind weder das Organ noch die als Zeugen oder Sachverständigen zu vernehmenden Personen zur Wahrung des Amtsgeheimnisses verpflichtet.

(2) Die Öffentlichkeit der Verhandlung ist auf Antrag einer Partei auch dann auszuschließen (§ 172 ZPO), wenn Tatsachen erörtert oder bewiesen werden müssen, die sonst durch das Amtsgeheimnis gedeckt wären.

(3) Das Gericht hat überdies den anwesenden Personen auf Antrag einer Partei die Geheimhaltung von Tatsachen, die sonst durch das Amtsgeheimnis gedeckt wären, zur Pflicht zu machen. Dieser Beschluß ist im Verhandlungsprotokoll zu beurkunden. Die Verletzung der Pflicht zur Geheimhaltung ist ebenso zu bestrafen wie eine verbotene Veröffentlichung (§ 301 des Strafgesetzbuches, BGBl. Nr. 60/1974).

§ 14.

Die Bestimmungen dieses Abschnittes finden auch Anwendung, wenn der Rückersatzanspruch des Rechtsträgers gegen den Nachlaß oder die Erben eines Organes geltend gemacht wird.

§ 15 Polen

Tomasz Milej

Inhaltsübersicht

A. Grundlagen

I. Rechtsstaatliche Determinanten der Verfassungsordnung

Der gegenwärtige polnische Staat bildet die sog. 3. Republik. Die Zeit 1945–1989 wird als die Zeit der „Volksrepublik Polen" bezeichnet, auch wenn der Staat diesen Namen offiziell erst ab 1953 trug. Die 2. Republik umfasste die Zeit zwischen 1918 und 1939. In der Zeit der 2. Republik wurden zwei Verfassungen verabschiedet: am 17.3.1921 die *Konstytucja Rzeczypospolitej Polskiej* (die sog. „Märzverfassung"[1]) und am 23.4.1935 die *Ustawa Konstytucyjna z dnia 23 kwietnia 1935 r.* (die sog. „Aprilverfassung"[2]).

Die zurzeit geltende *Konstytucja Rzeczypospolitej Polskiej* (Verfassung der Republik Polen) stammt aus dem Jahr 1997.[3] Bis zu ihrem Inkrafttreten galt das sog. verfassungsrechtliche Provisorium.[4] In hiesigem Zusammenhang ist vor allem die Verfassungsnovelle vom 28.12.1989 zu nennen. Durch diese Verfassungsänderung wurde das Ende des sozialistischen Staatsmodells besiegelt. Neu gefasst wurde Art. 1, in dem es hieß, „die Republik Polen ist ein demokratischer Rechtsstaat, der die Prinzipien sozialer Gerechtigkeit verwirklicht". Diese Regelung wurde in die Verfassung von 1997 als Art. 2 wörtlich übernommen.

II. Grundsätzliche Voraussetzungen einer Staatshaftung

1. Historische Entwicklung

Die erste polnische Regelung zur Staatshaftung war in der „Märzverfassung" enthalten. In Art. 121 hieß es:

> *„Jeder Bürger hat das Recht, für Schäden, die ihm Organe der bürgerlichen oder militärischen Staatsgewalten durch eine mit dem Gesetz oder den Dienstpflichten unverträgliche amtliche Tätigkeit zugefügt haben, Entschädigung zu verlangen. Verantwortlich für den Schaden ist der Staat, solidarisch mit den schuldigen Organen; die Anstrengung der Klage gegen den Staat und gegen die Beamten ist nicht abhängig von der Genehmigung einer öffentlichen Behörde. Die gleiche Verantwortung trifft Gemeinden und andere Selbstverwaltungskörperschaften sowie deren Organe."*

Auch wenn in der Literatur die Ansicht herrschte, diese Norm sei nicht unmittelbar anwendbar, so beeinflusste sie sehr wohl die Auslegung der einfachgesetzlichen Vorschriften über die Scha-

---

1 *Ustawa z dnia 17 marca 1921 r. – Konstytucja Rzeczypospolitej Polskiej* (Verfassung der Republik Polen), *Dziennik Ustaw Rzeczypospolitej Polskiej* (Das Gesetzblatt der Republik Polen, abgekürzt: Dz.U.) 1921, Nr. 44, Pos. 633. Die deutsche Übersetzung stammt von den Internetseiten des Herder-Instituts in Marburg (http://www.herder-institut.de/startseite/dokumente-und-materialien.html, zuletzt abgerufen am 25.4.2013).

2 *Ustawa Konstytucyjna z dnia 23 kwietnia 1935 r.* (Verfassungsgesetz), Dz. U. 1935, Nr. 30, Pos. 497. Auch die Übersetzung dieser Verfassung ist auf den Seiten des Herder-Instituts (Fn. 1) verfügbar.

3 *Konstytucja Rzeczypospolitej Polskiej z dnia 2 kwietnia 1997*, Dz. U. 1997, Nr. 78, Pos. 783. Die deutsche Übersetzung ist auf den Internetseiten des Parlaments verfügbar (www.sejm.gov.pl, zuletzt abgerufen am 25.4.2013).

4 Zur Entwicklung des Verfassungsrechts in Polen, siehe allgemein in deutscher Sprache *Banaszak/Milej*, Staatsrecht, S. 9–15.

denshaftung.[5] Zu einer expliziten Umsetzung des als Programmnorm verstandenen Art. 121 kam es indes nicht.[6]

Ansätze zur Regelung der Staatshaftung gab es auch in der Zeit der sog. Volksrepublik. Die erste Regelung war in der *Ustawa z dnia 15 listopada 1956 o odpowiedzialności państwa za szkody wyrządzone przez funkcjonariuszy państwowych* (im Gesetz vom 15.11.1956 über die Haftung des Staates für die durch die Amtsträger verursachten Schäden[7]) enthalten, welches dann in das 1964 verabschiedete *Kodeks cywilny* (Zivilgesetzbuch, abgekürzt: k.c.) übernommen wurde. Als einer der großen Vorteile dieses Gesetzes galt die Einführung der Billigkeitshaftung im Falle eines Personenschadens (Art. 5). Als sein Nachteil wird im gegenwärtigen polnischen Schrifttum[8] die Abhängigkeit der Staatshaftung vom Verschulden des Amtsträgers angesehen; wurde die Haftung durch einen Verwaltungsakt begründet, so musste das Verschulden des Amtsträgers sogar in einem Straf- oder Disziplinarverfahren festgestellt werden (Art. 4). Dem muss allerdings hinzugefügt werden, dass die Rechtsprechung recht früh das Konzept des sog. „anonymisierten Verschuldens" vertrat, mit der Folge, dass die Staatshaftung auch dann möglich war, wenn der Schaden mit dem Verhalten eines Amtsträgers, dessen Identität nicht ermittelt werden konnte, zusammenhing.[9]

2. Allgemeine Charakteristik der Staatshaftung

Mit dem Inkrafttreten der Verfassung von 1997 musste diese Rechtslage bereinigt werden. Art. 77 Abs. 1 der Verfassung war dafür von entscheidender Bedeutung. Diese Norm sieht vor, dass jeder das Recht auf Ersatz des Schadens hat, der ihm durch eine mit dem Recht unvereinbare Handlung eines Organs der öffentlichen Gewalt entstanden ist."

Ende 2001 fällte der *Trybunał Konstytucyjny* (Verfassungsgerichtshof der Republik Polen, abgekürzt: TK) zu Art. 77 Abs. 1 ein Grundsatzurteil. Er entnahm dieser Vorschrift die Maßgabe, dass die Staatshaftung verschuldensunabhängig sein müsse, begründe doch Art. 77 Abs. 1 der Verfassung die Schadensersatzpflicht bereits bei der „Unvereinbarkeit der Handlung mit dem Recht".[10] Mache der Gesetzgeber die Staatshaftung von weiteren Voraussetzungen abhängig, wie etwa von Verschulden, in welcher Form auch immer, so verstoße er gegen die Verfassung.[11] Dieses Urteil war einer der Anlässe zur Neuordnung des Staatshaftungsrechts im Jahr 2004.[12] Die Aufgabe des Verschuldenserfordernisses war zwar die grundlegende, aber nicht die einzige Neuerung; im Gegenzug wurde die Staatshaftung auf die Sphäre beschränkt, in der der Staat hoheitlich tätig werden kann (das *imperium*, im Gegensatz zum *dominium*). Verzichtet wurde

5 Gemeint ist hier vor allem das Gesetzbuch der Schuldverhältnisse aus dem Jahr 1933 (*Rozporządzenie Prezydenta Rzeczypospolitej z dnia 27 października 1933 r. – Kodeks zobowiązań*, Dz. U. z 1933, Nr. 82, Pos. 598).

6 Dazu *Safjan*, Ewolucja odpowiedzialności władzy publicznej – od winy funkcjonariusza do bezprawności normatywnej, ZP UKSW 2003, 143 (148).

7 *Ustawa z dnia 15 listopada 1956 o odpowiedzialności państwa za szkody wyrządzone przez funkcjonariuszy państwowych*, Dz. U. 1956, Nr. 54, Pos. 243. Das Jahr 1956 markiert in Polen das Ende des Stalisnismus und die Periode des sog. „*Tauwetters*". Das Gesetz steht im Zusammenhang mit diesen politischen Veränderungen.

8 Siehe *Safjan* (Fn. 6) ZP UKSW 2003, 143 (150); ferner *Bagińska*, Odpowiedzialność, S. 152, *dies.*, in: Bagińska/Parchomiuk, Kap. I, Rn. 54.

9 Vgl. *Trybunał Konstytucyjny* z 4.12.2001, SK 18/00, OTK ZU 2001/8/256 (Der Verfassungsgerichtshof der Republik Polen, abgekürzt: TK).

10 Zwischen der „*Unvereinbarkeit mit dem Recht*" und „*Rechtswidrigkeit*" (poln. „*Niezgodność z prawem*" bzw. „*bezprawność*") besteht ein erheblicher terminologischer Unterschied, mehr dazu unten.

11 TK z 4.12.2001 (Fn. 9).

12 Es handelt sich hier um ein Änderungsgesetz zum k.c. vom 17.6.2004, Dz.U 2004, Nr. 192, Pos. 1963; vgl. dazu eine Kurzbesprechung von *Milej*, Gesetz vom 17. Juni 2004 zur Änderung des Gesetzes – Zivilgesetzbuch – sowie bestimmter sonstiger Gesetze, OER 2005, 102.

ferner auf die Konstruktion der persönlichen Haftung des Amtsträgers, die auf den Staat übergeleitet wird; es wird nicht mehr nach dem Status des Amtsträgers gefragt, sondern entscheidend ist die Qualifikation der schädigenden Handlung als „Ausübung der öffentlichen Gewalt".

Die Rechtsprechung des Europäischen Gerichtshofes hat die Entwicklung des polnischen Staatshaftungsrechts nur mittelbar beeinflusst. Dies mag daran liegen, dass die Grundsatzurteile des Gerichtshofes noch vor dem Inkrafttreten der Verfassung von 1997 und vor allem lange vor dem Beitritt Polens zur Europäischen Union ergangen sind. Selbst in dem soeben erwähnten Grundsatzurteil zitiert der TK den EuGH nur beiläufig als ein Beispiel für die zum damaligen Zeitpunkt vorherrschenden allgemeinen Tendenzen im Staatshaftungsrecht. Die Umgestaltungen im polnischen Staatshaftungsrecht sind vielmehr zu sehen als ein weiterer Schritt im Prozess der Durchdringung des Zivilrechts durch verfassungsrechtliche Wertungen, der nach den Veränderungen im Jahr 1989 begann.[13] Gegenwärtig spielt das Unionsrecht aber eine bedeutende Rolle bei der Auslegung der einzelnen gesetzlichen Voraussetzungen für die Staatshaftung, wie z.B. des Rechtswidrigkeitsbegriffs. Auch werden die Verstöße gegen das Unionsrecht durch die gesetzliche Regelung der Staatshaftung aufgefangen (mehr dazu unten).

Die polnische Rechtsordnung kennt die Haftung für legislatives, normatives und judikatives Unrecht einschließlich der Haftung für legislatives, normatives und judikatives Unterlassen. Die Existenz dieser Haftungstatbestände wurde – wie auch die Objektivierung der Haftung – durch die eindeutige verfassungsrechtliche Maßgabe des Art. 77 Abs. 1 der Verfassung erzwungen. Vorgesehen ist auch die Staatshaftung für rechtmäßiges Handeln der öffentlichen Gewalt, einschließlich der Billigkeitshaftung.

Für die Geltendmachung des Staatshaftungsanspruchs ist ein komplexes System von Präjudikaten begründet worden: Die Frage der Rechtswidrigkeit des Handelns ist in einem besonderen Verfahren (in einem anderen Verfahren als dem Staatshaftungsprozess) vorab zu klären.

Da die gegenwärtige Rechtslage erst vor wenigen Jahren geschaffen wurde und dabei eine Kehrtwende im Staatshaftungsrecht mit sich brachte, gibt es zu der hier behandelten Thematik relativ viel Diskussion in der Literatur und relativ wenig Rechtsprechung. Zudem beziehen sich viele Urteile noch auf die Rechtslage vor 2004. Auf die Rechtsprechung aus der Zeit vor der Neuordnung des Staatshaftungsrechts oder gar vor dem Urteil des TK im Jahr 2001 kann nur im beschränkten Umfang zurückgegriffen werden, da damals die Staatshaftung an den Status des Amtsträgers anknüpfte und verschuldensabhängig war, auch wenn das Verschulden nur in anonymisierter Form vorausgesetzt wurde.

III. Rechtsquellen des Staatshaftungsrechts im Überblick

1. Die verfassungsrechtliche Regelung

Von grundlegender Bedeutung ist die bereits zitierte Regelung des Art. 77 Abs. 1 der Verfassung. Aufmerksamkeit verdient die systematische Stellung dieser Vorschrift in dem Grundrechtskapitel und Unterkapitel „Mittel zum Schutz der Freiheiten und Rechte". Als ein Grundrechtsschutzmittel wird der Schadensersatzanspruch gegen den Staat geregelt neben der Rechtsweggarantie (Art. 77 Abs. 2), der Rechtsmittelgarantie (Art. 78), der Verfassungsbeschwerde an den Verfassungsgerichtshof (Art. 79)[14] und der Beschwerde an den Beauftragten für Bürgerrechte (Art. 80). Ferner ist anzumerken, dass Art. 77 Abs. 1 – im Gegensatz zu Art. 121 der „Märzverfas-

13 In diesem Sinne auch *Bagińska*, Odpowiedzialność, S. 211.
14 Der Gegenstand der polnischen Verfassungsbeschwerde ist eng gefasst: Es sind nur die Rechtsnormen und nicht die Akte der Rechtsanwendung überprüfbar, siehe dazu ausführlich *Banaszak/Milej*, Staatsrecht, S. 83 m.w.N.

sung“ – nicht nur einen Programmsatz, sondern ein (gerichtlich einklagbares) subjektives Recht begründet.[15]

Der TK betont ferner, dass die Regelung des Art. 77 Abs. 1 der Verfassung eine Institutsgarantie für den Grundsatz der Rechtsbindung der öffentlichen Gewalt (Legalismus) darstelle. Dieser Grundsatz wird in Art. 7 der Verfassung hervorgehoben, der besagt, dass die Organe der öffentlichen Gewalt auf der Grundlage und in den Grenzen des Rechts handeln. Es bestehe – so der TK – ein unzertrennlicher funktioneller Zusammenhang zwischen Art. 7 und Art. 77 Abs. 1: Es sei unrealistisch zu erwarten, dass sich die öffentliche Gewalt stets und in jedem Fall an das Recht halte, da das Risiko der Fehlleistungen und Irrtümer bestehe; Art. 77 fange dieses Risiko auf, indem er gewährleiste, dass es nicht den Bürger belaste.[16]

Der Schutz des Eigentums wird in der Verfassung durch zwei Vorschriften realisiert: Zum einen durch Art. 21 und zum anderen durch Art. 64. Während Art. 64 ein Grundrecht „auf Eigentum und andere Vermögensrechte“ proklamiert, wird in Art. 21 ein allgemeines staatsrechtliches Prinzip formuliert. Demnach werden das Eigentum und das Erbrecht unter den Schutz der Republik Polen gestellt (Art. 21 Abs. 1). Gemäß Art. 21 Abs. 2 ist eine Enteignung nur zu öffentlichen Zwecken und gegen eine angemessene Entschädigung zulässig. Die Entschädigung ist dann angemessen, wenn sie dem Eigentümer ermöglicht, die Sache wiederherzustellen oder wieder zu beschaffen; sie muss einen Gegenwert der enteigneten Sache darstellen.[17] Unter Enteignung wird jeder Entzug des Eigentums, in welcher Form auch immer, verstanden.[18] Aus der Zusammenstellung des Wortlautes dieser Vorschrift mit dem Wortlaut des Art. 64 der Verfassung ergibt sich, dass sich die Entschädigungspflicht gemäß Art. 21 Abs. 2 nur auf das Eigentum, nicht aber auf die „sonstigen Vermögensrechte“ bezieht, da diese zwar in Art. 64 Abs. 1, nicht aber in Art. 21 Abs. 2 genannt werden.[19] Als eine eigenständige Anspruchsgrundlage kommt Art. 21 Abs. 2 nicht in Betracht, da er aufgrund der systematischen Stellung im Kapitel 1 der Verfassung als eine Grundsatznorm und nicht als ein Grundrecht zu qualifizieren ist. Ein entschädigungslos enteignendes Gesetz wäre allerdings verfassungswidrig und damit legislatives Unrecht. Solche Fälle werden durch eine verfassungsrechtlich abgesicherte (Art. 77 Abs.1) Anspruchsgrundlage des k.c. – dazu sogleich – erfasst.

2. Gesetzliche Regelungen

Die Normierungen des k.c.[20] beschränken sich im Wesentlichen auf drei Vorschriften: Art. 417, Art. 417^1 und Art. 417^2 k.c.

Art. 417 k.c. stellt den Grundhaftungstatbestand dar; Art. 417^1 k.c. enthält Sonderregeln, bezogen auf die Geltendmachung des Schadensersatzanspruchs, aus denen sich in einer Vielzahl von Fällen das Erfordernis zur Einholung einer Vorabentscheidung (eines Präjudikats) ergibt. Art. 417^2 k.c. regelt die Billigkeitshaftung. Diese Vorschriften stehen im systematischen Zusammenhang mit dem Recht der unerlaubten Handlungen. Gemäß Art. 421 k.c. finden sie dann keine Anwendung, wenn „die Haftung für Schäden, die bei der Ausübung der öffentlichen Gewalt verursacht worden sind, durch besondere Vorschriften geregelt ist“. Die Zahl der Sondertatbestän-

---

15 Dies war nach dem Inkrafttreten der Verfassung nicht unumstritten, wurde aber von dem Verfassungsgerichtshof in dem oben zitierten Urteil (Fn. 7) in diesem Sinne geklärt. Dazu *Safjan* (Fn. 6), ZP UKSW 2003, 143 (154).

16 TK z 20.1.2004, SK 26/03, OTK ZU 2004/1A/3, ferner *Radwański*, MoP 2004, 971 (974).

17 Vgl. TK z 29.3.1993, W 13/92, OTK 1993/1/17; zustimmend *Banaszak*, Konstytucja, Art. 21 Rn. 7.

18 Vgl. TK z 8.5.1990, K 1/9, OTK 1990/1/2; zustimmend *Banaszak*, Konstytucja, Art. 21 Rn. 5.

19 Ähnlich *Banaszak*, Konstytucja, Art. 21 Rn. 1.

20 *Kodeks Cywilny z 23 kwietnia 1964 r.*, Dz. U. 1964, Nr. 16, Pos. 93. Deutsche Übersetzung in: Polnische Wirtschaftsgesetze, 8. Aufl., 2010, S. 1ff.

de ist überschaubar. Im Folgenden werden die wichtigsten Sondertatbestände aufgelistet. Weitere sind insbesondere im Bereich der Haftung ohne Normverstoß zu finden.

- Art. 161 § 3 des *Kodeks postępowania administracyjnego* (des Verwaltungsverfahrensgesetzes, abgekürzt: k.p.a.)[21]. Die Vorschrift des Art. 161 regelt das außerordentliche Verfahren zur Aufhebung bestandskräftiger Verwaltungsakte. Demnach kann jeder bestandskräftige Verwaltungsakt im notwendigen Umfang von dem zuständigen Minister bzw. von dem *Woiwoden*[22] geändert oder aufgehoben werden, wenn ein für das Menschenleben oder die Gesundheit des Menschen bedrohlicher Zustand nicht anderweitig behoben oder wenn ein beträchtlicher Schaden für die Volkswirtschaft oder wichtige Staatsinteressen nicht anderweitig abgewendet werden kann. Es handelt sich also hier um eine Befugnis *ultima ratio* und eine Ausnahme vom grundlegenden Prinzip der Stabilität bestandskräftiger Verwaltungsakte. Die Inanspruchnahme dieser Kompetenz wird in der polnischen Literatur als „Enteignung aus einem (wohl erworbenen) Recht“ bezeichnet[23] und begründet gemäß Art. 163 Abs. 3 k.p.a. eine Entschädigungspflicht.
- Art. 192 des *Kodeks karny wykonawczy* (des Strafvollzugsgesetzbuches, abgekürzt: k.k.w.)[24]. Diese Norm begründet eine Schadensersatzpflicht in den Fällen, in denen im Zuge eines Strafverfahrens Verfall einer Sache angeordnet wurde, diese Anordnung später aufgehoben, der Verfall erlassen oder die Sache freigegeben wurde und die Rückgabe unmöglich ist.
- Art. 552ff. des *Kodeks postępowania karnego* (des Strafverfahrensgesetzbuches, abgekürzt: k.p.k.)[25] regeln die Schadensersatzansprüche und das Verfahren ihrer Durchsetzung der zu Unrecht Verurteilten, sowie von Personen, die festgenommen und in Untersuchungshaft genommen wurden.
- Art. 8 § 1 der *Ustawa o uznaniu za nieważne orzeczeń wydanych wobec osób represjonowanych za działalność na rzecz niepodległego bytu Państwa Polskiego* (des Gesetzes über die Feststellung der Nichtigkeit von Entscheidungen, die in Bezug auf die wegen der Tätigkeit im Dienste des unabhängigen Daseins des Polnischen Staates verfolgten Personen getroffen wurden, abgekürzt: ust. rehabil.)[26]. Es handelt sich hier um eine wichtige Form der Abrechnung mit der kommunistischen Diktatur. Der Schadensersatzanspruch steht – allgemein gesagt – Personen zu, die in der Zeit der Volksrepublik inhaftiert bzw. in politischen Prozessen verurteilt wurden. Die Voraussetzung für den Schadensersatzanspruch ist die Feststellung der Nichtigkeit einer durch die Justiz oder die Verfolgungsorgane getroffenen Entscheidung; dieses Verfahren ist ebenfalls im zitierten Gesetz geregelt.
- Art. 23 der *Ustawa o komornikach sądowych i egzekucji* (des Gesetzes über die Gerichtsvollzieher und die Zwangsvollstreckung, abgekürzt: u.o. k.s.ie.)[27]. Gemäß Art. 23 Abs. 1 ist der Gerichtsvollzieher verpflichtet, einen durch rechtswidriges Handeln oder Unterlassen verursachten Schaden bei der Amtsführung zu ersetzen. Gemäß Art. 23 Abs. 3 haftet der Staat dafür gesamtschuldnerisch.

---

21 Ustawa z dnia 14 czerwca 1960 r. – Kodeks postępowania administracyjnego, Neufassung vom 9.10.2000, Dz. U. 2000, Nr. 30, Pos. 1071.

22 Zu dem Amt des *Woiwoden* vgl. *Banaszak/Milej*, Staatsrecht, S. 163.

23 *Jaśkowska/Wróbel*, Kodeks Postępowania Administracyjnego. Komentarz, 3. Aufl., 2009, Art. 161 Rn. 1 m.w.N.

24 Ustawa z dnia 6 czerwca 1997 r. – Kodeks karny wykonawczy, Dz. U. 1997, Nr. 90, Pos. 557.

25 Ustawa z dnia 6 czerwca 1997 r. – Kodeks postępowania karnego, Dz. U. 1997, Nr. 89, Pos. 555.

26 Ustawa z dnia 23 lutego 1991 r. – o uznaniu za nieważne orzeczeń wydanych wobec osób represjonowanych za działalność na rzecz niepodległego bytu Państwa Polskiego, Dz.U. 1991, Nr. 34, Pos. 149.

27 Ustawa z 29 sierpnia 1997 r. – o komornikach sądowych i egzekucji, Dz.U. 2006, Nr. 167, Pos. 1191 (Neufassung).

- Art. 128 Abs. 1 der *Ustawa o gospodarce nieruchomościami* (Immobilienwirtschaftsgesetz, abgekürzt: u.g.n.)[28]. Diese Vorschrift regelt die Schadensersatzpflicht bei rechtmäßigen Enteignungen. Art. 112ff. u.g.n. regeln detailliert das Enteignungsverfahren.
- Art. 36 § 1 der *Ustawa o planowaniu i zagospodarowaniu przestrzennym* (des Gesetzes über die Planung und Raumbewirtschaftung, abgekürzt: u.p.z.p.)[29], Art. 129 § 1 der *Ustawa – Prawo ochrony środowiska* (des Umweltschutzgesetzes, abgekürzt: p.o.s.)[30] und Art. 187 § 1 der *Ustawa – Prawo wodne* (Wasserrechtsgesetzes, abgekürzt: p.w.)[31]. Diese Normen begründen Schadensersatzansprüche für rechtmäßiges Handeln, das den Nutzwert der Grundstücke im Zuge der Verabschiedung eines Bebauungsplans, einer Umweltschutzmaßnahme bzw. einer wasserrechtlichen Maßnahme (z.B. der Errichtung einer Wasserschutzzone) mindert.

B. Haftungsbegründung

I. Relevantes Verhalten

1. Funktioneller Amtsträgerbegriff

Haftungsbegründendes Verhalten ist gemäß Art. 417 k.c. „Handeln oder Unterlassen bei der Ausübung der öffentlichen Gewalt". Entscheidend für die Anspruchsentstehung ist also nicht die Person des Amtsträgers, sondern die Tatsache der Ausübung der öffentlichen Gewalt. Es gilt daher, nicht den Status der handelnden Person zu ermitteln, sondern die „Ausübung der öffentlichen Gewalt" zu definieren. Die handelnde Person muss in der Rolle des „Vollziehers" der öffentlichen Gewalt[32] auftreten bzw. ihr Handeln muss die Merkmale der Ausübung der öffentlichen Gewalt aufweisen.[33]

Dieses Konzept steht im Gegensatz zu der vorherigen Regelung. Gemäß Art. 417 Abs. 1 k.c. a.F. haftete der Staat für den durch einen Amtsträger verursachten Schaden. In Art. 417 Abs. 2 k.c. a.F. wurde der Begriff des Amtsträgers anhand einer beispielhaften Aufzählung definiert. Er umfasste die Mitarbeiter der Organe der öffentlichen Gewalt, der Verwaltung und der staatlichen Betriebe, sowie Personen, die im Auftrag dieser Organe handeln. Ferner wurden die aufgrund einer Wahl ins Amt berufenen Personen, Richter, Staatsanwälte sowie Angehörige der Streitkräfte erfasst. Der Schaden musste bei der Ausübung der dem Amtsträger anvertrauten Tätigkeit entstanden sein.

Das neue Konzept hat zur Folge, dass es für die Haftungsbegründung nicht entscheidend ist, ob sich der Handelnde an den Rahmen der ihm zugewiesenen Befugnisse gehalten hat. Abzustellen ist vielmehr auf den Zweck des Handelns; die schadensstiftende Handlung muss die Ausübung der öffentlichen Gewalt zum Ziel haben. Daraus ergibt sich, dass u.U. auch *ultra-vires*-Handeln zur Staatshaftung führen kann.[34]

---

28 Ustawa z dnia 21 sierpnia 1997 r. – o gospodarce nieruchomościami, Dz.U. 2004, Nr. 261, Pos. 2603 (Neufassung).
29 Ustawa z dnia 27 marca 2003 r. – o planowaniu i zagospodarowaniu przestrzennym, Dz.U. 2003, Nr. 80, Pos. 717.
30 Ustawa z dnia 27 kwietnia 2001 r. – Prawo ochrony środowiska, Dz. U. 2008, Nr. 25, Pos. 150 (Neufassung).
31 *Ustawa z dnia 18 lipca 2001 r. – Prawo wodne*; Dz. U. 2005, Nr. 239, Pos. 2019 (Neufassung).
32 *Radwański*, MoP 2004, 971 (972).
33 So *Bieniek et al.*, Komentarz, Art. 417 Rn. 25.
34 *Safjan/Matuszyk*, Odpowiedzialność, S. 43; *Bieniek*, Komentarz, Art. 417 Rn. 35; *Bagińska*, Odpowiedzialność, S. 411–413.

Eine weitere Konsequenz des neuen Konzepts ist auch die Tatsache, dass es für die Haftungsbegründung (nicht aber für die Haftungsfolgen! – s.u.) irrelevant ist, in welcher Form dem Handelnden Kompetenzen eingeräumt wurden, insbes. ob er eigene oder übertragene Aufgaben erfüllte, ob die Aufgaben kraft Rechtsvorschrift oder kraft Vereinbarung übertragen wurden. Selbst das Verhalten von Personen, die von den Staatsorganen *ad hoc* zur Hilfe aufgefordert wurden, etwa bei der Verfolgung eines fliehenden Straftäters, begründet die Staatshaftung.[35]

Die außerdienstlichen Handlungen der Amtsträger sind grundsätzlich kein Handeln bei der Ausübung der öffentlichen Gewalt und daher kein relevantes Verhalten. Maßgeblich ist der funktionelle Zusammenhang: Von dem Handeln bei der Ausübung der öffentlichen Gewalt wird das Handeln „bei Gelegenheit" der Ausübung der öffentlichen Gewalt abgegrenzt.[36] Damit sind Fälle gemeint, in denen die Ausübung der öffentlichen Gewalt lediglich Bedingungen für die schadensstiftende Handlung schuf; als ein Beispiel für ein Handeln „bei Gelegenheit" wird in der Literatur ein von einem Polizeibeamten während einer Verkehrskontrolle verübter Diebstahl angeführt.[37] Anders wird es hingegen liegen, wenn der Geschädigte durch die Polizei z.B. bei der Ausübung des unmittelbaren Zwanges oder zum Zweck der Aussageerpressung körperlich misshandelt wird. In diesem Fall ist ein funktioneller Zusammenhang zwischen der Schadenszufügung und der Ausübung der öffentlichen Gewalt gegeben.

2. Begriff der „Ausübung der öffentlichen Gewalt"

Durch die Verwendung dieses Begriffs wird deutlich gemacht, dass sich die Staatshaftung nach Art. 417 k.c. nur auf die Sphäre bezieht, in der der Staat hoheitlich tätig werden kann (*imperium*), und damit nicht auf jene Sphäre, in der er wie ein Privater am Wirtschaftsverkehr teilnimmt (*dominium*). Auch hier liegt ein bedeutender Unterschied zu der früheren Rechtslage, nach der den Staat die Haftung nach Art. 417 k.c. a.F. auch beim privatrechtlichen Handeln traf. Die Beschränkung der Staatshaftung auf die Sphäre des *imperium* hängt mit deren Verschärfung zusammen: Es ist nicht ersichtlich, warum der Staat verschärft – da verschuldensunabhängig – auch außerhalb der Sphäre der Ausübung der öffentlichen Gewalt haften sollte. Zudem führte dies zur Ungleichheit der Teilnehmer am Wirtschaftsverkehr, da ein Teilnehmer (der Staat) verschuldensunabhängig und die übrigen nur verschuldensabhängig haften würden. Hiergegen bestünden auch verfassungsrechtliche Bedenken (vgl. Art. 64 Abs. 2 der Verfassung).[38] Außerhalb der Sphäre des *imperium* kommt allerdings der allgemeine deliktische und verschuldensabhänge Anspruch aus Art. 415 k.c. weiterhin in Betracht.

a) Die Sphäre des *dominium* und die Sphäre des *imperium*

Die Abgrenzung zwischen der Sphäre des *imperium* und der Sphäre des *dominium* ist also für die Anwendung des Art. 417 k.c. von entscheidender Bedeutung und kann im Einzelfall problematisch werden. Dies ist ein Teilaspekt des weiten Problems der Abgrenzung zwischen dem Zivilrecht und dem öffentlichen Recht.

35 *Radwański*, MoP 2004, 971 (973).
36 *Bieniek*, Komentarz, Art. 417 Rn. 35. Die Abgrenzung nach dem Kriterium „*bei der Ausübung*" und „*bei Gelegenheit der Ausübung*" ist aus der älteren, gefestigten Rspr. des Obersten Gerichts übernommen worden.
37 *Safjan/Matuszyk*, Odpowiedzialność, S. 44.
38 *Radwański*, MoP 2004, 971 (973); *Safjan/Matuszyk*, Odpowiedzialność, S. 37; *Bieniek*, Komentarz, Art. 417 Rn. 31.

Auf dem Boden des Art. 77 Abs. 1 der Verfassung differenziert der Verfassungsgerichtshof wie folgt:[39]

> *„Die Ausübung der öffentlichen Gewalt betrifft alle Tätigkeitsformen des Staates, der territorialen Selbstverwaltung und anderer öffentlicher Institutionen, die vielfältige Handlungsformen umfassen. Die Ausübung solcher Funktionen ist im Prinzip, obgleich nicht in jedem Fall, mit der Möglichkeit verbunden, die Stellung des Bürgers hoheitlich zu gestalten. Dies betrifft also den Bereich, in dem es zur Verletzung der Rechte und Freiheiten des Individuums seitens der öffentlichen Gewalt kommen kann."*

Das Oberste Gericht baut auf dieser Definition auf und präzisiert sie, vor allem mit Blick auf den Begriff „alle Tätigkeitsformen des Staates". Es bedient sich – im Kontext des Art. 417 k.c. – folgender Abgrenzungsformel:[40]

> *„Dieser Begriff [„die Ausübung der öffentlichen Gewalt"] umfasst nur solches Handeln, das sich seinem Wesen nach, also mit Blick auf Charakter und Art der der öffentlichen Gewalt obliegenden Funktion, aus den Befugnissen ergibt, die in der Verfassung selbst oder in den sonstigen Rechtsvorschriften geregelt sind. Die Ausübung der öffentlichen Gewalt ist in der Regel mit der Möglichkeit verbunden, die Lage des Einzelnen hoheitlich zu gestalten (ein Element der Unterordnung). Es geht also um ein Handeln in dem Bereich, in dem es zur Verletzung von Rechten und Freiheiten des einzelnen durch die öffentliche Gewalt kommen kann."*

Die öffentliche Gewalt kann demnach nicht nur dann ausgeübt worden sein, wenn der Staat tatsächlich hoheitlich gehandelt hat – diese Fälle sind unproblematisch –, sondern auch dann wenn sich auch nur eine Möglichkeit zum hoheitlichen Handeln ergab. In diesem Bereich scheint sich ein noch nicht ganz ausgefochtener Streit bemerkbar zu machen. Auslöser hierfür ist ein Urteil des Appellationsgerichts *Białystok* vom Februar 208.[41] Das Gericht vertrat die Auffassung, dass die öffentliche Gewalt nur dann ausgeübt werde, wenn sich ein Organ „hoheitlicher Methoden" auch tatsächlich bediene oder verpflichtet sei, sich solcher zu bedienen.

Das Gericht hatte über den Schadensersatzanspruch eines Häftlings zu befinden, der sich bei der zahnmedizinischen Behandlung während seines Aufenthalts in der Haftanstalt, mit Hepatitis C infizierte. Das Gericht führte aus, dass die Haftanstalten zwar öffentliche Aufgaben wahrnähmen, da zu solchen der Vollzug der durch Gerichte gesprochen Urteile gehöre. Sie seien aber keine Organe der öffentlichen Gewalt, wenn es darum gehe, die Gesundheitsversorgung und die entsprechenden Bedingungen der Verbüßung der Freiheitsstrafe (!) zu gewährleisten. In diesem Bereich würden die Haftanstalten die Rechtslage des Individuums nicht „im Wege des Zwangs" (so wörtlich) gestalten und seien daher außerhalb der Sphäre des *imperium* tätig.

Diesem Gedankengang scheint die Annahme zugrunde zu liegen, dass die öffentliche Gewalt nur solche Pflichten haben kann, die sie durch zwangsweise Einwirkung auf den Einzelnen erfüllen kann. Dabei sind aber die menschliche Gesundheit und die körperliche Integrität Werte von Verfassungsrang, die die öffentliche Gewalt zu schützen hat. Es besteht kein Grund, diese Schutzpflicht nur auf den Einsatz von Zwangsmitteln zu beschränken. Kein Staatsorgan kann sich von einer Schutzpflicht mit dem Argument entbinden, dass es ein Verfassungsgut nicht mit Zwangsmitteln schützen könne und es deshalb gar nicht mehr schütze. Zu Recht wird die Sichtweise des Appellationsgerichts in *Białystok* als zu eng bewertet: Auch Organisationsaufgaben

39 TK z 4.12.2001 (Fn. 9).
40 *Sąd Najwyższy* z 5.9.2008, I CSK 41/08, LEX Nr. 457851, (Das Oberste Gericht der Republik Polen, abgekürzt: SN), ähnlich *Sąd Apelacyjny we Wrocławiu* z 29.3.2012, I ACa 180/12, LEX Nr. 1171315 (Appellationsgericht, abgekürzt: SA – in Wrocław), ferner *Bieniek*, Komentarz, Art. 417 Rn. 26.
41 *SA Białystok* z 29.2.2008, I Aca 614/07, OSAB 2008/1/12.

gehören zu der *imperium*-Sphäre, soweit sie sich – und hier wird ein anderes Abgrenzungskriterium vorgeschlagen – innerhalb der ausschließlich der öffentlichen Gewalt zugewiesenen Kompetenzen halten.[42]

Es wird sich zeigen, ob das Kriterium der Möglichkeit, die Lage des Einzelnen hoheitlich zu gestalten, praktikabel ist. Nach den Definitionen des TK und des Obersten Gerichts ist es eher nur als ein Regelbeispiel zu verstehen. In der Literatur wird betont, dass es die Sache der Rechtsprechung sein wird, in diesem Bereich für Klarheit zu sorgen. Bislang sind aber hierzu nicht viele Urteile ergangen, da es vor der Neuordnung des Staatshaftungsrechts auf die Abgrenzung zwischen *dominium* und *imperium* nicht ankam. Das Oberste Gericht äußerte sich hierzu nur in einem *obiter dictum*: In einem Urteil von 2003[43] stellte es fest, dass die Beseitigung einer Öllache von der öffentlichen Straße zur *dominium*-Sphäre gehöre, wodurch es sich eher dem durch das Appellationsgerichts in *Białystok* vertretenen Kriterium des tatsächlichen hoheitlichen Charakters, als dem Kriterium des Bereichs der ausschließlichen Kompetenzen des Staates näherte. Bislang hat sich aus dieser beiläufigen, nicht näher begründeten Bemerkung keine Rechtsprechungslinie entwickelt.

b) Die Sphäre des *imperium* und privatrechtliche Verträge

In dem Urteil, in dem das Oberste Gericht die soeben zitierte Abgrenzungsformel aufstellte, hatte es zu beurteilen, ob die Unterlassung, Staatsanleihen nach Ablauf der Laufzeit fristgemäß zu tilgen, eine Ausübung der öffentlichen Gewalt darstellt. Entscheidend für das Gericht war hier die fehlende Möglichkeit, die Rechtslage des Individuums hoheitlich zu gestalten, da es an dem Unterordnungselement gefehlt habe. Durch den Kauf der Staatsanleihe werde vielmehr nur ein zivilrechtliches Verhältnis zwischen dem Emittenten und dem Anleger begründet. Dass die Emission der Staatsanleihen ein Instrument der öffentlichen Finanzwirtschaft sei, trage hier nichts zur Sache bei.[44]

Als ein Beispiel für einen Bereich, in welchem der Staat die Möglichkeit hat, hoheitlich zu handeln, sich aber öfter für privatrechtliche Handlungsformen entscheidet, kann die Daseinsvorsorge genannt werden. Dieser Bereich wird in der Literatur zur Sphäre des *imperium* gerechnet.[45] Der Abschluss eines zivilrechtlichen Vertrages bedeutet hier nicht, dass die Sphäre des *imperium* verlassen wird.

Zunächst ist festzuhalten, dass die vertragliche Haftung die deliktische gem. Art. 443 k.c. nicht ausschließt. Wird ein privates Unternehmen mit der Ausführung der Aufgaben aus dem Bereich der öffentlichen Gewalt durch Vereinbarung beauftragt, so haftet der auftraggebende Hoheitsträger gesamtschuldnerisch (vgl. Art. 417 § 1 k.c. – mehr dazu unten). Selbst wenn vertragliche Schadensersatzansprüche gegen z.B. ein privates Gasversorgungsunternehmen bestehen, kommt also weiterhin ein deliktischer Anspruch gegen den (hier) kommunalen Hoheitsträger in Betracht.

Das Nebeneinander von *imperium* und *dominium* lässt sich am Beispiel des Gesundheitswesens visualisieren. Die Gesundheitsversorgung ist eine staatliche Aufgabe, was sich nicht nur aus den einschlägigen Gesetzen, sondern auch aus der Verfassung selbst ergibt (vgl. insbes. Art. 68 Abs. 2 der Verfassung). Damit gehört sie zu der Sphäre des *imperium*. Die Gesundheitsfürsorge wird in Polen gewährleistet durch eine öffentlich-rechtliche, durch Gesetz geschaffene,

---

42 *Safjan/Matuszyk*, Odpowiedzialność, S. 38. Es ist nicht ganz klar, ob mit den „*Kompetenzen*" nur die Befugnisnormen oder auch, was näher zu liegen scheint, Aufgabenzuweisungsnormen gemeint sind.
43 SN z 26.3.2003, II CKN 1374/00, LEX Nr. 78829.
44 SN z 5.9.2008, I CSK 41/08, LEX Nr. 457851.
45 *Radwański*, MoP 2004, 971 (973), *Bagińska*, Odpowiedzialność, S. 249 ff.

sich auf dem Grundsatz der allgemeinen Bürgerversicherung stützende, monopolistische Krankenkasse namens Nationaler Gesundheitsfonds.[46] Die medizinischen Leistungen können hingegen sowohl durch kommunale Körperschaften als auch durch Private erbracht werden; entscheidend ist der Abschluss eines Vertrages mit dem Nationalen Gesundheitsfonds. Es wird davon ausgegangen, dass die Schadensersatzansprüche, die sich aus ärztlichen Kunstfehlern, Nachlässigkeit usw. ergeben, der Sphäre des *dominium* zuzurechnen sind.[47] Die Haftung des Nationalen Gesundheitsfonds nach Art. 417 Abs. 1 k.c. als einer juristischen Person, die Aufgaben der öffentlichen Gewalt kraft Gesetzes ausübt, ist allerdings dadurch nicht ausgeschlossen. Sie kommt etwa für rechtswidrige Pflichtverletzungen im Bereich der Organisation und Aufsicht oder bei der Bestimmung der Voraussetzung für den Zugang zu medizinischen Leistungen in Betracht.[48]

II. Relevante Normverstöße

Die „Unvereinbarkeit des Handelns oder des Unterlassens mit dem Recht" ist nach Art. 417 § 1 k.c. das zentrale Tatbestandmerkmal der Staatshaftung. Mit der Definition der „Unvereinbarkeit mit dem Recht" wird der Umfang der Staatshaftung im Wesentlichen festgelegt, da in Ermangelung des Korrektivs des Verschuldens nur noch die Kausalität den Umfang der Staatshaftung eingrenzen kann. Die Definition der Rechtswidrigkeit wird dementsprechend sehr kontrovers diskutiert.

Als erstes ist zu dieser Diskussion anzumerken, dass in der polnischen Sprachfassung in Art. 417 k.c. für die Rechtswidrigkeit ein anderer Begriff verwendet wird, als dies sonst im k.c. der Fall ist: In Art. 417 heißt es nämlich *„niezgodność z prawem"* („Unvereinbarkeit mit dem Recht"), während z.B. in Art. 24 k.c. oder in Art. 87 k.c. von *„bezprawność"* („Rechtswidrigkeit") die Rede ist. Der Begriff „Unvereinbarkeit mit dem Recht" wird auch in Art. 77 Abs. 1 der Verfassung verwendet. Dies ist für die grammatikalische Auslegung des Art. 417 k.c. von wesentlicher Bedeutung.

In der Literatur wird vertreten, dass der terminologische Unterschied gewollt ist und der Rechtswidrigkeitsbegriff des Art. 417 k.c., d.h. der Begriff der „Unvereinbarkeit mit dem Recht", enger sei als der allgemeine zivilrechtliche. So umfasse er etwa nicht die Verstöße gegen die guten Sitten, wie es im k.c. sonst der Fall ist. Der Grund hierfür sei der sehr breit gefasste Haftungstatbestand, der kein Verschulden voraussetze.[49] Einer anderen Auffassung zufolge bestehe kein Grund, für die Zwecke der Staatshaftung nach Art. 417 k.c. einen anderen Rechtswidrigkeitsbegriff zugrundezulegen als sonst; die grammatikalische Auslegung („Unvereinbarkeit mit dem Recht" versus „Rechtswidrigkeit") führe hier zu keinen eindeutigen Ergebnissen und habe deshalb der systematischen und funktionellen Auslegung zu weichen.[50] So sei es wichtig, die zwar ungeschriebenen, aber sich aus diversen *soft-law*-Quellen ergebenden Standards der „guten Verwaltung" mit dem Staatshaftungsregime zu erfassen und so deren Einhaltung zu erzwingen,

46 Ustawa z dnia 27 sierpnia 2004 r. – o świadczeniach opieki zdrowotnej finansowanych ze środków publicznych, Dz. U. 2008, Nr. 164, Pos. 1027.
47 *Bagińska*, Odpowiedzialność, S. 294.
48 *Bagińska*, Odpowiedzialność, S. 296; *Bieniek*, Komentarz, Art. 417 Rn. 26; *Nestorowicz*, Odpowiedzialność cywilna za ograniczenie dostępu do leczenia i nieuzyskania świadczenia zdrowotnego w nowym systemie opieki zdrowotnej, PiM 2000/6-7, 1 (5).
49 *Safjan/Matuszyk*, Odpowiedzialność, S. 47.
50 *Bagińska*, Odpowiedzialność, S. 322ff.

da auf diese Weise der Gefahr der Grundrechtsverletzung durch Fehler im „Gesamtsystem“ entgegengewirkt werde.[51]

Die Annahme eines breiteren Rechtswidrigkeitsbegriffs muss nicht zwangsläufig zur Ausweitung der Staatshaftung führen, denn sie erlaubt bei der Intensität des Rechtsverstoßes stärker zu differenzieren (dazu sogleich) und die Missachtung eines Rechtsgebots oder -verbots anhand eines Verstoßes gegen die objektiven Sorgfaltspflichten festzustellen. Diese Sorgfaltspflichten können wiederum anhand der breit verstandenen Rechtsordnung, die auch ethische Normen und Verhaltensstandards umfasst, besser konkretisiert werden.[52]

Für die Staatshaftung wegen eines rechtswidrigen Normativaktes enthält Art. 417^1 k.c. eine Sonderregelung: In Betracht kommt nur ein Verstoß gegen die Verfassung, einen ratifizierten völkerrechtlichen Vertrag oder ein Parlamentsgesetz („*ustawa*“).

Zu dem in Art. 77 Abs.1 der Verfassung verwendeten Begriff „Unvereinbarkeit mit dem Recht“ äußerte sich der TK folgendermaßen:[53]

> *„Im Kontext der verfassungsrechtlichen Regelung ist sie als ein Verhalten zu verstehen, das die aus einer Rechtsnorm entspringenden Ge- und Verbote nicht berücksichtigt. Die „Unvereinbarkeit mit dem Recht“ i.S.d. Art. 77 Abs. 1 der Verfassung ist, auf dem Boden der verfassungsmäßigen Konstruktion der Rechtsquellen (Art. 87–94 der Verfassung), eng zu verstehen. Der Begriff ist demnach enger als die traditionelle Fassung der Rechtswidrigkeit im Zivilrecht, die außer der Verletzung von Rechtsvorschriften auch die Verletzung von moralischen Normen und sittlichen Grundsätzen umfasst, die mit den Begriffen „die Grundsätze des gesellschaftlichen Zusammenlebens“ oder „gute Sitten“ bezeichnet werden. Es bestehen jedoch keine verfassungsrechtlichen Hindernisse dafür, im Rahmen der Gesetzgebung die Voraussetzungen der Haftung der öffentlichen Gewalt mit dem traditionellen Rechtswidrigkeitsbegriff zu verbinden, der im Bereich des Zivilrechts gilt.“*

Zwei Probleme werden hier aufgeworfen. Zum einen das Problem des Maßstabs für die Bestimmung der Unvereinbarkeit mit dem Recht/der Rechtswidrigkeit, die nach der Auffassung des TK im Verfassungsrecht und im Zivilrecht unterschiedlich sein kann. TK und OG stehen überdies auf dem Standpunkt, dass es den „einen“ verfassungsrechtlichen Rechtswidrigkeitsbegriff für die gesamte Rechtsordnung nicht geben kann; er wird durch einfache Gesetze konkretisiert.[54] Diese Rechtsprechung ist insofern problematisch, als sie zulässt, dass die Verfassungsbegriffe, d.h. „Unvereinbarkeit mit dem Recht“ aber auch „Schaden“[55] durch einfaches Gesetzesrecht definiert werden. Diese Störung der Rechtsquellenhierarchie wird durch den TK etwas abgefedert, indem der Gerichtshof vom Gesetzgeber verlangt, dass sich dieser bei der Konkretisierung der verfassungsrechtlichen Begriffe an den Verhältnismäßigkeitsgrundsatz und an die Rationalitätserwägungen hält. Zum anderen stellt sich das Problem der Intensität des Verstoßes. Problematisch ist ferner die Bestimmung der Handlungspflicht des Gesetzgebers.

51 *Bagińska*, Odpowiedzialność, S. 326, ähnlich. *Banaszczyk*, Odpowiedzialność za szkodę wyrządzoną przy wykonywaniu władzy publicznej, in: Olejniczak, § 33, Rn. 98. Nach der Auffassung dieses Autors erlaubt der weite Rechtswidrigkeitsbegriff auch Fälle des Rechtsmissbrauchs zu erfassen, die sich nicht als Verstöße gegen das positive Recht bezeichnen lassen.

52 So sinngemäß *Bagińska*, Odpowiedzialność, S. 333–334.

53 TK z 4.12.2001 (Fn. 9).

54 TK z 23.9.2003, K 20/02, OTK ZU 2003/7A/76, zustimmend SN z 25.5.2011, II CSK 570/10, LEX Nr. 1102655, SA Kraków z 6.9.2012, I Aca 724/12, LEX Nr. 122323.

55 Vgl. dazu auch unten → B.IV.1.

1. Die relevanten Rechtsquellen

Die „Unvereinbarkeit mit dem Recht" ist bei einem Verstoß gegen das allgemein bindende Recht unproblematisch gegeben. Fraglich ist aber, ob auch Verstöße gegen das Binnenrecht der Verwaltung die Schadenshaftung begründen können. Ein Teil der Literatur[56] bejaht dies, wenn die verwaltungsinternen Vorschriften bezwecken, an den Einzelnen Rechte zu verleihen.

Das Völkerrecht und das Unionsrecht – sowohl das primäre als auch das sekundäre – sind nach der polnischen Verfassung grundsätzlich Bestandteile des in Polen allgemein bindenden Rechts. Keine Bestandteile des allgemein bindenden Rechts sind die nicht förmlich ratifizierten völkerrechtlichen Verträge, die für Polen z.B. im Wege eines Notenaustauschs verbindlich werden. Die diesbezügliche verfassungsrechtliche Regelung ist hochkomplex (vgl. insbes. Art. 9, 87, 90, 91, 188 der Verfassung) und – vor allem mit Blick auf die Rangfragen – im Einzelnen umstritten.[57] Allgemein lässt sich festhalten, dass das polnische Rechtssystem auf dem Boden des gemäßigten Monismus steht. Die Verstöße gegen das Unionsrecht und das Völkerrecht – die grundsätzlich zu dem in Polen allgemein bindenden Recht gehören – werden nach denselben Regeln beurteilt, wie etwa Verstöße gegen die durch das polnische Parlament verabschiedeten Gesetze.

2. Die Intensität des Verstoßes

In Rechtsprechung und Literatur wurden berechtigte Bedenken dazu geäußert, ob im Fall der Haftung für rechtswidrige Urteile und teilweise auch für rechtswidrige Verwaltungsakte bereits ein einfacher Rechtsverstoß die Staatshaftung begründet. Plädiert wird für eine flexible Handhabung des Begriffs „Unvereinbarkeit mit dem Recht", je nach Handlungsform der öffentlichen Gewalt. Es ist tatsächlich kaum zu übersehen, dass der „Unvereinbarkeit mit dem Recht" im Zusammenhang etwa mit einem gerichtlichen Urteil eine andere Bedeutung zukommen kann, als im Zusammenhang mit dem Erlass einer Rechtsnorm; „die" Unvereinbarkeit mit dem Recht gibt es nicht.[58] Dies äußert sich auch in der Regelung des Art. 417^1 k.c., die, je nach Handlungsform, unterschiedliche Verfahren für die Feststellung der Rechtswidrigkeit vorsieht, was zur Folge hat, dass diese nach unterschiedlichen Kriterien beurteilt wird.[59] Die unterschiedlichen Betrachtungsweisen werden zum Teil durch die verfassungsrechtlichen Regelungen vorgegeben.

a) Gerichtsurteile

Bezogen auf die Gerichtsurteile wird argumentiert, dass die in Art. 178 der Verfassung garantierte richterliche Unabhängigkeit in Gefahr wäre, wenn bereits ein einfacher Rechtsverstoß die Staatshaftung begründen würde. Die richterliche Unabhängigkeit sei das Merkmal, welches die richterliche Rechtsanwendung von der Rechtsanwendung durch andere Organe unterscheide. So verfüge der Richter bei der Beurteilung des Sachverhalts und des Rechts – so Literatur und Rechtsprechung – von der Natur der Sache her über einen Spielraum. Dies nicht zuletzt deshalb, weil sich das Rechtssystem oft unbestimmter Rechtsbegriffe und Generalklauseln bediene. Der Akt der richterlichen Rechtsanwendung hänge damit nicht nur vom Gesetz ab, sondern sei

56 *Safjan/Matuszyk*, Odpowiedzialność, S. 46.

57 Dem kann im Rahmen des vorliegenden Berichts nicht nachgegangen werden. Für eine ausführliche Darstellung vgl. *Banaszak/Milej*, Staatsrecht, S. 42–49 und S. 54–55.

58 So *Gudowski*, PS 2006/1, 3 (13).

59 So *Banaszczyk* (Fn. 51), in: Olejniczak, § 33, Rn. 98. Dabei gilt aber zu beachten, dass der Gesetzgeber beim Aufstellen dieser Kritierien von Verfassungs wegen den Verhältnismäßigkeitsgrundsatz zu beachten hat und sich durch Rationalitätserwägungen leiten lassen muss (s.o. → B.II. vor 1.).

zwangsläufig durch die subjektive Sichtweise des Richters gekennzeichnet; er hänge sogar von der „Stimme des Gewissens“ ab.[60] Diese besonderen Charakteristika der richterlichen Rechtsanwendung erlauben es – nach der wohl überwiegenden Ansicht in der Rechtsprechung und Literatur – nicht, hier denselben Rechtswidrigkeitsbegriff zugrundezulegen wie bei den sonstigen Handlungsformen des Staates. Vielmehr sei ein angemessener Ausgleich zwischen zwei Verfassungsprinzipien herzustellen: Zwischen dem Prinzip der richterlichen Unabhängigkeit einerseits und dem Prinzip der Wiedergutmachung des durch die Staatsgewalt widerrechtlich verursachten Schadens andererseits.[61]

Dogmatisch begründet wird diese Auffassung u.a. wie folgt: Dem Wortlaut des Art. 77 Abs. 1 der Verfassung nach ist nicht auf den Inhalt des Urteils, sondern auf dessen Erlass abzustellen. Denn nicht das Urteil selbst, sondern gerade sein Erlass stelle die „Handlung“ eines Organs der öffentlichen Gewalt – hier des Gerichts – dar.[62] Das Urteil sei demnach in seiner „Gesamtdimension“ zu betrachten; zu berücksichtigen seien dabei alle rechtlich relevanten Begleitumstände, unter denen es ergangen ist. Eine rechtswidrige Handlung der öffentlichen Gewalt würde so gesehen etwa dann vorliegen, wenn sich das Gericht nicht an die allgemein anerkannten Beurteilungsspielräume hält.[63] Eine Andeutung in diese Richtung findet sich in dem bereits zitierten, grundlegenden Urteil des TK vom 14. Dezember 2001, in dessen Begründung es heißt, dass nicht jede fehlerhafte Gerichtsentscheidung im Sinne von Art. 77 Abs. 1 rechtswidrig sei.

Dieser Standpunkt wurde durch das Oberste Gericht aufgegriffen und stellt mittlerweile gefestigte Rechtsprechung dar, die das Gericht in dem Leitsatz eines der neueren Urteile wie folgt zusammenfasst:

> *„Der Begriff einer rechtswidrigen [Gerichts-]Entscheidung wurde zum Gegenstand der Auslegung im Schrifttum und in zahlreichen Entscheidungen des Obersten Gerichts. Die auf diesem Wege festgelegte Definition des vorerwähnten Begriffs – definiert als eine Entscheidung, die mit grundsätzlichen Vorschriften, bei denen keine unterschiedlichen Auslegungsvarianten vertreten werden, mit allgemein anerkannten Standards der Entscheidungsfindung unvereinbar ist oder die infolge einer gravierend fehlerhaften Auslegung oder inkorrekten Anwendung einer Vorschrift, was offensichtlich ist und keine tiefgreifende juristische Analyse erfordert, ergangen ist – nimmt Rücksicht auf die Notwendigkeit, das Wesen der rechtsprechenden Gewalt zu beachten. Diese stützt sich auf die richterliche Unabhängigkeit, die unparteiisches Entscheiden, bedingt nicht nur durch die geltenden Gesetzen, sondern auch durch die „Stimme des Gewissens“ des Richters sowie seines Spielraumes bei der Beurteilung des Rechts und des […] Sachverhalts, gewährleistet.“*[64]

---

60 So *Bieniek*, Komentarz, Art. 417¹ Rn. 20 H; ferner *Banaszczyk*, Palestra 2006/5-6, 118 (128).
61 *Banaszczyk* (Fn. 51), in: Olejniczak, § 33, Rn. 98.
62 *Gudowski*, PS 2006/1, 3 (8), zust. *Banaszczyk*, Palestra 2006/5-6, 118 (129).
63 So vor allem *Banaszczyk*, Palestra 2006/5-6, 118 (129); zust. *Bieniek*, Komentarz, Art. 417¹ Rn. 20 H.
64 SN z 13.3.2009, II CNP 120/2008, LexPolonica Nr. 2072837 mit weiteren Rechtsprechungsnachweisen, grundlegend SN z 31.3.2006, IV CNP 25/2005, LexPolonica Nr. 1138800. In diesem Urteil hat das Oberste Gericht einen Rechtsverstoß verneint. Als ausschlaggebend sah es an, dass die Vorschrift, gegen die die schadensstiftende gerichtliche Entscheidung verstoßen hat, in der Rechtsprechung unterschiedlich ausgelegt wurde, oder, genauer genommen war es nicht ganz klar, welche Sachverhalte darunter zu subsumieren sind. Konkret ging es darum, ob ein zum Zwecke des Betriebs einer Transformatorstation errichtetes Bauwerk einen wesentlichen Bestandteil des Grundstücks im Sinne des Art. 48 k.c. darstellt oder ausnahmsweise gemäß Art. 49 k.c. zum Energieversorgungsunternehmen gehört. Ein Rechtsverstoß wurde von dem Obersten Gericht verneint, da sich die Auslegung des in der Sache erkennenden Gerichts, obwohl im Ergebnis für falsch erkannt, „im Rahmen der zulässigen, durch die semantische Offenheit der Rechtsbegriffe und das Wesen der Auslegung, die unterschiedliche Kontexte überspannt, bedingten Interpretation der Vorschriften des materiellen Rechts hält.“ In einem weiteren Urteil entschied das Oberste Gericht, das erkennende Gericht habe „keine derart weitgehend gravierende und offensichtliche Rechtsverletzung begangen, dass das Merkmal der Rechtswidrigkeit erfüllt wäre“. Als entscheidend sah das Oberste Gericht an, dass die fragliche Vorschrift mehrmals geändert wurde und deren aufeinanderfolgende Fassungen ernsthafte Zweifel

b) Verwaltungsakte und sonstige Fälle

Auch bei Verwaltungsakten wird – allerdings nur vereinzelt – gefordert, dass ausschließlich eine gravierende Rechtswidrigkeit des Verwaltungsaktes die Staatshaftung begründen soll. Zwei Argumente werden hier ins Feld geführt: Zum einen sollen dadurch die fiskalischen Interessen des Staates geschützt werden. Zum anderen dürfe die Verwaltung nicht wegen der Angst vor Haftung entscheidungsscheu werden.[65]

Gegen die Beschränkung der Haftung bei Verwaltungsakten auf die Fälle der „gravierenden Rechtswidrigkeit" werden allerdings verfassungsrechtliche Bedenken vorgetragen. So dürfe nicht übersehen werden, dass ein einfacher Rechtsverstoß einen viel größeren Schaden verursachen kann als ein „gravierender". Zudem würden die fiskalischen Interessen des Staates durch das Erfordernis des Kausalzusammenhangs zwischen dem Rechtsverstoß und dem Schaden bereits angemessen geschützt.[66] Entscheidend sei aber, dass es hier zu einer Beschneidung des Art. 77 Abs.1 der Verfassung käme; diese Norm lasse nach dem Wortlaut keine Gradationen der „Unvereinbarkeit mit dem Recht" zu; jede „Unvereinbarkeit" könne demnach die Staatshaftung begründen. Auch greife hier das Prinzip der richterlichen Unabhängigkeit nicht ein, sodass eine Abwägung mit der Schadensersatzpflicht nicht möglich sei. Die Haftung auf die Fälle der „gravierenden Rechtswidrigkeit" zu beschränken, wäre damit verfassungswidrig.

Gegen eine Aufweichung des Rechtswidrigkeitsbegriffs im Sinne von Art. 417 § 1 k.c. spricht sich in seiner neuesten Rechtsprechung dezidiert das Oberste Gericht aus.[67] Der Rechtswidrigkeitsbegriff sei im Zivilrecht klar definiert und zwar als Unvereinbarkeit des Handelns oder des Unterlassens mit der Rechtsordnung. Die Differenzierungen nach der Intensität des Verstoßes seien nicht zulässig und jeder Versuch in den Rechtswidrigkeitsbegriff des Art. 417 § 1 k.c. eine Art Gleitskala hineinzulesen sei – so das Gericht wörtlich – eine Manipulation. Inwiefern sich diese Rechtsprechung mit dem zuvor zur Haftung für Gerichtsurteile Gesagten vereinbaren lässt, ist nicht ganz klar. Die verfassungsrechtliche Fundierung der Staatshaftung und die Rigorosität in der neueren Rechtsprechung des Gerichts können auf jeden Fall nicht darüber hinwegtäuschen, dass auch der Verwaltungsbeamte mit Generalklauseln und unbestimmten Begriffen konfrontiert wird. Ferner werden ihm durch die Verwendung der „Kann-Vorschriften" manchmal erhebliche Entscheidungsspielräume eingeräumt. Auch wenn das Prinzip der richterlichen Unabhängigkeit nicht greift, so gilt es auch hier, der Komplexität des Rechtsanwendungsprozesses Rechnung zu tragen und die Besonderheiten der verwaltungsrechtlichen Entscheidungsfindung vor allem in den Fällen dogmatisch zu erfassen, in denen die Verwaltung über Entscheidungsspielräume verfügt. Da der Begriff „Unvereinbarkeit mit dem Recht" in der Verfassung nicht autonom definiert ist, sind hier differenzierte Betrachtungen je nach Handlungsform und Rechtsvorschrift nicht *per se* ausgeschlossen.

Ein geeigneter Ansatz wurde bereits genannt[68] und wird gerade im Zusammenhang mit der Beurteilung der Rechtswidrigkeit der Verwaltungsakte fruchtbar gemacht: Es wird vorgeschlagen, die staatliche Pflicht zum rechtmäßigen Handeln nur im Sinne der Pflicht zur Einhaltung der erforderlichen Sorgfalt zu interpretieren; die „Unvereinbarkeit mit dem Recht" würde nur

---

hervorriefen, zu denen sich sowohl das Oberste Gericht als auch der Verfassungsgerichtshof äußern mussten. Siehe SN z 26.9.2008, V CNP 33/2008, LexPolonica Nr. 2038692.

65 Zum Diskussionsstand, vgl. *Karasek*, Komentarz do ustawy z dnia 17 czerwca 2004 r. o zmianie ustawy – Kodeks cywilny oraz niektórych innych ustaw, System Informacji Prawnej LEX, Stand 2004, Art. 417 Rn. I 5 m.w.N. Die Autorin selbst spricht sich gegen die Beschränkung der Haftung auf die Fälle der *„gravierenden Rechtswidrigkeit"* aus.

66 *Karasek*, Komentarz (Fn. 65), Art. 417 Rn. I 5, auch SN z 19.4.2012, IV CSK 406/11, LEX Nr. 1169347.

67 SN z 19.4.2012, IV CSK 406/11, LEX Nr. 1169347.

68 Siehe Nachweis in Fn. 52.

dann vorliegen, wenn neben einem Rechtsverstoß zugleich feststehe, dass die erforderliche Sorgfalt bei der Ausübung der öffentlichen Gewalt nicht eingehalten wurde. oder mit anderen Worten – so weiter der Vorschlag – sich der Rechtsverstoß nicht rechtfertigen lasse. Eine Rechtfertigung käme etwa dann in Betracht, wenn die Rechtsvorschriften unklar formuliert wären oder das handelnde Organ eine unter mehreren theoretisch akzeptierbaren Auslegungsvarianten zugrunde gelegt hätte.[69]

Die Frage, wann die Verwaltung über Entscheidungsspielräume verfügt, wird in der polnischen Literatur nicht einheitlich beantwortet. Die Unterscheidung zwischen Einräumung von Ermessen („*uznanie administracyjne*") und Verwendung von unbestimmten Rechtsbegriffen wird nicht immer durchgehalten. So wird die Verwendung eines unbestimmten Rechtsbegriffs – wie auch eine Verwendung der „Kann-Vorschrift" – teilweise als eine Methode zur Ermesseneinräumung angesehen.[70] Die wohl h.M. scheint allerdings durchaus begrifflich zu trennen,[71] wobei teilweise beide Kategorien als eng miteinander verknüpft angesehen werden.[72]

Der – wie auch immer dogmatisch erfasste – Entscheidungsspielraum hat auch Grenzen, mit deren Bestimmung sich eine umfangreiche Rechtsprechung der Verwaltungsgerichte befasst. So wird etwa angenommen, dass dessen Grenzen überschritten werden, wenn das Handeln der Verwaltung „Merkmale von Willkür" aufweist, die Verwaltung das berechtigte Interesse des Bürgers außer Acht lässt, der Verwaltungsakt klar zu einem anderen Zweck erlassen wurde, als das Gesetz vorsieht, etc.[73]

Praktisch gesehen können diese Kriterien vor allem bei der Beurteilung der Realakte verwendet werden, d.h. bei der Frage, ob ein Realakt im Sinne des Art. 417 k.c. „mit dem Recht unvereinbar" ist. Bei Verwaltungsakten geht es an dieser Stelle darum, zu zeigen, dass nicht jeder Rechtsverstoß die „Unvereinbarkeit mit dem Recht" im Sinne des Art. 77 Abs. 1 der Verfassung begründet. Da diese bei Verwaltungsakten gemäß Art. 417^1 § 2, 2. Alt. k.c. zuvor im Wege eines Präjudikats festgestellt werden muss, werden in der Praxis die Kriterien für die Beurteilung der „Unvereinbarkeit mit dem Recht" durch die Vorschriften des *Kodeks postępowania administracyjnego* (Verwaltungsverfahrensgesetz, abgekürzt: k.p.a.) in Art. 145 und 156 vorgegeben (siehe dazu unten). Das Oberste Gericht weist in diesem Zusammenhang darauf hin, dass die Notwendigkeit, die „Unvereinbarkeit mit dem Recht" im einschlägigen Verfahren durch ein Präjudikat festzustellen, vor Ausuferung der Staatshaftung schützen soll.[74] Diese Rechtslage führt im Ergebnis dazu, dass die Staatshaftung bei Realakten strenger ist als bei Verwaltungsakten, denn bei Realakten gilt nur der – laut Gericht – rigorose Rechtswidrigkeitsbegriff des Art. 417 k.c., während bei Verwaltungsakten die im k.p.a. aufgeführten Voraussetzungen erfüllt sein müssen. Mit anderen Worten erschöpft sich bei Realakten die „Unvereinbarkeit mit dem Recht" im Sinne der Verfassung in dem zivilrechtlichen Begriff des Art. 417 k.c., während bei Verwaltungsakten die Kriterien den Ausschlag geben, anhand derer die Rechtswidrigkeit des Verwaltungsaktes im Verfahren zur Einholung des einschlägigen Präjudikats angewendet werden. Und diese Kriterien sind schärfer als das Vorliegen eines bloßen Rechtsverstoßes (vgl. → D.I.2.a)).

69 *Karasek*, Komentarz (Fn. 65), Art. 417^1 Rn. I 6.
70 So *Wierzbowski*, Prawo Administracyjne, 7. Aufl., 2007, S. 269.
71 Sehr dezidiert *Zimmermann*, Prawo administracyjne, 3. Aufl., 2008, S. 308–309 m.w.N. Eine gesetzliche Regelung zu der Frage des Ermessens gibt es in Polen allerdings, etwa im Gegensatz zu Deutschland (vgl. § 40 VwVfG), nicht.
72 Vgl. *Jakimowicz*, Zewnętrzne granice uznania administracyjnego, PiP 2010/5, 42 (49 ff.).
73 *Wierzbowski*, Prawo administracyjne (Fn. 70), S. 271–272 mit zahlreichen Rechtsprechungsnachweisen. Die Tendenz geht dahin, die richterliche Kontrolle zu stärken, so *Zimmermann*, Prawo administracyjne (Fn. 71), S. 311.
74 SN z 19.4.2012 (Fn. 66).

Es ist nicht zu verkennen, dass diese Diskussion durch die Rechtsprechung des EuGH stimuliert wird, insbesondere durch die Urteile *Brasserie du Pecheur/Factortame III* und *Köbler*.[75] Beide werden im polnischen Schrifttum auch im Kontext des Art. 77 Abs. 1 der Verfassung – mehr[76] oder weniger[77] ausführlich – analysiert. Von entscheidender Bedeutung ist hier der Umstand, dass der EuGH für die Begründung der Haftung bei der Verletzung des Unionsrechts – sowohl durch die Mitgliedstaaten als auch durch die Gemeinschaft – einen „hinreichend qualifizierten Rechtsverstoß" verlangt. Die Diskussion in der polnischen Literatur und Rechtsprechung ist ein durchaus gelungener Versuch, Kriterien für die Entscheidung zu entwickeln, in welchen Fällen der Rechtsverstoß als „hinreichend qualifiziert" angesehen werden kann. Die Frage, ob der Rechtsverstoß auch für die Begründung der Staatshaftung nach Art. 77 Abs. 1 der Verfassung und Art. 417 k.c. „hinreichend qualifiziert" sein muss, wird ebenfalls – wie dargelegt – kontrovers diskutiert. Eine Parallele lässt sich zwischen dem polnischen Recht und dem Unionsrecht dahingehend erkennen, dass auch letzteres bei der Haftung für Gerichtsurteile einen strengeren Maßstab anzulegen scheint: So seien „die Besonderheit der richterlichen Funktion sowie die berechtigten Belange der Rechtssicherheit" zu berücksichtigen, was dazu führe, dass ein „hinreichend qualifizierter Rechtsverstoß" nur „im Ausnahmefall" begründet sein dürfte.[78] Anders als im Unionsrecht ist es aber im polnischen Recht nicht möglich, die Staatshaftung für Verwaltungsentscheidungen nur beim „hinreichend qualifizierten" Rechtsverstoß anzuerkennen; hier kann grundsätzlich jeder Rechtsverstoß die Staatshaftung auslösen.

3. Handlungspflicht des Gesetzgebers

Ein Normverstoß liegt auch dann vor, wenn der Gesetzgeber hätte handeln müssen, aber nicht gehandelt hat. Eine Handlungspflicht wird von dem Obersten Gericht angenommen, wenn sich feststellen lässt, was der Gesetzgeber hätte konkret tun sollen; die Handlungspflicht muss sich hierbei aus einer Rechtsvorschrift (so bereits der Wortlaut des Art. 417^1 § 4 k.c.) klar, konkret und eindeutig ergeben.[79] Zudem muss die Möglichkeit bestehen, den Inhalt des unterlassenen Normativaktes mit Blick auf die Rechte und Pflichten seiner Adressaten zu bestimmen.[80]

Die von dem Obersten Gericht mit Blick auf die Klarheit und Unbedingtheit der die Handlungspflicht konstruierenden Norm aufgestellte Hürde ist hoch. Sie wurde in der Literatur kritisiert.[81] Einigkeit dürfte darüber bestehen, dass sich die haftungsbegründende Handlungspflicht

75 *Karasek*, Komentarz (Fn. 65), Art. 417 Rn. I 5.

76 Insbes. *Karasek*, Komentarz (Fn. 65), Art. 417^1 Rn. I 6; *Bosek*, Uwagi na tle orzecznictwa Sądu Najwyższego w sprawie skutków odszkodowawczych decyzji podatkowych uchylonych w toku instancji, Rejent 2003/1, 41 (60). Für den letzteren Autor ist die Rechtsprechung des EuGH ein Zusatzargument für die Begründung der Staatshaftung nur bei gravierenden Rechtsverstößen bzw. eine Bestätigung des bereits gefundenen Ergebnisses.

77 Knapper Hinweis auf den Fall *Köbler* bei SN z 13.3.2009, II CNP 120/2008, LexPolonica Nr. 2072837.

78 EuGH C-224/01, Slg. 2003, I-10239, Rn. 53 – *Köbler*.

79 St. Rspr., vgl. SN z 6.7.2006, III CZP 37/06, OSNC 2007/4/56, SN z. 29.6.2912, I CSK 547/11, LEX Nr. 1214323, SN z 6.9.2012, I CSK 59/12, LEX Nr. 1231457, ferner *Bosek*, Studia Iuridica 2007, 19 (23), *Safjan/Matuszyk*, Odpowiedzialność, S. 78.

80 So die h.M., vgl. *Safjan/Matuszyk*, Odpowiedzialność, S. 84 w.m.N., vgl. auch SN z 6.9.2012, I CSK 59/12, LEX Nr. 1231457.

81 In dem durch das Oberste Gericht entschiedenen Fall ging es um die Schadensersatzpflicht des Staates gegenüber einem Transportunternehmen. Das Transportunternehmen war in diesem Fall die Stadt Warschau. Der Gesetzgeber legte fest, dass bestimmte Personengruppen ein Recht auf Ermäßigungen und Befreiungen haben (es ging um Studenten und Kriegsveteranen). In demselben Gesetz wurde festgelegt, dass durch ein weiteres Gesetz das Organ festgelegt wird, welches verpflichtet ist, dem Transportunternehmen die Kosten der Anwendung von diesen Befreiungen und Ermäßigungen zurückzuerstatten sowie die Art und Weise der Erstattung. Dieses weitere Gesetz ist niemals ergangen. Die Stadt Warschau klagte den durch die Anwendung der Befreiungen und Ermäßigungen entgan-

aus den in der Verfassung geregelten sozialen Grundrechten nicht ergeben kann, so z.B. nicht aus Art. 71 Abs. 2 (Recht der Mutter auf besondere, durch Gesetz näher zu bestimmende Hilfe des Staates vor und nach der Geburt des Kindes). Das Postulat, die Haftung für Unterlassen nur beim Nichterlassen der gesetzlich vorgesehenen Ausführungsakte (hauptsächlich Rechtsverordnungen) zuzulassen, wurde durch die Rechtsprechung nicht aufgegriffen[82] und in der Literatur als zu eng kritisiert.[83] In den Anwendungsbereich des Art. 417^1 § 4 k.c. fallen ferner die Fälle der fehlenden Umsetzung des Sekundärrechts der Europäischen Union innerhalb der vorgeschriebenen Frist.[84]

Unstimmigkeiten in der Rechtsprechung des Obersten Gerichts gab es bei der Frage, wie die Handlungspflicht ermittelt werden soll. Die Tatsache, dass es sich um eine nach den oben zitierten Maßstäben hinreichend konkrete Handlungspflicht handeln muss, wurde zwar nicht prinzipiell in Abrede gestellt. Im Jahr 2006 stellte sich aber das Oberste Gericht auf den Standpunkt, dass sich die Handlungspflicht *expressis verbis* aus der Rechtsnorm ergeben muss; es reiche nicht, wenn sie erst durch Auslegung ermittelt werde.[85] Diese Ansicht wurde im Juni 2012 durch das Oberste Gericht – es handelte sich um einen Beschluss von drei Richtern und die Richterbank war anders besetzt als 2006 – ausdrücklich verworfen. Es führte aus, dass es nicht überzeugend sei, nur auf die grammatikalische Auslegung abzustellen. Führe diese nämlich zu sinnwidrigen Ergebnissen, so sei es legitim, auch auf weitere Auslegungsmethoden zurückzugreifen. Die Auslegung der Rechtsnormen gehöre zum Kerngeschäft der rechtsprechenden Gewalt und stelle keinen Übergriff in die Tätigkeitssphäre der Legislative dar.[86] Zwei Monate später – im September 2012 – wurde diese Ansicht durch das Oberste Gericht in einer wieder anderen Besetzung dahingehend präzisiert, dass eine Ermittlung der Handlungspflicht des Gesetzgebers im Zuge der Auslegung zwar zulässig sei, es sich dabei aber um keine „rechtssetzende Auslegung" („*wykładnia prawotwórcza*") handeln dürfe.[87] Was das Gericht unter einer „rechtssetzenden Auslegung" versteht, erläutert es nicht weiter, fügt aber hinzu, dass der Richter den Grundsatz der Gewaltenteilung zu respektieren habe. Vorzugswürdiger erscheint die Auffassung des Gerichts vom Juni 2012. Es besteht kein Bedarf, die tatbestandliche Eingrenzung der Handlungspflicht („konkret und eindeutig") mit einer fragwürdigen, lebensfremden und auch in der polnischen Rechtsordnung unüblichen Beschneidung der juristischen Erkenntnismittel noch weiter zu verschärfen.

4. Untersuchungshaft und Festnahme

Bei der Untersuchungshaft und Festnahme bildet die Sonderregel des Art. 552 § 4 k.p.k. die Anspruchsgrundlage. Diese Norm setzt voraus, dass die Untersuchungshaft oder die Festnahme

---

genen Gewinn ein. Das Oberste Gericht sah es zwar als grundsätzlich möglich an, in einem Gesetz den Erlass eines anderen Gesetzes zu versprechen. Vorliegend sei aber dieses Versprechen nicht eindeutig genug gewesen. Der Gesetzgeber habe nur vorgesehen, „eine bestimmte Frage in einem anderen Gesetz zu regeln". SN z 13.3.2009, III PK 59/08; Dagegen *Piłat*, Glosa do uchwały Sądu Najwyższego z dnia 6 lipca 2006 r. (sygn. akt III CZP 37/06), PSejm 2007, S. 182 (187). Laut dieser Autorin habe der Gesetzgeber bei dem Transportunternehmen einen Vertrauenstatbestand geschaffen.

82 Das Oberste Gericht hat hierzu ausgeführt, der Gesetzgeber könne sich in einem Gesetz durchaus verpflichten, ein weiteres Gesetz zu erlassen und dabei den Inhalt der in diesem weiteren Gesetz zu regelnden subjektiven Rechte mit hinreichender Präzision bestimmen. Kommt er anschließend dieser Verpflichtung nicht nach, so kann dies Haftungsansprüche nach sich ziehen, vgl. SN z 6.9.2012, I CSK 59/12, LEX Nr. 1231457.

83 *Safjan/Matuszyk*, Odpowiedzialność, S. 79.

84 So auch *Safjan/Matuszyk*, Odpowiedzialność, S. 86.

85 SN z 6.7.2006, III CZP 37/06, OSNC 2007/4/56.

86 SN z. 29.6.2912, I CSK 547/11, LEX Nr. 1214323.

87 SN z 6.9.2012, I CSK 59/12, LEX Nr. 1231457.

„zweifelsfrei unrichtig" (poln. *„niewątpliwie niesłuszne"*) gewesen sein muss. Es ist im Einzelnen umstritten, was mit diesem Ausdruck gemeint ist, insbesondere ob bei der Beurteilung der „Unrichtigkeit" die Perspektive *ex ante* (so die Rechtsprechung) oder *ex post* (so die Literatur) einzunehmen ist.[88] Ist es aber bei der Festnahme oder Anordnung der Untersuchungshaft zu einem Rechtsverstoß gekommen, so ist das Handeln des Staates als „zweifelsfrei unrichtig" anzusehen.[89]

III. Schutzgutbezogenheit

Bei der Verletzung der sog. „persönlichen Güter" – in Betracht kommen hier vor allem die persönliche Ehre und der gute Ruf – sieht Art. 448 k.c. einen eigenständigen Anspruch vor, der auf den Ersatz des Nichtvermögensschadens durch die Zahlung einer „angemessen Geldsumme" abzielt. Der Nichtvermögensschaden wird als „körperliche Beschwerden und psychisches Leiden"[90] des Geschädigten verstanden. Die erwähnte Norm ist eine „Kann-Vorschrift": Die Zuerkennung der „angemessenen Summe" hat damit einen fakultativen Charakter.[91] Wie es allerdings der TK erklärte, darf die Entscheidung über die Zuerkennung der „angemessenen Summe" keinen willkürlichen Charakter haben. Sie ist an objektiven Kriterien auszurichten: Hat damit die Beeinträchtigung der „persönlichen Güter" eine bestimmte Intensität und ein bestimmtes Ausmaß erreicht, so muss die Entschädigung gewährt werden.[92]

Im Kontext der Staatshaftung ist hier der Umstand problematisch, dass Art. 448 k.c. nach h.M.[93] Verschulden voraussetzt, wodurch die in Art. 77 Abs. 1 der Verfassung gewährleistete Aktivlegitimation als beschnitten angesehen werden könnte. Diese Frage ist nicht abschließend geklärt.[94] Problematisch ist aus demselben Grund das Ermessen bei der Zuerkennung der angemessenen Geldsumme: Auch wenn der „Schaden" verfassungsrechtlich – wie ausgeführt – nicht definiert ist, sind die Einschränkungen des Haftungsumfangs nur in gewissen Grenzen zulässig.[95] Dies muss logischerweise auch für schutzgutbezogene Einschränkungen der Staatshaftung gelten. Folgerichtig stellte das Oberste Gericht fest, dass im Fall der Staatshaftung der fakultati-

---

88 *Safjan/Matuszyk*, Odpowiedzialność, S. 141 m.w.N.
89 So *Safjan/Matuszyk*, Odpowiedzialność, S. 142, ferner *Grajewski/Paprzycki et al.*, Kodeks postępowania karnego. Komentarz. Bd. II, 2006, Art. 552 Rn. 25.
90 Vgl. *Safjan*, in: Pietrzykowski et al., Kodeks cywilny. Komentarz. Tom I, 2011, Art. 448 Rn. 17, SA Poznań z 9.10.2010, I Aca, 841/10, LEX Nr. 756729.
91 SA Poznań z 9.10.2010 (Fn. 90).
92 TK z 7.2.2005, SK 49/03, OTK ZU 2005/2A/13.
93 Vgl. *Safjan*, Komentarz (Fn. 90), Art. 448 Rn. 13–14, SN z 19.10.2011. II CSK 721/10, LEX Nr. 1102655 m.w.N..
94 *Bagińska*, Odpowiedzialność, S. 417. Die Autorin spricht sich für die Beibehaltung der verschuldensabhängigen Haftung für den Nichtvermögensschaden aus, da es ansonsten zu einer unangemessenen Erweiterung der Staatshaftung käme. Diese Auffassung stößt allerdings mit Blick auf die eindeutige Äußerung des TK zum Schadensbegriff im Sinne des Art. 77 Abs. 1 der Verfassung auf Bedenken, der auch den Nichtvermögensschaden umfassen soll. Unter dieser Voraussetzung garantiert die zitierte Verfassungsnorm einen verschuldensunabhängigen Schadensersatzanspruch auch beim Nichtvermögensschaden. Vgl. TK z 4.12.2001, (Fn. 9). In einer späteren Entscheidung scheint aber der TK zu der Auffassung zu tendieren, dass die Zahlung der angemessenen Geldsumme im Sinne des Art. 448 k.c. über die Schadensersatzpflicht hinausgehe. Art. 448 k.c. begründe somit einen *„überstandardmäßigen"* d.h. einen über die Garantie des Art. 77 Abs. 1 der Verfassung hinausgehenden Anspruch. Im polnischen Zivilrecht werde der Nichtvermögensschaden – so sinngemäß der TK – in der Regel anderweitig als durch Geldzahlungen ausgeglichen. Vgl. TK z 7.2.2005, SK 49/03, OTK ZU 2005/2A/13. Inwieweit die Zahlung einer angemessenen Geldsumme eine Form des Schadensersatzes darstellt, ist in der polnischen Zivilrechtslehre umstritten. Vgl. dazu *Kaliński*, Odpowiedzialność odszkodowawcza, in: Olejniczak, § 2, Rn. 78.
95 Vgl. → C.IV.1.

ve Charakter der Entschädigung nach Art. 448 k.c. wegfalle.[96] Die Rechtsprechung ist hier aber alles andere als gefestigt. So hat das Appelationsgericht Wrocław eine Entschädigung nach Art. 448 k.c. wegen Unterbringung in einer überfüllten Gefängniszelle verweigert, da es aufseiten der zuständigen Organe keine gezielte Böswilligkeit erkennen konnte.[97] Da es sich bei der Böswilligkeit um kein „objektives" Kriterium handelt, ist dieses Urteil mit der dargestellten Rechtsprechung des TK und des Obersten Gerichts nicht zu vereinbaren. Inwiefern sich aber die Intensität der psychischen Leiden des Geschädigten überhaupt „objektiv" feststellen lässt, steht auf einem anderen Blatt. Beim Personenschaden ist Billigkeitshaftung vorgesehen; dabei werden der Haftungsumfang und die Verjährungsfristen unterschiedlich geregelt (mehr dazu unten).

IV. Zurechnung

Gehaftet wird für die Ausübung der öffentlichen Gewalt, ganz gleich von wem sie ausgeübt wird (s.o). Differenzierungen ergeben sich nur hinsichtlich der Haftungsfolgen (s.u.).

V. Kausalität

In Anlehnung an die deutsche Dogmatik wird zwischen der haftungsbegründenden und haftungsausfüllenden Kausalität unterschieden.[98] Es gelten die allgemeinen zivilrechtlichen Regeln. So wird in Art. 361 § 1 k.c. geregelt, dass der Schädiger für die „normalen Folgen" der schadensstiftenden Handlung einzustehen hat. Die Voraussetzung der „normalen Folgen" ist in erster Linie im Sinne der Äquivalenz- und Adäquanztheorie zu verstehen: Es wird zunächst untersucht, ob zwischen den Fakten ein objektiver Zusammenhang im Sinne der *sine qua non* Formel besteht. Im Anschluss daran wird gefragt, ob die Folgen typisch und unter den konkreten Fallumständen zu erwarten gewesen wären.[99] Wenige Besonderheiten ergeben sich im Bereich der haftungsausfüllenden Kausalität (s.u.). Auch in der Pflicht zur Feststellung eines adäquaten Kausalzusammenhanges sieht das Oberste Gericht einen Faktor, der eine Ausuferung der Staatshaftung verhindert.[100]

VI. Relevanz von Verschulden

Die Staatshaftung ist verschuldensunabhängig. Nach der Auffassung des Verfassungsgerichtshofes wird in Art. 77 Abs. 1 der Verfassung verboten, die Staatshaftung von einem Verschuldensmerkmal in welcher Form auch immer abhängig zu machen. Würde der Gesetzgeber auch nur noch das „Organisationsverschulden" oder „anonymisiertes Verschulden" verlangen, so wäre dies verfassungswidrig. Dies liegt daran, dass Art. 77 Abs.1 das Verschulden nicht erwähnt

---

96 SN z 19.10.2011, II CSK 721/10, LEX Nr. 1102655. Aus den Ausführungen des SN wird nicht ganz deutlich, ob das Gericht den fakultativen Charakter der Entschädigung für Staatshaftungsfälle prinzipiell ablehnt, oder ob es davon ausgeht, dass die durch den TK geforderte (Fn. 92) „objektivierte Betrachtung" bei Staatshaftungsfällen stets dazu führt, dass die Entschädigung zu gewähren ist.

97 SA Wrocław z 29.3.2012, I Ca 180/12, LEX Nr. 1171315.

98 *Kaliński*, Odpowiedzialność (Fn. 94), § 3, Rn. 100.

99 *Bieniek*, Komentarz, Art. 361 k.c. Anm. 3.

100 SN z 19.4.2012, IV CSK 406/11, LEX Nr. 1169347.

und diese Vorschrift aus der Sicht des Bürgers den Minimalstandard an Voraussetzungen für die Staatshaftung begründet; ein Mehr an Haftungsvoraussetzungen kann daher nicht verlangt werden. In der Literatur wird zwar darauf hingewiesen, dass die Feststellung der Rechtswidrigkeit bzw. „Unvereinbarkeit mit dem Recht" subjektiv gefärbt sei,[101] es bisher jedoch keine Anzeichen dafür gebe, dass das Merkmal des Verschuldens in die Prüfung der Rechtswidrigkeit „hineingeschmuggelt" wurde.

VII. Haftung ohne Normverstoß

Einen allgemeinen, gewohnheitsrechtlich anerkannten Aufopferungsanspruch kennt die polnische Rechtsordnung nicht. Ob den nachfolgend beschriebenen Haftungstatbeständen, die über mehrere Gesetzeswerke verstreut sind, ein übergreifender Aufopferungsgedanke zugrundeliegt, darf bezweifelt werden.

1. Billigkeitshaftung nach Art. 417^2 k.c.

Die Haftung nach Art. 417^2 k.c. setzt voraus:
- rechtmäßige Ausübung der öffentlichen Gewalt;
- Eintritt eines Personenschadens;
- einen adäquaten Kausalzusammenhang zwischen den beiden vorgenannten Voraussetzungen;
- Begründetheit der Zuerkennung des Schadensersatzes und der Entschädigung nach Billigkeitserwägungen.

Bei dem letzteren Punkt sind nach dem Wortlaut des Gesetzes die Umstände des Einzelfalles zu berücksichtigen, insbes. die evtl. Arbeitsunfähigkeit des Geschädigten oder dessen schwierige materielle Lage.

2. Enteignungen

Die Voraussetzung für den Schadensersatz ist die Enteignung eines Grundstückseigentümers, eines Erbbauberechtigten oder eines Inhabers eines dinglichen Rechts (Art. 128 Abs. 1 u.g.n.). Das Gesetz bezieht sich gemäß Art. 112 § 1 u.g.n. auf Grundstücke, die entweder in einem Raumbewirtschaftungsplan für öffentliche Zwecke vorgesehen, oder durch einen Verwaltungsakt für öffentliche Investitionen gewidmet wurden. Die zitierte Norm regelt auch die Voraussetzungen, unter welchen eine Enteignung zulässig ist. Zuständig für Enteignungsentscheidungen ist der Landrat (poln. *starosta*); es handelt sich dabei um eine Aufgabe aus dem Bereich der Regierungsverwaltung (Art. 112 Abs. 4 u.g.n.).

3. Minderungen des Nutzwertes

Die Voraussetzung für den Schadensersatzanspruch ist die Verabschiedung oder Änderung eines Bebauungsplanes, die Ergreifung einer Umweltschutzmaßnahme oder einer wasserrechtlichen Schutzmaßnahme. Der Anspruch besteht, wenn dadurch die Nutzung des Grundstücks oder eines Teils des Grundstücks auf bisherige Art oder entsprechend dem bisherigen Wid-

101 So *Banaszczyk* (Fn. 51), in: Olejniczak, § 33, Rn. 98.

mungszweck unmöglich oder wesentlich eingeschränkt wurde (Art. 36 § 1 u.p.z.p.; Art. 129 § 1 p.o.s. und Art. 187 § 1 p.w.).

4. Erbringung von Leistungen im öffentlichen Interesse

Wird der Einzelne per Gesetz zur Erbringung der Leistungen im öffentlichen Interesse verpflichtet, so gilt es, nicht nur diese Leitungen angemessen zu vergüten, sondern auch die im Zusammenhang mit der Erbringung dieser Leistungen möglicherweise entstehenden Schaden zu ersetzen.[102] Die Schadensersatzpflicht wird in den Vorschriften normiert, die dem Individuum eine Leistungspflicht auferlegen. So kann die zuständige Behörde gemäß Art. 40 § 1 des Energiegesetzes[103] einen Energieanbieter verpflichten, seine Tätigkeit bis zu 2 Jahren nach dem Erlöschen der energierechtlichen Erlaubnis fortzuführen. Falls der Energiebetreiber dadurch Verluste erwirtschaftet, sind ihm diese gemäß Art. 40 § 2 des Energiegesetzes zu ersetzen.

5. Garantiehaftung

Die polnische Rechtsordnung enthält einige Sondertatbestände, die eine von der Tätigkeit der Staatsbediensteten unabhängige Staatshaftung begründen, die daher als „Quasi-Garantiehaftung" bezeichnet wird.[104] Als Beispiel kann hier die Haftung für Wildschäden genannt werden.[105]

C. Haftungsfolgen

I. Haftungssubjekte

1. Die haftenden Hoheitsträger

Zu der Gruppe der nach Art. 417 § 1 k.c. haftenden Hoheitsträger gehören:
- der „*skarb państwa*" (der „Staatsschatz") – hier vereinfachend als „der Staat" bezeichnet. Das polnische Recht versteht unter dem Begriff „Staatsschatz" eine juristische Person des öffentlichen Rechts, die den Staat als Eigentümer des Staatsvermögens repräsentiert („eine zivilrechtliche Personifizierung des Staates"[106]); der Staatsschatz ist das Zuordnungssubjekt für die zivilrechtlichen Rechte und Pflichten des Staates (vgl. Art. 34, 40 k.c.);
- die Einheiten der territorialen, d.h. der kommunalen und regionalen Selbstverwaltung wie Gemeinden, Landkreise und *Woiwodschaften* (Regionen);[107]
- eine juristische Person, die die öffentliche Gewalt kraft Gesetzes ausübt. Ein Beispiel hierfür ist im Bereich des Gesundheitsschutzes der bereits erwähnte Nationale Gesundheitsfonds (s.o.).

---

102 Siehe dazu ausführlich mit Nachweisen der entsprechenden Rechtsnormen, *Parchomiuk*, in: Bagińska/Parchomiuk, Kap. VII, Rn. 70.
103 Ustawa z dnia 10 kwietnia 1997 r. – Prawo energetyczne, Dz. U. 2012, Pos. 1059.
104 *Parchomiuk*, in: Bagińska/Parchomiuk, Kap. VII, Rn. 79.
105 Vgl. Art. 126 Ustawa z dnia 16 kwietnia 2004 r. o ochronie przyrody, Dz. U. 2009, Nr. 151, Pos. 1220 (Umweltschutzgesetz) sowie Art. 50 Ustawa z dnia 13 października 1995 r. – Prawo łowieckie, Dz.U. 2005, Nr. 127, Pos. 1066 (Jagdgesetz).
106 So *Bieniek*, Komentarz, Art. 417 Rn. 17.
107 Zu dem Aufbau der polnischen Selbstverwaltung vgl. nach wie vor aktuell *Schnapp*, Die Garantie der örtlichen Selbstverwaltung in der polnischen Verfassung, DÖV 2001, 723 ff., ferner *Banaszak/Milej*, Staatsrecht, S. 157–162.

Art. 417 § 2 k.c. regelt eine Situation, in der die Erfüllung von Aufgaben aus dem Bereich der öffentlichen Gewalt im Wege einer Vereinbarung in Auftrag gegeben wurde.[108] Als Auftraggeber kommen nach dieser Norm der Staatsschatz und eine Einheit der territorialen Selbstverwaltung in Betracht, als Auftragnehmer eine Einheit der territorialen Selbstverwaltung oder eine andere juristische Person.

Gemäß Art. 417 § 2 k.c. haften Auftragnehmer und Auftraggeber gesamtschuldnerisch.

2. Persönliche Haftung des handelnden Amtsträgers – Gesamtschuld und Regress

Die Staatshaftung schließt die persönliche Haftung des handelnden Amtsträgers nicht aus:[109] Gegen Letzteren kann ein allgemeiner deliktischer Anspruch gemäß Art. 415 k.c. bestehen, der allerdings verschuldensabhängig ist. Allein unter Zugrundelegung der Vorschriften des k.c. würde sich die Rechtslage so darstellen, dass der handelnde Amtsträger gemäß Art. 441 § 1 k.c. mit dem Staat gesamtschuldnerisch haftet. Gemäß Art. 441 § 3 k.c. wäre sogar ein vollständiger Regress möglich: Nach dieser Vorschrift kann ein solcher durch denjenigen, der den Schaden ersetzt hat, dem Schädiger gegenüber geltend gemacht werden, wenn der Schaden durch dessen Verschulden entstanden ist.

Diese gesamtschuldnerische Haftung wird hier aber nach Maßgabe des *Kodeks pracy* (Arbeitsgesetzbuch, abgekürzt: k.p.)[110] modifiziert. Das Arbeitsgesetzbuch ist gemäß Art. 1 k.p. auf die Verhältnisse zwischen den Arbeitgebern und den Arbeitnehmern anwendbar. Der Begriff des Arbeitnehmers ist in Art. 2 k.p. recht weit definiert. Er umfasst eine nicht nur auf der Grundlage eines Arbeitsvertrages, sondern auch eine aufgrund von Berufung, Wahl, Ernennung etc. eingestellte Person. Im Übrigen ordnet Art. 5 k.p. die allgemeine Geltung des Arbeitsgesetzbuches an: Dessen Regeln gelten auch, wenn das Arbeitsverhältnis durch ein Spezialgesetz geregelt ist. Das Arbeitsgesetzbuch gilt dann subsidiär in den durch dieses Spezialgesetz nicht erfassten Fällen.

Als Arbeitnehmer kraft Ernennung[111] – die Ernennung wird als Quelle des Arbeitsverhältnisses in Art. 76 k.p. genannt – gelten z.B. Beamte,[112] Richter[113] und Staatsanwälte[114]. Keine Arbeitnehmer im Sinne des Arbeitsgesetzbuches sind hingegen Bedienstete militarisierter Formationen, die in einem nach Spezialgesetz begründeten Dienstverhältnis stehen, was z.B. für Militärs, Polizisten oder den Justizvollzugsdienst zutrifft.[115] Da jedoch keine dieser Spezialgesetze Regeln über zivilrechtliche Haftung enthalten, gelten auch für diese Personengruppe gemäß Art. 5 k.p. die Regelungen des Arbeitsgesetzbuches. In Anbetracht dessen kann die These aufgestellt wer-

---

108 Unter einer „*Vereinbarung*" ist eine nichthoheitliche Handlungsform der Verwaltung zu verstehen. Der Gegenstand der Vereinbarung liegt im Verwaltungsrecht (und nicht im Zivilrecht). Vereinbart werden kann die gemeinsame Erfüllung von Aufgaben oder das Übertragen von Aufgaben von einer Körperschaft auf eine andere. So kann eine Gemeinde einer anderen Aufgaben übertragen oder die Staatsverwaltung einer Körperschaft der kommunalen Verwaltung. Eine Vereinbarung ist nur auf der Grundlage der gesetzlichen Ermächtigung zulässig. vgl. *Wierzbowski*, Prawo administracyjne (Fn. 70), S. 277.

109 So ausdrücklich SN z 5.9.2005, II CK 27/05, LexPolonica Nr. 386349, zust. *Safjan/Matuszyk*, Odpowiedzialność, S. 36, *Bieniek*, Komentarz, Art. 417 Rn. 30.

110 *Ustawa z 26 czerwca 1974 r. – Kodeks pracy*, Dz. U. 1998, Nr. 21, Pos. 94 (Neufassung).

111 Ausführlich *Zieliński* et al., Kodeks pracy. Komentarz, Art. 76 Rn. 4–5. Selbstverständlich unterscheidet sich z.B. das Arbeitsverhältnis des Richters von dem Arbeitsverhältnis eines Angestellten im öffentlichen Dienst; die in Spezialgesetzen (vgl. Fn. 113–115) enthaltenen Regeln sind aber in dem hier relevanten Bereich nicht einschlägig.

112 Vgl. *Ustawa z dnia 21 listopada 2008 r. – o służbie cywilnej*, Dz. U. 2008, Nr. 227, Pos. 1505 – Art. 3 Ziff. 2.

113 Vgl. Ustawa z dnia 27 lipca 2001 r. – Prawo o ustroju sądów powszechnych, Dz.U. 2001, Nr.98, Pos. 1070 – Art. 55.

114 Vgl. *Ustawa z dnia 20 czerwca 1985 r. o prokuraturze*, Dz.U. 2008, Nr. 7, Pos. 39 (Neufassung) – Art. 45.

115 *Zieliński*, Kodeks pracy (Fn. 111), Art. 2 Rn. 10.

den, dass die angesprochenen Modifikationen des Gesamtschuldverhältnisses zwischen dem Staat und dem Amtsträger eine umfassende Geltung beanspruchen.

Es handelt sich um folgende Modifikationen:

- Das Gesamtschuldverhältnis zwischen dem handelnden Amtsträger und dem haftenden Hoheitsträger wird im Außenverhältnis gemäß Art. 120 k.p. aufgehoben; eine etwaige Schadensersatzklage gegen den handelnden Amtsträger ist daher zurückzuweisen.[116]
- Im Innenverhältnis ist ein vollständiger Regress bei Vorsatz des haftenden Hoheitsträgers gegen den Handelnden möglich (Art. 122 k.p.).
- Bei Fahrlässigkeit ist der Regress auf das Dreifache des Monatsentgelts beschränkt, das dem Arbeitnehmer am Tage der Verursachung des Schadens zustand (Art. 119 k.p.)

3. Versicherungen

Die Frage der Versicherungen für die durch die Ausübung der öffentlichen Gewalt verursachten Schäden wird in der polnischen Literatur, soweit ersichtlich, nicht thematisiert. Jedoch macht bereits ein Blick auf die Leistungsbeschreibungen in den veröffentlichten Vergabeverfahren deutlich, dass vor allem Gemeinden und Landkreise an einer solchen Versicherung durchaus Interesse haben. Angeboten wird sie als eine Zusatzoption im Rahmen einer umfassenden Haftpflichtversicherung (die auch die *dominium*-Sphäre umfasst).

Als für den marktüblichen Versicherungsschutz exemplarisch wird hier kurz auf die in der Leistungsbeschreibung des Landkreises *Staszów* enthaltenen Versicherungsbedingungen eingegangen.[117] Auffallend ist der Schadensbegriff. Der Versicherer haftet nur für einen – im Verhältnis zu den Regelungen im k.c. – eng verstandenen positiven Schaden.[118] Ausgeschlossen wird die Haftung u.a. für den aus einer „mangelhaften Organisation im Bereich des Gesundheitsschutzes" und den „im Zusammenhang mit der Verübung einer Straftat durch Personen auf Leitungspositionen" entstandenen Schaden. Die Deckungssumme ist dementsprechend nicht hoch und beträgt PLN 200.000 (ca. € 50.000). Bei größeren Selbstverwaltungskörperschaften ist eine größere Deckungssumme üblich; die Stadt Stettin ist z.B. bis PLN 500.000 (€ 125.000) versichert.[119]

Die charakterisierte Versicherungsoption hat ihre Marktpräsenz nicht der Initiative der Selbstverwaltungskörperschaften, sondern der Versicherungs- und Brokerfirmen zu verdanken. Gegenwärtig wird sie landesweit durch vier Versicherungsunternehmen angeboten. Das Interesse der Selbstverwaltungskörperschaften steigt kontinuierlich, auch wenn durchaus Fälle auftreten, in denen die Versicherungsoption abgelehnt bzw. nicht gewünscht wird.[120]

---

116 Die h.M. in der Rspr. und Literatur, vgl. grundlegend SN z 12.6.1976, III CZP 5/76, LexPolonica Nr. 301150, zust. *Bieniek*, Komentarz, Art. 441, Rn. 25, *Safjan/Matuszyk*, Odpowiedzialność, S. 36.

117 Die Leistungsbeschreibung ist im Internet unter http://www.starostwo.staszow.eobip.pl abrufbar (Abschluss des Vergabeverfahrens war 24.5.2010, 10.00 Uhr, zuletzt abgerufen am 4.4.2013).

118 Definiert wird der Schaden als „reiner Finanzverlust, unter welchem ein Schaden zu verstehen ist, der sich nicht aus einem Sach- oder Personenschaden ergibt, der einem Dritten zugefügt wurde. Der Schaden umfasst den Verlust einer Sache, darunter auch der Möglichkeit, die Sache zu nutzen".

119 Vgl. Information auf den Internetseiten der Stadtverwaltung http://bip.um.szczecin.pl (zuletzt abgerufen am: 4.4.2013).

120 Für die umfassende und freundliche telefonische Auskunft sei an dieser Stelle Herrn Direktor *Lech Radzewicz* von der Firma *Inter Broker* aus Toruń aufrichtig gedankt.

II. Individualansprüche

Anspruchsberechtigt ist jedes Zivilrechtssubjekt, darunter auch Organisationseinheiten ohne Rechtspersönlichkeit, soweit ihnen das Gesetz Rechtsfähigkeit einräumt.[121] Diese breite Anspruchsberechtigung ist verfassungsrechtlich abgesichert; Art. 77 Abs. 1 der Verfassung ist ein Jedermannsrecht. Beschränkungen in diesem Bereich, z.B. in Bezug auf Ausländer, wurden bisher nicht diskutiert; sie wären allerdings als verfassungswidrig einzustufen.

III. Haftungsinhalt

Nach der Auffassung des TK ist der Umfang des „Schadens" im Sinne des Art. 77 Abs. 1 nach dem Zivilrecht zu ermitteln, da in diesem Rechtsgebiet der Mechanismus der Schadenshaftung geregelt ist. Der TK fügt aber hinzu, dass von dem verfassungsrechtlichen Schadensbegriff sowohl der Vermögens- als auch der Nichtvermögensschaden erfasst werden.[122]

Der Haftungsinhalt wird demzufolge nach dem allgemeinen Deliktsrecht (Art. 361ff. k.c.) ermittelt. Von der Schadensersatzpflicht erfasst werden sowohl der positive Schaden (*damnum emergens*) als auch der entgangene Gewinn (*lucrum cessans*); maßgeblich ist die Differenzmethode.[123] Das Gesetz (Art. 363 § 1 k.c.) zeigt zwei Methoden des Schadensausgleichs auf: Zum einen die Naturalrestitution („Wiederherstellung des früheren Zustands") und zum anderen die Ersatzleistung in Geld. Dem Geschädigten wird ein Wahlrecht zwischen den beiden Formen eingeräumt; beim Schaden am Körper oder an der Gesundheit ist auch Schmerzensgeld vorgesehen (Art. 445 § 1 k.c.).

Der Ersatz eines Nichtvermögensschades ist in Art. 448 k.c. bei der Verletzung der sog. „persönlicher Güter" vorgesehen (s.o.).[124] Bei der Billigkeitshaftung nach Art. 417^2 k.c. ist neben dem Schadensersatz auch eine Entschädigung zu leisten. Der Schaden ist „ganz oder teilweise" – abhängig von den Billigkeitserwägungen – zu ersetzen.

Bei rechtmäßigen Enteignungen nach der u.g.n., hat der Landrat die Höhe der Entschädigung in der Entscheidung über die Enteignung festzulegen (Art. 129 § 1 u.g.n.). Maßgeblich ist der Zustand und Wert der Immobilie zum Zeitpunkt der Enteignung (Art. 130 § 1 u.g.n.). Alternativ kann dem Enteigneten – wenn dieser zustimmt – ein Ersatzgrundstück zuerkannt werden (Art. 131 § 1 u.g.n.). Der Wertunterschied zwischen dem Wert des Ersatzgrundstücks und dem Wert des enteigneten Grundstücks ist durch eine Geldzahlung auszugleichen (Art. 131 § 4 u.g.n.). Der Schadensersatz ist grundsätzlich durch eine Einmalzahlung innerhalb von 14 Tagen zu zahlen, gerechnet ab dem Tag, an welchem die Entscheidung über die Enteignung vollziehbar wurde (Art. 132 § 1 u.g.n.). Bei einer Teilenteignung kann auch der Abkauf des Restgrundstücks verlangt werden, wenn sich dieses für die weitere Nutzung zum bisherigen Zweck nicht eignet (Art. 112 § 1 u.g.n.). Ähnlich wird der Haftungsinhalt bei Nutzwertminderungen geregelt: Der Abkauf des Grundstücks oder eines Teils davon, Schadensersatz oder Überlassung eines Ersatzgrundstücks sind auch hier die vorgesehenen Haftungsformen (Art. 36 §§ 1, 2 u.p.z.p.; Art. 129 §§ 1, 2 p.o.s. und Art. 187 §§ 1, 2 p.w.). Im Fall der hoheitlich angeordneten Leistungspflicht nach

121 Siehe dazu *Radwański*, MoP 2004, 971 (972).
122 TK z 4.12.2001 (Fn. 9).
123 Vgl. Art. 361 Abs. 2 k.c.: „Der Schadensersatz erfasst mangels abweichender Gesetzesvorschriften oder Vertragsvereinbarungen innerhalb der oben genannten Grenzen die Nachteile, die der Geschädigte erlitten hat, sowie die Vorteile, die er hätte erzielen können, wenn ihm der Schaden nicht entstanden wäre."
124 Vgl. insbes. den Nachweis und den Kommentar in Fn. 94.

Art. 40 § 1 des Energiegesetzes ist der Ersatz auf die „begründete Kosten der in der Erlaubnis bestimmten Tätigkeit unter Einhaltung der erforderlichen Sorgfalt" beschränkt.

Auf die haftungsausfüllende Kausalität findet Art. 361 § 1 k.c. Anwendung. Problematisch ist die Feststellung der Kausalität vor allem beim legislativen Unterlassen. Auszugehen ist von den Rechten und Pflichten, die der Adressat des unterlassenen Normativaktes auf dessen Grundlage gehabt hätte.[125] Der Geschädigte muss nachweisen, dass er zu dem Adressatenkreis gehören würde.[126] Es wird argumentiert,[127] dass dies ohne die Existenz eines sog. konkretisierenden Faktors schlicht unmöglich sei. Daher wird von dem potentiellen Geschädigten Aktivität erwartet: Um nachzuweisen, dass ihm z.B. bestimmte Leistungen vom Staat zugestanden hätten, wenn der unterlassene Normativakt erlassen worden wäre, muss der Geschädigte diese Leistungen zuerst beantragen. Die Ablehnung des Antrags wäre in diesem Fall der konkretisierende Faktor, der unerlässlich ist, um festzustellen, dass es sich um einen ersatzfähigen Realschaden und nicht um einen nicht ersatzfähigen Eventualschaden handelt.

Die Abgrenzung zwischen Realschaden und Eventualschaden spielt auch beim legislativen Unrecht eine Rolle. Ob auch hier ein konkretisierender Faktor in Form eines Rechtsanwendungsaktes für die Feststellung des adäquaten Kausalzusammenhangs unerlässlich ist, wird teilweise bezweifelt,[128] von der Rechtsprechung und der wohl h.M. aber bejaht.[129] Dabei ist nicht ganz klar, ob der konkretisierende Faktor die Form des Handelns der öffentlichen Gewalt einnehmen muss oder auch ein Rechtsgeschäft unter Privaten dieser Anforderung Genüge tut.[130] Auf jeden Fall muss der Geschädigte nachweisen, dass er zum Adressatenkreis der „mit dem Recht unvereinbaren" Norm gehört hat; es reicht nicht aus, dass diese Norm auf den Geschädigten nur potenziell anwendbar ist.[131]

IV. Haftungsbegrenzungen

1. Grundsätzliches

Eine Begrenzung der Haftung ist – bis auf wenige Ausnahmen – nicht vorgesehen. Solche Beschränkungen können sich u.U. als verfassungswidrig erweisen. Art. 77 Abs.1 der Verfassung sieht keine Ausnahmen von der Staatshaftung vor und die in dieser Vorschrift geregelte Aktivlegitimation darf, wie ausgeführt, nicht beschnitten werden. Jede Abweichung von den allgemeinen Haftungsgrundsätzen käme einer Privilegierung der staatlichen Gewalt gleich, die einer Rechtfertigung in der Verfassung bedürfe.[132] Der TK schließt die Differenzierungen des Haftungsumfangs nicht aus, indem er – wie beim Rechtswidrigkeitsbegriff – darauf hinweist, dass Art. 77 Abs. 1 der Verfassung eine recht allgemeine Bestimmung zur Schadensersatzpflicht ent-

---

125 Die Möglichkeit, diese Rechte und Pflichten zu bestimmen, ist eine Voraussetzung für die Staatshaftung beim legislativen Unterlassen (s.o.). Es wird in der Literatur als ein Paradox angesehen, dass für die Untersuchung der adäquaten Folgen des normativen Unterlassens der Inhalt der nicht erlassenen Norm mit untersucht werden muss. So *Bosek*, Szkoda i związek przyczynowy, Studia Iuridica 2007, 19 (29).

126 *Safjan/Matuszyk*, Odpowiedzialność, S. 86.

127 Vgl. *Bosek*, Studia Iuridica 2007, 19 (29).

128 So *Bagińska*, Odpowiedzialność, S. 427.

129 SN z 23.5.2003, III CZP 34/2003, LexPolonica Nr. 361762, zust. *Bieniek*, Komentarz, Art. 417^1 Rn. 11, ferner *Bosek*, Szkoda i związek przyczynowy, Studia Iuridica 2007, 19 (27).

130 In diese Richtung *Bosek*, Studia Iuridica 2007, 19 (26). Als Beispiel gibt der Autor den Abschluss eines Darlehensvertrages unter Privaten unter Geltung der (rechtswidrig) festgelegten Höchstzinsen an. Es ist allerdings zweifelhaft, ob ein Kausalzusammenhang hier ohne weiteres gegeben wäre, da nicht feststeht, dass der Darlehensvertrag auch zu höheren Zinsen als den festgelegten abgeschlossen worden wäre.

131 Safjan/Matuszyk, Odpowiedzialność, S. 88.

132 *Karasek*, *Komentarz* (Fn. 65), Art. 417^1 Rn. I 7.

hält, die sich nicht als eine abschließende Klärung des Haftungsumfangs auffassen lässt.[133] Solche Differenzierungen müssen sich aber am Verhältnismäßigkeitsgrundsatz und an Rationalitätserwägungen messen lassen und mit der Werteordnung der Verfassung im Einklang stehen.[134]

Eine Ausnahme vom Grundsatz des vollständigen Schadensausgleichs beim rechtswidrigen Verhalten bildet Art. 8 Abs. 1a *ust. rehabil*[135]. Demnach wird der Haftungsumfang auf PLN 25.000 beschränkt. Diese Regelung ist bereits deshalb verfassungsrechtlich nicht zu beanstanden, da die schadensstiftenden Ereignisse vor dem Inkrafttreten der Verfassung stattfanden.

Ebenfalls verfassungsrechtlich nicht zu beanstanden sind die Haftungsbegrenzungen im Falle der Haftung ohne Normverstoß, da diese außerhalb des auf rechtswidrig zugefügten Schäden beschränkten Anwendungsbereichs des Art. 77 Abs. 1 der Verfassung liegen. So werden z.B. gemäß Art. 126 Abs. 6 Ziff. 3b des Umweltschutzgesetzes nur die Wildschäden ersetzt, die in einem Jahr den Wert von 100 kg Roggen pro Hektar überschreiten.[136]

2. Mitwirkung des Geschädigten

a) Unterlassener Primärrechtsschutz

Es gilt der Vorrang des Primärrechtsschutzes. Die Frage nach dem unterlassenen Rechtsschutz stellt sich allerdings nur in wenigen Fällen. In erster Linie bei Realakten und unterlassener Normsetzung, da nur bei diesen Handlungsformen der öffentlichen Gewalt kein Präjudikat nach Art. 417^1 k.c. erforderlich ist (die Erlangung eines Präjudikats setzt ja die Inanspruchnahme der Primärrechtsschutzmittel voraus). Der Regelung der Art. 417ff. k.c. liegt der allgemeine Rechtsgedanke zugrunde, dass der Geschädigte alle Rechtsschutzmittel ausgeschöpft haben muss; er muss alles getan haben, um die Entstehung des Schadens zu verhindern. Nur dann kommt eine Haftpflicht des Staates in Betracht.[137]

Das Unterlassen des Primärrechtsschutzes führt allerdings nicht *per se* zum Verlust des Schadensersatzanspruchs. Es kann vielmehr nach Art. 362 k.c. entsprechend dem Grad der Mitwirkung und des Verschuldens zu dessen Minderung führen.[138]

Ausdrücklich sanktioniert werden im Zivilprozess auch Fälle, in denen der Geschädigte zwar zwecks Erlangung eines Präjudikats gegen eine rechtskräftige Entscheidung vorgegangen, die Rechtskraft aber wegen unterlassener Rechtsschutzmittel (z.B. bei versäumter Frist für eine Berufung) eingetreten ist. Die Sanktion besteht darin, dass an den Grad der „Unvereinbarkeit mit dem Recht" besonders hohe Anforderungen gestellt werden (ausführlich dazu unten).

Außerhalb des Zivilprozesses, z.B. wenn ein Verwaltungsakt infolge der versäumten Widerspruchsfrist bestandskräftig geworden ist, fehlt es an ausdrücklichen gesetzlichen Regelungen dazu, wie das Unterlassen des Primärrechtsschutzes zu werten ist. Diese Fälle werden auch in Literatur und Rechtsprechung nicht diskutiert. Es wird nicht bestritten, dass in solch einem Fall

133 Vgl. TK z 23.9.2003 (Fn. 54).
134 TK z 23.9.2003 (Fn. 54).
135 Siehe bei Fn. 26.
136 Vgl. auch die Regelung zum Schadensumfang in Art. 40 des Energiegesetzes (oben → B.VII.4.).
137 Vgl. mit Hinweis auf die Begründung des Gesetzesentwurfes *Jędrzejewska et al.*, Kodeks postępowania cywilnego. Komentarz. Część pierwsza. Postępowanie rozpoznawcze. Część druga, Postępowanie zabezpieczające, 2009, Art. 424^1 Rn. 21, ferner *Bagińska*, Odpowiedzialność, S. 363, *Bieniek*, Komentarz, 417^1 Rn. 20.
138 Diese Frage – Verlust des Anspruchs oder Minderung – war in früherer Lehre umstritten. Das Oberste Gericht entschied 1990 zugunsten der Minderung. Siehe SN z 29.9.1990, III CZP 33/90, LexPolonica Nr. 302230, zustimmend und mit ausführlicher Begründung, *Bosek*, Studia Iuridica 2007, 19 (32), jetzt etwas unklar SN z 9.9.2011, I CSK 684/10, LEX Nr. 989122, wo das Oberste Gericht das Unterlassen des Primärrechtsschutzes als einen Aspekt der Kausalität zu analysieren scheint.

immerhin ein Präjudikat erlangt werden kann.[139] In Anbetracht der Konstruktion der Staatshaftung liegt aber eine Kürzung des Schadensersatzes wegen Mitverschuldens sehr nahe. Maßgeblich sind hier drei Punkte: Erstens, der generelle Vorrang des Primärrechtsschutzes, zweitens, die Annahme, dass der Schaden erst mit der Bestandskraft eintritt[140] und drittens, die oben angesprochene Pflicht, den Eintritt des Schadens zu verhindern. Wer also zulässt, dass ein schadensstiftender Verwaltungsakt bestandskräftig wird, trägt zur Entstehung des Schadens bei, was bei der Berechnung des Schadensersatzes gemäß Art. 362 k.c. zu berücksichtigen ist.

b) Öffentlich-rechtlicher Vertrag

Mit dieser Bezeichnung (poln. *umowa publicznoprawna*) werden durch einen Teil der Lehre Vereinbarungen über die Übertragung der öffentlichen Aufgaben bezeichnet. Die Haftung für die Ausführung der übertragenen Aufgaben wird in Art. 417^1 § 2 k.c. geregelt (s.o).

Die öffentlich-rechtlichen Verträge, die statt eines Verwaltungsaktes erlassen werden, sind in der polnischen Rechtsordnung nicht vorgesehen, auch wenn für deren Einführung teilweise plädiert wird.[141] Das Problem des „Mitverschuldens" der Partei eines solchen Vertrages stellt sich somit nicht.

3. Fehlende Subsidiarität

Es besteht keine Subsidiarität der Staatshaftung im Verhältnis zu Ansprüchen gegen Dritte. Ein vollständiger Regress ist gem. Art. 441 § 3 k.c. gegen den aufgrund des Verschuldens handelnden Dritten möglich.

D. Geltendmachung von Haftungsansprüchen

I. Rechtsweg

Die Haftungssachen nach Art. 417 ff. k.c. sind Zivilsachen; zuständig sind die ordentlichen Gerichte, vgl. Art. 1 und 2 des *Kodeks postępowania cywilnego* (der Zivilprozessordnung, abgekürzt: k.p.c)[142]. Die Entscheidungen des Landrats über Enteignungen und die Festsetzung der Entschädigung sind Verwaltungsakte; für den Rechtsschutz sind die Verwaltungsgerichte zuständig [Art. 3 § 2 Nr.1 *Prawo o postępowaniu przed sądami administracyjnymi* (Verwaltungsgerichtsverfahrensgesetz, abgekürzt: u.p.s.a.)][143]. Die Frage des Bestehens des Anspruches auf Abkauf des Restgrundstückes ist allerdings eine Zivilsache; hierüber entscheidet das ordentliche Gericht.[144] Bei der Haftung für Nutzwertminderung enthält das u.p.z.p. (vgl. Art. 37 § 10) sowie das p.o.s.

---

139 Siehe z.B. *Bagińska*, Odpowiedzialność, S. 345, zust. *Banaszczyk* (Fn. 51), in: Olejniczak, § 34 Rn. 145.

140 Vgl. *Safjan/Matuszyk*, Odpowiedzialność, S. 93.

141 Vgl. *Wierzbowski*, Prawo administracyjne (Fn. 70), S. 279 auch *Zimmermann*, Prawo administracyjne (Fn. 72), S. 339.

142 *Ustawa z dnia 17 listopada 1964 r. – Kodeks Postępowania Cywilnego*, Dz.U. 1964, Nr. 43, Pos. 296. Deutsche Übersetzung von *Miszczuk*, Kodeks postępowania cywilnego. Polnisches Zivilverfahrensgesetzbuch, Warschau 2005, die allerdings viele spätere, für das Staatshaftungsrecht sehr relevante Änderungen nicht berücksichtigen konnte.

143 Ustawa z dnia 30 sierpnia 2002 r. – Prawo o postępowaniu przed sądami administracyjnymi, Dz.U. 2002, Nr. 153, Pos. 1270.

144 NSA z 28.10.2005, I OW 215/05, LEX Nr. 201437 (Das Hauptverwaltungsgericht Polens).

(Art. 131 § 2) – nicht aber das p.w. – eine Sonderzuweisung: Zuständig sind die ordentlichen Gerichte.

Art. 417^1 k.c. regelt, bei welchen Formen der Ausübung der öffentlichen Gewalt, die „Unvereinbarkeit mit dem Recht" im Voraus in einem besonderen Verfahren – also in einem anderen Verfahren als dem Staatshaftungsprozess – festzustellen ist. Bei allen übrigen Handlungsformen der öffentlichen Gewalt ist die Einholung des Präjudikats nicht erforderlich; Anspruchsgrundlage ist hier Art. 417 k.c. Das Präjudikat wird nicht als eine materielle Haftungsvoraussetzung, sondern als eine Voraussetzung der Durchsetzbarkeit des bereits bestehenden Anspruchs verstanden.[145] Liegt ein nach Art. 417^1 k.c erforderliches Präjudikat nicht vor, so kommt eine Haftung nach der Generalklausel des Art. 417 k.c. nicht in Betracht.[146]

Der eigentliche Grund für das Präjudikatensystem ist die Rechtssicherheit: Es soll vermieden werden, dass sich parallele Verfahren zur Überprüfung der Rechtmäßigkeit desselben staatlichen Handelns entwickeln.[147]

1. Rechtswidrige Normsetzung (Art 417^1 § 1 k.c.)

Art. 417^1 § 1 k.c. setzt für die Geltendmachung eines Schadensersatzanspruches voraus, dass die Unvereinbarkeit der den Schadensersatzanspruch begründenden Vorschrift mit der Verfassung, einem ratifizierten völkerrechtlichen Vertrag oder einem Gesetz in dem hierfür vorgesehenen Verfahren festgestellt wurde.

In Betracht kommt hier zum einen die Ausübung der Befugnis zur hierarchischen Normenkontrolle durch den Verfassungsgerichtshof gemäß Art. 188 der Verfassung, zum anderen durch das Hauptverwaltungsgericht gemäß Art. 184 der Verfassung.

a) Die Zuständigkeit des TK für die Normenkontrolle

Der Verfassungsgerichtshof entscheidet über die Vereinbarkeit der Gesetze und der völkerrechtlichen Verträge mit der Verfassung (Art. 188 Nr. 1), sowie über die Vereinbarkeit der Gesetze mit den ratifizierten völkerrechtlichen Verträgen, deren Ratifizierung eine vorherige Zustimmung durch Gesetz voraussetzt (Art. 188 Nr. 2). Die Vereinbarkeitskontrolle ist im Wege der abstrakten und konkreten Normenkontrolle, sowie aufgrund einer Verfassungsbeschwerde möglich. Der TK hat sich jedoch für Vorlagefragen betreffend die Vereinbarkeit der Gesetze mit Gemeinschaftsprimär- und sekundärrecht für unzuständig erklärt: Der Richter habe solch einen Kollisionsfall selbständig zu lösen und ggf. im Vorabentscheidungsverfahren eine Stellungnahme des EuGH einzuholen.[148]

b) Verwaltungsgerichtliche Normenkontrolle

Die Verwaltungsgerichte sind zuständig für die Kontrolle der Akte des lokalen Rechts. Gemäß Art. 94 der Verfassung sind darunter alle durch die Selbstverwaltungskörperschaften und die regionalen Organe der Staatsverwaltung geschaffenen allgemein bindenden (nach außen wirksamen) Normen zu verstehen. In Bezug auf diese Normen ergänzt die Vereinbarkeitskontrolle

---

145 So *Banaszczyk*, Palestra 2006/5-6, 118 (133); *Banaszczyk* (Fn. 51), in: Olejniczak, § 34 Rn. 147, a.A. *Gudowski*, PS 2006/1, 3 (6). Dieser Autor sieht das Präjudikat als ein (materielles) Tatbestandmerkmal der Staatshaftung an.

146 SA Kraków z 6.9.2012, I Aca 724/12, LEX Nr. 122323.

147 So u.a. *Banaszczyk* (Fn. 51), in: Olejniczak, § 33 Rn. 118.

148 TK z 19.12.2005, P 37/05, OTK ZU 2006/11A/177, Ausführlich dazu *Banaszak/Milej*, Staatsrecht, S. 56.

der Verwaltungsgerichte die Kontrolle durch den TK.[149] Die Beschwerdeberechtigung ergibt sich aus den Verwaltungsorganisationsgesetzen. Exemplarisch für solch eine Norm ist Art. 101 § 1 der *Ustawa o samorządzie gminnym* (Gesetz über die gemeindliche Selbstverwaltung).[150] Antragsberechtigt ist nach dieser Norm jeder, dessen rechtliches Interesse oder Berechtigung durch einen von einem Gemeindeorgan in einer Angelegenheit auf dem Gebiet der öffentlichen Verwaltung gefassten Beschluss oder einer Verfügung verletzt wurde. Die Aufforderung, die Verletzung zu beseitigen, ist nach der zitierten Norm eine weitere Beschwerdezulässigkeitsvoraussetzung. Die Beschwerde kann auch im Namen einer Gruppe von Einwohnern eingereicht werden, wenn deren schriftliche Zustimmung vorliegt.

c) Unterlassene Normsetzung

Im Fall der unterlassenen Normsetzung ist die Einholung eines Präjudikats nicht erforderlich. Die Anspruchsgrundlage ist hier allein Art. 417 § 1 k.c. Dies wird in Art. 417^1 § 4 k.c. klargestellt.

Ein besonderes Problem tritt dann auf, wenn Rechtsnormen zwar erlassen wurden, sie aber nur fragmentarisch oder mangelhaft sind und keine Gewähr dafür bieten, dass die in einem anderen Rechtsakt verbürgten Rechte, die sie durchzusetzen haben, auch durchgesetzt werden können. Das Oberste Gericht nimmt hier einen sich direkt aus Art. 77 Abs. 1 der Verfassung ergebenden Anspruch an. Die Literatur geht von der Anwendbarkeit der Art. 417^1 § 4 i.V.m. Art. 417 § 1 k.c. aus, da die Pflicht des Gesetzgebers zu handeln nicht bloß bedeutet, irgendeinen Rechtsakt, sondern einen Rechtsakt mit einem bestimmten Inhalt zu erlassen.[151]

d) Unvereinbarkeit nationaler Rechtsnormen mit dem Unionsrecht

Die wohl h.M. geht davon aus, dass hier die Einholung eines Präjudikats – anders als dies der Wortlaut des Art. 417^1 § 1 k.c. nahe legt – nicht erforderlich ist. Auf der nationalen Ebene fehlt es an einem Verfahren, in welchem eine derartige Unvereinbarkeit festgestellt werden könnte, da sich der TK – wie erwähnt – diesbezüglich zu Recht für unzuständig erklärte. Auf der europäischen Ebene kann der Verstoß nur im Wege der Aufsichtsklage der Kommission im Rahmen des Vertragsverletzungsverfahrens nach Art. 258 AEUV geltend gemacht werden. Aus den Prinzipien der unmittelbaren Wirkung und des Vorrangs des Unionsrechts ergibt sich aber, dass jeder nationale Richter die Pflicht hat, eine gemeinschaftswidrige Norm unangewendet zu lassen.[152] Zudem ist hier die Auslegung der polnischen Vorschriften in Konformität mit dem im Unionsrecht wurzelnden Schadensersatzanspruch geboten. Um dessen Durchsetzung nicht übermäßig zu erschweren, kann die Einholung des Präjudikats nicht verlangt werden.[153]

---

149 So *Zimmermann*, Prawo administracyjne (Fn. 71), S. 380.

150 *Ustawa z dnia 8 marca 1990 r. – o samorządzie gminnym*, Dz. U. 2001 Nr. 142 Pos. 1591 (Neufassung). Siehe dazu SN z 30.6.2004, IV CK 491/2003, LexPolonica Nr. 36747.

151 *Bieniek*, Komentarz, Art. 417^1 Rn. 35.

152 Zu diesen Fragen mit Blick auf die polnische Rechtsordnung vgl. *Milej*, Das Gemeinschaftsrecht vor dem polnischen Richter, OER 2004, 418 (419–421). Es sei am Rande bemerkt, dass eine etwaige Vorabentscheidung des EuGH nach Art. 267 AEUV schon deshalb nicht als ein Präjudikat im Sinne von Art. 417^1 § 1 k.c. gelten kann, da sie sich nur auf die Auslegung des Unionsrechts und nicht auf die Vereinbarkeit des nationalen Rechts mit dem Gemeinschafsrecht bezieht.

153 So *Bieniek*, Komentarz, Art. 417^1 Rn. 8, *Radwański*, MoP 2004, 971 (975). Anders *Karasek*, Komentarz (Fn. 65), Art. 417^1 Rn. III 3, allerdings mit dem Hinweis auf das Vorabentscheidungsverfahren vor dem TK, der mit dem Urteil des TK vom 19.12.2005 (Fn. 148) gegenstandslos geworden ist. Auch *Safjan/Matuszyk*, Odpowiedzialność, *S.* 70–71. Diese Autoren postulieren, dass die Unvereinbarkeit mit dem Unionsrecht – wie auch immer – von dem EuGH festzustellen sei. Ausdrücklich genannt wird in diesem Zusammenhang nur das Vertragsverletzungsverfahren. Dies

2. Rechtswidriger Verwaltungsakt

a) Bestandkräftige Verwaltungsakte

Ist der Schaden durch einen bestandskräftigen Verwaltungsakt verursacht worden, so kann der Schadensersatz gemäß Art. 417^1 § 2 Satz 1, 2. Alt. k.c. erst verlangt werden, wenn die „Unvereinbarkeit mit dem Recht" in dem dafür vorgesehenen Verfahren festgestellt wurde. Ein solches Verfahren ist in Art. 156 k.p.a. und ein weiteres in Art. 145 k.p.a. vorgesehen. Beide Verfahren sind außerordentliche Verwaltungsverfahren.

Gemäß Art. 156 § 1 k.p.a. wird die Nichtigkeit eines Verwaltungsaktes festgestellt, wenn dieser mit einem schwerwiegenden Fehler behaftet ist. Diese Fehler werden in der zitierten Norm definiert und enumerativ aufgelistet. In vier von sieben aufgelisteten Fällen ist eine Frist für die Feststellung der Nichtigkeit vorgesehen (10 Jahre).

Art. 145 § 1 k.p.a. enthält ebenfalls eine enumerative Auflistung der Wiederaufnahmegründe, die überwiegend durch Verstöße gegen Verfahrensvorschriften begründet sind.

Es ist zu beachten, dass nicht jeder Rechtsverstoß den Tatbestand des Art. 156 § 1 bzw. Art. 145 §1 k.p.a. erfüllt. Andererseits ist davon auszugehen, dass viele von den in diesen Vorschriften geregelten Voraussetzungen den Begriff der „Unvereinbarkeit mit dem Recht" aus Art. 77 Abs.1 der Verfassung und Art. 417 § 1 und 417^1 § 1 k.c., so wie er im Kontext der Verwaltungsakte zu verstehen ist, ausfüllen (siehe oben). Zu verneinen ist dies aber z.B. bei dem Auftauchen neuer Beweismittel (Wiederaufnahmegrund gemäß Art. 145 § 1 Nr. 1 k.p.a.).

b) Nicht bestandskräftige Verwaltungsakte

Ein nicht bestandskräftiger Verwaltungsakt kommt grundsätzlich als Grundlage für die Staatshaftung nicht in Betracht. Es greift hier der bereits erwähnte Rechtsgedanke, dass der Geschädigte die Rechtmäßigkeit staatlichen Handelns erst im Wege des Primärrechtsschutzes testen muss. Ferner wird darauf hingewiesen, dass sich nur dann die Höhe des Schadens feststellen lässt.[154] Deshalb können die nicht bestandskräftigen Verwaltungsakte nur ausnahmsweise eine Staatshaftung begründen. Eine solche Ausnahme wird nur zugelassen, wenn ein Verwaltungsakt unmittelbar vollziehbar war (dies ist etwa im Steuerrecht die Regel), bereits vollzogen wurde, daraus ein Schaden entstand und der Verwaltungsakt anschließend durch die nächsthöhere Behörde aufgehoben wurde.[155]

Da in Art. 417^1 § 2 Satz 1, 2. Alt. k.c. nur bestandskräftige Verwaltungsakte genannt werden, ist in der besprochenen Ausnahmesituation der Grundtatbestand des Art. 417 § 1 k.c. einschlägig, d.h. das im Staatshaftungsprozess erkennende Gericht hat die Unvereinbarkeit mit dem Recht selbst festzustellen.

3. Rechtswidrige Gerichtsentscheidung

Für rechtswidrige Gerichtsentscheidungen gelten gemäß Art. 417^1 § 2 Satz 1, 1. Alt. k.c. die gleichen Regeln, wie bei Verwaltungsakten, d.h. es muss sich um eine rechtskräftige Gerichtsentscheidung handeln und die „Unvereinbarkeit mit dem Recht" muss im Wege eines Präjudikats festgestellt werden. Im Folgenden werden nur die Regelungen im Zivil- und Verwaltungsgerichtsprozess dargestellt, da für den Strafprozess Sonderregeln gelten (s.o.).

---

würde aber die Durchsetzung des Schadensersatzanspruchs übermäßig erschweren und wäre damit unionsrechtswidrig.

154 *Bosek* (Fn. 76), Rejent 2003/1, 41 (65).

155 St. Rspr., zustimmend *Bagińska*, Odpowiedzialność, S. 363.

a) Zivilprozess

Die Feststellung der Unvereinbarkeit der rechtskräftigen Entscheidungen mit dem Recht kann im Zivilprozess in drei Verfahren festgestellt werden: Im Wege der Wiederaufnahme des Verfahrens, im Wege der Kassationsklage und im Wege eines eigens für die Zwecke der Staatshaftung eingeführten Rechtsbehelfs namens „Klage zur Feststellung der Unvereinbarkeit einer rechtskräftigen Entscheidung mit dem Recht" (im Folgenden: Spezialfeststellungsklage).

aa) Wiederaufnahme des Verfahrens

Die Wiederaufnahme ist auf wenige Nichtigkeitsgründe beschränkt. Dazu gehören schwere Fälle der Befangenheit, die falsche Besetzung der Richterbank und die fehlende Gerichts-, Prozess- oder Postulationsfähigkeit [Art. 401 *Kodeks postępowania cywilnego* (Zivilprozessordnung, abgekürzt: k.p.c.)]. Die Wiederaufnahme ist ferner möglich, wenn sich das Urteil auf ein gefälschtes Dokument oder eine anschließend aufgehobene strafrechtliche Verurteilung stützte oder infolge einer Straftat erlangt wurde (Art. 403 k.p.c.).

bb) Kassationsklage

Die Kassationsklage (Art. 398^1 k.p.c. ff.) ist ein außerordentlicher Rechtsbehelf. Zuständig ist das Oberste Gericht. Der Klagegegenstand kann – vereinfachend gesagt – nur eine rechtskräftige Entscheidung in der zweiten Instanz sein (der polnische Instanzenzug umfasst zwei Instanzen). Die Kassationsklage steht nicht in allen Zivilsachen offen. So muss der Mindeststreitwert im Normalfall PLN 50.000 betragen. Ausgeschlossen ist die Kassationsklage unter anderem in Scheidungs,- Unterhalts- und Mietsachen. Sie bedarf ferner einer Annahme zur Entscheidung durch das Oberste Gericht. Diese erfolgt in vier Fällen:

- wenn sich die Rechtssache auf eine wesentliche Rechtsfrage bezieht;
- wenn es erforderlich ist, eine Vorschrift auszulegen, die ernsthafte Zweifel hervorruft oder in der Rechtsprechung der Gerichte zu Unstimmigkeiten führte;
- wenn das Verfahren nichtig ist;
- wenn die Kassationsklage offensichtlich begründet ist.

Als Kassationsgründe sind vorgesehen:

- eine Verletzung des materiellen Rechts durch dessen fehlerhafte Auslegung oder inkorrekte Anwendung;
- eine Verletzung der Verfahrensvorschriften, wenn der Fehler einen wesentlichen Einfluss auf den Ausgang des Verfahrens haben konnte.

cc) Spezialfeststellungsklage

Die Spezialfeststellungsklage wurde in der Literatur bezeichnet als „zweifelsohne ein Novum, und zwar nicht nur in dem polnischen Zivilverfahren, in dessen Geschichte und Tradition, sondern auch in dem europäischen Erbe des Prozessrechts"[156]. Das Besondere an der Klage ist der Umstand, dass wenn ihr stattgegeben wird, die Rechtskraft der mittels der Klage beanstandeten Entscheidung nicht tangiert wird. Die Wirkung des stattgebenden Urteils erschöpft sich in der Feststellung, dass die beanstandete Entscheidung „mit dem Recht unvereinbar ist" (Art. 424^{11} § 2 k.p.c.). Dabei

156 *Gudowski*, PS 2006/1, 3 (4).

handelt es sich um einen Balanceakt zwischen der Achtung der Rechtskraft einerseits und der Notwendigkeit, die Staatshaftung für judikatives Unrecht durchzusetzen andererseits.

Als Klagegrund kann gemäß Art. 424^4 k.p.c. eine „Verletzung des materiellen Rechts oder der Verfahrensvorschriften, die zu einer Unvereinbarkeit der Entscheidung mit dem Recht geführt haben" geltend gemacht werden. Diese eigenartige Formulierung erklärt sich durch die im Kontext der Gerichtsentscheidungen einschlägigen Definition der „Unvereinbarkeit mit dem Recht" (s.o.). Der Kläger muss ferner das Vorliegen eines Schadens darlegen. Falsche Tatsachenfeststellungen oder Fehler bei der Beweiswürdigung kommen als Klagegrund nicht in Betracht. Klagegegenstand ist eine rechtskräftige Entscheidung in der zweiten Instanz.

Eine Sonderregelung – und zwar sowohl hinsichtlich des Klagegrundes als auch des Klagegegenstandes – findet sich in Art. 424^1 § 2 k.p.c. Demnach kann sich die Klage in Ausnahmefällen[157] auch gegen die Entscheidung der ersten Instanz richten, wenn der Kläger die Rechtsmittel nicht ausgeschöpft hat. Dies ist der Fall, wenn die Rechtskraft wegen Versäumnis des Klägers eingetreten ist. Da aber der Kläger verpflichtet ist, alles zu tun, um den Schadenseintritt zu vermeiden (Vorrang des Primärrechtsschutzes – s.o.), wird dieses Versäumnis „bestraft": Als Klagegrund kommt die Unvereinbarkeit mit dem Recht nur dann in Betracht, wenn sie sich „aus der Verletzung der grundlegenden Prinzipien der Rechtsordnung, der verfassungsmäßigen Freiheiten bzw. Menschen- und Bürgerrechte ergibt". In einigen Spezialgesetzen ist die Spezialfeststellungsklage ausgeschlossen, wie z.B. in Art. 33 Ab. 3 des Insolvenz- und Sanierungsgesetzes.[158]

dd) Verhältnis zur Kassationsklage

Das System der Rechtsmittel in dem hier relevanten Bereich ist so angelegt, dass jegliche Kollisionen zwischen der Spezialfeststellungsklage und der Kassationsklage vermieden werden. Die Spezialfeststellungsklage ist subsidiär. Sie kommt nur dann in Betracht, wenn die schadensstiftende Entscheidung durch kein anderes Rechtsmittel geändert oder aufgehoben werden kann (Art. 424^1 § 1 und Art. 424^1 § 2 k.p.c.). Der Begriff der Rechtsmittel ist weit zu verstehen und umfasst auf jeden Fall auch die Kassationsklage.[159] Die Entscheidungen des Obersten Gerichts können gemäß Art. 424^{1a} § 1 k.p.c. keinen Gegenstand der Spezialfeststellungsklage bilden. Eine bereits vorliegende Entscheidung des Obersten Gerichts über eine Kassationsklage gilt als eine Entscheidung über die Spezialfeststellungsklage (Art. 424^{1a} § 2 k.p.c.). Davon werden auch Fälle erfasst, in denen die Kassationsklage zur Entscheidung nicht angenommen wurde. Dieselbe rechtliche Fiktion gilt in den Fällen, in denen die Kassationsklage eingebracht wurde; als „eingebracht" gilt sie bereits dann, wenn sie in die Phase der Vorprüfung zwecks Annahme zur Entscheidung vorgedrungen ist.[160]

Nach alledem muss festgehalten werden, dass die Spezialfeststellungsklage nur dann zulässig ist, wenn andere Rechtsmittel, vor allem die Kassationsklage, dem Geschädigten gar nicht erst zustanden.[161] Mit Blick auf die Kassationsklage wird dies z.B. dann der Fall sein, wenn der

157 Der Begriff „Ausnahmefall" bezieht sich auf die Gründe der „Unvereinbarkeit mit dem Recht" sowie die Gründe, aus welchen der Kläger die Rechtsmittel nicht ergriffen hat (z.B. eine psychische Störung, Erteilung von falschen Informationen durch das Gerichtspersonal). Vgl. *Jędrzejewska et al.*, (Fn. 137), Art. 424^1 Rn. 8.

158 Ustawa z dnia 28 lutego 2003 r. – Prawo upadłościowe i naprawcze, Dz. U. 2009, Nr. 175, Pos. 1361. Dort heißt es: „Skarga o stwierdzenie niezgodności z prawem prawomocnego orzeczenia nie przysługuje" („Die Klage auf Feststellung der Unvereinbarkeit einer rechtskräftigen Entscheidung mit dem Recht ist nicht statthaft").

159 *Jędrzejewska et al.* (Fn. 137), Art. 424^1 Rn. 13.

160 *Jędrzejewska et al.* (Fn. 137), Art. 424^1 Rn. 13.

161 Vgl. *Manowska*, Zmiany w kodeksie postępowania cywilnego wprowadzone w 2004 r., PS 2005/5, 3 (43–44), zust. *Banaszczyk*, Palestra 2006/5-6, 118 (125).

Streitwert zu niedrig war. Aus diesem Grund kann die Spezialfeststellungsklage auch als ein „*Auffangrechtsbehelf*" bezeichnet werden.

ee) Fristen

Die Frist für die Kassationsklage beträgt zwei Monate ab Zustellung der Entscheidung mit Begründung. Die Frist für die Spezialfeststellungsklage beträgt zwei Jahre, gerechnet ab der Rechtskraft der beanstandeten Entscheidung (Art. Art. 424^6 § 1 k.p.c.).

b) Verwaltungsgerichtsprozess

Das u.p.s.a. sieht zwei Rechtsbehelfe gegen rechtskräftige Verwaltungsgerichtsentscheidungen vor. Zum einen kann das Hauptverwaltungsgericht ein rechtskräftiges verwaltungsrechtliches Urteil gemäß Art. 172 u.p.s.a. für nichtig erklären, wenn die Rechtssache nicht in die Zuständigkeit der Verwaltungsgerichte fiel. Zum anderen besteht die Möglichkeit der Wiederaufnahme des Verfahrens gem. Art. 290 ff. u.p.s.a.; verwaltungsgerichtliche Urteile können jedoch nicht mittels einer Kassationsklage beim Obersten Gericht angegriffen werden.[162]

4. Unterlassen einer Verwaltungsentscheidung

Ist der Schaden durch Unterlassen eines Verwaltungsaktes verursacht worden, so ist die Untätigkeitsklage vor dem Verwaltungsgericht (gem. Art. 3 § 2 Ziff. 8 i.V.m. Art. 149 und 154 u.p.s.a.) der richtige Rechtsbehelf, der auch zur Einholung des nach Art. 417^1 § 3 k.c. erforderlichen Präjudikats führt.

5. Unterlassen einer Gerichtsentscheidung – die Überlänge des Verfahrens

Das erforderliche Präjudikat kann ausschließlich nach der *Ustawa z dnia 17 czerwca 2004 r. – o skardze na naruszenie prawa strony do rozpoznania sprawy w postępowaniu sądowym bez nieuzasadnionej zwłoki* [Gesetz vom 17. Juni 2004 „über die Beschwerde wegen Verletzung des Rechts einer Streitpartei auf Entscheidung über ihre Sache in einem Gerichtsverfahren ohne unbegründete Verzögerung" (im Folgenden: Gesetz von 2004)][163] erlangt werden. Durch dieses Gesetz wird – nicht zuletzt als eine Reaktion auf das Urteil des EGMR im Fall *Kudla* – ein besonderer Rechtsbehelf zur Bekämpfung der Überlänge ins Leben gerufen (im Folgenden: Säumnisklage). Die durch das Gesetz (Art. 2 Abs. 2 des Gesetzes von 2004) festgelegten Kriterien für die Überlänge orientieren sich an der Straßburger Rechtsprechung. Sie sind auch im Lichte dieser Rechtsprechung auszulegen.[164] Bei jedem gerichtlichen Verfahren wird durch eine Rechtsvorschrift – und zwar im Zweifel von Art. 45 Abs. 1 der Verfassung und Art. 6 Abs. 1 EMRK

162 In dem u.p.s.a. ist zwar in Art. 172 ein Rechtsbehelf namens Kassationsklage vorgesehen; mit der Kassationsklage im Zivilprozess ist er aber nicht vergleichbar. Es handelt sich dabei nämlich um einen ordentlichen Rechtsbehelf. Die polnische Verwaltungsgerichtsbarkeit ist zweistufig organisiert: Es gibt 16 Woiwodschaftsverwaltungsgerichte (für jede Woiwodschaft/Region ein Gericht) und ein Hauptverwaltungsgericht mit Sitz in Warschau. Mit der Kassationsklage im Sinne des u.p.s.a. kann sich die beim Woiwodschaftsverwaltungsgericht unterlegene Partei an das Hauptverwaltungsgericht wenden.

163 Ustawa z dnia 17 czerwca 2004 r. – o skardze na naruszenie prawa strony do rozpoznania sprawy w postępowaniu sądowym bez nieuzasadnionej zwłoki, Dz. U. 2004, Nr. 179, Pos. 1843. Ausführlich und rechtsvergleichend *Milej*, OER 2006, 337 ff.

164 Auf die Urteile des EGMR beruft sich z.B. *SA Katowice z* 30.10.2008, I Aca 620/07, LEX Nr. 504149.

– vorgesehen, dass eine Entscheidung innerhalb einer angemessenen Frist ergeht. Ist die „angemessene Frist" verstrichen und dauert das Verfahren immer noch an, so ist die Entscheidung unter Verstoß gegen die beiden Bestimmungen im Sinne des Art. 417^1 § 3 k.c. „nicht ergangen". Damit ist die „Unvereinbarkeit mit dem Recht" im Sinne dieser Vorschrift gegeben. Erhebt aber der Beschwerdeführer eine Schadensersatzklage, nachdem das mit der Überlänge behaftete Verfahren abgeschlossen wurde, so ist nicht Art. 417^1 § 3 k.c., sondern Art. 417 § 1 k.c. einschlägig.[165]

Über die Säumnisklage entscheidet die nächsthöhere Instanz (Art. 4 Abs. 1 des Gesetzes von 2004). Das erkennende Gericht ist verpflichtet, innerhalb von 2 Monaten zu entscheiden (Art. 11 des Gesetzes von 2004). Es spricht aus, dass es tatsächlich zu einer rechtswidrigen Überlänge kam. Das polnische Gesetz schreibt einen dahingehenden Ausspruch ausdrücklich vor, und zwar an erster Stelle (Art. 12 Nr. 1 des Gesetzes von 2004). Das ist der Nutzen der Säumnisbeschwerde schlechthin, da mit dieser Feststellung das für den Staatshaftungsprozess erforderliche Präjudikat vorliegt.

Ferner kann das Gericht gemäß Art. 12 Abs. 4 des Gesetzes von 2004 im Fall der Begründetheit der Säumnisbeschwerde dem Beschwerdeführer vom „Staatsschatz" eine „angemessene Geldsumme" („*odpowiednią sumę pieniężną*") zusprechen. Dies kann nur auf Antrag des Beschwerdeführers geschehen wobei die „angemessene Geldsumme" zwischen PLN 2.000 und 20.000 (resp. ca. € 500 und 5.000) liegen muss.[166]

Mit der Säumnisbeschwerde selbst kann also kein Schadensersatz erzielt werden. Die Literatur erblickt in jener „angemessenen Geldsumme" eine Variante des althergebrachten Instituts des polnischen Strafrechts namens „*nawiązka*",[167] was wörtlich übersetzt so viel bedeutet wie „Überschuss". In ihrer klassischen Form bedeutete „*nawiązka*" die Pflicht, an den Geschädigten eine Summe zu entrichten, die dem Zweifachen des zugefügten Schadens entspricht.[168] Sie wird charakterisiert als eine Zwischenform von Schadensersatz und Geldstrafe.[169] Es handelt sich hier um ein kollegial-punitives Institut, da die zugesprochene Geldsumme „aus den Eigenmitteln des Gerichts" zu entrichten ist (Art. 12 Abs. 4 des Gesetzes von 2004).

Ferner fragt es sich, ob die „angemessene Geldsumme" bei einem eventuell im Anschluss stattfindenden Amtshaftungsprozess auf den zuerkannten Schadensersatz anzurechnen ist. Der Gesetzgeber hat diese Frage nicht eindeutig beantwortet. Mittlerweile scheint die Ansicht zu überwiegen, dass die „Geldsumme" einen Ausgleich für den erlittenen immateriellen Schaden in Gestalt von Unannehmlichkeiten und Belastungen ist, die der Beschwerdeführer wegen der Überlänge erlitten hat. Insoweit ist sie im Amtshaftungsprozess bei dem Haftungsumfang zu berücksichtigen ist.[170]

---

165 So die h.M., vgl. m.w.N. *Milej*, OER 2006, 337 (354); aus der letzten Zeit *SA Katowice z* 30.10.2008, I Aca 620/07, LEX Nr. 504149.

166 Diese Höhe der „angemessenen Geldsumme" wurde 2009 durch eine Gesetzesänderung festgelegt. Zuvor waren es bis PLN 10.000. In der Praxis wurden von den Gerichten eher niedrige Summen zugesprochen, darunter auch „*symbolisch 1 PLN*". Dieser Zustand wurde – teilweise zu Unrecht – kritisiert. Vgl. *Milej*, OER 2006, 337 (357).

167 So *Bieniek*, Komentarz, Art. 417 Anm. 39.

168 Auch im heutigen *Kodeks Karny*, Dz. U. 1997, Nr. 88, Pos. 553 (Strafgesetzbuch) ist „*nawiązka*" vorgesehen; meistens als eine Geldzahlung – nicht unbedingt in doppelter Höhe des Schadens – an eine gemeinnützige Organisation. Vgl. Art. 47 des Strafgesetzbuches.

169 Das Institut der „*nawiązka*" war bereits im 16. Jahrhundert bekannt. Ausführlich. *Gardocki*, Prawo karne, Warschau 1998, Rn. 39.

170 Górecki/Stachowiak et al., Skarga na przewlekłość postępowania sądowego. Komentarz, 2007, Art. 12 Rn. 15.

II. Beweisfragen

Die Frage der Beweislast spielt vor allem mit Blick auf den Nachweis des Schadens eine Rolle, da die Unvereinbarkeit der schädigenden Handlung mit dem Recht regelmäßig in einem einschlägigen Präjudikat festgestellt sein wird. Es gilt auch im Bereich der Staatshaftung die allgemeine Regel des Art. 6 k.c, wonach die Beweislast für eine Tatsache denjenigen trifft, der aus ihr Rechtsfolgen ableitet.[171] Dies gilt auch für die Höhe des Schadens, die von dem Geschädigten zu beweisen ist.[172] Eine Beweiserleichterung ergibt sich hier allerdings aus Art. 322 k.p.c. Demnach kann das Gericht einen „angemessenen Betrag" nach eigenem Ermessen unter Berücksichtigung aller Fallumstände zuerkennen, wenn der genaue Nachweis der Höhe des Schadens unmöglich oder übermäßig erschwert ist.

III. Verjährung

Die Verjährungsfristen für die deliktischen Ansprüche ergeben sich aus Art. 442^1 k.c. Längere Verjährungsfristen gelten beim Personenschaden. Dies ist die Konsequenz eines TK-Urteils. Der Gerichtshof unterstrich den herausragenden Rang, den Leben und Gesundheit innerhalb der Werteordnung der Verfassung einnehmen würden. Aus diesem Grund müsse der Personenschaden ebenfalls einer besonderen Regelung unterworfen werden, die diesen hohen Stellenwert angemessen berücksichtige. Dies beziehe sich auch auf die Regelung der Verjährungsfristen.[173]

Die Verjährungsfrist beträgt 3 Jahre ab Kenntnis des Schadens und der Person, die ihn verursacht hat. Sie kann allerdings nicht mehr als 10 Jahre ab dem Schadenseintritt betragen (Art. 442^1 § 1 k.c.). Beim Personenschaden greift die zuletzt genannte Beschränkung nicht: Die Frist beträgt auf jeden Fall 3 Jahre ab Kenntnis (Art. 442^1 § 2 k.c.).[174] Tritt der Schaden infolge eines Vergehens oder eines Verbrechens ein, so beträgt die Verjährungsfrist 20 Jahre ab dem Schadenseintritt; der Zeitpunkt der Kenntnis ist in diesem Fall irrelevant. Ist der Geschädigte eine minderjährige Person, so darf die Verjährungsfrist nicht früher als zwei Jahre nach der Erlangung der Volljährigkeit verstreichen.

Bei Enteignungen und planungsbedingten Wertminderungen von Immobilien ist umstritten, ob dabei die deliktischen Verjährungsfristen oder die Verjährungsfristen aus dem allgemeinen Teil des k.c. gelten sollen. Die h.M. tendiert zu letzterem, da sich der deliktische Charakter der Ansprüche aus rechtmäßigem Handeln nicht immer erkennen lasse.[175] Die allgemeine Verjährungsfrist beträgt gemäß Art. 118 k.c. 10 Jahre.

Darüber hinaus sind in den Spezialgesetzen diverse Ausschlussfristen (keine Verjährungsfristen) für die Geltendmachung der Ansprüche nach diesen Gesetzen geregelt. So beträgt z.B. eine solche Frist gemäß Art. 37 Abs. 3 u.p.z.p. 5 Jahre nachdem der Bebauungsplan oder dessen Änderung verbindlich geworden ist.

---

171 Vgl. SA Białystok z 10.1.2013, I ACa 717/10, LEX Nr. 1267188.

172 Vgl. auch *Karasek*, Komentarz (Fn. 65), Art. 417^1 Anm. I 7.

173 TK z 1.9.2006, SK 14/05, OTK ZU 2006/8A/97. Das Urteil des TK ist in der Literatur auf Ablehnung gestoßen, Vgl. *Banaszak*, Konstytucja, Art. 77 Rn. 1 m.w.N.

174 Der Wortlaut der Vorschrift ist nicht eindeutig. Für deren dahingehende Auslegung im hier vertretenen Sinne *Machnikowski/Śmieja*, Czyny niedozwolone, in: Olejniczak, § 27 Rn. 172.

175 M.w.N. *Parchomiuk, Odpowiedzialoność odszkodowawcza*, S. 441. Anders offenbar SA Katowice z 5.3.2010, I ACa 6/10, LEX Nr. 1120382. Nach Ansicht des Gerichts liegt eine unerlaubte Handlung im Sinne des Zivilrechts nicht nur im Fall rechtswidrigen Handelns, sondern auch dann vor, wenn das Gesetz beim Auftreten bestimmter Sachverhalte eine Pflicht zum Schadensersatz vorsieht. Demnach hätten auch die Ansprüche bei Haftung ohne Normverstoß einen deliktischen Charakter.

IV. Vollstreckung

Die gegen den „Staatsschatz" ergangenen Urteile sind vollstreckbar. Das einschlägige Verfahren ist in Art. 1060 k.p.c. recht detailliert geregelt. Die staatliche Einrichtung, mit deren Tätigkeit die Forderung verbunden ist, wird zunächst zur Erfüllung der Forderung aufgefordert (Art. 1060 § 1 k.p.c.). Wegen Geldforderungen kann anschließend in die Bankkonten dieser Einrichtung vollstreckt werden (Art. 1060 § 3 k.p.c.). Bei sonstigen Forderungen ist bei nicht rechtzeitiger Erfüllung u.a. eine Geldstrafe gegen den Leiter der betroffenen staatlichen Einrichtung vorgesehen (Art. 1060 § 4 k.p.c.).

Bibliographie

Bagińska, Ewa, Odpowiedzialność odszkodowawcza za wykonywanie władzy publicznej (Schadenshaftung für die Ausübung der öffentlichen Gewalt), Warschau 2006

dies./Parchomiuk, Jerzy, System Prawa Administracyjnego. Tom 12. Odpowiedzialność odszkodowawcza w administracji (System des Verwaltungsrechts. Bd. 12. Schadenshaftung in der Verwaltung), Warschau 2010

Banaszak, Bogusław, Konstytucja Rzeczypospolitej Polskiej. Komentarz (Verfassung der Republik Polen. Ein Kommentar), Warschau 2009

Banaszak, Bogusław/Milej, Tomasz, Polnisches Staatsrecht, Warschau 2009

Banaszczyk, Zbigniew, Odpowiedzialność za szkodę wyrządzoną niezgodnym z prawem prawomocnym orzeczeniem lub ostateczną decyzją (Art. 417^1 § 2 K.C.) (Haftung für einen durch rechtskräftige Gerichtsentscheidung oder bestandkräftigen Verwaltungsakt zugefügten Schaden), Palestra 2006/5–6, S. 119.

Bieniek, Gerard et al., Komentarz do kodeksu cywilnego. Księga trzecia. Zobowiązania. Tom I (Kommentar zum Zivilgesetzbuch. Dritter Bd. Schuldverhältnisse), Warschau 2009

Bosek, Leszek, Szkoda i związek przyczynowy w sprawach bezprawia legislacyjnego (Schaden und Kausalität in Fällen des legislativen Unrechts), Studia Iuridica 2007, S. 19

Gudowski, Jacek, Węzłowe problemy skargi o stwierdzenie niezgdoności z prawem prawomocnego orzeczenia (Grundprobleme der Klage auf Feststellung der Unvereinbarkeit einer rechtskräftigen Gerichtsentscheidung mit dem Recht), Przegląd Sądowy 2006/1, S. 3

Milej, Tomasz, Von Kudla bis Scordino. Die polnischen Rechtsbehelfe gegen die Verletzung des Rechts auf ein faires Verfahren innerhalb angemessener Frist in rechtsvergleichender Perspektive, OER 2006, S. 337

Olejniczak, Adam (Hrsg.), System Prawa Prywatnego. Tom 6. Prawo zobowiązań – część ogólna (System des Privatrechts. Bd. 6. Recht der Schuldverhältnisse – allgemeiner Teil), Warschau 2009

Parchomiuk, Jerzy, Odpowiedzialoność odszkodowawcza za legalne działania władzy publicznej (Haftung für rechtmäßiges Handeln der öffentlichen Gewalt), Warszawa 2007

Radwański, Zbigniew, Zmiany w KC dotyczące odpowiedzialności organów wykonujących władze publiczną (Änderungen im KC betreffend die Haftung der die öffentliche Gewalt ausübenden Organe), Monitor Prawniczy 2004/21, S. 971

Safjan, Marek/Matuszyk, Krzysztof J., Odpowiedzialność odszkodowawcza władzy publicznej (Schadenshaftung der öffentlichen Gewalt), 2. Aufl., Warschau 2009

Abkürzungen

Dz. U.	*Dziennik Ustaw* (Gesetzblatt der Republik Polen)
k.c.	*Kodeks cywilny* (Zivilgesetzbuch)
k.c. a.F.	*Kodeks cywilny* (Zivilgesetzbuch, alte Fassung)
k.k.w.	*Kodeks karny wykonawczy* (Strafvollzugsgesetz)
k.p.	*Kodeks pracy* (Arbeitsgesetzbuch)
k.p.a.	*Kodeks postępowania administracyjnego* (Verwaltungsverfahrensgesetz)
k.p.c.	*Kodeks postępowania cywilnego* (Zivilprozessordnung)
k.p.k.	*Kodeks postępowania karnego* (Strafprozessordnung)

Tomasz Milej

LEX	Datenbank „Lex Omega“
MoP	*Monitor Prawniczy* (Zeitschrift „Juristische Rundschau“)
NSA	*Naczelny Sąd Administracyjny* (Hauptverwaltungsgericht)
OER	Osteuropa-Recht (Zeitschrift)
OSNC	*Orzecznictwo Sądu Najwyższego. Izba Cywilna* (Sammlung der Rechtsprechung der Zivilkammer des Obersten Gerichts)
OTK ZU	*Orzecznictwo Trybunału Konstytucyjnego. Zbiór Urzędowy* (Rechtsprechung des Verfassungsgerichtshofes. Amtliche Sammlung)
PiM	*Prawo i Medycyna* (Zeitschrift „Recht und Medizin“)
PiP	*Państwo i Prawo* (Zeitschrift „Staat und Recht“)
p.o.s.	*Prawo ochrony środowiska* (Umweltschutzgesetz)
PS	*Przegląd Sądowy* (Zeitschrift „Gerichtsrundschau“)
PSejm	*Przegląd Sejmowy* (Zeitschrift „Sejmrundschau“)
p.w.	*Prawo wodne* (Wasserrechtsgesetz)
RPEiS	*Ruch Prawniczy, Ekonomiczny i Socjologiczny* (Zeitschrift „Juristische, wirtschaftliche und soziologische Bewegung“)
SA	*Sąd Apelacyjny* (Appellationsgericht bzw. Berufungsgericht)
SN	*Sąd Najwyższy* (Das Oberste Gericht der Republik Polen)
TK	*Trybunał Konstytucyjny* (Verfassungsgerichtshof der Republik Polen)
u.g.n.	*Ustawa o gospodarce nieruchomościami* (Immobilienwirtschaftsgesetz)
u.o. k.s.i e	*Ustawa o komornikach sądowych i egzekucji* (des Gesetzes über die Gerichtsvollzieher und die Zwangsvollstreckung)
ust. rehabil.	*Ustawa o uznaniu za nieważne orzeczeń wydanych wobec osób represjonowanych za działalność na rzecz niepodległego bytu Państwa Polskiego* (Gesetzes über die Feststellung der Nichtigkeit von Entscheidungen, die in Bezug auf die wegen der Tätigkeit im Dienste des unabhängigen Daseins des Polnischen Staates verfolgten Personen getroffen wurden)
u.p.s.a.	*Ustawa – Prawo o postępowaniu przed sądami administracyjnymi* (Verwaltungsgerichtsordnung)
u.p.z.p.	*Ustawa o planowaniu i zagospodarowaniu przestrzennym* (Gesetz über die Planung und Raumbewirtschaftung)
ZP UKSW	*Zeszyty Prawnicze Uniwersytetu im. Kardynała Stefana Wyszyńskiego* (Zeitschrift „Juristische Blätter der Kardinal-Stefan-Wyszyński-Universität“)

Wesentliche Vorschriften

Konstytucja Rzeczypospolitej Polskiej
Verfassung der Republik Polen[176]

Art. 77
(1) Każdy ma prawo do wynagrodzenia szkody, jaka została mu wyrządzona przez niezgodne z prawem działanie organu władzy publicznej.

(2) Ustawa nie może nikomu zamykać drogi sądowej dochodzenia naruszonych wolności lub praw.

Art. 77
(1) Jedermann hat das Recht auf Wiedergutmachung des Schadens, der ihm durch mit dem Recht unvereinbares Handeln eines Organs der öffentlichen Gewalt entstanden ist.

(2) Das Gesetz darf niemandem den Rechtsweg für die Geltendmachung einer Verletzung von Rechten und Freiheiten versperren.

176 Übersetzung des Verfassers.

Kodeks cywilny
Zviligesetzbuch[177]

Art. 417

§ 1. Za szkodę wyrządzoną przez niezgodne z prawem działanie lub zaniechanie przy wykonywaniu władzy publicznej ponosi odpowiedzialność Skarb Państwa lub jednostka samorządu terytorialnego lub inna osoba prawna wykonująca tę władzę z mocy prawa.

§ 2. Jeżeli wykonywanie zadań z zakresu władzy publicznej zlecono, na podstawie porozumienia, jednostce samorządu terytorialnego albo innej osobie prawnej, solidarną odpowiedzialność za wyrządzoną szkodę ponosi ich wykonawca oraz zlecająca je jednostka.

Art. 417

§ 1. Für einen Schaden, der durch mit dem Recht unvereinbares Handeln oder Unterlassen bei der Ausübung der öffentlichen Gewalt verursacht worden ist, haftet der Staatsschatz[178] oder die Einheit der territorialen Selbstverwaltung bzw. eine andere juristische Person, die diese Gewalt kraft Gesetzes ausübt.

§ 2. Ist die Erfüllung von Aufgaben aus dem Bereich der öffentlichen Gewalt einer Einheit der territorialen Selbstverwaltung oder einer anderen juristischen Person aufgrund Vereinbarung übertragen worden, so haften für den verursachten Schaden der Auftragnehmer und die auftraggebende Einheit der territorialen Selbstverwaltung oder der Staatsschatz gesamtschuldnerisch.

Art. 417[1]

§ 1. Jeżeli szkoda została wyrządzona przez wydanie aktu normatywnego, jej naprawienia można żądać po stwierdzeniu we właściwym postępowaniu niezgodności tego aktu z Konstytucją, ratyfikowaną umową międzynarodową lub ustawą.

§ 2. Jeżeli szkoda została wyrządzona przez wydanie prawomocnego orzeczenia lub ostatecznej decyzji, jej naprawienia można żądać po stwierdzeniu we właściwym postępowaniu ich niezgodności z prawem, chyba że przepisy odrębne stanowią inaczej. Odnosi się to również do wypadku, gdy prawomocne orzeczenie lub ostateczna decyzja zostały wydane na podstawie aktu normatywnego niezgodnego z Konstytucją, ratyfikowaną umową międzynarodową lub ustawą.

§ 3. Jeżeli szkoda została wyrządzona przez niewydanie orzeczenia lub decyzji, gdy obowiązek ich wydania przewiduje przepis prawa, jej naprawienia można żądać po stwierdzeniu we właściwym postępowaniu niezgodności z prawem niewydania orzeczenia lub decyzji, chyba że przepisy odrębne stanowią inaczej.

§ 4. Jeżeli szkoda została wyrządzona przez niewydanie aktu normatywnego, którego obowiązek wydania przewiduje przepis prawa, niezgodność z prawem nie-

Art. 417[1]

§ 1. Ist der Schaden durch Erlass eines Normativaktes verursacht worden, so kann der Schadensersatz [nur] verlangt werden, wenn die Unvereinbarkeit dieser Vorschrift mit der Verfassung, einem ratifizierten völkerrechtlichen Vertrag oder einem Gesetz in dem hierfür vorgesehenen Verfahren festgestellt worden ist.

§ 2. Ist der Schaden durch eine mit dem Recht unvereinbare Gerichtsentscheidung oder einen endgültigen Verwaltungsakt verursacht worden, so kann der Schadensersatz [nur] verlangt werden, wenn die Unvereinbarkeit mit dem Recht in dem hierfür vorgesehenen Verfahren festgestellt worden ist. Das gilt auch für den Fall, dass die rechtskräftige Gerichtsentscheidung oder der endgültige Verwaltungsakt aufgrund einer mit der Verfassung, eines ratifizierten völkerrechtlichen Vertrag oder einem Gesetz unvereinbaren Normativaktes erlassen worden ist.

§ 3. Ist der Schaden durch die Unterlassung einer Gerichtsentscheidung oder eines Verwaltungsaktes verursacht worden, deren Erlass durch eine Rechtsvorschrift vorgeschrieben ist, verursacht worden ist, kann der Schadensersatz [nur] verlangt werden, wenn die Unvereinbarkeit der Unterlassung der Gerichtsentscheidung oder des Verwaltungsaktes mit dem Recht in dem hierfür vorgesehenen Verfahren festgestellt worden ist, es sei denn, besondere Vorschriften bestimmen etwas anderes.

§ 4. Ist der Schaden durch die Unterlassung des Erlasses eines Normativaktes, dessen Erlass gesetzlich vorgeschrieben ist, verursacht worden, so wird die Un-

177 Übersetzung z.T. des Verfasser und aus: Polnische Wirtschaftsgesetze, 8. Aufl., Warschau 2010.
178 Zu dem Begriff „*Staatsschatz*" → C.I.1.

wydania tego aktu stwierdza sąd rozpoznający sprawę o naprawienie szkody.

vereinbarkeit dieser Unterlassung mit dem Recht von dem Gericht festgestellt, das über den Schadensersatz in der Sache entscheidet.

Art. 417²
Jeżeli przez zgodne z prawem wykonywanie władzy publicznej została wyrządzona szkoda na osobie, poszkodowany może żądać całkowitego lub częściowego jej naprawienia oraz zadośćuczynienia pieniężnego za doznaną krzywdę, gdy okoliczności, a zwłaszcza niezdolność poszkodowanego do pracy lub jego ciężkie położenie materialne, wskazują, że wymagają tego względy słuszności.

Art. 417²
Ist durch eine mit dem Recht vereinbare Ausübung der öffentlichen Gewalt ein Personenschaden verursacht worden, so kann der Geschädigte vollständigen oder partiellen Schadensersatz sowie eine Entschädigung in Geld für den erlittenen immateriellen Schaden verlangen, wenn es sich aus den Fallumständen, insbesondere wegen der Arbeitsunfähigkeit oder wegen der schwierigen materiellen Lage des Geschädigten, ergibt, dass die Gesichtspunkte der Billigkeit dies erfordern.

Art. 448
W razie naruszenia dobra osobistego sąd może przyznać temu, czyje dobro osobiste zostało naruszone, odpowiednią sumę tytułem zadośćuczynienia pieniężnego za doznaną krzywdę lub na jego żądanie zasądzić odpowiednią sumę pieniężną na wskazany przez niego cel społeczny, niezależnie od innych środków potrzebnych do usunięcia skutków naruszenia. [...]

Art. 448
Im Falle der Verletzung eines persönlichen Rechtsgutes kann das Gericht demjenigen, dessen persönliches Rechtsgut verletzt worden ist, eine angemessene Geldsumme als Wiedergutmachung für den erlittenen immateriellen Schaden zuerkennen oder auf sein Verlangen auf Zahlung einer entsprechenden Summe für einen von ihm angegebenen gemeinnützigen Zweck erkennen und dies unabhängig von anderen zur Beseitigung der Folgen der Verletzung erforderlichen Maßnahmen [...].

Kodeks postępowania cywilnego
Zivilverfahrensgesetzbuch[179]

Art. 424¹
§ 1. Można żądać stwierdzenia niezgodności z prawem prawomocnego wyroku sądu drugiej instancji kończącego postępowanie w sprawie, jeżeli przez jego wydanie stronie została wyrządzona szkoda, a zmiana lub uchylenie tego wyroku w drodze przysługujących stronie środków prawnych nie było i nie jest możliwe.

§ 2. W wyjątkowych wypadkach, gdy niezgodność z prawem wynika z naruszenia podstawowych zasad porządku prawnego lub konstytucyjnych wolności albo praw człowieka i obywatela, można także żądać stwierdzenia niezgodności z prawem prawomocnego wyroku sądu pierwszej lub drugiej instancji kończącego postępowanie w sprawie, jeżeli strona nie skorzystała z przysługujących jej środków prawnych, chyba że jest możliwa zmiana lub uchylenie wyroku w drodze innych przysługujących stronie środków prawnych.

Art. 424¹
§ 1. Verlangt werden kann eine Feststellung der Unvereinbarkeit mit dem Recht eines rechtskräftigen, das Verfahren in der Sache abschließenden Urteils, wenn durch dessen Erlassen der Streitpartei ein Schaden zugefügt wurde, und die Änderung oder Aufhebung dieses Urteils im Wege der der Streitpartei zustehenden Rechtsmittel nicht möglich war und ist.

§ 2. In Ausnahmefällen, wenn sich die Unvereinbarkeit mit dem Recht aus der Verletzung der grundlegenden Prinzipien der Rechtsordnung oder verfassungsmäßiger Freiheiten bzw. Menschen- und Bürgerrechte ergibt, kann auch eine Feststellung der Unvereinbarkeit mit dem Recht eines rechtskräftigen, das Verfahren in der Sache abschließenden Urteils der ersten oder der zweiten Instanz verlangt werden, wenn die Streitpartei die ihr zustehenden Rechtsmittel nicht in Anspruch genommen hat, es sei denn die Änderung oder Aufhebung des Urteils im Wegen anderer der Streitpartei zustehender Rechtsmittel möglich ist.

---

179 Übersetzung des Verfassers.

Art. 424[11]

§ 1. Sąd Najwyższy oddala skargę w razie braku podstawy do stwierdzenia, że zaskarżony wyrok jest niezgodny z prawem.

§ 2. Uwzględniając skargę, Sąd Najwyższy stwierdza, że wyrok jest w zaskarżonym zakresie niezgodny z prawem.

[...]

Art. 424[11]

§ 1. Fehlt es an der Grundlage für die Feststellung, dass das angefochtene Urteil mit dem Recht unvereinbar ist, so weist das Oberste Gericht die Klage ab.

§ 2. Indem das Oberste Gericht der Klage stattgibt, stellt es fest, dass das Urteil in dem Anfechtungsumfang mit dem Recht unvereinbar ist.

[...]

Ustawa o skardze na naruszenie prawa strony do rozpoznania sprawy w postępowaniu przygotowawczym prowadzonym lub nadzorowanym przez prokuratora i postępowaniu sądowym bez nieuzasadnionej zwłoki

Gesetz über die Klage wegen Verletzung des Rechts einer Streitpartei auf Entscheidung über ihre Sache in einem durch einen Staatsanwalt geleiteten oder beaufsichtigten Ermittlungsverfahren und im Gerichtsverfahren ohne unbegründete Verzögerung[180]

Art. 2.

1. Strona może wnieść skargę o stwierdzenie, że w postępowaniu, którego skarga dotyczy, nastąpiło naruszenie jej prawa do rozpoznania sprawy bez nieuzasadnionej zwłoki, jeżeli postępowanie w tej sprawie trwa dłużej, niż to konieczne dla wyjaśnienia tych okoliczności faktycznych i prawnych, które są istotne dla rozstrzygnięcia sprawy, albo dłużej niż to konieczne do załatwienia sprawy egzekucyjnej lub innej dotyczącej wykonania orzeczenia sądowego (przewlekłość postępowania).

1a. Przepis ust. 1 stosuje się odpowiednio do postępowania przygotowawczego.

[...]

Art. 2

1. Eine Streitpartei kann eine Klage auf Feststellung erheben, dass in dem Verfahren, auf das sich die Klage bezieht, eine Verletzung ihres Rechts auf Entscheidung der Sache ohne unbegründete Verzögerung stattgefunden hat, wenn das Verfahren in dieser Sache länger, als dies zur Klärung von solchen faktischen und rechtlichen Umständen erforderlich ist, die für die Entscheidung der Sache relevant sind, oder länger als dies zur Erledigung einer Vollstreckungs- oder einer anderen die Vollziehung einer gerichtlichen Entscheidung betreffenden Sache erforderlich ist, dauert (Überlänge des Verfahrens).

1a. Die Vorschrift des Abs. 1 findet auf Ermittlungsverfahren eine entsprechende Anwendung.

[...]

Art. 4.

1. Sądem właściwym do rozpoznania skargi jest sąd przełożony nad sądem, przed którym toczy się postępowanie.

1a. Jeżeli skarga dotyczy przewlekłości postępowania przed sądem rejonowym i sądem okręgowym – właściwy do jej rozpoznania w całości jest sąd apelacyjny.

1b. Jeżeli skarga dotyczy przewlekłości postępowania przed sądem okręgowym i sądem apelacyjnym – właściwy do jej rozpoznania w całości jest sąd apelacyjny.

2. Jeżeli skarga dotyczy przewlekłości postępowania przed sądem apelacyjnym lub Sądem Najwyższym – właściwy do jej rozpoznania jest Sąd Najwyższy.

3. Jeżeli skarga dotyczy przewlekłości postępowania przed wojewódzkim sądem administracyjnym lub

Art. 4

1. Für die Entscheidung über die Klage ist das übergeordnete Gericht des Gerichts, bei dem das Verfahren anhängig ist, zuständig.

1a. Betrifft die Klage die Überlänge des Verfahrens vor einem Amtsgericht und einem Bezirksgericht – so ist für die Gesamtentscheidung das Appellationsgericht zuständig.

1b. Betrifft die Klage die Überlänge des Verfahrens vor einem Bezirksgericht und einem Appellationsgericht – so ist für die Gesamtentscheidung das Appellationsgericht zuständig.

2. Betrifft die Klage die Überlänge des Verfahrens vor einem Appellationsgericht und dem Obersten Gericht – so ist für die Entscheidung das Oberste Gericht zuständig.

3. Betrifft die Klage die Überlänge des Verfahrens vor einem Provinzverwaltungsgericht oder dem Haupt-

180 Übersetzung des Verfassers.

Naczelnym Sądem Administracyjnym – właściwy do jej rozpoznania jest Naczelny Sąd Administracyjny.

4. Sądem właściwym do rozpoznania skargi dotyczącej przewlekłości postępowania egzekucyjnego lub innego postępowania dotyczącego wykonania orzeczenia sądowego jest sąd okręgowy, w którego okręgu prowadzona jest egzekucja lub wykonywane są inne czynności, a gdy egzekucja lub inne postępowanie dotyczące wykonania orzeczenia sądowego prowadzone jest w dwu lub więcej okręgach – sąd, w okręgu którego dokonano pierwszej czynności.

5. Jeżeli skarga dotyczy przewlekłości postępowania przygotowawczego, właściwy do jej rozpoznania jest sąd przełożony nad sądem, który byłby właściwy rzeczowo do rozpoznania sprawy.

Art. 5

1. Skargę o stwierdzenie, że w postępowaniu, którego skarga dotyczy, nastąpiła przewlekłość postępowania, wnosi się w toku postępowania w sprawie. [...]

Art. 11

Sąd wydaje orzeczenie w terminie dwóch miesięcy, licząc od daty złożenia skargi.

Art. 12

1. Skargę niezasadną sąd oddala.

2. Uwzględniając skargę, sąd stwierdza, że w postępowaniu, którego skarga dotyczy, nastąpiła przewlekłość postępowania.

3. Na żądanie skarżącego lub z urzędu sąd zaleca podjęcie przez sąd rozpoznający sprawę co do istoty albo przez prokuratora prowadzącego lub nadzorującego postępowanie przygotowawcze odpowiednich czynności w wyznaczonym terminie, chyba że wydanie zaleceń jest oczywiście zbędne. Zalecenia nie mogą wkraczać w zakres oceny faktycznej i prawnej sprawy.

4. Uwzględniając skargę, sąd na żądanie skarżącego przyznaje od Skarbu Państwa, a w przypadku skargi na przewlekłość postępowania prowadzonego przez komornika – od komornika, sumę pieniężną w wysokości od 2.000 złotych do 20.000 złotych.

verwaltungsgericht – so ist für die Entscheidung das Hauptverwaltungsgericht zuständig.

4. Für die Entscheidung über die Klage betreffend die Überlänge eines Zwangsvollstreckungsverfahrens oder eines sonstigen Verfahrens zur Umsetzung einer Gerichtsentscheidung ist das sąd okręgowy zuständig, in dessen Bezirk die Zwangsvollstreckung betrieben oder andere Verfahrenshandlungen vorgenommen werden; wird das Zwangsvollstreckungsverfahren oder ein sonstiges Verfahren zur Umsetzung einer Gerichtsentscheidung in zwei oder mehreren Bezirken durchgeführt, so ist das Gericht zuständig, in dessen Bezirk die erste Verfahrenshandlung vorgenommen wurde.

5. Betrifft die Klage die Überlänge eines Ermittlungsverfahrens, so ist das Gericht zuständig, das dem Gericht übergeordnet ist, das für die Sachentscheidung sachlich zuständig wäre.

Art. 5

1. Die Klage auf Feststellung, dass es in dem Verfahren, auf das sich die Klage bezieht, zur Überlänge kam, ist im Laufe des Verfahrens in der Sache zu erheben. [...]

Art. 11

Das Gericht entscheidet binnen einer Frist von zwei Monaten, gerechnet ab dem Datum der Klageeinreichung.

Art. 12

1. Eine unbegründete Klage wird durch das Gericht zurückgewiesen.

2. Indem das Gericht der Klage stattgibt, stellt es fest, dass in dem Verfahren, auf das sich die Klage bezieht, eine Überlänge des Verfahrens vorlag.

3. Auf Antrag des Klägers oder von Amts wegen empfiehlt das erkennende Gericht die Eröffnung des Verfahrens durch das für die Sachentscheidung in der Rechtssache zuständige Gericht oder die Vornahme von bestimmten Handlungen durch den das Verfahren führenden oder es beaufsichtigenden Staatsanwalt innerhalb einer bestimmten Frist, es sei denn, eine solche Empfehlung ist offensichtlich überflüssig. Die Empfehlungen dürfen nicht in den Bereich der faktischen und rechtlichen Bewertung der Rechtssache eingreifen.

4. Indem das Gericht der Klage stattgibt, spricht es auf Antrag des Klägers von dem Staatsschatz,[181] und im Falle der Klage wegen der durch einen Gerichtsvollziehen geleiteten Verfahrens – von dem Gerichtsvollzieher, eine Geldsumme in der Höhe von 2.000 PLN bis 20.000 PLN zu.

181 Zum Begriff „*Staatsschatz*" → C.I.1.

5. W przypadku przyznania sumy pieniężnej od Skarbu Państwa, wypłaty dokonuje:
1) sąd prowadzący postępowanie, w którym nastąpiła przewlekłość postępowania – ze środków własnych tego sądu;
2) prokuratura okręgowa, w której okręgu prowadzone jest postępowanie przygotowawcze, w którym nastąpiła przewlekłość postępowania, a w odniesieniu do postępowań przygotowawczych prowadzonych przez wydziały zamiejscowe Biura do Spraw Przestępczości Zorganizowanej Prokuratury Krajowej – właściwa prokuratura apelacyjna – ze środków własnych tych prokuratur.

[...]

5. Wird eine Geldsumme vom Staatsschatz zugesprochen, so erfolgt die Auszahlung durch:
1) das das Verfahren, in dem die Überlänge vorlag, leitende Gericht – aus den Eigenmitteln des Gerichts;
2) die Bezirksstaatsanwaltschaft, in deren Bezirk das Ermittlungsverfahren, in dem die Überlänge vorlag, geleitet wurde, und in Bezug auf Ermittlungsverfahren, die durch die Außenstellen des Amtes zur Bekämpfung organisierter Kriminalität geleitet wurden – die zuständige Appellationsstaatsanwaltschaft – aus den Eigenmitteln dieser Staatsanwaltschaften.

[...]

Art. 14

Skarżący może wystąpić z nową skargą w tej samej sprawie po upływie 12 miesięcy, a w postępowaniu przygotowawczym, w którym stosowane jest tymczasowe aresztowanie, oraz w sprawie egzekucyjnej lub innej dotyczącej wykonania orzeczenia sądowego – po upływie 6 miesięcy, od daty wydania przez sąd orzeczenia, o którym mowa w art. 12.

Art. 14

Der Kläger kann eine neue Klage in derselben Rechtssache nach Ablauf von 12 Monaten und in einer Rechtssache, in der ein Haftbefehl erlassen wurde sowie in einer Vollstreckungssache oder einer anderen die Ausführung einer gerichtlichen Entscheidung betreffenden Rechtssache – nach Ablauf von 6 Monaten ab dem Datum der Entscheidung gemäß Art. 12 erheben.

Art. 15

1. Strona, której skargę uwzględniono, może w odrębnym postępowaniu dochodzić naprawienia szkody wynikłej ze stwierdzonej przewlekłości od Skarbu Państwa albo solidarnie od Skarbu Państwa i komornika.

2. Postanowienie uwzględniające skargę wiąże sąd w postępowaniu cywilnym o odszkodowanie lub zadośćuczynienie, co do stwierdzenia przewlekłości postępowania.

Art. 15

1. Die Partei, derer Klage stattgegeben wurde, kann in einem weiteren Verfahren die Wiedergutmachung eines sich aus der festgestellten Überlänge ergebenden Schaden vom „Staatsschatz" oder von den gesamtschuldnerisch haftenden „Staatsschatz" und Gerichtsvollzieher einklagen.

2. Der der Klage stattgebende Beschluss bindet das im Zivilverfahren betreffend den Schadensersatz oder die Entschädigung erkennende Gericht hinsichtlich der Feststellung der Überklänge des Verfahrens.

Art. 16

Strona, która nie wniosła skargi na przewlekłość postępowania zgodnie z art. 5 ust. 1, może dochodzić – na podstawie art. 417 ustawy z dnia 23 kwietnia 1964 r. – Kodeks cywilny (Dz. U. Nr 16, poz. 93, z późn. zm.1)) – naprawienia szkody wynikłej z przewlekłości, po prawomocnym zakończeniu postępowania co do istoty sprawy.

Art. 16

Die Partei, die die Klage wegen der Verfahrensüberlänge gemäß Art. 5 nicht eingereicht hat, darf die Wiedergutmachung des sich aus der Überlänge ergebenden Schadens auf der Grundlage des Art. 417 des Gesetzes vom 23. April 1964 – Zivilgesetzbuch [...] nach der rechtskräftigen Beendigung des Verfahrens in der Sache einklagen.

§ 16 Portugal

Filipa Calvão

Inhaltsübersicht

A. Einführung

I. Verfassungsrechtliche Grundlagen

1. Historische Genese

Bis zur Einführung des *Código Civil* (Bürgerliches Gesetzbuch, abgekürzt: CC) im Jahr 1867 haftete der portugiesische Staat nicht für den Schaden von Bürgern, sondern erkannte lediglich eine Entschädigungspflicht im Rahmen patrimonialer Verhältnisse (in denen dem Staat keine Hoheitsgewalt zustand) an. Das CC begründete einen staatlichen Haftungsausschluss im Zusammenhang mit dem Vollzug von Gesetzen, sah jedoch eine Beamtenhaftung für Schäden vor, die durch einen Normverstoß infolge einer persönlichen Handlung verursacht wurden. Trotz spärlicher Regelungen gingen das damalige Schrifttum sowie die Rechtsprechung allgemein von einem Prinzip der zivilrechtlichen Haftung des Staates für Schäden infolge privater Verwaltungstätigkeit aus. 1930 fand eine bedeutende Reform statt. Zum ersten Mal wurde in Portugal die gesamtschuldnerische Staatshaftung für Schäden durch rechtswidrig handelnde Staatsbedienstete im CC gesetzlich festgeschrieben, was Jahre später in unterschiedliche Rechtsvorschriften mündete.[1]

Im Jahr 1967 trat das gegenwärtige CC mit Vorschriften zur zivilrechtlichen Haftung des Staates für private Verwaltungstätigkeit in Kraft, während zur selben Zeit mit dem *Decreto-Lei* (Regierungsgesetz)[2] 48051 vom 21.11.1967 ein neues Gesetz erging, welches eine zivilrechtliche Staatshaftung für öffentliches Verwaltungshandeln, d.h. Aufgaben im Allgemeinwohl, vorsah und dabei sowohl von einer verschuldensabhängigen als auch von einer verschuldensunabhängigen Haftung ausging, jedoch keine Regelungen zu einer zivilrechtlichen Haftung für Verträge der öffentlichen Hand enthielt. Dieser Rechtsakt behielt seine Gültigkeit bis zum Jahr 2007, als er durch ein neues Gesetz, das *Lei* (Parlamentsgesetz) 67/2007 vom 31.12.2007, ersetzt wurde, welches die *Regime da Responsabilidade Civil Extracontratual do Estado e demais Entidades Públicas* (Regelungen zur außervertraglichen zivilrechtlichen Haftung des Staates und anderer juristischer Personen des öffentlichen Rechts, abgekürzt: RRCEE) einführte.

In der Zwischenzeit hatte die *Constituição da República Portuguesa* (Verfassung der portugiesischen Republik, abgekürzt: CRP) aus dem Jahr 1976 den Grundsatz der zivilrechtlichen Haftung der öffentlichen Hand anerkannt. Art. 22 CRP begründet eine gesamtschuldnerische Haftung des Staates sowie weiterer juristischer Personen des öffentlichen Rechts für die Handlungen oder Unterlassungen von Organwaltern, Beamten, öffentlichen Angestellten oder öffentlichen Gehilfen im Dienste dieser Behörden (diese werden von nun an unter dem Begriff Amtswalter[3] zusammengefasst), die bei und aufgrund der Ausübung ihrer hoheitlichen Aufgaben erfolgen und gegen Grundrechte verstoßen oder anderen schaden. Gleichzeitig verbietet Art. 271 Abs. 1 CRP, das Beschreiten des Rechtswegs von der Genehmigung einer übergeordneten Stelle abhängig zu machen.

---

1 Für einen Überblick über die Entstehungsgeschichte der öffentlichen Haftung vgl. *Sousa/Matos*, Responsabilidade civil, S. 12–15.

2 Im portugiesischen Verfassungssystem stehen neben der *Assembleia da República* (Nationalparlament) und der *Assembleia Legislativa dos Açores e da Madeira* (Parlamente der Autonomen Regionen Azoren und Madeira) auch der nationalen Regierung Gesetzgebungsbefugnisse zu, wobei ein legislativer Akt der Regierung als *Decreto-Lei* bezeichnet wird, während der Begriff *Lei* (Gesetz) legislative Akte der *Assembleia da República* bezeichnet.

3 In diesem Sinne auch *Andrade*, RLJ 2008, 360 (362), der den Begriff des *Amtswalters* dem des *öffentlichen Bediensteten* im juristischen Sprachgebrauch vorzieht, weil erstere Bezeichnung ebenfalls in Art. 269 CRP verwendet wird und den personellen, externen und dynamischen Aspekt der haftungsbegründenden Handlungen verdeutlicht.

Art. 22 CRP stellt historisch gesehen einen bedeutenden Schritt in Bezug auf das Amtshaftungssystem dar, da frühere Fassungen der portugiesischen Verfassung nur von einer Haftung der Beamten oder öffentlichen Angestellten, nicht jedoch von einer unmittelbaren Behördenhaftung ausgingen. Die Verfassung von 1976 begründet eine unmittelbare zivilrechtliche Haftung des Staates und konkretisiert das Rechtsstaatsprinzip sowie den Grundsatz der Rechtmäßigkeit staatlichen Handelns, wenngleich dabei teilweise eine Regelung in die Verfassung eingeführt wurde, die zuvor in einem Gesetzgebungsvorhaben klar umgrenzt wurde.[4] Der Staat und andere juristische Personen des öffentlichen Rechts haften heutzutage gesamtschuldnerisch für Schäden, um eine Schadensersatzleistung sicherzustellen, was bedeutet, dass ein Amtswalter, der einen Schaden verursacht, ebenfalls haftbar ist (vgl. Art. 271 Abs. 1 CRP).

2. Verfassungsrechtlicher Grundsatz der Staatshaftung

Art. 22 CRP hat nichtsdestotrotz einige Zweifel bezüglich Umfang und Voraussetzungen seiner Anwendung hervorgerufen. So wurde beispielsweise diskutiert, ob mit Art. 22 CRP ein Schadensersatzanspruch oder – mit dem Argument, dass die Bestimmung zu ungenau sei, um einer Person eine subjektive Rechtsposition zu verschaffen – nur ein entsprechender Grundsatz begründet oder ob damit nicht lediglich die Schaffung einer institutionellen Entschädigungsgarantie beabsichtigt wurde. Die überwiegende Ansicht im Schrifttum[5] geht jedoch davon aus, dass die Vorschrift eine subjektive Ebene nicht ausschließt, sondern vielmehr einen grundsätzlichen Rechtsschutz gegen schädigendes staatliches Verhalten sowie einen Anspruch auf Ersatz dadurch verursachter Schäden begründet.[6] Folglich wird die Vorschrift unmittelbar angewendet, eine Besonderheit, die für alle Grundrechte gilt, die als *direitos, liberdades e garantias* (Rechte, Freiheiten und Garantien) klassifiziert werden – eine Gruppe, die die in Teil I Abschnitt II CRP vorgesehenen Rechte sowie diejenigen Rechte umfasst, die trotz abweichender systematischer Stellung innerhalb des Verfassungstextes von ähnlicher Natur sind.[7] Folglich kann Art. 22 CRP stets geltend gemacht oder angeführt werden (selbst wenn es keine ausdrückliche gesetzliche Regelung bezüglich einer Amtshaftung gäbe), und zwar nicht nur bei Fehlen einer entsprechenden gesetzlichen Regelung, sondern sogar bei Vorliegen entgegengesetzter Rechtsvorschriften.[8]

Andererseits lässt die unbestimmte Definition von Amtshaftung in der Verfassung den Schluss zu, dass der Staat und andere Behörden für jeglichen Schaden haften, der bei der Ausübung einer öffentlichen Tätigkeit entsteht. Dennoch sind die Auswirkungen der Feststellung, dass Art. 22 CRP neben einer Amtshaftung für administrative Handlungen oder Unterlassungen auch eine für legislative oder richterliche Handlungen oder Unterlassungen vorsieht, im Schrift-

---

4 *Canotilho/Moreira*, Constituição, S. 426–427; *Medeiros* in: Miranda/Medeiros, S. 472.

5 Vgl. *Canotilho/Moreira*, Constituição, S. 425–426; *Medeiros*, in: Miranda/Medeiros, S. 477; *ders.*, A responsabilidade civil pelo ilícito legislativo no quadro da reforma do Decreto-Lei n.º 48051, CJA 27 (2001), 20 (21–22) sowie die dort angegebene Rechtsprechung; *Sousa/Matos*, Responsabilidade civil, S. 15. Anderer Ansicht *J.C.V. Andrade*, Os direitos fundamentais na Constituição Portuguesa de 1976, 3. Aufl. 2006; *M.L. Amaral*, Responsabilidade do Estado e dever de indemnização do legislador, 1998, S. 439.

6 Dieser Auffassung hat sich das *Tribunal Constitucional* (Verfassungsgericht – das Gericht, das die Verfassungsmäßigkeit und Rechtmäßigkeit legislativer Akte und bestimmter Verwaltungsverordnungen überprüft) in jüngster Zeit jedoch nicht angeschlossen, vgl. Ac. TC 236/04 (P. 92/03) vom 13.4.2004, 12/05 (P.3/00) vom 12.1.2005, und 13/05 (P. 350/00) vom 12.1.2005. Das Gericht geht vielmehr davon aus, dass es sich angesichts der Unvollständigkeit der Verfassungsvorschrift in Bezug auf die Voraussetzungen eines Schadensersatzanspruchs sowie des Anspruchsinhabers nicht um einen Anspruch handelt, zumal die Gegenansicht keine gesetzliche Stütze hat.

7 Im Gegensatz zu Rechten, Freiheiten und Garantien sind die in Teil I Abschnitt III CRP enthalten wirtschaftlichen, kulturellen und sozialen Rechte nicht unmittelbar anwendbar, sondern bedürfen erst einer gesetzgeberischen Umsetzung, um von Bürgern untereinander oder vor Gericht geltend gemacht werden zu können.

8 Vgl. *Medeiros* in: Miranda/Medeiros, S. 480.

tum nicht unumstritten, wird doch kontrovers diskutiert, ob dieser Grundsatz hinreichend bestimmt sei, um bei Fehlen entsprechender Rechtsvorschriften konkrete Haftungsvoraussetzungen aufstellen zu können.[9]

Der Umfang der hierdurch geschützten Güter ist unbestritten: Hauptziel scheinen die Grundrechte zu sein, aber die Formulierung „oder jeder Schaden, der einem anderen entstanden ist" umfasst auch die Verletzung anderer subjektiver Rechte, selbst wenn diese nur einfachgesetzlich geschützt werden[10] – eine Auffassung, die bestätigt wird durch Art. 271 Abs. 1 CRP, welcher eine Haftung von Beamten und anderen Bediensteten des Staates oder anderer öffentlicher Körperschaften für Schäden aufgrund einer Verletzung von Rechten oder anderen rechtlich geschützten Interessen von Bürgern vorsieht.

Allerdings tritt an dieser Stelle eine weitere Schwierigkeit auf. Da sich der Wortlaut von Art. 22 CRP, der eine gesamtschuldnerische Haftung vorsieht, ausdrücklich auf das rechtswidrige Verhalten des Amtswalters bezieht (vgl. den Hinweis auf die Verletzung von Grundrechten), stellt sich die Frage, ob daraus geschlossen werden muss, dass diese Vorschrift stets ein Verschulden des Staates voraussetzt. *R. Medeiros* bestätigt dies, wenngleich er davon ausgeht, dass die CRP ihre nähere Bestimmung in Gesetzen nicht ausschließt oder verbietet.[11] Dennoch umfasst der Grundsatz der Staatshaftung nach überwiegender Ansicht immer dann eine risikoabhängige Haftung, wenn zugleich eine Rechtsverletzung vorliegt, nicht jedoch eine verschuldensunabhängige Haftung für Aufopferung – es gibt andere Vorschriften in der Verfassung, die einen Entschädigungsanspruch für Schäden durch öffentliche Behörden ohne Rechtsverletzung oder Beeinträchtigung einer subjektiven Rechtsposition begründen, vgl. z.B. Art. 62. Abs. 1 CRP (der einen Entschädigungsanspruch im Falle einer Enteignung vorsieht) und Art. 83 CRP (der dasselbe im Falle einer Überführung von Gütern in Gemeineigentum vorsieht).[12]

II. Rechtsquellen des Staatshaftungsrechts

Maßgebliche Grundlage der Amtshaftung ist Art. 22 CRP. Nichtsdestoweniger wird der Amtshaftungsgrundsatz gesetzlich konkretisiert und weiterentwickelt. Es ist wichtig, darauf hinzuweisen, dass es sich dabei um einen Bereich handelt, der nur durch parlamentarische Gesetze geregelt werden kann.[13] Art. 165 Abs. 1 s) CRP sieht vor, dass die Haftung der öffentlichen Verwaltung

---

9 Zustimmend unter anderem *Canotilho/Moreira*, Constituição, S. 430; *M.A. Vaz*, A responsabilidade civil do Estado. Considerações breves sobre o seu estatuto constitucional, 1995, S. 8 ff.; *Garcia*, A responsabilidade civil do Estado, S. 61; *Medeiros* (Fn. 5), CJA 27 (2001), 20 (26); *M.A. Almeida*, A responsabilidade do legislador no âmbito do artigo 15.º do novo regime introduzido pela Lei n.º 67/2007, de 31 de Dezembro, JULGAR 5 (2008), 39 (41–43).

10 *Canotilho/Moreira*, Constituição, S. 436–437; *Medeiros*, in Miranda/Medeiros, S. 478 und 485, *L.C. Moncada*, A responsabilidade civil extracontratual do Estado e demais entidades públicas, in Estudos de Homenagem ao Professor Doutor Marcello Caetano no centenário do seu nascimento, II, 2006, S. 9 (50–57).

11 *Medeiros*, Ensaio sobre a responsabilidade civil do Estado por actos legislativos, 1992, S. 92 ff. *ders.*, in: Miranda/Medeiros, Constituição, S. 475–476.

12 *Canotilho/Moreira*, Constituição, S. 431; *J. Miranda*, Responsabilidade do Estado pelo exercício da função legislativa – breve síntese, in Ministério da Justiça, Responsabilidade civil extracontratual do Estado. Trabalho preparatórios da reforma, 2002, S. 187–188; *Andrade*, Os direitos fundamentais (Fn. 5), S. 379–380. Obgleich das Verfassungsgericht dieser Ansicht nicht folgt, geht es doch davon aus, dass das Rechtsstaatsprinzip die Annahme eines grundsätzlichen Schadensersatzanspruchs über Art. 22 CRP hinaus rechtfertigt, vgl. Ac. TC 444/08 (P. 80/08) vom 23.9.2008 und 385/05 (P. 1109/04) vom 13.7.25.

13 Wie bereits in Fn. 2 ausgeführt, stehen der Regierung im portugiesischen Verfassungssystem auch Gesetzgebungsbefugnisse zu. Es gibt zwar bestimmte Bereiche, die der Gesetzgebung durch das Parlament vorbehalten sind (dabei handelt es sich um die in Art. 164–Art. 165 CRP aufgeführten Materien), aber die Regierung kann dennoch ermächtigt werden, in einigen dieser Bereiche Gesetze zu erlassen (diese sind in Art. 165 CRP aufgeführt). Dazu

nur von der *Assembleia da República* (Versammlung der Republik, d.h. Parlament) oder im Falle einer vorherigen gesetzlichen Ermächtigung auch durch die Regierung geregelt werden kann. Diese Schutzmaßnahme muss allerdings auf andere Formen der Amtshaftung ausgedehnt werden, und zwar hauptsächlich aus zwei Gründen. Zum einen ist das Amtshaftungsprinzip in Art. 22 CRP in dem Abschnitt enthalten, der sich auf die Grundrechte bezieht (Teil I Titel I CRP) und nicht in dem der öffentlichen Verwaltung. Zum anderen begründet Art. 22 CRP ein Recht oder eine Garantie, was sich auch auf die Auflistung der Rechte, Freiheiten und Garantien erstreckt, welche ihrerseits ebenfalls durch den Gesetzesvorbehalt des Parlaments nach Art. 165 Abs. 1 b) CRP geschützt werden.

Folgerichtig wird dieser Bereich heutzutage durch die Regelungen zur Haftung des Staates und anderer juristischer Personen des öffentlichen Rechts (RRCEE) bestimmt, welche durch *Lei* 67/2007 vom 31.12.2007 bestätigt wurden, womit das alte *Decreto-Lei* 48051 nach vierzigjähriger Gültigkeit außer Kraft gesetzt wurde. Im Vergleich zur vorherigen Regelung erweitert der neue Gesetzestext das Feld der Amtshaftung, gewährt dem Geschädigten mehr Schutz und deutet insgesamt auf eine zunehmende verschuldensunabhängige Haftung hin. Zudem erkennt die neue Regelung endlich eine Haftung für Schäden infolge von Handlungen oder Unterlassungen der Rechtsprechung und der Gesetzgebung an. Daneben wird auch die vorvertragliche Amtshaftung geregelt.

Im selben Jahr 2007 erging eine neue Kodifikation, das CCP, das zum ersten Mal besondere Haftungsvorschriften auf dem Gebiet der vertraglichen Beziehungen der öffentlichen Hand in Portugal vorsieht.

Obgleich das portugiesische Rechtssystem nicht auf Richterrecht basiert, haben richterliche Entscheidungen tatsächlich bedeutenden Einfluss auf die zivilrechtliche Haftung der öffentlichen Hand. So stimmen viele der angeblichen Neuerungen im Rahmen des RRCEE in Bezug auf die vorherige Rechtslage mit Lösungen überein, die von Richtern in konkreten Amtshaftungsfällen entwickelt wurden.[14] Exemplarisch hierfür ist die spezifische Verschuldensregel der Behörden (offensichtlich abgeleitet von der Rechtsprechung des französischen *Conseil d'État*), die Verschuldensvermutung (Fahrlässigkeit) sowie das Verschuldenskonzept des Art. 10 Abs. 1 RRCEE.

Vom Einfluss des EU-Rechts zeugen verschiedene Aspekte der portugiesischen Regelungen. Der bedeutendste ist vielleicht die Vorschrift zur vorvertraglichen Haftung. Art. 7 Abs. 2 RRCEE begründet heute einen Schadensersatzanspruch „gemäß den gemeinschaftsrechtlich festgelegten Voraussetzungen zivilrechtlicher außervertraglicher Haftung". Der Wortlaut resultiert aus der bislang einzigen Änderung des RRCEE, die durch *Lei* 32/2008 mit dem Ziel erfolgte, künftigen Verurteilungen durch den Gerichtshof vorzubeugen.[15] Tatsächlich bestimmte die vorherige Fassung dieser Vorschrift einen Schadensersatzanspruch „gemäß dieses Gesetzes", worin ein Verstoß gegen die Richtlinie 89/665/EWG des Rates vom 21.12.1989, insbesondere Art. 2 Abs. 1c) der Richtlinie liegen könnte. Wie allgemein bekannt, macht das EU-Recht einen Schadensersatzanspruch im Bereich der öffentlichen Auftragsvergabe von einem Verstoß gegen EU-Recht oder eine entsprechenden nationalen Umsetzungsvorschrift, einem Schaden und einem Kausalzusammenhang zwischen der Rechtsverletzung und dem Schaden des Einzelnen abhängig. In-

---

zählen nach Art. 165 Abs. s) und b) CRP die zivilrechtliche Haftung der öffentlichen Verwaltung und die Grundrechte (Rechte, Freiheiten und Garantien).

14 In diesem Sinne *Medeiros*, Apreciação geral dos projectos [V Seminário de Justiça Administrativa – Responsabilidade civil do Estado], CJA 40 (2003), 8 (10 und 14).

15 Hintergrund ist, dass Portugal bereits vom Gerichtshof der Europäischen Gemeinschaft verurteilt wurde (EuGH C-275/03, 14.10.2004 – *Kommission/Portugal*). Der Wortlaut von Art. 7 Abs. 2 RRCEE wird im portugiesischen Schrifttum noch immer kritisiert mit dem Hinweis, dass eine ausdrückliche Bezugnahme auf die Regelungen der Richtlinie präziser wäre, vgl. *Gomes*, Responsabilidade Civil Extracontratual, S. 189–191.

dessen wird nach dem RRCEE ein Verschulden des öffentlichen Vertreters vorausgesetzt, wobei die Fahrlässigkeitsvermutung des Art. 10 Abs. 2 RRCEE unzureichend für die Feststellung von Amtshaftung ist, da die Behörden diese Vermutung widerlegen können.[16] *E. Mealha* schließt daraus, dass unter dem Einfluss des EU-Rechts zwei verschiedene Amtshaftungssysteme für rechtswidriges Verwaltungshandeln bestehen: In der vorvertraglichen Verfahrensstufe ist nur die Rechtswidrigkeit der Handlung Voraussetzung für eine Schadenszurechnung gegenüber der juristischen Person; in allen anderen Fällen muss die schädigende Handlung sowohl rechtswidrig als auch schuldhaft erfolgen.[17] Auch bezüglich des Schadensnachweises ergibt sich eine Neuerung durch das EU-Recht (→ A.III.1.a.).

III. Haftungsvoraussetzungen

Die Voraussetzungen der Staatshaftung variieren je nach Art der öffentlichen Tätigkeit. Aus diesem Grund erfolgt die Darstellung der Voraussetzungen getrennt. Zunächst soll auf die verschuldensabhängige Haftung der öffentlichen Verwaltung eingegangen werden, im Anschluss daran folgt die legislative Haftung und zum Schluss die Haftung für richterliches Handeln. Die verschuldensunabhängige Haftung wird unter B.VII. erläutert.

1. Haftung für administrative Tätigkeit

Wie bereits ausgeführt, enthält die CRP einen Amtshaftungsgrundsatz bezüglich rechtswidrig verursachter Schäden.

In Übereinstimmung mit diesem Grundsatz legen Art. 7 Abs. 1 und Art. 8 Abs. 1 und 2 RRCEE fest, wovon eine Amtshaftung abhängt: einer vorsätzlichen und rechtswidrigen Handlung, einem Verschulden, einem Schaden und einem Kausalzusammenhang zwischen Handlung und Schaden. Es bleibt festzustellen, dass das RRCEE lediglich die außervertragliche zivilrechtliche Haftung betrifft. Es enthält jedoch eine spezifische Regelung zur vorvertraglichen Haftung in Art. 7 Abs. 2 RRCEE. Am Ende dieser Darstellung erfolgt ein kurzer Hinweis auf die Haftung für öffentliche Verträge.

a) Außervertragliche Haftung

aa) Vorsätzliches Verhalten

Unter vorsätzlichem Verhalten wird ein menschliches Verhalten verstanden, das willentlich gesteuert wird und entweder ein Tun oder ein Unterlassen darstellt. Es kann in einer Verwaltungsverordnung, einem Verwaltungsakt, einem einfachen oder Realakt oder auch in Untätigkeit bestehen (Handlungen unter physischem Zwang erfüllen nicht das Merkmal der Vorsätzlichkeit).

Gemäß Art. 22 CRP sowie Art. 7 Abs. 1 und 8 Abs. 2 RRCEE haften öffentliche Körperschaften nur für Handlungen (positive oder negative) ihrer Amtsträger, Beamten oder Bediensteten bei und aufgrund der Ausübung ihrer Aufgaben. Daraus ergibt sich, dass nur funktionale Handlungen oder Unterlassungen der öffentlichen Vertreter relevant für die verschuldensabhängige Haftung sind, nicht jedoch ihre persönlichen Handlungen.

16 Vgl. *E. Mealha*, Responsabilidade civil nos procedimentos de adjudicação dos contratos públicos (notas ao artigo 7.º/2 da Lei 67/2007, de 31 de Dezembro), JULGAR, 5 (2008), 99 (108–110).
17 *Mealha* (Fn. 16), JULGAR 5 (2008), 99 (110).

Die häufiger anzutreffende Form der rechtlichen Untätigkeit ist zumeist mit einem Verstoß gegen die Entscheidungspflicht der Verwaltung (bezüglich Anträgen), einer Verletzung der Pflicht zur Vollziehung rechtlicher Entscheidungen und der Pflicht zum Erlass verwaltungsrechtlicher Vorschriften verbunden.[18]

bb) Rechtswidrigkeit

Die Handlung oder die Unterlassung muss das Rechtssystem verletzen. Das bedeutet, dass jede Verletzung von Rechtssätzen oder Verfassungsvorschriften, gesetzlichen Regelungen, Verwaltungsverordnungen, Unionsrecht oder international anerkannten Rechtssätzen eine Verschuldenshaftung begründet. Als rechtswidrig sind auch Handlungen oder Unterlassungen anzusehen, die mit einer Verletzung von technischen Regeln oder Sorgfaltspflichten einhergehen. Allerdings besteht gemäß Art. 9 RRCEE eine verschuldensabhängige Haftung nur dann, wenn die rechtswidrige Handlung oder Unterlassung Rechte oder rechtlich geschützte Interessen[19] verletzt, es sei denn, es handelt sich um vertragliche Rechte, in diesem Fall wird eine vertragliche Haftung begründet.

Nichtsdestotrotz gibt es gemäß der CRP oder den Grundsätzen der zivilrechtlichen Haftung Fälle, in denen eine Rechtswidrigkeit ausgeschlossen ist (→ C.IV.).

cc) Verschulden

Die Amtshaftung beruht auf einem tadelnswerten (positiven oder negativen) Verhalten eines öffentlichen Vertreters. Die verschiedenen Verschuldensabstufungen[20] sind für die Bestimmung der einschlägigen Regelungen von Bedeutung (→ B.VI.).

Staatliche oder andere juristische Personen des öffentlichen Rechts haften stets für Schäden, die rechtswidrig und schuldhaft durch ihre öffentlichen Vertreter verursacht wurden, eine gesamtschuldnerische Haftung liegt jedoch nur dann vor, wenn öffentliche Vertreter mit *dolo* (Vorsatz oder Täuschung) oder *culpa grave* (grober Fahrlässigkeit) handeln, in diesen Fällen kann der Geschädigte im Klageweg entweder nur gegen die juristische Person oder nur gegen den Vertreter oder auch gegen beide vorgehen. Allerdings haben öffentliche Körperschaften das Recht, Ausgaben für Schadensersatzleistungen erstattet zu bekommen – Art. 8 Abs. 3 RRCEE bezeichnet dies als *direito de regresso* (Regressrecht).

Handeln öffentliche Vertreter nur fahrlässig (mit leichtem Verschulden), so können für dabei verursachte Schäden nicht sie haftbar gemacht werden, sondern nur die juristische Person des öffentlichen Rechts. Auf diese Weise soll eine effektive Ausübung des öffentlichen Dienstes

18 *M. Cortez*, A responsabilidade civil da Administração por omissões, CJA 40 (2003), 32 (33–34) setzt die verspätete Entscheidung einem Verstoß gegen die Entscheidungspflicht gleich – mit der Begründung, dass, obgleich das portugiesische Recht eine Verzögerung nicht mit Ungültigkeit sanktioniert, eine Regelung, die eine gewisse Zeitspanne festsetzt, Bestandteil der *licitude* (Gesetzmäßigkeit) sei.

19 In der portugiesischen Lehre wird in Bezug auf Umfang und Intensität des Rechtsschutzes traditionell zwischen subjektiven Rechten und rechtlich geschützten Interessen unterschieden. Subjektive Rechte sind Rechtspositionen, die – was Ausübung und Durchsetzung angeht – direkt und unmittelbar durch eine Rechtsvorschrift geschützt sind, wohingegen der Schutz rechtlich geschützte Interessen sich nicht direkt aus einer Vorschrift ergibt, sondern aus einer solchen nur begrenzt abgeleitet wird, sofern ein entsprechendes öffentliches Interesse besteht. Was die Haftung angeht, schützt das RRCEE subjektive Rechte und rechtlich geschützte Interessen gleichermaßen.

20 Der Begriff des Verschuldens ist inhaltlich nicht deckungsgleich mit dem französischen *faute*: Letztere umfasst neben dem Schuldvorwurf hinsichtlich des tadelnswerten Verhaltens auch die Rechtswidrigkeit, während der Begriff im Portugiesischen an die Rechtswidrigkeit nicht anknüpft.

gewährleistet werden, da andernfalls die Besorgnis, verklagt zu werden und sich vor Gericht entlasten zu müssen, die Tätigkeit öffentlicher Vertreter hemmen könnte.[21]

Außerdem begründen Art. 10 Abs. 2 und Abs. 3 RRCEE eine *praesumptio iuris tantum*, eine widerlegbare Fahrlässigkeitsvermutung in Fällen rechtswidrigen richterlichen Handelns oder der Verletzung von Überwachungspflichten (→ D.II.).

Was die vorvertragliche Amtshaftung anbetrifft, ist ein Verschulden entbehrlich. So begründet Art. 7 Abs. 2 RRCEE diesbezüglich einen Schadensersatzanspruch was bedeutet, dass öffentliche Körperschaften auch dann haften, wenn kein Verschulden des öff„gemäß den gemeinschaftsrechtlich festgelegten Voraussetzungen zivilrechtlicher außervertraglicher Haftung",entlichen Vertreters vorliegt (somit ist eine Verschuldensvermutung nicht nötig).

dd) Schaden

Entscheidend ist der Verlust oder Schaden, den der Geschädigte erlitten hat, unabhängig von seiner Art. Gemäß Art. 3 Abs. 3 RRCEE umfasst die Entschädigungspflicht öffentlicher Körperschaften materielle (mittels finanzieller Angaben bestimmbare) Schäden ebenso wie immaterielle oder moralische Schäden. Dies gilt nicht nur für den gegenwärtigen, sondern auch für einen zukünftigen Schaden einschließlich des entgangenen Gewinns, vgl. z.B. *Supremo Tribunal Administrativo* (Oberstes Verwaltungsgericht, abgekürzt: 4STA) vom 21.3.1996 (P. 035909).

Gemäß Art. 3 Abs. 3 RRCEE erfolgt die Abgrenzung des rechtlich relevanten Schadens anhand des allgemeinen Rechts, was einen Verweis auf Art. 496 Abs. 1 CC anzudeuten scheint, wonach die Entschädigung für moralische Schäden auf solche einer gewissen Größenordnung beschränkt ist. Die Bedeutung dieses Verweises ist jedoch, wie *M.R. Sousa/A.S. Matos* feststellen, nur gering, da moralische Schäden jeweils einzelfallabhängig zu bewerten sind[22].

Was die vorvertragliche Haftung anbetrifft, bleibt anzumerken, dass die portugiesischen Gerichte in Übereinstimmung mit Art. 7 Abs. 2 RRCEE den Unionsrechtssatz anzuwenden haben, demzufolge derjenige, der Schadensersatz für die Kosten einer Angebotsabgabe oder Teilnahme an einem Vergabeverfahren verlangt, nicht beweisen muss, dass der Vertrag ohne Verstoß gegen Unionsrecht oder nationales Recht, welches dieses umsetzt, an ihn vergeben worden wäre, sondern nur, dass er eine reelle Chance gehabt hätte, den Auftrag zu erhalten, und dass diese Chance aufgrund des Verstoßes nachteilig beeinträchtigt wurde.[23]

ee) Kausalzusammenhang

Die Haftung hängt außerdem von einem Zusammenhang zwischen dem Schaden und dem vorsätzlichen Verhalten ab, was der Grund dafür ist, dass nach Art. 7 Abs. 1 und Art. 8 Abs. 1 RRCEE der Schaden auf einer rechtswidrigen und schuldhaften Handlung oder Unterlassung beruhen muss. Tatsächlich jedoch sind trotz des rechtlichen Wortlauts nicht alle Handlungen oder Unterlassungen für die Haftungsbegründung von Bedeutung. Nach überwiegender Ansicht muss im Zeitpunkt des Geschehens oder der Untätigkeit der unter den üblichen Bedingungen dadurch entstehende Schaden vorhersehbar sein – die Adäquanztheorie wurde in Art. 563 CC übernommen.

---

21 *Andrade*, RLJ 2008, 360 (363–364).

22 *Sousa/Matos*, Responsabilidade civil, S. 30.

23 Vgl. *P.M. Pinto*, Responsabilidade por violação de regras de concurso para celebração de um contrato (em especial o cálculo da indemnização), in P. Gonçalves, Estudos de Contratação Pública, II, 2010, S. 273.

b) Vertragliche Haftung

Was die vertragliche Haftung betrifft, so verweist Art. 325 Abs. 4 *Código dos Contratos Públicos* (Gesetz der öffentlichen Verträge, abgekürzt: CCP) auf die Regelungen des CC, wobei davon ausgegangen wird, dass keine wesentlichen Unterschiede zwischen einem Vertragsverstoß durch eine öffentliche Körperschaft und einem Vertragsverstoß durch eine Privatperson bestehen. Tatsächlich enthalten die Vorschriften zu Verwaltungsverträgen – Verträgen, die dem materiellen Verwaltungsrecht unterfallen (dies umfasst Verträge im Zuge der Ausübung von Hoheitsgewalt ebenso wie öffentliche Arbeitsverträge und andere Verträge) – keine speziellen Haftungsregelungen, und zwar selbst dann nicht, wenn es um die Ausübung von Hoheitsgewalt geht. Aus diesem Grund entsprechen die Voraussetzungen der vertraglichen Haftung den soeben aufgezeigten mit den folgenden Unterschieden: Es besteht eine Verschuldensvermutung zulasten des Schuldners (Art. 799 Abs. 1 CC), und wenn ein Vertragsverstoß vorliegt, trägt der Schuldner gemäß Art. 342 CC die Beweislast dahingehend, dass der Vertrag seinerseits erfüllt wurde.[24]

2. Haftung für legislative Tätigkeit

Nach dem weiten Verständnis des Amtshaftungsprinzips sieht Art. 15 RRCEE unter den folgenden Voraussetzungen eine Haftung des Staates und der Autonomen Regionen Azoren und Madeira für politisch-legislative Handlungen oder Unterlassungen vor.

a) Verhalten

Als haftungsbegründend wird nicht nur ein legislatives Handeln, sondern auch eine entsprechende Untätigkeit angesehen, sofern eine Pflicht zur Gesetzgebung besteht. Dieser rechtliche Ansatz ist jedoch, was die Untätigkeit betrifft, zu restriktiv. Einerseits gilt dies nur für Untätigkeit, wenn die Verfassung den Erlass eines Gesetzgebungsakts vorschreibt (um verfassungsrechtliche Regelungen umzusetzen, die wegen ihres weiten Wortlauts näherer Bestimmungen bedürfen), und klammert eine vergleichbare Umsetzungspflicht aus, die sich aus EU-Richtlinien oder dem Erfordernis, Grundrechte zu schützen, ergibt (→ A.III.2.b.).[25] Andererseits können der Staat und die Autonomen Regionen nur für Untätigkeiten haftbar gemacht werden, die zuvor vom Verfassungsgericht für verfassungswidrig erklärt worden sind gemäß Art. 15 Abs. 5 RRCEE. Geschädigte Privatpersonen können sich jedoch nicht an das Verfassungsgericht wenden und ein entsprechendes Urteil erwirken – nach Art. 283 CRP sind nur der *Presidente da República* (Präsident der portugiesischen Republik) sowie der *Provedor de Justiça* (unabhängiger Bürgerbeauftragter, der Empfehlungen gegenüber öffentlichen Amtsträgern zum Schutz vor oder Wiedergutmachung von Unrecht abgibt) klagebefugt,[26] was eine starke Einschränkung des Rechtsschutzes (Art. 20 und Art. 268 CRP) sowie des Amtshaftungsprinzips zur Folge hat und beispielhaft ist für die Verfassungswidrigkeit der Regelung in Art. 15 Abs. 5 RRCEE.[27]

An dieser Stelle soll hervorgehoben werden, dass selbst die Haftungsregelungen für gesetzes- oder verfassungswidrige Gesetzgebungsakte einige Unzulänglichkeiten aufweisen. So gibt es keine Regelungen bezüglich des Zusammenhangs zwischen dem Haftungsprozess einerseits

---

24 Für weitere Entwicklungen vgl. *Sousa/Matos*, Responsabilidade civil, S. 44–46.
25 *Almeida* (Fn. 9), JULGAR 5 (2008), 39 (47).
26 Vgl. Ac. TC 238/97 (P. 770/95) vom 12.3.1997.
27 Die Verfassungswidrigkeit der gegenwärtigen rechtlichen Lage hervorhebend *Medeiros* (Fn. 14), CJA 40 (2003), 8 (16–17), *ders.*, in: Miranda/Medeiros, S. 480–481; *Almeida* (Fn. 9), JULGAR, 5 (2008), 39 (47). Anderer Ansicht *M.L. Amaral*, Responsabilidade por danos decorrente do exercício da função política e legislativa, CJA 40 (2003), 39 (43–44).

und dem Rechtsschutzsystem für gerichtliche Entscheidungen auf der Grundlage verfassungswidriger Gesetze andererseits,[28] welches – wie *M.A. Almeida* feststellte[29] – geschaffen wurde, um gegen richterliche Entscheidungen vorgehen zu können, die auf der Anwendung einer verfassungswidrigen Regelung oder der Weigerung, eine verfassungsgemäße Regelung anzuwenden, beruhen (im Gegensatz zum Haftungsprozess, in dem nur zu entscheiden ist, ob die vorherige Anwendung einer Gesetzesregelung im Einzelfall einen Schadensersatzanspruch bezüglich eines dadurch entstandenen Schadens begründet).

b) Rechtswidrigkeit

Die Rechtswidrigkeit geht in diesem Bereich gemäß Art. 15 Abs. 1 RRCEE einher mit einem Verstoß gegen Verfassung, Völkerrecht, EU-Recht oder *acto legislativo de valor reforçado* (Rechtsvorschrift von gesteigerter Bedeutung)[30] → B.II.

In Bezug auf einen Verfassungsverstoß hebt *M.L. Amaral* hervor, dass nicht alle verfassungswidrigen Gesetzgebungsakte als rechtswidrig anzusehen seien, sondern nur solche von qualifizierter Verfassungswidrigkeit (welche jedoch – anders als zu einem bestimmten Zeitpunkt des Gesetzgebungsverfahrens vorgeschlagen – nicht zwangsläufig mit einer Grundrechtsverletzung verbunden sei). Nach Ansicht von *M.L. Amaral* lassen die Voraussetzungen einer Haftung für rechtswidrige Gesetzgebungsakte, von denen der portugiesische Gesetzgeber letztlich ausgeht (außergewöhnlicher Schaden sowie die richterliche Pflicht zur Berücksichtung der konkreten Umstände im Einzelfall) den Schluss zu, dass Verfassungswidrigkeit nicht mit Rechtswidrigkeit gleichzusetzen sei.[31]

c) Verschulden

Was das Verschulden anbetrifft, hat sich der portugiesische Gesetzgeber eine Verschuldensdefinition zu eigen gemacht, die nicht im Konflikt mit der europäischen Voraussetzung eines „hinreichend bestimmten Verstoßes gegen Europäisches Recht" steht.[32] Nach Art. 15 Abs. 4 RRCEE hat der Richter die

> *„besonderen Umständen des Einzelfalles und insbesondere [das] Maß an Klarheit und Bestimmtheit der verletzen Norm [...] sowie [den] Umstand, ob Maßnahmen zur Vermeidung der Rechtswidrigkeit ergriffen oder unterlassen wurden"*

28 *R. Medeiros* (Fn. 14), CJA 40 (2003), 8 (17). *Amaral* (Fn. 27), CJA 40 (2003), 39 (44–45) kritisiert ebenfalls die Rechtslage, allerdings als Vertreterin einer anderen Ansicht, da die Autorin davon ausgeht, dass die Haftung für verfassungswidrige Gesetzgebungsakte beschränkt werden sollte auf solche, die zuvor vom Verfassungsgericht als verfassungswidrig eingestuft worden sind, mit der Folge, dass nur solche Schäden abgedeckt sind, die bis zur Aufhebung der verfassungswidrigen Regelung entstanden sind. Hervorhebend, dass eine Haftung für verfassungswidrige Gesetzgebungsakte einhergeht mit einer Erweiterung der Zugangsmöglichkeiten zum Verfassungsgericht über die in Art. 280 CRP vorgesehenen Rechtsmittel hinaus *Almeida* (Fn. 9), JULGAR, 5 (2008), 39 (49–50).

29 *Almeida* (Fn. 9), JULGAR, 5 (2008), 39 (47–50).

30 *Leis de valor reforçado* sind Gesetze von besonderer Bedeutung (mit gesteigertem Wert) im Vergleich zu den übrigen Gesetzen, was auch ihren Anwendungsbereich betrifft, genießen diese doch stets Vorrang gegenüber letzteren. Für Regelungen des sonstigen Rechts stellen die Gesetze von gesteigertem Wert einen Maßstab hinsichtlich der materiellen Gültigkeit dar, da erstere gesetzeswidrig sind, sofern sie sich im Widerspruch zu letzteren befinden.

31 *Amaral* (Fn. 27), CJA 40 (2003), 39 (42–43).

32 Vgl. *Medeiros* (Fn. 5), CJA 27 (2001), 20 (27–28).

zu berücksichtigen. Ein Verhalten ist dann kritikwürdig, wenn aus den konkreten Umständen des Einzelfalls geschlossen werden kann, dass die Handlung oder das Unterlassen hätte vermieden werden können und sollen.

Obwohl es Stimmen gibt, die die Verschuldensvermutung des Art. 10 Abs. 2 RRCEE auch auf legislatives Handeln oder Untätigkeit anwenden wollen – woraus sich dann die Rechtswidrigkeit der Maßnahme ergeben soll[33] – ist eine Ausdehnung des Anwendungsbereiches dieser Vorschrift auf eine Haftung der Legislative tatsächlich mit einigen Schwierigkeiten verbunden, stammt diese Norm doch aus dem Gesetzeskapitel zur Haftung der Verwaltung. Die der rechtlichen Lösung zugrundeliegende Vorstellung scheint darauf hinzudeuten, dass ein Verfassungsverstoß sowie ein Verstoß gegen andere Rechtsnormen mit einem gewissen Verschuldensgrad verbunden sind. Dieser Ansatz folgt zudem in gewisser Weise auch der Rechtsprechung des EuGH.

d) Schaden

Beim Vergleich der Haftung für legislatives Handeln mit der Haftung der öffentlichen Verwaltung zeigt sich jedoch eine Einschränkung ersterer in Bezug auf den Schaden. Schäden sind nur dann von Bedeutung und damit letztlich zu ersetzen, wenn sie als außergewöhnlich angesehen werden (Art. 15 Abs. 1 RRCEE). Der Begriff des außergewöhnlichen Schadens wird in Art. 2 RRCEE verdeutlicht – und entspricht dem „Schaden, der über den Preis menschlichen Zusammenlebens hinaus aufgrund seiner Schwere den Schutz des Rechts verdient". Darüber hinaus hat der portugiesische Gesetzgeber in der Absicht, die legislative Haftung zu beschränken, um unzumutbare Finanzierungskosten für die öffentliche Hand zu vermeiden, in Art. 15 Abs. 6 RRCEE ab einer gewissen Anzahl von Geschädigten eine Begrenzung der Schadenszuerkennung aus Billigkeitsgründen vorgesehen (eine Lösung, die verständlicher wird, wenn man bedenkt, dass es hier anders als bei der verschuldensunabhängigen Haftung keine Beschränkung auf bestimmte Arten von Schäden gibt).

e) Kausalzusammenhang

Was den Kausalzusammenhang anbelangt, so ist lediglich erwähnenswert, dass auch dann eine Haftung für legislatives Handeln besteht, wenn der Schaden nicht nur durch die Rechtswidrigkeit des Gesetzes, sondern auch durch dessen fahrlässige Ausführung durch die öffentliche Verwaltung verursacht wurde.[34]

3. Haftung für justizielle Tätigkeit

Art. 12–14 RRCEE stellen für Handlungen der Justiz allgemeine Haftungsregelungen unabhängig von Sondervorschriften auf. Es wird jedoch zwischen zwei Arten von Haftungen unterschieden: Haftung für Schäden infolge rechtswidriger Handlungen bei der Ausübung der Rechtspflege (Irrtum *in procedendo* – Verfahrensfehler); und Haftung für Schäden infolge materiell rechtswidriger gerichtlicher Entscheidungen (Irrtum *in judicando* – materiell-rechtliche Fehler).[35]

---

33 *Almeida* (Fn. 9), JULGAR 5 (2008), 39 (45).

34 *Medeiros*, Ensaio (Fn. 11), S. 202–203; *Almeida* (Fn. 9), JULGAR 5 (2008), 39 (46).

35 Zur Unterscheidung zwischen einem materiell-rechtlichen und einem verfahrensrechtlichen Akt siehe Ac. *Tribunal de Conflitos* (Gericht für Kompetenzstreitigkeiten) vom 21.3.2006 (P. 0340) und *Gomes*, Responsabilidade Civil Extracontratual S. 227.

a) Fehler bei der Ausübung der Rechtspflege

Zu der ersten Haftungskategorie, die in Art. 12 RRCEE geregelt ist, gehören Fälle wie verzögerte Gerichtsverfahren[36] oder die Vornahme von Verfahrenshandlungen, die eine Verletzung des Grundsatzes des kontradiktorischen Verfahrens oder der Rechtsgleichheit mit sich bringen.[37] Es handelt sich damit um eine Konkretisierung des Rechts auf ein faires gerichtliches Verfahren, wie es Art. 20 Abs. 4 CRP vorsieht. Der Fehler kann durch Richter, *Magistrados do Ministério Público* (Staatsanwälte) oder gerichtliche Verwaltungsbeamte erfolgen. Da diese Haftung sich auf Schäden bezieht, die durch ein rechtswidriges Verhalten bei der Ausübung der Rechtspflege verursacht wurden, ist es folgerichtig, dass diesbezüglich dieselben Regelungen anzuwenden sind, die auch für die Haftung der Verwaltung gelten – diese Lösung sieht Art. 12 RRCEE vor, verbunden mit dem Schutz durch Art. 13 und 14 RRCEE. Demzufolge ergeben sich keine Unterschiede zu den unter A.II.1.a) erläuterten Regelungen; so ist es hier ebenso möglich, einen im Zuge des gerichtlichen Verfahrens verursachten Schaden einem Fehler des Justizdienstes zuzuschreiben (→ B.VI.), wie sich in diesem Bereich auf die Verschuldensvermutung des Art. 10 Abs. 2 RRCEE zu berufen.[38] Allerdings weichen die Regelungen in einem bestimmten Punkt voneinander ab: in Bezug auf die Haftung von Richtern und Staatsanwälten gilt die spezielle Regelung des Art. 14 Abs. 1 RRCEE, nach dem die Möglichkeit (des Geschädigten), diese Personengruppe wegen eines Schadens im Zuge der Ausübung ihrer Tätigkeit zu verklagen, ausgeschlossen ist (was jedoch nicht das Recht des Staates ausschließt, sich Ausgaben im Wege des Regresses erstatten zu lassen).

b) Fehlerhafte Entscheidung

Hinsichtlich der Haftung für Schäden infolge rechtswidriger gerichtlicher Entscheidungen spezifiziert Art. 13 Abs. 1 RRCEE die Fälle von richterlichem Irrtum als eindeutig verfassungswidrige oder gesetzeswidrige Entscheidungen oder ungerechte Entscheidungen aufgrund grober Fehleinschätzung der Sachlage. Die Vorschrift gewährleistet die Anwendung der speziellen Regelungen des *Código do Processo Penal* (Strafprozessgesetz) in Fällen fehlerhafter strafrechtlicher Verurteilung und ungerechtfertigten Freiheitsentzugs.

Es gibt keine besonderen Bestimmungen bezüglich Rechtswidrigkeit,[39] Schaden und Kausalzusammenhang. Allerdings bestimmt Art. 13 Abs. 2 RRCEE als Bedingung für einen Schadensersatzanspruch die vorherige Rücknahme der belastenden gerichtlichen Entscheidung durch das zuständige Gericht (was zur Folge hat, dass der Schadensersatzanspruch beschränkt ist auf die Schäden, die bis zur Rücknahme der Entscheidung entstanden sind). Diese Vorschrift ruft vielfach Zweifel hinsichtlich ihrer Verfassungsmäßigkeit hervor. Tatsächlich sind manche gerichtli-

36 Ac. STA vom 7.3.1989, in AD 344-5 (1989), S. 1035 – die Entscheidung beruhte unmittelbar auf Art. 22 CRP. Art. 20 Abs. 4 CRP sieht ein Recht auf ein Gerichtsverfahren in einer angemessenen Zeitspanne vor. Was die Haftung für verzögerte Gerichtsverfahren angeht, so lehnt sich die portugiesische Rechtsprechung im Wesentlichen an die des EGMR an, insbes., was angemessene Verfahrensdauer und Entschädigung betrifft, vgl. STA vom 9.10.2008, P.319/2008.

37 *G. Fonseca*, A responsabilidade civil por danos decorrentes do exercício da função jurisdicional (em especial, o erro judiciário), JULGAR 5 (2008), 51 (54).

38 Anderer Ansicht *Cadilha*, Regime da responsabilidade, S. 198, mit dem Argument, dass der Bezug in Art. 12 RRCEE auf die Vorschriften zur verschuldensabhängigen Haftung für Verwaltungshandeln je nach der Rechtsnatur der betreffenden Handlungen nicht die Vorschriften in Art. 10 Abs. 2 und 3 RRCEE umfasse. Bestätigend, dass selbst in solchen Fällen eine objektive Rechtswidrigkeit vorliege, die ein Verschulden ausschließe, *Gomes*, Responsabilidade Civil Extracontratual, S. 230.

39 Um die Verfassungswidrigkeit einer Entscheidung geltend zu machen, scheint es nicht erforderlich zu sein, die von einem Richter in einer konkreten Entscheidung angewandte Regelung zuvor für verfassungswidrig zu erklären. Ausreichend ist beispielsweise eine Grundrechtsverletzung, vgl. *Fonseca* (Fn. 37), JULGAR 5 (2008), 51 (56).

chen Entscheidungen nach dem portugiesischen Rechtssystem und dem Gerichtsaufbau aufgrund eines Rechtsmittelausschlusses nicht aufhebbar (dies ist abhängig vom Streitwert der Klage). Daher erscheint ein solcher Ansatz als ungerechtfertigte Beschränkung des Rechts auf Rechtsschutz und des Rechts auf Entschädigung (Art. 20 und Art. 22 CRP).[40]

Art. 14 RRCEE scheint zur Feststellung eines gerichtlichen Fehlers kein Verschulden, sondern lediglich Rechtswidrigkeit vorauszusetzen. Ein Verschulden ist nur hinsichtlich des Innenverhältnisses von Staat und Richter bzw. Staatsanwalt von Bedeutung. Es bleibt festzustellen, dass die Rechtswidrigkeit das Verschulden impliziert (im Sinne des EU-Rechts). Anders gesagt wird die Haftung zu einer verschuldensunabhängigen Haftung. Ein Verschulden braucht also letztlich von demjenigen, der eine Entschädigung begehrt, nicht bewiesen zu werden.

In Bezug auf die Haftung der Richter und Staatsanwälte sieht Art. 14 RRCEE eine entscheidende Ausnahme gegenüber der Haftung von Beamten und Amtsträgern vor: Richter und Staatsanwälte selbst können von dem Geschädigten nicht unmittelbar haftbar gemacht werden für den Schaden, der bei der Ausübung ihrer Tätigkeiten entsteht, da das *direito de regresso* vorsieht, dass ein Richter nur vom Staat verklagt werden kann. Dabei handelt es sich um eine Konkretisierung des Grundsatzes der richterlichen Eigenverantwortlichkeit gemäß Art. 216 Abs. 2 CRP, der jedoch sonderbarerweise auf die gesamte Gruppe der Richter und Staatsanwälte ausgedehnt wird.[41] Zweifel am Umfang dieser Vorschrift scheinen inzwischen beseitigt zu sein, insbesondere die Frage, ob davon alle Handlungen und Unterlassungen durch Richter und Staatsanwälte im Zuge ihrer Tätigkeit und unabhängig von der Art der Tätigkeit (administrativ oder gerichtlich) umfasst werden.[42] Nichtsdestotrotz stößt es merkwürdig auf, dass diese Rechtslage über das Prinzip der richterlichen Eigenverantwortlichkeit hinausgeht und damit ohne nachvollziehbare Begründung unterschiedliche Regelungen für Amtsträger schafft: Die portugiesische Verfassung erkennt in Bezug auf Staatsanwälte lediglich eine autonome Stellung an (Art. 219 CRP), was mit deren zivilrechtlicher Haftung und der Möglichkeit, für Fehlverhalten gerichtlich belangt zu werden, vereinbar ist.

Dennoch steht dem Staat das *direito de regresso* gegen Richter und Staatsanwälte zu, wenn diese vorsätzlich oder grob fahrlässig gehandelt haben. Allerdings gilt in dieser Hinsicht eine Sonderregel: Anders als die allgemeine Regel des Art. 6 RRCEE legt Art. 14 Abs. 2 RRCEE fest, dass es sich bei der Ausübung des Rechts auf Ausgabenerstattung nicht um eine gebundene Entscheidung handelt, sondern um eine Ermessensentscheidung. Denn diese Vorschrift bezieht sich auf eine „Entscheidung bezüglich der Wahrnehmung des Erstattungsrechts", während nach Art. 6 RRCEE „die Wahrnehmung des Erstattungsrechts in den vom gegenwärtigen Recht vorgesehenen Fällen zwingend" ist und Art. 6 Abs. 2 RRCEE ein klar umrissenes Verfahren zur Erfüllung dieser Verpflichtung vorsieht. Zudem bestehen noch immer Zweifel hinsichtlich des genauen Umfangs von Art. 14 Abs. 2 RRCEE, insbesondere bezüglich der Frage, ob diese Vorschrift auch auf die Haftung für Fehler bei der Ausübung der Rechtspflege anzuwenden ist.[43] Dies ist offensichtlich zu bejahen, obgleich die Rechtslage dem Gleichheitsgrundsatz des Art. 13 CRP

---

40 Auf eine damit einhergehende Verletzung von EU-Recht verweisend *M. J. R. Mesquita*, Irresponsabilidade do Estado-juiz por incumprimento do Direito da União Europeia: um acórdão sem futuro (Ac. do STJ de 3.12.2009, P. 9180/7.3TBBRG.G1.S1), CJA 79 (2010), 29 (43). Anstelle der gegenwärtigen rechtlichen Lage – und insoweit einem früheren Gesetzesvorschlag entsprechend – das Erfordernis einer erhöhten Wahrscheinlichkeit einer fehlerhaften Entscheidung vorschlagend *Medeiros* (Fn. 14), CJA 40 (2003), 8 (14), und *Fonseca* (Fn. 37), JULGAR 5 (2008), 51 (56).

41 Vgl. *Medeiros* (Fn. 14), CJA 40 (2003), S. 8 (14); *J. Caupers*, Responsabilidade pelo exercício da função jurisdicional, CJA 40 (2003), 46 (47).

42 *Gomes*, Responsabilidade Civil Extracontratual, S. 223.

43 *Andrade*, RLJ 2008, 360 (364).

widerspricht, da kein bedeutender Unterschied zwischen den einzelnen Tätigkeitsbereichen der Verwaltung besteht, seien sie justizieller oder anderer Natur.

IV. Reichweite der Staatshaftung

1. Subjektive Reichweite

Was die subjektive Reichweite der zivilrechtlichen Staatshaftung anbelangt, so umfasst diese den Staat sowie sämtliche anderen juristischen Personen des öffentlichen Rechts: *institutos públicos* (öffentliche Einrichtungen mit administrativer und finanzieller Autonomie, jedoch unter Regierungsaufsicht), öffentliche Unternehmen, unabhängige Behörden oder Regulierungsbehörden, autonome Regionen, Gemeinden und öffentliche Vereinigungen. Dazu zählen jedoch auch private Körperschaften, wenn ein Schaden Folge einer Handlung oder Unterlassung im Rahmen der Ausübung von Hoheitsgewalt oder eines Verstoßes gegen verwaltungsrechtliche Normen oder Grundsätze ist (vgl. Art. 1 Abs. 5 RRCEE). Folglich wird das RRCEE auf private, von öffentlicher Hand geschaffene Verwaltungskörperschaften (wie Unternehmen, deren Anteilsmehrheiten vom Staat gehalten werden)[44] ebenso angewendet wie auf private Körperschaften, die öffentliche Aufgaben wahrnehmen (wie Dienstleistungskonzessionsinhaber oder Körperschaften, die in einer öffentlich-privaten Partnerschaft verbunden sind), solange die Handlungen oder Unterlassungen bei der Ausübung hoheitlicher Befugnisse im öffentlichen Interesse erfolgen.[45]

2. Objektive Reichweite

Bestimmungen zur zivilrechtlichen Haftung des Staates und anderer juristischer Personen des öffentlichen Rechts finden sich in verschiedenen Gesetzen innerhalb des portugiesischen Rechtssystems.

Was die Tätigkeiten dieser Körperschaften im Rahmen der Ausübung ihrer öffentlichen Aufgaben betrifft, so decken die Gesetze die außervertragliche Haftung (hauptsächlich Art. 7–11 sowie 16 RRCEE), die vorvertragliche Haftung (Art. 7 Abs. 2 RRCEE) sowie die vertragliche Haftung (325 Abs. 4 CCP) ab. Die Haftung für behördliche Tätigkeit umfasst verschuldensabhängige Haftung, Gefährdungshaftung sowie verschuldensunabhängige Haftung (für das Auferlegen von Opfern).

Bezüglich legislativer Aufgaben bestimmt sich die Haftung für rechtswidriges Handeln oder rechtswidrige Untätigkeit des Staates oder der Autonomen Regionen nach Art. 15 RRCEE.[46] Die Staatshaftung für rechtswidrige justizielle Tätigkeit ist in Art. 12 -15 RRCEE geregelt. Die allgemein gehaltene Formulierung des Art. 16 RRCEE und seine systematische Stellung innerhalb

44 Vgl. Ac. *Tribunal de Conflitos* (Gericht für Kompetenzstreitigkeiten bezüglich des Rechtswegs) vom 2.10.2008 (P. 012/08).

45 *Andrade*, RLJ 2008, 360 (361).

46 Zudem sollte hervorgehoben werden, dass der Entwurf der Staatshaftungsregelungen aus dem Jahr 2002 eine Haftung nicht nur für legislatives Handeln oder Untätigkeit vorsah, sondern auch für politische Tätigkeiten einschließlich politischer Entscheidungen. Außerdem erkannte Art. 4 Abs. 1g) ETAF, bestätigt durch *Lei* 13/2002 vom 19.2.2002, in seiner ersten Fassung eine Entscheidungsbefugnis der Verwaltungsgerichte bezüglich der Haftung für politische Tätigkeiten an. Dieser Vorschlag wurde jedoch aus dem Entwurf von 2003 entfernt und auch nicht in die endgültige Fassung des RRCEE übernommen (inzwischen erfuhr Art. 4 ETAF eine Änderung dahingehend, dass ein spezieller Verweis auf politische Akte ausgelassen wurde) mit dem Argument, dass eine solche rechtliche Lösung eine Verletzung des Grundsatzes der Gewaltenteilung und damit einen Verstoß gegen die Verfassung darstellen würde, vgl. in diesem Sinne *Amaral* (Fn. 27), CJA 40 (2003), 39 (40–41).

des Gesetzes lassen den Schluss zu, dass der Staat und andere juristische Personen des öffentlichen Rechts haftbar sind für gewöhnliche und außergewöhnliche Opfer, die zum Wohl der Allgemeinheit bei der Ausübung aller öffentlichen Aufgaben, insbesondere bei administrativen oder legislativen Aufgaben oder auch im Rahmen der Justizverwaltung auferlegt werden (→ B.VII.).

Da das RRCEE nur allgemeine Bestimmungen zur Amtshaftung enthält, bleibt Raum für besondere Rechtsvorschriften zur Regelung spezieller Aspekte der Amtshaftung wie der Enteignungsentschädigung, der Entschädigung von Grundstückseigentümern für Einschränkungen, die diesen zum Schutz vermögensrechtlicher Positionen auferlegt wurden, des Verstoßes gegen die Pflicht zur Vermeidung von Umweltschäden und der Verletzung des Gebots von Treu und Glauben (obgleich einige dieser Bereiche bislang noch nicht Gegenstand von Gesetzen geworden sind). Dies ergibt sich aus Art. 2 Abs. 1 RRCEE (wenngleich Art. 2 Abs. 2 RRCEE bezüglich zivilrechtlicher Rechtsvorschriften einen Vorrang der Bestimmungen des RRCEE festsetzt gegenüber Sondervorschriften, die für die Behörde einschlägig sind).

Es bleibt festzustellen, dass sich die meisten der besonderen Vorschriften nicht signifikant von dem dargestellten System unterscheiden, gleichwohl bestehen einige Besonderheiten. So enthalten zum Beispiel Art. 23–Art. 32 *Código das Expropriações* (Enteignungsgesetz) eine Reihe bestimmter Regelungen hinsichtlich des genauen Umfangs einer gerechten Entschädigung. Das *Decreto-Lei* 147/2008 vom 29.7.2008, das die Richtlinie 2004/35/EG des Europäischen Parlaments und des Rates vom 21.4.2004 umsetzt, sieht eine Haftung für rechtswidrig und schuldhaft verursachte Umweltschäden ebenso vor wie eine Gefährdungshaftung für Umweltschäden, die durch die Ausübung bestimmter beruflicher Tätigkeiten verursacht wurden. Es bestehen jedoch einige Unterschiede: Den Staat trifft hiernach beispielsweise eine größere Pflicht, unverschuldet entstandene Umweltschäden zu sanieren, als nach Art. 11 RRCEE vorgesehen. Tatsächlich scheint Art. 20 Abs. 3 *Decreto-Lei* 147/2008, welcher Art. 8 der genannten Richtlinie umsetzt, anzuerkennen, dass die Kosten zur Beseitigung von Umweltschäden, die unverschuldet von einem privaten Betreiber verursacht wurden, unter bestimmten Umständen vom Staat getragen werden (Tätigkeit aufgrund einer behördlichen Genehmigung, welche nach dem Stand der wissenschaftlichen und technischen Erkenntnisse zum Zeitpunkt, an dem die Tätigkeit ausgeübt wurde, nicht als wahrscheinliche Ursache für Umweltschäden angesehen wurde). Schließlich bestimmt Art. 20 *Lei* 107/2001 vom 8.9.2001, dass sich die Entschädigung der Eigentümer oder Besitzer von Gegenständen, welche als nationale Güter von kulturellem Wert eingestuft wurden oder sich in einem entsprechenden Verfahren befinden, nach dem Schaden richtet, der sich aus dem Verbot oder der schwerwiegenden Einschränkung der gewöhnlichen Nutzung des Gegenstands ergibt. Allerdings entsprechen nach Art. 71 *Decreto-Lei* 308/2009 vom 23.10.2009 die genauen Haftungsbestimmungen denen des Art. 16 RRCEE.

B. Haftungsbegründung

I. Haftungsbegründendes Verhalten

1. Dienstliches Handeln

Der Staat und andere juristische Personen des öffentlichen Rechts haften gemäß Art. 22 CRP sowie Art. 7 Abs. 1, Art. 8 Abs. 2, Art. 12 und Art. 13 Abs. 1 RRCEE nur für das (positive oder negative) Verhalten ihrer Amtsträger, Beamten oder Bediensteten bei der Ausübung ihrer Tätigkeiten und aufgrund dieser Ausübung. Daraus ergibt sich, dass nur das dienstliche Handeln oder Unterlassen der Beamten und Bediensteten relevant für eine Verschuldenshaftung ist, nicht jedoch deren persönliche Handlungen. Handlungen am Arbeitsplatz sind damit nicht zwingend als dienstlich anzusehen. Nur Handlungen bei und aufgrund der Dienstausübung können als solche eingestuft werden.[47] Ein zeitlicher oder räumlicher Zusammenhang allein ist hierfür nicht ausreichend[48] – in diesem Fall schuldet ausschließlich der Vertreter einen zuerkannten Schadensersatzanspruch.

Es ist wichtig, eine weite Auslegung des Begriffs „bei und aufgrund der Dienstausübung" vorzunehmen, da geschädigten Personen mit Hilfe des Grundsatzes der gesamtschuldnerischen Haftung größtmöglicher Schutz gewährt werden soll. Demzufolge fordern einige Stimmen, darunter auch eine schädigende Handlung oder Unterlassung zu verstehen, welche durch die Dienstausübung erst ermöglicht wurde, auch wenn sie nicht während der Dienstausübung erfolgte.[49]

Die öffentliche Aufgabe kann, wie bereits ausgeführt, sowohl administrativer als auch legislativer oder justizieller Natur sein.

2. Relevanz der Rechtsnatur des Verwaltungshandelns

Obwohl es abgeleitet aus dem französischen Rechtssystem traditionell eine Unterscheidung gab zwischen der Amtshaftung für Schäden infolge öffentlich-rechtlicher Verwaltungstätigkeit und für solche Schäden, die durch privatrechtliche Verwaltungstätigkeit verursacht wurden, wobei letztere vom CC geregelt (Art. 483ff., insbesondere Art. 500 und Art. 501 CC) und in die Zuständigkeit der Zivilgerichte fielen, geht die CRP nicht von einer solchen Differenzierung aus.[50] Dies bedeutet jedoch nicht zwangsläufig, dass öffentlicher und privater Verwaltungstätigkeit in Bezug auf die Amtshaftung nicht rechtlich unterschiedliche Bedeutung beigemessen werden kann, wie *Medeiros* zutreffend feststellt.[51] Dies ist jedoch nur relevant im Hinblick auf die Haftung der öffentlichen Verwaltung und auch nur dann, wenn man dabei den Schaden betrachtet, der durch materielles Handeln oder durch Verträge verursacht wurde, da Verwaltungsverordnungen und Verwaltungsakte ebenso eindeutig Ausdruck öffentlich-rechtlichen Verwaltungshandelns sind wie gerichtliche Entscheidungen und Rechtsvorschriften.

An dieser Stelle ist es angebracht festzustellen, dass das *Estatuto dos Tribunais Administrativos e Fiscais* (Verwaltungs- und Finanzgerichtsgesetz, abgekürzt: ETAF), in Art. 4 Abs. 1g) streitige Fälle zur Haftung für Verwaltungshandeln den Verwaltungsgerichten zuweist und auf diese Weise die Haftung für alle Arten von behördlicher Tätigkeit zusammenfasst, sei es öffentlich-rechtliches oder privatrechtliches Verwaltungshandeln. Einzig im materiellen Recht können noch Zweifel bezüglich der Einheitlichkeit des Haftungssystems bestehen. Das RRCEE, das die außervertragliche Amtshaftung regelt, bezieht sich bei der Bestimmung seiner Anwendungsgrenzen nicht ausdrücklich auf diese traditionelle Unterscheidung, sondern auf die Haftung des Staates und anderer juristischer Personen des öffentlichen Rechts „für Schäden infolge der Ausübung legislativer, richterlicher und administrativer Tätigkeit" (vgl. Art. 1 Abs. 1 RRCEE).

Dennoch gehen Stimmen in der Literatur davon aus, dass Art. 1 Abs. 2 RRCEE die Anwendung dieses Gesetzes auf das öffentlich-rechtliche Handeln der Verwaltung beschränkt, da dieser Vorschrift zufolge die Verwaltungstätigkeit

47 In Ac. TCA Sul vom 29.11.2007 (P. 0852/07) wurde ein Schlag ins Gesicht durch einen Zahnarzt zur Behandlung eines Kindes, das sich weigerte, den Mund zu öffnen – trotz des Rechtsstreits bezüglich der Gesetzwidrigkeit einer disziplinarischen Maßnahme seitens einer öffentlichen Gesundheitsbehörde – als Tätigkeit bei und aufgrund der Dienstausübung angesehen.

48 *Medeiros*, in: Miranda/Medeiros, S. 484.

49 *P. Lima/A. Varela*, Código Civil Anotado, I, 4. Aufl. 1987, S. 508–509; *Andrade*, RLJ 2008, 360 (364), die sich auf diese Frage beziehen, jedoch selbst keine Stellung nehmen.

50 *Canotilho/Moreira*, Constituição, S. 427–428.

51 *Medeiros*, in: Miranda/Medeiros, S. 474–475.

„Handlungen und Unterlassungen [...] im Zusammenhang mit der Ausübung von staatlicher Hoheitsgewalt oder gemäß den Bestimmungen oder Grundsätzen des Verwaltungsrechts“

umfasse. Es wird argumentiert, dass der Bezug auf die „Ausübung von Hoheitsgewalt“ den Schluss zulasse, diese Regelung beziehe sich nur auf öffentlich-rechtliche Verwaltungstätigkeiten.[52] Aber auch wenn dieser Wortlaut den Anwendungsbereich des RRCEE auf solche Tätigkeiten zu beschränken scheint, so ist ebenso festzustellen, dass die Vorschrift damit nicht endet, sondern sich auch auf Tätigkeiten „gemäß den Bestimmungen oder Grundsätzen des Verwaltungsrechts“ bezieht. Die rechtliche Annahme, dass schädigende Tätigkeiten, die nicht mit einer Ausübung von Hoheitsrechten einhergehen, aber dennoch Regelungen und Grundsätzen des Verwaltungsrechts unterworfen sind, dem RRCEE unterfallen sollen, macht deutlich, dass diese Haftungsregelungen auch auf private Verwaltungstätigkeiten Anwendung finden, unterstehen letztere doch gemäß Art. 2 Abs. 5 *Código do Procedimento Administrativo* (Verwaltungsverfahrensgesetz, abgekürzt: CPA) ebenfalls verwaltungsrechtlichen Grundsätzen. Dennoch geht die aktuelle Rechtsprechung davon aus, dass für private Verwaltungstätigkeiten nicht das RRCEE, sondern vielmehr Art. 483–501 CC gelten (vgl. Ac. *Tribunal de Conflitos* P. 15/11 vom 24.1.2012).

Die Unterscheidung zwischen privater und öffentlicher Verwaltungstätigkeit ist allerdings auch sehr von Bedeutung in Bezug auf die Haftung von juristischen Personen des Privatrechts, deren Handlungen oder Unterlassungen Schaden verursachen: Das RRCEE sieht nur eine Haftung für Handlungen oder Unterlassungen im Zusammenhang mit der Ausübung öffentlicher Aufgaben vor.[53]

II. Relevante Normverstöße

Die Haftung für Gesetzwidrigkeit umfasst sämtliche Verletzungen des Rechtssystems. Daher ist gemäß Art. 9 Abs. 1 RRCEE jeder Verstoß gegen Grundsätze oder Verfassungsvorschriften, gesetzliche Regelungen und verwaltungsrechtliche Vorschriften einschlägig, der Rechte oder rechtlich geschützte Interessen verletzt. Sogar Handlungen oder Unterlassungen, die einen Verstoß gegen technische Vorschriften oder Sorgfaltspflichten darstellen, sind als gesetzwidrig anzusehen.[54]

Es ist hervorzuheben, dass aus der Tatsache, dass das RRCEE beim Verweis auf Grundsätze und Regelungen – anders als Art. 15 RRCEE zur legislativen Haftung – nicht solche des Völkerrechts oder des EU-Rechts nennt, nicht auf deren Unerheblichkeit geschlossen werden kann. Zwar mag diese Nichtberücksichtigung unverständlich sein, es besteht jedoch kein Zweifel, dass Regelungen und Vorschriften der EU und des Völkerrechts Teil des portugiesischen Rechtssystems sind und demzufolge die portugiesischen Behörden ebenso binden wie jede andere natio-

52 *Medeiros* (Fn. 14), CJA 40 (2003), 8 (11–12) zu einer ähnlichen Vorschrift aus einem Gesetzesentwurf aus dem Jahr 2003, obgleich er die Lösung ebenso kritisiert wie den Mangel an Einheitlichkeit der materiell-rechtlichen und prozessualen Regelungen; *Gomes*, Responsabilidade Civil Extracontratual, S. 76 und 239–240; *Andrade*, RLJ 2008, 360–361, die jedoch den Wortlaut der Vorschrift an dieser Stelle als unklar oder mehrdeutig ansehen. Letzterer geht davon aus, dass Art. 500 CC unter praktischen Gesichtspunkten durch Autounfälle verursachte Schäden nur dann umfasst, wenn die beteiligten Fahrzeuge im öffentlichen Eigentum stehen.

53 Der Hauptunterschied besteht bei einer fahrlässigen Handlung durch einen Verrichtungsgehilfen: Art. 500 CC geht von einer gesamtschuldnerischen Haftung von Verrichtungsgehilfen und Geschäftsherrn aus, wobei der Geschäftsherr das Recht hat, geleistete Zahlungen zurückzufordern.

54 Als gesetzeswidrig gilt auch die Verletzung von Rechten und rechtlich geschützten Interessen infolge mangelhafter Dienstausübung (Art. 9 Abs. 2 RRCEE).

nale Rechtsnorm.[55] Die erste gerichtliche Entscheidung, die den Grundsatz der Staatshaftung für Schäden infolge eines Verstoßes gegen EU-Recht (aufgrund einer verspäteten Richtlinienumsetzung) anerkannte, war die Entscheidung des *Tribunal da Relação do Porto* (Berufungsgericht Porto) vom 6.3.2003, *Agravo* (Berufung) 0650624).[56] Die Entscheidung setzt den Verstoß gegen die betroffene Richtlinie (Dritte Richtlinie 90/232/EWG des Rates vom 14.5.1990 zur Kraftfahrzeug-Haftpflichtversicherung) einem Verstoß gegen die Vorschrift der portugiesischen Verfassung zur Anerkennungspflicht internationaler Verträge und EU-Richtlinien (Art. 8 CRP) gleich, um auf diese Weise jeden Zweifel an der Wirkung des EU-Rechts im nationalen Rechtssystem Portugals auszuräumen. Darüber hinaus wird das Verschulden als Voraussetzung mit der Rechtswidrigkeit der Untätigkeit gleichgesetzt – sodass der Richtlinienverstoß automatisch ein Verschulden impliziert, eine Lösung, die an die Fahrlässigkeitsvermutung des Art. 10 Abs. 2 RRCEE erinnert. Weitere Entscheidungen folgten diesem Ansatz, wenngleich die Begründungen nicht einheitlich sind: Manche führen die unmittelbare Wirkung der Richtlinien in den vom Gerichtshof vorgegebenen Fällen an und beziehen sich auf den Grundsatz der Vorrangstellung des EU-Rechts, der in Art. 8 CRP anerkannt wird,[57] während andere eine Haftung auf die Anforderungen stützen, die sich aus dem zum Zeitpunkt des Schadenseintritts geltenden portugiesischen Recht ergeben.[58]

Dies ist ein weiterer Beleg für die Tatsache, dass das RRCEE nicht nur keine allgemeine Regelung zur Umsetzung des Grundsatzes der Staatshaftung bei einem EU-Rechtsverstoß enthält (eine solche wurde aus einem früheren Regierungsvorschlag bezüglich eines Amtshaftunggesetzes vom 6.5.2003 entfernt), und eine Haftung im Zusammenhang mit legislativem Handeln (Art. 15 RRCEE) zudem auf Vertragsverletzungen beschränkt, was so unverständlich ist, dass es eine korrigierende Auslegung im Sinne einer Ausweitung auf die Verletzungen anderer Vorschriften und Grundsätze, insbesondere der Pflicht zur Richtlinienumsetzung, rechtfertigt.[59]

---

55 *F. Quadros*, Responsabilidade dos poderes públicos no Direito Comunitário: responsabilidade extracontratual da Comunidade Europeia e responsabilidade dos Estados por incumprimento do Direito Comunitário, in: López-Muñiz/Velásquez, La responsabilidade patrimonial de los poderes públicos. III Coloquio Hispano-Luso de Derecho Administrativo, 1999, S. 137; *Andrade*, RLJ 2008, 360 (365); *Sousa/Matos*, Responsabilidade civil, S. 21. Berücksichtigend, dass das RRCEE nach wie vor gegen EU-Rechtsprechung verstößt, und eine konkrete Regelung fordernd, derzufolge sich das Amtshaftungssytem bezüglich eines Verstoßes gegen EU-Recht nach den vom Gerichtshof entwickelten Voraussetzungen richtet *M.J.R. Mesquita*, Regime de responsabilidade civil extracontratual. S. 107 sowie *ders.*, Responsabilidade do Estado por incumprimento do Direito da União Europeia: reflexões a propósito de uma questão processual (Ac. do Tribunal da Relação do Porto, de 6.3.2006, Agravo 0650624), CJA 60 (2006), 52 (60). Ebenso *Gomes*, Responsabilidade Civil Extracontratual, S. 191.

56 Eine Entscheidungsbesprechung findet sich bei *Mesquita* (Fn. 55), CJA 60 (2006), S. 52. Das betroffene Gericht ist nicht auf Rechtsstreite im öffentlichen Recht spezialisiert, da das neue ETAF zum Zeitpunkt der Klageerhebung noch nicht in Kraft getreten und die Verwaltungsrechtsprechung für Entscheidungen dieser Art noch nicht zuständig war → D.I.

57 Ac. *Tribunal da Relação do Porto* (Berufungsgericht Porto) vom 7.5. 2005 (P. 0530820) und TCA-Norte vom 8.3. 2007 (P. 00996/4.3BEBRG).

58 In diesem Sinne Ac. STJ vom 27.11.2007 (P. 07A3954) und Ac. TCA-Sul vom 21.2.2008 (P. 00481/04). Die erste Entscheidung kritisierend *M.J.R. Mesquita*, Responsabilidade pelo incumprimento do Direito da União Europeia imputável à função legislativa: o passado e o futuro, CJA 72 (2008), 3.

59 *Mesquita* (Fn. 58), CJA 72 (2008), 3 (14–15); *Gomes*, Responsabilidade Civil Extracontratual, S. 211 und 214. Wie *Gomes*, aaO (213) feststellt, sollte – da die in der Verfassung vorgesehene Haftung für die Untätigkeit in Bezug auf legislative Maßnahmen eine vorherige Erklärung der Verfassungswidrigkeit dieser Untätigkeit durch das Verfassungsgericht voraussetzt (Art. 15 Abs. 5 RRCEE) – eine Haftung für die Untätigkeit in Bezug auf legislative Maßnahmen zur Umsetzung von Richtlinien dementsprechend von einer vergleichbaren Erklärung abhängen, jedoch nicht durch das Verfassungsgericht – vgl. die Entscheidung Ac. TC 326/98 (P. 25/97) vom 5.5.1998, in der das Gericht sich als unzuständig ansieht, eine indirekte Verfassungswidrigkeit festzustellen; eine solche Erklärung obliege in diesen Fällen bei einem Vorabentscheidungsersuchen dem Gerichtshof oder ansonsten einem Verwaltungsgericht.

Daneben wirft das EU-Recht noch ein weiteres Problem bezüglich einer verspäteten Richtlinienumsetzung auf. Wenngleich der Staat aus unionsrechtlicher Sicht für Schäden aufgrund der Verletzung von EU-Recht unabhängig von der öffentlichen Aufgabe, bei deren Ausübung die Vorschrift verletzt wurde, haftet, so gelten im nationalen Rechtssystem je nach Art der öffentlichen Aufgabe unterschiedliche Regelungen hinsichtlich Zurechenbarkeit, Regressrecht (Art. 13 Abs. 1 und Art. 15 Abs. 1 RRCEE) und Schadensersatz. Im Wesentlichen ist die Frage, ob nur der Gesetzgeber für das Versäumnis der Richtlinienumsetzung haften soll oder ob von einer Haftung des Staates auch im Bereich der Judikative und der Exekutive ausgegangen werden kann. Es braucht an dieser Stelle nicht an die Rechtsprechung des Gerichtshofs erinnert zu werden, nach der sämtliche staatlichen Organe verpflichtet sind, in konkreten Fällen Richtlinienvorschriften anzuwenden, sofern diese eindeutig, klar umrissen und vorbehaltlos sind. Folglich könnte die Anwendung einer verwaltungsrechtlichen Vorschrift, die gegen eine Richtlinienbestimmung auf diesem Gebiet verstößt, welche ihrerseits noch nicht in nationales Recht umgesetzt wurde, die Haftung des öffentlichen Vertreters sowie der Behörde für einen durch die EU-Rechtsverletzung verursachten Schaden zur Folge haben. Tatsächlich geht es jedoch aus mitgliedsstaatlicher Sicht zu weit, von einem öffentlichen Vertreter zu verlangen, Richtlinienbestimmungen, die den vom Gerichtshof aufgestellten Voraussetzungen entsprechen, als solche zu erkennen oder zu bestimmen.[60]

III. Geschützte Rechtsgüter

Die Amtshaftung umfasst gemäß Art. 3 Abs. 3 RRCEE sowohl vermögensrechtliche (finanziell bestimmbare) als auch immaterielle Rechtsgüter.[61] Daher wird bei der Ermittlung der Schadensersatzhöhe nicht nur der Verlust von Eigentum oder Geld als Schaden anerkannt, sondern auch ein physischer Schaden oder ein durch die Handlung oder Unterlassung verursachtes Leiden – gewöhnlich bei Handlungen des Gesundheitswesens in öffentlichen Krankenhäusern.[62]

Es wird kontrovers diskutiert, ob die Erben eines Opfers für dessen Tod als Schaden entschädigt werden können – neben dem der Familie durch den Verlust dieser Person zugefügten Schmerz.[63]

Ein weiteres wichtiges Thema, das jedoch nicht Gegenstand von Rechtsvorschriften ist, ist die Entschädigung für Güter des Gemeinwohls – also für Güter, die für eine Gemeinschaft von Wert sind. Ein Entschädigungsanspruch für Schäden an solchen Gegenständen findet sich nur in Art. 52 Abs. 3 CRP, aber weder das Gesetz zur Regelung von Popularklagen (*Lei* 83/95 vom 31.8.1995) noch das RRCEE konkretisieren einen solchen Anspruch, sondern sehen z.B. die *restitutio in natura* als angemessene Lösungsmöglichkeit in entsprechenden Fällen.

IV. Zurechenbarkeit

Wie bereits ausgeführt, haftet jede juristische Person des öffentlichen Rechts für die Handlungen oder Unterlassungen ihrer Beamten oder Bediensteten. Demzufolge kann die entsprechende Behörde haftbar gemacht werden, sofern die Handlung oder Unterlassung im Zusammenhang

60 *Gomes* erläutert ausführlich die Gründe, warum die Haftung ausschließlich den Gesetzgeber und nicht die öffentliche Verwaltung treffen solle, vgl. ders., Responsabilidade Civil Extracontratual, S. 203–204.
61 Vgl. *Sousa/Matos*, Responsabilidade civil, S. 30.
62 Vgl. Ac. STA vom 24.10.2006 (P. 0539/06) und vom 28.1.2009 (P. 0852/07).
63 *Sousa/Matos*, Responsabilidade civil, S. 30 drücken diesbezüglich ihre Zweifel aus.

mit der konkreten Aufgabe steht, die dem Vertreter zugewiesen wurde – damit ist nicht erforderlich, dass die Handlung von einem Amtsträger oder einem Beamten an der Spitze der Verwaltungshierarchie vorgenommen wurde.

Was insbesondere Verwaltungstätigkeiten anbelangt, so ist nach Art. 1 Abs. 4 RRCEE die Rechtsnatur der Beziehung zwischen dem öffentlichen Vertreter und der Behörde zur Feststellung von Amtshaftung nicht von Bedeutung. Somit ist jede Art von rechtlicher oder organschaftlicher Beziehung ausreichend: von einer Ernennung oder einem Arbeitsvertrag bis hin zu einem einfachen Vertrag zur Übernahme von Dienstleistungen, solange die Beamten oder Bediensteten als im Dienste der juristischen Person des öffentlichen Rechts angesehen werden können.[64]

Dementsprechend sind zur Bestimmung der Haftung von juristischen Personen des Privatrechts (→ A.IV.1.) sämtliche Handlungen oder Unterlassungen durch deren Angestellte oder Arbeitnehmer, unabhängig von der zugrundeliegenden Rechtsbeziehung zu der juristischen Person, von Bedeutung, solange die Handlungen im Zuge der Ausübung von Hoheitsrechten vorgenommen werden.

Zweifel können auftreten, wenn keine formelle und unmittelbare Verbindung zwischen dem Bevollmächtigten und der juristischen Person besteht.[65] Bietet der Vertreter jedoch einen öffentlichen Dienst an, so kommt es für die Antwort auf die Frage, wer haftet, auf die Sicht des Nutzers des öffentlichen Dienstes an, entscheidend ist ein "*aparência de relação funcional*"[66] (Anschein einer funktionalen Zuordnung), der ein Vertrauen des Nutzers rechtfertigt; demzufolge haftet – sofern eine tatsächliche Abhängigkeit des Vertreters von Anweisungen oder Befehlen durch einen rechtmäßigen Bediensteten der juristischen Person besteht – letztere für Schäden, die durch Handlungen oder Unterlassungen des Vertreters verursacht wurden.

V. Kausalität

Das portugiesische Rechtssystem tendiert dahin, die Lehre vom adäquaten Kausalzusammenhang (Adäquanztheorie) zu übernehmen (Art. 563 CC) – und dieses Konzept liegt auch der verschuldensabhängigen Amtshaftung zugrunde.

Wenn es hingegen um Unterlassungen geht, sollte folgende Berichtigung vorgenommen werden: Eine Kausalverbindung zwischen einer Unterlassung und einem Schaden geltend zu machen, ist (in ontologischer Hinsicht) nicht korrekt, da die Unterlassung üblicherweise Voraussetzung für die Schadensentstehung ist, schafft sie doch genaugenommen eine Gelegenheit, in der sich die schädigende Wirkung einer anderen rechtswidrigen Handlung manifestieren kann – mit der Folge, dass das Unterlassen in vielen Fällen nicht als ausschließliche Schadensursache angesehen werden darf.[67]

Außerdem sei an dieser Stelle die Weigerung der Verwaltungsgerichte erwähnt, ein Kausalverhältnis anzuerkennen zwischen einem Verwaltungsakt, dessen Rechtswidrigkeit sich aus einem Verstoß gegen formelle Vorschriften wie der Entscheidungsbegründungspflicht ergibt, und einem sich aus diesem Verwaltungsakt ergebenden Schaden.[68] Es wird angeführt, dass der

64 So *Canotilho/Moreira*, Constituição, S. 432–434.

65 So beispielsweise im Falle eines Arztes, der in einem öffentlichen Krankenhaus medizinische Dienste anbietet und einen Vertrag nicht mit dem Krankenhaus, sondern mit einem privaten Unternehmen abgeschlossen hat, auf dessen Dienste das Krankenhaus zugreift. Das Krankenhaus soll für Schäden, die durch einen fachlichen Eingriff des Arztes verursacht wurden, anscheinend gesamtschuldnerisch mit dem privaten Unternehmen haften.

66 *Canotilho/Moreira*, Constituição, S. 434.

67 *Cortez* (Fn. 18), CJA 40 (2003), 32 (36–37).

68 Ac. STA vom 9.2.2006 (P. 0294/05) und vom 25.1.2005 (P. 01116/04).

Schaden auch dann eingetreten wäre, wenn der Verwaltungsakt formell rechtmäßig gewesen wäre. Dieser Ansicht, die auf der Lehre vom rechtmäßigen Alternativverhalten basiert, ist nicht zu folgen, wenn der anfechtbare Verwaltungsakt nicht erneuert wird[69] oder wenn bewiesen ist, dass der Schaden gerade durch die Verletzung einer Formvorschrift verursacht wurde, d.h., wenn die formelle Rechtswidrigkeit die schädigende Handlung darstellt.[70]

VI. Die Bedeutung des Verschuldens

1. Die Verschuldensstufen: Unterschiede der Haftungssysteme

Die unterschiedlichen Abstufungen des Verschuldens spielen eine Rolle bei der Bestimmung der anzuwendenden Regelungen. Das RRCEE unterscheidet zwischen *dolo* (Vorsatz oder Täuschung) und *culpa grave* (grober Fahrlässigkeit) auf der einen Seite und *culpa leve* (Fahrlässigkeit) auf der anderen Seite. Art. 8 Abs. 1 RRCEE definiert zwar nicht das Verschulden (vgl. diesbezüglich die hinlänglichen strafrechtlichen Untersuchungen: Mit *dolo* handelt derjenige, der die Absicht hat, einen Schaden herbeizuführen, oder die Möglichkeit eines Schadenseintritts zumindest in Kauf nimmt), enthält jedoch eine Definition von grober Fahrlässigkeit. Gemäß Art. 8 Abs. 1 RRCEE handeln Beamte oder Bedienstete grob fahrlässig, wenn die von ihnen angewandte Sorgfalt und das Pflichtbewusstsein deutlich unter den Anforderungen liegen, die sich aus dem von ihnen bekleideten Amt ergeben. Art. 10 RRCEE legt zudem fest, dass sich der jeweilige Verschuldensgrad an der Sorgfalt und den Fähigkeiten bemisst, von denen je nach den Umständen des Einzelfalles bei einem pflichtbewussten und aufmerksamen Beamten oder Bediensteten vernünftigerweise ausgegangen werden kann. Es bleibt festzustellen, dass die rechtliche Definition der Verschuldensvoraussetzung sehr vage ist, was die Entwicklung verschiedener unbestimmter Konzepte begünstigt. Es ist mit den Worten von *M.R. Sousa/A.S. Matos* „eine inhaltsleere Formulierung, die tatsächlich nichts über die Abstufungen der erforderlichen Sorgfalt oder Befähigung aussagt".[71] Die Richter sind daher gezwungen, auf zivilrechtliche Bestimmungen zurückzugreifen und schließen daraus, dass Maßstab die Sorgfalt und Befähigung eines durchschnittlichen öffentlichen Vertreters ist, verbunden mit den konkreten Amtspflichten des jeweiligen Amtsinhabers.

Öffentliche Körperschaften haften zwar für den Schaden, der rechtswidrig und mit Verschulden ihrer öffentlichen Vertreter verursacht wurde; diese Haftung ist jedoch nur dann gesamtschuldnerisch, wenn der Vertreter mit einem erheblichen Verschuldensgrad gehandelt hat: *dolo* und *culpa grave*. In diesen Fällen kann der Geschädigte gegen die Behörde, den Vertreter oder gegen beide klagen. Das bedeutet, dass der Staat gezwungen sein kann, den gesamten Schaden zu erstatten. Allerdings steht dem Staat noch das *direito de regresso* zu, das Recht, sich die daraus ergebenden Kosten erstatten zu lassen (vgl. Art. 8 Abs. 3 RRCEE). Dabei handelt es sich jedoch nach Art. 6 RCEE um ein Recht, dessen Ausübung obligatorisch ist. Somit stellt die Ausübung dieses Rechts eine entsprechende Pflicht für diejenigen Amtsträger oder Beamten dar, die eine Weisungs- und Sanktionsbefugnis gegenüber dem öffentlichen Vertreter oder die verwaltungsrechtliche Aufsicht über die Behörde haben, für die der Vertreter tätig ist. Diese Vorschrift stellt eine Neuerung innerhalb der portugiesischen Gesetzgebung dar, war die Ausübung des Erstattungsrechts bis zum Jahr 2007 doch von einer Ermessensentscheidung abhängig.[72]

---

69 So Ac. TC 154/07 (P. 65/02), vom 2.3.2007 sowie *J.C.V. Andrade*, RLJ 2008, 360 (365–366).
70 Vgl. Ac. STA vom 13.2.2003 (P. 01961/02); *Sousa/Matos*, Responsabilidade civil, S. 33.
71 *Sousa/Matos*, Responsabilidade civil, S. 26.
72 Es wird diskutiert, ob diese Erstattungspflicht auch für privatrechtliche Körperschaften gilt, auf die das RRCEE anwendbar ist. Zustimmend *Gomes*, Responsabilidade Civil Extracontratual, S. 262–263. Dagegen *Andrade*, RLJ

Handeln öffentliche Vertreter jedoch – und dies ist ein weiterer Ausdruck für die Bedeutung des Verschuldensgrades – nur fahrlässig (mit *culpa leve*), so haften nicht sie selbst für Schäden, sondern nur die juristische Person des öffentlichen Rechts. Im früheren Haftungssystem zwischen 1967 und 2008 hafteten der Staat und andere juristische Personen des öffentlichen Rechts unter Ausschluss einer persönlichen Haftung ihrer Beamten und Bediensteten für fahrlässig oder grob fahrlässig verursachte Schäden. Das neue Gesetz beschränkt also die Reichweite oder das Maß an ausschließlicher Amtshaftung des Staates.

2. Haftung aufgrund eines rechtswidrigen unverschuldeten Zustands

Das dem verschuldensabhängigen Haftungssystem zugrundeliegende Kernelement, ein vorwerfbares Verhalten eines öffentlichen Vertreters, erfährt eine Ausnahme. Der Staat und andere öffentliche Behörden können für ein Verschulden auch dann haftbar gemacht werden, wenn kein menschliches Versagen vorliegt oder es nicht möglich ist, den für die schädigende Handlung konkret Verantwortlichen zu bestimmen, aber der Schaden dennoch auf eine unregelmäßige Dienstausführung zurückzuführen ist. Diese Lösung sieht Art. 7 Abs. 3 RRCEE vor, allerdings ging die portugiesische Rechtsprechung schon seit 1966 davon aus.[73] Das Konzept des *funcionamento anormal do serviço* (unregelmäßige Dienstausführung) wird in Art. 7 Abs. 4 RRCEE erläutert und erinnert an das französische *faute de service* (*ilícito do serviço* – fehlerhafter Dienst): Dies liegt immer dann vor, wenn gemessen an den gewöhnlichen Umständen und den üblichen Ergebnissen die Vornahme einer Maßnahme zu erwarten gewesen wäre, die geeignet war, den Schaden zu verhindern. Wieder einmal ist die rechtliche Definition vage und inhaltsleer. Zudem ist zweifelhaft, ob mit dem Verweis auf eine Maßnahme, die geeignet ist, Schaden zu verhindern, eine Haftungsbeschränkung auf schädigende Unterlassungen beabsichtigt ist oder ob auch Handlungen umfasst werden. Die Entbehrlichkeit eines Verschuldensbeweises oder des Beweises irgendeiner Verschuldensstufe ist gleichwohl evident. Es ist ausreichend, vor Gericht die Rechtswidrigkeit der öffentlichen Maßnahme sowie den dadurch verursachten Schaden (unbekannter Schädiger) nachzuweisen. Der Nachweis eines konkreten und individuellen Schadens ist unabdingbar – Popularklagen im öffentlichen Interesse auf Entschädigung sind unzulässig.[74]

Es gibt noch einen weiteren Fall von Amtshaftung für rechtswidrige Handlungen oder Unterlassungen auch ohne den Nachweis eines Verschuldens auf Seiten des öffentlichen Vertreters. Art. 7 Abs. 2 RRCEE sieht entsprechend den EU-Vorschriften zur zivilrechtlichen Amtshaftung einen Entschädigungsanspruch für Schäden vor, die durch einen Verstoß gegen das Vergaberecht bezüglich von Verträgen auf dem Gebiet der öffentlichen Versorgung und öffentlicher Arbeiten verursacht wurden. Der Verweis auf die von der EU-Rechtsprechung entwickelten vorvertraglichen Amtshaftungsbedingungen oder -voraussetzungen erleichtert die Anerkennung eines Schadensersatzanspruchs, da damit die Pflicht zum Nachweis eines administrativen Verschuldens entfällt.

2008, S. 361 (364–365), der sich dabei auf die Privatautonomie sowie die Besonderheit der verfahrensrechtlichen Vorschriften zur Ausübung einer solchen Pflicht beruft, die bei Anwendung auf private Körperschaften keinen Sinn ergäben.

73 In Übereinstimmung mit *Sousa/Matos*, Responsabilidade civil, S. 27–28 stellte Ac. STA vom 28.11.1966 in AD 1966 (51), S. 321 die erste gerichtliche Entscheidung dar, die diese Theorie in Bezug auf den Verfall der mittelalterlichen Stadtmauer von Oporto infolge des Versäumnisses von Instandhaltungsarbeiten anerkannte.

74 *J.J.G. Canotilho*, O problema da responsabilidade do Estado por facto lícito, 1974, S. 74–75; *Gomes*, Responsabilidade Civil Extracontratual, S. 57.

Dies sind zwei Fälle, in denen die Haftung der Behörden von Rechtswidrigkeit, nicht jedoch von Verschulden abhängt. Aus diesem Grund ist auch die Bezeichnung objektive Haftung der öffentlichen Verwaltung gebräuchlich.[75]

3. (Mit-)Verschulden des Geschädigten

Es wurde bereits ausgeführt, dass ein Verschulden auch dann relevant ist, wenn es der geschädigten Person selbst zuzuschreiben ist. Sofern Fahrlässigkeit des Geschädigten bei der Schadensverursachung eine Rolle gespielt hat, sieht Art. 4 RRCEE vor, dass das Gericht entscheidet, ob ein Amtshaftungsanspruch ausgeschlossen, eingeschränkt oder voll zuerkannt wird, wobei hierbei insbesondere der Verschuldensgrad beider Parteien sowie die Folgen ihrer Handlungen von Bedeutung sind. Die Rechtsvorschrift bezieht sich auch auf das Versäumnis des Geschädigten, sich auf die Unwirksamkeit einer schädigenden Rechtshandlung zu berufen oder geeignete Rechtsmittel einzulegen. Dieser Verweis ist jedoch lediglich exemplarisch zu verstehen und hat aufgrund des Grundsatzes der Eigenständigkeit der Haftungsklage, die in Art. 22 CRP vorbehaltlos anerkannt wird und auch in Art. 38 Abs. 1 *Código do Processo nos Tribunais Administrativos* (Verwaltungsprozessgesetz, abgekürzt: CPTA) zum Ausdruck kommt, keinesfalls zur Folge, dass das Gericht die Haftungsklage als unzulässig abweist. Selbstverständlich ist die Bedeutung des Verschuldens des Geschädigten praktisch auf die Haftung für Tätigkeiten der Verwaltung und der Justizverwaltung beschränkt, da der Geschädigte in Fällen von legislativer Haftung und Richterhaftung keine Gelegenheit hat, zum Schaden beizutragen.[76]

VII. Haftung ohne Normverstoß

Das Konzept der verschuldensunabhängigen Amtshaftung umfasst zwei Haftungsarten: Gefährdungshaftung und Haftung für im öffentlichen Interesse auferlegte Opfer.

Die erste Kategorie entspricht der Haftung für Schäden, die durch rechtmäßige Verwaltungstätigkeiten verursacht werden, welche im öffentlichen Interesse erfolgen, aber ein Schadensrisiko für Dritte bergen. Die zweite Kategorie umfasst die Haftung für unverhältnismäßige Belastungen oder Einbußen aufgrund von rechtmäßigen und angemessenen Akten im Interesse des Gemeinwohls.

Im Hinblick auf das Erfordernis einer sozialen Haftung des Staates in bestimmten Bereichen gibt es Verfahren zum Schutz des Einzelnen außerhalb des Konzepts der verschuldensunabhängigen Haftung (und der zivilrechtlichen Haftung), die vom Staat vor dem Hintergrund der sozialen Gerechtigkeit entwickelt wurden. In dem Fall *Seguro escolar* (Schulversicherung) wird eine Entschädigungspflicht für Schäden infolge von Unfällen an öffentlichen Schulen festgestellt, begründet durch *Decreto-Lei* 35/90 vom 25.1.1990 und geregelt durch *Portaria* (Verwaltungsverordnung) 414/99 vom 8.6.1999, vgl. Ac. STA vom 4.10. 2006 (P. 01760/03).

1. Gefährdungshaftung

Art. 11 RRCEE begründet eine Amtshaftung für Schäden infolge von Verwaltungstätigkeiten, -gegenständen oder -diensten, die aufgrund ihrer Art oder der Art der angewandten Mittel besonders gefährlich sind.

---

75 *Andrade*, RLJ 2008, S. 360 (363).

76 So *Gomes*, Responsabilidade Civil Extracontratual, S. 257.

Was die Haftungsvoraussetzungen betrifft, so schreibt das Gesetz diesbezüglich neben Schaden und Kausalzusammenhang nur vor, dass das schädigende Verhalten besonders gefährlich ist.

Die Anwendung eines besonderen Gefährdungskonzepts legt nahe, dass es im Rahmen einer Verwaltungstätigkeit zu Verletzungen von Rechten oder Interessen kommen kann, die bei privaten Tätigkeiten sowie der Mehrzahl der Verwaltungstätigkeiten üblicherweise nicht auftreten (z.B. Polizeieinsatz mit Waffengebrauch, Bluttransfusionen in öffentlichen Krankenhäusern, aber ebenso die Arbeiten an öffentlichen Straßen)[77]. Dieses Konzept bedarf noch der Konkretisierung hinsichtlich der genauen Tätigkeiten, Gegenstände oder Dienste.

Bemerkenswert ist der Umstand, dass die aktuelle Gesetzgebung in diesen Fällen von einer Haftungsbeschränkung auf spezielle und außergewöhnliche Schäden (wie unter *Decreto-Lei* 48051) absieht und dem im Jahr 2002 vorgelegten Entwurf von *M. Cortez*[78] folgt. Allerdings unterstützt *M. Cortez* auch eine Bestimmung von Haftungsobergrenzen ähnlich der Lösung im CC oder den bezüglich der legislativen Haftung in Art. 15 RRCEE letztendlich eingeführten Obergrenzen, die bislang noch nicht näher bestimmt wurden.

Art. 11 RRCEE erkennt jedoch einen Haftungsausschluss an in Fällen von höherer Gewalt (*force majeure*) oder der Handlung eines Dritten (→ C.IV.). Daneben ist auch wichtig, den Umfang (oder Ausschluss) der Amtshaftung für den Fall zu bestimmen, in dem Fahrlässigkeit auf Seiten des Geschädigten eine Rolle bei der Schadensverursachung gespielt hat – der Wortlaut des Art. 4 RRCEE ist diesbezüglich nicht sehr bestimmt, hat der Richter doch die Berücksichtigung des Verschuldensgrads der beiden beteiligten Parteien zu berücksichtigen, sofern kein Verschulden des Staates vorliegt.[79]

2. Haftung für Aufopferung

Die Haftung für Opfer, die im öffentlichen Interesse auferlegt wurden, leitet sich ab aus einem Verstoß gegen den Grundsatz der Gleichheit angesichts von Belastungen durch die Verwaltung. Art. 16 RCCEE bestimmt eine Entschädigung für besondere und ungewöhnliche Belastungen oder Schäden, die anderen im öffentlichen Interesse auferlegt werden. Erforderlich sind ein rechtmäßiger Umstand, ein Schaden sowie ein Kausalzusammenhang. Die besondere Voraussetzung bezieht sich auf den Schaden: ersetzbar sind nur besondere und außergewöhnliche Belastungen. Dies wird in Art. 2 RCCEE näher ausgeführt: Als besonders wird eine Belastung oder ein Schaden einer Person oder einer Personengruppe angesehen, wenn nicht die Mehrzahl aller Personen davon betroffen ist; außergewöhnlich sind Belastungen und Schäden, die über den gewöhnlichen Preis für das Leben in einer Gesellschaft hinausgehen und aufgrund ihrer Schwere rechtlichen Schutzes bedürfen.

Das Hauptanwendungsfeld dieser Haftungsart sind offensichtlich Verwaltungstätigkeiten. Eine Korrektur wird jedoch von *M.R. Sousa/A.S. Matos*[80] vorgenommen: Haftung für Aufopfe-

---

77 Vgl. Ac. STA vom 20.1.1977 in AD 183 (1987), 54; 4.11.1982 (P. 17503); 1.3.2005 (P. 1610/03); 4.11.1982 (P. 17503). Vgl. auch die Entscheidung Ac. STA vom 14.12.2005 (P. 351/05), in der eine Gefährdungshaftung bei einer mit HIV verseuchten Bluttransfusion mit der Begründung abgelehnt wurde, dass das Verhalten angesichts des Wissensstandes zum damaligen Zeitpunkt nicht tadelnswert sei – eine Entscheidung, in der Gefährdungshaftung mit verschuldensabhängiger Haftung verwechselt wird, worauf *Gomes*, Responsabilidade Civil Extracontratual, S. 29 hinweist.

78 *M. Cortez*, Contributo para uma reforma da lei da responsabilidade civil da Administração, in Ministério da Justiça, Responsabilidade civil extra-contratual do Estado. Trabalhos preparatórios, 2002, S. 257.

79 Dies vor dem Hintergrund des Gesetzesentwurfs von 2003, in dem auf alle Umstände des Einzelfalles abgestellt wurde, betonend *Medeiros* (Fn. 14), CJA 40 (2003), 8 (14).

80 *Sousa/Matos*, Responsabilidade, S. 57–59.

rung nach Art. 16 RRCEE umfasst nicht die Enteignung oder vergleichbare Fälle vermögensrechtlicher Opfer zum Wohle der Allgemeinheit, da Art. 62 Abs. 2 CRP diesbezüglich keine Entschädigungsbeschränkung auf besondere und außergewöhnliche Schäden vorsieht.[81] Daher ist eine restriktive Auslegung von Art. 16 RRCEE angezeigt, um einer Verfassungswidrigkeit vorzubeugen. Somit ist das Entschädigungsrecht für Aufopferung auf die Beeinträchtigung persönlicher Rechtsgüter und auf dabei zwangsläufig verursachte Schäden beschränkt (und auf Fälle, in denen die Ausgangslage des Geschädigten faktisch nicht wiederhergestellt werden kann → D.IV.).[82]

Außerdem umfasst die Aufopferungshaftung nicht nur Verwaltungstätigkeiten, sondern auch legislative Akte. So lassen die allgemeinen Bestimmungen, mit denen Art. 16 RRCEE die Haftung regelt, den Schluss zu, dass Art. 16 RRCEE auch auf legislative Tätigkeiten anzuwenden ist, sofern seine Voraussetzungen durch einen Gesetzgebungsakt erfüllt sind.[83] Anscheinend soll sich die Vorschrift in Übereinstimmung mit diesbezüglich einheitlicher Rechtsprechung (z.B. Ac. STA vom 7.7.1988, P. 024685) nicht auf gerichtliche Entscheidungen erstrecken.

C. Haftungsfolgen

I. Haftungssubjekte

Die politisch-legislative Haftung des Staates und der autonomen Regionen beinhaltet keine Haftung der (nationalen und regionalen) Regierungs- oder Parlamentsabgeordneten, vgl. Art. 157 Abs. 1 CRP sowie Art. 15 RRCEE. Die Vertreter der politischen Macht (d.h. Abgeordnete der nationalen oder regionalen Regierung oder des nationalen oder regionalen Parlaments) sind nicht in jedem Fall zivilrechtlich haftbar für Handlungen bei der Amtsausübung im Zuge politischer Vorhaben. Sie können nur für persönliche Handlungen haftbar gemacht werden.

Die Träger der richterlichen Gewalt, die sich wie bereits erwähnt aus Richtern und Staatsanwälten zusammensetzen, haften für Handlungen oder Unterlassungen im Rahmen ihrer Dienstausübung, wenn sie vorsätzlich oder grob fahrlässig handeln. Sie können jedoch weder von den Geschädigten verklagt noch unmittelbar für den dadurch verursachten Schaden haftbar gemacht werden, vgl. Art. 14 Abs. 1 RRCEE. Für ihre Handlungen haftet genau genommen unmittelbar der Staat, der von seinem Erstattungsrecht bezüglich der Schadensersatzkosten Gebrauch machen kann (Ermessensentscheidung), vgl. Art. 14 Abs. 2 RRCEE. Richter und Staatsanwälte haften für strafrechtliche Handlungen (geregelt im *Código do Processo Penal* [Strafprozessgesetz]) ebenso wie zivilrechtlich für persönliche Handlungen (und sie können selbstverständlich auch einer disziplinären Haftung unterworfen werden).

Was Amtsträger oder Beamte der öffentlichen Verwaltung anbelangt, so haften diese für ihre Handlungen oder Unterlassungen während und aufgrund ihrer Dienstausübung, wenn das schädigende Verhalten vorsätzlich oder grob fahrlässig erfolgte. In diesen Fällen liegt eine gesamtschuldnerische Haftung vor. Somit können sie (anders als Richter und Staatsanwälte) alleine oder gemeinsam mit der Behörde gerichtlich belangt werden (Art. 22 CRP; Art. 8 Abs. 2 RRCEE), wobei letzterer für den Fall, dass ein Schadensersatz hauptsächlich durch die Behörde

---

81 Wie von *J.C.V. Andrade*, Panorama geral do direito da responsabilidade civil, in: López-Muñiz/Velásquez, La responsabilidad Patrimonial de los poderes públicos. III Colóquio Hispano-Luso de Derecho Administrativo, 1999, S. 39 (42) festgestellt, ist die Entschädigung nicht Folge des schädigenden Verhaltens, sondern vielmehr Voraussetzung für dessen Rechtmäßigkeit.

82 *Sousa/Matos*, Responsabilidade civil, S. 42–44.

83 *C. Cadilha*, Regime geral da responsabilidade civil da Administração Pública, CJA 40 (2003), 18 (30); *Almeida* (Fn. 9), JULGAR 5 (2008), 39 (45).

abgedeckt wird, ein Erstattungsanspruch zusteht. Für persönliche Handlungen, die weder bei der Dienstausübung noch aufgrund dieser erfolgen, haften sie unmittelbar und allein, dies gilt ebenso im strafrechtlichen und disziplinarrechtlichen Bereich.

Daneben besteht noch die Möglichkeit für bestimmte juristische Personen des öffentlichen Rechts, hauptsächlich Gemeinden und öffentliche Einrichtungen, eine Versicherung abzuschließen, die eine außervertragliche oder vertragliche zivilrechtliche Haftung umfasst.[84] In solchen Fällen ist zudem ein Auftreten der Versicherungsgesellschaft im Gerichtsverfahren als Nebenintervenient oder auch als Hauptpartei zulässig.

II. Individualanspruch auf Schadensersatz

Wie bereits ausgeführt (→ A.I.2.), enthält Art. 22 CRP neben dem Grundrecht, sich gegen schädigende Handlungen der Verwaltung zu wehren, auch ein entsprechendes Recht auf Ersatz dadurch verursachter Schäden. Dieses Recht ist wie die Mehrzahl der in der CRP enthaltenen Grundrechte mit Ausnahme einiger politischer Rechte (Art. 15 CRP) nicht auf portugiesische Staatsbürger (oder Staatsbürger der EU-Mitgliedsstaaten) beschränkt, sondern steht jeder Person zu, die in Kontakt mit portugiesischen Behörden kommt und in diesem Zusammenhang einen Schaden erleidet (Grundsatz der rechtlichen Angleichung von portugiesischen und ausländischen Staatsbürgern, die sich dauerhaft oder vorübergehend auf portugiesischem Staatsgebiet aufhalten[85]). Aus diesem Grund bezieht sich das RRCEE nicht auf die Bürger als Inhaber des Schadensersatzanspruchs, sondern verwendet stattdessen Begriffe wie „Geschädigter" oder „Mensch" (vgl. Art. 2 und 4 RRCEE).

III. Haftungsinhalt

Gemäß Art. 3 Abs.1 und 2 RRCEE müssen diejenigen, die zum Schadensersatz verpflichtet sind, das ersetzen, was verloren oder weggenommen wurde, um die Lage wiederherzustellen, die heute bestünde, wenn das schädigende Ereignis nicht stattgefunden hätte. Davon kann nur abgewichen werden, wenn die *reconstituição natural* (Naturalrestitution) unmöglich, unzureichend oder mit unverhältnismäßigen Kosten verbunden ist.

Wie *J.C.V. Andrade* bemerkt, spiegelt die Rechtslage eine Sicht der Amtshaftung als ein Institut zur „Wiederherstellung des unabsichtlich von Behörden verursachten Schadens" wider, während bei der verschuldensunabhängigen Haftung eine Entschädigung für Schäden infolge rechtmäßiger Handlungen erfolgt, um Ungleichheiten auszugleichen oder den Wert dessen zu ersetzen, was absichtlich zum Wohle der Allgemeinheit geopfert wurde.[86] Aus diesem Grund findet der Restitutionsgrundsatz keine Anwendung auf die verschuldensunabhängige Haftung nach Art. 16 RRCEE.

Es ist jedoch ebenfalls festzustellen, dass der Restitutionsgrundsatz nur dann Sinn ergibt, wenn der Schaden aufgrund materieller Handlungen oder Unterlassungen der Behörde entstanden ist.[87] Denn wann immer ein Schaden aus der Anwendung eines Verwaltungsaktes (oder des-

84 Ac. STA vom 20.10.1998 (P. 038844), 17.10.2006 (P. 302/04), 4.2.2009 (P. 0519/08).
85 Vgl. zu diesem Grundsatz *Canotilho*/Moreira, Constituição, S. 356–363; *J. Pereira da Silva* in: Miranda/Medeiros, S. 263–274.
86 *Andrade*, RLJ 2008, 360 (362).
87 *Gomes*, Responsabilidade Civil Extracontratual, S. 76–77 hebt hervor, dass öffentliche Vertreter (welche gerichtlich auch zusammen mit der Behörde als Gesamtschuldner verurteilt werden können) dem Restitutionsgrundsatz

sen Unterlassung) resultiert, gibt es eine gerichtliche Klagemöglichkeit zur Erwirkung eines Urteils mit der Folge der Wiederherstellung der Ausgangslage (→ D.I.). In diesen Fällen ist die Haftungsklage begrenzt auf den materiellen und immateriellen Schaden, der bis zur Nichtigkeit des rechtswidrigen Aktes (oder der Vollziehung eines Urteils mit dem Inhalt, den fälligen Verwaltungsakt vorzunehmen) entstanden ist. Gemäß Art. 38 CPTA und aufgrund der Eigenständigkeit der Haftungsklage ist nach Ablauf der Klagefrist (Anfechtungsklage bezüglich eines Verwaltungsaktes) noch Raum für die Einlegung einer auf Schadensersatz gerichteten Haftungsklage (da keine Möglichkeit der Wiederherstellung der Lage besteht) – jedoch kann der Betrag oder die Summe im Urteilsspruch mit Rücksicht auf die Tatsache, dass der Kläger zur Schadensvermeidung nicht alles ihm Mögliche unternommen hat, verringert werden.

In Bezug auf die Haftung für richterliches Handeln setzt eine entsprechende Klage ähnlich wie bei der Haftung für Verwaltungsakte und Verwaltungsverordnungen die vorherige Rücknahme der rechtswidrigen gerichtlichen Entscheidung voraus (Art. 13 Abs. 2 RRCEE). Demzufolge ist der Anspruch begrenzt auf den bis zur Rücknahme der schädigenden Entscheidung entstandenen immateriellen und materiellen Schaden. Was legislative Haftung anbelangt, so muss bezüglich der Rechtswidrigkeit eines legislativen Aktes oder einer Unterlassung ein ähnlicher Schluss gezogen werden.[88]

IV. Haftungsbegrenzung und Haftungsausschluss

Abgesehen davon, dass die Amtshaftung nicht den Schaden umfasst, der durch das persönliche Verhalten öffentlicher Vertreter verursacht wurde, können Fälle auftreten, in denen bestimmte Haftungsvoraussetzungen ausgeschlossen sind, mit der möglichen Folge eines Amtshaftungsausschlusses oder einer Anpassung der Haftungsbedingungen.

Zunächst gibt es Fälle von Rechtswidrigkeitsausschluss, die in der CRP vorgesehen sind oder sich aus grundlegenden zivilrechtlichen Haftungsgrundsätzen ergeben. Dazu zählt eine Handlung, die im Rahmen der Pflichterfüllung erfolgte (dies ist insbesondere von Bedeutung im Bereich der öffentlichen Verwaltung, in der die hierarchische Organisation üblicherweise die Pflicht umfasst, Weisungen des rechtmäßigen Vorgesetzten auszuführen, was den handelnden Amtswalter von jeder Haftung befreit, vgl. Art. 271 Abs. 2 CRP). Ein weiterer Fall eines Rechtswidrigkeitsausschlusses ist das Vorliegen von Notstand. Es ist wichtig festzustellen, dass das Vorliegen solcher Umstände die Amtshaftung nicht ausschließt. Der Staat oder andere juristische Personen des öffentlichen Rechts sind zum Schadensersatz nach wie vor verpflichtet, jedoch handelt es sich dann um einen Fall von verschuldensunabhängiger Haftung – dies ist bezüglich Notstand im portugiesischen Recht in Art. 3 Abs. 2 CPA ausdrücklich vorgesehen. Dies gilt auch dann, wenn die öffentliche Verwaltung in Notwehr (oder Nothilfe) handelt.

Selbst bei Einwilligung der geschädigten Person ist ein Schadensersatzanspruch nicht zwangsläufig ausgeschlossen; dies ist nur dann der Fall, wenn es ausdrücklich gesetzlich vorgeschrieben ist (da Handlungen der Verwaltung im portugiesischen Rechtssystem gemäß Art. 112 Abs. 7 und Art. 266 Abs. 1 CRP auf ein Gesetz zurückführbar sein müssen).

Ein Haftungsausschluss kann ferner dann auftreten, wenn es sich um eine Gefährdungshaftung handelt, bei der höhere Gewalt (*force majeure*) auftritt oder die Handlung eines Dritten hinzukommt. Dies kann jedoch auch nur zu einer Begrenzung des Haftungsumfangs führen, wenn

---

nicht unterliegen, wenn dies die Ausführung von Verwaltungsakten oder einer Verwaltungsvorschrift oder den Abschluss öffentlicher Verträge beinhaltet.

88 *Gomes*, Responsabilidade Civil Extracontratual, S. 248–253.

nachgewiesen wird, dass dadurch nur teilweise zur Verursachung des Schadens oder Verlustes beigetragen wurde.[89] Das ist der Fall, wenn durch die Handlung eines Dritten die Kausalverbindung zwischen dem öffentlichen Verhalten und dem sich daraus ergebenden Verlust unterbrochen wird – was offensichtlicher ist, wenn der Dritte schuldhaft gehandelt hat (vor Gericht haftet der Staat gesamtschuldnerisch mit dem Dritten gemäß Art. 11 Abs. 2 RRCEE, hat jedoch ein Regressrecht).[90]

Außerdem kann die Amtshaftung nach Art. 4 RRCEE ausgeschlossen oder eingeschränkt sein, wenn Fahrlässigkeit des Geschädigten sich bei der Schadensverursachung ausgewirkt hat (→ B.VI.3.).

D. Geltendmachung von Haftungsansprüchen

I. Gerichtliche Geltendmachung

Für Haftungsklagen gegen öffentliche Körperschaften aufgrund administrativen, legislativen oder justiziellen Handelns, gegen Beamte oder Bedienstete sowie gegen private Körperschaften, die bei der Ausübung einer öffentlichen Tätigkeit vermeintlich einen Schaden verursacht haben, ist gemäß Art. 4 Abs. 1g), h) und i) ETAF die Verwaltungsgerichtsbarkeit zuständig – mit Ausnahme von Haftungsklagen wegen richterlicher Fehler nichtverwaltungsrechtlicher Gerichte und entsprechenden Schadensersatzklagen nach Art. 4 Abs. 3a) ETAF, für die die ordentliche Gerichtsbarkeit zuständig ist.

Die *acção administrativa comum* (Allgemeine Verwaltungsklage) ist im Gegensatz zur *acção administrativa especial* (Besonderen Verwaltungsklage), die auf die Anfechtung oder die Verurteilung zur Vornahme von Verwaltungsakten oder -verordnungen gerichtet ist, das adäquate prozessuale Mittel, um Schadensersatzansprüche und Erstattungsrechte geltend zu machen und kann jederzeit eingelegt werden, vgl. Art. 37 Abs. 2f), g), h) und Art. 41 Abs. 1 CPTA. Dies gilt für verschuldensabhängige Haftung, vorvertragliche Haftung, vertragliche Haftung sowie verschuldensunabhängige Haftung. Es bleibt festzustellen, dass eine Haftungsklage nicht von der Anfechtung eines rechtswidrigen Verwaltungsaktes abhängt (vgl. Art. 38 Abs. 1 CPTA). Wenngleich das RRCEE die richterliche Haftung für fehlerhafte Entscheidungen von einer vorherigen Überprüfung und Rücknahme der schädigenden gerichtlichen Entscheidung abhängig macht und die Haftung für Unterlassung des Gesetzgebers ebenfalls eine vorherige Feststellung der Verfassungswidrigkeit durch das Verfassungsgericht erfordert, ist doch zweifelhaft, ob diese Voraussetzungen nicht einen Verfassungsverstoß darstellen.

Es kann geschehen, dass zur Wiederherstellung der Ausgangslage des Geschädigten die Vornahme eines Verwaltungsaktes oder die Nichtigkeitserklärung eines vorangegangenen Verwaltungsakts erforderlich ist – in solchen Fällen ist die *acção administrativa especial* (Art. 46 CPTA) das anzuwendende Rechtsmittel, das mit einer Haftungsklage verbunden werden kann, um dadurch die Zuerkennung von in der Zwischenzeit auftretenden immateriellen und materiellen Schäden sicherzustellen, vgl. Art. 4 Abs. 2f.) CPTA.

---

89 Kritisch gegenüber der Rechtslage im Hinblick darauf, dass das Gesetz zumindest den Verweis auf den außergewöhnlichen Schaden hätte beibehalten sollen *Gomes*, Responsabilidade Civil Extracontratual, S. 77–79.

90 *Gomes*, Responsabilidade Civil Extracontratual, S. 88 und *Andrade*, RLJ 2008, 360 (369) wenden sich gegen diese sehr absichernde rechtliche Lösung, da damit der Schutz des Geschädigten zu weit reiche. Allerdings scheint der Ruf des Verfassers nach dem Erfordernis der Außergewöhnlichkeit des Schadens mit dem Ziel, die gesamtschuldnerische Haftung der Behörde einzuschränken, einen Rückschritt im Haftungssystem darzustellen, zumal sich dafür keine Stütze im Gesetzestext findet.

II. Beweisfragen

Grundsätzlich obliegt dem Geschädigten vor Gericht die Beweislast hinsichtlich des Vorliegens der Amtshaftungsvoraussetzungen. Dieser Grundsatz gilt für alle Haftungsarten.

Allerdings kommt es mitunter zu einem Wechsel der Beweislast. Dies ist der Fall bei einer verschuldensabhängigen Haftung für administratives Handeln unter den in Art. 10 Abs. 2 und Abs. 3 RRCEE vorgesehenen Umständen. Dort finden sich zwei *iuris tantum* Fahrlässigkeitsvermutungen für den Fall, dass die Rechtswidrigkeit von Rechtshandlungen oder die Verletzung von Überwachungspflichten festgestellt wird.[91] Bezeichnenderweise beschränkt das Gesetz die erste Vermutung auf Rechtsakte und schließt somit materielle Handlungen der öffentlichen Verwaltung aus. Dementsprechend trifft in den verbleibenden Fällen, auf die sich diese Vermutung nicht erstreckt (unbeschadet des Falles der Überwachungspflichtverletzung), den Geschädigten die Beweislast hinsichtlich eines Verschuldens auf Seiten des Amtswalters.[92] Das Konzept der Beweislastumkehr hängt zusammen mit der Vorstellung, dass die öffentliche Körperschaft als für die Handlung verantwortlich näher am Geschehen und es demzufolge auch einfacher für sie ist, das Nichtvorhandensein eines Verschuldens zu beweisen.[93] Was jedoch die in Art. 10 Abs. 2 RRCEE enthaltene Vermutung anbetrifft, so hängt diese mit der Tatsache zusammen, dass die Rechtswidrigkeit einer Rechtshandlung per se Anzeichen eines Fehlverhaltens eines öffentlichen Organs bzw. einer unregelmäßigen Dienstausübung ist, was an die von Art. 7 Abs. 3 und Abs. 4 RRCEE umfassten Sachverhalte erinnert, bei denen ein Verschuldensnachweis unmöglich ist.[94] Aus diesem Grund gehen einige Stimmen in der Literatur davon aus, dass die verschuldensabhängige Haftung mehr und mehr zu einer Haftung wird, bei der es auf ein Verschulden nicht ankommt, und sprechen dabei von einer *objectivação* der Haftung (Wandel hin zu einer verschuldensunabhängigen Haftung), bei der die Bedeutung des Verschuldens auf die interne Beziehung zwischen der öffentlichen Körperschaft und dem Amtswalter beschränkt ist.[95]

Auch wenn die Fahrlässigkeitsvermutung des Art. 10 Abs. 2 RRCEE nicht auf rechtswidrige legislative oder justizielle Akte ausgedehnt werden kann, so gehen Rechtsprechung und Schrifttum doch davon aus, dass die Rechtswidrigkeit dieser Akte dem Richter gestattet, von einem Verschuldenserfordernis auszugehen,[96] eine Lösung, die mit der ständigen Rechtsprechung des Gerichtshofs übereinstimmt.

Eine weitere gesetzliche Vermutung bezieht sich auf gefährliche Tätigkeiten. Wie bereits ausgeführt, sind diese Voraussetzung für eine Gefährdungshaftung, können jedoch auch im Zusammenhang mit einer verschuldensabhängigen Haftung von Bedeutung sein. Die Behauptung, das rechtswidrige Verhalten stelle zugleich eine gefährliche Tätigkeit dar, bewirkt keine

---

91 Wie *Andrade*, RLJ 2008, 360 (367) zutreffend bemerkt, gibt es zwei Wege, die Vermutung zu entkräften: Zum einen zugunsten der Behörde oder des Amtswalters durch den Beweis, dass der Schaden ganz ohne Verschulden eingetreten ist, zum anderen zugunsten des Geschädigten oder der Behörde durch den Beweis, dass die Handlung vorsätzlich oder grob fahrlässig erfolgte.

92 *Sousa/Matos*, Responsabilidade civil, S. 28; *Andrade*, RLJ 2008, 360 (367–368).

93 *Cortez* (Fn. 18), CJA 40 (2003), 32 (36).

94 *Cadilha* (Fn. 83), CJA 40 (2003), 18 (29).

95 *Andrade*, Panorama geral do direito da responsabilidade civil (Fn. 81), S. 45; *P. Machete*, A responsabilidade da Administração por facto ilícito e as novas regras de repartição do ónus da prova, CJA 69 (2008), 30. Was das weitere interne Vorgehen der Behörde betrifft, so kann sie nach Art. 8 Abs. 4 RRCEE Klage einreichen, um ihr Regressrecht auszuüben und zu beweisen, dass der Amtswalter vorsätzlich oder grob fahrlässig gehandelt hat. Diese Vorschrift wurde in der Literatur jedoch als nicht praxistauglich kritisiert angesichts der Rechtskraft des ersten Urteils. In diesem Sinne *Gomes*, Responsabilidade Civil Extracontratual, S. 73–74.

96 *M. Cortez*, Responsabilidade civil da Administração por actos administrativos ilegais e concurso de omissão culposa de omissão culposa do lesado, Coimbra 2000, S. 104–105; Ac. STA vom 2.2.1993 (P. 038902) und vom 21.3.1996 (P. 038902).

Beweislastumkehr zum Nachteil der Gegenseite, aber es befreit den Geschädigten von dieser Last.[97] Als letztes Beispiel sei die gerichtliche Vermutung eines immateriellen Schadens im Falle eines verzögerten Gerichtsprozesses auf Grundlage der Rechtsprechung des Europäischen Gerichtshofs für Menschenrechte genannt.[98]

III. Verjährung

Gemäß Art. 5 RRCEE richtet sich die Verjährungsfrist des Schadensersatzanspruchs wegen außervertraglicher Haftung nach Art. 498 CC: Die Frist beträgt drei Jahre, beginnend mit dem Tag, an dem der Geschädigte Kenntnis von dem Schadensersatzanspruch erlangt hat, oder (für den Fall, dass der Geschädigte in diesem Zeitraum keine Kenntnis erlangt) 20 Jahre von der Begehung der schädigenden Handlung an. Das Regressrecht verjährt mit Ablauf von drei Jahren ab Erfüllung der Schadensersatzforderung. Ist die schädigende Handlung strafrechtlich relevant, so richtet sich die Verjährung nach dem *Código Penal* (Strafgesetzbuch).

Die vorgeschriebene Verjährungsfrist gilt für jede außervertragliche zivilrechtliche Haftung und wird daher auf verschuldensabhängige Haftung ebenso angewendet wie auf verschuldensunabhängige Haftung für Schäden, die bei der Ausübung administrativer, justizieller oder legislativer Tätigkeiten verursacht wurden, unabhängig von der haftenden Person (juristische Person des öffentlichen oder des privaten Rechts, Amtsträger oder Amtswalter etc.).[99]

Nur für vertragliche Haftung besteht eine andere Verjährungsfrist: die Verjährung des Schadensersatzanspruchs entspricht gemäß Art. 325 Abs. 4 CCP der Verjährungsfrist der vertraglichen Rechte.

Das CC sieht Fälle von Fristhemmung und Fristunterbrechung vor (welche aufgrund von Art. 5 RRCEE hier angewendet werden). Ein besonderer Fall der Fristunterbrechung findet sich in Art. 41 Abs. 3 CPTA: Die Klageeinreichung mit dem Ziel der Unwirksamkeitserklärung eines Verwaltungsaktes weist auf die Absicht hin, später einen Schadensersatzanspruch geltend zu machen, falls diese Klage allein nicht zu einer umfassenden Schadensbehebung ausreichen sollte.

IV. Vollstreckung

Kommt die öffentliche Verwaltung einer Schadensersatzverpflichtung nicht unverzüglich nach, kann der Geschädigte innerhalb von sechs Monaten eine Vollstreckungsklage beim Verwaltungsgericht einreichen (Art. 164 Abs. 2 und Art. 170 Abs. 2 CPTA), jedoch unterscheidet sich der entsprechende Antrag je nach Art der Verpflichtung.

Umfasst der Schadensersatz eine Handlung oder die Übergabe einer vertretbaren Sache, kann das Gericht die zwangsweise Übergabe der Sache bestimmen oder auf Kosten der öffentlichen Körperschaft ein privates Unternehmen mit der Vornahme der fälligen Handlung beauftragen (vgl. Art. 167 Abs. 5 CPTA). Sind die fällige Handlung oder Sache nicht vertretbar, dann kann das Gericht nach Art. 169 CPTA nur von einer *sanção pecuniária compulsória* – der Festsetzung

97 So *C. Cadilha*, Convolação da responsabilidade civil extracontratual por facto ilícito em responsabilidade pelo risco (Ac. do STA – 1.ª Secção), de 3.2.2005, P. 745/04), CJA 57 (2006), 14 in einer kritischen Anmerkung zu der Entscheidung Ac. STA vom 3.3. 2005 (P. 745/04), in der die gerichtliche Vermutung nicht angewendet wurde.

98 Ac. STA vom 28.11.2007 (P. 308/07) und vom 9.10. 2008 (P. 319/08), letztere kommentiert durch *I. Fonseca*, Violação do prazo razoável e reparação do dano: quantas novidades, mamma mia! (Ac. do STA – 1.ª Secção, de 9.10.2008, P. 319/08), CJA 72 (2008), 28.

99 *Cadilha*, Regime da responsabilidade, S. 93.

eines durch den Träger der öffentlichen Körperschaft zu zahlenden Zwangsgeldes in einer bestimmten Höhe pro Tag – Gebrauch machen, um die Vornahme der Leistung zu erzwingen.

Es bleibt festzustellen, dass das Vollstreckungsverfahren anders ist, wenn die Wiederherstellung die Vornahme eines Rechtsaktes beinhaltet. Obgleich bei rechtlich verpflichtenden Verwaltungsakten der Erlass einer gerichtlichen Entscheidung mit der entsprechenden Wirkung möglich ist (Art. 167 Abs. 6 CPTA), macht die öffentliche Körperschaft in den verbleibenden Fällen für gewöhnlich einen Grund für die Vollstreckungsaussetzung geltend. Für diesen Fall ist ein besonderes Verfahren vorgesehen, in dem das Gericht überprüft, ob der Grund rechtmäßig ist, und wenn dies zutrifft, dann erfolgt anstelle der früheren Verpflichtung die Bestimmung eines Schadensersatzes.[100]

Wurden öffentliche Körperschaften zu einer Entschädigungsleistung verurteilt und kommen sie dem nicht nach, so kann der Geschädigte eine Vollstreckungsklage einreichen, bei der die öffentliche Körperschaft keinen rechtmäßigen Grund für eine Vollstreckungsaussetzung geltend machen kann, sondern zur Zahlung gezwungen ist, es sei denn, in der Zwischenzeit ist ein Umstand aufgetreten, der zu einer Aufhebung oder Modifizierung der Zahlungsverpflichtung führt (Art. 171 CPTA).

Wird das Urteil nicht innerhalb von 30 Tagen vollzogen und handelt es sich beim Haftenden um eine juristische Person des öffentlichen Rechts, die nicht der Staat ist, so erklärt der Richter gemäß Art. 3 *Lei* 67/2007 eine *penhora* (Pfändung) und setzt eine anschließende Grundbesitzveräußerung zu Lasten der schuldnerischen juristischen Person fest. Hat diese Person nicht die Mittel zum Schadensersatz, so ist der *Conselho Superior dos Tribunais Administrativos e Fiscais* (Oberster Rat der Verwaltungs- und Finanzgerichte – unabhängiges Organ mit Disziplinarrecht gegenüber den Richtern und Staatsanwälten der Verwaltungs- und Finanzgerichtsbarkeit) verpflichtet, die Zahlung durch einen (staatlichen) Etat zu gewährleisten, der nach Art. 3 *Lei* 67/2007 gerade zu diesem Zweck geschaffen wurde. Ist der Etat nicht ausreichend, um die Zahlung zu begleichen, so besteht weiter die Möglichkeit einer *penhora* (Pfändung) mit einer anschließenden Veräußerung staatlicher Grundstücke (Art. 172 Abs. 8 CPTA).[101]

Bibliographie

Andrade, José Carlos Vieira de, A responsabilidade por danos decorrentes do exercício da função administrativa na nova lei sobre responsabilidade civil extracontratual do Estado e demais entes públicos (Die Haftung für Schäden infolge der Ausübung der Verwaltungsfunktion nach dem neuen Gesetz über die außervertragliche zivilrechtliche Haftung des Staates und anderer juristischer Personen des öffentlichen Rechts), RLJ 2008, 360 ff.

Cadilha, Carlos, Regime da responsabilidade civil extracontratual do Estado e demais entidades públicas anotado (Regelungen zur außervertraglichen zivilrechtlichen Haftung des Staates und anderer juristischer Personen des öffentlichen Rechts, Kommentar), Coimbra 2008

Canotilho, José Joaquim Gomes/Moreira, Vital, Constituição da República Portuguesa Anotada, I (Verfassung der Portugiesischen Republik, Kommentar), 4. Aufl., Coimbra 2007

Garcia, Maria da Glória Dias, A responsabilidade civil do Estado e demais pessoas colectivas públicas (Zivilrechtliche Haftung des Staates und anderer juristischer Personen des öffentlichen Rechts), Lisboa 1997

Gomes, Carla Amado, Textos Dispersos sobre Direito da Responsabilidade Civil Extracontratual das Entidades Públicas (Recht der außervertraglichen zivilrechtlichen Haftung juristischer Personen des öffentlichen Rechts), Lisboa 2010

100 Vgl. *M.A. Almeida*, O novo regime do processo nos tribunais administrativos, 4. Aufl. 2005, S. 374–377.
101 *J.C.V. Andrade*, A justiça administrativa (Lições), 10. Aufl. 2009, S. 427–428.

Mesquita, Maria José Rangel, O regime de responsabilidade civil extracontratual do Estado e demais entidades públicas e o Direito da União Europeia (Regelungen zur außervertraglichen zivilrechtlichen Haftung des Staates und anderer juristischer Personen des öffentlichen Rechts und das Recht der Europäischen Union), Coimbra 2009
Miranda, Jorge/Medeiros, Rui, Constituição Portuguesa Anotada, I (Portugiesische Verfassung, Kommentar), 2. Aufl., Coimbra 2010
Sousa, Marcelo Rebelo de/Matos, André Salgado de, Responsabilidade civil administrativa, Direito Administrativo, III (Zivilrechtliche Haftung der Verwaltung, Verwaltungsrecht), Lisboa 2008

Abkürzungen

Ac.	Acórdão (Gerichtsentscheidung)
Ac. STA	Acórdão do Supremo Tribunal Administrativo (Entscheidung des Obersten Verwaltungsgerichts)
AD	Acórdãos Doutrinais do Supremo Tribunal Administrativo (Leitentscheidungen des Obersten Verwaltungsgerichts)
CCP	Código dos Contratos Públicos (Gesetz der öffentlichen Verträge)
CJA	Cadernos de Justiça Administrativa (Journal der Verwaltungsgerichtsbarkeit)
CPA	Código do Procedimento Administrativo (Verwaltungsverfahrensgesetz)
CPTA	Código do Processo nos Tribunais Administrativos (Verwaltungsprozessgesetz)
CRP	Constituição da República Portuguesa (Verfassung der Republik Portugal)
ETAF	Estatuto dos Tribunais Administrativos e Fiscais (Verwaltungs- und Finanzgerichtsgesetz)
EU	Europäische Union
P.	Processo (Prozess)
RLJ	Revista de Legislação e de Jurisprudência (Zeitschrift für Recht und Rechtswissenschaft)
RRCEE	Regime da Responsabilidade Civil Extracontractual do Estado e Demais Entidades Públicas (Regelungen zur außervertraglichen Haftung des Staates und anderer juristischer Personen des Öffentlichen Rechts)
STA	Supremo Tribunal Administrativo (Oberstes Verwaltungsgericht)
TC	Tribunal Constitucional (Verfassungsgericht)
TCA-Sul	Tribunal Central Administrativo do Sul (Südliches Berufungsgericht in Verwaltungsrechtssachen)
TCA-Norte	Tribunal Central Administrativo do Norte (Nördliches Berufungsgericht in Verwaltungsrechtssachen)

Wesentliche Vorschriften

Constituição da República Portuguesa
Verfassung der Portugiesischen Republik[102]

Artigo 22.º (Responsabilidade das entidades públicas)
O Estado e as demais entidades públicas são civilmente responsáveis, em forma solidária com os titulares dos seus órgãos, funcionários ou agentes, por acções ou omissões praticadas no exercício das suas funções e por causa desse exercício, de que resulte violação dos direitos, liberdades e garantias ou prejuízo para outrem.

Artikel 22 (Haftung öffentlich-rechtlicher Körperschaften)
Der Staat und andere öffentlich-rechtliche Körperschaften haften gesamtschuldnerisch mit ihren Organwaltern, Beamten und Bediensteten für im Rahmen und aufgrund der in Ausübung ihres Amtes begangenen Handlungen oder Unterlassungen, die eine Verletzung der Rechte, Freiheiten und Garantien oder den Schaden anderer zur Folge haben.

102 Übersetzung der Verfasserin und des Herausgebers.

Artigo 62.º (Direito de propriedade privada)
1. A todos é garantido o direito à propriedade privada e à sua transmissão em vida ou por morte, nos termos da Constituição.

2. A requisição e a expropriação por utilidade pública só podem ser efectuadas com base na lei e mediante o pagamento de justa indemnização.

Artikel 62 (Recht auf Privateigentum)
(1) Allen ist nach Maßgabe der Verfassungsbestimmungen das Recht auf privates Eigentum sowie auf dessen Übertragbarkeit zu Lebzeiten oder von Todes wegen gewährleistet.

(2) Requirierungen und Enteignungen zum Wohle der Allgemeinheit können nur auf gesetzlicher Grundlage und gegen Zahlung einer gerechten Entschädigung erfolgen.

Artigo 83.º (Requisitos de apropriação pública)

A lei determina os meios e as formas de intervenção e de apropriação pública dos meios de produção, bem como os critérios de fixação da correspondente indemnização.

Artikel 83 (Voraussetzungen der öffentlichen Aneignung)
Die Mittel und Arten der Intervention sowie die Überführung von Produktionsmitteln in Gemeineigentum und die Kriterien für die Festsetzung von entsprechenden Entschädigungen werden durch Gesetz geregelt.

Artigo 216.º (Garantias e incompatibilidades)
2 – Os juízes não podem ser responsabilizados pelas suas decisões, salvas as excepções consignadas na lei.

Artikel 216 (Garantien und Inkompatibilitäten)
(2) Vorbehaltlich der gesetzlich vorgesehenen Ausnahmen können Richter für ihre Entscheidungen nicht haftbar gemacht werden.

Artigo 271.º (Responsabilidade dos funcionários e agentes)
1 – Os funcionários e agentes do Estado e das demais entidades públicas são responsáveis civil, criminal e disciplinarmente pelas acções ou omissões praticadas no exercício das suas funções e por causa desse exercício de que resulte violação dos direitos ou interesses legalmente protegidos dos cidadãos, não dependendo a acção ou procedimento, em qualquer fase, de autorização hierárquica.

2 – É excluída a responsabilidade do funcionário ou agente que actue em cumprimento de ordens ou instruções emanadas de legítimo superior hierárquico e em matéria de serviço, se previamente delas tiver reclamado ou tiver exigido a sua transmissão ou confirmação por escrito.

3 – Cessa o dever de obediência sempre que o cumprimento das ordens ou instruções implique a prática de qualquer crime.

4 – A lei regula os termos em que o Estado e as demais entidades públicas têm direito de regresso contra os titulares dos seus órgãos, funcionários e agentes.

Artikel 271 (Haftung der Beamten und Bediensteten)
(1) Die Beamten und Bediensteten des Staates und anderer öffentlich-rechtlicher Körperschaften haften zivil-, straf- und disziplinarrechtlich für im Rahmen und aufgrund der in Ausübung ihres Amtes begangenen Handlungen oder Unterlassungen, die eine Verletzung von Rechten oder rechtlich geschützten Interessen der Bürger zur Folge haben, wobei die Klage oder das Verfahren in keinem Stadium der Genehmigung einer übergeordneten Stelle bedarf.

(2) Von der Haftung ausgenommen ist ein Beamter oder Bediensteter, der gemäß den Anordnungen oder Weisungen eines rechtmäßigen Vorgesetzten und in Ausübung seines Amtes handelt, wenn er sich zuvor gegen die Anordnungen oder Weisungen gewendet oder deren schriftliche Übermittlung oder Bestätigung verlangt hat.

(3) Die Gehorsamspflicht endet immer, sofern die Ausführung von Anordnungen oder Weisungen mit dem Begehen irgendeiner Straftat einhergeht.

(4) Die Bedingungen, unter denen dem Staat und anderen öffentlich-rechtlichen Körperschaften ein Regressanspruch gegen ihre Organwaltern, Beamten und Bediensteten zusteht, werden gesetzlich geregelt.

Regime da Responsabilidade civil extracontratual do Estado e demais entidades públicas (aprovado pela Lei n.º 67/2007, de 31 de Dezembro)

Regelungen zur außervertraglichen Haftung des Staates und anderer öffentlich-rechtlicher Körperschaften, angenommen durch Parlamentsgesetz 67/2007 vom 31. Dezember[103]

Artigo 1.º (Âmbito de aplicação)

1 – A responsabilidade civil extracontratual do Estado e das demais pessoas colectivas de direito público por danos resultantes do exercício da função legislativa, jurisdicional e administrativa rege-se pelo disposto na presente lei, em tudo o que não esteja previsto em lei especial.

2 – Para os efeitos do disposto no número anterior, correspondem ao exercício da função administrativa as acções e omissões adoptadas no exercício de prerrogativas de poder público ou reguladas por disposições ou princípios de direito administrativo.

3 – Sem prejuízo do disposto em lei especial, a presente lei regula também a responsabilidade civil dos titulares de órgãos, funcionários e agentes públicos por danos decorrentes de acções ou omissões adoptadas no exercício das funções administrativa e jurisdicional e por causa desse exercício.

4 – As disposições da presente lei são ainda aplicáveis à responsabilidade civil dos demais trabalhadores ao serviço das entidades abrangidas, considerando-se extensivas a estes as referências feitas aos titulares de órgãos, funcionários e agentes.

5 – As disposições que, na presente lei, regulam a responsabilidade das pessoas colectivas de direito público, bem como dos titulares dos seus órgãos, funcionários e agentes, por danos decorrentes do exercício da função administrativa, são também aplicáveis à responsabilidade civil de pessoas colectivas de direito privado e respectivos trabalhadores, titulares de órgãos sociais, representantes legais ou auxiliares, por acções ou omissões que adoptem no exercício de prerrogativas de poder público ou que sejam reguladas por disposições ou princípios de direito administrativo.

Artikel 1 (Anwendungsbereich)

(1) Die außervertragliche Haftung des Staates und anderer juristischer Personen des öffentlichen Rechts für Schäden infolge der Ausübung legislativer, richterlicher und administrativer Tätigkeit wird, soweit keine Spezialgesetze einschlägig sind, durch die Bestimmungen dieses Gesetzes geregelt.

(2) Unter der Ausübung administrativer Tätigkeit im Sinne des vorangehenden Paragrafen sind administrative Handlungen oder Unterlassungen zu verstehen, die im Zusammenhang mit der Ausübung staatlicher Hoheitsgewalt oder gemäß den Bestimmungen oder Grundsätzen des Verwaltungsrechts erfolgen.

(3) Unbeschadet spezialgesetzlicher Vorschriften regelt dieses Gesetz zudem die Haftung von Organwaltern, Beamten und Bediensteten für Schäden, die durch Handlungen oder Unterlassungen im Rahmen und aufgrund der Ausübung administrativer und richterlicher Tätigkeit verursacht wurden.

(4) Die Bestimmungen dieses Gesetzes gelten ungeachtet der ausdrücklichen Bezugnahme auf Organwalter, Beamte und Bedienstete auch für die Haftung anderer Angestellter der genannten Körperschaften.

(5) Die Bestimmungen dieses Gesetzes zur Haftung juristischer Personen des öffentlichen Rechts sowie ihrer Organwalter, Beamten und Bediensteten für Schäden infolge der Ausübung administrativer Tätigkeit sind auch auf die Haftung juristischer Personen des Privatrechts und ihrer Angestellten, Inhaber, gesetzlichen Vertreter oder Erfüllungsgehilfen für Schäden infolge von Handlungen oder Unterlassungen im Zusammenhang mit der Ausübung staatlicher Hoheitsgewalt oder gemäß den Vorschriften und Grundsätzen des Verwaltungsrechts anzuwenden.

Artigo 2.º (Danos ou encargos especiais e anormais)

Para os efeitos do disposto na presente lei, consideram-se especiais os danos ou encargos que incidam sobre uma pessoa ou um grupo, sem afectarem a generalidade das pessoas, e anormais os que, ultrapassando os custos próprios da vida em sociedade, mereçam, pela sua gravidade, a tutela do direito.

Artikel 2 (Besondere und außergewöhnliche Schäden oder Aufwendungen)

Im Sinne dieses Gesetzes sind Schäden oder Aufwendungen besonders, wenn sie einer Person oder Gruppe entstanden sind, ohne die Allgemeinheit zu betreffen, und außergewöhnlich, wenn sie den Preis für das Leben in der Gesellschaft derart übersteigen, dass sie es aufgrund ihrer Schwere verdienen, unter den Schutz des Rechts gestellt zu werden.

103 Übersetzung der Verfasserin und des Herausgebers.

Artigo 3.º (Obrigação de indemnizar)

1 — Quem esteja obrigado a reparar um dano, segundo o disposto na presente lei, deve reconstituir a situação que existiria se não se tivesse verificado o evento que obriga à reparação.

2 — A indemnização é fixada em dinheiro quando a reconstituição natural não seja possível, não repare integralmente os danos ou seja excessivamente onerosa.

Artikel 3 (Verpflichtung zum Schadensersatz)

(1) Derjenige, der einen Schaden gemäß den Bestimmungen dieses Gesetzes ersetzen muss, ist verpflichtet, die Lage wiederherzustellen, die bestehen würde, wenn das schädigende Ereignis nicht eingetreten wäre.

(2) Eine finanzielle Entschädigung wird festgesetzt, wenn eine Wiederherstellung nicht möglich ist oder die Schäden dadurch nicht vollständig zu ersetzen sind oder wenn die Kosten für die Wiederherstellung unangemessen hoch sind.

Artigo 4.º (Culpa do lesado)

Quando o comportamento culposo do lesado tenha concorrido para a produção ou agravamento dos danos causados, designadamente por não ter utilizado a via processual adequada à eliminação do acto jurídico lesivo, cabe ao tribunal determinar, com base na gravidade das culpas de ambas as partes e nas consequências que delas tenham resultado, se a indemnização deve ser totalmente concedida, reduzida ou mesmo excluída.

Artikel 4 (Verschulden des Geschädigten)

Hat ein vorwerfbares Verhalten des Geschädigten zur Entstehung oder Erhöhung des Schadens beigetragen, wie insbesondere das Versäumnis, geeignete Rechtsmittel zur Aufhebung eines schädigenden Rechtsaktes einzulegen, so ist es Sache des Gerichts, zu entscheiden, ob ausgehend von der Schwere des Verschuldens beider Parteien und den sich daraus ergebenden Konsequenzen Entschädigung in voller Höhe, anteilig oder überhaupt nicht zu leisten ist.

Artigo 7.º (Responsabilidade exclusiva do Estado e demais pessoas colectivas de direito público)

1 – O Estado e as demais pessoas colectivas de direito público são exclusivamente responsáveis pelos danos que resultem de acções ou omissões ilícitas, cometidas com culpa leve, pelos titulares dos seus órgãos, funcionários ou agentes, no exercício da função administrativa e por causa desse exercício.

2 – É concedida indemnização às pessoas lesadas por violação de norma ocorrida no âmbito de procedimento de formação dos contratos referidos no artigo 100.º do Código de Processo nos Tribunais Administrativos, de acordo com os requisitos da responsabilidade civil extracontratual definidos pelo direito comunitário.

3 – O Estado e as demais pessoas colectivas de direito público são ainda responsáveis quando os danos não tenham resultado do comportamento concreto de um titular de órgão, funcionário ou agente determinado, ou não seja possível provar a autoria pessoal da acção ou omissão, mas devam ser atribuídos a um funcionamento anormal do serviço.

4 – Existe funcionamento anormal do serviço quando, atendendo às circunstâncias e a padrões médios de resultado, fosse razoavelmente exigível ao serviço uma actuação susceptível de evitar os danos produzidos.

Artikel 7 (Ausschließliche Haftung des Staates und anderer juristischer Personen des öffentlichen Rechts)

(1) Der Staat und andere juristische Personen des öffentlichen Rechts haften ausschließlich für Schäden infolge rechtswidriger Handlungen oder Unterlassungen, die von Organwaltern, Beamten oder Bediensteten im Rahmen und aufgrund der Ausübung ihrer administrativen Tätigkeit fahrlässig begangen werden.

(2) Der Schadensersatz von Personen, die durch eine Regelverletzung im Rahmen des Verfahrens der in Art. 100 Verwaltungsprozessgesetz vorgesehenen Auftragsvergabe geschädigt wurden, erfolgt gemäß den gemeinschaftsrechtlich festgelegten Voraussetzungen zivilrechtlicher außervertraglicher Haftung.

(3) Der Staat und andere juristische Personen des öffentlichen Rechts haften auch für Schäden, die nicht auf das konkrete Verhalten eines Organwalters, Beamten oder Bediensteten zurückzuführen sind, oder wenn die Identität desjenigen, der die Handlung oder Unterlassung begangen hat, nicht bewiesen werden kann, die Handlung oder Unterlassung jedoch einer unregelmäßigen Dienstausübung zuzuschreiben ist.

(4) Eine unregelmäßige Dienstausübung liegt vor, wenn die gegebenen Umständen und gewöhnlichen Ergebnismaßstäbe vernünftigerweise die Vornahme einer Handlung erforderten, mittels derer der eingetretene Schaden voraussichtlich hätte verhindert werden können.

Artigo 8.º (Responsabilidade solidária em caso de dolo ou culpa grave)

1 — Os titulares de órgãos, funcionários e agentes são responsáveis pelos danos que resultem de acções ou

Artikel 8 (Gesamtschuldnerische Haftung im Falle von Vorsatz oder grober Fahrlässigkeit)

(1) Organwalter, Beamte oder Bedienstete haften für Schäden infolge rechtswidrigen Handelns oder Unter-

omissões ilícitas, por eles cometidas com dolo ou com diligência e zelo manifestamente inferiores àqueles a que se encontravam obrigados em razão do cargo.

lassens, welche diese vorsätzlich oder mit einem Fleiß und Eifer begangen haben, der eindeutig unter dem liegt, wozu diese angesichts ihrer Position verpflichtet wären.

2 — O Estado e as demais pessoas colectivas de direito público são responsáveis de forma solidária com os respectivos titulares de órgãos, funcionários e agentes, se as acções ou omissões referidas no número anterior tiverem sido cometidas por estes no exercício das suas funções e por causa desse exercício.

(2) Der Staat und andere juristische Personen des öffentlichen Rechts haften gesamtschuldnerisch mit ihren Organwaltern, Beamten oder Bediensteten, wenn die oben genannten Handlungen oder Unterlassungen von diesen in und wegen der Ausübung ihrer Tätigkeiten begangen wurden.

3 — Sempre que satisfaçam qualquer indemnização nos termos do número anterior, o Estado e as demais pessoas colectivas de direito público gozam de direito de regresso contra os titulares de órgãos, funcionários ou agentes responsáveis, competindo aos titulares de poderes de direcção, de supervisão, de superintendência ou de tutela adoptar as providências necessárias à efectivação daquele direito, sem prejuízo do eventual procedimento disciplinar.

(3) Wann immer der Staat und andere juristische Personen des öffentlichen Rechts eine Entschädigung gemäß den Bestimmungen des vorstehenden Absatzes leisten, steht ihnen ein Erstattungsanspruch gegenüber dem verantwortlichen Organwalter, Beamten oder Bediensteten zu, es obliegt den Inhabern von Befugnissen zur Führung, Überwachung, Aufsicht oder Betreuung, die erforderlichen Maßnahmen zu ergreifen, um diesen Anspruch zu verwirklichen, unbeschadet möglicher Disziplinarverfahren.

Artigo 9.º (Ilicitude)

1 — Consideram -se ilícitas as acções ou omissões dos titulares de órgãos, funcionários e agentes que violem disposições ou princípios constitucionais, legais ou regulamentares ou infrinjam regras de ordem técnica ou deveres objectivos de cuidado e de que resulte a ofensa de direitos ou interesses legalmente protegidos.

2 — Também existe ilicitude quando a ofensa de direitos ou interesses legalmente protegidos resulte do funcionamento anormal do serviço, segundo o disposto no n.º 3 do artigo 7.º

Artikel 9 (Rechtswidrigkeit)

(1) Handlungen oder Unterlassungen von Organwaltern, Beamten und Bediensteten sind rechtswidrig, wenn sie gegen Grundsätze oder Verfassungsvorschriften, gesetzliche Regelungen und Vorschriften verstoßen oder technische Vorschriften oder objektive Sorgfaltspflichten verletzen und dadurch Rechte oder rechtlich geschützte Interessen verletzen.

(2) Rechtswidrigkeit liegt auch dann vor, wenn es infolge einer mangelhaften Dienstausübung im Sinne von Artikel 7 Abs. 3 zu einer Verletzung von Rechten oder rechtlich geschützten Interessen kommt.

Artigo 10.º (Culpa)

1 — A culpa dos titulares de órgãos, funcionários e agentes deve ser apreciada pela diligência e aptidão que seja razoável exigir, em função das circunstâncias de cada caso, de um titular de órgão, funcionário ou agente zeloso e cumpridor.

2 — Sem prejuízo da demonstração de dolo ou culpa grave, presume -se a existência de culpa leve na prática de actos jurídicos ilícitos.

3 — Para além dos demais casos previstos na lei, também se presume a culpa leve, por aplicação dos princípios gerais da responsabilidade civil, sempre que tenha havido incumprimento de deveres de vigilância.

Artikel 10 (Verschulden)

(1) Das Verschulden der Organwalter, Beamten und Bediensteten bemisst sich an der Sorgfalt und Fähigkeit, die angesichts der Umstände des Einzelfalles von einem tüchtigen und gewissenhaften Organwalter, Beamten oder Bediensteten vernünftigerweise erwartet werden kann.

(2) Unbeschadet der Feststellung von Vorsatz oder grober Fahrlässigkeit ist bei der Ausübung rechtswidriger Rechtsakte vom Vorliegen leichter Fahrlässigkeit auszugehen.

(3) Neben den anderen, gesetzlich vorgesehenen Fällen ist im Rahmen der Anwendung der allgemeinen Haftungsgrundsätze bei Verstößen gegen Überwachungspflichten ebenfalls von leichter Fahrlässigkeit auszugehen.

Artigo 11.º (Responsabilidade pelo risco)

1 – O Estado e as demais pessoas colectivas de direito público respondem pelos danos decorrentes de actividades, coisas ou serviços administrativos especialmente

Artikel 11 (Gefährdungshaftung)

(1) Der Staat und andere juristische Personen des öffentlichen Rechts haften für Schäden, die durch besonders gefährliche administrative Tätigkeiten, Gegenstände

perigosos, salvo quando, nos termos gerais, se prove que houve força maior ou concorrência de culpa do lesado, podendo o tribunal, neste último caso, tendo em conta todas as circunstâncias, reduzir ou excluir a indemnização.

2 – Quando um facto culposo de terceiro tenha concorrido para a produção ou agravamento dos danos, o Estado e as demais pessoas colectivas de direito público respondem solidariamente com o terceiro, sem prejuízo do direito de regresso.

oder Dienste verursacht werden, es sei denn, höhere Gewalt oder ein Mitverschulden des Geschädigten werden gemäß den allgemeinen diesbezüglichen Bedingungen nachgewiesen; im letzteren Falle kann das Gericht in Anbetracht aller Umstände eine Schadensersatzleistung verringern oder ausschließen.

(2) Hat ein Dritter bei der Entstehung oder Vergrößerung eines Schadens mitgewirkt, so haften der Staat und andere juristische Personen des öffentlichen Rechts gesamtschuldnerisch mit diesem, das Regressrecht bleibt davon unberührt.

Artigo 12.º (Regime geral)
Salvo o disposto nos artigos seguintes, é aplicável aos danos ilicitamente causados pela administração da justiça, designadamente por violação do direito a uma decisão judicial em prazo razoável, o regime da responsabilidade por factos ilícitos cometidos no exercício da função administrativa.

Artikel 12 (Allgemeine Bestimmungen)
Unbeschadet der Regelungen in den folgenden Artikeln gelten für von der Justizverwaltung rechtswidrig verursachte Schäden einschließlich der Verletzung des Rechts auf eine gerichtliche Entscheidung innerhalb einer angemessenen Frist die Regelungen einer Haftung für rechtswidrige Akte im Rahmen der Ausübung administrativer Tätigkeit.

Artigo 13.º (Responsabilidade por erro judiciário)

1 – Sem prejuízo do regime especial aplicável aos casos de sentença penal condenatória injusta e de privação injustificada da liberdade, o Estado é civilmente responsável pelos danos decorrentes de decisões jurisdicionais manifestamente inconstitucionais ou ilegais ou injustificadas por erro grosseiro na apreciação dos respectivos pressupostos de facto.

2 – O pedido de indemnização deve ser fundado na prévia revogação da decisão danosa pela jurisdição competente.

Artikel 13 (Haftung für richterliche Fehlentscheidungen)

(1) Unbeschadet der besonderen Vorschriften in Bezug auf unrechtmäßige strafrechtliche Verurteilungen und unberechtigten Freiheitsentzug haftet der Staat für Schäden aufgrund offensichtlich verfassungswidriger oder rechtswidriger oder aufgrund grob fehlerhafter Tatsachenwürdigung ungerechtfertigter Gerichtsentscheidungen.

(2) Der Anspruch auf Schadensersatz setzt die vorherige Aufhebung der schädigenden Entscheidung durch das zuständige Gericht voraus.

Artigo 14.º (Responsabilidade dos magistrados)
1 — Sem prejuízo da responsabilidade criminal em que possam incorrer, os magistrados judiciais e do Ministério Público não podem ser directamente responsabilizados pelos danos decorrentes dos actos que pratiquem no exercício das respectivas funções, mas, quando tenham agido com dolo ou culpa grave, o Estado goza de direito de regresso contra eles.

2 — A decisão de exercer o direito de regresso sobre os magistrados cabe ao órgão competente para o exercício do poder disciplinar, a título oficioso ou por iniciativa do Ministro da Justiça.

Artikel 14 (Haftung der Richter)
(1) Unbeschadet der strafrechtlichen Verantwortung können Richter und Staatsanwälte nicht unmittelbar für Schäden haftbar gemacht werden, die durch Handlungen im Rahmen der Ausübung ihrer Pflichten entstanden sind, dem Staat steht jedoch ein Erstattungsanspruch zu, wenn diese vorsätzlich oder grob fahrlässig gehandelt haben.

(2) Die Entscheidung über die Geltendmachung eines Erstattungsanspruchs gegenüber Richtern und Staatsanwälten obliegt dem originär oder auf Antrag des Justizministers für die Ausübung disziplinarischer Maßnahmen zuständigen Organ.

Artigo 15.º (Responsabilidade no exercício da função político-legislativa)
1 – O Estado e as regiões autónomas são civilmente responsáveis pelos danos anormais causados aos direitos ou interesses legalmente protegidos dos cidadãos por actos que, no exercício da função político-legislativa, pratiquem, em desconformidade com a Consti-

Artikel 15 (Haftung für politisch-legislative Tätigkeit)

(1) Der Staat und die Autonomen Regionen haften für außergewöhnliche Schäden an Rechten oder rechtlich geschützten Interessen der Bürger infolge von Handlungen im Rahmen der Ausübung politisch-legislativer

tuição, o direito internacional, o direito comunitário ou acto legislativo de valor reforçado.

2 – A decisão do tribunal que se pronuncie sobre a inconstitucionalidade ou ilegalidade de norma jurídica ou sobre a sua desconformidade com convenção internacional, para efeitos do número anterior, equivale, para os devidos efeitos legais, a decisão de recusa de aplicação ou a decisão de aplicação de norma cuja inconstitucionalidade, ilegalidade ou desconformidade com convenção internacional haja sido suscitada durante o processo, consoante o caso.

3 – O Estado e as regiões autónomas são também civilmente responsáveis pelos danos anormais que, para os direitos ou interesses legalmente protegidos dos cidadãos, resultem da omissão de providências legislativas necessárias para tornar exequíveis normas constitucionais.

4 – A existência e a extensão da responsabilidade prevista nos números anteriores são determinadas atendendo às circunstâncias concretas de cada caso e, designadamente, ao grau de clareza e precisão da norma violada, ao tipo de inconstitucionalidade e ao facto de terem sido adoptadas ou omitidas diligências susceptíveis de evitar a situação de ilicitude.

5 – A constituição em responsabilidade fundada na omissão de providências legislativas necessárias para tornar exequíveis normas constitucionais depende da prévia verificação de inconstitucionalidade por omissão pelo Tribunal Constitucional.

6 – Quando os lesados forem em tal número que, por razões de interesse público de excepcional relevo, se justifique a limitação do âmbito da obrigação de indemnizar, esta pode ser fixada equitativamente em montante inferior ao que corresponderia à reparação integral dos danos causados.

Artigo 16.º (Indemnização pelo sacrifício)

O Estado e as demais pessoas colectivas de direito público indemnizam os particulares a quem, por razões de interesse público, imponham encargos ou causem danos especiais e anormais, devendo, para o cálculo da indemnização, atender-se, designadamente, ao grau de afectação do conteúdo substancial do direito ou interesse violado ou sacrificado.

Tätigkeit, die gegen die Verfassung, internationales Recht, Gemeinschaftsrecht oder eine höherrangige Rechtsnorm verstoßen.

(2) Im Sinne des vorstehenden Paragrafen steht eine Gerichtsentscheidung bezüglich der Verfassungswidrigkeit oder Rechtswidrigkeit einer Rechtsnorm oder ihres Verstoßes gegen eine internationale Konvention in rechtlicher Hinsicht einer Entscheidung gleich, in der die Anwendung einer Rechtsnorm abgelehnt oder angenommen wurde, deren Verfassungswidrigkeit, Rechtswidrigkeit oder Verstoß gegen internationales Recht während des Verfahrens geltend gemacht wurde.

(3) Der Staat und die Autonomen Regionen haften für außergewöhnliche Schäden an Rechten oder rechtlich geschützten Interessen der Bürger infolge des Unterlassens von zur Umsetzung verfassungsrechtlicher Normen notwendigen legislativen Maßnahmen.

(4) Bestehen und Umfang der Haftung nach dem vorstehenden Paragrafen bemessen sich an den besonderen Umständen des Einzelfalles und insbesondere am Maß an Klarheit und Bestimmtheit der verletzten Norm, an der Art der Verfassungswidrigkeit sowie an dem Umstand, ob Maßnahmen zur Vermeidung der Rechtswidrigkeit ergriffen oder unterlassen wurden.

(5) Die Haftung für das Unterlassen von zur Umsetzung verfassungsrechtlicher Normen notwendigen legislativen Maßnahmen setzt voraus, dass die Verfassungswidrigkeit des Unterlassens zuvor vom Verfassungsgericht festgestellt wurde.

(6) Sofern die Zahl der Geschädigten aufgrund besonderen öffentlichen Interesses eine Beschränkung des Schadensersatzumfangs rechtfertigt, kann der Entschädigungsbetrag niedriger festgesetzt werden als bei einem vollständigen Schadensausgleich.

Artikel 16 (Haftung für Aufopferung)

Der Staat und andere juristische Personen des öffentlichen Rechts haften für besondere und außergewöhnliche Belastungen oder Schäden von Privatpersonen im öffentlichen Interesse; bei der Schadensersatzbemessung ist unter anderem die Auswirkung auf den materiellen Inhalt des verletzten oder geopferten Rechts oder Interesses zu berücksichtigen.

§ 17 Rumänien

Axel Bormann

Inhaltsübersicht

A. Grundlagen

I. Rechtsstaatliche Determinanten der Verfassungsordnung

Die derzeit geltende rumänische Verfassung stammt aus dem Jahr 1991[1] und wurde 2003, in erster Linie mit Blick auf den Beitritt des Landes zur Europäischen Union, einer recht umfassenden Revision[2] unterzogen. Die neue Fassung ersetzte die zuvor geltende staatssozialistische Verfassung vollständig und positionierte das Land von Beginn an als demokratischen und sozialen Rechtsstaat mit einem detailliert geregelten Grundrechtskatalog, der Orientierung an einer marktwirtschaftlichen Ordnung und einer Mehrparteiendemokratie.

Die rechtsstaatlichen Elemente wurden durch die Verfassungsänderung 2003 gestärkt. So trug das Änderungsgesetz der gestiegenen Bedeutung des aus Art. 6 Abs. 1 EMRK abgeleiteten Justizgrundrechtes auf eine angemessene Verfahrensdauer Rechnung und fügte das Recht auf eine gerichtliche Entscheidung in angemessener Frist als neues und ausdrücklich geregeltes Grundrecht in die Verfassung ein (Art. 21 Abs. 3 der Verfassung).[3] Ebenfalls neu war die Einfüh-

1 *Constituţia României* (Verfassung Rumäniens) vom 21. November 1991, veröffentlicht in *Monitorul Oficial* (Gesetzblatt, abgekürzt: M. Of.) Nr. 233/1991.
2 Gesetz vom 18. September 2003, veröffentlicht in M. Of. Nr. 669/203. Dazu: *Bormann*, JOR Bd. 45/2004, 27.
3 Die zahlreichen gegen Rumänien ergangenen Urteile des EGMR zu Art. 6 Abs. 1 EMRK haben allerdings nicht in erster Linie überlange Gerichtsverfahren zum Gegenstand, sondern beziehen sich auf andere durch die Vorschrift verbürgte Rechte, insbes. auf das geschützte Vertrauen in den Bestand rechtskräftiger Urteile.

rung einer absoluten Obergrenze für die Untersuchungshaft von 180 Tagen in Art. 23 Abs. 5 der Verfassung.

Die rumänische Verfassung enthält mit Art. 52 eine allgemeine Staatshaftungsklausel, die die Ansprüche des Bürgers in allgemeiner Form für den Fall regelt, dass dieser durch einen Verwaltungsakt oder das Unterlassen einer Behörde in seinen Rechten oder berechtigten Interessen[4] verletzt wird. Daneben regelt der Artikel auch die vermögensrechtliche Haftung des Staates für Schäden, die durch gerichtliche Fehlentscheidungen verursacht werden. Waren von dieser Regelung bis 2003 nur Strafverfahren erfasst, erstreckt sich deren Anwendungsbereich nun auf sämtliche gerichtliche Verfahren. Darüber hinaus regelt dieser Absatz seit der Reform 2003 ausdrücklich, dass die Haftung der für eine fehlerhafte Entscheidung verantwortlichen Richter für den Fall, dass diese vorsätzlich oder grob fahrlässig gehandelt haben, nicht ausgeschlossen ist. Hinsichtlich der Ausgestaltung der Staatshaftung im Einzelnen verweist die Verfassungsvorschrift auf entsprechende einfachgesetzliche Regelungen.

Neben der allgemeinen Staatshaftungsklausel enthält die Verfassung weitere Bestimmungen, die für Fragen der Staatshaftung relevant sein können. Hierzu gehört die Rechtsweggarantie (Art. 21), die den Rechtsweg für jedermann zur Verteidigung seiner Rechte, Freiheiten und legitimen Interessen eröffnet; Abs. 2 dieses Artikels schließt jede Einschränkung dieses Rechts durch den Gesetzgeber ausdrücklich aus. Vergleichsweise detailliert ist der Schutz des Privateigentums geregelt (Art. 44).[5] Die Norm sieht im Falle einer Enteignung, die nur aus Gründen des öffentlichen Wohls und auf der Grundlage eines Gesetzes erfolgen darf, zwingend eine gerechte und vorherige Entschädigung vor (Abs. 3). Eine weitere Regelung erlaubt zwar die öffentliche Nutzung sämtlicher privater Grundstücke unterhalb der Schwelle der Enteignung und für Arbeiten im allgemeinen Interesse, verbindet dies jedoch mit der Verpflichtung des Staates, den Eigentümer für die dem Boden, den Anpflanzungen und den Bauwerken zugefügten Schäden sowie für andere den Behörden zurechenbare Schäden zu entschädigen (Abs. 5). Diese Entschädigung ist in beiden geregelten Fällen grundsätzlich im gegenseitigen Einvernehmen zwischen dem Eigentümer und der öffentlichen Hand zu bestimmen, bei Meinungsverschiedenheiten muss die Justiz über Art und Umfang entscheiden (Abs. 6).

Eine spezielle Zuständigkeitsregelung im Falle verfassungswidriger Verordnungen findet sich im Kapitel über die Justizbehörden (Art. 126 Abs. 6). Danach entscheiden die für das Verwaltungsstreitverfahren zuständigen Gerichte über die Anträge von Personen, die durch verfassungswidrige Verordnungen oder dortige Bestimmungen in ihren Rechten verletzt wurden. Die Bestimmung lässt darauf schließen, dass sich die allgemeine verwaltungsrechtliche Staatshaftung gemäß Art. 52 nicht auf Verwaltungsakte beschränkt, sondern unter speziellen Voraussetzungen auch Schäden durch Normativakte umfasst.

Auch nach der Verfassungsreform hält Rumänien an der traditionellen Privilegierung des öffentlichen Eigentums fest (Art. 136). Danach sind die dem öffentlichen Eigentum zugeordneten Vermögensgegenstände dem privaten Rechtskreis von vornherein entzogen und jegliche privatrechtlichen Verfügungen über diese Gegenstände nichtig.[6] Neben dem öffentlichen Eigentum

4 Der Begriff „*legitimes Interesse*" wurde erst durch die Verfassungsänderung in 2003 in die Vorschrift aufgenommen und führt tendenziell zu einer Ausweitung des Schutzbereiches dieser verfassungsrechtlichen Gewährleistung. Eine Auseinandersetzung mit dieser Änderung bzw. eine Änderung der Rechtsprechung infolge dieser Erweiterung ist jedoch kaum nachweisbar.

5 Der Artikel wurde im Rahmen der Verfassungsreform zudem noch weiter ergänzt, sodass er inzwischen einen Umfang von 9 Absätzen erreicht hat.

6 Die dem öffentlichem Eigentum zwingend zugewiesenen Gegenstände wurden durch die Verfassungsreform von 2003 moderat reduziert. So zählen nun die Verkehrswege nicht mehr dazu und Bodenschätze nur noch insoweit, als sie von öffentlichem Interesse sind. Die Aufzählung in Art. 135 Abs. 3 ist jedoch nicht abschließend. Nach wie vor gehören etwa auch zahlreiche Grundstücksflächen und Gebäude zum öffentlichen Eigentum.

hat die öffentliche Hand auch Privateigentum, das hinsichtlich Inhalt und Verfügbarkeit den allgemeinen Vorschriften unterliegt.

Die Verfassung regelt außerdem die Befugnisse des Volksanwalts (Art. 55 bis 57). Seine Aufgabe ist die Verteidigung der Rechte und Freiheiten der Bürger insbesondere gegen staatliches Handeln.[7] Der Volksanwalt wird für fünf Jahre ernannt; die öffentlichen Behörden sind verpflichtet, ihn bei der Ausübung seiner Aufgaben zu unterstützen. Mit seinem Tätigwerden ist für den Bürger allerdings keine unmittelbare Abhilfe verbunden. So führt etwa die Rüge von Verwaltungshandeln durch den Volksanwalt nicht zu einer Aufhebung der ergangenen Verwaltungsakte.

Die Rolle der Staatsanwaltschaft wird teilweise in der überkommenen Tradition des staatssozialistischen Justizsystems definiert. Gemäß der Verfassung vertritt sie die allgemeinen Interessen der Gesellschaft und schützt die Rechtsordnung sowie die Rechte und Freiheiten der Bürger. Die allgemeine Rechtsaufsicht in ihrer ursprünglichen Ausprägung spielt jedoch in praktischer Hinsicht kaum noch eine Rolle. Eine wichtige Aufgabe nimmt die Staatsanwaltschaft insoweit jedoch bei den Kassationsverfahren und den rechtsvereinheitlichenden Entscheidungen des Obersten Kassations- und Gerichtshofs wahr. Im Rahmen letztgenannter Verfahren verfügt die Staatsanwaltschaft über ein eigenes Antragsrecht. Bei den rechtsvereinheitlichenden Entscheidungen handelt es sich um ein relativ junges Instrument des Prozessrechts, das die Herstellung und Gewährleistung einer einheitlichen Rechtsprechung zum Ziel hat: Da die Rechtsprechung an sich in Rumänien nicht als echte Rechtsquelle anerkannt ist, entfalten selbst Entscheidungen des Obersten Kassations- und Gerichtshofes keine über den entschiedenen Fall hinausgehende Bindungswirkung für die Instanzgerichte. Dies ist eine der Ursachen für die in Rumänien stark divergierende Rechtsprechung der Gerichte auch in vergleichbaren Sachverhalten. Mit den rechtsvereinheitlichenden Entscheidungen verfügt der Oberste Kassations- und Gerichtshof über ein Instrument, um in problematischen Rechtsfragen von grundlegender Relevanz (auch bereits rechtskräftige) Entscheidungen der Instanzgerichte und auch der Abteilungen des Obersten Kassations- und Gerichtshofs selbst erneut aufzugreifen und einer grundsätzlichen Entscheidung zuzuführen. Soweit bereits rechtskräftige Entscheidungen Gegenstand dieses Verfahrens sind, ergibt sich für die Parteien des zugrunde liegenden Rechtsstreites keine Änderung.

II. Grundsätzliche Voraussetzungen einer Staatshaftung

Die staatshaftungsrechtliche Rechtsprechung und Dogmatik in Rumänien knüpfte nach dem Ende des staatssozialistischen Systems wieder verstärkt an die Zeit vor 1945 an.[8] Während die Verfassungen von 1948[9] und 1952[10] keine Regelungen zur Staatshaftung enthielten,[11] wurde in der Verfassung von 1965[12] eine allgemeine Staatshaftungsregelung aufgenommen. Art. 35 sah vor, dass jeder Bürger, der durch den rechtswidrigen Akt eines staatlichen Organs in seinen

7 Mit der Verfassungsänderung wurde klargestellt, dass sich diese Schutzfunktion ausschließlich auf natürliche Personen beschränkt.

8 Als grundlegendes Werk ist hier *Tarangul*, Responsabilitatea administrației, zu nennen.

9 M. Of. Nr. 87bis/1948.

10 B. Of. Nr. 0/1952.

11 Das noch in Art. 34 der Verfassung von 1948 garantierte Petitionsrecht jedes Bürgers sowie das Recht, die Strafverfolgung von Amtsträgern zu verlangen, wurden in der stärker stalinistisch geprägten Fassung von 1952 gestrichen.

12 B. Of. Nr. 1/1965.

Rechten verletzt wurde, von den zuständigen Organen die Aufhebung des Aktes sowie Schadensersatz verlangen konnte. Die einfachgesetzliche Umsetzung dieser verfassungsrechtlichen Vorgabe erfolgte zwei Jahre später durch *Legea no. 1/1967 privind judecarea de către tribunale a cererilor celor vătămați în drepturile lor prin acte administrative ilegale* (Gesetz über das Gerichtsverfahren hinsichtlich der Anträge von durch rechtswidrige Verwaltungsakte in ihren Rechten Verletzten, abgekürzt: Gesetz Nr. 1/1967).[13] Das Gesetz eröffnete in Art. 1 den Rechtsweg zu den Zivilgerichten. Der Klageantrag konnte dabei auf die Aufhebung des rechtswidrigen Verwaltungsaktes oder die Verpflichtung der Verwaltung zu Maßnahmen gerichtet sein, um die Rechtsverletzung zu heilen; zusätzlich konnte Schadensersatz verlangt werden. Die Ablehnung oder nicht fristgerechte Bescheidung eines Antrages auf den Erlass eines Verwaltungsakts, auf den ein Anspruch des Klägers bestand, wurde dabei dem Erlass eines rechtswidrigen Verwaltungsaktes gleichgestellt. Eigene Regelungen zu den Voraussetzungen eines Schadens sowie dessen Ersatzfähigkeit enthielt das Gesetz, wie auch die nachfolgenden Gesetze zum gleichen Gegenstand, nicht, sodass insoweit die Vorschriften des Zivilrechts über die deliktische Haftung zur Anwendung gelangten. Das Gesetz blieb bis 1990 in Kraft und wurde durch *Legea no. 29/1990 contenciosului administrativ* (Gesetz Nr. 29/1990 über das Verwaltungsstreitverfahren, abgekürzt: Gesetz Nr. 29/1990) ersetzt.[14]

Hinsichtlich der Rechtsnatur der vermögensrechtlichen Haftung für Verwaltungshandeln dominierte in der rumänischen Rechtslehre bis zur Verabschiedung des Gesetzes Nr. 1/1967 die Auffassung, diese sei allein deliktsrechtlicher Natur.[15] Die Diskussion blieb auch nach dem Inkrafttreten des genannten Gesetzes recht lebhaft, jedoch gewannen zunehmend die Vertreter der Gegenmeinung an Bedeutung, die diesen Aspekt der Staatshaftung dem Verwaltungsrecht zuwiesen bzw. an Auffassungen aus der Vorkriegszeit anknüpften, die in der Haftung des Staates für sein Verwaltungshandeln einen besonderen Fall der Risikohaftung sahen.[16] Gegenwärtig überwiegt die Auffassung, dass es sich bei der Haftung für Verwaltungshandeln um eine objektive deliktsrechtliche Haftungsform handelt, die auf der Rechtswidrigkeit des Verwaltungshandelns und dem dadurch verursachten Schaden basiert und insbesondere keinen Nachweis eines Verschuldens der Verwaltung erfordert.[17] Anders ist dies bei der direkten Haftung der Amtsträger, die im Bereich der verwaltungsrechtlichen Haftung unter bestimmten Voraussetzungen als solidarische Haftung zusammen mit der öffentlichen Hand begründet wird, während der Regress der Amtsträger, abhängig vom Anstellungsverhältnis, auf der Grundlage beamtenrechtlicher oder arbeitsrechtlicher Regelungen erfolgt (→ C.I.).

Während sich die Haftungsnorm des Gesetzes Nr. 29/1990 in ihrer inhaltlichen Ausgestaltung recht eng an der entsprechenden Vorschrift aus dem Gesetz Nr. 1/1967 orientierte, wurde die haftungsbegründende Norm im *Legea no. 554/2004 contenciosului administrativ* (Gesetz Nr. 554/2004 über das Verwaltungsstreitverfahren, abgekürzt: Gesetz Nr. 554/2004) deutlich erweitert. So genügt nach der Vorschrift im Anschluss an die Verfassungsreform von 2003 anstatt der zuvor zwingenden Rechtsverletzung auf Seiten des Klägers nun auch die Beeinträchtigung eines legitimen Interesses, das sowohl privater als auch öffentlicher Natur sein kann. Eine Rechtsprechung zu der Frage, welchen Interessen ein derartiger Schutz zukommt und welche Schäden hier ersatzfähig sein sollen, ist jedoch bisher nicht feststellbar. Weiterhin erfolgte in der

13 Gesetz Nr. 1/1967, B. Of. Nr. 67/1967.

14 Gesetz Nr. 29/1990, M. Of. Nr. 122/1990, aufgehoben zum Jahresanfang 2005 durch *Legea no. 554/2004 contenciosului administrativ* (Gesetz Nr. 554/2004 über das Verwaltungsstreitverfahren, abgekürzt: Gesetz Nr. 554/2004), M. Of. Nr. 1154/2004.

15 *Pop*, Dreptul 9/1994, 30 (32), auch mit Nachweisen zu anderen Auffassungen.

16 Zu der letztgenanten Auffassung: *Negulescu*, Tratat de drept administrativ, Bucuresti 1934, S. 272f.

17 *Pop*, Dreptul 9/1994, 30 (32f.); *Puie*, Dreptul 2/2007, 92 (94).

aktuellen Regelung eine Klarstellung, dass nicht nur der Adressat eines Verwaltungsaktes, sondern auch dritte Personen klagebefugt sein können. Ergänzend wurde zudem ein besonderes Verfahren unter Beteiligung des Volksanwaltes geregelt. Soweit dieser auf der Grundlage einer Petition des Betroffenen oder infolge eines in Eigeninitiative durchgeführten Kontrollverfahrens zu der Auffassung gelangt, dass ein Verwaltungshandeln bzw. dessen Unterlassen rechtswidrig und die resultierende Verletzung von Rechten oder berechtigten Interessen nur auf dem Rechtsweg zu beseitigen ist, kann er bei dem Gericht, das am Wohnsitz des Verletzten zuständig ist, Klage erheben. Der Verletzte erlangt dabei von Rechts wegen den Rechtsstatus eines Klägers, muss sich aber das Verfahren bis zum ersten Verhandlungstermin zu eigen machen; geschieht dies nicht, so wird der Klageantrag des Volksanwaltes vom Gericht verworfen. Andernfalls entscheidet das Gericht über den Antrag in gleicher Weise, als ob dieser vom Verletzten selbst erhoben worden wäre.

III. Rechtsquellen des Staatshaftungsrechts im Überblick

In Abschnitt I) wurde bereits auf die unmittelbar in der Verfassung enthaltenen Regelungen hingewiesen, die für das Staatshaftungsrecht von besonderer Relevanz sind. Mit Blick auf die einzelnen geregelten Ansprüche kann wie folgt differenziert werden: Art. 52 Abs. 1 der Verfassung regelt zunächst einen Staatshaftungsanspruch mit Blick auf das Handeln der Verwaltung. Abs. 3 des Artikels normiert speziell einen Haftungsanspruch des Bürgers bei Schäden aufgrund von Gerichtsfehlern. Einer separaten Regelung in Art. 44 unterliegen dagegen Eingriffe in das Eigentumsrecht mit Blick auf die von der öffentlichen Hand zu leistende Entschädigung. Die Differenzierung zwischen Entschädigung und Schadensersatz ist dabei eher normativer als inhaltlicher Natur: Während hinsichtlich der Anspruchsvoraussetzungen in Bezug auf das Vorliegen eines Schadens und die Ermittlung von Art und Höhe des von der öffentlichen Hand zu leistenden Schadensersatzes auf das Zivilrecht verwiesen wird, ist die Regelung der Entschädigung bei Enteignungen im öffentlichen Recht verortet; der jeweilige Inhalt des Anspruchs bei Verletzungen des Eigentumsrechts bzw. bei Eingriffen in dieses wird jedoch unter Heranziehung ähnlicher Maßstäbe bestimmt. Mehrere der bisher zersplitterten gesetzlichen Regelungen zu Enteignungsfragen im Zusammenhang mit öffentlicher Daseinsvorsorge wurden erst zum Ende des Jahres 2010 in einem einheitlichen Gesetz zusammengeführt.[18]

Die wichtigste einfachgesetzliche Regelung, die den Staatshaftungsanspruch aus Art. 52 Abs. 1 der Verfassung ausgestaltet, ist das Gesetz Nr. 554/2004[19]. Es regelt allgemein die Voraussetzungen der Eröffnung des Verwaltungsrechtsweges und konkretisiert die von der Verfassung gesetzten Vorgaben hinsichtlich der Voraussetzungen eines Staatshaftungsanspruches im Falle der Verletzung von Rechten oder legitimen Interessen durch die Verwaltung. Das Gesetz enthält zudem eine Reihe verfahrensrechtlicher Regelungen sowie diejenigen über die Vollstreckung von Gerichtsentscheidungen in Verwaltungssachen; diese betreffen jedoch nur einige spezielle Fragen und werden durch die Bestimmungen des *Codul de Procedura Civila* (Zivilverfahrensgesetzbuch, abgekürzt: C. proc. civ.) ergänzt.

---

18 Lege no. 255/2010 privind exproprierea pentru cauză de utilitate publică, necesară realizării unor obiective de interes naţional, judeţean şi local (Gesetz Nr. 255/2010 betreffend die Enteignung zum Zwecke der öffentlichen Versorgung, die zur Erreichung von nationalen, regionalen oder lokalen Zielen erforderlich sind, abgekürzt: Gesetz Nr. 255/2010), M. Of. Nr. 853/2010; das Gesetz ist zum 20.12.2010 in Kraft getreten.

19 Gesetz Nr. 554/2004 (Fn. 14), zuletzt geändert durch *Legea no. 76/2012 pentru punerea în aplicare a Legii nr. 134/2010 privind Codul de procedură civilă* (Gesetz Nr. 76/2012 zur Inkraftsetzung des Gesetzes Nr. 134/2010 betreffend das Zivilverfahrensgesetzbuch: Gesetz Nr. 76/2012), M. Of. Nr. 365/2012.

Das neue *Codul Civil* (Zivilgesetzbuch, abgekürzt: C. civ.)[20] enthält im Unterschied zur Vorgängerkodifikation nun erstmals auch allgemeine Regelungen zur Organhaftung der öffentlichen Hand. Art. 221 regelt zudem den Grundsatz, nach dem juristische Personen des öffentlichen Rechts genauso haften wie diejenigen des Zivilrechts; die Vorschrift verweist dabei allerdings ausdrücklich auf abweichende spezielle Regelungen. Art. 222 betont zudem die vermögensrechtliche Autonomie der juristischen Personen des öffentlichen Rechts.[21] Dies gewinnt u.a. mit einer erst kürzlich erlassenen Dringlichkeitsverordnung der Regierung besondere Bedeutung, die erstmals die Möglichkeit bestimmter Personen des öffentlichen Rechts ausgestaltet, ein Insolvenzverfahren zu durchlaufen.[22] Der Grundsatz wird weiter ausgestaltet durch Art. 224, der das Prinzip der Subsidiarität der Haftung des Staates im Verhältnis zur Haftung derjeniger seiner Organe festschreibt, die mit eigener Rechtspersönlichkeit ausgestattet sind.

Der Rechtsweg für die Geltendmachung des in Art. 52 Abs. 3 der Verfassung geregelte Anspruchs auf den Ersatz von Schäden, die durch ein fehlerhaftes Gerichtsurteil verursacht wurden, zu den Gerichten der 2. Eingangsinstanz der Zivilgerichtsbarkeit wird durch Art. 95 Nr. 1 C. proc. Civ eröffnet.[23] Die Einzelheiten des Anspruches hinsichtlich Anspruchsvoraussetzungen, Anspruchsinhalt und Verfahren zur Geltendmachung sind im *Codul de Procedura Penala* (Strafverfahrensgesetzbuch, abgekürzt: C. proc. pen.) geregelt.[24]

Die Möglichkeit der Erhebung einer Schadensersatzklage im Falle fehlerhafter Zivilurteile findet bisher nur im *Legea nr. 303/2004 privind statutul magistraţilor* (Gesetz Nr. 303/2004 über den Rechtsstatus der Richter und Staatsanwälte, abgekürzt: Gesetz Nr. 303/2004) Erwähnung.[25] Danach kommt die Erhebung einer derartigen Klage nur dann in Betracht, wenn zuvor in einem rechtskräftigen Strafurteil oder einer nicht mehr anfechtbaren Disziplinarentscheidung bestätigt wurde, dass der Richter oder Staatsanwalt in einem Verfahren durch sein Handeln einen Straf- oder Disziplinartatbestand erfüllt hat und das Handeln zudem geeignet war, ein Fehlurteil auszulösen. Grundlage des Schadensanspruches sind dann die allgemeinen deliktsrechtlichen Regelungen des C. civ.. Das Gesetz stellt hohe Anforderungen an die staatliche Haftung für zivilrechtliche Verfahrensfehler,[26] deren enge Auslegung jedoch vom Obersten Kassations- und Gerichtshof jüngst bestätigt wurde: In dem Verfahren, das den Klagegenstand bildete, hatte es das Gericht versäumt, trotz entsprechenden Antrags des Klägers Sicherungsmaßnahmen hinsichtlich des Schuldnervermögens zu treffen, was zur Folge hatte, dass der Schuldner dieses bis zum

20 C. civ. von 2009, zuletzt neu veröffentlicht in M. Of. Nr. 505/2012, Art. 221–224. Die relevanten Bestimmungen sind im Anhang abgedruckt.

21 Auch wenn diese in der Vorschrift nicht ausdrücklich genannt werden, ergibt sich aus dem Zusammenhang und dem Regelungsinhalt (juristische Personen des Privatrechts können nicht in einem, für den öffentlichen Bereich aber typischen, Über-/Unterordnungsverhältnis stehen), dass es sich hier um eine spezielle Regelung handelt, die sich nur auf juristische Personen des öffentlichen Rechtes bezieht.

22 Dringlichkeitsanordnung der Regierung Nr. 46/2013 betreffend die finanzielle Krise und die Insolvenz administrativ-territorialer Einheiten, M. Of. Nr. 299/2013.

23 Das Zivilverfahrensbesetzbuch von 1993 wurde zum 15.2.2013 durch eine neues Zivilverfahrensgesetzbuch ersetzt, M. Of. Nr. 485/2010, mit zahlreichen Änderungen neu veröffentlicht in M. Of. 545/2012.

24 Art. 504 bis 507 C. proc. pen. vom 30.4.1997, in der Fassung der letzten Änderung durch Gesetz Nr. 76/2012, (Fn. 19). Auch das C. proc. pen. von 1997 soll durch eine Neufassung ersetzt werden, die bereits im Juli 2010 veröffentlicht wurde (M. Of. Nr. 486/2010). Auch das Inkrafttreten des neuen C. proc. pen. verzögert sich durch das bisher fehlende Einführungsgesetz, das eine Regelung zum Inkrafttreten enthalten wird. Die Ausführungen dieses Beitrages gründen auf dem derzeit in Kraft befindlichen C. proc. pen. von 1997.

25 Gesetz Nr. 303/2004, M. Of. Nr. 576/2004, in der Fassung der letzten Änderung durch die Dringlichkeitsanordnung der Regierung Nr. 48/2013 über die Ergänzung des Art. 53 des Gesetzes Nr. 303/2004 über den Rechtsstatus der Richter und Staatsanwälte sowie zur Änderung und Ergänzung des Gesetzes Nr. 317/2004 über den Obersten Rat der Richter und Staatsanwälte, M. Of. Nr. 303/2013.

26 Vergleiche hierzu die Übersetzung von Art. 96 Gesetz Nr. 303/2004 im Anhang des Beitrages.

ersten Vollstreckungsversuch des Klägers erfolgreich beiseite schaffen konnte. Trotz des offensichtlichen Verfahrensfehlers lehnte das Gericht eine Haftung ab und schloss insoweit auch einen Rückgriff auf die allgemeine deliktsrechtliche Haftung kategorisch aus.[27]

Ist ein Schadensersatzanspruch einmal bejaht, sind den Grundsätzen der allgemeinen zivilrechtlichen Deliktshaftung auch die Regeln für die konkrete Ausgestaltung dieses Anspruchs, etwa hinsichtlich des Umfanges des vom Schädiger zu leistenden Ersatzes, zu entnehmen.

Eine Sonderstellung nehmen die Regelungen zu den Schadensersatzzahlungen ein, die Rumänien gemäß Art. 41 EMRK oder auf der Grundlage von Vereinbarungen über eine gütliche Einigung als Entschädigung für Verletzungen der in der Menschenrechtskonvention garantierten Rechte zu leisten hat. Die Regierung hat hierzu eine spezielle Verordnung erlassen, die Fragen der Abwicklung, aber auch der Rückgriffshaftung auf die für die Rechtsverletzung Verantwortlichen regelt.[28]

Insgesamt hat das Völkerrecht in der rumänischen Rechtsordnung eine starke Position, ratifizierte Verträge sind gemäß Art. 11 Abs. 2 der Verfassung Bestandteil des innerstaatlichen Rechts, im Fall der internationalen Abkommen und Verträge über Menschenrechte ordnet Art. 20 der Verfassung sogar den Geltungsvorrang des Völkerrechts an, soweit die innerstaatlichen Vorschriften nicht eine für den Betroffenen günstigere Regelung enthalten. Bezüglich des Europarechts regelt Art. 148 Abs. 2 der Verfassung den Anwendungsvorrang des unmittelbar anwendbaren Europarechts; Urteile in Staatshaftungsfällen, die sich unmittelbar auf europarechtliche Vorschriften stützen, sind zwar bisher nicht nachweisbar, ein Kläger ist jedoch vor dem Hintergrund der genannten Regelungen nicht gehindert, seinen Klageantrag unmittelbar auf europarechtliche Vorschriften zu stützen.

IV. Bereiche staatlicher Haftung

Das Staatshaftungsrecht bildet in Rumänien keine unter einem gemeinsamen Oberbegriff behandelte Materie, vielmehr werden die betreffenden Fragen sachgebietsbezogen gelöst. Dabei sind drei wesentliche Haftungsbereiche erkennbar: Zunächst ist als praktisch wichtigster Bereich die allgemeine Haftung für rechtswidriges Verwaltungshandeln zu nennen. Teilweise im Zusammenhang damit werden in der Literatur die Haftungsansprüche wegen fehlerhafter Gerichtsurteile behandelt, diese sind jedoch separat geregelt. Einen vollständig eigenen Sachbereich stellen schließlich die Regelungen für Enteignungsentschädigungen mit den angrenzenden Rechtsfragen dar.

27 *Înalta Curte de Casaţie şi Justiţie, secţia civilă şi de proprietate intelectuală* (Oberster Kassations- und Gerichtshof, Abteilung Zivilrecht und geistiges Eigentum), Nr. 3027, 14.5.2010, nicht veröffentlicht.

28 Ordonanţa no. 94/1999 privind participarea României la procedurile în faţa Curţii Europene a Drepturilor Omului şi a Comitetului Miniştrilor ale Consiliului Europei şi regresul statului în urma hotărârilor şi convenţiilor de rezolvare pe cale amiabilă (RegVO Nr. 94/1999 über die Teilnahme Rumäniens an den Verfahren vor dem Europäischen Gerichtshof für Menschenrechte und dem Ministerkomitee des Europarates und die Ausübung des Regressrechtes des Staates in der Folge von Entscheidungen und Vereinbarungen über eine gütliche Einigung), M. Of. Nr. 424/1999, zuletzt geändert durch Legea privind aprobarea Ordonanţei de urgenţă a Guvernului nr. 48/2008 pentru modificarea şi completarea Ordonanţei Guvernului nr. 94/1999 privind participarea României la procedurile în faţa Curţii Europene a Drepturilor Omului şi a Comitetului Miniştrilor ale Consiliului Europei şi exercitarea dreptului de regres al statului în urma hotărârilor şi convenţiilor de rezolvare pe cale amiabilă (Gesetz Nr. 191/2008 über die Bestätigung der Dringlichkeitsanordnung der Regierung Nr. 94/1999 über die Änderung und Ergänzung der Regierungsverordnung Nr. 94/1999 über die Teilnahme Rumäniens an den Verfahren vor dem Europäischen Gerichtshof für Menschenrechte und dem Ministerkomitee des Europarates und die Ausübung des Regressrechtes des Staates in der Folge von Entscheidungen und Vereinbarungen über eine gütliche Einigung), M. Of. Nr. 728/208.

Insgesamt steht die deliktsrechtliche Haftung im Zentrum des rumänischen Staatshaftungsrechts. Sie setzt grundsätzlich ein rechtswidriges Handeln des Staates, sowie, im Falle der direkten Haftung der Amtsträger, Verschulden voraus. Die Haftung für legislatives Unrecht ist in Art. 52 der Verfassung normiert und im aktuell in Kraft befindlichen Gesetz über das Verwaltungsstreitverfahren geregelt. Danach ist der Verwaltungsrechtsweg eröffnet, soweit eine Person durch eine vom Verfassungsgericht für verfassungswidrig erklärte Rechtsverordnung oder einzelne verfassungswidrige Bestimmungen in ihren Rechten oder legitimen Interessen verletzt ist (Art. 1 Abs. 7 des Gesetzes Nr. 554/2004). Ziel einer derartigen Klage kann, entsprechend der Regelung für individuelle Verwaltungsakte, die Leistung von Schadensersatz durch die öffentliche Hand, die Aufhebung oder der Erlass von Verwaltungsakten oder ein sonstiges Verwaltungshandeln sein.[29] Bei der Haftung für fehlerhafte Urteile handelt es sich gleichfalls um einen Unterfall der deliktischen Haftung des Staates, die zudem bei Zivilurteilen auf qualifizierte Fälle beschränkt ist.[30] Anders als im Falle rechtwidrigen Verwaltungshandelns kommt bei deliktischem Handeln von Gerichten die direkte Geltendmachung eines Schadensersatzanspruches gegen die maßgeblichen Amtsträger (Richter, Staatsanwälte) nicht in Betracht. Allerdings regelt Art. 52 Abs. 3 der Verfassung, dass die staatliche Haftung gegenüber dem Geschädigten nicht die Haftung derjenigen Richter und Staatsanwälte verdrängt, die vorsätzlich oder grob fahrlässig gehandelt haben.

Im Rahmen der Staatshaftung bei vertraglichen Vereinbarungen ist zu differenzieren: Im Bereich der Leistungsverwaltung, Beschaffung usw. gelten die Grundsätze des allgemeinen Vertragsrechts ohne Besonderheiten, soweit dem Leistungsaustausch privatrechtliche Verträge zugrunde liegen; für den Fall, dass das Vertragsverhältnis nicht wirksam zustande kommt bzw. nach Vertragsbeendigung greifen die Regeln des zivilen Bereicherungs- und Deliktsrechts.[31]

Durch das neue Gesetz über das Verwaltungsstreitverfahren von 2004 wurden öffentlich-rechtliche Verträge erstmals dem unilateralen Verwaltungshandeln, etwa durch Verwaltungsakt, weitgehend gleichgestellt. Dies gilt auch und gerade für die gerichtliche Geltendmachung von mit dem Vertragsverhältnis im Zusammenhang stehenden Ansprüchen. Gemäß der Regelung in Art. 18 Abs. 4 des Gesetzes Nr. 554/2004 können die Parteien die Aufhebung des Vertrages, die Verpflichtung zur Erfüllung vertraglicher Pflichten, die Ersetzung der Zustimmung einer der Parteien sowie die Zahlung von Schadensersatz für Vermögens- und Nichtvermögensschäden[32] verlangen. Die Vorschrift regelt erstmals, dass das Gericht auch über einen Anspruch des Privaten auf Abschluss des Vertrages entscheiden und die öffentliche Hand entsprechend verpflichten kann. Zusammen mit der in Art. 8 Abs. 2 des Gesetzes geregelten Zuständigkeit des Gerichtes für sämtliche Streitfragen, die im Vorfeld des Abschlusses eines öffentlich-rechtlichen Vertrages entstehen, stellt sich die Frage, ob auch eine vorvertragliche Haftung der öffentlichen Hand in Betracht kommt. Die obergerichtliche Rechtsprechung hat sich mit diesem Problem bisher nicht erkennbar befasst, in der Literatur wird diese Möglichkeit jedoch bejaht.[33]

Die allgemeine deliktische Haftung der öffentlichen Hand wird durch die verfassungsrechtlichen und spezialgesetzlichen Sonderregelungen zur Staatshaftung nicht verdrängt oder begrenzt, sondern besteht daneben unverändert fort.[34] Dies gilt entsprechend für Regelungen, die

---

29 Das Verfahren im Falle legislativen Unrechts ist in Art. 9 des Gesetzes Nr. 554/2004 (Fn. 14) geregelt.

30 Der Rechtsweg zu den Gerichten der zweiten Instanz (*tribunal*) wird für Ansprüche aus strafrechtlichen Fehlurteilen in Art. 2 C. proc. pen. eröffnet.

31 *Stătescu/Bîrsan*, Drept Civil, S. 134 f.

32 Die Frage nach der Ersatzfähigkeit bestimmter Schäden wird bei → C.III. näher behandelt.

33 *Puie*, Răspunderea autorităţiilor publice, Dreptul 2/2007, 92 (104).

34 *Stătescu/Bîrsan*, Drept Civil, S. 134; *Eliescu*, Răspunderea civilă delictuală, S. 64.

Tatbestände der Gefährdungshaftung normieren oder solche, die Vorschriften über die vertragliche Haftung enthalten.[35]

Da die Rechtswidrigkeit staatlichen Handelns grundsätzlich eine unverzichtbare Voraussetzung eines Haftungsanspruches gegen die öffentliche Hand ist, kommt eine Haftung für rechtmäßiges Handeln nur in Betracht, soweit diese spezialgesetzlich geregelt ist. Wichtigster Fall ist hier die Haftung für Enteignungen und bestimmte sonstige Eingriffe in das Eigentum, die in Art. 44 der Verfassung garantiert ist. Hierzu gehört das Recht der öffentlichen Hand, wegen Arbeiten im allgemeinen Interesse den Untergrund jedes Grundstückseigentümers zu nutzen, verbunden mit der Verpflichtung, den Eigentümer für die am Boden, den Anpflanzungen und den Bauwerken verursachten sowie auch für andere dem Hoheitsträger zurechenbare Schäden zu entschädigen Art. 44 Abs. 5 der Verfassung). Eine spezialgesetzliche Regelung des Entschädigungsverfahrens für Enteignungen, die im öffentlichen Interesse vorgenommen werden, enthält das Gesetz Nr. 255/2010.[36] Es führt die zuvor zersplitterten und jeweils auf enge Anwendungsbereiche beschränkten Einzelgesetze zu einem einheitlichen Enteignungsgesetz zusammen.

Über den Ersatz privater Vermögensschäden, die infolge rechtmäßigen staatlichen Handelns entstanden sind und für deren Ausgleich keine speziellen Anspruchsgrundlagen bestehen, haben die rumänischen Obergerichte bisher nicht entschieden. In der Literatur wird dieser Fall, auch mit Blick auf die deutsche und europäische Rechtslage, vereinzelt behandelt,[37] jedoch ist aufgrund der ausgeprägt positivistischen Rechtsanwendungspraxis der rumänischen Gerichte kaum damit zu rechnen, dass hier in näherer Zukunft ohne ein Eingreifen des Gesetzgebers ein neuer allgemeiner Haftungstatbestand begründet wird.

B. Haftungsbegründung

I. Relevantes Verhalten

1. Allgemeines Verwaltungshandeln

Der Haftungsanspruch aus Art. 1 des Gesetzes Nr. 554/2004 ist hinsichtlich des maßgeblichen Verhaltens der Verwaltung weit gefasst; ein spezifisches Verhalten des Amtsträgers ist nicht Gegenstand der Regelung. Danach kommt sowohl ein Handeln (Erlass eines Verwaltungsaktes, Verweigerung des Erlasses mittels Ablehnungsbescheid) als auch ein Unterlassen (Nichtbearbeitung eines Antrages auf den Erlass eines Verwaltungsaktes in der gesetzlich vorgesehenen Frist) in Betracht. Eine Differenzierung zwischen dem Handeln der Behörde als Institution und des Amtsträgers erfolgt nicht, diese Frage ist jedoch für die weiter unten behandelten Zurechnungs- und Verschuldensfragen von Bedeutung.

Da die Regelung nur an funktionales Behördenhandeln (bzw. Unterlassen) anknüpft, ist davon auszugehen, dass nach den Regeln des Gesetzes Nr. 554/2004 nur eine Haftung für dienstliches Handeln erfolgen soll. Außerdienstliche Rechtsverletzungen durch sonstiges Handeln des Amtsträgers sind demnach auf der Grundlage der allgemeinen deliktsrechtlichen Haftung zu behandeln.

35 So binden die haftungsrechtlichen Regelungen von *Legea nr. 10/1995 privind calitatea în construcții* (Gesetz Nr. 10/1995 über die Qualität von Bauwerken), M. Of. Nr. 12/1995, zuletzt geändert durch *Legea nr. 123/2007 pentru modificarea Legii nr. 10/1995 privind calitatea în construcții* (Gesetz Nr. 123/2007 über die Änderung des Gesetzes Nr. 10/1995 über die Qualität von Bauwerken), M. Of. Nr. 307/2007, auch die öffentliche Hand, soweit diese Bauwerke errichtet oder in anderer relevanter Funktion entsprechend dem Gesetz tätig wird.

36 Fn. 18; zu beachten sind insoweit auch die Anwendungsvorschriften zum Gesetz, siehe M. Of. Nr. 84/2011.

37 Zum Stand der Diskussion siehe *Puie*, Dreptul 2/2007, 92 (100 f.).

Das Gesetz Nr. 554/2004 regelt ausdrücklich, dass der Kläger seinen Haftungsanspruch sowohl gegen die Verwaltung, als auch gegen den mit der Angelegenheit befassten Amtsträger selbst richten kann.[38] Diese prozessuale Option ist unabhängig von der Geltendmachung eines Regressanspruches der Verwaltung gegen den Amtsträger, wirkt sich jedoch, soweit der Amtsträger unmittelbar selbst Schadensersatz leistet, auf die im Regressverfahren ersatzfähige Schadenshöhe aus.

In diesem Zusammenhang stellt sich die Frage, für welche schadensverursachenden Handlungen der Amtsträger persönlich haften soll. Unterschieden wird hierbei i.d.R. zwischen Handlungen der Verwaltung und persönlichen Handlungen. Auch soll vermieden werden, dass der Amtsträger individuell für ein Organisationsverschulden der Behörde haftet. Ohne die komplexe Diskussion hier nachzuvollziehen, führt die Unterscheidung letztlich dazu, dass der Amtsträger nur für solche Handlungen persönlich haftet, die in Überschreitung seiner gesetzlichen Befugnisse erfolgen oder Ergebnis einer nicht pflichtgemäßen Funktionswahrnehmung sind.[39] Das Gesetz Nr. 554/2004 regelt zudem in Art. 16 Abs. 2 ausdrücklich, dass sich der beklagte Amtsträger in bestimmten Fällen mit Verweis auf innerhalb der Behördenhierarchie erfolgte Weisungen entlasten kann, die für das schadensverursachende Handeln ursächlich waren.

Das *ultra vires*-Konzept findet in der rumänischen Rechtsprechung zur Staatshaftung keine Anwendung, eine Diskussion in der Literatur erfolgt allenfalls am Rande. Dabei gilt der Grundsatz, dass der Staat für das Handeln seiner Amtsträger haftet, soweit dieses Handeln noch als „dienstlich", also im Zusammenhang mit dem Tätigwerden der Anstellungskörperschaft, zu sehen ist. Dieses „dienstliche" Tätigwerden wird weit ausgelegt: Auch wenn der Amtsträger in Überschreitung seiner gesetzlichen Kompetenzen handelt, bleibt das Handeln „dienstlich" in diesem Sinne, solange es sich nach außen noch als Verwaltungshandeln darstellt. Der Geschädigte hat dann die Wahl, ob er seine Ansprüche gegenüber der Verwaltung und/oder auch gegenüber dem Amtsträger persönlich geltend macht. Letzteres ist dann aussichtsreich, wenn der Amtsträger in Überschreitung seiner dienstlichen Befugnisse gehandelt hat. Dann haftet er auch direkt gegenüber dem Geschädigten, falls dieser einen entsprechenden Anspruch gerichtlich geltend macht. Wird jedoch allein die Anstellungskörperschaft verklagt, haftet diese (zunächst) gegenüber dem Geschädigten voll für den Schaden und kann dann beim Amtsträger Regress nehmen. Dieser Regressanspruch ist jedoch gegebenenfalls um den Betrag zu kürzen, der dem Geschädigten schon gegenüber dem Amtsträger als Schadensersatz zugesprochen wurde. Die Anstellungskörperschaft kann den Geschädigten dagegen in aller Regel nicht auf die Geltendmachung eines direkten Anspruches gegen den Amtsträger verweisen. Dies kommt allenfalls in Betracht, wenn das Handeln des Amtsträgers mit seiner dienstlichen Tätigkeit in keinerlei Zusammenhang steht. Hintergrund dieser weitreichenden Haftung der Anstellungskörperschaft ist die ganz herrschende Auffassung, nach der es sich bei der Haftung der Verwaltung um eine verschuldensunabhängige Garantiehaftung für ihr gesamtes Tätigwerden handelt.[40]

2. Legislatives Handeln

Art. 126 Abs. 6 der Verfassung regelt den Schadensersatzanspruch einer Person, die durch eine für verfassungswidrig erklärte Regierungsverordnung oder einzelne für verfassungswidrig er-

---

38 Art. 16 regelt insoweit, dass „[...] die nach dem vorliegenden Gesetz vorgesehenen Anträge auch persönlich gegen die Person gerichtet werden können, die an der Ausarbeitung, dem Erlass des Verwaltungsakts oder der Beschlussfassung über den Verwaltungsakt mitgewirkt hat bzw. der die Verweigerung der Bescheidung oder Bearbeitung des Antrages betreffend ein Recht oder legitimes Interesse zu verantworten hat [...]".

39 *Iorgovan*, Tratat de drept administrativ, Bd. 2, S. 462.

40 *Pop*, Dreptul 9/1994, 30 (31); *Puie*, Dreptul 2/2007, 92 (94f.).

klärte Bestimmungen derselben verletzt wurde. Auch wenn dies weder in der Rechtsprechung des Verfassungsgerichts noch in der einschlägigen Literatur explizit diskutiert wird, ergibt sich aus dem Zusammenhang mit Art. 52 Abs. 1 der Verfassung und Art. 1 Abs. 1 des Gesetzes Nr. 554/2004, dass hier eine schutzzweckbezogene Verletzung gemeint ist. Die Eröffnung des Rechtsweges erfolgt nach Art. 1 Abs. 7 des Gesetzes Nr. 554/204. Um die grundsätzliche Bedeutung dieser Vorschrift einordnen zu können, ist darauf hinzuweisen, dass ein erheblicher Teil der Rechtsetzung in Rumänien im Wege von Verordnungen der Regierung erfolgt, ein besonderes Augenmerk ist dabei auf die große Anzahl von sog. Dringlichkeitsverordnungen zu richten, die der Regierung die Regelung von Gegenständen ermöglicht, die eigentlich dem Parlament vorbehalten sind.[41] Anknüpfungspunkt für den im Gesetz Nr. 554/2004 einfachgesetzlich geregelten Haftungsanspruch ist dabei unmittelbar das Handeln des Gesetzgebers, nicht etwa das der Behörde, die auf der Grundlage des verfassungswidrigen Gesetzes einen Verwaltungsakt erlassen oder den Erlass eines solchen verweigert hat. Die Verfassungswidrigkeit der Verordnung kann dabei nicht durch das Verwaltungsgericht selbst, sondern muss vom Verfassungsgerichtshof festgestellt werden.[42] Dies kann grundsätzlich in der Weise erfolgen, dass der Kläger einen Schadensersatzanspruch erhebt und im Verfahren vor dem Verwaltungsgericht mittels eines speziellen Rechtsbehelfs die Rechtswidrigkeit der dem schadensverursachenden Verwaltungshandeln zugrunde liegenden Rechtsverordnung geltend macht. Nach einer summarischen Prüfung der Zulässigkeit dieses Rechtsbehelfs legt das Verwaltungsgericht die Rechtsfrage dann dem Verfassungsgerichtshof vor und setzt das Verfahren bis zu dessen Entscheidung aus. Da in Rumänien eine allgemeine Verfassungsbeschwerde nicht zulässig ist und eine solche auch nicht über den Umweg des Vorlageverfahrens eingeführt werden soll, ist der Klageantrag vor dem Verwaltungsgericht nur zulässig, wenn die Feststellung der Verfassungswidrigkeit der Verordnung bzw. einzelner Vorschriften nicht der eigentliche Klagegegenstand ist. Dieser muss vielmehr, wie bereits angeführt, auf die Geltendmachung eines Schadensersatzanspruches sowie die Aufhebung des zugrunde liegenden Verwaltungsaktes oder auf die Verpflichtung der Behörde zu einem bestimmten Handeln, wie etwa dem Erlass eines Verwaltungsaktes, gerichtet sein. Dennoch kann dieses Verfahren als ein gewisser Ausgleich für das Fehlen einer allgemeinen Verfassungsbeschwerde angesehen werden.

Neben der Haftungsklage mit implizitem Antrag auf Feststellung der Verfassungswidrigkeit der dem Verwaltungshandeln zugrunde liegenden Rechtsgrundlage kommt auch eine auf den Haftungsanspruch beschränkte Klage in Betracht, soweit die Verfassungswidrigkeit der in Bezug genommenen Vorschriften schon anderweitig, also z.B. in einem vorangegangenen Verfahren in anderer Sache, festgestellt wurde.

Eine Haftung für gesetzgeberisches Unterlassen ist dagegen nicht geregelt und wird in der Literatur kaum diskutiert; dies gilt ähnlich für legislatives Unrecht oberhalb von dem durch die Regierung im Verordnungswege gesetzten Recht, also etwa bei Parlamentsgesetzen.

3. Richterliches Handeln

Weiterhin kommt auch richterliches Handeln als Anknüpfungstatbestand für eine staatliche Haftung in Betracht. Der Rechtsweg für die Geltendmachung von Ansprüchen aus Gerichtsfehlern in Strafverfahren wird dabei von Art. 95 Nr. 1 C. proc. civ. eröffnet, die Einzelheiten der Geltendmachung des Anspruches sowie dessen Inhalt sind den Art. 504 bis 507 C. proc. pen. zu entnehmen. Ein Schadensersatzanspruch kann danach geltend gemacht werden, wenn sich eine

41 So wurden in 2010 allein 27 Regierungsverordnungen und 125 Dringlichkeitsverordnungen erlassen.
42 Das Verfahren ist in Art. 9 des Gesetzes Nr. 554/2004 (Fn. 14) geregelt.

Verurteilung im Rahmen eines Wiederaufnahmeverfahrens als fehlerhaft herausstellt. Praktisch bedeutsamer ist jedoch der Schadensersatzanspruch, der sich aus einer Ermittlungsmaßnahme, der Anordnung von Untersuchungshaft oder anderer freiheitsbeschränkender Maßnahmen gegen eine Person ergibt, die im Zuge des gegen sie durchgeführten Strafverfahrens schließlich freigesprochen wird. Anknüpfungspunkt für die Haftung ist in den genannten Fällen jeweils das Handeln des Gerichts bzw. der Staatsanwaltschaft; im Bereich des Strafrechts kommen damit nicht nur Urteile, sondern auch die im Rahmen des Strafverfahrens angeordneten sonstigen Maßnahmen (Untersuchungshaftanordnung, Einziehung von Vermögensgegenständen, Folgen polizeilicher Ermittlungsmaßnahmen usw.) in Betracht.

Mit Blick auf Zivilverfahren ist das haftungsbegründende Handeln dagegen auf den Erlass von Urteilen beschränkt. Vermögensschäden infolge des Verfahrens (etwa durch einstweilige Sicherungsmaßnahmen) sind i.d.R von der unterliegenden Partei zu tragen und werden im Vorfeld durch Sicherheitsleistungen abgedeckt. Nach dem Wortlaut von Art. 52 Abs. 3 der Verfassung in der 2003 reformierten Fassung haftet der Staat „vermögensrechtlich für die durch Gerichtsirrtümer in Prozessen verursachten Schäden", und zwar gleichgültig von welchem Zweig der Gerichtsbarkeit das Urteil erlassen wurde; Einzelheiten sind durch Gesetz zu regeln. Der Rechtsweg zu den Zivilgerichten wird durch Art. 95 Nr. 1 C. proc. civ. eröffnet. In Abwesenheit anderweitiger Regelungen bedingt Art. 96 Abs. 4 des Gesetzes Nr. 303/2004[43] die Geltendmachung eines Schadensersatzanspruches durch das zusätzliche Erfordernis, dass zuvor durch richterliche Entscheidung eine disziplinarische Verfehlung[44] festgestellt wird oder eine strafrechtliche Verurteilung erfolgt ist, die das Handeln des Richters oder Staatsanwaltes tatbestandlich erfasst. Die insoweit gerichtlich festgestellten Handlungen müssen zudem ihrer Natur nach geeignet gewesen sein, das Fehlurteil zu verursachen. Von besonderer Bedeutung ist insoweit eine Generalklausel, die sämtliche grob fahrlässigen oder vorsätzlichen Rechtsverstöße bei der Funktionswahrnehmung als relevante disziplinarrechtliche Verstöße einordnet, soweit diese nicht einen Straftatbestand erfüllen.[45]

II. Relevante Normverstöße

Voraussetzung einer deliktischen Haftung der öffentlichen Hand ist die Rechtswidrigkeit des staatlichen Handelns oder Unterlassens. Dabei spielt die Frage nach einer spezifischen Schutzfunktion der verletzten Norm in der Prüfung regelmäßig keine Rolle; geprüft wird vielmehr ein Verstoß gegen objektives Recht; eine schutzpflichtbezogene Verletzung wird jedoch implizit vorausgesetzt.[46] Da die Amtsträger der Verwaltung auch durch das Innenrecht der Behörde gebunden werden, kommt als haftungsauslösender Normverstoß grundsätzlich auch ein solcher gegen interne Verwaltungsvorschriften oder sonstige anerkannte Grundsätze der Funktionswahrnehmung in Betracht. Die recht überschaubare Anzahl der dokumentierten obergerichtlichen Entscheidungen zur Staatshaftung knüpft jedoch in allen Fällen an einen objektiven Verstoß gegen allgemeines Gesetzesrecht an, sodass zum gegenwärtigen Zeitpunkt nicht klar ist,

43 Siehe Fn. 25.

44 Die Funktion des Disziplinargerichts nehmen spezielle Spruchkörper des Obersten Rates der Magistraten wahr (Art. 101 Gesetz Nr. 304/2004 *privind organizarea judiciară* [über die gerichtliche Organisation]). Die in Betracht kommenden disziplinarischen Verfehlungen sind in Art. 99 Gesetz Nr. 304/2004 geregelt.

45 Art. 99 Gesetz Nr. 303/2004.

46 *Puie*, Dreptul 2/2007, S. 95 f.

wie die Gerichte in einem Fall entscheiden würden, in dem es an einem derartigen Verstoß gegen Außenrecht fehlt.[47]

Das Völkerrecht nimmt in der rumänischen Rechtsordnung eine ausnehmend starke Position ein; dies gilt insbesondere für völkerrechtliche Verträge, die Menschenrechtsgewährleistungen enthalten.[48] Gegen Rumänien ist eine ganz erhebliche Anzahl an Urteilen des Europäischen Gerichtshofs für Menschenrechte ergangen,[49] dessen Bedeutung und Funktion in der öffentlichen Wahrnehmung noch immer als erheblich wichtiger angesehen wird als die des Europäischen Gerichtshofs in Luxemburg.[50] Vor diesem Hintergrund überrascht es nicht, dass Bestimmungen der EMRK und Zitate aus Urteilen des EGMR als Grundlage der Entscheidung auch in Verfahren der Staatshaftung herangezogen werden.[51] Grundlage für dieses Vorgehen ist Art. 20 der Verfassung, der in Abs. 1 regelt, dass die Verfassungsbestimmungen über den Grundrechtsschutz in Übereinstimmung mit den entsprechenden völkerrechtlichen Verträgen anzuwenden sind. Weicht hier das innerstaatliche Recht zum Nachteil des Geschädigten von den durch die völkerrechtlichen Regelungen gesetzten Standards ab, so gehen die völkerrechtlichen Regelungen vor. Fälle, in denen die Feststellung der Rechtswidrigkeit auf europarechtliche Normen gestützt wurde, sind dagegen bisher nicht nachweisbar. Aufgrund der starken Stellung internationaler Abkommen, deren Vertragspartei Rumänien ist, können auch Verstöße gegen deren Normen Haftungsansprüche begründen.

III. Schutzgutbezogenheit

Die allgemeine deliktische Haftung der öffentlichen Hand in Rumänien basiert dem Rechtsgrund nach auf der deliktischen zivilrechtlichen Haftung bzw. knüpft an diese an; zwar ist anerkannt, dass auch das Gesetz Nr. 554/2004 materiell-rechtliche Anspruchsnormen enthält, die allgemei-

---

47 Beispielhaft seien hier genannt: Appellationsgerichtshof Craiova, Zivilrechtliche Abteilung, Entscheidung Nr. 402/2008 vom 15.12.2008 (Schadensersatz wegen unrechtmäßiger Untersuchungshaft); Oberster Kassations- und Gerichtshof, Zivilrechtliche Abteilung, Entscheidung Nr. 2800/2008 vom 16.4.2008 (Schadensersatz wegen der Nichteinleitung staatsanwaltlicher Ermittlungen); Oberster Kassations- und Gerichtshof, Zivilrechtliche Abteilung, Entscheidung Nr. 422/2006 vom 17.1.2006 (Schadensersatz wegen Entzug der Zulassung als gerichtlich bestellter Gutachter).

48 Art. 20 der Verfassung regelt insoweit: „Art. 20 Internationale Verträge über Menschenrechte:
(1) Die Verfassungsbestimmungen über die Rechte und Freiheiten der Bürger sind in Übereinstimmung mit der Allgemeinen Erklärung der Menschenrechte, den Pakten und den anderen Verträgen, an denen Rumänien beteiligt ist, auszulegen und anzuwenden.
(2) Bestehen Unstimmigkeiten zwischen Pakten und Verträgen über die Grundrechte des Menschen, an denen Rumänien beteiligt ist, und nationalen Gesetzen, so haben die internationalen Regelungen Vorrang, mit Ausnahme des Falles, dass die Verfassung oder die inländischen Gesetze vorteilhaftere Bestimmungen enthalten."

49 Als eine der wichtigsten Leitentscheidungen gegen Rumänien ist hier EGMR *Brumarescu/Rumänien*, Nr. 28342/1995, 28.10.1999 zu erwähnen. Im Zentrum stand die Verletzung von Rechten aus Art. 6 Abs.1 EMRK sowie Art. 1 1. Zusatzprotokoll zur EMRK wegen der nachträglichen gerichtlichen Aufhebung eines rechtskräftigen Eigentumstitels, der in einem Restitutionsverfahren erlangt worden war; weiter: EGMR *Amanalachioai/Rumänien*, Nr. 4023/2004, 26.5.2009 (Verletzung von Art. 8 EMRK wegen Nichtdurchsetzung einer gerichtlichen Anordnung u.a. zum elterlichen Umgang).

50 In einem beträchtlichen Maße stehen diese im Zusammenhang mit Restitutionsverfahren, bei denen rechtskräftige Eigentumstitel nachfolgend durch den Obersten Kassations- und Gerichtshof im Wege des außerordentlichen Verfahrens der Nichtigkeitsrevision wieder aufgehoben wurden; die betroffenen Eigentümer machten vielfach erfolgreich eine Verletzung von Art.1 Abs. 1 des 1. Zusatzprotokolls zur EMRK sowie von Art. 6 Abs. 1 EMRK geltend, mit der Folge, dass Rumänien bis heute zu hohen Schadensersatzzahlungen im dreistelligen Millionenbereich verurteilt wurde und daneben im Wege außergerichtlicher Einigungen erhebliche weitere Beträge zu leisten hatte.

51 So etwa in der Entscheidung des Obersten Kassations- und Gerichtshofes (Verwaltungsrechtliche Abteilung) Nr. 421/2004, 3.4.2004, veröffentlicht in *Bîrsan/Cristea*, Contencios administrativ, S. 73f.

nen Haftungsgrundlagen jedoch sind dem C. civ. zu entnehmen.[52] Die Haftung wird insoweit nicht schutzgutbezogen (→ B.II.), sondern allein schadensbezogen diskutiert, wobei der Schaden die Verletzung ganz unterschiedlicher Rechtsgüter materieller und nicht materieller Natur umfassen kann. Anders ist der Ansatz bei spezialgesetzlich geregelten Ansprüchen, wie sie etwa die Entschädigung für Enteignungen oder den zeitweisen Entzug der persönlichen Bewegungsfreiheit bei der Haftentschädigung betreffen. Grundsätzlich wird bei der allgemeinen deliktischen Haftung der gesamte Schaden für ersatzfähig gehalten, gleich welche Rechtsgüter er betrifft.

IV. Zurechnung

Die allgemeine verwaltungsrechtliche Staatshaftung stellt als Haftungsgrund auf die Existenz eines rechtswidrigen Verwaltungsaktes bzw. auf die rechtswidrige Nichtanerkennung eines Rechtes oder legitimen Interesses durch die Verwaltung ab.[53] Voraussetzung ist, dass das Verwaltungshandeln (bzw. dessen Verweigerung) allgemein im Bereich der öffentlichen Gewalt stattfindet, also in dem Zuständigkeitsbereich, der durch das öffentliche Recht definiert wird. Eine Differenzierung erfolgt danach nur insoweit, als für ein Handeln der Zentralverwaltung oder aber der autonomen kommunalen Selbstverwaltung gehaftet wird.[54] Darüber hinaus werden Fragen der Zurechnung, etwa entsprechend dem Konzept des „Beamten im haftungsrechtlichen Sinne", nicht diskutiert.

Anders ist dies im Fall des haftungsrechtlichen Direktanspruches gegen den Amtsträger selbst, der unter bestimmten Umständen parallel zum Haftungsanspruch gegen die öffentliche Hand verfolgt werden kann. Um zu vermeiden, dass sich der rechtskonform und pflichtgemäß handelnde Amtsträger individuell für jedes Organisationsverschulden der Verwaltung verantworten muss, kommt eine persönliche Haftung nur in Betracht wenn diesem das rechtswidrige Handeln der Verwaltung individuell zurechenbar ist (→ B.I.1.). Individuell nicht zurechenbar sind Handlungen des Amtsträgers, die im Rahmen der behördlichen Weisungshierarchie erfolgen, soweit damit kein offensichtlicher Rechtsverstoß verbunden ist (Art. 16 Abs. 2 Gesetz Nr. 554/2004).

Für Regressansprüche gilt im Fall der allgemeinen Verwaltung grundsätzlich der gleiche Maßstab wie für die Zulässigkeit von haftungsrechtlichen Parallelansprüchen.[55] Für den Bereich der Justiz ist ein individueller vermögensrechtlicher Rückgriff auf den Amtsträger nicht geregelt, eine Geltendmachung hätte auf der Grundlage des allgemeinen Deliktsrechts und nach den in diesem Bereich geltenden Zurechnungsregeln zu erfolgen;[56] entsprechende Verfahren spielen allerdings bisher keine erkennbare Rolle.[57]

52 *Ursuţa*, Consideraţii cu privire la modificările aduse procedurii contenciosului administrativ prin Legea nr. 76/2012 pentru punerea în aplicare a Noului Cod de procedură civilă (Überlegungen zu den Änderungen, die durch Gesetz Nr. 76/2012 über die Inkraftsetzung des Neuen Zivilprozessgesetzbuches im Verwaltungsstreitverfahren erfolgen), Curierul Judiciar 6/2012, 350 (356).

53 *Puie*, Dreptul 2/2007, 92 (94).

54 *Trăilescu*, Drept administrativ, 2010, Bd. 1, S. 400.

55 *Trăilescu*, Drept administrative (Fn. 54), S. 44.

56 *Puie*, Dreptul 2/2007, 92 (111).

57 Zur Haftung der Richter und Staatsanwälte siehe auch *Ivanovici/Danileţ*, Curierul Judiciar 1/2006, 70.

V. Kausalität

In Kausalitätsfragen finden die allgemeinen Grundsätze der zivilrechtlichen Deliktshaftung Anwendung. Zwischen dem rechtswidrigen Handeln oder Unterlassen der Behörde und dem Schaden muss danach ein kausaler Zusammenhang bestehen, spezielle Kausalitätstheorien werden in diesem Zusammenhang nicht diskutiert; verlangt wird allerdings eine „direkte" Kausalität in dem Sinne, dass der Schaden unmittelbar durch die Behörde und nicht durch einen Dritten verursacht wurde.[58] Wird der Schaden teilweise durch die Behörde und teilweise durch einen Dritten verursacht, ist Schadensersatz entsprechend dem jeweiligen Beitrag zur Schadensverursachung zu leisten.[59]

Die haftungsbegründende Kausalität im Falle der Haftung für Gerichtsfehler dürfte, da es sich auch in diesem Fall um eine deliktische Haftung handelt,[60] grundsätzlich den gleichen Maßstäben folgen.[61] Allerdings regelt die Haftungsnorm in Art. 94 lit. h) des Gesetzes Nr. 303/2004, dass die rechts- oder pflichtwidrige Handlung des Richters oder Staatsanwaltes „ihrer Natur nach" geeignet gewesen sein muss, den schadensverursachenden Fehler bei der Rechtsanwendung zu verursachen. In diesem Zusammenhang ist jedoch darauf hinzuweisen, dass dieses gesetzliche Erfordernis nicht auf den Schaden selbst, sondern auf die der Schadensverursachung vorgelagerte Rechtsverletzung zielt, sodass es fraglich scheint, ob hierdurch eine Modifikation des allgemeinen deliktsrechtlichen Kausalitätsmaßstabes gewollt ist.

VI. Relevanz von Verschulden

Die Systematik des rumänischen Staatshaftungsrechts ist grundsätzlich deliktsrechtlicher Natur. Es stellt sich also die Frage, welche Relevanz das für die Begründung der allgemeinen deliktsrechtlichen Haftung essentielle Verschuldenselement hat. Es werden insoweit zwei Fälle unterschieden: Zum einen derjenige, in dem sich der Haftungsanspruch allein gegen die öffentliche Hand richtet, zum anderen derjenige, in dem der Kläger neben dem Anspruch gegen den Staat auch einen Anspruch gegen den Amtsträger als Person geltend macht.[62] Im ersten Fall wird schlicht auf den Nachweis eines Verschuldenselements verzichtet, während es im zweiten Fall unverzichtbare Haftungsvoraussetzung ist. Diese Unterscheidung wird in der Regel damit begründet, dass es sich im Fall der Haftung der öffentlichen Hand um eine allein objektiv determinierte deliktische Haftung handelt, die ihre Grundlage in der allgemeinen Garantiehaftung für staatliches Handeln hat. Bei der Haftung des Amtsträgers als natürliche Person hingegen handelt es sich um einen Unterfall der allgemeinen subjektiven Deliktshaftung, bei der erst der Nachweis des individuellen Verschuldens eine Verbindung zwischen dem Handeln der Person und dem daraus resultierenden Schaden herstellt.[63]

Der Verschuldensmaßstab ist derselbe wie im Deliktsrecht: Ein fahrlässiges Verschulden wird danach durch die Verletzung der Sorgfalt begründet, die ein durchschnittlich sorgsamer Mensch in der betreffenden Situation beachtet hätte; besondere Kenntnisse oder Sorgfaltspflichten des jeweiligen Amtsträgers fließen dabei allenfalls mittelbar in die Bewertung ein.

58 *Trăilescu*, Drept administrative (Fn. 54), S. 412.
59 Ebenda, S. 413.
60 *Puie*, Dreptul 2/2007, 92 (112).
61 Wie bereits angemerkt, ist für diesen Bereich keine obergerichtliche Rechtsprechung nachweisbar.
62 Diese Möglichkeit eröffnet Art. 16 Abs. 2 des Gesetzes Nr. 554/2004 (Fn. 14).
63 *Pop*, Dreptul 9/1994, 30 (36).

VII. Haftung ohne Normverstoß

Einer Staatshaftung ohne Normverstoß, also für rechtmäßiges Verwaltungshandeln, stehen die rumänische Rechtsprechung und Lehre skeptisch gegenüber. Der ausgeprägt positivistische Rechtsanwendungsansatz der rumänischen Gerichte verhindert hier zuverlässig die freihändige Schaffung etwaiger neuer Anspruchsgrundlagen. Anderes gilt, wenn spezielle Entschädigungsregelungen bestehen, die auch im Falle von rechtmäßigem Verwaltungshandeln einen Anspruch begründen können; dies betrifft gegenwärtig fast ausschließlich Fälle, in denen das Eigentumsrecht verletzt ist.[64] Die in anderen Ländern wie Deutschland, Italien, aber auch vom Unionsrecht verfolgten Ansätze werden zwar diskutiert, führen jedoch bisher nicht zu einer erkennbaren Änderung der nationalen Gesetzgebung oder Rechtsprechung.[65]

C. Haftungsfolgen

I. Haftungssubjekte

Klagegegner und Haftungssubjekt im gerichtlichen Staatshaftungverfahren ist die Behörde, die den angegriffenen Verwaltungsakt erlassen hat bzw. die für das den Klagegenstand bildende Verwaltungshandeln verantwortlich ist (Art. 13 Abs. 1 Gesetz Nr. 554/2004); soweit eine Regierungsverordnung bzw. deren einzelne Bestimmungen Klagegegenstand sind, ist die Regierung Klagegegner (Art. 9 Gesetz Nr. 554/2004). Art. 224 *Noul cod civil* (Zivilgesetzbuch, abgekürzt: NCC) regelt zudem, dass der Staat im Sinne des allgemeinen Haushalts nur subsidiär haftet, soweit es sich bei der Behörde oder sonstigen öffentlich-rechtlichen Institution, durch deren Wirken der Schaden verursacht wurde, um eine eigenständige juristische Person handelt. Eine Unterscheidung hinsichtlich der Haftungsregeln für unterschiedliche Behörden erfolgt grundsätzlich nicht. Voraussetzung einer Haftung für legislatives Unrecht, soweit überhaupt vorgesehen, ist jedoch, dass die betreffende Rechtsnorm oder Verordnung zunächst vom Verfassungsgerichtshof für verfassungswidrig erklärt wurde (Art. 9 Gesetz Nr. 554/2004).

Eine persönliche Haftung des Amtsträgers kommt in zweierlei Hinsicht in Betracht. Zum einen regelt das Gesetz Nr. 554/2004 unter bestimmten Voraussetzungen die Möglichkeit einer direkten Geltendmachung von Haftungsansprüchen gegen den Amtsträger (Art. 16 des Gesetzes Nr. 554/2004); diese wird im Regelfall ergänzend bzw. parallel zu einem Anspruch gegen die öffentliche Hand erfolgen. Zum anderen kann der Amtsträger durch Regress von Seiten der haftenden öffentlichen Hand in Anspruch genommen werden, und zwar sowohl wenn diese im eigentlichen Haftungsverfahren exklusiv, als auch wenn sie solidarisch mit dem Amtsträger haftet.[66] Das neue NCC regelt insoweit eine zwingende gerichtliche Inanspruchnahme des Schädigers, soweit dieser für den Schaden verantwortlich ist; Kläger ist demnach das Ministerium der Finanzen (Art. 1384 Abs. 2 NCC).

Voraussetzung eines Regressanspruches ist die schuldhafte Verletzung von Dienstpflichten durch einen Angestellten oder Beamten. Insoweit gelten die allgemeinen Vorschriften. Maßgeblich sind also die Grundsätze der allgemeinen zivilrechtlichen Deliktshaftung, zuständig sind die Zivilgerichte. In der Literatur wird diskutiert, ob Angestellte und Beamte insoweit unterschiedlich zu behandeln sind. Während für Arbeitnehmer die Haftung nach dem *Codul Muncii* (Ar-

64 *Puie*, Dreptul 2/2007, 92 (100).
65 Ebenda, S. 11.
66 Die allgemeine Rechtsgrundlage findet sich in Art. 26 Gesetz Nr. 554/2004 (Fn. 14).

beitsgesetzbuch, abgekürzt: CM)[67] auf Vermögensschäden begrenzt ist, fehlt eine derartige Begrenzung in der Gesetzgebung über den Rechtsstatus der Beamten[68], sodass diese auch für den Ersatz von Nichtvermögensschäden in Anspruch genommen werden können.

II. Individualansprüche

Grundsätzlich kann jedes Rechtssubjekt, das durch staatliches Handeln einen Schaden erleidet, gerichtlich einen Ersatzanspruch geltend machen. Dies umfasst gleichermaßen Inländer, Ausländer und Staatenlose sowie natürliche und juristische Personen. Der Anspruch kann sich dabei auch auf den Erlass eines Verwaltungsakts oder ein Verwaltungshandeln stützen, der bzw. das gegen eine dritte Person gerichtet ist.

III. Haftungsinhalt

Der Inhalt des Haftungsanspruches entspricht grundsätzlich dem, was auch im allgemeinen Deliktsrecht gewährt wird; es besteht also ein Anspruch auf die Wiederherstellung des vor dem schädigenden Ereignis bestehenden Zustandes bzw., soweit das nicht möglich ist oder der Geschädigte es verlangt, Schadensersatz in Geld (Art. 1386 Abs. 1 NCC). Nach den allgemeinen zivilrechtlichen Regelungen umfasst ein derartiger Anspruch sowohl Vermögens- als auch Nichtvermögensschäden, auf die oben näher erläuterte Beschränkung im Falle der persönlichen (Mit-) Haftung von Arbeitnehmern wird insoweit verwiesen (→ C.I.). Mit Blick auf den Ersatz von Nichtvermögensschäden hat der Oberste Kassations- und Gerichtshof jedoch klargestellt, dass sich derartige Zahlungen auf eine kompensatorische Funktion beschränken sollen und ihnen keine Straffunktion zukommt; ebenso soll ausgeschlossen werden, dass der Geschädigte über den Schadensersatz ungerechtfertigte Einnahmen erzielt.[69]

Auch der Ersatz zukünftiger Schäden kann nach Art. 1385 Abs. 2 NCC verlangt werden, soweit deren Eintritt als unvermeidlich anzusehen ist. Gemäß dem neuen, zum 1.10.2011 in Kraft getretenen NCC, kann der Geschädigte auch den Ersatz des entgangenen Gewinns verlangen sowie Ersatz für die Aufwendungen, die ihm zur Schadensminderung entstanden sind (Art. 1385 Abs. 3 NCC). Voraussetzung für den Ersatz von Vermögensschäden ist dabei, dass der Schaden tatsächlich entstanden ist; hypothetische Schäden werden nicht ersetzt. Insoweit trägt der Geschädigte die Beweislast. Grundsätzlich erfolgt der Ersatz in Form einer einmaligen Zahlung; soweit jedoch ein andauernder Schaden verursacht wurde, kann das Gericht den Schädiger gemäß Art. 1386 Abs. 3 NCC zu einer periodischen Zahlung (etwa einer Rente wegen der eingetretenen Erwerbsminderung[70]) verurteilen.

Das neue NCC enthält in Art. 1391 NCC zudem detaillierte Regelungen für den Ersatz von Nichtvermögensschäden, die weitgehend die bisher von der Rechtsprechung entwickelten Grundsätze aufgreifen. Danach kommt ein derartiger Anspruch bei Körper- und Gesundheitsschäden in Betracht. Im Falle des Todes eines Geschädigten kann dieser Anspruch zugunsten

---

67 In der Fassung der Neuveröffentlichung vom 18.5.2011.
68 Hierzu enthält das Gesetz Nr. 188/1999 *privind Statutul functionarilor publici* (über den Rechtsstatus der öffentlichen Beamten) in der Fassung der 2. Neuveröffentlichung vom 1.7.2007 und der letzten Änderung vom 28.12.2010 spezielle Regelungen.
69 Oberster Kassations- und Gerichtshof (Abteilung Verwaltungsstreitverfahren und Fiskalfragen) Nr. 2037/2005, 19.3.2005, *Buletinul Casației* Nr. 3/2005, S. 3f.
70 Für derartige Fälle enthält Art. 1388 NCC weitere besondere Regelungen.

enger Familienangehöriger geltend gemacht werden. Ebenso kann ein solcher Anspruch bei der Verletzung von Persönlichkeitsrechten zugesprochen werden. Die für den Ersatz von Nichtvermögensschäden zugesprochenen Geldbeträge sind nach wie vor eher gering, auch wenn sie in den letzten Jahren deutlich gestiegen sind. Die Ansprüche des Geschädigten auf Ersatz von Nichtvermögensschäden gehen grundsätzlich nicht auf dessen Erben über; jedoch kann das noch vom Geschädigten eingeleitete Verfahren von diesen weiter geführt werden.

IV. Haftungsbegrenzung und -ausschluss

Grundsätzlich haftet die gesamte staatliche und kommunale Verwaltung, soweit die allgemeinen Voraussetzungen einer Staatshaftung erfüllt sind. Besondere Regelungen über einen Haftungsausschluss bzw. eine Haftungsbegrenzung, die bestimmte Verwaltungszweige privilegiert, bestehen nicht.

Etwaige Haftungsausschlüsse bzw. -minderungen richten sich demnach nach den allgemeinen Regeln der zivilrechtlichen Deliktshaftung. So kommt eine Haftungsminderung in Betracht, wenn die Voraussetzungen einer Mithaftung des Geschädigten erfüllt sind. Ein gesetzlicher Haftungsausschluss besteht dann, wenn der Schaden infolge oder bei Gelegenheit eines verbotenen Handelns des Geschädigten entstanden ist (Art. 1346 ff. NCC).

Eine Haftungsprivilegierung hingegen existiert für Richter, die nur unter eingeschränkten Voraussetzungen persönlich haften: Die schadensverursachende Handlung muss gleichzeitig die Voraussetzungen eines Disziplinarvergehens und/oder einer Straftat erfüllen; zudem kommt eine direkte Geltendmachung des Schadensersatzanspruches gegen den Richter nicht in Betracht; unter bestimmten Umständen ist allerdings ein Regress des Staates möglich.[71]

D. Geltendmachung von Haftungsansprüchen

I. Rechtsweg

Zuständig für die Entscheidung über Staatshaftungsansprüche sind grundsätzlich die Verwaltungsgerichte, die auch über die Rechtmäßigkeit der staatlichen Maßnahme entscheiden. Besondere Regelungen bestehen jedoch für die Geltendmachung von Schadensersatzansprüchen gegen den Staat wegen fehlerhafter Gerichtsurteile bzw. sonstiger gerichtlicher Maßnahmen. In diesen Fällen sind die Zivilgerichte zuständig: Im Falle von Schadensersatzansprüchen, die ihre Grundlage in Strafverfahren haben, sind dies die Gerichte der 2. Instanz (Art. 2 C. proc. pen., Art. 52 Abs. 3 der Verfassung), während im Fall von Zivilverfahren und streitwertabhängig eine allgemeine Zuständigkeit der Zivilgerichte gegeben ist (Art. 96 Abs. 2 des Gesetzes Nr. 303/2004). Ein verbindliches Vorverfahren sieht das rumänische Verwaltungsrecht nur gegen Verwaltungsakte vor. Soweit ein solcher der Schadensverursachung zugrunde liegt, muss dieser zunächst in diesem Verfahren angegriffen werden. Wurde der Schaden anderweitig verursacht, ist eine vorgelagerte Prüfung durch die handelnde oder eine andere Behörde nicht vorgesehen (Art. 7 Gesetz 554/2004). Ein spezielles Vorverfahren vor dem Staatlichen Wettbewerbsrat ist allerdings

71 Anders als gegen sonstige Beamte oder staatliche Beschäftigte kann mithin nicht direkt geklagt werden, siehe Art. 96 des Gesetzes Nr. 303/2004 über den Rechtsstatus der Richter und Staatsanwälte (Fn. 25), der bestimmt, unter welchen Voraussetzungen der Staat für Gerichtsfehler haftet.

für die Fälle geregelt, in denen eine Vergabeentscheidung (oder eine vorgelagerte maßgebliche Verfahrensentscheidung in einem Vergabeverfahren) angegriffen wird.[72]

II. Beweisfragen

Nachdem für die Geltendmachung von Staatshaftungsansprüchen die allgemeinen Regeln des Deliktsrechts gelten, folgen auch die Beweisregeln dem allgemeinen Grundsatz, dass jede Partei die für sie günstigen Umstände beweisen muss; der geltend gemachte Schaden muss nach Art und Umfang bewiesen werden. Anders als einen privaten Beklagten treffen die Behörde jedoch gewisse Offenlegungspflichten hinsichtlich der maßgeblichen Verwaltungsvorgänge; in der Regel werden die Verwaltungsakten dem Gericht vorgelegt. Eine Besonderheit ist das in Rumänien vergleichsweise funktionale Adhäsionsverfahren: Danach besteht nicht nur die theoretische Möglichkeit, zivilrechtliche Schadensersatzansprüche in einem Strafverfahren geltend zu machen; vielmehr hat dieses Verfahren eine erhebliche rechtspraktische Bedeutung. Durch den das Strafverfahren bestimmenden Amtsermittlungsgrundsatz entstehen hier nicht selten erhebliche Beweiserleichterungen für den Geschädigten.

III. Verjährung

Für die gerichtliche Geltendmachung von Haftungsansprüchen gegen den Staat gilt die allgemeine Verjährungsfrist von drei Jahren gemäß Art. 2517 NCC; falls die der Schädigung zugrunde liegende Handlung einen Straftatbestand erfüllt und die strafrechtliche Verjährungsfrist länger ist als die allgemeine zivilrechtliche, tritt erstere an deren Stelle.

Der Lauf der Verjährung beginnt mit dem Zeitpunkt, an dem der Geschädigte sowohl den Schaden als auch den Schädiger kennt oder hätte kennen müssen (Art. 2528 NCC).

IV. Vollstreckung

Für die Vollstreckung von Leistungsurteilen gegen die öffentliche Hand gelten die gleichen Grundsätze wie für die Vollstreckung gegen Private. Dies bedeutet, dass die Vollstreckung auf der Grundlage eines vollstreckbaren Titels durch einen Gerichtsvollzieher zu erfolgen hat, sofern die öffentliche Hand nicht freiwillig leistet. Praktisch spielen solche Vollstreckungsverfahren allerdings keine erkennbare Rolle, da die staatlichen und kommunalen Einrichtungen ihren Verpflichtungen in der Regel nachkommen.

Bibliographie

Bîrsan, Gabriela/Cristea, Simona, Contencios administrativ, jurisprudenţa (Verwaltungsstreitverfahren, Rechtsprechung), Bukarest 2005

Bormann, Axel, Die rumänische Verfassungsreform von 2003 (Textübersetzung mit Einführung), JOR Bd. 45/2004, 207

72 Art. 255 ff. Dringlichkeitsverordnung Nr. 34/2006 privind atribuirea contractelor de achiziţie publică, a contractelor de concesiune de lucrări publice şi a contractelor de concesiune de servicii (über das Verfahren der öffentlichen Ausschreibung von Verträgen sowie die Konzessionierung öffentlicher Arbeiten und Dienstleistungen).

Eliescu, Mihail, Răspunderea civilă delictuală (Die zivile deliktische Haftung), Bukarest 1972
Iorgovan, Antonie, Tratat de drept administrative (Abhandlung des Verwaltungsrechts), Bukarest 2005 (2 Bde.)
Ivanovici, Laura/Danileţ, Cristi, Răspunderea judicatorilor şi procurorilor (Die Haftung der Richter und Staatsanwälte), Curierul Judiciar 1/2006, 70
Pop, Liviu, Unele aspecte în legatură cu răspundere pentru prejudiciile cauzate prin acte administrative ilegale (Einige Fragen in Bezug auf die Haftung für Schäden, die durch rechtswidrige Verwaltungsakte verursacht wurden), Dreptul 9/1994, 30
Puie, Oliviu, Răspunderea autorităţiilor publice şi a personelor fizice pentru prejudiciile cauzate în materia contenciousului administrative, precum şi aspecte privind răspunderea patrimonială statului pentru prejudiciile cauzate prin erori judiciare (Die Haftung staatlicher Behörden und natürlicher Personen für Schäden, die im Rechtsgebiet des Verwaltungsstreitverfahrens verursacht wurden, sowie einige Fragen hinsichtlich der vermögensrechtlichen Haftung des Staates für Schäden, die durch gerichtliche Fehler verursacht wurden), Dreptul 2/2007, 92
Stătescu, Constantin/Bîrsan, Corneliu, Drept Civil. Teoria generala a obligaţiilor (Zivilrecht. Allgemeine Theorie der Pflichten), Bukarest 2000
Tarangul, Erast Diti, Responsabilitatea administraţiei în jurisprudenţa română (Verantwortlichkeit der Verwaltung in der rumänischen Rechtsprechung), Iaşi 1940

Abkürzungen

B. Of.	Buletinul Oficial (Gesetz- und Verordnungsblatt Rumäniens bis 1989)
C civ.	Codul civil (Zivilgesetzbuch von 1864)
CM	Codul Muncii (Arbeitsgesetzbuch)
C. proc. civ.	Codul de procedura civila (Zivilverfahrensgesetzbuch)
C. proc. pen.	Codul de procedura penala (Strafverfahrensgesetzbuch)
JOR	Jahrbuch für Ostrecht
M. Of.	Monitorul Oficial (Gesetz- und Verordnungsblatt Rumäniens ab 1990)
NCC	Noul cod civil (Zivilgesetzbuch von 2011)

Wesentliche Vorschriften

Constituţia României
Verfassung Rumäniens[73]

Art. 44 Dreptul de proprietate privată
[...]
(3) Nimeni nu poate fi expropriat decât pentru o cauză de utilitate publică, stabilită potrivit legii, cu dreaptă şi prealabilă despăgubire.

[...]
(5) Pentru lucrări de interes general, autoritatea publică poate folosi subsolul oricărei proprietăţi imobiliare, cu obligaţia de a despăgubi proprietarul pentru daunele aduse solului, plantaţiilor sau construcţiilor, precum şi pentru alte daune imputabile autorităţii.

Art. 44 Schutz des Privateigentums
[...]
(3) Niemand darf enteignet werden, außer aus Gründen des öffentlichen Nutzens, der gemäß dem Gesetz festgestellt wird, und dann nur gegen eine gerechte und vorherige Entschädigung.
[...]
(5) Für Arbeiten im allgemeinen Interesse kann die öffentliche Behörde den Untergrund jedes Grundstückseigentums nutzen, jedoch mit der Verpflichtung, den Eigentümer für die dem Boden, den Anpflanzungen und den Bauwerken zugefügten Schäden sowie auch für andere den Behörden zurechenbare Schädigungen zu entschädigen.

73 Übersetzung des Verfassers.

(6) Despăgubirile prevăzute în alineatele (3) şi (5) se stabilesc de comun acord cu proprietarul sau, în caz de divergenţă, prin justiţie.

(6) Die in den Absätzen (3) und (5) vorgesehenen Entschädigungen sind im gegenseitigen Einvernehmen mit dem Eigentümer oder, bei Meinungsverschiedenheiten, durch die Justiz festzulegen.

Art. 52 Dreptul persoanei vătămate de o autoritate public

(1) Persoana vătămată într-un drept al său ori într-un interes legitim, de o autoritate publică, printr-un act administrativ sau prin nesoluţionarea în termenul legal a unei cereri, este îndreptăţită să obţină recunoaşterea dreptului pretins sau a interesului legitim, anularea actului şi repararea pagubei.

(2) Condiţiile şi limitele exercitării acestui drept se stabilesc prin lege organică.

(3) Statul răspunde patrimonial pentru prejudiciile cauzate prin erorile judiciare. Răspunderea statului este stabilită în condiţiile legii şi nu înlătură răspunderea magistraţilor care şi-au exercitat funcţia cu rea-credinţă sau gravă neglijenţă.

Art. 52 Das Recht des durch eine öffentliche Behörde Verletzten

(1) Der durch eine öffentliche Behörde im Wege eines Verwaltungsakts oder der Nichterledigung eines Ansuchens innerhalb der gesetzlichen Frist in seinen Rechten oder in einem legitimen Interesse Verletzte ist berechtigt, die Anerkennung des beanspruchten Rechts oder legitimen Interesses, die Aufhebung des Verwaltungsakts und Schadenersatz geltend zu machen.

(2) Die Bedingungen und die Grenzen der Ausübung dieses Rechts werden durch Organgesetz festgelegt.

(3) Der Staat haftet vermögensrechtlich für die durch Gerichtsirrtümer in Prozessen verursachten Schäden. Die Haftung des Staates wird durch Gesetz festgelegt und schließt die Haftung der Richter nicht aus, die ihre Pflichten vorsätzlich oder grob fahrlässig verletzt haben.

Art. 126 Instanţele judecătoreşti

(1) Justiţia se realizează prin Înalta Curte de Casaţie şi Justiţie şi prin celelalte instanţe judecătoreşti stabilite de lege.

(2) Competenţa instanţelor judecătoreşti şi procedura de judecată sunt prevăzute numai prin lege.

(3) Înalta Curte de Casaţie şi Justiţie asigură interpretarea şi aplicarea unitară a legii de către celelalte instanţe judecătoreşti, potrivit competenţei sale.

[...]

(6) Controlul judecătoresc al actelor administrative ale autorităţilor publice, pe calea contenciosului administrativ, este garantat, cu excepţia celor care privesc raporturile cu Parlamentul, precum şi a actelor de comandament cu caracter militar. Instanţele de contencios administrativ sunt competente să soluţioneze cererile persoanelor vătămate prin ordonanţe sau, după caz, prin dispoziţii din ordonanţe declarate neconstituţionale.

Art. 126 Gerichtsinstanzen

(1) Die Rechtsprechung wird durch den Obersten Kassations- und Gerichtshof und die anderen vom Gesetz festgelegten Gerichtsinstanzen ausgeübt.

(2) Die Zuständigkeit der Gerichte und das Gerichtsverfahren werden ausschließlich durch Gesetz festgelegt.

(3) Der Oberste Kassations- und Gerichtshof sichert entsprechend seiner Zuständigkeit die einheitliche Auslegung und Anwendung der Gesetze durch die anderen Gerichte.

[...]

(6) Die gerichtliche Überprüfung der von den öffentlichen Behörden erlassenen Verwaltungsakte im Verwaltungsstreitverfahren wird garantiert, mit der Ausnahme jener, die das Verhältnis zum Parlament betreffen, sowie der Befehlsakte militärischer Art. Die für das Verwaltungsstreitverfahren zuständigen Gerichte entscheiden über die Anträge von Personen, die durch Verordnungen oder Bestimmungen in Verordnungen verletzt wurden, die für verfassungswidrig erklärt wurden.

Legea no. 554/2004 contenciosului administrativ
Gesetz Nr. 554/2004 über das Verwaltungsstreitverfahren[74]

Art. 1.
(1) Orice persoană care se consideră vătămată într-un drept al său ori într-un interes legitim, de către o autoritate publică, printr-un act administrativ sau prin nesoluţionarea în termenul legal a unei cereri, se poate adresa instanţei de contencios administrativ competente, pentru anularea actului, recunoaşterea dreptului pretins sau a interesului legitim şi repararea pagubei ce i-a fost cauzată. Interesul legitim poate fi atât privat, cât şi public.

(2) Se poate adresa instanţei de contencios administrativ şi persoana vătămată într-un drept al său sau într-un interes legitim printr-un act administrativ cu caracter individual, adresat altui subiect de drept.

[...]

(7) Persoana vătămată în drepturile sau în interesele sale legitime prin ordonanţe sau dispoziţii din ordonanţe ale Guvernului neconstituţionale se poate adresa instanţei de contencios administrativ, în condiţiile prezentei legi.

Art. 1
(1) Jeder, der sich durch eine Behörde in einem Recht oder berechtigtem Interesse verletzt sieht, sei es durch einen Verwaltungsakt oder durch die Nichtbescheidung eines Antrags innerhalb der gesetzlich geregelten Frist, kann sich an das zuständige Verwaltungsgericht wenden, um die Aufhebung des Rechtsaktes, die Anerkennung des geltend gemachten Rechtes oder berechtigten Interesses sowie Schadensersatz zu verlangen. Das berechtigte Interesse kann sowohl privatrechtlicher als auch öffentlich-rechtlicher Natur sein.

(2) An das Verwaltungsgericht kann sich auch wenden, wer durch einen konkret-individuellen Verwaltungsakt in einem Recht oder berechtigten Interesse verletzt wurde, falls dieser Verwaltungsakt an ein anderes Rechtssubjekt gerichtet war.

[...]

(7) Wird jemand durch eine verfassungswidrige Regierungsverordnung oder verfassungswidrige Bestimmungen einer Regierungsverordnung in seinen Rechten oder berechtigten Interessen verletzt, kann der Verletzte sich unter den in diesem Gesetz geregelten Voraussetzungen an das Verwaltungsgericht wenden.

Art. 7
(1) Înainte de a se adresa instanţei de contencios administrativ competente, persoana care se consideră vătămată într-un drept al său ori într-un interes legitim printr-un act administrativ individual trebuie să solicite autorităţii publice emitente sau autorităţii ierarhic superioare, dacă aceasta există, în termen de 30 de zile de la data comunicării actului, revocarea, în tot sau în parte, a acestuia.

(1^1) În cazul actului administrativ normativ, plângerea prealabilă poate fi formulată oricând.

(2) Prevederile alin. (1) sunt aplicabile şi în ipoteza în care legea specială prevede o procedură administrativ-jurisdicţională, iar partea nu a optat pentru aceasta.

(3) Este îndreptăţită să introducă plângere prealabilă şi persoana vătămată într-un drept al său sau întrun interes legitim, printr-un act administrativ cu caracter individual, adresat altui subiect de drept, din momentul în care a luat cunoştinţă, pe orice cale, de existenţa acestuia [...].

Art. 7
(1) Bevor sie sich an das zuständige Verwaltungsgericht wendet, muss die Person, die sich durch einen individuellen Verwaltungsakt in einem Recht oder berechtigtem Interesse verletzt sieht, muss sie die ausstellende Behörde oder die übergeordnete Behörde befassen, soweit eine solche existiert, und zwar innerhalb einer Frist von 30 Tagen.

(1^1) Im Falle eines normativen Verwaltungsaktes kann der Antrag jederzeit gestellt werden.

(2) Die Vorschriften des Abs. 1 finden auch Anwendung, falls ein Spezialgesetz ein verwaltungsgerichtliches Verfahren vorsieht, aber die Partei sich nicht für dieses entschieden hat.

(3) Zur Einlegung eines Antrages im Wege des Vorverfahrens ist auch derjenige berechtigt, der durch einen konkret-individuellen Verwaltungsakt, der an ein anderes Rechtssubjekt gerichtet war, in einem Recht oder berechtigten Interesse verletzt wurde, und zwar von dem Zeitpunkt an, zu dem er, gleich auf welchem Weg, von dessen Existenz Kenntnis erlangt hat [...].

74 Übersetzung des Verfassers.

Art. 9

(1) Persoana vătămată într-un drept al său ori într-un interes legitim prin ordonanţe sau dispoziţii din ordonanţe poate introduce acţiune la instanţa de contencios administrativ, însoţită de excepţia de neconstituţionalitate, în măsura în care obiectul principal nu este constatarea neconstituţionalităţii ordonanţei sau a dispoziţiei din ordonanţă.

(2) Instanţa de contencios administrativ, dacă apreciază că excepţia îndeplineşte condiţiile prevăzute de art. 29 alin. (1) şi (3) din Legea nr. 47/1992 privind organizarea şi funcţionarea Curţii Constituţionale, republicată, sesizează, prin încheiere motivată, Curtea Constituţională şi suspendă soluţionarea cauzei pe fond.

[...]

(5) Acţiunea prevăzută de prezentul articol poate avea ca obiect acordarea de despăgubiri pentru prejudiciile cauzate prin ordonanţe ale Guvernului, anularea actelor administrative emise în baza acestora, precum şi, după caz, obligarea unei autorităţi publice la emiterea unui act administrativ sau la realizarea unei anumite operaţiuni administrative.

Art. 9

(1) Wird jemand durch eine Verordnung oder Bestimmungen einer Verordnung in einem Recht oder berechtigtem Interesse verletzt, so kann er beim Verwaltungsgericht Klage erheben, sofern die Feststellung der Verfassungswidrigkeit der Verordnung oder Bestimmung der Verordnung nicht der primäre Klagegegenstand ist.

(2) Falls das Verwaltungsgericht feststellt, dass der Antrag die Voraussetzungen von Art. 29 (1) und (3) des Gesetzes Nr. 47/1992 betreffend die Organisation und Funktionsweise des Verfassungsgerichtshofs, wiederveröffentlichte Fassung, erfüllt, benachrichtigt es durch begründeten Beschluss den Verfassungsgerichtshof und setzt die Prüfung des Antrages in der Hauptsache aus.

[...]

(5) Die in diesem Artikel geregelte Klage kann die Zahlung von Schadensersatz für die Schäden zum Gegenstand haben, die durch die Regierungsverordnungen verursacht wurden sowie gegebenenfalls die Verpflichtung der Behörde auf den Erlass eines Verwaltungsaktes oder die Vornahme eines bestimmten Verwaltungshandelns.

Art. 16.

(1) Cererile în justiţie prevăzute de prezenta lege pot fi formulate şi personal împotriva persoanei care a contribuit la elaborarea, emiterea sau încheierea actului ori, după caz, care se face vinovată de refuzul de a rezolva cererea referitoare la un drept subiectiv sau la un interes legitim, dacă se solicită plata unor despăgubiri pentru prejudiciul cauzat ori pentru întârziere. În cazul în care acţiunea se admite, persoana respectivă poate fi obligată la plata despăgubirilor, solidar cu autoritatea publică pârâtă.

(2) Persoana acţionată astfel în justiţie îl poate chema în garanţie pe superiorul său ierarhic, de la care a primit ordin scris să elaboreze sau să nu elaboreze actul.

Art. 16

(1) Die in diesem Gesetz geregelten gerichtlichen Anträge können auch persönlich gegen diejenige Person gerichtet werden, die bei der Ausarbeitung, Verabschiedung oder dem Erlass des Beschlusses über den Rechtsakt mitgewirkt hat oder die gegebenenfalls für die Verweigerung der Bescheidung des auf ein subjektives Recht oder berechtigtes Interesses gerichteten Antrages verantwortlich ist, soweit die Zahlung von Schadensersatz für den entstandenen Schaden oder die Verzögerung verlangt wird. Falls die Klage für begründet erkannt wird, kann die betreffende Person zur Zahlung von Schadensersatz verurteilt werden, und zwar gemeinsam mit der beklagten öffentlichen Behörde.

(2) Die in dieser Weise gerichtlich belangte Person kann ihren Vorgesetzten oder einen hierarchisch Übergeordneten in Haftung nehmen, von dem sie eine schriftliche Weisung erhalten hat, den Rechtsakt zu erlassen oder nicht zu erlassen.

Art. 18

(1) Instanţa, soluţionând cererea la care se referă art. 8 alin. (1), poate, după caz, să anuleze, în tot sau în parte, actul administrativ, să oblige autoritatea publică să emită un act administrativ, să elibereze un alt înscris sau să efectueze o anumită operaţiune administrativă.

(2) Instanţa este competentă să se pronunţe, în afara situaţiilor prevăzute la art. 1 alin. (6), şi asupra

Art. 18

(1) Das Gericht, das über einen Antrag gemäß Art. 8 Abs. 1 entscheidet, kann den Verwaltungsakt gänzlich oder teilweise aufheben oder die Behörde zum Erlass eines Verwaltungsaktes, zur Ausfertigung eines Schreibens oder zur Vornahme einer anderen Verwaltungshandlung verpflichten.

(2) Das Gericht kann, mit Ausnahme der in Art. 1 Abs. 6 geregelten Fälle, auch über die Rechtmäßigkeit

legalităţii operaţiunilor administrative care au stat la baza emiterii actului supus judecăţii.

(3) În cazul soluţionării cererii, instanţa va hotărî şi asupra despăgubirilor pentru daunele materiale şi morale cauzate, dacă reclamantul a solicitat acest lucru.

[...]

des Verwaltungshandelns entscheiden, das die Grundlage für den Rechtsakt bildet, der vom Gericht überprüft wird.

(3) Im Fall der Begründetheit der Klage entscheidet das Gericht auch über den Schadensersatz für die verursachten Vermögens- und Nichtvermögensschäden, falls der Kläger dies beantragt hat.

[...]

Legea no. 303/2004 privind statutul judecătorilor şi procurorilor

Gesetz Nr. 303/2004 über den Rechtsstatus der Richter und Staatsanwälte[75]

Art. 96.

(1) Statul răspunde patrimonial pentru prejudiciile cauzate prin erorile judiciare.

(2) Răspunderea statului este stabilită în condiţiile legii şi nu înlătură răspunderea judecătorilor şi procurorilor care şi-au exercitat funcţia cu rea-credinţă sau gravă neglijenţă.

(3) Cazurile în care persoana vătămată are dreptul la repararea prejudiciilor cauzate prin erori judiciare săvârşite în procese penale sunt stabilite de Codul de procedură penală.

(4) Dreptul persoanei vătămate la repararea prejudiciilor materiale cauzate prin erorile judiciare săvârşite în alte procese decât cele penale nu se va putea exercita decât în cazul în care s-a stabilit, în prealabil, printr-o hotărâre definitivă, răspunderea penală sau disciplinară, după caz, a judecătorului sau procurorului pentru o faptă săvârşită în cursul judecăţii procesului şi dacă această faptă este de natură să determine o eroare judiciară.

(5) Nu este îndreptăţită la repararea pagubei persoana care, în cursul procesului, a contribuit în orice mod la săvârşirea erorii judiciare de către judecător sau procuror.

(6) Pentru repararea prejudiciului, persoana vătămată se poate îndrepta cu acţiune numai împotriva statului, reprezentat prin Ministerul Finanţelor Publice.

(7) După ce prejudiciul a fost acoperit de stat în temeiul hotărârii irevocabile date cu respectarea prevederilor alin. (6), statul se poate îndrepta cu o acţiune în despăgubiri împotriva judecătorului sau procurorului care, cu rea-credinţă sau gravă neglijenţă, a săvârşit eroarea judiciară cauzatoare de prejudicii.

(8) Termenul de prescripţie a dreptului la acţiune în toate cazurile prevăzute de prezentul articol este de un an.

Art. 96

(1) Der Staat haftet vermögensrechtlich für die durch Gerichtsfehler verursachten Schäden.

(2) Die Haftung des Staates richtet sich nach den gesetzlichen Bedingungen und schränkt nicht die Haftung derjenigen Richter und Staatsanwälte ein, die ihr Amt bösgläubig oder grob fahrlässig ausgeübt haben.

(3) Die Fälle, in denen die verletzte Person einen Anspruch auf den Ersatz von Schäden hat, die durch Gerichtsfehler in Strafverfahren verursacht wurden, werden vom Strafverfahrensgesetzbuch geregelt.

(4) Das Recht einer verletzten Person auf den Ersatz materieller Schäden, die durch Gerichtsfehler in anderen Verfahren als Strafverfahren verursacht wurden, kann nur festgestellt werden, wenn zuvor durch ein rechtskräftiges Urteil die strafrechtliche oder disziplinarische Verantwortlichkeit des Richters oder Staatsanwaltes für eine Handlung festgestellt wurde, die dieser im Verlauf des Verfahrens verübt hat und die ihrer Natur nach geeignet ist, einen Gerichtsfehler zu verursachen.

(5) Derjenige, der im Verlauf des Gerichtsverfahrens in irgendeiner Weise zur Begehung des Gerichtsfehlers durch den Richter oder Staatsanwalt beigetragen hat, ist nicht zum Schadensersatz berechtigt.

(6) Die Klage auf Schadensersatz kann die verletzte Person nur gegen den Staat richten, der durch das Finanzministerium vertreten wird.

(7) Nachdem der Schaden vom Staat infolge eines rechtskräftigen Urteils, das unter Beachtung von Absatz 6 ergangen ist, ersetzt wurde, kann der Staat eine Schadensersatzklage gegen den Richter oder Staatsanwalt richten, der bösgläubig oder grob fahrlässig den Gerichtsfehler begangen hat, der für die Entstehung des Schadens ursächlich war.

(8) Die Verjährungsfrist für alle in diesem Artikel geregelten Ansprüche beträgt ein Jahr.

75 Übersetzung des Verfassers.

Codul civil 2011
Zivilgesetzbuch von 2011[76]

Art. 221 Răspunderea persoanelor juridice de drept public
Dacă prin lege nu se dispune altfel, persoanele juridice de drept public sunt obligate pentru faptele licite sau ilicite ale organele lor, în aceleaşi condiţii ca persoanele juridice de drept privat.

Art. 221 Verantwortlichkeit der juristischen Personen des öffentlichen Rechts
Soweit das Gesetz nichts anderes regelt, haften die juristischen Personen des öffentlichen Rechts für erlaubte oder unerlaubte Handlungen ihrer Organe unter den gleichen Voraussetzungen wie die juristischen Personen des Privatrechts.

Art. 222 Independenţa patrimonială
Persoana juridică având în subordine o altă persoană juridică nu răspunde pentru neexecutarea obligaţiilor acesteia din urmă şi nici persoana juridică subordonată nu răspunde pentru persoana juridică faţă de care este subordonată, dacă prin lege nu se dispune altfel.

Art. 222 Vermögensrechtliche Unabhängigkeit
Soweit das Gesetz nicht etwas anderes vorsieht, haftet eine juristische Person, der eine andere juristische Person untergeordnet ist, nicht für die Verbindlichkeiten der letzteren, wie auch die untergeordnete juristische Person nicht für die juristische Person haftet, der sie untergeordnet ist.

Art. 224 Raspunderea civila a statului si a unitatilor administrativ-teritoriale
(1) Dacă prin lege nu se dispune altfel, statul nu răspunde decât în mod subsidiar pentru obligaţiile organelor, autorităţilor şi instituţiilor publice care sunt persoane juridice şi niciuna dintre aceste persoane juridice nu răspunde pentru obligaţiile statului.

(2) Dispoziţiile alin. (1) sunt aplicabile în mod corespunzător şi unităţilor administrativ-teritoriale care nu răspund decât în mod subsidiar pentru obligaţiile organelor, instituţiilor şi serviciilor publice din subordinea acestora atunci când acestea au personalitate juridică.

Art. 224 Zivilrechtliche Haftung des Staates und der administrativ-territorialen Einheiten
(1) Soweit das Gesetz nichts anderes regelt, haftet der Staat lediglich subsidiär für die Verpflichtungen der Organe, Behörden und öffentlichen Institutionen, die juristische Personen sind; ebenso haftet keine dieser Personen für die Verpflichtungen des Staates.

(2) Die Vorschriften des Abs. 1 gelten entsprechend für die administrativ-territorialen Einheiten, die nur subsidiär für die Verpflichtungen der Organe, Institutionen und Dienststellen haften, die ihnen nachgeordnet sind, soweit letztere eine Rechtspersönlichkeit haben.

76 Übersetzung des Verfassers.

§ 18 Schweden

Thomas Bull

Inhaltsübersicht

A. Grundlagen

I. Rechtsstaatliche Determinanten der Verfassungsordnung

Das erste Kapitel des schwedischen Verfassungsgesetzes *regeringsformen* (Instrument der Regierung, abgekürzt RF)[1] enthält die fundamentalen Verfassungsgrundsätze. Darunter befinden sich in Kapitel 1 § 1 RF die Grundsätze der Volkssouveränität und des Parlamentarismus, was bedeutet, dass alle Staatsgewalt vom Volk, vertreten durch das Parlament, ausgeht. Der Aufbau der Staatsgewalt basiert auf der Funktion der öffentlichen Organe. Es gibt zwei Arten von öffentlichen Organen: politische Vereinigungen mit Entscheidungsfunktion wie das Parlament *Riksda-*

1 Es ist anzumerken, dass das RF im Jahr 2010 einer bedeutenden Veränderung unterzogen wurde, was sich allerdings nicht auf die für den vorliegenden Bericht relevanten Bereiche auswirkte mit Ausnahme der Neunummerierung einiger Paragrafen. Im Folgenden wird die neue, im Jahr 2011 in Kraft tretende Fassung verwendet.

gen, den Stadtrat und den Kreisrat einerseits und Behörden wie die Regierung, die Gerichte und die Verwaltungsbehörden andererseits.[2]

Der fundamentale Grundsatz der Gesetzmäßigkeit findet sich ebenfalls in Kapitel 1 § 1 RF und besagt, dass sämtliche Ausübung von Hoheitsgewalt einer gesetzlichen Grundlage bedarf. Dieser Grundsatz gilt für alle hoheitlich tätigen Organe, sogar für das Parlament.[3] Behörden können Gesetze nicht ignorieren, jedoch im Einzelfall auslegen. Die Behörden sind zudem verpflichtet, die in Kapitel 1 § 9 RF enthaltenen Grundsätze der Objektivität und der Gleichheit anzuwenden. Die RF enthält weitere Rechtsstaatsaspekte wie beispielsweise den Schutz der Verfassungsrechte (Kapitel 2), die Unabhängigkeit der Gerichte und der Richter bei der Urteilsfällung (Kapitel 11) und die verfassungsmäßige Überprüfung von Gesetzesentwürfen durch den *Lagrådet* (Gesetzgebungsrat) vor der parlamentarischen Beschlussfassung (Kapitel 8). Vom internationalen Standpunkt aus stimmt die RF mit den meisten europäischen Verfassungsordnungen inhaltlich im Wesentlichen überein. Die Einhaltung der Verfassungsregeln, Verfassungsgrundsätze und Verfassungsrechte wird im Wege einer Verfassungsmäßigkeitskontrolle durch bestimmte, in der Verfassung entsprechend vorgesehene Organe und Institutionen überwacht. In Kapitel 12 RF finden sich einige dieser Vorschriften. Diese betreffen die parlamentarische Kontrolle der Regierung und der Verwaltungsbehörden sowie die Überwachung der höchsten Gerichte, des *Högsta Domstolen* (Oberster Gerichtshof in Zivil- und Strafsachen, abgekürzt HD) und der *Högsta Förvaltningsdomstolen* (Oberster Verwaltungsgerichtshof, abgekürzt HFD).

Zunächst einmal sollte der parlamentarische Verfassungsausschuss erwähnt werden. Dieser besteht aus Parlamentsabgeordneten; die Sitzverteilung im Ausschuss entspricht proportional dem Stimmenverhältnis im Parlament. Vorsitzender ist stets ein Mitglied der Opposition. Der Ausschuss hat zwei Hauptaufgaben. Er überwacht Verwaltungshandlungen und -befugnisse der Regierung, um deren Verfassungsmäßigkeit sicherzustellen. Beispiele hierfür sind die Veröffentlichung von Gesetzgebungsakten, die Ernennung von Behördenleitern sowie die Verwahrung öffentlicher Dokumente. Er wird zudem auf die Beschwerde anderer Parlamentsabgeordneter bezüglich einer Handlung (oder Untätigkeit) der Regierung hin tätig, um festzustellen, ob der Verfassungsrahmen beachtet wurde und/oder ob einem Regierungsminister ein Vorwurf zu machen ist. Ein Beispiel für diese Art der Kontrolle ist die Untersuchung nach dem großen Tsunami in Ostasien im Jahr 2004, bei der der Ausschuss angesichts eines Mangels an klarer Führung innerhalb der Regierung im Zusammenhang mit der Krisenbewältigung einige Kritikpunkte feststellte. Der Ausschuss selbst kann keine juristischen oder politischen Maßnahmen ergreifen mit Ausnahme der Veröffentlichung seiner Berichte, dies kann jedoch einen politischen Prozess im Parlament in Gang setzen, der zum Rücktritt eines einzelnen Ministers oder auch der gesamten Regierung führen kann.

Der parlamentarische Ombudsmann (in Schweden oft als *Justitieombudsman* bezeichnet, abgekürzt JO) überwacht im Auftrag des Parlaments die öffentliche Verwaltung. Seine Hauptaufgabe ist, durch Untersuchungen zu Behördentätigkeiten die Einhaltung der Gesetze und die Wahrung der Verfassungsrechte sicherzustellen. Eine verfassungsrechtliche Grundlage für diese Aufgaben findet sich in Kapitel 12 § 6 RF und wird durch einfachgesetzliche Vorschriften vervollständigt.[4] Beamte sind verpflichtet, Untersuchungen durch Auskunftserteilung zu unterstützen. Bürger können sich mit Beschwerden an den JO wenden, was zu Untersuchungen durch diesen führen kann, sofern er sie für notwendig erachtet. Der JO kann auch auf eigene Initiative hin Untersuchungen durchführen. Der JO überprüft jährlich einige Behörden. Stößt der JO auf einen

2 *Warnling-Nerep et al.*, Statsrättens grunder, S. 7–8.
3 *Warnling-Nerep et al.*, Statsrättens grunder, S. 39–42.
4 Vgl. *JO-instruktionen* (Gesetz zur Arbeitsweise des JO), SFS 1986:765.

Fehler bei der Handlung eines öffentlichen Angestellten und/oder einer Behörde, so ergehen seinerseits Ausführungen zur korrekten Vorgehensweise im Hinblick auf die korrekte Gesetzesauslegung. Außerdem kann öffentliche Kritik gegenüber individuellen öffentlichen Angestellten und der Behörde als solcher erfolgen, möglich ist eine Aufforderung zu disziplinarischen Maßnahmen und der JO kann – in Ausnahmefällen – bei strafbarer Fahrlässigkeit im Zuge der Ausführung öffentlicher Aufgaben die Verantwortlichen strafrechtlich verfolgen, vgl. Kapitel 20 § 1 *brottsbalken* (Strafgesetzbuch). Der JO kann sich ferner mit dem Ersuchen an das Parlament wenden, eine Änderung der Gesetzgebung zu erwägen. Es ist wichtig festzustellen, dass der JO eine behördliche Entscheidung selbst nicht umwandeln kann.[5]

Dem *Justitiekanslern* (Oberster Justizbeamter Schwedens, abgekürzt JK) steht als Sonderstaatsanwalt – ähnlich dem JO, allerdings im Auftrag der Regierung – die Aufsicht über die Rechtsanwälte und Beamten zu.[6] Der JK hat noch weitere Aufgaben als Sonderstaatsanwalt gemäß dem Gesetz zur Pressefreiheit und als Rechtsberater des Staates. Außerdem hat er die Aufgabe, über Schadensersatzklagen gegen den Staat im Rahmen von freiwilligen Schiedsverfahren zu entscheiden. Dem JK steht, wie später näher ausgeführt wird, bei der Gewährung einer Entschädigung ein weiterer Ermessensspielraum zur Verfügung, als es die Gesetzgebung bei der Amtshaftung vorsieht, jedoch orientiert er sich bei seinen Entscheidungen selbstverständlich an letzterer. Der JK befasst sich zudem mit einigen anderen Schadensersatzklagen gegen den Staat.

Schweden hat kein Verfassungsgericht; die verfassungsrechtliche Kontrolle der Legislative erfolgt durch die Gerichte und die Verwaltungsbehörden. Diese können (und müssen) sich weigern, ein Gesetz anzuwenden, das nicht der Verfassung entspricht – eine konkrete Form von richterlicher Verfassungskontrolle gemäß Kapitel 11 § 14 RF. Dies umfasst nicht die Befugnis, ein Gesetz für nichtig zu erklären, selbst wenn es im Widerspruch zur Verfassung steht.[7] Einzig das Parlament kann Gesetze ändern oder verwerfen. Damit kann festgestellt werden, dass Kapitel 11 § 14 RF die einzige Verfassungsvorschrift im Hinblick auf die Kontrolle des Parlaments in seiner Rolle als Gesetzgeber darstellt.

Die Rechtslage bezüglich der Befugnis zur Überwachung von legislativen Akten wird in hohem Maße durch die Entwicklung und Begründung von EU-Recht sowie internationalen Menschenrechtsverträgen wie insbesondere der Europäischen Menschenrechtskonvention (EMRK) beeinflusst.

II. Grundsätzliche Voraussetzungen einer Staatshaftung

1. Historische Entwicklung

Bevor mit dem *skadeståndslagen* (Schadensersatzgesetz, abgekürzt SkL)[8] im Jahr 1972 das erste schwedische Gesetz zur Staatshaftung eingeführt wurde, bestand die einzige Möglichkeit, Ersatz für durch Behörden verursachte Schäden zu erlangen, darin, die verursachende Amtsperson direkt in Anspruch zu nehmen. Im SkL wurde die Behördenhaftung in Kapitel 3 § 2 geregelt, was noch heute die Hauptvorschrift im SkL bezüglich der Amtshaftung ist. Dort ist eine Haftung für Schäden vorgesehen, die bei der Ausübung behördlicher Tätigkeit verursacht werden. Im Ver-

5 *Warnling-Nerep et al.*, Statsrättens grunder, S. 249–251. Gegen Empfehlungen des JO ist kein Rechtsmittel möglich.
6 *Warnling-Nerep et al.*, Statsrättens grunder, S. 251. Die Arbeit des JK wird geregelt durch das *lag* (1975:1339) *om Justitiekanslerns tillsyn* (Gesetz zur Aufsicht durch den Obersten Justizbeamten) sowie die *förordning* (1975:1345) *med* instruktion *för Justitiekanslern* (Rechtsverordnung hinsichtlich der Pflichten des Obersten Justizbeamten).
7 *Warnling-Nerep et al.*, Statsrättens grunder, S. 229.
8 SOU 1972:27.

gleich zur Haftung von Privatpersonen und Arbeitgebern war die Haftung der Regierung und Stadtverwaltungen erweitert, allerdings bestanden auch Ausnahmen vom Haftungsgrundsatz, wodurch die Rechte des Einzelnen, bestimmte Schadensansprüche geltend zu machen, verletzt wurden. Die bedeutendste dieser Beschränkungen war der sogenannte Grundsatz der Mindestanforderungen (früher in Kapitel 3 § 3 SkL), wonach in manchen Fällen trotz des Vorliegens von Vorsatz/Fahrlässigkeit eine Haftung ausgeschlossen wurde, da angemessene Anforderungen in Bezug auf die Behördentätigkeit nicht in einem solchen Maße außer Acht gelassen wurden, dass deswegen eine Behördenhaftung ausgelöst werden sollte. Eine weitere wichtige Beschränkung erfolgte durch den Passivitätsgrundsatz (Kapitel 3 § 4 SkL), wonach eine Person, die durch den Staat oder die Gemeinde einen Schaden erlitten hatte, ihren Entschädigungsanspruch verlieren konnte, wenn sie diesen Anspruch nicht innerhalb eines bestimmten Zeitraums geltend machte (ohne einen rechtlich anerkannten Grund). Kapitel 3 § 5 SkL enthielt eine besondere Vorschrift zur Bemessung des Vermögensschadens eines Unternehmers.

Die Kodifikation der Amtshaftung im Jahr 1972 stellte eine Vorsichtsmaßnahme dar. Es gab große Bedenken, den Behörden eine weitreichende Haftung aufzuerlegen, und zwar hauptsächlich aus wirtschaftlichen Gründen. Zudem bestand die Besorgnis, dass die Behörden unangemessenen Klagen ausgesetzt würden („Schleusentorargument“) und dass eine erweitere Haftung für Schäden die Beamten bei ihrer Arbeit negativ beeinflussen würde.

Erst 1990 wurde die Amtshaftung erneuten Änderungen unterworfen. Die Regelungen aus dem Jahr 1972 waren lange als zu schwacher Schutz der Bürger gegenüber der Behördenmacht kritisiert worden. Eine politische Parlamentsdebatte endete mit der Abschaffung des Grundsatzes der Mindestanforderungen, des Passivitätsgrundsatzes und der Bemessungsregelung in Kapitel 3 § 5 SkL. Hintergrund dieses Wandels war die Sicht auf die Bürger als schwach und abhängig von den Behörden, ein Verhältnis, das eine Ausdehnung der Amtshaftung im Vergleich zu früheren Regelungen veranlasste.[9]

2. Aktuelle Regelung

Die Haftung für unerlaubte Handlungen findet sich noch immer in Kapitel 3 § 2 SkL. Die gegenwärtige Regelung sieht vor, dass der Staat oder eine Gemeinde Schadensersatz leistet für Personenschäden, Sachschäden oder Vermögensschäden, die vorsätzlich oder fahrlässig im Zuge der Ausübung von Hoheitsgewalt entstanden sind. Die Haftung umfasst Handlungen im Rahmen der behördlichen Tätigkeit, für die der Staat oder eine Gemeinde verantwortlich sind. Außerdem bestimmt Kapitel 3 § 3 SkL, dass die öffentliche Hand in bestimmten Fällen für fehlerhafte Beratung und Information haftet, selbst wenn diese nicht im Zusammenhang mit der Ausübung behördlicher Tätigkeit stehen. Behörden sollen zudem für Schäden infolge einer *kränkning* (Verletzung) persönlicher Freiheit oder Ehre gemäß den „gewöhnlichen“ Haftungsregelungen in Kapitel 2 § 3 SkL Entschädigung leisten. Es gibt in Schweden darüber hinaus zahlreiche besondere Amtshaftungsbestimmungen, von denen einige nachstehend beschrieben werden.

Die besonderen Merkmale der schwedischen Amtshaftung gemäß Kapitel 3 § 2 SkL sind die Voraussetzung eines Zusammenhangs mit der Ausübung von Hoheitsmacht sowie die Möglichkeit, einen Ersatz für Vermögensschäden zu bekommen, was eine Ausnahme gegenüber dem diesbezüglich ansonsten restriktiven schwedischen Schadensersatzrecht darstellt. In nachfolgenden Abschnitten dieses Berichtes wird auf diese Merkmale der Amtshaftung ausführlich eingegangen (→ B.I.).

9 Vgl. prop. 1989/90:42, S. 6.

III. Rechtsquellen des Staatshaftungsrechts im Überblick

Wie bereits erwähnt, ist das SkL die Hauptquelle des Schadensersatzrechts in Schweden. Das SkL stellt jedoch ein Rahmengesetz dar, dem es in vielen wichtigen Punkten an Definitionen und Vorschriften mangelt. Aus diesem Grund sind von der Rechtsprechung entwickelte Grundsätze und Anmerkungen zu den Gesetzesvorarbeiten für das Verständnis und die Anwendung des SkL von großer Bedeutung. Ebenso wird die Rechtsdogmatik, das Erläutern und Analysieren von Rechtsfragen, traditionell als eine Quelle des schwedischen Rechtssystems angesehen und ist in dem eher unklaren Bereich des Schadensersatzrechts von besonderer Bedeutung.

Grundsätzliche Regelungen, denen die Behörden unterworfen sind, finden sich in der Verfassung. Das RF bestimmt, in welcher Abfolge eine Gesetzgebung zu erfolgen hat und wie die Machtbefugnisse innerhalb verschiedener Organe aufgeteilt sind. In anderen Gesetzen wie dem *förvaltningslagen* (Verwaltungsgesetz)[10] und dem *förvaltningsprocesslagen* (Verwaltungsverfahrensgesetz)[11] finden sich Regelungen dazu, wie Behörden sich in ihrem Verhältnis gegenüber den Bürgern verhalten sollen. Diese Gesetze zu Behördenhandlungen sind von Bedeutung, wenn es darum geht, eine Haftung gemäß den Bestimmungen des SkL zu begründen.

Der Grundsatz der Bindung an gerichtliche Vorentscheidungen findet in Schweden keine Anwendung und die Entscheidungen des Obersten Gerichtshofs und des Obersten Verwaltungsgerichts sind für untere Instanzen nicht bindend.[12] Dennoch folgen die Instanzgerichte zumeist den Grundsätzen und Auslegungen der oberen Gerichte. Dies nicht zu tun, kann sogar zu einer Haftung für Vorsatz oder Fahrlässigkeit nach Kapitel 3 § 2 SkL führen. Eine weitere wichtige Quelle hinsichtlich der Anwendung der Vorschriften sind die vom JO und JK entschiedenen Fälle von Beschwerden gegen die Träger öffentlicher Belange sowie die Entscheidungen des JK in Schiedsverfahren (→ D.I.).

Aufgrund der Mitgliedschaft Schwedens in der Europäischen Union sind die Gerichte und andere Behörden verpflichtet, bei ihrer Tätigkeit stets das Unionsrecht zu beachten. EU-Recht ist zu einer wichtigen Rechtsquelle im schwedischen Recht geworden. Ein Verstoß Schwedens gegen EU-Recht wurde in einigen Fällen festgestellt, und zwar durch Gerichtsentscheidungen ebenso wie durch Schiedsverfahren vor dem JK, am bedeutendsten ist in diesem Zusammenhang wohl die fehlerhafte Umsetzung der Richtlinie zum Schutz der Arbeitnehmer bei Zahlungsunfähigkeit des Arbeitgebers (80/987 EWG). Die jüngsten Entwicklungen im Bezug auf Schadensersatz auf Grundlage des EU-Rechts sind widersprüchlich; das *Arbetsdomstolen* (Arbeitsgericht, abgekürzt AD) entschied kürzlich, dass private Parteien gegenüber anderen privat auftretenden Parteien für unionsrechtswidrige Handlungen haftbar gemacht werden können (d.h. horizontale Haftung).[13] Der Oberste Gerichtshof hat eine Überprüfung des Falles abgelehnt.

Ähnlich wie das Unionsrecht hatte auch die EMRK durch Auslegung der nationalen Rechtsvorschriften im Sinne der Konventionsgrundsätze großen Einfluss auf das schwedische Schadensersatzrecht. Seit 1995 hat die Konvention in Schweden Gesetzesstatus, was sowohl die Legislative als auch die Gerichte bei ihren Entscheidungen beeinflusst. Für lange Zeit wurde davon ausgegangen, dass das schwedische Recht sich im Einklang mit der Konvention befände, nach mehreren Entscheidungen des Europäischen Gerichtshofs für Menschenrechte (EGMR) gegen Schweden wurde jedoch offensichtlich, dass in Schweden Mängel beim Schutz individueller Rechte auftraten, besonders im Hinblick auf das Recht auf ein faires Verfahren nach Artikel 6 EMRK. Dies hatte Änderungen im schwedischen Rechtssystem zur Folge, und in letzter Zeit ist

---

10 SOU 1986:223.
11 SOU 1971:291.
12 HD, NJA 1994, S. 194.
13 AD 2009, Nr. 89.

das Schadensersatzrecht aufgrund der neuen Rechtsprechung des EGMR zu Artikel 6 und 13 EMRK einer der am meisten hiervon betroffenen Bereiche. Das schwedische Recht ist selbstverständlich im Einklang mit EMRK und Unionsrecht auszulegen, und es ist wahrscheinlich, dass Verstöße als schuldhaft im Sinne von Kapitel 3 § 2 SkL angesehen werden.[14]

IV. Bereiche staatlicher Haftung

Neben den Vorschriften im SkL bestehen in verschiedenen Bereichen einige Sondergesetze zur Haftung für Schäden, die Behörden im Zuge ihrer Tätigkeiten verursachen können. Die Regelungen unterscheiden sich in verschiedener Hinsicht bezüglich der Haftungsvoraussetzungen. An dieser Stelle ist nur Raum für einen kurzen Überblick über einige der wichtigeren Gesetze.

Das *expropriationslagen* (Enteignungsgesetz)[15] enthält Vorschriften dahingehend, unter welchen Voraussetzungen und zu welchem Zweck die Öffentlichkeit Ausnahmen vom (verfassungsmäßig in Kapitel 2 § 18 RF geschützten) Recht auf Eigentum machen kann. Hat die Enteignung einen objektiv messbaren Schaden zur Folge, wird der Eigentümer gemäß den Vorschriften in Kapitel 4 dieses Gesetzes entschädigt. Zur Bestimmung der Entschädigungshöhe werden verschiedene Grundsätze angewendet, so hängt diese zum Beispiel vom Ausmaß des Eingriffs ab, je nachdem ob das gesamte Eigentum oder nur ein Teil davon betroffen ist. Ein immaterieller Schaden wird nach diesen Vorschriften nicht erstattet.[16]

Kapitel 32 *miljöbalken* (Umweltgesetz)[17] begründet eine verschuldensunabhängige Haftung von Bürgern, die bestimmte, als umweltgefährdend angesehene Tätigkeiten ausüben. Wenn Behörden an solchen Tätigkeiten beteiligt sind, haften sie nicht nach dem SkL, sondern ebenfalls entsprechend diesen Vorschriften. Der Grundsatz einer verschuldensunabhängigen Gefährdungshaftung findet sich auch in anderen Gesetzen wie dem *produktansvarslagen* (Produkthaftungsgesetz)[18] und dem *atomansvarighetslagen* (Atomhaftungsgesetz)[19] und wird zudem in einigen Bereichen von der Rechtsprechung angewendet – ohne direkte Stütze im Gesetz. Beispiele für solche Fälle sind gefährliche militärische Übungen und Tätigkeiten, die zu Überflutungen führen können.

Bei der Festnahme und Verhaftung verdächtiger Personen (oder in anderen Fällen von Freiheitsentzug) haftet der Staat gemäß einem Gesetz aus dem Jahr 1998, wenn die betroffene Person für unschuldig oder lediglich bezüglich eines geringen Vergehens für schuldig befunden wird.[20] Eine Person, die mehr als 24 Stunden festgenommen oder anderen Zwangsmaßnahmen unterworfen wurde, erhält eine Entschädigung, was auch einen Einkommensausfall etc. umfassen kann. Das Gesetz sieht eine verschuldensunabhängige Haftung ohne Verschuldenserfordernis bezüglich der Beamten vor. Es gibt Ausnahmen von den Vorschriften dieses Gesetzes, wenn die Person beispielsweise den Schaden aufgrund ihres Widerstands gegen die Polizeibeamten teilweise mitverschuldet hat oder wenn besondere Umstände eine Entschädigung des Betroffenen unbillig erscheinen lassen. Beispiel hierfür ist, wenn dem Betroffenen im Hinblick auf die Dauer der Untersuchungshaft bereits ein Ausgleich in Form einer Haftstrafenverkürzung ge-

14 *Andersson*, JFT 5-6/2007, 377 (383).
15 SOU 1972:719.
16 *Sjödin et. al.*, Markåtkomst och ersättning, S. 65. → B.II.
17 SOU 1998:808.
18 SOU 1992:18.
19 SOU 1968:45.
20 *Lagen om ersättning vid frihetsberövande och andra tvångsåtgärder* 1998:714 (Gesetz zur Entschädigung bei Freiheitsentziehung und anderen Zwangsmaßnahmen).

währt wurde.[21] Wenn das Gesetz keine Anwendung findet, dann sind die Vorschriften des SkL heranzuziehen.

Gemäß dem *lag om offentlig upphandling* (Gesetz zur öffentlichen Auftragsvergabe)[22] sind der Staat und die Gemeinden (sowie private Akteure, die im öffentlichen Interesse auftreten) verpflichtet, bei der Anschaffung von Gütern und dem Empfang von Dienstleistungen für die Öffentlichkeit besondere Vorschriften zu beachten. Verluste eines Lieferanten infolge eines Verstoßes gegen diese Regeln müssen erstattet werden. Selbst ein Vermögensschaden wird ohne die Beschränkungen erstattet, die üblicherweise für private ebenso wie für öffentliche Haftung gelten. Die Haftung für den Verstoß dieser Vorschriften hat den Charakter einer verschuldensunabhängigen Haftung ohne Vorsatz- oder Fahrlässigkeitsvoraussetzungen.

Das *personuppgiftslagen* (Datenschutzgesetz)[23] enthält in § 48 Regeln zur Haftung für das Speichern und Verwenden persönlicher Daten ohne Rechtsgrundlage. Auch Behörden haften gemäß diesen Vorschriften, die verschuldensunabhängig ausgestaltet sind. Mehrere Gesetze wurden kürzlich im *diskrimineringslagen* (Diskriminierungsgesetz)[24] zusammengefasst, welches dem Beschwerdeführer ebenfalls die Möglichkeit gibt, in Fällen von Diskriminierung aus besonderen Gründen (Kapitel 5 § 1) Schadensersatz gegenüber Behörden (ebenso wie gegenüber privaten Akteuren) geltend zu machen.[25]

B. Haftungsbegründung

I. Relevantes Verhalten

Hinsichtlich „privater" Tätigkeiten sind der Staat und die Gemeinden für Schäden in demselben Ausmaß verantwortlich wie andere juristische Personen.[26] Private Tätigkeiten umfassen sowohl Tätigkeiten, die üblicherweise von Privatpersonen und Unternehmen ausgeführt werden, als auch typische Tätigkeiten der öffentlichen Hand wie Gesundheitswesen, Schulen etc.[27] In diesen Fällen haftet die öffentliche Hand für eigenen Vorsatz/Fahrlässigkeit gemäß der grundsätzlichen Regelung in Kapitel 2 § 1 SkL. Diese Vorschrift besagt, dass ein Bürger, der vorsätzlich oder fahrlässig einem anderen einen Schaden zufügt, haftbar gemacht werden kann. Diese Vorschrift ist in allen Fällen außervertraglicher Schäden anwendbar und gilt für Privatpersonen ebenso wie für juristische Personen.[28]

Die Regierung und die Gemeinden trifft im Rahmen ihrer privatrechtlichen Tätigkeiten nach Kapitel 3 § 1 SkL eine Haftung für fremdes Verschulden hinsichtlich von Schäden, die durch Arbeitnehmer verursacht wurden. Körperverletzungen oder Sachschäden werden entschädigt, wenn ein Arbeitnehmer bei der Dienstausübung vorsätzlich oder fahrlässig gehandelt hat. Ein

21 Vgl. Beschluss des JK vom 6.7.2010, Nr. 6836-09-41, abrufbar unter unter http://www.jk.se, zuletzt abgerufen am 16.4.2013.
22 SOU 2007:1091.
23 SOU 1998:204.
24 SOU 2008:567.
25 Vgl. HD, NJA 2006, S. 683, wonach der Staat dafür haftete, dass für die Zulassung ausländischer Studenten an die juristische Fakultät der Universität Uppsala eine Quote von 10% galt.
26 *Hellner/Radetzki*, Skadeståndsrätt, S. 151.
27 Bei der Unterrichtserteilung oder der Durchführung von Operationen, welche nicht als Ausübung staatlicher Hoheitsgewalt angesehen werden. Es ist festzustellen, dass im Bereich des Gesundheitswesens ein bestimmtes Versicherungssystem zur Entschädigung von Patienten besteht (vgl. *patientskadelagen*, 1996:799 (Patientenentschädigungsgesetz).
28 *Hellner/Radetzki*, Skadeståndsrätt, S. 445.

Vermögensschaden wird nur in Fällen von kriminellen Handlungen ersetzt, eine Ausnahme zur Haftung nach Kapitel 3 § 2 SkL. Bei Tätigkeiten, die nicht im Zusammenhang mit der Ausübung von Hoheitsgewalt erfolgen, haften die Behörden für ihre Arbeitnehmer nach Kapitel 3 § 1 SkL. Der Begriff „Arbeitnehmer" umfasst neben der gewöhnlichen Auslegung auch bestimmte, in Kapitel 6 § 5 SkL bezeichnete Gruppen.[29]

1. Vertraglicher Schaden

Der Anwendungsbereich des SkL findet sich in Kapitel 1 § 1 SkL, aus dem sich ergibt, dass das Gesetz in erster Linie auf außervertragliche Schäden Anwendung findet. Bestehen Sondergesetze, so sind diese gemäß dem Grundsatz, nach dem spezielle Gesetze stets Vorrang vor dem allgemeinen Recht haben, anstelle des SkL anzuwenden.[30] Folglich ist das SkL auf vertragliche Beziehungen subsidiär anwendbar, sofern sich aus dem Vertrag selbst keine entsprechenden Vorschriften ergeben.

Für vertragliche Beziehungen mit dem Staat oder den Gemeinden als Vertragspartei gelten im Wesentlichen dieselben Regelungen wie für private Rechtsträger.[31] Behörden können somit als eigenständige juristische Personen Verträge schließen und für Schäden aufgrund einer Vertragsverletzung verklagt werden. In manchen Fällen ist es schwierig, Aspekte einer Beziehung zwischen einem Individuum und der öffentlichen Hand eindeutig als vertraglich oder als Bestandteil typischer Behördentätigkeit einzuordnen. Die Zuordnung einer Beziehung hängt von der Beurteilung der Frage ab, ob die öffentliche Tätigkeit als Ausübung von Hoheitsgewalt, auf deren Besonderheiten im nachstehenden Abschnitt eingegangen wird, angesehen werden muss.

Eine Einschränkung der Fähigkeit, Verträge abzuschließen, stellen die Vorschriften zur öffentlichen Auftragsvergabe dar (→ B.IV.), die Regelungen zur Entgegennahme und Annahme eines Angebots in Übereinstimmung mit den gesetzlichen Grundsätzen enthalten. Werden diese Vorschriften missachtet, so ist eine Haftung gemäß Kapitel 3 § 2 SkL möglich.

2. Ausübung von Hoheitsgewalt

Die Haftung des Staates und der Gemeinden für vorsätzliche oder fahrlässige *myndighetsutövning* (Tätigkeiten im Zusammenhang mit der Ausübung von Hoheitsgewalt) unterscheidet sich sehr von der Haftung für private Tätigkeiten. Wenn ein solcher Zusammenhang besteht, dann ist anstelle der allgemeinen Regelungen in Kapitel 2 § 1 und Kapitel 3 § 1 SkL die spezielle Vorschrift in Kapitel 3 § 2 SkL anwendbar. Zur Begründung einer Amtshaftung ist die *myndighetsutövning* (Ausübung von Hoheitsgewalt) von wesentlicher Bedeutung. Der Begriff wird in vielen Bereichen des schwedischen Rechts gebraucht. Er findet sich in der Verfassung, im Verwaltungsrecht und ebenso im Strafgesetz. Dem Begriff soll bei Verwendung in den unterschiedlichen Gesetzen stets dieselbe Bedeutung zukommen, auch wenn seine Auslegung je nach dem Bereich, in dem der Ausdruck gebraucht wird, bisweilen abweichen kann.[32]

Geläufigstes Kennzeichen der Ausübung von Hoheitsgewalt sind Entscheidungen und Handlungen, die Ausdruck von Macht und Autorität gegenüber den Bürgern sind.[33] Es handelt sich dabei im Wesentlichen um eine einseitige Beziehung. Die Gesetzesvorarbeiten zum SkL betonen

29 Z.B. Personen, die Militärdienst leisten, Referendare und andere Personen, die unter arbeitnehmerähnlichen Umständen arbeiten.
30 *Bengtsson/Strömbäck*, Skadeståndslagen, S. 30.
31 *Hellner*, Kommersiell avtalsrätt, S. 70.
32 *Bengtsson/Strömbäck*, Skadeståndslagen, S. 93.
33 *Bengtsson*, Skadestånd vid myndighetsutövning I, S. 61.

die Bedeutung der Begründung und des Erhaltes von Bürgervertrauen gegenüber den Behörden sowie des Schadensersatzes für Fehler in diesem Zusammenhang.[34] Ein Schaden, der im Zusammenhang mit der Ausübung von Hoheitsgewalt verursacht wurde, muss angemessen ersetzt werden, um das Vertrauen in die Behörden und ihre Handlungen zu bewahren. Andererseits steht diese besondere Überlegung im Zusammenhang mit der Ausübung von Hoheitsgewalt. Es ist daher wichtig festzulegen, welche Arten von Handlungen und Maßnahmen als Ausübung solcher Gewalt in Bezug auf die Rechte und Pflichten der Bürger angesehen werden. Den Behörden steht bei der Ausübung von Hoheitsgewalt ein alleiniger Anspruch auf zwangsweise Durchsetzung zu und sie können Entscheidungen treffen, die mit den Tätigkeiten privater Rechtsträger nicht vergleichbar sind. Sie können gegenüber den Bürgern – die damit auf deren Handlungen angewiesen sind – Pflichten auferlegen, Verbote aussprechen oder Leistungen gewähren.

Ein Fall des Obersten Gerichtshofs aus dem Jahr 2005 kann die unscharfe Eingrenzung des Begriffs der Ausübung von Hoheitsgewalt weiter verdeutlichen. Das Gericht hatte zu entscheiden, ob die finanzielle Förderung der Filmproduktion durch das Schwedische Filminstitut als Ausübung von Hoheitsgewalt anzusehen ist. Das Gericht entschied, dass es sich bei dem Schwedischen Filminstitut um eine Stiftung mit der Aufgabe der Verteilung staatlicher Mittel zur Förderung der Filmproduktion handelt. In diesem Fall hatte das Institut einen Produktionsförderungsantrag abgelehnt, weil es der Auffassung war, dass die antragstellende Filmgesellschaft nicht die entsprechenden Förderungsvoraussetzungen erfülle. Der Produzent verklagte den Staat wegen der Verluste, die sich aus der fehlenden finanziellen Förderung ergaben. Der Staat argumentierte, dass das Filminstitut keine Hoheitsgewalt ausübe, da es sich dabei um eine juristische Person des Privatrechts handele und private Finanzierungsträger ebenfalls beteiligt seien. Der Oberste Gerichtshof entschied, dass die Tatsache, dass die finanziellen Mittel teilweise von privaten Rechtsträgern stammen, nicht ausschließt, dass die Entscheidungen der Förderungsgewährung eine Ausübung von Hoheitsgewalt darstellt. Produzenten, die finanzielle Förderung beantragen (und einen Teil der staatlichen Mittel) hätten *de facto* keine Alternative, als sich an das Institut zu wenden. Von Bedeutung sei darüber hinaus, dass die Regierung die Tätigkeit an das Institut delegiert hatte, dass die Förderung Teil der Regierungspolitik in kulturellen Bereichen war und dass die Regierung den Vorstand ernannt hatte. Demzufolge weise die Institutstätigkeit Merkmale der Ausübung von Hoheitsgewalt auf, ungeachtet der allgemeinen organisatorischen Rahmenbedingungen.[35] Der Oberste Gerichtshof hob hervor, dass es auf die Bedeutung der von einer Dienststelle übernommenen Aufgaben ankomme und nicht auf die formellen Begleitumstände. Als Schlussfolgerung bemisst sich die Ausübung von Hoheitsgewalt schwerpunktmäßig am Gehalt und nicht an der äußeren Form der betroffenen Befugnisse.

Die Regelung in Kapitel 3 § 2 SkL betrifft Vorsatz und Fahrlässigkeit im Zusammenhang mit der Ausübung von Hoheitsgewalt, wobei dies nicht nur auf Schäden zutrifft, die bei einem behördlichen Eingriff mittels konkreter Entscheidungen und Maßnahmen in einer besonderen Situation entstanden sind. Die Regelung findet auch Anwendung auf andere Umstände vor, während und nach einer solchen Entscheidung, solange ein konkreter Zusammenhang mit der Ausübung von Hoheitsgewalt besteht. Beispiel hierfür ist eine unzureichende Kommunikation vor einer Entscheidung, was zu Verlusten auf Seiten einer Partei führt. Sie ist ebenso von Bedeutung in Fällen schuldhafter Handlungen, nachdem eine Entscheidung ergangen ist; dabei kann es sich ebenso um Fehler bei der Protokollierung, Beurkundung oder Ausführung der Entschei-

34 Prop. 1989/90:42, S. 6.
35 HD, NJA 2005, S. 568.

dung handeln wie um andere irreführende Informationen in direktem Zusammenhang mit der Ausübung von Hoheitsgewalt.[36]

Nicht nur Handlungen fallen ausdrücklich in den Anwendungsbereich der Regelung in Kapitel 3 § 2 SkL, sondern auch das Unterlassen, in einer bestimmten Situation das Erforderliche zu unternehmen. Ein typisches Beispiel für eine Unterlassung ist, wenn Polizeibeamte oder Gefängnisbeamte nicht zur Aufrechterhaltung von Sicherheit oder Ordnung einschreiten. Eine wichtige Information, die nicht rechtzeitig an den Betroffenen weitergeleitet wird, unzureichende Dienstleistungen und Hilfe im Umgang mit Behörden sind ebenfalls Beispiele für Handlungsversäumnisse, die von Kapitel 3 § 2 SkL erfasst werden können.

Angesichts der Voraussetzung eines Zusammenhangs mit der Ausübung von Hoheitsgewalt stellt sich die Frage, wann ein solcher Zusammenhang direkt genug ist, um eine Haftung auszulösen. Mit dieser Frage befassten sich mehrere Entscheidungen des Schwedischen Obersten Gerichtshofs sowie Schiedssprüche des JK. In einem Fall hatte eine Frau ihre lokale Versicherungsagentur angerufen und um Auskunft gebeten bezüglich ihr zustehender Versicherungsleistungen in dem Fall, dass sie aufgrund eines erkrankten Kindes ihrer Arbeitsstelle fernbleiben müsste. Ihr wurde eine falsche Auskunft erteilt, was zu einem Einkommensverlust führte. Der Oberste Gerichtshof entschied, dass die Information im Zusammenhang mit einem zukünftigen Leistungsanspruch stand und aus diesem Grund die Regelung in Kapitel 3 § 2 anwendbar sei.[37] In einem ähnlichen Fall, der zur selben Zeit entschieden wurde, wurde einem Grundstückskäufer von einem Gemeindebeamten eine falsche Auskunft bezüglich der kommunalen Wasserversorgung erteilt. Aufgrund der falschen Information, die er erhalten hatte, ging er fälschlicherweise davon aus, dass mit der Wasserversorgung oder der Kanalisation keine Probleme bestünden mit der Folge, dass er das Grundstück mit einem beträchtlichen Verlust kaufte.[38] Da die Information jedoch nicht im Zusammenhang mit der Ausübung irgendeiner Hoheitsgewalt gegenüber dem Käufer erfolgte, entschied der Oberste Gerichtshof, dass die Gemeinde nicht nach Kapitel 3 § 2 SkL haftet. Die gerichtliche Beurteilung des Zusammenhangs einer Handlung mit der Ausübung hoheitlicher Gewalt ist mit Blick auf die wirtschaftlichen Folgen für die Betroffenen offensichtlich von großer Bedeutung. Die genannten Fälle veranschaulichen, wie die Grenzen gesetzt werden, auch wenn der letztgenannte Fall heute womöglich anders entschieden worden wäre, da die Regelung in Kapitel 3 § 2 SkL (bezüglich fehlerhafter Auskunft und Beratung durch Behörden) unter solchen Umständen anwendbar ist. Diese Vorschrift, auf die nachstehend eingegangen wird, war im Zeitpunkt der Entscheidung noch nicht in Kraft.

3. Haftung für Beratung und Auskünfte

Erteilen Behörden Auskünfte oder Beratungen gegenüber Bürgern, so ist eine Haftung nach Kapitel 3 § 2 SkL wegen eines fehlenden Zusammenhangs mit der Ausübung hoheitlicher Gewalt häufig ausgeschlossen. Beispiel hierfür ist ein Fall des JK, in dem die *Livsmedelsverket* (Lebensmittelbehörde) sich negativ zu einigen Nahrungsergänzungsmitteln geäußert hatte.[39] Die Her-

36 *Bengtsson/Strömbäck*, Skadeståndslagen, S. 101.
37 HD, NJA 1986, S. 696 I.
38 HD, NJA 1986, S. 696 II. Auf diese Entscheidung sowie den zuvor angeführten Fall aus dem Jahr 1986 wird im Schrifttum sowie in den Entscheidungen des JK häufig Bezug genommen, vgl. z.B. JK, Beschluss vom 30.12.2009, Nr. 1875-08-40, abrufbar unter http://www.jk.se/Beslut/Skadestandsarenden/1875-08-40.aspx, zuletzt abgerufen am 16.4.2013.
39 Beschluss des JK vom 22.1.2010, Nr. 3271-08-40, abrufbar unter http://www.jk.se/Beslut/Skadestandsarenden/3271-08-40.aspx, zuletzt abgerufen am 16.4.2013. Der JK bezieht sich dort auf einen älteren, ähnlichen Fall des Obersten Gerichtshofs (HD, NJA 1987, 535).

steller dieser Produkte klagten auf Schadensersatz, aber der JK entschied, dass von der Lebensmittelbehörde keine Entscheidungen oder Maßnahmen mit direkter Wirkung gegenüber den Herstellern ergangen seien und die Informationen demzufolge nicht als Handlungen im Zusammenhang mit der Ausübung hoheitlicher Gewalt angesehen werden könnten. Der JK kam zu dem Ergebnis, dass der Zusammenhang zwischen der Information und den Amtsbefugnissen nicht direkt genug und Kapitel 3 § 2 SkL daher ausgeschlossen sei. Davon ausgehend untersuchte der JK einen Schadensersatzanspruch nach Kapitel 3 § 3 SkL, der in manchen Fällen fehlerhaft erteilter Information eine Haftung vorsieht, auch wenn kein Zusammenhang mit der Ausübung hoheitlicher Gewalt besteht.[40]

Die Voraussetzungen für den Erhalt von Schadensersatz nach Kapitel 3 § 3 SkL sind schwerer zu erfüllen als die Anforderungen aus Kapitel 3 § 2 SkL. Die erstgenannte Vorschrift ist dennoch wichtig in Fällen, in denen Unrecht begangen wurde, welches nicht über Kapitel 3 § 2 SkL ersetzt wird. Zweck dieser Regelung ist die Anerkennung der Abhängigkeit der Bürger von behördlichen Auskünften und deren Recht, auf diese vertrauen zu dürfen. Die Gesetzesvorarbeiten erwähnen auch die präventive Wirkung, die sich aus einer erweiterten Haftung ergibt, da sich die Verwaltungsarbeit sowie die Qualität insgesamt verbessern könnten.[41]

Um eine Haftung nach Kapitel 3 § 3 SkL auszulösen, müssen besondere Umstände vorliegen. Nicht jede irreführende oder fehlerhafte Behördenauskunft hat einen Schadensersatzanspruch zur Folge. Zunächst einmal muss sich der Betroffene auf die fehlerhafte Auskunft verlassen und infolgedessen einen Verlust erlitten haben. Konkrete Angaben zum Inhalt einer Rechtsnorm können den Empfänger dazu bringen, die Auskunft als wahrheitsgemäß anzusehen. Der Beamte muss fahrlässig gehandelt haben und der Auskunftsempfänger muss einen bestimmten Grund gehabt haben, dieser Quelle zu vertrauen. Hätte die Auskunft leicht an anderer Stelle auf ihre Richtigkeit hin überprüft werden können, ist dies ein Umstand, der gegen eine Haftung der auskunftserteilenden Behörde spricht.[42] Daraus ergibt sich auch, dass von Bedeutung ist, wer die Auskunft erteilt und was für eine Verbindung zu dem Bereich besteht, in dem die Behörde tätig wird. Experten auf einem bestimmten Gebiet wird eher vertraut als Beamten, die Auskünfte erteilen, die nicht in Verbindung mit ihrem Hauptbetätigungsfeld stehen.

Körperverletzungen und Sachschäden werden nach dieser Vorschrift nicht ersetzt – nur reine Vermögensschäden. Damit handelt es sich um eine Ausnahme von dem Grundsatz, nach dem der Ersatz eines Vermögensschadens die Ausübung hoheitlicher Gewalt voraussetzt.

II. Relevante Normverstöße

1. Fehlerhafte Anwendung von Gesetzen und Präzedenzfällen

Der Begriff der Rechtssicherheit ist im schwedischen Rechtssystem von wesentlicher Bedeutung; die Bürger haben ein Recht darauf, dass im Umgang mit ihnen die geltenden Gesetze angewendet werden. Wird eine Rechtsnorm außer Acht gelassen, können die Behörden, die diese anwenden sollten, einer Haftung nicht entgehen. Es gibt hohe Anforderungen bezüglich der Beachtung

40 Prop. 1997/98:105, S. 34.

41 Prop. 1997/98:105, S. 35.

42 Dies war von entscheidender Bedeutung in dem Beschluss des JK vom 4.4.2008 Nr. 4671-06-40, abrufbar unter http://www.jk.se/Beslut/Skadestandsarenden/4671-06-40.aspx, zuletzt abgerufen am 16.4.2013, in dem eine falsche Information zu Prüfungen auf einer Universitätswebseite veröffentlicht wurde. Die korrekte Information wurde dem Beschwerdeführer jedoch per E-Mail mitgeteilt. Der JK entschied, dass dieser keinen besonderen Grund gehabt hätte, der Webseite zu vertrauen, da er die richtige Information leicht auf andere Weise erlangt haben könnte. Eine Haftung der Universität wurde nicht angenommen.

und richtigen Anwendung der Gesetze durch die Behörden, insbesondere dann, wenn die Vorschriften den Schutz Einzelner vor einem Rechtsverlust bezwecken.[43] Wurde eine relevante Norm fehlerhaft angewendet, ist der dadurch entstandene Schaden in den meisten Fällen zu ersetzen. Dies gilt unabhängig davon, ob die Behörde die besondere Norm übersehen hat (z.B. wenn es sich um eine vergleichsweise neue Vorschrift handelt, von der die Behörde noch keine Kenntnis hat) oder ob die Behörde den zugrundeliegenden Sachverhalt im Einzelfall falsch bewertet hat.[44] Die fehlerfreie Anwendung umfasst sowohl formelle als auch materielle Rechtnormen; Einzelne dürfen bei der Planung ihrer Handlungen davon ausgehen, dass die Rechtsnormen durch die Beamten richtig angewendet werden.

Der Oberste Gerichtshof entschied mehrfach, dass Gerichte in Fällen falsch angewendeter Gesetze für dadurch entstandene Schäden haftbar gemacht werden können. Gleichzeitig muss jedoch Raum bleiben für die rechtsetzende Tätigkeit der Gerichte in Form von Richterrecht. Es ist daher für ein Gericht möglich, vom Gesetz abzuweichen, wenn ein überzeugender Grund besteht, das Recht auf andere Weise auszulegen und anzuwenden. In einem Fall vor dem Obersten Gerichtshof ging es um eine Entscheidung eines *Hovrätten* (Berufungsgerichts). Das Berufungsgericht missachtete bewusst einen Präzedenzfall des Obersten Gerichtshofs. Auch wenn Untergerichte formell nicht an Präzedenzfälle höherer Gerichte gebunden sind, dienen die Präzedenzfälle als Richtlinie bei der Bestimmung von Verschulden. Im vorliegenden Fall begründete das Berufungsgericht seine Entscheidung ausführlich im Hinblick auf im Schrifttum geäußerte Kritik. Infolgedessen entschied der Oberste Gerichtshof, dass das Berufungsgericht nicht schuldhaft gehandelt hatte, indem es dem Präzedenzfall nicht gefolgt war.[45]

2. Ermessensakte

Die Behörden sind verpflichtet, von der Möglichkeit zum Erlass von Ermessensakten in einheitlicher und hinreichend bestimmbarer Weise Gebrauch zu machen. Auch wenn die Behörde unter bestimmten Umständen in der Lage ist, Entscheidungen zurückzunehmen oder vorläufige Entscheidungen zu erlassen, die später geändert werden können, muss sie solche Befugnisse restriktiv einsetzen und mögliche Folgen für die Bürger berücksichtigen, die sich auf die Entscheidung verlassen.[46]

Die Anwendung von Rechtsgrundsätzen im Entscheidungsprozess gibt Raum für Ermessensentscheidungen, bei denen die Interessenabwägung offener ist als sonst üblich. In solchen Fällen kann es schwierig sein, eine Haftung für dabei verursachte Schäden zu begründen, wie in der schwedischen Rechtsprechung festgestellt wurde. Wurde beispielsweise eine Entscheidung einer Gemeinde wegen eines Verstoßes gegen den Gleichheitsgrundsatz gemäß Kapitel 2 § 2 *kommunallagen* (Schwedisches Kommunalregierungsgesetz)[47] angefochten, so ergibt sich daraus nicht zwangsläufig eine Haftung. Dieser Grundsatz findet in einer Vielzahl von Situationen Anwendung und seine Anwendung sowie die rechtlichen Folgen hängen häufig von subtilen Differenzierungen ab. Auch bei der Beweiswürdigung ist Raum für Ermessensentscheidungen und

---

43 Darauf wird in den Gesetzesvorarbeiten zum SkL hingewiesen, vgl. z.B. prop. 1972:5, S. 517.
44 *Bengtsson/Strömbäck*, Skadeståndslagen, S. 98.
45 HD, NJA 1994, S. 194. Ähnliche Entscheidungen ergingen in anderen Fällen, in denen die Abweichung von einem Gesetz oder Präzedenzfall nicht offensichtlich falsch war, vgl. NJA 2002, S. 88, NJA 1994, S. 654 und NJA 2003, S. 285.
46 *Bengtsson*, Skadestånd vid myndighetsutövning I, S. 274.
47 SOU 1991:900.

eine Haftung für Schäden ist nur möglich, wenn ein Verschulden offensichtlich ist.[48] Es finden sich ähnliche Entscheidungen, so zum Beispiel in einem Fall, in dem das Oberste Verwaltungsgericht versäumt hatte, dem Kläger wichtige Informationen mitzuteilen. Der Oberste Gerichtshof entschied, dass die Information hätte mitgeteilt werden müssen, aber dass die Entscheidung, dies nicht zu tun, nicht eindeutig inkorrekt war und der Staat für den entstandenen Schaden daher nicht hafte.[49]

Haben sich der Staat oder die Gemeinde bei ihrem Handeln von unzulässigen Erwägungen wie politischen Gründen oder der Begünstigung bestimmter Individuen (oder anderen entgegenstehenden Interessen) leiten lassen, kann dies zu einer Haftung führen. Im Bereich der Arbeitsverhältnisse ist Raum für Ermessensentscheidungen; wenn die öffentliche Hand von anerkannten Bewertungsmaßstäben abweicht, kann dies zu Schäden führen.[50] Ebenso kann eine Handlung als haftungsauslösender Verstoß angesehen werden, wenn die Behörde tatsächlich zu anderen Zwecken gehandelt hat, als die anzuwendenden Rechtsvorschriften vorsehen. Es ist freilich schwierig, die Gründe, auf denen eine Entscheidung beruht, zu erkennen und festzustellen, ob diese Gründe mit der Zielsetzung der angewendeten Rechtsnormen übereinstimmen. Um dem Einzelnen in solchen Fällen eine Durchsetzung seiner Rechte zu ermöglichen, wird die Schwierigkeit des Nachweises unzulässiger Gründe bei der Entscheidungsfindung berücksichtigt (→ D.II.).

3. Legislative Akte

Die Gesetzgebungskompetenz steht dem Parlament zu und dessen Möglichkeiten, Rechtsetzungsbefugnisse an die Regierung oder Verwaltungsbehörden zu übertragen, sind im RF – hauptsächlich im Achten Kapitel – geregelt. Einige Bereiche sind nicht delegierbar wie z.B. das Recht, Steuergesetze zu erlassen oder über ein Referendum zu entscheiden. In anderen Fällen kann das Parlament Rechtsetzungsbefugnisse gesetzlich an andere Organe, die Regierung oder Verwaltungsbehörden übertragen. Der Regierung steht – abgesehen von den Fällen, in denen sie vom Parlament zur Gesetzgebung ermächtigt wurde – ein Bereich zu, in dem sie legislative Akte (Rechtsverordnungen) ohne eine solche Ermächtigung erlassen kann. Die formalen Bestimmungen zur Ausführung legislativer Tätigkeit sind ziemlich streng und recht kompliziert und können zur Verfassungswidrigkeit von legislativen Akten führen. Gerichte und Verwaltungsbehörden können ihre Befugnis zur rechtlichen Überprüfung nach Kapitel 11 § 14 RF (→ A.I.) ausüben und Rechtsnormen, die nicht den Verfassungsvorschriften zur Gesetzgebungskompetenz entsprechen, außer Acht lassen. Momentan nicht vollständig geklärt ist die Frage, in welchem Umfang fehlerhafte Gesetzgebung eine Amtshaftung auslösen kann. In früheren Präzedenzfällen wurde die Vorstellung eines Verfassungsverstoßes als Haftungsgrundlage abgelehnt.

In freiwilligen Schiedsverfahren vor dem JK ging es um die Frage, ob fehlerhafte Gesetzgebung zu einer Amtshaftung führen kann. In einem Fall hatte sich ein Unternehmen einem Ver-

48 Vgl. Beschluss des JK vom 10.1.2005, Nr. 1632-04-40, abrufbar unter http://www.jk.se/Beslut/Skadestandsarenden/1632-04-40.aspx, zuletzt abgerufen am 16.4.2013, in der die *konkurrensverket* (Wettbewerbsbehörde) die Entscheidung, die Untersuchung eines Unternehmens zu beantragen, auf wenige Informationen stützte, die als Beweis im Sinne der entsprechenden Norm des *konkurrenslagen* (Wettbewerbsgesetz) nicht ausreichend waren. Der JK entschied, dass, auch wenn die Voraussetzungen dieser Vorschrift nicht eingehalten wurden, die Beweiswürdigung nicht offensichtlich fehlerhaft gewesen sei.

49 HD, NJA 2007, S. 862.

50 HD, NJA 2008, S. 990 in einem Fall, in dem eine Gemeinde eine Frau nicht eingestellt hatte, obwohl diese über die entsprechenden Kompetenzen verfügte. Das Gericht entschied, dass die Gemeinde in diesem Fall nicht fahrlässig gehandelt habe, da sie sich in dem ihr zustehenden Beurteilungsspielraum bewegt hätte und die Vorschriften zur Einstellung in den Schuldienst dem Wohle der Schüler dienten und nicht den Interessen der Stellenanwärterin.

bot unterworfen, das rechtswidrig war, weil es sich im Widerspruch zu EU-Recht befand. Fraglich war, ob das Unternehmen Schadensersatz für den entgangenen Gewinn aufgrund der Einhaltung der rechtswidrigen Vorschrift verlangen konnte. Der JK entschied, dass die zum Schadensersatz berechtigte Personengruppe zu umfangreich sei, wenn der Staat stets für fehlerhafte legislative Akte haften würde. In Fällen wie dem vorliegenden, in dem ein Unternehmen Vorschriften befolgte, auch wenn diese rechtswidrig waren, sei ein Schadensersatzanspruch auszuschließen. Der JK wies darauf hin, dass die Tatsache, dass das Unternehmen nicht die Möglichkeit genutzt hatte, sich *nicht* an die Vorschrift zu halten, eine unbillige Schadensersatzgrundlage darstellen würde.[51]

In einem anderen Fall investierte ein Taxiunternehmen aufgrund von Vorschriften der *Vägverket* (Straßenverkehrsbehörde) in eine bestimmte Ausstattung. Die Vorschriften waren nicht in der korrekten Reihenfolge ergangen, was zu einer Verzögerung des Inkrafttretens führte. Daher erfolgten die Ausstattungsausgaben durch das Unternehmen zu früh, wodurch ein Rückgang der Gewinnrate verursacht wurde. Der JK entschied, dass die Straßenverkehrsbehörde fehlerhaft gehandelt hatte und das Unternehmen wurde für seinen Verlust entschädigt.[52] Der Unterschied zwischen diesen beiden Fälle besteht hauptsächlich darin, dass im letzteren Fall das Taxiunternehmen auf die Vorschriften hin tätig wurde, was zu Kosten des Unternehmens führte – im ersten Fall beruhte der Schaden hingegen auf der Unterlassung, sich einen Fehler im Rahmen des Gesetzgebungsverfahrens zu Nutzen zu machen.

Neue Tendenzen in der Rechtsprechung haben zu einigen weiteren Änderungen des „traditionell" restriktiven Ansatzes geführt. In einer Reihe von Präzedenzfällen des Obersten Gerichtshofs bezüglich der Fischereirechte im Fluss *Torne* tauchte die Frage nach Fehlern seitens der Legislative auf. Die Regierung hatte in den 1970ern einer bestimmten Schwedisch-Finnischen Kommission die Befugnis erteilt, Regelungen zu Fischereiverboten zu erlassen. In einem Fall vor dem Obersten Gerichtshof wurde entschieden, dass die Regierung verfassungsrechtlich nicht ermächtigt war, eine solche Befugnis zu erteilen. Nur das Parlament konnte eine solche Befugnis gesetzlich erteilen und mangels einer entsprechenden Parlamentsentscheidung wurde die Befugnis als verfassungswidrig zurückgewiesen.[53]

Die von dieser Entscheidung betroffenen Fischer verlangten Schadensersatz für die Verluste, die sie aufgrund der Verbote erlitten hatten. Im Jahr 2001 bestätigte der Oberste Gerichtshof die Schadensersatzklagen der Fischer. Der Staat war verpflichtet, die Schäden infolge der fehlerhaften Befugniserteilung zu ersetzen, da diese als Ausübung hoheitlicher Gewalt im Sinne des Kapitel 3 § 2 SkL angesehen wurde.[54] Im jüngsten Präzedenzfall des Obersten Gerichtshofs aus dem Jahr 2010 ging es um die Frage, ob ein reiner Vermögensschaden infolge einer fehlerhaften Delegierung zu erstatten ist. Das Gericht entschied, dass ein formal verfassungswidriger legislativer Akt unter bestimmten Voraussetzungen zu einer Haftung für reine Vermögensschäden führen kann. Dazu müsste die fehlerhafte Vorschrift jemanden unmittelbar beeinträchtigten, d.h. durch Entscheidungen oder Handlungen aufgrund dieser Vorschrift, die sich gegen den Einzelnen oder eine klar abgrenzbare Personengruppe richten, vergleichbar mit einer individuellen

51 Beschluss des JK vom 11.11.2005 Nr. 2690-02-44, abrufbar unter http://www.jk.se/Beslut/Skadestandsarenden/2690-02-44.aspx, zuletzt abgerufen am 16.4.2013.
52 Beschluss des JK vom 19.9.2001, Nr. 3569-00-40, abrufbar unter http://www.jk.se/Beslut/Skadestandsarenden/3569-00-40.aspx, zuletzt abgerufen am 16.4.2013.
53 HD, NJA 1996, S. 370.
54 HD, NJA 2001, S. 210.

Entscheidung gegenüber einem Einzelnen.[55] Unter solchen Umständen könnte ein fehlerhafter legislativer Akt zu einer Staatshaftung führen.

Unklar ist, ob und wie sich die Entscheidung über den Bereich legislativer Akte und verfassungswidriger Handlungen hinaus in diesem Zusammenhang auswirkt. Ein Haftungsfall aufgrund eines verfassungswidrigen Entzugs der schwedischen Staatsbürgerschaft ist auf dem Weg zum Obersten Gerichthofs und vielleicht kann der Fall aus dem Jahr 2010 als Möglichkeit einer Haftungsbegründung verstanden werden, da unmittelbare und konkrete Maßnahmen gegen einen Einzelnen ergriffen wurden. In diesem Fall erließ eine Behörde eine Entscheidung in klarem Widerspruch zum absoluten Schutz der schwedischen Staatsbürgerschaft nach Kapitel 2 § 7 RF.[56] Wenn eine Haftung aufgrund einer Art von verfassungswidriger Handlung begründet werden kann, so liegt der Schluss nahe, dass es folgerichtig ist, eine Haftungsbegründung auch aufgrund anderer Arten verfassungswidriger Handlungen anzunehmen.

4. Verstöße gegen Unionsrecht und die EMRK

Der Staat ist unter bestimmten Voraussetzungen verpflichtet, Schäden von Individuen zu ersetzen, die durch Verstöße gegen EU-Recht oder die EMRK verursacht wurden.[57] Im Einzelfall ist es Sache eines nationalen Gerichts zu entscheiden, ob eine Haftung nach EU-Recht oder nationalem Recht begründet ist. Die vom EU-Recht aufgestellten Regeln und Grundsätze haben aufgrund des Prinzips der richtlinienkonformen Auslegung nationalen Rechts Auswirkungen auf die Anwendung schwedischer Rechtsnormen. Sind die Vorschriften der SkL nicht ausreichend (unabhängig von einer konformen Auslegung), um die Rechte gemäß den EU-Maßstäben sicherzustellen, so werden die nationalen Vorschriften außer Acht gelassen. Dies ergibt sich inzwischen aus der schwedischen Rechtsprechung.

Ein Schadensersatzanspruch eines Einzelnen wegen einer EU-Rechtsverletzung ergibt sich aus der Rechtsprechung des Europäischen Gerichtshofs (EuGH) wie den Fällen *Francovich* sowie *Brasserie du pêcheur*.[58] Hinsichtlich der besonderen Haftungsvoraussetzungen wird traditionell angeführt, dass das verletzte EU-Recht die Verleihung von Rechten an Einzelne bezweckt haben muss, dass der Verstoß hinreichend qualifiziert ist und dass ein unmittelbarer Kausalzusammenhang zwischen dem Verstoß und dem Schaden besteht. Die Voraussetzung der Verleihung von Rechten an Einzelne wurde von der EuGH-Rechtsprechung inzwischen stellenweise ausgehöhlt. In einem Regierungsbericht wurden diese Voraussetzungen (die in den bereits genannten EuGH Entscheidungen geäußert wurden) mit den schwedischen Rechtsvorschriften und Rechtsgrundsätzen verglichen. Die erste Anforderung wird mit dem Grundsatz der geschützten Interessen verglichen; die Voraussetzung eines „hinreichend qualifizierten Verstoßes" wird mit dem Vorsatz-/Fahrlässigkeitserfordernis aus Kapitel 3 § 2 SkL gleichgesetzt. Der Kausalzusammenhang zwischen Schaden und Handlung bemisst sich mangels Definition anhand von Unionspräzedenzfällen nach den schwedischen Kausalitätsgrundsätzen.[59]

---

55 NJA 2010, S. 8. Dem Kläger wurde in diesem Fall kein Schadensersatz zugesprochen, da das Gericht – unter Anwendung der Differenzmethode – davon ausging, dass nicht bewiesen werden konnte, dass der Verlust nicht auch dann eingetreten wäre, wenn die Ermächtigung rechtmäßig ergangen wäre (→ C.V.).

56 Die Verfassungsmäßigkeit des Entzugs wurde bereits vom Obersten Verwaltungsgericht überprüft, vgl. HFD 2006, ref 73.

57 Nach HD, NJA 2004, S. 662 haftet der Staat auch für einen Verstoß gegen von der EU auferlegte Pflichten.

58 EuGH C-6/90 und C-9/90, Slg. 1991, I-5357 – *Francovich*; EuGH C-46/93 und C-48/93, Slg. 1996, I-1029 – *Brasserie du pêcheur*.

59 SOU 1997: 194, Det allmännas skadeståndsansvar vid överträdelser av EG-regler, S. 133–135.

Besondere Haftungsregeln, die unmittelbar auf den EGMR zurückzuführen sind, wurden über Präzedenzfälle eingeführt und der Staat haftet unmittelbar für Verstöße gegen die Konvention ungeachtet der Tatsache, dass die Vorschriften in der SkL keine Haftung vorsehen. Dies war zum Beispiel der Fall in Bezug auf Artikel 13 EMRK zum Recht auf wirksame Beschwerde. Um den Anforderungen zu genügen, die vom Europäischen Gerichtshof für Menschenrechte und dem Europäischen Gerichtshof aufgestellt wurden, sah der Schwedische Oberste Gerichtshof von einer Schadensersatzbeschränkung bezüglicher immaterieller Schäden gemäß der SkL ab (→ C.III.). In einem kürzlich entschiedenen Fall aus dem Jahr 2009 dehnte der Oberste Gerichtshof die Haftung auf Gemeinden aus. Das bedeutet, dass ein Geschädigter im Fall eines Verstoßes gegen individualschützende Konventionsrechte Ansprüche aus der Konvention unmittelbar gegenüber einer Gemeinde geltend machen kann.[60]

5. Verzögerte Gerichtsverfahren

Eine Verfahrensverzögerung kann als Vorsatz oder Fahrlässigkeit im Sinne des Kapitel 3 § 2 SkL angesehen werden. Voraussetzung ist jedoch, dass die Verzögerung unzumutbar ist, wovon nicht immer automatisch ausgegangen werden kann. Die Grundsätze in Bezug auf Verzögerungen werden hauptsächlich mittels Präzedenzfällen aufgestellt und dem EGMR kam eine bedeutende Rolle bei der Rechtsfortbildung auf diesem Gebiet zu. Schäden infolge verzögerter Gerichtsverfahren werden überwiegend erstattet, wenn eine Verfahren von längeren Zeiten der Untätigkeit gezeichnet ist.[61] In einer Entscheidung des Obersten Gerichtshofs aus dem Jahr 2005 wurde die Verletzung des Rechts auf ein faires Verfahren innerhalb einer angemessenen Frist im Sinne des Artikels 6 EMRK festgestellt. Der Fall betraf ein sieben Jahre dauerndes Verfahren, in dem ein Mann (unter anderem) wegen Betruges angeklagt war. Der Mann, der zunächst angeklagt worden war und später freigesprochen wurde, erlitt aufgrund des verzögerten Verfahrens einen wirtschaftlichen Schaden. Die Verzögerung beruhte auf internen Umständen innerhalb der Strafverfolgungsbehörde und der Mann wurde für seinen Schaden nach Artikel 6 EMRK entschädigt.[62]

In einem kürzlich vom Obersten Gerichtshof entschiedenen Fall wurden die Umstände verzögerter Gerichtsverfahren weiter entwickelt. In dem Fall ging es um die Frage der Bewertung immaterieller Schäden bei einem Verstoß gegen Artikel 6 Absatz 1 EMRK. Der Schaden ist unter Berücksichtigung aller Umstände des betreffenden Falles zu bemessen, wozu nicht nur die Verfahrensdauer zählt, sondern auch die Schwierigkeit des Falles.[63] Der JK befasst sich zurzeit mit einigen Fällen aus diesem Bereich und wendet dabei gerichtlich begründete Rechtsgrundsätze an.

III. Schutzgutbezogenheit

Um eine Haftung nach Kapitel 3 § 2 SkL auszulösen, reicht es nicht aus, dass eine Tätigkeit als Ausübung hoheitlicher Gewalt eingeordnet wird. Die Vorschriften hinsichtlich der Tätigkeit müssen auch den Schutz bestimmter, schutzwürdiger Interessen Einzelner und nicht nur den

60 HD, NJA 2009, S. 463.
61 Beschluss des JK vom 19.6.2006, Nr. 4366-04-40, abrufbar unter http://www.jk.se/Beslut/Skadestandsarenden/4366-04-40.aspx, zuletzt abgerufen am 16.4.2013. In einem anderen Fall wurde ein Zeitraum von 16 Monaten nicht als zu lange für ein Verfahren angesehen, vgl. HD, NJA 2005, S. 26.
62 HD, NJA 2005, S. 462.
63 Vgl. HD vom 16.6.2010, Rechtssache Nr. T 333-09 (nicht veröffentlicht).

Schutz öffentlicher Interessen bezwecken.[64] Dies wird als *principen om skyddade intressen* (Prinzip der geschützten Interessen) oder sogar als *normskyddsläran* (Normschutzlehre) bezeichnet und von Gerichten angewendet, wenngleich es nicht gesetzlich kodifiziert ist.[65] In Bezug auf Körperverletzungen oder Sachbeschädigungen wird davon ausgegangen, dass die Rechtsnorm, gegen die am häufigsten verstoßen wird, vor eben solchen Schäden schützen soll.[66] In einem Präzedenzfall aus dem Jahr 1996 verursachte die Fahrzeugüberwachungsstelle einen Schaden an einem an einem KFZ-Anhänger. Die Frage war, ob die außer Acht gelassene Vorschrift den Schutz vor solchen Schäden bezweckte. Der Oberste Gerichtshof entschied, dass Zweck der Vorschrift nicht nur die Sicherstellung des Allgemeininteresses an sicheren Fahrzeugen, sondern auch des Sicherheitsinteresses des Fahrzeugbesitzers ist. Da der Schaden an dem Anhänger wesentliche Sicherheitsfunktionen betraf, war der Eigentümer berechtigt, Schadensersatz zu verlangen.[67]

Das Prinzip der geschützten Interessen begrenzt die Möglichkeit eines Schadensersatzes eher in Bezug auf einen Vermögensschaden. Bei der Ausübung der öffentlichen Lebensmittelüberwachung beispielsweise ist Zweck der Kontrollen der Schutz der Bevölkerung vor gesundheitsschädlichen Nahrungsmitteln – und nicht der Schutz des Verkaufsinteresses der Hersteller. Beispiel hierfür ist ein Fall des JK, in dem ein Unternehmen, das Muscheln verkauft, Ansprüche gegen den Staat erhob. Die Ansprüche stützten sich darauf, dass der Staat verbreitet hatte, Muscheln aus einem bestimmten Gebiet seien frei von diarrhöeauslösenden Bakterien, was tatsächlich jedoch nicht der Fall war. Das Unternehmen erlitt Verluste infolge von Konsumentenklagen aufgrund der gesundheitsschädlichen Muscheln. Der JK entschied, dass das wirtschaftliche Interesse des Muschelunternehmens kein Interesse darstellt, dessen Schutz die Tätigkeit der nationalen Lebensmittelüberwachungsbehörde bezweckt. Folglich haftete die nationale Lebensmittelüberwachungsbehörde nicht für den wirtschaftlichen Schaden.[68]

Abgesehen von dem oben genannten Prinzip können die rechtlich geschützten Interessen auch auf andere Weise von Bedeutung sein im Hinblick auf die Frage, ob die Handlung einer Behörde als fehlerhaft angesehen werden kann oder nicht. Manche Grundsätze und Rechte sind bedeutender als andere. So kann beispielsweise der Verstoß gegen eine Vorschrift zum Schutz der Integrität oder des Eigentums als ernster eingestuft werden als die Verletzung anderer Rechtsnormen und auf Seiten der Beamten mehr Sorgfalt beim Umgang mit solchen Angelegenheiten voraussetzen.[69] Die Entscheidung, was fahrlässiges Verhalten darstellt, kann so von den rechtlich geschützten Interessen im Einzelfall beeinflusst werden.

---

64 *Bengtsson*, Det allmännas ansvar, S. 126.

65 Das Prinzip der geschützten Interessen ist häufig im Rahmen der Kausalitätsfrage von Bedeutung und wird demzufolge auch in Abschnitt V erwähnt. Es ähnelt der deutschen Schutznormtheorie, ein Beispiel hierfür ist HD, NJA 2008, S. 990.

66 Prop. 1972:5, S. 159.

67 HD, NJA 1991, S. 138. In einem anderen Fall zur Fahrzeugüberwachungsstelle, Beschluss des JK vom 31.10.2005, Nr. 679-04-40, abrufbar unter http://www.jk.se/Beslut/Skadestandsarenden/679-04-40.aspx, zuletzt abgerufen am 16.4.2013, wurden Ansprüche gegen den Staat abgelehnt, da die Vorschriften zur Fahrzeugüberprüfung nicht die wirtschaftlichen Interessen des Fahrzeugeigentümers schützen. (Zu erwähnen ist, dass die Fahrzeugüberwachungsstelle kürzlich zu einem privaten Unternehmen wurde.)

68 Beschluss des JK vom 30.12.2004, Nr. 2485-02-40 abrufbar unter http://www.jk.se/Beslut/Skadestandsarenden/2485-02-40.aspx, zuletzt angerufen am 16.4.2013.

69 *Bengtsson*, Skadestånd vid myndighetsutövning I, S. 206.

IV. Zurechnung

Für Schäden nach Kapitel 3 § 2 SkL haften entweder der Staat oder die Gemeinde. Jede Ausübung hoheitlicher Gewalt geht auf eine dieser beiden Institutionen zurück. Auch wenn es in Schweden möglich und weitverbreitet ist, Aufgaben an private Unternehmen zu übertragen, besteht keine Möglichkeit für den Staat oder die Gemeinden, durch die Übertragung einer Haftung zu entgehen. Wenn bei der Erfüllung einer Aufgabe Vorsatz oder Fahrlässigkeit auf Seiten eines privaten Rechtsträgers auftritt, der im Auftrag einer öffentlichen Einrichtung handelt, so ist letztere nach wie vor verpflichtet, den Schaden zu ersetzen. Dies setzt indes voraus, dass der Staat oder die Gemeinde für die Tätigkeit verantwortlich ist. Daher ist es von essentieller Bedeutung festzustellen, ob die durch einen privaten Rechtsträger erfolgte Entscheidung oder Handlung Teil einer entsprechenden staatlichen oder gemeindlichen Tätigkeit gewesen wäre.[70] Es stellt sich die Frage, wie sich die Situation darstellen würde, wenn die Entscheidung oder Handlung durch eine Behörde anstelle eines privaten Unternehmens erfolgt wäre. Verglichen mit der außervertraglichen Haftung privater Rechtsträger geht die Haftung des Staates und der Gemeinden bei der Aufgabenübertragung an andere Unternehmen/private Rechtsträger weit darüber hinaus. Anders als private Rechtsträger haften diese für Schäden, die durch selbstständige Unternehmer verursacht wurden.[71] Die Haftung umfasst nur Handlungen, die als Ausübung hoheitlicher Gewalt eingestuft werden können und nur einen Teil eines Schadens; hinsichtlich des Anteils am Schaden, der durch private Tätigkeit verursacht wurde, verbleibt die Haftung bei dem Rechtsträger, der das Unrecht begangen hat.[72] Werden Aufgaben an ein privates Unternehmen übertragen, so ist es möglich, sich das Recht zur Schadenserstattung – entweder vertraglich oder gesetzlich – vorzubehalten.

Es ist nicht immer offensichtlich, ob im Einzelfall der Staat oder eine Gemeinde haftet. Die Regelung in Kapitel 3 § 2 SkL sieht vor, dass für Schäden im Rahmen der Ausführung von Tätigkeiten das Organ haftet, in dessen Aufgabenbereich die Tätigkeit fällt. Es ist wichtig, die entscheidenden Ziele und Absichten bei der Verteilung unterschiedlicher Aufgaben zwischen Staat und Gemeinden zu berücksichtigen. In den Gesetzesvorarbeiten werden einige Merkmale herangezogen, um zu bestimmen, welche Institution als verantwortlich anzusehen ist: z.B. wer die Angestellten beschäftigt, wer die Tätigkeit finanziert und wer die Regeln zur Ausübung der Tätigkeit festsetzt.[73] Die Gemeinden haften hauptsächlich für ihre Ausübung hoheitlicher Gewalt, und zwar nicht nur im Rahmen ihrer Eigenständigkeit, sondern auch für ihre eigene Verwaltung. In Bezug auf Verwaltungsaufgaben, die aus organisatorischen Gründen von einer Gemeinde übernommen werden, obgleich sie auch durch zentrale, regionale oder lokale Staatsorgane ausgeführt werden könnten, werden häufig letztere als haftend angesehen. Eine Gemeinde ist traditionell verantwortlich für Unrecht seitens ihrer Verwaltungsbehörden und wer im Einzelfall haftet, ist meist klar.

Die Haftung für Schäden kann zwischen mehreren öffentlichen und/oder privaten Organen oder Rechtsträgern aufgeteilt werden. Die Haftung wird dann nach Billigkeitsgesichtspunkten zwischen diesen aufgeteilt. Die Bedeutung der Art der Schadensaufteilung zwischen Staat und Gemeinden hat zugenommen, da der Oberste Gerichtshof kürzlich entschied, dass es möglich

---

70 *Bengtsson/Strömbäck*, Skadeståndslagen, S. 104.

71 Private Rechtsträger haften für selbstständige Unternehmer in einigen Fällen sogenannter „nicht übertragbarer Pflichten".

72 Prop. 1972:5, S. 507.

73 Prop. 1972:5, S. 508.

ist, bei Verstößen gegen die EMRK Klagen unmittelbar gegen die Gemeinden und nicht nur gegenüber dem Staat geltend zu machen.[74]

V. Kausalität

Die Haftung für einen Schaden setzt (mit Ausnahme von Vorsatz/Fahrlässigkeit → B.VI.) voraus, dass zwischen der Handlung und dem Schaden ein Kausalitätszusammenhang hergestellt werden kann. Dieser muss adäquat, also auf eine bestimmte Weise vorhersehbar sein.

Die Herstellung eines Kausalzusammenhangs ist häufig eine Beweisfrage und es ist Sache des Klägers, eine Verbindung zwischen Handlung und Schaden nachzuweisen. Der Kausalzusammenhang ist außerdem Teil des Schadensbemessungsgrundsatzes, wenn es um die Frage geht, ob ein Schaden erstattungsfähig ist.[75] Der Schadensersatz nach der sogenannten *differensmetoden* (Differenzmethode) entspricht der Differenz zwischen der tatsächlichen und der hypothetischen Lage. Diese Methode ist auch dann anwendbar, wenn es um Ansprüche gegen die öffentliche Hand aufgrund von Fehlverhalten bei der Ausübung hoheitlicher Gewalt geht. Ein Vermögensschaden bemisst sich anhand eines Vergleichs zwischen den Folgen einer korrekten Entscheidung und denen einer fehlerhaften Entscheidung. Im zuvor genannten Fall (→ B.II.) zu Beschränkungen der Fischereirechte im Fluss *Torne* wurde die Differenzmethode angewendet. Das Problem in dem Fall war, dass die Regierung sich nicht an die Ermächtigungsregeln gehalten hatte, sodass die Beschränkungen rechtswidrig waren. Dennoch bestand kein Anlass zu der Annahme, dass eine korrekte Anwendung der Übertragungsregeln zu einer anderen Folge der Ereignisse geführt hätte. Die Kommission hätte wahrscheinlich dieselben Beschränkungen erlassen. Folglich bestand zwischen der fehlerhaften Anwendung der Übertragungsrechte und dem von den Fischern erlittenen Schaden kein Zusammenhang.[76]

In engem Zusammenhang mit dem Adäquanzprinzip steht die Frage, welche Ziele die relevante Regelung zu schützen bezweckt. Der Grundsatz der geschützten Interessen ist von Bedeutung, wenn es darum geht, den Kreis der wegen Behördenhandlungen zum Schadensersatz berechtigten Personen einzuschränken. Die Amtshaftung ist infolge dieses Grundsatzes auf Schäden beschränkt, die in gewisser Weise vorhersehbar und typisch für bestimmte öffentliche Handlungen sind.[77] Selbst wenn ein Vermögensschaden (die Regel findet hauptsächlich auf reine Vermögensschäden Anwendung), der durch fehlerhafte Ausübung hoheitlicher Gewalt verursacht wurde, als adäquat und fahrlässig verursacht angesehen wird, wird dieser unter Umständen nicht ersetzt, wenn der Verstoß gegen eine Regelung nicht den Schutzzweck derselben betrifft. Es ist daher wichtig, den Zweck der Vorschriften zu erfassen.

VI. Relevanz von Verschulden

Um eine Haftung des Staates oder von Gemeinden nach Kapitel 3 § 2 SkL zu begründen, bedarf es der Feststellung einer vorsätzlichen oder fahrlässigen schadensverursachenden Handlung. Der Sinn des Verschuldens im rechtlichen Sinne liegt darin, auf neutrale Weise eine objektive Beurteilung des schadensauslösenden Verhaltens vorzunehmen.[78] Aufgrund der besonderen Stel-

74 HD, NJA 2009, S. 463.
75 *Hellner/Radetzki*, Skadeståndsrätt, S. 195.
76 HD, NJA 2010, S. 8.
77 *Bengtsson*, Det allmännas ansvar, S. 126.
78 Prop. 1989/90:42, S. 15 und SOU 2010:87, S. 83.

lung von Behörden in der Gesellschaft mit Aufgaben, die vielfach nicht mit den Handlungen privater Rechtsträger verglichen werden können, weichen die Merkmale zur Verschuldensbestimmung geringfügig vom gewöhnlichen Verschuldensbegriff des SkL ab. Einerseits legen die Hoheitsgewalt der Behörden sowie die Abhängigkeit der Bürger von diesen das Erfordernis besonderer behördlicher Sorgfalt und Beurteilung nahe. Andererseits sprechen die Vielfalt der behördlichen Aufgaben und die mitunter erforderlichen schwierigen Entscheidungen für eine mildere Beurteilung schuldhaften Verhaltens. Behördenvertreter sind oft gezwungen, unter großem Zeitdruck schwierige Entscheidungen zu fassen. Mangel an ausreichenden Mitteln und Zeit zwingen öffentliche Angestellte, Entscheidungen auf Grundlage komplexer Informationen zu treffen. Diese Umstände können – jedoch nur in begrenztem Umfang – berücksichtigt werden, wenn es darum geht, ob eine Handlung verschuldet oder unverschuldet erfolgte. Die Verschuldensprüfung ist objektiv und die zur Haftungsbegründung nötige Frage ist, was ein vernünftiger Bürger in der fraglichen Situation von den Behörden erwarten darf.[79] Die Antwort auf die Frage, ob ein Verhalten schuldhaft war, bemisst sich aus Sicht der Gemeinschaft – und nicht aus Sicht des Staates oder der Gemeinden. Von Bedeutung sind die Folgen, nicht jedoch die Gründe behördlichen Handelns, und wenn mangelnde Rechtskenntnisse, fehlerhafte Anweisungen oder Organisationsmängel Ursache des begangenen Unrechts sind, sollte dies die Entscheidung nicht beeinflussen. Zusammengefasst lässt sich feststellen, dass im Rahmen der Verschuldensfrage geprüft wird, ob ein offensichtlicher Fehler oder eine grob fehlerhafte Auslegung relevanter Gesetzesvorschriften vorliegt.[80]

Einige praktische Beispiele veranschaulichen die Sichtweise schwedischer Gerichte (und des JK) in diesem Fällen. In den meisten Fällen des JK wie fehlerhaften amtlichen Ein- oder Austragungen von Personen oder Unternehmen ist von Verschulden recht unproblematisch auszugehen.[81] Anderweitiges Verschulden kann schwieriger festzustellen sein und für die Annahme staatlichen Verschuldens besteht eine vergleichsweise hohe Schwelle.[82] Noch schwieriger sind Fälle, in denen eine rechtliche Entscheidung getroffen werden muss. Ein solcher Fall betraf einen Fahrer, der wegen Missachtung eines Rotlichtzeichens angehalten wurde und dem die Polizei an Ort und Stelle den Führerschein abnahm.[83] Hintergrund war, dass sich auf der betroffenen Kreuzung zwei Ampelanlagen befanden, von denen eine einige Sekunden früher auf Grün schaltete als die andere. Der Fahrer fuhr in diesem Moment los, wurde jedoch von der Polizei angehalten und sein Führerschein wurde eingezogen. Die polizeiliche Befugnis zur Führerscheineinziehung setzt voraus, dass eine Straftat begangen wurde. Der JK hielt es für offensichtlich, dass im vorliegenden Fall von einer Straftat einer Person, die sich nach einer Ampelanlage und nicht nach einer anderen richtet, nicht ausgegangen werden konnte und die Einziehung daher rechtswidrig war. Dem Beschwerdeführer wurde Schadensersatz zugesprochen.

Als weiteres Beispiel kann ein Fall angeführt werden, in dem eine Gemeinde von ihrem gesetzlichen Interventionsrecht Gebrauch machte im Hinblick auf eine Übertragung von Grundstückseigentum von einem Unternehmen auf ein anderes.[84] In solchen Fällen kann die Gemein-

---

79 *Bengtsson*, Det allmännas ansvar, S. 65.

80 Vgl. HD vom 25.11.2010, Rechtssache T-5072-06 (nicht veröffentlicht).

81 Vgl. die Beschlüsse vom 30.10.2006 Nr.1425-05-42 abrufbar unter http://www.jk.se/Beslut/Skadestandsarenden/1425-05-42.aspx (zuletzt abgerufen am 16.4.2013) und vom 20.8.2007 Nr. 1776-06-40 abrufbar unter http://www.jk.se/Beslut/Skadestandsarenden/1776-06-40.aspx (zuletzt abgerufen am 16.4.2013).

82 Vgl. auch den Fall HD, NJA 2007, S. 891, in dem sich ein Häftling mit seinem Gürtel erhängte und der Oberste Gerichtshof entschied, dass auf Seiten des Staates kein Verschulden vorgelegen habe, da zum Zeitpunkt der Verhaftung keine Anzeichen für Suizidabsichten offensichtlich gewesen seien.

83 Beschluss des JK vom 1.9.2006 Nr. 1604-05-22 abrufbar unter http://www.jk.se/Beslut/Tillsynsarenden/1604-05-22.aspx (zuletzt abgerufen am16.4.2013).

84 HD, NJA 2010, S. 27.

de bei der Regierung beantragen, das ihr zustehende *förkopsrätt* (Vorkaufsrecht) ausüben zu dürfen. Gemäß dem maßgeblichen Gesetz sind solche Anfragen abzulehnen, wenn die Auswirkungen in Bezug auf den Käufer oder Verkäufer oder die Umstände des Einzelfalles unzumutbar wären. Im vorliegenden Fall lehnte die Regierung den Antrag ab, da es sich bei Käufer und Verkäufer um Unternehmen derselben Person handelte und die Transaktion eindeutig interner Natur war. Die Unternehmen klagten auf Schadensersatz der aufgrund der Verfahrensdauer anfallenden Kosten und argumentierten, dass der Antrag der Gemeinde fehlerhaft gewesen sei, da anhand der anerkannten Rechtspraxis offenkundig gewesen sei, dass der Antrag durch die Regierung nicht genehmigt werden könnte. Der Oberste Gerichtshof entschied mehrheitlich, dass die fraglichen Vorschriften der Gemeinde in Einzelfällen einen gewissen Bewertungsspielraum zugestehen, dass die Entscheidung, den Antrag bei der Regierung zu stellen, kurzfristig getroffen werden muss und der vereinbarte Kaufpreis nicht offensichtlich jenseits des Marktpreises für diese Art von Grundbesitz war. Zusammengenommen führten diese Merkmale bei dem Gericht zu dem Schluss, dass auf Seiten der Gemeinde kein Verschulden im Sinne des Kapitel 3 § 2 SkL festgestellt werden könne. Das Gericht wies abschließend darauf hin, dass kein Beweis dahingehend erbracht worden sei, dass die Gemeinde von der Möglichkeit, als Käufer einzuspringen, aus einem anderen als dem vom Gesetzgeber vorgesehenen Grund, nämlich dem Schutz des öffentlichen Interesses an der Verwendung von Immobilien, Gebrauch machen wollte. Zwei der fünf Richter waren anderer Ansicht mit der Begründung, dass die Gemeinde, selbst wenn nicht klar gewesen sein sollte, dass es sich bei dem Kaufpreis nicht um den Marktpreis gehandelt habe, aufgrund der vorliegenden Hinweise den Fall hätte näher untersuchen müssen und somit schuldhaft versäumte, eine weitere Prüfung vorzunehmen.

Die Einordnung einer Handlung als verschuldet oder nicht verschuldet hängt bis zu einem gewissen Grad von der Art des begangenen Unrechts ab. Von Behörden wird gemeinhin erwartet, auf ihrem Fachgebiet Experten zu sein und bei ihren Handlungen professionell zu agieren. Wenn jedoch beispielsweise eine Gemeinde eine Aufgabe besorgt, die erheblich von ihrem sonst üblichen Tätigkeitsbereich abweicht, ist das Risiko, einen Fehler zu begehen, selbstverständlich größer als bei der Ausführung von Routineaufgaben. Dies kann sich auf die Bewertung des Verschuldens mildernd auswirken, jedoch führen völlige Unwissenheit oder Achtlosigkeit stets zu einer Haftung, wenn dadurch ein Schaden verursacht wird.[85]

Bei der Beurteilung der Frage, was für ein Verhalten als schuldhaft anzusehen ist, sind die Regelungen zu behördlichen Tätigkeiten als Richtlinien von Bedeutung. Ein Beispiel ist das Verwaltungsrecht, das Maßstäbe setzt, denen die Behörden bei der Besorgung von Aufgaben entsprechen müssen. Die Verwaltung hat effektiv zu sein und die Behörden sind verpflichtet, den Bürgern mit Diensten, Hilfe und Beratung zur Seite zu stehen. Diese Regelungen dienen dazu, den Bürgern im Umgang mit Behörden Rechtssicherheit zu gewährleisten und können Hinweise darauf sein, ob in einer bestimmten Situation ausreichende Anstrengungen unternommen wurden.[86]

In manchen Fällen gehen die Haftungsvoraussetzungen über das übliche Verschuldenserfordernis hinaus. Wird beispielsweise Eigentum beschlagnahmt, so besteht bei einer Beschädigung des Eigentums eine Verschuldensvermutung zulasten der Behörde.[87]

Der Staat und die Gemeinden haften für vorsätzlich oder fahrlässig verursachte Schäden unabhängig davon, wer den Schaden konkret verursacht hat, solange der Schaden bei einer Tätigkeit aufgetreten ist, die in den Aufgabenbereich des Staates/der Gemeinde fällt. Dies bedeu-

---

85 *Bengtsson/Strömbäck*, Skadeståndslagen, S. 97.
86 *Bengtsson*, Det allmännas ansvar, S. 92.
87 HD, NJA 1989, S. 191 und NJA 1990, S. 137.

tet, dass selbst anonymes Verschulden, bei dem die schadensverursachende Person nicht identifiziert werden kann, zum Schadensersatz berechtigt. Ist der Schaden Folge mehrerer Handlungen im Verlauf einer behördlichen Tätigkeit, so führt diese kumulierte Fahrlässigkeit ebenfalls zu einer Haftung der betroffenen Behörde. Selbst wenn jede fahrlässige Handlung für sich keine Haftung auslösen würde, kann die gemeinsame Wirkung mehrerer Handlungen erhebliche Schäden eines Einzelnen verursachen. Eine Behörde hat nicht die Möglichkeit, einer Haftung mit einem Hinweis auf Fehler einer anderen Behörde in einem früheren Verfahrensstadium zu entgehen.[88]

VII. Haftung ohne Normverstoß

Die Haftung von Behörden bemisst sich anhand der bereits zuvor unter B. genannten Regeln. Um eine Haftung zu begründen, muss das Verhalten einer Behörde zudem als vorsätzlich oder fahrlässig gemäß Kapitel 3 § 2 SkL eingestuft werden können oder auf andere Weise gegen ein Gesetz verstoßen, z.B. eines der unter A.IV. beschriebenen Gesetze oder andere Gesetze, die Amtshaftung vorsehen.

In einigen Fällen ist eine Haftung vorgesehen, selbst wenn eine Handlung nicht rechtswidrig war, zum Beispiel bei der Enteignung von Eigentum gemäß den Vorschriften des *expropriationslagen* (Enteignungsgesetzes). Die Handlungen sind dann gesetzlich erlaubt, die öffentliche Hand ist jedoch verpflichtet, durch die Enteignung verursachte Schäden zu ersetzen. Eine Haftung der öffentlichen Hand ist selbst dann möglich, wenn kein Verstoß gegen nationales Recht vorliegt, aber eine Handlung nicht den Anforderungen des EU-Rechts oder der EMRK entspricht. Folglich können Behörden in Übereinstimmung mit nationalen Rechtsvorschriften handeln und dennoch eine Haftung auslösen.[89]

Ein besonderer Fall einer Haftung für Schäden liegt vor, wenn eine Person handelt, um das Eigentum oder Leben einer anderen Person zu retten und dabei Eigentum beschädigt. Ein solcher Schaden muss entsprechend dem schwedischen Recht ersetzt werden, allerdings ist die entsprechende Rechtsgrundlage im besten Fall schwach. Nichtsdestotrotz wird in solchen Fällen von einer mehr oder weniger verschuldensunabhängigen Haftung ausgegangen.[90] Wenn staatliche Organe handeln, gelten dieselben Regeln. Der Staat haftet demnach für Schäden, die er bei der Ausübung seiner hoheitlichen Pflichten – wie beispielsweise der Instandhaltung von Straßen – verursacht. Auch wenn die Polizei einen unbeteiligten Dritten während einer Rettungsaktion schädigt, ist der Staat zum Ersatz seines Schadens verpflichtet. Es ist somit ein gefestigtes Prinzip des schwedischen Rechts, dass der Staat Kosten, die bei der Ausübung seiner Pflichten entstehen, nicht ersetzt verlangen kann.[91]

---

88 *Hellner/Radetzki*, Skadeståndsrätt, S. 458, und prop. 1997/98: 105, S. 61.

89 In der öffentlichen Untersuchung *Skadestånd och* Europakonventionen (Schäden und die Europäische Konvention), SOU 2010:87, wird eine Ergänzung des SkL vorschlagen, um die Geltendmachung von Ansprüchen auf Grundlage der EMRK vor schwedischen Gerichten zu vereinfachen.

90 Vgl. *Bengtsson/Strömbäck*, Skadeståndslagen, S. 50 und *Hellner/Radetzki*, Skadeståndsrätt, S. 121 f. Die rechtliche Konstruktion scheint dem Konzept des deutschen Aufopferungsanspruchs zu gleichen.

91 *Andersson*, Ansvarsproblem i skadeståndsrätten, 2013, S. 446.

C. Haftungsfolgen

I. Haftungssubjekte

Der Staat gilt als juristische Person, die für jede Funktionseinheit haftet, die Tätigkeiten im Auftrag des Staates ausführt. Bei einem Verstoß gegen internationales Recht haftet der Staat als Einheit, unabhängig von der nationalen Organisation und der Aufgabenverteilung zwischen verschiedenen Funktionseinheiten.[92] So stünde es beispielsweise im Widerspruch zu dem Erfordernis einer einheitlichen Unionsrechtsanwendung, wenn die Haftung entsprechend der jeweiligen Kompetenzzuweisung verschiedener rechtssprechender und administrativer Funktionseinheiten in den einzelnen Mitgliedsstaaten unterschiedlich ausfiele. Aus diesem Grund ist ein auf EU-Recht gestützter Anspruch stets unmittelbar gegen den Staat zu richten, unabhängig davon, welches staatliche Organ den Schaden verursacht hat.[93] Eine Entscheidung des Obersten Gerichtshofs aus dem Jahr 2009 erlaubt zudem, Ansprüche aufgrund der EMRK unmittelbar gegenüber einer Gemeinde geltend zu machen.

Es ist ein allgemeiner Grundsatz, dass bestimmte öffentliche Kosten in der Gemeinde verbleiben, obwohl es möglich ist, einen Schädiger zu idenftifizieren. Ohne spezialgesetzliche Grundlage ist es – und das ist der Regelfall – für den Staat nicht möglich, von diesem Regress zu erlangen.[94]

Die Haftung der Regierung umfasst alle Arten von Behörden einschließlich der Gerichte. Es bestehen jedoch bestimmte Ausnahmen und Regeln, die die Haftung der Regierung, des Obersten Gerichtshofs und des Obersten Verwaltungsgerichts beschränken. Die Vorschrift in Kapitel 3 § 7 SkL bestimmt, dass ein Schadensersatzanspruch nach Kapitel 3 § 2 SkL in einigen Fällen ausgeschlossen ist. Es ist nicht möglich, Schadensersatzansprüche gegen Regierungs- oder Parlamentsbeschlüsse geltend zu machen, es sei denn, der Beschluss wurde annulliert oder rückgängig gemacht. Die Gründe für diese Anspruchsbeschränkung liegen in der Verfassung. Es widerspräche den grundlegenden Prinzipien der schwedischen Verfassung, wenn Bürger vor einem ordentlichen Gericht bezüglich politischer Entscheidungen prozessieren könnten.[95] Die von der Regierung und dem Parlament zu treffenden Entscheidungen sind häufig Ermessensfragen und unterliegen dem Einfluss politischer Standpunkte. Es wäre damit schwierig, juristisch zu bewerten, ob diese Beschlüsse schuldhaft im Sinne von Kapitel 3 § 2 SkL waren. Es wäre jedoch andererseits auch unbefriedigend, wenn der Einzelne keine Möglichkeit hätte, seine Ansprüche gegen die Regierung gerichtlich vorzubringen. Eine solche Möglichkeit bietet daher das *Rättsprövninglagen* (Gesetz zur gerichtlichen Überprüfung bestimmter Regierungsentscheidungen)[96], nach dem das Oberste Verwaltungsgericht in bestimmten Fällen einen Regierungsbeschluss aufheben kann. Dies ist der Fall, wenn der Beschluss im Zuge der Ausübung hoheitlicher Gewalt gegen eine Regelung verstößt und die fehlerhafte Handlung nicht offensichtlich unbedeutend im Hinblick auf den Regierungsbeschluss ist. Die Vorschriften in diesem Gesetz sehen keine Schadensersatzmöglichkeit vor, aber wenn eine Entscheidung aufgrund dieser Vorschriften (oder aufgrund der Regelung in Kapitel 11 § 14 RF) geändert wird, ist es möglich, einen Schadensersatzanspruch gemäß Kapitel 3 § 7 SkL geltend zu machen.

---

92 SOU 1997:194, S. 129–132.

93 Der schadensverursachenden Funktionseinheit können bei der Haftungsaufteilung gemäß nationalen Bestimmungen die finanziellen Folgen schuldhaften Verhaltens auferlegt werden.

94 Siehe z.B. NJA 2004, S. 566.

95 *Bengtsson*, Det allmännas ansvar, S. 119 ff.

96 SOU 2006:304.

Die Regelung in Kapitel 3 § 7 SkL findet auch Anwendung auf Urteile des Obersten Gerichtshofs und des Obersten Verwaltungsgerichts. Wird ein Anspruch entgegen dieser Vorschrift geltend gemacht, so wird er zurückgewiesen und nicht zum Gegenstand eines Rechtsstreits gemacht. Wurde gegen ein Urteil eines Instanzgerichts ein Rechtsmittel eingelegt und das Urteil durch die Regierung, den Obersten Gerichtshof oder das Oberste Verwaltungsgericht überprüft, dann findet diese Vorschrift ebenfalls Anwendung. Das bedeutet, dass die Haftungsbeschränkung nicht anwendbar ist, wenn das Rechtsmittel zurückgewiesen wurde und die Ansprüche daher gerichtlich geltend gemacht werden können. Der Grund für den Ausschluss von Klagen gegen den Obersten Gerichtshof ist praktischer Natur und ergibt sich aus der Schwierigkeit, eine angemessene Instanz zu finden, die einen Fall, der bereits von den höchsten Gerichten entschieden wurde, erneut gerichtlich zu überprüfen vermag. Zudem dürften den Obersten Gerichten bei ihrer Arbeit nur sehr selten so große Fehler unterlaufen, dass daraus Schadensersatzansprüche erwachsen. Wenn dies der Fall sein sollte, dann stehen besondere Rechtsmittel zur Verfügung, um das begangene Unrecht zu beseitigen.

Eine Frage in Bezug auf die schwedischen Staatshaftung im Zusammenhang mit der Mitgliedschaft in der Europäischen Union ist, ob die Haftungsbeschränkung in Kapitel 3 § 7 SkL den EU-Vorgaben entspricht.[97] Die Regelung, nach der Klagen gegen die höchsten Rechtsprechungsorgane Schwedens ausgeschlossen sind, ist eine Verfahrensvorschrift, die jedoch Auswirkungen auf Einzelne hat, die ihre Rechte gerichtlich geltend machen wollen. Eine solche Beschränkung widerspricht den EU-Vorgaben; bei Klagen gegen den Staat kann der Kläger die Beschränkungen in Kapitel 3 § 7 SkL umgehen, indem er die Klagen auf EU-Recht oder die EMRK stützt.

Ein Behördenvertreter kann für seine dienstlichen Tätigkeiten persönlich haftbar gemacht werden, jedoch nur unter bestimmten Voraussetzungen. Es müssen nach Kapitel 4 § 1 SkL bestimmte Gründe hinsichtlich Art der Handlung, Stellung des Amtsträgers und Interesse der geschädigten Partei vorliegen. Beispiele für solche besonderen Gründe sind grob fahrlässige oder strafrechtlich relevante Handlungen eines Amtsträgers. Der schwedische Lösungsansatz in diesem Bereich ist von der Absicht bestimmt, Arbeitnehmern umfassenden Schutz zu gewähren. In den meisten Fällen ist der Arbeitgeber wirtschaftlich eher in der Lage, Ausgaben in Form von Schadensersatzleistungen zu tätigen. Da die meisten Arbeitgeber eine Haftungsversicherung abgeschlossen haben oder selbst versichert sind (→ C.IV.), findet die Regelung in Kapitel 4 § 1 SkL nur selten Anwendung.[98]

II. Individualansprüche

Einzelne Personen, die von einer fehlerhaften behördlichen Handlung oder Entscheidung betroffen sind, sind berechtigt, für die ihnen entstandenden Schäden Ersatz zu verlangen. Bei Körperverletzungen und Sachbeschädigungen ist dies meist unproblematisch. Bei Vermögensschäden hingegen kann die Frage nach dem Anspruchsberechtigten Schwierigkeiten bereiten. Was die Ausübung hoheitlicher Gewalt anbetrifft, so ist derjenige, der nach dem *kommunallagen* (Kommunalgesetz) Widerspruch gegen eine Entscheidung einlegen kann, auch berechtigt, Schadensersatz zu verlangen. Wird beispielsweise eine Baugenehmigung erteilt, so können Nachbarn gegen die Entscheidung Widerspruch einlegen und sind demzufolge auch berechtigt, Schadensersatz zu verlangen. Somit besteht eine Verbindung zwischen dem Recht, sich gegen eine Ent-

---

97 *Lambertz*, JT 2004-05, 3 (11).
98 Bengtsson/*Strömbäck*, Skadeståndslagen, S. 128.

scheidung zu wenden, und der Geltendmachung eines Schadensersatzanspruchs. Dies trifft jedoch nicht in jedem Fall zu und von diesem Grundsatz sind einige Ausnahmen zu machen.[99]

Hat die geschädigte Partei ein besonderes Interesse an der behördlichen Entscheidung, besteht die Möglichkeit, einen Schadensersatzanspruch geltend zu machen. So war beispielsweise ein Unternehmen, das infolge einer fehlerhaften Entscheidung der Gemeinde wirtschaftliche Verluste erlitt, im Hinblick auf das Recht eines anderen Unternehmens zu Verkaufsaktivitäten, zum Schadensersatz berechtigt – obgleich dieses Unternehmen keine Möglichkeit hatte, sich gegen die Entscheidung zu wenden. Der Oberste Gerichtshof hob bei der Entscheidung in diesem Fall das gesteigerte unternehmerische Interesse an der Entscheidung sowie die sich daraus ergebenden wirtschaftlichen Folgen hervor.[100]

III. Haftungsinhalt

Über die Funktion von Schadensersatz wurde in Schweden lange Zeit diskutiert. In den Gesetzesvorarbeiten zum SkL wird die Wiedergutmachung als eine der wichtigsten Funktionen erwähnt, während die Präventivfunktion in Frage gestellt wird.[101] Was eine Haftung des Staates anbetrifft, so kann die Tatsache, dass Schäden von der verursachenden Behörde ersetzt werden[102] jedoch Präventivwirkung haben. Aus dem Haushalt zu finanzierende Schadensersatzleistungen beispielsweise führen in kleinen Gemeinden wahrscheinlich zu einem höheren Sorgfaltsgrad, als wenn Schäden durch den Staat erstattet würden (dessen finanzielle Möglichkeit, Schadensersatzleistungen zu erbringen, ist nahezu unbegrenzt, werden diese Leistungen doch durch Steuern finanziert).

Bezüglich der Höhe des Schadensersatzes für eine Verletzung, die durch nationale öffentliche Funktionseinheiten verursacht wurde, gilt das Prinzip *restitutio in integrum* unabhängig davon, ob es sich um einen Verstoß gegen ein nationales oder ein regionales Gesetz handelt. Der Hauptgrundsatz im schwedischen Schadensersatzrecht ist, dass einer Person, die einen Schaden erleidet, dieser Schaden vollständig ersetzt wird.[103]

Die Regelungen zum Schadensersatz sind grundsätzlich auch auf Staatshaftungsfälle anzuwenden. Wie bereits aufgezeigt wurde, bestehen jedoch im Zweiten und Fünften Kapitel des SkL Unterschiede hinsichtlich der Frage, ob und wie verschiedene Schadensarten ersetzt werden. Schwierigkeiten bei der Haftungsbegründung betreffen oftmals immaterielle Schäden und Vermögensschäden aufgrund der spezifischen Besonderheiten dieser Schadensarten. Auf die Unterschiede wird nachstehend näher eingegangen.

1. Immaterieller Schaden

Die Hauptregel im schwedischen Recht hinsichtlich eines immateriellen Schadens findet sich in Kapitel 2 § 3 SkL. Die dort vorgesehene Haftung ist sehr restriktiv und setzt eine nicht unerhebliche Verletzung der Persönlichkeit, Freiheit oder Ehre des Opfers voraus. Ein weiteres Kriterium eines immateriellen Schadens ist, dass die Verletzung durch eine Straftat verursacht worden sein muss. Außerdem kann ein immaterieller Schaden nach einem im schwedischen Schadensersatzrecht anerkannten Grundsatz nur bei Vorliegen einer Rechtsgrundlage ersetzt werden (es

99 *Bengtsson/Strömbäck*, Skadeståndslagen, S. 106.
100 HD, NJA 2002, S. 94.
101 Prop. 1972:5, S. 80.
102 SOU 1993:55, Det allmännas skadeståndsansvar, S. 301.
103 *Schultz*, JT Nr. 4, 2009/10, 858.

muss eine besondere Vorschrift existieren, die dies vorsieht). Wenn eine Behörde also Fehler begeht, ohne dass diese als strafrechtlich relevant eingestuft werden können, besteht nach nationalem Recht keine Möglichkeit einer Entschädigung für immaterielle Schäden. Diese Vorschrift in der SkL wurde kritisiert, entspricht sie doch nicht den Vorgaben der EMRK und dem Recht auf eine wirksame Beschwerde nach Artikel 13 EMRK. Der Europäische Gerichtshof für Menschenrechte stellte in mehreren Fällen aufgrund fehlender Gewährleistung der Rechte der Einzelnen gemäß der Konvention einen Verstoß schwedischen Rechts gegen die EMRK fest. Infolgedessen hat der Oberste Gerichtshof in Schweden bei Fällen, die Rechte aus der EMRK betreffen, auf anerkannte Grundsätze zurückzugreifen.[104] Es ist Bürgern damit nunmehr möglich, bei einer Verletzung von Artikeln der Konvention Schadensersatz zugesprochen zu bekommen, selbst wenn dies im nationalen Recht nicht vorgesehen ist. Die Vorschrift in Kapitel 2 § 3 SkL entspricht damit nicht mehr der aktuellen Rechtslage, soll jedoch bald überarbeitet werden.[105] Es bleibt festzustellen, dass der JK bei seiner Arbeit davon ausgeht, dass Kapitel 2 § 3 SkL aus Sicht des Beschwerdeführers weit auszulegen ist, sodass Handlungen, die tatsächlich keinen Straftatbestand verwirklichen, dennoch eine Haftung auslösen können.[106]

2. Vermögensschaden

Ähnlich wie die zuvor erwähnten Haftungsbeschränkungen bei immateriellen Schäden bestehen auch bei reinen Vermögensschäden Einschränkungen. Die Vorschrift in Kapitel 2 § 2 SkL verweist auf das Erfordernis einer Straftat für den Ersatz eines reinen Vermögensschadens (dies betrifft die außervertragliche Haftung). Für Behörden besteht allerdings keine entsprechende Haftungsbeschränkung bei einem Vermögensschaden, der durch die Ausübung von Hoheitsgewalt verursacht wurde. Kapitel 3 § 2 SkL ermöglicht Klagen gegen Behörden wegen eines Vermögensschadens (einschließlich entgangenen Gewinns) auch ohne Vorliegen einer Straftat. Es besteht jedoch noch immer eine Beschränkung der Staatshaftung, wenn ein Vermögensschaden durch Handlungen verursacht wurde, die *nicht* als Ausübung hoheitlicher Gewalt angesehen werden.[107]

Ein anerkannter Grundsatz des schwedischen Schadensersatzrechts ist zudem, dass Dritte, die einen Schaden erleiden, nur für Körperverletzungen oder Sachschäden entschädigt werden.[108] Dieser Grundsatz ist auch im Hinblick auf die behördliche Haftung von Bedeutung.

IV. Haftungsbegrenzung und Haftungsausschluss

1. Anpassung und Mitverschulden

Wie bereits ausgeführt, ist eine Grundeinstellung des schwedischen Schadensersatzrechts die vollumfängliche Entschädigung des Geschädigten. Von diesem Grundsatz bestehen jedoch eini-

104 Z.B. HD, NJA 2005, S. 462 und NJA 2007, S. 584.

105 Gemäß der Richtlinie 2009:40 wurde eine Regierungsprüfung einer Staatshaftung wegen Verletzungen der EMRK eingeleitet. Ihre Vorschläge wurden vor kurzem veröffentlicht, vgl. SOU 2010:87. Die vorgeschlagenen Änderungen sehen in einem neuen Absatz bei Verletzungen der EMRK eine Entschädigung für immaterielle Schäden vor (sogar, wenn es nach 2 § 3 nicht zulässig ist). Dadurch wird 2 § 3 modifiziert, ohne dass an dieser Vorschrift selbst Veränderungen vorgenommen werden. Die in SOU 2010:87 diskutierten Änderungen sind noch nicht abgeschlossen sodass weitere gesetzgerische Tätigkeit zu erwarten sind.

106 Vgl. Beschluss des JK vom 30.7.2010, Nr. 2147-09-40.

107 Die Gefahr solcher Vermögensschäden infolge einer Konventionsverletzung durch die öffentliche Hand scheint recht gering, da entsprechende Handlungen meist als Ausübung hoheitlicher Gewalt einzustufen sind.

108 HD, NJA 1988, S. 62.

ge Ausnahmen. Unter den Ausnahmen, die für die Haftung von Behörden von Bedeutung sind, befindet sich auch die Möglichkeit, Schadensersatz aufgrund Mitverschuldens entsprechend anzupassen. Es gibt keine Sondervorschrift bezüglich der Staatshaftung, sodass die Hauptregel zur Schadensersatzanpassung in Kapitel 6 § 1 SkL Anwendung findet.[109] Früher diente der Passivitätsgrundsatz (→ A.II.) als starke Beschränkung der staatlichen und gemeindlichen Haftung; hatte die geschädigte Partei versäumt, einen Beschluss anzufechten, so konnte der Schadensersatz dieser Fahrlässigkeit entsprechend angepasst werden. Versäumt eine infolge eines behördlichen Unrechts geschädigte Partei heute, sich gegen einen Beschluss zu wenden, so führt dies kaum zu einer entsprechenden Schadensersatzreduzierung. Dies gilt auch für den Fall, dass er/sie nicht auf zur Verfügung stehende Rechtsmittel zurückgreift, zumindest dann, wenn diese Unterlassung nicht bewusst geschehen ist, sondern auf fehlender Kenntnis entsprechender Vorschriften beruht.[110] In Fällen, in denen davon auszugehen ist, dass die Partei (oder ihr Rechtsanwalt) Kenntnis von Widerspruchsvorschriften hat, kann ein solches Verhalten indes Auswirkungen auf den Schadensersatz haben.[111] Ein Anspruchsteller kann auf andere Weise einen Schaden mitverschulden, z.B. durch unkritische Befolgung eines Hinweises, der offensichtlich fehlerhaft ist oder durch einen auf dem Gebiet inkompetenten Beamten erfolgt. Allerdings sind die Anforderungen an die Geschädigten in solchen Fällen nicht allzu hoch und ihre Handlungen werden häufig nicht als schadensmitverursachend angesehen.[112]

Die Möglichkeiten zur Schadensersatzanpassung gemäß Kapitel 6 § 1 SkL hängen von der Art des Schadens ab. Schäden infolge von Körperverletzungen und Sachbeschädigungen sind anzupassen, wenn das Mitverschulden vorsätzlich oder grob fahrlässig erfolgte. Ein Vermögensschaden kann aufgrund jeder Art fahrlässigen Mitverschuldens entsprechend angepasst werden. Die Beurteilung der Frage, was fahrlässiges Verhalten darstellt, entspricht dem allgemeinen Verschuldensmaßstab von Kapitel 2 § 1 SkL, allerdings werden auch Umstände in Betracht gezogen, welche vom Schädiger mitverschuldete Handlungen entschuldigen können. Zudem wird das Entschädigungsbedürfnis des Anspruchstellers berücksichtigt.[113]

In Fällen, in denen der Kläger den Schaden mitverschuldet hat, erfolgt in Übereinstimmung mit Kapitel 6 § 1 SkL eine gerichtliche Billigkeitsprüfung bezüglich der Handlungen beider Parteien. Bezüglich Handlungen von Unternehmen (juristischen Personen) werden grundsätzlich strengere Bewertungsmaßstäbe angelegt als bezüglich Handlungen einzelner Personen.

2. Versicherungsrechtliche Lösungen

Ein charakteristisches Kennzeichen des schwedischen Schadensersatzrechts sind die Beziehung zum Versicherungssystem und das Bestreben, ein Schadensrisiko auf ein Personenkollektiv zu verteilen. Der Gedanke des Schadensersatzes gegenüber der geschädigten Partei hatte in dieser Hinsicht größeren Einfluss auf das schwedische Schadensersatzrecht als der Präventionsgedanke. Die Risikoverteilung auf eine größere Zahl Einzelner oder Unternehmen mittels einer Versicherung ermöglicht die Vermeidung ruinöser Auswirkungen bezüglich eines Einzelnen.[114]

---

109 Daneben besteht eine Regelung in Kapitel 6 § 2 SkL, die eine Möglichkeit zur Schadensersatzanpassung vorsieht, wenn die wirtschaftliche Belastung für den Schadensverursacher unzumutbar ist. Da der öffentlichen Hand zur Abdeckung von Ersatzforderungen unbeschränkte Mittel zur Verfügung stehen, wird diese Vorschrift nicht auf von ihr verursachte Schäden angewendet.

110 *Bengtsson*, Det allmännas ansvar, S. 114.

111 Beschluss des JK vom 13.10. 2005, Nr. 3893-04-40 abrufbar unter http://www.jk.se/Beslut/Skadestandsarenden/3893-04-40.aspx, zuletzt abgerufen am 16.4.2013.

112 *Bengtsson/Strömbäck*, Skadeståndslagen, S. 355.

113 *Bengtsson/Strömbäck*, Skadeståndslagen, S. 355.

114 *Bengtsson/Strömbäck*, Skadeståndslagen, S. 20.

Kapitel 3 § 6 SkL sieht eine Möglichkeit vor, Schadensersatz der aktuellen Versicherungslage anzupassen. Die Vorschrift ist anwendbar, wenn ein Arbeitnehmer oder sonstiger Funktionsträger, der im Auftrag des Staates oder eines privaten Rechtsträgers handelt, eine Sachbeschädigung verursacht (auf andere Schadensarten ist die Regelung nicht anwendbar). Voraussetzung ist, dass eine Anpassung im Hinblick auf die bestehende Versicherung sowie die Möglichkeiten versicherungsrechtlicher Lösungen für beide Seiten zumutbar ist.[115] Ein Ziel dieser Regelung ist, dass bei Sachschäden in großer Höhe die Schadensersatzleistung durch die Versicherung des Geschädigten erfolgt, die den Schaden versichert hat. Der Staat ist ein sogenannter Eigenversicherer, was bedeutet, dass er in der Lage ist, Verluste durch eigene finanzielle Mittel auszugleichen. Gemeinden sind hingegen grundsätzlich gegen durch sie verursachte Schäden versichert.[116]

D. Geltendmachung von Haftungsansprüchen

I. Rechtsweg

1. Zugang zum Rechtssystem

Ein besonderes Kennzeichen des schwedischen Rechtssystems stellt die Funktion des *Justitikanslern* dar (→ A.I.). Der JK kann auf zweierlei Weise mit Schadensersatzansprüchen gegen den Staat aufgrund fehlerhafter Ausübung von Hoheitsgewalt in Berührung kommen – entweder als Entscheidungsträger oder als Vertreter des Staates.[117] Privatpersonen können sich mit Schadensersatzansprüchen direkt an den JK wenden, und der Anspruch kann im Rahmen eines Schiedsverfahrens überprüft werden (gemäß der Verordnung (1995:1301) über den Umgang mit deliktischen Ansprüchen gegen den Staat). Dies entlastet die Gerichte bezüglich etlicher Verfahren; weist der JK den Antrag jedoch zurück, steht der Weg zu den regulären Gerichtsverfahren nach wie vor offen. Die Fälle, die vor dem JK verhandelt werden, werden auf Grundlage schriftlicher Unterlagen entschieden, eine mündliche Beweispräsentation ist nicht möglich.

Für die Einschlagung des Rechtswegs durch einen Einzelnen sind dessen wirtschaftliche Möglichkeiten, Gerichtsverfahren anzustrengen, von großer Bedeutung. Eine Möglichkeit, ein Gerichtsverfahren zu finanzieren, besteht in der Kostenübernahme durch eine Versicherung – die meisten Versicherungen, die von schwedischen Versicherungsunternehmen angeboten werden, enthalten eine Rechtsschutzversicherung, die Ausgaben für einen Rechtsbeistand umfasst. Der Einsatz einer Rechtsschutzversicherung ist die vorrangige Methode, Gerichtsverfahren zu finanzieren.

In Fällen, in denen ein Einzelner keine entsprechende Versicherung abgeschlossen hat und seine Möglichkeiten, seine Ansprüche ohne finanzielle Unterstützung durchzusetzen, begrenzt sind, kann ihm Unterstützung nach dem *rättshjälpslagen*[118] (Rechtshilfegesetz) gewährt werden. Hintergrund dieses Gesetzes ist das Grundrecht des Einzelnen darauf, dass seine Sache vor Rechtsvertretern verhandelt wird, was einen Sozialrechtsschutz darstellt, der dazu dient, dass Einzelne ihre Ansprüche gerichtlich durchzusetzen vermögen. Der dahinterstehende Gedanke ist, dass sich eine Person, die einen Anspruch geltend machen will, an den Kosten in einem Umfang beteiligen soll, der finanziell tragbar ist. Die Prozesskostenhilfe erfolgt in Bezug auf den Teil der Kosten, der vom Anspruchsteller selbst nicht finanziert werden kann, und von der da-

115 *Bengtsson*, Det allmännas ansvar, S. 15.
116 SOU 1993:55, *Det allmännas* skadeståndsansvar (Die öffentliche Haftung), S. 306–307.
117 Vgl. SFS 1995:1301.
118 SFS 1996:1619.

rauf zurückgreifenden Person ist gemäß ihrer finanziellen Lage eine entsprechende Gebühr zu entrichten. Ausländer sind berechtigt, in Schweden Prozesskostenhilfe in Anspruch zu nehmen, wenn die Sache in Schweden zu verhandeln ist und besondere Gründe vorliegen (vgl. § 12 *rättshjälpslagen*).

2. Zuständigkeit

Wird ein Schadensersatzanspruch gegenüber einer Behörde gemäß Kapitel 3 § 2 SkL geltend gemacht, bestehen je nachdem, welche Art von Behörde den Fehler begangen hat, unterschiedliche Vorschriften hinsichtlich des zuständigen Gerichts.

Nach den Gerichtsstandsregelungen in Kapitel 10 *rättegångsbalken* (Gerichtsverfahrensgesetz)[119] sind die ordentlichen Gerichte in diesem Bereich zuständig. Zuständig ist in erster Linie das *tingsrätt* (Bezirksgericht, unterste Instanz der ordentlichen Gerichtsbarkeit), in dessen Gebiet der Anspruchsgegner wohnt oder seinen Sitz hat. Für Klagen gegen den Staat ist das Bezirksgericht zuständig, in dessen Gebiet die jeweilige Aufsichtsbehörde ihren Sitz hat. Klagen gegen eine Gemeinde werden vor dem Bezirksgericht verhandelt, dem die Gemeinde untersteht. Eine Schadensersatzklage kann alternativ auch dort anhängig gemacht werden, wo der Rechtsverstoß stattgefunden hat oder die Rechtsverletzung eingetreten ist.[120]

Kapitel 3 § 10 SKL enthält Regelungen für Verfehlungen durch Gerichte, Richter und andere leitende Führungskräfte. Das Gericht, das ein Fehlverhalten verfolgt, entscheidet auch über Schadensersatzansprüche in diesem Zusammenhang. Das liegt daran, dass es nicht zweckmäßig wäre, würde das Gericht, das die fehlerhafte Entscheidung erlassen hat (oder ein niederes Instanzgericht) über Schadensersatzansprüche aufgrund dieses Urteils entscheiden. Der Kläger sollte seine Ansprüche in der nächsthöheren Instanz geltend machen. Urteile eines Bezirksgerichts werden von einem *hovrätt* (Berufungsgericht) und die Entscheidungen des Berufungsgerichts vom Obersten Gerichtshof überprüft. Der oberste Gerichtshof ist nach einem Urteil aus dem Jahr 2003 nunmehr auch für die Überprüfung von Entscheidungen der Bezirksgerichte zuständig.[121]

Eine Klage wegen immaterieller Schäden infolge verzögerter Verfahren ist nach Kapitel 10 *rättegångsbalken* (Gerichtsverfahrensgesetz) in Zivilsachen vor dem zuständigen Zivilgericht anhängig zu machen. Andernfalls könnte eine analoge Anwendung von Kapitel 3 § 10 SkL in solchen Fällen zu einem Verfahren vor dem Obersten Gerichtshof als erster Instanz führen, was nicht wünschenswert ist.[122] Stützt sich eine Klage auf Recht der Europäischen Union, so kann der Anspruch vor einem Bezirksgericht anhängig gemacht werden.

II. Beweisfragen

Die wichtigste Regel im schwedischen Schadensersatzrecht besagt, dass derjenige, der Schadensersatz begehrt, das Vorliegen sämtlicher Haftungsvoraussetzungen beweisen muss. Er/sie muss den Eintritt eines Schadens, den Kausalzusammenhang zwischen der Handlung des Schädigers und dem Schadenseintritt sowie das Vorliegen von Vorsatz oder Fahrlässigkeit beweisen.[123] Dies gilt auch im Hinblick auf die Haftung von Behörden – der Anspruchsteller muss das

---

119 SOU 1942:740.
120 Kapitel 10 § 8 *rättegångsbalken*.
121 HD, NJA 2003, S. 263.
122 HD, NJA 2009, S. 873.
123 *Bengtsson/Strömbäck*, Skadeståndslagen, S. 42.

Vorliegen von Verschulden beweisen. Die Gerichte verlangen von dem Geschädigten jedoch nicht mehr als nachzuweisen, dass ein hinreichend qualifiziertes Unrecht begangen worden ist, was den Schluss nahe legt, dass die Behörde bezüglich der Schadensverursachung fahrlässig gehandelt hat.

Erscheint unter Berücksichtigung aller Umstände des Falles der Geschehensablauf entsprechend der Schilderung des Klägers wahrscheinlicher als andere mögliche Kausalabläufe, so hat das Gericht der vom Kläger vorgetragenen Sicht zu folgen.[124] Der Beweis, dass ein Unrecht begangen wurde, kann dem Kläger mitunter große Schwierigkeiten bereiten. Der JK kann in solchen Fällen, wenn beispielsweise ein Anspruch auf einem mündlichen Informationsaustausch beruht, eine mildere Entscheidung bezüglich der Beweislastverteilung treffen. In einem Fall hatte das Fahrzeugüberwachungsunternehmen (eine kürzlich privatisierte Behörde) Informationen darüber erteilt, welche Unterlagen notwendig sind, damit ein Fahrzeug beanstandungsfrei die Überprüfung durchläuft. Nach Angabe des Klägers hatte das Fahrzeugüberwachungsunternehmen eine falsche Auskunft erteilt mit der Folge, dass das Fahrzeug die Kontrollen nicht bestand. Im Hinblick auf die Schwierigkeiten zu beweisen, welche Informationen wie erteilt wurden, erkannte der JK den Anspruch aufgrund der vorliegenden Umstände an.[125]

Es ist nicht erforderlich, den Fahrlässigkeitsgehalt genau zu bestimmen (ob es sich um Fahrlässigkeit in rechtlicher Hinsicht, einen Fehleinschätzung tatsächlicher Umstände etc. handelt). Wenn die Behörden sich darauf berufen wollen, dass der Fehler aufgrund der besonderen Umstände im Einzelfall entschuldbar sei, zum Beispiel aufgrund extremer Arbeitsüberlastung oder eines Missverständnisses, so ist es an ihnen, ihren Standpunkt zu überprüfen und darzulegen. Können sie ihr Verhalten nicht mit einer entschuldbaren und einleuchtenden Erklärung begründen, so wird es als schuldhaft angesehen.[126]

III. Verjährung

Die Verjährung von Ansprüchen auf Grundlage des SkL entspricht der allgemeinen Verjährung des *preskiptionlagen* (Verjährungsgesetz)[127] und beträgt zehn Jahre. Die Frist beginnt mit der Begehung der schadensverursachenden Handlung und wenn die Verjährung unterbrochen wird, dann beginnt von diesem Moment an eine erneute zehnjährige Frist. Dies kann dazu führen, dass die Verjährungsfrist vorüber ist, bevor der Schaden überhaupt auftritt, wenn die Auswirkungen einer Handlung erst nach langer Zeit in Erscheinung treten. Dauerte die schadensverursachende Handlung über lange Zeit hinweg an, so beginnt die Verjährungsfrist von dem Zeitpunkt an, zu dem der Schaden zum ersten Mal hätte abgewendet werden können. Um die Verjährungsfrist zu unterbrechen reicht es aus, den Anspruch sowie die Hauptmerkmale des Verhaltens vorzubringen, auf das sich die Klage stützt.[128] Unklar ist, ob es in Fällen, in denen eine Handlung mehrere Schadensarten verursacht hat, für eine Unterbrechung der Verjährungsfrist ausreicht, Klage nur in Bezug auf eine der vorliegenden Schadensarten einzulegen. Die Klägerseite kann sich daher das Recht vorbehalten, im Verlaufe des Verfahrens noch weitere Ansprüche geltend zu machen, um eine Unterbrechung der Verjährungsfrist sicherzustellen.[129]

124 HD, NJA 1977, S. 176.
125 Entscheidung des JK vom 16.6.2009, Nr. 5326-08-40 abrufbar unter http://www.jk.se/Beslut/Skadestandsarenden/5326-08-40.aspx, zuletzt abgerufen am 16.4.2013.
126 *Bengtsson/Strömbäck*, Skadeståndslagen, S. 97.
127 SOU 1981:130.
128 HD, NJA 2005, S. 843.
129 *Hellner/Radetzki*, Skadeståndsrätt, S. 433 ff.

IV. Vollstreckung

Vorschriften zur Urteilsvollstreckung finden sich vor allem im *utsökningsbalken* (Vollstreckungsgesetz),[130] und ausführende Behörde nach Kapitel 1 § 3 ist die *kronofogdemyndigheten* (Beitreibungs- und Vollstreckungsbehörde). Ist ein Einzelner zum Schadensersatz berechtigt, so muss er/sie gemäß den Vorschriften im Zweiten Kapitel des Gesetzes einen Antrag stellen.[131]

Fälle, in denen Individuen eine Vollstreckung begehren, werden private Fälle genannt und anders behandelt als die sogenannten öffentlichen Fälle, in denen es um die Auferlegung von Bußgeldern, Steuern etc. geht.[132] Demzufolge bestehen separate Vorschriften bezüglich der öffentlichen Hand als Vollstreckungsgläubigerin. Hinsichtlich der Vollstreckung von Urteilen gegen den Staat durch Individuen bestehen jedoch keine Sonderregeln mit Ausnahme einer Vorschrift in Kapitel 2 § 27 *utsökningsbalken*, nach der der Staat, eine Gemeinde, ein Landkreis oder Kommunalverbund keine Sicherheit für ihre Schulden hinterlegen muss. Zudem kann die Vollstreckungsbehörde gegenüber dem Staat keinen Säumniszuschlag erheben.

Bibliographie

Andersson, Håkan, Nationell EKMR-skadeståndsrätt – en argumentativ probleminventeringsskiss (Nationale EMRK-Verstöße – ein argumentativer Problemaufriss), JFT 5-6/2007 S. 377–414

Bengtsson, Bertil, Skadestånd vid myndighetsutövning I (Ansprüche gegen Behörden), Lund 1976

ders., Skadestånd vid myndighetsutövning II (Anspüche gegen Behörden), Lund 1978

ders., Det allmännas ansvar enligt skadeståndslagen (Die öffentliche Haftung nach dem Staatshaftungsgesetz), 2. Aufl., Stockholm 1996

ders./Strömbäck, Erland, Skadeståndslagen En kommentar (Staatshaftungsgesetz. Ein Kommentar), 3. Aufl., Stockholm 2008

Hellner, Jan, Kommersiell avtalsrätt (Kaufmännisches Vertragsrecht), 4. Aufl., Stockholm 1993, S. 70

ders./Radetzki, Marcus, Skadeståndsrätt (Schadensersatzrecht), 7. Aufl., Visby 2007

Lambertz, Göran, Det allmännas skadeståndsansvar i framtiden – trender och utvecklingsmöjligheter (Die öffentliche Haftung in der Zukunft – Trends und Entwicklungsmöglickeiten), JT nr 1 04/05

Schultz, Mårten, Full ersättning för sakens värde (Volle Entschädigung für den Materialwert), JT nr 4 09/10

Sjödin, Eije/Ekbäck, Peter/Kalbro, Thomas/Norell, Leif, Markåtkomst och ersättning (Landenteignung und Entschädigung), 2. Aufl., Stockholm 2007

Warnling-Nerep, Wiweka/Lagerqvist Veloz Roca, Annika/Reichel, Jane, Statsrättens grunder (Grundlagen des Staatsrechts), 2. Aufl., Stockholm 2007

Abkürzungen

AD	Arbetsdomstolen (Arbeitsgericht)
EMRK	Europäische Menschenrechtskonvention
EGMR	Europäischer Gerichtshof für Menschenrechte
HD	Högsta Domstolen (Oberster Gerichtshof in Zivil- und Strafsachen)

130 SOU 1981:774.

131 Der Antrag hat schriftlich zu erfolgen und den Vollstreckungstitel zu enthalten, bei dem es sich gemäß Kapitel 3 § 1 *utsökningsbalken* (Vollstreckungsgesetz) z.B. um ein Gerichtsurteil, einen Vergleich oder einen Schiedsspruch handeln kann. Ein Urteil kann ohne besondere Voraussetzungen vollstreckt werden, sobald es rechtskräftig geworden ist (wenn dies nicht der Fall sein sollte, kann es in einigen Fällen gemäß den Vorschriften in Kapitel 3 §§ 5–9 *utsökningsbalken* vollstreckt werden).

132 Kapitel 1 § 6 *utsökningsbalken.*

HFD	Högsta Förvaltningsdomstolen (Oberstes Verwaltungsgericht, bis zum 1.1.2011 *Regeringsrätt*)
JO	Justitieombudsmannen (Parlamentarischer Ombudsmann)
JK	Justitiekanslern (Oberster Justizbeamter)
NJA	Nytt juridiskt arkiv (Neues Juristisches Archiv – Rechtsfälle des Schwedischen Obersten Gerichtshofs)
Prop.	Regeringens proposition (Gesetzesvorschlag der Regierung)
SFS	Svensk författningssamling (Amtliche Sammlung von Gesetzen und Verordnungen des schwedischen Reichstags)
SkL	Skadeståndslagen (Schadensersatzgesetz)
SOU	Statens offentliga utredningar (Schriftenreihe der offiziellen Untersuchungskommission)
RF	Regeringsformen (Verfassung)
ref	Referat (Fallnummer vor dem Obersten Verwaltungsgericht)

Wesentliche Vorschriften

Regeringsformen
Verfassung[133]

1 kap. Statsskickets grunder
1 §
All offentlig makt i Sverige utgår från folket.
Den svenska folkstyrelsen bygger på fri åsiktsbildning och på allmän och lika rösträtt. Den förverkligas genom ett representativt och parlamentariskt statsskick och genom kommunal självstyrelse.

Den offentliga makten utövas under lagarna.

Kapitel 1. Grundlagen der Staatsform
§ 1
Alle öffentliche Gewalt in Schweden geht vom Volk aus.
Die schwedische Volksherrschaft gründet sich auf die freie Meinungsbildung und das allgemeine und gleiche Stimmrecht. Sie wird durch eine repräsentative, parlamentarische Staatsform und kommunale Selbstverwaltung verwirklicht.

Die öffentliche Gewalt wird unter dem Gesetz ausgeübt.

9 §
Domstolar samt förvaltningsmyndigheter och andra som fullgör offentliga förvaltningsuppgifter ska i sin verksamhet beakta allas likhet inför lagen samt iaktta saklighet och opartiskhet.

§ 9
Gerichte sowie Verwaltungsbehörden und andere, die Aufgaben in der öffentlichen Verwaltung erfüllen, haben bei ihrer Tätigkeit die Gleichheit aller vor dem Gesetz zu beachten sowie Sachlichkeit und Unparteilichkeit zu wahren.

2 kap. Grundläggande fri- och rättigheter
18 §
Varje medborgares egendom är tryggad genom att ingen kan tvingas avstå sin egendom till det allmänna eller till någon enskild genom expropriation eller annat sådant förfogande eller tåla att det allmänna inskränker användningen av mark eller byggnad utom när det krävs för att tillgodose angelägna allmänna intressen.

Kapitel 2. Grundrechte und Freiheiten
§ 18
Das Eigentum eines jeden Staatsbürgers ist dadurch geschützt, dass niemand durch Enteignung oder eine andere Art Verfügung dieser Art gezwungen werden kann, sein Eigentum an das Gemeinwesen oder einen einzelnen abzutreten oder erdulden muss, dass das Gemeinwesen die Verwendung von Grund und Boden oder Gebäuden beschränkt, außer wenn dies erforderlich ist, um dringende öffentliche Interessen sicherzustellen.

133 Übersetzung nach *Kimmel*, Verfassungen der EU-Mitgliedstaaten, 6. Aufl., München 2005, S. 683f.

Den som genom expropriation eller annat sådant förfogande tvingas avstå sin egendom skall vara tillförsäkrad ersättning för förlusten.

Sådan ersättning skall också vara tillförsäkrad den för vilken det allmänna inskränker användningen av mark eller byggnad på sådant sätt att pågående markanvändning inom berörd del av fastigheten avsevärt försvåras eller skada uppkommer som är betydande i förhållande till värdet på denna del av fastigheten. Ersättningen skall bestämmas enligt grunder som anges i lag.

Alla skall ha tillgång till naturen enligt allemansrätten oberoende av vad som föreskrivits ovan.

Wer durch Enteignung oder eine andere Verfügung dieser Art gezwungen wird, sein Eigentum abzutreten, dem ist für den Verlust Ersatz zuzusichern.

Solcher Ersatz ist auch dem zuzusichern, für den das Gemeinwesen die Verwendung von Grund und Boden oder Gebäuden auf solche Art beschränkt, das seine anhaltende Verwendung des Grundbesitzes im betroffenen Teil des Grundstücks erheblich erschwert wird oder dass Schaden entsteht, der im Verhältnis zum Wert dieses Teils des Grundstücks bedeutend ist. Der Ersatz ist nach gesetzlicher Grundlage zu bemessen.

Ungeachtet dessen, was oben vorgeschrieben wird, ist allen der Zugang zur Natur gemäß jedermanns Recht zuzusichern.

11 kap. Rättskipning och förvaltning
14 §

Finner domstol eller annat offentligt organ att en föreskrift står i strid med bestämmelse i grundlag eller annan överordnad författning eller att stadgad ordning i något väsentligt hänseende har åsidosatts vid dess tillkomst, får föreskriften icke tillämpas. Har riksdagen eller regeringen beslutat föreskriften, skall tillämpning dock underlåtas endast om felet är uppenbart.

Kapitel 11. Rechtspflege und Verwaltung
§ 14

Befindet ein Gericht oder ein anderes öffentliches Organ, das seine Vorschrift im Widerspruch zu Bestimmungen der Grundgesetze oder sonstiger übergeordneter Vorschriften steht, oder dass bei ihrem Zustandekommen in wesentlicher Hinsicht gegen die feststehende Ordnung verstoßen wurde, darf die Vorschrift nicht zur Durchführung kommen. Wurde die Vorschrift vom Reichstag oder der Regierung beschlossen, ist von ihrer Durchführung nur dann abzusehen, wenn der Fehler offenbar ist.

Skadeståndslagen (1972:207)

Gesetz über die Staatshaftung[134]

2 kap. Skadeståndsansvar på grund av eget vållande
1 §

Den som uppsåtligen eller av vårdslöshet vållar personskada eller sakskada skall ersätta skadan.

Kapitel 2. Haftung aufgrund eigenen Verschuldens
§ 1

Wer vorsätzlich oder fahrlässig einen Personen- oder Sachschaden verursacht, soll den Schaden ersetzen.

2 §

Den som vållar ren förmögenhetsskada genom brott skall ersätta skadan.

§ 2

Wer durch eine Straftat einen reinen Vermögensschaden verursacht, soll den Schaden ersetzen.

3 §

Den som allvarligt kränker allvarligt annan genom brott som innefattar ett angrepp mot dennes person, frihet, frid eller ära skall ersätta den skada som kränkningen innebär.

§ 3

Wer jemand anderen durch eine Straftat verletzt, die einen Angriff gegen seine Person, Freiheit, seinen Frieden oder seine Ehre darstellt, hat den entstandenen Schaden zu ersetzen.

3 kap. Skadeståndsansvar för annans vållande och för det allmänna
1 §

Den som har arbetstagare i sin tjänst skall ersätta

Kapitel 3. Haftung für fremdes und allgemeines Verschulden
§ 1

Wer Mitarbeiter in seinem Dienst beschäftigt, haftet für

134 Übersetzung des Herausgebers.

1. personskada eller sakskada som arbetstagaren vållar genom fel eller försummelse i tjänsten,
2. ren förmögenhetsskada som arbetstagaren i tjänsten vållar genom brott, och
3. skada på grund av att arbetstagaren kränker någon annan på sätt som anges i 2 kap. 3 § genom fel eller försummelse i tjänsten.

1. Personenschäden oder Sachschäden, die der Arbeitnehmer vorsätzlich oder fahrlässig während seines Dienstes verursacht,
2. reine Vermögensschäden, die der Arbeitnehmer durch eine Straftat während seines Dienstes verursacht hat, und
3. Schäden der in Kapitel 2, § 3 bezeichneten Art, die der Arbeitnehmer vorsätzlich oder fahrlässig während seines Dienstes verursacht hat.

2 §

Staten eller en kommun skall ersätta
1. personskada, sakskada eller ren förmögenhetsskada, som vållas genom fel eller försummelse vid myndighetsutövning i verksamhet för vars fullgörande staten eller kommunen svarar, och
2. skada på grund av att någon annan kränks på sätt som anges i 2 kap. 3 § genom fel eller försummelse vid myndighetsutövning.

§ 2

Der Staat und die Gemeinde ersetzen
1. Personenschäden, Sachschäden oder reine Vermögensschäden, die durch Fahrlässigkeit oder Vorsatz bei der Ausübung öffentlicher Aufgaben, die in die Zuständigkeit des Staates oder der Gemeinden fallen, verursacht wurden, sowie
2. Schäden der in Kapitel 2, § 3 bezeichneten Art, die während der Amtsausübung verursacht wurden.

3 §

Staten eller en kommun skall ersätta ren förmögenhetsskada som vållas av att en myndighet genom fel eller försummelse lämnar felaktiga upplysningar eller råd, om det med hänsyn till omständigheterna finns särskilda skäl. Därvid skall särskilt beaktas upplysningarnas eller rådens art, deras samband med myndighetens verksamhetsområde och omständigheterna när de lämnades.

§ 3

Der Staat und die Gemeinde erstatten den reinen Vermögensschaden, der durch vorsätzlich oder fahrlässig fehlerhaft erteilte Informationen oder Beratungen verursacht wurde. Zu berücksichtigen sind insbesondere die Art der erteilten Informationen oder Beratungen, ihr Zusammenhang mit der behördlichen Tätigkeit und die Umstände, unter denen sie erteilt wurden.

6 §

Ersättning enligt 1 eller 2 § för sakskada kan jämkas, om det är skäligt med hänsyn till föreliggande försäkringar eller försäkringsmöjligheter. Ersättning enligt 5 § kan jämkas, om det är uppenbart oskäligt att föräldern ska betala skadeståndet med hänsyn till förälderns förhållande till barnet eller de särskilda åtgärder föräldern har vidtagit för att förhindra att barnet begår brott.

§ 6

Die Entschädigung für Sachschäden nach § 1 oder § 2 kann angepasst werden, wenn dies im Hinblick auf bestehende Versicherungsansprüche angemessen erscheint. Erstattungen nach § 5 können angepasst werden, wenn es für die Eltern unbillig erscheint, Schadensersatz aufgrund ihrer Beziehung zu dem Kind oder wegen spezifischer Maßnahmen, die sie getroffen haben, um eine Straffälligkeit ihres Kindes zu verhindern, zahlen müssen.

7 §

Talan om ersättning enligt 2 § får inte föras med anledning av beslut av riksdagen eller regeringen eller av Högsta domstolen eller Högsta förvaltningsdomstolen, om inte beslutet upphävts eller ändrats. Sådan talan får inte heller föras med anledning av beslut av lägre myndighet, vilket efter överklagande prövats av regeringen, Högsta domstolen eller Högsta förvaltningsdomstolen, utan att beslutet upphävts eller ändrats.

§ 7

Eine Erstattung nach § 2 kann nicht aufgrund von Entscheidungen des Reichstages oder der Regierung oder des Obersten Gerichtshofs oder des Obersten Verwaltungsgerichts gewährt werden, außer wenn die Entscheidung rückgängig gemacht oder geändert wurde. Dies kann im Rechtsmittelverfahren aufgrund einer Entscheidung der unteren Körperschaften, der Regierung, dem Obersten Gerichtshof oder des Obersten Verwaltungsgerichts erfolgen.

10 §

Talan om ersättning enligt 2 § med anledning av dom eller beslut av Högsta domstolen, Högsta förvaltnings-

§ 10

Schadensersatzklagen nach § 2 als Folge eines Urteils oder einer Entscheidung des Obersten Gerichtshofs, des

domstolen, hovrätt eller allmän underrätt väcks vid den domstol som enligt 2 kap. 2 § eller 3 kap. 3 § rättegångsbalken är behörig att ta upp där angivna mål på grund av brott av domare vid den domstol som meddelat domen eller beslutet. Motsvarande gäller i fråga om ersättningstalan enligt 2 § med anledning av beslut eller åtgärd av någon som anges i nämnda lagrum i rättegångsbalken. Sådan talan med anledning av beslut av riksdagen eller regeringen väcks i Högsta domstolen.

Obersten Verwaltungsgerichtshofs, des Berufungsgerichts oder des Allgemeinen Gerichts sollen vor ein Gericht gebracht werden, das nach Kapitel 2 § 2 oder Kapitel 3 § 3 der Zivilprozessordnung zuständig ist, die genannten Fälle zu entscheiden, in denen Richter, die jene Entscheidung getroffen haben, ein Verbrechen begangen haben. Das Gleiche gilt im Hinblick auf die Erstattungsklage nach § 2 als Folge der Entscheidung oder Handlung eines am Zivilverfahren Beteiligten. Solche Klagen sollen nach Entscheidung des Parlaments oder der Regierung vor das Oberste Gericht gebracht werden.

4 kap. Arbetstagares skadeståndsansvar

1 §

För skada, som arbetstagare vållar genom fel eller försummelse i tjänsten, är han ansvarig endast i den mån synnerliga skäl föreligger med hänsyn till handlingens beskaffenhet, arbetstagarens ställning, den skadelidandes intresse och övriga omständigheter.

Kapitel 4. Arbeitnehmerhaftung

§ 1

Für Schäden, die ein Arbeitnehmer durch Verschulden oder fahrlässige Pflichtverletzungen verursacht, ist er nur in Ausnahmefällen und in Anbetracht der Art der Verletzungshandlung, seiner Position, dem Interesse des Opfers und der sonstigen Umstände verantwortlich.

§ 19 Schweiz

Felix Uhlmann*

Inhaltsübersicht

A. Grundlagen

I. Staatshaftung im modernen Rechtsstaat

1. Einleitung und Geschichtliches

Staatshaftungsrecht zwingt das Gemeinwesen, sich mit seinem früheren Handeln kritisch auseinanderzusetzen und dieses Handeln gegebenenfalls als widerrechtlich zu erkennen. Das Staatshaftungsrecht bleibt aber nicht stehen bei der Feststellung, dass früheres staatliches Han-

* Frau M.A. HSG *Judith Kaspar* und Herrn lic. iur. *Raphael Meyer* danke ich bestens für die kompetente Mitarbeit bei der Vorbereitung und Ausarbeitung dieses Beitrages.

deln möglicherweise widerrechtlich gewesen ist. Vielmehr wird das Gemeinwesen zu einer Entschädigung an die oder den Betroffenen gezwungen. Das Unrecht des Staates wird sicht- und messbar. Die Sanktion der Schadenszahlung kann für das entsprechende Gemeinwesen erhebliche finanzielle Belastungen mit sich bringen,[1] dies insbesondere dann, wenn eine Vielzahl von Personen verletzt wurde und dementsprechend das Gemeinwesen mit einer Vielzahl von Haftungsansprüchen konfrontiert ist.

Es ist deshalb nicht erstaunlich, dass auf Seiten des Gemeinwesens eine gewisse Zurückhaltung besteht, eine solche Haftung zuzulassen. Entsprechend ist das Staatshaftungsrecht eine Erscheinung der Neuzeit.[2] Staatshaftungsrecht setzt voraus, dass eine kritische Auseinandersetzung mit dem Handeln des eigenen Gemeinwesens möglich ist und dass die Ansprüche der Privaten rechtlich durchsetzbar sind. Diktaturen kennen keine Staatshaftung. Ohne rechtsstaatliche Sicherungen gibt es kein Staatshaftungsrecht.[3]

Es besteht allerdings auch die Gefahr, dass exzessive Staatshaftungsansprüche den Staat lähmen. Ein Gemeinwesen, das für jeden kleinen Fehler mit erheblichen Mitteln einstehen muss, ist nicht mehr funktionsfähig.

Erste Ansätze eines haftenden Staates haben sich typischerweise im Privatrecht entwickelt. Das Gemeinwesen soll dort, wo es wie eine private Person am Rechtsverkehr teilnimmt, nicht besser gestellt sein als die übrigen Privaten. Entsprechend sieht der bereits seit 1881 bestehende Art. 61 Abs. 2 Obligationenrecht (OR)[4] vor, dass für „gewerbliche Verrichtungen von öffentlichen Beamten oder Angestellten" die Kantone nicht vom privaten Haftungsrecht des Bundes (Art. 41 ff. OR) abweichen können.[5]

Über das gewerbliche Handeln des Gemeinwesens hinaus ist es denkbar, auch weiteres Staatshandeln einer privatrechtlichen Haftung zu unterstellen. Staatliche und private Haftung weisen viele Parallelen auf; so wird im schweizerischen Staatshaftungsrecht im Bereich des Schadens sowie der adäquaten Kausalität weitgehend auf die privatrechtliche Lehre und Praxis abgestellt (→ A.II.5.). Staatliches Handeln ist in vielen Bereichen aber eigenen Gesetzmäßigkeiten unterworfen. Dies gilt sowohl für die Zurechnung einer Handlung zum Staat wie auch für die wichtige Frage der Widerrechtlichkeit des staatlichen Handelns (→ B.II.).

Der Bund hat diesen Schwierigkeiten im Jahre 1958 mit dem Erlass des Verantwortlichkeitsgesetzes (VG) Rechnung getragen (→ A.II.2.). Das Gesetz war für seine Zeit innovativ. Es sieht die direkte Haftung der Eidgenossenschaft gegenüber den Geschädigten vor. Dies nimmt den Geschädigten die oft schwierige Suche nach den tatsächlich für das staatliche Handeln Verantwort-

1 Stellvertretend für diese Problematik kann der Fall *Spring* (BGE 126 II 145 ff.) genannt werden. Joseph Spring machte im Jahre 1998 einen Staatshaftungsanspruch gegen die Eidgenossenschaft geltend, weil er 1943 von den schweizerischen Behörden als Flüchtling abgewiesen und in der Folge nach Auschwitz deportiert wurde. Das Bundesgericht wies den Staatshaftungsanspruch ab, sprach dem Beschwerdeführer aber den geforderten Betrag als Parteientschädigung zu. Es ist leicht nachvollziehbar, welche politischen, aber auch finanziellen Folgen ein Entscheid gehabt hätte, welcher den im Zweiten Weltkrieg abgewiesenen Flüchtlingen einen Anspruch auf Entschädigung zugesprochen hätte.

2 Vgl. Ausführungen bei *Schwarzenbach*, Staats- und Beamtenhaftung, S. 3 ff.

3 Umso interessanter ist die Erzählung von *Norman Manea*, Fenster zur Arbeiterklasse, 1989, über einen Prozess gegen den rumänischen Staat unter der Ceaucescu-Diktatur.

4 Vgl. BBl 1881 III 109 ff., 120. Durch die Regelung von Art. 61 Abs. 2 OR sollte derjenige, welcher durch gewerbliches Handeln des Staates einen Schaden erlitten hatte, nicht schlechter gestellt werden gegenüber denjenigen, welche im privatrechtlichen Bereich geschädigt wurden. Da heute in allen Kantonen öffentlich-rechtliche Haftungsnormen bestehen, hat Art. 61 OR seine Bedeutung verloren (*Brehm*, in: Berner Kommentar zum Obligationenrecht, 3. Aufl. 2006, Art. 61 Rn. 4).

5 Vgl. zu den gewerblichen Tätigkeiten → B.I.1.

lichen ab. Überdies hat der Bund die Verantwortung des Staates als ausschließliche Kausalhaftung[6] ausgestaltet.[7]

Die Kantone haben für ihre eigene staatliche Tätigkeit eigene Gesetze erlassen. Das Staatshaftungsrecht des Bundes hatte und hat für die Kantone eine große Vorbildfunktion; dennoch finden sich für verschiedene Fragen unterschiedliche Lösungen in den Kantonen. Die Kantone sind bei der Ausgestaltung ihres Staatshaftungsrechts grundsätzlich frei, soweit man von der bereits erwähnten Bestimmung von Art. 61 Abs. 2 OR sowie rechtsstaatlichen Mindestanforderungen (→ A.I.2.) absieht. Überdies wirken viele spezialgesetzliche Bestimmungen des Bundes auf das Staatshaftungsrecht der Kantone ein (→ A.II.4.). Viele Kantone haben in den letzten 20 Jahren ihre Verfassungen revidiert.[8] Diese Revisionen haben oft auch zu Änderungen im kantonalen Staatshaftungsrecht geführt.[9]

Während die letzten Jahrzehnte im Wesentlichen durch einen Ausbau des Staatshaftungsrechts geprägt sind, findet sich in jüngerer Vergangenheit auch eine gegenläufige Tendenz. Als Beispiel dafür ist etwa Art. 19 Abs. 2 des Bundesgesetzes über die Eidgenössische Finanzmarktaufsicht (FINMAG) zu nennen. Gemäß dieser Bestimmung haften die Finanzmarktaufsichtsbehörde FINMA und die von ihr Beauftragten nur, wenn sie eine wesentliche Amtspflicht verletzt haben *und* Schäden nicht auf Pflichtverletzungen eines oder einer Beaufsichtigten zurückzuführen sind. Während das Erfordernis der wesentlichen Amtspflichtverletzung mindestens teilweise mit der bundesgerichtlichen Rechtsprechung übereinstimmt,[10] reduziert die zweite Haftungsvoraussetzung die Chancen eines Betroffenen auf Entschädigung ganz beträchtlich. In der Regel beziehen sich mögliche Fehler der FINMA auf die ungenügende Überwachung von Beaufsichtigten, welche ihrerseits andere Private schädigen.[11] Hier besteht offensichtlich die Angst vor Entschädigungszahlungen, welche die staatliche Leistungsfähigkeit überschreiten könnten.[12] Ob solche Haftungsbegrenzungen in Zukunft häufiger anzutreffen sein werden oder ob Art. 19 Abs. 2 FINMAG den Besonderheiten des Finanzmarktes geschuldet ist, bleibt abzuwarten.

---

6 Ist die Haftung des Staates als Kausalhaftung ausgestaltet, hat der Geschädigte zu beweisen, dass ihm ein Schaden entstanden ist, dass die schädigende Handlung dem Staat zuzurechnen ist, dass die schädigende Amtshandlung adäquate Ursache des Schadens gebildet hat und dass die Schädigung widerrechtlich ist. Im Gegensatz zur Verschuldenshaftung ist kein Verschulden des Verantwortlichen gefordert (*Schwarzenbach*, Staats- und Beamtenhaftung, S. 28).

7 Vgl. *Moor*, in: Thürer et al., S. 281. Vor Erlass des Verantwortlichkeitsgesetzes richtete sich die Haftung für Schädigungen aus amtlicher Tätigkeit nach den Haftungsregelungen des Privatrechts. Nicht nur hatten die Geschädigten ihre Ansprüche gegenüber den jeweiligen Behördenmitgliedern oder Beamten einzuklagen, sondern mussten diesen auch ein Verschulden nachweisen (vgl. *Jaag*, Staats- und Beamtenhaftung, Rn. 2).

8 Vgl. *Ehrenzeller,* Der Einfluss auf die Erneuerung der Kantonsverfassungen: Der Erneuerungsprozess in den Kantonen: Stand, Begründungen, Konzepte und Verfahren der Verfassungsreform, in: Kreis (Hrsg.), Erprobt und entwicklungsfähig. Zehn Jahre neue Bundesverfassung, 2009, S. 149 (150).

9 Vgl. für den Kanton Aargau *Gross*, Staatshaftungsrecht, S. 56.

10 Vgl. *Würmli*, Die Haftung der Finanzmarktaufsicht, 2010, S. 206; zum Begriff der wesentlichen Amtspflichtverletzung → B.II.2.

11 Vgl. kritisch auch *Weber/Kaufmann*, Haftung für mangelnde staatliche Aufsicht im Finanzmarktbereich, HAVE 2008, 270 (274 f.).

12 In der Botschaft (Gesetzesbegründung) zum Finanzmarktaufsichtsgesetz vom 1.2.2006 begründet der Bundesrat die Haftungsbeschränkung mit dem hohen Schadenspotential. Weiter hätte eine strengere Haftung einen hohen Kontrollaufwand zur Folge, da die FINMA voraussichtlich „übervorsichtig" agieren würde (BBl 2005 2623 ff., 2845 f.).

2. Staatshaftung und Rechtsstaat

In der schweizerischen Rechtslehre wird das Staatshaftungsrecht nur selten im Zusammenhang mit dem Rechtsstaat thematisiert – wie auch überhaupt die Diskussion des Rechtsstaatsbegriffs nicht die gleiche Bedeutung hat wie etwa in Deutschland.[13] Es ist aber unverkennbar, dass zwischen Rechtsstaat und Staatshaftung wichtige Zusammenhänge bestehen. So wurde bereits darauf hingewiesen, dass ein Staatshaftungsrecht ohne minimale rechtsstaatliche Sicherungen nicht denkbar ist (→ A.I.1.). Umgekehrt ist das Staatshaftungsrecht aber auch Ausdruck des Rechtsstaates.

Mit dem Staatshaftungsrecht wird der Staat in einem Bereich zur Verantwortung gezogen, in dem traditionellerweise der Rechtsschutz nur schwach ausgebaut ist. Das Staatshaftungsrecht richtet sich in der Regel gegen rechtswidrige Realakte, während der Rechtsschutz im öffentlichen Verfahrensrecht typischerweise an förmlichem Verwaltungshandeln, insbesondere an der Verfügung, anknüpft (vgl. z.B. Art. 31 des Bundesgesetzes über das Bundesverwaltungsgericht [VGG]). Mit Art. 25a des Bundesgesetzes über das Verwaltungsverfahren (VwVG) hat der Bund die Rechtsschutzmöglichkeiten gegen verfügungsfreies Handeln ausgebaut; gleichwohl bleibt dem Staatshaftungsrecht für die Sanktionierung rechtswidrigen Staatshandelns eine wichtige Funktion.[14]

Für den Bund ist die Frage nach einem rechtsstaatlichen Minimum im Bereich des Staatshaftungsrechts nur von geringer praktischer Bedeutung. Für seine eigene Staatshaftung hat der Bund in Art. 146 Bundesverfassung (BV) eine ausdrückliche Regelung auf Verfassungsstufe getroffen (→ A.II.1.). Die Frage, ob die Rechtsstaatlichkeit ein gewisses Minimum an Staatshaftung garantiert, reduziert sich im Bund im Wesentlichen auf die Frage, in welchen Bereichen der Bund auch für rechtmäßiges Handeln einstehen muss (→ B.VI.).

Für die Kantone muss die Frage als offen bezeichnet werden. Das Bundesrecht enthält über das allgemeine Staatshaftungsrecht der Kantone keine Bestimmungen. Art. 61 Abs. 1 OR sieht ausdrücklich die Freiheit der Kantone vor, außerhalb der gewerblichen Tätigkeiten die Staatshaftung ihren Bedürfnissen anzupassen. Gleichwohl erscheint fraglich, ob sich die Kantone von einer Staatshaftung weitgehend freizeichnen könnten. Gegen eine solche Freizeichnung spricht neben allgemeinen rechtsstaatlichen Überlegungen heute insbesondere die Bestimmung in Art. 29a BV, welche bei Rechtsstreitigkeiten einen Anspruch auf Beurteilung durch eine richterliche Behörde vorsicht (Rechtsweggarantie).[15] Gemäß neueren Lehrmeinungen ist die Rechtsweggarantie nicht nur auf förmliches Handeln des Gemeinwesens zugeschnitten, sondern umfasst auch Realakte.[16] Die richterliche Beurteilung und Sanktionierung muss wirksam sein und darf sich nicht in der bloßen Feststellung der Rechtswidrigkeit erschöpfen.[17] Ob allerdings aus Art. 29a BV Ansprüche auf finanzielle Kompensation abgeleitet werden können, wird soweit ersichtlich nicht diskutiert. Die Frage hat relativ geringe Bedeutung, da die Kantone in ihrem Gesetzesrecht etwaige verfassungsrechtliche Erfordernisse erfüllen. Es ist aber nicht auszuschließen, dass „großzügige" Haftungsausschlüsse in den Kantonen einmal unter verfassungsrechtlichen Gesichtspunkten zu beurteilen sein werden.

---

13 *Haller* et al., Allgemeines Staatsrecht, 4. Aufl. 2008, S. 134.
14 Vgl. zum Realakt → C.IV.2.
15 Vgl. dazu *Häfelin* et al., Allgemeines Verwaltungsrecht, Rn. 1718a ff.
16 *Häfelin* et al., Allgemeines Verwaltungsrecht, Rn. 1718e.
17 *Häfelin* et al., Allgemeines Verwaltungsrecht, Rn. 1717.

II. Rechtsquellen des Staatshaftungsrechts

1. Bundesverfassung

Gemäß Art. 146 BV „haftet der Bund für Schäden, die seine Organe in Ausübung amtlicher Tätigkeiten widerrechtlich verursachen". Der Randtitel zu Art. 146 BV lautet: „Staatshaftung". Art. 146 BV enthält ein klares Bekenntnis zur Haftung des Bundes für rechtswidriges Handeln. Gleichzeitig definiert die Bestimmung den Begriff der Staatshaftung und zeichnet in knapper Form die Fragen auf, welche sich bei der Prüfung der einzelnen Haftungsvoraussetzungen stellen.

Für den Begriff der Staatshaftung ist zunächst einmal wesentlich, dass Ansprüche gegen den Bund „widerrechtliches Handeln" voraussetzen. Rechtmäßiges Handeln wird durch Art. 146 BV nicht geregelt. Teilweise kommen in solchen Fällen andere Bestimmungen zur Anwendung, insbesondere die Eigentumsgarantie (Art. 26 BV) sowie der Vertrauensschutz (Art. 9 BV). Es bleiben aber Lücken.[18] Der Begriff der Widerrechtlichkeit ist eine wesentliche Voraussetzung des Staatshaftungsanspruches (→ B.II.).

Zu klären ist, wer als Organ des Bundes dessen Haftung auslösen kann; es geht um die Frage der Zurechnung (→ C.I.). Haftungsvoraussetzung ist auch, dass es um eine Handlung „in Ausübung amtlicher Tätigkeiten" geht (→ B.I.). Wesentlich ist schließlich der Schadensbegriff.

Aus Art. 146 BV wird gemeinhin abgeleitet, dass ein Haftungsanspruch nur gegen den Bund besteht, nicht aber gegen die schadensverursachenden Magistraten (Bundesräte, Bundeskanzler, Bundesrichter) oder Angestellten (vgl. Art. 3 Abs. 3 VG). Diese können nicht direkt belangt werden.[19] Nicht angesprochen ist in Art. 146 BV die Frage, unter welchen Voraussetzungen der Bund seinerseits Rückgriff auf die schadensverursachende Person nehmen kann (sog. interne Beamtenhaftung). Für den Erlass entsprechender Regeln ist der Bund aber aufgrund seiner Organisationshoheit ohne weiteres zuständig (vgl. Art. 178 Abs. 1 BV).

Aufgrund des seit 1958 weitgehend unveränderten Verantwortlichkeitsgesetzes des Bundes (→ A.II.2.) wird unter Art. 146 BV kaum diskutiert, welche Minimalanforderungen sich aus der Verfassung ergeben. Unbestritten dürfte sein, dass der Bund die formelle Durchsetzung des Staatshaftungsanspruches sowie einzelne Haftungsvoraussetzungen weiter konkretisieren darf. Unsicherheit besteht bezüglich Haftungsbeschränkungen. Teilweise wird vorgebracht, Art. 146 BV sehe eine Pflicht zum Ersatz des vollen Schadens vor.[20] Für bestimmte Großrisiken hat der Bund aber Haftungsbeschränkungen vorgesehen. Eine „quantitative" Begrenzung des Schadensersatzes gilt z.B. im Bereich der Kernenergie[21] oder für die Haftung der Transportunternehmen des Bundes.[22] Die Verfassungsmäßigkeit solcher Regelungen unter Art. 146 BV ist soweit ersichtlich nicht in Zweifel gezogen worden.

In der Lehre wird Art. 146 BV vielfach mit dem geltenden Verantwortlichkeitsgesetz sowie der Haftung gemäß Spezialgesetzen gleichgesetzt. Dies mag mit Blick auf die praktischen Möglichkeiten der Bundesversammlung zutreffend erscheinen (Art. 190 BV), lässt aber Art. 146 BV weitgehend bedeutungslos zurück. Zu fordern ist, dass Haftungsbeschränkungen des Bundes die Ausnahme darstellen, einer qualifizierten Begründung bedürfen und dass der Bundesge-

---

18 Vgl. zur Haftung für rechtmäßiges Handeln → B.VI.

19 Vgl. *Gross* et al., in: Ehrenzeller et al. (Hrsg.), St. Galler Kommentar zur Schweizerischen Bundesverfassung, 2. Aufl. 2008, Art. 146 Rn. 13.

20 Vgl. *Gross* et al., in: Ehrenzeller et al. (Fn. 19), Art. 146 Rn. 33f.

21 Das revidierte Kernenergiehaftpflichtgesetz (KHG) sieht in Art. 10 Abs. 1 eine subsidiäre Haftung des Bundes vor bis zum Betrag von Fr. 1,8 Milliarden (ca. € 1,46 Milliarden) in den Fällen, in denen eine private Deckung nicht gegeben ist (BBl 2007 5397 ff., 5434). Ein Termin für das Inkrafttreten ist bis zum heutigen Zeitpunkt nicht bekannt.

22 Bei Verlust oder Beschädigung von Reisegepäck beträgt die Haftung maximal Fr. 2.000 (ca. € 1.600) pro Gepäckstück und höchstens Fr. 10.000 (ca. € 8.100) pro Sendung (Art. 27 des Bundesgesetzes über die Personenbeförderung [PBG] i.V.m. Art. 71 Abs. 3 lit. a der Verordnung über die Personenbeförderung [VPB]).

setzgeber insgesamt ein kohärentes System staatlicher Haftung schafft, in dem nicht gewisse Sachgebiete im Bereich der Staatshaftung diskriminiert oder privilegiert werden.

2. Verantwortlichkeitsgesetz des Bundes

Das Bundesgesetz über die Verantwortlichkeit des Bundes sowie seiner Behördenmitglieder und Beamten (Verantwortlichkeitsgesetz, abgekürzt: VG) ist der einschlägige Erlass des Bundes zur Staatshaftung. Zentral sind Art. 3–12 („Die Haftung für Schaden"), Art. 1 und 2 VG („Geltungsbereich"), Art. 19 („Die Verantwortlichkeit der mit Aufgaben des Bundes betrauten besonderen Organisationen und ihres Personals") sowie Art. 20ff. („Verjährung und Verwirkung"). Nicht zum Staatshaftungsrecht im hier verstandenen Sinne gehören Art. 13–16 („Die strafrechtliche Verantwortlichkeit") sowie Art. 17–18 („Die disziplinarische Verantwortlichkeit"). Als Spezialfall ist auch die Haftung für Schäden im Zusammenhang mit dem Betrieb des Schengener Informationssystems (SIS; Art. 19a–c VG) zu betrachten. Diese Bestimmungen passen nicht recht in das Verantwortlichkeitsgesetz im Sinne eines allgemeinen Erlasses im Bereich der Staatshaftung.[23]

Die zentrale haftungsrechtliche Bestimmung im Bund ist in Art. 3 Abs. 1 VG festgelegt: „Für den Schaden, den ein Beamter in Ausübung seiner amtlichen Tätigkeit Dritten widerrechtlich zufügt, haftet der Bund ohne Rücksicht auf das Verschulden des Beamten." Diese Regelung konkretisiert und verdeutlicht die (zeitlich später erlassene) Bestimmung in Art. 146 BV.[24]

Das Verantwortlichkeitsgesetz enthält Bestimmungen zu weiteren Fragen. So regelt Art. 4 VG den Rechtfertigungsgrund der Einwilligung (→ C.IV.1.), Art. 5 VG die Schadensberechnung im Falle der Tötung und Körperverletzung eines Menschen (→ C.III.), Art. 10 VG das Verfahren (→ D.), Art. 11 VG die zivilrechtliche Haftung des Bundes[25] sowie Art. 12 VG das Verbot der Nachprüfung formell rechtskräftiger Verfügungen (→ C.IV.2.).

Gewisse Haftungsvoraussetzungen sind im Verantwortlichkeitsgesetz nicht weiter angesprochen. Dies gilt etwa für den Begriff des Schadens oder die Frage der adäquaten Kausalität (→ B.IV.). In diesem Bereich wenden Lehre und Praxis im Wesentlichen die zivilrechtliche Praxis an, ohne dass sich dies direkt aus dem Verantwortlichkeitsgesetz ergäbe. Das Verantwortlichkeitsgesetz enthält keinen allgemeinen Verweis auf das Obligationenrecht als ergänzendes öffentliches Recht.[26] Ein Verweis findet sich zwar in Art. 9 VG. Dieser Verweis bezieht sich dort aber ausdrücklich nur auf Fragen des Rückgriffs nach Art. 7 und 8 VG. Auch der allgemeine Verweis in Art. 11 auf das Zivilrecht gilt gemäß Art. 11 Abs. 1 VG gerade nur dann, wenn der Bund als „Subjekt des Zivilrechts" auftritt. Dennoch stellen Lehre und Praxis auf zivilrechtliche Regelungen und Urteile ab, soweit dem Verantwortlichkeitsgesetz des Bundes keine eigene Regelung zu entnehmen ist.[27]

Neben dem Verantwortlichkeitsgesetz besteht eine Verordnung zum Verantwortlichkeitsgesetz (VoVG). In der Verordnung findet sich insbesondere die Konkretisierung des in Art. 10 VG vorgezeichneten Rechtsweges. Daneben enthält die Verordnung Bestimmungen über das Regressverfahren sowie die strafrechtliche Verantwortlichkeit von Beamtinnen und Beamten.

---

23 Für die Aufnahme in das Verantwortlichkeitsgesetz sprachen prozessuale Gründe: Die Geschädigten sollten sich auch im Falle einer Schädigung durch einen kantonalen Angestellten mit Schadensersatzforderungen an den Bund wenden können, da dieser als Betreiber des SIS die Verantwortung für die Sicherheit und den Schutz der Daten trägt (vgl. die Ausführungen in der Botschaft [Gesetzesbegründung] vom 1.10.2004, BBl 2004 5965ff., 6151f., 6254ff.).

24 *Gross* et al., in: Ehrenzeller et. al. (Fn. 19), Art. 146 Rn. 1.

25 Vgl. zu den privatrechtlichen Haftungstatbeständen → A.II.5.

26 Vgl. dagegen für das Personalrecht des Bundes Art. 6 Abs. 2 des Bundespersonalgesetzes (BPG).

27 *Gross*, Staatshaftungsrecht, S. 163; *Jaag*, Staats- und Beamtenhaftung, Rn. 33.

3. Kantonales Recht

Die Kantone haben für ihre Tätigkeiten eigene Haftungsgesetze erlassen. Teilweise werden diese Gesetze wie im Bund als Verantwortlichkeitsgesetze bezeichnet, vielfach verwenden die Kantone aber auch die Begriffe der „Haftung“ oder der „Staatshaftung“. Verschiedentlich sind die Staatshaftungsansprüche nur im kantonalen Beamtenrecht geregelt.[28]

Hinsichtlich des Geltungsbereichs der kantonalen Gesetze ist zu beachten, dass auf das Handeln der Kantone teilweise auch bundesrechtliche Vorschriften zur Anwendung kommen können. Dies gilt nicht nur für die spezialgesetzlichen Regelungen des Bundes (→ A.II.4.) und das Bundeszivilrecht (→ A.II.5.), sondern auch für das Verantwortlichkeitsgesetz. Soweit dem Kanton eine Aufgabe originär zukommt, ist unbestritten, dass das kantonale Haftungsrecht zur Anwendung kommt. Kantonales Haftungsrecht ist auch dort maßgebend, wo der Bund den Kantonen eine „Aufgabe zum Vollzug“ übertragen hat.[29] Es bleibt dem Bund indessen unbenommen, in bestimmten Bereichen für die Haftung des Kantons Sonderregeln aufzustellen, wie er dies etwa im Bereich des Bundeszivil- und des Vollstreckungsrechts getan hat.[30]

Eine andere Situation liegt vor, wenn der Kanton in der Rolle „einer mit einer Bundesaufgabe betrauten und außerhalb der ordentlichen Bundesverwaltung stehenden Organisation“ auftritt. In diesem Fall kommen gemäß Art. 19 Abs. 1 VG die Bestimmungen des Verantwortlichkeitsrechts des Bundes auf das Handeln des Kantons zur Anwendung.[31]

Inhaltlich sind die kantonalen Haftungsregelungen mit denjenigen des Bundes vergleichbar. Typisch ist insbesondere eine ausschließliche Haftung des Gemeinwesens. Auch bei den einzelnen Haftungsvoraussetzungen (amtliche Tätigkeit, funktioneller Zusammenhang, Schaden, adäquate Kausalität etc.) kann vielfach auf die Regelung und Praxis im Bund abgestellt werden. Eigene Akzente haben die Kantone insbesondere bei der Rechtsdurchsetzung sowie der Ausdehnung der Staatshaftung auf rechtmäßiges Handeln des Gemeinwesens[32] gesetzt. Die kantonalen Haftungsgesetze regeln in der Regel auch die Haftung der Gemeinden.[33]

4. Spezialgesetzliche Regelungen

Auf Bundesebene (und teilweise auch im Zuständigkeitsbereich der Kantone) besteht eine Vielzahl spezialgesetzlicher Regelungen zur Staatshaftung.[34] Gemäß Art. 3 Abs. 2 VG sind diese spezialgesetzlichen Regelungen des Bundes gegenüber dem Verantwortlichkeitsgesetz ausdrücklich vorbehalten. Aufgrund der derogatorischen Kraft des Bundesrechts (Art. 49 Abs. 1 BV) gehen die spezialgesetzlichen Bestimmungen auch den Haftungsgesetzen der Kantone vor.

---

28 Im Kanton Bern befinden sich die Regelungen zur Staatshaftung z.B. in den Art. 100 ff. des Personalgesetzes (PG) vom 16.10.2004 (BSG 153.01).

29 Z.B. *Jaag*, Staats- und Beamtenhaftung, Rn. 41.

30 *Jaag*, Staats- und Beamtenhaftung, Rn. 42.

31 Vgl. zu Art. 19 VG → C.I.3.

32 Z.B. § 6 des Haftungsgesetzes des Kantons Basel-Landschaft vom 24.4.2008 (SGS 105).

33 Vgl. statt vieler § 2 des Zürcher Haftungsgesetzes vom 14.9.1969 (LS 170.1); Art. 2 lit. b des Glarner Staatshaftungsgesetzes vom 5.5.1991 (GS II F/2); Art. 3 des Aargauer Haftungsgesetzes vom 24.3.2009 (SAR 150.200).

34 Bund und die Kantone haften bspw. für den widerrechtlichen Vollzug der von ihnen angeordneten Maßnahmen (z.B. Beschlagnahmung einwandfreier Waren) nach dem Bundesgesetz über Lebensmittel und Gebrauchsgegenstände (LMG). Das Bundesgesetz über die Bekämpfung übertragbarer Krankheiten des Menschen (Epidemiengesetz, EpG) sieht in Art. 23 Abs. 3 eine Haftung der Kantone für Spätfolgen von behördlich angeordneten oder empfohlenen Impfungen vor. Des Weiteren statuiert das Bundesgesetz über den Umweltschutz (USG) in den Art. 59a ff. USG allgemeine Haftungsbestimmungen im Bereich des Umweltschutzes (z.B. im Umgang mit wassergefährdenden Flüssigkeiten, pathogenen Organismen etc.). Weitere spezialrechtlich geregelte Bereiche betreffen u.a. das öffentliche Beschaffungswesen, die Finanzmarktaufsicht, Schäden aus Eisenbahn- und Transportbetrieben sowie Luftfahrtunternehmungen, Kernenergie und ionisierender Strahlung etc.

Die spezialgesetzlichen Bestimmungen verschärfen oder mildern teilweise die Haftung des Staates. Teilweise sind die Regelungen aber trotz anderer Terminologie ganz oder teilweise mit denjenigen des Verantwortlichkeitsgesetzes kongruent, sodass bei der Anwendung spezialgesetzlicher Bestimmungen die Praxis zum allgemeinen Staatshaftungsrecht herangezogen werden kann und umgekehrt die Praxis zu den Spezialgesetzen für das allgemeine Staatshaftungsrecht von Interesse sein kann.[35]

5. Weitere Rechtsquellen

a) Zivilrecht (OR und ZGB)

Die Anwendbarkeit des Staatshaftungsrechts setzt amtliches Handeln voraus.[36] Bund und Kantone können aber auch nach Zivilrecht haften. Für den Bund hält Art. 11 Abs. 1 VG fest, dass der Bund als „Subjekt des Zivilrechts" nach „dessen Bestimmungen" haftet (Art. 11 Abs. 1 VG). Für die Kantone sieht Art. 61 Abs. 2 OR vor, dass für ihre „gewerblichen Tätigkeiten" Zivilrecht anwendbar ist. Für die übrigen Tätigkeiten – in der Terminologie von Art. 61 Abs. 1 OR „amtliche Verrichtungen" – können die Kantone spezielle Staatshaftungsbestimmungen aufstellen. Auf die Abgrenzung zwischen amtlichen und gewerblichen bzw. privaten Tätigkeiten ist zurückzukommen (→ B.I.1.).

Grundsätzlich können die Kantone ihre gesamte Staatstätigkeit einer zivilrechtlichen Haftung unterstellen. Inzwischen haben aber sämtliche Kantone eigene Haftungsbestimmungen erlassen.[37] Vielfach sehen die kantonalen Gesetze im Gegensatz zum Bund einen allgemeinen Verweis auf das Obligationenrecht in der Weise vor, dass dort, wo dem kantonalen Staatshaftungsrecht keine Regelung zu entnehmen ist, die Haftungsbestimmungen des Obligationenrechts zur Anwendung kommen. In diesem Fall gelten die privatrechtlichen Bestimmungen als kantonales öffentliches Recht.[38]

Umgekehrt stellt sich die Frage, ob die Kantone ihre gewerblichen Tätigkeiten auch dem kantonalen Staatshaftungsrecht unterstellen können, wenn ihre Regelung für die Geschädigten günstiger ist als diejenige des Obligationenrechts. Die Frage ist somit, ob Art. 61 Abs. 2 OR zwingend die Anwendung von Bundesprivatrecht vorschreibt oder nur Mindestvoraussetzungen aufstellt. Nach der herrschenden Lehre ist letztere Auffassung zutreffend,[39] sodass heute verschiedene Kantone auch für ihre gewerblichen Tätigkeiten das allgemeine Staatshaftungsrecht für anwendbar erklären, während andere Kantone für ihre gewerblichen Tätigkeiten einen Vorbehalt zugunsten der privatrechtlichen Haftungsbestimmungen nach Art. 41ff. OR vorsehen.[40]

Eine privatrechtliche Haftung von Bund und Kantonen besteht auch nach verschiedenen Kausalhaftungen[41] des Obligationenrechts:

---

35 Für ein praktisches Beispiel vgl. Haftung nach Art. 135 Militärgesetz (MG), Urteil des Bundesverwaltungsgerichts vom 6.7.2007, ZBl 109 (2008), 40.

36 Vgl. zu diesem Begriff → B.I.1.

37 *Brehm*, in: Berner Kommentar (Fn. 4), Art. 61 Rn. 4; als letzter Kanton erließ Appenzell Innerrhoden 1998 eine Regelung zur öffentlichrechtlichen Verantwortlichkeit (Personalverordnung, GS AI 172.310).

38 So z.B. in § 2 des Aargauer Haftungsgesetzes (Fn. 33) oder § 3 des Luzerner Haftungsgesetzes vom 13.9.1988 (SRL 23). Namentlich werden Bereiche wie die Schadensberechnung, die Festsetzung der Entschädigung oder die Genugtuung (vgl. zum Begriff der Genugtuung Fn. 108) nach den Vorschriften des OR geregelt (vgl. § 12 des Schwyzer Verantwortlichkeitsgesetzes vom 20.2.1970, SRSZ 140.100).

39 Vgl. *Stark*, Einige Gedanken zur Haftpflicht für staatliche Verrichtungen, SJZ 86 (1990), S. 1 (3); *Brehm*, in: Berner Kommentar (Fn. 4) Art. 61 Rn. 32; *Rey*, Ausservertragliches Haftpflichtrecht, 4. Aufl. 2008, Rz. 146; BGE 130 IV 27ff., 29f.

40 Vgl. Art. 1 Abs. 2 des Staatshaftungsgesetzes des Kantons Graubünden vom 5.12.2006 (BR 170.050).

41 Vgl. dazu Fn. 6.

- So haftet das Gemeinwesen für eine mit der Benutzung eines mangelhaften öffentlichen Werkes eingetretene Schädigung als Werkeigentümer nach Privatrecht (Art. 58 OR).[42] Bezüglich der (relativ häufigen) Haftung des Gemeinwesens für Schäden infolge mangelhaften Unterhaltes öffentlicher Straßen bemisst sich der Qualitätsmaßstab nach dem kantonalen Recht; sind diese Bestimmungen eingehalten, so liegt ein Unterhaltsmangel und damit eine Haftung des Gemeinwesens nach Art. 58 OR nur vor, wenn elementare Maßnahmen unterlassen wurden.[43]
- Analog zur Werkeigentümerhaftung betrachtet das Bundesgericht auch die Haftung des Tierhalters (Art. 56 OR) als *lex specialis* zum öffentlichen Verantwortlichkeitsrecht.[44] Vorbehalten bleiben jedoch die Fälle, in denen ein Tier unmittelbar für die Erfüllung öffentlichrechtlicher Aufgaben eingesetzt wird.[45]
- Überschreitet der Staat als Grundeigentümer die ihm zustehenden zivilrechtlichen Befugnisse, so beurteilt sich seine Haftung grundsätzlich nach Art. 679 Zivilgesetzbuch (ZGB).[46] Im Bereich des Nachbarrechtes sind allerdings zwei Fälle zu unterscheiden: Wird der Schaden im Zusammenhang mit der Erfüllung öffentlicher Aufgaben zugefügt, entspricht die schädigende Handlung dem Zweck des betreffenden öffentlichen Werkes und ist sie als solche unvermeidbar, so beurteilt sich die Haftung des Staates nach Enteignungsrecht, also nach öffentlichem Recht.[47] Die nachbarrechtlichen Abwehrrechte des Geschädigten werden den Betroffenen durch eine formelle Enteignung gegen Entschädigung entzogen.[48] Die Enteignung nachbarlicher Abwehransprüche ist gemäß der bundesgerichtlichen Rechtsprechung als zwangsweise Errichtung einer Dienstbarkeit auf dem privaten Grundstück des Enteigneten zu Gunsten des Staates als Werkeigentümer zu verstehen. Die Pflicht zur Duldung von Immissionen bildet die Dienstbarkeit.[49]

Neben diesen privatrechtlichen Haftungstatbeständen, die unter Umständen auf das Gemeinwesen angewendet werden können, enthalten ZGB und OR auch verschiedene öffentlich-rechtliche Haftungsnormen, die aufgrund ihrer sachlichen Nähe im Zivilrecht geregelt wurden. Es sind dies namentlich folgende Bestimmungen:
- Die Art. 454 f. ZGB regeln die Verantwortlichkeit der im Bereich der kindes- und erwachsenschutzrechtlichen Mandate tätigen Behörden.[50] Der Kanton haftet ausschließlich kausal (Art. 454 Abs. 3 ZGB) für rechtswidriges Handeln oder Unterlassen der Behörde und ihrer

42 Beispiele wären Schäden aus dem Betrieb militärischer Anlagen, Verkehrsanlagen wie Eisenbahnen und Flugplätzen, Einrichtungen für die Telekommunikation oder nuklearer Forschungsanstalten (*Jaag*, Staats- und Beamtenhaftung, Rn. 30). Art. 58 OR wird als lex specialis zu den öffentlichrechtlichen Haftungsbestimmungen angewendet (BGE 116 II 645 ff., 648).

43 Das Bundesgericht bejahte eine Haftung des Kantons Tessin für den Schaden, der durch die Bildung einer Eisfläche auf der Kantonsstraße verursacht worden war, da die Vereisung sowohl voraussehbar als auch vermeidbar gewesen sei (BGE 129 III 65 ff.).

44 BGE 115 II 237 ff., 245.

45 Besteht zwischen dem schädigenden Ereignis und dem dienstlichen Einsatz des Tieres ein funktionaler Zusammenhang (→ B.I.2.), richtet sich die Haftung nach dem Verantwortlichkeitsgesetz, andernfalls nach Obligationenrecht (BGE 115 II 237 ff., 245 f.).

46 *Häfelin* et al., Allgemeines Verwaltungsrecht, Rn. 2273.

47 *Häfelin* et al., Allgemeines Verwaltungsrecht, Rn. 2086 ff., 2274; *Jaag*, Staats- und Beamtenhaftung, Rn. 31.

48 Vgl. zur Enteignung wegen übermässiger Immissionen aus dem Betrieb des Flughafens Zürich BGE 134 III 248, 250 ff. Zum Begriff der Enteignung → B.VI.1.

49 BGE 123 II 560 ff., 564; 116 Ib 11 ff., 16 f.; kritisch *Ruch*, Die expansive Kraft der materiellen Enteignung, ZBl 101 (2000), 617 (628 f.).

50 *Breitschmid*, in: Breitschmid/Rumo-Jungo (Hrsg.), Handkommentar zum Schweizer Privatrecht, 2012, Art. 454–456 ZGB Rn. 3.

Aufsichtsbehörde; ein Regress auf die schadensverursachende Person ist möglich und richtet sich nach kantonalem Recht.[51]

- Eine Verantwortlichkeit des Gemeinwesens ergibt sich aus Art. 955 ZGB für den Schaden, der aus der unrichtigen Führung des Grundbuches entsteht. Das Gesetz statuiert eine Kausalhaftung[52] der Kantone.[53] Diese können gemäß Art. 955 Abs. 2 ZGB die Angestellten der Grundbuchverwaltung in Regress nehmen, sofern diesen ein Verschulden anzulasten ist.
- Die Handelsregisterführerinnen und -führer sowie die ihnen unmittelbar vorgesetzten Aufsichtsbehörden sind nach Art. 928 Abs. 1 OR für den von ihnen schuldhaft verursachten Schaden persönlich haftbar.[54] Ist der Schaden durch die haftbaren Beamtinnen und Beamten nicht gedeckt, so trägt der jeweilige Kanton den Ausfall (Art. 928 Abs. 3 OR); es handelt sich also um eine Kombination einer Verschuldenshaftung der einzelnen Beamtin bzw. des einzelnen Beamten mit einer subsidiären Ausfallhaftung des Gemeinwesens.[55]
- In den Art. 5 ff. des Bundesgesetzes über Schuldbetreibung und Konkurs (SchKG) wird eine ausschließliche und verschuldensunabhängige Haftung der Kantone statuiert. Diese haften für widerrechtliche Schäden, die in Erfüllung der Aufgaben aus dem SchKG entstehen.[56]

b) Richterrecht

Richterrecht spielt für das Staatshaftungsrecht insofern eine wesentliche Rolle, als dass verschiedene Begriffe im Staatshaftungsrecht wie Schaden, adäquate Kausalität etc. gesetzlich kaum geregelt sind und dementsprechend weitgehend durch die richterliche Praxis definiert werden. Für die Konkretisierung des Staatshaftungsrechts ist die richterliche Praxis von großer Bedeutung.

Dagegen haben die Gerichte Zurückhaltung bekundet, die Tatbestände der Staatshaftung richterrechtlich auszudehnen. Dies gilt insbesondere für den Fall der Haftung für rechtmäßig zugefügten Schaden (→ B.VI.). Obwohl in der Lehre verschiedentlich die Ausweitung des Staatshaftungsrechts in diesem Bereich postuliert wurde, haben sich die Gerichte aufgrund des Legalitätsprinzips[57] als gebunden erachtet und entsprechende Begehren von Geschädigten abgewiesen.[58] Im Gegensatz zum europäischen Recht[59] sind durch das Richterrecht keine neuen

---

51 *Breitschmid*, in: Breitschmid/Rumo-Jungo (Fn. 50), Art. 454–456 ZGB Rn. 5 ff.

52 Vgl. zum Begriff der Kausalhaftung → Fn. 6.

53 Vgl. BGE 119 II 216 ff., 220. *Häfelin* et al., Allgemeines Verwaltungsrecht, Rn. 2283; *Gross*, Staatshaftungsrecht, S. 27.

54 *Häfelin* et al., Allgemeines Verwaltungsrecht, Rn. 2285; *Gross*, Staatshaftungsrecht, S. 27.

55 Die Regelung im Bundesprivatrecht stellt eine Minimalvorschrift dar und die Kantone können die Haftung des Registerführers in ihren öffentlichen Haftungsgesetzen auch als Kausalhaftung ausgestalten, vgl. *Gross*, Staatshaftungsrecht, S. 27; BGE 92 I 495 ff., 500 f.

56 *Häfelin* et al., Allgemeines Verwaltungsrecht, Rn. 2284; *Gross*, Staatshaftungsrecht, S. 28 f.

57 Das Legalitätsprinzip bedeutet im Grundsatz die „Bindung aller staatlichen Organe an das Recht“ (*Haller* et al., Allgemeines Staatsrecht [Fn. 13], S. 126). Das Legalitätsprinzip beruht auf Art. 5 Abs. 1 BV: „Grundlage und Schranke staatlichen Handelns ist das Recht.“ Der Passus „Grundlage und Schranke“ bringt zum Ausdruck, dass das Recht einerseits die konstitutive Basis des Staates bildet, andererseits für die Begrenzung staatlicher Macht zu sorgen hat (*Rhinow/Schefer*, Schweizerisches Verfassungsrecht, 2. Aufl., Basel 2009, Rn. 2608 ff.). Teilaspekte des Legalitätsprinzips sind zum einen das Postulat des Vorrangs des Gesetzes (d.h. alle staatlichen Instanzen sind an das vorgegebene Recht gebunden); zum anderen das Postulat des Vorbehalts des Gesetzes (d.h. jegliches Handeln erfordert eine gesetzliche Grundlage; vgl. *Biaggini*, Kommentar zur Bundesverfassung der Schweizerischen Eidgenossenschaft, 2. Aufl. 2008, Art. 5 Rn. 7).

58 Vgl. BGE 118 Ib 473 ff., 481 f.; 91 I 449 ff., 453; kritisch *Kaufmann*, Die Verantwortlichkeit der Beamten und die Schadenersatzpflicht des Staates in Bund und Kantonen, ZSR 72 (1953) II, 347a (352a ff.); *Fajnor*, Staatliche Haftung für rechtmässig verursachten Schaden, 1987, S. 71 ff., 82 ff.

59 Vgl. *Häfelin* et al., Allgemeines Verwaltungsrecht, Rn. 2290 f.; *Jaag*, Europarecht, 3. Aufl. 2010, Rn. 2515 ff.

Haftungstatbestände geschaffen worden. Dementsprechend kommt dem Richterrecht als Rechtsquelle des Staatshaftungsrechts nur geringe Bedeutung zu.[60]

c) Internationales Recht

Da die Schweiz kein Mitglied der Europäischen Union ist, spielt das internationale Recht für das Staatshaftungsrecht eine relativ geringe Rolle.[61] In Ausnahmefällen hat die Schweiz mit den ausländischen Staaten entsprechende Verträge abgeschlossen, so etwa den Vertrag zwischen der Schweiz und Österreich über die Gegenseitigkeit in Amtshaftungssachen.[62] Hintergrund dieser Regelung war die Tatsache, dass Ansprüche von Schweizern aus Amtshaftung gegen den österreichischen Staat regelmäßig abgewiesen wurden, weil nach Ansicht der österreichischen Behörden die Gegenseitigkeit nicht ausreichend verbürgt sei; dieser Ungleichbehandlung sollte mit dem Vertrag Abhilfe geschaffen werden.[63]

Das internationale Recht sieht immerhin gewisse Sondertatbestände vor, so etwa die Entschädigung bei ungerechtfertigter Inhaftierung nach Art. 5 Abs. 5 EMRK.[64] Weiter sieht Art. 41 EMRK vor, dass der Gerichtshof bei einer Verletzung der Konvention der betroffenen Partei eine gerechte Entschädigung zusprechen kann, wenn eine Wiedergutmachung auf anderem Weg nicht möglich ist – eine allerdings mindestens atypische Form der Staatshaftung.[65] Darüber hinaus gibt es keine Anhaltspunkte dafür, dass nicht auch ein Verstoß gegen Völkerrecht als haftungsbegründendes widerrechtliches Handeln qualifiziert werden kann (→ B.II.1., insbes. Fn. 90).

60 Als Richterrecht bezeichnet man in der Schweiz „generell-abstrakte Regeln, die sich in einer längeren, gefestigten Gerichts- oder Behördenpraxis herausgebildet haben" (*Häfelin* et al., Allgemeines Verwaltungsrecht, Rn. 211). Laut Art. 1 Abs. 3 ZGB soll sich der Richter von Präjudizien leiten lassen, ohne verpflichtet zu sein, ihnen zu folgen. Somit kommt *Kramer* zum Schluss, „höchstrichterlich entwickeltes, gefestigtes Richterrecht" sei „[...] als subsidiäre Rechtsquelle [...] eigener Art (sui generis) zu bezeichnen" (*Kramer*, Juristische Methodenlehre, 3. Aufl. 2010, S. 235).

61 Die EU sieht eine Haftung der Mitgliedstaaten vor für Schäden, welche auf die Nichtumsetzung bzw. die mangelhafte Umsetzung von EU-Richtlinien oder andere Verletzungen von Unionsrecht zurückzuführen sind. Dabei ist zu beachten, dass sich lediglich die Grundlage für eine Ersatzpflicht im internationalen Recht findet, während sich deren Durchsetzung nach innerstaatlichem Recht richtet, vgl. *Jaag*, Europarecht (Fn. 59), Rn. 2515 ff.

62 SR 0.175.031.63.

63 Botschaft (Gesetzesbegründung) zum Staatsvertrag mit Österreich über die Gegenseitigkeit in Amtshaftungssachen vom 22.10.1980, BBl 1980 III 1161 ff., 1162.

64 *Frowein/Peukert*, Europäische Menschenrechtskonvention, EMRK-Kommentar, 3. Aufl. 2009, Art. 5 EMRK, Rn. 147 ff. Die materiellen Bestimmungen sowie Zusatzprotokolle der am 28.11.1974 für die Schweiz in Kraft getretenen EMRK sind grundsätzlich unmittelbar anwendbar. Jeder, der sich im Hoheitsgebiet der Schweiz befindet, kann sich direkt auf die Normen der EMRK berufen (vgl. *Kiener/Kälin*, Grundrechte, 2007, S. 12 f.). Deshalb ist, obwohl Art. 31 BV einen Entschädigungsanspruch wegen unrechtmäßiger Haft nicht vorsieht, ein Schadensersatzanspruch gem. EMRK (im Übrigen auch aus Art. 9 Ziff. 5 UNO-Pakt II) gegeben, wenn der Freiheitsentzug *unrechtmäßig* ist, d.h. gegen nationales (eidgenössisches und/oder kantonales) oder internationales Recht verstößt (vgl. *Müller/Schefer*, Grundrechte in der Schweiz, 4. Aufl. 2008, S. 110 f.).

65 *Frowein/Peukert*, EMRK-Kommentar (Fn. 64), Art. 41 EMRK Rn. 1 ff.; vgl. auch *Jaag*, Staats- und Beamtenhaftung, Rn. 37; *Gross*, Staatshaftungsrecht, S. 17.

B. Haftungsbegründung

I. Relevantes Verhalten

1. Amtliche Tätigkeit – gewerbliche Tätigkeit

Gemäß der Grundbestimmung von Art. 3 Abs. 1 VG setzt die Haftung eine Schädigung „in Ausübung [einer] amtlichen Tätigkeit" voraus. Das kantonale Staatshaftungsrecht folgt dieser Grenzziehung, welche auch in Art. 61 Abs. 2 OR angelegt ist. In Art. 61 Abs. 2 OR wird wie in Art. 3 Abs. 1 VG von amtlicher Tätigkeit gesprochen, für welche die Kantone besondere Haftungsgesetze erlassen können, wohingegen für die sogenannten „gewerblichen Tätigkeiten" eine Haftung im Sinne des Privatrechts vorgeschrieben ist (→ A.II.5.). Dementsprechend lösen amtliche Tätigkeiten die Staatshaftung des Gemeinwesens aus, während im Falle einer gewerblichen Tätigkeit allenfalls die Haftung des Staates nach Privatrecht möglich ist.[66]

Die Begriffe „amtlich" – „gewerblich" haben im schweizerischen Verwaltungsrecht keinen festen Platz. Der Begriff der „amtlichen" Tätigkeit ist insofern missverständlich, als es für das Gemeinwesen keine genuin private Tätigkeit gibt, da jedes Staatshandeln einer Grundlage im öffentlichen Recht bedarf und in diesem Sinne „amtlich" ist. Aussagekräftiger erscheint die Bezeichnung „gewerblich", welche zum Ausdruck bringt, dass es sich um eine Tätigkeit handeln muss, welche das Gemeinwesen wie ein Privater vornimmt. Typischerweise geht es um eine unternehmerische Tätigkeit (in Konkurrenz zu Privaten), einschließlich staatlicher Beschaffungen. Das Gemeinwesen tritt in diesem Falle den Privaten sozusagen gleichgeordnet gegenüber, was es rechtfertigt, für diesen Bereich auch keine spezifisch staatliche Haftungsregelung aufzustellen.

In der Praxis bereitet die Zuordnung zu einer amtlichen oder gewerblichen Tätigkeit regelmäßig Mühe. Neben dogmatischen Herausforderungen hängen die Schwierigkeiten auch damit zusammen, dass die Gerichte zum Schutz der Betroffenen den Begriff der amtlichen Tätigkeit tendenziell ausgeweitet haben, dies insbesondere bei der staatlichen Haftung für Tätigkeiten im Gesundheitsbereich (Spitalbetrieb). Die öffentlich-rechtliche Haftung kommt den Privaten vor allem deswegen entgegen, weil sie innerhalb einer arbeitsteiligen Organisation nicht eine bestimmte verantwortliche Person suchen und sie im Übrigen auch nicht einen Verschuldensnachweis erbringen müssen.[67]

---

66 Vgl. hierzu auch BVGer A-862/2007, Urteil vom 17.2.2010, E. 1.1.2.

67 So führt das Bundesgericht in BGE 127 III 76 ff., 78 f. aus, dass das Gemeinwesen mit dem Betrieb eines landwirtschaftlichen Institutes auf eine Verbesserung der Ausbildung der Landwirte und somit auf eine Optimierung der Bodennutzung abziele. Die Annahme einer amtlichen Tätigkeit sei daher zutreffend, auch wenn eine privatrechtliche Organisationsform denkbar wäre. Den Entscheiden BGE 122 III 101 ff., 104 f. sowie BGE 101 II 177 ff., 182 ff. lag die Frage zugrunde, ob die Kantone berechtigt sind, die private Tätigkeit von Chefärztinnen und Chefärzten in öffentlichen Spitälern – insbes. die Behandlung von Privatpatienten – der öffentlichrechtlichen Haftung zu unterstellen. Das Bundesgericht bejahte dies mit der Begründung, dass diese Regelung stärker dem Interesse der Patienten diene. In BGE 113 II 424 ff., 426 führte es aus, dass die Gemeinde, welche ein öffentliches Schwimmbad betreibt, gegenüber den Benutzern nicht hoheitlich auftrete. Die Tätigkeit sei gewerblicher Natur, weshalb sich eine Haftung nach Bundeszivilrecht richte. Die Schweizerischen Bundesbahnen (SBB) treten nach BGE 102 Ib 314 ff., 316 f. teilweise hoheitlich auf, z.B. auf dem Gebiet der Bahnpolizei. Hingegen sei die Personen-, Gepäck- und Güterbeförderung per Bahn in der Schweiz als privatrechtliche Tätigkeit zu qualifizieren. Hierzu gehöre auch die Aufbewahrung von Gepäck in Schließfächern.

2. Funktioneller Zusammenhang zwischen schädigender Handlung und amtlicher Tätigkeit

Eine amtliche Tätigkeit führt nicht zwingend zur Anwendung des Staatshaftungsrechts. Erforderlich ist gemäß Art. 3 Abs. 1 VG ein Handeln „in Ausübung" einer amtlichen Tätigkeit.[68] Eine Schädigung nur bei Gelegenheit einer amtlichen Tätigkeit genügt nicht. Erforderlich ist ein funktioneller Zusammenhang zwischen dem schädigenden Verhalten und der amtlichen Tätigkeit.[69]

Der Grundgedanke dieser Einschränkung liegt darin, dass der Staat im Wesentlichen nur das „Betriebsrisiko", nicht aber ein umfassendes Risiko für das Verhalten des (weit gefassten) Kreises der für ihn tätigen Beamtinnen und Beamten zu tragen hat. Diesem Grundsatz folgen sowohl das Verantwortlichkeitsrecht des Bundes wie auch die Haftungsgesetze der Kantone.

Die Schwierigkeit der Voraussetzung des funktionellen Zusammenhangs liegt in erster Linie darin, dass es sich bei der schadensstiftenden Handlung typischerweise um eine solche handelt, welche der entsprechenden Beamtin oder dem entsprechenden Beamten gerade nicht aufgetragen war; ansonsten fehlt regelmäßig die Voraussetzung der Widerrechtlichkeit. Wenn das Bundesverwaltungsgericht ausführt, eine Rutschpartie mit Harassen (Getränkekisten) an einem Klassenabend einer Unteroffiziersschule sei „nicht durch den militärischen Betrieb oder einen Auftrag geboten"[70] gewesen, besteht bei einer solchen Formulierung die Gefahr, dass der Anwendungsbereich der Staatshaftung zu sehr eingeschränkt wird. Entscheidend muss sein,

> *„ob die Beamtinnen und Beamten infolge ihrer amtlichen Stellung in der Lage waren, die schädliche Handlung vorzunehmen und ob die Geschädigten nach den konkreten Umständen die schädigende Handlung als Amtshandlung betrachten durften."*[71]

In diesem Sinne kann auch vorschriftswidriges, atypisches oder gar unerwartetes Verhalten der Beamtinnen und Beamten in einem funktionellen Zusammenhang stehen, nicht aber Handlungen, die mit der amtlichen Funktion und dem amtlichen Auftrag nichts zu tun haben, so etwa das Abbrennen eines Stalles durch einen Wachsoldaten.[72] Es obliegt dem Gemeinwesen, für amtliche Funktionen entsprechende Sicherungsmechanismen einzurichten (typische Betriebsrisiken). Für nicht mit der amtlichen Funktion zusammenhängende Tätigkeiten kann kein staatliches Sicherheitsnetz und damit auch keine staatliche Haftung gefordert werden. Hier ist es richtig, wenn die Geschädigten direkt den fehlbaren Beamten oder die fehlbare Beamtin in Anspruch nehmen. Die Konkretisierung des funktionellen Zusammenhangs zwischen schädigender Handlung und amtlicher Tätigkeit obliegt den Gerichten.[73]

---

68 *Moor/Poltier*, Droit administratif, S. 840. Die Autoren weisen daraufhin, dass Art. 55 OR (Geschäftsherrenhaftung) in Abs. 1 dasselbe Kriterium vorsieht.

69 *Gross*, Staatshaftungsrecht, S. 114; *Jaag*, Staats- und Beamtenhaftung, Rn. 84.

70 BVGer, Urteil A-7385/2006 vom 6.7.2007, E. 3.2.

71 *Häfelin* et al., Allgemeines Verwaltungsrecht, Rn. 2244. Laut *Jaag*, Staats- und Beamtenhaftung, Rn. 87, muss dementsprechend der Diebstahl durch einen Zöllner anlässlich einer Gepäckdurchsuchung die staatliche Haftung auslösen, weil die Durchsuchung von Gepäck im Zusammenhang mit der dienstlichen Tätigkeit steht. Der Beamte, der den Besucher eines Verwaltungsgebäudes bestiehlt, handelt dagegen bei Gelegenheit, nicht in Ausübung der amtlichen Tätigkeit (vgl. auch *Häfelin* et al., Allgemeines Verwaltungsrecht, Rn. 2246).

72 VPB 43 (1979) Nr. 71.

73 So entschied das Bundesgericht in BGE 130 IV 27 ff., 30 f., dass ein funktioneller Zusammenhang zwischen schädigender Handlung und amtlicher Tätigkeit bestehe, wenn ein Arzt die Knebelung (Mundverklebung) eines später an Herz-Kreislaufversagen verstorbenen Ausschaffungshäftlings (Abschiebungshäftlings) überprüft, selbst wenn der Arzt selbst nicht für die Betreuung desselben, sondern eines zweiten Häftlings zuständig ist. Beide Tätigkeiten sollten die reibungslose Ausschaffung (Abschiebung) der betroffenen Personen ermöglichen und erfolgten daher im klaren Interesse des Staates. Verneint hat das Bundesgericht einen solchen Zusammenhang hingegen in BGE 115 II 237 ff., 245 f.: Eine staatliche Organisation sollte einen Viehmarkt überwachen; dennoch konnte sich ein Stier losreißen und eine Person erheblich verletzen. Der Unfall hänge, so das BGer, nur zufällig mit öffentlich-recht-

3. Handlungsformen

Wie auch im privaten Haftungsrecht kann das schädigende Verhalten durch Handeln oder Unterlassen der verantwortlichen Person ausgelöst werden. Die Unterscheidung ist wiederum für die Frage der Widerrechtlichkeit von Bedeutung, da für rechtswidriges Unterlassen eine entsprechende Handlungspflicht der Behörde bestehen muss (→ B.II.). Das schädigende Verhalten muss zudem dem Staat zugerechnet werden können. Auch auf diese Frage ist zurückzukommen (→ B.III.).

Haftungsbegründend kann sowohl rechtliches wie auch tatsächliches Handeln des Gemeinwesens sein.

Im Zusammenhang mit der Frage nach dem schädigenden Verhalten ist auch zu diskutieren, ob bestimmte Handlungsformen qua ihrer Rechtsnatur keinen Staatshaftungsanspruch auslösen können. Diskutiert wird in der Lehre insbesondere, ob auch für sog. legislatives Unrecht ein Staatshaftungsanspruch bestehen kann oder nicht. Eine Haftung wäre insbesondere in den Fällen denkbar, in welchen die Verfassung einen Gesetzgebungsauftrag statuiert und die Legislative diesem nicht nachkommt. Im Recht der Europäischen Union besteht eine Haftung für gesetzgeberische Untätigkeit; so hat der Europäische Gerichtshof den Schadensersatzanspruch eines Bürgers bei nicht fristgemäßer Umsetzung einer Richtlinie geschützt.[74] In der Schweiz hatte weder die während fast 60 Jahren nicht umgesetzte Mutterschaftsversicherung noch der verzögerte Erlass des Umweltschutzgesetzes eine Ersatzpflicht der Eidgenossenschaft zur Folge.[75] Grundsätzlich ist aber eine Haftung des Gesetzgebers für Untätigkeit nicht ausgeschlossen,[76] dasselbe gilt für den Erlass schädigender Gesetze.[77]

Keine besonderen Regeln bestehen für die Staatshaftung aus gerichtlichem Fehlverhalten (judikatives Unrecht).[78] Rechtskräftige Entscheidungen können aber – ebenso wie rechtskräftige Verwaltungsakte – über den „Umweg" des Staatshaftungsrechts nicht nochmals überprüft werden (Einmaligkeit des Rechtsschutzes).[79] Denkbar ist aber eine Haftung etwa nach der Revision eines Entscheides, wenn dieser durch ein Vergehen oder Verbrechen beeinflusst wurde (Art. 66

---

lichen Aufgaben zusammen. Ebenfalls kein funktioneller Zusammenhang bestehe zudem zwischen dem Verhalten von Armeeangehörigen und einem eventuellen Schaden, wenn die schädigende Tätigkeit weder durch den Militärbetrieb noch durch einen Auftrag geboten gewesen sei, sondern nur aus *„Zeitvertreib"* stattgefunden habe (vgl. Urteil des Bundesverwaltungsgerichts vom 6.7.2007, ZBl 109 [2008], 40; VPB 43 [1979] Nr. 71).

74 EuGH C-6/90 und C-9/90, Slg. 1991, 5357 ff. – *Francovich*. Es ging dabei um Ansprüche, die Arbeitnehmern bei Zahlungsunfähigkeit des Arbeitsgebers einen finanziellen Mindestschutz gewähren. Der italienische Staat hatte diese Vorschriften nicht in sein Recht übernommen.

75 *Jaag*, Staats- und Beamtenhaftung, Rn. 80.

76 So ließ das Bundesgericht offen, ob der luzernische Gesetzgeber es versäumt habe, seine Schulpflegegesetze entsprechend dem in Art. 4 Abs. 2 aBV enthaltenen Auftrag, für Gleichbehandlung von Mann und Frau in der Ausbildung zu sorgen, anzupassen. Insbes. stelle sich die Frage, ob sich eine Rechtsverweigerungs- bzw. Rechtsverzögerungsbeschwerde überhaupt gegen den Gesetzgeber richten könne und wer zur Erhebung dieser Beschwerde befugt sei (Urteil des Bundesgerichts vom 18.1.1985, ZBl 86 [1985], 492 [495]). Vgl. *Gross*, Staatshaftungsrecht, S. 219 f.

77 *Gross*, Staatshaftungsrecht, weist darauf hin, dass Art. 191 BV (Maßgebendes Recht), welcher die Überprüfung von Bundesgesetzen auf ihre Verfassungsmäßigkeit verhindert, zum Ausschluss einer Entschädigungspflicht (z.B. aus Verletzung von Grundrechten) führt (S. 220).

78 Eine Sonderregelung besteht für den willkürlichen Entzug der aufschiebenden Wirkung einer Beschwerde. Wird die aufschiebende Wirkung willkürlich entzogen oder einem Begehren um Wiederherstellung der aufschiebenden Wirkung willkürlich nicht oder verspätet entsprochen, so haftet für den daraus erwachsenden Schaden die Körperschaft oder autonome Anstalt, in deren Namen die Behörde verfügt hat (Art. 55 VwVG). Vgl. dazu *Seiler*, in: Waldmann/Weissenberger (Hrsg.), Praxiskommentar zum Bundesgesetz über das Verwaltungsverfahren, 1999, Art. 55 Rn. 156 ff. Ebenfalls besonders geregelt ist der Fall der Entschädigung für ungerechtfertigte Haft (*Müller/Schefer*, Grundrechte [Fn. 64], S. 110 ff.).

79 Vgl. zu Art. 12 VG → C.IV.2.

Abs. 1 VwVG), oder wegen Rechtsverzögerung. Wenn etwa ein Gericht den Abschluss eines Scheidungsverfahrens übermäßig verzögert, so sind die Unterhaltsbeiträge, welche die Ehepartner während der Zeit vor dem Scheidungsurteil bezahlt haben, als Schaden zu betrachten. Eine raschere Abwicklung des Verfahrens hätte die Pflicht zur Bezahlung von Unterhaltsbeiträgen abgekürzt.[80] Überdies löst gemäß der Praxis nicht jedes fehlerhafte rechtliche Handeln der Behörden eine Haftung des Staates aus; verlangt wird vielmehr eine „qualifizierte Amtspflichtverletzung" (→ B.II.2.). Dies schränkt die praktische Bedeutung der Staatshaftung ein.

II. Relevante Normverstöße (Widerrechtlichkeit)

1. Erfolgs- und Verhaltensunrecht

Das Erfordernis der Widerrechtlichkeit ist eine zentrale Voraussetzung der Staatshaftung. Die Anforderungen an die Widerrechtlichkeit bilden gewissermaßen den Kristallisationspunkt staatlicher Verantwortung. Schadensersatzzahlungen für jedes auch nur unzweckmäßige Verhalten des Staates haben weitreichende Folgen für die Handlungsfähigkeit des Gemeinwesens. Dieser Gesichtspunkt schwingt mindestens implizit in einer Vielzahl von Entscheidungen und Lehrmeinungen mit.

Nach heutiger Lehre und Rechtsprechung ist weitgehend unbestritten, dass sich die Rechtswidrigkeit staatlichen Handelns daraus ergibt, dass das Gemeinwesen in absolut geschützte Rechtsgüter wie Leib, Leben, Freiheit, Persönlichkeit und Eigentum eingreift,[81] oder aus der Verletzung eines Verbots der Rechtsordnung, welches dem Schutz der betroffenen Person, genauer gesagt ihrem Vermögen, dient. Im ersten Fall spricht man in Übereinstimmung mit der privatrechtlichen Praxis von Erfolgsunrecht, in der zweiten Variante von sogenanntem Verhaltensunrecht.[82] Ein Eingriff in absolut geschützte Rechtsgüter ist *per se* rechtswidrig, während beim Verhaltensunrecht nach einer haftungsbegründenden Norm gesucht werden muss.

In praktischer Hinsicht bestehen zwischen Erfolgs- und Verhaltensunrecht jedoch auch Annäherungen und Überschneidungen. So hat das Bundesgericht die Verletzung von absoluten Rechtsgütern im Bereich der Staatshaftung zwar erst seit jüngerer Zeit als haftungsbegründend angesehen.[83] In früheren Fällen behalf sich aber die Praxis in der Regel damit, dass ein Eingriff in absolute Rechtsgüter durch Normen der Rechtsordnung, typischerweise solche des Strafrechts, verboten war und dementsprechend das schädigende Verhalten als Verhaltensunrecht qualifiziert werden konnte.

Weiter ist zu beachten, dass ein Eingriff in absolut geschützte Rechtsgüter zwar grundsätzlich rechtswidrig ist, diese Rechtswidrigkeit aber durch „amtspflichtgemäßes" Verhalten der Behörden wieder aufgehoben werden kann. Auch bei Erfolgsunrecht wird das Verhalten der

---

80 BGE 107 Ib 160 ff., 162 f. Neben diesem – eher ungewöhnlichen Fall – gibt es in der Schweiz wegen verzögerter gerichtlicher Verfahren kaum Staatshaftungsverfahren. Den Parteien obliegt es, das Gericht auf die Verzögerung aufmerksam zu machen und um eine Beschleunigung des Verfahrens zu ersuchen. Verzögert sich das Verfahren weiter, ist eine Rechtsverzögerungsbeschwerde einzureichen (vgl. etwa Art. 94 BGG). Unterlassen die Parteien dies, wird ihnen dieses Versäumnis im Staatshaftungsprozess als Selbstverschulden angelastet (BGE 107 Ib 155 ff., 159; 125 V 373 ff.).

81 Vgl. dazu *Schnyder*, in: Honsell et al. (Hrsg.), Basler Kommentar zum Obligationenrecht I (Art. 1–529 OR), 5. Aufl. 2011, Art. 41 Rn. 33. Zu den absolut geschützten Rechtsgütern zählen auch der Besitz sowie gemäß privatrechtlicher Rechtsprechung Immaterialgüterrechte, welche durch den Staat verletzt werden können (z.B. Übernahme und Publikation eines privaten Regelwerks als staatliche Regelung und damit Aufhebung des urheberrechtlichen Schutzes, vgl. Art. 10 URG; vgl. *Oftinger/Stark*, Haftpflichtrecht Bd. I, 5. Aufl. 1995, S. 176).

82 *Mayhall*, Aufsicht und Staatshaftung, 2008, S. 226 f.

83 Siehe → Fn. 86.

zuständigen Beamtinnen und Beamten anhand der geltenden Rechtsordnung zu messen sein. Die Anerkennung von Erfolgsunrecht bewirkt in diesem Sinne in erster Linie eine Zuordnung der Parteirollen bezüglich der Frage der Rechtwidrigkeit: Bei Erfolgsunrecht muss die Behörde ihr Verhalten aufgrund der bestehenden rechtlichen Grundlagen rechtfertigen, während bei Verhaltensunrecht der Nachweis der Rechtswidrigkeit grundsätzlich dem Geschädigten zukommt.[84] Eine Annäherung zwischen Erfolgs- und Verhaltensunrecht findet auch dadurch statt, dass bei Unterlassungen im Falle eines Eingriffs in absolute Rechtsgüter ebenfalls ein Normverstoß in der Weise vorliegen muss, dass für die entsprechende Behörde eine Handlungspflicht[85] bestehen muss.[86]

Die Schädigung ist üblicherweise dann gerechtfertigt, wenn sie dem gesetzlich vorgesehenen Sinn und Zweck der Handlung entspricht oder wenn sie sich typischerweise zwangsläufig aus der Durchführung des Gesetzes ergibt, nicht aber, wenn sie bloß ungewollte Nebenfolge bei der Ausübung einer an sich rechtmäßigen Tätigkeit ist.[87] Die Rechtsprechung hat sich verschiedentlich zu dieser Frage geäußert.[88]

Die Lehre vom Verhaltensunrecht erlangt insbesondere dann Bedeutung, wenn es um eine Schädigung des Vermögens der Betroffenen geht.[89] Das Vermögen stellt im Gegensatz zu Leib, Leben, Persönlichkeit und Eigentum kein absolutes Rechtsgut dar. Bei Vorliegen eines reinen Vermögensschadens muss die oder der Geschädigte die Verletzung einer Norm geltend machen, die dem Schutz ihres oder seines Vermögens dient. Als verletzte Norm kommt grundsätzlich jede Norm des nationalen und internationalen[90] sowie des geschriebenen oder ungeschriebenen Rechts in Frage.

Eine gewisse Unsicherheit besteht diesbezüglich bei Verwaltungsverordnungen.[91] Folgt man dabei der Auffassung, dass sich die Betroffenen auch in anderen Fällen nicht direkt auf die Ver-

---

84 Vgl. zur Beweislast bzw. Beweislastumkehr *Gross*, Staatshaftungsrecht, S. 370.

85 Zur Widerrechtlichkeit bei Unterlassen vgl. BGE 116 Ib 367 ff., 374.

86 Beim Zusammenstoß eines Militärflugzeugs mit einem Zivilflugzeug kommen die beiden Insassen des letzteren ums Leben. Die Widerrechtlichkeit ergibt sich hier *per se* aus dem entstandenen Personenschaden (BGE 123 II 577 ff., 585 f.). Bei medizinischen Eingriffen in öffentlichen Spitälern kommt es zwangsläufig zu Eingriffen in die körperliche Integrität. Erleidet ein Patient oder eine Patientin hieraus einen Schaden, so gilt dieser grundsätzlich als widerrechtlich (vgl. BGE 120 Ib 411 ff., 414; 115 Ib 175 ff., 181; 113 Ib 420 ff., 423 f.). Bei der künstlichen Auslösung einer Lawine werden zwei Strommasten beschädigt bzw. zerstört. Die Eidgenössische Rekurskommission für Staatshaftung sieht die Widerrechtlichkeit *per se* als gegeben an, da durch den vorliegenden Sachschaden in das Eigentum des Geschädigten eingegriffen worden ist (HRK, VPB 66 [2002] Nr. 51 E.3).

87 Vgl. *Häfelin* et al., Allgemeines Verwaltungsrecht, Rn. 2250.

88 Personenschäden können grundsätzlich durch die rechtmäßige Ausübung der öffentlichen Gewalt gerechtfertigt sein. Im konkreten Fall eines Flugzeugunfalls mit Beteiligung eines Militärflugzeugs könne, so das BGer, der Tod zweier Personen nicht durch den Militärbetrieb gerechtfertigt werden, da die Schädigung nicht notwendigerweise mit dem militärischen Flug zusammenhänge (BGE 123 II 577 ff., 585 f.). Bei der Beschädigung bzw. Zerstörung von Strommasten durch eine künstliche Lawinenauslösung verneint das BGer das Vorliegen eines Rechtfertigungsgrundes, da der Sachschaden eine unbeabsichtigte Nebenfolge des gesetzlichen Auftrages darstelle und nicht zwangsläufig mit der staatlichen Tätigkeit (Betrieb einer Wetterstation) zusammenhänge (HRK, VPB 66 [2002] Nr. 51 E.4–7).

89 *Oftinger/Stark*, Haftpflichtrecht Bd. I (Fn. 81), S. 179.

90 Bis zu diesem Zeitpunkt ist mit Ausnahme der besonderen Haftungstatbestände der EMRK kein Fall ersichtlich, in welchem die Verletzung einer internationalen Norm zur haftungsbegründenden Widerrechtlichkeit geführt hätte. Es ist aber kein Grund ersichtlich, Völkerrecht als nicht haftungsbegründend anzusehen. Die Schweiz folgt in Bezug auf die Übernahme von Völkerrecht dem sog. monistischen System, besser: Adoptionssystem, welches mit dem Abschluss von Völkerrecht von der automatischen innerstaatlichen Geltung desselben ausgeht. Von der Geltung ist die Frage der Anwendbarkeit zu unterscheiden: Programmatische („*non-self-executing*") Regelungen richten sich lediglich an die Behörden, während sich der Einzelne nur auf unmittelbar anwendbare („*self-executing*") Regelungen berufen kann (*Thürer*, Verfassungsrecht und Völkerrecht, in: Thürer et al. [Hrsg.], Verfassungsrecht, S. 186 ff.).

91 Als Verwaltungsverordnung bezeichnet man generelle Dienstanweisungen einer Behörde an untergeordnete Behörden. Die h.L. spricht diesen Anweisungen den Charakter als Rechtsquellen i.e.S. ab; sie enthalten weder Rech-

letzung einer Verwaltungsverordnung berufen können, erscheint es folgerichtig, der Verletzung keine unmittelbare Widerrechtlichkeit zuzuschreiben. Die Widerrechtlichkeit wird sich aber typischerweise daraus ergeben, dass Normen des anwendbaren Gesetzes verletzt sind.[92]

Schwieriger als die Suche nach einer bestimmten Verhaltensnorm erweist sich in der Regel die Hürde, dass diese Norm tatsächlich dem Schutz des Vermögens der Geschädigten dient. Das Bundesgericht hat teilweise recht weitgehend Normen eine solche Schutzrichtung abgesprochen, wenn diese nicht direkt auf den Schutz des Vermögens der Geschädigten gerichtet waren, sondern sozusagen nur als „Reflexwirkung" auch in deren Interessen lagen.[93]

2. Maß an Fehlerhaftigkeit – Wesentliche Amtspflichtverletzung?

In der Lehre und Praxis bestehen Unsicherheiten über die Frage des Maßes an Fehlerhaftigkeit, welches notwendig ist, um das Erfordernis der Widerrechtlichkeit zu erfüllen. Das Bedürfnis nach einer Begrenzung der Staatshaftung ergibt sich rein praktisch vor allem daraus, dass aufgrund des heute gut ausgebauten Rechtsschutzes in vielen Fällen die Rechtswidrigkeit staatlichen Handelns festgestellt wird. Häufig haben diese Fehler eine Vermögensschädigung zu Lasten der Betroffenen zur Folge; auch wird sich vielfach eine entsprechende Schutznorm finden. Lehre und Rechtsprechung behelfen sich damit, dass die Haftung aus rechtswidrigen Verfügungen, allgemeiner wohl aus rechtlichem Handeln des Gemeinwesens, auf Fälle der Verletzung wesentlicher Amtspflichten beschränkt wird.[94] Haftungsbegründende Widerrechtlichkeit ist demnach erst dann gegeben, wenn die für das Gemeinwesen handelnde Person eine für die Ausübung ihrer Funktion bedeutsame Pflicht, eben eine wesentliche Amtspflicht, verletzt hat.[95]

Unsicherheiten bestehen aber in zwei Richtungen: Erstens wird der Begriff der Amtspflicht teilweise sehr unterschiedlich verstanden. Wenn etwa ausgeführt wird, jeder qualifizierte Ermessensfehler (d.h. Ermessensüberschreitung, Ermessensunterschreitung und Ermessensmissbrauch) komme einer wesentlichen Amtspflichtverletzung gleich, wird damit eine einfache

---

te noch Pflichten von Privaten und verpflichten i.d.R. lediglich die Behörden selbst (*Häfelin* et al., Allgemeines Verwaltungsrecht, Rn. 123 ff.).

92 *Jaag*, Staats- und Beamtenhaftung, Rn. 16.

93 In BGE 94 I 628 ff., 642 ff. entschied das BGer, dass die Pflichten des Eidgenössischen Starkstrominspektorats zur Kontrolle und Aufsicht bei der Herstellung von elektrischen Apparaten dem Schutz der Benutzer dieser Geräte vor Schädigungen durch mangelhafte Installation, nicht aber dem Schutz der Hersteller vor Vermögensschädigungen durch Konkurrenten dienen (vgl. zu diesem Urteil die Kritik bei *Jaag*, Staats- und Beamtenhaftung, Rn. 114 f.). Ebenso dienen, so das BGer in BGE 116 Ib 193 ff., 195 f. und BGE 106 Ib 357 ff., 360 ff., die Aufsichtpflichten der FINMA (vgl. 23 ff. BankG) lediglich dem Schutz des Vermögens der Gläubiger von Bankinstituten, nicht aber dem Schutz des Vermögens der Bank selbst. Submissionsvorschriften bezwecken nicht den Schutz der Gläubiger vor der Auswahl eines wirtschaftlich schwachen Bewerbers (BGE 116 Ib 367 ff., 374 f.). Die Tierseuchengesetzgebung (vgl. Art. 9 TSG) bezweckt laut BGE 126 II 63 ff., 68 f. dagegen nicht nur den Schutz der Gesundheit von Mensch und Tier, sondern auch den Schutz der Landwirte vor wirtschaftlichen Schäden (vgl. dazu *Richli*, Bemerkungen zu BGE 126 II 63, AJP 2000, 1025, bestätigt in BGE 132 II 305 ff., 318 f.). Dem Kanton Wallis wurden im Zusammenhang mit der Misswirtschaft der Gemeinde Leukerbad Verfehlungen im Bereich der Gemeindeaufsicht vorgeworfen. Das BGer führte aus, die anwendbaren Aufsichtsvorschriften bezweckten v.a. den Schutz vor wirtschaftlichen Schäden der Gemeinde selbst; die Gläubiger dagegen seien nicht geschützt, weil sie höchstens i.S. einer Reflexwirkung von der Aufsichtstätigkeit des Kantons profitierten (BGer, Urteil 2C.4/2000 vom 3.7.2003, E.6 und 7; wegen erheblichen Selbstverschuldens ging das BGer ohnehin von einer Unterbrechung des Kausalzusammenhangs aus und lehnte eine Ersatzpflicht des Kantons Wallis ab). Vgl. auch *Gross*, Staatshaftungsrecht, S. 176 ff.

94 Vgl. *Häfelin* et al., Allgemeines Verwaltungsrecht, Rn. 2260 f.; vgl. z.B. BGE 132 II 449 ff., 457.

95 Jaag, Staats- und Beamtenhaftung, Rn. 18. Insbes. löse „nicht jede Verwaltungshandlung, die auch anders denkbar wäre, [...] eine Staatshaftung aus. [...] Solange sich eine Handlung innerhalb dieses (Handlungs- und Ermessens-)Spielraums bewegt und der Verwaltung weder Ermessenüberschreitung noch Ermessensmissbrauch vorgeworfen werden kann, ist die Widerrechtlichkeit zu verneinen." (Rn. 108).

Rechtsverletzung der wesentlichen Amtspflichtverletzung gleichgesetzt. Teilweise wird die wesentliche Amtspflichtverletzung mit willkürlichem Handeln des Gemeinwesens gleichgesetzt. Die Kantone haben sich teilweise dieser Problematik angenommen und vorgesehen, dass nur arglistiges Handeln des Gemeinwesens[96] als wesentliche Amtspflichtverletzung zu betrachten ist. Dem kantonalen Recht bleibt es in den Grenzen der Rechtsstaatlichkeit (→ A.I.2.) unbenommen, diesen Begriff zu präzisieren. Gerade mit Blick auf die unsichere Praxis im Bund[97] dürfte eine solche Klärung wünschenswert sein.

Eine zweite Unsicherheit in Lehre und Praxis besteht bei der Frage, ob das Erfordernis der wesentlichen Amtspflichtverletzung nur bei der Haftung aus fehlerhaften Verfügungen (bzw. nur beim rechtlichen Handeln des Gemeinwesens) zur Anwendung kommt. Für ein durchgehendes Erfordernis der wesentlichen Amtspflichtverletzung spricht die Überlegung, dass es nicht einsichtig ist, weshalb rechtliches Handeln im Staatshaftungsrecht milder zu beurteilen ist als tatsächliches Handeln des Gemeinwesens. Gerade beim rechtlichen Handeln verlangt das einschlägige Verfahren die sorgfältige Abklärung des Sachverhaltes (Gewähr des rechtlichen Gehörs etc.) und die Begründung der Verfügung. Beim rechtlichen Handeln in Form von generell-abstrakten Regelungen wird mindestens bei wichtigeren Geschäften ein Vernehmlassungsverfahren[98] durchgeführt, welches ebenfalls Gewähr für sorgfältiges Handeln des Gemeinwesens bieten sollte. Es ist deshalb nicht ganz einsichtig, weshalb rechtliches Handeln einem milderen Haftungsmaßstab unterstehen soll als tatsächliches Handeln.

Das Problem der wesentlichen Amtspflichtverletzung liegt indessen darin, dass sowohl Art. 146 BV wie auch Art. 3 Abs. 1 VG lediglich vom Erfordernis der „Widerrechtlichkeit" sprechen. Auch das Privatrecht verlangt nicht eine wesentliche Rechtsverletzung, sondern nur Rechts- oder Sittenwidrigkeit. Eine solche Gleichsetzung der Widerrechtlichkeit mit der Amtspflichtverletzung ist auch deshalb problematisch, weil das Verantwortlichkeitsgesetz durchaus den Begriff der Amtspflichtverletzung verwendet, so etwa in Art. 23 Abs. 1 VG mit Binnenverweis auf Art. 8 und Art. 9 VG. Dies spricht dafür, das Erfordernis der wesentlichen Amtspflichtverletzung – wenn man es überhaupt als Haftungsvoraussetzung für rechtliches Handeln des Gemeinwesens akzeptiert – auf weitere Bereiche, nämlich Realakte (Art. 25a VwVG), auszudehnen. Da es sich dabei um eine Kernbestimmung des Staatshaftungsrechts handelt, ist diese wichtige Frage eigentlich durch den Gesetzgeber zu klären.

---

96 Vgl. in diesem Zusammenhang die Regelung im Haftungsgesetz des Kantons Zürich (Fn. 33): „Wird ein Entscheid im Rechtsmittelverfahren geändert, haftet der Kanton nur, wenn ein Angestellter einer Vorinstanz arglistig gehandelt hat." (§ 6 Abs. 2).

97 Die Ablehnung der Eidgenössischen Pferdeschaukommission, den Hengst einer Züchterin als Zuchthengst anzuerkennen, stellt keine wesentliche Amtspflichtverletzung dar, obwohl das Bundesamt für Landwirtschaft diesen Entscheid später als falsch aufhob (BGE 118 Ib 163 ff.). Ein Richter, der das Konkurserkenntnis (Eröffnung des Konkurses gem. Art. 175 SchKG) nicht sofort eröffnet, sondern drei Wochen zuwartet, begeht eine wesentliche Amtspflichtverletzung. Maßgebend für das Urteil ist die weitreichende Bedeutung des Konkurserkenntnisses (BGE 120 Ib 248).

98 Das Vernehmlassungsverfahren ermöglicht den Kantonen, den politischen Parteien und den interessierten Kreisen insbes. bei der Änderung oder beim Erlass wichtiger Gesetze Stellung zu nehmen. Vor den parlamentarischen Debatten soll das Vernehmlassungsverfahren bereits Aufschluss geben über die sachliche Richtigkeit, die Vollzugstauglichkeit und die Akzeptanz eines Vorhabens des Bundes (Art. 2 und 3 des Bundesgesetzes über das Vernehmlassungsverfahren, VlG). Vgl. zum Vernehmlassungsverfahren auch *Müller/Uhlmann*, Elemente einer Rechtssetzungslehre, 3. Aufl. 2013, Rn. 151 ff.

III. Relevante Personen (Zurechnung)

Bei der Frage der Zurechnung einer bestimmten Handlung zum Staat ist zunächst zu klären, welche Personen überhaupt die Haftung des Gemeinwesens auslösen können. Im Vordergrund stehen Personen, welche zum betreffenden Gemeinwesen in einem Dienstverhältnis stehen. Den Haftungsgesetzen liegt aber meist ein weit gefasster Beamtenbegriff zugrunde.[99] Art. 1 Abs. 1 lit. f VG hält allgemein fest, dass alle Personen die Haftung des Bundes auslösen können, „insoweit sie mit öffentlich-rechtlichen Aufgaben des Bundes betraut sind".

Unerheblich ist, in welchem Verhältnis die betreffende Person zum Gemeinwesen steht. Möglich ist auch ein privatrechtlicher Vertrag über Arbeitsleistungen. Auch die Dauer und die Intensität der Beschäftigung spielen grundsätzlich keine Rolle. Entscheidend ist aber, dass die entsprechende Person in einem direkten Verhältnis zum Staat steht; dort, wo die schädigende Person über einen dezentralen Verwaltungsträger tätig wird, aktualisiert sich möglicherweise dessen Haftung.[100] Entsprechend spricht Art. 1 Abs. 1 lit. f VG davon, dass es sich um eine unmittelbare Ausübung von Bundesaufgaben handeln muss.[101]

Die Haftung erstreckt sich grundsätzlich auch auf Personen, welche für das Gemeinwesen in einer politischen Funktion (Magistratspersonen) tätig werden. Art. 1 Abs. 1 VG sieht ausdrücklich die Haftung der Mitglieder des Bundesrates, der Bundeskanzlerin oder des Bundeskanzlers (lit. b), der Mitglieder und Ersatzmitglieder der eidgenössischen Gerichte (lit. c) sowie der Mitglieder von Behörden und Kommissionen des Bundes (lit. d) vor. Ursprünglich bestand nach Art. 1 Abs. 1 lit. a VG auch eine Haftung für die Mitglieder des Parlaments. Diese Haftung ist allerdings durch das Parlamentsgesetz (ParlG) aufgehoben worden, sodass die Tätigkeiten von Mitgliedern des Parlaments vom Anwendungsbereich des Verantwortlichkeitsgesetzes ausgenommen waren. Dieses gesetzgeberische Versehen wurde 2009 mit der Einführung von Art. 21a ParlG korrigiert.[102]

Eine gewisse Unsicherheit besteht im Verhältnis zwischen dem Staatshaftungsrecht und den Regeln, welche die Immunität von Magistratspersonen regeln. Gemäß Art. 2 Abs. 2 VG können die Mitglieder des Bundesrates sowie die Bundeskanzlerin oder der Bundeskanzler für die in der Bundesversammlung oder in ihren Organen abgegebenen Voten nicht zur Verantwortung gezogen werden. Die herrschende Lehre versteht diese Bestimmung allerdings nicht im Sinne eines Haftungsausschlusses des Bundes, sondern nur im Sinne einer fehlenden Regressmöglichkeit im Falle einer entsprechenden Staatshaftung.[103]

IV. Adäquate Kausalität

Bei der Voraussetzung der adäquaten Kausalität stellen Lehre und Praxis im Staatshaftungsrecht weitgehend auf die zivilrechtliche Praxis ab. Adäquate Kausalität bedeutet, dass zwischen dem

---

99 Vgl. *Häfelin* et al., Allgemeines Verwaltungsrecht, Rn. 2240.
100 Vgl. zum Begriff des dezentralen Verwaltungsträgers → C.I.3.
101 Entscheidend, so *Jaag*, Staats- und Beamtenhaftung, sei, dass die (wesentliche) Aufgabe durch den Staat wahrgenommen werde (Rn. 83, vgl. auch 88 f.). In amtlicher Funktion handelt somit der Arzt, der die Knebelung eines Ausschaffungshäftlings (Abschiebungshäftlings) überprüft, obwohl er mit der Betreuung eines anderen Häftlings betraut ist (BGE 130 IV 27 ff.). Die Übernahme wichtiger Kontrollaufgaben durch den Schweizerischen Elektrotechnischen Verein SEV als Eidgenössisches Starkstrominspektorat stellt den „Musterfall" der Betrauung einer außerhalb der Bundesverwaltung stehenden Organisation mit einer öffentlichen Aufgabe dar (BGE 94 Ib 273 ff., 275).
102 BBl 2008 1869 ff., 1877 f. Die vermögensrechtliche Verantwortlichkeit der Ratsmitglieder für ihre amtliche Tätigkeit richtet sich demnach wieder nach dem Verantwortlichkeitsgesetz.
103 Vgl. auch *Jaag*, Staats- und Beamtenhaftung, Rn. 68 f.

schädigenden Ereignis und dem Schaden ein Kausalzusammenhang bestehen muss, d.h. die Schadensursache muss nach dem gewöhnlichen Lauf der Dinge und nach den Erfahrungen des Lebens geeignet sein, einen Erfolg herbeizuführen oder zu begünstigen. Im Zivilrecht weist der adäquate Kausalzusammenhang eine doppelte Funktion auf: Er dient einerseits als allgemeine Haftungsvoraussetzung und andererseits zur Bestimmung des zurechenbaren Ausmaßes des Schadens.[104] Die Adäquanztheorie ist indessen nicht unumstritten.[105]

Erfolgt die schädigende Handlung in Form einer Unterlassung, ist zu berücksichtigen, dass in diesem Fall die adäquate Kausalität nur aufgrund von Hypothesen beurteilt werden kann. Es geht im Wesentlichen um die Frage, ob der Schaden auch bei pflichtgemäßem Verhalten der Behörde eingetreten wäre. Eine Unterlassung ist dann adäquat kausal, wenn die erwartete Handlung nicht hinzugedacht werden kann, ohne dass der Erfolg höchstwahrscheinlich entfiele.[106]

Ein adäquater Kausalzusammenhang ist dort nicht gegeben, wo höhere Gewalt, Selbstverschulden der oder des Geschädigten oder Drittverschulden die adäquate Kausalität unterbricht.[107] Auf haftungsrelevantes Selbstverschulden ist an anderer Stelle noch einzugehen (→ C.IV.).

Die Kantone haben soweit ersichtlich den Begriff der Kausalität in ihren Haftungsgesetzen nicht explizit angesprochen. Sie folgen damit der zivilrechtlichen Praxis des Bundes.

---

104 *Rey*, Ausservertragliches Haftpflichtrecht (Fn. 39), Rn. 522.

105 Vgl. *Rey*, Ausservertragliches Haftpflichtrecht (Fn. 39), Rn. 545ff. m.w.H. In der Praxis wurde namentlich in folgenden Fällen die adäquate Kausalität bejaht: Die künstliche Auslösung einer Lawine durch Bundesangestellte stellt laut HRK eine adäquate Ursache für den verursachten Sachschaden an zwei Strommasten dar, da die Wirkung künstlich ausgelöster Lawinen schwer abschätzbar sei (HRK, VPB 66 [2002] Nr. 51 E. 9c/d). Nach dem Reaktorunglück in Tschernobyl im Jahr 1986 raten die Bundesbehörden vom Konsum bestimmter Produkte ab. Durch den daraus resultierenden Umsatzrückgang entsteht verschiedenen Betrieben, insbes. der Landwirtschaft, ein Schaden. Das Unglück stellt eine adäquat kausale Ursache für diesen Schaden dar (BGE 116 II 480ff., 486ff.). Das Bundesgericht bejahte den adäquaten Kausalzusammenhang zwischen einer Operation, bei der einem Patienten mehrere Organe entnommen werden, und den erheblichen körperlichen Einschränkungen des Patienten aufgrund der darauf folgenden Komplikationen (BGE 113 Ib 420ff., 424).

106 Vgl. BGE 115 II 440ff., 446, weitere Entscheidungen bei *Jaag*, Staats- und Beamtenhaftung, Rn. 145. Adäquate Kausalität durch Unterlassung hat das BGer etwa in folgenden Fällen bejaht: Ein Arbeitgeber ersucht bei der kantonalen Stelle der Invalidenversicherung um die Zustellung eines Formulars, welches er benötigt, um bereits ausbezahlte Leistungen an einen ehemaligen Angestellten zur Verrechnung zu bringen. Weil die IV-Stelle dem Ersuchen nicht nachkommt, verpasst der Arbeitgeber die Verrechnungsfrist und erleidet einen Schaden. Das Versäumnis der IV-Stelle bildet gem. BGer eine adäquate Ursache (BGE 133 V 14ff., 22). Ein Mann wird aufgrund akuter Suizidgefährdung in eine Klinik eingewiesen. Dennoch gelingt es ihm, die Anstalt unbemerkt zu verlassen und sich vor einen Zug zu werfen. Das BGer sah in der unzureichenden Überwachung des Patienten durch das Klinikpersonal eine adäquat kausale Ursache für dessen Verlassen der Klinik mit anschließendem Selbstmord (BGE 112 Ib 322ff., 327ff.).

107 Unterbrechendes Drittverschulden oder höhere Gewalt haben die Gerichte etwa in folgenden Fällen angenommen: Das BGer verneint eine Ersatzpflicht des Kantons Wallis für Verfehlungen bei der Aufsichtstätigkeit gegenüber der Gemeinde Leukerbad, da das Selbstverschulden der Gemeinde die zuvor bestätigte Amtspflichtverletzung der kantonalen Organe bei weitem überwiege (BGer, Urteil 2C.4/2000 vom 3.7.2003, E.8). Beim Zusammenstoß eines militärischen und eines zivilen Flugzeugs wird ein Selbstverschulden der zivilen Insassen verneint. Diese hätten sich vorschriftsmäßig verhalten und gemäß den dem BGer vorliegenden Informationen über den Sachverhalt keine Möglichkeit, die Gefahr der Kollision mit dem Militärflugzeug zu erkennen (BGE 123 II 577ff., 587). Während eines übermäßig lange andauernden Ehescheidungsprozesses wird das Vermögen einer Klägerin durch ihren ehemaligen Ehemann stark vermindert. Weil sie nicht alle ihr zur Verfügung stehenden Vorkehrungen zur Beschleunigung des Prozesses unternommen hat, geht das Bundesgericht von einem Selbstverschulden und einer Unterbrechung des Kausalzusammenhangs aus (BGE 109 Ib 155ff., 159).

V. Verschulden

Gemäß dem allgemeinen Staatshaftungsrecht des Bundes ist das Verschulden keine Haftungsvoraussetzung. Dennoch spielt es für verschiedene Fragen eine wesentliche Rolle. So hängt der Anspruch einer Genugtuung[108] vom Verschulden der Beamtin oder des Beamten ab (Art. 6 VG). Ein eigenes Mitverschulden des Geschädigten (→ C.IV.1.) wird – möglicherweise – relativiert, wenn auf Seiten des Staates ebenfalls ein Verschulden vorliegt.[109] Das Erfordernis der wesentlichen Amtspflichtverletzung (→ B.II.2.) wird teilweise auch dadurch begründet werden können, dass der fehlbaren Beamtin oder dem fehlbaren Beamten ein Verschulden vorgeworfen werden kann; ausgeprägt ist dies etwa der Fall, wenn gemäß kantonalen Regelungen arglistiges Verhalten als Haftungsvoraussetzung gefordert wird.[110] Das Verschulden der Beamtin oder des Beamten hat auch Auswirkungen im Regressverhältnis (→ C.I.2.).

Bei dem Begriff des Verschuldens folgen Lehre und Rechtsprechung zum Staatshaftungsrecht im Wesentlichen den zivilrechtlichen Kategorien des Vorsatzes und der Fahrlässigkeit. Diese stellen die sog. objektive Komponente des Verschuldens dar.[111] Bei vorsätzlichem Verhalten ist der Wille des Schädigers auf das Bewirken eines Schadens gerichtet; der Täter will den rechtswidrigen Erfolg bzw. er nimmt dessen Eintreten in Kauf.[112] Fahrlässigkeit besteht in einem Mangel an der unter den gegebenen Umständen erforderlichen Sorgfalt. Dabei bildet das an einem bestimmten Ort oder in einer bestimmten Gegend oder in einem bestimmten Berufszweig übliche Verhalten in bestimmten Situationen den Maßstab für die erforderliche Sorgfalt.[113] Es gilt im Haftpflichtrecht ein objektivierter Begriff der Fahrlässigkeit.[114] Die Fahrlässigkeit kann weiter unterteilt werden in grobe, einfache und leichte Fahrlässigkeit.[115]

Schließlich knüpfen verschiedene Bundesgesetze an das Verschulden bestimmte Haftungsfolgen. Bund und Kantone haften für Schäden aus strafbaren Handlungen und aus absichtlicher oder grobfahrlässiger Missachtung von Vorschriften durch Organe oder einzelne Funktionäre ihrer AHV-Kassen.[116] Verschiedene Regelungen sehen ein Entfallen der Staatshaftung in den Fällen vor, in denen Drittpersonen oder Geschädigte selbst durch schuldhaftes Verhalten den Schaden verursacht bzw. verschlimmert haben.[117]

Die Kantone haben hinsichtlich des Verschuldens unterschiedliche Regelungen getroffen. Die Haftung des Gemeinwesens ist grundsätzlich in allen Kantonen als verschuldensunabhängi-

---

108 Nach deutscher Terminologie handelt es sich um Schmerzensgeld, d.h. einen finanziellen Ausgleich für immaterielle Schäden.

109 Die Frage ist umstritten, vgl. *Guckelberger*, recht 26 (2008), 175 (183); *Jaag*, Staats- und Beamtenhaftung, Rn. 158; *Jaag*, Staatshaftung nach dem Entwurf für die Revision und Vereinheitlichung des Haftpflichtrechts, ZSR 122 (2003) II, 3 (72); *Kuhn*, Die vermögensrechtliche Verantwortlichkeit des Bundes sowie seiner Behördenmitglieder und Beamten aufgrund des Verantwortlichkeitsgesetzes vom 14. März 1958, mit besonderer Berücksichtigung von Art. 3 und Art. 12, 1971, S. 144.

110 § 6 Abs. 2 des Haftungsgesetzes des Kantons Zürich (Fn. 33).

111 Die subjektive Komponente betrifft die Frage der Urteilsfähigkeit des Schädigers, vgl. *Rey*, Ausservertragliches Haftpflichtrecht (Fn. 39), Rn. 810 ff.

112 *Rey*, Ausservertragliches Haftpflichtrecht (Fn. 39), Rn. 835 ff. m.w.H.

113 *Rey*, Ausservertragliches Haftpflichtrecht (Fn. 39), Rn. 843 ff.; *Schnyder*, in: Honsell (Fn. 81), definiert grobe Fahrlässigkeit als außer Acht lassen elementarer Vorsichtsgebote (Rz. 49), leichte Fahrlässigkeit dagegen als Mangel an Sorgfalt, „welches die Verkehrssitte von einer mit dem Handelnden in gleichen Verhältnissen stehenden Person unter den konkreten Umständen erfordert." (Rn. 50).

114 Dabei wird der Mangel an Sorgfalt festgestellt durch den Vergleich des tatsächlichen Verhaltens des Schädigers mit dem Verhalten eines durchschnittlich sorgfältigen Menschen in der gleichen Situation.

115 *Rey*, Ausservertragliches Haftpflichtrecht (Fn. 39), Rn. 855 ff.

116 Art. 70 Abs. 1 des Gesetzes über die Alters- und Hinterlassenenversicherung (AHVG).

117 Art. 59a Abs. 3 USG; Art. 40c Abs. 2 lit. b, Art. 135 Abs. 2 MG.

ge Kausalhaftung (Gefährdungshaftung) ausgestaltet. Ausnahmen bestehen für bestimmte Formen des Staatshandelns, so etwa für die Haftung für falsche Auskunft[118] oder die Haftung für Rechtsakte, welche im Rechtsmittelverfahren geändert oder aufgehoben werden,[119] oder die Regelung der internen Beamtenhaftung.[120]

VI. Haftung ohne Normverstoß?

1. Regelung im Bund

Eine Schädigung durch das Gemeinwesen kann auch durch rechtmäßiges Verhalten erfolgen. So können z.B. im Rahmen eines Polizeieinsatzes zur Aufrechterhaltung der öffentlichen Sicherheit und Ordnung Sach- und Personenschäden entstehen. Weil diese Maßnahmen als „rechtmäßige Ausübung öffentlicher Gewalt" zulässig sind, entfällt die Haftungsvoraussetzung der Widerrechtlichkeit. Die Geschädigten müssen den rechtmäßig erlittenen Schaden selbst tragen. Das kann zu unbilligen Ergebnissen führen, insbesondere in den Fällen, in denen den Geschädigten kein Selbstverschulden vorzuwerfen ist und sie auch nicht durch die Handlungen des Gemeinwesens profitiert haben.[121]

Das Verantwortlichkeitsgesetz des Bundes sieht keine Haftung für Schäden vor, die durch rechtmäßige Handlungen oder Unterlassungen entstanden sind. Es existieren aber einige Normen im Bundesrecht, welche eine Ersatzpflicht für rechtmäßig verursachte Schädigungen vorsehen: Bei einem rechtmäßigen Eingriff des Staates in das Eigentum, welcher eine Enteignung[122] darstellt oder einer solchen gleichkommt, ist volle Entschädigung zu leisten (Art. 26 Abs. 2 BV). Art. 429 der schweizerischen Strafprozessordnung (StPO) vermittelt einen Anspruch auf Schadensersatz und Genugtuung,[123] wenn die beschuldigte Person ganz oder teilweise freigesprochen oder das Verfahren gegen sie eingestellt wird.[124]

---

118 Vgl. § 6 Abs. 1 des Haftungsgesetzes des Kantons Aargau (Fn. 33); Art. 3 Abs. 3 des Haftungsgesetzes des Kantons Nidwalden vom 25.4.1971 (NG 161.2).

119 Vgl. § 3 Abs. 3 des Haftungsgesetzes des Kantons Basel-Landschaft (Fn. 32); Art. 3 Abs. 2 des Haftungsgesetzes des Kantons Nidwalden (Fn. 118).

120 Vgl. Art. 8 Abs. 1 des Haftungsgesetzes des Kantons Schaffhausen vom 23.11.1985 (SHR 170.300).

121 Solche Fälle finden sich insbes. in der früheren Rechtsprechung des Bundesgerichts. Häufig werden in diesem Zusammenhang BGE 47 II 497 ff. (Fall *Hunziker*) und BGE 47 II 554 ff. (Fall *Grünzweig*) aufgeführt: In beiden Fällen waren Zivilpersonen durch Schussabgaben des Militärs tödlich verletzt worden. Den Angehörigen wurde der Anspruch auf Ersatz des Versorgerschadens mit dem Hinweis verweigert, die Tötung sei jeweils im Rahmen der rechtmäßigen Ausübung dienstlicher Pflichten erfolgt.

122 Wie die Entschädigungstatbestände nach dem Opferhilfegesetz (OHG) fällt die Entschädigung für eine Enteignung nach Schweizer Dogmatik nicht unter den Begriff Staatshaftung (*Seiler*, in: Seiler et al. [Hrsg.], Bundesgerichtsgesetz, 2007, Art. 85 Rn. 7), weil nach schweizerischer Auffassung die Widerrechtlichkeit staatlichen Handelns als Voraussetzung für staatliche Haftung zentral ist. Man unterscheidet zwischen formeller und materieller Enteignung; erstere liegt vor, wenn durch Eigentumsgarantie geschützte Rechte durch Hoheitsakt entzogen oder beschränkt werden. Beim Vorliegen einer formellen Enteignung ist volle Entschädigung zu leisten (*Haller/Karlen*, Raumplanungs-, Bau- und Umweltrecht, Bd. I, 3. Aufl. 1999, Rn. 444). Schränken staatliche Maßnahmen das Nutzungsrecht am Eigentum dermaßen ein, dass die Beschränkung einer Enteignung gleichkommt, liegt eine materielle Enteignung vor. Die allgemeinen Voraussetzungen einer Enteignung sind das Vorliegen einer ausreichenden gesetzlichen Grundlage, ein hinreichendes öffentliches Interesse sowie die Wahrung der Verhältnismäßigkeit (vgl. dazu *Häfelin* et al., Allgemeines Verwaltungsrecht, Rn. 2096 ff. sowie Rn. 2157 ff.).

123 Zum Begriff der Genugtuung → Fn. 108.

124 Vgl. hierzu BBl 2006 1085 ff., 1329. Bis zum Inkrafttreten der eidgenössischen StPO am 1.1.2011 war die Rechtsetzung im Bereich des Prozessrechts Sache der Kantone. Einige Kantone sahen bereits ähnliche Regelungen vor (z.B. § 42 Abs. 2 der Strafprozessordnung des Kantons Zürich vom 4.5.1919 [LS 321]).

2. Regelung in den Kantonen

Die Mehrheit der Kantone hat die Staatshaftung für rechtmäßige Schädigungen in ihren Haftungserlassen geregelt.[125] Meistens beschränken sich diese aber auf den Verweis, dass für eine solche Haftung eine gesetzliche Grundlage notwendig ist, wobei für bestimmte Schädigungsformen – insbesondere aus polizeilichen Maßnahmen – Schadensersatz aus Billigkeit zugesprochen werden kann.[126] Einige Kantone sehen eine Haftung des Gemeinwesens für rechtmäßige Schädigungen für Fälle vor, in denen ein Einzelner oder wenige Personen einen schweren Schaden erlitten haben und es als unzumutbar erscheinen würde, wenn diese den Schaden selber tragen müssten. Die meisten dieser an die „Sonderopfertheorie"[127] angelehnten Regelungen sind erst vor kurzer Zeit entstanden.[128]

3. Lösungsansätze für die amtspflichtgemäßen Schädigungen in der Lehre

Das Bundesgericht hat eine Entschädigungspflicht des Gemeinwesens bei materiellen Enteignungen bereits vor Aufnahme der Eigentumsgarantie in die Bundesverfassung bejaht.[129] Auch schützt es den Anspruch auf Ersatz für nutzlos gewordene Planungskosten im Zusammenhang mit raumplanerischen Maßnahmen, wenn die oder der Geschädigte die Aufwendungen gestützt auf das vertrauensbegründende Verhalten der Behörden getätigt hat.[130] Darüber hinaus besteht aufgrund des Legalitätsprinzips keine unmittelbar auf die Verfassung gestützte Haftung für rechtmäßiges Staatshandeln.[131]

Die Praxis des Bundesgerichts wurde in der Lehre wiederholt kritisiert.[132] Eine Haftung des Gemeinwesens für amtspflichtgemäße Schädigungen könnte sich direkt auf das Gleichbehandlungsgebot nach Art. 8 BV und das Willkürverbot nach Art. 9 BV stützen.[133] Diese Haftungsform würde sich an die Lehre zum Sonderopfer in der materiellen Enteignung anlehnen, wie sie in einigen kantonalen Gesetzen bereits geregelt ist. So ergäbe sich eine Entschädigungspflicht auch

---

125 *Gross*, Staatshaftungsrecht, S. 92. Einzig die Kantone Appenzell Ausserrhoden und Innerrhoden sowie Jura, Uri und Waadt kennen keine solche Regelung.

126 Vgl. § 4 des Haftungsgesetzes des Kantons Basel-Stadt vom 17.11.1999 (GS BS 161.100), Art. 8 des Haftungsgesetzes des Kantons Freiburg vom 16.9.1986 (SGF 16.1), Art. 7 des Staatshaftungsgesetzes des Kantons Glarus (Fn. 33), § 5 des Haftungsgesetzes des Kantons Luzern (Fn. 38), Art. 4 des Haftungsgesetzes des Kantons Nidwalden (Fn. 118), Art. 2 des Verantwortlichkeitsgesetzes des Kantons St. Gallen vom 7.12.1959 (sGS 161.1), Art. 6 des Haftungsgesetzes des Kantons Schaffhausen (Fn. 120), § 10 des Verantwortlichkeitsgesetzes des Kantons Solothurn vom 26.6.1966 (BGS 124.21), § 7 des Haftungsgesetzes des Kantons Schwyz (Fn. 38), Art. 8 f. des Verantwortlichkeitsgesetzes des Kantons Tessin vom 24.10.1988 (RLTi 2.6.1.1), § 5 des Verantwortlichkeitsgesetzes des Kantons Thurgau vom 14.2.1979 (GS TG 170.3), § 12 des Haftungsgesetzes (Fn. 33) i.V.m. § 55 f. des Polizeigesetzes des Kantons Zürich vom 23.4.2007 (LS 550.1) und § 9 des Verantwortlichkeitsgesetzes des Kantons Zug vom 1.2.1979 (BGS ZG 154.11).

127 Vgl. BGE 125 II 431 ff., 433.

128 Vgl. § 7 Abs. 2 des Haftungsgesetzes des Kantons Aargau (Fn. 33), Art. 100 Abs. 2 des Personalgesetzes des Kantons Bern (Fn. 28), § 6 Abs. 2 des Haftungsgesetzes des Kantons Basel-Landschaft (Fn. 32), Art. 4 Abs. 1 des Staatshaftungsgesetzes des Kantons Graubünden (Fn. 40) und Art. 7 des Haftungsgesetzes des Kantons Obwalden vom 24.11.1989 (GS OW 130.3).

129 Vgl. *Riva*, Hauptfragen der materiellen Enteignung, 1989, S. 18 ff.

130 BGE 117 Ib 497 ff., 500 f. Das Bundesgericht stützt sich dabei auf die Rechtsgleichheit und den Vertrauensschutz.

131 BGE 118 Ib 473 ff., 481 f.; 91 I 449 ff.

132 *Kaufmann* (Fn. 58), ZSR 72 (1953) II, 347a (352a ff.); *Imboden/Rhinow*, Schweizerische Verwaltungsrechtsprechung, 6. Aufl. 1986, S. 738; *Fajnor*, Staatliche Haftung (Fn. 58), S. 71 ff.; *Weber-Dürler*, Zur Entschädigungspflicht des Staates für rechtmäßige Akte, in: Kaufmann/Cagianut (Hrsg.), Aktuelle Probleme des Verwaltungsrechts, 1989, S. 344 ff.

133 Vgl. *Fajnor*, Staatliche Haftung (Fn. 58), S. 129 ff.; *Grisel*, Traité de droit administratif, Vol. II, 1984, S. 788 ff.; *Gueng*, Die allgemeine rechtsstaatliche Entschädigungspflicht, 1967, S. 52 ff.; *Moor/Poltier*, Droit administratif, S. 882 ff.; *Weber-Dürler*, Entschädigungspflicht (Fn. 132), S. 340 ff.

für rechtmäßig verursachte Schädigungen in den Fällen, in denen ein Einzelner oder ein begrenzter Kreis von Personen einen derart schweren Schaden erlitten haben, dass es unzumutbar erschiene, wenn sie diesen vollständig alleine zu tragen hätten. Eine solche Haftung ließe sich auch auf die Eigentumsgarantie nach Art. 26 BV stützen.[134]

C. Haftungsfolgen

I. Haftungssubjekte

1. Bund und Kantone

Die Voraussetzung des Haftungssubjekts beantwortet die Frage, wer vom Geschädigten in Anspruch genommen wird. Es geht um die Passivlegitimation. Die Frage des Haftungssubjekts ist von der Frage zu unterscheiden, ob eine bestimmte Tätigkeit überhaupt dem Staat bzw. einem Träger staatlicher Aufgaben zugeordnet werden kann (→ B.III.).

Primäres Haftungssubjekt ist sowohl im Bund wie auch in den Kantonen das betreffende Gemeinwesen. Auf die handelnde natürliche Person kann in aller Regel nicht zugegriffen werden. Vorgesehen ist in der Regel eine ausschließliche Staatshaftung.[135]

Der Bund bzw. der Kanton tritt dabei als einheitliches Haftungssubjekt auf. In Anspruch genommen wird nicht eine bestimmte Dienststelle des Bundes, die möglicherweise für den Schaden verantwortlich ist, sondern die Eidgenossenschaft in ihrer Gesamtheit bzw. der betreffende Kanton. Es entsteht somit eine Forderung gegenüber der Eidgenossenschaft oder gegenüber dem Kanton.[136]

Potentiell besteht hiermit eine Verrechnungsmöglichkeit gegenüber einer anderen Forderung des Gemeinwesens.[137] Damit eine Verrechnung möglich ist, müssen drei Voraussetzungen erfüllt sein: Erstens müssen Forderung und Gegenforderung zwischen den gleichen Rechtsträgern bestehen, zweitens müssen die Forderungen gleichartig sein und drittens muss die Forderung des Verrechnenden fällig und jene der Gegenpartei erfüllbar sein (Art. 120 Abs. 1 OR).[138] Das Gemeinwesen kann seine Forderungen mit Gegenforderungen der Privaten zur Verrechnung bringen, unabhängig davon, ob die Forderung oder Gegenforderung privat- oder öffentlichrechtlicher Natur ist. Die Privaten können jedoch eine Forderung gegenüber dem Gemeinwesen mit einer öffentlich-rechtlichen Forderung desselben nur verrechnen, wenn dieses seine Zustimmung gibt (Art. 125 Ziff. 3 OR).[139]

---

134 *Fajnor*, Staatliche Haftung (Fn. 58), S. 97 m.w.H. *Jaag*, Staats- und Beamtenhaftung, weist darauf hin, dass die neuere Praxis des BGer, die Verletzung absoluter Rechtsgüter *per se* als rechtswidrig zu qualifizieren, das Problem der amtspflichtgemäßen Schädigung entschärft hat. Eine Rechtfertigung soll gem. *Jaag* denn auch nur in den Fällen möglich sein, in denen Verhältnismäßigkeits- und Störerprinzip beachtet werden, sodass sich Fälle amtspflichtgemäßer Schädigung weitgehend auf Vermögensschäden beschränken (Rn. 140 f.).

135 Die öffentlich-rechtlichen Haftungsnormen der Kantone schließen eine Inanspruchnahme des Beamten oder Angestellten des jeweiligen Gemeinwesens durch den Geschädigten aus. → C.I.2.

136 *Jaag*, Staats- und Beamtenhaftung, Rn. 251.

137 *Häfelin* et al., Allgemeines Verwaltungsrecht, Rn. 799 ff.

138 *Koller*, Die Verrechnung nach schweizerischem Recht, recht 2007, 101 (103); vgl. auch BGE 111 II 447 ff., 449 f.

139 BGE 106 Ib 93 ff., 18.

2. Beamtin oder Beamter (inkl. Regress)

In der Regel besteht kein direkter Schadensersatzanspruch gegen die widerrechtlich handelnde Beamtin oder den widerrechtlich handelnden Beamten. Art. 3 Abs. 3 VG sieht ausdrücklich vor, dass dem Geschädigten gegenüber dem Schädiger kein Anspruch zusteht. Die Regelung in den Kantonen ist meist ähnlich. Eine direkte Haftung des fehlbaren Beamten oder kantonalen Angestellten gegenüber der geschädigten natürlichen Person wird heute in sämtlichen kantonalen Haftungsregelungen ausgeschlossen.[140]

Die heutige Regelung hat den Vorteil, dass sie den Geschädigten den oftmals komplexen Nachweis abnimmt, wer in einer arbeitsteiligen Organisation letztlich für das schädigende Ereignis verantwortlich ist. Teilweise wird die ausschließliche Staatshaftung auch damit begründet, dass den Beamtinnen und Beamten ein freieres Handeln ohne Furcht vor Schadensersatzansprüchen ermöglicht werde.[141] Diese Aussage ist zutreffend für ungerechtfertigte, lästige Angriffe mittels Staatshaftungsklagen. Die ausschließliche Haftung darf jedoch nicht darüber hinwegtäuschen, dass dem Bund und den Kantonen ihrerseits ein Regressrecht auf die fehlbare Beamtin oder den fehlbaren Beamten zusteht. Wichtiger ist die Regelung der Haftung im internen Verhältnis. Im Bund ist das Rückgriffsrecht auf vorsätzliches oder grobfahrlässiges Handeln beschränkt (Art. 7f. VG). Die überwiegende Mehrheit der Kantone hat eine analoge Lösung gewählt.[142]

Vielfach machen Bund und Kantone auch bei grobfahrlässigem Handeln der Beamtin oder des Beamten nicht den vollen Schadensersatzanspruch geltend. Bei der Festsetzung der Höhe des Regressanspruchs bildet die Schwere des Verschuldens den ersten Anknüpfungspunkt, jedoch sind die persönlichen Umstände des betroffenen Beamten zu berücksichtigen.[143] Gerade deswegen ist es nicht möglich, eine pauschale Quote für die Praxis festzulegen.[144] Eingebürgert haben sich für das Regressrecht des Gemeinwesens verschiedene Quoten. In einem Fall aus dem Jahr 1985 verlangte der Bund vom Schadensverursacher Fr. 70.000 (ca. € 56.700).[145] Der Gesamtschaden betrug rund eine Million Franken (ca. € 809.600). Das Bundesgericht betrachtete diesen Betrag in Anbetracht der groben Fahrlässigkeit als angemessen, setzte die Regresssumme aber aufgrund der finanziellen Verhältnisse des Schadensverursachers und dessen – bis zum Unfall – tadellosen Verhaltens auf Fr. 20.000 (ca. € 16.000) herab.[146] Allgemein verfolgt das Bundesgericht eine relativ „beamtenfreundliche" Praxis.[147]

---

140 Auch wenn z.B. in den Kantonen Thurgau (Fn. 126) und Appenzell Innerrhoden (Fn. 37) keine explizite Ausschlussnorm im Gesetz aufgeführt wird, ist auch hier eine ausschließliche Staatshaftung vorgesehen (vgl. zum Kanton Thurgau *Gross*, Staatshaftungsrecht, S. 82). Eine direkte Haftung des Beamten besteht nur im internen Bereich bei einer Schädigung des Gemeinwesens infolge schuldhaften Verhaltens des Beamten.

141 Vgl. *Häfelin* et al., Allgemeines Verwaltungsrecht, Rn. 2225; vgl. auch *Moor/Poltier*, Droit administratif, S. 833f.

142 Vgl. statt vieler §§ 12f. des Aargauer Haftungsgesetzes (Fn. 33), Art. 14f. des Obwaldner Haftungsgesetzes (Fn. 128) oder Art. 14f. des Tessiner Verantwortlichkeitsgesetzes (Fn. 126). Das Bündner Staatshaftungsgesetz enthält z.B. keine explizite Norm zum Regress. Es ist davon auszugehen, dass dieser mit der Regelung über die direkte Schädigung des Gemeinwesens durch einen Beamten abgedeckt ist (vgl. Art. 10ff. des Gesetzes über die Staatshaftung, Fn. 40).

143 *Jaag*, Staats- und Beamtenhaftung, Rn. 283.

144 Vgl. VPB 63 (1999) Nr. 70 E.8.1. Die Vorinstanz hatte in diesem Entscheid ausgeführt, dass der Rückgriff 10% des Schadens, höchstens aber einen Betrag von 3/4 eines Monatsgehaltes (inkl. Anteil des 13. Monatslohnes) umfassen dürfe. Die Eidgenössische Rekurskommission für Staatshaftung lehnte dies ab mit Verweis auf die zu berücksichtigenden individuellen Verhältnisse des betroffenen Beamten.

145 BGE 111 Ib 192ff., 194.

146 BGE 111 Ib 192ff., 199f.

147 In einem jüngeren Entscheid des Bundesgerichts betrug der Schaden infolge eines Verkehrsunfalls mit Beteiligung von Militärfahrzeugen Fr. 19.229,40 (ca. € 15.600). Das VBS nahm Regress in der Höhe von Fr. 2.115 (ca. € 1.700), was ungefähr 11% der Schadenssumme entspricht. Das Bundesgericht sah jedoch ein grobfahrlässi-

3. Dezentrale Verwaltungsträger des Bundes

Haftungssubjekt neben dem Bund oder dem Kanton können auch weitere Träger öffentlicher Aufgaben sein. Gemäß Art. 19 VG kommen die (zentralen) Bestimmungen von Art. 3–6 VG auch dann zur Anwendung, wenn

> *„[...] ein Organ oder ein Angestellter einer mit öffentlichrechtlichen Aufgaben des Bundes betrauten und ausserhalb der ordentlichen Bundesverwaltung stehenden Organisation in Ausübung der mit diesen Aufgaben verbundenen Tätigkeiten Dritten oder dem Bund widerrechtlich Schaden [zufügt]" (Art. 19 Abs. 1 VG).*

Solche dezentralen Verwaltungsträger werden somit zum Haftungssubjekt, wenn ihnen öffentlich-rechtliche Aufgaben des Bundes anvertraut worden sind.

II. Individualansprüche

Das Staatshaftungsrecht äußert sich nicht darüber, wer den entsprechenden Anspruch geltend machen kann. Art. 3 Abs. 1 VG legt im Wesentlichen fest, wann und unter welchen Voraussetzungen der Bund haftet. Wer diese Haftung geltend machen kann, sagt das Gesetz nicht.

In der Praxis besteht aber kein Zweifel, dass der Anspruch der oder dem Geschädigten zusteht. Dies ergibt sich aus den weiteren Bestimmungen des Verantwortlichkeitsgesetzes, die diesen Begriff ausdrücklich verwenden (Art. 3 Abs. 3, Art. 4, Art. 19 Abs. 1 lit. a VG etc.). Das Verantwortlichkeitsgesetz ist damit auf die Geltendmachung eines Individualanspruches durch die oder den Geschädigten ausgerichtet. Einschränkungen in sachlicher oder persönlicher Hinsicht (Staatsbürgerschaft, Wohnsitz etc.) bestehen grundsätzlich nicht.

III. Haftungsinhalt

Die Anwendung des Staatshaftungsrechts setzt das Vorliegen eines Schadens voraus. Das Verantwortlichkeitsgesetz wie auch die Haftungsgesetze der Kantone definieren den Begriff des Schadens nicht. Diesbezüglich wird in der Regel einfach auf die privatrechtliche Praxis verwiesen.[148]

Allerdings sollte nicht übersehen werden, dass das Verantwortlichkeitsgesetz Sonderbestimmungen zum Schaden enthält. Art. 5 und Art. 6 VG regeln den Fall der Tötung oder Verletzung eines Menschen sowie das Problem der Genugtuung.[149] Art. 5 und Art. 6 Abs. 1 VG stimmen mit den privatrechtlichen Bestimmungen von Art. 45 ff. OR überein. Zusätzlich wird in Art. 6 Abs. 1 VG zwar das Verschulden der handelnden Beamtin oder des handelnden Beamten verlangt, was aber sachlich mit der privatrechtlichen Regelung nach Art. 41 ff. OR übereinstimmt, die ebenfalls Verschulden voraussetzt. Die Bestimmungen im Verantwortlichkeitsgesetz schaffen insofern eine gewisse Unsicherheit, als die parallele Regelung zum OR die Frage aufwirft, ob

---

ges Verhalten des betroffenen Armeeangehörigen als nicht erwiesen an und hob den Regress auf (BGer, Urteil 2A.585/2004 vom 11.1.2005, E. 4.6–4.8). Das Bundesverwaltungsgericht bestätigte bei einem Gesamtschaden von Fr. 318.923,30 (ca. € 259.000) die Festlegung der Regresssumme von Fr. 3.189 (ca. € 2.600). Es bestätigte dabei die Praxis des Bundesgerichts hinsichtlich der Berücksichtigung von Verschulden und persönlichen Verhältnissen (BVGer, Urteil A-8277/2008 vom 19.6.2009, E.9.2). Vgl. *Jaag*, Staats- und Beamtenhaftung, Rn. 284 f. mit weiteren Beispielen.

148 BGE 107 Ib 160 ff., 162; *Gross*, Staatshaftungsrecht, S. 238; *Jaag*, Staats- und Beamtenhaftung, Rn. 51.

149 Zum Begriff der Genugtuung → Fn. 108.

dort, wo eine bestimmte Frage nicht im Verantwortlichkeitsgesetz geregelt ist, ein qualifiziertes Schweigen anzunehmen ist oder nicht. So stimmt beispielsweise Art. 6 Abs. 2 VG hinsichtlich des Anspruches auf Genugtuung mit Art. 49 Abs. 1 OR überein. Ob allerdings auch Art. 49 Abs. 2 OR, wonach die Richterin oder der Richter auf eine andere Art der Genugtuung anstelle einer Geldleistung erkennen kann, im Verantwortlichkeitsrecht Geltung beansprucht, dürfte weniger klar sein.[150]

Im Zweifel wird im Staatshaftungsrecht bezüglich des Schadensbegriffs die privatrechtliche Praxis heranzuziehen sein. Dies bedeutet unter anderem, dass zwischen Personen-, Sach- oder Vermögensschaden zu unterscheiden ist. Die Unterscheidung ist insbesondere bei der Frage der Widerrechtlichkeit von Bedeutung (→ B. II.). Personenschäden haben in Art. 5 und Art. 6 VG eine spezifische Regelung erfahren, die mit derjenigen im Obligationenrecht übereinstimmt.

Unterschieden wird auch zwischen materiellen und immateriellen Schäden. Materielle Schäden sind eine Vermögenseinbuße (*damnum emergens*) oder entgangener Gewinn (*lucrum cessans*). Einschränkend ist hinzuzufügen, dass ein Anspruch aus entgangenem Gewinn entsprechend der privatrechtlichen Praxis nur gewährt wird, wenn es sich um einen üblichen oder sonstwie sicher in Aussicht stehenden Gewinn handelt.[151] Immaterielle Schäden sind nicht messbar und beruhen auf einer widerrechtlichen Persönlichkeitsverletzung. Nach Art. 6 VG ist der Ausgleich eines immateriellen Schadens über die Leistung einer Genugtuungssumme abzugelten, sofern die Schwere der Verletzung eine solche rechtfertigt und den handelnden Beamten ein Verschulden trifft.

Auch im öffentlichen Recht wird die Diskussion über unmittelbaren und mittelbaren bzw. direkten Schaden und Reflexschaden geführt. Besonderheiten für das öffentliche Recht sind allerdings nicht ersichtlich.[152]

Der Ersatz des Schadens erfolgt in aller Regel durch eine Geldleistung. Im Bereich des Enteignungsrechts[153] kann es ausnahmsweise zu einem Austausch zweier Grundstücke kommen.[154]

Ist das staatliche Handeln mit einer Persönlichkeitsverletzung verbunden, kann auch mit der Feststellung der Widerrechtlichkeit eine gewisse Genugtuung[155] verbunden sein. Ein solcher Feststellungsanspruch müsste gestützt auf Art. 25a VwVG geltend gemacht werden.[156]

---

150 Vgl. *Landolt*, Die Grundrechtshaftung – Haftung für grundrechtswidriges Verhalten unter besonderer Berücksichtigung der Verletzung der Rechtsgleichheitsgarantie, AJP 2005, 379 (394). Auch das Gemeinwesen wäre u.U. zu verpflichten, die Publikation eines Urteils anzuordnen. Es ist allerdings umstritten, ob dies einer Genugtuungsform nach Art. 49 Abs. 2 OR entspricht (vgl. aus dem Zivilrecht BGE 131 III 26 ff.).

151 BGE 82 II 397 ff., 41.

152 Aus der Praxis für den Schadensbegriff im öffentlichen Recht sind etwa folgende Beispiele zu nennen: Wenn ein Gericht den Abschluss eines Scheidungsverfahrens unzulässig verzögert, so sind die Unterhaltsbeiträge, welche die Ehepartner einander während der Zeit vor dem Scheidungsurteil bezahlt haben, als Schaden zu betrachten, da eine raschere Abwicklung des Verfahrens die Pflicht zur Bezahlung der Unterhaltsbeiträgen abgekürzt hätte (BGE 107 Ib 160 ff. 162 f.). Im Tschernobylfall hat das BGer offen gelassen, ob es sich beim entgangenen Gewinn eines Landwirtschaftsbetriebs um einen Sach- oder reinen Vermögensschaden handle (BGE 116 II 480 ff., 490 f.).

153 Zur Anwendung der enteignungsrechtlichen Grundsätze auf den Bereich des Staatshaftungsrechts vgl. *Jaag*, Staats- und Beamtenhaftung, Rn. 164.

154 Vgl. Art. 18 des Bundesgesetzes über die Enteignung (EntG). Zur Enteignung vgl. → Fn. 122.

155 Vgl. dazu → Fn. 108.

156 *Häner*, in: Waldmann/Weissenberger (Hrsg.), Praxiskommentar zum Bundesgesetz über das Verwaltungsverfahren, 1999, Art. 25a VwVG Rn. 44 f.

IV. Haftungsbegrenzung und -ausschluss

1. Einwilligung und Selbstverschulden

Gemäß Art. 4 VG kann die Haftung des Bundes ermäßigt oder aufgehoben werden, wenn „der Geschädigte in die schädigende Handlung eingewilligt hat oder [...] Umstände, für die er einstehen muss, auf Entstehung oder Verschlimmerung des Schadens eingewirkt [haben]." Der Regelung liegt der Gedanke zugrunde, dass fehlerhaftes Verhalten auf Seiten der oder des Geschädigten in Relation zur Haftung des Gemeinwesens gesetzt werden muss. Eine entsprechende Praxis besteht auch im Zivilrecht. Die Kantone haben teilweise vergleichbare Regelungen, teilweise folgen sie implizit der Regelung des Verantwortlichkeitsgesetzes bzw. des privaten Haftungsrechts.

Einwilligung und Selbstverschulden haben Einfluss auf unterschiedliche Haftungsvoraussetzungen. Die Einwilligung der oder des Geschädigten wird in der Regel die Widerrechtlichkeit des staatlichen Handelns aufheben, vorausgesetzt, dass die Einwilligung im Einzelfall zulässig ist und sie auf einer hinreichenden Information beruht, zu der das Gemeinwesen verpflichtet gewesen war.[157]

Praxis dazu besteht insbesondere im Bereich der medizinischen Behandlung in öffentlich-rechtlichen Spitälern.[158] Beim Patientenverhältnis im Spital spielt es grundsätzlich keine Rolle, ob das Verhältnis als einseitig hoheitliches (Verfügungshandeln) oder als verwaltungsrechtlicher Vertrag behandelt wird – im Gegensatz zur Frage, ob das Verhältnis dem privaten oder öffentlichen Recht zuzuordnen ist. Hinsichtlich des Haftungsmaßstabes sind für das private oder öffentliche Recht aber keine signifikanten Unterschiede auszumachen.[159]

Einwilligung und Selbstverschulden betreffen aber nicht nur die Frage der Widerrechtlichkeit. Schweres Selbstverschulden ist geeignet, den Kausalzusammenhang zu unterbrechen (→ B.IV.). Selbstverschulden bildet auch einen typischen eigenen Herabsetzungsgrund, wie sich bereits aus Art. 4 VG ergibt. Umstritten ist dabei vor allem die Frage, inwiefern Selbstverschulden der oder des Geschädigten durch Verschulden des Staates neutralisiert werden kann.[160]

Ungeklärt erscheint die rechtliche Bedeutung von sogenannten Freizeichnungsklauseln im staatlichen Haftungsrecht. Insbesondere bei der staatlichen Informationstätigkeit, z.B. auf Internetseiten von Bund, Kantonen und Gemeinden, finden sich vermehrt sogenannte „Disclaimer", welche darauf gerichtet sind, die Haftung für falsche Information auszuschließen. Im Privatrecht haben solche Klauseln zur Folge, dass ein Schuldner für den Schaden, den seine Hilfspersonen verursacht haben, nicht haftet (vgl. Art. 101 Abs. 2 OR). Die Grenzen der Zulässigkeit solcher Klauseln sind aber auch im Zivilrecht umstritten.[161] Ob sie in gleicher Weise auch im staatlichen Haftungsrecht angewendet werden können, ist ungeklärt; Urteile zu solchen Klauseln liegen, soweit ersichtlich, nicht vor. In jedem Fall sollten privatrechtliche Lösungen auf die Informationstätigkeit des Staates nicht einfach unbesehen übertragen werden.

---

157 Nach *Gächter/Vollenweider*, Gesundheitsrecht, 2. Aufl. 2010, Rn. 538, müssen folgende Voraussetzungen für eine gültige Einwilligung erfüllt sein: Urteilsfähigkeit des Betroffenen, rechtsgenügende Aufklärung, keine Willensmängel, Erteilung durch den Betroffenen, Erteilung vor dem Eingriff, Möglichkeit des freien Widerrufs, kein Verstoß gegen Art. 27 ZGB (Schutz der Persönlichkeit).

158 Zur Einwilligung des Patienten z.B. Urteile des Bundesgerichts 4A.98/2010 vom 21.4.2010 sowie 4C.366/2006 vom 9.2.2007.

159 Vgl. *Gächter/Vollenweider*, Gesundheitsrecht (Fn. 157), Rn. 600 ff.

160 Vgl. *Jaag*, Staats- und Beamtenhaftung, Rn. 151.

161 Vgl. *Oftinger/Stark*, Haftpflichtrecht Bd. I (Fn. 81), S. 652 ff.; *Rey*, Ausservertragliches Haftpflichtrecht (Fn. 39), Rn. 970a; *Wiegand*, in: Honsell et al. (Fn. 81), Art. 100 Rn. 4.

2. Einmaligkeit des Rechtsschutzes

Gemäß Art. 12 VG kann die Rechtmäßigkeit „formell rechtskräftiger Verfügungen, Entscheide und Urteile" im Verantwortlichkeitsverfahren nicht überprüft werden. Eine Verfügung, die nicht angefochten oder im Rechtsmittelverfahren bestätigt worden ist, gilt als rechtmäßig und kann im Staatshaftungshaftungsprozess nicht nochmals in Frage gestellt werden; es gilt die „Fiktion der Rechtmäßigkeit". Rechtsschutz soll nur einmal gewährt werden.

Folgerichtig kommt dieser Grundsatz heute nur dort zur Anwendung, wo Rechtsschutz von den Betroffenen nicht in Anspruch genommen worden ist oder dieser rechtskräftig abgewiesen wurde. Die frühere Praxis, Art. 12 VG auch dort anzuwenden, wo Rechtsschutz aus rechtlichen und praktischen Gründen gar nicht in Anspruch genommen werden konnte, dürfte spätestens mit Inkrafttreten der Rechtsweggarantie in Art. 29a BV nicht mehr zulässig sein.[162] Unsicherheiten bestehen heute dort, wo Rechtsschutz zwar in Anspruch genommen werden konnte, die Rechtsschutzmöglichkeiten für die Betroffenen aber nicht ohne weiteres erkennbar gewesen sind.[163]

Unsicherheiten bestehen mit Bezug auf die heute auf Bundesebene sowie in verschiedenen Kantonen[164] eingeführte Möglichkeit, Rechtsschutz gegen Realakte zu erwirken. Gemäß Art. 25a Abs. 1 VwVG kann jedermann, der ein schutzwürdiges Interesse hat, von der zuständigen Behörde verlangen, dass sie widerrechtliche Handlungen unterlässt, einstellt oder widerruft, die Folgen widerrechtlicher Handlungen beseitigt oder die Widerrechtlichkeit von Handlungen feststellt. Der Entscheid der Behörde ergeht durch eine förmliche Verfügung.[165]

Das Verhältnis zwischen Art. 25a VwVG und Art. 12 VG wurde bei der Einführung der neuen Rechtsschutzmöglichkeit soweit ersichtlich nicht eingehend geprüft. Die herrschende Lehre[166] geht davon aus, dass der Rechtsschutz über Art. 25a VwVG zum Staatshaftungsrecht im Verhältnis der Alternativität steht, Art. 25a VwVG die Betroffenen also nicht zwingt, zunächst die Rechtswidrigkeit des Verhaltens des Gemeinwesens mittels Verfügung feststellen zu lassen, bevor sie Staatshaftungsansprüche geltend machen. Im Gegensatz zum rechtlichen Handeln des Gemeinwesens, bei welchem zunächst der ordentliche Rechtsmittelweg zu beschreiten ist, besteht zwischen Art. 25a VwVG und dem Staatshaftungsrecht Alternativität.

Unsicher bleibt, ob die Betroffenen auch beide Rechtsmittel gleichzeitig geltend machen können und in welchem Verhältnis die beiden Rechtsmittel dann stehen. Für die Betroffenen kann es durchaus attraktiv sein, zunächst relativ kostengünstig die Rechtswidrigkeit des staatlichen Handelns festzustellen, bevor sie einen möglicherweise aufwändigeren und teureren Staatshaftungsprozess in Angriff nehmen. Es stellt sich aber die Frage, welche präjudizierende oder ausschließende Wirkung ein Verfahren nach Art. 25a VwVG auf die spätere Geltendmachung von Staatshaftungsansprüchen hat.

Naheliegend erscheint, dass die Regel von Art. 12 VG mindestens dort zur Anwendung kommt, wo die Rechtmäßigkeit staatlichen Handelns in einem Verfahren nach Art. 25a VwVG rechtskräftig festgestellt worden ist. Hier würde die Durchführung eines Staatshaftungsverfahrens genau auf die Wiederholung der Prüfung der Frage der Rechtswidrigkeit hinauslaufen, welche Art. 12 VG ansonsten zu verhindern trachtet.

---

162 Vgl. zur Entwicklung *Feller*, Prinzip der Einmaligkeit, S. 133 ff.

163 Vgl. Urteil des Berner Verwaltungsgerichts, zit. in: *Häfelin* et al., Allgemeines Verwaltungsrecht, Rn. 2265.

164 Vgl. § 10c des Verwaltungsrechtspflegegesetzes des Kantons Zürich vom 24.5.1959 (LS 175.2); § 28bis des Verwaltungsrechtspflegegesetzes des Kantons Solothurn vom 15.11.1970 (BGS 124.11); § 44a des Gesetzes über die Verwaltungsrechtspflege des Kantons Luzern vom 3.7.1972 (SRL 40).

165 Vgl. Art. 25a Abs. 2 VwVG.

166 Vgl. *Feller*, Prinzip der Einmaligkeit, S. 208; *Häfelin* et al., Allgemeines Verwaltungsrecht, Rn. 2266a; *Rhinow* et al., Öffentliches Prozessrecht, 2. Aufl. 2010, Rn. 1292.

Umgekehrt sollte die erfolgreiche Durchführung eines Verfahrens nach Art. 25a VwVG die Betroffenen nicht hindern, anschließend einen Staatshaftungsanspruch geltend zu machen, sofern die übrigen Voraussetzungen der Staatshaftung gegeben sind; auch ein erfolgreiches Rechtsmittelverfahren hindert ansonsten Staatshaftungsansprüche nicht. Ob allerdings die Feststellung der Widerrechtlichkeit nach Art. 25a VwVG bereits die Widerrechtlichkeit des staatlichen Handelns im Staatshaftungsprozess präjudiziert, hängt im Wesentlichen davon ab, ob man den Begriff der Widerrechtlichkeit im Staatshaftungsrecht in einem einschränkenden Sinne versteht, dass darunter nur eine wesentliche Amtspflichtverletzung fällt (→ B.II.2.). Dies erscheint – auch hier – problematisch, da der Begriff der Widerrechtlichkeit sowohl in Art. 25a VwVG wie auch in Art. 12 VG wortgleich verwendet wird. Das Erfordernis der wesentlichen Amtspflichtverletzung wird typischerweise für ein Rechtshandeln des Gemeinwesens gefordert (→ B.II.2.). Dementsprechend ist davon auszugehen, dass die Feststellung der Widerrechtlichkeit in einem Verfahren nach Art. 25a VwVG grundsätzlich auch die Widerrechtlichkeit im Staatshaftungsrecht präjudizieren sollte, geht es doch bei der Feststellung der Widerrechtlichkeit nach Art. 25a VwVG *per definitionem* gerade um das Handeln des Gemeinwesens in der Form von Realakten, welches meist Gegenstand des Staatshaftungsrechtes bildet.

Der Grundsatz von Art. 12 VG gilt analog auch im kantonalen Staatshaftungsrecht; die Gerichte wenden diesen Grundsatz auch dann an, wenn im kantonalen Staatshaftungsrecht keine mit Art. 12 VG vergleichbare Bestimmung besteht.

D. Geltendmachung von Haftungsansprüchen

I. Rechtsweg

1. Bund

Das Verfahren zur Geltendmachung von Ansprüchen ist auf Bundesebene in Art. 10 und Art. 20 VG sowie Art. 1ff. VoVG geregelt. Das Verfahren beginnt mit einem Begehren an das Eidg. Finanzdepartement. Anschließend ist zu unterscheiden, ob es sich um eine Schädigung durch eine Magistratsperson (→ B.III.) i.S.v. Art. 1 Abs. 1 lit. a–c VG oder durch eine andere Person handelt, für deren Handlungen der Bund einstehen muss.

Für alle Personen außer Magistratspersonen entscheidet das Eidg. Finanzdepartement, ausnahmsweise die Oberzolldirektion in ihrem Geschäftsbereich für Ansprüche bis Fr. 10.000 (ca. € 8.100) nach Art. 2 Abs. 2 VoVG, mittels Verfügung (Art. 10 VwVG, Art. 2 Abs. 1 VoVG). Für die Behandlung der entsprechenden Begehren bestehen keine Fristen. Reagiert das Finanzdepartement auf eine entsprechende Eingabe nicht, ist es nach Ablauf einer angemessenen Behandlungsfrist mittels Rechtsverzögerungsbeschwerde (Art. 46 VwVG) zur Behandlung der Eingabe zu zwingen.

Erlässt das Finanzdepartement eine entsprechende Verfügung, so ist diese grundsätzlich unter den üblichen Voraussetzungen beim Bundesverwaltungsgericht anfechtbar. Verneint das Finanzdepartement die Haftung des Bundes, liegt eine Endverfügung vor, welche der Beschwerde unterliegt. Wird vom Finanzdepartement oder später vom Bundesverwaltungsgericht nur die grundsätzliche Haftung des Bundes festgestellt, handelt es sich nach der neuen Prozessordnung im Bund um eine Zwischenverfügung bzw. um einen Zwischenentscheid.[167] Im Bereich der Staatshaftung ist auch ein Entscheid über Teilansprüche möglich.

167 Zwischenverfügungen bzw. -entscheide können nur unter bestimmten Voraussetzungen direkt angefochten werden. Die Beschwerde ist nur zulässig, wenn die Verfügung und/oder der Entscheid einen nicht wieder gutzuma-

Eine weitere Überprüfung durch das Bundesgericht ist nur unter den Voraussetzungen von Art. 85 BGG möglich. Danach muss der Streitwert mindestens Fr. 30.000 (ca. € 23.000) betragen (Art. 85 Abs. 1 BGG), es sei denn, es stellt sich eine Rechtsfrage von grundsätzlicher Bedeutung (Art. 85 Abs. 2 BGG).

Wird die Schädigung von einer Magistratsperson[168] verursacht, ist grundsätzlich ein Klageverfahren vorgesehen. Auch in diesem Fall kann der Anspruch zunächst beim Finanzdepartement angemeldet werden; dann hat der Bundesrat innerhalb von drei Monaten dazu Stellung zu nehmen (Art. 10 Abs. 2 VG und Art. 3 VoVG).[169] Die Stellungnahme löst eine sechsmonatige Frist zur Klageerhebung aus; diese Frist beginnt in jedem Fall nach drei Monaten zu laufen, auch wenn keine Stellungnahme erfolgt ist.[170] Bei der sechsmonatigen Frist handelt es sich um eine Verwirkungsfrist. Die Klage ist beim Bundesgericht einzureichen.

Nicht ausdrücklich geregelt ist der Verfahrensablauf, wenn ein Staatshaftungsanspruch sowohl gegen Magistratspersonen wie auch gegen übrige Beamtinnen und Beamte geltend gemacht wird.[171]

Von der Geltendmachung von Staatshaftungsansprüchen ist die Verfolgung zivilrechtlicher Ansprüche gegen den Bund zu unterscheiden, und zwar sowohl aufgrund von vertraglichem Handeln des Bundes als auch einer Haftung nach Bundesprivatrecht. In diesem Fall untersteht der Bund der ordentlichen Zivilgerichtsbarkeit ohne besondere Privilegien.

2. Kantone

In den Kantonen ist der Rechtsweg unterschiedlich geregelt. Angesichts der historischen Nähe der Staatshaftung zum Zivilrecht[172] ist nicht überraschend, dass in etwa der Hälfte der Kantone die Behandlung von Staatshaftungsansprüchen den Zivilgerichten obliegt. Somit finden sich sowohl Klageverfahren wie auch Beschwerdeverfahren mit vorhergehendem Erlass einer Verfügung. Das führt dazu, dass teilweise letztinstanzliche kantonale Gerichte des Zivil- oder Verwaltungsrechts, teilweise das Bundesverwaltungsgericht Vorinstanzen des Bundesgerichts sind. Der Rechtsweg führt jedoch unter den gleichen Einschränkungen wie im Bund an das Bundesgericht (Art. 85 BGG). Da die Staatshaftung kantonales Recht betrifft, ist die Prüfung des Bundesgerichts grundsätzlich auf Willkür (m.a.W. die bundesrechts- oder verfassungswidrige Anwendung)[173] beschränkt.

---

chenden Nachteil bewirken oder wenn die Gutheissung der Beschwerde sofort einen Endentscheid herbeiführen und damit das Verfahren im Sinne der Prozessökonomie abschliessen würde (Art. 46 Abs. 1 VwVG; Art. 93 Abs. 1 BGG). Der Entscheid über materiell-rechtliche Teilaspekte (z.B. das Vorliegen der Beamteneigenschaft oder die grundsätzliche Haftbarkeit des Staates) ist nach Art. 46 VwVG anfechtbar.

168 Vgl. zum Begriff der Magistratsperson → B.III.

169 Eine direkte Klage ist möglich, vgl. *Jaag*, Staats- und Beamtenhaftung, Rn. 197 m.w.H.

170 Diese Regelung ergibt sich aus Art. 20 Abs. 3 VG, wobei der Anspruchsteller im Falle einer Stellungnahme auf die sechsmonatige Verwirkungsfrist aufmerksam gemacht werden muss (Art. 3 Abs. 2 VoVG).

171 Im Fall *Spring* (BGE 126 II 145 ff., vgl. Fn. 1) rügte der Beschwerdeführer sowohl das Verhalten der Grenzwächter, die ihn an der Grenze zur Schweiz nach Frankreich zurückwiesen, als auch die Weisungen des Bundesrats, auf welche sich die Rückweisung von Flüchtlingen stützte. Das Bundesgericht entschied, eine Aufspaltung der Verfahren in Klage- (zur Beurteilung des Handelns des Bundesrats) und Beschwerdeverfahren (zur Beurteilung des Handelns der Grenzwächter) erübrige sich, da die Aufspaltung an der Zuständigkeit des Bundesgerichts nichts ändere und sich in beiden Verfahren dieselben Fragen stellten (BGE 126 II 145 ff., 150).

172 Das zeigt sich insbes. in der Rechtsprechung zur Staatshaftung im Bereich der Spitäler. Obwohl sich öffentlichrechtliche Fragen stellen, unterstehen Klagen in diesem Bereich der Beschwerde in Zivilsachen (Art. 72 BGG; vgl. BGE 133 III 465 ff.; 135 II 331 ff.). Vgl. dazu auch *Klett/Escher*, in: Niggli et al. (Hrsg.), Basler Kommentar zum Bundesgerichtsgesetz, 2008, Art. 72 Rn. 8.

173 *Rudin*, in: Niggli et al. (Fn. 172), Art. 85 Rn. 16.

II. Prozessführung

Soweit Staatshaftungsansprüche durch Verfügungen festgestellt werden, folgt der Rechtsweg grundsätzlich den einschlägigen Bestimmungen über die Anfechtung von Verfügungen. Demgegenüber sieht das Klageverfahren typischerweise einen Zweiparteien-Prozess vor, welcher Ähnlichkeiten mit einem Zivilprozess aufweist.[174] In jedem Fall geht es aber um Ansprüche von privaten Geschädigten gegen das Gemeinwesen. Es fragt sich somit, ob im Beschwerdeverfahren die Prozessmaximen des öffentlichen Rechts in der gleichen Weise zur Anwendung kommen wie in anderen Bereichen des Verwaltungsrechts. Auf der Ebene der Bundesrechtspflege ist zwischen der Beschwerde an das Bundesverwaltungsgericht und der anschließenden Beschwerde an das Bundesgericht respektive der Klage an das Bundesgericht zu unterscheiden. Während in Verfahren vor dem Bundesverwaltungsgericht das VwVG Anwendung findet (Art. 37 VGG), ist das Verfahren vor Bundesgericht im BGG geregelt, wobei die dortigen Verfahrensgrundsätze[175] (insbesondere Art. 29 ff. BGG) einschlägig sind. Dies bedeutet, dass grundsätzlich auch im Staatshaftungsrecht der Sachverhalt von Amtes wegen festzustellen ist (Art. 12 VwVG). Im Beschwerdeverfahren unterliegt dieser Grundsatz jedoch gewissen Einschränkungen.[176] Ohnehin sind die Parteien aber zur Mitwirkung (Art. 13 VwVG) und mindestens im Beschwerdeverfahren zur Substantiierung ihrer Ansprüche verpflichtet (Art. 52 VwVG). Letztere Bestimmung nimmt der allgemeinen Mitwirkungspflicht nach Art. 13 VwVG denn auch ihre eigenständige Bedeutung.[177] In Bezug auf die Beweislast gilt, dass diejenige Partei die Nachteile zu tragen hat, die aus dem nicht bewiesenen Sachverhalt Rechte ableiten will; bei einer begünstigenden Verfügung ist dies der Anspruchsteller.[178] Dies gilt sinngemäß auch für das Staatshaftungsrecht.[179]

III. Verjährung und Verwirkung

Gemäß Art. 20 Abs. 1 VG erlischt die Haftung des Bundes, wenn der Geschädigte sein Begehren auf Schadensersatz oder Genugtuung[180] nicht innert eines Jahres seit Kenntnis des Schadens einreicht, auf alle Fälle nach 10 Jahren seit dem Tag der schädigenden Handlung des Beamten. Das Staatshaftungsrecht des Bundes sieht damit eine mit dem Zivilrecht (Art. 60 Abs. 1 OR) vergleichbare Regelung vor. Es handelt sich bei diesen Fristen in Art. 20 VG nach herrschender Lehre und Rechtsprechung um Verwirkungsfristen,[181] die grundsätzlich weder gehemmt, noch un-

174 Art. 120 Abs. 3 BGG erklärt für das Klageverfahren das Bundesgesetz über den Bundeszivilprozess (BZP) als anwendbar. Nach Art. 1 Abs. 2 BZP finden die Vorschriften des BGG nur ergänzend Anwendung, d.h. das Verfahren richtet sich nach dem BZP.

175 Vgl. auch das Bundesgesetz über den Bundeszivilprozess (BZP).

176 So führt das Bundesverwaltungsgericht in BVGE 2007/27, E.3.3, aus: „Die Beschwerdeinstanz hat mithin nicht zu untersuchen, ob sich die angefochtene Verfügung unter schlechthin allen in Frage kommenden Aspekten als korrekt erweist, sondern untersucht im Prinzip nur die vorgebrachten Beanstandungen."

177 *Auer*, in: Auer et al. (Hrsg.), Kommentar zum Bundesgesetz über das Verwaltungsverfahren (VwVG), 2008, Art. 13 Rn. 16.

178 *Auer*, in: Auer et. al. (Fn. 177), Art. 12 Rn. 16 m.w.H.

179 *Jaag*, Staats- und Beamtenhaftung, weist darauf hin, dass die Grundregel von Art. 8 ZGB – derjenige, der aus einer Tatsache Rechte ableitet, hat ihr Vorhandensein zu beweisen – ein allgemeiner Rechtsgrundsatz sei, der auch im öffentlichen Recht Anwendung finde, daher liege die Beweislast grundsätzlich beim Geschädigten. Für haftungsausschließende oder haftungsreduzierende Tatsachen sei dagegen der Bund beweispflichtig (Rn. 191).

180 Vgl. zum Begriff der Genugtuung → Fn. 108.

181 BGE 133 V 14 ff., 18: „Il s'agit d'un délai de péremption, et non de prescription, lequel ne peut être interrompu [...]." Aus der Lehre statt vieler: *Schwarzenbach*, Staats- und Beamtenhaftung, S. 89, sowie *Moor/Poltier*, Droit administratif, S. 851.

terbrochen oder erstreckt werden können und stets von Amtes wegen zu berücksichtigen sind. Die relative Verwirkungsfrist beträgt ein Jahr. Art. 20 Abs. 1 VG spricht diesbezüglich von „Kenntnis des Schadens“ im Gegensatz zur Regelung in Art. 60 Abs. 1 OR, wo die Frist mit Kenntnis der oder des Geschädigten „vom Schaden und von der Person des Ersatzpflichtigen“ zu laufen beginnt. Eine sachliche Differenzierung dürfte damit aber nicht angestrebt sein. Die Person des Ersatzpflichtigen wird im Wesentlichen weggelassen, weil mit der Staatshaftung des Bundes nicht ein einzelner Ersatzpflichtiger in Anspruch genommen wird, sondern der Bund als Gemeinwesen. Gleichwohl ist klar, dass auf Seiten der oder des Geschädigten Kenntnis über die Möglichkeit eines Staatshaftungsanspruches gegen den Bund bestehen muss.

Die absolute Verwirkungsfrist beträgt 10 Jahre. Sie beginnt mit dem Tag der schädigenden Handlung der fehlbaren Beamtin oder des fehlbaren Beamten. Dies hat zur Folge, dass der Schaden, wie im Zivilrecht, absolut verwirkt sein kann, bevor er überhaupt entdeckt werden konnte.[182] Keine Analogie besteht zwischen Zivilrecht und Staatshaftungsrecht bei der Fristberechnung bei strafrechtlichen Handlungen. Art. 60 Abs. 2 OR sieht vor, dass in diesem Fall möglicherweise eine längere strafrechtliche Verjährungsfrist gilt. Das Bundesgericht hat diese Bestimmung im Staatshaftungsrecht nicht analog angewendet.[183] In der Tat fehlt eine mit Art. 60 Abs. 2 OR vergleichbare Bestimmung im allgemeinen Staatshaftungsrecht. Im Gegensatz dazu unterstellt Art. 23 Abs. 2 VG den Schadenersatzanspruch des Bundes gegenüber der fehlbaren Beamtin oder dem fehlbaren Beamten ggf. der längeren strafrechtlichen Frist.

Nicht alle Kantone haben Bestimmungen zur Verjährung bzw. Verwirkung von Staatshaftungsansprüchen erlassen. Sind diese nicht explizit geregelt, verweist das kantonale Haftungsgesetz implizit oder explizit auf die Verjährungsregel in Art. 60 Abs. 1 OR.[184] Wie im Bund sehen die meisten Kantone vor, dass der Geschädigte seinen Anspruch gegen das Gemeinwesen innert eines Jahres nach Kenntnis des Schadens, spätestens aber innert zehn Jahren seit dem schädigenden Ereignis geltend machen muss.[185] Einzelne Kantone sehen eine zweijährige relative Frist vor.[186]

IV. Vollstreckung

Die Vollstreckung richtet sich grundsätzlich nach dem SchKG, welches allerdings „besondere eidgenössische oder kantonale Vorschriften“ enthält (Art. 30 SchKG). Ausgeschlossen ist insbesondere die Vollstreckung in das Verwaltungsvermögen des Gemeinwesens.[187] In der Praxis wirft die Vollstreckung kaum Fragen auf.

---

182 Im sog. Asbest-Fall ist die absolute Verwirkungsfrist von 10 Jahren (vom Tage der schädigenden Handlung bzw. des Unterlassens an) vor Ausbruch der Krankheit und Tod des Geschädigten und damit vor Eintritt des Schadens abgelaufen (BGE 136 II 187, 193 ff.).

183 BGE 126 II 145 ff., 156 f., weitere Hinweise bei *Häfelin* et al., Allgemeines Verwaltungsrecht, Rn. 2268.

184 Vgl. für einen impliziten Verweis etwa § 2 des Haftungsgesetzes des Kantons Aargau (Fn. 33); für einen expliziten Verweis § 10 und § 18 des Haftungsgesetzes des Kantons Basel-Landschaft (Fn. 32).

185 Vgl. statt vieler Art. 8 des Staatshaftungsgesetzes des Kantons Graubünden (Fn. 40).

186 Art. 4 Abs. 1 des Verantwortlichkeitsgesetzes des Kantons St. Gallen (Fn. 126).

187 BGE 120 II 321 ff., 323 f.

Bibliographie

Fajnor, Michael, Staatliche Haftung für rechtmäßig verursachten Schaden, Zürich 1987
Feller, Reto, Das Prinzip der Einmaligkeit des Rechtsschutzes im Staatshaftungsrecht, Bern 2006
Gross, Balz, Die Haftpflicht des Staates, Zürich 1996
Gross, Jost, Schweizerisches Staatshaftungsrecht, Stand und Entwicklungstendenzen, 2. Aufl., Bern 2001
ders., Amtliche Verrichtung und haftpflichtrechtliche Zuordnung im schweizerischen Verantwortlichkeitsrecht, in: Bovay/Nguyen (Hrsg.), Mélanges en l'honneur de Pierre Moor, Bern 2005
ders./Pribnow, Volker, Schweizerisches Staatshaftungsrecht, Ergänzungsband zur 2. Aufl., Bern 2013
Guckelberger, Anette, Die Staatshaftung in der Schweiz, recht 26 (2008), S. 175
Häfelin, Ulrich /Müller, Georg /Uhlmann, Felix, Allgemeines Verwaltungsrecht, 6. Aufl., Zürich/St. Gallen 2010
Jaag, Tobias, Staats- und Beamtenhaftung, in: Koller et al. (Hrsg.), Schweizerisches Bundesverwaltungsrecht, Bd. I/3, 2. Aufl., Basel 2001
Moor, Pierre, Principes de l'activité étatique et responsabilité de l'Etat, in: Thürer et al. (Hrsg.), Verfassungsrecht der Schweiz, Zürich 2001
ders./Poltier, Etienne, Droit administratif, Volume II, Les actes administratifs et leur contrôle, 3ième édition, Bern 2011
Schwarzenbach, Hans Rudolf, Die Staats- und Beamtenhaftung in der Schweiz mit Kommentar zum zürcherischen Haftungsgesetz, 2. Aufl., Zürich 1985

Abkürzungen

aBV	Bundesverfassung der Schweizerischen Eidgenossenschaft vom 29.5.1874
AHV	Alters- und Hinterlassenenversicherung
AHVG	Bundesgesetz über die Alters- und Hinterlassenenversicherung vom 20.12.1946 (SR 831.10)
BankG	Bundesgesetz über die Banken und Sparkassen vom 8.11.1984 (SR 952.0)
BBl	Bundesblatt der Schweizerischen Eidgenossenschaft
BGE	Amtliche Sammlung der Entscheidungen des Schweizerischen Bundesgerichts
BGer	Schweizerisches Bundesgericht
BGG	Bundesgesetz über das Bundesgericht vom 17.6.2005 (SR 173.110)
BGS	Systematische Gesetzessammlung des Kantons Solothurn
BGS ZG	Systematische Gesetzessammlung des Kantons Zug
BPG	Bundespersonalgesetz vom 24.3.2000 (SR 172.220.1)
BSG	Gesetzessammlung des Kantons Bern
BR	Bündner Rechtsbuch, systematische Sammlung des Kantons Graubünden
BV	Bundesverfassung der Schweizerischen Eidgenossenschaft vom 18.4.1999 (SR 101)
BVGE	Amtliche Sammlung der Entscheidungen des Schweizerischen Bundesverwaltungsgerichts
BVGer	Schweizerisches Bundesverwaltungsgericht
BZP	Bundesgesetz über den Bundeszivilprozes vom 4.12.1947 (SR 273)
E.	Erwägung
Eidg.	Eidgenössisch
EntG	Bundesgesetz über die Enteignung (Enteignungsgesetz) vom 20.6.1930 (SR 711)
FINMA	Eidgenössische Finanzmarktaufsicht
FINMAG	Bundesgesetz über die Eidgenössische Finanzmarktaufsicht vom 22.6.2007 (SR 956.1)
Fr.	Schweizer Franken
GS AI	Systematische Gesetzessammlung des Kantons Appenzell-Innerrhoden
GS BS	Systematische Gesetzessammlung des Kantons Basel-Stadt
GS GL	Systematische Gesetzessammlung des Kantons Glarus
GS TG	Systematische Gesetzessammlung des Kantons Thurgau
GS OW	Systematische Gesetzessammlung des Kantons Obwalden
HAVE	Haftung und Versicherung (Zeitschrift)
HRK	Eidgenössische Rekurskommission für die Staatshaftung
KHG	Kernenergiehaftpflichtgesetz vom 18.3.1983 (SR 732.44)

LMG	Bundesgesetz über Lebensmittel und Gebrauchsgegenstände (Lebensmittelgesetz) vom 9.10.1992 (SR 817.0)
LS	Systematische Gesetzessammlung des Kantons Zürich
MG	Bundesgesetz über die Armee und die Militärverwaltung (Militärgesetz) vom 3.2.1995 (SR 510.10)
NG	Systematische Gesetzessammlung des Kantons Nidwalden
NZZ	Neue Züricher Zeitung
OR	Bundesgesetz betreffend die Ergänzung des Schweizerischen Zivilgesetzbuches (Fünfter Teil: Obligationenrecht) vom 30.3.1911 (SR 220)
ParlG	Bundesgesetz über die Bundesversammlung vom 13.12.2002 (SR 171.10)
PBG	Bundesgesetz über die Personenbeförderung (Personenbeförderungsgesetz) vom 20.3.2009 (SR 745.1)
recht	Zeitschrift für juristische Weiterbildung und Praxis
RLti	Systematische Gesetzessammlung des Kantons Tessin
RVOG	Regierungs- und Verwaltungsorganisationsgesetz vom 21.3.1997 (SR 172.010)
SAR	Systematische Gesetzessammlung des Kantons Aargau
SBB	Schweizerische Bundesbahnen
SchKG	Bundesgesetz über Schuldbetreibung und Konkurs vom 11.4.1889 (SR 281.1)
sGS	Systematische Gesetzessammlung des Kantons St. Gallen
SGS	Systematische Gesetzessammlung des Kantons Basel-Landschaft
SGF	Systematische Gesetzessammlung des Kantons Freiburg
SHR	Schaffhauser Rechtsbuch, systematische Gesetzessammlung des Kantons Schaffhausen
SIS	Schengener Informationssystem
SR	Systematische Sammlung des Bundesrechts
SRL	Systematische Gesetzessammlung des Kantons Luzern
SRSZ	Systematische Gesetzessammlung des Kantons Schwyz
StPO	Schweizerische Strafprozessordnung vom 5.10.2007 (SR 312.0)
TSG	Tierseuchengesetz vom 1.7.1966 (SR 916.40)
UNO-Pakt II	Internationaler Pakt über bürgerliche und politische Rechte (SR 0.13.2)
URG	Bundesgesetz über das Urheberrecht und verwandte Schutzrechte vom 9.10.1992 (SR 231.1)
USG	Bundesgesetz über den Umweltschutz vom 7.10.1983 (SR 814.01)
VG	Bundesgesetz über die Verantwortlichkeit des Bundes sowie seiner Behördenmitglieder und Beamten vom 14.3.1958 (SR 170.32)
VGG	Bundesgesetz über das Bundesverwaltungsgericht (Verwaltungsgerichtsgesetz) vom 17.6. 2005 (SR 173.32)
VoVG	Verordnung zum Verantwortlichkeitsgesetz vom 30.12.1958 (SR 170.321)
VPB	Verwaltungspraxis der Bundesbehörden (hrsg. von der Bundeskanzlei)
VPB	Verordnung über die Personenbeförderung vom 4.11.2009 (SR 745.11)
VwVG	Bundesgesetz über das Verwaltungsverfahren vom 20.12.1968 (SR 172.021)
ZBl	Schweizerisches Zentralblatt für Staats- und Verwaltungsrecht (Zeitschrift)
ZGB	Schweizerisches Zivilgesetzbuch vom 10.12.1907 (SR 210)
ZSR	Zeitschrift für schweizerisches Recht (Zeitschrift)

Wesentliche Vorschriften

Bundesverfassung

Staatshaftung
Art. 146 BV
Der Bund haftet für Schäden, die seine Organe in Ausübung amtlicher Tätigkeiten widerrechtlich verursachen.

Obligationenrecht

Verantwortlichkeit öffentlicher Beamter und Angestellter
Art. 61 OR
1 Über die Pflicht von öffentlichen Beamten oder Angestellten, den Schaden, den sie in Ausübung ihrer amtlichen Verrichtungen verursachen, zu ersetzen oder Genugtuung zu leisten, können der Bund und die Kantone auf dem Wege der Gesetzgebung abweichende Bestimmungen aufstellen.

2 Für gewerbliche Verrichtungen von öffentlichen Beamten oder Angestellten können jedoch die Bestimmungen dieses Abschnittes durch kantonale Gesetze nicht geändert werden.

Verantwortlichkeitsgesetz

Art. 1
1 Den Bestimmungen dieses Gesetzes unterstehen alle Personen, denen die Ausübung eines öffentlichen Amtes des Bundes übertragen ist, nämlich:
a. *(aufgehoben)*
b. die Mitglieder des Bundesrates und der Bundeskanzler;
c. die Mitglieder und Ersatzmitglieder der eidgenössischen Gerichte;
c^{bis}. die Mitglieder der Aufsichtsbehörde über die Bundesanwaltschaft;
d. die Mitglieder und Ersatzmänner von Behörden und Kommissionen des Bundes, die ausserhalb der eidgenössischen Gerichte und der Bundesverwaltung stehen;
e. die Beamten und übrigen Arbeitskräfte des Bundes;
f. alle anderen Personen, insoweit sie unmittelbar mit öffentlichrechtlichen Aufgaben des Bundes betraut sind.

2 Ausgenommen sind die Angehörigen der Armee mit Bezug auf ihre militärische Stellung und ihre dienstlichen Pflichten.

Art. 3
1 Für den Schaden, den ein Beamter in Ausübung seiner amtlichen Tätigkeit Dritten widerrechtlich zufügt, haftet der Bund ohne Rücksicht auf das Verschulden des Beamten.

2 Bei Tatbeständen, welche unter die Haftpflichtbestimmungen anderer Erlasse fallen, richtet sich die Haftung des Bundes nach jenen besonderen Bestimmungen.

3 Gegenüber dem Fehlbaren steht dem Geschädigten kein Anspruch zu.

4 Sobald ein Dritter vom Bund Schadenersatz begehrt, hat der Bund den Beamten, gegen den ein Rückgriff in Frage kommen kann, sofort zu benachrichtigen.

Art. 4
Hat der Geschädigte in die schädigende Handlung eingewilligt oder haben Umstände, für die er einstehen muss, auf die Entstehung oder Verschlimmerung des Schadens eingewirkt, so kann die zuständige Behörde die Ersatzpflicht ermässigen oder gänzlich von ihr entbinden.

Art. 6
1 Bei Tötung eines Menschen oder Körperverletzung kann die zuständige Behörde unter Würdigung der besonderen Umstände, sofern den Beamten ein Verschulden trifft, dem Verletzten oder den Angehörigen des Getöteten eine angemessene Geldsumme als Genugtuung zusprechen.

2 Wer in seiner Persönlichkeit widerrechtlich verletzt wird, hat bei Verschulden des Beamten Anspruch auf Leistung einer Geldsumme als Genugtuung, sofern die Schwere der Verletzung es rechtfertigt und diese nicht anders wieder gutgemacht worden ist.

Art. 7
Hat der Bund Ersatz geleistet, so steht ihm der Rückgriff auf den Beamten zu, der den Schaden vorsätzlich oder grobfahrlässig verschuldet hat, und zwar auch nach Auflösung des Dienstverhältnisses.

Art. 10

[1]Über streitige Ansprüche des Bundes oder gegen den Bund erlässt die zuständige Behörde eine Verfügung. Das Beschwerdeverfahren richtet sich nach den allgemeinen Bestimmungen über die Bundesrechtspflege.

[2]Über streitige Ansprüche auf Schadenersatz oder Genugtuung aus der Amtstätigkeit von Personen im Sinne von Art. 1 Abs. 1 Buchstaben a–c^{bis} urteilt das Bundesgericht als einzige Instanz im Sinne von Artikel 120 des Bundesgerichtsgesetzes vom 17. Juni 2005. Die Klage gegen den Bund kann beim Bundesgericht erhoben werden, wenn die zuständige Behörde zum Anspruch innert dreier Monate seit seiner Geltendmachung nicht oder ablehnend Stellung genommen hat.

Art. 11

[1]Soweit der Bund als Subjekt des Zivilrechts auftritt, haftet er nach dessen Bestimmungen.

[2]Auch in diesen Fällen steht dem Geschädigten kein Anspruch gegenüber dem fehlbaren Beamten zu.

[3][...]

Art. 12

Die Rechtmäßigkeit formell rechtskräftiger Verfügungen, Entscheide und Urteile kann nicht in einem Verantwortlichkeitsverfahren überprüft werden.

Art. 19

[1]Fügt ein Organ oder ein Angestellter einer mit öffentlichrechtlichen Aufgaben des Bundes betrauten und ausserhalb der ordentlichen Bundesverwaltung stehenden Organisation in Ausübung der mit diesen Aufgaben verbundenen Tätigkeit Dritten oder dem Bund widerrechtlich Schaden zu, so sind folgende Bestimmungen anwendbar:

a. Für den einem Dritten zugefügten Schaden haftet dem Geschädigten die Organisation nach den Artikeln 3–6. Soweit die Organisation die geschuldete Entschädigung nicht zu leisten vermag, haftet der Bund dem Geschädigten für den ungedeckten Betrag. Der Rückgriff des Bundes und der Organisation gegenüber dem fehlbaren Organ oder Angestellten richtet sich nach den Artikeln 7 und 9.
b. Für den dem Bund zugefügten Schaden haften primär die fehlbaren Organe oder Angestellten und subsidiär die Organisation. Artikel 8 und 9 sind anwendbar.

[2][...]

[3]Über streitige Ansprüche von Dritten oder des Bundes gegen die Organisation sowie der Organisation gegen fehlbare Organe oder Angestellte erlässt die Organisation eine Verfügung. Das Beschwerdeverfahren richtet sich nach den allgemeinen Bestimmungen über die Bundesrechtspflege.

Art. 20

[1]Die Haftung des Bundes (Art. 3 ff.) erlischt, wenn der Geschädigte sein Begehren auf Schadenersatz oder Genugtuung nicht innert eines Jahres seit Kenntnis des Schadens einreicht, auf alle Fälle nach zehn Jahren seit dem Tage der schädigenden Handlung des Beamten.

[2]Das Begehren ist dem Eidgenössischen Finanzdepartement einzureichen.

[3]Bestreitet in den Fällen nach Artikel 10 Absatz 2 der Bund den Anspruch oder erhält der Geschädigte innert dreier Monate keine Stellungnahme, so hat dieser innert weiterer sechs Monate bei Folge der Verwirkung Klage einzureichen.

Bundesgesetz über das Verwaltungsverfahren

Art. 25a VwVG

[1]Wer ein schutzwürdiges Interesse hat, kann von der Behörde, die für Handlungen zuständig ist, welche sich auf öffentliches Recht des Bundes stützen und Rechte oder Pflichten berühren, verlangen, dass sie:

a. widerrechtliche Handlungen unterlässt, einstellt oder widerruft;
b. die Folgen widerrechtlicher Handlungen beseitigt;
c. die Widerrechtlichkeit von Handlungen feststellt.

[2]Die Behörde entscheidet durch Verfügung.

Kernenergiehaftpflichtgesetz

Grundsatz
Art. 3 KHG
[1]Der Inhaber einer Kernanlage haftet ohne betragsmässige Begrenzung für die Nuklearschäden, die durch Kernmaterialien in seiner Anlage verursacht werden.

[2]Er haftet ebenfalls für Nuklearschäden, die durch Kernmaterialien verursacht werden, die aus seiner Anlage stammen und zur Zeit der Schadensverursachung noch nicht vom Inhaber einer andern Kernanlage übernommen waren. [...]

[3][...]

[4]Ist der Inhaber nicht gleichzeitig Eigentümer der Anlage, so haften beide solidarisch.

[...]

Bundesgesetz über die Armee und die Militärverwaltung

Schaden infolge dienstlicher Tätigkeit
Art. 135 MG
[1]Der Bund haftet ohne Rücksicht auf das Verschulden für den Schaden, den Angehörige der Armee oder die Truppe Dritten widerrechtlich zufügen:
a. durch eine besonders gefährliche militärische Tätigkeit; oder
b. in Ausübung einer andern dienstlichen Tätigkeit.

[2]Er haftet nicht, sofern er beweist, dass der Schaden durch höhere Gewalt oder durch Verschulden der geschädigten oder einer dritten Person verursacht worden ist.

[3]Bei Tatbeständen, die unter eine andere Haftungsbestimmung fallen, richtet sich die Haftung des Bundes nach diesen Bestimmungen.

[4]Gegenüber den Angehörigen der Armee, die den Schaden verursacht haben, steht den Geschädigten kein Anspruch zu.

§ 20 Slowakei

Hana Jalčová

Inhaltsübersicht

A. Grundlagen

I. Rechtsstaatliche Determinanten der Verfassungsordnung

Die Slowakische Republik verabschiedete ihre *Ústava Slovenskej republiky* (Die Verfassung der Slowakischen Republik, abgekürzt: Verfassung)[1] noch während des Bestehens der Tschechoslowakei im Jahre 1992. Sie charakterisiert die Slowakei in Art. 1 Abs. 1 als einen souveränen, demokratischen Rechtsstaat. Diese verfassungsrechtlichen Grundprinzipien stellen grundlegende Anforderungen an die Ausübung der Staatsgewalt. Zwei derer Voraussetzungen sind die verfassungsrechtlich garantierte Volkssouveränität (Art. 2 der Verfassung) und der Vorrang und Vorbehalt des Gesetzes.[2] Mit der konkreten Bedeutung der Rechtstaatlichkeit hat sich das Verfassungsgericht in seiner Rechtsprechung mehrfach auseinandergesetzt und sie beschrieben. Es versteht das Rechtsstaatsprinzip nicht nur im formellen, sondern auch im materiellen Sinne als Prinzip, auf dem die gesamte Rechtsordnung und das System des Staates aufgebaut ist.[3] Das

---

1 *Ústavný zákon č. 460/1992 Zb., Ústava Slovenskej Republiky* (Verfassungsgesetz Nr. 460/1992 Gbl., die Verfassung der Slowakischen Republik).

2 Urteil des Verfassungsgerichts der Slowakischen Republik vom 31.1.2005, Az. I. ÚS 238/04, abrufbar unter www.concourt.sk (zuletzt angerufen am 13.6.2013).

3 Urteil des Verfassungsgerichts der Slowakischen Republik vom 30.4.2008, Az. PL. ÚS 16/06-39; Urteil des Verfassungsgerichts der Slowakischen Republik vom 4.12.2007, Az. PL. ÚS 12/05-116; Urteil des Verfassungsgerichts der

Verfassungsgericht[4] und die Literatur[5] verstehen unter grundlegenden Attributen des Rechtsstaates u.a. das Verbot der Rückwirkung, die Gewaltenteilung, den Vertrauensschutz, die Rechtssicherheit sowie das Willkürverbot. Zu den unumgänglichen Bedingungen für die Rechtssicherheit und den Rechtstaat zählt die Existenz von Regelungen, die die Verantwortlichkeit der Organe der öffentlichen Gewalt für Rechtsverletzungen und unrichtiges amtliches Vorgehen gewährleisten.[6]

Im Gegensatz zu den Rechtsordnungen in Tschechien (Art. 9 Abs. 2 der Verfassung) und Deutschland (Art. 79 Abs. 3 GG), gewährleistet die slowakische Verfassung nicht ausdrücklich eine Ewigkeitsgarantie, nach der bestimmte Verfassungsprinzipien für immer einer Verfassungsänderung entzogen sein sollen. Das Verfassungsgericht geht aber in seiner Rechtsprechung von unveränderlichen verfassungsrechtlichen Prinzipien aus, die konstitutive Bedeutung für die demokratische Rechtsordnung haben, wie es in Art. 1 der Verfassung festgelegt ist.[7]

II. Grundsätzliche Voraussetzungen einer Staatshaftung – historische Genese

Staatshaftungsrecht wird in der slowakischen Rechtswissenschaft nur am Rande behandelt. Die Grundlagen dieser Rechtsmaterie sind zwar sowohl im Zivil- als auch im Verwaltungsrecht Gegenstand der universitären Ausbildung;[8] eine darüber hinausgehende Behandlung in der Forschung ist aber selten und überwiegend auf einige Beiträge in Fachzeitschriften begrenzt.

Die historische Entwicklung des Staatshaftungsrechts in der Slowakei entspricht aufgrund der gemeinsamen Vergangenheit bis zum 1.1.1993 derjenigen in Tschechien.[9] Die erste ausführliche und selbständige gesetzliche Regelung aus dem Jahr 1969[10] ist seit 2004 nicht mehr in Kraft. Sie wurde aufgrund von Veränderungen gesellschaftlicher Verhältnisse, der Rechtsprechung des EGMR und des Entstehens von territorialen Selbstverwaltungen durch das *Zákon č. 514/2003 Z.z., o zodpovednosti za škodu spôsobenú pri výkone verejnej moci* (Gesetz über die Verantwortlichkeit für den durch die Ausübung der öffentlichen Gewalt verursachten Schaden, abgekürzt: Gesetz Nr. 514/2003 Gbl.) ersetzt.[11]

Zu den grundsätzlichen Voraussetzungen der Haftung des Staates und der territorialen Selbstverwaltung gehören demnach:[12]

Slowakischen Republik vom 20.5.2009, Az. PL. ÚS 17/08-238, alle abrufbar unter www.concourt.sk (zuletzt abgerufen am 13.6.2013).

4 Urteil des Verfassungsgerichts der Slowakischen Republik vom 24.5.1995, Az. PL. ÚS 16/95 = Gesetz Nr. 126/1995 Z.z.; Urteil des Verfassungsgerichts der Slowakischen Republik vom 4.12.2007, Az. PL. ÚS 12/05-116; Urteil des Verfassungsgerichts der Slowakischen Republik vom 3.9.2008, Az. PL. ÚS 29/05-161, alle abrufbar unter www.concourt.sk (zuletzt abgerufen am 13.6.2013).

5 *Večeřa et. al.*, Teória práva, 4. vyd 2011, S. 63–64.

6 *Škultéty et. al.*, Správne právo hmotné, Všeobecná časť, 2006, S. 201; *Drgonec*, Ústava Slovenskej Republiky, 2004, Art. 46, S. 471.

7 Urteil des Verfassungsgerichts der Slowakischen Republik vom 24.5.1995, Az. PL. ÚS 16/95, veröffentlicht im Gesetzesblatt unter der Nr. 126/1995 Z.z.

8 Hierzu siehe die Lehrbücher: *Lazar et. al.*, Občianske právo hmotné, 2010, S. 329–333; *Škultéty et. al.*, Správne právo hmotné (Fn. 6), S. 201–221; *Machajová*, Všeobecné správne právo, 5. vyd 2010, S. 265–274.

9 Hierzu siehe den Beitrag zum tschechischen Staatshaftungsrecht → A.II. (S. 3f.).

10 *Zákon č. 58/1969 Zb., o zodpovednosti za škodu spôsobenú rozhodnutím orgánu štátu alebo jeho nesprávnym úradným postupom* (Gesetz Nr. 58/1969 Gbl., über die Verantwortlichkeit für den durch eine Entscheidung eines Staatsorgans oder durch unrichtiges Vorgehen eines Staatsorgans verursachten Schaden).

11 Gesetzesbegründung zum Gesetz Nr. 514/2003 Gbl., abrufbar unter http://www.justice.gov.sk (zuletzt abgerufen am 13.6.2013); *Škultéty et. al.*, Správne právo hmotné (Fn. 6), S. 29.

12 *Lazar et.al.*, Občianske právo hmotné (Fn. 8), S. 330.

- Das Vorliegen einer rechtswidrigen Entscheidung, einer rechtswidrigen Inhaftierung, Festnahme oder anderen rechtswidrigen Aberkennung der persönlichen Freiheit, einer Entscheidung über die Haft, Strafe oder Sicherungsmaßregel oder unrichtiges amtliches Vorgehen,
- die Existenz eines Schadens,
- sowie ein Kausalzusammenhang.

III. Rechtsquellen des Staatshaftungsrechts im Überblick

1. Die verfassungsrechtliche Ordnung

Die verfassungsrechtliche Grundlage des Staatshaftungsrechts findet sich in Art. 46 Abs. 3 der Verfassung, wonach jeder ein Recht auf Ersatz desjenigen Schadens hat, der durch die rechtswidrige Entscheidung eines Gerichts, eines anderen Staatsorgans, eines Organs der öffentlichen Selbstverwaltung oder durch unrichtiges amtliches Vorgehen verursacht wurde. Nach Art. 51 Abs. 1 der Verfassung ist es zwar möglich, die Geltendmachung dieses Rechts von der Existenz eines Ausführungsgesetzes abhängig zu machen; Art. 51 garantiert aber gleichzeitig das Recht auf den Erlass eines solchen Gesetzes, da der Staat verpflichtet ist, diejenigen Maßnahmen zu ergreifen, die dem Bürger die Durchsetzung von verfassungsrechtlich garantierten Rechten ermöglichen.[13]

Art. 46 Abs. 3 der Verfassung gewährt kein Recht auf Ersatz immaterieller Schäden,[14] da diese in der Slowakei – ebenso wie in Tschechien – grundsätzlich nicht unter den Begriff des Schadens subsumiert, sondern als eigene Kategorie des sog. immateriellen Nachteils behandelt werden.[15]

Die Verfassung nimmt zusammen mit den Verfassungsgesetzen in der Normhierarchie den höchsten Stellenwert ein. Dabei besteht zwischen beiden kein Unterschied, da sie beide mit einer $^3/_5$ Mehrheit aller Abgeordneten verabschiedet werden.[16] Die Verfassungsgesetze befassen sich wie die Verfassung mit grundlegenden Fragen der Rechtsordnung, wie z.B. mit den Grundrechten, der Änderung der Verfassung oder der Festlegung der Staatsgrenze.

2. Das parlamentarische Gesetzesrecht

Das in Art. 46 Abs. 3 der Verfassung garantierte Recht wird durch das bereits oben genannte Gesetz Nr. 514/2003 Gbl. umgesetzt und konkretisiert. Dieses stellt zwar das grundlegende Gesetz zur Staatshaftung, nicht aber die einzige einschlägige Regelung dar.[17] Gegenüber den speziellen Regelungen ist es vielmehr subsidiär.[18] Im Verhältnis zum *Občianskemu zákonníku* (slowakisches

13 Vgl. Urteil des Verfassungsgerichts der Slowakischen Republik vom 19.6.1998, Az Pl. ÚS 13/97, veröffentlicht im Gesetzesblatt unter der Nr. 221/1998; Urteil des Verfassungsgerichts der Slowakischen Republik vom 4.9.1996, Az. II. ÚS 8/96, abrufbar unter www.concourt.sk (zuletzt abgerufen am 13.6.2013).

14 *Drgonec,* Ústava Slovenskej republiky (Fn. 6), Art. 46, S. 471.

15 Siehe den Beitrag zum tschechischen Staatshaftungsrecht → C.IV. (S. 16f.).

16 Beschluss des Verfassungsgerichts der Slowakei vom 2.6.1993, I. ÚS 39/93 = 206/1993 Gbl; *Posluch/Cibulka,* Štátne právo Slovenskej Republiky, S. 134.

17 Z.B. gehören zu diesen Vorschriften *zákon č. 171/1993 Z.z., o Policajnom zbore* (Gesetz Nr. 171/1993 Gbl. über die Polizei, abgekürzt: PZ); *zákon č. 154/2001 Z.z., o prokurátoroch a právnych čakateľoch prokuratúry* (Gesetz Nr. 154/2001 Gbl., über die Staatsanwälte und staatsanwaltschaftlichen Anwärter, abgekürzt: PCP).

18 *Škultéty et. al.,* Správne právo hmotné (Fn. 6), S. 22.

Bürgerliches Gesetzbuch, abgekürzt: OZ)[19] nimmt das Gesetz Nr. 514/2003 Gbl. gemäß § 25 jedoch seinerseits die Stellung eines *lex specialis* ein.

3. Richterrecht

In der Slowakei gehört das Richterecht grundsätzlich nicht zu den Rechtsquellen des Verwaltungsrechts. Die Richter sind bei ihrer Entscheidungstätigkeit vielmehr an die Verfassung, die Verfassungsgesetze, völkerrechtliche Verträge[20] und Gesetze gebunden. Eine Ausnahme stellen die rechtskräftigen Entscheidungen des Verfassungsgerichts dar, die gem. Art. 125 Abs. 6 S. 2 der Verfassung allgemein verbindlich sind. Das übrige Richterrecht stellt zwar keine Rechtsquelle im eigentlichen Sinne dar, spielt aber – wie in Tschechien – bei der Rechtsvereinheitlichung und Rechtsfortentwicklung neben der Rechtsprechung des Verfassungsgerichts eine wichtige Rolle. Die Aufgabe der Vereinheitlichung der Rechtsprechung wurde gem. § 7 Abs. 3 *Zákon č. 757/2004 Z.z., o súdoch a o zmene a doplnení niektorých zákonov* (Gesetz über die Gerichte) auf den Obersten Gerichtshof der Slowakei übertragen. Er beschließt Stellungnahmen zur Vereinheitlichung der Auslegung von Gesetzen sowie anderen allgemeinverbindlichen Rechtsnormen und veröffentlicht rechtskräftige Entscheidungen von grundsätzlicher Bedeutung in der Entscheidungssammlung des Obersten Gerichtshofes und der Gerichte der Slowakei.

4. Völker- und Europarecht

Auch das Völkerrecht gehört zu den Rechtsquellen in der Slowakei. Auf die Pflicht zur Einhaltung des Völkerrechts deutet schon die Regelung in Art. 1 Abs. 2 der Verfassung hin, wonach die Slowakei die allgemeinen Regeln des Völkerrechts, die für sie bindenden Völkerrechtsverträge und ihre weiteren internationalen Verpflichtungen anerkennt und einhält. Dabei darf aber nicht außer Acht gelassen werden, dass die Verfassung und die Verfassungsgesetze an der Spitze der Normenhierarchie stehen.[21] Die Stellung des Völkerrechts, speziell der Völkerrechtsverträge, innerhalb der Normenhierarchie ist in Bezug zu einfachen Gesetzen unterschiedlich. Nach Art. 7 Abs. 5 der Verfassung haben internationale Verträge über Menschenrechte und Grundfreiheiten, internationale Verträge, für deren Durchführung kein Gesetz erforderlich ist (sog. *self-executing* Normen) und internationale Verträge, die natürlichen oder juristischen Personen unmittelbar Rechte verleihen oder Pflichten auferlegen und die auf gesetzlich bestimmte Weise ratifiziert und verkündet wurden, Vorrang vor dem Gesetz. Anders als in Tschechien[22] haben sie nicht nur Anwendungs-, sondern auch Geltungsvorrang. Aus einem Umkehrschluss folgt, dass alle anderen Völkerrechtsverträge keinen Vorrang vor dem Gesetz haben.

Die Stellung des primären und sekundären Europarechts ist, anders als in Tschechien, ausdrücklich geregelt. Nach Art. 7 Abs. 2 der Verfassung haben die bindenden Rechtsakte der Europäischen Union Vorrang vor den Gesetzen der Slowakischen Republik.

---

19 *Zákon č. 40/1964 Zb., Občiansky zákonník* (Gesetz Nr. 40/1964 Gbl., das slowakische Bürgerliche Gesetzbuch).
20 Dabei handelt es sich nur um Völkerverträge i.S.v. Art. 7 Abs. 2 und 5 der Verfassung.
21 Beschluss des Verfassungsgerichts der Slowakischen Republik vom 16.12.1999, Az. II. ÚS 91/1999. Dies ergibt sich auch aus Art. 125a Abs. 1 der Verfassung, wonach das Verfassungsgericht über die Vereinbarkeit von Völkerrechtsverträgen, für die die Zustimmung des Nationalrates der Slowakischen Republik erforderlich ist, mit der Verfassung entscheidet.
22 Siehe § 23 Tschechien, sub A.III.4.

B. Haftungsbegründung

I. Relevantes Handeln

1. Allgemein

Das Gesetz Nr. 514/2003 Gbl. regelt die Haftung des Staates und der territorialen Selbstverwaltung (hierzu gehören die Gemeinden und höheren territorialen Selbstverwaltungen – Kreise)[23] für den bei der Ausübung ihrer Hoheitsgewalt bzw. Selbstverwaltung verursachten Schaden. Tritt der Staat in Rechtsbeziehungen als Subjekt des Privatrechts auf, richtet sich seine Haftung nach den einschlägigen privatrechtlichen Vorschriften.[24] Der Staat und die territoriale Selbstverwaltung haften, wie sich aus §§ 6 und 11 ergibt, auch beim Überschreiten ihrer Kompetenzen.

Die Ausübung der öffentlichen Gewalt ist durch hoheitliche unmittelbare und mittelbare Entscheidungstätigkeit über die Rechte und Pflichten von Rechtssubjekten gekennzeichnet. Der Staat übt sie mittels seiner Organe der Legislative, Exekutive und Judikative[25] aus.[26] In § 2 des Gesetzes Nr. 514/2003 Gbl. wird die Ausübung der öffentlichen Gewalt als Entscheidungstätigkeit und amtliche Vorgehensweise der Organe der öffentlichen Verwaltung über die Rechte, rechtlich geschützten Interessen und Pflichten von natürlichen und juristischen Personen verstanden. Zu den Organen der öffentlichen Verwaltung gehören die Staatsorgane, die Organe der territorialen Selbstverwaltung, die Organe der Interessenverwaltung und die zur Ausübung der öffentlichen Gewalt gesetzlich ermächtigten natürlichen sowie juristischen Personen. Die Entscheidungstätigkeit wird also nicht auf den Erlass einer Entscheidung in Zivil-, Straf-, oder Verwaltungsprozessen bzw. -verfahren begrenzt.

Das Gesetz Nr. 514/2003 Gbl. umfasst auch die Haftung für legislative Untätigkeit, die als unrichtiges amtliches Vorgehen im Sinne dieses Gesetzes verstanden wird.[27]

2. Entscheidungstätigkeit

Die in der Praxis relevanteste Art der Haftung ist die des Staates oder der territorialen Selbstverwaltungen für ihre gesetzwidrige Entscheidungstätigkeit. Eine von diesen Rechtssubjekten erlassene Entscheidung muss rechts- bzw. bestandskräftig sein, wobei die Erfüllung dieser Voraussetzung nach den jeweiligen prozessualen Bestimmungen zu beurteilen ist. So ist eine verwaltungsrechtliche Entscheidung nach § 52 Abs. 1 *Správneho poriadku* (Verwaltungsverfahrensgesetz, abgekürzt: SP)[28] dann formell bestandskräftig, wenn gegen sie die Einlegung eines Widerspruchs nicht mehr möglich ist. Die Frist für die Klageerhebung spielt dafür, ebenso wie in Tschechien,[29] keine Rolle.

---

23 Vgl. *zákon č. 369/1990 Zb., o obecnom zriadení* (Gesetz Nr. 369/1990 Gbl., Gemeindeordnung); *zákon č. 302/2001 Z.z., o samospráve vyšších územných celkov* (Gesetz Nr. 302/2001 Gbl., über die Selbstverwaltung der höheren territorialen Gebietseinheiten).

24 *Škultéty et. al.*, Správne právo hmotné (Fn. 6), S. 22.

25 Zu den Organen der Judikative gehört auch das Verfassungsgericht, obwohl dessen Entscheidungen nicht aufhebbar oder veränderbar sind. Die Haftung erstreckt sich deshalb nur auf das unrichtige amtliche Vorgehen (*Miklík*, Justičná revue 11/2004, 1241 (1241); *Balog*, K zodpovednosti štátu, Právny obzor 1/2009 (41 ff.).

26 Beschluss des Verfassungsgerichts der Tschechischen und Slowakischen Föderativen Republik vom 9.6.1992, Az. I. ÚS 191/92.

27 *Jánošíková*, Justičná revue 3/2005, 390 (397); *Miklík*, Justičná revue 11/2004, 1241 (1243).

28 *Zákon č. 71/1967 Zb., o správnom konaní (správny poriadok)* (Gesetz Nr. 71/1967 Gbl., über das Verwaltungsverfahren).

29 Siehe § 23 Tschechien, sub B.I.3.

Die Bedingung der Bestands- bzw. Rechtskraft wird als Voraussetzung für die Geltendmachung des Haftungsanspruches dann nicht gefordert, wenn eine Entscheidung sofort vollziehbar ist, da die Möglichkeit eines vorherigen Schadenseintritts besteht. Dies gilt auch, wenn es sich um die Entscheidung über eine Strafe, die Haft oder Sicherungsmaßregeln im Sinne von § 8 des Gesetzes Nr. 514/2003 Gbl. handelt.

Gesetzwidrige Entscheidungen sind rechtswidrig (→ B.II.). Dazu zählen auch ermessensfehlerhafte Entscheidungen, wobei nicht jeder Ermessensfehler sogleich die Rechtswidrigkeit einer Entscheidung zur Folge hat. Dies ergibt sich aus der gesetzlich eingeschränkten gerichtlichen Überprüfbarkeit von Ermessensentscheidungen nach § 245 Abs. 2 *Občianskeho súdneho poriadku* (Zivilprozessordnung, abgekürzt: OSP)[30]. Rechtswidrig ist eine Ermessensentscheidung nur dann, wenn das Organ bei ihrem Erlass die gesetzlich bestimmten Grenzen überschritten oder vom Ermessen gar keinen Gebrauch gemacht hat. Demgegenüber ist eine Entscheidung nicht allein deshalb rechtswidrig, wenn sie zwar untauglich oder unzweckmäßig ist, sich aber trotzdem im vom Gesetz vorgeschriebenen Ermessensrahmen hält.[31] Das gilt auch, wenn sie aufgehoben wurde.[32]

Nichtige Entscheidungen sind nach Ansicht der Literatur rechtlich nicht existent und entfalten demnach auch keine Rechtswirkungen.[33] Die gesetzlichen Regelungen enthalten aber, anders als in Deutschland[34] und Tschechien, keine Bestimmungen bezüglich deren Nichtigkeit. Die Rechtsprechung hat in den jeweiligen Entscheidungsbegründungen zwar definiert, in welchen Fällen eine Entscheidung für nichtig gehalten wird. Jedoch ändert dies nichts an der Tatsache, dass die Feststellung der Nichtigkeit im Urteilstenor nicht möglich ist.[35] Eine nichtige Entscheidung wird vielmehr wegen Rechtswidrigkeit aufgehoben.[36] Demnach ergeben sich in der Slowakei bei der Differenzierung und rechtlichen Einordnung einer Entscheidung als nichtig oder rechtswidrig, anders als in Tschechien,[37] keine Probleme.

3. Unrichtiges amtliches Vorgehen

Wie bei den Entscheidungen, fehlt auch für das unrichtige amtliche Vorgehen eine gesetzliche Definition. Nach der Rechtsprechung des Obersten Gerichts versteht man darunter jedes Handeln in Ausübung der Kompetenzen eines Organs der öffentlichen Gewalt, soweit es dabei zur Verletzung von Rechtsnormen oder der Ordnung kommt, die sich aus der Eigenschaft, der Funktion und den Zielen der Tätigkeit ergibt. Unrichtiges amtliches Vorgehen kann sowohl bei dem Erlass einer Entscheidung als auch bei sonstigem Handeln eines Organs der öffentlichen Gewalt gegeben sein.[38] Dazu zählt auch die Verletzung der Pflicht zum Handeln oder zum Erlass einer Entscheidung in gesetzlich bestimmter Frist, die Untätigkeit bei der Ausübung der öffentlichen Gewalt, unnötige Verfahrensverzögerungen oder ein anderer Eingriff in Rechte und rechtlich geschützte Interessen von natürlichen oder juristischen Personen.

---

30 *Zákon č. 99/1963 Zb., Občiansky súdny poriadok* (Gesetz Nr. 99/1963 Gbl., Zivilprozessordnung).
31 *Števček/Ficová*, Občiansky súdny poriadok, Komentár, 2. vyd 2012, § 245, S. 723.
32 *Miklík*, Justičná revue 10/2004, 1094 (1101).
33 *Machajová*, Všeobecné správne právo (Fn. 8), S. 145.
34 In der Slowakei existiert eine dem § 43 Abs. 1 VwGO entsprechende Klage auf Feststellung der Nichtigkeit einer Verwaltungsentscheidung nicht.
35 Die Entscheidungsmöglichkeiten der Gerichte sind in § 250j OSP geregelt.
36 Dies ist nicht zwingend, da nichtige Entscheidungen keine Rechtswirkungen entfalten.
37 Siehe § 23 Tschechien, sub B.I.3.
38 Urteil des Obersten Gerichts der Slowakischen Republik vom 27.11.2003, Az. 3 Cdo 134/3.

4. Allgemeinverfügungen und öffentlich-rechtliche Verträge

Allgemeinverfügungen sind in der slowakischen Verwaltungsrechtstheorie zwar bekannt, in den Gesetzen jedoch nur selten als eine Form verwaltungsrechtlichen Handelns vorgesehen.[39]

Öffentlich-rechtliche Verträge haben in der Slowakei keine einheitliche Regelung im SP gefunden. Deren grundsätzliche Zulässigkeit kann nur aus vereinzelten speziellen Regelungen[40] entnommen werden,[41] wobei diese überwiegend sog. koordinationsrechtliche Verträge betreffen. Es mangelt jedoch an der Möglichkeiten einer gerichtlichen Überprüfung solcher Verträge sowie überwiegend auch einer Konfliktlösung zwischen den Parteien.[42] Aufgrund dieser unvollkommenen gesetzlichen Regelungen, ist die tatsächliche Anwendung von öffentlich-rechtlichen Verträgen in der Praxis selten. Dies spiegelt sich in der Tatsache wider, dass sie in der staatshaftungsrechtlichen Literatur nicht behandelt werden. Angesichts dessen, dass öffentlich-rechtliche Verträge keine Entscheidungen darstellen, könnte eine Haftung für den durch sie verursachten Schaden nur im Rahmen der Haftung für unrichtiges amtliches Vorgehen begründet werden, wobei die Rechtmäßigkeitsprüfung eines solches Vertrages inzident erfolgen würde. Problematisch könnte bei der Staatshaftung jedoch sein, dass die Ausübung öffentlicher Gewalt nach slowakischem Verständnis ein Über- und Unterordnungsverhältnis voraussetzt,[43] das nur bei Subordinationsverträgen gegeben ist.

II. Relevante Normverstöße

Staatshaftung setzt die Gesetzwidrigkeit einer Entscheidung oder die Unrichtigkeit eines amtlichen Vorgehens voraus. Von einer gesetzlichen Definition der Gesetzwidrigkeit wurde aufgrund der Vielfältigkeit möglicher Rechtsverstöße abgesehen. Sie wurde vielmehr den Rechtsanwendern im Einzelfall überlassen.[44] Die Literatur versteht unter dem Begriff solche Entscheidungen eines Organs der öffentlichen Gewalt, die im Widerspruch zur Rechtsordnung der Slowakei stehen, oder den Verpflichtungen, die sich aus gültigen völkerrechtlichen Verträgen und dem Europarecht ergeben,[45] widersprechen. Der Begriff der Gesetzwidrigkeit entspricht also dem Begriff der Rechtswidrigkeit (siehe bereits oben).

Die Haftung des Staates umfasst auch den Schaden, der durch die nicht erfolgte oder nicht rechtzeitige Implementierung von sekundärem Europarechts entstanden ist. Sie beruht nicht allein auf der Rechtsprechung des EuGH, sondern wird vom Gesetz Nr. 514/2003 Gbl. als unrichtiges amtliches Vorgehen eingestuft.[46] Dies ergibt sich zum einen aus der Tatsache, dass der Anwendungsbereich des Gesetzes die Haftung der Legislative miterfasst, und zum anderen, dass nach § 4 Abs. 1 Buch. d) des Gesetzes Nr. 514/2003 Gbl. ausdrücklich eine solche Haftung vorgesehen ist. Die einzelnen Voraussetzungen der Haftung für die unrichtige oder verspätete Implementierung sowie die fehlerhafte Anwendung des Europarechts ergeben sich aber nicht aus dem

39 *Machajová*, Všeobecné správne právo (Fn. 8), S. 143.
40 Z.B. § 20a des Gesetzes über die Gemeindeordnung (vgl. Fn. 23); § 5 des Gesetzes über die Selbstverwaltung der höheren territorialen Gebietseinheiten (vgl. Fn. 23); *§ 13 zákona č. 583/2008 Z. z. o prevencii kriminality a inej protispoločenskej činnosti* (§ 13 des Gesetzes Nr. 583/2008 Gbl., über die Prävention von Kriminalität und anderen gemeinschaftsschädlichen Tätigkeiten).
41 *Machajová*, Všeobecné správne právo (Fn. 8), S. 143.
42 *Jakab*, Justičná revue 11/2005, 1368 (1370).
43 *Balog* (Fn. 25), Právny obzor 1/2009, 41 (46).
44 Gesetzesbegründung zum Gesetz Nr. 514/2003 Gbl., abrufbar unter http://www.justice.gov.sk (zuletzt abgerufen am 13.6.2013).
45 *Škultéty et. al.*, Správne právo hmotné (Fn. 6), S. 205; *Machajová*, Všeobecné správne právo (Fn. 8), S. 271.
46 *Jánošíková*, Justičná revue 3/2005, 390 (396); *Lazar et. al.*, Občianske právo hmotné (Fn. 8), S. 330.

Gesetz Nr. 514/2003 Gbl.[47], sondern unmittelbar aus der Rechtsprechung des EuGH[48].[49] Die slowakischen Gerichte haben sich, soweit ersichtlich, bisher nicht mit der Frage einer Staatshaftung wegen Verletzung des Europarechts befasst.

III. Kausalität

Die Haftung des Staates oder der territorialen Selbstverwaltungen setzt das Bestehen eines Kausalzusammenhangs zwischen der rechtswidrigen Entscheidung bzw. dem unrichtigen amtlichen Vorgehen und dem entstandenen Schaden voraus.[50] Ob ein solcher besteht, muss von den Gerichten einzelfallbezogen festgestellt werden.[51] Dies ist keine rechtliche, sondern eine tatsächliche Frage. Die Gerichte gehen bei der Bestimmung eines Kausalzusammenhangs davon aus, dass die *Causa* unmittelbar der Folge vorausgeht und diese verursacht. Das Verhältnis der Ursache und der Folge muss deshalb unmittelbar und ununterbrochen sein, es genügt nicht, wenn letztere nur vermittelt wird.[52] Der zeitliche Zusammenhang ist dabei nicht maßgeblich, sondern vielmehr der sachliche Zusammenhang zwischen Ursache und Folge.[53]

V. Relevanz von Verschulden

Die Staatshaftung und die Haftung der territorialen Selbstverwaltung im Rahmen des Gesetzes Nr. 514/2003 Gbl. wird als absolute objektive Verantwortlichkeit ohne die Möglichkeit einer Haftungsbefreiung verstanden, die auch Fälle der *vis maior* umfasst.[54] Spezialgesetze zum Gesetz Nr. 514/2003 Gbl. können die Verschuldensfrage jedoch anders regeln.[55]

Sie spielt auch im Rahmen des Regresses eine Rolle, da der Regressanspruch ohne schuldhafte Verletzung von Pflichten nicht besteht.[56] Das Verschulden und seine Formen sind weder in dem Gesetz Nr. 514/2003 Gbl. noch im slowakischen Bürgerlichen Gesetzbuch definiert. Ganz einheitlich wird darunter aber die psychische Beziehung des Schädigers zu seinem rechtswidrigen Handeln oder Unterlassen und dem verursachten Schaden verstanden. Es werden zwei Verschuldensformen unterschieden, Vorsatz und Fahrlässigkeit.[57] Welche Form von Verschulden bei Regressansprüchen erforderlich ist, ist durch besondere Gesetze geregelt. Im Gesetz Nr. 514/2003 Gbl. selbst wird insbesondere für die Regresshaftung von Richtern ein schwerwiegendes Verschulden vorausgesetzt (→ C.I.).

---

47 *Miklík*, Justičná revue, 11/2004, 1241 (1242); *Jánošíková*, Justičná revue, 3/2005, 390 (396, 399).
48 EuGH C-6/90 u. C-9/90, Slg. 1991, I-5357 – *Francovich*; EuGH C-46/93 u. C-48/93, Slg. 1996, I-1029 – *Brasserie du Pêcheur*; EuGH C-224/01, Slg. 2003, I-10239 – *Köbler*.
49 *Sviežený*, Justičná Revue 2003, 586 ff; *Jánošíková*, Justičná revue 3/2005, 390 (394).
50 Urteil des Obersten Gerichts der Slowakischen Republik vom 27.11.2003, Az. 3 Cdo 134/03.
51 *Luby*, Zodpovednosť štátu za škodu, 1971, S. 60; *Lazar et. al.*, Občianske právo hmotné (Fn. 8), S. 313.
52 Urteil des Obersten Gerichts der Slowakischen Republik vom 29.3.2007, Az. 3 Cdo 32/2007.
53 *Fekete*, Občiansky zákonník, Zlatý komentár, 2007, § 420, abrufbar unter http://www.epi.sk/Domov/Default.aspx (zuletzt abgerufen am 13.6.2013).
54 *Škultéty et. al.*, Správne právo hmotné (Fn. 6), S. 25.
55 Z.B. sieht § 78 Abs. 1 PZ (vgl. Fn. 17) die Möglichkeit des Haftungsausschlusses vor, wenn der Geschädigte den Schaden selbst vorsätzlich verursacht hat.
56 Gesetzesbegründung zum Gesetz Nr. 514/2003 Gbl., abrufbar unter http://www.justice.gov.sk (zuletzt abgerufen am 13.6.2013).
57 Urteil des Bezirksgerichts Komárno vom 27.1.2006, Az. 10C/170/2002 (5Co/124/2006); Urteil des Bezirksgerichts Rožňava vom 31.1.2007, Az. 10C/119/2006; Urteil des Bezirksgerichts Bratislava III vom 18.6.2009, Az. 10C/121/1993; *Prusák*, Teória práva, 1995, S. 273; *Lazar et.al.*, Občianske právo hmotné (Fn. 8), S. 313.

Das in Deutschland bekannte Richterspruchprivileg kennt die slowakische Rechtsordnung aber nicht. Wie in Tschechien müssen auch nach slowakischem Recht die Gerichtsentscheidungen aufgehoben oder geändert worden sein, um ihretwegen in einem Staatshaftungsprozess Schadensersatz geltend machen zu können. Das Gericht ist an die Entscheidung über die Rechtswidrigkeit aus dem Vorprozess bzw. -verfahren gebunden. Die Gefahr der Durchbrechung der Rechtskraft einer Entscheidung droht deshalb nicht.

VI. Haftung ohne Normverstoß

Der Staat und die territoriale Selbstverwaltung sind unter gewissen Umständen auch ohne dass die Staatsorgane, die Amtspersonen oder die Beliehenen gegen das Recht verstoßen hätten, zum Schadensersatz verpflichtet. Dabei handelt es sich aber um keine Haftung im Sinne des Gesetzes Nr. 514/2003 Gbl.,[58] sondern vielmehr um eine Entschädigung, die durch besondere Gesetze geregelt wird.[59] Zu diesem Bereich gehören insbesondere die Enteignung und die sonstigen Einschränkungen des Eigentums.

Die slowakische Verfassung ermöglicht in Art. 20 Abs. 4 die Enteignung und zwangsweise Einschränkung des Eigentums nur unter vier Bedingungen. Sie ist nur aufgrund eines Gesetzes im öffentlichen Interesse unter Einhaltung der Verhältnismäßigkeit und gegen eine angemessene Entschädigung möglich. Eine Enteignung oder Eigentumseinschränkung durch Gesetz ist von der Verfassung nicht vorgesehen.[60] Das öffentliche Interesse ist keine formelle, sondern eine materielle Voraussetzung. Sie muss bereits beim Erlass eines Gesetzes beachtet werden und inhaltlich dem durch die Verfassung vorgegeben Ziel dienen. Um ein Gesetz welches das Eingreifen in die Rechte des Eigentümers ermöglicht verabschieden zu können, muss das Interesse der Öffentlichkeit an dem Eingriff das rechtlich geschützte Interesse des Eigentümers aus besonderen Gründen überwiegen. Dabei ist nicht erforderlich, dass das öffentliche Interesse ausdrücklich benannt wird. Ausreichend ist vielmehr, dass dieses in den Zielen und dem Sinn und Zweck des Gesetzes erkennbar ist.[61] Dass eine Entschädigung angemessen sein muss bedeutet nicht, dass sie dem Marktwert der Sache entsprechen muss. Sie muss sich aber zumindest daran orientieren und das Maß des Eingriffs in das Eigentumsrecht berücksichtigen.[62] Die zentralen Vorschriften über die Enteignung finden sich im OZ und dem *Stavebný zákon* (Baugesetzbuch, abgekürzt: SZ)[63]. Im Gegensatz zum OZ regelt das SZ nur die Enteignung von Grundstücken und Gebäuden.[64]

Andere Fälle der Haftung ohne Normverstoß sind solche, in denen der Staat bzw. seine Organe den Einzelnen in rechtmäßiger Weise in Anspruch nehmen und dieser dabei einen Schaden erleidet. Darunter fällt z.B. die polizeiliche Inanspruchnahme der zivilen Bevölkerung nach

58 Eine Ausnahme bildet die Haftung wegen einer Entscheidung über die Haft, eine Strafe oder Sicherungsmaßregel, die nicht in jedem Fall eine Rechtswidrigkeit voraussetzen.

59 Z.B. Entschädigung für einen Schaden, der im Zusammenhang mit gewährter Hilfe durch die Polizei entstanden ist, § 78 PZ (vgl. Fn. 17).

60 Urteil des Verfassungsgerichts der Slowakischen Republik vom 3.4.1996, Ver. Nr. PL. ÚS 38/95, abrufbar unter www.concourt.sk (zuletzt abgerufen am 13.6.2013).

61 Urteil des Verfassungsgerichts der Slowakischen Republik vom 3.4.1996, Ver. Nr. Pl. ÚS 36/95, abrufbar unter www.concourt.sk (zuletzt abgerufen am 13.6.2013); *Drgonec*, Ústava Slovenskej Republiky, Art. 20, S.242.

62 Urteil des Verfassungsgerichts der Slowakischen Republik vom 12.9.1996, Ver. Nr. 37/95, abrufbar unter www.concourt.sk (zuletzt abgerufen am 13.6.2013).

63 *Zákon č. 50/1976 Zb., Stavebný zákon* (Gesetz Nr. 50/1976 Gbl., Baugesetzbuch, abgekürzt: SZ).

64 Die Unterscheidung zwischen Grundstücken und Gebäuden ist deshalb wichtig, weil anders als in Deutschland die Gebäude nach § 120 Abs. 2 OZ nicht Bestandteil des Grundstücks sind.

dem slowakischen Polizeigesetz (PZ, vgl. Fn. 17). Der Staat ist dann nach § 78 zum Ersatz sowohl des materiellen als auch des immateriellen Schadens verpflichtet. Die Anerkennung eines allgemeinen Aufopferungsanspruchs wie in Deutschland, der zwar nicht kodifiziert, aber gewohnheitsrechtlich anerkannt ist und eine Entschädigung für immaterielle Rechtsgüter vorsieht, ist in der Slowakei bisher noch nicht diskutiert worden.

C. Haftungsfolgen

I. Haftungssubjekte

Haftungssubjekte im Sinne des Gesetzes Nr. 514/2003 Gbl. sind der Staat und die territorialen Selbstverwaltungen, denen die Gemeinden und Kreise angehören.

Ein Regress des Staates kann nach § 21 Abs. 1 des Gesetzes Nr. 514/2003 Gbl. nur unter der Bedingung geltend gemacht werden, dass der Schaden bereits beglichen wurde und dieser durch eine schuldhafte Pflichtverletzung entstanden ist.[65] Letzteres hat derjenige zu beweisen, der den Regressanspruch geltend macht. Haben mehrere Personen einen Schaden verursacht, haften sie gesamtschuldnerisch. Gesetzlich geregelt ist der Regress des Staates, wenn die territorialen Selbstverwaltungen im übertragenen Wirkungskreis tätig waren. Darüber hinaus ist auch bei Beliehenen und Richtern die Geltendmachung eines Regresses möglich. Dabei wird der Anspruch nicht bei Gericht, sondern direkt bei den Richtern erhoben.[66] Das Verschulden des Richters muss jedoch zuvor in einem Disziplinarverfahren oder einem Strafprozess als schwerwiegendes Disziplinarvergehen festgestellt werden. Wann dies der Fall ist, regelt *Zákon o sudcoch a prísediacich* (Gesetz über die Richter und Schöffen)[67] in § 116 Abs. 2 und 3. Danach ist z.B. ein schweres disziplinarisches Verschulden gegeben, wenn ein Richter absichtlich gegen die Pflicht verstoßen hat, unabhängig und unparteiisch zu entscheiden. Gleiches gilt bei einem schuldhaften Verhalten, das zu einer Verzögerung des Prozesses geführt hat. Mit dem Amt des Richters unvereinbar ist darüber hinaus u.a. die Unfähigkeit des Richters, die Herkunft von Vermögenszuwächsen, die beträchtlich die Summe seines Einkommens übersteigen, glaubhaft zu machen. Hat der Richter vorsätzlich gehandelt, muss er den Regress in vollem Umfang zahlen. Bei Fahrlässigkeit ist der Regressanspruch gem. § 22 Abs. 2 Buchst. b des Gesetzes Nr. 514/2003 Gbl. i.V.m. § 105 Abs. 2 SP auf das Dreifache seines Gehalts vor der Pflichtverletzung begrenzt. Im Allgemeinen kann konstatiert werden, dass die aus schwerem disziplinarischen Verschulden folgende Regresshaftung dem Schutz der richterlichen Unabhängigkeit, der Unparteilichkeit der Justiz sowie dem Willkürverbot dient.

Von diesen Fällen ist die Geltendmachung von Regressansprüchen gegen Angestellte zu unterscheiden. Die dem Staat gegenüber Regresspflichtigen[68] müssen nach § 22 Abs. 3 des Gesetzes Nr. 514/2003 Gbl. einen Regress von den verantwortlichen Angestellten verlangen. Auch wenn die territoriale Selbstverwaltung im eigenen Wirkungskreis tätig wird, räumt das Gesetz Nr. 514/2003 Gbl. ihr die Möglichkeit ein, Regressansprüche zu erheben. Gemäß § 24 Abs. 2 ist sie dazu jedoch nicht verpflichtet.

---

65 Gesetzesbegründung zum Gesetz Nr. 514/2003 Gbl., abrufbar unter http://www.justice.gov.sk (zuletzt abgerufen am 6.6.2013).

66 *Miklík*, Justičná revue 11/2004, 1241 (1250).

67 *Zákon č. 385/2000 Z.z., o sudcoch a prísediacich* (Gesetz Nr. 385/2000 Gbl., über die Richter und Schöffen).

68 Zu den Regresspflichtigen gehören z.B. nach § 22 Abs. 1 des Gesetzes Nr. 514/2003 Gbl. die territoriale Selbstverwaltung, wenn sie im übertragenen Wirkungskreis tätig gewesen ist, juristische Personen, die die rechtswidrige Entscheidung erlassen haben oder die Interessenverwaltung.

Die Höhe des Regressanspruchs, seine Voraussetzungen sowie sein Umfang werden durch besondere Gesetze geregelt.[69]

II. Anspruchsberechtigte

Anspruchsberechtigt ist jeder Verfahrensbeteiligte, dem infolge einer rechtswidrigen Entscheidung ein Schaden entstanden ist. Dabei spielt die Staatsangehörigkeit angesichts der Tatsache, dass nach Art. 46 Abs. 3 der Verfassung jedermann schadensersatzberechtigt ist, keine Rolle. Wird ein Geschädigter in einem Verfahren nicht als Verfahrensbeteiligter behandelt, obwohl er als solcher anzusehen ist, so ist auch dieser berechtigt, Schadensersatz geltend zu machen. Schließlich existieren Fälle, in denen eine Entscheidung in einem Verfahren erlassen wurde, auf das die Vorschriften über das Verwaltungsverfahren keine Anwendung finden. Dann ist derjenige anspruchsberechtigt, dem durch die Entscheidung ein Schaden entstanden ist.

Bei rechtswidrigem amtlichen Vorgehen hat derjenige einen Ersatzanspruch, dem dadurch ein Schaden entstanden ist.

III. Haftungsinhalt

Den Haftungsumfang regeln die §§ 17 und 18 des Gesetzes Nr. 514/2003 Gbl. Dabei wird wie in Tschechien[70] zwischen dem Schaden und einem immateriellen Nachteil unterschieden. Der Grund ist derselbe – unter einem Schaden wird nur derjenige Nachteil verstanden, der in Geld beziffert werden kann.[71] Diese Unterscheidung trifft das Gesetz Nr. 514/2003 Gbl. allerdings nur im Rahmen des § 17. Ansonsten spricht es allgemein von einem Schaden, wovon auch der immaterielle Nachteil erfasst ist.[72]

Ersetzt werden der tatsächliche Schaden und der entgangene Gewinn. Die Wiedergutmachung in Form der Wiedereinsetzung in den vorherigen Stand ist auf Antrag möglich. Sie wird nach § 442 Abs. 3 OZ jedoch nur gewährt, falls sie möglich ist und zweckmäßig erscheint.

Der Schadensersatz umfasst den Ersatz der Kosten desjenigen Verfahrens, in dem die rechtswidrige Entscheidung erlassen wurde und in dem es zum unrichtigen amtlichen Vorgehen gekommen ist. Fraglich ist, ob Kosten ersetzt werden, die durch die vorherige vorläufige Erörterung des Anspruchs entstanden sind. In der Literatur[73] wird vertreten, dass diese Kosten keine Verfahrenskosten seien. Sie könnten deshalb nicht im Rahmen der vorläufigen Erörterung des Anspruchs geltend gemacht werden. Die gerichtliche Geltendmachung der Kosten als Nebenkosten sei aber zulässig. Diese Auffassung basiert auf der Rechtsprechung des Obersten Gerichts zum Gesetz aus dem Jahr 1969. Das Oberste Gericht hatte wegen fehlender Regelungen zum Schadensinhalt und den Nebenforderungen die Vorschriften des OZ angewendet das in § 121 Abs. 3 die Kosten der Geltendmachung von Forderungen zu den Nebenforderung zählt.[74] Das Gesetz Nr. 514/2003 Gbl. regelt den Schadensinhalt inzwischen eigenständig. Die Kosten, die durch die vorherige vorläufige Erörterung des Anspruchs entstanden sind, sind von dieser neu-

69 Z.B. *zákon č. 311/2001 Z.z., Zákonník práce* (Gesetz Nr. 311/2001 Gbl., Arbeitsgesetzbuch, abgekürzt: ZP).
70 Siehe den Beitrag zum tschechischen Staatshaftungsrecht → C.IV.
71 *Lazar et. al.*, Základy občianskeho práva hmotného, 2004, S. 241; *Balog*, Právny obzor 1/2009, 41 (47).
72 *Miklík*, Justičná revue 10/2004, 1094 (1095).
73 *Machajová*, Všeobecné správne právo (Fn. 8), S. 272; *Miklík*, Justičná revue 11/2004, 1241 (1246).
74 Urteil des Obersten Gerichts der Slowakischen Republik vom 30.3.1999, Az. 2 Cdo 7/99.

en Regelung als Schadensposten nicht erfasst.[75] Deshalb bleibt weiterhin nur deren Geltendmachung als Nebenforderungen möglich. Es erscheint aber widersprüchlich, dass ein Geschädigter, der im Rahmen der vorläufigen Erörterung Recht bekommen hat, seine Kosten die im Rahmen der Erörterung entstanden sind, selbst zu tragen hat, wohingegen derjenige, der erst im Gerichtsprozess Recht bekommt, diese Kosten als Nebenforderung geltend machen kann. Darüber hinaus spricht § 120 Abs. 3 OZ von Nebenforderungen, wovon u. a. Kosten, die mit der Geltendmachung der Forderung verbunden sind, erfasst werden. Die Entstehung der Nebenforderung ist dabei nicht auf das gerichtliche Verfahren begrenzt. Warum diese Nebenforderungen aber im Rahmen der vorläufigen Erörterung bei Stattgeben des Anspruchs nicht ersatzfähig sein sollen, obwohl sie tatsächlich entstanden sind, bleibt unbeantwortet.

Der immaterielle Nachteil wird nur dann in Geld ersetzt, wenn die bloße Feststellung der Rechtsverletzung keine ausreichende Wiedergutmachung im Hinblick auf den verursachten Nachteil darstellt. Die Höhe des Geldersatzes wird dann insbesondere unter Berücksichtigung
- der Person des Geschädigten, seines bisherigen Lebens und der Umgebung, in der er arbeitet und lebt,
- der Schwere des entstandenen Schadens und der Umstände unter denen es zum Schaden gekommen ist,
- der Schwere der Folgen, die dem Geschädigten im Privatleben und in der gesellschaftlichen Betätigung entstanden sind,

bestimmt.

Der Geschädigte muss sowohl im Vorverfahren (→ D.I.) als auch im gerichtlichen Prozess die Summe der geforderten Entschädigung angeben.

D. Geltendmachung von Haftungsansprüchen

I. Vorverfahren

Grundsätzliche Voraussetzung für die Geltendmachung von Schadensersatzansprüchen ist die Aufhebung oder Änderung der rechtswidrigen Entscheidung mittels eines ordentlichen Rechtsmittels durch das zuständige Organ. An eine solche Entscheidung ist das Gericht im Folgeprozess gebunden.[76] Rechtsmittel werden in ordentliche und außerordentliche danach unterschieden, ob sie gegen eine bestandskräftige oder nicht bestandskräftige Entscheidung gerichtet sind.[77] Ordentliche Rechtsmittel sind in der Slowakei hiernach Widerspruch und *rozklad*.[78] Von der Voraussetzung, dass die Entscheidung aufgrund eines ordentlichen Rechtsmittels geändert oder aufgehoben sein muss, kann in Ausnahmefällen abgesehen werden. Ist eine Entscheidung in einem Verfahren erlassen worden, für das die Vorschriften über das Verwaltungsverfahren nicht gelten, so ist es ausreichend, dass das zuständige Organ die Entscheidung aufhebt. Bei

75 Siehe §§ 17–18 des Gesetzes Nr. 514/2003 Gbl.

76 *Miklík*, Justičná revue 10/2004, 1094 (1101); Urteil des Obersten Gerichts der Tschechoslowakischen Sozialistischen Republik vom 30.11.1977, Az. Plsf 3/77 (Das Gericht hat anhand des damals geltenden Gesetzes Nr. 58/1969 Gbl. entschieden. Die maßgeblichen Bestimmungen stimmen aber mit der im heute geltenden Gesetz Nr. 514/2003 Gbl. geregelten Rechtslage überein).

77 *Sobihard*, Správny poriadok, 2004, § 53, S. 214.

78 *Rozklad* unterscheidet sich vom Widerspruch dadurch, dass er keinen Devolutiveffekt hat. Er richtet sich gegen erstinstanzliche Entscheidungen von zentralen Organen der Staatsverwaltung (hierzu gehören z.B. die Ministerien, und das Statistische Amt), die an der Organisationsspitze der Staatsverwaltung stehen und deren Entscheidungen deshalb in keiner höheren Instanz überprüft werden können (vgl. § 61 SP).

der Überschreitung von Kompetenzen ist die Aufhebung oder Änderung der Entscheidung keine Bedingung für die Geltendmachung von Schadensersatzansprüchen. Aufgrund mangelnder Rechtswirkungen braucht auch eine nichtige Entscheidung nicht aufgehoben werden.[79] Gleiches gilt auch für unrichtiges amtliches Vorgehen.

Das eigentliche Vorverfahren bildet das Verfahren über die vorläufige Erörterung des Anspruchs. Dieses ist sowohl bei der Haftung für rechtswidrige Entscheidungen als auch bei der Haftung für unrichtiges amtliches Vorgehen zwingend und beginnt mit schriftlichem Antrag des Geschädigten. Entscheidet das hierfür zuständige Organ[80] nicht innerhalb von sechs Monaten oder gibt dem Antrag nicht oder nicht in vollem Umfang statt, kann der Geschädigte seinen Anspruch gerichtlich geltend machen. Diese 6–Monats-Frist ist gleichzeitig die Frist für die Fälligkeit der Entschädigung. Wird diese nicht gezahlt, so kann der Geschädigte Verzugszinsen geltend machen.[81] Die Frist gibt keine Auskunft darüber, wie lange die vorläufige Erörterung des Anspruchs andauern darf.[82] Sie hat aber Einfluss auf die Verjährung, da diese während ihres Andauerns gehemmt wird (→ D.V.). Das Verfahren stellt kein Verwaltungsverfahren dar und mündet auch nicht in einem Verwaltungsakt, vielmehr ist die Mitteilung darüber, dass dem Anspruch durch das Organ stattgegeben wurde, nur eine informelle Mitteilung.[83] Wäre diese eine Verwaltungsentscheidung im Sinne eines Verwaltungsaktes, dann würden Gerichte über ihre Rechtmäßigkeit bzw. Rechtswidrigkeit in einem Verwaltungsprozess entscheiden, was jedoch nicht der Fall ist. Das Verhältnis zwischen dem Organ und dem Geschädigten bei der vorläufigen Erörterung des Anspruchs ist vielmehr ein bürgerlich-rechtliches.[84]

II. Rechtsweg

Über das Bestehen und den Umfang des Schadensersatzanspruches für rechtswidrige Entscheidungen sowie unrichtiges amtliches Vorgehen des Staates oder der territorialen Selbstverwaltung entscheiden Gerichte in einem Zivilprozess.[85]

III. Beweisfragen

Jeder Verfahrensbeteiligte trägt nach § 120 Abs. 1 S. 1 OSP die Beweislast für seine eigenen Behauptungen. Unbestrittene Tatsachen werden als wahrheitsgemäß angesehen.[86] Die Rechtswidrigkeit der im vorherigen Verfahren aufgehobenen oder geänderten Entscheidung ist nicht mehr beweispflichtig, da das Gericht an diese Entscheidung gebunden ist.

79 *Miklík*, Justičná revue 10/2004, 1094 (1100).
80 Die Zuständigkeit der einzelnen Organe ist ausführlich in § 4 für den Staat und § 11 des Gesetzes Nr. 514/2003 Gbl. für die territoriale Selbstverwaltung geregelt.
81 *Miklík*, Justičná revue 11/2004, 1241 (1245).
82 Ebenda.
83 *Miklík*, Justičná revue 11/2004, 1241 (1245).
84 Ebenda, 1241 (1244).
85 Beschluss des Obersten Gerichts der Slowakischen Republik vom 12.11.2008, Az. 3 Sžnč 17/2008.
86 *Ficová et. al.*, Občianske právo procesné, Základné konanie, 2010, S. 191.

IV. Versicherung

In der Slowakei existiert, soweit ersichtlich, keine Möglichkeit des Abschlusses einer Versicherung, die dem Staat oder der Selbstverwaltung ermöglichen würde, sich für den Fall einer Schadensersatzpflicht zu versichern.

V. Verjährung

Das Gesetz Nr. 514/2003 Gbl. nennt in § 19 die objektive und subjektive Verjährungsfrist. Die subjektive Frist beträgt drei Jahre ab dem Tag, an welchem der Geschädigte von dem Schaden Kenntnis erlangte. Ist für die Geltendmachung des Anspruchs die Aufhebung oder Änderung der Entscheidung Voraussetzung, dann beginnt die Verjährungsfrist ab dem Tag der Zustellung bzw. Bekanntgabe der Entscheidung zu laufen. Die objektive Verjährungsfrist knüpft an objektive Umstände an, hier an die Zustellung bzw. Bekanntgabe der rechtswidrigen Entscheidung. Der Anspruch verjährt spätestens zehn Jahre von diesem Tag gerechnet. Die objektive Verjährung beginnt nicht bei Gesundheits- und solchen Schäden zu laufen, die durch eine Entscheidung über die Inhaftierung, Festnahme oder eine andere rechtswidrige Aberkennung der persönlichen Freiheit entstanden sind. Gleiches gilt bei Entscheidungen über Strafen oder Sicherungsmaßregeln.

Sowohl die subjektive als auch die objektive Verjährungsfrist sind für die Geltendmachung des Anspruchs im Rahmen der vorläufigen Erörterung des Anspruchs vor dem zuständigen Organ, sowie für die gerichtliche Geltendmachung des Anspruchs einzuhalten. Sie ist aber vom Zeitpunkt des Antrags auf vorläufige Erörterung des Anspruchs bis zum Abschluss dieses Verfahrens gehemmt. Dieser Zeitraum beträgt jedoch längstens sechs Monate. Dies entspricht der Frist, die der Anspruchsberechtigte abwarten muss, bevor er seinen Anspruch gerichtlich geltend machen kann, wenn er einen Antrag auf die vorläufige Erörterung beim zuständigen Organ stellt (→ D.I.).

VI. Vollstreckung

Die slowakische Rechtsordnung kennt keine speziellen Vorschriften die Zwangsvollstreckung gegen den Staat oder die territoriale Selbstverwaltung betreffend. Da beide bei Rechtskraft der gerichtlichen Entscheidung die Stellung eines Schuldners haben, ist davon auszugehen, dass für sie die allgemeinen Regeln der Zwangsvollstreckung entsprechend gelten. Diese werden in zwei Vorschriften geregelt, dem OSP in seinem sechsten Abschnitt und der Zwangsvollstreckungsordnung[87]. Der sechste Abschnitt des OSP findet aber nur auf Entscheidungen über die Erziehung von Minderjährigen und sog. Justizforderungen[88] Anwendung, sodass auf die Vollstreckung im Rahmen des Staatshaftungsrechts die Zwangsvollstreckungsordnung anwendbar ist.

---

87 *Zákon č. 233/1995 Z. z., o súdnych exekútoroch a exekučnej činnosti (Exekučný poriadok)* (Gesetz Nr. 233/1995 Gbl., über die gerichtlichen Zwangsvollstrecker und Zwangsvollstreckungshandlungen – Zwangsvollstreckungsordnung, abgekürzt: EP).

88 Vgl. § 251 Abs. 2 OSP; zu den sog. Justizforderungen gehören z.B. Gerichtskosten.

Bibliographie

Balog, Boris, K zodpovednosti štátu za nesprávny úradný postup Ústavného súdu Slovenskej republiky (Zur Verantwortlichkeit des Staates für das unrichtige amtliche Vorgehen des Verfassungsgerichts), Právny obzor 1/2009, S. 41

Jakab, Radomír, Verejnoprávne zmluvy (Öffentlich-rechtliche Verträge), Justičná revue 11/2005, S. 1368

Jánošíková, Martina, Zodpovednosť štátu za škodu spôsobenú porušením komunitárneho práva (Die Verantwortlichkeit des Staates für den durch die Verletzung des Gemeinschaftsrechts verursachten Schaden), Justičná revue 3/2005, S. 390 (397)

Luby, Štefan, Zodpovednosť štátu za škodu spôsobenú rozhodnutím alebo úradným postupom (Die Verantwortlichkeit des Staates für den durch eine Entscheidung oder amtliches Vorgehen verursachten Schaden), Bratislava 1971

Miklík, František, Problémy zodpovednosti štátu za škodu pri výkone verejnej moci (Probleme der Verantwortlichkeit des Staates bei der Ausübung der öffentlichen Gewalt), Justičná revue 10/2004, S. 1094

ders., Problémy zodpovednosti štátu za škodu pri výkone verejnej moci – 2 časť (Probleme der Verantwortlichkeit des Staates bei der Ausübung der öffentlichen Gewalt – 2.Teil), Justičná revue 11/2004, S. 1241

Sviežený, Richard, Zodpovednosť členského štátu za neimplementáciu smernice (Die Verantwortlichkeit des Staates für die Nichtimplementierung von Richtlinien), Justičná Revue 2003, S. 586

Abkürzungen

č.	číslo (Nummer)
OSP	Občiansky súdny poriadok (slowakische Zivilprozessordnung)
OZ	Občiansky zákonník (slowakisches Bürgerliches Gesetzbuch)
Pl. ÚS	Plénum Ústavného súdu (Plenum des Verfassungsgerichts)
SP	Správny poriadok (slowakisches Verwaltungsverfahrensgesetz)
SZ	Stavený zákon (slowakisches Baugesetzbuch)
Zb.	bierka (Gesetzessammlung bzw. -blatt)
Z.z.	Zbierka zákonov (Gesetzessammlung bzw. -blatt)
ÚS	Ústavný súd (Verfassungsgericht)

Wesentliche Vorschriften

Die Verfassung der Slowakei
Ústava Slovenskej republiky[89]

Čl.46

[...]

(3) Každý má právo na náhradu škody spôsobenej nezákonným rozhodnutím súdu, iného štátneho orgánu či orgánu verejnej správy alebo nesprávnym úradným postupom.

(4) Podmienky a podrobnosti o súdnej a inej právnej ochrane ustanoví zákon.

Art. 46

[...]

(3) Jeder hat das Recht auf Ersatz des Schadens, der durch die gesetzeswidrige Entscheidung eines Gerichts, eines anderen Staatsorgans oder Organs der öffentlichen Verwaltung oder durch unrichtiges amtliches Vorgehen verursacht wurde.

(4) Voraussetzungen und Einzelheiten über den gerichtlichen oder anderen Rechtschutz werden durch das Gesetz bestimmt.

89 Übersetzung der Verfasserin.

Zákon č. 514/2003 Z.z., o zodpovednosti za škodu spôsobenú pri výkoneverejnej moci a o zmene niektorých zákonov

Gesetz Nr. 514/2003 Gbl. über die Verantwortlichkeit für den bei der Ausübung der öffentlichen Gewalt verursachen Schaden und über die Änderung von einigen Gesetzen[90]

§ 1 Predmet úpravy

Tento zákon upravuje

a) zodpovednosť štátu za škodu spôsobenú orgánmi verejnej moci pri výkone verejnej moci,

b) zodpovednosť obce a vyššieho územného celku (ďalej len územná samospráva) za škodu spôsobenú orgánmi územnej samosprávy pri výkone samosprávy,

c) predbežné prerokovanie nároku na náhradu škody a právo na regresnú náhradu.

§ 1 Regelungsgegenstand

Dieses Gesetz regelt

a) die Verantwortlichkeit des Staates für den durch die Organe der öffentlichen Gewalt bei der Ausübung der öffentlichen Gewalt verursachten Schaden,

b) die Verantwortlichkeit der Gemeinden und höheren Verwaltungsgebietseinheiten (im Folgenden: territoriale Selbstverwaltungen) für den durch die Organe der territoriale Selbstverwaltung bei der Ausübung der Selbstverwaltung verursachten Schaden,

c) die vorläufige Verhandlung des Schadensersatzanspruchs und das Recht auf Regress.

§ 2 Vymedzenie základných pojmov

Na účely tohto zákona

a) výkon verejnej moci je rozhodovanie a úradný postup orgánov verejnej moci o právach, právom chránených záujmoch a povinnostiach fyzických osôb alebo právnických osôb,

b) orgán verejnej moci je
   1. štátny orgán,
   2. orgán územnej samosprávy, verejnoprávna inštitúcia, orgán záujmovej samosprávy, fyzická osoba alebo právnická osoba, ktorým zákon zveril výkon verejnej moci.

§ 2 Grundbegriffe

Für die Zwecke dieses Gesetzes

a) versteht man unter Ausübung der öffentlichen Gewalt die Entscheidungstätigkeit und das amtliche Vorgehen der Organe der öffentlichen Gewalt die Rechte, rechtliche geschützten Interessen und Pflichten von natürlichen und juristischen Personen betreffend

b) ist ein Organ der öffentlichen Gewalt
   1. ein Staatsorgan
   2. ein Organ der territorialen Selbstverwaltung, einer öffentlich-rechtlichen Institution, ein Organ der Interessenverwaltung, sowie natürliche oder juristische Personen, denen durch das Gesetz die Ausübung der öffentlichen Gewalt anvertraut wurde.

§ 3 Rozsah zodpovednosti

(1) Štát zodpovedá za podmienok ustanovených týmto zákonom za škodu, ktorá bola spôsobená orgánmi verejnej moci, okrem tretej časti toho zákona, pri výkone verejnej moci

a) nezákonným rozhodnutím,
b) nezákonným zatknutím, zadržaním alebo iným pozbavením osobnej slobody,
c) rozhodnutím o treste, o ochrannom opatrení alebo rozhodnutím o väzbe, alebo
d) nesprávnym úradným postupom.

§ 3 Umfang der Verantwortlichkeit

(1) Der Staat ist, mit Ausnahme der im dritten Teil genannten Fälle, unter den durch dieses Gesetz bestimmten Voraussetzungen für den Schaden verantwortlich, der durch Organe der öffentlichen Gewalt bei der Ausübung öffentlicher Gewalt durch

a) eine gesetzeswidrige Entscheidung,
b) die gesetzeswidrige Inhaftierung, Festnahme oder andere Entziehung der persönlichen Freiheit,
c) eine Entscheidung über eine Strafe, Sicherungsmaßregel oder Haft, oder
d) ein unrichtiges amtliches Vorgehen verursacht wurde.

---

90 Übersetzung der Verfasserin.

(2) Zodpovednosti podľa odseku 1 sa nemožno zbaviť.

(2) Eine Exkulpation von der Verantwortlichkeit nach Abs. 1 ist nicht möglich.

§ 10 Rozsah zodpovednosti

(1) Územná samospráva zodpovedá za podmienok ustanovených týmto zákonom za škodu spôsobenú orgánmi územnej samosprávy pri výkone samosprávy.

(2) Územná samospráva zodpovedá za škodu podľa odseku 1, ktorá bola spôsobená

a) nezákonným rozhodnutím alebo
b) nesprávnym úradným postupom.

(3) Zodpovednosti podľa odseku 1 sa nemožno zbaviť.

§ 10 Umfang der Verantwortlichkeit

(1) Die territoriale Selbstverwaltung ist unter den durch dieses Gesetz bestimmten Voraussetzungen für den Schaden verantwortlich, der durch ihre Organe bei der Ausübung der Selbstverwaltung verursacht wurde.

(2) Die territoriale Selbstverwaltung ist für den Schaden nach Abs. 1 verantwortlich, der durch

a) eine gesetzeswidrige Entscheidung oder
b) das unrichtige amtliche Vorgehen verursacht wurde.

(3) Eine Exkulpation von der Verantwortlichkeit nach Abs. 1 ist nicht möglich.

§ 21 Slowenien

Samo Bardutzky/Saša Zagorc*

Inhaltsübersicht

A. Grundlagen

I. Rechtsstaatliche Determinanten der Verfassungsordnung

Die Verabschiedung der *Ustava Republike Slovenije* (Verfassung der Republik Slowenien)[1] in der Zeit des politischen Umbruchs zu Beginn der 1990er Jahre stellte einen tiefen Einschnitt von dem bisherigen, nach dem Zweiten Weltkrieg schrittweise eingeführten, überwiegend sozialistischen System zu einer neuen, auf dem Rechtsstaatsprinzip und der Achtung der Menschenrechte gründenden Ordnung dar. Die Verfassung selbst sowie zahlreiche Beispiele des demokratischen Aufbruchs vor und nach ihrer Verabschiedung weckten Erwartungen jedes Einzelnen bezüglich

* Die Autoren danken Martina Greif für Ihre wertvolle Unterstützung bei der Vorbereitung des Beitrags.
1 Amtsblatt Nr. 31/1991, 42/1997, 66/2000, 24/2003, 69/2004, 68/2006, im Folgenden als Verfassung bezeichnet.

der Achtung des Rechtsstaates und des Verhältnisses des Individuums zum Staat und seinen Behörden. Insbesondere die Achtung der Menschenrechte tritt als Hauptmerkmal der slowenischen Verfassungsordnung hervor, was aus der Präambel[2] und Abschnitt II *Temeljna ustavna listina o neodvisnosti in samostojnosti Republike Slovenije* (Die grundlegende Verfassungscharta über die Selbständigkeit und Unabhängigkeit der Republik Slowenien)[3] der Verfassung[4] klar ersichtlich ist. Die Verfassung wurde mehrfach geändert, wobei keine der Änderungen ihr ursprüngliches Konzept oder Wertefundament wesentlich beeinträchtigte oder sich auf die bestehenden Regelungen zur Amtshaftung auswirkte.

Slowenien ist ein Rechts- und Sozialstaat (Art. 2 Verfassung). Der Rechtsstaat ist universeller Natur.[5] Das *Ustavno sodišče* (Verfassungsgericht) entwickelte eine Untergruppe von aus dieser Vorschrift abgeleiteten Rechten und Grundsätzen, und zwar das Bestimmtheitsgebot gesetzlicher Vorschriften, den Grundsatz der Verhältnismäßigkeit und des Vertrauensschutzes etc.[6] Der Rechtsstaat wird zudem von einer Reihe verfassungsrechtlicher Bestimmungen gestärkt: Dem Recht auf gerichtlichen Schutz (Art. 23 und Art. 120 Abs. 3 Verfassung), wonach gerichtlicher Schutz der Rechte und gesetzlichen Interessen der Staatsbürger und Organisationen gegen Entscheidungen und Handlungen der Verwaltungsorgane und Träger öffentlicher Befugnisse gewährleistet wird; dem Gesetzmäßigkeitsgrundsatz (Art. 120 Abs. 2 Verfassung); der Verfassungsbeschwerde (Art. 160 Abs. 1 Nr. 6 Verfassung) in Verbindung mit der Vorschrift zum gerichtlichen Schutz von Menschenrechten und Grundfreiheiten und dem Recht auf Entschädigung für eine Verletzung dieser Rechte und Freiheiten (Art. 15 Abs. 4 Verfassung), etc. Unserer Ansicht nach stellen der äußerst bürokratisierte Verwaltungsapparat, das übermäßige Eigentum des Staates sowie korruptes Verhalten des Staates und anderer öffentlicher Behörden die Hauptgefahren für den Rechtsstaat in Slowenien dar. Außerdem sind die Auswirkungen der unangemessen lange dauernden Gerichtsverfahren in Slowenien auf den Rechtsstaat zu berücksichtigen.[7] Schließlich würde das moderne Rechtsstaatsverständnis ohne Anerkennung einer Amtshaftung für Schäden ernsthaft in Frage gestellt. Obgleich die Haftung des Staates für Schäden im Hinblick auf die Einrichtungen und Verfahren, die die Verfassungs- und Rechtmäßigkeit öffentlichen Handelns gewährleisten, von untergeordneter Bedeutung ist, so dient sie doch im Falle deren Versagens als *ultima ratio*.[8]

2 Präambel der *Temeljna ustavna listina o neodvisnosti in samostojnosti Republike Slovenije* (Die grundlegende Verfassungscharta über die Selbständigkeit und Unabhängigkeit der Republik Slowenien), Amtsblatt Nr. 1/1991: „[...] im Hinblick auf die Tatsache, dass die SFRJ kein Rechtsstaat ist und Menschenrechte, nationale Rechte und die Rechte der Republiken und Autonomen Provinzen in ihr grob verletzt werden [...]."

3 Abschnitt II *Temeljna ustavna listina o neodvisnosti in samostojnosti Republike Slovenije* (Die grundlegende Verfassungscharta über die Selbständigkeit und Unabhängigkeit der Republik Slowenien) lautet: „Die Republik Slowenien stellt gemäß der Verfassung der Republik Slowenien und der geltenden Verträge den Schutz der Menschenrechte und Grundfreiheiten aller Personen auf dem Gebiet der Republik Slowenien unabhängig von ihrer Nationalität ohne jegliche Art von Diskriminierung sicher."

4 Präambel, Art. 5 und Kapitel II der Verfassung lauten: „Ausgehend von [...] grundlegenden Menschenrechten und Freiheiten"; „Der Staat schützt auf seinem Hoheitsgebiet die Menschenrechte und Grundfreiheiten."

5 *Jambrek*, in: Šturm (Hrsg.), Komentar Ustave Republike Slovenije (Kommentar zur Verfassung der Republik Slowenien), 2010, Art. 2, S. 58.

6 Vgl. z.B. die Entscheidungen *Ustavno sodišče* (Verfassungsgericht, abgekürzt: US) U-I-18/93 (OdlUS V, 40/Amtsblatt Nr. 25/96); U-I-302/98 (OdlUS VII, 187/Amtsblatt Nr. 72/98); U-I 86/96 (OdlUS V, 176/Amtsblatt Nr. 1/97).

7 *Leach et al.*, Responding to Systematic Human Rights Violations, S. 75–14.

8 *Jadek Pensa*, in: Šturm (Fn. 5), Art. 26, S. 295.

II. Grundsätzliche Voraussetzungen einer Staatshaftung (einschließlich historischer Entwicklung)

Staatshaftung im weiteren Sinne umfasst die Haftung des Staates für die Verletzung zivilrechtlicher Verträge durch den Staat, eine kommunale Behörde oder einen Hoheitsträger, zivilrechtliche Delikte (schädigende Handlungen) und Verstöße gegen öffentliche Pflichten oder Tätigkeiten. Während die ersten beiden Fallgruppen eine Haftung der Behörden in der *dominium*-Sphäre betreffen, die sich nicht von der allgemeinen Haftung privater Akteure unterscheidet, beschäftigt sich die dritte mit der Frage der Staatshaftung in der *imperium*-Sphäre (d.h. der Staatshaftung *stricto sensu*). Der vorliegende Bericht behandelt ausschließlich letzere. Eine Haftung des Staates wurde zum ersten Mal nach dem Ersten Weltkrieg in den Verfassungstexten zur Gründung des Königreichs der Serben, Kroaten und Slowenen in der *Vidovdanska ustava* (Vidovdan Verfassung) erwähnt.[9] Art. 18 Abs. 3 und 4 der Vidovdan Verfassung lauteten wie folgt:

> *„Für Schäden von Bürgern durch staatliche oder kommunale Behörden aufgrund rechtswidriger oder fehlerhafter Dienstausübung müssen sich der Bedienstete als ausführendes Organ sowie der Staat oder die Kommune vor den allgemeinen Gerichten verantworten.*
> *Ein Anspruch auf Schadensersatz verjährt nach neun Monaten."*

Die *Ustava Kraljevine Jugoslavije* (Verfassung des Königreichs Jugoslawien)[10] behandelte die Staatshaftung auf die gleiche Weise wie die vorherige Verfassung, abgesehen davon, dass die Verjährungsvorschrift entfiel. Im Gegensatz zur vorherigen Verfassung wurde im Falle einer Enteignung ein Schadensersatzanspruch eingefügt. Während des sozialistischen Regimes war die Haftung des Staates ebenfalls Teil der *materia constitutionis* (Art. 41 *Ustava Federativne Narodne Republike Jugoslavije* [Verfassung der Föderativen Volksrepublik Jugoslawien] von 1946[11]; Art. 69 *Ustava Socialistične Federativne Republike Jugoslavije* [Verfassung der Sozialistischen Föderativen Republik Jugoslawien] von 1963[12]; Art. 199 *Ustava Socialistične Federativne Republike Jugoslavije* [Verfassung der Sozialistischen Föderativen Republik Jugoslawien) von 1974[13]] und unterschied sich nicht wesentlich von den vorherigen Verfassungsanordnungen. Auf Gesetzesebene behielt das *Obči državljanski zakonik* (Allgemeines Bürgerliches Gesetzbuch, ABGB) aus den Zeiten der Österreichisch-Ungarischen Monarchie zunächst seine Gültigkeit, bis nach dem Zweiten Weltkrieg mehrere allgemeine und besondere Gesetze mit widersprüchlichen Vorschriften zur direkten und indirekten Staatshaftung eingeführt wurden.[14] Allerdings hätte auch eine einigermaßen zufriedenstellende diesbezügliche Gesetzesvorschrift die geringe Anwendung der Staatshaftung in der Praxis nicht zu verbergen vermocht, so traten z.B. Schadensersatzklagen wegen rechtswidrigen Handelns der Exekutive insbesondere in Fällen von politischer Trag-

---

9 *Ustava Srbov, Hrvatov in Slovencev* (Verfassung der Serben, Kroaten und Slowenen, umgangssprachlich *Vidovdan*, Verfassung) vom 28.6.1921, Amtsblatt des Königreichs der Serben, Kroaten und Slowenen (SHS), Jahr III, Nr. 142a; vgl. *Bukovec*, Odškodninska odgovornost države, S. 100.

10 *Ustava Kraljevine Jugoslavije* (Verfassung des Königreichs Jugoslawien) vom 3.9.1931, Amtsblatt des Königreichs Jugoslawien, Nr. 200.

11 *Ustava Federativne Narodne Republike Jugoslavije* (Verfassung der Föderativen Volksrepublik Jugoslawien) vom 31.1.1946, Amtsblatt der FVJ, Jahr II, Nr. 10.

12 *Ustava Socialistične Federativne Republike Jugoslavije* (Verfassung der Sozialistischen Föderativen Republik Jugoslawien) vom 7.4.1963, Amtsblatt der SFRJ, Jahr XIX, Nr. 14.

13 *Ustava Socialistične Federativne Republike Jugoslavije* (Verfassung der Sozialistischen Föderativen Republik Jugoslawien) vom 21.2.1974, Amtsblatt der SFRJ, Jahr XXX, Nr. 9.

14 *Bukovec*, Odškodninska odgovornost države, S. 100 f.

weite nur selten auf, was die sozialistische Staatshaftung dem Grundsatz „*The King can do no wrong*" annäherte.

III. Rechtsquellen des Staatshaftungsrechts im Überblick

1. Verfassungsrechtliche Grundlage der Staatshaftung

Art. 26 der Verfassung wurde unter der Überschrift „Recht auf Schadensersatz" in das Kapitel über Menschenrechte und Grundfreiheiten eingefügt und dient als verfassungsrechtliche Grundlage der Staatshaftung, derzufolge jedermann Anspruch auf Ersatz des Schadens hat, der ihm durch rechtswidriges Handeln im Zusammenhang mit der Ausübung eines Dienstes oder einer anderen Tätigkeit einer Person oder Behörde, die diesen Dienst oder diese Tätigkeit innerhalb einer staatlichen oder kommunalen Behörde oder als Amtsträger ausübt, zugefügt wird. Da der Schadensersatzanspruch zur Kategorie der Menschenrechte und Grundfreiheiten gehört, gibt die Verfassung dem Einzelnen die Möglichkeit, eine verfassungsrechtliche Überprüfung im Rahmen einer Verfassungsbeschwerde (Art. 160 Abs. 1 Nr. 6 Verfassung) zum Schutz seines/ihres Schadensersatzanspruchs durch das höchste Gericht Sloweniens zu veranlassen. Der Anspruch auf Schadensersatz kann direkt auf die Verfassung gestützt werden. Es überrascht nicht, dass die Rechtslehre sowie das *Vrhovno sodišče* (Oberste Gericht) in Art. 26 Verfassung ein Abbild des Rechtsstaatsprinzips der Verfassung sehen.[15] Entgegen einiger Lehrmeinungen, denen zufolge das Rechtsstaatsprinzip sich nahezu ausschließlich auf die Legislative erstrecken soll,[16] umfasst Art. 26 Verfassung eine Haftung des Staates für rechtswidriges Handeln jeder staatlichen oder lokalen Behörde oder jedes Amtsträgers. Erwähnenswert ist zudem, dass die Verfassung nicht zwischen einer rechtswidrigen Tat durch eine Handlung und einer rechtswidrigen Tat durch eine Unterlassung unterscheidet.

Jedermann hat einen Anspruch darauf, für einen ihm zugefügten Schaden gemäß dem Gesetz Ersatz auch unmittelbar von der Person oder Behörde zu verlangen, die den Schaden verursacht hat (Art. 26 Abs. 2 Verfassung). Ein entsprechendes gerichtliches Einschreiten kann erforderlich sein, um eine unerwünschte Pflichtausübung durch Beamte und öffentliche Bedienstete zu verhindern. Einerseits ist die unmittelbare Haftung desjenigen, der den Schaden verursacht hat, für die Staatshaftung zweitrangig und kann gesetzlich im Hinblick auf den zur Haftungsbegründung erforderlichen Verschuldensgrad gesetzlich weiter eingeschränkt werden, andererseits sieht die Verfassung keinen Regressanspruch der öffentlichen Körperschaft gegenüber dem Schädiger vor.

In zwei unabhängigen Fällen von Staatshaftung bestehen besondere verfassungsrechtliche Schadensersatzgarantien zugunsten des Einzelnen, und zwar zum einen bei unrechtmäßiger strafrechtlicher Verurteilung oder unbegründetem Freiheitsentzug (Art. 30 Verfassung) und zum anderen bei einer Enteignung (Art. 69 Verfassung), mittels derer das Eigentumsrecht einer unbeweglichen Sache im öffentlichen Interesse unter den gesetzlich vorgesehenen Bedingungen gegen Naturalersatz oder finanzielle Entschädigung entzogen oder eingeschränkt werden kann.

Der erste Fall reicht ebenso über den verfassungsrechtlichen Schadensersatzanspruch wie über den Anwendungsbereich des Art. 5 Abs. 5 EMRK hinaus.[17] Zum einen umfasst dieser nicht nur Festnahme und Freiheitsentziehung, sondern jede unrechtmäßige Verurteilung wegen einer

---

15 *Jadek Pensa*, in: Šturm (Fn. 5), Art. 26, S. 295; *Vrhovno sodišče* (Oberstes Gericht, abgekürzt: Vrhs) Urteil II Ips 505/2003 vom 28.10.204.

16 *Jambrek*, in: Šturm (Fn. 5), Art. 2, S. 53.

17 Vgl. US, Urteil U-I-65/05 (OdlUS XIV, 72/Amtsblatt Nr. 92/2005) mit zustimmendem Votum des Richters *Krisper Kramberger*, para. 3.

Straftat. Zum anderen kann der Einzelne neben dem Schadensersatzanspruch ein Recht auf Rehabilitation geltend machen.[18] Drittens setzt der Schadensersatzanspruch kein Verschulden im Rahmen der behördlichen Handlung voraus, der Staat kann sich jedoch von einer Haftung befreien, wenn der Geschädigte durch tadelnswertes Verhalten zum Schaden beigetragen hat (mit der Folge, dass seine Freiheit entzogen oder er verurteilt wurde).[19] Schließlich handelt es sich beim Recht auf Schadensersatz wegen unrechtmäßiger strafrechtlicher Verurteilung oder Freiheitsentzug ausschließlich um ein Individualrecht, das nur von einer Person ausgeübt werden kann, die unrechtmäßig verurteilt oder inhaftiert wurde. Dem Schadensersatzrecht der Erben wird in solchen Fällen ein verfassungsrechtlicher Schutz durch den Schutz der Eigentumsrechte zuteil (Art. 33 und 67 Verfassung).[20]

Der Zweck der letztgenannten Fallgruppe, die in das mit „Wirtschaftliche und Soziale Verhältnisse" überschriebene Kapitel III der Verfassung eingefügt wurde, ist die Entschädigung aller sich aus einer Enteignung ergebenden Konsequenzen. Die Verfassung sieht entweder eine Naturalrestitution oder eine Entschädigung vor. Die Entschädigung umfasst einen Ausgleich für den Verlust oder die Beschränkung des Eigentumsrechts an einer unbeweglichen Sache sowie für Nebenschäden.[21] Entgegen dem unklaren Wortlaut von Art. 69 Verfassung geht die Lehre davon aus, dass das Recht eines (finanziellen) Ausgleichs grundsätzlich vorrangiges Restitutionsmittel ist.[22]

2. Gesetzesvorschriften

Obwohl die Verfassung den Schadensersatzanspruch in den Mittelpunkt stellt, finden sich die Hauptrechtsquellen der Staatshaftung gleichwohl in Gesetzen. Der Konzeption der vor der Unabhängigkeit bestehenden Gesetzeslage entsprechend bleibt das *Obligacijski zakonik* (Obligationengesetz, abgekürzt: OZ)[23] das wichtigste Regelwerk im Hinblick auf die Staatshaftung, wobei bestimmte Aspekte auch im Verwaltungsrecht geregelt sind. Das OZ unterscheidet je nach der rechtlichen Stellung des Schädigers zwei Arten von Staatshaftung, und zwar betreffend „Arbeitnehmer" und „Organe des Arbeitgebers".

Der Unterabschnitt „Haftung für Arbeitnehmer" des OZ enthält den Grundsatz der Arbeitgeberhaftung für das Handeln von Arbeitnehmern. Die Gesetzgebung differenziert zwischen dieser Haftungsart und der allgemeineren „Haftung für andere". Der Grund dafür, dass die „Haftung für Arbeitnehmer" einer besonderen Regelung bedarf, geht auf einen bedeutenden konzeptionellen Unterschied der beiden zurück. Ein Arbeitgeber haftet nämlich nicht für einen Arbeitnehmer, sondern anstelle eines Arbeitnehmers; allerdings nicht aufgrund eines Auswahlverschuldens (*culpa in eligendo*) oder Überwachungsverschuldens (*culpa in custodiendo, culpa in vigilando in inspiciendo*) seinerseits. Die Arbeitgeberhaftung für Schäden, die von Arbeitnehmern bei oder im Zusammenhang mit ihrer Tätigkeit für den Arbeitgeber verursacht wurden, entsteht gemäß dem Grundsatz *respondeat superior*.[24] Neben anderen Gründen für eine unterschiedliche Regelung kann auch die Sicherstellung einer angemessenen Motivation der Arbeit-

18 *Zupančič*, in: Šturm (Fn. 5), Art. 30, S. 332.
19 US Urteil U-I-65/05 (OdlUS XIV, 72/Amtsblatt Nr. 92/2005) mit zustimmender Meinung von *Krisper Kramberger*, para. 7.
20 US, Urteil U-I 60/96 (OdlUS VII, 150/Amtsblatt Nr. 56/98).
21 *Virant*, in: Šturm (Fn. 5), Art. 69, S. 683.
22 *Virant*, in: Šturm (Fn. 5), Art. 69, S. 681.
23 Amtsblatt Nr. 97/2007-UPB1.
24 *Jadek Pensa*, in: Plavšak et al., Obligacijski zakonik (OZ): (splošni del): s komentarjem, 2003–2004, S. 836.

nehmer infolge eines begrenzten Haftungsrisikos angeführt werden.[25] Dem Gesetz zufolge haftet die juristische oder natürliche Person, für die der Arbeitnehmer zum Zeitpunkt des Schadenseintritts tätig war, für den Schaden, der einem Dritten durch einen Arbeitnehmer bei oder im Zusammenhang mit seiner Tätigkeit entstanden ist, sofern nicht nachgewiesen werden kann, dass der Arbeitnehmer auf eine Weise handelte, die nach den gegebenen Umständen erforderlich war. Der Geschädigte hat bezüglich des Schadens einen direkten Entschädigungsanspruch gegenüber dem Arbeitnehmer, falls der Schaden vorsätzlich verursacht wurde. Folglich steht jedem, der einem Geschädigten einen Schaden ersetzt, der diesem vorsätzlich oder grob fahrlässig von einem Arbeitnehmer zugefügt wurde, ein Regressanspruch bezüglich der Schadensersatzleistung gegenüber dem Arbeitnehmer zu. Dieser Anspruch erlischt sechs Monate nach dem Tag, an dem die Schadensersatzleistung erfolgte (Art. 147 OZ). Im selben Unterabschnitt konkretisiert Art. 148 OZ die Haftung einer juristischen Person für Schäden, die durch eines ihrer Organe verursacht wurden. Eine juristische Person haftet für Schäden, die einem Dritten durch eines ihrer Organe bei der Ausübung seiner Tätigkeit oder im Zusammenhang damit zugefügt werden. Sofern gesetzlich im Einzelfall nichts anderes vorgesehen ist, steht der juristischen Person bezüglich der geleisteten Zahlung ein Regressanspruch gegenüber demjenigen zu, der den Schaden vorsätzlich oder grob fahrlässig verursacht hat. Dieser Anspruch erlischt sechs Monate nach dem Tag, an dem die Schadensersatzleistung erfolgte.

Unabhängig von den allgemeinen Vorschriften des Schadensersatzrechts begründete die slowenische Rechtsordnung ein eigenes Regelwerk im Hinblick auf öffentliche Angestellte. Grundsätzlich ist auf die allgemeinen Regeln des Deliktsrechts zurückzugreifen, wenn das *Zakon o javnih uslužbencih* (Gesetz über öffentliche Bedienstete, abgekürzt: ZJU)[26] keine spezielleren Vorschriften enthält. Anders als die bisherigen Regelungen des *Zakon o delavcih v državnih organih* (Gesetz über staatliche Arbeitnehmer, abgekürzt: ZDDO), welches nur die unmittelbare Haftung eines bei einer staatlichen Behörde beschäftigten Bediensteten gegenüber dem Staat oder Dritten vorsah, erweitert das ZJU die Vorschriften zur Staatshaftung auf die Handlungen öffentlicher Bediensteter. Art. 135 ZJU räumt den öffentlichen Bediensteten auf den ersten Blick unangemessen Priorität gegenüber anderen ein, wie sich an dem Titel des Artikels „Schadensersatzhaftung der öffentlichen Bediensteten" und der Reihenfolge der Paragrafen des Artikels zeigt. So haften öffentliche Bedienstete gegenüber dem Arbeitgeber[27] für rechtswidrige, vorsätzlich oder grob fahrlässig bei oder im Zusammenhang mit der Arbeit verursachte Schäden. Erst danach, im zweiten Paragraphen, sieht das Gesetz eine Haftung des Arbeitgebers gegenüber Dritten für von Bediensteten bei oder im Zusammenhang mit der Arbeit rechtswidrig verursachte Schäden vor. Nichtsdestotrotz wird die Haftung des Staates und der kommunalen Behörden als vorrangig angesehen. Das ZJU geht auf die übliche Weise von einer unmittelbaren Haftung des Arbeitnehmers aus, bei der der geschädigte Dritte den Ersatz von Schäden direkt vom Schadensverursacher fordern kann, sofern der Schaden gesetzeswidrig herbeigeführt wurde. Die frühere Vorschrift des Art. 52 ZDDO zum teilweisen Ausschluss einer vollständigen Schadensersatzleistung des Arbeitnehmers an einen Dritten in Fällen eines existenzbedrohenden Unterhaltsmangels des Arbeitnehmers und seiner Familie wurde nicht in das ZJU überführt. Diese Regelung unterlief die Grundprämisse des Konzepts der *restitutio in integrum*, da der Dritte nicht vollständig entschädigt wurde. Dem durch den früheren Art. 52 ZDDO sozial orientierten Ziel werden die Regeln zur Urteilsvollstreckung in Zivilsachen besser gerecht.

---

25 *Jadek Pensa*, in: Plavšak et al. (Fn. 24) S. 836–837.
26 Amtsblatt Nr. 63/2007-UPB3, 65/2008, 69/2008-ZTFI-A,69/2008-ZZavar-E.
27 Beim Arbeitgeber im Rahmen staatlicher Körperschaften handelt es sich ausschließlich um die Republik Slowenien. Der Arbeitgeber kommunaler Verwaltungseinheiten ist die Kommune (Art. 3 Abs. 2 ZJU).

Abgesehen von den bereits genannten Gesetzen umgrenzen verschiedene Gesetze die Haftung des Staates in bestimmten Rechtsgebieten, indem sie entweder direkt auf die allgemeinen Regeln der Staatshaftung verweisen oder letztere durch Sonderregeln modifizieren.

Das *Zakon o varstvu pravice do sojenja brez nepotrebnega odlašanja* (Gesetz zum Schutz des Rechts auf ein Gerichtsverfahren ohne unangemessene Verzögerung, abgekürzt: ZVPSBNO)[28] setzt das Verfassungsrecht auf gerichtlichen Schutz um, steht doch nach Art. 23 Verfassung jedermann das Recht zu, eine Entscheidung über seine Rechte, Pflichten und gegen ihn erhobene Anklagen ohne unnötigen Aufschub durch ein unabhängiges, unparteiisches, auf einem Gesetz beruhenden Gericht zu erhalten. Das Gesetz trat in Kraft, nachdem Slowenien wegen Verstößen gegen Art. 6 und Art 13 EMRK in einer Reihe von Entscheidungen des EGMR verurteilt worden war, angefangen mit der Entscheidung im Fall *Lukenda*[29]. Das Hauptinteresse jeder betroffenen Partei sollte in einer Beschleunigung des Gerichtsverfahrens liegen. Daher kann eine Partei eine angemessene Entschädigung nur fordern, wenn dem von der Partei eingereichten Rechtsmittel stattgegeben oder wenn ein Fristsetzungsantrag gestellt wurde. Eine angemessene Entschädigung nach diesem Gesetz geht über das verfassungsrechtliche Recht auf Schadensersatz hinaus, da sie auch in der schriftlichen Feststellung der Staatsanwaltschaft, dass das Recht auf ein Verfahren ohne unangemessene Verzögerung verletzt wurde, oder der Veröffentlichung der Entscheidung bestehen kann. Infolge der verschuldensunabhängigen Haftung ist für immaterielle Schäden, die durch eine Verletzung des Rechts auf ein Verfahren ohne unangemessene Verzögerung entstanden sind, eine finanzielle Entschädigung zu zahlen. Zuständig für die Haftung ist ausschließlich die Republik Slowenien als einziger Träger der Judikative. Das Gesetz gewährleistet nicht zwangsläufig eine vollständige Entschädigung, so kann diese gem. Art. 16 II ZVPSBNO zwischen 300 bis 5000 Euro betragen, je nach Berücksichtigung aller Umstände des Einzelfalles wie seiner Komplexität in tatsächlicher und rechtlicher Hinsicht, dem Handeln der Parteien im Prozess, insbesondere im Hinblick auf die Wahrnehmung prozessualer Rechte und die Erfüllung prozessualer Verpflichtungen, auf die Einhaltung der Regeln zur Reihenfolge der Fallbearbeitung, auf gesetzliche Fristen zur Anberaumung von Vorverfahrensterminen oder zur Fällung gerichtlicher Entscheidungen, der Art und Weise, auf die über eine Sache verhandelt wurde, bevor ein Rechtsmittel eingelegt oder ein Antrag auf eine Fristsetzung eingereicht wurde, der Rechtsnatur und Art des jeweiligen Falles und seiner Bedeutung für eine Partei. Bestimmte Umständes des Falles wie seine Komplexität, das Handeln des Staates und der Parteien sowie die Bedeutung des Falles für die jeweilige Partei sollten genauer untersucht werden als andere (Art. 4, 15 und 16 ZVPSBNO).

Art. 37 *Zakon o inšpekcijskem nadzoru* (Gesetz über die Inspektionskontrolle, abgekürzt: ZIN-1)[30] ordnet die Haftung der Republik Slowenien oder der Kommunen an für Vermögensschäden, die einer Person, die sich einer Kontrolle unterziehen muss, oder anderen Personen infolge einer rechtswidrigen Handlung oder Unterlassung eines Kontrolleurs im Rahmen seiner Kontrollpflichten zugefügt wurden. Diesen Personen steht gegenüber dem Kontrolleur ein direkter Schadensersatzanspruch nur dann zu, wenn der Schaden infolge einer strafbaren Handlung des Kontrolleurs entstanden ist.[31] Die genannte Vorschrift weicht von der üblicherweise verwendeten Regelung des Zivilrechts ab, derzufolge dem Geschädigten bei einem vorsätzlich zugefügten Schaden ein Entschädigungsanspruch zusteht. Überraschenderweise schließt das ZIN-1 eine Haftung des Staates für einen immateriellen Schaden aus. Diese Regelung steht höchstwahr-

28 Amtsblatt Nr. 49/2006, 117/2006-ZDoh2, 58/2009, 30/2010 Odl.US: U-I-207/08.
29 EGMR *Lukenda/Slowenien*, Nr. 23032/02, 6.10.2005, ECHR 2005-X.
30 Amtsblatt Nr. 43/2007-UPB1.
31 Ausführlich dazu *Bizjak*, Odškodninska odgovornost, S. 63–84.

scheinlich im Widerspruch zu Art. 26 Verfassung. Ebenso ist eine Haftung des Staates für Schäden Dritter, die selbst nicht Gegenstand einer Kontrolle sind, etwas rätselhaft.

Art. 156 OZ schafft die Grundlage für einen besonderen Fall der Staatshaftung im Zusammenhang mit Terrorakten, öffentlichen Demonstrationen und Veranstaltungen durch die Anordnung, dass der Staat oder die Person, die dies kraft Gesetzes hätte verhindern müssen, für Schäden im Zusammenhang mit dem Tod oder einer Körperverletzung aufgrund eines Terroraktes oder während einer öffentlichen Demonstration oder Veranstaltung haftet. Dies bedeutet, dass den Staat eine verschuldensunabhängige Haftung trifft, auch wenn er sämtliche Vorsichtsmaßnahmen zur Schadensverhütung bei solch tragischen Zwischenfällen getroffen hat. Die Staatshaftung ist nicht subsidiär, so schließt auch die Tatsache, dass der tatsächliche Schadensverursacher bekannt und in der Lage ist, Schadensersatz zu leisten, eine Haftung des Staates nicht aus. Der Staat kann sich ausnahmsweise von einer Haftung befreien, wenn die Person, die kraft Gesetzes für die Schadensvermeidung zuständig gewesen wäre (z.B. der Organisator einer Kundgebung), nicht in der Lage war, den Schaden zu verhindern.[32]

Das *Zakon o odgovornosti za jedrsko škodo* (Gesetz zur Haftung für nukleare Schäden, abgekürzt: ZOJed-1)[33] führte kürzlich eine Haftung des Staates im Zusammenhang mit nuklearen Schäden ein. Aufgrund der Besonderheit und Außergewöhnlichkeit einer Haftung auf diesem Gebiet sei an dieser Stelle lediglich der grundlegende Haftungsrahmen umrissen. Einer solchen Haftung liegt die internationale Verpflichtung des Staates zugrunde, eine sichere Gewinnung und Nutzung von Kernenergie zu friedlichen Zwecken zu gewährleisten. Art. 1 Abs. 1 ZOJed-1 verweist für den Fall, dass das Gesetz keine Sonderregeln vorsieht, auf die allgemeinen Haftungsregeln.

Das *Zakon o policiji* (Polizeigesetz, abgekürzt: ZPol)[34] enthielt einige Jahre lang eine Vorschrift zur Haftung eines Polizisten, die sich nicht von der allgemeinen Regelung zur Arbeitnehmerhaftung nach dem OZ, sondern lediglich bezüglich einiger Verfahrensaspekte im Zusammenhang mit der Geltendmachung eines Schadensersatzanspruchs unterschied. Diese Regeln wurden indes mit der späteren Änderung des ZPol durch das ZJU aufgehoben.

Das *Zakon o urejanju prostora* (Raumplanungsgesetz, abgekürzt: ZUreP-1)[35] konkretisiert das verfassungsrechtlich geschützte Recht auf Schadensersatz in Fällen von Enteignung. Dem Eigentümer einer enteigneten Liegenschaft steht ein Recht auf eine angemessene Entschädigung oder einen Schadensersatz *in natura* (gleichwertiges Ersatzeigentum) zu. Neben dem offensichtlichen Umstand, dass das Eigentum einer Liegenschaft gegen finanzielle Entschädigung oder Schadensersatz *in natura* entzogen werden kann, steht es dem Staat auch offen, die Nutzungsrechte an einer Liegenschaft für eine bestimmte Zeit zu beschränken oder das Grundstück vorübergehend oder dauerhaft mit einer Grunddienstbarkeit zu belasten. Eine Enteignung auf die beschriebenen Arten ist nur im öffentlichen Interesse zulässig und setzt die Erforderlichkeit und Angemessenheit der Maßnahme voraus. Eine Enteignung ist unzulässig, wenn der Staat oder die Kommune über gleichwertiges Eigentum verfügt, mit dem derselbe Zweck erfüllt werden kann. Ist eine enteignete Person der Ansicht, dass ein Teil eines enteigneten Grundbesitzes das wirtschaftliche Interesse am Eigentum einer anderen (nicht enteigneten) Liegenschaft vollständig aufhebt, so kann er/sie beantragen, dass die enteignende Stelle die Eigentumsrechte an dem betreffenden, nicht enteigneten Grundbesitz ebenfalls übernimmt. (Art. 92, 99 und 105 Abs. 1 ZUreP-1).

32 *Jadek Pensa*, in: Plavšak et al. (Fn. 24) S. 902–93.
33 Amtsblatt Nr. 77/2010.
34 Amtsblatt Nr. 49/1998 (66/1998 corr.).
35 Amtsblatt Nr. 110/2002 (8/2003 corr.), 58/2003-ZZK-1, 33/2007-ZPNačrt, 108/2009-ZGO-1C, 80/2010-ZUPUDPP.

Das *Zakon o divjadi in lovstvu* (Wildtiere- und Jagdgesetz, abgekürzt: ZDLov-1)[36] bedient sich verschiedener Mechanismen zur Bestimmung einer Staatshaftung der Republik Slowenien angesichts von Schäden, die durch Wild oder geschützte Arten wildlebender Säugetiere und Vögel verursacht werden. Die Republik Slowenien haftet grundsätzlich nur dann, wenn das genannte Gesetz eine Haftung ausdrücklich vorsieht. Das Gesetz sieht zwar eine verschuldensunabhängige Haftung vor, diese kann indes in manchen Fällen nur dann geltend gemacht werden, wenn die Schadenshöhe den gesetzlich vorgeschriebenen Betrag übersteigt (Art. 54 ZDLov-1).

Was die Geltendmachung des Schadensersatzanspruchs anbetrifft, so sind die Hauptrechtsquellen das *Zakon o pravdnem postopku* (Zivilverfahrensgesetz, abgekürzt: ZPP)[37] und das *Zakon o izvršbi in zavarovanju* (Gesetz zur Vollstreckung zivilrechtlicher Urteile und zur Versicherung gegen Ansprüche)[38]. Wie bereits ausgeführt modifizieren einige Gesetze die Art und Weise, auf die ein Einzelner von seinem Anspruch auf Schadensersatzanspruch Gebrauch machen kann, insbesondere durch Änderung des Verfahrens oder Einführung einer Stelle zur Bestimmung des Vorliegens sowie der tatsächlichen Höhe eines Schadens. Weitere wichtige Verfahrensgesetze sind das *Zakon o upravnem sporu* (Gesetz über verwaltungsrechtliche Streitigkeiten, abgekürzt: ZUS-1)[39] und das *Zakon o splošnem upravnem postopku* (Gesetz über das allgemeine Verwaltungsverfahren, abgekürzt: ZUP)[40].

3. Rechtsnatur der Staatshaftung

Wie bereits ausgeführt, finden sich Regelungen zur Staatshaftung verstreut in verschiedenen Gesetzen mit zivil- und öffentlich-rechtlichen Vorschriften, was zur Folge hat, dass deren Auslegung Lehre und Praktikern einigermaßen Schwierigkeiten bereitet. Die slowenische Rechtslehre hat sich mit der Rechtsnatur der Staatshaftung ausführlich befasst. Zunächst wurden unterschiedliche Ansichten zur Besonderheit der Staatshaftung im Gegensatz zu den allgemeinen Regeln zivilrechtlicher Haftung vertreten. Der herrschenden Meinung zufolge, die sich aus der ständigen Rechtsprechung und der Mehrzahl der Deliktsrechtsexperten ableitet, gelten die Grundregeln zivilrechtlicher Haftung auch für eine Haftung des Staates.[41] Das Verfassungsgericht bestätigte, dass eine Schadensersatzklage in einem zivilrechtlichen Verfahren gemäß den allgemeinen Regeln des Deliktsrechts, die sich im OZ finden, verhandelt wird.[42] Dementsprechend stellte das Oberste Gericht fest, dass die Haftung des Staates auf dem Grundsatz der Haftung für andere beruhe.[43] Trotz der Tatsache, dass *Bukovec* in einigen Gerichtsentscheidungen geringfügige Abweichungen von der ständigen Rechtsprechung ausmacht,[44] kann aus diesen Entscheidungen nicht auf eine besondere Rechtsnatur der Staatshaftung geschlossen werden. Nur wenige Stimmen im Schrifttum[45] betonen die besondere Natur der Staatshaftung, die eine eigen-

---

36 Amtsblatt Nr. 16/2004, 120/2006 Odl.US: U-I-98/04, 17/2008.

37 Amtsblatt, Nr. 73/2007-UPB3, 45/2008-ZArbit, 45/2008, 47/2009 Odl.US: U-I-54/06 (48/2009 corr.), 57/2009 Odl.US:U-I-279/08, 12/2010 Odl.US: U-I-164/09, 50/2010 Odl.US: U-I-200/09, 107/2010 Odl.US: U-I-61/10.

38 Amtsblatt, Nr. 3/2007-UPB4, 93/2007, 37/2008-ZST-1, 45/2008-ZArbit, 28/2009, 47/2009 Odl.US: U-I-54/06 (48/2009 corr.), 51/2010, 26/2011.

39 Amtsblatt, Nr. 105/2006, 107/2009 Odl.US: U-I-147/08, Up-1547/08-17, 62/2010.

40 Amtsblatt, Nr. 24/2006-UPB2, 105/2006-ZUS-1, 126/2007, 65/2008, 47/2009 Odl.US: U-I-54/06 (48/2009 corr.), 8/2010.

41 *Juhart*, in: Seliškar Toš, S. 12–13; *Bukovec*, Odškodninska odgovornost države, S. 164–165.

42 US, Urteil U-I-65/05 (Odl.US XIV, 72/Amtsblatt, Nr. 92/2005) para. 13.

43 VrhS, Urteil III Ips 112/2003 vom 21.12.2004.

44 Vgl. *Bukovec*, Odškodninska odgovornost države, S. 164 einschließlich der dortigen Rechtsprechungsnachweise in Fn. 751.

45 *Šinkovec*, Odgovornost države za škodo, S. 8.

ständige Rechtsgrundlage erfordere. Mangels überzeugender Begründung lehnt die Mehrzahl der Autoren diese Ansicht ab. Zudem scheint die Einführung eines besonderen Systems derzeit nicht realisierbar zu sein.[46] Unserer Ansicht nach ist die Debatte über die Rechtsnatur der Staatshaftung überwiegend unfruchtbar, da beide Ansätze – was die Haftung des Staates anbetrifft – zu denselben Ergebnissen führen. Zur Lösung dieser Frage schlagen wir stattdessen ein einfaches Subsidiaritätsprinzip vor, um auf diese Weise zwei Fliegen mit einer Klappe zu schlagen. In Ermangelung von Sondervorschriften sollte die Staatshaftung nämlich gemäß den allgemeinen Regeln zivilrechtlicher Haftung ausgelegt werden.

4. Einfluss des Unionsrechts und der Rechtsprechung des EGMR

Während das Unionsrecht bezüglich mehrerer Rechtsfragen vor und nach dem Beitritt 2004 großen Einfluß auf die slowenische Lehre und Rechtsprechung hatte, blieben die Auswirkungen auf die Staatshaftung entgegen hoher Erwartungen der Lehre bisher eher gering.[47] Ein anschauliches Beispiel der verwirrenden Einstellung slowenischer Behörden gegenüber der Haftung des Staates und der EU schildert *Možina*. Er kritisiert die Vogel-Strauß-Haltung des Verfassungsgerichts, das in der Entscheidung U-I-267/06 feststellte, dass die Rechtsvorschrift zur Umsetzung des *ne ultra alterum tantum*-Prinzips trotz ihres augenscheinlichen Widerspruchs zum EU-Recht nicht gegen die Verfassung verstoße. Der Beitrag spricht sich weiter mit guten Argumenten für eine Haftung des Staates für den Schaden durch die unbezahlten Zinsen aus, da der Staat mit dem Verbot unbeschränkt auflaufender Zinsen Unionsrecht verletze.[48] Es sieht so aus, als ob das Verfassungsgericht – wenn auch auf restriktive Weise – lediglich von seiner Befugnis zur Überprüfung der Verfassungsmäßigkeit von Gesetzen Gebrauch machte. Eine solche Auslegung der Verfassung erscheint jedoch insbesonde im Lichte der Loyalitätspflicht und des Prinzips der mittelbaren Wirkung bedenklich, wenn eine Verletzung des Unionsrechts infolge offensichtlicher Untätigkeit oder Unkenntnis des Gesetzgebers lediglich eine Schadensersatzpflicht des Staates auslöst, ohne auf die Pflicht aller staatlichen Behörden einschließlich des Verfassungsgerichts einzugehen, sich so weit wie möglich für die Ausführungen von EU-Rechtsvorschriften einzusetzen.[49]

Im Vergleich zur Haltung gegenüber dem EU-Recht tritt Slowenien, was die Rechtsprechung des EGMR und die Zusprechung von Entschädigungen anbetrifft, konsequenter auf. Zunächst einmal werden Urteile des EGMR rechtzeitig vollzogen. Zweitens wurden wichtige gesetzgeberische Anstrengungen im Bereich des Strafrechts unternommen. So ist es einer Entscheidung des EGMR in Bezug auf Gründe zur Verfahrenswiederaufnahme in Strafsachen folgend möglich, die Wiedereröffnung von Strafverfahren mit dem Ziel der Änderung einer letztinstanzlichen Entscheidung zu beantragen (Art. 416 *Zakon o splošnem upravnem postopku* [Strafverfahrensgesetz, abgekürzt: ZKP])[50]. Im Falle eines Freispruchs im Wiederaufnahmeverfahren kann derjenige, der zu Unrecht wegen einer Straftat verurteilt wurde, eine Wiedergutmachung nach Art. 30 Verfassung verlangen (→ A.III.1.). Was das Delikts- und Verwaltungsrecht anbelangt, so gibt es keine besonderen Gesetzesvorschriften, die es dem Geschädigten gestatten, sein Recht auf eine gerechte Entschädigung im Sinne der EMRK direkt geltend zu machen.[51]

46 *Bukovec*, Odškodninska odgovornost države, S. 165.
47 *Juhart*, in: Seliškar Toš, S. 12.
48 *Možina*, Podjetje in delo 36 (2010) 6–7, 497–59.
49 Dazu auch *Zagradišnik*, Odškodninska odgovornost države za sodne napake pri uporabi prava Skupnosti,17–19.
50 Amtsblatt, Nr. 32/2007-UPB4.
51 US, Urteil U-I-65/05 (OdlUS XIV, 72/Amtsblatt Nr. 92/2005), para. 13.

Um es mit einem Bild aus der Grammatik auszudrücken: Slowenische Gerichtsinstanzen tun sich leicht, sich an eine Hypotaxe, d.h. eine hierarchische Beziehung zwischen dem EGMR und nationalen Gerichten zu halten im Gegensatz zu dem *parataktischen* (gleichgestellten) Verhältnis zwischen dem EuGH und nationalen Gerichten, in dem letztere dem Unionsrecht in gleichem Maße Beachtung schenken sollten wie dem Verfassungsrecht.

B. Haftungsbegründung

I. Relevantes Verhalten

1. Gerichtliche Entscheidungen

Die Voraussetzungen einer Haftung des Staates für fehlerhafte Gerichtsentscheidungen unterscheiden sich nicht wesentlich von den allgemeinen Regeln des Deliktsrechts. Die Hauptfrage bleibt die Bestimmung der Unrechtmäßigkeit einer gerichtlichen Entscheidung.[52]

Ein Schaden kann nur entstehen, nachdem eine gerichtliche Entscheidung rechtskräftig geworden ist, außer bei unangemessen verzögerten Gerichtsverfahren oder Missbrauch der richterlichen Gewalt. Das Hauptinteresse der Verfahrensparteien besteht im Erlass einer gültigen und korrekten richterlichen Entscheidung, was eine Haftung des Staates für Schäden zur Nebensache macht. Eine Amtshaftung für Schäden ist ausgeschlossen, solange der Partei Rechtsmittel zur Verfügung stehen, die zu einer solchen richterlichen Entscheidung führen können. Eine Partei wird mit dem Hinweis auf die Rechtswidrigkeit einer gerichtlichen Entscheidung keinen Erfolg haben, wenn sie die inhaltlich falsche Begründung der Gerichtsentscheidung hätte ändern können, es jedoch unterlassen hat, dies zu tun.[53] Der Staat haftet ausnahmsweise im Falle der Aufhebung einer letztinstanzlichen Entscheidung durch außerordentliche Rechtsmittel, wenn das Urteil in der Zwischenzeit vollstreckt wurde, was einen Schaden der Partei zur Folge hatte.

Was unrichtige Gerichtsentscheidungen anbetrifft, so kann die Haftung des Staates nicht so weit gefaßt werden, dass jede im Rechtsmittelverfahren festgestellte Unregelmäßigkeit einer richterlichen Entscheidung ein rechtswidriges Verhalten darstellt und damit einen Schadensersatzanspruch nach Art. 26 Verfassung auslöst.[54] Das Oberste Gericht hob hervor, dass bei der Bestimmung einer Haftung des Staates für fehlerhafte Gerichtsentscheidungen die Besonderheit richterlicher Arbeit berücksichtigt werden müsse, insbesondere die freie Beweiswürdigung (Art. 8 ZPP) und die richterliche Unabhängigkeit auf allen Ebenen (Art. 11 Abs. 2 *Zakon o sodiščih* (Gerichtsgesetz).[55] Folglich kann die abweichende Ansicht eines Gerichts, dessen Urteil aus diesem Grund durch ein Rechtsmittelgericht geändert oder aufgehoben wird, für sich genommen nicht als Grundlage für die Rechtswidrigkeit des richterlichen Verhaltens in einem Schadensersatzverfahren herangezogen werden. In anderen Worten ist die eine Haftung des Staates auslösende Rechtswidrigkeit richterlichen Verhaltens nicht einfach mit (sämtlichen) Gründen gleichzusetzen, aufgrund derer eine umstrittene Entscheidung mittels ordentlicher oder außerordentlicher Rechtsbehelfe zu ändern oder aufzuheben ist.[56] Eine Haftung des Richters und des Staates entsteht nur dann, wenn sein/ihr Verhalten ein Gesetz verletzt.[57] Selbst wenn sich der Vorwurf einer fehlerhaften Anwendung materiellen Rechts als zutreffend erweist, stellt dies

52 *Juhart*, in: Seliškar Toš, S. 13.
53 *Juhart*, in: Seliškar Toš, S. 15.
54 US, Beschluss Up 220/00 (OdlUS X, 234).
55 VrhS, Entscheidung der Vereinigten Senate Nr. 2/98 vom 15.12.1998, S. 5–7.
56 VrhS, Urteil II Ips 406/1995 vom 18.10.1995.
57 VrhS, Urteil und Beschluss II Ips 364/2003 vom 29.1.2004.

nicht *per se* ein rechtswidriges Verhalten des Gerichts im Sinne einer öffentlichen Haftung dar, weil Gerichte grundsätzlich nur dann wegen der fehlerhaften Anwendung materiellen Rechts haften, wenn es sich um schwerwiegende und unentschuldbare Rechtsverletzungen oder Missbrauch richterlicher Gewalt handelt.[58] Ein solcher rechtlicher Maßstab scheint der Frage, um die es eigentlich geht, auszuweichen, ob nämlich der Richter beim Urteil die seinem Stand angemessene Sorgfalt aufwandte. So übt der Richter sein Amt beispielsweise nicht rechtmäßig aus, wenn er Rechtsnormen entgegen ihrem eindeutigen Wortlaut anwendet oder wenn das Recht bewusst entgegen der ständigen Rechtsprechung auslegt, ohne hinreichende Gründe dafür anzugeben.[59] Dasselbe gilt, wenn der Richter in Verfahrensfragen ohne Rechtsgrundlage entscheidet oder wenn er zwar formell im Rahmen des Gesetzes, jedoch auf missbräuchliche Weise vorgeht.[60] Der Staat haftet nicht für eine fehlerhafte richterliche Entscheidung, wenn die Rechtsprechung uneinheitlich ist und der Richter einer von mehreren, wenngleich umstrittenen, materiellen Gesetzesauslegung folgte.[61] Das Vorgehen eines Gerichts steht im Einklang mit Art. 22 Verfassung, selbst wenn irrelevante materiell-rechtliche Prozessbehauptungen einer Partei in der Entscheidung nicht bewertet werden.[62]

Bei verschleppten Gerichtsverfahren oder Verfahren mit unangemessener Verzögerung kann eine Haftung des Staates nicht auf eine fehlerhafte Gerichtsentscheidung gestützt werden, da es sich nicht um materielle, sondern um prozessuale Rechtswidrigkeit handelt.

2. Verhalten öffentlicher Bediensteter und Ermessensakte

Beschränkungen von Ermessensentscheidungen durch Behörden enthält Art. 6 ZUP. Ein solcher Akt muss sich im Rahmen der gesetzlichen Ermächtigung bewegen und im Einklang mit dem Ermächtigungszweck stehen. Umfang und Zweck der Ermächtigung müssen in einem parlamentarischen oder kommunalen Gesetz vorgegeben sein. Die Staatshaftung für Ermessensakte bezieht sich auf das Element der Rechtswidrigkeit.[63] Demnach wird das Handeln einer Behörde in Ermessensfällen nur dann als rechtswidrig angesehen, wenn es willkürlich ist. Als willkürlich wird von der Rechtsprechung eine Entscheidungsfindung definiert, die dem Zweck der gesetzlichen Ermächtigung zuwiderläuft. Auch bei Ermessensentscheidungen schließt die Verfassung Willkür ohne behördliche Begründung aus.[64]

3. Legislatives Handeln

Unabhängig davon, ob sie staatliche Gewalt oder allgemein öffentliche Hoheitsgewalt ausüben, können alle Organe, Körperschaften oder Personen auf eine Weise handeln, die eine Haftung des Staates auslöst. Dies schließt das Handeln sämtlicher Zweige der Staatsgewalt einschließlich der Legislative ein.[65] Einerseits steht die Staatshaftung für rechtswidriges Handeln der Legislative in engem Zusammenhang mit der verfassungsrechtlichen Überprüfung von Gesetzen, wobei das Gesetz im Einklang mit der Verfassung und von der Nationalversammlung ratifizierten, internationalen Verträgen stehen muss. Die Erklärung der Verfassungswidrigkeit eines Gesetzes

58 *Višje sodišče v Ljubljani* (Obergericht Ljubljana, VSL), Urteil II Cp 2837/2006 vom 30.8.2006.
59 VrhS, Urteile II Ips 714/2003 vom 12.1.2005; II Ips 556/2002 vom 13.11.2003.
60 VrhS, Urteil Ips 35/98 vom 13.1.1999.
61 VSL, Urteil II Cp 2837/2006 vom 30.8.2006.
62 US, Beschluss Up-799/05 (OdlUS V, 40/Amtsblatt Nr. 25/96).
63 *Bukovec*, in: Seliškar Toš, S. 47.
64 VrhS, Urteil und Beschluss II Ips 321/97 vom 5.11.1998.
65 VrhS, Urteil II Ips 344/2004 vom 12.10.2005.

durch das Verfassungsgericht stellt eine notwendige, aber nicht hinreichende Voraussetzung für den Schadensersatzanspruch eines Einzelnen dar. Andererseits schließt der abstrakte Charakter des Rechts grundsätzlich aus, dass rechtswidriges Handeln der Legislative sich auf die Rechte und rechtlichen Interessen des Betroffenen unmittelbar auswirkt.[66] Es sind Handlungen der Exekutive aufgrund des jeweiligen Gesetzes, die diese Rechte und Interessen beeinträchtigen können.

Entgegen einer weiten Auslegung der Staatshaftung für legislatives Handeln in der Vergangenheit[67] geht die ständige Rechtsprechung nunmehr seit einiger Zeit davon aus, dass ein Kläger mit einer Klage auf Staatshaftung keinen Erfolg haben kann, wenn diese sich lediglich auf die Aufhebung eines Legislativaktes durch das Verfassungsgericht stützt.[68]

Wenn die Verletzung von Verfahrensvorschriften zu einer materiell fehlerhaften Entscheidung des Gerichts führt, entspricht eine solche Handlungsweise einer rechtswidrigen Amtsausübung und stellt damit eine notwendige Voraussetzung für einen Schadensersatzanspruch nach Art. 26 Verfassung dar;[69] man könnte auch im Wege einer Analogie sagen, dass ein Verstoß gegen Verfassungsvorschriften bezüglich des Gesetzgebungsverfahrens (z.B. rechtswidrige Verfahrenshandlungen einer gesetzgebenden Körperschaft) zu einem rechtswidrig angenommenen Gesetz führen. Was das Gesetzgebungsverfahren anbelangt, so gibt es nur zwei Verfassungsbedingungen, die erforderliche Mehrheit (Art. 86 Verfassung) sowie das Erfordernis, Gesetze in einem mehrstufigen Verfahren zu beschließen (Art. 89 Verfassung). Das Suspensivveto des Staatsrates (Art. 96 Verfassung) und das gesetzgebende Referendum (Art. 90 Verfassung) stellen zwei fakultative Verfassungsinstrumente zur Kontrolle der gesetzgeberischen Tätigkeit der Nationalversammlung dar.

Für das Oberste Gericht stellen die Natur gesetzgeberischer Arbeit sowie der Umstand, dass zu Rechtsfragen des Gesetzgebungsverfahrens unterschiedliche Standpunkte vertreten werden können, ausreichende Gründe dafür dar, die Haftung des Staates zu beschränken. Dies bedeutet, dass das Oberste Gericht die Möglichkeit einer Staatshaftung für legislatives Handeln zwar prinzipiell anerkennt, gleichzeitig jedoch Haftungsbeschränkungen zulässt. Eine vollständige Ablehnung einer Staatshaftung für verfassungswidriges Handeln der Legislative wäre unverhältnismäßig im Hinblick auf die Tatsache, dass eine legislative Haftung unzweifelhaft in Fällen besteht, in denen der Gesetzgeber ein Gesetz erlässt, welches im Widerspruch zu Unionsrecht steht.

Stimmt die Beurteilung des Gesetzgebers bezüglich der Verfassungsmäßigkeit eines Gesetzes nicht mit der des Verfassungsgerichts überein, so stellt dies nicht automatisch eine Rechtswidrigkeit im Sinne von Art. 26 Verfassung dar. Nur schwerste Verletzungen von verfassungsrechtlichen Vorschriften oder grundlegenden Sittenmaßstäben können eine Staatshaftung für den durch den Gesetzesakt verursachten Schaden auslösen.[70] Die Haltung des Obersten Gerichts vermag indes aus Gründen, die sich aus den allgemeinen Grundsätzen des Verfassungsrechts (Rechtssicherheit, *stare decisis* und Rechtsklarheit) und des Zivilrechts (allgemeiner Charakter des *neminem laedere*-Prinzips) ergeben, nicht zu überzeugen. Gerichte könnten willkürlich und

---

66 *Jadek Pensa*, in: Šturm (Fn. 5), Art. 26, S. 296–297.
67 *Višje sodišče v Mariboru* (Obergericht Maribor), Urteil I Cp 1914/2003.
68 Vgl. VSL, Urteil II Cp 3427/2009 vom 24.2.2010; VrhS, Urteil II Ips 800/2006 vom 24.6.2006. Die letztgenannte Entscheidung betraf einen rechtswidrigen Gesetzgebungsakt im Zusammenhang mit den sog. *erased people* (Anm: Dabei handelt es sich um Personen, die nach der Erklärung der Unabhängigkeit der Republik Slowenien aus den Einwohnerregistern gestrichen wurden und damit ihr Dauerwohnrecht in Slowenien verloren.) Vgl. auch EGMR (GK) *Kurić u.a./Slowenien*, Nr. 26828/06, 26.6.2012.
69 VrhS, Beschluss III Ips 92/99 vom 21.9.2010.
70 VrhS, Urteil II Ips 800/2006 vom 24.6.2006.

ohne sachgerechte juristische Begründung darüber entscheiden, was grundlegende Sittenmaßstäbe sind. Außerdem kann der Einzelne einem solchen Standard keine individuellen Garantien und klaren Hinweise zur Beurteilung eines Entschädigungsanspruchs entnehmen. Zudem ist es äußerst schwierig zu begründen, dass bestimmte Verletzungen von Menschenrechten und Grundfreiheiten nicht den fundamentalen Maßstäben einer zivilisierten Gesellschaft entsprächen. Art. 26 Verfassung sieht keine Immunität der gesetzgebenden Körperschaft bezüglich verabschiedeter Gesetze vor. Zuletzt wich das Oberste Gericht mit dieser Ansicht eindeutig und ohne Erklärung von seiner ursprünglichen Rechtswidrigkeitsdefinifion ab, derzufolge ein bestimmter Akt eines Einzelnen als rechtswidrig anzusehen ist, wenn er nicht dem angemessenen Sorgfaltsmaßstab entspricht.[71] Gemäß einer wenig überzeugenden Argumentation des Verfassungsgerichts[72] scheint es, dass dem Grundsatz, dass schwerste Verletzungen von verfassungsrechtlichen Vorschriften oder grundlegender Sittenmaßstäbe zu einer Staatshaftung führen, nicht entsprochen worden ist, da das Gericht entschied, dass Personen, die aus dem Wohnsitzregister gelöscht wurden, keinen Anspruch auf Entschädigung wegen der Verletzung ihrer Grundrechte hätten. Dementsprechend entschied der EGMR in seinem *Kurić*-Urteil, dass Slowenien *ad hoc* ein nationales Entschädigungsprogramm einrichten solle.[73]

2004 wurde ein weiterer bedenklicher Standpunkt des Obersten Gerichts bezüglich „legislativer Rechtswidrigkeit" geäußert, wonach im Fall des Versäumnisses einer gesetzgebenden Körperschaft, bestimmten Verpflichtungen gemäß einer weiteren verfassungsrechtlichen Vorschrift oder Rechten der EMRK gesetzlich zu entsprechen (Gesetzeslücke), andere rechtliche Folgen in Bezug auf die Staatshaftung gelten als im Fall von Gesetzen, die aus anderen Gründen für verfassungswidrig erklärt wurden. Das Rechtswidrigkeitsmerkmal der Staatshaftung entsteht im ersten Fall unmittelbar, und der Einwand der besonderen Natur gesetzgebender Arbeit wird von Gerichten nicht anerkannt.[74] *Vlačić* argumentiert, dass Lücken im Gesetz ebenfalls abstrakter Natur seien und sich nicht von Gesetzgebungsakten unterschieden, die diesbezüglich im direkten Widerspruch zur Verfassung stünden.[75] Die Art der Verletzung verfassungsrechtlich geschützter Rechte ist für den Geschädigten irrelevant.

Die Frage der Beweislast folgt den allgemeinen Verfahrenregeln zur Beweisführung, so ist es Sache des Klägers vorzubringen, welche Verfassungsrechte durch die gesetzgebende Körperschaft verletzt wurden.

4. Außerdienstliches Verhalten

Für die Frage, ob der Staat für außerdienstliches Verhalten staatlicher Bediensteter haftet, ist von entscheidender Bedeutung, ob das Handeln der Bediensteten *v zvezi z delom* (im Zusammenhang mit ihrer Arbeit) erfolgte gemäß Art. 135 ZJU.[76] Dies wurde weit ausgelegt, um auch Handlungen zu umfassen, die *pod plaščem avtoritete službe* (unter dem Deckmantel der behördlichen Dienstausübung) erfolgen. In der Entscheidung II Cp 2722/2010 fuhr ein uniformierter Polizist während seines Dienstes mit eingeschaltetem Blaulicht in einem Polizeiwagen zum Geschädigten und fügte diesem körperliche Verletzungen zu.[77] Die Tat geschah aus persönlichen Motiven, jedoch unter dem Deckmantel der behördlichen Dienstausübung. Unabhängig von sei-

71 VrhS, Urteil II Ips 744/2007 vom 11.2.2010.
72 US, Beschluss Up-1176/09 vom 5.7.2011 (unveröffentlicht).
73 EGMR (GK) *Kurić u.a./Slowenien*, Nr. 26828/06, 26.6.2012.
74 VrhS, Urteil II Ips 344/2004 vom 12.10.2005.
75 *Vlačič*, Pamfil (2011) 8, 54–57.
76 Vgl. die Ausführungen in Fn. 27.
77 VSL, Urteil II Cp 2722/2010 vom 10.11.2010.

nen persönlichen Motiven handelte der Angreifer ohne Zweifel in seiner Eigenschaft als Polizist. Dies hatte zur Folge, dass der Geschädigte sich anders verhielt, da die Menschen üblicherweise erwarten, der Polizei vertrauen zu können, und deren Anweisungen befolgen. Der Schädiger missbrauchte daher seine Uniform, um sich dem Geschädigten nähern und ihm mehr Schaden zufügen zu können, als es ihm unter anderen Umständen möglich gewesen wäre. Dies steht in einem Zusammenhang mit der Tätigkeit des Polizisten, der eine Haftung des Staates rechtfertigt. In der Entscheidung III Ips 148/2007 wurde ein Schaden durch einen Zollbeamten verursacht, der Frachtunternehmen täuschte, indem er ihnen falsche Papiere ausstellte.[78] Dies hatte zur Folge, dass die Frachtunternehmen höhere Zölle zahlen mussten, während er von einem Teil der Zahlung unmittelbar profitierte. Die Entscheidung des Gerichts ähnelte der im vorangegangenen Fall: Der Beamte nutzte seine Dienstuniform, seine Kenntnisse vom Zollverfahren (nicht nur von Zollbestimmungen) und seine Beziehungen zu anderen Zollbeamten, um die Geschädigten täuschen zu können. Unter Verweis auf die Leitentscheidung des Obersten Gerichts (Az. II Ips 350/92) vom 11.11.1992 sah das Gericht eine Verbindung zwischen dem Täter und dem Staat, da „er diese Taten nicht hätte begehen können, wenn er nicht beim Staat angestellt gewesen wäre".

II. Relevante Normverstöße

Grundsätzlich kann jede Verletzung geltenden Rechts zu einer Haftung des Staates führen. In der aktuellen Rechtsprechung findet sich keine aussagekräftige Darstellung der Staatshaftung im Zusammenhang mit Unionsrechtsverletzungen. Dem Obersten Gericht zufolge tritt eine Amtshaftung nicht nur bei rechtswidrigen Gesetzen oder anderen rechtswidrigen Rechtsvorschriften auf, sondern auch dann, wenn eine zuständige öffentliche Behörde einen Gesetzesakt nicht erlässt, obwohl sie gesetzlich dazu verpflichtet ist. Durch Verweis auf die EuGH-Entscheidungen *Francovich* und *Brasserie du Pêcheur* wiederholt das Gericht, dass ein solches Unterlassen nur dann eine öffentliche Haftung auslöst, wenn die Pflicht zum Erlass eines Gesetzes ausdrücklich vorgesehen ist, wie im Falle der mitgliedsstaatlichen Pflicht, Richtlinien des Europäischen Parlaments und des Rates umzusetzen.[79] Was die Staatshaftung für Verstöße gegen internationales Recht angeht, so enthalten die slowenische Rechtsprechung und Rechtslehre nur vereinzelt Standpunkte zur unmittelbaren Anwendbarkeit internationaler Staatshaftungsmechanismen auf nationales Recht. So gilt beispielsweise die gerechte Entschädigung nach Art. 41 EMRK als eine solche Haftungsart, da sie nur auf internationaler Ebene besteht, dem Verfahren vor dem EGMR entspricht und ausschließlich gemäß diesem Verfahren geltend gemacht werden kann.[80] Eine entsprechende Haftung des Staates kann nicht auf nationaler Ebene mit dem Argument eingeführt werden, dass ratifizierte und verkündete internationale Verträge unmittelbar anzuwendbar seien (Art. 8 Verfassung). Dieser Artikel betrifft nämlich nur die unmittelbare Anwendbarkeit internationaler Verträge und kann nicht dahingehend verstanden werden, dass internationale Verträge automatisch unmittelbar wirkende Vorschriften enthalten. Eine Rechtsnorm wird als self-executing angesehen, wenn Inhalt und Wortlaut der Vorschrift einen solchen Schluss zulassen.[81] Die Entscheidung über eine gerechte Entschädigung nach Art. 41 EMRK fällt damit ausschließlich in den Zuständigkeitsbereich des EGMR. Eine unmittelbare Anwendung dieser Vorschrift durch nationale Gerichte steht im Widerspruch zur Bedeutung des EGMR.[82] Im Ergebnis

78 VrhS, Urteil III Ips 148/2007 vom 2.4.2010.
79 VrhS, Urteil und Beschluss II Ips 342/2004 vom 14.4.2005.
80 VrhS, Urteil II Ips 591/2008 vom 24.6.2009.
81 Pogačnik, Neposredna uporaba mednarodnih pogodb, S. 858–869.
82 VrhS, Urteile III Ips 41/2006 vom 18.9.2007; II Ips 591/2008 vom 24.6.2009.

kann der Verstoß gegen internationale Verträge nur eine Staatshaftung begründen, wenn diese selbst eine ausdrückliche Rechtsgrundlage für solche Fälle vorsehen.

III. Schutzgutbezogenheit

Im slowenischen Recht erfolgt nur indirekt eine Abgrenzung der rechtlich geschützten Interessen. Die Rechtsnatur der Staatshaftung als Folge einer Verletzung eines rechtlich geschützten Interesses richtet sich grundsätzlich nicht nach der Art des geschützten Interesses. Die Gründe und Elemente einer Staatshaftung sind im Allgemeinen für alle rechtlich geschützten Interessen gleich; das Recht macht diesbezüglich keinen Unterschied. Zwar entspringt die öffentliche Haftung für eine unrechtmäßige Verurteilung oder unbegründete Freiheitsentziehung der speziellen Verfassungsvorschrift, sie unterscheidet sich inhaltlich jedoch nicht von anderen Formen öffentlicher Haftung.

Allerdings kann die Gesetzgebung den Maximalbetrag, den Gerichte als Schadensersatz einem Geschädigten zusprechen können, gesetzlich beschränken. Auf diese Weise schließt die Legislative schon im Voraus in den Fällen, in denen die Schadenshöhe die gesetzlich vorgeschriebene Maximalentschädigung übersteigt, sämtliche rechtlichen Konsequenzen für die Behörden aus. Dieser Ansatz wird schon durch die Verfassungsvorschrift zum Umweltschutz bestätigt. Art. 72 III Verfassung bestimmt, dass gesetzlich festgelegt wird, unter welchen Voraussetzungen und in welchem Umfang eine Person, die einen Umweltschaden verursacht hat, zum Schadensersatz verpflichtet ist. Ein weiteres gutes Beispiel indirekter Abgrenzung rechtlich geschützter Interessen enthält das ZVPSBNO, das für eine Verletzung des Rechts auf ein zügiges Verfahren bezüglich der Entschädigung sowohl einen Maximal- als auch einen Minimalbetrag vorschreibt.

IV. Zurechnung

Da Art. 26 Verfassung individuelle Rechte und Interessen schützt, gibt sein Wortlaut dem Einzelnen einen Schadensersatzanspruch in allen Fällen, in denen das Handeln eines Staatsorgans, eines Organs einer lokalen Gemeinschaft oder eines Trägers öffentlicher Befugnisse zu einem Schaden führt. Aus diesem Grund kann jede Ausübung öffentlicher Gewalt unabhängig von ihrer Rechtsform oder ihrem Status zu einer Haftung des Staates führen, sofern alle übrigen Voraussetzungen erfüllt sind.[83]

V. Kausalität

Sowohl Lehre als auch Rechtsprechung behandeln die Kausalität in Bezug auf die Staatshaftung auf dieselbe Weise wie in anderen deliktsrechtlichen Fällen. Staatliche oder lokale Gemeinschaften haften nicht, wenn der Schaden nicht auf der Ausübung ihrer Hoheitsgewalt beruht.

Das OZ enthält keine besondere Kausalitätsregelung, daher gehen die Gerichte bezüglich der rechtlichen Bedeutung der Kausalität zwischen einer Handlung und einem Schaden von einer Fall-zu-Fall-Betrachtung aus[84] und legen das Kausalitätserfordernis recht frei aus.[85] Alle

---

83 Ausführlich zur Zurechnung von Behörden → C.I.
84 *Strohsack*, Odškodninsko pravo in druge neposlovne obveznosti (Obligacijska razmerja II), 1996, S. 36.

Kausalitätsmaßstäbe sollten auf eine angemessene Bestimmung der Staatshaftungsgrenzen abzielen. Da die *conditio sine qua non*-Kausalität zu einer unerträglichen Haftung über alle vernünftigen Gründe hinaus führen könnte,[86] geht die Rechtsprechung trotz ihrer bekannten Defizite in gelegentlichen Fällen zumeist von der Adäquanztheorie sowie einer *ratio legis*-Kausalität aus.[87] Umstände in Bezug auf die Kausalität sind Tatsachenfragen, während die Fragen, wie weit die Kausalität entsprechend der Gesetzesvorschrift geht (*ratio legis*-Kausaliät) und ob die Verursacherhandlung zu üblicherweise erwartbaren Konsequenzen führt (Adäquanztheorie), Rechtsfragen sind.[88] Nach der Adäquanztheorie sollte eine Mitverursachung in Fällen berücksichtigt werden, in denen die persönlichen Eigenschaften und Zustände eines Geschädigten zum Schaden beitragen.[89] Nichtsdestotrotz hat die Bedeutung der prospektiven Kausalitätstheorie in den letzten Jahren zugenommen.[90] Danach liegt eine Kausalität vor, wenn ein bestimmter Akt die Wahrscheinlichkeit eines Schadensfalles erhöht. Berücksichtigt wird nicht nur die Tatsache, dass ein solcher Akt vorliegt, sondern auch der Umstand, dass ein vergleichbarer Schaden unter anderen Umständen auch eintreten würde.[91] In diesem Licht begannen die Gerichte, sich des Maßstabs ausreichender Wahrscheinlichkeit zu bedienen, derzufolge der Einzelne für alle Verluste haftet, die sich aus dem Schadensfall ergeben, sofern die Wahrscheinlichkeit, dass sein/ihr Verhalten diesen Schaden verursacht, eine geringe Wahrscheinlicheitsschwelle übersteigt.[92] Ein solcher, quantifizierbarer Ansatz ist indes kritisch zu sehen, ist er doch äußerst restriktiv, insbesondere wenn Gerichte ihn als Vorwand nutzen, um wertende Kausalitätsentscheidungen zu vermeiden.

Die Beweislast im Hinblick auf die Kausalität trägt der Kläger. Der Kläger hat die Pflicht, möglichst viele Handlungsumstände zu benennen (welche als Schadensursache berücksichtigt werden und der Staatsgewalt zuzuschreiben sind).[93] Es ist erwähnenswert, dass kein Kausalzusammenhang besteht, wenn die materielle behördliche Entscheidung im Falle des rechtmäßigen Handelns der Behörde (welches tatsächlich jedoch nicht vorlag) unverändert bliebe. Dieser Einwand der hypothetischen Kausalität wurde in der Rechtsprechung mehrfach erhoben, vor allem in Fällen unbedeutender Verfahrensfehler seitens der Behörden. Das oberste Gericht führte aus, dass es dem Kläger obliege, zusätzlich zum Beweis der rechtswidrigen Handlung auch nachzuweisen, dass die behördliche Entscheidung nicht ergangen wäre, wenn das Anhörungsrecht beachtet worden wäre.[94] Obwohl die Keulung von Schweinen vor dem endgültigen Ergebnis klinischer Tests zur Schweinegrippe rechtswidrig war, stützte das Oberste Gericht den staatlichen Einwand hypothetischer Kausalität, da die Tests letztlich positiv waren.[95]

Eine besondere Kausalitätsfrage stellte sich im Zusammenhang mit fehlerhaften richterlichen Entscheidungen. Das Hauptproblem bei der Kausalitätsfeststellung in Bezug auf einen Schaden scheint nach *Juhart*[96] in Fällen zu bestehen, in denen der Geschädigte nicht als Partei in dem rechtlichen Verfahren beteiligt ist. Nach richtiger Ansicht kann die Stellung des Geschädig-

---

85 *Bukovec*, Odškodninska odgovornost države, S. 235.
86 VrhS, Urteil II Ips 406/95 vom 18.10.1995.
87 *Jadek Pensa*, in: Plavšak et al. (Fn. 24), S. 679–682.
88 VrhS, Urteil II Ips 612/94 vom 29.9.1994.
89 Vgl. Rechtsansicht des VrhS, Entscheidung der Vereinigten Senate Nr. 2/98 vom 15.12.1998, S. 12.
90 VrhS, Urteil II Ips 76/2007 vom 16.7.2009.
91 *Plavšak*, in: Juhart, Plavšak, Vrenčur, Obligacijsko pravo: splošni del, 2009, S. 511; *Plavšak*, in: Plavšak et al. (Fn. 24), S. 966.
92 VSL, Urteile III Cp 1093/2009 vom 27.5.2009; III Cp 2983/2010 vom 6. 10.2010.
93 *Jadek Pensa*, in: Plavšak et al. (Fn. 24), S. 682.
94 VrhS, Urteil II Ips 244/2007 vom März 2011.
95 VrhS, Urteil und Beschluss II Ips 434/2009 vom 16.12.2010.
96 *Juhart*, in: Seliškar Toš, S. 16.

ten insoweit beeinträchtigt sein, als dessen primäres Recht auf Wahrung seiner rechtlichen Interessen durch staatliche Behörden nur unvollständig beachtet wird. Demgegenüber wird diese Stellung nicht gefährdet, was den sekundären Schadensersatzanspruch anbelangt.

VI. Relevanz von Verschulden

Das Verschulden als Haftungsvoraussetzung wurde in der slowenischen Rechtslehre ausgiebig diskutiert, wobei sich zwei Hauptargumentationen herausbildeten. Die erste, von bedeutenden Verwaltungsrechtsprofessoren vertretene, geht von einer verschuldensunabhängigen Haftung aus und lehnt Verschulden als notwendiges Element der Staatshaftung im Wesentlichen mit der Begründung ab, dass Art. 26 Verfassung keine Entlastungsklausel enthält.[97] Demgegenüber sieht die zweite, von der Rechtsprechung sowie Zivilrechtlern vertretene Ansicht Verschulden als Grundpfeiler staatlicher Haftung.[98] Das Verschulden wird jedoch durch das Konzept einer Haftung für andere „objektiviert". Eine öffentliche Haftung tritt in Fällen auf, in denen ein Einzelner bei der Ausübung von Aufgaben und Tätigkeiten nicht das Maß an Sorgfalt an den Tag legt, das vom Staat und staatlichen Behörden erwartet wird. In einem solchen Fall haftet die Behörde gemäß dem Grundsatz *respondeat superior.*[99] Die Behörde kann sich nicht exkulpieren, selbst beim Nachweis fehlender *culpa in eligendo*. Im Hinblick auf Handlungen eines Einzelnen, der eine öffentliche Behörde vertritt, gelten die allgemeinen zivilrechtlichen Verschuldensregeln mit umgekehrter Beweislast. Mit anderen Worten besteht eine Haftung des Staates immer dann, wenn derjenige, der den Staat vertritt, nach den allgemeinen zivilrechtlichen Regeln selbst haften würde.[100] Dies wird auch in einem interessanten Fall des Obersten Gerichts angedeutet. Der Kläger wurde zu einer Zeit, als eine Wehrpflicht für alle männlichen Staatsbürger galt, während einer sportlichen Übung in einem Militärlager durch einen anderen Rekruten verletzt. Da die Behörde nicht beweisen konnte, dass der Rekrut sich gemäß den Fußballregeln und mit der einer sportlichen Betätigung angemessenen Sorgfalt verhielt, wurde ihr Verschulden gesetzlich vermutet und der Staat haftete dementsprechend für den sich aus der Sportverletzung ergebenden Schaden.[101] Auf der anderen Seite besteht kein Zweifel daran, dass Behörden nach den Grundsätzen einer verschuldensunabhängigen Haftung haften, sofern deren allgemeine Regeln Anwendung finden (z.B. Haftung für Schäden infolge einer gefährlichen Sache oder einer gefährlichen Tätigkeit).[102]

VII. Haftung ohne Normverstoß

Die slowenische Rechtsordnung steht einer Haftung des Staates ohne Normverstoß nicht ablehnend gegenüber. Bedeutendstes Beispiel ist sicherlich die Grundstücksenteignung im öffentlichen Interesse gemäß der Verfassung (→ A.III.1.). Darüber hinaus kann der Gesetzgeber als Ergebnis politischer Erwägungen weitere Anwendungsfälle einer entsprechenden staatlichen Haftung eröffnen; von dieser Möglichkeit wurde indes kein ausgiebiger Gebrauch gemacht. Das

97 *Virant*, Odškodninska odgovornost, S. 499–512; *Pirnat*, in: Seliškar Toš, S. 27.
98 *Jadek Pensa*, Novejši razvoj odškodninske odgovornosti, S. 1293; *Bukovec*, Podjetje in delo 30 (2004) 6–7, 1182 (1193).
99 *Bukovec*, Podjetje in delo 30 (2004) 6–7, 1182 (1193).
100 *Juhart*, in: Seliškar Toš, S. 12–13.
101 VrhS, Urteil II Ips 337/2005 vom 1.2.2007.
102 VrhS, Urteil II Ips 357/97 vom 14.10.1998.

Verfassungsgericht kann den Gesetzgeber hingegen anweisen, ein Gesetz zu erlassen, welches eine Haftung des Staates ohne Normverstoß gewährleistet, wenn die Gesamtheit verfassungsrechtlicher Werte dies erfordert. Zuletzt kommt eine Staatshaftung ohne Normverstoß in Fällen fehlerhafter gerichtlicher Rechtsauslegung in Betracht.

Der Staat kann in Ausnahmefällen auch ohne rechtswidriges Verhalten seitens der Gesetzgebung oder exekutiver Körperschaften für von diesen verursachte Schäden haften, wodurch der Unterschied zwischen Fällen von gesetzlich ausdrücklich vorgesehenem Schadensersatz und Fällen, in denen ein solches Gesetz nicht existiert und der Geschädigte sich für einen Schadensersatzanspruch unmittelbar auf die Verfassung berufen muss, deutlich wird. Bezüglich letzterer erging ein besonders interessantes Feststellungsurteil des Verfassungsgerichts zur Frage der Zwangsimpfung von Kindern, in dem dem Gesetzgeber aufgegeben wurde, Vorschriften zur staatlichen Haftung für rechtmäßig verursachte Schäden zu erlassen.[103] Das öffentliche Interesse besteht im Gesundheitsschutz der Bevölkerung, welcher die Maßnahme einer Zwangsimpfung gegen bestimmte ansteckende Krankheiten rechtfertigt. Wie jeder medizinische Eingriff enthält auch die Impfung bestimmte Risiken. Eine individuelle medizinische Maßnahme kann sicherlich nur dann festgesetzt werden, wenn anzunehmen ist, dass negative Folgen für die Gesundheit oder das Leben der Menschen, denen diese Behandlung zuteil wird, im Allgemeinen nicht zu erwarten sind (mit Ausnahme vorübergehender und leichter Nebenwirkungen, welche Folge jeder routinemäßigen medizinischen Behandlung und demzufolge akzeptabel sind). Wenn jedoch schädigende Nebenwirkungen dennoch auftreten sollten, so ist der Gesetzgeber verpflichtet, einen angemessenen Schutz der Geschädigten in Form eines Schadensersatzes sicherzustellen. Das Solidaritätsprinzip, welches gleichzeitig ein Kriterium für die Zulässigkeit der Maßnahme einer Zwangsimpfung ist, setzt außerdem voraus, dass der Staat bei der Durchführung der Maßnahme im Interesse von jedermann auch die durch die Maßnahme verursachten Schäden Betroffener ersetzt, unabhängig vom (Nicht-) Bestehen einer staatlichen Haftung nach den allgemeinen Regelungen des Deliktsrechts. Das Verfassungsgericht scheint eine neue Art der Staatshaftung begründet und gleichzeitig dem Gesetzgeber aufgegeben zu haben, Verfahren zur Geltenmachung staatlicher Haftung einzuführen. Auch wenn eine legislative Maßnahme in Übereinstimmung mit der Verfassung steht, so ist der Gesetzgeber doch verpflichtet, in außergewöhnlichen Fällen eine Entschädigung vorzusehen, da der Einzelne sich dem öffentlichen Interesse und den Interessen der Gemeinschaft bereitwillig oder widerwillig fügen muss. Die Entscheidung des Verfassungsgerichts verdeutlicht, dass eine Haftung des Staates auch ohne Rechtswidrigkeitselement besteht. Sie leitet sich sowohl aus den Grundsätzen der Solidarität und Fairness gegenüber allen Betroffenen als auch dem Prinzip der Verhältnismäßigkeit von Mittel und Zweck ab. Die Geltendmachung des öffentlichen Interesses schließt die Möglichkeit Einzelner zur vollständigen Verfolgung ihrer persönlichen Interessen aus, wenn andere gleichzeitig unter den negativen Folgen ihrer Interessenverfolgung zu leiden hätten. Die Nationalversammlung hat das *Zakon o nalezljivih boleznih* (Gesetz gegen ansteckende Krankheiten, abgekürzt: ZNB) im Jahre 2006 entsprechend geändert.

Eine unbeabsichtigte Staatshaftung ohne Normverstoß kann auftreten, wenn ein Gericht das bloße Bestehen einer gefährlichen Situation fälschlicherweise bereits als ausreichende Voraussetzung einer staatlichen Haftung ansieht.[104] Die Entscheidung des betroffenen Gerichts wurde in ihrer Argumentation im Schrifttum zu Recht als unbeholfen kritisiert, hatte das Gericht

103 US, Entscheidung U-I- 127/01 (OdlUS XIII, 10/Amtsblatt Nr. 25/2004).
104 Vgl. VSL, Urteil II Cp 3750/2009 vom 3.6.2010.

doch bezüglich der Frage der Staatshaftung unter dem Vorwand der Sorge um den Geschädigten zu strenge Maßstäbe angelegt.[105]

C. Haftungsfolgen

I. Haftungssubjekte

Art. 26 der Verfassung garantiert ein Menschenrecht auf Entschädigung derjenigen Schäden, die durch die unrechtmäßige Ausübung öffentlicher Gewalt verursacht werden. Die Vorschrift nennt drei Kategorien von Haftungssubjekten: 1. den Staat (z.B. die Republik Slowenien), 2. Gemeinden und 3. Träger öffentlicher Gewalt. Öffentliche Gewalt kann in Slowenien nur durch diese drei Stellen ausgeübt werden.[106] Sie besitzen Rechtspersönlichkeit, die es ihnen ermöglicht, Träger von Rechten und Pflichten zu sein. Während der Staat und Gemeinden naturgemäß Rechtspersönlichkeit besitzen, kann die hoheitliche Gewalt auf juristische Personen des öffentlichen und des Privatrechts übertragen werden, wodurch sie Träger öffentlicher Gewalt im Sinne der Verfassung werden.

Daraus folgt logisch, dass das Haftungssubjekt zwingend einer der drei Kategorien zuzuordnen ist. Sowohl die staatlichen Organe (Gerichte, Ministerien, die Nationalversammlung etc.) als auch Organe der Gemeinden (Bürgermeister, Gemeinderat etc.) handeln bei Ausübung ihrer Tätigkeiten für den Rechtsträger, dem sie zugeordnet sind. Nachstehend wird die Anwendbarkeit dieses Regelungsrahmens auf verschiedene Organe und Stellen herausgearbeitet.

Es gibt keine gesetzlichen oder verfassungsrechtlichen Vorschriften, die bezüglich der Haftung zwischen den öffentlichen Angestellten unterscheiden. Der Wortlaut von Art. 26 der Verfassung weist auf die Anwendung derselben Entschädigungsregelungen für Schäden infolge rechtswidrigen Handelns eines Staatsorgans, einer Gemeinde oder eines Trägers öffentlicher Gewalt hin. Ebenso gelten die Vorschriften des bereits genannten OZ, die auf den Ersatz eines Schadens anwendbar sind, auf normativer Ebene nicht nur für alle staatlichen Organe, sondern auch für natürliche Personen und juristische Personen des Privatrechts. Es war (und bleibt) damit für die Rechtsprechung notwendig, für unterschiedliche Organe entsprechend ihrer Stellung und Funktion im Verfassungsgefüge unterschiedliche Maßstäbe zu entwickeln.

Es sei darauf hingewiesen, dass die vorstehenden Ausführungen für Gesetzgebung, Justiz und Träger öffentlicher Befugnisse gleichermaßen gelten.

Bezüglich der Gesetzgebung setzte das Oberste Gericht den Maßstab in der Entscheidung II Ips 800/26. Der Kläger verlangte vom Staat Schadensersatz, weil er in Slowenien keine Arbeit aufnehmen konnte. Die Aufnahme einer Beschäftigung wurde ihm verweigert, weil nach der slowenischen Unabhängigkeitserklärung von Jugoslawien sein Antrag auf Erwerb der slowenischen Staatsbürgerschaft abgelehnt wurde. Die Ablehnung des Antrags wurde damit begründet, dass er früher einen Mord begangen hatte und Art. 40 Abs. 3 *Zakon o državljanstvu Republike Slovenije* (Staatsbürgerschaftsgesetz) als Bedingung für den Erwerb der Staatsbürgerschaft voraussetzt, dass der Erwerb der Staatsbürgerschaft keine Gefahr für die öffentliche Ordnung, Si-

105 Vgl. *Možina*, Pravna praksa 30/2011/2, 6–9.
106 Das folgt auch aus den anderen Bestimmungen der Verfassung, vgl. Art. 22, 25, 153 Abs. 4, 157 und 159. Eine gesonderte Angelegenheit sind die autonomen Gemeinschaften (die italienische und ungarische Volksgruppe, Art. 64 der Verfassung) und die bislang nicht existierenden Gewerkschaften der Bürger (Art. 145 der Verfassung), die öffentliche Gewalt ausüben können, wenn sie ihnen durch Gesetz übertragen wurde. Dieses Konzept ist unklar und hat bislang weder die Gerichte noch die Rechtslehre beschäftigt.

cherheit oder Verteidigung des Staates darstellt. Diese Vorschrift wurde später vom Verfassungsgericht als Verstoß gegen das Rechtsstaatsprinzip aus Art. 2 Verfassung aufgehoben.[107]

Das Oberste Gericht stützte sich auf das Wesen der gesetzgeberischen Arbeit, indem es die Ansicht vertrat, dass die bloße Aufhebung einer Gesetzesvorschrift nicht als Grundlage eines Schadensersatzanspruchs gegen den Staat ausreiche (→ B.I.3.).

Gemäß Art. 121 Verfassung kann juristischen und natürlichen Personen die öffentliche Befugnis zur Ausübung einzelner Tätigkeiten der Staatsverwaltung verliehen werden. Träger öffentlicher Befugnisse *(nosilci javnih pooblastil)* können allgemeine Rechtsakte (die nach Art. 153 Abs. 3 Verfassung in Übereinstimmung mit der Verfassung und dem Gesetz stehen müssen) sowie Individualakte (die in einem Verwaltungsstreitverfahren nach Art. 157 Abs. 1 Verfassung gerichtlich überprüft werden können) erlassen. Das Handeln von Trägern öffentlicher Befugnisse wird von dem verfassungsrechtlich geschützten gleichen Schutz der Rechte (Art. 22 Verfassung) und dem Rechtsmittelrecht (Art. 25 Verfassung) ausdrücklich mitumfasst. Das Vorhandensein von Rechtsprechung zu Haftungsansprüchen gegen Träger öffentlicher Befugnisse ist nicht ersichtlich, jedoch kann der Staat nach Ansicht von *Pirnat* für von ihm verursachte Schäden nicht in voller Höhe haften. Das Verhältnis des Staates zu den Trägern öffentlicher Befugnisse unterscheidet sich von dem Verhältnis zu den Staatsorganen; die Kontrollmöglichkeit über ihre Tätigkeit ist eingeschränkt. Infolgedessen schlägt *Pirnat* vor, den Staat nur bei einer unzureichenden Kontrolle des Trägers öffentlicher Befugnisse haften zu lassen.[108]

Wenn es um den Ersatz von Schäden geht, die auf richterliche Fehler bei der Urteilsfindung zurückzuführen sein sollen, so ist nach der Rechtsprechung slowenischer Gerichte Art. 26 Verfassung in Verbindung mit anderen Verfassungsvorschriften auszulegen. Eine entsprechende Klage kann nicht gegen den Richter selbst als Beklagten erhoben werden. Gemäß Art. 134 Abs. 1 Verfassung kann niemand, der an der Urteilsfindung beteiligt ist, für eine bei der Urteilsfindung geäußerte Meinung verantwortlich gemacht werden. Dies ist nach *Višje sodišče v Ljubljani* (Beschluss II Cp 20/2009 vom 10.3.2009) als Ausdruck des Rechts auf gerichtlichen Schutz (Art. 23 Verfassung) zu verstehen.[109] Immunität gegenüber jeglicher Art rechtlicher Verantwortung wurde der Richterschaft zum Schutz ihrer Unabhängigkeit und Unparteilichkeit verfassungsrechtlich zugesprochen. Folglich wurde in der Entscheidung *Višje sodišče v Ljubljani* davon ausgegangen, dass die haftende Partei der Staat sei und das Versäumnis, die Klage gegen den Staat zu richten, notwendigerweise zu deren Abweisung führen müsse. Bezüglich der Frage nach der rechtlichen Verantwortung von Richtern für entstandene Fehler verwies das Gericht zudem auf das *Zakon o sodniški službi* (Justizgesetz, abgekürzt: ZSS)[110]. Dieses Gesetz regelt jedoch nicht die Haftung für Schäden, die bei der Ausübung richterlicher Pflichten entstanden sind. Es sieht lediglich ein disziplinarisches Verfahren für Richter im Falle einer Amtspflichtsverletzung vor (Art. 80ff. ZSS). Es wird daher davon ausgegangen, dass direkte Schadensersatzansprüche gegen Richter, die bei der Ausübung ihrer richterlichen Pflichten einen Schaden verursachen, ausgeschlossen sind.

---

107 US, Entscheidung U-I-89/99 vom 10.6.1999 (OdlUS VIII, 147/Amtsblatt, Nr. 59/99), in englischer Sprache abrufbar unter http://odlocitve.us-rs.si/usrs/us-odl.nsf/o/561CEEDAF7D40AE6C1257172002809CA (para 6ff.), zuletzt abgerufen am 7.5.2013.

108 *Pirnat*, in: Seliškar Toš, S. 23.

109 Vgl. ebenso VSL, Beschluss II Cp 3736/2007 vom 1.8.2007.

110 Amtsblatt, Nr. 94/2007-UPB4, 120/2008 Odl.US: U-I-159/08, 91/2009.

Der allgemeine Grundsatz in Bezug auf die persönliche Haftung öffentlicher Angestellter ist das Prinzip *respondeat superior:* Der Arbeitgeber[111] des öffentlichen Angestellten haftete gegenüber Dritten für einen von einem öffentlichen Angestellten *na delu ali v zvezi z delom* (bei oder im Zusammenhang mit seiner Tätigkeit) rechtswidrig verursachen Schaden. Die Haftung öffentlicher Angestellter für Schäden, die diese bei oder im Zusammenhang mit ihrer Tätigkeit für den Arbeitgeber verursachen, ist auf rechtswidriges, vorsätzliches *(dolus,* slow. *namen)* oder grob fahrlässiges *(culpa lata,* slow. *huda malomarnost)* Handeln beschränkt (Art. 135 Abs. 2 ZJU). Dies bedeutet, dass ein rechtswidrig verursachter Schaden durch einen öffentlichen Angestellten, dessen Fahrlässigkeit nicht die Grenze zur groben Fahlässigkeit überschreitet *(culpa levis),* in den Verantwortungsbereich des Arbeitgebers fällt. Der Geschädigte kann nur dann direkt vom Schadensverursacher Ersatz verlangen, wenn der Schaden vorsätzlich verursacht wurde (Art. 135 Abs. 3 ZJU). Die Regelungen des ZJU, die ausschließlich die Haftung in Bezug auf öffentliche Angestellte betreffen, ähneln sehr den Vorschriften des *Zakon o delovnih razmerjih* (Gesetz über Arbeitsverhältnisse)[112], die für alle Arbeitnehmer gelten.

Die Frage der persönlichen Haftung öffentlicher Bediensteter ist eng verbunden mit der Frage ihrer (Un-)Abhängigkeit von Weisungen durch Vorgesetzte. Nach Art. 94 Abs. 1 ZJU sind öffentliche Angestellte verpflichtet, Weisungen ihrer Vorgesetzten zu befolgen. Ein Amtsträger kann die Befolgung von Weisungen verweigern, wenn deren Ausführung ein rechtswidriges Verhalten darstellen würde; wenn dadurch ein Straftatbestand verwirklicht würde, so muss der Amtsträger die Ausführung verweigern (Art. 94 Abs. 4, 5 ZJU). Zu diesem Zweck haben öffentliche Bedienstete das Recht, die schriftliche Ausfertigung von Weisungen zu verlangen, wenn sie annehmen, dass deren Ausführung ein rechtswidriges Verhalten darstellen würde oder die Verursachung eines Schadens zur Folge hätte (Art. 94 Abs. 3 ZJU).

Amtsträger sind von einer Haftung für Schäden im Zusammenhang mit der Ausübung schriftlicher Weisungen befreit;[113] in diesen Fällen haftet der Vorgesetzte.[114]

II. Individualansprüche

Die Staatshaftung ist in Slowenien als fundamentales Recht ausgestaltet, Ersatz für behördlich verursachte Schäden zu verlangen, und wird nach Art. 26 Verfassung jedermann zugesprochen (→ A.III.1.). Gemäß Art. 15 Abs. 4 Verfassung wird durch die Verfassung der gerichtliche Schutz der Menschenrechte und Grundfreiheiten gewährleistet. Damit haben Individualansprüche Verfassungsrang. Ein entsprechender Anspruch steht sowohl natürlichen als auch juristischen Personen des Privatrechts zu.[115] Der Wortlaut des Art. 26 Verfassung weist darauf hin, dass dieses Menschenrecht nicht auf Staatsangehörige der Republik Slowenien beschränkt ist. Ein Anspruch auf Schadensersatz steht nach Art. 26 Verfassung auch Ausländern und Staatenlosen zu. Dies wurde vom Obersten Gericht in der Entscheidung II Ips 387/97, einem interessanten Fall zum Status von Ausländern im Staatshaftungsrecht, ausdrücklich bestätigt. Der Kläger war ein Aus-

111 Nach Art. 3 Abs. 2 ZJU ist die Republik Slowenien der Arbeitgeber der Angestellten, die in staatlichen Einrichtungen arbeiten; der Arbeitgeber von Angestellten, die in der kommunalen Verwaltung arbeiten, ist die Kommune (z.B. die Stadt Ljubljana).

112 Art. 182 *Zakon o delovnih razmerjih* (Gesetz über Arbeitsverhältnisse), Amtsblatt Nr. 42/2002, 79/2006-ZZZPB-F, 46/2007 Odl.US: U-I-45/07, Up-249/06, 103/2007, 45/2008-ZArbit, 83/2009 Odl.US: U-I-284/6.

113 Dies gilt auch für mündliche Anweisungen, wenn der Vorgesetzte es trotz schriftlicher Aufforderung versäumt, eine schriftliche Ausfertigung der Weisungen zur Verfügung zu stellen (Art. 94 Abs. 6 ZJU).

114 Art. 138 ZJU.

115 *Jadek Pensa*, in: Šturm (Fn. 5), Art. 26, S. 294 (301).

länder, der während des bewaffneten Konflikts 1991 vom slowenischen Militär angewiesen wurde, sich mit seinem Laster bei der Errichtung einer Straßensperre zu beteiligen, mittels derer die sich nähernden jugoslawischen Truppen aufgehalten werden sollten. Seine Klage basierte auf Art. 26 Verfassung, der nicht auf Staatsangehörige beschränkt ist. Um die Rechtswidrigkeit des behördlichen Handelns als Haftungsvoraussetzung zu begründen, konnte der Kläger sich demgegenüber allerdings darauf berufen, dass die Pflicht, das Land zu verteidigen, nur für Staatsangehörige, nicht jedoch für Ausländer gilt.[116]

III. Haftungsinhalt

Der Grundgedanke zum Inhalt der Haftung ist nach Art. 164 I OZ die Wiederherstellung der Situation vor Schadenseintritt durch den Schädiger *(restitutio in integrum)*. Sofern der Schaden jedoch durch *restitutio in integrum* nicht vollständig behoben wird (Art.164 II OZ), oder in Fällen, in denen *restitutio in integrum* unmöglich oder nutzlos ist (Art. 164 III OZ), kann das Gericht dem Haftenden aufgeben, den Geschädigten zu entschädigen. Der Geschädigte kann auch eine finanzielle Entschädigung anstelle der *restitutio in integrum* verlangen, es sei denn, eine *restitutio in integrum* ist im jeweiligen Einzelfall begründet (Art. 164 IV OZ). Zu ersetzen sind sowohl immaterielle als auch materielle Schäden.

Ein besonderer Fall der Haftung findet sich in den Vorschriften des ZKP[117] zur finanziellen Entschädigung bei ungerechtfertigter Verurteilung oder unbegründetem Freiheitsentzug. Sollte eine Person, die zu Unrecht wegen einer Straftat verurteilt oder unbegründet inhaftiert wurde, infolgedessen ihre Arbeitsstelle oder sich aus dem Beschäftigungsverhältnis ergebende soziale Ansprüche (z.B. Rentenansprüche) verlieren, so stehen ihr gemäß diesen Vorschriften die gleichen Rechte zu, wie wenn sie tatsächlich beschäftigt gewesen wäre. Dies gilt auch dann, wenn die Aufnahme einer Beschäftigung dieser Person verhindert oder verzögert wurde (Art. 546 I ZKP). Sollte die Stelle, die für die Anerkennung der sozialen Rechte zuständig ist, diese Rechte des Geschädigten missachten, so wird nach Art. 546 III ZKP ein gerichtlicher Schutz sichergestellt.

In Enteignugnsfällen ist der Enteignete nach Art. 105 I ZUreP-1 berechtigt, entweder *ustrezna odškodnina* (angemessene finanzielle Entschädigung) oder *enakovredna nadomestna nepremičnina* (Ersatzgrundstück gleichen Wertes) zu verlangen. Eine angemessene finanzielle Entschädigung umfasst nebem dem Wert des enteigneten Eigentums (gemessen an seiner tatsächlichen Verwendung) auch zusätzliche Kosten infolge der Enteignung wie Umzugskosten, Einkommensverlust sowie den potentiellen Wertverlust des verbleibenden (nicht enteigneten) Eigentums (Art. 105 II ZUreP-1) (→ A.III.2.).

Gemäß Art. 168 Abs. 1 OZ steht dem Geschädigten ein Erstattungsanspruch sowohl im Hinblick auf den positiven Schaden *(damnum emergens,* slow.: *navadna škoda)* als auch bezüglich des entgangenen Gewinns *(lucrum cessans,* slow. *izgubljeni dobiček)* zu. Maßstab für die Bemessung des entgangenen Gewinns durch die Gerichte ist „der Gewinn, der beim normalen Lauf der Ding oder aufgrund der besonderen Umstände berechtigterweise zu erwarten war, aber aufgrund des Handelns oder Unterlassens des Schädigers nicht erzielt werden konnte" (Art. 168 Abs. 3 OZ).

116 VrhS, Urteil II Ips 387/97 vom 8.4.1999.
117 Amtsblatt Nr. 32/2007-UPB4, 102/2007-ZSKZDČEU, 21/2008 Odl.US: U-I-96/06, 23/2008-ZBPP-B, 65/2008 Odl. US: U-I-328/04, 68/2008, 89/2008Odl.US: U-I-25/07, 77/2009, 88/2009 Odl.US: Up-3871/07, U-I-80/09, 29/2010 Odl. US: U-I-50/09, Up-260/9.

In *Višje sodišče v Ljubljani* wurde Art. 155 ZOR (heute Art. 179 OZ) in einem Fall angewandt, in dem ein Barbesitzer auf den Ersatz entgangenen Gewinns geklagt hatte.[118] Der Kläger machte entgangenen Gewinn aufgrund der Schließung seiner Bar im Zuge von Straßenarbeiten geltend. Das Obergericht hob die Entscheidung des Instanzgerichts auf, derzufolge es einem Unternehmen zuzumuten sei, während und aufgrund einer staatlichen Maßnahme im Allgemeininteresse keine Einnahmen zu erzielen. *Višje sodišče v Ljubljani* kam hingegen zu dem Ergebnis, dass die Gewinnerzielung nicht nur eine rechtlich anerkannte Schadensform, sondern auch für die Entwicklung eines Marktteilnehmers von wesentlicher Bedeutung sei.

In der erneuten Verhandlung hatte das Instanzgericht damit zunächst den entgangenen Gewinn im Vergleich zum selben Zeitraum im vorangehenden Jahr zu bewerten und dann die zumutbare Grenze der staatlichen Einflussnahme auf den Gewinn des Klägers festzulegen. Bei der Teilung der Lasten infolge rechtmäßigen staatlichen Handelns gilt das Solidaritätsprinzip.[119]

Das Gericht stützte sich in *Višje sodišče v Ljubljani* auf Grundsätze, die in einer Entscheidung des Verfassungsgerichts ergangen waren und denen zufolge eine Steuer für verfassungswidrig erklärt wurde, die unter bestimmten Umständen dem gesamten Gewinn eines Unternehmens entsprechen würde.[120]

IV. Haftungsbegrenzung und -ausschluss

Bei Mitverschulden ist Art. 171 OZ zur *deljena odgovornost* (gemeinsame Haftung) anzuwenden. Gemäß Art. 171 Abs. 1 OZ hat ein Geschädiger, der zum Schadenseintritt beigetragen oder den Schaden vergrößert hat, nur Anspruch auf eine proportional entsprechend reduzierte Schadensersatzleistung. In der Mehrzahl der Fälle ist diese Vorschrift zusammen mit Art. 147 Abs. 1 OZ anzuwenden, welcher eine Exkulpationsmöglichkeit vorsieht. Danach haftet ein Arbeitgeber für einen durch seinen Arbeitnehmer verursachten Schaden, es sei denn, es ist nachzuweisen, dass die Art und Weise des Verhaltens des Arbeitnehmers angesichts der gegebenen Umstände notwendig war.[121]

Die Rechtsprechung scheint bei der Bestimmung des Mitverschuldensbeitrags des Geschädigten zum Schadenseintritt die Rechtmäßigkeit des Handelns durch die Staatsorgane zu berücksichtigen. Das Oberste Gericht stützte in der Entscheidung II Ips 313/2004 das Urteil eines Berufungsgerichts, in dem der Einwand des beklagten Staates, die Haftung sei zwischen ihm und dem Kläger aufzuteilen (was im Ergebnis natürlich nur zu einem teilweisen Ersatz des Schadens führen würde) zurückgewiesen wurde. Der Kläger war von Polizeibeamten verletzt worden, als er sich weigerte, Dokumente zur Identitätsprüfung vorzulegen. Während das Gericht des ersten Rechtszugs von einer 70%igen Haftung des Staates für den Schaden infolge des Widerstands des Klägers gegen die Festnahme ausging, urteilten sowohl das Berufungsgericht als auch das Revisionsgericht, dass für die polizeiliche Anordnung der Dokumentenvorlage keine Rechts-

118 VSL, Urteil und Beschluss I Cpg 1004/2006 vom 6.2.2008.

119 Das Obergericht stützte sich dabei teilweise auf Art. 133 III OZ, der vorsieht, dass, wenn ein Schaden im Rahmen der Ausübung von Tätigkeiten im Allgemeinwohl entsteht, die von der zuständigen Behörde genehmigt wurden, nur der Ersatz des Schadens verlangt werden kann, der die *običajne meje* (üblicherweise anerkannten Belastungsgrenzen) überschreitet. Diese Vorstellung gewohnheitsmäßiger Belastungsgrenzen ist von wesentlicher Bedeutung für die Lastenteilung zwischen öffentlichen und privaten Rechtsträgern.

120 US, Entscheidung U-I-91/98 (OdlUS VIII, 196/Amtsblatt Nr. 61/99).

121 Vgl. → A.III.2. zum Verhältnis sowie den Unterschieden zwischen den allgemeinen Regeln der Arbeitgeberhaftung für das Handeln von Arbeitnehmern während oder im Zusammenhang mit der Beschäftigung einerseits und den besonderen Vorschriften zur Haftung für das Handeln öffentlicher Angestellter andererseits.

grundlage bestand und die Polizei sich bei der Festnahme, bei der der Kläger verletzt wurde, rechtswidrig verhielt.[122]

Eine Haftungsteilung kann auch in Fällen von *objektivna odškodninska odgovornost* (verschuldensunabhängiger Haftung) auftreten – genauer gesagt in Fällen von *odgovornost za škodo od nevarne stvari ali nevarne dejavnosti* (Haftung für Schäden aus gefährlichen Sachen oder gefährlichen Tätigkeiten). In der Entscheidung II Ips 600/99 nahm der Kläger den Staat wegen Schadensersatzes aufgrund einer Körperverletzung in Anspruch, die durch eine von den Streitkräften während des bewaffneten Konflikts 1991 mit der jugoslawischen Armee unter freiem Himmel zurückgelassene Sprengkapsel verursacht worden war. Die Gerichte sahen die Sprengkapsel als gefährliche Sache im Sinne des Art. 173 ZOR (heute Art. 149 OZ) an. Was die Haftung für den von einer gefährlichen Sache verursachten Schaden angeht, bestimmt Art. 177 ZOR (heute Art. 153 OZ), dass das Mitverschulden einer anderen Person den Haftenden nur unter der Voraussetzung der Unvorhersehbarkeit und Unvermeidbarkeit exkulpiert. Nichtsdestotrotz entschied das Oberste Gericht, dass ein Mitverschulden des Geschädigten dennoch zu berücksichtigen sei, wenn dessen unentschuldbare Handlungsweise die Hauptursache für den Schaden darstellt. Da der Kläger die Sprengkapsel mit nach Hause genommen und dort Hitze ausgesetzt hatte, um zu sehen, was passiert, war das schädigende Ereignis größtenteils auf dessen unvernünftiges Verhalten zurückzuführen. Nicht nur trug seine Sorglosigkeit dazu bei, eine gefährliche Lage zu schaffen, sondern vielmehr wirkte er an der Verletzung auch aktiv mit. Aus diesem Grund hatte der Beklagte 40% des Schadens zu tragen, während die verbleibenden 60% dem Kläger zugesprochen wurden.[123]

Was die Ansprüche gegen Dritte angeht, ist die Besonderheit einer Haftung der *Državna revizijska komisija* (Nationalen Rechtsmittelkommission) zu erwähnen. Gerichtlicher Schutz im Hinblick auf Entscheidungen der Kommission wird nur durch Erhebung einer Schadensersatzklage gegen den ausgewählten Anbieter vor einem allgemeinen Gericht sichergestellt.[124] Die Auffassung des Verfassungsgerichts, dass Akte der Kommission nicht als individuelle Verwaltungsakte anzusehen seien, eröffnet die Möglichkeit einer Auslegung des *Zakon o reviziji postopkov javnega naročanja* (Gesetz zur Revision der öffentlichen Auftragsvergabe, abgekürzt: ZRPJN)[125], demzufolge der ausgewählte Anbieter Ersatz für den Schaden leisten müsste, der dem um Überprüfung ersuchenden Kläger infolge einer rechtswidrigen Entscheidung der Kommission entstanden ist. *Pirnat* weist darauf hin, dass diese Möglichkeit den Grundsätzen des Obligationenrechts zuwiderliefe.[126] Das etwas „technische" Problem ist, dass aufgrund des Fehlens anderer Rechtsmittel gegen die Kommissionsentscheidung deren Rechtswidrigkeit als Voraussetzung eines Haftungsanspruchs nicht auf andere Weise festgestellt werden kann. Die einzige Möglichkeit für einen übergangenen Kläger, dessen Schadensersatzanspruch gegen den ausgewählten Anbieter von einem allgemeinen Gericht abgewiesen wurde, könnte darin bestehen, sich unmittelbar auf Art. 26 Verfassung zu berufen und zu verlangen, die Rechtmäßigkeit des Kommissionshandelns *incidenter* in einem Zivilprozess gegen den Staat überprüfen zu lassen.

122 VrhS, Urteil und Beschluss II Ips 313/2004 vom 1.12.2005.
123 VrhS, Urteil II Ips 600/99 vom 8.6.2000.
124 Vgl. → D.I.2. zu dem besonderen Verfahren bei Entscheidungen der nationalen Rechtsmittelkommission.
125 Amtsblatt Nr. 94/2007-UPB5.
126 *Pirnat*, in: Seliškar Toš, S. 22.

D. Geltendmachung von Haftungsansprüchen

I. Gerichtliches Verfahren

1. Zuständigkeit und Rechtsweg

Die Gerichte in Slowenien gehören normalerweise einer von zwei Kategorien an: der allgemeinen Gerichtsbarkeit (mit zivilrechtlicher, strafrechtlicher und handelsrechtlicher Zuständigkeit) oder der Fachgerichtsbarkeit (Verwaltungsgericht, Arbeitsgericht und Sozialgericht). Für Streitigkeiten im Zusammenhang mit einer Haftung des Staates für Schäden sind grundsätzlich die allgemeinen Gerichte in Zivilsachen zuständig. Unter besonderen, nachfolgend erläuterten Umständen kann der Schadensersatzanspruch des Geschädigten auch in einem Verfahren vor einem Fachgericht geltend gemacht werden. Auf Schadensersatzklagen vor dem *upravno sodišče* (Verwaltungsgericht) und dem *socialno sodišče* (Sozialgericht) wird im Folgenden ebenso eingegangen, wie auf die in Enteignungsfällen einschlägigen Besonderheiten.

a) Zuständigkeit der ordentlichen Gerichte

Die drei Hauptverfahrensarten im Zivilrecht sind *pravdni postopek* (streitiges Verfahren), *nepravdni postopek* (freiwillige Gerichtsbarkeit) und *civilni izvršilni postopek* (Vollstreckungsverfahren). Alle drei erfolgen vor den allgemeinen Gerichten, und das Verfahren, in dem Schadensersatzansprüche geltend gemacht werden, ist das Zivilverfahren.

Die Zuständigkeit der allgemeinen Gerichte für Schadensersatzklagen gegen den Staat und andere Körperschaften des öffentlichen Rechts folgt aus dem allgemeinen Grundsatz über die Zuständigkeit im Hinblick auf *premoženjski* (vermögensrechtliche Angelegenheiten) und andere Rechtsstreitigkeiten aus *civilnopravna razmerja* (zivilrechtlichen Rechtsverhältnissen) nach Art. 1, 30 und 32 ZPP. Die *stvarna pristojnost* (sachliche Zuständigkeit) der ersten Instanz im Zivilverfahren wird zwischen dem *okrajno sodišče* (Bezirksgericht) und dem *okrožno sodišče* (Kreisgericht) aufgeteilt.[127] Die Vorschriften des ZPP unterscheiden nicht nach der Person des Beklagten.[128]

b) Zuständigkeit der Fachgerichte: Verwaltungsgerichte

Es ist jedoch auch möglich, einen gegen den Staat oder andere öffentliche Behörden gerichteten Schadensersatzanspruch im Rahmen eines *upravni spor* (Verwaltungsstreitverfahrens) geltend zu machen. Die gerichtliche Überprüfung verwaltungsrechtlicher Streitigkeiten fällt in den Zuständigkeitsbereich des Verwaltungsgerichts. Zweck des verwaltungsgerichtlichen Verfahrens ist die gerichtliche Überprüfung von Verwaltungsentscheidungen (also Entscheidungen von Staatsorganen, Gemeinden und Trägern hoheitlicher Befugnisse). Unter Berufung auf Art. 2

127 *Ude*, Civilno procesno pravo, 2002.

128 Der Staat und seine Organe werden in gerichtlichen und anderen rechtlichen Verfahen durch das *državno pravobranilstvo* (Staatsanwaltschaft) vetreten (Art. 7 Abs. 1 *Zakon o državnem pravobranilstvu* [Staatsanwaltsgesetz] abgekürzt: ZDPra).
Art. 14 Abs. 1 ZDPra sieht vor, dass derjenige, der eine Klage gegen den Staat, vertreten durch die Staatsanwaltschaft, anstrengen will, vor Einleitung des gerichtlichen Verfahrens zunächst einen Antrag zur Beilegung der Sache bei der Staatsanwaltschaft einreichen muss. Die Staatsanwaltschaft ist verpflichtet, innerhalb von 30 Tagen zu antworten, und wenn die Parteien zu einer Einigung kommen sollten, so ist der Staatsanwalt befugt, *ex lege* eine außergerichtliche Vereinbarung abzuschließen (Art. 14 Abs. 2 ZDPra). Sollte das Bemühen um eine Einigung mit dem Staatsanwalt scheitern, so steht es dem Geschädigten selbstverständlich frei, eine gerichtliches Verfahren einzuleiten.

ZUS-1 kann eine Person, deren Rechtssphäre durch einen hoheitlichen Akt betroffen ist, die Rechtmäßigkeit des Aktes vor den Verwaltungsgerichten angreifen, nachdem sie von allen möglichen Rechtsmitteln Gebrauch gemacht hat.[129]

Zwei unterschiedliche Vorschriften des ZUS-1 beziehen sich auf Schadensersatzansprüche, die im Wege eines Verwaltungsstreitverfahrens geltend gemacht werden können. Daneben gibt es noch eine Vorschrift zur gerichtlichen Anerkennung von Schadensersatz in Verfahren, in denen das Gericht von seinen reformatorischen Befugnissen nach Art. 65 ZUS-1 Gebrauch macht.

Der Kläger in einem Verwaltungsrechtsstreit kann nach Art. 7 ZUS-1 beantragen, dass ihm Gegenstände, die ihm abgenommen wurden, wieder übergeben werden und der Schaden, der durch den Vollzug des angefochtenen Aktes entstanden ist, ersetzt wird. Das Verwaltungsgericht kann den angegriffenen Akt für nichtig erklären und die Sache zur erneuten Entscheidung an die Verwaltungsbehörde zurückverweisen (Art. 64 ZUS-1). Zusätzlich steht dem Gericht nach Art. 65 ZUS-1 auch eine reformatorische Befugnis zu. In einem solchen Fall kann das Gericht in der Sache selbst über den Anspruch des Klägers entscheiden und die angefochtene Entscheidung durch seine eigene ersetzen. Unter diesen Umständen entscheidet das Gericht auch über den Schadensersatzanspruch des Klägers.[130]

Allerdings begrenzen die Art. 67 Abs. 2 und 67 Abs. 3 ZUS-1 die gerichtliche Entscheidung zum Schadensersatz im Interesse der Beschleunigung des Verwaltungsstreits und des Verfahrens. Erfordert die Entscheidung über den Schadensersatz ein Verfahren zur Tatsachenermittlung, das die Dauer des Verwaltungsrechtsstreits erheblich verlängern würde, so kann das Gericht dem Kläger aufgeben, seinen Anspruch in einem zivilrechtlichen Verfahren geltend zu machen. Dasselbe gilt, wenn das Verfahren zum Erlass des Verwaltungsaktes nach dem Urteil im Verwaltungsrechtsstreit noch andauert (Art. 67 Abs. 2 ZUS-1). *Breznik* ist der Ansicht, dass die Entscheidung über den Schadensersatz nur auf Tatsachen gestützt werden kann, die im Rahmen der Entscheidung über die Rechtmäßigkeit des Verwaltungsakts festgestellt wurden. Das Gericht darf nicht im Hinblick auf die Entscheidung über den Schadensersatz das Verfahren ausweiten und weitere Umstände erforschen, da dies das verwaltungsgerichtliche Verfahren überlasten würde. Daher wird die häufigste Entscheidung des Verwaltungsgerichts in solchen Fällen in einer Aufforderung an den Kläger bestehen, seinen Anspruch in einem zivilrechtlichen Verfahren geltend zu machen.[131]

Die Regelung des Art. 7 Abs. 1 ZUS-1 ist im Zusammenhang mit Art. 67 Abs. 1 ZUS-1 zu sehen und dahingehend zu verstehen, dem Kläger eine Möglichkeit zu geben, neben der Anfechtung einer Verwaltungsentscheidung auch Schadensersatz zu verlangen. Dies gilt allerdings nicht in allen Fällen, so wird über einen Schadensersatzanspruch folgerichtigerweise nicht entschieden, wenn das Verwaltungsgericht beispielsweise die Verwaltungsentscheidung aufhebt und zum erneuten Verfahren an das Verwaltungsorgan zurückweist. In solchen Fällen kann nur festgestellt werden, ob das schadensverursachende Verwaltungshandeln als rechtswidrig anzusehen ist und die Voraussetzungen einer Staatshaftung damit gegeben sind.

c) Zuständigkeit der Fachgerichte: Sozialgerichte

Art. 7 *Zakon o delovnih in socialnih sodiščih* (Gesetz über Arbeits- und Sozialgerichte, abgekürzt: ZDSS-1) zählt die Zuständigkeitsbereiche der Sozialgerichtsbarkeit *ratione materiae* auf (soziale

129 Auch wenn das „quasi-verwaltungsrechtliche" Verfahren aus Art. 157 Abs. 2 der Verfassung hier ausgeklammert wird, ist dennoch zu berücksichtigen, dass Art. 66 Abs. 1 ZUS eine Entschädigung durch ein solches Verfahren vorsieht.

130 Art. 67 ZUS-1.

131 *Breznik*, in: Breznik et al., Zakon o upravnem sporu s komentarjem, 2008, S. 400.

Konflikte). Die hauptsächliche Kompetenz der Sozialgerichte ist die gerichtliche Überprüfung von Entscheidungen der Staatsorgane oder Institutionen der sozialen Sicherheit in den Bereichen der Alters-Rentenversicherung, Invalidenversicherung, Krankenversicherung, Arbeitslosenversicherung, elterlichen Fürsorge und sozialen Transferleistungen. Daneben entscheiden die Sozialgerichte nach Art. 7 Abs. 2 S. 2 ZDSS-1 in den oben genannten Bereichen über Entschädigungsansprüche Dritter für Schäden, die durch Staatsorgane oder Träger hoheitlicher Gewalt im Hinblick auf das Versicherungsverhältnis oder die Geltendmachung von Sozialhilfeansprüchen entstanden sind. Auch umgekehrte Kosntellationen sind denkbar: Die Sozialgerichtsbarkeit kann auch entscheiden über Entschädigungsansprüche der Verwaltungsbehörden wenn der behauptete Schaden von einer versicherten Person unter den oben genannten Bedingungen verursacht wurde (z.B. als Konsequenz eines Versicherungsbetruges).

d) Gerichtsstand: Bewertung

Was sehen wir aus diesen vielfältigen Möglichkeiten zur Geltendmachung eines Schadens? Das slowenische System scheint nach allgemeiner Feststellung in Bezug auf die Staatshaftung an einem sehr „Diceyschen" Ansatz festzuhalten,[132] insbesondere was die verfahrensrechtlichen Aspekte anbelangt. Die Tatsache, dass das fundamentale Recht, Schadensersatz für ein behördliches Unrecht zu verlangen, durch eine *mutatis mutandis* Anwendung der einschlägigen Vorschriften des OZ umgesetzt wird, lässt auf ein fehlendes Interesse des Gesetzgebers schließen, der es unterlassen hat, besondere Vorschriften zu erlassen. Allerdings war es eine bewusste Entscheidung, die Zuständigkeit für diese Klagen den Gerichten allgemeiner Gerichtsbarkeit zuzuweisen. Dasselbe gilt für die Anwendung zivilrechtlicher Vorschriften im Hinblick auf gerichtliche Verfahrensregeln sowie die Urteilsvollstreckung. Außerhalb des Geltungsbereichs der Staatshaftung wurde ein besonderes Gericht zur Überwachung der Rechtmäßigkeit von Verwaltungshandeln geschaffen.[133] Dieses Gericht kann, wie bereits ausgeführt, auch über Schadensersatzansprüche entscheiden, die sich aus dem angefochtenen Verwaltungshandeln ergeben. Eine solche Lösung geht vermutlich eher auf Effektivitäts- und Wirtschaftlichkeitsgedanken zurück als auf den Wunsch, Schadensersatzklagen anstelle der allgemeinen Gerichtsbarkeit dem Verwaltungsgericht zuzuweisen. Diese Vermutung wird durch die die oben genannte Vorschrift des Art. 67 Abs. 2 ZUS-1 bestätigt.

2. Vorentscheidung einer Behörde

Die Vorentscheidung einer Behörde ist grundsätzlich keine Voraussetzung einer Schadensersatzklage. Allerdings ist in diesem Zusammenhang auf ein besonderes Verfahren im Hinblick auf Entscheidungen der nationalen Rechtsmittelkommission hinzuweisen, welches verfahrensrechtlich eine Ausnahme darstellt. Bei der nationalen Rechtsmittelkommission handelt es sich um ein unabhängiges Organ zur Überprüfung von Entscheidungen öffentlich-rechtlicher Körperschaf-

132 *Harlow/Rawlings*: Law and Administration, 1984, S. 13–14. *Leyland/Woods*, Textbook on Administrative Law, 4. Aufl. 2004, S. 27.

133 Das slowenische Verwaltungsgericht, *Upravno sodišče Republike Slovenije*, ist nicht mit dem französischen *tribunal administratif* gleichzusetzen. Die Entscheidungen des Verwaltungsgerichts können (ebenso wie die aller anderen Gerichte) durch den VrhS überprüft werden, sodass die Trennung zwischen der Verwaltungsgerichtsbarkeit und der allgemeinen Gerichtsbarkeit alles andere als vollständig ist. Die Richter werden auf dieselbe Weise wie die Richter der allgemeinen Gerichte ernannt und gewählt und müssen dieselben Voraussetzungen erfüllen. Die einzige Ausnahme in Bezug auf die Wahlvoraussetzungen, die vielleicht im Zusammenhang mit einen gewissen *esprit d'administrateur* slowenischer Verwaltungsrichter steht, ist, dass Erfahrung in der Rechtsprechung auch durch Erfahrung aufgrund einer Arbeit in der öffentlichen Verwaltung ersetzt werden kann (Art. 10 II ZUS-1).

ten im Rahmen des öffentlichen Vergabeverfahrens.[134] Art. 23 ZRPJN regelt den rechtlichen Schutz des öffentlichen Auftraggebers nach Abschluss des Kommissionsverfahrens durch Entschädigungsverfahren vor einem Gericht allgemeiner Gerichtsbarkeit. Das US begründete diese Beschränkung des verfassungsmäßigen Rechts auf Gerichtsschutz (Art. 23 Verfassung) damit, dass

> *„[...] ein umfassender Gerichtsschutz in einem Verfahren zur Vergabe öffentlicher Aufträge, der auch die Sanktionsmöglichkeit einer Aufhebung der Entscheidung (zur Auswahl eines Anbieters) oder die Verzögerung des Vertragsschlusses mit dem ausgewählten Anbieter bis zu einer endgültigen Entscheidung im Rahmen eines Gerichtsverfahrens vorsieht, (...) zu einer Gefährdung des störungsfreien Staatsbetriebs führen [...]“*

könnte.[135] Außerdem stellte das Gericht fest, dass die Entscheidungen der nationalen Rechtsmittelkommission nicht als Individualverwaltungsakte angesehen werden können, woraus sich die Unanwendbarkeit von Art. 157 Verfassung ergibt. Damit besteht kein Anspruch darauf, dass der Gesetzgeber die Eröffnung des Verwaltungsrechtswegs für Rechtsmittel gegen Entscheidungen der Kommission sicherstellt. Folglich erfüllt die Schadensersatzklage als einziges Mittel gerichtlichen Rechtsschutzes gegen dieses Staatsorgan die Verfassungsmäßigkeitsvoraussetzungen.

In Enteignungsverfahren treffen *upravna enota* (Verwaltungseinheiten) die Entscheidung über die Enteignung von Grundbesitz. Es ist Aufgabe der Verwaltungseinheit, vor Beginn des Enteignungsverfahrens festzustellen, ob eine Enteignung im öffentlichen Interesse ist (Art. 100 ZUreP-1) und nach genauerer Untersuchung der Umstände eine Entscheidung bezüglich der Enteignung zu treffen. Die Entscheidungen der Verwaltungseinheit können von dem für die Raumordnung zuständigen Ministerium und schließlich gerichtlich vom Verwaltungsgericht überprüft werden. Eine rechtskräftige Enteignungsentscheidung stellt einen wirksamen Titel zum Eigentumserwerb der enteigneten Liegenschaft dar (Art. 103 ZUreP-1). Was die Entschädigung anbelangt, so sollen die Parteien eine Vereinbarung treffen. Die enteignete Partei kann indes immer verlangen, dass die Entschädigung in einem Verfahren der freiwilligen Gerichtsbarkeit vor einem *okrajno sodišče* (Bezirksgericht) festgesetzt wird.

3. Verfahrensfristen

In Verfahren vor Gerichten allgemeiner Gerichtsbarkeit gelten für den Geschädigten keine Verfahrensfristen. Ausführungen zu gesetzlichen Verjährungsfristen folgen nachstehend. Für die Entschädigung wegen einer Verletzung des Rechts auf ein Gerichtsverfahren ohne unangemessene Verzögerung gilt eine besondere Regelung. Gemäß Art. 21 Abs. 1 ZVPSBNO kann innerhalb von 18 Monaten nach dem letzten Gerichtsurteil in der Sache Klage erhoben werden. Zudem muss bei einem Verwaltungsrechtsstreit die durch einen Verwaltungsakt geschädigte Person innerhalb einer Verfahrensfrist von 30 Tagen Klage erheben (Art. 28 Abs. 1 ZUS-1). Es ist dem Kläger grundsätzlich möglich, sein Klagebegehren zu einem späteren Zeitpunkt auszuweiten. Er muss die Klage jedoch innerhalb der genannten gesetzlichen Klagefrist einreichen, damit die Einleitung eines Verwaltungsrechtsstreits nicht insgesamt ausgeschlossen ist.

---

134 Art. 4 ZRPJN, Art. 3 *Zakon o javnem naročanju* (Gesetz zur öffentlichen Auftragsvergabe), Amtsblatt Nr. 16/2008, 19/2010, 18/2011.

135 US, Entscheidung U-I-169/00 (OdlUS XI, 231/Amtsblatt Nr. 105/2002), eine Zusammenfassung der Entscheidung in englischer Sprache ist einzusehen unter http://odlocitve.us-rs.si/usrs/us-odl.nsf/o/511181AC31772882C125717200288BE5, zuletzt abgerufen am 7.5.2013.

II. Beweisfragen

Wie bereits erwähnt, existieren zwei Möglichkeiten, einen Staatshaftungsanspruch geltend zu machen. Grundsätzlich sind die ordentlichen Gerichte, die in einem Zivilverfahren entscheiden, zuständig. In Ausnahmefällen können Entschädigungsansprüche vor den Verwaltungsgerichten geltend gemacht werden. Hinsichtlich der prozessualen Regeln bestehen zwischen den Gerichtszweigen einige Unterschiede. Der allgemeine Grundsatz in Beweisfragen in einem zivilrechtlichen Verfahren findet sich in Art. 7 Abs. 1 ZPP und etwas ausführlicher in Art. 212 ZPP: Jede Partei hat die Tatsachen vorzutragen und zu beweisen, auf die sie ihren Anspruch stützt, um dadurch die von der anderen Partei aufgestellten Behauptungen und angebotenen Beweise zu widerlegen. In der Gesamtschau mit Art. 215 ZPP, der vorsieht, dass,

> *„wenn der angebotene Beweis im Hinblick auf einen besonderen Umstand kein hinreichendes Maß an Überzeugung hinterlässt (Art. 8 ZPP), die Überzeugung des Gerichts bezüglich dieses Umstands anhand der Beweislastregeln gewonnen werden soll“,*

ergibt sich damit, dass sowohl *onus proferendi* als auch *onus probandi* auf der Klägerseite liegen.

Art. 22 Abs. 1 ZUS-1 sieht in Ermangelung besonderer Vorschriften die subsidiäre Anwendung des ZPP vor. Das ZUS-1 enthält jedoch eine besondere Regel in Beweisfragen. Das Gericht ist nach Art. 20 Abs. 2 ZUS-1 nicht an die Beweisanträge der Parteien gebunden und kann auf sämtliche Beweise zurückgreifen, die geeignet erscheinen, zur Klärung der Frage und damit zu einer rechtlich korrekten Lösung beizutragen. Es ist verpflichtet, die materielle Wahrheit zu ermitteln. Das Gericht ist dem *načelo materialne resnice* (Prinzip der materiellen Wahrheit) verpflichtet, was die Beweislast der Parteien in einem bestimmten Maße abmildern kann. Auf der anderen Seite weist Art. 20 Abs. 1 ZUS-1 die *onus proferendi* strikt den Parteien zu, indem das Gericht bei der Bewertung des Sachverhalts an den Parteivortrag gebunden ist. Das widerspricht sich. *Breznik* bestätigt den inneren Widerspruch dieser beiden Normen und spricht sich für eine weite Auslegung der Einschränkungen hinsichtlich der Tatsachenbewertung aus.[136]

III. Verjährungsfrist

In zivilrechtlichen Verfahren vor einem Gericht allgemeiner Gerichtsbarkeit gelten für den Geschädigten, wie bereits ausgeführt, keine Verfahrensfristen. Allerdings sind die gesetzlichen Verjährungsfristen nach dem OZ zu beachten. Die gesetzliche Verjährung für den Ersatz von Schäden beträgt drei Jahre von dem Zeitpunkt an, an dem der Geschädigte Kenntnis von dem Schaden und der Person des Schadensverursachers hatte (Art. 352 Abs. 1 OZ). Diese Frist endet in jedem Fall fünf Jahre nach Eintritt des Schadens (Art. 352 Abs. 2 OZ).

Zu erwähnen ist ferner, dass bei Schäden infolge einer Straftat (Art. 353 OZ) und infolge von Korruption (Art. 354 OZ) besondere (längere) gesetzliche Verjährungsfristen gelten. In Fällen, in denen der Schaden durch die Begehung einer Straftat verursacht wurde, entspricht die gesetzliche Verjährungsfrist eines Schadensersatzanspruchs in einem zivilrechtlichen Verfahren nach Art. 353 OZ der gesetzlichen Verjährung des Straftatbestands.[137] Wird die Verjährung der straf-

136 *Breznik*, in: Breznik et. al. (Fn. 131), S. 118–121.

137 Das *Kazenski zakonik* (Strafgesetzbuch) sieht bei einer Reihe von Straftaten eine härtere Strafe vor, wenn sie von einem Beamten unter Missbrauch seiner Stellung oder Rechte begangen wurden, vor allem in Kapitel XVI (Straftaten gegen Menschenrechte und Freiheiten).

rechtlichen Verfolgung unterbrochen oder gehemmt, so gilt dies auch für die Verjährung des Schadensersatzanspruchs (Art. 353 Abs. 2 und 3 OZ). Wurde der Schaden durch einen Korruptionsakt[138] verursacht, so beginnt die Verjährung nach Art. 354 OZ dann, wenn der Geschädigte Kenntnis vom Schaden und der Person des Geschädigten erlangt, und endet in jedem Fall 15 Jahre, nachdem der Akt begangen wurde.

Tatsächlich scheint in Staatshaftungsfällen häufiger der Umstand aufzutreten, dass ein behördlich verursachter Schaden über einen längeren Zeitraum hinweg andauert, z.B. bei der Beendigung eines Arbeitsverhältnisses und dem immateriellen Schaden infolge der Versagung einer Aufenthaltserlaubnis[139] oder der Unfähigkeit, mit einer geplanten Baumaßnahme zu beginnen aufgrund von streitigen Vorschriften zum Schutz kulturellen Erbes.[140] Die Haltung des Obersten Gerichts im Hinblick auf die in solchen Fällen geltenden Verjährungsfristen muss als restriktiv gelten. Die Verjährungsfrist eines Ersatzanspruchs bezüglich eines sich sukzessive in der Zukunft manifestierenden Schadens beginnt mit dem Zeitpunkt, in dem der Kläger sich des künftigen Schadens bewusst ist und dessen Ersatz verlangen kann. Dies gilt sowohl für Vermögensschäden als auch für immaterielle Schäden. Was immateriellen Schaden anbelangt, stützt sich das Oberste Gericht in der Entscheidung II Ips 315/2010 auf die Feststellung, dass das physische Leid in den Jahren nach der rechtswidrigen Versagung einer dauerhaften Aufenthaltserlaubnis „ein Fortbestehen desselben persönlichen Umstands" darstellt.[141] Damit muss ein Geschädigter in Fällen, in denen der Eintritt eines künftigen Schadens zu erwarten und vorhersehbar ist, seinen Anspruch innerhalb der für den frühesten Schadenseintritt geltenden Verjährungsfrist geltend machen, um sicherzustellen, dass (künftige) Ansprüche wegen künftiger Schäden nicht verjährt sind.

IV. Vollstreckung von Urteilen

Für die Vollstreckung von Urteilen gegen den Staat gelten grundsätzlich dieselben Regeln wie für alle Urteile. Nach Art. 17 *Zakon o izvršbi in zavarovanju* (Gesetz zur Vollstreckung und zum einstweiligen Rechtsschutz, abgekürzt: ZIZ) stellt ein vollstreckbares Gerichtsurteil oder ein gerichtlicher Vergleich einen *izvršilni naslov* (Vollstreckungstitel) dar, aufgrund dessen eine Vollstreckung gerichtlich angeordnet wird. Das Gesetz sieht keine Ausnahmen vor, die Urteile gegen den Staat hiervon ausnähmen. Es gibt allerdings eine wichtige Einschränkung in Bezug auf das Vermögen, in das zur Befriedigung eines finanziellen Anspruchs vollstreckt werden darf. In *objekti, naprave in druge stvari* (Einrichtungen, Geräte und andere Dinge), die für den Staat oder die selbstverwalteten lokalen Gemeinschaften zur Erfüllung ihrer Aufgaben unbedingt erforder-

---

138 Im OZ ausführlicher beschrieben als ein Akt, „[...] auf den das Anbieten, Bereitstellen, Annehmen oder Verlangen einer Bestechung oder jedes anderen Vorteils oder dessen Versprechen einen unmittelbaren oder mittelbaren Einfluß hatte oder durch das Unterlassen einer Handlung, die einen Korruptionsakt oder jeden anderen Akt verhindert hätte, der kraft Gesetzes oder internationaler Verträge Korruption zur Folge hat."

139 VrhS, Urteil II Ips 315/2010 vom 21.10.2010.

140 VrhS, Urteil II Ips 3/2004 vom 3.3.2005.

141 Die der Entscheidung VrhS II Ips 315/2010 vom 21.10.2010 zugrunde liegende Klage steht im Zusammenhang mit der berüchtigten Löschung von mehr als 20000 Bürgern anderer föderaler jugoslawischer Republiken aus den Einwohnerverzeichnissen im Jahr 1992 nach der slowenischen Unabhängigkeitserklärung. Zu dieser Löschung vgl. auch *Kogovšek/Petković*, The Scars of the Erasure, als eBook erhältlich unter http://www.mirovni-institut.si/data/tinymce/Publikacije/brazgotine izbrisa/The Scars of the Erasure_web.pdf, zuletzt abgerufen am 7.5.2013. Da die Löschung 1992 vorgenommen und 1999 vom US für verfassungswidrig erklärt wurde (Entscheidung U-I-284/1994), wird diese Haltung des VrhS sehr wahrscheinlich dazu führen, dass Klagen der gelöschten Personen auf Ersatz der durch die Löschung verursachten Schäden aufgrund von Verjährung scheitern werden. Zur Frage nach der Verletzung der Menschenrechte in diesen Fällen vgl. EGMR (GK) *Kurić u.a./Slowenien*, Nr. 26828/06, 26.6.2012.

lich sind, kann ebenso wenig vollstreckt werden wie in beweglichen und unbeweglichen Besitz, der zur nationalen Verteidigung bestimmt ist. Dasselbe gilt auch für Einrichtungen, Geräte und andere Dinge, die für den Schuldner zur Ausführung eines öffentlichen Dienstes zwingend notwendig sind. Die Formulierung im ursprünglichen Gesetzestext scheint recht vage. Der Begriff *stvar* entspricht in seinem üblichen Gebrauch im *Stvarnopravni zakonik* (Eigentumsgesetz) ungefähr der deutschen *Sache* im Sinne des BGB. Eine entsprechende Auslegung des ZIZ würde eine Vollstreckung in das Finanzvermögen des Staates ausschließen, sofern dieses als für den Staat unverzichtbar angesehen wird, und, bei einer weiten Auslegung von Unverzichtbarkeit, die Möglichkeit einer Urteilsvollstreckung gegen den Staat vollständig ausschließen. Dies bleibt ein hypothetischer Fall, dennoch ist den Gerichten nahezulegen, für den Fall, dass der Staat oder eine lokale Gemeinschaft einmal tatsächlich so argumentieren und eine weite Auslegung (ähnlich der vorstehenden) fordern sollte, stattdessen zum Schutz der Gläubigerrechte eine restriktive Interpretation vorzunehmen. Mehr als alles andere erfordert dies ein Tätigwerden des Gesetzgebers in Bezug auf die Schaffung einer klaren und eindeutigen gesetzlichen Regelung.

Bibliographie

Bizjak, Domen, Odškodninska odgovornost države za škodo, ki izvira iz protipravnega delovanja inšpektorjev (Die Haftung des Staates für von Kontrolleuren verursachte Schäden), Uprava 7 (2009) 1, S. 63–84

Bukovec, Martina, Odškodninska odgovornost države (Die Haftung des Staates für Schäden), Podjetje in delo 30 (2004) 6–7, S. 1182–1197

dies., Odškodninska odgovornost države za svoje uslužbence (Die Haftung des Staates für Schäden aufgrund seiner Angestellten), in: Seliškar Toš (Hrsg.): Odgovornost države, lokalnih skupnosti in drugih nosilcev javnih pooblastil za ravnanje svojih organov in uslužbencev (Die Haftung des Staates, lokaler Gemeinschaften und anderer Träger öffentlicher Befugnisse für das Handeln der Organe und Angestellten), Inštitut za primerjalno pravo pri Pravni fakulteti, Ljubljana 2005, S. 41–50

dies., Odškodninska odgovornost države (Die Haftung des Staates für Schäden), doktorska disertacija, Pravna fakulteta Univerze v Ljubljani, Ljubljana 2008

Jadek Pensa, Dunja, Novejši razvoj odškodninske odgovornosti: Pravica do povračila škode po 26. členu Ustave (Aktuelle Entwicklungen in der deliktsrechtlichen Haftung: Das Recht auf Schadensersatz nach Art. 26 Verfassung), Podjetje in delo 25 (1999) 6–7, S. 1290–1297

Juhart, Miha, Odgovornost države za nepravilno (protipravno) odločbo (Die Haftung des Staates für fehlerhafte (rechtswidrige) Entscheidungen), in: Seliškar Toš (Hrsg.): Odgovornost države, lokalnih skupnosti in drugih nosilcev javnih pooblastil za ravnanje svojih organov in uslužbencev (Die Haftung des Staates, lokaler Gemeinschaften und anderer Träger öffentlicher Befugnisse für das Handeln der Organe und Angestellten), Inštitut za primerjalno pravo pri Pravni fakulteti, Ljubljana 2005, S. 11–18

Kogovšek, Šalamon, Neža/Petković, Brankica (Hrsg.), The Scars of the Erasure: A Contribution to the Critical Understanding of the Erasure of People from the Register of Permanent Residents of the Republic of Slovenia, Peace Institute, Ljubljana 2010

Leach, Phillip et al., Responding to Systematic Human Rights Violations. An Analysis of 'Pilot Judgments' of the European Court of Human Rights and their Impact at National Level, Interesentia, Antwerp 2010

Možina, Damjan, Ne ultra alterum tantum in evropsko pravo (Ne ultra alterum tantum und europäisches Recht), Podjetje in delo 36 (2010) 6–7, S. 497–59

ders., Odgovornost države za padajoče kamenje (Die Haftung des Staates für Steinschlag), Pravna praksa 30 (2011) 2 , S. 6–9

Pirnat, Rajko, Protipravnost ravnanja javnih oblasti kot element odškodninske odgovornost javnih oblasti (Die Rechtswidrigkeit behördlichen Handelns als Element der staatlichen Haftung dür Schäden), in: Seliškar Toš (Hrsg.): Odgovornost države, lokalnih skupnosti in drugih nosilcev javnih pooblastil za ravnanje svojih organov in uslužbencev (Die Haftung des Staates, lokaler Gemeinschaften und anderer Träger öffentlicher Befugnisse für das Handeln der Organe und Angestellten), Inštitut za primerjalno pravo pri Pravni fakulteti, Ljubljana 2005, S. 21–27

Šinkovec, Janez, Odgovornost države za škodo (Die Haftung des Staates für Schäden), Gospodarski vestnik, Ljubljana 1998
Virant, Gregor, Odškodninska odgovornost države v zvezi z ravnanjem javne uprave [(Die Haftung des Staates für Schäden im Zusammenhang mit dem Handeln der öffentlichen Verwaltung), Javna uprava 36 (2000) 4, S. 499–512
Vlačič, Luka, Odškodninska odgovornost države zaradi aktov zakonodajalca (Die Haftung des Staates für Schäden durch Gesetzgebungsakte), Pamfil (2011) 8, S. 54–57
Zagradišnik, Renata, Odškodninska odgovornost države za sodne napake pri uporabi prava Skupnosti: prvi odločitvi nacionalnih sodišč (Die Haftung des Staates für Schäden in Fällen richterlicher Fehler bei der Anwendung von Unionsrecht: Erste Entscheidungen nationaler Gerichte), Pravna praksa 28 (2009) 16–17, S. 17–19

Abkürzungen

corr.	corrigendum (Berichtigung im Amtsblatt)
OdlUS	Odločbe in sklepi Ustavnega sodišča (Sammlung von Urteilen und Beschlüssen des Verfassungsgerichts der Republik Slowenien)
OZ	Obligacijski zakonik (Obligationengesetz)
UPB	Uradno prečiščeno besedilo (amtlicher konsolidierter Text)
US	Ustavno sodišče (Verfassungsgericht)
VrhS	Vrhovno sodišče (Oberstes Gericht)
VSL	Višje sodišče v Ljubljani (Obergericht Ljubljana)
ZDDO	Zakon o delavcih v državnih organih (Gesetz über staatliche Arbeitnehmer)
ZDLov-1	Zakon o divjadi in lovstvu (Wildtiere- und Jagdgesetz)
ZDSS-1	Zakon o delovnih in socialnih sodiščih (Gesetz über Arbeits- und Sozialgerichte)
ZIN-1	Zakon o inšpekcijskem nadzoru (Gesetz über die Inspektionskontrolle)
ZIZ	Zakon o izvršbi in zavarovanju (Gesetz zur Vollstreckung und zum einstweiligen Rechtsschutz)
ZJU	Zakon o javnih uslužbencih (Gesetz über öffentliche Bedienstete)
ZKP	Zakon o kazenskem postopku (Strafverfahrensgesetz)
ZNB	Zakon o nalezljivih boleznih (Gesetz gegen ansteckende Krankheiten)
ZOJed-1	Zakon o odgovornosti za jedrsko škodo (Gesetz zur Haftung für nukleare Schäden)
ZPol	Zakon o policiji (Polizeigesetz)
ZPP	Zakon o pravdnem postopku (Zivilverfahrensgesetz)
ZRPJN	Zakon o reviziji postopkov javnega naročanja (Gesetz zur Revision der öffentlichen Auftragsvergabe)
ZUP	Zakon o splošnem upravnem postopku (Gesetz über das allgemeine Verwaltungsverfahren)
ZUreP-1	Zakon o urejanju prostora (Raumplanungsgesetz)
ZUS-1	Zakon o upravnem sporu (Gesetz über verwaltungsrechtliche Streitigkeiten)
ZVPSBNO	Zakon o varstvu pravice do sojenja brez nepotrebnega odlašanja (Gesetz zum Schutz des Rechts auf ein Gerichtsverfahren ohne unangemessene Verzögerung)

Wesentliche Vorschriften

Ustava Republike Slovenije
Verfassung der Republik Slowenien[142]

četrti odstavek 15. člena (uresničevanje in omejevanje pravic)
Zagotovljeni sta sodno varstvo človekovih pravic in temeljnih svoboščin ter pravica do odprave posledic njihove kršitve

Artikel 15 (4) (Verwirklichung und Einschränkung der Rechte)
Der gerichtliche Schutz der Menschenrechte und Grundfreiheiten sowie das Recht auf Beseitigung der Folgen ihrer Verletzung wird gewährleistet.

26. člen (pravica do povračila škode)
Vsakdo ima pravico do povračila škode, ki mu jo v zvezi z opravljanjem službe ali kakšne druge dejavnosti državnega organa, organa lokalne skupnosti ali nosilca javnih pooblastil s svojim protipravnim ravnanjem stori oseba ali organ, ki tako službo ali dejavnost opravlja.

Oškodovanec ima pravico, da v skladu z zakonom zahteva povračilo tudi neposredno od tistega, ki mu je škodo povzročil.

Artikel 26 (Recht auf Schadensersatz)
Jedermann hat Anspruch auf Ersatz des Schadens, der durch das rechtswidrige Verhalten einer Person oder eines Organs während der Ausübung ihrer hoheitlichen Aufgaben oder ihres Tätigwerdens im Namen des Staates oder als Inhaber eines öffentlichen Amtes verursacht wird.

Dem Geschädigten steht auch das Recht zu, in Einklang mit dem Gesetz, Schadensersatz direkt von derjenigen Person oder demjenigen Organ zu beanspruchen, die bzw. das ihm den Schaden zugefügt hat.

30. člen (pravica do rehabilitacije in odškodnine)
Kdor je bil po krivem obsojen za kaznivo dejanje ali mu je bila prostost neutemeljeno odvzeta, ima pravico do rehabilitacije, do povrnitve škode, in druge pravice po zakonu.

Artikel 30 (Recht auf Rehabilitierung und Schadensersatz)
Wer zu Unrecht wegen einer Straftat verurteilt oder wem unbegründet die Freiheit entzogen wurde, hat das Recht auf Rehabilitierung, auf Wiedergutmachung des Schadens und andere gesetzlich festgelegte Rechte.

69. člen (razlastitev)
Lastninska pravica na nepremičnini se lahko v javno korist odvzame ali omeji proti nadomestilu v naravi ali proti odškodnini pod pogoji, ki jih določa zakon.

Artikel 69 (Enteignung)
Das Eigentumsrecht an einer unbeweglichen Sache darf im öffentlichen Interesse und unter den gesetzlich festgelegten Bedingungen gegen Naturalersatz oder Entschädigung entzogen oder eingeschränkt werden.

Obligacijski zakonik
Obligationengesetz[143]

131. člen (Podlage za odgovornost)
(1) Kdor povzroči drugemu škodo, jo je dolžan povrniti, če ne dokaže, da je škoda nastala brez njegove krivde.

(2) Za škodo od stvari ali dejavnosti, iz katerih izvira večja škodna nevarnost za okolico, se odgovarja ne glede na krivdo.

Artikel 131 (Haftungsgrundlage)
(1) Jeder, der einem anderen einen Schaden zufügt, ist zum Ersatz des Schadens verpflichtet, es sei denn er kann nachweisen, dass der Schaden ohne sein Verschulden éingetreten ist.

(2) Für Schäden infolge von Gegenständen oder Tätigkeiten, die ein erhebliches Umweltschadensrisiko bergen, ist verschuldensunabhängig zu haften.

---

142 Frei verwendbare amtliche Übersetzung des Verfassungsgerichts, abrufbar unter http://www.us-rs.si/en/media/vollstandiger.text.der.verfassung.pdf, zuletzt abgerufen am 2.5.2013.
143 Übersetzung der Verfasser und des Herausgebers.

(3) Za škodo ne glede na krivdo se odgovarja tudi v drugih z zakonom določenih primerih.

(3) In anderen, gesetzlich vorgesehenen Fällen, ist die Haftung für einen Schaden verschuldensunabhängig.

147. člen (Odgovornost delodajalcev)
(1) Za škodo, ki jo povzroči delavec pri delu ali v zvezi z delom tretji osebi, odgovarja pravna ali fizična oseba, pri kateri je delavec delal takrat, ko je bila škoda povzročena, razen če dokaže, da je delavec v danih okoliščinah ravnal tako, kot je bilo treba.

(2) Oškodovanec ima pravico zahtevati povrnitev škode tudi neposredno od delavca, če je ta škodo povzročil namenoma.

(3) Kdor je oškodovancu povrnil škodo, ki jo je povzročil delavec namenoma ali iz hude malomarnosti, ima pravico zahtevati od delavca povrnitev plačanega zneska.

(4) Ta pravica zastara v šestih mesecih od dneva, ko je bila odškodnina plačana.

(5) Določba prvega odstavka tega člena ne posega v pravila o odgovornosti za škodo, ki izvira od nevarne stvari ali nevarne dejavnosti.

Artikel 147 (Arbeitgeberhaftung)
(1) Die juristische oder natürliche Person, für die ein Arbeitnehmer zum Zeitpunkt der Schadensverursachung tätig war, haftet für den Schaden, der einem Dritten bei der Arbeit oder im Zusammenhang mit der Arbeit entstanden ist, sofern sie nicht nachweist, dass die Umstände ein entsprechendes Handeln des Arbeitnehmers erforderten.

(2) Der Geschädigte kann den Schadensersatzanspruch direkt gegenüber dem Arbeitnehmer geltend machen, wenn dieser den Schaden absichtlich herbeigeführt hat.

(3) Jeder Person, die einem Geschädigten im Hinblick auf einen durch einen Arbeitnehmer vorsätzlich oder grob fahrlässig verursachten Schaden eine Entschädigung leistet, steht gegenüber dem Arbeitnehmer ein Erstattungsanspruch bezüglich des geleisteten Betrages zu.

(4) Dieser Anspruch verjährt sechs Monate nach dem Tag, an dem die Schadensersatzzahlung erfolgte.

(5) Die Regelung des ersten Absatzes dieses Artikels betrifft nicht die Vorschriften zur Haftung für Schäden infolge eines gefährlichen Gegenstandes oder einer gefährlichen Tätigkeit.

148. člen (Odgovornost pravne osebe za škodo, ki jo povzroči njen organ)
(1) Pravna oseba odgovarja za škodo, ki jo njen organ povzroči tretji osebi pri opravljanju ali v zvezi z opravljanjem svojih funkcij.

(2) Če za posamezni primer zakon ne določa kaj drugega, ima pravna oseba pravico zahtevati povrnitev plačanega zneska od tistega, ki je škodo povzročil namenoma ali iz hude malomarnosti.

(3) Ta pravica zastara v šestih mesecih od dneva, ko je bila odškodnina plačana.

Artikel 148 (Haftung juristischer Personen für von ihren Organen verursachte Schäden)
(1) Eine juristische Person haftet für den Schaden, der einem Dritten durch ein Organ der juristischen Person bei der Erfüllung seiner Aufgaben oder im Zusammenhang damit zugefügt wurde.

(2) In Ermangelung besonderer gesetzlicher Vorschriften im Einzelfall steht der juristischen Person ein Erstattungsanspruch bezüglich des geleisteten Betrages gegenüber demjenigen zu, der den Schaden vorsätzlich oder grob fahrlässig verursacht hat.

(3) Dieser Anspruch verjährt sechs Monate nach dem Tag, an dem die Schadensersatzzahlung erfolgte.

149. člen (Domneva vzročnosti)
Za škodo, nastalo v zvezi z nevarno stvarjo oziroma nevarno dejavnostjo, se šteje, da izvira iz te stvari oziroma te dejavnosti, razen če se dokaže, da ta ni bila vzrok.

Artikel 149 (Kausalitätsvermutung)
Schäden, die sich im Zusammenhang mit gefährlichen Objekten oder gefährlichen Tätigkeiten ereignen, werden als von dem gefährlichen Objekt oder der gefährlichen Tätigkeit verursacht angesehen, wenn nicht das Gegenteil bewiesen werden kann.

153. člen (Oprostitev odgovornosti)
(1) Imetnik je prost odgovornosti, če dokaže, da izvira škoda iz kakšnega vzroka, ki je bil izven stvari in njegovega učinka ni bilo mogoče pričakovati, se mu izogniti ali ga odvrniti.

Artikel 153 (Haftungsausschluss)
(1) Der Besitzer wird von der Haftung befreit, wenn nachgewiesen wird, dass der Schaden aus Ursachen außerhalb des Objekts resultiert und deren Auswirkungen nicht vorhergesehen, vermieden oder abgewendet werden konnten.

(2) Imetnik stvari je prost odgovornosti tudi, če dokaže, da je škoda nastala izključno zaradi dejanja oškodovanca ali koga tretjega, ki ga ni mogel pričakovati in se njegovim posledicam ne izogniti ali jih odstraniti.

(3) Imetnik je deloma prost odgovornosti, če je oškodovanec prispeval k nastanku škode.

(4) Če je k nastanku škode prispeval kdo tretji, odgovarja ta zanjo oškodovancu solidarno z imetnikom stvari.

(5) Oseba, s katero si je imetnik pomagal pri rabi stvari, se ne šteje za tretjega.

(2) Der Besitzer eines Objekts wird auch von der Haftung befreit, wenn nachgewiesen wird, dass der Schaden von dem Geschädigten selbst oder einem Dritten verursacht wurde und dies nicht vorhergesehen werden konnte und die Konsequenzen nicht vermieden oder beseitigt werden konnten.

(3) Der Besitzer wird teilweise von der Haftung befreit, wenn der Schädiger den Schaden mitverursacht hat.

(4) Wenn ein Dritter zur Entstehung des Schadens beigetragen hat, haftet dieser dem Geschädigetn gegenüber gesamtschuldnerisch mit dem Besitzer des Objekts.

(5) A person assisting the holder in the use of the object shall not be deemed a third person.

156. člen (Odgovornost zaradi terorističnih dejanj, javnih demonstracij ali manifestacij)
Za škodo, nastalo s smrtjo ali telesno poškodbo kot posledico terorističnih dejanj, ter ob javnih demonstracijah ali manifestacijah, odgovarja država oziroma tisti, ki bi jo po veljavnih predpisih moral preprečiti.

Artikel 156 (Haftung für terroristische Akte, öffentliche Demonstrationen und Veranstaltungen)
Der Staat oder die nach dem Gesetz verantwortliche Person haftet für Schäden, die durch Tod oder Körperverletzung als Folge von Terroranschlägen oder während öffentlicher Demonstrationen und Kundgebungen verursacht wurden.

171. člen (Deljena odgovornost)
(1) Oškodovanec, ki je tudi sam prispeval k nastanku škode ali povzročil, da je bila škoda večja, kot bi bila sicer, ima pravico samo do sorazmerno zmanjšane odškodnine.

(2) Kadar ni mogoče ugotoviti, kateri del škode je posledica oškodovančevega dejanja, prisodi sodišče odškodnino ob upoštevanju okoliščin primera.

Artikel 171 (Geteilte Haftung)
(1) Eine geschädigte Person, die bei der Entstehung des Schadens mitgewirkt hat, oder für die Vergößerung seines Umfangs verantwortlich ist, hat nur ein Recht auf eine angemessen reduzierte Entschädigung.

(2) Wenn es unnmöglich ist, festzustellen, welchen Teil des Schadens der Geschädigte verursacht hat, spricht das Gericht eine Entschädigung unter Berücksichtigung der Umstände des Falles zu.

Zakon o javnih uslužbencih
Gesetz über öffentliche Bedienstete[144]

3. člen (delodajalec)
(2) Delodajalec v državnem organu je Republika Slovenija, v upravi lokalne skupnosti pa lokalna skupnost.

Artikel 3 (Arbeitgeber)
(2) Die Republik Slowenien ist der Arbeitgeber der Angestellten, die in staatlichen Einrichtungen arbeiten; der Arbeitgeber von Angestellten, die in der kommunalen Verwaltung arbeiten, ist die Kommune.

94. člen (opravljanje dela po navodilih in odredbah)
(1) Pri opravljanju dela mora javni uslužbenec upoštevati navodila nadrejenega, razen če po zakonu ni vezan na ravnanje po navodilih nadrejenih oseb.

Artikel 94 (Durchführung der Arbeit in Übereinstimmung mit den Anweisungen)
(1) In Ausübung ihrer Tätigkeit müssen Amtsträger die Anweisungen ihrer Vorgesetzten berücksichtigen, auch wenn Amtsträger kraft Gesetzes nicht verpflichtet sind, entsprechend dieser Anweisungen zu handeln.

144 Übersetzung der Verfasser und des Herausgebers.

(2) Javni uslužbenec lahko zahteva pisno odredbo in pisno navodilo, če meni, da je vsebina ustne odredbe ali ustnega navodila nejasna. Na podlagi pisne odredbe in pisnega navodila mora opraviti zahtevano delo oziroma ga opraviti na zahtevan način.

(3) Javni uslužbenec lahko zahteva pisno odredbo in pisno navodilo, če meni, da bi izvršitev ustne odredbe oziroma navodila pomenila protipravno ravnanje oziroma povzročila škodo.

(4) Javni uslužbenec lahko odkloni izvršitev odredbe oziroma navodila, če bi pomenila protipravno ravnanje.

(5) Javni uslužbenec mora odkloniti izvršitev odredbe oziroma navodila, če bi pomenila kaznivo dejanje.

(6) Javni uslužbenec je prost odškodninske in disciplinske odgovornosti, če je storil disciplinsko kršitev oziroma povzročil škodo z izvršitvijo pisne odredbe oziroma navodila nadrejenega, ali z izvršitvijo ustne odredbe, če nadrejeni kljub njegovi pisni zahtevi ni izdal pisne odredbe oziroma navodila.

(2) Öffentlich Bedienstete können schriftliche Anweisungen beantragen, wenn für sie der Inhalt mündlicher Anweisungen unklar ist. Beamte müssen die angeforderte Arbeit gemäß den schriftlichen Anweisungen und Anleitungen ausführen.

(3) Öffentlich Bedienstete können schriftliche Anweisungen und Anleitungen beantragen, wenn sie glauben, dass die Ausführung mündlicher Anweisungen zu unrechtmäßigem Verhalten führen oder Schäden verursachen könnte.

(4) Öffentlich Bedienstete können es ablehnen, Anweisungen auszuführen, die zu unrechtmäßigem Verhalten führen könnten.

(5) Öffentlich Bedienstete können es ablehnen, Anweisungen auszuführen, die zu einer Straftat führen könnten.

(6) Öffentlich Bedienstete sind nicht haftbar und diszilinarrechtlich nicht verantwortlich für Schäden oder disziplinarrechtliche Verfehlungen, die sie der Durchführung von schriftlichen Anweisungen verursachen oder die sie bei der Durchführung von mündlichen Anweisungen verursachen, wenn der Vorgesetzte es versäumt hat, schriftliche Anweisungen zu geben, obwohl sie beantragt wurden.

135. člen (odškodninska odgovornost javnega uslužbenca)

(1) Javni uslužbenec je odškodninsko odgovoren za škodo, ki jo protipravno povzroči delodajalcu pri delu ali v zvezi z delom naklepno ali iz hude malomarnosti.

(2) Za škodo, ki jo na delu ali v zvezi z delom protipravno povzroči javni uslužbenec tretji osebi, je nasproti tej osebi odškodninsko odgovoren delodajalec.

(3) Tretja oseba lahko kot oškodovanec zahteva povračilo škode tudi od tistega, ki ji je protipravno povzročil škodo, če je bila škoda povzročena naklepno.

Artikel 135 (Schadensersatz der öffentlichen Bediensteten)

(1) Angestellte im öffentlichen Dienst haften gegenüber ihrem Arbeitgeber für Schäden, die von ihnen rechtswidrig und vorsätzlich oder grob fahrlässig bei oder im zusammenhang mit ihrer Tätigkeit verursacht wurden.

(2) Der Arbeitgeber haftet gegenüber Dritten für Schäden, die von öffentlichen Bediensteten bei oder im Zusammenhang mit ihrer Tätigkeit rechtswidrig verursacht wurden.

(3) Dritte wie der Geschädigte können denjenigen, der den Schaden rechtswidrig und vorsätzlich verursacht hat, auch direkt auf die Leistung von Schadensersatz in Anspruch nehmen.

Zakon o upravnem sporu

Gesetz über verwaltungsgerichtliche Streitigkeiten[145]

65. člen

(1) Sodišče sme upravni akt odpraviti in s sodbo odločiti o stvari, če narava stvari to dopušča in če dajejo podatki postopka za to zanesljivo podlago ali če je na glavni obravnavi samo ugotovilo dejansko stanje, še zlasti, če:

Artikel 65

(1) Das Gericht kann den Verwaltungsakt aufheben und in der Sache durch Urteil entscheiden, wenn dies aus der Natur der Sache zulässig ist und wenn die Informationen über das Verfahren eine zuverlässige Grundlage dafür bilden oder wenn nur die Tatsachen des Falles in

145 Übersetzung der Verfasser und des Herausgebers.

1. bi odprava izpodbijanega upravnega akta in novi postopek pri pristojnem organu prizadela tožniku težko popravljivo škodo;

2. izda pristojni organ potem, ko je bil upravni akt odpravljen, nov upravni akt, ki je v nasprotju s pravnim mnenjem sodišča ali z njegovimi stališči, ki se nanašajo na postopek.

(2) Po prejšnjem odstavku sme sodišče odločiti tudi, kadar pristojni organ ne izda v 30 dneh po odpravi upravnega akta oziroma v roku, ki ga določi sodišče, novega upravnega akta, in tega ne stori niti na posebno zahtevo stranke v nadaljnjih sedmih dneh, če stranka s tožbo zahteva od sodišča, da odloči o pravici, obveznosti ali pravni koristi, in je to zaradi narave pravice oziroma varstva ustavne pravice potrebno.

(3) V primeru iz prejšnjega odstavka sodišče od pristojnega organa zahteva pojasnilo, zakaj upravnega akta ni izdal. Pristojni organ mora pojasnilo sporočiti v sedmih dneh. Če tega ne stori ali če ga dano sporočilo po mnenju sodišča ne opravičuje, sodišče odloči o stvari, v nasprotnem primeru pa tožbo zavrže.

(4) Zoper sklep o zavrženju iz prejšnjega odstavka je dovoljena pritožba.

(5) Po prvem odstavku tega člena odloči sodišče, kadar je s tožbo zahtevana odločitev o pravici, obveznosti ali pravni koristi, če so izpolnjeni pogoji iz prvega odstavka 7. člena tega zakona.

66. člen

(1) V upravnem sporu iz prvega odstavka 4. člena tega zakona sme sodišče ugotoviti nezakonitost akta ali dejanja, prepovedati nadaljevanje posamičnega dejanja, odločiti o tožnikovem zahtevku za povrnitev škode in določiti, kar je treba, da se odpravi poseg v človekove pravice in temeljne svoboščine ter vzpostavi zakonito stanje.

(2) O prepovedi nadaljevanja dejanja in ukrepih za vzpostavitev zakonitega stanja, če nezakonito dejanje še traja, odloči sodišče brez odlašanja s sklepom, zoper katerega je dovoljena pritožba v treh dneh. Vrhovno sodišče mora o pritožbi odločiti v treh dneh od njenega prejema.

der Hauptverhandlung vorgebracht wurden, insbesondere wenn:

1. die Aufhebung der angefochtenen Verwaltungsentscheidung und das erneute Verfahren bei der zuständigen Stelle einen Schaden für den Kläger verursachen würde, der schwer zu beseitigen wäre;
2. die zuständige Stelle nach der Aufhebung der Verwaltungsentscheidung einen neuen Verwaltungsakt erlassen würde, der der Rechtsansicht des Gerichts oder dessen Position im Verfahren widerspricht.

(2) In Übereinstimmung mit dem vorherigen Absatz kann das Gericht auch entscheiden, wenn die zuständige Stelle nicht innerhalb von 30 Tagen seit Aufhebung des Verwaltungsakts oder innerhalb der vom Gericht festgesetzten Frist oder innerhalb von sieben Tagen nach besonderem Antrag einer Partei eine neue Entscheidung trifft, wenn die Partei auf dem Klageweg eine gerichtliche Entscheidung über Rechte, Pflichten oder gesetzliche Leistungen begehrt und dies im Hinblick auf die Natur der Rechte oder zum Schutz verfassungsmäßiger Rechte notwendig ist.

(3) Im Falle des vorherigen Absatzes kann das Gericht von der zuständigen Stelle eine Erklärung darüber verlangen, warum sie die Verwaltungsentscheidung nicht getroffen hat. Die zuständige Stelle muss die Erklärung innerhalb von sieben Tagen abgeben. Wenn sie dies nicht tut oder wenn die Erklärung nach Ansicht des Gerichts nicht ausreichend ist, kann das Gericht in der Sache entscheiden; anderenfalls lehnt es die Klage ab.

(4) Gegen die Entscheidung im vorherigen Absatz kann Beschwerde erhoben werden.

(5) Nach Absatz 1 dieses Artikels kann das Gericht, nach Antrag auf dem Klagewege, über Rechte, Pflichten oder gesetzliche Leistungen entscheiden, wenn die Voraussetzungen des Art. 7 Abs. 1 erfüllt sind.

Artikel 66

(1) Das Gericht kann im Rahmen eines Verwaltungsstreitverfahrens nach Art. 4 Abs. 1 dieses Gesetzes feststellen, dass die Handlung unrechtmäßig ist, die Fortsetzung einzelner Handlungen verbieten, den Antrag des Klägers auf Schadensersatz entscheiden, und, wenn es notwendig ist, die Beseitigung von Verletzungen von Verfassungsrechten und die Wiederherstellung eines rechtmäßigen Zustandes anordnen.

(2) Wenn ein rechtswidriger Zustand andauert, wird das Gericht unverzüglich dessen Fortsetzung verbieten und Maßnahmen treffen, um den rechtmäßigen Zustand wiederherzustellen, gegen die innerhalb von drei Tagen Beschwerde erhoben werden kann. Das Oberste Gericht entscheidet innerhalb von drei Tagen nach Eingang über die Beschwerde.

(3) Če sodišče v primeru iz prejšnjega odstavka ne more odločiti brez odlašanja, lahko izda po uradni dolžnosti začasno odredbo v skladu z 32. členom tega zakona.

(3) Wenn das Gericht im Falle des vorherigen Absatzes nicht in der Lage ist, ohne Verspätung in der Sache zu entscheiden, kann es vom Amts wegen ein zeitlichen Bescheid in Übereinstimmung mit Art. 32 erlassen.

67. člen

(1) S sodbo, s katero sodišče odloči o pravici, obveznosti ali pravni koristi tožnika po 65. členu tega zakona, odloči tudi o tožnikovem zahtevku, da se mu vrnejo vzete stvari ali povrne škoda.

(2) Če odločitev o zahtevku iz prejšnjega odstavka zahteva ugotavljanje dejstev, ki bi pomenilo bistveno podaljševanje postopka v upravnem sporu ali če se postopek izdaje upravnega akta po sodbi nadaljuje, lahko sodišče napoti tožnika, naj uveljavlja svoj zahtevek v pravdi.

(3) Pri odločanju o škodi pravdno sodišče ne more presojati zakonitosti upravnega akta.

Artikel 67

(1) In der Entscheidung, mit dem das Gericht über Rechte, Pflichten oder gesetzlichen Leistungen des Beklagten nach Art. 65 entscheidet, trifft es auch eine Entscheidung über den Anspruch des Klägers auf Entschädigung für die Wegnahme von Sachen oder Schadensersatz.

(2) Wenn die Entscheidungen des Antrags aus dem vorherigen Absatz das Vorbringen von Tatsachen erfordert, welches das verwaltungsgerichtliche Verfahren wesentlich verlängert, oder wenn das Verfahren für den Erlass der Verwaltungsentscheidung nach der Gerichtsentscheidung fortgesetzt wird, kann das Gericht den Kläger anweisen, den Anspruch im Wege der zivilrechtlichen Klage geltend zu machen.

(3) Im Rahmen der Entscheidung über die Schäden darf das Zivilgericht nicht über die Rechtmäßigkeit einer Verwaltungsentscheidung urteilen.

Zakon o varstvu pravice do sojenja brez nepotrebnega odlašanja (ZVPSBNO)

Gesetz zum Schutz des Rechts auf ein Verfahren ohne unangemessene Verzögerungen[146]

4. člen (Merila za odločanje)

Pri odločanju o pravnih sredstvih po tem zakonu se za učinkovito izvrševanje pravice iz 2. člena tega zakona upoštevajo okoliščine posamezne zadeve, zlasti njena zapletenost v dejanskem in pravnem pogledu, ravnanje strank v postopku, predvsem z vidika uporabe postopkovnih pravic in izpolnjevanja obveznosti v postopku, spoštovanje pravil o vrstnem redu reševanja zadev na sodišču, zakonski roki za razpis narokov in izdelavo sodnih odločb, trajanje časa, v katerem je bila na drugih sodnih stopnjah oziroma sodiščih reševana zadeva, način, po katerem je bila zadeva obravnavana pred vložitvijo nadzorstvene pritožbe ali rokovnega predloga, narava in vrsta zadeve ter njen pomen za stranko.

Art. 4 (Kriterien der Entscheidungsfindung)

Bei der Entscheidung über die Rechtsbehelfe dieses Gesetzes sind die Umstände des Einzelfalles, namentlich seine Komplexität im Hinblick auf die Sach- und Rechtslage, das Verhalten der Verfahrensbeteiligten, insbesondere im Hinblick auf die Nutzung von Prozessrechten und die Erfüllung der Pflichten im Rahmen des Rechtsstreits, die Einhaltung der festgelegten Verfahrensregeln, gesetzliche Fristen für die Festsetzung von Vorverhandlungen oder die Ausarbeitung von Gerichtsentscheidungen, die Art und Weise, in der ein Antrag oder eine Beschwerde bei der Aufsichtsbehörde oder ein Antrag auf Verjährung gestellt wurde, die Natur und die Art eines Falles und die Bedeutung für eine Streitpartei, zu berücksichtigen.

15. člen (Pravično zadoščenje)

(1) Če je stranka glede zadeve iz 2. člena tega zakona vložila nadzorstveno pritožbo, ki ji je bilo ugodeno s sklepom ali z obvestilom (šesti in četrti odstavek 6. člena), ali če je vložila rokovni predlog, lahko zahteva pravično zadoščenje po tem zakonu.

Art. 15 (Gerechte Entschädigung)

(1) Hat die Aufsichtsbehörde der Beschwerde stattgegeben oder wurde ein Antrag auf Verjährung gestellt, kann die Streitpartei gerechte Entschädigung nach diesem Gesetz verlangen.

146 Übersetzung der Verfasser und des Herausgebers.

(2) Pravično zadoščenje se zagotovi:
1. z izplačilom denarne odškodnine za povzročeno škodo zaradi kršitve pravice do sojenja brez nepotrebnega odlašanja;
2. s pisno izjavo Državnega pravobranilstva, da je bila stranki kršena pravica do sojenja brez nepotrebnega odlašanja;
3. z objavo sodbe, da je bila stranki kršena pravica do sojenja brez nepotrebnega odlašanja.

(2) Eine gerechte Entschädigung wird gewährt durch:
1. die Zahlung einer finanziellen Entschädigung für Schäden, die durch eine Verletzung des Rechts auf ein Gerichtsverfahren ohne unangemessene Verzögerung verursacht wurden;
2. eine schriftliche Erklärung der Staatsanwaltschaft, dass das Recht der Streitpartei auf ein Verfahren ohne unangemessene Verzögerung, verletzt wurde;
3. die Veröffentlichung eines Urteils, dass das Recht der Streitpartei auf ein Verfahren ohne unangemessene Verzögerung, verletzt wurde.

(3) Stranka mora v predlogu za poravnavo, vloženem na Državno pravobranilstvo, navesti katero ali kateri od vrst pravičnega zadoščenja iz prejšnjega odstavka uveljavlja. Če ne navede vrste ali vrst pravičnega zadoščenja, ji Državno pravobranilstvo določi rok 30 dni za dopolnitev vloge iz prejšnjega stavka, in če tudi v tem roku vloga ni dopolnjena, jo Državno pravobranilstvo zavrže.

(3) Die Streitpartei gibt in ihrem Einigungsvorschlag, den sie an die Staatsanwaltschaft schickt, an, welche Art der im vorigen Absatz genannten gerechten Entschädigung sie begehrt. Wenn die Streitpartei es versäumt, die Art der gerechten Entschädigung anzugeben, informiert die Staatsanwaltschaft sie über die Möglichkeit, den Einigungsvorschlag innerhalb von 30 Tagen zu vervollständigen. Wenn die Streitpartei es versäumt, den Einigungsvorschlag innerhalb dieser 30 Tage zu vervollständigen, wird er abgewiesen.

16. člen (Denarna odškodnina)

(1) Denarna odškodnina se izplača za nepremoženjsko škodo, povzročeno zaradi kršitve pravice do sojenja brez nepotrebnega odlašanja. Republika Slovenija objektivno odgovarja za povzročeno škodo.

(2) Denarna odškodnina za posamezno zadevo iz drugega stavka prvega odstavka 19. člena tega zakona se prizna v znesku od 300 eurov do 5000 eurov.

(3) Pri določitvi višine odškodnine se upoštevajo merila iz 4. člena tega zakona, zlasti pa zapletenost zadeve, ravnanje države, ravnanje same stranke in pomen zadeve za stranko.

Article 16 (Finanzielle Entschädigung)

(1) Finanzielle Entschädigung wird gewährt für den immateriellen Schaden, der durch die Verletzung des Rechts auf ein Verfahren ohne unangemessene Verzögerung verursacht wurde. Die verschuldensunabhängige Haftung für diese Schäden trifft die Republik Slowenien.

(2) Die finanzielle Entschädigung wird je nach Einzelfall in Höhe von 300,– bis 5000,– € gewährt.

(3) Bei der Entscheidung über die Höhe der Entschädigung sind die in Art. 4 genannten Kriterien zu berücksichtigen, insbesondere die Komplexität des Falles, das Verhalten des Staates, das Verhalten der Streitpartei und die Bedeutung des Falles für die Streitpartei.

§ 22 Spanien

Oriol Mir

Inhaltsübersicht

A. Grundlagen

I. Bedeutung und Funktion der Staatshaftung im spanischen Rechtsstaat

Die *Constitución española* von 1978 (Verfassung, abgekürzt: CE) hat Spanien nach der Franco-Diktatur in einen demokratischen und sozialen Rechtsstaat umgewandelt (Art. 1 Abs. 1 CE). Die Staatshaftung (*responsabilidad patrimonial del Estado*) ist in der Verfassung ausdrücklich verankert (s. A.III.1) und wird seitdem als eine unverzichtbare Komponente der Rechtsstaatsklausel anerkannt, zusammen mit Prinzipien wie der Gewaltenteilung (Art. 66, Art. 97 und Art. 117 CE), der Gesetzmäßigkeit (Art. 9 Abs. 3, Art. 97 Abs. 1 und Art. 103 Abs. 1 CE), der Achtung der Grundrechte (Art. 53 Abs. 1 i.V.m. Art. 14ff. CE) und dem Rechtsschutz gegenüber staatlichem Handeln (Art. 24 Abs. 1 und Art. 106 Abs. 1 CE).[1]

1 *Santamaría Pastor*, Fundamentos de Derecho Administrativo, 1988, S. 192ff., 221ff.; *ders.*, Principios de Derecho Administrativo General, Bd. 1, 2. Aufl. 2009, S. 53ff., 64ff.; *Parejo Alfonso*, Derecho Administrativo, 2003, S. 93ff., 124ff.

Das Rechtsinstitut der Staatshaftung umfasst in Spanien die Haftung des Gesetzgebers, der Exekutive, der Judikative und der sonstigen Staatsorgane (Verfassungsgericht, Bürgerbeauftragter, usw.) für die von ihnen verursachten Schäden. Die gesetzlichen Regeln und richterlichen Grundsätze über die Haftung der Exekutive – der öffentlichen Verwaltung – bilden den Kern der Staatshaftung. Sie besitzen eine lange Tradition und einen hohen Entwicklungsgrad, dienten deshalb als Muster für die Haftung der anderen Staatsorgane und sind subsidiär anwendbar. Die Haftung der Verwaltung ist darüber hinaus in der Praxis relevanter als die der anderen Staatsorgane.

Die Staatshaftung ist in Spanien öffentlich-rechtlicher Natur. Sie stellt einen eigenständigen Rechtsbereich mit eigenen öffentlich-rechtlichen Regeln dar, der von der Verwaltungsgerichtsbarkeit angewandt und ausgelegt und hauptsächlich von der Verwaltungsrechtswissenschaft systematisiert wird. Sie ist aber mit dem Rechtsinstitut der zivilrechtlichen oder außervertraglichen Haftung eng verwandt.[2]

Ebenso wie letztere dient die Staatshaftung vor allem dem Ausgleich der Schäden durch Geldersatz, die die Staatsorgane außerhalb einer vertraglichen Beziehung einem Dritten zufügen. Die Tatsache, dass ohne Schaden keine Staatshaftung begründet wird – auch nicht bei höchstfahrlässigem Staatshandeln –, und dass das Ausmaß des Schadensersatzes nur von der Schwere des Schadens abhängt – und nicht z.B. vom Grad des Verschuldens – zeigt, dass der Schadensausgleich die wichtigste Funktion der Staatshaftung in Spanien ist.[3] Er ist aber nicht ihre einzige. Eine steigende Anzahl von Autoren ist der Ansicht, dass die Staatshaftung – wie auch allgemein die zivilrechtliche Haftung[4] – in Spanien zusätzlich eine Schadenspräventionsfunktion erfüllt: Durch die Drohung mit Schadensersatz wird ein wichtiger Anreiz zu vorsichtigem Staatshandeln und dadurch zur Vorbeugung von Unfällen und Schäden geschaffen.[5] Damit eng verbunden ist eine dritte Funktion, die Kontrollfunktion: Bei der Prüfung einer Staatshaftung führt man eine Kontrolle der Staatshandlung durch, die Fehler und Defizite aufzeigt und Verbesserungen erlaubt.[6]

Das Recht der vertraglichen Haftung der Verwaltung und sonstiger Staatsorgane gehört nicht zum spanischen Staatshaftungsrecht, weil letzteres eben das Nichtvorhandensein einer vertraglichen Beziehung zwischen dem Staat und dem Geschädigten voraussetzt (s. A.III.2. zur Regelung der vertraglichen Haftung). Das Rechtsinstitut der Staatshaftung umfasst in Spanien auch nicht die formelle Enteignung. Sie erfasst nur rechtswidrige Schäden, die nicht gezielt von der Verwaltung zur Verwirklichung des Gemeinwohls verursacht werden – wie es jedoch bei der Enteignung der Fall ist.[7]

Die Staatshaftung bekommt in Spanien einen immer größeren Stellenwert. Eine steigende Anzahl von Bürgern fordert und bekommt Schadensersatz wegen schädigender Staatshandlungen; die Prämien, die die spanischen Verwaltungen zahlen, um ihre Haftung zu versichern

2 *Medina Alcoz*, Sintagma, in: Cano Campos, S. 31 (33 ff.).
3 *Mir Puigpelat*, Nuevo sistema, S. 143 f.; *Medina* (Fn. 2), in: Cano Campos, S. 49 f.
4 *Salvador Coderch/Castiñeira Palou*, Prevenir y castigar, 1997, S. 117; dagegen *Pantaleón Prieto*, Cómo repensar la responsabilidad civil extracontractual (También la de las Administraciones Públicas), in: Moreno Martínez (Hrsg.), Perfiles de la responsabilidad civil en el nuevo milenio, 2000, S. 439 (442 ff.).
5 *Mir*, Nuevo sistema, S. 144 f.; *Desdentado Daroca*, Reflexiones sobre el artículo 141.1 de la Ley 30/1992 a la luz del análisis económico del derecho, Revista Española de Derecho Administrativo 108 (2000), 533 (546 ff.); *Doménech Pascual*, El régimen jurídico de la farmacovigilancia, 2009, S. 337 f. Anderer Ansicht ist *Medina* (Fn. 2), in: Cano Campos, S. 51 f.
6 *Martín Rebollo*, Ayer y hoy de la responsabilidad patrimonial de la Administración: un balance y tres reflexiones, Revista de Administración Pública 150 (1999), 317 (360 ff.); *Mir*, Nuevo sistema, S. 146 ff., m.w.N.
7 *García de Enterría*, Los principios de la nueva Ley de Expropiación Forzosa, 1956, S. 174 (Aufl. von 1984); *Mir*, Nuevo sistema, S. 119 ff.

(→ C.I.2.), sind dadurch in den letzten Jahren ständig gewachsen. Verschiedene Gründe erklären diese Entwicklung[8]: Die Ausdehnung der Staatsaufgaben und das Bewusstsein der Bürger für ihre Rechte in einem sozialen und demokratischen Rechtsstaat, aber auch ein tendenziell uferloses Staatshaftungssystem sowie eine schwankende Rechtsprechung, die das Prinzip der verschuldensunabhängigen Haftung der Verwaltung allgemein – wenn auch nur auf dem Papier – bejaht (→ B.VI.). Diese Entwicklung hat dazu beigetragen, dass seit Mitte der neunziger Jahre des 20. Jahrhunderts in der spanischen Literatur eine weitreichende Debatte über die Grenzen der Staatshaftung – insbes. der Haftung der Verwaltung – stattfindet, die auch in den lateinamerikanischen Ländern, die das spanische Staatshaftungssystem übernommen haben, mit großem Interesse verfolgt wird.[9]

II. Historische Genese[10]

Das soeben erwähnte Problem der exzessiven Reichweite des spanischen Staatshaftungssystems ist relativ neu. Historisch betrachtet hat sich der Staat in Spanien lange Zeit durch seine Nichthaftung kennzeichnet. Die Möglichkeit der Haftung wurde dort viel später als in Ländern wie Frankreich oder Deutschland allgemein anerkannt: erst im *Ley de expropiación forzosa* (Gesetz vom 16.12.1954 über die Enteignung, abgekürzt: LEF) wurde die Haftung aller spanischen Verwaltungen eingeführt.

Bis dahin hafteten nur – sehr begrenzt[11] – die Beamten und seit 1950 auch die kommunalen Verwaltungen[12] für schädigende Staatshandlungen. Art. 1902 und Art. 1903 Abs. 5 des *Código Civil* (spanisches Bürgerliches Gesetzbuch, abgekürzt: CC) von 1889 waren vorher von der Rechtsprechung sehr restriktiv ausgelegt worden und haben keine direkte oder subsidiäre Haftung des Staates ermöglicht. Art. 41 der republikanischen Verfassung vom 9.12.1931 hatte die Staatshaftung einige Jahre vorher – nach dem Vorbild des Art. 131 der Weimarer Verfassung – allgemein anerkannt und ihre konkrete Regelung an den Gesetzgeber verwiesen. Dieser konkretisierte die verfassungsrechtliche Vorschrift auf kommunaler Ebene durch Art. 209 der *Ley municipal* (Gemeindeordnung) vom 31.10.1935, aber der Franco-Putsch vom 18.7.1936 und der darauffolgende Bürgerkrieg verhinderten, dass er praktische Anwendung fand.

Die Art. 121 ff. LEF brachen mit der spanischen Tradition der Nichthaftung und etablierten ein umfangreiches Haftungssystem aller Verwaltungen, das drei Jahre später vom *Ley de régimen jurídico de la Administración del Estado* (Gesetz über die rechtliche Regelung der zentralstaatlichen Verwaltung, abgekürzt: LRJAE) vom 26.7.1957 aufgenommen wurde (Art. 40 ff.). Die Grundlagen dieses Systems wurden, wie später zu sehen sein wird, in der geltenden Regelung von 1992 beibehalten. Dieses neue System blieb von den spanischen Gerichten jahrelang weithin unangewendet.[13] Erst in den siebziger Jahren des 20. Jahrhunderts begannen die Gerichte, die spanischen Verwaltungen regelmäßig zum Schadensersatz zu verurteilen.

---

8 So z.B. im Bereich des Gesundheitswesens *Mir*, La responsabilidad patrimonial de la Administración sanitaria. Organización, imputación y causalidad, 2000, S. 29 ff.

9 *Marín González* (Hrsg.), La responsabilidad patrimonial del Estado, 2004.

10 *Martín Rebollo* (Fn. 6), S. 329 ff.; *Mir*, Nuevo sistema, S. 37 ff.

11 Das *Ley de 5 de abril de 1904 relativa a la responsabilidad de los funcionarios públicos* (Gesetz vom 5.4.1904 über die außervertragliche Haftung der Beamten und die durchführende Rechtsverordnung vom 23.9.1904) haben diese Haftung sehr restriktiv ausgestaltet.

12 Unter dem *Ley de régimen local* (Gesetz über die kommunale Ordnung) vom 16.12.1950 (Art. 405 ff.).

13 Wie *García de Enterría*, der die Artikel der LEF über die Staatshaftung verfasst hatte, noch im Jahre 1970 kritisch feststellte, *García de Enterría*, Vorwort, in: Leguina Villa, La responsabilidad civil de la Administración pública, Madrid 1970, S. 13 ff.

Die Staatshaftung für judikatives Unrecht hat sich in Spanien vor allem nach der Verfassung von 1978 entwickelt und wurde auf alle Gerichtszweige ausgedehnt. Wie im Folgenden zu sehen sein wird (→ A.III.1. und 2.), ist dieser Aspekt der Staatshaftung ausdrücklich in der Verfassung verankert und in einem Gesetz von 1985 geregelt. Bis dahin war nur die Haftung des Staates für Fehlurteile in Strafsachen gesetzlich vorgesehen.[14]

Die Haftung des Gesetzgebers und anderer Staatsorgane wie des Verfassungsgerichts oder des Bürgerbeauftragten hat in Spanien keinen historischen Hintergrund, sondern ist von der Rechtsprechung seit den neunziger Jahren des 20. Jahrhunderts entwickelt worden (→ A.III.3. und 4.).

III. Rechtsquellen des Staatshaftungsrechts

1. Verfassungsrechtliche Verankerung

Die Staatshaftung ist in der spanischen Verfassung ausdrücklich verankert. Art. 9 Abs. 3 CE gewährleistet allgemein das Prinzip der *„responsabilidad de los poderes públicos“* (Verantwortlichkeit der öffentlichen Gewalten)[15]. Trotz der Allgemeinheit dieses Prinzips hat der spanische *Tribunal Supremo* (Oberster Gerichtshof) die Haftung des Gesetzgebers und anderer Staatsorgane, die in anderen Verfassungsvorschriften nicht konkret vorgesehen ist, darauf gestützt.[16]

Art. 106 Abs. 2 CE befasst sich mit der Haftung der öffentlichen Verwaltung. Er anerkennt das Recht der Bürger auf Schadensersatz im Falle einer schädigenden Handlung der Verwaltung, wenn die gesetzlichen Voraussetzungen vorliegen.

Diese Vorschrift übernahm fast wörtlich den allgemeinen Haftungstatbestand von Art. 121.1 LEF und – vor allem – Art. 40.1 LRJAE, und damit die weite Auslegung des Ausdrucks *„funcionamiento de los servicios públicos“* (Tätigkeit der öffentlichen Dienste), die von der Literatur und der Rechtsprechung befürwortet wurde: Dieser Ausdruck beschränkt sich nicht auf die sog. *actividad de servicio público* im engen Sinne (Leistungsverwaltung), sondern umfasst jegliches Verwaltungshandeln.

Art. 149 Abs. 1 Nr. 18 CE regelt die Gesetzgebungskompetenzen bezüglich der Verwaltungshaftung. Nach dieser Vorschrift besitzt das zentralstaatliche Parlament – und nicht die Parlamente der verschiedenen Regionen, die sog. *comunidades autónomas* (Autonome Gemeinschaften) – die Kompetenz zur gesetzlichen Regelung des Haftungssystems aller spanischen Verwaltungen – also der zentralstaatlichen, regionalen oder kommunalen Verwaltungen.

Die Staatshaftung für judikatives Unrecht ist in Art. 121 CE vorgesehen.

---

14 Art. 179 des *Código Penal* (spanisches Strafgesetzbuch, abgekürzt: CP) von 1822, das Gesetz vom 7.8.1899 und Gesetz vom 24.6.1933 zur Änderung der *Ley de Enjuiciamiento Criminal* (Strafprozessordnung) vom 22.6.1882. Siehe dazu *Martín Rebollo*, Jueces y responsabilidad del Estado, 1983, S. 87 ff.

15 So lautet die amtliche Übersetzung der spanischen Verfassung ins Deutsche (http://www.tribunalconstitucional.es/es/constitucion/Paginas/ConstitucionAleman.aspx, zuletzt abgerufen am 7.5.2013). Das Wort *„responsabilidad“* kann aber auch mit „Haftung“ übersetzt werden.

16 Unlängst z.B. STS vom 2.6.2010 (Az. 588/2008), FJ 3, m.w.N. Gegen diese Auslegung von Art. 9 Abs. 3 CE u.a. *Leguina Villa*, La responsabilidad patrimonial de la Administración, de sus autoridades y del personal a su servicio, in: ders./Sánchez Morón (Hrsg.), La nueva Ley de Régimen Jurídico de las Administraciones Públicas y del Procedimiento Administrativo Común, 1993, S. 394 (413); *García de Enterría*, La responsabilidad patrimonial del Estado Legislador en el Derecho español, 2005, S. 75 ff.

2. Gesetzliche Regelung

Die spanische Staatshaftung ist heutzutage vor allem im *Ley 30/1992 de régimen jurídico de las Administraciones públicas y del procedimiento administrativo común* vom 26.11.1992 (Gesetz Nr. 30/1992 über die rechtliche Regelung der öffentlichen Verwaltungen und über das gemeinsame Verwaltungsverfahren – Verwaltungsverfahrensgesetz, abgekürzt: LRJPAC) gesetzlich geregelt. Dieses Gesetz des zentralstaatlichen Parlaments widmet ein spezifisches Kapitel mit 8 Artikeln (Art. 139 bis 146) der Regelung der außervertraglichen Haftung aller spanischen Verwaltungsträger. Die Haftung des Gesetzgebers, der Judikative und des Verfassungsgerichts ist zwar ebenfalls vorgesehen (Art. 139 Abs. 3 bis 5 LRJPAC), aber nicht ausführlich geregelt.[17]

Diese Regelung ist etwas detaillierter als die des Enteignungsgesetzes von 1954 oder des LRJAE von 1957, hat aber deren wichtigste Grundzüge beibehalten. Sie wird durch eine Rechtsverordnung der zentralstaatlichen Regierung ergänzt (*Real Decreto Nr. 429/1993* vom 26.3.1993, abgekürzt: RPR), die das erforderliche Verwaltungsverfahren zur Geltendmachung von Schadensersatz ausführlich regelt (→ D.I.1.).

Die öffentlich-rechtlichen Haftungsvorschriften des LRJPAC werden sowohl auf öffentlich-rechtliche wie auch privatrechtliche (Art. 144 LRJPAC) Tätigkeiten aller spanischen Verwaltungen im organisatorischen Sinne[18] angewandt: die Gebietskörperschaften (die *Administración General del Estado* – zentrale oder Allgemeine Staatsverwaltung –, die Verwaltung der *comunidades autónomas* und die Kommunalverwaltungen), die instrumentellen juristischen Personen des öffentlichen Rechts und die unabhängigen Verwaltungsbehörden.[19]

Die Haftung des Staates für judikatives Unrecht wird in Art. 292ff. des *Ley orgánica 6/1985 del Poder Judicial* vom 1.7.1985 (Organgesetz Nr. 6/1985 über die Gerichtsgewalt, abgekürzt: LOPJ) geregelt.

Das *Real Decreto Legislativo 3/2011, de 14 de noviembre, por el que se aprueba el texto refundido de la Ley de contratos del sector público* (Gesetz über die Verträge des öffentlichen Sektors in der Neufassung vom 14.11.2011, abgekürzt: TRLCSP) beschäftigt sich hauptsächlich mit der aus den verwaltungsrechtlichen Vergabeverträgen der spanischen Verwaltungen entstandenen vertraglichen Haftung.[20] Gemäß dem französischen Modell werden dem Verwaltungsrecht in Spanien seit langem nicht nur die Vorbereitung und Vergabe, sondern auch der Inhalt und die Beendigung der wichtigsten Vergabeverträge der Verwaltung (Bau-, öffentliche Dienstleistungs- und Lieferverträge sowie sonstige Dienstleistungsverträge) unterstellt. Derartige verwaltungsrechtliche Verträge[21] werden unter eine Reihe von administrativen Vorrechten[22] und Garantien

17 Die Haftung des Gesetzgebers wird in Art. 139 Abs. 3 LRJPAC sehr begrenzt anerkannt und zwar nur, wenn das Gesetz eine Entschädigung vorsieht. Die Rechtsprechung hat sie jedoch auch auf verfassungswidrige Gesetze ausgedehnt, wie später zu sehen sein wird. Art. 139 Abs. 4 LRJPAC verweist nur auf die gesetzliche Regelung der Haftung der Judikative und Art. 139 Abs. 5 LRJPAC (durch das Gesetz Nr. 13/2009 vom 3.11.2009 eingeführt) beschäftigt sich mit dem Verfahren zur Geltendmachung der Haftung des Verfassungsgerichts (wegen Schäden, die aus der Bearbeitung von Verfassungsbeschwerden oder Richtervorlagen zur konkreten Normenkontrolle entstehen können).

18 D.h., die in Art. 2 LRJPAC erwähnten Rechtspersonen des öffentlichen Rechts.

19 Über die spanische Verwaltungsorganisation *Mir*, Grundzüge des spanischen Verwaltungsrechts in gemeineuropäischer Perspektive, in: v. Bogdandy et al. (Hrsg.), Ius Publicum Europaeum, Bd. V, im Erscheinen, Rn. 18ff.

20 Über das spanische Verwaltungsvertragsrecht *Mir*, in: v. Bogdandy et. al. (Fn. 19), Rn. 92ff.

21 Die genannten Verträge werden den privatrechtlichen Verträgen der Verwaltung gegenübergestellt, die bezüglich ihres Inhalts und ihrer Beendigung dem Privatrecht unterliegen. Im Allgemeinen haben die Verträge der spanischen Verwaltungen nur privatrechtlichen Charakter, wenn sie nicht mit deren spezifischen öffentlichen Aufgaben in Verbindung stehen. Die Vorbereitung und Vergabe der privatrechtlichen Verträge der Verwaltung unterliegen jedenfalls der verwaltungsrechtlichen Vergabegesetzgebung (Art. 20 i.V.m. Art. 19 TRLCSP).

für den Vertragspartner[23] ex lege unterstellt, mit denen die Verwirklichung von eng mit dem allgemeinen Interesse verknüpften Leistungen sichergestellt werden soll. Das TRLCSP regelt aber auch die außervertragliche Haftung der Verwaltung und ihrer Vertragspartner für Schäden die sie Dritten bei der Erfüllung solcher Verträge zugefügt haben (Art. 214 TRLCSP).

Die außervertragliche Haftung der Verwaltung für Straftaten der Beamten oder sonstigen Bediensteten wird nicht im LRJPAC, sondern im *Ley orgánica 10/1995 del Código Penal* (spanisches Strafgesetzbuch vom 23.11.1995, abgekürzt: CP) in Art. 121 geregelt. Außerdem existieren einige Spezialgesetze, die spezifische Staatshaftungstatbestände vorsehen, wie z.B. das *Real Decreto Legislativo 2/2008, de 20 de junio, por el que se aprueba el texto refundido de la Ley de suelo* (Bodengesetz in der Neufassung vom 20.6.2008, abgekürzt: TRLS) oder das *Ley 26/2007 de responsabilidad medioambiental* vom 23.10.2007 (Gesetz Nr. 26/2007 über Umwelthaftung, abgekürzt: LRM), das die Richtlinie 2004/35/EG des Europäischen Parlaments und des Rates vom 21. April 2004 über die Umwelthaftung zur Vermeidung und Sanierung von Umweltschäden umgesetzt hat.

Der auffälligste Unterschied zwischen der im LRJPAC geregelten öffentlich-rechtlichen Staatshaftung und der allgemein im spanischen *Código Civil* (Art. 1902ff. CC) vorgesehenen außervertraglichen Haftung der sonstigen (Privat-)Rechtssubjekte ist nach Ansicht der jahrelang herrschenden Lehre und der immer noch ständigen Rechtsprechung, dass die erste verschuldensunabhängig sei. Das mag aber nach der widersprüchlichen Praxis der Rechtsprechung fraglich sein (→ B.VI.).

3. Richterrecht

Die erwähnten gesetzlichen Regelungen der Staatshaftung sind sehr allgemein gefasst und lassen einen weiten Raum zur richterlichen Konkretisierung. Die spanische Rechtsprechung hat diese Chance bislang jedoch nicht genutzt um ein System lückenloser, kohärenter und vorhersehbarer richterlicher Haftungsregeln zu schaffen. Richterliche Abweichungen hinsichtlich vieler materiell-rechtlicher und formeller Voraussetzungen der Staatshaftung finden oft zu Lasten von Grundsätzen wie dem Rechtssicherheits- oder dem Gleichheitsprinzip statt. Deshalb mehrten sich in den letzten Jahren die Stimmen, die eine umfassende und tiefgreifende gesetzliche Reform verlangen, die die vielen offenen Fragen dieses Rechtsgebiets klären soll.[24]

Die Impulse zur Errichtung und Ausdehnung des Staatshaftungssystems gingen in Spanien – anders als in anderen Ländern – traditionell auch nicht von der Rechtsprechung aus. Vielmehr

22 Wie die Vorrechte zu einseitiger Änderung, Aussetzung, Auslegung und Beendigung des Vertrags und das Verhängen von Vertragsstrafen seitens der Verwaltung (Art. 210ff. TRLCSP) durch vollstreckbare Verwaltungsakte (Art. 211 Abs. 4 und Art. 212 Abs. 8 TRLCSP). Hinzu kommen weitere Vorrechte für bestimmte Vertragsarten.

23 Wie verfahrensmäßige Garantien für den Fall, dass die Verwaltung ihre Vorrechte ausübt (Anhörung, Gutachten des *Consejo de Estado* oder des entsprechenden Beratungsorgans der jeweiligen *comunidad autónoma* – Art. 211 TRLCSP; → D.I.1. über solche Beratungsorgane der Verwaltung), oder die verschiedenen Mechanismen zur Wahrung der finanziellen Ausgewogenheit des Vertrags (gesetzliche: Entschädigungen bei höherer Gewalt – Art. 231, Art. 242, Art. 258 Abs. 2 Buchst. b) und Art. 282 Abs. 4 Buchst. c) TRLCSP – oder bei einseitiger Änderung oder Aussetzung des Vertrags – Art. 220 Abs. 2, Art. 258 Abs. 2 Buchst. a) und Art. 282 Abs. 2 TRLCSP; oder von der Rechtsprechung geschaffene: Entschädigungen bei Entscheidungen der Verwaltung, die die finanzielle Ausgewogenheit des Vertrags ändern – *factum principis* –, bei gänzlich unvorhersehbaren Gefahren oder bei ungerechtfertigter Bereicherung der Verwaltung).

24 *Mir*, Nuevo sistema, passim; *ders.*, Propuestas, in: Ortiz Blasco/Mahillo García (Hrsg.), La responsabilidad patrimonial de las Administraciones Públicas, S. 33 (33ff.); *Rebollo Puig*, Sobre la reforma del régimen de responsabilidad patrimonial de la Administración, in: Sáinz Moreno (Hrsg.), Estudios para la reforma de la Administración Pública, 2004, S. 215 (216f.); *López Menudo*, Vorwort, in: ders. et al., La responsabilidad patrimonial, S. 19 (24f.).

haben Lehre sowie Gesetzgebung eine führende Rolle gespielt.[25] Nur in den letzten Jahren hat die Rechtsprechung begonnen, neue – und z.T. umstrittene – Wege zu beschreiten – etwa bei der weiten Anerkennung der Haftung der Legislative und anderer Staatsorgane.

4. Der Einfluss des EU-Rechts

Das EU-Recht hat keinen großen Einfluss auf die allgemeine Gestaltung der spanischen Verwaltungshaftung gehabt. Die Rechtsprechung des EuGH zur Haftung der Mitgliedstaaten für EU-rechtswidrige Verwaltungshandlungen konnte unproblematisch mit den weiten innerstaatlichen Tatbeständen vereinbart werden und hat keine gesetzliche Änderung mit sich gebracht.[26] Das EU-Sekundärrecht hingegen hat einige wichtige bereichsspezifische Innovationen eingeführt, vor allem in Bezug auf Umweltschäden, deren Entschädigung nach spanischem Recht vor der Umsetzung der Richtlinie 2004/35/EG sehr unbefriedigend war.[27]

Das EU-Recht hat auch die Haftung der Judikative nicht besonders beeinflusst. Wie oben gezeigt (→ A.II. und A.III.1. und 2.), hatten die spanische Verfassung und das LOPJ die Haftung der Judikative schon lange vor dem bahnbrechenden *Köbler*-Urteil vom 30.9.2003[28] anerkannt.

Der Einfluss der Rechtsprechung des EuGH wird jedoch bei der richterlichen Anerkennung einer Haftung des Gesetzgebers oder des Bürgerbeauftragten deutlich. Diese Rechtsprechung hat nicht nur zu wichtigen Urteilen des *Tribunal Supremo* geführt, die hohe Entschädigungen für Verstöße des spanischen Gesetzgebers gegen das EU-Recht gewährt haben,[29] sondern ist vom obersten spanischen Gericht auch als Zusatzargument zur Unterstützung der Haftung der Legislative und des Bürgerbeauftragten in rein innerstaatlichen Fällen angeführt worden.[30] Die Rechtsprechung des EGMR hatte außerdem entscheidenden Einfluss auf das *Tribunal Supremo* (Oberste Gericht), das die Haftung des *Tribunal Constitucional* (Verfassungsgerichts) für unangemessene Verfahrensverzögerungen anerkannte.[31]

---

25 *González Pérez*, Responsabilidad patrimonial, S. 45.

26 *Alonso García*, La responsabilidad de los Estados miembros por infracción del Derecho comunitario, 1997; *Cobreros Mendazona*, Incumplimiento del Derecho comunitario y responsabilidad del Estado, 1995; *ders.*, Responsabilidad patrimonial del Estado por daños derivados de la infracción del Derecho de la Unión Europea, in: Quintana López (Hrsg.), Responsabilidad, Bd. 1, S. 481 (498 ff.); *Guichot Reina*, La responsabilidad extracontractual de los poderes públicos según el Derecho comunitario, 2001, m.w.N.

27 → A.III.2. und *Esteve Pardo*, Ley de responsabilidad medioambiental. Comentario sistemático, 2008; *Lozano Cutanda* (Hrsg.), Comentarios a la Ley de Responsabilidad Medioambiental, 2008, m.w.N.

28 EuGH C-224/01, Slg. 2003, I-10239 – *Köbler*.

29 Besonders wichtig war das STS vom 12.6.2003 (Az. 46/1999), das den Staat zur Zahlung von Schadensersatz in Höhe von 26 Millionen Euro wegen fehlerhafter Umsetzung der Richtlinie 95/47/EG des Europäischen Parlaments und des Rates vom 24. Oktober 1995 über die Anwendung von Normen für die Übertragung von Fernsehsignalen verurteilt hat (Fall *Canal Satélite Digital*). Unlängst auch zwei SSTS vom 17.9.2010 (Az. 149/2007 und 153/2007).

30 SSTS vom 27.11.2009 (Az. 603/2007), FFJJ 4 f. und vom 2.6.2010 (Az. 588/2008), FJ 3. Das erste Urteil bezieht sich nicht nur auf die allgemeine Rechtsprechung des EuGH zur Haftung der Mitgliedstaaten für Verstöße gegen das EU-Recht, sondern auch auf die Urteile des EuGH und des EuG, die die Haftung der EU für die vom Europäischen Bürgerbeauftragten zugefügten Schäden bejaht hat.

31 STS vom 26.11.2009 (Az. 585/2008), FJ 5 i.V.m. EGMR *Soto Sánchez/Spanien*, Nr. 66990/01, 25.11.203. Im konkreten Fall hat das *Tribunal Supremo* die unangemessene Verzögerung bei der Bearbeitung einer Verfassungsbeschwerde bejaht, die Haftung des Verfassungsgerichts jedoch mangels Kausalzusammenhang zwischen der Verzögerung und der geltend gemachten Schäden ausgeschlossen. Nach dem Inkrafttreten des neuen Art. 139 Abs. 5 LRJPAC muss das Verfassungsgericht die Verzögerung vorher ausdrücklich für unangemessen erklären, damit eine Haftung begründet werden kann (→ D.I.2.). Trotz – oder vielleicht gerade wegen – der langen durchschnittlichen Verfahrensdauer vor den spanischen Gerichten gibt es zurzeit keine Bestrebungen die Haftung für unangemessene Verfahrensverzögerungen gesetzlich zu regeln.

B. Haftungsbegründung

I. Relevantes Verhalten

Die Staatshaftung kann in Spanien aus einer Vielzahl nichtvertraglicher Handlungsformen der Verwaltung resultieren. Diese haftet für die von ihr erlassenen Rechtsverordnungen und Verwaltungsakte,[32] sowie für ihre Tathandlungen; Staatshaftung ist die maßgebliche Rechtsfolge rechtswidrigen schlichten Verwaltungshandelns. Die Verwaltung haftet ferner auch für ihre rechtlich relevanten Unterlassungen. Die Bedingungen, die erfüllt sein müssen, damit das Verhalten (das Tun oder Unterlassen) einer natürlichen Person der Verwaltung zugerechnet und somit als Verwaltungshandeln anzusehen ist, werden unten ausgeführt (→ B.IV.). Die Haftung umfasst nicht nur rechtlich gebundenes, sondern auch Ermessenshandeln der Verwaltung; die zentralstaatlichen und die regionalen Regierungen haften insofern auch für ihre sog. *actos políticos* oder *actos de gobierno* (politische Akte oder Regierungsakte), die sie in Ausübung ihrer verfassungsrechtlichen Funktionen erlassen, und die sich durch einen besonders hohen Ermessensgrad auszeichnen.[33]

Das positivierte spanische Staatshaftungsrecht verlangt nicht ausdrücklich, dass die schädigende Verwaltungshandlung rechtswidrig ist. Dieses Erfordernis kann aber indirekt aus Art. 141.1 LRJPAC hergeleitet werden. Danach muss der Schaden rechtswidrig sein um eine Staatshaftung zu begründen. Nach herrschender Auffassung ist der verursachte Schaden dann nicht rechtswidrig, wenn sich aus einem Gesetz ausdrücklich ergibt, dass der Geschädigte ihn dulden muss. Das ist z.B. der Fall, wenn der Gesetzgeber der Verwaltung die Befugnis zugesteht, belastende Verwaltungsakte zu erlassen, die naturgemäß gewisse Schäden mit sich bringen (Sanktionen, Abrissverfügungen, die Schließung gefährlicher Anlagen, Rückruf gefährlicher Produkte, usw.). Wenn die Verwaltung diese Befugnisse rechtmäßig ausübt, verursacht sie Schäden, die vom Gesetz ausdrücklich gerechtfertigt sind und die daher nicht zum Schadensersatz führen können.[34] Rechtmäßiges Verwaltungshandeln führt also in der Regel nicht zum Schadensersatz.

Staatshaftung kann auch aus richterlichem und legislativem Handeln der zentralstaatlichen oder regionalen Parlamente sowie aus Handlungen und Unterlassungen der sonstigen Staatsorgane resultieren.

II. Relevante Normverstöße

Jeglicher Normverstoß – d.h. die Verletzung jeglicher geltenden Rechtsnorm, unter Einbeziehung des EU-Rechts und des Völkerrechts – kann eine Staatshaftung begründen, wenn die übrigen Haftungsvoraussetzungen erfüllt sind.

---

32 Über die Handlungsformen der Verwaltung im spanischen Verwaltungsrecht siehe *Mir*, in: v. Bogdandy et. al. (Fn. 19), Rn. 69 ff.

33 Art. 2 Buchst. a) des *Ley 29/1998 reguladora de la jurisdicción contencioso-administrativa* (Gesetz Nr. 29/1998 vom 13.7.1998 über die Verwaltungsgerichtsbarkeit, abgekürzt: LJCA), siehe dazu STS vom 3.7.2003 (Az. 1557/2000), FJ 3, m.w.N.

34 *Mir*, in: Blasco/García (Fn. 24), S. 42 ff.

III. Schutzgutbezogenheit

Die spanischen Staatshaftungsregeln unterscheiden nicht nach den betroffenen Rechtsgütern. Art. 106.2 CE und Art. 139 Abs. 1 LRJPAC anerkennen allgemein das Recht auf Schadensersatz für „jeden Schade[n], der [den] Gütern und Rechten [des Geschädigten] zugefügt wird". Diese allgemeine Klausel umfasst alle denkbaren Rechtsgüter; Sach-, Personen- und Vermögensschäden sind insoweit ersatzfähig.[35] Art. 139 Abs. 2 LRJPAC[36] verlangt nur, dass sie gegenwärtig, wirtschaftlich messbar und hinsichtlich einer Person oder eines Personenkreises individualisiert sind.

Die Bedingung der Gegenwärtigkeit schließt auch einen zukünftigen Schaden nicht aus, soweit sein Eintreten unmittelbar bevorsteht.[37] Das Erfordernis der wirtschaftlichen Messbarkeit des Schadens könnte zur Nicht-Ersatzfähigkeit immaterieller Schäden führen, da diese *per definitionem* nicht nach objektiven Marktkriterien quantifizierbar sind; die Rechtsprechung hat diese Bedingung aber weit ausgelegt und anerkennt Schmerzensgeld richtigerweise als Schadensersatz.[38] Die Bedingung der Individualisierbarkeit hat hingegen zur Folge, dass die sog. „allgemeinen Lasten", die die Allgemeinheit betreffen, als nicht ersatzfähig gelten.[39]

Nach Art. 141 Abs. 1 LRJPAC muss der Schaden letztendlich auch rechtswidrig sein (→ B.I.). Das spanische Staatshaftungsrecht verlangt, anders als das deutsche oder das europäische Richterrecht, nicht ausdrücklich, dass der Schaden und der Geschädigte vom Schutzzweck der verletzten Rechtsnorm erfasst sein müssen. Die spanischen Gerichte untersuchen diesen Aspekt nicht und gehen davon aus, dass die von der Verwaltung und den sonstigen Staatsorganen verletzten Rechtsnormen immer den Schutz der potentiell Geschädigten zum Zweck haben.

IV. Zurechnung

Nach ständiger Rechtsprechung müssen zwei Bedingungen erfüllt sein damit das Tun oder Unterlassen einer natürlichen Person der Verwaltung zugerechnet wird, und somit Grundlage einer Staatshaftung sein kann.[40] Die Person muss erstens zur Verwaltungsorganisation gehören. Dieses Merkmal wird von der Rechtsprechung weit ausgelegt: Nicht nur Beamte im engen Sinne gehören dazu, sondern auch andere Angestellte im öffentlichen Dienst, politische Ämter und sogar Privatpersonen, die vorübergehend oder einmalig im Dienste der Verwaltung stehen. Das Verhalten von Personen, die nicht zur Verwaltungsorganisation gehören, wie z.B. Beliehene, Notare oder Vertragspartner der Verwaltung, wird daher in der Regel nicht der Verwaltung zugerechnet, auch wenn diese Personen hoheitliche Aufgaben erfüllen; sie müssen vielmehr selbst für die von ihnen zugefügten Schäden aufkommen.

Nicht jedes Verhalten der zur Verwaltungsorganisation gehörenden Personen wird aber auch der Verwaltung zugerechnet. Vielmehr betrifft dies nur diejenigen Handlungen, die von ihnen in Ausübung oder (auch) bei Gelegenheit ihrer Funktionen im Dienste der Verwaltung getätigt werden. Die Schwere des Verschuldens der handelnden Person spielt dafür keine Rolle: Auch Straftaten ihres Personals werden zugerechnet.

---

35 *Medina Alcoz*, Elementos, in: Cano Campos, S. 69 (69 f.).
36 Wie auch Art. 292 Abs. 2 LOPJ in Bezug auf die Haftung der Judikative.
37 STS vom 2.1.1990 (Az. 8/1990), FJ 2.
38 So z.B. STS vom 31.10.2002 (Az. 5588/2002), FJ 3.
39 *García de Enterría/Fernández Rodríguez*, Derecho administrativo, Bd. 2, S. 396 f.
40 Siehe dazu *Mir*, Responsabilidad sanitaria (Fn. 8), S. 126 ff., 141 ff., m.w.N.

Es wird nicht verlangt, dass das Verhalten zwingend in Ausübung einer hoheitlichen Aufgabe erfolgt. Wie bereits dargestellt (→ A.III.2.), haftet der Staat nach denselben Regeln im öffentlich-rechtlichen wie im privatrechtlichen Bereich. Es ist auch nicht notwendig, dass der Schädiger identifiziert werden kann. Für die Verwaltungshaftung genügt die Feststellung, dass der Schaden von einer bestimmten Verwaltungsorganisation ausging.

V. Kausalität

Art. 106.2 CE und Art. 139 Abs. 1 LRJPAC verlangen, dass der erlittene Schaden *„Folge"* des Verwaltungshandelns ist. Es muss deswegen ein Kausalzusammenhang zwischen dem Handeln und dem Schaden bestehen.[41] Die spanische Rechtsprechung verwendet verschiedene Kausalitätstheorien ohne dogmatische Genauigkeit. In einigen Fällen verwendet sie die Äquivalenztheorie (mit Hilfe der konkretisierenden *condicio sine qua non*-Formel),[42] in anderen stellt sie auf die restriktivere Adäquanztheorie ab.[43] Wie später noch zu sehen sein wird (→ C.IV.), kann der Kausalzusammenhang nach der Rechtsprechung durch höhere Gewalt, Mitverschulden oder die Beteiligung Dritter unterbrochen werden.

Von der Rechtslehre[44] und der Rechtsprechung[45] wird in den letzten Jahren auch die Verwaltungshaftung für den Verlust einer Chance – vor allem der Vereitelung einer Heilungschance – zunehmend bejaht. Nach der französischen und englischen Theorie der *perte d'une chance* oder *loss of a chance* soll Schadensersatz für den Verlust einer Chance nach dem Maß der Wahrscheinlichkeit ihres Eintritts zugestanden werden. Sie erlaubt es, dass der Geschädigte in Fällen, in denen der Kausalzusammenhang ungewiss ist, einen partiellen Schadensersatz bekommt.

VI. Relevanz von Verschulden

In den meisten ausländischen Staatshaftungssystemen wie auch bei der außervertraglichen Haftung von Privatpersonen in Spanien ist das Verschulden das wichtigste Schadenszurechnungskriterium, das dem Kausalzusammenhang hinzugefügt wird um eine Haftung zu begründen. Die Verwaltung haftet in der Regel nur, wenn sie mindestens fahrlässig gehandelt hat. In vielen Ländern sind verschuldensunabhängige Haftungstatbestände der Verwaltung eingeführt worden; sie sind aber in der Regel auf bestimmte Fallgruppen beschränkt und besitzen Ausnahmecharakter.

Nach der jahrelang herrschenden Lehre und der immer noch ständigen Rechtsprechung ist das in Spanien nicht der Fall. Nach dem allgemeinen haftungsbegründenden Tatbestand des Art. 139 Abs. 1 LRJPAC – im Wesentlichen früher schon in Art. 121 Abs. 1 LEF und Art. 40 Abs. 1

41 Siehe dazu *Mir*, Responsabilidad sanitaria (Fn. 8), S. 56 ff., 229 ff. (mit Anwendung der Theorie von der objektiven Zurechnung, die vor allem von deutschen und spanischen Strafrechtlern entwickelt wurde), m.w.N.

42 So z.B. STS vom 3.10.2000 (Az. 3905/1996), FJ 6.

43 SSTS vom 28.10.1998 (Az. 2206/1994), FJ 3, und vom 8.11.2010 (Az. 685/2009), FJ 5.

44 *Medina Alcoz*, La teoría de la pérdida de oportunidad. Estudio doctrinal y jurisprudencial de Derecho de daños público y privado, Cizur Menor 2007; *ders.*, Mitos y ficciones en la responsabilidad patrimonial de las Administraciones Públicas, Revista Española de Derecho Administrativo 153 (2012), 153 (169 ff.); *Gascón Abellán*, La prueba del nexo causal en la responsabilidad patrimonial sanitaria, in: Jiménez et. al. (Hrsg.), Problemas actuales de la responsabilidad patrimonial sanitaria, 2008, S. 377 ff.

45 SSTS vom 7.7.2008 (Az. 4776/2004), FFJJ 5 f., vom 25.10.2010 (Az. 5927/2007), FJ 5 und vom 25.2.2012 (Az. 5185/2012), FFJJ 5 f., m.w.N. (mit Abweichungen gegenüber der herrschenden Theorie des Schadensersatzes für den Verlust einer Chance).

LRJAE – muss die Verwaltung für jeden Schaden, der durch „normales" (sorgfältiges) wie „anormales" (fahrlässiges) Verwaltungshandeln verursacht wurde, aufkommen. Die Tatsache, dass die Vorschrift keinem der beiden Schadenszurechnungskriterien („normales" und „anormales" Verwaltungshandeln) ausdrücklich den Vorrang einräumt, hat zur jahrelang herrschenden Behauptung geführt, dass die Haftung der Verwaltung allgemein verschuldensunabhängig sei: Sie hafte nicht nur wenn sie fahrlässig („anormal") handele, sondern auch wenn sie einen rechtswidrigen Schaden unter Beachtung der erforderlichen Sorgfalt („normales Handeln") verursache. Erst seit Mitte der neunziger Jahre des 20. Jahrhunderts ist diese Behauptung auf wachsende Kritik in der Literatur gestoßen. Immer mehr Autoren sind seitdem der Meinung, dass das „anormale Handeln" das allgemeine Zurechnungskriterium sein und die Verwaltung nur ausnahmsweise verschuldensunabhängig haften solle.[46] In vielen Handbüchern und Urteilen des spanischen Tribunal Supremo ist jedoch immer noch zu lesen, dass die Verwaltungshaftung sich durch ihren objektiven (verschuldensunabhängigen) Charakter kennzeichne.[47]

Diese Behauptung ist irreführend. In der Tat wird das Verschulden – das „anormale Handeln" – von der Rechtsprechung in den meisten Fällen verlangt; nur ausnahmsweise verurteilt sie die Verwaltung in Fällen, in denen die Sorgfaltspflichten nicht verletzt wurden, die Verwaltung also richtig bzw. „normal" gehandelt hat.[48] Auch bei rechtswidrigen Verwaltungsakten schließt das *Tribunal Supremo* die Haftung oft aus, wenn die von der Verwaltung erfolgte Auslegung vernünftig und begründet (*razonada y razonable*) war.[49] Dieses Verschuldenserfordernis wird von der Rechtsprechung häufig nicht begründet oder über die Hintertür in anderen Haftungskriterien wie dem rechtswidrigen Schaden, dem Kausalzusammenhang oder den Entwicklungsrisiken eingeführt.

Diese Praxis ist zwar verständlich (es hat keinen Sinn, dass die Verwaltung verschuldensunabhängig in allen Bereichen ihrer Tätigkeit haftet), widerspricht aber offensichtlich der richterlichen Behauptung, die spanische Verwaltungshaftung sei verschuldensunabhängig. Dieser Widerspruch führt zu großer Rechtsunsicherheit und sollte korrigiert werden.[50]

Die Rechtsprechung geht jedoch nicht von einem subjektiven strafrechtsähnlichen Verschuldensverständnis aus, sondern von einem objektivierten Verschuldensbegriff (*funcionamiento anormal*), der dem französischen *faute de service* ähnelt und auf die Haftung von Organisationen zugeschnitten ist. Um den weiten richterlichen Spielraum bei der Feststellung erforderlicher Sorgfaltspflichten der Verwaltung zu begrenzen wird vorgeschlagen, dass sie vom Gesetzgeber

---

46 *Pantaleón Prieto*, Los anteojos del civilista: Hacia una revisión del régimen de responsabilidad patrimonial de las Administraciones públicas, Documentación Administrativa 237–238 (1994), S. 239 (passim); *Martín Rebollo*, (Fn. 6), Revista de Administracíon Pública 150 (1999), 317 (359 ff.); *Mir*, Nuevo sistema, S. 29 ff., 196 ff.; *Leguina Villa*, Sobre el carácter objetivo de la responsabilidad de la Administración, Revista Española de Derecho Administrativo 136 (2007), 669 (passim), m.w.N.

47 So z.B. unlängst SSTS vom 22.9.2010 (Az. 5831/2008), FJ 4, vom 15.3.2011 (Az. 3621/2009), FFJJ 5 f., vom 27.9.2011 (Az. 6280/2009), FJ 7, und vom 3.5.2012 (Az. 1029/2010), FJ 3.

48 Wie es z.B. im berühmten STS vom 14.6.1991 (Az. 16257/1991) geschehen ist. Dieses Urteil, das Schadensersatz für eine der *lex artis* gemäße Operation zugestanden hat, veranlasste die erwähnte kritische Reaktion der spanischen Rechtslehre.

49 *Mir*, Nuevo sistema, S. 312 ff.; *Doménech Pascual*, Responsabilidad patrimonial de la Administración por actos jurídicos ilegales. ¿Responsabilidad objetiva o por culpa?, Revista de Administración Pública 183 (2010), 179 (179 ff.); kritisch *Medina Alcoz*, Acto administrativo, S. 253 ff.; *Díez Sastre*, Culpa vs. ilegalidad: de nuevo sobre el fundamento de la responsabilidad por acto administrativo, Revista Española de Derecho Administrativo 153 (2012), 63 (63 ff.).

50 *Mir*, in: Blasco/García (Fn. 24), S. 35 f.; *ders.*, Responsabilidad objetiva vs. funcionamiento anormal en la responsabilidad patrimonial de la Administración sanitaria (y no sanitaria), Revista Española de Derecho Administrativo 140 (2008), 629 (646 f.).

und von der Verwaltung systematisch konkretisiert werden sollten („normative Sorgfaltsstandards").[51]

Die spanische Rechtsordnung sieht dennoch – oft bei der Umsetzung von EU-Richtlinien – spezifische verschuldensunabhängige Haftungstatbestände vor, die sowohl auf Privatpersonen als auch auf die Verwaltung anwendbar sind (z.B. die Haftung für fehlerhafte Produkte, für Umweltschäden und weitere Gefährdungshaftungstatbestände wie die Haftung für Verkehrsmittel, für den Betrieb von Kernkraftwerken, usw.).

Das Verschuldenerfordernis ist hingegen Voraussetzung einer Haftung der Judikative und des Verfassungsgerichts. Art. 121 CE und Art. 292 Abs. 1 LOPJ beschränken den allgemeinen Haftungstatbestand auf die Schäden, die „Folge anormaler Ausübung der Justizverwaltung" sind.[52] Entsprechendes gilt auch für die Haftung des Verfassungsgerichts für „anormales Handeln" bei der Bearbeitung von Verfassungsbeschwerden oder Richtervorlagen zur konkreten Normenkontrolle (Art. 139 Abs. 5 LRJPAC). Der Spezialtatbestand der judikativen Haftung für Justizirrtümer (Art. 121 CE und Art. 292 Abs. 1 und Art. 293 LOPJ) wird von der Rechtsprechung ihrerseits sehr restriktiv ausgelegt und nur bei grober Fahrlässigkeit angewandt.[53] Der besondere Haftungstatbestand für erlittene Untersuchungshaft (Art. 294 LOPJ), der nur bei Freispruch oder Einstellung des Verfahrens wegen erwiesener Unschuld[54] in Frage kommt, kann hingegen als verschuldensunabhängig bezeichnet werden.[55]

Bei der Anerkennung einer Haftung der Legislative für den Erlass verfassungswidriger Gesetze hat das Verschulden bis jetzt keine wichtige Rolle gespielt.[56] Aufgrund der Behauptung durch die Rechtsprechung, die Staatshaftung sei verschuldensunabhängig, sei eine „hinreichend qualifizierte Rechtsverletzung" nach einigen Urteilen des *Tribunal Supremo* nicht erforderlich um eine Haftung des Gesetzgebers für EU-rechtswidrige Gesetze zu bejahen.[57]

VII. Haftung ohne Normverstoß

Die Staatshaftung ohne Normverstoß ist für einige Fallgruppen – kasuistisch und unsystematisch – anerkannt worden, in denen der Geschädigte ein *sacrificio especial* (eine Aufopferung)

---

51 *Martín Rebollo*, La responsabilidad patrimonial, S. 46 ff. (und in vorigen Arbeiten); *Mir*, Nuevo sistema, S. 256 ff.

52 Dieser Haftungstatbestand dient vor allem dem Schadensersatz für unangemessene Verfahrensverzögerungen.

53 Kritisch *Tolivar Alas*, La responsabilidad patrimonial del Estado-Juez, in: Quintana, Bd. 1, S. 551 (569 ff., 599 f.).

54 Nur wenn bewiesen wird, dass die vorgeworfene Tat nicht geschehen, oder sie nicht strafbar ist. In allen anderen Fällen steht dem Geschädigten nur der schwierigere Weg der Haftung für Justizirrtum offen – auch, wenn der Freispruch oder die Einstellung erfolgt, weil bewiesen ist, dass der Angeklagte die Straftat nicht begangen hat (seit dem STS vom 23.10.2010 (Az. 4288/2006), das die vorherige weitere Auslegung von Art. 294 LOPJ eingeschränkt hat, nachdem Spanien vom EGMR in *Tendam/Spanien*, Nr. 25720/05, 13.7.2010 verurteilt worden ist; das *Tribunal Supremo* scheint jedoch eine gesetzliche Änderung von Art. 294 LOPJ vorzuschlagen, die diesen Haftungstatbestand erweitert; siehe dazu kritisch *Sánchez Morón*, Consecuencias imprevistas de la presunción de inocencia: la revisión de la doctrina del Tribunal Supremo sobre la responsabilidad por error judicial por efecto de la sentencia *Tendam* del Tribunal Europeo de Derechos Humanos, Justicia Administrativa 55 (2012), 49 (62 ff.)).

55 *Medina Alcoz*, Vías de exigencia, in: Cano Campos, Bd. 4, S. 135 (144 ff., kritisch zur geltenden Regelung).

56 Siehe z.B. SSTS vom 29.2.2000 (Az. 49/1998) und vom 2.6.2010 (Az. 588/2008), m.w.N.

57 SSTS vom 12.6.2003 (Az. 46/1999), FJ 4, und vom 17.9.2010 (Az. 149/2007 und 153/2007), FJ 11. In diesen Fällen ist jedoch die hinreichend qualifizierte Verletzung des EU-Rechts vom *Tribunal Supremo* festgestellt worden. Kritisch zu anderen Urteilen, die die hinreichend qualifizierte Verletzung des EU-Rechts verlangt haben, *López Menudo* et al., La responsabilidad patrimonial, S. 383; *Alonso García*, La responsabilidad patrimonial del Estado Legislador, in: Quintana, Bd. 1, S. 503 (537 f.).

erlitten hat. Diese Fälle sind mit dem Rechtsinstitut der Enteignung (Art. 33 Abs. 3 CE und LEF) eng verwandt.

Dazu gehören z.B. die frühzeitige Änderung von Bebauungsplänen,[58] der Widerruf begünstigender Verwaltungsakte aus Zweckmäßigkeitserwägungen, Bauarbeiten auf Straßen, die unzumutbare Belästigungen verursachen,[59] usw.[60]

C. Haftungsfolgen

I. Haftungssubjekte

1. Persönliche Haftung der Amtsträger, Beamten und sonstigen Bediensteten

Die spanische Staatshaftung ist grundsätzlich eine unmittelbare – und nicht subsidiäre – Haftung: Die Verwaltung haftet direkt gegenüber dem Geschädigten und nicht nur im Falle der Insolvenz desjenigen, der den Schaden verursacht hat (Art. 145 LRJPAC und Art. 296 LOPJ). Sie haftet hingegen nur subsidiär für Straftaten der Beamten oder sonstigen Bediensteten (Art. 121 CP).[61]

Seit 1992 müssen Geschädigte direkt von der Verwaltung Schadensersatz verlangen und dürfen nicht mehr den Amtsträger, den Beamten oder die sonstigen Bediensteten selbst verklagen (Art. 145 Abs. 1 i.V.m. Art. 146 LRJPAC).[62]

Das heißt aber nicht, dass die Amtswalter nicht persönlich haften. Die Verwaltung kann ihnen gegenüber einen Regressanspruch geltend machen wenn sie einen Schaden vorsätzlich oder grob fahrlässig verursacht wurden. Die Verwaltung ist seit 1999 dazu verpflichtet, diesen internen Schadensersatzanspruch geltend zu machen, nachdem sie den Geschädigten entschädigt hat (Art. 145 Abs. 2 LRJPAC)[63]. Dieser Pflicht wird in der Praxis jedoch selten nachgekommen.[64]

Dieselbe Regelung gilt auch für unmittelbare Schädigungen der Verwaltung durch ihre Amtswalter selbst (z.B. wenn ein Polizist sein Dienstfahrzeug beschädigt).

2. Versicherung

Der Abschluss von Versicherungen mit privaten Unternehmen ist in Spanien erlaubt und in der Praxis sehr verbreitet, vor allem in Bezug auf die Haftung der Gemeinden, die zu klein sind, um sich selbst zu versichern. Die Versicherung beschränkt sich nicht auf die Bereiche, in denen sie – oft bei der Umsetzung von EU-Richtlinien – gesetzlich vorgeschrieben ist, sondern umfasst viele der typischen Tat- und sogar Rechtshandlungen der verschiedenen Verwaltungen. Der Gesetz-

58 Art. 35 Buchst. a) TRLS.
59 STS vom 23.3.2009 (Az. 10236/2004).
60 *Mir*, Nuevo sistema, S. 94 ff.; *Medina*, in: Cano Campos (Fn. 35), S. 100 ff., m.w.N.
61 *Casino Rubio*, Responsabilidad civil de la Administración y delito, 1998, m.w.N.
62 Das wurde vor allem nach der Änderung des Art. 146 LRJPAC durch das Gesetz Nr. 4/1999 vom 13.1.1999 deutlich. Richter hingegen können noch von den Geschädigten verklagt werden (Art. 297 LOPJ).
63 Nach der Änderung durch das Gesetz Nr. 4/1999 vom 13.1.1999. Das Verwaltungsverfahren zur Ausübung des Regressanspruchs wird in Art. 19 ff. RPR näher geregelt. Letzterer muss gegen Richter gerichtlich geltend gemacht werden (Art. 296 LOPJ).
64 Siehe dazu *Mir*, Funcionaris responsables. La responsabilitat civil del personal al servei de l'Administració, Revista Jurídica de Catalunya 4 (2002), 87; *García-Álvarez*, La responsabilidad patrimonial de autoridades y personal al servicio de las Administraciones públicas, in: Quintana, Bd. 1, S. 603; *Doménech Pascual*, ¿Deberían las autoridades y los empleados públicos responder civilmente por los daños causados en el ejercicio de sus cargos?, Revista de Administración Pública 180 (2009), 103 (kritisch zur Pflicht der Geltendmachung des Schadensersatzanspruchs), m.w.N.

geber hat die Haftpflichtversicherungsverträge der Verwaltung ausdrücklich gestattet[65] und als privatrechtliche Verträge ausgestaltet.[66] Er hat jedoch die Besonderheiten solcher Verträge noch nicht ausführlich geregelt und an die allgemeine Regelung der Staatshaftung angepasst, was in der Praxis zu vielen Problemen – insbes. prozessualer Art – führt.[67]

II. Individualansprüche

Alle potentiell Geschädigten können Schadensersatz für schädigende Staatshandlungen beanspruchen. Obwohl Art. 106 Abs. 2 CE und Art. 139 Abs. 1 LRJPAC sich aus Traditionsgründen ausdrücklich nur auf *particulares* („Privatpersonen") beziehen, haben auch die Verwaltungen und sonstigen Staatsorgane nach der Rechtsprechung das Recht, Schadensersatz zu verlangen, wenn sie von anderen Verwaltungen oder Staatsorganen geschädigt werden.[68] Das Recht auf Schadensersatz erstreckt sich auch auf Beamte und sonstige Bedienstete,[69] sowie auf Ausländer.

III. Haftungsinhalt

Die Staatshaftung basiert in Spanien auf dem Prinzip des vollständigen Schadenersatzes.[70] Der Geschädigte bekommt mithin Schadenersatz und keine Entschädigung, d.h., er muss so gestellt werden, wie er stehen würde, wenn das schädigende Ereignis nicht eingetreten wäre. Das hat zur Folge, dass auch Schmerzensgelder gezahlt und entgangene Gewinne ersetzt werden.

Geschädigte erhalten fast immer Schadensersatz in Geld, obwohl es auch möglich ist, den Schaden durch regelmäßige Zahlungen oder Naturalien zu ersetzen, wenn der Geschädigte damit einverstanden ist (Art. 141 Abs. 4 LRJPAC). Ein Folgenbeseitigungsanspruch ist grundsätzlich nicht vorgesehen.

Die Summen, die die Geschädigten erhalten, sind in Spanien nicht besonders hoch. Ihre richterliche Begründung ist zudem oft mangelhaft. Auch wenn sie nur bei Verkehrsunfällen rechtlich verbindlich sind,[71] spielen die im *Real Decreto Legislativo Nr. 8/2004* vom 29.10.2004 enthaltenen gesetzlichen Tabellen bei der richterlichen Bewertung der Personenschäden eine sehr wichtige Rolle.

---

65 Zusatzvorschrift 6 des Gesetz 31/1990 vom 27.12.1990 in Bezug auf das Gesundheitswesen.

66 Art. 20 Abs. 1 i.V.m. Anhang II TRLCSP.

67 Siehe dazu *Huergo Lora*, El seguro de responsabilidad civil de las Administraciones Públicas, 2002; *Montoro Chiner/Hill Prados*, La responsabilidad patrimonial de la Administración y contrato de seguro, 2002; *Arquillo Colet*, Seguro y responsabilidad patrimonial de la Administración Pública, 2008; *Gamero Casado*, El aseguramiento de la responsabilidad patrimonial de la Administración, in: Quintana, Bd. 1, S. 221, m.w.N.

68 *González Pérez*, Responsabilidad patrimonial, S. 241 f.

69 Für die von ihnen in Ausübung ihrer Funktionen erlittenen Schäden: SSTS vom 16.6.2010 (Az. 1563/2006), vom 29.10.2010 (Az. 1302/2006) und vom 15.3.2011 (Az. 3887/2009).

70 Unlängst z.B. STS vom 15.3.2011 (Az. 3887/2009), FFJJ 2 ff.

71 STS vom 7.3.2011 (Az. 5028/2006), FJ 4.

IV. Haftungsbegrenzung und -ausschluss

1. Höhere Gewalt

Nach Art. 106 Abs. 2 CE und Art. 139 Abs. 1 LRJPAC schließt höhere Gewalt die Staatshaftung aus. Darunter versteht man ein von außen kommendes, außergewöhnliches und unvermeidbares Ereignis, das auch durch äußerste Sorgfalt des Betroffenen nicht verhindert werden kann (z.B. Hurrikane, Erdbeben).[72]

2. Entwicklungsrisiken

Im Jahre 1999 wurde das LRJPAC geändert, um den Ersatz der sog. Entwicklungsrisiken ausdrücklich auszuschließen. Nach dem neuen Art. 141 Abs. 1 S. 2 LRJPAC haftet die Verwaltung nicht für diejenigen Schäden, die nach dem Stand der Wissenschaft und Technik zum Zeitpunkt ihrer Verursachung nicht vermieden werden konnten. Diese Reform war eine Reaktion des Gesetzgebers auf Gerichtsentscheidungen, in denen die Verwaltung wegen der Infektion mit AIDS und Hepatitis C in öffentlichen Krankenhäusern in Zeiten verurteilt wurde, in denen die Viren und deren Übertragungswege noch unbekannt waren.

Ein ähnliches Ausschlusskriterium ist auch in anderen Rechtsnormen wie Art. 14 Abs. 2 Buchst. b) LRM oder Art. 140 Abs. 1 Buchst. e) des Gesetzes zur Umsetzung der Richtlinie über die Haftung für fehlerhafte Produkte[73] enthalten, die eine verschuldensunabhängige Haftung von Privatpersonen vorsehen. Anders als der Verschuldensmaßstab verweist diese Klausel auf alle möglichen nach dem Stand der Wissenschaft und Technik verfügbaren Sicherheitsmaßnahmen ungeachtet ihrer Kosten. Sie wird die Haftung daher nur ausschließen, wenn überhaupt keine bekannten Sicherheitsmaßnahmen zur Verfügung standen und nicht bereits dann, wenn solche zwar existierten aber *ex ante* als nicht erforderlich erschienen. Die spanische Rechtsprechung legt dieses Ausschlusskriterium mit Unterstützung eines Teils der Rechtslehre jedoch häufig sehr weit aus und benutzt es, um über Umwege ein Verschulden einzuführen.[74]

3. Mitverschulden und Versäumnis von Rechtsmitteln

Nach Ansicht der Rechtsprechung kann das Mitverschulden des Geschädigten die Staatshaftung ausschließen oder – was häufig vorkommt – den Betrag des Schadensersatzes je nach Schwere mindern.[75] Diese Regel ist vom Gesetzgeber in einige spezifische Haftungstatbestände eingeführt worden (vgl. z.B. Art. 295 LOPJ in Bezug auf die Haftung der Judikative oder Art. 35 Buchst. d) TRLS im Hinblick auf die Haftung für die Erteilung rechtswidriger Baugenehmigungen).

Das Versäumnis von Rechtsmitteln wird von der Rechtsprechung nicht ausdrücklich als Mitverschulden betrachtet. Ihre Einlegung ist jedoch Voraussetzung der Klageerhebung zur Geltendmachung von Schäden, die aus rechtswidrigen Rechtsverordnungen oder Verwaltungsakten resultieren.[76] Ihre Aufhebung durch die Verwaltung oder die Verwaltungsgerichtsbarkeit ist so-

---

72 Siehe dazu *Jordano Fraga*, La reparación de los daños catastróficos, Madrid 2000; *Barrero Rodríguez*, Fuerza mayor y responsabilidad administrativa extracontractual, 2009, m.w.N.

73 *Real Decreto Legislativo Nr. 1/2007* vom 16.11.2007.

74 *Mir*, Responsabilidad sanitaria (Fn. 8), S. 278 ff.; *ders.* (Fn. 50), Nuevo sistema, S. 49 ff.; *ders.*, Revista Española de Derecho Administrativo 140 (2008) (629) 633 f., 636 f.; *López Menudo*, Responsabilidad administrativa y exclusión de los riesgos del progreso: un paso adelante en la definición del sistema, Revista Andaluza de Administración Pública 36 (1999), 11; *Esteve Pardo*, Responsabilidad de la Administración y riesgos del desarrollo, in: Quintana, Bd. 2, S. 1549 (1555 ff.) (kritisch zu dieser Ausschlussklausel), m.w.N.

75 Siehe z.B. SSTS vom 8.11.2010 (Az. 685/2009), FJ 5 und vom 7.2.2012 (Az. 2607/2010), FJ 3.

76 *González Pérez*, Responsabilidad patrimonial, S. 617 f.

mit eine notwendige, aber nicht ausreichende Bedingung (Art. 142 Abs. 4 LRJPAC) für den Erhalt von Schadensersatz. Auch zur Geltendmachung von Schadensersatz wegen Justizirrtums wird vom Gesetzgeber verlangt, dass alle Rechtsmittel gegen die richterliche Fehlentscheidung erschöpft sein müssen (Art. 293 Abs. 1 Buchst. f) LOPJ).

Eine wichtige Ausnahme davon besteht jedoch nach dem *Tribunal Supremo*, wenn die Rechtswidrigkeit des Verwaltungsaktes auf der Verfassungswidrigkeit eines Gesetzes beruht. In solchen Fällen darf der Geschädigte Schadensersatz verlangen, nachdem das Verfassungsgericht das Gesetz für verfassungswidrig erklärt hat,[77] auch wenn er den schädigenden rechtswidrigen Verwaltungsakt nicht angefochten hatte oder wenn seine Anfechtung durch ein rechtkräftiges Urteil abgewiesen wurde.[78] Diese sehr umstrittene[79] Ausnahme, die mit der Rechtskraft von Gerichtsurteilen und der Bestandskraft nicht angefochtener Verwaltungsakte schwer zu vereinbaren ist,[80] ist kürzlich auf EU-rechtswidrige Gesetze erstreckt worden[81] nachdem der EuGH erklärt hat, dass die vorherige Rechtsprechung, die die Anfechtung EU-rechtswidriger Verwaltungsakte forderte,[82] das Äquivalenzprinzip verletze.[83]

4. Beteiligung Dritter

Nach Ansicht der Rechtsprechung kann auch die Beteiligung Dritter die Staatshaftung ganz oder teilweise ausschließen.[84] In Spanien gibt es keine Subsidiaritätsklausel wie in § 839 Abs. 1 S. 2 des deutschen BGB, sodass eine solche Beteiligung die Staatshaftung nicht in jedem Fall ausschließt. In der Tat führt die Beteiligung Dritter in der Praxis nur selten zum Ausschluss oder zur Reduzierung der Verwaltungshaftung, wenn festgestellt wird, dass das Verwaltungshandeln mangelhaft war – auch dann nicht, wenn die Beteiligung in einer Straftat bestand.[85] Die Rechtsprechung geht insoweit von einer Gesamtschuld der Verwaltung aus, die jedoch selten explizit genannt wird.

Ein besonderer Fall, der vom Gesetzgeber speziell geregelt wurde, ist die Beteiligung anderer Verwaltungen. Nach Art. 140 LRJPAC haften die beteiligten Verwaltungen gesamtschuldnerisch, wenn sie eine gemeinsame Aufgabe erfüllen und zusammenwirken oder es Schwierigkeiten bereitet zu ermitteln, welche Verwaltung in welcher Weise konkret beteiligt war. Ansonsten haften sie – praktisch allerdings nur seltenen – teilschuldnerisch.[86]

---

77 Es sei denn, dass das Verfassungsgericht die Wirkung seines Urteils ausdrücklich beschränkt hat.

78 SSTS vom 29.2.2000 (Az. 49/1998), FFJJ 4 ff. und vom 13.6.2000 (Az. 567/1998), FFJJ 3 ff. Diese Rechtsprechung ist später in vielen anderen Urteilen im gleichen Fall (Haftung für das verfassungswidrige Gesetz Nr. 5/1990 vom 29.6.1990) bestätigt und in den SSTS vom 17.9.2010 (Az. 149/2007 und 153/2007), FJ 6 zusammengefasst worden.

79 Kritisch u.a. *García de Enterría*, Estado Legislador (Fn. 16), S. 237 ff.; *Doménech Pascual*, Responsabilidad patrimonial de la Administración derivada de una ley inconstitucional, Revista Española de Derecho Administrativo 110 (2001), 275; *Alonso* (Fn. 57) in: Quintana, Bd. 1, S. 503 (528 ff.) m.w.N.

80 Nach Art. 161 Abs. 1 Buchst. a) CE und Art. 40 Abs. 1 des *Ley Orgánica 2/1979, de 3 de octubre, del Tribunal Constitucional* (Organgesetz Nr. 2/1979 vom 3.10.1979 über das Verfassungsgericht) bleiben rechtskräftige Urteile von der Entscheidung des Verfassungsgerichts, ein Gesetz sei verfassungswidrig, in der Regel unberührt.

81 SSTS vom 17.9.2010 (Az. 149/2007 und 153/2007), FJ 9. Dazu kritisch *Rodríguez de Santiago*, „Igualar por abajo". La doctrina del Tribunal Supremo sobre la responsabilidad del Estado derivada de la ley contraria al Derecho comunitario y de la ley inconstitucional, Revista Española de Derecho Europeo 38 (2011), 141 (passim).

82 SSTS vom 29.1.2004 (Az. 52/2002), FJ 1 und vom 24.5.2005 (Az. 73/2003), FJ 2.

83 EuGH C-118/08, Slg. 2010, I-635, Rn. 33 ff. – *Transportes Urbanos y Servicios Generales*.

84 Siehe z.B. SSTS vom 20.3.2003 (Az. 10950/1998), FJ 1 und vom 8.11.2010 (Az. 685/2009), FJ 5.

85 Siehe z.B. die SSTS vom 20.3.2003 (Az. 10950/1998) und vom 8.11.2010 (Az. 685/2009).

86 *Rivero Ortega*, Responsabilidad concurrente (Artículo 140 LRJPAC), in: Quintana, 2009, S. 191, m.w.N.

D. Geltendmachung von Haftungsansprüchen

I. Rechtsweg

1. Haftung der Verwaltung

Um Schadensersatz für Verwaltungshandlungen zu bekommen, müssen Geschädigte diesen zuerst bei der Verwaltung einfordern (Art. 145 Abs. 1 i.V.m Art. 142 und Art. 143 LRJPAC). Damit wird ein besonderes Verfahren eingeleitet, das in Art. 4ff. RPR näher geregelt ist. Dieses Verfahren beginnt in der Regel auf Antrag des Geschädigten, kann aber auch von Amts wegen eingeleitet werden, wenn die Voraussetzungen der Staatshaftung erfüllt sind (Art. 142 Abs. 1 LRJPAC).

Im Laufe dieses Verfahrens müssen der *Consejo de Estado* (Staatsrat; das höchste, in Art. 107 CE vorgesehene Beratungsorgan der zentralstaatlichen Regierung) oder die entsprechenden Beratungsorgane in Rechtssachen der *comunidades autónomas*[87] angehört werden, wenn die Summe des geforderten Schadensersatzes 50.000 Euro oder mehr beträgt (Art. 142 Abs. 3 LRJPAC)[88]. Ihr Gutachten ist aber nicht bindend. Der Geschädigte und die Verwaltung können sich zu jedem Zeitpunkt dieses Verfahrens über die Anerkennung und die Höhe des Schadensersatzes einigen (Art. 8 und Art. 13 RPR i.V.m Art. 88 LRJPAC). Das Verfahren soll in einer Frist von 6 Monaten beendet werden (Art. 13 Abs. 3 RPR), was aber häufig nicht der Fall ist. Wenn der Geschädigte mit dem Verwaltungsakt, der dieses Verfahren beendet, nicht einverstanden ist, kann er Anfechtungsklage erheben. In Spanien sind es die Verwaltungsgerichte, und nicht die ordentlichen Gerichte, die für Schadensersatzklagen gegen die Verwaltung zuständig sind [Art. 9 Abs. 4 LOPJ und Art. 2 Buchst. e) des *Ley 29/1998, de 13 de julio, reguladora de la jurisdicción contencioso-administrativa* (Gesetz Nr. 29/1998 vom 13.7.1998 über die Verwaltungsgerichtsbarkeit, abgekürzt: LJCA)].[89] Nur bei Straftaten des Verwaltungspersonals oder beim umstrittenen direkten Anspruch (*acción directa*) des Geschädigten (nur) gegenüber dem Versicherer der Verwaltung können die Straf- und Zivilgerichte sich mit der Haftung befassen. Wenn der Schaden aus einem Verwaltungsakt oder aus einer Rechtsverordnung folgt, kann der Geschädigte Schadensersatz auch im Rahmen der entsprechenden Anfechtungsklage verlangen. Er kann aber auch warten, bis der Verwaltungsakt oder die Rechtsverordnung aufgehoben werden, um den Ersatz dann mittels des erwähnten Schadensersatzverfahrens geltend zu machen (Art. 142 Abs. 4 LRJPAC).

2. Haftung der Judikative

Diese Regeln gelten auch für die Haftung der Judikative: Der Geschädigte muss zunächst Schadensersatz beim Justizministerium beantragen; im Anschluss daran findet das erwähnte Verwaltungsverfahren statt. Der Verwaltungsakt, der jenes beendet, kann bei der Verwaltungsgerichtsbarkeit angefochten werden (Art. 293 Abs. 2 und Art. 294 Abs. 3 LOPJ).

---

87 Wie z.B. die *Comissió Jurídica Assessora* (Rechtsberatungskommission) in Katalonien.

88 Nach der Änderung durch das Gesetz Nr. 2/2011 vom 4.3.2011. Die regionalen Gesetzgeber dürfen diese Summe ändern.

89 Die ausschließliche Kompetenz der Verwaltungsgerichtsbarkeit ist in gewissen Fallgruppen von den Zivil- und Sozialgerichten im Laufe der neunziger Jahren des 20. Jahrhunderts in Frage gestellt worden, was zu einer scharfen Polemik zwischen den verschiedenen Gerichtszweigen geführt hat (siehe dazu *Mir*, La jurisdicción competente en materia de responsabilidad patrimonial de la Administración: una polémica que no cesa, in: Montoro Chiner (Hrsg.), La justicia administrativa. Libro Homenaje al Prof. Dr. D. Rafael Entrena Cuesta, 2003, S. 528, m.w.N.). Nach den späteren Änderungen von Art. 9 Abs. 4 LOPJ und von Art. 2 Buchst. e) LJCA ist die Polemik überwunden worden und die ausschließliche Kompetenz der Verwaltungsgerichtsbarkeit in Staatshaftungsfragen unbestreitbar.

Um eine Haftung wegen Justizirrtums geltend zu machen, muss der Geschädigte hingegen zuerst die richterliche Anerkennung des Irrtums durch die betroffene Gerichtsbarkeit in Form einer Wiederaufnahmeklage oder des spezifischen, in Art. 293 Abs. 1 LOPJ geregelten, Gerichtsverfahrens erwirken. Erst dann kann der Geschädigte Schadensersatz beim Justizministerium beantragen.[90] Ein ähnliches (gerichtliches) Verfahren ist jüngst in Art. 139 Abs. 5 LRJPAC für die Geltendmachung des Haftungsanspruchs gegenüber dem Verfassungsgericht eingeführt worden: Bevor der Geschädigte Schadensersatz beim Justizministerium geltend machen kann, muss das Verfassungsgericht feststellen, dass es „anormal" gehandelt hat.[91]

II. Beweisfragen

Der Geschädigte trägt in der Regel die Beweislast für den erlittenen Schaden sowie den Kausalzusammenhang zwischen dem Schaden und der schädigenden Handlung (Art. 6 Abs. 1 RPR). Häufig wird in der Praxis auch verlangt, dass er das *funcionamiento anormal* (Verschulden) der Verwaltung beweist (s. B.VI.). Die Rechtsprechung hat in einigen Fällen jedoch eine Beweislastumkehr hinsichtlich des Verschuldens angenommen und die Verwaltung bei mangelndem Beweis der Sorgfalt ihres Handelns verurteilt.[92] Diese Lösung ist vorzugswürdig und sollte zur Grundregel erhoben werden. Für die Verwaltung ist es viel einfacher zu beweisen, dass ihr Handeln sorgfältig war, als es für die Geschädigten ist, das Verschulden nachzuweisen.[93]

III. Verjährung

Nach Art. 142 Abs. 5 LRJPAC und Art. 293 Abs. 2 LOPJ muss der Geschädigte den Schadensersatz innerhalb eines Jahres geltend machen. Die Verjährungsfrist, die unterbrochen werden kann, beginnt in der Regel in dem Zeitpunkt, in dem der Schaden bekannt wird. Im Falle von physischen und psychischen Schäden beginnt die Frist mit dem Ende der erfolgreichen Heilbehandlung; wenn eine solche nicht möglich ist, beginnt die Verjährungsfrist in dem Moment, in dem die Folgeschäden festgestellt werden können. Bei schädigenden Verwaltungsakten und Rechtsverordnungen beginnt die Frist mit Erlass der endgültigen gerichtlichen Aufhebungsentscheidung (Art. 142 Abs. 4 und Abs. 5 LRJPAC).[94]

IV. Vollstreckung

Die Vollstreckung des Urteils, das den Staat zur Haftung verpflichtet, ist durch das Grundrecht auf effektiven Rechtsschutz geboten (Art. 24 Abs. 1 i.V.m. Art. 117 Abs. 3 und Art. 118 CE). Seit dem Erlass der Verwaltungsgerichtsordnung von 1998 verfügen die Richter über die geeigneten Instrumente, um die vollständige Vollstreckung des Urteils und dessen wirksame Durchführung

90 Siehe dazu *Tolivar* (Fn. 53), in: Quintana, Bd. 1, S. 551 (577 ff.) m.w.N.
91 Nach der Auslegung, die das Verfassungsgericht in seiner ersten Entscheidung zur Anwendung dieser neuen Vorschrift durchgeführt hat (ATC 194/2010 vom 2.12.2010, FJ 1).
92 Z.B. in SSTS vom 10.10.2007 (Az. 1106/2003) und vom 23.10.2007 (Az. 3071/2003).
93 *Desdentado Daroca* (Fn. 5), Revista Española de Derecho Administrativo 108 (2000), 533 (551, 562 f.); *López Menudo* (Fn. 74), S. 44; *Mir*, Propuestas (Fn. 24), S. 40 f.
94 Siehe dazu *Alarcón Sotomayor*, Plazo para exigir la responsabilidad patrimonial de la Administración pública, in: Quintana, Bd. 1, S. 183, m.w.N.

durch die Verwaltung sicherzustellen (Art. 103ff. LJCA).[95] Die verurteilte Verwaltung muss den Schadensersatz innerhalb von drei Monaten nach der Zustellung des rechtskräftigen Urteils – oder des nicht rechtskräftigen Urteils, wenn das Gericht seine vorläufige Vollstreckung gestattet – bezahlen (Art. 106 Abs. 1 LJCA). Wenn sie dem nicht nachkommt, kann der Geschädigte die Zwangsvollstreckung des Urteils vom Gericht verlangen (Art. 106 Abs. 2 LJCA). Dafür darf aber nur dasjenige Eigentum der Verwaltung gepfändet werden, das nicht materiell der Erfüllung von Verwaltungsaufgaben dient (Art. 132 Abs. 1 CE).[96]

Bibliographie

García de Enterría, Eduardo/Fernández Rodríguez, Tomás-Ramón, Curso de Derecho administrativo (Verwaltungsrecht), Bd. 2, 12. Aufl., Madrid 2011

González Pérez, Jesús, Responsabilidad patrimonial de las Administraciones públicas (Haftung der öffentlichen Verwaltungen), 6. Aufl., Madrid 2012

López Menudo, Francisco et al., La responsabilidad patrimonial de los poderes públicos (Die Haftung der öffentlichen Gewalten), Valladolid 2005

Martín Rebollo, Luis, La responsabilidad patrimonial de las entidades locales (Die Haftung der Kommunalverwaltung), Madrid 2005

Medina Alcoz, Luis, La responsabilidad patrimonial de las Administraciones públicas (I, II und III) (Die Haftung der öffentlichen Verwaltungen), in: Cano Campos (Hrsg.), Lecciones y materiales para el estudio del Derecho Administrativo (Lektionen und Materialien zum Verwaltungsrecht), Bd. 4, Madrid 2009, S. 31, 69, 135

ders., La responsabilidad patrimonial por acto administrativo (Die Haftung der Verwaltung für Verwaltungsakte), Cizur Menor 2005

Mir Puigpelat, Oriol, La responsabilidad patrimonial de la Administración. Hacia un nuevo sistema (Die Haftung der Verwaltung. Auf dem Weg zu einem neuen System), Madrid 2002, abrufbar unter http://www.ub.edu/dadmin/OriolMir/Publicacions/Mir_Responsabilidad_patrimonial_de_la_administracion_alta.pdf, zuletzt abgerufen am 11.4.2013. 2., unveränderte Aufl., Montevideo/Buenos Aires 2012

ders., Propuestas para una reforma legislativa del sistema español de responsabilidad patrimonial de la Administración (Vorschläge zur gesetzlichen Reform des spanischen Haftungssystems der Verwaltung), in: Ortiz Blasco/Mahillo García (Hrsg.), La responsabilidad patrimonial de las Administraciones Públicas. Crisis y propuestas para el siglo XXI (Die Haftung der öffentlichen Verwaltungen. Krise und Vorschläge für das 21. Jahrhundert), Madrid 2009, S. 33, abrufbar unter http://www.ub.edu/dadmin/OriolMir/Publicacions/Mir_Propuestas_reforma_responsabilidad.pdf, zuletzt abgerufen am 11.4.2013

Quintana López, Tomás (Hrsg.), La responsabilidad patrimonial de la Administración pública. Estudio general y ámbitos sectoriales (Die Haftung der öffentlichen Verwaltung. Allgemeiner und besonderer Teil), 2 Bde., 2. Aufl., Valencia 2013

95 Das vorherige Gesetz von 1956 war in diesem Punkt wenig zufriedenstellend, siehe dazu *Font i Llovet*, La ejecución de las sentencias contencioso-administrativas, 1985; *Beltrán de Felipe*, El poder de sustitución en la ejecución de las sentencias condenatorias de la Administración, 1995; *Martín Delgado*, Función jurisdiccional y ejecución de sentencias en lo contencioso-administrativo, 2005; *Gómez-Ferrer Rincón*, La imposibilidad de ejecución de sentencias en el proceso contencioso-administrativo, 2008, m.w.N.

96 Nach STC 166/1998 vom 15.7.1998, welches das traditionelle Privileg der Unpfändbarkeit von Sachen der Verwaltung beschränkt hat.

Abkürzungsverzeichnis

ATC	Auto del Tribunal Constitucional (Beschluss des spanischen Verfassungsgerichts)
CC	Código Civil español de 24 de julio de 1889 (spanisches Bürgerliches Gesetzbuch vom 24.7.1889)
CE	Constitución española de 27 de diciembre de 1978 (spanische Verfassung vom 27.12.1978)
CP	Ley orgánica 10/1995, de 23 de noviembre, del Código Penal (spanisches Strafgesetzbuch vom 23.11.1995)
FJ/FFJJ	Fundamento(s) Jurídico(s) (Entscheidungsgrund/Entscheidungsgründe)
LEF	Ley de expropiación forzosa de 16 de diciembre de 1954 (Gesetz vom 16.12.1954 über die Enteignung)
LJCA	Ley 29/1998, de 13 de julio, reguladora de la jurisdicción contencioso-administrativa (Gesetz Nr. 29/1998 vom 13.7.1998 über die Verwaltungsgerichtsbarkeit)
LOPJ	Ley orgánica 6/1985, de 1 de julio, del Poder Judicial (Organgesetz Nr. 6/1985 vom 1.7.1985 über die Gerichtsgewalt)
LRJAE	Ley de régimen jurídico de la Administración del Estado de 26 de julio de 1957 (Gesetz vom 26.7.1957 über die rechtliche Regelung der zentralstaatlichen Verwaltung)
LRJPAC	Ley 30/1992, de 26 de noviembre, de régimen jurídico de las Administraciones públicas y del procedimiento administrativo común (Gesetz Nr. 30/1992 vom 26.11.1992 über die rechtliche Regelung der öffentlichen Verwaltungen und über das gemeinsame Verwaltungsverfahren)
LRM	Ley 26/2007, de 23 de octubre, de responsabilidad medioambiental (Gesetz Nr. 26/2007 vom 23.10.2007 über Umwelthaftung)
RPR	Real Decreto 429/1993, de 26 de marzo, por el que se aprueba el Reglamento de los procedimientos de las Administraciones públicas en materia de responsabilidad patrimonial (Königliches Dekret Nr. 429/1993 vom 26.3.1993 über die Rechtsverordnung der Verwaltungsverfahren zur Geltendmachung von Staatshaftung)
STC	Sentencia del Tribunal Constitucional (Urteil des spanischen Verfassungsgerichts)
STS/SSTS	Sentencia(s) del Tribunal Supremo, Sala de lo Contencioso-Administrativo (Urteil/Urteile des spanischen Obersten Gerichts, Senat der Verwaltungsgerichtsbarkeit)
TRLCSP	Real Decreto Legislativo 3/2011, de 14 de noviembre, por el que se aprueba el texto refundido de la Ley de contratos del sector público (Gesetz über die Verträge des öffentlichen Sektors in der Neufassung vom 14.11.2011)
TRLS	Real Decreto Legislativo 2/2008, de 20 de junio, por el que se aprueba el texto refundido de la Ley de suelo (Bodengesetz in der Neufassung vom 20.6.2008)

Wesentliche Vorschriften

Constitución española de 27 de diciembre de 1978

Spanische Verfassung vom 27.12.1978[97]

Artículo 9.3

La Constitución garantiza el principio de legalidad, la jerarquía normativa, la publicidad de las normas, la irretroactividad de las disposiciones sancionadoras no favorables o restrictivas de derechos individuales, la seguridad jurídica, la responsabilidad y la interdicción de la arbitrariedad de los poderes públicos.

Artikel 9 Abs. 3

Die Verfassung gewährleistet das Prinzip der Legalität, die normative Rangordnung, die Öffentlichkeit der Normen, die Nichtrückwirkung der Sanktionsnormen, die sich ungünstig oder restriktiv auf die Rechte des Einzelnen auswirken, die Rechtssicherheit, die Verantwortlichkeit und das Verbot der Willkür seitens der öffentlichen Gewalten.

97 Amtliche Übersetzung, abrufbar unter http://www.tribunalconstitucional.es/es/constitucion/Paginas/ConstitucionAleman.aspx, zuletzt abgerufen am 7.5.2013.

Artículo 106.2
Los particulares, en los términos establecidos por la ley, tendrán derecho a ser indemnizados por toda lesión que sufran en cualquiera de sus bienes y derechos, salvo en los casos de fuerza mayor, siempre que la lesión sea consecuencia del funcionamiento de los servicios públicos.

Artikel 106 Abs. 2
Privatpersonen haben gemäß den Gesetzesbestimmungen, außer in Fällen höherer Gewalt, das Recht auf Entschädigung eines jeden Schadens, der ihren Gütern und Rechten zugefügt wird, vorausgesetzt, dass der Schaden Folge der Tätigkeit der öffentlichen Dienste ist.[98]

Artículo 121
Los daños causados por error judicial, así como los que sean consecuencia del funcionamiento anormal de la Administración de Justicia, darán derecho a una indemnización a cargo del Estado, conforme a la Ley.

Artikel 121
Der aufgrund eines Justizirrtums oder als Folge anormaler Ausübung der Justizverwaltung entstandene Schaden berechtigt gemäß dem Gesetz zu einer Entschädigung zu Lasten des Staates.

Ley 30/1992, de 26 de noviembre, de régimen jurídico de las Administraciones públicas y del procedimiento administrativo común (LRJPAC)
Gesetz Nr. 30/1992 vom 26.11.1992 über die rechtliche Regelung der öffentlichen Verwaltungen und über das gemeinsame Verwaltungsverfahren[99]

Artículo 139. Principios de la responsabilidad.
(1) Los particulares tendrán derecho a ser indemnizados por las Administraciones Públicas correspondientes, de toda lesión que sufran en cualquiera de sus bienes y derechos, salvo en los casos de fuerza mayor, siempre que la lesión sea consecuencia del funcionamiento normal o anormal de los servicios públicos.

(2) En todo caso, el daño alegado habrá de ser efectivo, evaluable económicamente e individualizado con relación a una persona o grupo de personas.

(3) Las Administraciones Públicas indemnizarán a los particulares por la aplicación de actos legislativos de naturaleza no expropiatoria de derechos y que éstos no tengan el deber jurídico de soportar, cuando así se establezcan en los propios actos legislativos y en los términos que especifiquen dichos actos.

(4) La responsabilidad patrimonial del Estado por el funcionamiento de la Administración de Justicia se regirá por la Ley Orgánica del Poder Judicial.

(5) El Consejo de Ministros fijará el importe de las indemnizaciones que proceda abonar cuando el Tribunal Constitucional haya declarado, a instancia de parte interesada, la existencia de un funcionamiento anormal en la tramitación de los recursos de amparo o de las cuestiones de inconstitucionalidad.

Artikel 139. Grundsätze der Haftung
(1) Privatpersonen haben, außer in Fällen höherer Gewalt, das Recht auf Entschädigung durch die Verwaltung für jeden Schaden, der den Gütern und Rechten des Geschädigten zugefügt wird, vorausgesetzt, dass der Schaden Folge der normalen oder anormalen Tätigkeit der öffentlichen Verwaltung ist.

(2) In jedem Fall muss der behauptete Schaden gegenwärtig, wirtschaftlich bestimmbar und hinsichtlich einer Person oder eines Personenkreises individualisiert sein.

(3) Die öffentliche Verwaltung entschädigt Privatpersonen für die Anwendung von Rechtsakten des Gesetzgebers, die nicht Enteignungen betreffen und zu deren Duldung diese Personen rechtlich nicht verpflichtet sind, wenn dies in den Rechtsakten des Gesetzgebers selbst festgesetzt ist und nach Maßgabe der dort niedergelegten Bestimmungen.

(4) Die Haftung des Staates für die Justizverwaltung richtet sich nach dem Organgesetz über die Gerichtsgewalt.

(5) Der Ministerrat setzt den entsprechenden Schadensersatz fest, wenn das Verfassungsgericht auf Antrag des Betroffenen das Vorliegen eines anormalen Ablaufs bei der Abwicklung der Verfassungsbeschwerde oder der Vorlage zur konkreten Normenkontrolle festgestellt hat.

98 Anmerkung des Verfassers: „*Indemnización*" kann auch (und sollte in diesem Zusammenhang besser) als „*Schadensersatz*" übersetzt werden; wie im Beitrag gezeigt worden ist, sieht die Staatshaftung in Spanien in der Regel einen vollen Schadensersatz und nicht nur eine beschränkte Entschädigung vor.
99 Übersetzung des Herausgebers.

El procedimiento para fijar el importe de las indemnizaciones se tramitará por el Ministerio de Justicia, con audiencia al Consejo de Estado.

Das Verfahren zur Bestimmung der Höhe des Schadensersatzes obliegt dem Justizministerium unter Anhörung des Staatsrates.

Artículo 140. Responsabilidad concurrente de las Administraciones Públicas.

(1) Cuando de la gestión dimanante de fórmulas conjuntas de actuación entre varias Administraciones públicas se derive responsabilidad en los términos previstos en la presente Ley, las Administraciones intervinientes responderán de forma solidaria. El instrumento jurídico regulador de la actuación conjunta podrá determinar la distribución de la responsabilidad entre las diferentes Administraciones públicas.

(2) En otros supuestos de concurrencia de varias Administraciones en la producción del daño, la responsabilidad se fijará para cada Administración atendiendo a los criterios de competencia, interés público tutelado e intensidad de la intervención. La responsabilidad será solidaria cuando no sea posible dicha determinación.

Artikel 140. Mitverantwortlichkeit der Öffentlichen Verwaltungen

(1) Wenn sich aus der Zusammenarbeit verschiedener Verwaltungsträger eine Haftung nach den Vorschriften des vorliegenden Gesetzes ergibt, so haften die verantwortlichen Verwaltungseinrichtungen gesamtschuldnerisch. Das rechtliche Instrument, das die Zusammenarbeit regelt, kann die Aufteilung der Verantwortlichkeit zwischen den verschiedenen Verwaltungsträgern bestimmen.

(2) In anderen Fällen des Zusammenwirkens verschiedener Verwaltungsträger bei der Hervorrufung des Schadens wird die Verantwortlichkeit jeder einzelnen Verwaltung unter Berücksichtigung der Zuständigkeit, des geschützten öffentlichen Interesses und des Ausmaßes der Beteiligung bestimmt. Ist eine solche Bestimmung nicht möglich, so ist die Haftung gesamtschuldnerisch.

Artículo 141. Indemnización.

(1) Sólo serán indemnizables las lesiones producidas al particular provenientes de daños que éste no tenga el deber jurídico de soportar de acuerdo con la Ley. No serán indemnizables los daños que se deriven de hechos o circunstancias que no se hubiesen podido prever o evitar según el estado de los conocimientos de la ciencia o de la técnica existentes en el momento de producción de aquéllos, todo ello sin perjuicio de las prestaciones asistenciales o económicas que las leyes puedan establecer para estos casos.

(2) La indemnización se calculará con arreglo a los criterios de valoración establecidos en la legislación de expropiación forzosa, legislación fiscal y demás normas aplicables, ponderándose, en su caso, las valoraciones predominantes en el mercado.

(3) La cuantía de la indemnización se calculará con referencia al día en que la lesión efectivamente se produjo, sin perjuicio de su actualización a la fecha en que se ponga fin al procedimiento de responsabilidad con arreglo al índice de precios al consumo, fijado por el Instituto Nacional de Estadística, y de los intereses que procedan por demora en el pago de la indemnización fijada, los cuales se exigirán con arreglo a lo establecido en la Ley General Presupuestaria.

(4) La indemnización procedente podrá sustituirse por una compensación en especie o ser abonada mediante pagos periódicos, cuando resulte más adecuado para lograr la reparación debida y convenga al interés público, siempre que exista acuerdo con el interesado.

Artikel 141. Schadensersatz

(1) Ersatzfähig sind nur diejenigen Verletzungen, die von Privatpersonen nach dem Gesetz nicht geduldet werden müssen. Schäden, die aus Ereignissen oder Umständen resultieren, die nach dem Stand der Wissenschaft oder der Technik zum Zeitpunkt ihrer Verursachung nicht vorausgesehen oder vermieden werden konnten, sind nicht ersatzfähig. Die Fürsorge- oder sonstigen Leistungen, die die Gesetze für solche Fälle vorsehen können, bleiben unberührt.

(2) Für die Bemessung des Schadensersatzes gelten die in den Enteignungsgesetzen, den Steuervorschriften und sonstigen anwendbaren Vorschriften festgelegten Bewertungskriterien, gegebenenfalls entsprechend den aktuellen Marktwerten.

(3) Der Umfang des Schadensersatzes berechnet sich in Bezug auf den Tag, an dem sich die Verletzung tatsächlich ereignet hat, unbeschadet seiner Aktualisierung bei Abschluss des Haftungsverfahrens, unter Berücksichtigung des Verbraucherpreisindexes, der durch das staatliche Statistikamt festgelegt wird, und den Verzugszinsen in Bezug auf die festgesetzte Entschädigungsleistung; diese werden verlangt in der im Haushaltsgesetz festgelegten Höhe.

(4) Der sich ergebene Schadensersatz kann im Einvernehmen mit dem Betroffenen ersetzt werden durch eine Naturalrestitution oder durch regelmäßig wiederkehrende Zahlungen, wenn sich dies als angemessene Form der Wiedergutmachung herausstellt und im öffentlichen Interesse liegt.

Artículo 142. Procedimientos de responsabilidad patrimonial.
(1) Los procedimientos de responsabilidad patrimonial de las Administraciones Públicas se iniciarán de oficio o por reclamación de los interesados.

(2) Los procedimientos de responsabilidad patrimonial se resolverán, por el Ministro respectivo, el Consejo de Ministros si una ley así lo dispone o por los órganos correspondientes de las Comunidades Autónomas o de las Entidades que integran la Administración Local. [...]

(3) Para la determinación de la responsabilidad patrimonial se establecerá reglamentariamente un procedimiento general con inclusión de un procedimiento abreviado para los supuestos en que concurran las condiciones previstas en el artículo 143 de esta Ley. En el procedimiento general será preceptivo el dictamen del Consejo de Estado o, en su caso, del órgano consultivo de la Comunidad Autónoma cuando las indemnizaciones reclamadas sean de cuantía igual o superior a 50.000 € o a la que se establezca en la co-rrespondiente legislación autonómica.

(4) La anulación en vía administrativa o por el orden jurisdiccional contencioso-administrativo de los actos o disposiciones administrativas no presupone derecho a la indemnización, pero si la resolución o disposición impugnada lo fuese por razón de su fondo o forma, el derecho a reclamar prescribirá al año de haberse dictado la sentencia definitiva, no siendo de aplicación lo dispuesto en el punto 5.

(5) En todo caso, el derecho a reclamar prescribe al año de producido el hecho o el acto que motive la indemnización o de manifestarse su efecto lesivo. En caso de daños, de carácter físico o psíquico, a las personas el plazo empezará a computarse desde la curación o la determinación del alcance de las secuelas.

(6) La resolución administrativa de los procedimientos de responsabilidad patrimonial, cualquiera que fuese el tipo de relación, pública o privada, de que derive, pone fin a la vía administrativa.

(7) Si no recae resolución expresa se podrá entender desestimada la solicitud de indemnización.

Artículo 143. Procedimiento abreviado.
(1) Iniciado el procedimiento general, cuando sean inequívocos la relación de causalidad entre el funcionamiento del servicio público y la lesión, así como la valoración del daño y el cálculo de la cuantía de la indemnización, el órgano competente podrá acordar la sustanciación de un procedimiento abreviado, a fin de reconocer el derecho a la indemnización en el plazo de treinta días.

Artikel 142. Verfahren der Staatshaftung

(1) Die Verfahren der Haftung der öffentlichen Verwaltungen werden von Amts wegen oder auf Antrag der Betroffenen eingeleitet.

(2) Die Verfahren der Staatshaftung werden durch den jeweiligen Minister, den Ministerrat, wenn ein Gesetz dies so vorsieht, oder durch die zuständigen Organe der Autonomen Gemeinschaften oder die Einrichtungen der kommunalen Verwaltung durchgeführt. [...]

(3) Für die Feststellung der Staatshaftung wird durch Verordnung ein allgemeines Verfahren, einschließlich eines abgekürzten Verfahrens, für die Fälle vorgesehen, auf welche die in Artikel 143 dieses Gesetzes vorgesehenen Bedingungen zutreffen. Im allgemeinen Verfahren ist das Gutachten durch den Staatsrat oder die beratenden Organe der Autonomen Gemeinschaften vorzusehen, wenn die beanspruchten Entschädigungen 50.000 Euro oder mehr betragen. Die Gesetze der Autonomen Gemeinschaften können einen anderen Mindestbetrag festlegen.

(4) Die Aufhebung von Verwaltungsakten oder -vorschriften durch behördliche Entscheidung oder Anordnung der Verwaltungsgerichtsbarkeit bedeutet nicht, dass ein Recht auf Entschädigung besteht. Wenn jedoch die angegriffene Entscheidung oder Bestimmung aufgrund ihres Inhalts oder ihrer Form aufgehoben worden ist, so verjährt das Recht auf Entschädigung nach Ablauf eines Jahres, nachdem das endgültige Urteil gesprochen wurde. Absatz 5 findet in diesen Fällen keine Anwendung.

(5) In jedem Fall verjährt der Anspruch ein Jahr nach dem Ereignis oder der Handlung, welche(r) die Entschädigung ausgelöst, oder nachdem sich seine/ihre schädigende Wirkung gezeigt hat. Im Falle von physischen oder psychischen Schäden von Personen beginnt die Frist mit der Heilung oder der Feststellung des Ausmaßes von Folgeerkrankungen.

(6) Die Verwaltungsentscheidung beendet das administrative Verfahren der Staatshaftung unabhängig davon, ob es auf einer öffentlich-rechtlichen oder privatrechtlichen Rechtsbeziehung beruht.

(7) Wenn keine ausdrückliche Entscheidung ergeht, gilt der Antrag auf Entschädigung als abgewiesen.

Artikel 143. Abgekürztes Verfahren
(1) Im allgemeinen Verfahren kann das zuständige Organ, wenn die Kausalität zwischen der Tätigkeit der öffentlichen Verwaltung und der Schädigung sowie die Ermittlung des Schadens und die Berechnung der Entschädigungshöhe eindeutig ist, in einem summarischen Verfahren den Entschädigungsanspruch innerhalb einer Frist von dreißig Tagen anerkennen.

(2) En todo caso, los órganos competentes podrán acordar o proponer que se siga el procedimiento general.

(3) Si no recae resolución expresa se podrá entender desestimada la solicitud de indemnización.

(2) In jedem Fall können die zuständigen Organe zustimmen oder vorschlagen, das allgemeine Verfahren durchzuführen.

(3) Wenn keine ausdrückliche Entscheidung ergeht, gilt der Antrag auf Entschädigung als abgewiesen.

Artículo 144. Responsabilidad de Derecho Privado.
Cuando las Administraciones públicas actúen en relaciones de derecho privado, responderán directamente de los daños y perjuicios causados por el personal que se encuentre a su servicio, considerándose la actuación del mismo actos propios de la Administración bajo cuyo servicio se encuentre. La responsabilidad se exigirá de conformidad con lo previsto en los artículos 139 y siguientes de esta Ley.

Artikel 144. Haftung nach dem Privatrecht
Wenn die öffentlichen Verwaltungen in privatrechtlichen Beziehungen handeln, haften sie unmittelbar für die Schäden, die das in ihrem Dienst befindliche Personal verursacht. Die fraglichen Handlungen werden als solche des Verwaltungsträgers selbst angesehen. Die Haftung bestimmt sich in Übereinstimmung mit den Artikeln 139 ff. dieses Gesetzes.

Artículo 145. Exigencia de la responsabilidad patrimonial de las autoridades y personal al servicio de las Administraciones Públicas.
(1) Para hacer efectiva la responsabilidad patrimonial a que se refiere el Capítulo I de este Título, los particulares exigirán directamente a la Administración pública correspondiente las indemnizaciones por los daños y perjuicios causados por las autoridades y personal a su servicio.

(2) La Administración correspondiente, cuando hubiere indemnizado a los lesionados, exigirá de oficio de sus autoridades y demás personal a su servicio la responsabilidad en que hubieran incurrido por dolo, o culpa o negligencia graves, previa instrucción del procedimiento que reglamentariamente se establezca.

Para la exigencia de dicha responsabilidad se ponderarán, entre otros, los siguientes criterios: el resultado dañoso producido, la existencia o no de intencionalidad, la responsabilidad profesional del personal al servicio de las Administraciones públicas y su relación con la producción del resultado dañoso.

(3) Asimismo, la Administración instruirá igual procedimiento a las autoridades y demás personal a su servicio por los daños y perjuicios causados en sus bienes o derechos cuando hubiera concurrido dolo, o culpa o negligencia graves.

(4) La resolución declaratoria de responsabilidad pondrá fin a la vía administrativa.

(5) Lo dispuesto en los párrafos anteriores, se entenderá sin perjuicio de pasar, si procede, el tanto de culpa a los Tribunales competentes.

Artikel 145. Erfordernis der Haftung der Behörden und des Personals der öffentlichen Verwaltung

(1) Zur Durchsetzung der Staatshaftung im Sinne des Kapitel 1 dieses Titels machen Privatpersonen die Entschädigung für Schäden, die durch die Behörden und die Bediensteten im Rahmen ihrer Tätigkeit verursacht wurden, direkt bei der entsprechenden öffentlichen Verwaltung geltend.

(2) Die betreffende Verwaltung zieht, wenn sie die Verletzten entschädigt hat, ihre Behörden und das übrige Personal in ihrem Dienst von Amts wegen zur Verantwortung, wenn diese den Schaden vorsätzlich oder durch grobe Fahrlässigkeit verursacht haben; eine Verordnung regelt das diesbezügliche Verfahren. Bei der Geltendmachung dieser Verantwortlichkeit sind unter anderem die folgenden Kriterien heranzuziehen: die verursachten Schäden, das Vorhandensein oder Fehlen einer Absicht, die berufliche Verantwortung der Bediensteten des öffentlichen Dienstes und ihre Beziehung zu dem schädigenden Ereignis.

(3) Das gleiche Verfahren findet Anwendung, wenn die Behörden oder das übrige Personal im öffentlichen Dienst Schäden am Eigentum oder an Rechten der Verwaltung vorsätzlich oder durch grobe Fahrlässigkeit verursacht haben.

(4) Die Entscheidung, welche die Haftung erklärt, beendet das Verwaltungsverfahren.

(5) Die vorstehenden Bestimmungen gelten unbeschadet der Abgabe des Verfahrens an die zuständigen Strafgerichte.

Ley orgánica 6/1985, de 1 de julio, del Poder Judicial (LOPJ)
Organgesetz Nr. 6/1985 vom 1.7.1985 über die Gerichtsgewalt[100]

Artículo 292.
(1) Los daños causados en cualesquiera bienes o derechos por error judicial, así como los que sean consecuencia del funcionamiento anormal de la Administración de Justicia darán a todos los perjudicados derecho a una indemnización a cargo del Estado, salvo en los casos de fuerza mayor, con arreglo a lo dispuesto en este título.
(2) En todo caso, el daño alegado habrá de ser efectivo, evaluable económicamente e individualizado con relación a una persona o grupo de personas.

(3) La mera revocación o anulación de las resoluciones judiciales no presupone por sí sola derecho a indemnización.

Artikel 292.
(1) Die Schäden an Gütern oder Rechten, die durch Justizirrtum verursacht wurden oder die Folge anormaler Tätigkeit der Justizverwaltung sind, geben den Geschädigten, außer in den Fällen höherer Gewalt, das Recht auf eine Entschädigung zu Lasten des Staates in Übereinstimmung mit den Bestimmungen dieses Titels.

(2) In jedem Fall muss der behauptete Schaden gegenwärtig, wirtschaftlich bestimmbar und hinsichtlich einer Person oder eines Personenkreises individualisiert sein.
(3) Der bloße Widerruf oder die bloße Aufhebung gerichtlicher Entscheidungen hat als solches kein Recht auf Entschädigung zur Folge.

Artículo 293.
(1) La reclamación de indemnización por causa de error deberá ir precedida de una decisión judicial que expresamente lo reconozca. Esta previa decisión podrá resultar directamente de una sentencia dictada en virtud de recurso de revisión. En cualquier otro caso distinto de este se aplicarán las reglas siguientes:

a. La acción judicial para el reconocimiento del error deberá instarse inexcusablemente en el plazo de tres meses a partir del día en que pudo ejercitarse.
b. La pretensión de declaración del error se deducirá ante la Sala del Tribunal Supremo correspondiente al mismo orden jurisdiccional que el órgano a quien se imputa el error, y si éste se atribuyese a una sala o sección del Tribunal Supremo la competencia corresponderá a la sala que se establece en el artículo 61. [...]
c. El procedimento para sustanciar la pretensión será el proprio del recurso de revisión en materia civil, siendo partes, en todo caso, el Ministerio Fiscal y la Administración del Estado.
d. El Tribunal dictará sentencia definitiva, sin ulterior recurso, en el plazo de quince días, con informe previo del órgano jurisdiccional a quien se atribuye el error.
e. Si el error no fuera apreciado se impondrán las costas al peticionario.

Artikel 293.
(1) Der Anspruch auf Entschädigung aufgrund eines Justizirrtums erfordert eine vorangehende gerichtliche Entscheidung, die diesen ausdrücklich anerkennt. Diese Entscheidung kann unmittelbar im Rahmen der Revision erwirkt werden. In jedem anderen Fall sind die folgenden Regelungen anzuwenden:

a. Der Rechtsbehelf zur Anerkennung des Irrtums muss unbedingt innerhalb einer Frist von drei Monaten eingelegt werden, ausgehend von dem Tag, an dem er ausgeübt werden konnte.
b. Der Anspruch auf die Irrtumsfeststellung wird derjenigen Kammer des Obersten Gerichts vorgebracht, die demselben Gerichtszweig entspricht wie das Organ, dem der Irrtum zur Last gelegt wird; und wenn dieser Irrtum einer Kammer oder einer Sektion des Obersten Gerichts selbst zugeschrieben wird, fällt die Zuständigkeit der Kammer zu, die gemäß Artikel 61 eingerichtet wird. [...]
c. Das Verfahren zur Geltendmachung des Anspruchs ist in jedem Fall dasselbe wie im Rechtsmittel der Revision in Zivilsachen. Parteien des Verfahrens sind in jedem Fall die Staatsanwaltschaft und die Staatsverwaltung.
d. Das Gericht erlässt eine endgültige Entscheidung, gegen die kein weiteres Rechtsmittel gegeben ist, innerhalb einer Frist von fünfzehn Tagen, nach vorheriger Anhörung des Gerichtsorgans, dem der Irrtum zugerechnet wird.
e. Wenn der Irrtum nicht anerkannt wird, werden die Kosten dem Antragsteller auferlegt.

100 Übersetzung des Herausgebers.

f. No procederá la declaración de error contra la resolución judicial a la que se impute mientras no se hubieren agotado previamente los recursos previstos en el ordenamiento.
g. La mera solicitud de declaración del error no impedirá la ejecución de la resolución judicial a la que aquel se impute.

(2) Tanto en el supuesto de error judicial declarado como en el de daño causado por el anormal funcionamiento de la Administración de Justicia, el interesado dirigirá su petición indemnizatoria directamente al Ministerio de Justicia, tramitándose la misma con arreglo a las normas reguladoras de la responsabilidad patrimonial del Estado. Contra la resolución cabrá recurso contencioso-administrativo. El derecho a reclamar la indemnización prescribirá al año, a partir del día en que pudo ejercitarse.

Artículo 294.
(1) Tendrán derecho a indemnización quienes, después de haber sufrido prisión preventiva, sean absueltos por inexistencia del hecho imputado o por esta misma causa haya sido dictado auto de sobreseimiento libre, siempre que se le hayan irrogado perjuicios.
(2) La cuantía de la indemnización se fijará en función del tiempo de privación de libertad y de las consecuencias personales y familiares que se hayan producido.

(3) La petición indemnizatoria se tramitará de acuerdo con lo establecido en el apartado 2 del artículo anterior.

Artículo 295.
En ningún caso habrá lugar a la indemnización cuando el error judicial o el anormal funcionamiento de los servicios tuviera por causa la conducta dolosa o culposa del perjudicado.

Artículo 296.
El estado responderá también de los daños que se produzcan por dolo o culpa grave de los jueces y magistrados, sin perjuicio del derecho que le asiste de repetir contra los mismos por los cauces del proceso declarativo que corresponda ante el tribunal competente. En estos procesos será siempre parte el Ministerio Fiscal.

f. Es wird keine Irrtumsfeststellung gegen eine gerichtliche Entscheidung erlassen, bevor nicht die gesetzlich vorgesehenen Rechtsbehelfe erschöpft worden sind.
g. Der bloße Antrag auf Erklärung des Irrtums g. hindert nicht die Vollstreckung der betreffenden gerichtlichen Entscheidung.

(2) Sowohl im Falle eines festgestellten Justizirrtums als auch bei einem durch einer anormalen Ausübung der Justizverwaltung verursachten Schaden muss der Betroffene sein Entschädigungsersuchen direkt an das Justizministerium richten, wo dieses in Übereinstimmung mit den Regeln der Staatshaftung bearbeitet wird. Gegen die Entscheidung ist der verwaltungsgerichtliche Rechtsbehelf gegeben. Das Recht zur Geltendmachung einer Entschädigung verjährt nach Ablauf eines Jahres, beginnend an dem Tag, an dem es ausgeübt werden konnte.

Artikel 294.
(1) Es haben diejenigen ein Recht auf Entschädigung, die, nachdem sie Untersuchungshaft erlitten haben, wegen Nichtvorliegens der vorgeworfenen Tat freigesprochen werden, vorausgesetzt, ihnen ist ein Schaden entstanden.
(2) Der Umfang der Entschädigung ist nach der Dauer des Freiheitsentzugs und den dadurch entstandenen persönlichen und familiären Konsequenzen zu bestimmen.
(3) Der Antrag auf Entschädigung wird gemäß den Bestimmungen in Absatz 2 des vorangehenden Artikels bearbeitet.

Artikel 295.
In keinem Fall wird eine Entschädigung gewährt, wenn der Justizirrtum oder die anormale Ausübung der Justizverwaltung ihre Ursache in einem vorsätzlichen oder schuldhaften Verhalten des Geschädigten hatte.

Artikel 296.
Der Staat steht auch für die Schäden ein, die durch Vorsatz oder grobe Fahrlässigkeit der Richter hervorgerufen werden, unbeschadet seines Rechts, gegen diese in einem Feststellungsverfahren vor dem zuständigen Gericht vorzugehen. In diesen Verfahren ist die Staatsanwaltschaft stets Partei.

§ 23 Tschechien

Hana Jalčová

Inhaltsübersicht

A. Grundlagen

I. Rechtsstaatliche Determinanten der Verfassungsordnung

Nach Art. 1 Abs. 1 *Ústavy České republiky* (Verfassung der Tschechischen Republik)[1] ist die Tschechische Republik ein souveräner, einheitlicher und demokratischer Rechtsstaat. Sie ist auf der Achtung der Rechte und Freiheiten von Menschen und Bürgern gegründet. Das Rechtsstaatsprinzip wird in Art. 2 Abs. 3 der Verfassung und Art. 2 Abs. 2 *Listiny základních práv a svobod* (Charta der Grundrechte und -freiheiten, abgekürzt: Charta)[2] dahingehend konkretisiert, dass die Staatsgewalt nur in den durch das Gesetz vorgesehenen Fällen und Grenzen ausgeübt

1 *Ústavní zákon č. 1/1993Sb., Ústava České republiky* (Verfassungsgesetz Nr. 1/1993 Gbl., Die Verfassung der Tschechischen Republik).

2 *Ústavní zákon č. 23/1991 Sb., kterým se uvozuje LISTINA ZÁKLADNÍCH PRÁV A SVOBOD jako ústavní zákon Federálního shromáždění České s Slovenské federativní republiky* (Verfassungsgesetz Nr. 23/1991 Gbl., durch das die Charta der Grundrechte und -freiheiten als Verfassungsgesetz der Föderativen Versammlung der Tschechischen und Slowakischen föderativen Republik eingeführt wurde).

werden darf, und zwar nur in einer vom Gesetz bestimmten Weise. Alle Änderungen der Verfassung, die auf die Änderung wesentlicher Anforderungen an den demokratischen Rechtstaat zielen, sind gem. Art. 9 der Verfassung unzulässig. Auf welche Bestimmungen der Verfassung sich diese Ewigkeitsgarantie bezieht, wird nicht ausdrücklich geregelt und auch nicht abschließend beantwortet. In der Literatur[3] und der Rechtsprechung des Verfassungsgerichts[4] werden u.a. die Volkssouveränität, die repräsentative Demokratie, das pluralistische politische System (Art. 5 und 6 der Verfassung) und das Widerstandsrecht als unveränderbar genannt. Nach der Rechtsprechung des Verfassungsgerichts kann der Rechtsstaat nicht formalistisch verstanden werden und dessen Inhalt deshalb nicht durch normative Regelungen abschließend definiert werden.[5]

II. Grundsätzliche Voraussetzungen einer Staatshaftung – historische Genese

Das Staatshaftungsrecht ist in Tschechien nicht, wie vermutet werden könnte, erst nach der sog. Sanften Revolution[6] und der damit verbundenen Demokratisierung und Bildung eines Rechtsstaates, entstanden. Schon in der Ersten Republik[7] sah die Verfassung aus dem Jahr 1920[8] vor, dass das Gesetz bestimmt, wann der Staat für den durch die rechtswidrige Ausübung der Staatsgewalt verursachten Schaden haftet. Dieses Gesetz wurde allerdings nie erlassen. Auch eine ähnliche Regelung des *Občanský zákoník* (tschech. Bürgerliches Gesetzbuch, abgekürzt: OZ) aus den Jahren 1950 und 1964 verwies auf besondere Gesetze. Diese waren allerdings nur selten. Die erste ausführliche gesetzliche Regelung stammt aus dem Jahre 1969[9] und ist bis 1998 in Kraft geblieben. Sie wurde im Jahr 1998 unter anderem aufgehoben, weil sie in einer Zeit entstanden ist, in der die gesamte öffentliche Gewalt in den Händen des Staates lag und nicht, wie heute, durch territoriale Selbstverwaltungskörperschaften ausgeübt wurde.[10]

Nach dem heute geltenden Recht können drei maßgebliche Vorraussetzungen für die Haftung des Staates und der territorialen Selbstverwaltung benannt werden:

- Das Vorliegen einer rechtswidrigen Entscheidung, einer Entscheidung über die Haft, Strafe oder Sicherungsmaßregel oder unrichtiges amtliches Vorgehen des Staates,
- das Vorliegen eines Schadens oder immateriellen Nachteils (→ C.IV.) und
- der Kausalzusammenhang.

3 *Sládeček et al.*, Ústava České republiky, Art. 9, S. 71; *Klíma*, Komentář, Art. 9, S, 78.
4 Verfassungsgericht der Tschechischen Republik, Urteil Az. Pl. ÚS 19/93 vom 21.12.1993; Verfassungsgericht der Tschechischen Republik, Urteil Az. Pl. ÚS 27/09 vom 10.9.2009.
5 Verfassungsgericht der Tschechischen Republik, Urteil Az. Pl. ÚS 19/93 vom 21.12.1993.
6 Die Revolution im Jahre 1989, die zum Wechsel vom kommunistischen Regime zur Demokratie führte.
7 *Fridrichová*, Tschechien, S. 474.
8 *Zákon č. 121/1920 Zb. z. a n., kterým se uvozuje Ústavní listina Československé republiky* (Gesetz Nr. 121/1920 Gbl., durch das die Verfassung der Tschechoslowakischen Republik eingeführt wurde).
9 Durch *zákon č. 58/1969 Sb., o odpovědnosti za škodu způsobenou rozhodnutím orgánu státu nebo jeho nesprávným úředním postupem* (Gesetz Nr. 58/1969 Gbl., über die Verantwortlichkeit für den durch eine Entscheidung eines Staatsorgans oder durch unrichtiges Vorgehen eines Staatsorgans verursachten Schaden).
10 *Hendrych*, Správní právo, 6. Aufl. 2006, S. 627.

III. Rechtsquellen des Staatshaftungsrechts im Überblick

1. Die verfassungsrechtliche Ordnung

Das tschechische Staatshaftungsrecht findet seine verfassungsrechtliche Grundlage in der Charta. Sie ist Bestandteil der verfassungsrechtlichen Ordnung der Tschechischen Republik, die in Art. 112 Abs. 1 der Verfassung definiert ist und *lex superior* darstellt.[11]

In Art. 36 Abs. 3 der Charta wird das Recht, einen Ersatz des durch eine rechtswidrige[12] Entscheidung eines Gerichts, eines Staatsorgans, eines Organs der öffentlichen Verwaltung oder durch unrichtiges amtliches Vorgehen entstandenen Schadens zu verlangen, verfassungsrechtlich garantiert. Die Voraussetzungen und Einzelheiten werden gem. Art 36 Abs. 4 der Charta durch das Gesetz bestimmt. Dennoch kann sich die Schadensersatzverpflichtung des Staates nach Ansicht des Verfassungsgerichts auch direkt aus Art. 36 Abs. 3 der Charta ergeben. Das aus Art. 36 Abs. 3 abgeleitete Recht hat einen generellen Charakter und darf nicht durch ein Ausführungsgesetz im Sinne von Art 36 Abs. 4 beschränkt werden.[13]

2. Das parlamentarisches Gesetzesrecht

Die Bedingungen für die Geltendmachung des durch Art. 36 Abs. 3 der Verfassung garantierten Rechts wird vor allem durch *Zákon o odpovědnosti za škodu způsobenou při výkonu veřejné moci rozhodnutím nebo nesprávným úředním postupem* (Gesetz über die Verantwortlichkeit für den bei der Ausführung der öffentlichen Gewalt durch eine Entscheidung oder ein unrichtiges Vorgehen verursachten Schaden, abgekürzt: Gesetz Nr. 82/1998 Gbl.)[14] bestimmt, das grundlegende Gesetz des Staatshaftungsrechts. Es stellt keine autonome Regelung im Verhältnis zu Regelungen im OZ dar, da es ein zivilrechtliches Rechtsverhältnis zwischen dem Schädiger und dem Geschädigten begründet. Das OZ findet subsidiär Anwendung.[15]

Die Entschädigung für das durch das kommunistische Regime verursachte Unrecht hat eine spezielle gesetzliche Regelung in den sog. Restitutionsgesetzen[16] gefunden.[17] Auch andere besondere Gesetze sehen eigene materiell-rechtliche Regelungen bezüglich der Staatshaftung

---

11 Die verfassungsrechtliche Ordnung der Tschechischen Republik bilden die Verfassung, die Charta der Grundrechte und -freiheiten, die auf deren Grundlage verabschiedeten Verfassungsgesetze, die Verfassungsgesetze der Nationalversammlung der Tschechoslowakischen Republik, der Föderativen Versammlung der Tschechoslowakischen Sozialistischen Republik und des Tschechischen Nationalrates, die Staatsgrenze der Tschechischen Republik, sowie die nach dem 6. Juni 1992 verabschiedeten Verfassungsgesetze des Tschechischen Nationalrates.

12 Wörtlich übersetzt wird an dieser Stelle der Begriff Gesetzeswidrigkeit verwendet. Obwohl in der tschechischen Literatur die Meinung herrscht, dass die Begriffe „Rechtswidrigkeit" und „Gesetzeswidrigkeit" unterschiedlicher Bedeutung sind, wird angenommen, dass in der Verfassung und häufig auch in anderen Gesetzen die Gesetzeswidrigkeit als Rechtswidrigkeit zu verstehen ist.

13 Verfassungsgericht der Tschechischen Republik, Urteil Az. I. ÚS 245/1998 vom 22.9.1999; unter Berufung auf die Rechsprechung des Verfassungsgerichts auch *Holub et.al.*, Odpovědnost za škodu, S. 376.

14 Zákon č. 82/1998 Sb., o odpovědnosti za škodu způsobenou při výkonu veřejné moci rozhodnutím nebo nesprávným úředním postupem a o změně zákona ČNR č. 358/1992 Sb., o notářích a jejich činnosti (notářský řád) (Gesetz Nr. 82/1998 Gbl., über die Verantwortlichkeit für den bei der Ausführung der öffentlichen Gewalt durch eine Entscheidung oder ein unrichtiges Vorgehen verursachten Schaden und über die Änderung des Gesetzes des Tschechischen Nationalrates Nr. 358/1992 Gbl., über die Notare und ihre Tätigkeit).

15 Siehe auch § 26 des Gesetzes Nr. 82/1998 Gbl.

16 Der maßgebliche Zeitraum ist 25.2.1948–1.1.1990. Entschädigung für in dieser Zeit verursachtes Unrecht wird z.B. durch *Zákon č. 229/1991 Sb., o úpravě vlastnických vztahů k půdě a jinému zemědělskému majetku* (Gesetz Nr. 229/1991 Gbl., über die Regelung von Eigentumsverhältnissen des Bodens und anderem Landwirtschaftseigentum) und *Zákon č. 403/1990 Sb., o zmírnění následků některých majetkových křivd* (Gesetz Nr. 403/1990 Gbl., über die Milderung der Folgen von erheblichem Unrecht am Eigentum) geregelt.

17 Oberstes Gericht der Tschechischen Republik, Urteil Az. 25 Cdo 2753/2004 vom 22.11.2006.

vor.[18] Deren Formulierungen sind oft sehr knapp und bereiten Schwierigkeiten bei der Anwendung, da sie den Eindruck erwecken, dass sie eine autonome Stellung zum Gesetz Nr. 82/1998 Gbl. hätten. Eine solche Auslegung wird aber abgelehnt und das Gesetz Nr. 82/1998 Gbl. vielmehr für subsidiär anwendbar gehalten.[19] Dennoch werden einzelne Rechtsfragen durch die besonderen Gesetze anders geregelt, sodass sie zu einer rechtlichen Zersplitterung führen können. Deshalb ist eine systematische Darstellung und Nennung gemeinsamer Determinanten äußerst schwierig.

Soweit in diesem Beitrag nicht ausdrücklich auf andere Gesetze verwiesen wird, beschränken sich die Ausführungen auf das Gesetz Nr. 82/1998 Gbl., sodass bei der Nennung von einzelnen Paragraphen und Ausführungen an einigen Stellen auf die Gesetzesbezeichnung verzichtet wird.

3. Richterrecht

Richterrecht stellt in Tschechien grundsätzlich keine Rechtsquelle dar, da die Gerichte kein Recht schaffen, sondern umgekehrt an das Recht gebunden sind. Gerichtsentscheidungen sind nur für die Streitparteien verbindlich (*iudex ius dicit inter partes*). Das bedeutet aber nicht, dass Gerichtsentscheidungen für die Rechtsentwicklung keine Bedeutung haben. Die Rechtsfortbildung wird insbesondere durch die Rechtsprechung der Obersten Gerichte[20] beeinflusst.

Eine Ausnahme von der fehlenden allgemeinen Verbindlichkeit von Gerichtsentscheidungen bilden die Entscheidungen des Verfassungsgerichts. Gem. Art. 89 Abs. 2 der Verfassung sind alle vollziehbaren Entscheidungen des Verfassungsgerichts für alle Organe und Personen verbindlich.[21]

4. Völkerrecht und Europarecht

Nach Art. 10 der Verfassung genießen völkerrechtliche Verträge, die verkündet worden sind und zu deren Ratifizierung das Parlament sein Einverständnis gegeben hat, Anwendungsvorrang vor den Gesetzen. Dies gilt gem. Art. 10 a i.V.m. Art. 10 der Verfassung auch für das Primärrecht der Europäischen Union. Insoweit besteht in Tschechien also eine verfassungsrechtliche Regelung. Dies gilt aber nicht für das Verhältnis zwischen Sekundärrecht der EU und den Gesetzen der Tschechischen Republik, welches in der Verfassung nicht geregelt ist. In der Jurisprudenz wird allerdings einheitlich auf die Rechtsprechung des EuGH verwiesen[22] und dem Sekundärrecht Vorrang zugesprochen.[23] Auch nach der Rechtsprechung des Verfassungsgerichts sind die Orga-

---

18 Z.B. §§ 95, 96 *zákona č. 273/2008 Sb., o Policii České republiky* (*§§ 95, 96* des Gesetzes Nr. 273/2008 Gbl., über die Polizei der Tschechischen Republik); § 20 Abs. 2 S. 3 *zákona ČNR č. 552/1991 Sb., o státní kontrole* (§ 20 Abs. 2 S. 3 des Gesetzes des Tschechischen Nationalrates Nr. 552/1991 Gbl., über die Staatskontrolle), *zákon č. 184/2006 Sb., o odnětí nebo omezení vlastnického práva k pozemku nebo ke stavbě* (Gesetz Nr. 184/2006 Gbl., über die Enteignung oder die Einschränkung des Eigentumsrechts zu Grundstücken oder Gebäuden).

19 *Hendrych*, Správní právo (Fn. 10), S. 636; *Frumarová*, Ochrana před nečinností veřejné správy, S. 159.

20 Zu den Obersten Gerichten gehören das Oberste Gericht und das Oberste Verwaltungsgericht.

21 Die Verbindlichkeit von Entscheidungen des Verfassungsgerichts ist in Tschechien vor allem bezüglich der Frage, was als eine solche Entscheidung anzusehen ist, oft Gegenstand wissenschaftlicher Diskussionen. Diese Problematik wird ausführlich in *Sládeček et al.*, Ústava České republiky, Art. 89, S. 734 ff. dargestellt.

22 EuGH Rs. 106/77, Slg. 1978, 629 – Staatliche Finanzverwaltung/SPA Simmenthal.

23 Urteil des Verfassungsgerichts der Tschechischen Republik, Az. Pl. ÚS 50/04 vom 8.3.2006 = Nr. 154/2006 Gbl.; *Klíma*, Praktikum českého ústavního práva, S. 42; *Tichý et. al.*, Evropské právo, 1991, S. 291.

ne der öffentlichen Gewalt seit dem Beitritt zur EU verpflichtet, vorrangig das Gemeinschaftsrecht vor der tschechischen Rechtsordnung anzuwenden.[24]

B. Haftungsbegründung

I. Relevantes Handeln

1. Allgemein

Der Staat haftet für den bei der Ausübung der Staatsgewalt verursachten Schaden. Die territoriale Selbstverwaltung haftet für den Schaden, den sie bei der Ausübung der öffentlichen Verwaltung im eigenen Wirkungskreis verursacht. Der Staat und die territoriale Selbstverwaltung haften dementsprechend nicht im Rahmen des Gesetzes Nr. 82/1998 Gbl., wenn sie als Subjekt des Privatrechts auftreten. In diesem Fall richtet sich die Haftung nach den Vorschriften des Privatrechts,[25] sodass es sich nicht um einen Staatshaftungsfall handelt.[26] Die Haftung des Staates und der territorialen Selbstverwaltung umfasst nicht den Schaden, den eine sie repräsentierende Person durch die absolute Überschreitung ihrer dienstlichen Kompetenzen verursachte. Gemeint sind damit die Fälle des sog. Exzesses. Um einen solchen handelt es sich u.a. dann, wenn die handelnde Person anstelle der Erfüllung der Aufgaben des jeweiligen Organs ihre eigenen Interessen oder Interessen eines Dritten verfolgte und dadurch ihre Kompetenzen überschreitet.[27]

Da der Staat in der Regel nicht selbst handelt, wird seine Haftung in § 3 spezifiziert, indem er für den Schaden haftbar gemacht wird, den die Staatsorgane, die juristischen und natürlichen Personen, denen die Ausübung der Staatsverwaltung übertragen wurde (Amtspersonen)[28] und den die Organe der territorialen Selbstverwaltung im übertragenen Wirkungskreis verursacht haben. In § 4 wird darüber hinaus geregelt, dass bestimmte Handlungen von Notaren und Gerichtsvollziehern von der Haftung erfasst sind.[29]

2. Legislatives Handeln

Das Handeln der Legislative wird dem Wortlaut nach nicht vom Gesetz Nr. 82/1998 Gbl. erfasst. Mit der Frage der Staatshaftung für legislatives Unrecht hat sich bereits die Judikative befasst. Nach der Rechtssprechung des Verfassungsgerichts[30] ergibt sich aus Art. 36 Abs. 3 der Verfassung, dass der Staat für rechtswidrige Entscheidungen und Vorgehensweisen aller seiner Staatsorgane haftet. Die Staatsgewalt wird gem. Art. 2 der Verfassung durch das Volk durch Organe der gesetzgebenden, vollziehenden und rechtsprechenden Gewalt ausgeübt. Der Staat ist also verantwortlich für unrichtiges amtliches Vorgehen all seiner Organe. Dies gilt nicht nur für die

---

24 Verfassungsgericht der Tschechischen Republik, Beschluss Az. Pl. ÚS 19/04 vom 21.2.2006 (nicht publiziert); *Bobek*, Ústavní soud České republiky, Soudní rozhledy 5/2006, 171 (173); *Šlosarčík*, Czech Republic and the EU-Law in 2004–2006, European Public Law 13 (2007), 367 (376).

25 Dazu siehe §§ 415 f. OZ.

26 *Červená*, Bulletin advokacie, 8/1998, 24 (25).

27 *Vojtek*, Odpovědnost, § 1, S. 20.

28 Z.B. Schuldirektor (*Holub et al.*, Odpovědnost za škodu, S. 378).

29 Z.B. die Abfassung von öffentlichen Urkunden über Rechtshandlungen oder Handlungen eines Gerichtsvollziehers bei der Zwangsvollstreckung.

30 Verfassungsgericht der Tschechischen Republik, Urteil Az. I. ÚS 245/98 vom 22.9.1999. Diese Entscheidung ist noch zu dem alten Gesetz aus dem Jahre 1969 ergangen. Konkret ging es in dieser Entscheidung um die Frage der Haftung des Staates für einen Schaden, der durch die fehlerhafte Verkündung eines Gesetzes und nicht durch tatsächliche Gesetzgebung verursacht wurde.

Judikative und Exekutive, sondern auch für die Legislative. Andernfalls sei das Gleichgewicht im Rahmen der Gewaltenteilung nicht gewahrt. In seiner Rechtsprechung[31] hat das Verfassungsgericht mehrmals konstatiert, dass die Haftung auch Fälle betrifft, in denen ein vorgesehenes Gesetz durch die Legislative nicht verabschiedet wird. Es bezeichnet die dauerhafte Untätigkeit der Gesetzgebung in diesem Fall als verfassungswidrig. Dies soll auch dann gelten, wenn ein vom Gesetzgeber verabschiedetes Gesetz durch das Verfassungsgericht für verfassungswidrig erklärt wurde und der Gesetzgeber keine verfassungskonforme Regelung getroffen hat obwohl ihm dafür eine ausreichende Frist gesetzt wurde. Im Widerspruch dazu steht die Rechtsprechung des Obersten Gerichts[32] wonach der Gesetzgebungsprozess nicht von der Haftung erfasst sein soll, da dieser kein amtliches Vorgehen i.S.d. § 13 des Gesetzes Nr. 82/1998 Gbl. darstelle. Aus dem Ergebnis der Abstimmung über eine Gesetzesvorlage könne sich keine Haftung des Staates für einen Schaden gegenüber einzelnen Wählern ergeben. Zum gleichen Ergebnis ist das Oberste Gericht auch bezüglich der Staatshaftung für die normative Tätigkeit der Regierung gekommen: Auch diese stelle kein amtliches Vorgehen im Sinne von § 13 dar und könne deshalb nicht zur Haftung führen. Die normative Tätigkeit oder Untätigkeit kann nach Ansicht des Gerichts nicht als unrichtiges amtliches Vorgehen beurteilt werden.[33] In Teilen der Literatur wird diese Meinung ebenfalls vertreten.[34] Inwieweit sie aber mit der Rechtsprechung des Verfassungsgerichts vereinbart ist, erscheint fraglich. Schließlich kann nur konstatiert werden, dass die Frage der Haftung für das Handeln der Legislative in Tschechien noch nicht abschließend geklärt ist.

3. Entscheidungstätigkeit

Zu den Bereichen der Haftung des Staates und der territorialen Selbstverwaltung gehört grundsätzlich die Haftung für rechtswidrige Entscheidungen. Dabei muss es sich nach § 5a des Gesetzes Nr. 82/1998 Gbl. um eine in einem Zivil-, Straf-, Verwaltungsprozess oder einem Verwaltungsverfahren ergangene bestandkräftige bzw. rechtskräftige Entscheidung handeln. Bestandskraft und Rechtskraft einer Entscheidung bestimmen sich nach den jeweiligen prozessualen Vorschriften. So wird z.B. eine Verwaltungsentscheidung nach § 73 Abs. 1 *Správního řádu* (tschech. Verwaltungsverfahrensgesetz, abgekürzt: SŘ)[35] mit der Bekanntgabe und dem Ablauf der Frist für die Einlegung des Widerspruchs formell bestandskräftig. Für die Bestandkraft einer Verwaltungsentscheidung spielt die Klagefrist, anders als in Deutschland,[36] keine Rolle.

Die Voraussetzung der Rechtswidrigkeit gilt nicht für Entscheidungen über eine Haftstrafe. Das entscheidende Kriterium für die Begründung der Haftung ist in diesen Fällen vielmehr der Ausgang des Strafprozesses. Als rechtswidrige Entscheidungen werden, wie in Deutschland, solche Entscheidungen bezeichnet, die nicht im Einklang mit dem geltenden Recht stehen. Darunter fallen auch ermessensfehlerhafte Entscheidungen. Dabei muss aber zwingend beachtet

31 Verfassungsgericht der Tschechischen Republik, Urteil Az. Pl. ÚS 20/05 vom 28.2.2006; Verfassungsgericht der Tschechischen Republik, Urteil Az. I. ÚS 489/05 vom 6.4.2006; Verfassungsgericht der Tschechischen Republik, Urteil Az. IV. ÚS 111/06 vom 16.5.26. Konkret ging es in diesen Entscheidungen um die Möglichkeit der einseitigen Erhöhung der Miete seitens des Vermieters. § 696 Abs. 1 OZ in der im Zeitpunkt der Entscheidung geltenden Fassung verwies bzgl. dieser Frage auf besondere Gesetze, die aber nicht existierten.

32 Oberstes Gericht der Tschechischen Republik, Urteil Az. 25 Cdo 1124/2005 vom 31.1.2007.

33 Oberstes Gericht der Tschechischen Republik, Urteil Az. 25 Cdo 2064/2005 vom 26.9.2007.

34 *Hendrych*, Správní právo (Fn. 10), S. 633; *Červená*, Bulletin advokacie, 8/1998, 24 (25, 28); *Frumarová*, Ochrana před nečinností veřejné správy, S. 151; andere Auffassung *Bobek*, Právní rozhledy – Mimořádná příloha, 12/2008, 1 (18); *Valečková*, Právní rozhledy, 4/2003, 185 (186).

35 *Zákon č. 500/2006 Sb., Správní řád* (Gesetz Nr. 500/2006 Gbl., Verwaltungsverfahrensgesetz).

36 *Erichsen*, Aufhebung von Verwaltungsakten durch die Verwaltung, in: Erichsen/Ehlers (Hrsg.), Allgemeines Verwaltungsrecht, 14. Aufl. 2010, § 16, Rn. 1.

werden, dass nicht jede ermessensfehlerhafte Entscheidung gleichzeitig rechtswidrig ist.[37] Dies ergibt sich aus § 78 Abs. 1 *Soudního řádu správního* (tschech. Verwaltungsprozessordnung, abgekürzt: SŘS)[38], wonach eine Entscheidung für rechtswidrig erklärt wird, wenn das Verwaltungsorgan die durch das Gesetz bestimmten Grenzen des Verwaltungsermessens überschreitet oder missbraucht. Dabei handelt es sich um eine gesetzliche Regelung, die den in Deutschland bekannten Fällen der Ermessenüberschreitung und des -fehlgebrauchs entspricht. Die Ermessensbefugnis beinhaltet darüber hinaus auch die Verpflichtung, überhaupt vom Ermessen Gebrauch zu machen. Die Rechtsprechung hält deshalb eine Entscheidung auch im Falle des Ermessensnichtgebrauchs für rechtswidrig.[39]

Einen Sonderfall stellen die sog. nichtigen Entscheidungen dar. Für die Staatshaftung sind diese deshalb so interessant, weil sie keine Rechtswirkung entfalten und somit für die Verfahrensbeteiligten keine Rechte und Pflichten entstehen, die befolgt werden müssen. Bei nichtigen Entscheidungen kann deshalb nicht einmal von einer Entscheidung gesprochen werden.[40] Da sie aber den Anschein der Richtigkeit erwecken, ist es gem. § 78 SŘ trotzdem möglich, eine deklaratorische Entscheidung über die Nichtigkeit zu verlangen. Auch nach der SŘS wird eine nichtige Entscheidung nicht aufgehoben, sondern lediglich ihre Nichtigkeit festgestellt.[41] Bedingung für eine Haftung ist gem. § 8 Abs. 1 des Gesetzes Nr. 82/1998 Gbl. allerdings, dass eine rechtswidrige Entscheidung aufgehoben wurde. Nichtige Entscheidungen werden also streng von den rechtswidrigen Entscheidungen unterschieden und deshalb vom Wortlaut des Gesetzes Nr. 82/1998 Gbl. nicht erfasst. Nichtsdestotrotz kann davon ausgegangen werden, dass auch die nichtigen Entscheidungen die Staatshaftung auslösen können, da sie beim Adressaten zumindest den Anschein der Richtigkeit erwecken.

Nach dem Rechtsstaatsprinzip darf die Staatsgewalt nur in gesetzlich vorgesehenen Fällen und Grenzen angewendet werden, und zwar nur in einer vom Gesetz bestimmten Weise. Das Verfassungsgericht stellt in seiner Rechtsprechung klar, dass nach seinem Verständnis die Rechtsstaatlichkeit in einem materiellen Sinne zu verstehen ist. Deshalb dürfe die Ausübung der Staatsgewalt nicht inhaltsleer oder unzweckmäßig sein. Aus verfassungsrechtlicher Sicht könne eine Ausübung der Staatsgewalt nicht toleriert werden, die sich nur als Ausübung der formellen Ermächtigung darstellt, ohne dass der gesetzlich bestimmte und rationelle Zweck berücksichtigt wird. Ein Organ der öffentlichen Gewalt handelt deshalb *ultra vires* nicht nur dann, wenn es formell außerhalb des gesetzlich bestimmten Rahmens handelt, sondern auch dann, wenn es den gesetzlich bestimmten und rationellen Zweck nicht berücksichtigt bzw. wenn das Organ durch das auf ein Gesetz gestützte Handeln die Rechte des Einzelnen mehr einschränkt, als es zum Erreichen des gesetzlich bestimmten Zweckes erforderlich ist.[42] Ein solches Handeln ist als rechtswidrig einzustufen[43] und kann Haftungsfolgen auslösen.

37 Ausführlich zum Ermessen und die Ermessensüberprüfung durch Gerichte siehe *Fridrichová*, Tschechien, S. 440 u. 475.

38 *Zákon č. 150/2002 Sb., Soudní řád správní* (Gesetz Nr. 150/2002 Gbl., Verwaltungsprozessordnung).

39 Obergericht in Prag, Urteil Az. 6 A 99/1992-50 vom 5.11.1993; Obergericht in Prag, Urteil Az. 6 A 1/94-43 vom 4.8.1995.

40 *Sládeček*, Obecné správní právo, 2006, S. 104.

41 Vgl. § 76 Abs. 2 SŘS.

42 Verfassungsgericht der Tschechischen Republik, Urteil Az. I. ÚS 1849/08 vom 18.2.2010.

43 So auch z.B. Oberstes Verwaltungsgericht der Tschechischen Republik, Urteil Az. 5 A 119/2001-38 vom 10.10.; Oberstes Verwaltungsgericht der Tschechischen Republik, Urteil Az. 1 As 31/2008-146 vom 31.3.2010.

4. Unrichtiges amtliches Vorgehen

Das unrichtige amtliche Vorgehen wird im Gesetz Nr. 82/1998 Gbl. nicht definiert. Es sieht aber in § 13 ausdrücklich vor, dass unter einem unrichtigen amtlichen Vorgehen auch die Verletzung der Pflicht, eine Handlung vorzunehmen, oder eine Entscheidung innerhalb der gesetzlich bestimmten Frist zu erlassen, verstanden wird. In der Literatur versteht man unter unrichtigem amtlichen Vorgehen das Handeln eines Organs oder einer Amtsperson, das sich nicht als Entscheidungstätigkeit darstellt und im Widerspruch zum geltenden Recht oder internen Vorschriften steht. Dazu zählt auch ein Vorgehen, das nicht der Funktion der Amtshandlung entspricht, Untätigkeit oder unbegründete Verzögerungen eingeschlossen.[44] Zwar sind die Handlungen im Rahmen einer Entscheidungstätigkeit auch als amtliches Vorgehen anzusehen, die Unrichtigkeit darf sich aber nicht aus dem Inhalt der Entscheidung ergeben, da dies als rechtswidrige Entscheidung einzuordnen wäre.[45]

Mit der Feststellung, dass unter einem unrichtigen amtlichen Vorgehen auch die Verletzung der Pflicht, eine Handlung vorzunehmen oder eine Entscheidung innerhalb der gesetzlich bestimmten Frist zu erlassen, zu verstehen ist, verweist das Gesetz auf Art. 6 EMRK.[46] Die Haftung wird aber auch dann begründet, wenn keine Frist für die Vornahme der Handlung vorgeschrieben ist. Das ist dann der Fall, wenn die Dauer des Verfahrens nicht der tatsächlichen und rechtlichen Schwierigkeit der zu verhandelnden Sache entspricht und ihre Ursache in der Vorgehensweise des Organs wurzelt.[47]

5. Konkret-generelle Entscheidungen und öffentlich-rechtliche Verträge

Die Problematik der Haftung für Schäden durch *opatření obecné povahy* (rechtswidrige konkret-generelle Entscheidungen)[48] und rechtswidrige öffentlich-rechtliche Verträge besteht nicht nur in der Frage, ob der Staat bzw. die territoriale Selbstverwaltungskörperschaft in solchen Fällen überhaupt haftet, sondern auch darin, ob diese Haftung als Entscheidungstätigkeit oder unrichtiges amtliches Vorgehen einzuordnen ist. Die Beantwortung der zweiten Frage hängt mit dem in § 8 Abs. 3 des Gesetzes Nr. 82/1998 Gbl. geregelten Erfordernis zusammen, vor der Geltendmachung des Haftungsanspruchs bei rechtswidrigen Entscheidungen alle prozessualen Rechtsmittel auszuschöpfen (→ D.I.1.). Die Literatur befasste sich mit dieser Problematik bisher nicht. Auch die Rechtsprechung hatte, soweit ersichtlich, noch keine entsprechenden Verfahren zu entscheiden.

Die Frage, ob in vorgenannten Fällen überhaupt eine Staatshaftung begründet wird, kann mit Blick auf die Ausübung öffentlicher Gewalt und den generellen verfassungsrechtlich verankerten Grundsätzen des Vorrangs und Vorbehalts des Gesetzes (Art. 2 Abs. 3 der Verfassung) positiv beantwortet werden.

Hinsichtlich der Einordnung der Handlungsformen gilt folgendes: Konkret-generelle Entscheidungen lassen sich unter den Begriff des unrichtigen amtlichen Vorgehens subsumieren. Dies ergibt sich aus dem Wortlaut des § 171 SŘ, wonach eine konkret-generelle Entscheidung weder eine Verwaltungsentscheidung noch eine Rechtsnorm darstellt.

---

44 *Klíma*, Komentář, Art. 36, S. 926; *Hendrych*, Správní právo (Fn. 10), S. 632–633.

45 *Vojtek*, Odpovědnost za škodu při výkonu veřejné správy, § 13, S. 92.

46 In der Rechtsprechung des EGMR wurde die Verletzung von Art. 6 EMRK durch die Tschechische Republik wegen zu langer Verfahrensdauer mehrmals festgestellt. So z.B. EGMR *Bořáková/Tschechische Republik*, Nr. 41486/98, 7.1.2003; EGMR *Hartman/Tschechische Republik*, Nr. 53341/99, 10.7.2003.

47 Oberstes Gericht der Tschechischen Republik, Urteil Az. 25 Cdo 38/2000 vom 8.2.2001.

48 Dieses Institut ist mit der Allgemeinverfügung in Deutschland vergleichbar. Mehr hierzu siehe *Fridrichová*, Tschechien, S. 419.

Bei den öffentlich-rechtlichen Verträgen muss hingegen differenziert werden. Diese notwendige Unterscheidung ergibt sich aus den gesetzlich vorgesehenen Überprüfungsmöglichkeiten. Die öffentlich-rechtlichen Verträge sind nur von Amts wegen überprüfbar.[49] Die Entscheidung der Behörde über die Rechtswidrigkeit bzw. Rechtmäßigkeit eines öffentlich-rechtlichen Vertrages ist im Verwaltungsverfahren durch die Einlegung eines Widerspruchs angreifbar und stellt deshalb eine Verwaltungsentscheidung dar, die wiederum gerichtlich überprüfbar ist.[50] Es sind folglich drei Konstellationen denkbar. In der ersten Konstellation hält die Behörde den öffentlich-rechtlichen Vertrag für rechtmäßig und erlässt eine dementsprechende Verwaltungsentscheidung. Der Betroffene muss dann alle prozessualen Rechtsmittel ausschöpfen, um diese für ihn belastende Entscheidung zu seinen Gunsten abzuändern, da er sonst seiner Pflicht aus § 8 Abs. 3 des Gesetzes Nr. 82/1998 Gbl. nicht nachkommen würde. Entscheidet die Behörde zugunsten des Betroffenen, dass ein öffentlich-rechtlicher Vertrag rechtswidrig ist, hat der Bürger kein Interesse an der Überprüfung der Entscheidung. Deshalb kann diese auch nicht von ihm gefordert werden. Angesichts der Tatsache, dass ein öffentlich-rechtlicher Vertrag eindeutig keine Entscheidung darstellt, kann der Betroffene seinen Anspruch im Rahmen des unrichtigen amtlichen Vorgehens geltend machen. Die dritte Konstellation, in der die Behörde einen öffentlich-rechtlichen Vertrag zu Lasten des Betroffenen für rechtswidrig erklärt, entspricht im Ergebnis der ersten Konstellation.

II. Relevante Normverstöße

Haftungsvoraussetzung ist gemäß dem Gesetz Nr. 82/1998 Gbl. die Gesetzwidrigkeit einer Entscheidung oder die Unrichtigkeit eines amtlichen Vorgehens. Wie oben bereits gesagt, muss das Handeln der öffentlichen Gewalt gegen das geltende Recht verstoßen. Deshalb wird der Begriff der Gesetzwidrigkeit auch einheitlich als Rechtswidrigkeit verstanden.[51] Für die Haftung wird dabei nicht unterschieden, gegen welche Rechtsnorm verstoßen wurde. Das Gesetz kennt auch keinen Katalog von speziell geschützten Rechtsnormen und bezieht sich auf jeden Akt der Rechtsanwendung, prozessuale Entscheidungen eingeschlossen.[52]

Dies gilt auch für Verstöße gegen völkerrechtliche Verträge, zu deren Ratifizierung das Parlament seine Zustimmung gegeben hat. Solche Verträge sind, wie oben dargestellt, Bestandteil der Rechtordnung und genießen gem. Art. 10 der Verfassung einen allgemeinen Anwendungsvorrang vor nationalem Recht. Ein Handeln des Staates oder der territorialen Selbstverwaltung im Widerspruch zu diesen Verträgen ist somit rechtswidrig[53] und kann eine Haftung auslösen.

Bei der Haftung für Schäden, die durch Verstöße gegen Europäisches Unionsrecht entstanden sind, muss zwischen dem primären und sekundären Unionsrecht unterschieden werden. In Tschechien wird insbesondere die Frage der Haftung des Staates für den durch die Verletzung des Primärrechts verursachten Schaden, also z.B. durch die nicht erfolgte oder fehlerhafte Implementierung von sekundären Rechtsnormen der EU oder durch die Verletzung der Vorlagepflicht der Gerichte zum EuGH, diskutiert. Sie wird aber nicht einheitlich beantwortet. Einigkeit besteht insoweit, als das Gesetz Nr. 82/1998 Gbl. diese Art der Haftung zwar nicht ausdrücklich

49 Der anderen Vertragspartei bleibt nur die Möglichkeit eines Impulses zur Durchführung des Überprüfungsverfahrens (§ 165 Abs. 1 SŘ).

50 Die Gerichte überprüfen demnach die Verwaltungsentscheidung direkt und den öffentlich-rechtlichen Vertrag nur implizit. Mehr zu öffentlich-rechtlichen Verträgen siehe *Fridrichová*, Tschechien, S. 422.

51 *Hendrych*, Správní právo (Fn. 10), S. 630.

52 *Vojtek*, Odpovědnost, § 5, S. 39.

53 *Hendrych*, Správní právo (Fn. 10), S. 630.

vorsieht, sie aber aufgrund der Rechtsprechung des EuGH[54] trotzdem besteht.[55] Die tschechischen Gerichte hatten bislang, soweit ersichtlich, keinen Fall dieser Art zu entscheiden. Angesichts der Tatsache, dass die Tschechische Republik bereits in vielen Fällen durch den EuGH wegen der Verletzung des primären Unionsrechts verurteilt wurde, ist dies jedoch nur eine Frage der Zeit.[56]

In der Praxis steht die Beantwortung der Frage nach der Umsetzung der Staatshaftung für Verletzungen des primären Rechts der Europäischen Union mithin noch aus. Es geht insbesondere um die Frage, ob der Haftungsanspruch auf das Gesetz Nr. 82/1998 Gbl. gestützt werden kann oder „lediglich" auf die ungeschriebenen Voraussetzungen des EuGH. In der Literatur werden mehrere Lösungswege aufgezeigt. Sie reichen von einer weiten Auslegung und Anwendung des Gesetzes Nr. 82/1998 Gbl. über eine direkte Anwendung der EuGH-Rechtsprechung bis hin zum Rückgriff auf bürgerlich-rechtliche Vorschriften.[57]

Eine weite Anwendung des Gesetzes Nr. 82/1998 Gbl. weist erhebliche Schwierigkeiten in Bezug auf die Implementierung von sekundärem Europarecht auf, die eng mit der Haftung für legislatives Handeln verknüpft ist (→ B.I.2.). Die Frage der Haftung für die Verletzung von Europarecht durch die Judikative erweist sich angesichts der erforderlichen vorherigen Aufhebung der Entscheidung aufgrund ihrer Rechtswidrigkeit (→ D.I.1.) als noch schwieriger. Entscheidungen von letztinstanzlichen Gerichten können von niemandem aufgehoben werden. Die mit der Prüfung der konkreten Haftung befassten Gerichte dürfen die Rechtswidrigkeit einer Entscheidung nicht als Vorfrage entscheiden.[58] Der Gesetzgeber hat das Problem zwar erkannt und es in der Gesetzesbegründung zur Novelle des Gesetzes Nr. 82/1998 Gbl.[59] angesprochen. Dessen Lösung wurde aber aufgrund seiner Komplexität und der Analyse des Haftungsumfangs verschoben.[60]

III. Kausalität

Ein Kausalzusammenhang zwischen dem staatlichen Handeln und dem entstandenen Schaden ist Voraussetzung für die Haftung des Staates oder der territorialen Selbstverwaltung. Er muss in jedem konkreten Einzelfall festgestellt werden, wobei alle Umstände gewertet werden müssen, die aufklären, was die Ursache für die Folge gewesen ist.[61] Der Schaden ist also kausal, wenn er aufgrund einer rechtswidrigen Entscheidung oder eines unrichtigen amtlichen Vorgehens entstanden ist.[62] Der Kausalzusammenhang muss im Sinne der Adäquanztheorie vorliegen.[63] Die

54 EuGH C-6/90 u. C-9/90, Slg. 1991, I-5357 – *Francovich*; EuGH C-46/93, Slg. 1996, I-1029 – *Brasserie du Pêcheur*; EuGH C-224/01, Slg. 2003, I-10239 – *Köbler*.
55 *Bobek*, Právní rozhledy – Mimořádná příloha, 12/2008, 1–18; *Valečková*, Právní rozhledy, 4/2003, 185 (186); *Frumarová*, Ochrana před nečinností veřejné správy, S. 151.
56 Z.B. EuGH C-203/06, Slg. 2007, I-6 – *Kommission/Tschechische Republik*; C-114/07, Slg. 2007, I-147 – *Kommission/Tschechische Republik*; C-117/07, Slg. 2007, I-127 – *Kommission/Tschechische Republik*; C-41/08, Slg. 2008, I-175 – *Kommission/Tschechische Republik*.
57 *Valečková*, Právní rozhledy, 4/2003, 185 (186); *Bobek*, Právní rozhledy – Mimořádná příloha, 12/2008, 1 (17–19).
58 *Bobek*, Právní rozhledy – Mimořádná příloha, 12/2008, 1 (19).
59 Die Novelle erfolgte durch das Gesetz Nr. 160/2006 Gbl.
60 Gesetzesbegründung, abrufbar unter http://www.psp.cz/sqw/text/tiskt.sqw?O=4&CT=1117&CT1=0 (zuletzt abgerufen am 11.6.2013).
61 Bezirksgericht in Svitavy, Entscheidung Az. 9 C 583/98 vom 9.11.1998, veröffentlicht in: *Ondruš*, Přehled judikatury, S. 210.
62 Oberstes Gericht der Tschechischen Republik, Urteil Ver. Nr. 25 Cdo 145/2002 vom 31.3.2003.
63 *Frumarová*, Ochrana před nečinností veřejné správy, S. 156; *Svoboda*, Správní právo 4/1999, 218 (229).

hoheitliche Entscheidung oder das unrichtige amtliche Vorgehen müssen zwar nicht allein zum Schaden geführt haben. Sie müssen den Schaden jedoch maßgeblich verursacht haben.[64]

IV. Relevanz von Verschulden

Die Haftung nach dem Gesetz 82/1998 Gbl. ist nach §§ 1, 2 verschuldensunabhängig und erfolgt ohne die Möglichkeit einer Haftungsbefreiung. In einigen Fällen grenzt das Gesetz aber die Haftung des Staates gem. § 12 ein. So z.B. bei Haftstrafen, wenn derjenige, der einen Haftungsanspruch geltend macht, die Haft selbst verursacht hat. Wegen des Verweises auf das OZ (siehe § 441 OZ) in § 26 ist es auch nicht ausgeschlossen, dass die Regel über das Mitverschulden Anwendung finden.[65]

Das in Deutschland der richterlichen Unabhängigkeit und dem Schutz der Rechtskraft der staatlichen Urteile dienende Richterspruchprivileg des § 839 Abs. 2 BGB kennt das tschechische Staatshaftungsrecht nicht. Die Gefahr der nochmaligen Überprüfung einer gerichtlichen Entscheidung und damit der Durchbrechung der Rechtskraft besteht im Staatshaftungsprozess in Tschechien aufgrund der erforderlichen vorherigen Feststellung der Rechtswidrigkeit einer Entscheidung (→ D.I.1.) nicht. Das Gericht ist nicht befugt, sich mit dieser Frage zu befassen (→ B.II.).

V. Haftung ohne Normverstoß

Unter gewissen Umständen sind der Staat und die territorialen Selbstverwaltungskörperschaften auch ohne, dass die Staatsorgane, die Amtspersonen oder die Beliehenen gegen das Gesetz verstoßen haben, zum Schadensersatz verpflichtet. Es handelt sich dabei jedoch grundsätzlich nicht um eine Haftung im Sinne des Gesetzes Nr. 82/1998 Gbl.,[66] sondern vielmehr um eine Entschädigung, die durch besondere Gesetze geregelt wird. Zu diesem Bereich gehören insbesondere die Enteignung, die sonstige Einschränkung des Eigentums, die Fälle des Notstandes[67] oder auch Konstellationen, in denen der Staat durch sein rechtsmäßiges Handeln den Schaden nur mittelbar verursacht hat.[68] Ein geradezu typischer Fall dieser Haftung ist die Haftung im Rahmen polizeilicher Einsätze.[69] Einen allgemeinen, gesetzlich nicht geregelten, aber gewohnheitsrechtlich anerkannten Aufopferungsanspruch kennt die tschechische Rechtsordnung hingegen nicht.

---

64 *Vojtek*, Odpovědnost, § 5, S. 41.

65 *Vojtek*, Odpovědnost, § 2, S. 29; *Hendrych*, Správní právo (Fn. 10), S. 629.

66 Ausnahmen bilden Entscheidungen über die Haft, die nicht an die Bedingung der Rechtswidrigkeit gebunden sind.

67 Z.B. § 128 Abs. 1 OZ: „Der Eigentümer ist im Falle des Notstandes oder des dringenden öffentlichen Interesses im notwendigen Rahmen und Zeitraum gegen eine Entschädigung verpflichtet, zu dulden, dass seine Sache genutzt wird, wenn das Ziel nicht anderweitig erreicht werden kann." (Übersetzung der Verfasserin)

68 Z.B. kann das Verbot, bestimmte geschützte Tiere zu fangen und zu töten, zu Schäden am Eigentum eines Einzelnen führen, die durch das Tier verursacht worden sind. Für diesen Fall sieht das Gesetz Schadensersatzansprüche des Eigentümers vor: *Zákon č. 115/2000 Sb., o poskytování náhrad škod způsobených vybranými zvláště chráněnými živočichy* (Gesetz Nr. 115/2000 Gbl., über die Gewährung von Schadersatz für den durch ausgewählte besonders geschützte Tiere verursachten Schaden).

69 § 95 *zákona č. 273/2008 Sb., o Policii České republiky* (Gesetz Nr. 273/2008 Gbl., über die Polizei der Tschechischen Republik).

Die Enteignung und die zwangsweise Einschränkung des Eigentumsrechts[70] sind nach Art. 11 Abs. 4 der Charta nur im öffentlichen Interesse aufgrund eines Gesetzes gegen eine Entschädigung möglich. Die rechtlichen Bedingungen für die Enteignung und die zwangsweise Einschränkung sowie die Entschädigung sind in mehreren Gesetzen geregelt. § 128 Abs. 2 OZ bestimmt, dass eine Sache im öffentlichen Interesse enteignet werden darf, falls der erstrebte Zweck nicht anders erreicht werden kann. Dies darf jedoch nur aufgrund eines Gesetzes, zur Erreichung des bestimmten Zwecks und gegen eine Entschädigung erfolgen. Die Enteignung ist also stets subsidiär zu anderen Maßnahmen, auch wenn diese mit hohen Kosten verbunden sind. Die im OZ geregelte Enteignung betrifft sowohl das bewegliche als auch das unbewegliche Eigentum. Das wichtigste, grundlegende und spezielle Gesetz, dass sich im Einzelnen mit der Enteignung von Grundstücken befasst, ist das Gesetz über die Enteignung oder die Einschränkung des Eigentumsrechts von Grundstücken oder Gebäuden[71]. Die in diesem Gesetz festgelegten Bedingungen für die Enteignung decken sich nicht nur weitgehend mit den im OZ geregelten, sondern gehen noch darüber hinaus. Die Bestimmung des Enteignungszwecks wird aber besonderen Gesetzen überlassen. Zu diesen Gesetzen gehört u. a. das *Stavební zákon* (tschech. Baugesetzbuch, abgekürzt: SZ)[72].

Das Vorliegen eines öffentlichen Interesses muss in dem Enteignungsverfahren positiv festgestellt werden. Dabei ist der Begriff des öffentlichen Interesses ein unbestimmter Rechtsbegriff, der einzelfallbezogen ausgelegt wird und einer gerichtlichen Überprüfung offen steht.

C. Haftungsfolgen

I. Haftungssubjekte

Das Gesetz Nr. 82/1998 Gbl. unterscheidet in § 1 zwischen der Haftung des Staates und der Haftung der territorialen Selbstverwaltungskörperschaft. Es ist nicht bekannt, dass der Staat bzw. die territoriale Selbstverwaltungskörperschaft den Schaden durch Haftpflichtversicherungen für sich „mildern" würden.[73] Mit dieser Möglichkeit befasst sich auch die Literatur nicht.

II. Regress

Die handelnden Amtspersonen[74] und die territoriale Selbstverwaltung (falls diese im übertragenden Wirkungskreis tätig war) haften nicht im Rahmen des Gesetzes Nr. 82/1998 Gbl., da der Anspruch gegen den Staat oder die territoriale Selbstverwaltung gerichtet sein muss. Das Gesetz sieht aber die Möglichkeit des Regresses bei diesen Subjekten vor. Sowohl der Staat als auch die territoriale Selbstverwaltung können unter bestimmten Vorraussetzungen Regress bei den einzelnen Amtsträgern und Organen nehmen. Der Regressanspruch des Staates ist in §§ 16–18, der

70 Diese kann in unterschiedlichen Formen auftreten, z.B. als Grunddienstbarkeit oder die Pflicht das Aufstellen von Verkehrszeichen zu dulden.

71 *Zákon č. 184/2006 Sb., o odnětí nebo omezení vlastnického práva k pozemku nebo ke stavbě* (Gesetz Nr. 184/2006 Gbl., über die Enteignung oder die Einschränkung des Eigentumsrechts von Grundstücken oder Gebäuden).

72 § 170 zákona č. 183/2006 Sb. o územním plánování a stavebním řádu (Stavební zákon) (Gesetz Nr. 183/2006 Gbl., Baugesetzbuch).

73 Es ist sicherlich auch nicht wie in Deutschland der Regelfall, dass die privaten Haushalte eine Haftpflichtversicherung abgeschlossen haben.

74 Die Bezeichnung „Amtsperson" wird in Tschechien für die juristischen und natürlichen Personen, denen die Ausübung der Staatsverwaltung übertragen wurde und für die im § 3 Abs. 2 bezeichneten Personen verwendet.

Regressanspruch der territorialen Selbstverwaltung in §§ 23–35 des Gesetzes Nr. 82/1998 Gbl. geregelt. Der Staat kann nicht nur die einzelnen Amtspersonen, sondern auch die territorialen Selbstverwaltungskörperschaften in Regress nehmen, wenn diese Aufgaben im übertragenden Wirkungskreis übernommen haben. Die Regressmöglichkeit wurde im Gesetz Nr. 82/1998 Gbl. fakultativ geregelt.

Durch das *Zákon č. 219/2000 Sb., o majetku České republiky a jejím vystupování v právních vztazích* (Gesetz Nr. 219/2000 Gbl., über das Vermögen der Tschechischen Republik und über ihr Auftreten in Rechtsbeziehungen) ist die Geltendmachung von Regressansprüchen hingegen wegen § 14 Abs. 3 zur Pflicht geworden.

Die Ansprüche sind gem. §§ 25, 18 Abs. 1 verschuldensabhängig. Sind mehrere Personen regresspflichtig, hängt die Höhe des Anspruchs von ihrem Verschuldensanteil ab. Sie können darüber hinaus alle Einwände, die dem Staat oder der territorialen Selbstverwaltungskörperschaft im Rahmen der Staatshaftung gegen den Geschädigten zustanden, geltend machen.

Die Höhe des Regressanspruchs ist durch die Höhe des tatsächlich gezahlten Schadensersatzes im Rahmen der Haftung für rechtswidrige Entscheidungen und unrichtiges amtliches Vorgehen begrenzt. Das Gericht kann die Höhe des Regressanspruchs noch weiter senken.

Eine abweichende Regelung gilt bei der Geltendmachung von Regressansprüchen gegen die Richter und Personen, die im bloßen Angestellten- oder einem ähnlichen Verhältnis zum Staat oder den territorialen Selbstverwaltungskörperschaften stehen. Der Regressanspruch gegen Richter kann wegen ihrer grundsätzlich unabhängigen Stellung nur dann geltend gemacht werden, wenn deren Schuld in einem Disziplinarverfahren oder einem Strafverfahren festgestellt wurde. Die Haftung der Personen im Angestelltenverhältnis ist durch Regelungen im *Zákoník práce* (tschech. Arbeitsgesetzbuch)[75] begrenzt.

III. Anspruchsberechtigte

Im Rahmen der Haftung für rechtswidrige Entscheidungen hat gem. § 7 einen Anspruch auf Schadensersatz gegen den Staat bzw. die territoriale Selbstverwaltungskörperschaft, wer Verfahrensbeteiligter war oder fälschlicherweise nicht als solcher behandelt wurde. Dies gilt auch, wenn die territoriale Selbstverwaltung im eigenen Wirkungskreis tätig wurde, wobei diese andere Kompetenzen als der Staat hat. Sie beschränken sich vor allem auf den Erlass von Entscheidungen nach den Vorschriften über das Verwaltungsverfahren. Ansprüche kann aber auch derjenige gegen die territoriale Selbstverwaltungskörperschaft geltend machen, der nach tschechischem Verständnis nicht als Verfahrenbeteiligter bezeichnet wird, weil die Entscheidungstätigkeit nicht dem Regime der Gesetze über das Verwaltungsverfahren unterliegt. Wer Verfahrensbeteiligter ist oder sein sollte, bestimmt sich nach den jeweiligen Verfahrensvorschriften.[76] Besonders geregelt ist in §§ 9–11 die Anspruchsberechtigung bei Entscheidungen über die Haft, Strafe und Sicherungsmaßregeln. Im Rahmen des unrichtigen amtlichen Vorgehens ist Anspruchsberechtigter, wer durch das Vorgehen geschädigt wurde.

Das Gesetz macht demnach keinen Unterschied zwischen Bürgern, Ausländern oder EU-Angehörigen. Eine solche Unterscheidung würde auch gegen Art. 36 Abs. 3 der Charta, der von „Jedermann" als Anspruchsberechtigtem spricht, verstoßen. Anspruchsberechtigter kann sowohl eine natürliche als auch eine juristische Person sein. Für den Fall, dass jemand infolge der Aus-

---

75 Siehe §§ 250 f. *zákona č. 262/2006 Sb., zákoník práce* (Gesetz Nr. 262/2006 Gbl., Arbeitsgesetzbuch).

76 Z.B. §§ 90, 94 *zákona č. 99/1963 Sb., Občanský soudní řád* (Gesetz Nr. 99/1962 Gbl., Zivilprozessordnung, abgekürzt: OSP).

übung der Staatsgewalt oder der Ausübung der Kompetenzen der territorialen Verwaltung gestorben ist, gehören gem. § 27 auch die Hinterbliebenen[77] und diejenigen, die die Beerdigungs- und Heilungskosten zu tragen haben, zu den Anspruchsberechtigten.

IV. Haftungsinhalt

Welcher Schaden zu ersetzen ist, wird in §§ 27–31a bestimmt, wobei das OZ subsidiär Anwendung findet. Ersetzt wird nur der tatsächlich entstandene Schaden. Es werden zwei Arten des Schadensersatzes unterschieden. Auf der einer Seite die Haftung für Schäden sowie entgangenen Gewinn und die Haftung für immaterielle Nachteile, der in Deutschland als immaterieller Schaden bezeichnet wird, auf der anderen Seite. Der Grund für diese Unterscheidung liegt in der Definition des Schadens. Er ist ein Vermögensnachteil, der mit einem allgemeinen Äquivalent – nämlich mit Geld – beziffert werden kann.[78] Der tatsächliche Schaden ist die entstandene Minderung des Vermögens.[79]

Bis zur Novelle im Jahre 2006 wurde eine Entschädigung für immaterielle Nachteile im Rahmen der Staatshaftung nur für die Gesundheitsschädigung und Tötung zugesprochen. Andere Nachteile, die insbesondere durch überlange Verfahren verursacht worden sind und keinen materiellen Schaden darstellten, konnten nur in begrenztem Rahmen des Persönlichkeitsrechtsschutzes nach §§ 11 und 13 OZ geltend gemacht werden. Diese Klagen scheiterten jedoch meistens daran, dass dem Gericht in diesem Verfahren nicht die Überprüfung von Entscheidungen anderer Organe möglich war.[80] Der Ersatz des immateriellen Nachteils wird heute durch den im Jahre 2006 als Reaktion auf die Rechtsprechung des EGMR eingeführten § 31a ermöglicht.[81] Die Entschädigung in Geld wird aber nur subsidiär gewährt, wenn der Nachteil nicht anders kompensiert werden kann, insbesondere die bloße Feststellung einer Rechtsverletzung nicht genügt. Sie wird unabhängig vom Ersatz des materiellen Schadens gewährt. Bei der Bestimmung der Ersatzhöhe werden die Schwere der Rechtsverletzung und die Umstände, unter denen es zu der Rechtsverletzung gekommen ist, berücksichtigt. Häufig wird ein immaterieller Nachteil, als Folge unrichtigen amtlichen Vorgehens anerkannt. Bei der Bestimmung des Schadensersatzes werden die Umstände des Einzelfalles berücksichtigt, insbesondere die Länge des Verfahrens, seine Schwierigkeit, das Verhalten des Ersatzberechtigten, das Vorgehen der Organe[82] und die Bedeutung des Verfahrensgegenstandes für den Verletzten.

---

77 Sie haben Anspruch auf Ersatz der Unterhaltskosten.

78 *Frumarová*, Ochrana před nečinností veřejné správy, S. 155; Verfassungsgericht der Tschechischen Republik, Urteil Az. Pl. ÚS 16/01 vom 4.5.2005; In dieser Entscheidung vertrat das Verfassungsgericht die Meinung, dass das Verständnis vom Schaden als materieller Schaden in Zukunft aufgegeben werden sollte und darunter auch der Nachteil, der durch die Einwirkung auf die physische und seelische Integrität des Geschädigten (*le dommage moral*) erlitten wird, verstanden werden sollte. Wird in diesem Beitrag nur vom Schaden gesprochen, so ist damit sowohl der materielle als auch der immaterielle Schaden gemeint.

79 Oberstes Gericht der Tschechoslowakischen Republik, Stellungnahme Az. Cpj 87/70 vom 18.11.1970.

80 *Skopal*, K odpovědnosti státu, abrufbar unter http://www.epravo.cz/top/clanky/k-odpovednosti-statu-za-skodu-zpusobenou-pri-vykonu-verejne-moci-56847.html (zuletzt abgerufen am 11.6.2013).

81 Gesetzesbegründung zum Gesetz Nr. 160/2006 Gbl., abrufbar unter www.psp.cz/sqw/text/tiskt.sqw?O=4&CT=1117&CT1=0 (zuletzt abgerufen am 11.6.2013).

82 Im Rahmen des Haftungsinhalts wird in gewissem Maße das Verschulden des Organs berücksichtig (obwohl die Haftung verschuldensunabhängig ist), indem bei der Bemessung der Schadenshöhe das Vorgehen des Organs unter die Lupe genommen wird. Es wird dabei z.B. die Reaktion des Organs auf Anträge der Verfahrensbeteiligten oder die Frage, ob sich das Organ mit der Lösung von Nebenfragen befasste, beurteilt (*Vojtek*, Odpovědnost, § 31a, S. 179).

Der materielle Schadensersatz ist grundsätzlich auf Geld gerichtet und wird auch in Geld ersetzt. Die Wiedergutmachung durch Wiedereinsetzung in den vorherigen Stand, die der Naturalrestitution in Deutschland gleicht, ist nach § 442 Abs. 2 OZ auf Wunsch des Geschädigten zu gewähren, wenn es zweckmäßig und möglich ist. Der Schadensersatzanspruch umfasst auch die Verfahrenskosten, die für die Aufhebung oder Änderung der rechtswidrigen Entscheidung aufgewendet wurden. Zu diesen zählen auch die Rechtsanwaltskosten.

D. Geltendmachung von Haftungsansprüchen

I. Vorverfahren

Für das Vorverfahren muss zwischen rechtswidrigen Entscheidungen und dem unrichtigen amtlichen Vorgehen sowie dazwischen, ob der Staat oder die territoriale Selbstverwaltungskörperschaft gehandelt hat, unterschieden werden.

1. Rechtswidrige Entscheidungen

Grundbedingung für die Geltendmachung des Haftungsanspruchs ist gem. §§ 8, 21 grundsätzlich, dass die rechtskräftige oder bestandskräftige Entscheidung zuvor aufgrund ihrer Rechtswidrigkeit aufgehoben oder geändert wurde. Das Gericht ist an diese Entscheidung gebunden. Wurde der Schaden durch eine, unabhängig von ihrer Rechtskraft bzw. Bestandskraft, vollstreckbare Entscheidung verursacht, so kann dieser nur geltend gemacht werden, wenn die Entscheidung durch die Einlegung eines ordentlichen Rechtsmittels[83] aufgehoben oder geändert wurde.

Die gerichtliche Geltendmachung des Anspruchs ist dadurch bedingt, dass der Geschädigte alle ihm zur Verfügung stehenden prozessualen Mittel ausgeschöpft haben muss, um den Erlass der nachteiligen Entscheidung zu verhindern. Dazu zählt jedes ordentliche und außerordentliche Mittel mit Ausnahme des Wiederaufgreifens des Verfahrens, sowie jedes andere prozessuale Rechtsmittel, das dem Rechtsschutz dient und mit seiner Geltendmachung den Beginn eines gerichtlichen, behördlichen oder anderen rechtlichen Verfahrens auslöst. Der Geschädigte muss demnach alles in seiner Macht stehende tun, um die Entstehung des Schadens zu verhindern. Im seltenen Fall, dass die Entscheidung ohne Zutun des Geschädigten aufgehoben oder geändert wird, kann er keinen Schadensersatz geltend machen.

In besonderen Fällen kann vom Vorliegen dieser Vorraussetzungen abgesehen werden. Wann dies geboten erscheint, liegt im Ermessen des Gerichts oder der entschädigenden Behörde. Erfasst werden vor allem Konstellationen, in denen der Geschädigte aus gesundheitlichen Gründen gehindert war, ein Rechtsmittel einzulegen.[84]

Das vorstehend erläuterte Verfahren stellt streng genommen kein Vorverfahren dar. Es spiegelt nur die Pflicht des Betroffenen wider, alle prozessualen Möglichkeiten auszuschöpfen, die den Erlass einer nachteiligen Entscheidung verhindern können. Das eigentliche Vorverfahren (auch vorläufige Verhandlung über den Anspruch genannt) bildet die Geltendmachung des Anspruchs bei der zuständigen Behörde. Das Vorverfahren ist gem. § 14 nur für die Fälle der Staatshaftung, nicht aber für die Haftung der territorialen Selbstverwaltungskörperschaften vor-

83 Zu den ordentlichen Rechtmitteln im Verwaltungsverfahren zählt z.B. der Widerspruch. Mehr zu den ordentlichen Rechtsbehelfen im Verwaltungsverfahren siehe *Fridrichová*, Tschechien, S. 448 f.
84 *Vojtek*, Odpovědnost, § 8, S. 69.

geschrieben.[85] Der Anspruch ist bei der nach § 6 Abs. 2 bis 4 zuständigen Behörde geltend zu machen.[86] Wird er bei einer unzuständigen Behörde eingelegt, so wird die Verjährung unabhängig davon gehemmt. Das Verfahren bei der Behörde hat informellen Charakter, insbesondere handelt es sich nicht um ein Verwaltungsverfahren. Deshalb stellt die abschließende Entscheidung der Behörde keinen Verwaltungsakt dar.[87] Sie vertritt in diesem Verfahren den Staat, der als Privatrechtssubjekt auftritt. Der Antrag bei der Behörde ist nicht fristgebunden. Gibt die Behörde dem Anspruch statt, so muss der Schaden gem. § 15 Abs. 1 innerhalb von sechs Monaten nach der Geltendmachung des Anspruchs ersetzt werden. Erst nach Ablauf dieser Frist kann der Geschädigte seinen Schadenersatzanspruch gerichtlich geltend machen. Wird die Klage ohne das vorherige Vorverfahren erhoben, so wird sie dadurch nicht unzulässig. Die mangelnde Durchführung des Vorverfahrens stellt einen behebbaren Mangel der Prozessvoraussetzungen gem. § 104 Abs. 2 der *Občanského soudního řádu* (tschech. Zivilprozessordnung, abgekürzt: OSP)[88] dar. Das Gericht fordert den Beteiligten lediglich dazu auf, den Anspruch bei der Behörde geltend zu machen und unterbricht den Prozess gegebenenfalls gem. § 109 Abs. 1 b OSP.

2. Unrichtiges amtliches Vorgehen

Für die Geltendmachung des Schadensersatzanspruchs aufgrund unrichtigen amtlichen Vorgehens gilt das Erfordernis der vorherigen Ausschöpfung aller prozessualen Rechtmittel nicht. Der Anspruch gegen den Staat muss dennoch vorher bei der nach § 6 Abs. 2 bis 4 zuständigen Behörde geltend gemacht werden.

II. Rechtsweg

Über das Bestehen des Anspruchs auf Ersatz des durch eine rechtswidrige Entscheidung oder unrichtiges amtliches Vorgehen eines Organs entstandenen Schadens entscheiden die ordentlichen Gerichte im Zivilprozess.[89] Die Zuständigkeitsfrage zwischen der ordentlichen und der Verwaltungsgerichtsbarkeit wird in Tschechien ohne nennenswerte Diskussionen einheitlich zugunsten der ordentlichen Gerichtsbarkeit entschieden.[90] Das Gesetz Nr. 82/1998 Gbl. ist ein Bestandteil des Zivilrechts wodurch Rechtsbeziehungen, die durch dieses Gesetz geregelt werden, als zivilrechtlich einzustufen sind.[91] Einheitlich wird zwischen Rechtsbeziehungen, in denen es zum Schaden i.S.d. Gesetzes Nr. 82/1998 Gbl. kommt und Rechtsbeziehungen im Rahmen der Haftung des Staates oder der territorialen Selbstverwaltungskörperschaft unterschieden. Erstere sind als öffentlich-rechtliche Beziehungen zu qualifizieren. In diesen Beziehungen treten der Staat oder die Selbstverwaltungskörperschaft als Träger öffentlicher Gewalt und Subjekt des öffentlichen Rechts auf. Letztere sind als zivilrechtliche Beziehungen anzusehen, in der die Be-

85 Dies ergibt sich schon aus dem Selbstverwaltungsrecht der territorialen Selbstverwaltungskörperschaften.

86 Z.B. ist das Justizministerium für die Entschädigung zuständig, wenn ein Schaden im Rahmen eines Zivilprozesses oder Strafprozesses entstanden ist.

87 *Hendrych*, Správní právo (Fn. 10), S. 632.

88 *Zákon č. 99/1963 Sb., Občanský soudní řád* (Gesetz Nr. 99/1963 Gbl., Zivilprozessordnung).

89 In Tschechien sind die Verwaltungs- und ordentliche Gerichtsbarkeit nur auf der Ebene der Oberste Gerichte (Oberster Gerichtshof und Oberstes Verwaltungsgericht) getrennt. Auf den unteren Gerichtsebenen wird die Spezialisierung durch die Bildung entsprechender Senate oder durch spezialisierte Einzelrichter gewährleistet. Hierzu siehe *Fridrichová*, Tschechien, S. 459.

90 Oberstes Verwaltungsgericht, Beschluss Az. 12/2005-8 vom 11.5.2005; *Klíma*, Komentář, Art. 36, S. 925.

91 Oberstes Verwaltungsgericht, Beschluss Az. Na 146/20110-5 vom 31.5.2010.

teiligten rechtlich auf einer Stufe stehen.[92] Das Gleiche gilt bei der Enteignungsentschädigung sowie für sonstige Beeinträchtigungen des Eigentumsrechts. Die Entscheidung der Verwaltungsbehörde, ob eine Enteignung oder Belastung des Eigentums vorliegt, ist durch die Verwaltungsgerichte zu überprüfen. Davon abzugrenzen ist die Entscheidung über die Höhe der Entschädigung. Sie ist dem Privatrecht zuzuordnen und ist deshalb durch die ordentlichen Gerichte entsprechend der OSP zu überprüfen.[93]

Der eigentliche Gerichtsprozess ist in der OSP geregelt. Sachlich zuständig sind im ersten Rechtszug nach § 9 Abs. 1 OSP die Bezirksgerichte und in der Rechtsmittelinstanz für die Berufung gem. § 10 Abs. 1 OSP die Kreisgerichte.[94]

III. Beweisfragen

Die Beweisregeln für die gerichtliche Geltendmachung des Entschädigungsanspruchs entsprechen den allgemeinen Regeln. Die Verfahrensbeteiligten erbringen nach § 120 Abs. 1 OSP Beweise für die jeweils von ihnen vorgetragenen Behauptungen. Unbestrittene Vorträge der Verfahrensbeteiligten gelten gem. § 120 Abs. 4 OSP als wahr. Die Tatsache, dass eine Entscheidung als rechtswidrig anzusehen ist, ist nicht mehr beweispflichtig, da das Gericht an die vorherige Aufhebungsentscheidung gebunden ist. Es ist folglich nicht befugt über die Rechtswidrigkeit einer nicht aufgehobenen Entscheidung zu entscheiden.[95]

IV. Verjährung

Die Verjährungsfristen regelt das Gesetz Nr. 82/1998 Gbl. abschließend. Sie werden gem. § 35 ab dem Tag der Geltendmachung der Ersatzansprüche bis zum Ende der vorläufigen Verhandlung (bzw. des Vorverfahrens) gehemmt. Dies gilt höchstens für sechs Monate.

1. Rechtswidrige Entscheidungen und unrichtiges amtliches Vorgehen

Der Schadensersatzanspruch[96] verjährt gem. § 32 Abs. 1 in drei Jahren ab dem Tag, an dem der Geschädigte von dem Schaden und der Person des Schädigers Kenntnis erlangt hat. Ist die Geltendmachung des Anspruchs bedingt durch die Aufhebung der unrichtigen Entscheidung, so beginnt die Verjährungsfrist ab dem Tag der Zustellung (Bekanntgabe) der Aufhebungsentscheidung zu laufen. Nach § 32 Abs. 2 verjährt der Anspruch aber spätestens in zehn Jahren nach dem Tag der Zustellung der rechtswidrigen Entscheidung. Diese Einschränkung gilt nicht, wenn es sich um eine Gesundheitsschädigung handelt.

Der Anspruch auf Ersatz des immateriellen Schadens verjährt nach Abs. 3 in drei Jahren ab dem Tag, an welchem der Geschädigte von dem immateriellen Schaden Kenntnis erlangt hat. Spätestens verjährt er in zehn Jahren ab dem Zeitpunkt, an dem die schadenverursachende Rechtstatsache eingetreten ist. Ist der immaterielle Schaden aufgrund unrichtigen amtlichen

---

92 *Klíma*, Komentář, Art. 36, S. 925.
93 Oberstes Verwaltungsgericht, Beschluss des erweiterten Senats Az. 4 As 47/2003-50 vom 12.10.2004; zur Entwicklung in der Rechtsprechung in dieser Frage siehe *Winterová*, Právní fórum, 5/2009, 195–198.
94 Zur Gerichtsorganisation in Tschechien siehe *Fridrichová*, Tschechien, S. 459.
95 Oberstes Gericht der Tschechischen Republik, Beschluss Az. Cdo 2162/2005 vom 2.2.2006.
96 Anspruch auf Ersatz des materiellen Schadens, vgl. → C.IV.

Vorgehens entstanden, so endet die Verjährungsfrist nicht vor Ablauf von sechs Monaten seit der Beendigung des Verfahrens, deren Folge das unrichtige amtliche Vorgehen war.

2. Entscheidung über Haft, Strafe oder Sicherungsmaßregeln

Der Anspruch auf Ersatz des durch die Entscheidung über Haft, Strafe oder über Sicherungsmaßregeln entstandenen Schadens verjährt gem. § 33 in zwei Jahren ab dem Tag, an dem die Entscheidung,
- durch die der Anspruchsberechtigte freigesprochen wurde,
- durch die das Strafverfahren eingestellt wurde,
- durch die die Entscheidung aufgehoben wurde,
- durch die das Verfahren an ein anderes Organ abgegeben wurde oder
- in der der Täter zu einer geringeren Strafe verurteilt wurde,

rechtkräftig geworden ist.

IV. Vollstreckung

Tschechien hat keine speziellen gesetzlichen Regelungen für die Zwangsvollstreckung gegen den Staat oder die territorialen Selbstverwaltungskörperschaften. Grundsätzlich wird vorausgesetzt, dass der Staat zur Erfüllung seiner Pflichten nicht gezwungen werden muss. Ist dem nicht so, müssen nach der Rechtsprechung die Vorschriften der Zwangsvollstreckung bei der Frage über ihre Zulässigkeit entsprechend angewendet werden.[97] In der Literatur wird eine mögliche Zwangsvollstreckung gegen den Staat, soweit ersichtlich, nicht diskutiert. Grundsätzlich hat der Gläubiger die Wahl, ob er seine Forderungen mittels gerichtlicher Vollstreckung nach § 251 OSP oder mittels Zwangsvollstreckung (durch Zwangsvollstrecker) nach der Zwangsvollstreckungsordnung[98] durchsetzen will. Im Falle der gerichtlichen Vollstreckung muss der Antragsteller bestimmen, in welcher Art und Weise (z.B. Pfändung eines Kontos) die Vollstreckung stattfinden soll. Bei der Vollstreckung durch den Zwangsvollstrecker bestimmt dieser die Art und Weise.

Bibliographie

Die tschechische juristische Literatur befasst sich selten ausschließlich nur mit dem Staatshaftungsrecht. Diesem wird in der Regel nur ein Kapitel innerhalb einer Publikation oder einem Aufsatz in einer Fachzeitschrift gewidmet. Eine Ausnahme davon bilden die unten zitierten Werke von *Ondruš* und *Vojtek*.

Bobek, Michal, Ústavní soud České republiky: obecné soudy mají povinnost aplikovat komunitární právo samostatně (Verfassungsgericht der Tschechischen Republik: Die allgemeinen Gerichte haben die Pflicht das Gemeinschaftsrecht selbständig anzuwenden), Soudní rozhledy 5/2006, S. 171–175

ders., Odpovědnost za škodu vzniklou porušením práva Evropských společenství (Die Verantwortlichkeit für den durch die Verletzung des Rechts der Europäischen Gemeinschaften verursachten Schaden), Právní rozhledy – mimořádná příloha, 12/2008, S. 1

97 Oberstes Gericht der Tschechischen Republik, Beschluss Az. 20 Cdo 2195/2001 vom 18.12.2002.

98 *Zákon č. 120/2001 Sb., o soudních exekutorech a exekuční činnosti (exekuční řád)* (Gesetz Nr. 120/2001 Gbl., über die gerichtlichen Zwangsvollstrecker und die Zwangsvollstreckungstätigkeit).

Červená, Renata, Nová právní úprava odpovědnosti za škodu způsobenou při výkonu veřejné moci rozhodnutím nebo nesprávným úředním postupem (Neue rechtliche Regelung der Verantwortlichkeit für den bei der Ausübung der öffentlichen Gewalt durch eine Entscheidung oder amtliches Vorgehen verursachten Schaden), in: Bulletin advokacie, 1998, S. 24–39

Fridrichová, Hana, Tschechien, in: Schneider (Hrsg.), Verwaltungsrecht in Europa, Bd. 2, Frankreich, Polen und Tschechien, Göttingen 2009

Frumarová, Kateřina, Ochrana před nečinností veřejné správy v českém právním řádu (Der Schutz vor Untätigkeit in der tschechischen Rechtsordnung), Prag 2005

Holub, Milan/Borovský, Jaroslav/Pokorný, Milan/Hochmann, Josef/Kobliha, Ivan/Ondruš, Radek, Odpovědnost za škodu v právu občanském, pracovním, obchodním a správním, Praktická příručka (Die Verantwortlichkeit für den Schaden im bürgerlichen Recht, Arbeitsrecht, Handels- und Verwaltungsrecht), 2. aktualisierte und ergänzte Aufl., Prag 2001

Klíma, Karel, Komentář k Ústavě a Listině (Kommentar der Verfassung und der Charta), Pilsen 2005

ders., Praktikum českého ústavního práva, 3. Aufl. (Die Praxis des tschechischen Verfassungsrechts), Prag 2006

Ondruš, Radek, Přehled judikatury, Odpovědnost státu za nesprávný výkon veřejné moci (Rechtssprechungsübersicht, Die Verantwortlichkeit des Staates für die unrichtige Ausübung der öffentlichen Gewalt), Prag 2004

Skopal, Roman, K odpovědnosti státu za škodu způsobenou při výkonu veřejné moci, http://www.epravo.cz/top/clanky/k-odpovednosti-statu-za-skodu-zpusobenou-pri-vykonu-verejne-moci-56847.html (Zur Verantwortlichkeit des Staates für den bei der Ausübung der öffentlichen Gewalt verursachten Schaden)

Sládeček, Vladimír/Mikule, Vladimír/Syllová, Jindřiška, Ústava České republiky, komentár (Die Verfassung der Tschechischen Republik – Kommentar), Prag 2007

Šlosarčík, Ivo, Czech Republic and the European Union Law in 2004–2006, European Public Law, September 2007, Volume 13, Issue 3, S. 367–378

Svoboda, Pavel, Český a komunitární koncept odpovědnosti státu za škodu způsobbenou jednotlivci porušením práva, http://www.srovnavacipravo.cz/texty/svoboda-cz.htm (Tschechisches und kommunitäres Konzept der Verantwortlichkeit des Staates für den durch die Verletzung des Rechts verursachten Schaden)

Svoboda, Petr, Odpovědnost za škodu způsobenou nezákonnou nečinností veřejné správy (Verantwortlichkeit für den bei der rechtswidrigen Ausübung der öffentlichen Gewalt verursachten Schaden), Správní právo, 4/1999, S. 218–231

Valečková, Pavla, Odpovědnost státu za škodu způsobenou jednotlivci porušením práva ES a důsledky pro Českou republiku v souvislosti s odpovědností za legislativní činnost (Die Verantwortlichkeit des Staates für den einem Einzelnen durch die Verletzung des EG-Rechts verursachten Schadens und die Folgen für die Tschechische Republik im Zusammenhang mit der Verantwortlichkeit für legislative Tätigkeit), Právní rozhledy, 4/2003, S. 185–187

Vojtek, Petr, Odpovědnost za škodu při výkonu veřejné moci, Komentář (Verantwortlichkeit für den Schaden bei der Ausübung der öffentlichen Gewalt, Kommentar), 2. Aufl., Prag 2007

Winterová, Alena, Soudní ochrana při vyvlastnění (Gerichtlicher Rechtsschutz bei der Enteignung), in: Právní fórum, 5/2009, S. 195–198

Abkürzungen

Az.	Aktenzeichen
Cdo	Občanskopravní i obchodněprávní dovolání (gerichtliches Aktenzeichen für bürgerlichrechtliche und handelsrechtliche Revision)
č.	číslo (Nummer)
ČNR	Česká Národní Rada (Tschechischer Nationalrat)
ES	Evropské společenství (Europäische Gemeinschaft)
OSP	Občanský soudní řád (tschech. Zivilprozessordnung)
OZ	Občanský zákoník (tschech. Bürgerliches Gesetzbuch)
Pl. ÚS	Plénum Ústavního soudu (Plenum des Verfassungsgerichts)
Sb.	Sbírka (Gesetzessammlung bzw.-blatt)
Sb. z. a n.	Sbírka zákonů a nařízení (Sammlung der Gesetze und Verordnungen)
SŘ	Správního řádu (tschech. Verwaltungsverfahrensgesetz)

Hana Jalčová

SŘS Soudního řádu správního (tschech. Verwaltungsprozessordnung)
SZ Stavební zákon (tschech. Baugesetzbuch)
ÚS Ústavní soud (Verfassungsgericht)

Wesentliche Vorschriften

Listina Základních Práv a Svobod
Charta der Grundrechte und -freiheiten[99]

Článek 11 Odsek 4
Vyvlastnění nebo nucené omezení vlastnického práva je možné ve veřejném zájmu, a to na základě zákona a za náhradu.

Art. 11 Absatz 4
Die Enteignung oder zwangsweise Beschränkung des Eigentumsrechts ist nur im öffentlichen Interesse und aufgrund des Gesetzes und gegen eine Entschädigung möglich.

Článek 36 Odsek 3
Každý má právo na náhradu škody způsobené mu nezákonným rozhodnutím soudu, jiného státního orgánu či orgánu veřejné správy nebo nesprávným úředním postupem.

Art. 36 Absatz 3
Jeder hat das Recht auf Ersatz des Schadens, der durch die gesetzeswidrige Entscheidung eines Gerichts, eines anderen Staatsorgans oder Organs der öffentlichen Verwaltung oder unrichtiges amtliches Vorgehen verursacht wurde.

ZÁKON č. 82/1998 Sb., o odpovědnosti za škodu způsobenou při výkonu veřejné moci rozhodnutím nebo nesprávným úředním postupem a o změně zákona České národní rady č.358/1992 Sb., o notářích a jejich činnosti (notářský řád)
Das Gesetz Nr. 82/1998 Gbl. über die Verantwortlichkeit des Staates für den Schaden, der bei der Ausübung der öffentlichen Gewalt durch eine Entscheidung oder unrichtiges amtliches Vorgehen verursacht wurde und über die Änderung des Gesetzes des tschechischen Nationalrates Nr. 358/1992 Gbl., über die Notare und ihre Tätigkeit (Notarordnung)[100]

§ 1
(1) Stát odpovídá za podmínek stanovených tímto zákonem za škodu způsobenou při výkonu státní moci.

(2) Územní samosprávné celky odpovídají za podmínek stanovených tímto zákonem za škodu způsobenou při výkonu veřejné moci svěřené jim zákonem v rámci samostatné působnosti (dále jen „územní celky v samostatné působnosti").

(3) Stát a územní celky v samostatné působnosti hradí za podmínek stanovených tímto zákonem též vzniklou nemajetkovou újmu.

§ 1
(1) Der Staat ist unter den durch dieses Gesetz bestimmten Bedingungen für den bei der Ausübung der Staatsgewalt verursachten Schaden verantwortlich.

(2) Gebietsverwaltungseinheiten sind unter den durch dieses Gesetz bestimmten Bedingungen für den bei der Ausübung ihnen durch ein Gesetz anvertrauten öffentlichen Gewalt im Rahmen der Selbstverwaltungszuständigkeit verursachten Schaden verantwortlich (weiter nur „Gebietseinheiten in der Selbstverwaltungstätigkeit").

(3) Der Staat und die Gebietseinheiten in der Selbstverwaltungszuständigkeit ersetzen unter den durch dieses Gesetz bestimmten Bedingungen auch den entstandenen immateriellen Schaden.

---

99 Übersetzung der Verfasserin.
100 Übersetzung der Verfasserin.

§ 2
Odpovědnosti za škodu podle tohoto zákona se nelze zprostit.

§ 3
Stát odpovídá za škodu, kterou způsobily
a) státní orgány,
b) právnické a fyzické osoby při výkonu státní správy, která jim byla svěřena zákonem nebo na základě zákona, (dále jen „úřední osoby"),
c) orgány územních samosprávných celků, pokud ke škodě došlo při výkonu státní správy, který na ně byl přenesen zákonem nebo na základě zákona (dále jen „územní celky v přenesené působnosti").

§ 5
Stát odpovídá za podmínek stanovených tímto zákonem za škodu, která byla způsobena
a) rozhodnutím, jež bylo vydáno v občanském soudním řízení, ve správnímřízení, v řízení podle soudního řádu správního nebo v řízení trestním,
b) nesprávným úředním postupem.

§ 19
Územní celky v samostatné působnosti odpovídají za škodu, kterou způsobily při výkonu veřejné správy
a) nezákonným rzhodnutíom,
b) nesprávným úředním postupem.

§ 2
Von der Verantwortlichkeit für den Schaden aufgrund dieses Gesetzes ist es nicht möglich sich zu exkulpieren.

§ 3
Der Staat ist für den Schaden verantwortlich, den
a) Staatsorgane,
b) juristische und natürliche Personen bei der Ausübung der Staatsgewalt, die ihnen durch Gesetz oder aufgrund eines Gesetzes anvertraut wurde (weiter nur „Amtspersonen"),
c) Organe der Selbstverwaltungsgebietseinheiten soweit es zum Schaden bei der Ausübung der Staatsverwaltung kam, die an sie durch oder aufgrund eines Gesetzes übertragen wurde (weiter nur „Gebietseinheiten in übertragenen Zuständigkeit"),

verursacht haben.

§ 5
Der Staat ist unter den durch dieses Gesetz bestimmten Bedingungen für den Schaden verantwortlich, der durch
a) eine Entscheidung, die in einem Zivilprozess, einem Verwaltungsverfahren, einem Prozess nach der Verwaltungsgerichtsordnung oder einem Strafprozess,
b) unrichtiges amtliches Vorgehen

verursacht wurde.

§ 19
Gebietseinheiten in der Selbstverwaltungszuständigkeit sind für den Schaden verantwortlich, den sie bei der Ausübung der öffentlichen Verwaltung durch
a) gesetzeswidrige Entscheidung,
b) unrichtiges amtliches Vorgehen

verursacht haben.

§ 24 Türkei

Ece Göztepe

Inhaltsübersicht

A. Grundlagen

I. Einleitung

Die Republik Türkei ist laut Art. 2 *Anayasa* (Verfassung, abgekürzt: AY) ein demokratischer, laizistischer und sozialer Rechtsstaat. Diese Prinzipien gehören zu den unabänderlichen Vorschriften der Verfassung. Daher sind alle genannten Prinzipien im kumulativen Sinne aufzufassen und zu interpretieren. Die türkische Verfassung stammt aus dem Jahr 1982 und wurde nach dem Militärputsch am 12. September 1980 unter Aufsicht des Militärs in Zusammenarbeit mit einem zivilen Beratungsgremium verfasst. Auch wenn die Verfassung nach einer Volksabstimmung in Kraft getreten ist, ist ihre Legitimität noch heute strittig. Trotz dieser Legitimitätsproblematik knüpft sie an eine lange Verfassungstradition an, die bis auf die erste Verfassung von 1876 im Osmanischen Reich zurückgeht.

Die Haftung des Staates für rechtswidriges Handeln war in der Türkei bis 1927 nicht gewährleistet. Erst 1927, als der *Danıştay* (Staatsrat)[1] nach der Gründung der Republik Türkei im Jahre 1923 seine Arbeit wieder aufnahm, wurde es möglich, den Staat (i.e.S. die Verwaltung) für rechtswidriges Verhalten seiner Beamten verantwortlich zu machen. Angesichts der Tatsache, dass der Staatsrat für die Haftung des Staates eine „schwere Pflichtverletzung" voraussetzte, somit die Haftungsgrenzen sehr einschränkte und die Klagefristen zu kurz waren, machten die Geschädigten ihre Schadensersatzansprüche jedoch maßgeblich bei ordentlichen Gerichten geltend. Erst nach Inkrafttreten der Verfassung von 1961, die in Art. 114 Abs. 4 die Verwaltung verpflichtete, den aus ihrem Handeln und ihren Akten entstehenden Schaden zu ersetzen, konnte von einer tatsächlichen Kodifizierung des Rechtsstaates gesprochen werden.[2] Diese Regelung ist in der geltenden Verfassung in Art. 125 Abs. 7 mit gleichem Wortlaut übernommen worden.

Das türkische Verwaltungsrecht ist nicht in einem einzigen, sondern in mehreren Gesetzen kodifiziert. Auch die Haftung des Staates wurde zwar im *Danıştay Kanunu* (Gesetz über den Staatsrat, Nr. 2575, abgekürzt: DK), in der *İdari Yargılama Usulü Kanunu* (Verwaltungsgerichtsordnung, abgekürzt: İYUK), in der *Ceza Muhakemesi Kanunu* (Strafprozessordnung, abgekürzt: CMK) sowie der *Hukuk Muhakemeleri Kanunu* (Zivilprozessordnung, abgekürzt: HMK) verfahrensrechtlich bzw. rudimentär materiell-rechtlich geregelt, doch die Gestaltung des Inhalts bzw. der Voraussetzungen und Ausnahmen der Staatshhaftung wurde der Rechtsprechung überlassen. Auch wenn einzelne Gesetze zur Regelung der Staatshaftung existieren, sind die Grundsätze des Staatshaftungsrechts von der Rechtsprechung geprägt.

An dieser Stelle ist anzumerken, dass im türkischen Rechtssystem seit der Verfassungsänderung von 1971 eine zweigleisige Verwaltungsgerichtbarkeit existiert. Neben dem Staatsrat als letzter Prüfungsinstanz für Entscheidungen und Urteile, welche durch Verwaltungsgerichte gefällt und nicht durch Gesetz einer anderen Verwaltungsgerichtsinstanz überlassen werden (Art. 155 AY), existiert der *Askeri Yüksek İdare Mahkemesi* (Hoher Militärverwaltungsgerichtshof, abgekürzt: AYİM). Der AYİM ist gemäß Art. 157 AY

> *„das Gericht erster und letzter Instanz, das die Streitigkeiten wegen Verwaltungsakten und -handlungen welche Militärpersonen betreffen oder im Zusammenhang mit dem Militärdienst stehen, auch wenn sie von nichtmilitärischen Behörden erlassen wurden, gerichtlich überprüft. Bei Streitigkeiten, die sich aus der Militärdienstpflicht ergeben, bedarf es nicht der Eigenschaft des Betroffenen als Militärperson".*

Diese Zweigleisigkeit führt in der Praxis teilweise zu widersprüchlichen Entscheidungen den gleichen Sachverhalt betreffend, auch wenn sich die beiden Gerichtszweige in ihrer Rechtsprechung immer mehr gegenseitig beeinflussen.

II. Rechtsstaatliche Determinanten der Verfassungsordnung

Das Prinzip der Staatshaftung für durch Verschulden oder ohne Verschulden verursachte Schäden kann in erster Linie aus dem Rechtsstaatsprinzip hergeleitet werden, das in Art. 2 AY als unabänderlicher Grundsatz verankert ist. Dieses fordert rechtmäßiges Handeln des Staates und die Vermeidung von rechtswidrigen Handlungen.[3] Zudem gewährt dieses Prinzip allen unter

---

1 Die Ursprünge des Staatsrates gehen auf das im Jahre 1838 gegründete *Meclis-i Vala-yı Ahkam-ı Adliye* (Hohes Gericht) zurück, das sowohl für Strafverfahren gegen Beamte, als auch für Klagen gegen die Verwaltung zuständig war.

2 *Gözübüyük/Tan*, İdare Hukuku, Genel Esaslar, Cilt: 1, 7. bası 2010, S. 842f.

3 So auch der Staatsrat 10. Kammer, E. 1994/1682, E. 1995/4256; 6. Kammer, E. 1998/6933, E. 2000/409.

seiner Souveränität lebenden Personen Rechtssicherheit im Sinne der Achtung der Grundrechte und -freiheiten sowie die Rechtsweggarantie gegen Handeln des Staates.[4] Art. 10 Abs. 5 AY verpflichtet alle Staatsorgane und Verwaltungsbehörden gemäß dem Gleichheitsprinzip zu handeln, welches Grundlage eines Ausgleichs sozialen Risikos (Aufopferungsanspruch) ist. Zudem werden in Art. 11 Abs. 1 AY die Verfassungsvorschriften als rechtliche Grundregeln verankert, durch die die Organe der Gesetzgebung, der vollziehenden Gewalt und der Rechtsprechung, die Verwaltungsbehörden und übrigen Organisationen und Personen gebunden werden. Die vollziehende Gewalt muss im Einklang mit der Verfassung und den Gesetzen (Art. 8 AY), die rechtsprechende Gewalt im Einklang mit der Verfassung, den Gesetzen und dem Recht (Art. 138 AY) ausgeübt werden.

Die allgemeine Rechtsweggarantie ist in Art. 36 AY verankert und gewährt jedermann das Recht auf ein faires Verfahren sowie das Recht, unter Benutzung legaler Mittel als Kläger zu klagen bzw. sich als Beklagter zu verteidigen. In Art. 40 Abs. 3 AY wird der Schadensersatz für Schäden, die eine Person aufgrund einer von einem Amtsträger begangenen unerlaubten Handlung erlitten hat, im Rahmen der Gesetze gewährleistet. Das Recht des Staates zum Rückgriff[5] auf den verantwortlichen Bediensteten ist dabei vorbehalten.

Diese die Grundrechte und -freiheiten allgemein schützenden Garantien werden gegenüber der Staatsgewalt in Art. 125 AY weiter konkretisiert. Demgemäß steht gegen jede Art von Verwaltungshandeln der Rechtsweg offen (Abs. 1) und ist die Verwaltung verpflichtet, den aus ihrem Handeln entstehenden Schaden zu ersetzen (Abs. 7). Ergänzt wird die Staatshaftung durch Art. 129 Abs. 5 AY[6], wonach

> *„Klagen auf Ersatz von Schäden, die aufgrund von in Ausübung ihrer Kompetenzen begangenen schuldhaften Handlungen von Beamten und anderen Angehörigen des öffentlichen Dienstes entstanden sind, unter dem Vorbehalt, dass auf jene ein Rückgriff erfolgt und gemäß den durch das Gesetz bestimmten Formen und Verfahren, nur gegen die Verwaltung erhoben werden [können]“.*

Art. 19 Abs. 9 AY bezieht judikatives Unrecht in Strafsachen in die Staatshaftung mit ein und legt fest, dass der Schaden, den Personen durch die Behandlung außerhalb der in Art. 19 vorgesehenen Grundsätze an ihrer Freiheit und Sicherheit erlitten haben, nach den Grundsätzen des Schadensersatzrechts vom Staat ersetzt wird. Zusammenfassend kann festgestellt werden, dass die türkische Verfassungordnung hinsichtlich der Staatshaftung die in westlichen Demokratien üblichen rechtsstaatlichen Garantien beinhaltet und einen effektiven Rechtsschutz gewährleistet.

---

4 St. Rspr., AYMK (Entscheidung des Verfassungsgerichts) E. 1976/1, K. 1976/28 (25.5.1976); E. 1985/31, K. 1986/11 (27.3.1986); E. 1997/7, K. 1991/43 (12.11.1991); *Özbudun*, Türk Anayasa Hukuku, 11. baskı 2010, S. 123f.; *Tanör/Yüzbaşıoğlu*, Türk Anayasa Hukuku, 10. bası 2011, S. 105f.

5 Siehe für das Verfahren des Rückgriffsrechts *Akyılmaz*, in: Armağan, S. 1047ff.

6 Der Kassationshof, der Staatsrat sowie der Hohe Militärverwaltungsgerichtshof lehnten jedoch die Haftung der Richter wegen ihrer judikativen Tätigkeit ab, da die Unabhängigkeit der Richter die Anwendung von Art. 129 Abs. 5 AY in Verbindung mit Art. 40 Abs. 2 AY ausschließe, vgl. Große Zivilrechtskammer des Kassationshofes (Yargıtay HGK) E. 1990/4, K. 1991/1 (20.2.1991); 4. Zivilrechtskammer E. 2001/5383, K. 2001/9440 (15.10.2001); Staatsrat 10. Kammer E. 1995/4236, K. 1996/7540 (14.11.1996); AYİM 1. Kammer E. 1997/150, K. 1998/31 (13.1.1998); 1. Kammer E. 1999/34, K. 1999/771 (14.3.1999). Nach den unten erwähnten (→ A.III.) Gesetzesänderungen in der Zivil- und Strafprozessordnung ist zu erwarten, dass sich diese Rechtsprechung ändern wird.

III. Grundsätzliche Voraussetzungen einer Staatshaftung und historische Genese

Die Anfänge der Staatshaftung in Europa können bis zur Mitte des 19. Jahrhunderts zurückgeführt werden. So entwickelte z.B. Frankreich, das im Osmanischen Reich und auch später in der jungen Republik Türkei eine Vorbildfunktion einnahm, die außervertragliche Haftung des Staates in ihren ersten normativ-rechtlichen Grundzügen bereits im Jahre 1792.[7] Trotz der Vorbildfunktion Frankreichs wurde das Modell des Staatshaftungsrechts, das in erster Linie richterrechtlich fortentwickelt wurde, im Osmanischen Reich nicht rezipiert. Daher galt bis zum Inkrafttreten des Gesetzes über den Staatsrat im Jahre 1925, das jedoch erst ab 1927 Anwendung fand, das Prinzip der Nichthaftung des Staates in öffentlich-rechtlichen Rechtsverhältnissen. Dagegen hafteten die Beamten für ihr rechtwidriges Handeln während bzw. aufgrund der Ausübung ihres Amtes nach privatrechtlichen Normen (sog. Beamtenhaftung). Die Einschränkungen für deren strafrechtliche Verfolgung in Form einer Ermittlungserlaubnis der Verwaltung galten für die privatrechtlichen Schadensersatzansprüche nicht.

Bis 1965 wurde in der Türkei das Modell der kumulativen Haftung des Staates und des Beamten angewandt. Angesichts der rigiden Rechtsprechung des Staatsrates über die Haftungsvoraussetzungen des Staates wandten sich die Geschädigten jedoch hauptsächlich unmittelbar an die Beamten (→ A.I.). Das im Jahre 1965 in Kraft getretene *Devlet Memurları Kanunu* vom 14.7.1965 (Beamtengesetz Nr. 657, abgekürzt: DMK) sieht in §13 mit der Überschrift „Schäden von Dritten" nunmehr vor, dass Dritte, die durch die Ausübung eines öffentlich-rechtlichen Amtes einen Schaden erleiden, ihren Anspruch auf Schadensersatz nicht gegen die Beamten[8] selbst, sondern nur gegen den Staat geltend machen können (sog. Amtshaftung).[9] Wenn der Staat aufgrund einer Entscheidung des Europäischen Gerichtshofs für Menschenrechte (EGMR) wegen Folter, unmenschlicher oder erniedrigender Strafe oder Behandlung zum Schadensersatz verurteilt worden ist, gelten für den Rückgriff des Staates auf den Beamten die allgemeinen Regeln, d.h. der Anspruch wird in Form zivilrechtlicher Schuldverhältnisse geltend gemacht, sodass der Staat den Beamten nicht mit öffentlich-rechtlichen Zwangsmitteln zur Zahlung verpflichten kann.[10] Diese Regelung gilt auch bei persönlichem Verschulden des Beamten, soweit die Pflichtverletzung im Rahmen der Ausübung seiner Kompetenzen erfolgt ist. Die verwaltungsgerichtliche Schadensersatzklage richtet sich demgemäß an den Staat und nicht an den Beamten persönlich. Diese Regelung sollte für die Beamten die Gefahr einer Schadensersatzklage beseitigen und ihnen Arbeitsbedingungen verschaffen, die vor finanziellen Angriffen frei sind. Doch auch nach 1965 wurden bei ordentlichen Gerichten Schadensersatzklagen gegen Beamte erhoben.[11] Deshalb wurde 1982 in Art. 129 Abs. 5 AY die verfassungsrechtliche Garantie normiert, dass

---

7 *Herrmann*, Das französische Staatshaftungsrecht zwischen Tradition und Moderne: eine Untersuchung zum französischen Staatshaftungsrecht unter besonderer Berücksichtigung seiner Entwicklungsfaktoren, 2010, S. 30 f.; *Duran*, Türkiye İdaresinin Sorumluluğu, S. 2.

8 Im Gesetz wird das Wort „Personal" angewendet, wobei dieser Begriff in der Literatur in Verbindung mit Art. 128 Abs. 1 sowohl die Beamten, als auch andere Angehörige des öffentlichen Dienstes umfassend verstanden wird. vgl. *Pınar*, Devlet Memurları Kanunu Şerhi ve İlgili Mevzuat, 2001, S. 159. Art. 128 Abs. 1 lautet: „Die hauptamtlichen und dauernden Dienste, welche durch die öffentlichen Aufgaben erfordert werden, zu deren Erfüllung die öffentlichen Wirtschaftsunternehmen und anderen juristischen Personen des öffentlichen Rechts des Staates gemäß den allgemeinen Verwaltungsgrundsätzen verpflichtet sind, werden durch die Beamten und sonstigen Angehörigen des öffentlichen Dienstes versehen".

9 *Dönmez*, Açıklamalı ve İçtihatlı Devlet Memurları Kanunu, 2011, S. 109 ff.

10 *Gözler*, İdare Hukuku, Cilt II, 2. baskı 2009, S. 808; *Günday*, İdare Hukuku, 10. baskı 2011, S. 627; so auch der Staatsrat 5. Kammer, E. 1975/9257, K. 1979/1132 (8.5.1979); E. 1991/3198, E. 1995/695 (14.2.1992).

11 *Pınar*, Devlet Memurları Kanunu Şerhi (Fn. 8), S. 167 ff.

„Klagen auf Ersatz von Schäden, die aufgrund von in Ausübung ihrer Kompetenzen begangenen schuldhaften Handlungen von Beamten und anderen Angehörigen des öffentlichen Dienstes entstanden sind, unter dem Vorbehalt, dass auf jene ein Rückgriff erfolgt, und gemäß den durch das Gesetz bestimmten Formen und Verfahren, nur gegen die Verwaltung erhoben werden (können)“ (s.o.).

Diese Garantie hat nur eine Ausnahme in § 28 Abs. 4 der İYUK. Wenn rechtskräftige Gerichtsentscheidungen von den Beamten innerhalb von dreißig Tagen vorsätzlich nicht vollzogen werden, können die Geschädigten entweder gegenüber dem Staat oder gegenüber dem Beamten ihre Schadensersatzansprüche geltend machen. Diese Regelung zur kumulativen Haftung ist die einzige im türkischen Recht, nach der Beamte für ihre Dienstpflichtverletzung unmittelbar schadensersatzrechtlich belangt werden können.

Hinsichtlich der Staatshaftung für judikatives Unrecht gelten in der Zivil- und Strafprozessordnung jedoch eigenständige Regelungen.

Die ehemalige *Hukuk Usulü Muhakemeleri Kanunu* vom 18.6.1927 (Zivilprozessordnung Nr. 1086, abgekürzt: HUMK) ist am 1. Oktober 2011 durch HMK Nr. 6100 vom 12.1.2011 ersetzt worden. Das alte Gesetz ging in den §§ 573–576 noch davon aus, dass die Richter für die von ihnen verschuldeten Schäden persönlich haften müssen und der Staat nicht in Anspruch genommen werden könne. Dies wurde mit der Unabhängigkeit der Richter begründet, die nicht als Verwaltungsvertreter betrachtet werden könnten und somit in keinem hierarchischen Haftungsverhältnis zum Staat stünden. Daher müssten die Richter für die durch ihr Verschulden zustande gekommenen Schäden selbst haften.[12] Die Haftungsgründe der Richter wurden in sieben Punkten abschließend aufgezählt. Die Schadensersatzansprüche gegen die Richter wurden bei ordentlichen Gerichten geltend gemacht, obwohl der Schaden aufgrund einer judikativen Tätigkeit entstanden war.

Mit dem neuen Gesetz wird das verfassungsgerichtliche Prinzip der Staatshaftung mit Rückgriffsrecht gegen den Beamten in Art. 129 Abs. 5 AY auch auf die Judikative erweitert. Dadurch, dass die Richter nur noch im Rahmen des Rückgriffrechts persönlich haften, wurde ihnen ein sicherer Arbeitsrahmen als zuvor geschaffen. Bereits vor dem Inkrafttreten der HMK wurden mit einer Gesetzesänderung im *Hakimler ve Savcılar Kanunu* (Richter- und Staatsanwaltsgesetz Nr. 2802, abgekürzt: HSK) auch die Staatsanwälte dem oben beschriebenen Haftungsregime für judikatives Unrecht unterworfen (§ 93a).

Auch die §§ 141–144[13] CMK regeln im Einklang mit Art. 19 Abs. 9 AY (A.II.), dass beim Verstoß gegen die strafrechtlichen Garantien für Sicherungsmaßnahmen Schadensersatzansprüche gegen den Staat erhoben werden können. Der Anspruch umfasst sowohl Vermögens- (§ 141 Abs. 1), als auch Nichtvermögensschäden, die beim Schwurgericht am Wohnort des Geschädigten geltend gemacht werden (§ 142 Abs. 2). Klagen gegen das Justizministerium beim Staatsrat werden dagegen wegen sachlicher Unzuständigkeit abgelehnt.[14]

---

12 *Yayla*, İdare Hukuku, 2009, S. 349 f.; *Özgüldür*, Askeri Yüksek İdare Mahkemesi Kararları Işığında Tam Yargı Davaları, S. 145 f.

13 Früher wurde dies im separaten *Kanun dışı yakalanan veya tutuklanan kimselere tazminat verilmesi hakkında kanun* (Gesetz über den Schadensersatz für widerrechtlich festgehaltene oder inhaftierte Personen Nr. 466) vom 7.5.1964 geregelt, das jedoch am 1.6.2005 außer Kraft getreten ist. *Düzgün/Elmacı*, Haksız Yakalama, S. 91 ff.

14 Staatsrat 10. Kammer E. 1989/595, K. 1990/2350 (25.10.1990).

IV. Rechtsquellen des Staatshaftungsrechts

1. Verfassungsrecht

Das Rechtsstaatprinzip in Art. AY 2 dient der Rechtsprechung als grundsätzliche Stütze für die Begründung der Staatshaftung, wobei die türkische Verfassung von 1982 mehrere Normen für die Haftung des Staates für den aus seinem Handeln entstehenden Schaden beinhaltet (A.II.). Insbesondere das Modell der Amtshaftung, wonach in erster Linie der Staat haftet, also die Haftung des Beamten auf den Staat übergeht und nur in Form des Rückgriffrechts bestehen bleibt, ist das Grundprinzip der türkischen Verfassung. Die einzige Ausnahme dieses Verfassungsprinzips befindet sich in § 28 Abs. 4 İYUK, dessen Verfassungsmäßigkeit jedoch von der Literatur in Frage gestellt wird.[15]

2. Spezialgesetzliche Entschädigungsansprüche

Auch wenn die Haftung des Staates für judikatives Unrecht nicht unumstritten ist, werden gerichtliche Verfahrenshandlungen der Verwaltung zugerechnet. Somit haftet für durch solche Handlungen entstandene Schäden der Staat.[16] Die Schadensersatzansprüche und deren Voraussetzungen sind in unterschiedlichen Gesetzen verankert. So regelt z.B. § 5 *İcra ve İflas Kanunu* vom 9.6.1932 (Zwangsvollstreckungs- und Konkursgesetz Nr. 2004, abgekürzt: İİK), dass Schadensersatzansprüche wegen einer schuldhaften Amtspflichtsverletzung der Beamten des Zwangsvollstreckungs- und Konkursamtes bei ordentlichen Gerichten nur gegen den Staat (der Antragsgegner müsste das Justizministerium sein) geltend gemacht werden können.

Der Staat haftet gemäß § 1007 *Türk Medeni Kanunu* (Bürgerliches Gesetzbuch Nr. 4721, abgekürzt: TMK) auch ohne Verschulden für jegliche Schäden, die aus der Führung des Grundbuches entstanden sind. Zum einen bleibt das Rückgriffsrecht des Staates hier bestehen, zum anderen sind auch hier die ordentlichen Gerichte zuständig.[17] In privatrechtlichen Rechtsverhältnissen des Staates gelten für Haftungsansprüche die allgemeinen Regeln des TMK und des *Türk Borçlar Kanunu* (Obligationenrecht, abgekürzt: TBK).

Gemäß §§ 141–144 *Türk Ceza Kanunu* (Strafgesetzbuch Nr. 5271, abgekürzt: TCK) i.V.m. Art. 19 Abs. 9 AY haftet der Staat für rechtswidrige Festnahmen und Verhaftungen vor ordentlichen Gerichten. Zuständig ist das Schwurgericht am Wohnort des Klägers.

Die Schäden, die durch terroristische Aktivitäten oder durch Terrorbekämpfungsmaßnahmen entstanden sind, werden ebenfalls nach einem speziellen Entschädigungsgesetz ersetzt.[18] Obwohl dieses nur den Schadensersatz für materielle Schäden regelt, können dennoch immaterielle Schadensersatzansprüche vor Verwaltungsgerichten geltend gemacht werden.

---

15 *Akyılmaz*, Yargı Kararlarının Yerine Getirilmemesinden Doğan Sorumluluk, S. 468. In einem konkreten Normkontrollverfahren hat das Verfassungsgericht jedoch die Regelung des § 28 Abs. 4 İYUK für nicht verfassungswidrig erklärt, siehe AYMK E. 2012/22, K. 2012/133 (27.9.2012), veröffentlicht im Gesetzblatt vom 11.12.2012.

16 *Uyuşmazlık Mahkemesi* (Konfliktgerichtshof, abgekürzt: UM) E. 2006/101, K. 2006/114 (10.7.2006), RG: 7.10.2006.

17 Ebenfalls der Ansicht, dass es sich um eine Haftung ohne Verschulden handelt Yargıtay (Kassationshof) 4 HD, E. 1980/12544, K. 1981/518 (26.1.1981). *Oğuzman et. al.*, Eşya Hukuku, 12. baskı, İstanbul 2009, S. 131 f.

18 *Terör ve Terörle Mücadeleden Doğan Zararların Karşılanması Hakkında Kanun* vom 17.7.2004 (Gesetz Nr. 5233 zur Entschädigung von Schäden, die aufgrund des Terrors und der Terrorismusbekämpfung entstanden sind).

3. Richterrecht

Anders als im Zivilrecht existieren nur einige wenige gesetzliche Regelungen über öffentlichrechtliche Staatshaftungsgründe. Die Rechtsprechung hat daher die Grundzüge und Voraussetzungen teilweise in Anlehnung an das Zivilrecht (Verschulden als Tatbestand für die Haftung, Gefährdungshaftung etc.) richterrechtlich entwickelt. Zudem wurde die verschuldensunabhängige Haftung der Verwaltung wie die Risiko- und Lastengleichheitshaftung ohne gesetzliche Grundlage richterrechtlich festgelegt. Dabei ist besonders hervorzuheben, dass die Gerichte bei der Begründung dieser verschuldensunabhängigen Haftungsfälle in den meisten Urteilen auf die Kausalität als Grundvoraussetzung verzichten.

Die Rechtsprechung weist – anders als die Fachliteratur[19] – bei der Entwicklung bzw. Anwendung von Staatshaftungskriterien nicht unmittelbar auf völkerrechtliche Prinzipien bzw. Empfehlungen hin. Der bedeutendste völkerrechtliche Einfluss geht von der EMRK und der Rechtsprechung des EGMR aus. In den neuen Gesetzen wie der HMK oder der CMK werden die erwähnten völkerrechtlichen Quellen als unmittelbarer Rechtsgrund für Neuregelungen angegeben.

4. Schadensersatznormen des Obligationenrechts und weiterer Spezialgesetze

Wenn die öffentliche Gewalt im Rahmen privatrechtlicher Vertragsverhältnisse oder aufgrund eines dem Zivilrecht unterliegenden Deliktes der anderen Vertragspartei bzw. einem Dritten Schaden zufügt, werden die allgemeinen Schadensersatzregeln des Obligationenrechts oder die spezialgesetzlichen Regelungen (z.B. des öffentlichen Vergabegesetzes) angewandt (→ A.V.2.).[20]

V. Bereiche staatlicher Haftung

1. Vertragliches Handeln

Die Verwaltung kann neben dem Erlass einseitiger Willenserklärungen und Handlungen auch Verträge mit Personen abschließen, die entweder dem öffentlichen Recht oder dem Zivilrecht zugeordnet sind. Im türkischen Recht überwiegt der Erlass einseitiger Akte der Verwaltung gegenüber den Verwaltungsverträgen jeglicher Art, wobei neue Vertragsformen der Verwaltung Zugang in das türkische Rechtssystem finden. Es ist auch bemerkenswert, dass Verträge mit ähnlichem Inhalt im Vergleich zu Frankreich in manchen Fällen einem anderen Rechtsregime unterworfen werden. So gelten z.B. die Bauverträge der Verwaltung in Frankreich als Verwaltungsvertrag, während diese in der Türkei dem Zivilrecht zugeordnet werden.

a) Öffentlich-rechtlich

Die Verwaltung kann für die Leistung allgemeiner öffentlicher Dienste Verträge mit Privatpersonen bzw. juristischen Personen oder mit anderen juristischen Personen des öffentlichen Rechts abschließen. Wenn mindestens ein Vertragspartner eine juristische Person des öffentlichen Rechts ist, die Vertragsbedingungen der Verwaltung öffentlich-rechtliche Hoheitsbefugnisse gewähren, der Vertrag die Ausübung eines öffentlichen Dienstes betrifft und nach verwaltungsrechtlichen Regelungen abgeschlossen wird, geht es um Verwaltungsverträge, die der Verwal-

19 Vgl. z.B. *Gözübüyük/Tan*, İdare Hukuku (Fn. 2), S. 913 mit Hinweis auf die Recommendation (84)15E vom 18. September 1984 des Ministerkommitees des Europarates über das Staatshaftungsrecht in den Mitgliedstaaten.

20 In diesem Fall sind die ordentlichen Gerichte zuständig. Siehe für eine umfangreiche Bearbeitung des Entschädigungsrechts nach Zivilrecht mit einschlägiger Rechtsprechung *Kılıçoğlu* (2010).

tungsgerichtsbarkeit unterliegen.[21] Im türkischen Recht werden nur wenige Verträge in den entsprechenden Gesetzen als öffentlich-rechtlich eingeordnet, sodass der rechtliche Rahmen (Klassifizierung und Rechtsregime) der Verwaltungsverträge hauptsächlich durch Richterrecht entwickelt wurde. Die begrenzte Diversität der Verwaltungsverträge im türkischen Recht wird darauf zurückgeführt, dass der Staatsrat die Konzessionsverträge und Verträge, die öffentliche Dienstleistungen betreffen, sehr restriktiv interpretiert und die Erledigung von öffentlichen Dienstleistungen durch neue Vertragsformen erheblich einschränkt.[22]

Wenn in einem öffentlich-rechtlichen Vertragsverhältnis eine Vertragspartei durch das Verschulden der Verwaltung oder die einseitige Änderung von Vertragsbedingungen bzw. die Aufhebung des Vertrages durch die Verwaltung oder durch anderweitige mittelbare Maßnahmen der Verwaltung Schaden erleidet, können nach allgemeinen Regeln des Verwaltungsrechts Schadensersatzansprüche geltend gemacht werden. Hingegen kann sich die andere Vertragspartei, wenn die Verwaltung ihre vertraglichen Pflichten nicht erfüllt, nicht auf die Einrede des nicht erfüllten Vertrages (*exceptio non adempleti contractus*) berufen, da in diesem Falle das Prinzip der Dauerhaftigkeit des öffentlichen Dienstes überwiegt.[23]

Für die Durchsetzung von Ansprüchen aus einem öffentlich-rechtlichen Vertrag sind in der Regel die Verwaltungsgerichte zuständig [vgl. § 2 Abs. 1c) İYUK sowie § 5 Abs. 1c) *Bölge İdare Mahkemeleri, İdare Mahkemeleri ve Vergi Mahkemelerinin Kuruluşu ve Görevleri Hakkında Kanun* (Gesetz über die Gründung und Aufgaben von Gebietsverwaltungsgerichten, Verwaltungsgerichten und Steuergerichten, abgekürzt: BİMK)] wobei der Gesetzgeber solche Verträge seit 1999 gemäß Art. 47 Abs. 4 AY auch dem Zivilrecht und somit den ordentlichen Gerichten zuordnen kann.

b) Privatrechtlich

Bei privatrechtlichen Verträgen der Verwaltung gelten die Prinzipien der Gleichheit der Parteien sowie der Vertragsfreiheit. Die Verwaltung unterliegt zivilrechtlichen Haftungsregelungen und die Parteien machen ihre Rechtsansprüche bei ordentlichen Gerichten geltend. Im türkischen Recht werden die Vergabeverträge, die sog. Abonnementverträge,[24] Miet-,[25] Verkaufs-,[26] Vertragshandels-,[27] Kredit-[28] sowie Dienstleistungsverträge[29] als privatrechtliche Verträge der Verwaltung behandelt. Das *Devlet İhale Kanunu* (staatliches Vergabegesetz Nr. 2886, abgekürzt: DİK) und das *Kamu İhale Kanunu* (öffentliches Vergabegesetz Nr. 4734, abgekürzt: KİK) sind die wichtigsten Rechtsquellen solcher Verträge. Auch wenn das DİK kein eindeutiges Rechtsregime für das Handeln der Verwaltung in Bezug auf den Kauf und Verkauf von Gütern sowie Dienst-

21 So auch die Definiton des UM E. 1999/47, K. 2000/11 (12.6.2000); Staatsrat E. 1999/2852, K. 1999/7533 (13.12. 1998).
22 *Gözübüyük/Tan*, İdare Hukuku (Fn. 2), S. 554.
23 *Gözler*, İdare Hukuku (Fn. 10), S. 157 ff. Die Dauerhaftigkeit gehört neben der Regelmäßigkeit der vom Staat geleisteten öffentlichen Dienste zu den allgemeinen Prinzipien des Verwaltungsrechts. Demnach muss der Staat die von ihm geleisteten Dienste ununterbrochen und regelmäßig leisten. Diese Prinzipien stehen in engem Zusammenhang mit dem allgemeinen Gleichheitsprinzip in Bezug auf die räumliche Gewährleistung der öffentlichen Dienste. Vgl. auch AYMK E. 1994/43, K. 1994/42-2 (9.12.1994).
24 Zivilrechtliche Verträge zwischen den Konsumenten von industriellen oder wirtschaftlichen öffentlichen Diensten und der Verwaltung werden als Abonnementverträge bezeichnet. Die Dienstleistungsverträge über Strom-, Wasser- und Gasversorgung sind typische Abonnementverträge im türkischen Recht.
25 UM E. 2001/62, K. 2001/73 (Amtsblatt vom 17.1.2002).
26 UM E. 2000/49, K. 2000/61 (Amtsblatt vom 4.4.2001).
27 Staatsrat 12. Kammer E. 1979/183, K. 1979/2366 (5.6.1979).
28 Staatsrat 8. Kammer E. 1996/3000, K. 1998/2346 (24.6.1998).
29 Staatsrat 10. Kammer E. 1997/1269, K. 1998/1004 (4.3.1998).

leistungen, den Abschluss von Bauverträgen oder die Eintragung von dinglichen Rechten auf öffentlich-rechtlichem Besitz vorsah, wurden in der Rechtsprechung solche Verträge dem Zivilrecht zugeordnet. Nach dem Inkrafttreten des KİK im Jahre 2002 existieren nun zwei Vergabegesetze nebeneinander. Das neue Gesetz umfasst ausschließlich den Kauf und Verkauf von Gütern und Dienstleistungen und regelt die Bauverträge. Im Ausführungsgesetz werden die zivilrechtliche Rechtsgrundlage sowie die Rechtsgleichheit der Vertragsparteien ausdrücklich erwähnt und bei Lücken im Gesetz auf das Obligationenrecht verwiesen.[30] Dennoch ist die Verwaltung bis zum Abschluss solcher dem Zivilrecht untergeordneten Verträge den öffentlich-rechtlichen Prinzipien und Verfahren unterworfen. Daher werden jegliche vorvertragliche Pflichtverletzungen, Regelwidrigkeiten und Ansprüche gegen die Verwaltung bei Verwaltungsgerichten geltend gemacht.[31]

Die sog. Abonnementverträge sollten gesondert erwähnt werden. Auch sie sind privatrechtlich, wobei die Verwaltung das Abschließen eines solchen Vertrages nicht ablehnen kann, soweit die Antragsteller die allgemeinen Voraussetzungen zum Abschluss eines Vertrages erfüllt haben. Wenn die Verwaltung sich weigert einen Abonnementvertrag abzuschließen, können die Antragsteller ihre Leistungs- und Schadensersatzansprüche sowohl nach öffentlichem als auch nach Zivilrecht geltend machen (§§ 41 Abs. 2 und 43 Abs. 1 TBK; § 2 TMK).[32] Bei diesen Verträgen beeinflussen die Hoheitsbefugnisse der Verwaltung die sie betreffenden Haftungsvoraussetzungen. So werden Leistungsklagen und Rechtsansprüche gegenüber der Verwaltung bei Verwaltungsgerichten geltend gemacht. Die Rechtsansprüche können den Ausbau der Infrastruktur für die Gewährleistung der vertraglich vereinbarten Dienstleistung, das Festlegen von Abonnementvoraussetzungen oder die Änderung weiterer von der Verwaltung einseitig festgelegter Vertragsklauseln umfassen.[33] Gemäß der Rechtsprechung des Verfassungsgerichts können das Rechtsregime und die Haftungsvoraussetzungen aus solchen Verträgen nicht gesetzlich oder nach Ermessen der Vertragsparteien festgelegt werden, sondern werden aus den Verträgen selbst, d.h. nach ihrem Inhalt bestimmt.[34] Im Gegenzug zu dieser restriktiven verfassungsgerichtlichen Rechtsprechung wurde Art. 47 AY mit einem verfassungsändernden Gesetz vom 13.8.1999 ein vierter Absatz hinzugefügt und dem Gesetzgeber die Regelungsbefugnis über das Rechtsregime von Verträgen der Verwaltung eindeutig zugeschrieben:

> *„Welche Investitionen und Dienstleistungen öffentlicher Wirtschaftsunternehmen und sonstiger Personen des öffentlichen Rechts aufgrund privatrechtlicher Verträge an natürliche oder juristische Personen übertragen werden können, wird durch Gesetz bestimmt“.*

Wenn die Verwaltung nicht als Vertragspartei, sondern in ihrer Funktion als allgemeine Verwaltung gewisse Maßnahmen trifft und dadurch die andere Vertragspartei Schaden erleidet, haftet die Verwaltung für den zustande gekommenen Schaden. Diese an die französische *fait du prince-*

30 § 4 und § 36 *Kamu İhale* Sözleşmeleri *Kanunu* Nr. 4735 (Das Gesetz über öffentliche Vergabeverträge).

31 Yargıtay 15. Rechtskammer E. 2001/2801, K. 2001/4934 (1.11.2011); UM (Rechtskammer) E. 1997/4, K. 1997/3 (3.2. 1997); Staatsrat 10. Kammer E. 2003/2683, K. 2005/1981 (20.4.2005).

32 So *Oğuzman/Öz*, Borçlar Hukuku, 4. baskı 2005, S. 144 vd.; Yargıtay 13. Kammer E. 2002/2584, K. 2002/ 4338 (18.4.2002); Staatsrat 10. Kammer E. 1996/3874, K. 1992/2144 (29.4.1999).

33 So die Rspr. des UM E. 1989/9, K. 1989/10 (29.5.1989); Staatsrat 10. Kammer E. 1998/2595, K. 1998/4026 (3.12. 1998).

34 Das hieße, dass die Gerichte nach der Rechtsnatur des Konflikts die anzuwendenden Normen bestimmen müssten. Somit wird das anzuwendende Recht dem Ermessen des Gesetzgebers entzogen und dem Richterrecht überlassen. Letztendlich hätte der Konfliktgerichtshof als Letztinstanz über das Rechtsregime zu entscheiden. Siehe AYMK E. 1988/5, K. 1988/55 (22.12.1988); E. 1994/43, K. 1994/42-2 (9.12.1994); E. 1994/71, K. 1995/23 (28.6.1995). Zur Kritik dieser Rspr. *Gözler*, İdare Hukuku (Fn. 10), S. 15 ff.

Theorie angelehnte Haftungsbegründung hat zwar in der Rechtsprechung keine eindeutige Akzeptanz gefunden, wird aber in der Literatur allgemein anerkannt. Dabei ist zu beachten, dass nicht allgemein das Handeln der Verwaltung oder der Legislative als solche, sondern nur das Handeln der Verwaltung als Vertragspartei den Haftungsgrund darstellt.[35]

2. Außervertragliches Handeln (Delikt)

Der Staat haftet nicht nur für sein Handeln im Rahmen vertraglicher Rechtsverhältnisse, sondern auch für Schäden, die aufgrund des außervertraglichen Verschuldens der Beamten entstanden sind. In eng auszulegenden Ausnahmefällen wird der Staat auch verpflichtet, verschuldensunabhängig zustande gekommene Schäden zu ersetzen (siehe für Weiteres unten B.V. und VI.2.a) und b).

Die zivilrechtliche Haftung der Verwaltung ist größtenteils vertraglicher Natur. Doch auch bei manchen außervertraglichen Rechtsverhältnissen unterliegen die Schadensersatzansprüche dem Obligationenrecht. Schäden infolge von Handlungen

- öffentlicher Wirtschaftsunternehmen, die industrielle und kommerzielle öffentliche Dienste anbieten,[36]
- der Verwaltung beim Betrieb des zivilrechtlichen Eigentums,
- der Verwaltung, die rechtswidrig und ohne rechtliche Grundlage in das Eigentumsrecht von natürlichen oder juristischen Personen eingreifen

unterliegen zivilrechtlichen Regelungen, die bei ordentlichen Gerichten geltend gemacht werden.[37] Im letztgenannten Fall handelt es sich um einen enteignungsgleichen Eingriff als rechtswidrige Störung ohne Enteignung (*kamulaştırmasız el atma*), der dem Staatshaftungsrecht zugerechnet wird.[38]

B. Haftungsbegründung

I. Relevantes Verhalten im Rahmen der Amtshaftung

Gemäß Art. 129 Abs. 5 AY haftet der Staat für Schäden, die von seinen Beamten und anderen Angehörigen des öffentlichen Dienstes während der Ausübung ihres öffentlichen Amtes schuldhaft verursacht wurden, wobei auch für kompetenzüberschreitendes Handeln gehaftet wird. Die Schadensersatzansprüche sind ausschließlich an die Verwaltung zu richten (Ausnahme ist § 28 Abs. 4 İYUK), die über ein Rückgriffsrecht gegen den jeweiligen Beamten verfügt. Im türkischen Recht wird im Allgemeinen angenommen, dass das Dienstverschulden eine individuelle Klage gegen den Beamten bei ordentlichen Gerichten ausschließt und nur der Staat für dessen Amtshandeln gegenüber Dritten zur Verantwortung gezogen werden kann.[39]

---

35 Gözübüyük/*Tan*, İdare Hukuku (Fn. 2), S. 628; *Gözler*, İdare Hukuku (Fn. 10), S. 179 f.
36 UM E. 2000/25, K. 2000/27 (12.6.2001).
37 *Gözler*, İdare Hukuku (Fn. 10), S. 1027 ff.
38 *Gözübüyük/Tan*, İdare Hukuku (Fn. 2), S. 1165 f.; *Gözler*, İdare Hukuku (Fn. 10), S. 991 f.; so auch st. Rspr. des UM E. 1969/184, K. 1970/326 (12.12.1970); E. 1997/13, K. 1997/12 (24.3.1997).
39 UM E. 1998/63, K. 1999/1 (22.2.1999) (Amtblatt vom 23.3.1999).

1. Dienstliches Handeln

Aufgrund der oben erwähnten Grundsätze muss klargestellt werden, wer als Beamter oder Angehöriger des öffentlichen Dienstes gilt und ob darüber hinaus weitere Personen entsprechend behandelt werden. In der türkischen Verfassung wird der Begriff des Beamten nicht definiert. Im DMK werden in § 4a) lediglich die Voraussetzungen für die allgemeinen öffentlichen Dienste und die Eigenschaften der mit solchen Aufgaben beaufragten Personen aufgezählt. Die in der Verfassung als „übrige Angehörige des öffentlichen Dienstes" gekennzeichnete Personengruppe wird außerdem von mehreren speziellen Gesetzen erfasst. Aufgrund dieser Vielfalt kann festgehalten werden, dass das Haftungssubjekt in erster Linie nach dem gesetzlichen Dienstverhältnis mit dem Staat einzelfallbezogen ermittelt werden muss.

Wie in den meisten Rechtssystemen sind nicht alle für die Verwaltung arbeitenden Personen Beamte bzw. Angehörige des öffentlichen Dienstes. Die Haftung der Verwaltung für das Verschulden der Arbeitnehmer in einem privatrechtlichen Arbeitsverhältnis ist in der türkischen Literatur zwar nicht eindeutig geklärt, nach den allgemeinen Regeln der Staatshaftung müsste das Verschulden des Arbeitnehmers jedoch der Verwaltung zugeschrieben werden, da es für den Geschädigten irrelevant ist, in welchem Rechtsverhältnis die unter der Aufsicht der Verwaltung arbeitende Person zu dem öffentlichen Arbeitgeber steht.[40] Aufgrund der Tatsache, dass die Verwaltung auch für durch freiwillige Verwaltungshelfer und vorläufig Verpflichtete verursachte Schäden haftet,[41] scheint diese Schlussfolgerung den allgemeinen Haftungsprinzipien nicht zu widersprechen.

Der Schaden muss einen Funktionszusammenhang zum Dienst des Beamten aufweisen, damit von einem Dienstverschulden gesprochen werden kann. Der *Uyuşmazlık Mahkemesi* (Konfliktgerichtshof, abgekürzt: UM) sieht diesen Zusammenhang als gegeben, wenn das Verschulden von den Kompetenzen und dem dienstlichen Titel des Beamten nicht zu trennen ist.[42] Dabei werden Straftaten,[43] das Unterlassen des Vollzugs von Gerichtsurteilen[44] sowie böswilliges Handeln der Beamten[45] als persönliches Verschulden eingestuft. Wenn jedoch das persönliche Verschulden trotz *ultra-vires* Handelns des Beamten einen sachlichen Zusammenhang mit der Ausübung des öffentlichen Amtes aufweist, also nicht von einem rein persönlichen Verschulden[46] augegangen werden kann, spricht man von der *Fusion* (Gesamtschuldnerschaft) von Haftungssubjekten. Somit können die Geschädigten ihre Ansprüche entweder direkt an den Beamten oder an die Verwaltung richten. Im Falle der Folter, des Nichtvollzugs von Gerichtsurteilen, des Verprügelns eines Schülers oder der Misshandlung eines den Militärdienst leistenden Soldaten hat neben dem persönlichen Verschulden des Beamten auch die Verwaltung die Verantwortung dafür zu tragen, dass sie ihre Aufsichtspflicht über die Amtsträger nicht ausreichend erfüllt, solches Handeln vielleicht sogar strukturell begünstigt hat.[47] Sofern also das Handeln der Beamten im Rahmen bzw. im Zusammenhang mit ihren Kompetenzen erfolgt ist, gilt das allgemeine Haf-

---

40 In einem Fall nahm der Staatsrat ein dienstliches Verschulden der Verwaltung wegen Verletzung ihrer Aufsichtspflicht an, als ein Arbeitnehmer einen anderen Mitarbeiter der Verwaltung bei der Arbeit tötete, Staatsrat 10. Kammer E. 1994/5217, K. 1994/5199 (26.10.1994).

41 *Gözler*, İdare Hukuku (Fn. 10), S. 640.

42 UM E. 1997/16, K. 1997/15 (14.4.1997). So auch der Yargıtay 4. Zivilrechtskammer E. 1992/8696, K. 1993/10619 (16.9.1993).

43 Wie die Folter, UM E. 1997/15, K. 1997/14 (24.3.1997).

44 Gemäß İYUK § 28/4 können Klagen auf Schadensersatz sowohl gegen die Verwaltung, als auch gegen den Beamten erhoben werden. Yargıtay 4. Zivilrechtskammer E. 1995/1600, K. 1995/2397 (21.3.1995).

45 Staatsrat 12. Kammer E. 1969/2245, K. 1971/2418 (28.10.1971).

46 *Gözler*, İdare Hukuku (Fn. 10), S. 1148 Fn. 622.

47 Vgl. für die st. Rspr. Staatsrat 10. Kammer E. 1996/2383, K. 1997/4163 (6.11.1997); E. 1996/4313, K. 1996/3477 (11.6.1996); Yargıtay 4. ZRK E. 1986/4898, K. 1986/7786 (17.11.1986); AYİM E. 1993/160, K. 1994/1109 (13.4.1994).

tungsprinzip der Verwaltung. Bei rein dienstlichem Handeln können sich die Geschädigten hingegen nur an die Verwaltung wenden (mit Ausnahme vom Nichtvollzug von Gerichtsurteilen, § 28 Abs. 4 İYUK). Wenn den Beamten persönliches Verschulden trifft, sein Handeln aber im Zusammenhang mit dem ihm übertragenen Amt steht, können die Geschädigten entweder gegen die Verwaltung oder den Beamten selbst (bei ordentlichen Gerichten) auf Schadensersatz klagen.

2. Legislatives Handeln

Die Frage, ob und nach welchen Kriterien der Staat wegen seiner legislativen Tätigkeit haftet, ist in der türkischen Literatur kaum diskutiert worden.[48] Das Souveränitätsverständnis des 19. Jahrhunderts erlaubte es nicht, dem Vertreter des Souveräns Fehler zuzugestehen. Auch die Rechtsprechung verneinte die Staatshaftung für legislatives Unrecht, wobei sowohl der Staatsrat,[49] als auch der AYİM[50] in ihren Begründungen nur die organische Trennung zwischen der Legislative und der Verwaltung bestätigten und sich lediglich für die Überprüfung von Akten und Handlungen der Verwaltung zuständig erklärten. In dieser Hinsicht haben beide Gerichte zum materiellrechtlichen Problem eigentlich keine Stellung genommen. In einem Urteil vom 20.2.1973 hat der Staatsrat prinzipiell festgestellt, dass der Gesetzgeber allgemeine und dem Gleichheitsprinzip entsprechende Gesetze erlassen sollte. Wenn der Gesetzgeber für die unmittelbar voraussehbaren Schäden von Personen keine konkreten Schadensersatzregelungen vorsieht, könne das jedoch nicht bedeuten, dass diese ohne Weiteres entsprechende Schäden auf sich nehmen müssten.[51] Auch wenn dieses Urteil als die Bejahung der Haftung des Staates für legislatives Unrecht bezeichnet wurde,[52] ist die Frage weder in der Literatur noch in der Rechtsprechung einhellig erörtert worden.[53]

In einer Entscheidung des Staatsrates neueren Datums in Bezug auf eine Entscheidung des Verfassungsgerichts scheint es jedoch zu einer Wende gekommen zu sein. Eine Gesetzesänderung (Nr. 4672) im *Bankalar Kanunu* (Bankengesetz Nr. 4389) sah vor, dass die Amtszeit aller Mitglieder des *Bankacılık Düzenleme ve Denetleme Kurulu* (Rat für die Regulierung und Aufsicht von Banken, abk. BDDK), abgesehen von dem Vorsitzenden, mit Inkrafttreten des genannten Gesetzes beendet werde und die alten Mitglieder bis zur Neuwahl der neuen Mitglieder innerhalb von zwei Wochen ihr Amt weiterführen müssten. Allerdings war die Amtszeit der Mitglieder gesetzlich auf sechs Jahre festgelegt und keiner der gesetzlich bestimmten Beendigungsgründe lag vor. Daraufhin erhob eines der betroffenen Ratsmitglieder Anfechtungsklage gegen die Ausführung des Verwaltungsaktes und beantragte gleichzeitig Schadensersatz und Schmerzensgeld beim Verwaltungsgericht. Das Verwaltungsgericht legte die dem Verwaltungsakt zugrunde lie-

---

48 Die meisten Autoren gehen von der Haftungsunfähigkeit aus und meinen, dass es einige Ausnahmesituationen geben könnte. Auf eventuelle Haftungsvoraussetzungen und Verfahrensregeln gehen sie jedoch nicht ein. Vgl. *Onar*, İdare Hukukunun Umumi Esasları, III. Cilt, 3. baskı 1966, S. 1726; *Yayla*, İdare Hukuku (Fn. 12), S. 348; *Sarıca* vertritt die Meinung, dass beim Schweigen des Gesetzes über die Staatshaftung der Legislative nach dem Gleichheitsprinzip Schadensersatz geleistet werden müsste. *Sarıca*, İdari Kaza, 1949, S. 138–25. *Başgil* argumentiert dagegen, dass das Schweigen des Gesetzes nicht zu einer Haftung der Legislative führen dürfe. *Başgil*, Devletin ve Diğer Amme Hükmi Şahıslarının Mesuliyeti Meselesi, Adliye Ceridesi, 1940, S. 582.

49 Staatsrat 12. Kammer E. 1965/3669, K. 1966/547 (23.2.1966).

50 AYİM 1. Zivilkammer E. 1994/149, K. 1994/1490 (20.12.1994).

51 Staatsrat 12. Kammer E. 1971/3770, K. 1973/445 (20.2.1973).

52 *Duran*, Türkiye İdaresinin Sorumluluğu, S. XI.

53 *Yayla*, İdare Hukuku (Fn. 12), S. 348 f.; *Gözler*, İdare Hukuku (Fn. 10), S. 1040 f.; *Gözübüyük/Tan*, İdare Hukuku (Fn. 2), S. 906 f.; *Yıldırım*, İdari Yargı, 2. baskı 2009, S. 309 ff. *Çağlayan* begnügt sich mit der Feststellung, dass die Haftung der Legislative nur als verschuldensunabhängige Haftung ausgestaltet werden könne. *Çağlayan*, Tarihsel, Teorik ve Pratik Yönleriyle İdarenin Kusursuz Sorumluluğu, S. 511.

gende Gesetzesregelung im konkreten Normkontrollverfahren dem Verfassungsgericht vor. Dieses entschied, dass die Gesetze in einem Rechtsstaat allgemein, abstrakt und objektiv sein und den Gesetzesunterworfenen Rechtssicherheit gewähren müssen. Die angefochtene Regelung jedoch hätte ohne eine Änderung im Rechtsstatus der Ratsmitglieder dem Prinzip der Rechtssicherheit widersprechend ihren Status einfachgesetzlich geändert und somit die materiellrechtlichen Voraussetzungen eines Gesetzes nicht erfüllt. Da die Ratsmitglieder keine Klagemöglichkeit gegen dieses Gesetz hätten, verletze die angefochtene Regelung auch die Rechtsschutzgarantie gemäß Art. 36 AY[54] und sei daher verfassungswidrig. In der Entscheidung des Verfassungsgerichts wird somit deutlich, dass der Rechtsweg gegen gesetzliche Regelungen nun als ein Grundsatz des Rechtsstaates und der Freiheit der Rechtssuche betrachtet wird. Jedoch wird auf die Frage, welche Haftungsmöglichkeiten es gibt, wenn das Gesetz keine Aussage trifft, in der Entscheidung nicht eingegangen. Aufgrund der Entscheidung des Verfassungsgerichts erhoben manche Ratsmitglieder beim Verwaltungsgericht Schadensersatzklage, woraufhin die Große Kammer des Staatsrates (*İdari Dava Daireleri Kurulu*) die Verwaltung verpflichtete, den entstandenen Schaden nach den Prinzipien der verschuldensabhängigen Haftung zu ersetzen.[55] Argumentativ ist die Entscheidung des Staatsrates zu beanstanden, da an deren Anfang prinzipiell die Haftungsunfähigkeit der Legislative deklariert und nur in Ausnahmefällen für möglich gehalten wird. Mit dem aus Frankreich stammenden Beispiel (aus dem Jahr 1938) wird auf eine verschuldensunabhängige Haftung hingewiesen. Im Tenor der Entscheidung wird dieses Argument jedoch in keiner Weise wieder aufgegriffen. Die Haftung wurde mit dem Verschulden der Verwaltung begründet, obwohl diese lediglich die noch gültige Gesetzesnorm ausgeführt hatte, ohne dass ihr Verschulden vorzuwerfen wäre. Falls das Verschulden dem legislativen Handeln zugeschrieben werden sollte, müsste auch der Fiskus als Antragsgegner deutlich erwähnt werden. Trotz des vagen Argumentationsstranges deutet diese aktuelle Rechtsprechung darauf hin, dass die Grundsätze des Staatshaftungsrechts erweitert werden.

3. Judikatives Handeln

Für die Haftung wegen judikativen Unrechts gilt im Allgemeinen, dass der Staat nicht haftet, soweit gesetzlich nichts anderes vorgesehen ist. Dies wird damit begründet, dass anderenfalls die Unabhängigkeit der Richter gefährdet würde. Zudem wird auf die organische Trennung zwischen der Verwaltung und der Judikative hingewiesen, mit der Folge, dass die Verwaltungsgerichte sachlich unzuständig sind.[56]

Bis zu den oben erwähnten (→ A.III.) Gesetzesänderungen konnte judikatives Unrecht nach herrschender Meinung überhaupt nicht dem Staat zugerechnet werden sodass die entstandenen Schäden von den Richtern persönlich getragen werden mussten. Abgesehen von den erwähnten gesetzlichen Regelungen, die die Haftungsgründe für judikatives Unrecht *numerus clausus* aufzählen, wird die Judikative von der Staatshaftung ausgenommen. Die Rechtsordnung sah zudem traditionell keinen Schutz für Bürger bei Verstößen gegen Art. 6 EMRK durch zu lange Verfahrensdauer vor.[57]

54 AYMK E. 2003/112, K. 2006/49 (6.4.2006).
55 Staatsrat İDDK (Große Kammer), E. 2009/901, K. 2010/93 (29.4.2010).
56 Vgl. Große Kammer des Staatsrates (Danıştay Dava Daireleri Genel Kurulu) E. 1974/208, K. 1975/897 (26.12.1976); Staatsrat E. 1995/4236, K. 1996/7540 (14.11.1996). So auch UM E. 1984/278, K. 1984/286 (21.11.1984); E. 2001/63, K. 2001/1161 (30.10.2001); Große Zivilrechtskammer des Yargıtay E. 1990/4, K. 1991/1 (20.2.1991).
57 Zur Kritik siehe *Umar*, Hukuk Muhakemeleri Usulü Şerhi, 2011, S. 171. S. aber jetzt das Gesetz Nr. 6384 v. 9.1.2013, dazu bei Fn. 60.

II. Relevante Normverstöße

1. Amtshaftung

a) Amtspflicht

Laut Art. 11 AY sind die Verfassungsvorschriften für die Organe der Gesetzgebung, der vollziehenden Gewalt, der Rechtsprechung, die Verwaltungsbehörden und übrigen Organisationen und Personen bindend. Demgemäß ist auch die Verwaltung in erster Linie an das Rechtsstaatsprinzip (Art. 2 AY) gebunden. Art. 129 Abs. 1 AY verpflichtet die Beamten und übrigen Angehörigen des öffentlichen Dienstes zudem, ihre Tätigkeiten in Treue gegenüber der Verfassung, die ihren einfachgesetzlichen Niederschlag in § 6 des Beamtengesetzes gefunden hat, auszuüben. Auch die Entschädigungsgarantien in Art. 40, 125 Abs. 7 und 129 Abs. 5 AY können in diesem Zusammenhang als mittelbare Treuepflicht betrachtet werden.

Obwohl der Wortlaut der Verfassung die Amtspflicht auf Amtswalter in einem öffentlich-rechtlichen Dienstverhältnis beschränkt, haftet die Verwaltung auch für Schäden, die durch freiwillige Verwaltungshelfer oder vorläufig Verpflichtete verursacht worden sind. Die Ausübung der übertragenen Kompetenzen wird insofern weit ausgelegt, als dass auch *ultra-vires*-Handlungen haftungsbegründend wirken.

b) Drittschützende Norm

Die Grundvoraussetzung einer Schadensersatzklage ist die Verletzung eines subjektiven Rechts, also einer Rechtsnorm, aus der Einzelne individuelle Rechte ableiten können. § 2 Abs. 1 b) İYUK setzt für die Parteifähigkeit „die unmittelbare Verletzung persönlicher Rechte" infolge eines Verwaltungshandelns oder -aktes voraus. Anders als bei Anfechtungsklagen reicht es für die Parteifähigkeit also nicht aus, dass ein Interesse des Klägers gefährdet bzw. verletzt wurde. Das bedeutet für den Haftungsprozess, dass der entstandene und zu ersetzende Schaden eng mit der Person des Geschädigten verbunden sein muss. Bei einem Verwaltungsvertrag sind demnach gemäß § 2 Abs. 1c) İYUK nur die Vertragsparteien des Vertrages parteifähig.

2. Verstöße gegen Völkerrecht

Im türkischen Recht haben die verfahrensgemäß in Kraft gesetzten völkerrechtlichen Verträge Gesetzeskraft (Art. 90 Abs. 5 AY) und entfalten im innerstaatlichen Recht unmittelbare Wirkung. Sie sind den nationalen Gesetzen zwar gleichgestellt, das Verfassungsgericht kann jedoch nicht mit der Behauptung ihrer Verfassungswidrigkeit angerufen werden. Aus diesem Grund gibt es in der türkischen Literatur einen grundlegenden Meinungsunterschied über den Rang von völkerrechtlichen Verträgen. Eine Gruppe von Autoren stellt ausschließlich den Wortlaut der Verfassung in den Mittelpunkt und weist völkerrechtlichen Verträgen einen einfachgesetzlichen Rang zu. Dementsprechend könne der Gesetzgeber diesem widersprechende Gesetze verabschieden und die anzuwendende Norm nach dem Prinzip *lex posterior derogat legi priori* ermittelt werden.[58] Die Gegner dieser Auffassung weisen völkerrechtlichen Verträgen hingegen einen Rang unter der Verfassung, aber über dem einfachen Gesetz zu. Der Wortlaut der Verfassung deute nicht unmittelbar auf den Rang, sondern lediglich auf die Verbindlichkeit völkerrechtlicher Verträge hin. Dennoch müssten die Grundrechte und -freiheiten betreffenden völkerrechtlichen

58 *Pazarcı*, Uluslararası Hukuk Dersleri, 2003, S. 27 f.; *Gözler*, Türk Anayasa Hukuku Dersleri, 12. baskı 2011, S. 279; *Özbudun*, Türk Anayasa Hukuku (Fn. 4), S. 228 f.

Verträge Verfassungsrang genießen.[59] Diese Meinungs- und Anwendungsunterschiede sind auch in der Rechtsprechung zu beobachten.

Nach der ergänzenden Verfassungsänderung im Jahre 2004 kommt verfahrensgemäß in nationales Recht transformierten völkerrechtlichen Verträgen, soweit sie Grundrechte und -freiheiten regelnde Vorschriften beinhalten, eine große Bedeutung zu. Wenn solche Verträge mit nationalen Gesetzen kollidieren, finden die völkerrechtlichen Bestimmungen vorrangig Anwendung. In dieser Hinsicht ist die EMRK von Bedeutung. Die türkischen Gerichte sind verpflichtet, sowohl nationales Recht als auch die EMRK und die Rechtsprechung des EGMR anzuwenden. Wenn der EGMR eine Verletzung der Konvention durch türkisches Recht feststellt, wird entweder der Gesetzgeber die nationale Rechtsordnung dem Tenor entsprechend ergänzen bzw. ändern oder die nationalen Gerichte nehmen die dem Verfahren vor dem EGMR zugrunde liegende Rechtssache wieder auf.

Eine Haftung der Legislative für den Fall, dass sie die der EMRK widersprechende Rechtslage nicht ändert oder keine angemessenen Maßnahmen zur Folgenbeseitigung trifft, sieht das nationale Recht nicht vor. Die Judikative dagegen muss bei der Anwendung des nationalen Rechts auch die Regelungen der EMRK und ihrer Protokolle sowie die Rechtsprechung des EGMR beachten. Wenn dieser eine Konventionsverletzung durch ein nationales Urteil feststellt, gibt es für den Geschädigten die Möglichkeit, nach nationalem Recht ein Wiederaufnahmeverfahren anzustreben (§ 53 Abs. 1ı) İYUK; § 375 Abs. 1i) HMK; § 311 Abs. 1f) CMK). Das ist insbesondere bei solchen nationalen Urteilen relevant, dessen Folgen nach der Entscheidung des EGMR nicht mittels Schadensersatz beseitigt werden konnten (z.B. wenn sich der Kläger noch im Gefängnis befindet).

Das Gesetz Nr. 6384 *Avrupa İnsan Hakları Mahkemesine Yapılmış Bazı Başvuruların Tazminat Ödenmek Suretiyle Çözümüne Dair Kanun* (Das Gesetz zur Erledigung mancher Klagen vor dem Europäischen Gerichtshof für Menschenrechte durch Auszahlung eines Schadenersatzes)[60] ermöglicht zudem auf der Grundlage einer nationalen Norm bei Verstößen gegen die EMRK (Art. 6 Abs. 1 und 13) Schadensersatz zu erhalten, wobei das Gesetz diese Aufgabe hauptsächlich nicht innerstaatlichen Gerichten, sondern einer Sonderkommission überlässt. Der Schadensersatzanspruch bezieht sich auf überlange Verfahrensdauer bei Zivil- und Verwaltungsgerichten und bei strafrechtlichen Ermittlungen und Fahndungen sowie den späten oder lückenhaften Vollzug bzw. Nichtvollzug von Gerichtsentscheidungen (§ 2 Abs. 1a und b). Die Entscheidung zur Auszahlung eines Schadensersatzes obliegt einer fünfköpfigen Kommission unter der Aufsicht des Justizministeriums. Vier der Kommissionsmitglieder werden vom Justizminister aus Richtern und Staatsanwälten, ein Mitglied vom Finanzminister aus dem Personal des Finanzministeriums ernannt (§ 4). Die Kommission ist verpflichtet, innerhalb von neun Monaten über die Anträge zu entscheiden. Es besteht für die Antragsteller die Möglichkeit, gegen die Kommissionsentscheidung beim Gebietsverwaltungsgericht von Ankara (*Ankara Bölge İdare Mahkemesi*) Klage zu erheben, über die vom Gericht innerhalb von drei Monaten zu entscheiden ist. Wenn das Gericht die Entscheidung der Kommission bemängelt, entscheidet es in der Hauptsache selbst. Diese Entscheidung ist rechtskräftig. Der zu bezahlende Schadensersatz wird vom Justizministerium innerhalb von drei Monaten an den Antragsteller ausgezahlt (§ 7).[61]

---

59 *Gülmez*, Memurlar ve Sendikal Haklar, 1990, S. 249; *Çelik*, Avrupa İnsan Hakları Sözleşmesinin Türk Hukukundaki Yeri ve Uygulaması, S. 49 ff.; *Akıllıoğlu*, in: Tarık Zafer Tunaya'ya Armağan, S. 47 ff.; *Soysal*, Anayasaya Uygunluk Denetimi ve Uluslararası Sözleşmeler, Anayasa Yargısı 2, 1986, S. 17.

60 Gesetz vom 9.1.2013, veröffentlicht im Gesetzblatt am 19.1.2013 (Nr. 28533).

61 Mit seiner Entscheidung in der Sache *Müdür Turgut and Others/Turkey*, Nr. 4860/09, 26.3.2013 hat der EGMR die in diesem Gesetz geregelte Prozedur als einen wirksamen innerstaatlichen Rechtsweg gewürdigt und alle vor dem

Eine weitere Frage in diesem Zusammenhang ist, ob der Staat in diesen Fällen einen Regressanspruch gegen die Richter hat. Diesbezüglich existiert weder eine gesetzliche Regelung, noch eine Diskussion in der Literatur. § 13 Abs. 2 des Beamtengesetzes regelt lediglich das Rückgriffsrecht des Staates gegen die Beamten (als Amtswalter), wenn der Staat wegen Folter, einer unmenschlichen oder erniedrigenden Strafe oder Behandlung einen Schadensersatz an den Geschädigten geleistet hat. Die Tatbestände des Rückgriffsrechts sind also auf die Verletzung von Art. 3 EMRK begrenzt. Dagegen regeln das Gesetz über Richter und Staatsanwälte als spezielles und die HMK sowie die CMK als allgemeine Gesetze die Haftungsgründe und -verfahren gegen die Richter nur in Bezug auf das nationale Recht. Im Hinblick auf die Tatsache, dass die Haftung der Judikative nur in gesetzlich vorgesehenen Fällen möglich und diese eng auszulegen sind, scheint es positivrechtlich nicht möglich zu sein, aufgrund eines EGMR-Urteils ein Rückgriffsrecht des Staates gegen die Richter zu begründen.

III. Kausalität

Um eine Haftung der Verwaltung zu begründen muss zwischen dem entstandenen Schaden und dem Handeln, Unterlassen oder sonstigen Akt der Verwaltung ein kausaler und unmittelbarer Zusammenhang bestehen. D.h., die Handlung muss bei einem normalen Geschehensablauf und gemäß der allgemeinen Lebenserfahrung geeignet sein, den Schaden herbeizuführen (Adäquanztheorie). Im Falle nebeneinander stehender Ursachen ist die direktere, für das Zustandekommen des Schadens geeignetste, zugrunde zu legen.[62] Höhere Gewalt[63] und unvorhersehbare Ereignisse[64] heben den Kausalzusammenhang auf. Wenn das Mitwirken bzw. Eingreifen des Geschädigten oder eines Dritten gegenüber dem Handeln der Verwaltung in den Vordergrund rückt und die unmittelbare Schadensursache bildet, entfällt die Haftung des Staates ebenfalls ganz oder teilweise.[65] Für beide Haftungstatbestände gilt außerdem, dass das Mitverschulden des Geschädigten je nach Ausmaß die Haftung der Verwaltung ganz oder teilweise aufheben kann. Demgegenüber führt das Eingreifen eines Dritten bei verschuldensunabhängigen Haftungsgründen nicht zur Haftungsbefreiung der Verwaltung, da diese ohne das Mitwirken eines Dritten aufgrund des Risikos bzw. Aufopferungsanspruchs ohnehin zur Entschädigungsleistung verpflichtet ist.

IV. Zurechnung

Die Staatshaftung als Oberbegriff gilt in erster Linie für die Verwaltung und nur in begrenztem Maße für die Judikative. Die Haftung für legislatives Handeln hingegen wird im Allgemeinen abgelehnt (→ B.I.2.). Die Verwaltungsangestellten haften für persönliches Verschulden, das in

23.9.2012 gestellten Anträge, auch wenn sie vor dem Inkrafttreten des genannten Gesetzes gestellt wurden, auf die Ausschöpfung dieses Rechtsweges verwiesen.

62 Staatsrat 10. Kammer E. 1996/3720, K. 1998/1301 (26.3.1998); 12. Kammer E. 1977/2292, K. 1980/936 (11.3.1977); AYİM 2. Kammer E. 2000/663, K. 2001/658 (12.9.2001).

63 Wobei nicht jede höhere Gewalt den Kausalzusammenhang entfallen lässt. Wenn die Verwaltung in einem Erdbebengebiet die zu treffenden Baumaßnahmen nicht rechtzeitig getroffen und durchgeführt hat, haftet sie nach verschuldensabhängigen Haftungsregeln. Staatsrat Große Kammer E. 1995/752, K. 1997/57 (17.1.1997); *Evren*, İdarenin Sorumluluğunu Etkileyen Neden Olarak Mücbir Sebep, S. 264 ff. *Kutlu*, Deprem ve İdarenin Sorumluluğu, S. 21 f.

64 Unvorhersehbare Ereignisse heben die verschuldensabhängige Haftung der Verwaltung auf, aber bei verschuldensunabhängigen Haftungsgründen wird die Haftung beibehalten. Vgl. *Gözler*, İdare Hukuku (Fn. 10), S. 1339.

65 *Gözler*, İdare Hukuku (Fn. 10), S. 1339 ff.

keinerlei Verhältnis zu ihren öffentlichen Aufgaben steht, selbst, wobei die Schadensersatzansprüche aus solchem Handeln zivilrechtlichen Regeln unterliegen. Bei Verschulden der Verwaltungsangestellten, das im Zusammenhang mit ihren öffentlichen Aufgaben steht, wird zwar zwischen persönlichem Verschulden und dienstlichem Verschulden (*faute de service*) unterschieden. Außer beim Nichtvollzug von Gerichtsurteilen haftet der Staat für den entstandenen Schaden unmittelbar und hat ggf. ein Rückgriffsrecht gegen den Angestellten. Beim Nichtvollzug von Gerichtsurteilen durch Beamte können die Geschädigten ihre Schadensersatzansprüche unmittelbar auch gegen den Beamten richten. Die Schadensersatzansprüche sind also in der Regel unmittelbar gegen die Verwaltung zu erheben; die Verwaltungsangestellten sind als Antragsgegner ausgeschlossen. Bei offensichtlicher Kompetenzüberschreitung (*ultra-vires* Handeln) oder Straftaten haftet der Staat ebenfalls; dann können auch die Beamten selbst bei ordentlichen Gerichten auf Schadensersatz verklagt werden. Trotz dieser Möglichkeit wird in der Praxis nahezu ausschließlich der Verwaltungsrechtsweg beschritten, da die dortige Klagefrist vor Abschluss des zivilrechtlichen Verfahrens abläuft.

V. Relevanz von Verschulden

Im Rahmen des außervertraglichen Handelns gilt für die Haftung der Verwaltung als Grundsatz das Verschuldensprinzip (Art. 129 Abs. 5 AY), wobei durch Richterrecht auch verschuldensunabhängige Haftungsgründe wie die Risikohaftung und Lastengleichheitshaftung entwickelt wurden. Bei vertraglichem Handeln gelten die allgemeinen Haftungsregeln des jeweiligen Rechtsregimes (öffentliches Recht oder Zivilrecht). Grundsätzlich gilt für die Haftung der Verwaltung das Verschuldensprinzip, sodass die verschuldensunabhängige Haftung für staatliches Handeln eine Ausnahme bleibt und eng ausgelegt wird. Die herrschende Meinung unterscheidet zwischen persönlichem und Dienstverschulden. Auch in der Rechtsprechung wird bei bestimmten pflichtwidrigen Handlungen der Verwaltungsangestellten zwar das persönliche Verschulden des Angestellten festgestellt, in weniger schweren Fällen aber ein Dienstverschulden, also die Staatshaftung abgelehnt.[66] Die Schwere der Pflichtwidrigkeit spielt somit eine haftungsbegründende Rolle, auch wenn die materiellen Kriterien der Verwaltungsgerichte schwer zu ermitteln sind. Nur bei medizinischen Behandlungsfehlern ist eindeutig festzustellen, dass die Verwaltungsgerichte wegen des hohen Risikos ein einfaches Dienstverschulden als nicht ausreichend bewerten und stattdessen ein schweres Dienstverschulden verlangen.[67] Bei Ermessensfehlern der Verwaltung stützt sich der Staatsrat in seiner ständigen Rechtsprechung auf dieses Argument und bewertet gewöhnliche bzw. übliche Ermessensfehler der Verwaltung nicht als haftungsbegründendes Verschulden.[68] Es ist offensichtlich, dass diese Rechtsprechung des Staatsrates mit dem Rechtsstaatsprinzip in Art. 2 AY und Art. 125 Abs. 7 AY, das die Verwaltung verpflichtet, den aus ihrem Handeln und ihren Akten entstehenden Schaden ohne Ausnahme zu ersetzen, unvereinbar ist.

Ein Dienstverschulden wird angenommen, wenn eine öffentliche Tätigkeit schlecht, spät oder gar nicht ausgeführt wird.[69] In den letzten Jahren ist in der Rechtsprechung eine Tendenz

66 Vgl. nur Staatsrat 8. Kammer E. 1995/3636, K. 1997/1209 (8.4.1998); 10. Kammer E. 1997/3567, K. 1998/1000 (4.3.1998).

67 Siehe für die st. Rspr. Staatsrat 10. Kammer E. 2005/3719, K. 2007/4316 (24.9.2007); E. 2005/1870, K. 2006/2294 (10.4.2006); *Bayındır*, Sağlık Hizmetlerinde İdarenin ve Hekimlerin Sorumluluğu, S. 557 ff.

68 Staatsrat 6. Kammer E. 1966/2636, K. 1967/1388 (27.4.1967); 8. Kammer E. 1990/981, K. 1990/812 (28.6.1990).

69 Siehe für die Klassifizierung statt vieler *Günday*, İdare Hukuku (Fn. 10), S. 369 ff.; *Gözübüyük*/*Tan*, İdare Hukuku (Fn. 2), S. 864 f.

dahingehend festzustellen, dass das persönliche Verschulden der öffentlichen Angestellten in größerem Maße berücksichtigt wird und die Haftungstatbestände der Verwaltung dadurch zugunsten der Bürger erweitert werden. Bei vorsätzlichen Straftaten wie Folter während des Dienstverhältnisses wird die Haftung der Verwaltung jedenfalls bejaht (*ultra-vires* Handeln).[70]

Von der Rechtsprechung wird zudem angenommen, dass die Rechtswidrigkeit einer verwaltungsrechtlichen Norm nicht automatisch zur Haftung des Staates führt.[71] Auf der anderen Seite besteht auch keine Korrelation zwischen der Rechtswidrigkeit des Handelns und dem Verschulden. Ein rechtskonformes Handeln kann trotzdem zur Haftung der Verwaltung führen.

VI. Haftung ohne Normverstoß

1. Enteignung

Art. 35 AY garantiert jedermann das Recht auf Eigentum und Erbe, wobei Abs. 2 vorsieht, dass diese Rechte im öffentlichen Interesse durch Gesetz beschränkt werden können. Die Grundsätze des rechtmäßigen Eingriffs in das Privateigentum werden in Art. 46 AY (Enteignung) und 47 AY (Verstaatlichung) festgelegt. Diese Vorschriften das Eigentum betreffend sind fester Bestandteil der türkischen Rechtsordnung und sind seit der Verfassung von 1924 verfassungsrechtlich verankert. Gemäß Art. 46 AY sind der Staat und die juristischen Personen des öffentlichen Rechts befugt, gegen sofortige Zahlung des tatsächlichen Gegenwertes im Privateigentum befindliche unbewegliche Sachen ganz oder teilweise entsprechend den durch Gesetz bestimmten Grundsätzen und Verfahren zu enteignen und öffentliche Dienstbarkeiten an ihnen zu bestellen, wenn es das öffentliche Interesse erfordert (Abs. 1). Die Enteignungsentschädigung und der rechtskräftig festgestellte Erhöhungsbetrag werden bar und sofort bezahlt (Abs. 2 Satz 1). In gesetzlich vorgesehenen Ausnahmefällen kann die Enteignungsentschädigung in Raten bezahlt werden, wobei die Ratenzahlungsfrist fünf Jahre nicht übersteigen darf. Die Einzelheiten der Grundsätze und Verfahren sind im *Kamulaştırma Kanunu* vom 4.11.1983 (Enteignungsgesetz Nr. 2942, abgekürzt: KK) geregelt. Auch private Unternehmen können im öffentlichen Interesse verstaatlicht werden, soweit ihr wirklicher Gegenwert ausgezahlt wird (Art. 47 AY). Das Enteignungsrecht und die Entschädigungspflicht des Staates werden in der rechtswissenschaftlichen Literatur nicht als Thema des Staatshaftungsrechts behandelt, sondern unter dem Stichwort „öffentliches Eigentum" einem eigenständigen Themenfeld zugeordnet.

2. Der allgemeine Aufopferungsanspruch

Auch durch gesetzeskonforme Verwaltungsakte oder rechtmäßige Handlungen der Verwaltung können für Dritte Schäden entstehen, die aufgrund des Lastengleichheitsprinzips vom Staat ersetzt werden müssen. Bei der verschuldensunabhängigen Haftung des Staates haftet die Verwaltung für Schäden, die aufgrund rechtmäßiger Handlungen oder Verwaltungsakte zustande gekommen sind und als nicht bezweckte Nebenfolge angesehen werden. Dieser Haftungsgrund ist gegenüber der verschuldensabhängigen Haftung des Staates eine Ausnahme und aus diesem Grund eng auszulegen. Die Verwaltung kann nicht gleichzeitig sowohl wegen Verschuldens, als auch verschuldensunabhängig zur Verantwortung gezogen werden.[72] Bei der verschuldensun-

70 Staatsrat 10. Kammer E. 1988/1042, K. 1989/857 (20.4.1989); Yargıtay 4. Zivilrechtskammer E. 1986/4898, K. 1986/7786 (17.11.1986).
71 Staatsrat 8. Kammer E. 1990/981, K. 1990/812 (28.6.1990); E. 1995/3635, K. 1997/1209 (8.4.1997); 10. Kammer E. 1997/3567, K. 1998/1000 (4.3.1997).
72 Staatsrat 10. Kammer E. 1995/53, K. 1996/1913 (10.4.1996).

abhängigen Haftung muss der Schaden außergewöhnlich schwer sein. Der Geschädigte braucht zudem das Verschulden der Verwaltung nicht zu beweisen, denn der Haftungsgrund liegt in der Natur der von der Verwaltung durchgeführten Tätigkeit selbst. Diese Haftungsart stützt sich auf das Risikoprinzip und das Prinzip der Lastengleichheit (*Kamu Külfetleri Karşısında Eşitlik İlkesi*), wobei das Sozialstaatsprinzip in Art. 2 und das allgemeine Haftungsprinzip des Staates in Art. 125 Abs. 7 AY als verfassungsrechtliche Rechtsgrundlage dienen.[73]

a) Risikohaftung (Gefährdungshaftung)

Für Risiken, die besonders schwere Folgen haben oder außergewöhnlicher Natur sind, haftet der Staat ohne Verschulden. Die Anwendung von gefährlichen Mitteln wie Explosivstoffen oder Schusswaffen, die potentielle Gefahr bei öffentlichen Dienstleistungen wie Wasser-, Strom- und Gasversorgung sowie der Betrieb von Verkehrsmitteln rechtfertigen eine solche Risikohaftung.[74] Gleiches gilt für berufsabhängige Schäden, für die die Verwaltung eine verschuldensunabhängige Entschädigungsleistung erbringt.[75] Bei der Risikohaftung der Verwaltung muss in der Regel zwischen dem Verwaltungshandeln und dem zustande gekommenen Schaden ein Kausalzusammenhang nachgewiesen werden. Bei manchen Risikohaftungsgründen wie den Tumultschäden oder bei durch terroristische Aktivitäten zustande gekommenen Schäden wird von der Rechtsprechung jedoch auf dieses Erfordernis verzichtet: Bei Tumultschäden wird die Kausalität zwischen dem Handeln des Staates und dem zustande gekommenen Schaden unterbrochen,[76] wobei die türkische Rechtsprechung bei der Begründung der Haftung teilweise auf widersprüchliche Argumente zurückgreift. Bei manchen Urteilen wird das Verschulden der Verwaltung bei der Unterdrückung der Tumulte in den Vordergrund gestellt, sodass eigentlich von einer verschuldensabhängigen Haftung ausgegangen werden müsste.[77] In manchen Fällen wird dagegen keine Kausalitätsüberprüfung unternommen und jegliche Schäden von Drittpersonen aufgrund eines Tumultes ersetzt.[78]

Einen besonderen Fall der verschuldensunabhängigen Haftung bilden im türkischen Recht die Schäden, die aufgrund terroristischer Aktivitäten Dritter entstehen. Die Haftung des Staates für solche Fälle war in der türkischen Literatur und der Rechtsprechung lange umstritten. Der seit 1984 in Südostanatolien andauernde Konflikt mit der Terrororganisation PKK verursachte mehrere Schäden Unbeteiligter. Diese Schäden wurden entweder unmittelbar durch Handlungen der Terrororganisation oder der Sicherheitskräfte, durch die Auseinandersetzung zwischen beiden bewaffneten Parteien oder durch von Unbekannten getätigte Handlungen verursacht. In dieser Viererkonstellation sahen führende Autoren in der Literatur einen Haftungsgrund des Staates, da dieser nicht in der Lage war, im Allgemeinen eine friedliche und gefahrlose gesellschaftliche Ordnung zu schaffen. Wenn durch diesen Sicherheitsmangel Unbeteiligte zu Schaden kommen, dürfe die Kausalitätsformel nicht mehr im üblichen Sinne angewandt werden. Dementsprechend begründeten sie die Haftung des Staates im Aufopferungs- und Ausgleichsgedanken, der sich zugleich aus dem Gleichheits- und Sozialstaatsprinzip ergebe.[79]

---

73 Vgl. für die Tatbestände *Çağlayan*, İdarenin Kusursuz Sorumluluğu (Fn. 53), S. 255 ff.
74 Siehe für einzelne Haftungsbereiche *Köksal*, Risk İlkesinin İdareye Yüklediği Külfetler ve Güncel Yargı Kararları, 2009, S. 247 ff.
75 *Çağlayan*, İdarenin Kusursuz Sorumluluğu (Fn. 53), S. 111 f.
76 *Özay*, Günışığında Yönetim, S. 763.
77 Staatsrat 10. Kammer E. 1982/2425, K. 1982/22354 (29.11.1982); E. 1994/7359, K. 1995/3559 (12.7.1995).
78 Staatsrat 12. Kammer E. 1969/1746, K. 1971/2478 (6.11.1971).
79 *Gözübüyük*, in: Armağan, S. 196 f.; *Akyılmaz*, Sosyal Risk İlkesi ve Uygulama Alanı, S. 189 ff.

Auch der Staatsrat eignete sich diesen Gedankengang nach 1990 an und verzichtete auf die Kausalität zwischen dem entstandenen Schaden und dem Handeln des Staates. Hierbei sollte die Rechtsprechung des Staatsrates differenziert betrachtet werden: vor 1990 und danach.[80] Vor 1990 entschied der Staatsrat in ständiger Rechtsprechung, dass der Staat für Schäden durch terroristische Aktivitäten nicht zur Verantwortung gezogen werden könne, da die Sicherheitskräfte keine Möglichkeit hätten, über das Handeln von Dritten rechtzeitig informiert zu sein und dieses zu verhindern.[81] Nach 1993 hat der Staatsrat seine Auffassung besonders wegen der Intensität des Terrors im Südosten des Landes revidiert und einen Schadensersatzanspruch der Betroffenen bei durch Terrorgruppen verursachten Schäden angenommen. Die Betroffenen hätten den Schaden nämlich nur erlitten, weil sie Teil dieser Gesellschaft seien und die terroristischen Gruppen die Zerstörung der gesellschaftlichen Ordnung als solcher zum Ziel hätten. Aus diesem Grunde müsse der Staat auf das Kausalitätsprinzip verzichten und aufgrund des sozialen Risikos die Schäden der Betroffenen ersetzen.[82] Die Haftung wurde also als Folge des gesellschaftlichen Risikos und der kollektiven Verantwortung bezeichnet und die Verteilung des persönlichen Schadens der Betroffenen auf die Gesellschaft sozialstaatlich begründet.[83]

b) Lastengleichheitshaftung[84] (Aufopferungsanspruch)

Wenn das Handeln der Verwaltung die Gesellschaft ungleich belastet und nur bestimmte Personen dadurch einen Schaden erleiden, ist die Verwaltung verpflichtet, diese Belastung auszugleichen. Diesem Haftungsgrund liegt das Gleichheitsprinzip zugrunde, das in Art. 10 AY seine verfassungsrechtliche Grundlage findet. Wenn für eine Person oder eine Personengruppe ein schwerer Schaden entsteht, der besonders belastend wirkt und anormal ist, wird dem Einzelnen ein Sonderopfer auferlegt, das es auszugleichen gilt.[85] Für diesen Haftungsgrund gibt es keine spezialgesetzliche Grundlage, er wurde vielmehr in Anlehnung an die französische Verwaltungspraxis in der wissenschaftlichen Literatur entwickelt und dann von der Rechtsprechung übernommen und fortentwickelt. Als rechtliche Grundlage wird hierbei auf Art. 125 Abs. 7 und das Sozialstaatsprinzip in Art. 2 AY hingewiesen.

Insbesondere dauerhafte Schäden wie betrieblicher Einnahmeverlust, Benutzungseinschränkungen oder Wertverluste des Grundstücks infolge von öffentlichen Bauarbeiten bilden die Grundlage für den Aufopferungsanspruch.[86] Auch die durch die zu niedrige Festlegung von Verkaufspreisen bestimmter Handelsgüter[87] oder Zwangspensionierungen mangels Planstellen[88] entstandenen unvorhersehbaren Folgen und Schäden werden verschuldensunabhängig nach den Prinzipien des Aufopferungsanspruchs ersetzt. Die Lastengleichheitshaftung ist zur verschuldensabhängigen Haftung und Risikohaftung komplementär, d.h. wenn einer der beiden genannten Haftungsgründe angewandt werden kann, ist die Lastengleichheitshaftung ausgeschlossen.

80 So *Gözler*, İdare Hukuku (Fn. 10), S. 1223 ff.
81 Staatsrat 12. Kammer E. 1977/3205, K. 1979/2742 (21.6.1979); E. 1979/1567, K. 1981/203 (10.2.1981).
82 Siehe u.a. Staatsrat 10. Kammer E. 1992/3372, K. 1993/3777 (13.10.1993); E. 1996/10146, K. 1998/2344 (28.5.1998).
83 Staatsrat 10. Kammer E. 1992/3372, K. 1993/2777 (13.10.1993).
84 Die Übersetzung dieses Begriffs ist angelehnt an *Hermann*, Das französische Staatshaftungsrecht (Fn. 7), S. 253 f.
85 Siehe statt vieler Staasrat 10. Kammer E. E. 1989/2476, K. 1990/1342 (7.6.1990); 12. Kammer E. 1978/472, K. 1980/3236 (11.9.1980).
86 Beispiele bei *Gözler*, İdare Hukuku (Fn. 10), S. 1248 ff.
87 Staatsrat 8. Kammer E. 1960/6264, K. 1961/1910 (10.5.1961); 12. Kammer E. 1972/1354, K. 1973/1636 (23.5.1973.
88 AYİM E. 1993/98, K. 1994/90 (26.5.1994).

C. Haftungsfolgen

I. Haftungssubjekte

Haftungssubjekt ist der Verwaltungsträger, in dessen Kompetenz- und Verantwortungsbereich die schadensverursachende öffentliche Tätigkeit vorgenommen wurde. Wenn ein Amtswalter zwei Zuständigkeitsbereiche in einer Person vereint, haftet derjenige Verwaltungsträger, in dessen Namen ersterer gehandelt und den Schaden verursacht hat. Wenn eine Privatperson einen öffentlichen Dienst erbringt, haftet diese in erster Linie selbst, wobei der Verwaltungsträger, der die Dienstleistung an den Dritten übertragen hat, bei Zahlungsunfähigkeit des Verantwortlichen subsidiär eintritt. Der Verwaltungsträger haftet auch für Schäden, die durch freiwillige Verwaltungshelfer und vorläufig Verpflichtete gegenüber Dritten verursacht wurden oder die erstgenannte Personen bei ihren Diensten selbst erlitten haben.[89] Bei von öffentlichen Bauarbeiten verursachten Schäden haften der Verwaltungsträger und der Privatunternehmer, die zueinander in einem Privatrechtsverhältnis stehen, gesamtschuldnerisch. Der Geschädigte kann also seine Klage an beide richten; das vertragliche Innenverhältnis schließt ein Rückgriffsrecht nicht aus.[90]

Gemäß § 15 Abs. 1c) İYUK überweist das Gericht den Klageantrag an den richtigen Antragsgegner, falls der Antrag an die falsche Verwaltungsbehörde gerichtet wurde. Die Klage wird also nicht wegen der Angabe eines falschen Antragsgegners abgewiesen. Im türkischen Recht wird dieses Thema nicht nach theoretischen, sondern praktischen Ansätzen gehandhabt, sodass kein Rechtsverlust bei Klageerhebung gegen den falschen Antragsgegner entsteht.

Im Innenverhältnis besteht das Rückgriffsrecht der Verwaltung gegenüber dem Amtswalter, wenn er seine Kompetenzen überschritten bzw. im Rahmen seines Kompetenzbereiches über den Ermessensspielraum hinaus agiert oder eine mit seinem Amt in Verbindung stehende Straftat begangen hat (vorsätzliche oder fahrlässige Handlung). Im Falle eines sog. rein persönlichen Verschuldens haftet der handelnde Amtsträger selbst, da seine Tat in keinem Verhältnis zu seiner amtlichen Tätigkeit steht und rein privater Natur ist.

II. Individualansprüche

Die Haftungsklage auf Schadensersatz gegen die Verwaltung ist in § 2 Abs. 1b) İYUK geregelt, nach dem jeder seine durch ein Handeln oder einen Akt der Verwaltung beeinträchtigten Rechte geltend machen kann. Die Regelung ist als Jedermannrecht konzipiert; in der Literatur wird keine Unterscheidung zwischen Staatsangehörigen und Ausländern vorgenommen. In einer Entscheidung hat der Staatsrat den ausländischen Kläger jedoch verpflichtet, zur Gewährleistung der Prozesskosten eine Sicherungssumme zu zahlen.[91]

---

89 *Gözler*, İdare Hukuku (Fn. 10), S. 1355ff.

90 So die st. Rspr. des Staatsrates 12. Kammer E. 1969/1978, K. 1970/1087 (20.5.1970); 8. Kammer E. 1985/211, K. 1987/313 (8.7.1987).

91 Staatsrat 12. Kammer E. 1967/2675 (14.12.1967), zitiert in *Gözübüyük/Tan*, İdari Yargılama Hukuku, Cilt: 2, 4. bası 2010, S. 891.

III. Haftungsinhalt

Haftungsgrund ist ein materieller und/oder immaterieller Schaden. Bei der Amtshaftung kann die Verwaltung für beide Arten von Schäden ausschließlich zum Geldersatz[92] verpflichtet werden; eine Naturalrestitituon ist im türkischen Verwaltungsrecht nicht vorgesehen. Die im Klageantrag genannte Schadensersatzsumme kann im Laufe des Verfahrens vom Geschädigten oder durch das Gericht im Zeitpunkt des Urteils nicht geändert bzw. den Inflationsbedingungen angepasst werden.[93] Der Geldersatz umfasst bei materiellen Nachteilen die tatsächlich verursachten Schäden bzw. den wahren Marktwert der Sache sowie den entgangenen Gewinn. Bei Enteignungen sind die Grundsätze der Entschädigung verfassungsrechtlich (Art. 46 AY) festgelegt. Dementsprechend muss der tatsächliche Gegenwert des Grundstücks sofort und bar ausgezahlt werden.

IV. Haftungsbegrenzung und -ausschluss

Bei der Berechnung des materiellen Schadensersatzes werden alle Gewinne, Einnahmen und Begünstigungen, die infolge des verursachten Schadens zustande gekommen sind, berücksichtigt und von der auszuzahlenden Summe abgezogen. Auch das mitwirkende Verschulden des Geschädigten bei verschuldensabhängiger Amtshaftung wird bei materiellen Schäden prozentual berücksichtigt.[94]

Der Staatsrat zieht die Auszahlungen an den Geschädigten aufgrund spezialgesetzlicher Regelungen, die auf den Ersatz des zustande gekommenen Schadens gerichtet sind, von der Endsumme ab.[95] Dagegen werden die Auszahlungen von Sozialversicherungsanstalten bzw. Rentenkassen nicht herabgesetzt, da sie auf der Grundlage des Arbeitsverhältnisses gezahlt werden und nicht als Folge des haftungsbegründenden Verwaltungshandelns oder -aktes bewertet werden können.[96] Der AYİM bewertet solche Auszahlungen dagegen als Begünstigung des Geschädigten und berücksichtigt sie bei der Berechnung des Schadensersatzes.[97]

D. Geltendmachung von Haftungsansprüchen

Gemäß § 14/3 i.V.m. § 15 Abs. 1b) İYUK ist die Parteifähigkeit eine der Grundvoraussetzungen für die Annahme der Klage. Die Parteifähigkeit im Verwaltungsrecht lehnt sich in der Regel an die Parteifähigkeit im Zivilrecht an (Hinweis in § 31 İYUK auf die HMK). Nach § 50 HMK ist jeder, der über Rechtsfähigkeit verfügt, auch parteifähig. Dementsprechend sind alle natürlichen (§ 8

---

92 Der Geldersatz kann nur in türkischer Währung beantragt werden, vgl. st. Rspr. Staatsrat 10. Kammer E. 1988/2129, K. 1990/774 (4.4.1990).

93 Dieses Verbot führte insbes. in den 1990er Jahren wegen sehr hoher Inflationsraten zu vielen ungerechten Schadensersatzsummen. Vgl. nur Staatsrat 10. Kammer E. 1995/6440, K. 1997/4796 (25.11.1997): Die im Klageantrag (Juni 1988) erwähnte Summe betrug umgerechnet ca. 68.840 US Dollar, wobei der ausgezahlte Schadensersatz nur noch 2305 US Dollar wert war (März 1995), *Gözler*, İdare Hukuku (Fn. 10), S. 1373.

94 Da der Schadensersatz für immaterielle Schäden dem Ermessen des Gerichts unterliegt, kann von einer solchen Herabsetzung nicht die Rede sein. Staatsrat 10. Kammer E. 1995/1508, K. 1996/5887 (8.10.1996).

95 Nakdi Tazminat ve Aylık Bağlanması Hakkında Kanun (Nr. 2330) (Gesetz über den Schadensersatz und die Auszahlung eines monatlichen Gehalts) und Umumi Hayata Müessir Afetler Dolayısıyla Alınacak Tedbirlerle Yapılacak Yardımlara Dair Kanun (Nr. 7269) (Gesetz über die Maßnahmen und Hilfen in Bezug auf Naturkatastrophen).

96 St. Rspr., Staatsrat 10. Kammer E. 1995/3321, K. 1995/4995 (26.10.1995); E. 1998/28, K. 1999/6195 (22.11.1998).

97 Mehrere Beispiele *Özgüldür*, Askeri Yüksek İdare Mahkemesi Kararları Işığında Tam Yargı Davaları, S. 445 ff.

TMK) und juristischen Personen (§ 48 TMK) unabhängig von Geschlecht, Alter und Verwandtschaft parteifähig. Auch juristische Personen des öffentlichen Rechts, die nach Art. 123 Abs. 3 AY nur durch Gesetz oder aufgrund einer durch Gesetz ausdrücklich zugewiesenen Kompetenz gegründet werden können, besitzen Parteifähigkeit.

I. Rechtsweg

Gemäß Art. 36 AY hat jedermann das Recht auf ein faires Verfahren sowie das Recht unter Benutzung legaler Mittel vor den Rechtsprechungsorganen zu klagen oder sich zu verteidigen (Abs. 1). Kein Gericht darf sich der Durchführung eines Verfahrens innerhalb seines sachlichen, funktionellen und örtlichen Zuständigkeitsbereichs entziehen (Abs. 2). Noch spezieller gewährt Art. 125 Abs. 1 AY den Rechtsweg gegen jede Art von Verwaltungshandeln und Verwaltungsakten.[98] Das türkische Staatshaftungsrecht ist grundsätzlich dem Verwaltungsrecht zugeordnet, wobei die Kompetenzen der ordentlichen Gerichte einfachgesetzlich geregelte Ausnahmen bilden. Somit sind die Haftungsklagen wegen Schäden, die aus Verwaltungshandeln oder einem Verwaltungsakt resultieren, grundsätzlich bei Verwaltungsgerichten[99] einzulegen.[100]

Die ordentlichen Gerichte sind hingegen in folgenden Fällen für Schadensersatzklagen zuständig:

1. Bei Schäden, die von gerichtlichen Hilfsorganen verursacht wurden (z.B. schuldhafte Amtspflichtverletzung der Beamten vom Zwangsvollstreckungs- und Konkursamt),
2. Für jegliche Schäden, die aus der Führung des Grundbuches entstanden sind,
3. Für rechtswidrig zustande gekommene Festnahmen und Verhaftungen. Das zuständige Gericht ist das Schwurgericht am Wohnort des Klägers.
4. Bei privatrechtlichen Verträgen der Verwaltung (Vergabeverträge, die sog. Abonnementverträge, Miet-, Verkaufs-, Vertragshandels-, Kredit- sowie Dienstleistungsverträge),

---

98 Ausnahmen sind in Abs. 2 aufgezählt: „Die Akte, welche der Präsident der Republik allein erlässt, und die Entscheidungen des Hohen Militärrates sind von der gerichtlichen Nachprüfung ausgeschlossen. Der Rechtsweg ist jedoch für solche Entscheidungen des Hohen Militärrates gegeben, welche die Entlassung von Personal betreffen, soweit es sich nicht um die Beförderung oder die Pensionierung wegen fehlender Planstellen handelt".

99 Die Aufteilung der Zuständigkeiten zwischen dem Staatsrat (Gesetz Nr. 2575), dem Hohen Militärverwaltungsgerichtshof (Gesetz Nr. 1602), den Verwaltungsgerichten, den Steuergerichten sowie den Gebietsverwaltungsgerichten (Gesetz Nr. 2576) ist einfachgesetzlich geregelt. An dieser Stelle ist mit Verwaltungsgericht nur der Gerichtszweig gemeint.

100 Die neue HMK hatte jedoch in der herkömmlichen Systematik des Staatshaftungsrechts eine grundlegende Änderung vorgenommen. Gemäß § 3 Abs. 1 HMK sollten jegliche Schadensersatzklagen wegen Todes oder körperlichen Schadens bei „ordentlichen Gerichten" geltend gemacht werden. Diese Regelung wurde im abstrakten Normkontrollverfahren dem Verfassungsgericht vorgelegt. Dieses hat am 16.2.2012 die Regelung für verfassungswidrig erklärt (E. 2011/35, K. 2012/23, veröffentlicht am 19.5.2012 im Gesetzblatt Nr. 28297).
Das Gericht begründete seine Entscheidung mit zwei Hauptargumenten: Erstens habe der Verfassungsgeber aufgrund historischer Gegebenheiten die Zweiteilung der Judikative (ordentliche Gerichte und Verwaltungsgerichte) in der Verfassung beibehalten. Somit könne bei der geseztlichen Regelung der Zuständigkeiten nicht von einer absoluten Ermessensfreiheit des Gesetzgebers gesprochen werden. Nur bei rechtfertigenden Gründen und öffentlichem Interesse könne der Gesetzgeber verwaltungsrechtliche Streitigkeiten den ordentlichen Gerichten überlassen, die jedoch im vorliegenden Fall nicht vorhanden seien. Zweitens bestünde die Gefahr, dass durch den gleichen verwaltungsrechtlichen Akt entstandene Schäden bei zwei unterschiedlichen Gerichtszweigen geltend gemacht werden müssten. Dies würde aufgrund unterschiedlicher Haftungsprinzipien und –regelungen zu divergierender Rechtsprechung führen.
Da der Gesetzgeber nach dieser Entscheidung bis jetzt keine neue Regelung erlassen hat, gelten die herkömmlichen gesetzlichen Regelungen für Schadensersatzansprüche bei ordentlichen sowie Verwaltungsgerichten (Stand: 15.4. 2013).

5. Für Schäden infolge von Handlungen der öffentlichen Wirtschaftsunternehmen, die industrielle und kommerzielle öffentliche Dienste anbieten; für Schäden durch die Verwaltung beim Betrieb des dem Zivilrecht zuzuordnenden Eigentums; für Schäden durch die Verwaltung, die rechtswidrig und ohne rechtliche Grundlage in das Eigentumsrecht von natürlichen oder juristischen Personen eingreift.

Darüber hinaus können die Geschädigten entweder die Verwaltung oder den Beamten selbst bei den ordentlichen Gerichten auf Schadensersatz verklagen, wenn das Handeln des Beamten durch sein persönliches Verschulden zustande gekommen ist, aber im Zusammenhang mit dem ihm übertragenen Amt steht.

Zusätzlich setzt § 13 Abs. 1 İYUK bei Rechtsverletzungen aufgrund von Verwaltungs*handeln* vor Klageerhebung auf Schadensersatzanspruch einen Antrag bei der zuständigen Verwaltungsbehörde voraus. Die Frist für die Antragstellung beträgt ein Jahr nach Mitteilung oder Kenntnisnahme des Verwaltungshandelns, endet aber spätestens in fünf Jahren nach dem Zustandekommen des Verwaltungshandelns. Das Ziel dieses Antrages ist es, der Verwaltung ein außergerichtliches Mittel zur Beseitigung der Rechtsverletzung und ihr die Gelegenheit zu geben, einen eigenen Standpunkt zur Sache zu ermitteln. Dieser Antrag ist als ein zwingendes Vorverfahren konzipiert und führt bei Nichteinhalten zum Haftungsausschluss des Staates. Bei Rechtsverletzungen aufgrund von Verwaltungs*akten* kann der Betroffene dagegen die Klage auf Schadensersatzanspruch ohne vorheriges Vorverfahren separat, mit der Anfechtungsklage zusammen oder nach der endgültigen Entscheidung über die Anfechtungsklage erheben (§ 12 İYUK).

II. Beweisfragen

Die Beweislast liegt grundsätzlich bei derjenigen Prozesspartei, die einen Anspruch geltend macht. Dies gilt auch vor den Verwaltungsgerichten, obwohl die Verwaltung allein Einblick in interne Abläufe hat. Daher wird den Gerichten bei der Feststellung der Beweislast ein weiter Ermessensspielraum eingeräumt. Der Geschädigte muss bei seiner Schadensersatzklage grundsätzlich den Schaden, bei verschuldensabhängiger Haftung zusätzlich das Verschulden der Verwaltung sowie die Kausalität beweisen. Nach § 20 Abs. 1 İYUK untersucht der Richter die für das Gerichtsverfahren benötigten Beweise von Amts wegen, sodass er, falls er den Anspruch des Geschädigten als überzeugend bewertet, von dem Verwaltungsträger alle benötigten Unterlagen verlangen kann. Nach § 16 Abs. 5 İYUK ist die Verwaltung verpflichtet, die angeordneten Unterlagen mit ihrer Verteidigung dem Gericht vorzulegen. In der İYUK sind die Beweisfragen und -mittel nicht im Einzelnen geregelt. Die üblichen Beweismittel in der Verwaltungsgerichtsbarkeit sind schriftliche Beweise wie öffentliche Urkunden, Register oder Gutachter und Erkundungen vor Ort (§ 20 Abs. 1 i.V.m. § 58 Abs. 1 İYUK). Für weitere Beweisfragen und -mittel verweist die İYUK auf die HMK (§ 31 Abs. 1 İYUK).[101]

Für Schadensersatzklagen bei ordentlichen Gerichten gelten die Regelungen der HMK. Demgemäß müssen die Prozessparteien die ihren Ansprüchen zugrunde liegende Tatsachen selbst beweisen. Abgesehen von gesetzlich gebotenen Fällen darf der Richter nicht von Amts wegen die Beweislage erforschen (§ 25 Abs. 2 HMK).

Gemäß § 3 Abs. 2d) İYUK muss der Geschädigte bei Einreichung seiner Haftungsklage die gesamte Schadenssumme nennen. Die beantragte Summe kann nicht unter Vorbehalt noch ausstehender Schäden unbestimmt gelassen werden. Da im Verwaltungsrecht das *ultra petita*

101 *Çağlayan*, İdari Yargılama Hukuku, 2011, S. 233 ff.

partum Entscheidungsverbot gilt, kann auch der Richter keinen über die beantragte Summe hinausgehenden Schadensersatz gewähren. Bei Unmöglichkeit der Feststellung der Schadenssumme innerhalb der Klagefrist lassen jedoch sowohl der Staatsrat als auch der AYİM Klageanträge ohne Schadenssumme zu.[102]

III. Fristen und Verjährung

Nach § 7 Abs. 1 İYUK beträgt die Klagefrist (soweit in den Gesetzen nicht anders vorgesehen) vor dem Staatsrat und den Verwaltungsgerichten sechzig, und vor Steuergerichten dreißig Tage. Die Frist beginnt ab dem Tag der schriftlichen Verwaltungsmitteilung bzw. der Kenntnisnahme vom Verwaltungsakt oder -handeln.

Bei Vorentscheidungen nach § 13 Abs. 1 İYUK beträgt die Frist für einen Antrag bei der Verwaltung ein Jahr nach der schriftlichen Mitteilung oder der Kenntnis des Geschädigten von dem Verwaltungshandeln und dem Schaden auf andere Weise.[103] Zum Ende des fünften Jahres nach dem Verwaltungshandeln erlischt der Anspruch. Falls der Geschädigte ohne einen Antrag bei der Verwaltung unmittelbar eine Schadensersatzklage erhebt, weisen die Verwaltungsgerichte den Antrag an die zuständige Verwaltungsbehörde zurück, da durch die unmittelbare Klage der Vorrang des Primärrechtsschutzes verletzt werde.[104] Wenn der Antrag des Geschädigten von der Verwaltung teilweise oder gänzlich abgelehnt bzw. über den Antrag innerhalb von sechzig Tagen (Wartezeit) überhaupt nicht entschieden wird, beginnt die Klagefrist ab dem Tag der schriftlichen Mitteilung bzw. dem Ende der Wartezeit.

Bei Enteignungen hat der Eigentümer das Recht, innerhalb von dreißig Tagen gegen die Verwaltungsentscheidung über die Enteignung beim Verwaltungsgericht Klage zu erheben. Für die Aufhebung von materiellen Fehlern kann bei ordentlichen Gerichten geklagt werden § 14 KK.

Die Klagefrist gilt als öffentlich-rechtliche Ordnungsregel und wird von den Verwaltungsgerichten gemäß § 14 Abs. 3e) İYUK in der Zulässigkeit einer Klage überprüft. Wenn die Klagefrist versäumt ist, muss das Gericht die Klage abweisen.

Bei Schadensersatzklagen aufgrund von privatrechtlichen Rechtsverhältnissen gilt § 60 TBK, soweit spezialgesetzlich oder vertraglich nichts anderes vorgesehen ist. Demgemäß verjährt der Anspruch auf Schadensersatz innerhalb eines Jahres von dem Tag an, an dem der Geschädigte Kenntnis vom Schaden und von der Person des Ersatzpflichtigen erlangt hat, jedenfalls aber mit dem Ablauf von zehn Jahren vom Tage der schädigenden Handlung an gerechnet.[105]

---

102 Vgl. die Grundsatzentscheidungen des Staatsrates und des AYİM. DİBGK (*Danıştay İçtihadı Birleştirme Kurulu*, Kollegium zur Vereinheitlichung der Rechtsprechung des Staatsrates) E. 1983/1, K. 1980/10 (29.12.1983); AYİM 1. Kammer E. 1988/289, K. 213 (30.5.1989).

103 Da es bei der Schadensersatzklage gegen die Verwaltung um die Geltendmachung der materiellen und immateriellen Schäden geht, macht es Sinn, auch die Erkenntnis von dem entstandenen Schaden als Voraussetzung aufzunehmen. Auch der Staatsrat vertritt diese Meinung, 10. Kammer E. 2005/896, K. 2007/899 (13.2.2007). So auch *Gözübüyük/Tan*, İdari Yargılama Hukuku (Fn. 91), S. 972.

104 Grundsatzurteile des Staatsrates und des AYİM nach mehreren sich widerprechenden Entscheidungen: Staatsrat E. 1971/9, K. 1979/7 (15.3.1979, Amtsblatt vom 6.2.1980); AYİM E. 1980/1, K. 1980/13 (5.5.1980). *Sezer/Bilgin*, „Danıştay Kararlarında İdari Başvurular", AÜ Hukuk Fakültesi Dergisi, 2008, S. 355 ff.

105 Dies ist der gleiche Wortlaut wie im Schweizerischen Obligationenrecht.

IV. Vollstreckung

Die Vollstreckung der Gerichtsurteile ergibt sich in erster Linie aus dem Rechtsstaatsprinzip. Dazu gehört ohne Zweifel die Vollstreckung rechtskräftiger Gerichtsurteile ohne einen entsprechenden Antrag der Berechtigten.[106] Art. 138 Abs. 4 AY gebietet, dass

> *„die Organe der Gesetzgebung und der vollziehenden Gewalt sowie die Verwaltung den Gerichtsentscheidungen Folge zu leisten haben. Diese Organe und die Verwaltung dürfen in keiner Weise die Gerichtsentscheidungen abändern und ihre Vollstreckung verzögern".*

Diese verfassungsrechtlichen Regelungen sind einfachgesetzlich in § 28 İYUK konkretisiert. Daraus ergibt sich, dass die Verwaltung bei der Umsetzung von Gerichtsurteilen über keinen Ermessensspielraum verfügt und die Urteile (auch nach einem Schadensersatz wegen Nichtvollzugs von Gerichtsurteilen[107]) ohne Ausnahme vollziehen muss.

Der Geschädigte kann sich zur Auszahlung der durch das Urteil festgelegten Schadensersatzsumme unmittelbar an die verpflichtete Verwaltung wenden, auch wenn ein solcher Antrag nicht obligatorisch ist. Die Frist für einen solchen Antrag beträgt zehn Jahre (Vollstreckungsfrist).[108] Ansonsten gelten die allgemeinen Regeln des İİK, da sich der Leistungsanspruch von einem zivilrechtlich begründeten Anspruch nicht unterscheidet. Das heißt, der Geschädigte muss seinen Vollstreckungsanspruch beim zuständigen Vollstreckungsamt geltend machen. Im Falle des Verzugs muss die VerwaltungVerzugszinsen auszahlen (§ 28 Abs. 6 İYUK).

Bibliographie

Akıllıoğlu, Tekin, Uluslararası İnsan Hakları Kurallarının İç Hukuktaki Yeri ve Değeri (Der Stellenwert von internationalen Menschenrechtsregelungen in der nationalen Rechtsordnung), in: Tarık Zafer Tunaya'ya Armağan, İstanbul: İstanbul Barosu Yayını 1992, S. 47–52

Akyılmaz, Bahtiyar, Sosyal Risk İlkesi ve Uygulama Alanı (Das Prinzip des sozialen Risikos und dessen Anwendungsbereich), Gazi Üniversitesi Hukuk Fakültesi Dergisi, C. IX, Sayı: 1–2, 2004, S. 185–211

ders., İdare Hukukunda Kamu Görevlisine Rücu Sorunu (Das Problem des Rückgriffs auf den Beamten im Verwaltungsrecht), in: Prof. Dr. Fikret Eren'e Armağan, Ankara: Yetkin 2006, S. 1043–1060

ders., Yargı Kararlarının Yerine Getirilmemesinden Doğan Sorumluluk (Die Verantwortung des Staates aufgrund Nichtvollzugs von Gerichtsurteilen), Gazi Üniversitesi Hukuk Fakültesi Dergisi, Cilt: XI, Sayı: 1–2, 2007, S. 449–469

Altay, Evren, İdari Yargı Kararlarının Uygulanmamasından Doğan Uyuşmazlıklar (Die Rechtsstreitigkeiten aufgrund Nichtvollzugs von Gerichtsurteilen), Ankara: Turhan Kitabevi 2004

Atay, E. Ethem, Teori ve Yargı Kararlarında İdarenin Sorumluluğu ve Tazminat Davaları (Die Haftung des Staates und Schadensersatzklagen in Theorie und Rechtsprechung), 2. baskı, Ankara: Seçkin Yayınları 2010

Başgil, Ali Fuat, Devletin ve Diğer Amme Hükmi Şahıslarının Mesuliyeti Meselesi (Die Haftungsproblematik des Staates und anderer juristischen Personen des öffentlichen Rechts), Adliye Ceridesi, 1940, S. 582

Bayındır, Savaş, Sağlık Hizmetlerinde İdarenin ve Hekimlerin Sorumluluğu (Die Haftung der Verwaltung und des Arztes bei gesundheitlichen Dienstleistungen), Gazi Üniversitesi Hukuk Fakültesi Dergisi, Cilt: XI, Sayı: 1–2, 2007, S. 551–589

---

106 So auch der Staatsrat 8. Kammer E. 1987/984, K. 1989/329 (17.5.1989).

107 So auch der Staatsrat 5. Kammer E. 1992/5927, K. 1993/5798 (15.12.1993); *Altay*, İdari Yargı Kararlarının Uygulanmamasından Doğan Uyuşmazlıklar, S. 6 f.

108 *Candan*, Açıklamalı İdari Yargılama Usulü Kanunu, 4. baskı 2011, S. 75.

Çağlayan, Ramazan, Tarihsel, Teorik ve Pratik Yönleriyle İdarenin Kusursuz Sorumluluğu (Die verschuldensunabhängige Haftung der Verwaltung im Hinblick auf ihre Geschichte, Theorie und Praxis), Ankara: Asil Yayın 2007

Çelik, Edip, Avrupa İnsan Hakları Sözleşmesinin Türk Hukukundaki Yeri ve Uygulaması (Der Stellenwert der Europäischen Menschenrechtskonvention im türkischen Recht), İdare Hukuku ve İlimleri Dergisi, Sayı: 1–3, 1988, S. 47–56

Duran, Lütfi, Türkiye İdaresinin Sorumluluğu. Sorumluluğun Temeli ve Sebepleri, Sorumluluğa Yol Açan Olgular (Die Haftung der türkischen Verwaltung. Grundlagen, Gründe und die Tatsachen der Haftung), Ankara: TODAİE Yayınları 1974

Düzgün, Nuri/Elmacı, Şerafettin, Haksız Yakalama, Elkoyma ve Tutuklamadan Kaynaklanan Tazminat Davaları (Schadensersatzansprüche aufgrund unberechtigter Festnahme, Beschlagnahme und Verhaftung), Ankara: Adalet Yayınevi 2010

Evren, Çınar Can, İdarenin Sorumluluğunu Etkileyen Neden Olarak Mücbir Sebep (Höhere Gewalt als Wirkungsgrund für die Haftung der Verwaltung), Gazi Üniversitesi Hukuk Fakültesi Dergisi, Cilt: XIV, Sayı: 1, 2010, S. 263–297

Gözübüyük, Şeref A., Terör Olayları ve Yönetimin Sorumluluğu (Terroraktionen und die Haftung der Verwaltung), in: Prof. Dr. Turan Güneş'e Armağan, AÜSBF Dergisi, Cilt: 50, Sayı: 3–4, 1995, S. 193–199

ders./Gölcüklü, Feyyaz, Avrupa İnsan Hakları Sözleşmesi ve Uygulaması (Die EMRK und ihre Anwendung), 6. bası, Ankara: Turhan 2005

Gülmez, Mesut, Memurlar ve Sendikal Haklar (Die Beamten und die Gewerkschaftsrechte), Ankara: İmge 1990

Kılıçoğlu, Mustafa, Tazminat Hukuku (Schadensersatzrecht), 3. baskı, İstanbul: Legal Yayınları 2010

Köksal, Mustafa, Risk İlkesinin İdareye Yüklediği Külfetler ve Güncel Yargı Kararları (Die Lasten des Risikoprinzips für die Verwaltung und die aktuelle Rechtsprechung), Türkiye Barolar Birliği Dergisi, Sayı: 85, 2009, S. 241–272

Kutlu, Meltem, Deprem ve İdarenin Sorumluluğu (Erdbeben und die Haftung der Verwaltung, Amme İdaresi Dergisi, 32/4, 1999, S. 15–27

Özay, İl Han, Günışığında Yönetim (Transparente Verwaltung), İstanbul: Alfa Yayınları 1996

Özgüldür, Serdar, Askeri Yüksek İdare Mahkemesi Kararları Işığında Tam Yargı Davaları (Schadensersatzklagen im Lichte der Rechtsprechung des Hohen Militärverwaltungsgerichtshofs), Ankara: Yetkin 1996

Taşkın, Şaban Cankat, İdari Yargının Güncel Sorunları ve Yargı Kararlarının Uygulanmaması (Aktuelle Probleme der Verwaltungsgerichtsbarkeit und der Nichtvollzug von Gerichtsurteilen), Bursa Barosu Dergisi, Sayı 82 (Ocak-Şubat-Mart 2007), S.26–45

Abkürzungsverzeichnis

AY	T.C. Anayasası (Nr. 2709) (Türkische Verfassung)
AYİM	Askeri Yüksek İdare Mahkemesi (Hoher Militärverwaltungsgerichtshof)
AYMK	Anayasa Mahkemesi kararı (Entscheidung des Verfassungsgerichts)
BDDK	Bankacılık Düzenleme ve Denetleme Kurulu (Rat für die Regulierung und Aufsicht von Banken
BİMK	Bölge İdare Mahkemeleri, İdare Mahkemeleri ve Vergi Mahkemelerinin Kuruluşu ve Görevleri Hakkında Kanun (Nr. 2576) (Gesetz über die Gründung und Aufgaben von Gebietsverwaltungsgerichten, Verwaltungsgerichten und Steuergerichten)
CMK	Ceza Muhakemesi Kanunu (Nr.5271) (Strafprozessordnung)
DİK	Devlet İhale Kanunu (Nr. 2886) (Staatliches Vergabegesetz)
DK	Danıştay Kanunu (Nr. 2575) (Gesetz über den Staatsrat)
DMK	Devlet Memurları Kanunu (Nr. 657) (Beamtengesetz)
E.	Esas (Aktenzeichen)
HMK	Hukuk Muhakemeleri Kanunu (Nr. 6100) (Zivilprozessordnung neue Fassung)
HSK	Hakimler ve Savcılar Kanunu (Nr. 2802) (Richter- und Staatsanwaltsgesetz)
HUMK	Hukuk Usulü Muhakemeleri Kanunu (Nr. 1086) (Zivilprozessordnung alte Fassung)
İDDK	İdari Dava Daireleri Kurulu (Große Kammer des Staatsrates)
İİK	İcra ve İflas Kanunu (Zwangsvollstreckungs- und Konkursgesetz)
İYUK	İdari Yargılama Usulü Kanunu (Nr. 2577) (Verwaltungsgerichtsordnung)
K.	Karar (Entscheidungszeichen)

KİK	Kamu İhale Kanunu (Nr. 4734) (Öffentliches Vergabegesetz)
KK	Kamulaştırma Kanunu (Nr. 2942) (Enteignungsgesetz)
TBK	Türk Borçlar Kanunu (Nr. 818) (Türkisches Obliagtionenrecht)
TCK	Türk Ceza Kanunu (Nr. 5271) (Strafgesetzbuch)
TMK	Türk Medeni Kanun (Nr. 4721) (Türkisches Zivilgesetzbuch)
UM	Uyuşmazlık Mahkemesi (Konfliktgerichtshof)

Wesentliche Vorschriften

Anayasa
Verfassung[109]

Madde 19 (Kişi hürriyeti ve güvenliği)
(9) Bu esaslar dışında bir işleme tâbi tutulan kişilerin uğradıkları zarar, tazminat hukukunun genel prensiplerine göre, Devletçe ödenir.

Art. 19 (Freiheit und Sicherheit der Person)
(9) Der Schaden, welchen Personen durch die Behandlung außerhalb dieser Grundsätze erlitten haben, wird nach den Grundsätzen des Schadensersatzrechts vom Staat ersetzt.

Madde 40
(3) Kişinin, resmî görevliler tarafından vâki haksız işlemler sonucu uğradığı zarar da, kanuna göre, Devletçe tazmin edilir. Devletin sorumlu olan ilgili görevliye rücu hakkı saklıdır.

Art. 40
(3) Der Schaden, den eine Person aufgrund einer von einem Amtsträger begangenen unerlaubten Handlung erlitten hat, wird, dem Gesetz gemäß, vom Staat ersetzt. Das Recht des Staates zum Rückgriff auf den verantwortlichen Bediensteten ist vorbehalten.

Madde 125
(1) İdarenin her türlü eylem ve işlemlerine karşı yargı yolu açıktır.
[...]
(7) İdare, kendi eylem ve işlemlerinden doğan zararı ödemekle yükümlüdür.

Art. 125
(1) Gegen jede Art von Verwaltungshandeln und Verwaltungsakten steht der Rechtsweg offen.
[...]
(7) Die Verwaltung ist verpflichtet, den aus ihrem Handeln und ihren Akten entstehenden Schaden zu ersetzen.

Madde 129
(5) Memurlar ve diğer kamu görevlilerinin yetkilerini kullanırken işledikleri kusurlardan doğan tazminat davaları, kendilerine rücu edilmek kaydıyla ve kanunun gösterdiği şekil ve şartlara uygun olarak, ancak idare aleyhine açılabilir.

Art. 129 Abs. 5
Klagen auf Ersatz von Schäden, die aufgrund von in Ausübung ihrer Kompetenzen begangenen schuldhaften Handlungen von Beamten und anderen Angehörigen des öffentlichen Dienstes entstanden sind, können unter dem Vorbehalt, dass auf jene ein Rückgriff erfolgt, und gemäß den durch das Gesetz bestimmten Formen und Verfahren nur gegen die Verwaltung erhoben werden.

109 Als Grundlage für die deutsche Übersetzung der türkischen Verfassung dient die Übersetzung von Prof. Dr. *Christian Rumpf* (Stand: 1.1.2011), abrufbar unter http://www.tuerkei-recht.de/downloads/verfassung.pdf, zuletzt abgerufen am 25.4.2013.

İdari Yargılama Usulü Kanunu
Verwaltungsgerichtsordnung[110]

Madde 2
(1) İdari dava türleri şunlardır:
a) İdarî işlemler hakkında yetki, şekil, sebep, konu ve maksat yönlerinden biri ile hukuka aykırı olduklarından dolayı iptalleri için menfaatleri ihlâl edilenler tarafından açılan iptal davaları,
b) İdari eylem ve işlemlerden dolayı kişisel hakları doğrudan muhtel olanlar tarafından açılan tam yargı davaları,
c) Tahkim yolu öngörülen imtiyaz şartlaşma ve sözleşmelerinden doğan uyuşmazlıklar hariç, kamu hizmetlerinden birinin yürütülmesi için yapılan her türlü idari sözleşmelerden dolayı taraflar arasında çıkan uyuşmazlıklara ilişkin davalar.

§ 2
(1) Verwaltungsgerichtliche Klagen sind:
a) Anfechtungsklagen durch in seinen Rechten verletzten Antragsteller, die sich gegen einen Verwaltungsakt aufgrund ihrer Rechtswidrigkeit aus Gründen der Kompetenz, Form, Grund, Inhalt und Ziel richten,
b) Schadensersatzklagen durch Antragsteller, deren subjektive Rechte unmittelbar durch das Verwaltungshandeln und den Verwaltungsakt verletzt worden sind,
c) Klagen, die Streitigkeiten zwischen Vertragspartnern betreffen, die aus jedweden Verträgen zur Durchführung einer öffentlichen Aufgabe entstehen; abgesehen von Streitigkeiten über Konzessionsverträge und Verträge, die öffentliche Dienstleistungen betreffen und der Schiedsgerichtsbarkeit überlassen worden sind.

Madde 28
(4) Mahkeme kararlarının otuz gün içinde kamu görevlilerince kasten yerine getirilmemesi halinde ilgili, idare aleyhine dava açabileceği gibi, kararı yerine getirmeyen kamu görevlisi aleyhine de tazminat davası açılabilir.

§ 28
(4) Im Falle des vorsätzlichen Nichtvollzugs von Gerichtsurteilen innerhalb von dreißig Tagen können die Geschädigten entweder gegenüber dem Staat oder unmittelbar gegenüber dem dafür verantwortlichen Beamten ihre Schadensersatzansprüche geltend machen.

Hukuk Muhakemeleri Kanunu
Zivilprozessordnung[111]

Madde 46 Devletin sorumluluğu ve rücu
(1) Hâkimlerin yargılama faaliyetinden dolayı aşağıdaki sebeplere dayanılarak Devlet aleyhine tazminat davası açılabilir:
a) Kayırma veya taraf tutma yahut taraflardan birine olan kin veya düşmanlık sebebiyle hukuka aykırı bir hüküm veya karar verilmiş olması.
b) Sağlanan veya vaat edilen bir menfaat sebebiyle kanuna aykırı bir hüküm veya karar verilmiş olması.
c) Farklı bir anlam yüklenemeyecek kadar açık ve kesin bir kanun hükmüne aykırı karar veya hüküm verilmiş olması.

§ 46 Haftung des Staates und Rückgriffsrecht
(1) Aufgrund der rechtsprechenden Tätigkeit der Richter können aus folgenden Gründen gegen den Staat Schadensersatzansprüche geltend gemacht werden:
a) Wenn ein rechtswidriges Urteil oder eine rechtswidrige Entscheidung als Folge von Begünstigung, Befangenheit, Rachsucht oder Animosität gegenüber einer der Prozessparteien gefällt worden ist.
b) Wenn ein gesetzeswidriges Urteil oder eine gesetzeswidrige Entscheidung wegen Verschaffung eines Vermögensvorteils oder Versprechen eines solchen gefällt worden ist.
c) Wenn eine Entscheidung oder ein Urteil entgegen dem nicht anders zu interpretierenden und eindeutigen Wortlauts des Gesetzes gefällt worden ist.

---
110 Übersetzung der Verfasserin.
111 Übersetzung der Verfasserin.

ç) Duruşma tutanağında mevcut olmayan bir sebebe dayanılarak hüküm verilmiş olması.

d) Duruşma tutanakları ile hüküm veya kararların değiştirilmiş yahut tahrif edilmiş veya söylenmeyen bir sözün hüküm ya da karara etkili olacak şekilde söylenmiş gibi gösterilmiş ve buna dayanılarak hüküm verilmiş olması.

e) Hakkın yerine getirilmesinden kaçınılmış olması.

ç) Wenn ein Urteil aufgrund einer Tatsache, die nicht im Verhandlungsprotokoll steht, gefällt worden ist.

d) Wenn das Verhandlungsprotokoll, die Entscheidung oder das Urteil abgeändert oder manipuliert sind; ein nicht benutztes Wort ins Protokoll aufgenommen und das Urteil sich auf diese Tatsachen stützend gefällt worden ist.

e) Wenn das Gericht sich der Durchführung des Verfahrens rechtswidrig entzogen hat.

(2) Tazminat davasının açılması, hâkime karşı bir ceza soruşturmasının yapılması yahut mahkûmiyet şartına bağlanamaz.

(3) Devlet, ödediği tazminat nedeniyle, sorumlu hâkime ödeme tarihinden itibaren bir yıl içinde rücu eder.

(2) Für die Schadensersatzklage darf eine strafrechtliche Ermittlung oder ein Schuldspruch gegen den Richter nicht vorausgesetzt werden.

(3) Der Staat macht sein Rückgriffsrecht gegen den Richter innerhalb von einem Jahr nach der Auszahlung des Schadensersatzes geltend.

Ceza Muhakemesi Kanunu
Strafprozessordnung[112]

Madde 141 Tazminat istemi

(1) Suç soruşturması veya kovuşturması sırasında;

a) Kanunlarda belirtilen koşullar dışında yakalanan, tutuklanan veya tutukluluğunun devamına karar verilen,

b) Kanunî gözaltı süresi içinde hâkim önüne çıkarılmayan,

c) Kanunî hakları hatırlatılmadan veya hatırlatılan haklarından yararlandırılma isteği yerine getirilmeden tutuklanan,

d) Kanuna uygun olarak tutuklandığı hâlde makul sürede yargılama mercii huzuruna çıkarılmayan ve bu süre içinde hakkında hüküm verilmeyen,

e) Kanuna uygun olarak yakalandıktan veya tutuklandıktan sonra haklarında kovuşturmaya yer olmadığına veya beraatlerine karar verilen,

f) Mahkûm olup da gözaltı ve tutuklulukta geçirdiği süreleri, hükümlülük sürelerinden fazla olan veya işlediği suç için kanunda öngörülen cezanın sadece para cezası olması nedeniyle zorunlu olarak bu cezayla cezalandırılan,

§ 141 Schadensersatzanspruch

(1) Während einer Strafermittlung oder Strafverfolgung können die Personen jegliche materiellen und immateriellen Schäden gegenüber dem Staat geltend machen, wenn eine Person

a) außerhalb der in Gesetzen vorgesehenen Voraussetzungen festgenommen oder verhaftet worden ist oder widergesetzlich über die Fortsetzung der sie betreffenden Verhaftungsmaßnahme entschieden wurde,

b) innerhalb der gesetzlichen Gewahrsamsfrist nicht dem Richter vorgeführt worden ist,

c) ohne über ihre gesetzlichen Rechte aufgeklärt worden zu sein bzw. ohne die Erfüllung des Wunsches, von ihren gesetzlichen Rechten Gebrauch zu machen, verhaftet worden ist,

d) trotz gesetzmäßiger Verhaftung nicht innerhalb angemessener Frist dem Richter vorgeführt worden und über sie ein Urteil gefällt worden ist,

e) rechtmäßig festgenommen oder verhaftet wurde, aber danach gegen sie entweder keine Strafverfolgung eingeleitet worden ist oder sie freigesprochen wird,

f) zwar verurteilt worden ist, aber die als Festgenommene oder Verhaftete im Gefängnis verbrachte Zeit die im Urteil festgelegte Haftstrafe überschreitet; oder die für die Straftat vorgesehene gesetzliche Strafe ausschließlich eine Geldstrafe

112 Übersetzung der Verfasserin.

ist und dementsprechend nur eine Geldstrafe ausgesprochen wurde,

g) Yakalama veya tutuklama nedenleri ve haklarındaki suçlamalar kendilerine, yazıyla veya bunun hemen olanaklı bulunmadığı hâllerde sözle açıklanmayan,

g) nicht über die Gründe der Festnahme- bzw. der Verhaftung sowie gegen sie erhobenen Vorwürfe schriftlich, wenn dies nicht sofort möglich ist, mündlich aufgeklärt worden ist.

h) Yakalanmaları veya tutuklanmaları yakınlarına bildirilmeyen,

h) wenn die Festnahme oder die Verhaftung einer Person nicht den Angehörigen mitgeteilt worden ist.

i) Hakkındaki arama kararı ölçüsüz bir şekilde gerçekleştirilen,

i) wenn die Durchsuchungsanordnung unverhältnismäßig durchgeführt worden ist,

j) Eşyasına veya diğer malvarlığı değerlerine, koşulları oluşmadığı halde elkonulan veya korunması için gerekli tedbirler alınmayan ya da eşyası veya diğer malvarlığı değerleri amaç dışı kullanılan veya zamanında geri verilmeyen, Kişiler, maddî ve manevî her türlü zararlarını, Devletten isteyebilirler.

j) wenn die Sachen oder andere Vermögenswerte einer Person beschlagnahmt wurden, ohne dass die dafür erforderlichen gesetzlichen Voraussetzungen vorliegen; wenn die erforderlichen Maßnahmen zum Schutz dieser Sachen bzw. Vermögenswerte nicht getroffen worden sind oder diese über den Zweck hinaus verwendet wurden oder dem Besitzer nicht rechtzeitig zurück gegeben worden sind.

(2) Birinci fıkranın (e) ve (f) bentlerinde belirtilen kararları veren merciler, ilgiliye tazminat hakları bulunduğunu bildirirler ve bu husus verilen karara geçirilir.

(2) Die Behörden, die die in den Ziffern (e) und (f) erwähnten Entscheidungen getroffen haben, teilen den Betroffenen mit, dass sie Anspruch auf Schadensersatz haben. Dies wird mit der Entscheidung zu Protokoll gegeben.

Devlet Memurları Kanunu
Beamtengesetz[113]

Madde 13

(I) Kişiler kamu hukukuna tabi görevlerle ilgili olarak uğradıkları zararlardan dolayı bu görevleri yerine getiren personel aleyhine değil, ilgili kurum aleyhine dava açarlar. (...) Kurumun, genel hükümlere göre sorumlu personele rücu hakkı saklıdır.

(II) İşkence ya da zalimane, gayri insani veya haysiyet kırıcı muamele suçları nedeniyle Avrupa İnsan Hakları Mahkemesince verilen kararlar sonucunda Devletçe ödenen tazminatlardan dolayı sorumlu personele rücu edilmesi hakkında da yukarıdaki fıkra hükmü uygulanır.

§ 13

(1) Personen, die aufgrund eines öffentlich-rechtlichen Handelns Schaden erlitten haben, erheben ihre Schadensersatzansprüche nicht gegen die Beamten, sondern gegen die zuständige Behörde. (...) Das Rückgriffsrecht der Behörde gegen den Beamten bleibt vorbehalten.

(2) Für das Rückgriffrecht gegen die Beamten bei Entschädigungssummen, die aufgrund eines Urteils des EGMR wegen Folter, unmenschlicher oder erniedrigender Behandlung vom Staat ausgezahlt worden sind, findet die oben genannte Regelung Anwendung.

113 Übersetzung der Verfasserin.

§ 25 Ungarn

Herbert Küpper

Inhaltsübersicht

A. Grundlagen

Das ungarische Staatshaftungsrecht steht seit seiner erstmaligen Kodifizierung 1959 unter dem Einfluss des sowjetischen Rechts. Es wurde ausgestaltet als ein Sonderfall der Arbeitgeberhaftung, nämlich der Haftung des Staates für das Handeln seiner Bediensteten in Verwaltung und Justiz. Auch die Neukodifikationen des bürgerlichen Rechts 2009 und 2013 haben keinen grundlegenden Paradigmenwechsel gebracht, sondern die Staatshaftung zwar aus der Arbeitgeberhaftung gelöst, aber als Unterfall der deliktischen Haftung für das Verhalten Dritter beibehalten. Diese Unrechtshaftung erhielt 2011 Verfassungsrang. Daneben kennt das ungarische Recht Sonderhaftungstatbestände etwa bei unrechtmäßiger Haft, überlanger Prozessdauer, der Enteignung oder der Verletzung des allgemeinen Persönlichkeitsrechts.

Für die rechtswissenschaftliche Kategorisierung des Staatshaftungsrechts hat die Niederlegung im Bürgerlichen Gesetzbuch zur Folge, dass es als Teil des Zivilrechts gilt.[1] Die ungarische Rechtswissenschaft definiert die Teilgebiete des Rechts stark nach dem Zuschnitt der Gesetze

1 Die Literatur zum Verwaltungsrecht – vor allem die Lehrbücher – beschäftigt sich daher mit dem Staatshaftungsrecht nicht oder nur am Rande.

und nicht nach inhaltlichen oder sonstigen wissenschaftlichen Kategorien. Innerhalb des Deliktsrechts führt die Staatshaftung eine wissenschaftliche Randexistenz. Größer ist ihre praktische Bedeutung, jedenfalls wenn man die Anzahl der veröffentlichten höchstgerichtlichen Urteile als Maßstab nimmt.

I. Rechtsstaatliche Determinanten der Verfassungsordnung[2]

In Ungarn galt bis Ende 2011 formal noch die stalinistische Verfassung von 1949: *a Magyar Köztársaság Alkotmányáról szóló 1949. évi XX. törvény*[3] (Gesetz 1949:XX über die Verfassung der Republik[4] Ungarn, abgekürzt: Alk.). Sie wurde 1972 grundlegend novelliert, was erste rechtsstaatliche Elemente brachte. Eine umfassende, wenn auch etappenweise Revision erfolgte in den Wendejahren 1989/90. Ab dann stand die ungarische Verfassung auf dem Boden eines liberalen Rechtsstaats mit Mehrparteiendemokratie, Marktwirtschaft, Respekt vor den Grundrechten und Freiräumen für die Zivilgesellschaft; sie schleppte allerdings wegen ihrer stückchenweisen Novellierung in über 30 Änderungen seit 1989 an zahlreichen Stellen noch sozialistische Formulierungen oder sozialistisches Gedankengut mit.[5]

Am 1.1.2012 trat *Magyarország Alaptörvénye*[6] (Ungarns Grundgesetz vom 25.4.2011, abgekürzt: Alaptv.) in Kraft. Es macht den Ethnonationalismus zur verbindlichen Staatsdoktrin und bricht insoweit mit der liberalen Tradition einer ideologisch neutralen Verfassung. Rechtsstaatlichkeit, Mehrparteiendemokratie, die Grundrechte und – wenn auch deutlich weniger prononciert – die Marktwirtschaft zählen weiterhin zu den Grundlagen der Verfassungsordnung.

Seit 1989 definieren § 2 Abs. 1 Alk., Art. B) Abs. 1 Alaptv.[7] Ungarn als „unabhängigen, demokratischen Rechtsstaat". Hierbei spielt die Rechtsstaatlichkeit eine überragende Rolle. In der politischen und rechtswissenschaftlichen Debatte ist „Rechtsstaat" ein eindeutig positiv besetzter Begriff, und auch das VerfG löst zahlreiche Fälle unter Rückgriff auf die Rechtsstaatsklausel, obwohl häufig speziellere Vorschriften einschlägig sind und präzisere Maßstäbe liefern.[8]

Die im In- und Ausland äußerst umstrittene 4. Verfassungsänderung vom 25.3.2013 fügte in Punkt 5 der Schlussbestimmungen eine Vorschrift ein, wonach die vor Inkrafttreten des Alaptv. erlassenen Verfassungsgerichtsentscheidungen ihre „Geltung" verlieren. Hintergrund ist, dass die nationalpopulistische Regierung dem VerfG den Rückgriff auf seine liberale Rechtsprechung der ersten zwei Jahrzehnte abschneiden will. Wie sich dies auf die Inhalte der Verfassungsauslegung und -rechtsprechung auswirken wird, bleibt abzuwarten und hängt sehr vom VerfG selbst ab. Die vorangegangene und alle weiteren Aussagen zur verfassungsgerichtlichen Praxis stehen daher unter dem Vorbehalt, ob das VerfG seine bisherige Linie beibehalten wird.

---

2 *Küpper*, Die ungarische Verfassung; *ders.*, Einführung, S. 33; *ders.*, Ungarns Verfassung vom 25. April 2011.

3 Dt. Übersetzung u.a. in *Hufeld/Epiney*, Europäisches Verfassungsrecht, 2. Aufl. 2010, S. 69.

4 Bis 1989: Volksrepublik.

5 *Küpper*, Sozialistische Überreste in den Verfassungen der neuen EU-Mitgliedstaaten im Lichte des gemeinschaftsrechtlichen Homogenitätsgebots, Jahrbuch für Ostrecht 48 (2007), 203 (213); *Küpper*, Die „unvollendete Revolution": Sozialistische Überreste in der ungarischen Verfassung, Südosteuropa 2008, 183; *Küpper*, A szocialista maradványok szerepe a magyar alkotmányban, Fundamentum 4/2007, 53.

6 Dt. Übersetzung in *Küpper*, Ungarns Verfassung vom 25. April 2011, S. 199.

7 Das Grundgesetz vom 25.4.2011 besteht aus sechs Teilen mit jeweils eigener Artikelnummerierung: die *„Nationales Glaubensbekenntnis"* betitelte Präambel (Teil des Normtextes, keine Artikelunterteilung), die *„Grundlegung"* [Staatsgrundsatznormen, Art. A) bis U)], *„Freiheit und Verantwortung"* (Grundrechte und -pflichten, Art. I. bis XXXI.), *„Der Staat"* (Staatsorganisation und Ausnahmezustände, Art. 1. bis 54.), *„Schluss- und vermischte Bestimmungen"* (gegliedert in Nr. 1 bis Nr. 26) und die nicht mehr zum Normtext gehörende, nicht weiter unterteilte Postambel und Schlussformel.

8 *Küpper*, Die ungarische Verfassung, S. 43.

Die Auslegung des Rechtsstaatsbegriffs orientiert sich stark an der deutschen Dogmatik. Die Rechtsprechung des BVerfG erfährt große Aufmerksamkeit in der ungarischen Rechtswissenschaft und Verfassungsrechtsprechung. Im Vordergrund steht der formelle Rechtsstaat, während Aspekte der materiellen Rechtsstaatlichkeit bislang vor allem in der rechtlichen Aufarbeitung der sozialistischen Diktatur eine Rolle gespielt haben.[9]

Integraler Bestandteil der Rechtsstaatsdoktrin ist die Haftung des Staates für eigenes Unrecht.[10] Bis 2011 fehlte es an einer separaten Staatshaftungsklausel in der Verfassung. Seit 2012 garantiert Art. XXIV. Abs. 2 Alaptv. die Haftung für behördliche Rechtsverletzungen als subjektives Recht im Rahmen der Gesetze.[11] Art. XXIV. Alaptv. insgesamt regelt das aus der Europäischen Grundrechtecharta – wenn auch mit verkürztem Wortlaut – rezipierte Recht auf gute Verwaltung, als dessen Teilgarantie sich die Staatshaftung somit darstellt.[12] Ausdrücklich verfassungsrechtlich garantiert sind zudem der Schadensersatz bei unrechtmäßiger Haft (§ 55 Abs. 3 Alk., Art. IV. Abs. 4 Alaptv.) und die Entschädigung bei Enteignungen (§ 13 Abs. 2 Alk., Art. XIII. Abs. 2 Alaptv.). Der Unterschied zwischen Schadensersatz und Entschädigung entspricht in etwa dem im deutschen Recht.

Staatshaftungsfeindlich wirkt die durch die 4. Verfassungsänderung eingefügte Vorschrift des Art. 37 Abs. 6 Alaptv., wonach ein Finanzbedarf, der durch ein Urteil des VerfG, des EuGH oder anderer Gerichte und Behörden entsteht und durch den entsprechenden Haushaltsansatz nicht gedeckt ist, durch eine Sondersteuer zu decken ist, die bereits im Namen ausdrücklich das Urteil als Anlass der Sondersteuer nennt. Hierdurch sollen v.a. die Gerichte abgeschreckt werden, allzu hohe Leistungsurteile gegen den Staat zu verhängen – zumal die Regierung durch niedrige Ansätze im Haushaltsgesetz die Lage der „Unterdeckung" leicht selbst herbeiführen kann. In dieselbe Richtung kann Art. N) Abs. 3 Alaptv. wirken, der auch das VerfG und die Gerichte zu einer „nachhaltigen Haushaltswirtschaft" verpflichtet. In rechtsstaatlicher Auslegung besagt die Vorschrift, dass die Gerichte ihren eigenen Haushalt nachhaltig bewirtschaften sollen. Von Regierungsseite wird jedoch eine Auslegung propagiert, dass die Justiz in ihren Urteilen auch inhaltlich auf die daraus entstehenden finanziellen Belastungen für den Staat Rücksicht nehmen soll.[13]

Darüber hinaus enthält die Verfassung weitere Vorschriften, die für die Staatshaftung von Relevanz sein können: Neben der Eigentumsgarantie in § 13 Alk., Art. XIII. Alaptv. führte § 9 Abs. 1 Alk. die Gleichberechtigung zwischen öffentlichem und privatem Eigentum ein, was auf den Abbau der zu sozialistischer Zeit beträchtlichen Privilegien des öffentlichen Eigentums zielte. Diese Privilegien sind seit der Wende tatsächlich fast vollständig verschwunden.[14] Art. 38 Alaptv. führt die ausdrückliche Gleichstellung beider Eigentumsformen nicht fort, sondern setzt sie stillschweigend voraus und unterwirft das Eigentum der öffentlichen Hand einer verstärkten Pflichtbindung.[15]

---

9 *Küpper*, Länderbericht Ungarn, in: Schroeder/Küpper (Hrsg.): Die rechtliche Aufarbeitung der kommunistischen Vergangenheit in Osteuropa, 2009, S. 271.

10 VerfG 23/2003. (V. 13.) AB, ABH 2003 S. 313; *Győrfi/Jakab*, in: Jakab, Az Alkotmány kommentárja, § 2 Rn. 140.

11 Weil Art. XXIV. Abs. 2 Alaptv. von „Behörden" spricht, garantiert er die Staatshaftung nur in Bezug auf die Exekutive, nicht aber auf Gerichte: VerfG 3003/2013. (I. 15.) AB, ABK 2013 Nr. 1.

12 *Jakab*, Alaptörvény keletkezése, S. 227.

13 Zur rechtsstaatlichen Auslegung *Jakab*, Alaptörvény keletkezése, S. 196; die Regierungssicht vertritt *Ablonczy*, Az Alkotmány nyomában. Beszélgetések Szájer Józseffel és Gulyás Gergellyel, 2011, S. 77; im Vergleich zum ungarischen Original verwässert ist diese Aussage in der deutschen Übersetzung des Werks: *Ablonczy*, Gespräche über das Grundgesetz Ungarns, 2012, S. 90.

14 *Drinóczi*, Gazdasági alkotmány és gazdasági alapjogok, 2007, S. 182.

15 *Jakab*, Alaptörvény keletkezése, S. 285.

Rechtsstaat und Nichtprivilegierung des öffentlichen Eigentums bedeuten auch, dass der Staat in Vertragsbeziehungen der für alle geltenden Vertragshaftung unterliegt und sich hiervon nur ausnahmsweise durch Gesetz freistellen kann.

Neu im Alaptv. ist das Grundrecht auf eine „gute Verwaltung", die unparteiisch, fair und zügig entscheidet, ihre Entscheidungen begründet (Präambel, Art. XXIV. Abs. 1 Alaptv.) und die zur Steigerung von Effizienz und Transparenz neue technische Lösungen und wissenschaftliche Erkenntnisse umsetzt (Art. XXVI. Alaptv.). Art. XXVIII. Abs. 1 Alaptv. gewährt ein Grundrecht auf einen fairen und nicht unvernünftig langen Prozess;[16] dieses Grundrecht instrumentalisiert die erwähnte 4. Verfassungsänderung vom 25.3.2013 dahingehend, dass die Exekutive anhängige Prozesse einem anderen Gericht zuweisen kann (Art. 27 Abs. 4 Alaptv., in Kraft seit dem 1.4.2013).

Seit 1989 ermächtigen § 50 Abs. 2 Alk., Art. 25 Abs. 2 lit. b) Alaptv. die Gerichte, Verwaltungsentscheidungen zu kontrollieren. Hierauf hat der einzelne Betroffene gemäß § 57 Abs. 5 Alk., Art. XXVIII. Abs. 7 Alaptv. einen grundrechtlichen Anspruch.[17] Bislang wurde die verwaltungsgerichtliche Kontrolle durch gesonderte Spruchkörper innerhalb der ordentlichen Gerichtsbarkeit ausgeübt.[18] Seit 2012 ist ein Prozess im Gange, die erstinstanzlichen Verwaltungskammern aus der ordentlichen Gerichtbarkeit aus- und den Arbeitsgerichten einzugliedern, die jetzt „Verwaltungs- und Arbeitsgerichte" heißen. Ab der zweiten Instanz verbleibt es bei separaten Spruchkörpern der ordentlichen Gerichte. Darüber hinaus garantierte § 70/K Alk. den Gerichtsweg für Ansprüche wegen der Verletzung von Grundrechten;[19] im Alaptv. ist diese überflüssige Vorschrift entfallen.

Neben den Gerichten ist auch die Staatsanwaltschaft – in Fortführung sozialistischer Traditionen – zur Rechtsaufsicht über die öffentliche Verwaltung befugt, allerdings seit der Wende nur noch in reduziertem Maße (§ 51 Abs. 1, 3 Alk., noch schwächer in Art. 29 Abs. 1 Alaptv.). Zudem führt eine staatsanwaltschaftliche Rüge nicht zur Aufhebung der Verwaltungsmaßnahme, sondern zu deren gerichtlicher Überprüfung. In der Praxis spielt die staatsanwaltschaftliche Rechtsaufsicht schon aus Kapazitätsgründen keine große Rolle. Bedeutender ist die Verwaltungskontrolle durch die Ombudsleute (§ 32/B Alk., Art. 30 Alaptv.), die Fälle von *maladministration* rügen können. Hiermit ist allerdings keine unmittelbare Abhilfe verbunden, da eine Beanstandung durch die Ombudsleute die Verwaltungsmaßnahme nicht aufhebt.[20]

II. Grundsätzliche Voraussetzungen einer Staatshaftung

Im ausgehenden Mittelalter beschränkte sich die Haftungsimmunität des Monarchen auf seine Person, während „unser Fürst die Schäden ersetzen muss, die seine Beamten oder Leibeigenen wem auch immer verursacht haben"[21]. Später setzte sich die Doktrin der Staatsimmunität durch. Bis 1959 beruhte das Zivilrecht weitgehend auf Gewohnheitsrecht. Das betraf auch das Delikts-

---

16 Die Vorgängernorm des § 57 Abs. 1 Alk. erwähnte nur ein „faires" Verfahren; aus der Fairness konnte auch die Zügigkeit abgeleitet werden, war aber anders als im Alaptv. nicht ausdrücklich erwähnt: *Jakab*, Alaptörvény keletkezése, S. 228.

17 *Varga*, in: Jakab, Az Alkotmány kommentárja, § 57 Rn. 416.

18 *Küpper*, Justizreform in Ungarn, 2004, S. 17, http://www.forost.lmu.de/fo_library/forost_Arbeitspapier_23.pdf (zuletzt abgerufen am 4.4.2013).

19 Zu dieser schwer zu handhabenden Vorschrift *Vincze*, Die unmittelbare Anwendbarkeit der ungarischen Verfassung, Jahrbuch für Ostrecht 50 (2009), 83; *Vincze/Jakab*, in: Jakab, Az Alkotmány kommentárja, § 70/K.

20 *Küpper*, in: Jakab, Az Alkotmány kommentárja, § 32/B Rn. 49–63.

21 Teil 2 Titel 39 § 1 Tripartitum; dies ist eine quasinormative Zusammenstellung des Gewohnheitsrechts durch *Werbőczy* von 1514. Eine formelle Inkraftsetzung unterblieb, aber bis 1848 galt es als authentische Darstellung des geltenden Gewohnheitsrechts: *Harmathy*, A Survey on the History of Civil and Commercial Law, in: ders.

recht, zu dem die Unrechtshaftung der und für die Beamten gerechnet wurde. Einige Gesetze z.B. über Richter begrenzten die Eigenhaftung bestimmter Kategorien öffentlicher Bediensteter.[22] 1933 etablierte ein höchstgerichtliches Grundsatzurteil die subsidiäre Haftung des Staates hinter der Eigenhaftung des Beamten.[23]

Mit dem Erlass des ersten Bürgerlichen Gesetzbuchs 1959 übernahm Ungarn in manchen Bereichen das sowjetische Privatrecht. Das betraf auch die Staatshaftung, die den Vorschriften in Art. 407, 407a Zivilgesetzbuch der Russländischen Sozialistischen Föderativen Sowjetrepublik von 1922 nachgebildet wurde,[24] ohne sie in allen Einzelheiten zu kopieren. Die Grundidee des sowjetischen Rechts, die Staatshaftung im Deliktsrecht zu verorten und dort als einen Sonderfall der Arbeitgeberhaftung auszugestalten, wurde zusammen mit deren ideologischer Grundlage der Einheitlichkeit der Arbeitsverhältnisse[25] in der VR Ungarn rezipiert. In sozialistischer Zeit war die Staatshaftung grundsätzlich eng auszulegen;[26] dieser Grundsatz ist spätestens seit der Wende hinfällig.

Der allgemeine Tatbestand der Staatshaftung ist in dem bis zum 14.3.2014 geltenden *a Polgári Törvénykönyvről szóló 1959. évi IV. törvény* (Gesetz 1959:IV über das Bürgerliche Gesetzbuch, abgekürzt: Ptk. 1959[27]) in § 349 niedergelegt. Diese Vorschrift ist kein voller Haftungstatbestand, sondern erstreckt lediglich die Arbeitgeberhaftung in § 348 Ptk. 1959 auf den Bereich der Verwaltung und Justiz und modifiziert diese leicht. Beide Vorschriften müssen daher gemeinsam gelesen werden. Danach setzt die Staatshaftung voraus, dass im Zuständigkeitsbereich der Staatsverwaltung, Gerichte oder Staatsanwaltschaften ein rechtswidriges Handeln oder Unterlassen bei einem Dritten einen Schaden verursacht, den dieser weder mit regulären Rechtsbehelfen abwehren noch sonst vermeiden oder mindern kann. Falls der handelnde oder unterlassende öffentliche Bedienstete diesen zu vertreten hat, haftet die öffentliche Hand ohne Exkulpationsmöglichkeit. Die allgemeinen Vorschriften des Deliktsrechts vom Mitverschulden bis hin zur Schadensberechnung gelten auch im Bereich der Staatshaftung.

Das 2009 verabschiedete, aber dann doch nicht in Kraft gesetzte[28] *a Polgári Törvénykönyvről szóló 209. évi CXX. törvény* (Gesetz 2009:CXX über das Bürgerliche Gesetzbuch, abgekürzt: Ptk. 2009)[29] modifiziert diese Konzeption nur leicht, und hierbei bleibt es[30] auch im *a Polgári Törvénykönyvről szóló 2013. évi V. törvény* (Gesetz 2013:V über das Bürgerliche Gesetzbuch, abgekürzt:

(Hrsg.), Introduction to Hungarian Law, 1998, S. 11; *Küpper*, Einführung in die Rechtsgeschichte Osteuropas, 2005, S. 298.

22 *Borbás*, Az állami immunitás és felelősség tendenciái Magyarországon – múlt, jelen, jövő, Jura 2008/2, 155; *Szladits* (Hrsg.), Magyar Magánjog. IV: Kötelmi jog különös része, 1942, S. 907, 917.

23 *Lőrincz* (Hrsg.), Közigazgatási jog, 2007, S. 146.

24 *Küpper*, Kollektive Rechte in der Wiedergutmachung von Systemunrecht, 2004, S. 54.

25 Diese besagt, dass die Beschäftigung im öffentlichen Dienst keinem Sonderregime, sondern dem allgemeinen Arbeitsrecht unterliegen soll.

26 OG, BH 1977 Nr. 435.

27 Dt. Übersetzung (allerdings ohne Aktualisierungen) in *Brunner/Schmid/Westen* (Hrsg.), WOS – Wirtschaftsrecht osteuropäischer Staaten, Loseblatt, bis 2002, Ungarn II.1.a), III.1., IV.1.

28 Das Einführungsgesetz 2010:XV, das ein stufenweises Inkrafttreten des Ptk. 2009 vorgesehen hatte, wurde vom VerfG für verfassungswidrig erklärt. Daraufhin erließ das zwischenzeitlich mit veränderter Mehrheit neu gewählte Parlament Gesetz 2010:LXXIII über das Nichtinkrafttreten des BGB. Zeitgleich begannen die Kodifikationsarbeiten zu einem neuen BGB, weitgehend auf der Grundlage des Expertenentwurfs zum Ptk. 2009.

29 Dt. Übersetzung in Jahrbuch für Ostrecht 51 (2010), 383. Einen Überblick bietet *Csehi*, Überblick über das neue ungarische BGB von 2009, Jahrbuch für Ostrecht 51 (2010), 255. Speziell zum Staatshaftungsrecht gemäß Ptk. 2009 *Küpper*, Einführung, S. 167.

30 *Bella*, Az állam kártérítési felelőssége a magyar jogban, 2011, S. 294; *Uttó*, Közhatalmi kárfelelősség a három Polgári Törvénykönyv tükrében, MJ 2010, 597.

Ptk. 2013)[31], das am 15.3.2014 in Kraft treten soll. Grundsätzlich ist die Staatshaftung kein Sonderfall der Arbeitgeberhaftung mehr, sondern neben der Arbeitgeberhaftung und der Haftung für verschuldensunfähige Personen ein dritter Fall deliktischer Verantwortlichkeit für das Verhalten Dritter. Im Ergebnis ändert sich dadurch wenig. Durch die Neufassung der deliktischen Grundlagenvorschriften ergeben sich im Bereich der Rechtswidrigkeit möglicherweise Verschiebungen, die so vom Gesetzgeber kaum gewollt sein können (→ B.II.).

Es ist abzuwarten, ob die Rechtsprechung die zum alten Recht entwickelte umfangreiche Judikatur auf das neue Recht überträgt. Hierfür spricht, dass das Ptk. 2013 nicht einen Bruch mit dem alten Recht beabsichtigt, sondern dieses behutsam fortentwickeln will.[32] Dennoch muss stets einzelfallbezogen geprüft werden, ob die von der Rechtsprechung zum Ptk. 1959 entwickelten Standards unter dem neuen Recht anwendbar bleiben.

III. Rechtsquellen des Staatshaftungsrechts im Überblick

Verfassungsrechtlich ist die Staatshaftung für rechtswidrige Schadenszufügung erst ab 2011 verankert: Art. XXIV. Abs. 2 Alaptv. gewährt hierauf ein subjektives Recht, allerdings nur im Rahmen der Gesetze. Darüber hinaus werden zwei Detailansprüche gewährleistet: die volle, unbedingte und sofortige Enteignungsentschädigung in § 13 Abs. 2 Alk., Art. XIII. Abs. 2 Alaptv.[33] und der Schadensersatz bei unrechtmäßiger Verhaftung oder Haft in § 55 Abs. 3 Alk., Art. IV. Abs. 4 Alaptv. Die Einzelheiten regeln das *a kisajátításról szóló 2007. évi CXXIII. törvény*[34] (Enteignungsgesetz, abgekürzt: Kisajátítási tv.) i.V.m. dem jeweiligen Spezialgesetz sowie das *a büntetőeljárásról szóló 1998. évi XIX. törvény* (StPO, abgekürzt: Be.). Wegen der Verankerung der Haftentschädigung in der Be. gilt das gesteigerte strafprozessuale Fairnessgebot auch für Schadensersatzverfahren.[35]

Die wichtigste Rechtsquelle für die Staatshaftung ist das Zivilrecht, wo das Ptk. 1959 im März 2014 durch das Ptk. 2013 ersetzt wird. In beiden Kodizes ist die Staatshaftung als ein besonderer Fall der Deliktshaftung ausgestaltet: im Ptk. 1959 als Unterfall der Arbeitgeberhaftung, im Ptk. 2013 als gesonderter Spezialtatbestand der Haftung für das Verhalten Dritter. Da in beiden Ptk. die einschlägigen Regelungen ausgesprochen kurz sind, spielt Richterrecht die zentrale Rolle bei der Auslegung und Konkretisierung der Voraussetzungen sowie der Rechtsfolgen.[36]

Die Regelung im Rahmen des Deliktsrechts bewirkt, dass in beiden Ptk. die allgemeinen Vorschriften der deliktischen Haftung auch für die Staatshaftung gelten,[37] so insbesondere das Absehen von der vollen Haftung aus Billigkeit, die Schadensabwehr- und -minderungspflicht des Geschädigten, präventive Abwehransprüche gegen einen potenziellen Schädiger bei Gefahr der Schädigung, das Verbot des vorherigen vertraglichen Ausschlusses für vorsätzliche Scha-

31 Dt. Übersetzung zur Veröffentlichung vorgesehen in *Breidenbach* (Gesamthrsg.), Handbuch Wirtschaft und Recht in Osteuropa, Loseblatt, UNG 200.

32 *Kodifikationskommission*, A Felelősség szerződésen kívül okozott károkért, Polgári Jogi Kodifikáció 2007/6, S. 3.

33 *Chronowski/Rózsás*, Alkotmányjog és közigazgatási jog, 2005, S. 111; *Drinóczi*, A tulajdon alkotmányos védelme az Alkotmánybíróság gyakorlatában, Napi Jogász 2002/3, S. 10; *Petrik*, Kisajátítási jog. A kisajátításról szóló új törvény szerint, 2008.

34 Dt. Übersetzung in *Breidenbach*, Handbuch Wirtschaft und Recht (Fn. 31), UNG 205.

35 VerfG 42/2003. (IX. 19.) AB, ABH 2003 S. 453. Die erwähnte 4. Verfassungsänderung hat die „Geltung" dieser und aller anderen alten Entscheidungen aufgehoben; je nach Auslegung dieser Novelle darf auf die alte Rechtsprechung und somit auch auf diese Entscheidung nicht mehr zurückgegriffen werden.

36 Zusammenstellungen der Rechtsprechung zu §§ 348, 349 Ptk. 1959 enthalten *Gellérthegyi/Uttó*, A közigazgatási szervek ... kárfelelőssége; *Köles*, Az államigazgatási jogkörben okozott kár megtérítése.

37 *Petrik* (Hrsg.), Polgári jog. Kommentár a gyakorlat számára, Loseblatt, § 349, S. 608; *Tilk*, A közigazgatási hátósági, Bd. 1, S. 48.

denszufügung oder die Schädigung hochwertiger Rechtsgüter, der Ausschluss von Schadensersatz des Angegriffenen an den Angreifer bei notwendiger Notwehr sowie die gesamtschuldnerische Haftung bei der Schadenszufügung durch mehrere Personen. Im Ptk. 2013 tritt als weitere allgemeine Regel hinzu, dass die Schadenszufügung für sich bereits die Rechtswidrigkeit konstituiert; auf die Probleme, die hieraus für die Staatshaftung entstehen, wird unter Punkt B.II. näher eingegangen. Auch in Bezug auf Umfang und Berechnung des Schadens sind die allgemeinen Deliktsregeln anwendbar. Schließlich gilt das allgemeine Aufrechnungsverbot gegenüber deliktischen Schulden aus vorsätzlicher Schädigung in § 297 Abs. 1 Ptk. 1959, § 6:51 Abs. 1 lit. b) Ptk. 2013 auch in der Staatshaftung.

Ein Blankettverweis in Sachen Entschädigung für rechtmäßig verursachte Schäden enthielt erstmals § 5:560 Ptk. 2009, übernommen in § 6:564 Ptk. 2013. Danach kommt eine derartige Haftung in Betracht, falls sie spezialgesetzlich angeordnet ist; § 6:564 Ptk. 2013 stellt für sich keine Anspruchsgrundlage dar, sondern verweist auf Spezialgesetze. Wegen dieses Verweises gelten, sofern das Spezialgesetz nichts anderes vorsieht, die allgemeinen Vorschriften der deliktischen Haftung in §§ 6:518–6:563 Ptk. 2013.

Als speziellen Haftungstatbestand gestalteten §§ 2:88, 2:95 Ptk. 2009 das Recht auf einen fairen und nicht unvernünftig langen Prozess aus. Es war im Ptk. 2009 Teil des allgemeinen Persönlichkeitsrechts, und daher bestand ein Haftungsanspruch – gemäß § 2:96 Abs. 3 Ptk. 2009 wahlweise gegen den handelnden Beamten oder gegen dessen Dienstherrn – auch ohne Verschulden (§ 2:89 Ptk. 2009). Der Ptk.-Entwurf der Expertenkommission hatte die überlange Prozessdauer noch als einen Sondertatbestand innerhalb der deliktischen Staatshaftung geregelt;[38] der 2009 Gesetz gewordene Regierungsentwurf gestaltete diese Frage hingegen als Teil des allgemeinen Persönlichkeitsrechts aus. Nach altem Recht enthält § 2 Abs. 3 *a polgári perrendtartásról szóló 1952. évi III. törvény* (Zivilprozessordnung, abgekürzt: Pp.) eine Anspruchsgrundlage für den Persönlichkeitsschaden wegen überlanger Prozessdauer. Da § 2:43 Ptk. 2013 das Recht auf einen zügigen Prozess nicht mehr zum allgemeinen Persönlichkeitsrecht zählt, dürfte es – vorbehaltlich anderweitiger Regelungen in dem noch nicht erlassenen Ptk.-Einführungsgesetz – auch in Zukunft bei der zivilprozessualen Anspruchsgrundlage bleiben.

Gemäß § 28 Abs. 2 Ptk. 1959[39], § 3:406 Ptk. 2013 muss der Staat Schadensersatz- und ähnliche Ansprüche unabhängig von der haushaltsrechtlichen Deckung erfüllen. Dies ist eine Ablösung vom sowjetischen Vorbild, wo Haushaltsrecht vor Haftungsrecht ging.[40]

Einzelne Haftungstatbestände sind in Spezialgesetzen enthalten. Ältere Gesetze des besonderen Verwaltungsrechts enthalten bisweilen ein Kapitel „Verantwortlichkeit", wo sich Vorschriften zu straf-, ordnungswidrigkeiten- und disziplinarrechtlicher Haftung sowie zu Schadensersatzpflichten, ggf. auch der öffentlichen Hand, finden. Eine Reihe besonderer Haftungstatbestände für polizeiliches Handeln enthält das *a Rendőrségről szóló 1994. évi XXXIV. törvény* (Polizeigesetz, abgekürzt: Rtv.). Eine weit gehende Haftung unabhängig von Rechtswidrigkeit und Verschulden sieht § 1 Abs. 2–4 *a külföldiek magyarországi befektetéseiről szóló 1988. évi XXIV. törvény*[41] (Ausländerinvestitionsgesetz, abgekürzt: Btv.) für Schäden am Eigentum eines ausländischen Investors vor, falls diese durch Verstaatlichungs-, Enteignungs- oder ähnliche Maßnahmen verursacht wurden.

Wegen der zivilrechtlichen Verankerung der Staatshaftung finden sich im allgemeinen Verwaltungsrecht, insbesondere im *a közigazgatási hatósági eljárás és szolgáltatás általános szabá-*

38 *Vékás*, Szakértői Javaslat az új Polgári Törvénykönyv tervezetéhez, 2008, S. 1138: § 5:549 im Expertenentwurf.
39 In der Fassung einer Novelle von 2003; zuvor enthielt das Ptk. keine vergleichbare Regelung.
40 Zu dem Versuch in Art. N) Abs. 3, Art. 37 Abs. 6 Alaptv., dem Haushaltsrecht wieder Vorrang vor den Leistungspflichten des Staates einzuräumen, → A.I.
41 Dt. Übersetzung in *Breidenbach*, Handbuch Wirtschaft und Recht (Fn. 31), UNG 380.

lyairól szóló 2004. évi CXL. törvény (Verwaltungsverfahrens- und -leistungsgesetz; abgekürzt: Ket.), keine diesbezüglichen Regelungen. Allerdings verweist § 4 Abs. 2 Ket. wegen Schäden, die der Partei durch ein nicht rechtsvorschriftkonformes Verfahren verursacht werden, auf die Haftung der Behörde nach dem bürgerlichen Recht. Dies ist als Rechtsgrundverweisung zu verstehen, wobei allerdings der Begriff des „nicht rechtsvorschriftkonformen Verfahrens" in § 4 Abs. 2 Ket. weiter ist als der Erlass eines rechtswidrigen Verwaltungsakts.[42] Zudem ist das Ket. für die Staatshaftung insoweit von Bedeutung, als es Antwort darauf gibt, welche regulären Rechtsbehelfe dem Einzelnen zur Abwehr der Schädigung zur Verfügung stehen (→ C.IV.3.a.).

Für die Durchsetzung staatshaftungsrechtlicher Ansprüche ist vor allem die Pp. relevant. Sie regelt den Zivilprozess und enthält zudem in Kapitel XX die Sondervorschriften für die verwaltungsgerichtliche Überprüfung von Behördenentscheidungen.[43] Da die Pp. aus 1952 stammt, wird seit der Wende gefordert, das Zivilverfahrensrecht komplett neu zu kodifizieren, und spätestens der Erlass eines neuen bürgerlichen Rechts macht die umfassende Anpassung des Verfahrensrechts an das teilweise geänderte materielle Recht nötig.[44] Eine neue Pp. ist perspektivisch ins Auge gefasst, konkrete Vorarbeiten haben jedoch noch kaum begonnen.

IV. Bereiche staatlicher Haftung

Im Mittelpunkt des Staatshaftungsrechts steht die Deliktshaftung, welche Rechtswidrigkeit und bei dem handelnden Beamten zudem Vertretenmüssen voraussetzt. Die staatshaftungsrechtliche Generalklausel erfasst die hoheitliche Verwaltung und die Justiz mit Einzelakten, Realakten, Auskunftserteilungen etc. Ein Schadensersatz für legislatives Unrecht einschließlich unterlassener Normsetzung wird zurzeit noch von der Rechtsprechung kategorisch abgelehnt, im Schrifttum aber vorsichtig diskutiert.[45] Im Mittelpunkt der Diskussion der letzten Jahre steht allerdings die Handhabung der Schadensersatzhaftung für deliktisches Handeln der Gerichte.[46]

Schädigungen durch die Leistungsverwaltung werden durch das Vertrags- und ggf. das allgemeine Deliktsrecht erfasst. Bei öffentlichen Versorgungsleistungen sind Schädigungen zunächst – wie in zivilrechtlichen Beziehungen zwischen Privaten – im Rahmen des Vertragsrechts zu erfassen.[47] Das gilt auch für öffentlich-rechtliche Verträge,[48] denn für sie gilt gemäß § 77 Abs. 4 Ket. das Leistungsstörungsrecht des Ptk. Deliktsrecht findet in dem auch zwischen Privaten geltenden Maße Anwendung auf vertragliche Beziehungen. Im Ergebnis haftet die öffentli-

42 *Kilényi* (Hrsg.), A közigazgatási eljárási törvény kommentárja, 2005, S. 47; *Tilk*, A közigazgatási hátósági eljárás, Bd. 1, S. 48.
43 Dieses Kap. XX ist die VwGO im materiellen Sinn.
44 *Osztovits*, Új magyar Polgári perrendtartás szükségességéről, MJ 2010, 158. Der Regierungsbeschluss 1267/2013. (V. 7.) Korm. vom 7.5.2013 setzte die Kodifikationskommission für eine neue ZPO ein.
45 *Várnay*, Kártérítési alakzatok a Polgári Törvénykönyv ellenében? Az európai közösségi jog jogalkotással, illetve jogerős bírói ítélettel történő megsértéséért viselt tagállami kárfelelősségről, MJ 2010, 32. Näher → B.I.1.a).
46 *Borbás*, Jura 1/2009, 7; *Borbás*, A bíróságok kárfelelőssége az ítélkezési tevékenységért, mint közhatalomgyakorlásért – a közhatalmi felelősség tükrében, Jura 2/2010, 7; *Csőre*, A bírósági jogkörben okozott kár néhány alapkérdése Cottely István: „A bírák magánjogi felelőssége – Különös tekintettel a középeurópai jogfejlődésre és a középeurópai államok érvéyes jogára" c. művének újraolvasása kapcsán, Acta Facultatis politico-iuridicæ Universitatis Sc. Budapestinensis de Rolando Eötövs nominatæ 2008, S. 235; *Fézer*, Kártérítési jog, S. 269; *Kalas*, A személyhez fűződő jogik megsértésére hivatkozással bírák és bíróságok ellen indított perek, MJ 2008, 670; *Sopovné*, Bírósági jogkörben okozott kártérítési felelősség, MJ 2009, 24.
47 OG, BH 1999 Nr. 30 für die Belieferung mit Gas; *Petrik*, Polgári jog (Fn. 37), § 349, S. 615.
48 Gemäß § 76 Abs. 1 Ket. sind sie nur zulässig, soweit sie durch Rechtsvorschrift ausdrücklich erlaubt sind. Hauptanwendungsbereiche sind das Planungs-, Umwelt- und Wettbewerbsrecht.

che Hand in vertraglichen Beziehungen wie ein privater Vertragspartner; nur in wenigen Bereichen eröffnen ihr Spezialgesetze Haftungsprivilegien.

Außerhalb von Vertragsverhältnissen haftet die öffentliche Hand deliktisch wie ein Privater. Die Staatshaftungsklausel schließt in den Bereichen, die von ihr nicht erfasst werden, die allgemeine deliktische Haftung des Staates nicht aus.[49] Für gefährliche Anlagen oder Tätigkeiten trifft den Staat die allgemeine verschuldensunabhängige Gefährdungshaftung gemäß §§ 345–346 Ptk. 1959, 6:535–6:539 Ptk. 2013. So ist der Staat z.B. für von ihm gehaltene Tiere[50] nach der allgemeinen Tierhalterhaftung verantwortlich, und wenn die öffentliche Hand gefährliche Anlagen betreibt oder gefährliche Tätigkeiten vornimmt – etwa das Führen eines Kraftfahrzeugs oder Schießübungen für Polizisten[51] –, trifft sie die damit einhergehende, für alle geltende Gefährdungshaftung.

Für staatliche und private Datenverarbeiter gleichermaßen gilt die Haftungsvorschrift in § 23 *az információs önrendelkezési jogról és az információszabadságról szóló 2011. évi CXII. törvény* (Gesetz 2011:CXII über das Recht der informationellen Selbstbestimmung und über die Informationsfreiheit, abgekürzt: Infotv.), wonach der durch rechtswidrige Datenverarbeitung entstandene Schaden zu ersetzen ist. Zugleich erklärt § 2:43 lit. e) Ptk. 2013 den Schutz von Privatgeheimnissen und personenbezogenen Daten zu einem Persönlichkeitsrecht, für dessen Verletzung gemäß §§ 2:51–2:54 Ptk. 2013 nicht nur Wiederherstellung und Genugtuung geschuldet wird, sondern im Falle des Verschuldens auch Ersatz des vollen Schadens und Schmerzensgeld. Das Verhältnis beider Haftungsgrundlagen zueinander wird das noch nicht erlassene Ptk.-Einführungsgesetz klären müssen.

Rechtmäßiges staatliches Handeln führt nur in spezialgesetzlich geregelten Fällen zu staatlicher Haftung. Ein wichtiger Fall ist die Enteignungsentschädigung, die voll, unbedingt und sofort zu erfolgen hat, und ihr Spezialfall, die Enteignungs- und Verstaatlichungsentschädigung für ausländische Investoren. Nach Enteignungsgrundsätzen werden auch Grundstückseigentümer für Nutzungsbeeinträchtigungen und Wertminderungen, nicht aber für Einkommensausfälle im Zuge des U-Bahn-Baus entschädigt.[52] Derjenige, dessen Grundstück zu Naturschutzzwecken in Anspruch genommen wird, muss die damit einhergehenden Beschränkungen und Tätigkeiten dulden, kann dafür allerdings gemäß § 41 Abs. 3 *a természet védelméről szóló 1996. évi LIII. törvény* (Gesetz 1996:LIII über den Schutz der Natur, abgekürzt: Tvt.) den „tatsächlichen Schaden“ ersetzt verlangen. Die Polizei haftet für Schäden, die durch die Inanspruchnahme fremden Eigentums in Notfällen entstehen (§ 13 Abs. 3 Rtv.), sowie für Schäden durch Informanten, verdeckte Ermittler und Kronzeugen (§§ 64 Abs. 9, 67 Abs. 2, 67/A Abs. 2 Rtv.). Ebenfalls spezialgesetzlich geregelt ist die Entschädigung für Opfer von Impfschäden: Sie oder ihre Hinterbliebenen werden gemäß § 58 Abs. 10 *az egészségügyről szóló 1997. évi CLIV. törvény* (Gesundheitsgesetz, abgekürzt: Eütv.) durch den Staat entschädigt, falls sie zur Schutzimpfung verpflichtet waren und im Zusammenhang damit schwere Gesundheitsschäden, Invalidität oder gar den Tod erleiden. Schäden im Zuge der Bekämpfung von Tier- und Pflanzenseuchen sind gemäß §§ 54, 55 *az élelmiszerláncról szóló 2008. évi XLVI. törvény* (Gesetz 2008:XLVI über die Lebensmittelkette und über ihre behördliche Beaufsichtigung; abgekürzt Eltv.) ganz oder teilweise durch den Staat zu entschädigen, sofern der Betroffene die Seuche nicht (mit-)verursacht hat und seinen seuchenrechtlichen Melde- und anderen Pflichten nachgekommen ist.

---

49 OG, BH 1985 Nr. 61; *Gellért* (Hrsg.), A Polgári Törvénykönyv magyarázata, 2001, § 349 Rn. 1.

50 Für Schäden durch Wild in staatlichem Eigentum haftet nicht der Staat, sondern der Jagdberechtigte: § 75 *a vad védelméről, a vadgazdálkodásról, valamint a vadászatról szóló 1996. évi LV. törvény* (Jagdgesetz), § 6:563 Ptk. 2013.

51 OG, BH 2000 Nr. 261.

52 § 45 a vasúti közlekedésről szóló 2005. évi CLXXXIII. törvény (Eisenbahngesetz).

Wenn im Zuge eines Verwaltungsverfahrens durch einen Ortstermin oder eine Sachverständigenbegutachtung rechtmäßig Schäden verursacht werden – etwa weil ein Gegenstand zerlegt werden muss –, bilden die hieraus entstehenden Entschädigungsansprüche gemäß § 153 Abs. 2 Nr. 14 Ket. einen Teil der allgemeinen Verfahrenskosten, die ggf. die öffentliche Hand trägt.[53]

Vermögensschäden durch rechtmäßiges Staatshandeln jenseits konkreter Anspruchsgrundlagen im Sinne des deutschen enteignenden Eingriffs hat die Rechtsprechung noch nicht entschieden; daher werden sie auch im Schrifttum nicht diskutiert. Es ist kaum zu erwarten, dass die sehr positivistischen ungarischen Gerichte einem Geschädigten eine Entschädigung ohne Grundlage zusprechen würden; etwas anderes kann sich möglicherweise durch die Neukonzipierung der Rechtswidrigkeit im Ptk. 2009 und Ptk. 2013 ergeben (→ B.II.).

Die Lehre fasst die genannten Bereiche nicht zu einem Rechtsgebiet „Staatshaftungsrecht" zusammen. Bereits dieser griffige Oberbegriff fehlt in der ungarischen Rechtssprache. Die Deliktshaftung des Staates wird als ein Annex des bürgerlich-rechtlichen Deliktsrechts behandelt, seine vertragliche Verantwortlichkeit als Teil des allgemeinen und ggf. besonderen Schuldrechts. Spezialgesetzliche Regelungen gelten als Teil des jeweiligen Rechtsgebiets: Haftentschädigungen gehören zum Strafprozessrecht, polizeirechtliche Ansprüche zum Polizeirecht, Impfschäden zum Gesundheitsrecht, Enteignungsentschädigungen zum Enteignungsrecht. Das Konzept eines rechtsquellenübergreifenden Aufopferungsanspruchs fehlt, und es ist unwahrscheinlich, dass Rechtsprechung oder Literatur einen solchen aus den verfassungsrechtlichen Gleichheits- oder sozialen Schutzbestimmungen ableiten. Auch von der neuen Staatshaftungsklausel in Art. XXIV. Abs. 2 Alaptv. dürften kaum derartige Impulse ausgehen, da sie ausdrücklich auf die Haftung für rechtswidriges Handeln beschränkt ist.

Eine rechtsdogmatische wie rechtspolitische Sonderstellung nehmen die Wiedergutmachungs- und Restitutionsansprüche ein, die an das Systemunrecht der kommunistischen Diktatur anknüpfen. Auf sie wird hier nicht eingegangen.[54] Kommt für einen Tatbestand die Entschädigung nach diesem Sonderrecht in Betracht, muss der Geschädigte zunächst einen Antrag bei der Wiedergutmachungsbehörde stellen, bevor er einen Staatshaftungsanspruch geltend machen kann.[55]

B. Haftungsbegründung

I. Relevantes Handeln

Die haftungsrelevanten Handlungsbereiche sind teilweise in der staatshaftungsrechtlichen Generalklausel des Ptk. und teilweise in Sondervorschriften niedergelegt.

1. Generalklausel im Ptk.

Das neue Ptk. 2013 führt im Bereich der staatshaftungsrechtlichen Generalklausel nur zu marginalen Änderungen.

53 *Patyi* (Hrsg.), Közigazgatási hatósági eljárásjog, 2009/2011, S. 501; *Tilk*, A közigazgatási hatósági eljárás, Bd. 2, S. 154.

54 Umfassende Darstellungen bieten *Brunner/Halmai*, Die juristische Bewältigung des kommunistischen Unrechts in Ungarn, in: Brunner (Hrsg.): Juristische Bewältigung des kommunistischen Unrechts in Osteuropa und Deutschland, 1995, S. 9; *Küpper*, in: Schroeder/Küpper (Fn. 9).

55 OG, BH 1993 Nr. 238.

a) Überblick

Die staatshaftungsrechtliche Generalklausel in § 349 Ptk. 1959 erfasst in Abs. 1 den „Zuständigkeitsbereich der Staatsverwaltung". Die hierfür aufgestellten Regeln werden durch Abs. 3 um den „Zuständigkeitsbereich der Gerichte und Staatsanwaltschaften" erweitert. Ähnlich formuliert die Nachfolgeregelung im Ptk. 2013, die sich in § 6:548 Abs. 1 auf den „Zuständigkeitsbereich der öffentlichen Verwaltung" bezieht und in § 6:549 Abs. 1 den „Zuständigkeitsbereich der Gerichte und Staatsanwaltschaften" einbezieht. Der terminologische Unterschied zwischen „Staatsverwaltung" in Ptk. 1959 und „öffentliche Verwaltung" in Ptk. 2013 vollzieht die Entwicklung im Staatsorganisationsrecht seit der Wende nach. Während des Sozialismus gab es nur eine einheitliche Staatsverwaltung. 1990 trat daneben die Selbstverwaltung, und der normative und wissenschaftliche Oberbegriff für Staats- und Selbstverwaltung ist öffentliche Verwaltung.[56] Seit 1990 wird „Staatsverwaltung" in § 349 Ptk. 1959 auch auf die Selbstverwaltungen bezogen;[57] die Neuformulierung in Ptk. 2013 bewirkt insofern keine inhaltliche Änderung, sondern nur eine Klarstellung.

Bereits frühzeitig hat das OG in einem quasinormativen Auslegungsbeschluss[58] geklärt, dass mit „Staatsverwaltung" lediglich die hoheitliche Verwaltungstätigkeit gemeint ist, nicht aber z.B. die Leistungsverwaltung. § 6:548 Abs. 2 Ptk. 2013 greift diese Formulierung auf und bindet den Geltungsbereich der Staatshaftung an „die Ausübung öffentlicher Gewalt oder deren Unterlassen". Den hoheitlichen Bereich umschreibt der Auslegungsbeschluss mit „planend-maßnahmenergreifender Tätigkeit". Damit umfasst die Generalklausel die nach außen wirkende hoheitliche Verwaltung, die Gerichte und die Staatsanwaltschaft, nicht aber die Legislative. Die überwiegende Mehrheit der veröffentlichten Rechtsprechung betrifft Schädigungen durch die Exekutive. Die Fälle, in denen Schadensersatz wegen gerichtlichen Handelns gefordert wird,[59] stammen oft aus dem Bereich der materiellen Verwaltungstätigkeit der Gerichte, z. B. der Registerführung,[60] und der Zwangsvollstreckung;[61] den Rest der Fälle bilden Persönlichkeitsrechtsverletzungen.[62] Dem Schadensersatz für rechtskräftige Urteile steht entgegen, dass das Prozessgericht des Ersatzanspruchs die Rechtskraft des angegriffenen Urteils nicht aufheben und somit keine weitere Rechtsschutzinstanz sein kann.[63]

Nicht gehaftet wird für Normsetzung. Weder den Staat noch die Selbstverwaltungen trifft eine Haftung für von ihnen erlassene Rechtsnormen, selbst dann nicht, wenn sie verfassungswidrig sind.[64] Ebenso kategorisch lehnt die Rechtsprechung eine Deliktshaftung für nicht erlassene Rechtsvorschriften ab.[65] Der Expertenentwurf für das neue Ptk. hatte noch eine Sondervorschrift zum Schadensersatz für verfassungswidrige Rechtsvorschriften, verfassungswidriges

---

56 *Küpper*, Hungarian Administrative Law 1985–2005: The Organization of the Administration, in *Jakab* et al. (Hrsg.): The Transformation of Hungarian Legal Order 1985-25. Transition to Rule of Law and Accession to the European Union, 2007, S. 109, 114; *Küpper*, Die ungarische Verfassung, S. 85; *Küpper*, Der Stand des allgemeinen Verwaltungsrechts in Ostmitteleuropa, Jahrbuch für Ostrecht 52 (2011), 281; *Küpper/Térey*, in: Jakab, Az Alkotmány kommentárja, § 40 Rn. 8.

57 OG, BH 2003 Nr. 280, BDT 2004 Nr. 993; *Osztovits* (Hrsg.), Polgári Törvénykönyv magyarázata, S. 1356.

58 OG, Auslegungsbeschluss des Kollegiums für bürgerlich-rechtliche Angelegenheiten Nr. PK 42.

59 Aktuelle Statistiken bei *Borbás*, Felelősség a bírósági jogkörben, Jura 2009/1, 7 (10).

60 OG, BH 1993 Nr. 680.

61 OG, BDT 2007 Nr. 1690.

62 *Kalas*, A személyhez fűződő, MJ 2008, 670; OG, BDT 2012 Nr. 2652: keine Persönlichkeitsrechtsverletzung des Angeklagten, falls das erstinstanzliche Gericht den Medien über die strafrechtliche Verurteilung berichtet und diese Verurteilung in der Berufung aufgehoben wird.

63 OG, BH 1997 Nr. 126, BH 2003 Nr. 65, BDT 2006 Nr. 1496, BH 2009 Nr. 9, BDT 2009 Nr. 1949.

64 OG, BH 1994 Nr. 312; *Fézer*, Kártérítési jog, S. 271; *Küpper*, Einführung, S. 167; *Osztovits*, Polgári Törvénykönyv magyarázata, S. 1368; *Petrik*, Polgári jog (Fn. 37), § 349, S. 614.

65 OG, BH 2002 Nr. 264.

gesetzgeberisches Unterlassen sowie für legislativen Formenmissbrauch (Einzelfallentscheidung in Gesetzesform) enthalten; in diesen Fällen hätte es vor Klageerhebung einer Feststellung des VerfG über die Verfassungswidrigkeit oder den Formenmissbrauch bedurft, welche der Geschädigte selbst herbeiführen konnte, da die Normenkontrolle bis Ende 2011 als Popularklageverfahren ausgestaltet war. Ohne verfassungsgerichtliche Vorabentscheidung sollte der Staat zudem für unterlassene oder fehlerhafte EU-Rechtsharmonisierung haften.[66] Im Regierungsentwurf und den Endfassungen von Ptk. 2009 und Ptk. 2013 findet sich der Paragraf zur Haftung für legislatorisches Unrecht nicht mehr, sodass es der Rechtsprechung schwer fallen dürfte, von einer ausfüllungsbedürftigen und -fähigen planwidrigen Lücke auszugehen.[67]

Die Staatshaftungsklausel in Art. XXIV. Abs. 2 Alaptv. dürfte wohl auch nicht zwingend zu einer Erweiterung der Haftung auf legislatives Unrecht führen, denn sie garantiert die Haftung nur für Rechtsverletzungen seitens der „Behörden". Dieser Begriff kann zwar im Ungarischen ebenso wie im Deutschen auch auf den Gesetzgeber erstreckt werden, betrifft aber einzig die Exekutive.[68] In diesem Sinne – insbesondere im Kontrast zu Gerichten – wird der Begriff der Behörde auch an anderen Stellen im Alaptv. verwendet, sodass eine erweiternde Auslegung auf das Parlament vom positivistischen ungarischen Normanwender nicht zu erwarten ist. Im Wege der erweiternden Verfassungsauslegung ist daher eine Haftung für legislatives Unrecht nicht zu erreichen.

Ein gewisses Korrektiv für das Fehlen der Haftung für legislatives Unterlassen bestand für den Bürger bis 2011 darin, dass er vor dem VerfG im Rahmen der Popularklage rügen konnte, dass der Nichterlass einer Rechtsvorschrift einen verfassungswidrigen Zustand hervorruft.[69] Auf diese Weise konnte der Bürger zwar nicht seinen Schaden ersetzt verlangen,[70] aber immerhin das Parlament zum Erlass verfassungsrechtlich gebotener Regelungen zwingen. Unter dem Alaptv. entfällt die Popularklage, aber Betroffene können in ihrer Verfassungsbeschwerde auch weiterhin ein Unterlassen des Normgebers rügen. Verletzt das legislatorische Unterlassen nicht die Verfassung, sondern Unionsrecht, steht kein vergleichbares Erzwingungsverfahren zur Verfügung. Gegenüber kommunalen Selbstverwaltungen verleiht Art. 32 Abs. 5 Alaptv. der staatlichen Kommunalaufsicht – aber nicht dem Bürger – verstärkte Eingriffs- und Eintrittsrechte, falls eine Kommune ihrer Normsetzungspflicht nicht nachkommt.

b) Haftungsrelevante Handlungsbereiche

Die Generalklauseln stellen auf den „Zuständigkeitsbereich" der hoheitlichen Verwaltung, der Gerichte und der Staatsanwaltschaften sowie in § 6:549 Abs. 2 Ptk. 2013 erstmals auch der Notare und Gerichtsvollzieher ab. Innerhalb dieser Bereiche haftet die öffentliche Hand für sämtliche Formen der Schadenszufügung, d.h. für Tun ebenso wie für Unterlassen (ausdrücklich jetzt

66 § 5:550 im Expertenentwurf: *Vékás*, Szakértői Javaslat, S. 1139; dt. Übersetzung am Ende dieses Beitrags.
67 *Várnay* (Fn. 45), MJ 2010, 32.
68 VerfG 3003/2013. (I. 15.) AB, ABK 2013 Nr. 1.
69 §§ 1 lit. e), 21 Abs. 4, 49 *az Alkotmánybíróságról szóló 1989. évi XXXII. törvény* (Verfassungsgerichtsgesetz, aufgehoben ab dem 1.1.2012); *Brunner/Sólyom*, Verfassungsgerichtsbarkeit in Ungarn, 1995, S. 36; *Sólyom*, Die Entstehung der Zuständigkeit bezüglich der Verfassungswidrigkeit durch Unterlassen, in: Hofmann/Küpper (Hrsg.), Kontinuität und Neubeginn, FS Brunner, 2001, S. 426.
70 VerfG 104/2009. (X. 30.) AB: Dass der Gesetzgeber in der Be. nicht alle Verfahrensregeln zur Geltendmachung des Anspruchs auf Haftentschädigung geregelt hat, ist ein verfassungswidriges Unterlassen und muss durch das Parlament nachgebessert werden. Im konkreten Fall heißt das, allerdings nicht, dass das VerfG dem Beschwerdeführer die begehrte Haftentschädigung zuspricht.

§ 6:548 Abs. 1 Ptk. 2013),[71] sofern es sich nach außen richtet und nicht ein reines Internum der Behörde ist.[72] Auch auf die Handlungsform kommt es nicht an: Die Haftung erstreckt sich auf förmliches Handeln (Erlass eines Verwaltungsaktes, eines Urteils o.ä.) ebenso wie auf Realakte, auf die Verarbeitung von Daten[73] ebenso wie auf die Auskunftserteilung in Rechtssachen.[74]

Publizierte Entscheidungen zur Haftung für Unterlassen betreffen meist die Nichtvornahme oder unangemessene Verzögerung von Verfahrenshandlungen.[75] Die Haftung wurde aber auch bejaht, als die zuständige Behörde nicht gegen einen nicht lizenzierten emittierenden Gewerbebetrieb einschritt, der das Recht der Anlieger auf Gesundheit und gesunde Umwelt verletzte.[76] Andererseits haftet der Staat nicht für das Unterlassen einer Abrissverfügung, falls von dem nicht genehmigten Bau keine Gefahr für Rechtsgüter Dritter ausgeht.[77]

Haftungsbegründend kann gebundenes Handeln ebenso wie Ermessenshandeln sein. Die Besonderheiten der Ermessensverwaltung werden von der Rechtsprechung im Zusammenhang mit der Rechtswidrigkeit problematisiert (→ B.II.).

Ob eine Tätigkeit der öffentlichen Hand hoheitlich ist, ist ein Schwerpunkt der Rechtsprechung zu § 349 Ptk. 1959. Unter der Geltung von § 6:548 Ptk. 2013 wird sich hieran wohl nichts ändern. Bejaht wurde die Hoheitlichkeit und somit die Staatshaftung über die allgemeine Innenverwaltung hinaus z.B. für den Strafvollzug,[78] die Finanzverwaltung,[79] die staatliche Aufbewahrung von im Strafprozess beschlagnahmten Sachen,[80] die Ingewahrsamnahme fremder Sachen durch den Zoll,[81] die Grundbuchführung,[82] die Ausstellung öffentlicher Urkunden durch einen Notar,[83] das notarielle Nachlassverfahren,[84] Amtsvormundschaften,[85] den Gerichtsvollzieher,[86] amt-

71 *Petrik*, Polgári jog (Fn. 37), § 349, S. 610; *Uttó*, Közhatalmi kárfelelősség (Fn. 30), MJ 2010, 597. Wenn die Polizei es unterlässt, die ihr rechtlich vorgeschriebenen Sicherheitspläne für eine Großdemonstration aufzustellen und deshalb bei einer an sich rechtmäßigen Auflösung der Demonstration friedliche Teilnehmer zu Schaden kommen, so bildet dieses Unterlassen die Grundlage für die Schadenshaftung der Polizei: BH 2011 Nr. 12. Umgekehrt schuldet der rechtswidrig handelnde Organisator einer Demonstration der Polizei Schadensersatz, falls diese bei einer gewalttätigen Demo zu Schaden kommt, denn auch die Polizei ist „Dritter" i.S.d. Demonstrationsschädenrechts, jedenfalls soweit sie nicht in die Versammlung eingreift: BH 2012 Nr. 246 (zu den Ausschreitungen von 2006).
Auch Schweigen der Behörde kann die Haftung auslösen: BH 1997 Nr. 225; *Osztovits*, Polgári Törvénykönyv magyarázata, S. 1364.

72 OG, BH 2000 Nr. 261. Sofern ein Antrag o.ä. vorliegt, hat die Behörde eine nach außen wirkende Pflicht, ein Verfahren einzuleiten, d.h. zu handeln: OG, KD 2013 Nr. 51.

73 OG, BH 1995 Nr. 288, BH 2003 Nr. 454; die Weigerung der Behörde, Daten von öffentlichem Interesse herauszugeben, ist hingegen kein hoheitliches Handeln i.S.v. § 349 Ptk. 1959: OG, BH 1995 Nr. 93. Zu den datenschutzrechtlichen Sondertatbeständen → A. IV.

74 OG, BH 1997 Nr. 294, BH 2009 Nr. 325.

75 OG, BH 1992 Nr. 528 (unterlassene Vollziehung eines Verwaltungsakts); BH 2005 Nr. 351 (unangemessene Verzögerung der Erteilung einer Genehmigung); OG, BH 2005 Nr. 430; *Tilk*, A közigazgatási hátósági eljárás, Bd. 1, S. 49.

76 OG, BDT 2006 Nr. 1299.

77 OG, KGD 1994 Nr. 65.

78 OG, BH 2001 Nr. 319, BDT 2010 Nr. 2228.

79 OG, BDT 2010 Nr. 2177.

80 OG, Rechtseinheitlichkeitsentscheidung in bürgerlich-rechtlichen Sachen 4/2006. PJE, anders noch OG, BH 1987 Nr. 316. Für die behördliche Aufbewahrung dürfte nichts anderes gelten, denn sie ist in §§ 50/A-50/D Ket. als hoheitliche Tätigkeit ausgestaltet und fällt mithin in den „Zuständigkeitsbereich" der öffentlichen Verwaltung.

81 OG, KGD 1994 Nr. 11.

82 OG, BH 1992 Nr. 552, KGD 1992 Nr. 222, KGD 1992 Nr. 231, BDT 2005 Nr. 1109, BDT 2011 Nr. 2466.

83 OG, Rechtseinheitlichkeitsentscheidung in bürgerlich-rechtlichen Sachen 3/2004. PJE, EBH 2009 Nr. 1958, BDT 2012 Nr. 2664.

84 OG, EBH 1999 Nr. 26.

85 OG, BH 1995 Nr. 453.

86 OG, EBH 1999 Nr. 16, BDT 2004 Nr. 1074, BH 2011 Nr. 309; Gerichtstafel Szeged, BDT 2011 Nr. 2430.

liche Versteigerungen,[87] die Verkehrsleitung durch die Gemeinde (Planung, Aufstellen von Schildern etc.),[88] die Entfernung falsch geparkter Fahrzeuge durch die kommunale Raumüberwachung,[89] die ärztliche Untersuchung und Bescheinigung in Sachen Arbeitsunfähigkeit,[90] die Festlegung durch die Krankenkasse, welche Heilmittel ein Arzt erstattungsfähig verschreiben kann,[91] die staatliche Zwangsverwaltung eines Unternehmens.[92]

Die höchstrichterliche Rechtsprechung verneinte die Hoheitlichkeit z.B. in den folgenden Fällen: öffentlich-rechtlicher Rundfunk,[93] Übungsschießen der Polizei,[94] nicht-hoheitliche Aufbewahrung,[95] Belieferung mit Gas,[96] Betrieb der Kanalisation,[97] Friedhofsverwaltung,[98] Grundstücksgeschäfte,[99] vertragliche Vermietung staatlicher Grundstücke durch die örtlichen Räte,[100] Vergabe von Dienstwohnungen,[101] behördliche Gutachten,[102] das Besitzstörungsverfahren vor dem kommunalen Hauptverwaltungsbeamten, der gemäß Zivilrecht Besitzstreitigkeiten zwischen Nachbarn in erster Instanz regeln kann; sein Vorgehen muss im Zusammenhang mit dem zugrunde liegenden bürgerlich-rechtlichen Streit und den hierfür gegebenen Rechtsmitteln gesehen werden.[103]

Die Rechtsprechung ist nicht immer einheitlich. So wird die Behandlung in öffentlichen Krankenhäusern regelmäßig als nicht-hoheitlich qualifiziert; es gibt aber auch Urteile, die neben der Arbeitgeberhaftung der Klinik (§ 348 Ptk. 1959) auch noch § 349 Ptk. 1959 zitieren, allerdings ohne nähere Begründung.[104] Da die Hinzuziehung des § 349 Ptk. 1959 an dem Ergebnis nichts ändert, dürfte sie versehentlich und ohne weiteres Nachdenken des Gerichts erfolgt sein.

2. Sondertatbestände

Die Verletzung des allgemeinen Persönlichkeitsrechts einer natürlichen oder – soweit seiner Natur nach anwendbar – einer juristischen Person begründet gemäß §§ 2:51–2:54 Ptk. 2013 zahl-

---

87 OG, BH 1996 Nr. 471.
88 OG, BH 1990 Nr. 314, BH 2002 Nr. 435, KGD 1992 Nr. 225; EGMR, Deés/Ungarn, Nr. 2345/06, 9.11.2010.
89 OG, BH 2001 Nr. 527.
90 OG, KGD 1994 Nr. 4.
91 OG, BDT 2010 Nr. 2175; die Einheitskrankenkasse ist Teil des staatlich betriebenen Gesundheitssystems.
92 OG, BH 2005, Nr. 256: Es haftet nicht das zwangsverwaltete Unternehmen, sondern die Behörde, die den Zwangsverwalter bestellt. Ähnlich OG, BH 2003 Nr. 330. Dazu *Küpper*, Ungarn: Deliktshaftung für den staatlichen Zwangsverwalter einer Wirtschaftsgesellschaft (Urteilsbesprechung), eastlex 2005, 189.
93 OG, BH 2004 Nr. 64.
94 OG, BH 2000 Nr. 261, mit dem Argument, dass § 349 Ptk. 1959 nur die nach außen gerichtete Verwaltungstätigkeit erfasse, nicht jedoch interne Vorgänge der Behörden. Bejaht wurde allerdings die Gefährdungshaftung der Polizei nach allgemeinem Deliktsrecht (Schießübungen als gefährliche Tätigkeit).
95 OG, BH 1980 Nr. 167, KGD 1992 Nr. 212: Die Haftung bestimmt sich nach den Vorschriften über den Hinterlegungsvertrag.
96 OG, BH 1999 Nr. 30.
97 OG, BDT 2011 Nr. 2585.
98 OG, BH 1998 Nr. 173.
99 OG, BH 2001 Nr. 171: Die Gemeinde hatte ein Grundstück als Baugrundstück verkauft, obwohl bauplanungsrechtlich keine Bebaubarkeit vorlag. Die Ansprüche des Vertragspartners richten sich nach Vertragsrecht, nicht aber auf Staatshaftung wegen mangelnder Änderung der Bauplanung.
100 OG, BH 1986 Nr. 421.
101 OG, BH 1976 Nr. 208, im Gegensatz zur hoheitlichen Vergabe (Zuweisung) allgemeiner Wohnungen.
102 OG, BH 1980 Nr. 174.
103 OG, BDT 2009 Nr. 2025. Zum Besitzschutzverfahren siehe *Küpper*, Einführung, S. 78, 127. Art. 25 Abs. 6 Alaptv. erlaubt nunmehr ausdrücklich, nichtgerichtlichen Organen die Entscheidung bestimmter Rechtsstreitigkeiten zwischen Bürgern zu übertragen; in der alten Alk. fehlte eine solche Bestimmung, wogegen allerdings kaum verfassungsrechtliche Bedenken geäußert wurden.
104 OG, BH 2007 Nr. 84.

reiche teils verschuldensunabhängige, teils verschuldensbasierte Ansprüche des Betroffenen. Der Kreis der geschützten Rechte ist in §§ 2:42–2:50 Ptk. 2013 näher definiert und umfasst Rechtsgüter wie die Ehre, den Namen, die Privatsphäre einschließlich Bilder, Tonaufnahmen und Daten oder auch Geschäftsgeheimnisse. Auf die Art des Verletzungsaktes kommt es hierbei nicht an; die Ansprüche werden grundsätzlich durch das Ergebnis – die Verletzung des Persönlichkeitsrechts – ausgelöst.

§ 2:88 Ptk. 2009 hatte das allgemeine Persönlichkeitsrecht auch auf das Recht auf einen zügigen Prozess erstreckt, aber das Ptk. 2013 nimmt diese Neuerung nicht auf, sodass Schadensersatz für zögerliche Prozessführung[105] aus § 2 Abs. 3 Pp. gefordert werden kann (→ A.III.).

Auch zu lange Verwaltungsverfahren lassen Ansprüche des Betroffenen entstehen. Seit dem 1.1.2009 verpflichtet § 33/A Ket. die Behörde, bei Überschreitung der Bearbeitungsfrist dem Bürger die Verwaltungsgebühr zurückzuzahlen; bei erheblicher Überschreitung muss sie das Doppelte der Gebühr zurückzahlen. Die allgemeine Bearbeitungsfrist beträgt meistens 21 Tage (§ 33 Ket.); sonderverfahrensrechtlich gelten ggf. andere Fristen. Die Rückzahlungspflicht trifft die Behörde als eine Art Strafschadensersatz, weil Verfahrensgebühren meistens in ihrem Budget verbleiben, das auf diese Weise verringert wird.

Der Anspruch auf Haftentschädigung gemäß §§ 580–584 Be. setzt die Tatsache der Freiheitsentziehung in Untersuchungs- oder Strafhaft, Hausarrest oder einer Zwangsbehandlung voraus. Wird die betreffende gerichtliche Anordnung später aufgehoben, entstehen Entschädigungs- und Ersatzansprüche.[106] Die faktische (rechtswidrige) Inhaftnahme wird von der Be. nicht erfasst, löst aber auch Ersatzansprüche aus.[107] Im Bereich der Haftentschädigung lässt die Rechtsprechung zu, dass der Geschädigte seinen Anspruch auf die allgemeinen deliktischen Staatshaftungsvorschriften der §§ 348, 349 Ptk. 1959 stützt; soweit er dadurch Zahlungen erlangt, erlöschen auch seine Ansprüche aus der Be.[108] Sondergesetzlich verweist *a 2006 őszi tömegoszlatásokkal összefüggő elítélések orvoslásáról szóló 2011. évi XVI. törvény* (Gesetz 2011:XVI über die Heilung der Verurteilungen im Zusammenhang mit den Massenauflösungen im Herbst 2006) die finanziellen Ansprüche derer, deren Strafurteile durch das Gesetz für nichtig erklärt werden, auf §§ 348, 349 Ptk. 1959.

Haftungsauslösend für die Enteignungsentschädigung ist der Entzug des Eigentumsrechts, während § 1 Abs. 2 Btv. eine „Verstaatlichungs-, Enteignungs- oder Maßnahme von ähnlicher Rechtswirkung" voraussetzt, die das Eigentum des Ausländers schädigt. Die naturschutzrechtliche Entschädigung gemäß § 41 Abs. 3 Tvt. ergibt sich aus den Tätigkeiten, die der Eigentümer eines geschützten Grundstücks zu dulden hat.

Ansprüche wegen Impfschäden knüpfen gemäß § 58 Abs. 10 Eütv. an die tatsächliche Vornahme der Impfung (und die darauf beruhende Schädigung) an, seuchenrechtliche Entschädigungsansprüche gemäß §§ 54, 55 Eltv. an bestimmte behördliche Maßnahmen zur Seuchenbekämpfung. Der datenschutzrechtliche Schadensersatzanspruch gemäß § 23 Infotv. ist das Ergebnis einer rechtswidrigen Datenverarbeitung.

---

105 OG, KGD 1994 Nr. 68: Für eine solche Haftung müssen außergewöhnliche Umstände vorliegen; die bloße Prozessdauer alleine reicht regelmäßig auch dann nicht, wenn sie überlang ist. Diese Voraussetzung wurde bejaht in OG, BH 2003 Nr. 152: In einem Beweissicherungsverfahren bestellte das Gericht einen Sachverständigen erst eineinhalb Jahre, nachdem alle relevanten Informationen vorlagen. Relevant ist alleine die Verfahrenslänge von Klageerhebung bis Erlass des rechtskräftigen Urteils, während eventuell vorgeschaltete Verwaltungsverfahren nicht einberechnet werden: OG, KD 2013 Nr. 45. Umfassend zur Haftung aus § 2 Abs. 3 Pp. *Osztovits*, Polgári Törvénykönyv magyarázata, S. 1372.

106 *Sopovné* (Fn. 46), MJ 2009, 31.

107 OG, BDT 2005 Nr. 1259: Die Haftentlassung erfolgte versehentlich zwei Monate nach Ablauf der im Strafurteil angeordneten Haftdauer.

108 OG, BH 1991 Nr. 170, BH 1991 Nr. 293, BH 1991 Nr. 294.

II. Relevante Normverstöße

Die deliktische Haftung des Staates setzt Rechtswidrigkeit voraus. Das ergibt sich nicht unmittelbar aus den Normtexten der Staatshaftungstatbestände in § 348, 349 Ptk. 1959, 6:548–6:549 Ptk. 2013, sondern aus den allgemeinen deliktischen Generalklauseln in §§ 339 Ptk. 1959, 6:518, 6:520 Ptk. 2013. Die Staatshaftung stellt zur deliktischen Generalklausel einen Sondertatbestand dar, und die allgemeinen Anforderungen der Generalklausel wie die Rechtswidrigkeit gelten auch im Bereich der Sondertatbestände.[109]

Im Ptk. 1959 begründet die Rechtsprechung die Rechtswidrigkeit regelmäßig mit Verstößen gegen das von der Behörde anzuwendende (Verwaltungs-)Recht. Rechtswidrig ist auch die Verletzung des Verhältnismäßigkeitsgebots.[110] Die Rechtsprechung prüft nicht, ob die verletzte Norm Schutzfunktion hat oder nicht; für die Rechtswidrigkeit reicht der Verstoß gegen objektives Recht.[111] Dies hat auf normativer Ebene spätestens § 4 Abs. 2 Ket. klargestellt, der wegen Schadensersatzansprüchen aufgrund „nicht rechtsvorschriftkonformen Verfahrens" auf die bürgerlich-rechtliche Staatshaftung verweist (→ A.III.).

Alle veröffentlichten Fälle betreffen Außenrecht. In keinem Fall war der Rückgriff auf Verwaltungsinnenrecht nötig, sodass nicht feststeht, ob ein Verstoß gegen bloßes Innenrecht eine haftungsbegründende Rechtswidrigkeit darstellt. Da sich die Rechtsprechung dieser Frage noch nicht angenommen hat, setzt sich auch die Literatur mit ihr nicht auseinander.

Bislang gibt es keine veröffentlichten Fälle, in denen die Rechtswidrigkeit auf Völker- oder Europarecht gestützt wurde. Sowohl Völker- als auch Europarecht zählen aber zu den innerstaatlichen Rechtsquellen,[112] weshalb wohl keine Hindernisse bestehen, einen Staatshaftungsanspruch mit der Verletzung von Völker- oder Unionsrecht zu begründen.[113]

Etwas anders stellte sich die Lage nach dem Ptk. 2009 dar. Gemäß der ausdrücklichen Vorschrift in § 5:496 Ptk. 2009 sollte bereits die Schadenszufügung als solche rechtswidrig sein. Damit hätte es streng genommen nicht mehr des Rückgriffs auf einen (Verwaltungs-)Rechtsverstoß bedurft, weil die Schadenszufügung selbst bereits die haftungsbegründende Rechtswidrigkeit bewirkte. Die auf deliktische Beziehungen zwischen Privaten passende Grundregel des § 5:496 Ptk. 2009 ist in Bezug auf die rechtsstaatlich gebundene Staatsgewalt problematisch; dass für die Staatshaftung keine Sonderregel greifen sollte, dürfte auf einem gesetzgeberischen Versehen beruhen.[114] § 6:518 Ptk. 2013 verbietet die „rechtswidrige Schadensverursachung", und § 6:520 Ptk. 2013 vermutet die Rechtswidrigkeit, falls nicht besondere Ausnahmen vorliegen. Für die Staatshaftung könnte die Ausnahme gemäß § 6:520 lit. d) Ptk. 2013 von Bedeutung sein, wonach ein Schaden nicht rechtswidrig ist, der von einem durch Rechtsvorschrift erlaubten Verhalten verursacht wurde. Dies kann als Verweis auf die verwaltungsrechtliche Rechtmäßigkeit gedeutet werden. Sollte die Rechtsprechung § 6:520 lit. d) Ptk. 2013 nicht so auslegen, sondern in

---

109 OG, BDT 2012 Nr. 2705; *Küpper*, Deliktsrecht in Osteuropa – Herausforderungen und Antworten, Osteuropa-Recht 2003, 495 (499); *Tilk*, A közigazgatási hátósági eljárás, Bd. 1, S. 48.

110 OG, BH 1990 Nr. 153, KGD 1992 Nr. 211, BH 2003 Nr. 155.

111 OG, BH 2000 Nr. 445 (Zustellungsrecht), BH 2009 Nr. 15 (Zuständigkeitsregeln).

112 Völkerrecht: § 7 Abs. 1 Alk., Art. Q) Abs. 2–3 Alaptv., *Küpper*, Völkerrecht, Verfassung und Außenpolitik in Ungarn, ZaöRV 1998, 239 (242); Europarecht: § 2/A Alk., Art. E) Abs. 3 Alaptv., VerfG 12/2007. (III. 9.) AB, ABH 2007 S. 233; *Jakab*, A magyar jogrendszer szerkezete, 2007, 227; *Küpper*, Ungarns Verfassung vom 25. April 2011, S. 95.

113 *Várnay*, Kártérítési (Fn. 45); *Vincze*, A közösségi jog megsértése miatti állami kárfelelősség újabb apró betűi, Jogtudományi Közlöny 2009, 497.

114 Der kommentierte Entwurf der Expertenkommission äußert sich zu dieser Frage nicht: *Vékás*, Szakértői Javaslat (Fn. 38), S. 1115, 1137.

der Schadenszufügung selbst schon die Rechtswidrigkeit sehen, könnte sich hier ein normativer Anknüpfungspunkt für Ansprüche nach Art des deutschen enteignenden Eingriffs ergeben.

Ein Sonderproblem ist die Rechtswidrigkeit bei Ermessensentscheidungen. Die Rechtsprechung steht auf dem Standpunkt, dass diese nur eine Haftung auslösen, falls sie „auf vorwerfbare Weise das Ergebnis einer außerordentlich unsachgemäßen Abwägung“ sind.[115] Die außerordentliche Unsachgemäßheit der Abwägung konkretisiert die Rechtswidrigkeit beim Ermessen. Die Rechtsprechung ist zurückhaltend bei der Annahme einer außerordentlichen Unsachgemäßheit. Der wichtigere Filter ist allerdings die unter Punkt B. VI. behandelte Vorwerfbarkeit.

Mit Ermessensentscheidungen verwandt sind Billigkeitsentscheidungen. Macht eine Behörde von ihren Möglichkeiten, einen rechtmäßigen Akt durch Billigkeitserwägungen abzuändern, keinen Gebrauch, entsteht hieraus keine haftungsbegründende Rechtswidrigkeit.[116]

III. Schutzgutbezogenheit

Die wichtigste Unterscheidung besteht zwischen der allgemeinen deliktischen Haftung der öffentlichen Hand, die nicht nach dem Schutzgut fragt, und der Haftung für die Verletzung des allgemeinen Persönlichkeitsrechts. Sondertatbestände schützen meist nur ein Rechtsgut, in erster Linie Eigentum und Vermögen (Kisajátítási tv, Btv., Rtv., Eltv.), Freiheit (Haftentschädigung), informationelle Selbstbestimmung (Infotv.) und Gesundheit (Impfschäden).

IV. Zurechnung

Da beide Ptk. auf den „Zuständigkeitsbereich“ abstellen, stellt sich die Frage nach dem „Beamten im haftungsrechtlichen Sinn“ nicht.[117] Wer in dem genannten Zuständigkeitsbereich für den Staat oder eine Selbstverwaltung handelt oder unterlässt, kann die Haftung auslösen. Es spielt keine Rolle, ob eine Einzelperson oder ein Kollegialorgan handelt. Ausschlaggebend ist, ob der Betreffende von hoheitlichen Befugnissen Gebrauch macht.[118] Das kann auch ein beauftragter Unternehmer sein; allerdings werden diese von der ungarischen Verwaltungspraxis nur selten eingesetzt.

Die Schadenszufügung muss in einem gewissen inneren Zusammenhang mit der Wahrnehmung der Kompetenzen des Zuständigkeitsbereichs stehen.[119] Schädigt der öffentliche Bedienstete den Dritten nur anlässlich einer Dienstverrichtung, aber nicht im Zusammenhang mit ihr, ist für Staatshaftung kein Raum; der Handelnde haftet persönlich. Der Rechtsprechung ist es nicht gelungen, dogmatisch schlüssige Kriterien für das Bestehen oder Nichtbestehen dieses gewissen Zusammenhangs zu entwickeln. Die veröffentlichte Judikatur beruft sich auf die Abwägung aller Umstände des Einzelfalls und lässt Billigkeitserwägungen weiten Raum.[120]

---

115 OG, BH 1986 Nr. 417, KGD 1992 Nr. 213, BH 2006 Nr. 122. Diese Rechtsprechung wurde bestätigt durch VerfG 3003/2013. (I. 15.) AB, ABK 2013 Nr. 1.

116 OG, BH 1992 Nr. 638.

117 OG, BH 1976 Nr. 207, BH 2002 Nr. 12; *Gellért*, A Polgári Törvénykönyv (Fn. 49), § 349 Rn. 1.

118 OG, BH 2000 Nr. 21: Bei einem Verwaltungsorgan, das sowohl hoheitlich als auch nicht-hoheitlich handeln kann, muss geprüft werden, im Rahmen welcher Kompetenzwahrnehmung die Schadenszufügung erfolgt ist. Im vorliegenden Fall wurde die Staatshaftung für einen Amtstierarzt verneint, weil seine Schädigungshandlung keine Ausübung von Hoheitsrechten war. Ähnlich bereits OG, BH 1977 Nr. 159, für einen staatlichen Betrieb mit einzelnen hoheitlichen Befugnissen.

119 OG, Auslegungsbeschluss des Kollegiums für bürgerlich-rechtliche Angelegenheiten Nr. PK 42.

120 Die Tendenz geht zu einer vorsichtigen Ausweitung der Staatshaftung. Sehr restriktiv war noch OG, BH 1985 Nr. 61, während die Folgerechtsprechung schrittweise großzügiger geworden ist.

Falls die Polizei rechtmäßig Dritte als Helfer bei der Erfüllung polizeilicher Aufgaben heranzieht, haftet sie gemäß § 26 Abs. 2 Rtv. für Schäden, die diese Helfer verursachen, in demselben Maße wie für Schäden durch Polizisten. § 26 Abs. 3 Rtv. gibt zudem dem Helfer einen Anspruch auf Ersatz der Schäden, die er durch die Hilfeleistung erleidet und die anderweitig nicht ersetzt werden. Ausgeschlossen ist allerdings ausdrücklich der entgangene Gewinn, möglicherweise weil Hilfeleistung als Bürgerpflicht betrachtet wird, was nunmehr auch in Art. O) Alaptv. anklingt, und der Bürger daher aus öffentlichen Mitteln nur Einbußen am Bestand ersetzt bekommen soll, nicht aber Verluste im Erwerb. Zudem könnte auch das nach der Wende fortwirkende sozialistische Misstrauen gegenüber „arbeitslosem Einkommen“ den Gesetzgeber unbewusst beeinflusst haben.

V. Kausalität

Das vorwerfbar rechtswidrige Verhalten der Behörde muss ursächlich für den Schaden sein. Eine gesetzgeberische Stellungnahme zum Kausalitätsbegriff erfolgt erstmals in § 6:521 Ptk. 2013, wonach die Kausalität entfällt, falls der Schädiger den Schaden nicht vorhergesehen hat und ihn auch nicht vorhersehen musste. Die Gerichte legen in den einschlägigen Urteilen keine besondere Kausalitätstheorie[121] zugrunde, sondern prüfen, ob der Schaden durch das behördliche Verhalten entstanden ist.[122] Ohne dogmatische Fundierung geht die Rechtsprechung von einer Art Unmittelbarkeits- oder Nähekriterium aus.[123] Diese Rechtsprechung dürfte auch unter § 6:521 Ptk. 2013 weiter Bestand haben.

Die Kausalität entfällt nach Ansicht der Rechtsprechung, wenn das rechtswidrige Verhalten der Ausgangsbehörde im Widerspruchsverfahren geheilt wird.[124]

Kausalitätsfragen spielen in der veröffentlichten Judikatur meistens keine Rolle, selbst dann nicht, wenn die Kausalität fragwürdig ist. So entschied das Oberste Gericht Anfang 2011, dass die Polizei haftet, falls sie es versäumt, nach Anmeldung einer Großdemonstration die rechtlich vorgeschriebenen Notfallpläne aufzustellen. In dem entschiedenen Fall hatte die Demonstration wegen Gewaltanwendung rechtmäßig aufgelöst werden müssen, wobei friedliche Demonstranten durch einen Querschläger zu Schaden gekommen sind. Die haftungsauslösende Rechtswidrigkeit war das Unterlassen eines Sicherheitsplans; wie dies kausal für die Schadenszufügung gewesen sein kann, erörtert das Gericht nicht.

VI. Relevanz von Verschulden

Die Staatshaftung setzt nicht nur Verschulden voraus, sondern auch „Vorwerfbarkeit“. Vorwerfbarkeit bedeutet im Deliktsrecht, dass sich der Schädiger nicht so verhalten hat, wie es in der gegebenen Situation allgemein objektiv zu erwarten war (§§ 339 Abs. 1 Satz 2 Ptk. 1959, 6:519 S. 2

---

121 Die Literatur neigt, soweit sie das Problem anspricht, zu einer Art Adäquanztheorie: *Bárdos*, Kárfelelősség a Polgári Törvénykönyv rendszerében, 2001, S. 50.

122 OG, BH 1996 Nr. 530, BH 2000 Nr. 400, BH 2006 Nr. 122, BDT 2010 Nr. 2177.

123 OG, BDT 2011 Nr. 2466: Versäumt das Grundbuchamt schuldhaft die Eintragung einer Vormerkung und wird das Grundstück danach mehrfach verkauft, ist der kausal verursachte Schaden derjenige, der durch den ersten Verkauf nach der versäumten Vormerkung eintritt.

124 OG, BH 1985 Nr. 12.

i.V.m. 1:4 Ptk. 2013).[125] Verschulden und Vorwerfbarkeit werden in der Staatshaftung im Wesentlichen auf die handelnde oder unterlassende Person bezogen.

Obwohl das ungarische Recht terminologisch zwischen Verschulden und Vorwerfbarkeit differenziert, ist der Unterschied in der Sache gering. Vorwerfbar ist ein Handeln stets, falls es vorsätzlich oder fahrlässig erfolgt. Allerdings erlaubt die Vorwerfbarkeit eine Zurechnung unter Abwägung aller Umstände des Einzelfalls, die in außergewöhnlich gelagerten Fällen zu einem anderen Ergebnis kommen kann als das starre Vorsatz-Fahrlässigkeits-Schema des Verschuldens.[126]

Eine fehlerhafte Rechtsanwendung ist dem Rechtsanwendungsorgan nur dann vorwerfbar, falls diese einen „außerordentlich schweren Rechtsanwendungs- und Rechtsauslegungsirrtum“ darstellt.[127] Das ist regelmäßig dann nicht gegeben, wenn „der Sachverhalt mehrere Auslegungen der einschlägigen Norm aufwirft“. In anderen Entscheidungen ist von einer „offensichtlichen und hervorstechenden Rechtsverletzung“ die Rede,[128] wobei der Maßstab derselbe ist wie bei dem außerordentlich schweren Rechtsirrtum. Auch eine falsche Ermessensausübung ist nur vorwerfbar, wenn sie außerordentlich unsachgemäß ist.[129] Ein vorwerfbarer Rechtsfehler liegt vor, falls Behörden oder Gerichte in Unkenntnis einer zwischenzeitlich erfolgten Gesetzesänderung einen veralteten Rechtszustand anwenden.[130] Auch die fehlerhafte Anwendung einer eindeutigen Norm ist vorwerfbar,[131] selbst wenn sie gerade erst erlassen wurde und noch keine einschlägige Praxis vorliegt.[132] Diese Maßstäbe gelten nicht nur bei der Anwendung von Recht, sondern auch bei der Feststellung und Würdigung der Tatsachen[133] sowie bei behördlichen Auskünften über das geltende Recht: Auch sie lösen nur dann Haftung aus, falls der Fehler außerordentlich schwer ist.[134] Damit ist die Vorwerfbarkeit ein Filter auf der Rechtswidrigkeit: Diese alleine genügt nicht, der Rechtsverstoß muss vielmehr eine gewisse Schwere aufweisen.[135]

Nicht vorwerfbar sind regelmäßig Umstände, die außerhalb der Sphäre des Beamten und der Behörde liegen.[136] Sofern der Träger einer öffentlichen Straße alles tut, was in seiner Macht steht und nach Abwägung der privaten und der öffentlichen Verkehrsinteressen vertretbar ist, um die verkehrsbedingten Emissionen zu minimieren, sind die Schäden, die den Anliegern dennoch durch den Verkehr entstehen, nicht mehr dem Straßenträger vorwerfbar.[137]

---

125 *Bárdos*, Kárfelelősség (Fn. 121), S. 58; *Borbás*, Jura 1/2011, S. 151; *Borbás*, A közhatalom kárfelelősségéről a felelősségi premisszák szemszögéből – különös tekintettel a felróhatósági kritériumra, Jogtudományi Közlöny 2011, 232; *Osztovits*, Polgári Törvénykönyv magyarázata, S. 1365; *Tilk*, A közigazgatási hátósági eljárás, Bd. 1, S. 48.

126 OG, BDT 2004 Nr. 1027: Wenn es einer Gemeinde an Geld fehlt, kann ihr der schlechte Zustand einer Kommunalstraße im Außenbereich nicht vorgeworfen werden.

127 OG, BDT 2008 Nr. 1817. Ähnlich OG, BDT 2004 Nr. 1028, BDT 2004 Nr. 1043.

128 OG, BH 1994 Nr. 311, BH 1996 Nr. 311.

129 OG, BH 2007 Nr. 187 und BDT 2012 Nr. 2705 zum Ermessen der Staatsanwaltschaft über die Anklageerhebung.

130 OG, BH 2010 Nr. 38. Diese Entscheidung muss man vor dem Hintergrund sehen, dass in Ungarn die meisten Rechtsanwender online laufend aktualisierte DVDs verwenden, auf denen der gesamte geltende Rechtsstoff einschließlich früherer und zukünftig in Kraft tretender Varianten enthalten ist. Es ist mithin überaus einfach, den zu einem bestimmten Zeitpunkt geltenden Normtext herauszufinden: Ein Mausklick genügt.

131 OG, BH 2003 Nr. 236. Eindeutig ist eine Norm u. a., wenn sie kein Ermessen eröffnet: BH 2001 Nr. 423.

132 OG, BH 2009 Nr. 15.

133 OG, BH 1992 Nr. 103, BH 1996 Nr. 362.

134 OG, BH 2009 Nr. 325.

135 So ausdrücklich OG, BH 2000 Nr. 55, BDT 2007 Nr. 1709.

136 OG, KGD 1992 Nr. 45: Ein Schaden durch Währungsverfall während eines Zollverwaltungsverfahrens löst keine Staatshaftung aus, falls das Verwaltungsverfahren nicht überlang war, denn der Währungsverfall als solcher ist der Zollbehörde nicht vorwerfbar.

137 OG, BH 1993 Nr. 679. Der EGMR hingegen stellte in *Deés/Ungarn*, Nr. 2345/06, 9.11.2010, eine Konventionsverletzung fest, für die Ungarn einzustehen hat – allerdings nur mit 6.000 € Ersatz für immaterielle Schäden.

Neben der Vorwerfbarkeit muss auch das normale deliktsrechtliche Verschulden in Gestalt von Vorsatz oder Fahrlässigkeit vorliegen.[138] In der Praxis kommt dem Verschulden neben der Vorwerfbarkeit nur in Ausnahmefällen eine eigene Bedeutung zu.

Persönlichkeitsrechtsverletzungen lösen auch ohne Verschulden Ansprüche des Verletzten aus (§ 2:51 Ptk. 2013). Die Sondervorschrift des § 2 Abs. 3 S. 3 Pp. sieht für unvernünftig lange Zivilprozesse eine Haftung des Gerichts auch dann vor, falls „der Person, die im Namen des Gerichts handelt, die verursachte Rechtsbeeinträchtigung nicht unmittelbar vorgeworfen werden kann". In der veröffentlichten Judikatur spielt das Absehen vom Verschuldenserfordernis keine Rolle.[139]

VII. Haftung ohne Normverstoß

Für eine Haftung ohne Normenverstoß fehlt es an einem übergreifenden Konzept. Es gibt nur eine Reihe isolierter Einzelvorschriften. Hieran ändert auch § 6:564 Ptk. 2013 nichts, der die „Entschädigung für rechtmäßige Schadensverursachung" zum Gegenstand hat, denn diese Vorschrift enthält keine eigene Haftungsgrundlage, sondern verweist lediglich auf Sondergesetze.

Derartige Sondergesetze finden sich über die gesamte Rechtsordnung verstreut. Einige Arten der Haftentschädigung nach der Be. werden auch für eine Haft gezahlt, deren Voraussetzungen zum Zeitpunkt der Verhängung vorlagen, die aber später aufgehoben wurde. In diesen Fällen stellt die Be. alleine auf die spätere Aufhebung der Haft, nicht aber auf die Rechtswidrigkeit der Haftanordnung ab.[140]

Das Rtv. erweitert die Haftung für Handeln der Polizei um einige rechtmäßige Schädigungen.[141] Wenn die Polizei zur Gefahrenabwehr fremdes Eigentum in Anspruch nimmt, haftet sie gemäß § 13 Abs. 3 Rtv. für daraus entstehenden Schäden, sofern der Eigentümer nicht für die Gefahrenlage verantwortlich ist. Sie haftet zudem für Schäden, die Informanten und verdeckte Ermittler im Zuge der Informationsgewinnung Dritten verursachen (§§ 64 Abs. 9, 67/A Abs. 2 Rtv.), und für Schäden von Opfern von Straftaten, falls gegen den Täter wegen deren besonderer Zusammenarbeit mit den Strafverfolgungsbehörden kein Verfahren eingeleitet wird (§ 67 Abs. 2 Rtv.). Der Grund für die letztgenannte Regel ist, dass die Verurteilung des Täters dem Opfer die Verfolgung seiner deliktischen Ansprüche sehr erleichtert;[142] verzichtet der Staat aus kriminalpolitischen Gründen auf eine Strafverfolgung (Stichwort: Kronzeuge), soll dies nicht zulasten des Opfers gehen: Es erhält zum Ausgleich einfach durchsetzbare Ansprüche gegen die Polizei. Zu diesem Anspruch liegt keine veröffentlichte Rechtsprechung vor.

Falls dem Geschädigten Ansprüche aus Delikt und wegen rechtmäßiger Schadenszufügung zustehen, haben deliktische Ansprüche Vorrang.[143]

---

138 OG, BH 1998 Nr. 534.
139 *Sopovné* (Fn. 46), MJ 2009, 29.
140 OG, BDT 2006 Nr. 1408, BDT 2006 Nr. 1436.
141 Rechtswidrige Schädigungen durch die Polizei werden durch die deliktische Staatshaftungsklausel erfasst.
142 Die Anwendung der strafprozessualen Beweis(last)regeln ist jedoch im zivilen Haftungsprozess ausgeschlossen: OG, BDT 2013 Nr. 2855.
143 OG, BDT 2002 Nr. 659.

C. Haftungsfolgen

Die Haftungsfolgen richten sich nach dem allgemeinen Deliktsrecht, da es in den staatshaftungsrechtlichen Tatbeständen an Sonderregeln fehlt.

I. Haftungssubjekte

Unter der Geltung des Ptk. 1959 ist der Haftende nicht immer ganz klar.[144] Deshalb ist die Bestimmung des Passivlegitimierten ein Regelungsschwerpunkt von §§ 5:556–5:557 Ptk. 2009, 6:548–6:549 Ptk. 2013. Anstelle der handelnden oder unterlassenden natürlichen Person haftet deren Behörde oder Gericht, falls es eine juristische Person ist, ansonsten die Körperschaft, die die Behörde oder das Gericht unterhält.

Die Unterscheidung von Behörden und Gerichten je nachdem, ob sie Rechtspersönlichkeit haben oder nicht, ist eine aus dem Sozialismus überkommene Tradition: Zahlreiche Behörden sind als sog. Haushaltsorgane mit einer eigenen Rechtsfähigkeit ausgestattet; ihre Zahl hat seit der Wende stark zugenommen.[145] Auch Gerichte mit Ausnahme der untersten Ebene (Kreisgerichte, Verwaltungs- und Arbeitsgerichte) sind eigene juristische Personen.[146]

Organe ohne Anstellungskörperschaft haften nach altem Recht regelmäßig selbst, auch wenn die Urteile als Anspruchsgrundlage § 349 Ptk. 1959 nennen. Das betrifft v.a. Notare, die ähnlich wie in Deutschland Gebührenbeamte sind und öffentliche Gewalt ausüben, aber nicht aus dem Staatshaushalt bezahlt werden.[147] Seit der Einführung selbstständiger Gerichtsvollzieher, deren Rechtsstellung der der Notare ähnelt, gilt dies auch für sie.[148] Die ausdrückliche Nennung von Notaren und Gerichtsvollziehern in § 6:549 Abs. 2 Ptk. 2013 regelt nicht die Frage des Haftungssubjekts, sodass es bei der alten Rechtsprechung bleiben dürfte.

Ob neben diesen Haftenden die Eigenhaftung des Beamten in Frage kommt, ist nicht klar. Veröffentlichte Rechtsprechung findet sich nicht; das Schrifttum bejaht vorsichtig die Möglichkeit, neben dem Staat auch den Beamten selbst in Anspruch zu nehmen.[149]

Bei Persönlichkeitsrechtsverletzungen scheint § 2:51 Abs. 2–3 Ptk. 2013 den Verletzten zwingend auf Ansprüche gegen die Anstellungsbehörde oder -körperschaft zu verweisen, sodass das unter dem alten Recht bestehende Wahlrecht des Verletzten (Behörde oder handelnde Person) mit Inkrafttreten des Ptk. 2013 entfallen dürfte.

Wichtiger als die eher theoretische Frage der Eigenhaftung der Beamten[150] ist die des Regresses. Für Schäden, welche diese ihrem öffentlichen Arbeitgeber zufügen – einschließlich der dem Arbeitgeber entstehenden Schadensersatzpflichten gegenüber Dritten –, haften intern im Falle eines Verschuldens Beamte bei Vorsatz voll und bei Fahrlässigkeit bis zu vier Monatsgehäl-

---

144 OG, BH 2003 Nr. 280, BDT 2004 Nr. 993; *Fézer*, Kártérítési jog (Fn. 46), S. 260; *Gárdos* (Hrsg.), Kézikönyv az új Polgári Törvénykönyvhöz, 2009, S. 876; *Osztovits*, Polgári Törvénykönyv magyarázata, S. 1357.

145 Zu Haushaltsorganen *Küpper*, Einführung (Fn. 2), S. 79, 107; *Lőrincz*, Közigazgatási jog (Fn. 23), S. 140, 147.

146 Die Haftung trifft daher auch nach altem Recht das Gericht, nicht die Republik (auch wenn Urteile „Im Namen der Republik“ ergehen): OG, KGD 1992 Nr. 219, KGD 1992 Nr. 220.

147 OG, BH 2009 Nr. 270; *Juhász*, A közjegyzők kártérítési felelősségének egyes kérdéseiről, Gazdaság és Jog 2012/5, 3; *Sopovné* (Fn. 46), MJ 2009, 24.

148 OG, BH 1998 Nr. 285, BH 2008 Nr. 120, BDT 2008 Nr. 1746, BDT 2011 Nr. 2430. Zum selbstständigen Gerichtsvollzieher siehe *Küpper*, Die Vollstreckung von Gerichtsurteilen in Ungarn unter besonderer Berücksichtigung der Vollstreckung ausländischer Urteile, 2005, S. 24, http://www.forost.lmu.de/fo_library/forost_Arbeitspapier_28.pdf (zuletzt abgerufen am: 4.4.2013).

149 *Gellért*, A Polgári Törvénykönyv (Fn. 49), § 349 Rn. 2.

150 Denkbar wäre sie z.B. bei Ansprüchen auf Widerruf einer ehrverletzenden Äußerung o.ä.

tern,[151] öffentliche Angestellte bei Vorsatz voll und bei Fahrlässigkeit bis zu vier Monatsgehältern, leitende öffentliche Angestellte auch bei Fahrlässigkeit voll.[152] Sonderregeln gelten für einzelne Bereiche des öffentlichen Dienstes (Justiz, Polizei, Militär, Geheimdienst etc.). Die Geltendmachung seitens des öffentlichen Arbeitgebers erfolgt im Wege des Disziplinarverfahrens.

Bei Richtern hat die Rechtsprechung die deliktische Eigenhaftung für richterliches Handeln wegen ihrer Unabhängigkeit mittlerweile ausgeschlossen.[153] Bei Verletzungen des Persönlichkeitsrechts kommt die Eigenhaftung des Richters hingegen nach altem Recht grundsätzlich in Betracht, z.B. beim Widerruf ehrverletzender Äußerungen.[154]

In Ungarn haben weder der Staat noch Selbstverwaltungen oder andere öffentlich-rechtliche Subjekte Haftpflichtversicherungen. Dies ist zwar nicht verboten, wird aber nicht praktiziert, schon weil sich die öffentliche Hand dieser Möglichkeit nicht bewusst ist.

Eine gewisse Sozialisierung von Schäden gibt es in der Praxis dennoch. Gesundheitsschäden werden im Rahmen der staatlichen Krankenversicherung versorgt, die die Kosten für die Behandlung trägt. Zwar kann auch die Krankenversicherung ihre Leistungen im Wege der Staatshaftung ersetzt verlangen, falls der Gesundheitsschaden durch eine hoheitliche Maßnahme verursacht wurde,[155] in der Praxis kommen derartige Erstattungsansprüche aber nicht vor. Das mag daran liegen, dass die aus dem Sozialismus überkommene Einheitskrankenversicherung ihre Defizite ohnehin aus dem Staatshaushalt ersetzt bekommt und private (v.a. Zusatz-) Krankenkassen nicht sehr verbreitet sind.

II. Individualansprüche

Ansprüche kann grundsätzlich jedes Rechtssubjekt geltend machen, das einen Schaden erleidet. Im Bereich der natürlichen Personen sind das In- ebenso wie Ausländer und Staatenlose. Besteht die Schädigung in einer Tötung, so haben die Angehörigen Ersatzansprüche. Das Ptk. 2013 enthält in § 2:50 eine Sondervorschrift über die Verletzung der postmortalen Ehre; falls die öffentliche Hand diese verletzt, haben die Hinterbliebenen Ansprüche.[156]

Auch juristische Personen sind in vollem Umfang anspruchsberechtigt. Hier wird ebenfalls nicht zwischen in- und ausländischen Personen unterschieden; lediglich der Anspruch gemäß § 1 Btv. steht allein Ausländern zu. Bei juristischen Personen des öffentlichen Rechts sind Schadensersatzansprüche der einen gegen eine andere möglich, z.B. einer Gemeinde gegen den Staat oder des Staates gegen eine Kammer.

III. Haftungsinhalt

Im Rahmen der deliktischen Staatshaftung gelten für den Staat als Schädiger die allgemeinen Regeln (§§ 355–360 Ptk. 1959, 6:522–6:534 Ptk. 2013); es gibt keine Sondervorschriften. Der zu ersetzende Schaden umfasst den Vermögensverlust, den entgangenen Gewinn und die Kosten des Geschädigten zur Abwehr oder Verringerung des Schadens. § 6:533 Ptk. 2013 schreibt aus-

151 § 160 *a közszolgálati tisztviselőkről szóló 2011. évi CXCIX. törvény* (Beamtengesetz).
152 §§ 81–82 *a közalkalmazottak jogállásáról szóló 1992. évi XXXIII. törvény* (Gesetz über öffentliche Angestellte).
153 OG, BDT 2009 Nr. 2024. Anders noch *Borbás* (Fn. 46), Jura 1/2009, 7 (12).
154 OG, BDT 2006 Nr. 1445: Eine Klage auf deliktische und persönlichkeitsrechtliche Haftung des Richters ist in dem deliktischen Teil abzuweisen, ansonsten aber in der Sache zu prüfen.
155 OG, BH 1988 Nr. 376.
156 *Fézer*, A nem vagyoni (erkölcsi) sérelmek megítélése a polgári jogban, 2011, S. 328.

drücklich vor, dass der ersetzbare Vermögensverlust des Geschädigten um dessen Vermögensgewinn aus der Schadenszufügung zu mindern ist. Damit hat der Gesetzgeber das bisher richterrechtliche Verbot der Bereicherung aus Schädigung kodifiziert. Ersatz erfolgt regelmäßig in Geld, und zwar in einer Einmalzahlung; Renten sind fast nur bei Tötung und Gesundheitsschäden vorgesehen.

Falls ein materieller Schaden geltend gemacht wird, muss dieser tatsächlich in den genannten Formen vorliegen. Symbolischen Schadensersatzforderungen steht die Rechtsprechung ablehnend gegenüber,[157] ebenso einem Strafschadensersatz. Ersatz für immaterielle Schäden ist zwar im Deliktsrecht allgemein anerkannt, die Summen sind jedoch meistens gering – unabhängig davon, ob der Staat oder ein Privater der Schädiger ist.[158] Die Judikatur betont allerdings bei der Haftentschädigung, dass bereits das Strafverfahren ein tief greifender Einschnitt in die persönlichen Rechtsgüter und entsprechend finanziell zu berücksichtigen ist.[159]

Falls der Schaden auch durch umfangreiche Beweiserhebung nicht feststellbar ist, erlauben alle Ptk. dem Richter, einen sog. allgemeinen Schadensersatz festzulegen, dessen Höhe zur Abdeckung der gesamten Schäden geeignet ist. Dieses Vorgehen ist grundsätzlich auch in der Staatshaftung zulässig.[160] Die Rechtsprechung stellt hohe Hürden für die Zulässigkeit des allgemeinen Schadensersatzes auf.

§§ 2:51–2:54 Ptk. 2013 enthalten für Persönlichkeitsrechtsverletzungen ausdifferenzierte Rechtsfolgen, die auch für den Staat als Schädiger gelten. Verschuldensunabhängig sind die Ansprüche auf gerichtliche Feststellung der Rechtsverletzung und das Verbot ihrer Fortsetzung, auf Genugtuung, Wiederherstellung und Herausgabe des Erlangten. Der Ersatz des materiellen und immateriellen Schadens setzt auch bei Persönlichkeitsrechtsverletzungen aller Art Verschulden voraus.

Für sondergesetzliche Ansprüche gelten die dargestellten Regelungen des bürgerlich-rechtlichen Deliktsrechts nur, wenn das Sondergesetz darauf verweist. Gerade das Enteignungsrecht hat eigene Maßstäbe, was z.B. den Grundsatz der Entschädigung (nicht: Schadensersatz) oder die Verzinsung einer verspätet gezahlten Enteignungsentschädigung einschließt.[161] § 41 Abs. 3 Tvt. beschränkt den Anspruch des Grundstückseigentümers auf den Ersatz des „tatsächlichen Schadens“, ohne dass Gesetzgeber, Rechtsprechung oder Wissenschaft bislang geklärt haben, ob das Adjektiv „tatsächlich“ eine Beschränkung des Anspruchs bewirkt. Noch restriktiver sind §§ 54, 55 Eltv., die den von seuchenrechtlichem Maßnahmen betroffenen Betrieben nur einen Anspruch auf vollständige oder teilweise Entschädigung – womit im Ungarischen weniger gemeint ist als der volle Schadensersatz – einräumen; dem liegt der Gedanke der Risikoverteilung zugrunde. Landwirtschaftliche Unternehmer sollen das Risiko der Erkrankung oder Gefährdung ihrer Tier- und Pflanzenbestände nur zum Teil auf die Allgemeinheit abwälzen können.

Strafcharakter für die Behörde hat deren Pflicht gemäß § 33/A Ket., bei Fristüberschreitung die Verwaltungsgebühr an den Bürger zurückzuzahlen (→ B.I.2.).

---

157 OG, BH 2004 Nr. 464, BDT 2010, Nr. 2228: mangels beweisbarem Nichtvermögensnachteil keinen Schadensersatz für einen nicht rauchenden Gefangenen, der mit Rauchern in einer Zelle untergebracht war, obwohl die Unterbringung eine rechtswidrige und vorwerfbare Persönlichkeitsrechtsverletzung durch die Gefängnisleitung darstellt.

158 *Fézer*, A nem vagyoni (erkölcsi) sérelmek (Fn. 156), S. 252, 341; *Tattay*, Növekvő trend a bíróságok által megítélt nem vagyoni kár összegében, Gazdaság és Jog 2008/10, 11.

159 OG, BH 2008 Nr. 212.

160 OG, BH 1998 Nr. 485.

161 OG, BH 1987 Nr. 243.

IV. Haftungsbegrenzung und -ausschluss

1. Gesetzlicher Haftungsausschluss

Es gibt einige Vorschriften, die die Haftung ausdrücklich ausschließen. So können gemäß § 45 Abs. 3 Rtv. Eigentümer, Halter und Nutzer eines Kfz keinen Ersatz für die Nutzungsbeschränkungen infolge Abschleppens oder Anbringens von Parkkrallen verlangen. Wenn Maßnahmen zur Zurückdrängung der Ambrosie zu Schäden an Kulturpflanzen führen, muss der Landwirt diese Schäden unter bestimmten Umständen selbst tragen (§ 50 Abs. 7 Eltv.).

2. Haftungsminderung

§§ 339 Abs. 2 Ptk. 1959, 6:522 Abs. 4 Ptk. 2013 sehen im Rahmen der deliktischen Haftung die Möglichkeit vor, dass bei Vorliegen besonderer Umstände der zu leistende Ersatz aus Billigkeit gemindert wird. Diese Möglichkeit steht dem Richter im Prinzip auch bei der Staatshaftung zu. Sie wird hier jedoch in der Praxis nicht angewandt, schon weil kaum zu erkennen ist, welche besonderen Umstände, die nicht schon anderweitig, z. B. als Mitverschulden des Geschädigten, erfasst sind, aus Billigkeitsgründen zu einer Reduzierung der Schadenshaftung der öffentlichen Hand führen können.[162] Einer Haftungsreduzierung aus Billigkeitsgründen dürfte auch entgegenstehen, dass der Staat sich nicht auf fehlende Haushaltsdeckung berufen kann (→ A.III.).

3. Verschulden des Geschädigten

a) Nichteinlegen ordentlicher Rechtsbehelfe

Nicht nur auf Seiten der Behörde spielen Vorwerfbarkeit und Verschulden eine Rolle (→ B.VI.), sondern auch beim Geschädigten. Das (Mit-)Verschulden des Geschädigten ist in mehrerer Hinsicht bedeutsam.

Gemäß §§ 349 Abs. 1 Ptk. 1959, 6:548 Abs. 1, 6:549 Ptk. 2013 kann der Geschädigte nur Schadensersatz erlangen, falls er den ihm zur Verfügung stehenden Primärrechtsschutz ausgeschöpft hat oder der Schaden auch bei dessen Inanspruchnahme eingetreten wäre. Der Primärrechtsschutz wird mit dem Begriff des „ordentlichen Rechtsbehelfs" umschrieben. Auch zu diesem Fragenkreis hat das OG einen quasinormativen Auslegungsbeschluss[163] erlassen. Dessen wichtigste Aussage ist, dass nur die regelmäßig zur Verfügung stehenden Rechtsbehelfe hierunter fallen, während alle anderen Rechtsschutzmöglichkeiten nicht ausgeschöpft werden müssen.

Voraussetzung für das Erfordernis der Einlegung von Rechtsbehelfen ist, dass der schädigende Verwaltungsakt ordnungsgemäß zugestellt und der Betroffene korrekt über seine Rechtsbehelfe belehrt wurde. Fehlt es daran, kann der Bürger seinen Schadensersatzanspruch geltend machen.[164]

Der Begriff des ordentlichen Rechtsbehelfs nach altem Recht wird von der Rechtsprechung in Übereinstimmung mit dem Auslegungsbeschluss Nr. PK. 43 eng ausgelegt. Er umfasst nur die Behelfe innerhalb der jeweiligen Behördenstruktur.[165] Das bedeutet, dass gegen Verwaltungsakte der Widerspruch der einzulegende Rechtsbehelf ist, nicht aber die verwaltungsgerichtliche Klage. Diese ist selbst dann kein ordentlicher Rechtsbehelf, wenn ein Widerspruch unzulässig

162 *Tilk*, A közigazgatási hatósági eljárás, Bd. 1, S. 50.
163 OG, Auslegungsbeschluss des Kollegiums für bürgerlich-rechtliche Angelegenheiten Nr. PK 43.
164 OG, BH 1999 Nr. 458 (Zustellung), BH 2003 Nr. 154 (Belehrung).
165 Dies bezeichnet die Verwaltungsrechtsdogmatik als „inneren Rechtsbehelft": *Patyi*, Közigazgatási hatósági eljárásjog (Fn. 53), S. 365.

ist.[166] Die Klage ist daher nur gegen gerichtliche und einige staatsanwaltschaftliche Maßnahmen ein ordentlicher Rechtsbehelf. Das gilt zudem im Instanzenzug nur für die Berufung, nicht aber die Revision, da diese als außerordentlicher Rechtsbehelf ausgestaltet ist. Auch ein vorheriger Antrag auf Einsichtnahme in das Grundbuch ist kein ordentlicher Rechtsbehelf, dessen Unterlassung einen Ersatzanspruch gegen das Grundbuchamt ausschließt.[167] Diese Rechtslage wird sich nach Inkrafttreten des Ptk. 2013 ändern: § 6:548 Abs. 1 a.E. setzt für die Staatshaftung nicht nur die Inanspruchnahme aller ordentlichen Rechtsbehelfe, sondern jedenfalls bei Verwaltungsakten ausdrücklich auch deren gerichtliche Anfechtung voraus. Der Auslegungsbeschluss wird dann in diesem Punkt hinfällig.

Zwar ist eine verwaltungsprozessuale Klage gegen den Ausgangsbescheid zur Zeit noch nicht nötig. Wird sie aber dennoch eingelegt, muss ein Staatshaftungsprozess bis zu ihrem Abschluss ausgesetzt werden.[168] Das über die Staatshaftung entscheidende Gericht ist frei, die staatliche Maßnahme anders zu bewerten als das Gericht, das über deren Anfechtung entscheidet.[169]

Das Unterlassen des Rechtsbehelfs ist unschädlich, wenn der Schaden auch bei dessen Inanspruchnahme eingetreten wäre (§§ 349 Abs. 1 Ptk. 1959, 6:548 Abs. 1 Ptk. 2013).[170]

Auch Ansprüche wegen ungebührlicher Prozessdauer setzen gemäß § 2 Abs. 3 Pp. die vorherige Inanspruchnahme der verfügbaren Rechtsbehelfe voraus.

b) Schadensminderungs- und -vermeidungspflicht

Den Bürger trifft zudem die allgemeine Schadensvermeidungs- und -minderungspflicht im Rahmen des objektiv Erwartbaren, die jedem deliktisch Geschädigten obliegt. Diese Pflicht kann dem Geschädigten je nach Fallgestaltung Handlungs-, Duldungs- und Unterlassungspflichten auferlegen.[171] Wenn der Bürger diese Pflicht versäumt, entfällt die Haftung des Staates für den Teil des Schadens, der durch die Pflichtversäumnis entstanden ist (§§ 340 Ptk. 1959, 6:525 Abs. 1 S. 2 Ptk. 2013).

Eine sondergesetzliche Ausgestaltung der Mitverursachung durch den Geschädigten enthalten die tier- und pflanzenseuchenrechtlichen Entschädigungsansprüche in §§ 54, 55 Eltv. Zahlreiche Ausschlussgründe, die auf dem Gedanken der (Mit-)Verursachung der Seuche oder ihrer Ausbreitung durch den Betroffenen beruhen, lassen dessen Entschädigungsanspruch entfallen, z.B. der Import verbotener Pflanzen- und Tierarten oder das Unterlassen seuchenrechtlicher Meldungen.

c) Allgemeines Mitverschulden

Schließlich muss der Geschädigte sich ganz allgemein eigenes Verschulden anrechnen lassen. So haftet der Staat nicht für Verzögerungen bei der Erteilung einer Gewerbeerlaubnis in der ersten Behördeninstanz, falls der Gewerbetreibende erst während des Rechtsmittelverfahrens alle

---

166 OG, BH 1996 Nr. 470, BH 2005 Nr. 174.
167 OG, BDT 2006 Nr. 136.
168 OG, BH 1992 Nr. 172; *Bella*, Közigazgatási perben hozott ítélethez fűződő jogerőhatás érvényesülése a közigazgatási jogkörben okozott kártérítési perben, MJ 2011, 482.
169 OG, KD 2013 Nr. 44.
170 OG, BH 1996 Nr. 469, BH 2004 Nr. 12.
171 *Fuglinszky*, Felróható károsulti közrehatás és kárenyhítési kötelezettség a magyar polgári jogban, Polgári Jogi Kodifikáció 4/2008, 3; *Tilk*, A közigazgatási hatósági eljárás, Bd. 1, S. 51.

Voraussetzungen für die Genehmigungsfähigkeit seines Gewerbes schafft.[172] Auch der Schadensteil, der aus mangelnder Mitwirkung am Verfahren entsteht, trifft den Bürger selbst.[173]

Kein eigenes Verschulden stellt es dar, wenn der Bürger die von der Behörde erhaltenen Angaben nicht auf ihre Richtigkeit überprüft: Er darf vielmehr auf die Angaben vertrauen und erhält ggf. Schadensersatz, falls diese falsch sind.[174]

d) Einverständnis des Geschädigten

Eine deliktische Haftung – einschließlich der Staatshaftung – entfällt gemäß §§ 342 Abs. 2 Ptk. 1959, 6:520 lit. a) Ptk. 2013, falls der Geschädigte einwilligt.[175] Die Einwilligung muss sich dem Wortlaut der Normen nach auf die Schädigung beziehen, wird aber von der Literatur – einschlägige Judikatur fehlt – auch auf das Risiko einer Schädigung bezogen, z.B. bei der Teilnahme an Sportveranstaltungen.[176]

Bei Sondertatbeständen, v.a. bei Ansprüchen wegen rechtmäßigen Behördenhandelns wie bei der Impfung, lässt das Einverständnis des Betroffenen den Anspruch naturgemäß nicht entfallen.

D. Geltendmachung von Haftungsansprüchen

Grundsätzlich kann und soll sich der Geschädigte mit seinem Ersatzanspruch zunächst an die schädigende Behörde oder deren Rechtsträger wenden. Diese entscheiden im Verwaltungsverfahren über den geltend gemachten Anspruch. Für diese Verfahren gibt es keine besonderen Regeln, sodass das allgemeine Verwaltungsverfahrensrecht gilt.[177] Rechtlich geregelt ist einzig der Klageweg: §§ 6:548–6:549 Ptk. 2013 erwähnen nur die Klage auf Schadensersatz und lassen vorgeschaltete Verfahren unerwähnt. Da es zur vorgerichtlichen Durchsetzung von Staatshaftungsansprüchen weder Rechtsprechung noch Literatur gibt, sind gesicherte Aussagen über die Praxis jenseits punktueller Eindrücke nicht möglich.

In einem Fall ist die Behörde verpflichtet, von Amts wegen über Schadensersatzansprüche zu entscheiden: Falls wegen neuer Tatsachen ein abgeschlossenes Verfahren wieder aufgenommen wird und der bestandskräftige Ausgangsbeschluss im Lichte der neu bekannt gewordenen Tatsachen so nicht hätte erlassen werden dürfen, hat die Behörde gemäß § 112 Abs. 9 Ket. auch über Ausgleich und Erstattung der Nachteile und Schäden zu entscheiden, die dem Belasteten ungerechtfertigt entstanden sind. Auch bei tier- und pflanzenseuchenrechtlichen Maßnahmen soll die Behörde von Amts wegen, ggf. bereits in der Anordnung der Maßnahme, über Entschädigungsansprüche entscheiden (§§ 54, 55 Eltv.).

Da es sich bei Staatshaftungsansprüchen um reguläre bürgerlich-rechtliche vermögenswerte Ansprüche handelt, kann ihr Inhaber sie frei abtreten,[178] u.a. auch zur Geltendmachung.

---

172 OG, KGD 1994 Nr. 9.
173 OG, KGD 1992 Nr. 215.
174 OG, BH 1986 Nr. 365.
175 *Tilk*, A közigazgatási hátósági eljárás, Bd. 1, S. 52.
176 *Gellért*, A Polgári Törvénykönyv (Fn. 49), § 342.
177 Derartige Eingaben bilden gemäß § 164 Abs. 3 Ket. eine in der Verwaltungsstatistik gesondert zu erfassende Rubrik.
178 OG, BH 2008 Nr. 299.

I. Rechtsweg

Für Schadensansprüche gegen den Staat ist der Zivilrechtsweg gegeben. Ein obligatorisches Vorverfahren ist nicht vorgesehen,[179] allerdings muss der Rechtsweg gegen die behördliche Maßnahme erschöpft werden (Primärrechtsschutz, → C.IV.3.a.). Gegenüber Prozessen gegen Private ergibt sich bei Staatshaftungsprozessen die Abweichung, dass gemäß § 23 Abs. 1 lit. b) Pp. die Eingangsinstanz streitwertunabhängig stets die zweitunterste Gerichtsebene (bis 2011: Komitatsgericht, in Budapest: Hauptstädtisches Gericht; seit 2012 trägt diese Gerichtsebene die Bezeichnung „Gerichtshof") ist. § 62 Abs. 1 lit. g) *az illetékekről szóló 1990. évi XCIII. törvény* (Gesetz 1990:XCIII über die Gebühren) stellt den Kläger im Staatshaftungsprozess von der Pflicht zum Gebührenvorschuss frei.[180]

Ein Staatshaftungsprozess wird nach den Vorschriften der Pp. über bürgerlich-rechtliche Streitigkeiten durchgeführt. Die Sondervorschriften des Kap. XX Pp. über den Verwaltungsprozess greifen nur, wenn ein Verwaltungsakt angefochten wird.

Ungarische Behörden und Gerichte sind gemäß § 62/E Abs. 1 lit. c) *a nemzetközi magánjogról szóló 1979. évi 13. törvényerejű rendelet* (IPR-Verordnung, abgekürzt: Nmtvr.) für Schadensersatzverfahren gegen ausländische Staaten international zuständig, falls das schädigende Ereignis in Ungarn stattgefunden und der Geschädigte sich zu dem Zeitpunkt dort aufgehalten hat. Diese Zuständigkeit besteht laut § 62/C lit. c) Nmtvr. auch, falls der fremde Staat nicht auf seine Immunität verzichtet.

II. Beweisfragen

In Staatshaftungsprozessen gilt die zivilprozessuale Grundregel, dass jeder die ihm günstigen Tatsachen beweisen muss. Das bedeutet, dass der Kläger für Rechtswidrigkeit, Schaden und die Kausalität zwischen rechtswidrigem Verhalten und Schaden beweispflichtig ist, während der Schädiger den Beweis für mangelnde Vorwerfbarkeit führen muss, wenn er sich darauf beruft.[181]

In der Judikatur spielen Beweisfragen nur selten eine Rolle. Das dürfte v.a. daran liegen, dass in Staatshaftungsprozessen Behörden ihre Unterlagen dem Gericht vorlegen. Zudem neigen zahlreiche während des Sozialismus sozialisierte, aber auch jüngere Zivilrichter noch zu einer starken offizial-rechtlichen Prozessführung, auch wenn seit der Wende im Zivilprozess die Parteiherrschaft gilt (§ 3 Pp.). In Ungarn erforscht daher das Gericht stärker als in Deutschland die Tatsachen.

Eine Beweiserleichterung gilt im Beschaffungswesen, falls der nicht zum Zuge gekommene Bieter lediglich seine Bietkosten erstattet haben möchte. Dann braucht er gemäß § 165 Abs. 2 *a közbeszerzésekről szóló 2011. évi CVIII. törvény* (Beschaffungsgesetz) nur nachzuweisen, dass die ausschreibende Behörde Vergabe- oder Vergabeverfahrensrecht verletzt hat, dass sein Gebot eine reelle Erfolgschance hatte und die Rechtsverletzung seine Chancen unmittelbar beeinflusst hat.[182] Macht der Bieter hingegen vollen Schadensersatz geltend, muss er einen Nachweis nach den allgemeinen Regeln staatlicher Deliktshaftung führen.

---

179 OG, BDT 2013 Nr. 2856.
180 *Fézer*, Kártérítési jog (Fn. 46), S. 258.
181 OG, BH 1998 Nr. 534.
182 Diese Regelung wurde wesentlich von Art. 2 Abs. 7 RL 92/13/EWG beeinflusst.

III. Verjährung

Ursprünglich betrug die Verjährung von Deliktsansprüchen gegen den Staat nur ein Jahr. 1992 sah das VerfG diese Privilegierung des Staates gegenüber anderen Schädigern als eine Verletzung der Gleichheit von Staat und Privaten in Zivilrechtsbeziehungen (§§ 9, 70/A Alk.) an und hob § 349 Abs. 2 Ptk. 1959 ersatzlos auf.[183] Seitdem gilt auch für den Staat als Schädiger die normale deliktische Verjährungsfrist des § 360 Abs. 1, 4 Ptk. 1959, wonach Ansprüche nach fünf Jahren verjähren, ggf. auch später, falls die Verjährungsfrist der die deliktische Handlung bildenden Straftat länger ist. § 6:533 i.V.m. § 6:22 Abs. 1 Ptk. 2013 trifft eine identische Regelung.

Die Verjährung läuft ab Fälligkeit (§§ 326 Ptk. 1959, 6:22 Abs. 2 Ptk. 2013), und deliktische Forderungen werden mit Schädigungseintritt fällig (§§ 360 Abs. 1 Ptk. 1959, 6:532 Ptk. 2013).[184] Die Geltendmachung der Forderung unterbricht die Verjährung (§§ 327 Ptk. 1959, 6:25 Ptk. 2013), nicht aber die Inanspruchnahme außerordentlicher Rechtsmittel.[185]

Verjährte Forderungen sind gerichtlich nicht mehr durchsetzbar. Die Verjährung wird nicht von Amts wegen berücksichtigt, sondern nur, falls der Schuldner sie geltend macht. Die berechtigte Berufung des Schädigers auf Verjährung verbietet dem Gericht schon die Prüfung, ob der Anspruch begründet ist.[186]

IV. Vollstreckung[187]

Gerichtsurteile gegen die öffentliche Hand sind grundsätzlich genauso vollstreckbar wie Urteile gegen Private. Weder in der Literatur noch in den veröffentlichten höchstgerichtlichen Urteilen finden sich Hinweise darauf, dass bei einem Leistungsurteil gegen den Staat oder eine Selbstverwaltung die Vollstreckung notwendig gewesen wäre.

Bibliographie

Borbás, Beatrix, Felelősség a bírósági jogkörben okozott károkért (Haftung für die im Zuständigkeitsbereich der Gerichte verursachten Schäden), Jura 1/2009, S. 7–18

dies., Az állam és a köz kárfelelősségéről a vétkességi elvtől való eltávolodás tükrében (Über die Schadenshaftung des Staates und der Allgemeinheit im Spiegel der Entfernung vom Verschuldensprinzip), Jura 1/2011, S. 151–159

Fézer, Tamás (Hrsg.), A kártérítési jog magyarázata (Kommentierung des Schadensersatzrechts), Budapest 2010

Gellérthegyi, István/Uttó, György, A közigazgatási szervek, a nyomozó hatóságok és a bíróságok kárfelelőssége 1996–2002 (Die Schadenshaftung der Verwaltungsorgane, der Ermittlungsbehörden und der Gerichte 1996–2002), Budapest 2003

Jakab, András (Hrsg.), Az Alkotmány kommentárja (Kommentar der Verfassung), 2 Bde., Budapest 2009

ders., Az új Alaptörvény keletkezése és gyakorlati következményei (Entstehung und praktische Folgen des neuen Grundgesetzes), Budapest 2011

Köles, Tibor, Az államigazgatási jogkörben okozott kár megtérítése (Der Ersatz des im Zuständigkeitsbereich der Staatsverwaltung verursachten Schadens), Budapest 1995

---

183 VerfG 53/1992. (X. 29.) AB, ABH 1992 S. 261. Für Verjährungsfristen, die vor der Verkündung des Urteils bereits begonnen hatten, galt die alte Einjahresfrist: OG, BH 1993 Nr. 499, KGD 1994 Nr. 66.

184 OG, BDT 2013 Nr. 2856.

185 OG, BH 1990 Nr. 487, KGD 1992 Nr. 229.

186 OG, BDT 2008 Nr. 1837.

187 *Küpper*, Die Vollstreckung von Gerichtsurteilen (Fn. 148).

Küpper, Herbert, Die ungarische Verfassung nach zwei Jahrzehnten des Übergangs. Einführung mit Textübersetzung, Studien des Instituts für Ostrecht München Bd. 56, Frankfurt/M 2007

ders., Einführung in das ungarische Recht, München 2011

ders., Ungarns Verfassung vom 25. April 2011. Einführung – Übersetzung – Materialien, Studien des Instituts für Ostrecht München Bd. 70, Frankfurt/M 2012

Osztovits, András (Hrsg.), A Polgári Törvénykönyvről szóló 1959. évi IV. törvény magyarázata (Kommentar zum Gesetz 1959:IV über das Bürgerliche Gesetzbuch), 2 Bde., Budapest 2011

Tilk, Péter, A közigazgatási hátósági eljárás és szolgáltatás általános szabályairól szóló törvény (példákkal, magyarázatakkal) (Das Gesetz über die allgemeinen Regeln der hoheitlichen Verwaltungsverfahren und -leistungen (mit Beispielen und Kommentierungen)), 2 Bde., Pécs 2005

Vékás, Lajos, (Hrsg.), Szakértői Javaslat az új Polgári Törvénykönyv tervezetéhez (Expertenvorschlag eines Entwurfs des neuen Bürgerlichen Gesetzbuchs), Budapest 2008

Abkürzungen

AB	Bezeichnet eine Verfassungsgerichtsentscheidung
ABH	Az Alkotmánybíróság határozatai (amtl. Entscheidungssammlung des VerfG)
ABK	Alkotmánybírósági Közlöny (amtl. Entscheidungshefte des VerfG)
Alaptv.	Magyarország Alaptörvénye (Ungarns Grundgesetz vom 25.4.2011, in Kraft getreten am 1.1.2012)
Alk.	a Magyar Köztársaság Alkotmányáról szóló 1949. évi XX. törvény (Gesetz 1949:XX über die Verfassung der Republik Ungarn, trat zum 31.12.2011 außer Kraft)
Be.	a büntetőeljárásról szóló 1998. évi XIX. törvény (Gesetz 1998:XIX über das Strafverfahren, StPO)
BH	Bírósági Határozatok (Sammlung obergerichtlicher Entscheidungen), ab 2013 umbenannt in Kúriai Döntések (KD)
BDT	Bírósági Döntések Tára (Rechtsprechungssammlung)
Btv.	a külföldiek magyarországi befektetéseiről szóló 1988. évi XXIV. törvény (Gesetz 1988:XXIV über die Investitionen von Ausländern in Ungarn, Ausländerinvestitionsgesetz)
EBH	Elvi Bírósági Határozat (Gerichtliche Grundlagenentscheidung)
Eltv.	az élelmiszerláncról és hatósági felügyeletéről szóló 2008. évi XLVI. törvény (Gesetz 2008:XLVI über die Lebensmittelkette und über ihre behördliche Beaufsichtigung, Lebensmittelgesetz)
Eütv.	az egészségügyről szóló 1997. évi CLIV. törvény (Gesetz 1997:CLIV über das Gesundheitswesen, Gesundheitsgesetz)
Infotv.	az információs önrendelkezési jogról és az információszabadságról szóló 2011. évi CXII. törvény (Gesetz 2011:CXII über das Recht der informationellen Selbstbestimmung und über die Informationsfreiheit, Datenschutzgesetz)
KD	Kúriai Döntések (Sammlung obergerichtlicher Entscheidungen), seit 2013 Fortsetzung von Bírósági Határozatok (BH)
Ket.	a közigazgatási hatósági eljárás és szolgáltatás általános szabályairól szóló 2004. évi CXL. törvény (Gesetz 2004:CXL über die allgemeinen Regeln der hoheitlichen Verwaltungsverfahren und -leistungen, Verwaltungsverfahrensgesetz)
KGD	Közigazgatási Gazdasági Döntvénytár (Rechtsprechungssammlung in Verwaltungssachen)
Kisajátítási tv.	a kisajátításról szóló 2007. évi CXXIII. törvény (Enteignungsgesetz)
MJ	Magyar Jog (Ungarisches Recht; Fachzeitschrift von allg. Zuschnitt)
Nmtvr.	a nemzetközi magánjogról szóló 1979. évi 13. törvényerejű rendelet (Verordnung mit Gesetzeskraft 1979/13. über das Internationale Privatrecht, IPR-Verordnung)
OG	Oberstes Gericht (trägt seit 2012 wieder die Bezeichnung Kúria)
PJE	Bezeichnet eine Rechtseinheitlichkeitsentscheidung in bürgerlichen Sachen
Pp.	a polgári perrendtartásról szóló 1952. évi III. törvény (Gesetz 1952:III über die Zivilprozessordnung, ZPO)

Herbert Küpper

Ptk. 1959	a Polgári Törvénykönyvről szóló 1959. évi IV. törvény (Gesetz 1959:IV über das Bürgerliche Gesetzbuch (BGB), tritt am 14.3.2014 außer Kraft)
Ptk. 2009	a Polgári Törvénykönyvről szóló 2009. évi CXX. törvény (Gesetz 2009:CXX über das Bürgerliche Gesetzbuch (BGB), nicht in Kraft getreten)
Ptk. 2013	a Polgári Törvénykönyvről szóló 2013. évi V. törvény (Gesetz 2013:V über das Bürgerliche Gesetzbuch (BGB), tritt am 15.3.2014 in Kraft)
Rtv.	a Rendőrségről szóló 1994. évi XXXIV. törvény (Gesetz 1994:XXXIV über die Polizei, Polizeigesetz)
Tvt.	a természet védelméről szóló 1996. évi LIII. törvény (Gesetz 1996:LIII über den Schutz der Natur)
VerfG	Verfassungsgericht
VR	Volksrepublik

Wesentliche Vorschriften

Magyarország Alaptörvénye
Ungarns Grundgesetz[188]

IV. cikk
(4) Akinek szabadságát alaptalanul vagy törvénysértően korlátozták, kárának megtérítésére jogosult.

Art. IV.
(4) Wessen Freiheit ohne Grund oder auf gesetzwidrige Weise beschränkt worden ist, ist zum Ersatz seines Schadens berechtigt.

XIII. cikk
(2) Tulajdont kisajátítani csak kivételesen és közérdekből, törvényben meghatározott esetekben és módon, teljes, feltétlen és azonnali kártalanítás mellett lehet.

Art. XIII.
(2) Eigentum kann nur ausnahmsweise und aus öffentlichem Interesse, in den Fällen und auf die Weise wie in einem Gesetz bestimmt, gegen volle, unbedingte und sofortige Entschädigung enteignet werden.

XXIV. cikk
(1) Mindenkinek joga van ahhoz, hogy ügyeit a hatóságok részrehajlás nélkül, tisztességes módon és ésszerű határidőn belül intézzék. A hatóságok törvényben meghatározattak szerint kötelesek döntéseiket indokolni.

(2) Mindenkinek joga van a törvényben meghatározottak szerint a hatóságok által feladatuk teljesítése során neki jogellenesen okozott kár megtérítésére.

Art. XXIV.
(1) Jeder hat das Recht, dass seine Angelegenheiten von den Behörden ohne Parteilichkeit, fair und innerhalb einer vernünftigen Frist erledigt werden. Die Behörden sind gemäß den Bestimmungen in einem Gesetz verpflichtet, ihre Entscheidungen zu begründen.

(2) Jeder hat gemäß den Bestimmungen in einem Gesetz das Recht auf Ersatz des Schadens, den ihm die Behörden im Zuge der Erfüllung ihrer Aufgaben rechtswidrig verursacht haben.

a Polgári Törvénykönyvről szóló 1959. évi IV. törvény
Gesetz 1959:IV über das Bürgerliche Gesetzbuch[189]

348. §
(1) Ha alkalmazott a munkaviszonyával összefüggésben harmadik személynek kárt okoz, jogszabály eltérő rendelkezése hiányában a károsulttal szemben a mun-

§ 348.
(1) Falls ein Angestellter im Zusammenhang mit seinem Arbeitsverhältnis einer dritten Person einen Schaden zufügt, haftet gegenüber dem Geschädigten der Arbeit-

188 Übersetzung des Verfassers, übernommen aus *Küpper*, Ungarns Verfassung vom 25. April 2011.
189 Übersetzung des Verfassers.

káltató felelős. E szabályt kell alkalmazni akkor is, ha szövetkezet tagja okoz a tagsági viszonyával összefüggésben harmadik személynek kárt.

geber, falls es an einer abweichenden Bestimmung in einer Rechtsvorschrift fehlt. Diese Regel ist auch dann anzuwenden, falls ein Genossenschaftsmitglied einer dritten Person im Zusammenhang mit seinem Mitgliedschaftsverhältnis einen Schaden verursacht.

349. §

(1) Államigazgatási jogkörben okozott kárért a felelősséget csak akkor lehet megállapítani, ha a kár rendes jogorvoslattal nem volt elhárítható, illetőleg a károsult a kár elhárítására alkalmas rendes jogorvoslati lehetőségeket igénybe vette.

(3) Ezeket a szabályokat kell alkalmazni a bírósági és ügyészségi jogkörben okozott kárért való felelősségre is, ha jogszabály másként nem rendelkezik.

§ 349.

(1) Für einen Schaden, der im Zuständigkeitsbereich der Staatsverwaltung verursacht wurde, kann die Haftung nur dann festgestellt werden, falls der Schaden durch einen ordentlichen Rechtsbehelf nicht abwendbar war, beziehungsweise der Geschädigte die Möglichkeiten ordentlicher Rechtsbehelfe zur Abwehr des Schadens in Anspruch genommen hat.

(3) Diese Regeln sind auch auf die Haftung für Schäden anzuwenden, die im Zuständigkeitsbereich der Gerichte und Staatsanwaltschaften verursacht wurden, falls eine Rechtsvorschrift nichts anderes bestimmt.

Szakértői Javaslat az új Polgári Törvénykönyv tervezetéhez
Expertenentwurf für die Vorlage eines neuen Bürgerlichen Gesetzbuchs[190]

5:550. § [Felelősség jogalkotással okozott kárért]

(1) A jogalkotó az alkotmányéllenes jogszabály alkotásával okozott kárért felel, ha az Alkotmánybíróság az alkotmányellenes jogszabályt hatálybalépésének időpontjára visszamenőlegesen semmisítette meg.

(2) A jogalkotó a megsemmisítés időpontjától keletkező kárért felel, ha az Alkotmánybíróság az alkotmányellenes jogszabályt nem hatálybalépésének időpontjára visszamenőlegesen semmisítette meg.

(3) Ha az Alkotmánybíróság megállapítja, hogy a jogalkotó a jogszabályi felhatalmazásból származó jogalkotói feladatát elmulasztotta, ezzel alkotmányellenességet idézett elő, és jogalkotási kötelezettségét az Alkotmánybíróság határozatában megállapított határidőig nem teljesíti, a mulasztással okozott kárért felelősséggel tartozik.

(4) Az állam felelősséggel tartozik azért a kárért, amelyet európai uniós jogharmonizációs kötelezettsége elmulasztásával vagy nem megfelelő teljesítésével okozott.

(5) Az (1) bekezdés szerint felel a jogalkotó, ha az Alkotmánybíróság azt állapítja meg, hogy a jogszabály tartalmilag egyedi határozat.

§ 5:550 [Haftung für Schäden, die durch Normgebung verursacht wurden]

(1) Der Normgeber haftet für den Schaden, den er durch den Erlass einer verfassungswidrigen Rechtsvorschrift verursacht hat, falls das Verfassungsgericht die verfassungswidrige Rechtsvorschrift rückwirkend zum Zeitpunkt ihres Inkrafttretens aufgehoben hat.

(2) Der Normgeber haftet für den Schaden, der ab dem Zeitpunkt der Aufhebung entsteht, falls das Verfassungsgericht die verfassungswidrige Rechtsvorschrift nicht rückwirkend zum Zeitpunkt ihres Inkrafttretens aufgehoben hat.

(3) Falls das Verfassungsgericht feststellt, dass der Normgeber seine Normgebungspflicht, die aus einer Ermächtigung in einer Rechtsvorschrift fließt, versäumt hat und dadurch eine Verfassungswidrigkeit hervorgerufen hat, und falls er seine Normgebungspflicht nicht in der in dem Beschluss des Verfassungsgerichts festgelegten Frist erfüllt, haftet er für den durch die Versäumnis verursachten Schaden.

(4) Der Staat haftet für denjenigen Schaden, den er durch das Versäumnis seiner EU-Rechtsangleichungspflicht oder deren nicht angemessene Erfüllung verursacht hat.

(5) Der Normgeber haftet gemäß Absatz (1), falls das Verfassungsgericht feststellt, dass eine Norm inhaltlich eine Individualentscheidung ist.

190 Quelle: *Vékás*, Szakértői Javaslat (Fn. 38); Übersetzung des Verfassers.

a Polgári Törvénykönyvről szóló 2009. évi CXX. törvény
Gesetz 2009:CXX über das Bürgerliche Gesetzbuch[191]

2:95. §[192] [A bíróság előtti tisztességes eljáráshoz való jog megsértésének szankciója]
(1) Az a fél, akinek a bíróság előtti eljárás tisztességes lefolytatásához és ésszerű időn belül történő befejezéséhez való jogát az eljárt bíróság megsértette, a jogsértés felróhatóságtól független jogkövetkezményeinek alkalmazását nem követelheti, azonban sérelemdíjra és kártérítésre tarthat igényt, feltéve, hogy a sérelem a jogorvoslati eljárásban nem orvosolható.

(2) A sérelemdíj és a kártérítés megállapítását nem zárja ki, ha a bíróság nevében eljárt személynek az okozott jogsérelem közvetlenül nem volt felróható.

§ 2:95. [Sanktionen der Verletzung des Rechts auf ein faires Verfahren vor Gericht]
(1) Die Partei, deren Recht auf faire Durchführung eines Verfahrens vor Gericht und auf dessen Beendigung innerhalb vernünftiger Zeit durch das befasste Gericht verletzt wurde, kann nicht die Anwendung der von dem Vertretenmüssen der Rechtsverletzung unabhängigen Rechtfolgen verlangen[193], sie kann hingegen Schmerzensgeld und Schadensersatz verlangen, vorausgesetzt, dass die Beeinträchtigung nicht im Rechtsmittelverfahren geheilt werden kann.

(2) Die Festlegung von Schmerzensgeld und Schadensersatz ist nicht ausgeschlossen, falls die im Namen des Gerichts handelnden Personen die verursachte Rechtsbeeinträchtigung nicht unmittelbar vertreten müssen.

5:556. § [Felelősség a közigazgatási jogkörben okozott kárért]
(1) Közigazgatási jogkörben okozott kárért a felelősséget akkor lehet megállapítani, ha a kárt hatósági jogalkalmazó tevékenységgel vagy annak elmulasztásával okozták és a kár rendes jogorvoslattal nem volt elhárítható.

(2) Közigazgatási jogkörben okozott kárért az a közigazgatási szerv tartozik felelősséggel, amelynek keretében a közigazgatási hatóság működik.

(3) A helyi önkormányzatot terheli a felelősség közhatalmat gyakorló képviselő-testülete, annak bizottsága, a polgármester, a jegyző (körjegyző), a képviselő-testület hivatalának ügyintézője és a hatósági igazgatási társulás által okozott kárért.

§ 5:556 [Haftung für im Zuständigkeitsbereich der öffentlichen Verwaltung verursachte Schäden]
(1) Die Haftung für im Zuständigkeitsbereich der öffentlichen Verwaltung verursachte Schäden kann dann festgestellt werden, falls der Schaden durch eine hoheitliche Rechtsanwendungstätigkeit oder deren Unterlassen verursacht worden ist und der Schaden durch einen ordentlichen Rechtsbehelf nicht vermieden werden konnte.

(2) Für im Zuständigkeitsbereich der öffentlichen Verwaltung verursachte Schäden muss das Verwaltungsorgan haften, in dessen Rahmen die Verwaltungsbehörde tätig ist.

(3) Der örtlichen Selbstverwaltung obliegt die Haftung für Schäden, die ihre hoheitliche Gewalt ausübende Abgeordnetenkörperschaft[194], deren Ausschuss, der Bürgermeister, der Notär (Kreisnotär)[195], der Sachbearbeiter des Amtes der Abgeordnetenkörperschaft[196] und der hoheitliche Verwaltungsverband verursacht haben.

---

191 Übersetzung des Verfassers, übernommen aus *Küpper*, Jahrbuch für Ostrecht 51 (2010), 383 (Fn. 29).

192 Anm.: Die Paragrafennummerierung entspricht der im niederländischen BWB: Vor dem Doppelpunkt steht die Nummer des Buches, und jedes Buch fängt mit 1 neu an zu zählen. Im Ptk. 2009 ist das zweite Buch das Personenrecht und das fünfte Buch das Schuldrecht. Die Paragrafenüberschriften in eckigen Klammern sind Teil des Normtextes.

193 Anm.: Die vom Vertretenmüssen der Rechtsverletzung unabhängigen Sanktionen bei Persönlichkeitsrechtsverletzungen sind u.a. die gerichtliche Feststellung der Rechtsverletzung, das Verbot der weiteren Rechtsverletzung, die Genugtuung und deren Veröffentlichung auf Kosten des Schädigers sowie die Wiederherstellung des alten Zustands. Diese Rechtsfolgen passen nicht auf die Verletzung des Rechts auf zügigen Prozess.

194 Anm.: Dies ist der kommunalrechtliche Fachbegriff für den Gemeinde- oder Stadtrat.

195 Anm.: Notär ist der Hauptverwaltungsbeamte einer Gemeinde; Kreisnotär ist ein Notär, den sich mehrere Kleinstgemeinden teilen.

196 Anm.: Amt der Abgeordnetenkörperschaft ist der verfassungs- und kommunalrechtliche Fachbegriff für den Verwaltungsapparat der Gemeinde.

5:557. § [A bírósági és ügyészségi jogkörben okozott károkért fennálló felelősség]

A közigazgatási jogkörben okozott kárért való felelősség szabályait kell alkalmazni a bírósági, ügyészségi jogkörben okozott kárért való felelősségre.

§ 5:557 [Haftung für Schäden, die im Zuständigkeitsbereich der Gerichte und Staatsanwaltschaften verursacht wurden]
Auf die Haftung für im Zuständigkeitsbereich der Gerichte und Staatsanwaltschaften verursachte Schäden sind die Regeln über die Haftung für im Zuständigkeitsbereich der öffentlichen Verwaltung verursachte Schäden anzuwenden.

a Polgári Törvénykönyvről szóló 2013. évi V. törvény
Gesetz 2013:V über das Bürgerliche Gesetzbuch[197]

6:518. § [A károkozás általános tilalma]
A törvény tiltja a jogellenes károkozást.

§ 6:518. [Allgemeines Verbot der Schadenszufügung]
Das Gesetz verbietet die rechtswidrige Schadenszufügung.

6:519. § [A felelősség általános szabálya]
Aki másnak jogellenesen kárt okoz, köteles azt megtéríteni. Mentesül a felelősség alól a károkozó, ha bizonyítja, hogy magatartása nem volt felróható.

§ 6:519. [Allgemeine Regel der Haftung]
Wer einem Anderen rechtswidrig einen Schaden zufügt, ist verpflichtet, diesen zu ersetzen. Der Schädiger wird von der Haftung frei, falls er beweist, dass sein Verhalten nicht vorwerfbar war.

6:520. § [Jogellenesség]
Minden károkozás jogellenes, kivéve, ha a károkozó a kárt
a) a károsult beleegyezésével okozta;
b) a jogtalan támadás vagy a jogtalan és közvetlen támadásra utaló fenyegetés elhárítása érdekében a támadónak okozta, ha az elhárítással a szükséges mértéket nem lépte túl;
c) szükséghelyzetben okozta, azzal arányos mértékben; vagy
d) jogszabály által megengedett magatartással okozta, és a magatartás más személy jogilag védett érdekét nem sérti, vagy a jogszabály a károkozót kártalanításra kötelezi.

§ 6:520. [Rechtswidrigkeit]
Jede Schadenszufügung ist rechtswidrig, außer falls der Schädiger den Schaden
a) mit der Einwilligung des Geschädigten verursacht hat;
b) zur Abwehr eines unrechtmäßigen Angriffs oder einer Drohung mit einem unrechtmäßigen und unmittelbaren Angriff dem Angreifer zugefügt hat, falls er mit der Abwehr das notwendige Maß nicht überschritten hat;
c) in einer Notlage in einem dazu verhältnismäßigen Maße verursacht hat; oder
d) mit einem durch eine Rechtsvorschrift erlaubten Verhalten verursacht hat und das Verhalten die rechtlich geschützten Interessen anderer Personen nicht verletzt oder die Rechtsvorschrift den Schädiger zur Entschädigung verpflichtet.

6:521. § [Előreláthatóság]
Nem állapítható meg az okozati összefüggés azzal a kárral kapcsolatban, amelyet a károkozó nem látott előre és nem is kellett előre látnia.

§ 6:521 [Vorhersehbarkeit]
Der Verursachungszusammenhang kann nicht im Zusammenhang mit demjenigen Schaden festgestellt werden, den der Schädiger nicht vorhergesehen hat und auch nicht vorhersehen musste.

6:548. § [Felelősség közigazgatási jogkörben okozott kárért]
(1) Közigazgatási jogkörben okozott kárért a felelősséget akkor lehet megállapítani, ha a kárt közhatalom gyakor-

§ 6:548. [Haftung für im Zuständigkeitsbereich der öffentlichen Verwaltung verursachte Schäden]
(1) Die Haftung für Schäden, die im Zuständigkeitsbereich der öffentlichen Verwaltung verursacht wurden,

197 Übersetzung des Verfassers, zur Veröffentlichung vorgesehen in WiRO-Handbuch (Fn. 31), UNG 200.

lásával vagy annak elmulasztásával okozták, és a kár rendes jogorvoslattal, továbbá a közigazgatási határozat bírósági felülvizsgálata iránti eljárásban nem volt elhárítható.

(2) Közigazgatási jogkörben okozott kárért a közhatalmat gyakorló jogi személy tartozik felelősséggel. Ha a közhatalmi jogkör gyakorlója nem jogi személy, a kárért az a jogi személyiséggel rendelkező közigazgatási szerv tartozik felelősséggel, ameynek keretében az eljárt közigazgatási szerv működik.

6:549. § [Felelősség bírósági, ügyészségi, közjegyzői és végrehajtói jogkörben okozott kárért]

(1) A bírósági és az ügyészségi jogkörben okozott kárért való felelősségre a közigazgatási jogkörben okozott kárért való felelősség szabályait kell megfelelően alkalmazni, azzal, hogy a kárigyényt bírósági jogkörben okozott kár esetén a bírósággal, ügyészségi jogkörben okozott kár esetén a Legfőbb Ügyészséggel szemben kell érvényesíteni. Ha az eljárt bíróság nem jogi személy, a kárigényt az eljárt bíróság illetékességi területén működő jogi személyiséggel rendelkező bírósággal szemben kell érvényesíteni. A kártérítési keresetnek előfeltétele a rendes jogorvoslat kimerítése.

(2) A közjegyzői és végrehajtói jogkörben okozott kárért való felelősségre a közigazgatási jogkörben okozott kárért való felelősség szabályait kell megfelelően alkalmazni. A kártérítési keresetnek előfeltétele a rendes jogorvoslat kimerítése.

kann dann festgestellt werden, falls der Schaden durch die Ausübung öffentlicher Gewalt oder deren Unterlassen verursacht wurde und der Schaden durch ordentlichen Rechtsbehelf, ferner in einem Verfahren auf gerichtilche Überprüfung des Verwaltungsaktes nicht abwendbar war.

(2) Für im Zuständigkeitsbereich der öffentlichen Verwaltung verursachte Schäden muss die juristische Person haften, die die öffentliche Gewalt ausübt. Falls derjenige, der die öffentliche Gewalt ausübt, keine juristische Person ist, muss für den Schaden dasjenige Verwaltungsorgan mit Rechtspersönlichkeit haften, in dessen Rahmen das befasste Verwaltungsorgan tätig ist.

§ 6:549. [Haftung für im Zuständigkeitsbereich der Gerichte, Staatsanwaltschaften, Notare und Gerichtsvollzieher verursachte Schäden]

(1) Auf die Haftung für Schäden, die im Zuständigkeitsbereich der Gerichte und der Staatsanwaltschaften verursacht wurden, sind die Regeln der Haftung für im Zuständigkeitsbereich der öffentlichen Verwaltung verursachte Schäden entsprechend anzuwenden mit der Maßgabe, dass der Schadensanspruch im Falle eines im Zuständigkeitsbereich der Gerichte verursachten Schadens gegenüber dem Gericht, im Falle eines im Zuständigkeitsbereich der Staatsanwaltschaften verursachten Schadens gegenüber der Generalstaatsanwaltschaft geltend zu machen ist. Falls das befasste Gericht keine juristische Person ist, ist der Schadensanspruch gegenüber dem Gericht mit Rechtspersönlichkeit im Zuständigkeitsbezirk des befassten Gerichts geltend zu machen[198]. Voraussetzung der Schadensersatzklage ist die Erschöpfung der ordentlichen Rechtsbehelfe.

(2) Auf die Haftung für Schäden, die im Zuständigkeitsbereich der Notare und der Gerichtsvollzieher verursacht wurden, sind die Regeln der Haftung für im Zuständigkeitsbereich der öffentlichen Verwaltung verursachte Schäden entsprechend anzuwenden. Voraussetzung der Schadensersatzklage ist die Erschöpfung der ordentlichen Rechtsbehelfe.

198 Anm.: Keine Rechtspersönlichkeit haben die Gerichte der untersten Ebene (Kreisgerichte, Verwaltungs- und Arbeitsgerichte). Sie sind rechtlich als Außenstellen der Gerichtshöfe konzipiert, welche über Rechtspersönlichkeit verfügen. Damit sind Ansprüche gegen Kreisgerichte und Verwaltungs- und Arbeitsgerichte gegenüber dem Gerichtshof geltend zu machen, in dessen Bezirk sie tätig sind, während alle anderen Gerichte unmittelbar selbst verklagt werden können.

a közigazgatási hatósági eljárás és szolgáltatás általános szabályairól szóló 2004. évi CXL. törvény

Gesetz 2004:CXL über die allgemeinen Regeln der hoheitlichen Verwaltungsverfahren und -leistungen[199]

4. §

(1) Az ügyfeleket megilleti a tisztességes ügyintézéshez, a jogszabályokban meghatározott határidőben hozott döntéshez való jog és az eljárás során az anyanyelv használatának joga.

(2) A közigazgatási hatóság a nem jogszabályszerű eljárással okozott kárt a polgári jog szabályai szerint megtéríti.

§ 4.

(1) Den Parteien steht das Recht auf eine faire Erledigung ihrer Angelegenheit, auf Entscheidung innerhalb der in Rechtsvorschriften bestimmten Frist[200] und das Recht auf Gebrauch der Muttersprache im Zuge des Verfahrens zu.

(2) Die Verwaltungsbehörde ersetzt Schäden, die durch ein nicht rechtsvorschriftkonformes Verfahren verursacht wurden, gemäß den Regeln des bürgerlichen Rechts.

33/A. §

(1) Ha a hatóság a rá irányadó ügyintézési határidőt az ügyfélnek és az eljárás egyéb résztvevőjének fel nem róható okból túllépi, köteles az ügyfél által az eljárás lefolytatásáért megfizetett illetéknek vagy díjnak megfelelő összeget, ha pedig az ügyintézés időtartama meghaladja az irányadó ügyintézési határidő kétszeresét, az ügyfél által az eljárás lefolytatásáért megfizetett illetéknek vagy díjnak megfelelő összeg kétszeresét az ügyfél részére visszafizetni.

(2) A hatóság (1) bekezdés szerinti fizetési kötelezettségét nem érinti, ha az ügyfél az illeték vagy díj megfizetése alól részben vagy egészen mentesült; ilyen esetben a hatóság az összeget az ügyfél által meg nem fizetett rész arányában a központi költségvetésnek – az államháztartásért felelős miniszter által közzétett számlaszámra – fizeti meg. Ha az eljárás lefolytatásáért az eljárás megindítására irányuló kérelmet benyújtó ügyfél jogszabály alapján nem köteles illeték vagy díj fizetésére, úgy a hatóság az illetékekről szóló törvény szerinti általános tételű eljárási illetéknek megfelelő összeget, illetve ennek kétszeresét fizeti meg a központi költségvetésnek.

(3) Az (1), illetve a (2) bekezdés szerinti összeget a hatóság saját költségvetése terhére a fizetési kötelezettséget megállapító döntés jogerőssé válásától számított nyolc napon belül fizeti vissza az ügyfél számára, illetve fizeti meg a központi költségvetésnek.

§ 33/A.

(1) Falls die Behörde die für sie maßgebliche Erledigungsfrist aus Gründen, die die Partei und die sonstigen Verfahrensbeteiligten nicht zu vertreten haben, überschreitet, ist sie verpflichtet, der Partei eine Summe, die der durch die Partei für die Durchführung des Verfahrens gezahlten Gebühren oder Tarife entspricht, zurückzuzahlen, falls hingegen die Zeitdauer der Erledigung das Doppelte der maßgeblichen Erledigungsfrist überschreitet, das Doppelte der Summe, die der durch die Partei für die Durchführung des Verfahrens gezahlten Gebühren oder Tarife entspricht.

(2) Die Zahlungspflicht der Behörde gemäß Abs. (1) wird nicht dadurch berührt, dass die Partei von der Zahlung von Gebühren oder Tarifen teilweise oder ganz freigestellt ist; in einem solchen Fall zahlt die Behörde die Summe in dem durch die Partei nicht gezahlten Verhältnis an den zentralen Staatshaushalt – auf eine Kontonummer, die durch den für den Staatshaushalt verantwortlichen Minister veröffentlicht wird. Falls die Partei, die den Antrag auf Einleitung des Verfahrens eingereicht hat, aufgrund von Rechtsvorschriften nicht verpflichtet ist, für die Durchführung des Verfahrens Gebühren oder Tarife zu zahlen, so zahlt die Behörde eine Summe, die dem allgemeinen Posten einer Verfahrensgebühr gemäß dem Gebührengesetz entspricht, beziehungsweise deren Zweifaches an den zentralen Staatshaushalt.

(3) Die Behörde zahlt die Summe gemäß Abs. (1) beziehungsweise (2) zu Lasten ihres eigenen Haushalts innerhalb von acht Tagen ab dem Zeitpunkt, an dem die Entscheidung, die die Zahlungspflicht festlegt, bestandskräftig wird, der Partei zurück beziehungsweise an den zentralen Staatshaushalt.

---

199 Übersetzung des Verfassers.

200 Anm.: Das allgemeine Verwaltungsverfahrensrecht geht von einer 21-Tage-Frist aus (§ 33 Ket.), Sondervorschriften können kürzere oder längere Erledigungsfristen vorsehen; dass ein Verwaltungshandeln keiner normativen Frist unterliegt, kommt nur sehr selten vor.

(4) Ha a fellebbezés elbírálására jogosult hatóság vagy a felügyeleti szerv megállapítja, hogy a hatóság indokolatlanul hosszabbította meg az ügyintézési határidőt, vagy az (1) bekezdésben foglalt feltételek teljesülése ellenére fizetési kötelezettségét nem teljesítette, a hatóságot az (1), illetve a (2) bekezdésben meghatározott összeg visszafizetésére, illetve megfizetésére kötelezi, és erről a kérelmező ügyfelet értesíti.

(4) Falls die zur Bearbeitung des Widerspruchs zuständige Behörde oder das Aufsichtsorgan feststellen, dass die Behörde die Erledigungsfrist unbegründet verlängert hat oder trotz der Erfüllung der Voraussetzungen in Abs. (1) ihre Zahlungspflicht nicht erfüllt hat, verpflichtet sie die Behörde zur Rückzahlung beziehungsweise Zahlung der in Abs. (1) beziehungsweise Abs. (2) bestimmten Summe und unterrichtet hierüber die antragstellende Partei.